JN248275

オフィシャル
ベースボール
ガイド

2021

編 集

一般社団法人　日本野球機構

https://npb.jp

発 行

株式会社　共同通信社

日本プロフェッショナル野球組織

コミッショナー
斉藤　惇

事務局長　　井原　　敦　　　　東京都港区芝5－36－7
　　　　　　　　　　　　　　　三田ベルジュビル11F

<読売ジャイアンツ>
　　山口　寿一　　　　オーナー
　　星　　春海　　　　連盟担当
　　原　　辰徳　　　　監　　督
東京都千代田区大手町1－7－1　読売新聞ビル26F

<阪神タイガース>
　　藤原　崇起　　　　オーナー
　　谷本　　修　　　　連盟担当
　　矢野　燿大　　　　監　　督
西宮市甲子園町2－33

<中日ドラゴンズ>
　　大島宇一郎　　　　オーナー
　　加藤　宏幸　　　　球団代表
　　与田　　剛　　　　監　　督
名古屋市東区大幸南1－1－51

<横浜DeNAベイスターズ>
　　南場　智子　　　　オーナー
　　三原　一晃　　　　球団代表
　　三浦　大輔　　　　監　　督
横浜市中区尾上町1－8　関内新井ビル7F

<広島東洋カープ>
　　松田　　元　　　　オーナー
　　鈴木　清明　　　　連盟担当
　　佐々岡真司　　　　監　　督
広島市南区南蟹屋2－3－1

<東京ヤクルトスワローズ>
　　根岸　孝成　　　　オーナー
　　江幡　秀則　　　　連盟担当
　　高津　臣吾　　　　監　　督
東京都港区北青山2－12－28　青山ビル4F

<福岡ソフトバンクホークス>
　　孫　　正義　　　　オーナー
　　大脇　満朗　　　　連盟担当
　　工藤　公康　　　　監　　督
福岡市中央区地行浜2－2－2　福岡PayPayドーム内

<千葉ロッテマリーンズ>
　　重光　昭夫　　　　オーナー
　　島田　達人　　　　連盟担当
　　井口　資仁　　　　監　　督
千葉市美浜区美浜1

<埼玉西武ライオンズ>
　　後藤　高志　　　　オーナー
　　飯田　光男　　　　連盟担当
　　辻　　発彦　　　　監　　督
所沢市上山口2135

<東北楽天ゴールデンイーグルス>
　　三木谷浩史　　　　オーナー
　　大石　幸潔　　　　連盟担当
　　石井　一久　　　　監　　督
仙台市宮城野区宮城野2－11－6

<北海道日本ハムファイターズ>
　　畑　　佳秀　　　　オーナー
　　三好　健二　　　　連盟担当
　　栗山　英樹　　　　監　　督
札幌市豊平区羊ヶ丘1

<オリックス・バファローズ>
　　宮内　義彦　　　　オーナー
　　横田　昭作　　　　連盟担当
　　中嶋　　聡　　　　監　　督
大阪市西区千代崎3－北2－30

目　　　次

チーム名表示・略称一覧並びに凡例

正式名称	期間	表示(通称)	略称
東京巨人	(1936 - 1946)	巨人	巨
読売ジャイアンツ	(1947～)		巨
大阪タイガース	(1936 - 1940.9.24)	タイガース	タ
阪神	(1940.9.25 - 1946)		神
大阪タイガース	(1947 - 1960)	阪神	神
阪神タイガース	(1961～)		神
名古屋	(1936 - 1943)	名古屋	名
産業	(1944)	産業	産
中部日本	(1946)	中部日本	中日
中日ドラゴンズ	(1947 - 1950)	中日	中
名古屋ドラゴンズ	(1951 - 1953)	名古屋	名
中日ドラゴンズ	(1954～)	中日	中
阪急	(1936 - 1946)	阪急	急
阪急ブレーブス	(1947 - 1988)		急
オリックス・ブレーブス	(1989 - 1990)	オリックス	オ
オリックス・ブルーウェーブ	(1991 - 2004)		オ
オリックス・バファローズ	(2005～)		オ
大東京	(1936 - 1937春)	大東京	大
ライオン	(1937秋 - 1940)	ライオン	ラ
朝日	(1941 - 1944)	朝日	朝
パシフィック	(1946)	パシフィック	パ
太陽ロビンス	(1947)	太陽	陽
大陽ロビンス	(1948 - 1949)	大陽	陽
松竹ロビンス	(1950 - 1952)	松竹	松
東京セネタース	(1936 - 1940.10.16)	セネタース	セ
翼	(1940.10.17 - 末)	翼	翼
名古屋金鯱	(1936 - 1940)	金鯱	鯱
大洋	(1941 - 1942)	大洋	洋
西鉄	(1943)	西鉄	西
イーグルス	(1937 - 1940.10.5)	イーグルス	イ
黒鷲	(1940.10.6 - 1942.9.11)	黒鷲	黒
大和	(1942.9.12 - 1943)	大和	和
南海	(1938秋 - 1944.5.31)	南海	南
近畿日本	(1944.6.1 - 末)	近畿日本	近畿
近畿グレートリング	(1946 - 1947.5.31)	グレートリング	グ
南海ホークス	(1947.6.1 - 1988)	南海	南
福岡ダイエーホークス	(1989 - 2004)	ダイエー	ダ
福岡ソフトバンクホークス	(2005～)	ソフトバンク	ソ
セネタース	(1946)	セネタース	セ
東急フライヤーズ	(1947)	東急	東映
急映フライヤーズ	(1948)	急映	急映
東急フライヤーズ	(1949 - 1953)	東急	東急
東映フライヤーズ	(1954 - 1972)	東映	東映
日拓ホーム・フライヤーズ	(1973)	日拓	日拓
日本ハム・ファイターズ	(1974 - 2003)	日本ハム	日
北海道日本ハムファイターズ	(2004～)		日

正式名称	期間	表示(通称)	略称
ゴールドスターズ	(1946)	ゴールドスター	ゴ
金星スターズ	(1947 - 1948)	金星	金
大映スターズ	(1949 - 1956)	大映	大
大映ユニオンズ	(1957)		大
高橋ユニオンズ	(1954)	高橋	高
トンボユニオンズ	(1955)	トンボ	ト
高橋ユニオンズ	(1956)	高橋	高
毎日オリオンズ	(1950 - 1957)	毎日	毎
毎日大映オリオンズ	(1958 - 1963)	大毎	大
東京オリオンズ	(1964 - 1968)	東京	東京
ロッテ・オリオンズ	(1969 - 1991)	ロッテ	ロ
千葉ロッテマリーンズ	(1992～)		ロ
近鉄パールス	(1950 - 1958)	近鉄	近
近鉄バファロー	(1959 - 1961)		近
近鉄バファローズ	(1962 - 1998)		近
大阪近鉄バファローズ	(1999 - 2004)		近
西鉄クリッパース	(1950)	西鉄	西
西鉄ライオンズ	(1951 - 1972)		西
太平洋クラブ・ライオンズ	(1973 - 1976)	太平洋	太平ク
クラウンライター・ライオンズ	(1977 - 1978)	クラウン	クラウン
西武ライオンズ	(1979 - 2007)	西武	武
埼玉西武ライオンズ	(2008～)		武
西日本パイレーツ	(1950)	西日本	本
大洋ホエールズ	(1950 - 1952)	大洋	洋
大洋松竹ロビンス	(1953 - 1954)	洋松	洋
大洋ホエールズ	(1955 - 1977)	大洋	洋
横浜大洋ホエールズ	(1978 - 1992)		洋
横浜ベイスターズ	(1993 - 2011)	横浜	横
横浜DeNAベイスターズ	(2012～)	DeNA	ディ
広島カープ	(1950 - 1967)	広島	広
広島東洋カープ	(1968～)		広
国鉄スワローズ	(1950 - 1965.5.9)	国鉄	国
サンケイスワローズ	(1965.5.10 - 末)	サンケイ	サ
サンケイアトムズ	(1966 - 1968)		サ
アトムズ	(1969)	アトムズ	ア
ヤクルトアトムズ	(1970 - 1973)	ヤクルト	ヤ
ヤクルトスワローズ	(1974 - 2005)		ヤ
東京ヤクルトスワローズ	(2006～)		ヤ
東北楽天ゴールデンイーグルス	(2005～)	楽天	楽

※本書中、選手名左の＊は左打（打撃成績）、左投（投手・守備成績）を、＋は左右打を表す。

2020年 日　録

1月 9日　日本野球機構は前年10月のフェニックス・リーグ期間中に現役若手プロ野球選手215名を対象に行った「セカンドキャリアに関するアンケート」結果を発表した。

10日　NPB新人選手研修会を開催。新人選手、審判員ら合計110名が受講。午前は野球殿堂博物館の見学をし、午後は「アンチドーピング活動」や「暴力団の実態と手口」「SNSの使用 モラルと危険性について」等の講義を受けた。

14日　野球殿堂博物館は3名の野球殿堂入りを発表した。競技者表彰委員会・エキスパート表彰からは田淵幸一氏が選出された。プレーヤー表彰は該当者なし。特別表彰委員会から故・前田祐吉氏、故・石井連藏氏が選出された。

23日　日本野球機構は日本生命保険相互会社が16年連続でセ・パ交流戦の特別協賛社となったことを発表した。正式名称は「日本生命セ・パ交流戦」。

27日　日本野球規則委員会より2020年度の野球規則改正が発表された。投手の投球姿勢について、"投球動作"と"投球に関連する動作"を明確に区別する改正を行うとともに、"二段モーション"を規制するために長年にわたって採用してきた条文の改正などが行われた。

2月 1日　12球団の春季キャンプがスタートした。

16日　オープン戦が開幕。この日は沖縄県で1試合が行われた。

26日　プロ野球12球団および日本野球機構は、新型コロナウイルス感染症の拡大を防止するための措置として、2月29日以降に開催される春季非公式試合（オープン戦）全72試合を無観客試合として開催することを決定した。

3月 2日　日本野球機構と日本プロサッカーリーグは両法人共同で「新型コロナウイルス対策連絡会議」を設置し、連絡会議に「専門家チーム」を置くことを発表した。

4日　日本野球機構は新規に研修審判員4名と契約したことを発表した。加倉侑輝、田村一馬はルートインBCリーグに、笹真輔、原野裕貴は四国アイランドリーグplusに派遣され、審判技術の向上に取り組む。

9日　プロ野球12球団は臨時12球団代表者会議を開催し、3月20日に予定していたセントラル・リーグおよびパシフィック・リーグの2020年度連盟選手権試合の開幕を延期することを決定した。またイースタン・リーグ、ウエスタン・リーグについては無観客の練習試合とすることもあわせて決定した。

12日　日本野球機構と日本プロサッカーリーグが共同で設立した「新型コロナウイルス対策連絡会議」の第3回会議が開催され、専門家チームよりNPB・Jリーグにおける新型コロナウイルス感染症対策の提言がなされた。この提言には、「基本方針」「対策を考える上での重要事項」をはじめ、「選手・関係者への対応」「観客の皆様への対応」「応援団、サポーターとの連携・協力」「観客の入場を前提とした試合開催について」の6つの項目が盛り込まれた。

23日　プロ野球12球団は臨時12球団代表者会議を開催し、セントラル・リーグおよびパシフィック・リーグの2020年度連盟選手権試合について、4月24日の開幕を目指すことを決定した。

30日　イースタン・リーグならびにウエスタン・リーグ両リーグ運営委員会は新型コロナウイルスの感染予防を鑑み、3月31日から4月6日まで予定していた全てのファーム練習試合の中止を決定した。

4月 3日　プロ野球12球団は臨時12球団代表者会議を開催し、目標としていた4月24日の開幕を目指すことは困難であり、現時点で新たな開幕日を設定することも難しいとの判断をした。新たな開幕日程については新型コロナウイルス感染症の推移を慎重に見極めながら、4月下旬から5月上旬に決めるとした。

17日　日本野球機構は5月26日から開催を予定していた2020年日本生命セ・パ交流戦の開催中止を発表した。交流戦を予定していた6月14日までの試合開催の中止が決定したものではないものの、5月末までの試合開催は断念することも発表した。

日 録

6月25日	日本野球機構は大正製薬株式会社が8年連続で新人選手選択会議の特別協賛社となったことを発表した。正式名称は「プロ野球ドラフト会議 supported by リポビタンD」。
25日	柳田昌夫審判員がヤクルト－阪神3回戦（神宮）で通算2,000試合出場を達成。
28日	沢崎大輔記録員が西武－ソフトバンク6回戦（メットライフ）で通算500試合出場を達成。
7月10日	この日より、有観客での試合が実施された。当面は5,000人を上限として試合を実施する。
14日	日本野球機構は2021年から3年間、株式会社マイナビがオールスター・ゲームの特別協賛社に決まったことを発表した。
20日	日本高等学校野球連盟と日本野球機構は8月29日～30日および9月5日～6日に「プロ志望高校生合同練習会」を開催することを発表した。
31日	柳田悠岐（ソフトバンク）がプロ野球タイ記録となる月間32得点を達成。
8月8日	橋本信治審判員が日本ハム－西武8回戦（札幌ドーム）で通算1,000試合出場を達成。
15日	小川泰弘（ヤクルト）がDeNA11回戦（横浜）でノーヒットノーランを達成。プロ野球史上82人、93度目。
20日	オリックスは中嶋聡二軍監督が代行監督として指揮をとることを発表した。
25日	日本野球機構と全国野球振興会、日本プロ野球選手会は野球殿堂入りしたプロ野球顕彰者を対象とする「学生野球資格回復研修特例」を開催し、米田哲也氏、権藤博氏、大野豊氏、金本知憲氏の4名が参加した。
26日	杉永政信審判員が阪神－中日11回戦（甲子園）で通算2,500試合出場を達成。
28日	プロ野球12球団と日本野球機構は「備えよう！防災デー」として、選手が防災を呼びかける映像を、各球団と日本野球機構のホームページやSNS等で公開した。
29日	史上初の試みとなるプロ志望高校生合同練習会が阪神甲子園球場で開催された。9月5～6日には東京ドームでも同練習会が開催された。
9月2日	日本野球機構は株式会社三井住友銀行が7年連続で日本シリーズの特別協賛社となったことを発表した。正式名称は「SMBC日本シリーズ2020」。
9日	オリックスが5チーム目となるチーム8,500本塁打を達成。
12日	日本野球機構は臨時実行委員会を開催し、入場者数の規制緩和に関する対応について協議した。9月19日からの緩和に向けて、政府方針に従い各球団の判断で入場者数の規制を緩和してくことなどが確認された。
12日	山川穂高（西武）がソフトバンク13回戦（PayPayドーム）で日本人選手最速（498試合）となる通算150号本塁打を放った。
22日	広島が6チーム目となるチーム8,500本塁打を達成。
22日	楽天が13チーム目となるチーム1,000勝を達成。
10月6日	菅野智之（巨人）がプロ野球新記録となる開幕戦からの13連勝を達成。
13日	小熊陽介記録員が中日－阪神19回戦（ナゴヤドーム）で通算500試合出場を達成。
20日	日本野球機構、全国野球振興会（日本プロ野球OBクラブ）、日本プロ野球選手会はプロ野球関係者が学生野球を指導する際に必要となる「学生野球資格」を取得するための研修会の開催を発表した。新型コロナウイルスの感染予防の観点から「eラーニング形式」を導入して実施する。
26日	新人選手選択会議「プロ野球ドラフト会議 supported by リポビタンD」が開催され、74名が指名された。引き続き行われた育成選手選択会議では、全12球団が参加し、49名が指名された。
27日	ソフトバンクが3年ぶり19度目のパ・リーグ優勝。
28日	楽天が2年連続2度目のイースタン・リーグ優勝。
29日	ソフトバンクが2年連続13度目のウエスタン・リーグ優勝。
30日	加藤木保記録員が中日－広島21回戦（ナゴヤドーム）で通算1,000試合出場を達成。
30日	巨人が2年連続38度目のセ・リーグ優勝。
30日	周東佑京（ソフトバンク）がプロ野球新記録となる13試合連続盗塁を達成。

日　録

　　　　　　受賞した。

12月17日　NPB AWARDS 2020 supported by リポビタンDが開催され、ベストナイン、最優秀選手、最優秀新人等が表彰された。

22日　日本野球機構は2021年1月1日付で森口壽樹とNPB審判員契約を、笹真輔と育成審判員契約を結んだことを発表した。

29日　NPB12球団ジュニアトーナメント KONAMI CUP 2020が神宮球場と横浜スタジアムで開幕。31日の決勝戦で東京ヤクルトスワローズジュニアが中日ドラゴンズジュニアを4−0で下し、2年連続3度目の優勝を果たした。

2020年・主な物故者

1月17日　高木守道（たかぎ・もりみち）78歳。県立岐阜商から1960年に中日ドラゴンズへ入団。主に二塁手として攻守に活躍し、特に華麗な守備は史上最高の二塁手と評された。80年現役引退後は中日でコーチ・監督を歴任。2006年に野球殿堂入り。通算2,282試合出場、2,274安打、236本塁打、813打点、打率.272、369盗塁。盗塁王3回、ベストナイン7回、ダイヤモンドグラブ賞3回、オールスターゲーム出場4回。

　　19日　重光武雄（しげみつ・たけお）98歳。株式会社ロッテ創業者、千葉ロッテマリーンズオーナー。1974年からロッテ・オリオンズ（現千葉ロッテマリーンズ）のオーナーを務める。

2月11日　野村克也（のむら・かつや）84歳。峰山高から1954年に南海ホークスへ入団。65年に史上2人目の三冠王に輝くなど、強打の捕手として活躍した。70年からは選手兼任監督を務め、73年にはチームをリーグ優勝へ導いた。78年にロッテ、79年に西武に移籍し、80年に現役引退。89年に野球殿堂入り。90年にヤクルトの監督に就任し、チームを4度のリーグ優勝、3度の日本一に導いた。その後、阪神、楽天でも監督を務め、監督として通算1,565勝を記録。通算3,017試合出場、2,901安打、657本塁打、1,988打点、打率.277。首位打者1回、本塁打王9回、打点王7回、ベストナイン19回、ダイヤモンドグラブ賞1回、オールスターゲーム出場21回。

3月16日　菱川　章（ひしかわ・あきら）73歳。倉敷工から65年に中日ドラゴンズへ入団。73年に日拓へ移籍し、同年現役引退。通算382試合出場、133安打、24本塁打、74打点、打率.191。

　　16日　渋沢良一（しぶさわ・りょういち）88歳。83年、セ・リーグ事務局長に就任。00年まで同職を務めた。

　　22日　金田義倫（かねだ・よしのり）74歳。峰山高から1964年に阪急ブレーブスへ入団。71年に引退後は阪急、オリックスでスコアラー、広報、管理部長等を務めた。

4月 9日　関根潤三（せきね・じゅんぞう）93歳。日大三中から法大へ進み1950年近鉄パールスへ入団。投手、外野手として活躍した。65年に巨人へ移籍し、同年現役引退。その後、広島、巨人でコーチを歴任し、大洋、ヤクルトでは監督を務めた。2003年に野球殿堂入り。通算投手成績は244試合に登板し65勝94敗、防御率3.42。通算打撃成績は1,417試合出場、1,137安打、59本塁打、424打点、打率.279。オールスターゲーム出場5回。

　　18日　手塚昌利（てづか・まさとし）89歳。2004年に阪神タイガース会長に就任し、06年まで同職を務めた。

5月19日　田中一朗（たなか・いちろう）87歳。橋本高から1949年に南海ホークスへ入団。60年現役引退。引退後は球団合宿所の寮長などを務めた。通算405試合出場、102安打、7本塁打、43打点、打率.188。

6月27日　戸田忠男（とだ・ただお）84歳。豊川高から1954年に中日ドラゴンズへ入団。58年に引退。通算57試合出場、10安打、2本塁打、4打点、打率.145。

7月 6日　渡田　均（わたりだ・ひとし）62歳。元NPB審判員、審判技術委員。1982年にセ・リーグ審判部入局。2015年に引退するまで通算2,778試合に出場した。オールスターゲーム出場5回、日本シリーズ出場5回。

　　 6日　望月　一（もちづき・はじめ）52歳。静岡高から1987年に広島東洋カープへ入団。97年にダイエーへ移籍し、同年引退。引退後は広島やロッテでトレーナーを務めた。通算161試合登板、21勝19敗、221奪三振、防御率3.94。

9月12日　平野　進（ひらの・すすむ）87歳。逗子開成高から1952年に読売ジャイアンツへ入団。58年広島へ移籍し同年引退。通算53試合出場、16安打、0本塁打、6打点、打率.235。（選手時代の名字は棟居）

　　15日　黒田真二（くろだ・しんじ）62歳。崇徳高から日本鋼管福山、リッカーを経て、1982年にヤ

クルトスワローズへ入団。87年に引退後は打撃投手を務めた。通算49試合登板、0勝7敗2セーブ、47奪三振、防御率5.07。

9月15日 川村隆史（かわむら・たかし）55歳。1992年にダイエーのトレーナーとなり、96年から2015年までコンディショニングコーチ、2016年からはコンディショニング担当を務めた。

10月23日 巽　一（たつみ・はじむ）84歳。慶応大から1959年に国鉄スワローズへ入団。70年に引退後は投手コーチやスカウトを歴任した。通算351試合登板、40勝66敗、684奪三振、防御率3.69。オールスターゲーム出場1回。

11月13日 大津　淳（おおつ・あつし）88歳。明石高から関西大、日本生命を経て1955年に大阪タイガースへ入団。主に外野手として活躍した。61年に引退後は阪神で営業部長や編成部長を歴任した。通算631試合出場、478安打、24本塁打、194打点、打率.246。オールスターゲーム出場2回。

セントラル・リーグ回顧

　2020年のセ・リーグは、新型コロナウイルス感染拡大に伴い、3月20日に予定されていたプロ野球開幕を延期することが決定。最終的には、6月19日開幕となり試合数も143試合から120試合に削減して公式戦を迎えることになった。

　開幕直後は、首都圏の本拠地球場で試合を行い、その後は西日本の本拠地球場に移るという「東西集中開催」方式を7月中旬まで実施。チーム移動による感染リスクの軽減を考慮して、地方球場での試合を取りやめた。上位3チームによる日本シリーズ（11月21日開幕）進出を懸けたクライマックスシリーズ（CS）は、過密日程であることに加えて雨天中止試合に伴う追加日程を考慮した結果、ファーストステージ、ファイナルステージとも中止を決定。レギュラーシーズン優勝チームが日本シリーズに出場することとなった。（開催中止はCSが導入された2007年以降初めて）

　また、感染防止対策として、疲労軽減を目的とした延長回の制限（10回）や出場選手登録人数・ベンチ入り人数の増員（29名⇒31名・25名⇒26名）措置を施行。加えて、シーズンを最後まで継続出来るように、入れ替えを柔軟に行えるようにする「感染拡大防止特例2020」を新設した。

　感染拡大の影響はチームだけに留まらず、プロ野球ファンの応援スタイルにも大きく影響した。開幕から7月9日までは無観客で行い、有観客となった7月10日からは大声やジェット風船による応援、指笛・トランペット等の鳴り物応援は飛沫感染リスクが高まることから、拍手や電子ホイッスルを用いた応援スタイルへと転換。プロスポーツとしての社会的役割を果たすべく感染防止対策を徹底して迎えた2020年シーズンは、球団とファンが一丸となり無事に全試合を終えることが出来た。

巨人が2年連続38度目の優勝

　10月30日、優勝マジックを1としていた巨人は対東京ヤクルト20回戦（東京ドーム）で引き分けたものの、2年連続38度目の優勝を決めた。

　開幕10試合で7勝2敗1分と早くも独走態勢を築くも、その後は投手陣の故障や打撃陣の不調に悩まされ、一時は2位の横浜DeNAに2ゲーム差まで縮められた。しかし、菅野、岡本といった投打における主軸が年間通じて存在感を発揮し、9月には8年振りとなる9連勝をマークするなど、他球団を圧倒する結果となった。

　巨人は、「守り勝ち」と「大記録ラッシュ」が大きく目立った。投手陣は支配下選手の大半が1軍に登板するなど総力戦で臨んだ。絶対的エースの菅野は、球団では1966年の堀内恒夫に並ぶ開幕13連勝を含む14勝2敗防御率1.97をマークし、リーグ最優秀選手（MVP）に選出。菅野に続いて、9勝を挙げた2年目の戸郷と8勝を挙げた来日1年目のサンチェスが、シーズンを通して先発の座を守り抜いた。先発3枚看板に加え、沼田、直江、横川といった若手選手を積極的に起用するなど、2021年シーズンの3連覇を見据えた余裕も見えた。中継ぎ陣では、鍵谷、大江に加え東北楽天からシーズン途中に加入した高梨が40試合以上に登板し、8回に中川、9回に守護神のデラロサへと繋ぐ盤石なリレーを形成。投手陣に負担を掛けない層の厚さも見せつけた。

　打撃陣は、2019年シーズンから続く坂本、岡本、丸を軸とした強力打線に加え、正捕手へと定着した大城、初の規定打席に到達した吉川尚が他球団を翻弄。坂本は、史上2番目の年少記録となる2,000本安打を達成（史上53人目）し、キャプテンとして2連覇に貢献した。岡本は、3年連続30本塁打を記録し、歴史ある巨人軍の4番打者として地位を確立したシーズンとなった。2年連続全試合出場を果たした丸は、27本塁打、77打点を記録するなど安定した活躍を見せ、個人としては2016年の広島時代から続くリーグ5連覇となった。

　監督復帰を果たして2年目を迎えた原監督は、通算14シーズン目で、2002年、2007〜2009年、2012〜2014年、2019年に次ぐ9度目のリーグ制覇。2020年シーズンは、9月11日対東京ヤクルト14回戦（東京ドーム）での勝利で通算勝利数が1,067勝となり、巨人の歴代トップで並んでいた川上哲治の記録を塗り替えた（歴代単独11位）。シーズン終了時点で1,091勝と着実に勝利数を伸ばしており、3連覇へ向けて2021年シーズンも指揮を執る。

阪神

　「It's勝笑Time！オレがヤル」をチームスローガンとして掲げ、2005年以来のリーグ優勝に挑んだ矢野監督率いる阪神は、開幕から2勝8敗勝率.200と最下位に低迷するも、徐々に投打が噛み合い9月1日には2位へ浮上した。ここから更にギアを上げて首位独走を続ける巨人を捉えようとするが、事態は急変。9月25日に4名の選手が新型コロナウイルスPCR検査で「陽性」と判定され、即座に「感染拡大防止特例2020」を適用し計19名の選手が大量入れ替えする事態となった。それでも緊急昇格となった藤浪が、9月26日対東京ヤクルト戦（神宮）で中継ぎ登板を果たすと、以降は16試合7ホールド防御率1.19とチームの穴を埋める活躍を見せた。しかし、首位巨人とのゲーム差を縮めることが出来ず、2位で幕を閉じた。

　投手陣は、チーム防御率が3.35とリーグ1位の巨人と0.01差で惜しくも2位。チーム最多の11勝をマークした先発の西勇と青柳、秋山の3本柱に加え、リリーフ陣では防御率1.82を記録した岩崎と2020年シーズンに頭角を現した馬場、復活の兆しを見せた藤浪が牽引。福岡ソフトバンクから加入したスアレスも25セーブを記録し、最多セーブ投手賞を受賞した。

　打撃陣はチーム打率.246と2020年シーズンも課題は払拭されなかったものの、大山がリーグ2位となる28本塁打とリーグ3位の85打点を記録。また、全試合出場した2年目の近本はリーグ3位となる139安打に加え、31盗塁を記録し、球団では赤星憲広以来となる2年連続で最多盗塁者賞を受賞した。

中日

　開幕前から選手の怪我が相次ぎ8月15日まで最下位に沈んでいたものの、その後はじわじわと順位を上げ、8年振りのAクラスとなる3位でシーズンを締めくくった。60勝55敗、勝率.522と8年振りのシーズン勝ち越しを決めた要因は間違いなく投手陣の活躍にある。

　3年振りに開幕投手を担った大野雄は、対東京ヤクルト戦（神宮）で4回6失点と大乱調に終わると、7月24日対阪神戦が終了した時点で0勝3敗防御率4.04と2019年シーズンの最優秀防御率投手が大いに苦しんだ。しかし、次の7月31日対東京ヤクルト戦（ナゴヤドーム）でようやく初勝利を掴むとそのまま5連勝を挙げる。その後もシーズン2度目となる5連勝を記録するなど、得点すら許さない安定した投球を続け、最終的には11勝6敗、防御率1.82をマークした（うち、6完封勝利）。結果的に、大野雄は2年連続となる最優秀防御率投手賞に加え、最多三振奪取投手賞、沢村賞を受賞した。また、中継ぎ陣を率いた祖父江と福は共に30ホールドポイントをマークし、2人揃って最優秀中継ぎ投手賞を受賞。R.マルティネスも40試合に登板し、21セーブ、防御率1.13と大車輪の活躍を見せた。特に、7月28日対広島東洋戦（マツダ）から続いていた、6回終了時点でリードしている場合の連勝が「37」まで続いた記録は、2020年シーズンの象徴と言えるものであり、2011年のリーグ優勝時を彷彿とさせる鉄壁の投手陣へと成長した。

　打撃陣は、大島が146安打を放ち2年連続となる最多安打者賞を受賞し、キャプテンの高橋はプロ入り初の打率3割台に乗せた。しかし、京田や阿部、ビシエドは2019年シーズンを上回る成績を残すことが出来ず、福田や平田といった主力のメンバーは不調や怪我によって軌道に乗れないままシーズンが終了。最終的にはリーグ4位となるチーム打率.252、リーグ最少となる70本塁打となった。新戦力として2年目の根尾やルーキー石川昂にも期待が寄せられたが、結果を出せずに終わった。

横浜DeNA

　絶対的主砲の筒香が抜けて迎えたシーズンは、56勝58敗勝率.491と戦前の予想を裏切る形となり、2年振りの4位に終わった。投手陣は、2年連続開幕投手を務めた今永が開幕早々に離脱、2015年から50試合登板を続けてきたクローザーの山﨑も不調と、想定外の厳しい戦いとなった。しかし、防御率2.27の25歳平良に加え、33試合に登板したドラフト3位ルーキー伊勢がブレイク。その他、エスコバーや石田が50試合以上の登板を果たし、大貫が10勝をマークするなど若手の更なる飛躍でカバーした結果、リーグ3位となるチーム防御率3.76を記録。2019年シーズンを上回る成績を残した。

　打撃陣は、筒香に代わる「4番・レフト・キャプテン」の重責を担った佐野が打率.323と首位打者に輝いた。加えて20本塁打と豪快な一面も見せつけ、ベストナイン賞も受賞。2019年シーズンは代打の切

り札として存在感を見せたが、見事にDeNAの顔として名を馳せた。1番に定着した梶谷は大きな復活を見せた。特に大樹生命月間MVP賞を獲得した9月度は、球団新記録となる月間42安打をマーク。最終的にはリーグトップとなる88得点をマークし、打率.323・140安打はリーグ2位と、リードオフマンの実力を発揮した。その他、開幕時に不安が残ったソトは25本塁打と変わらず持ち味を発揮。ケガで65試合の出場に留まった新外国人のオースティンも20本塁打を放ち大樹生命月間MVP賞（10・11月）を受賞するなど、2021年シーズンへ更なる期待感を抱かせる活躍を見せた。

　ラミレス監督は2020年を以って退任。監督として5年間で3度のCS進出に貢献。2017年には、リーグ3位ながらもCSを勝ち抜き日本シリーズに進出した。2021年シーズンは1998年以来の優勝を目指し、三浦新監督を迎えてスタートする。

広島東洋

　2年振りの王座奪還を目指す広島は、最終的に52勝56敗勝率.481と9年振りの5位でシーズンを終えた。シーズン前半は、4番の鈴木誠が7月まで打率.341、9本塁打と大暴れするも先発陣が安定せず、7月カード3連戦で勝ち越しが1度のみと大失速。結局、10月2日に5位へ浮上するまで最下位争いから抜け出せず、中盤以降一度も優勝争いに加わることが出来なかった。

　投手陣では、森下が18試合に先発して14試合でクオリティー・スタート（QS・6イニングを投げて自責点3以内）を記録するなど、新人離れの安定した投球を見せ、10勝3敗防御率1.91（リーグ2位）と2014年大瀬良以来となる最優秀新人賞を獲得した。新人が「規定投球回数」「2桁勝利」「防御率1点台」の3つを達成したのは1966年の巨人堀内恒夫以来となり、球団では史上初の快挙となった。しかし、エースの大瀬良や2016年に沢村賞を受賞したK.ジョンソンの不調に続き、絶対的守護神である中﨑の不在など複合的な要素が響き、最終的にはリーグ5位となるチーム防御率4.06の結果に終わった。

　打撃陣は、鈴木誠が5年連続20本塁打以上、打率3割台をキープするなど安定した成績でチームを牽引。更に、11年目の堂林が8年振りとなる規定打席に到達すると、6・7月度では打率.358をマーク。見事首脳陣やファンの期待に応える活躍を見せた。その他、菊池涼が両リーグ史上初となる二塁手シーズン無失策・守備率10割を達成するなど、気を吐いたが、チーム全体を押し上げるまでには至らなかった。

東京ヤクルト

　開幕から本拠地15連戦（1試合は雨天中止）が行われるなど、新型コロナウイルス感染拡大に伴う変則カードにより前例のない試合日程となったが、慣れないスケジュールを強いられながらも序盤は見事な勝負強さを発揮した。中でも、6月25日対阪神戦（神宮）では1点を追う9回裏2死1、2塁の場面で代打西浦が登場し、阪神の守護神藤川から左翼席へ逆転サヨナラ3点本塁打を放つと、7月12日に一時は首位に立つなど、2019年シーズンとの違いを大いに見せつけた（西浦は、この一打で「2020スカパー！ドラマティック・サヨナラ賞年間大賞」を受賞）。しかし、8月に入って先発陣が崩壊すると、8月21日以降は1度もAクラスに上がること無く、最終的には41勝69敗勝率.373と2年連続最下位に沈んだ。

　投手陣は、2019年シーズン同様に課題が残る結果となった。小川は、8月15日対横浜DeNA戦（横浜）でノーヒットノーランを達成するなど、リーグ優勝を果たした2015年以来の2ケタ勝利を達成。しかし、1998年の広島大野豊以来となる40代での開幕投手を務めた石川が、9試合目の登板を終えるまで白星が付かず、結局小川以外の先発陣は誰一人貯金を作ることが出来なかった。一方で、2年目の清水が30ホールドポイントをマークし、最優秀中継ぎ投手賞を受賞したことは明るい話題となった。

　打撃陣は、3年目の村上が全試合出場を果たしリーグ2位となる28本塁打を放つと、長打率（.585）、出塁率（.427）、四球（87）の各部門でリーグトップの成績を残すなど、2019年シーズンに続いて若き大砲が持ち味を十分に発揮した。日米通算17年目を迎えた青木はリーグ3位の打率.317、出塁率.424は村上に続くリーグ2位と、こちらもベテランの意地を見せた。しかし、トータルで見れば山田哲の不振に加え、山﨑、廣岡といった期待の若手も十分に台頭出来ないまま、シーズンが終了。チーム打率.242は2年連続リーグワーストとなり、得点力不足と合わせて2021年シーズン以降の課題となった。

NPB初、セ・リーグにタイトルパートナー「株式会社JERA」と3年契約

　2020年度の公式戦より、リーグタイトルパートナーとしてエネルギー事業会社「株式会社JERA（ジェラ）」との契約が締結された。公式戦のタイトルに冠スポンサーがつくのはパ・リーグを含めても初となる。プロ野球とセ・リーグの永続的な発展を目的として、2020年シーズンは、主にリーグ戦の正式タイトルやロゴを発信する取り組みを行った。レギュラーシーズンに限らずクライマックスシリーズ（CS）でも冠スポンサーがつく予定であったが、2020年シーズンにおいては新型コロナウイルス感染拡大に伴う開幕延期により、CSの開催は中止となった。

セ・リーグ入場者数は前年比81.5％減の2,754,626人

　セ・リーグ所属球団主催試合（360試合）で総入場者数は合計2,754,626人（1試合平均7,652人）と、前年に比べて81.5％減少した（2019年度：14,867,701人）。新型コロナウイルス感染拡大の影響により、試合数の減少（143試合⇒120試合）と観客の入場制限を余儀なくされたことが主な原因となった。尚、2020年シーズンは6月19日〜7月9日：無観客、7月10日〜9月18日：5,000人以内、9月19日〜11月14日：収容人数の50％以内に制限して開催された。

「新型コロナウイルス対策連絡会議」の発足

　一般社団法人日本野球機構と公益社団法人日本プロサッカーリーグ（Jリーグ）は、新型コロナウイルスの感染拡大の観点から、選手・監督・コーチ、プロ野球ファンを含めた社会全体を守る為、2020年3月3日に両法人共同で「新型コロナウイルス対策連絡会議」を設置し、この連絡会議に「専門家チーム」を置いた。定期的に本会議を実施するにあたり、新型コロナウイルスの感染に関する情報の収集・分析、スタジアムにおける観客対策、選手・チームスタッフの感染防止策や公式戦開催に関する助言を「専門家チーム」から頂戴し、プロ・アマを問わず他競技団体等に対して情報を広く公開することで、日本のスポーツ界全体の対応力強化に大きく貢献した。2020年シーズンは「専門家チーム」及び地域アドバイザーの11名の先生方のお力添えもあり、世界でも類を見ない120試合のリーグ戦挙行を達成。2021年もシーズンの成功を祈願して、Jリーグと共にプロスポーツ界を引っ張っていく。

パシフィック・リーグ回顧

　2020年のレギュラー・シーズンは3月20日に開幕する予定だったが、世界中で猛威をふるう新型コロナウイルス感染拡大の影響により、開幕延期、試合数減を余儀なくされた。2月26日、プロ野球12球団およびNPBは、政府の新型コロナウイルス感染症対策の基本方針に沿い、2月29日～3月15日に予定されていた春季非公式試合（オープン戦）72試合を、無観客試合として開催することを決定。3月3日には公益社団法人日本プロサッカーリーグ（Jリーグ）と共同で「新型コロナウイルス対策連絡会議」を設置。観客、選手・監督・コーチらチーム関係者を守り、プロスポーツの社会的役割を果たしていくことを目的とするもので、感染症の専門家チームのアドバイスをもとにガイドラインを作成、感染拡大を適切に防ぎながら試合を運営していくこととなった。3月9日に開かれた臨時12球団代表者会議では、3月20日に予定していたレギュラー・シーズンの開幕延期が決定。その後、政府による緊急事態宣言の発出、宣言解除を経て、状況を見極めながら協議を重ねた結果、5月25日の12球団代表者会議で6月19日（金）に両リーグの公式戦を開幕することを決定、当面の間は無観客で行うこととなった。各球団は開幕までの準備期間として6月2日から14日まで練習試合で調整を行った。

　感染拡大防止の観点から、様々な規定に特例措置が設けられた。レギュラー・シーズン試合数は、前年までの1チーム143試合から120試合（リーグ計360試合）に減り、予定されていたセ・リーグとの交流戦18試合は中止、リーグ内対戦24回戦のみでリーグ優勝を争うこととなった。イニング制限（延長回）は12回から10回に変更し、クライマックスシリーズも1位球団と2位球団による4試合制（1位球団に1勝のアドバンテージ）に短縮。出場選手登録関連では、感染疑いのある選手の登録抹消後10日以内の再登録を可能とする「特例2020」を制定。出場選手登録人数は31人（前年の29人から2人増）、そのうち外国人選手は5人（4人から1人増）、ベンチ入り人数は26人（25人から1人増、うち外国人選手は4人のまま）となった。日程面でも大きな変更が加えられ、各試合地への移動回数が軽減されるように、開幕2カード目の6月23日から8月23日までの2カ月間は、同一カード6連戦という異例の日程組みとなった。各球団の専用球場以外での試合は当初37試合が予定されていたが、日程変更の結果3試合のみとなった（9月15日～17日、ほっと神戸でのオリックス対東北楽天）。レギュラー・シーズンが120試合に減った影響で、リーグシーズン打数（23,560）、安打（5,797）、投球回（6,335）はいずれも1951年（24,306打数、5,992安打、6,392回、リーグ計358試合）を下回るリーグ最少記録となった。

福岡ソフトバンク、3年ぶり19度目リーグ制覇

　異例づくしのシーズンを制したのは福岡ソフトバンクで、10月27日、PayPayドームで千葉ロッテを破り、3年ぶり19度目のリーグ制覇を果たした（最終成績73勝42敗5分、勝率.635）。就任6年目の工藤監督にとっては3年ぶり3度目の栄冠となった。6月19日の開幕戦（千葉ロッテ戦）では延長10回、栗原のサヨナラ打で勝利。プロ野球史上3度目の2年連続開幕戦サヨナラ勝利という華々しいスタートを切ったが、チームは翌日から3連敗、26日から埼玉西武にも3連敗し、3勝6敗1分で6月を終えた。しかし7月は18勝9敗（22日に開幕戦以来の首位に再浮上）、8月は16勝8敗1分と安定した戦いぶりを見せ、8月23日以降は単独首位を維持し続けた。9月は11勝13敗2分と負け越したが、10月は22勝4敗1分（勝率.846）、チーム月間22勝のプロ野球新記録を打ち立てた。(1953年9月巨人、1954年8月中日、2002年8月西武の21勝を更新)。月間18の勝ち越しも1954年8月中日、1960年6月大毎、1968年8月阪神の17を更新するプロ野球新記録となった。1ゲーム差のリードで迎えた10月9日からの2位千葉ロッテとの首位攻防3連戦では、初戦を落としゲーム差なしとなったが、翌10日は東浜の8回1失点の力投で快勝。この日から23日埼玉西武戦にかけて、チームは15年ぶりの12連勝を記録。11日千葉ロッテ戦から14日オリックス戦まで3試合連続無失点勝利、10日の千葉ロッテ戦の7回から、14日オリックス戦の9回までは30イニング連続無失点だった。対照的に千葉ロッテは10日から23日の期間で2勝しか挙げられず、福岡ソフトバンクがリーグ優勝を一気に手繰り寄せた。リーグ優勝を決めたのも千葉ロッテ戦（10月27日、スコア5－1で勝利）で、シーズン途中まで4勝11敗1分と相性が悪かった千葉ロッテに対して終盤は7連勝、対戦成績を11勝12敗1分まで巻き返し、最終的には2位千葉ロッテに対して14ゲーム差をつけてレギュラー・シーズンを終えた。

　チームを支えた投手陣は先発、救援ともに層が厚く、チーム防御率（2.92）は2年連続リーグ1位だった。主な先発投手では千賀が11勝6敗、石川が11勝3敗で、いずれも自身初のリーグ最多勝利投手賞のタイトルを分け合ったほか、東浜（9勝2敗）、和田（8勝1敗）、ムーア（6勝3敗）らが奮闘。規定投球回に到達したのは千賀のみだったが、以上の先発投手陣はいずれも防御率2点台の活躍だった。千賀は初の最優秀防御率投手賞（2.16）と、2年連続2度目の最多三振奪取投手賞（149）を獲得した。シーズン奪三振率11.08はプロ野球2位（プロ野球記録は2019年自身が持つ11.33）。11月4日には通算1,000奪三振を達成、855.1回での達成は近鉄・野茂の871回を抜くリーグ史上最速記録だった（阪神・藤川の771.2回に次ぐプロ野球2位）。石川は勝率第1位投手賞（.786＝11勝3敗、2020年は10勝以上が条件）も受賞した。救援投手陣では森、高橋礼が52試合に登板、嘉弥真、モイネロが50試合に登板、2年目の泉が40試合に登板。森は1勝1敗32セーブ6ホールド（防御率2.28）、髙橋礼は4勝2敗23ホールド（防御率2.65）、嘉弥真は3勝1敗18ホールド（防御率2.10）。モイネロは2勝3敗38ホールド（防御率1.69）、40ホールドポイントで最優秀中継ぎ投手のタイトルを初めて獲得した。
　チーム打撃成績は打率（.2489）がリーグ3位で、チーム本塁打（126）は4年連続リーグ最多、盗塁99もリーグトップだった。主砲・柳田は119試合に出場しリーグ2位の打率.342、リーグ3位の29本塁打、86打点をマークし、リーグの最優秀選手に選出された。146安打はリーグ最多で、自身初の最多安打のタイトルを獲得したほか、得点（90）、塁打（266）、長打率（.623）、得点圏打率（.369）がリーグトップだった。7月は月間32得点、プロ野球3人目のタイ記録（1964年5月南海広瀬、2013年8月巨人村田に並ぶ）。支配下選手登録されて2年目の周東は、シーズン50盗塁で初の最多盗塁タイトルを獲得。10月16日東北楽天戦から10月30日埼玉西武戦にかけては13試合連続盗塁のプロ野球新記録を樹立した（1971年と1974年の阪急・福本の11試合連続を更新）。規定打席到達者は柳田のほかに中村晃、栗原、松田宣で、栗原は118試合に出場しチーム2位の17本塁打を放った。

他チームの戦いの跡

千葉ロッテ

　3年連続でクライマックスシリーズ進出を逃していた千葉ロッテは60勝57敗3分（勝率.513）で、13年ぶりの2位となった。就任3年目の井口監督にとっては初のクライマックスシリーズ進出となった。チーム打率（.235）はリーグ最下位に沈んだが、チーム守備率（.988）は2年連続リーグトップとなった。福岡ソフトバンクとの開幕3連戦は、開幕戦こそ敗れたものの、2戦目、3戦目と連勝。ホーム（ZOZOマリン）に戻って6月23日からはオリックスとの同一カード6連戦。その初戦は9回裏に2点をあげ逆転サヨナラ勝ちし、この勢いを保ったまま28日までの同カードで勝ち続け、同一カード6連戦6連勝を記録した。チームは6月8勝2敗の好スタートで首位で終えたが、7月は1度も連勝がなく10勝16敗と停滞、勝率5割に戻った。しかし8月は16勝8敗2分で一時は首位に浮上、9月も15勝11敗と勝ち越し、9月終了時点で首位・福岡ソフトバンクとゲーム差なしの2位につけ、優勝争いを演じた。投打の主力選手の故障が相次いでいたところ、10月に入ると計13人の選手が新型コロナウイルス検査の陽性判定または濃厚接触者認定を受けて離脱することになり、チームはより苦しい戦いを強いられた。10月9日、福岡ソフトバンクに勝利しゲーム差なしまで迫ったが、翌日以降は負けが込み、18日からは6連敗して首位から大きく差をつけられた。福岡ソフトバンクのリーグ優勝を許した27日からも4連敗を喫し、2位の座も危うくなったが、11月8日、埼玉西武に勝利し2位を確定、4年ぶりのクライマックスシリーズ出場を決めた。野手では中村奨吾が3年連続で全試合出場したほか、井上、マーティン、安田が規定打席に到達した。2年目の藤原は10月14日東北楽天戦でプロ第1号となる初回先頭打者本塁打を記録、10月16日の第2号も初回先頭打者本塁打で飾った（プロ1、2号本塁打が初回先頭打者となるのはプロ野球史上3人目）。阪神から移籍1年目、17年目の鳥谷は10月28日遊撃手通算1,768試合のプロ野球新記録を打ち立てた。開幕前の6月1日に育成選手から支配下選手登録された和田は71試合に出場、チーム最多の23盗塁をマークした。投手陣では東北楽天から移籍1年目の美馬が10勝を挙げたほか、二木が9勝、石川、岩下、小島が7勝。救援では益田がリーグ最多タイの54試合に登板し31セーブをマークしたほか、美馬同様に東北楽天から加入1年目の小野が40試合に登板。ほかに東條、ハーマン、唐川

が30試合以上に登板、９月に巨人とのトレードで獲得した澤村も22試合に登板しチームの屋台骨となった。

埼玉西武

　　就任４年目の辻監督が率いる埼玉西武はリーグ３連覇を狙ったが、58勝58敗４分の勝率.500で３位に終わった。チーム防御率は4.28で、３年連続リーグ最下位。シーズン最少完投１は、2019年日本ハム、2020年ヤクルトと並ぶプロ野球タイ記録となった。前年まで３年連続でリーグトップだったチーム打率もリーグ５位の.238に終わった。変則的な日程により開幕から15試合連続で本拠地メットライフドームでの試合となったが、この間の成績は７勝７敗１分。７月末までは17勝17敗１分で乗り切ったが、８月には７連敗と５連敗を喫し９勝15敗１分と負け越し、５位に後退した。９月14勝12敗、10月14勝11敗１分と粘り強く勝ち越し、11月に入ってからの３連勝で千葉ロッテをかわし単独２位に浮上したが、11月６日、７日に東北楽天戦で１敗１分、８日の千葉ロッテとの直接対決にも敗れ、４年連続のクライマックスシリーズ進出を逃した。野手では源田、外崎が全試合出場、19年目の栗山がチームトップの打率.272（リーグ12位）を記録。山川はチーム最多の24本塁打、73打点を記録した。山川は９月12日福岡ソフトバンク戦で150本塁打を達成、498試合での達成はプロ野球史上10位のスピード記録となった。投手陣では髙橋光が唯一規定投球回に到達しチーム最多の８勝を挙げた。来日２年目・ニールが前年2019年６月16日中日戦から続けていた連勝記録は、2020年７月17日東北楽天戦までの13連勝でストップした（７月31日福岡ソフトバンク戦で敗戦）。救援投手では増田が48試合に登板、リーグ最多の33セーブを記録し、自身初の最多セーブ賞を獲得。３年目の平良はリーグ最多タイの54試合に登板し、１勝０敗１セーブ33ホールド、防御率1.87で最優秀新人賞を獲得した。ほかにギャレット、宮川が49試合、森脇が47試合、平井が41試合に登板した。

東北楽天

　　新監督に三木監督を据え、積極的な戦力補強などの話題が多かった東北楽天は、55勝57敗８分（勝率.491）で４位に終わった。チーム打撃成績では、得点（557）と打率（.258）がいずれもリーグ１位。得点がリーグ１位なるのは球団16年目で初めて、打率が１位となるのは2008年以来２度目のことだったが、チーム防御率（4.19）はリーグ５位と低調だった。６月の10試合を７勝３敗と好調な滑り出しを見せたが、７月は12勝13敗１分、８月は12勝12敗２分と勝ち越すことができず、９月16日オリックス戦に敗れシーズンで初めて勝率５割を下回った。直後に５連勝したもののすぐに４連敗し、10月16日からの福岡ソフトバンク３連戦で３連敗して再び勝率５割を下回り、以後勝率５割に届かないままシーズンを終えた。野手では浅村が５年連続６度目、千葉ロッテから移籍の鈴木大地も６度目の全試合出場を果たした。打率リーグ10傑では５位に鈴木大地（.295）、６位に新人・小深田（.288）、８位に島内（.281）、９位に浅村（.280）がランク入り。浅村は32本塁打でリーグの最多本塁打タイトルを初めて獲得、104打点はチーム最多だった。オリックスから移籍のロメロは打率リーグ11位（.272）で、24本塁打、63打点はいずれも浅村に次ぎチーム２位の数字だった。ルーキー小深田は112試合に出場、17盗塁はチーム最多だった。投手では千葉ロッテから移籍の涌井がチームで唯一規定投球回に達し11勝（４敗）、福岡ソフトバンク千賀、石川と並んでリーグ最多勝利のタイトルを獲得した。涌井の最多勝利タイトル獲得は埼玉西武在籍時の2007年、2009年、千葉ロッテ在籍時の2015年に続き４度目で、３球団で獲得するのは史上初の快挙となった。救援では米大リーグから３年ぶりにNPB復帰となった牧田が52試合に登板し22ホールド、千葉ロッテから移籍の酒居、来日２年目のブセニッツがともに46試合に登板、酒居は12ホールド、ブセニッツは18セーブ13ホールドをマークした。

北海道日本ハム

　　北海道日本ハムは、栗山監督が球団史上最長となる９年連続の指揮をとることになったが、結果は53勝62敗５分（勝率.461）で、２年連続の５位となった。２年続けて４位以下、１チームに対して11の負け越し（福岡ソフトバンクに対して６勝17敗１分）を喫するのは2004年の北海道移転後初めてのことで、チーム成績の打率（.2494）はリーグ２位、防御率（4.02）はリーグ４位、守備率（.983）はリーグ最下

位だった。埼玉西武との開幕3連戦は2勝1敗。シーズンを通して最多の連敗は4連敗（3度）だったが、大型連勝もなく（4連勝が2度）、月間勝ち越しは8月の13勝11敗1分のみだった。主な先発投手では有原が唯一規定投球回に達し8勝9敗、バーヘイゲン、上沢が8勝6敗、杉浦が7勝5敗だった。救援の宮西は50試合に登板し2勝1敗8セーブ21ホールドを記録し、13年連続50試合以上登板の自身が持つリーグ記録を更新した（プロ野球2位）。宮西の734試合連続リリーフ登板も自身が持つリーグ記録を更新（プロ野球3位）。さらに通算393ホールドポイント（ホールド358＋救援勝利35）は自身が持つプロ野球記録の更新となった。他に玉井が49試合1セーブ21ホールド、堀が45試合で1セーブ14ホールドを記録。公文は初登板から182試合連続負けなしの自身が持つプロ野球記録を更新したが、7月11日オリックス戦で負け投手となり、記録が途切れた。打線では主砲・中田が108打点をあげ4年ぶり3度目のリーグ最多打点に輝いたほか、近藤が2年連続2度目の最高出塁率（.465）タイトルを獲得。打率リーグ10傑には3位に近藤（.340）、4位に西川（.306、チーム最多の129安打、42盗塁）、7位に度邉（.233）、10位に大田（.275）が名を連ねた。

オリックス

　オリックスは就任2年目の西村監督のもと、前年最下位からの巻き返しを狙ったが、最終成績は45勝68敗7分（勝率.398）で2年連続の最下位に沈んだ。開幕戦（6月19日）は東北楽天に敗れ、2012年から9年連続敗戦。パ・リーグ球団の開幕戦9連敗は1976年から1985年ライオンズ（1分け挟む）に並ぶものだが、9年連続敗戦となるとリーグワースト記録となった。開幕2カード目、6月23日からの千葉ロッテ6連戦（ZOZOマリン）では6連敗、26日には前年13勝の勝ち頭・山岡が負傷し長期離脱に見舞われることになった。開幕月となった6月は1勝9敗に終わり、7月は13勝11敗3分と勝ち越したが、8月は7日からシーズン2度目の7連敗を喫するなど、20日までで2勝13敗1分と不振から脱却できず、8月21日からは中嶋二軍監督が一軍監督を代行することとなった。21日からの埼玉西武戦では3連勝したが、直後に5連敗し、8月は6勝18敗1分。9月は13勝11敗2分とシーズン2度目の月間勝ち越しを記録したが、10月以降は2度の4連敗を含む12勝19敗1分と負け越し、挽回することができないままシーズンを終えた。先発投手では山本が8勝4敗、防御率2.20と健闘し、149奪三振で福岡ソフトバンク千賀と並び最多三振奪取投手のタイトルを初めて獲得した。ほか、3年目の田嶋が初めて規定投球回に到達したが、4勝6敗、防御率4.05、山﨑福が5勝5敗、山岡4勝5敗、アルバースが4勝8敗だった。救援投手では山田が48試合で4勝5敗18ホールド、ヒギンスが41試合で3勝3敗19ホールドをマークした。打者では、3年連続全試合出場を果たした吉田正が打率.350を記録し、5年目で初の首位打者タイトルを獲得。他に規定打席に達したのはＴ－岡田（打率.256、リーグ16位）で、チーム最多の16本塁打を放った。米大リーグ14年間で282本塁打の実績をもって来日したアダム・ジョーンズは87試合に出場、12本塁打、打率.258だった。野手転向3年目を迎えた佐野は、77試合に出場しチーム最多の20盗塁を記録した。

　11月9日、レギュラー・シーズンの全日程が終了した。中止試合数は10試合、懸念されていた新型コロナウイルスの影響による中止は1試合のみだった（8月2日PayPayドームで行われる予定だった福岡ソフトバンク－埼玉西武が、福岡ソフトバンク二軍選手の陽性判定に伴い中止）。入場者数は政府の方針に従い制限を設け、6月19日の開幕時は無観客、7月10日から上限5,000人、9月19日からは収容定員の50％が上限と徐々に緩和されたが、最終的なリーグ全体の入場者数は2,068,952人（1試合平均5,747人）にとどまった（前年の1試合平均は27,203人）。

　平均試合時間は前年より6分短縮、2年前と同様の3時間18分、9回試合では前年より2分短縮の3時間16分となった。レギュラー・シーズンにおいて、試合を心地よく、魅力的にするためにスピーディーに進めた選手及びチームに贈る「ローソンチケット　スピードアップ賞」には、パ・リーグでは投手部門で福岡ソフトバンク・石川、打者部門では東北楽天・小深田、チームではオリックス（3年連続）が受賞した。

クライマックスシリーズ、福岡ソフトバンクが４年連続20度目の日本シリーズ進出

　３年ぶりのリーグ制覇を果たした福岡ソフトバンクが２位・千葉ロッテを迎えて行われたクライマックスシリーズは11月14日から福岡PayPayドームで行われ、福岡ソフトバンクが２連勝してアドバンテージ１勝を含む３勝０敗とし、４年連続20度目の日本シリーズ出場を決めた。福岡ソフトバンク・千賀、千葉ロッテ・美馬の両先発投手で始まった第１戦は、千葉ロッテが２回表に安田の２点本塁打で先制。４回裏、福岡ソフトバンクは柳田の本塁打で１点差に迫ったが、５回表に千葉ロッテが荻野の適時打で再び２点のリードを奪った。２点を追う福岡ソフトバンクは６回裏、柳田、グラシアルの連続安打を足掛かりに一死二、三塁の好機を作り、デスパイネの内野安打と相手失策で同点に追いついた。千賀は７回３失点で粘り、８回表は２番手・モイネロが打者３人で退けると、８回裏には二死満塁から甲斐の内野安打で勝ち越し。９回表は抑えの森が打者３人で締めて４−３で先勝した。第２戦は福岡ソフトバンク・東浜、千葉ロッテ・チェン・ウェインの両投手が先発。初回に千葉ロッテが安田の２点二塁打などで３点を先制したが、２回裏に福岡ソフトバンク中村晃が２点本塁打を放ち１点差。４回裏にも中村晃が２打席連続で２点本塁打を放ち逆転すると、続く松田宣にも本塁打が飛び出しリードを２点差とした。７回表に千葉ロッテが１点差に詰め寄るも、その裏には周東の適時三塁打で再び２点差。投げては５回から松本、岩嵜、嘉弥真、高橋礼の継投が決まり、７回二死から登板のモイネロは前日に続いて８回表も完全に抑え、９回表は森が連日無失点でセーブを記録、チームを４年連続の日本シリーズに導いた。この日２本塁打４打点の活躍を見せた中村晃は、クライマックスシリーズ２試合通じての最優秀選手に選出された。中村晃は2016年以降、クライマックスシリーズでは５年連続本塁打、日本シリーズを含めたポストシーズンの試合では2014年から７年連続の本塁打を記録することとなった。

セ・パ 両リーグ平均試合時間 ［（ ）内は9回試合での平均］

年度	セ	パ	年度	セ	パ	年度	セ	パ
'50	1：44（1：42）	1：45（1：43）	'74	2：32（2：32）	2：44（2：43）	'98	3：19（3：14）	3：20（3：15）
'51	1：51（1：49）	1：48（1：46）	'75	2：41（2：39）	2：39（2：37）	'99	3：19（3：14）	3：15（3：09）
'52	1：52（1：49）	1：53（1：50）	'76	2：50（2：50）	2：42（2：41）	'00	3：17（3：12）	3：19（3：15）
'53	1：51（1：48）	1：58（1：52）	'77	2：54（2：54）	2：49（2：48）	'01	3：17（3：13）	3：23（3：18）
'54	1：54（1：51）	2：00（1：56）	'78	2：54（2：54）	2：52（2：51）	'02	3：14（3：07）	3：12（3：08）
'55	1：55（1：50）	2：05（2：01）	'79	2：54（2：53）	2：58（2：58）	'03	3：12（3：09）	3：22（3：18）
'56	1：57（1：53）	2：02（1：58）	'80	2：49（2：48）	3：02（3：02）	'04	3：20（3：14）	3：29（3：24）
'57	2：03（1：58）	2：07（2：02）	'81	2：51（2：50）	2：55（2：55）	'05	3：16（3：11）	3：20（3：15）
'58	2：12（2：07）	2：11（2：06）	'82	2：59（2：58）	2：54（2：53）	'06	3：14（3：09）	3：18（3：11）
'59	2：14（2：10）	2：16（2：12）	'83	3：03（3：02）	3：01（3：02）	'07	3：19（3：14）	3：18（3：13）
'60	2：20（2：16）	2：14（2：10）	'84	3：10（3：10）	3：00（3：00）	'08	3：11（3：09）	3：14（3：10）
'61	2：25（2：20）	2：22（2：19）	'85	3：05（3：04）	3：03（3：03）	'09	3：11（3：07）	3：15（3：09）
'62	2：21（2：14）	2：28（2：24）	'86	2：56（2：54）	2：54（2：54）	'10	3：17（3：12）	3：18（3：12）
'63	2：19（2：15）	2：24（2：19）	'87	2：58（2：57）	2：58（2：58）	'11	3：09（3：07）	3：06（3：04）
'64	2：24（2：20）	2：27（2：22）	'88	3：06（3：04）	3：02（3：00）	'12	3：10（3：04）	3：10（3：08）
'65	2：25（2：22）	2：23（2：19）	'89	3：09（3：04）	3：15（3：12）	'13	3：20（3：14）	3：25（3：18）
'66	2：24（2：20）	2：28（2：25）	'90	3：13（3：09）	3：13（3：11）	'14	3：21（3：16）	3：23（3：18）
'67	2：30（2：27）	2：35（2：32）	'91	3：14（3：09）	3：16（3：13）	'15	3：17（3：11）	3：21（3：16）
'68	2：33（2：28）	2：40（2：36）	'92	3：19（3：12）	3：12（3：09）	'16	3：19（3：14）	3：18（3：11）
'69	2：33（2：28）	2：32（2：28）	'93	3：07（3：02）	3：05（3：04）	'17	3：12（3：06）	3：14（3：10）
'70	2：34（2：30）	2：42（2：39）	'94	3：07（3：00）	3：07（3：04）	'18	3：19（3：14）	3：18（3：13）
'71	2：38（2：34）	2：46（2：43）	'95	3：08（3：04）	2：59（2：54）	'19	3：19（3：14）	3：24（3：18）
'72	2：27（2：23）	2：38（2：35）	'96	3：20（3：14）	3：05（3：00）	'20	3：13（3：09）	3：18（3：16）
'73	2：30（2：26）	2：46（2：43）	'97	3：18（3：13）	3：10（3：05）			

2020・セ・パ両リーグ対戦カード別平均試合時間

ホーム	対巨	対神	対中	対ディ	対広	対ヤ	シーズン ホーム	ロード	全試合平均
巨　　人	－	3：03	3：06	3：06	3：10	3：18	3：09	3：09	3：09
阪　　神	3：06	－	3：05	3：01	3：11	3：30	3：11	3：14	3：13
中　　日	2：58	3：06	－	2：57	3：11	3：15	3：05	3：08	3：07
Ｄ ｅ Ｎ Ａ	3：01	3：31	2：59	－	3：06	3：18	3：11	3：08	3：10
広　　島	3：13	3：23	3：06	3：25	－	3：34	3：20	3：14	3：17
ヤクルト	3：27	3：09	3：25	3：14	3：34	－	3：22	3：23	3：23
セ・リーグ									3：13

セ・リーグ最長時間	4：49	（10回）	6.19	ヤクルト　－　中　　日	1回戦　神　　宮
	4：16	（9回）	10.9	広　　島　－　ヤクルト	18回戦　マ　ツ　ダ
セ・リーグ最短時間	2：16	（9回）	7.29	広　　島　－　中　　日	8回戦　マ　ツ　ダ

ホーム	対ソ	対ロ	対武	対楽	対日	対オ	シーズン ホーム	ロード	全試合平均
ソフトバンク	－	3：14	2：54	3：18	3：20	3：20	3：12	3：21	3：17
ロ　ッ　テ	3：29	－	3：15	3：19	3：26	3：01	3：18	3：16	3：17
西　　武	3：19	2：59	－	3：25	3：24	3：07	3：15	3：11	3：13
楽　　天	3：26	3：20	3：17	－	3：32	3：24	3：23	3：22	3：23
日 本 ハ ム	3：21	3：37	3：23	3：29	－	3：21	3：24	3：25	3：24
オリックス	3：10	3：11	3：08	3：26	3：26	－	3：15	3：14	3：15
パ・リーグ									3：18

パ・リーグ最長時間	4：27	（9回）	7.28	ロ　ッ　テ　－　楽　　天	7回戦　ZOZOマリン
パ・リーグ最短時間	2：21	（9回）	8.1	ソフトバンク　－　西　　武	11回戦　PayPayドーム
	2：21	（9回）	9.11	ソフトバンク　－　西　　武	12回戦　PayPayドーム

2020・セ・パ　両リーグ出場人数別試合数

チーム	9人	10人	11人	12人	13人	14人	15人	16人	17人	18人	19人	20人	21人	22人	23人	24人	試合数計	延べ人数	平均出場人数
巨　人	1	1	1	2	4	10	11	14	20	14	18	13	1	6	4	—	120	2074	17.3
阪　神	1	—	3	4	4	16	16	18	20	18	8	6	1	4	1	—	120	1962	16.4
中　日	—	5	3	6	13	13	19	20	16	7	8	5	3	—	1	1	120	1871	15.6
ＤｅＮＡ	1	1	—	7	3	8	17	21	18	15	13	6	9	—	1	—	120	2000	16.7
広　島	—	1	3	9	9	9	15	17	19	18	9	3	4	1	2	1	120	1945	16.2
ヤクルト	—	1	—	1	4	5	18	15	17	24	14	11	6	2	1	1	120	2078	17.3
計	3	9	10	29	37	61	96	105	110	96	70	44	24	13	10	3		11930	16.6

チーム	9人	10人	11人	12人	13人	14人	15人	16人	17人	18人	19人	20人	21人	22人	23人	24人	試合数計	延べ人数	平均出場人数
ソフトバンク	—	—	1	1	5	24	18	20	26	11	7	4	2	1	—	—	120	1931	16.1
ロッテ	—	—	—	4	8	14	22	22	17	16	13	2	2	—	—	—	120	1936	16.1
西　武	—	—	3	6	8	22	23	26	13	10	2	5	2	—	—	—	120	1859	15.5
楽　天	—	—	2	3	4	12	17	21	16	25	8	9	2	1	—	—	120	1987	16.6
日本ハム	—	—	1	2	4	10	14	16	20	21	12	8	8	4	—	—	120	2055	17.1
オリックス	—	1	1	1	6	10	17	18	25	14	13	7	7	—	—	—	120	2005	16.7
計	—	1	8	17	35	92	111	123	117	97	55	35	23	6	—	—		11773	16.4

2020・セ・パ　両リーグ投手登板人数別試合数

チーム	1人	2人	3人	4人	5人	6人	7人	8人	9人	10人	試合数計	延べ人数	平均登板人数
巨　人	4	8	21	29	26	20	8	4	—	—	120	537	4.5
阪　神	8	14	16	34	34	11	3	—	—	—	120	477	4.0
中　日	11	4	24	28	34	13	1	—	—	—	120	494	4.1
ＤｅＮＡ	4	6	20	25	28	28	8	1	—	—	120	548	4.6
広　島	8	9	20	31	31	15	1	—	—	—	120	498	4.2
ヤクルト	1	6	18	28	48	13	4	2	—	—	120	541	4.5
計	36	47	119	175	201	100	33	9	—	—		3095	4.3

チーム	1人	2人	3人	4人	5人	6人	7人	8人	9人	10人	試合数計	延べ人数	平均登板人数
ソフトバンク	3	8	24	37	22	21	5	—	—	—	120	510	4.3
ロッテ	4	6	34	44	22	7	2	1	—	—	120	468	3.9
西　武	1	3	21	40	35	14	3	3	—	—	120	534	4.5
楽　天	3	10	22	24	26	22	10	3	—	—	120	541	4.5
日本ハム	5	8	27	22	34	16	3	—	—	—	120	512	4.3
オリックス	3	11	18	32	35	16	5	—	—	—	120	513	4.3
計	19	46	146	199	174	96	33	7	—	—		3078	4.3

2020・セントラル・リーグ球団主催分　月別中止試合数

月	日程	中止	試合
6月	30	1	29
7月	82	6	76
8月	77	0	77
9月	81	3	78
10月	82	3	79
11月	21	0	21
計	—	13	360

2020・パシフィック・リーグ球団主催分　月別中止試合数

月	日程	中止	試合
6月	30	0	30
7月	81	2	79
8月	77	1	76
9月	80	2	78
10月	83	5	78
11月	19	0	19
計	—	10	360

2020年・退場者

月 日	試 合	球 場	退 場 者	原因と処分
6月21日	パ ソフトバンク対ロッテ ③	PayPayドーム	ソフトバンク 二保旭投手	危険投球
7月26日	パ 楽 天対オリックス ⑨	楽天生命	楽 天 藤平尚真投手	危険投球
31日	セ 巨 人対広 島 ⑦	東京ドーム	巨 人 畠世周投手	危険投球
8月20日	セ ヤクルト対中 日 ⑫	神 宮	中 日 濱田達郎投手	危険投球
10月 3日	パ オリックス対楽 天 ⑰	京セラドーム	オリックス 張奕投手	危険投球
8日	セ 巨 人対DeNA ⑱	東京ドーム	DeNA 砂田毅樹投手	危険投球
24日	セ 巨 人対阪 神 ㉒	東京ドーム	阪 神 サンズ外野手	球審への侮辱行為 ＝厳重注意と制裁金10万円

2020・表 彰 選 手

最優秀選手、最優秀新人、ベストナインは記者投票による。
投票総数セ・リーグ313、パ・リーグ277。〇内数字は表彰回数。

セントラル・リーグ

最優秀選手	菅野　智之	（巨）②
最優秀新人	森下　暢仁	（広）

ベストナイン

投手	菅野　智之	（巨）④
捕手	大城　卓三	（巨）初
一塁手	村上　宗隆	（ヤ）初
二塁手	菊池　涼介	（広）②
三塁手	岡本　和真	（巨）初
遊撃手	坂本　勇人	（巨）⑥
外野	佐野　恵太	（ディ）初
	丸　佳浩	（巨）⑥
	鈴木　誠也	（広）⑤

パシフィック・リーグ

最優秀選手	柳田　悠岐	（ソ）②
最優秀新人	平良　海馬	（武）

ベストナイン

投手	千賀　滉大	（ソ）②
捕手	甲斐　拓也	（ソ）③
一塁手	中田　翔	（日）③
二塁手	浅村　栄斗	（楽）⑤
三塁手	鈴木　大地	（楽）初
遊撃手	源田　壮亮	（武）③
外野	柳田　悠岐	（ソ）⑤
	吉田　正尚	（オ）③
	近藤　健介	（日）初
指名打者	栗山　巧	（武）初

最優秀選手の得票数と得点明細は以下の通り。規定により各1票にそれぞれ1位5点、2位3点、3位1点を与える。

セントラル・リーグ

		1位	2位	3位	点数
菅野　智之	（巨）	261	43	4	1,438
岡本　和真	（巨）	30	195	51	786
大野　雄大	（中）	17	39	101	303
坂本　勇人	（巨）	4	28	69	173
丸　佳浩	（巨）	0	3	43	52
佐野　恵太	（ディ）	0	0	6	6
鈴木　誠也	（広）	1	0	0	5
森下　暢仁	（広）	0	0	5	5
菊池　涼介	（広）	0	1	0	3
大山　悠輔	（神）	0	0	3	3
村上　宗隆	（ヤ）	0	0	3	3
西　勇輝	（神）	0	0	2	2
戸郷　翔征	（巨）	0	0	1	1
中川　皓太	（巨）	0	0	1	1
高梨　雄平	（巨）	0	0	1	1
青木　宣親	（ヤ）	0	0	1	1

有効投票総数　313

パシフィック・リーグ

		1位	2位	3位	点数
柳田　悠岐	（ソ）	194	54	15	1,147
千賀　滉大	（ソ）	50	84	40	542
L.モイネロ	（ソ）	21	51	35	293
森　唯斗	（ソ）	1	23	34	108
浅村　栄斗	（楽）	2	20	17	87
周東　佑京	（ソ）	3	5	18	48
吉田　正尚	（オ）	1	7	15	41
涌井　秀章	（楽）	1	6	9	32
中村　晃	（ソ）	1	6	4	27
石川　柊太	（ソ）	0	2	13	19
山本　由伸	（オ）	2	1	5	18
東浜　巨	（ソ）	0	1	14	17
中田　翔	（日）	0	2	6	12
栗原　陵矢	（ソ）	1	1	1	9
益田　直也	（ロ）	0	2	1	7
増田　達至	（武）	1	0	1	6
松田　宣浩	（ソ）	0	2	0	6
甲斐　拓也	（ソ）	0	0	2	2
近藤　健介	（日）	0	0	2	2
和田　毅	（ソ）	0	0	2	2
高橋　礼	（ソ）	0	0	1	1
石川　歩	（ロ）	0	0	1	1
美馬　学	（ロ）	0	0	1	1
井上　晴哉	（ロ）	0	0	1	1
L.マーティン	（ロ）	0	0	1	1
源田　壮亮	（武）	0	0	1	1
宮西　尚生	（日）	0	0	1	1

有効投票総数　277

2020・セントラル・リーグ・表彰選手

菅野　智之（巨）②
最優秀選手

首位打者	佐野　恵太	（ディ）	初	打率.328
最多安打	大島　洋平	（中）	②	146安打
最多本塁打	岡本　和真	（巨）	初	31本塁打
最多打点	岡本　和真	（巨）	初	97打点
最高出塁率	村上　宗隆	（ヤ）	初	出塁率.427
最多盗塁	近本　光司	（神）	②	31盗塁

森下　暢仁（広）
最優秀新人

最優秀防御率	大野　雄大	（中）	②	防御率1.82
勝率第一位	菅野　智之	（巨）	初	勝率.875
				（※10勝以上が表彰見定）
最多勝利	菅野　智之	（巨）	③	14勝
最多セーブ	R.スアレス	（神）	初	25セーブ
最優秀中継ぎ	祖父江大輔	（中）	初	30ホールドポイント
	福　　敬登	（中）	初	30ホールドポイント
	清水　　昇	（ヤ）	初	30ホールドポイント
最多奪三振	大野　雄大	（中）	初	148奪三振

2020・パシフィック・リーグ・表彰選手

柳田　悠岐（ソ）②
最優秀選手

首位打者	吉田　正尚	（オ）	初	打率.350
最多安打	柳田　悠岐	（ソ）	初	146安打
最多本塁打	浅村　栄斗	（楽）	初	32本塁打
最多打点	中田　　翔	（日）	③	108打点
最高出塁率	近藤　健介	（日）	②	出塁率.465
最多盗塁	周東　佑京	（ソ）	初	50盗塁

平良　海馬（武）
最優秀新人

最優秀防御率	千賀　滉大	（ソ）	初	防御率2.16
勝率第一位	石川　柊太	（ソ）	初	勝率.786
				（※10勝以上が表彰見定）
最多勝利	石川　柊太	（ソ）	初	11勝
	千賀　滉大	（ソ）	初	11勝
	涌井　秀章	（楽）	④	11勝
最多セーブ	増田　達至	（武）	初	33セーブ
最優秀中継ぎ	L.モイネロ	（ソ）	初	40ホールドポイント
最多奪三振	千賀　滉大	（ソ）	②	149奪三振
	山本　由伸	（オ）	初	149奪三振

2020・セントラル・リーグ登録名簿

読売ジャイアンツ

監督	原 辰徳 83			
コーチ	片岡 治大 70	水野 雄仁 71	井上 真二 72	三澤 興一 73	村田 善則 74
	村田 修一 75	二岡 智宏 76	元木 大介 77	木佐貫 洋 78	相川 亮二 79
	阿部慎之助 80	宮本 和知 81	實松 一成 82	松本 哲也 84	杉内 俊哉 85
	古城 茂幸 86	吉村 禎章 87	石井 琢朗 89	後藤 孝志 90	山﨑 章弘 100
	山口 鉄也 102	金城 龍彦 103	藤村 大介 104	加藤 健 105	会田 有志 106
投手	デラロサ 12	戸郷 翔征 13	▼澤村 拓一 15	大竹 寛 17	菅野 智之 18
	☆田中 豊樹 19	○サンチェス 20	▼岩隈 久志 21	野上 亮磨 23	髙橋 優貴 26
	田口 麗斗 28	鍵谷 陽平 30	畠 世周 31	○堀田 賢慎 32	○太田 龍 33
	桜井 俊貴 35	古川 侑利 40	中川 皓太 41	メルセデス 42	今村 信貴 45
	▼鍬原 拓也 46	▼藤岡 貴裕 47	○ビエイラ 49	戸根 千明 50	▼髙田 萌生 53
	△高梨 雄平 53	▼直江 大輔 54	▼高木 京介 57	▼宮國 椋丞 58	横川 凱 62
	▼田原 誠次 63	大江 竜聖 64	▼池田 駿 68	○井上 温大 91	☆沼田 翔平 92
	堀岡 隼人 95	▼☆ディプラン 96			
捕手	小林 誠司 22	大城 卓三 24	炭谷銀仁朗 27	岸田 行倫 38	○山瀬慎之助 67
	▼田中 貴也 69				
内野手	▼吉川 大幾 00	増田 大輝 0	中島 宏之 5	坂本 勇人 6	岡本 和真 25
	吉川 尚輝 29	若林 晃弘 37	△ウィーラー 48	▼田中 俊太 51	北村 拓己 52
	▼山本 泰寛 56	○菊田 拡和 60	増田 陸 61	松井 義弥 65	△香月 一也 68
	湯浅 大 93	☆ウレーニャ 98			
外野手	陽 岱鋼 2	丸 佳浩 8	亀井 善行 9	石川 慎吾 36	立岡宗一郎 39
	重信慎之介 43	☆モ タ 44	松原 聖弥 59	▼村上 海斗 66	▼○パ ー ラ 88
	▼加藤 脩平 94	○伊藤 海斗 97	▼山下 航汰 99		

ドラフト
○ 堀田 賢慎
○ 太田 龍
○ 菊田 拡和
○ 井上 温大
○ 山瀬慎之助
○ 伊藤 海斗

新外国人
○ サンチェス
○ ビエイラ
○ パ ー ラ

譲渡移籍
△ ウィーラー〈 6/29〉(楽より)
△ 高梨 雄平〈 7/15〉(楽より)
△ 香月 一也〈 9/ 8〉(ロより)

支配下登録
☆ モ タ〈 2/28〉(育成選手より)
☆ ディプラン〈 3/31〉(育成選手より)
☆ 沼田 翔平〈 6/ 1〉(育成選手より)
☆ 田中 豊樹〈 7/26〉(育成選手より)
☆ ウレーニャ〈 9/17〉(育成選手より)

譲渡抹消
▼ 池田 駿〈 6/29〉(楽へ)
▼ 髙田 萌生〈 7/15〉(楽へ)
▼ 澤村 拓一〈 9/ 8〉(ロへ)
▼ 田中 貴也〈 9/30〉(楽へ)
▼ 山本 泰寛〈12/10〉(神へ)
▼ 田中 俊太〈12/22〉(ディへ)
(梶谷隆幸のFA移籍に伴う人的補償)

自由契約選手
▼ 岩隈 久志〈12/ 2〉(保留外)
▼ 堀田 賢慎〈12/ 2〉(保留外)
▼ 鍬原 拓也〈12/ 2〉(保留外)
▼ 藤岡 貴裕〈12/ 2〉(保留外)
▼ 直江 大輔〈12/ 2〉(保留外)
▼ 高木 京介〈12/ 2〉(保留外)
▼ 宮國 椋丞〈12/ 2〉(保留外)
▼ 田原 誠次〈12/ 2〉(保留外)
▼ ディプラン〈12/ 2〉(保留外)
▼ 吉川 大幾〈12/ 2〉(保留外)
▼ モ タ〈12/ 2〉(保留外)
▼ 村上 海斗〈12/ 2〉(保留外)
▼ パ ー ラ〈12/ 2〉(保留外)
▼ 加藤 脩平〈12/ 2〉(保留外)
▼ 山下 航汰〈12/ 2〉(保留外)

登録・呼称
Rubby De La Rosa＝デラロサ
Angel Sanchez＝サンチェス
Cristopher Crisostomo Mercedes＝メルセデス
Thyago Vieira＝ビエイラ
Nattino Diplan＝ディプラン
Zelous Wheeler＝ウィーラー
Estamy Urena＝ウレーニャ
陽 岱鋼(ヨウ ダイカン)＝陽
Israel Mota＝モタ
Gerardo Parra＝パーラ

阪神タイガース

監督	矢野　燿大 88				
コーチ	高代　延博 70	久慈　照嘉 71	高橋　　建 72	金村　　暁 73	藤本　敦士 74
	平野　恵一 76	平田　勝男 78	北川　博敏 80	清水　雅治 81	山田　勝彦 82
	新井　良太 83	日高　　剛 84	福原　　忍 85	安藤　優也 86	中村　　豊 87
	藤井　彰人 89	香田　勲男 90	筒井　　壮 96	井上　一樹 99	
投　手	▼能見　篤史 14	○西　　純矢 15	西　　勇輝 16	岩貞　祐太 17	馬場　皐輔 18
	藤浪晋太郎 19	△中田　賢一 20	岩田　　稔 21	▼藤川　球児 22	▼呂　　彦青 26
	尾仲　祐哉 27	小野　泰己 28	髙橋　遥人 29	▼高野　圭佑 30	谷川　昌希 34
	▼才木　浩人 35	浜地　真澄 36	○及川　雅貴 37	▼福永　春吾 40	○エドワーズ 42
	守屋　功輝 43	秋山　拓巳 46	川原　　陸 47	齋藤友貴哉 48	○ガンケル 49
	青柳　晃洋 50	▼飯田　優也 56	△小林　慶祐 56	望月　惇志 61	桑原謙太朗 64
	湯浅　京己 65	○小川　一平 66	岩崎　　優 67	▼島本　浩也 69	▼△スアレス 75
	▼ガルシア 77	▼☆横山　雄哉 91	伊藤　和雄 92	☆石井　将希 93	
捕　手	坂本誠志郎 12	長坂　拳弥 39	梅野隆太郎 44	▼岡﨑　太一 57	○藤田　健二 59
	原口　文仁 94	片山　雄哉 95			
内野手	▼上本　博紀 00	木浪　聖也 0	北條　史也 2	大山　悠輔 3	熊谷　敬宥 4
	マ　ル　テ 31	糸原　健斗 33	小幡　竜平 38	▼○ボ　ー　ア 41	○遠藤　　成 45
	陽川　尚将 55	荒木　郁也 58	植田　　海 62		
外野手	近本　光司 5	糸井　嘉男 7	▼福留　孝介 8	髙山　　俊 9	江越　大賀 25
	○井上　広大 32	▼伊藤　隼太 51	○サ　ン　ズ 52	島田　海吏 53	中谷　将大 60
	板山祐太郎 63	俊　　　介 68			

ドラフト
○ 西　　純矢
○ 井上　広大
○ 及川　雅貴
○ 遠藤　　成
○ 藤田　健斗
○ 小川　一平

新外国人
○ エドワーズ
○ ガンケル
○ ボ　ー　ア
○ サ　ン　ズ

移　籍
△ 中田　賢一〈 1/30〉(ソより)
△ ス　ア　レ　ス〈 1/30〉(ソより)

譲渡移籍
△ 小林　慶祐〈 8/28〉(オより)

支配下登録
☆ 横山　雄哉〈 9/30〉(育成選手より)
☆ 石井　将希〈 9/30〉(育成選手より)

譲渡抹消
▼ 飯田　優也〈 8/28〉(オへ)

自由契約選手
▼ ボ　ー　ア〈11/20〉(ウエイバー)
▼ 能見　篤史〈12/ 2〉(保留外)
▼ 藤川　球児〈12/ 2〉(保留外)
▼ 呂　　彦青〈12/ 2〉(保留外)
▼ 高野　圭佑〈12/ 2〉(保留外)
▼ 才木　浩人〈12/ 2〉(保留外)
▼ 福永　春吾〈12/ 2〉(保留外)
▼ 島本　浩也〈12/ 2〉(保留外)
▼ ス　ア　レ　ス〈12/ 2〉(保留外)
▼ ガ　ル　シ　ア〈12/ 2〉(保留外)
▼ 横山　雄哉〈12/ 2〉(保留外)
▼ 岡﨑　太一〈12/ 2〉(保留外)
▼ 上本　博紀〈12/ 2〉(保留外)
▼ 福留　孝介〈12/ 2〉(保留外)
▼ 伊藤　隼太〈12/ 2〉(保留外)

登録・呼称
呂　　彦青(ルイ イ ニンチン)＝呂
Jon Edwards＝エドワーズ
Joe Gunkel＝ガンケル
Robert Suarez＝スアレス
Onelki Garcia＝ガルシア
Jefry Marte＝マルテ
Justin Bour＝ボーア
Jerry Sands＝サンズ
藤川　俊介＝俊介

中日ドラゴンズ

監　督	与田　　剛 92			
コーチ	波留　敏夫 71	仁村　　徹 72	栗原　健太 73	阿波野秀幸 74	武山　真吾 75
	渡邉　博幸 76	工藤　隆人 78	☆李　　鍾範 79	中村　武志 80	浅尾　拓也 81
	伊東　　勤 83	赤堀　元之 84	村上　隆行 85	小笠原　孝 86	門倉　　健 87
	荒木　雅博 88	英　　　智 89	立石　充男 90	三木　安司 91	パウエル 93
	水野　裕都 94	塚本　　洋 95	宮前　岳巳 96		

投　手	小笠原慎之介 11	田島　慎二 12	○橋本　侑樹 13	谷元　圭介 14	又吉　克樹 16
	柳　　裕也 17	▼吉見　一起 19	岡田　俊哉 21	大野　雄大 22	福谷　浩司 24
	佐藤　　優 25	梅津　晃大 28	山井　大介 29	▼阿知羅拓馬 30	祖父江大輔 33
	福　　敬登 34	○岡野祐一郎 36	松葉　貴大 38	石川　　翔 40	勝野　昌慶 41
	三ツ間卓也 43	鈴木　博志 46	笠原祥太郎 47	清水　達也 50	▼○ゴンサレス 53
	藤嶋　健人 54	山本　拓実 59	▼垣越　建伸 61	▼○竹内　龍臣 62	▼小熊　凌祐 64
	▼伊藤　準規 65	☆ロドリゲス 67	濱田　達郎 69	▼ロ　メ　ロ 70	☆マ　ル　ク 82
	R.マルティネス 97	木下　雄介 98	▼鈴木　翔太 99		

捕　手	大野　奨太 27	木下　拓哉 35	○郡司　裕也 44	加藤　匠馬 52	☆A.マルティネス 57
	石橋　康太 58	桂　　依央利 68			

内野手	高松　　渡 0	京田　陽太 1	○石川　昂弥 2	高橋　周平 3	阿部　寿樹 5
	根尾　　昂 7	▼石川　　駿 9	石垣　雅海 32	三ツ俣大樹 37	溝脇　隼人 48
	福田　永将 55	堂上　直倫 63	ビシエド 66		

外野手	藤井　淳志 4	平田　良介 6	大島　洋平 8	遠藤　一星 23	井領　雅貴 26
	渡辺　　勝 31	▼アルモンテ 42	▼☆シ　エ　ラ 45	伊藤　康祐 49	滝野　　要 51
	武田　健吾 56	○岡林　勇希 60			

ドラフト
- ○ 石川　昂弥
- ○ 橋本　侑樹
- ○ 岡野祐一郎
- ○ 郡司　裕也
- ○ 岡林　勇希
- ○ 竹内　龍臣

新外国人
- ○ ゴンサレス

支配下登録
- ☆ シ　エ　ラ〈 3/26〉（育成選手より）
- ☆ A.マルティネス〈 7/ 1〉（育成選手より）
- ☆ ロドリゲス〈 8/ 3〉（育成選手より）
- ☆ マ　ル　ク〈 9/23〉（育成選手より）

コーチ登録
- ☆ 李　　鍾範〈 2/28〉

自由契約選手
- ▼ 吉見　一起〈12/ 2〉（保留外）
- ▼ 阿知羅拓馬〈12/ 2〉（保留外）
- ▼ ゴンサレス〈12/ 2〉（保留外）
- ▼ 垣越　建伸〈12/ 2〉（保留外）
- ▼ 竹内　龍臣〈12/ 2〉（保留外）
- ▼ 小熊　凌祐〈12/ 2〉（保留外）
- ▼ 伊藤　準規〈12/ 2〉（保留外）
- ▼ ロ　メ　ロ〈12/ 2〉（保留外）
- ▼ 鈴木　翔太〈12/ 2〉（保留外）
- ▼ 石川　　駿〈12/ 2〉（保留外）
- ▼ アルモンテ〈12/ 2〉（保留外）
- ▼ シ　エ　ラ〈12/ 2〉（保留外）

登録・呼称
- Luis Gonzalez＝ゴンサレス
- Yariel Rodriguez＝ロドリゲス
- Enny Romero＝ロメロ
- 石田健人マルク＝マルク
- Raidel Martinez＝R.マルティネス
- Ariel Martinez＝A.マルティネス
- Dayan Viciedo＝ビシエド
- Zoilo Almonte＝アルモンテ
- Moises Sierra＝シエラ

登録名変更
- 石田健人マルク→マルク

横浜DeNAベイスターズ

監督	ラミレス 80				
コーチ	三浦　大輔 18	下園　辰哉 70	小池　正晃 71	川村　丈夫 72	大塚　乾志 73
	鶴岡　一成 74	上田　佳範 75	田代　富雄 76	坪井　智哉 77	大家　友和 78
	新沼　慎二 79	万永　貴司 82	青山　道雄 83	嶋村　一輝 84	柳田　殖生 85
	牛田　成樹 86	永池　恭男 88	藤田　和男 89	大村　巌 90	日中　浩康 97
投　手	東　克樹 11	阪口　皓亮 12	○伊勢　大夢 13	石田　健大 14	FA井納　翔一 15
	大貫　晋一 16	三嶋　一輝 17	山﨑　康晃 19	○坂本　裕哉 20	今永　昇太 21
	齋藤　俊介 24	濱口　遥大 26	上茶谷大河 27	勝又　温史 28	飯塚　悟史 30
	平田　真吾 34	三上　朋也 35	櫻井　周斗 41	進藤　拓也 43	○ピープルズ 45
	砂田　毅樹 47	京山　将弥 48	▼赤間　謙 49	▼パットン 53	○浅田　将汰 54
	▼濱矢　廣大 56	武藤　祐太 58	平良拳太郎 59	エスコバー 62	▼古村　徹 67
	▼藤岡　好明 68	国吉　佑樹 92	中川　虎大 93	笠井　崇正 94	
捕　手	戸柱　恭孝 10	伊藤　光 29	益子　京右 32	△髙城　俊人 36	嶺井　博希 39
	山本　祐大 50	○東妻　純平 57			
内野手	中井　大介 0	▼ロ　ペ　ス 2	伊藤裕季也 4	倉本　寿彦 5	○森　敬斗 6
	大　和 9	○オースティン 23	柴田　竜拓 31	山下　幸輝 38	▼飛　雄　馬 40
	▼石川　雄洋 42	佐野　恵太 44	宮﨑　敏郎 51	○田部　隼人 55	知野　直人 60
	▼百瀬　大騎 64	ソ　ト 99			
外野手	宮本　秀明 00	桑原　将志 1	FA梶谷　隆幸 3	神里　和毅 8	乙坂　智 33
	楠本　泰史 37	細川　成也 52	○蝦名　達夫 61	関根　大気 63	

ドラフト
- ○ 森　敬斗
- ○ 坂本　裕哉
- ○ 伊勢　大夢
- ○ 東妻　純平
- ○ 田部　隼人
- ○ 蝦名　達夫
- ○ 浅田　将汰

新外国人
- ○ ピープルズ
- ○ オースティン

移　籍
△ 髙城　俊人〈 1/30〉（オより）

自由契約選手
- ▼ 赤間　謙〈12/ 2〉（保留外）
- ▼ パットン〈12/ 2〉（保留外）
- ▼ 濱矢　廣大〈12/ 2〉（保留外）
- ▼ 古村　徹〈12/ 2〉（保留外）
- ▼ 藤岡　好明〈12/ 2〉（保留外）
- ▼ ロ　ペ　ス〈12/ 2〉（保留外）
- ▼ 飛　雄　馬〈12/ 2〉（保留外）
- ▼ 石川　雄洋〈12/ 2〉（保留外）
- ▼ 百瀬　大騎〈12/ 2〉（保留外）

FA宣言選手
FA井納　翔一
FA梶谷　隆幸

登録・呼称
Michael Peoples＝ピープルズ
Spencer Patton＝パットン
Edwin Escobar＝エスコバー
Jose Lopez＝ロペス
前田　大和＝大和
Tyler Austin＝オースティン
松井飛雄馬＝飛雄馬
Neftali Soto＝ソト

広島東洋カープ

監　督	佐々岡真司 88								
コーチ	高　信二 71	東出　輝裕 72	小林　幹英 73	永川　勝浩 74	廣瀬　　純 75
	倉　義和 76	畝　龍実 78	山田　和利 80	横山　竜士 82	朝山　東洋 83
	植田　幸弘 84	菊地原　毅 86	澤﨑　俊和 87	水本　勝己 89	玉木　朋孝 90
	迎　祐一郎 91	森笠　　繁 92	赤松　真人 93		
投　手	九里　亜蓮 12	矢崎　拓也 13	大瀬良大地 14	今村　　猛 16	岡田　明丈 17
	○森下　暢仁 18	野村　祐輔 19	中﨑　翔太 21	薮田　和樹 23	中田　　廉 26
	床田　寛樹 28	ケムナ誠 29	一岡　竜司 30	高橋　昂也 34	塹江　敦哉 36
	菊池　保則 39	▼藤井　皓哉 41	▼K.ジョンソン 42	島内颯太郎 43	高橋　樹也 46
	山口　　翔 47	アドゥワ誠 48	○鈴木　寛人 52	▼戸田　隆矢 53	田中　法彦 57
	▼○DJ.ジョンソン 58	☆藤井　黎來 58	中村　恭平 64	○玉村　昇悟 65	遠藤　淳志 66
	中村　祐太 67	▼平岡　敬人 68	○スコット 70	フランスア 97	▼モンティージャ 98
捕　手	中村　奨成 22	會澤　　翼 27	▼石原　慶幸 31	白濱　裕太 32	磯村　嘉孝 40
	坂倉　将吾 61	○石原　貴規 62			
内野手	曽根　海成 00	上本　崇司 0	田中　広輔 2	▼小窪　哲也 4	安部　友裕 6
	堂林　翔太 7	菊池　涼介 33	三好　　匠 35	林　晃汰 44	栗原　樹 45
	小園　海斗 51	○韮澤　雄也 54	中神　拓都 56	西川　龍馬 63	羽月隆太郎 69
	メヒア 96				
外野手	鈴木　誠也 1	長野　久義 5	▼○ピレラ 10	野間　峻祥 37	○宇草　孔基 38
	正隨　優弥 49	髙橋　大樹 50	松山　竜平 55	大盛　　穂 59	永井　敦士 60

ドラフト
○森下　暢仁
○宇草　孔基
○鈴木　寛人
○韮澤　雄也
○石原　貴規
○玉村　昇悟

新外国人
○DJ.ジョンソン
○スコット
○ピレラ

支配下登録
☆藤井　黎來〈 9/26〉(育成選手より)

譲渡抹消
▼DJ.ジョンソン〈 9/21〉(楽へ)

自由契約選手
▼藤井　皓哉〈12/ 2〉(保留外)
▼K.ジョンソン〈12/ 2〉(保留外)
▼戸田　隆矢〈12/ 2〉(保留外)
▼平岡　敬人〈12/ 2〉(保留外)
▼モンティージャ〈12/ 2〉(保留外)
▼石原　慶幸〈12/ 2〉(保留外)
▼小窪　哲也〈12/ 2〉(保留外)
▼ピレラ〈12/ 2〉(保留外)

登録・呼称
Kris Johnson＝K.ジョンソン
DJ Johnson＝DJ.ジョンソン
Tayler Scott＝スコット
Geronimo Franzua＝フランスア
Emailin Montilla＝モンティージャ
Alejandro Mejia＝メヒア
Jose Pirela＝ピレラ

東京ヤクルトスワローズ

監督	高津 臣吾 22			
コーチ	河田 雄祐 70	小野寺 力 72	福地 寿樹 73	杉村 繁 74	森岡 良介 75
	宮出 隆自 76	齋藤 隆 77	大松 尚逸 78	緒方 耕一 80	松元ユウイチ 82
	衣川 篤史 83	松岡 健一 84	畠山 和洋 85	福川 将和 87	池山 隆寛 88
	土橋 勝征 95	石井 弘寿 98			

投手	○奥川 恭伸 11	石山 泰稚 12	中尾 輝 13	高梨 裕稔 14	大下 佑馬 15
	原 樹理 16	清水 昇 17	寺島 成輝 18	石川 雅規 19	▼近藤 一樹 20
	星 知弥 24	▼○イノーア 25	坂本光士郎 26	○吉田 大喜 28	FA小川 泰弘 29
	▼○クック 33	▼山田 大樹 34	○杉山 晃基 35	マクガフ 37	梅野 雄吾 38
	市川 悠太 40	スアレス 43	○大西 広樹 44	高橋 奎二 47	金久保優斗 48
	▼五十嵐亮太 53	▼中澤 雅人 54	鈴木 裕太 56	久保 拓眞 61	▼庄川 賢吾 62
	▼風張 蓮 64	▼平井 諒 67	▼山中 浩史 68	△今野 龍太 69	△長谷川宙輝 90
	◇歳内 宏明 91	蔵本 治孝 99			

捕手	西田 明央 30	松本 直樹 32	△嶋 基宏 45	中村 悠平 52	古賀 優大 57
	大村 孟 59	▼井野 卓 63			

内野手	奥村 展征 00	▼藤井 亮太 0	山田 哲人 1	▼○エスコバー 2	西浦 直亨 3
	川端 慎吾 5	荒木 貴裕 10	廣岡 大志 36	宮本 丈 39	太田 賢吾 46
	村上 宗隆 55	○長岡 秀樹 58	○武岡 龍世 60	吉田 大成 66	☆松本 友 93

外野手	中山 翔太 8	塩見 泰隆 9	青木 宣親 23	山崎晃大朗 31	雄 平 41
	坂口 智隆 42	渡邉 大樹 49	▼上田 剛史 50	濱田 太貴 51	▼田代将太郎 65

ドラフト
○ 奥川 恭伸
○ 吉田 大喜
○ 杉山 晃基
○ 大西 広樹
○ 長岡 秀樹
○ 武岡 龍世

新外国人
○ イノーア
○ クック
○ エスコバー

移籍
△ 今野 龍太〈 1/31〉(楽より)
△ 長谷川宙輝〈 1/31〉(ソより)
△ 嶋 基宏〈 1/31〉(楽より)

支配下登録
☆ 松本 友〈 7/ 8〉(育成選手より)

復帰
◇ 歳内 宏明〈 9/ 7〉

自由契約選手
▼ イノーア〈10/12〉(ウエイバー)
▼ エスコバー〈11/23〉(ウエイバー)
▼ 近藤 一樹〈12/ 2〉(保留外)
▼ クック〈12/ 2〉(保留外)
▼ 山田 大樹〈12/ 2〉(保留外)
▼ 五十嵐亮太〈12/ 2〉(保留外)
▼ 中澤 雅人〈12/ 2〉(保留外)
▼ 田川 賢吾〈12/ 2〉(保留外)
▼ 風張 蓮〈12/ 2〉(保留外)
▼ 平井 諒〈12/ 2〉(保留外)
▼ 山中 浩史〈12/ 2〉(保留外)
▼ 井野 卓〈12/ 2〉(保留外)
▼ 藤井 亮太〈12/ 2〉(保留外)
▼ 上田 剛史〈12/ 2〉(保留外)
▼ 田代将太郎〈12/ 2〉(保留外)

FA宣言選手
FA小川 泰弘

登録・呼称
Gabriel Ynoa＝イノーア
Matt Koch＝クック
Scott McGough＝マクガフ
Albert Suarez＝スアレス
Alcides Escobar＝エスコバー
高井 雄平＝雄平

2020・パシフィック・リーグ登録名簿

福岡ソフトバンクホークス

監　督	工藤　公康 81			
コーチ	吉本　亮 70	小川　一夫 71	若田部健一 72	齋藤　学 73	松山　秀明 74
	大道　典良 75	藤本　博史 76	新井　宏昌 77	平石　洋介 78	本多　雄一 80
	田之上慶三郎 82	立花　義家 83	久保　康生 84	的山　哲也 85	森　浩之 86
	井出　竜也 87	関川　浩一 88	佐久本昌広 91	森山　良二 92	村松　有人 93
	倉野　信次 94	吉鶴　憲治 95	加藤　領健 96	笹川　隆 97	髙村　祐 98
投　手	C.スチュワート・ジュニア 2	大竹耕太郎 10	○津森　宥紀 11	二保　旭 13	▼加治屋　蓮 14
	東浜　巨 16	岩嵜　翔 17	武田　翔太 18	甲斐野　央 20	和田　毅 21
	田中　正義 25	▼吉住　晴斗 26	高橋　礼 28	石川　柊太 29	椎野　新 34
	モイネロ 35	▼○ムーア 37	森　唯斗 38	☆尾形　崇斗 39	杉山　一樹 40
	千賀　滉大 41	▼松田　遼馬 42	▼バンデンハーク 44	髙橋　純平 47	☆渡邉　雄大 48
	古谷　優人 49	板東　湧梧 50	泉　圭輔 53	田浦　文丸 56	嘉弥真新也 57
	サファテ 58	奥村　政稔 61	川原　弘之 63	松本　裕樹 66	笠谷　俊介 67
捕　手	髙谷　裕亮 12	甲斐　拓也 19	栗原　陵矢 31	谷川原健太 45	○海野　隆司 62
	九鬼　隆平 65				
内野手	川瀬　晃 00	髙田　知季 0	▼内川　聖一 1	松田　宣浩 5	今宮　健太 6
	明石　健志 8	▼西田　哲朗 22	周東　佑京 23	グラシアル 27	増田　珠 33
	牧原　大成 36	☆リチャード 52	野村　大樹 55	三森　大貴 68	○小林　珠維 69
	川島　慶三 99				
外野手	△バレンティン 4	中村　晃 7	柳田　悠岐 9	長谷川勇也 24	○佐藤　直樹 30
	○柳町　達 32	▼※コラス 46	上林　誠知 51	デスパイネ 54	水谷　瞬 59
	釜元　豪 60	真砂　勇介 64			

ドラフト
○ 佐藤　直樹
○ 海野　隆司
○ 津森　宥紀
○ 小林　珠維
○ 柳町　達

新外国人
○ ムーア

移　籍
△ バレンティン〈 1/28〉（ヤより）

支配下登録
☆ 尾形　崇斗〈 3/16〉（育成選手より）
☆ リチャード〈 3/16〉（育成選手より）
☆ 渡邉　雄大〈 8/31〉（育成選手より）

制限選手
※ コラス〈 2/19〉

自由契約選手
▼ 加治屋　蓮〈12/ 2〉（保留外）
▼ 吉住　晴斗〈12/ 2〉（保留外）
▼ ムーア〈12/ 2〉（保留外）
▼ 松田　遼馬〈12/ 2〉（保留外）
▼ バンデンハーク〈12/ 2〉（保留外）
▼ 内川　聖一〈12/ 2〉（保留外）
▼ 西田　哲朗〈12/ 2〉（保留外）
▼ コラス〈12/ 2〉（保留外）

登録・呼称
Carter Stewart, Jr.＝カーター・スチュワート・ジュニア
Livan Moinelo＝モイネロ
Matt Moore＝ムーア
Rick van den Hurk＝バンデンハーク
Dennis Sarfate＝サファテ
内川　聖一＝内川聖一
Yurisbel Gracial＝グラシアル
砂川　リチャード＝リチャード
Wladimir Balentien＝バレンティン
Oscar Colas＝コラス
Alfredo Despaigne＝デスパイネ

登録名変更
砂川　リチャード→リチャード

千葉ロッテマリーンズ

監　督	井口　資仁　6								
コーチ	福浦　和也 70	吉井　理人 71	的場　直樹 72	金澤　岳 73	小坂　誠 74
	堀　幸一 75	今岡　真訪 77	大隣　憲司 78	大塚　明 80	伊志嶺翔大 81
	小野　晋吾 82	諸積　兼司 83	清水　将海 84	根元　俊一 87	鳥越　裕介 88
	川越　英隆 89	楠　貴彦 95	河野　亮 96	菊地　大祐 97	根本　渄平 98
投　手	佐々木千隼 11	石川　歩 12	▼大谷　智久 14	△美馬　学 15	種市　篤暉 16
	○佐々木朗希 17	二木　康太 18	唐川　侑己 19	東條　大樹 20	▼内　竜也 21
	東妻　勇輔 24	山本　大貴 27	FA松永　昂大 28	西野　勇士 29	石崎　剛 30
	南　昌輝 33	土肥　星也 34	▼渡邉　啓太 35	有吉　優樹 36	△小野　郁 37
	成田　翔 41	▼△ハーマン 42	小島　和哉 43	岩下　大輝 46	日中　靖洋 47
	中村　稔弥 48	▼チェン・グァンユウ 49	益田　直也 52	▼原　嵩 56	FA△澤村　拓一 57
	▼◇チェン・ウェイン 58	▼△ジャクソン 58	○横山　陸人 60	永野　将司 62	☆大嶺　祐太 64
	古谷　拓郎 65	土居　豪人 69	☆フローレス 86		
捕　手	田村　龍弘 22	○佐藤都志也 32	吉田　裕太 39	宗接　唯人 45	江村　直也 53
	▼細川　亨 55	柿沼　友哉 99			
内野手	△鳥谷　敬 00	藤岡　裕大 4	安田　尚憲 5	中村　奨吾 8	平沢　大河 13
	三木　亮 23	▼福田　光輝 40	井上　晴哉 44	松田　進 50	レアード 54
	▼香月　一也 57	▼細谷　圭 59	茶谷　健太 67	△西巻　賢二 68	
外野手	荻野　貴司 0	清田　育宏 1	藤原　恭大 2	角中　勝也 3	△福田　秀平 7
	加藤　翔平 10	岡　大海 25	菅野　剛士 31	○髙部　瑛斗 38	山口　航輝 51
	▼三家　和真 61	☆和田康士朗 63	マーティン 79		

ドラフト
○佐々木朗希
○佐藤都志也
○髙部　瑛斗
○横山　陸人
○福田　光輝

移　籍
△ハーマン〈 1/30〉(楽より)
△西巻　賢二〈 1/30〉(楽より)
△鳥谷　敬〈 3/11〉(神より)

譲渡移籍
△澤村　拓一〈 9/ 8〉(巨より)

FA移籍
△美馬　学〈19/12/ 3〉(楽より)
△福田　秀平〈19/12/16〉(ソより)

FA補償
△小野　郁〈19/12/23〉(楽より)

支配下登録
☆フローレス〈 3/31〉(育成選手より)
☆和田康士朗〈 6/ 1〉(育成選手より)
☆大嶺　祐太〈 8/24〉(育成選手より)

復　帰
◇ジャクソン〈 1/30〉
◇チェン・ウェイン〈 9/21〉

譲渡抹消
▼香月　一也〈 9/ 8〉(巨へ)

自由契約選手
▼ジャクソン〈 7/10〉(契約解除)
▼大谷　智久〈12/ 2〉(保留外)
▼内　竜也〈12/ 2〉(保留外)
▼渡邉　啓太〈12/ 2〉(保留外)
▼ハーマン〈12/ 2〉(保留外)
▼原　嵩〈12/ 2〉(保留外)
▼チェン・ウェイン〈12/ 2〉(保留外)
▼細川　亨〈12/ 2〉(保留外)
▼細谷　圭〈12/ 2〉(保留外)
▼三家　和真〈12/ 2〉(保留外)
▼チェン・グァンユウ〈12/11〉(保留権放棄)

FA宣言選手
FA松永　昂大
FA澤村　拓一

登録・呼称
Frank Herrmann＝ハーマン
陳　冠宇＝チェン・グァンユウ
陳　偉殷＝チェン・ウェイン
Jay Jackson＝ジャクソン
Jose Flores＝フローレス
Brandon Laird＝レアード
Leonys Martin＝マーティン

埼玉西武ライオンズ

監　督	辻　　発彦 85				
コーチ	佐藤　友亮 70	田邊　徳雄 71	西口　文也 74	高木　浩之 75	阿部　真宏 76
	松井稼頭央 77	小関　竜也 79	嶋　　重宣 80	豊田　　清 81	野田　浩輔 82
	馬場　敏史 83	秋元　宏作 84	赤田　将吾 86	黒田　哲史 87	上本　達之 88
	▼平尾　博司 89	杉山　賢人 90	許　　銘傑 91	清川　栄治 92	青木　勇人 93
投　手	今井　達也 11	渡邉勇太朗 12	髙橋　光成 13	FA増田　達至 14	○宮川　哲 15
	△松坂　大輔 16	松本　　航 17	▼☆多和田真三郎 18	齊藤　大将 19	○浜屋　将太 20
	十亀　　剣 21	▼野田　昇吾 23	平井　克典 25	栗津　凱士 26	内海　哲也 27
	森脇　亮介 28	小川　龍也 29	榎田　大樹 30	▼○ギャレット 33	佐野　泰雄 34
	伊藤　　翔 36	田村伊知郎 40	○井上　広輝 41	與座　海人 44	本田　圭佑 45
	○松岡　洸希 47	武隈　祥太 48	▼○ノ　リ　ン 49	中塚　駿太 50	ニ　ー　ル 54
	▼國場　　翼 57	平良　海馬 61	○上間　永遠 64	▼相内　　誠 66	▼藤田　航生 67
捕　手	岡田　雅利 2	森　　友哉 10	○柘植　世那 37	牧野　翔矢 38	駒月　仁人 62
	齊藤　誠人 78				
内野手	▼水口　大地 0	山川　穂高 3	山野辺　翔 4	外崎　修汰 5	源田　壮亮 6
	佐藤　龍世 31	▼永江　恭平 32	呉　　念庭 39	山田　遥楓 52	○川野　涼多 56
	▼△森越　祐人 59	中村　剛也 60	綱島　龍生 63	メ　ヒ　ア 99	
外野手	栗山　　巧 1	金子　侑司 7	木村　文紀 9	○スパンジェンバーグ 22	鈴木　将平 46
	西川　愛也 51	愛　　斗 53	FA熊代　聖人 58	戸川　大輔 65	○岸　潤一郎 68
	川越　誠司 72	高木　　渉 73			

ドラフト
○宮川　　哲
○浜屋　将太
○松岡　洸希
○川野　涼多
○柘植　世那
○井上　広輝
○上間　永遠
○岸　潤一郎

新外国人
○ギャレット
○ノ　リ　ン
○スパンジェンバーグ

移　籍
△松坂　大輔〈 1/28〉(中より)
△森越　祐人〈 1/28〉(神より)

支配下登録
☆多和田真三郎〈 7/30〉

任意引退選手
▼國場　　翼〈11/20〉

コーチ登録抹消
▼平尾　博司〈11/ 1〉

自由契約選手
▼多和田真三郎〈12/ 2〉(保留外)
▼野田　昇吾〈12/ 2〉(保留外)
▼ギャレット〈12/ 2〉(保留外)
▼ノ　リ　ン〈12/ 2〉(保留外)
▼相内　　誠〈12/ 2〉(保留外)
▼藤田　航生〈12/ 2〉(保留外)
▼水口　大地〈12/ 2〉(保留外)
▼永江　恭平〈12/ 2〉(保留外)
▼森越　祐人〈12/ 2〉(保留外)

FA宣言選手
FA増田　達至
FA熊代　聖人

登録・呼称
Reed Garrett＝ギャレット
Sean Nolin＝ノリン
Zach Neal＝ニール
呉　念庭(ウー ネンティン)＝呉
Ernesto Mejia＝メヒア
Cory Spangenberg＝スパンジェンバーグ
武田　愛斗＝愛斗

東北楽天ゴールデンイーグルス

監 督	三木　肇 88				
コーチ	渡辺　直人 26	野村　克則 73	真喜志康永 74	小山伸一郎 75	筈篠　誠治 79
	石井　貴 80	金森　栄治 81	星　孝典 82	永井　怜 83	伊藤　智仁 84
	牧田　明久 85	塩川　達也 86	酒井　忠晴 87	光山　英和 90	舘山　昌平 92
	後藤　武敏 93	垣内　哲也 94	奈良原　浩 95	鉄　平 96	今江　敏晃 98
投 手	松井　裕樹 1	岸　孝之 11	▼近藤　弘樹 12	森原　康平 13	則本　昂大 14
	▼○J.T.シャギワ 15	△涌井　秀章 16	塩見　貴洋 17	藤平　尚真 19	安樂　智大 20
	釜田　佳直 21	◇牧田　和久 22	弓削　隼人 23	△酒居　知史 28	福井　優也 31
	ブセニッツ 32	引地秀一郎 39	▼青山　浩二 41	▼△D.J.ジョンソン 42	宋　家豪 43
	菅原　秀 45	▼渡邊　佑樹 47	○福森　耀真 49	○津留﨑大成 52	△髙田　萌生 53
	▼高梨　雄平 53	鈴木　翔天 56	▼瀧中　瞭太 57	辛島　航 58	▼熊原　健人 59
	石橋　良太 60	佐藤　智輝 61	西口　直人 62	▼由　規 63	☆福山　博之 64
	寺岡　寛治 68	△池田　駿 72	▼久保　裕也 91		
捕 手	太田　光 2	岡島　豪郎 27	▼山下　斐紹 29	足立　祐一 44	△田中　貴也 55
	堀内　謙伍 65	☆下妻　貴寛 67	石原　彪 70	○水上　桂 78	
内野手	○小深田大翔 0	浅村　栄斗 3	茂木栄五郎 5	藤田　一也 6	△鉤木　大地 7
	○黒川　史陽 24	▼渡辺　直人 26	銀　次 33	山﨑　幹史 34	内田　靖人 36
	▼ウィーラー 40	渡邊　佳明 48	村林　一輝 66		
外野手	オコエ瑠偉 4	辰己　涼介 8	▼△ロ　メ　ロ 9	田中　和基 25	島内　宏明 35
	岩見　雅紀 38	下水流　昂 46	小郷　裕哉 51	和田　恋 54	▼ブラッシュ 69
	○武藤　敦貴 71	▼フェルナンド 97			

ドラフト
○ 小深田大翔
○ 黒川　史陽
○ 津留﨑大成
○ 武藤　敦貴
○ 福森　耀真
○ 瀧中　瞭太
○ 水上　桂

新外国人
○ J.T.シャギワ

移　籍
△ 涌井　秀章〈1/29〉(ロより)
△ ロ　メ　ロ〈1/29〉(オより)

譲渡移籍
△ 池田　駿〈6/29〉(巨より)
△ 髙田　萌生〈7/15〉(巨より)
△ D.J.ジョンソン〈9/21〉(広より)
△ 田中　貴也〈9/30〉(巨より)

FA移籍
△ 鈴木　大地〈19/11/27〉(ロより)

FA補償
△ 酒居　知史〈19/12/23〉(ロより)

支配下登録
☆ 下妻　貴寛〈2/21〉(育成選手より)
☆ 福山　博之〈9/21〉(育成選手より)

復　帰
◇ 牧田　和久〈1/29〉

譲渡抹消
▼ ウィーラー〈6/29〉(巨へ)
▼ 高梨　雄平〈7/15〉(巨へ)

自由契約選手
▼ 近藤　弘樹〈12/2〉(保留外)
▼ J.T.シャギワ〈12/2〉(保留外)
▼ 青山　浩二〈12/2〉(保留外)
▼ D.J.ジョンソン〈12/2〉(保留外)
▼ 渡邊　佑樹〈12/2〉(保留外)
▼ 熊原　健人〈12/2〉(保留外)
▼ 由　規〈12/2〉(保留外)
▼ 久保　裕也〈12/2〉(保留外)
▼ 山下　斐紹〈12/2〉(保留外)
▼ 渡辺　直人〈12/2〉(保留外)
▼ ロ　メ　ロ〈12/2〉(保留外)
▼ ブラッシュ〈12/2〉(保留外)
▼ フェルナンド〈12/2〉(保留外)

登録・呼称
Jon Thomas Chargois＝J. T. シャギワ
Alan Busenitz＝ブセニッツ
DJ Johnson＝D. J. ジョンソン
宋　家豪(ソン チャーホウ)＝宋家豪
佐藤　由規＝由規
赤見内銀次＝銀次
Zelous Wheeler＝ウィーラー
Stefen Romero＝ロメロ
Jabari Blash＝ブラッシュ
Luciano Fernando＝フェルナンド

登録名改名
山﨑　剛→山﨑　幹史

登録名変更
DJ. ジョンソン→D. J. ジョンソン

北海道日本ハムファイターズ

監督	栗山 英樹 80			
コーチ	鶴岡 慎也 22	飯山 裕志 71	原田 豊 72	矢野 謙次 74	山中 潔 75
	紺田 敏正 76	小田 智之 77	髙橋 信二 78	城石 憲之 79	小笠原道大 81
	加藤 武治 82	島﨑 毅 83	厚澤 和幸 84	荒木 大輔 85	吉岡 雄二 87
	金子 誠 88	武田 勝 89	木田 優夫 92		
投手	斎藤 佑樹 1	生田目 翼 13	加藤 貴之 14	上沢 直之 15	▼有原 航平 16
	▼浦野 博司 17	吉田 輝星 18	金子 弌大 19	上原 健太 20	宮西 尚生 25
	▼マルティネス 27	○河野 竜生 28	井口 和朋 29	▼村田 透 31	○立野 和明 33
	堀 瑞輝 34	西村 天裕 35	○バーヘイゲン 36	柿木 蓮 37	秋吉 亮 39
	福田 俊 40	ロドリゲス 41	田中 瑛斗 46	○鈴木 健矢 47	公文 克彦 49
	▼鈴木遼太郎 50	石川 直也 51	▼宮台 康平 52	玉井 大翔 54	▼吉川 光夫 56
	杉浦 稔大 57	▼吉田 侑樹 59	○望月 大希 62	北浦 竜次 63	
捕手	清水 優心 10	鶴岡 慎也 22	宇佐見真吾 30	▼黒羽根利規 42	郡 拓也 60
	田宮 裕涼 64	○梅林 優貴 65	石川 亮 68		
内野手	杉谷 拳士 2	中田 翔 6	中島 卓也 9	清宮幸太郎 21	渡邉 諒 23
	野村 佑希 24	谷内 亮太 32	石井 一成 38	▼△ビヤヌエバ 44	平沼 翔太 45
	○上野 響平 48	難波 侑平 55	横尾 俊建 58	今井順之助 70	☆髙濱 祐仁 91
	☆樋口龍之介 93				
外野手	王 柏融 3	谷口 雄也 4	大田 泰示 5	西川 遥輝 7	近藤 健介 8
	松本 剛 12	淺間 大基 26	▼白村 明弘 43	▼姫野 優也 61	万波 中正 66
	○片岡 奨人 67				

ドラフト
○ 河野 竜生
○ 立野 和明
○ 上野 響平
○ 鈴木 健矢
○ 望月 大希
○ 梅林 優貴
○ 片岡 奨人

新外国人
○ バーヘイゲン

移籍
△ ビヤヌエバ〈 1/29〉(巨より)

支配下登録
☆ 髙濱 祐仁〈 7/ 8〉(育成選手より)
☆ 樋口龍之介〈 9/22〉(育成選手より)

譲渡抹消
▼ 吉川 光夫〈11/27〉(武へ)

自由契約選手
▼ 浦野 博司〈12/ 2〉(保留外)
▼ マルティネス〈12/ 2〉(保留外)
▼ 村田 透〈12/ 2〉(保留外)
▼ 鈴木遼太郎〈12/ 2〉(保留外)
▼ 宮台 康平〈12/ 2〉(保留外)
▼ 吉田 侑樹〈12/ 2〉(保留外)
▼ 黒羽根利規〈12/ 2〉(保留外)
▼ ビヤヌエバ〈12/ 2〉(保留外)
▼ 白村 明弘〈12/ 2〉(保留外)
▼ 姫野 優也〈12/ 2〉(保留外)
▼ 有原 航平〈21/ 1/12〉(保留権放棄)

登録・呼称
斎藤 佑樹＝斎藤佑樹
Nick Martinez＝マルティネス
Drew VerHagen＝バーヘイゲン
Bryan Rodriguez＝ロドリゲス
中島 卓也＝中島卓也
Christian Villanueva＝ビヤヌエバ
王 柏融(ワン ボーロン)＝王

オリックス・バファローズ

監 督	西村　徳文 77								
監督代行	中嶋　聡 78〈 8/21～11/ 7〉								
コーチ	三輪　隆 70	岸田　護 71	平井　正史 72	高山　郁夫 73	佐竹　学 75
	風岡　尚幸 76	中嶋　聡 78	辻　竜太郎 79	酒井　勉 80	田口　壮 81
	鈴木　郁洋 82	小谷野栄一 83	鈴木　昂平 84	高口　隆行 85	由田慎太郎 86
	☆齋藤　俊雄 87	小松　聖 88	小林　宏 89	後藤　光尊 94	
投 手	山崎　福也 11	○宮城　大弥 13	吉田　一将 14	荒西　祐大 15	増井　浩俊 17
	山本　由伸 18	山岡　泰輔 19	▼近藤　大亮 20	竹安　大知 21	○村西　良太 22
	▼東明　大貴 26	▼アルバース 27	富山　凌雅 28	田嶋　大樹 29	Ｋ－鈴木 30
	ディクソン 32	比嘉　幹貴 35	△飯田　優也 39	▼小林　慶祐 39	○前　佑囲斗 43
	本田　仁海 46	海田　智行 47	齋藤　綱記 48	澤田　圭佑 49	○ヒギンス 52
	山田　修義 57	金田　和之 58	▼左澤　優 60	榊原　翼 61	☆漆原　大晟 65
	吉田　凌 66	鈴木　優 68	神戸　文也 95	張　奕 98	
捕 手	伏見　寅威 23	松井　雅人 33	若月　健矢 37	頓宮　裕真 44	▼飯田　大祐 45
	▼山崎　勝己 62				
内野手	○勝俣　翔貴 0	▼白崎　浩之 2	安達　了一 3	福田　周平 4	西野　真弘 5
	大城　滉二 9	○紅林弘太郎 24	太田　椋 31	山足　達也 36	▼小島　脩平 38
	▼○ロドリゲス 42	宜保　翔 53	廣澤　伸哉 64	中川　圭太 67	
外野手	▼西浦　颯大 00	モ　ヤ 1	宗　佑磨 6	後藤　駿太 8	○ジョーンズ 10
	西村　凌 25	吉田　正尚 34	☆大下誠一郎 40	佐野　皓大 41	小田　裕也 50
	Ｔ－岡田 55	▼松井　佑介 56	▼根本　薫 59	杉本裕太郎 99	

ドラフト
○ 宮城　大弥
○ 紅林弘太郎
○ 村西　良太
○ 前　佑囲斗
○ 勝俣　翔貴

新外国人
○ ヒギンス
○ ロドリゲス
○ ジョーンズ

譲渡移籍
△ 飯田　優也〈 8/28〉（神より）

支配下登録
☆ 漆原　大晟〈 2/25〉（育成選手より）
☆ 大下誠一郎〈 9/14〉（育成選手より）

コーチ登録
☆ 齋藤　俊雄〈 8/21〉

譲渡抹消
▼ 小林　慶祐〈 8/28〉（神へ）

自由契約選手
▼ 近藤　大亮〈12/ 2〉（保留外）
▼ 東明　大貴〈12/ 2〉（保留外）
▼ アルバース〈12/ 2〉（保留外）
▼ 左澤　優〈12/ 2〉（保留外）
▼ 飯田　大祐〈12/ 2〉（保留外）
▼ 山崎　勝己〈12/ 2〉（保留外）
▼ 白崎　浩之〈12/ 2〉（保留外）
▼ 小島　脩平〈12/ 2〉（保留外）
▼ ロドリゲス〈12/ 2〉（保留外）
▼ 西浦　颯大〈12/ 2〉（保留外）
▼ 松井　佑介〈12/ 2〉（保留外）
▼ 根本　薫〈12/ 2〉（保留外）

登録・呼称
Andrew Albers＝アルバース
鈴木　康平＝Ｋ－鈴木
Brandon Dickson＝ディクソン
Tyler Higgins＝ヒギンス
張　奕（チョウ ヤク）＝張
Aderlin Rodriguez＝ロドリゲス
Steven Moya＝モヤ
Adam Jones＝ジョーンズ
岡田　貴弘＝Ｔ－岡田

2020・育成選手名簿

○印は新入団
☆印は支配下登録
▼印は自由契約選手

読売ジャイアンツ
☆山川　和大003(投)　▼髙井　　俊011(投)　　平井　快青012(投)　▼谷岡　竜平013(投)　▼巽　　大介015(投)
☆沼田　翔平016(投)　☆田中　豊樹018(投)　▼田中　優大019(投)　▼橋本　篤郎020(投)　▼與那原大剛023(投)
☆ディプラン024(投)　▼ラ　モ　ス025(投)　▼広畑　　塁005(捕)　▼小山　翔平007(捕)　▼高山竜太朗010(捕)
　比嘉　賢伸001(内)　○平間　隼人002(内)　▼折下　光輝008(内)　▼山上　信吾017(内)　　黒田　響生021(内)
☆ウレーニャ026(内)　☆笠井　　駿004(外)　○加藤　壮太006(外)　▼八百板卓丸009(外)　☆モ　　　タ014(外)
▼荒井　颯太022(外)

阪神タイガース
☆横山　雄哉115(投)　☆石井　将希121(投)　▼牧　丈一郎126(投)　▼藤谷　洸介125(内)　　小野寺　暖127(外)
　奥山　皓太128(外)

中日ドラゴンズ
▼ブリ　ト　ー201(投)　▼浜田　智博202(投)　▼丸山　泰資204(投)　▼大藏　彰人206(投)　▼松田　亘哲207(投)
▼マ　ル　ク209(投)　☆ロドリゲス212(投)　☆A.マルティネス210(捕)　▼石岡　諒太205(内)　☆シ　エ　ラ211(外)

横浜DeNAベイスターズ
▼田中健二朗046(投)　　宮城　滝太100(投)　　コルデロ107(投)　○ディアス109(投)　○デラロサ108(内)

広島東洋カープ
○畝　　章真120(投)　☆藤井　黎來121(投)　▼佐々木　健122(投)　▼メ　　　ナ144(投)　○コルニエル147(投)
　持丸　泰輝123(捕)　○木下　元秀124(外)

東京ヤクルトスワローズ
▼ジュリアス119(投)　　内山　太嗣118(捕)　☆松本　　友117(内)

福岡ソフトバンクホークス
☆尾形　崇斗120(投)　○大関　友久122(投)　▼小澤　怜史123(投)　▼野澤　佑斗129(投)　　岡本　直也133(投)
　渡辺　健史137(投)　　重田　倫明138(投)　☆渡邉　雄大140(投)　○村上　　舜143(投)　○石塚綜一郎121(捕)
　渡邉　　陸132(捕)　▼堀内　汰門144(投)　▼古澤　勝吾124(内)　▼黒瀬　健太126(内)　☆リチャード127(内)
▼伊藤　大将128(内)　○勝連　大稀130(内)　▼荒木　翔太136(内)　○大本　将吾125(外)　○舟越　秀虎131(外)
▼田城　飛翔135(外)　▼日暮矢麻人139(外)　▼清水　陸哉141(外)　　中村　宜聖142(外)

千葉ロッテマリーンズ
○本前　郁也120(投)　▼鎌田光津希121(投)　▼森　遼大朗123(投)　☆大嶺　祐太126(投)　○ア　コ　ス　タ128(投)
☆フローレス122(投)　○サ　ン　ト　ス130(投)　▼植田　将太125(捕)　▼髙濱　卓也127(内)　☆和田康士朗122(外)

埼玉西武ライオンズ
○出井　敏博120(投)　▼高橋　朋己123(投)　　東野　　葵125(投)　　大窪　士夢126(投)　　中熊　大智127(捕)

東北楽天ゴールデンイーグルス
▼森　　雄大016(投)　　王　　彦程017(投)　　池田　隆英130(投)　▼木村　敏靖131(投)　　清宮虎多朗135(投)
　則本　佳樹136(投)　○小峯　新陸138(投)　☆福山　博之164(投)　○江川　侑斗137(捕)　☆下妻　貴寛139(捕)
▼吉持　亮汰008(内)　▼南　　要輔129(内)　　松本京志郎133(内)　○山﨑　真彰140(内)　　澤野　聖悠141(内)
▼中村　和希134(外)　▼耀　　飛150(外)

北海道日本ハムファイターズ
○長谷川凌汰113(投)　▼髙山　優希148(投)　☆樋口龍之介112(内)　☆髙濱　祐仁162(内)　　宮田　輝星111(外)
　海老原一佳144(外)

オリックス・バファローズ
○佐藤　一磨001(投)　▼谷岡　楓太002(投)　○中田　惟斗003(投)　○松山　真之008(投)　　黒木　優太124(投)
☆漆原　大晟127(投)　▼東　　晃平128(投)　　山﨑颯一郎135(投)　○鶴見　凌也005(捕)　▼稲富　宏樹123(捕)
▼フェリペ130(捕)　▼岡﨑　大輔120(内)　▼比屋根彰人129(内)　○平野　大和004(外)　☆大下誠一郎006(外)
▼佐藤　優悟007(外)

支配下登録選手
☆下妻　貴寛〈 2/21〉　☆福山　博之〈 9/21〉
☆漆原　大晟〈 2/25〉　☆樋口龍之介〈 9/22〉
☆モ　　　タ〈 2/28〉　☆マ　ル　ク〈 9/23〉
☆尾形　崇斗〈 3/16〉　☆藤井　黎來〈 9/26〉
☆リチャード〈 3/16〉　☆横山　雄哉〈 9/29〉
☆シ　エ　ラ〈 3/26〉　☆石井　将希〈 9/30〉
☆ディプラン〈 3/31〉
☆フローレス〈 3/31〉
☆沼田　翔平〈 6/ 1〉
☆和田康士朗〈 6/ 1〉
☆A.マルティネス〈 7/ 1〉
☆松本　　友〈 7/ 8〉
☆髙濱　祐仁〈 7/ 8〉
☆田中　豊樹〈 7/26〉
☆ロドリゲス〈 8/ 3〉
☆大嶺　祐太〈 8/24〉
☆渡邉　雄大〈 8/31〉
☆大下誠一郎〈 9/14〉
☆ウレーニャ〈 9/17〉

自由契約選手
▼山川　和大〈11/30〉　▼ブリ　ト　ー〈11/30〉　▼鎌田光津希〈11/30〉
▼髙井　　俊〈11/30〉　▼浜田　智博〈11/30〉　▼森　遼大朗〈11/30〉
▼谷岡　竜平〈11/30〉　▼丸山　泰資〈11/30〉　▼サ　ン　ト　ス〈11/30〉
▼巽　　大介〈11/30〉　▼大藏　彰人〈11/30〉　▼髙濱　卓也〈11/30〉
▼田中　優大〈11/30〉　▼石岡　諒太〈11/30〉　▼高橋　朋己〈11/30〉
▼橋本　篤郎〈11/30〉　▼田中健二朗〈11/30〉　▼森　　雄大〈11/30〉
▼與那原大剛〈11/30〉　▼佐々木　健〈11/30〉　▼木村　敏靖〈11/30〉
▼ラ　モ　ス〈11/30〉　▼メ　　　ナ〈11/30〉　▼吉持　亮汰〈11/30〉
▼広畑　　塁〈11/30〉　▼ジュリアス〈11/30〉　▼南　　要輔〈11/30〉
▼小山　翔平〈11/30〉　▼小澤　怜史〈11/30〉　▼松本京志郎〈11/30〉
▼高山竜太朗〈11/30〉　▼野澤　佑斗〈11/30〉　▼中村　和希〈11/30〉
▼比嘉　賢伸〈11/30〉　▼渡辺　健史〈11/30〉　▼耀　　飛〈11/30〉
▼折下　光輝〈11/30〉　▼堀内　汰門〈11/30〉　▼高山　優希〈11/30〉
▼山上　信吾〈11/30〉　▼古澤　勝吾〈11/30〉　▼東　　晃平〈11/30〉
▼笠井　　駿〈11/30〉　▼黒瀬　健太〈11/30〉　▼稲富　宏樹〈11/30〉
▼八百板卓丸〈11/30〉　▼大本　将吾〈11/30〉　▼フェリペ〈11/30〉
▼荒井　颯太〈11/30〉　▼田城　飛翔〈11/30〉　▼岡﨑　大輔〈11/30〉
▼牧　丈一郎〈11/30〉　▼日暮矢麻人〈11/30〉　▼比屋根彰人〈11/30〉
▼藤谷　洸介〈11/30〉　▼清水　陸哉〈11/30〉

2020・達 成 記 録

(注) 達成者数はプロ野球

記録		選手		達成日			達成時	達成者数	初記録			
1,000	試合出場	中島 卓也	(日)	6. 30	ソ	①		505人目	2011.	4. 20	オ	②
		西川 遥輝	(日)	7. 9	オ	③		506人目	2012.	3. 30	武	①
		山田 哲人	(ヤ)	8. 23	神	⑫		507人目	2012.	4. 5	神	④
		中村 晃	(ソ)	10. 8	武	⑰		508人目	2011.	5. 3	楽	④
1,000	得 点	坂本 勇人	(巨)	7. 26	ヤ	⑧	1699試合	43人目	2007.	7. 12	神	⑫
2,000	安 打	坂本 勇人	(巨)	11. 8	ヤ	㉔	1783試合	53人目	2007.	9. 6	中	㉑
1,500	安 打	大島 洋平	(中)	8. 18	ヤ	⑩	1364試合	127人目	2010.	3. 27	広	②
		中村 剛也	(武)	8. 26	日	⑪	1709試合	128人目	2003.	9. 28	日	㉘
		坂口 智隆	(ヤ)	10. 19	神	㉑	1481試合	129人目	2003.	10. 7	オ	㉘
1,000	安 打	鈴木 大地	(楽)	6. 19	オ	①	1062試合	303人目	2012.	6. 11	巨	④
		西川 遥輝	(日)	6. 20	武	②	984試合	304人目	2012.	6. 18	ディ	④
		亀井 善行	(巨)	7. 9	神	④	1282試合	305人目	2005.	7. 9	広	⑪
		柳田 悠岐	(ソ)	7. 28	武	⑦	912試合	306人目	2012.	5. 23	日	⑧
		平田 良介	(中)	9. 9	巨	⑰	1133試合	307人目	2007.	10. 6	ヤ	㉔
		中村 晃	(ソ)	9. 17	日	⑱	983試合	308人目	2011.	3. 10	オ	④
		ロ ペ ス	(ディ)	10. 31	神	㉒	989試合	309人目	2013.	3. 29	広	①
350	二塁打	坂本 勇人	(巨)	6. 25	広	③	1676試合	44人目	2008.	4. 1	中	①
		栗山 巧	(武)	7. 26	ロ	⑪	1877試合	45人目	2005.	4. 12	ヨ	⑤
		鳥谷 敬	(ロ)	10. 25	オ	㉓	2206試合	46人目	2004.	4. 14	広	②
300	二塁打	中村 剛也	(武)	7. 16	楽	②	1682試合	73人目	2003.	9. 28	日	㉘
250	本塁打	中田 翔	(日)	9. 10	ロ	⑮	1374試合	64人目	2010.	7. 20	ロ	⑭
200	本塁打	中島 宏之	(巨)	8. 14	中	⑩	1721試合	107人目	2003.	8. 5	ダ	㉑
		浅村 栄斗	(楽)	9. 4	オ	⑩	1322試合	108人目	2010.	8. 10	楽	⑭
		丸 佳浩	(巨)	10. 29	ディ	㉓	1342試合	109人目	2011.	4. 19	横	①
150	本塁打	山川 穂高	(武)	9. 12	ソ	⑬	498試合	175人目	2014.	9. 15	楽	㉑
		長野 久義	(広)	10. 31	中	㉒	1370試合	176人目	2010.	4. 4	広	③
100	本塁打	ソ ト	(ディ)	9. 19	巨	⑭	321試合	297人目	2018.	5. 6	巨	⑧
		ビシエド	(中)	10. 21	ディ	⑳	587試合	298人目	2016.	3. 25	祖	①
3,000	塁 打	坂本 勇人	(巨)	8. 4	神	⑤	1706試合	60人目	2007.	9. 6	中	⑫
		松田 宣浩	(ソ)	10. 11	ロ	⑯	1730試合	61人目	2006.	3. 28	武	①
250	盗 塁	西川 遥輝	(日)	7. 14	ロ	①	1004試合	46人目	2012.	4. 1	武	③
200	盗 塁	金子 侑司	(武)	9. 22	日	⑯	751試合	78人目	2013.	4. 16	オ	④
300	犠 打	今宮 健太	(ソ)	7. 3	日	④	1067試合	7人目	2012.	4. 29	ロ	⑤
200	犠 打	炭谷銀仁朗	(巨)	8. 20	神	⑩	1252試合	43人目	2006.	4. 5	楽	②
		安達 了一	(オ)	9. 6	楽	⑫	932試合	44人目	2012.	5. 31	中	②
1,000	三 振	中田 翔	(日)	6. 28	楽	⑥	1312試合	68人目	2009.	5. 23	ヤ	②
		丸 佳浩	(巨)	7. 4	中	②	1246試合	69人目	2010.	9. 18	横	㉑
		Ｔ－岡田	(オ)	7. 23	楽	⑥	1116試合	70人目	2006.	8. 10	武	⑮
		浅村 栄斗	(楽)	10. 1	ソ	㉑	1345試合	71人目	2010.	4. 18	日	⑥
700	試合登板	宮西 尚生	(日)	7. 29	オ	⑧		17人目	2008.	3. 25	武	①
500	試合登板	益田 直也	(ロ)	8. 28	オ	⑬		102人目	2012.	3. 30	楽	①
100	勝 利	菅野 智之	(巨)	10. 6	ディ	⑯	192試合	138人目	2013.	4. 6	中	②
100	セーブ	益田 直也	(ロ)	8. 7	オ	⑩	491試合	33人目	2012.	8. 5	オ	⑭
		森 唯斗	(ソ)	10. 11	ロ	⑱	396試合	34人目	2016.	5. 8	楽	⑧

					達成時	達成者数		初記録	
350	ホールド	宮西 尚生 (日)	8.12	ロ ⑧	705試合	プロ野球初		2008. 4. 4	オ ①
2,000	投球回	岸 孝之 (楽)	10.22	オ ㉑	299試合	90人目		2007. 3.30	日 ①
1,500	投球回	西 勇輝 (神)	10. 2	ロ ⑰	251試合	179人目		2009. 9.21	楽 ⑳
1,000	投球回	美馬 学 (ロ)	7. 5	楽 ⑥	188試合	357人目		2011. 4.13	ロ ②
1,500	奪三振	内海 哲也 (武)	8.22	オ ⑪	325試合	56人目		2004. 5.25	広 ⑩
1,000	奪三振	千賀 滉大 (ソ)	11. 4	ロ ㉓	189試合	151人目		2012. 4.30	ロ ⑥

2021・各種記録の達成が予想される選手

2,000 試 合	内川 聖一 (ヤ) 1977			雄 平 (ヤ)	881
	栗山 巧 (武) 1958			田中 広輔 (広)	858
	福留 孝介 (中) 1909			梶谷 隆幸 (巨)	840
1,500 試 合	坂口 智隆 (ヤ) 1496			松山 竜平 (広)	812
	大島 洋平 (中) 1431	400 二塁打	福留 孝介 (中)	396
	中田 翔 (日) 1422		坂本 勇人 (巨)	376
	嶋 基宏 (ヤ) 1422		栗山 巧 (武)	366
	藤田 一也 (楽) 1407		内川 聖一 (ヤ)	357
	浅村 栄斗 (楽) 1376	350 二塁打	中島 宏之 (巨)	333
	長野 久義 (広) 1376		糸井 嘉男 (神)	331
1,000 試 合	柳田 悠岐 (ソ) 997		松田 宣浩 (ソ)	318
	ロ ペ ス (※) 993		中村 剛也 (武)	310
	松山 竜平 (広) 986	300 二塁打	青木 宣親 (ヤ)	278
	雄 平 (ヤ) 968		浅村 栄斗 (楽)	264
	安達 了一 (オ) 964		丸 佳浩 (巨)	253
	中村 悠平 (ヤ) 942	450 本塁打	中村 剛也 (武)	424
	明石 健志 (ソ) 929	300 本塁打	バレンティン (ソ)	297
	清田 育宏 (ロ) 919		松田 宣浩 (ソ)	287
	堂上 直倫 (中) 909		福留 孝介 (中)	281
	梶谷 隆幸 (巨) 895		中田 翔 (日)	257
	大野 奨太 (中) 891	250 本塁打	坂本 勇人 (巨)	242
	田中 広輔 (広) 889		山田 哲人 (ヤ)	214
	伊藤 光 (ディ) 864		浅村 栄斗 (楽)	212
1,000 得 点	鳥谷 敬 (ロ) 997	200 本塁打	ロ ペ ス (※)	198
	中村 剛也 (武) 932		内川 聖一 (ヤ)	196
	青木 宣親 (ヤ) 897		柳田 悠岐 (ソ)	186
	栗山 巧 (武) 868		T－岡田 (オ)	186
	松田 宣浩 (ソ) 859		レ アード (ロ)	169
	内川 聖一 (ヤ) 855		糸井 嘉男 (神)	165
2,000 安 打	栗山 巧 (武) 1926		デスパイネ (ソ)	160
	福留 孝介 (中) 1909		山川 穂高 (武)	153
	中島 宏之 (巨) 1850		長野 久義 (広)	152
1,500 安 打	浅村 栄斗 (楽) 1438	150 本塁打	鈴木 誠也 (広)	144
	長野 久義 (広) 1392		メ ヒ ア (武)	141
	丸 佳浩 (巨) 1355		鳥谷 敬 (ロ)	138
	中田 翔 (日) 1325		青木 宣親 (ヤ)	128
1,000 安 打	バレンティン (ソ) 991		梶谷 隆幸 (巨)	119
	嶋 基宏 (ヤ) 934		ウィーラー (巨)	118
	今宮 健太 (ソ) 930		栗山 巧 (武)	113

		ソ　ト	(ディ)	109
		陽　岱鋼	(巨)	105
		平田　良介	(中)	104
		ビシエド	(中)	101
100	本　塁　打……	亀井　善行	(巨)	98
		岡本　和真	(巨)	96
		菊池　涼介	(広)	95
		ロメロ	(オ)	93
		吉田　正尚	(オ)	91
		宮﨑　敏郎	(ディ)	86
		森　友哉	(武)	83
		松山　竜平	(広)	78
		福田　永将	(中)	74
		長谷川勇也	(ソ)	73
		今宮　健太	(ソ)	72
		大田　泰示	(日)	72
		井上　晴哉	(ロ)	67
		雄　平	(ヤ)	66
		村上　宗隆	(ヤ)	65
		外崎　修汰	(武)	65
		會澤　翼	(広)	65
		島内　宏明	(楽)	62
		大山　悠輔	(神)	60
3,500	塁　打……	福留　孝介	(中)	3248
		内川　聖一	(ヤ)	3162
		坂本　勇人	(巨)	3149
		中村　剛也	(武)	3130
3,000	塁　打……	鳥谷　敬	(ロ)	2952
		中島　宏之	(武)	2829
		栗山　巧	(武)	2689
1,000	打　点……	内川　聖一	(ヤ)	957
		中島　宏之	(巨)	948
		中田　翔	(日)	937
		松田　宣浩	(ソ)	937
		坂本　勇人	(巨)	865
		浅村　栄斗	(楽)	841
300	盗　塁……	糸井　嘉男	(神)	299
		西川　遥輝	(日)	287
250	盗　塁……	大島　洋平	(中)	233
		荻野　貴司	(ロ)	220
		金子　侑司	(武)	209
200	盗　塁……	山田　哲人	(ヤ)	176
		中島　卓也	(日)	174
		青木　宣親	(ヤ)	170
		丸　佳浩	(巨)	160
		坂本　勇人	(巨)	156
		柳田　悠岐	(ソ)	150
350	犠　打……	今宮　健太	(ソ)	304
300	犠　打……	菊池　涼介	(広)	294
250	犠　打……	中島　卓也	(日)	237
		藤田　一也	(楽)	234
		嶋　基宏	(ヤ)	210

		安達　了一	(オ)	206
		炭谷銀仁朗	(巨)	201
200	犠　打……	大　和	(ディ)	183
		鶴岡　慎也	(日)	178
		伊藤　光	(ディ)	150
1,000	四　球……	福留　孝介	(中)	982
		栗山　巧	(武)	922
150	死　球……	中島　宏之	(巨)	135
100	死　球……	鈴木　大地	(楽)	89
		中村　剛也	(武)	85
1,500	三　振……	松田　宣浩	(ソ)	1428
		福留　孝介	(中)	1427
1,000	三　振……	糸井　嘉男	(神)	984
		バレンティン	(ソ)	962
		嶋　基宏	(ヤ)	873
		長野　久義	(広)	860
		西川　遥輝	(日)	854
		柳田　悠岐	(ソ)	843
800	試　合　登　板……	宮西　尚生	(日)	734
600	試　合　登　板……	増井　浩俊	(オ)	534
		益田　直也	(ロ)	526
500	試　合　登　板……	石川　雅規	(ヤ)	487
		谷元　圭介	(中)	451
		能見　篤史	(オ)	443
		涌井　秀章	(楽)	437
		今村　猛	(広)	431
		増田　達至	(武)	422
150	勝　利……	涌井　秀章	(楽)	144
		和田　毅	(ソ)	138
		内海　哲也	(武)	134
		岸　孝之	(楽)	132
		金子　弌大	(日)	129
100	勝　利……	田中　将大	(楽)	99
		西　勇輝	(神)	95
		則本　昂大	(楽)	85
		野村　祐輔	(広)	77
		小川　泰弘	(ヤ)	75
200	セ　ー　ブ……	山﨑　康晃	(ディ)	169
		増井　浩俊	(オ)	153
150	セ　ー　ブ……	松井　裕樹	(楽)	141
		増田　達至	(武)	136
		益田　直也	(ロ)	119
		中﨑　翔太	(広)	115
		森　唯斗	(ソ)	106
100	セ　ー　ブ……	西野　勇士	(ロ)	88
		石山　泰稚	(ヤ)	75
		田島　慎二	(中)	75
		澤村　拓一	(※)	75
		秋吉　亮	(日)	71
400	ホ　ー　ル　ド……	宮西　尚生	(日)	358
200	ホ　ー　ル　ド……	増井　浩俊	(オ)	157
3,000	投　球　回……	石川　雅規	(ヤ)	2871

達成記録

2,500 投 球 回……	涌井　秀章	（楽）	2445.2
2,000 投 球 回……	内海　哲也	（武）	1988
	金子　弌大	（日）	1979.1
	和田　　毅	（ソ）	1798
1,500 投 球 回……	松坂　大輔	（武）	1464.1
	菅野　智之	（巨）	1360
	田中　将大	（楽）	1315
	則本　昂大	（楽）	1305.1
1,000 投 球 回……	野上　亮磨	（巨）	992.1
	石川　　歩	（ロ）	983.2
	牧田　和久	（楽）	971.1
	井納　翔一	（巨）	907.1
	ディクソン	（オ）	892.1
	藤浪晋太郎	（神）	879.1
	澤村　拓一	（※）	868.1
	塩見　貴洋	（楽）	867.1
	十亀　　剣	（武）	866.1
	千賀　滉大	（ソ）	860.1
	辛島　　航	（楽）	859.1
	武田　翔太	（ソ）	854.2
	大瀬良大地	（広）	846.1
1,500 奪 三 振……	能見　篤史	（オ）	1496
	松坂　大輔	（武）	1410
	則本　昂大	（楽）	1350
	中田　賢一	（神）	1350
1,000 奪 三 振……	大野　雄大	（中）	960
	小川　泰弘	（ヤ）	903
	藤浪晋太郎	（神）	894
	山井　大介	（中）	866
	岩田　　稔	（神）	851

球団名の（※）は所属球団未定

各種記録達成者数（1936〜2020）

※は現役最多

1,000 試　合…… 508	1,000 打　点…… 46	100 勝　利…… 138
1,500 ……195	1,500 ……9	150 ……48
2,000 ……51	2,000 ……1	200 ……24
2,500 ……9	(2,170打点　王　貞治)	250 ……10
3,000 ……2	※(1,197打点　中村　剛也)	300 ……6
(3,021試合　谷繁　元信)		350 ……2
※(2,211試合　鳥谷　敬)	200 盗　塁…… 78	400 ……1
	250 ……46	(400勝利　金田　正一)
1,000 得　点…… 43	300 ……29	※(173勝利　石川　雅規)
1,500 ……4	350 ……18	
(1,967得点　王　貞治)	400 ……7	100 セ ー ブ…… 34
※(1,047得点　坂本　勇人)	450 ……6	150 ……15
	550 ……3	200 ……6
1,000 安　打…… 309	1,050 ……1	250 ……3
1,500 ……129	(1,065盗塁　福本　豊)	400 ……1
2,000 ……53	※(299盗塁　糸井　嘉男)	(407セーブ　岩瀬　仁紀)
2,500 ……7		※(169セーブ　山﨑　康晃)
3,000 ……1	200 犠　打…… 44	
(3,085安打　張本　勲)	250 ……20	100 ホールド…… 33
※(2,171安打　内川　聖一)	300 ……7	150 ……8
	400 ……3	200 ……3
300 二 塁 打…… 73	450 ……2	250 ……2
350 ……46	500 ……1	300 ……1
400 ……12	(533犠打　川相　昌弘)	350 ……1
450 ……1	※(304犠打　今宮　健太)	※(358ホールド　宮西　尚生)
(487二塁打　立浪　和義)		
※(396二塁打　福留　孝介)	100 犠　飛…… 3	1,000 投 球 回…… 357
	(113犠飛　野村　克也)	1,500 ……179
100 三 塁 打…… 3	※(69犠飛　内川　聖一)	2,000 ……90
(115三塁打　福本　豊)		2,500 ……46
※(63三塁打　松田　宣浩)	1,000 四　球…… 15	3,000 ……27
	2,000 ……1	3,500 ……11
100 本 塁 打…… 298	(2,390四球　王　貞治)	4,000 ……8
150 ……176	※(1,047四球　鳥谷　敬)	4,500 ……4
200 ……109		5,000 ……2
250 ……64	100 死　球…… 22	5,500 ……1
300 ……42	150 ……5	(5526.2投球回　金田　正一)
350 ……30	(196死球　清原　和博)	※(2871 投球回　石川　雅規)
400 ……20	※(135死球　中島　宏之)	
450 ……13		1,000 与 四 球…… 19
500 ……8	1,000 三　振…… 71	1,500 ……1
550 ……3	1,500 ……13	(1,808与四球　金田　正一)
650 ……2	(1,955三振　清原　和博)	※(728与四球　涌井　秀章)
850 ……1	※(1,800三振　中村　剛也)	
(868本塁打　王　貞治)		100 与 死 球…… 18
※(424本塁打　中村　剛也)	500 試合登板…… 102	150 ……1
	600 ……41	(165与死球　東尾　修)
3,000 塁 打…… 61	700 ……17	※(104与死球　涌井　秀章)
3,500 ……29	800 ……7	
4,000 ……13	900 ……3	1,000 奪 三 振…… 251
4,500 ……4	1,000 ……1	1,500 ……56
5,000 ……3	(1,002試合登板　岩瀬　仁紀)	2,000 ……22
5,500 ……1	※(734試合登板　宮西　尚生)	2,500 ……8
(5,862塁打　王　貞治)		3,000 ……4
※(3,248塁打　福留　孝介)		4,000 ……1
		(4,490奪三振　金田　正一)
		※(1,798奪三振　涌井　秀章)

2020・新人選手選択会議

（10月26日実施）

球団名		指名選手	守備	所属団体または学校
巨　人				
	1位	平内　龍太	投　手	亜細亜大学
	2位	山崎　伊織	投　手	東海大学
	3位	中山　礼都	内野手	中京大学附属中京高
	4位	伊藤　優輔	投　手	三菱パワー
	5位	秋広　優人	内野手	二松学舎大学附属高
	6位	山本　一輝	投　手	中京大学
	7位	萩原　哲	捕　手	創価大学

※1巡目：佐藤輝明内野手でオリックス、阪神、ソフトバンクと重複、抽選で外れる

ソフトバンク				
	1位	井上　朋也	内野手	花咲徳栄高
	2位	笹川　吉康	外野手	横浜商業高
	3位	牧原　巧汰	捕　手	日本大学藤沢高
	4位	川原田純平	内野手	青森山田高
	5位	田上　奏大	投　手	履正社高

※1巡目：佐藤輝明内野手でオリックス、阪神、巨人と重複、抽選で外れる

中　日				
	1位	髙橋　宏斗	投　手	中京大学附属中京高
	2位	森　博人	投　手	日本体育大学
	3位	土田　龍空	内野手	近江高
	4位	福島　章太	投　手	倉敷工業高
	5位	加藤　翼	投　手	帝京大学可児高
	6位	三好　大倫	外野手	JFE西日本

ロッテ				
	1位	鈴木　昭汰	投　手	法政大学
	2位	中森　俊介	投　手	明石商業高
	3位	小川　龍成	内野手	國學院大学
	4位	河村　説人	投　手	星槎道都大学
	5位	西川　僚祐	外野手	東海大学付属相模高

※1巡目（第1回）：早川隆久投手でヤクルト、楽天、西武と重複、抽選で外れる
※1巡目（第2回）：ヤクルトと重複、抽選で確定

阪　神				
	1位	佐藤　輝明	内野手	近畿大学
	2位	伊藤　将司	投　手	JR東日本
	3位	佐藤　蓮	投　手	上武大学
	4位	榮枝　裕貴	捕　手	立命館大学
	5位	村上　頌樹	投　手	東洋大学
	6位	中野　拓夢	内野手	三菱自動車岡崎
	7位	高寺　望夢	内野手	上田西高
	8位	石井　大智	投　手	高知ファイティングドッグス

※1巡目：オリックス、ソフトバンク、巨人と重複、抽選で確定

西　武				
	1位	渡部　健人	内野手	桐蔭横浜大学
	2位	佐々木　健	投　手	NTT東日本
	3位	山村　崇嘉	内野手	東海大学付属相模高
	4位	若林　楽人	外野手	駒澤大学
	5位	大曲　錬	投　手	福岡大学準硬式野球部
	6位	タイシンガーブランドン大河	内野手	東京農業大学北海道オホーツク
	7位	仲三河優太	外野手	大阪桐蔭高

※1巡目：早川隆久投手でヤクルト、楽天、ロッテと重複、抽選で外れる

球 団 名		指名選手	守 備	所属団体または学校
DeNA				
	1位	入江　大生	投　手	明治大学
	2位	牧　　秀悟	内野手	中央大学
	3位	松本隆之介	投　手	横浜高
	4位	小深田大地	内野手	履正社高
	5位	池谷　蒼大	投　手	ヤマハ
	6位	髙田　琢登	投　手	静岡商業高
楽　　天				
	1位	早川　隆久	投　手	早稲田大学
	2位	髙田　孝一	投　手	法政大学
	3位	藤井　　聖	投　手	ENEOS
	4位	内間　拓馬	投　手	亜細亜大学
	5位	入江　大樹	内野手	仙台育英学園高
	6位	内　　星龍	投　手	履正社高

※1巡目：ヤクルト、西武、ロッテと重複、抽選で確定

広　　島				
	1位	栗林　良吏	投　手	トヨタ自動車
	2位	森浦　大輔	投　手	天理大学
	3位	大道　温貴	投　手	八戸学院大学
	4位	小林　樹斗	投　手	智辯学園和歌山高
	5位	行木　　俊	投　手	徳島インディゴソックス
	6位	矢野　雅哉	内野手	亜細亜大学
日本ハム				
	1位	伊藤　大海	投　手	苫小牧駒澤大学
	2位	五十幡亮汰	外野手	中央大学
	3位	古川　裕大	捕　手	上武大学
	4位	細川　凌平	内野手	智辯学園和歌山高
	5位	根本　悠楓	投　手	苫小牧中央高
	6位	今川　優馬	外野手	JFE東日本
ヤクルト				
	1位	木澤　尚文	投　手	慶應義塾大学
	2位	山野　太一	投　手	東北福祉大学
	3位	内山　壮真	捕　手	星稜高
	4位	元山　飛優	内野手	東北福祉大学
	5位	並木　秀尊	外野手	獨協大学
	6位	嘉手苅浩太	投　手	日本航空石川高

※1巡目（第1回）：早川隆久投手で楽天、西武、ロッテと重複、抽選で外れる
※1巡目（第2回）：鈴木昭汰投手でロッテと重複、抽選で外れる

オリックス				
	1位	山下舜平大	投　手	福岡大学附属大濠高
	2位	元　　謙太	外野手	中京高
	3位	来田　涼斗	外野手	明石商業高
	4位	中川　　颯	投　手	立教大学
	5位	中川　拓真	投　手	豊橋中央高
	6位	阿部　翔太	投　手	日本生命

※1巡目：佐藤輝明内野手で阪神、ソフトバンク、巨人と重複、抽選で外れる

2020・育成選手選択会議

（10月26日実施）

球団名		指名選手	守備	所属団体または学校
巨　人				
	1位	岡本　大翔	内野手	米子東高
	2位	喜多　隆介	捕　手	京都先端科学大学
	3位	笠島　尚樹	投　手	敦賀気比高
	4位	木下　幹也	投　手	横浜高
	5位	前田　研輝	捕　手	駒澤大学
	6位	坂本　勇人	捕　手	唐津商業高
	7位	戸田　懐生	投　手	徳島インディゴソックス
	8位	阿部　剣友	投　手	札幌大谷高
	9位	奈良木　陸	投　手	筑波大学
	10位	山﨑　友輔	投　手	福山大学
	11位	保科　広一	外野手	創価大学
	12位	加藤　廉	内野手	東海大学海洋学部
ソフトバンク				
	1位	佐藤　宏樹	投　手	慶應義塾大学
	2位	中道　佑哉	投　手	八戸学院大学
	3位	桑原　秀侍	投　手	神村学園高
	4位	早　真之介	外野手	京都国際高
	5位	緒方　理貢	内野手	駒澤大学
	6位	居谷　匠真	捕　手	明豊高
	7位	大城　真乃	投　手	宜野座高
	8位	中村　亮太	投　手	東京農業大学北海道オホーツク
中　日				
	1位	近藤　廉	投　手	札幌学院大学
	2位	上田洸太朗	投　手	享栄高
	3位	松木平優太	投　手	精華高
ロッテ				
	1位	谷川　唯人	捕　手	立正大学淞南高
	2位	小沼　健太	投　手	茨城アストロプラネッツ
	3位	山本　大斗	外野手	開星高
	4位	佐藤　奨真	投　手	専修大学
阪　神				
	1位	岩田　将貴	投　手	九州産業大学
西　武				
	1位	赤上　優人	投　手	東北公益文科大学
	2位	長谷川信哉	外野手	敦賀気比高
	3位	宮本ジョセフ拳	外野手	名古屋学院大学
	4位	豆田　泰志	投　手	浦和実業学園高
	5位	水上　由伸	投　手	四国学院大学
DeNA				
	1位	石川　達也	投　手	法政大学
	2位	加藤　大	投　手	横浜隼人高
楽　天				
	1位	石田　駿	投　手	栃木ゴールデンブレーブス

球団名		指名選手	守備	所属団体または学校
広　島				
	1位	二俣　翔一	捕　手	磐田東高
日本ハム				
	1位	松本　遼大	投　手	花巻東高
	2位	齊藤　伸治	投　手	東京情報大学
ヤクルト				
	1位	下　慎之介	投　手	高崎健康福祉大学高崎高
	2位	赤羽　由紘	内野手	信濃グランセローズ
	3位	松井　聖	捕　手	信濃グランセローズ
	4位	丸山　翔大	投　手	西日本工業大学
オリックス				
	1位	川瀬　堅斗	投　手	大分商業高
	2位	辻垣　高良	投　手	学校法人松韻学園福島高
	3位	宇田川優希	投　手	仙台大学
	4位	釣　寿生	捕　手	京都国際高
	5位	佐野　如一	外野手	仙台大学
	6位	古長　拓	内野手	福島レッドホープス

選択（ドラフト）方法変遷

1965 …各球団が希望選手30人以内の名簿をコミッショナー事務局に提出、1位から12位までを順番に並べて記載。他球団と重複した場合抽選、外れた場合は自球団の名簿順位に従い選手を指名。12球団各1名の指名選手がそろったところで第1次選択終了。第2次選択は提出名簿に従って下位球団優先指名、一巡後に逆戻りで上位球団から指名。

1966 …前年度と同じ方法で、9月に社会人と国体に出場しない高校選手、11月に国体出場の高校選手と大学選手を対象として2度行う。

1967～1977…年1度開催に戻す。名簿提出を廃止。全球団が予備抽選して指名順位を決め、指名を行い、12番目球団から折り返し。74年から6人以内指名。

1978～1990…各球団が希望選手を1回ごとに提出、他球団と重複した場合に抽選。外れた球団は下位球団優先で残った選手を指名。4人以内指名。81年から6人以内指名。

1991～1992…4巡目指名まで従来通り。5巡目から下位球団順による折り返し指名で10人以内。新人選手はすべてドラフトを通すことになる。

1993～1994…1位指名、2位指名にあたる社会人・大学生選手に希望調査し希望球団を回答してもらう。球団の指名が重複した場合は①選手の希望優先とし、次に②指名順序で交渉権を決める。これで決まらない場合は抽選。高校生選手は高野連の要請で希望調査は行わず、従来通りの方法。3位指名から下位球団順による折り返し指名で1球団10人以内。

1995～1998…上記方法に、一部の高校生選手の進路調査を加える（ただし、希望球団の表明は高野連の要請によりできない）。1球団が指名できる選手は8人以内。

1999～2000…指名が8人に満たない球団があった場合、他球団は最大10人まで指名できるが、総指名数が96人に達したところで終了する。

2001～2004…ドラフト前に自由獲得選手を2人まで獲得可能とし、2人獲得の球団は1巡目、2巡目、3巡目を外れる。1人獲得の球団は1巡目、3巡目を外れる。自由獲得なしの球団は2巡目を外れる。4巡目からは折り返し指名で、自由獲得選手を含め120名に達したところで終了。

2005～2006…ドラフト前に希望入団選手を1人まで獲得可能とし、「高校生」と「大学生・社会人ほか」の2回に分けて選択会議を開く。先に「高校生選択会議」を開催。1巡目指名は入札・抽選方式。重複指名になり、抽選で外れた球団は順次指名する。指名順はオールスター・ゲームに勝ったリーグを優先し、公式戦の定められた時点の成績逆順。2巡目指名は「大学生・社会人ほか選択会議」で希望枠を使わなかった球団が成績逆順に指名。3巡目は全球団が公式戦の成績逆順で指名、以下交互に折り返しで指名。「大学生・社会人ほか選択会議」の1巡目指名は、希望入団枠の使用を申請したが選手が決まらなかった球団が、日本シリーズに負けたリーグを優先して成績逆順に行う。2巡目指名は「高校生選択会議」で1巡目指名に参加しなかった球団が行い、3巡目指名は成績逆順で全球団が指名、以下交互に折り返しで指名。2回の選択会議と希望入団選手を含めた合計が120人に達したところで終了。

2007 …希望枠が撤廃され、「大学・社会人ほか選択会議」の1巡目指名は入札・抽選方式となった。

2008～ …【1巡目】
第1巡目の指名は、「入札抽選」により行う。全球団が、選択を希望する選手名を同時に提出する。単独指名の場合はその球団の選択が確定。
指名が重複した場合は抽選で決定する。抽選は「球団順位の逆順」で行う。
抽選に外れた球団は再度入札を行い、指名が重複した場合は再度抽選で決定。
全球団の選択が確定するまで繰り返し行う。
【2巡目以降】
第2巡目の指名は「球団順位の逆順」で行い、第3巡目の指名は「球団順位」で行う。
以後交互に折り返しで指名する。全球団が「選択終了」となるか、選択された選手が合計120名に達したところで終了。ただし、国内の独立リーグ所属選手や外国のプロ野球選手を選択した場合は、その人数に含まない。
各球団は原則として10名まで指名できる。ただし、他球団が10名に満たない人数で選択を終了することにより、全体で120名に達していない場合は、11人目以降の指名も可能。
新人選手選択会議を終了した時点で選択された選手が合計120名に達していない場合、引き続き希望球団参加による「育成選手選択会議」を行う。

育 成 選 手 制 度

2005.12.1 実行委員会で支配下選手枠（1球団70人）のほかに、育成を目的として選手を保有できる育成選手制度と研修生制度の導入を決める。育成選手は各球団が育成選手選択会議で指名することとした。

2020年・フリーエージェント（FA）権利行使選手

<セントラル・リーグ>

△DeNA	井納　翔一	投　手
△DeNA	梶谷　隆幸	外野手
△ヤクルト	小川　泰弘	投　手

<パシフィック・リーグ>

ロッテ	澤村　拓一	投　手
△ロッテ	松永　昂大	投　手
△西　武	増田　達至	投　手
△西　武	熊代　聖人	外野手

△は2008年オフより適用の国内FA宣言選手。

──── ○○ ──── ○○ ──── ○○ ──── ○○ ──── ○○ ──── ○○

▽過去にフリーエージェント宣言した選手　（移籍チーム名なしは宣言残留。）

1993
駒田　徳広(巨) → 横　　浜
松永　浩美(神) → ダイエー
落合　博満(中) → 巨　　人
石嶺　和彦(オ) → 阪　　神
槙原　寛己(巨)

1994
山沖　之彦(オ) → 阪　　神
金村　義明(近) → 中　　日
石毛　宏典(武) → ダイエー
工藤　公康(武) → ダイエー
川口　和久(広) → 巨　　人
広沢　克己(ヤ) → 巨　　人
岡崎　　郁(巨)
川相　昌弘(巨)
原　　辰徳(巨)
吉村　禎章(巨)
久保　康生(神)
長嶋　清幸(神)
伊東　　勤(武)
辻　　発彦(武)
吉竹　春樹(武)
渡辺　久信(武)

1995
仲田　幸司(神) → ロ　ッ　テ
河野　博文(日) → 巨　　人
斎藤　雅樹(巨)
福良　淳一(オ)
星野　伸之(オ)
金石　昭人(日)
清川　栄治(近)
古久保健二(近)
佐々木　誠(武)
郭　　泰源(武)
池山　隆寛(ヤ)

1996
田村　藤夫(ロ) → ダイエー
清原　和博(武) → 巨　　人
宮本　和知(巨)
和田　　豊(神)
駒田　徳広(横)
畠山　　準(横)
鈴木　貴久(近)
笘篠　誠治(武)

1997
中嶋　　聡(オ) → 西　　武
山崎慎太郎(近) → ダイエー
吉井　理人(ヤ) → メ　ッ　ツ
桑田　真澄(巨)
槙原　寛己(巨)
村田　真一(巨)
吉村　禎章(巨)
野田　浩司(オ)
谷繁　元信(横)
田中　幸雄(日)
伊東　　勤(武)

1998
木田　優夫(オ) → タイガース
武田　一浩(ダ) → 中　　日
八木　　裕(神)
初芝　　清(ロ)
堀　　幸一(ロ)
潮崎　哲也(武)
飯田　哲也(ヤ)

1999
星野　伸之(オ) → 阪　　神
佐々木主浩(横) → マリナーズ
工藤　公康(ダ) → 巨　　人
江藤　　智(広) → 巨　　人
伊藤　敦規(神)
石井　琢朗(横)
進藤　達哉(横)
中根　　仁(横)
野村　弘樹(横)
香田　勲男(近)

2000
新庄　剛志(神) → メ　ッ　ツ
川崎憲次郎(ヤ) → 中　　日
矢野　輝弘(神)
山田　勝彦(神)
奈良原　浩(日)
水口　栄二(近)

2001
前田　幸長(中) → 巨　　人
加藤　伸一(オ) → 近　　鉄
田口　　壮(オ) → カージナルス
小宮山　悟(横) → メ　ッ　ツ
谷繁　元信(横) → 中　　日
片岡　篤史(日) → 阪　　神
川相　昌弘(巨)
元木　大介(巨)
吉永幸一郎(巨)
遠山　奬志(神)
山﨑　武司(中)

フリーエージェント

2002
松井　秀喜(巨) → ヤンキース
若井部健一(ダ) → 横　　浜
金本　知憲(広) → 阪　神
桑田　真澄(巨)
桧山進次郎(神)
斎藤　　隆(横)
鈴木　尚典(横)
三浦　大輔(横)
芝草　宇宙(日)
中村　紀洋(近)

2003
村松　有人(ダ) → オリックス
松井稼頭央(武) → メ　ッ　ツ
高津　臣吾(ヤ) → ホワイトソックス
伊良部秀輝(神)
下柳　　剛(神)

2004
藪　　恵壹(神) → アスレチックス
大村　直之(近) → ソフトバンク
稲葉　篤紀(ヤ) → 日本ハム
清水　隆行(巨)
仁志　敏久(巨)
野口　寿浩(神)
奈良原　浩(日)
鈴木　　健(ヤ)
真中　　満(ヤ)

2005
野口　茂樹(中) → 巨　　人
城島　健司(ソ) → マリナーズ
豊田　　清(武) → 巨　　人
矢野　輝弘(神)
谷繁　元信(中)

2006
小久保裕紀(巨) → ソフトバンク
門倉　　健(横) → 巨　　人
小笠原道大(日) → 巨　　人
岡島　秀樹(日) → レッドソックス
金本　知憲(神)
塩崎　　真(オ)
日高　　剛(オ)
的山　哲也(オ)

2007
福留　孝介(中) → カ　ブ　ス
小林　雅英(ロ) → インディアンス
薮田　安彦(ロ) → ロイヤルズ
和田　一浩(武) → 中　　日
新井　貴浩(広) → 阪　神
黒田　博樹(広) → ドジャース
石井　一久(ヤ) → 西　　武
福盛　和男(楽) → レンジャーズ
下柳　　剛(神)

2008
上原　浩治(巨) → オリオールズ
野口　寿浩(神) → 横　　浜
川上　憲伸(中) → ブレーブス
中村　紀洋(中) → 楽　天
相川　亮二(横) → ヤクルト
高橋　　建(広) → ブルージェイズ
三浦　大輔(横)

2009
高橋　尚成(巨) → メ　ッ　ツ
橋本　　将(ロ) → 横　　浜
五十嵐亮太(ヤ) → メ　ッ　ツ
△藤本　敦士(神) → ヤクルト
△藤井　秀悟(日) → 巨　　人

2010
建山　義紀(日) → レンジャーズ
森本　稀哲(日) → 横　　浜
小林　宏之(ロ) → 阪　神
土肥　義弘(武) → 米・独立リーグ
藤井　彰人(楽) → 阪　神
△細川　　亨(武) → ソフトバンク
△内川　聖一(横) → ソフトバンク
多村　仁志(ソ)
金城　龍彦(横)
△関本賢太郎(神)
△後藤　光尊(オ)

2011
大村　三郎(巨) → ロ　ッ　テ
川﨑　宗則(ソ) → マリナーズ
和田　　毅(ソ) → オリオールズ
村田　修一(横) → 巨　　人
岩隈　久志(楽) → マリナーズ
△鶴岡　一成(巨) → DeNA
△小池　正晃(中) → DeNA
△杉内　俊哉(ソ) → 巨　　人
△帆足　和幸(武) → ソフトバンク
△ミ ン チ ェ(武) → オリックス
新井　貴浩(神)
△篠原　貴行(横)

2012
藤川　球児(神) → カ　ブ　ス
日高　　剛(オ) → 阪　神
田中　賢介(日) → ジャイアンツ
中島　裕之(武) → アスレチックス
△平野　恵一(神) → オリックス
△寺原　隼人(オ) → ソフトバンク

2013
小笠原道大(巨) → 中　　日
△久保　康友(神) → DeNA
△中田　賢一(中) → ソフトバンク
△山崎　勝己(ソ) → オリックス
△鶴岡　慎也(日) → ソフトバンク
△片岡　治大(武) → 巨　　人
△涌井　秀章(武) → ロ　ッ　テ
△大竹　　寛(広) → 巨　　人

2014
小谷野栄一(日) → オリックス
金城　龍彦(ディ) → 巨　　人
相川　亮二(ヤ) → 巨　　人
△大引　啓次(日) → ヤクルト
△成瀬　善久(ロ) → ヤクルト
鳥谷　　敬(神)
△能見　篤史(神)
△金子　千尋(オ)

2015
今江　敏晃(ロ) → 楽　　天
木村　昇吾(広) → 西　　武
△髙橋　聡文(中) → 阪　神
△脇谷　亮太(武) → 巨　　人
松田　宣浩(ソ)
田中　浩康(ヤ)

2016
岸　　孝之(武) → 楽　　天
△糸井　嘉男(オ) → 阪　神
△森福　允彦(ソ) → 巨　　人
△陽　　岱鋼(日) → 巨　　人
△山口　　俊(ディ) → 巨　　人
栗山　　巧(武)

2017
平野　佳寿(オ) → ダイヤモンドバックス
鶴岡　慎也(ソ) → 日本ハム
大野　奨太(日) → 中　　日
△大　　和(神) → DeNA
△増井　浩俊(日) → オリックス
△野上　亮磨(武) → 巨　　人
涌井　秀章(ロ)

2018
炭谷銀仁朗(武) → 巨　　人
△西　　勇輝(オ) → 阪　神
△浅村　栄斗(武) → 楽　　天
△丸　　佳浩(広) → 巨　　人
中村　剛也(武)

2019
△秋山　翔吾(武)→ レ ッ ズ
△福田　秀平(ソ)→ ロ ッ テ
△鈴木　大地(ロ)→ 楽　　　天
△美馬　　学(楽)→ ロ ッ テ
△十亀　　剣(武)
△則本　昂大(楽)

セントラル・リーグ各年度チーム順位

年度	巨人	阪神	中日	DeNA	広島	ヤクルト	松竹	西日本	年度	巨人	阪神	中日	DeNA	広島	ヤクルト
1950	3	4	2	5	8	7	1	6	1986	2	3	5	4	1	6
1951	1	3	2	6	7	5	4	−	1987	1	6	2	5	3	4
1952	1	2	3	4	6	5	7	−	1988	2	6	1	4	3	5
1953	1	2	3	5	4	6	−	−	1989	1	5	3	6	2	4
1954	2	3	1	6	4	5	−	−	1990	1	6	4	3	2	5
1955	1	3	2	6	4	5	−	−	1991	4	6	2	5	1	3
1956	1	2	3	6	5	4	−	−	1992	◎2	◎2	6	5	4	1
1957	1	2	3	6	5	4	−	−	1993	3	4	2	6	5	1
1958	1	2	3	6	5	4	−	−	1994	1	◎4	2	6	3	◎4
1959	1	◎2	◎2	6	5	4	−	−	1995	3	6	5	4	2	1
1960	2	3	5	1	4	6	−	−	1996	1	6	2	5	3	4
1961	1	4	2	3	5	6	−	−	1997	4	5	2	6	3	1
1962	4	1	3	2	5	6	−	−	1998	3	6	2	1	5	4
1963	1	3	2	5	6	4	−	−	1999	2	6	1	3	5	4
1964	3	1	6	2	4	5	−	−	2000	1	6	2	3	5	4
1965	1	3	2	4	5	6	−	−	2001	2	6	5	3	4	1
1966	1	3	2	◎5	4	◎5	−	−	2002	1	4	3	6	5	2
1967	1	2	3	4	6	5	−	−	2003	◎3	1	2	6	5	◎3
1968	1	2	6	5	3	4	−	−	2004	3	4	1	6	5	2
1969	1	2	4	3	6	5	−	−	2005	5	1	2	3	6	4
1970	1	2	5	3	4	6	−	−	2006	4	2	1	6	5	3
1971	1	2	5	3	4	6	−	−	2007	1	3	2	4	5	6
1972	1	2	3	5	6	4	−	−	2008	1	2	3	4	6	5
1973	1	2	3	5	6	4	−	−	2009	1	4	2	6	5	3
1974	2	4	1	5	3	6	−	−	2010	3	2	1	6	5	4
1975	6	3	2	4	1	5	−	−	2011	1	4	2	6	5	3
1976	1	2	4	6	3	5	−	−	2012	1	5	2	4	3	6
1977	1	4	3	6	5	2	−	−	2013	1	2	4	5	3	6
1978	2	6	5	4	3	1	−	−	2014	1	2	4	5	3	6
1979	5	4	3	2	1	6	−	−	2015	2	3	5	6	1	4
1980	3	5	6	4	1	2	−	−	2016	2	4	6	3	1	5
1981	1	3	5	6	2	4	−	−	2017	4	2	5	3	1	6
1982	2	3	1	5	4	6	−	−	2018	3	6	5	4	1	2
1983	1	4	2	6	5	3	−	−	2019	1	3	2	4	5	6
1984	3	4	2	6	1	5	−	−	2020	1	2	3	4	5	6
1985	3	1	5	4	2	6	−	−							

◇1950～1960大阪タイガース。1961阪神タイガースとなる。

◇1950中日ドラゴンズ。1951～1953名古屋ドラゴンズ。1954中日ドラゴンズとなる。

◇1950～1952大洋ホエールズ。1953松竹ロビンスと合併、大洋松竹ロビンスとなる（～1954）。1955～1977大洋ホエールズ。1978～1992横浜大洋ホエールズ。1993～2011横浜ベイスターズ。2012横浜DeNAベイスターズとなる。

◇1950～1967広島カープ。1968広島東洋カープとなる。

◇1950～1965.5.9国鉄スワローズ。1965.5.10サンケイスワローズ。1966～1968サンケイアトムズ。1969アトムズ。1970～1973ヤクルトアトムズ。1974～2005ヤクルトスワローズ。2006東京ヤクルトスワローズとなる。

◇1951西日本パイレーツがパ・リーグの西鉄クリッパースと合併、西鉄ライオンズ（パ・リーグ）となる。

◎印は同率。

セントラル・リーグ各年度優勝決定日・試合数

年度	チーム	月　日	試　合		年度	チーム	月　日	試　合	
1950	松　　竹	11. 10第1	134(137)	自	2007	巨　　人	10.　2	143(144)	自
1951	巨　　人	9. 23	107(114)	△	2008	巨　　人	10. 10	143(144)	他
1952	巨　　人	10.　3	115(120)	自	2009	巨　　人	9. 23	133(144)	自
1953	巨　　人	9. 27第2	118(125)	自	2010	中　　日	10.　1	143(144)	他
1954	中　　日	10. 19	125(130)	他	2011	中　　日	10. 18	142(144)	自
1955	巨　　人	10.　7第2	120(130)	自	2012	巨　　人	9. 21	133(144)	自
1956	巨　　人	9. 23第2	125(130)	自	2013	巨　　人	9. 22	133(144)	他
1957	巨　　人	10. 21第2	128(130)	自	2014	巨　　人	9. 26	137(144)	自
1958	巨　　人	10.　2	125(130)	他	2015	ヤクルト	10.　2	141(143)	自
1959	巨　　人	10.　3	119(130)	自	2016	広　　島	9. 10	131(143)	自
1960	大　　洋	10.　2	128(130)	他	2017	広　　島	9. 18	136(143)	自
1961	巨　　人	10.　9	125(130)	他	2018	広　　島	9. 26	135(143)	自
1962	阪　　神	10.　3	133(133)	自	2019	巨　　人	9. 21	138(143)	自
1963	巨　　人	10. 15第2	138(140)	自	2020	巨　　人	10. 30	111(120)	自
1964	阪　　神	9. 30第1	139(140)	自					
1965	巨　　人	10. 14	129(140)	他					
1966	巨　　人	9. 23第1	127(134)	自					
1967	巨　　人	10.　7	121(134)	他					
1968	巨　　人	10.　8第2	129(134)	自					
1969	巨　　人	10.　9	123(130)	自					
1970	巨　　人	10. 22	129(130)	自					
1971	巨　　人	9. 23	125(130)	自					
1972	巨　　人	10.　7	126(130)	自					
1973	巨　　人	10. 22	130(130)	自					
1974	中　　日	10. 12第2	128(130)	自					
1975	広　　島	10. 15	129(130)	自					
1976	巨　　人	10. 16	130(130)	自					
1977	巨　　人	9. 23	119(130)	他					
1978	ヤクルト	10.　4	126(130)	自					
1979	広　　島	10.　6	122(130)	自					
1980	広　　島	10. 17	127(130)	他					
1981	巨　　人	9. 23	121(130)	他					
1982	中　　日	10. 18	130(130)	自					
1983	巨　　人	10. 11	125(130)	自					
1984	広　　島	10.　4	125(130)	自					
1985	阪　　神	10. 16	125(130)	自					
1986	広　　島	10. 12	129(130)	自					
1987	巨　　人	10.　9	125(130)	他					
1988	中　　日	10.　7	120(130)	自					
1989	巨　　人	10.　6	127(130)	自					
1990	巨　　人	9.　8	114(130)	自					
1991	広　　島	10. 13第2	128(132)	自					
1992	ヤクルト	10. 10	130(131)	自					
1993	ヤクルト	10. 15	129(132)	自					
1994	巨　　人	10.　8	130(130)	自					
1995	ヤクルト	9. 30	125(130)	自					
1996	巨　　人	10.　6	129(130)	自					
1997	ヤクルト	9. 28	129(137)	自					
1998	横　　浜	10.　8	131(136)	自					
1999	中　　日	9. 30	129(135)	自					
2000	巨　　人	9. 24	131(135)	自					
2001	ヤクルト	10.　6	136(140)	自					
2002	巨　　人	9. 24	131(140)	他					
2003	阪　　神	9. 15	128(140)	他					
2004	中　　日	10.　1	133(138)	他					
2005	阪　　神	9. 29	141(146)	自					
2006	中　　日	10. 10	142(146)	自					

(注)　自：自力　　他：対抗チームの結果による。△は日程打ち切りのため自動的に決定。
　　　（　）内年度試合数。

パシフィック・リーグ各年度チーム順位

年度	オリックス	ソフトバンク	日本ハム	ロッテ	西武	近鉄	大映	高橋
1950	4	2	6	1	5	7	3	—
1951	5	1	6	3	2	7	4	—
1952	5	1	6	2	3	7	4	—
1953	2	1	6	4	7	3	5	—
1954	5	1	7	3	2	4	8	6
1955	4	1	7	3	2	5	6	8
1956	3	2	7	6	4	5	1	8
1957	4	2	5	3	1	6	7	—
1958	3	2	5	4	1	6	—	—
1959	5	1	3	2	4	6	—	—
1960	5	2	4	1	3	6	—	—
1961	5	1	2	4	3	6	—	—
1962	◎4	2	1	◎4	3	6	—	—
1963	6	2	3	5	4	1	—	—
1964	2	1	5	4	3	6	—	—
1965	4	1	3	2	5	6	—	—
1966	5	1	3	4	2	6	—	—
1967	1	4	6	3	5	2	—	—
1968	1	2	6	3	5	4	—	—
1969	1	6	4	3	5	2	—	—
1970	4	2	5	1	6	3	—	—
1971	1	4	6	2	5	3	—	—
1972	1	3	5	4	2	6	—	—
1973	2	1	5	3	4	6	—	—
1974	2	3	6	1	5	4	—	—
1975	1	2	6	3	4	5	—	—
1976	1	2	5	4	3	6	—	—
1977	1	2	5	3	4	6	—	—
1978	1	6	3	4	5	2	—	—
1979	2	5	3	6	1	4	—	—
1980	5	6	3	2	4	1	—	—
1981	2	5	1	3	4	6	—	—
1982	4	6	2	1	3	5	—	—
1983	1	5	6	2	3	4	—	—
1984	1	5	6	2	3	4	—	—
1985	4	6	5	2	1	3	—	—

年度	オリックス	ソフトバンク	日本ハム	ロッテ	西武	楽天	近鉄
1986	3	6	5	4	1	—	2
1987	2	4	3	5	1	—	6
1988	4	5	3	6	1	—	2
1989	2	4	5	6	3	—	1
1990	2	6	4	5	1	—	3
1991	3	5	4	6	1	—	2
1992	3	4	6	2	5	—	1
1993	3	6	2	5	1	—	4
1994	◎2	4	6	5	1	—	◎2
1995	1	5	4	2	3	—	6
1996	2	6	5	4	1	—	3
1997	2	◎4	◎4	6	1	—	3
1998	◎3	◎3	2	6	1	—	5
1999	3	1	5	6	2	—	4
2000	4	1	3	5	2	—	6
2001	4	2	6	5	3	—	1
2002	6	◎2	5	4	1	—	◎2
2003	6	1	5	4	2	—	3
2004	6	1	5	4	3	—	2
2005	4	2	5	1	3	6	—
2006	5	3	1	4	2	6	—
2007	6	3	1	2	5	4	—
2008	6	3	1	5	2	4	—
2009	6	3	1	5	4	2	—
2010	5	1	4	3	2	6	—
2011	4	1	2	5	3	6	—
2012	4	3	1	5	2	6	—
2013	5	4	6	3	2	1	—
2014	5	3	4	6	1	2	—
2015	5	1	2	6	3	4	—
2016	6	1	5	3	4	2	—
2017	4	1	5	6	2	3	—
2018	4	2	3	5	1	6	—
2019	3	1	5	4	2	6	—
2020	6	1	5	2	3	4	—

◇1950～1988阪急ブレーブス。1989、1990オリックス・ブレーブス。1991～2004オリックス・ブルーウェーブ。2005大阪近鉄バファローズと統合し、オリックス・バファローズとなる。

◇1950～1988南海ホークス。1989～2004福岡ダイエーホークス。2005福岡ソフトバンクホークスとなる。

◇1950～1953東急フライヤーズ。1954～1972東映フライヤーズ。1973日拓ホーム・フライヤーズ。1974～2003日本ハム・ファイターズ。2004北海道日本ハムファイターズとなる。

◇1950～1957毎日オリオンズ。1958大映ユニオンズと合併、毎日大映（大毎）オリオンズとなる（～1963）。1964～1968東京オリオンズ。1969～1991ロッテ・オリオンズ。1992千葉ロッテマリーンズとなる。

◇1950西鉄クリッパース。1951セ・リーグの西日本パイレーツと合併、西鉄ライオンズとなる（～1972）。1973～1976太平洋クラブ・ライオンズ。1977、1978クラウンライター・ライオンズ。1979～2007西武ライオンズ。2008埼玉西武ライオンズとなる。

◇2005～東北楽天ゴールデンイーグルス。

◇1950～1958近鉄パールス。1959～1961近鉄バファロー。1962～1998近鉄バファローズ。1999～2004大阪近鉄バファローズとなる。

◇1950～1956大映スターズ。1957高橋ユニオンズと合併、大映ユニオンズとなる。

◇1954高橋ユニオンズ。1955トンボユニオンズ。1956高橋ユニオンズとなる。

◎印は同率

パシフィック・リーグ各年度優勝決定日・試合数

年度	チーム	月日	試合	
1950	毎日	10. 25	110(120)	自
1951	南海	9. 23	100(104)	△
1952	南海	10. 9	121(121)	自
1953	南海	10. 6	119(120)	他
1954	西鉄	10. 19	139(140)	自
1955	南海	10. 6	140(143)	自
1956	西鉄	10. 6	153(154)	自
1957	西鉄	10. 13第2	125(132)	自
1958	西鉄	10. 2第2	128(130)	自
1959	南海	10. 4第2	128(134)	自
1960	大毎	10. 5	131(133)	自
1961	南海	10. 15第1	138(140)	自
1962	東映	9. 30	128(133)	他
1963	西鉄	10. 20第2	150(150)	自
1964	南海	9. 19	149(150)	他
1965	南海	9. 26第2	121(140)	自
1966	南海	10. 9	133(133)	他
1967	阪急	10. 1	123(134)	他
1968	阪急	10. 11	134(134)	他
1969	阪急	10. 19	129(130)	自
1970	ロッテ	10. 7	118(130)	他
1971	阪急	9. 28	124(130)	他
1972	阪急	9. 26	117(130)	自
1973	(前)南海	7. 11	65-(65)	他
	(後)阪急	10. 5	61-(65)	他
1974	(前)阪急	6. 20	61-(65)	自
	(後)ロッテ	9. 26	62-(65)	他
1975	(前)阪急	6. 17	61-(65)	自
	(後)近鉄	9. 21第2	59-(65)	自
1976	(前)阪急	6. 24	60-(65)	自
	(後)阪急	9. 30	62-(65)	自
1977	(前)阪急	7. 2	64-(65)	自
	(後)ロッテ	10. 5	65-(65)	他
1978	(前)阪急	6. 18第1	57-(65)	他
	(後)阪急	9. 27	64-(65)	自
1979	(前)近鉄	6. 26	65-(65)	自
	(後)阪急	10. 5	61-(65)	自
1980	(前)ロッテ	6. 27	60-(65)	他
	(後)近鉄	10. 11	65-(65)	自
1981	(前)ロッテ	6. 24	63-(65)	自
	(後)日本ハム	9. 23	62-(65)	他
1982	(前)西武	6. 25	63-(65)	他
	(後)日本ハム	9. 28	58-(65)	自
1983	西武	10. 10第1	119(130)	自
1984	阪急	9. 23	125(130)	他
1985	西武	10. 9	121(130)	自
1986	西武	10. 9	129(130)	自
1987	西武	10. 10	125(130)	自
1988	西武	10. 19第2	130(130)	他
1989	近鉄	10. 14	129(130)	自
1990	西武	9. 23	117(130)	自
1991	西武	10. 3	124(130)	自
1992	西武	9. 30	124(130)	自
1993	西武	10. 13	126(130)	自
1994	西武	10. 2	125(130)	自
1995	オリックス	9. 19	121(130)	自
1996	オリックス	9. 23	123(130)	自
1997	西武	10. 3	131(135)	自
1998	西武	10. 7第2	129(135)	自
1999	ダイエー	9. 25	129(135)	自
2000	ダイエー	10. 7	132(135)	自
2001	近鉄	9. 26	136(140)	自
2002	西武	9. 21	126(140)	他
2003	ダイエー	9. 30	136(140)	他
2004	西武	10. 11	——(133)	プ
2005	ロッテ	10. 17	——(136)	プ
2006	日本ハム	10. 12	——(136)	プ
2007	日本ハム	9. 29	141(144)	自
2008	西武	9. 26	139(144)	他
2009	日本ハム	10. 6	141(144)	他
2010	ソフトバンク	9. 26	144(144)	他
2011	ソフトバンク	10. 1	133(144)	自
2012	日本ハム	10. 2	141(144)	他
2013	楽天	9. 26	134(144)	自
2014	ソフトバンク		144(144)	自
2015	ソフトバンク	9. 17	127(143)	自
2016	日本ハム	9. 28	142(143)	自
2017	ソフトバンク	9. 16	130(143)	他
2018	西武	9. 30	138(143)	自
2019	西武	9. 24	142(143)	自
2020	ソフトバンク	10. 27	111(120)	自

注　自：自力　他：対抗チームの結果　プ：プレーオフによる。
　　△は日程打ち切りのため、自動的に決定。（　）内年度試合数。
　　1973〜1982は前後期の2シーズン制で各期の優勝決定日。
　　2004〜2006はプレーオフ制（第2ステージ）での優勝決定日。

セントラル・リーグ各年度試合方式（1950〜2020）

年	球団数	総当り	予定試合数	引分	開幕日	閉幕日	消化試合数	試合制限		
1950	8	20	★¹ 560	再試合せず	3.10	11.20	553	昼12回	夜 9 回	（9 回）
1951	7	20	★² 420	〃	3.29	10. 9	386	〃	〃	〃
1952	7	20	420	〃	3.20	10.13	420	昼は日没	夜勝敗決定するまで	（勝敗決定まで）
1953	6	26	★¹ 390	〃	3.28	10.16	385	〃		
1954	6	26	390	〃	4. 3	10.26	390	〃	夜22時30分	（12回）
1955	6	26	390	〃	4. 2	11.23	390	〃	夜22時15分	〃
☆¹1956	6	26	390	〃	3.21	10. 7	390	〃	〃	〃
☆¹1957	6	26	390	〃	3.30	10.27	390	〃	〃	〃
☆¹1958	6	26	390	〃	4. 5	10.23	390	〃	〃	〃
☆¹1959	6	26	390	〃	4.11	10.22	390	〃	夜22時30分	〃
☆¹1960	6	26	390	〃	4. 2	10. 6	390	〃	〃	〃
☆¹1961	6	26	390	〃	4. 8	10.18	390	〃	〃	〃
1962	6	26	390	再 試 合	4. 7	10. 9	401	〃	〃	〃
1963	6	28	420	再試合せず	4.13	10.23	420	▼	夜22時30分	（13回）
1964	6	28	★³ 420	〃	3.20	9.30	420	〃		
1965	6	28	420	〃	4.10	10.27	420	〃	夜22時15分	（12回）
1966	6	26	390	再 試 合	4. 9	10.12	401	■		（11回）
1967	6	26	390	〃	4. 8	10.19	406	〃		〃
1968	6	26	390	〃	4. 6	10.15	401	〃	夜22時20分	（12回）
1969	6	26	390	再試合せず	4.12	10.21	390	〃	夜22時30分	〃
1970	6	26	390	〃	4.11	10.26	390	〃	夜22時20分	〃
1971	6	26	390	〃	4.10	10. 8	390	〃		〃
1972	6	26	390	〃	4. 9	10.15	390	開始時より 3 時間20分		（11回）
1973	6	26	390	〃	4.14	10.24	390	〃		〃
1974	6	26	390	〃	4. 6	10.15	390	開始時より 3 時間		（9 回）
1975	6	26	390	〃	4. 5	10.21	390	〃		〃
1976	6	26	390	〃	4. 3	10.22	390	〃		〃
1977	6	26	390	〃	4. 2	10.18	390	〃		〃
1978	6	26	390	〃	4. 1	10.11	390	〃		〃
1979	6	26	390	〃	4. 7	10.25	390	〃		〃
1980	6	26	390	〃	4. 5	10.24	390	〃		〃
1981	6	26	390	〃	4. 4	10.14	390	〃		〃
1982	6	26	390	〃	4. 3	10.18	390	〃		〃
1983	6	26	390	〃	4. 9	10.24	390	開始時より 3 時間20分		〃
1984	6	26	390	〃	4. 6	10.13	390	〃		〃
1985	6	26	390	〃	4.13	10.24	390	〃		〃
1986	6	26	390	〃	4. 4	10.17	390	〃		〃
1987	6	26	390	〃	4.10	10.22	390	〃		〃
1988	6	26	390	〃	4. 8	10.21	390	12回		〃
1989	6	26	390	〃	4. 8	10.18	390	〃		（12回）
1990	6	26	390	再 試 合	4. 7	10.13	393	15回		（15回）
1991	6	26	390	〃	4. 6	10.16	393	〃		〃
1992	6	26	390	〃	4. 4	10.11	392	〃		〃
1993	6	26	390	〃	4.10	10.22	394	〃		〃
1994	6	26	390	〃	4. 9	10. 9	390	〃		〃
1995	6	26	390	〃	4. 7	10.13	391	〃		〃
1996	6	26	390	〃	4. 5	10. 9	390	〃		〃
1997	6	27	405	〃	4. 4	10.12	407	〃		〃
1998	6	27	405	〃	4. 3	10.12	406	〃		〃
1999	6	27	405	〃	4. 2	10.15	405	〃		〃
2000	6	27	405	〃	3.31	10.11	407	〃		〃
☆²2001	6	28	420	再試合せず	3.30	10.12	420	12回		（12回）
☆³2002	6	28	420	〃	3.30	10.17	420	〃		〃

年	球団数	総当り	予定試合数	引分	開幕日	閉幕日	消化試合数	試合制限	
☆³2003	6	28	420	再試合せず	3.28	10.16	420	12回	(12回)
☆³2004	6	28 ★⁴	420	〃	4. 2	10.16	414	〃	〃
☆³2005	6	22(6)	546	〃	4. 1	10.14	546	〃	〃
☆³2006	6	22(6)	546	〃	3.31	10.16	546	〃	〃
☆⁴2007	6	24(4)	504	〃	3.30	10. 9	504	〃	〃
☆⁴2008	6	24(4)	504	〃	3.28	10.12	504	〃	〃
☆⁴2009	6	24(4)	504	〃	4. 3	10.12	504	〃	〃
☆⁴2010	6	24(4)	504	〃	3.26	10.10	504	〃	〃
☆⁴2011	6	24(4)★⁵	504	〃	4.12	10.25	504	12回。開始時より 3 時間30分優先	
☆⁴2012	6	24(4)	504	〃	3.30	10. 9	504	〃	
☆⁴2013	6	24(4)	504	〃	3.29	10. 8	504	12回	(12回)
☆⁴2014	6	24(4)	504	〃	3.28	10. 7	504	〃	(◆〃)
☆⁵2015	6	25(3)	483	〃	3.27	10. 7	483	〃	(9回)
☆⁵2016	6	25(3)	483	〃	3.25	10. 1	483	〃	〃
☆⁵2017	6	25(3)	483	〃	3.31	10.10	483	〃	〃
☆⁵2018	6	25(3)	483	〃	3.30	10.13	483	〃	〃
☆⁵2019	6	25(3)	483	〃	3.29	9.30	483	〃	〃
☆⁶2020	6	24 ★⁶	360	〃	6.19	11.14	360	10回	

( )内数字は交流戦

(注) 試合制限欄の（ ）内はダブルヘッダー第 1 試合の打ち切り回数。
　　▼…昼間日没となったとき点灯し19時以降、新しいエキストライニングに入らない。
　　■…18時30分以降、新しいエキストライニングに入らない。
　　'68は 9 月14日から緊急臨時措置として、回数の制限をとり 0 時（ある球団が翌日移動なしで、異地区で試合を行うときは23時）。
　　'72、'73は19時以降開始は22時20分、'74～'82は22時となる。
　　'83～'87は19時以前、以降に関係なく開始時より 3 時間20分。
　　'88、'89は時間に関係なく12回まで。
　　'75～'84はダブルヘッダー第 2 試合の開始時間が21時を過ぎたときは打ち切り。
　　'90～'00はダブルヘッダー第 1 試合の開始時間は15時以前とし、第 1・2 試合共に時間に関係なく15回、'01より12回となる。
　　'85よりダブルヘッダー第 2 試合の開始時間が20時を過ぎたときは打ち切り（'89より、リーグの許可がある場合はこの限りでない）。
　　'11、'12は特例措置あり。
　　◆…'14は 9 月 1 日以降、時間に関係なく 9 回まで（ 9 月 1 日、セ・リーグ理事会で決定）。

☆¹…　引分を0.5勝、0.5敗として計算。
☆²…　勝利数第 1 位の球団が優勝。勝利数第 1 位と勝率第 1 位の球団が異なる場合、プレーオフ。
☆³…　勝率第 1 位の球団が優勝。勝率第 1 位と勝利数第 1 位の球団が異なる場合、プレーオフ。
☆⁴…　勝率第 1 位の球団が優勝。2 球団以上が同率の場合、その中で最も勝利数の多い球団が優勝。勝率 1 位でかつ勝利数も同じ球団が 2 球団以上となった場合、①当該球団間の対戦勝率が高い球団②前年度順位が上位の球団を優勝とする。2 位以下の順位についてもこの方式に従って決定する。その後、2 位球団と 3 位球団でクライマックスシリーズ第 1 （ファースト）ステージ（ 3 試合制）、その勝者と優勝球団で第 2 （ファイナル）ステージ（ 5 試合制、'08より優勝球団に 1 勝のアドバンテージを与える 6 試合制）を行い、勝者を日本シリーズ出場球団とする。
☆⁵…　勝率第 1 位の球団が優勝。2 球団以上が同率の場合、その中で最も勝利数の多い球団が優勝。勝率 1 位でかつ勝利数も同じ球団が 2 球団以上となった場合、①当該球団間の対戦勝率が高い球団②前年度順位が上位の球団を優勝とする。勝率 1 位でかつ勝利数も同じ球団が 3 球団以上となった場合、①当該球団間の対戦勝率を合算し、その勝率の高い順にて順位を決定。②合算した対戦勝率が並んだ場合、当該球団間の対戦勝率を優先して順位を決定。③当該球団間の対戦勝率が同じ場合は、前年度順位の上位の球団が優勝。2 位以下の順位についてもこの方式に従って決定する。その後、2 位球団と 3 位球団でクライマックスシリーズ第 1 （ファースト）ステージ（ 3 試合制）、その勝者と優勝球団で第 2 （ファイナル）ステージ（優勝球団に 1 勝のアドバンテージを与える 6 試合制）を行い、勝者を日本シリーズ出場球団とする。
☆⁶…　勝率第 1 位の球団が優勝。2 球団以上が同率の場合、その中で最も勝利数の多い球団が優勝。勝率 1 位でかつ勝利数も同じ球団が 2 球団以上となった場合、①当該球団間の対戦勝率②前年度順位が上位の球団を優勝とする。勝率第 1 位でかつ勝利数も同じ球団が 3 球団以上となった場合、①当該球団間の対戦勝率を合算し、その勝率の高い順に順位を決定。②合算した対戦勝率が並んだ場合、当該球団間の対戦勝率を優先して順位を決定。③当該球団間の対戦勝率が同じ場合は、前年度順位の上位の球団が優勝。2 位以下の順位についてもこの方式に従って決定する。

★¹…　日本シリーズのため日程を打ち切る。
★²…　日米野球のため日程を打ち切る。
★³…　東京オリンピックのため早期開閉幕。
★⁴…　選手会ストによる中止の計 6 試合（各チーム 2 試合）は、代替試合を実施せず打ち切る。
★⁵…　東日本大震災の影響で開幕延期。
★⁶…　新型コロナウイルスの影響で開幕延期。

パシフィック・リーグ各年度試合方式（1950〜2020）

年　度	球団数	総当り	予定試合数	引　分	開幕日	閉幕日	消化試合数	試　合　制　限	
1950	7	20	420	再試合せず	3.11	11.22	420	昼12回　夜 9 回	（ 9 回）
1951	7	20	★¹ 420	〃	3.31	10. 7	358	〃　　〃	〃
☆¹1952	7	18	378	再試合	3.21	10. 9	403	昼は日没　夜勝敗決定するまで	（勝敗決定まで）
1953	7	20	420	再試合せず	3.21	10.11	420	〃　　夜23時45分	〃
1954	8	20	560	〃	3.27	10.29	560	〃　　夜22時45分	（12回）
1955	8	20	560	再試合	3.26	10.13	569	〃　　夜22時15分	〃
☆²1956	8	22	616	再試合せず	3.21	10. 8	616	〃　　〃	〃
☆²1957	7	22	462	〃	3.30	10.24	462	〃　　〃	〃
☆²1958	6	26	390	〃	4. 5	10. 8	390	〃　　〃	〃
1959	6	26	390	再試合	4.10	10.20	408	〃　　夜22時30分	（ 9 回）
1960	6	26	390	〃	4. 9	10. 9	402	〃　　〃	〃
☆²1961	6	28	420	再試合せず	4. 8	10.17	420	〃　　〃	（12回）
1962	6	26	390	再試合	4. 7	10. 9	398	〃　　〃	〃
1963	6	30	450	再試合せず	4. 6	10.20	450	〃　　〃	〃
1964	6	30	★² 450	〃	3.14	9.29	450	〃　　〃	〃
1965	6	28	420	〃	4.10	10.24	420	〃　　夜22時15分	〃
1966	6	26	390	再試合	4. 9	10.13	404	〃　　〃	（11回）
1967	6	26	390	〃	4. 8	10.17	405	〃　　〃	〃
1968	6	26	390	〃	4. 6	10.13	406	昼点灯し18時30分　夜22時20分	（12回）
1969	6	26	390	再試合せず	4.12	10.20	390	〃　　〃	〃
1970	6	26	390	〃	4.11	10.23	390	〃　　〃	〃
1971	6	26	390	〃	4.10	10. 9	390	開始時より 3 時間20分	（11回）
1972	6	26	390	〃	4. 8	10.16	390	〃	〃
☆³1973	6	26	390	〃	(前)4.14　(後)7.27	7.12　10.16	195　195		
☆³1974	6	26	390	〃	(前)4. 6　(後)7. 5	7. 3　10. 2	195　195	開始時より 3 時間	（ 9 回）
☆³1975	6	26	390	〃	(前)4. 5　(後)7. 8	7. 1　10.10	195　195	〃	〃
☆³1976	6	26	390	〃	※(前)4. 3　(後)7. 2	10.13　10.10	195　195	〃	〃
☆³1977	6	26	390	〃	※(前)4. 2　(後)7. 4	10. 9　10. 6	195　195	〃	〃
☆³1978	6	26	390	〃	(前)4. 1　(後)6.30	6.28　9.30	195　195	〃	〃
☆³1979	6	26	390	〃	(前)4. 7　(後)7. 6	7. 4　10.20	195　195	〃	〃
☆³1980	6	26	390	〃	※(前)4. 5　(後)7. 4	11. 8　10.11	195　195	〃	〃
☆³1981	6	26	390	〃	※(前)4. 4　(後)7. 3	10. 4　10. 4	195　195	〃	〃
☆³1982	6	26	390	〃	(前)4. 3　(後)7. 2	6.29　10.12	195　195	〃	〃
☆⁴1983	6	26	390	〃	4. 9	10.24	390	〃	〃
☆⁴1984	6	26	390	〃	3.31	9.30	390	〃	〃
☆⁴1985	6	26	390	〃	4. 6	10.22	390	〃	〃
1986	6	26	390	〃	4. 4	10.19	390	〃	〃
1987	6	26	390	〃	4.10	10.21	390	〃	〃
1988	6	26	390	〃	4. 8	10.23	390	開始時より 4 時間。12回	〃
1989	6	26	390	〃	4. 8	10.20	390	〃	〃
1990	6	26	390	〃	4. 7	10.18	390	〃	〃
1991	6	26	390	〃	4. 6	10.17	390	〃	〃
1992	6	26	390	〃	4. 4	10.13	390	〃	〃
1993	6	26	390	〃	4.10	10.19	390	〃	〃
1994	6	26	390	〃	4. 9	10.10	390	12回	（12回）
1995	6	26	390	〃	4. 1	10. 6	390	〃	〃
1996	6	26	390	〃	3.30	10.10	390	〃	〃
1997	6	27	405	〃	4. 5	10.12	405	〃	〃
1998	6	27	405	〃	4. 4	10.12	405	〃	〃
1999	6	27	405	〃	4. 3	10.12	405	〃	〃

年　度	球団数	総当り	予定試合数	引　分	開幕日	閉幕日	消化試合数	試　合　制　限	
2000	6	27	405	再試合せず	4. 1	10.16	405	12回	（12回）
2001	6	28	420	〃	3.24	10. 5	420	〃	〃
2002	6	28	420	〃	3.30	10.18	420	〃	〃
2003	6	28	420	〃	3.28	10.12	420	〃	〃
☆⁵2004	6	27　★³	405	〃	3.27	9.27	399		
☆⁵2005	6	20(6)	516	〃	3.26	9.28	516		
☆⁶2006	6	20(6)	516	〃	3.25	10. 1	516		
☆⁷2007	6	24(4)	504	〃	3.24	10. 5	504		
☆⁷2008	6	24(4)	504	〃	3.20	10. 7	504		
☆⁸2009	6	24(4)	504	〃	4. 3	10.11	504		
☆⁸2010	6	24(4)	504	〃	3.20	10. 1	504		
☆⁸2011	6	24(4)★⁴	504	〃	4.12	10.22	504	12回。開始時より 3 時間30分優先	
☆⁸2012	6	24(4)	504	〃	3.30	10. 9	504	〃	
☆⁸2013	6	24(4)	504	〃	3.29	10.13	504	12回	（12回）
☆⁸2014	6	24(4)	504	〃	3.28	10. 7	504	〃	〃
☆⁸2015	6	25(3)	483	〃	3.27	10. 6	483	〃	〃
☆⁸2016	6	25(3)	483	〃	3.25	10. 5	483	〃	〃
☆⁸2017	6	25(3)	483	〃	3.31	10.10	483	〃	〃
☆⁸2018	6	25(3)	483	〃	3.30	10.13	483	〃	〃
☆⁸2019	6	25(3)	483	〃	3.29	9.29	483	〃	〃
☆⁹2020	6	24　★⁵	360	〃	6.19	11. 9	360	10回	（10回）

（ ）内数字は交流戦

(注)　試合制限欄の（　）内はダブルヘッダー第 1 試合の打ち切り回数。
　　　'52の変則ダブルヘッダー第 1 試合は 9 回、'53は12回。
　　　'71よりシングルゲームは昼夜問わず 3 時間20分を過ぎて新しい回に入らない。但し、19時以降開始の場合、'71～'73は22時20分、
　　　'74～'87は22時となる。
　　　'88～'93は開始時刻より 4 時間、12回打ち切りと併用。
　　　'94より試合時間に関係なく12回。
　　　'94以降は特例措置あり。

☆¹…　総当り18回378試合を終わったのち、上位 4 球団のみ 4 回総当り24試合を行い、これを加えての勝率で順位を決めた。
☆²…　引分を0.5勝、0.5敗として計算。
☆³…　前後期に区分し、各期優勝球団を決定。各期の優勝球団で年度優勝決定試合を行い選手権球団を決定。年度選手権を獲得した球団
　　　を 1 位とし、 2 位以下は勝率順。
☆⁴…　勝率上位 2 球団間で、年度優勝決定試合を行う。但し 2 位の球団が 5 試合に勝っても通算勝率において 1 位球団の勝率に達しない
　　　場合優勝決定試合を行わない。 1 位球団を選手権球団とし、 2 位以下は勝率順。
☆⁵…　勝率 2 位球団と 3 位球団でプレーオフ第 1 ステージ（ 3 試合制）、その勝者と勝率 1 位球団で第 2 ステージ（ 5 試合制）を行い勝
　　　者を年度選手権球団とし、第 2 位以下はレギュラーシーズンの勝率順。
☆⁶…　2 位球団と 3 位球団でプレーオフ第 1 ステージ（ 3 試合制）、その勝者と勝率 1 位球団で第 2 ステージ（勝率 1 位球団に 1 勝のア
　　　ドバンテージを与える 4 試合制）を行い、勝者を年度選手権球団とする。 2 位以下はレギュラーシーズンの勝率順。（同率球団が
　　　生まれた場合①当該球団間の対戦勝率②前年度順位で全順位付けをする。）
☆⁷…　勝率 1 位の球団が優勝。同率球団が生まれた場合①当該球団間の対戦勝率②前年度順位で全順位付けをする。その後、 2 位球団と
　　　3 位球団でクライマックスシリーズ第 1 ステージ（ 3 試合制）、その勝者と優勝球団で第 2 ステージ（ 5 試合制、'08に優勝球団に
　　　1 勝のアドバンテージを与える 6 試合制）を行い、勝者を日本シリーズ出場球団とする。
☆⁸…　勝率 1 位の球団が優勝。同率球団が生まれた場合①当該球団間の対戦勝率②リーグ内対戦勝率③前年度順位で全順位付けをする。
　　　その後、 2 位球団と 3 位球団でクライマックスシリーズ第 1 （ファースト）ステージ（ 3 試合制）、その勝者と優勝球団で第 2
　　　（ファイナル）ステージ（優勝球団に 1 勝のアドバンテージを与える 6 試合制）を行い、勝者を日本シリーズ出場球団とする。
☆⁹…　勝率 1 位の球団が優勝。同率球団が生まれた場合①当該球団間の対戦勝率②前年度順位で、全順位付けをする。その後、優勝球団
　　　と 2 位球団でクライマックスシリーズ（優勝球団に 1 勝のアドバンテージを与える 4 試合制）を行い、勝者を日本シリーズ出場球
　　　団とする。
★¹…　日米野球のため日程を打ち切る。
★²…　東京オリンピックのため早期開幕開幕。
★³…　選手会ストによる中止の計 6 試合（各チーム 2 試合）は、代替試合を実施せず打ち切る。
★⁴…　東日本大震災の影響で開幕延期。
★⁵…　新型コロナウイルスの影響で開幕延期。

※…　前期未消化試合を後期終了後に行う。

セントラル・リーグ

JINGU STADIUM
明治神宮野球場
http://www.jingu-stadium.com

竣功 大正15年10月22日　〒160-0013 東京都新宿区霞ヶ丘町3-1　テレフォンサービス 0180-993-589

2020・レギュラーシーズン成績

チ ー ム 勝 敗 表

○中数字は引分

チーム	試合	勝利	敗北	引分	勝率	ゲーム差	巨人	阪神	中日	DeNA	広島	ヤクルト
巨　人	120	67	45	8	.598	－	－	16 － 8	12②10	12 － 12	12③9	15③6
阪　神	120	60	53	7	.531	7.5	8 － 16	－	14 － 10	12③9	13③8	13①10
中　日	120	60	55	5	.522	8.5	10②12	10 － 14	－	15 － 9	10①13	15②7
DeNA	120	56	58	6	.491	12.0	12 － 12	9③12	9 － 15	－	14②8	12①11
広　島	120	52	56	12	.481	13.0	9③12	8③13	13①10	8②14	－	14③7
ヤクルト	120	41	69	10	.373	25.0	6③15	10①13	7②15	11①12	7③14	－

ホ ー ム ゲ ー ム 勝 敗 表

チーム	試合	勝利	敗北	引分	勝率	巨人	阪神	中日	DeNA	広島	ヤクルト
巨　人	60	39	18	3	.684	－	9 － 3	7 － 5	8 － 4	7②3	8①3
阪　神	60	37	19	4	.661	5 － 7	－	11 － 1	7①4	6②4	8①3
中　日	60	36	20	4	.643	5②5	9 － 3	－	11 － 1	4 － 8	7②3
DeNA	60	33	24	3	.579	8 － 4	5②5	8 － 4	－	7 － 5	5①6
広　島	60	25	27	8	.481	6①5	4①7	5①6	3②7	－	7③2
ヤクルト	60	24	34	2	.414	3②7	7 － 5	4 － 8	5 － 7	5 － 7	－

ロ ー ド ゲ ー ム 勝 敗 表

チーム	試合	勝利	敗北	引分	勝率	巨人	広島	中日	阪神	DeNA	ヤクルト
巨　人	60	28	27	5	.509	－	5①6	5②5	7 － 5	4 － 8	7②3
広　島	60	27	29	4	.482	3②7	－	8 － 4	4②6	5 － 7	7 － 5
中　日	60	24	35	1	.407	5 － 7	6①5	－	1 － 11	4 － 8	8 － 4
阪　神	60	23	34	3	.404	3 － 9	7①4	3 － 9	－	5②5	5 － 7
DeNA	60	23	34	3	.404	4 － 8	7②3	1 － 11	4①7	－	7 － 5
ヤクルト	60	17	35	8	.327	3①8	2③7	3②7	3①8	6①5	－

2020・セントラル・リーグ各チーム戦績

※は順位決定日。球場、相手の－は試合予定がない日の順位変動日。

巨　人（67勝45敗8分）

6月（7勝2敗1分）

日	球場	相手		スコア		投手	順位
19	東京D	神	①	3－2	○	菅野 智之	①
20	〃	〃	②	11－1	○	田口 麗斗	〃
21	〃	〃	②	7－1	○	サンチェス	〃
23	〃	広	①	3－2	○	戸郷 翔征	〃
24	〃	〃	②	1－5	●	メルセデス	〃
25	〃	〃	③	5－5	△	宮國 椋丞	〃
26	神宮	ヤ	①	6－5	○	澤村 拓一	〃
27	〃	〃	②	6－9	●	高木 京介	〃
28	〃	〃	③	12－0	○	サンチェス	〃
30	東京D	ディ	①	5－2	○	戸郷 翔征	〃

7月（14勝9敗1分）

日	球場	相手		スコア		投手	順位
1	東京D	ディ	②	3－5	●	澤村 拓一	〃
2	〃	〃	③	5－3	○	桜井 俊貴	〃
3	〃	中	①	5－0	○	菅野 智之	〃
4	〃	〃	②	7－3	○	鍬原 拓也	〃
5	〃	〃	③	4－6	●	サンチェス	〃
7	甲子園	神		中止			
8	〃	〃		中止			
9	〃	〃	④	1－2	●	メルセデス	〃
10	ほっと神戸	ヤ		中止			
11	〃	〃	④	4－9	●	サンチェス	〃
12	〃	〃	④	2－3	●	桜井 俊貴	②
14	マツダ	広	④	7－2	○	菅野 智之	①
15	〃	〃	⑤	12－1	○	戸郷 翔征	〃
16	〃	〃	⑤	9－4	○	メルセデス	〃
17	横浜	ディ	④	2－1	○	今村 信貴	〃
18	〃	〃	⑤	4－2	○	サンチェス	〃
19	〃	〃	⑤	5－3	○	大竹 寛	〃
21	ナゴヤD	中	④	4－0	○	菅野 智之	〃
22	〃	〃	⑤	0－5	●	戸郷 翔征	〃
23	〃	〃	⑤	6－1	○	メルセデス	〃
24	神宮	ヤ	⑥	5－5	△	中川 皓太	〃
25	〃	〃	⑦	5－6	●	中川 皓太	〃
26	〃	〃	⑦	9－4	○	桜井 俊貴	〃
28	東京D	ディ	⑦	4－2	○	菅野 智之	〃
29	〃	〃	⑦	2－3	●	戸郷 翔征	〃
30	〃	〃	⑦	2－4	●	メルセデス	〃
31	〃	広	⑦	2－1	○	大江 竜聖	〃

8月（14勝10敗1分）

日	球場	相手		スコア		投手	順位
1	東京D	広	⑧	11－3	○	田口 麗斗	〃
2	〃	〃	⑨	2－9	●	桜井 俊貴	〃
4	甲子園	神	⑥	7－2	○	菅野 智之	〃
5	〃	〃	⑥	4－1	○	戸郷 翔征	〃
6	〃	〃	⑦	0－11	●	メルセデス	〃
7	ナゴヤD	中	⑦	1－7	●	田口 麗斗	〃
8	〃	〃	⑦	1－3	●	畠 世周	〃
9	〃	〃	⑦	2－2	△	田中 豊樹	〃
12	東京D	ヤ	⑧	8－1	○	菅野 智之	〃
13	〃	〃	⑩	4－3	○	中川 皓太	〃
14	〃	中	⑩	6－1	○	戸郷 翔征	〃
15	〃	〃	⑫	4－7	●	田口 麗斗	〃
16	〃	〃	⑫	1－4	●	畠 世周	〃
18	〃	神	⑧	1－0	○	菅野 智之	〃
19	〃	〃	⑧	8－0	○	田中 豊樹	〃
20	〃	〃	⑩			戸郷 翔征	〃
21	マツダ	広	⑩	5－7	●	田口 麗斗	〃
22	〃	〃	⑩	4－10	●	畠 世周	〃
23	〃	〃	⑪	2－5	●	大竹 寛	〃
25	神宮	ヤ	⑪	8－4	○	菅野 智之	〃
26	〃	〃	⑫	12－5	○	高梨 雄平	〃
27	〃	〃	⑬	5－2	○	戸郷 翔征	〃
28	東京D	中	⑬	3－5	●	鍵谷 陽平	〃
29	〃	〃	⑭	12－3	○	今村 信貴	〃
30	〃	〃	⑮	3－2	○	大江 竜聖	〃

9月（19勝6敗1分）

日	球場	相手		スコア		投手	順位
1	東京D	ディ	⑩	3－2	○	デラロサ	①
2	〃	〃	⑪	5－3	○	サンチェス	〃
3	〃	〃	⑫	13－4	○	田口 麗斗	〃
4	甲子園	神	⑪	4－5	●	戸郷 翔征	〃
5	〃	〃	⑫	11－2	○	今村 信貴	〃
6	〃	〃		中止			
7	〃	〃	⑬	3－2	○	メルセデス	〃
8	ナゴヤD	中	⑯	2－0	○	菅野 智之	〃
9	〃	〃	⑰	5－4	○	鍵谷 陽平	〃
10	〃	〃	⑱	2－2	△	高梨 雄平	〃
11	東京D	ヤ	⑭	2－1	○	中川 皓太	〃
12	〃	〃	⑮	5－4	○	鍵谷 陽平	〃
13	〃	〃	⑮	6－3	○	メルセデス	〃
15	〃	神	⑮	6－3	○	菅野 智之	〃
16	〃	〃	⑮	7－6	○	田口 麗斗	〃
17	〃	〃	⑯	0－11	●	サンチェス	〃
18	横浜	ディ	⑬	0－6	●	戸郷 翔征	〃
19	〃	〃	⑭	1－7	●	今村 信貴	〃
20	〃	〃	⑮	3－0	○	畠 世周	〃
21	東京D	広	⑮	10－3	○	鍵谷 陽平	〃
22	〃	〃	⑯	5－4	○	デラロサ	〃
23	〃	〃	⑰	7－3	○	田口 麗斗	〃
25	〃	中	⑲	8－4	○	サンチェス	〃
26	〃	〃	⑳	2－3	●	大竹 寛	〃
27	〃	〃	㉑	5－1	○	戸郷 翔征	〃
29	マツダ	広	⑯	6－1	○	菅野 智之	〃
30	〃	〃	⑰	1－4	●	田口 麗斗	〃

10月（10勝14敗3分）

日	球場	相手		スコア		投手	順位
1	マツダ	広	⑱	5－3	○	サンチェス	〃
2	甲子園	神	⑰	7－4	●	今村 信貴	〃
3	〃	〃	⑱	7－4	●	畠 世周	〃
4	〃	〃	⑲	7－1	○	大江 竜聖	〃
5	〃	〃	⑳	1－6	●	桜井 俊貴	〃
6	東京D	ディ	⑯	6－4	○	菅野 智之	〃
7	〃	〃	⑰	3－6	●	田口 麗斗	〃
8	〃	〃	⑱	9－7	○	サンチェス	〃
10	ナゴヤD	中	㉓	7－1	○	畠 世周	〃
11	〃	〃	㉓	0－7	●	戸郷 翔征	〃
12	〃	〃	㉔	3－4	●	桜井 俊貴	〃
13	東京D	広	⑲	3－4	●	菅野 智之	〃
14	〃	〃	⑳	5－5	△	高橋 優貴	〃
15	〃	〃	㉑	5－5	△	鍵谷 陽平	〃
16	横浜	ディ	⑲	1－2	●	ビエイラ	〃
17	〃	〃		中止			
18	〃	〃	⑳	6－10	●	高梨 雄平	〃
20	神宮	ヤ	⑰	1－1	△	ビエイラ	〃
21	〃	〃	⑱	1－6	●	高橋 優貴	〃
22	〃	〃	⑲	2－0	○	サンチェス	〃
23	東京D	神	㉑	5－4	○	今村 信貴	〃
24	〃	〃	㉒	5－2	○	菅野 智之	〃
25	〃	〃	㉒	2－4	●	畠 世周	〃
27	横浜	ディ	㉑	2－9	●	戸郷 翔征	〃
28	〃	〃	㉒	6－10	●	高橋 優貴	〃
29	〃	〃	㉓	2－5	●	サンチェス	〃
30	東京D	ヤ	⑳	3－3	△	ビエイラ	※
31	〃	〃	㉑	6－4	○	菅野 智之	〃

11月（3勝4敗1分）

日	球場	相手		スコア		投手	順位
1	東京D	ヤ	㉒	2－0	○	畠 世周	〃
3	マツダ	広	㉒	2－3	△	高橋 優貴	〃
4	〃	〃	㉓	1－5	●	田口 麗斗	〃
5	〃	〃	㉔	4－5	●	田口 麗斗	〃
7	東京D	ヤ	㉓	3－5	●	今村 信貴	〃
8	〃	〃	㉔	3－2	○	田中 豊樹	〃
10	甲子園	神	㉔	4－0	○	戸郷 翔征	〃
14	横浜	ディ	㉔	4－5	●	田口 麗斗	〃

阪　神（60勝53敗7分）

日	球場	相手		スコア		投　手	順位
6月				（2勝8敗）			
19	東京D	巨	①	2－3	●	岩崎　優	④
20	〃	〃	②	1－11	●	岩貞　祐太	⑤
21	〃	〃	③	1－7	●	ガルシア	⑥
23	神宮	ヤ	①	4－1	○	青柳　晃洋	⑤
24	〃	〃	②	1－6	●	ガンケル	⑥
25	〃	〃	③	1－3	●	藤川　球児	⑥
26	横浜	ディ	①	0－6	●	西　勇輝	⑥
27	〃	〃	②	8－6	○	伊藤　和雄	
28	〃	〃	③	1－9	●	中田　賢一	
30	ナゴヤD	中	①	0－5	●	青柳　晃洋	
7月				（14勝8敗2分）			
1	ナゴヤD	中	②	3－6	●	秋山　拓巳	
2	〃	〃	③	2－4	●	ガルシア	
3	マツダ	広		中　止			
4	〃	〃	①	9－3	○	岩貞　祐太	
5	〃	〃	②	1－0	○	西　勇輝	
6				中　止			
7	甲子園	巨		中　止			
8				中　止			
9	〃	〃	④	2－1	○	岩崎　優	
10	〃	ディ	④	3－2	○	青柳　晃洋	
11	〃	〃	⑤	2－4	●	藤川　球児	
12	〃	〃	⑥	2－1	○	岩貞　祐太巳	
14	〃	ヤ	⑤	6－3	○	秋山　拓巳	⑤
15	〃	〃	⑤	5－9	●	伊藤　和雄	⑤
16	〃	〃	⑥	6－4	○	岩崎　優	⑤
17	〃	中	④	2－0	○	青柳　晃洋	④
18	〃	〃	⑤	8－3	○	西　勇輝	
19	〃	広	③	11－3	○	能見　篤史	④
21	〃	〃	④	9－4	○	秋山　拓巳	
22	〃	〃	④	3－3	△	馬場　皐輔	
23	ナゴヤD	中	⑦	2－4	●	藤浪晋太郎	
24	〃	〃	⑦	5－2	○	青柳　晃洋	
25	〃	〃	⑧	0－1	●	西　勇輝	④
26	〃	〃	⑦	3－5	●	藤川　球児	④
28	神宮	ヤ	⑦	20－6	○	秋山　拓巳	
29	〃	〃	⑧	1－3	●	ガルシア	
30	〃	〃	⑧	3－4	●	藤浪晋太郎	
31	甲子園	ディ	⑦	3－3	△	藤川　球児	
8月				（13勝12敗1分）			
1	甲子園	ディ	⑧	3－7	●	西　勇輝	〃
2	〃	〃	⑧	3－1	○	馬場　皐輔	
4	〃	巨	⑤	2－7	●	ガルシア	
5	〃	〃	⑥	1－4	●	藤浪晋太郎	
6	〃	〃	⑦	11－0	○	高橋　遥人	
7	マツダ	広	⑥	6－11	●	青柳　晃洋	
8	〃	〃	⑦	5－1	○	藤川　球児	
9	〃	〃	⑧	5－1	○	秋山　拓巳	
10	横浜	ディ	⑩	4－6	●	岩貞　祐太	
11	〃	〃	⑪	5－1	○	ガルシア	
12	〃	〃	⑫	7－6	○	青柳　晃洋	③
14	京セラD	広	⑨	0－6	●	藤浪晋太郎	
15	〃	〃	⑩	10－2	○	西　勇輝	
16	〃	〃	⑪	2－2	△	岩貞　祐太	
18	東京D	巨	⑧	0－1	●	高橋　遥人	
19	〃	〃	⑨	0－8	●	ガルシア	④
20	〃	〃	⑩	0－2	●	青柳　晃洋	⑤
21	神宮	ヤ	⑩	7－4	○	藤浪晋太郎	④
22	〃	〃	⑪	7－5	○	西　勇輝	
23	〃	〃	⑫	5－2	○	ガンケル	
25	甲子園	中	⑩	1－3	●	高橋　遥人	③
26	〃	〃	⑪	11－3	○	ガルシア	③
27	マツダ	広	⑫	6－3	○	青柳　晃洋	
28	〃	〃	⑫	2－3	●	岩崎　優	
29	〃	〃	⑬	6－5	○	岩貞　祐太	
30	〃	〃	⑭	5－3	○	岩貞　祐太	
9月				（13勝12敗1分）			
1	甲子園	ヤ	⑬	2－1	○	スアレス	②
2	〃	〃	⑭	2－3	●	馬場　皐輔	
3	甲子園	ヤ	⑮	4－3	○	岩貞　祐太	②
4	〃	巨	⑪	5－4	○	西　勇輝	
5	〃	〃	⑫	2－11	●	藤浪晋太郎	
6				中　止			
7	横浜	ディ	⑬	2－3	●	高橋　遥人	③
8	〃	〃	⑬	7－7	△	スアレス	
9	〃	〃	⑭	1－6	●	青柳　晃洋	
10	〃	〃	⑭	8－7	○	ガンケル	
11	甲子園	広	⑮	1－6	●	西　勇輝	
12	〃	〃	⑯	3－1	○	秋山　拓巳	
13	〃	〃	⑰	7－6	○	スアレス	
15	東京D	巨	⑬	6－7	●	高橋　遥人	
16	〃	〃	⑭	6－7	●	青柳　晃洋	
17	〃	〃	⑮	11－0	○	西　勇輝	
18	ナゴヤD	中	⑬	8－4	○	馬場　皐輔	
19	〃	〃	⑭	1－4	●	秋山　拓巳	
20	〃	〃	⑮	2－4	●	中田　賢一	
21	甲子園	ディ	⑯	2－3	●	岩崎　優	
22	〃	〃	⑰	6－3	○	青柳　晃洋	
23	〃	〃	⑰	3－6	●	西　勇輝	
25	神宮	ヤ	⑯	2－0	○	藤浪晋太郎	
26	〃	〃	⑰	1－2	●	秋山　拓巳	
27	〃	〃	⑱	7－3	○	高橋　遥人	
29	甲子園	中	⑯	7－3	○	高橋　遥人	
30	〃	〃	⑰	0－9	●	青柳　晃洋	
10月				（14勝10敗3分）			
1	甲子園	中	⑱	2－0	○	岩田　稔輝	
2	〃	巨	⑰	4－1	○	西　勇輝	
3	〃	〃	⑱	4－7	●	ガンケル	
4	〃	〃	⑲	1－7	●	秋山　拓巳	
5	〃	〃	⑲	3－9	●	高橋　遥人	
6	マツダ	広	⑱	4－4	△	スアレス　稔	
7	〃	〃	⑲	3－9	●	岩田　稔	
8	〃	〃	⑳	5－5	△	西　勇輝	
9	甲子園	ディ		中　止			
10	〃	〃	⑲	3－5	●	ガンケル	
11	〃	〃	⑳	2－4	●	秋山　拓巳	
13	ナゴヤD	中	⑲	2－4	●	高橋　遥人	③
14	〃	〃	⑳	0－3	●	青柳　晃洋	
15	〃	〃	㉑	3－5	●	スアレス	
16	甲子園	ヤ	⑲	5－0	○	西　勇輝	
17				中　止			
18	〃	〃	⑳	6－5	○	秋山　拓巳	
19	〃	〃	㉑	1－1	△	桑原謙太朗	
20	〃	広	㉑	1－5	●	ガルシア	
21	〃	〃	㉒	2－5	●	青柳　晃洋	
22	〃	〃	㉓	5－9	●	岩田　稔	
23	東京D	巨	㉒	4－5	●	西　勇輝	
24	〃	〃	㉒	2－1	○	高橋　遥人	
25	〃	〃	㉓	4－2	○	秋山　拓巳	
27	甲子園	中	㉒	9－1	○	岩崎　優	
28	〃	〃	㉓	3－0	○	岩貞　祐太輝	
29	〃	〃	㉓	9－1	○	西　勇輝	②
30	横浜	ディ	㉑	3－3	△	岩貞　祐太	
31	〃	〃	㉒	13－5	○	秋山　拓巳	
11月				（4勝3敗）			
1	横浜	ディ	㉓	5－6	●	エドワーズ	
3	甲子園	ヤ	㉒	1－4	●	岩貞　祐太	
4	〃	〃	㉓	8－2	○	スアレスル	
5	〃	〃	㉔	8－7	○	ガンケル	
7	マツダ	広	㉔	2－0	○	秋山　拓巳	※
10	甲子園	巨	㉔	3－0	○	青柳　晃洋	
11	〃	ディ	㉔	1－0	○	岩貞　祐太	

中　日（60勝55敗5分）

日	球場	相手		スコア		投　手	順位
6月				（4勝6敗）			
19	神宮	ヤ	①	9－7	○	福　敬登	①
20	〃	〃	②	2－6	●	吉見　一起	③
21	〃	〃	③	2－6	●	梅津　晃大	②
23	横浜	ディ	①	0－3	●	柳　裕也	
24	〃	〃	②	2－3	●	山本　拓実	④

セントラル・リーグ

日	球場	相手		スコア		投手	順位
25	横浜	ディ	③	2－10	●	岡野祐一郎	⑤
26	ナゴヤD	広	①	1－4	●	大野雄大	〃
27	〃	〃	②	6－1	○	吉見一起	〃
28	〃	〃	②	3－10	●	梅津晃大	〃
30	〃	神		5－0	○	柳裕也	〃
7月	**(10勝15敗2分)**						
1	ナゴヤD	神	②	6－3	○	山本拓実	〃
2	〃	〃		4－2	○	岡野祐一郎	④
3	東京D	巨	①	0－5	●	大野雄大	〃
4	〃	〃	②	3－7	●	吉見一起	〃
5	〃	〃	②	6－4	○	梅津晃大	〃
7	ナゴヤD	ヤ	④	1－2	●	岡田俊哉	〃
8	〃	〃	⑤	5－5	△	R.マルティネス	⑤
9	〃	〃	⑥	6－8	●	岡田俊哉	〃
10	〃	広	④	3－2	○	R.マルティネス	〃
11	〃	〃	⑤	4－19	●	勝野昌慶	〃
12	〃	〃	⑥	2－7	●	梅津晃大	⑥
14	〃	ディ		3－5	●	山本拓実	〃
15	〃	〃	⑤	2－1	○	松葉貴大	⑥
16	〃	〃	④	8－0	○	岡野祐一郎	④
17	甲子園	神	④	1－4	●	大野雄大	⑥
18	〃	〃	⑤	3－8	●	勝野昌慶	〃
19	〃	〃	④	3－11	●	梅津晃大	〃
21	ナゴヤD	巨	④	0－4	●	山本拓実	〃
22	〃	〃	⑤	5－0	○	松葉貴大	〃
23	〃	〃	⑥	1－6	●	福敬登	⑥
24	ナゴヤD	神	⑦	2－5	●	谷元圭介	⑥
25	〃	〃	⑧	1－0	○	福敬登	〃
26	〃	〃	⑧	3－9	●	福敬登	〃
28	マツダ	広	⑦	3－2	○	岡田俊哉	〃
29	〃	〃	⑨	0－2	●	松葉貴大	〃
30	ナゴヤD	ヤ	⑨	4－4	△	岡田俊哉	〃
31	ナゴヤD	ヤ	⑦	5－5	○	大野雄大	〃
8月	**(13勝11敗2分)**						
1	ナゴヤD	ヤ	⑧	3－1	○	勝野昌慶	〃
2	〃	〃	⑧	0－0	△	梅津晃大	〃
4	横浜	ディ	⑦	0－3	●	福谷浩司	⑥
5	〃	〃	⑧	2－8	●	柳裕也	〃
6	〃	〃	⑨	0－3	●	松葉貴大	〃
7	ナゴヤD	巨	⑦	7－1	○	大野雄大	〃
8	〃	〃	⑧	3－2	○	福敬登	〃
9	〃	〃	⑨	2－2	△	谷元圭介	〃
10	マツダ	広	⑩	1－6	●	小笠原慎之介	〃
11	〃	〃	⑪	8－1	○	福谷浩司	〃
12	〃	〃	⑫	4－1	○	松葉貴大	〃
14	東京D	巨	⑪	1－6	●	松葉貴大	〃
15	〃	〃	⑪	7－4	○	ロドリゲス	〃
16	〃	〃	⑫	4－1	○	大野雄大	⑤
18	神宮	ヤ	⑩	8－3	○	小笠原慎之介	〃
19	〃	〃	⑪	11－2	○	福谷浩司	③
20	〃	〃	⑫	3－7	●	柳裕也	③
21	ナゴヤD	ディ	⑩	3－1	○	福敬登	③
22	〃	〃	⑪	5－0	○	ロドリゲス	③
23	〃	〃	⑫	3－0	○	大野雄大	〃
25	甲子園	神	⑩	1－5	●	小笠原慎之介	〃
26	〃	〃	⑪	3－11	●	福谷浩司	〃
27	〃	〃	⑫	3－6	●	柳裕也	〃
28	東京D	巨	⑬	5－3	○	岡田俊哉	〃
29	〃	〃	⑭	3－12	●	ロドリゲス	〃
30	〃	〃	⑮	2－3	●	勝野昌慶	〃
9月	**(13勝11敗1分)**						
1	ナゴヤD	広	⑬	5－0	○	大野雄大	〃
2	〃	〃	⑭	5－9	●	小笠原慎之介	〃
3	〃	〃	⑮	5－0	○	福谷浩司	〃
4	神宮	ヤ	⑬	4－2	○	又吉克樹	〃
5	〃	〃	⑭	3－1	○	R.マルティネス	〃
6	〃	〃	⑮	3－10	●	ロドリゲス	〃
8	ナゴヤD	巨	⑯	3－2	○	大野雄大	〃
9	〃	〃	⑰	4－5	●	福敬登	〃
10	〃	〃	⑱	2－2	△	祖父江大輔	〃
11	横浜	ディ	⑬	5－0	○	柳裕也	〃
12	〃	〃	⑭	3－7	●	松葉貴大	〃
13	〃	〃	⑮	3－2	○	又吉克樹	〃
15	マツダ	広	⑯	3－6	●	大野雄大	④
16	〃	〃	⑰	2－9	●	岡野祐一郎	〃
17	〃	〃		中 止			
18	ナゴヤD	神	⑬	4－8	●	柳裕也	〃
19	〃	〃	⑭	4－1	○	福谷浩司	〃
20	〃	〃	⑮	4－2	○	松葉貴大	〃
21	〃	ヤ	⑯	9－3	○	勝野昌慶	〃
22	〃	〃	⑰	3－0	○	大野雄大	〃
23	〃	〃	⑱	11－5	○	又吉克樹	〃
25	東京D	巨	⑲	4－8	●	柳裕也	〃
26	〃	〃	⑳	3－2	○	祖父江大輔	〃
29	甲子園	神	⑯	1－5	●	松葉貴大	〃
29	甲子園	神	⑯	3－7	●	勝野昌慶	〃
30	〃	〃	⑰	9－0	○	大野	〃
10月	**(16勝10敗)**						
1	甲子園	神	⑱	0－2	●	ロドリゲス	〃
2	横浜	ディ	⑯	8－5	○	福谷浩司	③
3	〃	〃	⑰	9－7	○	松葉貴大	③
4	〃	〃	⑱	3－9	●	勝野昌慶	④
6	ナゴヤD	ヤ	⑲	4－0	○	大野雄大	〃
7	〃	〃	⑳	4－1	○	ロドリゲス	③
10	〃	巨	㉒	1－7	●	清水達也	③
11	〃	〃	㉓	7－0	○	福谷浩司	〃
12	〃	〃	㉔	3－2	○	勝野昌慶	〃
13	〃	神	⑳	4－2	○	大野雄大	②
14	〃	〃	㉑	3－0	○	藤嶋健人	〃
15	〃	〃	㉑	8－6	○	ロドリゲス	〃
16	マツダ	広	⑱	5－2	○	柳裕也	〃
17	〃	〃	⑳	0－5	●	清水達也	〃
18	ナゴヤD	ディ	⑲	6－1	○	福谷浩司	〃
20	〃	〃	㉑	4－2	○	谷元圭介	〃
21	〃	〃	㉑	1－0	○	大野雄大	〃
23	神宮	ヤ	㉑	4－3	○	又吉克樹	〃
24	〃	〃	㉒	5－9	●	松葉貴大	〃
25	〃	〃	㉓	5－1	○	柳裕也	〃
27	甲子園	神	㉒	1－4	●	福敬登	〃
28	〃	〃	㉓	1－9	●	勝野昌慶	〃
29	〃	〃	㉓	1－3	○	大野雄大	③
30	ナゴヤD	広	㉑	3－17	●	谷元圭介	〃
31	〃	〃	㉒	3－9	●	福敬登	〃
11月	**(4勝2敗)**						
1	ナゴヤD	広	㉓	0－3	●	柳裕也	〃
3	〃	ディ	㉒	7－5	○	福谷浩司	〃
4	〃	〃	㉓	5－4	○	祖父江大輔	〃
5	〃	ヤ	㉔	2－0	○	大野雄大	〃
5	〃	ヤ	㉔	3－2	○	谷元圭介	〃
11	マツダ	広	㉔	3－2	○	柳裕也	〃

※11月7日、阪神勝利で3位決定

DeNA （56勝58敗6分）

日	球場	相手		スコア		投手	順位
6月	**(6勝4敗)**						
19	横浜	広	①	1－5	●	今永昇太	④
20	〃	〃	②	5－10	●	三嶋一輝	⑤
21	〃	〃	②	3－2	○	パットン	〃
23	〃	中	①	3－0	○	濱口遥大	②
24	〃	〃	③	3－2	○	井納翔一	〃
25	〃	〃	③	10－2	○	坂本裕哉	〃
26	〃	神	①	6－0	○	今永昇太	〃
27	〃	〃	②	6－8	●	山崎康晃	〃
28	〃	〃	③	9－1	○	平良拳太郎	〃
30	東京D	巨	①	2－5	●	国吉佑樹	③
7月	**(11勝13敗2分)**						
1	東京D	巨	②	5－3	○	パットン	②
2	〃	〃	③	3－5	●	大貫晋一	〃
3	神宮	ヤ	②	5－4	○	今永昇太	〃
4	〃	〃	②	8－10	●	エスコバー	〃
5	〃	〃	③	8－1	○	平良拳太郎	〃
7	マツダ	広		中 止			
8	〃	〃	④	3－6	●	パットン	〃
9	〃	〃	⑤	5－1	○	井納翔一	

日	球場	相手		スコア		投　手	順位
10	甲子園	神	④	2－3	●	大貫　晋一	③
11	〃	〃	⑤	4－2	○	石田　健大	
12	〃	〃	⑥	1－2	●	平良拳太郎	
14	ナゴヤD	中	④	5－3	○	大貫　晋一	
15	〃	〃	⑤	1－2	●	濱口　遥大	
16	〃	〃	⑤	0－8	●	中川　虎大	
17	横浜	巨	④	1－2	●	井納　翔一	
18	〃	〃	⑤	2－4	●	今永　昇太	
19	〃	〃	⑤	4－3	○	山﨑　康晃	
21	〃	ヤ	④	4－6	●	ピープルズ	
22	〃	〃	⑤	5－5	△	三嶋　一輝	
23	〃	〃	⑥	6－0	○	大貫　晋一	
24	〃	広	⑥	9－6	○	国吉　佑樹	
25	〃	〃	⑦	1－5	●	今永　昇太	
26	〃	〃	⑧	6－10	●	山﨑　康晃	④
28	東京D	巨	⑦	2－4	●	井納　翔一	
29	〃	〃	⑧	3－2	○	濱口　遥大	
30	〃	〃	⑨	4－2	○	大貫　晋一	
31	甲子園	神	⑦	3－3	△	三嶋　一輝	
8月	**(14勝11敗1分)**						
1	甲子園	神	⑧	7－3	○	今永　昇太	
2	〃	〃	⑨	1－3	●	平良拳太郎	
4	横浜	中	⑦	3－0	○	井納　翔一	
5	〃	〃	⑧	8－2	○	濱口　遥大	②
6	〃	〃	⑨	3－0	○	大貫	
7	神宮	ヤ	⑦	2－8	●	上茶谷大河	
8	〃	〃	⑧	5－4	○	今永　昇太	②
9	〃	〃	⑧	4－0	○	平良拳太郎	
10	横浜	神	⑩	6－4	○	国吉　佑樹	
11	〃	〃	⑪	2－9	●	井納　翔一	
12	〃	〃	⑩	6－7	●	濱口　遥大	
14	〃	ヤ	⑩	0－9	●	今永　昇太	
15	〃	〃	⑪	1－9	●	平良拳太郎	
16	〃	〃	⑪	4－3	○	井納　翔一	
18	マツダ	広	⑨	2－2	△	三嶋　一輝	
19	〃	〃	⑩	10－1	○	ピープルズ	
20	ナゴヤD	中	⑩	1－3	●	石田　健大	
21	〃	〃	⑪	0－5	●	阪口　皓亮	
22	〃	〃	⑫	6－4	○	国吉　佑樹	
25	横浜	広	⑫	5－4	○	三嶋　一輝	
26	〃	〃	⑬	2－4	●	濱口　遥大	
27	〃	〃	⑭	3－5	●	井納　翔一	
28	〃	ヤ	⑬	6－2	○	ピープルズ	
29	〃	〃	⑭	5－3	○	国吉　佑樹	
30	〃	〃	⑮	4－6	●	阪口　皓亮	
9月	**(11勝14敗2分)**						
1	東京D	巨	⑩	2－3	●	エスコバー	③
2	〃	〃	⑪	1－3	●	濱口　遥大	
3	〃	〃	⑫	4－13	●	バットン	
4	マツダ	広	⑮	12－12	△	大貫　晋一	
5	〃	〃	⑯	10－1	○	大貫　晋一	
6	〃	〃	⑰	8－5	○	京山　将弥	
7	〃	〃		中　止			②
8	横浜	神	⑬	7－7	△	エスコバー	
9	〃	〃	⑭	6－1	○	上茶谷大河	
10	〃	〃	⑮	7－8	●	国吉　佑樹	
11	〃	中	⑮	7－3	○	井納　翔一	③
12	〃	〃	⑭	7－3	○	濱口　遥大	
13	〃	〃	⑭	3－2	○	大貫	
15	神宮	ヤ	⑯	8－3	○	坂本　裕哉	
16	〃	〃	⑰	2－3	●	エスコバー	
17	〃	〃	⑱	0－9	●	ピープルズ	
18	横浜	巨	⑬	6－0	○	井納　翔一	
19	〃	〃	⑭	7－1	○	濱口　遥大	
20	〃	〃	⑮	3－5	●	大貫　晋一	
21	甲子園	神	⑯	3－5	●	国吉　佑樹	
22	〃	〃	⑰	2－8	●	石田　健大	
23	〃	〃	⑱	4－0	○	上茶谷大河	
25	マツダ	広	⑱	3－5	●	井納　翔一	
26	〃	〃	⑲	5－2	○	濱口　遥大	
27	〃	〃	⑳	3－1	○	大貫　晋一	
28	〃	〃	㉑	0－4	●	京山　将弥	
29	横浜	ヤ	⑲	8－4	○	坂本　裕哉	③
30	〃	〃	⑳	3－5	●	上茶谷大河	
10月	**(12勝12敗1分)**						
1	横浜	広	⑳	0－2	●	武藤　祐太	
2	〃	中	⑯	5－8	●	石田　健大	
3	〃	〃	⑰	7－9	●	濱口　遥大	④
4	〃	〃	⑱	9－3	○	大貫　晋一	
6	東京D	巨	⑯	4－6	●	坂本　裕哉	④
7	〃	〃	⑰	3－4	●	平良　真吾	
8	〃	〃	⑱	7－9	●	井納　翔一	
9	甲子園	神		中　止			
10	〃	〃	⑲	3－4	●	伊勢　大夢	
11	〃	〃	⑳	5－3	○	上茶谷大河	④
13	神宮	ヤ	㉒	8－1	○	大貫　晋一	
14	〃	〃	㉓	9－6	○	坂本　裕哉	
15	横浜	巨	㉔	3－4	●	平良拳太郎	
16	〃	〃	⑲	2－1	○	バットン	
17	〃	〃		中　止			
18	〃	〃	⑱	10－6	○	エスコバー	
20	ナゴヤD	中	⑲	1－6	●	大貫　晋一	
21	〃	〃	⑳	2－7	●	エスコバー	
22	〃	〃	㉑	0－1	●	平良拳太郎	
23	横浜	広	㉒	1－2	●	京山　将弥	
24	〃	〃	㉓	3－9	●	平田　真吾	
25	〃	〃	㉓	3－0	○	伊勢　大夢	
27	〃	巨	㉑	9－2	○	大貫　晋一	
28	〃	〃	㉒	10－6	○	伊勢　大夢	
29	〃	〃	㉓	5－4	○	平良拳太郎	
30	〃	神	㉑	3－3	△	三嶋　一輝	
31	〃	〃	㉒	5－13	●	井納　翔一	
11月	**(2勝4敗)**						
1	横浜	神	㉓	6－5	○	三嶋　一輝	
3	ナゴヤD	中	㉒	5－7	●	大貫　晋一	
4	〃	〃	㉓	3－5	●	伊勢　大夢	
5	〃	〃	㉔	0－2	●	平良拳太郎	
11	甲子園	神	㉔	0－1	●	石田　健大	※
14	横浜	巨	㉔	5－4	○	三嶋　一輝	

広　島 （52勝56敗12分）

日	球場	相手		スコア		投　手	順位
6月	**(5勝3敗1分)**						
19	横浜	ディ	①	5－1	○	大瀬良大地	①
20	〃	〃	②	10－5	○	中﨑　翔太	①
21	〃	〃	①	1－2	●	スコット	②
23	東京D	巨	①	2－3	●	K.ジョンソン	②
24	〃	〃	②	5－1	○	九里　亜蓮	
25	〃	〃	①	5－5	△	スコット	①
26	ナゴヤD	中	①	4－1	○	大瀬良大地	①
27	〃	〃	①	1－6	●	床田　寛樹	
28	〃	〃	①	1－6	●	森下　暢仁	②
30	神宮	ヤ		中　止			
7月	**(7勝15敗3分)**						
1	神宮	ヤ	①	3－4	●	K.ジョンソン	③
2	〃	〃	②	5－9	●	スコット	⑤
3	マツダ	神		中　止			④
4	〃	〃	①	3－8	●	大瀬良大地	⑤
5	〃	〃	②	3－8	●	遠藤　淳志	⑤
6	〃	〃		中　止			
7	〃	ディ		中　止			
8	〃	〃	④	6－3	○	薮江　敦哉	④
9	〃	〃	④	1－5	●	森下　暢仁	④
10	ナゴヤD	中	④	2－3	●	フランスア	④
11	〃	〃	⑤	19－4	○	床田　寛樹	④
12	〃	〃	⑥	7－2	○	遠藤　淳志	④
14	マツダ	巨	⑤	2－7	●	九里　亜蓮	
15	〃	〃	③	1－12	●	K.ジョンソン	⑤
16	〃	〃	④	4－9	●	薮田　和樹	⑤
17	〃	ヤ	③	9－2	○	大瀬良大地	⑤
18	〃	〃	④	4－9	●	床田　寛樹	
19	〃	〃	⑤	3－4	△	DJ.ジョンソン	
21	甲子園	神	④	4－9	●	九里　亜蓮	
22	〃	〃	④	3－3	△	DJ.ジョンソン	⑥

セントラル・リーグ

（広島・承前）

日	球場	相手	スコア		投　手	順位
23	甲子園	神⑤	4 - 2	○	森下 暢仁	⑤
24	横浜	ディ⑥	6 - 9	●	一岡 竜司	〃
25	〃	〃⑦	2 - 6	●	床田 寛樹	⑥
26	〃	〃〃	10 - 6	○	菊池 保則	〃
28	マツダ	中⑦	2 - 3	●	塹江 敦哉	〃
29	〃	〃⑧	2 - 0	○	野村 祐輔	〃
30	〃	〃〃	4 - 4	△	塹江 敦哉	〃
31	東京D	巨⑦	1 - 2	●	森下 暢仁	⑥
8月	**（12勝12敗2分）**					
1	東京D	巨⑨	3 - 11	●	床田 寛樹	〃
2	〃	〃⑨	9 - 2	○	遠藤 淳志	〃
4	神宮	ヤ⑦	6 - 3	○	塹江 敦哉	⑤
5	〃	〃〃	4 - 1	○	野村 祐輔	〃
6	〃	〃⑧	5 - 9	●	薮田 和樹	〃
7	マツダ	神⑥	11 - 6	○	森下 暢仁	〃
8	〃	〃⑦	2 - 1	○	大瀬良大地	〃
9	〃	〃⑩	1 - 5	●	遠藤 淳志	〃
10	〃	中⑩	6 - 1	○	九里 亜蓮	〃
11	〃	〃⑪	1 - 8	●	野村 祐輔	〃
12	〃	〃⑫	1 - 4	●	K.ジョンソン	〃
14	京セラD	神⑫	6 - 0	○	森下 暢仁	⑥
15	〃	〃⑩	2 - 10	●	大瀬良大地	〃
16	〃	〃⑪	2 - 2	△	フランスア	〃
18	マツダ	ディ⑪	3 - 4	●	九里 亜蓮	〃
19	〃	〃⑩	2 - 2	△	薮田 和樹	〃
20	〃	〃〃	1 - 10	●	K.ジョンソン	〃
21	〃	巨⑩	7 - 5	○	森下 暢仁	〃
22	〃	〃⑪	10 - 4	○	大瀬良大地	〃
23	横浜	ディ⑫	2 - 1	○	塹江 敦哉	〃
25	〃	〃⑫	4 - 5	●	塹江 敦哉	〃
26	〃	〃⑭	3 - 2	●	野村 祐輔	⑤
27	〃	〃⑭	2 - 3	●	K.ジョンソン	〃
28	マツダ	神⑫	4 - 3	○	フランスア	〃
29	〃	〃⑬	5 - 6	●	大瀬良大地	〃
30	〃	〃⑭	3 - 5	●	フランスア	〃
9月	**（9勝15敗2分）**					
1	ナゴヤD	中⑬	0 - 5	●	九里 亜蓮	〃
2	〃	〃⑬	9 - 5	○	野村 祐輔	〃
3	〃	〃⑮	0 - 6	●	K.ジョンソン	〃
4	マツダ	ディ⑯	12 - 12	△	フランスア	〃
5	〃	〃⑯	1 - 10	●	大瀬良大地	〃
6	〃	〃⑰	5 - 8	●	ケムナ 誠	⑥
7	〃		中　止			
8	〃	ヤ⑨	5 - 1	○	九里 亜蓮	⑤
9	〃	〃⑩	10 - 10	△	フランスア	〃
10	〃	〃⑪	2 - 1	○	森下 暢仁	〃
11	甲子園	神⑮	0 - 4	●	床田 寛樹	〃
12	〃	〃⑯	1 - 3	●	遠藤 淳志	〃
13	〃	〃⑯	6 - 7	●	塹江 敦哉	〃
15	マツダ	中⑯	6 - 3	○	九里 亜蓮	〃
16	〃	〃⑰	9 - 2	○	野村 祐輔	〃
17	〃		中　止			
18	神宮	ヤ⑫	5 - 14	●	床田 寛樹	〃
19	〃	〃⑬	3 - 2	○	フランスア	〃
20	東京D	巨⑭	6 - 8	●	中村 祐太	〃
21	〃	〃⑬	3 - 10	●	九里 亜蓮	〃
22	〃	〃⑭	4 - 5	●	フランスア	〃
23	マツダ	ディ⑱	3 - 7	●	野村 祐輔	〃
25	〃	〃⑱	1 - 5	●	床田 寛樹	〃
26	〃	〃⑳	2 - 5	●	森下 暢仁	〃
27	〃	〃⑳	1 - 3	●	中村 祐太	〃
28	〃	〃⑯	4 - 0	○	九里 亜蓮	〃
29	〃	巨⑯	1 - 6	●	遠藤 淳志	〃
30	〃	〃⑰	4 - 1	○	野村 祐輔	〃
10月	**（15勝9敗3分）**					
1	マツダ	ディ⑱	3 - 5	●	スコット	⑥
2	神宮	ヤ⑮	7 - 5	○	床田 寛樹	⑤
3	〃	〃⑯	13 - 2	○	森下 暢仁	〃
4	〃	〃⑯	6 - 4	○	中村 祐太	〃
6	マツダ	神⑱	4 - 4	△	中田 廉	〃
7	〃	〃〃	9 - 3	○	遠藤 淳志	〃
8	〃	巨⑳	1 - 9	●	野村 祐輔	〃
9	〃	ヤ⑱	7 - 12	●	中田 廉	〃
10	マツダ	ヤ⑲	3 - 0	○	森下 暢仁	⑤
11	〃	〃⑳	7 - 4	○	中村 祐太	〃
13	東京D	巨⑳	4 - 3	○	九里 亜蓮	〃
14	〃	〃⑳	1 - 6	●	遠藤 淳志	〃
15	〃	〃㉑	5 - 5	△	フランスア	〃
16	マツダ	中⑲	6 - 8	●	床田 寛樹	〃
17	〃	〃〃	2 - 5	●	塹江 敦哉	〃
18	〃	〃⑳	5 - 0	○	中村 祐太	〃
20	甲子園	神㉑	5 - 1	○	九里 亜蓮	〃
21	〃	〃㉒	0 - 2	●	遠藤 淳志	〃
22	〃	〃㉒	9 - 5	○	薮田　床田	〃
23	横浜	ディ㉓	0 - 2	●	森下 暢仁	〃
24	〃	〃㉓	2 - 1	○	中村 祐太	〃
27	マツダ	ヤ㉑	3 - 0	○	九里 亜蓮	〃
28	〃	〃㉒	3 - 2	○	遠藤 淳志	〃
29	〃	〃㉒	3 - 3	△	中田	〃
30	ナゴヤD	中㉑	17 - 3	○	床田 寛樹	〃
31	〃	〃㉒	9 - 3	○	島内颯太郎	〃
11月	**（4勝2敗1分）**					
1	ナゴヤD	中㉓	3 - 0	○	森下 暢仁	〃
3	マツダ	巨㉒	2 - 2	△	フランスア	〃
4	〃	〃㉓	5 - 1	○	遠藤 淳志	〃
5	〃	〃㉔	5 - 4	○	ケムナ 誠	〃
7	〃	神㉔	0 - 2	●	中村 祐太	〃
10	神宮	ヤ㉔	7 - 3	○	床田 寛樹	〃
11	マツダ	中㉔	2 - 3	●	九里 亜蓮	※

ヤクルト　（41勝69敗10分）

日	球場	相手	スコア		投　手	順位
6月	**（4勝5敗）**					
19	神宮	中①	7 - 9	●	今野 龍太	④
20	〃	〃②	6 - 2	○	小川 泰弘	③
21	〃	〃②	0 - 3	●	山田 大樹	⑤
23	〃	神①	1 - 4	●	イノーア	⑤
24	〃	〃②	6 - 1	○	スアレス	④
25	〃	〃③	5 - 1	○	長谷川宙輝	〃
26	〃	巨①	1 - 6	●	石山 泰稚	〃
27	〃	〃②	9 - 6	○	中澤 雅人	〃
28	〃	〃③	0 - 12	●	山田 大樹	〃
30	〃	広	中　止			
7月	**（13勝9敗4分）**					
1	神宮	広①	4 - 3	○	スアレス	〃
2	〃	〃②	9 - 5	●	石山 泰稚	③
3	〃	ディ②	4 - 5	●	石川 雅規	〃
4	〃	〃②	10 - 8	○	小川 泰弘	〃
5	〃	〃③	1 - 8	●	高梨 裕稔	〃
6	ナゴヤD	中④	2 - 1	○	寺島 成輝	〃
7	〃	〃⑤	5 - 5	△	石山 泰稚	〃
8	〃	〃⑤	8 - 6	○	マクガフ	〃
10	ほっと神戸	巨	中　止			②
11	〃	〃④	9 - 4	○	小川 泰弘	①
12	〃	〃⑤	3 - 2	○	高梨 裕稔	〃
13	〃	ディ⑤	3 - 6	●	石川 雅規	②
14	甲子園	神④	5 - 9	●	マクガフ	〃
15	〃	〃〃	4 - 6	●	清水 昇	〃
16	〃	〃④	9 - 3	○	吉田 大喜	〃
17	マツダ	広③	2 - 9	●	小川 泰弘	〃
18	〃	〃〃	3 - 3	△	石山 泰稚	〃
19	〃	〃⑤	3 - 3	△	石山	〃
21	横浜	ディ④	6 - 4	○	原 樹理	〃
22	〃	〃⑤	5 - 5	△	石山 泰稚	〃
23	〃	〃⑤	0 - 6	●	高橋 奎二	〃
24	神宮	巨⑥	5 - 5	△	中澤 雅人	〃
25	〃	〃⑧	5 - 5	△	石山 裕稔二人	〃
26	〃	〃⑧	4 - 9	●	高梨 稔二人	〃
27	〃	神⑦	5 - 20	●	イノーア 樹理二人	〃
28	〃	〃⑨	3 - 1	○	原 高橋	〃
30	ナゴヤD	中⑨	3 - 5	●	中澤 雅人	〃
8月	**（7勝17敗1分）**					
1	ナゴヤD	中⑧	1 - 3	●	小川 泰弘	〃
2	〃	〃⑨	0 - 0	△	石山 泰稚	〃

日	球場	相手		スコア		投手	順位
4	神宮	広	⑥	3－6	●	清水　　昇	②
5	〃	〃	⑦	1－4	●	大西　広樹	③
6	〃	〃	⑧	9－2	○	マクガフ	②
7	〃	ディ	⑦	8－2	○	吉田　大喜	②
8	〃	〃	⑧	4－5	●	小川　泰弘	③
9	〃	〃	⑨	4－5	●	山中　浩史	〃
12	東京D	巨	⑨	1－8	●	原　　樹理	④
13	〃	〃	⑩	3－4	●	大下　佑馬	〃
14	横浜	ディ	⑩	2－6	●	吉田　大喜	〃
15	〃	〃	⑪	9－0	○	小川　泰弘	〃
16	〃	〃	⑫	7－3	○	山中　浩史	〃
18	神宮	中	⑩	3－8	●	高橋　奎二	〃
19	〃	〃	⑪	2－11	●	原　　樹理	⑤
20	〃	〃	⑫	7－3	○	高梨　裕稔	③
21	〃	神	⑩	4－7	●	吉田　大喜	⑤
22	〃	〃	⑪	5－7	●	クック	〃
23	〃	〃	⑫	2－3	●	小川　泰弘	〃
25	〃	巨	⑪	4－8	●	長谷川宙輝	〃
26	〃	〃	⑬	5－12	●	長谷川宙輝	⑥
27	〃	〃	⑬	2－6	●	高梨　裕稔	〃
28	横浜	ディ	⑬	2－6	●	吉田　大喜	〃
29	〃	〃	⑭	3－9	●	クック	〃
30	〃	〃	⑮	6－4	○	小川　泰弘	〃
9月（9勝16敗1分）							
1	甲子園	神	⑬	1－2	○	イノーア	〃
2	〃	〃	⑭	3－4	●	石山　泰稚	〃
3	〃	〃	⑮	3－4	●	高橋　奎二	〃
4	神宮	中	⑬	1－3	●	高梨　裕稔	〃
5	〃	〃	⑭	1－3	●	清水　　昇	〃
6	〃	〃	⑮	10－3	○	小川　泰弘	⑤
8	マツダ	広	⑨	1－5	●	石川　雅規	⑥
9	〃	〃	⑩	10－10	△	石山　泰稚	〃
10	〃	〃	⑪	1－2	●	マクガフ	〃
11	東京D	巨	⑭	1－2	●	清水　　昇	〃
12	〃	〃	⑮	4－5	●	近藤　一樹	〃
13	〃	〃	⑯	1－3	●	小川　泰弘	〃
15	神宮	ディ	⑯	3－2	○	石川　雅規	〃
16	〃	〃	⑰	3－2	○	梅野　雄吾	〃
17	〃	〃	⑱	2－0	○	高梨　裕稔	〃
18	〃	広	⑫	14－5	○	スアレス	〃
19	〃	〃	⑬	2－3	●	石山　泰稚	〃
20	〃	〃	⑭	3－6	●	小川　泰弘	〃
21	ナゴヤD	中	⑯	3－9	●	山中　浩史	〃
22	〃	〃	⑰	0－3	●	石川　雅規	〃
23	〃	〃	⑱	5－11	●	歳内　宏明	〃
25	神宮	神	⑯	6－3	○	梅野　雄吾	〃
26	〃	〃	⑰	2－1	○	スアレス	〃
27	〃	〃	⑱	4－8	●	吉田　大喜	〃
29	横浜	ディ	⑲	4－8	●	小川　泰弘	〃
30	〃	〃	⑳	5－3	○	石川　雅規	〃
10月（5勝17敗4分）							
1	横浜	ディ	㉑	2－0	○	歳内　宏明	⑤
2	神宮	広	⑮	5－7	●	クック	⑥
3	〃	〃	⑯	2－13	●	スアレス	〃
4	〃	〃	⑰	4－6	●	吉田　大喜	〃
6	ナゴヤD	中	⑲	0－4	●	久保　拓眞	〃
7	〃	〃	⑳	1－4	●	石川　雅規	〃
9	マツダ	広	⑱	12－7	○	梅野　雄吾	〃
10	〃	〃	⑲	0－3	●	スアレス	〃
11	〃	〃	⑳	4－7	●	小川　泰弘	〃
13	神宮	ディ	㉒	1－8	●	高梨　裕稔	〃
14	〃	〃	㉓	6－9	●	石川　雅規	〃
15	〃	〃	㉔	4－3	○	吉田　大喜	〃
16	甲子園	神	⑲	0－5	●	歳内　宏明	〃
17	〃	〃		中止			
18	〃	〃	⑳	5－6	●	小川　泰弘	〃
19	〃	〃	㉑	1－1	△	梅野　雄吾	〃
20	神宮	巨	⑰	1－1	△	石山　泰稚	〃
21	〃	〃	⑱	2－1	○	石川　雅規	〃
22	〃	中	⑲	0－6	●	吉田　大喜	〃
23	〃	〃	㉑	1－5	●	梅野　雄吾	〃
24	〃	〃	㉒	9－5	○	小川　泰弘	〃
25	〃	〃	㉓	1－5	●	スアレス	〃
27	マツダ	広	㉑	0－2	●	高梨　裕稔	⑥
28	〃	〃	㉒	2－3	●	石川　雅規	〃
29	〃	〃	㉓	3－3	△	石山　泰稚	〃
30	東京D	巨	⑳	3－3	△	石山　泰稚	〃
31	〃	〃	㉑	4－6	●	小川　泰弘	※
11月（3勝5敗）							
1	東京D	巨	㉒	0－2	●	スアレス	〃
3	甲子園	神	㉒	4－1	○	梅野　雄吾	〃
4	〃	〃	㉓	2－3	●	梅野　雄吾	〃
5	〃	〃	㉔	7－8	●	星　　知弥	〃
6	ナゴヤD	中巨	㉔	2－6	○	マクガフ	〃
7	東京D	巨	㉔	2－6	●	小川　泰弘	〃
8	〃	〃	㉔	5－3	○	梅野　雄吾	〃
10	神宮	広	㉔	3－7	●	奥川　恭伸	〃

球場／東京D：東京ドーム
　　　ナゴヤD：ナゴヤドーム（名古屋）
　　　京セラD：京セラドーム大阪
　　　ほっと神戸：ほっともっとフィールド神戸
　　　マツダ：MAZDA Zoom-Zoomスタジアム広島

2020・セントラル・リーグ打撃成績

チ ー ム 打 撃 成 績

出塁率＝（安打＋四死球）÷（打数＋四死球＋犠飛）

チーム	試合	打席	打数	得点	安打	二塁打	三塁打	本塁打	塁打	打点	盗塁	盗塁刺	犠打	犠飛	四球計	故意四球	死球	三振	併殺打	残塁	打率	長打率	出塁率
ＤｅＮＡ	120	4501	4058	516	1078	180	10	135	1683	495	31	15	51	26	337	15	29	867	94	840	.266	.415	.324
広　島	120	4609	4082	523	1069	198	21	110	1639	501	64	34	81	17	386	27	43	890	91	870	.262	.402	.331
巨　人	120	4519	3994	532	1019	183	16	135	1639	507	80	33	55	21	423	31	22	974	80	842	.255	.410	.328
中　日	120	4437	3952	429	997	178	10	70	1421	415	33	22	73	27	346	24	39	812	101	843	.252	.360	.317
阪　神	120	4475	3923	494	965	167	17	110	1496	472	80	33	86	23	400	25	43	955	83	833	.246	.381	.321
ヤクルト	120	4552	3994	468	967	163	13	114	1498	449	74	42	56	26	434	30	42	931	95	862	.242	.375	.321
合　計	360	27093	24003	2962	6095	1069	95	674	9376	2839	362	179	406	140	2326	152	218	5429	544	5090	.254	.391	.324

個 人 打 撃 成 績

(規定打席372)

順位	選手名	チーム	試合	打席	打数	得点	安打	二塁打	三塁打	本塁打	塁打	打点	盗塁	盗塁刺	犠打	犠飛	四球計	故意四球	死球	三振	併殺打	残塁	打率	長打率	出塁率
①＊	佐野　恵太	(ディ)	106	451	402	48	132	20	1	20	214	69	0	0	0	3	42	1	4	58	13	104	.328	.532	.395
②＊	梶谷　隆幸	(ディ)	109	482	433	88	140	29	1	19	228	53	14	8	1	2	45	3	1	85	4	74	.323	.527	.387
③＊	青木　宣親	(ヤ)	107	425	357	64	113	30	1	18	199	51	2	1	0	1	62	2	5	51	6	80	.317	.557	.424
④＊	大島　洋平	(中)	118	525	462	58	146	21	3	1	176	30	16	8	0	3	47	3	4	51	5	116	.316	.381	.382
⑤＊	村上　宗隆	(ヤ)	120	515	424	70	130	30	2	28	248	86	11	5	0	1	87	12	3	115	8	124	.307	.585	.427
⑥＊	高橋　周平	(中)	108	438	394	46	120	25	1	7	168	46	1	0	3	0	39	6	2	70	13	87	.305	.426	.368
⑦	宮﨑　敏郎	(ディ)	113	460	429	47	129	26	1	14	199	53	0	0	0	3	24	2	4	29	15	96	.301	.464	.341
⑧＊	鈴木　誠也	(広)	118	514	430	85	129	26	2	25	234	75	6	4	0	2	73	9	9	73	15	107	.300	.544	.409
⑨＊	近本　光司	(神)	120	519	474	81	139	21	5	9	197	45	31	8	7	1	30	2	2	61	4	86	.293	.416	.344
⑩	坂本　勇人	(巨)	115	479	412	64	119	28	1	9	206	50	4	1	1	4	62	7	0	85	9	84	.289	.500	.379
⑪	大山　悠輔	(神)	116	471	423	66	122	21	5	28	237	85	1	3	1	1	41	6	5	96	15	92	.288	.560	.357
⑫＊	丸　佳浩	(巨)	120	491	423	63	121	20	1	27	224	77	8	4	3	2	63	4	0	101	3	91	.284	.553	.375
⑬	堂林　翔太	(広)	111	451	401	55	112	21	0	14	175	58	17	4	3	2	41	2	4	91	12	94	.279	.436	.350
⑭＊	松山　竜平	(広)	108	425	404	38	112	27	1	9	168	67	0	1	0	3	17	4	1	72	11	55	.277	.416	.306
⑮	岡本　和真	(巨)	118	500	440	79	121	26	0	31	240	97	2	0	0	0	55	2	5	85	10	94	.275	.545	.362
⑯＊	吉川　尚輝	(巨)	112	389	354	47	97	16	2	8	141	32	11	3	2	0	30	1	3	60	6	77	.274	.398	.336
⑰	エスコバー	(ヤ)	104	402	377	27	103	14	2	1	124	30	6	7	1	2	13	6	9	52	9	72	.273	.329	.312
⑱	菊池　涼介	(広)	106	429	376	43	102	19	4	10	159	41	3	2	16	1	35	2	1	68	9	85	.271	.423	.334
⑲	ビシエド	(中)	109	462	409	48	109	23	0	17	183	82	3	2	0	10	34	3	9	48	17	82	.267	.447	.329
⑳	サ　ン　ズ	(神)	110	443	377	42	97	16	0	19	170	64	2	2	0	2	61	2	3	106	11	73	.2572	.451	.363
㉑	阿部　寿樹	(中)	115	459	421	44	108	25	0	13	172	61	2	4	5	2	30	0	1	92	21	83	.2565	.409	.306
㉒	山田　哲人	(ヤ)	94	384	334	52	85	17	1	12	140	52	8	4	0	2	48	3	0	83	6	71	.254	.419	.346
㉓＊	ソ　　ト	(ディ)	114	480	428	59	108	18	0	25	201	78	0	0	5	0	44	0	3	103	12	76	.252	.470	.323
㉔＊	田中　広輔	(広)	112	454	378	51	95	11	5	8	140	39	8	4	12	0	55	1	6	86	1	99	.251	.370	.351
㉕＊	京田　陽太	(中)	120	491	442	43	109	16	7	5	154	29	4	4	15	1	27	4	6	80	4	93	.247	.348	.298
㉖＊	坂口　智隆	(ヤ)	114	458	398	55	98	14	1	9	141	36	4	5	3	2	47	1	7	60	8	62	.246	.354	.334
㉗＊	ボ　ー　ア	(神)	99	379	329	27	80	8	0	17	139	64	1	0	1	0	45	0	3	88	13	65	.243	.422	.338

各項目リーダー

試 合…丸　佳浩(巨) 120	安 打…大島 洋平(中) 146	盗塁刺…山崎晃大朗(ヤ) 9	併殺打…阿部 寿樹(中) 21
近本 光司(神) 120	二塁打…丸　佳浩(巨) 31	犠 打…菊池 涼介(広) 16	残 塁…村上 宗隆(ヤ) 124
京田 陽太(中) 120	三塁打…京田 陽太(中) 7	犠 飛…ビシエド(中) 10	打 率…佐野 恵太(ディ) .328
村上 宗隆(ヤ) 120	本塁打…岡本 和真(巨) 31	四 球…村上 宗隆(ヤ) 87	長打率…村上 宗隆(ヤ) .585
打 席…大島 洋平(中) 525	塁 打…村上 宗隆(ヤ) 248	故意四球…村上 宗隆(ヤ) 12	出塁率…村上 宗隆(ヤ) .427
打 数…近本 光司(神) 474	打 点…岡本 和真(巨) 97	死 球…會澤 翼(広) 11	
得 点…梶谷 隆幸(ディ) 88	盗 塁…近本 光司(神) 31	三 振…村上 宗隆(ヤ) 115	

全 選 手 打 撃 成 績

〈50音順〉

選手名	チーム	試合	打席	打数	得点	安打	二塁打	三塁打	本塁打	塁打	打点	盗塁	盗塁刺	犠打	犠飛	四球計	故意四球	死球	三振	併殺打	残塁	打率	長打率	出塁率
+アルモンテ(中)		62	247	214	32	63	9	0	9	99	29	1	0	1	1	30	2	2	42	9	34	.294	.463	.385
會澤 翼(広)		79	263	229	25	61	13	0	7	95	36	2	0	1	0	22	2	11	51	8	43	.266	.415	.359
*青木 宣親(ヤ)		107	425	357	64	113	30	1	18	199	51	2	1	0	1	62	2	5	51	6	80	.317	.557	.424
青柳 晃洋(神)		21	39	31	1	1	0	0	0	1	0	0	0	7	0	1	0	0	19	0	1	.032	.032	.063
*秋山 拓巳(神)		18	46	38	1	3	2	0	0	7	1	0	0	6	0	2	0	0	23	0	4	.132	.184	.175
阿部 寿樹(中)		115	459	421	44	108	25	0	13	172	61	2	4	5	2	30	0	1	92	21	83	.257	.409	.306
*安部 友裕(広)		26	44	38	6	7	3	0	0	10	2	0	1	2	0	4	0	0	17	1	4	.184	.263	.262
*荒木 貴裕(ヤ)		63	84	73	10	12	1	1	1	18	7	0	0	3	1	6	1	1	18	3	12	.164	.247	.235
*荒木 郁也(神)		16	11	11	2	1	0	0	0	4	0	0	2	1	0	0	0	0	4	0	4	.091	.091	.091
イノーア(ヤ)		9	6	5	0	0	0	0	0	0	0	0	0	1	0	0	0	0	2	0	0	.000	.000	.000
五十嵐亮太(ヤ)		1	0	0	0	0	0	0	0	0	0	0	0	0	0	0	0	0	0	0	0	.000	.000	.000
*石井 将希(神)		1	0	0	0	0	0	0	0	0	0	0	0	0	0	0	0	0	0	0	0	.000	.000	.000
石川 駿(中)		11	13	10	0	3	0	1	0	5	2	0	0	0	1	0	2	0	3	0	6	.300	.500	.462
石川 慎吾(巨)		43	47	45	2	11	1	0	2	18	7	0	0	0	0	2	0	0	12	1	8	.244	.400	.277
石川 昂弥(中)		14	41	36	3	8	2	0	0	10	1	0	0	3	0	1	1	12	1	9		.222	.278	.300
*石川 雅規(ヤ)		15	27	24	0	1	0	0	0	1	0	0	0	2	0	0	0	0	9	0	3	.042	.042	.080
石垣 雅海(中)		25	34	33	5	4	0	0	1	7	1	0	0	0	1	0	0	0	12	0	3	.121	.212	.147
*石田 健大(デ)		50	0	0	0	0	0	0	0	0	0	0	0	0	0	0	0	0	0	0	0	.000	.000	.000
石原 慶幸(広)		4	5	5	0	0	0	0	0	0	0	0	0	0	0	0	0	0	1	0	0	.000	.000	.000
石山 泰稚(ヤ)		44	0	0	0	0	0	0	0	0	0	0	0	0	0	0	0	0	0	0	0	.000	.000	.000
伊勢 大夢(デ)		33	3	2	0	0	0	0	0	0	0	0	0	1	0	1	0	0	0	0	0	.000	.000	.333
磯村 嘉孝(広)		31	55	48	4	10	3	0	1	16	1	0	0	3	0	4	0	0	8	2	9	.208	.333	.269
*板山祐太郎(神)		5	14	12	1	2	0	0	0	2	0	0	0	0	0	2	0	0	3	0	3	.167	.167	.286
一岡 竜司(広)		19	0	0	0	0	0	0	0	0	0	0	0	0	0	0	0	0	0	0	0	.000	.000	.000
糸井 嘉男(神)		86	311	269	25	72	16	1	2	96	28	2	1	0	1	38	0	3	50	5	44	.268	.357	.363
伊藤 和雄(神)		15	0	0	0	0	0	0	0	0	0	0	0	0	0	0	0	0	0	0	0	.000	.000	.000
伊藤 光(デ)		30	63	51	5	11	3	1	0	16	6	0	1	1	1	10	1	1	15	2	17	.216	.314	.355
伊藤裕季也(デ)		5	17	14	1	4	0	1	0	6	1	0	0	1	0	2	1	0	2	0	3	.286	.429	.375
*糸原 健斗(神)		63	244	218	32	64	5	2	3	82	20	1	2	3	1	19	0	3	33	3	39	.294	.376	.357
井野 卓(ヤ)		32	22	19	1	2	0	1	0	4	4	0	0	0	0	0	0	0	6	1	7	.105	.211	.150
井納 翔一(デ)		17	31	30	0	4	1	0	0	5	3	0	0	0	0	0	0	0	13	0	3	.133	.167	.133
井上 広大(神)		6	11	11	0	1	1	0	0	2	1	0	0	0	0	0	0	0	5	0	2	.091	.182	.091
*今永 昇太(神)		9	19	18	0	2	0	0	0	2	0	0	0	1	0	0	0	0	8	1	5	.111	.111	.158
今村 猛(広)		6	0	0	0	0	0	0	0	0	0	0	0	0	0	0	0	0	0	0	0	.000	.000	.000
*今村 信貴(巨)		12	24	20	2	1	0	0	0	1	2	0	0	3	0	1	0	0	12	0	0	.050	.050	.095
*井領 雅貴(デ)		79	155	135	9	27	3	0	0	30	12	0	0	2	0	18	0	0	24	4	34	.200	.222	.294
*岩貞 祐太(神)		38	15	13	0	2	0	0	0	2	0	0	0	3	0	0	0	0	1	0	0	.154	.154	.154
*岩崎 優(神)		41	1	1	0	0	0	0	0	0	0	0	0	0	0	0	0	0	1	0	0	.000	.000	.000
*岩田 稔(神)		5	7	6	0	0	0	0	0	0	0	0	0	1	0	0	0	0	3	0	0	.000	.000	.000
ウィーラー(巨)		98	288	263	26	65	9	0	12	110	36	3	3	0	1	22	1	2	47	6	55	.247	.418	.309
ウレーニャ(巨)		11	20	18	0	3	0	0	0	3	0	0	0	0	0	2	0	0	8	0	3	.167	.167	.250
+植田 海(神)		74	83	59	16	9	2	0	0	11	3	9	4	6	0	14	1	4	22	0	33	.153	.186	.351
*上田 剛史(ヤ)		53	61	56	13	7	1	0	0	8	2	5	0	2	1	0	0	0	15	3	2	.125	.143	.153
上本 崇司(広)		56	62	52	8	11	2	0	0	13	4	2	0	3	0	5	0	2	4	1	22	.212	.250	.305
上本 博紀(神)		25	51	41	2	7	3	0	0	10	4	2	0	0	3	0	0	0	11	2	10	.171	.244	.239
*宇草 孔基(広)		13	47	43	5	11	1	0	0	14	3	3	2	0	0	3	0	0	7	0	8	.256	.326	.319
梅津 晃大(中)		7	15	12	2	4	1	0	0	5	0	0	1	0	0	2	0	0	4	0	4	.333	.417	.429
梅野 雄吾(ヤ)		42	0	0	0	0	0	0	0	0	0	0	0	0	0	0	0	0	0	0	0	.000	.000	.000
梅野隆太郎(神)		98	342	298	36	78	17	0	7	116	29	5	1	9	2	33	1	0	77	9	76	.262	.389	.333
*エスコバー(デ)		56	1	1	0	0	0	0	0	0	0	0	0	0	0	0	0	0	0	0	0	.000	.000	.000
エスコバー(広)		104	402	377	27	103	14	2	1	124	30	6	7	1	2	13	6	9	52	9	72	.273	.329	.312
エドワーズ(神)		23	0	0	0	0	0	0	0	0	0	0	0	0	0	0	0	0	0	0	0	.000	.000	.154
江越 大賀(神)		45	13	10	11	3	1	0	1	3	1	0	0	2	0	6	0	11		.300	.300	.154
蝦名 達夫(デ)		17	24	21	3	3	1	0	1	5	2	0	0	0	0	3	0	1	8	1	4	.143	.333	.250
遠藤 淳志(広)		19	36	32	1	0	0	0	0	0	0	0	0	1	0	0	0	0	12	1	7	.188	.188	
*遠藤 一星(中)		65	87	73	16	16	1	0	0	17	4	0	1	4	1	6	0	3	12	1	21	.219	.233	.301
オースティン(デ)		65	269	238	36	68	14	1	20	144	56	0	0	0	1	29	1	1	69	4	41	.286	.605	.364
*大江 竜聖(巨)		43	1	1	0	0	0	0	0	0	0	0	0	0	0	0	0	0	1	0	0	.000	.000	.000
*大下 佑馬(ヤ)		17	0	0	0	0	0	0	0	0	0	0	0	0	0	0	0	0	0	0	0	.000	.000	.000
*大島 洋平(中)		118	525	462	58	146	21	3	1	176	30	16	8	9	3	47	3	4	51	5	116	.316	.381	.382
*大城 卓三(巨)		93	308	274	30	74	10	1	9	113	41	1	0	3	0	30	6	0	82	1	53	.270	.412	.339
大瀬良大地(広)		11	24	19	4	5	0	0	0	5	4	0	0	4	0	0	0	0	6	0	2	.263	.263	.263
*太田 賢吾(ヤ)		4	4	4	0	0	0	0	0	0	0	0	0	0	0	0	0	0	1	0	0	.000	.000	.000
大竹 寛(巨)		29	0	0	0	0	0	0	0	0	0	0	0	0	0	0	0	0	0	0	0	.000	.000	.000
大西 広樹(ヤ)		5	1	1	0	0	0	0	0	0	0	0	0	0	0	0	0	0	0	0	0	.000	.000	.000

セントラル・リーグ

選手名	チーム	試合	打席	打数	得点	安打	二塁打	三塁打	本塁打	塁打	打点	盗塁	盗塁刺	犠打	犠飛	四球計	故意四球	死球	三振	併殺打	残塁	打率	長打率	出塁率
大貫　晋一	(ディ)	19	44	37	3	4	1	0	0	5	1	0	0	5	1	1	0	0	19	1	5	.108	.135	.128
*大野　雄大	(中)	20	53	48	2	5	0	1	0	7	4	0	0	3	0	2	0	0	28	0	8	.104	.146	.140
*大盛　穂	(広)	73	148	135	21	35	5	3	2	52	16	5	3	0	1	11	1	1	50	1	24	.259	.385	.318
大山　悠輔	(神)	116	471	423	66	122	21	5	28	237	85	1	3	1	1	41	6	5	96	15	92	.288	.560	.357
岡田　俊哉	(中)	29	0	0	0	0	0	0	0	0	0	0	0	0	0	0	0	0	0	0	0	.000	.000	.000
岡野祐一郎	(中)	11	12	11	0	0	0	0	0	0	0	0	0	1	0	0	0	0	5	0	0	.000	.000	.000
*岡林　勇希	(中)	6	7	7	2	2	0	0	0	2	0	0	0	0	0	0	0	0	2	0	2	.286	.286	.286
岡本　和真	(巨)	118	500	440	79	121	26	0	31	240	97	2	0	0	0	55	2	5	85	10	94	.275	.545	.362
*小笠原慎之介	(中)	4	7	6	0	1	0	0	0	1	0	0	0	1	0	0	0	0	3	0	1	.167	.167	.167
小川　一平	(神)	21	0	0	0	0	0	0	0	0	0	0	0	0	0	0	0	0	0	0	0	.000	.000	.000
小川　泰弘	(ヤ)	20	47	38	1	5	0	0	0	5	2	0	0	6	0	3	0	0	16	0	9	.132	.132	.195
奥川　恭伸	(ヤ)	1	0	0	0	0	0	0	0	0	0	0	0	0	0	0	0	0	0	0	0	.000	.000	.000
*乙坂　智	(ディ)	85	115	101	17	21	3	0	1	27	7	5	0	1	1	12	0	0	28	2	25	.208	.267	.289
*尾仲　祐哉	(神)	4	0	0	0	0	0	0	0	0	0	0	0	0	0	0	0	0	0	0	0	.000	.000	.000
*小幡　竜平	(神)	54	134	127	15	28	1	2	0	33	7	3	1	0	0	5	1	1	37	1	29	.220	.260	.256
*ガルシア	(神)	14	23	22	0	2	0	0	0	2	0	0	0	1	0	0	0	0	8	0	2	.091	.091	.091
ガンケル	(神)	28	13	11	0	3	1	0	0	4	0	0	0	1	0	0	0	0	5	0	3	.273	.364	.333
鍵谷　陽平	(巨)	46	0	0	0	0	0	0	0	0	0	0	0	0	0	0	0	0	0	0	0	.000	.000	.000
笠井　崇正	(ディ)	1	0	0	0	0	0	0	0	0	0	0	0	0	0	0	0	0	0	0	0	.000	.000	.000
風張　蓮	(ヤ)	11	1	1	0	0	0	0	0	0	0	0	0	0	0	0	0	0	1	0	0	.000	.000	.000
*梶谷　隆幸	(ディ)	109	482	433	88	140	29	1	19	228	53	14	8	1	2	45	3	1	85	4	74	.323	.527	.387
*香月　一也	(巨)	8	9	9	0	0	0	0	0	0	0	0	0	0	0	0	0	0	2	1	0	.000	.000	.000
勝野　昌慶	(中)	13	25	22	0	2	0	0	0	4	2	0	0	0	0	2	0	0	16	0	3	.091	.182	.167
桂　依央利	(中)	2	9	9	1	2	1	0	0	3	2	0	0	0	0	0	0	0	3	0	2	.222	.333	.222
*加藤　脩平	(巨)	1	1	1	0	0	0	0	0	0	0	0	0	0	0	0	0	0	0	0	1	.000	.000	.000
加藤　匠馬	(中)	29	43	37	0	5	1	0	0	6	1	0	0	5	0	1	1	0	8	1	9	.135	.162	.158
*金久保優斗	(ヤ)	3	4	4	0	1	1	0	0	2	0	0	0	0	0	0	0	0	0	0	0	.250	.500	.250
*神里　和毅	(ディ)	80	190	169	38	52	8	1	3	71	17	7	1	1	2	15	0	3	42	3	30	.308	.420	.370
上茶谷大河	(ディ)	11	22	19	1	3	0	0	0	3	0	0	0	2	0	0	0	0	10	1	1	.158	.158	.200
*亀井　善行	(巨)	51	156	141	21	36	7	0	2	49	17	0	1	1	2	11	0	1	21	3	20	.255	.348	.310
*川端　慎吾	(ヤ)	39	42	39	3	5	0	0	0	5	2	0	0	0	0	3	0	0	4	1	5	.128	.128	.190
菊池　保則	(広)	44	0	0	0	0	0	0	0	0	0	0	0	0	0	0	0	0	0	0	0	.000	.000	.000
菊池　涼介	(広)	106	429	376	43	102	19	4	10	159	41	3	2	16	1	35	2	1	68	9	85	.271	.423	.334
岸田　行倫	(巨)	34	48	43	2	13	3	0	1	19	5	0	0	1	0	3	0	1	16	4	10	.302	.442	.340
北村　拓己	(巨)	57	88	75	9	17	2	0	2	25	10	0	0	2	0	10	1	1	24	2	18	.227	.333	.326
*木浪　聖也	(神)	92	334	297	42	74	20	1	3	105	25	2	1	8	3	24	3	2	54	1	65	.249	.354	.307
木下　拓哉	(中)	88	269	251	19	67	14	1	6	101	32	0	0	5	0	12	2	1	49	1	47	.267	.402	.303
木下　雄介	(中)	18	0	0	0	0	0	0	0	0	0	0	0	0	0	0	0	0	0	0	0	.000	.000	.000
*京田　陽太	(中)	120	491	442	43	109	16	7	5	154	29	8	4	15	1	27	4	6	80	4	93	.247	.348	.298
京山　将弥	(ディ)	6	10	5	1	0	0	0	0	0	0	0	0	3	0	2	0	0	2	0	2	.000	.000	.286
*クック	(ヤ)	7	3	3	0	0	0	0	0	0	0	0	0	0	0	0	0	0	1	0	0	.000	.000	.000
*楠本　泰史	(ディ)	28	29	26	6	4	2	0	1	9	1	0	0	0	0	2	0	1	7	0	0	.154	.346	.241
国吉　佑樹	(ディ)	42	4	4	1	2	1	0	0	3	2	0	0	0	0	0	0	0	1	0	1	.500	.750	.500
久保　拓眞	(ヤ)	10	0	0	0	0	0	0	0	0	0	0	0	0	0	0	0	0	0	0	0	.000	.000	.000
熊谷　敬宥	(神)	38	17	16	6	5	2	0	0	7	3	3	2	0	0	1	0	0	5	0	19	.313	.438	.353
*倉本　寿彦	(ディ)	82	216	199	19	55	4	0	1	62	17	0	0	0	0	16	2	1	42	2	55	.276	.312	.333
九里　亜蓮	(広)	20	42	33	0	2	0	0	0	2	1	0	0	8	0	1	0	0	24	0	3	.061	.061	.088
桑原謙太朗	(神)	12	0	0	0	0	0	0	0	0	0	0	0	0	0	0	0	0	0	0	0	.000	.000	.000
鍬原　拓也	(巨)	5	1	1	0	0	0	0	0	0	0	0	0	0	0	0	0	0	0	0	0	.000	.000	.000
*栗原　樹	(広)	3	3	3	0	0	0	0	0	0	0	0	0	0	0	0	0	0	0	0	0	.000	.000	.000
桑原　将志	(ディ)	34	42	36	8	5	0	0	1	8	2	0	0	1	1	3	0	1	11	2	5	.139	.222	.220
郡司　裕也	(中)	30	76	64	6	10	3	0	0	13	4	0	0	1	1	9	1	1	19	1	15	.156	.203	.267
ケムナ　誠	(広)	41	3	2	0	0	0	0	0	0	0	0	0	1	0	0	0	0	2	0	1	.000	.000	.000
ゴンサレス	(中)	28	0	0	0	0	0	0	0	0	0	0	0	0	0	0	0	0	0	0	0	.000	.000	.000
古賀　優大	(ヤ)	27	46	42	0	2	0	0	0	2	1	0	0	1	0	1	0	0	4	4	3	.048	.048	.089
小窪　哲也	(広)	3	3	3	0	1	0	0	0	1	0	0	0	0	0	0	0	0	0	0	0	.333	.333	.333
*小園　海斗	(広)	3	6	6	0	0	0	0	0	0	0	0	0	0	0	0	0	0	1	0	0	.000	.000	.000
小林　慶祐	(神)	3	0	0	0	0	0	0	0	0	0	0	0	0	0	0	0	0	0	0	0	.000	.000	.000
小林　誠司	(巨)	10	21	18	1	1	0	0	0	1	0	0	0	1	0	2	0	0	4	0	3	.056	.056	.150
近藤　一樹	(ヤ)	20	0	0	0	0	0	0	0	0	0	0	0	0	0	0	0	0	0	0	0	.000	.000	.000
今野　龍太	(ヤ)	20	0	0	0	0	0	0	0	0	0	0	0	0	0	0	0	0	0	0	0	.000	.000	.000
サンズ	(神)	110	443	377	47	97	16	0	19	170	64	2	1	0	2	61	2	3	106	11	73	.257	.451	.363
+サンチェス	(巨)	15	34	29	0	1	0	0	0	1	0	0	0	7	0	0	0	0	20	0	0	.034	.034	.034
歳内　宏明	(ヤ)	7	12	12	0	1	0	0	0	1	0	0	0	0	0	0	0	0	2	0	1	.083	.083	.083
*齋藤友貴哉	(神)	5	1	1	1	1	0	0	0	1	0	0	0	0	0	0	0	0	0	0	0	1.000	1.000	1.000
*坂倉　将吾	(広)	81	228	209	24	60	15	1	3	86	26	1	1	0	0	17	1	2	36	6	46	.287	.411	.346
*阪口　皓亮	(ディ)	3	2	2	0	0	0	0	0	0	0	0	0	0	0	0	0	0	0	0	0	.000	.000	.000
*坂口　智隆	(ヤ)	114	458	398	55	98	14	1	9	141	36	4	5	3	3	47	1	7	60	8	62	.246	.354	.334
*坂本光士郎	(神)	1	0	0	0	0	0	0	0	0	0	0	0	0	0	0	0	0	0	0	0	.000	.000	.000
坂本誠志郎	(神)	38	95	75	5	16	4	0	0	20	4	1	0	7	0	13	0	0	20	1	19	.213	.267	.330

選手名	チーム	試合	打席	打数	得点	安打	二塁打	三塁打	本塁打	塁打	打点	盗塁	盗塁刺	犠打	犠飛	四球計	故意四球	死球	三振	併殺打	残塁	打率	長打率	出塁率
坂本　勇人	(巨)	115	479	412	64	119	28	1	19	206	65	4	1	1	4	62	7	0	85	9	84	.289	.500	.379
*坂本　裕哉	(ディ)	10	17	16	0	1	0	0	0	1	0	0	1	0	0	0	0	0	4	0	2	.063	.063	.063
*櫻井　周斗	(ディ)	3	3	3	0	0	0	0	0	0	0	0	0	0	0	0	0	0	1	0	0	.000	.000	.000
桜井　俊貴	(巨)	25	18	15	0	1	0	0	0	1	0	0	0	2	0	1	0	0	6	0	3	.067	.067	.125
*佐藤　優	(中)	14	0	0	0	0	0	0	0	0	0	0	0	0	0	0	0	0	0	0	0	.000	.000	.000
*佐野　恵太	(ディ)	106	451	402	48	132	20	1	20	214	69	0	0	0	3	42	1	4	58	13	104	.328	.532	.395
澤村　拓一	(巨)	13	1	1	0	0	0	0	0	0	0	0	0	0	0	0	0	0	1	0	0	.000	.000	.000
シ　エ　ラ	(広)	25	94	80	9	18	2	0	1	23	7	1	0	0	1	10	0	3	25	6	15	.225	.288	.330
*K.ジョンソン	(広)	10	15	14	0	1	0	0	0	1	0	0	0	0	0	1	0	0	7	0	0	.071	.071	.071
*DJ.ジョンソン	(広)	14	0	0	0	0	0	0	0	0	0	0	0	0	0	0	0	0	0	0	0	.000	.000	.000
塩見　泰隆	(ヤ)	43	179	154	20	43	4	2	8	75	21	13	2	3	0	17	0	5	44	4	33	.279	.487	.369
*重信慎之介	(巨)	60	96	90	17	23	5	1	1	33	6	5	1	0	0	6	0	0	33	1	15	.256	.367	.302
*柴田　竜拓	(ディ)	110	276	233	33	62	14	0	2	82	20	0		9	1	29	3	4	50	1	70	.266	.352	.356
嶋　基宏	(ヤ)	20	45	41	2	4	2	0	0	6	4	0	0	1	0	3	0	0	19	1	5	.098	.146	.159
島内颯太郎	(広)	38	0	0	0	0	0	0	0	0	0	0	0	0	0	0	0	0	0	0	0	.000	.000	.000
*島田　海吏	(広)	43	21	17	4	3	0	0	0	3	1	3	0	1	0	2	1	1	4	0	13	.176	.176	.300
清水　達也	(中)	6	6	5	0	0	0	0	0	0	0	0	0	0	0	0	0	0	3	0	0	.000	.000	.000
*清水　昇	(ヤ)	52	0	0	0	0	0	0	0	0	0	0	0	0	0	0	0	0	0	0	0	.000	.000	.000
俊　介	(神)	9	8	8	0	1	0	0	0	1	0	1	0	0	0	0	0	0	2	0	1	.125	.125	.125
正随　優弥	(神)	7	8	7	1	1	0	0	1	4	1	0	0	0	0	1	0	0	1	1	1	.143	.571	.250
白濱　裕太	(広)	2	1	1	0	0	0	0	0	0	0	0	0	0	0	0	0	0	1	0	0	.000	.000	.000
*進藤　拓也	(ディ)	5	1	1	0	0	0	0	0	0	0	0	0	0	0	0	0	0	1	0	0	.000	.000	.000
ス　ア　レ　ス	(神)	51	0	0	0	0	0	0	0	0	0	0	0	0	0	0	0	0	0	0	0	.000	.000	.000
ス　ア　レ　ス	(ヤ)	12	23	23	0	0	0	0	0	0	0	0	0	0	0	0	0	0	10	3	0	.000	.000	.000
ス　コ　ッ　ト	(広)	7	1	0	0	0	0	0	0	0	0	0	0	0	0	0	0	0	0	0	0	.000	.000	.000
菅野　智之	(巨)	20	53	44	3	4	3	0	0	7	3	0	0	8	0	1	0	0	16	0	1	.091	.159	.111
鈴木　誠也	(広)	118	514	430	85	129	26	2	25	234	75	6	4	0	3	72	9	9	73	15	107	.300	.544	.409
鈴木　博志	(中)	6	0	0	0	0	0	0	0	0	0	0	0	0	0	0	0	0	0	0	0	.000	.000	.000
*砂田　毅樹	(ディ)	17	1	1	0	1	0	0	0	1	0	0	0	0	0	0	0	0	0	0	0	1.000	1.000	1.000
炭谷銀仁朗	(巨)	56	114	100	4	18	2	0	1	23	7	0	0	3	1	8	2	2	23	3	19	.180	.230	.252
ソ　ト	(ディ)	114	480	428	59	108	18	0	25	201	78	0	0	0	5	44	0	3	103	12	76	.252	.470	.323
*曽根　海成	(中)	33	17	16	13	4	1	0	0	5	1	5	3	0	0	1	0	0	5	0	11	.250	.313	.294
*祖父江大輔	(中)	54	0	0	0	0	0	0	0	0	0	0	0	0	0	0	0	0	0	0	0	.000	.000	.000
平良拳太郎	(ディ)	14	31	26	1	2	0	0	0	2	0	0	0	5	0	0	0	0	17	0	1	.077	.077	.077
*高木　京介	(巨)	17	0	0	0	0	0	0	0	0	0	0	0	0	0	0	0	0	0	0	0	.000	.000	.000
高城　俊人	(ディ)	23	46	42	4	8	0	0	3	17	5	0		1	0	2	0	1	22	1	9	.190	.405	.244
高梨　裕稔	(ヤ)	18	32	29	1	6	0	0	0	6	0	0	1	2	0	1	0	0	14	0	3	.207	.207	.233
*高梨　雄平	(ディ)	44	0	0	0	0	0	0	0	0	0	0	0	0	0	0	0	0	0	0	0	.000	.000	.000
*高橋　奎二	(ヤ)	10	17	15	0	1	0	0	0	1	0	0	0	3	0	0	0	0	8	0	3	.067	.067	.176
*高橋　周平	(中)	108	438	394	46	120	25	1	7	168	46	1	0	0	3	39	6	2	70	13	87	.305	.426	.368
*高橋　遥人	(神)	12	24	23	2	3	0	0	0	3	1	0	0	1	0	0	0	0		0		.130	.130	.130
*髙橋　大樹	(広)	14	16	15	1	3	0	0	0	3	1	0	0	0	0	1	0	0		0	3	.200	.200	.250
*髙橋　樹也	(広)	18	0	0	0	0	0	0	0	0	0	0	0	0	0	0	0	0	0	0	0	.000	.000	.000
*髙橋　優貴	(巨)	8	7	7	0	1	0	1	0	3	1	0	0	0	0	0	0	0	3	0	0	.143	.429	.143
*高山　俊	(神)	42	52	46	6	7	3	0	0	10	3	1	0	1	1	3	0	1	10	0	10	.152	.217	.216
滝野　要	(中)	10	8	7	2	2	0	0	0	2	0	0	0	0	0	1	0	0	3	0		.286	.286	.375
*田口　麗斗	(巨)	26	34	28	2	6	2	0	0	8	3	0	0	3	0	0	0	0	11	0	3	.214	.286	.290
*武岡　龍世	(ヤ)	5	12	9	0	3	0	0	0	3	0	0	0	0	0	2	0	0	4	0	3	.333	.333	.455
武田　健吾	(ディ)	84	64	55	9	10	2	0	0	12	2	1	0	3	1	5	0	0	13	2	13	.182	.218	.246
*田代将太郎	(ヤ)	46	53	47	5	7	1	1	0	10	2	1	1	0	0	5	0	0	16	0	21	.149	.213	.231
*立岡宗一郎	(巨)	29	27	23	5	6	0	1	1	11	4	1	0	0	0	4	1	0	6	1	18	.261	.478	.370
*田中　広輔	(広)	112	454	378	51	95	11	5	8	140	39	8	4	12	4	55	3	5	86	1	99	.251	.370	.351
*田中　俊太	(ディ)	48	78	68	7	18	2	1	1	25	6	2	0	0	0	5	0	0	15	0	25	.265	.368	.346
田中　豊樹	(広)	31	1	0	0	0	0	0	0	0	0	0	0	0	0	1	0	0	0	0	0	.000	.000	1.000
田中　法彦	(広)	2	0	0	0	0	0	0	0	0	0	0	0	0	0	0	0	0	0	0	0	.000	.000	.000
谷川　昌希	(神)	14	0	0	0	0	0	0	0	0	0	0	0	0	0	0	0	0	0	0	0	.000	.000	.000
谷元　圭介	(中)	36	0	0	0	0	0	0	0	0	0	0	0	0	0	0	0	0	0	0	0	.000	.000	.000
*近本　光司	(中)	120	519	474	81	139	21	5	9	197	45	31	8	7	1	30	2	7	61	4	86	.293	.416	.344
長野　久義	(広)	95	299	267	30	76	17	1	10	125	42	1	0	0	2	29	0	1	61	5	55	.285	.468	.355
ディプラン	(巨)	2	0	0	0	0	0	0	0	0	0	0	0	0	0	0	0	0	0	0	0	.000	.000	.000
デ　ラ　ロ　サ	(神)	35	0	0	0	0	0	0	0	0	0	0	0	0	0	0	0	0	0	0	0	.000	.000	.000
*寺島　成輝	(ヤ)	30	1	1	0	0	0	0	0	0	0	0	0	0	0	0	0	0	1	0	0	.000	.000	.000
*床田　寛樹	(広)	15	30	27	2	5	1	0	0	6	0	0	0	6	0	0	0	0	6	0	5	.185	.222	.185
戸郷　翔征	(巨)	19	37	34	1	0	0	0	0	0	0	0	0	0	0	0	0	0	21	0	0	.000	.000	.000
戸柱　恭孝	(ディ)	96	276	259	21	55	8	1	5	80	23	0	2	5	1	11	0	0	53	8	36	.212	.309	.244
堂林　翔太	(広)	111	451	401	55	112	21	0	14	175	58	17	4	3	2	41	2	4	91	12	94	.279	.436	.350
堂上　直倫	(中)	43	55	50	2	10	2	0	0	12	4	0	1	4	0	0	0	0	11	2	11	.200	.240	.255
直江　大輔	(巨)	3	4	3	0	0	0	0	0	0	0	0	0	0	0	0	0	0	1	0	0	.000	.000	.000
中井　大介	(ディ)	69	105	100	12	25	3	1	2	36	4	0	0	1	0	3	0	0	23	1	17	.250	.360	.279
*中尾　輝	(ヤ)	5	0	0	0	0	0	0	0	0	0	0	0	0	0	0	0	0	0	0	0	.000	.000	.000

セントラル・リーグ

選手名	チーム	試合	打席	打数	得点	安打	二塁打	三塁打	本塁打	塁打	打点	盗塁	盗塁刺	犠打	犠飛	四球計	故意四球	死球	三振	併殺打	残塁	打率	長打率	出塁率
*中川 皓太	(巨)	37	0	0	0	0	0	0	0	0	0	0	0	0	0	0	0	0	0	0	0	.000	.000	.000
中川 虎大	(ディ)	3	2	2	1	1	1	0	0	2	0	0	0	0	0	0	0	0	0	0	0	.500	1.000	.500
中崎 翔太	(広)	6	0	0	0	0	0	0	0	0	0	0	0	0	0	0	0	0	0	0	0	.000	.000	.000
*中澤 雅人	(ヤ)	28	0	0	0	0	0	0	0	0	0	0	0	0	0	0	0	0	0	0	0	.000	.000	.000
中島 宏之	(巨)	100	312	279	19	83	13	0	7	117	29	0	3	0	1	31	0	1	59	11	66	.297	.419	.369
中田 賢一	(神)	3	2	2	0	1	0	0	0	1	0	0	0	0	0	0	0	0	1	0	1	.500	.500	.500
中田 廉	(広)	32	0	0	0	0	0	0	0	0	0	0	0	0	0	0	0	0	0	0	0	.000	.000	.000
中谷 将大	(神)	70	87	79	10	17	1	0	2	24	16	1	0	1	1	5	0	1	27	0	16	.215	.304	.267
*中村 恭平	(広)	14	0	0	0	0	0	0	0	0	0	0	0	0	0	0	0	0	0	0	0	.000	.000	.000
中村 奨成	(広)	4	4	4	0	0	0	0	0	0	0	0	0	0	0	0	0	0	1	0	0	.000	.000	.000
中村 祐太	(広)	8	14	13	1	1	0	0	0	1	0	0	0	1	0	0	0	0	4	0	1	.077	.077	.077
中村 悠平	(ヤ)	29	92	80	10	14	2	0	0	16	3	0	1	2	1	9	0	0	14	2	12	.175	.200	.256
中山 翔太	(ヤ)	29	53	48	4	11	1	0	4	24	8	0	0	0	1	3	0	1	19	2	9	.229	.500	.283
*長岡 秀樹	(ヤ)	6	13	12	0	1	0	0	0	1	0	0	0	0	0	0	0	0	3	1	1	.083	.083	.083
長坂 拳弥	(神)	5	5	5	1	2	0	0	1	5	2	1	0	0	0	0	0	0	3	0	1	.400	1.000	.400
西 勇輝	(神)	21	56	46	5	5	2	0	1	10	7	0	0	9	0	1	0	0	16	0	2	.109	.217	.128
西浦 直亨	(ヤ)	101	310	286	24	70	10	0	10	110	43	4	2	4	2	16	3	2	74	11	66	.245	.385	.288
*西川 龍馬	(広)	76	328	296	36	90	18	0	6	126	32	6	1	2	0	28	1	2	52	6	65	.304	.426	.368
西田 明央	(広)	69	215	190	20	44	5	0	7	70	20	0	1	1	1	20	2	3	48	4	38	.232	.368	.313
沼田 翔平	(巨)	5	0	0	0	0	0	0	0	0	0	0	0	0	0	0	0	0	0	0	0	.000	.000	.000
*根尾 昂	(中)	9	25	23	3	2	0	0	0	2	0	0	0	0	0	2	0	0	7	0	1	.087	.087	.160
*能見 篤史	(中)	34	1	1	0	0	0	0	0	0	0	0	0	0	0	0	0	0	0	0	0	.000	.000	.000
*野間 峻祥	(広)	70	56	50	10	12	0	0	0	12	1	2	3	2	0	4	0	0	17	0	25	.240	.240	.296
野村 祐輔	(広)	13	25	20	1	2	0	0	0	2	0	0	0	2	0	3	0	0	11	0	2	.100	.100	.217
バーラ	(巨)	47	154	146	14	39	3	1	4	56	13	0	2	0	0	8	1	0	35	6	21	.267	.384	.305
パットン	(ディ)	57	1	1	0	0	0	0	0	0	0	0	0	0	0	0	0	0	0	0	0	.000	.000	.000
*橋本 侑樹	(中)	14	0	0	0	0	0	0	0	0	0	0	0	0	0	0	0	0	0	0	0	.000	.000	.000
*長谷川宙輝	(ヤ)	44	0	0	0	0	0	0	0	0	0	0	0	0	0	0	0	0	0	0	0	.000	.000	.000
*畠 世周	(巨)	12	25	19	1	1	0	0	0	1	0	0	0	6	0	0	0	0	11	0	2	.053	.053	.053
*羽月隆太郎	(広)	17	40	33	3	6	1	1	0	9	4	0	2	5	0	2	0	0	7	0	7	.182	.273	.229
*濱口 遥大	(ディ)	16	31	26	0	2	0	0	0	2	0	0	0	4	0	1	0	0	15	0	2	.077	.077	.111
濱田 太貴	(ヤ)	33	105	100	7	20	4	0	3	33	7	0	0	0	0	5	0	0	30	1	21	.200	.330	.238
*濱田 達郎	(中)	7	0	0	0	0	0	0	0	0	0	0	0	0	0	0	0	0	0	0	0	.000	.000	.000
浜地 真澄	(神)	1	0	0	0	0	0	0	0	0	0	0	0	0	0	0	0	0	0	0	0	.000	.000	.000
*林 晃汰	(広)	4	8	8	1	1	1	0	0	2	0	0	0	0	0	0	0	0	5	1	0	.125	.250	.125
原 樹理	(ヤ)	5	4	2	0	0	0	0	0	0	0	0	0	1	0	1	0	0	0	0	0	.000	.000	.333
原口 文仁	(神)	48	78	72	5	20	3	0	3	32	19	0	0	0	0	5	1	1	16	2	15	.278	.444	.333
馬場 皐輔	(神)	32	0	0	0	0	0	0	0	0	0	0	0	0	0	0	0	0	0	0	0	.000	.000	.000
ビエイラ	(巨)	27	0	0	0	0	0	0	0	0	0	0	0	0	0	0	0	0	0	0	0	.000	.000	.000
ビシエド	(中)	109	462	409	48	109	23	0	17	183	82	3	2	0	10	34	3	9	48	17	82	.267	.447	.329
ピープルズ	(ディ)	10	13	12	0	1	0	0	0	1	0	0	0	1	0	0	0	0	8	0	1	.083	.083	.083
ビレラ	(広)	99	337	316	47	84	9	2	11	130	34	2	3	0	0	19	2	2	53	4	51	.266	.411	.312
平田 真吾	(ディ)	43	5	2	0	0	0	0	0	0	0	0	0	3	0	0	0	0	2	0	0	.000	.000	.000
平田 良介	(中)	55	193	166	26	39	7	0	3	55	17	0	1	0	1	24	2	2	33	4	32	.235	.331	.337
廣岡 大志	(ヤ)	87	142	121	15	26	4	0	8	54	15	4	0	3	2	16	0	0	43	4	32	.215	.446	.302
*フランスア	(広)	53	0	0	0	0	0	0	0	0	0	0	0	0	0	0	0	0	0	0	0	.000	.000	.000
*福 敬登	(神)	53	0	0	0	0	0	0	0	0	0	0	0	0	0	0	0	0	0	0	0	.000	.000	.000
福谷 浩司	(中)	14	36	29	2	6	1	0	0	7	2	0	0	7	0	0	0	0	10	0	7	.207	.241	.207
福田 永将	(中)	64	216	195	18	48	11	1	5	76	24	0	0	0	1	18	0	2	43	7	35	.246	.390	.315
*福留 孝介	(神)	43	92	78	3	12	2	0	1	17	12	0	0	0	3	11	0	0	31	4	12	.154	.218	.250
*福永 春吾	(神)	1	0	0	0	0	0	0	0	0	0	0	0	0	0	0	0	0	0	0	0	.000	.000	.000
*藤井 亮太	(ヤ)	10	20	18	1	5	0	0	0	5	0	0	0	1	0	1	0	0	3	0	5	.278	.278	.316
藤井 黎來	(広)	3	0	0	0	0	0	0	0	0	0	0	0	0	0	0	0	0	0	0	0	.000	.000	.000
*藤岡 貴裕	(巨)	12	0	0	0	0	0	0	0	0	0	0	0	0	0	0	0	0	0	0	0	.000	.000	.000
*藤嶋 好明	(ディ)	4	0	0	0	0	0	0	0	0	0	0	0	0	0	0	0	0	0	0	0	.000	.000	.000
*藤川 球児	(神)	16	0	0	0	0	0	0	0	0	0	0	0	0	0	0	0	0	0	0	0	.000	.000	.000
藤嶋 健人	(中)	26	0	0	0	0	0	0	0	0	0	0	0	0	0	0	0	0	0	0	0	.000	.000	.000
藤浪晋太郎	(神)	24	19	16	1	1	0	0	0	1	1	0	0	3	0	0	0	0	11	0	1	.063	.063	.063
古川 侑利	(巨)	5	0	0	0	0	0	0	0	0	0	0	0	0	0	0	0	0	0	0	0	.000	.000	.000
*ポーア	(神)	99	379	329	27	80	8	0	17	139	45	1	1	0	2	45	5	3	88	13	65	.243	.422	.338
北條 史也	(神)	40	112	99	10	19	4	0	2	29	7	2	0	3	0	9	0	1	23	2	20	.192	.293	.266
星 知弥	(ディ)	36	2	2	0	1	0	0	0	1	0	0	0	0	0	0	0	0	1	0	1	.500	.500	.500
細川 成也	(ディ)	19	54	51	6	12	2	0	1	17	1	1	0	0	0	2	0	1	20	1	10	.235	.333	.278
*薮江 敦哉	(神)	52	1	1	0	0	0	0	0	0	0	0	0	0	0	0	0	0	1	0	0	.000	.000	.000
堀岡 隼人	(巨)	12	0	0	0	0	0	0	0	0	0	0	0	0	0	0	0	0	0	0	0	.000	.000	.000
マクガフ	(ヤ)	50	0	0	0	0	0	0	0	0	0	0	0	0	0	0	0	0	0	0	0	.000	.000	.000
マルテ	(神)	29	119	103	9	26	6	1	4	46	14	1	0	0	2	14	0	0	14	6	22	.252	.447	.336
A.マルティネス	(中)	39	109	95	8	28	6	0	2	40	13	0	0	0	0	14	0	0	31	1	27	.295	.421	.385
*R.マルティネス	(中)	40	0	0	0	0	0	0	0	0	0	0	0	0	0	0	0	0	0	0	1	.000	.000	.000
増田 大輝	(巨)	74	48	37	30	11	2	0	0	13	2	23	8	0	0	0	0	0	12	1	25	.297	.351	.458

選手名	チーム	試合	打席	打数	得点	安打	二塁打	三塁打	本塁打	塁打	打点	盗塁	盗塁刺	犠打	犠飛	四球計	故意四球	死球	三振	併殺打	残塁	打率	長打率	出塁率
又吉 克樹 (中)		26	0	0	0	0	0	0	0	0	0	0	0	0	0	0	0	0	0	0	0	.000	.000	.000
*松葉 貴大 (中)		15	25	23	0	3	0	0	0	3	0	0	0	2	0	0	0	0	10	1	3	.130	.130	.130
*松原 聖弥 (巨)		86	313	278	42	73	11	5	3	103	19	12	2	4	2	29	0	0	71	4	61	.263	.371	.330
松本 直樹 (ヤ)		6	14	13	0	3	0	0	0	3	0	0	0	0	0	0	0	0	3	0	4	.231	.231	.286
*松本 友 (ヤ)		9	11	10	2	2	1	0	0	3	0	0	0	0	0	1	0	0	3	1	1	.200	.300	.273
*松山 竜平 (広)		108	425	404	38	112	27	1	9	168	67	0	1	0	3	17	4	1	72	11	55	.277	.416	.306
丸 佳浩 (巨)		120	491	423	63	120	31	1	27	234	77	8	4	3	2	63	4	0	101	3	91	.284	.553	.375
マ ル ク (中)		3	0	0	0	0	0	0	0	0	0	0	0	0	0	0	0	0	0	0	0	.000	.000	.000
三上 朋也 (中)		10	0	0	0	0	0	0	0	0	0	0	0	0	0	0	0	0	0	0	0	.000	.000	.000
+三嶋 一輝 (ディ)		48	0	0	0	0	0	0	0	0	0	0	0	0	0	0	0	0	0	0	0	.000	.000	.000
*溝脇 隼人 (中)		39	50	47	6	10	1	2	0	15	3	0	0	1	0	2	0	0	8	0	15	.213	.319	.245
三ツ間 卓也 (中)		5	1	1	0	0	0	0	0	0	0	0	0	0	0	1	0	0	1	0	0	.000	.000	.000
三ツ俣 大樹 (中)		8	6	6	1	1	0	0	0	1	0	0	0	0	0	0	0	0	2	0	1	.167	.167	.167
嶺井 博希 (ディ)		41	60	55	2	18	3	1	0	21	8	0	0	0	0	4	0	1	14	1	20	.327	.382	.383
宮國 椋丞 (巨)		21	0	0	0	0	0	0	0	0	0	0	0	0	0	0	0	0	0	0	0	.000	.000	.000
宮崎 敏郎 (ディ)		113	460	429	47	129	26	1	14	199	53	0	0	0	3	24	2	4	29	15	96	.301	.464	.341
*宮本 秀明 (ディ)		6	5	5	1	2	0	0	0	2	0	0	0	1	0	0	0	0	0	0	2	.400	.400	.400
*宮本 丈 (ヤ)		94	171	146	16	40	8	0	2	54	12	3	1	5	0	18	0	2	23	3	40	.274	.370	.361
三好 匠 (広)		62	29	24	3	3	0	0	0	3	2	0	0	0	1	2	0	0	5	0	0	.125	.125	.185
武藤 祐太 (ディ)		22	5	4	0	0	0	0	0	0	0	0	0	0	0	0	0	0	0	0	0	.000	.000	.000
*村上 宗隆 (ヤ)		120	515	424	70	130	30	2	28	248	86	11	5	0	1	87	12	3	115	8	124	.307	.585	.427
メ イ (広)		37	85	80	4	15	2	0	2	23	4	1	0	0	0	5	0	0	21	3	15	.188	.288	.235
+メルセデス (巨)		11	22	19	0	2	0	0	0	2	0	0	0	3	0	0	0	0	2	1	0	.105	.105	.105
モ タ (ディ)		9	11	9	3	2	0	0	1	5	4	1	0	0	0	2	0	0	3	0	2	.222	.556	.364
*モンティージャ (広)		1	0	0	0	0	0	0	0	0	0	0	0	0	0	0	0	0	0	0	0	.000	.000	.000
望月 惇志 (神)		16	0	0	0	0	0	0	0	0	0	0	0	0	0	0	0	0	0	0	0	.000	.000	.000
*百瀬 大騎 (ディ)		4	4	4	0	1	0	0	0	1	1	0	0	0	0	0	0	0	3	0	3	.250	.250	.250
*森 敬斗 (ディ)		8	12	12	3	3	1	0	0	4	0	0	0	0	0	0	0	0	1	0	1	.250	.333	.250
森下 暢仁 (広)		18	46	39	0	6	2	0	0	8	3	0	0	6	0	1	0	0	16	0	11	.154	.205	.175
守屋 功輝 (神)		3	0	0	0	0	0	0	0	0	0	0	0	0	0	0	0	0	0	0	0	.000	.000	.000
矢崎 拓也 (広)		6	0	0	0	0	0	0	0	0	0	0	0	0	0	0	0	0	0	0	0	.000	.000	.000
柳 裕也 (中)		15	32	28	0	2	1	0	0	3	1	0	0	3	0	1	0	0	13	0	4	.071	.107	.103
藪田 和樹 (広)		28	7	5	0	0	0	0	0	0	0	0	0	1	0	1	0	0	3	0	0	.000	.000	.167
山井 大介 (中)		6	0	0	0	0	0	0	0	0	0	0	0	0	0	0	0	0	0	0	0	.000	.000	.000
*山崎晃大朗 (ヤ)		109	323	282	29	69	6	1	3	86	23	8	9	7	2	31	0	1	70	5	67	.245	.305	.320
山崎 康晃 (ディ)		40	0	0	0	0	0	0	0	0	0	0	0	0	0	0	0	0	0	0	0	.000	.000	.000
山下 幸輝 (神)		39	46	43	2	9	2	0	0	11	1	0	0	0	0	3	0	0	1	0	10	.209	.256	.261
山田 哲人 (ヤ)		94	384	334	52	85	17	1	12	140	52	6	4	0	2	48	3	6	83	6	71	.254	.419	.346
*山田 大樹 (ヤ)		2	2	2	0	1	0	0	0	1	0	0	0	0	0	0	0	0	1	0	1	.500	.500	.500
大 和 (ディ)		85	225	199	23	56	7	1	4	77	23	3	3	3	3	20	0	0	28	8	53	.281	.387	.342
山中 浩史 (ヤ)		6	11	10	2	1	0	0	0	2	2	0	0	0	0	1	0	0	5	0	0	.100	.200	.182
山本 拓実 (中)		9	7	6	0	1	0	0	0	1	0	0	0	1	0	0	0	0	3	0	1	.167	.167	.167
山本 祐大 (ディ)		2	3	3	0	0	0	0	0	0	0	0	0	0	0	0	0	0	0	0	0	.000	.000	.000
湯浅 大 (巨)		13	9	7	3	0	0	0	0	0	0	0	2	0	0	1	0	0	1	0	1	.000	.000	.125
雄 平 (ヤ)		43	113	103	6	23	4	0	0	27	9	3	0	0	3	6	0	1	23	2	15	.223	.262	.265
陽 岱鋼 (巨)		38	77	63	12	15	1	0	1	19	6	1	0	0	2	9	1	3	21	1	14	.238	.302	.351
陽川 尚将 (神)		71	182	158	19	39	6	0	8	69	24	2	2	2	1	15	2	6	42	4	35	.247	.437	.333
*横川 凱 (巨)		1	0	1	0	0	0	0	0	0	0	0	0	0	0	0	0	0	0	0	0	.000	.000	.000
*横山 雄哉 (神)		1	0	0	0	0	0	0	0	0	0	0	0	0	0	1	0	0	0	0	0	.000	.000	.000
吉川 大幾 (巨)		30	12	10	1	1	0	0	0	1	0	0	2	1	1	0	0	0	5	0	1	.100	.100	.182
*吉川 尚輝 (巨)		112	389	354	47	97	16	2	8	141	32	11	3	2	0	30	4	3	60	6	77	.274	.398	.336
*吉田 大成 (ヤ)		11	9	9	0	1	1	0	0	2	1	0	0	1	0	1	0	0	2	1	2	.111	.222	.200
吉田 大喜 (ヤ)		14	22	19	1	3	1	0	0	4	4	0	0	2	1	0	0	0	3	0	1	.158	.211	.150
吉見 一起 (中)		5	6	5	0	0	0	0	0	0	0	0	0	1	0	0	0	0	3	0	0	.000	.000	.000
ロドリゲス (中)		11	20	20	1	3	0	0	0	3	0	0	0	0	0	0	0	0	6	0	3	.150	.150	.150
ロ ペ ス (ディ)		81	305	293	26	72	8	0	12	116	42	0	0	0	2	10	1	0	36	6	51	.246	.396	.269
+若林 晃弘 (巨)		76	159	146	22	36	6	1	2	50	14	2	4	3	1	8	0	1	32	6	28	.247	.342	.288
渡邉 大樹 (ヤ)		33	12	11	7	3	0	0	0	3	0	0	2	0	0	1	0	0	6	0	12	.273	.273	.333
*渡辺 勝 (中)		19	16	15	6	3	0	0	0	3	0	0	0	0	0	0	0	0	6	0	0	.200	.200	.250

2020・セントラル・リーグ投手成績

チ ー ム 投 手 成 績

HP＝ホールドポイント（ホールド＋救援勝）　　　　　　　　　　　　　　　　（ ）内数字・チームは非自責点、個人は自責点

チーム	勝率順位	試合	完投	交代完了	試合当初	補回試合	無失点勝	無四球試	勝利	敗北	引分	セ｜ブ	ホ｜ルド	HP	勝率	打者	打数	投球回	安打	本塁打	犠打	犠飛	四球計	故意四球	死球	三振	暴投	ボｰク	失点	自責点	防御率
巨　　人	1	120	4	116	116	9	11	4	67	45	8	27	96	112	.598	4429	3909	1060.2	901	114	57	14	390	16	59	886	19	2	421	394	3.34
阪　　神	2	120	8	112	112	10	8	12	60	53	7	30	80	100	.531	4433	3936	1054.1	952	94	79	18	371	26	29	867	43	2	460(3)	393	3.35
ＤｅＮＡ	4	120	4	116	116	10	3	6	56	58	6	24	104	118	.491	4451	3917	1045	997	98	70	34	392	26	2	474	437	3.76
中　　日	3	120	11	109	109	10	★16	8	60	55	5	31	94	111	.522	4431	3980	1055	1002	116	56	19	340	15	36	947	41	2	489	450	3.84
広　　島	5	120	8	112	112	6	7	3	52	56	12	21	56	65	.481	4636	4067	1069	1066	113	83	29	429	19	28	913	40	1	529	482	4.06
ヤクルト	6	120	1	119	119	17	★4	1	41	69	10	21	88	103	.373	4713	4194	1063	1177	139	61	26	404	21	28	884	33	4	589	545	4.61
合　　計		360	36	684	684	34	★56	35	336	336	24	154	518	609	.500	27093	24003	6347	6095	674	406	140	2326	152	218	5429	202	13	2962(3)	2701	3.83

★0－0の無得点試合

個 人 投 手 成 績

（規定投球回数120）

順位	選手名	チ｜ム	試合	完投	交代完了	試合当初	補回試合	無失点勝	無四球試	勝利	敗北	引分	セ｜ブ	ホ｜ルド	HP	勝率	打者	打数	投球回	安打	本塁打	犠打	犠飛	四球計	故意四球	死球	三振	暴投	ボｰク	失点	自責点	防御率
①＊	大野　雄大	(中)	20	10	0	20	0	6	2	11	6	0	0	0	0	.647	559	522	148.2	106	13	13	1	23	2	0	148	3	0	33	30	1.82
②	森下　暢仁	(広)	18	2	0	16	0	1	10	3	0	0	0	0	0	.769	485	442	122.2	102	6	7	0	32	0	4	124	3	0	33	26	1.91
③	菅野　智之	(巨)	20	3	0	17	0	3	0	14	2	0	0	0	0	.875	532	494	137.1	97	8	3	3	25	0	7	131	2	0	33	30	1.97
④	西　　勇輝	(神)	21	4	0	17	0	2	2	11	5	0	0	0	0	.688	582	545	147.2	116	11	4	1	28	2	4	115	1	1	44	37	2.26
⑤	九里　亜蓮	(広)	20	2	0	18	0	1	5	11	8	0	0	0	0	.571	544	487	130.2	116	11	12	1	40	0	10	106	4	0	46	43	2.96
⑥	青柳　晃洋	(神)	21	1	0	20	0	0	7	9	0	0	0	0	0	.438	510	445	120.2	111	4	13	3	45	3	5	88	2	0	51	45	3.36

各項目リーダー

試　　合	…パットン(ディ)	57	勝　　利	…菅野　智之(巨)	14	
完　　投	…大野　雄大(中)	10	敗　　北	…青柳　晃洋(神)	9	
交代完了	…フランスア(広)	40	引　　分	…石山　泰稚(ヤ)	8	
試合当初	…青柳　晃洋(神)	20	セーブ	…スアレス(神)	25	
先　　発	…西　　勇輝(神)	21	ホールド	…清水　　昇(ヤ)	30	
	…青柳　晃洋(神)	21	Ｈ　　Ｐ	…祖父江大輔(中)	30	
補回試合	…梅津　晃大(中)	1		…福　　敬登(中)	30	
無失点勝	…大野　雄大(中)	6		…清水　　昇(ヤ)	30	
無四球試	…西　　勇輝(神)	2	勝　　率	…菅野　智之(巨)	.875	
	…大野　雄大(中)	2	打　　者	…西　　勇輝(神)	582	

打　　数	…西　　勇輝(神)	545	四球計	…遠藤　淳志(広)	52
投球回	…大野　雄大(中)	148.2	故意四球	…井納　翔一(ディ)	7
安　　打	…小川　泰弘(ヤ)	132	死　　球	…菅野　智之(巨)	7
本塁打	…小川　泰弘(ヤ)	20	三　　振	…大野　雄大(中)	148
犠　　打	…青柳　晃洋(神)	13	暴　　投	…勝野　昌慶(中)	7
	…大野　雄大(中)	13	ボ ー ク	…ロドリゲス(中)	2
犠　　飛	…パットン(ディ)	4	失　　点	…小川　泰弘(ヤ)	64
	…床田　寛樹(広)	4	自責点	…小川　泰弘(ヤ)	61
	…K.ジョンソン(広)	4	防御率	…大野　雄大(中)	1.82
	…石川　雅規(ヤ)	4			

全　投　手　成　績

(50音順)

選手名	チーム	試合	完投	交代完了	試合当初	補回試合	無失点勝	無四球試	勝利	敗北	引分	セーブ	ホールド	HP	勝率	打者	打数	投球回	安打	本塁打	犠打	犠飛	四球計	故意四球	死球	三振	暴投	ボーク	失点	自責点	防御率
青柳　晃洋	(神)	21	1	0	20	0	0	0	7	9	0	0	0	0	.438	510	445	120.2	111	4	13	3	44	3	5	88	2	0	51	45	3.36
秋山　拓巳	(神)	18	2	0	16	0	0	1	11	3	0	0	0	0	.786	435	417	112	97	17	5	1	12	1	0	64	2	0	45	36	2.89
イノーア	(ヤ)	9	0	2	6	0	0	0	3	0	0	0	0	0	.000	125	115	24	45	8	0	0	10	0	0	15	0	0	29	27	10.13
五十嵐亮太	(ヤ)	1	0	0	0	0	0	0	0	0	0	0	0	0	.000	1	1	0.1	0	0	0	0	0	0	0	0	0	0	1	0	0.00
＊石井　将希	(神)	1	0	1	0	0	0	0	0	0	0	0	0	0	.000	7	5	1	2	0	0	0	2	0	0	1	0	0	1	1	9.00
＊石川　雅規	(ヤ)	15	0	0	15	0	0	0	2	8	0	0	0	0	.200	331	299	76.1	85	7	7	4	19	2	2	41	2	0	40	38	4.48
＊石田　健大	(デイ)	50	0	8	0	0	0	0	1	4	0	0	25	26	.200	176	151	42.2	32	1	8	2	14	5	1	46	3	0	15	12	2.53
石山　泰稚	(ヤ)	44	0	38	0	0	0	0	3	2	8	20	4	7	.600	186	171	44.2	42	2	0	3	11	2	1	58	2	0	10	10	2.01
伊勢　大夢	(デイ)	33	0	9	1	0	0	0	3	1	0	0	4	7	.750	143	125	35	28	2	2	2	12	1	2	39	0	0	9	7	1.80
一岡　竜司	(広)	19	0	8	0	0	0	0	1	1	0	0	1	2	.000	81	74	17.1	25	2	1	0	14	0	0	14	0	0	12	12	6.23
伊藤　和雄	(神)	15	0	6	0	0	0	0	1	1	0	0	1	2	.500	74	50	15.1	8	0	3	1	20	3	0	15	0	0	7	6	3.52
井納　翔一	(デイ)	17	1	0	16	0	0	0	6	7	0	0	1	2	.462	384	348	89	98	10	8	1	26	7	1	69	2	0	41	39	3.94
＊今永　昇太	(デイ)	9	0	9	0	0	0	0	5	3	0	0	0	0	.625	224	200	53	47	2	6	0	17	1	1	63	2	0	24	19	3.23
今村　猛	(広)	6	0	0	0	0	0	0	0	0	0	0	1	1	.000	25	21	4.1	10	0	1	1	2	0	0	1	0	0	6	6	12.46
＊今村　信貴	(巨)	12	0	0	11	0	0	0	5	5	0	0	0	0	.714	260	232	62.2	53	8	5	0	21	0	2	55	0	0	23	22	3.16
＊岩貞　祐太	(神)	38	0	4	8	0	0	0	7	3	2	0	8	13	.700	298	271	71	67	7	4	0	23	1	0	63	3	0	32	26	3.30
＊岩崎　優	(神)	41	0	6	0	0	0	0	5	2	0	2	17	22	.714	163	137	39.2	26	2	8	1	15	1	2	37	3	0	9	8	1.82
＊岩田　稔	(神)	5	0	5	0	0	0	0	1	2	0	0	1	1	.333	107	87	22.2	26	1	2	1	15	1	2	15	0	0	16	16	6.35
梅津　晃大	(中)	7	1	0	6	1	0	0	2	3	1	0	0	0	.400	184	157	43.1	39	4	6	1	19	2	1	43	0	0	22	18	3.74
梅野　雄吾	(ヤ)	42	0	7	0	0	0	0	5	2	1	0	12	17	.714	175	155	42.1	37	6	1	2	17	0	0	35	1	0	18	17	3.61
＊エスコバー	(デイ)	56	0	12	0	0	0	0	1	4	0	2	17	18	.200	217	191	54	39	3	4	1	17	2	0	58	0	0	15	14	2.33
エドワーズ	(ヤ)	23	0	5	0	0	0	0	1	0	0	0	12	12	.000	86	78	22.2	17	2	3	0	3	0	2	17	0	0	6	6	2.38
遠藤　淳志	(広)	19	2	0	17	0	0	1	5	6	0	0	0	0	.455	464	397	107	90	13	8	3	52	2	4	97	2	1	53	46	3.87
＊大江　竜聖	(巨)	43	0	2	0	0	0	0	0	0	0	0	9	12	1.000	156	124	37.2	21	5	4	1	22	1	5	30	0	0	15	13	3.11
大下　佑馬	(ヤ)	13	0	6	0	0	0	0	0	0	0	0	0	0	.000	72	69	16.1	22	2	0	0	3	1	0	11	0	0	11	10	5.51
大瀬良大地	(広)	11	2	0	9	0	0	0	5	4	0	0	0	0	.556	272	251	63.1	70	6	5	1	14	1	1	38	0	0	33	31	4.41
大竹　寛	(巨)	29	0	3	0	0	0	0	1	2	0	0	16	17	.333	100	90	24.1	20	3	0	0	9	0	1	16	0	0	9	7	2.59
大西　広樹	(ヤ)	5	0	1	1	0	0	0	1	0	0	0	0	0	.000	44	39	9	14	1	1	0	5	0	0	5	0	0	5	5	5.00
大貫　晋一	(デイ)	19	1	0	18	0	0	1	10	6	0	0	0	0	.625	452	415	113.2	96	13	4	1	29	4	3	81	3	0	34	32	2.53
＊大野　雄大	(中)	20	10	0	10	0	6	2	11	6	0	0	0	0	.647	559	522	148.2	106	13	13	1	23	2	0	148	3	0	33	30	1.82
＊岡田　俊哉	(中)	29	0	11	0	0	0	0	2	2	1	3	3	5	.500	112	97	24	28	3	1	0	14	2	0	27	2	0	20	13	4.88
岡野祐一郎	(中)	11	0	2	9	0	0	0	2	2	0	0	0	0	.500	189	170	42.1	50	9	2	1	13	0	3	41	2	0	30	29	6.17
＊小笠原慎之介	(中)	4	0	4	0	0	0	0	1	3	0	0	0	0	.250	85	74	19	22	4	1	1	8	0	1	16	0	0	17	15	7.11
小川　一平	(神)	4	0	2	0	0	0	0	0	0	0	0	1	1	.000	101	84	21	28	1	4	0	13	2	0	18	5	0	15	11	4.71
小川　泰弘	(ヤ)	20	1	0	19	0	1	0	10	9	0	0	0	0	.556	515	476	119	132	20	7	1	29	1	2	83	2	0	64	61	4.61
奥川　恭伸	(ヤ)	1	0	0	1	0	0	0	0	0	0	0	0	0	.000	19	15	2	9	1	0	0	0	0	0	5	0	0	5	5	22.50
尾仲　祐哉	(神)	1	0	0	0	0	0	0	0	0	0	0	0	0	.000	21	19	4.1	6	0	0	0	2	0	0	3	0	0	3	3	6.23
＊ガルシア	(神)	14	0	0	14	0	0	0	2	4	0	0	0	0	.250	326	280	75.1	71	9	7	3	35	2	1	51	4	1	39	37	4.42
ガンケル	(神)	28	0	3	6	0	0	0	2	4	0	0	11	13	.333	232	214	56.2	54	6	1	1	13	1	3	39	0	0	21	20	3.18
鍵谷　陽平	(巨)	46	0	7	0	0	0	0	3	1	0	0	13	16	.750	148	129	37.1	25	2	3	2	13	1	1	40	0	0	12	12	2.89
笠井　崇正	(デイ)	1	0	0	0	0	0	0	0	0	0	0	0	0	.000	7	4	1	2	0	1	0	2	0	0	1	0	0	2	2	18.00
風張　蓮	(ヤ)	11	0	1	1	0	0	0	0	0	0	0	0	0	.000	75	65	14.2	22	2	0	0	9	0	1	11	2	0	13	13	7.98
勝野　昌慶	(中)	13	0	0	13	0	0	0	4	4	0	0	0	0	.444	298	274	72	74	7	4	1	17	0	2	56	7	0	32	31	3.88
金久保優斗	(ヤ)	3	0	0	2	0	0	0	0	0	0	0	0	0	.000	44	38	10	10	0	1	0	5	0	0	5	0	0	6	6	5.43
上茶谷大河	(デイ)	11	1	0	10	0	0	0	3	3	0	0	0	0	.400	247	217	59	57	8	5	3	20	2	2	50	4	0	29	27	4.12
菊池　保則	(広)	44	0	5	0	0	0	0	1	0	0	1	4	5	1.000	189	161	42	41	6	3	3	19	0	3	53	3	0	24	21	4.50
木下　雄介	(中)	20	0	7	0	0	0	0	0	0	0	1	0	0	.000	81	68	17.2	19	1	0	0	12	0	1	24	1	0	9	8	4.08
京山　将弥	(デイ)	6	0	5	0	0	0	0	2	1	0	0	0	0	.667	127	112	29	29	4	2	1	11	1	1	25	0	0	15	15	4.66
クック	(デイ)	7	0	7	0	0	0	0	0	0	0	0	0	0	.000	82	76	16	29	2	0	0	8	0	0	14	0	0	19	14	7.88
国吉　佑樹	(デイ)	42	0	6	0	0	0	0	3	4	0	0	10	13	.429	191	162	46	36	5	1	2	22	2	4	51	1	0	18	16	3.13
＊久保　拓眞	(ヤ)	10	0	4	1	0	0	0	0	0	0	0	5	0	.000	61	54	13.2	15	1	0	1	5	0	1	15	0	0	9	9	5.93
九里　亜蓮	(広)	20	2	0	18	0	1	0	8	6	0	0	0	0	.571	544	487	130.2	116	11	12	1	44	0	0	106	4	0	46	43	2.96
桑原謙太朗	(神)	12	0	4	0	0	0	0	0	0	0	0	0	0	.000	43	39	10.1	7	2	0	0	4	0	0	8	1	0	4	4	3.48
鍬原　拓也	(巨)	5	0	5	0	0	0	0	0	0	0	0	1	1	1.000	32	26	7	6	0	0	1	5	0	0	5	0	0	5	5	6.43
ケムナ　誠	(広)	41	0	7	0	0	0	0	0	0	0	0	11	12	.500	212	182	51	37	3	3	3	23	1	1	55	3	0	22	22	3.88
＊ゴンサレス	(中)	28	0	6	0	0	0	0	0	0	0	0	4	4	.000	119	107	26.1	34	3	1	1	9	0	1	27	2	0	16	14	4.78
＊小林　慶祐	(神)	2	0	1	0	0	0	0	0	0	0	0	0	0	.000	14	12	3	1	1	0	0	2	0	0	5	0	0	5	5	15.00
近藤　一樹	(ヤ)	20	0	6	0	0	0	0	0	0	0	0	0	0	.000	81	75	19	21	4	0	4	9	0	1	18	0	0	14	14	4.74
今野　龍太	(ヤ)	20	0	5	0	0	0	0	0	0	0	0	0	0	.000	113	99	25.1	23	1	0	0	8	0	0	36	0	0	10	8	2.84
サンチェス	(巨)	15	0	0	15	0	0	0	4	2	0	0	0	0	.667	363	320	87.2	74	8	7	2	34	1	0	59	0	0	35	30	3.08
蔵内　宏明	(ヤ)	7	0	0	0	0	0	0	0	1	2	0	0	0	.333	157	141	33.2	49	2	1	1	16	1	0	27	0	0	17	16	4.28
齋藤友貴哉	(神)	5	0	1	0	0	0	0	0	0	0	0	0	0	.000	29	27	7	9	1	0	1	11	0	0	6	0	0	6	6	7.50
阪口　皓亮	(デイ)	3	0	0	3	0	0	0	0	0	0	0	0	0	.000	62	53	12	22	1	1	1	7	0	0	10	1	1	10	10	7.50
＊坂本光士郎	(ヤ)	2	0	2	0	0	0	0	0	0	0	0	0	0	.000	19	14	3	5	1	0	0	4	0	0	3	0	0	6	4	12.00
＊坂本　裕哉	(デイ)	10	0	0	10	0	0	0	4	1	0	0	0	0	.800	200	177	46	48	10	2	1	13	1	1	43	3	0	29	29	5.67

セントラル・リーグ

選手名	チーム	試合	完投	交代完了	試合当初	補回試合	無失点勝	無四球試	勝利	敗北	引分	セーブ	ホールド	HP	勝率	打者	打数	投球回	安打	本塁打	犠打	犠飛	四球計	故意四球	死球	三振	暴投	ボーク	失点	自責点	防御率
＊櫻井　周斗	(デ)	3	0	2	1	0	0	0	0	0	0	0	0	0	.000	35	31	7.1	12	0	0	1	3	0	0	6	1	0	6	6	7.36
桜井　俊貴	(巨)	24	0	5	8	0	0	0	2	4	0	0	4	4	.333	281	251	63.2	68	15	4	0	21	1	5	43	0	0	37	35	4.95
佐藤　優	(巨)	14	0	1	0	0	0	0	0	0	0	0	4	4	.000	77	62	16.2	18	2	5	2	6	0	2	12	1	0	18	17	9.18
澤村　拓一	(巨)	13	0	3	1	0	0	0	1	1	0	0	1	2	.500	64	50	13.1	14	1	4	0	8	0	2	11	0	0	9	9	6.08
＊K.ジョンソン	(広)	10	0	0	10	0	0	0	0	7	0	0	0	0	.000	237	204	51.2	60	3	3	4	25	0	1	35	5	0	38	35	6.10
DJ.ジョンソン	(広)	14	0	9	0	0	0	0	0	2	0	0	1	1	.000	69	55	13.2	19	0	3	2	8	1	1	13	3	0	10	7	4.61
島内颯太郎	(広)	38	0	6	0	0	0	0	1	0	0	4	5	1.000	166	134	37.2	29	1	3	0	28	2	1	48	1	0	23	19	4.54	
清水　達也	(中)	6	0	3	0	0	0	0	1	1	0	0	0	0	.500	92	74	21.1	15	3	2	1	15	0	0	21	1	0	9	8	3.38
清水　昇	(中)	52	0	0	0	0	0	0	0	4	0	0	30	30	.000	221	199	53.1	45	5	0	5	16	1	1	58	2	0	23	21	3.54
進藤　拓也	(デ)	5	0	1	0	0	0	0	0	0	0	0	0	0	.000	24	20	5.1	5	1	0	1	3	0	0	8	0	0	3	3	5.06
スアレス	(神)	51	0	38	0	0	0	0	3	1	2	25	8	11	.750	208	186	52.1	36	2	3	0	19	4	0	50	2	0	15	13	2.24
スアレス	(ヤ)	12	0	0	12	0	0	0	4	4	0	0	0	0	.500	285	245	67.1	56	4	7	0	27	1	6	52	2	0	25	20	2.67
スコット	(ヤ)	7	0	5	1	0	0	0	0	3	1	0	0	0	.000	49	39	8	17	1	1	0	8	1	1	7	0	0	14	14	15.75
菅野　智之	(巨)	20	3	0	17	0	3	0	14	2	0	0	0	0	.875	532	494	137.1	97	8	3	3	25	0	7	131	2	0	33	30	1.97
鈴木　博志	(中)	6	0	4	0	0	0	0	0	0	0	0	0	0	.000	44	38	7.2	14	2	0	0	6	0	0	4	0	0	12	11	12.91
＊砂田　毅樹	(デ)	17	0	1	0	0	0	0	0	0	0	0	4	4	.000	68	60	17	10	2	1	0	5	1	2	14	0	0	6	5	2.65
祖父江大輔	(中)	54	0	7	0	0	0	0	2	0	1	3	28	30	1.000	195	187	50.1	42	1	0	1	7	0	0	35	2	0	10	10	1.79
平良拳太郎	(中)	14	1	0	13	0	0	0	4	6	0	0	0	0	.400	333	307	83.1	75	3	7	2	17	2	2	65	0	0	24	21	2.27
＊髙木　京介	(巨)	17	0	1	0	0	0	0	0	1	0	1	4	4	.000	49	47	12.1	11	1	0	0	2	0	0	12	2	0	5	5	3.65
高梨　裕稔	(ヤ)	18	0	0	17	0	0	0	3	6	0	0	1	1	.333	412	367	94	101	11	5	2	38	0	3	84	3	0	43	43	4.12
＊髙梨　雄平	(巨)	44	0	7	0	0	0	0	1	1	0	2	21	22	.500	141	121	37.1	17	2	1	0	13	0	6	37	1	1	10	8	1.93
＊髙橋　奎二	(ヤ)	10	0	0	9	0	0	0	1	3	0	0	0	0	.250	212	185	48	47	6	2	0	21	1	4	51	1	0	24	21	3.94
＊髙橋　遥人	(神)	12	1	0	11	0	0	0	1	5	4	0	0	0	.556	306	282	76	67	4	3	3	17	1	1	75	1	0	25	21	2.49
＊髙橋　樹也	(神)	18	0	3	0	0	0	0	0	0	0	1	2	8	.000	94	82	18.2	31	3	1	2	8	0	1	15	1	0	18	17	8.20
＊髙橋　優貴	(巨)	8	0	0	4	0	0	0	1	3	0	0	2	2	.250	101	89	23	22	2	0	0	12	0	1	23	3	0	12	11	4.30
＊田口　麗斗	(巨)	26	0	6	14	0	0	0	5	7	1	1	2	2	.417	379	344	89.1	91	10	3	1	26	2	5	58	2	0	48	46	4.63
田中　豊樹	(巨)	31	0	8	0	0	0	0	1	1	0	1	2	2	.500	133	110	27.2	32	4	1	1	18	1	3	21	0	0	19	15	4.88
田中　法彦	(広)	2	0	1	0	0	0	0	0	0	0	0	0	0	.000	8	7	2	1	0	0	0	1	0	0	0	0	0	0	0	0.00
谷川　昌希	(神)	14	0	2	0	0	0	0	0	0	0	0	1	1	.000	61	54	14.1	13	2	1	0	4	1	2	15	1	0	8 (3)	8	5.02
谷元　圭介	(中)	36	0	6	0	0	0	0	1	3	1	0	13	14	.250	122	104	30	20	3	3	2	13	1	0	21	1	0	15	12	3.60
ディプラン	(巨)	2	0	0	1	0	0	0	0	0	0	0	0	0	.000	16	13	2.1	7	3	0	0	2	0	0	5	1	0	5	5	19.29
デラロサ	(巨)	35	0	25	0	0	0	0	2	0	0	17	5	7	1.000	132	111	31.2	23	3	2	0	16	0	3	28	1	0	9	9	2.56
寺島　成輝	(ヤ)	30	0	8	0	0	0	0	1	0	0	3	4	1.000	143	136	31.1	41	5	4	0	15	1	1	27	1	0	14	10	2.48	
＊床田　寛樹	(広)	15	0	0	15	0	0	0	5	8	0	0	0	0	.385	343	314	76.2	101	10	2	4	23	0	0	56	1	0	51	42	4.93
戸郷　翔征	(巨)	19	0	0	18	0	0	0	9	6	0	0	0	0	.600	446	392	107.2	87	12	5	1	42	0	6	106	1	0	33	33	2.76
直江　大輔	(巨)	3	0	0	3	0	0	0	0	0	0	0	0	0	.000	45	12	10	2	0	0	0	3	0	1	11	0	0	4	4	3.00
＊中尾　輝	(ヤ)	5	0	1	0	0	0	0	0	0	0	0	0	0	.000	41	35	9	9	3	1	0	5	0	0	6	0	1	5	5	5.00
中川　皓太	(巨)	37	0	10	0	0	0	0	2	1	1	6	15	17	.667	139	126	36	24	1	2	0	10	3	0	26	0	0	4	4	1.00
中川　虎大	(デ)	3	0	0	2	0	0	0	0	1	0	0	0	0	.000	27	23	6.1	6	2	3	0	4	0	0	3	0	0	5	5	7.11
中崎　翔太	(広)	6	0	3	0	0	0	0	1	0	0	0	1	1	1.000	25	20	5	8	3	2	0	4	0	0	3	0	0	5	5	9.00
＊中澤　雅人	(ヤ)	28	0	7	0	0	0	0	1	1	0	3	4	.500	119	109	25.2	32	6	0	0	19	0	0	21	0	0	21	21	7.36	
中田　賢一	(神)	3	0	3	0	0	0	0	0	0	0	0	0	0	.000	53	47	10.2	18	1	0	1	5	0	0	11	0	0	9	9	7.59
中田　廉	(広)	32	0	8	0	0	0	0	1	2	0	4	4	.000	116	103	27.1	28	6	3	2	8	0	0	22	0	0	13	13	4.28	
＊中村　恭平	(広)	14	0	0	0	0	0	0	0	0	0	1	1	.000	44	31	9.1	7	0	3	1	8	0	1	4	0	0	1	1	0.96	
中村　祐太	(広)	8	0	0	8	0	0	0	3	4	0	0	0	0	.429	191	176	46.2	42	8	2	0	11	0	2	37	1	0	12	12	2.31
西　勇輝	(神)	21	4	0	17	0	2	2	11	5	0	0	0	0	.688	582	545	147.2	116	15	4	1	28	2	4	115	1	1	44	37	2.26
沼田　翔平	(ヤ)	5	0	2	0	0	0	0	0	0	0	0	0	0	.000	23	17	4.1	6	1	1	1	4	0	0	3	1	0	5	5	10.38
＊能見　篤史	(神)	34	0	6	0	0	0	0	0	1	0	1	4	5	1.000	100	93	24.2	25	6	3	0	12	0	1	19	1	0	14	13	4.74
野村　祐輔	(広)	13	0	0	13	0	0	0	6	3	0	0	0	0	.667	309	280	70.2	81	9	3	1	22	1	3	35	0	0	36	36	4.58
パットン	(デ)	57	0	17	1	0	0	0	3	2	0	19	22	.600	231	194	53	52	6	4	4	27	3	2	65	0	0	31	29	4.92	
＊橋本　侑樹	(中)	14	0	9	0	0	0	0	0	0	0	0	3	3	.000	80	66	17	20	3	0	0	13	0	1	13	1	0	15	14	7.41
長谷川宙輝	(ヤ)	44	0	14	0	0	0	0	1	2	0	7	8	.333	196	167	43.1	50	3	4	2	20	1	0	45	2	1	29	28	5.82	
畠　世周	(巨)	12	1	0	11	0	1	0	4	4	0	0	0	0	.500	265	234	65.2	47	5	4	0	23	0	4	49	1	0	22	21	2.88
＊濱口　遥大	(デ)	16	0	0	16	0	0	0	6	5	0	0	0	0	.545	363	307	78.1	84	5	1	1	47	1	3	67	4	0	43	40	4.60
濱田　達郎	(中)	7	0	5	0	0	0	0	0	0	0	0	0	0	.000	27	23	5.1	7	2	0	0	3	0	1	5	0	0	4	4	6.75
浜地　真澄	(神)	1	0	1	0	0	0	0	0	0	0	0	0	0	.000	4	4	1	1	0	0	0	0	0	0	0	0	0	0	0	0.00
原　樹理	(ヤ)	5	0	0	4	0	0	0	2	2	0	0	1	1	.500	88	68	17.1	20	6	5	1	13	0	1	14	0	0	16	10	5.19
馬場　皐輔	(神)	32	0	7	0	0	0	0	1	1	0	9	9	11	.667	136	115	30.1	28	1	2	2	16	1	1	27	4	0	12	7	2.08
ビエイラ	(巨)	27	0	16	0	0	0	0	0	0	0	0	3	3	.000	118	97	24.2	27	3	2	0	17	1	2	29	1	0	9	9	3.28
ピープルズ	(中)	10	0	1	7	0	0	0	2	2	0	0	0	0	.000	146	138	40	46	3	2	2	13	3	2	29	0	0	22	21	4.97
平田　真吾	(デ)	43	0	5	1	0	0	0	0	0	0	0	11	11	.500	195	165	44.1	38	2	1	2	25	3	2	46	3	0	16	14	2.84
＊フランスア	(広)	53	0	40	0	0	0	0	2	3	5	19	7	9	.400	217	194	55	39	7	5	0	23	1	1	62	1	0	18	15	2.45
＊福　敬登	(中)	53	0	6	0	0	0	0	5	0	2	25	30	.500	217	191	50.2	43	4	2	0	23	1	1	39	1	0	24	20	3.55	
福谷　浩司	(中)	14	0	0	14	0	0	0	8	2	0	0	0	0	.800	359	342	92	81	7	2	1	18	0	0	72	2	0	27	27	2.64
福永　春吾	(神)	1	0	1	0	0	0	0	0	0	0	0	0	0	.000	6	6	1	0	0	0	0	1	0	0	1	1	0	2	2	18.00
藤井　黎來	(広)	3	0	1	0	0	0	0	0	0	0	0	0	0	.000	14	12	3	4	0	1	0	1	0	0	4	0	0	2	2	6.00
＊藤岡　貴裕	(中)	12	0	3	0	0	0	0	0	0	0	1	6	6	.000	39	30	8.2	7	1	1	1	6	1	0	9	1	0	3	3	3.12
藤岡　好明	(デ)	4	0	3	0	0	0	0	0	0	0	0	0	0	.000	12	9	1.2	4	0	0	0	3	0	0	4	0	0	4	4	21.60
藤川　球児	(神)	16	0	10	0	0	0	0	1	3	1	2	1	2	.250	65	54	13.1	16	3	1	0	9	0	1	15	1	0	11	9	6.08
藤嶋　健人	(中)	26	0	6	0	0	0	0	1	1	0	0	3	3	.500	103	91	25.1	21	2	0	1	11	0	0	21	2	0	11	11	3.91

選手名	チーム	試合	完投	交代完了	試合当初	補回試合	無失点試合	無四球試	勝利	敗北	引分	セーブ	ホールド	HP	勝率	打者	打数	投球回	安打	本塁打	犠打	犠飛	四球計	故意四球	死球	三振	暴投	ボーク	失点	自責点	防御率
藤浪晋太郎	(神)	24	0	0	11	0	0	0	1	6	0	0	7	7	.143	341	290	76.1	71	5	9	0	40	1	2	85	4	0	47	34	4.01
古川侑利	(巨)	5	0	2	0	0	0	0	0	0	0	0	0	0	.000	26	25	4.2	12	1	0	0	1	1	0	4	1	0	6	6	11.57
星知弥	(ヤ)	36	0	7	0	0	0	0	0	1	0	0	3	3	.000	216	186	48	57	7	2	3	24	0	1	40	2	0	28	28	5.25
＊塹江敦哉	(広)	52	0	8	0	0	0	0	3	4	1	0	19	22	.429	224	186	49.2	50	7	6	0	31	6	1	41	4	0	26	23	4.17
堀岡隼人	(巨)	12	0	4	0	0	0	0	0	0	0	0	1	1	.000	62	53	12.2	16	2	1	0	8	0	0	11	0	0	13	11	7.82
マクガフ	(ヤ)	50	0	5	0	0	0	0	4	1	0	0	23	27	.800	195	173	46	42	4	1	3	15	1	3	52	2	1	20	20	3.91
R.マルティネス	(中)	40	0	30	0	0	0	0	2	0	1	21	7	9	1.000	155	140	40	24	2	1	1	12	1	1	49	2	0	5	5	1.13
増田大輝	(巨)	1	0	1	0	0	0	0	0	0	0	0	0	0	.000	3	3	0.2	0	0	0	0	0	0	0	0	0	0	0	0	0.00
又吉克樹	(中)	26	0	2	0	0	0	0	4	0	0		7	11	1.000	105	93	26	22	2	2	1	8	1	1	18	0	0	8	8	2.77
＊松葉貴大	(広)	15	0	0	15	0	0	0	3	7	0	0	0	0	.300	319	296	73.1	86	9	4	0	17	2	2	50	4	0	33	33	4.05
マルク	(中)	3	0	1	0	0	0	0	0	0	0	0	0	0	.000	17	14	3	5	1	0	0	3	0	0	3	0	0	4	4	12.00
三上朋也	(デ)	10	0	4	0	0	0	0	0	0	0	0	0	0	.000	55	47	13	13	0	0	1	6	1	1	7	1	0	4	4	2.77
三嶋一輝	(デ)	48	0	33	0	0	0	0	3	1	4	18	5	8	.750	180	162	47.2	30	1	2	2	13	3	1	46	1	0	13	13	2.45
三ツ間卓也	(中)	4	0	0	0	0	0	0	0	0	0	0	0	0	.000	27	24	4.1	11	1	0	0	2	0	0	7	0	0	10	10	20.77
宮國椋丞	(巨)	21	0	5	1	0	0	0	0	0	0	0	0	0	.000	109	100	25.1	27	5	0	1	8	1	0	22	1	0	15	15	5.33
武藤祐太	(デ)	21	0	3	3	0	0	0	0	1	0	0	0	0	.000	154	132	31.1	42	3	1	2	18	6	1	22	1	0	29	26	7.47
＊メルセデス	(巨)	11	0	0	11	0	0	0	4	4	0	0	0	0	.500	243	218	58	53	5	4	0	19	2	2	45	0	1	20	20	3.10
＊モンティージャ	(巨)	1	0	1	0	0	0	0	0	0	0	0	0	0	.000	6	6	1	3	0	0	0	0	0	0	0	0	0	2	2	18.00
望月惇志	(神)	16	0	4	0	0	0	0	0	0	0	0	0	0	.000	81	71	19	18	2	2	0	8	0	0	18	3	0	11	11	5.21
森下暢仁	(広)	18	2	0	16	0	1	1	10	3	0	0	0	0	.769	485	442	122.2	102	6	7	0	32	0	4	124	2	0	30	26	1.91
守屋功輝	(神)	3	0	0	0	0	0	0	0	0	0	0	0	0	.000	23	17	4	6	1	0	0	4	0	2	3	0	0	5	5	11.25
矢崎拓也	(広)	6	0	4	0	0	0	0	0	0	0	0	0	0	.000	39	33	7.2	11	3	0	0	5	0	1	10	2	0	9	8	9.39
柳裕也	(中)	15	0	0	15	0	0	0	6	7	0	0	0	0	.462	365	327	85	87	10	3	0	29	3	6	88	3	0	38	34	3.60
薮田和樹	(広)	28	0	3	5	0	0	0	1	2	1	0	2	2	.333	213	176	47	44	5	5	1	31	2	0	33	6	0	25	24	4.60
山井大介	(中)	6	0	3	0	0	0	0	0	0	0	0	0	0	.000	42	35	8	12	1	0	1	5	0	1	5	1	0	8	8	9.00
山崎康晃	(デ)	40	0	13	0	0	0	0	0	3	0	6	8	8	.000	176	159	38	52	4	2	1	14	2	0	31	1	0	26	24	5.68
＊山田大樹	(ヤ)	2	0	0	2	0	0	0	0	2	0	0	0	0	.000	36	31	8.2	8	1	1	0	4	0	0	4	0	0	8	8	8.31
山中浩史	(中)	6	0	0	6	0	0	0	1	2	0	0	0	0	.333	125	115	29.1	31	3	1	1	8	0	0	16	0	0	18	18	5.52
山本拓実	(中)	9	0	1	5	0	0	0	1	3	0	0	0	0	.250	133	113	29	31	4	1	1	17	0	1	25	0	0	20	18	5.59
＊横川凱	(巨)	2	0	1	1	0	0	0	0	0	0	0	0	0	.000	20	19	5.2	4	1	0	0	1	0	0	2	0	0	1	1	1.59
＊横山雄哉	(神)	1	0	0	0	0	0	0	0	0	0	0	0	0	.000	6	5	1	2	1	0	0	1	0	0	0	0	0	2	2	18.00
吉田大喜	(ヤ)	14	0	0	14	0	0	0	2	7	0	0	0	0	.222	308	269	67.1	80	10	5	0	34	2	0	53	2	1	40	39	5.21
吉見一起	(中)	5	0	0	5	0	0	0	1	2	0	0	0	0	.333	77	71	17.2	21	6	1	0	3	0	2	10	0	0	11	11	5.60
ロドリゲス	(中)	11	0	0	10	0	0	0	3	4	0	0	0	0	.429	248	220	59	50	4	2	0	21	0	5	67	2	2	30	27	4.12

2020・セントラル・リーグ守備成績

チ ー ム 守 備 成 績

チーム	試合	守備機会	刺殺	補殺	失策	併殺 参加数	併殺 球団	捕逸	守備率
巨　　人	120	4447	3182	1222	43	280	100	5	.990
中　　日	120	4492	3165	1276	51	299	106	9	.989
ＤｅＮＡ	120	4483	3135	1296	52	291	104	8	.988
ヤクルト	120	4504	3189	1250	65	272	97	7	.986
広　　島	120	4540	3207	1260	73	277	99	8	.984
阪　　神	120	4613	3163	1365	85	309	110	3	.982
合　　計	360	27079	19041	7669	369	1728	616	40	.986

個 人 守 備 成 績

規定試合数　野手　80
捕手　60
（投手は投球回数）投手 120

一 塁 手

選手名	チーム	試合	刺殺	補殺	失策	併殺	守備率
ビ シ エ ド	(中)	109	937	67	1	89	.999
中島　宏之	(巨)	88	589	29	3	47	.995
村上　宗隆	(ヤ)	94	640	51	6	49	.9913
ボ ー ア	(神)	97	840	60	8	74	.9911
松山　竜平	(広)	102	806	54	9	65	.990

（50音順）

選手名	チーム	試合	刺殺	補殺	失策	併殺	守備率
安部　友裕	(広)	1	9	1	0	1	1.000
荒木　貴裕	(ヤ)	5	6	0	0	1	1.000
荒木　郁也	(神)	8	12	1	0	2	1.000
石川　　駿	(中)	1	0	0	0	0	1.000
石垣　雅海	(中)	2	5	0	0	0	1.000
ウィーラー	(巨)	43	201	8	2	18	.991
ウレーニャ	(ディ)	4	14	1	1	0	.938
オースティン	(ディ)	1	11	1	0	1	1.000
大城　卓三	(巨)	5	33	0	0	3	1.000
太田　賢吾	(ヤ)	1	0	0	0	0	.000
大山　悠輔	(神)	27	47	3	0	4	1.000
香月　一也	(巨)	2	9	0	0	1	1.000
亀井　善行	(巨)	2	12	1	0	2	1.000
川端　慎吾	(ヤ)	4	4	0	0	0	1.000
北村　拓己	(巨)	27	89	2	0	5	1.000
小窪　哲也	(広)	1	1	0	0	1	1.000
坂口　智隆	(ヤ)	47	363	17	1	37	.997
シ ェ ラ ト	(中)	1	1	0	0	0	1.000
ソ	(ディ)	66	382	26	1	32	.998
武田　健吾	(中)	10	9	0	0	1	1.000
田中　俊太	(巨)	14	66	5	0	8	1.000
堂林　翔太	(広)	65	183	9	0	15	1.000
堂上　直倫	(中)	7	22	2	0	0	1.000
中井　大介	(ディ)	16	53	9	0	10	1.000
中島　宏之	(巨)	88	589	29	0	47	.995
中谷　将大	(神)	2	2	0	0	0	1.000
西田　明央	(ヤ)	3	18	1	0	1	1.000
林　　晃汰	(広)	2	4	0	0	1	.800
原口　文仁	(神)	3	14	0	0	4	1.000
ビ シ エ ド	(中)	109	937	67	1	89	.999
ピ レ ラ	(広)	9	70	2	0	4	.986
廣岡　大志	(ヤ)	1	3	0	0	0	1.000
福田　永将	(中)	2	8	0	0	0	1.000
ボ ー ア テ	(神)	97	840	60	8	74	.991
マ ル ス	(神)	17	135	4	7	14	.952
A.マルティネス	(中)	9	67	6	0	6	1.000
松本　　友	(ヤ)	2	5	1	0	0	1.000
松山　竜平	(広)	102	806	54	9	65	.990
宮本　　丈	(ヤ)	1	2	0	0	0	1.000
村上　宗隆	(ヤ)	94	640	51	6	49	.991
メ ヒ ア	(広)	1	0	0	0	0	1.000
百瀬　大騎	(ディ)	1	0	1	0	0	1.000
山下　幸輝	(ディ)	5	18	0	0	2	1.000
陽　　岱鋼	(巨)	11	41	3	0	4	1.000
陽川　尚将	(神)	23	75	7	0	7	1.000
吉川　大幾	(巨)	1	3	0	0	0	1.000
ロ ペ ス	(ディ)	75	589	45	2	44	.997
若林　晃弘	(巨)	8	27	1	1	3	.966

二 塁 手

選手名	チーム	試合	刺殺	補殺	失策	併殺	守備率
菊池　涼介	(広)	103	193	310	0	66	1.000
吉川　尚輝	(巨)	104	183	242	3	51	.993
阿部　寿樹	(中)	114	238	305	5	72	.9908
山田　哲人	(ヤ)	88	170	260	4	63	.9907

（50音順）

選手名	チーム	試合	刺殺	補殺	失策	併殺	守備率
阿部　寿樹	(中)	114	238	305	5	72	.991
安部　友裕	(広)	7	5	11	1	1	.941
荒木　貴裕	(ヤ)	7	4	3	0	0	1.000
荒木　郁也	(神)	1	1	3	0	0	1.000

選手名	チーム	試合	刺殺	補殺	失策	併殺	守備率
石川　駿	(中)	2	3	3	1	1	.857
石垣　雅海	(中)	1	1	0	0	0	1.000
板山祐太郎	(中)	3	6	9	0	2	1.000
伊藤裕也	(ディ)	2	1	3	0	2	1.000
糸原　健斗	(神)	58	111	173	1	41	.996
ウィーラー	(巨)	2	3	0	0	0	1.000
植田　海	(神)	57	60	80	4	10	.972
上本　崇司	(広)	20	25	29	0	7	1.000
上本　博紀	(神)	15	15	24	0	5	1.000
小幡　竜平	(神)	17	30	49	4	8	.952
菊池　涼介	(広)	103	193	310	0	66	1.000
北村　拓己	(巨)	19	24	39	0	14	1.000
木浪　聖也	(神)	8	10	19	0	3	1.000
熊谷　敬宥	(神)	7	5	8	1	1	.929
倉本　寿彦	(ディ)	4	4	12	0	1	1.000
柴原　樹	(広)	1	0	0	0	1	.000
柴田　竜拓	(ディ)	78	94	154	2	33	.992
ソ　ト	(ディ)	58	91	141	4	29	.983
曽根　海成	(広)	5	7	13	1	2	.952
武岡　龍世	(ヤ)	1	3	2	0	0	1.000
田中　俊太	(巨)	16	16	24	0	5	1.000
堂上　直倫	(中)	5	5	5	0	1	1.000
中井　大介	(ディ)	20	16	19	2	4	.946
長岡　秀樹	(ヤ)	4	3	8	2	0	.846
根尾　昂	(中)	2	0	1	0	0	1.000
羽月隆太郎	(広)	9	11	13	0	2	1.000
廣岡　大志	(ヤ)	15	14	12	1	2	.963
北條　史也	(神)	14	23	44	1	11	.985
増田　大輝	(巨)	8	8	15	0	1	1.000
溝脇　隼人	(中)	8	16	20	1	4	.973
宮本　丈	(ヤ)	45	51	78	2	11	.985
三好　匠	(広)	1	1	1	0	1	1.000
百瀬　大騎	(ディ)	3	1	3	0	0	1.000
山下　幸輝	(ディ)	3	5	3	0	2	1.000
山田　哲人	(ヤ)	88	170	260	4	63	.991
大　和	(ディ)	27	31	55	0	13	1.000
湯浅　大	(巨)	4	1	3	0	0	1.000
吉川　大幾	(巨)	5	4	6	0	0	1.000
吉川　尚輝	(巨)	104	183	242	3	51	.993
若林　晃弘	(巨)	20	18	39	2	9	.966

三　塁　手

選手名	チーム	試合	刺殺	補殺	失策	併殺	守備率
高橋　周平	(中)	106	65	201	5	18	.982
大山　悠輔	(神)	108	68	179	6	13	.976
宮﨑　敏郎	(ディ)	112	53	170	6	18	.974
岡本　和真	(巨)	118	77	192	8	12	.971
堂林　翔太	(広)	93	40	149	17	12	.917

(50音順)

選手名	チーム	試合	刺殺	補殺	失策	併殺	守備率
安部　友裕	(広)	2	4	2	0	1	1.000
石川　駿	(中)	1	0	2	0	0	1.000
石川　昂弥	(中)	11	7	15	1	2	.957
石垣　雅海	(中)	3	3	3	0	2	1.000
伊藤裕季也	(デ)	3	2	1	0	0	1.000
糸原　健斗	(神)	9	1	5	0	0	1.000
ウィーラー	(巨)	1	0	0	0	0	.000
ウレーニャ	(巨)	1	0	0	0	0	.000
上本　崇司	(広)	10	0	2	0	0	1.000
エスコバー	(ヤ)	39	23	45	2	4	.971

選手名	チーム	試合	刺殺	補殺	失策	併殺	守備率
大山　悠輔	(神)	108	68	179	6	13	.976
岡本　和真	(巨)	118	77	192	8	12	.971
小幡　竜平	(神)	7	1	1	0	0	1.000
香月　一也	(神)	1	1	1	0	0	1.000
北村　拓己	(巨)	8	2	3	0	0	1.000
熊谷　敬宥	(神)	12	4	3	1	0	.875
倉本　寿彦	(ディ)	13	0	3	1	1	.750
小園　海斗	(広)	1	0	4	0	0	1.000
柴田　竜拓	(ディ)	16	4	10	0	1	1.000
曽根　海成	(広)	8	3	0	0	0	1.000
高橋　周平	(中)	106	65	201	5	18	.982
田中　俊太	(巨)	7	3	4	2	0	.778
堂林　翔太	(広)	93	40	149	17	12	.917
堂上　直倫	(中)	2	1	3	1	0	.800
中井　大介	(ディ)	7	3	7	1	2	.909
西浦　直亨	(ヤ)	30	16	36	4	2	.929
羽月隆太郎	(広)	4	7	5	0	2	1.000
林　晃汰	(広)	1	1	1	0	0	1.000
ビ　レ　ラ	(ヤ)	2	1	3	0	1	.800
廣岡　大志	(ヤ)	40	8	21	2	3	.935
藤井　亮太	(ヤ)	4	0	2	0	0	1.000
北條　史也	(神)	2	0	0	0	0	.000
マ　ル　テ	(神)	14	11	22	0	1	.971
増田　大輝	(巨)	7	0	0	0	0	.000
溝脇　隼人	(中)	7	3	4	2	1	.778
三ツ俣大樹	(中)	1	0	0	0	0	.000
宮﨑　敏郎	(ディ)	112	53	170	6	18	.974
宮本　丈	(ヤ)	7	2	5	0	0	.875
三好　匠	(広)	9	3	24	3	0	.971
村上　宗隆	(ヤ)	54	30	84	3	7	.934
メ　ヒ　ア	(広)	19	9	17	5	2	.839
山下　幸輝	(ディ)	2	0	0	0	0	.000
湯浅　大	(巨)	3	1	3	0	0	1.000
吉川　大幾	(巨)	4	0	2	0	0	1.000
若林　晃弘	(巨)	9	0	1	0	1	1.000

遊　撃　手

選手名	チーム	試合	刺殺	補殺	失策	併殺	守備率
坂本　勇人	(巨)	113	176	288	4	65	.991
木浪　聖也	(神)	91	121	269	8	51	.980
京田　陽太	(中)	120	182	361	13	73	.977
田中　広輔	(広)	112	165	287	12	62	.974

(50音順)

選手名	チーム	試合	刺殺	補殺	失策	併殺	守備率
上本　崇司	(広)	12	19	24	2	8	.956
エスコバー	(ヤ)	69	82	172	7	33	.973
小幡　竜平	(神)	33	55	81	5	27	.965
木浪　聖也	(神)	91	121	269	8	51	.980
京田　陽太	(中)	120	182	361	13	73	.977
熊谷　敬宥	(神)	7	1	8	1	2	.900
倉本　寿彦	(ディ)	64	69	155	3	27	.987
坂本　勇人	(巨)	113	176	288	4	65	.991
柴田　竜拓	(ディ)	35	36	77	4	17	.966
曽根　海成	(広)	1	0	0	0	0	.000
武岡　龍世	(ヤ)	2	3	6	0	1	1.000
田中　広輔	(広)	112	165	287	12	62	.974
田中　俊太	(巨)	1	1	1	0	0	1.000
堂上　直倫	(中)	3	1	2	1	2	.750
西浦　直亨	(ヤ)	65	73	158	4	29	.991
廣岡　大志	(ヤ)	6	4	10	0	3	1.000

選手名	チーム	試合	刺殺	補殺	失策	併殺	守備率
北條 史也	(神)	19	18	34	3	9	.945
増田 大輝	(巨)	36	13	22	1	0	.972
三好 匠	(広)	5	4	8	0	2	1.000
森 敬斗	(ディ)	2	0	1	0	0	1.000
大 和	(ディ)	62	65	126	5	28	.974
湯浅 大	(巨)	2	0	1	0	0	1.000
吉川 大幾	(巨)	7	4	6	0	1	1.000
吉川 尚輝	(巨)	16	17	20	1	1	.974
吉田 大成	(ヤ)	1	3	1	0	0	.833
若林 晃弘	(巨)	1	1	1	0	0	1.000

外 野 手

選手名	チーム	試合	刺殺	補殺	失策	併殺	守備率
青木 宣親	(ヤ)	99	190	6	0	3	1.000
*山崎晃大朗	(ヤ)	96	156	3	1	0	.994
松原 聖弥	(巨)	84	131	4	1	0	.993
鈴木 誠也	(広)	118	210	8	2	0	.991
*大島 洋平	(中)	118	202	5	2	2	.990
梶谷 隆幸	(ディ)	107	171	0	2	0	.988
*近本 光司	(神)	119	229	5	3	1	.9873
サ ン ズ	(神)	109	143	4	2	1	.9865
丸 佳浩	(巨)	119	210	2	3	0	.986
佐野 恵太	(ディ)	105	169	6	4	1	.978

(50音順)

選手名	チーム	試合	刺殺	補殺	失策	併殺	守備率
アルモンテ	(中)	59	77	2	0	0	1.000
青木 宣親	(ヤ)	99	190	6	0	3	1.000
荒木 貴裕	(ヤ)	8	12	0	1	0	.923
荒木 郁也	(神)	3	2	1	0	0	1.000
石川 慎吾	(巨)	18	6	1	0	0	1.000
石垣 雅海	(中)	4	3	0	0	0	1.000
糸井 嘉男	(神)	75	68	1	2	0	.972
井上 広大	(神)	2	2	0	1	0	.667
井領 雅貴	(中)	35	43	1	0	0	1.000
ウィーラー	(巨)	51	52	1	0	0	.981
ウレーニャ	(巨)	5	2	0	0	0	1.000
植田 海	(神)	12	6	0	1	0	.857
上田 剛史	(ヤ)	44	32	0	0	0	1.000
上本 崇司	(広)	7	0	0	0	0	.000
宇草 孔基	(広)	13	18	1	1	0	.950
江越 大賀	(神)	39	17	0	0	0	1.000
蝦名 達夫	(ディ)	4	3	0	0	0	1.000
遠藤 一星	(中)	56	31	0	0	0	1.000
オースティン	(ディ)	61	78	3	1	0	.988
*大島 洋平	(中)	118	202	5	2	2	.990
大盛 穂	(広)	56	61	0	0	0	1.000
大山 悠輔	(神)	4	1	0	0	0	1.000
岡林 勇希	(中)	3	2	0	0	0	1.000
乙坂 智	(ディ)	49	31	1	0	0	1.000
梶谷 隆幸	(ディ)	107	171	0	2	0	.988
加藤 脩平	(巨)	1	0	0	0	0	.000
神里 和毅	(ディ)	53	65	1	2	0	.971
亀井 善行	(巨)	42	49	2	1	0	.981
楠本 泰史	(神)	6	4	0	0	0	1.000
桑原 将志	(ディ)	24	16	0	0	0	1.000
サ ン ズ	(神)	109	143	4	2	1	.987
坂口 智隆	(ヤ)	68	91	4	2	0	.979

選手名	チーム	試合	刺殺	補殺	失策	併殺	守備率
佐野 恵太	(ディ)	105	169	6	4	1	.978
シ ェ ラ	(中)	24	29	0	1	0	.967
塩見 泰隆	(ヤ)	42	67	4	1	0	.986
重信慎之介	(巨)	51	38	0	1	0	1.000
島田 海吏	(神)	36	16	0	1	0	.941
俊 介	(神)	4	1	0	0	0	1.000
正隨 優弥	(広)	1	2	0	0	0	1.000
鈴木 誠也	(広)	118	210	8	2	0	.991
ソ ト	(ディ)	20	23	0	1	0	1.000
曽根 海成	(広)	15	4	0	1	0	.800
高橋 大樹	(広)	6	2	0	1	0	.667
高山 俊	(神)	17	13	0	0	0	1.000
滝野 要	(中)	5	4	0	0	0	1.000
武田 健吾	(中)	74	41	2	1	0	.977
*田代将太郎	(ヤ)	36	33	1	0	0	1.000
立岡宗一郎	(巨)	24	18	0	0	0	1.000
田中 俊太	(中)	3	1	0	0	0	1.000
*近本 光司	(神)	119	229	5	3	1	.987
長野 久義	(広)	67	106	5	2	1	.982
堂林 翔太	(広)	3	1	0	0	0	.500
中谷 将大	(神)	49	28	1	1	0	.967
中山 翔太	(ヤ)	15	15	0	0	0	1.000
西川 龍馬	(広)	74	138	2	1	0	.993
根尾 昂	(中)	7	7	2	2	0	.000
野間 峻祥	(広)	54	33	2	0	0	1.000
*バ ー ラ	(巨)	45	53	0	0	0	1.000
濱田 太貴	(ヤ)	26	31	0	2	0	.939
ビ レ ラ	(広)	69	93	3	1	0	.990
平田 良介	(中)	51	74	2	0	0	1.000
廣岡 大志	(ヤ)	18	9	0	0	0	1.000
福田 永将	(中)	55	60	1	1	0	.984
福留 孝介	(神)	21	22	2	1	1	.960
藤井 亮太	(ヤ)	2	0	0	0	0	.000
細川 成也	(ディ)	15	21	1	0	0	1.000
増田 大輝	(巨)	22	9	0	2	0	.818
松原 聖弥	(巨)	84	131	4	1	1	.993
丸 佳浩	(巨)	119	210	2	3	0	.986
宮本 秀明	(ディ)	4	3	0	0	0	1.000
宮本 丈	(ヤ)	3	3	0	0	0	1.000
モ タ	(巨)	4	0	0	0	0	.000
*山崎晃大朗	(ヤ)	96	156	3	1	0	.994
*雄 平	(ヤ)	30	52	1	1	0	.981
陽 岱鋼	(巨)	31	20	1	1	0	1.000
陽川 尚将	(神)	36	37	0	1	0	.974
吉川 大幾	(巨)	7	1	0	0	0	1.000
若林 晃弘	(巨)	43	34	0	0	0	1.000
渡邉 大樹	(ヤ)	25	12	0	0	0	1.000
渡辺 勝	(中)	10	5	0	0	0	1.000

捕 手

選手名	チーム	試合	刺殺	補殺	失策	併殺	捕逸	守備率
西田 明央	(ヤ)	62	381	46	1	4	1	.998
木下 拓哉	(中)	87	599	58	2	7	4	.997
大城 卓三	(巨)	85	498	48	2	5	2	.9963
會澤 翼	(広)	64	451	56	2	6	2	.9960
梅野隆太郎	(神)	97	627	68	3	4	1	.9957

選手名	チーム	試合	刺殺	補殺	失策	併殺	捕逸	守備率
戸柱　恭孝	(ディ)	95	590	53	4	7	7	.994

(50音順)

選手名	チーム	試合	刺殺	補殺	失策	併殺	捕逸	守備率
會澤　翼	(広)	64	451	56	2	6	2	.996
石原　慶幸	(広)	4	11	3	0	0	0	1.000
磯村　嘉孝	(ディ)	18	91	10	0	0	2	1.000
伊藤　光	(ディ)	23	115	10	0	0	2	1.000
井野　卓	(ヤ)	32	81	6	1	1	0	.989
梅野隆太郎	(神)	97	627	68	3	4	1	.996
大城　卓三	(巨)	85	498	48	2	5	2	.996
桂　依央利	(中)	2	14	4	0	0	1	1.000
加藤　匠馬	(中)	27	108	7	2	1	0	.983
岸田　行倫	(巨)	29	90	9	0	3	2	1.000
木下　拓哉	(中)	87	599	58	2	7	4	.997
郡司　裕也	(中)	24	116	12	1	0	3	.992
古賀　優大	(ヤ)	25	100	13	0	0	3	1.000
小林　誠司	(巨)	10	33	3	1	0	1	.973
坂倉　将吾	(広)	55	367	43	2	5	6	.995
坂本誠志郎	(神)	37	169	15	0	1	2	1.000
嶋　基宏	(ヤ)	20	108	6	1	0	2	.991
白濱　裕太	(広)	2	5	0	0	0	0	1.000
炭谷銀仁朗	(巨)	53	263	22	2	0	0	.993
髙城　俊人	(ディ)	21	107	7	0	0	1	1.000
戸柱　恭孝	(ディ)	95	590	53	4	7	7	.994
中村　悠平	(ヤ)	29	199	21	1	2	0	.995
長坂　拳弥	(神)	2	1	0	0	0	0	1.000
西田　明央	(ヤ)	62	381	46	1	4	1	.998
原口　文仁	(神)	14	63	5	0	0	0	1.000
A.マルティネス	(中)	21	119	16	1	1		.993
松本　直樹	(ヤ)	6	29	1	0	0	1	1.000
嶺井　博希	(ディ)	34	138	12	0	2	1	1.000
山本　祐大	(ディ)	1	4	1	0	0	1	1.000

投　　手

選手名	チーム	試合	刺殺	補殺	失策	併殺	守備率
菅野　智之	(巨)	20	9	17	0	1	1.000
森下　暢仁	(広)	18	9	17	0	3	1.000
大貫　晋一	(ディ)	19	7	22	0	1	1.000
*大野　雄大	(中)	20	7	28	1	2	.972
青柳　晃洋	(神)	21	6	25	1	0	.969
九里　亜蓮	(広)	20	6	22	1	1	.966
西　勇輝	(神)	21	6	29	2	2	.946

(注) 大貫(ディ)は、規定投球回未満も、野球規則9.22(c)(3)により最高守備率投手。

(50音順)

選手名	チーム	試合	刺殺	補殺	失策	併殺	守備率
青柳　晃洋	(神)	21	6	25	1	1	.969
秋山　拓巳	(神)	18	2	12	2	1	.875
イノーア	(ヤ)	9	1	5	0	0	1.000
五十嵐亮太	(ヤ)	1	0	0	0	0	.000
*石井　将希	(神)	1	0	0	0	0	.000
*石川　雅規	(ヤ)	15	4	18	0	2	1.000
*石田　健大	(ディ)	50	0	9	0	0	1.000
石山　泰稚	(ヤ)	44	1	1	0	0	1.000
伊勢　大夢	(ディ)	33	0	3	2	0	1.000
一岡　竜司	(広)	19	0	2	0	0	1.000
伊藤　和雄	(神)	15	0	1	0	0	1.000
井納　翔一	(ディ)	17	7	17	1	0	.960
*今永　昇太	(ディ)	9	5	9	2	1	.875
今村　猛	(広)	6	0	0	0	0	.000
今村　信貴	(巨)	12	2	11	0	0	1.000
*岩貞　祐太	(神)	38	4	11	2	1	.882
*岩崎　優	(神)	41	0	5	1	0	.833
*岩田　稔	(神)	5	0	1	0	0	1.000
梅津　晃大	(中)	7	3	14	0	0	.944
梅野　雄吾	(ヤ)	42	4	10	0	1	1.000
*エスコバー	(ディ)	56	3	13	0	1	1.000
エドワーズ	(神)	23	1	2	0	0	1.000
遠藤　淳志	(広)	19	4	13	0	1	1.000
*大江　竜聖	(巨)	43	0	9	0	1	1.000
大下　佑馬	(ヤ)	13	3	0	0	0	1.000
大瀬良大地	(広)	11	5	9	0	0	1.000
大竹　寛	(巨)	29	1	3	0	0	1.000
大西　広樹	(ヤ)	5	1	3	0	1	1.000
大貫　晋一	(ディ)	19	7	22	0	1	1.000
*大野　雄大	(中)	20	7	28	1	2	.972
*岡田　俊哉	(中)	29	1	4	0	1	1.000
岡野祐一郎	(中)	11	4	2	0	1	1.000
*小笠原慎之介	(中)	4	1	7	0	0	1.000
小川　一平	(神)	21	0	4	0	0	.800
小川　泰弘	(ヤ)	20	8	21	0	0	.967
奥川　恭伸	(ヤ)	1	0	0	0	0	1.000
尾仲　祐哉	(神)	4	0	1	0	0	1.000
*ガルシア	(神)	14	7	18	0	0	1.000
ガンケル	(神)	28	5	11	0	3	1.000
鍵谷　陽平	(巨)	46	2	3	0	0	1.000
笠井　崇正	(ディ)	1	0	0	0	0	1.000
風張　蓮	(ヤ)	11	0	5	0	0	1.000
勝野　昌慶	(中)	13	6	5	0	1	1.000
金久保優斗	(ヤ)	3	0	1	0	0	1.000
上茶谷大河	(ディ)	11	8	11	0	0	1.000
菊池　保則	(広)	44	0	4	2	0	.667
木下　雄介	(中)	18	0	0	0	0	1.000
京山　将弥	(ディ)	6	2	3	0	0	1.000
クック	(ヤ)	7	2	2	0	0	1.000
国吉　佑樹	(ディ)	42	3	5	1	0	.889
*久保　拓眞	(ヤ)	10	0	1	0	0	.000
九里　亜蓮	(広)	20	6	22	1	1	.966
桑原謙太朗	(神)	12	1	1	0	0	1.000
鍬原　拓也	(巨)	5	0	4	0	1	1.000
ケムナ　誠	(広)	41	1	6	0	0	1.000
*ゴンサレス	(中)	28	0	0	0	0	.000
小林　慶祐	(神)	2	0	0	0	0	1.000
近藤　一樹	(ヤ)	20	2	0	1	0	.667
今野　龍太	(ヤ)	20	2	4	2	0	.750
サンチェス	(巨)	15	2	15	0	2	1.000
歳内　宏明	(ヤ)	7	5	1	0	0	1.000
齋藤友貴哉	(神)	5	1	0	0	0	1.000
阪口　皓亮	(ディ)	3	1	5	0	0	1.000
*坂本光士郎	(ヤ)	1	0	0	0	0	1.000
*坂本　裕哉	(ディ)	10	4	10	0	0	1.000
*櫻井　周斗	(ディ)	3	0	1	0	0	1.000
桜井　俊貴	(巨)	24	1	8	0	0	1.000
佐藤　優	(中)	14	0	4	0	1	1.000
澤村　拓一	(巨)	13	2	1	0	0	1.000
*K.ジョンソン	(広)	10	1	7	0	0	1.000

選手名	チーム	試合	刺殺	補殺	失策	併殺	守備率
DJ.ジョンソン	(広)	14	0	3	0	0	1.000
島内颯太郎	(広)	38	0	4	1	2	.800
清水 達也	(中)	6	2	5	0	1	1.000
清水 昇	(ヤ)	52	2	12	0	1	1.000
進藤 拓也	(ディ)	5	0	1	0	0	1.000
スアレス	(神)	51	2	9	1	0	.917
スアレス	(ヤ)	12	7	10	0	0	1.000
スコット	(広)	7	0	4	0	0	1.000
菅野 智之	(巨)	20	6	17	0	1	1.000
鈴木 博志	(中)	6	1	3	0	0	1.000
*砂田 毅樹	(ディ)	17	0	6	0	1	1.000
祖父江大輔	(中)	54	8	9	0	1	1.000
平良拳太郎	(ディ)	14	4	16	0	1	1.000
*高木 京介	(巨)	17	0	2	0	0	1.000
*高梨 裕稔	(ヤ)	18	4	8	1	1	.923
*高梨 雄平	(巨)	44	3	11	0	1	1.000
*高橋 奎二	(ヤ)	10	2	7	0	0	1.000
*髙橋 遥人	(神)	12	2	15	0	2	1.000
*髙橋 樹也	(広)	18	1	1	0	1	1.000
*髙橋 優貴	(巨)	8	1	2	0	1	1.000
*田口 麗斗	(巨)	26	3	14	1	1	.944
田中 豊樹	(巨)	31	2	2	0	0	1.000
田中 法彦	(中)	2	0	0	0	0	.000
谷川 昌希	(神)	14	3	4	0	0	1.000
谷元 圭介	(中)	36	1	3	1	0	.800
ディプラン	(巨)	2	0	1	0	1	1.000
デラロサ	(巨)	35	2	3	0	0	1.000
*寺島 成輝	(ヤ)	30	1	8	0	1	1.000
*床田 寛樹	(広)	15	4	11	2	0	.882
戸郷 翔征	(巨)	19	1	14	0	0	1.000
直江 大輔	(巨)	3	0	2	0	0	1.000
*中尾 輝	(ヤ)	5	1	1	0	0	1.000
*中川 皓太	(巨)	37	1	6	0	1	1.000
中川 虎大	(ディ)	3	0	1	0	0	1.000
中﨑 翔太	(広)	6	0	1	0	0	1.000
*中澤 雅人	(ヤ)	28	0	6	1	0	.857
中田 賢一	(神)	3	1	1	0	0	1.000
中田 廉	(広)	32	1	3	0	0	1.000
*中村 恭平	(広)	14	0	2	0	0	1.000
中村 祐太	(広)	8	0	6	0	0	1.000
西 勇輝	(神)	21	6	29	2	2	.946
沼田 翔平	(神)	5	0	3	0	0	1.000
*能見 篤史	(神)	34	4	3	1	1	.875
野村 祐輔	(広)	13	2	9	0	0	1.000
パットン	(ディ)	57	2	7	0	1	1.000
*橋本 侑樹	(ディ)	14	0	1	0	0	1.000
*長谷川宙輝	(ヤ)	44	3	9	0	1	1.000
畠 世周	(巨)	12	1	10	0	1	1.000
*濱口 遥大	(ディ)	16	4	11	1	1	.938
*濱田 達郎	(中)	7	0	1	0	0	1.000
浜地 真澄	(神)	1	1	0	0	0	1.000
原 樹理	(ヤ)	5	0	5	1	0	.833
馬場 皐輔	(神)	32	0	3	2	0	.600
ビエイラ	(巨)	27	1	2	0	0	1.000
ピープルズ	(ディ)	10	0	4	0	0	1.000
平田 真吾	(ディ)	43	3	5	0	0	1.000
*フランスア	(広)	53	2	11	1	0	.929
*福 敬登	(中)	53	1	9	2	1	.833
福谷 浩司	(中)	14	1	9	0	2	.952
福永 春吾	(神)	1	0	0	0	0	.000
藤井 黎來	(広)	3	0	0	0	0	.000
*藤岡 貴裕	(巨)	12	0	2	0	0	1.000
藤岡 好明	(ディ)	4	0	0	0	0	.000
藤川 球児	(神)	16	0	1	0	0	1.000
藤嶋 健人	(中)	26	1	5	0	1	1.000
藤浪晋太郎	(神)	24	5	16	2	1	.913
古川 侑利	(巨)	5	0	0	0	0	.000
星 知弥	(ヤ)	36	3	8	1	1	.917
*塹江 敦哉	(神)	52	0	14	0	1	1.000
堀岡 隼人	(巨)	12	0	2	1	0	.667
マクガフ	(ヤ)	50	5	6	1	1	.917
R.マルティネス	(中)	40	0	4	1	0	.800
増田 大輝	(巨)	1	0	0	0	0	.000
又吉 克樹	(中)	26	3	7	0	1	1.000
*松葉 貴大	(中)	15	1	11	0	0	1.000
マルク	(中)	3	0	0	0	0	.000
三上 朋也	(ディ)	10	0	4	0	0	1.000
三嶋 一輝	(ディ)	48	5	8	2	1	.867
三ツ間卓也	(ディ)	4	0	1	0	0	1.000
宮國 椋丞	(巨)	21	1	4	0	1	1.000
武藤 祐太	(ディ)	21	3	6	0	0	1.000
*メルセデス	(巨)	11	0	15	0	0	1.000
*モンティージャ	(広)	1	0	0	0	0	.000
望月 惇志	(神)	16	1	2	1	0	.750
森下 暢仁	(広)	18	9	17	0	3	1.000
守屋 功輝	(神)	3	0	0	0	0	.000
矢崎 拓也	(広)	6	0	0	0	0	.000
柳 裕也	(中)	15	1	11	0	1	1.000
薮田 和樹	(広)	28	1	8	0	1	1.000
山井 大介	(中)	6	0	0	0	0	.000
山﨑 康晃	(ディ)	40	5	4	1	0	.900
*山田 大樹	(ヤ)	2	0	3	0	0	1.000
山中 浩史	(ヤ)	6	0	3	0	0	.000
山本 拓実	(中)	9	2	5	1	0	.875
*横川 凱	(巨)	2	0	0	0	0	.000
*横山 雄哉	(神)	1	0	0	0	0	.000
吉田 大喜	(ヤ)	14	0	9	0	1	1.000
吉見 一起	(中)	5	4	1	0	0	1.000
ロドリゲス	(中)	11	1	11	0	1	.923

2020・捕 手 盗 塁 阻 止 成 績

盗塁企図数は許盗塁計と盗塁刺計の合計。
（　）内は重盗。重盗は許盗塁 1 とする。
捕手けん制刺は盗塁企図数に含まない。

チーム	選手名	試合	盗企図塁数	許盗塁				盗塁刺				捕けん制手刺	盗阻止塁率
				計	二	三	本	計	二	三	本		
巨　人	大城　卓三	85	47	31(2)	31	2	0	16	14	1	1	0	.340
	炭谷銀仁朗	53	16	11	10	1	0	5	5	0	0	0	.313
	岸田　行倫	29	7	4	4	0	0	3	3	0	0	0	.429
	小林　誠司	10	3	2	2	0	0	1	1	0	0	0	.333
	計	120	73	48(2)	47	3	0	25	23	1	1	0	.342
阪　神	梅野隆太郎	97	45	30(1)	29	2	0	15	14	1	0	0	.333
	坂本誠志郎	37	11	8	8	0	0	3	3	0	0	0	.273
	原口　文仁	14	10	9	9	0	0	1	1	0	0	1	.100
	長坂　拳弥	2	0	0	0	0	0	0	0	0	0	0	—
	計	120	66	47(1)	46	2	0	19	18	1	0	1	.288
中　日	木下　拓哉	87	55	30(1)	30	1	0	25	23	1	1	0	.455
	加藤　匠馬	27	7	5	5	0	0	2	2	0	0	0	.286
	郡司　裕也	24	11	7	7	0	0	4	4	0	0	0	.364
	A.マルティネス	21	16	13	12	1	0	3	3	0	0	0	.188
	桂　依央利	2	3	0	0	0	0	3	3	0	0	0	1.000
	計	120	92	55(1)	54	2	0	37	35	1	1	0	.402
DeNA	戸柱　恭孝	95	71	46	43	3	0	25	23	1	1	0	.352
	嶺井　博希	34	14	7	7	0	0	7	5	1	1	0	.500
	伊藤　光	23	9	8	7	1	0	1	0	0	1	0	.111
	髙城　俊人	21	7	6	6	0	0	1	1	0	0	0	.143
	山本　祐大	1	1	1	1	0	0	0	0	0	0	0	.000
	計	120	102	68	64	4	0	34	29	2	3	0	.333
広　島	會澤　翼	64	36	28(1)	28	1	0	8	7	1	0	1	.222
	坂倉　将吾	55	26	15	14	1	0	11	11	0	0	0	.423
	磯村　嘉孝	18	7	4	4	0	0	3	3	0	0	0	.429
	石原　慶幸	4	2	1	1	0	0	1	1	0	0	0	.500
	白濱　裕太	2	1	1	1	0	0	0	0	0	0	0	.000
	計	120	72	49(1)	48	2	0	23	22	1	0	1	.319
ヤクルト	西田　明央	62	47	34(1)	32	3	0	13	11	1	1	0	.277
	井野　卓	32	11	11	11	0	0	0	0	0	0	0	.000
	中村　悠平	29	21	17	17	0	0	4	2	1	0	0	.190
	古賀　優大	25	7	5	5	0	0	2	2	0	0	0	.286
	嶋　基宏	20	10	10	10	0	0	0	0	0	0	0	.000
	松本　直樹	6	3	3	3	0	0	0	0	0	0	0	.000
	計	120	99	80(1)	78	3	0	19	15	2	2	0	.192
	合　計	360	504	347(6)	337	16	0	157	142	8	7	2	.312

2020・セントラル・リーグ代打成績

チ ー ム 代 打 成 績

チーム	起用回数	打数	安打	本塁打	打点	四球	死球	三振	打率
広　島	267	229	63	7	26	27	1	66	.275
DeNA	276	242	55	4	16	24	5	62	.227
中　日	225	204	45	2	20	14	2	48	.221
阪　神	243	204	44	4	36	29	4	57	.216
ヤクルト	345	298	62	10	34	31	2	67	.208
巨　人	260	231	43	4	28	21	3	72	.186
合　計	1616	1408	312	31	160	146	17	372	.222

個 人 代 打 成 績

巨　人

選手名	起用回数	打数	安打	本塁打	打点	四球	死球	三振	打率
石川　慎吾	37	35	9	2	7	2	0	11	.257
ウィーラー	31	28	4	1	3	3	0	5	.143
＊田中　俊太	21	18	3	0	1	2	0	7	.167
中島　宏之	20	20	5	0	2	1	0	7	.250
＊重信慎之介	19	18	4	1	2	1	0	6	.222
＊亀井　善行	15	14	5	0	6	0	0	1	.357
＋若林　晃弘	14	12	3	0	0	2	0	1	.250
＊大城　卓三	14	12	1	0	1	2	0	4	.083
北村　拓己	14	11	3	0	4	2	1	4	.273
陽　岱鋼	11	7	1	0	0	1	3	2	.143
＊吉川　尚輝	9	8	1	0	0	0	1	4	.125
岸田　行倫	8	8	2	0	1	0	0	2	.250
モ　タ	7	6	0	0	0	0	0	3	.000
＊松原　聖弥	6	5	2	0	0	1	0	3	.333
ウレーニャ	5	5	0	0	0	0	0	3	.000
＊香月　一也	5	5	0	0	0	0	0	2	.000
＊パ ー ラ	5	5	0	0	0	0	0	2	.000
炭谷銀仁朗	4	3	0	0	0	0	1	2	.000
＊立岡宗一郎	3	3	0	0	0	1	0	1	.000
湯浅　大	3	2	0	0	0	0	0	1	.000
坂本　勇人	3	1	0	0	0	0	0		.000
吉川　大幾	2	1	0	0	0	0	0	1	.000
小林　誠司	1	1	0	0	0	0	0	1	.000
桜井　俊貴	1	1	0	0	0	0	0		.000
増田　大輝	1	1	0	0	0	0	0		.000
＊丸　佳浩	1	1	0	0	0	1	0	0	.000
計	260	231	43	4	28	21	3	72	.186

阪　神

選手名	起用回数	打数	安打	本塁打	打点	四球	死球	三振	打率
原口　文仁	35	30	9	1	9	4	1	7	.300
中谷　将大	31	28	7	1	12	2	0	11	.250
＊福留　孝介	28	19	2	0	4	7	0	8	.105
＊髙山　俊	27	25	3	0	4	1	1	6	.120
陽川　尚将	27	19	6	1	4	5	2	6	.316
上本　博紀	12	11	2	0	0	0	0	2	.182
＊糸井　嘉男	12	10	1	0	0	2	0	2	.100
北條　史也	9	7	1	0	0	0	0	1	.143
梅野隆太郎	7	7	1	0	0	0	0	2	.143
＊糸原　健斗	7	5	1	0	0	1	0	0	.200
俊　介	6	6	1	0	0	0	0	1	.167
＊島田　海吏	6	5	2	0	0	0	0	2	.400
熊谷　敬宥	5	5	2	0	0	0	0	1	.400
＊荒木　郁也	5	5	1	0	0	0	0	2	.200
長坂　拳弥	4	4	2	1	2	0	0	2	.500
井上　広大	4	4	1	0	1	0	0	1	.250
大山　悠輔	4	3	1	0	0	1	0	0	.333
＊近本　光司	3	3	0	0	0	1	0	0	.000
＊板山祐太郎	2	2	0	0	0	0	0	2	.000
＊ボ ー ア	2	2	0	0	0	1	0	0	.000
坂本誠志郎	2	0	0	0	0	0	0	0	.000
＊小幡　竜平	1	1	1	0	0	0	0	0	1.000
＊木浪　聖也	1	1	1	0	0	0	0	0	1.000
サ ン ズ	1	1	1	0	0	0	0	0	1.000
＋植田　海	1	1	0	0	0	0	0	0	.000
江越　大賀	1	0	0	0	0	0	0	0	.000
計	243	204	44	4	36	29	4	57	.216

中　日

選手名	起用回数	打数	安打	本塁打	打点	四球	死球	三振	打率
*井領　雅貴	48	45	9	0	5	3	0	9	.200
堂上　直倫	31	30	7	0	4	0	0	6	.233
*溝脇　隼人	19	17	3	0	1	1	0	3	.176
A.マルティネス	16	12	4	0	4	1	0	5	.333
石垣　雅海	15	15	3	1	1	0	0	3	.200
*遠藤　一星	13	11	3	0	0	1	1	1	.273
郡司　裕也	12	11	1	0	0	1	0	3	.091
福田　永将	9	8	0	0	0	1	0	1	.000
*渡辺　勝	7	7	2	0	0	0	0	3	.286
木下　拓哉	7	6	3	0	1	1	0	1	.500
石川　駿	7	5	0	0	0	0	0	2	.000
武田　健吾	7	6	3	2	0	2	0	0	.667
三ツ俣　大樹	6	6	1	0	0	0	0	2	.167
平田　良介	5	5	2	1	3	0	0	2	.400
+アルモンテ	4	4	1	0	1	0	0	0	.250
石川　昂弥	3	3	1	0	0	0	0	0	.333
*岡林　勇希	3	3	1	0	0	0	0	1	.333
*根尾　昂	3	3	0	0	0	0	0	0	.000
加藤　匠馬	3	2	1	0	0	0	0	1	.500
阿部　寿樹	2	2	0	0	0	0	0	1	.000
シエラ	2	2	0	0	0	0	0	0	.000
*高橋　周平	2	2	0	0	0	0	0	0	.000
*滝野　要	1	1	1	0	0	0	0	0	1.000
三ツ間卓也	1	1	0	0	0	0	0	1	.000
計	225	204	45	2	20	14	2	48	.221

DeNA

選手名	起用回数	打数	安打	本塁打	打点	四球	死球	三振	打率
*乙坂　智	43	33	7	1	5	9	0	10	.212
中井　大介	37	34	10	0	1	0	0	8	.294
*神里　和毅	36	31	8	0	0	3	1	6	.258
山下　幸輝	30	28	6	0	1	2	2	6	.214
*楠本　泰史	24	21	3	0	0	2	1	6	.143
蝦名　達夫	14	13	3	1	1	0	0	2	.231
桑原　将志	13	12	1	1	1	1	0	3	.083
*戸柱　恭孝	12	11	3	0	1	1	0	3	.273
嶺井　博希	10	8	2	0	0	2	0	1	.444
伊藤　光	8	7	2	0	0	1	0	2	.286
*森　敬斗	7	7	3	0	0	0	0	1	.429
大　和	7	6	2	0	1	3	0	0	.333
*倉本　寿彦	6	5	1	0	0	0	0	1	.200
*柴田　竜拓	6	6	0	0	0	0	0	2	.000
ロペス	6	5	0	0	0	0	0	0	.000
細川　成也	5	4	0	0	0	0	1	2	.000
オースティン	3	2	0	0	0	0	0	1	.000
*梶谷　隆幸	3	2	1	0	0	0	0	1	.500
宮崎　敏郎	2	2	1	0	0	0	0	1	.000
ソト	2	1	0	0	0	0	0	0	1.000
伊藤裕季也	1	1	0	0	0	0	0	0	.000
*佐野　恵太	1	1	1	0	0	0	0	0	.000
*百瀬　大騎	1	1	0	0	0	0	0	0	.000
山本　祐大	1	1	0	0	0	0	0	0	.000
計	276	242	55	4	16	24	5	62	.227

広　島

選手名	起用回数	打数	安打	本塁打	打点	四球	死球	三振	打率
ピレラ	31	29	7	1	1	2	0	4	.241
長野　久義	31	25	11	1	8	6	0	9	.440
坂倉　将吾	30	26	9	1	7	3	0	6	.346
*大盛　穂	28	25	8	1	1	1	0	3	.320
メヒア	20	19	3	1	1	1	0	1	.158
會澤　翼	19	17	6	1	3	2	0	6	.353
*安部　友裕	17	12	2	0	0	3	0	5	.167
磯村　嘉孝	15	13	3	0	0	0	0	6	.231
*野間　峻祥	12	10	0	0	0	2	0	6	.000
髙橋　大樹	10	9	2	0	0	1	0	2	.222
*松山　竜平	7	6	4	0	3	1	0	2	.667
正隨　優弥	7	6	1	1	1	1	0	1	.167
上本　崇司	7	6	3	1	0	0	1	0	.333
中村　奨成	4	4	0	0	0	0	0	1	.000
*羽月隆太郎	4	4	0	0	0	0	0	2	.000
菊池　涼介	4	3	1	0	0	0	0	0	.333
三好　匠	4	3	1	0	0	1	0	1	.000
小窪　哲也	3	3	1	0	0	0	0	0	.333
*林　晃汰	3	3	1	0	0	0	0	2	.333
堂林　翔太	3	3	0	0	0	1	0	1	.000
*栗原　樹	2	2	0	0	0	0	0	0	.000
*小園　海斗	2	2	2	0	0	0	0	0	.000
*西川　龍馬	2	2	0	0	0	0	0	0	.000
*宇草　孔基	1	1	0	0	0	0	0	1	1.000
鈴木　誠也	1	1	1	0	0	0	0	0	1.000
*曽根　海成	1	1	1	0	0	0	0	0	1.000
計	267	229	63	7	26	27	1	66	.275

ヤクルト

選手名	起用回数	打数	安打	本塁打	打点	四球	死球	三振	打率
*宮本　丈	52	41	11	0	2	6	1	7	.268
荒木　貴裕	50	44	7	1	2	6	0	11	.159
*川端　慎吾	38	35	5	2	3	0	0	3	.143
廣岡　大志	36	31	6	2	2	3	0	8	.194
西浦　直亨	19	18	6	2	9	1	0	0	.333
*山崎晃大朗	18	16	5	0	0	2	0	2	.313
中山　翔太	16	13	4	4	5	2	0	4	.308
*雄　平	15	14	3	0	0	0	0	4	.214
*坂口　智隆	12	9	2	1	0	1	1	1	.222
田代将太郎	10	10	1	0	0	0	0	2	.100
西田　明央	10	9	2	1	1	0	0	3	.222
濱田　太貴	9	8	2	0	0	1	0	3	.250
*松本　友	8	7	2	0	0	1	0	1	.286
*青木　宣親	8	6	3	0	4	1	0	1	.500
*上田　剛史	8	6	0	0	0	0	0	1	.000
*吉田　大成	7	6	0	0	0	0	0	2	.000
山田　哲人	7	6	3	0	0	3	0	2	.000
渡邉　大樹	4	4	1	0	0	0	0	2	.250
*藤井　亮太	4	3	0	0	0	0	0	2	.000
古賀　秀樹	3	3	1	0	0	0	0	0	.333
太田　賢吾	3	3	0	0	0	0	0	0	.000
*武岡　龍世	2	2	1	0	0	0	0	0	.500
塩見　泰隆	2	2	0	0	0	0	0	2	.000
長島　秀樹	2	2	0	0	0	1	0	1	.000
エスコバー	2	1	0	0	0	0	0	1	.000
井野　卓	1	1	0	0	0	0	0	1	.000
計	345	298	62	10	34	31	2	67	.208

セントラル・リーグ

セントラル・リーグ・チーム別投手成績

○中数字は引分

巨　人

〔投手〕	阪神 試	勝	敗	S	中日 試	勝	敗	S	DeNA 試	勝	敗	S	広島 試	勝	敗	S	ヤクルト 試	勝	敗	S	計 試	勝	敗	S
菅野　智之	5	4	1	0	3	3	0	0	4	2	0	0	4	2	1	0	4	3	0	0	20	14	2	0
戸郷　翔征	5	3	1	0	4	2	2	0	4	1	3	0	3	2	0	0	3	1	0	0	19	9	6	0
サンチェス	5	2	1	1	3	1	1	0	4	3	1	0	3	2	1	0	—	—	—	—	15	8	4	1
*田口　麗斗	3	0	1	1	5	0	2	0	6	1	2	0	6	2	2	0	6	2	0	0	26	5	7	1
*今村　信貴	3	1	1	0	2	1	0	0	3	1	1	0	—	—	—	—	4	1	1	0	12	4	4	0
畠　　世周	3	1	1	0	4	1	2	0	2	1	0	0	1	1	1	0	1	0	0	0	11	4	4	0
*メルセデス	2	1	1	0	4	1	1	0	2	1	1	0	2	0	1	0	1	1	0	0	11	4	4	0
鍵谷　陽平	6	1	0	0	12	1	1	0	9	0	0	0	11	1	0	0	8	0	0	0	46	3	1	0
大江　竜聖	7	1	0	0	7	1	0	0	9	0	0	0	10	0	0	0	10	1	0	0	43	3	0	0
*中川　皓太	8	0	0	2	7	0	0	2	7	1	0	4	5	1	0	5	8	0	0	4	35	2	0	17
デラロサ	7	0	2	2	7	0	1	1	7	1	0	1	3	1	1	1	—	—	—	—	24	2	4	5
桜井　俊貴	5	0	1	0	4	1	0	0	1	1	0	0	2	0	1	0	1	0	0	0	13	2	2	0
*高梨　雄平	10	0	1	1	8	0	0	1	7	1	0	0	8	0	0	0	11	0	0	0	44	1	1	2
田中　豊樹	8	1	0	0	7	0	0	0	5	0	0	0	6	0	0	0	5	0	1	0	31	1	1	0
大竹　　寛	4	0	0	0	7	0	1	0	5	1	0	0	7	0	1	0	6	0	0	0	29	1	2	0
澤村　拓一	4	1	0	0	3	0	0	0	2	0	1	0	2	0	1	0	2	0	1	0	13	1	3	0
*高橋　優貴	1	0	0	0	—	—	—	—	3	0	1	0	2	1	1	0	2	0	1	0	8	1	3	0
鍬原　拓也	—	—	—	—	1	1	0	0	1	0	0	0	—	—	—	—	3	0	0	0	5	1	0	0
ビエイラ	6	0	0	0	5	0	0	0	4	0	1	0	8	0	0	0	4	0	0	0	27	0	1	0
宮國　椋丞	5	0	0	0	4	0	0	0	—	—	—	—	8	0	0	0	4	0	0	0	21	0	0	0
*高木　京介	3	0	0	0	4	0	0	0	4	0	0	1	3	0	1	0	3	0	0	0	17	0	1	1
*藤岡　貴裕	1	0	0	0	4	0	0	0	1	0	0	0	3	0	0	0	3	0	0	0	12	0	0	0
堀岡　隼人	2	0	0	0	1	0	0	0	1	0	0	0	—	—	—	—	3	0	0	0	12	0	0	0
沼田　翔平	1	0	0	0	1	0	0	0	1	0	0	0	1	0	0	0	—	—	—	—	5	0	0	0
古川　侑利	—	—	—	—	2	0	0	0	—	—	—	—	1	0	0	0	2	0	0	0	5	0	0	0
直江　大輔	—	—	—	—	—	—	—	—	—	—	—	—	2	0	0	0	1	0	0	0	3	0	0	0
ディプラン	—	—	—	—	—	—	—	—	—	—	—	—	1	0	0	0	1	0	0	0	2	0	0	0
*横川　　凱	—	—	—	—	—	—	—	—	—	—	—	—	1	0	0	0	1	0	0	0	1	0	0	0
増田　大輝	1	0	0	0	—	—	—	—	—	—	—	—	—	—	—	—	—	—	—	—	1	0	0	0
（引分）					②								③				③				⑧			
計	24	16	8	7	24	12	10	3	24	12	12	8	24	12	9	3	24	15	6	6	120	67	45	27

阪　神

〔投手〕	巨人 試	勝	敗	S	中日 試	勝	敗	S	DeNA 試	勝	敗	S	広島 試	勝	敗	S	ヤクルト 試	勝	敗	S	計 試	勝	敗	S
西　　勇輝	5	3	1	0	3	2	1	0	3	0	2	0	6	4	0	0	4	2	1	0	21	11	5	0
秋山　拓巳	5	1	1	0	2	1	2	0	2	2	0	0	6	4	0	0	3	3	0	0	18	11	3	0
*岩貞　祐太	6	1	1	0	7	1	0	0	11	2	2	0	9	3	0	0	5	0	0	0	38	7	3	0
青柳　晃洋	3	0	3	0	7	3	3	0	5	2	2	0	3	1	1	0	3	1	0	0	21	7	9	0
*岩崎　　優	5	1	1	0	9	1	0	0	6	2	0	0	8	0	1	0	13	1	0	2	41	5	2	2
*髙橋　遥人	6	3	3	0	3	2	1	0	2	0	0	0	—	—	—	—	1	0	0	0	12	5	4	0
スアレス	4	0	0	3	10	1	1	5	12	0	0	7	12	1	0	5	13	1	0	5	51	3	1	25
馬場　皐輔	4	0	0	0	7	1	0	0	11	1	1	0	6	0	0	0	4	0	0	0	32	2	1	0
ガンケル	4	0	1	0	4	0	0	0	6	1	1	0	6	0	0	0	8	1	2	0	28	2	4	0
*ガルシア	4	0	3	0	2	0	1	0	1	1	0	0	4	1	2	0	3	0	0	0	14	2	6	0
*能見　篤史	4	0	0	0	6	1	0	0	11	0	0	1	6	0	0	0	7	0	0	0	34	1	0	1
藤浪晋太郎	4	0	2	0	2	1	0	0	6	0	1	0	6	0	2	0	6	0	1	0	24	1	6	0
藤川　球児	2	1	0	1	2	0	1	0	6	0	1	1	5	0	0	0	1	0	1	0	16	1	3	2
伊藤　和雄	1	0	0	0	2	1	0	0	4	0	1	0	5	0	0	0	3	0	0	0	15	1	1	0
*岩田　　稔	—	—	—	—	2	1	1	0	2	0	1	0	1	0	0	0	—	—	—	—	5	1	2	0
エドワーズ	2	0	0	0	5	0	0	0	6	0	1	0	3	0	0	0	7	0	0	0	23	0	1	0
小川　一平	7	0	0	0	3	0	0	0	4	0	0	0	2	0	0	0	5	0	0	0	21	0	0	0
望月　惇志	4	0	0	0	3	0	0	0	4	0	0	0	2	0	0	0	3	0	0	0	16	0	0	0
谷川　昌希	4	0	0	0	2	0	0	0	4	0	0	0	2	0	0	0	2	0	0	0	14	0	0	0
桑原謙太朗	2	0	0	0	2	0	0	0	2	0	0	0	2	0	0	0	4	0	0	0	12	0	0	0
齋藤友貴哉	—	—	—	—	1	0	0	0	2	0	0	0	1	0	0	0	1	0	0	0	5	0	0	0
尾仲　祐哉	1	0	0	0	1	0	0	0	1	0	0	0	1	0	0	0	—	—	—	—	4	0	0	0
中田　賢一	—	—	—	—	1	0	0	0	1	0	0	0	1	0	0	0	—	—	—	—	3	0	0	0
守屋　功輝	2	0	0	0	—	—	—	—	—	—	—	—	—	—	—	—	1	0	0	0	3	0	0	0
小林　慶祐	1	0	0	0	—	—	—	—	—	—	—	—	—	—	—	—	1	0	0	0	2	0	0	0
*石井　将希	1	0	0	0	—	—	—	—	—	—	—	—	1	0	0	0	—	—	—	—	1	0	0	0
浜地　真澄	—	—	—	—	1	0	0	0	—	—	—	—	—	—	—	—	—	—	—	—	1	0	0	0
福永　春吾	—	—	—	—	—	—	—	—	—	—	—	—	1	0	0	0	—	—	—	—	1	0	0	0
*横山　雄哉	1	0	0	0	—	—	—	—	—	—	—	—	—	—	—	—	—	—	—	—	1	0	0	0
（引分）									③				③				①				⑦			
計	24	8	16	4	24	14	10	5	24	12	9	9	24	13	8	5	24	13	10	7	120	60	53	30

中 日

〔投手〕	巨 人				阪 神				DeNA				広 島				ヤクルト				計			
	試	勝	敗	S	試	勝	敗	S	試	勝	敗	S	試	勝	敗	S	試	勝	敗	S	試	勝	敗	S
*大野 雄大	4	2	2	0	5	2	2	0	3	3	0	0	4	1	2	0	4	3	0	0	20	11	6	0
福谷 浩司	3	1	0	0	3	1	1	0	4	3	1	0	3	2	0	0	1	1	0	0	14	8	2	0
柳 裕也	1	0	1	0	3	1	2	0	3	1	2	0	4	3	1	0	4	1	1	0	15	6	7	0
*福 敬登	12	1	2	0	10	1	2	0	12	2	0	2	9	0	1	0	10	1	0	0	53	5	5	2
又吉 克樹	1	0	0	0	3	0	0	0	7	1	0	0	7	0	0	0	8	3	0	0	26	4	0	0
勝野 昌慶	2	0	1	0	5	1	3	0	2	0	0	0	1	0	1	0	3	3	0	0	13	4	5	0
*松葉 貴大	4	1	2	0	2	1	0	0	5	1	3	0	2	0	1	0	2	0	1	0	15	3	7	0
ロドリゲス	4	1	2	0	1	0	1	0	1	1	0	0	2	1	0	0	3	0	1	0	11	3	4	0
祖父江大輔	12	1	0	0	7	0	0	0	12	1	0	2	10	0	0	0	13	0	0	1	54	2	0	3
R.マルティネス	10	0	0	4	6	0	0	4	6	0	0	6	7	1	0	4	11	1	0	3	40	2	0	21
*岡田 俊哉	4	1	0	1	6	0	0	0	4	0	0	0	7	1	0	0	8	0	2	2	29	2	2	3
岡野祐一郎	2	0	0	0	2	1	0	0	2	1	1	0	3	0	1	0	2	0	0	0	11	2	2	0
梅津 晃大	1	1	0	0	2	0	1	0	—	—	—	—	2	0	2	0	2	0	0	0	7	2	3	0
谷元 圭介	8	0	0	0	7	0	1	0	9	1	0	0	7	0	1	0	5	0	1	0	36	1	3	0
藤嶋 健人	4	0	0	0	7	1	0	0	4	0	0	0	7	0	0	1	4	0	0	0	26	1	0	1
山本 拓実	2	0	1	0	1	1	0	0	3	0	2	0	2	0	0	0	1	0	0	0	9	1	3	0
清水 達也	2	1	0	0	1	0	0	0	1	0	0	0	1	0	1	0	1	0	0	0	6	1	1	0
吉見 一起	1	0	1	0	1	0	0	0	1	0	0	0	1	0	1	0	1	0	0	0	5	1	2	0
*小笠原慎之介	—	—	—	—	1	0	1	0	—	—	—	—	2	0	2	0	1	1	0	0	4	1	3	0
*ゴンサレス	4	0	0	0	6	0	0	0	6	0	0	0	6	0	0	0	7	0	0	0	28	0	0	0
木下 雄介	5	0	0	0	3	0	0	0	5	0	0	0	5	0	0	0	5	0	0	1	18	0	0	1
佐藤 優	4	0	0	0	4	0	0	0	4	0	0	0	4	0	0	0	—	—	—	—	14	0	0	0
*橋本 侑樹	3	0	0	0	5	0	0	0	2	0	0	0	2	0	0	0	2	0	0	0	14	0	0	0
*濱田 達郎	1	0	0	0	1	0	0	0	2	0	0	0	1	0	0	0	2	0	0	0	7	0	0	0
鈴木 博志	1	0	0	0	—	—	—	—	2	0	0	0	1	0	0	0	2	0	0	0	6	0	0	0
山井 大介	1	0	0	0	1	0	0	0	1	0	0	0	1	0	0	0	2	0	0	0	6	0	0	0
三ツ間卓也	1	0	0	0	—	—	—	—	—	—	—	—	2	0	0	0	1	0	0	0	4	0	0	0
マルク	1	0	0	0	—	—	—	—	—	—	—	—	1	0	0	0	1	0	0	0	3	0	0	0
計	24	10	12	②5	24	10	14	4	24	15	9	10	24	10	13	①5	24	15	7	②7	120	60	55	⑤31

DeNA

〔投手〕	巨 人				阪 神				中 日				広 島				ヤクルト				計			
	試	勝	敗	S	試	勝	敗	S	試	勝	敗	S	試	勝	敗	S	試	勝	敗	S	試	勝	敗	S
大貫 晋一	4	2	2	0	2	0	1	0	7	3	3	0	2	2	0	0	4	3	0	0	19	10	6	0
井納 翔一	5	1	3	0	2	0	2	0	4	2	1	0	6	3	1	0	—	—	—	—	17	6	7	0
*濱口 遥大	4	2	1	0	2	0	1	0	5	3	2	0	4	1	1	0	1	0	0	0	16	6	5	0
*今永 昇太	1	0	1	0	3	2	0	0	—	—	—	—	2	1	1	0	3	2	1	0	9	5	3	0
平良拳太郎	3	1	0	0	3	1	2	0	2	0	2	0	2	0	0	0	4	2	2	0	14	4	6	0
*坂本 裕哉	2	0	1	0	2	0	0	0	3	1	0	0	—	—	—	—	3	3	0	0	10	4	1	0
パットン	14	2	1	0	10	0	0	0	9	0	0	0	14	1	1	0	10	0	0	0	57	3	2	0
三嶋 一輝	12	1	0	5	6	1	0	2	8	0	0	2	15	1	1	7	7	0	0	2	48	3	1	18
国吉 佑樹	8	0	1	0	10	1	2	0	4	0	1	0	12	1	0	0	8	1	0	0	42	3	4	0
伊勢 大夢	8	1	0	0	5	1	0	0	6	0	1	0	6	1	0	0	8	0	0	0	33	3	1	0
上茶谷大河	2	0	0	0	4	2	1	0	—	—	—	—	2	0	0	0	3	0	2	0	11	2	3	0
ピープルズ	2	0	0	0	3	0	0	0	—	—	—	—	—	—	—	—	3	1	2	0	10	2	2	0
京山 将弥	1	0	0	0	2	0	0	0	—	—	—	—	3	2	1	0	—	—	—	—	6	2	1	0
*エスコバー	10	1	1	0	10	0	0	0	9	0	1	0	12	0	0	0	15	0	2	0	56	1	4	0
*石田 健大	12	0	0	0	11	1	2	0	8	0	2	0	11	0	0	0	8	0	0	0	50	1	4	0
平田 真吾	8	1	0	0	3	0	0	0	9	0	0	0	9	0	1	0	14	0	0	0	43	1	1	0
山﨑 康晃	8	0	1	1	8	0	1	1	6	0	0	3	7	0	1	0	11	0	0	1	40	0	3	6
武藤 祐太	2	0	0	0	4	0	0	0	5	0	0	0	1	0	0	0	8	0	1	0	21	0	1	0
*砂田 毅樹	5	0	0	0	4	0	0	0	4	0	0	0	1	0	0	0	3	0	0	0	17	0	0	0
三上 朋也	4	0	0	0	1	0	0	0	1	0	0	0	2	0	0	0	2	0	0	0	10	0	0	0
進藤 拓也	—	—	—	—	1	0	0	0	1	0	0	0	—	—	—	—	1	0	0	0	5	0	0	0
藤岡 好明	—	—	—	—	3	0	0	0	—	—	—	—	—	—	—	—	1	0	0	0	4	0	0	0
阪口 皓亮	—	—	—	—	1	0	0	0	—	—	—	—	—	—	—	—	1	0	1	0	3	0	2	0
中川 虎大	—	—	—	—	—	—	—	—	2	0	1	0	—	—	—	—	—	—	—	—	3	0	1	0
*櫻井 周斗	1	0	0	0	1	0	0	0	1	0	0	0	1	0	0	0	—	—	—	—	3	0	0	0
笠井 崇正	—	—	—	—	—	—	—	—	1	0	0	0	—	—	—	—	—	—	—	—	1	0	0	0
計	24	12	12	6	24	9	12	③3	24	9	15	5	24	14	8	②7	24	12	11	①3	120	56	58	⑤24

セントラル・リーグ

広 島

〔投手〕	巨 人 試	勝	敗	S	阪 神 試	勝	敗	S	中 日 試	勝	敗	S	DeNA 試	勝	敗	S	ヤクルト 試	勝	敗	S	計 試	勝	敗	S
森下　暢仁	2	1	1	0	4	3	0	0	3	2	0	0	5	1	2	0	4	3	0	0	18	10	3	0
九里　亜蓮	5	2	2	0	3	1	1	0	5	2	2	0	3	1	1	0	4	1	0	0	20	8	6	0
野村　祐輔	3	1	1	0	2	0	1	0	4	3	1	0	2	1	0	0	2	1	0	0	13	6	3	0
遠藤　淳志	7	1	2	0	7	1	4	0	1	1	0	0	2	0	0	0	2	1	0	0	19	5	6	0
＊床田　寛樹	1	0	1	0	1	0	1	0	4	2	2	0	4	1	2	0	5	2	2	0	15	5	8	0
大瀬良大地	1	1	0	0	4	1	3	0	2	1	0	0	3	1	1	0	1	1	0	0	11	5	4	0
＊塹江　敦哉	8	1	0	0	11	0	1	0	9	0	2	0	9	1	1	0	15	1	0	0	52	3	4	0
中村　祐太	—	—	—	—	1	0	1	0	2	1	0	0	2	0	2	0	3	2	1	0	8	3	4	0
＊フランスア	11	0	1	4	10	1	1	2	10	0	1	3	7	0	0	1	15	1	0	9	53	2	3	19
菊池　保則	8	0	0	0	9	0	0	0	9	0	0	0	10	1	0	1	8	0	0	0	44	1	0	1
ケムナ　誠	8	1	0	0	8	0	0	0	7	0	0	0	7	0	1	0	11	0	0	0	41	1	1	0
島内颯太郎	9	0	0	0	4	0	0	0	8	1	0	0	9	0	0	0	8	0	0	0	38	1	0	0
薮田　和樹	4	0	1	0	7	1	0	0	5	0	0	0	9	0	0	0	3	0	1	0	28	1	2	0
中崎　翔太	1	0	0	0	1	0	0	0	1	0	0	0	1	0	0	0	1	0	0	0	6	1	0	0
中田　廉	6	0	0	0	8	0	0	0	4	0	0	0	8	0	0	0	6	0	1	0	32	0	1	0
一岡　竜司	3	0	0	0	6	0	0	1	3	0	0	0	3	0	1	0	4	0	0	0	19	0	1	1
＊高橋　樹也	5	0	0	0	5	0	0	0	3	0	0	0	1	0	0	0	4	0	0	0	18	0	0	0
DJ.ジョンソン	3	0	0	0	4	0	0	0	3	0	0	0	1	0	0	0	3	0	0	0	14	0	0	0
＊中村　恭平	6	0	0	0	3	0	0	0	1	0	0	0	1	0	0	0	1	0	0	0	14	0	0	0
＊K.ジョンソン	2	0	2	0	—	—	—	—	3	0	2	0	3	0	2	0	2	0	1	0	10	0	7	0
スコット	3	0	1	0	—	—	—	—	—	—	—	—	2	0	1	0	2	0	1	0	7	0	3	0
今村　猛	3	0	0	0	1	0	0	0	1	0	0	0	1	0	0	0	—	—	—	—	6	0	0	0
矢崎　拓也	—	—	—	—	1	0	0	0	2	0	0	0	2	0	0	0	1	0	0	0	6	0	0	0
藤井　黎來	—	—	—	—	1	0	0	0	—	—	—	—	—	—	—	—	1	0	0	0	3	0	0	0
田中　法彦	—	—	—	—	1	0	0	0	—	—	—	—	—	—	—	—	1	0	0	0	2	0	0	0
＊モンティージャ	—	—	—	—	1	0	0	0	—	—	—	—	—	—	—	—	—	—	—	—	1	0	0	0
	③				③				①				②				③				⑫			
計	24	9	12	4	24	8	13	3	24	13	10	3	24	8	14	2	24	14	7	9	120	52	56	21

ヤクルト

〔投手〕	巨 人 試	勝	敗	S	阪 神 試	勝	敗	S	中 日 試	勝	敗	S	DeNA 試	勝	敗	S	広 島 試	勝	敗	S	計 試	勝	敗	S
小川　泰弘	6	1	3	0	2	1	1	0	4	3	1	0	5	3	2	0	3	2	1	0	20	10	8	0
梅野　雄吾	9	1	0	0	9	2	1	0	7	0	1	0	4	1	0	0	13	1	0	0	42	5	2	0
マクガフ	8	0	0	0	13	1	0	0	10	2	0	0	7	0	0	0	12	1	1	0	50	4	1	0
スアレス	3	0	1	0	3	2	0	0	2	0	1	0	—	—	—	—	4	2	2	0	12	4	4	0
石山　泰稚	8	1	1	3	8	1	0	5	10	0	0	4	9	0	0	6	9	1	1	2	44	3	2	20
高梨　裕稔	5	1	2	0	3	0	0	0	2	1	1	0	3	0	2	0	5	1	1	0	18	3	6	0
＊石川　雅規	3	1	0	0	3	0	1	0	3	0	2	0	4	1	3	0	2	0	2	0	15	2	8	0
吉田　大喜	3	0	1	0	2	0	2	0	2	0	0	0	4	2	2	0	3	0	2	0	14	2	7	0
原　樹理	1	0	1	0	1	1	0	0	2	0	1	0	1	1	0	0	—	—	—	—	5	2	2	0
＊長谷川宙輝	12	0	2	0	6	1	0	0	9	0	0	0	8	0	0	0	9	0	0	0	44	1	2	0
＊寺島　成輝	6	0	0	0	6	0	0	0	6	1	0	0	5	0	0	0	7	0	0	0	30	1	0	0
＊中澤　雅人	7	1	0	0	4	0	0	0	5	0	1	0	7	0	0	0	5	0	0	0	28	1	1	0
＊高橋　奎二	1	0	0	0	3	1	1	0	3	0	1	0	1	0	1	0	2	0	0	0	10	1	3	0
歳内　宏明	1	0	0	0	1	0	1	0	2	0	1	0	2	1	0	0	1	0	0	0	7	1	2	0
山中　浩史	—	—	—	—	1	0	0	0	2	0	1	0	2	1	1	0	1	0	0	0	6	1	2	0
清水　昇	10	0	1	0	13	0	1	0	11	0	1	0	10	0	0	0	8	0	1	0	52	0	4	0
星　知弥	9	0	0	0	6	0	1	0	5	0	0	0	7	0	0	0	9	0	0	0	36	0	1	0
近藤　一樹	6	0	1	0	4	0	0	1	4	0	0	0	4	0	0	0	2	0	0	0	20	0	1	1
今野　龍太	5	0	0	0	1	0	0	0	6	0	1	0	5	0	0	0	2	0	0	0	20	0	1	0
大下　佑馬	5	0	1	0	3	0	0	0	3	0	0	0	2	0	0	0	—	—	—	—	13	0	1	0
風張　蓮	1	0	0	0	2	0	0	0	2	0	0	0	2	0	0	0	4	0	1	0	11	0	1	0
＊久保　拓眞	—	—	—	—	1	0	0	0	3	0	0	0	3	0	0	0	3	0	1	0	10	0	1	0
イノーア	—	—	—	—	4	0	3	0	3	0	0	0	1	0	0	0	1	0	0	0	9	0	3	0
クック	—	—	—	—	2	0	1	0	2	0	0	0	2	0	1	0	1	0	1	0	7	0	3	0
大西　広樹	1	0	0	0	1	0	0	0	2	0	0	0	—	—	—	—	1	0	1	0	5	0	1	0
＊中尾　輝	2	0	0	0	1	0	0	0	1	0	0	0	—	—	—	—	—	—	—	—	3	0	0	0
金久保優斗	1	0	0	0	—	—	—	—	—	—	—	—	—	—	—	—	1	0	0	0	3	0	1	0
＊山田　大樹	1	0	1	0	—	—	—	—	1	0	1	0	—	—	—	—	—	—	—	—	2	0	2	0
奥川　恭伸	1	0	0	0	—	—	—	—	—	—	—	—	—	—	—	—	—	—	—	—	1	0	0	0
五十嵐亮太	—	—	—	—	1	0	0	0	—	—	—	—	—	—	—	—	—	—	—	—	1	0	0	0
＊坂本光士郎	—	—	—	—	1	0	0	0	—	—	—	—	—	—	—	—	—	—	—	—	1	0	0	0
	③				①				②				①				③				⑩			
計	24	6	15	3	24	10	13	6	24	7	15	4	24	11	12	6	24	7	14	2	120	41	69	21

セントラル・リーグ　各球場における本塁打

チーム	東京ドーム	神宮	横浜	ナゴヤドーム	甲子園	マツダ	京セラD大阪	ほっともっと神戸	合計
試　合	58	60	60	60	57	60	3	2	360
巨　　人	72	24	9	11	7	10	－	2	135
阪　　神	11	10	12	10	52	14	1	－	110
中　　日	8	14	7	31	4	6	－	－	70
ＤｅＮＡ	13	16	74	4	17	11	－	－	135
広　　島	15	16	10	15	5	48	1	－	110
ヤクルト	8	71	9	8	6	10	－	2	114
合　　計	127	151	121	79	91	99	2	4	674

東京ドーム
巨　人＝72＝岡本19、丸16、坂本11、ウィーラー6、中島6、大城3、パーラ3、松原2、石川、岸田、立岡、田中俊、吉川尚、若林
中　日＝ 8＝ビシエド3、阿部、アルモンテ、石垣、木下拓、京田
阪　神＝11＝近本5、大山、西勇、原口、ボーア、マルテ、陽川
広　島＝15＝鈴木誠3、西川3、田中広2、ピレラ2、會澤、菊池涼、長野、堂林、松山
ヤクルト＝ 8＝村上3、青木、塩見、中山、廣岡、山崎、山田哲
ＤｅＮＡ＝13＝ロペス3、オースティン2、宮﨑2、梶谷、佐野、ソト、髙城、戸柱、大和

神　宮
巨　人＝24＝岡本4、丸4、坂本3、吉川尚3、ウィーラー2、石川、大城、亀井、炭谷、重信、パーラ、松原、陽
中　日＝14＝ビシエド5、阿部3、アルモンテ2、福田2、京田、高橋
阪　神＝10＝ボーア4、梅野、大山、木浪、サンズ、原口、マルテ
広　島＝16＝長野3、松山3、菊池涼2、田中広2、堂林、會澤、大盛、正隨、鈴木誠
ヤクルト＝71＝村上15、青木12、西浦5、坂口7、山田哲5、塩見5、西田5、廣岡5、中山2、濱田2、宮本2、荒木
ＤｅＮＡ＝16＝佐野4、ソト4、宮﨑3、梶谷、倉本、中井、大和、ロペス

横　浜
巨　人＝ 9＝丸5、岡本2、亀井、吉川尚
中　日＝ 7＝阿部2、アルモンテ、木下拓、高橋、ビシエド、平田
阪　神＝12＝サンズ4、大山3、陽川3、糸井、中谷
広　島＝10＝鈴木誠3、會澤、堂林2、ピレラ2、大瀬良
ヤクルト＝ 9＝村上3、青木2、山崎2、坂口、山田哲
ＤｅＮＡ＝74＝梶谷13、佐野12、オースティン11、ソト9、宮﨑6、ロペス6、戸柱4、神里3、髙城2、蝦名、乙坂、楠本、桑原、柴田、中井、細川、大和

ナゴヤドーム
巨　人＝11＝大城3、坂本3、ウィーラー2、岡本2、北村
中　日＝31＝阿部6、ビシエド6、アルモンテ4、木下拓3、高橋3、福田3、平田2、A.マルティネス2、大島、京田
阪　神＝10＝大山5、ボーア2、梅野、坂板、陽川
広　島＝15＝鈴木誠3、ピレラ3、菊池涼2、田中広2、堂林2、會澤、長野、メヒア
ヤクルト＝ 8＝村上3、塩見2、山田哲2、廣岡
ＤｅＮＡ＝ 4＝ソト2、オースティン、ロペス

京セラD大阪
阪　神＝ 1＝サンズ
広　島＝ 1＝鈴木誠

甲子園
巨　人＝ 7＝ウィーラー、大城、北村、坂本、丸、吉川尚、若林
中　日＝ 4＝ビシエド2、京田、シエラ
阪　神＝52＝大山12、サンズ10、ボーア8、梅野5、糸原3、近本3、陽川3、木浪2、糸井、中谷、原口、福留、北條、マルテ
広　島＝ 5＝鈴木誠2、ピレラ2、堂林
ヤクルト＝ 6＝西田3、エスコバー、西浦、廣岡、村上
ＤｅＮＡ＝17＝ソト5、オースティン4、梶谷3、佐野2、宮﨑、大和、ロペス

ほっと神戸
巨　人＝ 2＝中島、吉川尚
ヤクルト＝ 2＝青木2

マツダ
巨　人＝10＝岡本4、ウィーラー、大城、坂本、丸、モタ、吉川尚
中　日＝ 6＝高橋2、阿部、アルモンテ、木下拓、京田
阪　神＝14＝大山6、サンズ3、ボーア2、近本、北條、マルテ
広　島＝48＝鈴木誠12、堂林6、菊池涼5、長野5、松山5、坂倉3、西川3、會澤2、田中広2、ピレラ2、磯村、大盛、メヒア
ヤクルト＝10＝村上4、青木、坂口、中山、濱田、廣岡、山田哲
ＤｅＮＡ＝11＝ソト4、オースティン2、宮﨑2、梶谷、佐野、柴田

各チームに対する本塁打

チーム	巨	神	中	ディ	広	ヤ	ソ	ロ	武	楽	日	オ	本塁打計
巨　　人	—	18	22	27	22	46	—	—	—	—	—	—	135
阪　　神	21	—	21	19	27	22	—	—	—	—	—	—	110
中　　日	16	9	—	13	12	20	—	—	—	—	—	—	70
DeNA	25	33	26	—	22	29	—	—	—	—	—	—	135
広　　島	29	13	27	19	—	22	—	—	—	—	—	—	110
ヤクルト	23	21	20	20	30	—	—	—	—	—	—	—	114
ソフトバンク	—	—	—	—	—	—	—	25	23	28	23	27	126
ロ　ッ　テ	—	—	—	—	—	—	14	—	15	19	17	25	90
西　　武	—	—	—	—	—	—	25	21	—	19	23	19	107
楽　　天	—	—	—	—	—	—	15	33	27	—	14	23	112
日本ハム	—	—	—	—	—	—	16	20	18	22	—	13	89
オリックス	—	—	—	—	—	—	13	11	23	22	21	—	90
被本塁打計	114	94	116	98	113	139	83	110	106	110	98	107	1288

満　塁　本　塁　打

No.	打者	球団	日付	対戦	イニング	投手	球場	備考
①	鈴木　誠也	(広)	6. 20	対 ディ②	8回二死	平田　真吾	横浜	
②	山田　哲人	(ヤ)	6. 27	対 巨①	6回一死	藤岡　貴裕	神宮	
③	アルモンテ	(中)	6. 30	対 神①	7回一死	能見　篤史	ナゴヤドーム	
④	村上　宗隆	(ヤ)	7. 2	対 広②	9回二死	スコット	神宮	〈サヨナラ〉
⑤	ボーア	(神)	7. 5	対 広②	3回二死	遠藤　淳志	マツダ	
⑥	ソト	(ディ)	7. 5	対 広③	5回一死	高梨　裕稔	マツダ	
⑦	堂林　翔太	(広)	7. 8	対 ディ④	8回二死	パットン	マツダ	
⑧	ピレラ	(広)	7. 23	対 神⑤	6回二死	藤浪晋太郎	甲子園	
⑨	佐野　恵太	(ディ)	7. 24	対 広⑥	9回一死	一岡　竜司	横浜	〈サヨナラ〉
⑩	會澤　翼	(広)	7. 26	対 ディ⑦	9回二死	山崎　康晃	横浜	
⑪	ボーア	(神)	7. 28	対 ヤ⑦	2回二死	イノーア	神宮	
⑫	サンズ	(神)	7. 28	対 ヤ⑦	4回二死	坂本光士郎	神宮	
⑬	岡本　和真	(巨)	8. 1	対 広⑧	6回二死	ケムナ　誠	東京ドーム	
⑭	中谷　将大	(神)	8. 6	対 広⑨	8回二死	堀岡　隼人	甲子園	〈代打〉
⑮	倉本　寿彦	(ディ)	8. 9	対 ヤ⑩	1回二死	山中　浩史	神宮	
⑯	青木　宣親	(ヤ)	8. 22	対 神⑪	8回二死	岩貞　祐太	神宮	
⑰	山田　哲人	(ヤ)	8. 30	対 ディ⑮	2回二死	阪口　皓亮	横浜	
⑱	會澤　翼	(広)	9. 2	対 中⑯	4回無死	小笠原慎之介	ナゴヤドーム	
⑲	大山　悠輔	(神)	9. 2	対 ディ⑬	1回一死	坂本　裕哉	横浜	
⑳	大山　悠輔	(神)	9. 18	対 中⑬	6回無死	柳　裕也	ナゴヤドーム	
㉑	ビシエド	(中)	9. 23	対 ヤ⑭	8回一死	清水　昇	ナゴヤドーム	
㉒	梶谷　隆幸	(ディ)	10. 18	対 巨⑳	7回無死	高梨　雄平	横浜	
㉓	ロペス	(ディ)	10. 27	対 巨㉑	5回二死	戸郷　翔征	横浜	
㉔	陽川　尚将	(神)	10. 31	対 ディ㉒	1回二死	井納　翔一	横浜	
㉕	山崎晃大朗	(ヤ)	11. 8	対 巨㉔	8回無死	田中　豊樹	東京ドーム	

サ　ヨ　ナ　ラ　本　塁　打

No.	打者	球団	日付	対戦	イニング	投手	球場	備考
①	西浦　直亨	(ヤ)	6. 25	対 神③	9回二死	藤川　球児	神宮	〈代打〉
②	村上　宗隆	(ヤ)	7. 2	対 広④	9回二死	スコット	神宮	〈満塁〉
③	ビシエド	(中)	7. 10	対 広④	10回一死	フランスア	ナゴヤドーム	
④	佐野　恵太	(ディ)	7. 24	対 広⑥	9回一死	一岡　竜司	横浜	〈満塁〉
⑤	サンズ	(神)	9. 1	対 ヤ⑬	9回無死	イノーア	甲子園	
⑥	高橋　周平	(中)	10. 15	対 神㉑	9回二死	スアレス	ナゴヤドーム	
⑦	大山　悠輔	(神)	11. 4	対 ヤ㉓	9回一死	梅野　雄吾	甲子園	

パシフィック・リーグ

2020・レギュラーシーズン成績

チ ー ム 勝 敗 表

○中数字は引分

チーム	試合	勝利	敗北	引分	勝率	ゲーム差	ソフトバンク	ロッテ	西武	楽天	日本ハム	オリックス
ソフトバンク	120	73	42	5	.635	－	－	11①12	13①10	15 - 9	17①5	17②5
ロッテ	120	60	57	3	.513	14.0	12①11	－	9 - 15	8①15	13 - 11	18○6
西武	120	58	58	4	.500	15.5	10①13	15 - 9	－	12②10	10 - 14	11○12
楽天	120	55	57	8	.491	16.5	9 - 15	15① 8	10②12	－	11③10	10②12
日本ハム	120	53	62	5	.461	20.0	6①17	11 - 13	14 - 10	10③11	－	12①11
オリックス	120	45	68	7	.398	27.0	5②17	5①18	12①11	12②10	11①12	－

ホ ー ム ゲ ー ム 勝 敗 表

チーム	試合	勝利	敗北	引分	勝率	ソフトバンク	西武	ロッテ	楽天	日本ハム	オリックス
ソフトバンク	60	40	19	1	.678	－	9 - 3	6 - 6	8 - 4	9 - 3	8①3
西武	60	35	22	3	.614	7①4	－	9 - 3	7①4	6 - 6	6①5
ロッテ	60	35	23	2	.603	6①5	6 - 6	－	5①6	7 - 5	11 - 1
楽天	60	31	25	4	.554	5 - 7	6①5	9 - 3	－	7①4	4②6
日本ハム	60	31	26	3	.544	3①8	8 - 4	6 - 6	6②4	－	8 - 4
オリックス	60	26	31	3	.456	2①9	7 - 5	4①7	6 - 6	7①4	－

ロ ー ド ゲ ー ム 勝 敗 表

チーム	試合	勝利	敗北	引分	勝率	ソフトバンク	楽天	ロッテ	西武	日本ハム	オリックス
ソフトバンク	60	33	23	4	.589	－	7 - 5	5①6	4①7	8①3	9①2
楽天	60	24	32	4	.429	4 - 8	－	6①5	4①7	4②6	6 - 6
ロッテ	60	25	34	1	.424	6 - 6	3 - 9	－	3 - 9	6 - 6	7①4
西武	60	23	36	1	.390	3 - 9	5①6	6 - 6	－	4 - 8	5 - 7
日本ハム	60	22	36	2	.379	3 - 9	4①7	5 - 7	6 - 6	－	4①7
オリックス	60	19	37	4	.339	3①8	6②4	1 - 11	5①6	4 - 8	－

2020・パシフィック・リーグ各チーム戦績

※は順位決定日。球場、相手の－は試合予定がない日の順位変動日。

ソフトバンク（73勝42敗5分）

日	球場	相手		スコア		投手	順位
6月	**（3勝6敗1分）**						
19	PayPayD	ロ	①	2-1	○	高橋 礼	①
20	〃	〃	②	2-3	●	松本 裕樹	④
21	〃	〃	②	1-5	●	二保	④
23	メットライフ	武	②	3-11	●	ムー ア	④
24	〃	〃	②	9-6	○	津森 宥紀	③
25	〃	〃	④	4-2	○	バンデンハーク	③
26	〃	〃	④	4-7	●	岩嵜 翔	④
27	〃	〃	⑥	7-8	●	岩嵜	⑤
28	〃	〃	⑥	3-4	●	泉 圭輔	⑤
30	札幌D	日	①	1-1	△	嘉弥真新也	
7月	**（18勝9敗）**						
1	札幌D	日	②	4-0	○	石川 柊太	④
2	〃	〃	③	8-9	●	森 唯斗	⑤
3	〃	〃	④	4-1	○	東浜 巨	④
4	〃	〃	⑤	8-3	○	和田 毅	④
5	〃	〃	⑤	2-5	●	二保 旭	④
7	PayPayD	楽	④	4-3	○	千賀 滉大	③
8	〃	〃	③	8-12	●	笠谷 俊介	④
9	〃	〃	③	1-9	●	バンデンハーク	④
10	〃	〃	④	2-1	○	高橋 礼	④
11	〃	〃	④	8-4	○	二保 旭	〃
12	〃	〃	④	6-1	○	石川 柊太	〃
14	京セラD	オ	②	10-3	○	千賀 滉大	②
15	〃	〃	②	7-0	○	和田 毅	②
16	〃	〃	③	3-4	●	バンデンハーク	②
17	〃	〃	④	9-1	○	笠谷 俊介	②
18	〃	〃	④	3-1	○	石川 柊太	②
19	〃	〃	④	3-2	○	二保 旭	②
21	PayPayD	日	⑦	1-2	●	千賀 滉大	②
22	〃	〃	⑧	2-3	●	椎野 新	①
23	〃	〃	⑨	2-3	●	笠谷 俊介	①
24	〃	〃	⑩	4-1	○	東浜 巨	①
25	〃	〃	⑪	7-9	●	椎野 新	①
26	〃	〃	⑫	6-1	○	二保 旭	〃
28	〃	武	〃	9-4	○	千賀 滉大	〃
29	〃	〃	⑧	7-0	○	和田 毅	〃
30	〃	〃	⑨	0-6	●	板東 湧梧	〃
31	〃	〃	⑩	5-4	○	嘉弥真新也	〃
8月	**（16勝8敗1分）**						
1	PayPayD	武	⑪	4-0	○	石川 柊太	〃
2	〃	〃		中止			
4	楽天生命	楽	⑦	6-7	●	モイネロ	〃
5	〃	〃	⑧	0-6	●	和田 毅	〃
6	〃	〃	⑨	4-0	○	板東 湧梧	〃
7	〃	〃	⑨	4-7	●	東浜 巨	〃
8	〃	〃	⑪	2-4	●	二保 旭	②
9	〃	〃	⑫	2-3	●	板東 湧梧	①
11	PayPayD	オ	⑦	8-7	○	千賀 滉大	〃
12	〃	〃	⑧	6-0	○	和田 毅	〃
13	〃	〃	⑩	3-1	○	大竹耕太郎	〃
14	〃	〃	⑩	4-1	○	嘉弥真新也	〃
15	〃	〃	⑪	2-8	●	二保 旭	〃
16	〃	〃	⑫	3-1	○	石川 柊太	〃
18	ZOZO	ロ	④	4-6	●	千賀 滉大	〃
19	〃	〃	⑤	2-2	△	板東 湧梧	〃
20	〃	〃	⑥	4-5	●	嘉弥真新也	〃
21	〃	〃	⑦	3-7	●	高橋 礼	③
22	〃	〃	⑦	6-4	○	モイネロ	①
23	〃	〃	⑨	4-0	○	石川 柊太	〃
25	PayPayD	オ	⑫	4-0	○	千賀 滉大	〃
26	〃	〃	⑭	8-4	○	森 唯斗	〃
27	〃	〃	⑭	5-2	○	笠谷 俊介	〃
28	〃	日	〃	9-1	○	武田 翔太	〃
29	〃	〃	⑭	3-0	○	ムー ア	〃
30	PayPayD	日	⑮	8-5	○	高橋 礼	①
9月	**（11勝13敗2分）**						
1	京セラD	オ	⑯	0-5	●	千賀 滉大	〃
2	〃	〃	⑰	3-3	△	板東 湧梧	〃
3	〃	〃	⑱	5-4	○	二保 旭	〃
4	PayPayD	ロ	⑩	3-4	●	板東 湧梧	〃
5	〃	〃	⑪	4-5	●	笠谷 俊介	〃
6	〃	〃	⑫	2-4	●	石川 柊太	〃
8	楽天生命	楽	⑬	2-0	○	千賀 滉大	〃
9	〃	〃	⑭	8-1	○	和田 毅	〃
10	〃	〃	⑮	9-2	○	東浜 巨	〃
11	PayPayD	武	〃	3-6	●	ムー ア	〃
12	〃	〃	⑯	8-4	○	武田 翔太	〃
13	〃	〃	⑯	2-1	○	石川 柊太	〃
15	札幌D	日	〃	2-3	●	千賀 滉大	〃
16	〃	〃	⑯	5-4	○	高橋 礼	〃
17	〃	〃	⑰	2-4	●	東浜 巨	〃
18	PayPayD	楽	⑰	9-3	○	ムー ア	〃
19	〃	〃	⑰	1-3	●	高橋 礼	〃
20	〃	〃	⑱	2-3	●	石川 柊太	〃
22	〃	オ	⑲	0-1	●	千賀 滉大	〃
23	〃	〃	⑬	5-10	●	武田 翔太	〃
24	〃	〃	〃	3-3	△	高橋	〃
25	ZOZO	ロ	⑬	4-7	●	ムー ア	〃
26	〃	〃	〃	7-3	○	東浜 巨	〃
27	〃	〃	〃	4-8	●	二保 旭	〃
29	楽天生命	楽	⑲	6-2	○	千賀 滉大	〃
30	〃	〃	〃	3-9	●	武田 翔太	〃
10月	**（22勝4敗1分）**						
1	楽天生命	楽	㉑	4-1	○	石川 柊太	〃
2	PayPayD	日	⑲	7-5	○	ムー ア	〃
3	〃	〃	〃	2-1	○	東浜 巨	〃
4	〃	〃	〃	8-4	○	和田 毅	〃
6	メットライフ	武	⑮	3-2	○	千賀 滉大	〃
7	〃	〃	〃	3-4	●	モイネロ	〃
8	〃	〃	〃	4-4	△	高橋 礼	〃
9	PayPayD	ロ	⑯	1-3	●	ムー ア	〃
10	〃	〃	〃	5-1	○	東浜 巨	〃
11	〃	〃	〃	6-0	○	和田 毅	〃
13	京セラD	オ	㉑	2-0	○	笠谷 俊介	〃
14	〃	〃	〃	3-0	○	千賀 滉大	〃
15	〃	〃	㉔	0-1	●	石川 柊太	〃
16	〃	楽	㉒	7-3	○	ムー ア	〃
17	〃	〃	〃	5-0	○	東浜 巨	〃
18	〃	〃	㉔	11-4	○	モイネロ	〃
20	札幌D	日	㉒	11-2	○	笠谷 俊介	〃
21	〃	〃	〃	9-1	○	千賀 滉大	〃
22	〃	〃	〃	4-0	○	ムー ア	〃
23	PayPayD	武	⑱	8-1	○	石川 柊太	〃
24	〃	〃	⑲	1-4	●	モイネロ	〃
25	〃	〃	⑲	7-2	○	大竹耕太郎	〃
27	〃	ロ	⑲	5-1	○	和田 毅	※
28	〃	〃	⑳	2-0	○	千賀 滉大	〃
29	〃	〃	〃	3-3	△	嘉弥真新也	〃
30	メットライフ	武	㉑	4-3	○	東浜 巨	〃
31	〃	〃	㉒	11-2	○	石川 柊太	〃
11月	**（3勝2敗）**						
1	メットライフ	武	㉓	1-3	●	笠谷 俊介	〃
3	ZOZO	ロ	㉓	4-3	○	バンデンハーク	〃
4	〃	〃	〃	1-6	●	千賀 滉大	〃
5	〃	〃	㉔	1-6	●	東浜 巨	〃
9	PayPayD	武	㉔	6-2	○	石川 柊太	〃

ロッテ（60勝57敗3分）

日	球場	相手		スコア		投手	順位
6月	**（8勝2敗）**						
19	PayPayD	ソ	①	1-2	●	東條 大樹	④

日	球場	相手		スコア		投　手	順位
20	PayPayD	ソ	②	3－2	○	ハーマン　学	②
21	〃	〃	③	5－1	○	美馬	①
23	ZOZO	オ	①	6－5	○	田中　靖洋	
24	〃	〃	②	6－4	○	小島　和哉	
25	〃	〃	③	6－4	○	岩下　大輝	
26	〃	〃	④	6－5	○	小野　郁	
27	〃	〃	⑤	2－1	○	ハーマン	
28	〃	〃				東條　大樹	
30	楽天生命	楽	①	4－15	●	二木　康太	
7月	**（10勝16敗）**						
1	楽天生命	楽	②	3－5	●	小島　和哉	
2	〃	〃	③	8－5	○	岩下　大輝	
3	〃	〃	④	1－3	●	石川　歩	
4	〃	〃	⑤	1－3	●	種市　篤暉	②
5	〃	〃	⑥	1－8	●	美馬　学	
7	ZOZO	武	①	8－6	○	有吉　優樹	
8	〃	〃	②	0－3	●	小島　和哉	
9	〃	〃		ノーゲーム			
10	〃	〃	③	6－7	●	益田　直也	
11	〃	〃	④	6－4	○	種市　篤暉	
12	〃	〃	⑤	5－8	●	フローレス　学	
14	札幌D	日	①	4－6	●	美馬　学	
15	〃	〃	②	4－6	●	小野　郁	
16	〃	〃	③	4－3	○	岩下　大輝	
17	〃	〃	④	4－7	●	石川	
18	〃	〃	⑤	5－2	○	種市　篤暉	
19	〃	〃	⑥	2－9	●	有吉　優樹	③
21	メットライフ	武	⑥	2－1	○	美馬　学	④
22	〃	〃	⑦	2－1	○	小島　和哉	
23	〃	〃	⑧	2－3	●	岩下　大輝	④
24	〃	〃	⑨	2－3	●	益田　直也	
25	〃	〃	⑩	5－0	○	種市　篤暉	
26	〃	〃	⑦	1－5	●	小野　郁	
28	ZOZO	楽	⑦	13－12	○	益田　直也	
29	〃	〃	⑧	1－5	●	小島　和哉	③
30	〃	〃	⑨	2－4	●	岩下　大輝	③
31	〃	〃	⑩	5－4	○	石川　歩	③
8月	**（16勝8敗2分）**						
1	ZOZO	楽	⑪	0－8	●	種市　篤暉	
2	〃	〃	⑫	7－6	○	チェン・グァンユウ	
4	京セラD	オ	④	5－5	△	唐川　侑己	
5	〃	〃	⑤	12－1	○	小島　和哉	
6	〃	〃	⑥	1－3	●	岩下　大輝	
7	〃	〃	⑩	6－3	○	石川　歩	
8	〃	〃	⑪	9－3	○	二木　康太	
9	〃	〃	⑫	4－0	○	中村　稔弥	
11	ZOZO	日	⑦	3－1	○	美馬　学	
12	〃	〃	⑧	4－12	●	小島　和哉	
13	〃	〃	⑨	8－6	○	フローレス	
14	〃	〃	⑩	12－5	○	石川　歩	
15	〃	〃	⑪	0－9	●	二木　康太	
16	〃	〃	⑫	6－5	○	ハーマン　学	②
18	〃	ソ	④	6－2	○	美馬　学	
19	〃	〃	⑤	2－2	△	東妻　勇輔	
20	〃	〃	⑥	5－4	○	フローレス	①
21	〃	〃	⑦	5－3	○	石川	
22	〃	〃	⑧	7－3	○	石川　歩	
22	〃	〃		2－3	●	ハーマン　学	②
23	〃	〃		4－6	●	中村　稔弥　学	②
25	楽天生命	楽	⑬	8－4	○	美馬　学	
26	〃	〃	⑭	2－0	○	小島　和哉	
27	京セラD	オ	⑮	0－15	●	岩下　大輝	
28	〃	〃	⑬	5－1	○	石川　歩	
29	〃	〃	⑭	5－1	○	二木　康太	
30	〃	〃	⑮	0－5	●	中村　稔弥	
9月	**（15勝11敗）**						
1	ZOZO	武	⑫	1－9	●	大嶺　祐太	
2	〃	〃	⑬	2－4	●	小島　和哉	
3	〃	〃	⑭	8－5	○	岩下　大輝	
4	PayPayD	ソ	⑩	4－3	○	石川　歩	
5	〃	〃	⑪	5－4	○	美馬　学	
6	〃	〃	⑫	2－4	○	二木　康太	
8	ZOZO	日	⑬	3－2	○	小野　郁	
9	〃	〃	⑭	2－1	○	小島　和哉	

日	球場	相手		スコア		投　手	順位
10	ZOZO	日	⑮	3－5	●	岩下　大輝	②
11	〃	オ	⑯	2－0	○	中村　稔弥	
12	〃	〃		中　止			
13	〃	〃	⑰	9－2	○	美馬　学	
14	〃	〃	⑱	5－0	○	二木　康太	
15	メットライフ	武	⑮	3－4	●	ハーマン　和哉	
16	〃	〃	⑯	1－3	●	小島　大輝	
17	〃	〃	⑰	8－1	○	岩下　稔弥	
18	札幌D	日	⑯	3－7	●	中村　剛	
19	〃	〃	⑰	1－3	●	石崎　直也	
20	〃	〃	⑱	5－7	●	益田　歩	
22	楽天生命	楽	⑯	4－12	●	石川　侑己	
23	〃	〃	⑰	3－5	●	唐川	
24	〃	〃	⑱	3－5	●	岩下	
25	ZOZO	ソ	⑬	7－4	○	二木　康太	
26	〃	〃	⑭	3－7	●	中村　稔弥	
27	〃	〃	⑮	8－4	○	美馬　学	
29	札幌D	日	⑲	4－3	○	石川　歩	
30	〃	〃		2－1	○	小島　和哉	
10月	**（8勝17敗）**						
1	札幌D	日	㉑	2－3	●	岩下　大輝	
2	ZOZO	武	⑱	0－1	●	岩澤　拓一	
3	〃	〃	⑲	3－4	●	唐川　侑己	
4	〃	オ	⑲	8－1	○	美馬　学	
5	〃	〃	⑳	3－6	●	石川　歩	
6	〃	〃		4－1	○	小島　和哉	
7	〃	〃		中　止			
9	PayPayD	ソ	⑯	3－1	○	二木　康太	
10	〃	〃	⑰	1－5	●	中村　稔弥	
11	〃	〃		0－3	●	美馬　学	
13	ZOZO	楽	⑲	4－3	○	益田　直也	
14	〃	〃	⑳	1－4	●	チェン・ウェイン　哉	
15	〃	〃		0－6	●	小島　和哉	
16	〃	日		5－1	○	二木　康太	
17	〃	〃		中　止			
18	〃	〃	㉓	2－5	●	美馬　学	
19	〃	〃		中　止			
20	メットライフ	武	㉒	1－2	●	益田　直也	
21	〃	〃	㉒	1－2	●	益田　直也	
22	〃	〃		4－7	●	小島　和哉	
23	京セラD	オ	㉑	2－7	●	二木　康太	
24	〃	〃		0－1	●	古谷　拓哉	
25	〃	〃		10－1	○	岩下　大輝	
27	PayPayD	ソ	⑳	1－5	●	石川	
28	〃	〃		3－3	△	チェン・ウェイン	
29	〃	〃	㉑	3－4	●	益田　直也	
30	ZOZO	楽	㉒	1－2	●	岩澤村　拓一	
31	〃	〃		6－3	○	二木　康太	
11月	**（3勝3敗1分）**						
1	ZOZO	楽	㉔	3－3	△	小野　郁	〃
3	〃	ソ	㉒	3－4	●	石川　歩	〃
4	〃	〃		0－2	●	チェン・ウェイン	③
5	〃	〃	㉔	6－1	○	美馬　学	〃
7	〃	オ	㉔	3－2	○	二木　康太	②
8	〃	武	㉔	8－2	○	岩下　大輝	〃
9	〃	日		4－7	●	フローレス	〃 ※

西　武　（58勝58敗4分）

日	球場	相手		スコア		投　手	順位
6月	**（6勝4敗）**						
19	メットライフ	日	①	3－0	○	ニール	①
20	〃	〃	②	1－2	●	松本　航	②
21	〃	〃	②	2－12	●	與座　海人	④
23	〃	ソ	①	11－3	○	高橋　光成	③
24	〃	〃	②	6－9	●	今井　達也	⑤
25	〃	〃	④	2－4	●	本田　圭佑	⑤
26	〃	〃	⑤	8－7	○	ギャレット	③
27	〃	〃	⑤	8－7	○	小川　龍也	
28	〃	〃		3－2	○	増田　達至	
30	〃	オ	①	4－3	○	高橋　光成	
7月	**（11勝13敗1分）**						
1	メットライフ	オ	②	0－6	●	今井　達也	

パシフィック・リーグ

日	球場	相手		スコア	判定	投　手	順位
2	メットライフ	オ	③	9－5	○	平井　克典	③
3	〃	〃	④	4－4	△	小川　龍也	〃
4	〃	〃	④	3－4	●	小川　龍也	〃
5	〃	〃	⑤	5－8	●	與座　海人	〃
7	ZOZO	ロ	①	6－8	●	髙橋　光成	〃
8	〃	〃	②	3－0	○	今井　達也	〃
9	〃	〃		ノーゲーム			
10	〃	〃	③	7－6	○	ギャレット	〃
11	〃	〃	④	4－6	●	松本　航	〃
12	〃	〃	⑤	8－5	○	平井　克典	〃
14	楽天生命	楽		中止			
15	〃	〃		0－11	●	今井　達也	④
16	〃	〃	②	4－7	●	髙橋　光成	〃
17	〃	〃	③	10－2	○	ニール	〃
18	〃	〃	④	4－3	○	松本　航	〃
19	〃	〃	⑤	5－9	●	平井　克典	〃
21	メットライフ	ロ	⑥	8－3	○	今井　達也	③
22	〃	〃	⑦	1－2	●	髙橋　光成	④
23	〃	〃	⑧	5－3	○	與座　海人	〃
24	〃	〃	⑨	3－2	○	増田　達至	〃
25	〃	〃	⑩	0－5	●	本田　圭佑	〃
26	〃	〃	⑪	4－8	●	平井　克典	〃
28	PayPayD	ソ	⑦	4－9	●	平井　克典	〃
29	〃	〃	⑧	2－4	●	松本　航	〃
30	〃	〃	⑨	6－0	○	與座　海人	〃
31	〃	〃	⑩	4－5	●	ニール	〃
8月	**（9勝15敗1分）**						
1	PayPayD	ソ	⑪	0－4	●	本田　圭佑	④
2	〃	〃		中止			
4	札幌D	日	④	4－11	●	髙橋　光成	⑤
5	〃	〃	⑤	7－2	○	平井　克典	〃
6	〃	〃	⑥	3－5	●	與座　海人	⑤
7	〃	〃	⑦	2－3	●	ニール	〃
8	〃	〃	⑧	6－7	●	宮川　哲	〃
9	〃	〃	⑨	1－2	●	本田　圭佑	〃
11	メットライフ	楽	⑥	5－7	●	髙橋　光成	〃
12	〃	〃	⑦	2－6	●	伊藤　翔	〃
13	〃	〃	⑧	4－7	●	與座　海人	〃
14	〃	〃	⑨	13－8	○	今井　達也	〃
15	〃	〃	⑩	3－3	△	平良　海馬	〃
16	〃	〃	⑪	11－1	○	本田　圭佑	〃
18	京セラD	オ	⑦	3－1	○	髙橋　光成	〃
19	〃	〃	⑧	4－3	○	ギャレット	〃
20	〃	〃	⑨	6－4	○	平井　克典	〃
21	〃	〃	⑩	1－3	●	ギャレット	〃
22	〃	〃	⑪	2－5	●	内海　哲也	〃
23	〃	〃	⑫	5－6	●	ギャレット	〃
25	メットライフ	日	⑩	3－4	●	髙橋　光成	〃
26	〃	〃	⑪	5－8	●	榎田　大樹	〃
27	〃	〃	⑫	8－7	○	森脇　亮介	〃
28	楽天生命	楽	⑫	1－2	●	ノ　リ	〃
29	〃	〃	⑬	6－3	○	ノ　リ	〃
30	〃	〃	⑭	3－2	○	森脇　亮介	〃
9月	**（14勝12敗）**						
1	ZOZO	ロ	⑫	9－1	○	髙橋　光成	〃
2	〃	〃	⑬	4－2	○	内海　哲也	〃
3	〃	〃	⑭	5－8	●	平井　克典	〃
4	札幌D	日	⑬	6－2	○	ニール	〃
5	〃	〃	⑭	2－6	●	ギャレット	〃
6	〃	〃	⑮	4－2	○	松本　航	〃
8	メットライフ	オ	⑬	2－0	○	髙橋　光成	④
9	〃	〃	⑭	13－5	○	十亀　剣	〃
10	〃	〃	⑮	4－12	●	平井　克典	⑤
11	PayPayD	ソ	⑫	2－4	●	ニール	〃
12	〃	〃	⑬	4－8	●	ノ　リ	〃
13	〃	〃	⑭	1－0	○	松本　航	〃
14	—	—					
15	メットライフ	ロ	⑮	4－3	○	小川　龍也	〃
16	〃	〃	⑯	3－1	○	浜屋　将太	④
17	〃	〃	⑰	1－8	●	内海　哲也	〃
18	京セラD	オ	⑯	2－8	●	ニール	⑤
19	〃	〃	⑰	3－6	●	ノ　リ	〃
20	〃	〃	⑱	5－4	○	森脇　亮介	〃
22	メットライフ	日	⑯	1－5	●	髙橋　光成	⑤
23	〃	〃	⑰	6－5	○	浜屋　将太	〃
24	〃	〃	⑱	2－12	●	伊藤　翔	〃
25	〃	楽	⑮	5－4	○	森脇　亮介	〃
26	〃	〃	⑯	5－1	○	森脇　亮介	〃
27	〃	〃	⑯	6－2	○	松本　航	④
29	京セラD	オ	⑲	0－3	●	髙橋　光成	〃
30	〃	〃	⑳	0－5	●	浜屋　将太	〃
10月	**（14勝11敗1分）**						
1	京セラD	オ	㉑	7－6	○	宮川　達至	〃
2	ZOZO	ロ	⑲	1－0	○	増田　達至	〃
3	〃	〃	⑲	3－6	●	森脇　亮介	〃
4	〃	〃	⑳	1－8	●	松本　航	〃
6	メットライフ	ソ	⑮	5－1	○	髙橋　光成	〃
7	〃	〃	⑯	4－3	○	平良　海馬	〃
8	楽天生命	楽	⑱	5－2	○	ニール	〃
10	〃	〃		ノーゲーム			
11	〃	〃	⑲	2－8	●	松本　航	〃
12	〃	〃		中止			
13	札幌D	日	⑲	7－0	○	髙橋　光成	〃
14	〃	〃	⑳	2－7	●	浜屋　将太	〃
15	〃	〃	㉑	3－8	●	ニール	〃
16	メットライフ	オ	㉒	2－1	○	宮川　哲	〃
17	〃	〃	㉓	1－4	●	十亀　剣	〃
18	〃	〃	㉔	3－2	○	松本　航	〃
20	〃	ロ	㉑	2－1	○	増田　達至	③
21	〃	〃	㉒	3－1	○	増田　達至	〃
22	〃	〃	㉓	7－4	○	ニール	〃
23	PayPayD	ソ	⑱	1－8	●	今井　達也	〃
24	〃	〃	⑲	2－7	●	森脇　亮介	〃
25	メットライフ	楽	⑳	2－7	●	松本　航	〃
27	〃	〃	⑳	4－3	○	髙橋　光成	〃
28	〃	〃	㉑	4－3	○	浜屋　将太	〃
29	〃	〃	㉒	5－13	●	ニール	〃
30	〃	ソ	㉑	3－4	●	平井　克典	〃
31	〃	〃	㉒	2－11	●	十亀　剣	〃
11月	**（4勝3敗1分）**						
1	メットライフ		㉓	3－1	○	松本　航	〃
2	〃	日	㉓	4－0	○	榎田　大樹	〃
3	〃	〃	㉓	5－4	○	森脇　亮介	②
4	〃	〃	㉔	10－3	○	浜屋　将太	〃
6	楽天生命	楽	㉓	2－4	●	浜屋　将太	〃
7	〃	〃	㉔	6－6	△	増田　達至	〃
8	ZOZO	ロ	㉔	6－4	○	松本　航	〃 ※
9	PayPayD	ソ	㉔	2－6	●	齊藤　大将	〃

楽　　天（55勝57敗8分）

日	球場	相手		スコア	判定	投　手	順位
6月	**（7勝3敗）**						
19	京セラD	オ	①	9－1	○	則本　昂大	①
20	〃	〃	②	2－1	○	森原　康平	〃
21	〃	〃	②	0－4	●	石橋　良太	〃
23	楽天生命	日	①	4－0	○	弓削　隼人	〃
24	〃	〃	②	5－2	○	涌井　秀章	〃
25	〃	〃	③	5－8	●	塩見　貴洋	②
26	〃	〃	④	7－1	○	則本　昂大	〃
27	〃	〃	⑤	18－4	○	酒居　知史	〃
28	〃	〃	⑥	4－6	●	石橋　良太	〃
30	〃	日	⑥	15－4	○	弓削　隼人	〃
7月	**（12勝13敗1分）**						
1	楽天生命	ロ	②	5－3	○	涌井　秀章	①
2	〃	〃	③	5－8	●	塩見　貴洋	②
3	〃	〃	④	3－1	○	則本　昂大	①
4	〃	〃	⑤	3－1	○	岸　孝之	〃
5	〃	〃	⑥	8－1	○	石橋　良太	〃
7	PayPayD	ソ	②	3－4	●	弓削　隼人	〃
8	〃	〃	③	12－8	○	涌井　秀章	〃
9	〃	〃	④	1－2	●	J.T.シャギワ	〃
11	〃	〃	⑤	4－8	●	辛島　航	〃
12	〃	〃	⑥	1－6	●	石橋　良太	〃

日	球場	相手		スコア		投手	順位
14	楽天生命	武		中 止			①
15	〃	〃	①	11－0	○	涌井 秀章	〃
16	〃	〃	②	7－4	○	安樂 智大	〃
17	〃	〃	③	2－10	●	則本 昂大	〃
18	〃	〃	④	3－4	●	塩見 貴洋	〃
19	〃	〃	⑤	9－5	○	ブセニッツ	〃
21	〃	オ	④	3－10	●	宋 家豪	〃
22	〃	〃	⑤	7－11	●	森原 康平	〃
23	〃	〃	⑥	2－2	△	牧田 和久	〃
24	〃	〃	⑦	2－6	●	則本 昂大	②
25	〃	〃	⑥	3－6	●	森原 康平	〃
26	〃	〃	⑦	5－4	○	牧田 和久	〃
28	ZOZO	ロ	⑦	12－13	●	J.T.シャキワ	〃
29	〃	〃	⑧	5－1	○	涌井 秀章	〃
30	〃	〃	⑨	5－3	○	久保 裕也	〃
31	〃	〃	⑩	4－5	●	則本 昂大	〃
8月（12勝12敗2分）							
1	ZOZO	ロ	⑪	8－0	○	塩見 貴洋	〃
2	〃	〃	⑫	6－7	●	酒居 知史	〃
4	楽天生命	ソ	⑦	7－6	○	津留﨑 大成	〃
5	〃	〃	⑧	6－0	○	涌井 秀章	①
6	〃	〃	⑨	1－3	●	松井 裕樹	②
7	〃	〃	⑩	7－4	○	宋 家豪	①
8	〃	〃	⑪	4－2	○	塩見 貴洋	〃
9	〃	〃	⑫	0－5	●	福井 優也	〃
11	メットライフ	武	⑥	7－2	○	弓削 隼人	〃
12	〃	〃	⑦	6－2	○	涌井 秀章	〃
13	〃	〃	⑧	7－4	○	酒居 知史	〃
14	〃	〃	⑨	8－13	●	津留﨑 大成	②
15	〃	〃	⑩	3－3	△	牧田 和久	〃
16	〃	〃	⑪	1－11	●	福井 優也	〃
18	札幌D	日	⑦	4－9	●	弓削 隼人	③
19	〃	〃	⑧	12－2	○	涌井 秀章	②
20	〃	〃	⑨	3－3	△	ブセニッツ	②
21	〃	〃	⑩	4－1	○	則本 昂大	②
22	〃	〃	⑪	1－5	●	塩見 貴洋	③
23	〃	〃	⑫	0－11	●	福井 優也	〃
25	楽天生命	ロ	⑬	4－8	●	J.T.シャキワ	〃
26	〃	〃	⑭	0－2	●	涌井 秀章	〃
27	〃	〃	⑮	15－0	○	松井 裕樹	〃
28	〃	武	⑫	2－1	○	則本 昂大	〃
29	〃	〃	⑬	3－6	●	塩見 貴洋	〃
30	〃	〃	⑭	2－3	●	ブセニッツ	〃
9月（12勝14敗）							
1	札幌D	日	⑬	1－8	●	宋 家豪	〃
2	〃	〃	⑭	5－3	○	池田 駿	〃
3	〃	〃	⑮	0－4	●	松井 裕樹	〃
4	楽天生命	オ	⑩	4－3	○	青山 浩二	〃
5	〃	〃	⑪	6－5	○	塩見 貴洋	〃
6	〃	〃	⑫	6－9	●	福井 優也	〃
8	〃	ソ	⑬	0－2	●	辛島 航	〃
9	〃	〃	⑭	1－8	●	涌井 秀章	〃
10	〃	〃	⑮	2－9	●	松井 裕樹	〃
11	〃	日	⑯	5－3	○	青山 浩二	〃
12	〃	〃		中 止			
13	〃	〃	⑰	14－6	○	寺岡 寛治	〃
14	〃	〃	⑱	1－2	●	塩見 貴洋	〃
15	ほっと神戸	オ	⑬	1－5	●	辛島 航	〃
16	〃	〃	⑭	0－2	●	涌井 秀章	〃
17	〃	〃	⑮	5－4	○	松井 裕樹	〃
18	PayPayD	ソ	⑯	3－9	●	石橋 良太	〃
19	〃	〃	⑰	3－1	○	酒居 知史	〃
20	〃	〃	⑱	1－3	●	岸 孝之	〃
22	楽天生命	ロ	⑯	12－4	○	ジョンソン	〃
23	〃	〃	⑰	5－3	○	涌井 秀章	〃
24	〃	〃	⑱	2－1	○	松井 裕樹	〃
25	メットライフ	武	⑮	4－5	●	牧田 和久	〃
26	〃	〃	⑯	1－5	●	酒居 知史	〃
27	〃	〃	⑰	2－6	●	瀧中 瞭太	〃
29	楽天生命	ソ	⑲	2－6	●	則本 昂大	〃
30	〃	〃	⑳	9－3	○	涌井 秀章	〃
10月（10勝13敗3分）							
1	楽天生命	ソ	㉑	1－4	●	松井 裕樹	〃

日	球場	相手		スコア		投手	順位
2	京セラD	オ	⑯	4－0	○	松井 裕樹	③
3	〃	〃	⑰	5－3	○	寺岡 寛治	〃
4	〃	〃	⑱	2－9	●	寺岡 寛治	〃
6	札幌D	日	⑲	5－3	○	則本 昂大	〃
7	〃	〃	⑳	2－2	△	寺岡 寛之	〃
8	〃	〃	㉑	2－5	●	岸 貴洋	〃
9	楽天生命	武	⑱	2－5	●	塩見	〃
10	〃	〃		ノーゲーム			
11	〃		⑲	8－2	○	瀧中 瞭太	〃
12	〃	〃		中 止			
13	ZOZO	ロ	⑲	3－4	●	ブセニッツ	〃
14	〃	〃	⑳	4－1	○	涌井 秀章	〃
15	〃	〃	㉑	6－0	○	岸 孝之	〃
16	PayPayD	ソ	㉒	3－7	●	塩見 貴洋	〃
17	〃	〃	㉓	6－1	○	石橋 良太	〃
18	〃	〃	㉔	4－11	●	牧田 和久	〃
20	楽天生命	オ	⑲	2－2	△	牧田 和久	〃
21	〃	〃	⑳	2－6	●	松井 裕樹	④
22	〃	〃	㉑	6－3	○	岸 孝之	〃
23	〃	日	㉒	3－5	●	ジョンソン	〃
24	〃	〃	㉓	4－5	●	ブセニッツ	〃
25	〃	〃	㉔	13－4	○	瀧中 瞭太	〃
27	メットライフ	武	⑳	3－4	●	則本 昂大	〃
28	〃	〃	㉑	3－4	●	涌井 秀章	〃
29	〃	〃	㉒	13－5	○	辛島 航	〃
30	ZOZO	ロ	㉒	3－3	△	岸 孝之	〃
31	〃	〃	㉓	3－6	●	石橋 良太	〃
11月（2勝2敗2分）							
1	ZOZO	ロ	㉒	3－3	△	松井 裕樹	〃
3	京セラD	オ	㉒	3－6	●	則本 昂大	〃
4	〃	〃	㉓	7－8	●	ブセニッツ	〃
5	〃	〃	㉔	4－2	○	牧田 和久	〃 ※
6	楽天生命	武	㉔	4－2	○	岸 孝之	〃
7	〃	〃	㉔	6－6	△	松井 裕樹	〃

日本ハム （53勝62敗5分）

日	球場	相手		スコア		投手	順位
6月（4勝5敗1分）							
19	メットライフ	武	②	0－3	●	有原 航平	④
20	〃	〃	③	2－1	○	玉井 大翔	〃
21	〃	〃	④	12－2	○	堀 瑞輝	①
23	楽天生命	楽	①	0－4	●	マルティネス	③
24	〃	〃	②	5－4	○	河野 竜生	〃
25	〃	〃	③	8－5	○	バーヘイゲン	〃
26	〃	〃	④	1－0	○	有原 航平	〃
27	〃	〃	⑤	4－18	●	玉井 大翔	④
28	〃	〃	⑥	6－4	○	杉浦 稔彦	〃
30	札幌D	ソ	①	1－1	△	公文 克彦	〃
7月（12勝14敗1分）							
1	札幌D	ソ	②	0－4	●	マルティネス	〃
2	〃	〃	③	9－8	○	秋吉 亮	〃
3	〃	〃	④	1－4	●	有原 航平	〃
4	〃	〃	⑤	1－4	●	加藤 貴之	⑤
5	〃	〃	⑥	5－3	○	玉井 大翔	〃
7	京セラD	オ	①	1－7	●	杉浦 稔彦	⑤
8	〃	〃	②	10－4	○	マルティネス	④
9	〃	〃	③	3－4	△	秋吉 亮	⑤
10	〃	〃	④	3－4	●	秋吉 亮	〃
11	〃	〃	⑤	3－0	○	公文 克彦	〃
12	〃	〃	⑥	1－2	●	河野 竜生	⑥
14	札幌D	ロ	①	5－2	○	上沢 直之	〃
15	〃	〃	②	1－4	●	宮西 尚生	〃
16	〃	〃	③	3－4	●	バーヘイゲン	⑤
17	〃	〃	④	7－4	○	有原 航平	〃
18	〃	〃	⑤	9－2	○	村田 透	〃
19	〃	〃	⑥	9－2	○	河野 竜生	〃
21	PayPayD	ソ	⑦	2－1	○	杉浦 稔彦	〃
22	〃	〃	⑧	3－2	○	マルティネス	〃
23	〃	〃	⑨	3－2	○	バーヘイゲン	⑥
24	〃	〃	⑩	1－4	●	有原 航平	〃
25	〃	〃	⑪	9－7	○	金子 弌大	〃
26	〃	〃	⑫	1－6	●	河野 竜生	〃

パシフィック・リーグ

日	球場	相手		スコア		投手	順位
28	札幌D	オ	⑦	5-1	○	上沢 直之	⑤
29	〃	〃	⑧	6-2	○	玉井 大翔	〃
30	〃	〃	⑨	7-3	○	杉浦 稔大	〃
31	〃	〃	⑩	2-7	●	有原 航平	〃
8月	(13勝11敗1分)						
1	札幌D	〃	⑪	3-1	○	バーヘイゲン	〃
4	〃	武	④	11-4	○	上沢 直之	④
5	〃	〃	⑤	2-7	●	マルティネス	⑤
6	〃	〃	⑥	5-3	○	河野 竜生	④
7	〃	〃	⑥	3-2	○	杉浦 稔大	〃
8	〃	〃	⑦	7-6	○	井口 和朋	〃
9	〃	〃	⑥	2-1	○	バーヘイゲン	〃
11	ZOZO	ロ	⑦	1-3	●	上沢 直之	〃
12	〃	〃	⑧	12-4	○	玉井 大翔	〃
13	〃	オ	⑩	6-8	●	金子 弌大	〃
14	〃	〃	⑩	5-12	●	北浦 竜次	〃
15	〃	〃	⑪	9-0	○	有原 航平	〃
16	〃	〃	⑩	5-6	●	宮西 尚生	〃
18	札幌D	楽	⑦	9-4	○	上沢 直之	〃
19	〃	〃	⑧	2-12	●	杉浦 稔大	〃
20	〃	〃	⑨	3-3	△	金子 弌大	〃
21	〃	〃	⑩	1-4	●	玉井 大翔	〃
22	〃	〃	⑪	5-1	○	有原 航平	〃
23	〃	〃	⑫	11-0	○	バーヘイゲン	〃
25	メットライフ	武	⑩	4-3	○	上沢 直之	〃
26	〃	〃	⑪	8-5	○	杉浦 稔大	③
27	〃	〃	⑫	7-8	●	堀 瑞輝	④
28	PayPayD	ソ	⑬	1-9	●	金子 弌大	〃
29	〃	〃	⑭	0-3	●	有原 航平	〃
30	〃	〃	⑮	5-8	●	バーヘイゲン	〃
9月	(11勝15敗)						
1	札幌D	楽	⑬	8-1	○	上沢 直之	〃
2	〃	〃	⑭	3-5	●	秋吉 亮	〃
3	〃	〃	⑮	4-0	○	加藤 貴之	〃
4	〃	武	⑬	2-6	●	杉浦 稔大	〃
5	〃	〃	⑭	6-2	○	有原 航平	〃
6	〃	〃	⑮	2-4	●	バーヘイゲン	〃
8	ZOZO	ロ	⑭	2-3	●	上沢 直之	〃
9	〃	〃	⑭	1-2	●	金子 弌大	⑤
10	〃	〃	⑮	5-3	●	村田 透	④
11	楽天生命	楽	⑯	4-5	●	玉井 大翔	〃
12	〃	〃		中止			
13	〃	〃	⑰	6-14	●	有原 航平	〃
14	〃	〃	⑱	2-1	○	バーヘイゲン	〃
15	札幌D	ソ	⑯	3-2	○	上沢 直之	〃
16	〃	〃	⑰	4-5	●	公文 克彦	⑤
17	〃	〃	⑰	1-2	●	上原 健太	〃
18	〃	ロ	⑯	7-3	○	加藤 貴之	④
19	〃	〃	⑰	3-1	○	有原 航平	〃
20	〃	〃	⑱	3-5	●	鈴木 健矢	〃
22	メットライフ	武	⑰	5-1	○	上沢 直之	〃
23	〃	〃	⑰	5-6	●	バーヘイゲン	〃
24	〃	〃	⑱	12-2	○	上原 健太	〃
25	京セラD	オ	⑬	2-9	●	マルティネス	〃
26	〃	〃	⑬	6-5	○	宮西 尚生	〃
27	札幌D	ロ	⑭	8-12	●	加藤 貴之	⑤
29	〃	〃	⑲	3-2	○	上沢 直之	〃
30	〃	〃	⑳	1-2	●	バーヘイゲン	〃
10月	(11勝13敗2分)						
1	札幌D	ロ	㉑	3-2	○	杉浦 稔大	〃
2	PayPayD	ソ	⑲	5-7	●	上原 健太	〃
3	〃	〃	⑳	4-8	●	有原 航平	〃
4	〃	〃	㉑	4-8	●	河野 竜生	〃
6	札幌D	楽	⑲	5-3	○	上沢 直之	〃
7	〃	〃	⑳	2-2	△	西村 天裕	〃
8	〃	〃	⑮	1-4	●	マルティネス	〃
9	〃	オ	⑮	4-6	●	杉浦 稔大	〃
10	〃	〃	⑯	4-0	○	有原 航平	〃
11	〃	〃	⑰	5-7	●	上原 健太	〃
13	〃	武	⑲	0-7	●	上沢 直之	〃
14	〃	〃	⑳	7-2	○	バーヘイゲン	〃
15	〃	〃	㉑	8-3	○	マルティネス	〃
16	ZOZO	ロ	㉒	1-5	●	杉浦 稔大	〃
17	ZOZO	ロ		中止			⑤
18	〃	〃	㉓	5-2	○	有原 航平	〃
19	〃	〃		中止			
20	札幌D	ソ	㉒	2-11	●	上沢 直之	〃
21	〃	〃	㉓	1-9	●	バーヘイゲン	〃
22	〃	〃	㉔	2-4	●	吉田 輝星	〃
23	楽天生命	楽	㉓	4-4	△	加藤 貴之	〃
24	〃	〃	㉓	5-4	○	堀 瑞輝	〃
25	〃	〃	㉔	4-13	●	有原 航平	〃
27	京セラD	オ	⑱	5-3	○	加藤 貴之	〃
28	〃	〃	⑲	1-0	○	バーヘイゲン	〃
29	札幌D	〃	⑳	4-0	○	杉浦 稔大	〃
30	〃	〃	㉑	2-3	●	マルティネス	〃
31	〃	〃	㉒	6-1	○	河野 竜生	〃
11月	(2勝4敗)						
1	札幌D	オ	㉓	7-1	○	有原 航平	〃
2	メットライフ	武	㉒	0-4	●	生田目 翼	〃
3	〃	〃	㉓	4-5	●	玉井 大翔	〃
4	京セラD	オ	㉔	3-10	●	吉田 輝星	〃
	〃	〃				河野 竜生	〃
9	ZOZO	ロ	㉔	7-4	○	加藤 貴之	〃

※11月5日、楽天勝利で5位決定

オリックス （45勝68敗7分）

日	球場	相手		スコア		投手	順位
6月	(1勝9敗)						
19	京セラD	楽	①	1-9	●	神戸 文也	④
20	〃	〃	②	1-2	●	澤田 圭佑	④
21	〃	〃	③	4-0	○	山本 由伸	④
23	ZOZO	ロ	①	5-6	●	ディクソン	⑥
24	〃	〃	②	4-6	●	K-鈴木	⑥
25	〃	〃	③	0-5	●	村西 良太	〃
26	〃	〃	④	5-6	●	海田 智行	〃
27	〃	〃	⑤	1-2	●	澤田 圭佑	〃
28	〃	〃	⑤	5-6	●	増井 浩俊	〃
30	メットライフ	武	①	2-3	●	アルバース	〃
7月	(13勝11敗3分)						
1	メットライフ	武	②	6-0	○	鈴木 優	〃
2	〃	〃	③	5-9	●	山田 修義	〃
3	〃	〃	④	4-4	△	山田 修義	〃
4	〃	〃	⑤	4-4	△	田嶋 大樹	〃
5	〃	〃	⑤	8-5	○	山本 由伸	〃
7	京セラD	日	①	7-1	○	アルバース	〃
8	〃	〃	②	4-10	●	鈴木 優	〃
9	〃	〃	③	4-4	△	ヒギンス	〃
10	〃	〃	④	4-3	○	山田 修義	〃
11	〃	〃	⑤	5-3	○	ヒギンス	⑤
12	〃	〃	⑥	2-1	○	山本 由伸	〃
14	〃	ソ	①	3-10	●	アルバース	〃
15	〃	〃	②	0-7	●	鈴木 優	〃
16	〃	〃	③	4-3	○	山田 修義	〃
17	〃	〃	④	1-9	●	榊原 翼	〃
18	〃	〃	⑤	1-2	●	田嶋 大樹	〃
19	〃	〃	⑥	2-3	●	山本 由伸	⑥
21	楽天生命	楽	④	10-3	○	アルバース	〃
22	〃	〃	⑤	11-7	○	吉田 一将	〃
23	〃	〃	⑥	2-3	△	ディクソン	⑥
24	〃	〃	⑦	6-2	○	榊原 翼	〃
25	〃	〃	⑧	6-3	○	山田 修義	〃
26	〃	〃	⑨	4-5	●	ヒギンス	〃
28	札幌D	日	⑦	1-5	●	アルバース	〃
29	〃	〃	⑧	2-6	●	山田 修義	〃
30	〃	〃	⑨	3-7	●	山﨑 福也	〃
31	〃	〃	⑨	7-2	○	齋藤 綱記	〃
8月	(6勝18敗1分)						
1	札幌D	日	⑪	1-3	●	田嶋 大樹	〃
4	京セラD	ロ	⑧	5-5	△	ディクソン	〃
5	〃	〃	⑨	1-12	●	鈴木 優	〃
6	〃	〃	⑨	3-1	○	山﨑 福也	〃
7	〃	〃	⑩	3-6	●	榊原 翼	〃
8	〃	〃	⑪	3-9	●	K-鈴木	〃
9	〃	〃	⑫	0-4	●	アルバース	〃

日	球場	相手		スコア		投手	順位
11	PayPayD	ソ	⑦	7－8	●	吉田　凌	⑥
12	〃	〃	⑧	0－6	●	田嶋　大樹	〃
13	〃	〃	⑨	1－3	●	張　奕	〃
14	〃	〃	⑩	1－4	●	山﨑　福也	〃
15	〃	〃	⑪	8－2	○	吉田　凌	〃
16	〃	〃	⑫	2－6	●	アルバース	〃
18	京セラD	武	⑦	1－3	●	ヒギンス	〃
19	〃	〃	⑧	3－4	●	ディクソン	〃
20	〃	〃	⑨	4－6	●	吉田　一将	〃
21	〃	〃	⑩	3－1	○	ヒギンス	〃
22	〃	〃	⑪	2－0	○	張　奕	〃
23	〃	〃	⑫	6－5	○	吉田　凌	〃
25	PayPayD	ソ	⑬	0－4	●	山本　由伸	〃
26	〃	〃	⑭	2－4	●	ディクソン	〃
27	〃	〃	⑮	2－4	●	山岡　泰輔	〃
28	京セラD	ロ	⑬	3－5	●	山﨑　福也	〃
29	〃	〃	⑭	3－5	●	張　奕	〃
30	〃	〃	⑮	5－0	○	アルバース	〃
9月（13勝11敗2分）							
1	京セラD	ソ	⑯	5－0	○	山本　由伸	
2	〃	〃	⑰	3－3	△	ディクソン	
3	〃	〃	⑱	4－5	●	富山　凌雅	
4	楽天生命	楽	⑩	1－2	●	山岡　泰輔	
5	〃	〃	⑪	5－6	●	山﨑　福也	
6	〃	〃	⑫	9－6	○	飯田　優也	
8	メットライフ	武	⑬	0－2	●	山本　由伸	
9	〃	〃	⑭	5－13	●	田嶋　大樹	
10	〃	〃	⑮	12－4	○	竹安　大知	
11	ZOZO	ロ	⑯	0－2	●	山岡　泰輔	
12				中　止			
13	〃	〃	⑰	2－9	●	山田　修義	
14	〃	〃	⑱	0－5	●	アルバース	
15	ほっと神戸	楽	⑬	5－1	○	山本　由伸	
16	〃	〃	⑭	3－5	●	田嶋　大樹	
17	〃	〃	⑮	4－5	●	増井　浩俊	
18	京セラD	武	⑯	8－2	○	山岡　泰輔	
19	〃	〃	⑰	3－5	●	山﨑　福也	
20	〃	〃	⑱	4－5	●	吉田　凌	
22	PayPayD	ソ	⑲	1－0	○	山本　由伸	
23	〃	〃	⑳	10－5	○	田嶋　大樹	
24	〃	〃	㉑	3－3	△	富山　凌雅	
25	京セラD	日	⑫	9－2	○	山岡　泰輔	
26	〃	〃	⑬	3－5	●	山田　修義	
27	〃	〃	⑭	12－8	○	山﨑　福也	
29	〃	武	⑲	5－0	○	山本　由伸	
30	〃	〃	⑳	5－0	○	増井　浩俊	
10月（9勝16敗1分）							
1	京セラD	武	㉑	6－7	●	ヒギンス	
2	〃	楽	⑯	0－4	●	富山　凌雅	
3	〃	〃	⑰	3－5	●	齋藤　綱記	
4	〃	〃	⑱	9－2	○	山田　修義	
6	ZOZO	ロ	⑲	3－0	○	山本　由伸	
7	〃	〃	⑳	1－4	●	アルバース	
8				中　止			
9	札幌D	日	⑮	6－4	○	田嶋　大樹	
10	〃	〃	⑯	0－4	●	山岡　泰輔	
11	〃	〃	⑰	7－5	○	増井　浩俊	
13	京セラD	ソ	㉒	0－2	●	山本　由伸	
14	〃	〃	㉓	0－4	●	山﨑　福也	
15	〃	〃	㉔	4－9	●	田嶋　大樹	
16	メットライフ	武	㉒	1－2	●	山岡　泰輔	
17	〃	〃	㉓	4－1	○	張　奕	
18	〃	〃	㉔	2－3	●	宮城　大弥	
20	楽天生命	楽	⑲	2－2	△	ディクソン	
21	〃	〃	⑳	3－6	●	ヒギンス	
22	〃	〃	㉑	3－6	●	田嶋　大樹	
23	京セラD	ロ	㉑	7－2	○	山岡　泰輔	
24	〃	〃	㉒	3－0	○	アルバース	
25	〃	〃	㉓	1－10	●	張　奕	
27	〃	日	⑱	3－5	●	榊原　翼	
28	〃	〃	⑲	0－1	●	ディクソン	
29	札幌D	〃	⑳	3－4	●	山田　修義	〃 ※
30	〃	〃	㉑	3－2	○	山岡　泰輔	〃

日	球場	相手		スコア		投手	順位
31	札幌D	日	㉒	1－6	●	アルバース	⑥
11月（3勝3敗）							
1	札幌D	日	㉓	1－7	●	本田　仁海	〃
3	京セラD	楽	㉒	6－3	○	山﨑　福也	〃
4	〃	〃	㉓	8－7	○	山田　修義	〃
5	〃	〃	㉔	2－3	●	張　奕	〃
6	〃	日	㉔	4－3	○	宮城　大弥	〃
7	ZOZO	ロ	㉔	3－4	●	榊原　翼	〃

球場／札幌D：札幌ドーム
楽天生命：楽天生命パーク宮城（仙台）
メットライフ：メットライフドーム（所沢）
ZOZO：ＺＯＺＯマリンスタジアム（千葉）
京セラD：京セラドーム大阪
ほっと神戸：ほっともっとフィールド神戸
PayPayD：福岡PayPayドーム

2020・パシフィック・リーグ打撃成績

チーム打撃成績

▲打撃妨害出塁

出塁率＝（安打＋四死球）÷（打数＋四死球＋犠飛）

チーム	試合	打席	打数	得点	安打	二塁打	三塁打	本塁打	塁打	打点	盗塁	盗塁刺	犠打	犠飛	四球計	故意四球	死球	三振	併殺打	残塁	打率	長打率	出塁率
楽天	120	4628	3990	557	1029	190	23	112	1601	534	67	30	87	30	473	9	48	918	87	899	.258	.401	.341
日本ハム	120	4560	3952	493	986	153	17	89	1440	472	80	23	85	31	460	9	32	878	86	889	.2494	.364	.330
ソフトバンク	120	4480	3933	531	979	165	28	126	1578	500	99	32	81	34	398	13	34	851	50	801	.2489	.401	.321
オリックス	120	4467	3947	442	975	166	19	90	1449	422	95	39	89	21	361	20	49	811	86	834	.247	.367	.316
西武	120	4608	3898	479	926	161	24	107	1456	459	85	40	67	27	411	10	44	956	74	805	.238	.374	.315
ロッテ	120	4505	▲3840	461	902	171	11	90	1365	435	87	32	96	19	491	16	58	954	80	884	.235	.355	.329
合計	360	27080	▲23560	2963	5797	1006	122	614	8889	2822	513	196	498	162	2594	77	265	5368	463	5112	.246	.377	.326

個人打撃成績

(規定打席372)

順位	選手名	チーム	試合	打席	打数	得点	安打	二塁打	三塁打	本塁打	塁打	打点	盗塁	盗塁刺	犠打	犠飛	四球計	故意四球	死球	三振	併殺打	残塁	打率	長打率	出塁率
①	＊吉田 正尚	(オ)	120	492	408	55	143	22	1	14	209	64	6	1	0	4	72	17	8	29	6	109	.350	.512	.453
②	＊柳田 悠岐	(ソ)	119	515	427	90	146	23	5	29	266	86	7	2	0	3	84	8	1	103	2	113	.342	.623	.449
③	＊近藤 健介	(日)	108	467	371	56	126	31	1	5	174	60	4	0	0	5	89	3	2	72	6	112	.340	.469	.465
④	＊西川 遥輝	(日)	115	523	422	82	129	17	3	5	167	39	42	7	4	3	92	1	2	84	5	114	.306	.396	.430
⑤	＊鈴木 大地	(楽)	120	546	478	71	141	27	1	4	182	55	1	3	12	3	46	0	7	58	18	93	.295	.381	.363
⑥	小深田大翔	(楽)	112	437	378	61	109	16	5	3	144	31	19	11	2	2	42	0	4	59	5	86	.288	.381	.364
⑦	渡邉 諒	(日)	117	465	414	49	117	13	4	6	156	39	4	2	5	3	43	0	0	81	9	102	.283	.377	.348
⑧	＊島内 宏明	(楽)	114	471	406	50	114	17	2	8	159	46	1	1	4	8	48	1	7	71	8	103	.281	.392	.363
⑨	浅村 栄斗	(楽)	120	529	432	72	121	19	1	32	242	104	1	1	0	4	91	0	4	111	15	126	.280	.560	.408
⑩	大田 泰示	(日)	115	481	455	52	125	16	1	14	185	60	3	2	0	1	20	1	1	105	11	89	.275	.407	.314
⑪	ロ メ ロ	(楽)	103	404	356	46	97	19	2	24	192	63	0	0	0	2	38	5	8	108	8	72	.2724	.539	.354
⑫	＊栗山 巧	(武)	111	428	372	37	101	22	0	12	159	67	0	0	0	2	53	2	1	77	10	74	.2715	.427	.362
⑬	＊中村 晃	(ソ)	100	413	362	43	98	13	2	6	133	50	0	0	0	3	46	0	3	47	4	72	.271	.367	.341
⑭	源田 壮亮	(武)	120	518	455	67	123	14	5	1	150	21	18	8	22	2	18	0	4	80	6	88	.270	.330	.327
⑮	＊スパンジェンバーグ	(武)	111	445	407	51	109	26	8	15	196	57	12	2	0	4	32	0	2	150	2	84	.268	.482	.326
⑯	＊Ｔ－岡田	(オ)	100	377	328	36	84	18	0	16	150	50	0	0	0	5	40	1	4	87	11	68	.256	.457	.340
⑰	＊森 友哉	(武)	104	405	358	46	90	15	2	9	136	38	4	2	2	4	38	0	3	67	7	78	.251	.380	.325
⑱	中村 奨吾	(ロ)	120	499	422	57	105	25	0	8	154	49	6	3	15	2	52	1	8	97	6	97	.249	.365	.341
⑲	外崎 修汰	(武)	120	500	433	62	107	11	0	15	163	43	21	7	7	2	54	1	4	87	7	104	.247	.353	.335
⑳	井上 晴哉	(ロ)	113	447	376	44	92	11	0	15	148	67	0	0	0	4	59	2	8	93	11	88	.245	.394	.356
㉑	＊栗原 陵矢	(ソ)	118	500	440	52	107	21	3	17	185	73	5	5	1	6	38	0	5	90	7	83	.243	.420	.307
㉒	中田 翔	(日)	119	506	440	52	105	18	0	31	216	108	1	0	0	8	55	3	2	109	19	89	.239	.491	.320
㉓	＊マーティン	(ロ)	104	448	359	72	84	15	0	25	174	66	7	2	0	2	70	5	17	100	10	80	.234	.485	.382
㉔	松田 宣浩	(ソ)	116	431	395	36	94	23	1	13	151	46	1	0	0	3	32	0	1	76	2	75	.228	.382	.285
㉕	＊安田 尚憲	(ロ)	113	460	393	32	87	19	1	6	126	54	1	1	0	4	62	1	1	106	10	84	.221	.321	.326
㉖	山川 穂高	(武)	102	401	322	47	66	7	0	24	145	72	0	0	0	2	64	4	13	100	6	68	.205	.450	.357

各項目リーダー

試　合…中村 奨吾(ロ) 120
　　　　源田 壮亮(武) 120
　　　　外崎 修汰(武) 120
　　　　浅村 栄斗(楽) 120
　　　　鈴木 大地(楽) 120
　　　　吉田 正尚(オ) 120
打　席…鈴木 大地(楽) 546
打　数…鈴木 大地(楽) 478

得　点…柳田 悠岐(ソ) 90
安　打…近藤 健介(日) 146
二塁打…近藤 健介(日) 31
本塁打…浅村 栄斗(楽) 32
塁　打…柳田 悠岐(ソ) 266
打　点…中田 翔(日) 108
盗　塁…周東 佑京(ソ) 50

盗塁刺…小深田大翔(楽) 9
　　　　金子 侑司(武) 9
犠　打…源田 壮亮(武) 22
　　　　甲斐 拓也(ソ) 22
犠　飛…中田 翔(日) 8
四　球…西川 遥輝(日) 92
故意四球…吉田 正尚(オ) 17
死　球…マーティン(ロ) 17

三　振…スパンジェンバーグ(武) 150
併殺打…中田 翔(日) 19
残　塁…浅村 栄斗(楽) 126
打　率…吉田 正尚(オ) .350
長打率…柳田 悠岐(ソ) .623
出塁率…近藤 健介(日) .465

全 選 手 打 撃 成 績

▲打撃妨害出塁

(50音順)

選手名	チーム	試合	打席	打数	得点	安打	二塁打	三塁打	本塁打	塁打	打点	盗塁	盗塁刺	犠打	犠飛	四球計	故意四球	死球	三振	併殺打	残塁	打率	長打率	出塁率
アルバース	オ	16	0	0	0	0	0	0	0	0	0	0	0	0	0	0	0	0	0	0	0	.000	.000	.000
愛 斗	武	7	14	13	0	2	0	0	0	2	3	0	0	0	1	0	0	0	5	2	2	.154	.154	.143
青山 浩二	楽	11	0	0	0	0	0	0	0	0	0	0	0	0	0	0	0	0	0	0	0	.000	.000	.000
*明石 健志	ソ	63	172	154	20	39	9	1	2	56	17	4	2	5	1	12	0	0	32	1	32	.253	.364	.305
秋吉 亮	日	33	0	0	0	0	0	0	0	0	0	0	0	0	0	0	0	0	0	0	0	.000	.000	.000
*淺間 大基	日	42	63	58	3	11	2	0	0	13	1	0	0	2	0	3	0	0	21	1	17	.190	.224	.230
浅村 栄斗	楽	120	529	432	72	121	25	0	32	242	104	1	1	0	2	91	2	4	111	15	126	.280	.560	.408
足立 祐一	楽	42	66	60	6	10	1	1	1	16	3	0	0	0	0	6	0	0	15	2	13	.167	.257	.242
安達 了一	オ	78	311	266	32	77	9	2	2	96	23	15	4	16	2	26	1	1	48	9	63	.289	.351	.353
東妻 勇輔	ロ	13	0	0	0	0	0	0	0	0	0	0	0	0	0	0	0	0	0	0	0	.000	.000	.000
荒西 祐大	オ	29	0	0	0	0	0	0	0	0	0	0	0	0	0	0	0	0	0	0	0	.000	.000	.000
有原 航平	日	20	0	0	0	0	0	0	0	0	0	0	0	0	0	0	0	0	0	0	0	.000	.000	.000
有吉 優樹	日	3	0	0	0	0	0	0	0	0	0	0	0	0	0	0	0	0	0	0	0	.000	.000	.000
安樂 智大	楽	27	0	0	0	0	0	0	0	0	0	0	0	0	0	0	0	0	0	0	0	.000	.000	.000
*飯田 優也	オ	4	0	0	0	0	0	0	0	0	0	0	0	0	0	0	0	0	0	0	0	.000	.000	.000
井口 和朋	日	29	0	0	0	0	0	0	0	0	0	0	0	0	0	0	0	0	0	0	0	.000	.000	.000
*池田 駿	楽	21	0	0	0	0	0	0	0	0	0	0	0	0	0	0	0	0	0	0	0	.000	.000	.000
*石井 一成	日	59	104	95	9	17	4	1	0	23	3	1	1	5	1	3	0	0	13	1	24	.179	.242	.202
石川 歩	日	21	0	0	0	0	0	0	0	0	0	0	0	0	0	0	0	0	0	0	0	.000	.000	.000
石川 柊太	ソ	18	0	0	0	0	0	0	0	0	0	0	0	0	0	0	0	0	0	0	0	.000	.000	.000
石川 亮	日	17	22	21	0	3	1	0	0	4	1	0	0	0	0	0	0	0	8	0	3	.143	.190	.143
石崎 剛	楽	12	0	0	0	0	0	0	0	0	0	0	0	0	0	0	0	0	0	0	0	.000	.000	.000
石原 彪	楽	18	24	23	1	4	1	0	0	5	1	0	0	0	0	0	0	0	13	0	3	.174	.217	.174
*石橋 良太	楽	13	0	0	0	0	0	0	0	0	0	0	0	0	0	0	0	0	0	0	0	.000	.000	.000
泉 圭輔	ソ	40	0	0	0	0	0	0	0	0	0	0	0	0	0	0	0	0	0	0	0	.000	.000	.000
伊藤 翔	武	12	0	0	0	0	0	0	0	0	0	0	0	0	0	0	0	0	0	0	0	.000	.000	.000
井上 晴哉	ロ	113	447	376	44	92	11	0	15	148	67	0	0	0	4	59	2	8	93	11	88	.245	.394	.356
今井 達也	武	19	0	0	0	0	0	0	0	0	0	0	0	0	0	0	0	0	0	0	0	.000	.000	.000
今宮 健太	ソ	43	177	164	30	44	7	2	6	73	22	2	0	5	3	5	1	0	22	2	20	.268	.445	.285
岩嵜 翔	ソ	17	0	0	0	0	0	0	0	0	0	0	0	0	0	0	0	0	0	0	0	.000	.000	.000
岩下 大輝	ロ	17	0	0	0	0	0	0	0	0	0	0	0	0	0	0	0	0	0	0	0	.000	.000	.000
岩見 雅紀	楽	16	38	37	2	8	1	1	1	14	4	0	0	2	0	2	0	0	11	2	6	.216	.378	.237
*呉 念庭	武	51	52	44	5	10	3	0	0	13	5	2	2	2	0	4	0	2	8	1	14	.227	.295	.320
*上原 健太	日	7	0	0	0	0	0	0	0	0	0	0	0	0	0	0	0	0	0	0	0	.000	.000	.000
*上林 誠知	ソ	69	178	160	17	29	4	1	6	53	20	8	2	2	1	11	0	4	39	1	31	.181	.331	.250
*宇佐見真吾	日	80	187	169	10	30	1	0	3	40	15	0	1	9	1	8	0	0	45	5	25	.178	.237	.213
内田 靖人	日	38	109	93	9	16	3	0	5	34	18	1	0	0	1	14	0	1	31	5	20	.172	.366	.284
*内海 哲也	武	4	0	0	0	0	0	0	0	0	0	0	0	0	0	0	0	0	0	0	0	.000	.000	.000
海野 隆司	ソ	5	4	4	0	0	0	0	0	0	0	0	0	0	0	0	0	0	2	0	0	.000	.000	.000
浦野 博司	日	1	0	0	0	0	0	0	0	0	0	0	0	0	0	0	0	0	0	0	0	.000	.000	.000
*漆原 大晟	オ	22	0	0	0	0	0	0	0	0	0	0	0	0	0	0	0	0	0	0	0	.000	.000	.000
上沢 直之	日	15	0	0	0	0	0	0	0	0	0	0	0	0	0	0	0	0	0	0	0	.000	.000	.000
*榎村 大樹	武	5	0	0	0	0	0	0	0	0	0	0	0	0	0	0	0	0	0	0	0	.000	.000	.000
江村 直也	ロ	5	6	6	0	0	0	0	0	0	0	0	0	0	0	0	0	0	1	0	0	.000	.000	.000
大下誠一郎	オ	32	104	88	10	19	4	0	2	31	9	0	1	2	1	8	0	5	15	3	18	.216	.352	.314
大城 滉二	オ	94	285	251	25	52	3	0	1	58	14	7	3	11	0	20	0	3	51	4	42	.207	.231	.274
大田 泰示	日	115	481	455	57	125	16	1	14	185	68	3	3	0	0	25	1	1	105	11	89	.275	.407	.314
太田 光	武	67	164	130	17	26	10	0	2	42	16	0	1	11	3	18	0	2	38	2	27	.200	.323	.301
太田 椋	オ	20	61	54	6	14	2	0	3	25	5	0	0	2	0	4	0	1	19	0	10	.259	.463	.322
*大竹耕太郎	ソ	3	0	0	0	0	0	0	0	0	0	0	0	0	0	0	0	0	0	0	0	.000	.000	.000
*大嶺 祐太	ロ	2	0	0	0	0	0	0	0	0	0	0	0	0	0	0	0	0	0	0	0	.000	.000	.000
岡 大海	ロ	62	64	56	12	8	0	0	0	8	2	7	1	0	0	7	0	0	18	1	26	.143	.143	.238
*岡島 豪郎	楽	35	85	75	10	15	6	1	0	23	9	0	0	2	0	7	0	0	26	2	16	.200	.307	.277
岡田 雅利	武	29	65	56	1	6	1	0	0	7	3	0	0	0	0	1	0	1	7	4	5	.107	.125	.138
*尾形 崇斗	ソ	1	0	0	0	0	0	0	0	0	0	0	0	0	0	0	0	0	0	0	0	.000	.000	.000
*小川 龍也	武	38	0	0	0	0	0	0	0	0	0	0	0	0	0	0	0	0	0	0	0	.000	.000	.000
荻野 貴司	ロ	53	236	203	30	59	17	0	1	79	10	19	4	6	1	24	0	2	23	2	49	.291	.389	.370
奥村 政稔	ソ	11	0	0	0	0	0	0	0	0	0	0	0	0	0	0	0	0	0	0	0	.000	.000	.000
*小郷 裕哉	楽	58	129	105	23	31	3	0	4	46	12	8	2	1	1	19	0	1	34	0	37	.295	.438	.405
*小島 和哉	ロ	20	0	0	0	0	0	0	0	0	0	0	0	0	0	0	0	0	0	0	0	.000	.000	.000
*小田 裕也	オ	87	94	88	19	21	3	2	1	31	7	4	2	0	3	2	0	1	23	1	35	.239	.352	.264
小野 郁	日	6	0	0	0	0	0	0	0	0	0	0	0	0	0	0	0	0	0	0	0	.000	.000	.000
甲斐 拓也	ソ	104	360	289	44	61	15	0	11	109	33	4	4	22	3	43	0	3	80	7	56	.211	.377	.317
*海田 智行	オ	6	0	0	0	0	0	0	0	0	0	0	0	0	0	0	0	0	0	0	0	.000	.000	.000
柿沼 友哉	ロ	56	129	106	6	17	1	0	1	21	8	0	0	15	0	5	0	0	31	2	19	.160	.170	.219

パシフィック・リーグ

選手名	チーム	試合	打席	打数	得点	安打	二塁打	三塁打	本塁打	塁打	打点	盗塁	盗塁刺	犠打	犠飛	四球計	故意四球	死球	三振	併殺打	残塁	打率	長打率	出塁率
*角中 勝也	(ロ)	84	254	217	21	53	9	3	2	74	15	2	0	7	1	24	0	5	41	7	48	.244	.341	.332
*笠谷 俊介	(ソ)	20	0	0	0	0	0	0	0	0	0	0	0	0	0	0	0	0	0	0	0	.000	.000	.000
加治屋 蓮	(ソ)	6	0	0	0	0	0	0	0	0	0	0	0	0	0	0	0	0	0	0	0	.000	.000	.000
*勝俣 翔貴	(オ)	5	8	8	0	0	0	0	0	0	0	0	0	0	0	0	0	0	8	0	0	.000	.000	.000
+加藤 翔平	(ロ)	22	79	70	13	21	5	1	0	28	3	3	2	0	0	8	0	1	15	0	15	.300	.400	.380
*加藤 貴之	(日)	28	0	0	0	0	0	0	0	0	0	0	0	0	0	0	0	0	0	0	0	.000	.000	.000
金子 弌大	(日)	34	0	0	0	0	0	0	0	0	0	0	0	0	0	0	0	0	0	0	0	.000	.000	.000
+金子 侑司	(武)	86	338	301	41	75	7	0	3	91	21	14	9	5	3	29	0	0	55	5	53	.249	.302	.312
金田 和之	(オ)	6	0	0	0	0	0	0	0	0	0	0	0	0	0	0	0	0	0	0	0	.000	.000	.000
釜田 佳直	(楽)	4	0	0	0	0	0	0	0	0	0	0	0	0	0	0	0	0	0	0	0	.000	.000	.000
*釜元 豪	(ソ)	32	29	26	5	5	0	0	0	5	2	3	0	0	0	3	0	0	10	1	9	.192	.192	.276
*嘉弥真新也	(ソ)	50	0	0	0	0	0	0	0	0	0	0	0	0	0	0	0	0	0	0	0	.000	.000	.000
唐川 侑己	(ロ)	32	0	0	0	0	0	0	0	0	0	0	0	0	0	0	0	0	0	0	0	.000	.000	.000
*辛島 航	(楽)	19	0	0	0	0	0	0	0	0	0	0	0	0	0	0	0	0	0	0	0	.000	.000	.000
*川越 誠司	(武)	48	74	64	10	10	0	1	2	18	5	0	0	1	0	9	0	0	24	0	14	.156	.281	.260
川島 慶三	(ソ)	59	162	137	21	36	4	0	4	52	9	0	4	2	0	19	0	4	17	2	37	.263	.380	.369
*川瀬 晃	(ソ)	70	164	141	12	27	6	1	0	35	10	2	1	10	1	11	0	1	26	0	27	.191	.248	.253
*河野 竜生	(日)	12	0	0	0	0	0	0	0	0	0	0	0	0	0	0	0	0	0	0	0	.000	.000	.000
*川原 弘之	(ソ)	22	0	0	0	0	0	0	0	0	0	0	0	0	0	0	0	0	0	0	0	.000	.000	.000
神戸 文也	(オ)	5	0	0	0	0	0	0	0	0	0	0	0	0	0	0	0	0	0	0	0	.000	.000	.000
ギャレット	(武)	49	0	0	0	0	0	0	0	0	0	0	0	0	0	0	0	0	0	0	0	.000	.000	.000
岸 潤一郎	(武)	5	3	2	0	0	0	0	0	0	0	0	0	0	0	1	0	0	1	0	0	.000	.000	.333
岸 孝之	(楽)	11	0	0	0	0	0	0	0	0	0	0	0	0	0	0	0	0	0	0	0	.000	.000	.000
*北浦 竜次	(武)	3	0	0	0	0	0	0	0	0	0	0	0	0	0	0	0	0	0	0	0	.000	.000	.000
木村 文紀	(武)	90	301	264	25	61	12	2	8	101	33	5	4	9	3	18	0	7	75	4	51	.231	.383	.295
清田 育宏	(ロ)	70	209	180	18	50	13	0	7	84	23	0	0	5	0	22	2	2	52	6	42	.278	.467	.363
*清宮幸太郎	(日)	96	263	226	23	43	9	0	7	73	22	2	0	0	1	33	0	3	59	6	50	.190	.323	.300
*宜保 翔	(オ)	10	18	17	0	2	1	0	0	3	2	0	0	1	0	0	0	0	7	0	2	.118	.176	.118
*銀 次	(楽)	88	245	212	16	50	8	0	0	58	23	3	2	5	3	23	0	2	28	5	49	.236	.274	.313
グラシアル	(ソ)	69	276	256	30	71	12	0	10	113	35	2	0	1	2	16	2	3	62	2	42	.277	.441	.326
九鬼 隆平	(ソ)	5	5	4	2	1	0	0	1	4	1	0	0	0	0	0	0	0	2	0	1	.250	1.000	.400
久保 裕也	(楽)	5	0	0	0	0	0	0	0	0	0	0	0	0	0	0	0	0	0	0	0	.000	.000	.000
熊代 聖人	(武)	38	11	10	2	1	0	0	0	1	0	2	0	0	0	1	0	0	3	0	14	.100	.100	.182
*公文 克彦	(日)	29	0	0	0	0	0	0	0	0	0	0	0	0	0	0	0	0	0	0	0	.000	.000	.000
*栗原 陵矢	(ソ)	118	500	440	52	107	21	3	17	185	73	5	5	11	6	38	0	5	90	7	83	.243	.420	.307
*栗山 巧	(武)	111	428	372	37	101	22	0	12	159	67	0	0	0	2	53	2	1	77	10	74	.272	.427	.362
紅林弘太郎	(オ)	5	18	17	1	4	0	0	0	4	2	0	0	0	0	1	0	0	4	1	3	.235	.235	.278
*黒川 史陽	(楽)	10	17	14	0	2	0	0	0	2	0	0	0	0	1	1	0	1	6	1	2	.143	.143	.235
K－鈴木	(オ)	8	0	0	0	0	0	0	0	0	0	0	0	0	0	0	0	0	0	0	0	.000	.000	.000
*源田 壮亮	(武)	120	518	455	67	123	14	5	1	150	21	18	8	22	2	38	0	1	80	6	88	.270	.330	.327
郡 拓也	(日)	9	7	6	1	0	0	0	0	0	0	0	0	0	0	1	0	0	1	0	0	.000	.000	.143
*國場 翼	(武)	7	0	0	0	0	0	0	0	0	0	0	0	0	0	0	0	0	0	0	0	.000	.000	.000
*小島 惇平	(オ)	13	20	20	1	3	2	0	0	5	0	0	0	0	0	0	0	0	9	1	2	.150	.250	.150
小林 慶祐	(オ)	7	0	0	0	0	0	0	0	0	0	0	0	0	0	0	0	0	0	0	0	.000	.000	.000
*小深田大翔	(楽)	112	437	378	61	109	16	5	3	144	31	17	9	11	2	42	0	4	59	5	86	.288	.381	.364
*近藤 健介	(日)	108	467	371	56	126	31	1	5	174	60	4	0	0	5	89	3	2	72	6	112	.340	.469	.465
近藤 弘樹	(楽)	6	0	0	0	0	0	0	0	0	0	0	0	0	0	0	0	0	0	0	0	.000	.000	.000
*後藤 駿太	(オ)	23	62	50	4	6	0	0	0	6	1	2	0	4	0	8	0	0	17	0	12	.120	.120	.241
*齋藤 綱記	(オ)	32	0	0	0	0	0	0	0	0	0	0	0	0	0	0	0	0	0	0	0	.000	.000	.000
*齊藤 大将	(武)	7	0	0	0	0	0	0	0	0	0	0	0	0	0	0	0	0	0	0	0	.000	.000	.000
酒居 知史	(楽)	46	0	0	0	0	0	0	0	0	0	0	0	0	0	0	0	0	0	0	0	.000	.000	.000
榊原 翼	(楽)	9	0	0	0	0	0	0	0	0	0	0	0	0	0	0	0	0	0	0	0	.000	.000	.000
佐々木千隼	(ロ)	5	0	0	0	0	0	0	0	0	0	0	0	0	0	0	0	0	0	0	0	.000	.000	.000
*佐藤都志也	(ロ)	60	127	114	6	26	4	0	2	36	12	0	0	2	0	9	0	2	25	1	26	.228	.316	.296
+佐野 皓大	(オ)	77	162	140	22	30	5	3	0	41	3	20	4	13	0	9	0	0	37	2	40	.214	.293	.262
*佐野 泰雄	(武)	8	0	0	0	0	0	0	0	0	0	0	0	0	0	0	0	0	0	0	0	.000	.000	.000
*澤田 圭佑	(オ)	24	0	0	0	0	0	0	0	0	0	0	0	0	0	0	0	0	0	0	0	.000	.000	.000
澤村 拓一	(ロ)	22	0	0	0	0	0	0	0	0	0	0	0	0	0	0	0	0	0	0	0	.000	.000	.000
J.T.シャギワ	(楽)	31	0	0	0	0	0	0	0	0	0	0	0	0	0	0	0	0	0	0	0	.000	.000	.000
ジャクソン	(ロ)	7	0	0	0	0	0	0	0	0	0	0	0	0	0	0	0	0	0	0	0	.000	.000	.000
ジョーンズ	(オ)	87	338	302	29	78	12	0	12	126	43	1	0	0	2	32	0	2	66	9	55	.258	.417	.331
*ジョンソン	(楽)	16	0	0	0	0	0	0	0	0	0	0	0	0	0	0	0	0	0	0	0	.000	.000	.000
椎野 新	(ソ)	12	0	0	0	0	0	0	0	0	0	0	0	0	0	0	0	0	0	0	0	.000	.000	.000
*塩見 貴洋	(楽)	16	0	0	0	0	0	0	0	0	0	0	0	0	0	0	0	0	0	0	0	.000	.000	.000
*島内 宏明	(楽)	114	471	406	50	114	17	2	8	159	53	9	1	6	4	48	1	7	71	8	103	.281	.392	.363
清水 優心	(日)	69	157	135	13	26	7	0	3	42	16	0	0	12	2	7	0	1	37	5	20	.193	.311	.234
下水流 昂	(楽)	20	35	32	1	6	0	1	1	11	5	0	0	0	2	0	0	1	11	0	7	.188	.344	.257
下妻 貴寛	(楽)	43	90	77	5	12	4	0	1	19	9	0	0	11	1	1	0	0	26	0	11	.156	.247	.165
*周東 佑京	(ソ)	103	346	307	48	83	8	7	1	108	27	50	6	11	2	24	0	2	79	2	71	.270	.352	.325
白崎 浩之	(オ)	3	0	0	0	0	0	0	0	0	0	0	0	0	0	0	0	0	0	0	0	.000	.000	.000

選手名	チーム	試合	打席	打数	得点	安打	二塁打	三塁打	本塁打	塁打	打点	盗塁	盗塁刺	犠打	犠飛	四球計	故意四球	死球	三振	併殺打	残塁	打率	長打率	出塁率
＊スパンジェンバーグ	（武）	111	445	407	51	109	26	8	15	196	57	12	2	0	2	32	0	4	150	2	84	.268	.432	.326
＊菅野　剛士	（日）	81	275	223	24	58	10	3	2	80	20	1	3	5	0	45	0	2	55	7	56	.260	.359	.389
杉浦　稔大	（日）	17	0	0	0	0	0	0	0	0	0	0	0	0	0	0	0	0	0	0	0	.000	.000	.000
杉本裕太郎	（オ）	41	141	127	13	34	3	1	2	45	17	1	0	0	0	10	0	4	34	4	27	.268	.354	.340
＋杉谷　拳士	（日）	88	161	131	28	29	8	1	2	45	11	4	1	14	0	12	0	4	32	2	26	.221	.344	.306
杉山　一樹	（ソ）	11	0	0	0	0	0	0	0	0	0	0	0	0	0	0	0	0	0	0	0	.000	.000	.000
鈴木　健矢	（日）	11	0	0	0	0	0	0	0	0	0	0	0	0	0	0	0	0	0	0	0	.000	.000	.000
＊鈴木　将平	（武）	46	157	140	7	29	4	2	1	40	10	0	2	4	2	10	0	1	24	2	29	.207	.236	.261
＊鈴木　翔天	（楽）	2	0	0	0	0	0	0	0	0	0	0	0	0	0	0	0	0	0	0	0	.000	.000	.000
＊鈴木　大地	（楽）	120	546	478	71	141	27	1	4	182	55	1	3	12	3	46	0	7	58	18	93	.295	.331	.363
鈴木　優	（オ）	13	0	0	0	0	0	0	0	0	0	0	0	0	0	0	0	0	0	0	0	.000	.000	.000
＊千賀　滉大	（ソ）	18	0	0	0	0	0	0	0	0	0	0	0	0	0	0	0	0	0	0	0	.000	.000	.000
宋　家豪	（楽）	38	0	0	0	0	0	0	0	0	0	0	0	0	0	0	0	0	0	0	0	.000	.000	.000
＊平良　海馬	（武）	54	0	0	0	0	0	0	0	0	0	0	0	0	0	0	0	0	0	0	0	.000	.000	.000
＊高木　渉	（武）	12	40	40	6	7	1	1	2	16	5	0	0	0	0	0	0	0	8	2	3	.175	.400	.175
髙橋　光成	（武）	20	0	0	0	0	0	0	0	0	0	0	0	0	0	0	0	0	0	0	0	.000	.000	.000
髙橋　礼	（ソ）	52	0	0	0	0	0	0	0	0	0	0	0	0	0	0	0	0	0	0	0	.000	.000	.000
髙濱　祐仁	（日）	10	23	19	4	6	0	0	0	6	0	0	0	0	0	2	0	0	6	0	3	.316	.316	.381
＊髙梨　瑛斗	（ロ）	5	11	10	0	1	0	0	0	1	0	0	0	1	0	0	0	0	2	0	0	.100	.100	.100
＊髙谷　裕亮	（ソ）	33	62	52	6	13	3	0	2	22	10	0	0	4	0	4	0	2	19	0	7	.250	.423	.328
瀧中　瞭太	（楽）	8	0	0	0	0	0	0	0	0	0	0	0	0	0	0	0	0	0	0	0	.000	.000	.000
＊武隈　祥太	（武）	3	0	0	0	0	0	0	0	0	0	0	0	0	0	0	0	0	0	0	0	.000	.000	.000
武田　翔太	（ソ）	7	0	0	0	0	0	0	0	0	0	0	0	0	0	0	0	0	0	0	0	.000	.000	.000
竹安　大知	（オ）	2	0	0	0	0	0	0	0	0	0	0	0	0	0	0	0	0	0	0	0	.000	.000	.000
＊田嶋　大樹	（オ）	20	0	0	0	0	0	0	0	0	0	0	0	0	0	0	0	0	0	0	0	.000	.000	.000
＊辰己　涼介	（楽）	104	282	251	38	56	9	3	8	95	28	11	5	9	0	20	0	2	57	1	54	.223	.378	.286
＋田中　和基	（楽）	80	282	254	38	61	10	1	8	97	25	6	2	3	1	23	0	1	76	2	46	.240	.382	.305
＊田中　貴也	（楽）	9	18	15	5	6	0	0	1	9	4	0	0	2	0	1	0	0	7	0	2	.400	.600	.438
田中　靖洋	（日）	8	0	0	0	0	0	0	0	0	0	0	0	0	0	0	0	0	0	0	0	.000	.000	.000
＊谷口　雄也	（日）	7	9	9	1	2	1	0	0	3	1	0	0	0	0	0	0	0	0	0	2	.222	.333	.222
種市　篤暉	（ロ）	7	0	0	0	0	0	0	0	0	0	0	0	0	0	0	0	0	0	0	0	.000	.000	.000
玉井　大翔	（日）	49	0	0	0	0	0	0	0	0	0	0	0	0	0	0	0	0	0	0	0	.000	.000	.000
＊田宮　裕涼	（日）	4	7	7	1	3	0	0	0	3	0	0	0	0	0	0	0	0	0	0	0	.429	.429	.429
＊田村伊知郎	（武）	31	0	0	0	0	0	0	0	0	0	0	0	0	0	0	0	0	0	0	0	.000	.000	.000
田村　龍弘	（ロ）	92	237	203	12	44	7	0	4	63	23	1	1	10	1	20	1	0	45	3	50	.217	.310	.295
チェン・ウェイン	（ロ）	4	0	0	0	0	0	0	0	0	0	0	0	0	0	0	0	0	0	0	0	.000	.000	.000
＊チェン・グァンユウ	（ロ）	19	0	0	0	0	0	0	0	0	0	0	0	0	0	0	0	0	0	0	0	.000	.000	.000
茶谷　健太	（オ）	31	17	16	1	1	0	0	0	1	0	0	0	0	0	0	0	0	10	0		.063	.063	.063
張　奕	（オ）	13	0	0	0	0	0	0	0	0	0	0	0	0	0	0	0	0	0	0	0	.000	.000	.000
柏植　世那	（武）	17	43	38	5	7	0	0	2	13	5	1	0	1	0	4	0	0	14	2	6	.184	.342	.262
津森　宥紀	（ソ）	14	0	0	0	0	0	0	0	0	0	0	0	0	0	0	0	0	0	0	0	.000	.000	.000
鶴岡　慎也	（日）	18	17	17	0	5	0	0	0	5	2	0	0	0	0	0	0	0	0	0	3	.294	.294	.294
津留﨑大成	（楽）	33	0	0	0	0	0	0	0	0	0	0	0	0	0	0	0	0	0	0	0	.000	.000	.000
＊Ｔ－岡田	（オ）	100	377	328	36	84	18	0	16	150	55	5	0	0	5	40	1	4	87	11	68	.256	.457	.340
ディクソン	（オ）	39	0	0	0	0	0	0	0	0	0	0	0	0	0	0	0	0	0	0	0	.000	.000	.000
デスパイネ	（ソ）	25	97	85	9	19	1	0	6	38	12	0	0	0	0	12	1	0	11	5	11	.224	.447	.320
寺岡　寛治	（楽）	24	0	0	0	0	0	0	0	0	0	0	0	0	0	0	0	0	0	0	0	.000	.000	.000
東條　大樹	（ロ）	39	0	0	0	0	0	0	0	0	0	0	0	0	0	0	0	0	0	0	0	.000	.000	.000
東明　大貴	（オ）	4	0	0	0	0	0	0	0	0	0	0	0	0	0	0	0	0	0	0	0	.000	.000	.000
十亀　剣	（武）	8	0	0	0	0	0	0	0	0	0	0	0	0	0	0	0	0	0	0	0	.000	.000	.000
＊戸川　大輔	（武）	4	9	9	1	1	0	0	0	1	0	0	0	0	0	0	0	0	0	0	0	.111	.111	.111
外崎　修汰	（武）	120	500	433	62	107	18	2	8	153	43	21	7	7	2	54	1	4	87	7	104	.247	.353	.335
＊富山　凌雅	（オ）	18	0	0	0	0	0	0	0	0	0	0	0	0	0	0	0	0	0	0	0	.000	.000	.000
＊鳥谷　敬	（ロ）	42	39	36	5	5	2	0	0	7	6	0	1	0	0	1	0	2	8	0	13	.139	.194	.205
頓宮　裕真	（オ）	12	35	32	5	10	3	0	2	19	5	0	0	0	0	3	0	0	11	0	5	.313	.594	.371
中川　圭太	（オ）	45	155	144	15	21	3	0	2	30	13	3	2	1	1	9	0	0	25	5	22	.146	.208	.195
＊中島　卓也	（日）	88	191	159	22	32	5	0	0	37	8	11	2	10	0	22	0	0	36	1	45	.201	.233	.298
中田　翔	（日）	119	506	440	52	105	18	0	31	216	108	1	0	0	9	55	3	2	109	19	89	.239	.491	.320
中塚　駿太	（武）	6	0	0	0	0	0	0	0	0	0	0	0	0	0	0	0	0	0	0	0	.000	.000	.000
＊中村　晃	（日）	100	413	362	43	98	13	2	6	133	50	0	0	3	6	39	0	3	47	4	72	.271	.367	.341
中村　奨吾	（ロ）	120	499	422	57	105	25	0	8	154	49	6	3	15	2	52	1	8	97	6	97	.249	.365	.341
中村　剛也	（武）	79	297	258	32	55	14	0	9	96	31	0	1	0	2	34	2	3	75	7	47	.213	.372	.341
＊中村　稔弥	（ロ）	16	0	0	0	0	0	0	0	0	0	0	0	0	0	0	0	0	0	0	0	.000	.000	.000
＊永野　将司	（ロ）	5	0	0	0	0	0	0	0	0	0	0	0	0	0	0	0	0	0	0	0	.000	.000	.000
生田目　翼	（日）	3	0	0	0	0	0	0	0	0	0	0	0	0	0	0	0	0	0	0	0	.000	.000	.000
＊成田　翔	（ロ）	3	0	0	0	0	0	0	0	0	0	0	0	0	0	0	0	0	0	0	0	.000	.000	.000
ニール	（武）	21	0	0	0	0	0	0	0	0	0	0	0	0	0	0	0	0	0	0	0	.000	.000	.000
＊西浦　颯大	（オ）	49	97	91	13	17	1	0	2	24	4	3	2	1	0	5	0	0	21	1	15	.187	.264	.229
＊西川　遥輝	（武）	115	523	422	82	129	17	3	5	167	39	42	6	4	3	92	1	2	84	5	114	.306	.396	.430
＊西川　愛也	（武）	3	4	4	0	1	1	0	0	2	0	0	0	0	0	0	0	0	0	0	0	.250	.500	.250

パシフィック・リーグ

選手名	チーム	試合	打席	打数	得点	安打	二塁打	三塁打	本塁打	塁打	打点	盗塁	盗塁刺	犠打	犠飛	四球計	故意四球	死球	三振	併殺打	残塁	打率	長打率	出塁率
西田 哲朗	(ソ)	36	11	11	6	1	0	0	0	1	1	2	1	0	0	0	0	0	4	0	11	.091	.091	.091
*西野 真弘	(オ)	23	77	69	10	17	3	0	0	20	3	0	0	3	0	5	0	0	10	1	9	.246	.290	.297
西巻 賢二	(ロ)	11	19	16	2	4	1	0	0	5	0	0	1	1	0	2	0	0	6	0	4	.250	.313	.333
西村 天裕	(日)	16	0	0	0	0	0	0	0	0	0	0	0	0	0	0	0	0	0	0	0	.000	.000	.000
西村 凌	(オ)	29	76	62	7	10	2	0	1	15	3	2	2	5	0	9	0	0	12	0	14	.161	.242	.268
二保 旭	(ソ)	12	0	0	0	0	0	0	0	0	0	0	0	0	0	0	0	0	0	0	0	.000	.000	.000
*ノ リ ン	(武)	5	0	0	0	0	0	0	0	0	0	0	0	0	0	0	0	0	0	0	0	.000	.000	.000
*野村 昇吾	(武)	3	0	0	0	0	0	0	0	0	0	0	0	0	0	0.	0	0	0	0	0	.000	.000	.000
*野村 佑希	(日)	21	76	74	8	19	3	2	5	35	18	0	0	0	0	1	0	1	17	1	12	.257	.473	.276
*則本 昂大	(楽)	18	0	0	0	0	0	0	0	0	0	0	0	0	0	0	0	0	0	0	0	.000	.000	.000
*ハーマン	(ロ)	38	0	0	0	0	0	0	0	0	0	0	0	0	0	0	0	0	0	0	0	.000	.000	.000
バーヘイゲン	(日)	18	0	0	0	0	0	0	0	0	0	0	0	0	0	0	0	0	0	0	0	.000	.000	.000
バレンティン	(ソ)	60	218	191	16	32	7	0	9	66	22	0	1	0	2	25	1	0	59	8	32	.168	.346	.261
バンデンハーク	(ソ)	5	0	0	0	0	0	0	0	0	0	0	0	0	0	0	0	0	0	0	0	.000	.000	.000
*長谷川勇也	(ソ)	29	87	76	6	17	5	0	1	25	7	0	0	0	0	10	0	1	18	2	14	.224	.329	.322
*浜屋 将太	(武)	12	0	0	0	0	0	0	0	0	0	0	0	0	0	0	0	0	0	0	0	.000	.000	.000
板東 湧梧	(ソ)	15	0	0	0	0	0	0	0	0	0	0	0	0	0	0	0	0	0	0	0	.000	.000	.000
ヒギンス	(オ)	41	0	0	0	0	0	0	0	0	0	0	0	0	0	0	0	0	0	0	0	.000	.000	.000
ビヤヌエバ	(日)	54	196	168	11	37	3	0	4	52	19	1	2	0	2	22	0	2	39	1	39	.220	.310	.321
比嘉 幹貴	(オ)	20	0	0	0	0	0	0	0	0	0	0	0	0	0	0	0	0	0	0	0	.000	.000	.000
東浜 巨	(ソ)	19	0	0	0	0	0	0	0	0	0	0	0	0	0	0	0	0	0	0	0	.000	.000	.000
樋口龍之介	(日)	25	64	50	4	7	0	0	1	10	1	0	0	4	0	9	0	1	15	2	14	.140	.200	.283
*左澤 優	(オ)	2	0	0	0	0	0	0	0	0	0	0	0	0	0	0	0	0	0	0	0	.000	.000	.000
平井 克典	(武)	41	0	0	0	0	0	0	0	0	0	0	0	0	0	0	0	0	0	0	0	.000	.000	.000
平沼 翔太	(日)	52	180	158	18	36	6	2	0	46	6	1	2	6	0	12	0	4	24	5	25	.228	.291	.299
廣澤 伸哉	(オ)	23	22	19	2	3	0	0	0	3	0	0	0	3	0	0	0	0	7	0	2	.158	.158	.158
フローレス	(オ)	14	0	0	0	0	0	0	0	0	0	0	0	0	0	0	0	0	0	0	0	.000	.000	.000
ブセニッツ	(楽)	46	0	0	0	0	0	0	0	0	0	0	0	0	0	0	0	0	0	0	0	.000	.000	.000
ブラッシュ	(楽)	37	149	119	25	28	7	0	2	41	18	1	1	0	3	25	1	2	46	2	17	.235	.345	.369
福井 優也	(楽)	7	0	0	0	0	0	0	0	0	0	0	0	0	0	0	0	0	0	0	0	.000	.000	.000
*福田 光輝	(ロ)	15	26	23	2	2	1	0	0	3	0	0	0	0	0	3	1	0	8	0	2	.087	.130	.192
*福田 秀平	(ロ)	62	225	204	20	44	11	1	5	72	19	3	5	4	0	17	2	0	73	3	36	.216	.353	.276
*福田 周平	(オ)	76	312	260	33	67	12	4	0	87	24	13	5	3	3	43	0	3	44	5	75	.258	.335	.366
*福田 俊	(日)	30	0	0	0	0	0	0	0	0	0	0	0	0	0	0	0	0	0	0	0	.000	.000	.000
福山 博之	(楽)	14	0	0	0	0	0	0	0	0	0	0	0	0	0	0	0	0	0	0	0	.000	.000	.000
伏見 寅威	(オ)	71	198	189	14	49	7	2	6	78	23	0	0	2	1	6	0	1	35	4	34	.259	.413	.281
*藤岡 裕大	(ロ)	106	370	▲314	34	72	11	2	4	99	33	8	2	16	2	36	1	1	60	5	70	.229	.315	.309
*藤田 一也	(楽)	55	38	35	3	7	1	0	0	8	4	0	0	2	0	1	0	0	5	2	4	.200	.229	.222
藤平 尚真	(日)	2	0	0	0	0	0	0	0	0	0	0	0	0	0	0	0	0	0	0	0	.000	.000	.000
*藤原 恭大	(ロ)	26	105	96	10	25	5	0	3	39	10	4	1	2	1	6	0	0	33	1	17	.260	.406	.301
二木 康太	(ロ)	15	0	0	0	0	0	0	0	0	0	0	0	0	0	0	0	0	0	0	0	.000	.000	.000
古谷 拓郎	(ロ)	2	0	0	0	0	0	0	0	0	0	0	0	0	0	0	0	0	0	0	0	.000	.000	.000
*古谷 優人	(ソ)	4	0	0	0	0	0	0	0	0	0	0	0	0	0	0	0	0	0	0	0	.000	.000	.000
細川 亨	(ロ)	1	1	1	0	0	0	0	0	0	0	0	0	0	0	0	0	0	1	0	0	.000	.000	.000
細谷 圭	(ロ)	1	0	0	0	0	0	0	0	0	0	0	0	0	0	0	0	0	0	0	1	.000	.000	.000
*堀 瑞輝	(日)	45	0	0	0	0	0	0	0	0	0	0	0	0	0	0	0	0	0	0	0	.000	.000	.000
*堀内 謙伍	(楽)	10	8	7	0	0	0	0	0	0	0	0	0	0	0	1	0	0	4	0	0	.000	.000	.000
本田 圭佑	(武)	7	0	0	0	0	0	0	0	0	0	0	0	0	0	0	0	0	0	0	0	.000	.000	.000
*本田 仁海	(オ)	1	0	0	0	0	0	0	0	0	0	0	0	0	0	0	0	0	0	0	0	.000	.000	.000
*マーティン	(ロ)	104	448	359	72	84	15	0	25	174	65	7	2	0	2	70	5	17	100	10	80	.234	.485	.382
*マルティネス	(日)	17	0	0	0	0	0	0	0	0	0	0	0	0	0	0	0	0	0	0	0	.000	.000	.000
牧田 和久	(楽)	52	0	0	0	0	0	0	0	0	0	0	0	0	0	0	0	0	0	0	0	.000	.000	.000
*牧原 大成	(ソ)	77	180	170	25	41	7	2	1	55	8	6	1	4	2	3	0	1	25	0	28	.241	.324	.256
真砂 勇介	(オ)	50	41	35	9	11	2	1	1	18	6	2	0	0	0	4	0	2	11	0	17	.314	.514	.415
増井 浩俊	(オ)	16	0	0	0	0	0	0	0	0	0	0	0	0	0	0	0	0	0	0	0	.000	.000	.000
増田 達至	(武)	48	0	0	0	0	0	0	0	0	0	0	0	0	0	0	0	0	0	0	0	.000	.000	.000
益田 直也	(楽)	54	0	0	0	0	0	0	0	0	0	0	0	0	0	0	0	0	0	0	0	.000	.000	.000
松井 雅人	(オ)	23	40	36	5	8	2	0	1	13	4	0	0	0	0	3	0	1	7	2	8	.222	.361	.300
*松井 裕樹	(楽)	25	0	0	0	0	0	0	0	0	0	0	0	0	0	0	0	0	0	0	0	.000	.000	.000
松井 佑介	(オ)	29	53	53	2	11	2	1	0	15	2	0	0	0	0	0	0	0	12	1	8	.208	.283	.208
松岡 洸希	(武)	2	0	0	0	0	0	0	0	0	0	0	0	0	0	0	0	0	0	0	0	.000	.000	.000
松田 宣浩	(ソ)	116	431	395	36	90	16	3	13	151	46	1	0	0	3	32	0	1	76	2	75	.228	.382	.285
*松永 昂大	(ロ)	5	0	0	0	0	0	0	0	0	0	0	0	0	0	0	0	0	0	0	0	.000	.000	.000
松本 剛	(日)	84	162	138	19	28	2	2	1	37	11	5	2	11	1	8	1	4	21	1	30	.203	.268	.265
*松本 裕樹	(ソ)	25	0	0	0	0	0	0	0	0	0	0	0	0	0	0	0	0	0	0	0	.000	.000	.000
松本 航	(武)	20	0	0	0	0	0	0	0	0	0	0	0	0	0	0	0	0	0	0	0	.000	.000	.000
三木 亮	(ロ)	22	5	4	1	1	0	0	0	1	0	0	0	1	0	0	0	0	2	0	3	.250	.250	.250
*水口 大地	(武)	7	6	6	2	1	0	0	0	1	0	1	0	0	0	0	0	0	2	0	2	.167	.167	.167
南 昌輝	(ロ)	6	0	0	0	0	0	0	0	0	0	0	0	0	0	0	0	0	0	0	0	.000	.000	.000
*美馬 学	(ロ)	19	0	0	0	0	0	0	0	0	0	0	0	0	0	0	0	0	0	0	0	.000	.000	.000

選手名	チーム	試合	打席	打数	得点	安打	二塁打	三塁打	本塁打	塁打	打点	盗塁	盗塁刺	犠打	犠飛	四球計	故意四球	死球	三振	併殺打	残塁	打率	長打率	出塁率
*三森 大貴	(ソ)	24	46	43	4	7	2	0	0	9	2	1	1	1	0	1	0	1	17	0	10	.163	.209	.200
宮川 哲	(武)	49	0	0	0	0	0	0	0	0	0	0	0	0	0	0	0	0	0	0	0	.000	.000	.000
*宮城 大弥	(オ)	3	0	0	0	0	0	0	0	0	0	0	0	0	0	0	0	0	0	0	0	.000	.000	.000
*宮西 尚生	(日)	50	0	0	0	0	0	0	0	0	0	0	0	0	0	0	0	0	0	0	0	.000	.000	.000
*ムーア	(ソ)	13	0	0	0	0	0	0	0	0	0	0	0	0	0	0	0	0	0	0	0	.000	.000	.000
*宗 佑磨	(オ)	72	203	182	16	41	10	1	1	56	9	5	5	5	0	10	0	6	32	2	37	.225	.308	.288
*村田 透	(日)	21	0	0	0	0	0	0	0	0	0	0	0	0	0	0	0	0	0	0	0	.000	.000	.000
*村西 良太	(オ)	4	0	0	0	0	0	0	0	0	0	0	0	0	0	0	0	0	0	0	0	.000	.000	.000
村林 一輝	(楽)	3	1	1	0	0	0	0	0	0	0	0	0	0	0	0	0	0	0	0	2	.000	.000	.000
メヒア	(武)	74	260	237	20	49	13	1	11	97	33	0	0	0	1	20	1	2	82	5	37	.207	.409	.273
*モイネロ	(ソ)	50	0	0	0	0	0	0	0	0	0	0	0	0	0	0	0	0	0	0	0	.000	.000	.000
*モヤ	(ソ)	46	176	164	20	45	8	2	12	93	38	0	0	0	0	11	1	1	33	7	28	.274	.567	.324
*茂木栄五郎	(楽)	73	321	276	43	83	14	4	7	126	33	8	3	0	1	39	0	5	52	4	69	.301	.457	.396
望月 大希	(日)	2	0	0	0	0	0	0	0	0	0	0	0	0	0	0	0	0	0	0	0	.000	.000	.000
*森 友哉	(武)	104	405	358	46	90	15	2	9	136	38	4	2	2	4	38	0	3	67	7	78	.251	.380	.325
森 唯斗	(ソ)	52	0	0	0	0	0	0	0	0	0	0	0	0	0	0	0	0	0	0	0	.000	.000	.000
*森原 康平	(楽)	17	0	0	0	0	0	0	0	0	0	0	0	0	0	0	0	0	0	0	0	.000	.000	.000
森脇 亮介	(ソ)	47	0	0	0	0	0	0	0	0	0	0	0	0	0	0	0	0	0	0	0	.000	.000	.000
*安田 尚憲	(ロ)	113	460	393	32	87	19	1	6	126	54	2	1	0	4	62	1	1	106	10	84	.221	.321	.326
谷内 亮太	(日)	50	18	16	3	5	0	0	0	5	3	0	0	0	1	1	0	0	3	0	11	.313	.313	.333
*柳 悠岐	(ソ)	119	515	427	90	146	23	5	29	266	86	7	2	0	3	84	8	1	103	2	113	.342	.623	.449
*柳町 達	(ソ)	12	6	4	0	1	0	0	0	1	0	0	1	0	1	0	0	0	1	0	2	.250	.250	.400
山足 達也	(オ)	63	105	96	21	21	5	0	1	29	5	3	1	6	0	2	0	1	13	0	20	.219	.302	.242
*山岡 泰輔	(オ)	12	0	0	0	0	0	0	0	0	0	0	0	0	0	0	0	0	0	0	0	.000	.000	.000
山川 穂高	(武)	102	401	322	47	66	7	0	24	145	73	0	0	0	2	64	4	13	100	6	68	.205	.450	.357
*山﨑 福也	(オ)	15	0	0	0	0	0	0	0	0	0	0	0	0	0	0	0	0	0	0	0	.000	.000	.000
*山崎 幹史	(楽)	20	16	12	4	2	1	0	0	3	1	1	0	2	1	1	0	0	2	0	10	.167	.250	.214
山崎 勝己	(オ)	2	1	1	0	0	0	0	0	0	0	0	0	0	0	0	0	0	0	0	0	.000	.000	.000
*山下 斐紹	(楽)	8	8	7	1	0	0	0	0	0	0	0	0	0	0	1	0	0	1	0	2	.000	.000	.125
*山田 修義	(オ)	48	0	0	0	0	0	0	0	0	0	0	0	0	0	0	0	0	0	0	0	.000	.000	.000
山田 遥楓	(武)	8	5	5	1	1	0	0	0	1	0	0	0	0	0	0	0	0	0	0	2	.200	.200	.200
山野辺 翔	(武)	53	64	60	11	14	3	0	0	17	4	5	2	0	1	1	0	2	11	2	30	.233	.283	.266
*山本 大貴	(ロ)	12	0	0	0	0	0	0	0	0	0	0	0	0	0	0	0	0	0	0	0	.000	.000	.000
山本 由伸	(オ)	18	0	0	0	0	0	0	0	0	0	0	0	0	0	0	0	0	0	0	0	.000	.000	.000
*弓削 隼人	(楽)	10	0	0	0	0	0	0	0	0	0	0	0	0	0	0	0	0	0	0	0	.000	.000	.000
横尾 俊建	(日)	44	116	107	10	27	2	0	2	35	11	0	0	0	0	6	0	2	16	3	21	.252	.327	.302
興座 海人	(武)	8	0	0	0	0	0	0	0	0	0	0	0	0	0	0	0	0	0	0	0	.000	.000	.000
*吉川 光夫	(日)	5	0	0	0	0	0	0	0	0	0	0	0	0	0	0	0	0	0	0	0	.000	.000	.000
*吉田 一将	(日)	23	0	0	0	0	0	0	0	0	0	0	0	0	0	0	0	0	0	0	0	.000	.000	.000
吉田 輝星	(日)	5	0	0	0	0	0	0	0	0	0	0	0	0	0	0	0	0	0	0	0	.000	.000	.000
*吉田 正尚	(オ)	120	492	408	55	143	22	1	14	209	64	8	5	0	4	72	17	8	29	6	109	.350	.512	.453
吉田 侑樹	(オ)	5	0	0	0	0	0	0	0	0	0	0	0	0	0	0	0	0	0	0	0	.000	.000	.000
吉田 裕太	(ロ)	1	1	0	0	0	0	0	0	0	0	0	0	0	0	0	0	0	0	0	0	.000	.000	.000
吉田 凌	(オ)	35	0	0	0	0	0	0	0	0	0	0	0	0	0	0	0	0	0	0	0	.000	.000	.000
レアード	(ロ)	39	147	133	15	31	3	0	6	52	15	0	0	0	1	13	1	0	28	5	16	.233	.391	.299
ロドリゲス	(日)	7	0	0	0	0	0	0	0	0	0	0	0	0	0	0	0	0	0	0	0	.000	.000	.000
ロドリゲス	(オ)	59	211	193	11	42	10	0	6	70	25	1	0	0	1	14	0	3	55	3	27	.218	.363	.280
ロメロ	(オ)	103	404	356	46	97	19	2	24	192	63	0	0	0	2	38	5	8	108	8	72	.272	.539	.353
若月 健矢	(オ)	75	215	192	14	46	12	0	3	67	19	2	0	8	1	9	0	5	40	4	44	.240	.349	.290
涌井 秀章	(楽)	20	0	0	0	0	0	0	0	0	0	0	0	0	0	0	0	0	0	0	0	.000	.000	.000
渡辺 直人	(楽)	1	4	4	1	2	1	0	0	3	0	0	0	0	0	0	0	0	1	0	1	.500	.750	.500
*渡邉 雄大	(ソ)	3	0	0	0	0	0	0	0	0	0	0	0	0	0	0	0	0	0	0	0	.000	.000	.000
*渡邊 佳明	(楽)	35	95	85	9	20	5	1	0	27	12	0	0	6	1	3	0	0	15	1	18	.235	.318	.258
渡邉 諒	(日)	117	465	414	49	117	13	4	6	156	39	4	2	5	5	43	0	0	81	9	102	.283	.377	.324
*和田康士朗	(ロ)	71	69	59	24	12	1	0	0	13	0	23	3	3	0	6	0	1	8	0	3	.203	.220	.288
*和田 毅	(ソ)	16	0	0	0	0	0	0	0	0	0	0	0	0	0	0	0	0	0	0	0	.000	.000	.000
和田 恋	(楽)	7	17	16	0	2	1	0	0	3	1	0	0	0	0	1	0	0	4	2	3	.125	.188	.176
*王 柏融	(日)	52	95	87	9	18	4	0	2	28	9	0	0	0	0	6	0	1	27	0	11	.207	.322	.263

指名打者成績

チーム打撃成績

チーム	試合	打席	打数	得点	安打	二塁打	三塁打	本塁打	塁打	打点	盗塁	盗塁刺	犠打	犠飛	四球計	故意四球	死球	三振	併殺打	残塁	打率	長打率	出塁率
日本ハム	120	522	443	55	122	18	1	16	190	73	10	0	1	6	68	3	4	114	11	117	.275	.429	.372
オリックス	120	506	440	46	109	15	1	13	165	55	5	3	2	3	54	4	7	103	14	102	.248	.375	.337
楽天	120	523	439	65	108	22	0	22	196	66	1	0	4	4	68	3	8	137	11	108	.246	.446	.355
西武	120	489	415	55	100	16	0	19	173	79	0	1	0	2	71	2	1	118	12	106	.241	.417	.352
ソフトバンク	120	505	439	60	98	16	0	23	183	64	6	1	1	1	57	2	4	113	9	91	.223	.417	.315
ロッテ	120	507	438	43	93	21	0	8	140	32	6	2	10	1	53	1	5	108	12	96	.212	.320	.304
合計	360	3052	2614	324	630	108	3	101	1047	369	28	7	18	20	371	18	29	693	69	620	.241	.401	.339

チーム別個人成績

ソフトバンク

選手名	試合	打席	打数	得点	安打	二塁打	三塁打	本塁打	塁打	打点	盗塁	盗塁刺	犠打	犠飛	四球計	故意四球	死球	三振	併殺打	残塁	打率	長打率	出塁率
バレンティン	44	171	151	13	27	6	0	7	54	19	0	0	0	2	18	0	0	46	5	26	.179	.358	.263
デスパイネ	19	78	69	8	14	0	0	5	29	8	0	0	0	0	9	1	0	9	3	8	.203	.420	.295
*柳田　悠岐	17	75	60	12	16	3	0	4	31	13	1	0	0	0	14	1	1	18	0	17	.267	.517	.413
グラシアル	17	71	63	5	15	2	0	3	23	9	1	0	0	0	8	0	0	17	1	16	.238	.365	.324
*中村　晃	15	63	53	8	15	2	0	3	26	9	0	0	0	2	8	0	0	10	0	11	.283	.491	.365
*長谷川　勇也	9	29	26	2	4	1	0	1	8	4	0	0	0	0	3	0	0	3	0	3	.154	.308	.241
西田　哲朗	5	5	5	0	0	0	0	0	0	0	0	0	0	0	0	0	0	2	0	0	.000	.000	.000
*明石　健志	4	3	3	1	1	0	0	0	1	0	0	0	0	0	0	0	0	0	0	0	.333	.333	.333
*三森　大貴	4	1	1	0	0	0	0	0	0	0	0	0	0	0	0	0	0	1	0	2	.000	.000	.000
今宮　健太	3	13	12	4	5	2	0	1	10	2	0	0	1	0	0	0	0	1	0	1	.417	.833	.417
*釜元　豪	3	0	0	0	0	0	0	0	0	0	0	0	0	0	0	0	0	0	0	0	.000	.000	.000
川島　慶三	1	1	1	0	1	0	0	0	1	0	0	0	0	0	0	0	0	0	0	0	1.000	1.000	1.000
九鬼　隆平	1	1	1	0	0	0	0	0	0	0	0	0	0	0	0	0	0	1	0	0	.000	.000	.000
*周東　佑京	1	0	0	1	0	0	0	0	0	0	0	0	0	0	0	0	0	0	0	0	.000	.000	.000
*牧原　大成	1	0	0	0	0	0	0	0	0	0	0	0	0	0	0	0	0	0	0	0	.000	.000	.000
計	120	505	439	60	98	16	0	23	183	64	6	1	1	1	57	2	4	113	9	91	.223	.417	.315

ロッテ

選手名	試合	打席	打数	得点	安打	二塁打	三塁打	本塁打	塁打	打点	盗塁	盗塁刺	犠打	犠飛	四球計	故意四球	死球	三振	併殺打	残塁	打率	長打率	出塁率
*角中　勝也	42	157	134	13	30	7	1	1	42	10	0	0	4	1	15	0	3	26	2	31	.224	.313	.314
清田　育宏	27	90	77	7	25	7	0	3	41	9	0	0	1	0	9	0	1	25	3	19	.325	.532	.402
*佐藤　都志也	23	72	66	3	12	2	0	1	17	4	0	0	0	3	9	0	1	14	1	15	.182	.258	.239
レアード	16	61	58	4	11	1	0	1	15	2	0	0	0	0	3	0	0	11	3	6	.190	.259	.230
*安田　尚憲	13	50	45	4	7	2	0	1	12	4	0	0	0	0	5	0	0	12	0	5	.156	.267	.240
*和田　康士朗	8	2	1	3	0	0	0	0	0	0	0	0	1	0	0	0	0	1	0	3	.000	.000	.000
*菅野　剛士	6	22	17	3	3	0	0	1	6	1	0	0	0	0	4	0	0	5	2	4	.176	.176	.333
岡　大海	3	1	1	1	0	0	0	0	0	0	0	0	0	0	0	0	0	1	0	0	.000	.000	.000
*マーティン	3	14	6	4	1	1	0	0	2	1	0	0	0	0	8	0	0	3	0	4	.167	.333	.643
荻野　貴司	2	9	9	1	1	0	0	0	1	0	0	0	0	0	0	0	0	3	0	1	.111	.222	.111
*福田　秀平	2	8	6	0	1	2	0	0	3	1	0	0	0	0	2	0	0	3	0	1	.167	.167	.375
井上　晴哉	2	7	7	1	2	0	0	0	2	0	0	0	0	0	0	0	0	1	1	1	.286	.714	.375
*鳥谷　敬	2	2	2	0	0	0	0	0	0	0	0	0	0	0	0	0	0	0	0	1	.000	.000	.500
*福田　光輝	2	2	1	0	0	0	0	0	0	0	0	0	0	0	1	0	0	0	0	1	.000	.000	.500
+加藤　翔平	1	4	4	3	1	0	0	0	1	0	0	0	0	0	0	0	0	3	0	1	.250	.250	.250
*高部　瑛斗	1	1	1	0	0	0	0	0	0	0	0	0	0	0	0	0	0	1	0	0	.000	.000	.000
細川　亨	1	1	0	1	0	0	0	0	0	0	0	0	0	0	1	0	0	0	0	0	.000	.000	.000
茶谷　健太	1	1	1	0	0	0	0	0	0	0	0	0	0	0	0	0	0	1	0	0	.000	.000	.000
三木　亮	1	1	1	0	0	0	0	0	0	0	0	0	0	0	0	0	0	0	0	0	.000	.000	.000
計	120	507	438	43	93	21	1	8	140	32	6	2	10	1	53	1	5	108	12	96	.212	.320	.304

西　武

選手名	試合	打席	打数	得点	安打	二塁打	三塁打	本塁打	塁打	打点	盗塁	盗塁刺	犠打	犠飛	四球計	故意四球	死球	三振	併殺打	残塁	打率	長打率	出塁率
＊栗山　　巧	73	290	248	24	66	11	0	9	104	47	0	0	0	1	41	2	0	57	7	55	.266	.419	.369
山川　穂高	33	134	112	17	22	2	0	7	45	22	0	0	0	0	22	3	0	42	4	21	.196	.402	.328
山野辺　翔	19	2	2	5	1	0	0	0	1	0	0	1	0	0	0	0	0	0	0	12	.500	.500	.500
中村　剛也	8	30	25	4	9	2	0	2	17	9	0	0	0	1	4	0	0	7	0	6	.360	.680	.433
メ　ヒ　ア	5	19	15	2	2	1	0	1	6	1	0	0	0	0	3	0	1	7	0	5	.133	.400	.316
熊代　聖人	4	0	0	0	0															4	.000	.000	.000
＊森　　友哉	3	12	11	1	0	0	0	0	0	0	0	0	0	0	1	0	0	4	1	0	.000	.000	.083
＊水口　大地	3	1	1	2	0																.000	.000	.000
＊呉　　念庭	1	1	1	0	0																.000	.000	.000
愛斗	1	0	0	0	0																.000	.000	.000
＊川越　誠司	1	0	0	0	0																.000	.000	.000
計	120	489	415	55	100	16	0	19	173	79	0	1	0	2	71	5	1	118	12	106	.241	.417	.352

楽　天

選手名	試合	打席	打数	得点	安打	二塁打	三塁打	本塁打	塁打	打点	盗塁	盗塁刺	犠打	犠飛	四球計	故意四球	死球	三振	併殺打	残塁	打率	長打率	出塁率
ロ　メ　ロ	50	206	178	23	45	10	0	9	82	25	0	0	0	1	23	2	4	57	3	35	.253	.461	.350
浅村　栄斗	32	141	115	21	32	5	0	10	67	27	0	0	0	0	26	0	0	30	4	37	.278	.583	.411
＊島内　宏明	17	74	61	9	17	3	0	1	23	7	1	0	2	1	8	0	2	14	1	14	.279	.377	.375
ブラッシュ	10	45	34	7	5	1	0	1	9	4	0	0	0	2	8	1	1	18	1	4	.147	.265	.311
岩見　雅紀	7	20	19	1	4	0	0	1	7	1	0	0	0	0	1	0	0	3	1	3	.211	.368	.250
＊岡島　豪郎	7	7	6	2	1	1	0	0	2	0	0	0	0	1	0	0	0	3	0	3	.167	.333	.167
＊山﨑　幹史	5	2	2	1	0	0	0	0	0	0	0	0	0	0	0	0	0	0	0	3	.000	.000	.000
＊渡邊　佳明	3	2	1	0	0										1						.000	.000	.000
和田　　恋	2	9	8	0	2	1	0	0	3	1	0	0	0	0	1	0	0	3	1	3	.250	.375	.333
＊茂木栄五郎	2	9	8	0	0										1						.000	.000	.111
＊小郷　裕哉	2	1	1	0	0													1		1	.000	.000	.000
渡辺　直人	1	4	4	1	2	1	0	0	3	0	0	0	0	0	0	0	0	1	0	1	.500	.750	.500
＊銀　　　次	1	2	1	0	0										1						.000	.000	.500
＊藤田　一也	1	1	1	0	0																.000	.000	.000
＊黒川　史陽	1	0	0	0	0																.000	.000	.000
村林　一輝	1	0	0	0	0															1	.000	.000	.000
＊山下　斐紹	1	0	0	0	0																.000	.000	.000
計	120	523	439	65	108	22	0	22	196	66	1	0	4	4	68	3	8	137	11	108	.246	.446	.355

日本ハム

選手名	試合	打席	打数	得点	安打	二塁打	三塁打	本塁打	塁打	打点	盗塁	盗塁刺	犠打	犠飛	四球計	故意四球	死球	三振	併殺打	残塁	打率	長打率	出塁率
中田　　翔	55	239	211	21	53	5	0	13	97	49	0	0	0	5	23	1	0	60	7	41	.251	.460	.318
＊近藤　健介	33	147	120	17	37	10	0	2	53	17	1	0	0	1	25	2	1	26	0	29	.308	.442	.429
＊西川　遥輝	15	68	57	10	18	0	1	0	20	4	8	0	0	0	10	0	1	16	2	18	.316	.351	.426
＊清宮幸太郎	8	30	22	3	8	2	0	1	13	2	0	0	0	1	7	0	1	4	0	11	.364	.591	.533
＋杉谷　拳士	8	2	1	0	0						0	0	1	0	0	0	0	1	0	4	.000	.000	.000
＊王　　柏融	7	29	25	1	4	1	0	0	5	1	0	0	0	0	3	0	1	8	1	5	.160	.200	.276
松本　　剛	5	0	0	0	0																.000	.000	.000
横尾　俊建	2	4	4	1	1	0	0	0	1	0	0	0	0	0	0	0	0	1	0	0	.250	.250	.250
＊石井　一成	2	0	0	0	0																.000	.000	.000
谷内　亮太	2	0	0	0	0															2	.000	.000	.000
ビヤヌエバ	1	3	3	0	1	0	0	0	1	0	0	0	0	0	0	0	0	3	0	0	.333	.333	.333
＊淺間　大基	1	0	0	0	0																.000	.000	.000
＊谷口　雄也	1	0	0	0	0															1	.000	.000	.000
計	120	522	443	55	122	18	1	16	190	73	10	0	1	6	68	3	4	114	11	117	.275	.429	.372

パシフィック・リーグ

オリックス

選手名	試合	打席	打数	得点	安打	二塁打	三塁打	本塁打	塁打	打点	盗塁	盗塁刺	犠打	犠飛	四球計	故意四球	死球	三振	併殺打	残塁	打率	長打率	出塁率
ジョーンズ	57	231	202	18	50	6	0	7	77	26	0	0	0	1	26	0	2	52	9	40	.248	.381	.338
＊吉田 正尚	25	109	87	15	28	2	1	1	35	10	1	3	0	2	16	3	4	9	2	24	.322	.402	.440
ロドリゲス	17	64	60	5	16	4	0	2	26	8	0	0	0	0	4	0	0	13	2	8	.267	.433	.313
＊Ｔ－岡田	9	38	32	0	4	0	0	0	4	1	0	0	0	0	5	0	1	12	0	9	.125	.125	.263
＊モ ヤ	9	31	30	3	7	2	0	3	18	9	0	0	0	0	1	1	0	8	0	4	.233	.600	.258
山足 達也	6	1	1	2	0	0	0	0	0	0	0	0	0	0	0	0	0	0	0	2	.000	.000	.000
＋佐野 皓大	5	0	0	0	0	0	0	0	0	0	4	0	0	0	0	0	0	0	0	4	.000	.000	.000
伏見 寅威	4	17	15	1	2	1	0	0	3	0	0	0	0	0	2	0	0	4	1	4	.133	.200	.235
＊小田 裕也	4	0	0	0	0	0	0	0	0	0	0	0	0	0	0	0	0	0	0	3	.000	.000	.000
西村 凌	2	1	1	1	1	0	0	0	1	1	0	0	0	0	0	0	0	0	0	1	1.000	1.000	1.000
＊西野 真弘	1	5	4	0	1	0	0	0	1	0	0	0	0	1	0	0	0	1	0	0	.250	.250	.250
頓宮 裕真	1	4	4	0	0	0	0	0	0	0	0	0	0	0	0	0	0	3	0	0	.000	.000	.000
大下 誠一郎	1	4	3	0	0	0	0	0	0	0	0	0	0	1	0	0	0	1	0	0	.000	.000	.000
松井 佑介	1	1	1	0	0	0	0	0	0	0	0	0	0	0	0	0	0	0	0	0	.000	.000	.000
廣澤 伸哉	1	0	0	1	0	0	0	0	0	0	0	0	0	0	0	0	0	0	0	0	.000	.000	.000
＊福田 周平	1	0	0	0	0	0	0	0	0	0	0	0	0	0	0	0	0	0	0	1	.000	.000	.000
＊松井 雅人	1	0	0	0	0	0	0	0	0	0	0	0	0	0	0	0	0	0	0	1	.000	.000	.000
若月 健矢	1	0	0	0	0	0	0	0	0	0	0	0	0	0	0	0	0	0	0	1	.000	.000	.000
計	120	506	440	46	109	15	1	13	165	55	5	3	2	3	54	4	7	103	14	102	.248	.375	.337

2020・パシフィック・リーグ投手成績

チ ー ム 投 手 成 績

HP＝ホールドポイント（ホールド＋救援勝）　　▲打撃妨害　　　　　　　　　　　　（ ）内数字・チームは非自責点、個人は自責点

チーム	勝率順位	試合	完投	交代完了	試合当初	補回試合	無失点勝	無四球試	勝利	敗北	引分	セーブ	ホールド	H P	勝率	打者	打数	投回	安打	本塁打	犠打	犠飛	四球計	故意四球	死球	三振	暴投	ボーク	失点	自責点	防御率
ソフトバンク	1	120	3	117	117	8	14	6	73	42	5	33	112	136	.635	4446	3848	1066.1	843	83	69	16	457	9	56	1035	22	1	389	346	2.92
ロ ッ テ	2	120	4	116	116	8	6	7	60	57	3	34	78	93	.513	4459	3930	1055.2	989	110	91	28	382	12	28	479	147	3	81	—	3.81
オリックス	6	120	5	115	115	7	11	10	45	68	7	20	84	96	.398	4509	3902	1054	958	107	80	30	458	14	39	937	23	1	502	465	3.97
日本ハム	5	120	5	115	115	9	5	6	53	62	5	25	83	99	.461	4553	▲3971	1054.1	1002	98	83	21	422	21	43	930	10	0	528	471	4.02
楽 天	4	120	1	117	117	5	8	6	55	57	8	28	103	121	.491	4528	3962	1055.2	995	110	96	26	398	15	46	867	39	1	522 (1)	491	4.19
西 武	3	120	1	119	119	5	8	—	58	58	4	35	90	116	.500	4585	3947	—	1049	1010	106	81	27	477	6	53	764	45	1	543 (1)	499	4.28
								▲																							
合 計		360	19	701	701	26	51	35	344	344	16	175	558	661	.500	27080	23560	6335	5797	614	498	162	2594	77	265	5368	204	5	2963 (2)	2719	3.86

個 人 投 手 成 績

（規定投球回数120）

順位	選手名	チーム	試合	完投	交代完了	試合当初	補回試合	無失点勝	無四球試	勝利	敗北	引分	セーブ	ホールド	H P	勝率	打者	打数	投回	安打	本塁打	犠打	犠飛	四球計	故意四球	死球	三振	暴投	ボーク	失点	自責点	防御率
①	千賀　滉大	（ソ）	18	1	0	17	0	0	0	11	6	0	0	0	0	.647	503	435	121	90	4	7	2	57	0	2	149	5	0	37	29	2.16
②	山本　由伸	（オ）	18	1	0	17	0	0	1	8	6	0	0	0	0	.667	494	444	126.2	82	6	3	0	37	0	6	149	1	0	34	31	2.20
③	有原　航平	（日）	20	3	0	19	0	1	1	8	9	0	0	0	0	.471	547	500	132.2	125	11	8	3	30	0	6	106	2	0	56	51	3.46
④	涌井　秀章	（楽）	20	1	0	19	0	0	0	11	4	0	0	0	0	.733	529	478	130	100	13	8	2	38	1	3	110	3	0	53	52	3.60
⑤	高橋　光成	（武）	20	1	0	19	0	0	0	11	11	0	0	0	0	.500	501	439	120.1	100	9	1	1	44	0	7	100	6	0	51	50	3.74
⑥	美馬　学	（ロ）	19	1	0	18	0	0	1	10	4	0	0	0	0	.714	517	482	123	130	9	8	0	88	3	0	62	5	—	3.95		
⑦	＊田嶋　大樹	（オ）	20	1	0	19	0	1	0	4	6	0	0	0	0	.400	512	452	122.1	102	14	7	4	42	0	7	89	2	0	57	55	4.05
⑧	石川　歩	（ロ）	21	0	0	21	0	0	1	7	6	0	0	0	0	.538	555	511	133.1	138	8	3	3	26	0	4	73	3	0	65	63	4.25

各項目リーダー

試 合	益田　直也（ロ）	54		有原　航平（日）	1	H P…モイネロ（ソ）	40	暴 投…マルティネス（E）	8
	平良　海馬（武）	54		バーヘイゲン（日）	1	勝 率…石川　柊太（ソ）.786※		ボーク…奥村　政稔（ソ）	1
完 投	有原　航平（日）	3		田嶋　大樹（オ）	1	打 者…石川　歩（ロ）	555		小孫　和哉（ロ）	1
交代完了	益田　直也（ロ）	47	無四球試…美馬　学（ロ）	1	打 数…石川　歩（ロ）	511		岩下　大輝（ロ）	1
試合当初	石川　歩（ロ）	21		二木　康太（ロ）	1	投 球 回…石川　歩（ロ）	133.1		森脇　亮介（武）	1
	二ール（武）	21		有原　航平（日）	1	安 打…石川　歩（ロ）	138		石橋　良太（楽）	1
先 発	石川　歩（ロ）	21		バーヘイゲン（日）	1	本 塁 打…松本　航（武）	19		張　奕（オ）	1
	二ール（武）	21		山本　由伸（オ）	1		則本　昂大（楽）	19	失 点…二ール（武）	68
補回試合…	石川　柊太（ソ）	1	勝 利…石川　柊太（ソ）	11	犠 打…則本　昂大（楽）	12	自責点…二ール（武）	65
無失点勝…	石川　柊太（ソ）	1		千賀　滉大（ソ）	11	犠 飛…二ール（武）	6	防御率…千賀　滉大（ソ）2.16
	二木　康太（ロ）	1		涌井　秀章（楽）	11	四 球 計…千賀　滉大（ソ）	57	
	種市　篤暉（ロ）	1	敗 北…有原　航平（日）	11	故意四球…マルティネス（ソ）	4	※勝率第一位投手賞は今季10勝
	高橋　光成（武）	1	引 分…ディクソン（オ）	4	死 球…石川　柊太（ソ）	12	以上が表彰規定のため規定投
	涌井　秀章（楽）	1	セーブ…増田　達至（武）	33	三 振…千賀　滉大（ソ）	149	球回数不足ながら石川柊太
	岸　孝之（楽）	1	ホールド…モイネロ（ソ）	38		山本　由伸（オ）	149	（ソ）が.786で受賞

パシフィック・リーグ

全 投 手 成 績

▲打撃妨害

選手名	チーム	試合	完投	交代完了	試合当初	補回試合	無失点試合	無四球試	勝利	敗北	引分	セーブ	ホールド	HP	勝率	打者	打数	投球回	安打	本塁打	犠打	犠飛	四球計	故意四球	死球	三振	暴投	ボーク	失点	自責点	防御率
*アルバース	(オ)	16	0	0	16	0	0	0	0	4	8	0	0	0	.333	376	346	89	93	12	5	0	22	0	3	66	0	0	42	39	3.94
青山　浩二	(楽)	11	0	2	0	0	0	0	0	2	0	0	0	2	1.000	50	41	10.1	1	0	3	0	6	0	0	8	1	0	6	5	4.35
秋吉　亮	(日)	33	0	22	0	0	0	0	1	2	1	0	12	12	.333	131	117	29.2	30	6	2	1	11	0	0	28	0	0	21	21	6.37
東妻　勇輔	(ロ)	13	0	1	0	0	0	0	0	1	0	1	0	1	.000	69	54	15	10	3	2	1	6	0	0	4	0	0	5	5	3.00
荒西　祐大	(オ)	29	0	5	0	0	0	0	0	0	0	0	0	3	.000	135	118	31.1	31	6	4	0	11	0	2	21	1	0	18	17	4.88
有原　航平	(日)	20	3	0	17	0	1	1	8	9	0	0	0	0	.471	547	500	132.2	125	11	8	3	30	0	6	106	2	0	56	51	3.46
有吉　優樹	(ロ)	3	0	2	0	0	0	0	0	1	0	0	0	0	.500	49	45	11	15	1	1	1	2	0	1	5	0	0	6	6	4.91
安樂　智大	(楽)	27	0	7	0	0	0	0	4	0	0	0	5	6	1.000	131	110	31	24	2	3	1	17	0	0	30	1	0	12	12	3.48
*飯田　優也	(オ)	4	0	2	0	0	0	0	0	1	0	0	0	0	1.000	24	23	4	11	0	0	0	1	0	0	5	1	0	7	7	15.75
井口　和朋	(日)	29	0	5	0	0	0	0	0	0	0	0	2	3	1.000	113	100	26.1	27	5	3	0	8	2	2	18	0	0	14	12	4.10
*池田　駿	(楽)	21	0	12	0	0	0	0	0	1	0	0	0	0	1.000	77	67	16.2	21	0	2	1	7	0	0	13	0	0	8	8	4.32
石川　歩	(日)	21	0	0	21	0	0	0	7	6	0	0	0	0	.538	555	511	133.1	138	19	11	3	26	0	4	77	3	0	65	63	4.25
石川　柊太	(ソ)	18	2	0	15	0	1	1	11	3	0	0	0	0	.786	443	381	111.2	68	9	7	2	41	0	12	103	0	0	32	30	2.42
石崎　剛	(ロ)	12	0	5	1	0	0	0	0	1	0	0	2	2	.000	69	49	11.1	15	3	1	0	3	0	0	19	1	0	14	14	9.00
石橋　良太	(楽)	13	0	0	13	0	0	0	1	6	0	0	0	0	.143	285	247	63.1	72	9	3	3	28	1	4	46	2	1	43	43	6.11
泉　圭輔	(ソ)	40	0	11	0	0	0	0	0	1	0	0	8	8	.000	143	117	34.2	26	1	6	0	19	0	1	28	1	0	9	8	2.08
伊藤　翔	(武)	12	0	5	3	0	0	0	0	1	0	0	1	1	.000	128	128	28.2	30	3	1	1	16	0	0	18	6	0	13	13	4.08
今井　達也	(武)	19	0	0	11	0	0	0	3	4	0	0	0	0	.429	310	246	61.2	72	5	4	1	52	0	5	44	2	0	49	42	6.13
岩嵜　翔	(ソ)	17	0	2	0	0	0	0	0	0	0	0	10	10	.000	70	63	15	19	3	0	0	6	0	0	20	0	0	12	12	7.20
岩下　大輝	(ロ)	17	0	0	16	0	0	0	7	7	0	0	0	0	.500	393	346	90	98	11	7	2	35	1	3	74	4	1	44	42	4.20
*上原　健太	(日)	7	0	0	7	0	0	0	1	1	0	0	0	0	.250	149	131	34.1	37	3	4	2	12	1	3	28	0	0	20	17	4.46
*内海　哲也	(武)	4	0	0	4	0	0	0	0	1	0	0	0	0	.333	83	73	19	18	3	3	0	6	0	0	12	0	0	12	9	4.26
浦野　博司	(日)	1	0	0	0	0	0	0	0	0	0	0	0	0	.000	2	1	0.1	0	0	0	0	0	0	0	0	0	0	0	0	0.00
漆原　大晟	(オ)	22	0	9	0	0	0	0	0	2	0	2	5	5	.000	102	84	23.2	20	2	2	0	13	0	1	30	0	0	9	9	3.42
上沢　直之	(日)	15	1	0	14	0	0	0	9	7	0	0	0	0	.571	411	▲359	97	85	6	9	3	38	1	1	90	4	0	40	33	3.06
榎田　大樹	(武)	5	0	0	5	0	0	0	1	0	0	0	0	0	1.000	103	96	24	26	4	0	0	6	0	0	9	0	0	14	14	5.25
*大竹　耕太郎	(ソ)	5	0	0	5	0	0	0	2	0	0	0	0	0	1.000	60	56	15.2	13	1	1	0	3	0	0	8	0	0	9	9	2.30
大嶺　祐太	(ロ)	2	0	0	2	0	0	0	0	0	0	0	0	0	.000	45	37	9	15	1	1	1	6	0	0	9	0	0	9	9	9.00
尾形　崇斗	(ソ)	1	0	0	0	0	0	0	0	0	0	0	0	0	.000	8	5	1	2	0	0	0	3	0	0	2	0	0	3	3	27.00
*小川　龍也	(武)	38	0	8	0	0	0	0	1	0	0	3	5	.667	109	93	25.2	22	1	1	0	14	1	0	13	2	0	6	6	2.10	
奥村　政稔	(ソ)	5	0	3	0	0	0	0	0	0	0	0	0	0	.000	20	15	4.1	5	1	0	0	3	0	0	7	0	1	1	1	2.08
*小島　和哉	(ロ)	20	0	0	20	0	0	0	7	8	0	0	0	0	.467	479	437	113.1	106	12	10	2	47	0	3	83	0	1	50	47	3.73
小野　郁	(ロ)	40	0	14	0	0	0	0	0	0	0	4	6	.500	162	139	39	31	2	3	1	18	1	1	32	0	0	18	14	3.23	
*海田　智行	(日)	6	0	0	0	0	0	0	0	0	0	0	0	0	.000	22	21	4.1	8	0	0	0	1	0	0	4	0	0	7	7	14.54
*笠谷　俊介	(ソ)	20	0	3	11	0	0	0	4	4	0	0	1	1	.500	208	57	44.2	3	0	31	0	4	67	0	0	31	18	2.84			
加治屋　蓮	(ソ)	6	0	0	0	0	0	0	0	0	0	0	0	0	.000	30	25	6	10	1	1	0	3	0	1	2	0	0	4	4	6.00
*加藤　貴之	(ロ)	28	0	5	7	0	0	0	4	2	1	0	4	4	.667	249	221	58	57	4	5	2	23	2	2	51	1	0	23	21	3.26
金子　弌大	(オ)	34	0	15	4	0	0	0	3	1	0	1	2	2	.250	199	171	44	49	5	8	1	17	1	2	47	1	0	29	25	5.11
金田　和之	(オ)	6	0	4	0	0	0	0	0	0	0	0	0	0	.000	39	30	8.1	10	1	2	0	5	0	0	7	0	0	6	6	6.48
釜田　佳直	(楽)	4	0	3	0	0	0	0	0	0	0	0	0	0	.000	26	21	3.2	9	0	0	0	4	0	0	5	0	0	4	4	9.82
*嘉弥真　新也	(ソ)	50	0	6	0	0	0	0	3	1	0	1	18	21	.750	117	102	30	18	1	2	1	10	0	2	33	0	0	7	7	2.10
唐川　侑己	(ロ)	32	0	3	0	0	0	0	1	1	0	1	14	15	.500	118	106	30.1	22	1	2	0	8	0	0	23	0	0	4	4	1.19
*辛島　航	(楽)	19	0	0	17	0	0	0	1	3	0	0	0	0	.250	170	149	38.1	43	6	3	0	15	0	3	26	2	0	22	21	4.93
*河野　竜生	(日)	12	0	12	0	0	0	0	3	5	0	0	0	0	.375	269	233	60.1	63	9	2	3	30	2	3	43	1	0	40	34	5.07
*川原　弘之	(ロ)	22	0	7	0	0	0	0	0	0	0	0	4	4	.000	79	58	18	12	0	3	1	14	1	3	15	2	0	5	4	2.00
神戸　文也	(オ)	5	0	1	0	0	0	0	0	0	0	0	1	1	.000	33	26	5.2	9	0	0	0	7	0	0	7	0	0	7	6	9.53
ギャレット	(武)	49	0	7	1	0	0	0	2	1	0	16	19	.600	220	196	49.1	52	2	1	0	20	0	3	45	1	0	20	17	3.10	
岸　孝之	(楽)	11	2	0	9	0	1	0	7	4	0	0	0	0	.636	290	269	67.1	48	5	2	0	20	1	1	70	0	0	24	24	3.21
*北浦　竜次	(日)	2	0	0	0	0	0	0	0	0	0	0	0	0	.000	22	18	3.1	9	0	0	0	3	0	0	3	0	0	7	6	16.20
久保　裕也	(楽)	5	0	0	0	0	0	0	0	0	0	0	0	2	1.000	10	10	3	1	0	0	0	0	0	0	1	0	0	3	3	13.50
*公文　克彦	(日)	29	0	5	0	0	0	0	2	1	0	8	8	.000	116	100	24	33	3	4	1	11	0	0	19	0	0	24	21	7.88	
K－鈴木	(オ)	8	0	0	0	0	0	0	0	3	0	0	0	0	.000	78	59	13.2	23	4	3	1	14	0	1	10	0	0	17	16	10.54
國場　翼	(オ)	7	0	0	0	0	0	0	0	0	0	0	0	0	.000	55	45	11	14	2	2	0	5	0	0	9	2	0	11	9	7.36
小林　慶祐	(オ)	7	0	5	0	0	0	0	0	0	0	0	1	1	.000	35	28	6.2	11	0	1	0	5	1	0	6	0	0	4	3	4.05
近藤　弘樹	(楽)	6	0	0	0	0	0	0	0	0	0	0	1	1	.000	31	22	6.2	3	1	2	1	6	0	1	4	1	0	4	4	5.40
*齋藤　綱記	(オ)	32	0	6	0	0	0	0	0	0	0	4	5	.500	105	95	24.2	24	2	1	0	8	1	1	23	1	0	11	11	4.01	
*齊藤　大将	(武)	7	0	0	6	0	0	0	0	0	0	0	0	0	.000	51	43	10	15	2	0	0	7	0	0	7	0	0	12	11	9.90
酒居　知史	(楽)	46	0	3	0	0	0	0	0	0	0	12	15	.600	188	163	44.1	38	4	4	0	18	2	3	34	1	0	20	18	3.65	
榊原　翼	(オ)	5	0	2	0	0	0	0	0	2	0	0	0	0	.200	206	188	43.1	44	5	6	2	39	0	1	31	2	0	26	25	5.19
佐々木千隼	(ロ)	5	0	3	0	0	0	0	0	0	0	0	0	0	.000	23	19	4.1	7	1	1	0	2	0	0	5	0	0	4	4	8.31
*佐野　泰雄	(武)	8	0	0	0	0	0	0	0	0	0	0	1	1	.000	30	26	6.2	9	1	2	0	2	0	0	1	1	0	1	1	1.35
澤田　圭佑	(ロ)	24	0	8	0	0	0	0	0	0	0	0	1	1	.000	87	78	21	16	3	1	2	8	0	0	24	0	0	10	8	3.43
澤村　拓一	(ロ)	22	0	7	0	0	0	0	0	0	0	1	13	13	.000	82	72	21	10	2	0	0	10	0	0	29	3	0	4	4	1.71
J.T.シャギワ	(楽)	31	0	9	0	0	0	0	0	6	0	0	1	1	.000	121	100	26.1	23	3	0	1	14	1	0	19	2	0	17	17	5.81
ジャクソン	(ロ)	7	0	1	0	0	0	0	0	0	0	0	0	0	.000	29	25	7	7	0	0	0	1	0	0	3	0	0	3	3	3.86

選手名	チーム	試合	完投	交代完了	試合当初	補回試合	無失点勝	無四球試	勝利	敗北	引分	セーブ	ホールド	HP	勝率	打者	打数	投球回	安打	本塁打	犠打	犠飛	四球計	故意四球	死球	三振	暴投	ボーク	失点	自責点	防御率
ジョンソン	(楽)	16	0	3	0	0	0	0	1	0	1	0	4	5	1.000	62	55	14.2	13	2	0	1	6	0	0	16	3	0	6	5	3.07
椎野　新	(ソ)	12	0	5	0	0	0	0	1	1	0	1	0	0	.500	49	43	11	12	1	0	0	5	0	0	13	1	0	7	7	5.73
＊塩見　貴洋	(楽)	16	0	0	16	0	0	0	4	8	0	0	0	0	.333	350	324	84.1	88	10	3	2	20	0	1	63	1	0	45	45	4.80
杉浦　稔大	(日)	17	0	4	13	0	0	0	7	5	0	1	0	1	.583	319	278	74.2	59	6	2	1	37	1	1	68	2	0	29	26	3.13
杉山　一樹	(ソ)	11	0	3	0	0	0	0	0	1	0	0	1	1	.000	69	61	16.2	15	1	1	1	6	0	0	22	1	0	5	4	2.16
鈴木　健矢	(日)	11	0	6	0	0	0	0	0	0	0	0	0	0	.000	55	48	11.1	15	0	1	0	7	0	0	11	0	0	10	10	7.94
＊鈴木　翔天	(ソ)	2	0	2	0	0	0	0	0	0	0	0	0	0	.000	8	5	1.1	2	1	0	0	1	0	2	1	0	0	2	2	13.50
鈴木　優	(オ)	13	0	2	6	0	0	0	1	3	0	1	2	2	.250	173	141	38.2	30	6	1	1	29	0	1	41	1	0	29	28	6.52
千賀　滉大	(ソ)	18	1	0	17	0	0	0	11	6	0	0	0	0	.647	503	435	121	90	4	7	2	57	0	2	149	5	0	37	29	2.16
宋　家豪	(楽)	38	0	9	0	0	0	0	1	2	0	0	10	11	.333	162	134	36.1	35	7	7	2	29	2	0	29	2	0	29	28	6.94
平良　海馬	(武)	54	0	4	0	0	0	0	1	1	0	1	33	34	1.000	214	170	53	22	2	7	0	29	0	8	62	5	0	11	11	1.87
高橋　光成	(武)	20	1	0	19	0	0	0	8	8	0	0	0	0	.500	501	439	120.1	100	9	10	1	44	0	7	100	6	0	51	50	3.74
高橋　礼	(ソ)	52	0	8	0	0	0	0	4	2	0	0	23	27	.667	220	185	51	42	2	1	1	24	0	9	29	1	0	17	15	2.65
瀧隈　瞭太	(楽)	8	0	0	8	0	0	0	2	1	0	0	0	0	.667	182	159	45	34	1	4	1	15	0	3	29	1	0	18	18	3.40
＊武隈　祥太	(楽)	8	0	3	0	0	0	0	0	0	0	0	0	0	.000	28	19	3.2	9	0	2	0	7	0	0	4	0	0	11	9	22.09
武田　翔太	(ソ)	7	0	0	5	0	0	0	1	0	0	0	0	0	.000	105	121	25	34	7	1	0	14	1	1	23	0	0	19	8	6.48
竹安　大知	(オ)	2	0	0	2	0	0	0	0	1	0	0	0	0	.000	40	32	9	8	0	2	0	5	0	1	3	0	0	5	4	3.00
＊田嶋　大樹	(オ)	20	1	0	19	0	1	0	4	6	0	0	0	0	.400	512	452	122.1	102	14	7	4	42	0	7	89	2	0	57	55	4.05
田中　靖洋	(ロ)	8	0	3	0	0	0	0	0	0	0	0	2	3	1.000	30	26	7.1	5	1	0	0	4	0	0	8	0	0	2	2	2.45
種市　篤暉	(ロ)	7	1	0	7	0	0	0	3	2	0	0	0	0	.600	198	175	46.2	43	7	3	0	15	0	5	41	0	0	19	18	3.47
玉井　大翔	(日)	49	0	3	0	0	0	0	4	4	0	1	21	25	.500	175	175	41.2	36	5	5	0	18	1	1	29	3	0	17	16	3.46
田村　伊知郎	(武)	31	0	17	0	0	0	0	1	1	0	0	1	1	.500	181	155	41	47	4	7	1	16	0	2	27	4	0	20	18	3.95
＊チェン・ウェイン	(ロ)	4	1	0	3	0	0	0	0	0	0	0	0	0	.000	102	95	26	22	4	2	1	6	0	1	14	2	0	7	7	2.42
＊チェン・グァンユウ	(ロ)	19	0	1	0	0	0	0	0	0	0	0	2	3	1.000	89	72	19.2	20	1	4	0	13	1	0	12	0	0	8	7	3.20
張　奕	(オ)	13	0	1	9	0	0	0	2	4	0	0	0	0	.333	212	190	48	50	5	3	1	16	0	2	46	1	1	26	23	4.31
津森　宥紀	(ソ)	14	0	5	0	0	0	0	0	0	0	0	3	4	1.000	72	63	16.1	15	2	0	0	8	0	0	17	1	0	5	5	2.76
津留崎　大成	(楽)	33	0	8	0	0	0	0	1	1	0	1	2	2	.500	147	124	34.1	30	1	2	2	18	0	1	24	2	0	17	16	4.19
ディクソン	(楽)	39	0	32	0	0	0	0	4	4	16	5	5	5	.000	152	131	35.2	34	2	4	0	16	1	1	32	2	0	15	13	3.28
寺岡　寛治	(楽)	24	0	4	0	0	0	0	1	0	0	0	10	12	.667	88	71	20	15	0	3	1	11	1	2	14	2	0	7	7	3.15
東條　大樹	(ソ)	39	0	7	0	0	0	0	0	0	0	1	0	0	.000	121	101	28.1	25	3	4	0	12	0	0	26	0	0	10	8	2.54
東明　大貴	(オ)	2	0	0	2	0	0	0	0	0	0	0	0	0	.000	14	12	3.2	4	1	0	1	0	0	0	5	0	0	2	2	4.91
十亀　剣	(武)	8	0	1	0	0	0	0	0	2	0	0	0	0	.333	117	100	24	30	5	1	0	10	0	1	15	0	0	21	20	7.50
＊富山　凌雅	(オ)	18	0	7	0	0	0	0	0	2	0	1	3	3	.000	77	65	18.1	14	3	1	0	10	0	1	15	0	0	9	9	4.42
中塚　駿太	(武)	6	0	3	0	0	0	0	0	0	0	0	0	0	.000	33	26	7	9	0	2	1	4	0	0	5	0	0	4	4	5.14
＊中村　稔弥	(ロ)	16	0	2	11	0	0	0	4	7	0	0	0	0	.286	278	243	64	61	11	4	0	31	1	0	41	0	0	41	34	4.78
＊永野　将司	(日)	13	0	3	0	0	0	0	0	0	0	0	3	4	.000	73	53	15	16	0	3	4	13	0	0	14	2	0	9	9	5.40
生田目　翼	(日)	3	0	1	0	0	0	0	0	1	0	0	0	0	.000	29	25	6	9	1	0	0	3	0	0	5	2	0	6	6	9.00
＊成田　翔	(ロ)	3	0	0	0	0	0	0	0	0	0	0	0	0	.000	13	13	3	5	2	1	0	4	0	0	3	0	0	6	6	18.00
ニール	(武)	21	0	0	21	0	0	0	6	8	0	0	0	0	.429	485	431	112	125	13	5	6	35	0	8	66	0	0	68	65	5.22
西村　天裕	(日)	16	0	3	0	0	0	0	0	0	0	1	0	0	.000	115	97	25.2	23	4	2	0	14	0	2	29	0	0	14	13	4.56
二保　旭	(ソ)	12	0	0	12	0	0	0	4	5	0	0	0	0	.444	256	223	56.2	63	5	3	0	24	0	6	28	1	0	40	31	4.92
＊ノ　リン	(ソ)	5	0	0	5	0	0	0	1	2	0	0	0	0	.333	96	82	21.1	22	3	3	0	10	1	1	21	0	0	16	16	6.75
＊野田　昇吾	(楽)	3	0	1	0	0	0	0	0	0	0	0	0	0	.000	6	6	1	2	0	0	0	0	0	0	1	0	0	0	0	0.00
則本　昂大	(楽)	18	0	0	18	0	0	0	5	7	0	0	0	0	.417	475	421	109	110	13	12	3	40	0	5	105	3	0	56	43	3.96
ハーマン	(楽)	38	0	0	0	0	0	0	1	2	0	1	23	26	.600	149	134	37.2	28	3	2	0	12	0	3	37	4	0	9	9	2.15
バーヘイゲン	(日)	18	1	0	17	0	1	0	8	6	0	0	0	0	.571	454	406	111.2	91	7	8	5	29	0	2	115	4	0	45	40	3.22
バンデンハーク	(ソ)	5	0	0	5	0	0	0	2	2	0	0	0	0	.500	113	98	26	28	6	2	3	10	0	0	20	0	0	21	20	6.92
＊浜屋　将太	(武)	12	0	1	8	0	0	0	3	3	0	0	0	0	.500	217	190	50.2	48	7	1	2	21	0	3	23	1	0	30	28	4.97
板東　湧梧	(ソ)	15	0	4	1	0	0	0	2	2	0	2	2	4	.500	129	116	31.2	26	4	3	0	10	1	0	29	0	0	9	9	2.56
ヒギンス	(オ)	41	0	1	0	0	0	0	1	0	0	19	22	.500	175	151	41.1	37	2	2	0	20	3	0	45	1	0	11	11	2.40	
比嘉　幹貴	(オ)	20	0	3	0	0	0	0	0	0	0	9	9	.000	49	41	12.2	5	1	0	2	5	2	1	11	0	0	1	1	0.71	
東浜　巨	(ソ)	19	0	0	19	0	0	0	9	2	0	0	0	0	.818	479	420	119	83	10	6	2	49	0	2	102	2	0	32	31	2.34
＊左澤　優	(オ)	41	0	2	0	0	0	0	0	0	0	0	0	0	.000	7	7	1.1	3	0	0	0	1	0	0	1	0	0	3	3	20.25
平井　克典	(武)	41	0	5	0	0	0	0	5	0	0	7	11	.500	260	225	60.1	60	3	10	1	23	2	1	53	3	0	28	25	4.18	
フローレス	(ロ)	14	0	5	1	0	0	0	2	2	0	0	0	0	.500	108	87	22.1	27	3	0	1	6	0	2	25	2	0	19	19	7.66
ブセニッツ	(楽)	46	0	27	0	0	0	0	1	4	1	18	13	14	.200	195	169	44	46	2	6	1	24	0	1	46	0	0	16	14	2.86
福井　優也	(楽)	10	0	0	0	0	0	0	0	0	0	0	0	0	.000	128	109	29.2	26	2	7	0	10	0	0	18	0	0	18	18	5.46
＊福田　俊	(ロ)	30	0	7	0	0	0	0	0	2	0	0	2	2	.000	132	112	30.1	29	4	3	3	14	0	0	27	1	0	12	11	3.26
福山　博之	(楽)	14	0	2	0	0	0	0	0	1	0	0	0	0	.000	49	44	12	12	1	0	0	3	0	0	8	0	0	1	1	0.75
藤平　尚真	(楽)	1	0	0	0	0	0	0	0	0	0	0	0	0	.000	2	1	0+	1	0	0	0	1	0	0	2	0	0	2	2	—
二木　康太	(ロ)	15	1	0	14	0	0	0	6	2	0	0	0	0	.750	361	340	92.2	72	7	4	2	12	0	2	79	3	0	36	35	3.40
古谷　拓郎	(ロ)	2	0	0	2	0	0	0	0	1	0	0	0	0	.000	30	22	6.1	6	1	0	0	7	0	1	9	1	0	3	3	4.26
＊古谷　優人	(ロ)	4	0	3	0	0	0	0	0	0	0	0	0	0	.000	22	22	5.2	5	0	1	0	1	0	0	4	1	0	3	3	4.76
＊堀　瑞輝	(日)	45	0	8	0	0	0	0	1	1	1	14	16	.667	173	136	38.2	30	2	7	2	22	0	0	45	0	0	20	18	4.19	
本田　圭佑	(武)	7	0	0	7	0	0	0	1	4	0	0	0	0	.200	149	133	35.1	35	2	1	1	15	0	0	17	0	0	17	16	4.08
本田　仁海	(オ)	1	0	0	1	0	0	0	0	0	0	0	0	0	.000	24	19	4	8	0	0	2	3	0	0	6	0	0	3	3	6.75
マルティネス	(日)	17	0	2	14	0	0	0	2	7	0	1	1	1	.222	344	290	76	76	8	7	4	40	4	3	66	8	0	44	39	4.62
牧田　和久	(楽)	52	0	8	0	0	0	0	2	2	0	3	22	24	.500	197	179	50	39	5	6	1	12	0	0	33	1	0	15	12	2.16
増田　浩俊	(オ)	16	0	1	0	0	0	0	0	0	0	1	5	5	.000	153	125	35.2	20	3	1	2	20	0	1	29	1	0	13	12	3.03
増田　達至	(武)	48	0	45	0	0	0	0	1	1	0	33	1	6	1.000	196	181	49	41	3	0	0	10	1	1	41	0	0	11	11	2.02

パシフィック・リーグ

選手名	チーム	試合	完投	交代完了	試合当初	補回試合	無失点試合	無四球試	勝利	敗北	引分	セーブ	ホールド	HP	勝率	打者	打数	投球回	安打	本塁打	犠打	犠飛	四球計	故意四球	死球	三振	暴投	ボーク	失点	自責点	防御率
益田　直也	(ロ)	54	0	47	0	0	0	0	3	5	0	31	5	8	.375	214	184	52	42	1	10	1	17	1	2	53	4	0	15	13	2.25
＊松井　裕樹	(楽)	25	0	5	10	0	0	0	4	5	2	2	8	9	.444	286	247	68	56	5	7	1	28	0	3	82	4	0	25	24	3.18
松岡　洸希	(武)	2	0	1	0	0	0	0	0	0	0	0	0	0	.000	12	9	2	3	0	0	0	1	2	0	0	0	0	3	3	13.50
＊松永　昂大	(ロ)	5	0	0	0	0	0	0	0	0	0	0	3	3	.000	15	12	3.1	3	0	0	0	3	0	0	3	0	0	0	0	0.00
松本　裕樹	(ソ)	25	0	7	0	0	0	0	0	1	0	0	6	6	.000	120	99	28.1	20	4	2	0	19	0	0	27	2	0	11	11	3.49
松本　航	(武)	20	0	0	20	0	0	0	6	7	0	0	0	0	.462	452	386	103	89	19	4	4	56	1	2	66	2	0	55	50	4.37
南　昌輝	(ロ)	6	0	0	0	0	0	0	0	0	0	0	0	0	.000	32	26	7.1	5	2	0	1	5	0	0	6	1	0	4	4	4.91
美馬　学	(ロ)	19	1	0	18	0	0	1	10	4	0	0	0	0	.714	517	482	123	130	9	6	4	25	0	0	88	3	0	62	54	3.95
宮川　哲	(武)	49	0	6	0	0	0	0	2	1	0	0	13	15	.667	202	168	44.2	40	1	1	3	29	0	1	45	3	0	21	(1)19	3.83
＊宮城　大弥	(オ)	3	0	0	3	0	0	0	1	1	0	0	0	0	.500	73	66	16	19	0	0	0	6	0	1	16	1	0	8	7	3.94
＊宮西　尚生	(日)	50	0	16	0	0	0	0	2	1	0	8	21	23	.667	197	169	48.1	34	4	2	0	22	2	4	53	1	0	12	11	2.05
＊ムーア	(ソ)	13	0	0	13	0	0	0	6	3	0	0	0	0	.667	320	286	78	64	7	8	0	22	0	4	89	1	0	32	23	2.65
村田　透	(日)	21	0	1	1	0	0	0	1	1	0	0	5	6	.500	161	142	38	38	3	1	3	12	0	3	23	0	0	16	15	3.55
村西　良太	(オ)	4	0	2	1	0	0	0	1	0	0	0	0	0	.000	39	27	8	6	2	2	0	10	0	0	5	0	0	8	8	9.00
＊モイネロ	(ソ)	50	0	4	0	0	0	0	2	3	0	1	38	40	.400	193	159	48	26	1	6	1	25	3	2	77	0	0	9	9	1.69
望月　大希	(日)	2	0	0	0	0	0	0	0	0	0	0	0	0	.000	8	8	2	1	0	0	0	0	0	0	0	1	0	0	0	0.00
森　唯斗	(ソ)	52	0	44	0	0	0	0	1	1	0	32	6	7	.500	205	188	51.1	39	4	2	0	13	3	2	40	0	0	14	13	2.28
森原　康平	(楽)	17	0	8	0	0	0	0	1	2	0	4	2	3	.333	81	67	16.2	23	4	4	2	7	2	1	14	1	0	14	14	7.56
森脇　亮介	(武)	47	0	11	0	0	0	0	7	1	0	1	16	23	.875	178	149	46.2	22	3	7	1	20	0	1	41	1	1	8	7	1.35
山岡　泰輔	(オ)	12	1	0	11	0	0	0	4	5	0	0	0	0	.444	284	257	69.1	68	7	1	3	21	1	2	64	3	0	22	20	2.60
＊山﨑　福也	(オ)	15	0	1	14	0	0	0	5	5	0	0	0	0	.500	347	296	84	71	12	11	5	33	0	2	46	0	0	45	42	4.50
＊山田　修義	(日)	48	0	7	0	0	0	0	4	5	1	0	18	22	.444	170	145	39.1	37	1	6	0	19	1	0	44	0	0	20	17	3.89
＊山本　大貴	(ロ)	12	0	10	0	0	0	0	0	0	0	0	0	0	.000	54	45	13.2	11	1	3	0	6	0	0	7	0	0	4	4	2.63
山本　由伸	(オ)	18	1	0	17	0	0	1	8	4	0	0	0	0	.667	494	444	126.2	82	6	1	1	37	0	6	149	1	0	34	31	2.20
＊弓削　隼人	(楽)	10	0	0	10	0	0	0	3	2	0	0	0	0	.600	229	199	50.1	57	9	6	1	20	0	3	34	2	0	34	28	5.01
與座　海人	(武)	8	0	0	8	0	0	0	2	4	0	0	0	0	.333	169	151	38	47	5	3	0	13	0	2	18	0	0	23	23	5.45
＊吉川　光夫	(日)	5	0	5	0	0	0	0	0	0	0	0	0	0	.000	24	18	5.1	5	0	0	2	4	0	0	1	1	0	2	2	3.38
吉田　一将	(日)	23	0	6	2	0	0	0	1	1	0	1	0	1	.500	153	136	35.1	38	3	2	2	12	0	1	34	2	0	17	16	4.08
吉田　輝星	(日)	5	0	0	5	0	0	0	0	2	0	0	0	0	.000	99	84	20.1	26	2	0	2	12	0	1	11	0	0	22	19	8.41
吉田　侑樹	(日)	5	0	0	0	0	0	0	0	0	0	0	0	0	.000	27	25	6.1	8	0	0	0	3	0	0	6	0	0	3	3	4.26
吉田　凌	(オ)	35	0	6	0	0	0	0	2	2	0	0	7	9	.500	118	99	29	15	1	2	0	15	1	2	33	3	0	7	7	2.17
ロドリゲス	(日)	7	0	1	0	0	0	0	0	0	0	0	3	3	.000	34	31	8	7	0	0	0	3	1	0	9	1	0	2	2	2.25
涌井　秀章	(楽)	20	1	0	19	0	1	0	11	4	0	0	0	0	.733	529	478	130	110	17	8	2	38	1	3	110	3	0	53	52	3.60
＊渡邉　雄大	(ソ)	3	0	0	0	0	0	0	0	0	0	0	0	0	.000	6	5	1.2	0	0	0	0	1	0	0	1	0	0	0	0	0.00
＊和田　毅	(ソ)	16	0	0	16	0	0	0	8	1	0	0	0	0	.889	346	310	85.2	66	7	2	2	31	0	1	75	1	0	30	28	2.94

2020・パシフィック・リーグ守備成績

チ ー ム 守 備 成 績

チーム	試合	守機備会	刺殺	補殺	失策	併殺 参加数	球団	捕逸	守備率
ロ ッ テ	120	4444	3167	1224	53	237	89	5	.988
ソフトバンク	120	4518	3199	1262	57	313	114	3	.987
オリックス	120	4428	3162	1206	60	245	91	3	.9864
楽 天	120	4402	3167	1174	61	235	86	6	.9861
西 武	120	4480	3147	1264	69	299	109	9	.985
日本ハム	120	4410	3163	1172	75	235	86	13	.983
合 計	360	26682	19005	7302	375	1564	575	39	.986

個 人 守 備 成 績

規定試合数 野手 80
捕手 60
（投手は投球回数）投手 120

一 塁 手

選手名	チーム	試合	刺殺	補殺	失策	併殺	守備率
井上 晴哉	（ロ）	107	893	69	5	70	.995

（50音順）

選手名	チーム	試合	刺殺	補殺	失策	併殺	守備率
明石 健志	（ソ）	44	324	17	2	22	.994
井上 晴哉	（ロ）	107	893	69	5	70	.995
岩見 雅紀	（楽）	5	23	6	1	1	.967
呉 念庭	（武）	28	64	4	0	9	1.000
内田 靖人	（楽）	31	180	16	2	13	.990
大下誠一郎	（オ）	7	40	5	0	3	1.000
岡 大海	（ロ）	10	13	0	0	1	1.000
岡島 豪郎	（楽）	2	4	0	0	1	1.000
川島 慶三	（ソ）	15	75	3	1	7	.987
清宮幸太郎	（日）	63	443	28	7	33	.985
銀 次	（楽）	67	451	36	1	38	.998
熊代 聖人	（武）	1	3	0	0	0	1.000
栗原 陵矢	（ソ）	36	213	22	0	20	1.000
小島 脩平	（オ）	6	15	1	0	0	1.000
白崎 浩之	（オ）	3	6	0	0	0	1.000
菅野 剛士	（ロ）	12	83	5	0	4	1.000
杉谷 拳士	（日）	11	11	4	0	2	1.000
鈴木 大地	（楽）	48	315	20	1	24	.997
高濱 祐仁	（日）	8	43	0	0	2	1.000
茶谷 健太	（ロ）	4	3	0	0	0	1.000
＊Ｔ－岡田	（オ）	51	323	18	2	21	.994
鳥谷 敬	（ロ）	1	0	1	0	0	1.000
中川 圭太	（オ）	4	12	2	1	2	.933
中田 翔	（日）	63	497	46	6	36	.989
＊中村 晃	（ソ）	60	452	32	4	45	.992
西田 哲朗	（ソ）	11	15	4	0	3	1.000
樋口龍之介	（日）	1	1	0	0	0	1.000
福田 秀平	（ロ）	2	2	0	0	0	1.000
伏見 寅威	（オ）	1	2	0	0	0	1.000

選手名	チーム	試合	刺殺	補殺	失策	併殺	守備率
松井 佑介	（オ）	6	42	2	1	5	.978
三木 亮	（ロ）	6	15	3	0	0	1.000
メ ヒ ア	（武）	60	516	41	5	44	.991
モ ヤ	（オ）	36	274	20	1	21	.997
安田 尚憲	（ロ）	5	17	1	0	0	1.000
山足 達也	（オ）	18	28	2	0	3	1.000
山川 穂高	（武）	58	495	28	2	40	.996
横尾 俊建	（日）	1	1	0	0	0	1.000
ロドリゲス	（オ）	38	280	18	8	24	.974

二 塁 手

選手名	チーム	試合	刺殺	補殺	失策	併殺	守備率
外崎 修汰	（武）	110	224	362	5	72	.992
浅村 栄斗	（楽）	88	167	214	4	37	.990
中村 奨吾	（ロ）	120	261	348	9	60	.985
渡邉 諒	（日）	116	202	285	8	59	.984

（50音順）

選手名	チーム	試合	刺殺	補殺	失策	併殺	守備率
明石 健志	（ソ）	2	3	4	0	1	1.000
浅村 栄斗	（楽）	88	167	214	4	37	.990
石井 一成	（日）	14	5	4	1	0	.900
呉 念庭	（武）	1	2	4	0	1	1.000
大城 滉二	（オ）	66	124	175	2	33	.993
太田 椋	（オ）	6	7	12	0	3	1.000
川島 慶三	（ソ）	38	39	74	1	16	.991
川瀬 晃	（ソ）	10	3	15	2	2	.900
宜保 翔	（オ）	8	11	8	1	0	1.000
黒川 史陽	（楽）	4	7	9	1	2	.941
小島 脩平	（オ）	2	0	2	0	0	1.000
小深田大翔	（楽）	21	44	40	1	7	.988
周東 佑京	（ソ）	66	106	170	8	42	.972
杉谷 拳士	（日）	9	11	4	1	0	.938
高濱 祐仁	（日）	3	3	6	0	1	1.000
茶谷 健太	（ロ）	3	0	4	0	0	1.000
外崎 修汰	（武）	110	224	362	5	72	.992
鳥谷 敬	（ロ）	1	0	4	0	1	1.000

選手名	チーム	試合	刺殺	補殺	失策	併殺	守備率
中村　奨吾	(ロ)	120	261	348	9	60	.985
西野　真弘	(オ)	2	3	7	0	0	1.000
西巻　賢二	(ロ)	3	1	1	0	0	1.000
樋口龍之介	(日)	5	3	5	0	1	1.000
平沼　翔太	(日)	1	0	0	0	0	1.000
廣澤　伸哉	(オ)	5	1	4	0	1	1.000
福田　光輝	(ロ)	1	0	0	0	0	.000
福田　周平	(オ)	56	102	131	5	30	.979
藤田　一也	(楽)	21	13	7	0	1	1.000
牧原　大成	(ソ)	37	32	56	0	16	1.000
三木　　亮	(ロ)	1	0	1	0	1	1.000
水口　大地	(武)	2	4	1	0	1	1.000
三森　大貴	(ソ)	15	21	31	2	9	.963
谷内　亮太	(日)	7	1	2	0	1	1.000
山足　達也	(オ)	7	9	11	0	2	1.000
山﨑　幹史	(楽)	6	13	5	1	2	.947
山野辺　翔	(武)	17	37	47	3	8	.966
渡邊　佳明	(楽)	10	16	23	0	5	.975
渡邉　　諒	(日)	116	202	285	8	59	.984

三塁手

選手名	チーム	試合	刺殺	補殺	失策	併殺	守備率
鈴木　大地	(楽)	88	62	117	4	10	.978
安田　尚憲	(ロ)	97	68	136	4	13	.976
松田　宣浩	(ソ)	113	51	161	7	10	.968

(50音順)

選手名	チーム	試合	刺殺	補殺	失策	併殺	守備率
石井　一成	(日)	13	5	5	0	0	1.000
呉　　念庭	(武)	13	3	15	2	1	.900
大下誠一郎	(オ)	23	9	25	2	3	.944
大城　滉二	(オ)	3	0	0	0	0	.000
太田　　椋	(オ)	10	4	10	2	2	.875
勝俣　翔貴	(オ)	3	1	1	0	0	1.000
グラシアル	(ソ)	6	6	5	2	0	.846
熊代　聖人	(武)	1	0	1	0	0	1.000
黒川　史陽	(楽)	1	1	0	1	0	1.000
小島　脩平	(オ)	5	1	8	0	1	1.000
周東　佑京	(ソ)	5	2	2	0	1	1.000
スパンジェンバーグ	(武)	54	26	53	6	3	.929
杉谷　拳士	(日)	1	0	0	0	0	.000
鈴木　大地	(楽)	88	62	117	4	10	.978
茶谷　健太	(ロ)	2	0	0	1	0	.000
鳥谷　　敬	(ロ)	24	3	9	1	0	.923
中川　圭太	(オ)	9	3	12	1	1	.938
中村　剛也	(武)	69	33	91	3	6	.976
西田　哲朗	(ソ)	7	2	1	0	0	1.000
西野　真弘	(オ)	17	9	25	1	0	.971
野村　佑希	(日)	20	15	28	7	3	.860
ビヤヌエバ	(日)	51	31	52	4	1	.954
樋口龍之介	(日)	18	3	17	1	1	.952
平沼　翔太	(日)	17	6	14	0	1	1.000
廣澤　伸哉	(オ)	6	0	1	0	0	1.000
福田　光輝	(ロ)	3	0	6	1	0	.857
福田　周平	(オ)	24	11	20	1	0	.969
藤田　一也	(楽)	15	2	4	0	0	1.000
牧原　大成	(ソ)	21	5	9	1	2	.933
松田　宣浩	(ソ)	113	51	161	7	10	.968
三木　　亮	(ロ)	9	2	1	0	1	1.000
水口　大地	(武)	2	0	1	0	0	1.000
三森　大貴	(ソ)	3	0	1	0	1	1.000

選手名	チーム	試合	刺殺	補殺	失策	併殺	守備率
宗　　佑磨	(オ)	58	39	66	2	4	.981
村林　一輝	(楽)	1	0	0	0	0	.000
茂木栄五郎	(楽)	38	28	60	1	6	.989
安田　尚憲	(ロ)	97	68	136	5	13	.976
谷内　亮太	(日)	23	1	3	0	1	1.000
山足　達也	(オ)	20	9	17	0	0	1.000
山川　穂高	(武)	4	2	7	0	0	1.000
山﨑　幹史	(楽)	1	0	0	0	0	.000
山田　遥楓	(武)	8	1	4	0	1	1.000
山野辺　翔	(武)	11	2	9	1	0	.917
横尾　俊建	(日)	34	9	34	2	3	.956
レアード	(ロ)	20	11	24	2	1	.946
渡邊　佳明	(楽)	10	2	13	1	0	.938

遊撃手

選手名	チーム	試合	刺殺	補殺	失策	併殺	守備率
中島　卓也	(日)	84	86	151	2	31	.992
藤岡　裕大	(ロ)	106	159	273	6	49	.986
源田　壮亮	(武)	120	189	336	9	85	.983
小深田大翔	(楽)	98	113	206	7	34	.979

(50音順)

選手名	チーム	試合	刺殺	補殺	失策	併殺	守備率
安達　了一	(オ)	78	119	209	4	45	.988
石井　一成	(日)	38	53	72	4	16	.969
今宮　健太	(ソ)	37	60	113	1	26	.994
呉　　念庭	(武)	4	1	2	0	0	1.000
大城　滉二	(オ)	22	29	48	0	9	1.000
太田　　椋	(オ)	7	6	9	0	1	1.000
川瀬　　晃	(ソ)	62	68	125	3	32	.985
宜保　　翔	(オ)	2	2	8	1	1	.909
紅林弘太郎	(オ)	5	4	12	0	1	1.000
源田　壮亮	(武)	120	189	336	9	85	.983
小島　脩平	(オ)	1	0	1	0	0	1.000
小深田大翔	(楽)	98	113	206	7	34	.979
周東　佑京	(ソ)	22	24	57	4	11	.953
茶谷　健太	(ロ)	21	11	15	0	6	1.000
鳥谷　　敬	(ロ)	7	5	9	0	0	1.000
中島　卓也	(日)	84	86	151	2	31	.992
西田　哲朗	(ソ)	12	8	6	0	2	1.000
西巻　賢二	(ロ)	7	6	10	2	3	.889
平沼　翔太	(日)	41	36	89	6	15	.954
廣澤　伸哉	(オ)	10	13	17	1	3	.968
福田　光輝	(ロ)	5	1	1	0	0	1.000
藤岡　裕大	(ロ)	106	159	273	6	49	.986
牧原　大成	(ソ)	26	38	59	0	21	1.000
三木　　亮	(ロ)	3	2	0	0	0	1.000
村林　一輝	(楽)	1	1	0	2	0	.333
茂木栄五郎	(楽)	45	67	103	5	25	.971
谷内　亮太	(日)	16	6	13	0	1	1.000
山足　達也	(オ)	16	10	19	0	3	1.000
渡辺　直人	(楽)	1	0	1	0	1	1.000

外野手

選手名	チーム	試合	刺殺	補殺	失策	併殺	守備率
大田　泰示	(日)	113	185	7	1	2	.995
栗原　陵矢	(ソ)	99	129	3	1	2	.992
西川　遥輝	(日)	100	202	2	2	0	.990
＊島内　宏明	(楽)	93	168	5	2	0	.989

選手名	チーム	試合	刺殺	補殺	失策	併殺	守備率
木村 文紀	(武)	88	136	6	2	1	.986
吉田 正尚	(オ)	93	126	4	2	1	.985
金子 侑司	(武)	86	182	2	4	1	.979
柳田 悠岐	(ソ)	102	192	2	5	5	.975
辰己 涼介	(楽)	97	182	5	5	2	.974
マーティン	(ロ)	101	169	8	6	1	.967

(50音順)

選手名	チーム	試合	刺殺	補殺	失策	併殺	守備率
愛 斗	(武)	6	5	0	1	0	.833
明石 健志	(ソ)	2	3	0	0	0	1.000
淺間 大基	(日)	33	33	1	0	0	1.000
上林 誠知	(ソ)	63	71	2	1	0	.986
内田 靖人	(楽)	3	2	0	0	0	1.000
大城 滉二	(オ)	1	0	0	0	0	.000
大田 泰示	(日)	113	185	7	1	2	.995
岡 大海	(ロ)	39	28	3	0	0	1.000
岡島 豪郎	(楽)	21	28	0	0	0	1.000
荻野 貴司	(ロ)	51	96	2	1	0	.990
小郷 裕哉	(楽)	50	62	3	2	1	.970
小田 裕也	(オ)	73	50	3	1	0	.981
角中 勝也	(ロ)	19	21	1	0	0	1.000
加藤 翔平	(ロ)	21	34	1	1	1	.972
金子 侑司	(武)	86	182	2	4	1	.979
釜元 豪	(ソ)	28	15	1	1	0	.941
*川越 誠司	(武)	45	36	3	0	0	1.000
岸 潤一郎	(武)	5	2	0	0	0	1.000
木村 文紀	(武)	88	136	6	2	1	.986
清田 育宏	(ロ)	28	30	0	0	0	1.000
グラシアル	(ソ)	46	49	2	0	0	1.000
熊代 聖人	(武)	30	22	0	0	0	1.000
栗原 陵矢	(ソ)	99	129	3	1	2	.992
栗山 巧	(武)	35	53	0	0	0	1.000
郡 拓也	(日)	1	0	0	0	0	.000
近藤 健介	(日)	74	153	3	2	1	.987
後藤 駿太	(オ)	23	31	1	1	1	.970
佐野 皓大	(オ)	68	90	5	2	1	.979
ジョーンズ	(オ)	27	34	0	1	0	.971
*島内 宏明	(楽)	93	168	5	2	0	.989
下水流 昂	(楽)	13	12	1	0	0	1.000
周東 佑京	(ソ)	33	14	0	0	0	1.000
スパンジェンバーグ	(オ)	75	131	2	4	1	.971
菅野 剛士	(ロ)	60	106	1	0	0	1.000
杉本裕太郎	(オ)	35	49	1	0	0	1.000
杉谷 拳士	(日)	49	53	0	2	0	.964
*鈴木 将平	(武)	46	85	0	2	0	.977
高木 渉	(日)	11	23	0	1	0	.958
髙部 瑛斗	(ロ)	2	1	0	0	5	.000
辰己 涼介	(楽)	97	182	5	5	2	.974
田中 和基	(楽)	76	130	1	1	0	.992
谷口 雄也	(日)	2	2	0	0	0	.000
*Ｔ−岡田	(オ)	45	54	4	2	1	.967
デスパイネ	(ソ)	4	2	1	0	0	1.000
戸川 大輔	(武)	2	2	1	0	0	1.000
外崎 修汰	(武)	18	31	0	2	0	.939
中川 圭太	(オ)	29	58	0	1	0	.983
*中村 晃	(ソ)	29	39	1	0	0	1.000
西浦 颯大	(オ)	42	57	1	2	0	.967
西川 遥輝	(日)	100	202	2	2	0	.990
西川 愛也	(武)	3	3	0	0	0	1.000
西村 凌	(オ)	23	34	1	0	0	1.000
バレンティン	(ソ)	12	7	0	0	0	1.000
長谷川勇也	(ソ)	14	16	1	0	1	1.000
ブラッシュ	(楽)	25	34	2	0	0	1.000
福田 秀平	(ロ)	58	104	0	0	0	1.000
*藤原 恭大	(ロ)	23	59	0	0	0	1.000
マーティン	(ロ)	101	169	8	6	1	.967
牧原 大成	(ソ)	3	6	0	0	0	1.000
真砂 勇介	(ソ)	48	22	0	0	0	1.000
松井 佑介	(オ)	20	12	0	0	0	1.000
松本 剛	(日)	67	68	0	0	0	1.000
三森 大貴	(オ)	1	0	0	0	0	.000
宗 佑磨	(オ)	21	17	0	2	5	.895
柳田 悠岐	(ソ)	102	192	2	5	5	.975
柳町 達	(ソ)	12	6	1	0	0	1.000
山﨑 幹史	(楽)	8	6	0	0	0	1.000
吉田 正尚	(オ)	93	126	4	2	1	.985
ロメロ	(楽)	49	76	2	0	0	1.000
渡邊 佳明	(ソ)	9	7	0	0	0	1.000
*和田康士朗	(ロ)	49	53	2	0	1	1.000
和田 恋	(楽)	3	1	0	0	0	1.000
王 柏融	(日)	17	16	1	0	0	1.000

捕　　手

選手名	チーム	試合	刺殺	補殺	失策	併殺	捕逸	守備率
甲斐 拓也	(ソ)	104	835	88	3	8	2	.997
若月 健矢	(オ)	71	461	36	2	5	1	.996
田村 龍弘	(ロ)	92	485	59	5	6	4	.991
太田 光	(楽)	67	371	32	4	5	4	.990
森 友哉	(武)	98	578	79	7	11	5	.98945
宇佐見真吾	(日)	80	408	60	5	7	4	.98942
清水 優心	(日)	69	386	41	8	3	7	.982

(50音順)

選手名	チーム	試合	刺殺	補殺	失策	併殺	捕逸	守備率
足立 祐一	(楽)	42	165	16	0	1	0	1.000
石川 亮	(日)	17	57	7	0	1	1	1.000
石原 彪	(楽)	18	54	10	1	2	0	.985
宇佐見真吾	(日)	80	408	60	5	7	4	.989
海野 隆司	(ソ)	5	10	0	0	1	0	1.000
江村 直也	(ロ)	5	12	1	0	0	0	1.000
太田 光	(楽)	67	371	32	4	5	4	.990
岡田 雅利	(武)	23	117	10	0	1	0	1.000
甲斐 拓也	(ソ)	104	835	88	3	8	2	.997
柿沼 友哉	(ロ)	56	291	22	1	1	1	.997
九鬼 隆平	(ソ)	4	15	2	0	0	0	1.000
栗原 陵矢	(ソ)	3	6	1	0	0	0	1.000
郡 拓也	(日)	8	10	2	0	1	0	1.000
佐藤都志也	(ロ)	28	68	10	0	1	0	1.000
清水 優心	(日)	69	386	41	8	3	7	.982
下妻 貴寛	(楽)	43	230	24	0	3	1	1.000
髙谷 裕亮	(ソ)	32	159	15	0	1	1	1.000
田中 貴也	(日)	9	41	2	0	0	0	1.000
田宮 裕涼	(日)	4	9	0	0	0	0	1.000
田村 龍弘	(ロ)	92	485	59	5	6	4	.991
柘植 世那	(武)	17	79	4	0	—	2	1.000

パシフィック・リーグ

選手名	チーム	試合	刺殺	補殺	失策	併殺	捕逸	守備率
鶴岡　慎也	(日)	18	51	5	0	0	0	1.000
頓宮　裕真	(オ)	8	63	6	0	0	0	1.000
伏見　寅威	(オ)	48	331	32	4	2	1	.989
細川　　亨	(オ)	1	0	0	0	0	0	.000
堀内　謙伍	(楽)	10	23	2	0	0	1	1.000
松井　雅人	(オ)	21	92	11	0	2	1	1.000
森　　友哉	(武)	98	578	79	7	11	7	.989
山崎　勝己	(武)	2	1	0	0	0	0	1.000
山下　斐紹	(楽)	7	9	2	0	0	0	1.000
吉田　裕太	(ロ)	1	2	0	0	0	0	1.000
若月　健矢	(オ)	71	461	36	2	3	1	.996

投　　手

選手名	チーム	試合	刺殺	補殺	失策	併殺	守備率
東浜　　巨	(ソ)	19	8	21	0	2	1.000
＊山崎　福也	(オ)	15	6	22	0	1	1.000
バーヘイゲン	(日)	18	5	21	0	0	1.000
山本　由伸	(オ)	18	4	20	0	1	1.000
千賀　滉大	(ソ)	18	2	18	0	2	1.000
石川　　歩	(ロ)	21	5	27	1	2	.970
＊田嶋　大樹	(オ)	20	6	24	1	1	.968
涌井　秀章	(楽)	20	8	21	1	1	.967
高橋　光成	(武)	20	8	16	1	0	.960
美馬　　学	(楽)	19	11	25	2	0	.947
有原　航平	(日)	20	6	28	2	3	.944

(注)東浜(ソ)、山﨑福(オ)、バーヘイゲン(日)は規定投球回数未満も、野球規則9.22(c)(3)により最高守備率投手。

(50音順)

選手名	チーム	試合	刺殺	補殺	失策	併殺	守備率
＊アルバース	(オ)	16	4	12	0	0	1.000
青山　浩二	(楽)	11	0	0	0	0	.000
秋吉　　亮	(ロ)	33	0	3	0	0	1.000
東妻　勇輔	(ロ)	13	1	3	0	0	1.000
荒西　祐大	(オ)	29	2	7	0	1	1.000
有原　航平	(日)	20	6	28	2	3	.944
有吉　優樹	(ロ)	3	0	3	0	1	1.000
安樂　智大	(楽)	27	0	8	0	1	1.000
＊飯田　優也	(オ)	4	1	1	0	0	1.000
井口　和朋	(日)	29	0	2	0	0	.000
＊池田　　駿	(楽)	21	4	4	0	1	1.000
石川　　歩	(ロ)	21	5	27	1	2	.970
石川　柊太	(ソ)	18	4	20	1	3	.960
石崎　　剛	(楽)	12	0	2	0	0	.500
石橋　良太	(楽)	13	2	10	0	1	1.000
泉　　圭輔	(ソ)	40	0	6	0	0	1.000
伊藤　　翔	(武)	12	1	2	0	0	1.000
今井　達也	(武)	19	2	10	1	1	.923
岩嵜　　翔	(ソ)	17	1	0	0	0	1.000
岩下　大輝	(ロ)	17	3	15	1	1	.947
＊上原　健太	(日)	7	3	8	0	0	1.000
＊内海　哲也	(武)	4	1	3	1	0	.800
浦野　博司	(日)	1	0	0	0	0	.000
漆原　大晟	(日)	22	1	3	0	0	1.000
上沢　直之	(日)	15	3	16	2	1	.905
＊榎田　大樹	(武)	5	1	3	0	0	1.000
＊大竹耕太郎	(ソ)	3	0	4	0	1	1.000

選手名	チーム	試合	刺殺	補殺	失策	併殺	守備率
大嶺　祐太	(ロ)	2	1	1	0	0	1.000
尾形　崇斗	(ソ)	1	0	0	0	0	.000
＊小川　龍也	(武)	38	6	7	0	1	1.000
奥村　政稔	(ソ)	5	0	0	0	0	.000
＊小島　和哉	(ロ)	20	7	27	1	4	.971
小野　　郁	(ロ)	40	1	8	0	0	1.000
＊海田　智行	(オ)	6	0	0	0	0	.000
＊笠谷　俊介	(ソ)	20	4	10	1	0	.933
加治屋　蓮	(ソ)	6	0	1	0	0	1.000
＊加藤　貴之	(日)	28	4	12	1	1	.941
金子　弌大	(日)	34	3	10	0	0	1.000
金田　和之	(オ)	6	1	3	0	0	1.000
釜田　佳直	(楽)	4	0	0	0	0	.000
＊嘉弥真新也	(ソ)	50	1	4	0	0	.833
唐川　侑己	(ロ)	32	2	4	0	0	1.000
＊辛島　　航	(楽)	19	3	8	1	0	.917
＊河野　竜生	(日)	12	2	5	0	1	1.000
＊川原　弘之	(ソ)	22	2	9	0	0	1.000
神戸　文也	(オ)	3	2	0	1	0	1.000
ギャレット	(武)	49	4	4	1	0	.889
岸　　孝之	(楽)	11	2	12	0	1	1.000
＊北浦　竜次	(日)	3	0	0	0	0	.000
久保　裕也	(楽)	5	0	1	0	0	1.000
公文　克彦	(オ)	29	3	4	0	0	1.000
Ｋ－鈴木	(オ)	8	3	2	0	0	1.000
國場　　翼	(オ)	7	1	2	0	0	1.000
小林　慶祐	(オ)	7	1	2	0	0	1.000
近藤　弘樹	(楽)	6	1	3	0	0	1.000
＊齋藤　綱記	(オ)	32	1	2	0	0	1.000
斉藤　大将	(武)	7	1	3	0	1	1.000
酒居　知史	(楽)	46	2	5	2	2	.778
榊原　　翼	(オ)	9	2	9	1	0	.917
佐々木千隼	(ロ)	5	0	1	0	0	1.000
＊佐野　泰雄	(武)	8	0	1	0	1	1.000
澤田　圭佑	(オ)	24	2	5	0	0	1.000
澤村　拓一	(ロ)	22	0	4	0	0	1.000
Ｊ.Ｔ.シャギワ	(楽)	31	1	5	1	0	.857
ジャクソン	(楽)	7	0	1	0	0	1.000
ジョンソン	(楽)	16	3	1	0	0	1.000
椎野　　新	(ソ)	12	1	2	0	1	1.000
＊塩見　貴洋	(楽)	16	4	18	0	3	1.000
杉浦　稔大	(日)	17	4	7	0	1	1.000
杉山　一樹	(ソ)	11	0	2	0	0	1.000
鈴木　健矢	(日)	11	1	2	0	0	1.000
＊鈴木　翔天	(楽)	2	0	0	0	0	.000
鈴木　　優	(オ)	13	0	6	0	0	1.000
千賀　滉大	(ソ)	18	2	18	0	2	1.000
宋　　家豪	(楽)	38	3	11	0	0	1.000
平良　海馬	(武)	54	3	11	0	0	1.000
髙橋　光成	(武)	20	8	16	1	0	.960
髙橋　　礼	(ソ)	52	6	13	0	0	1.000
瀧中　瞭太	(楽)	8	3	7	0	0	1.000
＊武隈　祥太	(武)	3	0	1	0	0	1.000
武田　翔太	(ソ)	7	1	6	0	0	1.000
竹安　大知	(オ)	3	0	0	0	0	.000
＊田嶋　大樹	(オ)	20	6	24	1	1	.968
田中　靖洋	(ロ)	8	1	3	0	1	1.000
種市　篤暉	(ロ)	7	3	6	0	0	1.000

選手名	チーム	試合	刺殺	補殺	失策	併殺	守備率
玉井 大翔	日	49	5	11	0	3	1.000
田村伊知郎	武	31	4	6	0	0	1.000
＊チェン・ウェイン	ロ	4	2	6	0	0	1.000
＊チェン・ガンユウ	ロ	19	1	8	0	1	1.000
張 奕	オ	13	1	8	0	0	1.000
津森 宥紀	ソ	14	0	1	1	0	.500
津留崎大成	楽	33	2	5	0	0	1.000
ディクソン	オ	39	2	5	0	1	1.000
寺岡 寛治	楽	24	1	6	0	0	1.000
東條 大樹	ロ	39	0	1	0	0	1.000
東明 大貴	オ	2	0	0	0	0	.000
十亀 剣	武	8	3	3	0	0	1.000
＊富山 凌雅	オ	18	2	3	0	0	1.000
中塚 駿太	武	6	0	2	0	0	1.000
＊中村 稔弥	ロ	16	1	13	0	0	1.000
＊永野 将司	ロ	13	1	2	0	0	1.000
生田目 翼	日	3	1	0	0	0	1.000
＊成田 翔	ロ	3	1	0	0	0	1.000
ニール	武	21	3	16	0	1	1.000
西村 天裕	日	16	3	5	0	0	1.000
二保 旭	ソ	12	3	10	1	0	.929
＊ノ リン	武	5	0	1	0	0	1.000
＊野田 昇吾	武	3	0	0	0	0	.000
則本 昂大	楽	38	5	16	1	0	.955
ハーマン	ロ	38	4	3	0	0	1.000
バーヘイゲン	日	18	5	21	0	0	1.000
バンデンハーク	ソ	5	1	3	1	0	.800
＊浜屋 将太	武	12	4	9	0	1	1.000
板東 湧梧	ソ	15	1	5	0	0	1.000
ヒギンス	オ	41	2	3	0	1	1.000
比嘉 幹貴	オ	20	2	3	0	0	1.000
東浜 巨	ソ	19	8	21	0	2	1.000
＊左澤 優	武	2	0	0	0	0	.000
平井 克典	武	41	4	15	3	2	.864
フローレス	ロ	14	0	7	0	0	1.000
ブセニッツ	楽	46	3	9	1	0	.923
福井 優也	楽	7	3	4	2	0	.778
＊福田 俊	日	30	3	2	0	0	1.000
福山 博之	楽	14	0	1	1	0	.500
藤平 尚真	楽	1	0	0	0	0	.000
二木 康太	ロ	15	4	13	0	0	1.000
古谷 拓郎	ロ	2	0	2	0	0	1.000
＊古谷 優人	ソ	4	3	1	0	0	1.000
＊堀 瑞輝	日	45	1	5	0	0	1.000
本田 圭佑	武	7	2	4	0	0	1.000
本田 仁海	オ	1	0	0	0	0	.000
マルティネス	日	17	6	15	1	0	.955
牧田 和久	楽	52	4	13	1	1	.944
増井 浩俊	オ	16	2	10	1	0	.923
増田 達至	武	48	1	2	0	0	1.000
益田 直也	ロ	54	1	9	1	1	.909
＊松井 裕樹	楽	25	0	7	1	1	.875
松岡 洸希	武	2	0	0	0	0	.000
＊松永 昂大	ロ	5	0	0	0	0	.000
松本 裕樹	武	25	4	5	0	0	1.000
松本 航	武	20	5	8	2	1	.867
南 昌輝	ロ	6	2	1	0	0	1.000
美馬 学	ロ	19	11	25	2	2	.947
宮川 哲	武	49	3	4	0	0	1.000
＊宮城 大弥	オ	3	0	2	0	0	1.000
＊宮西 尚生	日	50	2	6	0	0	1.000
＊ムーア	ソ	13	3	12	1	0	.938
村田 透	日	21	2	8	0	1	1.000
村西 良太	オ	4	0	1	0	0	1.000
モイネロ	ソ	50	2	11	0	0	1.000
望月 大希	日	2	0	2	0	0	1.000
森 唯斗	ソ	52	3	7	0	1	1.000
森原 康平	楽	17	1	3	0	0	1.000
森脇 亮介	武	47	2	11	1	0	.929
山岡 泰輔	オ	12	4	7	1	0	.917
＊山﨑 福也	オ	15	6	22	0	2	1.000
＊山東 修義	オ	48	2	4	1	0	.857
＊山本 大貴	ロ	12	1	3	0	0	1.000
山本 由伸	オ	18	4	20	0	1	1.000
＊弓削 隼人	楽	10	3	8	1	0	.917
與座 海人	武	8	1	7	0	2	1.000
＊吉川 光夫	日	11	0	1	0	1	1.000
吉田 一将	オ	23	2	4	0	0	1.000
吉田 輝星	日	5	0	3	0	0	1.000
吉田 侑樹	日	5	0	3	0	0	1.000
吉田 凌	オ	35	1	3	0	1	1.000
ロドリゲス	日	7	0	1	0	0	1.000
涌井 秀章	楽	20	8	21	1	1	.967
＊渡邉 雄大	ソ	3	0	1	0	0	1.000
＊和田 毅	ソ	16	6	4	1	0	.909

2020・捕 手 盗 塁 阻 止 成 績

盗塁企図数は許盗塁計と盗塁刺計の合計。
（　）内は重盗。重盗は許盗塁1とする。
捕手けん制刺は盗塁企図数に含まない。

チーム	選手名	試合	盗企図塁数	許盗塁				盗塁刺				捕けん制手刺	盗阻止塁率
				計	二	三	本	計	二	三	本		
ソフトバンク	甲斐　拓也	104	61	41	39	2	0	20	19	0	1	1	.328
	髙谷　裕亮	32	15	14	14	0	0	1	1	0	0	0	.067
	海野　隆司	5	1	1	1	0	0	0	0	0	0	0	.000
	九鬼　隆平	4	4	4	4	0	0	0	0	0	0	0	.000
	栗原　陵矢	3	1	1	1	0	0	0	0	0	0	0	.000
	計	120	82	61	59	2	0	21	20	0	1	1	.256
ロッテ	田村　龍弘	92	63	49	49	0	0	14	13	0	1	0	.222
	柿沼　友哉	56	32	22	20	2	0	10	9	0	1	0	.313
	佐藤都志也	28	11	8	8	0	0	3	3	0	0	0	.273
	江村　直也	5	1	1	1	0	0	0	0	0	0	0	.000
	細川　　亨	1	0	0	0	0	0	0	0	0	0	0	―
	吉田　裕太	1	0	0	0	0	0	0	0	0	0	0	―
	計	120	107	80	78	2	0	27	25	0	2	0	.252
西　　武	森　　友哉	98	93	64(1)	63	2	0	29	28	1	0	0	.312
	岡田　雅利	23	10	6	6	0	0	4	4	0	0	0	.400
	柘植　世那	17	10	9	9	0	0	1	1	0	0	0	.100
	計	120	113	79(1)	78	2	0	34	33	1	0	0	.301
楽　　天	太田　　光	67	36	24	23	1	0	12	10	1	1	0	.333
	下妻　貴寛	43	36	31	30	1	0	5	5	0	0	0	.139
	足立　祐一	42	23	18(1)	18	0	1	5	5	0	0	0	.217
	石原　　彪	18	9	6	5	1	0	3	3	0	0	0	.333
	堀内　謙伍	10	2	1	1	0	0	1	1	0	0	0	.500
	田中　貴也	9	11	10	10	0	0	1	0	1	0	0	.091
	山下　斐紹	7	2	1	1	0	0	1	1	0	0	0	.500
	計	120	119	91(1)	88	3	1	28	25	2	1	0	.235
日本ハム	宇佐見真吾	80	69	49	46	3	0	20	18	1	1	0	.290
	清水　優心	69	70	56(2)	52	5	1	14	12	1	1	0	.200
	鶴岡　慎也	18	7	6	6	0	0	1	1	0	0	0	.143
	石川　　亮	17	7	6	6	0	0	1	1	0	0	0	.143
	郡　　拓也	8	3	3	3	0	0	0	0	0	0	0	.000
	田宮　裕涼	4	0	0	0	0	0	0	0	0	0	0	―
	計	120	156	120(2)	113	8	1	36	32	2	2	0	.231
オリックス	若月　健矢	71	45	35	35	0	0	10	10	0	0	1	.222
	伏見　寅威	48	27	19	18	1	0	8	8	0	0	1	.296
	松井　雅人	21	14	12	12	0	0	2	1	0	1	0	.143
	頓宮　裕真	8	6	5	5	0	0	1	1	0	0	0	.167
	山崎　勝己	2	0	0	0	0	0	0	0	0	0	0	―
	計	120	92	71	70	1	0	21	20	0	1	2	.228
	合　　計	360	669	502(4)	486	18	2	167	155	5	7	3	.250

2020・パシフィック・リーグ代打成績

チ ー ム 代 打 成 績

チーム	起用回数	打数	安打	本塁打	打点	四球	死球	三振	打率
ロ ッ テ	162	140	40	2	14	18	4	42	.286
日本ハム	159	143	31	4	18	8	0	38	.217
西　　武	76	64	13	1	3	6	0	17	.203
オリックス	145	129	23	2	9	10	3	33	.178
ソフトバンク	89	80	13	2	7	6	2	26	.163
楽　　天	138	121	18	1	12	10	0	38	.149
合　計	769	677	138	12	63	58	9	194	.204

個 人 代 打 成 績

ソフトバンク

選手名	起用回数	打数	安打	本塁打	打点	四球	死球	三振	打率
＊明石　健志	19	19	5	0	2	0	0	4	.263
川島　慶三	19	16	4	1	1	3	0	2	.250
＊長谷川勇也	9	8	2	1	4	1	0	2	.250
＊上林　誠知	9	7	0	0	0	1	1	3	.000
バレンティン	7	6	0	0	0	0	0	3	.000
＊牧原　大成	5	5	1	0	0	0	0	0	.200
今宮　健太	3	3	0	0	0	0	0	1	.000
＊中村　　晃	3	3	0	0	0	0	0	0	.000
松田　宣浩	3	3	0	0	0	0	0	2	.000
＊釜元　　豪	3	2	1	0	0	1	0	0	.500
甲斐　拓也	2	2	0	0	0	0	0	2	.000
デスパイネ	2	2	0	0	0	0	0	1	.000
西田　哲朗	2	2	0	0	0	0	0	2	.000
＊三森　大貴	2	1	0	0	0	0	0	2	.000
海野　隆司	1	1	0	0	0	0	0	1	.000
九鬼　隆平	1	1	0	0	0	0	0	1	.000
＊川瀬　　晃	1	0	0	0	0	0	0	0	.000
＊髙谷　裕亮	1	0	0	0	0	0	0	0	.000
計	89	80	13	2	7	6	2	26	.163

ロッテ

選手名	起用回数	打数	安打	本塁打	打点	四球	死球	三振	打率
＊佐藤都志也	33	29	9	0	5	3	1	6	.310
＊角中　勝也	30	24	8	1	3	5	1	7	.333
清田　育宏	21	16	8	0	2	3	2	3	.500
岡　　大海	15	14	2	0	0	1	0	5	.143
＊鳥谷　　敬	13	12	3	0	2	1	0	3	.250
＊菅野　剛士	12	9	3	0	1	3	0	3	.333
＊福田　光輝	7	5	0	0	0	2	0	2	.000
＊福田　秀平	5	5	0	0	0	0	0	3	.000
井上　晴哉	4	4	0	0	0	0	0	2	.000
レアード	3	3	2	1	1	0	0	0	.667
茶谷　健太	3	3	0	0	0	0	0	2	.000
＊藤原　恭大	3	3	0	0	0	0	0	2	.000
＊安田　尚憲	3	3	0	0	0	0	0	2	.000
＋加藤　翔平	2	2	2	0	0	0	0	0	1.000
田村　龍弘	2	2	2	0	0	0	0	0	1.000
＊髙部　瑛斗	2	2	1	0	0	0	0	0	.500
西巻　賢二	2	2	0	0	0	0	0	1	.000
＊藤岡　裕大	1	1	0	0	0	0	0	0	.000
細川　　亨	1	1	0	0	0	0	0	1	.000
計	162	140	40	2	14	18	4	42	.286

パシフィック・リーグ

西　武

選手名	起用回数	打数	安打	本塁打	打点	四球	死球	三振	打率
メ　ヒ　ア	10	9	1	0	0	1	0	6	.111
*森　友哉	10	8	2	1	1	2	0	1	.250
*川越　誠司	8	8	1	0	0	0	0	4	.125
山川　穂高	8	5	1	0	0	2	0	1	.200
岡田　雅利	7	3	0	0	0	0	0	1	.000
木村　文紀	6	5	1	0	0	1	0	0	.200
*呉　念庭	5	4	1	0	0	0	0	0	.250
山野辺　翔	4	4	2	0	0	0	0	0	.500
*栗山　巧	4	4	0	0	0	0	0	2	.000
愛　斗	2	2	1	0	1	0	0	0	.500
熊代　聖人	2	2	1	0	0	0	0	0	.500
*戸川　大輔	2	2	1	0	0	0	0	0	.500
岸　潤一郎	2	2	0	0	0	0	0	1	.000
中村　剛也	2	2	0	0	0	0	0	1	.000
柘植　世那	1	1	1	0	0	0	0	0	1.000
*スパンジェンバーグ	1	1	0	0	0	0	0	0	.000
*高木　渉	1	1	0	0	0	0	0	0	.000
*西川　愛也	1	1	0	0	0	0	0	0	.000
計	76	64	13	1	3	6	0	17	.203

楽　天

選手名	起用回数	打数	安打	本塁打	打点	四球	死球	三振	打率
*銀　次	29	22	4	0	2	5	0	4	.182
*藤田　一也	23	22	4	0	2	0	0	3	.182
内田　靖人	12	9	2	0	0	3	0	5	.222
*岡島　豪郎	11	10	2	0	1	0	0	4	.200
下水流　昂	9	9	1	0	0	0	0	5	.111
*渡邊　佳明	8	7	2	0	1	0	0	0	.286
岩見　雅紀	6	6	1	0	2	0	0	2	.167
辰己　涼介	6	5	1	0	0	0	0	2	.200
ロ　メ　ロ	6	5	1	1	4	1	0	1	.200
*小郷　裕哉	6	5	0	0	0	1	0	3	.000
*黒川　史陽	4	4	0	0	0	0	0	2	.000
+田中　和基	4	4	0	0	0	0	0	1	.000
*島内　宏明	3	3	0	0	0	0	0	0	.000
*山下　斐紹	3	3	0	0	0	0	0	2	.000
和田　恋	3	3	0	0	0	0	0	0	.000
ブラッシュ	2	2	0	0	0	0	0	1	.000
石原　彪	1	1	0	0	0	0	0	1	.000
村林　一輝	1	1	0	0	0	0	0	0	.000
*田中　貴也	1	0	0	0	0	0	0	0	.000
計	138	121	18	1	12	10	0	38	.149

日本ハム

選手名	起用回数	打数	安打	本塁打	打点	四球	死球	三振	打率
*王　柏融	34	32	9	2	6	2	0	8	.281
+杉谷　拳士	27	20	1	0	0	1	0	7	.050
*清宮幸太郎	26	26	7	2	8	0	0	6	.269
松本　剛	16	15	0	0	0	0	0	6	.000
横尾　俊建	14	14	3	0	0	0	0	1	.214
*淺間　大基	8	7	1	0	0	1	0	4	.143
*谷口　雄也	5	5	1	0	1	0	0	2	.200
*平沼　翔太	4	4	2	0	0	0	0	0	.500
大田　泰示	3	3	2	0	1	0	0	0	.667
鶴岡　慎也	3	3	2	0	0	0	0	0	.667
渡邉　諒	3	2	1	0	1	0	0	1	.500
樋口　龍之介	3	1	0	0	0	2	0	0	.000
ビヤヌエバ	2	2	0	0	0	0	0	1	.000
髙濱　祐仁	2	1	1	0	0	0	0	0	1.000
中田　翔	2	2	0	0	0	0	0	0	.000
*宇佐見真吾	1	1	1	0	0	0	0	0	1.000
石川　亮	1	1	0	0	0	0	0	0	.000
郡　拓也	1	1	0	0	0	0	0	0	.000
*近藤　健介	1	1	0	0	0	0	0	0	.000
清水　優心	1	1	0	0	0	0	0	0	.000
野村　佑希	1	1	0	0	0	0	0	1	.000
谷内　亮太	1	1	0	0	0	0	0	0	.000
計	159	143	31	4	18	8	0	38	.217

オリックス

選手名	起用回数	打数	安打	本塁打	打点	四球	死球	三振	打率
伏見　寅威	22	21	6	0	3	1	0	4	.286
*T－岡田	13	12	5	2	4	1	0	3	.417
*小田　裕也	9	9	0	0	0	0	0	3	.000
山足　達也	8	7	1	0	0	0	0	0	.143
*宗　佑磨	8	6	0	0	0	2	0	1	.000
*小島　脩平	7	7	2	0	0	0	0	4	.286
*福田　周平	7	6	1	0	1	1	0	2	.167
ロドリゲス	7	6	1	0	1	1	0	2	.167
杉本裕太郎	6	6	1	0	0	0	0	2	.167
中川　圭太	6	6	0	0	0	0	0	3	.000
松井　佑介	6	6	0	0	0	0	0	0	.000
若月　健矢	5	4	0	0	0	0	1	1	.000
大下誠一郎	5	3	0	0	0	0	1	0	.000
*西浦　颯大	5	4	1	0	0	0	0	2	.250
*西野　真弘	4	4	1	0	0	0	0	1	.250
頓宮　裕真	4	2	0	0	0	2	0	1	.000
西村　凌	4	3	2	0	0	0	0	0	.667
ジョーンズ	3	3	0	0	0	0	0	0	.000
モ　ヤ	3	2	1	0	0	1	0	1	.500
+佐野　皓大	3	2	0	0	0	0	0	2	.000
*吉田　正尚	2	2	1	0	0	0	0	0	.500
*勝俣　翔貴	2	2	0	0	0	0	0	2	.000
*松井　雅人	2	2	0	0	0	0	0	1	.000
大城　滉二	1	1	0	0	0	0	0	0	.000
太田　椋	1	1	0	0	0	0	0	0	.000
廣澤　伸哉	1	1	0	0	0	0	0	0	.000
山崎　勝己	1	1	0	0	0	0	0	0	.000
計	145	129	23	2	9	10	3	33	.178

パシフィック・リーグ・チーム別投手成績

○□数字は引分

ソフトバンク

〔投手〕	ロッテ 試	勝	敗	S	西武 試	勝	敗	S	楽天 試	勝	敗	S	日本ハム 試	勝	敗	S	オリックス 試	勝	敗	S	計 試	勝	敗	S
千賀　滉大	3	2	1	0	2	1	1	0	4	3	0	0	3	1	2	0	6	4	2	0	18	11	6	0
石川　柊太	2	1	1	0	7	4	1	0	3	2	1	0	3	1	0	0	3	3	0	0	18	11	3	0
東浜　　巨	5	2	1	0	4	1	0	0	4	2	1	0	4	4	0	0	2	0	0	0	19	9	2	0
＊和田　　毅	2	1	0	0	2	1	0	0	3	1	1	0	3	2	0	0	5	2	0	0	16	8	1	0
＊ムーア	4	0	2	0	3	1	1	0	2	2	0	0	4	3	0	0	ー	ー	ー	ー	13	6	3	0
高橋　　礼	7	1	1	0	10	0	0	0	12	1	1	0	10	2	0	0	13	0	0	0	52	4	2	0
＊笠谷　俊介	3	0	1	0	3	0	1	0	6	0	1	0	3	1	1	0	5	3	0	0	20	4	4	0
二保　　旭	3	0	2	0	1	0	0	0	2	1	1	0	3	1	1	0	3	2	1	0	12	4	5	0
＊嘉弥真新也	11	1	1	0	11	1	0	0	9	0	0	0	11	0	0	0	8	1	0	0	50	3	1	0
＊モイネロ	9	1	0	0	11	0	2	0	10	1	1	0	11	0	0	0	9	0	0	0	50	2	3	1
板東　湧梧	4	0	1	0	1	0	1	0	3	2	0	0	1	0	0	0	6	0	0	0	15	2	2	0
武田　翔太	2	0	0	0	1	0	0	0	1	1	0	0	1	1	0	0	1	0	1	0	7	2	2	0
バンデンハーク	1	1	0	0	1	1	0	0	1	0	1	0	1	0	1	0	1	0	0	0	5	2	2	0
＊大竹耕太郎	1	0	0	0	1	0	0	0	ー	ー	ー	ー	ー	ー	ー	ー	1	0	0	0	3	2	0	0
森　　唯斗	11	0	0	5	9	0	0	6	6	0	0	4	13	0	1	9	13	1	0	8	52	1	1	32
津森　宥紀	1	0	0	0	2	1	0	0	4	0	0	0	4	0	0	0	3	0	0	0	14	1	0	0
椎野　　新	1	0	0	0	1	0	0	0	1	0	0	0	4	1	1	0	3	0	0	0	12	1	1	0
泉　　圭輔	11	0	0	0	5	0	1	0	8	0	0	0	9	0	0	0	7	0	0	0	40	0	1	0
松本　裕樹	6	0	1	0	3	0	0	0	4	0	0	0	6	0	0	0	6	0	0	0	25	0	1	0
＊川原　弘之	4	0	0	0	3	0	0	0	4	0	0	0	5	0	0	0	6	0	0	0	22	0	0	0
岩嵜　　翔	5	0	0	0	6	0	2	0	2	0	0	0	2	0	0	0	2	0	0	0	17	0	2	0
杉山　一樹	1	0	0	0	2	0	0	0	1	0	0	0	ー	ー	ー	ー	2	0	0	0	11	0	0	0
加治屋　蓮	2	0	0	0	ー	ー	ー	ー	ー	ー	ー	ー	1	0	0	0	2	0	0	0	6	0	0	0
奥村　政稔	2	0	0	0	ー	ー	ー	ー	ー	ー	ー	ー	1	0	0	0	2	0	0	0	5	0	0	0
＊古谷　優人	ー	ー	ー	ー	ー	ー	ー	ー	2	0	0	0	1	0	0	0	1	0	0	0	4	0	0	0
＊渡邉　雄大	2	0	0	0	ー	ー	ー	ー	1	0	0	0	ー	ー	ー	ー	ー	ー	ー	ー	3	0	0	0
尾形　崇斗	ー	ー	ー	ー	1	0	0	0	ー	ー	ー	ー	ー	ー	ー	ー	ー	ー	ー	ー	1	0	0	0
（引分）						①				①				①				②				⑤		
計	24	11	12	5	24	13	10	6	24	15	9	4	24	17	6	10	24	17	5	8	120	73	42	33

ロッテ

〔投手〕	ソフトバンク 試	勝	敗	S	西武 試	勝	敗	S	楽天 試	勝	敗	S	日本ハム 試	勝	敗	S	オリックス 試	勝	敗	S	計 試	勝	敗	S
美馬　　学	7	5	1	0	2	1	1	0	3	1	1	0	4	2	1	0	3	1	0	0	19	10	4	0
二木　康太	4	3	0	0	1	0	0	0	2	1	1	0	2	1	1	0	6	4	1	0	15	9	3	0
石川　　歩	5	2	2	0	4	0	0	0	4	1	2	0	4	2	1	0	4	2	1	0	21	7	5	0
＊小島　和哉	1	0	0	0	6	1	4	0	6	1	3	0	4	2	1	0	3	3	0	0	20	7	3	0
岩下　大輝	1	0	0	0	4	3	1	0	5	1	3	0	4	1	2	0	3	2	1	0	17	7	7	0
益田　直也	12	1	1	6	11	0	4	4	9	2	0	4	12	1	0	10	10	0	0	7	54	3	5	31
ハーマン	9	1	1	1	7	0	1	0	7	0	0	0	8	1	0	0	7	1	0	0	38	3	2	1
種市　篤暉	1	0	0	0	2	2	0	0	2	0	0	0	2	0	0	0	1	0	0	0	8	2	2	0
小野　　郁	10	0	0	0	6	0	1	0	8	0	0	0	8	1	1	0	8	1	0	0	40	2	2	0
＊中村　稔弥	3	0	3	0	3	0	0	0	2	0	0	0	3	0	1	0	5	2	1	0	16	2	5	0
フローレス	3	1	0	0	1	0	0	0	2	0	0	0	5	1	1	0	2	0	0	0	14	2	2	0
東條　大樹	9	0	0	0	8	0	0	0	7	0	0	0	10	0	0	0	5	1	0	0	39	1	0	0
唐川　侑己	6	1	0	0	6	1	0	0	4	1	0	0	4	0	0	0	5	1	0	0	32	1	1	0
＊チェン・ガンユウ	3	0	0	0	4	0	0	0	4	1	0	0	4	0	0	0	4	0	0	0	19	1	0	0
田中　靖洋	ー	ー	ー	ー	1	0	0	0	3	0	0	0	2	0	0	0	2	1	0	0	8	1	0	0
有吉　優樹	ー	ー	ー	ー	1	1	0	0	1	0	0	0	1	0	0	0	1	0	0	0	5	1	0	0
＊澤村　拓一	6	0	0	0	4	0	1	0	3	0	1	0	6	0	0	1	3	0	0	0	22	0	2	1
東妻　勇輔	3	0	0	0	3	0	0	0	2	0	0	0	3	0	0	0	2	0	0	0	13	0	0	0
＊永野　将司	2	0	0	0	3	0	0	0	2	0	0	0	3	0	0	0	2	0	0	0	12	0	0	0
石崎　　剛	ー	ー	ー	ー	4	0	0	0	4	0	0	0	ー	ー	ー	ー	1	0	0	0	12	0	0	0
＊山本　大貴	1	0	0	0	1	0	0	0	1	0	0	0	ー	ー	ー	ー	1	0	0	0	12	0	0	0
ジャクソン	2	0	0	0	1	0	0	0	1	0	0	0	ー	ー	ー	ー	3	0	0	0	7	0	0	1
南　　昌輝	1	0	0	0	ー	ー	ー	ー	ー	ー	ー	ー	1	0	0	0	ー	ー	ー	ー	6	0	0	0
佐々木千隼	1	0	0	0	1	0	0	0	1	0	0	0	ー	ー	ー	ー	1	0	0	0	4	0	0	0
＊松永　昂大	ー	ー	ー	ー	2	0	0	0	2	0	0	0	ー	ー	ー	ー	ー	ー	ー	ー	5	0	0	0
＊チェン・ウェイン	2	0	2	0	1	0	0	0	1	0	1	0	ー	ー	ー	ー	ー	ー	ー	ー	4	0	3	0
＊成田　　翔	ー	ー	ー	ー	1	0	0	0	ー	ー	ー	ー	1	0	0	0	ー	ー	ー	ー	3	0	0	0
大嶺　祐太	ー	ー	ー	ー	1	0	0	0	ー	ー	ー	ー	1	0	0	0	ー	ー	ー	ー	2	0	0	0
古谷　拓郎	1	0	0	0	ー	ー	ー	ー	ー	ー	ー	ー	ー	ー	ー	ー	1	0	1	0	2	0	1	0
（引分）		①				①												①				③		
計	24	12	11	7	24	9	15	4	24	8	15	4	24	13	11	11	24	18	5	8	120	60	57	34

パシフィック・リーグ

西武

[投手]	ソフトバンク				ロッテ				楽天				日本ハム				オリックス				計			
	試	勝	敗	S	試	勝	敗	S	試	勝	敗	S	試	勝	敗	S	試	勝	敗	S	試	勝	敗	S
髙橋 光成	3	2	0	0	5	1	2	0	3	1	2	0	5	1	3	0	4	3	1	0	20	8	8	0
森脇 亮介	8	1	0	0	10	0	1	1	11	3	0	0	11	2	0	0	7	1	0	0	47	7	1	1
ニール	3	0	2	0	4	1	0	0	6	2	2	0	5	3	2	0	3	0	2	0	21	6	8	0
松本 航	5	2	2	0	3	0	3	0	5	2	1	0	3	1	1	0	4	1	0	0	20	6	7	0
増田 達至	9	1	0	7	12	4	0	7	11	0	0	7	7	0	0	4	9	0	0	8	48	5	0	33
平井 克典	9	0	2	0	9	2	1	0	8	0	1	0	8	1	0	0	7	2	1	0	41	5	5	0
ギャレット	9	1	0	0	9	1	0	0	8	0	0	0	12	0	1	0	11	1	1	0	49	3	2	0
今井 達也	4	0	2	0	2	2	0	0	6	1	1	0	3	0	0	0	4	0	1	0	19	3	4	0
*浜屋 将太	2	0	0	0	2	1	0	0	3	1	1	0	3	1	1	0	2	0	1	0	12	3	3	0
宮川 哲	9	0	0	0	7	0	0	0	12	0	0	0	9	0	1	0	12	2	0	0	49	2	1	0
*小川 龍也	13	1	0	0	4	1	0	0	5	0	0	0	8	0	0	0	8	0	1	0	38	2	1	0
與座 海人	2	1	0	0	2	1	0	0	1	0	1	0	2	0	2	0	1	0	1	0	8	2	4	0
平良 海馬	9	1	0	0	11	0	0	1	14	0	1	0	12	0	0	0	8	0	0	0	54	1	0	1
十亀 剣	3	0	1	0	1	0	0	0	—	—	—	—	2	0	0	0	2	1	1	0	8	1	2	0
本田 圭佑	2	0	2	0	1	0	1	0	1	1	0	0	2	0	1	0	1	0	0	0	7	1	4	0
*ノ リ ン	1	0	1	0	—	—	—	—	2	1	0	0	1	0	0	0	1	0	1	0	5	1	2	0
*榎田 大樹	—	—	—	—	1	0	0	0	1	0	0	0	2	1	1	0	1	0	1	0	5	1	1	0
*内海 哲也	—	—	—	—	2	1	1	0	—	—	—	—	—	—	—	—	2	0	1	0	4	1	2	0
田村 伊知郎	6	0	0	0	6	0	0	0	5	0	0	0	6	0	0	0	8	0	0	0	31	0	0	0
伊藤 翔	5	0	0	0	3	0	0	0	2	0	1	0	2	0	1	0	—	—	—	—	12	0	2	0
*佐野 泰雄	3	0	0	0	—	—	—	—	1	0	0	0	4	0	0	0	—	—	—	—	8	0	0	0
*齊藤 大将	1	0	1	0	2	0	0	0	2	0	0	0	1	0	0	0	1	0	0	0	7	0	1	0
國場 翼	2	0	0	0	1	0	0	0	2	0	0	0	1	0	0	0	1	0	0	0	7	0	0	0
中塚 駿太	—	—	—	—	1	0	0	0	1	0	0	0	2	0	0	0	2	0	0	0	6	0	0	0
*武隈 祥太	—	—	—	—	1	0	0	0	—	—	—	—	1	0	0	0	1	0	0	0	3	0	0	0
*野田 昇吾	—	—	—	—	1	0	0	0	2	0	0	0	—	—	—	—	1	0	0	0	3	0	0	0
松岡 洸希	—	—	—	—	—	—	—	—	1	0	0	0	1	0	0	0	—	—	—	—	2	0	0	0
計	24	10	13	7	24	15	9	9	24	12	10	7	24	10	14	4	24	11	12	8	120	58	58	35

（完封： ソフトバンク ①、楽天 ②、オリックス ①、計 ④）

楽天

[投手]	ソフトバンク				ロッテ				西武				日本ハム				オリックス				計			
	試	勝	敗	S	試	勝	敗	S	試	勝	敗	S	試	勝	敗	S	試	勝	敗	S	試	勝	敗	S
涌井 秀章	4	3	1	0	5	4	1	0	3	2	1	0	4	2	0	0	4	0	1	0	20	11	4	0
岸 孝之	3	1	0	0	3	3	0	0	2	1	0	0	2	1	0	0	1	1	0	0	11	7	0	0
則本 昂大	3	0	1	0	3	1	1	0	4	1	2	0	3	2	1	0	5	1	2	0	18	5	7	0
*松井 裕樹	4	0	3	0	5	2	0	1	2	0	0	0	6	0	1	0	8	2	1	1	25	4	5	2
*塩見 貴洋	3	2	1	0	2	1	1	0	5	0	3	0	3	0	3	0	3	1	0	0	16	4	8	0
酒居 知史	10	1	0	0	8	0	1	0	8	1	1	0	10	1	0	0	10	0	0	0	46	3	2	0
*弓削 隼人	2	0	1	0	3	1	0	0	2	1	0	0	2	1	1	0	1	0	0	0	10	3	2	0
牧田 和久	10	0	1	0	11	0	0	1	10	0	1	1	6	0	0	0	15	2	0	1	52	2	2	2
寺岡 寛治	6	0	0	0	2	0	0	0	4	0	0	0	5	1	0	0	7	1	1	0	24	2	1	0
青山 浩二	3	0	0	0	—	—	—	—	2	0	0	0	4	1	0	0	2	1	0	0	11	2	0	0
瀧中 瞭太	2	0	0	0	1	0	0	0	3	1	1	0	1	1	0	0	1	0	0	0	8	2	1	0
ブセニッツ	7	0	0	4	9	0	1	4	8	1	1	2	10	0	1	3	12	0	1	5	46	1	4	18
宋 家豪	9	1	0	0	7	0	0	0	7	0	0	0	7	0	1	0	8	0	1	0	38	1	2	0
津留崎 大成	8	1	0	0	6	0	0	0	7	0	1	0	8	0	0	0	4	0	0	0	33	1	1	0
安樂 智大	5	0	0	0	3	0	0	0	7	1	0	0	6	0	0	0	6	0	0	0	27	1	0	0
*池田 駿	7	0	0	0	2	0	0	0	5	0	0	0	4	1	0	0	3	0	0	0	21	1	0	0
*辛島 航	2	0	2	0	4	0	0	2	4	1	0	0	3	0	0	0	6	0	1	1	19	1	3	1
森原 康平	2	0	0	0	4	0	0	2	3	0	0	1	4	0	0	1	4	1	2	0	17	1	2	4
ジョンソン	3	0	0	0	3	1	0	0	4	0	0	0	3	0	0	0	3	0	0	0	16	1	0	0
石橋 良太	3	0	3	0	3	1	1	0	1	0	0	0	3	0	1	0	3	0	1	0	13	1	6	0
久保 裕也	1	0	0	0	2	1	0	0	2	0	0	0	—	—	—	—	—	—	—	—	5	1	0	0
J.T.シャギワ	6	0	1	0	7	0	2	1	7	0	0	0	6	0	0	0	5	0	0	0	31	0	3	1
福山 博之	2	0	0	0	1	0	0	0	5	0	0	0	3	0	0	0	3	0	0	0	14	0	0	0
福井 優也	1	0	1	0	1	0	0	0	2	0	1	0	2	0	1	0	1	0	1	0	7	0	4	0
近藤 弘樹	1	0	0	0	1	0	0	0	—	—	—	—	2	0	0	0	2	0	0	0	6	0	0	0
釜田 佳直	—	—	—	—	—	—	—	—	1	0	0	0	2	0	0	0	1	0	0	0	4	0	0	0
*鈴木 翔天	1	0	0	0	—	—	—	—	—	—	—	—	—	—	—	—	1	0	0	0	5	0	0	0
藤平 尚真	—	—	—	—	—	—	—	—	—	—	—	—	—	—	—	—	1	0	0	0	1	0	0	0
計	24	9	15	4	24	15	8	8	24	10	12	4	24	11	10	4	24	10	12	8	120	55	57	28

（完封： ロッテ ①、西武 ②、日本ハム ③、オリックス ②、計 ⑧）

日本ハム

〔投手〕	ソフトバンク				ロッテ				西　武				楽　天				オリックス				計			
	試	勝	敗	S	試	勝	敗	S	試	勝	敗	S	試	勝	敗	S	試	勝	敗	S	試	勝	敗	S
有原　航平	4	0	4	0	4	4	0	0	3	1	1	0	4	1	3	0	5	2	1	0	20	8	9	0
バーヘイゲン	4	1	2	0	3	0	2	0	4	2	2	0	4	3	0	0	3	2	0	0	18	8	6	0
上沢　直之	3	1	1	0	4	0	4	0	4	3	1	0	3	3	0	0	1	1	0	0	15	8	6	0
杉浦　稔大	2	1	0	0	3	1	1	1	4	2	1	0	2	1	1	0	6	2	2	0	17	7	5	1
玉井　大翔	10	1	0	0	11	1	0	0	8	1	1	1	11	0	3	0	9	1	0	0	49	4	4	1
*加藤　貴之	5	0	1	0	7	2	0	0	5	0	0	0	7	1	0	0	4	1	1	0	28	4	2	0
*河野　竜生	3	0	2	0	2	1	0	0	2	1	0	0	2	0	1	0	3	1	2	0	12	3	5	0
*宮西　尚生	9	0	0	1	12	1	1	3	10	0	0	0	11	0	0	3	8	1	0	1	50	2	1	8
*堀　瑞輝	6	0	0	0	11	0	0	0	12	1	1	1	10	1	0	0	6	0	0	0	45	2	1	1
マルティネス	2	0	2	0	3	0	0	1	3	1	1	0	5	0	2	0	4	1	2	0	17	2	7	1
金子　弌大	7	1	1	0	8	0	2	0	5	0	0	0	6	0	0	0	8	0	0	0	34	1	3	0
秋吉　亮	6	1	0	4	5	0	0	1	8	0	0	5	7	0	1	1	7	0	1	1	33	1	2	12
井口　和朋	3	0	0	0	7	0	0	0	7	1	0	0	6	0	0	0	6	0	0	0	29	1	0	0
村田　透	3	0	0	0	5	1	1	0	1	0	0	0	6	0	0	0	4	0	0	0	21	1	1	0
*上原　健太	2	0	2	0	2	0	0	0	1	0	0	0	1	0	0	0	1	1	1	0	7	1	3	0
*福田　俊	6	0	0	0	6	0	0	0	7	0	0	0	5	0	0	0	6	0	0	0	30	0	0	0
*公文　克彦	6	0	1	0	7	0	0	0	4	0	0	0	5	0	0	0	7	0	1	1	29	0	2	1
西村　天裕	3	0	0	0	3	0	0	0	3	0	0	0	4	0	0	0	3	0	0	0	16	0	0	0
鈴木　健矢	3	0	0	0	2	0	1	0	2	0	0	0	4	0	0	0	—	—	—	—	11	0	1	0
ロドリゲス	1	0	0	0	1	0	0	0	1	0	0	0	1	0	0	0	3	0	0	0	7	0	0	0
吉田　輝星	1	0	1	0	—	—	—	—	1	0	0	0	1	0	0	0	2	0	1	0	5	0	2	0
*吉川　光夫	3	0	0	0	—	—	—	—	1	0	0	0	1	0	0	0	—	—	—	—	5	0	0	0
吉田　侑樹	1	0	0	0	1	0	0	0	1	0	0	0	1	0	0	0	1	0	0	0	5	0	0	0
*北浦　竜次	—	—	—	—	1	0	1	0	2	0	0	0	—	—	—	—	—	—	—	—	3	0	1	0
生田目　翼	—	—	—	—	1	0	1	0	1	0	1	0	—	—	—	—	2	0	0	0	3	0	1	0
望月　大希	—	—	—	—	—	—	—	—	2	0	0	0	—	—	—	—	—	—	—	—	2	0	0	0
浦野　博司	—	—	—	—	—	—	—	—	—	—	—	—	—	—	—	—	1	0	0	0	1	0	0	0
計	24①	6	17	5	24	11	13	6	24	14	10	7	24③	10	11	4	24①	12	11	3	120⑤	53	62	25

オリックス

〔投手〕	ソフトバンク				ロッテ				西　武				楽　天				日　本　ハ　ム				計			
	試	勝	敗	S	試	勝	敗	S	試	勝	敗	S	試	勝	敗	S	試	勝	敗	S	試	勝	敗	S
山本　由伸	6	2	3	0	3	1	0	0	4	2	1	0	4	2	0	0	1	1	0	0	18	8	4	0
*山崎　福也	3	1	2	0	2	1	1	0	3	1	0	0	3	1	1	0	4	1	1	0	15	5	5	0
*山田　修義	8	0	0	0	10	0	1	0	11	0	1	0	10	3	0	0	9	1	3	0	48	4	5	0
*田嶋　大樹	6	1	3	0	1	0	0	0	4	1	1	0	5	1	1	0	4	1	0	0	20	4	5	0
*アルバース	2	0	2	0	6	2	3	0	3	0	1	0	1	1	0	0	4	1	2	0	16	4	8	0
山岡　泰輔	1	0	1	0	3	1	1	0	2	1	1	0	3	0	1	0	3	2	1	0	12	4	5	0
ヒギンス	8	0	0	0	6	0	0	0	11	1	2	0	7	1	1	0	9	1	0	0	41	3	3	0
吉田　凌	8	1	1	0	6	0	0	0	6	1	1	0	5	0	0	0	10	0	0	0	35	2	2	0
増井　浩俊	3	0	0	0	3	0	1	0	3	1	0	0	3	0	1	0	4	1	0	0	16	2	2	0
張　奕	2	0	1	0	4	0	2	0	2	2	0	0	4	0	1	0	1	0	0	0	13	2	4	0
*齋藤　綱記	8	0	0	0	6	0	0	0	4	0	0	0	6	0	1	0	8	1	1	0	32	1	1	0
吉田　一将	3	0	0	0	7	0	0	0	1	0	0	0	5	1	0	0	5	0	0	0	23	1	1	1
鈴木　優	1	0	1	0	3	0	0	0	1	1	0	0	3	0	0	0	5	0	1	1	13	1	3	1
榊原　翼	1	0	1	0	2	0	2	0	1	1	0	0	2	1	0	0	3	0	0	0	9	1	4	0
*飯田　優也	1	0	0	0	1	0	0	0	—	—	—	—	—	—	—	—	1	1	0	0	4	1	0	0
*宮城　大弥	—	—	—	—	—	—	—	—	1	0	1	0	1	0	0	0	1	1	0	0	3	1	1	0
竹安　大知	—	—	—	—	—	—	—	—	1	1	0	0	1	0	0	0	—	—	—	—	3	1	0	0
ディクソン	7	0	1	2	6	0	1	3	9	0	1	0	9	0	0	3	8	0	1	2	39	0	4	16
荒西　祐大	7	0	0	0	5	0	0	0	4	0	0	0	7	0	0	0	6	0	0	0	29	0	0	0
澤田　圭佑	4	0	0	0	7	0	1	0	5	0	0	0	5	2	0	0	3	0	0	0	24	0	2	0
漆原　大晟	2	0	0	0	2	0	0	0	6	0	0	0	6	0	0	1	6	0	0	0	22	0	0	1
比嘉　幹貴	2	0	0	0	6	0	0	0	3	0	0	0	3	0	0	0	6	0	0	0	20	0	0	0
*富山　凌雅	4	0	1	0	3	0	0	0	6	0	0	0	2	0	1	0	3	0	0	0	18	0	2	0
Ｋ－鈴木	2	0	0	0	3	0	2	0	—	—	—	—	2	0	0	0	1	0	0	0	8	0	2	0
小林　慶祐	1	0	0	0	3	0	0	0	2	0	0	0	—	—	—	—	1	0	0	0	7	0	0	0
*海田　智行	—	—	—	—	3	0	1	0	2	0	0	0	—	—	—	—	—	—	—	—	6	0	1	0
金田　和之	2	0	0	0	1	0	0	0	—	—	—	—	2	0	0	0	1	0	0	0	6	0	0	0
神戸　文也	—	—	—	—	1	0	0	0	2	0	0	0	2	0	0	0	—	—	—	—	5	0	0	0
村西　良太	3	0	0	0	1	0	1	0	—	—	—	—	—	—	—	—	—	—	—	—	4	0	0	0
東明　大貴	1	0	0	0	—	—	—	—	—	—	—	—	—	—	—	—	1	0	0	0	2	0	0	0
*左澤　優	—	—	—	—	1	0	0	0	—	—	—	—	—	—	—	—	1	0	0	0	2	0	0	0
本田　仁海	—	—	—	—	1	0	0	0	—	—	—	—	—	—	—	—	1	0	1	0	2	0	1	0
計	24②	5	17	2	24①	5	18	3	24①	12	11	8	24②	12	10	4	24①	11	12	3	120⑦	45	68	20

パシフィック・リーグ　各球場における本塁打

チ ー ム	札幌ドーム	楽天生命パーク宮城	メットライフ	ZOZOマリン	京セラD大阪	福岡PayPayドーム	ほっともっと神戸	合計
試　　合	60	60	60	60	57	60	3	360
ソフトバンク	9	12	11	13	12	69	－	126
ロ ッ テ	6	7	4	53	13	7	－	90
西　　武	11	8	49	13	12	14	－	107
楽　　天	4	65	14	14	4	8	3	112
日本ハム	39	14	12	9	6	9	－	89
オリックス	6	12	10	7	43	7	5	90
合　　計	75	118	100	109	90	114	8	614

札幌ドーム
ソフトバンク＝ 9＝バレンティン3、今宮、川島、九鬼、栗原、松田宣、柳田
ロ ッ テ＝ 6＝マーティン3、佐藤、安田、レアード
西　　武＝11＝山川3、メヒア2、森、川越、栗山、スパンジェンバーグ、外崎
楽　　天＝ 4＝田中和2、浅村、島内
日本ハム＝18＝中田15、清宮6、清宮4、渡邉4、近藤2、野村2、宇佐見、西川、ビヤヌエバ、松本、横尾、王
オリックス＝ 6＝ジョーンズ、杉本、Ｔ－岡田、頓宮、吉田正、若月

楽天生命パーク
ソフトバンク＝12＝柳田4、甲斐2、デスパイネ2、上林、グラシアル、栗原、バレンティン
ロ ッ テ＝ 7＝マーティン3、井上、清田、福田、藤岡
西　　武＝ 8＝山川3、スパンジェンバーグ、柘植、外崎、中村、メヒア
楽　　天＝65＝浅村21、ロメロ15、島内5、田中和5、茂木5、内田2、小郷2、辰己2、ブラッシュ2、足立、岩見、太田、小深田、下妻、鈴木大
日本ハム＝14＝中田5、西川3、大田2、清宮、近藤、杉谷、樋口
オリックス＝12＝吉田正5、大城、ジョーンズ、伏見、宗、モヤ、ロドリゲス、若月

メットライフ
ソフトバンク＝11＝柳田3、栗原2、バレンティン2、今宮、上林、甲斐、川島
ロ ッ テ＝ 4＝マーティン2、井上、角中
西　　武＝49＝山川10、スパンジェンバーグ9、メヒア6、栗山5、中村5、木村4、外崎4、森3、川越、高木、柘植
楽　　天＝14＝辰己3、浅村2、小郷2、茂木2、ロメロ2、太田、小深田、田中貴
日本ハム＝12＝中田4、大田2、清水2、西川、野村、ビヤヌエバ、渡邉
オリックス＝10＝Ｔ－岡田3、吉田正3、ロドリゲス2、大下、モヤ

ZOZOマリン
ソフトバンク＝13＝栗原3、松田宣3、柳田3、デスパイネ2、今宮、中村晃
ロ ッ テ＝53＝マーティン15、井上9、中村奨6、清田4、安田4、レアード4、田村3、福田秀3、藤岡3、藤原3、角中、佐藤、菅野
西　　武＝13＝栗山3、金子2、木村2、山川2、鈴木、スパンジェンバーグ、メヒア、森
楽　　天＝14＝ロメロ5、浅村3、内田2、鈴木大2、島内、辰己
日本ハム＝ 9＝中田5、大田、清水、横尾、渡邉
オリックス＝ 7＝ジョーンズ2、Ｔ－岡田2、安達、小田、中川

京セラD大阪
ソフトバンク＝12＝上林3、甲斐3、川島、グラシアル、中村晃、長谷川、松田宣、柳田
ロ ッ テ＝13＝マーティン6、井上2、清田2、菅野、中村奨、福田秀
西　　武＝12＝山川3、栗山2、金子、木村、源田、スパンジェンバーグ、外崎、中村、森
楽　　天＝ 4＝辰己2、浅村、小深田
日本ハム＝ 6＝清宮2、大田、近藤、中田、ビヤヌエバ
オリックス＝43＝モヤ9、ジョーンズ8、Ｔ－岡田8、太田3、伏見3、吉田正3、西浦2、ロドリゲス2、頓宮、中川、西村、松井雅、若月

福岡PayPayドーム
ソフトバンク＝69＝柳田17、栗原10、グラシアル8、松田宣8、甲斐5、中村晃4、今宮3、バレンティン3、明石2、高谷2、デスパイネ2、上林、川島、周東、牧原、真砂
ロ ッ テ＝ 7＝井上2、荻野、田村、中村奨、安田、レアード
西　　武＝14＝山川3、スパンジェンバーグ2、中村2、森2、木村、栗山、高木、外崎、メヒア
楽　　天＝ 8＝浅村2、ロメロ2、内田、島内、下水流、鈴木大
日本ハム＝ 9＝宇佐見2、大田2、近藤、杉谷、中田、ビヤヌエバ、王
オリックス＝ 7＝吉田正2、Ｔ－岡田、伏見、モヤ、山足、ロドリゲス

ほっともっと神戸
楽　　天＝ 3＝浅村2、田中和
オリックス＝ 5＝安達、大下、杉本、Ｔ－岡田、伏見

満 塁 本 塁 打

① 井上　晴哉（ロ）　6. 21 対 ソ③　2回無死　投手　津森　宥紀　PayPayドーム
② スパンジェンバーグ（武）　6. 23 対 ソ①　2回二死　投手　ム ー ア　メットライフ〈初本塁打〉
③ 中村　奨吾（ロ）　6. 25 対 オ③　1回一死　投手　村西　良太　ZOZOマリン
④ 木村　文紀（武）　6. 26 対 ソ④　8回二死　投手　岩嵜　翔　メットライフ
⑤ 内田　靖人（楽）　7. 19 対 武⑤　7回二死　投手　平良　海馬　楽天生命パーク
⑥ 若月　健矢（オ）　7. 21 対 楽④　6回一死　投手　宋　家豪　楽天生命パーク
⑦ 栗原　陵矢（ソ）　7. 25 対 日⑪　1回一死　投手　村田　透　PayPayドーム
⑧ ロ メ ロ（楽）　7. 28 対 ロ⑦　4回一死　投手　美馬　学　ZOZOマリン〈代打〉
⑨ 内田　靖人（楽）　8. 1 対 ロ⑪　1回二死　投手　種市　篤暉　ZOZOマリン
⑩ Ｔ－岡田（オ）　8. 11 対 ソ⑦　5回一死　投手　千賀　滉大　PayPayドーム
⑪ 浅村　栄斗（楽）　8. 27 対 ロ⑮　8回二死　投手　フローレス　楽天生命パーク
⑫ モ ヤ（オ）　9. 25 対 日⑫　4回一死　投手　マルティネス　京セラD大阪
⑬ 長谷川勇也（ソ）　10. 15 対 オ㉔　6回一死　投手　比嘉　幹貴　京セラD大阪〈代打〉
⑭ 中村　剛也（武）　10. 24 対 ソ⑲　8回一死　投手　岩嵜　翔　PayPayドーム

サ ヨ ナ ラ 本 塁 打

① ロドリゲス（オ）　7. 10 対 日④　9回二死　投手　秋吉　亮　京セラD大阪
② 柳田　悠岐（ソ）　7. 10 対 楽④　10回無死　投手　J.T.シャギワ　PayPayドーム
③ 茂木栄五郎（楽）　9. 11 対 日⑯　10回一死　投手　玉井　大翔　楽天生命パーク

※**各チームに対する本塁打**は94ページ参照。

セ・パ交流戦

	優勝チーム	MVP	
年		選手名	
2005	ロッテ	小林　宏之	（ロ）
2006	ロッテ	小林　雅英	（ロ）
2007	日本ハム	グ リ ン	（日）
2008	ソフトバンク	川﨑　宗則	（ソ）
2009	ソフトバンク	杉内　俊哉	（ソ）
2010	オリックス	Ｔ－岡田	（オ）
2011	ソフトバンク	内川　聖一也	（ソ）
2012	巨　　人	内海　哲也	（巨）
2013	ソフトバンク	長谷川勇也	（ソ）
2014	巨　　人	亀井　善行	（巨）
2015	ソフトバンク	柳田　悠岐	（ソ）
2016	ソフトバンク	城所　龍磨	（ソ）
2017	ソフトバンク	柳田　悠岐	（ソ）
2018	ヤクルト	吉田　正尚	（オ）
2019	ソフトバンク	松田　宣浩	（ソ）
2020	新型コロナウイルスの影響により中止		

クライマックスシリーズ

各 試 合 成 績
個 人 成 績
各 年 度 成 績
記 録 集
ライフタイム

※1973〜82 パ・前後期プレーオフ
2004〜06 パ・プレーオフ含む

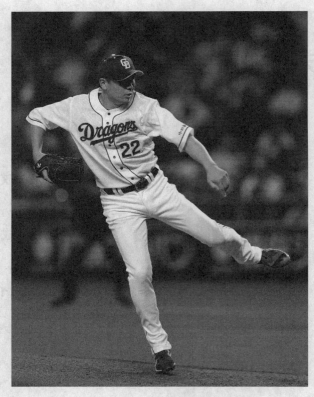

各年度クライマックスシリーズ・セ成績

2007　第1ステージ　　　　中　日　　阪　神
（2勝）　（0勝）

	月　日	球　場		本塁打	入場者
①	10.13	ナゴヤドーム	○川　上 7 － 0 下　柳●	タイロン・ウッズ、森野(中)	38,385
②	10.14	〃	○中　日 5 － 3 上　園●	李炳圭(中)	38,275

第2ステージ　　　　　　巨　人　　中　日
（0勝）　（3勝）

	月　日	球　場		本塁打	入場者
①	10.18	東京ドーム	●内　海 2 － 5 小笠原○	谷(巨)、タイロン・ウッズ(中)	44,232
②	10.19	〃	●木佐貫 4 － 7 川　上○	ホリンズ(巨)、李炳圭(中)	45,074
③	10.20	〃	●高橋尚 2 － 4 中　田○	二岡(巨)、タイロン・ウッズ、谷繁(中)	46,081

2008　第1ステージ　　　　阪　神　　中　日
（1勝）　（2勝）

	月　日	球　場		本塁打	入場者
①	10.18	京セラD大阪	●安　藤 0 － 2 川　上○	森野(中)	33,824
②	10.19	〃	○下　柳 7 － 3 チェン●	鳥谷2(神)、森野、タイロン・ウッズ(中)	33,881
③	10.20	〃	●藤　川 0 － 2 吉　見○	タイロン・ウッズ(中)	33,021

第2ステージ ※　　　　巨　人　　中　日　　最優秀選手　ラミレス（巨）
（巨人にアドバンテージ1勝）　（3勝）（1分）（1勝）

	月　日	球　場		本塁打	入場者
①	10.22	東京ドーム	●クルーン 3 － 4 小　林○	谷(巨)、李炳圭、タイロン・ウッズ(中)	44,072
②	10.23	〃	○上　原 11 － 2 朝　倉●	小笠原2、ラミレス、李承燁(巨)、森野、平田(中)	43,536
③	10.24	〃	△東　野 5 － 5 朝　倉△	鶴岡、李承燁(巨)、和田、タイロン・ウッズ(中)	45,846
④	10.25	〃	○クルーン 6 － 2 高　橋●	ラミレス(巨)、タイロン・ウッズ(中)	46,797

※上位球団の勝利数が下位球団の勝利数と同数となることが確定したため、規定により上位球団が勝者となる。

2009　第1ステージ　　　　中　日　　ヤクルト
（2勝）　（1勝）

	月　日	球　場		本塁打	入場者
①	10.17	ナゴヤドーム	●チェン 2 － 3 石　川○	和田(中)、デントナ(ヤ)	38,391
②	10.18	〃	○吉　見 3 － 2 館　山●	谷繁(中)、川本(ヤ)	38,171
③	10.19	〃	○中　田 7 － 4 由　規●	和田(中)	32,897

第2ステージ　　　　　　巨　人　　中　日　　最優秀選手　脇谷　亮太（巨）
（巨人にアドバンテージ1勝）　（4勝）　（1勝）

	月　日	球　場		本塁打	入場者
①	10.21	東京ドーム	●ゴンザレス 2 － 7 小笠原○	野本、ブランコ(中)	41,259
②	10.22	〃	○オビスポ 6 － 4 チェン●	阿部(巨)、森野、藤井(中)	40,452
③	10.23	〃	○豊　田 5 － 4 浅　尾●	ラミレス、亀井(巨)、森野(中)	45,409
④	10.24	〃	○越　智 8 － 2 中　田●	谷(巨)、ブランコ(中)	46,535

2010　ファーストステージ　　阪　神　　巨　人
（0勝）　（2勝）

	月　日	球　場		本塁打	入場者
①	10.16	甲子園	●能　見 1 － 3 東　野○	ブラゼル(神)、坂本(巨)	46,868
②	10.17	〃	●藤川球 6 － 7 越　智○	高橋(巨)	46,875

ファイナルステージ　　　中　日　　巨　人　　最優秀選手　和田　一浩（中）
（中日にアドバンテージ1勝）　（4勝）　（1勝）

	月　日	球　場		本塁打	入場者
①	10.20	ナゴヤドーム	○チェン 5 － 0 東　野●		37,659
②	10.21	〃	○吉　見 2 － 0 内　海●		37,298
③	10.22	〃	●岩　瀬 2 － 3 越　智○	野本(中)、阿部(巨)	38,432
④	10.23	〃	○浅　尾 4 － 3 久　保●		38,432

2011　ファーストステージ　　ヤクルト　　巨　人
（2勝）　（1勝）

	月　日	球　場		本塁打	入場者
①	10.29	神　宮	○村　中 3 － 2 高　木●	大村(巨)	32,339
②	10.30	〃	●石　川 2 － 6 内　海○	阿部(巨)	32,148
③	10.31	〃	○赤　川 3 － 1 ゴンザレス●	相川(ヤ)、小笠原(巨)	31,687

ファイナルステージ　　　中　日　　ヤクルト　　最優秀選手　吉見　一起（中）
（中日にアドバンテージ1勝）　（4勝）　（2勝）

	月　日	球　場		本塁打	入場者
①	11. 2	ナゴヤドーム	○吉　見 2 － 1 増　渕●		34,689
②	11. 3	〃	●チェン 1 － 3 石　川○	森野(中)、飯原(ヤ)	38,414
③	11. 4	〃	●山　井 1 － 2 バーネット○		37,599
④	11. 5	〃	○川　井 5 － 1 赤　川●	ブランコ(中)	38,342
⑤	11. 6	〃	○吉　見 2 － 1 館　山●	井端(中)	38,252

2012　ファーストステージ　　中　日　　ヤクルト
　　　　　　　　　　　　　　　　　（2勝）　（1勝）

①	10.13	ナゴヤドーム	○中田賢6－1石　川●	和田(中)、バレンティン(ヤ)	31,146
②	10.14	〃	●山内0－1館　山○	バレンティン(ヤ)	33,852
③	10.15	〃	○浅尾4－1山本哲●	ブランコ(中)	23,264

ファイナルステージ　　巨　人　　中　日　　最優秀選手　石井　義人（巨）
（巨人にアドバンテージ1勝）　（4勝）　（3勝）

①	10.17	東京ドーム	●内海1－3大　野○		40,039
②	10.18	〃	●ホールトン2－5伊藤○	大島(中)	39,135
③	10.19	〃	●西村4－5武藤○	村田、高橋由(巨)、和田(中)	44,744
④	10.20	〃	○澤村3－1川　上●		46,158
⑤	10.21	〃	○マシソン3－2岩瀬●	ブランコ(中)	45,897
⑥	10.22	〃	○ホールトン4－2伊藤●	村田(巨)	44,351

2013　ファーストステージ　　阪　神　　広　島
　　　　　　　　　　　　　　　　　（0勝）　（2勝）

①	10.12	甲子園	●藤浪1－8前田健○	キラ、丸、岩本(広)	46,923
②	10.13	〃	●メッセンジャー4－7バリントン○	西岡、桧山(神)	46,902

ファイナルステージ　　巨　人　　広　島　　最優秀選手　菅野　智之（巨）
（巨人にアドバンテージ1勝）　（4勝）　（0勝）

①	10.16	東京ドーム	○山口3－2横　山●	坂本(巨)	45,107
②	10.17	〃	○菅野3－0前田健●	寺内(巨)	45,316
③	10.18	〃	○杉内3－1野村●		46,081

2014　ファーストステージ　※　阪　神　　広　島
　　　　　　　　　　　　　　　　　　　（1勝）（1分）（0勝）

①	10.11	甲子園	○メッセンジャー1－0前　田●	福留(神)	46,721
②	10.12	〃	△福原0－0中　﨑△		46,815

※上位球団の勝利数が下位球団の勝利数と同数となることが確定したため、規定により上位球団が勝者となる。

ファイナルステージ　　巨　人　　阪　神　　最優秀選手　呉　昇桓（神）
（巨人にアドバンテージ1勝）　（1勝）　（4勝）

①	10.15	東京ドーム	●内海1－4藤浪○	阿部(巨)、ゴメス(神)	44,871
②	10.16	〃	●澤村2－5岩田○	井端(巨)	44,728
③	10.17	〃	●山口2－4安藤○	亀井(巨)	46,025
④	10.18	〃	●小山4－8能見○	亀井、セペダ、坂本(巨)、マートン、福留、西岡(神)	46,311

2015　ファーストステージ　　巨　人　　阪　神
　　　　　　　　　　　　　　　　　（2勝）　（1勝）

①	10.10	東京ドーム	○澤村3－2安藤●	アンダーソン(巨)、ゴメス、マートン(神)	45,298
②	10.11	〃	●菅野2－4メッセンジャー○		46,698
③	10.12	〃	○ポレダ3－1能見●	福留(神)	46,067

ファイナルステージ　　ヤクルト　　巨　人　　最優秀選手　川端　慎吾（ヤ）
（ヤクルトにアドバンテージ1勝）　（4勝）　（1勝）

①	10.14	神宮	●石川1－4山口○	畠山(ヤ)、坂本(巨)	31,502
②	10.15	〃	○小川4－0マイコラス●		31,274
③	10.16	〃	○館山2－0菅野●		33,102
④	10.17	〃	○杉浦3－2ポレダ●		34,038

2016　ファーストステージ　　巨　人　　DeNA
　　　　　　　　　　　　　　　　　（1勝）　（2勝）

①	10.8	東京ドーム	●マイコラス3－5井納○	坂本(巨)、梶谷、筒香、ロペス(ディ)	45,633
②	10.9	〃	○マシソン2－1三上●	坂本(巨)	45,683
③	10.10	〃	●澤村3－4田中○	阿部、村田(巨)、ロペス(ディ)	45,477

ファイナルステージ　　広　島　　DeNA　　最優秀選手　田中　広輔（広）
（広島にアドバンテージ1勝）　（4勝）　（1勝）

①	10.12	マツダ	○ジョンソン5－0モスコーソ●		31,276
②	10.13	〃	○野村3－0三嶋●	田中(広)	31,264
③	10.14	〃	●黒田0－3井納○	エリアン(ディ)	31,291
④	10.15	〃	○岡田8－7今永●	エルドレッド(広)、梶谷、ロペス(ディ)	31,313

2017　ファーストステージ　　　阪　神　　　ＤｅＮＡ
　　　　　　　　　　　　　　　（1勝）　　　（2勝）
　　①　10.14　甲　子　園　○メッセンジャー 2－0 井　　納●　福留（神）　　　　　　　　　　　　　　46,748
　　②　10.15　　　〃　　　●桑　　原 6－13 三　　上○　大山（神）、乙坂（ディ）　　　　　　　　46,761
　　③　10.17　　　〃　　　●能　　見 1－6 ウィーランド○　ロペス（ディ）　　　　　　　　　　　　46,319
　　10.16（甲子園）は雨天中止

　　　　ファイナルステージ　　　広　島　　　ＤｅＮＡ　　　最優秀選手　ロ　ペ　ス（ディ）
　　（広島にアドバンテージ1勝）　（2勝）　　　（4勝）
　　①　10.18　マ　ツ　ダ　○薮　　田 3－0 石　　田●　　　　　　　　　　　　　　　　　　　30,810
　　②　10.19　　　〃　　　●野　　村 2－6 濱　　口○　宮﨑（ディ）　　　　　　　　　　　　　3,165
　　③　10.20　　　〃　　　●ジョンソン 0－1 井　　納○　　　　　　　　　　　　　　　　　　　3,279
　　④　10.23　　　〃　　　●薮　　田 3－4 ウィーランド○　丸（広）、筒香（ディ）　　　　　　　　3,311
　　⑤　10.24　　　〃　　　●野　　村 3－9 三　　嶋○　新井（広）、宮﨑、桑原、筒香2、梶谷（ディ）　3,230
　　10.21、22（マツダ）は雨天中止

2018　ファーストステージ　　　ヤクルト　　　巨　人
　　　　　　　　　　　　　　　（0勝）　　　（2勝）
　　①　10.13　神　　宮　●小　　川 1－4 上　　原○　坂本勇（巨）　　　　　　　　　　　　　3,735
　　②　10.14　　　〃　　　●　原　　 0－4 菅　　野○　長野、マギー、亀井（巨）　　　　　3,798

　　　　ファイナルステージ　　　広　島　　　巨　人　　　最優秀選手　菊池　涼介（広）
　　（広島にアドバンテージ1勝）　（4勝）　　　（0勝）
　　①　10.17　マ　ツ　ダ　○大 瀬 良 6－1 メルセデス●　鈴木、丸（広）　　　　　　　　　　3,311
　　②　10.18　　　〃　　　○ジョンソン 4－1 畠　　●　菊池（広）　　　　　　　　　　　　3,356
　　③　10.19　　　〃　　　○九　　里 5－1 今　　村●　丸（広）　　　　　　　　　　　　　3,371

2019　ファーストステージ　　　ＤｅＮＡ　　　阪　神
　　　　　　　　　　　　　　　（1勝）　　　（2勝）
　　①　10.5　横　　浜　●エスコバー 7－8 ドリス○　筒香（ディ）、北條（神）　　　　　　3,832
　　②　10.6　　　〃　　　○山　　﨑 6－4 岩　　崎●　ロペス、筒香、乙坂（ディ）、福留（神）　3,818
　　③　10.7　　　〃　　　●エスコバー 1－2 ドリス○　　　　　　　　　　　　　　　　　3,807

　　　　ファイナルステージ　　　巨　人　　　阪　神　　　最優秀選手　岡本　和真（巨）
　　（巨人にアドバンテージ1勝）　（4勝）　　　（1勝）
　　①　10.9　東京ドーム　○山　　口 5－2 望　　月●　丸、岡本（巨）　　　　　　　　　　5,277
　　②　10.10　　　〃　　　○メルセデス 6－0 髙 橋 遥●　ゲレーロ（巨）　　　　　　　　　　5,168
　　③　10.11　　　〃　　　●中　　川 6－7 藤　　川○　陽、岡本（巨）、梅野、大山（神）　5,677
　　④　10.13　　　〃　　　○大　　竹 4－1 西　　●　岡本、ゲレーロ（巨）　　　　　　　5,931
　　10.12（東京ドーム）は台風接近のため中止

試合方式は59ページ参照。

2020・クライマックスシリーズ・パ

※４試合制で３勝０敗（ソフトバンクに１勝のアドバンテージ含む）のソフトバンクが日本シリーズ出場
最優秀選手…中村 晃（ソ）

11月14日(土)　1回戦　福岡PayPayドーム	19,901人
	3時間19分

ロッテ	0 2 0	0 1 0	0 0 0	…… 3
ソフトバンク	0 0 0	1 0 2	0 1 X	…… 4

ロッテ	打	安	点		ソフトバンク	打	安	点
(右)	荻野	3	2	1	(二)	周東	4	0	0
(中)	藤原	4	0	0	打	長谷川	1	0	0
(左)	菅野	4	4	0	二	川島	1	0	0
(指)	清田	4	2	0	(一)	中村晃	4	3	1
(一)	井上	4	0	0	(中)	柳田	4	3	1
(二)	中村奨	4	1	0	(左)	グラシアル	4	0	0
(三)	安田	4	4	1	走右	上林	2	0	0
(捕)	田村	3	1	0	(右)左	栗原	2	0	1
打	角中	1	0	0	(指)	デスパイネ	4	1	0
(遊)	藤岡	2	1		(遊)	牧原	4	1	0
					(三)	松田	3	2	1
					(捕)	甲斐	4	1	
併 残					併 残			
1 5	33	8	3		0 9	32	11	3

	打者	投回	安打	四球	死球	三振	失点	自責
美馬	23	5.1	7	1	0	5	3	2
東條	1	0+	1	0	0	0	0	0
唐川	3	0.2	1	0	0	0	0	0
H ハーマン	3	1	0	0	0	0	0	0
● 澤村 (0-1)	7	1	2	2	0	0	1	1
○ 千賀	29	7	8	0	0	8	3	3
モイネロ (1-0)	3	1	0	0	0	1	0	0
S 森	3	1	0	0	0	2	0	0

本塁打	ロ	安田1号②（2回千賀）
	ソ	柳田1号①（4回美馬）
二塁打	ロ	田村
	ソ	牧原
失策	ロ	井上

11月15日(日)　2回戦　福岡PayPayドーム	19,995人
	3時間27分

ロッテ	3 0 0	0 0 0	1 0 0	…… 4
ソフトバンク	0 2 0	3 0 0	1 0 X	…… 6

ロッテ	打	安	点		ソフトバンク	打	安	点
(右)	荻野	5	3	0	(遊)	周東	4	2	1
(中)	藤原	4	3	0	(二)	川島	2	1	0
(指)	清田	4	3	0	遊	牧原	2	2	0
(三)	安田	5	2	0	(中)	柳田	4	0	0
(一)左	井上	5	2	0	(左)	グラシアル	4	0	0
打走	中田	0	0	0	左	真栄城	0	0	0
(二)	中村奨	4	1	0	(右)	栗原	3	1	0
(左)	福田秀	4	0	1	右	上林	1	0	0
遊	三木	2	0	0	(指)	デスパイネ	3	2	0
打	佐藤	1	0	0	(一)	中村晃	4	3	2
(捕)	田村	4	0	0	(三)	松田宣	3	1	0
(遊)	藤岡	1	0	0	(捕)	甲斐	3	1	
打一	井上	1	0	0					
併 残					併 残			
1 12	37	12	4		1 4	33	10	6

	打者	投回	安打	四球	死球	三振	失点	自責
● チェン・ウェイン (0-1)	17	3.1	7	0	0	1	5	5
小野	2	0.2	0	0	0	1	0	0
岩下	3	1	0	0	0	1	0	0
唐川	3	1	1	0	0	0	0	0
ハーマン	6	1	2	1	0	0	1	1
澤村	3	1	0	0	0	1	0	0
東浜	22	4	7	3	1	4	3	3
H 松本	5	1	1	1	0	1	0	0
H 岩嵜	3	1	1	0	0	1	0	0
H 嘉弥真	2	0.1	1	0	0	0	1	1
H 高橋礼	1	0.1	0	0	0	0	0	0
○ モイネロ (2-0)	4	1.1	0	0	0	2	0	0
S 森	6	1	2	1	0	2	0	0

本塁打	ソ	中村晃1号②（2回チェン・ウェイン）
		中村晃2号②（4回チェン・ウェイン）
		松田宣1号①（4回チェン・ウェイン）
三塁打	ソ	周東
二塁打	ロ	安田2
	ソ	川島、周東、デスパイネ
盗塁	ロ	藤原
盗塁刺	ロ	藤原

打　撃　成　績

	試合	打数	得点	安打	二塁打	三塁打	本塁打	打点	盗塁	盗塁刺	犠打	犠飛	四球	死球	三振	併殺打	残塁	打率	失策
ロッテ																			
井上　晴哉	2	5	0	0	0	0	0	0	0	0	0	0	0	0	1	0	1	.000	1
荻野　貴司	2	8	1	5	0	0	0	5	1	0	0	1	0	0	2	0	3	.625	0
＊角中　勝也	2	1	0	0	0	0	0	0	0	0	0	1	0	0	0	0	0	.000	0
清田　育宏	2	8	0	3	0	0	0	3	0	0	0	0	0	0	1	0	0	.375	0
＊佐藤都志也	1	1	0	0	0	0	0	0	0	0	0	0	0	0	1	0	0	.000	0
＊菅野　剛士	2	6	0	1	0	0	0	1	0	0	0	0	2	0	2	0	3	.167	0
田村　龍弘	2	7	1	1	1	0	0	0	0	0	0	0	0	0	2	0	0	.143	
中村　奨吾	2	8	1	2	0	0	0	2	1	0	0	0	1	0	3	0	1	.250	0
＊福田　秀平	2	4	0	0	0	0	0	1	0	0	0	0	0	0	2	0	1	.000	0
＊藤岡　裕大	2	5	0	1	0	0	0	1	0	0	0	1	0	0	1	0	1	.200	0
＊藤原　恭大	2	8	1	3	0	0	0	3	0	1	1	0	0	1	0	0	2	.375	0
三木　亮	2	1	0	0	0	0	0	0	0	0	0	0	0	0	0	0	0	.000	0
＊安田　尚憲	2	9	3	4	2	0	1	9	4	0	0	0	0	0	3	0	1	.444	0
＊和田康士朗	1	1	0	0	0	0	0	0	0	0	0	0	0	0	0	0	0	.000	0
チーム	2	70	7	20	3	0	1	26	7	1	1	2	0	5	1	21	1	17	.286	2
ソフトバンク																			
＊上林　誠知	2	1	1	0	0	0	0	0	0	0	0	0	0	0	0	0	0	.000	0
甲斐　拓也	2	7	1	2	0	0	0	2	1	0	0	0	0	2	0	1	.286	0
川島　慶三	2	2	0	1	1	0	0	2	0	0	0	0	0	0	0	1	.500	0
グラシアル	2	7	1	2	0	0	0	0	0	0	0	0	1	0	1	0	0	.286	0
＊栗原　陵矢	2	5	0	0	0	0	0	0	0	0	0	2	0	0	2	1	0	.000	0
＊周東　佑京	2	8	0	2	1	1	0	5	1	0	0	0	0	0	0	0	2	.250	0
デスパイネ	2	8	2	4	1	0	0	5	0	0	0	0	0	0	1	0	0	.500	
＊中村　晃	2	8	2	3	0	0	2	9	4	0	0	0	0	0	1	0	1	.375	0
＊長谷川勇也	1	1	0	0	0	0	0	0	0	0	0	0	0	0	0	0	0	.000	0
＊牧原　大成	2	5	0	1	1	0	0	2	0	0	0	0	0	0	0	0	3	.200	0
真砂　勇介	1	1	0	0	0	0	0	0	0	0	0	0	0	0	0	0	0	.000	0
松田　宣浩	2	6	1	3	0	0	1	6	1	0	0	0	0	0	0	0	3	.500	0
＊柳田　悠岐	2	7	2	3	0	0	1	6	0	0	0	0	0	0	2	0	2	.429	0
チーム	2	65	10	21	4	4	4	39	9	0	0	2	0	4	0	10	1	13	.323	0

投　手　成　績

	試合	完投	完了	当初	無失点勝	勝利	敗北	引分	セーブ	ホールド	打者	投球回	安打	本塁打	四球	死球	三振	失点	自責点	防御率
ロッテ																				
岩下　大輝	1	0	0	0	0	0	0	0	0	0	3	1	1	0	0	0	1	0	0	0.00
小野　郁	1	0	0	0	0	0	0	0	0	0	2	0.2	0	0	0	0	1	0	0	0.00
唐川　侑己	2	0	0	0	0	0	0	0	0	0	6	1.2	2	0	0	0	1	0	0	0.00
澤村　拓一	2	0	2	0	0	0	1	0	0	0	10	2	2	0	2	0	1	1	1	4.50
＊チェン・ウェイン	1	0	0	1	0	0	1	0	0	0	17	3.1	7	3	0	0	1	5	5	13.50
東條　大樹	1	0	0	0	0	0	0	0	0	0	1	1	0	0	0	0	0	0	0	0.00
ハーマン	2	0	0	0	0	0	0	0	0	1	9	2	2	0	1	0	1	1	1	4.50
美馬　学	1	0	0	1	0	0	0	0	0	0	23	5.1	7	1	1	0	5	3	2	3.38
チーム	2	0	2	2	0	0	2	0	0	1	71	16	21	4	4	0	10	10	9	5.06
ソフトバンク																				
岩嵜　翔	1	0	0	0	0	0	0	0	0	0	3	1	1	0	0	0	1	0	0	0.00
＊嘉弥真新也	1	0	0	0	0	0	0	0	0	0	2	0.1	1	0	0	0	1	1	1	27.00
千賀　滉大	1	0	0	1	0	0	0	0	0	0	29	7	4	0	0	0	8	3	3	3.86
高橋　礼	1	0	0	0	0	0	0	0	0	1	1	0.1	0	0	0	0	0	0	0	0.00
東浜　巨	1	0	0	1	0	1	0	0	0	0	22	4	7	0	3	1	4	3	3	6.75
松本　裕樹	1	0	0	0	0	0	0	0	0	1	5	1	1	0	0	0	1	0	0	0.00
＊モイネロ	2	0	0	0	0	2	0	0	0	0	7	2.1	3	0	0	0	2	0	0	0.00
森　唯斗	2	0	2	0	0	0	0	0	2	0	9	2	2	0	1	0	4	0	0	0.00
チーム	2	0	2	2	0	2	0	0	2	4	78	18	20	1	5	1	21	7	7	3.50

各年度プレーオフ／クライマックスシリーズ・パ成績

1973　　　　　　　　　　南　海　　　阪　急　　　最優秀選手　佐藤　道郎（南）
　　　　　　　　　　　　　　（3勝）　　（2勝）

	月日	球場			本塁打	入場者
①	10.19	大　阪	○佐　藤 4－2 米　田●		福本、岡田（急）	13,800
②	10.20	〃	●山　内 7－9 山　田○		門田博2、ジョーンズ（南）、住友2（急）	19,700
③	10.22	西　宮	○江　本 6－3 水　谷●		ジョーンズ2、野村（南）	8,500
④	10.23	〃	●西　岡 1－13 米　田○		佐野（南）、住友、大橋（急）	13,500
⑤	10.24	〃	○佐　藤 2－1 山　田●		広瀬、スミス（南）、当銀（急）	17,000

10.21（西宮）は雨天中止

1974　　　　　　　　　　阪　急　　　ロッテ　　　最優秀選手　村田　兆治（ロ）
　　　　　　　　　　　　　　（0勝）　　（3勝）

	月日	球場			本塁打	入場者
①	10.5	西　宮	●足　立 2－3 水　谷○		長池（急）、山崎（ロ）	20,000
②	10.6	〃	●水　谷 3－8 金　田○			32,000
③	10.9	仙　台	●米　田 0－4 村　田○		得津（ロ）	20,000

10.8（仙台）は雨天中止

1975　　　　　　　　　　阪　急　　　近　鉄　　　最優秀選手　長池　徳二（急）
　　　　　　　　　　　　　　（3勝）　　（1勝）

	月日	球場			本塁打	入場者
①	10.15	西　宮	●山　口 7－11 芝　池○		大熊、マルカーノ（急）、伊勢、有田修（近）	14,000
②	10.16	〃	○山　口 5－4 神　部●		長池、マルカーノ、河村（急）	10,500
③	10.19	藤井寺	○足　立 3－0 鈴　木●		長池（急）	32,000
④	10.20	〃	○山　口 5－3 芝　池●		福本、加藤（急）	21,000

10.18（藤井寺）は雨天中止

1977　　　　　　　　　　阪　急　　　ロッテ　　　最優秀選手　山田　久志（急）
　　　　　　　　　　　　　　（3勝）　　（2勝）

	月日	球場			本塁打	入場者
①	10.9	西　宮	○山　田 18－1 村　田●		藤井、大橋（急）、リー（ロ）	28,000
②	10.10	〃	●足　立 0－3 三　井○		飯塚（ロ）	28,000
③	10.12	仙　台	○稲　葉 1－3 金　田●		有藤（ロ）	16,000
④	10.13	〃	○山　田 4－2 村　田●		加藤秀（急）、リー（ロ）	17,500
⑤	10.15	〃	○足　立 7－0 三　井●			20,000

10.14（仙台）は雨天中止

1979　　　　　　　　　　近　鉄　　　阪　急　　　最優秀選手　山口　哲治（近）
　　　　　　　　　　　　　　（3勝）　　（0勝）

	月日	球場			本塁打	入場者
①	10.13	大　阪	○井　本 5－1 山　田●		小川、栗橋（近）	25,000
②	10.14	〃	○鈴　木 7－4 白　石●		平野、小川、有田修（近）、高井（急）	32,000
③	10.16	西　宮	○山　口 2－1 稲　葉●		福本（急）	22,000

1980　　　　　　　　　　ロッテ　　　近　鉄　　　最優秀選手　平野　光泰（近）
　　　　　　　　　　　　　　（0勝）　　（3勝）

	月日	球場			本塁打	入場者
①	10.15	川　崎	●仁　科 1－4 井　本○		平野、栗橋、羽田（近）	18,000
②	10.16	〃	●水　谷 2－4 鈴　木○		有藤（ロ）	19,000
③	10.18	大　阪	●仁　科 4－13 村　田○		張本（ロ）、平野、吹石、梨田、アーノルド（近）	32,000

1981　　　　　　　　　　ロッテ　　　日本ハム　　最優秀選手　柏原　純一（日）
　　　　　　　　　（1勝）（1分）（3勝）

	月日	球場			本塁打	入場者
①	10.7	川　崎	●村　田 0－1 高橋一○		柏原（日）	17,000
②	10.10	〃	△三　井 5－5 江　夏△		高代（日）	25,000
③	10.11	後楽園	●水　谷 1－4 間　柴○			38,000
④	10.12	〃	○村　田 11－6 高橋里●		有藤、落合、水上（ロ）	25,000
⑤	10.13	〃	●仁　科 4－8 木　田○		有藤、レオン、土肥（ロ）	24,000

10.8, 9（川崎）は雨天中止

1982　　　　　　　　　　西　武　　　日本ハム　　最優秀選手　大田　卓司（武）
　　　　　　　　　　　　　　（3勝）　　（1勝）

	月日	球場			本塁打	入場者
①	10.9	西　武	○東　尾 6－0 江　夏●			15,000
②	10.10	〃	○工　藤 3－2 江　夏●		古屋（日）	40,000
③	10.12	後楽園	●杉　本 1－2 工　藤○			25,000
④	10.14	〃	○東　尾 7－5 高橋一●		テリー2、黒田（武）、クルーズ、ソレイタ、古屋（日）	24,000

10.11（後楽園）は雨天中止

2004	第1ステージ		西　武 （2勝）	日本ハム （1勝）		
①	10. 1	西武ドーム	○松　坂　大 10－7 金　村●	フェルナンデス2、佐藤、細川(武)、小笠原、セギノール(ヨ)	30,000
②	10. 2	〃	●張　　　4－5 ミラバル○	小笠原(日)	45,000
③	10. 3	〃	●豊　田 6－5 横　山○	カブレラ、和田(武)、セギノール、木元(日)	38,000

	第2ステージ		ダイエー （2勝）	西　武 （3勝）		
①	10. 6	福岡ドーム	○新　垣 9－3 石井貴●	城島、井口、松中、ズレータ(ダ)、カブレラ(武)	47,000
②	10. 7	〃	●和　田 1－11 松坂大○	和田、高木浩(武)	47,000
③	10. 9	〃	●斉　藤 5－6 長　田○	井口、城島(ダ)、フェルナンデス2、中島、野田(武)	48,000
④	10.10	〃	○倉　野 4－1 帆　足●	川崎(ダ)、和田(武)	47,000
⑤	10.11	〃	●三　瀬 3－4 豊　田○	城島、井口(ダ)	47,000

2005	第1ステージ		ロ ッ テ （2勝）	西　武 （0勝）		
①	10. 8	千葉マリン	●薮　田 2－1 三　井●	栗山(武)	28,979
②	10. 9	〃	○小林宏 3－1 西　口●	中村(武)	28,996

	第2ステージ		ソフトバンク （1勝）	ロ ッ テ （3勝）		
①	10.12	福岡ヤフードーム	●杉　内 2－4 藤　田○	カブレラ(ソ)、里崎(ロ)	31,848
②	10.13	〃	●斉　藤 2－3 清　水○	カブレラ、川崎(ソ)	31,696
③	10.15	〃	●馬　原 5－4 小　野○		34,757
④	10.16	〃	○吉　武 3－2 小林宏●	ズレータ2(ソ)、里崎(ロ)	34,772
⑤	10.17	〃	●三　瀬 2－3 藤　田○		35,071

2006	第1ステージ		西　武 （1勝）	ソフトバンク （2勝）		
①	10. 7	インボイス	○松　坂　大 1－0 斉藤和●		29,187
②	10. 8	〃	●松　永 3－11 柳　瀬○	中島(武)、松中、ズレータ(ソ)	31,338
③	10. 9	〃	●星　野 1－6 柳　瀬○	中村(武)、ズレータ(ソ)	27,344

	第2ステージ (日本ハムにアドバンテージ1勝)		日本ハム （3勝）	ソフトバンク （0勝）		
①	10.11	札幌ドーム	○ダルビッシュ 3－1 杉　内●		42,380
②	10.12	〃	○八　木 1－0 斉藤和●		42,380

2007	第1ステージ		ロ ッ テ （2勝）	ソフトバンク （1勝）	最優秀選手　サブロー（ロ）	
①	10. 8	千葉マリン	○渡辺俊 8－4 斉藤和●	オーティズ(ロ)	30,010
②	10. 9	〃	●小林宏 3－8 杉　内○	福浦(ロ)、松中、ブキャナン(ソ)	29,411
③	10.10	〃	○成　瀬 4－0 スタンドリッジ●		30,011

	第2ステージ		日本ハム （3勝）	ロ ッ テ （2勝）	最優秀選手　ダルビッシュ　有（日）	
①	10.13	札幌ドーム	○ダルビッシュ 5－2 久　保●		42,222
②	10.14	〃	●武田勝 1－8 高　木○	里崎2、オーティズ、サブロー、早川(ロ)	42,222
③	10.15	〃	○グリン 7－0 渡辺俊●		42,222
④	10.16	〃	●武　田　勝 1－5 川　崎○	里崎(ロ)	42,222
⑤	10.18	〃	○ダルビッシュ 6－2 成　瀬●	セギノール(日)	42,222

2008	第1ステージ		オリックス （0勝）	日本ハム （2勝）		
①	10.11	京セラD大阪	●近　藤 1－4 ダルビッシュ○	スレッジ(日)	25,532
②	10.12	〃	●小　松 2－7 藤　井○	ボッツ(日)	26,703

	第2ステージ (西武にアドバンテージ1勝)		西　武 （4勝）	日本ハム （2勝）	最優秀選手　涌井　秀章（武）	
①	10.17	県営大宮	○涌　井 10－3 グリン●	中島2、後藤(武)、スレッジ(日)	20,500
②	10.18	西武ドーム	●岸　　 0－5 ダルビッシュ○	金子誠(日)	30,918
③	10.19	〃	●帆　足 4－7 武田勝○	スレッジ(日)	33,078
④	10.21	〃	○石　井　一 9－4 スウィーニー●	細川、赤田(武)、ボッツ(日)	18,704
⑤	10.22	〃	○涌　井 9－0 グリン●	後藤(武)	21,731

クライマックスシリーズ・パ

2009　第1ステージ　　　　　　楽　　　天　　　ソフトバンク
　　　　　　　　　　　　　　　　　　（2勝）　　　（0勝）

①	10.16	Ｋスタ宮城	○岩　　隈11－ 4杉　　内●	高須、山﨑武、中島、セギノール(楽)	21,303
②	10.17	〃	○田　　中 4－ 1ホールトン●	山﨑武(楽)	21,388

第2ステージ　　　　　　　　　日本ハム　　　楽　　　天　　**最優秀選手　スレッジ（日）**
（日本ハムにアドバンテージ1勝）　　（4勝）　　　（1勝）

①	10.21	札幌ドーム	○　林　　 9－ 8福　盛●	スレッジ(日)、鉄平(楽)	38,235
②	10.22	〃	○糸　　数 3－ 1岩　　隈●	セギノール(楽)	32,713
③	10.23	〃	●八　　木 2－ 3田　　中○	高橋(日)、渡辺直(楽)	42,328
④	10.24	〃	○藤　　井 9－ 4藤　　原●	スレッジ、森本(日)	42,328

2010　ファーストステージ　　　西　　　武　　　ロ　　　テ
　　　　　　　　　　　　　　　　　　（0勝）　　　（2勝）

①	10. 9	西武ドーム	●土　　肥 5－ 6小 林 宏○	中村(武)、西岡、福浦(ロ)	33,918
②	10.10	〃	●小 野 寺 4－ 5　内　○	今江、里崎(ロ)	33,911

ファイナルステージ　　　　　　ソフトバンク　　　ロ　　　テ　　**最優秀選手　成瀬　善久（ロ）**
（ソフトバンクにアドバンテージ1勝）　　（3勝）　　　（4勝）

①	10.14	福岡ヤフードーム	●杉　　内 1－ 3成　　瀬○	大松(ロ)	35,118
②	10.15	〃	○和　　田 3－ 1ペン●	清田(ロ)	35,876
③	10.16	〃	○ホールトン 1－ 0マーフィー●		36,664
④	10.17	〃	●　陽　　 2－ 4渡 辺 俊○	今岡(ロ)	36,235
⑤	10.18	〃	●ファルケンボーグ 2－ 5　内　○	清田(ロ)	33,108
⑥	10.19	〃	●杉　　内 0－ 7成　　瀬○	大松(ロ)	33,515

2011　ファーストステージ　　　日本ハム　　　西　　　武
　　　　　　　　　　　　　　　　　　（0勝）　　　（2勝）

①	10.29	札幌ドーム	●榊　　原 2－ 5牧　　田○		42,063
②	10.30	〃	●石　　井 1－ 8西　　口○	ホフパワー(日)、中村(武)	41,926

ファイナルステージ　　　　　　ソフトバンク　　　西　　　武　　**最優秀選手　内川　聖一（ソ）**
（ソフトバンクにアドバンテージ1勝）　　（4勝）　　　（0勝）

①	11. 3	福岡ヤフードーム	○和　　田 4－ 2帆　　足●	中村(武)	37,025
②	11. 4	〃	○攝　　津 7－ 2　岸　●	松田、松中(ソ)	35,021
③	11. 5	〃	○馬　　原 2－ 1牧　　田●		37,025

2012　ファーストステージ　　　西　　　武　　　ソフトバンク
　　　　　　　　　　　　　　　　　　（1勝）　　　（2勝）

①	10.13	西武ドーム	●牧　　田 1－ 2攝　　津○		32,074
②	10.14	〃	○　岸　　 8－ 0武　　田●		33,918
③	10.15	〃	●石　　井 2－ 3大　　隆○	中村、オーティズ(武)	25,002

ファイナルステージ　　　　　　日本ハム　　　ソフトバンク　　**最優秀選手　糸井　嘉男（日）**
（日本ハムにアドバンテージ1勝）　　（4勝）　　　（0勝）

①	10.17	札幌ドーム	○吉　　川 3－ 2藤　　岡●	糸井(日)	31,022
②	10.18	〃	○武 田 勝 3－ 0新　　垣●	糸井(日)	23,610
③	10.19	〃	○ウ ル フ 4－ 2攝　　津●	ペーニャ(ソ)	37,166

2013　ファーストステージ　　　西　　　武　　　ロ　　　テ
　　　　　　　　　　　　　　　　　　（1勝）　　　（2勝）

①	10.12	西武ドーム	●　岸　　 1－11西　　野○	中村(武)、井口、サブロー、加藤(ロ)	32,880
②	10.13	〃	○岡 本 洋15－ 0松　　永●	片岡、栗山(武)	33,914
③	10.14	〃	●牧　　田 1－ 4唐　　川○	鈴木、井口(ロ)	33,832

ファイナルステージ　　　　　　楽　　　天　　　ロ　　　テ　　**最優秀選手　田中　将大（楽）**
（楽天にアドバンテージ1勝）　　　　（4勝）　　　（1勝）

①	10.17	Ｋスタ宮城	○田　　中 2－ 0成　　瀬●	銀次(楽)	24,332
②	10.18	〃	●金　　刃 2－ 4内　　谷○	ジョーンズ、聖澤(楽)、ブラゼル(ロ)	24,097
③	10.19	〃	○美　　馬 2－ 0古　　谷●		24,396
④	10.21	〃	○斎　　藤 8－ 5カルロス・ロサ●	ジョーンズ、マギー(楽)、G.G.佐藤(ロ)	24,264

10.20（Ｋスタ宮城）は雨天中止

2014	ファーストステージ		オリックス （1勝）	日本ハム （2勝）		
①	10.11	京セラD大阪	●岸　田3－6大　谷○			35,889
②	10.12	〃	●馬　原6－4谷　元●		T－岡田（オ）、ミランダ（日）	36,012
③	10.14	〃	●平野佳1－2クロッタ○		駿太（オ）、中田（日）	32,588

10.13（京セラD大阪）は台風接近のため中止

	ファイナルステージ （ソフトバンクにアドバンテージ1勝）		ソフトバンク （4勝）	日本ハム （3勝）	最優秀選手　吉村　裕基（ソ）	
①	10.15	福岡ヤフオクドーム	○五十嵐3－2浦　野●		中田（日）	28,087
②	10.16	〃	●武　田1－5鍵　谷○		内川（ソ）、中田（日）	29,775
③	10.17	〃	●攝　津4－12吉　川○		内川（ソ）、陽2、小谷野・中田（日）	3．176
④	10.18	〃	○中　田5－2木佐貫●		柳田（日）	34,647
⑤	10.19	〃	●サファテ4－6鍵　谷○		中田（日）	31,070
⑥	10.20	〃	○大　隣4－1上　沢●		細川（ソ）	33,561

2015	ファーストステージ		日本ハム （1勝）	ロッテ （2勝）		
①	10.10	札幌ドーム	●大　谷3－9石　川○		清田（ロ）	41,138
②	10.11	〃	○有　原4－2大　谷●			41,138
③	10.12	〃	●有　原1－2浦　井○		井口、デスパイネ（ロ）	32,201

	ファイナルステージ （ソフトバンクにアドバンテージ1勝）		ソフトバンク （4勝）	ロッテ （0勝）	最優秀選手　内川　聖一（ソ）	
①	10.14	福岡ヤフオクドーム	○五十嵐3－2内　●		柳田（ソ）	37,360
②	10.15	バンデンハーク6－1古　谷●			李大浩（ソ）	37,603
③	10.16	〃	○中　田3－1石　川●		李大浩（ソ）	37,235

2016	ファーストステージ		ソフトバンク （2勝）	ロッテ （0勝）		
①	10.8	福岡ヤフオクドーム	○スアレス4－3内　●		内川（ソ）、デスパイネ2、清田（ロ）	36,077
②	10.9	〃	○バンデンハーク4－1石　川●		清田（ロ）	38,500

	ファイナルステージ （日本ハムにアドバンテージ1勝）		日本ハム （4勝）	ソフトバンク （2勝）	最優秀選手　中田　翔（日）	
①	10.12	札幌ドーム	○大　谷6－0武　田●		中田（日）	36,633
②	10.13	〃	●マーティン4－6岩　嵜○		レアード（日）、松田（ソ）	26,548
③	10.14	〃	○有　原4－1千　賀●		レアード（日）、中村晃（ソ）	39,456
④	10.15	〃	●高　梨2－5バンデンハーク○		長谷川、今宮、松田（ソ）	41,138
⑤	10.16	〃	○バース7－4東　浜●		中田（日）、松田（ソ）	41,138

2017	ファーストステージ		西　武 （1勝）	楽　天 （2勝）		
①	10.14	メットライフドーム	○菊　池10－0則　本●		浅村、中村（武）	32,547
②	10.15	〃	●十　亀1－4岸　○		茂木（楽）	32,508
③	10.16	〃	●野　上2－5宋家豪○		浅村（武）、ウィーラー、枡田（楽）	31,755

	ファイナルステージ （ソフトバンクにアドバンテージ1勝）		ソフトバンク （4勝）	楽　天 （2勝）	最優秀選手　内川　聖一（ソ）	
①	10.18	福岡ヤフオクドーム	●東　浜2－3塩　見○		今宮、内川（ソ）、茂木、アマダー、ウィーラー（楽）	35,125
②	10.19	〃	●千　賀1－2宋家豪○		内川（ソ）	36,380
③	10.20	〃	○岩　嵜7－5福　山●		内川、中村晃（ソ）、アマダー（楽）	35,333
④	10.21	〃	○石　川4－3宋家豪●		デスパイネ、内川、中村晃（ソ）、銀次（楽）	37,455
⑤	10.22	〃	○武　田7－0美　馬●		松田（ソ）	35,387

2018	ファーストステージ		ソフトバンク （1勝）	日本ハム （1勝）		
①	10.13	福岡ヤフオクドーム	○武　田8－3上　沢●		デスパイネ、甲斐（ソ）、近藤（日）	35,301
②	10.14	〃	●加治屋2－4マルティネス○		中村晃（ソ）、横尾（日）	38,125
③	10.15	〃	○石　川5－2杉　浦●		明石、デスパイネ2、松田宣、中村晃（ソ）、横尾（日）	34,794

	ファイナルステージ （西武にアドバンテージ1勝）		西　武 （2勝）	ソフトバンク （4勝）	最優秀選手　柳田　悠岐（ソ）	
①	10.17	メットライフドーム	●菊　池4－10バンデンハーク○		栗山、山川（武）	31,961
②	10.18	〃	○多和田13－5ミランダ●		栗山、浅村（武）	31,106
③	10.19	〃	●榎　田4－15千　賀○		山川、外崎、源田、上林、内川（ソ）	31,238
④	10.20	〃	○今　井2－8武　田●		木村（武）、柳田、甲斐（ソ）	32,170
⑤	10.21	〃	●ウルフ5－6石　川○		浅村、中村（武）、柳田（ソ）	31,532

クライマックスシリーズ・パ

2019	ファーストステージ	ソフトバンク（2勝）	楽　天（1勝）			
	①	10. 5	福岡ヤフオクドーム	●千　賀 3 － 5 則 本 昂○	今宮、内川聖一（ソ）、浅村2、オコエ、茂木（楽）	39,745
	②	10. 6	〃	○嘉 弥 真 6 － 4 美　馬●	柳田、デスパイネ、福田（ソ）、浅村（楽）	40,178
	③	10. 7	〃	○甲 斐 野 2 － 1 宋 家 豪●	内川聖一（ソ）、浅村（楽）	38,265

	ファイナルステージ	西　武（1勝）	ソフトバンク（4勝）	最優秀選手　今宮　健太（ソ）		
	（西武にアドバンテージ1勝）					
	①	10. 9	メットライフドーム	●平　井 4 － 8 甲 斐 野○	グラシアル（ソ）	29,679
	②	10.10	〃	○今　井 6 － 8 石　　川●	外崎（武）、中村晃、グラシアル（ソ）	30,599
	③	10.11	〃	●十　亀 0 － 7 千　　賀○	牧原（ソ.）	29,828
	④	10.13	〃	●本　田 3 － 9 高 橋 純○	メヒア、山川（武）、今宮3、グラシアル（ソ）	29,146
	10.12（メットライフドーム）は台風接近のため中止					

2020		ソフトバンク（3勝）	ロ ッ テ（0勝）	最優秀選手　中村　　晃（ソ）		
	（ソフトバンクにアドバンテージ1勝）					
	①	11.14	福岡PayPayドーム	○モイネロ 4 － 3 澤　　村●	柳田（ソ）、安田（ロ）	19,901
	②	11.15	〃	○モイネロ 6 － 4 チェン·ウェイン●	中村晃2、松田宣（ソ）	19,995

試合方式は61 ページ参照。

中　断（負傷·抗議等除く）

1974. 10. 6　　阪　急－ロッテ②（西　宮）　3 回表無死走者なし　5 分間　外野フェンス修理（試合時間に含む）

クライマックスシリーズ記録集

（パ・前後期プレーオフ、パ・プレーオフ含む）
（2020年は4試合制でパ・ファイナルのみ実施）

Ⅰ．全 般 記 録

Ａ．補回試合

セ－10回…2012第2③　　12回…2008第2③
　　　　　2015第1①　　　　　　2014第1②
　　　11回…2016第1③　　　（特例により12回表コールド）
パ－10回…1979③　　　　11回…2010第1①②
　　　　　2004第2⑤　　　　　　2011第1①
　　　　　2005第2③　　　　　　2014第2⑤
　　　　　2013第2②　　　12回…2011第2③
　　　　　2014第1③
　　　　　2015第2①

Ｂ．最長時間試合（9回で4時間以上）

セ－
〈 9回〉4時間35分…2017第1②　甲子園　　神 6－13ディ
　　　　4時間32分…2019第2③　東京ドーム　巨 6－ 7神
　　　　4時間 5分…2008第2③　東京ドーム　巨 3－ 4神
　　　　4時間 3分…2009第1③　ナゴヤドーム　中 7－ 4ヤ
〈補回〉4時間42分…2008第2③　東京ドーム(12回)巨 5－ 5中
パ－
〈 9回〉5時間17分…1981②　　川　崎　　ロ 5－ 5日
　　　　4時間31分…2004第1③　西武ドーム　武 6－ 5日
　　　　4時間26分…2019第2②　メットライフ　武 5－ 8ソ
　　　　4時間20分…2014第2④　ヤフオクドーム　ソ 5－ 2日
　　　　4時間 1分…2014第1①　京セラドーム大阪　オ 3－ 6日
　　　　4時間　　　2019第2④　福岡ドーム　ダ 3－ 6武
　　　　　　　　　2019第2④　メットライフ　武 3－ 9ソ
〈補回〉4時間26分…2014第2⑤　ヤフオクドーム(11回)ソ 4－ 6日

Ｃ．最短時間試合（9回以上試合）

セ－ 2時間26分…2013第2②　東京ドーム　巨 3－ 0広
パ－ 2時間16分…1974　　③　仙　台　　ロ 4－ 0急

Ｄ．サヨナラ試合

セ－2010第2④　中 4x－3巨　9回　和田 一浩(中)単打
　　2012第2⑤　巨 3x－2中　9回　石井 義人(巨)単打
　　2015第1①　巨 3x－2神　10回　高橋 由伸(巨)四球
　　2019第1②　ディ 6x－4神　9回　乙坂 智(ディ)本塁打
パ－2004第1③　武 6x－5日　9回　和田 一浩(武)本塁打
　　2005第2③　ソ 5x－4ロ　10回　川﨑 宗則(ソ)単打
　　2006第2①　日 1x－0ソ　9回　稲葉 篤紀(日)単打
　　2009第2①　日 9x－8楽　9回　スレッジ(日)本塁打
　　2011第2③　ソ 2x－1武　12回　長谷川勇也(ソ)単打
　　2014第2①　ソ 3x－2日　9回　吉村 裕基(ソ)二塁打
　　2015第2①　ソ 3x－2ロ　10回　内川 聖一(ソ)単打

Ｅ．引き分け試合

セ－2008第2③　巨 5－ 5中（12回）
　　2014第1②　神 0－ 0広（12回・特例により表で終了）
パ－1981②　　ロ 5－ 5日（ 9回）

Ｆ．天候によるコールド試合

セ－2017第2①　広 3－ 0ディ　5回裏終了　降雨
パ－なし

Ｇ．出場人員

Ⅰ　ゲーム最多出場人員
　セ－22…ＤｅＮＡ　2017第1②
　　　　　阪　　神　2019第1①
　パ－22…ロッテ　1980③
　　　　　日本ハム　1981②
Ⅱ　ゲーム投手最多出場人員
　セ－ 8…中　　日　2012第2⑤
　　　　　阪　　神　2019第1①
　パ－ 7…ロッテ　2007第1②
　　　　　日本ハム　2007第2④
　　　　　ソフトバンク　2019第2④
　　　　　　　　　　2020
　　　　7…ロッテ　2010第1②（補回）
Ⅲ　ゲーム最多出場人員合計　－両チーム－
　セ－43…阪　　神　21－22　ＤｅＮＡ　2017第1②
　パ－42…ロッテ　20－22　日本ハム　1981②
　　　42…日本ハム　21－21　西　武　2011第1①（補回）
Ⅳ　ゲーム投手最多出場人員合計　－両チーム－
　セ－14…阪　　神　7－ 7　ＤｅＮＡ　2017第1②
　　　　　広　　島　7－ 7　ＤｅＮＡ　2017第1②
　パ－13…西　　武　6－ 7　ソフトバンク　2019第2④
　　　　　ソフトバンク　7－ 6　ロッテ　2020
Ⅴ　ゲーム最少出場人員合計　－両チーム－
　セ－23…広　　島　12－11　ＤｅＮＡ　2016第2①
　　　18…広　　島　9－ 9　ＤｅＮＡ　2017第2①(交代なし)
　　　　（5回コールド）
　パ－20…日本ハム　10－10　ソフトバンク　2006第2②(交代なし)
Ⅵ　退場
　セ－　　Ｍ．中　村(巨)2009第2①　危険球
　　　　　澤村 拓一(巨)2014第2②　危険球
　パ－　　坂本文次郎(近,コーチ)1979②　塁審に暴行

Ⅱ．個人打撃記録

通算記録においてセ・パの◆はセ・パ合計でも最多
各シリーズ記録の（ ）内数字は各ステージでの内訳

Ａ．試　　合

ａ．通算最多試合
セ－ 48…阿部慎之助（巨）◆
パ－ 55…松田 宣浩（ソ）◆

Ｂ．打　　率

ａ．通算最高打率　－50打数以上－
セ－.383…大島 洋平（中）◆
　　　　　　打数－ 60　安打－23
パ－.367…福浦 和也（ロ）
　　　　　　打数－ 90　安打－33

Ｃ．打　　数

ａ．通算最多打数
セ－174…坂本 勇人（巨）
パ－190…松田 宣浩（ソ）◆
ｂ．シリーズ最多打数
セ－ 42…大島 洋平（中）2012第1(13)第2(29)
パ－ 40…陽　岱鋼（日）2014第1(14)第2(26)
ｃ．ゲーム最多打数
セ－ 6…梶谷 隆幸（ディ）2017第1②
　　　　 筒香 嘉智（ディ）2017第1②
　　　　 宮﨑 敏郎（ディ）2017第1②

桑原　将志（ディ）2017第2⑤
北條　史也（神）2019第2③
　　6…桑原　将志（ディ）2016第1③（補回）
パー　6…根元　俊一（ロ）2013第1①
　　　　上林　誠知（ソ）2018第2③
　　　　中村　晃（ソ）2018第2③
　　　　デスパイネ（ソ）2019第2④
d. イニング最多打数
セ－　2…梶谷　隆幸（ディ）2017第1②（7回）
パー　2…多数あり

D. 得　　点

a. 通算最多得点
セ－　23…坂本　勇人（巨）
パー　25…松田　宣浩（ソ）◆
b. シリーズ最多得点
セ－　8…桑原　将志（ディ）2017第1(4)第2(4)
パー　9…中田　翔（日）2014第1(4)第2(5)
　　　　柳田　悠岐（ソ）2019第1(3)第2(6)
c. ゲーム最多得点
セ－　3…亀井　義行（巨）2008第2②
　　　　田中　広輔（広）2016第2②
　　　　小窪　哲也（広）2016第2④
　　　　大山　悠輔（神）2017第1②
　　　　桑原　将志（ディ）2017第1②
パー　4…ヘルマン（武）2013第1②
d. イニング最多得点
セ－　1…多数あり
パー　2…福本　豊（急）1977①5回
　　　　大熊　忠義（急）1977①5回
e. 連続試合得点（シリーズ）
セ－　5…タイロン・ウッズ（中）2007第1①～第2③
パー　6…赤田　将吾（武）2004第1①～第2③
　　　　中田　翔（日）2014第1①～第2③

E. 安　　打

a. 通算最多安打
セ－　44…坂本　勇人（巨）
パー　54…内川　聖一（ソ）◆
b. シリーズ最多安打
セ－　18…大島　洋平（中）2012第1(9)第2(9)
パー　13…和田　一浩（武）2004第1(5)第2(8)
　　　　TSUYOSHI（ロ）2007第1(7)第2(6)
　　　　グラシアル（ソ）2018第1(3)第2(10)
c. ゲーム最多安打
セ－　4…谷繁　元信（中）2007第2②
　　　　大島　洋平（中）2012第1②
　　　　菊池　涼介（広）2013第2①
　　　　阿部慎之助（巨）2015第2①
　　　　大山　悠輔（神）2017第1②
　　　　筒香　嘉智（ディ）2017第1②
　　　　神里　和毅（ディ）2019第1①
パー　5…今宮　健太（ソ）2019第2④
　　　4…9人、10度
　　　　（最新）松田　宣浩（ソ）2014第2④
　　　4…大野　奨太（日）2014第2⑤（補回）
d. 連続試合安打（シリーズ）
セ－　9…大島　洋平（中）2012第1①～第2⑥
パー　7…和田　一浩（武）2004第1②～第2⑤
　　　　鈴木　大地（ロ）2013第1①～第2④
　　　　角中　勝也（ロ）2018第1①～第2④
　　　　デスパイネ（ソ）2018第1①～第2④
　　　　　　　　　　　　2019第1①～第2④
　　　　中村　晃（ソ）2018第1①～第2④
　　　　グラシアル（ソ）2019第1①～第2④
e. 通算最多猛打賞
通－　5…西岡　剛（ロ）◆2005第2③2007第1①②2014第1②第2④
　　　　宮﨑　敏郎（ディ）◆2016第2④2017第2②⑤2019第1①②
セ－　5…宮﨑　敏郎（ディ）◆2016第2④2017第2②⑤2019第1①②
パー　4…田中　賢介（日）2007第2③2008第1②第2①2009第2①

---

f. 連続打数安打
セ－　6…田中　広輔（広）2016第2②1　③3　④2
　　　5…大島　洋平（中）2012第1②4　③1（連続打席）
　　　　　川端　慎吾（ヤ）2015第2②2　③3
　　　　　大山　悠輔（神）2017第1①1　②4（連続打席）
パー　6…松田　宣浩（ソ）2014第2③1　④4　⑤1
　　　　　　　　　　　　　　　　　（連続打席）
　　　5…後藤　武敏（武）2008第2④2　⑤3
　　　　　今宮　健太（ソ）2019第2④5
g. イニング最多安打
セ－　1…多数あり
パー　2…西村　俊二（近）1975①6回
　　　　　大熊　忠義（急）1977①5回
　　　　　島谷　金二（急）1977①5回

F. 二　塁　打

a. 通算最多二塁打
セ－　13…坂本　勇人（巨）◆
パー　10…小谷野栄一（日）
b. シリーズ最多二塁打
セ－　5…藤井　淳志（中）2009第1(4)第2(1)
パー　5…福浦　和也（ロ）2005第1(2)第2(3)
c. ゲーム最多二塁打
　　　2…多数あり
d. 連続試合二塁打（シリーズ）
セ－　3…立岡宗一郎（巨）2015第2②～④
パー　4…小谷野栄一（日）2014第1①～第2①

G. 三　塁　打

a. 通算最多三塁打
セ－　2…立岡宗一郎（巨）
パー　3…上林　誠知（ソ）◆
b. シリーズ最多三塁打
セ－　2…立岡宗一郎（巨）2015第1(2)第2(0)
パー　3…上林　誠知（ソ）◆2018第1(0)第2(3)
c. ゲーム最多三塁打
　　　1…多数あり
d. 連続試合三塁打（シリーズ）
セ－　2…立岡宗一郎（巨）2015第1②～③
パー　1…多数あり

H. 本　塁　打

a. 通算最多本塁打
セ－　8…タイロン・ウッズ（中）◆
パー　10…内川　聖一（ソ）◆
b. シリーズ最多本塁打
セ－　5…タイロン・ウッズ（中）2008第1(2)第2(3)
　　　4…なし
パー　5…中田　翔（日）2014第1(1)第2(4)
　　　4…フェルナンデス（武）2004第1(2)第2(2)
　　　　内川　聖一（ソ）2017第2(4)
　　　　浅村　栄斗（楽）2019第1(4)
　　　　今宮　健太（ソ）2019第1(1)第2(3)
c. ゲーム最多本塁打
セ－　2…大野　敬（神）2008第1②
　　　　小笠原道大（巨）2008第2②（連続打席）
　　　　筒香　嘉智（ディ）2017第2⑤（連続打席）
パー　2…今宮　健太（ソ）2019第2④
　　　2…住友　平（急）1973②　（連続打席）
　　　　門田　博光（南）1973②
　　　　ジョーンズ（南）1973③　（連続打席）
　　　　テリー（武）1982④　（連続打席）
　　　　フェルナンデス（武）2004第1①（連続打席）
　　　　　　　　　　　　　　　2004第2③
　　　　ズレータ（ソ）2005第2④（連続打席）
　　　　里崎　智也（ロ）2007第2②
　　　　中島　裕之（武）2008第2①（連続打席）
　　　　陽　岱鋼（日）2014第2③（連続打席）
　　　　デスパイネ（ロ）2016第1①
　　　　（ソ）2018第1③（連続打席）

浅村　栄斗（楽）2019第1①
中村　晃（ソ）2020　②（連続打席）
d．連続試合本塁打
セ－　3…タイロン・ウッズ（中）2008第1②～第2①
　　　　　　内川　聖一（ソ）2017第2①～④
パ－　4…中田　翔（日）2014第1③～第2③
　　　3…浅村　栄斗（楽）2019第1①～③
e．連続イニング本塁打
セ－　2…小笠原道大（巨）2008第2②1、2回
パ－　2…住友　平（急）1973②④、5回
　　　　　テリー（武）1982④④、5回
　　　　　フェルナンデス（武）2004第1①6、7回
f．満塁本塁打（セ3本、パ9本）
セ－　　小笠原道大（巨）2008第2②
　　　　谷　佳知（武）2009第2④
　　　　ブランコ（中）2012第1①
パ－　　伊勢　孝夫（近）1975①
　　　　藤井　栄治（近）1977①
　　　　テリー（武）1982④
　　　　フェルナンデス（武）2004第1①
　　　　カブレラ（武）2004第1③
　　　　和田　一浩（武）2004第2②
　　　　スレッジ（日）2009第2①
　　　　松中　信彦（ソ）2011第2②
　　　　デスパイネ（ソ）2018第1①
g．満塁サヨナラ本塁打（セなし、パ1本）
パ－　　スレッジ（日）2009第2①
h．代打満塁本塁打（セなし、パ2本）
パ－　　藤井　栄治（急）1977①
　　　　松中　信彦（ソ）2011第2②
i．サヨナラ本塁打（セ1本、パ2本）
セ－　　乙坂　智（ディ）2019第2①
パ－　　和田　一浩（武）2004第1③
　　　　スレッジ（日）2009第2①
j．代打サヨナラ本塁打（セ1本、パなし）
セ－　　乙坂　智（ディ）2019第2①
k．代打本塁打（セ9人10本、パ5本）
セ－　　平田　良介（中）2008第2②
　　　　野本　圭（中）2010第2③
　　　　大村　三郎（巨）2011第1①
　　　　飯原　誉士（ヤ）2011第2①
　　　　岩本　貴裕（広）2013第1①
　　　　桧山進次郎（神）2013第1②
　　　　セ　ペ　ダ（巨）2014第2④
　　　　アンダーソン（巨）2015第1②
　　　　乙坂　智（ディ）2017第1②
　　　　　　　　　　　　2019第1②
パ－　　ジョーンズ（南）1973②
　　　　佐野　嘉幸（南）1973④
　　　　当銀　秀崇（急）1973⑤
　　　　藤井　栄治（急）1977①
　　　　松中　信彦（ソ）2011第2②
l．初回先頭打者本塁打（セ2本、パ8人10本）
セ－　　李　炳圭（中）2008第2①表
　　　　西岡　剛（神）2013第2①裏
パ－　　福本　豊（急）1973①表
　　　　平野　光泰（近）1980①表
　　　　栗山　巧（武）2005第1①表（初球）
　　　　高須　洋介（楽）2009第1①裏
　　　　駿　太（オ）2014第1③表（初球）
　　　　柳田　悠岐（ソ）2014第2④裏
　　　　清田　育宏（ロ）2016第1①表
　　　　　　　　　　　　2016第1①表（初球）
　　　　茂木栄五郎（楽）2017第1②表（初球）
　　　　　　　　　　　　2017第2①表
m．ランニング本塁打
セ、パともになし

I．塁　打
a．通算最多塁打
セ－78…坂本　勇人（巨）
パ－93…内川　聖一（ソ）◆

b．シリーズ最多塁打
セ－23…タイロン・ウッズ（中）2008第1(9)第2(14)
　　　　　大島　洋平（中）2012第1(10)第2(13)
パ－28…中田　翔（日）2014第1(7)第2(21)
c．ゲーム最多塁打
セ－　9…大山　悠輔（神）2017第1②
パ－14…今宮　健太（ソ）2019第2④
d．イニング最多塁打
　　　4…多数あり

J．長　打
a．通算最多長打
セ－20…坂本　勇人（巨）◆
パ－18…内川　聖一（ソ）
b．シリーズ最多長打
セ－　6…藤井　淳志（中）2009第1(4)第2(2)
　　　　　立岡宗一郎（巨）2015第1②第2②
パ－　7…中田　翔（日）2014第1(2)第2(5)
　　　　　上林　誠知（ソ）2018第1(1)第2(6)
c．ゲーム最多長打
セ－　3…大山　悠輔（神）2017第1②　二-本1
パ－　3…門田　博光（南）1973②　三-本2
　　　　　テリー（武）1982④　二-本2
　　　　　今宮　健太（ソ）2019第2④　本3

K．打　点
a．通算最多打点
セ－17…森野　将彦（中）
　　　　　阿部慎之助（巨）
パ－31…内川　聖一（ソ）◆
b．シリーズ最多打点
セ－　8…タイロン・ウッズ（中）2008第1(4)第2(4)
　　　　　ゴ　メ　ス（神）2008第2(8)
パ－13…カブレラ（武）2004第1(9)第2(4)
c．ゲーム最多打点
セ－　6…小笠原道大（巨）2008第2②
パ－　6…大橋　穣（急）1973④
　　　　　栗山　巧（武）2018第2②
　　　　　上林　誠知（ソ）2018第2②
　　　　　今宮　健太（ソ）2019第2④
d．連続試合打点
セ－　4…タイロン・ウッズ（中）2008第1①～第2①
　　　　　和田　一浩（中）2009第1①～第2①
　　　　　マ　ギ　ー（巨）2018第1②～第2②③
　　　　　岡本　和真（巨）2019第2①～④
パ－　5…カブレラ（武）2004第1①～第2①
　　　　　内川　聖一（ソ）2017第2①～⑤

L．盗　塁
a．通算最多盗塁
セ－　6…荒木　雅博（中）◆
パ－12…西岡　剛（ロ）◆
b．シリーズ最多盗塁
セ－　3…荒木　雅博（中）2008第1(0)第2(3)
　　　　　田中　俊太（巨）2018第2(1)
　　　　　近本　光司（神）2019第1(2)第2(1)
パ－　5…福本　豊（急）1973
　　　　　西岡　剛（ロ）2005第1(0)第2(5)
c．ゲーム最多盗塁
セ－　2…近本　光司（神）2019第1①
パ－　3…福本　豊（急）1973⑤
d．イニング最多盗塁
セ－　1…多数あり
パ－　2…福田　秀平（ソ）2016第2②9回
e．連続試合盗塁
セ－　3…荒木　雅博（中）2008第2②～④
パ－　3…西岡　剛（ロ）2005第2③～⑤
　　　　（TSUYOSHI）2007第1②～第2①

M. 盗 塁 刺

a. 通算最多盗塁刺
セ − 3…菊池　涼介（広）◆
パ − 3…本多　雄一（ソ）◆
b. シリーズ最多盗塁刺
セ − 2…荒木　雅博（中）2009第1(1)第2(1)
　　　　和田　一浩（中）2011第2(2)
　　　　梶谷　隆幸（ディ）2017第1(1)第2(1)
パ − 2…大橋　穣（急）1973
　　　　弘田　澄男（急）1977
　　　　大熊　忠義（急）1977
c. ゲーム最多盗塁刺
セ − 2…和田　一浩（中）2011第2①
パ − 1…多数あり

N. 犠　　打

a. 通算最多犠打
セ − 14…荒木　雅博（中）◆
パ − 14…中島　卓也（日）◆
b. シリーズ最多犠打
セ − 6…荒木　雅博（中）2008第1(3)第2(3)
　　　　　　　　　　　　2012第1(4)第2(2)
パ − 8…中島　卓也（日）2014第1(4)第2(4)
c. ゲーム最多犠打
セ − 3…英　　智（中）2009第1①
パ − 2…多数あり
　　　　（最新）栗原　陵矢（ソ）2020①

O. 犠　　飛

a. 通算最多犠飛
セ − 3…井端　弘和（巨）
パ − 4…カブレラ（ソ）◆
b. シリーズ最多犠飛
セ − 2…井端　弘和（中）2012第1(1)第2(1)
　　　　梅野隆太郎（神）2019第1(2)第2(0)
パ − 2…堀　　幸一（ロ）2005第1(2)第2(0)
　　　　カブレラ（オ）2008第1(2)第2(0)
　　　　鶴岡　慎也（日）2008第1(1)第2(1)
c. ゲーム最多犠飛
　　　　1…多数あり

P. 四　　球

a. 通算最多四球
通 − 32…和田　一浩（中）
セ − 23…井端　弘和（巨）
パ − 21…柳田　悠岐（ソ）
b. シリーズ最多四球
セ − 8…ブランコ（中）2012第1(3)第2(5)
　　　　森野　将彦（中）2012第1(1)第2(7)
パ − 9…サブロー（ロ）2010第1(2)第2(7)
c. ゲーム最多四球
セ − 3…和田　一浩（中）2011第2③
　　　　バレンティン（ヤ）2012第1③
　　　　井端　弘和（中）2012第2②
　　　　柴田　竜拓（ディ）2017第2④
　　　　丸　　佳浩（広）2019第2③
パ − 4…ソレイタ（日）1981⑤
d. イニング最多四球
　　　　1…多数あり

Q. 死　　球

a. 通算最多死球
セ − 6…村田　修一（巨）◆
パ − 5…川﨑　宗則（ソ）
b. シリーズ最多死球
セ − 3…福留　孝介（神）2019第1(2)第2(1)
パ − 4…川﨑　宗則（ソ）2006第1(3)第2(1)

---

c. ゲーム最多死球
セ − 1…多数あり
パ − 2…城島　健司（ダ）2004第2②
　　　　松中　信彦（ソ）2010第2③

R. 三　　振

a. 通算最多三振
セ − 37…坂本　勇人（巨）
パ − 41…松田　宣浩（ソ）◆
b. シリーズ最多三振
セ − 12…ブランコ（中）2009第1(3)第2(9)
パ − 22…陽　　岱鋼（日）2014第1(8)第2(14)
c. ゲーム最多三振
セ − 4…ブランコ（中）2009第2②
　　　　4…高橋　由伸（巨）2008第2③(補回)
パ − 4…大宮　龍男（日）1981②
　　　　李　承燁（ロ）2005第2②
　　　　4…陽　　岱鋼（日）2014第2⑤(補回)
d. イニング最多三振
　　　　1…多数あり
e. 連続試合三振（シリーズ）
セ − 9…ブランコ（中）2012第1①〜第2⑥
パ − 9…陽　　岱鋼（日）2014第1①〜第2⑥

S. 併 殺 打

a. 通算最多併殺打
通 − 7…和田　一浩（中）
セ − 6…高橋　由伸（巨）
パ − 6…内川　聖一（ソ）
b. シリーズ最多併殺打
セ − 4…高橋　由伸（巨）2012第2(4)
パ − 3…マルカーノ（急）1979
　　　　柳田　悠岐（ソ）2016第1(0)第2(3)
c. ゲーム最多併殺打
セ − 3…高橋　由伸（巨）2012第2④
パ − 2…マルカーノ（急）1979③
　　　　田淵　幸一（武）1982①
　　　　カブレラ（ソ）2011第2③
　　　　里崎　智也（ロ）2013第2①
　　　　デスパイネ（ロ）2015第1①
　　　　柳田　悠岐（ソ）2016第2④
　　　　ペゲーロ（楽）2017第2①

Ⅲ．チーム打撃記録

A. 打　　率

a. シリーズ最高打率　　　　　　　打数　安打
セ −.301…巨　人　2008第2　143　43（4試合）
パ −.337…西　武　2013第1　104　35（3試合）
b. シリーズ最低打率
セ −.070…ヤクルト　2018第1　57　4（2試合）
パ −.169…ソフトバンク　2010第2　178　30（6試合）
c. ゲーム最高打率
セ −.467…DeNA　2017第1②　45　21
パ −.488…西　武　2013第1②　41　20
d. ゲーム最低打率
セ −.000…ヤクルト　2018第1②　27　0
パ −.036…ソフトバンク　2016第2①　28　1

B. 打　　数

a. シリーズ最多打数
セ −301…中　日　2012第1第2(9試合)
パ −310…日本ハム　2014第1第2(9試合)
b. シリーズ最少打数
セ − 57…ヤクルト　2018第1(2試合)
パ − 57…日本ハム　2006第2(2試合)

c．ゲーム最多打数
セー 45…ＤｅＮＡ　2017第1②
パー 43…ソフトバンク　2018第2①
　　　　　　　　　　2019第2④
　　 43…ロッテ　2010第1②(11回)
　　　　日本ハム　2014第2⑤(11回)
d．ゲーム最多打数合計　－両チーム－
セー 78…神33－45ディ　2017第1②
パー 79…武36－43ソ　2019第2④
(補回)
セー 84…巨41－43中　2008第2③(12回)
パー 83…武42－41ロ　2010第1①(11回)
　　　　ソ40－43日　2014第2⑤(11回)
e．ゲーム最少打数（コールド除く）
セー 26…阪　　神　2019第2④(9回)
　　 24…広　　島　2016第2②(8回)
パー 26…ソフトバンク　2005第2⑤(9回)
　　　　　　　　　　2006第2②(9回)
　　 25…ソフトバンク　2010第2③(8回)
f．ゲーム最少打数合計　－両チーム－（コールド除く）
セー 54…巨28－26神　2019第2④
パー 55…日29－26ソ　2006第2②
g．イニング最多打者数
セー 11…広　　島　2016第2④1回
パー 15…阪　　急　1977①5回
h．イニング最多打数
セー 9…ＤｅＮＡ　2017第1②7回
パー 10…近　　鉄　1975①6回
　　　　阪　　急　1977①5回

C．得　　点

a．シリーズ最多得点
セー 39…ＤｅＮＡ　2017第1第2(8試合)
パー 59…ソフトバンク　2018第1第2(8試合)
b．シリーズ最少得点
セー 0…広　　島　2014第1(2試合)
パー 2…西　　武　2005第1(2試合)
c．ゲーム最多得点
セー 13…ＤｅＮＡ　2017第1②
パー 18…阪　　急　1977①
d．ゲーム最多得点合計　－両チーム－
セー 19…神 6－13ディ　2017第1②
パー 19…急18－ 1ロ　1977①
　　　　武 4－15ソ　2018第2③
e．ゲーム最少得点合計　－両チーム－
セー 0…神 0－ 0広　2014第1①
パー 1…ロ 0－ 1日　1981①
　　　　武 1－ 0ソ　2006第1①
　　　　日 1－ 0ソ　2006第2②
　　　　ソ 1－ 0ロ　2010第2③
f．最多得点差
セー 9…巨11－ 2中　2008第2②
パー 17…急18－ 1ロ　1977①
g．最多得点完封試合
セー 7…中 7－ 0神　2007第1①
パー 15…武15－ 0ロ　2013第1②
h．イニング最多得点
セー 6…広　　島　2016第2④1回
　　　　ＤｅＮＡ　2017第1②7回
パー 10…阪　　急　1977①5回
i．イニング最多連続得点
セー 5…中　　日　2007第1②1回
　　　　巨　　人　2009第2④3回
　　　　広　　島　2016第2④1回
パー 6…日本ハム　2007第2③7回
j．最多連続イニング得点
セー 4…広　　島　2013第1②6～9回
　　　　ＤｅＮＡ　2017第2⑤2～5回
パー 7…ソフトバンク　2019第2①7回～②4回
k．最多連続イニング無得点
セー 25…巨　　人　2015第2①7回～④4回
　　 23…巨　　人　2010第1②9回～第2③4回

パー 18…近　　鉄　1975②6回～④5回
　　　　ロッテ　2010第2②9回～④1回
　　 17…ロッテ　1977④2回～⑤9回
　　　　ソフトバンク　2006第1①2回～②9回
　　　　　　　　　　2012第2①8回～③6回
　　　　西　　武　2008第2①5回～③4回

D．安　　打

a．シリーズ最多安打
セー 81…中　　日　2012第1第2(9試合)
パー 93…ソフトバンク　2018第1第2(8試合)
b．シリーズ最少安打
セー 4…ヤクルト　2018第1(2試合)
パー 11…ロ　ッ　テ　2016第1(2試合)
c．ゲーム最多安打
セー 21…ＤｅＮＡ　2017第1②
パー 20…西　　武　2013第1②
d．ゲーム最少安打
セー 0…ヤクルト　2018第1②
パー 1…ソフトバンク　2016第2③
e．ゲーム最多安打合計　－両チーム－
セー 31…神10－21ディ　2017第1②
パー 27…近10－17近　1975①
　　　　武10－17ソ　2019第2④
f．ゲーム最少安打合計　－両チーム－
セー 6…広 3－ 3巨　2018第2②
　　 5…広 3－ 2ディ　2017第2①(5回コールド)
パー 6…ソ 4－ 2ロ　2010第2②
g．イニング最多安打
セー 7…ＤｅＮＡ　2017第1②7回
パー 8…阪　　急　1977①5回
h．イニング最多連続打数安打
セー 5…6度
　　　　(最新)ＤｅＮＡ　2019第1①1回(連続打席)
パー 6…日本ハム　2007第2③7回(1死球を挟む)
　　　　西　　武　2011第1②9回(1犠打、1四球を挟む)
　　　　ソフトバンク　2015第2②6回(1死球を挟む
i．最多連続試合2ケタ安打
セー 3…中　　日　2012第2②11③11④11
　　　　阪　　神　2014第2③11④11⑤11
パー 4…ソフトバンク　2019第2①11②13③14④17
　　 3…日本ハム　2007第2③13④11⑤11
　　　　ソフトバンク　2018第2③16④11⑤12
j．全員安打
セ、パともになし
k．毎回安打
セーなし
パー　ソフトバンク　2019第1②計12安打(8回)
　　　　　　　　　　第2③計14安打(9回)
　　　　　　　　　　第2④計17安打(9回)

E．二塁打

a．シリーズ最多二塁打
セー 13…中　　日　2009第1第2(7試合)
パー 17…ソフトバンク　2019第1第2(7試合)
b．ゲーム最多二塁打
セー 4…中　　日　2009第1③
　　　　　　　　　　2010第2①
　　　　巨　　人　2009第2②
　　　　　　　　　　2019第2②
　　　　広　　島　2016第2①
パー 5…ロッテ　2010第2⑤
　　　　　　　　　　2013第1①
　　　　西　　武　2013第1①
　　　　ソフトバンク　2019第2④
c．ゲーム最多二塁打合計　－両チーム－
セー 6…中 4－ 2ヤ　2009第1③
　　　　巨 4－ 2中　2009第2②
パー 7…ソ 2－ 5ロ　2010第2⑤
　　　　日 3－ 4ロ　2015第1①

d．イニング最多二塁打
セ－　2…11塁打
　　　　（最新）広　　島　2018第2②2回（連続）
パ－　3…ロッテ　2010第2⑤7回
　　　　　　　　2015第1①3回（連続）
　　　　日本ハム　2018第1②8回（連続）
　　　　ソフトバンク　2019第2②3回

F．三塁打

a．シリーズ最多三塁打
セ－　2…広　　島　2013第1第2（5試合）
　　　　巨　　人　2015第1第2（7試合）
　　　　阪　　神　2019第1第2（7試合）
パ－　3…日本ハム　2007第2（5試合）
　　　　西　　武　2008第1第2（5試合）
　　　　ロッテ　2013第1第2（7試合）
　　　　ソフトバンク　2018第1第2（8試合）
b．ゲーム最多三塁打
セ－　2…広　　島　2013第1②
パ－　2…近　　鉄　1979①
　　　　西　　武　2008第2①
　　　　ロッテ　2013第1①
c．イニング最多三塁打
セ－　1…多数あり
パ－　2…ロッテ　2013第1①8回

G．本塁打

a．シリーズ最多本塁打
セ－　11…中　　日　2008第1第2（7試合）
パ－　14…西　　武　2004第1第2（8試合）
　　　　　ソフトバンク　2019第1第2（7試合）
b．シリーズ最少本塁打
セ－　0…阪　　神　2007第1（2試合）
　　　　広　　島　2014第1（2試合）
　　　　ヤクルト　2018第1（2試合）
パ－　0…日本ハム　2006第2（2試合）
　　　　　　　　　2015第1（3試合）
　　　　オリックス　2008第1（2試合）
　　　　ソフトバンク　2009第1（2試合）
　　　　　　　　　2010第2（6試合）
c．ゲーム最多本塁打
セ－　5…ＤｅＮＡ　2017第2⑤
パ－　5…ロッテ　2007第2②
　　　　ソフトバンク　2018第1③
d．ゲーム最多本塁打合計　－両チーム－
セ－　6…巨 4－ 2中　2008第2②
　　　　巨 3－ 3神　2014第2④
　　　　広 1－ 5ディ　2017第2⑤
パ－　6…日 3－ 3武　1982④
　　　　西 4－ 2日　2004第1①
　　　　ダ 2－ 4武　2004第1③
　　　　ソ 5－ 1日　2018第1③
　　　　ソ 2－ 4楽　2019第1①
　　　　武 2－ 4ソ　2019第2④
e．イニング最多本塁打
セ－　2…8度
　　　　（最新）巨　　人　2019第2①1回
パ－　3…日本ハム　1982④3回
　　　　西　　武　2004第1①7回
　　　　ダイエー　2004第2①7回
f．連続試合本塁打
セ－　7…中　　日　2008第1①～第2④
　　　　　　　　　2009第1①～第2④
パ－　7…ソフトバンク　2019第1①～第2④
g．連続イニング本塁打
セ－　2…巨　　人　2008第2②1～2回
　　　　　　　　　2019第2③4～5回
　　　　阪　　神　2014第2④1～2回
　　　　ＤｅＮＡ　2017第2⑤2～3回
　　　　　　　　　2017第2⑤7～8回
パ－　3…阪　　急　1975②6～8回

　　　　西　　武　1982④4～6回
h．連続打者本塁打
セ－　2…巨　　人　2009第2③6回（ラミレス、亀井）
　　　　　　　　　2014第2④9回（セペダ、坂本）
　　　　　　　　　2019第2①1回（丸、岡本）
　　　　阪　　神　2014第2④1回（マートン、福留）
　　　　　　　　　2015第1②1回（ゴメス、マートン）
パ－　2…10度
　　　　（最新）ソフトバンク　2020②4回（中村晃、松田）

H．塁打

a．シリーズ最多塁打
セ－114…ＤｅＮＡ　2017第1第2（8試合）
パ－151…ソフトバンク　2018第1第2（8試合）
b．シリーズ最少塁打
セ－　6…ヤクルト　2018第1（2試合）
パ－13…日本ハム　2006第2（2試合）
c．ゲーム最多塁打
セ－33…巨　　人　2008第2②
パ－34…ロッテ　2013第1①
　　　　ソフトバンク　2019第2④
d．ゲーム最少塁打（コールド除く）
セ－　0…ヤクルト　2018第1②
パ－　2…ソフトバンク　2016第2①
　　　　西　　武　2019第2③
e．ゲーム最多塁打合計　－両チーム－
セ－45…広14－31ディ　2017第2⑤
パ－51…武17－34ソ　2019第2④
f．ゲーム最少塁打合計　－両チーム－（コールド除く）
セ－12…5度
　　　　（最新）広 7－ 5巨　2018第2②
パ－　8…日 5－ 3ソ　2006第2②
g．イニング最多塁打
セ－10…巨　　人　2008第2②2回
　　　　　　　　　2009第2②4回
　　　　阪　　神　2014第2④1回
　　　　ＤｅＮＡ　2017第1②7回
パ－14…日本ハム　1982④3回

I．長打

a．シリーズ最多長打
セ－23…中　　日　2009第1第2（7試合）
パ－31…ソフトバンク　2019第1第2（7試合）
b．シリーズ最少長打
セ－　0…広　　島　2014第1（2試合）
パ－　0…日本ハム　2006第2（2試合）
　　　　オリックス　2008第1（2試合）
c．ゲーム最多長打
セ－　7…巨　　人　2008第2②　二2 三1 本4
パ－　7…ロッテ　2013第1①　二5 三2 本3
d．ゲーム最多長打合計　－両チーム－
セ－　9…巨 7－ 2中　2008第2②
　　　　巨 5－ 4中　2009第2②
　　　　巨 4－ 5神　2015第1②
パ－12…武 3－ 9ソ　2019第2④
e．ゲーム最少長打合計（コールド除く）
セ－　0…中－ヤ　2011第2③
パ－　0…日－ソ　2006第2①
　　　　日－ソ　2006第2②
f．イニング最多長打
セ－　3…中　　日　2008第2③4回
　　　　巨　　人　2009第2④4回
　　　　広　　島　2017第2④1回
パ－　4…阪　　急　1977①5回
　　　　日本ハム　1982④3回
　　　　西　　武　2008第2①3回
　　　　ロッテ　2013第1①8回
　　　　ソフトバンク　2019第2②3回

J．打　　点
a．シリーズ最多打点
セ－38…ＤｅＮＡ　　　2017第1第2(8試合)
パ－56…ソフトバンク　　2018第1第2(8試合)
b．シリーズ最少打点
セ－　0…広　　島　　　2014第1(2試合)
パ－　2…西　　武　　　2005第1(2試合)
　　　　　ソフトバンク　　2009第1(2試合)
c．ゲーム最多打点
セ－13…ＤｅＮＡ　　　2017第1②
パ－18…阪　　急　　　1977①
d．ゲーム最多打点合計　－両チーム－
セ－19…神 6－13ディ 2017第1②
パ－19…急18－ 1ロ 1977①
e．ゲーム最少打点合計　－両チーム－
セ－　0…神－広　　　2014第1②
パ－　2…ソ－ロ　　　2010第2③
f．イニング最多打点
セ－　6…広　　島　　　2016第2④1回
　　　　　ＤｅＮＡ　　　2017第2⑦回
パ－10…阪　　急　　　1977①5回

K．盗　　塁
a．シリーズ最多盗塁
セ－　7…阪　　神　　　2019第1第2(7試合)
パ－11…阪　　急　　　1973(5試合)
b．ゲーム最多盗塁
セ－　3…阪　　神　　　2019第1①
　　　　　巨　　人　　　2019第2②
パ－　4…ロ　ッ　テ　　1974②
　　　　　ソフトバンク　　2016第2②
c．ゲーム最多盗塁合計　－両チーム－
セ－　5…巨 3－ 2神 2019第2②
パ－　5…武 2－ 3日 2011第1②
d．イニング最多盗塁
セ－　2…巨　　人　　　2008第2③6回
　　　　　　　　　　　　2019第2②5回
　　　　　阪　　神　　　2019第1①8回
パ－　4…ソフトバンク　　2016第2②9回

L．盗　塁　刺
a．シリーズ最多盗塁刺
セ－　3…中　　日　　　2011第2(5試合)
　　　　　広　　島　　　2018第2(3試合)
　　　　　阪　　神　　　2019第1第2(7試合)
パ－　4…阪　　急　　　1977(5試合)
b．ゲーム最多盗塁刺
セ－　2…4 度
　　　　　(最新) 阪　　神　　　2019第2④
パ－　2…5 度
　　　　　(最新) ソフトバンク　　2019第1③

M．犠　　打
a．シリーズ最多犠打
セ－10…中　　日　　　2008第1第2(7試合)
　　　　　　　　　　　　2009第1第2(7試合)
パ－17…日本ハム　　　2014第1第2(9試合)
　　　　　楽　　天　　　2017第1第2(8試合)
b．ゲーム最多犠打
セ－　5…広　　島　　　2013第1②
パ－　5…ソフトバンク　　2005第2⑤
　　　　　　　　　　　　2007第1②
c．ゲーム最多犠打　－両チーム－
セ－　5…6 度
　　　　　(最新) 神 4－ 1ディ 2017第1②
パ－　5…10度
　　　　　(最新) 武 1－ 4ソ 2019第2③
　　　　　5…オ 3－ 2日 2014第1③(補回)

N．犠　　飛
a．シリーズ最多犠飛
セ－　3…中　　日　　　2012第1第2(9試合)
　　　　　阪　　神　　　2019第1第2(7試合)
パ－　3…日本ハム　　　1981(5試合)
　　　　　　　　　　　　2009第2(4試合)
　　　　　西　　武　　　2004第1第2(8試合)
　　　　　ロ　ッ　テ　　2007第1第2(8試合)
b．ゲーム最多犠飛
セ－　2…阪　　神　　　2010第1②
　　　　　ＤｅＮＡ　　　2017第1②
パ－　2…日本ハム　　　1981②
　　　　　西　　武　　　2004第2⑤

O．四　　球
a．シリーズ最多四球
セ－40…中　　日　　　2012第1第2(9試合)
パ－38…西　　武　　　2004第1第2(8試合)
b．シリーズ最少四球
セ－　2…広　　島　　　2014第1(2試合)
パ－　7…ソフトバンク　　2009第1(2試合)
c．ゲーム最多四球
セ－　8…中　　日　　　2011第2③
　　　　　阪　　神　　　2019第2③
パ－10…近　　鉄　　　1980③
　　　　　日本ハム　　　1981⑤
　　　　　ロ　ッ　テ　　2015第1①
d．ゲーム最多四球合計　－両チーム－
セ－12…中 4－ 8神 2019第2③
パ－15…日 8－ 7ロ 1981②
e．ゲーム最少四球合計　－両チーム－
セ－　1…神 0－ 1中 2008第1③
パ－　1…ロ 1－ 0武 2005第1②
　　　　　ソ 0－ 1日 2012第2①
f．イニング最多四球
セ－　4…巨　　人　　　2015第1①10回
パ－　4…阪　　急　　　1973②9回
　　　　　ソフトバンク　　2018第2④7回
g．イニング最多連続四球
セ－　3…巨　　人　　　2015第1①10回
パ－　3…日本ハム　　　1981②1回
　　　　　　　　　　　　2014第2④2回
　　　　　　　　　　　　2018第1①4回
　　　　　ロ　ッ　テ　　2007第1③6回
　　　　　ソフトバンク　　2018第2②3回

P．死　　球
a．シリーズ最多死球
セ－　6…阪　　神　　　2019第1第2(7試合)
パ－10…ソフトバンク　　2006第1第2(5試合)
b．ゲーム最多死球
セ－　3…中　　日　　　2009第2②
　　　　　広　　島　　　2013第2①
パ－　4…ソフトバンク　　2006第1①
c．ゲーム最多死球合計　－両チーム－
セ－　3…巨 0－ 3中 2009第2②
　　　　　巨 0－ 3広 2013第2①
パ－　4…武 0－ 4ソ 2006第1①
　　　　　ソ 3－ 1ロ 2010第2③
d．イニング最多死球
セ－　2…巨　　人　　　2012第2⑤2回

パ　2…近　鉄　1975①7回
　　　　　西　武　2004第1①3回
　　　　　日本ハム　2007第2②6回
　　　　　オリックス　2014第1①2回
e．イニング最多連続死球
セ－　1…多数あり
パ－　2…近　鉄　1975①7回
　　　　　西　武　2004第1①3回

Q．三　　振
a．シリーズ最多三振
セ－65…ＤｅＮＡ　2017第1第2(8試合)
パ－89…日本ハム　2014第1第2(9試合)
b．シリーズ最少三振
セ－　9…阪　神　2010第1(2試合)
パ－　8…日本ハム　2011第1(2試合)
c．ゲーム最多三振
セ－13…巨　　人　2007第2③
　　　　　中　　日　2009第2③
パ－15…日本ハム　2014第2④
　　　18…ソフトバンク　2014第2⑤(補回)
d．ゲーム最少三振
セ－　2…4度
　　　　　(最新)中　日　2012第1③
　　　　2…ＤｅＮＡ　2017第2①(5回終了コールド)
パ－　0…南　海　1973②
　　　　　ロッテ　1977④
　　　　　西　武　2005第1①
e．ゲーム最多三振合計　－両チーム－
セ－25…巨13－12中　2007第2③
パ－24…ソ14－10日　2014第2⑤(9回まで)
　　　32…ソ18－14日　2014第2⑤(補回)
f．ゲーム最少三振合計　－両チーム－
セ－　6…中 2－ 4ヤ　2011第2②
　　　　5…広 3－ 2ディ　2017第2①(5回終了コールド)
パ－　4…南 1－ 3急　1973①
g．イニング最多三振
　　　　3…多数あり
h．毎回三振
セ－巨　　　人　2011第1②　計10三振(9回)
　　　　　　　　　2018第1②　計12三振(9回)
　　　広　　島　2013第1①　計11三振(9回)
　　　ＤｅＮＡ　2019第1②　計12三振(9回)
パ－日本ハム　2004第1③　計13三振(9回)
　　　ロッテ　2005第2②　計11三振(9回)
　　　ソフトバンク　2014第2⑤　計18三振(11回)
　　　西　　武　2018第2①　計12三振(9回)
i．全員三振
セ，パともになし
j．連続三振
セ－　5…中　　日　2007第2③8～9回
　　　　　ＤｅＮＡ　2019第1①7～9回
パ－　5…ロッテ　2013第1①8～9回

R．併殺打
a．シリーズ最多併殺打
セ－　7…ＤｅＮＡ　2017第1第2(8試合)
パ－　7…ロッテ　2005第1第2(7試合)
　　　　　　　　　　2013第1第2(7試合)
b．ゲーム最多併殺打
セ－　4…巨　　人　2012第2④
パ－　3…近　鉄　1979③
　　　　　西　武　1982①
　　　　　ソフトバンク　2011第2③
　　　　　　　　　　　　2014第2④
　　　　　ロッテ　2018第2①
c．ゲーム最多併殺打合計　－両チーム－
セ－　6…巨 4－ 2中　2012第2④
パ－　5…急 2－ 3近　1979③

S．残　　塁
a．ゲーム最多残塁
セ－14…中　　日　2009第1③
パ－14…ロッテ　1981②
　　　　　楽　　天　2009第2②
b．ゲーム最多残塁合計　－両チーム－
セ－23…中14－ 9ヤ　2009第1③
　　　　　神10－13巨　2009第1②
パ－26…ロ14－12日　1981②
c．ゲーム最少残塁
セ－　1…ヤクルト　2018第1②
　　　　1…ＤｅＮＡ　2017第2①(5回終了コールド)
パ－　1…ロッテ　1977①
d．ゲーム最少残塁合計　－両チーム－
セ－　5…中 2－ 3ヤ　2011第2⑤
　　　　4…広 3－ 1ディ　2017第2①(5回終了コールド)
パ－　5…ロ 3－ 2ソ　2010第2②
e．毎回残塁
セ－中　　日　2009第1③　計14残塁(8回)
パ－日本ハム　2008第2①　計13残塁(9回)
　　　楽　　天　2009第2②　計14残塁(9回)
　　　ソフトバンク　2019第2③　計11残塁(9回)

Ⅳ．個人投手記録

通算記録においてセ・パの◆はセ・パ合計でも最多

A．試　　合
a．通算最多試合
セ－24…山口　鉄也（巨）◆
パ－22…森　　唯斗（ソ）
b．シリーズ最多試合（　）内数字は試合数
セ－　7…山井　大介（中）2012第1(3)第2(4)
パ－　7…高梨　雄平（楽）2017第1(3)第2(4)

B．完　　投
a．通算最多完投
セ－　2…菅野　智之（巨）◆
パ－　4…山田　久志（急）◆
　　　　　ダルビッシュ有（日）◆
b．シリーズ最多完投
セ－　1…菅野　智之（巨）2013第2②
　　　　　　　　　　　　　　2018第1②
　　　　　ジョンソン（広）2016第2①
　　　　　藪田　和樹（広）2017第2①(5回終了コールド)
　　　　　石田　健大（ディ）2017第2①
パ－　2…山口　高志（急）1975②④
　　　　　山田　久志（急）1977①④
　　　　　村田　兆治（ロ）1981①④
　　　　　斉藤　和巳（ソ）2006第1①第2②
　　　　　ダルビッシュ有（日）2008第1①第2②
　　　　　岩隈　久志（楽）2009第1①第2②
　　　　　田中　将大（楽）2009第1②第2③
　　　　　成瀬　善久（ロ）2010第2①⑥

C．無失点勝利
a．通算最多無失点勝利
セ－　2…菅野　智之（巨）◆ 2013第2②2018第1②
パ－　2…足立　光宏（急）1975③1977⑤
　　　　　成瀬　善久（ロ）◆ 2007第1③2010第2⑥
b．無安打無得点
セ－菅野　智之（巨）2018第1②
　　　　　　　　　　　　打者28 四死球1 三振7 球数113
パ－なし
c．初登板無失点勝利
セ－菅野　智之（巨）2013第2②

　　　ジョンソン（広）2016第2①
　　　薮田　和樹（広）2017第2①(5回終了コールド)
パ－八木　智哉（日）2006第2②
　　　成瀬　善久（日）2007第1③
　　　岡本　洋介（武）2013第1②
　　　美馬　　学（楽）2013第2③
　　　菊池　雄星（武）2017第1①
d．1－0無失点勝利
セ－なし
パ－松坂　大輔（武）2006第1①
　　　八木　智哉（日）2006第2②

D．勝　利
a．通算最多勝利
通－6…中田　賢一（ソ）
セ－5…吉見　一起（中）
パ－5…ダルビッシュ有（日）
b．シリーズ最多勝利
セ－2…川上　憲伸（中）2007第1①第2②
　　　　中田　賢一（中）2007第2②③
　　　　越智　大祐（巨）2010第1②第2③
　　　　吉見　一起（中）2011第2①⑤
　　　　井納　翔一（ディ）2016第1②第2③
　　　　ウィーランド（ディ）2017第1③第2④
　　　　ド リ ス（神）2019第1①③
パ－2…多数あり
　　　（最新）モイネロ（ソ）2020①②
c．通算最多連続勝利
セ－5…吉見　一起（中）◆　2008第1③2009第1②
　　　　　　　　　　　　　　2010第2②2011第2①⑤
パ－5…ダルビッシュ有（日）2006第2①2007第2①⑤
　　　　　　　　　　　　　　2008第1①第2②
d．最少投球数勝利
セ－5…小林　正人（中）2008第2①
パ－2…藤田　宗一（ロ）2005第2⑤
　　　　　内　竜也（ロ）2010第1②
e．打者1人に投げて勝利投手
セ－小林　正人（中）2008第2①
パ－藤田　宗一（ロ）2005第2⑤
　　　内　竜也（ロ）2010第1②
　　　五十嵐亮太（ソ）2014第2①
　　　鍵谷　陽平（日）2014第2①
f．2チーム以上で勝利投手
　　豊田　　清（武、巨）
　　ホールトン（ソ、巨）
　　杉内　俊哉（ソ、巨）
　　馬原　孝浩（ソ、オ）
　　中田　賢一（ソ、中）
　　涌井　秀章（武、ロ）
　　岸　　孝之（武、楽）

E．敗　北
a．通算最多敗北
通－5…チェン・ウェイン（ロ）◆
セ－4…チ ェ ン（中）
　　　　内海　哲也（巨）
パ－5…斉藤　和巳（ソ）◆
　　　　杉内　俊哉（ソ）◆
b．シリーズ最多敗北
セ－2…チ ェ ン（中）2009第1①第2②
　　　　菅野　智之（巨）2015第1③
　　　　野村　祐輔（広）2017第2②⑤
パ－2…村田　兆治（ロ）1977①④
　　　　仁科　時成（ロ）1980①③
　　　　江夏　　豊（日）1982①②
　　　　斉藤　和巳（ソ）2006第1①第2②
　　　　武田　　勝（日）2007第2④⑤
　　　　グ リ ン（日）2008第2①⑤
　　　　杉内　俊哉（ソ）2010第2①⑥
c．通算最多連続敗北
セ－3…チ ェ ン（中）2008第1②2009第1①第2②

パ－5…斉藤　和巳（ソ）◆2004第2③2005第2②
　　　　　　　　　　　　　2006第1①第2②2007第1①
d．最少投球数敗戦投手
セ－5…山本　哲哉（ヤ）2012第1③
パ－2…土肥　義弘（武）2010第1①
e．打者1人に投げて敗戦投手
セ－山本　哲哉（ヤ）2012第1③
パ－土肥　義弘（武）2010第1①
　　　藤岡　好明（ソ）2012第2①

F．セ ー ブ
a．通算最多セーブ
セ－10…岩瀬　仁紀（中）◆
パ－8…サファテ（ソ）
b．シリーズ最多セーブ
セ－4…岩瀬　仁紀（中）2007第1②第2①②③
　　　　呉　昇桓（神）2014第1②②③
パ－5…小林　雅英（ロ）2005第1①第2①②⑤
c．最少投球数セーブ
セ－1…林　昌勇（ヤ）2011第1①
パ－4…横山　道哉（日）2004第1②

G．ホールド
a．通算最多ホールド
セ－8…山口　鉄也（巨）◆
パ－6…宮西　尚生（日）
b．シリーズ最多ホールド
セ－3…浅尾　拓也（中）2012第1①第2②②
　　　　山口　鉄也（巨）2012第2③④⑥
　　　　高宮　和成（神）2014第2①②③
　　　　エスコバー（ディ）2017第2②③④
パ－3…薮田　安彦（ロ）2005第2①②⑤
　　　　増井　浩俊（日）2012第2①②③
　　　　宮西　尚生（日）2014第1③第2⑤
　　　　松永　昂大（ロ）2015第1②③第2①
　　　　高梨　雄平（楽）2017第1③第2①②
　　　　福山　博之（楽）2017第1③第2①②
　　　　モイネロ（ソ）2019第1②⑤第2①

H．投 球 数
a．ゲーム最多投球数
セ－128…濱口　遥大（ディ）2017第2②（先発7回勝利）
パ－192…山口　高志（急）1975②（9回完投勝利）
b．ゲーム最少投球数完投
セ－105…ジョンソン（広）2016第2①（9回完封勝利）
　　　　64…薮田　和樹（広）2017第1①（5回コールド勝利）
パ－88…足立　光宏（急）1977⑤（9回完封勝利）
c．イニング最多投球数
セ－48…今永　昇太（ディ）2016第2④　1回
パ－52…仁科　時成（ロ）1977①　6回

I．投 球 回
a．通算最多投球回
通－60⅓…杉内　俊哉（巨）
セ－48⅓…内海　哲也（巨）
パ－55⅓…千賀　滉大（ソ）
b．ゲーム最多投球回
セ－9 …菅野　智之（巨）2013第2②
　　　　　　　　　　　　2018第1②
　　　　　ジョンソン（広）2016第2①
パ－9⅔…涌井　秀章（武）2011第2③
c．先発投手最短投球回降板
セ－⅔…西　勇輝（神）2019第1①
パ－⅓…稲葉　光雄（急）1977⑤

J．被 安 打
a．通算最多被安打
通－56…杉内　俊哉（巨）

セー 52…内海　哲也（巨）
パー 49…杉内　俊哉（ソ）
b．ゲーム最多被安打
セー　 9…朝倉　健太（中）2008第2②
　　　　　　チェン（中）2009第2②
　　　　　久保　康友（神）2010第1②
　　　　　内海　哲也（巨）2014第2①
　　　　　メッセンジャー（神）2015第1②
パー 12…山口　高志（急）1975②
　　　　　仁科　時成（ロ）1977①
　　　　　ミラバル（日）2004第1②
c．ゲーム最少被安打（完投）
セー　 0…菅野　智之（巨）2018第1②
パー　 2…和田　　毅（ソ）2010第2②
d．イニング最多被安打
セー　 7…桑原謙太朗（神）2017第1②7回
パー　 7…山田　久志（急）1975①7回
e．先発最多イニング無安打
セー　 9…菅野　智之（巨）2018第1②（無安打無得点）
　5⅓…川上　憲伸（中）2007第1①
　　　　菅野　智之（巨）2013第2②
　　　　ジョンソン（広）2018第2②
パー6⅔…涌井　秀章（武）2008第2⑤
　5⅔…上沢　直之（日）2014第1②

K．被本塁打
a．通算最多被本塁打
セー　 6…内海　哲也（巨）
パー 11…山田　久志（急）◆
b．ゲーム最多被本塁打
セー　 3…小山　雄輝（巨）2014第2④
　　　　　原　　樹理（ヤ）2018第1②
パー　 4…斉藤　和巳（ダ）2004第2③
　　　　　千賀　滉大（ソ）2019第1①
c．イニング最多被本塁打
セー　 2…グライシンガー（巨）2008第2①1回
　　　　　　李炳圭、タイロン・ウッズ
　　　　　吉見　一起（中）2009第2③6回
　　　　　　ラミレス、亀井（連続）
　　　　　小山　雄輝（巨）2014第2④1回
　　　　　　マートン、福留（連続）
　　　　　呉　　昇桓（神）2014第2④9回
　　　　　　セペダ、坂本（連続）
　　　　　菅野　智之（巨）2015第1②1回
　　　　　　ゴメス、マートン（連続）
　　　　　原　　樹理（ヤ）2018第1②4回
　　　　　　マギー、亀井
　　　　　望月　惇志（神）2019第2①1回
　　　　　　丸、岡本（連続）
パー　 3…大沼　幸二（武）2004第2①7回
　　　　　　井口、松中、ズレータ

L．与四球
a．通算最多与四球
セー 22…内海　哲也（巨）◆
パー 18…仁科　時成（ロ）
b．ゲーム最多与四球
セー　 4…多数あり
パー　 6…仁科　時成（ロ）1981②
c．イニング最多与四球
セー　 3…藤川　球児（神）2010第1②9回
　　　　　山口　鉄也（巨）2010第2④8回
　　　　　館山　昌平（ヤ）2012第1②4回
　　　　　大竹　　寛（広）2013第2④4回
　　　　　高宮　和也（神）2015第1①10回
パー　 4…松原　明夫（南）1973②9回
d．イニング最多連続与四球
セー　 3…高宮　和也（神）2015第1①10回
パー　 3…仁科　時成（ロ）1981②1回（先頭から）
　　　　　スタンドリッジ（ソ）2007第1③6回
　　　　　中田　賢一（ソ）2014第2④2回

　　　　　ミランダ（ソ）2018第1①4回
　　　　　多和田真三郎（武）2018第2②3回
e．最多連続イニング無四死球
セー 10…吉見　一起（中）2009第1②5～8回第2③1～6回
パー 16…田中　将大（楽）2009第1②1～9回第2③1～7回

M．与死球
a．通算最多与死球
セー　 4…内海　哲也（巨）
パー　 6…山田　久志（急）◆
b．ゲーム最多与死球
セー　 3…オビスポ（ソ）2009第2②
パー　 4…松坂　大輔（武）2006第1①
c．イニング最多与死球
セー　 2…山内　壮馬（中）2012第2⑤2回
パー　 2…山田　久志（急）1975①7回
　　　　　金村　　暁（日）2004第1①3回
　　　　　川崎　雄介（ロ）2007第2②6回
　　　　　大谷　翔平（日）2014第1①2回

N．奪三振
a．通算最多奪三振
セー 33…内海　哲也（巨）◆
パー 68…千賀　滉大（ソ）
b．ゲーム最多奪三振（10個以上）
セー 11…中田　賢一（中）2007第2③
　　　　　菅野　智之（巨）2013第2②
パー 14…ダルビッシュ有（日）2008第1①
　　13…松坂　大輔（武）2006第1①
　　　　　石井　一久（西）2008第2④
　　　　　和田　　毅（ソ）2010第2①
　　12…大谷　翔平（日）2014第2⑤
　　　　　千賀　滉大（ソ）2016第1①
　　11…ダルビッシュ有（日）2006第2①
　　　　　則本　昂大（楽）2013第2②
　　　　　　　　　　　　　2017第2③
　　10…松坂　大輔（武）2004第1①
　　　　　千賀　滉大（ソ）2019第2③
c．イニング最多奪三振
　　3…多数あり
d．最多連続打者奪三振
セー　 4…チェン（中）2009第1①5～6回
　　　　　メッセンジャー（神）2014第1①2～3回
パー　 5…ウィリアムス（武）2013第1③8～9回

O．暴　投
a．通算最多暴投
セー　 4…中田　賢一（中）◆
パー　 2…ダルビッシュ有（日）
　　　　　岸　　孝之（楽）
　　　　　増井　浩俊（日）
　　　　　青山　浩二（楽）
b．ゲーム最多暴投
セー　 2…中田　賢一（中）2007第2③
　　　　　　　　　　　　　2008第1②
　　　　　クルーン（巨）2009第2②
　　　　　大瀬良大地（広）2014第1②
　　　　　濵口　遥大（ディ）2017第2②
パー　 2…岸　　孝之（武）2010第1②
c．イニング最多暴投
セー　 2…中田　賢一（中）2007第2③4回
　　　　　　　　　　　　　2008第1②6回
パー　 1…多数あり

P．ボーク
セー　 1…豊田　　清（巨）2009第2①9回
　　　　　野上　亮磨（巨）2018第2③3回
パー　 1…井本　　隆（近）1975④6回
　　　　　グラマン（武）2011第2①7回

　　　則本　昂大（楽）2013第2②9回
　　　涌井　秀章（ロ）2016第1①1回
　　　ハーマン（楽）2017第2①7回

Q．失　　点

a．通算最多失点
通－30…杉内　俊哉（巨）
セ－24…内海　哲也（巨）
パ－27…仁科　時成（ロ）
　　　　杉内　俊哉（ソ）
b．ゲーム最多失点
セ－7…中田　賢一（中）2009第2④
パ－12…仁科　時成（ロ）1977①
c．イニング最多失点
セ－6…今永　昇太（ディ）2016第2④1回
　　　　桑原謙太朗（神）2017第1②7回
パ－7…山田　久志（急）1975①6回
　　　　仁科　時成（ロ）1977①6回
d．最多連続イニング無失点
セ－11…吉見　一起（中）2009第1②3～8回第2③1～5回
パ－13…渡辺　俊介（ロ）2005第1①2～7回第2③1～7回
　　　　成瀬　善久（ロ）2010第2⑥6～9回⑥1～9回
　　　　涌井　秀章（武）2011第1①2～5回第2③1～9回

R．自責点

a．通算最多自責点
通－30…杉内　俊哉（巨）
セ－20…内海　哲也（巨）
パ－27…仁科　時成（ロ）
　　　　杉内　俊哉（ソ）
b．ゲーム最多自責点
セ－6…朝倉　健太（中）2008第2②
　　　　ゴンザレス（巨）2009第2①
　　　　小山　雄輝（巨）2014第2④
　　　　今永　昇太（ディ）2016第2④
　　　　桑原謙太朗（神）2017第1②
パ－12…仁科　時成（ロ）1977①
c．イニング最多自責点
セ－6…今永　昇太（ディ）2016第2④1回
　　　　桑原謙太朗（神）2017第1②7回
パ－7…山田　久志（急）1975①6回
　　　　仁科　時成（ロ）1977①6回
d．シリーズ最少自責点－投球回10以上－
セ－1…赤川　克紀（ヤ）2011第1第2　投球回10⅔
　　　　吉見　一起（中）2011第2　投球回15⅓
パ－0…村田　兆治（ロ）1974　投球回10⅓
　　　　ダルビッシュ有（日）2008第1第2　投球回18
　　　　田中　将大（楽）2013第2　投球回10

Ⅴ．チーム投手記録

A．完　　投

a．シリーズ最多完投
セ－1…巨　　人　2013第2(3試合)
　　　　　　　　　2018第1第2(5試合)
　　　　広　　島　2016第2(4試合)
　　　　　　　　　2017第2(5試合)
　　　　ＤｅＮＡ　2017第1第2(8試合)
パ－4…楽　　天　2009第1第2(6試合)

B．セ　ー　ブ

a．シリーズ最多セーブ
セ－4…中　　日　2007第1第2(5試合)
　　　　　　　　　2012第1第2(9試合)
　　　　ヤクルト　2011第1第2(8試合)
　　　　阪　　神　2014第1第2(6試合)

パ－5…ロッテ　2005第1第2(7試合)

C．ホールド

a．シリーズ最多ホールド
セ－11…中　　日　2012第1第2(9試合)
パ－9…ソフトバンク　2019第1第2(7試合)

D．投　球　回

a．シリーズ最多投球回
セ－79⅓…中　　日　2012第1第2(9試合)
パ－80⅓…日本ハム　2014第1第2(9試合)

E．暴　　投

a．シリーズ最多暴投
セ－4…中　　日　2008第1第2(7試合)
パ－3…日本ハム　2008第1第2(7試合)
　　　　　　　　　2014第1第2(9試合)
　　　　楽　　天　2009第1第2(6試合)
　　　　ロッテ　2013第1第2(7試合)
　　　　　　　　　2015第1第2(6試合)
　　　　西　　武　2019第2(4試合)
b．ゲーム最多暴投
セ－2…多数あり
パ－2…楽　　天　2009第2①
　　　　西　　武　2010第1②

F．防　御　率

a．シリーズ最高防御率
セ－0.33…巨　　人　2013第2(3試合)
パ－0.50…日本ハム　2006第2(2試合)
b．シリーズ最低防御率
セ－6.33…阪　　神　2017第1(3試合)
パ－8.00…西　　武　2018第2(5試合)

Ⅵ．守　備　記　録

A．個人守備

a．ゲーム最多失策
セ－2…荒木　雅博（中）2008第1ⓒ　（二塁手）
　　　　　　　　　　　2010第2⑤　（遊撃手）
　　　　平野　恵一（神）2010第2③　（二塁手）
　　　　坂本　勇人（巨）2018第2③　（遊撃手）
パ－2…藤原　　満（南）1973②　　（三塁手）
　　　　島谷　金二（急）1979③　　（三塁手）

B．チーム守備

a．シリーズ最多失策
セ－4…広　　島　2016第2(4試合)
パ－7…南　　海　1973(5試合)
　　　　ロッテ　2010第1第2(8試合)
b．ゲーム最多失策
セ－3…中　　日　2008第1③
パ－4…南　　海　1973②
c．ゲーム最多失策合計　－両チーム－
セ－3…神 2－3中 2008第1③
パ－4…南 4－0急 1973②
　　　　近 1－3急 1979③
　　　　日 3－1ロ 1981④
d．シリーズ最多併殺
セ－8…中　　日　2012第1第2(9試合)
　　　　広　　島　2017第2(5試合)
パ－10…日本ハム　2014第1第2(9試合)
e．ゲーム最多併殺
セ－4…中　　日　2012第2④

クライマックスシリーズ記録集

パー　4…日本ハム　1982①
　　　　西　　　武　2013第1②
　f．ゲーム最多併殺合計　－両チーム－
セ－　6…巨 2－ 4中 2012第2④
　　　　広 3－ 3ディ 2017第2③
パー　5…近 2－ 3.急 1979③
　　　　日 4－ 1武 1982①

クライマックスシリーズ・ライフタイム成績

チ ー ム 打 撃 成 績

▲打撃妨害出塁　　　　　　　　　　　　　　　　　　　　　　　　　　（ ）内数字は故意四球

ソフトバンク（南海、ダイエー）

年度	試合	打数	得点	安打	二塁打	三塁打	本塁打	塁打	打点	盗塁	盗塁刺	犠打	犠飛	四球	死球	三振	併殺打	残塁	打率	長打率	出塁率	失策
1973	5	169	20	40	6	0	9	73	20	2	3	0	1	11	4	21	2	33	.237	.432	.299	7
2004	5	173	22	50	10	0	9	87	21	2	1	2	0	14	4	34	1	39	.289	.503	.356	0
2005	5	156	14	36	5	0	5	56	14	1	0	7	1	(1)12	0	28	2	29	.231	.359	.284	0
2006	5	157	18	39	7	0	3	55	18	1	3	6	1	(1)13	10	42	5	34	.248	.350	.343	0
2007	3	93	12	25	3	0	2	34	11	1	0	8	2	4	1	17	3	15	.269	.366	.300	0
2009	2	67	5	13	1	0	0	14	2	0	0	1	0	2	0	16	1	11	.194	.209	.217	2
2010	6	178	9	30	3	0	0	33	8	4	1	5	1	10	4	33	3	33	.169	.185	.228	0
2011	5	95	13	26	7	2	2	43	13	1	2	5	1	(2)11	3	19	4	21	.274	.453	.364	0
2012	6	193	9	40	6	1	1	51	9	1	3	4	0	4	2	39	2	32	.207	.264	.231	5
2014	6	203	21	55	8	0	4	75	21	3	0	1	1	(1)16	4	45	6	46	.271	.369	.335	3
2015	3	93	12	26	1	0	3	36	12	0	0	6	0	4	2	15	3	17	.280	.387	.323	0
2016	7	220	24	52	8	0	3	81	24	6	1	9	0	(1)23	2	52	5	47	.236	.368	.314	2
2017	5	154	21	41	6	0	9	74	21	2	0	10	1	10	0	43	2	38	.266	.481	.309	1
2018	8	291	59	93	13	3	13	151	56	1	1	6	0	34	1	63	5	64	.320	.519	.391	4
2019	7	250	43	79	17	0	14	138	42	1	3	8	1	(1)24	4	57	2	61	.316	.552	.384	3
2020	2	65	10	21	4	1	4	39	9	0	0	2	0	4	0	10	1	13	.323	.600	.362	0
														(8)								
〔16〕	78	2557	312	666	105	7	85	1040	301	29	18	82	11	196	41	534	47	523	.260	.407	.322	27

日本ハム

年度	試合	打数	得点	安打	二塁打	三塁打	本塁打	塁打	打点	盗塁	盗塁刺	犠打	犠飛	四球	死球	三振	併殺打	残塁	打率	長打率	出塁率	失策
1981	5	▲161	24	41	8	0	2	55	23	7	2	4	3	(1)23	2	24	1	41	.255	.342	.355	4
1982	4	125	9	27	7	0	4	46	9	2	0	5	0	(2)8	1	14	1	25	.216	.368	.269	2
2004	3	102	17	24	2	0	5	41	17	0	1	1	0	8	0	12	2	13	.235	.402	.291	1
2006	2	57	4	13	0	0	0	13	4	1	0	4	0	(2)8	0	12	2	15	.228	.228	.323	1
2007	5	▲168	20	52	9	3	1	70	20	4	1	2	2	(1)10	4	31	2	41	.310	.417	.359	0
2008	7	240	30	56	7	1	6	83	27	2	0	5	2	17	2	54	2	47	.233	.346	.287	3
2009	4	131	23	42	6	1	4	62	22	1	1	6	3	(1)12	1	21	1	30	.321	.473	.374	0
2011	3	72	3	13	1	0	1	17	3	3	0	0	1	5	1	8	2	15	.181	.236	.244	2
2012	3	85	10	19	2	1	2	29	8	0	1	6	0	9	0	15	0	18	.224	.341	.298	0
2014	3	310	40	77	14	1	9	120	37	7	3	17	1	34	2	89	1	72	.248	.387	.326	2
2015	3	99	8	27	5	0	0	32	7	1	1	2	0	(1)7	1	16	4	23	.273	.323	.327	0
2016	5	155	23	38	5	0	4	55	23	2	0	9	0	(1)14	0	42	3	29	.245	.355	.308	3
2018	3	99	9	22	3	0	3	34	9	2	0	2	0	9	0	28	2	18	.222	.343	.287	1
		▲2												(9)								
〔13〕	55	1804	220	451	69	7	41	657	209	33	12	61	11	164	14	391	23	387	.250	.364	.316	19

巨　　人

年度	試合	打数	得点	安打	二塁打	三塁打	本塁打	塁打	打点	盗塁	盗塁刺	犠打	犠飛	四球	死球	三振	併殺打	残塁	打率	長打率	出塁率	失策
2007	3	100	8	22	2	0	3	33	8	0	0	0	0	8	2	19	3	21	.220	.330	.291	2
2008	4	143	25	43	6	1	8	75	25	2	0	6	0	(1) 11	2	27	3	26	.301	.524	.359	2
2009	4	132	21	39	9	0	4	60	19	1	0	4	1	(1) 14	0	24	2	31	.295	.455	.361	1
2010	6	209	16	56	10	0	3	75	15	2	0	4	2	(1) 11	3	48	6	51	.268	.359	.311	1
2011	3	98	9	23	4	0	3	36	9	2	0	6	0	7	0	28	0	21	.235	.367	.286	3
2012	6	187	11	44	4	0	3	57	17	1	0	8	0	(3) 17	3	36	6	41	.235	.305	.309	0
2013	3	82	9	19	1	0	2	26	9	0	0	5	1	9	0	16	1	16	.232	.317	.304	1
2014	4	134	9	33	4	0	6	55	9	1	0	3	1	8	3	33	3	32	.246	.410	.301	0
2015	7	225	14	58	8	2	4	76	13	1	2	8	1	(1) 25	2	43	6	60	.258	.338	.336	2
2016	3	100	8	19	3	0	4	34	8	0	0	2	1	(1) 9	1	31	0	20	.190	.340	.264	0
2018	5	156	11	25	6	0	4	43	11	4	0	2	1	(2) 16	0	43	3	29	.160	.276	.237	3
2019	4	123	21	33	7	0	7	61	20	4	1	2	1	13	1	25	4	20	.268	.496	.341	3
														(10)								
〔12〕	52	1689	168	414	64	3	49	631	163	18	3	50	8	148	17	373	37	368	.245	.374	.311	18

西　　武

年度	試合	打数	得点	安打	二塁打	三塁打	本塁打	塁打	打点	盗塁	盗塁刺	犠打	犠飛	四球	死球	三振	併殺打	残塁	打率	長打率	出塁率	失策
1982	4	121	17	31	6	0	3	46	15	0	0	6	1	11	0	10	4	20	.256	.380	.318	0
2004	8	265	45	71	8	0	14	121	45	4	0	6	3	(5) 38	5	49	6	59	.268	.457	.367	2
2005	2	62	2	12	3	0	2	21	2	0	0	3	1	(1) 3	0	10	2	11	.194	.339	.231	1
2006	3	87	5	15	4	0	2	25	5	1	1	3	1	7	0	26	1	15	.172	.287	.232	0
2008	5	170	32	50	7	3	6	81	32	3	0	3	1	16	1	26	2	33	.294	.476	.356	3
2010	2	78	9	22	2	0	1	27	8	0	1	6	1	(1) 13	1	17	1	24	.282	.346	.387	1
2011	5	179	18	41	8	1	2	57	16	5	0	5	1	(3) 11	1	39	3	29	.229	.318	.276	2
2012	3	89	11	20	5	0	2	31	10	4	0	6	0	11	2	21	3	19	.225	.348	.324	1
2013	3	104	17	35	6	0	3	50	17	1	1	2	2	9	2	16	3	24	.337	.481	.393	1
2017	3	99	13	24	1	0	3	40	13	1	0	1	2	9	1	27	0	21	.242	.404	.306	2
2018	5	165	28	41	3	1	9	73	26	0	1	2	1	19	1	48	5	27	.248	.442	.330	3
2019	4	134	13	30	6	1	3	47	13	4	0	3	1	15	0	34	1	32	.224	.351	.300	3
														(10)								
〔12〕	47	1553	210	392	63	7	50	619	202	23	6	45	13	162	14	323	31	314	.252	.399	.326	19

ロ　ッ　テ

年度	試合	打数	得点	安打	二塁打	三塁打	本塁打	塁打	打点	盗塁	盗塁刺	犠打	犠飛	四球	死球	三振	併殺打	残塁	打率	長打率	出塁率	失策
1974	3	97	15	24	2	0	2	32	15	7	1	4	0	(1) 8	3	8	0	19	.247	.330	.324	0
1977	5	147	9	25	2	1	4	41	9	2	3	2	1	3	0	16	2	12	.170	.279	.187	3
1980	3	99	7	21	5	0	2	32	7	2	1	1	1	4	2	13	1	19	.212	.323	.257	1
1981	5	▲159	21	41	7	1	6	68	21	1	3	7	0	20	2	23	5	33	.258	.428	.348	2
2005	7	234	21	60	11	1	2	79	21	5	0	2	2	13	5	56	7	49	.256	.338	.307	2
2007	8	263	32	68	8	1	8	102	31	4	2	3	3	26	3	49	5	56	.259	.388	.329	2
2010	8	280	31	65	13	0	9	105	31	2	7	0	2	(2) 26	4	67	4	58	.232	.375	.306	7
2013	7	236	24	58	10	3	7	95	24	4	0	6	1	12	3	50	7	42	.246	.403	.290	4
2015	6	196	17	40	11	0	3	60	17	3	1	4	0	25	1	38	3	44	.204	.306	.297	1
2016	2	64	4	11	0	0	4	24	4	1	0	0	1	4	1	24	1	11	.172	.375	.232	1
2020	2	70	7	20	3	0	1	26	7	1	1	2	0	5	1	21	1	17	.286	.371	.342	1
		▲												(3)								
〔11〕	56	1845	188	433	73	7	48	664	187	36	14	38	8	146	25	365	36	360	.235	.360	.298	26

阪　　神

年度	試合	打数	得点	安打	二塁打	三塁打	本塁打	塁打	打点	盗塁	盗塁刺	犠打	犠飛	四球	死球	三振	併殺打	残塁	打率	長打率	出塁率	失策
2007	2	66	3	13	2	0	0	15	3	0	0	0	1	3	1	16	0	14	.197	.227	.239	1
2008	3	97	7	21	4	0	2	31	5	1	1	0	0	6	0	19	1	19	.216	.320	.262	2
2010	2	65	7	15	1	1	1	21	7	0	0	2	2	(2)8	1	9	1	17	.231	.323	.316	3
2013	2	62	5	11	0	0	2	17	5	1	0	0	0	4	0	13	2	7	.177	.274	.227	3
2014	6	211	22	56	7	0	5	78	22	2	2	0	3	(2)20	3	38	2	50	.265	.370	.333	2
2015	3	101	7	24	4	0	3	39	6	1	0	2	4	7	1	26	0	23	.238	.386	.291	1
2017	3	99	9	26	4	0	2	36	9	1	0	4	0	(1)11	2	25	1	21	.263	.364	.324	1
2019	7	229	24	54	9	2	4	79	22	7	3	7	3	27	6	51	4	59	.236	.345	.328	2
〔8〕	28	930	84	220	33	3	19	316	79	13	8	21	7	(5)82	14	192	12	214	.237	.340	.306	15

オリックス（阪急）

年度	試合	打数	得点	安打	二塁打	三塁打	本塁打	塁打	打点	盗塁	盗塁刺	犠打	犠飛	四球	死球	三振	併殺打	残塁	打率	長打率	出塁率	失策
1973	5	169	28	45	3	0	7	69	25	11	2	4	0	22	1	24	5	36	.266	.408	.354	4
1974	5	93	5	19	2	1	1	26	5	0	0	2	0	5	0	18	2	14	.204	.280	.245	2
1975	4	138	20	38	2	1	8	66	19	0	0	2	0	14	0	14	3	29	.275	.478	.342	1
1977	5	174	30	54	5	1	3	70	29	6	4	5	2	15	4	28	1	38	.310	.402	.378	5
1979	2	97	6	18	3	0	2	27	6	1	1	0	1	6	2	14	4	18	.186	.278	.262	4
2008	2	62	3	15	0	0	1	15	3	0	2	1	0	6	0	17	2	13	.242	.242	.300	2
2014	3	90	10	17	5	0	1	28	10	2	1	5	4	14	2	20	2	20	.189	.311	.311	2
〔7〕	25	823	102	206	20	3	23	301	97	20	9	16	7	84	9	135	19	168	.250	.366	.324	20

中　　日

年度	試合	打数	得点	安打	二塁打	三塁打	本塁打	塁打	打点	盗塁	盗塁刺	犠打	犠飛	四球	死球	三振	併殺打	残塁	打率	長打率	出塁率	失策
2007	5	172	28	50	5	1	7	78	28	1	0	7	1	(1)13	3	40	2	39	.291	.453	.349	1
2008	7	234	20	48	5	0	11	86	20	3	0	10	1	(1)21	3	56	6	51	.205	.368	.278	3
2009	7	233	29	63	13	1	9	105	29	2	2	10	0	(1)21	4	55	3	56	.270	.451	.341	3
2010	4	123	13	32	5	1	1	42	13	1	0	4	1	(1)15	1	19	3	31	.260	.341	.343	3
2011	5	143	11	25	4	0	3	38	11	0	2	6	0	(1)22	0	26	0	34	.175	.266	.285	1
2012	9	301	28	81	11	0	5	107	28	2	2	9	3	(1)40	0	48	6	85	.269	.355	.352	1
〔6〕	37	1206	129	299	43	3	36	456	129	9	7	46	6	(6)132	11	244	20	296	.248	.373	.326	12

広　　島

年度	試合	打数	得点	安打	二塁打	三塁打	本塁打	塁打	打点	盗塁	盗塁刺	犠打	犠飛	四球	死球	三振	併殺打	残塁	打率	長打率	出塁率	失策
2013	5	166	18	38	4	2	3	55	15	3	0	7	1	8	4	46	1	33	.229	.331	.279	1
2014	2	70	0	12	0	0	0	12	0	1	0	3	0	(1)2	0	14	0	12	.171	.171	.194	1
2016	4	117	16	29	5	0	2	40	16	0	2	7	1	14	1	28	0	25	.248	.342	.331	4
2017	3	142	11	30	4	0	2	43	11	2	2	5	1	18	0	38	4	31	.211	.303	.300	2
2018	3	86	15	17	4	1	4	35	13	3	3	2	0	11	2	24	1	14	.198	.407	.303	2
〔5〕	19	581	60	126	20	3	11	185	55	8	8	24	2	(1)53	7	150	5	115	.217	.318	.289	10

クライマックスシリーズ・ライフタイム

ヤクルト

年度	試合	打数	得点	安打	二塁打	三塁打	本塁打	塁打	打点	盗塁	盗塁刺	犠打	犠飛	四球	死球	三振	併殺打	残塁	打率	長打率	出塁率	失策
2009	3	96	9	23	3	0	2	32	9	0	0	3	0	8	0	22	5	17	.240	.333	.298	2
2011	8	247	16	52	9	0	2	67	16	0	0	9	1	(2) 13	0	48	5	44	.211	.271	.249	2
2012	3	93	3	16	3	0	2	25	3	1	0	4	0	(1) 13	1	18	1	27	.172	.269	.280	1
2015	4	121	10	29	3	0	1	35	7	1	0	1	1	(2) 11	3	22	1	28	.240	.289	.316	0
2018	2	57	1	4	2	0	0	6	1	0	0	0	0	4	0	17	1	6	.070	.105	.131	0
〔5〕	20	614	39	124	20	0	7	165	36	2	0	17	2	(5) 49	4	127	18	122	.202	.269	.265	5

楽　　天

年度	試合	打数	得点	安打	二塁打	三塁打	本塁打	塁打	打点	盗塁	盗塁刺	犠打	犠飛	四球	死球	三振	併殺打	残塁	打率	長打率	出塁率	失策
2009	6	201	31	58	11	0	8	93	31	2	0	6	2	(2) 15	2	27	3	39	.289	.463	.341	3
2013	4	123	14	31	4	0	5	50	14	0	0	6	1	13	2	23	4	29	.252	.407	.331	1
2017	8	250	22	55	10	0	8	89	19	1	0	17	0	20	0	61	5	49	.220	.356	.278	1
2019	3	91	10	18	2	0	6	38	10	0	0	5	0	(1) 17	2	31	2	24	.198	.418	.336	0
〔4〕	21	665	77	162	27	0	27	270	74	3	0	34	3	(3) 65	6	142	14	141	.244	.406	.315	5

近　　鉄

年度	試合	打数	得点	安打	二塁打	三塁打	本塁打	塁打	打点	盗塁	盗塁刺	犠打	犠飛	四球	死球	三振	併殺打	残塁	打率	長打率	出塁率	失策
1975	4	138	18	39	8	0	2	53	18	1	3	2	0	9	3	16	1	26	.283	.384	.340	3
1979	3	93	14	23	0	2	5	42	12	3	1	6	1	13	2	13	4	23	.247	.452	.352	1
1980	3	99	21	29	6	0	7	56	21	1	0	4	1	(2) 17	0	15	2	22	.293	.566	.397	2
〔3〕	10	330	53	91	14	2	14	151	51	5	4	12	2	(2) 39	5	44	11	71	.276	.458	.359	6

DeNA

年度	試合	打数	得点	安打	二塁打	三塁打	本塁打	塁打	打点	盗塁	盗塁刺	犠打	犠飛	四球	死球	三振	併殺打	残塁	打率	長打率	出塁率	失策
2016	7	237	20	50	5	1	7	78	18	0	1	2	2	18	1	54	6	45	.211	.329	.267	1
2017	8	267	39	80	7	0	9	114	38	3	2	5	2	22	1	65	7	54	.300	.427	.353	3
2019	3	107	14	29	4	0	4	45	13	0	1	0	0	(2) 11	0	28	1	25	.271	.421	.339	2
〔3〕	18	611	73	159	16	1	20	237	69	3	4	7	4	(2) 51	2	147	14	124	.260	.388	.317	6

個 人 打 撃 成 績 (50音順)

チーム－出場した最終年度に所属したもの。　年数－実際に出場した年の合計。

選手名	チーム	年数	試合	打数	得点	安打	二塁打	三塁打	本塁打	塁打	打点	盗塁	盗塁刺	犠打	犠飛	四球	死球	三振	併殺打	打率	出場した年度
アーノルド	(近)	1	3	13	1	6	1	0	1	10	1	0	0	0	0	0	0	3	0	.462	'80近
ア ダ ム	(ソ)	1	2	4	0	1	0	0	0	1	0	0	0	0	0	0	0	2	0	.250	'07ソ
アッチソン	(神)	1	2	0	0	0	0	0	0	0	0	0	0	0	0	0	0	0	0	—	'08神
アマダー	(楽)	1	5	17	2	3	0	0	2	9	3	0	0	0	0	1	0	8	0	.176	'17楽
*アルシア	(日)	1	3	12	1	4	0	0	0	4	1	0	0	0	0	0	0	5	0	.333	'18日
*アンソニー・カーター	(日)	1	2	—	—	—	—	—	—	—	—	—	—	—	—	—	—	—	—	—	'14日
*アンダーソン	(巨)	2	10	25	1	9	0	0	1	12	3	0	0	0	0	1	0	4	0	.360	'14,'15巨
アンドリウス	(近)	1	2	5	0	0	0	0	0	0	0	0	0	0	0	0	0	2	0	.000	'75近
相川 亮二	(巨)	4	13	44	1	14	4	0	1	21	2	0	0	1	0	1	1	7	0	.318	'09,'11,'12ヤ,'6巨
會澤 翼	(広)	4	11	22	1	4	1	0	0	5	1	0	0	0	0	0	1	9	0	.182	'14,'16~'18広
相羽 欣厚	(南)	1	2	2	0	1	0	0	0	1	2	0	0	0	0	0	0	0	0	.500	'73南
*青木 高広	(巨)	1	1	0	0	0	0	0	0	0	0	0	0	0	0	0	0	0	0	—	'14巨
*青木 宣親	(ヤ)	2	11	43	4	13	3	0	0	16	5	0	0	0	0	0	0	5	0	.302	'09,'11ヤ
青野 毅	(ロ)	1	2	2	0	0	0	0	0	0	0	0	0	0	0	0	0	0	0	.000	'10ロ
青柳 晃洋	(神)	1	2	2	0	0	0	0	0	0	0	0	0	0	0	0	0	1	0	.000	'19神
青山 浩二	(楽)	3	5	—	—	—	—	—	—	—	—	—	—	—	—	—	—	—	—	—	'09,'17,'19楽
赤川 克紀	(ヤ)	2	4	2	0	0	0	0	0	0	0	0	0	1	0	0	0	1	0	.000	'11,'12ヤ
*明石 健志	(ソ)	10	41	104	14	23	2	0	1	28	5	2	3	0	2	0	8	1	23	0	.221	'09~'12,'14~'19ソ
+赤田 将吾	(日)	5	20	59	11	18	3	0	1	24	5	3	0	3	0	3	0	7	0	.305	'04,'06,'08武,'14日
*赤星 憲広	(神)	2	5	19	0	3	1	0	0	4	0	1	0	0	0	0	0	3	0	.158	'07,'08神
赤松 真人	(広)	3	6	0	0	0	0	0	0	0	0	0	0	0	0	0	0	0	0	.000	'13,'14,'16広
秋山 重雄	(近)	1	1	0	0	0	0	0	0	0	0	0	0	0	0	0	0	0	0	—	'75近
*秋山 翔吾	(武)	6	22	83	8	18	2	2	0	24	6	0	2	0	6	2	16	1	.217	'11~'13,'17~'19武
*秋山 拓巳	(神)	1	1	0	0	0	0	0	0	0	0	0	0	0	0	0	0	1	0	.000	'17神
秋吉 亮	(ヤ)	1	2	0	0	0	0	0	0	0	0	0	0	0	0	0	0	0	0	—	'15ヤ
朝井 秀樹	(巨)	1	2	2	0	0	0	0	0	0	0	0	0	0	0	0	0	2	0	.000	'10巨
浅井 良	(神)	2	4	4	0	2	0	0	0	2	1	0	0	0	0	0	0	1	0	.500	'08,'10神
浅尾 拓也	(中)	5	19	0	0	0	0	0	0	0	0	0	0	1	0	0	0	1	0	—	'08~'12中
朝倉 健太	(中)	1	2	0	0	0	0	0	0	0	0	0	0	0	0	0	0	0	0	—	'08中
*淺間 大基	(日)	1	3	3	0	0	0	0	0	0	0	0	0	0	0	0	0	1	0	.000	'15日
浅村 栄斗	(楽)	7	23	90	15	28	1	0	4	53	21	4	1	0	1	8	0	15	2	.311	'10~'13,'17,'18武,'19楽
足立 光宏	(急)	3	5	1	0	0	0	0	0	0	0	0	0	0	0	0	0	1	0	.000	'74,'75,'77急
足立 祐一	(楽)	2	4	0	0	0	0	0	0	0	0	0	0	1	0	0	0	1	0	.000	'17,'19楽
安達 了一	(オ)	1	3	11	0	1	0	0	0	1	0	0	0	2	0	0	0	1	0	.091	'14オ
*阿部慎之助	(巨)	11	48	166	12	43	2	0	5	60	17	0	0	1	(2)18	1	33	2	.259	'07,'09~'.6,'18,'19巨
*安部 友裕	(広)	3	8	15	1	1	0	0	0	1	2	1	0	0	0	0	0	6	0	.067	'16~'18広
*阿部 成宏	(広)	3	5	13	0	3	0	0	0	3	0	0	1	0	0	1	1		.231	'75,'79,'80近
阿部 真宏	(武)	2	6	15	1	3	1	0	0	4	0	0	0	0	0	2	1	3	1	.200	'10,'11武
天谷宗一郎	(広)	4	10	12	1	4	0	0	0	4	0	0	0	0	0	0	0	4	0	.333	'13,'14,'15,'17広
新井 貴浩	(広)	7	20	56	7	15	4	0	1	22	6	0	0	0	0	1	0	16	0	.268	'10,'13,'14神,'16~'18広
新井 昌則	(ロ)	4	10	20	0	5	1	0	0	6	0	0	1	0	0	1	0	1	0	.250	'74,'77,'80,'81ロ
新井 良太	(神)	3	7	7	0	2	0	0	0	2	0	0	0	0	0	0	0	1	0	.286	'07中,'1.,'15神
新垣 渚	(ソ)	3	4	—	—	—	—	—	—	—	—	—	—	—	—	—	—	—	—	—	'04ダ,'05,'12ソ
荒金 久雄	(ソ)	2	4	3	0	1	0	0	0	1	2	0	0	2	0	2	0	2	0	.333	'04ダ,'05ソ
荒木 貴裕	(ヤ)	2	3	6	0	2	0	0	0	2	0	0	0	0	0	0	0	2	0	.333	'15,'18ヤ
*荒木 郁也	(神)	1	3	0	0	0	0	0	0	0	0	0	0	0	0	0	0	0	0	.000	'14神
荒木 雅博	(中)	6	37	150	9	38	3	1	0	43	4	6	2	14	0	5	1	12	2	.253	'07~'13中
*荒波 翔	(ディ)	1	4	4	0	0	0	0	0	0	0	0	0	0	0	0	0	2	0	.000	'16ディ
有田 修三	(近)	3	8	23	3	8	2	0	0	14	8	0	0	4	0	0	0	6	1	.348	'75,'79,'80近
有藤 道世	(ロ)	4	16	50	7	15	2	0	4	29	12	4	2	1	0	6	3	6	1	.300	'74,'77,'80,'81ロ
有原 航平	(日)	2	3	—	—	—	—	—	—	—	—	—	—	—	—	—	—	—	—	—	'15,'16日
*有銘 兼久	(楽)	1	1	—	—	—	—	—	—	—	—	—	—	—	—	—	—	—	—	—	'09楽
安藤 優也	(神)	4	6	1	0	0	0	0	0	0	0	0	0	0	0	0	0	0	0	.000	'08,'13~'15神
*李 承燁	(巨)	5	17	48	4	11	2	0	2	19	5	0	0	0	0	2	0	14	3	.229	'05ロ,'07~'10巨
李 大浩	(ソ)	4	9	32	4	13	2	0	0	21	8	0	0	0	0	0	0	9	0	.406	'14ソ
*李 炳圭	(中)	2	12	47	7	10	0	0	1	21	7	0	0	0	0	0	0	14	0	.213	'07,'08中
*李 惠踐	(ヤ)	1	1	0	0	0	0	0	0	0	0	0	0	0	0	0	0	0	0	—	'09ヤ
李 机浩	(ソ)	1	1	1	0	0	0	0	0	0	0	0	0	0	0	0	0	0	0	.000	'09ソ
*飯塚 佳寛	(ロ)	3	9	29	6	5	0	0	0	10	1	0	0	0	0	0	0	1	0	.172	'74,'77,'80ロ
飯原 誉士	(ヤ)	1	5	5	0	1	0	0	0	4	0	0	0	0	0	0	0	2	0	.200	'11ヤ
飯山 裕志	(日)	8	22	9	3	2	0	0	0	2	1	0	0	2	0	0	0	4	0	.222	'06~'08,'11,'12,'14~'16日
五十嵐信一	(日)	1	1	0	0	0	0	0	0	0	0	0	0	0	0	0	0	0	0	.000	'81,'82日
五十嵐亮太	(ソ)	3	8	0	0	0	0	0	0	0	0	0	0	0	0	0	0	0	0	—	'09ヤ,'14,'15ソ
井口 和朋	(日)	2	3	0	0	0	0	0	0	0	0	0	0	0	0	0	0	0	0	—	'17,'19日
井口 資仁	(ロ)	4	24	87	12	24	6	0	6	48	12	1	0	0	1	9	2	22	1	.276	'04ダ,'10,'13,'15ロ

クライマックスシリーズ・ライフタイム

選手名	チーム	年数	試合	打数	得点	安打	二塁打	三塁打	本塁打	塁打	打点	盗塁	盗塁刺	犠打	犠飛	四球	死球	三振	併殺打	打率	出場した年度
池辺　　巌	ロ	1	3	6	1	2	0	0	0	2	0	0	0	1	0	0	0	2	0	.333	'74ロ
＊石井　一久	武	3	5	0	0	0	0	0	0	0	0	0	0	0	0	0	0	0	0	—	'08,'11,'12武
＊石井　　貴	武	2	3	—	—	—	—	—	—	—	—	—	—	—	—	—	—	—	—	—	'04,'06武
＊石井　裕也	日	5	9	0	0	0	0	0	0	0	0	0	0	0	0	0	0	0	0	—	'07,'11,'12,'15,'16日
＊石井　義人	巨	7	17	38	4	14	5	0	0	19	7	0	1	0	0	6	0	8	0	.368	'04~'06,'08,'10武,'12,'13巨
石川　　歩	ロ	2	3	—	—	—	—	—	—	—	—	—	—	—	—	—	—	—	—	—	'15,'16ロ
石川　柊太	ソ	3	10	—	—	—	—	—	—	—	—	—	—	—	—	—	—	—	—	—	'17~'19ソ
石川　慎吾	巨	1	1	1	0	0	0	0	0	0	0	0	0	0	0	0	0	0	0	.000	'19巨
＊石川　雄洋	ディ	1	5	10	0	3	0	0	0	3	0	0	0	1	0	1	0	1	0	.300	'16ディ
石川　直也	日	1	1	—	—	—	—	—	—	—	—	—	—	—	—	—	—	—	—	—	'18日
＊石川　雅規	ヤ	4	5	6	0	0	0	0	0	0	0	0	0	1	0	0	0	2	0	.000	'09,'11,'12,'15ヤ
石毛　宏典	武	1	4	17	2	6	3	0	0	9	2	0	0	0	0	0	0	2	0	.353	'82武
石崎　　剛	神	1	2	—	—	—	—	—	—	—	—	—	—	—	—	—	—	—	—	—	'17神
＊石田　健大	ディ	3	5	5	1	2	0	0	0	2	0	0	0	0	0	0	0	1	0	.400	'16,'17,'19ディ
石原　慶幸	広	5	14	31	1	6	0	0	0	6	0	0	0	3	0	1	2	8	2	.194	'13,'14,'16~'18広
伊志嶺翔大	ロ	2	8	14	1	5	0	0	0	5	0	1	0	0	0	1	0	2	0	.357	'13,'15ロ
＊石本　　努	日	1	2	2	0	0	0	0	0	0	0	0	0	0	0	0	0	1	0	.000	'04日
石山　一秀	近	1	1	0	0	0	0	0	0	0	0	0	0	0	0	0	0	0	0	—	'75近
石山　泰稚	ヤ	1	2	—	—	—	—	—	—	—	—	—	—	—	—	—	—	—	—	—	'18ヤ
石渡　　茂	近	3	10	24	7	7	1	0	0	8	4	1	1	3	0	3	0	5	1	.292	'75,'79,'80近
伊勢　孝夫	近	1	4	14	3	3	1	0	1	7	4	0	0	0	0	0	0	3	0	.214	'75近
一岡　竜司	広	4	9	0	0	0	0	0	0	0	0	0	0	0	0	0	0	0	0	—	'14,'16~'18広
市川　友也	日	3	9	14	0	2	1	0	0	3	0	0	0	3	0	0	0	3	0	.143	'14~'16日
一　　　輝	オ	1	2	4	1	2	0	0	0	2	0	0	0	0	0	1	0	1	0	.500	'14オ
井手正太郎	ソ	1	2	3	0	1	0	0	0	1	0	1	0	2	0	0	0	1	0	.333	'06ソ
＊糸井　嘉男	神	6	21	68	9	11	0	1	2	19	4	1	0	0	0	10	2	15	2	.162	'08,'09,'11,'12日,'14オ,'17神
＊伊藤　準規	中	2	3	5	1	2	0	0	0	2	1	0	0	0	0	0	0	2	0	.400	'09,'12中
＊伊藤　隼太	神	3	4	4	0	0	0	0	0	0	0	0	0	0	0	0	0	0	0	.000	'14,'15,'17神
伊藤　　光	ディ	2	5	14	0	3	0	0	0	3	0	0	0	1	0	1	1	5	0	.214	'14オ,'19ディ
伊藤裕季也	ディ	1	1	1	0	0	0	0	0	0	0	0	0	0	0	0	0	0	0	.000	'19ディ
伊藤　義弘	ロ	1	4	—	—	—	—	—	—	—	—	—	—	—	—	—	—	—	—	—	'10ロ
糸数　敬作	日	1	1	—	—	—	—	—	—	—	—	—	—	—	—	—	—	—	—	—	'09日
＊糸原　健斗	神	2	10	28	3	7	1	0	0	7	1	0	0	1	4	0	1	0	.250	'17,'19神
＊稲田　直人	日	4	12	20	4	7	1	0	0	8	0	0	0	2	0	0	2	0	.350	'06~'09日
＊稲葉　篤紀	日	7	25	74	10	24	5	0	0	29	7	2	0	0	0 (1)	8	1	7	0	.324	'06~'09,'11,'12,'14日
稲葉　光雄	急	2	2	—	—	—	—	—	—	—	—	—	—	—	—	—	—	—	—	—	'77,'79急
＋稲嶺　　誉	ソ	2	5	9	1	3	0	0	0	3	1	0	1	0	0	0	0	1	0	.333	'05,'06ソ
犬伏　稔昌	武	1	3	2	0	0	0	0	0	0	0	0	0	0	1	0	0	0	1	.000	'04武
井野　　卓	ヤ	1	1	1	0	0	0	0	0	0	0	0	0	0	0	0	0	1	0	.000	'18ヤ
井納　翔一	ディ	2	4	9	0	1	0	0	0	1	1	0	0	0	0	0	0	3	0	.111	'16,'17ディ
井上　　修	急	5	13	15	2	5	0	0	0	5	2	2	0	1	0	2	0	1	0	.333	'73~'75,'77,'79急
＊井上　一樹	中	3	8	9	1	2	1	0	0	3	0	0	0	0	0	0	0	0	0	.222	'07~'09中
＊井上　　純	ロ	1	2	5	0	0	0	0	0	0	0	0	0	0	0	0	0	0	0	.000	'05ロ
井上　晴哉	ロ	2	3	8	0	0	0	0	0	0	0	0	0	0	0	0	0	3	0	.000	'16,'20ロ
井上　弘昭	日	2	6	16	2	5	0	0	0	5	1	1	0	0	0	4	0	2	1	.313	'81,'82日
井上　洋一	ロ	3	8	12	1	1	0	0	0	1	0	0	0	1	0	1	0	2	0	.083	'77,'80,'81ロ
井場　友和	日	1	1	—	—	—	—	—	—	—	—	—	—	—	—	—	—	—	—	—	'04日
井端　弘和	巨	8	46	145	16	39	5	0	2	50	13	0	1	10	3	23	2	14	2	.269	'07~'10,'11,'12中,'14,'15巨
今井　啓介	広	1	2	0	0	0	0	0	0	0	0	0	0	0	0	0	0	0	0	—	'13広
今井　達也	武	2	2	—	—	—	—	—	—	—	—	—	—	—	—	—	—	—	—	—	'18,'19武
今江　年晶	楽	6	39	130	12	35	7	0	1	45	10	1	1	3	0	10	1	16	3	.269	'05,'07,'10,'13,'15ロ,'17楽
今岡　　誠	ロ	3	9	23	2	4	1	0	1	8	1	0	0	1	0	1	0	5	0	.174	'07,'08神,'10ロ
今津　光男	急	1	2	—	—	—	—	—	—	—	—	—	—	—	—	—	—	—	—	—	'74急
＊今永　昇太	ディ	2	3	6	0	0	0	0	0	0	0	0	0	1	0	0	0	0	0	.000	'16,'17,'19ディ
＊今浪　隆博	ヤ	2	4	6	0	1	0	0	0	1	0	0	0	0	0	1	0	0	1	.167	'11日,'15ヤ
＊今成　亮太	神	2	4	13	0	3	0	0	0	4	1	0	0	1	0	1	0	5	0	.231	'13,'15神
今宮　健太	ソ	7	35	121	12	30	2	0	6	50	18	1	0	9	0	2	1	21	2	.248	'11,'12,'14~'17,'19ソ
今村　　猛	広	2	6	0	0	0	0	0	0	0	0	0	0	0	0	0	0	0	0	—	'16,'17広
＊今村　信貴	巨	1	2	3	0	0	0	0	0	0	0	0	0	0	0	0	0	3	0	.000	'18巨
林　　昌勇	ヤ	2	5	—	—	—	—	—	—	—	—	—	—	—	—	—	—	—	—	—	'09,'11ヤ
井本　　隆	近	3	4	0	0	0	0	0	0	0	0	0	0	0	0	0	0	0	0	—	'75,'79,'80近
入来　祐作	日	1	2	—	—	—	—	—	—	—	—	—	—	—	—	—	—	—	—	—	'04日
岩隈　久志	楽	1	3	—	—	—	—	—	—	—	—	—	—	—	—	—	—	—	—	—	'09楽
＊岩崎　恭平	オ	1	2	1	0	0	0	0	0	0	0	0	0	0	0	0	0	0	0	.000	'14オ
岩嵜　　翔	ソ	5	14	—	—	—	—	—	—	—	—	—	—	—	—	—	—	—	—	—	'12,'14,'16,'17,'20ソ
岩崎　忠義	日	3	7	5	0	0	0	0	0	0	0	0	0	0	0	0	0	0	0	.000	'74,'77ロ,'81日
岩崎　達郎	中	2	3	0	0	1	0	0	0	1	0	0	0	0	0	0	0	0	0	.000	'07,'10中
岩崎　哲也	武	1	1	—	—	—	—	—	—	—	—	—	—	—	—	—	—	—	—	—	'08武
＊岩貞　祐太	神	2	3	—	—	—	—	—	—	—	—	—	—	—	—	—	—	—	—	—	'19神
＊岩崎　　優	神	3	8	0	0	0	0	0	0	0	0	0	0	1	0	0	0	0	0	.000	'15,'17,'19神

選手名	年数	試合	打数	得点	安打	二塁打	三塁打	本塁打	塁打	打点	盗塁	盗塁刺	犠打	犠飛	四球	死球	三振	併殺打	打率	出場した年度
岩下　大輝(ロ)	1	1	—	—	—	—	—	—	—	—	—	—	—	—	—	—	—	—	—	'20ロ
*岩瀬　仁紀(中)	6	19	1	0	0	0	0	0	0	0	0	0	0	0	0	0	1	0	.000	'07～'12中
*岩田　稔(神)	3	3	3	1	0	0	0	0	0	0	0	0	0	0	2	0	1	0	.000	'08,'14,'15神
*岩本　貴裕(広)	2	8	8	1	2	0	0	1	5	3	0	0	0	0	0	0	2	0	.250	'13,'17広
ウィーラー(楽)	2	11	36	4	10	1	0	2	17	4	0	0	0	0	(1)5	0	9	0	.278	'17,'19楽
ウィーランド(ディ)	1	2	4	1	1	0	0	0	1	0	0	0	0	0	2	0	2	0	.250	'17ディ
ウィリアムス(急)	3	12	27	4	7	1	0	0	8	1	0	0	0	0	3	0	5	0	.259	'75,'77,'79急
ウィリアムス(神)	2	3	0	0	0	0	0	0	0	0	0	0	0	0	0	0	0	0	.000	'07,'08神
*ウィリアムス(武)	2	2	—	—	—	—	—	—	—	—	—	—	—	—	—	—	—	—	—	'12,'13武
ウルフ(武)	3	3	—	—	—	—	—	—	—	—	—	—	—	—	—	—	—	—	—	'11,'12日,'18武
上園　啓史(神)	1	1	0	0	0	0	0	0	0	0	0	0	0	0	0	0	0	0	—	'07神
+植田　海(神)	2	8	3	2	1	1	0	0	2	0	1	0	1	0	0	0	0	0	.333	'17,'19神
*上田　剛史(ヤ)	4	16	40	1	4	0	0	0	4	0	0	0	1	0	1	0	7	0	.100	'11,'12,'15,'18ヤ
上田　浩明(武)	1	4	1	0	0	0	0	0	0	0	0	0	0	0	0	0	0	0	.000	'04武
*上田　佳範(中)	1	3	0	0	0	0	0	0	0	0	0	0	0	0	0	0	0	0	—	'07中
上原　浩治(巨)	3	5	3	1	1	0	0	0	1	0	0	0	0	0	0	0	0	0	.333	'07,'08,'18巨
*上林　誠知(ソ)	4	13	43	9	10	3	3	1	22	10	0	1	0	0	4	0	11	0	.233	'15,'17,'18,'20ソ
+上本　崇司(広)	4	5	1	2	0	0	0	0	0	0	1	0	0	0	0	0	1	0	.000	'13,'18広
*上本　達之(武)	4	6	6	0	1	0	0	0	1	0	0	0	0	0	0	0	2	0	.167	'10～'13武
上本　博紀(神)	6	19	52	8	16	1	0	0	17	2	2	1	4	0	4	2	10	0	.308	'10,'13～'15,'17,'19神
宇田　東植(日)	1	2	—	—	—	—	—	—	—	—	—	—	—	—	—	—	—	—	—	'81日
内　竜也(ロ)	4	12	—	—	—	—	—	—	—	—	—	—	—	—	—	—	—	—	—	'10,'13,'15,'16ロ
内川　聖一(ソ)	8	42	151	22	54	7	1	10	93	31	1	0	1	1	(1)10	1	20	6	.358	'11,'12,'14～19ソ
+内村　賢介(楽)	1	1	0	0	0	0	0	0	0	0	0	0	0	0	0	0	0	0	.000	'09楽
*内海　哲也(巨)	9	10	12	0	1	0	0	0	1	1	0	0	3	0	0	0	6	0	.083	'07,'08,'10～16巨
宇野　輝幸(急)	1	1	—	—	—	—	—	—	—	—	—	—	—	—	—	—	—	—	—	'77急
梅沢　義勝(ロ)	1	2	—	—	—	—	—	—	—	—	—	—	—	—	—	—	—	—	—	'81ロ
梅野　雄吾(ヤ)	1	2	—	—	—	—	—	—	—	—	—	—	—	—	—	—	—	—	—	'18ヤ
梅野隆太郎(神)	3	11	28	2	8	2	0	1	13	6	0	1	6	2	3	0	4	0	.286	'15,'17,'19神
浦野　博司(日)	2	4	—	—	—	—	—	—	—	—	—	—	—	—	—	—	—	—	—	'14,'18日
上沢　直之(日)	2	3	—	—	—	—	—	—	—	—	—	—	—	—	—	—	—	—	—	'14,'18日
*エスコバー(ディ)	2	8	1	0	0	0	0	0	0	0	0	0	0	0	0	0	1	0	.000	'17,'19ディ
エチェバリア(日)	1	3	4	0	1	0	0	0	1	0	0	0	0	0	0	0	1	0	.250	'04日
+エリアン(ディ)	1	5	13	2	5	0	0	1	8	2	0	1	0	0	0	0	5	0	.385	'16ディ
エルドレッド(広)	4	12	36	1	5	1	0	0	9	5	0	0	0	0	2	0	9	0	.139	'13,'14,'16,'17広
江柄子裕樹(巨)	1	3	—	—	—	—	—	—	—	—	—	—	—	—	—	—	—	—	—	'14巨
江川　智晃(ソ)	4	7	9	1	0	0	0	0	0	0	0	0	0	0	4	1	4	0	.000	'10,'14,'16,'17ソ
*江草　仁貴(広)	2	2	0	0	0	0	0	0	0	0	0	0	0	0	0	0	0	0	—	'07神,'14広
江越　大賀(神)	3	8	10	2	2	1	0	0	3	0	1	0	0	0	1	0	5	0	.200	'15,'17,'19神
江島　巧(ロ)	3	6	6	0	0	0	0	0	0	0	0	0	0	0	0	0	0	0	.000	'77,'80,'81ロ
江尻慎太郎(日)	2	4	—	—	—	—	—	—	—	—	—	—	—	—	—	—	—	—	—	'04,'09日
江藤　智(ロ)	1	1	2	0	0	0	0	0	0	0	0	0	0	0	0	1	0	0	.000	'06武
*江夏　豊(日)	2	6	—	—	—	—	—	—	—	—	—	—	—	—	—	—	—	—	—	'81,'82日
*榎田　大樹(武)	2	2	—	—	—	—	—	—	—	—	—	—	—	—	—	—	—	—	—	'18,'19武
江本　孟紀(南)	1	3	4	1	1	0	0	0	1	0	0	0	0	0	0	0	0	0	.250	'73南
オースチン(急)	1	1	—	—	—	—	—	—	—	—	—	—	—	—	—	—	—	—	—	'74急
オーティズ(武)	4	19	62	6	13	2	0	3	24	10	0	0	0	1	6	0	19	0	.210	'07ロ,'09'10ソ,'12武
オコエ瑠偉(楽)	2	7	12	1	3	0	0	1	6	1	1	0	0	0	3	0	3	0	.250	'17,'19楽
オバンドー(日)	1	3	10	1	4	1	0	0	5	0	0	0	0	0	0	0	1	0	.400	'04日
オビスポ(巨)	1	1	3	1	2	0	0	0	2	0	0	0	0	0	0	0	1	0	.667	'09巨
オンドルセク(ヤ)	1	2	—	—	—	—	—	—	—	—	—	—	—	—	—	—	—	—	—	'15ヤ
呉　昇桓(神)	1	6	0	0	0	0	0	0	0	0	0	0	0	0	0	0	0	0	—	'14神
*大石　達也(武)	1	1	—	—	—	—	—	—	—	—	—	—	—	—	—	—	—	—	—	'13武
大石　友好(武)	2	5	—	—	—	—	—	—	—	—	—	—	—	—	—	—	—	—	—	'82武
大熊　忠義(急)	5	16	55	10	13	3	0	0	19	8	2	2	1	0	3	0	4	2	.236	'73～'75,'77,'79急
*大崎雄太朗(武)	2	8	20	1	6	1	0	0	7	4	0	0	0	0	(1)	2	0	0	.300	'11,'12武
*大島　裕行(武)	2	6	10	2	4	0	0	0	4	3	0	0	1	0	0	0	2	0	.400	'08,'10武
*大島　洋平(中)	3	17	60	6	23	2	0	1	28	5	3	1	0	0	(1)6	0	7	0	.383	'10～'13中
*大城　卓三(巨)	2	3	6	0	2	0	0	0	2	0	0	0	0	0	0	0	3	0	.333	'18,'19巨
*大隅　正人(急)	1	2	2	1	1	0	0	0	1	0	0	0	0	0	0	0	0	0	.500	'77急
大瀬良大地(広)	4	4	3	0	0	0	0	0	0	0	0	0	0	0	0	0	1	0	.000	'14,'16～'18広
*太田　賢吾(日)	1	1	—	—	—	—	—	—	—	—	—	—	—	—	—	—	—	—	—	'18日
太田　泰示(日)	2	5	15	2	4	2	0	0	6	1	1	0	0	0	0	0	2	0	.267	'14巨,'18日
大田　卓司(武)	3	3	3	2	2	0	0	0	2	0	0	0	0	0	0	0	0	0	.667	'82武
太田　光(楽)	1	3	2	0	0	0	0	0	0	0	0	0	0	0	0	0	2	0	.000	'19楽
大竹　寛(巨)	3	5	4	0	0	0	0	0	0	0	0	0	0	0	0	0	3	0	.000	'13広,'16,'19巨
*大竹耕太郎(ソ)	1	3	—	—	—	—	—	—	—	—	—	—	—	—	—	—	—	—	—	'18ソ
*大谷　翔平(日)	3	13	34	7	6	2	0	0	8	2	0	1	0	0	(1)2	0	11	1	.176	'14～'16日
大谷　智久(ロ)	2	6	—	—	—	—	—	—	—	—	—	—	—	—	—	—	—	—	—	'15,'16ロ
大塚　明(ロ)	2	11	14	1	2	0	0	0	2	0	0	0	0	0	0	0	8	0	.143	'05,'07ロ

クライマックスシリーズ・ライフタイム

選手名	チーム	年数	試合	打数	得点	安打	二塁打	三塁打	本塁打	塁打	打点	盗塁	盗塁刺	犠打	犠飛	四球	死球	三振	併殺打	打率	出場した年度
＊大隈 憲司	(ソ)	4	5	—	—	—	—	—	—	—	—	—	—	—	—	—	—	—	—	—	'09,'10,'12,'14ソ
大沼 幸二	(武)	2	4	—	—	—	—	—	—	—	—	—	—	—	—	—	—	—	—	—	'04,'08武
大野 奨太	(日)	6	22	43	4	15	1	0	0	16	4	0	0	4	0	7	0	3	0	.349	'09,'11,'12,'14~'16日
＊大野 雄大	(中)	1	2	0	0	0	0	0	0	0	0	0	0	0	0	0	0	1	0	.000	'12中
大橋 穣	(急)	5	20	63	9	13	1	0	2	20	10	1	2	1	0	8	1	10	2	.206	'73~'75,'77,'79急
＊大引 啓次	(ヤ)	4	16	35	4	6	1	0	0	7	0	0	0	1	0	(1)8	0	13	1	.171	'08オ,'14日,'15,'18ヤ
＊大松 尚逸	(ロ)	2	16	46	3	9	2	0	2	17	7	0	0	0	0	8	1	10	1	.196	'07,'10ロ
大道 典嘉	(巨)	6	12	13	0	3	1	0	0	4	2	0	0	1	0	1	0	5	1	.231	'04ダ,'05,'06ソ,'07~'09巨
＊大嶺 祐太	(ロ)	1	1	—	—	—	—	—	—	—	—	—	—	—	—	—	—	—	—	—	'10,'15ロ
大宮 龍男	(日)	2	9	29	3	5	1	0	0	6	1	2	0	1	0	(1)4	0	8	0	.172	'81,'82日
＊大村 直之	(ソ)	3	11	37	4	9	0	0	0	9	4	1	0	4	1	1	2	3	0	.243	'05~'07ソ
大山 悠輔	(神)	2	9	32	6	12	4	0	2	22	5	0	1	0	0	0	0	5	0	.375	'17,'19神
岡 大海	(日)	2	6	6	0	1	1	0	0	2	2	0	0	0	0	0	0	1	0	.167	'15,'16日
＊岡持 和彦	(日)	2	8	22	0	2	1	0	0	3	3	0	0	0	1	1	1	7	1	.091	'81,'82日
＊岡島 豪郎	(楽)	2	12	41	7	9	2	0	0	11	1	0	0	5	0	2	1	5	1	.220	'13,'17楽
＊岡島 秀樹	(ソ)	2	4	—	—	—	—	—	—	—	—	—	—	—	—	—	—	—	—	—	'12,'14ソ
岡田 明丈	(広)	2	2	2	0	1	0	0	0	1	0	0	0	0	0	0	0	1	0	.500	'16,'18広
岡田 雅利	(武)	2	2	0	0	0	0	0	0	0	0	0	0	0	0	0	0	3	0	.000	'17,'18武
岡田 幸喜	(急)	1	3	9	0	1	0	0	0	4	1	0	0	0	0	0	0	4	0	.111	'73急
＊岡田 幸文	(ロ)	4	16	32	5	4	1	0	0	5	0	2	1	1	0	0	1	3	1	.125	'10,'13,'15,'16ロ
岡部 憲章	(日)	1	1	—	—	—	—	—	—	—	—	—	—	—	—	—	—	—	—	—	'81日
＊岡村 隆則	(武)	1	4	9	0	0	0	0	0	0	0	0	0	0	0	0	0	0	0	.000	'82武
岡本 篤志	(武)	4	7	—	—	—	—	—	—	—	—	—	—	—	—	—	—	—	—	—	'04,'10~'12武
岡本 和真	(巨)	2	9	33	4	9	2	0	3	20	8	0	0	0	1	3	0	5	0	.273	'18,'19巨
＊岡本 一光	(急)	1	1	1	0	0	0	0	0	0	0	0	0	0	0	0	0	1	0	.000	'79急
岡本 克道	(ダ)	1	2	—	—	—	—	—	—	—	—	—	—	—	—	—	—	—	—	—	'04ダ
岡本 真也	(中)	2	7	0	0	0	0	0	0	0	0	0	0	0	0	0	0	0	0	—	'07中,'08武
岡本 洋介	(武)	1	1	—	—	—	—	—	—	—	—	—	—	—	—	—	—	—	—	—	'13武
＊小笠原 孝	(中)	3	4	5	0	0	0	0	0	0	0	0	0	3	0	0	0	3	0	.000	'07~'09中
小笠原道大	(巨)	8	27	91	13	29	3	0	5	47	18	0	0	1	0	(2)12	1	22	1	.319	'04,'06日,'07~'12巨
＊小川 亨	(近)	3	10	32	7	10	1	0	2	17	3	0	0	1	0	4	2	3	1	.313	'75,'79,'80近
＊小川 泰弘	(ヤ)	2	2	1	0	0	0	0	0	0	0	0	0	1	0	0	0	0	0	.000	'15,'18ヤ
＊小川 龍也	(武)	2	2	—	—	—	—	—	—	—	—	—	—	—	—	—	—	—	—	—	'18,'19武
荻野 貴司	(ロ)	2	7	23	1	6	0	0	0	6	1	1	0	1	0	1	0	2	0	.261	'15,'20ロ
荻野 忠寛	(ロ)	1	3	—	—	—	—	—	—	—	—	—	—	—	—	—	—	—	—	—	'07ロ
長田秀一郎	(武)	3	6	—	—	—	—	—	—	—	—	—	—	—	—	—	—	—	—	—	'04,'10,'12武
小沢 誠	(武)	1	1	0	0	0	0	0	0	0	0	0	0	0	0	0	0	0	0	.000	'82武
押本 健彦	(ヤ)	4	11	0	0	0	0	0	0	0	0	0	0	0	0	0	0	0	0	—	'07日,'09,'11,'12ヤ
＊小瀬 浩之	(オ)	1	2	3	0	3	0	0	0	3	0	1	0	0	0	0	0	0	0	1.000	'08オ
＊小関 竜弥	(武)	1	2	4	0	1	1	0	0	2	0	0	0	0	0	0	0	0	0	.250	'04武
小田 幸平	(中)	2	2	2	0	2	0	0	0	2	0	0	0	0	0	0	0	0	0	1.000	'08,'10中
＊小田 智之	(武)	2	4	3	0	0	0	0	0	0	0	0	0	0	0	1	0	1	0	.000	'04,'08武
越智 大祐	(巨)	4	9	2	0	0	0	0	0	0	0	0	0	1	0	0	0	1	0	.000	'08~'11巨
落合 博満	(ロ)	2	8	25	1	9	2	0	1	14	6	1	0	0	1	5	0	4	0	.360	'80,'81ロ
乙坂 智	(ディ)	2	6	6	2	3	0	0	2	9	7	0	0	0	0	0	0	1	0	.500	'17,'19ディ
＊鬼﨑 裕司	(武)	4	8	15	2	5	0	0	0	5	0	0	0	1	0	0	0	3	1	.333	'09ヤ,'11~'13武
小野 晋吾	(ロ)	3	6	—	—	—	—	—	—	—	—	—	—	—	—	—	—	—	—	—	'05,'07,'10ロ
小野 郁	(ロ)	1	1	—	—	—	—	—	—	—	—	—	—	—	—	—	—	—	—	—	'20ロ
小野寺 力	(武)	4	9	—	—	—	—	—	—	—	—	—	—	—	—	—	—	—	—	—	'04,'06,'08,'10武
＊小俣 進	(ロ)	2	2	0	0	0	0	0	0	0	0	0	0	0	0	0	0	0	0	—	'80,'81ロ
＊カーター	(武)	1	3	3	0	0	0	0	0	0	0	0	0	0	0	0	0	1	0	.000	'12武
カニザレス	(ソ)	1	4	—	—	—	—	—	—	—	—	—	—	—	—	—	—	—	—	—	'14ソ
カブレラ	(ソ)	2	10	36	6	13	4	0	2	23	3	1	0	0	0	2	1	5	1	.361	'05,'06ソ
カブレラ	(ソ)	4	16	52	5	12	2	0	2	20	16	0	0	4	0	(1)9	1	18	3	.231	'04,'06武,'08オ,'11ソ
カラスティー	(ヤ)	1	1	0	0	0	0	0	0	0	0	0	0	0	0	0	0	0	0	—	'18ヤ
カルロス・ロサ	(ロ)	1	5	—	—	—	—	—	—	—	—	—	—	—	—	—	—	—	—	—	'13ロ
＊ガイエル	(ヤ)	1	3	9	0	2	0	0	0	2	0	0	0	0	0	3	0	4	1	.222	'09ヤ
＊ガルシア	(神)	1	4	0	0	0	0	0	0	0	0	0	0	0	0	0	0	0	0	—	'19神
甲斐 拓也	(ソ)	4	19	50	7	12	2	0	0	20	7	0	0	4	0	4	0	16	0	.240	'17~'20ソ
貝塚 政秀	(武)	2	10	32	1	5	0	0	0	5	0	0	0	0	0	3	0	6	1	.156	'04,'05武
＊甲斐野 央	(ソ)	1	5	—	—	—	—	—	—	—	—	—	—	—	—	—	—	—	—	—	'19ソ
垣内 哲也	(ロ)	1	1	1	0	1	0	0	0	1	0	0	0	0	0	0	0	0	0	1.000	'05ロ
＊鍵谷 康司	(日)	1	5	5	0	1	0	0	0	1	0	0	0	0	0	0	0	1	0	.200	'81,'82日
鍵谷 陽平	(日)	3	7	—	—	—	—	—	—	—	—	—	—	—	—	—	—	—	—	—	'14~'16日
＊角中 勝也	(ロ)	4	17	55	1	14	4	1	0	20	2	0	0	2	0	6	0	13	0	.255	'13,'15,'16,'20ロ
笠原 将生	(巨)	1	1	—	—	—	—	—	—	—	—	—	—	—	—	—	—	—	—	—	'14巨
柏原 純一	(日)	2	9	33	5	8	0	0	1	11	5	1	0	0	1	(1)3	0	3	0	.242	'81,'82日
＊梶谷 隆幸	(ディ)	3	17	54	8	15	0	0	3	24	8	0	0	0	0	7	1	18	1	.278	'16,'17,'19ディ
加治前竜一	(巨)	1	4	4	0	2	0	0	0	2	0	0	0	0	0	0	0	1	0	.500	'08巨
＊梶本 隆夫	(急)	1	1	—	—	—	—	—	—	—	—	—	—	—	—	—	—	—	—	—	'73急

選手名	チーム	年数	試合	打数	得点	安打	二塁打	三塁打	本塁打	塁打	打点	盗塁	盗塁刺	犠打	犠飛	四球	死球	三振	併殺打	打率	出場した年度
加治屋 蓮	ソ	1	6	—	—	—	—	—	—	—	—	—	—	—	—	—	—	—	—	—	'18ソ
片岡 治大	巨	6	21	67	9	18	2	1	1	25	5	4	0	7	0	1	0	13	1	.269	'05,'06,'08,'13武,'14,'15巨
*片平 晋作	武	2	6	14	1	2	0	0	0	2	0	0	0	0	0	1	1	1	1	.143	'73南,'82武
香月 良仁	ロ	1	1	—	—	—	—	—	—	—	—	—	—	—	—	—	—	—	—	—	'15ロ
甲藤 啓介	ソ	1	2	—	—	—	—	—	—	—	—	—	—	—	—	—	—	—	—	—	'10ソ
*葛城 育郎	神	2	4	6	0	2	0	0	0	2	0	0	0	0	0	0	0	1	0	.333	'07,'08神
加藤 健	巨	1	7	9	0	1	0	0	0	1	0	0	0	1	0	2	0	1	0	.111	'15巨
*加藤 康介	神	1	2	0	0	0	0	0	0	0	0	0	0	0	0	0	0	0	0	—	'13神
+加藤 翔平	ロ	2	8	7	1	2	1	0	1	6	3	2	0	0	0	0	0	2	0	.286	'13,'16ロ
*加藤 貴之	日	1	1	—	—	—	—	—	—	—	—	—	—	—	—	—	—	—	—	—	'16,'18日
加藤 大輔	オ	1	1	—	—	—	—	—	—	—	—	—	—	—	—	—	—	—	—	—	'08オ
加藤 俊夫	日	1	2	1	0	1	0	0	0	1	2	0	0	0	0	0	0	0	0	1.000	'81日
*加藤 英司	急	5	19	73	13	22	1	1	2	31	12	2	0	0	3	7	0	11	1	.301	'73~'75,'77,'79急
*加藤 政義	日	1	2	2	0	0	0	0	0	0	0	0	0	0	0	0	0	0	0	.000	'11日
門倉 健	巨	1	2	0	0	0	0	0	0	0	0	0	0	0	0	0	0	0	0	—	'07巨
*門田 博光	南	1	5	22	4	5	2	0	2	13	3	0	0	0	0	0	0	3	0	.227	'73南
*金澤 岳	ロ	1	1	1	0	0	0	0	0	0	0	0	0	0	0	0	0	0	0	.000	'13ロ
金澤 健人	ソ	3	7	—	—	—	—	—	—	—	—	—	—	—	—	—	—	—	—	—	'10,'11,'12ソ
金森 敬之	ロ	3	4	—	—	—	—	—	—	—	—	—	—	—	—	—	—	—	—	—	'07,'09日,'15コ
+金子 圭輔	ソ	1	3	0	0	0	0	0	0	0	0	0	0	0	0	0	0	0	0	—	'12ソ
*金子 千尋	オ	2	2	—	—	—	—	—	—	—	—	—	—	—	—	—	—	—	—	—	'08,'14オ
金子 誠	オ	7	25	78	5	17	1	1	1	23	6	0	0	2	0	3	0	13	3	.218	'04日,'06~'09,'11,'12日
+金子 侑司	武	4	13	31	8	8	2	0	1	10	0	2	0	0	0	7	0	8	0	.258	'13,'17~'19武
金田 留広	日	2	2	2	0	0	0	0	0	0	0	0	0	0	0	1	0	0	0	.000	'74,'77ロ
*金刃 憲人	楽	2	2	—	—	—	—	—	—	—	—	—	—	—	—	—	—	—	—	—	'09日,'13楽
金村 暁	日	1	1	—	—	—	—	—	—	—	—	—	—	—	—	—	—	—	—	—	'04日
*金本 知憲	神	3	6	18	2	3	1	0	0	4	2	0	0	0	0	3	0	4	0	.167	'07,'08,'10神
釜田 佳直	楽	1	2	—	—	—	—	—	—	—	—	—	—	—	—	—	—	—	—	—	'17楽
*神内 靖	ソ	1	2	—	—	—	—	—	—	—	—	—	—	—	—	—	—	—	—	—	'04ダ,'06ソ
*神里 和毅	ディ	1	3	14	3	6	1	0	0	7	1	0	0	0	0	0	0	3	0	.429	'19ディ
上茶谷大河	ディ	1	1	0	0	0	0	0	0	0	0	0	0	0	0	0	0	0	0	—	'19ディ
*亀井 善行	巨	11	41	133	21	35	5	0	4	52	10	2	0	3	0	(3)15	0	15	3	.263	'08~'16,'18,'19巨
*嘉弥真新也	ソ	4	13	—	—	—	—	—	—	—	—	—	—	—	—	—	—	—	—	—	'17~'20ソ
唐川 侑己	ロ	2	4	—	—	—	—	—	—	—	—	—	—	—	—	—	—	—	—	—	'13,'20ロ
*辛島 航	楽	2	2	—	—	—	—	—	—	—	—	—	—	—	—	—	—	—	—	—	'13,'17楽
*川井 雄太	中	1	1	2	0	0	0	0	0	0	0	0	0	0	0	0	0	1	0	.000	'11中
川上 憲伸	中	3	6	9	1	2	0	0	0	2	0	0	0	4	0	0	0	2	0	.222	'07,'08,'12中
川岸 強	楽	1	1	—	—	—	—	—	—	—	—	—	—	—	—	—	—	—	—	—	'09楽
川越 英隆	オ	1	1	—	—	—	—	—	—	—	—	—	—	—	—	—	—	—	—	—	'08オ
*川﨑 宗則	ソ	7	29	113	14	32	4	1	2	44	6	3	0	2	1	6	5	18	2	.283	'04ダ,'05~'07,'09~'11ソ
*川崎 雄介	ロ	1	3	—	—	—	—	—	—	—	—	—	—	—	—	—	—	—	—	—	'07ロ
川島 慶三	ソ	7	16	29	5	10	3	0	0	13	4	0	0	2	0	2	0	3	0	.345	'07日,'15~'20ソ
川原 昭二	日	1	1	—	—	—	—	—	—	—	—	—	—	—	—	—	—	—	—	—	'82日
河原 純一	中	3	6	0	0	0	0	0	0	0	0	0	0	0	0	0	0	0	0	—	'09~'11中
*川端 慎吾	ヤ	3	8	26	4	7	0	0	0	7	0	0	0	0	0	(1)4	1	1	0	.269	'12,'15,'13ヤ
川村 崇義	オ	1	3	12	1	2	0	0	0	3	1	0	0	0	0	0	0	3	0	.167	'14オ
河村健一郎	急	4	12	22	2	5	1	0	0	9	1	0	0	0	0	0	0	3	0	.227	'74,'75,'77,'79急
川本 良平	ヤ	2	6	8	2	4	2	0	1	9	3	0	0	0	0	1	0	2	0	.500	'09,'11ヤ
*神部 年男	近	1	1	—	—	—	—	—	—	—	—	—	—	—	—	—	—	—	—	—	'75近
*キ ラ	広	1	5	20	2	5	1	0	1	9	4	0	0	0	0	2	0	4	1	.250	'13広
ギッセル	武	1	1	—	—	—	—	—	—	—	—	—	—	—	—	—	—	—	—	—	'06武
*ギャレット	巨	1	3	11	0	0	0	0	0	0	0	0	0	0	0	0	0	5	0	.000	'16巨
菊地 和正	日	2	2	—	—	—	—	—	—	—	—	—	—	—	—	—	—	—	—	—	'07,'09巨
*菊池 雄星	日	2	2	—	—	—	—	—	—	—	—	—	—	—	—	—	—	—	—	—	'17,'18武
菊池 涼介	広	5	19	64	3	17	1	0	0	21	7	1	3	13	1	2	0	8	2	.266	'13,'14,'16~'18広
菊地原 毅	オ	1	1	—	—	—	—	—	—	—	—	—	—	—	—	—	—	—	—	—	'08オ
木佐貫 洋	日	2	2	1	0	0	0	0	0	0	0	0	0	0	0	0	0	0	0	.000	'07巨,'14日
岸 孝之	楽	7	8	—	—	—	—	—	—	—	—	—	—	—	—	—	—	—	—	—	'08,'10~'13武,'17,'19楽
岸田 護	オ	2	3	—	—	—	—	—	—	—	—	—	—	—	—	—	—	—	—	—	'08,'14オ
北川 博敏	オ	1	2	7	0	1	0	0	0	1	0	0	0	0	0	0	0	1	0	.143	'08オ
木樽 正明	ロ	1	1	—	—	—	—	—	—	—	—	—	—	—	—	—	—	—	—	.000	'74ロ
木田 勇	日	2	2	—	—	—	—	—	—	—	—	—	—	—	—	—	—	—	—	—	'81,'82日
*木城所 龍磨	ソ	6	16	8	1	3	2	0	0	5	0	0	0	3	0	0	0	3	0	.375	'06,'10~'12,'16,'17ソ
*木浪 聖也	神	1	1	17	1	5	0	0	0	5	2	0	0	0	0	0	0	6	0	.294	'19神
金 泰均	ロ	1	8	29	3	8	0	0	0	8	4	0	0	0	0	(1)3	1	6	0	.276	'10ロ
*木村 昇吾	広	1	4	11	1	1	0	0	0	1	0	0	0	1	0	0	0	4	0	.091	'13広
+木村 孝	巨	1	1	2	0	0	0	0	0	0	0	0	0	0	0	0	0	0	0	.000	'81,'82巨
+木村 拓也	巨	3	8	20	3	6	0	0	0	6	1	0	0	0	0	1	0	5	0	.300	'07~'09巨
*木村 文紀	武	2	5	9	2	2	0	0	0	2	1	0	0	0	0	1	0	3	0	.222	'18,'19武
*木元 邦之	日	1	3	10	3	3	0	0	0	3	0	0	0	0	0	0	0	3	0	.300	'04日

クライマックスシリーズ・ライフタイム

選手名	チーム	年数	試合	打数	得点	安打	二塁打	三塁打	本塁打	塁打	打点	盗塁	盗塁刺	犠打	犠飛	四球	死球	三振	併殺打	打率	出場した年度
*久古健太郎	ヤ	1	3	0	0	0	0	0	0	0	0	0	0	0	0	0	0	0	0	ー	'15ヤ
清田 育宏	ロ	5	25	88	10	19	3	1	5	39	10	2	1	2	0	7	1	20	1	.216	'10,'13,'15,'16,'20ロ
*清宮幸太郎	日	1	1	1	0	0	0	0	0	0	0	0	0	0	0	0	0	0	0	.000	'18日
*銀 次	楽	3	15	55	4	16	1	0	2	23	4	0	0	2	0	8	0	9	1	.291	'13,'17,'19楽
*クルーズ	日	1	4	17	1	7	1	0	1	11	4	0	0	0	0	0	0	1	0	.412	'82日
クルーズ	ロ	1	6	23	3	5	1	0	0	6	1	0	0	0	0	0	0	2	1	.217	'15ロ
クルーン	巨	3	8	0	0	0	0	0	0	0	0	0	0	0	0	0	0	0	0	ー	'08〜'10巨
クルス	中	1	1	0	0	0	0	0	0	0	0	0	0	0	0	0	0	0	0	ー	'07中
クロッタ	日	1	5	ー	ー	ー	ー	ー	ー	ー	ー	ー	ー	ー	ー	ー	ー	ー	ー	ー	'14日
グライシンガー	ロ	3	4	2	0	0	0	0	0	0	0	0	0	0	0	0	0	0	0	.000	'08,'10巨,'13ロ
グラシアル	ソ	3	17	63	11	23	5	0	3	37	6	0	0	0	0	9	0	16	1	.365	'18〜'20ソ
*グラマン	武	2	4	ー	ー	ー	ー	ー	ー	ー	ー	ー	ー	ー	ー	ー	ー	ー	ー	ー	'08,'11武
*グリン	日	2	4	ー	ー	ー	ー	ー	ー	ー	ー	ー	ー	ー	ー	ー	ー	ー	ー	ー	'07,'08日
郭 俊麟	武	1	1	ー	ー	ー	ー	ー	ー	ー	ー	ー	ー	ー	ー	ー	ー	ー	ー	ー	'18武
*草野 大輔	楽	1	6	23	0	5	1	0	0	6	4	0	0	0	1	0	0	4	0	.217	'09楽
*工藤 公康	武	1	1	ー	ー	ー	ー	ー	ー	ー	ー	ー	ー	ー	ー	ー	ー	ー	ー	ー	'82武
*工藤 隆人	巨	3	12	24	3	6	0	1	0	8	4	0	0	0	0	2	1	6	0	.250	'07,'08日,'09巨
工藤 幹夫	日	2	3	ー	ー	ー	ー	ー	ー	ー	ー	ー	ー	ー	ー	ー	ー	ー	ー	ー	'81,'82日
国吉 佑樹	ディ	1	2	0	0	0	0	0	0	0	0	0	0	0	0	0	0	0	0	ー	'19ディ
久保 康友	神	3	5	2	0	0	0	0	0	0	0	0	0	0	0	0	0	0	0	.000	'07ロ,'10,'13神
久保 裕也	巨	3	9	1	0	0	0	0	0	0	0	0	0	0	0	0	0	1	0	.000	'10,'11,'14巨
久保田智之	神	3	6	0	0	0	0	0	0	0	0	0	0	0	0	0	0	0	0	ー	'07,'08,'10神
熊代 聖人	武	5	8	7	0	2	2	0	0	4	2	0	0	1	0	0	0	2	0	.286	'11〜'13,'18,'19武
*公文 克彦	日	1	2	ー	ー	ー	ー	ー	ー	ー	ー	ー	ー	ー	ー	ー	ー	ー	ー	ー	'18日
倉 義和	広	1	1	0	0	0	0	0	0	0	0	0	0	0	0	0	0	0	0	ー	'13広
倉野 信次	ダ	1	1	ー	ー	ー	ー	ー	ー	ー	ー	ー	ー	ー	ー	ー	ー	ー	ー	ー	'04ダ
倉持 明	ロ	2	4	ー	ー	ー	ー	ー	ー	ー	ー	ー	ー	ー	ー	ー	ー	ー	ー	ー	'80,'81ロ
*倉本 寿彦	ディ	2	15	53	8	15	2	0	0	17	3	0	0	0	0	3	1	12	1	.283	'16,'17ディ
九里 亜蓮	広	3	4	2	0	0	0	0	0	0	0	0	0	0	0	0	0	0	0	.000	'16〜'18広
*栗橋 茂	近	2	6	17	5	3	0	0	2	9	3	0	0	1	1	4	1	1	2	.176	'79,'80近
*栗原 陵矢	ソ	1	5	1	0	0	0	0	0	0	0	0	0	2	0	0	0	2	1	.000	'18〜'20ソ
栗山 巧	武	9	29	96	12	27	3	1	4	44	19	0	0	4	1	13	1	15	1	.281	'05,'06,'08,'10,'11,'13,'17〜'19武
黒田 博樹	広	1	1	1	0	0	0	0	0	0	0	0	0	0	0	0	0	0	0	.000	'16広
黒田 正宏	武	1	4	8	2	1	0	0	0	1	0	0	0	0	0	0	0	2	0	.125	'82武
桑原謙太朗	神	1	2	0	0	0	0	0	0	0	0	0	0	0	0	0	0	0	0	ー	'17神
桑原 将志	ディ	3	18	63	10	14	4	0	1	21	6	2	0	1	1	5	0	11	2	.222	'16,'17,'19ディ
ゲレーロ	巨	2	6	15	2	3	0	0	2	9	4	0	0	0	0	0	0	4	0	.200	'18,'19巨
*憲 史	楽	1	3	0	0	0	0	0	0	0	0	0	0	0	0	0	0	0	0	.000	'09楽
劔持 貴貴	ロ	2	3	0	0	0	0	0	0	0	0	0	0	0	0	0	0	1	0	.000	'80,'81ロ
*源田 壮亮	武	3	12	48	6	11	1	1	0	14	5	2	0	2	0	2	1	8	1	.229	'17〜'19武
G.後藤武敏	ディ	5	11	26	3	6	1	0	2	13	8	0	0	0	0	3	0	5	0	.231	'05,'08,'10武,'16,'17ディ
ゴメス	神	2	9	36	3	11	2	0	2	19	10	0	0	0	0	5	0	12	0	.306	'14,'15神
ゴンザレス	巨	1	2	4	0	1	0	0	0	1	1	0	0	0	0	0	0	1	0	.250	'07巨
ゴンザレス	巨	3	3	2	0	1	0	0	0	1	0	0	0	2	0	0	0	0	0	.500	'09〜'11巨
小池 兼司	南	1	5	7	0	2	0	0	0	2	0	0	0	0	0	0	1	0	2	.286	'73南
小池 正晃	中	5	8	9	5	0	0	0	0	0	0	1	0	0	0	0	1	1	2	.000	'08,'09,'11中
小窪 哲也	広	5	9	15	5	4	0	1	0	6	2	0	0 (1)	2	1			6	0	.267	'13,'14,'16〜'18広
*小久保裕紀	ソ	5	19	66	2	12	2	0	0	14	3	0	0	0	1	4	1	15	1	.182	'07,'09〜'12ソ
*小斉 祐輔	ソ	1	5	0	0	0	0	0	0	0	0	0	0	0	0	0	0	1	0	ー	'09ソ
*小坂 誠	楽	2	6	3	2	1	0	1	0	3	0	0	0	1	0	0	1	0	0	.333	'05ロ,'09楽
小林 誠二	武	1	3	ー	ー	ー	ー	ー	ー	ー	ー	ー	ー	ー	ー	ー	ー	ー	ー	ー	'82武
小林 誠司	巨	5	15	34	1	1	0	0	0	1	0	0	0	3	0	2	0	11	0	.029	'14〜'16,'18,'19巨
小林 宏	日	3	9	ー	ー	ー	ー	ー	ー	ー	ー	ー	ー	ー	ー	ー	ー	ー	ー	ー	'05,'07,'10日
*小林 正	中	3	9	ー	ー	ー	ー	ー	ー	ー	ー	ー	ー	ー	ー	ー	ー	ー	ー	ー	'08,'09,'12中
小林 雅英	ロ	2	9	ー	ー	ー	ー	ー	ー	ー	ー	ー	ー	ー	ー	ー	ー	ー	ー	ー	'05,'07ロ
小松 聖	オ	1	1	ー	ー	ー	ー	ー	ー	ー	ー	ー	ー	ー	ー	ー	ー	ー	ー	ー	'08オ
小宮山 悟	ロ	1	1	ー	ー	ー	ー	ー	ー	ー	ー	ー	ー	ー	ー	ー	ー	ー	ー	ー	'07ロ
小谷野栄一	日	6	28	108	8	28	10	0	1	41	11	0	0	3	1	4	1	18	2	.259	'07〜'09,'11,'12,'14日
小山伸一郎	楽	2	3	ー	ー	ー	ー	ー	ー	ー	ー	ー	ー	ー	ー	ー	ー	ー	ー	ー	'09,'13楽
小山 雄輝	巨	2	2	0	0	0	0	0	0	0	0	0	0	0	0	0	0	0	0	ー	'12,'14巨
*紺田 敏正	日	2	4	2	0	0	0	0	0	0	0	0	0	0	0	0	0	1	0	.000	'07,'08日
近藤 一樹	ヤ	2	3	0	0	0	0	0	0	0	0	0	0	0	0	0	0	0	0	ー	'08,'18ヤ
*近藤 健介	日	4	19	69	8	21	4	0	1	28	11	1	0	2	1	7	1	11	3	.304	'14〜'16,'18日
*後藤 光尊	オ	1	1	0	0	0	0	0	0	0	0	0	0	0	0	0	0	4	1	.000	'08オ
サファテ	ソ	5	13	ー	ー	ー	ー	ー	ー	ー	ー	ー	ー	ー	ー	ー	ー	ー	ー	ー	'13武,'14〜'17ソ
サブロー	ロ	5	30	101	13	20	4	1	3	35	12	0	0	0	0	18	1	26	4	.198	'05,'07,'10ロ,'11巨,'13ロ
*ザガースキー	ディ	1	1	0	0	0	0	0	0	0	0	0	0	0	0	0	0	0	0	ー	'16ディ
歳内 宏明	神	1	1	0	0	0	0	0	0	0	0	0	0	0	0	0	0	0	0	ー	'15神
斉藤 和巳	ソ	4	5	1	0	0	0	1	0	0	0	0	0	0	0	0	0	1	0	ー	'04ダ,'05〜'07ソ
*斉藤 彰吾	武	3	7	1	1	0	0	0	0	0	0	0	0	0	0	0	0	0	0	.000	'11〜'13武

選手名	チーム	年数	試合	打数	得点	安打	二塁打	三塁打	本塁打	塁打	打点	盗塁	盗塁刺	犠打	犠飛	四球	死球	三振	併殺打	打率	出場した年度
齊藤　信介(中)		1	2	0	0	0	0	0	0	0	0	0	0	0	0	0	0	0	0	—	'08中
*斎藤　隆(楽)		1	1	—	—	—	—	—	—	—	—	—	—	—	—	—	—	—	—	—	'13楽
*佐伯　貴弘(中)		1	3	2	0	0	0	0	0	0	0	0	0	0	0	1	0	0	0	.000	'11中
*坂　克彦(神)		4	10	11	0	2	0	0	0	2	0	0	0	0	0	1	0	2	0	.182	'10,'13〜'15神
榊　親一(ロ)		1	2	1	0	0	0	0	0	0	0	0	0	0	0	0	0	1	0	.000	'77ロ
榊原　良行(日)		1	3	9	2	3	1	0	0	4	0	0	0	1	0	0	0	0	0	.333	'82日
榊原　諒(日)		1	1	—	—	—	—	—	—	—	—	—	—	—	—	—	—	—	—	—	'11日
*坂口　智隆(ヤ)		3	7	27	2	7	1	0	0	8	1	1	0	0	0	1	1	3	0	.259	'08,'14オ,'18ヤ
+阪田　隆(南)		1	1	0	0	0	0	0	0	0	0	0	0	0	0	0	0	0	0	.000	'73南
坂田　遼(武)		2	5	15	0	4	1	0	0	5	1	0	0	0	0	1	0	5	0	.267	'11,'13武
坂本誠志郎(神)		1	2	3	0	0	0	0	0	0	0	0	0	0	0	0	0	1	0	.000	'17神
坂本　勇人(巨)		11	47	174	23	44	13	0	7	78	15	1	1	3	0	(1)22	1	37	3	.253	'08〜'16,'18,'19巨
坂元弥太郎(オ)		2	4	—	—	—	—	—	—	—	—	—	—	—	—	—	—	—	—	—	'08,'09オ
桜井　広大(神)		2	4	5	0	1	0	0	0	1	0	0	0	0	0	—	0	1	1	.200	'07,'10神
桜井　輝秀(南)		1	5	19	2	4	1	0	0	5	0	0	1	0	0	0	0	1	2	.211	'73南
桜井　俊貴(巨)		1	1	—	—	—	—	—	—	—	—	—	—	—	—	—	—	—	—	—	'19巨
佐々木恭介(近)		3	9	31	4	10	3	0	0	13	4	0	1	0	0	1	0	5	1	.323	'75,'79,'80近
*笹本　信二(急)		2	4	4	1	1	1	0	0	1	0	0	0	0	0	0	0	0	0	.250	'77,'79急
佐藤　健一(ロ)		1	4	0	0	0	0	0	0	0	0	0	0	0	0	0	0	0	0	.000	'81ロ
佐藤　竹秀(近)		1	2	5	0	0	0	0	0	0	0	0	0	0	0	0	0	2	1	.000	'75近
佐藤　達也(オ)		1	3	—	—	—	—	—	—	—	—	—	—	—	—	—	—	—	—	—	'14オ
*佐藤都志也(ロ)		1	1	4	0	0	0	0	0	0	0	0	0	0	0	0	0	0	0	.000	'20ロ
佐藤　友亮(武)		6	21	64	10	16	0	0	0	19	3	0	0	3	0	7	1	9	1	.250	'04〜'06,'08,'10,'11武
佐藤　誠(南)		2	3	—	—	—	—	—	—	—	—	—	—	—	—	—	—	—	—	—	'04ダ,'09ソ
佐藤　道郎(南)		1	3	2	0	0	0	0	0	0	0	0	0	0	0	0	0	1	0	.000	'73南
里崎　智也(ロ)		4	27	80	10	24	5	0	6	47	17	0	1	5	0	4	3	19	2	.300	'05,'07,'10,'.3ロ
實松　一成(巨)		2	3	1	0	0	0	0	0	0	0	0	0	0	0	0	0	0	0	.000	'08,'15巨
*佐野　恵太(デ)		1	2	1	0	0	0	0	0	0	0	0	0	0	0	(1)1	0	0	0	.000	'19ディ
*佐野　泰雄(武)		1	1	—	—	—	—	—	—	—	—	—	—	—	—	—	—	—	—	—	'19武
佐野　嘉幸(南)		1	3	11	1	4	0	0	1	7	1	0	0	0	0	0	0	1	0	.364	'73南
澤村　拓一(ロ)		9	16	4	0	0	0	0	0	0	0	0	0	0	0	0	0	0	0	.000	'11〜'16,'18,'19巨,'20ロ
SHINJO(日)		2	5	19	3	5	0	0	0	5	1	0	0	0	0	0	0	3	0	.263	'04,'06日
G.G.佐藤(日)		2	3	4	1	1	0	0	0	4	3	0	0	0	0	1	0	2	0	.250	'04武,'13ロ
シーツ(神)		1	2	8	2	2	0	0	0	2	0	0	0	0	0	0	0	3	0	.250	'07神
シコースキー(武)		1	1	—	—	—	—	—	—	—	—	—	—	—	—	—	—	—	—	—	'10武
シュリッター(武)		1	2	—	—	—	—	—	—	—	—	—	—	—	—	—	—	—	—	—	'17武
ジャクソン(広)		3	6	0	0	0	0	0	0	0	0	0	0	0	0	0	0	0	0	—	'16〜'18広
*ジョーンズ(近)		2	7	17	3	4	0	0	3	13	6	0	0	0	0	3	0	7	0	.235	'73南,'75近
ジョーンズ(楽)		1	4	16	2	4	1	0	2	11	4	0	0	0	0	1	0	6	0	.250	'13楽
*ジョンソン(広)		3	3	6	0	0	0	0	0	0	0	0	0	0	0	1	0	0	0	.000	'16〜'18広
椎野　新(ソ)		1	1	—	—	—	—	—	—	—	—	—	—	—	—	—	—	—	—	—	'18ソ
*塩見　貴洋(楽)		1	1	—	—	—	—	—	—	—	—	—	—	—	—	—	—	—	—	—	'17楽
*重信慎之介(巨)		1	3	3	0	1	0	0	0	1	0	0	0	0	0	0	0	1	0	.333	'19巨
志田　宗大(ヤ)		1	1	1	0	0	0	0	0	0	0	0	0	0	0	0	0	0	1	.000	'09ヤ
七條　祐樹(ヤ)		1	1	0	0	0	0	0	0	0	0	0	0	0	0	0	0	0	0	—	'12ヤ
*篠原　貴行(ソ)		1	2	—	—	—	—	—	—	—	—	—	—	—	—	—	—	—	—	—	'07ソ
芝池　博明(近)		1	3	—	—	—	—	—	—	—	—	—	—	—	—	—	—	—	—	—	'75近
*柴田　講平(神)		1	2	3	0	2	0	0	0	2	1	0	0	0	0	0	0	0	0	.667	'13神
*柴田　竜拓(デ)		2	11	38	2	13	1	0	0	14	2	1	0	0	0	5	0	9	0	.342	'17,'19ディ
*柴田　博之(武)		1	4	4	1	0	0	0	0	0	0	0	0	0	0	2	0	0	0	.000	'04武
*柴原　洋(ソ)		5	17	49	2	13	3	0	0	16	2	0	1	3	0	4	1	10	2	.265	'04ダ,'05〜'07,'1'ソ
嶋　基宏(楽)		3	12	28	1	3	0	0	0	5	4	0	0	4	0	4	0	12	0	.107	'09,'13,'17楽
*島内　宏明(楽)		2	11	38	5	8	2	0	0	10	1	0	0	2	0	5	1	9	1	.211	'17,'19楽
島谷　金二(急)		2	8	30	3	11	1	0	0	12	1	0	0	1	0	2	1	4	1	.367	'77,'79急
島田　一輝(日)		1	2	5	0	1	0	0	0	1	0	0	0	0	0	0	0	2	0	.200	'04日
縞田　拓弥(オ)		1	2	0	0	0	0	0	0	0	0	0	0	0	0	0	0	0	0	—	'14オ
*島田　誠(日)		2	9	34	5	9	5	0	0	14	6	3	0	0	0	5	0	3	0	.265	'81,'82日
島野　育夫(南)		1	5	19	1	4	1	0	0	6	1	0	1	0	0	0	0	1	0	.211	'73南
*島本　講平(近)		1	2	20	0	5	1	0	0	6	1	0	0	0	0	0	0	0	0	.250	'75,'79近
*島本　浩也(神)		1	4	0	0	0	0	0	0	0	0	0	0	0	0	0	0	0	0	—	'19神
*清水　章夫(オ)		1	1	—	—	—	—	—	—	—	—	—	—	—	—	—	—	—	—	—	'08オ
清水　昭信(中)		1	4	0	0	0	0	0	0	0	0	0	0	0	0	0	0	0	0	—	'08中
清水　誉(中)		1	3	—	—	—	—	—	—	—	—	—	—	—	—	—	—	—	—	—	'13神
*清水　隆行(巨)		1	3	10	0	1	0	0	0	1	0	0	0	0	0	0	0	1	0	.100	'07巨
清水　直行(ロ)		2	3	—	—	—	—	—	—	—	—	—	—	—	—	—	—	—	—	—	'05,'07ロ
清水　優心(日)		1	1	2	0	1	0	0	0	1	0	0	0	0	0	0	0	0	0	.500	'18日
下水流　昂(楽)		3	5	5	0	0	0	0	0	0	0	0	0	0	0	0	0	2	0	.000	'13,'16広,'19楽
*下園　辰哉(デ)		1	2	5	0	0	0	0	0	0	0	0	0	0	0	0	0	2	0	.000	'16ディ
*下柳　剛(神)		2	4	6	0	0	0	0	0	0	0	0	0	0	0	0	0	2	0	.000	'07,'08神
下山　真二(オ)		1	2	6	0	2	0	0	0	2	0	0	0	0	0	0	0	1	0	.333	'08オ

クライマックスシリーズ・ライフタイム

選手名	チーム	年数	試合	打数	得点	安打	二塁打	三塁打	本塁打	塁打	打点	盗塁	盗塁刺	犠打	犠飛	四球	死球	三振	併殺打	打率	出場した年度
*周東 佑京	(ソ)	2	9	8	1	2	1	1	0	5	1	0	1	0	0	0	0	2	0	.250	'19,'20ソ
俊 介	(神)	5	13	20	1	2	0	0	0	2	2	0	0	1	0	2	0	1	0	.100	'10,'13〜'15,'17神
*駿 太	(オ)	1	3	7	3	2	1	0	1	6	1	0	0	1	0	4	0	0	0	.286	'14オ
正垣 泰祐	(急)	3	8	14	0	3	1	0	0	4	1	0	0	0	0	1	0	0	1	.214	'73〜'75急
庄司 智久	(ロ)	2	8	28	4	9	3	1	0	14	2	0	1	1	0	1	0	2	1	.321	'80,'81ロ
*庄司 隼人	(広)	1	1	1	0	0	0	0	0	0	0	0	0	0	0	0	0	0	0	—	'17広
正津 英志	(武)	1	1	—	—	—	—	—	—	—	—	—	—	—	—	—	—	—	—	—	'05武
白石 静生	(急)	2	2	—	—	—	—	—	—	—	—	—	—	—	—	—	—	—	—	—	'77,'79急
白崎 浩之	(ディ)	2	6	8	1	2	0	0	0	2	0	0	0	0	0	0	0	3	0	.250	'16,'17ディ
白滝 政孝	(近)	1	1	0	0	0	0	0	0	0	0	0	0	0	0	0	0	0	0	—	'79近
新谷 嘉孝	(ロ)	1	1	0	0	0	0	0	0	0	0	0	0	0	0	0	0	0	0	—	'81ロ
城島 健司	(神)	2	7	26	5	9	0	0	3	18	6	0	0	0	0	1	3	2	0	.346	'04ダ,'10神
ス ア レ ス	(ソ)	2	6	—	—	—	—	—	—	—	—	—	—	—	—	—	—	—	—	—	'16,'18ソ
スウィーニー	(日)	2	2	—	—	—	—	—	—	—	—	—	—	—	—	—	—	—	—	—	'07,'08日
+スケールズ	(日)	1	2	5	0	0	0	0	0	0	0	0	0	0	0	0	0	2	0	.000	'11日
スタンリッジ	(ソ)	2	2	—	—	—	—	—	—	—	—	—	—	—	—	—	—	—	—	—	'07,'14ソ
+スティーブ	(武)	1	4	14	1	4	0	0	0	4	0	0	0	0	0	3	0	1	0	.286	'82武
*ス ミ ス	(南)	1	4	9	2	2	0	0	0	5	2	0	0	0	0	2	0	1	0	.222	'73南
*スレッジ	(日)	2	11	42	8	11	1	0	5	27	17	0	0	0	1	3	1	13	0	.262	'08,'09日
ズ レ ー タ	(ソ)	3	15	50	9	13	2	0	5	30	10	0	1	0	0	(1)8	3	13	1	.260	'04ダ,'05,'06ソ
*末永 吉幸	(ロ)	1	2	5	0	0	0	0	0	0	0	0	0	0	0	0	0	1	0	.000	'77ロ
*菅野 剛士	(ロ)	1	2	6	0	1	0	0	0	1	0	0	0	0	0	0	0	2	0	.167	'20ロ
菅野 智之	(巨)	3	4	8	0	0	0	0	0	0	0	0	0	2	0	0	0	4	1	.000	'13,'15,'18巨
菅野 光夫	(巨)	2	8	16	4	3	1	0	0	4	1	0	0	3	0	0	0	2	0	.188	'81,'82日
杉内 俊哉	(巨)	9	13	3	0	0	0	0	0	0	0	0	0	1	0	0	0	2	0	.000	'04ダ,'05〜'07,'09〜'11ソ,'13,'14巨
杉浦 稔大	(日)	2	2	1	0	0	0	0	0	0	0	0	0	0	0	0	0	0	0	.000	'15ヤ,'18日
*杉本 武	(武)	1	1	—	—	—	—	—	—	—	—	—	—	—	—	—	—	—	—	—	'82武
+杉谷 拳士	(日)	6	14	16	3	3	1	0	0	4	1	1	3	0	2	0	0	2	0	.188	'11,'12,'14〜'16,'18日
*鈴木 啓示	(近)	3	6	0	0	0	0	0	0	0	0	0	0	0	0	0	0	0	0	—	'75,'79,'80近
鈴木 誠也	(広)	3	8	25	3	2	0	0	0	5	3	0	1	0	0	6	0	4	0	.080	'14,'16,'18広
+鈴木 尚広	(巨)	9	19	7	4	1	0	0	0	1	0	1	0	0	0	1	0	1	0	.143	'08〜'16巨
+鈴木 大地	(ロ)	3	15	54	6	11	5	0	1	19	3	0	0	2	0	2	0	8	1	.204	'13,'15,'16ロ
*鈴木葉留彦	(武)	1	2	2	0	0	0	0	0	0	0	0	0	0	0	0	0	1	0	.000	'82武
鈴木 義広	(中)	3	5	0	0	0	0	0	0	0	0	0	0	0	0	0	0	0	0	—	'07,'09,'11中
須田 幸太	(ディ)	2	4	0	0	0	0	0	0	0	0	0	0	0	0	0	0	0	0	—	'16,'17ディ
*砂田 毅樹	(ディ)	2	7	1	0	0	0	0	0	0	0	0	0	0	0	0	0	0	0	.000	'16,'17ディ
炭谷銀仁朗	(武)	8	18	37	4	13	1	0	0	14	4	1	0	3	1	1	0	3	2	.351	'08,'10〜'12,'13,'17,'18武,'19巨
住友 平	(急)	3	10	31	5	7	1	0	3	17	7	0	0	1	0	2	0	2	0	.226	'73〜'75急
+セギノール	(楽)	4	16	60	10	16	0	0	5	31	15	0	0	0	1	(1)3	1	17	0	.267	'04,'06,'07日,'09楽
+セ ペ ダ	(巨)	1	3	3	1	1	0	0	0	4	1	0	0	0	0	0	0	0	0	.333	'14巨
セラフィニ	(ロ)	1	2	—	—	—	—	—	—	—	—	—	—	—	—	—	—	—	—	—	'05ロ
*関根 大気	(ディ)	2	4	3	2	0	0	0	0	0	0	0	0	0	1	0	0	1	0	.000	'16,'17ディ
関本賢太郎	(神)	1	10	23	1	5	1	0	0	6	0	0	0	0	0	1	0	7	0	.217	'07,'08,'10,'14,'15神
攝津 正	(ソ)	6	9	—	—	—	—	—	—	—	—	—	—	—	—	—	—	—	—	—	'09〜'12,'14,'16ソ
*千賀 滉大	(ソ)	6	10	—	—	—	—	—	—	—	—	—	—	—	—	—	—	—	—	—	'15〜'20ソ
千田 啓介	(ロ)	1	2	1	0	0	0	0	0	0	0	0	0	0	0	0	0	0	0	—	'77ロ
ソ ー サ	(中)	1	3	0	0	0	0	0	0	0	0	0	0	0	0	0	0	0	0	—	'12中
*ソーレル	(急)	1	3	0	0	0	0	0	0	0	0	0	0	0	0	1	0	0	1	.000	'73急
ソ ー ト	(ディ)	1	3	12	3	5	0	0	0	5	0	0	0	0	0	2	0	4	0	.417	'19ディ
*ソレイタ	(日)	2	9	29	3	9	2	0	1	14	2	0	0	0	0	(1)8	0	6	0	.310	'81,'82日
梵 英心	(広)	2	7	27	3	7	1	1	0	10	2	1	0	2	0	1	0	5	0	.259	'13,'14広
*宋 家豪	(楽)	2	7	—	—	—	—	—	—	—	—	—	—	—	—	—	—	—	—	—	'17,'19楽
タイロン・ウッズ	(中)	2	12	43	11	12	1	0	8	37	15	0	0	0	1	9	1	15	0	.279	'07,'08中
ダーウィン	(神)	1	1	0	0	0	0	0	0	0	0	0	0	0	0	0	0	0	0	—	'07神
ダルビッシュ有	(日)	4	6	—	—	—	—	—	—	—	—	—	—	—	—	—	—	—	—	—	'06〜'08,'11日
*平良 海馬	(武)	1	3	—	—	—	—	—	—	—	—	—	—	—	—	—	—	—	—	—	'19武
平良拳太郎	(ディ)	1	1	0	0	0	0	0	0	0	0	0	0	0	0	0	0	0	0	.000	'19ディ
高井 保弘	(急)	5	18	33	1	8	1	0	1	12	5	0	1	0	0	1	0	5	2	.242	'73〜'75,'77,'79急
高木 京介	(巨)	4	6	0	0	0	0	0	0	0	0	0	0	0	0	0	0	0	0	—	'12,'14,'15,'19巨
*高木 晃次	(巨)	1	3	—	—	—	—	—	—	—	—	—	—	—	—	—	—	—	—	—	'07巨
高木 勇人	(巨)	1	1	—	—	—	—	—	—	—	—	—	—	—	—	—	—	—	—	—	'15巨
*高木 浩之	(武)	2	8	22	4	4	0	0	1	7	2	0	0	0	0	3	1	5	0	.182	'04,'06武
高木 康成	(巨)	3	4	0	0	0	0	0	0	0	0	0	0	0	0	0	0	0	0	—	'10〜'12巨
高口 隆行	(日)	1	3	1	0	0	0	0	0	0	0	0	0	0	0	1	0	1	0	.000	'08日
高代 延博	(日)	2	8	28	3	4	2	0	1	9	2	0	0	2	0	3	0	2	0	.143	'81,'82日
高城 俊人	(ディ)	1	1	2	0	0	0	0	0	0	0	0	0	0	0	0	0	0	0	.000	'17ディ
高須 洋介	(楽)	2	6	22	2	5	2	0	1	10	1	0	0	3	0	1	0	3	1	.227	'09楽
髙田 知季	(ソ)	2	11	15	2	3	1	0	0	3	2	0	0	2	0	0	1	0	2	.200	'18,'19ソ
高梨 裕稔	(日)	1	1	—	—	—	—	—	—	—	—	—	—	—	—	—	—	—	—	—	'16日
*高梨 雄平	(楽)	2	2	—	—	—	—	—	—	—	—	—	—	—	—	—	—	—	—	—	'17,'19楽

選手名	チーム	年数	試合	打数	得点	安打	二塁打	三塁打	本塁打	塁打	打点	盗塁	盗塁刺	犠打	犠飛	四球	死球	三振	併殺打	打率	出場した年度
高波 文一	(武)	1	4	0	1	0	0	0	0	0	0	0	0	0	0	0	0	0	0	.000	'04武
＊高橋 聡文	(神)	6	14	0	0	0	0	0	0	0	0	0	0	0	0	0	0	0	0	.000	'08~'12中,'17神
＊高橋 一三	(日)	2	3	—	—	—	—	—	—	—	—	—	—	—	—	—	—	—	—	—	'81,'82日
高橋 里志	(日)	2	4	—	—	—	—	—	—	—	—	—	—	—	—	—	—	—	—	—	'81,'82日
高橋 信二	(日)	4	19	63	8	11	0	0	1	14	6	0	0	1	1	8	3	19	1	.175	'04,'07~'09日
高橋 純平	(ソ)	1	5	—	—	—	—	—	—	—	—	—	—	—	—	—	—	—	—	—	'19ソ
＊髙橋 朋己	(武)	2	4	—	—	—	—	—	—	—	—	—	—	—	—	—	—	—	—	—	'13,'17武
高橋 直樹	(武)	1	2	—	—	—	—	—	—	—	—	—	—	—	—	—	—	—	—	—	'82武
＊高橋 遥人	(神)	1	2	1	0	0	0	0	0	0	0	0	0	0	0	0	0	0	0	.000	'19神
＊高橋 尚成	(巨)	3	3	4	0	0	0	0	0	0	0	0	0	1	0	0	0	2	0	.000	'07~'09巨
高橋 秀聡	(ソ)	1	2	—	—	—	—	—	—	—	—	—	—	—	—	—	—	—	—	—	'05ソ
高橋 博士	(ロ)	3	10	19	1	1	0	0	0	1	0	0	0	0	0	0	0	0	0	.053	'77,'80,'81ロ
＊高橋二三男	(ロ)	1	1	1	0	0	0	0	0	0	0	0	0	0	0	0	0	0	0	.000	'77ロ
高橋 光信	(神)	2	3	3	0	0	0	0	0	0	0	0	0	0	0	0	0	0	0	.000	'07,'08神
＊高橋 優貴	(巨)	1	1	—	—	—	—	—	—	—	—	—	—	—	—	—	—	—	—	—	'19巨
＊高橋 由伸	(巨)	7	26	77	5	18	6	0	2	30	11	0	0	0	0	5	0	22	6	.234	'07,'08,'10~'13,'15巨
高橋 礼	(ソ)	3	4	—	—	—	—	—	—	—	—	—	—	—	—	—	—	—	—	—	'18~'20ソ
＊高濱 卓也	(ロ)	1	4	1	1	0	0	0	0	0	0	0	0	0	0	0	0	1	0	.000	'15ロ
＊高宮 和也	(神)	2	5	0	0	0	0	0	0	0	0	0	0	0	0	0	0	0	0	—	'14,'15神
＊高谷 裕亮	(ソ)	7	30	26	2	6	3	0	0	9	2	0	1	2	0	4	1	8	3	.231	'12,'14~'19ソ
＊髙山 俊	(神)	2	8	17	4	5	2	0	0	7	1	1	0	0	0	(1)3	1	2	1	.294	'17,'19神
髙山 久	(武)	2	4	9	1	1	0	0	0	1	0	1	0	1	0	1	0	4	0	.111	'10,'12武
＊田口 麗斗	(巨)	3	4	3	0	0	0	0	0	0	0	0	0	1	0	0	0	2	0	.000	'16,'18,'19巨
田口 昌徳	(ソ)	1	1	0	0	0	0	0	0	0	0	0	0	0	0	0	0	0	0	—	'05ソ
＊武内 晋一	(ヤ)	2	5	5	0	1	1	0	0	2	0	0	0	0	0	0	0	2	0	.200	'11,'12ヤ
＊武隈 祥太	(武)	1	2	—	—	—	—	—	—	—	—	—	—	—	—	—	—	—	—	—	'18武
武田 翔太	(ソ)	7	9	—	—	—	—	—	—	—	—	—	—	—	—	—	—	—	—	—	'12,'14~'19ソ
＊武田 久	(日)	5	11	—	—	—	—	—	—	—	—	—	—	—	—	—	—	—	—	—	'07~'09,'11,'12日
＊武田 勝	(日)	6	7	—	—	—	—	—	—	—	—	—	—	—	—	—	—	—	—	—	'07~'09,'11,'12,'14日
竹原 直隆	(日)	1	2	5	0	0	0	0	0	0	0	0	0	0	0	0	0	2	0	.000	'07日
竹村 一義	(急)	2	4	1	0	0	0	0	0	0	0	0	0	1	0	0	0	0	0	.000	'73,'74急
＊田代将太郎	(ヤ)	1	6	2	0	0	0	0	0	0	0	0	0	0	0	0	0	1	0	.000	'18ヤ
田島 慎二	(中)	1	6	—	—	—	—	—	—	—	—	—	—	—	—	—	—	—	—	—	'12中
多田野数人	(日)	1	3	—	—	—	—	—	—	—	—	—	—	—	—	—	—	—	—	—	'08日
＊立花 義家	(武)	1	3	1	0	0	0	0	0	0	0	0	0	0	0	0	0	1	0	.000	'82武
＊立浪 和義	(中)	3	12	12	0	2	1	0	0	3	1	0	0	0	0	0	0	2	0	.167	'07~'09ロ
＊辰己 涼介	(楽)	1	3	5	0	1	0	0	0	1	0	0	0	0	0	0	0	2	0	.200	'19楽
＊立岡宗一郎	(巨)	3	11	34	5	11	4	2	0	19	0	1	1	0	0	1	0	8	0	.324	'15,'16,'18巨
館山 昌平	(ヤ)	4	6	8	0	0	0	0	0	0	0	0	0	2	0	0	0	4	0	.000	'09,'11,'12,'15ヤ
建山 義紀	(日)	2	5	—	—	—	—	—	—	—	—	—	—	—	—	—	—	—	—	—	'04,'08日
+田中 和基	(楽)	1	4	3	1	1	1	0	0	2	0	0	0	0	0	0	0	2	0	.333	'17楽
＊田中健二朗	(ディ)	2	5	0	0	0	0	0	0	0	0	0	0	0	0	0	0	0	0	—	'16,'17デ
＊田中 将大	(楽)	8	30	111	10	29	4	2	0	37	8	4	2	4	1	6	0	24	2	.261	'06~'09,'11,'15,'1€,'18日
＊田中 広輔	(広)	4	14	40	11	18	6	0	1	27	6	1	1	0	0	13	1	9	0	.450	'14,'16~'18広
＊田中 俊太	(巨)	2	9	32	2	6	0	0	0	6	0	4	0	0	0	2	0	6	2	.188	'18,'19巨
田中 浩康	(ディ)	5	17	48	3	10	1	0	0	11	1	0	0	3	0	(1)2	0	9	2	.208	'09,'11,'12,'15ヤ,'17ディ
田中 雅彦	(ロ)	2	3	1	1	0	0	0	0	0	0	0	0	0	0	0	0	0	0	.000	'07,'10ロ
田中 将大	(楽)	2	4	—	—	—	—	—	—	—	—	—	—	—	—	—	—	—	—	—	'09,'13楽
田中 幸雄	(日)	2	3	2	0	0	0	0	0	0	0	0	0	0	0	1	0	1	0	.000	'04,'07日
谷 佳知	(巨)	6	19	46	7	10	2	0	3	21	7	0	0	4	0	4	1	7	0	.217	'07~'12巨
＊谷口 雄也	(日)	1	4	3	0	1	0	0	0	1	0	0	0	0	0	0	0	1	0	.333	'14日
谷繁 元信	(中)	6	37	123	9	27	6	0	2	39	14	0	0	3	1	(2)16	1	26	2	.220	'07~'12中
谷中 真二	(武)	1	1	—	—	—	—	—	—	—	—	—	—	—	—	—	—	—	—	—	'08武
谷元 圭介	(日)	3	11	0	0	0	0	0	0	0	0	0	0	0	0	0	0	0	0	—	'14~'16日
種茂 雅之	(急)	2	6	12	0	2	0	0	0	2	0	0	0	0	0	1	0	3	0	.167	'73,'7急
田上 秀則	(ソ)	4	11	31	0	5	0	0	0	5	1	0	0	0	0	0	0	10	1	.161	'06,'07,'09,'10ソ
＊田原 誠次	(巨)	2	6	0	0	0	0	0	0	0	0	0	0	0	0	0	0	0	0	—	'15,'13巨
田淵 幸一	(神)	1	4	14	3	5	0	0	0	5	1	0	0	0	0	0	0	2	0	.357	'82神
玉置 隆	(神)	1	1	0	0	0	0	0	0	0	0	0	0	0	0	0	0	0	0	—	'13神
田村 龍弘	(ロ)	4	13	30	1	6	1	0	0	7	2	0	0	2	0	5	0	6	0	.200	'13,'15,'16,'20ロ
多村 仁志	(ソ)	4	18	63	4	15	1	0	0	16	4	0	0	0	0	(1)6	0	9	1	.238	'10~'12ソ
多和田真三郎	(武)	1	2	—	—	—	—	—	—	—	—	—	—	—	—	—	—	—	—	—	'18武
+代田 建紀	(ロ)	1	2	0	0	0	0	0	0	0	0	0	0	0	0	0	0	0	0	.000	'07ロ
チェン・ウェイン	(ロ)	5	7	9	0	1	0	0	0	1	0	0	0	0	0	2	0	2	0	.111	'08~'11中,'20コ
＊チェン・グァンユウ	(ロ)	1	1	—	—	—	—	—	—	—	—	—	—	—	—	—	—	—	—	—	'15ロ
＊近本 光司	(神)	1	7	30	2	7	1	1	0	10	3	3	1	0	0	3	0	5	0	.233	'19神
+張 誌家	(武)	1	1	—	—	—	—	—	—	—	—	—	—	—	—	—	—	—	—	—	'04武
長野 久義	(巨)	8	36	130	9	32	4	0	1	39	5	5	0	0	0	(1)14	2	27	4	.246	'10~'16,'18巨
塚田 正義	(ソ)	1	2	1	0	0	0	0	0	0	0	0	0	0	0	0	0	0	0	.000	'18ソ
辻 武史	(ソ)	1	1	0	0	0	0	0	0	0	0	0	0	0	0	0	0	0	0	—	'07ソ

クライマックスシリーズ・ライフタイム

選手名	チーム	年数	試合	打数	得点	安打	二塁打	三塁打	本塁打	塁打	打点	盗塁	盗塁刺	犠打	犠飛	四球	死球	三振	併殺打	打率	出場した年度
*辻 東倫	(巨)	1	3	2	1	1	0	0	0	1	0	0	0	0	0	0	0	0	0	.500	'18巨
筒井 和也	(神)	1	1	0	0	0	0	0	0	0	0	0	0	0	0	0	0	0	0	—	'13神
*筒香 嘉智	(ディ)	3	18	73	8	17	0	0	6	35	13	0	0	0	0	6	0	22	2	.233	'16,'17,'19ディ
坪井 智哉	(オ)	4	10	27	2	9	2	0	0	11	4	0	1	0	0	0	0	6	0	.333	'04,'07～'09日
鶴岡 一成	(神)	3	10	30	1	6	1	0	1	10	2	0	0	0	0	2	0	6	1	.200	'08巨,'14,'15神
鶴岡 慎也	(日)	9	23	55	3	17	1	0	0	18	5	1	0	3	2	1	0	7	0	.309	'06～'09,'11,'12日,'14,'17ソ,'18日
T－岡田	(オ)	1	3	10	2	2	0	0	1	5	3	0	0	0	0	2	0	6	0	.200	'14オ
*テリー	(武)	1	4	13	3	6	1	0	2	13	5	0	0	0	0	3	0	1	1	.462	'82武
デラロサ	(中)	1	1	1	0	0	0	0	0	0	0	0	0	0	0	0	0	1	0	.000	'08中
ディクソン	(オ)	1	1	—	—	—	—	—	—	—	—	—	—	—	—	—	—	—	—	—	'14オ
デスパイネ	(ソ)	6	30	109	18	33	3	0	8	60	20	0	0	0	1	13	0	29	4	.303	'15,'16ロ,'17～'20ソ
デラロサ	(巨)	1	3	0	0	0	0	0	0	0	0	0	0	0	0	0	0	0	0	—	'19巨
デントナ	(ヤ)	1	3	10	1	3	0	0	1	6	3	0	0	0	0	0	0	2	0	.300	'09ヤ
*鉄 平	(楽)	1	6	20	7	8	3	0	0	14	3	1	0	0	0	(2)5	1	2	0	.400	'09楽
寺内 崇幸	(巨)	9	22	34	2	8	1	0	0	12	7	0	0	4	0	(1)1	0	10	0	.235	'08～'16巨
寺原 隼人	(ソ)	4	4	—	—	—	—	—	—	—	—	—	—	—	—	—	—	—	—	—	'06,'15,'16,'18ソ
出口 雄大	(ダ)	1	4	7	0	1	0	0	0	1	1	0	0	0	0	0	0	2	0	.143	'04ダ
トンキン	(日)	1	2	—	—	—	—	—	—	—	—	—	—	—	—	—	—	—	—	—	'18日
ドリス	(神)	2	6	0	0	0	0	0	0	0	0	0	0	0	0	0	0	0	0	—	'17,'19神
*当銀 秀崇	(急)	3	10	17	1	5	0	0	1	8	1	0	0	0	0	2	0	2	0	.294	'73～'75急
東條 大樹	(ロ)	1	1	—	—	—	—	—	—	—	—	—	—	—	—	—	—	—	—	—	'20ロ
東野 峻	(巨)	1	8	4	0	0	0	0	0	0	0	0	0	1	0	0	0	2	0	.000	'08～'11巨
十亀 剣	(武)	5	6	—	—	—	—	—	—	—	—	—	—	—	—	—	—	—	—	—	'12,'13,'17～'19武
*得津 高宏	(ロ)	3	9	29	5	9	1	0	1	13	6	0	1	0	1	(1)1	0	1	1	.310	'74,'77,'80ロ
+徳山 武陽	(ヤ)	1	1	0	0	0	0	0	0	0	0	0	0	0	0	0	0	0	0	—	'15ヤ
戸郷 翔征	(巨)	1	1	—	—	—	—	—	—	—	—	—	—	—	—	—	—	—	—	—	'19巨
戸田 善紀	(急)	2	4	0	0	0	0	0	0	0	0	0	0	0	0	0	0	0	0	—	'73,'74急
*戸根 千明	(巨)	2	5	0	0	0	0	0	0	0	0	0	0	0	0	0	0	0	0	—	'15,'16巨
外崎 修汰	(武)	3	12	45	8	10	2	1	2	20	5	1	0	2	0	2	0	19	0	.222	'17～'19武
*戸柱 恭孝	(ディ)	3	13	28	1	3	1	0	0	6	2	0	0	0	1	3	0	5	0	.107	'16,'17,'19ディ
豊田 清	(巨)	4	11	0	0	0	0	0	0	0	0	0	0	0	0	0	0	0	0	—	'04武,'07～'09巨
鳥越 裕介	(ソ)	2	10	19	2	6	0	0	0	8	4	0	0	2	1	3	0	5	1	.316	'04ダ,'05ソ
*鳥谷 敬	(神)	8	25	87	10	22	3	0	2	31	7	1	1	0	0	9	1	14	1	.253	'07～'10,'13～'15,'17,'19神
土肥 健二	(ロ)	3	11	26	2	7	1	0	1	11	3	1	0	0	0	2	0	2	0	.269	'77,'80,'81ロ
*土肥 義弘	(武)	1	1	—	—	—	—	—	—	—	—	—	—	—	—	—	—	—	—	—	'10武
堂林 翔太	(広)	1	2	4	0	1	0	0	0	1	0	0	0	0	0	1	0	1	0	.250	'14広
*堂上 剛裕	(巨)	5	14	18	1	3	0	0	0	3	2	0	0	0	0	(1)4	0	4	0	.167	'10～'12中,'15,'16巨
堂上 直倫	(中)	3	11	11	0	2	1	0	0	3	2	0	0	0	0	0	0	2	0	.182	'10～'12中
ナバーロ	(ロ)	1	2	7	0	2	0	0	0	2	0	0	0	0	0	1	0	3	0	.286	'16ロ
中井 大介	(ディ)	3	4	3	0	0	0	0	0	0	0	0	0	0	0	0	0	1	0	.000	'12,'16巨,'19ディ
*中川 皓太	(巨)	2	5	0	0	0	0	0	0	0	0	0	0	0	0	0	0	0	0	—	'18,'19巨
中崎 翔太	(広)	4	8	0	0	0	0	0	0	0	0	0	0	0	0	0	0	0	0	—	'14,'16～'18広
中沢 伸二	(急)	5	14	29	3	8	0	0	0	8	4	0	0	1	0	3	1	2	0	.276	'73～'75,'77,'79急
仲澤 忠厚	(ソ)	1	3	6	1	3	1	0	0	4	3	0	0	0	0	0	1	1	0	.500	'06ソ
*中島 卓也	(日)	5	23	65	6	13	0	0	0	13	6	5	2	14	0	8	0	18	1	.200	'12～'16,'18日
中島 俊哉	(楽)	1	5	9	2	5	1	0	1	9	3	0	0	0	0	0	0	0	0	.556	'09楽
中嶋 聡	(日)	3	7	0	0	0	0	0	0	0	0	0	0	0	0	0	0	0	0	—	'07～'09日
中島 裕之	(武)	7	28	106	15	26	6	0	4	44	10	1	0	2	1	(2)8	2	24	5	.245	'04～'06,'08,'10～'12武
中田 賢一	(中)	7	9	7	0	2	1	0	0	3	0	0	0	0	0	0	0	5	0	.286	'07～'09,'12中,'14～'16ソ
中田 翔	(日)	7	26	95	15	25	4	0	7	50	17	0	1	0	0	11	0	20	2	.263	'09,'11,'12,'14～'16,'18日
*中田 亮二	(中)	1	2	1	0	0	0	0	0	0	0	0	0	0	0	1	0	0	0	.000	'10中
中田 廉	(広)	1	2	—	—	—	—	—	—	—	—	—	—	—	—	—	—	—	—	—	'13,'17広
中谷 仁	(楽)	1	4	12	0	5	1	0	0	6	0	0	0	0	0	1	0	1	0	.417	'09楽
中谷 将大	(神)	1	2	3	0	0	0	0	0	0	0	0	0	0	0	0	0	4	0	.000	'17,'19神
中西 弘明	(日)	2	3	—	—	—	—	—	—	—	—	—	—	—	—	—	—	—	—	—	'82日
*中東 直己	(広)	1	2	1	0	0	0	0	0	0	0	0	0	0	0	0	0	1	0	.000	'14広
*中村 晃	(ソ)	8	38	134	20	37	4	0	6	65	18	1	1	7	0	(1)16	2	16	0	.276	'12,'14～'20ソ
中村 一生	(オ)	1	1	—	—	—	—	—	—	—	—	—	—	—	—	—	—	—	—	—	'14オ
中村 公治	(中)	1	1	1	0	0	0	0	0	0	0	0	0	0	0	0	0	0	0	.000	'07中
中村 奨吾	(ロ)	3	8	20	2	4	0	0	0	4	2	0	0	0	0	2	0	5	0	.200	'15,'16,'20ロ
*中村 剛也	(武)	10	34	126	24	32	6	0	9	65	22	0	0	2	0	(1)14	2	36	1	.254	'05,'06,'08,'10～'13,'17～'19武
中村 紀洋	(中)	2	12	46	3	11	2	0	0	13	3	0	0	1	0	3	1	15	2	.239	'07,'08中
*中村 真人	(楽)	1	3	8	0	2	0	0	0	2	1	0	0	0	0	1	0	2	1	.250	'09楽
中村 勝	(日)	1	1	—	—	—	—	—	—	—	—	—	—	—	—	—	—	—	—	—	'14日
中村 悠平	(ヤ)	2	5	14	0	1	0	0	0	2	1	0	0	1	0	2	0	3	1	.071	'15,'18ヤ
中山 孝一	(南)	1	2	2	0	0	0	0	0	0	0	0	0	0	0	0	0	0	0	.000	'73南
中山 慎也	(オ)	1	1	—	—	—	—	—	—	—	—	—	—	—	—	—	—	—	—	—	'14オ
*永井 怜	(楽)	1	1	—	—	—	—	—	—	—	—	—	—	—	—	—	—	—	—	—	'09楽
*永射 保	(武)	1	1	—	—	—	—	—	—	—	—	—	—	—	—	—	—	—	—	—	'82武
長池 徳士	(急)	5	16	51	9	14	3	0	3	23	9	2	0	0	0	7	1	9	1	.275	'73～'75,'77,'79急

選手名	チーム	年数	試合	打数	得点	安打	二塁打	三塁打	本塁打	塁打	打点	盗塁	盗塁刺	犠打	犠飛	四球	死球	三振	併殺打	打率	出場した年度
*永江 恭平 (武)		3	4	1	1	0	0	0	0	0	0	0	0	0	0	0	0	0	0	.000	'12,'13,'18武
*永尾 泰憲 (近)		2	4	9	1	2	0	1	0	4	1	0	0	1	0	2	0	0	1	.222	'79,'80近
永川 勝浩 (広)		1	3	0	0	0	0	0	0	0	0	0	0	0	0	0	0	0	0	—	'13広
*長峰 昌司 (中)		1	2	0	0	0	0	0	0	0	0	0	0	0	0	0	0	0	0	—	'08中
永本 裕章 (急)		1	1	—																—	'79急
梨田 昌崇 (近)		2	5	11	4	2	0	0	1	5	3	0	0	0	1	2	0	3	0	.182	'79,'80近
奈良原 浩 (日)		1	1	3	1	2	0	0	0	2	0	0	0	0	0	0	0	1	0	.667	'04日
成重 春生 (ロ)		1	1	—																—	'77ロ
成瀬 文男 (ロ)		2	3	1	0	0	0	0	0	0	0	0	0	0	0	0	0	0	0	.000	'74,'81日
成瀬 善久 (ロ)		2	6	—																—	'07,'10,'13ロ
ニ ー ル (武)		1	1	—																—	'19武
二岡 智宏 (日)		3	5	11	2	4	1	0	1	8	3	0	0	0	0	3	0	2	0	.364	'07巨,'09,'12日
西 勇輝 (神)		2	3	2	0	0	0	0	0	0	0	0	0	0	0	0	0	1	0	.000	'14オ,'19神
西浦 直亨 (ヤ)		1	2	6	0	0	0	0	0	0	0	0	0	0	0	0	0	1	0	.000	'18ヤ
西岡三四郎 (南)		1	2	0	0	0	0	0	0	0	0	0	0	0	0	0	0	0	0	—	'73南
+西岡 剛 (神)		6	34	126	16	38	5	0	3	52	8	12	0	1	1	(1)11	1	19	4	.302	'05,'07,'10ロ,'13〜'15神
西岡 良洋 (武)		1	4	11	1	1	0	0	0	1	0	0	0	1	0	1	0	1	0	.091	'82武
*西川 遥輝 (日)		5	22	77	11	18	1	1	0	21	5	5	2	1	0	12	0	24	0	.234	'12,'14〜'16,18日
*西川 龍馬 (広)		3	9	18	0	6	0	0	0	6	2	0	2	1	0	2	0	3	0	.333	'16〜'18広
西口 文也 (武)		3	3	—																—	'05,'06,'11武
西田 明央 (ヤ)		1	2	3	0	0	0	0	0	0	0	0	0	0	0	0	0	1	0	.000	'18ヤ
西田 哲朗 (ソ)		1	6	12	5	7	0	0	0	7	0	0	0	2	0	2	0	4	0	.583	'18ソ
仁科 時成 (ロ)		3	5	—																—	'77,'80,'81ロ
西野 勇士 (ロ)		2	5	—																—	'13,'16ロ
西村健太朗 (巨)		6	15	0	0	0	0	0	0	0	0	0	0	0	0	0	0	0	0	—	'07,'08,'11〜'14巨
西村 俊二 (近)		1	4	15	2	7	2	0	0	9	3	0	0	1	0	1	0	0	0	.467	'75近
ネルソン (中)		1	2	0	0	0	0	0	0	0	0	0	0	0	0	0	0	0	0	—	'09中
*根元 俊一 (ロ)		2	8	30	1	8	0	1	0	10	5	1	0	1	0	2	0	11	0	.267	'10,'13ロ
*能見 篤史 (神)		5	7	4	0	0	0	0	0	0	0	0	0	1	0	1	0	1	0	.000	'10,'14,'15'17,'19神
野上 亮磨 (巨)		4	4	0	0	0	0	0	0	0	0	0	0	0	0	0	0	0	0	—	'11,'12,'17武,'18巨
野口 寿浩 (神)		1	1	4	0	2	0	0	0	2	1	0	0	0	0	0	0	1	0	.500	'07神
野口 祥順 (ヤ)		1	1	2	0	0	0	0	0	0	0	0	0	0	0	0	0	1	0	.000	'09,'11ヤ
野田 浩輔 (武)		2	6	15	2	3	0	0	1	6	2	0	0	0	0	0	0	1	0	.200	'04,'05武
野田 昇吾 (武)		2	5	—																—	'17,'18武
*野間 峻祥 (広)		3	5	13	3	2	1	1	0	5	1	1	0	0	0	1	0	3	0	.154	'16〜'18広
野間口貴彦 (巨)		2	2	0	0	0	0	0	0	0	0	0	0	0	0	0	0	0	0	—	'07,'09巨
野村 克也 (南)		1	5	16	1	3	0	0	1	6	2	0	0	0	0	3	1	2	0	.188	'73南
野村 祐輔 (広)		3	4	4	0	0	0	0	0	0	0	0	0	1	0	0	0	1	0	.000	'13,'16,'.7広
*野本 圭 (中)		3	11	22	4	6	1	0	2	13	5	0	0	0	0	2	0	2	0	.273	'09,'10,12中
*則本 昂大 (楽)		3	5	—																—	'13,'17,'19楽
*ハーマン (ロ)		2	5	—																—	'17楽,'20ロ
+ハ フ (ヤ)		1	2	0	0	0	0	0	0	0	0	0	0	0	0	0	0	0	0	—	'18ヤ
バ ー ス (日)		1	2	—																—	'16日
バーネット (ヤ)		3	7	0	0	0	0	0	0	0	0	0	0	0	0	0	0	0	0	—	'11,'12'15ヤ
バティスタ (ソ)		1	5	17	1	2	0	0	0	2	0	0	0	0	0	0	0	2	1	.118	'05ソ
バティスタ (広)		1	5	14	2	3	1	0	0	4	1	0	0	0	0	3	0	6	0	.214	'17広
バリオス (デ)		1	1	0	0	0	0	0	0	0	0	0	0	0	0	0	0	0	0	—	'15ソ'19デ
バリントン (広)		1	1	2	0	0	0	0	0	0	0	0	0	0	0	0	0	1	0	.000	'13広
バルディリス (神)		1	1	0	0	0	0	0	0	0	0	0	0	0	0	0	0	0	0	—	'08神
*バルデス (ダ)		1	5	19	2	4	1	0	0	5	1	0	0	0	0	1	0	5	0	.211	'04ダ
バレンティン (ヤ)		4	17	49	4	13	1	0	2	20	5	0	0	0	0	(1)10	1	15	3	.265	'11,'2,'15,'18ヤ
バンデンハーク (ソ)		5	7	—																—	'15〜'19ソ
パットン (デ)		2	7	0	0	0	0	0	0	0	0	0	0	0	0	0	0	0	0	—	'17,'.9デ
*パ ヤ ノ (中)		1	2	0	0	0	0	0	0	0	0	0	0	0	0	0	0	0	0	—	'09中
袴田 英利 (ロ)		2	7	—																—	'80,'81ロ
萩原 淳 (日)		1	2	—																—	'07ヨ
白 仁天 (ロ)		2	6	12	0	2	0	0	0	2	0	0	0	0	0	0	0	1	0	.167	'77,'80ロ
*白村 明弘 (日)		3	7	—																—	'14〜'16日
*橋本 到 (巨)		5	11	9	1	0	0	0	0	0	0	0	0	1	0	2	0	1	0	.000	'11,'13〜'16巨
橋本健太郎 (神)		1	1	0	0	0	0	0	0	0	0	0	0	0	0	0	0	0	0	—	'07神
*橋本 将 (ロ)		2	10	25	1	4	1	0	0	5	1	0	0	0	0	3	0	6	1	.160	'05,'07ロ
*長谷川一夫 (ロ)		1	2	4	1	2	0	0	0	2	1	0	0	0	0	0	0	1	0	.500	'7ロ
*長谷川勇也 (ソ)		11	43	99	7	27	5	0	1	35	9	0	0	0	0	6	2	21	2	.273	'09〜'12,'14〜'20ソ
*長谷部康平 (楽)		1	1	—																—	'13楽
*畠 世周 (巨)		1	2	—																—	'18巨
畠山 和洋 (ヤ)		4	18	58	1	10	0	0	1	13	4	0	0	0	0	5	1	12	2	.172	'09,'11,'12,'5ヤ
羽田 耕一 (近)		3	10	38	4	8	2	0	1	13	2	1	0	0	0	1	0	3	1	.211	'5,'79,'80近
初芝 清 (ロ)		1	2	2	1	1	0	0	0	1	0	0	0	0	0	0	0	0	0	.500	'05ロ
服部 敏和 (日)		2	6	—																—	'75近,'81日
*服部 泰卓 (ロ)		1	3	—																—	'13ロ

クライマックスシリーズ・ライフタイム

選手名	チーム	年数	試合	打数	得点	安打	二塁打	三塁打	本塁打	塁打	打点	盗塁	盗塁刺	犠打	犠飛	四球	死球	三振	併殺打	打率	出場した年度
＊濱口　遥大	(ディ)	2	3	4	0	0	0	0	0	0	0	0	0	0	0	1	0	2	0	.000	'17,'19ディ
濱中　治	(神)	2	4	5	0	0	0	0	0	0	0	0	0	0	0	0	0	2	0	.000	'07神,'08オ
＋早川　大輔	(ロ)	1	8	31	3	8	1	0	1	12	4	0	1	1	1	2	0	7	1	.258	'07ロ
＋早坂　圭介	(ロ)	1	1	2	0	1	0	0	0	1	0	0	0	0	0	0	0	1	0	.500	'05ロ
＋林　俊宏	(南)	1	1	1	0	0	0	0	0	0	0	0	0	0	0	0	0	0	0	—	'73南
＊林　昌範	(日)	3	6	0	0	0	0	0	0	0	0	0	0	0	0	0	0	0	0	—	'07巨,'09,'11日
林　正広	(近)	1	2	1	0	0	0	0	0	0	0	0	0	0	0	0	0	0	0	.000	'80近
原　樹理	(ヤ)	1	1	0	0	0	0	0	0	0	0	0	0	0	0	0	0	0	0	.000	'18ヤ
＊原　拓也	(オ)	5	10	20	1	4	2	0	0	6	3	0	1	4	0	3	0	6	0	.200	'08,'10～'12武,'14オ
原口　文仁	(神)	1	5	4	0	0	0	0	0	0	0	0	0	0	0	1	0	1	0	.000	'19神
＊張本　勲	(ロ)	2	4	13	2	3	1	0	1	7	1	0	0	0	0	2	0	4	0	.231	'80,'81ロ
ヒース	(武)	3	7	0	0	0	0	0	0	0	0	0	0	0	0	0	0	0	0	—	'14広,'18,'19武
比嘉　幹貴	(オ)	1	2	—	—	—	—	—	—	—	—	—	—	—	—	—	—	—	—	—	'14オ
東尾　修	(武)	1	5	—	—	—	—	—	—	—	—	—	—	—	—	—	—	—	—	—	'82武
東浜　巨	(ソ)	5	9	—	—	—	—	—	—	—	—	—	—	—	—	—	—	—	—	—	'14,'16～'18,'20ソ
＊久本　祐一	(広)	2	4	0	0	0	0	0	0	0	0	0	0	0	0	0	0	0	0	—	'07中,'13広
＊聖澤　諒	(楽)	3	14	30	4	7	0	0	1	11	1	0	0	0	0	4	0	10	1	.233	'09,'13,'17楽
＊日高　剛	(神)	2	3	8	0	1	0	0	0	1	0	0	0	0	0	2	0	1	0	.125	'08オ,'13神
＊日高　亮	(ヤ)	1	1	—	—	—	—	—	—	—	—	—	—	—	—	—	—	—	—	—	'12ヤ
英　智	(中)	5	20	18	5	4	0	0	0	4	0	0	0	5	0	0	0	1	0	.222	'08～'12中
比屋根　渉	(ヤ)	1	3	4	1	2	1	0	0	3	1	1	0	0	0	1	0	1	0	.500	'15ヤ
＊桧山進次郎	(神)	4	8	6	1	1	0	0	1	4	3	0	0	0	1	1	0	3	0	.167	'07,'08,'10,'13神
平井　克典	(武)	3	6	—	—	—	—	—	—	—	—	—	—	—	—	—	—	—	—	—	'17～'19武
平井　正史	(武)	2	3	0	0	0	0	0	0	0	0	0	0	0	0	0	0	0	0	—	'07,'11中
平尾　博嗣	(武)	4	4	6	1	1	0	0	0	1	0	0	0	0	0	1	0	2	1	.167	'05,'06,'08,'11武
平田　良介	(中)	5	29	66	5	18	4	1	1	27	7	0	1	0	0	7	1	16	1	.273	'07～'09,'11,'12中
＊平野　恵一	(オ)	3	7	19	1	4	1	1	0	7	3	0	1	0	0	2	0	3	0	.211	'08,'10神,'14オ
平野　光泰	(近)	2	6	21	6	10	2	1	3	23	7	0	0	0	0	(1)7	0	3	1	.476	'79,'80近
平野　佳寿	(オ)	1	2	—	—	—	—	—	—	—	—	—	—	—	—	—	—	—	—	—	'14オ
＋平林　二郎	(急)	3	5	1	1	0	0	0	0	0	0	1	0	0	0	0	0	0	1	.000	'73,'75,'77急
廣瀬　純	(広)	1	1	0	0	0	0	0	0	0	0	0	0	1	0	0	0	3	0	.000	'13広
広瀬　叔功	(南)	1	5	21	2	7	1	0	1	11	2	2	0	0	0	2	0	5	0	.333	'73南
弘田　澄男	(ロ)	4	16	58	3	11	1	0	0	12	1	2	2	0	1	1	0	5	1	.190	'74,'77,'80,'81ロ
広橋　公寿	(武)	1	1	2	0	0	0	0	0	0	0	0	0	0	0	0	0	0	0	.000	'82武
ファルケンボーグ	(ソ)	3	4	—	—	—	—	—	—	—	—	—	—	—	—	—	—	—	—	—	'10～'12ソ
フェルナンデス	(武)	4	17	69	8	22	5	0	4	39	15	0	1	0	0	(1)7	1	10	2	.319	'04,'05,'10,'11武
フェルナンド	(楽)	1	3	3	0	0	0	0	0	0	0	0	0	0	0	0	0	1	0	.000	'19楽
フランコ	(ロ)	1	7	26	0	5	1	0	0	6	3	0	0	0	0	0	0	6	0	.192	'05ロ
＊フランスア	(広)	1	2	0	0	0	0	0	0	0	0	0	0	0	0	0	0	1	0	—	'18広
ブキャナン	(ソ)	1	2	5	2	2	0	0	1	5	1	0	0	0	0	1	0	1	0	.400	'07ソ
ブセニッツ	(楽)	1	1	—	—	—	—	—	—	—	—	—	—	—	—	—	—	—	—	—	'19楽
＊ブラウン	(武)	1	1	3	0	1	0	0	0	1	3	0	0	0	1	(1)1	0	1	0	.333	'10武
＊ブラゼル	(神)	2	8	22	2	4	0	0	2	10	5	0	0	0	1	(1)1	0	7	0	.182	'10神,'13ロ
ブラッシュ	(楽)	1	3	9	0	1	1	0	0	2	1	0	0	0	0	4	1	4	1	.111	'19楽
ブランコ	(中)	4	25	87	16	22	2	0	5	39	13	0	0	0	1	13	2	32	2	.253	'09～'12中
＊ブレイシア	(広)	1	1	0	0	0	0	0	0	0	0	0	0	0	0	0	0	0	0	—	'17広
吹石　徳一	(近)	2	4	8	1	3	0	0	0	6	5	0	3	0	0	0	0	0	0	.375	'79,'80近
福井　優也	(広)	1	1	—	—	—	—	—	—	—	—	—	—	—	—	—	—	—	—	—	'16広
＊福井　和也	(ロ)	6	30	90	15	33	6	0	2	45	10	0	0	1	0	6	3	18	4	.367	'05,'07,'10,'13,'15,'16ロ
福田　聡志	(巨)	1	3	0	0	0	0	0	0	0	0	0	0	0	0	0	0	0	0	—	'12巨
＊福田　秀平	(ロ)	8	25	27	5	6	3	0	1	12	4	3	2	0	0	3	1	8	0	.222	'10,'11,'15～'19ソ,'20ロ
＋福地　寿樹	(ヤ)	5	31	31	3	5	0	0	0	5	2	1	0	0	0	3	0	3	0	.161	'06武,'09,'11,'12ヤ
＊福留　孝介	(神)	5	21	74	6	17	4	0	5	36	8	1	0	0	0	9	3	22	0	.230	'13～'15,'17,'19神
＊福原　忍	(神)	3	7	0	0	0	0	0	0	0	0	0	0	0	0	0	0	0	0	—	'13～'15神
＊福間　納	(ロ)	1	1	—	—	—	—	—	—	—	—	—	—	—	—	—	—	—	—	—	'80ロ
＊福本　豊	(急)	5	20	83	13	21	2	1	3	34	7	7	0	2	0	8	0	13	0	.253	'73～'75,'77,'79急
福盛　和男	(楽)	1	1	—	—	—	—	—	—	—	—	—	—	—	—	—	—	—	—	—	'09楽
福山　博之	(楽)	1	1	—	—	—	—	—	—	—	—	—	—	—	—	—	—	—	—	—	'17楽
藤井　彰人	(神)	4	9	21	1	4	0	0	0	4	0	0	0	0	1	0	0	2	0	.190	'09楽,'13～'15神
＋藤井　淳志	(中)	4	18	38	3	11	5	0	1	19	5	0	0	0	0	5	0	3	1	.289	'07,'09～'11中
＊藤井　栄治	(急)	1	3	4	1	2	0	0	1	5	4	0	0	0	1	0	0	1	0	.500	'77急
＊藤井　秀悟	(巨)	3	4	0	0	0	0	0	0	0	0	0	0	0	0	0	0	0	0	—	'08,'09日,'10巨
＊藤岡　貴裕	(ロ)	2	3	—	—	—	—	—	—	—	—	—	—	—	—	—	—	—	—	—	'13,'15ロ
＊藤岡　裕大	(ロ)	1	2	5	0	1	0	0	0	1	0	0	0	0	0	0	0	2	0	.200	'19ロ
＊藤岡　好明	(ディ)	6	11	0	0	0	0	0	0	0	0	0	0	0	0	0	0	0	0	—	'06,'07,'09,'10,'12ソ,'16ディ
＊藤川　球児	(神)	4	10	0	0	0	0	0	0	0	0	0	0	0	0	0	0	0	0	—	'08,'10,'17,'19神
藤田　史朗	(近)	1	5	4	2	0	0	0	0	0	0	0	0	2	0	0	0	0	0	.000	'79,'80近
＊藤田　一也	(楽)	3	14	43	2	6	1	0	0	7	2	0	0	9	0	4	0	6	0	.140	'13,'17,'19楽
＊藤田　宗一	(ロ)	2	7	—	—	—	—	—	—	—	—	—	—	—	—	—	—	—	—	—	'05,'07ロ
藤浪晋太郎	(神)	4	4	5	0	0	0	0	0	0	0	0	0	0	0	0	0	2	0	.000	'13～'15,'17神

選手名	チーム	年数	試合	打数	得点	安打	二塁打	三塁打	本塁打	塁打	打点	盗塁	盗塁刺	犠打	犠飛	四球	死球	三振	併殺打	打率	出場した年度
藤平 尚真	(楽)	1	1	—	—					—	—				—	—			—	—	—	'17楽
*藤村 大介	(巨)	1	3	8	0	0	0	0	0	0	0	0	0	0	0	0	0	2	0	.000	'12巨
*藤本 敦士	(ヤ)	3	8	6	0	3	0	0	0	3	1	0	1	0	0	0	0	1	0	.500	'08神,'11,'12ヤ
*藤原 恭大	(ロ)	1	2	8	1	3	0	0	0	3	0	1	1	0	0	1	0	2	0	.375	'20ロ
*藤原 紘通	(楽)	1	2	—	—					—	—				—	—			—	—	—	'09楽
藤原 満	(南)	1	5	17	3	3	0	0	0	3	1	0	0	0	0	1	1	1	0	.176	'73南
*古城 茂幸	(巨)	7	23	55	5	15	3	0	0	18	3	0	0	0	0(2)	4	1	14	3	.273	'04日,'07～'12巨
*古谷 拓哉	(ロ)	2	3	—	—					—	—				—	—			—	—	—	'13,'15ロ
古屋 英夫	(日)	2	9	30	3	9	1	0	0	16	4	1	1	2	1	3	0	2	0	.300	'81,'82日
ヘルマン	(オ)	3	9	31	5	7	3	0	0	10	2	2	2	0	0	5	0	10	1	.226	'12,'13武,'14オ
ベニー	(ロ)	2	12	39	2	7	1	0	0	8	6	0	0	0	0	4	0	8	2	.179	'05,'07ロ
ベーニャ	(ヤ)	1	6	24	2	5	1	0	0	9	3	1	0	0	0	1	0	7	1	.208	'12ソ
*ベゲーロ	(楽)	1	3	9	0	2	0	0	0	2	0	0	0	0	0	1	0	4	2	.222	'17楽
*ベタジーニ	(ソ)	1	3	8	0	1	0	0	0	1	0	0	0	0	0	0	0	3	0	.125	'10ソ
ベンソン	(ロ)	1	1	—	—					—	—				—	—			—	—	—	'10ロ
*堀内 久雄	(ロ)	1	1	0	0	0	0	0	0	0	0	0	0	1	0	0	0	0	0	.000	'10ロ
ホールトン	(巨)	3	4	2	0	0	0	0	0	0	0	0	0	1	0	0	0	1	0	.000	'09,'10ソ,'12巨
*ホフパワー	(日)	2	5	14	1	3	0	0	1	6	2	0	0	0	0	0	0	2	0	.214	'11,'12日
ホリンズ	(巨)	1	3	9	1	2	0	0	0	5	3	0	0	0	0	0	0	2	0	.222	'07巨
*ホワイトセル	(ヤ)	1	4	7	0	2	1	0	0	3	1	0	0	0	0	0	0	1	0	.286	'11ヤ
ボイヤー	(神)	1	2	0	0	0	0	0	0	0	0	0	0	0	0	0	0	0	0	—	'13神
*ボウカー	(巨)	2	5	11	0	5	1	0	0	6	0	0	0	0	0	0	0	2	1	.455	'12,'13巨
ボカチカ	(武)	1	3	7	0	1	0	0	0	1	0	0	0	0	0	1	0	3	0	.143	'08武
+ボッツ	(武)	1	6	15	3	6	1	0	2	13	3	0	0	0	0	1	0	7	0	.400	'08武
*ボレダ	(巨)	1	2	1	0	0	0	0	0	0	0	0	0	1	0	0	0	1	0	.000	'15巨
*帆足 和幸	(武)	3	4	—	—					—	—				—	—			—	—	—	'04,'08,'11武
北條 史也	(神)	1	7	23	2	8	2	1	1	15	7	1	0	3	0	2	1	6	0	.348	'19神
*蓬莱 昭彦	(武)	1	1	0	0	0	0	0	0	0	0	0	0	0	0	0	0	0	0	—	'82武
星 孝典	(武)	2	6	6	0	1	0	0	0	1	1	0	0	1	1	0	0	2	0	.167	'11,'13武
*星 秀和	(武)	1	1	0	0	0	0	0	0	0	0	0	0	0	0	0	0	0	0	—	'12武
*星野 智樹	(武)	4	10	—	—					—	—				—	—			—	—	—	'04～'06,'08武
細川 成也	(ディ)	1	5	3	0	1	0	0	0	1	0	0	0	0	0	0	0	2	0	.333	'17ディ
細川 亨	(楽)	11	43	86	5	14	1	1	3	26	7	0	0	10	0	6	1	36	1	.163	'04～'06,'08,'10武,'11,'12,' 4～'16ソ,'17楽
細谷 圭	(ロ)	2	5	3	0	0	0	0	0	0	0	0	0	0	0	0	0	0	0	.000	'13,'16ロ
堀 幸一	(ロ)	2	9	25	4	7	0	0	0	7	2	0	0	0	0	0	0	6	0	.280	'05,'07ロ
*堀 瑞輝	(日)	1	2	—	—					—	—				—	—			—	—	—	'18日
堀井 和人	(南)	1	1	0	0	0	0	0	0	0	0	0	0	0	0	0	0	0	0	.000	'73南
*堀内 謙伍	(楽)	1	2	1	0	0	0	0	0	0	0	0	0	1	0	1	0	1	0	.000	'19楽
本田 圭佑	(武)	1	1	—	—					—	—				—	—			—	—	—	'19武
*本多 雄一	(ソ)	9	36	111	14	24	4	1	0	30	3	6	3	13	0	4	2	23	0	.216	'06,'07,'09～'12,'15～'17ソ
*本間 満	(ソ)	4	9	13	1	1	0	0	0	1	0	0	0	1	0	0	0	6	0	.077	'04ダ,'05～'07ソ
MICHEAL		4	9	0	0	0	0	0	0	0	0	0	0	0	0	0	0	0	0	—	'07,'08日,'09,'10巨
マーティン	(日)	1	2	0	0	0	0	0	0	0	0	0	0	0	0	0	0	0	0	—	'16日
マーティン	(武)	1	2	—	—					—	—				—	—			—	—	—	'18,'19武
マートン	(神)	4	13	49	6	13	0	0	2	19	6	0	1	0	0(1)	6	1	7	0	.265	'10,'13～'15神
*マーフィー	(ロ)	1	2	—	—					—	—				—	—			—	—	—	'10ロ
マイコラス	(巨)	2	3	7	0	1	1	0	0	2	1	0	0	0	0	0	0	5	0	.143	'15,'16巨
マエストリ	(オ)	1	2	—	—					—	—				—	—			—	—	—	'14オ
マギー	(巨)	2	9	31	2	11	3	0	2	20	6	0	0	0	0	0	0	5	0	.355	'13楽,' 8巨
+マシーアス	(日)	1	1	2	0	0	0	0	0	0	0	0	0	0	0	0	0	1	0	.000	'06日
マシソン	(巨)	5	14	1	0	0	0	0	0	0	0	0	0	0	0	0	0	1	0	.000	'12～'16巨
マテオ	(神)	1	1	—	—					—	—				—	—			—	—	—	'17神
*マニエル	(神)	1	6	21	2	4	0	0	0	4	2	0	0	1	0(1)	4	0	3	0	.190	'79,'80近
マルカーノ	(急)	3	12	41	5	12	0	1	2	20	5	0	0	0	2	4	2	7	3	.293	'75,'77,'79急
*マルティネス	(日)	1	1	—	—					—	—				—	—			—	—	—	'18日
マルテ	(神)	1	7	26	1	4	0	0	0	4	0	0	0	0	0	0	0	6	1	.154	'19神
前田 健太	(広)	3	6	1	0	0	0	0	0	0	0	0	0	3	0	0	0	0	0	.333	'13,'14広
牧田 和久	(武)	4	7	0	0	0	0	0	0	0	0	0	0	0	0	0	0	0	0	—	'11～'13,'17武
牧田 明久	(楽)	2	7	0	0	0	0	0	0	0	0	0	0	0	0	0	0	0	0	.000	'09,'13楽
牧原 大成	(ソ)	2	7	29	6	10	3	0	1	16	5	1	1	0	0	1	0	5	0	.345	'19,'20ソ
真砂 勇介	(ソ)	1	1	0	0	0	0	0	0	0	0	0	0	0	0	0	0	0	0	.000	'20ソ
*間柴 茂有	(日)	1	1	—	—					—	—				—	—			—	—	—	'81日
増井 浩俊	(日)	5	13	—	—					—	—				—	—			—	—	—	'11,'12,'14～'15日
*枡田 慎太郎	(楽)	2	9	24	2	5	3	0	1	11	3	0	0	0	1	1	0	4	3	.208	'13,'17楽
増田 達至	(武)	4	7	—	—					—	—				—	—			—	—	—	'13,'17～'19武
増田 大輝	(巨)	1	2	0	0	0	0	0	0	0	0	0	0	0	0	0	0	0	0	.000	'19巨
益田 直也	(ロ)	2	7	0	0	0	0	0	0	0	0	0	0	0	0	0	0	0	0	—	'13,'15ロ
増渕 竜義	(ヤ)	2	2	0	0	0	0	0	0	0	0	0	0	0	0	0	0	0	0	.000	'09,'11ヤ
*松井稼頭央	(楽)	1	4	14	2	3	1	0	0	5	0	0	0	0	0	0	0	3	0	.214	'19楽
松井 光介	(ヤ)	2	4	0	0	0	0	0	0	0	0	0	0	0	0	0	0	0	0	—	'09,'11ヤ

クライマックスシリーズ・ライフタイム

選手名	チーム	年数	試合	打数	得点	安打	二塁打	三塁打	本塁打	塁打	打点	盗塁	盗塁刺	犠打	犠飛	四球	死球	三振	併殺打	打率	出場した年度
＊松井 裕樹	(楽)	2	6	—	—	—	—	—	—	—	—	—	—	—	—	—	—	—	—	—	'17,'19楽
松井 佑介	(中)	1	4	4	0	1	0	0	0	1	0	0	0	0	0	0	0	0	0	.250	'12中
松岡 健一	(ヤ)	3	7	0	0	0	0	0	0	0	0	0	0	0	0	0	0	0	0	—	'11,'12,'15ヤ
松坂 大輔	(武)	3	5	—	—	—	—	—	—	—	—	—	—	—	—	—	—	—	—	—	'04～'06武
松田 宣浩	(ソ)	12	55	190	25	45	9	0	7	75	19	0	1	2	0	(1)12	3	41	4	.237	'07,'09～'12,'14～'20ソ
松田 遼馬	(神)	1	2	0	0	0	0	0	0	0	0	0	0	0	0	0	0	0	0	—	'14神
＊松中 信彦	(ソ)	7	30	90	8	18	4	0	4	34	18	0	0	0	1	(1)11	2	15	1	.200	'04ダ,'05～'07,'10～'12ソ
＊松永 昂大	(ロ)	3	8	—	—	—	—	—	—	—	—	—	—	—	—	—	—	—	—	—	'13,'15,'16ロ
＊松永 浩典	(武)	1	1	—	—	—	—	—	—	—	—	—	—	—	—	—	—	—	—	—	'06武
＊松沼 博久	(武)	1	1	—	—	—	—	—	—	—	—	—	—	—	—	—	—	—	—	—	'82武
松沼 雅之	(武)	1	1	—	—	—	—	—	—	—	—	—	—	—	—	—	—	—	—	—	'82武
松原 明夫	(南)	1	2	—	—	—	—	—	—	—	—	—	—	—	—	—	—	—	—	—	'73南
松本 剛	(日)	1	1	0	0	0	0	0	0	0	0	0	0	0	0	0	0	0	0	—	'18日
＊松本 哲也	(巨)	3	15	34	5	9	0	0	0	9	1	2	0	5	0	4	0	6	0	.265	'09,'10,'12巨
＊松元ユウイチ	(ヤ)	2	4	2	0	0	0	0	0	0	0	0	0	0	0	0	0	1	0	.000	'09,'15ヤ
＊松本 裕樹	(ソ)	1	1	—	—	—	—	—	—	—	—	—	—	—	—	—	—	—	—	—	'20ソ
松本 航	(武)	1	2	—	—	—	—	—	—	—	—	—	—	—	—	—	—	—	—	—	'19武
＊松山 竜平	(広)	5	18	45	1	6	2	0	0	8	1	0	0	0	0	4	0	7	0	.133	'13,'14,'16～'18広
的場 直樹	(ロ)	4	14	27	0	4	1	0	0	5	3	0	0	2	0	1	1	9	1	.148	'05～'07ソ,'10ロ
馬原 孝浩	(オ)	6	13	—	—	—	—	—	—	—	—	—	—	—	—	—	—	—	—	—	'05～'07,'10,'11ソ,'14オ
＊丸 佳浩	(巨)	6	23	77	15	19	2	0	5	36	13	2	1	0	2	17	1	22	2	.247	'13,'14,'16～'18広,'19巨
ミコライオ	(広)	1	2	0	0	0	0	0	0	0	0	0	0	0	0	0	0	0	0	—	'13広
＋ミ ラ バル	(日)	1	1	0	0	0	0	0	0	0	0	0	0	0	0	0	0	0	0	—	'04日
＊ミ ラ ンダ	(日)	1	8	18	2	2	1	0	1	6	2	0	0	0	0	5	0	6	0	.111	'14日
＊ミ ラ ンダ	(ソ)	1	2	—	—	—	—	—	—	—	—	—	—	—	—	—	—	—	—	—	'18ソ
ミ レ ッ ジ	(ヤ)	1	3	11	0	1	0	0	0	1	0	0	0	0	0	1	1	3	0	.091	'12ヤ
ミンチェ	(武)	1	3	—	—	—	—	—	—	—	—	—	—	—	—	—	—	—	—	—	'11武
三上 朋也	(ディ)	2	11	0	0	0	0	0	0	0	0	0	0	0	0	0	0	0	0	—	'16,'17ディ
＋三木 亮	(ロ)	1	1	0	0	0	0	0	0	0	0	0	0	0	0	0	0	0	0	—	'20ロ
＋三嶋 一輝	(ディ)	3	4	3	0	1	0	0	0	1	0	0	0	0	0	0	0	1	0	.333	'16,'17,'19ディ
水上 善雄	(ロ)	2	8	20	5	7	1	0	1	11	4	0	0	2	0	1	1	3	1	.350	'80,'81ロ
水田 章雄	(ソ)	1	2	—	—	—	—	—	—	—	—	—	—	—	—	—	—	—	—	—	'07ソ
水田 圭介	(武)	1	2	0	0	0	0	0	0	0	0	0	0	0	0	0	0	0	0	.000	'08武
水谷 孝	(急)	2	2	—	—	—	—	—	—	—	—	—	—	—	—	—	—	—	—	—	'73,'74急
＊水谷 則博	(ロ)	3	4	1	0	0	0	0	0	0	0	0	0	0	0	0	0	0	0	.000	'74,'80,'81ロ
＊三瀬 幸司	(中)	5	13	0	0	0	0	0	0	0	0	0	0	0	0	0	0	0	0	—	'04ダ,'05,'09ソ,'10,'12中
＊三井 浩二	(武)	4	7	—	—	—	—	—	—	—	—	—	—	—	—	—	—	—	—	—	'04～'06,'08武
三井 雅晴	(ロ)	3	5	1	0	1	0	0	0	1	0	0	0	0	0	0	0	0	0	1.000	'74,'77,'81ロ
南 昌輝	(ロ)	1	1	—	—	—	—	—	—	—	—	—	—	—	—	—	—	—	—	—	'16ロ
南 竜介	(ロ)	1	1	0	0	0	0	0	0	0	0	0	0	0	0	0	0	0	0	—	'10ロ
嶺井 博希	(ディ)	3	10	24	3	7	1	0	0	8	3	0	0	1	0	0	0	7	1	.292	'16,'17,'19ディ
簑田 浩二	(武)	2	8	13	2	3	1	0	0	4	0	1	0	0	0	2	1	3	0	.231	'77,'79急
美馬 学	(ロ)	4	5	—	—	—	—	—	—	—	—	—	—	—	—	—	—	—	—	—	'13,'17,'19楽,'20ロ
＊宮國 椋丞	(巨)	2	4	0	0	0	0	0	0	0	0	0	0	1	0	0	0	0	0	.000	'12,'15巨
＊三宅 宗源	(ロ)	1	2	—	—	—	—	—	—	—	—	—	—	—	—	—	—	—	—	—	'81ロ
宮﨑 敏郎	(ディ)	3	17	66	6	23	5	0	2	34	5	0	0	0	0	(1) 5	0	8	2	.348	'16,'17,'19ディ
＊宮地 克彦	(ソ)	2	9	25	2	5	0	0	0	5	0	0	0	2	0	0	0	4	0	.200	'04ダ,'05ソ
宮出 隆自	(楽)	1	5	5	1	2	0	0	0	2	2	0	0	0	0	1	0	2	0	.400	'09楽
＊宮西 尚生	(日)	6	10	—	—	—	—	—	—	—	—	—	—	—	—	—	—	—	—	—	'08,'09,'11,'14,'16,'18日
宮本 慎也	(ヤ)	3	14	51	3	7	1	0	0	8	1	0	0	3	1	0	0	3	3	.137	'09,'11,'12ヤ
宮本 幸信	(急)	1	1	1	0	0	0	0	0	0	0	0	0	0	0	0	0	0	0	.000	'74急
三好 幸雄	(急)	1	1	0	0	0	0	0	0	0	0	0	0	0	0	0	0	0	0	—	'73急
＊三輪 正義	(ヤ)	3	4	0	0	0	0	0	0	0	0	0	0	0	0	0	0	0	0	—	'09,'11,'15ヤ
迎 祐一郎	(広)	2	2	4	0	0	0	0	0	0	0	0	0	0	0	0	0	0	0	.000	'13広
武藤 祐太	(中)	1	4	0	0	0	0	0	0	0	0	0	0	0	0	0	0	0	0	—	'12中
村井 英司	(日)	2	5	8	0	2	0	0	0	2	1	0	0	0	0	0	1	1	0	.250	'81,'82日
村上 公康	(ロ)	2	6	14	0	1	0	0	0	2	3	0	0	0	0	1	0	1	0	.071	'73,'74ロ
＊村上 雅則	(南)	2	5	1	0	0	0	0	0	0	0	0	0	0	0	0	0	0	0	.000	'73南,'81日
＊村田 和哉	(日)	2	4	0	0	0	0	0	0	0	0	0	0	0	0	0	0	0	0	—	'09,'12,'14日
村田 修一	(巨)	5	22	66	7	20	1	0	3	30	5	0	0	1	1	5	6	12	0	.303	'12～'16巨
＊村田 辰美	(近)	2	2	—	—	—	—	—	—	—	—	—	—	—	—	—	—	—	—	—	'79,'80近
＊村田 兆治	(ロ)	3	7	3	0	0	0	0	0	0	0	0	0	1	0	1	0	1	0	.000	'74,'77,'81ロ
＊村中 恭兵	(ヤ)	2	4	3	0	0	0	0	0	0	0	0	0	2	0	1	0	2	0	.000	'11,'12ヤ
村林 一輝	(楽)	2	3	0	0	0	0	0	0	0	0	0	0	0	0	0	0	0	0	—	'17,'19楽
＊村松 有人	(オ)	1	1	1	0	0	0	0	0	0	0	0	0	0	0	0	0	0	0	.000	'08オ
メッセンジャー	(神)	4	5	10	0	1	0	0	0	1	0	0	0	1	0	0	0	5	0	.100	'13～'15,'17神
メ ヒ ア	(広)	2	4	9	1	2	1	0	0	3	0	0	0	0	0	0	0	4	0	.222	'17,'18広
メ ヒ ア	(武)	2	8	18	1	1	0	0	0	1	0	0	0	0	0	1	0	9	1	.056	'17～'19武
＋メルセデス	(巨)	3	8	8	0	1	0	0	0	1	0	0	0	2	0	0	0	3	0	.000	'18,'19巨
＋メンドーサ	(日)	2	2	—	—	—	—	—	—	—	—	—	—	—	—	—	—	—	—	—	'14,'15日

選手名	チーム	年数	試合	打数	得点	安打	二塁打	三塁打	本塁打	塁打	打点	盗塁	盗塁刺	犠打	犠飛	四球	死球	三振	併殺打	打率	出場した年度
*モイネロ	(ソ)	4	13	—	—	—	—	—	—	—	—	—	—	—	—	—	—	—	—	—	'17～'20ソ
モスコーソ	(ディ)	1	1	2	0	0	0	0	0	—	0	0	0	0	0	0	0	2	—	.000	'16ディ
*茂木栄五郎	(楽)	2	11	42	5	11	0	0	3	20	5	0	0	2	0	5	0	11	0	.262	'17,'19楽
望月 淳志	(神)	1	1	0	0	0	0	0	0	0	0	0	0	0	0	0	0	0	0	—	'19神
森 繁和	(武)	1	1	0	0	0	0	0	0	0	0	0	0	0	0	0	0	0	0	—	'82武
*森 慎二	(武)	2	3	—	—	—	—	—	—	—	—	—	—	—	—	—	—	—	—	—	'04,'05武
*森 友哉	(武)	3	12	39	3	7	0	0	0	7	2	0	0	0	1	6	0	8	0	.179	'17～'19武
森 唯斗	(ソ)	3	22	—	—	—	—	—	—	—	—	—	—	—	—	—	—	—	—	—	'14～'20ソ
*森岡 良介	(ヤ)	2	10	22	3	5	1	0	0	6	2	0	0	1	0	(1) 2	0	3	0	.227	'11,'15ヤ
森越 祐人	(神)	1	1	0	0	0	0	0	0	0	0	0	0	0	0	0	0	0	0	—	'17神
森野 将彦	(中)	6	37	144	20	36	3	0	7	60	17	0	0	1	0	(1)17	0	29	0	.250	'07～'12中
森原 康平	(楽)	1	2	—	—	—	—	—	—	—	—	—	—	—	—	—	—	—	—	—	'19楽
*森福 允彦	(ソ)	6	19	—	—	—	—	—	—	—	—	—	—	—	—	—	—	—	—	—	'09～'12,'14,'15ソ
森本 潔	(急)	2	7	21	0	7	0	0	0	7	2	0	0	0	0	0	0	5	0	.333	'74,'75急
森本 学	(ソ)	1	1	0	0	0	0	0	0	0	0	0	0	0	0	0	0	1	0	.000	'06,'09ソ
森本 稀哲	(日)	5	20	70	15	22	2	1	1	29	8	1	1	5	1	7	0	8	2	.314	'04,'06～'09日
守屋 功輝	(神)	1	4	0	0	0	0	0	0	0	0	0	0	0	0	0	0	0	0	—	'19神
*森山 周	(楽)	1	2	—	—	—	—	—	—	—	—	—	—	—	—	—	—	—	—	—	'13楽
*諸積 兼司	(ロ)	1	6	0	0	0	0	0	0	0	0	0	0	0	0	0	0	0	0	.000	'05ロ
*八木 智哉	(日)	2	2	—	—	—	—	—	—	—	—	—	—	—	—	—	—	—	—	—	'06,'09日
八木沢荘六	(ロ)	2	3	0	0	0	0	0	0	0	0	0	0	0	0	0	0	0	0	—	'74,'77ロ
*安木 祥二	(ロ)	3	7	—	—	—	—	—	—	—	—	—	—	—	—	—	—	—	—	—	'77,'80,'81ロ
*安田 尚憲	(ロ)	1	2	9	3	4	2	0	1	9	4	0	0	0	0	0	0	3	0	.444	'20ロ
*柳田 悠岐	(ソ)	8	36	134	24	39	4	0	6	61	20	4	1	0	0	(2)21	0	29	5	.291	'12,'14～'20ソ
柳田 豊	(近)	3	8	—	—	—	—	—	—	—	—	—	—	—	—	—	—	—	—	—	'75,'79,'80近
柳瀬 明宏	(ソ)	4	8	—	—	—	—	—	—	—	—	—	—	—	—	—	—	—	—	—	'06,'07,'12,'14ソ
矢貫 俊之	(ソ)	1	1	—	—	—	—	—	—	—	—	—	—	—	—	—	—	—	—	—	'14日
矢野 輝弘	(神)	2	5	16	1	5	2	0	0	7	0	0	0	0	0	0	0	3	0	.313	'07,'08神
矢野 謙次	(神)	8	21	32	2	9	1	0	0	10	3	0	0	0	0	2	0	4	0	.281	'07,'10～'14巨,'15,'16日
薮田 和樹	(広)	1	2	3	0	0	0	0	0	0	0	0	0	0	0	0	0	2	0	.000	'17広
薮田 安彦	(ロ)	3	10	—	—	—	—	—	—	—	—	—	—	—	—	—	—	—	—	—	'05,'07,'10ロ
山井 大介	(中)	5	12	3	0	0	0	0	0	0	0	0	0	0	0	0	0	1	0	.000	'08～'12中
山内 新一	(南)	1	2	3	0	0	0	0	0	0	0	0	0	0	0	0	0	1	0	.000	'73南
山内 壮馬	(中)	1	2	2	0	0	0	0	0	0	0	0	0	1	0	0	0	1	0	.000	'12中
山川 穂高	(武)	3	12	40	7	13	3	0	3	25	5	0	0	0	0	10	1	14	1	.325	'17～'19武
山岸 穣	(武)	2	3	—	—	—	—	—	—	—	—	—	—	—	—	—	—	—	—	—	'05,'06武
山口 俊	(巨)	3	5	3	1	0	0	0	0	0	0	0	0	0	0	0	0	2	0	.000	'18,'19巨
山口 高志	(急)	2	5	—	—	—	—	—	—	—	—	—	—	—	—	—	—	—	—	—	'75,'77,'79急
山口 哲治	(近)	1	3	—	—	—	—	—	—	—	—	—	—	—	—	—	—	—	—	—	'79近
*山口 鉄也	(巨)	10	24	2	0	0	0	0	0	0	0	0	0	1	0	0	0	2	0	.000	'07～'16巨
山﨑 武司	(中)	2	11	28	5	6	1	0	2	13	7	1	0	0	0	3	0	7	1	.214	'09楽,'12中
山﨑 康晃	(ディ)	3	12	0	0	0	0	0	0	0	0	0	0	0	0	0	0	0	0	—	'16,'17,'19ディ
山﨑 勝己	(オ)	4	11	23	1	4	0	0	0	4	2	0	0	1	0	1	1	4	0	.174	'06,'10,'11ソ,'14オ
*山﨑 敏	(武)	1	3	—	—	—	—	—	—	—	—	—	—	—	—	—	—	—	—	—	'04武
山﨑 裕之	(武)	3	12	38	5	9	3	0	1	15	4	1	0	5	0	2	1	4	0	.237	'74,'77コ,'82武
山田 秋親	(ダ)	1	2	—	—	—	—	—	—	—	—	—	—	—	—	—	—	—	—	—	'04ダ
山田 哲人	(ヤ)	3	9	31	4	6	2	0	0	8	2	0	0	0	0	4	0	9	2	.194	'11,'15,'18ヤ
山田 久志	(急)	5	8	7	1	2	0	0	0	2	1	0	0	1	0	0	0	0	0	.286	'73～'75,'77,'79急
大 和	(ディ)	6	17	43	2	6	0	0	0	6	0	1	0	1	0	(2) 5	0	10	1	.140	'10,'13～'15,'17神,'19ディ
*山本 一徳	(日)	1	2	—	—	—	—	—	—	—	—	—	—	—	—	—	—	—	—	—	'07日
山本 桂	(日)	1	3	0	1	0	0	0	0	0	0	0	0	0	0	0	0	0	0	.000	'81日
山本 哲哉	(ヤ)	1	2	0	0	0	0	0	0	0	0	0	0	0	0	0	0	0	0	—	'11,'12ヤ
*山 本 昌	(中)	3	4	7	0	0	0	0	0	0	0	0	0	0	0	0	0	4	1	.000	'08,'11,'12中
山本 泰寛	(巨)	2	5	10	1	1	1	0	0	2	0	0	0	1	0	0	0	2	0	.100	'15,'18巨
陽 耀勲	(ソ)	2	2	—	—	—	—	—	—	—	—	—	—	—	—	—	—	—	—	—	'10,'12ソ
*雄 平	(ヤ)	3	7	25	0	5	0	0	0	5	0	0	0	0	0	0	0	6	1	.200	'12,'15,'18ヤ
行沢 久隆	(武)	1	1	—	—	—	—	—	—	—	—	—	—	—	—	—	—	—	—	—	'82武
陽 岱鋼	(巨)	7	31	100	12	20	4	0	3	33	9	3	0	2	0	(1) 7	1	39	1	.200	'11,'12,'14～'16日,'18,'19巨
陽川 尚将	(神)	1	6	8	0	3	0	0	0	3	2	0	0	0	0	1	0	2	0	.375	'19神
横尾 俊建	(日)	1	3	11	3	4	0	0	2	10	2	0	0	0	0	1	0	3	0	.364	'18日
横山 道哉	(日)	1	2	—	—	—	—	—	—	—	—	—	—	—	—	—	—	—	—	—	'04日
横山 竜士	(広)	1	3	0	0	0	0	0	0	0	0	0	0	0	0	0	0	0	0	—	'13広
芦岡 俊明	(ロ)	2	5	3	0	0	0	0	0	0	0	0	0	0	0	0	0	1	0	.000	'80,'81ロ
吉川 大幾	(巨)	2	3	2	0	0	0	0	0	0	0	0	0	0	0	0	0	0	0	.000	'16,'18巨
吉川 輝昭	(ソ)	1	1	—	—	—	—	—	—	—	—	—	—	—	—	—	—	—	—	—	'12ソ
*吉川 昌宏	(ヤ)	1	1	0	0	0	0	0	0	0	0	0	0	0	0	0	0	0	0	—	'09ヤ
吉川 光夫	(巨)	4	6	0	0	0	0	0	0	0	0	0	0	0	0	0	0	0	0	—	'12,'14,'15日,'18巨
吉川 元浩	(ソ)	1	1	3	0	1	0	0	0	1	0	0	0	0	0	1	0	0	0	.333	'09ソ
吉川 俊幸	(急)	2	3	0	0	0	0	0	0	0	0	0	0	0	0	0	0	0	0	.000	'77,'79急
吉武真太郎	(ソ)	3	6	—	—	—	—	—	—	—	—	—	—	—	—	—	—	—	—	—	'04ダ,'05,'06ソ

クライマックスシリーズ・ライフタイム

選手名	チーム	年数	試合	打数	得点	安打	二塁打	三塁打	本塁打	塁打	打点	盗塁	盗塁刺	犠打	犠飛	四球	死球	三振	併殺打	打率	出場した年度
吉田 裕太	(ロ)	1	1	0	0	0	0	0	0	0	0	0	0	0	0	0	0	0	0	—	'15ロ
*吉野 誠	(オ)	1	2	—	—	—	—	—	—	—	—	—	—	—	—	—	—	—	—	—	'08オ
*由 規	(ヤ)	1	1	6	1	0	0	0	0	0	0	0	0	0	0	0	0	1	0	.000	'09ヤ
吉見 一起	(中)	4	6	15	0	1	0	0	0	1	1	0	0	1	0	0	0	9	1	.067	'08～'11中
*吉見 祐治	(ロ)	1	1	—	—	—	—	—	—	—	—	—	—	—	—	—	—	—	—	—	'10ロ
吉村 裕基	(ソ)	4	15	36	2	8	2	0	0	10	8	0	0	0	0	4	0	8	1	.222	'14～'17ソ
吉本 亮	(ヤ)	1	2	0	0	0	0	0	0	0	0	0	0	0	0	0	0	0	0	—	'09ヤ
米田 哲也	(急)	2	3	6	0	1	0	0	0	1	0	0	0	1	0	0	0	2	0	.167	'73,'74急
ライブリー	(日)	1	1	—	—	—	—	—	—	—	—	—	—	—	—	—	—	—	—	—	'15日
ラフィーバー	(ロ)	1	3	12	1	3	0	0	0	3	1	0	0	0	0	1	0	1	0	.250	'74ロ
ラミレス	(巨)	4	17	67	7	18	2	1	3	31	12	0	0	0	1	2	0	14	2	.269	'08～'11巨
*リーファー	(武)	1	2	4	0	0	0	0	0	0	0	0	0	0	0	0	0	2	0	.000	'06武
*リー	(ロ)	3	12	41	5	8	0	0	2	14	6	1	0	0	0	4	0	14	0	.195	'77,'80,'81ロ
+リンデン	(楽)	1	4	13	0	3	1	0	0	4	1	0	0	0	0	1	0	3	0	.231	'09楽
領 健	(ソ)	1	1	0	0	0	0	0	0	0	0	0	0	0	0	0	0	0	0	—	'05ソ
*林 威助	(神)	3	5	10	0	4	0	0	0	4	0	0	0	0	0	0	1	2	0	.400	'07,'08,'10神
ル ナ	(広)	1	1	3	0	0	0	0	0	0	0	0	0	0	0	0	0	0	0	.000	'16広
レ アー ド	(日)	2	8	29	6	10	3	0	2	19	5	0	0	0	0	2	1	4	1	.345	'15,'16日
レ イ	(楽)	1	2	—	—	—	—	—	—	—	—	—	—	—	—	—	—	—	—	—	'13楽
レ オ ン	(ロ)	2	8	25	3	5	1	0	1	9	2	0	0	1	0	6	1	2	1	.200	'80,'81ロ
*レ デ ズ マ	(ロ)	1	2	—	—	—	—	—	—	—	—	—	—	—	—	—	—	—	—	—	'13ロ
*ロ ー ズ	(オ)	1	2	7	0	1	0	0	0	1	1	0	0	0	0	1	0	2	1	.143	'08オ
ロ サリオ	(広)	1	2	9	0	2	0	0	0	2	0	0	0	0	0	0	0	2	0	.222	'14広
ロ ペ ス ン	(ディ)	5	25	89	12	23	1	0	5	39	15	0	0	1	2	6	0	13	5	.258	'13,'14巨,'16,'17,'19ディ
ロ マ ン	(ヤ)	2	3	0	0	0	0	0	0	0	0	0	0	0	0	0	0	0	0	—	'12,'15ヤ
*ワトソン	(ロ)	1	2	2	0	0	0	0	0	0	0	0	0	0	0	0	0	1	0	.000	'07ロ
+若林 晃弘	(巨)	1	3	4	0	1	0	0	0	1	1	0	0	0	0	1	1	1	0	.250	'19巨
*脇谷 亮太	(巨)	5	16	31	3	11	3	0	0	14	4	1	0	0	0	2	1	9	1	.355	'07～'11巨
涌井 秀章	(ロ)	7	10	0	0	0	0	0	0	0	0	0	0	0	0	0	0	0	0	—	'08,'10～'13武,'15,'16ロ
*渡辺 恒樹	(ヤ)	1	1	0	0	0	0	0	0	0	0	0	0	0	0	0	0	0	0	—	'11ヤ
渡辺 俊介	(ロ)	3	6	—	—	—	—	—	—	—	—	—	—	—	—	—	—	—	—	—	'05,'07,'10ロ
渡辺 勉	(急)	4	6	1	0	0	0	0	0	0	0	0	0	0	0	0	0	0	0	.000	'73～'75,'77急
渡辺 直人	(武)	2	7	28	3	8	0	0	1	11	3	0	0	2	0	0	0	1	0	.286	'09楽,'13武
渡辺 正人	(ロ)	1	1	0	0	0	0	0	0	0	0	0	0	0	0	0	0	0	0	—	'07ロ
*渡邊 佳明	(楽)	1	2	4	0	0	0	0	0	0	0	0	0	0	0	0	0	1	1	.000	'19楽
渡辺 亮	(神)	2	3	0	0	0	0	0	0	0	0	0	0	0	0	0	0	0	0	—	'07,'10神
渡邉 諒	(日)	1	2	4	0	0	0	0	0	0	0	0	0	0	0	0	0	2	0	.000	'18日
和田 一浩	(中)	8	45	156	18	46	7	0	8	77	24	1	2	0	0	(4)32	1	20	7	.295	'04～'06武,'08～'12中
*和田康士朗	(ロ)	1	1	0	0	0	0	0	0	0	0	0	0	0	0	0	0	0	0	.000	'20ロ
*和田 毅	(ソ)	7	8	—	—	—	—	—	—	—	—	—	—	—	—	—	—	—	—	—	'04ダ,'05,'06,'10,'11,'17,'19ソ

チ ー ム 投 手 成 績

㊟ 防御率1982年まで⅓切り捨て、⅔切り上げ１回。1983年より端数まで計算。
　チーム右の〔　〕はプレーオフ勝敗。年度太字は日本シリーズ進出。

ソフトバンク（南海、ダイエー）〔８－８〕

年度	試合	完投	交代完了	試合当初	無失点勝	無四球試	勝利	敗北	引分	セーブ	ホールド	HP	勝率	打者	打数	投球回	安打	本塁打	犠打	犠飛	四球	死球	三振	暴投	ボーク	失点	自責点	防御率
1973	5	1	4	4	0	0	3	2	0				.600	196	169	44	45	7	4	0	22	1	24	0	0	28 (1)	17	3.48
2004	5	0	5	5	0	0	2	3	0	1			.400	195	168	46	46	8	4	2	(5) 20	1	34	0	0	25	25	4.89
2005	5	0	5	5	0	0	2	3	0	1	2	4	.400	186	173	46	43	2	0	0	9	4	44	0	0	16	16	3.13
2006	5	2	3	3	0	0	2	3	0	0	1	3	.400	167	144	42.2	35	2	7	1	(2) 15	0	38	2	0	9	9	1.90
2007	3	0	3	3	0	0	1	2	0	0	1	1	.333	107	91	25	22	2	4	0	13	0	20	0	0	15	15	5.40
2009	2	0	2	2	0	0	0	2	0	0	0	0	.000	72	63	16	20	5	1	0	6	0	10	0	0	15	14	7.88
2010	6	1	5	5	1	0	2	4	0	1	2	2	.333	224	196	54	42	5	5	0	(1) 20	3	50	1	0	20	20	3.33
2011	6	1	5	5	1	0	2	0	0	2	2	2	1.000	110	104	30	19	1	2	0	(1) 3	1	21	0	0	5	5	1.50
2012	6	0	6	6	0	0	2	4	0	2	2	2	.333	208	174	50	39	4	12	0	20	2	36	1	0	21	18	3.24
2014	6	0	6	6	0	0	3	3	0	1	4	5	.500	237	205	56	48	7	10	0	21	1	59	0	0	28	20	3.21
2015	3	0	3	3	0	0	1	0	0	1	6	7	1.000	107	97	28	16	0	0	0	9	1	24	1	0	4	4	1.29
2016	7	0	7	7	0	0	4	3	0	4	4	6	.571	247	219	60	49	8	9	0	(1) 18	1	66	0	0	27	22	3.30
2017	6	0	6	6	0	0	4	2	0	2	5	6	.667	160	179	155	45	34	5	1	0	13	0	40	0	0	13	11	2.20
2018	8	0	8	8	0	0	6	2	0	2	3	4	.750	295	264	71	63	6	8	0	28	1	76	0	0	37	33	4.18
2019	7	0	7	7	0	0	6	1	0	2	9	14	.857	268	225	63	48	9	8	2	(1) 32	2	65	2	0	23	23	3.14
2020	2	0	2	2	0	1	2	0	0	0	2	6	1.000	78	70	18	20	1	0	0	(11) 5	1	21	0	0	7	7	3.50
〔16〕	78	4	74	74	3	1	44	34	0	21	44	66	.564	2876	2517	694.2	578	78	80	6	254	19	630	7	0	293	258	3.34

日本ハム〔６－７〕

年度	試合	完投	交代完了	試合当初	無失点勝	無四球試	勝利	敗北	引分	セーブ	ホールド	HP	勝率	打者	打数	投球回	安打	本塁打	犠打	犠飛	四球	死球	三振	暴投	ボーク	失点	自責点	防御率
1981	5	1	4	4	1	0	3	1	1	1			.750	189 ▲	159	45	41	6	7	0	20	2	23	2	0	21 (3)	16	3.20
1982	4	1	3	3	0	0	1	3	0	1			.250	139	121	34	31	3	6	1	11	0	10	0	0	17	15	3.97
2004	3	0	3	3	0	0	1	2	0	0			.333	122	97	25	29	6	2	1	18	4	15	2	0	22	20	7.02
2006	2	2	0	0	1	0	2	0	0	0	0	0	1.000	67	56	18	10	0	4	1	(1) 4	2	15	1	0	1	1	0.50
2007	5	2	4	4	1	1	3	2	0	0			.600	191	172	45	46	6	1	2	13	3	29	0	0	17	17	3.40
2008	7	2	5	5	0	0	4	3	0	1	2	4	.571	261	232	60	65	6	3	3	23	1	43	3	0	35	33	4.95
2009	7	2	4	4	0	1	3	1	0	2	5	7	.750	154	138	36	38	3	4	1	(2) 9	2	17	0	0	16	16	4.00
2011	2	0	2	2	0	0	0	2	0	0	1	1	.000	87	75	20	22	1	1	0	8	0	16	1	0	13	12	5.40
2012	3	0	3	3	1	2	3	0	0	0	3	4	1.000	98	95	27	20	1	3	0	9	1	19	1	0	4	4	1.33
2014	4	0	4	4	0	0	3	1	0	3	8	11	.556	338	293	80.1	72	6	8	0	(1) 30	6	65	3	0	31	31	3.47
2015	3	0	3	3	0	0	1	2	0	1			.333	119	99	27	24	3	4	0	16	0	14	0	0	13	13	4.33
2016	3	0	3	3	0	0	3	2	0	2			.600	180	162	45	36	6	4	0	13	1	43	1	0	16	11	2.20
2018	3	0	3	3	0	1	1	2	0	1			.333	113	103	25	30	8	1	0	9	0	21	1	0	15	15	5.40
〔13〕	55	7	48	48	5	6	30	24	1	13	28	34	.556	2058 ▲	1802	487.1	464	55	49	11	174	21	330	15	0	219	204	3.77

巨　　人〔５－７〕

年度	試合	完投	交代完了	試合当初	無失点勝	無四球試	勝利	敗北	引分	セーブ	ホールド	HP	勝率	打者	打数	投球回	安打	本塁打	犠打	犠飛	四球	死球	三振	暴投	ボーク	失点	自責点	防御率
2007	3	0	3	3	0	0	0	3	0	0			.000	122	106	27	29	4	4	1	(1) 10	1	30	0	0	16	14	4.67
2008	4	0	4	4	0	0	2	1	1	0	4	5	.667	163	141	39	29	7	6	1	(1) 14	1	39	0	0	13	12	2.77
2009	4	0	4	4	0	0	2	1	0	1	3	5	.667	152	134	36	32	6	3	0	12	0	28	0	0	17	11	2.75
2010	6	0	6	6	0	0	3	3	0	2	3	5	.500	222	188	51.1	47	2	4	0	(3) 23	2	28	1	0	20	19	3.33
2011	3	0	3	3	0	0	1	2	0	0			.333	100	92	25	22	3	1	0	4	0	16	0	0	8	4	1.44
2012	6	0	6	6	0	1	3	3	0	2	6	6	.500	244	209	55	58	3	2	0	20	0	34	1	0	18	17	2.78
2013	4	0	4	4	1	0	3	0	0	3	2	3	1.000	101	93	27	14	0	2	0	11	0	23	1	0	5	5	0.33
2014	4	0	4	4	0	0	0	4	0	0			.000	162	142	36	41	6	5	0	(2) 16	2	25	0	0	21	21	5.25
2015	4	0	4	4	0	0	3	4	0	1	9	9	.429	251	222	61	53	4	5	2	(2) 18	4	48	2	0	17	15	2.21
2016	3	0	3	3	0	0	1	2	0	1			.333	117	105	29	24	8	1	0	8	1	28	0	0	11	10	3.10
2018	4	0	4	4	0	0	2	3	0	0	1	1	.400	162	143	42	21	4	2	0	15	6	41	2	0	14	14	3.00
2019	4	0	4	4	0	0	3	1	0	1	2	2	.750	148	125	36	23	2	0	0	17	5	29	1	0	10	10	2.50
〔12〕	52	2	50	50	3	2	24	27	1	14	28	40	.471	1944	1700	464.1	392	41	41	13	(9) 167	23	383	15	2	169	153	2.97

クライマックスシリーズ・ライフタイム

西　　武〔3-9〕

年度	試合	完投	交代完了	試合当初	無失点勝	無四球試	勝利	敗北	引分	セーブ	ホールド	HP	勝率	打者	打数	投球回	安打	本塁打	犠打	犠飛	四球	死球	三振	暴投	ボーク	失点	自責点	防御率
1982	4	0	4	4	1	0	3	1	0	2			.750	139	125	35	27	4	5	0	(2)8	1	14	0	0	9	9	2.31
2004	8	0	8	8	0	0	5	3	0	3			.625	304	275	71	74	14	3	0	22	4	71	2	0	39	37	4.69
2005	2	0	2	2	0	0	0	2	0	0	0	0	.000	70	61	16	17	0	2	2	4	1	12	0	0	5	5	2.81
2006	3	1	2	2	1	0	1	2	0	0	0	0	.333	120	101	27	29	3	2	0	9	8	27	2	0	17	17	5.67
2008	5	1	4	4	1	0	3	2	0	0	0	0	.600	187	169	45	38	4	5	1	11	1	47	1	0	19	15	3.00
2010	2	0	2	2	0	0	0	2	0	0	2	2	.000	93	84	22	23	4	2	0	(1)6	1	17	2	0	11	11	4.50
2011	5	0	5	5	0	0	2	3	0	0	2	2	.400	193	167	47	39	3	5	1	(2)16	4	27	1	1	16	16	3.06
2012	3	1	2	2	0	0	1	2	0	0			.333	105	98	27	20	0	2	0	3	2	20	0	0	5	5	1.67
2013	3	1	2	2	0	0	1	2	0	0			.333	114	102	27	29	5	2	1	7	0	19	0	0	15	15	5.00
2017	3	1	2	2	0	0	1	2	0	0			.333	108	95	27	21	3	6	0	7	0	21	1	0	9	9	3.00
2018	4	0	4	4	0	0	1	4	0	0	1	1	.200	220	188	45	63	5	5	1	25	1	41	1	0	44	40	8.00
2019	4	0	4	4	0	0	0	4	0	0	1	1	.000	184	154	36	55	8	7	1	(1)19	3	27	0	0	32	29	7.25
〔12〕	47	5	42	42	6	1	18	29	0	5	5	6	.383	1837	1619	425	435	53	46	7	(6)137	28	343	13	1	221	208	4.40

ロ　ッ　テ〔3-8〕

年度	試合	完投	交代完了	試合当初	無失点勝	無四球試	勝利	敗北	引分	セーブ	ホールド	HP	勝率	打者	打数	投球回	安打	本塁打	犠打	犠飛	四球	死球	三振	暴投	ボーク	失点	自責点	防御率
1974	3	1	2	2	1	1	3	0	0	1			1.000	100	93	27	19	1	2	0	5	0	18	0	0	5	5	1.67
1977	5	0	5	5	1	0	2	3	0	1			.400	200	174	44	54	3	5	2	15	4	28	2	0	30	28	5.73
1980	3	0	3	3	0	0	0	3	0	0			.000	121	99	26	29	7	4	1	(2)17	0	15	0	0	21	21	7.27
1981	5	2	3	3	0	0	1	3	0	0			.250	194	▲161	43	41	4	2	3	(1)23	2	24	2	0	24	20	4.19
2005	7	1	6	6	0	1	5	2	0	5	4	7	.714	243	218	62.1	48	7	9	1	(2)15	0	38	1	0	16	15	2.17
2007	8	2	6	6	1	1	4	4	0	0	1	3	.500	295	▲261	69	77	3	10	4	(1)14	5	48	2	0	32	29	3.78
2010	8	2	6	6	1	1	4	2	0	3	2	5	.750	297	256	74	52	1	11	2	(1)23	5	50	1	0	18	13	1.58
2013	7	0	7	7	0	0	3	4	0	0	1	8	.429	264	227	60	66	8	8	3	22	4	39	3	0	31	30	4.50
2015	7	0	6	6	0	0	3	4	0	1	8	8	.333	214	192	51.1	53	3	8	0	(1)11	3	31	0	0	20	20	3.51
2016	2	0	2	2	0	0	0	2	0	0	1	1	.000	74	58	16	16	1	5	0	(1)10	1	10	0	0	8	8	4.50
2020	2	0	2	2	0	0	0	1	0	0	1	1	.000	71	65	16	21	4	2	0	(10)4	0	10	0	0	10	9	5.06
〔11〕	56	8	48	48	4	6	26	29	1	12	20	30	.473	2073	▲1804	488.2	476	40	68	16	159	24	311	14	1	215	198	3.65

阪　　神〔1-7〕

年度	試合	完投	交代完了	試合当初	無失点勝	無四球試	勝利	敗北	引分	セーブ	ホールド	HP	勝率	打者	打数	投球回	安打	本塁打	犠打	犠飛	四球	死球	三振	暴投	ボーク	失点	自責点	防御率
2007	2	0	2	2	0	0	0	2	0	0	0	0	.000	74	66	16	21	3	3	0	3	2	10	0	0	12	11	6.19
2008	3	0	3	3	0	0	1	2	0	0	1	1	.333	106	93	27	19	4	4	0	7	2	17	1	0	7	7	2.33
2010	2	0	2	2	0	0	0	2	0	0	0	0	.000	84	74	18	24	2	1	1	7	1	16	1	0	10	4	2.00
2013	2	0	2	2	0	0	0	2	0	0	0	0	.000	85	73	18	24	3	5	1	5	1	18	3	0	15	15	5.50
2014	6	0	6	6	0	0	4	0	1	4	5	6	1.000	224	204	57	45	6	6	1	(1)10	3	47	0	0	9	9	1.42
2015	3	0	3	3	0	0	1	2	0	0	1	1	.333	117	99	26.1	29	4	6	1	(1)12	0	19	1	0	8	7	2.39
2017	3	0	3	3	0	0	1	2	0	0	3	3	.333	121	110	27	35	2	3	2	6	0	32	0	0	19	19	6.33
2019	7	0	7	7	0	0	3	4	0	0	2	2	.429	258	230	59.1	62	11	2	1	(2)24	1	53	2	0	35	33	5.01
〔8〕	28	0	28	28	2	0	11	16	1	8	14	18	.407	1069	949	248.2	259	32	29	7	(4)74	10	212	8	0	115	101	3.66

オリックス（阪急）〔2-5〕

年度	試合	完投	交代完了	試合当初	無失点勝	無四球試	勝利	敗北	引分	セーブ	ホールド	HP	勝率	打者	打数	投球回	安打	本塁打	犠打	犠飛	四球	死球	三振	暴投	ボーク	失点	自責点	防御率
1973	5	2	3	3	0	0	2	3	0				.400	185	169	44	40	9	0	1	11	4	21	0	0	20	18	3.68
1974	4	0	4	4	0	0	0	2	0				.000	112	97	26	24	2	4	0	(1)8	3	8	0	0	15	13	4.50
1975	4	3	1	1	1	1	3	1	0				.750	152	138	36	39	2	2	0	9	3	16	0	0	18	16	4.00
1977	5	3	2	2	0	0	3	2	0				.600	153	147	44	25	4	2	1	8	0	16	0	0	9	6	1.23
1979	3	1	2	2	0	0	0	3	0				.000	115	93	26	23	5	6	1	13	2	13	0	0	14	11	3.81
2008	3	0	3	3	0	0	0	3	0	0	0		.000	79	71	18	18	4	0	1	6	1	7	0	0	11	10	5.00
2014	3	0	3	3	0	0	1	2	0	1	2	3	.333	127	105	28	29	2	7	1	13	1	30	0	0	12	11	3.54
〔7〕	25	9	16	16	2	3	9	16	0	1	2	3	.333	923	820	222	198	26	21	5	63	14	111	1	0	99	85	3.45

中　　日〔3－3〕

年度	試合	完投	交代完了	試合当初	無失点勝利	無四球試合	勝利	敗北	引分	セーブ	ホールド	HP	勝率	打者	打数	投球回	安打	本塁打	犠打	犠飛	四球	死球	三振	暴投	ボーク	失点	自責点	防御率
2007	5	0	5	5			5	0	0		3	3	1.000	181	166	45	35	1	0		11	3	35	2	0	11	11	2.20
2008	7	0	7	7	1	2	3	3	1		5	6	.500	266	240	63	64	10	7	0	(1) 17	2	46	4	0	32	32	4.57
2009	7	0	7	7	1	1	3	4	0		2	2	.429	258	228	60	62	6	7	1	(1) 22	0	46	2	0	30	25	3.75
2010	4	0	4	4	1	1	3	1	0		1	2	.750	145	135	36	32	1	5		(1) 11	0	32	1	0	6	6	1.50
2011	5	0	5	5	1	1	3	2	0		4	4	.600	170	155	45	30	1	6		(2) 9	0	32	1	0	8	7	1.40
2012	9	0	9	9	1		5	4	0	4	11	13	.556	326	280	79.1	60	8	12	2	(4) 30	4	54	1	0	20	20	2.27
〔6〕	37	0	37	37	5	3	22	14	1	15	26	30	.611	1346	1204	328.1	283	26	35	3	(9) 93	11	245	10	0	107	101	2.77

広　　島〔2－3〕

年度	試合	完投	交代完了	試合当初	無失点勝利	無四球試合	勝利	敗北	引分	セーブ	ホールド	HP	勝率	打者	打数	投球回	安打	本塁打	犠打	犠飛	四球	死球	三振	暴投	ボーク	失点	自責点	防御率
2013	5	0	5	5			2	3	0	0		2	.400	163	144	42	30	4	5	1	13	0	29	1	0	14	14	3.00
2014	2	0	2	2			1	1	0	0		1	1.000	75	69	19	15	1	1	0	4	1	13	3	0	1	1	0.47
2016	4	1	3	3			3	1	0	0	2	4	.750	143	132	36	27	3	1	0	10	0	26	0	0	9	9	2.25
2017	5	1	4	4			1	4	0	0	2	2	.200	176	157	41	45	7	2	0	16	1	33	0	0	20	19	4.17
2018	3	0	3	3			2	0	0	0	2	2	1.000	101	91	27	12	0	1	0	(1) 9	0	20	0	0	3	3	1.00
〔5〕	19	2	17	17	3		9	9	1		9	9	.500	658	593	165	129	15	10	1	(1) 52	2	121	4	0	48	46	2.51

ヤクルト〔1－4〕

年度	試合	完投	交代完了	試合当初	無失点勝利	無四球試合	勝利	敗北	引分	セーブ	ホールド	HP	勝率	打者	打数	投球回	安打	本塁打	犠打	犠飛	四球	死球	三振	暴投	ボーク	失点	自責点	防御率
2009	3	0	3	3			1	2	0	1	2	2	.333	116	99	25	31	3	7	0	(1) 10	0	18		0	12	11	3.96
2011	8	0	8	8			4	4	0	4	13	15	.500	282	241	69	48	6	13	0	(1) 29	0	54	0	0	17	17	2.22
2012	3	0	3	3			1	2	0	1	2	5	.333	109	92	25	23	2	4	1	(1) 12	0	14	0	0	16	10	3.60
2015	4	0	4	4			3	1	0	1	2	5	.750	144	126	36	29	1	3	1	13	2	24	0	0	6	6	1.50
2018	2	0	2	2			0	2	0	0			.000	74	65	18	13	4	1	1	(1) 7	0	23	0	0	8	8	4.00
〔5〕	20	0	20	20			9	11	0	8	14	16	.450	725	623	173	144	16	27	2	(4) 71	2	133	3	0	55	52	2.71

楽　　天〔1－3〕

年度	試合	完投	交代完了	試合当初	無失点勝利	無四球試合	勝利	敗北	引分	セーブ	ホールド	HP	勝率	打者	打数	投球回	安打	本塁打	犠打	犠飛	四球	死球	三振	暴投	ボーク	失点	自責点	防御率
2009	6	4	2	2	0	1	3	3	0	0	2	2	.500	223	198	51.1	55	4	7	3	(1) 14	1	37	3	0	28	25	4.38
2013	4	2	2	2	0	1	3	1	0	0	2	2	.750	144	134	37	34	4	2	1	14	1	31	1	1	9	9	2.19
2017	8	0	8	8			4	4	0	5	8	10	.500	287	253	68	65	12	11	3	19	1	70	1	1	34	34	4.50
2019	3	0	3	3			1	2	0	0	1	1	.333	103	96	25	24	6	1	0	(1) 36	1	25	1	0	11	11	3.96
〔4〕	21	6	15	15	2	1	11	10	0	5	14	17	.524	757	681	181.1	173	24	23	6	43	4	163	6	2	82	79	3.92

近　　鉄〔2－1〕

年度	試合	完投	交代完了	試合当初	無失点勝利	無四球試合	勝利	敗北	引分	セーブ	ホールド	HP	勝率	打者	打数	投球回	安打	本塁打	犠打	犠飛	四球	死球	三振	暴投	ボーク	失点	自責点	防御率
1975	4	0	4	4	0	0	1	3	0	0			.250	154	138	35	38	6	2	1	14	0	14	0		20	18	4.63
1979	3	0	3	3	0	0	3	0	0				1.000	108	97	28	28	1	0	1	8	2	14	0	0	7	6	1.93
1980	3	2	1	1	0	0	3	0	0				1.000	107	99	27	21	2	1	1	4	2	13	0		7	6	2.33
〔3〕	10	2	8	8			7	3	0	2			.700	369	334	90	77	12	1	4	26	4	41	0	1	33	31	3.10

ＤｅＮＡ〔1－2〕

年度	試合	完投	交代完了	試合当初	無失点勝利	無四球試合	勝利	敗北	引分	セーブ	ホールド	HP	勝率	打者	打数	投球回	安打	本塁打	犠打	犠飛	四球	死球	三振	暴投	ボーク	失点	自責点	防御率
2016	7	0	7	7	1	0	3	4	0	3	5	6	.429	252	217	61	48	6	9	1	(1) 23	2	59	2	0	24	24	3.54
2017	8	1	7	7	1	0	6	2	0	2	10	12	.750	277	241	67	56	4	9	5	(1) 25	2	58	2	3	20	20	2.69
2019	3	0	3	3			1	2	0	0	5	6	.333	124	104	27	31	2	5	0	10	0	22	0	0	14	13	4.33
〔3〕	18	1	17	17	2		10	8	0	5	20	24	.556	653	562	155	135	12	23	3	(2) 58		139	7	0	58	57	3.31

個 人 投 手 成 績 （50音順）

チーム－登板した最終年度に所属したもの。　年数－実際に登板した年の合計。

選手名	チーム	年数	試合	完投	交代完了	試合当初	無失点勝	無四球試	勝利	敗北	セーブ	ホールド	HP	勝率	打者	投球回	安打	本塁打	犠打	犠飛	四球	死球	三振	暴投	ボーク	失点	自責点	防御率
アッチソン	(神)	1	2	0	0	0	0	0	0	0	0	1	1	.000	11	2.2	2	1	0	0	0	0	0	0	0	1	1	3.38
アンソニー・カーター	(日)	1	2	0	0	0	0	0	0	0	0	0	0	.000	6	1.2	2	0	0	1	0	0	0	0	0	0	0	0.00
＊青木 高広	(巨)	1	1	0	0	0	0	0	0	0	0	0	0	.000	4	0.2	2	0	0	0	0	0	0	0	0	0	0	0.00
青柳 晃洋	(神)	1	2	0	0	2	0	0	0	0	0	0	0	.000	32	6.1	8	2	0	0	5	1	6	0	0	5	5	7.11
青山 浩二	(楽)	3	5	0	2	0	0	0	0	0	0	0	0	.000	39	8	11	1	0	0	5	0	5	2	0	5	5	5.63
＊赤川 克紀	(ヤ)	2	4	0	0	2	0	0	1	1	0	1	1	.500	54	12.1	11	0	4	0	5	0	7	0	0	5	2	1.46
秋山 拓巳	(神)	1	1	0	0	1	0	0	0	0	0	0	0	.000	14	3	5	1	0	0	3	0	2	0	0	2	2	6.00
秋吉 亮	(ヤ)	1	2	0	0	0	0	0	0	0	0	0	0	.000	6	1	1	0	0	0	0	0	1	0	0	0	0	0.00
朝井 秀樹	(巨)	1	2	0	0	1	0	0	0	0	0	0	0	.000	28	7	5	0	2	0	3	0	2	0	0	2	2	2.57
浅尾 拓也	(中)	5	19	0	6	0	0	0	2	1	2	7	9	.667	82	19.1	18	0	1	0	(1)6	0	15	0	0	7	4	1.86
朝倉 健太	(中)	1	2	0	0	1	0	0	0	1	0	0	0	.000	18	3	9	2	1	0	2	0	3	0	0	6	6	18.00
足立 光宏	(急)	3	5	2	0	3	2	1	2	2	0	－	－	.500	128	34	29	2	4	0	(1)4	0	10	0	0	10	9	2.38
新垣 渚	(ソ)	3	4	0	0	4	0	1	1	0	0	0	0	.500	103	26.1	19	0	1	1	(2)6	1	22	0	0	9	8	2.73
有原 航平	(日)	2	3	0	0	1	0	0	1	0	0	0	0	.667	40	11	7	2	0	0	2	0	6	1	0	2	2	1.64
＊有銘 久	(楽)	1	2	0	0	0	0	0	0	0	0	0	0	.000	2	0+	0	0	0	0	2	0	1	1	0	1	1	－
安藤 優也	(神)	4	6	0	0	1	0	0	1	2	0	0	0	.333	42	9.2	9	0	2	0	4	0	6	0	0	3	3	2.79
＊李 惠踐	(ヤ)	1	1	0	0	0	0	0	0	0	0	0	0	.000	1	0.1	0	0	0	0	0	0	0	0	0	0	0	0.00
五十嵐 亮太	(ソ)	3	8	0	3	0	0	0	0	0	3	5	5	1.000	33	8	4	1	0	0	5	0	7	1	0	3	3	3.38
井口 和朋	(日)	2	3	0	1	0	0	0	0	0	0	0	0	.000	13	3.2	3	1	0	0	1	0	5	0	0	1	1	2.45
＊石井 一久	(武)	3	5	0	0	0	0	0	1	1	0	2	2	.500	53	12.2	8	1	0	0	(1)2	1	16	0	0	3	3	2.13
石井 貴	(武)	2	2	0	0	2	0	0	0	0	0	0	0	.000	32	5.2	13	3	0	0	1	0	2	0	0	8	8	12.71
＊石井 裕也	(日)	5	9	0	0	0	0	0	0	1	0	3	3	.000	31	6.1	7	0	1	0	(1)2	0	8	0	0	3	2	2.84
石川 歩	(ロ)	2	3	0	0	0	0	0	1	2	0	0	0	.333	69	16	18	1	4	0	4	1	8	0	0	7	7	3.94
石川 柊太	(ソ)	3	10	0	0	0	0	0	0	0	3	7	7	1.000	49	12	9	1	1	0	0	0	14	1	0	2	2	1.50
石川 直也	(日)	1	1	0	1	0	0	0	0	0	0	0	0	.000	3	1	0	0	0	0	0	0	0	0	0	0	0	0.00
石川 雅規	(ヤ)	4	5	0	0	5	0	0	2	3	0	0	0	.400	107	26.2	21	4	5	0	(1)8	0	17	0	0	8	8	2.70
石崎 剛	(神)	1	1	0	0	0	0	0	0	0	0	0	0	.000	13	3	3	0	1	0	0	0	4	0	0	0	0	0.00
＊石田 健大	(デ)	3	5	1	0	0	0	0	0	1	0	1	1	.000	68	15.2	13	2	4	1	7	1	13	0	0	9	9	5.17
石山 泰稚	(ヤ)	1	1	0	0	0	0	0	0	0	0	0	0	.000	7	2	1	0	0	0	3	0	0	0	0	0	0	0.00
一岡 竜司	(広)	4	8	0	0	0	0	0	0	0	1	1	1	.000	31	8	5	1	0	0	3	0	7	1	0	3	3	3.38
伊藤 準規	(中)	2	3	0	1	2	0	0	1	1	0	0	0	.500	41	10	10	1	1	0	2	0	9	1	0	5	5	4.50
伊藤 義弘	(ロ)	1	4	0	0	0	0	0	0	0	0	0	0	.000	21	4.2	5	0	1	0	(1)2	0	6	0	0	1	1	1.93
糸数 敬作	(日)	1	1	0	0	1	0	0	1	0	0	0	0	1.000	31	7	7	1	0	0	1	0	4	0	0	1	1	1.29
稲葉 光雄	(急)	2	2	0	0	0	0	0	0	0	0	－	－	.000	40	9	9	2	0	0	4	0	4	0	0	4	1	0.90
井納 翔一	(デ)	2	4	0	0	0	0	0	0	1	0	3	3	.750	102	25.1	21	1	0	0	8	0	25	0	0	4	4	1.42
井場 友和	(中)	1	1	0	0	0	0	0	0	0	0	0	0	.000	5	0.1	1	0	0	0	3	0	1	0	0	4	4	108.00
今井 啓介	(広)	1	2	0	0	0	0	0	0	0	0	0	0	.000	14	4	1	0	1	0	1	0	3	0	0	0	0	0.00
＊今井 達也	(武)	1	2	0	0	0	0	0	0	0	0	0	0	.000	39	7.1	13	3	1	1	5	0	5	0	0	10	10	12.27
＊今永 昇太	(デ)	3	6	0	0	3	0	0	0	2	0	0	0	.000	71	16	15	3	3	0	8	0	18	1	0	11	11	6.19
今村 猛	(広)	2	6	0	0	0	0	0	0	0	0	2	2	.000	24	6	4	1	0	0	3	0	7	0	0	1	1	1.50
＊今村 信貴	(巨)	1	2	0	0	0	0	0	0	0	0	0	0	.000	32	7.1	6	1	1	0	1	0	9	0	0	4	4	4.91
林 昌勇	(ヤ)	3	5	0	4	0	0	0	0	3	0	0	0	.000	20	4.1	4	0	2	0	3	0	4	0	0	4	4	8.31
井本 隆	(近)	3	3	1	0	2	0	0	1	0	0	－	－	1.000	86	21.1	18	0	1	0	5	0	10	1	0	5	5	2.14
入来 祐作	(日)	1	2	0	1	0	0	0	0	0	0	0	0	.000	20	4	5	0	1	0	1	0	3	0	0	1	1	2.25
岩隈 久志	(楽)	1	3	0	2	1	0	0	0	0	0	0	0	.500	73	17.1	16	1	3	0	(1)4	1	13	0	0	8	6	3.12
岩嵜 翔	(ソ)	5	14	0	5	0	0	0	0	0	4	6	6	1.000	67	18	7	0	2	0	7	0	15	1	0	1	1	0.50
岩崎 哲也	(武)	1	1	0	0	0	0	0	0	0	0	0	0	.000	7	2	1	0	1	0	0	0	0	0	0	0	0	0.00
岩貞 祐太	(神)	1	1	0	0	0	0	0	0	0	0	0	0	.000	13	4	1	1	0	0	3	0	4	0	0	0	0	0.00
＊岩﨑 優	(神)	3	8	0	1	0	0	0	0	0	0	3	3	.000	49	10.2	12	3	2	0	4	0	10	0	0	10	9	7.59
岩下 大輝	(ロ)	1	1	0	0	0	0	0	0	0	0	0	0	.000	3	1	0	0	0	0	0	0	0	0	0	0	0	0.00
＊岩瀬 仁紀	(中)	6	19	0	16	0	0	0	0	2	10	2	2	1.000	71	19	11	1	1	1	(1)6	0	23	0	0	4	4	1.89
＊岩田 稔	(神)	4	3	0	0	3	0	0	1	0	0	0	0	1.000	60	15.1	11	1	3	0	6	0	12	1	0	4	4	2.35
ウィーランド	(デ)	1	2	0	0	0	0	0	0	1	0	0	0	1.000	52	12	12	1	1	0	5	0	6	0	0	4	4	3.00
＊ウィリアムス	(神)	1	2	0	0	0	0	0	0	0	0	0	0	.000	6	1.2	0	0	1	0	1	0	3	0	0	0	0	0.00
＊ウィリアムス	(武)	2	2	0	1	0	0	0	0	0	0	0	0	.000	6	1.2	1	0	0	0	0	0	2	0	0	0	0	0.00
ウルフ	(武)	3	3	0	0	2	0	0	0	1	0	1	1	.500	55	14	13	2	3	0	6	0	9	0	0	5	5	3.21
上園 啓史	(神)	1	1	0	0	0	0	0	0	0	0	0	0	.000	8	1	3	1	0	0	0	0	0	0	0	5	5	45.00
上原 浩治	(巨)	3	5	0	0	2	0	0	0	0	0	1	1	1.000	44	12.1	7	4	0	0	0	0	15	0	0	4	4	2.92
宇田 東植	(ロ)	1	1	0	0	0	0	0	0	0	0	0	0	.000	15	4	3	1	2	0	1	0	1	0	0	2	2(2)	4.50
内 竜也	(ロ)	4	12	0	5	0	0	0	3	2	1	4	4	.600	57	13.1	13	2	1	1	5	1	10	1	0	8	6	4.05
＊内海 哲也	(巨)	9	10	0	0	10	0	0	1	4	0	0	0	.200	217	48.1	52	6	6	2	(1)22	4	33	2	0	24	20	3.72
梅沢 義勝	(ロ)	1	2	0	0	0	0	0	0	0	0	0	0	.000	15	4	4	0	1	0	1	0	1	0	0	1	1	2.25
梅野 雄吾	(ヤ)	1	1	0	0	0	0	0	0	0	0	0	0	.000	7	1.2	2	0	0	0	2	0	2	0	0	2	2	2.79
浦野 博司	(日)	2	3	0	0	0	0	0	0	0	0	0	0	.000	39	9.2	10	0	1	0	4	0	6	0	0	3	3	2.79
上沢 直之	(日)	2	3	0	0	2	0	0	0	1	0	0	0	.000	59	13.1	16	2	2	0	4	1	6	0	0	12	12	8.10

選手名	チーム	年数	試合	完投	交代完了	試合当初	無失点勝	無四球試	勝利	敗北	セーブ	ホールド	HP	勝率	打者	投球回	安打	本塁打	犠打	犠飛	四球	死球	三振	暴投	ボーク	失点	自責点	防御率
*エスコバー	(ディ)	2	8	0	0	0	0	0	0	2	0	4	4	.000	29	6.2	7	1	0	1	3	1	2	1	0	6	6	8.10
江柄子裕樹	(巨)	1	3	0	0	0	0	0	0	0	0	0	0	.000	16	4.1	1	0	0	0	3	0	1	0	0	0	0	0.00
*江草 仁貴	(広)	2	2	0	0	0	0	0	0	0	0	0	0	.000	8	2.1	1	0	0	0	0	0	4	0	0	0	0	0.00
江尻慎太郎	(日)	1	1	0	0	0	0	0	0	0	0	1	1	.000	27	5.1	7	1	0	0	4	1	2	0	0	5	5	8.44
*江夏 豊	(日)	2	6	0	5	0	0	0	0	2	1	1	—	.000	35	8	9	1	1	0	4	1	4	1	0	5	5	5.63
*榎田 大樹	(武)	2	2	0	1	1	0	0	0	0	0	0	0	.000	24	4	8	1	2	0(1)	5	0	2	1	0	7	7	15.75
江本 孟紀	(南)	1	3	1	2	0	0	0	0	0	0	—	—	1.000	43	11	7	0	0	0	3	0	11	0	0	3	3	2.45
*オースチン	(急)	1	1	0	0	0	0	0	0	0	0	—	—	.000	2	0+	1	0	0	0	1	0	0	0	0	0	0	—
オビスポ	(巨)	1	1	0	0	0	0	0	0	0	0	0	0	.000	26	5.2	7	0	0	0	3	0	4	0	0	2	2	3.18
オンドルセク	(ヤ)	1	2	0	1	0	0	0	0	0	0	0	2	.000	5	2.1	0	0	0	0	3	0	2	0	0	0	0	0.00
呉 昇桓	(神)	1	6	0	5	0	0	0	0	0	4	1	0	.000	31	8.1	6	2	0	0	0	1	10	0	0	2	2	2.16
大石 達也	(武)	1	1	0	0	0	0	0	0	0	0	0	0	.000	5	0.2	2	0	0	0	0	0	1	0	0	2	2	13.50
大瀬良大地	(広)	1	1	0	0	2	0	0	1	0	0	0	0	1.000	64	15.2	17	1	2	0(1)	3	0	13	2	0	4	4	2.30
大竹 寛	(巨)	3	5	0	0	0	0	0	0	1	0	0	1	2	55	15	8	1	0	0	8	1	5	0	0	2	2	1.20
*大竹耕太郎	(ソ)	1	3	0	1	0	0	0	0	0	0	0	0	.000	16	3	3	1	0	0	0	0	5	0	0	3	3	9.00
大谷 翔平	(日)	3	5	0	1	4	0	0	2	1	1	0	0	.667	100	23.2	18	0	1	0	9	4	30	0	0	12	12	4.56
大谷 智久	(ロ)	2	6	0	2	0	0	0	0	1	1	0	2	3	.000	23	5.2	6	0	1	0	1	0	5	0	0	3	3	4.76
*大隣 憲司	(ソ)	4	5	0	0	4	0	0	2	0	0	0	0	1.000	104	27.1	20	2	8	0	9	0	23	0	0	4	4	1.32
大沼 幸二	(武)	2	4	0	1	0	0	0	0	0	0	0	1	1	.000	24	5.2	7	3	1	0	0	0	8	0	0	5	5	7.94
*大野 雄大	(中)	1	2	0	1	1	0	0	1	0	0	0	0	1.000	34	8.2	5	0	1	0	3	0	8	0	0	1	1	1.04
大嶺 祐太	(ロ)	2	2	0	0	0	0	0	0	0	0	0	0	.000	25	5	8	1	3	0	3	0	6	0	0	3	3	5.40
*岡島 秀樹	(ロ)	2	4	0	1	0	0	0	0	0	1	1	1	.000	15	3.2	3	1	0	0	1	0	5	0	0	1	1	2.45
岡田 明丈	(広)	1	2	0	0	1	0	0	0	0	1	1	1	1.000	25	5.1	8	1	0	0	2	0	4	1	0	3	3	5.06
岡部 憲章	(広)	1	1	0	0	0	0	0	0	0	0	—	—	.000	14	2	4	0	0	0	1	0	4	0	0	3	3	13.50
岡本 篤志	(武)	4	7	0	1	0	0	0	0	0	0	0	2	2	.000	23	6.2	3	0	0	0	5	0	5	0	0	0	0	0.00
岡本 克道	(ダ)	1	2	0	0	0	0	0	0	0	0	—	—	.000	7	2	1	0	0	0	0	0	1	0	0	2	2	9.00
岡本 真也	(中)	2	7	0	1	0	0	0	0	0	0	0	2	.000	17	4	3	0	0	0	2	1	1	0	0	2	2	4.50
岡本 洋介	(武)	1	1	1	0	0	1	0	1	0	0	1	1	1.000	30	9	6	0	0	0	1	0	5	0	0	0	0	0.00
*小笠原 孝	(中)	3	4	0	0	2	0	0	0	2	0	0	0	1.000	70	17	16	3	0	0	4	0	9	0	0	5	5	2.65
小川 泰弘	(ヤ)	2	2	0	0	2	0	0	0	1	1	0	0	.500	54	14.1	10	1	2	1	4	0	10	0	0	4	4	2.51
*小川 龍也	(武)	2	6	0	0	0	0	0	0	0	1	0	0	1	.000	16	3.1	3	0	0	0	3	0	2	0	0	1	1	2.70
荻野 忠寛	(ロ)	1	3	0	2	0	0	0	0	0	0	0	0	.000	10	2.1	4	0	0	0	0	0	2	0	0	1	1	1.42
長田秀一郎	(武)	3	6	0	1	0	0	0	0	1	0	0	0	1.000	26	6.1	5	1	0	0	1	0	1	1	0	1	1	1.42
押本 健彦	(ヤ)	4	11	0	1	0	0	0	0	0	0	0	5	5	.000	44	11.2	9	2	1	1	4	0	11	0	0	1	1	0.77
越智 大祐	(巨)	4	9	0	1	0	0	0	0	3	0	2	5	1.000	41	9	8	2	1	0	7	0	13	0	0	6	6	6.00
小野 晋吾	(ロ)	3	6	0	1	0	0	0	0	0	0	0	0	.000	43	10.2	13	3	0	0	3	0	6	0	0	3	3	2.53
小野 郁		1	1	0	0	0	0	0	0	0	0	0	0	.000	2	0.2	0	0	0	0	0	0	1	0	0	0	0	0.00
小野寺 力	(武)	4	9	0	4	0	0	0	0	0	0	0	3	3	.000	38	9.1	6	1	1	0(1)	4	1	9	0	0	3	3	2.89
*小俣 進	(ヤ)	1	1	0	0	0	0	0	0	0	0	—	—	.000	5	1	2	0	0	0	1	0	0	0	0	3	3	40.50
カラシティー	(ヤ)	1	1	0	0	0	0	0	0	0	0	0	0	.000	5	1	0	0	0	0	2	1	0	0	0	0	0	0.00
カルロス・ロサ	(ロ)	1	5	0	1	0	0	0	0	0	0	2	2	.000	21	5.1	2	0	0	0	2	0	6	1	0	2	1	1.69
*ガルシア	(神)	1	4	0	0	2	0	0	0	0	2	0	0	.000	30	6.2	8	1	0	0	2	0	5	1	0	4	4	5.40
甲斐野 央	(ソ)	1	5	0	0	0	0	0	0	0	2	0	1	3	1.000	18	4.2	2	0	1	0	2	0	6	0	0	1	1	1.93
鍵谷 陽平	(日)	3	7	0	1	0	0	0	0	0	0	0	1	1	.000	30	7.1	5	1	0	0	3	0	10	1	0	1	1	1.23
笠原 将生	(日)	1	1	0	0	0	0	0	0	0	0	0	0	.000	2	0.2	0	0	0	0	0	0	1	0	0	0	0	0.00
*梶本 隆夫	(急)	1	1	0	0	0	0	0	0	0	0	—	—	.000	1	0.1	0	0	0	0	0	0	0	0	0	0	0	0.00
加治屋 蓮	(ソ)	1	6	0	0	0	0	0	0	0	0	0	2	2	.000	21	5	4	1	0	0	1	0	8	0	0	0	0	0.00
香月 良仁	(ソ)	1	1	0	0	0	0	0	0	0	0	0	0	.000	4	1.1	0	0	0	0	3	0	1	0	0	3	3	5.40
甲藤 啓介	(ソ)	1	2	0	0	0	0	0	0	0	0	0	0	.000	12	3	2	0	0	0	2	0	4	0	0	1	1	3.00
*加藤 康介	(神)	1	1	0	0	0	0	0	0	0	0	0	0	.000	6	1	3	0	0	0	1	0	2	0	0	1	1	9.00
*加藤 貴之	(日)	2	2	0	0	2	0	0	0	0	0	0	0	.000	13	2	4	1	0	0	1	0	0	0	0	5	5	4.50
加藤 大輔	(オ)	1	3	0	2	0	0	0	0	0	0	0	0	.000	2	0.2	1	0	0	0	0	0	0	0	0	0	0	0.00
門倉 健	(巨)	1	1	0	1	0	0	0	0	0	0	0	0	.000	4	1.1	0	0	0	0	2	0	1	0	0	0	0	0.00
金澤 健人	(ロ)	2	3	0	2	0	0	0	0	0	0	0	0	.000	30	6.1	10	0	3	0(1)	2	0	4	0	0	2	2	2.84
金森 敬之	(ロ)	3	3	0	0	0	0	0	0	0	0	0	0	.000	21	4.2	5	1	1	0	2	0	4	0	0	3	3	5.79
金子 千尋	(オ)	2	2	0	0	2	0	0	0	0	2	0	0	.000	28	7	6	0	0	0	1	0	6	0	0	3	3	3.86
*金田 留広	(ロ)	2	2	0	0	2	0	0	1	0	0	—	—	1.000	56	14.1	13	1	0	0	3	0	9	1	0	4	3	1.93
*金刃 憲人	(楽)	2	2	0	0	0	0	0	0	0	0	0	0	.000	5	1	5	0	0	0	0	0	1	0	0	2	2	18.00
金村 曉	(日)	1	1	0	0	1	0	0	0	0	1	0	0	.000	28	6	4	2	0	0	4	0	4	0	0	5	5	7.50
釜田 佳直	(日)	1	1	0	0	0	0	0	0	0	0	0	0	.000	9	2	4	0	0	0	1	0	3	0	0	1	1	4.50
*神内 靖	(ソ)	2	2	0	1	0	0	0	0	0	0	0	0	.000	16	3.2	3	1	0	0	2	0	2	0	0	2	2	4.91
上茶谷大河	(ディ)	1	1	0	0	1	0	0	0	0	1	0	0	.000	25	6	5	0	0	0	2	0	7	0	0	2	2	3.00
*嘉弥真新也	(ソ)	4	13	0	1	0	0	0	0	0	0	0	5	6	1.000	25	6.1	5	0	1	0	2	0	5	0	0	2	2	3.00
唐川 侑己	(ロ)	2	2	0	0	2	0	0	0	0	1	0	0	.000	38	8.1	10	0	1	0	3	1	5	0	0	4	4	4.32
*辛島 航	(楽)	2	2	0	0	2	0	0	0	0	2	0	0	.000	38	9.1	9	2	1	0	5	0	9	1	0	5	5	4.82
*川井 雄太	(中)	1	1	0	0	1	0	0	1	0	0	0	0	1.000	19	5	2	0	1	0	2	0	6	0	0	1	0	0.00
川上 憲伸	(中)	3	6	1	0	5	0	0	3	1	0	0	0	.750	128	33	26	3	1	0(1)	8	1	28	0	0	11	11	3.00
川岸 強	(楽)	1	1	0	1	0	0	0	0	0	0	0	0	.000	3	0.2	1	0	0	0	0	0	1	0	0	0	0	0.00
川越 英隆	(オ)	1	1	0	0	1	0	0	0	0	1	0	0	.000	25	5.1	3	1	0	0	3	0	2	0	0	5	5	9.00
川崎 雄介	(ロ)	1	3	0	1	0	0	0	0	0	0	0	1	1.000	23	5.2												

クライマックスシリーズ・ライフタイム

選手名	チーム	年数	試合	完投	交代完了	試合当初	無失点勝	無四球試	勝利	敗北	セーブ	ホールド	H P	勝率	打者	投球回	安打	本塁打	犠打	犠飛	四球	死球	三振	暴投	ボーク	失点	自責点	防御率
川原 昭二	(日)	1	2	0	0	0	0	0	0	0	0	—	—	.000	9	1.2	3	1	0	0	0	0	1	0	0	2	1	4.50
河原 純一	(中)	3	6	0	1	0	0	0	0	0	0	1	1	.000	15	4.1	1	0	0	0	1	0	3	0	0	0	0	0.00
*神部 年男	(近)	1	1	0	0	1	0	0	0	1	0	0	—	.000	33	7.2	10	3	0	0	2	0	3	0	0	5	5	5.63
ギッセル	(武)	1	1	0	0	0	0	0	0	0	0	0	0	.000	5	1.1	1	0	1	0	1	0	1	0	0	1	1	6.75
菊地 和正	(日)	2	2	0	1	0	0	0	0	0	0	0	0	.000	5	1	2	0	0	0	0	0	1	0	0	0	0	0.00
*菊池 雄星	(武)	2	2	1	0	1	1	0	1	1	0	0	0	.500	59	14	14	0	1	0	3	0	16	1	0	6	6	3.86
*菊地原 毅	(オ)	1	2	0	0	0	0	0	0	0	0	0	0	.000	2	0.1	1	0	0	0	1	0	0	0	0	1	1	27.00
木佐貫 洋	(オ)	2	2	0	0	2	0	0	0	2	0	0	0	.000	28	5.2	12	1	1	1	1	0	4	0	0	5	5	7.94
岸 孝之	(楽)	7	8	0	0	8	0	0	0	2	3	0	0	.400	190	45.1	46	6	4	3	10	0	43	2	0	19	19	3.77
岸田 護	(オ)	2	3	0	0	0	0	0	0	0	0	0	0	.000	9	1.2	3	0	0	0	1	0	1	0	0	3	3	16.20
木樽 正明	(ロ)	1	1	0	0	1	0	0	0	0	0	—	—	.000	13	3	4	0	0	0	1	0	1	0	0	1	1	3.00
*木田 勇	(日)	2	2	0	0	1	0	0	1	0	0	—	—	1.000	33	8.1	7	3	1	0	2	0	4	0	0	4	4	4.50
*久古健太郎	(ヤ)	1	3	0	0	0	0	0	0	0	2	0	2	.000	8	2.2	0	0	1	0	0	0	3	0	0	0	0	0.00
クルーン	(巨)	1	8	0	6	0	0	0	1	1	2	1	1	.500	29	7.1	3	0	1	0	3	1	8	2	0	2	2	2.45
クルス	(中)	1	1	0	0	0	0	0	0	0	0	0	0	.000	3	0.1	0	0	0	0	0	0	0	0	0	0	0	0.00
クロッタ	(日)	1	5	0	0	0	0	0	0	0	0	2	3	1.000	19	5.2	0	0	0	0	2	0	3	1	0	0	0	0.00
グライシンガー	(ロ)	4	4	0	0	3	0	0	0	0	0	0	0	.000	75	17.1	16	2	4	1	(1)5	0	14	1	0	6	5	2.60
*グラマン	(武)	2	4	0	0	2	0	0	0	0	0	0	0	.000	16	3	4	1	0	0	2	1	3	0	1	2	2	6.00
グ リン	(武)	2	4	0	0	4	0	0	0	1	2	0	0	.333	70	14.1	21	4	0	0	7	1	4	0	0	16	16	10.05
郭 俊麟	(武)	1	1	0	1	0	0	0	0	0	0	0	0	.000	8	2	2	0	0	0	1	0	1	0	0	0	0	0.00
*工藤 公康	(武)	1	1	0	0	0	0	0	1	0	0	—	—	1.000	3	1	0	0	0	0	0	0	2	0	0	0	0	0.00
工藤 幹夫	(日)	2	3	1	0	1	0	0	1	0	0	—	—	1.000	69	18.1	14	0	3	0	5	1	8	0	0	3	3	1.50
国吉 佑樹	(ディ)	3	3	0	0	0	0	0	0	0	1	0	0	.000	14	3.1	4	0	1	0	1	3	11	0	0	8	6	6.00
久保 康友	(神)	3	5	0	0	2	0	0	0	0	1	0	0	.000	47	9	16	0	1	1	4	0	6	0	0	4	4	4.50
久保 裕也	(巨)	3	9	0	0	0	0	0	0	0	0	2	2	.000	37	8	10	0	0	0	6	0	6	0	0	4	4	4.50
久保田智之	(神)	3	5	0	0	0	0	0	0	0	0	0	0	.000	34	6.1	15	3	2	0	0	0	2	0	0	8	5	7.11
公文 克彦	(日)	1	2	0	0	0	0	0	0	0	0	0	0	.000	7	2	2	0	0	0	0	0	3	0	0	0	0	0.00
倉野 信次	(ダ)	1	1	0	1	0	0	0	1	0	0	—	—	1.000	21	6	4	0	0	0	0	0	3	0	0	0	0	0.00
倉持 明	(オ)	2	4	0	0	0	0	0	0	0	0	—	—	.000	28	6	6	1	1	1	5	0	2	0	0	1	1	1.50
九里 亜蓮	(広)	3	4	0	0	1	0	0	0	0	0	0	0	.000	34	8.2	6	0	1	0	3	0	11	0	0	2	1	1.04
黒田 博樹	(広)	1	1	0	0	1	0	0	0	1	0	0	0	.000	24	5	7	1	1	0	2	0	0	0	0	3	3	5.40
桑原謙太朗	(神)	2	3	0	0	0	0	0	0	1	0	1	1	.000	13	1.1	8	1	0	0	0	0	1	0	0	6	6	40.50
ゴンザレス	(巨)	3	3	0	0	3	0	0	0	0	1	0	0	.000	56	14.1	13	3	1	0	1	0	3	0	0	8	7	4.40
小林 誠二	(武)	1	2	0	0	0	0	0	0	0	0	1	0	.000	18	5.2	1	0	1	0	0	0	2	0	0	1	1	1.50
小林 宏	(ロ)	3	9	1	4	3	0	0	2	3	0	1	0	.500	108	26.2	24	3	3	2	1	1	21	1	0	13	13	4.39
*小林 正	(中)	3	9	0	8	0	0	0	1	0	0	2	3	1.000	23	6.1	4	0	1	1	(1)3	0	6	0	0	1	1	1.42
小林 雅英	(ロ)	2	9	0	8	0	0	0	0	0	5	0	0	.000	36	9	7	0	1	0	3	0	4	0	0	3	3	3.00
小松 聖	(オ)	1	1	0	0	0	0	0	0	0	0	0	0	.000	29	6	8	0	0	0	2	0	3	0	0	2	2	3.00
小宮山 悟	(ロ)	1	2	0	0	1	0	0	0	0	0	—	—	.000	19	4.1	7	2	3	0	0	0	1	0	0	2	2	4.15
小山伸一郎	(楽)	2	3	0	0	0	0	0	0	0	0	1	1	.000	8	1.2	3	0	0	0	1	0	0	0	0	2	2	10.80
小山 雄輝	(巨)	2	2	0	0	0	0	0	0	0	0	0	0	.000	23	3.2	7	4	1	0	3	0	5	0	0	7	7	17.18
近藤 一樹	(ヤ)	2	3	0	0	1	0	0	0	0	0	0	0	.000	32	7.1	6	1	0	0	(1)3	1	5	0	0	4	4	4.91
サファテ	(ソ)	5	13	0	10	0	0	0	1	8	1	1	1	.000	56	13.2	10	1	0	0	4	1	22	0	0	5	4	2.63
*ザガースキー	(ディ)	1	1	0	0	0	0	0	0	0	0	0	0	.000	6	1	2	0	0	0	1	0	1	0	0	1	1	9.00
歳内 宏明	(神)	1	1	0	0	0	0	0	0	0	0	0	0	.000	7	2	1	0	0	0	0	0	0	0	0	0	0	0.00
斉藤 和巳	(ソ)	4	5	2	0	3	0	0	5	0	0	0	0	.000	132	31.2	29	4	1	1	(1)12	0	32	0	0	16	16	4.55
齊藤 信介	(中)	1	1	0	0	0	0	0	0	0	0	0	0	.000	3	0.2	0	0	0	0	0	0	0	0	0	0	0	0.00
斎藤 隆	(楽)	1	1	0	0	0	0	0	0	1	0	0	0	1.000	5	0.1	2	0	0	0	3	0	0	0	0	3	3	81.00
榊原 諒	(オ)	1	1	0	0	0	0	0	0	0	0	1	0	.000	5	0.1	1	0	0	0	(0)2	0	0	1	0	1	1	1.50
坂元弥太郎	(日)	2	4	0	0	0	0	0	0	0	0	—	—	.000	24	6	5	0	0	0	2	0	2	1	0	1	1	1.50
桜井 俊貴	(巨)	1	1	0	0	1	0	0	0	0	0	0	0	.000	9	1	1	0	0	0	1	0	1	0	0	3	3	27.00
佐藤 達也	(オ)	1	3	0	0	0	0	0	0	0	0	1	1	.000	18	3	5	1	1	0	4	0	3	1	0	3	3	9.00
佐藤 誠	(ソ)	2	3	0	0	0	0	0	0	0	0	0	0	.000	16	4	4	1	1	0	2	0	2	0	0	1	1	2.25
佐藤 道郎	(南)	1	1	0	0	0	0	0	0	2	0	—	—	1.000	28	7.2	4	1	0	0	0	0	2	0	0	1	1	1.13
*佐野 泰雄	(ロ)	1	2	0	0	0	0	0	0	0	0	0	0	.000	12	2.1	3	0	0	0	1	0	1	0	0	1	1	3.86
澤村 拓一	(ロ)	9	16	0	8	3	0	0	2	3	0	2	0	.400	135	30.1	31	1	1	1	14	1	27	0	0	11	10	2.97
シコースキー	(武)	1	1	0	0	0	0	0	0	0	0	0	0	.000	6	0.1	4	0	0	0	1	0	0	0	0	4	4	108.00
シュリッター	(武)	1	1	0	0	0	0	0	0	0	0	0	0	.000	9	2	2	2	0	0	2	1	1	0	0	3	3	13.50
ジャクソン	(広)	3	6	0	0	0	0	0	0	0	0	2	2	.000	23	5.2	4	1	0	0	2	0	6	0	0	2	2	3.18
*ジョンソン	(広)	3	3	0	0	3	0	0	0	2	1	0	0	.667	80	22	11	0	0	0	6	0	14	0	0	2	2	0.82
椎野 新	(ソ)	1	1	0	0	0	0	0	0	0	0	0	0	.000	8	2	1	0	0	0	0	0	3	0	0	1	1	4.50
*塩見 貴洋	(楽)	1	1	0	0	1	0	0	1	0	0	0	0	1.000	21	6	4	1	0	0	0	0	3	0	0	1	1	1.50
七條 祐樹	(ヤ)	1	1	0	0	0	0	0	0	0	0	0	0	.000	3	1	0	0	0	0	0	0	0	0	0	0	0	0.00
*篠原 貴行	(ソ)	1	1	0	0	0	0	0	0	0	0	0	0	.000	5	1.1	1	0	0	0	2	0	0	1	0	1	1	6.75
芝池 博明	(近)	1	1	0	0	1	0	0	0	0	1	—	—	.500	39	9	7	2	0	0	2	0	4	0	0	5	3	3.00
*島本 浩也	(神)	1	4	0	0	0	0	0	0	0	0	1	1	.000	26	5	9	1	0	1	(1)4	0	6	1	0	7	7	12.60
*清水 章夫	(オ)	1	1	0	0	0	0	0	0	0	0	0	0	.000	1	0.1	0	0	0	0	0	0	0	0	0	0	0	0.00
清水 昭信	(楽)	1	1	0	0	0	0	0	0	0	0	0	0	.000	25	5.2	4	2	0	0	(1)3	0	4	0	0	0	0	0.00
清水 直行	(ロ)	2	2	1	0	1	0	0	1	0	0	0	0	1.000	53	14	11	2	0	0	0	1	10	1	0	3	3	1.93
*下柳 剛	(神)	2	2	0	0	1	0	0	0	0	1	—	—	.000	40	8.2	11	2	0	0	3	0	5	0	0	5	4	4.15

選手名	チーム	年数	試合	完投	交代完了	試合当初	無失点勝	無四球試	勝利	敗北	セーブ	ホールド	HP	勝率	打者	投球回	安打	本塁打	犠打	犠飛	四球	死球	三振	暴投	ボーク	失点	自責点	防御率
正津 英志	(武)	1	1	0	1	0	0	0	0	1	0	-	0	-	.000	2	0.2	0	0	0	0	0	0	0	0	0	0	0	0.00
*白石 静生	(急)	2	2	0	0	1	0	0	0	1	0	-	-	-	.000	24	4.2	4	1	2	0	4	0	2	0	0	4	3	5.40
ス アレス	(ソ)	2	6	0	2	0	0	0	1	0	-	2	3	1.000	14	5	0	0	0	0	2	0	2	0	0	0	0	0.00
スウィーニー	(日)	2	2	0	0	2	0	0	0	1	0	-	0	-	.000	37	7.1	14	1	1	0	6	0	2	0	0	7	7	8.59
スタンリッジ	(ソ)	2	2	0	0	2	0	0	0	1	0	-	0	-	.000	44	11.1	16	1	1	0	5	0	3	0	0	7	4	3.18
菅野 智之	(巨)	3	4	2	0	2	2	0	2	2	0	0	0		.500	106	28	16	2	2	0	(1)6	1	26	2	0	6	5	1.61
*杉内 俊哉	(巨)	9	13	0	1	10	2	0	2	5	0	-	0		.286	252	60.1	56	7	5	1	17	5	48	1	0	30	30	4.48
杉浦 稔大	(日)	2	8	0	0	2	0	0	1	1	0	-	0		.500	38	8.1	9	2	5	1	3	1	6	0	0	4	4	4.32
*杉本 正	(武)	1	1	0	0	1	0	0	1	1	0	-	-		.500	18	4.2	7	2	0	0	3	1	6	0	0	4	4	3.60
*鈴木 啓示	(近)	3	4	1	0	3	0	0	2	1	0	-	-		.667	100	23.1	22	5	1	1	8	2	9	0	0	13	13	5.09
鈴木 義広	(中)	3	5	0	0	0	0	0	0	0	0		1	1	.000	19	5	4	0	0	0	3	0	3	0	0	1	1	1.80
須田 幸太	(ディ)	2	4	0	0	0	0	0	0	0	0		2	2	.000	9	2.2	1	0	2	0	0	0	1	0	0	0	0	0.00
*砂田 毅樹	(ディ)	2	7	0	1	0	0	0	0	0	0		1	0	.000	33	7.2	5	1	0	0	4	1	6	1	0	4	4	4.70
セラフィニ	(ロ)	1	6	0	0	2	0	0	0	2	0	-	0	-	.000	48	12	9	0	3	1	4	0	8	1	0	6	3	2.25
播津 正	(ソ)	6	9	0	2	5	0	0	2	2	0		1	1	.500	109	26	26	4	2	0	3	1	20	0	0	15	12	4.15
千賀 滉大	(ソ)	6	10	0	0	8	0	0	3	3	0		2	2	.400	218	55.1	39	10	10	0	16	0	68	0	0	18	12	1.95
ソ ーサ	(中)	2	3	0	0	0	0	0	0	0	0		2	2	.000	13	2.2	2	0	0	0	1	0	2	0	0	0	0	0.00
宋 家豪	(楽)	2	7	0	1	0	0	0	0	0	1		1	3	.500	25	5.2	8	3	0	0	4	1	9	0	0	3	3	4.76
ダーウィン	(楽)	2	1	0	0	0	0	0	0	0	0		0	0	.000	6	1.2	2	0	0	0	1	0	2	0	0	3	3	4.76
ダルビッシュ有	(日)	4	6	4	0	2	1	0	3	2	0	-	0		1.000	188	49.2	33	0	4	3	(1)10	3	48	0	0	6	5	0.91
平良 海馬	(武)	1	3	0	0	0	0	0	0	0	0		0	0	.000	17	3.1	3	0	0	0	4	1	3	0	0	0	0	0.00
平良拳太郎	(ディ)	1	1	0	0	1	0	0	0	0	0	-	-		.000	17	3.1	5	1	0	0	1	1	3	0	0	0	0	0.00
*高木 京介	(巨)	4	6	0	0	0	0	0	0	0	0		0	0	.000	24	6.2	3	0	1	0	2	0	8	0	0	2	2	2.70
*高木 晃次	(日)	1	3	0	0	0	0	0	0	0	0		0	1	1.000	12	2.2	1	0	0	(1)1	1	2	0	0	0	0	0.00
高木 勇人	(巨)	1	1	0	0	1	0	0	0	0	0	-	-		.000	11	3	1	0	0	(1)1	0	2	0	0	0	0	0.00
*高木 康成	(巨)	3	4	0	0	0	0	0	0	0	0		0	0	.000	15	3	9	1	1	0	(1)2	0	1	0	0	4	2	6.00
高梨 裕稔	(日)	1	1	0	0	1	0	0	0	0	0	-	-		.000	18	4	3	1	0	0	2	1	1	0	0	3	3	6.75
*高梨 雄平	(日)	2	8	0	0	0	0	0	0	0	0		3	3	.000	18	5	1	0	2	0	4	0	5	0	0	1	1	1.80
*髙橋 聡文	(神)	6	14	0	0	1	0	0	0	0	0		5	5	.000	54	12	13	1	3	1	4	0	15	0	0	7	7	5.25
*髙橋 一三	(日)	2	3	0	0	2	0	0	0	1	0	-	-		.500	51	11	13	2	3	3	6	1	3	0	0	9	9	7.36
高橋 里志	(日)	2	4	0	0	0	0	0	0	1	0	-	-		.000	62	14.1	13	0	2	1	5	0	13	0	0	7	5	3.21
高橋 純己	(ソ)	1	5	0	0	0	0	0	0	0	0		1	2	1.000	18	4	3	0	2	1	1	0	3	0	0	1	1	2.25
高橋 朋己	(武)	2	4	0	0	0	0	0	0	0	0	-	-		.000	11	3	2	0	0	0	2	0	3	0	0	0	0	0.00
*髙橋 遥人	(神)	1	1	0	0	1	0	0	0	0	0	-	-		.000	16	5	3	0	0	(1)2	1	2	0	0	1	1	1.80	
*高橋 尚成	(巨)	3	3	0	0	0	0	0	0	0	0	-	-		.000	77	19	16	4	0	(1)4	1	19	0	0	7	7	3.32	
高橋 秀聡	(ソ)	1	1	0	0	0	0	0	0	0	0	-	-		.000	5	1	2	0	0	0	0	1	0	0	0	0	0	0.00
*高橋 優貴	(巨)	1	1	0	0	1	0	0	0	0	0	-	-		.000	21	5	2	0	1	1	4	1	5	0	0	1	1	1.80
高橋 礼	(ソ)	3	4	0	0	1	0	0	0	0	0	-	-		.000	53	13	10	1	0	0	4	1	12	0	0	4	4	2.77
*高宮 和也	(神)	2	5	0	0	0	0	0	0	0	0		0	4	.000	9	2	1	0	0	0	1	0	2	0	0	0	0	0.00
*田口 麗斗	(巨)	3	4	0	0	2	0	0	0	0	0	-	-		.000	52	14.1	14	0	1	0	4	0	13	0	0	1	1	0.63
*武隈 祥太	(武)	1	2	0	0	0	0	0	0	0	0	-	-		.000	17	5	4	1	0	0	0	0	4	0	0	1	1	1.80
武田 翔太	(ソ)	7	9	0	0	6	0	0	1	1	0	-	0		.500	142	33.2	28	3	0	0	15	0	32	1	0	20	14	3.74
武田 久	(日)	5	11	0	6	0	0	0	1	1	0	3	0		.500	52	12.2	12	1	0	0	3	1	10	0	0	2	2	1.42
*武田 勝	(日)	6	7	0	1	5	0	0	1	1	0	-	0		.500	108	25.2	29	3	1	1	11	0	10	0	0	15	14	4.91
竹村 一義	(急)	2	4	0	3	0	0	0	0	0	0	-	-		.000	37	9.2	6	0	0	1	4	0	2	0	0	2	2	1.80
田島 慎二	(中)	1	6	0	0	0	0	0	0	0	0		3	3	.000	31	7	7	2	2	0	4	0	9	0	0	4	4	5.14
多田野数人	(日)	1	2	0	0	0	0	0	0	0	0	-	-		.000	12	2.2	2	0	0	0	3	1	0	0	0	1	1	3.38
館山 昌平	(ヤ)	2	4	0	1	0	0	0	0	1	0	-	-		.500	129	31	24	3	0	(1)11	0	27	1	0	7	6	1.74	
建山 義紀	(日)	4	5	0	1	0	0	0	0	0	0	-	-		.000	26	5.2	9	1	0	0	2	0	6	0	0	5	5	7.94
*田中健二朗	(ディ)	2	5	0	0	0	0	0	0	0	0		1	2	1.000	16	4	4	0	0	0	2	0	5	0	0	0	0	0.00
田中 将大	(楽)	2	4	3	1	0	0	0	1	0	-	0			1.000	108	28	22	1	0	0	4	1	24	0	0	2	2	0.64
谷中 真二	(ソ)	1	1	0	0	0	0	0	0	0	0	-	-		.000	5	1	0	0	0	0	0	0	0	0	0	0	0	0.00
谷元 圭介	(中)	3	11	0	1	0	0	0	0	0	0	-	-		.000	45	12.1	10	1	1	0	4	0	5	0	0	5	5	3.65
田原 誠次	(巨)	3	12	0	0	0	0	0	0	0	0	-	-		.000	12	3.1	2	0	0	0	0	0	2	0	0	0	0	0.00
玉置 隆	(神)	1	1	0	0	0	0	0	0	0	0	-	-		.000	3	0.2	1	0	0	0	1	0	0	0	0	1	1	13.50
多和田真三郎	(武)	1	1	0	0	1	0	0	0	0	0	-	-		1.000	27	6	6	0	2	0	1	0	1	0	0	1	1	1.50
*チェン・ウェイン	(ロ)	5	7	0	0	7	0	0	1	5	0	-	-		.167	153	36.1	42	7	0	1	(1)5	2	27	0	0	20	20	4.95
*チェン・グァンユウ	(ロ)	2	4	0	0	0	0	0	0	0	0	-	-		.000	21	5	5	0	1	0	2	0	4	0	0	1	1	1.80
張 誌家	(武)	2	2	0	0	0	0	0	0	0	0	-	-		.000	40	9	11	3	1	0	4	0	3	0	0	1	1	1.80
*筒井 和也	(神)	1	2	0	0	0	0	0	0	0	0	-	-		.000	8	1.1	2	1	0	0	1	0	1	0	0	2	2	13.50
ディクソン	(オ)	1	1	0	0	1	0	0	0	0	0	-	-		.000	23	5.2	5	0	0	0	2	0	6	0	0	2	2	3.18
デラロサ	(巨)	1	3	0	0	0	0	0	0	0	0	-	-		.000	13	3	2	0	1	0	2	1	4	0	0	1	1	3.38
寺原 隼人	(日)	2	4	0	0	0	0	0	0	0	0	-	-		.000	42	10.2	9	1	0	0	7	1	7	0	0	2	2	1.69
トンキン	(日)	1	2	0	0	0	0	0	0	0	0	-	-		.000	7	1	4	2	0	0	1	0	0	0	0	2	2	18.00
ドリス	(神)	2	6	0	2	0	0	0	0	0	0		2	1.000		24	6	5	1	1	0	4	0	10	0	0	3	3	3.00
東條 大樹	(ロ)	1	1	0	0	0	0	0	0	0	0	-	-		.000	1	0+	1	0	0	0	0	0	1	0	0	0	0	-
東野 峻	(巨)	4	7	0	1	6	0	0	1	1	0	-	0		.500	75	17	17	2	2	0	6	1	12	0	0	6	6	3.18
十亀 剣	(武)	5	6	0	0	2	0	0	0	0	0	-	0		.000	77	15	26	2	1	1	8	0	10	0	0	16	16	9.60
徳山 武陽	(ヤ)	1	1	0	0	0	0	0	0	0	0	-	-		.000	4	0.2	1	0	0	0	1	0	0	0	0	0	0	0.00

クライマックスシリーズ・ライフタイム

選手名	チーム	年数	試合	完投	交代完了	試合当初	無失点勝	無四球試	勝利	敗北	セーブ	ホールド	HP	勝率	打者	投球回	安打	本塁打	犠打	犠飛	四球	死球	三振	暴投	ボーク	失点	自責点	防御率
戸郷 翔征	巨	1	1	0	0	1	0	0	0	0	0	0	0	.000	14	3	3	1	0	0	2	0	1	0	0	1	1	3.00
戸田 善紀	急	2	4	0	1	0	0	0	0	0	0	-	-	.000	33	9	3	2	0	0	2	1	2	0	0	3	3	3.00
*戸根 千明	巨	2	5	0	1	0	0	0	0	0	0	-	0	.000	16	4	3	0	0	0	1	1	6	0	0	0	0	0.00
豊田 清	巨	4	11	0	5	0	0	0	3	0	2	1	2	1.000	43	11.2	8	2	1	0	0	0	17	0	1	4	4	3.09
*土肥 義弘	武	1	1	0	0	0	0	0	0	1	0	0	0	.000	1	0+	1	1	0	0	0	0	0	0	0	1	1	-
*中川 皓太	巨	2	5	0	1	0	0	0	0	0	0	1	1	.000	24	5	6	1	1	0	2	1	3	1	0	3	1	1.80
中崎 翔太	広	4	8	0	8	0	0	0	0	0	3	0	0	.000	36	9	5	0	0	0	3	0	5	0	0	0	0	0.00
中田 賢一	ソ	7	9	0	0	8	0	0	6	1	0	0	0	.857	183	41.2	40	4	6	0	(1)19	2	46	4	0	21	19	4.10
中田 廉	広	3	4	0	1	0	0	0	0	0	0	1	0	.000	10	2.2	1	0	0	0	2	1	1	0	0	1	0	0.00
中村 勝	日	1	1	0	0	1	0	0	0	1	0	0	0	.000	18	3.1	3	1	0	0	5	1	1	0	0	1	1	2.70
中山 孝一	南	1	2	0	1	0	0	0	0	0	0	-	-	.000	35	8	9	2	1	0	3	0	4	0	0	6	5	5.63
*中山 慎也	オ	1	1	0	1	0	0	0	0	0	0	0	0	.000	31	7.1	8	0	2	1	2	0	6	0	0	4	4	4.91
永井 怜	楽	1	1	0	0	1	0	0	0	0	0	-	-	.000	3	1	0	0	0	0	0	0	0	0	0	1	1	9.00
*永射 保	武	1	1	0	1	0	0	0	0	0	0	-	-	.000	3	1	0	0	0	0	0	0	1	0	0	0	0	0.00
永川 勝浩	広	1	3	0	1	0	0	0	0	0	0	1	1	.000	11	3	3	0	0	0	0	0	1	0	0	1	1	3.00
*長峰 昌司	中	1	3	0	2	0	0	0	0	0	0	-	-	.000	10	3	2	0	1	0	0	0	1	0	0	0	0	0.00
永本 裕章	急	1	1	0	1	0	0	0	0	0	0	-	-	.000	2	0.1	1	0	0	0	0	0	0	0	0	0	0	0.00
成重 春生	急	1	1	0	1	0	0	0	0	0	0	-	-	.000	5	0.2	1	0	0	0	1	1	1	0	0	2	2	27.00
成田 文男	日	2	2	0	0	0	0	0	0	0	0	-	-	.000	15	4.2	2	0	0	0	0	0	3	0	0	0	0	0.00
*成瀬 善久	ロ	3	6	3	0	3	2	2	3	2	0	-	-	.600	170	44.2	31	3	4	0	10	1	37	0	0	8	8	1.61
ニール	武	1	3	0	0	0	0	0	0	0	0	0	0	.000	25	6	5	1	0	0	1	1	3	0	0	3	3	4.50
西 勇輝	神	2	3	0	0	0	0	0	0	1	0	0	0	.000	53	11.1	17	2	2	0	2	1	10	0	0	6	6	4.76
西岡 三四郎	南	2	3	0	0	0	0	0	0	0	0	-	-	.000	21	3.1	9	2	1	1	2	0	3	1	0	5	5	15.00
西口 文也	武	3	3	0	1	3	0	0	0	1	1	0	0	.500	83	19.1	21	1	1	1	2	0	9	1	0	5	5	2.33
仁科 時成	ロ	3	5	0	1	4	0	0	0	0	0	-	-	.000	105	19.1	31	7	1	3	(2)18	1	8	0	0	27	27	12.79
西野 勇士	ロ	2	5	0	1	0	0	0	1	0	0	0	1	1.000	28	7	4	1	0	0	3	0	8	0	0	1	1	1.29
西村 健太朗	巨	6	15	0	8	0	0	0	0	1	3	0	0	.000	73	16	21	0	3	2	(1)6	1	6	0	0	7	7	3.94
ネルソン	中	1	1	0	0	0	0	0	0	0	0	0	0	.000	11	3	1	0	0	0	1	0	1	0	0	0	0	0.00
*能見 篤史	神	7	7	0	0	5	0	0	1	3	0	0	0	.250	112	26.1	30	2	3	2	(1)10	0	16	1	0	9	8	2.73
野上 亮磨	巨	4	4	0	0	4	0	0	0	1	0	0	0	.000	38	9	7	0	3	0	3	0	5	2	1	3	3	3.00
*野田 昇吾	武	2	3	0	1	0	0	0	0	0	0	0	0	.000	17	3	3	0	0	0	5	0	1	0	0	3	3	9.00
野間口 貴彦	巨	1	2	0	0	0	0	0	0	0	0	0	0	.000	19	3.2	3	0	0	0	2	0	6	0	0	1	1	2.45
野村 祐輔	広	3	4	0	0	4	0	0	1	3	0	0	0	.250	78	18	19	2	2	1	7	2	11	0	0	9	9	4.50
則本 昂大	楽	3	5	0	0	3	0	0	1	1	0	1	1	.500	114	27	23	4	2	1	(1)2	0	32	0	1	16	16	5.33
ハーマン	ロ	3	3	0	1	0	0	0	0	0	0	3	3	.000	19	4	5	0	0	0	2	0	5	0	0	1	1	2.25
*ハフ	ヤ	1	2	0	1	0	0	0	0	0	0	0	0	.000	4	1	0	0	0	0	0	0	3	0	0	0	0	0.00
バース	日	1	2	0	0	0	0	0	1	0	0	1	1	1.000	20	5	3	0	0	0	3	0	3	0	0	2	2	1.86
バーネット	ヤ	3	7	0	5	0	0	0	1	0	3	0	1	1.000	37	9.2	5	1	0	0	1	0	7	0	0	2	2	1.86
バリオス	ディ	2	2	0	0	2	0	0	0	1	0	1	1	.000	10	2.1	3	0	0	0	0	0	1	0	0	2	2	7.71
バリントン	広	1	1	0	0	1	0	0	1	0	0	0	0	1.000	17	5	1	1	0	0	0	0	1	0	0	1	1	1.80
バンデンハーク	ソ	5	7	0	0	7	0	0	4	0	0	0	0	1.000	160	36.2	37	6	3	0	14	2	36	0	0	17	16	3.93
パットン	ディ	1	2	0	0	0	0	0	0	0	0	3	3	.000	23	6	4	0	1	0	2	1	7	1	0	2	1	1.50
*パヤノ	中	1	2	0	0	0	0	0	0	0	0	0	0	.000	11	2.1	2	0	1	0	2	0	1	1	0	0	0	0.00
萩原 淳	ヤ	1	2	0	0	0	0	0	0	0	0	0	0	.000	11	2.1	2	0	1	0	2	0	1	0	0	0	0	0.00
白村 明弘	日	3	7	0	2	0	0	0	0	0	0	2	2	.000	36	7.2	10	1	2	0	5	0	5	0	0	4	4	4.70
橋本 健太郎	神	1	1	0	1	0	0	0	0	0	0	0	0	.000	4	1	1	0	0	0	0	0	0	0	0	0	0	0.00
*長谷部 康平	楽	1	2	0	0	0	0	0	0	0	0	0	0	.000	4	0.1	3	0	1	0	0	0	0	0	0	4	4	27.00
畠 世周	巨	1	2	0	0	0	0	0	0	0	0	0	0	.000	13	2.2	3	0	0	0	4	0	1	0	0	4	4	13.50
*服部 泰卓	ロ	1	3	0	2	0	0	0	0	0	0	0	1	.000	11	1.2	6	0	0	0	0	0	1	0	0	3	3	16.20
*濵口 遥大	ディ	2	3	0	0	0	0	0	0	1	0	0	0	.000	57	13.2	13	0	0	0	4	0	15	2	0	4	3	1.98
*林 昌範	日	3	6	0	3	0	0	0	0	0	0	1	2	1.000	18	5	1	1	0	0	2	0	5	0	0	1	1	1.80
原 樹理	ヤ	1	1	0	0	1	0	0	0	1	0	0	0	.000	17	4	3	0	0	0	2	0	5	0	0	4	4	9.00
ヒース	武	3	3	0	3	0	0	0	0	0	0	1	1	.000	31	7.2	6	0	1	0	4	3	5	0	0	2	2	2.25
比嘉 幹貴	オ	1	2	0	1	0	0	0	0	0	0	0	0	.000	3	1	0	0	0	0	0	0	2	0	0	0	0	0.00
東尾 修	武	1	1	0	0	1	0	0	0	0	0	-	-	1.000	33	7.2	12	1	1	0	1	0	2	0	0	2	2	2.25
東浜 巨	ソ	5	9	0	1	4	0	0	0	0	0	0	0	.000	119	27.1	28	6	2	0	12	1	28	0	0	17	17	5.60
*久本 祐一	楽	2	2	0	1	0	0	0	0	0	0	0	0	.000	4	0+	0	0	0	0	1	0	0	0	0	3	3	-
日高 亮	ヤ	1	6	0	6	0	0	0	0	0	0	1	1	.000	18	3.1	7	0	0	0	5	0	5	0	0	4	3	8.10
平井 克典	武	2	6	0	3	0	0	0	0	0	0	1	1	.000	7	2.1	1	0	0	0	0	0	1	0	0	0	0	0.00
平井 正史	中	2	3	0	1	0	0	0	0	0	0	0	0	.000	7	2.1	0	0	0	0	0	0	0	0	0	0	0	0.00
平野 佳寿	オ	1	2	0	2	0	0	0	0	0	1	0	1	.000	12	3	3	1	0	0	0	0	4	0	0	1	1	3.00
ファルケンボーグ	ソ	3	4	0	0	0	0	0	0	1	0	3	3	.000	19	3	8	1	1	0	2	0	3	1	0	7	7	21.00
*フランスア	広	1	1	0	0	0	0	0	0	0	0	0	0	.000	4	1	1	0	0	0	2	0	2	0	0	1	1	9.00
ブセニッツ	楽	1	1	0	0	0	0	0	0	0	0	0	0	.000	5	1	1	0	0	0	0	0	2	0	0	1	1	9.00
ブレイシア	広	1	1	0	1	0	0	0	0	0	0	0	0	.000	4	1	0	0	0	0	1	0	2	0	0	0	0	0.00
福井 優也	広	1	1	0	0	1	0	0	0	0	0	0	0	.000	4	1	0	0	0	0	1	0	2	0	0	0	0	0.00
福田 聡志	巨	1	3	0	2	0	0	0	0	0	0	0	0	.000	15	3.2	3	1	0	0	2	0	2	0	0	1	1	2.45
福原 忍	神	3	7	0	4	0	0	0	0	0	0	0	0	.000	25	6	5	0	0	0	(1)1	1	4	0	0	0	0	0.00
*福間 納	楽	1	1	0	1	0	0	0	0	0	0	-	-	.000	5	1	1	0	0	0	1	0	2	0	0	1	1	9.00
福盛 和男	楽	1	1	0	1	0	0	0	0	0	0	0	0	.000	6	0.1	4	1	0	0	0	0	0	0	0	5	5	135.00

選手名	チーム	年数	試合	完投	交代完了	試合当初	無失点勝	無四球試	勝利	敗北	セーブ	ホールド	HP	勝率	打者	投球回	安打	本塁打	犠打	犠飛	四球	死球	三振	暴投	ボーク	失点	自責点	防御率
福山 博之	(楽)	1	5	0	0	0	0	0	0	1	0	3	3	.000	24	5.2	7	1	0	0	0	0	5	0	0	3	3	4.76
＊藤井 秀悟	(巨)	3	4	0	0	2	0	0	2	0	0	0	3	1.000	63	15.1	11	0	3	0	7	0	4	0	0	3	3	2.93
＊藤岡 貴裕	(ロ)	2	3	0	1	0	0	0	0	1	0	1	1	.000	32	5.2	11	1	0	1	5	0	5	1	0	8	8	12.71
藤岡 好明	(デ)	6	11	0	3	0	0	0	0	1	1	1	1	.000	60	14.2	12	0	0	1	2	0	8	1	0	4	4	2.45
藤川 球児	(神)	4	10	0	8	0	0	0	1	2	2	1		.333	57	13.2	7	1	2	1	8 (1)	1	13	1	0	4	4	2.63
＊藤田 宗一	(ロ)	2	7	0	1	0	0	0	2	0	0	1	3	1.000	17	3.1	7	0	1	0	1	0	2	0	0	2	2	5.40
藤浪 晋太郎	(神)	4	4	0	0	3	0	0	1	1	0	0	0	.500	84	20	21	2	2	0	4	0	20	0	0	7	6	2.70
藤平 尚真	(楽)	1	1	0	0	0	0	0	0	0	0	0	0	.000	12	2.2	3	0	0	0	2	0	1	0	0	1	1	3.38
藤原 紘通	(楽)	1	2	0	0	1	0	0	0	0	0	0	0	.000	13	2	6	1	1	1	1	0	0	0	0	4	4	18.00
＊古谷 拓哉	(ロ)	1	2	0	0	3	0	0	0	0	0	0	0	.000	62	15	16	2	2	0	1	2	6	0	0	7	5	4.20
ペン	(ロ)	1	1	0	0	1	0	0	0	0	0	0	0	.000	14	3	7	0	0	0	1	0	1	0	0	3	1	3.00
ホールトン	(巨)	3	4	0	0	4	0	0	2	2	0	0	0	.500	85	19.1	18	1	2	0	9	0	12	1	0	7	7	3.26
ボイヤー	(巨)	1	2	0	0	0	0	0	0	0	0	0	0	.000	8	1.2	3	0	1	1	1	0	0	0	0	1 (1)	1	5.40
＊ポレダ	(巨)	1	2	0	0	2	0	0	1	1	0	0	0	.500	32	8	6	1	0	0	1	0	5	0	0	4	3	3.38
＊帆足 和幸	(武)	3	4	0	0	4	0	0	0	2	0	0	0	.000	87	19.2	25	3	3	0	1	2	17	0	0	15	13	5.95
＊星野 智樹	(日)	4	10	0	0	0	0	0	0	0	0	0	0	.000	22	4.1	4	0	0	0	4	0	7	1	0	4	3	6.23
＊堀 瑞輝	(日)	1	2	0	1	0	0	0	0	0	0	0	0	.000	12	2.1	3	0	0	0	2	0	3	0	0	1	1	3.86
本田 圭佑	(武)	1	1	0	1	0	0	0	0	0	0	0	0	.000	16	3	6	0	0	0	4	0	3	0	0	3	3	9.00
MICHEAL	(日)	4	9	0	4	0	0	0	0	0	0	0	0	.000	44	8	13	0	1 (1)	0	4	2	9	1	0	6	5	5.63
マーティン	(日)	1	2	0	1	0	0	0	0	0	0	0	0	.000	8	1.1	2	0	0	0	1	1	3	0	0	3	3	20.25
マーティン	(武)	2	4	0	0	0	0	0	0	0	0	0	0	.000	19	3.1	5	1	1	0	4	0	4	0	0	5	5	13.50
＊マーフィー	(武)	1	2	0	0	2	0	0	0	0	0	0	0	.000	38	7.2	7	0	3	1	5	4	3	1	0	4	4	4.70
マイコラス	(巨)	2	3	0	0	3	0	0	0	0	0	0	0	.000	74	18.1	19	2	1	2	1	0	15	1	0	9	9	4.42
マエストリ	(武)	1	1	0	0	0	0	0	0	0	0	0	0	.000	1	0	0	0	0	0	1	0	1	0	0	0	0	0.00
マシソン	(巨)	5	14	0	0	5	0	0	2	0	0	6	8	1.000	56	15.2	6	0	1	0	4	0	20	0	0	0	0	0.00
マテオ	(神)	1	2	0	1	0	0	0	0	0	0	1	1	.000	11	2	4	0	0	0	3	0	4	0	0	3	3	13.50
マルチネス	(武)	1	1	0	0	1	0	0	1	0	0	0	0	1.000	27	7	5	1	0	0	2	0	5	0	0	2	2	2.57
前田 健太	(広)	3	3	1	0	3	0	0	1	2	0	0	0	.333	74	18	16	2	2	0	4	1	13	0	0	6	5	2.50
牧田 和久	(武)	4	7	1	4	1	0	0	1	3	0	0	1	.250	78	19.1	16	3	1 (1)	0	4	1	11	0	0	6	6	2.79
＊間柴 茂有	(日)	1	1	1	0	1	0	0	1	0	0	—	—	1.000	32	9	4	0	0	0	1	0	3	0	0	1	1	1.00
増井 浩俊	(日)	5	13	0	7	1	0	0	0	0	4	4	4	.000	78	17.1	21	0	3	0	6	0	14	2	0	8	8	4.15
増田 達至	(武)	4	7	0	0	0	0	0	0	0	1	0	0	.000	39	7.2	9	1	3	1	5	0	9	0	0	9	9	10.57
益田 直也	(武)	2	7	0	2	0	0	0	0	1	3	3	3	.000	23	5.1	5	0	0	0	3	0	6	0	0	3	3	5.06
増渕 竜義	(ヤ)	2	4	0	1	0	0	0	0	0	0	0	1	.000	19	4.1	5	0	0	0	4	0	3	0	0	2	2	4.15
松井 光介	(ヤ)	2	4	0	2	0	0	0	0	0	0	0	0	.000	19	2.2	3	0	0	0	4	0	3	0	0	3	3	10.13
＊松井 裕樹	(楽)	2	6	0	6	0	0	0	0	0	0	0	0	.000	22	6	3	2	0	0	1	0	10	0	0	3	3	3.00
松岡 健一	(ヤ)	3	7	0	1	0	0	0	0	0	1	1	1	.000	25	7	4	0	0	0	1	0	5	0	0	2	2	2.57
松坂 大輔	(武)	3	5	1	0	4	0	0	2	1	0	0	0	1.000	138	35	28	3	1	1	8	5	35	1	0	9	9	2.31
松田 遼馬	(神)	1	2	0	0	0	0	0	0	0	0	1	1	.000	8	1.2	1	0	0	0	1	1	1	0	0	0	0	0.00
＊松永 昂大	(ロ)	3	8	0	0	1	0	0	0	0	3	3	3	.000	46	10.1	11	1	1 (1)	0	4	1	5	0	0	6	6	5.23
＊松永 浩典	(武)	1	1	0	0	0	0	0	1	0	0	0	0	.000	16	4	4	0	0	0	2	0	4	0	0	4	4	9.00
松沼 博久	(武)	1	2	0	1	0	0	0	1	0	0	—	—	.000	22	5.2	2	0	0	0	3	0	0	0	0	1	1	1.50
松沼 雅之	(武)	1	1	0	0	0	0	0	0	0	0	—	—	.000	2	0+	2	0	1	0	0	0	0	0	0	1	1	—
松原 明夫	(南)	1	2	0	1	0	0	0	0	0	0	0	0	.000	11	2.1	2	0	0	0	1	0	0	0	0	1	1	4.50
松本 裕樹	(ソ)	1	1	0	0	0	0	0	0	0	0	1	1	.000	5	1	1	0	0	0	1	0	1	0	0	0	0	0.00
松本 航	(武)	1	1	0	0	0	0	0	0	0	0	0	0	.000	19	4	6	1	0	0	1	0	4	0	0	2	2	4.50
馬原 孝浩	(オ)	6	13	0	11	0	0	0	0	3	1	4	4	1.000	59	14.1	10	0	0	0	6	0	17	0	0	0	0	0.00
ミコライオ	(広)	1	2	0	2	0	0	0	0	0	0	0	0	.000	8	2.2	1	1	0	0	0	0	4	0	0	2	2	9.00
ミランバル	(広)	1	1	0	0	0	0	0	0	0	0	—	—	1.000	41	8.2	12	0	1	1	4	0	5	0	0	4	4	4.15
＊ミランダ	(ソ)	1	1	0	0	2	0	0	0	0	0	0	0	.000	34	5.1	11	3	1	0	4	0	4	1	0	10	10	16.88
ミンチェ	(武)	1	3	0	1	0	0	0	0	0	0	0	0	.000	16	4	2	0	0	0	2	0	2	0	0	3	3	6.75
三上 朋也	(デ)	2	11	0	1	0	0	0	0	0	0	4	5	.500	38	7.2	10	2	3 (2)	0	3	1	5	0	0	4	4	4.70
三嶋 一輝	(デ)	3	4	0	0	1	0	0	1	1	0	0	0	.500	32	7.1	5	0	3	1	5	0	5	0	0	2	2	2.45
水田 章雄	(ソ)	1	2	0	0	0	0	0	0	0	0	0	0	.000	10	2.2	2	0	1	0	1	0	3	0	0	0	0	0.00
水谷 孝	(急)	2	2	0	0	0	0	0	0	2	0	—	—	.000	19	3	4	0	0	0	3	0	1	0	0	8	8	24.00
＊水谷 則博	(ロ)	3	4	0	0	0	0	0	1	0	0	—	—	.333	82	17.2	26	0	1	1	5	1	11	0	0	9	9	4.50
＊三瀬 幸司	(中)	5	13	0	3	0	0	0	0	1	1	1	1	.000	49	12.1	7	0	1 (3)	0	6	1	6	0	0	3	3	2.19
＊三井 浩二	(武)	3	13	0	4	0	0	0	0	0	0	0	0	.000	29	4.2	8	0	0	0	7	0	7	0	0	5	5	9.64
三井 雅晴	(ロ)	3	5	0	1	0	0	0	0	0	0	1	1	.000	65	15.2	13	0	2	0	4	2	11	0	0	5	2	1.13
南 昌輝	(ロ)	1	1	0	0	0	0	0	0	0	0	0	0	.000	6	1	1	0	0	0	2 (1)	0	4	0	0	2	2	18.00
美馬 学	(ロ)	4	5	1	0	4	0	0	1	2	0	0	0	.333	106	26	24	5	3	2	6	0	21	0	0	14	13	4.50
宮國 椋丞	(巨)	2	4	0	0	2	0	0	0	0	0	0	0	.000	40	9	8	0	1	0	3	1	7	0	0	3	3	3.00
＊三宅 宗源	(中)	1	2	0	0	0	0	0	0	0	0	0	0	.000	14	2	3	0	0	0	4	0	1	0	0	8	8	18.00
＊宮西 尚生	(日)	6	10	0	0	0	0	0	0	0	0	6	6	.000	35	7.2	10	3	0	0	3	0	7	0	0	4	4	4.50
宮本	(ソ)	1	2	0	0	0	0	0	0	0	0	0	0	.000	17	4	4	0	0	0	1	0	0	0	0	2	2	4.50
三好 幸雄	(急)	1	1	0	0	0	0	0	0	0	0	—	—	.000	5	1	2	0	0	0	3	0	0	0	0	1	1	13.50
武藤 祐太	(中)	1	4	0	0	0	0	0	0	0	1	1	2	1.000	11	3.2	0	0	0	0	3	0	2	0	0	0	0	0.00
＊村上 雅則	(南)	1	2	0	0	0	0	0	0	0	0	0	0	.000	18	2.2	6	1	0	0	3	0	2	0	0	6 (2)	2	6.00
＊村田 辰美	(近)	1	1	0	0	0	0	0	0	0	0	—	—	1.000	58	15	12	1	0	0	8	1	4	0	0	3	3	1.80
村田 兆治	(ロ)	3	7	3	3	1	0	0	1	2	2	—	—	.400	156	40.2	27	2	1	0	8	1	24	1	0	15	13	2.85

クライマックスシリーズ・ライフタイム

選手名	チーム	年数	試合	完投	交代完了	試合当初	無失点勝	無四球試	勝利	敗北	セーブ	ホールド	HP	勝率	打者	投球回	安打	本塁打	犠打	犠飛	四球	死球	三振	暴投	ボーク	失点	自責点	防御率
*村中 恭兵	ヤ	2	4	0	1	2	0	0	1	0	1	0	1	1.000	58	14.1	9	2	2	0	6	0	7	0	0	3	3	1.88
メッセンジャー	神	4	5	0	0	5	0	0	3	1	0	0	0	.750	126	31.2	26	2	5	0	7	0	26	1	0	6	6	1.71
*メルセデス	巨	2	2	0	0	2	0	0	1	1	0	0	0	.500	40	10.1	8	1	2	0	3	0	8	0	0	4	4	3.48
メンドーサ	日	1	2	0	0	2	0	0	0	1	0	0	0	.000	58	13	13	1	2	0	(1)9	0	4	1	0	4	4	2.77
*モイネロ	ソ	4	13	0	0	0	0	0	2	0	0	5	7	1.000	49	13.1	8	1	0	0	(1)3	0	14	0	0	2	2	1.35
モスコーソ	ディ	1	1	0	0	1	0	0	0	0	0	0	0	.000	30	7	8	0	2	0	2	0	7	0	0	4	4	5.14
望月 淳志	神	1	1	0	0	1	0	0	0	1	0	0	0	.000	13	2	5	2	0	0	3	0	1	0	0	5	5	22.50
森 繁和	武	1	1	0	1	0	0	0	0	0	1	—	—	.000	4	1	1	0	0	0	0	0	0	0	0	0	0	0.00
森 慎二	武	2	3	0	2	0	0	0	0	0	0	0	0	.000	18	5.2	1	1	0	0	0	0	8	0	0	1	1	1.59
森 唯斗	ソ	7	22	0	13	0	0	0	0	0	7	2	2	.000	83	21	15	1	1	0	5	0	22	0	0	6	6	2.57
森原 康平	楽	1	2	0	0	1	0	0	0	0	0	1	1	.000	10	2	3	0	1	0	2	0	1	0	0	0	0	0.00
*森福 允彦	ソ	6	19	0	1	0	0	0	0	1	5	5	5	.000	61	13.2	13	2	2	0	(1)6	1	14	0	0	4	4	2.63
守屋 功輝	神	1	4	0	2	0	0	0	0	0	0	2	2	.000	18	5	2	0	0	0	1	0	5	0	0	0	0	0.00
*八木 智哉	日	2	2	1	0	1	1	0	1	1	0	0	0	.500	50	14	9	1	3	0	1	0	7	0	0	3	3	1.93
八木沢荘六	ロ	2	3	0	1	1	0	0	0	0	0	—	—	.000	30	6	12	0	3	0	1	0	3	1	0	4	4	6.00
*安木 祥二	ロ	3	7	0	1	1	0	0	0	0	0	—	—	.000	29	6.1	5	0	0	1	(1)5	0	6	0	0	4	4	6.00
柳田 豊	近	3	3	0	1	1	0	0	0	0	0	—	—	.000	32	7	7	1	0	0	4	1	2	0	0	2	2	2.57
柳瀬 明宏	ソ	4	8	0	1	0	0	0	1	0	0	2	2	1.000	41	9.2	4	1	1	1	7	1	11	0	0	3	3	2.79
矢貫 俊之	日	1	1	0	0	0	0	0	0	0	0	0	0	.000	5	1	1	0	1	0	0	0	0	0	0	0	0	0.00
薮田 和樹	広	1	2	1	0	1	1	0	1	1	0	0	0	.500	35	9	7	1	0	0	5	0	6	0	0	4	4	4.00
薮田 安彦	ロ	3	10	0	4	0	0	0	1	0	0	4	5	1.000	41	11.1	2	0	2	0	(1)6	0	0	1	0	0	0	0.00
山井 大介	中	5	12	0	4	2	0	0	1	3	0	0	0	.250	97	21.2	27	0	1	0	(2)11	0	17	2	0	8	8	3.32
山内 新一	南	1	2	0	0	2	0	0	0	1	0	—	—	.000	42	9.1	9	1	1	0	3	0	4	0	0	4	2	2.00
山内 壮馬	中	1	2	0	0	2	0	0	0	0	0	0	0	.000	34	8	8	1	0	0	3	0	4	0	0	3	3	3.38
山岸 穣	武	2	3	0	0	0	0	0	0	0	0	0	0	.000	16	3.1	5	1	0	0	1	1	3	0	0	2	2	5.40
山口 俊	巨	2	2	0	1	1	0	0	1	0	0	0	0	1.000	34	9.1	4	0	0	0	3	0	9	1	0	1	1	0.96
山口 高志	急	3	5	2	2	0	0	0	2	0	0	—	—	1.000	122	30.1	27	3	2	0	9	0	13	0	0	11	9	2.70
山口 哲治	近	1	3	0	0	0	0	0	0	1	0	2	—	.000	21	6.2	1	0	0	0	5	0	0	0	0	0	0	0.00
*山口 鉄也	巨	10	24	0	4	0	0	0	2	1	3	8	10	.667	131	30	35	0	5	0	10	0	24	2	0	7	6	1.80
山崎 康晃	急	3	12	0	12	0	0	0	1	0	5	0	1	1.000	46	13	5	2	0	0	2	0	15	0	0	2	2	1.38
*山崎 敏	武	1	3	0	0	0	0	0	0	0	0	—	—	.000	14	3	1	0	1	0	3	1	2	0	0	1	1	1.00
山田 秋親	ダ	2	3	0	0	0	0	0	0	0	0	—	—	.000	21	5.1	3	1	1	0	3	1	2	0	0	1	1	1.69
山田 久志	急	5	8	4	3	1	0	1	3	3	0	—	—	.500	211	52.2	41	11	3	2	13	6	26	0	0	24	23	3.91
*山本 一徳	日	1	2	0	0	0	0	0	0	0	0	0	0	.000	9	2	3	1	0	0	2	0	1	0	0	1	1	4.50
山本 哲哉	ヤ	1	2	0	0	0	0	0	0	0	0	0	0	.000	10	2	2	1	0	0	2	0	1	0	0	2	2	9.00
山 本昌	中	3	4	0	0	0	0	0	0	0	0	0	0	.000	74	17.2	15	2	7	0	6	1	11	0	0	6	6	3.06
*陽 耀勲	ソ	2	2	0	0	0	0	0	0	0	0	0	0	.000	38	10	6	2	0	0	3	0	8	0	0	4	4	3.60
横山 道哉	日	1	2	0	0	2	0	0	0	1	0	0	0	.000	6	1.1	1	1	0	0	2	0	0	0	0	1	1	6.75
横山 竜士	広	1	3	0	0	0	0	0	0	0	1	1	1	.000	14	3.1	3	0	0	0	2	0	0	0	0	2	2	5.40
吉川 輝昭	ソ	1	1	0	0	0	0	0	0	0	0	0	0	.000	5	1	2	0	0	0	1	0	0	0	0	0	0	0.00
吉川 昌宏	ヤ	1	1	0	0	0	0	0	0	0	0	1	1	.000	8	1.2	2	0	0	0	1	0	1	0	0	0	0	0.00
*吉川 光夫	巨	4	6	0	2	3	0	0	2	0	0	0	0	1.000	83	21.1	19	2	3	0	9	0	24	0	0	6	6	2.53
吉武真太郎	ソ	3	6	0	0	0	0	0	0	0	0	2	2	.000	32	7.2	7	1	0	0	(1)2	0	6	0	0	4	4	4.70
*吉野 誠	オ	3	2	0	0	0	0	0	0	0	0	0	0	.000	7	2.1	0	0	1	0	2	0	3	0	0	0	0	0.00
由 規	ヤ	1	1	0	0	1	0	0	0	0	0	0	0	.000	22	4	7	1	0	0	(1)4	0	5	0	0	2	2	4.50
吉見 一起	中	4	6	0	0	6	0	0	0	0	0	0	0	1.000	167	44.2	31	3	5	0	(1)4	1	29	0	0	5	5	1.01
*吉見 祐治	ロ	1	1	0	0	0	0	0	0	0	0	0	0	.000	1	0.1	1	0	0	0	0	0	0	0	0	0	0	0.00
米田 哲也	急	2	3	1	0	2	0	0	1	2	0	—	—	.333	76	17.2	15	1	0	0	3	4	9	0	0	7	3	1.50
ライブリー	日	1	1	0	0	1	0	0	0	0	0	0	0	.000	9	2	1	1	0	0	0	0	1	0	0	1	1	4.50
レ	楽	1	2	0	1	0	0	0	0	0	0	0	0	.000	10	2.2	0	0	0	0	1	0	0	0	0	0	0	0.00
*レデズマ	ロ	1	2	0	0	0	0	0	0	0	0	0	0	.000	12	2.2	2	0	1	0	2	0	2	0	0	1	1	3.38
ロマン	ヤ	2	3	0	0	0	0	0	0	0	0	0	0	.000	18	3.1	6	0	1	0	1	0	2	0	0	3	3	8.10
涌井 秀章	ロ	7	10	1	2	6	1	0	3	1	0	0	1	1.000	213	53	45	3	3	0	16	1	43	1	1	9	9	1.53
渡辺 恒樹	ヤ	1	1	0	0	0	0	0	0	0	0	0	0	.000	1	0+	1	0	0	0	1	0	0	0	0	0	0	—
渡辺 俊介	ロ	3	6	1	0	4	0	0	2	1	0	0	0	.667	164	41.1	33	1	4	1	8	0	22	0	0	10	7	1.52
渡辺 亮	神	2	3	0	0	0	0	0	0	0	0	0	0	.000	16	4.2	2	0	0	0	3	0	3	0	0	0	0	0.00
*和田 毅	ソ	7	8	1	0	6	0	0	2	1	0	0	0	.667	155	37	33	5	6	0	13	0	34	0	0	20	20	4.86

日本シリーズ

 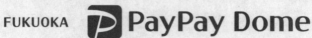

ＳＭＢＣ日本シリーズ2020

　第71回日本シリーズは、３年ぶりにリーグ優勝しクライマックスシリーズを制した４年連続日本一を狙うソフトバンクと、２年連続でリーグ優勝し８年ぶりの日本一を目指す巨人との戦いとなった。両チームの日本シリーズでの対戦は２年連続12度目（南海・ダイエー時を含む）。新型コロナウイルスの影響で日本シリーズの日程がずれたために、巨人は本拠地である東京ドームが使用出来ず（第91回都市対抗野球開催のため）、京セラドーム大阪での開催となった。

　第１戦は栗原陵矢選手（ソ）の先制本塁打を含む３安打４打点の活躍に、先発の千賀滉大投手からモイネロ投手、森唯斗投手（いずれもソ）と盤石の投手リレーでソフトバンクが先勝すると、勢いに乗ったソフトバンクは第２戦以降も投打で圧倒し、日本シリーズ史上初となる２年連続の４連勝で４年連続11度目の日本一となった（南海・ダイエー時を含む）。最高殊勲選手は14打数７安打で打率.500の栗原選手。敢闘選手には３試合に登板し勢いを見せつけた戸郷翔征投手（巨）、優秀選手にはムーア投手、中村晃選手、柳田悠岐選手（いずれもソ）が選ばれた。７年連続で株式会社三井住友銀行が特別協賛社となり、「ＳＭＢＣ日本シリーズ2020」として開催された。全試合で予告先発制度並びに指名打者制度が実施された。尚、このシリーズの総入場者は69,798人で４試合シリーズとしては過去最少だった。

◇第１戦（京セラドーム大阪）【ソフトバンク１勝】
　ソフトバンクが２回に栗原の２点本塁打で先制すると、６回にも栗原の２点二塁打で突き放し、千賀、モイネロ、森の必勝リレーで初戦を飾った。

◇第２戦（京セラドーム大阪）【ソフトバンク２勝】
　ソフトバンク打線が柳田、グラシアル、栗原の３連打などで初回から３点を先制すると、小刻みに得点を重ね、７－２で迎えた７回にデスパイネの満塁本塁打で勝負を決めた。

◇第３戦（福岡PayPayドーム）【ソフトバンク３勝】
　福岡に舞台を移すも流れは変わらず。ソフトバンク先発のムーアは７回まで無安打無失点の好投。リズムの良い投球に応えたのは中村晃。３回に先制の２点本塁打を放つと、７回にも貴重な３点目となる適時打を放ち勝負強さを見せた。ムーアの後を継いだモイネロと森も無失点リレーでソフトバンクが４年連続日本一に王手をかけた。

◇第４戦（福岡PayPayドーム）【ソフトバンク４勝】
　１回に坂本の適時二塁打で巨人が先制し、このシリーズで初めてリードを奪った。しかしその裏に柳田の２点本塁打でソフトバンクがすぐさま逆転すると、２回にも甲斐に２点本塁打が飛び出しさらにリードを広げた。ソフトバンクは先発の和田が２回で交代すると３回から松本、嘉弥真、髙橋礼、岩嵜、モイネロ、森の６投手が無失点でつなぎ、４－１でソフトバンクが勝利し４年連続11度目の日本一となった。

　４年以上連続の日本一は1965年～1973年の巨人９連覇以来で２チーム目。２年連続４戦４勝での日本一は史上初となった。

日本シリーズ

日本シリーズ出場資格者

〔読売ジャイアンツ〕 〔福岡ソフトバンクホークス〕

			読売ジャイアンツ				福岡ソフトバンクホークス
(監督)	83	原　　辰徳		(監督)	81	工藤　公康	
(コーチ)	77	元木　大介		(コーチ)	86	森　　浩之	
	87	吉村　禎章			92	森山　良二	
	90	後藤　孝志			98	高村　　祐	
	89	石井　琢朗			91	佐久本昌広	
	81	宮本　和知			83	立花　義家	
	73	三澤　興一			78	平石　洋介	
	86	古城　茂幸			80	本多　雄一	
	79	相川　亮二			93	村松　有人	
	74	村田　善則			95	吉鶴　憲治	
(投手)	12	R.デラロサ		(投手)	10	大竹耕太郎	
	13	戸郷　翔征			11	津森　宥紀	
	17	大竹　　寛			13	二保　　旭	
	18	菅野　智之			17	岩嵜　　翔	
	19	田中　豊樹			18	武田　翔太	
	20	A.サンチェス			21	和田　　毅	
	26	高橋　優貴			28	高橋　　礼	
	28	田口　麗斗			29	石川　柊太	
	30	鍵谷　陽平			34	椎野　　新	
	31	畠　　世周			35	L.モイネロ	
	35	桜井　俊貴			37	M.ムーア	
	41	中川　皓太			38	森　　唯斗	
	45	今村　信貴			40	杉山　一樹	
	49	T.ビエイラ			41	千賀　滉大	
	53	高梨　雄平			44	R.バンデンハーク	
	62	横川　　凱			53	泉　　圭輔	
	64	大江　竜聖			57	嘉弥真新也	
(捕手)	24	大城　卓三			66	松本　裕樹	
	27	炭谷銀仁朗			67	笠谷　俊介	
	38	岸田　行倫		(捕手)	19	甲斐　拓也	
	67	山瀬慎之助			31	栗原　陵矢	
(内野手)	00	吉川　大幾			45	谷川原健太	
	0	増田　大輝			62	海野　隆司	
	5	中島　宏之		(内野手)	00	川瀬　　晃	
	6	坂本　勇人			0	髙田　知季	
	25	岡本　和真			5	松田　宣浩	
	29	吉川　尚輝			8	明石　健志	
	37	若林　晃弘			23	周東　佑京	
	48	Z.ウィーラー			27	Y.グラシアル	
	51	田中　俊太			36	牧原　大成	
	68	香月　一也			99	川島　慶三	
	93	湯浅　　大		(外野手)	4	W.バレンティン	
	98	E.ウレーニャ			7	中村　　晃	
(外野手)	2	陽　　岱鋼			9	柳田　悠岐	
	8	丸　　佳浩			24	長谷川勇也	
	9	亀井　善行			32	柳町　　達	
	36	石川　慎吾			51	上林　誠知	
	39	立岡宗一郎			54	A.デスパイネ	
	43	重信慎之介			60	釜元　　豪	
	59	松原　聖弥			64	真砂　勇介	

〔審判員〕　笠原　昌春　　　　有隅　昭二　　　　敷田　直人　　　　嶋田　哲也
　　　　　　深谷　　篤　　　　津川　　力　　　　山本　貴則

〔記録員〕　近江屋　拓　　　　伊藤　　亮　　(補助) 貞比良　広　　　　足立　大輔

第1戦 11月21日(土)　京セラドーム大阪(晴)　開始18:13　終了21:47(試合時間3時間34分)　入場者16,489人

```
ソフトバンク　0 2 0　0 0 2　0 1 0 ｜ 5
巨　　　人　　0 0 0　0 0 0　0 0 1 ｜ 1
```

〔ソフトバンク〕		打数	得点	安打	打点	四球	死球	三振
(二)	周　東　　　東	4	1	0	0	1	0	2
(一)	中　村　晃　田	4	0	1	1	0	0	1
(中)	柳　　　瀬　ル	3	1	0	0	0	0	1
(左)	グラシアル	3	4	2	2	0	0	0
(右)左	上栗　原林	0	1	3	4	1	0	0
(指)	デスパイネ	3	1	0	0	0	0	0
(遊)三	牧　原　宣斐	4	0	1	0	1	0	0
(三)	松　田　宣	4	0	0	0	0	0	1
(遊)	川　瀬							
(捕)	甲　斐	3	0	0	0	1	0	0
	計	33	5	8	5	3	1	6

		①			⑥		⑧	
周東	遊　直	空三振		二ゴロ		四　球	空三振
中村晃	三邪飛	遊ゴロ		遊ゴロ		**左安打**	
柳田	空三振	④二ゴロ		死　球		左　飛	
グラシアル	**②右安打**	右　飛		**右安打**		中　飛	
上林栗原	**右本打**	**右線二**		**左中二**		四　球	
デスパイネ	見逃三	**左安打**				四　球	
牧原	三ゴロ	⑤一　飛		⑦空三振		**⑨右線二**	
松田	空三振	捕邪飛		左　飛		遊ゴロ	
甲斐	③右邪飛	一ゴロ		四　球		一邪飛	

〔巨　　人〕		打数	得点	安打	打点	四球	死球	三振
(二)	吉　川　尚	3	0	0	0	0	0	0
打二	若林	0	0	0	0	1	0	0
(右)	松原　石川	2	0	0	0	1	0	0
打右								
(遊)	坂　本	3	0	1	0	1	0	2
(三)	岡　本	2	0	1	0	0	0	0
(中)	丸	4	0	0	0	0	0	2
(指)	亀井　島	3	0	0	0	1	0	2
(一)	中　島							
(左)	ウィーラー	3	0	1	0	0	1	0
(捕)	大城　城田	3	0	1	0	0	0	0
捕	岸田	0	0	0	0	0	0	0
打	中　俊	1	0	0	0	0	0	0
	計	29	1	4	1	5	1	10

	①				⑥			
吉川尚	一ゴロ	投ゴロ	右　飛		・・・		四　球
若林				四　球	⑥遊ゴロ		見逃三
松原石川		四　球	左　飛				空三振
坂本	空三振	④四　球	**中安打**		一　飛		空三振
岡本	捕邪飛	四　球	二ゴロ		⑨四　球	
丸	②見逃三	遊併打	⑦二ゴロ		**右安打**	
亀井島	二ゴロ	遊ゴロ	一　飛		空三振	
中島	空三振	⑤左　飛	空三振		死　球	
ウィーラー	③**左安打**	空三振	⑧見逃三		左犠飛	
大城城田	一ゴロ	**中安打**	空三振		・・・	
中俊	・・・	・・・	・・・		投ゴロ	

	試合	勝	敗	S	球数	打者	投回	被安打	四球	死球	三振	失点	自責
○千　賀	1	1	0	0	118	26	7	3	3	0	6	0	0
モイネロ	1	0	0	0	22	4	1	0	1	0	3	0	0
森	1	0	0	0	23	6	1	1	1	1	1	1	1

	試合	勝	敗	S	球数	打者	投回	被安打	四球	死球	三振	失点	自責
●菅　野	1	0	1	0	87	24	6	6	0	1	4	4	4
戸　郷	1	0	0	0	18	3	1	0	2	0	1	0	0
髙　橋	1	0	0	0	30	6	1	1	2	0	1	1	1
ビエイラ	1	0	0	0	13	4	1	1	0	0	1	0	0

本塁打　ソ：栗原 1 号②（菅野）
盗塁　ソ：周東
盗塁刺　ソ：甲斐
残塁　ソ：5　巨：8
併殺　ソ：（牧原－周東－中村晃）丸
審判　(球)山本貴　(一)敷田　(二)笠原　(三)津川　(左)嶋田　(右)深谷

日本シリーズ

11月22日(日) 京セラドーム大阪(曇) 開始18:11 終了21:51(試合時間3時間40分) 入場者 16,333人

	1	2	3	4	5	6	7	8	9	計
ソフトバンク	3	1	2	0	1	0	4	0	2	13
巨　人	0	0	0	0	2	0	0	0	0	2

〔ソフトバンク〕

		打数	得点	安打	打点	四球	死球	三振						
(遊)二	周　東	島原田石ル	6	0	0	0	0	0	2	①空三振	一ゴロ	中　飛	一ゴロ	空三振	三ゴロ
(二)	川		2	1	0	0	1	0	1	四　球	空三振	三ゴロ	⑦中安打	⑧遊ゴロ	一ゴロ
打三	牧原田		3	1	1	0	0	0	0						
(中)	柳　田		3	3	2	1	1	0	0	中越二	③左安打	⑤一ゴロ	四　球		
一	明　石		1	3	0	0	1	0	0					一ゴロ	
(左)	グラシアル		3	1	2	4	0	0	0	二安打	左中本	四　球	右　飛		
右	上　林		3	1	0	0	0	0	0					三　飛	
(右)左	栗　原		5	2	4	0	0	0	0	右安打	空三振	右安打	遊安打	⑨右安打	
(指)	デスパイネ		3	1	1	6	0	0	0	三ゴロ	捕邪飛	右犠飛	右中本		
打指	長　谷	川	1	0	0	0	0	0	0					見逃三	
(一)	村　田		4	1	1	0	0	0	1	左　飛	空三振	二ゴロ	中安打		
走中	真　砂		0	0	0	0	0	0	0					中安打	
(三)	松　宣		4	0	1	0	1	0	0	②右　飛	④中　飛	⑥空三振	左安打		
打遊	川　瀬		1	0	0	0	0	0	0					中安打	
(捕)	甲　斐		4	1	1	1	1	0	0	中本打	四　球	中　飛	投ゴロ	投ゴ失	
	計		42	13	15	10	4	0	7						

〔巨　人〕

		打数	得点	安打	打点	四球	死球	三振					
(二)	吉川	尚	4	0	1	0	0	0	1	①三ゴロ	左安打	遊　飛	空三振
(右)	松原	本	4	0	0	0	0	0	2	見逃三	⑥見逃三	四　球	遊　飛
(遊)	坂本		3	0	1	0	0	0	1	空三振	④投ゴロ	中安打	空三振
(三)	岡本		4	0	0	0	0	0	2	②空三振	遊ゴロ	中安打	中　飛
(中)	丸	井	4	0	1	0	0	0	0	二ゴロ	中　飛	空三振	
(指)	亀井		2	0	0	0	0	0	1	左　飛	⑤中　飛		
打指	石田	俊	0	1	0	0	1	0	0			四　球	
打指	田中	島	1	0	1	0	0	0	0			⑨左安打	
(一)	中		2	0	0	1	1	0	1	③四　球	死　球	空三振	二併打
(左)	ウィーラー		4	1	1	1	0	0	2	空三振	右本打	空三振	遊　直
(捕)	大城		3	0	0	0	1	0	1	空三振	⑦空三振	遊　飛	二ゴロ
捕	炭谷		0	0	0	0	0	0	0				
	計		31	2	5	2	3	1	11				

	試合	勝	敗	S	球数	打者	投回	被安	四球	死球	三振	失点	自責
○石川	1	1	0	0	84	22	5.1	4	1	1	7	2	2
嘉弥真	1	0	0	0	4	1	0.1	0	0	0	1	0	0
高橋礼	1	0	0	0	12	4	1	0	1	0	1	0	0
岩　嵜	1	0	0	0	12	3	1	0	0	0	1	0	0
杉　山	1	0	0	0	20	4	1	0	1	0	1	0	0
椎　野	1	0	0	0	12	3	1	1	0	0	0	0	0

	試合	勝	敗	S	球数	打者	投回	被安	四球	死球	三振	失点	自責
●今村	1	0	1	0	41	10	1.2	4	1	0	3	4	2
戸郷	2	0	0	0	40	11	2.1	2	1	0	3	2	2
田口	1	0	0	0	36	8	2	1	0	1	1	1	1
鍵谷	1	0	0	0	25	5	0.1	3	1	0	0	4	4
大江	1	0	0	0	19	4	0.2	2	0	0	1	0	0
高梨	1	0	0	0	11	3	1	0	0	0	0	0	0
大竹	1	0	0	0	25	7	1	3	0	1	2	0	0

本塁打　ソ：甲斐1号①(今村)、グラシアル1号②(戸郷)、デスパイネ1号④(鍵谷)
　　　　巨：ウィーラー1号②(石川)
残　塁　ソ：7　　巨：6
失　策　巨：吉川尚、大竹
ボーク　巨：鍵谷
併　殺　ソ：(周東－川瀬－明石)中島
審　判　(球)津川　(一)笠原　(二)嶋田　(三)深谷　(左)有隅　(右)敷田

第3戦 11月24日（火）　福岡PayPayドーム（晴）　開始18：33　終了21：31（試合時間2時間58分）　入場者 17,297人

	1	2	3		4	5	6		7	8	9		計
巨　人	0	0	0		0	0	0		0	0	0		0
ソフトバンク	0	0	2		0	0	0		2	0	X		4

〔巨　人〕

		打数	得点	安打	打点	四球	死球	三振				
（二）	吉　川　尚　俊	3	0	0	0	0	0	0	①遊ゴ失	三ゴロ	中　飛	・・・
打二	田　中　俊　太	1	0	0	0	0	0	1				見逃三
（右）	松　原　聖　弥	3	0	0	0	0	0	1	捕野選	④空三振	中　飛	三ゴロ
打右	重　信　慎之介	1	0	0	0	0	0	1				空三振
（遊）	坂　本　勇　人	4	0	0	0	0	0	2	空三振	左　飛	空三振	⑨二邪飛
（三）	岡　本　和　真	4	0	0	0	0	0	1	遊ゴロ	空三振	⑦二ゴロ	三ゴロ
（中）	丸　佳　浩	3	0	1	0	1	0	0	②遊ゴロ	⑤四　球	投ゴロ	中安打
（指）	ウィーラー	3	0	0	0	1	0	0	四　球	三ゴロ	二ゴロ	二　飛
（左）	亀　井　善　行	2	0	0	0	0	0	0	二併打	一ゴロ	・・・	
打左	若　林　晃　弘	2	0	0	0	0	0	1			⑧空三振	死　球
（一）	中　島　宏　之	2	0	0	0	0	1	0	③遊ゴロ	一ゴロ	死　球	・・・
（捕）	大　城　卓　三	2	0	0	0	0	0	1	空三振	⑥投ゴ失	・・・	
打捕	岸　田　行　倫	0	0	0	0	1	0	0			四　球	
	計	29	0	1	0	3	1	8				

〔ソフトバンク〕

		打数	得点	安打	打点	四球	死球	三振				
（二）	周　東　佑　京	3	2	1	0	1	0	0	①左　飛	二安打	右　飛	死　球
（一）	中　村　晃	3	1	2	3	1	0	0	二　飛	右本打	⑥四　球	右安打
（中）	柳　田　悠　岐	4	0	2	0	0	0	1	右越安	投ゴロ	右安打	見逃三
（左）	グラシアル	4	0	1	1	0	0	0	空三振	④遊ゴロ	遊ゴロ	右安打
走右	上　林　誠　知	0	0	0	0	0	0	0				
（右）左	栗　原　陵　矢	3	0	0	0	0	1	0	②左　飛	空三振	故意四	投ゴロ
（指）	デスパイネ	4	0	0	0	0	0	1	三ゴロ	右　飛	見逃三	⑧三ゴロ
（遊）	牧　原　大　成	3	0	0	0	0	0	1	空三振	⑤一ゴロ	見逃三	
打	長　谷　川　勇　也	1	0	1	0	0	0	0			二ゴロ	
遊	川　瀬　晃	1	0	0	0	0	0	0				三ゴロ
（三）	松　田　宣　浩	4	1	1	0	0	0	2	③空三振	空三振	⑦左安打	遊ゴロ
（捕）	甲　斐　拓　也	2	0	1	0	0	0	0	見逃三	中安打	投犠打	
	計	31	4	8	4	2	1	8				

	試合	勝	敗	S	球数	打者	投回	被安	四球	死球	三振	失点	自責			試合	勝	敗	S	球数	打者	投回	被安	四球	死球	三振	失点	自責
●サンチェス	1	0	1	0	92	27	6.1	6	2	0	7	3	3		○ムーア	1	1	0	0	93	24	7	0	2	0	5	0	0
高　梨	1	0	0	0	11	3	0.1	1	0	1	0	1	1		モイネロ	2	0	0	0	25	5	1	0	1	1	3	0	0
大　竹	2	0	0	0	4	1	0+	1	0	0	0	0	0		森	2	0	0	0	14	4	1	1	0	0	0	0	0
中　川	1	0	0	0	1	1	0.1	0	0	0	0	0	0															
デラロサ	1	0	0	0	9	3	1	0	0	0	1	0	0															

本塁打　ソ：中村晃1号②（サンチェス）
残　塁　巨：6　ソ：7
失　策　巨：吉川尚
　　　　　ソ：牧原、ムーア
併　殺　ソ：（周東－中村晃）亀井
審　判　（球）深谷　（一）嶋田　（二）有隅　（三）敷田　（左）山本貴　（右）笠原

日本シリーズ

第4戦 11月25日(水)　福岡PayPayドーム(曇)　開始18:34　終了21:56(試合時間3時間22分)　入場者 19,679人

	1	2	3	4	5	6	7	8	9	計
巨　人	1	0	0	0	0	0	0	0	0	1
ソフトバンク	2	2	0	0	0	0	0	0	X	4

〔巨　人〕

守備	選手	打数	得点	安打	打点	四球	死球	三振
(右)	若　林	4	1	2	0	0	0	1
(遊)	坂　本	4	0	1	1	0	0	2
(中)	丸	4	0	1	0	0	0	2
(三)	岡　本	3	0	0	0	1	0	2
走	吉　川	0	0	0	0	0	0	0
指	尚	3	0	0	0	1	0	2
(一)	ウィーラー島原	3	0	2	0	0	0	2
走	中松	0	0	0	0	0	0	0
(二)	田　俊　中	4	0	1	0	0	0	1
(捕)	岸田信	0	0	0	0	0	0	0
打左	重　井	1	1	0	0	0	0	1
打	亀　大	1	0	0	0	0	0	1
(左)	増　田	2	1	0	0	0	0	0
打捕	大　城	1	0	0	0	0	0	0
	計	32	1	6	1	2	0	12

打席結果
- 若林：①右中二、中飛、右安打、⑧空三振
- 坂本：左越二、③空三振、右飛、二ゴロ
- 丸：一邪飛、遊ゴロ、右飛、空三振
- 岡本：空三振、空三振、⑥遊ゴロ、⑨四球
- 尚(指)：四球、④空三振、空三振、右飛
- ウィーラー/島原：空三振、右安打、空三振、右安打
- 田中/俊介：②中安打、中飛、⑦遊ゴロ、見逃三
- 岸田：投犠打、空三振、空三振
- 重信：空三振、二飛
- 増田：中飛、⑤投ゴロ
- 大城：二ゴロ

〔ソフトバンク〕

守備	選手	打数	得点	安打	打点	四球	死球	三振
(二)	周　東	3	0	0	0	0	0	1
(一)	中　村　晃	4	1	1	0	0	0	1
(中)	柳　田	4	1	2	2	0	0	1
(左)	グラシアル	3	0	1	0	1	0	0
右	上林原	3	0	0	0	0	0	1
(右)左	栗　原	3	0	0	0	0	0	2
(指)	デスパイネ	2	0	0	0	0	1	1
(遊)三	牧　原	3	1	1	0	0	0	0
(三)	松　田　宣	3	0	0	0	0	0	2
遊	川　瀬	0	0	0	0	0	0	0
(捕)	甲　斐	3	1	1	2	0	0	1
	計	28	4	5	4	2	2	10

打席結果
- 周東：①二ゴロ、一直、空三振、死球
- 中村晃：右線二、⑤遊ゴロ、左飛、⑧見逃三
- 柳田：右本打、一ゴロ、空三振、右安打
- グラシアル：一飛、四球、三ゴロ、右飛
- 上林/栗原：空三振、死球、⑥空三振、遊ゴロ
- デスパイネ：②空三振、四球、三ゴロ、空三振
- 牧原：右安打、一ゴロ、空三振
- 松田宣：空三振、④空三振、⑦左飛
- 甲斐：左本打、空三振、遊ゴロ

投手成績

巨人

投手	試合	勝	敗	S	球数	打者	投回	被安	四球	死球	三振	失点	自責
● 畠	1	0	1	0	34	9	1.2	4	0	0	3	4	4
大　江	2	0	0	0	19	5	1.0	0	1	0	1	0	0
戸　郷	3	0	0	0	35	8	2.1	0	1	0	4	0	0
ビエイラ	2	0	0	0	28	6	1.2	0	0	0	1	0	0
中　川	2	0	0	0	16	4	1.1	1	0	0	1	0	0

ソフトバンク

投手	試合	勝	敗	S	球数	打者	投回	被安	四球	死球	三振	失点	自責
和　田	1	0	0	0	48	10	2	3	1	0	2	1	1
○松　本	1	1	0	0	43	10	2.2	2	0	0	4	0	0
H嘉弥真	2	0	0	0	5	1	0.1	0	0	0	0	0	0
H高橋礼	2	0	0	0	10	3	1	0	0	0	2	0	0
H岩嵜	2	0	0	0	16	3	1	0	0	0	1	0	0
Hモイネロ	3	0	0	0	11	3	1	0	0	0	2	0	0
S森	3	0	0	1	25	5	1	1	1	0	1	0	0

本塁打　ソ：柳田1号②（畠）、甲斐2号②（畠）
盗塁刺　ソ：周東
残　塁　巨：7　ソ：4
暴　投　ソ：松本
審　判　(球)敷田　(一)有隅　(二)山本貴　(三)笠原　(左)津川　(右)嶋田

巨 人 打 撃 ・ 守 備 成 績

選手名	試合	打席	打数	得点	安打	二塁打	三塁打	本塁打	塁打	打点	盗塁	盗塁刺	犠打	犠飛	四球計	故意四球	死球	三振	併殺打	打率	位置	試合	刺殺	補殺	失策	併殺	捕逸	守備率
石川　慎吾	2	1	1	0	0	0	0	0	0	0	0	0	0	0	0	0	0	0	0	.000	(外)	1	0	0	0	0	—	.000
ウィーラー	4	16	13	1	2	0	0	1	5	3	0	0	0	1	2	0	0	5	0	.154	(外)	2	3	1	0	0	—	1.000
＊大城　卓三	4	9	9	0	1	0	0	0	1	0	0	0	0	0	0	0	0	4	0	.111	(捕)	4	22	4	0	0	0	1.000
岡本　和真	4	16	13	1	1	0	0	0	1	0	0	0	0	0	3	0	0	5	0	.077	(三)	4	2	11	0	0	—	1.000
＊亀井　善行	4	9	9	0	0	0	0	0	0	0	0	0	0	0	0	0	0	1	1	.000	(外)	1	1	0	0	0	—	1.000
岸田　行倫	3	3	3	1	0	0	0	0	0	0	0	0	0	0	0	0	0	1	0	.000	(捕)	3	10	0	0	0	0	1.000
坂本　勇人	4	16	14	0	3	1	0	0	4	1	0	0	0	0	1	0	0	7	0	.214	(遊)	4	5	9	0	0	—	1.000
＊重信慎之介	2	2	2	0	0	0	0	0	0	0	0	0	0	0	0	0	0	2	0	.000	(外)	2	1	0	0	0	—	1.000
炭谷銀仁朗	1	0	0	0	0	0	0	0	0	0	0	0	0	0	0	0	0	0	0	.000	(捕)	1	0	0	0	0	0	1.000
＊田中　俊太	4	8	7	0	2	0	0	0	2	0	0	0	0	0	2	0	0	2	0	.286	(二)	2	0	1	0	0	—	1.000
中島　宏之	4	15	11	1	2	0	0	0	2	0	0	0	0	0	1	0	3	5	1	.182	(一)	4	37	2	0	0	—	1.000
増田　大輝	4	0	0	0	0	0	0	0	0	0	0	0	0	0	0	0	0	0	0	.000	(外)	1	1	0	0	0	—	1.000
＊松原　聖弥	4	10	9	0	0	0	0	0	0	0	0	0	0	0	3	0	0	3	0	.000	(外)	3	7	0	0	0	—	1.000
＊丸　佳浩	4	16	15	0	2	0	0	0	2	0	0	0	0	0	0	0	0	2	1	.133	(外)	4	5	0	0	0	—	1.000
吉川　尚輝	4	10	10	0	1	0	0	0	1	0	0	0	0	0	0	0	0	2	1	.100	(二)	4	2	4	2	0	—	.750
＋若林　晃弘	3	6	5	1	2	1	0	0	3	0	0	0	0	0	0	0	0	2	0	.400	(二)	1	0	0	0	0	—	1.000
																					(外)	2	1	0	0	0	—	1.000
＊今村　信貴	1	—	—	—	—	—	—	—	—	—	—	—	—	—	—	—	—	—	—	—	(投)	1	0	1	0	0	—	1.000
＊大江　竜聖	2	—	—	—	—	—	—	—	—	—	—	—	—	—	—	—	—	—	—	—	(投)	2	1	1	0	0	—	1.000
大竹　寛	2	—	—	—	—	—	—	—	—	—	—	—	—	—	—	—	—	—	—	—	(投)	2	1	0	1	0	—	.500
鍵谷　陽平	1	—	—	—	—	—	—	—	—	—	—	—	—	—	—	—	—	—	—	—	(投)	1	0	0	0	0	—	.000
＋サンチェス	1	—	—	—	—	—	—	—	—	—	—	—	—	—	—	—	—	—	—	—	(投)	1	0	2	0	0	—	1.000
菅野　智之	1	—	—	—	—	—	—	—	—	—	—	—	—	—	—	—	—	—	—	—	(投)	1	0	2	0	0	—	1.000
＊高梨　雄平	2	—	—	—	—	—	—	—	—	—	—	—	—	—	—	—	—	—	—	—	(投)	2	1	1	0	0	—	1.000
＊髙橋　優貴	1	—	—	—	—	—	—	—	—	—	—	—	—	—	—	—	—	—	—	—	(投)	1	0	0	0	0	—	.000
＊田口　麗斗	1	—	—	—	—	—	—	—	—	—	—	—	—	—	—	—	—	—	—	—	(投)	1	0	0	0	0	—	.000
デラロサ	3	—	—	—	—	—	—	—	—	—	—	—	—	—	—	—	—	—	—	—	(投)	3	0	0	0	0	—	.000
戸郷　翔征	1	—	—	—	—	—	—	—	—	—	—	—	—	—	—	—	—	—	—	—	(投)	1	0	2	0	0	—	1.000
＊中川　皓太	2	—	—	—	—	—	—	—	—	—	—	—	—	—	—	—	—	—	—	—	(投)	2	0	1	0	0	—	1.000
＊畠　世周	1	—	—	—	—	—	—	—	—	—	—	—	—	—	—	—	—	—	—	—	(投)	1	0	0	0	0	—	.000
ビエイラ	2	—	—	—	—	—	—	—	—	—	—	—	—	—	—	—	—	—	—	—	(投)	2	0	0	0	0	—	.000
計	4	139	121	4	16	2	0	1	21	4	0	0	1	1	13	0	3	41	3	.132		4	102	36	3	0	0	.979

巨 人 投 手 成 績

選手名	試合	完投	交代完了	試合当初	補回試合	無失点勝	無四球試	勝利	敗北	引分	セーブ	ホールド	HP	勝率	打者	打数	投球回	安打	本塁打	犠打	犠飛	四球計	故意四球	死球	三振	暴投	ボーク	失点	自責点	防御率
＊今村　信貴	1	0	0	1	0	0	0	0	1	0	0	0	0	.000	10	9	1.2	4	1	0	1	0	0	1	0	0	4	3	16.20
＊大江　竜聖	2	0	0	0	0	0	0	0	0	0	0	0	0	.000	9	7	1.2	2	0	0	1	1	1	2	0	0	2	0	0.00
大竹　寛	2	0	1	0	0	0	0	0	0	0	0	0	0	.000	8	8	1	4	0	0	1	0	0	2	0	0	0	0	0.00
鍵谷　陽平	1	0	0	0	0	0	0	0	0	0	0	0	0	.000	5	4	0.1	3	1	0	0	0	0	1	4	4	108.00
サンチェス	1	0	0	1	0	0	0	0	0	0	0	0	0	.000	27	24	6.1	6	1	1	0	7	0	3	3	4.26
菅野　智之	1	0	0	1	0	0	0	0	0	0	0	0	0	.000	24	23	6	6	1	0	0	0	4	0	4	4	6.00
＊高梨　雄平	2	0	0	0	0	0	0	0	0	0	0	0	0	.000	6	6	1.1	2	0	0	0	0	1	1	1	6.75
＊髙橋　優貴	1	0	0	1	0	0	0	0	0	0	0	0	0	.000	6	4	1	3	0	0	2	0	0	1	1	1	9.00
＊田口　麗斗	1	0	0	0	0	0	0	0	0	0	0	0	0	.000	8	6	2	4	0	0	0	0	1	1	1	4.50
デラロサ	3	0	1	0	0	0	0	0	0	0	0	0	0	.000	21	18	5.2	2	0	0	3	0	8	0	2	2	3.18
戸郷　翔征	1	0	0	1	0	0	0	0	0	0	0	0	0	.000	5	5	1.2	4	0	0	0	0	3	0	2	2	21.60
＊中川　皓太	2	0	1	0	0	0	0	0	0	0	0	0	0	.000	9	9	2.2	5	1	0	0	0	3	0	0	0	0.00
＊畠　世周	1	0	0	0	0	0	0	0	0	0	0	0	0	.000	5	5	1.2	4	0	0	0	0	4	4	21.60
ビエイラ	2	0	1	0	0	0	0	0	0	0	0	0	0	.000	10	9	2.2	1	0	0	1	0	3	0	0	0	0.00
計	4	0	4	4	0	0	0	0	4	0	0	0	0	.000	151	134	34	36	7	1	1	11	1	4	31	0	1	26	23	6.09

ソフトバンク打撃・守備成績

選手名	試合	打席	打数	得点	安打	二塁打	三塁打	本塁打	塁打	打点	盗塁	盗塁刺	犠打	犠飛	四球	故意四球	死球	三振	併殺打	打率	位置	試合	刺殺	補殺	失策	併殺	捕逸	守備率
＊明石　健志	1	1	1	0	0	0	0	0	0	0	0	0	0	0	0	0	0	0	0	.000	(一)	1	2	0	0	1	—	1.000
＊上林　誠知	4	1	1	0	0	0	0	0	0	0	0	0	0	0	0	0	0	0	0	.000	(外)	4	2	0	0	0	—	1.000
甲斐　拓也	4	15	12	2	3	0	0	2	9	3	0	1	1	0	2	0	0	2	0	.250	(捕)	4	42	1	0	0	0	1.000
川島　慶三	1	3	2	1	0	0	0	0	0	0	0	0	0	0	1	0	0	1	0	.000	(二)	1	0	1	0	0	—	1.000
＊川瀬　　晃	4	2	2	0	1	0	0	0	1	0	0	0	0	0	0	0	0	0	0	.500	(遊)	4	1	1	0	1	—	1.000
グラシアル	4	16	14	5	5	0	0	1	8	3	0	0	0	0	2	0	0	0	0	.357	(外)	4	4	0	0	0	—	1.000
＊栗原　陵矢	4	17	14	3	7	2	0	1	12	4	0	0	0	0	3	0	0	4	0	.500	(外)	4	4	0	0	0	—	1.000
＊周東　佑京	4	19	16	3	1	0	0	0	1	0	1	1	0	0	1	0	2	5	0	.063	(二)	4	6	10	0	3	—	1.000
																					(遊)	1	3	1	0	0	—	1.000
デスパイネ	4	15	13	1	2	0	0	1	5	6	0	0	0	0	1	0	0	3	0	.154	—	—	—	—	—	—	—	—
中村　　晃	4	16	15	2	5	1	0	1	9	4	0	0	0	0	1	0	0	2	0	.333	(一)	4	34	1	0	2	—	1.000
＊長谷川勇也	2	2	2	0	0	0	0	0	0	0	0	0	0	0	0	0	0	1	0	.000	—	—	—	—	—	—	—	—
＊牧原　大成	4	12	12	2	3	1	0	0	4	0	0	0	0	0	0	0	0	3	0	.250	(二)	1	0	0	0	0	—	.000
																					(三)	3	0	0	0	0	—	.000
																					(遊)	3	2	10	1	1	—	.923
真砂　勇介	1	1	1	1	1	0	0	0	1	0	0	0	0	0	0	0	0	0	0	1.000	(外)	1	0	0	0	0	—	1.000
松田　宣浩	4	15	15	1	2	0	0	0	2	0	0	0	0	0	0	0	0	0	0	.133	(三)	4	0	5	0	0	—	1.000
＊柳田　悠岐	4	16	14	5	6	1	0	1	10	3	0	0	0	0	1	0	1	3	0	.429	(外)	4	7	0	0	0	—	1.000
石川　柊太	—	—	—	—	—	—	—	—	—	—	—	—	—	—	—	—	—	—	—		(投)	1	0	1	0	0	—	1.000
岩嵜　　翔	2	—	—	—	—	—	—	—	—	—	—	—	—	—	—	—	—	—	—		(投)	2	0	0	0	0	—	—
＊嘉弥真新也	2	—	—	—	—	—	—	—	—	—	—	—	—	—	—	—	—	—	—		(投)	1	0	1	0	0	—	1.000
椎野　　新	1	—	—	—	—	—	—	—	—	—	—	—	—	—	—	—	—	—	—		(投)	1	0	1	0	0	—	1.000
杉山　一樹	1	—	—	—	—	—	—	—	—	—	—	—	—	—	—	—	—	—	—		(投)	1	0	0	0	0	—	—
＊千賀　滉大	1	—	—	—	—	—	—	—	—	—	—	—	—	—	—	—	—	—	—		(投)	1	0	1	0	0	—	1.000
高橋　　礼	2	—	—	—	—	—	—	—	—	—	—	—	—	—	—	—	—	—	—		(投)	2	0	0	0	0	—	—
＊松本　裕樹	1	—	—	—	—	—	—	—	—	—	—	—	—	—	—	—	—	—	—		(投)	1	0	1	0	0	—	1.000
＊ムーア	1	—	—	—	—	—	—	—	—	—	—	—	—	—	—	—	—	—	—		(投)	1	0	1	1	0	—	.500
＊モイネロ	3	—	—	—	—	—	—	—	—	—	—	—	—	—	—	—	—	—	—		(投)	3	0	0	0	0	—	.000
森　唯斗	3	—	—	—	—	—	—	—	—	—	—	—	—	—	—	—	—	—	—		(投)	3	0	1	0	0	—	1.000
＊和田　　毅	1	—	—	—	—	—	—	—	—	—	—	—	—	—	—	—	—	—	—		(投)	1	0	0	0	0	—	—
計	4	151	134	26	36	5	0	7	62	23	1	2	1	1	11	1	4	31	0	.269	(8)	4	108	37	2	3	0	.986

併殺欄（　）内数字は個人合計

ソフトバンク投手成績

選手名	試合	完投	交代完了	試合当初	補回試合	無失点勝	無四球試	勝利	敗北	引分	セーブ	ホールド	HP	勝率	打者	打数	投球回	安打	本塁打	犠打	犠飛	四球	故意四球	死球	三振	暴投	ボーク	失点	自責点	防御率
石川　柊太	1	0	0	1	0	0	0	1	0	0	0	0	0	1.000	22	20	5.1	4	1	0	0	1	0	1	7	0	0	2	2	3.38
岩嵜　　翔	2	0	0	0	0	0	0	0	0	0	0	1	1	.000	6	6	2	0	0	0	0	0	0	0	3	0	0	0	0	0.00
＊嘉弥真新也	2	0	0	0	0	0	0	0	0	0	0	1	1	.000	2	2	0.2	1	0	0	0	0	0	0	0	0	0	0	0	0.00
椎野　　新	1	0	0	0	0	0	0	0	0	0	0	0	0	.000	3	3	1	1	0	0	0	0	0	0	1	0	0	0	0	0.00
杉山　一樹	1	0	0	0	0	0	0	0	0	0	0	0	0	.000	4	3	1	0	0	0	0	1	0	0	3	0	0	0	0	0.00
千賀　滉大	1	0	0	1	0	0	0	1	0	0	0	0	0	1.000	26	23	7	3	0	0	0	3	0	0	6	0	0	0	0	0.00
高橋　　礼	2	0	0	0	0	0	0	0	0	0	0	0	0	.000	5	4	1.1	1	0	0	0	1	0	0	3	0	0	0	0	0.00
松本　裕樹	1	0	0	0	0	0	0	0	0	0	0	1	1	1.000	10	10	2.2	1	0	0	0	0	0	0	4	0	0	0	0	0.00
＊ムーア	1	0	0	1	0	0	0	1	0	0	0	0	0	1.000	24	22	7	2	0	0	0	2	0	0	5	0	0	0	0	0.00
＊モイネロ	3	0	0	0	0	0	0	0	0	0	1	0	1	.000	12	9	3	0	0	0	0	2	0	0	6	0	0	0	0	0.00
森　唯斗	3	0	3	0	0	0	0	0	0	0	1	0	0	.000	15	11	3	1	0	0	0	2	0	0	1	0	0	1	1	3.00
＊和田　　毅	1	0	0	1	0	0	0	0	0	0	0	0	0	.000	10	8	2	3	0	1	0	1	0	0	2	0	0	1	1	4.50
計	4	0	4	4	0	1	0	4	0	0	1	4	5	1.000	139	121	36	16	1	1	1	13	0	3	41	1	0	4	4	1.00

チ ー ム 別 優 勝 年 度

巨　　　　　人（セントラル）… 22　1951〜53, 55, 61, 63, 65〜73, 81, 89, 94, 2000, 02, 09, 12
西　武（西鉄）（パシフィック）… 13　1956〜58, 82, 83, 86〜88, 90〜92, 2004, 08
ソフトバンク(南海,ダイエー)（パシフィック）… 11　1959, 64, 99, 2003, 11, 14, 15, 17〜20
ヤ ク ル ト（セントラル）… 5　1978, 93, 95, 97, 2001
オリックス(阪急)（パシフィック）… 4　1975〜77, 96
ロッテ（毎日）（パシフィック）… 4　1950, 74, 2005, 10
広　　　　　島（セントラル）… 3　1979, 80, 84
日本ハム（東映）（パシフィック）… 3　1962, 2006, 16
横　浜（大洋）（セントラル）… 2　1960, 98
中　　　日（セントラル）… 2　1954, 2007
阪　　　神（セントラル）… 1　1985
楽　　　　　天（パシフィック）… 1　2013
　セントラル・リーグ35勝、パシフィック・リーグ36勝

日本シリーズ監督出場回数

氏　名	チーム	出場	勝敗	内訳
川上　哲治	巨	11	11-0	
水原　茂（円裕）	巨・東	9	5-4	（巨 8 4-4／東 1 1-0）
鶴岡　一人（山本）	南	9	2-7	
西本　幸雄	毎・急・近	8	0-8	（毎 1 0-1／急 5 0-5／近 2 0-2）
森　祇晶	武	8	6-2	
原　辰徳	巨	7	3-4	
三原　脩	西・洋	5	4-1	（西 4 3-1／洋 1 1-0）
上田　利治	急	5	3-2	
野村　克也	南・ヤ	5	3-2	（南 1 0-1／ヤ 4 3-1）
長嶋　茂雄	巨	5	2-3	
落合　博満	中	5	1-4	
工藤　公康	ソ	5	5-0	
古葉　竹識	広	4	3-1	
広岡　達朗	ヤ・武	4	3-1	（ヤ 1 1-0／武 3 2-1）
藤田　元司	巨	4	2-2	
王　貞治	巨・ダ	4	2-2	（巨 1 0-1／ダ 3 2-1）
星野　仙一	中・神・楽	4	1-3	（中 2 0-2／神 1 0-1／楽 1 1-0）
仰木　彬	近・オ	3	1-2	（近 1 0-1／オ 2 1-1）
藤本　定義	神	2	0-2	
東尾　修	武	2	0-2	
T.ヒルマン	日	2	1-1	
梨田　昌孝	近・日	2	0-2	（近 1 0-1／日 1 0-1）
秋山　幸二	ソ	2	2-0	
栗山　英樹	日	2	1-1	
緒方　孝市	広	2	0-2	
湯浅　禎夫	毎	1	1-0	
小西　得郎	松	1	0-1	
天知　俊一	中	1	1-0	
中西　太	西	1	0-1	
濃人　渉	ロ	1	0-1	
金田　正一	ロ	1	1-0	
与那嶺　要	中	1	0-1	
大沢　啓二	日	1	0-1	
近藤　貞雄	中	1	1-0	
吉田　義男	神	1	1-0	
阿南　準郎	広	1	0-1	
山本　浩二	広	1	0-1	
権藤　博	横	1	1-0	
若松　勉	ヤ	1	1-0	
伊原　春樹	武	1	1-0	
伊東　勤	武	1	1-0	
B.バレンタイン	ロ	1	1-0	
岡田　彰布	神	1	0-1	
渡辺　久信	武	1	1-0	
西村　徳文	ロ	1	0-1	
和田　豊	神	1	0-1	
真中　満	ヤ	1	0-1	
A.ラミレス	デ	1	0-1	

対　戦　成　績

1950　毎　日（パ・監督湯浅）4勝、松　竹（セ・監督小西）2勝

	月　日	球　場			本　塁　打	入場者
①	11. 22	神　宮	○若　林 3－2 大　島●			23,018
②	23	後　楽　園	○野　村 5－1 江　田●	呉（毎）		35,541
③	25	甲　子　園	●荒　巻 6－7 真　田○	本堂、荒巻（毎）		19,399
④	26	西　宮	○若　林 3－5 大　島●	岩本（松）		35,518
⑤	27	中　日	○野　村 3－2 真　田●			12,630
⑥	28	大　阪	○野　村 8－7 大　島●	岩本2（松）		22,035

1951　巨　人（セ・水原）4勝、南　海（パ・山本）1勝

	月　日	球　場			本　塁　打	入場者
①	10. 10	大　阪	○藤　本 5－0 江　田●			29,074
②	11	〃	○別　所 7－0 柚　木●	青田（巨）		27,639
③	13	後　楽　園	○松　田 3－1 中　原●	樋笠（巨）		35,066
④	16	〃	●中　尾 3－4 服　部○			31,937
⑤	17	〃	○藤　本 8－2 柚　木●	与那嶺、千葉、川上、宇野（巨）、村上（南）		15,519

10. 14, 15 雨中止

1952　巨　人（セ・水原）4勝、南　海（パ・山本）2勝

	月　日	球　場			本　塁　打	入場者
①	10. 11	後　楽　園	○別　所 6－3 中　谷●	川上（巨）、飯田（南）		23,794
②	12	〃	○藤　本 11－0 中　原●	与那嶺、藤本（巨）		26,799
③	14	大　阪	●大　友 0－4 柚　木○			23,744
④	15	〃	○別　所 6－2 服　部●			20,117
⑤	16	〃	○藤　本 1－4 江　藤●			15,297
⑥	18	後　楽　園	○別　所 3－2 柚　木●	森下（南）		34,595

1953　巨　人（セ・水原）4勝1分、南　海（パ・山本）2勝1分

	月　日	球　場			本　塁　打	入場者
①	10. 10	大　阪	●所　3－4 柚　木○			24,913
②	11	〃	○藤　本 5－3 中　村●	与那嶺、千葉、南村（巨）、飯田（南）		30,524
③	12	後　楽　園	△別　所 2－2 大　神△	中原（南）		22,546
④	13	〃	○大　友 3－0 中　谷●			25,953
⑤	14	大　阪	○入　柚　5－0 木●	岩本（巨）		21,652
⑥	15	甲　子　園	○藤　本 0－2 大　神●			6,346
⑦	16	後　楽　園	○大　友 4－2 大　神●	松井、木塚（南）		21,332

10. 12　8回終了降雨コールドゲーム　10. 9雨中止

1954　中　日（セ・天知）4勝、西　鉄（パ・三原）3勝

	月　日	球　場			本　塁　打	入場者
①	10. 30	中　日	○杉　下 5－1 河　村●	児玉（中）、日比野（西）		29,245
②	31	〃	○石　川 5－0 大　津●	西沢（中）		30,303
③	11. 2	平　和　台	●大　島 0－5 河　村○	日比野（西）		23,994
④	3	〃	●杉　下 0－3 川　崎○			25,185
⑤	4	〃	○杉　下 3－2 河　村●	日比野（西）		19,771
⑥	6	中　日	●石　川 1－4 大　津○			27,776
⑦	7	〃	○杉　下 1－0 河　村●			23,215

1955　巨　人（セ・水原）4勝、南　海（パ・山本）3勝

	月　日	球　場			本　塁　打	入場者
①	10. 15	大　阪	○別　所 4－1 宅　和●	川上（巨）		22,448
②	16	〃	●大　友 0－2 小　畑○	飯田（南）		27,784
③	18	後　楽　園	●中　尾 0－2 戸　川○	岡本（南）		17,324
④	21	〃	○別　所 2－5 戸　川●			19,373
⑤	22	〃	○別　所 9－5 小　畑●	藤尾（巨）、飯田、深見（南）		17,320
⑥	23	大　阪	○中　尾 3－1 戸　川●			22,695
⑦	24	〃	○別　所 4－0 戸　川●			17,775

10. 19, 20 雨中止

1956　西　鉄（パ・三原）4勝、巨　人（セ・水原）2勝

	月　日	球　場			本　塁　打	入場者
①	10. 10	後　楽　園	●川　崎 0－4 大　友○			24,632
②	11	〃	○島　原 6－3 別　所●	中西、関口（西）、川上、別所（巨）		19,108
③	13	平　和　台	○稲　尾 5－4 別　所●	豊田（西）、広岡（巨）		23,528
④	14	〃	○稲　尾 4－0 大　友●	中西（西）		24,459
⑤	15	〃	●西　村 7－12 義　原○	関口2（西）		19,042
⑥	17	後　楽　園	○稲　尾 5－1 別　所●	関口（西）、岩本（巨）		27,994

10. 9 雨中止

1957　西　鉄（パ・三原）4勝1分、巨　人（セ・水原）0勝1分

	月　日	球　場			本　塁　打	入場者
①	10. 26	平　和　台	○稲　尾 3－2 大　友●	豊田（西）		23,992
②	27	〃	○河　村 2－1 藤　田●	宮本（巨）		24,373
③	30	後　楽　園	○稲　尾 5－4 義　原●	大下、関口（西）、与那嶺、宮本（巨）		30,484
④	31	〃	△島　原 0－0 堀　内△			27,649
⑤	11. 1	〃	○島　原 6－5 木　戸●	和田2（西）、十時、川上（巨）		30,519

10. 31 10回日没

1958　西　鉄（パ・三原）　4勝、巨　人（セ・水原）　3勝
① 10. 11　後　楽　園　●稲　尾 2－9大　友○　豊田(西)、広岡、長嶋(巨)　35,217
② 　　12　　　〃　　　●島　原 3－7堀　内○　豊田(西)　35,953
③ 　　14　平　和　台　●稲　尾 0－1藤　田○　31,575
④ 　　16　　　〃　　　○稲　尾 6－4藤　田●　豊田2(西)、広岡(巨)　27,044
⑤ 　　17　　　〃　　　○稲　尾 4－3大　友●　中西、稲尾(西)、与那嶺(巨)　25,193
⑥ 　　20　後　楽　園　○稲　尾 2－0藤　田●　中西(西)　31,745
⑦ 　　21　　　〃　　　○稲　尾 6－1堀　内●　中西(西)、長嶋(巨)　26,961
10. 15 雨中止

1959　南　海（パ・鶴岡）　4勝、巨　人（セ・水原）　0勝
① 10. 24　大　　　阪　○杉　浦10－7義　原●　岡本2(南)　30,038
② 　　25　　　〃　　　○杉　浦 6－3藤　原●　長嶋(巨)　30,288
③ 　　27　後　楽　園　○杉　浦 3－2義　原●　野村(南)、坂崎(巨)　32,056
④ 　　29　　　〃　　　○杉　浦 3－0藤　田●　32,266
10. 28 雨中止

1960　大　洋（セ・三原）　4勝、大　毎（パ・西本）　0勝
① 10. 11　川　　　崎　○秋　山 1－0中　西●　金光(洋)　18,354
② 　　12　　　〃　　　○島　源 3－2小　野●　榎本(毎)　18,421
③ 　　14　後　楽　園　○権　藤 6－5小　野●　近藤昭(洋)、柳田(毎)　31,586
④ 　　15　　　〃　　　○秋　山 1－0小　野●　32,409

1961　巨　人（セ・川上）　4勝、南　海（パ・鶴岡）　2勝
① 10. 22　大　　　阪　●中村稔 0－6スタンカ○　野村、寺田、穴吹(南)　30,720
② 　　24　　　〃　　　○堀　本 6－4皆　川●　穴吹(南)　26,845
③ 　　26　後　楽　園　○伊　藤 5－4スタンカ●　宮本(巨)　30,878
④ 　　29　　　〃　　　○堀　本 4－3森　中●　広瀬、杉山(南)　33,186
⑤ 　　30　　　〃　　　●田　 3－6スタンカ○　長嶋(巨)、野村、寺田(南)　30,135
⑥ 11. 1　大　　　阪　○中村稔 3－2スタンカ●　王(巨)、野村、寺田(南)　21,565
10. 21, 23, 27, 28 雨中止

1962　東　映（パ・水原）　4勝1分、阪　神（セ・藤本）　2勝1分
① 10. 13　甲　子　園　●尾　崎 5－6村　山○　吉田勝(東)　35,731
② 　　14　　　〃　　　●土　橋 0－5村　山○　藤本(神)　35,995
③ 　　16　神　　　宮　△土　橋 2－2バッキー△　毒島(東)　38,733
④ 　　17　　　〃　　　○安藤元 3－1小　山●　37,726
⑤ 　　18　後　楽　園　○土　橋 6－4小　山●　吉田勝、岩下(東)、藤本(神)　30,187
⑥ 　　20　甲　子　園　○安藤元 7－4村　山●　張本(東)、吉田義(神)　20,681
⑦ 　　21　　　〃　　　○土　橋 2－1村　山●　西園寺(東)　29,686
10. 16 14回日没

1963　巨　人（セ・川上）　4勝、西　鉄（パ・中西）　3勝
① 10. 26　平　和　台　●伊　藤 1－6稲　尾○　山崎正(巨)、和田、ウイルソン(西)　29,806
② 　　27　　　〃　　　○藤　田 9－6安　部●　王(巨)、ウイルソン(西)　29,969
③ 　　30　後　楽　園　○伊　藤 8－2稲　尾●　長嶋(巨)　30,384
④ 　　31　　　〃　　　●宮　田 1－4安　部○　田中久(西)　29,960
⑤ 11. 1　　　〃　　　○高橋明 3－1井上善○　長嶋2、王(巨)、バーマ(西)　30,386
⑥ 　　3　平　和　台　●藤　田 0－6稲　尾○　バーマ(西)　27,079
⑦ 　　4　　　〃　　　○高橋明18－4稲　尾●　王2、柳田、柴田、池沢(巨)、伊藤(西)　17,436
10. 29 雨中止

1964　南　海（パ・鶴岡）　4勝、阪　神（セ・藤本）　3勝
① 10. 1夜　甲　子　園　○スタンカ 2－0村　山●　19,904
② 　　2夜　　　〃　　　○杉　浦 2－5バッキー○　19,190
③ 　　4夜　大　　　阪　●スタンカ 4－5石　川○　ローガン、ハドリ(南)、藤井2(神)　29,932
④ 　　5夜　　　〃　　　○新　山 4－3村　山●　ハドリ(南)、山内2(神)　30,107
⑤ 　　6夜　　　〃　　　●皆　川 3－6バーンサイド○　森下(南)、安藤、辻佳(神)　26,962
⑥ 　　9夜　甲　子　園　○スタンカ 4－0バッキー●　25,471
⑦ 　　10夜　　　〃　　　○スタンカ 3－0村　山●　15,172
10. 8 雨中止

1965　巨　人（セ・川上）　4勝、南　海（パ・鶴岡）　1勝
① 10. 30　大　　　阪　○金　田 4－2杉　浦●　王2、柴田(巨)　30,094
② 　　31　　　〃　　　○宮　田 6－4三　浦●　長嶋(巨)　30,139
③ 11. 3　後　楽　園　○金　田 9－3スタンカ●　王、長嶋(巨)　32,151
④ 　　4　　　〃　　　●中　村 2－4林　　○　31,089
⑤ 　　5　　　〃　　　○宮　田 3－2杉　浦●　野村(南)　26,803
11. 2 雨中止

1966 巨　人（セ・川上）4勝、南　海（パ・鶴岡）2勝

①	10. 12	後　楽　園	○城 之 内 12－5 渡 辺●	長嶋(巨)、堀込、国貞(南)			27,145
②	13	〃	●堀　　　内 2－5 渡 辺○	柴田(巨)、小池、中島(南)			27,395
③	16	大　　阪	○城 之 内 3－2 渡 辺●	王(巨)			29,978
④	17	〃	○金　　　田 8－1 皆 川●	王、柳田(巨)、穴吹(南)			30,178
⑤	18	後　楽　園	●城 之 内 3－4 合 田○	長嶋(巨)、ハドリ、小池(南)			19,791
⑥	19	〃	○益　　　田 4－0 皆 川●	柴田、黒江(巨)			29,112

10. 15 雨中止

1967 巨　人（セ・川上）4勝、阪　急（パ・西本）2勝

①	10. 21	西　　宮	○金　　　田 7－3 米 田●	スペンサー(急)	35,455
②	22	〃	○堀　　　内 1－0 足 立●		37,591
③	24	後　楽　園	○城 之 内 6－1 梶 本●	王、森(巨)	26,739
④	25	〃	●金　　　田 5－9 足 立○	柴田(巨)、阪本、森本(急)	29,447
⑤	26	〃	●堀　　　内 3－4 足 立○	国松2(巨)、スペンサー(急)	29,654
⑥	28	西　　宮	○城 之 内 9－3 梶 本●	長嶋、王、高倉(巨)、スペンサー、岡村(急)	18,601

1968 巨　人（セ・川上）4勝、阪　急（パ・西本）2勝

①	10. 12	後　楽　園	●金　　　田 4－5 米 田○	長嶋(巨)、矢野、大石(急)	24,482
②	14	〃	○城 之 内 6－1 足 立●	柴田(巨)、長池(急)	24,923
③	16	西　　宮	○金　　　田 9－4 米 田●	王2、柴田、森(巨)	19,462
④	17	〃	○金　　　田 6－5 石 井 茂●	長嶋(巨)、長池2(急)	16,390
⑤	18	〃	●金　　　田 4－6 梶 本○		15,225
⑥	20	後　楽　園	○堀　　　内 7－5 大 石●	柴田、王(巨)、山口(急)	29,229

10. 13 雨中止

1969 巨　人（セ・川上）4勝、阪　急（パ・西本）2勝

①	10. 26	西　　宮	○高 橋 明 6－5 水 谷●	長嶋(巨)	32,831
②	27	〃	●高 橋 一 1－2 足 立○	高田(巨)	24,106
③	29	後　楽　園	○堀　　　内 7－3 梶 本●	長嶋2(巨)、石井晶、阪本(急)	31,088
④	30	〃	○堀　　　内 9－4 宮 本●	王(巨)、長池、石井晶(急)	29,900
⑤	31	〃	●堀　　　内 3－5 足 立○	黒江(巨)、ウインディ2、長池(急)	29,197
⑥	11. 2	西　　宮	○高 橋 一 9－2 宮 本●	王、長嶋、黒江(巨)、石井晶(急)	33,242

10. 25 雨中止

1970 巨　人（セ・川上）4勝、ロッテ（パ・濃人）1勝

①	10. 27	後　楽　園	○堀　　　内 1－0 木 樽●	黒江(巨)	33,209
②	29	〃	○倉　　　田 6－3 成 田●	王(巨)、井石(ロ)	31,609
③	31	東　　京	○山　　　内 5－3 小 山●	長嶋2(巨)	26,542
④	11. 1	〃	●高 橋 一 5－6 佐 藤 元○	長嶋2、高田、王(巨)、井石(ロ)	31,515
⑤	2	〃	○高 橋 一 6－2 木 樽●	黒江(巨)、江藤(ロ)	31,281

10. 28 雨中止

1971 巨　人（セ・川上）4勝、阪　急（パ・西本）1勝

①	10. 12	西　　宮	○堀　　　内 2－1 足 立●		23,503
②	13	〃	●菅　　　原 6－8 米 田○	王、長嶋、柳田、黒江(巨)	19,914
③	15	後　楽　園	○関　　　本 3－1 山 田●	王(巨)	33,867
④	16	〃	○堀　　　内 7－4 足 立●	末次(巨)	42,182
⑤	17	〃	○高 橋 一 6－1 米 田●	長池(急)	43,467

1972 巨　人（セ・川上）4勝、阪　急（パ・西本）1勝

①	10. 21	後　楽　園	○内　　　5－3 山 田●	末次2(巨)、住友、長池(急)	38,010
②	23	〃	○堀　　　内 6－4 児 玉●	長池(急)	39,666
③	25	西　　宮	●内　　　3－5 足 立○	長嶋(巨)、加藤2(急)	34,582
④	26	〃	●菅　　　原 3－1 山 田○		31,129
⑤	28	〃	○高 橋 一 8－3 戸 田●	王、長嶋、黒江、森(巨)、大熊、長池(急)	27,269

10. 22, 27 雨中止

1973 巨　人（セ・川上）4勝、南　海（パ・野村）1勝

①	10. 27	大　　阪	●高 橋 一 3－4 江 本○	土井、森(巨)	27,027
②	28	〃	○内　　　3－2 佐 藤●	上田(巨)	28,135
③	30	後　楽　園	○堀　　　内 8－2 松 原●	堀内2(巨)、門田博(南)	34,713
④	31	〃	○高 橋 一 2－1 江 本●	王(巨)	38,270
⑤	11. 1	〃	○倉　　　田 5－1 西 岡●	王(巨)	37,671

1974 ロッテ（パ・金田）4勝、中　日（セ・与那嶺）2勝

①	10. 16	中　　日	●村　　　田 4－5 星 野 仙○	弘田(ロ)	22,148
②	17	〃	○成　　　重 8－5 星 野 仙●	山崎、有藤(ロ)、広瀬(中)	24,798
③	19	後　楽　園	●金　　　田 4－5 松 本○	前田、谷沢2、島谷(中)	29,103
④	20	〃	○金　　　田 6－3 渋 谷●	弘田、有藤(ロ)、高木守、マーチン(中)	43,128
⑤	21	〃	○木　　　樽 2－0 鈴 木 孝●		28,187
⑥	23	中　　日	○村　　　田 3－2 星 野 仙●	千田(ロ)、大島(中)	23,433

1975 阪　急（パ・上田）4勝2分、広　島（セ・古葉）0勝2分
① 10. 25　西　　宮　△山　口 3－3 金　城△　大熊、マルカーノ（急）　24,594
② 　　26　　　〃　　○山　田 5－1 佐　伯●　シェーン（広）　36,418
③ 　　28　広　島　○山　口 7－4 宮　本●　中沢、大橋（急）、山本浩（広）　25,000
④ 　　30　　　〃　　△山　口 4－4 外 木 場△　森本（急）、山本浩、山本一（広）　25,002
⑤ 　　31　　　〃　　○山　田 2－1 佐　伯●　衣笠（広）　25,077
⑥ 11. 2　西　　宮　○戸　田 7－3 池　谷●　中沢（急）、ホプキンス（広）　30,371
10. 29 雨中止

1976 阪　急（パ・上田）4勝、巨　人（セ・長嶋）3勝
① 10. 23　後 楽 園　○山　口 6－4 小　林●　中沢（急）、王（巨）　40,659
② 　　25　　　〃　　○足　立 5－4 ライ ト●　王（巨）　47,452
③ 　　27　西　　宮　○山　田 10－3 加　藤●　マルカーノ（急）　29,241
④ 　　29　　　〃　　●山　口 2－4 小　林○　福本（急）、王、柴田（巨）　23,443
⑤ 　　30　　　〃　　●山　田 5－3 ライ ト○　ライト（巨）　26,099
⑥ 11. 1　後 楽 園　●山　田 7－8 小　林○　ウイリアムス（急）、淡口、柴田（巨）　44,948
⑦ 　　 2　　　〃　　○足　立 4－2 ライ ト●　森本、福本（急）、高田（巨）　45,967
10. 24, 28 雨中止

1977 阪　急（パ・上田）4勝、巨　人（セ・長嶋）1勝
① 10. 22　西　　宮　○山　口 7－2 小　林●　王、張本（巨）　27,971
② 　　23　　　〃　　○足　立 3－0 堀　内●　31,070
③ 　　25　後 楽 園　●山　口 2－5 浅　野○　島谷（急）、王、河埜（巨）　37,914
④ 　　26　　　〃　　○山　田 5－2 浅　野●　張本（巨）　42,433
⑤ 　　27　　　〃　　○白　石 6－3 新　浦●　加藤秀（急）、柴田（巨）　41,006

1978 ヤクルト（セ・広岡）4勝、阪　急（パ・上田）3勝
① 10. 14　後 楽 園　●安　田 5－6 山　田○　船田、マニエル、大矢（ヤ）、高井、河村（急）　34,218
② 　　15　　　〃　　○松　岡 10－6 今 井 雄●　マニエル、角、大杉（ヤ）、福本、マルカーノ（急）　39,406
③ 　　17　西　　宮　●鈴　木 0－5 足　立○　20,296
④ 　　18　　　〃　　○西　井 6－5 今 井 雄●　ヒルトン（ヤ）　20,456
⑤ 　　19　　　〃　　○井　原 7－3 山　田●　若松、大杉（ヤ）、マルカーノ（急）　13,298
⑥ 　　21　後 楽 園　●鈴　木 3－12 白　石○　船田（ヤ）、島谷、ウイリアムス、中沢、福本（急）　44,956
⑦ 　　22　　　〃　　○松　岡 4－0 足　立●　大杉2、マニエル（ヤ）　33,359

1979 広　島（セ・古葉）4勝、近　鉄（パ・西本）3勝
① 10. 27　大　　阪　●北 別 府 2－5 井　本○　25,121
② 　　28　　　〃　　●山　根 0－4 鈴　木○　有田修（近）　27,848
③ 　　30　広　島　○池　谷 3－2 柳　田●　水谷（広）　29,032
④ 　　31　　　〃　　○福　士 5－3 村　田●　水谷、高橋慶（広）、マニエル、有田修（近）　29,057
⑤ 11. 1　　　〃　　○山　根 1－0 鈴　木●　29,090
⑥ 　　 3　大　　阪　●池　谷 2－6 井　本○　三村、山本浩（広）、梨田（近）　27,813
⑦ 　　 4　　　〃　　○山　根 4－3 柳　田●　水沼（広）、平野（近）　24,376

1980 広　島（セ・古葉）4勝、近　鉄（パ・西本）3勝
① 10. 25　広　島　●江　夏 4－6 柳　田○　ライトル2（広）、羽田（近）　29,037
② 　　26　　　〃　　●池　谷 2－9 鈴　木○　吹石、マニエル（近）　29,668
③ 　　28　大　　阪　○江　夏 4－3 井　本●　水谷、山本浩（広）　17,371
④ 　　29　　　〃　　○山　根 2－0 井　本●　ライトル（広）　21,254
⑤ 　　30　　　〃　　●池　谷 2－6 鈴　木○　水谷（広）　22,287
⑥ 11. 1　広　島　○福　士 6－2 村　田●　水谷、山本浩（広）、栗橋（近）　29,297
⑦ 　　 2　　　〃　　○山　根 8－3 鈴　木●　衣笠（広）　29,952

1981 巨　人（セ・藤田）4勝、日本ハム（パ・大沢）2勝
① 10. 17　後 楽 園　●角 5－6 工　藤○　松原（巨）、ソレイタ、柏原、岡持（日）　36,056
② 　　18　　　〃　　○西　本 2－1 間　柴●　ホワイト（巨）、ソレイタ（日）　42,376
③ 　　20　　　〃　　●定　岡 2－3 工　藤○　中畑（巨）　36,180
④ 　　21　　　〃　　○江　川 8－2 成　田●　平田、河埜、原、山倉（巨）、柏原（日）　38,627
⑤ 　　23　　　〃　　○西　本 9－0 高 橋 一●　平田、山倉、篠塚（巨）　31,419
⑥ 　　25　　　〃　　○江　川 6－3 間　柴●　原、河埜（巨）、井上弘（日）　43,604
10. 22 雨中止

1982 西　武（パ・広岡）4勝、中　日（セ・近藤）2勝
① 10. 23　ナ ゴ ヤ　○東　尾 7－3 小　松●　スティーブ、大田（武）、モッカ（中）　29,196
② 　　24　　　〃　　○小　林 7－1 都　●　西岡（武）　29,194
③ 　　26　西　　武　●東　尾 3－4 牛　島○　上川（中）　25,342
④ 　　27　　　〃　　●小　林 3－5 小　松○　谷沢（中）　29,323
⑤ 　　28　　　〃　　○東　尾 3－1 小　松●　大島（中）　26,230
⑥ 　　30　ナ ゴ ヤ　○小　林 9－4 鈴　木●　大田、片平、テリー（武）　28,725

日本シリーズ

1983　西　武（パ・広岡）4勝、巨　人（セ・藤田）3勝

①	10. 29	西　　武	○松　沼　博 6－3 江　　川●	田淵(武)、河埜(巨)			32,954
②	30	〃	●高　　橋 0－4 西　本　聖○	原(巨)			33,696
③	11. 1	後　楽　園	●東　　尾 4－5 加　　藤○	テリー(武)、クルーズ(巨)			40,279
④	2	〃	○松　沼　雅 7－4 加　　藤●	立花、山崎(武)、原、山倉(巨)			43,436
⑤	3	〃	●森　　　 2－5 西　本　聖○	田淵(武)、原、クルーズ(巨)			43,500
⑥	5	西　　武	○永　　射 4－3 江　　川●	大田(武)			31,396
⑦	7	〃	○東　　尾 3－2 西　本　聖●	山倉(巨)			33,242

11. 6 雨中止

1984　広　島（セ・古葉）4勝、阪　急（パ・上田）3勝

①	10. 13	広　　島	○小　　林 3－2 山　　田●	長嶋(広)、福原(急)			28,863
②	14	〃	●北　別　府 2－5 山　　沖○	簑田(急)			31,289
③	16	西　　宮	○川　　口 8－3 佐　　藤●	山本浩、長嶋、高橋、衣笠(広)			19,022
④	18	〃	○大　　野 3－2 山　　田●	衣笠(広)、松永(急)			22,162
⑤	19	〃	●北　別　府 2－6 今　　井○	小林晋(急)			14,442
⑥	21	広　　島	●川　　口 3－8 山　　沖○	達川(広)、福原(急)			30,442
⑦	22	〃	○山　　根 7－2 山　　田●	衣笠、長嶋(広)、弓岡(急)			25,720

10. 17 雨中止

1985　阪　神（セ・吉田）4勝、西　武（パ・広岡）2勝

①	10. 26	西　　武	○池　　田 3－0 松　沼　博●	バース(神)			32,463
②	27	〃	○ゲ　イ　ル 2－1 高　　橋●	バース(神)、石毛(武)			32,593
③	29	甲　子　園	●中　　田 4－6 東　　尾○	バース、嶋田宗(神)、石毛、岡村(武)			51,355
④	30	〃	○福　　間 2－4 永　　射●	真弓(神)、スティーブ、西岡(武)			51,554
⑤	31	〃	○福　　間 7－2 小　　野●	掛布、長崎(神)、大田(武)			51,430
⑥	11. 2	西　　武	○ゲ　イ　ル 9－3 高　　橋●	長崎、真弓、掛布(神)、石毛(武)			32,371

1986　西　武（パ・森）4勝1分、広　島（セ・阿南）3勝1分

①	10. 18	広　　島	△松　沼　雅 2－2 津　　田△	小早川、山本浩(広)			26,037
②	19	〃	●工　　藤 1－2 大　　野○	秋山(武)			26,652
③	21	西　　武	○郭　　　 4－7 長　　冨●	石毛(武)			31,769
④	22	〃	●渡　　辺 1－3 津　　田○				32,136
⑤	23	〃	○工　　藤 2－1 北　別　府●				32,395
⑥	25	広　　島	○渡　　辺 3－1 大　　野●	大田、清原(武)、長嶋(広)			26,107
⑦	26	〃	○松　沼　博 3－1 長　　冨●	長嶋(広)			26,101
⑧	27	〃	○渡　　辺 3－2 金　　石●	秋山(武)、金石(広)			16,828

1987　西　武（パ・森）4勝、巨　人（セ・王）2勝

①	10. 25	西　　武	●東　　尾 3－7 加　　藤○	中畑、駒田(巨)			32,365
②	26	〃	○工　　藤 6－0 西　　本●	石毛、秋山、清原(武)			32,434
③	28	後　楽　園	○郭　　　 2－1 江　　川●	ブコビッチ、石毛(武)			40,608
④	29	〃	●松　沼　博 0－4 槙　　原○	原、篠塚(巨)			40,829
⑤	30	〃	○東　　尾 3－1 桑　　田●				41,383
⑥	11. 1	西　　武	○工　　藤 3－1 水　　野●	清家(武)、原(巨)			32,323

10. 24 雨中止

1988　西　武（パ・森）4勝、中　日（セ・星野）1勝

①	10. 22	ナ　ゴ　ヤ	○渡　　辺 5－1 小　　野●	清原、石毛(武)			28,963
②	23	〃	●郭　　　 3－7 郭　　　○	川又(中)			28,953
③	25	西　　武	○工　　藤 4－3 山　　本●	石毛(武)、彦野、宇野(中)			32,081
④	26	〃	○森　　　 6－0 杉　　本●	秋山、清原、辻(武)			32,261
⑤	27	〃	○松　沼　博 7－6 郭　　　●	清原、石毛(武)、宇野(中)			32,304

1989　巨　人（セ・藤田）4勝、近　鉄（パ・仰木）3勝

①	10. 21	藤　井　寺	●斎　　藤 3－4 阿　波　野○	岡崎(巨)、大石、鈴木(近)			23,477
②	22	〃	●桑　　田 3－6 佐　藤　秀○	中尾(巨)			24,207
③	24	東京ドーム	●宮　　本 0－3 加　藤　哲○	光山(近)			45,711
④	25	〃	○香　　田 5－0 小　　野●				45,825
⑤	26	〃	○斎　　藤 6－1 阿　波　野●	原(巨)、ブライアント(近)			45,717
⑥	28	藤　井　寺	○桑　　田 3－1 山　　崎●	岡崎(巨)、リベラ(近)			23,030
⑦	29	〃	○香　　田 8－5 加　藤　哲●	駒田、原、中畑、クロマティ(巨)			23,091
				真喜志、村上、大石(近)			

1990　西　武（パ・森）4勝、巨　人（セ・藤田）0勝

①	10. 20	東京ドーム	○渡　辺　久 5－0 槙　　原●	デストラーデ(武)			46,008
②	21	〃	○潮　　崎 9－5 斎　　藤●	伊東、デストラーデ(武)、岡崎、篠塚(巨)			46,153
③	23	西　　武	○渡　辺　智 7－0 桑　　田●	秋山(武)			31,804
④	24	〃	○郭　　　 7－3 宮　　本●	川相、村田(巨)			31,804

1991　西　武（パ・森）4勝、広　島（セ・山本）3勝
①	10. 19	西	武	○工　　藤11－3佐　々　岡●	清原、デストラーデ、秋山、石毛(武)、アレン(広)	3_,770
②	20	〃		●郭　　　2－4川　口○	デストラーデ(武)	3_,903
③	22	広	島	○渡　辺　久1－0北　別　府●	秋山(武)	27,713
④	23	〃		●渡　辺　智3－7佐　々　岡○	長内(広)	23,591
⑤	24	〃		●工　　藤0－3川　口○	アレン(広)	23,669
⑥	26	西	武	○石　　井6－1金　　石●	秋山(武)	31,900
⑦	28	〃		○工　　藤7－1佐　々　岡●	秋山(武)	32,011

10. 27 雨中止

1992　西　武（パ・森）4勝、ヤクルト（セ・野村）3勝
①	10. 17	神	宮	●鹿　　取3－7岡　　林○	デストラーデ2(武)、古田、杉浦(ヤ)	34,767
②	18	〃		○郭　　　2－0荒　　木●	清原(武)	35,876
③	21	西	武	○石　　井6－1石　　井●	広沢克(ヤ)	31,370
④	22	〃		○鹿　　取1－0岡　　林●	清原(武)	31,457
⑤	23	〃		●潮　　崎6－7伊　　東○	デストラーデ(武)、ハウエル、池山(ヤ)	31,489
⑥	25	神	宮	●潮　　崎7－8伊　　東○	石毛、鈴木健(武)、橋上、池山、ハウエル、奏(ヤ)	35,391
⑦	26	〃		○石　　井2－1岡　　林●		34,101

10. 20 雨中止

1993　ヤクルト（セ・野村）4勝、西　武（パ・森）3勝
①	10. 23	西	武	○荒　　木8－5工　　藤●	ハウエル、池山(ヤ)、伊東、秋山(武)	31,785
②	24	〃		○西　　村5－2　郭●		32,169
③	26	神	宮	●伊　　東2－7渡　辺　久○	田辺、秋山(武)	30,147
④	27	〃		○川　　崎1－0石　井　丈●		33,882
⑤	28	〃		●宮　　本2－7鹿　　取○	荒井(ヤ)、清原、鈴木健(武)	35,208
⑥	31	西	武	○西　　村2－4　郭●	秋山(武)	32,020
⑦	11. 1	〃		○川　　崎4－2渡　辺　久●	広沢克(ヤ)、清原	32,028

10. 30 雨中止

1994　巨　人（セ・長嶋）4勝、西　武（パ・森）2勝
①	10. 22	東京ドーム		●桑　　田0－11渡　辺　久○	清原、田辺(武)	46,177
②	23	〃		○槙　　原1－0工　　藤●		46,342
③	25夜	西	武	○石　　毛2－1石　井　丈●	松井、大久保(巨)、清原(武)	31,838
④	26夜	〃		●木　　田5－6石　井　丈○	松井、大久保(巨)、清原(武)	31,883
⑤	27夜	〃		○桑　　田9－3杉　　山●	吉村、緒方、コトー(巨)、清原2(武)	31,872
⑥	29	東京ドーム		○槙　　原3－1工　　藤●	コトー(巨)	46,307

1995　ヤクルト（セ・野村）4勝、オリックス（パ・仰木）1勝
①	10. 21夜	神	戸	○ブロス5－2佐　　藤●	大野(ヤ)	32,486
②	22夜	〃		○山　　部3－2平　　井●	オマリー(ヤ)、D・J(オ)	32,475
③	24夜	神	宮	○高　　津7－4平　　井●	ミューレン、池山(ヤ)	32,915
④	25夜	〃		●伊　　東1－2小　　林○	小川、D・J(オ)	32,911
⑤	26夜	〃		○ブロス3－1高　橋　功●	オマリー(ヤ)、イチロー(オ)	33,112

1996　オリックス（パ・仰木）4勝、巨　人（セ・長嶋）1勝
①	10. 19夜	東京ドーム		○鈴　　木4－3河　　野●	イチロー(オ)、大森(巨)	45,121
②	20夜	〃		○フレーザー2－0横　　原●		45,086
③	22夜	神	戸	○野　　田5－2ガルベス●	マック、仁志(巨)	33,026
④	23夜	〃		●豊　　田1－5木　　田○	大森(巨)	33,070
⑤	24夜	〃		○伊　　藤5－2斎　藤　雅●	仁志(巨)	33,222

1997　ヤクルト（セ・野村）4勝、西　武（パ・東尾）1勝
①	10. 18夜	西	武	○石　　井一1－0西　　口●	テータム(ヤ)	31,634
②	19夜	〃		●山　　部5－6　森　慎●	河田(武)	31,397
③	21夜	神	宮	○高　　津5－3渡　辺　久●	古田(ヤ)	32,867
④	22夜	〃		○川　　崎7－1新　　谷●	佐藤真(ヤ)	32,877
⑤	23夜	〃		○石　　井一3－0西　　口●		33,056

1998　横　浜（セ・権藤）4勝、西　武（パ・東尾）2勝
①	10. 18夜	横	浜	○野　　村9－4西　　口●	髙木大(武)	29,025
②	19夜	〃		○斎　藤　隆4－0豊　　田●	石井琢(横)	29,076
③	22夜	西武ドーム		●三　　浦2－7潮　　崎○	谷繁(横)	31,599
④	23夜	〃		○野　　村2－4石　　井●	鈴木尚(横)、中嶋、マルティネス(武)	31,685
⑤	24夜	〃		○斎　藤　隆17－5横　　田●	ローズ(横)、鈴木、ペンバートン(武)	31,756
⑥	26夜	横	浜	○阿　波　野2－1西　　口●		29,289

10. 17, 21 雨中止

1999　ダイエー（パ・王）4勝、中　日（セ・星野）1勝
①	10. 23夜	福岡ドーム		○工　　藤3－0野　　口●	秋山(ダ)	36,199
②	24夜	〃		●若　田　部2－8川　　上○	秋山(ダ)	36,305
③	26夜	ナゴヤドーム		○永　　井5－0山　本　昌●	城島(ダ)	37,732
④	27夜	〃		○星　　野3－0武　　田●	小久保(ダ)	37,798
⑤	28夜	〃		○吉　　田6－4野　　口●	ゴメス、中村(中)	37,911

日本シリーズ

2000 巨　人（セ・長嶋）4勝、ダイエー（パ・王）2勝

①	10. 21夜	東京ドーム	●槙　　原 3－5 吉　　田○	松井(巨)、城島、松中、ニエベス(ダ)	43,848
②	22夜	〃	●メ　　イ 3－8 渡　辺　正○	城島(ダ)	43,850
③	23夜	福岡ドーム	○上　　原 9－3 ラ　ジ　オ●	高橋由、松井(巨)、城島(ダ)	36,625
④	26夜	〃	○斎　藤　雅 2－1 田之上●	江藤(巨)、ニエベス(ダ)	36,701
⑤	27夜	〃	○高　橋　尚 6－0 若　田　部●	高橋由、江藤、村田真(巨)	36,787
⑥	28夜	東京ドーム	○メ　　イ 9－3 永　　井●	松井(巨)、城島(ダ)	44,033

2001 ヤクルト（セ・若松）4勝、近　鉄（パ・梨田）1勝

①	10. 20夜	大阪ドーム	○石　井　一 7－0 パウエル●	ラミレス、古田(ヤ)	33,837
②	21夜	〃	●五十嵐 6－9 岡　　本○	真中(ヤ)、中村、水口、ローズ(近)	33,277
③	23夜	神　　宮	○入　　来 9－2 バーグマン●	真中(ヤ)	30,443
④	24夜	〃	○ニューマン 2－1 岡　　本●	副島(ヤ)、ローズ(近)	32,145
⑤	25夜	〃	○山　　本 4－2 パウエル●		32,568

2002 巨　人（セ・原）4勝、西　武（パ・伊原）0勝

①	10. 26夜	東京ドーム	○上　　原 4－1 松　　坂●	清水、清原(巨)、カブレラ(武)	45,107
②	27夜	〃	○桑　　田 9－4 石　　井●	カブレラ(武)	45,223
③	29夜	西武ドーム	○工　　藤 10－2 張●	清原、二岡、高橋由(巨)、松井(武)	30,933
④	30夜	〃	○高　橋　尚 6－2 松●	斉藤(巨)、エバンス(武)	31,072

2003 ダイエー（パ・王）4勝、阪　神（セ・星野）3勝

①	10. 18夜	福岡ドーム	○篠　　原 5－4 安　　藤●	城島(ダ)	36,105
②	19夜	〃	○杉　　内 13－0 伊　良　部●	城島、ズレータ、バルデス(ダ)	36,246
③	22夜	甲　子　園	●篠　　原 1－2 吉　　野○	金本(神)	47,159
④	23夜	〃	●新　　垣 5－6 ウィリアムス○	松中(ダ)、金本2(神)	47,200
⑤	24夜	〃	●斉　　藤 2－3 下　　柳○	バルデス(ダ)、金本(神)	47,336
⑥	26夜	福岡ドーム	○杉　　内 5－1 伊　良　部●	井口、バルデス(ダ)、桧山(神)	36,188
⑦	27夜	〃	○和　　田 6－2 ムーア●	城島2、井口(ダ)、関本、広澤(神)	35,963

10. 21 雨中止

2004 西　武（パ・伊東）4勝、中　日（セ・落合）3勝

①	10. 16夜	ナゴヤドーム	○石　井　貴 2－0 川　　上●	和田(武)	37,909
②	17夜	〃	●松　坂　大 6－11 バルデス○	フェルナンデス、和田(武)、立浪(中)	37,969
③	19夜	西武ドーム	○大　　沼 10－8 岡　　本●	カブレラ2、中島(武)、谷繁、リナレス(中)	23,910
④	21夜	〃	○張 2－8 山　　井●	中島(武)、リナレス、アレックス、井上(中)	29,073
⑤	22夜	〃	●西　　口 1－6 川　　上○	立浪、アレックス(中)	31,526
⑥	24夜	ナゴヤドーム	○松　坂　大 3－2 山　本　昌●	和田2(武)	38,120
⑦	25夜	〃	○石　井　貴 7－2 ドミンゴ●	カブレラ、平尾(武)	38,050

10. 20 台風接近のため中止

2005 ロッテ（パ・バレンタイン）4勝、阪　神（セ・岡田）0勝

①	10. 22夜	千葉マリン	○清 水 10－1 井　　川●	今江、李承燁、里崎、ベニー(ロ)	28,333
②	23夜	〃	○渡　辺　俊 10－0 安　　藤●	サブロー、フランコ、李承燁(ロ)	28,354
③	25夜	甲　子　園	○小　林　宏 10－1 下　　柳●	福浦(ロ)	47,753
④	26夜	〃	○セラフィニ 3－2 杉　　山●	李承燁(ロ)	47,810

10. 22 7回裏一死濃霧コールドゲーム

2006 日本ハム（パ・ヒルマン）4勝、中　日（セ・落合）1勝

①	10. 21夜	ナゴヤドーム	●ダルビッシュ 2－4 川　　上○	セギノール(日)、井端、福留(中)	38,009
②	22夜	〃	○八　　木 5－2 山　本　昌●	セギノール(日)、井端、福留(中)	38,095
③	24夜	札幌ドーム	○武　田　勝 6－1 朝　　倉●	稲葉(日)	41,798
④	25夜	〃	○金　　村 3－0 中　　田●		41,835
⑤	26夜	〃	○ダルビッシュ 4－1 川　　上●	セギノール、稲葉(日)	42,030

2007 中　日（セ・落合）4勝、日本ハム（パ・ヒルマン）1勝

①	10. 27夜	札幌ドーム	●川　　上 1－3 ダルビッシュ○	セギノール(日)	40,616
②	28夜	〃	○中　　田 8－1 グ　リ　ン●	李炳圭、森野(中)、セギノール(日)	40,770
③	30夜	ナゴヤドーム	○朝　　倉 9－1 武　田　勝●		38,068
④	31夜	〃	○鈴　　木 4－2 吉　　川●		38,059
⑤	11. 1夜	〃	○山　　井 1－0 ダルビッシュ●		38,118

2008 西　武（パ・渡辺）4勝、巨　人（セ・原）3勝

①	11. 1夜	東京ドーム	○涌　　井 2－1 上　　原●	後藤、中島(武)	44,757
②	2夜	〃	●岡　本　真 2－3 越　　智○	中島(武)、ラミレス(巨)	44,814
③	4夜	西武ドーム	●石　　井 4－6 内　　海○	中村(武)、鈴木尚、ラミレス、小笠原(巨)	24,495
④	5夜	〃	○岸 5－0 グライシンガー●	中村2(武)	27,930
⑤	6夜	〃	●涌　　井 3－7 西村健○	平尾(武)、阿部(巨)	28,763
⑥	8夜	東京ドーム	○岸 4－1 高　橋　尚●	平尾(武)	44,749
⑦	9夜	〃	○星　　野 3－2 越　　智●	ボカチカ(武)、坂本(巨)	44,737

```
2009  巨　人（セ・原）4勝、日本ハム（パ・梨田）2勝
①  10. 31夜  札幌ドーム  ○ゴンザレス4－3武田勝●  谷（巨）、スレッジ（日）           40,650
②  11.  1夜      〃      ●内　　海2－4ダルビッシュ○  亀井（巨）、稲葉（日）             40,718
③       3夜  東京ドーム  ○オビスポ7－4糸　数●  李承燁、阿部、小笠原（巨）、稲葉、小谷野、田口（日）  45,150
④       4夜      〃      ●高橋尚4－8八　木○  ラミレス（巨）、高橋（日）           45,133
⑤       5夜      〃      ○山　　口3－2武田久●  亀井、阿部（巨）、高橋（日）         45,160
⑥       7夜  札幌ドーム  ○内　　海2－0武田勝●                              40,714

2010  ロッテ（パ・西村）4勝1分、中　日（セ・落合）2勝1分
①  10. 30夜  ナゴヤドーム  ○成　瀬5－2吉　見●  清田、井口（ロ）、和田、谷繁（中）   33,066
②      31夜      〃      ●マーフィー1－12チェン○  ブランコ（中）                    33,065
③  11.  2夜  千葉マリン  ○渡辺俊7－1山　井●                              23,923
④       3夜      〃      ●伊　藤3－4高　橋○  井口（ロ）                       27,197
⑤       4夜      〃      ○ペ　ン10－4中田賢●  サブロー（ロ）、ブランコ（中）    27,209
⑥       6夜  ナゴヤドーム  △小林宏2－2久　本△                              38,094
⑦       7夜      〃      ○伊　藤8－7浅　尾●                              38,075

2011  ソフトバンク（パ・秋山）4勝、中　日（セ・落合）3勝
①  11. 12   福岡ヤフードーム  ●馬　原1－2浅　尾○  和田、小池（中）               34,457
②      13夜      〃      ●馬　原1－2平　井○                              34,758
③      15夜  ナゴヤドーム  ○攝　津4－2ネルソン●  多村、細川（ソ）               38,041
④      16夜      〃      ○ホールトン2－1川　井●                              38,041
⑤      17夜      〃      ○山　　田5－0チェン●                              38,051
⑥      19夜  福岡ヤフードーム  ●和　田1－2吉　見○                              34,927
⑦      20夜      〃      ○杉　内3－0山　井●                              34,737

2012  巨　人（セ・原）4勝、日本ハム（パ・栗山）2勝
①  10. 27夜  東京ドーム  ○内　　海8－1吉　川●  ボウカー（巨）、陽（日）          14,981
②      28夜      〃      ○澤　村1－0武田勝●  長野（巨）                       44,932
③      30夜  札幌ドーム  ●ホールトン3－7ウルフ○  稲葉（日）                       36,942
④      31夜      〃      ●西　　村0－1宮　西○                              40,433
⑤  11.  1夜      〃      ○内　　海10－2吉　川●  ボウカー（巨）                    40,579
⑥       3夜  東京ドーム  ○高木京4－3石　井●  長野（巨）、中田（日）           45,018

2013  楽　天（パ・星野）4勝、巨　人（セ・原）3勝
①  10. 26夜  Kスタ宮城  ●則　本0－2内　海○  村田（巨）                       25,209
②      27夜      〃      ○田　中2－1菅　野●  寺内（巨）                       25,219
③      29夜  東京ドーム  ○美　馬5－1杉　内●  矢野（巨）                       44,940
④      30夜      〃      ●長谷部5－6マシソン○  ジョーンズ（楽）                  44,968
⑤      31夜      〃      ●則　本4－2西　村○  村田（巨）                       44,995
⑥  11.  2夜  Kスタ宮城  ○田　中2－4菅　野●  ロペス（巨）                     25,271
⑦       3夜      〃      ○美　馬3－0杉　内●  牧田（楽）                       25,249

2014  ソフトバンク（パ・秋山）4勝、阪　神（セ・和田）1勝
①  10. 25夜  甲　子　園  ●スタンリッジ2－6メッセンジャー○                    45,293
②      26夜      〃      ○武　田2－1能　見●  李大浩（ソ）                     45,259
③      28夜  福岡ヤフオクドーム  ○大　隣5－1藤　浪●                              35,527
④      29夜      〃      ○サファテ5－2安　藤●  中村（ソ）                       35,861
⑤      30夜      〃      ○五十嵐1－0メッセンジャー●                            36,068

2015  ソフトバンク（パ・工藤）4勝、ヤクルト（セ・真中）1勝
①  10. 24夜  福岡ヤフオクドーム  ○武　田4－2石　川●  松田（ソ）、畠山（ヤ）            35,732
②      25夜      〃      ○バンデンハーク4－0小　川●  李大浩、中村晃（ソ）             35,764
③      27夜  神　　宮  ●千　賀4－8ロ　マン○  今宮、明石（ソ）、山田3、畠山（ヤ） 31,037
④      28夜      〃      ○攝　津6－4館　山●  細川（ソ）                       31,288
⑤      29夜      〃      ○スタンリッジ5－0石　川●  李大浩（ソ）                     31,239

2016  日本ハム（パ・栗山）4勝、広　島（セ・緒方）2勝
①  10. 22夜  マ　ツ　ダ  ●大　谷1－5ジョンソン○  レアード（日）、松山、エルドレッド（広）  30,619
②      23夜      〃      ●増　井1－5野　村○  エルドレッド（広）               30,638
③      25夜  札幌ドーム  ○バ　ー　ス4－3大瀬良●  エルドレッド（広）               40,503
④      26夜      〃      ○谷　元3－1ジャクソン●  中田、レアード（日）             40,599
⑤      27夜      〃      ○バ　ー　ス5－1中　崎●  西川（日）                       40,633
⑥      29夜  マ　ツ　ダ  ○バ　ー　ス10－4ジャクソン●  レアード（日）、丸（広）          30,693

2017  ソフトバンク（パ・工藤）4勝、DeNA（セ・ラミレス）2勝
①  10. 28夜  福岡ヤフオクドーム  ○千　賀10－1井　納●  長谷川勇（ソ）                    36,183
②      29夜      〃      ○石　川4－3パットン●  梶谷、宮崎（ディ）               36,082
③      31夜  横　　浜  ○石　川3－2ウィーランド●  ロペス（ディ）                    27,153
④  11.  1夜      〃      ●和　田0－6濱　口○  宮崎、高城（ディ）               27,162
⑤       2夜      〃      ●モイネロ4－5砂　田○  中村晃（ソ）、筒香（ディ）        27,180
⑥       4夜  福岡ヤフオクドーム  ○サファテ4－3エスコバー●  松田、内川（ソ）、白崎（ディ）    36,118
```

日本シリーズ

2018 ソフトバンク（パ・工藤）4勝1分、広 島（セ・緒方）1勝1分

①	10.27夜	マ ツ ダ	△モイネロ2－2中 田△	菊池（広）	30,727
②	28夜	〃	●バンデンハーク1－5ジョンソン○		30,724
③	30夜	福岡ヤフオクドーム	○ミランダ9－8九 里●	デスパイネ、髙谷（ソ）、安部2、鈴木2（広）	35,746
④	31夜	〃	○東 浜4－1野 村●	上林、デスパイネ（ソ）、鈴木（広）	35,796
⑤	11. 1夜	〃	○加治屋5－4中 崎●	明石、柳田（ソ）、丸、會澤（広）	35,917
⑥	3夜	マ ツ ダ	○バンデンハーク2－0ジョンソン●	グラシアル（ソ）	30,723

2019 ソフトバンク（パ・工藤）4勝、巨 人（セ・原）0勝

①	10.19夜	福岡ヤフオクドーム	○千 賀7－2山 口●	グラシアル（ソ）、阿部、大城（巨）	37,194
②	20夜	〃	○髙橋礼6－3大 竹●	松田宣、柳田、福田（ソ）	37,052
③	22夜	東京ドーム	○石 川6－2戸 郷●	グラシアル（ソ）、亀井2（巨）	44,411
④	23夜	〃	○和 田4－3菅 野●	グラシアル（ソ）、岡本（巨）	44,708

2020 ソフトバンク（パ・工藤）4勝、巨 人（セ・原）0勝

①	11.21夜	京セラドーム大阪	○千 賀5－1菅 野●	栗原（ソ）	16,489
②	22夜	〃	○石 川13－2今 村●	甲斐、グラシアル、デスパイネ（ソ）、ウィーラー（巨）	16,333
③	24夜	福岡PayPayドーム	○ム ー ア4－0サンチェス●	中村晃（ソ）	17,297
④	25夜	〃	○松 本4－1 畠●	柳田、甲斐（ソ）	19,679

退 場

年 月 日	試 合	球 場	退場者と理由
1969. 10. 30	巨 人 － 阪 急 ④	（後 楽 園）	阪急・岡村捕手は本塁上での判定を不服とし岡田球審に暴行を働く。
2012. 11. 1	日本ハム － 巨 人 ⑤	（札幌ドーム）	日本ハム・多田野投手の投球が巨人・加藤選手の頭部への死球となり、危険球と判定。
2013. 10. 30	巨 人 － 楽 天 ④	（東京ドーム）	楽天・宮川投手の投球が巨人・寺内選手の頭部への死球となり、危険球と判定。

中 断

年 月 日	試 合	球 場	中断時間	中 断 理 由
1953. 10. 12	巨 人 － 南 海 ③	（後 楽 園）	12分と 3分	降雨（2度）→コールドゲーム
1954. 11. 2	西 鉄 － 中 日 ④	（平 和 台）	12分と 5分	審判員の判定に抗議（2度）
1957. 11. 1	巨 人 － 西 鉄 ⑤	（後 楽 園）	6分	投手のケガ治療
1965. 10. 31	南 海 － 巨 人 ②	（大 阪）	5分	降雨
1968. 10. 12	巨 人 － 阪 急 ③	（後 楽 園）	6分	審判員の判定に抗議
1969. 10. 30	巨 人 － 阪 急 ④	（後 楽 園）	3分	審判員の判定に抗議 → 退場
1974. 10. 16	中 日 － ロ ッ テ ⑦	（中 日）	7分	審判員の判定に抗議
1978. 10. 22	ヤクルト － 阪 急 ⑦	（後 楽 園）	1時間19分	〃
1984. 10. 21	広 島 － 阪 急 ⑥	（広 島）	6分	打者のケガ治療
1989. 10. 28	近 鉄 － 巨 人 ⑥	（藤 井 寺）	5分	捕手のケガ治療
1996. 10. 24	オリックス － 巨 人 ⑤	（神 戸）	10分	審判員の判定に抗議
2004. 10. 16	中 日 － 西 武 ①	（ナゴヤドーム）	49分	〃
2005. 10. 22	ロッテ － 阪 神 ①	（千葉マリン）	34分	濃霧→コールドゲーム

———— ◇ ———— ◇ ———— ◇ ———— ◇ ———— ◇ ————

延長規定
1950～63, 65, 66　　日没まで
1964　　　　　　　　10時30分以後新しいイニングに入らない。
1967～81　　　　　　5時30分を過ぎて新しいイニングに入らない。
1982～86　　　　　　試合開始から4時間30分を過ぎて新しいイニングに入らない。
1987～93　　　　　　第7戦まで18回で打ち切り、第8戦以降勝敗が決定するまで行う。
1994～2017　　　　　第7戦まで15回で打ち切り、第8戦以降勝敗が決定するまで行う。
2018～　　　　　　　第7戦まで12回で打ち切り、第8戦以降勝敗が決定するまで行う。

指名打者制（1975よりパ・リーグで採用）
1975～84, 86　　　　使用しない。
1985, 2020　　　　　全試合使用。
1987～　　　　　　　パ・リーグのホームゲームで使用。

ナイトゲーム、デーゲーム
1950～63, 65～93　　全試合デーゲーム。
1994　　　　　　　　平日ナイトゲーム。
1964, 95～2010, 12～　全試合ナイトゲーム。
2011　　　　　　　　第1戦のみデーゲーム。

デーゲーム開催の規定（2008～）
　　　　　　　　①土日、祭日のみ可能。
　　　　　　　　②ナイター翌日のデーゲームは不可。
　　　　　　　　※予備日を使用した場合の移動を考慮し、第6、7戦はデーゲーム開催不可。

日本シリーズ記録集

I. 全般記録

a. シリーズ開始が最も早かったとき
  '64.10. 1① 甲子園
b. シリーズ終了が最も早かったとき
  '64.10.10⑦ 甲子園
c. シリーズ開始が最も遅かったとき
  '50.11.22① 神宮
d. シリーズ終了が最も遅かったとき
  '50.11.28⑥ 大阪
e. シリーズ補回試合 (53試合)
  15回…'10⑥
  14回…'62③、'66⑤、'86①
  13回…'75④
  12回…12試合
  11回…10試合
  10回…26試合
f. シリーズ最多補回試合
  4…'62 東 映-阪 神 ①③⑤⑦
     '92 西 武-ヤクルト ①⑤⑥⑦
g. シリーズ最多連続補回試合
  3…'92 西 武-ヤクルト ⑤～⑦
     '95 ヤクルト-オリックス ②～④
h. 最長時間試合
  (補回、4時間30分以上)
  5時間43分…'10⑥ 中 2- 2ロ ナゴヤドーム(15回)
  4時間56分…'10⑥ 中 7- 8ロ ナゴヤドーム(12回)
  4時間49分…'75④ 広 4- 4急 広　　島(13回)
  4時間45分…'97② 武 6- 5ヤ 西　　武(10回)
  4時間41分…'10⑥ ロ 3- 4中 千葉マリン(11回)
  4時間38分…'95④ ヤ 1- 2オ 神　　宮(12回)
  　　　　　 '18① ヤ 3- 2ソ マ ツ ダ(12回)
  4時間36分…'80① 広 4- 6近 広　　島(12回)
  4時間32分…'86① 広 2- 2武 広　　島(14回)
  (9回、4時間以上)
  4時間15分…'98⑤ 武 5-17横 西武ドーム
  4時間13分…'06④ 日 3- 0中 札幌ドーム
  4時間 7分…'78⑦ ヤ 4- 0急 後楽園
  　　　　　　(中断1時間19分含む)
  　　　　　 '01② 近 9- 6ヤ 大阪ドーム
  　　　　　 '13④ 巨 2- 6楽 東京ドーム
  4時間 6分…'04④ 武 2- 8中 西武ドーム
  　　　　　 '15④ ヤ 4- 6ソ 神　　宮
  4時間 4分…'12③ 日 7- 3巨 札幌ドーム
  4時間 1分…'16⑥ 広 4-10日 マ ツ ダ
  4時間…'82⑥ ヤ 8- 7松 ナ ゴ ヤ
  　　　 '04③ 武10- 8中 西武ドーム
  　　　 '04⑥ 中 2- 4武 ナゴヤドーム
i. 最短時間試合
  1時間35分…'52⑤ 南 4- 1巨 大　　阪
  1時間36分…'53⑦ 巨 4- 2南 後 楽 園
  　　　　　 '54④ 西 3- 1中 平 和 台
  1時間38分…'50② 毎 5- 1松 後　　楽
  　　　　　 '54⑦ 中 1- 0西 中　　日
j. 継投による完全試合
  '07⑤ 中 日 投手 山井 大介(8回)
  　　　　　　　　 岩瀬 仁紀(1回)
k. サヨナラ試合 (39試合　※は優勝決定、4試合)
  '50① 松 7-6毎 9回 三村　勲(松)単　打 ※
  　　⑥ 毎 8-7松 11回 松竹・金山次郎の失策 ※
  '53① 南 4-3巨 12回 村上 一治(南)単　打 (代打)
  '57② 西 2-1巨 10回 河野 昭修(西)単　打
  '58⑤ 西 4-3巨 10回 稲尾 和久(西)本塁打(投手)
  '61④ 巨 4-3南 9回 宮本 敏雄(巨)単　打
  '62① 神 6-5東 10回 吉田 義男(神)二塁打

⑤ 東 6-4神 11回 岩下　光一(東)本塁打
'64④ 南 4-3神 9回 ハ ド リ(南)本塁打
'65⑤ 巨 3-2南 9回 土井　正三(巨)単　打 ※
'66⑤ 南 4-3巨 14回 ハ ド リ(南)本塁打
'69② 急 2-1巨 10回 長池　徳二(急)単　打
'70① 巨 1-0ロ 11回 黒江　透修(巨)本塁打
'71⑤ 巨 3-1急 9回 王　　貞治(巨)本塁打
'74① 中 5-4ロ 9回 高木　守道(中)二塁打
'76⑥ 巨 8-7急 10回 高田　　繁(巨)単　打
'77③ 巨 5-2急 9回 柴田　和正(巨)本塁打
'81① 日 6-5巨 9回 井上　弘昭(日)単　打(代打)
'83③ 巨 5-4武 9回 中畑　　清(巨)単　打
　 ⑤ 巨 5-2武 9回 ク ル ー ズ(巨)三塁打
　 ⑥ 武 4-3巨 10回 金森　栄治(武)二塁打(代打)
'86⑤ 武 2-1広 10回 工藤　公康(武)単　打(控手)
'88⑤ 武 7-6中 11回 伊東　　勤(武)単　打 ※
'92① ヤ 7-3武 12回 杉浦　　享(ヤ)本塁打(代打)
　 ④ ヤ 8-7武 9回 秦　　真司(ヤ)単　打
'94① 武 6-5巨 12回 佐々木　誠(武)単　打
'95① ヤ 7-4オ 10回 池山　隆寛(ヤ)本塁打
'97② 武 6-5ヤ 10回 田辺　徳雄(武)単　打(代打)
'03① ダ 5-4神 9回 ズ レータ(ダ)単　打
　 ③ 神 2-1ダ 10回 藤本　敦士(神)犠　飛
　 ④ 神 6-5ダ 10回 金本　知憲(神)本塁打
'08② 巨 3-2武 9回 ラ ミ レ ス(巨)本塁打
'09⑤ 巨 3-2日 9回 阿部慎之助(巨)本塁打
'12④ 日 1-0巨 12回 飯山　裕志(日)二塁打
'14④ ソ 5-2神 10回 中村　　晃(ソ)本塁打
'16③ 日 4-3広 10回 大谷　翔平(日)単　打
　　　日 5-1広 9回 西川　遥輝(日)本塁打
'17⑥ ソ 4-3ディ 11回 川島　慶三(ソ)単　打 ※
　 ⑥ ソ 4-3ディ 11回 柳田　悠岐(ソ)本塁打

l. 引き分け試合 (8試合)
  '53④ 南 2-2巨 8回裏 降雨コールドゲーム
  '57④ 巨 0-0西 10回 規定 (日没)
  '62③ 東 2-2神 14回 規定 (日没)
  '75① 急 3-3広 11回 規定 (時間切れ)
  　 ④ 広 4-4急 13回 規定 (時間切れ)
  '86① 広 2-2武 14回 規定 (時間切れ)
  '10⑥ 中 2-2ロ 15回 規定 (延長回制限)
  '18① ヤ 2-2ソ 12回 規定 (延長回制限)
m. 天候によるコールドゲーム
  '53③ 南 2-2巨 8回裏終了 降雨
  '05① ロ 10-1中 7回裏一死 濃霧
n. 最多連続勝利
  12…ソフトバンク '18③～⑥、'19①～④ '20①～④
o. 最多連続敗北
  9…巨　人 '58④～⑦、'59①～④ '61①
  　　　　 '13⑦、'19①～④ '20①～④
p. 出場記録
  I 最多出場年数(投手)
  　14…工藤 公康('82,'83,'85～'88,'90～'96,'99,
  　　　　'00,'02)
  　10…堀内 恒夫('66～'73,'76,'77)
  　　　渡辺 久信('85～'88,'90～94,'97)
  II 最多出場年数(野手)
  　14…王 貞治('59,'61,'63,'65～'73,'76,77)
  　13…森 昌彦('57,'59,'61,'63,'65～'73)
  　　　柴田 勲('63,'65～'73,'76,'77,'81)
  　　　森 昌彦('83,'85～'88,'90～'94,'97,'98,'02)
  III 3チームで出場
  　　若生 智男('60毎、'64神、'75太)
  　　永尾 泰憲('78ヤ、'79、'80近、'85神)
  　　大宮 龍男('81日、'88中、'91、'92武)
  　　中尾 孝義('82、'88日、'89、'90巨、'93武)
  　　阿波野秀幸('89近、'96巨、'98横)
  　　工藤 公康('82、'83、'85～'88、'90～'96武、
  　　　　'99ダ、'00、'02巨)

中嶋　　聡（'95,'96オ、'98,'02武、'06,'07,'09日）
江藤　　智（'91広、'00,'02巨、'08武）
岡島　秀樹（'00,'02巨、'06日、'14ソ）

Ⅳ　出場全選手がシリーズ初出場
　　'50　毎日、松竹
　　'51　巨人、南海
　　'54　西鉄
　　'62　東映、阪神
　　'16　広島

Ⅴ　同一シリーズで投手と野手で先発出場
　　大島　信雄（中）'54③投手
　　　　　　　　　　⑤右翼手
　　　　　　　　　　⑥左翼手
　　大谷　翔平（日）'16①投手
　　　　　　　　　　③④⑤指名打者

q.　出場人員
Ⅰ　ゲーム最多出場人員
　　23…南海 '66①
　　　　阪急 '69⑥
Ⅱ　ゲーム投手最多出場人員
　　8…西武 '97④
Ⅲ　ゲーム最多出場人員合計　－両チーム－
　　41…オ…21－20…ヤ '95③
　　　　　　　　　　　（9回まで、12回で43）
　（補回）
　　44…中…22－22…ロ '10⑥（15回）
　　　　広…21－23…ソ '18①（12回）
Ⅳ　ゲーム投手最少出場人員合計　－両チーム－
　　13…中…7－6…ロ '74②
　　　　オ…7－6…ヤ '95③
　　　　巨…7－6…ソ '20②
　（補回）
　　15…広…8－7…ソ '18①（12回）
Ⅴ　ゲーム最少出場人員合計　－両チーム－
　　19…神…9－10…南 '64④
　　21…ヤ…10－11…武 '97①（DH制）
Ⅵ　シリーズ最多出場人員
　　P－15…中日 '10
　　C－ 4…西鉄 '56、阪神 '62、近鉄 '01
　　1B－ 6…広島 '18
　　2B－ 5…日本ハム '12
　　3B－ 5…中日 '99、ダイエー '00、阪神 '03
　　SS－ 4…近鉄 '01、巨人 '08、日本ハム '12
　　OF－10…南海 '66
Ⅶ　シリーズ投手最少出場人員
　　3…巨人 '52、'73
r.　2年連続同一投手第1戦先発
　　'06、'07（日－中）ダルビッシュ有（日）
　　　　　　　　　　　川上　憲伸（中）
s.　表彰回数
Ⅰ　通算最多最高殊勲選手賞
　　4…長嶋　茂雄 '63、'65、'69、'70
　　2…6 人
Ⅱ　連続年最高殊勲選手賞獲得
　　2…長嶋　茂雄（巨）'69、'70
　　　　堀内　恒夫（巨）'72、'73
　　　　工藤　公康（武）'86、'87
Ⅲ　2チームで受賞
　　秋山　幸二　'91武、'99ダ
t.　入場者
Ⅰ　ゲーム最多入場者
　　51,554…'85④　甲子園　神2－4武
Ⅱ　ゲーム最少入場者
　　6,346…'53⑥　甲子園　南2－0巨
Ⅲ　シリーズ最多入場者
　　4 試合－163,365……'19（ソ－巨）
　　5 試合－201,767……'06（日－中）
　　6 試合－257,525……'09（巨－日）
　　7 試合－286,197……'03（ダ－神）
　　8 試合－218,025……'86（武－広）
Ⅳ　シリーズ最少入場者
　　4 試合－ 69,798……'20（ソ－巨）
　　5 試合－137,017……'57（西－巨）

　　6 試合－129,711……'68（巨－急）
　　7 試合－144,719……'55（巨－南）
　　8 試合－218,025……'86（武－広）

Ⅱ．個人打撃記録

A．試　　合
a.　通算最多試合
　　77…王　　貞治（巨）
　　73…柴田　　勲（巨）
　　70…伊東　　勤（武）

B．打　　率
a.　通算最高打率
　　　　　　　　　　　　　　　　　　　打数　安
　　200打数以上 .343…長嶋　茂雄（巨）265　91
　　100打数以上 .365…川上　哲治（巨）159　58
　　 70打数以上 .370…張本　　勲（巨） 73　27
b.　シリーズ最高打率　－試合×3打席以上－
　　　　　　　　　　　　　　　　　　　打数　安
　　8 試合－.355…清原　和博（武）'86　31　11
　　7 試合－.522…駒田　徳広（巨）'89　23　12
　　6 試合－.565…柴田　　勲（巨）'66　23　13
　　5 試合－.563…南村不可止（巨）'51　16　 9
　　4 試合－.667…今江　敏晃（ロ）'05　15　10
c.　シリーズ最低打率　－試合×3打席以上－
　　　　　　　　　　　　　　　　　　　打数　安
　　8 試合－.087…伊東　　勤（武）'86　23　 2
　　7 試合－.000…谷繁　元信（中）'11　23　 0
　　6 試合－.000…石原　慶幸（広）'16　16　 0
　　5 試合－.000…柳田　真宏（巨）'77　13　 0
　　　　　　　　　井上　一樹（中）'99　13　 0
　　　　　　　　　礒部　公一（近）'01　16　 0
　　4 試合－.000…和田　一浩（武）'02　15　 0

C．打　　数
a.　通算最多打数
　　265…長嶋　茂雄（巨）
　　255…石毛　宏典（武）
　　251…柴田　　勲（巨）
b.　シリーズ最多打数
　　8 試合－37…石毛　宏典（武）'86
　　7 試合－36…西岡　　剛（ロ）'10
　　6 試合－28…河内　卓司（毎）'50
　　　　　　　　　福本　　豊（急）'75
　　　　　　　　　辻　　発彦（武）'94
　　5 試合－24…土橋　勝征（ヤ）'95
　　4 試合－19…二岡　智宏（巨）'02
c.　ゲーム最多打数
　　6…柴田　　勲（巨）'63⑦
　　　　広岡　達朗（巨）'63⑦
　　　　国松　　彰（巨）'67⑥
　　　　弘田　澄男（ロ）'74②
　　　　駒田　徳広（横）'98⑤
　　　　佐伯　貴弘（横）'98⑤
　　　　進藤　達哉（横）'98⑤
　　　　周東　佑京（ソ）'20②
　（補回）
　　7…福本　　豊（急）'75④（13回、9回まで5）
　　　　西岡　　剛（ロ）'10⑥（15回、9回まで4）
　　　　荒木　雅博（中）'10⑥（15回、9回まで4）
d.　イニング最多打数
　　2…多数あり

D．得　　点
a.　通算最多得点
　　58…王　　貞治（巨）

49…長嶋　茂雄　(巨)
45…柴田　勲　(巨)
b. シリーズ最多得点
　8試合－5…清原　和博　(武)'86
　7試合－8…王造　陽二　(西)'63
　　　　　　大杉　勝男　(ヤ)'78
　　　　　　高橋　慶彦　(広)'84
　　　　　　デストラーデ　(武)'92
　　　　　　バルデス　(ダ)'03
　　　　　　和田　一浩　(中)'10
　6試合－9…石井　琢朗　(横)'98
　　　　　　鈴木　尚典　(横)'98
　5試合－7…高田　繁　(巨)'73
　4試合－6…二岡　智宏　(巨)'02
c. ゲーム最多得点
　4…真弓　明信　(神)'85⑥
　　　鈴木　尚典　(横)'98⑤
d. 連続試合得点（シリーズ）
　6…高田　繁　(巨)'68①～⑥
　　　阪本　敏三　(急)'69①～⑥
　　　鈴木　尚典　(横)'98①～⑥
　　　中島　裕之　(武)'08①～⑥
e. 連続試合得点（連続シリーズ）
　12…阪本　敏三　(急)
　　　'68③～⑥…4試合　'69①～⑥…6試合
　　　'71①②…2試合
f. イニング最多得点
　2…池沢　義行　(巨)'63⑦4回

E. 安　打

a. 通算最多安打
　91…長嶋　茂雄　(巨)
　69…柴田　勲　(巨)
　　　石毛　宏典　(武)
b. シリーズ最多安打
　8試合－11…清原　和博　(武)'86
　　　　　　　石毛　宏典　(武)'86
　7試合－16…吉田　義男　(神)'62
　6試合－13…柴田　勲　(巨)'66
　5試合－10…稲葉　篤紀　(ヤ)'97
　4試合－10…今江　敏晃　(ロ)'05
c. ゲーム最多安打（23人、27度）
　4…与那嶺　要　(巨)'52⑤
　　　川上　哲治　(巨)'53⑤
　　　豊田　泰光　(西)'58⑦
　　　岡本伊三美　(南)'59①
　　　吉田　義男　(神)'62⑦
　　　森　昌彦　(巨)'63⑦
　　　長嶋　茂雄　(巨)'66①
　　　土井　正三　(巨)'69⑥
　　　黒江　透修　(巨)'69⑥、'70⑤
　　　柴田　勲　(巨)'70①
　　　テリー　(武)'82⑥
　　　高橋　慶彦　(広)'84⑦
　　　駒田　徳広　(巨)'87①、(横)'98⑤
　　　辻　発彦　(武)'90②
　　　橋上　秀樹　(ヤ)'92⑥
　　　鈴木　尚典　(横)'98②
　　　佐伯　貴弘　(横)'98⑤
　　　大塚　光二　(武)'98⑥
　　　井端　弘和　(中)'04②
　　　今江　敏晃　(ロ)'05①②(シリーズ初試合から2試合連続)
　　　　　　　　　　'10⑦
　　　李　承燁　(ロ)'05④
　　　金　泰均　(ロ)'10⑤
　　　栗原　陵矢　(ソ)'20②
d. 連続試合安打（シリーズ）
　8…石毛　宏典　(武)'86①～⑧
　7…川上　哲治　(巨)'53①～⑦
　　　与那嶺　要　(巨)'53①～⑦
　　　豊田　泰光　(西)'58①～⑦
　　　吉田　義男　(神)'62①～⑦

柴田　勲　(巨)'76①～⑦
福本　豊　(急)'76①～⑦
島谷　金二　(急)'77①～⑦
高橋　慶彦　(広)'79①～⑦
平野　光泰　(近)'80①～⑦
小川　亨　(近)'80①～⑦
篠塚　利夫　(巨)'83①～⑦
駒田　徳広　(巨)'89①～⑦
野村謙二郎　(広)'91①～⑦
秋山　幸二　(武)'92①～⑦
清原　和博　(武)'93①～⑦
フェルナンデス　(武)'04①～⑦
片岡　易之　(武)'08①～⑦
中島　裕之　(武)'08①～⑦
井口　資仁　(ロ)'10①～⑦
e. 連続試合安打（連続シリーズ）
　17…石毛　宏典　(武)
　　　'85⑤⑥…2試合　'86①～⑧…8試合
　　　'87①～⑥…6試合　'88①…1試合
　16…与那嶺　要　(巨)
　　　'51①…1試合　'52①～⑥…6試合
　　　'53①～⑦…7試合　'56①②…2試合
f. 猛打賞
　Ⅰ　通算最多猛打賞
　　　12…長嶋　茂雄　(巨)
　　　8…柴田　勲　(巨)
　Ⅱ　シリーズ最多試合猛打賞
　　　3…柴田　勲　(巨)'66②③⑤
　　　　　高橋　慶彦　(広)'84③⑥⑦
　　　　　二岡　智宏　(巨)'02①～③
　Ⅲ　最多連続試合猛打賞
　　　3…二岡　智宏　(巨)'02①～③
g. マルチ安打
　Ⅰ　通算最多マルチ安打
　　　26…長嶋　茂雄　(巨)
　　　17…王　貞治　(巨)
　　　　　石毛　宏典　(武)
　　　　　清原　和博　(武)
　Ⅱ　シリーズ最多試合マルチ安打
　　　7…吉田　義男　(神)'62
　　　5…5人、6度
　Ⅲ　最多連続試合マルチ安打
　　　7…吉田　義男　(神)'62①～⑦
h. 連続打席安打
　8…今江　敏晃　(ロ)'05①～4、②～4
　6…大塚　光二　(武)'98②～4
　5…土井　正三　(巨)'77②～2、③～3
　　　二岡　智宏　(巨)'02①～3、②～2
i. 連続打数安打（1973年規則改正9.23参照）
　8…今江　敏晃　(ロ)'05①～4、②～4
　6…辻　発彦　(武)'90①～1、②～4、③…1
　　　（1犠打を挟む）
　　　大塚　光二　(武)'98⑤～2、⑥…4
　　　(参考)
　7…柴田　勲　(巨)'66②～3、③…3、④…1
　　　（2四球を挟む、1972年以前のため参考記録）
j. 連続打数無安打（シリーズ）
　23…谷繁　元信　(中)
　　　'11①4、②4、③3、④3（犠打1あり）、
　　　⑤2、⑥4、⑦3（シリーズ無安打）
k. 連続打数無安打（連続シリーズ）
　25…仰木　彬　(西)'56⑥～3、'57①～⑤…7、
　　　'58①③～⑦…9,'63③～⑤…6
　　　谷繁　元信　(中)'10⑦～2、'11①～⑦…23
l. 連続イニング安打
　3…佐伯　貴弘　(横)'98⑤7～9回
　　　鳥越　裕介　(ダ)'03④6～8回
　　　荒木　雅博　(中)'10②1～3回
m. イニング最多安打
　2…池沢　義行　(巨)'63⑦4回
　　　広岡　達朗　(巨)'63⑦4回
　　　森　昌彦　(巨)'63⑦4回

n. 第1戦初回先頭打者安打（表）
　　二塁打…真弓　明信（神）'85　初球
　　　　　　辻　　発彦（武）'90
　　単　打…高田　　繁（巨）'69
　　　　　　大下　剛史（広）'75
　　　　　　高橋　慶彦（広）'79
　　　　　　松本　匡史（巨）'83
　　　　　　辻　　発彦（武）'92
　　　　　　松井稼頭央（武）'02　初球
　　　　　　今岡　　誠（神）'03
　　　　　　片岡　易之（武）'08
　　　　　　西川　遥輝（日）'16
　　　（裏は18人、19度）

F. 出　　塁

a. 通算最多出塁
　　155…王　　貞治（巨）　安打68　四球83　死球 4
b. シリーズ最多出塁
　　18…柴田　　勲（巨）'66　安打13　四球 5
　　　　今江　敏晃（ロ）'10　安打12　四球 6
c. ゲーム最多出塁
　　5…10人（最新 '16⑥ 中島　卓也（日））
　　　（補回含めると16人、17度）
d. 連続打席出塁
　　10…柴田　　勲（巨）'66②…3, 3…4, ④…3

G. 二　塁　打

a. 通算最多二塁打
　　14…長嶋　茂雄（巨）
　　11…川上　哲治（巨）
　　10…伊東　　勤（武）
　　　　松井　秀喜（巨）
b. シリーズ最多二塁打
　　8試合－ 4…ブコビッチ（武）'86
　　7試合－ 5…島谷　金二（中）'78
　　　　　　　　森野　将彦（中）'10
　　6試合－ 6…別当　　薫（毎）'50
　　5試合－ 4…中村　紀洋（中）'07
　　4試合－ 3…伊東　　勤（武）'90
　　　　　　　　松井　秀喜（巨）'02
c. ゲーム最多二塁打
　　3…広瀬　叔功（南）'64⑤
　　　　佐伯　貴弘（横）'98⑤
d. 連続試合二塁打
　　4…森野　将彦（中）'10③〜⑥
e. 連続打数二塁打
　　3…井口　資仁（ロ）'10③4,7回、④1回（連続打席）

H. 三　塁　打

a. 通算最多三塁打
　　4…末次　利光（巨）
b. シリーズ最多三塁打
　　8試合－ 1…山崎　隆造（広）'86
　　7試合－ 2…広岡　達朗（南）'64
　　　　　　　　広瀬　叔功（南）'64
　　　　　　　　ウイリアムス（急）'76
　　　　　　　　中畑　　清（巨）'83
　　　　　　　　川﨑　宗則（ダ）'03
　　6試合－ 2…西川　遥輝（日）'16
　　5試合－ 2…末次　民夫（巨）'73
　　　　　　　　仁村　　徹（中）'88
　　4試合－ 1…杉山　光平（南）'59
　　　　　　　　穴吹　義雄（南）'59
　　　　　　　　後藤　孝志（巨）'02
　　　　　　　　橋本　　将（ロ）'05
c. ゲーム最多三塁打
　　2…川﨑　宗則（ダ）'03②
　　　　西川　遥輝（日）'16⑥
d. 連続試合三塁打
　　2…広岡　達朗（巨）'58③④

　　　　広瀬　叔功（南）'64③④
　　　　ウイリアムス（急）'76⑤⑥
　　　　中畑　　清（巨）'83⑤⑥
e. 連続打数三塁打
　　1…多数あり

I. 本　塁　打

a. 通算最多本塁打
　　29…王　　貞治（巨）
　　25…長嶋　茂雄（巨）
　　15…秋山　幸二（ダ）
　　　　清原　和博（巨）
b. シリーズ最多本塁打
　　8試合－ 2…秋山　幸二（武）'86
　　　　　　　　長嶋　清幸（広）'86
　　7試合－ 4…豊田　泰光（西）'58
　　　　　　　　王　　貞治（巨）'63
　　　　　　　　大杉　勝男（ヤ）'78
　　　　　　　　秋山　幸二（武）'91
　　　　　　　　金本　知憲（神）'03
　　　　　　　　城島　健司（ダ）'03
　　　　　　　　和田　一浩（中）'10
　　6試合－ 4…関口　清治（西）'56
　　　　　　　　長嶋　茂雄（巨）'69
　　　　　　　　清原　和博（武）'94
　　　　　　　　城島　健司（ダ）'00
　　5試合－ 4…長嶋　茂雄（巨）'70
　　4試合－ 3…李　承燁（ソ）'05
　　　　　　　　グラシアル（ソ）'19
c. ゲーム最多本塁打
　　3…山田　哲人（ヤ）'15③（連続打席）
　　2…岩本　義行（松）'50⑥（連続打席）
　　　　関口　清治（西）'56⑤
　　　　和田　博実（西）'57⑤（連続打席）
　　　　豊田　泰光（西）'58④（連続打席）
　　　　岡本伊三美（南）'59①（連続打席）
　　　　長嶋　茂雄（巨）'63⑤（連続打席）
　　　　　　　　　　　　　'69③（連続打席）
　　　　　　　　　　　　　'70③（11回に 1 本）
　　　　　　　　　　　　　'70④（連続打席）
　　　　王　　貞治（巨）'63⑦（連続打数）
　　　　　　　　　　　　　'65①
　　　　　　　　　　　　　'68③（連続打席）
　　　　藤井　栄治（神）'64③（連続打席）
　　　　山内　一弘（神）'64④（連続打数）
　　　　国松　　彰（急）'67⑤（連続打席）
　　　　長池　徳二（急）'68④（連続打席）
　　　　ウインディ（急）'69⑤
　　　　末次　民夫（巨）'72⑤（連続打席）
　　　　加藤　秀司（急）'72③（連続打席）
　　　　堀内　恒夫（巨）'73③（投手）
　　　　谷沢　健一（中）'74③（連続打席）
　　　　大杉　勝男（ヤ）'78⑦（連続打席）
　　　　ライトル（広）'80①
　　　　デストラーデ（武）'92①（連続打数）
　　　　清原　和博（武）'94⑤（連続打席）
　　　　金本　知憲（神）'03④（連続打数・10回に1本）
　　　　城島　健司（ダ）'03⑦（連続打席）
　　　　カブレラ（武）'04③（連続打席）
　　　　和田　一浩（武）'04⑥（連続打席）
　　　　中村　剛也（武）'08④（連続打席）
　　　　鈴木　誠也（広）'18③（連続打席）
　　　　安部　友裕（広）'18③
　　　　亀井　善行（巨）'19③（連続打席）
d. 連続試合本塁打
　　3…中西　　太（西）'58⑤〜⑦
　　　　バース（神）'85①〜③
　　　　城島　健司（ダ）'00①〜③
　　　　金本　知憲（神）'03③〜⑤
　　　　エルドレッド（広）'16①〜③
e. 連続打数本塁打
　　3…長嶋　茂雄（巨）'70③11回、④1, 3回

（連続打席）

金本　知憲（神）'03④6，10回、⑤1回

（四球1挟む）

山田　哲人（ヤ）'15③1, 3, 5回（連続打席）

f．連続イニング本塁打
　2…岩本　義行（松）'50⑥2，3回
　　　和田　博実（西）'57⑤5，6回
　　　藤井　栄治（神）'64③2，3回
g．代打・満塁・サヨナラ本塁打
　　　杉浦　　享（ヤ）'92①
h．満塁・サヨナラ本塁打
　　　杉浦　　享（ヤ）'92①
　　　西川　遥輝（日）'16⑤
i．代打・満塁本塁打
　　　杉浦　　享（ヤ）'92①
　　　鈴木　　健（武）'93⑤
j．代打・サヨナラ本塁打
　　　杉浦　　享（ヤ）'92①
k．代打本塁打（28人、30度）
　　　樋笠　一夫（巨）'51④9回
　　　村上　一治（南）'51⑤9回
　　　深見　安博（南）'55⑤7回
　　　十時　啓視（巨）'57⑤3回
　　　伊藤光四郎（西）'63⑦6回
　　　森下　整鎮（南）'64⑤7回
　　　柴田　　勲（巨）'65①5回
　　　山口富士雄（急）'68⑥8回
　　　ウインディ（急）'69⑤2回
　　　井石　礼司（ロ）'70②8回（初打席）
　　　　　　　　　　　'70④1回
　　　柳田　俊郎（巨）'71②7回
　　　前田　益穂（ロ）'74③8回
　　　河村健一郎（急）'78①8回
　　　有田　修三（近）'79④9回
　　　栗橋　　茂（近）'80⑥9回
　　　松原　　誠（巨）'81①9回（初打席）
　　　中畑　　清（巨）'89⑦6回
　　　篠塚　利夫（巨）'90②8回
　　　杉浦　　享（ヤ）'92①12回
　　　鈴木　　健（武）'92⑥6回
　　　　　　　　　　　'93⑤9回
　　　大久保博元（巨）'94④9回
　　　大野　雄次（ヤ）'95①8回（初打席）
　　　大森　　剛（巨）'96①9回
　　　ペンバートン（武）'98⑤8回
　　　ニエベス（ダ）'00①9回
　　　副島　孔太（ヤ）'01④7回
　　　広澤　克実（神）'03⑦9回
　　　ボカチカ（武）'08⑦5回
l．満塁本塁打（21人、21度）
　　　王　　貞治（巨）'69⑥6回
　　　末次　民夫（巨）'71④3回
　　　水谷　実雄（広）'80⑥1回
　　　長嶋　清幸（広）'84③3回
　　　福原　峰夫（急）'84⑥3回
　　　長崎　啓二（神）'85⑥1回
　　　原　　辰徳（巨）'89⑤7回
　　　石毛　宏典（武）'91①4回
　　　杉浦　　享（ヤ）'92①12回
　　　鈴木　　健（武）'93⑤9回
　　　秋山　幸二（武）'93⑥4回
　　　田辺　徳雄（武）'94①7回
　　　緒方　耕一（巨）'94⑤6回
　　　二岡　智宏（巨）'02③4回
　　　谷繁　元信（中）'04③6回
　　　カブレラ（武）'04③7回
　　　福浦　和也（ロ）'05③7回
　　　西川　遥輝（日）'16⑤9回
　　　レアード（ロ）'16⑥8回
　　　安部　友裕（広）'18③8回
　　　デスパイネ（ソ）'20②7回
m．サヨナラ本塁打（16人、17度）
　　　稲尾　和久（西）'58⑤10回…1点（投手）

岩下　光一（東）'62⑤11回…2点
ハドリ（南）'64④9回…1点
　　　　　　　'66⑤14回…2点
黒江　透修（巨）'70①11回…1点
王　　貞治（巨）'71③9回…3点
河埜　和正（巨）'77③12回…3点
クルーズ（巨）'83⑤9回…3点
杉浦　　享（ヤ）'92①12回…4点
秦　　真司（ヤ）'92⑥10回…1点
池山　隆寛（ヤ）'95③10回…3点
金本　知憲（神）'03④10回…1点
ラミレス（巨）'08②9回…1点
阿部慎之助（巨）'09⑤9回…1点
中村　　晃（ソ）'14④10回…3点
西川　遥輝（日）'16⑤9回…1点
柳田　悠岐（ソ）'18⑤10回…1点
n．初回先頭打者本塁打（12人、13度：初球はなし）
　　　与那嶺　要（巨）'57③裏
　　　吉田　義男（神）'62⑥裏
　　　柳田　利夫（巨）'63⑦表
　　　高田　　繁（巨）'70④表
　　　高木　守道（中）'74④表
　　　福本　　豊（急）'76④裏
　　　　　　　　　　　'78②表
　　　石毛　宏典（武）'85⑥裏
　　　彦野　利勝（中）'88③表
　　　大石第二朗（近）'89①裏
　　　秋山　幸二（ダ）'99②裏
　　　長野　久義（巨）'12②裏
　　　亀井　善行（巨）'19③裏
o．ランニング本塁打（3人、3度）
　　　荒巻　　淳（毎）'50③7回（投手）
　　　和田　博実（西）'57⑤6回
　　　長嶋　茂雄（巨）'58⑦9回
p．初打席本塁打（14人）
　　　日比野　武（西）'54①
　　　井石　礼司（ロ）'70②（代打）
　　　マルカーノ（急）'75①
　　　ソレイタ（日）'81①
　　　松原　　誠（巨）'81①（代打）
　　　福原　峰夫（急）'84①
　　　嶋田　宗彦（神）'85③
　　　大石第二朗（近）'89①
　　　デストラーデ（武）'90①
　　　アレン（広）'91①
　　　大野　雄次（ヤ）'95①（代打）
　　　河田　雄祐（武）'97①
　　　今江　敏晃（ロ）'05①
　　　スレッジ（ソ）'09①
q．2チームで本塁打（14人）
　　　柳田　利夫（毎、巨）
　　　張本　　勲（東、急）
　　　島谷　金二（中、ヤ）
　　　マニエル（ヤ、近）
　　　山崎　裕之（武）
　　　秋山　幸二（武、ダ）
　　　清原　和博（武、巨）
　　　広澤　克実（ヤ、神）
　　　谷繁　元信（横、中）
　　　ラミレス（ヤ、巨）
　　　李　承燁（ロ、巨）
　　　和田　一浩（武、中）
　　　井口　資仁（ダ、ロ）
　　　ロペス（巨、ディ）

J．塁　打

a．通算最多塁打
　　184…長嶋　茂雄（巨）
　　161…王　　貞治（巨）
　　117…清原　和博（巨）
b．シリーズ最多塁打
　　8試合－15…石毛　宏典（武）'86

7 試合－26…和田　一浩（武）'04
6 試合－22…長嶋　茂雄（巨）'69
5 試合－21…長嶋　茂雄（巨）'70
4 試合－17…李　承燁（ロ）'05
c．ゲーム最多塁打
　12…山田　哲人（ヤ）'15③本3
d．イニング最多塁打
　5…池沢　義行（巨）'63⑦4回－単1、本1

K．長　打
a．通算最多長打
　41…長嶋　茂雄（巨）
　35…王　貞治（巨）
　22…秋山　幸二（ダ）
b．シリーズ最多長打
　8 試合－4…ブコビッチ（武）'86　二4、
　7 試合－4…和田　一浩（武）'04　二3、三1、本4
　6 試合－7…別当　薫（毎）'50　二6、三1
　5 試合－5…長嶋　茂雄（巨）'70　二1、本4
　4 試合－5…李　承燁（ロ）'05　二2、本3
c．ゲーム最多長打
　4…佐伯　貴弘（横）'98⑤　二3、三1
d．連続試合長打
　5…岩本　義行（松）'50②～⑥
e．連続打数長打
　4…佐伯　貴弘（横）'98⑤二、二、三、⑥二
　　　　　　　　　　　　　　　（連続打席）
　　　井口　資仁（ロ）'10③二、二、④二、本
　　　　　　　　　　　　　　　（連続打席）

L．打　点
a．通算最多打点
　66…長嶋　茂雄（巨）
　63…王　貞治（巨）
　39…清原　和博（巨）
b．シリーズ最多打点
　8 試合－5…秋山　幸二（武）'86
　7 試合－10…大杉　勝男（ヤ）'78
　　　　　　　長嶋　清幸（広）'84
　6 試合－9…長嶋　茂雄（巨）'66
　　　　　　　バース（神）'85
　5 試合－8…李　大浩（ソ）'15
　4 試合－8…デストラーデ（武）'90
c．ゲーム最多打点
　6…柴田　勲（巨）'63⑦
　　　カブレラ（武）'04③
　　　デスパイネ（ソ）'20②
　5…末次　民夫（巨）'71④
　　　大杉　勝男（ヤ）'78⑤
　　　駒田　徳広（横）'98⑤
　　　ボウカー（巨）'12①
　　　山田　哲人（ヤ）'15③
　　　安部　友裕（広）'18③
d．連続試合打点（12人、12度）
　4…中西　太（西）'56②～⑤
　　　岩下　光一（東）'62③～⑥
　　　柴田　勲（巨）'66①～④
　　　森　昌彦（巨）'67①～④
　　　高田　繁（巨）'69①～④
　　　阪本　敏三（急）'69①～④
　　　福本　豊（急）'76①～④
　　　王　貞治（巨）'76①～④
　　　山本　浩二（広）'84①～④
　　　デストラーデ（武）'90①～④
　　　アレックス（中）'04②～⑤
　　　井上　一樹（中）'04④～⑦

M．盗　塁
a．通算最多盗塁
　14…柴田　勲（巨）

　　　福本　豊（急）
　10…飯田　徳治（南）
b．シリーズ最多盗塁
　8 試合－2…石毛　宏典（武）'86
　　　　　　　辻　発彦（武）'86
　　　　　　　高橋　慶彦（広）'86
　7 試合－6…岩本　堯（巨）'55
　6 試合－4…大下　剛史（広）'75
　5 試合－4…福本　豊（急）'77
　　　　　　　荒木　雅博（中）'07
　4 試合－2…土屋　正孝（巨）'59
　　　　　　　近藤　和彦（洋）'60
　　　　　　　鈴木　武（洋）'60
　　　　　　　山内　和弘（毎）'60
　　　　　　　鈴木　尚広（巨）'02
　　　　　　　赤星　憲広（神）'05
　　　　　　　川島　慶三（ソ）'19
c．ゲーム最多盗塁
　3…岩本　堯（巨）'55⑤1回、2回、4回
　　　玉造　陽二（西）'56③1回、3回、6回
　　　大下　剛史（広）'75①1回、3回、5回
d．イニング最多盗塁
　2…広田　順（巨）'53⑤9回
　　　岩本　堯（巨）'55⑤1回
　　　鈴木　武（洋）'60③1回
　　　国松　彰（巨）'61⑤8回
　　　柴田　勲（巨）'68⑤9回
　　　河埜　和正（巨）'83⑦5回
　　　辻　発彦（武）'86①7回
e．連続試合盗塁
　3…仰木　彬（西）'54④～⑥
　　　福本　豊（急）'77①～③
　　　高橋　慶彦（広）'84③～⑤
　　　荒木　雅博（中）'07②～④
　　　鈴木　尚広（巨）'09①③⑤
f．本盗（すべて一、三塁からの重盗）
　2…土井　正三（巨）'68⑤3回、'69④4回
　1…藤山　和夫（南）'51④3回
　　　吉田　勝豊（東）'62⑥1回
　　　鈴木　誠也（広）'16①2回

N．盗塁刺
a．通算最多盗塁刺
　11…福本　豊（急）
　7…柴田　勲（巨）
b．シリーズ最多盗塁刺
　8 試合－1…6人'86
　7 試合－3…与那嶺　要（巨）'53
　　　　　　　福本　豊（急）'84
　6 試合－3…田中　広輔（広）'18
　5 試合－2…福本　豊（急）'71
　　　　　　　北村　照文（武）'88
　　　　　　　ローズ（近）'01
　　　　　　　明石　健志（ソ）'15
　4 試合－2…柳田　利夫（毎）'60
　　　　　　　西岡　剛（ロ）'05
c．ゲーム最多盗塁刺
　2…森下　整鎮（南）'61⑥1、6回
　　　石毛　宏典（武）'82①2、6回
　　　髙木　大成（武）'98①1、8回

O．犠　打
a．通算最多犠打
　19…平野　謙（武）
　14…伊東　勤（武）
　13…川相　昌弘（中）
　　　辻　発彦（ヤ）
b．シリーズ最多犠打
　8 試合－4…伊東　勤（武）'86
　7 試合－6…弓岡敬二郎（急）'84
　　　　　　　平野　謙（武）'93

　　　6試合－6…松本　哲也（巨）'12
　　　　　　　　今宮　健太（ソ）'17
　　　5試合－6…田中　賢介（日）'06
　　　4試合－4…平野　謙（武）'90
c.ゲーム最多犠打
　　　3…国松　彰（巨）'66④3，7，9回
　　　　辻　発彦（武）'87⑤1，2，4回
　　　　大石第二朗（近）'89⑥3，5，7回
　　　　渡辺　久信（武）'90①5，7，9回
　　　　高田　誠（オ）'96①3，8，9回
　　　　市川　友也（日）'16⑤5，7，9回
　　　　柴田　竜拓（ディ）'17⑥2，6，8回

P．犠　　飛
a.通算最多犠飛
　　　5…王　貞治（巨）
　　　4…池山　隆寛（ヤ）
b.シリーズ最多犠飛
　　　8試合－1…小早川毅彦（広）'86
　　　　　　　　長冨　浩志（広）'86
　　　7試合－2…ローガン（南）'64
　　　　　　　　簑田　浩二（急）'84
　　　　　　　　池山　隆寛（ヤ）'93
　　　　　　　　荒木　雅博（中）'10
　　　6試合－2…森本　潔（急）'68
　　　5試合－2…王　貞治（巨）'73
　　　　　　　　森野　将彦（中）'07
　　　4試合－1…多数あり
c.ゲーム最多犠飛
　　　2…簑田　浩二（急）'84⑤5，8回

Q．四　　球
a.通算最多四球
　　83…王　貞治（巨）
　　31…清原　和博（巨）
　　28…柴田　勲（巨）
　　　　福本　豊（急）
b.シリーズ最多四球
　　　8試合－7…達川　光男（広）'86
　　　7試合－9…王　貞治（巨）'76
　　　6試合－9…王　貞治（巨）'67
　　　5試合－8…王　貞治（巨）'70
　　　4試合－5…山内　和弘（毎）'60
　　　　　　　　松井　秀喜（巨）'02
c.ゲーム最多四球
　　　4…アルトマン（ロ）'70①1，4，5，7回
d.イニング最多四球
　　　2…秋山　幸二（武）'92⑤6回
e.連続打席四球
　　　4…アルトマン（ロ）'70①
　　　　王　貞治（巨）'76⑤⑥
　　　　　　　　　　　'76⑥⑦
　　　　鈴木　誠也（広）'18⑤
f.通算最多故意四球
　　21…王　貞治（巨）
g.シリーズ最多故意四球
　　　5…王　貞治（巨）'71
h.ゲーム最多故意四球
　　　3…アルトマン（ロ）'70①
　　　　王　貞治（巨）'71④
　（補回）
　　　3…王　貞治（巨）'76⑥
　　　　　　（10回、9回まで2）

R．死　　球
a.通算最多死球
　　　6…達川　光男（広）
　　　　伊東　勤（武）
b.シリーズ最多死球
　　　8試合－2…達川　光男（広）'86

　　　　　　　　伊東　勤（武）'86
　　　7試合－3…達川　光男（広）'91
　　　6試合－2…高田（巨）'68、末次（巨）'69
　　　　　　　　長池（急）'75、大熊（急）'75
　　　　　　　　河埜（巨）'81、伊東（武）94
　　　　　　　　江藤（巨）'00
　　　5試合－2…王　貞治（巨）'65
　　　　　　　　古田　敦也（ヤ）'97
　　　　　　　　ラミレス（ヤ）'01
　　　　　　　　小笠原道大（日）'06
　　　　　　　　李　大浩（ソ）'15
　　　4試合－3…中島　宏之（巨）'20
c.ゲーム最多死球
　　　2…河埜　和正（巨）'83②
　　　　伊東　勤（武）'86⑥
　　　　森野　将彦（中）'04②
　　　　福浦　和也（ロ）'05④
d.連続打席死球
　　　2…河埜　和正（巨）'83②
　　　　福浦　和也（ロ）'05④

S．三　　振
a.通算最多三振
　　54…清原　和博（巨）
　　53…秋山　幸二（ダ）
　　46…石毛　宏典（武）
b.シリーズ最多三振
　　　8試合－11…衣笠　祥雄（広）'86
　　　7試合－16…ハウエル（ヤ）'92
　　　6試合－12…丸　佳浩（広）'18
　　　5試合－5…ミューレン（ヤ）'95
　　　4試合－7…デストラーデ（武）'90
　　　　　　　　坂本　勇人（巨）'20
c.ゲーム最多三振
　　　4…ブコビッチ（武）'87①　連続
　　　　ハウエル（ヤ）'92③　連続
　　　　バルデス（ダ）'03④
　　　　細川　亨（武）'04⑥　連続
　　　　桑原　将志（ディ）'17②　連続
　　　　丸　佳浩（広）'18③
　（補回）
　　　5…ソロムコ（神）'62③（14回、9回で3）
d.イニング最多三振
　　　2…長村　裕之（急）'84⑥3回
e.連続試合三振
　　　8…衣笠　祥雄（広）'86①～⑧
　　　7…藤尾　茂（巨）'58①～⑦
　　　　吉田　勝豊（東）'62①～⑦
　　　　ロ　イ（西）'63①～⑦
　　　　秋山　幸二（武）'91①～⑦
　　　　ブランコ（中）'10①～⑦
f.連続打席三振
　　　5…山本　和生（巨）'76②～④⑦
　　　　ハウエル（ヤ）'92②③
　　　　広澤　克実（神）'03①～③
　　　　バルデス（ダ）'03⑤⑥
　　　　桑原　将志（ディ）'17①②

T．併　殺　打
a.通算最多併殺打
　　　9…土井　正三（巨）
b.シリーズ最多併殺打
　　　8試合－2…伊東　勤（武）'86
　　　7試合－4…ラミレス（ヤ）'08
　　　6試合－3…高橋　由伸（巨）'00
　　　5試合－4…宇野　勝（中）'88
　　　　　　　　タイロン・ウッズ（中）'07
　　　4試合－2…杉山　光平（南）'59
c.ゲーム最多併殺打
　　　2…多数あり

Ⅲ．チーム打撃記録

A．打　　率
a．シリーズ最高打率　　　　　　　　打　　安
　　8試合 -.224…西　　　武　'86　286　64
　　7試合 -.291…広　　　島　'84　227　66
　　6試合 -.322…西　　　武　'82　211　68
　　5試合 -.317…ヤクルト　'01　161　51
　　4試合 -.336…西　　　武　'90　131　44
b．シリーズ最低打率　　　　　　　　打　　安
　　8試合 -.204…広　　　島　'86　274　56
　　7試合 -.155…中　　　日　'11　219　34
　　6試合 -.187…南　　　海　'66　203　38
　　5試合 -.147…日本ハム　'07　150　22
　　4試合 -.132…巨　　　人　'20　121　16
c．ゲーム最高打率
　　.450…阪　　　急　'75③　打…40　安…18
　　(参考)
　　.455…ロッテ　'05①　打…33　安…15
　　　　　　(7回裏コールドゲーム)
d．ゲーム最低打率
　　.000…日本ハム　'07⑤　打…27　安…0

B．打　　数
a．シリーズ最多打数
　　8試合 -286…西　　　武　'86
　　7試合 -270…ロッテ　'10
　　6試合 -223…松　　　竹　'50
　　　　　　　　　阪　　　急　'75
　　5試合 -183…ヤクルト　'95
　　4試合 -140…巨　　　人　'59
b．シリーズ最少打数
　　8試合 -274…広　　　島　'86
　　7試合 -207…広　　　島　'79
　　6試合 -181…西　　　武　'87
　　5試合 -147…日本ハム　'06
　　4試合 -116…阪　　　神　'05
c．ゲーム最多打数
　　45…横　　浜　'98⑤
　　(補回)
　　54…阪　　急　'75④ (13回)
d．ゲーム最多打数合計　　－両チーム－
　　83…南…43－40…巨　'59①
　　　　　横…45－38…武　'98⑤
　　(補回)
　　101…急…54－47…広　'75④ (13回)
　　　　　中…52－49…ロ　'10⑥ (15回)
e．ゲーム最少打数
　　26(9回)…巨　　　人　'61①
　　　　　　　　　　　　　　　　'96②
　　　　　　　広　　　島　'86⑧
　　　　　　　近　　　鉄　'01④
　　25(8回)…西　　　武　'88③
　　　　　　　　　　　　　　　　'92④
　　　　　　　巨　　　人　'94②
　　　　　　　日本ハム　'07①
f．ゲーム最少打数合計　　－両チーム－
　　53…南…26－27…巨　'55②
　　　　　近…26－27…ヤ　'01④
g．イニング最多打者数
　　14…巨　　人　'63⑦ 4回
h．イニング最多打数
　　11…巨　　人　'63⑦ 4回

C．得　　点
a．シリーズ最多得点
　　8試合 -19…西　　　武　'86
　　　　　　　　　広　　　島　'86
　　7試合 -40…巨　　　人　'63
　　6試合 -36…巨　　　人　'68
　　　　　　　　　横　　　浜　'98
　　5試合 -28…ヤクルト　'01
　　4試合 -33…ロッテ　'05
b．シリーズ最少得点
　　8試合 -19…西　　　武　'86
　　　　　　　　　広　　　島　'86
　　7試合 - 9…中　　　日　'11
　　6試合 -14…巨　　　人　'87
　　　　　　　　　日本ハム　'12
　　5試合 - 7…南　　　海　'51
　　　　　　　　　日本ハム　'07
　　4試合 - 4…阪　　　神　'05
　　　　　　　　　巨　　　人　'20
c．ゲーム最多得点
　　18…巨　　　人　'63⑦
　　17…横　　　浜　'98⑤
　　13…ダイエー　'03②
　　　　　ソフトバンク　'20②
d．ゲーム最多得点合計　　－両チーム－
　　22…巨…18－4…西　'63⑦
　　　　　横…17－5…武　'98⑤
e．ゲーム最少得点合計　　－両チーム－
　　0…巨…0－0…西　'57④
f．最多得点差
　　14…巨…18－4…西　'63⑦
g．最多得点完封試合
　　13…巨…13－0…神　'03②
h．イニング最多得点
　　9…巨　　人　'63⑦ 4回
i．最多連続得点　　－イニング－
　　7…巨　　　人　'58②1回
　　　　　　　　　　　'63⑦ 4回
　　　　　阪　　　急　'84⑥3回
　　　　　ロッテ　'05③7回
j．最多連続イニング得点
　　5…ヤクルト　'01②2～6回
k．最多連続イニング得点（連続試合）
　　6…巨　　　人　'73③⑤5～8回、④1～2回
l．最多連続イニング無得点
　　26…巨　　人　'58⑤2回～⑦8回
m．最多連続試合2ケタ得点
　　3…ロッテ　'05①～③
n．連続4試合計最多得点
　　33…中　　日　'04②-11　③-8　④-8　⑤-6
　　　　　ロッテ　'05①-10　②-10　③-10　④-3
o．連続4試合計最少得点
　　3…中　　日　'11④-1　⑤-0　⑥-2　⑦-0
p．連続3試合計最多得点
　　30…ロッテ　'05①-10　②-10　③-10
q．連続3試合計最少得点
　　1…南　　海　'51①-0　②-0　③-1
　　　　　ヤクルト　'92②-0　③-1　④-0
r．連続2試合計最多得点
　　20…ロッテ　'05①-10　②-10
　　　　　　　　　'05②-10　③-10
s．連続2試合計最少得点
　　0…南　　海　'51①～②
　　　　　　　　　'53④～⑤
　　　　　中　　日　'54③～④
　　　　　　　　　'99③～④
　　　　　巨　　人　'55②～③
　　　　　阪　　神　'64⑥～⑦
t．シリーズ最多無得点試合
　　8試合 - 0
　　7試合 - 3…阪　　　神　'64
　　6試合 - 1…多数あり
　　5試合 - 3…中　　　日　'99
　　4試合 - 2…大　　　毎　'60
　　　　　　　　　巨　　　人　'90

D．安　　打

a．シリーズ最多安打
　　　8試合－64…西　　　武　'86
　　　7試合－76…ロ ッ テ　'10
　　　6試合－68…西　　　武　'82
　　　5試合－54…ヤクルト　'97
　　　4試合－44…西　　　武　'90
　　　　　　　　　ロ ッ テ　'05
b．シリーズ最少安打
　　　8試合－56…広　　　島　'86
　　　7試合－34…中　　　日　'11
　　　6試合－38…南　　　海　'66
　　　5試合－22…日本ハム　'07
　　　4試合－16…巨　　　人　'20
c．ゲーム最多安打
　　20…横　　　浜　'98⑤
　　19…南　　　海　'59①
　　　　　巨　　　人　'63⑦
d．ゲーム最少安打
　　　0…日本ハム　'07⑤
　　　1…近　　　鉄　'01①
　　　　　巨　　　人　'20③
e．ゲーム最多安打合計　－両チーム－
　　33…南…19－14…巨　'59①
f．ゲーム最少安打合計　－両チーム－
　　　5…近…2－3…広　'80④
　　　　　日…0－5…中　'07⑤
g．イニング最多安打
　　　9…巨　　　人　'63⑦4回
h．イニング最多連続打数安打
　　　7…中　　　日　'07③1回（1犠打を挟む）
　　　6…阪　　　急　'78⑥5回（1犠打を挟む）
　　　　　ダイエー　'03②2回（連続打席）
　　　　　ロ ッ テ　'05②6回（連続打席）
　　　　　ソフトバンク　'15①4回（連続打席）
i．最多連続イニング安打（連続試合）
　　11…阪　　　急　'75③1～9回、④1～2回
　　　　　巨　　　人　'87①1～9回、②1～2回
j．最多連続イニング無安打
　　　9…日本ハム　'07⑤1～9回
k．最多連続イニング無安打（連続試合）
　　10…日本ハム　'07⑨9回、⑤1～9回
l．シリーズ最多試合2ケタ安打
　　　5…ヤクルト　'78①②④⑤⑦
m．最多連続試合2ケタ安打
　　　3…巨　　　人　'66④～⑥、'68②～④、'83②～④
　　　　　　　　　　　'94④～⑥
　　　　　阪　　　急　'76①～③、'84⑤～⑦
　　　　　西　　　武　'82①～③、'94③～⑤
　　　　　ヤクルト　'95①～③、'97②～④、'01①～③
　　　　　中　　　日　'04②～④
　　　　　ロ ッ テ　'05①～③
　　　　　楽　　　天　'13③～⑤
n．全員安打
　　　　　巨　　　人　'66⑥
o．毎回安打
　　　　　南　　　海　'59①　計19安打（8回）
　　　　　阪　　　急　'75③　計18安打（9回）
　　　　　中　　　日　'82④　計13安打（9回）
　　　　　巨　　　人　'87①　計16安打（9回）
　　　　　日本ハム　'09⑥　計11安打（9回）
　　　（参考）
　　　　　ロ ッ テ　'05①　計15安打
　　　　　　　　　　　　（7回裏コールドゲーム）
p．イニング最多連続打席出塁
　　　8…巨　　　人　'58②1回（5安打2四球1死球）

E．二　　塁　　打

a．シリーズ最多二塁打
　　　8試合－8…広　　　島　'86
　　　7試合－15…西　　　武　'04

　　　6試合－16…横　　　浜　'98
　　　5試合－13…ヤクルト　'01
　　　4試合－11…ロ ッ テ　'05
b．シリーズ最少二塁打
　　　8試合－7…西　　　武　'86
　　　7試合－3…ヤクルト　'78
　　　　　　　　　近　　　鉄　'79
　　　6試合－3…ソフトバンク　'18
　　　5試合－2…西　　　武　'57、'97（'57は西鉄）
　　　4試合－1…大　　　毎　'60
c．ゲーム最多二塁打
　　　9…横　　　浜　'98⑤
d．ゲーム最多二塁打合計　－両チーム－
　　　9…横…9－0…武　'98⑤
e．イニング最多二塁打
　　　3…巨　　　人　'52①4回、'59①9回、'66①8回
　　　　　　　　　　　'02③3回、'08⑤7回
　　　　　西　　　武　'88⑤1回、'04②5回、③7回
　　　　　ヤクルト　'93①7回、'01③5回
　　　　　ダイエー　'00②5回
f．最多連続二塁打
　　　3…西　　　武　'88⑤1回（途中四球あり）

F．三　　塁　　打

a．シリーズ最多三塁打
　　　8試合－1…広　　　島　'86
　　　7試合－4…阪　　　急　'76
　　　6試合－3…巨　　　人　'67
　　　　　　　　　横　　　浜　'98
　　　　　　　　　西　　　武　'98
　　　5試合－4…巨　　　人　'71
　　　4試合－2…南　　　海　'59
b．シリーズ最少三塁打
　　　各試合－0…多数あり
c．ゲーム最多三塁打
　　　2…中　　　日　'54⑤
　　　　　巨　　　人　'55④、'56⑤、'71⑤
　　　　　阪　　　急　'78④
　　　　　横　　　浜　'98⑤
　　　　　ダイエー　'03②
　　　　　日本ハム　'16⑥
d．ゲーム最多三塁打合計　－両チーム－
　　　2…多数あり
　　　（補回）
　　　3…中…2－1…ロ　'10④（11回、9回で2）
e．イニング最多三塁打
　　　1…多数あり

G．本　　塁　　打

a．シリーズ最多本塁打
　　　8試合－5…広　　　島　'86
　　　　　　　　　西　　　武　'86
　　　7試合－13…ヤクルト　'78
　　　6試合－12…巨　　　人　'81
　　　5試合－9…巨　　　人　'70
　　　4試合－9…ロ ッ テ　'05
b．シリーズ最少本塁打
　　　8試合－5…西　　　武　'86
　　　　　　　　　広　　　島　'86
　　　7試合－2…中　　　日　'54, '11
　　　　　　　　　巨　　　人　'55
　　　　　　　　　ソフトバンク　'11
　　　　　　　　　楽　　　天　'13
　　　6試合－2…南　　　海　'52
　　　5試合－0…阪　　　神　'14
　　　4試合－0…阪　　　神　'05
c．ゲーム最多本塁打
　　　5…巨　　　人　'63⑦
d．ゲーム最多本塁打合計　－両チーム－
　　　7…巨…4－3…近　'89⑦

左段

e. イニング最多本塁打
```
4…巨　人　'72⑤ 3回　王、長嶋、黒江、森
3…巨　人　'53② 7回　与那嶺、千葉、南村
                       （3者連続）
         '63⑦ 4回　柴田、王、池沢
         '69⑥ 6回　王、長嶋、黒江（3者連続）
   阪　急　'78⑥ 5回　島谷、ウイリアムス、福本
   ロッテ　'05② 6回　サブロー、フランコ、
                       李承燁
```

f. 連続試合本塁打
```
7…西　武　'08①〜⑦
```

g. 連続打数本塁打
```
3…巨　人　'53② 7回　与那嶺、千葉、南村
         '69⑥ 6回　王、長嶋、黒江
```
※'72⑤ 3回　巨人は1四球挟み4打数連続本塁打
　'63⑦ 4回　巨人は1四球挟み3打数連続本塁打
（1972以前の規則では四球で途切れるため参考記録）

h. 連続イニング本塁打
```
3…巨　人　'71② 7〜9回
   広　島　'84③ 2〜4回
   近　鉄　'89⑦ 4〜6回
```

H. 塁　打

a. シリーズ最多塁打
```
8試合－ 86…西　武　'86
7試合－120…西　武　'04
6試合－104…巨　人　'81
5試合－ 85…巨　人　'70
4試合－ 84…ロッテ　'05
```
b. シリーズ最少塁打
```
8試合－81…広　島　'86
7試合－48…中　日　'11
6試合－53…南　海　'52
5試合－34…阪　神　'14
4試合－21…巨　人　'20
```
c. ゲーム最多塁打
```
37…巨　人　'63⑦
安打…19、二…1、三…1、本…5
```
d. ゲーム最少塁打
```
0…日本ハム　'07⑤
```
e. ゲーム最多塁打合計　－両チーム－
```
53…横…36－17…武　'98⑤
   安　二　三　本　安　二　三　本
   20　9　2　1　11　0　0　2
```
f. ゲーム最少塁打合計　－両チーム－
```
7…日…0－7…中　'07⑤
   安　二　三　本　安　二　三　本
   0　0　0　0　5　2　0　0
```
g. イニング最多塁打
```
                     安　二　三　本
18…巨　人　'63⑦ 4回　9　1　0　3
   巨　人　'72⑤ 3回　5　6　1　0
   阪　急　'78⑥ 5回　6　1　1　3
```

I. 長　打

a. シリーズ最多長打
```
                        二　三　本
8試合－14…広　島　'86…　8　1　5
7試合－28…西　武　'04…　15　2　11
6試合－23…横　浜　'98…　16　3　4
5試合－18…ヤクルト　'01…　13　0　5
4試合－21…ロッテ　'05…　11　1　9
```
b. シリーズ最少長打
```
                         二　三　本
8試合－12…西　武　'86…　7　0　5
7試合－ 8…西　鉄　'54…　5　0　3
       ソフトバンク　'11…　5　1　2
6試合－ 7…巨　人　'61…　4　0　3
5試合－ 3…西　武　'97…　2　0　1
4試合－ 2…阪　神　'05…　2　0　0
```
c. ゲーム最多長打
```
               二　三　本
12…横　浜　'98⑤ 9　2　1
```
d. ゲーム最多長打合計　－両チーム－

右段

```
14…横…12－2…武　'98⑤
   二　三　本　二　三　本
   9　2　1　0　0　2
```
e. ゲーム最少長打合計　－両チーム－
```
0…巨…0－0…西　'57④
   急…0－0…巨　'67②
   急…0－0…巨　'72④
   ロ…0－0…中　'74⑤
   ヤ…0－0…武　'93④
```

J. 打　点

a. シリーズ最多打点
```
8試合－18…広　島　'86
7試合－38…巨　人　'63
6試合－34…巨　人　'68
5試合－27…ヤクルト　'01
4試合－30…ロッテ　'05
```
b. シリーズ最少打点
```
8試合－17…西　武　'86
7試合－ 9…巨　人　'11
6試合－12…日本ハム　'12
5試合－ 6…南　海　'51
4試合－ 4…阪　神　'05
             巨　人　'20
```
c. ゲーム最多打点
```
17…巨　人　'63⑦
   横　浜　'98⑤
```
d. ゲーム最多打点合計　－両チーム－
```
22…横…17－5…武　'98⑤
```
e. ゲーム最少打点合計　－両チーム－
```
0…巨…0－0…西　'57④
```
f. イニング最多打点
```
8…巨　人　'63⑦ 4回
```

K. 盗　塁

a. シリーズ最多盗塁
```
8試合－ 8…西　武　'86
7試合－12…西　鉄　'54
6試合－ 9…巨　人　'68、'81
5試合－ 8…巨　人　'71
             阪　急　'77
4試合－ 7…巨　人　'02
```
b. シリーズ最少盗塁
```
8試合－ 7…広　島　'86
7試合－ 0…西　鉄　'58
             近　鉄　'89
6試合－ 0…南　海　'66
             巨　人　'87
             広　島　'18
5試合－ 0…ソフトバンク　'65、'14（'65は南海）
             日本ハム　'07
             阪　神　'14
4試合－ 0…巨　人　'90、'19、'20
```
c. ゲーム最多盗塁
```
5…巨　人　'55⑤、'02④
   大　洋　'60③
   中　日　'82④
```
d. ゲーム最多盗塁合計　－両チーム－
```
7…巨…5－2…南　'55⑤
```
e. イニング最多盗塁
```
3…巨　人　'53⑤ 9回、'55⑤ 1回、'68① 9回
   大　洋　'60③ 1回
   ソフトバンク　'15② 1回
```

L. 盗塁刺

a. シリーズ最多盗塁刺
```
8試合－ 4…西　武　'86
7試合－ 7…西　鉄　'54
             南　海　'64
6試合－ 8…広　島　'18
```

　　5試合－5…阪　　急　'71
　　　　　　　　　ソフトバンク　'15
　　4試合－3…巨　　人　'59
b．ゲーム最多盗塁刺
　　3…南　海　'64⑦
　　　　阪　急　'71①
　　　　ヤクルト　'78④
c．ゲーム最多盗塁刺合計　－両チーム－
　　5…ヤ・3－2・急　'78④
d．イニング最多盗塁刺
　　2…阪　神　'14⑤3回
　　　　DeNA　'17③1回

M. 犠　　打

a．シリーズ最多犠打
　　8試合－10…西　　武　'86
　　　　　　　　　　広　　島　'86
　　7試合－14…西　　武　'92
　　6試合－10…巨　　人　'66
　　　　　　　　　　西　　武　'82
　　　　　　　　　ソフトバンク　'17
　　5試合－13…日本ハム　'06
　　4試合－13…西　　武　'90
b．ゲーム最多犠打
　　4…巨　　人　'66④
　　　　広　　島　'84⑦、'91⑤
　　　　西　　武　'88⑤（9回まで、11回で5）
　　　　　　　　　　'90①②④
　　　　　　　　　　'91⑥
　　　　日本ハム　'06②、'16⑤
　　　　DeNA　'17⑥
c．ゲーム最多犠打合計　－両チーム－
　　7…日・4－3・広　'16⑤
（補回）
　　7…武・5－2・中　'88⑤（11回、9回で6）
d．イニング最多犠打
　　2…多数あり

N. 犠　　飛

a．シリーズ最多犠飛
　　8試合－2…広　　島　'86
　　7試合－6…中　　日　'10
　　6試合－3…阪　　急　'68
　　　　　　　　　阪　　神　'85
　　5試合－4…阪　　急　'77
　　4試合－2…ソフトバンク　'59、'19（'59は南海）
b．ゲーム最多犠飛
　　3…巨　　人　'55⑦
　　　　阪　　急　'84⑤
　　　　中　　日　'10⑦
c．ゲーム最多犠飛合計　－両チーム－
　　4…急・3－1・広　'84⑤
　　　　中・3－1・ロ　'10⑦
d．イニング最多犠飛
　　2…巨　　人　'55⑦9回
　　　　ヤクルト　'95⑤2回
　　　　ロッテ　'10③7回

O. 四　　球

a．シリーズ最多四球
　　8試合－22…広　　島　'86
　　7試合－30…ヤクルト　'93
　　6試合－27…毎　　日　'50
　　　　　　　　　阪　　急　'68
　　5試合－26…阪　　急　'71
　　　　　　　　　ヤクルト　'01
　　4試合－14…大　毎　'60
　　　　　　　　　西　　武　'90
　　　　　　　　　巨　　人　'19
b．シリーズ最少四球

　　　8試合－18…西　　武　'86
　　　7試合－8…巨　　人　'58
　　　6試合－5…西　　鉄　'56
　　　5試合－4…南　　海　'51
　　　4試合－6…西　　武　'02
c．ゲーム最多四球
　　11…西　　武　'98③
d．ゲーム最多四球合計　－両チーム－
　　14…武・11－3・横　'98③
e．ゲーム最少四球合計　－両チーム－
　　0…ロ・0－0・中　'74⑤
　　　　巨・0－0・日　'12②（日本ハム　死球2）
f．イニング最多四球
　　5…中　　日　'07②
g．イニング最多連続四球
　　3…南　海　'59④1回
　　　　阪　急　'68③1回
　　　　巨　人　'76④7回、'96④7回
　　　　阪　神　'85④1回、'14④1回、'14④3回
　　　　中　日　'07②4回
　　　　西　武　'08⑥4回

P. 死　　球

a．シリーズ最多死球
　　8試合－4…西　　武　'86
　　7試合－6…中　　日　'04
　　　　　　　　　巨　　人　'08
　　6試合－6…阪　　急　'75
　　5試合－5…ヤクルト　'01
　　　　　　　　　日本ハム　'06
　　　　　　　　　ソフトバンク　'15
　　4試合－5…巨　　人　'02
b．ゲーム最多死球
　　4…巨　　人　'08②
c．ゲーム最多死球合計　－両チーム－
　　4…日・3－1・中　'06④
　　　　巨・4－0・武　'08②
d．イニング最多死球
　　2…南　海　'55②4回
　　　　ロッテ　'74②8回、'10①3回
　　　　西　武　'83⑤2回、'93①1回
　　　　ヤクルト　'01②3回
　　　　巨　人　'02④6回、'08②7回
　　　　中　日　'04②3回
　　　　日本ハム　'06④3回、'12②1回
e．イニング最多連続死球
　　2…南　海　'55②4回
　　　　ヤクルト　'01②3回
　　　　日本ハム　'06④3回

Q. 三　　振

a．シリーズ最多三振
　　8試合－68…広　　島　'86
　　7試合－66…ソフトバンク　'11
　　6試合－64…広　　島　'18
　　5試合－42…西　　武　'97
　　　　　　　　　中　　日　'07
　　　　　　　　　阪　　神　'14
　　4試合－41…巨　　人　'20
b．シリーズ最少三振
　　8試合－46…西　　武　'86
　　7試合－20…巨　　人　'55
　　6試合－11…巨　　人　'52
　　5試合－10…巨　　人　'51
　　4試合－14…南　　海　'59
c．ゲーム最多三振
　　13…西　　武　'87①、'93⑦
　　　　中　　日　'99①、'07①
　　　　ソフトバンク　'00⑥、'17⑥（9回まで、11回で14）
　　　　　　　　　　　　　　　　（'00はダイエー）
　　　　巨　　人　'02④、'19③

広　島　'18⑥
(補回)
　15…ソフトバンク　'11①（10回、9回で12）
d．ゲーム最少三振
　0…毎　日　'50②
　　　巨　人　'52②
　　　阪　急　'72③
　　　ヤクルト　'78④
e．ゲーム最多三振合計　－両チーム－
　23…ソ…12－11…ディ　'17②
　　　(補回)
　27…広…13－14…ソ　'18①（12回、9回で22）
f．ゲーム最少三振合計　－両チーム－
　1…急…0－1…巨　'72③
g．イニング最多三振
　3…多数あり
h．毎回三振
　　　日本ハム　'81②　計10三振　（9回）
　　　西　武　'93⑦　〃13　（9回）
　　　巨　人　'02④　〃13　（9回）
　　　西　武　'04①　〃9　（9回）
　　　巨　人　'08④　〃10　（9回）
　　　中　日　'11⑦　〃12　（9回）
　　　巨　人　'12②　〃12　（8回）
　　　巨　人　'13②　〃12　（9回）

R．併殺打
a．シリーズ最多併殺打
　8試合－4…西　武　'86
　7試合－12…近　鉄　'80
　6試合－9…ロッテ　'74
　　　　　　西　武　'85
　5試合－6…巨　人　'70
　　　　　　南　海　'73
　　　　　　中　日　'88、'06
　4試合－6…阪　神　'05
b．ゲーム最多併殺打
　5…西　武　'82③
c．ゲーム最多併殺打合計　－両チーム－
　6…武…5－1…中　'82③

S．残　塁
a．ゲーム最多残塁
　15…ヤクルト　'01⑤
　　　(補回)
　16…巨　人　'76⑥（10回、9回で13）
　　　中　日　'10⑥（15回、9回で6）
b．ゲーム最多残塁合計　－両チーム－
　24…ヤ…15－9…近　'01⑤
c．ゲーム最少残塁
　0…巨　人　'61①
　　　日本ハム　'07⑤
d．ゲーム最少残塁合計　－両チーム－
　3…中…1－2…武　'88③
e．毎回残塁
　　　巨　人　'53⑥、'67⑥、'76⑥
　　　阪　急　'71②
　　　中　日　'82④
　　　横　浜　'98⑤

Ⅳ．個人投手記録

A．試　合
a．通算最多試合登板
　27…堀内　恒夫　（巨）
　26…足立　光宏　（急）
　　　工藤　公康　（巨）

b．シリーズ最多試合
　8試合－5…渡辺　久信　（武）　'86
　　　　　　津田　恒実　（広）　'86
　7試合－6…中村　大成　（南）　'55
　　　　　　稲尾　和久司　（西）　'58
　　　　　　藤田　元司　（巨）　'58
　　　　　　土橋　正幸　（東）　'62
　　　　　　村山　実　（神）　'62
　　　　　　小林　繁　（巨）　'76
　　　　　　吉野　誠　（神）　'03
　　　　　　西村健太朗　（巨）　'08
　6試合－6…稲尾　和久　（西）　'56
　　　　　　今村　猛　（広）　'16
　　　　　　ジャクソン　（広）　'16
　5試合－4…杉浦　忠　（南）　'59
　　　　　　秋山　登　（洋）　'60
　　　　　　森　唯斗　（ソ）　'19
c．シリーズ最多連続試合登板
　6…稲尾　和久　（西）　'56①～⑥
　　　吉野　誠　（神）　'03②～⑦
　　　今村　猛　（広）　'16①～⑥
　　　ジャクソン　（広）　'16①～⑥

B．完　投
a．通算最多完投
　9…稲尾　和久　（西）
　8…山田　久志　（急）
b．シリーズ最多完投
　8試合－1…大野　豊　（広）　'86
　7試合－4…杉下　茂　（中）　'54
　　　　　　稲尾　和久　（西）　'58
　6試合－2…多数あり
　5試合－2…藤本　英雄　（巨）　'51
　　　　　　稲尾　和久　（西）　'57
　　　　　　堀内　恒夫　（巨）　'71
　　　　　　高橋　一三　（巨）　'73
　4試合－2…杉浦　忠　（南）　'59

C．先　発
a．通算最多先発
　19…足立　光宏　（急）
b．シリーズ最多先発
　5…稲尾　和久　（西）　'58
　4…杉下　茂　（中）　'54
　　　稲尾　和久　（西）　'63
　　　スタンカ　（南）　'64
　　　渡辺　泰輔　（南）　'66

D．補　回
a．通算最多補回
　2…小山　正明　（ロ）
　　　岡林　洋一　（ヤ）
b．シリーズ最多補回
　2…小山　正明　（神）　'62
　　　岡林　洋一　（ヤ）　'92

E．無失点勝利
a．通算最多無失点勝利
　4…スタンカ　（南）
b．シリーズ最多無失点勝利
　8試合－0　　'86
　7試合－3…スタンカ　（南）　'64
　6試合－1…多数あり
　5試合－1…別所　毅彦　（巨）　'51
　　　　　　藤本　英雄　（巨）　'51
　　　　　　堀内　恒夫　（巨）　'70
　　　　　　足立　光宏　（急）　'77
　　　　　　森山　良二　（武）　'88

石井　一久（ヤ）'97
工藤　公康（ダ）'99
4試合－1…杉浦　　忠（南）'59
　　　　　渡辺　久信（武）'90
　　　　　渡辺　智男（武）'90
　　　　　渡辺　俊介（ロ）'05
c．最多連続試合無失点勝利（シリーズ）
　2…スタンカ（南）'64⑥⑦
d．最多連続試合無失点勝利（連続シリーズ）
　2…スタンカ（南）'64⑥⑦
　　　足立　光宏（急）'77②、'78③
　　　西本　　聖（巨）'81⑤、'83②
　　　渡辺　久信（武）'90①、'91③
e．無失点勝利最多被安打
　13…西本　　聖（巨）'81⑤
　10…藤本　英雄（巨）'51①
f．初登板無失点勝利（12人、※は無四死球）
　　　藤本　英雄（巨）'51①
　　　別所　毅彦（巨）'51②
　※入谷　正典（巨）'53⑤
　　　スタンカ（南）'61①
　　　鈴木　啓示（近）'79②
　　　池田　親興（神）'85①
　　　香田　勲男（巨）'89④
　　　渡辺　智男（武）'90③
　　　斎藤　　隆（横）'98②
　※高橋　尚成（巨）'00⑤
　※渡辺　俊介（ロ）'05②
　　　岸　　孝之（武）'08④
g．1－0無失点勝利（7人、8度）
　　　杉下　　茂（中）'54⑦
　　　藤田　元司（巨）'58③
　　　堀内　恒夫（巨）'67②、'70①（11回）
　　　山根　和夫（広）'79⑤
　　　渡辺　久信（武）'91③
　　　槙原　寛己（巨）'94②
　　　石井　一久（ヤ）'97①

F．無四球試合

a．通算最多無四球試合
　2…稲尾　和久（西）
　　　スタンカ（南）
　　　村山　　実（神）
　　　渡辺　俊介（ロ）
b．シリーズ最多無四球試合
　2…稲尾　和久（西）'58③⑥

G．勝　利

a．通算最多勝利
　11…稲尾　和久（西）
　　　堀内　恒夫（巨）
　9…足立　光宏（急）
b．シリーズ最多勝利
　8試合－2…渡辺　久信（武）'86
　7試合－4…稲尾　和久（西）'58
　6試合－3…野村　武史（毎）'50
　　　　　　別所　毅彦（巨）'52
　　　　　　稲尾　和久（西）'56
　　　　　　バ　ー　ス（日）'16
　5試合－2…藤本　英雄（巨）'51
　　　　　　稲尾　和久（西）'57
　　　　　　金田　正一（巨）'65
　　　　　　宮田　征典（巨）'65
　　　　　　堀内　恒夫（巨）'71, '72, '73
　　　　　　山田　久志（急）'77
　　　　　　ブ　ロ　ス（ヤ）'95
　　　　　　石井　一久（ヤ）'97
　4試合－4…杉浦　　忠（南）'59
c．シリーズ勝利3以上
　4…稲尾　和久（西）'58①●③●④⑤⑥⑦
　　　杉浦　　忠（南）'59①○②③④

　3…野村　武史（毎）'50②④⑤⑥
　　　別所　毅彦（巨）'52①②④⑥
　　　　　　　　　　　'55①④●⑤⑥－⑦
　　　杉下　　茂（中）'54①②－④⑥－⑦
　　　稲尾　和久（西）'56①－②－④⑤－⑤○
　　　スタンカ（南）'64①②●⑥①○
　　　バ　ー　ス（日）'16①－③④－⑤⑥○
d．最多連続勝利（シリーズ）
　4…稲尾　和久（西）'58④⑤⑥⑦
　　　杉浦　　忠（南）'59①②③④
e．最多連続勝利（連続シリーズ）
　6…渡辺　久信（武）'86⑥⑧、'88①、'90①、
　　　　　　　　　　　'91③、'93③
f．シリーズ4勝無敗
　　　杉浦　　忠（南）'59①②③④
g．最少投球数勝利
　2…岡本　　晃（近）'01②
　　　高木　京介（巨）'12⑥
h．打者1人に投げて勝利
　　　村山　　実（神）'62①（投球数9）
　　　永射　　保（武）'86③（投球数5）
　　　岡本　　晃（近）'01②（投球数2）
　　　篠原　貴行（ダ）'03①（投球数3）
　　　高木　京介（巨）'12⑥（投球数2）
i．3チームで勝利
　　　工藤　公康（武、ダ、巨）
j．2チームで勝利
　　　小林　誠二（武、広）
　　　阿波野秀幸（近、横）

H．敗　北

a．通算最多敗北
　9…山田　久志（急）
　6…藤田　元司（巨）
b．シリーズ最多敗北
　8試合－1…7人　　　　　　　'86
　7試合－3…村山　　実（神）'64
　　　　　　山田　久志（急）'84
　6試合－3…別所　毅彦（巨）'56
　5試合－2…柚木　　進（南）'51
　　　　　　杉浦　　忠（南）'65
　　　　　　木樽　正明（ロ）'70
　　　　　　足立　光宏（急）'71
　　　　　　山田　久志（急）'72
　　　　　　平井　正史（オ）'95
　　　　　　西口　文也（武）'97
　　　　　　野口　茂樹（中）'99
　　　　　　パウエル（近）'01
　　　　　　石川　雅規（ヤ）'15
　4試合－2…藤田　元司（巨）'59
　　　　　　義原　武敏（巨）'59
　　　　　　小野　正一（毎）'60
　　　　　　中西　勝己（毎）'60
　　　　　　松坂　大輔（武）'02
c．通算最多連続敗北
　5…藤田　元司（巨）'58④⑥、'59②④、'61⑤
　　　村山　　実（神）'62⑥⑦、'54①④⑦
　　　北別府　学（広）'79①、'84②⑤、'85⑤、'91③
　　　西口　文也（武）'97①⑤、'98①⑥、'04⑤
d．シリーズ0勝3敗
　　　別所　毅彦（巨）'56②③⑥
　　　村山　　実（神）'64①④⑦
　　　山田　久志（急）'84①④⑦
e．最少投球数敗北
　4…大友　　工（巨）'57①
　　　武田　　久（日）'09⑤
f．打者1人に投げて敗北
　　　大友　　工（巨）'57①（投球数4）
　　　都　裕次郎（中）'82②（投球数6）
g．2チームで敗北
　　　大島　信雄（松、中）
　　　小山　正明（神、ロ）

宮本　幸信（急、広）
成田　文男（ロ、日）
高橋　一三（巨、日）
小野　和幸（武、中）
岡本　真也（中、武）
石井　一久（ヤ、武）

I．セーブ

a．通算最多セーブ
　　8…高津　臣吾（ヤ）
　　6…岩瀬　仁紀（中）
　　5…潮崎　哲也（武）
　　　　サファテ（ソ）
　　　　森　　唯斗（ソ）
b．シリーズ最多セーブ
　　8試合－2…工藤　公康（武）'86
　　7試合－3…高津　臣吾（ヤ）'93
　　　　　　　豊田　　清（武）'04
　　6試合－3…クルーン（巨）'09
　　　　　　　森　　唯斗（ソ）'18
　　5試合－3…鈴木　　平（オ）'96
　　　　　　　MICHEAL（日）'06
　　4試合－1…潮崎　哲也（武）'90
　　　　　　　小林　雅英（ロ）'05
　　　　　　　森　　唯斗（ソ）'19、'20
c．最多連続試合セーブ
　　3…高津　臣吾（ヤ）'93②④⑦
　　　　鈴木　　平（オ）'96②③⑤
　　　　豊田　　清（武）'04①③⑤
　　　　クルーン（巨）'09①③⑥
d．最多連続試合セーブ（連続シリーズ）
　　4…高津　臣吾（ヤ）'93②④⑦、'95①
e．最長イニングセーブ
　　4…山口　高志（急）'75⑥
　　　　東尾　　修（武）'83①
　　　　宮本　和知（巨）'89⑦
f．最少投球数セーブ
　　1…マシソン（巨）'12②
g．打者1人に投げてセーブ
　　　鈴木　博史（オ）'96②（投球数6）
　　　石毛　博史（巨）'96④（投球数3）
　　　岩瀬　仁紀（中）'11①（投球数6）
　　　浅尾　拓也（中）'11⑤（投球数3）
　　　攝津　　正（ソ）'11⑦（投球数6）
　　　マシソン（巨）'12②（投球数1）
h．2チームでセーブ
　　　江夏　　豊（広、日）

J．ホールド

a．通算最多ホールド
　　7…山口　鉄也（巨）
　　　　モイネロ（ソ）
　　6…森　　唯斗（ソ）
　　　　嘉弥真新也（ソ）
　　5…越智　大祐（巨）
b．シリーズ最多ホールド
　　7試合－3…内　　竜也（ロ）'10
　　　　　　　ファルケンボーグ（ソ）'11
　　　　　　　森福　允彦（ソ）'11
　　6試合－4…今村　　猛（広）'16
　　5試合－3…岡島　秀樹（日）'06
　　4試合－2…モイネロ（ソ）'19
c．最多連続試合ホールド
　　3…岡島　秀樹（日）'06③〜⑤
　　　　越智　大祐（巨）'09①③⑥
　　　　バットン（ディ）'17④〜⑥
　　　　高橋　　礼（ソ）'18①③⑤
d．3イニング以上ホールド
　　　内　　竜也（ロ）'10⑦（3回）
　　　東浜　　巨（ソ）'14④（3回）
e．最少投球数ホールド

K．投球数

　　1…嘉弥真新也（ソ）'17⑥
　　　　砂田　毅樹（ディ）'17⑥
　　　　バットン（ディ）'17⑥

a．ゲーム最多投球数
　　169…山田　久志（急）'78①　○完投（9回）
　　（補回）
　　200…外木場義郎（広）'75④　△完投（13回）
b．ゲーム最少投球数（9回完投100球未満、※は無失点勝利）
　　90…藤本　英雄（巨）'51⑤　○
　　　　杉下　　茂（中）'54⑦　○※
　　93…別所　毅彦（巨）'52①　○
　　94…稲尾　和久（西）'58③　●
　　96…スタンカ（南）'64①　○※
　　97…渡辺　俊介（ロ）'10③　○
　　99…別所　毅彦（巨）'51②　○※
　　　　　　　　　　　　　'55⑦　○※
　　　　江藤　　正（南）'52⑤　○
　　　　スタンカ（南）'61①　○※
　　　　　　　　　　　　'64⑥　○※
　　（参考）
　　87…清水　直行（ロ）'05①　○完投（7回）
　　88…中西　勝己（毎）'60①　●完投（8回）
c．イニング最多投球数
　　44…斎藤　雅樹（巨）'96⑤3回
　　　　40球以上　11人、11度（上記含む）
d．イニング最少投球数
　　3…大島　信雄（松）'50④6回
　　　　別所　毅彦（巨）'51②1回
　　　　中尾　碩志（巨）'55③7回
　　　　山田　久志（急）'71③4回

L．投球回

a．通算最多投球回
　　140⅓…堀内　恒夫（巨）
　　127⅔…山田　久志（急）
　　124　…足立　光宏（急）
b．シリーズ最多投球回
　　8試合－20⅓…東尾　　修（武）'86
　　7試合－47　…稲尾　和久（西）'58
　　6試合－29⅓…大島　信雄（松）'50
　　　　　　　　　スタンカ（南）'61
　　5試合－20⅓…木樽　正明（ロ）'70
　　4試合－32　…杉浦　　忠（南）'59
c．ゲーム最多投球回数
　　13…外木場義郎（広）'75④
　　12…若林　忠志（毎）'50①
　　　　大島　信雄（松）'50①
　　　　岡林　洋一（ヤ）'92①

M．被安打

a．通算最多被安打
　　122…山田　久志（急）
　　117…足立　光宏（急）
　　108…堀内　恒夫（巨）
b．シリーズ最多被安打
　　8試合－16…東尾　　修（武）'86
　　7試合－30…稲尾　和久（西）'58
　　6試合－24…スタンカ（南）'61
　　5試合－19…木樽　正明（ロ）'70
　　4試合－27…杉浦　　忠（南）'59
c．ゲーム最多被安打
　　14…山田　久志（急）'78⑤
d．ゲーム最少被安打（完投）
　　2…河村　久文（西）'54③
　　　　村山　　実（神）'62②
　　　　稲尾　和久（西）'63⑥
　　　　スタンカ（南）'64⑥
　　　　木樽　正明（ロ）'74⑤

　　　　山根　和夫（広）'79⑤、'80④
　　　　西本　聖（巨）'81②
　　　　森山　良二（武）'88④
　　　　高橋　尚成（巨）'00⑤
　　　　川上　憲伸（中）'07①　●
　　　（西本'81②, 川上'07①以外は無失点勝利）
e．イニング最多被安打
　　6…宮本　幸信（急）'69④4回
　　　　西井　哲夫（ヤ）'78⑥5回（犠打挟み連続）
　　　　伊東　昭光（ヤ）'93③3回
　　　　新谷　博（武）'98⑤9回
　　　　伊良部秀輝（神）'03②2回（連続）
　　　　石川　雅規（ヤ）'15①4回（連続）
f．最多連続打者無安打
　　31人（9 1/3）…河村　久文（西）'54③3回二死～9回
　　　　　　　　　　　（四球3含む）
　　　　　　　　⑤5回一死～8回一死（失策出塁1含む）
　　　（8 2/3）…藤田　元司（巨）'59③2回1死～8回
　　　　　　　　　（四死球3含む）
　　　　　　　④1回～2回（四球3含む）
g．シリーズ登板全イニング無安打
　　8……山井　大介（中）'07⑤1回～8回
　　7 1/3…島原　幸雄（西）'57④1回一死～10回
　　　　　　　　　　　　　⑤8回一死～9回
　　　　　　木田　優夫（巨）'96②6回二死～8回
　　　　　　　　　　　　　④4回～8回
h．最多連続無走者
　　24人…山井　大介（中）'07⑤1回～8回
　　23人…村山　実（神）'62①10回二死～1人
　　　　　　　　　　　　②先発～22人
　　　　　小林　繁（巨）'76④8回二死～4人
　　　　　　　　　　　　　⑤9回一死～2人
　　　　　　　　　　　　　⑥6回無死～15人
　　　　　　　　　　　　　⑦8回一死～2人
　　　　　川上　憲伸（中）'04①5回二死～7人
　　　　　　　　　　　　　⑤先発～16人
i．先発最多イニング無安打（初回先頭から）
　　8……山井　大介（中）'07⑤
　　7 1/3…村山　実（神）'62②
　　　　　佐々岡真司（広）'91④
　　　　　濱口　遥大（ディ）'17④
　　7……ムーア（ソ）'20③
　　6 2/3…高橋　礼（ソ）'19②
　　6 1/3…石井　一久（ヤ）'01①
　　　　　和田　毅（ソ）'11①
　　6……山根　和夫（広）'79②
　　　　　永井　智浩（ダ）'99③

N．被本塁打
a．通算最多被本塁打
　　23…山田　久志（急）
　　15…足立　光宏（急）
b．シリーズ最多被本塁打
　　8試合－3…東尾　修（武）'86
　　　　　　　大野　豊（広）'86
　　7試合－6…山田　久志（急）'78
　　6試合－5…堀本　律雄（巨）'61
　　5試合－5…成田　文男（ロ）'70
　　4試合－2…別所　毅彦（毎）'59
　　　　　　　中西　勝己（毎）'60
　　　　　　　斎藤　雅樹（巨）'90
　　　　　　　郭　泰源（武）'90
　　　　　　　松坂　大輔（武）'02
　　　　　　　井川　慶（神）'05
　　　　　　　安藤　優也（神）'05
　　　　　　　橋本健太郎（神）'05
　　　　　　　バンデンハーク（ソ）'19
　　　　　　　畠　世周（巨）'20
c．ゲーム最多被本塁打
　　4…成田　文男（ロ）'70④
　　　　戸田　善紀（急）'72⑤
d．イニング最多被本塁打

　　4…戸田　善紀（急）'72⑤3回
　　　　　　王、長嶋、黒江、森
　　3…中村　大成（南）'53②7回
　　　　　　与那嶺、千葉、南村（連続）
　　　　西井　哲夫（ヤ）'78⑥5回
　　　　　　島谷、ウイリアムス、福本
e．初登板、第一打者に被本塁打
　　14人（最新　千賀滉大（ソ）'15③）
　　　　　　　　　　　　打者　山田哲人（ヤ）

O．与四球
a．通算最多与四球
　　61…堀内　恒夫（巨）
　　46…高橋　一三（巨）
b．シリーズ最多与四球
　　8試合－6…松沼　博久（武）'86
　　7試合－14…山口　高志（急）'76
　　6試合－12…山口　高志（急）'75
　　5試合－11…堀内　恒夫（巨）'71
　　4試合－9…藤田　元司（巨）'59
c．シリーズ最少与四球　－投球回10以上－
　　0…杉内　俊哉（ダ）'03　投球回15
　　　　内海　哲也（巨）'12　投球回15
　　　　川崎　徳次（西）'54　投球回14 1/3
　　　　足立　光宏（急）'78　投球回14 1/3
　　　　西口　文也（武）'97　投球回14
　　　　澤村　拓一（巨）'12　投球回14
　　　　木樽　正明（ロ）'74　投球回13 1/3
　　　　江藤　正（南）'52　投球回10
d．最多連続イニング無四死球
　　18 2/3…別所　毅彦（巨）
　　　　'55①－1回、④－8回、⑤－3回、⑥－2/3回、
　　　　⑦－6回
e．ゲーム最多与四球
　　8…高橋　一三（巨）'72②（7 1/3回）
　　　　山口　高志（急）'76⑥（6 2/3回）
f．イニング最多与四球
　　4…三浦　大輔（横）'98③2回
　　　　若田部健一（ダ）'99②1回
g．イニング最多連続与四球
　　3…藤田　元司（巨）'59④1回
　　　　堀内　恒夫（巨）'68③1回
　　　　山口　高志（急）'76④7回
　　　　松沼　博久（武）'85④1回
　　　　小林　宏（オ）'96④7回
　　　　グリン（日）'07②4回
　　　　東野　峻（巨）'08⑥6回
　　　　中田　賢一（ソ）'14④1回、'14④3回

P．与死球
a．通算最多与死球
　　9…足立　光宏（急）
　　6…松坂　大輔（武）
b．シリーズ最多与死球
　　8試合－2…大野　豊（広）'86
　　7試合－3…大友　工（巨）'55
　　　　　　　松坂　大輔（武）'04
　　6試合－2…足立　光宏（急）'39
　　　　　　　星野　仙一（中）'74
　　　　　　　金城　基泰（広）'75
　　　　　　　高橋　一三（巨）'81
　　　　　　　永井　智浩（ダ）'00
　　　　　　　内海　哲也（巨）'12
　　　　　　　澤村　拓一（巨）'12
　　　　　　　ヘルウェグ（広）'18
　　5試合－2…三浦　清弘（南）'65
　　　　　　　山内　新一（急）'73
　　　　　　　山口　高志（急）'77
　　　　　　　前川　勝彦（近）'01
　　　　　　　中田　賢一（中）'06
　　4試合－3…松坂　大輔（武）

c．ゲーム最多与死球
　　3…松坂　大輔（武）'04②
d．イニング最多与死球
　　2…大友　　工（巨）'55②4回（連続）
　　　　西本　　聖（巨）'83⑤2回
　　　　荒木　大輔（ヤ）'93①1回
　　　　松坂　大輔（武）'02④6回、'04②3回
　　　　中田　賢一（中）'06④3回（連続）
　　　　吉見　一起（中）'10①3回
　　　　澤村　拓一（巨）'12②1回

Q．奪三振

a．通算最多奪三振
　　102…工藤　公康（巨）
　　 84…稲尾　和久（西）
　　 82…堀内　恒夫（巨）
b．シリーズ最多奪三振
　　8試合−17…工藤　公康（武）'86
　　7試合−32…稲尾　和久（西）'58
　　6試合−21…山口　高志（急）'75
　　　　　　　　今永　昇太（ディ）'17
　　5試合−24…ダルビッシュ有（日）'07
　　4試合−20…杉浦　　忠（南）'59
c．ゲーム最多奪三振
　　13…工藤　公康（ダ）'99①
　　　　ダルビッシュ有（日）'07①
　　（補回）
　　13…外木場義郎（広）'75④（13回、9回で10）
d．二桁奪三振（21人、24度、補回での達成含む）
　　杉下　　茂（中）'54①　12
　　稲尾　和久（西）'57①　11
　　堀内　庄（巨）'58②　11
　　村田　兆治（ロ）'74⑥　11（10回、9回で10）
　　外木場義郎（広）'75④　13（13回、9回で10）
　　西本　　聖（巨）'81②　10
　　槙原　寛己（巨）'87④　11
　　岡林　洋一（ヤ）'92⑦　10（10回、9回で9）
　　石井　一久（ヤ）'97①　12
　　　　　　　　'01①　12
　　工藤　公康（ダ）'99①　13
　　高橋　尚成（巨）'00⑤　12
　　上原　浩治（巨）'02①　12
　　ダルビッシュ有（日）'07①　13
　　　　　　　　　⑤　11
　　岸　孝之（武）'08④　10
　　チ ェ ン（中）'11①　11
　　武田　　勝（日）'12②　10
　　則本　昂大（楽）'13①　12
　　田中　将大（楽）'13②　12
　　大谷　翔平（日）'16①　10
　　今永　昇太（ディ）'17②　10
　　　　　　　　　⑥　11
　　バンデンハーク（ソ）'18⑥　10
e．イニング最多奪三振
　　3…多数あり
f．最多連続打者奪三振
　　5…村田　兆治（ロ）'74⑥5回…谷木、井上、マーチン
　　　　　　　　　　 6回…谷沢、木俣
　　　槙原　寛己（巨）'94②2回…鈴木、田辺
　　　　　　　　　　 3回…吉竹、伊東、工藤
g．イニング三者連続3球奪三振
　　工藤　公康（武）'94②3回…槙原、グラッデン、川相
h．ゲーム毎回奪三振
　　西本　　聖（巨）'81②（10三振）
　　岸　孝之（武）'08④（10三振）
　　田中　将大（楽）'13②（12三振）

R．暴　投

a．通算最多暴投
　　6…渡辺　久信（武）
b．シリーズ最多暴投

8試合−0　　　　　　　'86
7試合−2…松岡　　弘（ヤ）'78
　　　　　渡辺　久信（武）'93
　　　　　長田秀一郎（武）'04
　　　　　清水　昭信（中）'10
6試合−2…森　　慎二（武）'00
　　　　　渡辺　正和（ダ）'00
　　　　　増井　浩俊（日）'16
　　　　　石田　健大（ディ）'17
5試合−2…中原　　宏（南）'51
　　　　　渡辺　久信（武）'88
　　　　　石井　一久（ヤ）'95
　　　　　藤浪晋太郎（神）'14
4試合−3…江草　仁貴（神）'05
c．ゲーム最多暴投
　　3…江草　仁貴（神）'05②
d．イニング最多暴投
　　3…江草　仁貴（神）'05②8回

S．ボ ー ク（15人、15度）

　　1…別所　毅彦（巨）'55④1回
　　　　林　　俊彦（南）'64②8回
　　　　木樽　正明（ロ）'70③7回
　　　　倉田　　誠（巨）'73②2回
　　　　江本　孟紀（南）'73⑤7回
　　　　柴田　保光（武）'82④5回
　　　　渡辺　久信（武）'85⑥9回
　　　　石井　貴（武）'98④6回
　　　　佐久本昌広（ダ）'99②5回
　　　　宣　　銅烈（中）'99④9回
　　　　リ ガ ン（神）'03④9回
　　　　ド ミ ン ゴ（中）'04⑦3回
　　　　中田　賢一（中）'10⑤2回
　　　　オンドルセク（ヤ）'15②7回
　　　　鍵谷　陽平（巨）'20②7回

T．失　　点

a．通算最多失点
　　63…足立　光宏（急）
　　55…山田　久志（急）
b．シリーズ最多失点
　　8試合−5…川端　　順（広）'86
　　　　　　　東尾　　修（武）'86
　　　　　　　渡辺　久信（武）'86
　　7試合−14…稲尾　和久（西）'63
　　　　　　　山田　久志（急）'76
　　6試合−15…別所　毅彦（巨）'56
　　5試合−11…スタンカ（南）'65
　　4試合−11…藤田　元司（巨）'59
c．ゲーム最多失点
　　10…新谷　　博（武）'98⑤
d．イニング最多失点
　　7…川口　和久（広）'84⑥3回
　　　　新谷　　博（武）'98⑤9回
e．シリーズ最少失点 ― 一投球回10以上 ―
　　0…岸　孝之（武）'08投球回14⅔
　　　　石井　　貴（武）'04投球回13
　　　　益田　昭雄（日）'66投球回13
　　　　美馬　　学（楽）'13投球回11⅔
　　　　石井　一久（ヤ）'97投球回11
f．最多連続イニング無失点（シリーズ）
　　26…稲尾　和久（西）
　　　　'58④−2回（8回より）、⑤−7回、⑥−9回、
　　　　⑦−8回
g．最多連続イニング無失点（連続シリーズ）
　　29…西本　　聖（巨）'81②−8回、⑤−9回、
　　　　　　　　　　　　'83②−9回、⑤−3回

U．自 責 点

a．通算最多自責点
　　57…足立　光宏（急）
　　50…山田　久志（急）
b．シリーズ最多自責点
　　8試合− 5…川端　　順（広）'86
　　　　　　　渡辺　久信（武）'86
　　7試合−12…稲尾　和久（西）'63
　　　　　　　山田　久志（急）'76，'78
　　6試合−11…足立　光宏（急）'67、'69
　　5試合−10…足立　光宏（急）'71
　　4試合−10…藤田　元司（巨）'59
c．ゲーム最多自責点
　　10…新谷　博（武）'98⑤
d．イニング最多自責点
　　7…川口　和久（広）'84⑥3回
　　　新谷　博（武）'98⑤9回
e．シリーズ最少自責点　─投球回10以上─
　　0…岸　　孝之（武）'08投球回14⅔
　　　東尾　　修（武）'82投球回13⅔
　　　石井　　貴（武）'04投球回13
　　　益田　昭雄（巨）'66投球回12
　　　美馬　　学（楽）'13投球回11⅔
　　　松沼　雅之（武）'83投球回11
　　　石井　一久（ヤ）'97投球回11

V．防　御　率

a．通算最優秀防御率　　　　　　　　　投球回　自責点
　　投球回100以上　2.39…工藤　公康（巨）120⅓　32
　　投球回 70以上　1.79…東尾　　修（武）75⅓　15
　　投球回 50以上　1.53…西本　　聖（巨）53　9
b．シリーズ最優秀防御率　─投球回10以上─
　　8試合−1.20…工藤　公康（武）'86投15　自2
　　7試合−0.00…松沼　雅之（武）'83投11　自0
　　　　　　　　石井　　貴（武）'04投13　自0
　　　　　　　　岸　　孝之（武）'08投14⅔自0
　　　　　　　　美馬　　学（楽）'13投11⅔自0
　　6試合−0.00…益田　昭雄（巨）'66投12　自0
　　　　　　　　東尾　　修（武）'82投13⅔自0
　　5試合−0.00…石井　一久（ヤ）'97投11　自0
　　4試合−0.53…秋山　　登（洋）'60投16⅓自1

Ⅴ．チーム投手記録

A．完　　投

a．シリーズ最多完投
　　5…阪　　急　'78
b．シリーズ最多完投合計　−両チーム−
　　7…毎4−3松　'50
　　　巨3−4西　'58
c．シリーズ最少完投合計　−両チーム−
　　0…16度（最新　ソ−巨　'20）

B．セ ー ブ

a．シリーズ最多セーブ
　　4…オリックス　'96
b．シリーズ最多セーブ合計　−両チーム−
　　6…ソ3−3中　'11
c．シリーズ最少セーブ合計　−両チーム−
　　0…巨−武　'02

C．ホールド

a．シリーズ最多ホールド
　　15…ソフトバンク　'18

---

b．シリーズ最少ホールド
　　0…阪神　'05，中日　'06，日本ハム　'07
　　　巨人　'19，'20
c．シリーズ最多ホールド合計　−両チーム−
　　22…ソ15− 7広　'18
d．シリーズ最少ホールド合計　−両チーム−
　　2…中2−0日　'07

D．投　球　回

a．シリーズ最多投球回
　　79⅓…広　島　'86
b．シリーズ最少投球回
　　32⅓…阪　神　'05

E．暴　　投

a．シリーズ最多暴投
　　5…日本ハム　'16
b．シリーズ最多暴投合計　−両チーム−
　　7…日5−2広　'16
c．ゲーム最多暴投
　　3…阪　神　'05②
d．ゲーム最多暴投合計　−両チーム−
　　3…'88①、'95②、'05②、'12③、'16①

F．防　御　率

a．シリーズ最高防御率
　　1.00…ソフトバンク　'20　投球回36　自責点 4
b．シリーズ最低防御率
　　8.63…阪　神　'05　投球回32⅓　自責点31

Ⅵ．個人守備記録

A．投　　手

a．シリーズ最多刺殺
　　8試合− 2…東尾　和久（武）'86
　　7試合− 3…稲尾　和久（西）'58
　　　　　　　高橋　　明（巨）'76
　　　　　　　ラ　イ　ト（巨）'76
　　　　　　　足立　光宏（急）'76
　　　　　　　柳田　　豊（近）'79
　　　　　　　ドミンゴ（中）'04
　　6試合− 3…大島　信雄（松）'53
　　　　　　　島原　幸雄（西）'56
　　　　　　　足立　光宏（急）'67
　　　　　　　木樽　正明（ロ）'74
　　5試合− 2…多数あり
　　4試合− 2…杉浦　　忠（南）'59
　　　　　　　秋山　　登（洋）'60
　　　　　　　槙原　寛己（巨）'90
b．ゲーム最多刺殺
　　3…ドミンゴ（中）'04③
c．シリーズ最多補殺
　　8試合− 6…東尾　　修（武）'85
　　　　　　　金石　昭人（広）'86
　　7試合−13…久保田　治（東）'62
　　6試合− 9…真田　重男（松）'50
　　　　　　　高橋　一三（巨）'69
　　5試合− 9…高橋　一三（巨）'70
　　4試合− 6…藤田　元司（巨）'59
d．ゲーム最多補殺
　　7…大島　信雄（松）'50①
　　　　　　　　　　（中）'54③
e．シリーズ最多失策
　　8試合− 1…長冨　浩志（広）'86
　　　　　　　大野　　豊（広）'86
　　7試合− 2…宮田　征典（巨）'63

　6試合－2…桑田　真澄（巨）'87
　5試合－2…野口　茂樹（中）'99
　4試合－1…荒巻　　淳（毎）'60
　　　　　　水野　雄仁（巨）'90
　　　　　　松坂　大輔（武）'02
　　　　　　戸郷　翔征（巨）'19
　　　　　　大竹　　寛（巨）'20
　　　　　　ム　ー　ア（ソ）'20
f．ゲーム最多失策
　2…宮田　征典（巨）'63④
g．シリーズ最多併殺
　8試合－1…川本　智徳（武）'86
　7試合－2…小畑　正治（南）'55
　　　　　　久保田　治（東）'62
　　　　　　山田　久志（急）'84
　　　　　　高橋　聡文（中）'10
　6試合－3…高橋　一三（巨）'69
　5試合－2…堀内　恒夫（巨）'73
　4試合－2…藤田　元司（巨）'59
h．ゲーム最多併殺
　2…小畑　正治（南）'55②
　　　高橋　一三（巨）'69⑥
　　　西本　　聖（巨）'81⑤
　　　鈴木　孝政（中）'82③

B．捕　　手
a．シリーズ最多刺殺
　8試合－70…伊東　　勤（武）'86
　7試合－72…里崎　智也（ロ）'10
　6試合－56…村田　真一（巨）'00
　5試合－44…古田　敦也（ヤ）'97
　4試合－42…甲斐　拓也（ソ）'20
b．ゲーム最多刺殺
　14…嶋　　基宏（楽）'13①
c．シリーズ最多補殺
　8試合－6…達川　光男（広）'86
　7試合－9…大矢　明彦（ヤ）'78
　6試合－11…甲斐　拓也（ソ）'18
　5試合－10…細川　　亨（ソ）'14
　4試合－6…野村　克也（南）'59
d．ゲーム最多補殺
　4…大矢　明彦（ヤ）'78④
　　　村田　真一（巨）'90④
　　　谷繁　元信（中）'06④
　　　細川　　亨（ソ）'14⑤
　　　甲斐　拓也（ソ）'18④
e．シリーズ最多失策
　8試合－1…伊東　　勤（武）'86
　7試合－3…和田　博実（西）'63
　6試合－2…野村　克也（南）'66
　　　　　　土肥　健二（ロ）'74
　　　　　　木俣　達彦（中）'74
　5試合－2…和田　博実（西）'57
　　　　　　高田　　誠（オ）'96
　4試合－1…土井　　淳（洋）'60
f．ゲーム最多失策
　2…和田　博実（西）'57③、'63②
　　　野村　克也（南）'66①
g．シリーズ最多併殺
　8試合－0　　　　　　　　'86
　7試合－3…達川　光男（広）'84
　6試合－3…道原　博幸（広）'75
　5試合－2…古田　敦也（ヤ）'97
　　　　　　中村　悠平（ヤ）'15
　4試合－3…野村　克也（南）'59
h．ゲーム最多併殺
　2…道原　博幸（広）'75⑤
　　　達川　光男（広）'84③
　　　伊東　　勤（武）'98②
i．シリーズ最多捕逸
　8試合－0　　　　　　　　'86
　7試合－2…達川　光男（広）'84

　6試合－3…野村　克也（南）'61
　5試合－1…森　　昌彦（巨）'70
　　　　　　種茂　雅之（急）'72
　　　　　　古田　敦也（ヤ）'97
　　　　　　中村　武志（中）'99
　4試合－2…野村　克也（南）'59
j．ゲーム最多捕逸
　2…野村　克也（南）'61②
k．シリーズ最多盗塁刺
　8試合－3…達川　光男（広）'86
　7試合－5…辻　　佳紀（神）'64
　6試合－6…広田　　順（巨）'52
　　　　　　甲斐　拓也（ソ）'18
　5試合－5…森　　昌彦（巨）'71
　　　　　　中村　悠平（ヤ）'15
　4試合－3…野村　克也（南）'59
l．シリーズ最多許盗塁
　8試合－8…達川　光男（広）'86
　7試合－8…大矢　明彦（ヤ）'78
　6試合－8…岡村　浩二（急）'68
　　　　　　大宮　龍男（日）'81
　5試合－7…岡村　浩二（急）'71
　　　　　　吉田　孝司（巨）'77
　4試合－6…谷本　　稔（毎）'60
m．シリーズ最多連続盗塁刺
　6…甲斐　拓也（ソ）'18①②③④⑥
　4…広田　　順（巨）'52④⑤⑥
　　　藤尾　　茂（巨）'58①③⑥
n．シリーズ最多連続許盗塁
　8…大宮　龍男（日）'81①②③④⑤
　7…山本　哲也（中）'62③④⑥
　　　岡村　浩二（急）'71①④⑤
　　　木俣　達彦（中）'74①②⑤
　　　吉田　孝司（巨）'77①②③
　　　達川　光男（広）'86①②④
　　　伊東　　勤（武）'86②③④⑤
o．通算盗塁阻止率　　　　　　　許　刺
　企図20以上　.429…森　　昌彦（巨）20　15
　企図15以上　.611…藤尾　　茂（巨）7　11

C．一塁手
a．シリーズ最多刺殺
　8試合－87…小早川毅彦（広）'86
　7試合－85…中畑　　清（巨）'83
　6試合－76…大岡　虎雄（松）'50
　5試合－62…飯田　徳治（南）'51
　4試合－39…榎本　喜八（毎）'60
b．ゲーム最多刺殺
　19…加藤　秀司（急）'72③
　　　中畑　　清（巨）'83②
c．ゲーム最少刺殺（9回）
　3…ブ　ー　マ　ー（急）'84⑥
　　　清原　和博（武）'00⑤
　　　カ　ブ　レ　ラ（武）'04②
　　　中田　　翔（日）'16④
d．シリーズ最多補殺
　8試合－8…清原　和博（武）'86
　7試合－11…小川　　亨（近）'79
　6試合－8…スペンサー（急）'67
　　　　　　加藤　秀司（急）'75
　　　　　　谷沢　健一（中）'82
　5試合－6…落合　博満（中）'88
　4試合－2…寺田　陽介（南）'59
　　　　　　駒田　徳広（巨）'90
　　　　　　清原　和博（武）'02
　　　　　　斉藤　宜之（巨）'02
　　　　　　福浦　和也（ロ）'05
　　　　　　シ　ー　ツ（神）'05
　　　　　　中島　宏之（巨）'20
e．ゲーム最多補殺
　4…王　　貞治（巨）'63⑤
　　　小川　　亨（近）'79⑤

f．シリーズ最多失策
　　8試合− 1…小早川毅彦（広）'86
　　　　　　　　衣笠　祥雄（広）'86
　　7試合− 3…広沢　克己（ヤ）'93
　　6試合− 2…寺田　陽介（南）'61
　　　　　　　スペンサー（急）'67
　　　　　　　谷沢　健一（中）'74
　　5試合− 2…杉山　光平（南）'65
　　　　　　　ブルーム（南）'65
　　　　　　　ジョーンズ（南）'73
　　　　　　　Ｄ・Ｊ（オ）'95
　　4試合− 0
g．ゲーム最多失策
　　2…ブルーム（南）'65③
　　　杉山　光平（南）'65⑤
　　　ジョーンズ（南）'73④
　　　谷沢　健一（中）'74②
　　　駒田　徳広（巨）'89⑥
　　　Ｄ・Ｊ（オ）'95⑤
　　　ロ　ペ　ス（巨）'13⑥
h．イニング最多失策
　　2…谷沢　健一（中）'74② 3回
i．シリーズ最多併殺
　　8試合− 5…小早川毅彦（広）'86
　　7試合−14…水谷　実雄（広）'80
　　6試合− 9…谷沢　健一（中）'74
　　　　　　　バ　ー　ス（神）'85
　　5試合− 6…王　　貞治（巨）'73
　　　　　　　小笠原道大（日）'06
　　4試合− 5…福浦　和也（ロ）'05
j．ゲーム最多併殺
　　4…5度
k．三重殺
　　1…河野　昭修（西）'56①

D．二 塁 手

a．シリーズ最多刺殺
　　8試合−22…正田　耕三（広）'86
　　7試合−23…土屋　正孝（巨）'58
　　6試合−21…土井　正三（巨）'69
　　5試合−18…土橋　勝征（ヤ）'95
　　4試合−12…岡本伊三美（南）'59
b．ゲーム最多刺殺
　　8…木下　富雄（広）'84⑤
c．シリーズ最多補殺
　　8試合−28…正田　耕三（広）'86
　　7試合−28…土屋　正孝（巨）'58
　　　　　　　マルカーノ（急）'78
　　　　　　　寺内　崇幸（巨）'13
　　6試合−26…岡田　彰布（神）'85
　　5試合−18…山本　一人（南）'59
　　4試合−14…近藤　昭仁（洋）'60
d．ゲーム最多補殺
　　9…前田　益穂（ロ）'70⑤
e．シリーズ最多失策
　　8試合− 0　　　　　　　'86
　　7試合− 2…船田　和英（巨）'63
　　　　　　　森下　整鎮（南）'64
　　　　　　　篠塚　利夫（巨）'89
　　　　　　　井口　資仁（ロ）'10
　　6試合− 2…金山　次郎（松）'50
　　　　　　　山崎　裕之（ロ）'74
　　　　　　　マルカーノ（急）'75
　　　　　　　明石　健志（ソ）'17
　　5試合− 2…内藤　博文（南）'57
　　　　　　　山崎　裕之（ロ）'70
　　4試合− 2…吉川　尚輝（巨）'20
f．ゲーム最多失策
　　1…多数あり
g．シリーズ最多併殺
　　8試合− 4…正田　耕三（広）'86
　　7試合− 9…土屋　正孝（巨）'58

　　6試合− 9…岡田　彰布（神）'85
　　5試合− 6…土井　正三（巨）'72
　　　　　　　辻　　発彦（武）'88
　　　　　　　土橋　勝征（ヤ）'97
　　4試合− 3…土屋　正孝（巨）'59
　　　　　　　近藤　昭仁（洋）'60
　　　　　　　堀内　久雄（ロ）'05
h．ゲーム最多併殺
　　4…辻　　発彦（武）'88①
i．三重殺
　　1…滝内弥瑞生（西）'56①

E．三 塁 手

a．シリーズ最多刺殺
　　8試合−10…衣笠　祥雄（広）'86
　　7試合−11…城戸　則文（西）'63
　　6試合−13…長嶋　茂雄（巨）'61
　　5試合− 8…森本　　潔（急）'71
　　　　　　　島谷　金二（急）'77
　　4試合− 5…桑田　　武（洋）'60
　　　　　　　岡崎　　郁（巨）'90
b．ゲーム最多刺殺
　　4…土屋　正孝（巨）'56②
　　　長嶋　茂雄（巨）'61②
　　　森本　　潔（急）'69①、'71③
　　　衣笠　祥雄（広）'86⑤
　　　片岡　篤史（神）'03①
　　　フェルナンデス（武）'04⑤
　　　今江　敏晃（ロ）'10⑤
c．シリーズ最多補殺
　　8試合−26…衣笠　祥雄（広）'86
　　7試合−27…森下　正夫（南）'55
　　6試合−26…河内　卓司（毎）'50
　　5試合−25…藤山　和夫（南）'51
　　4試合−12…長嶋　茂雄（巨）'59
d．ゲーム最多補殺
　　11…原　　辰徳（巨）'83②
e．シリーズ最多失策
　　8試合− 0　　　　　　　'86
　　7試合− 3…森下　正夫（南）'55
　　　　　　　石毛　宏典（武）'93
　　6試合− 3…河内　卓司（毎）'50
　　　　　　　長嶋　茂雄（巨）'69
　　5試合− 1…多数あり
　　4試合− 1…長嶋　茂雄（巨）'59
　　　　　　　清原　和博（武）'90
　　　　　　　今岡　　誠（神）'05
　　　　　　　山本　泰寛（巨）'19
　　　　　　　岡本　和真（巨）'19
f．ゲーム最多失策
　　2…長嶋　茂雄（巨）'68①
　　　リ　ベ　ラ（近）'89⑦
g．イニング最多失策
　　2…長嶋　茂雄（巨）'68① 7回
　　　リ　ベ　ラ（近）'89⑦ 9回
h．シリーズ最多併殺
　　8試合− 1…衣笠　祥雄（広）'86
　　7試合− 3…森下　正夫（南）'55
　　　　　　　ハウエル（ヤ）'92　'93
　　6試合− 5…ピ　ー　ト（南）'61
　　5試合− 3…藤原　　満（南）'73
　　4試合− 2…今江　敏晃（ロ）'05
i．ゲーム最多併殺
　　3…ピ　ー　ト（南）'61①

F．遊 撃 手

a．シリーズ最多刺殺
　　8試合−18…高橋　慶彦（広）'86
　　7試合−19…木塚　忠助（南）'55
　　6試合−19…小池　兼司（南）'65
　　5試合−13…平井　正明（巨）'51

　　　　　　　　　　豊田　泰光　（西）'57
　　　　　　　　　　池山　隆寛　（ヤ）'95
　　　　4試合－16…広岡　達朗　（巨）'59
b．ゲーム最多刺殺
　　　　7…広岡　達朗　（巨）'59④
　　　　　宇野　　勝　（中）'82③
c．シリーズ最多補殺
　　　　8試合－26…石毛　宏典　（武）'86
　　　　7試合－34…平井　三郎　（巨）'53
　　　　6試合－26…平田　勝男　（神）'85
　　　　5試合－23…今宮　健太　（ソ）'14
　　　　4試合－18…鳥谷　　敬　（神）'05
d．ゲーム最多補殺
　　　　9…宮崎　仁郎　（松）'50④
e．シリーズ最多失策
　　　　8試合－2…高橋　慶彦　（広）'86
　　　　7試合－4…豊田　泰光　（西）'54
　　　　　　　　　大橋　　穣　（急）
　　　　　　　　　野村謙二郎　（広）'91
　　　　6試合－5…三村　敏之　（広）'75
　　　　5試合－4…黒江　透修　（巨）'70
　　　　4試合－1…8度
f．ゲーム最多失策
　　　　3…岩下　光一　（東）'62①
g．イニング最多失策
　　　　2…野村謙二郎　（広）'91① 4回
h．シリーズ最多併殺
　　　　8試合－3…高橋　慶彦　（広）'86
　　　　7試合－10…高橋　慶彦　（広）'80
　　　　6試合－6…小池　兼司　（南）'66
　　　　　　　　　黒江　透修　（巨）'69
　　　　　　　　　三村　敏之　（広）'75
　　　　　　　　　平田　勝男　（神）'85
　　　　　　　　　井口　忠仁　（ダ）'00
　　　　5試合－6…石毛　宏典　（武）'88
　　　　　　　　　金子　　誠　（日）'06
　　　　4試合－5…西岡　　剛　（ロ）'05
i．ゲーム最多併殺
　　　　4…宇野　　勝　（中）'82③
j．三重殺
　　　　1…豊田　泰光　（西）'56①

G．外 野 手

a．シリーズ最多刺殺
　　　　8試合－17…長嶋　清幸　（広）'86
　　　　7試合－22…新井　宏昌　（近）'89
　　　　6試合－27…福本　　豊　（急）'75
　　　　5試合－17…青田　　昇　（巨）'51
　　　　　　　　　福本　　豊　（急）'72
　　　　4試合－13…坂崎　一彦　（巨）'59
b．ゲーム最多刺殺
　　　　7…張本　　勲　（東）'62④
　　　　　大熊　忠義　（急）'68①
　　　　　岡村　隆則　（武）'85⑦
　　　　　柴原　　洋　（ダ）'03⑦
c．シリーズ最多補殺
　　　　8試合－1…4人　'86
　　　　7試合－2…福本　　豊　（急）'78
　　　　　　　　　ミ　ス　（巨）'83
　　　　　　　　　飯田　哲也　（ヤ）'93
　　　　　　　　　秋山　幸二　（武）'93
　　　　6試合－2…堀井　数男　（南）'52
　　　　　　　　　福本　　豊　（急）'75
　　　　5試合－2…堀井　数男　（南）'51
　　　　　　　　　中尾　孝義　（中）'88
　　　　　　　　　イチロー　（オ）'95
　　　　4試合－2…坂崎　一彦　（巨）'59
d．ゲーム最多補殺
　　　　2…堀井　数男　（南）'51①
　　　　　福本　　豊　（急）'78①
e．シリーズ最多失策
　　　　8試合－1…ブコビッチ　（武）'86

　　　　7試合－2…マニエル　（近）'79
　　　　6試合－2…木村　　勉　（松）'50
　　　　　　　　　岩本　義行　（松）'50
　　　　　　　　　広瀬　叔功　（南）'61
　　　　　　　　　クロマティ　（巨）'87
　　　　5試合－1…柴田　　勲　（急）'70
　　　　　　　　　ソーレル　（南）'72
　　　　　　　　　島野　育夫　（ヤ）'73
　　　　　　　　　ホージー　（ヤ）'97
　　　　　　　　　村松　有人　（ダ）'99
　　　　　　　　　ニエベス　（ダ）'99
　　　　　　　　　磯部　公一　（近）'01
　　　　4試合－2…原　辰徳　（巨）'90
f．ゲーム最多失策
　　　　2…岩本　義行　（松）'50⑥
　　　　　広瀬　叔功　（南）'61②
g．イニング最多失策
　　　　2…岩本　義行　（松）'50⑥ 4回
h．シリーズ最多併殺
　　　　8試合－1…岡村　隆則　（武）'86
　　　　7試合－2…毒島　章一　（東）'62
　　　　6試合－1…岩本　義行　（松）'50
　　　　　　　　　与那嶺　要　（巨）'56
　　　　　　　　　福本　　豊　（急）'75
　　　　　　　　　島田　　誠　（日）'81
　　　　　　　　　高橋　由伸　（巨）'00
　　　　　　　　　ニエベス　（ダ）'00
　　　　　　　　　近藤　健介　（日）'16
　　　　5試合－1…ロ　ペ　ス　（南）'70
　　　　　　　　　相羽　欣厚　（南）'73
　　　　　　　　　柴田　　勲　（巨）'77
　　　　　　　　　本西　厚博　（オ）'95
　　　　　　　　　松井　秀喜　（巨）'96
　　　　　　　　　村松　有人　（ダ）'99
　　　　　　　　　秋山　幸二　（ダ）'01
　　　　　　　　　磯部　公一　（近）'01
　　　　4試合－1…大沢　昌芳　（南）'59
　　　　　　　　　坂崎　一彦　（巨）'59
　　　　　　　　　金光　秀憲　（洋）'60
i．ゲーム最多併殺
　　　　1…多数あり
　　　（補回）
　　　　2…毒島　章一　（東）'62③（14回、9回で1）

Ⅶ．チーム守備記録

A．守 備 率

a．シリーズ最高守備率

			刺	補	失	併
8試合－.994…	西　武	'86	237	83	2	4
7試合－.996…	西　武	'08	187	74	1	5
6試合－.995…	ダイエー	'00	159	58	1	8
	日本ハム	'12	162	55	1	5
5試合－1.000…	巨　人	'96	132	55	0	3
	ソフトバンク	'14	135	70	0	5
4試合－.993…	ソフトバンク	'19	108	44	1	2

b．シリーズ最低守備率

			刺	補	失	併
8試合－.983…	広　島	'86	238	113	6	5
7試合－.969…	西　鉄	'54	180	68	8	3
6試合－.961…	松　竹	'50	173	97	11	9
5試合－.962…	南　海	'73	132	47	7	6
4試合－.972…	巨　人	'19	102	35	4	1

B．刺 殺

a．シリーズ最多刺殺
　　　　8試合－238…広　島　'86
　　　　7試合－219…ロッテ　'10
　　　　6試合－180…阪　急　'75
　　　　5試合－153…ヤクルト　'95

　　　4試合－111…南　　海　'59
b．シリーズ最少刺殺
　　8試合－237…西　　　武　'86
　　7試合－180…西　　鉄　'54
　　　　　　　　　広　　島　'79, '91
　　　　　　　　　近　　鉄　'79
　　6試合－153…南　　海　'52
　　　　　　　　　西　　　武　'98
　　5試合－126…近　　鉄　'01
　　　　　　　　　中　　日　'06
　　　　　　　　　日本ハム　'07
　　4試合－ 97…阪　　神　'05

c．ゲーム最多刺殺　―外野手―

		左	中	右
14…東　映	'62④　9回	7	4	3

d．ゲーム最少刺殺　―外野手―
　　0…巨　　人　'83②　9回

e．ゲーム最多刺殺　―内野手―

		一	二	三	遊
23…ヤクルト	'55①　9回	17	3	1	2

f．ゲーム最少刺殺　―内野手―

		一	二	三	遊
6…ヤクルト	'95①　9回	4	2	0	0
西　　武	'04②　8回	3	3	0	0
	'08④　9回	5	1	0	0

g．全員刺殺
　　　　ダイエー　'59④、'03⑦ ('59は南海)
　　　　巨　　人　'66⑥

C．補　殺

a．シリーズ最多補殺
　　8試合－113…広　　島　'86
　　7試合－ 99…巨　　人　'83
　　6試合－ 97…松　　竹　'50
　　5試合－ 73…中　　日　'88
　　4試合－ 48…巨　　人　'59
b．シリーズ最少補殺
　　8試合－ 83…西　　　武　'86
　　7試合－ 53…阪　　急　'76
　　6試合－ 49…巨　　人　'00
　　5試合－ 42…ヤクルト　'15
　　4試合－ 27…西　　　武　'02
c．ゲーム最多補殺
　　22…巨　　人　'81⑤
d．ゲーム最少補殺
　　3…阪　　　急　'84⑥
　　　　ヤクルト　'95①
　　　　巨　　人　'00⑤
e．ゲーム最多補殺合計　―両チーム―
　35…ヤ…19－16…急　'78④
f．ゲーム最少補殺合計　―両チーム―
　8…巨…4－4…武　'02④
g．イニング最多補殺
　6…中　　日　'88④ 3回
　　　ソフトバンク　'19② 9回

h．ゲーム最多補殺　―内野手―

		一	二	三	遊
19…巨　人	'81⑤　9回	1	8	3	7

i．ゲーム最少補殺　―内野手―

		一	二	三	遊
1…日本ハム	'81⑥　9回	0	0	1	0
西　　武	'86②　9回	0	0	0	0
	'91⑦　9回	0	0	1	0

D．失　策

a．シリーズ最多失策
　　8試合－ 6…広　　島　'86
　　7試合－ 9…南　　海　'53
　　6試合－11…松　　竹　'50
　　5試合－ 7…南　　海　'73
　　4試合－ 4…巨　　人　'90, '19
b．シリーズ最少失策
　　8試合－ 2…西　　　武　'86
　　7試合－ 1…西　　　武　'08
　　6試合－ 1…ダイエー　'00
　　　　　　　日本ハム　'12

　　5試合－ 0…巨　　人　'96
　　　　　　　ソフトバンク　'14
　　4試合－ 1…大　　洋　'60
　　　　　　　西　　　武　'90
　　　　　　　巨　　人　'02
　　　　　　　ロッテ　'05
　　　　　　　ソフトバンク　'19
c．ゲーム最多失策
　5…東　　映　'62④
　　　西　　　武　'63②、'83⑦ ('63は西鉄)
　　　南　　海　'66①
　　　巨　　人　'76②
(補回)
　6…松　　竹　'50⑥ (11回、9回で4)
d．ゲーム最多失策合計　―両チーム―
　7…西　5－2…巨　'63②
e．イニング最多失策
　3…松　　竹　'50⑥ 4回…右2、遊1
　　　東　　映　'62① 3回…投、二、遊 (連続)
　　　巨　　人　'68① 7回…三2、中1
　　　　'87⑤ 1回…投1、三1、中1
　　　西　　　武　'83⑦ 5回…投2、遊1
f．シリーズ最多無失策試合
　8試合－ 6…西　　　武　'86
　7試合－ 6…西　　　武　'08
　　　　　　巨　　人　'08
　6試合－ 5…西　　　武　'98
　　　　　　ダイエー　'00
　　　　　　日本ハム　'12
　5試合－ 5…巨　　人　'96
　　　　　　ソフトバンク　'14
　4試合－ 3…大　　洋　'60
　　　　　　大　　毎　'60
　　　　　　西　　　武　'90
　　　　　　巨　　人　'02
　　　　　　ロッテ　'05
　　　　　　ソフトバンク　'19, '20
g．連続試合無失策
　6…西　　　武　'08②～⑦

E．併　殺

a．シリーズ最多併殺
　8試合－ 5…広　　島　'86
　7試合－15…広　　島　'80
　6試合－ 9…松　　竹　'50
　　　　　　南　　海　'61
　　　　　　巨　　人　'69
　　　　　　中　　日　'74
　　　　　　広　　島　'75
　　　　　　阪　　神　'85
　5試合－ 8…西　　　武　'88
　4試合－ 7…ロッテ　'05
b．シリーズ最少併殺
　8試合－ 5…西　　　武　'86
　7試合－ 2…西　　　武　'83, '91
　　　　　　楽　　天　'13
　6試合－ 1…阪　　急　'69
　　　　　　広　　島　'18
　5試合－ 0…巨　　人　'57
　4試合－ 0…巨　　人　'20
c．ゲーム最多併殺
　4…松　　竹　'50②
　　　南　　海　'55②、'61①
　　　広　　島　'80①⑦
　　　巨　　人　'81⑤
　　　中　　日　'82③
　　　西　　　武　'87③、'88①
　　　ロッテ　'05④
d．ゲーム最多併殺合計　―両チーム―
　5…松　4－1…毎　'50②
　　　南　4－1…巨　'55②
　　　南　4－1…巨　'61①

巨…3－2…ロ　'70①（9回まで、11回で6）
南…3－2…巨　'73①
広…4－1…近　'80⑦
中…4－1…武　'82③
武…4－1…中　'88①
ヤ…3－2…武　'97③
日…3－2…中　'06③
（補回）
　7…東…4－3…神　'62③（14回、9回で3）
e．連続イニング併殺
　4…松　　竹　'50②3～6回
f．シリーズ最多三重殺
　1…西　　鉄　'56①6試合
g．ゲーム最多三重殺
　1…西　　鉄　'56①

出場審判・記録員

a．審 判 員

セントラル・リーグ
'50…島、杉村、津田、筒井
'51…島、杉村、津田、筒井
'52…島、杉村、津田、筒井
'53…島、津田、円城寺、筒井
'54…津田、円城寺、国友、筒井
'55…島、津田、円城寺、筒井
'56…島、金政、津田、円城寺
'57…島、円城寺、筒井、小柴
'58…島、津田、円城寺、筒井
'59…島、円城寺、筒井、滝野
'60…島、筒井、佐藤、富沢
'61…津田、円城寺、筒井、滝野
'62…国友、筒井、有津、富沢
'63…国友、筒井、有津、岡田功
'64…筒井、富沢、岡田功、田代
'65…有津、富沢、岡田功、松橋
'66…筒井、竹元、岡田功、田代
'67…筒井、富沢、岡田功、田代
'68…竹元、田代、松橋、谷村
'69…筒井、富沢、竹元、岡田功
'70…竹元、岡田功、松橋、谷村
'71…富沢、竹元、岡田功、松橋
'72…竹元、岡田功、松橋、谷村
'73…富沢、岡田功、谷村、山本
'74…竹元、岡田和、松橋、久保田
'75…岡田和、谷村、山本、平光
'76…岡田和、松橋、谷村、山本
'77…岡田和、丸山、谷村、久保田
'78…富沢、岡田和、谷村、山本
'79…岡田和、山本、福井、久保田
'80…岡田和、松橋、谷村、山本
'81…岡田和、谷村、福井、平光
'82…丸山、山本、福井、久保田
'83…岡田功、谷村、山本、三浦
'84…岡田、福井、平光、井上
'85…山本、田中、井上、久保田
'86…山本、福井、田中、久保田
'87…山本、福井、田中、井上
'88…山本、福井、田中、小林
'89…福井、平光、小林、井野
'90…山本文、福井、平光、小林
'91…岡田、井上、小林、井野
'92…小林、井野、谷、友寄
'93…福井、田中、小林毅、友寄
'94…井上、小林毅、井野、友寄
'95…久保田、小林毅、井野、谷
'96…井上、小林毅、井野、友寄
'97…小林毅、井野、谷、友寄
'98…小林毅、井野、谷、友寄

'99…井野、谷、友寄、橘高
'00…小林毅、井野、谷、友寄
'01…井野、谷、友寄、森
'02…友寄、森、笠原、真鍋
'03…谷、渡田、橘高、笠原
'04…友寄、橘高、杉永、佐々木
'05…井野、谷、森、真鍋
'06…友寄、渡田、笠原、真鍋
'07…渡田、橘高、杉永、佐々木
'08…谷、笠原、真鍋、有隅
'09…森、西本、真鍋、佐々木
'10…友寄、渡田、杉永、笠原

パシフィック・リーグ
'50…二出川、横沢三、浜崎、上田
'51…横沢三、小島、浜崎、井野川
'52…二出川、横沢三、上田、苅田
'53…二出川、横沢三、浜崎、上田
'54…二出川、横沢三、苅田、長谷川
'55…二出川、横沢三、浜崎、苅田
'56…二出川、横沢三、上田、苅田
'57…二出川、横沢三、浜崎、角谷
'58…二出川、横沢三、浜崎、上田
'59…二出川、横沢三、浜崎、川瀬
'60…二出川、上田、川瀬、田川
'61…二出川、浜崎、上田、田川
'62…二出川、小島、上田、田川
'63…小島、横沢七、川瀬、田川
'64…小島、上田、井野川、川瀬
'65…小島、川瀬、田川、道仏
'66…小島、川瀬、田川、久喜
'67…田川、沖、道仏、久喜
'68…田川、沖、道仏、久喜
'69…田川、沖、道仏、久喜
'70…田川、沖、道仏、斎田
'71…田川、沖、道仏、久喜
'72…田川、沖、道仏、斎田
'73…道仏、斎田、岡田豊、吉田
'74…道仏、大野、斎田、岡田豊
'75…道仏、久喜、大野、岡田豊
'76…道仏、久保山、斎田、吉田
'77…岡田哲、久保山、斎田、吉田
'78…久保山、斎田、藤本、前川
'79…岡田哲、斎田、藤本、前川
'80…岡田哲、斎田、藤本、前川
'81…岡田哲、村田、藤本、前川
'82…斎田、村田、藤本、前川
'83…岡田哲、斎田、藤本、前川
'84…大野、藤本、前川、五十嵐
'85…岡田、寺本、藤本、前川
'86…村田、藤本、前川、五十嵐
'87…寺本、村田、藤本、前川
'88…岡田、村田、藤本、前川
'89…寺本、五十嵐、牧野、小林一
'90…寺本、前川、林忠、山本隆
'91…寺本、前川、牧野、橘
'92…寺本、藤本、前川、五十嵐
'93…五十嵐、村越、林忠、前田
'94…寺本、前川、五十嵐、永見
'95…前川、永見、前田、山本
'96…五十嵐、林、山本、東
'97…五十嵐、林、前田、中村
'98…藤本、五十嵐、永見、山本
'99…林、東、小寺、中村
'00…永見、橘、中村、佐藤
'01…林、橘、前田、中村
'02…林、東、中村、山村
'03…柿木園、山本、東、中村
'04…山本、東、中村、栄村
'05…山村、中村、東、佐藤
'06…東、中村、佐藤、川口
'07…東、中村、柳田、秋村
'08…中村、佐藤、丹波、津川
'09…中村、山村、丹波、柳田

'10…中村、良川、川口、津川
※2011年よりセ・パ統合
'11…東、橘高、笠原、眞鍋、佐々木、丹波、川口、本田
'12…渡田、佐藤、柳田、柿木園、西本、小林和、吉本、敷田
'13…杉永、森、佐々木、山村達、有隅、飯塚、木内、秋村
'14…橘高、東、川口、本田、白井、名幸、嶋田、深谷
'15…笠原、佐藤、眞鍋、有隅、佐々木、丹波、木内
'16…有隅、丹波、小林、川口、本田、白井、嶋田
'17…橘高、西本、土山、秋村、深谷、津川、牧田
'18…笠原、眞鍋、川口、本田、白井、山本貴、石山
'19…森、笠原、吉本、名幸、津川、福家、山本貴
'20…笠原、有隅、敷田、嶋田、深谷、津川、山本貴

b. 記録員

セントラル・リーグ

'50～'52	………広瀬	'82, '88, '94	…………河野
'53～'59	………萩原	'83, '89, '95, '00	
'60, '61, '63, '65		'06	………………石井
'67, '69, '71, '73		'90, '96, '01, '05	…東水流
'74, '76, '78	………柳原	'02	………………山本
'62, '64	………中川	'03	………………嵯峨
'66, '68, '70, '72		'04	………………中村晃
'75, '77, '84	………藤森	'07	………………加藤木
'79, '85, '91, '97	…丸山	'08	………………西原
'80, '86, '92, '98	…東田	'09	………………生原
'81, '87, '93, '99	…中沢聖		

パシフィック・リーグ

'50～'61	………山内	'82, '92	…………帖地
'62, '63, '66	………佐藤	'84, '93	…………花田
'64, '69, '73	………中沢正	'85, '94, '99	…関口
'65, '70	………桑原	'86, '95, '00	…安藤
'67, '71	………針原	'87, '96, '04, '07	…吉村
'68, '72, '76, '79		'89	………………近藤
'83, '88	………千葉	'98, '05	…………山田
'74, '77, '80, '91	…梅田英	'01, '06	…………山田
'75, '78, '81, '90		'02, '08	…………藤原
'97	………………五十嵐	'03, '09	…………村林

※2010年よりセ・パ統合
'10 ………………山本、山川
'11 ………………嵯峨、中村晃
'12 ………………加藤木、近江屋
'13 ………………西原、荒木
'14 ………………生原、荻野
'15 ………………山田、関
'16 ………………山本、新
'17 ………………藤原、沢崎
'18 ………………嵯峨、中村晃
'19 ………………村林、小熊
'20 ………………近江屋、伊藤

表彰選手

'50…最高殊勲選手 … 別当 薫 (毎)
'51…最高殊勲選手 … 南村不可止 (巨)
'52…最高殊勲選手 … 別所 毅彦 (巨)
　　最高打撃賞 …
　　ホームラン王賞 … 川上 哲治 (巨)
'53…最高殊勲選手賞 }
　　首位打者賞 　 } … 川上 哲治 (巨)
　　敢闘賞 … 簑原 宏 (南)
　　最優秀投手賞 … 大友 工 (巨)
　　技能賞 　 }
　　本塁打王賞 } … 与那嶺 要 (巨)

'54…最高殊勲選手賞 }
　　最優秀投手賞　 } … 杉下 茂 (中)
　　首位打者賞 … 日比野 武 (西)
　　首位本塁打賞 … 西沢 道夫 (ロ)
　　首位打点賞 … 西沢 道夫 (ロ)
　　最優秀技能賞 … 本多 逸郎 (ロ)
　　敢闘賞 … 大下 弘 (西)
'55…最優秀選手賞 }
　　最優秀投手賞 } … 別所 毅彦 (巨)
　　首位打者賞 … 飯田 徳治 (南)
　　敢闘賞 … 戸川 一郎 (南)
　　技能賞 … 木塚 忠助 (南)
'56…最優秀選手賞 }
　　首位打者賞　 } … 豊田 泰光 (西)
　　敢闘賞　　 }
　　最優秀投手賞 } … 稲尾 和久 (西)
　　技能賞 … 関口 清治 (西)
'57…最優秀選手賞 }
　　首位打者賞　 } … 大下 弘 (西)
　　技能賞 … 和田 博実 (西)
　　敢闘賞 … 宮本 敏雄 (西)
　　優秀選手賞 … 豊田 泰光 (西)
　　最優秀投手賞 … 稲尾 和久 (西)
'58…最優秀選手賞 }
　　最優秀投手賞 } … 稲尾 和久 (西)
　　首位打者賞 … 川上 哲治 (巨)
　　優秀選手賞 … 豊田 泰光 (西)
　　敢闘賞 … 中西 太 (西)
　　技能賞 … 藤田 元司 (巨)
'59…最優秀選手賞 }
　　最優秀投手賞 } … 杉浦 忠 (南)
　　技能賞 … 岡本伊三美 (南)
　　首位打者賞 … 寺田 陽介 (南)
　　優秀選手賞 … 杉山 光平 (南)
　　敢闘賞 … 土屋 正孝 (南)
'60…最優秀選手賞 }
　　首位打者賞　 } … 近藤 昭仁 (洋)
　　技能賞 … 鈴木 武 (洋)
　　首位打点賞 … 金光 秀憲 (洋)
　　優秀選手賞 … 近藤 和彦 (洋)
　　最優秀投手賞 … 秋山 登 (洋)
　　敢闘賞 … 田宮謙次郎 (毎)
'61…最優秀選手賞 }
　　首位打者賞　 } … 宮本 敏雄 (三)
　　技能賞 … 中村 稔 (南)
　　敢闘賞 … スタンカ (三)
　　優秀選手賞 … 塩原 明 (三)
　　最優秀投手賞 … 堀本 律雄 (三)
'62…最優秀選手賞 　 }
　　　　　　　　　 } … 土橋 正幸 (東)
　　　　　　　　　　種茂 雅之 (東)
　　優秀選手賞 … 岩下 光一 (東)
　　敢闘賞 … 張本 勲 (東)
　　首位打者賞 … 吉田 義男 (神)
　　最優秀投手賞 … 安藤 元博 (東)
'63…最優秀選手賞 }
　　最優秀投手賞 } … 長嶋 茂雄 (三)
　　敢闘賞 … 高橋 明 (三)
　　優秀選手賞 … 稲尾 和久 (西)
　　首位打者 … 王 貞治 (巨)
　　技能 … 城戸 則文 (西)
　　　　 … 広岡 達朗 (巨)
'64…最優秀選手賞 }
　　最優秀投手賞 } … スタンカ (南)
　　打撃賞　 }
　　敢闘賞　 } … 山内 一弘 (神)
　　技能 … 小池 兼司 (南)
　　優秀選手賞 … ハドリ (南)
'65…最優秀選手賞 }
　　打撃賞　　 } … 長嶋 茂雄 (巨)
　　敢闘 … 森 昌彦 (巨)
　　　 … 森下 整鎮 (南)
　　最優秀投手賞 … 宮田 征典 (巨)
　　技能 … 王 貞治 (巨)
　　優秀選手賞 … 林 俊彦 (南)

日本シリーズ記録集

'66…
- 最優秀選手賞／打撃賞 … 柴田　勲（巨）
- 敢闘賞 … 渡辺　泰輔（南）
- 最優秀投手賞 … 城之内邦雄（巨）
- 技能賞 … 王　貞治（巨）
- 優秀選手賞 … 長嶋　茂雄（巨）

'67…
- 最優秀選手賞 … 森　昌彦（巨）
- 打撃賞 … 森本　潔（急）
- 敢闘賞 … 足立　光宏（急）
- 最優秀投手賞 … 城之内邦雄（巨）
- 技能賞 … 高倉　照幸（巨）
- 優秀選手賞 … スペンサー（急）

'68…
- 最優秀選手賞 … 高田　繁（巨）
- 打撃賞 … スペンサー（急）
- 敢闘賞 … 長池　徳二（急）
- 最優秀投手賞 … 金田　正一（巨）
- 技能賞 … 王　貞治（巨）
- 優秀選手賞 … 柴田　勲（巨）

'69…
- 最優秀選手賞／打撃賞 … 長嶋　茂雄（巨）
- 敢闘賞 … 長池　徳二（急）
- 最優秀投手賞 … 高橋　一三（巨）
- 技能賞 … 高田　繁（巨）
- 優秀選手賞 … 足立　光宏（急）

'70…
- 最優秀選手賞／打撃賞 … 長嶋　茂雄（巨）
- 敢闘賞 … 井石　礼司（ロ）
- 最優秀投手賞 … 堀内　恒夫（巨）
- 技能賞 … 王　貞治（巨）
- 優秀選手賞 … 黒江　透修（巨）

'71…
- 最優秀選手賞／打撃賞 … 末次　民夫（巨）
- 敢闘賞 … 山田　久志（急）
- 最優秀投手賞 … 堀内　恒夫（巨）
- 技能賞 … 王　貞治（巨）
- 優秀選手賞 … 黒江　透修（巨）

'72…
- 最優秀選手賞／最優秀投手賞 … 堀内　恒夫（巨）
- 打撃賞 … 王　貞治（巨）
- 敢闘賞 … 足立　光宏（急）
- 技能賞 … 末次　民夫（巨）
- 優秀選手賞 … 長嶋　茂雄（巨）

'73…
- 最優秀選手賞／最優秀投手賞 … 堀内　恒夫（巨）
- 打撃賞 … 末次　民夫（巨）
- 敢闘賞 … 野村　克也（南）
- 技能賞 … 王　貞治（巨）
- 優秀選手賞 … 高田　繁（巨）

'74…
- 最優秀選手賞／打撃賞／技能賞／敢闘賞 … 有藤　通世（ロ）
- 敢闘賞 … 高木　守道（中）
- 最優秀投手賞 … 村田　兆治（ロ）
- 優秀選手賞 … 山崎　裕之（ロ）

'75…
- 最優秀選手賞 … 山口　高志（急）
- 打撃賞 … 大橋　穣（急）
- 敢闘賞 … 山本　浩二（広）
- 最優秀投手賞 … 山田　久志（急）
- 技能賞 … 福本　豊（急）
- 優秀選手賞 …{ 中沢　伸二（広）／ 外木場義郎（広）}

'76…
- 最優秀選手賞 … 福本　豊（急）
- 打撃賞 …{ 柴田　勲（巨）／ 柴田　勲（巨）}
- 最優秀投手賞 … 足立　光宏（急）
- 技能賞 … マルカーノ（急）
- 優秀選手賞 … ウイリアムス（急）

'77…
- 最優秀選手賞 … 山田　久志（急）
- 打撃賞 … 張本　勲（巨）
- 敢闘賞 … 河埜　和正（巨）
- 最優秀投手賞 … 足立　光宏（急）
- 技能賞 … 大熊　忠義（急）
- 優秀選手賞 … 福本　豊（急）

'78…
- 最優秀選手賞 … 大杉　勝男（ヤ）
- 打撃賞 … 杉浦　享（ヤ）
- 敢闘賞 … 足立　光宏（急）
- 最優秀投手賞 … 松岡　弘（ヤ）
- 技能賞 … ヒルトン（ヤ）
- 優秀選手賞 … 若松　勉（ヤ）

'79…
- 最優秀選手賞／打撃賞 … 高橋　慶彦（広）
- 敢闘賞 … 井本　隆（近）
- 最優秀投手賞 … 山根　和夫（広）
- 技能賞 … 三村　敏之（広）
- 優秀選手賞 … 水谷　実雄（広）

'80…
- 最優秀選手賞 … ライトル（近）
- 敢闘選手賞 … 小川　亨（近）
- 優秀選手賞 …{ 木下　富雄（広）／ 山根　和夫（広）／ 平野　光泰（近）}

'81…
- 最優秀選手賞 … 西本　聖（巨）
- 敢闘選手賞 … 井上　弘昭（日）
- 優秀選手賞 …{ 平田　薫（巨）／ 江川　卓（巨）／ 河埜　和正（巨）}

'82…
- 最優秀選手賞 … 大田　卓司（武）
- 敢闘選手賞 … 上川　誠二（中）
- 優秀選手賞 …{ 大田　卓司（武）／ スティーブ（武）／ 中尾　孝義（中）}

'83…
- 最優秀選手賞 … 大田　卓司（武）
- 敢闘選手賞 … 西本　聖（巨）
- 優秀選手賞 …{ 田淵　幸一（武）／ テリー（武）／ 中畑　清（巨）}

'84…
- 最優秀選手賞 … 長嶋　清幸（広）
- 敢闘選手賞 … 山沖　之彦（急）
- 優秀選手賞 …{ 山本　浩二（広）／ 高橋　慶彦（広）／ 福本　豊（急）}

'85…
- 最優秀選手賞 … バース（神）
- 敢闘選手賞 … 石毛　宏典（武）
- 優秀選手賞 …{ ゲイル（神）／ 真弓　明信（神）／ 長崎　啓二（神）}

'86…
- 最高殊勲選手賞 … 工藤　公康（武）
- 敢闘選手賞 … 達川　光男（広）
- 優秀選手賞 …{ 清原　和博（武）／ 石毛　宏典（武）／ 津田　恒実（広）}

'87…
- 最高殊勲選手賞 … 工藤　公康（武）
- 敢闘選手賞 … 篠塚　利夫（巨）
- 優秀選手賞 …{ 石毛　宏典（武）／ 秋山　幸二（武）／ 槙原　寛己（巨）}

'88…
- 最高殊勲選手賞 … 石毛　宏典（武）
- 敢闘選手賞 … 宇野　勝（中）
- 優秀選手賞 …{ 清原　和博（武）／ 森山　良二（武）／ 郭　源治（中）}

'89…
- 最高殊勲選手賞 … 駒田　徳広（巨）
- 敢闘選手賞 … 新井　宏昌（近）
- 優秀選手賞 …{ 岡崎　郁（巨）／ 香田　勲男（巨）／ 阿波野秀幸（近）}

'90…
- 最高殊勲選手賞 … デストラーデ（武）
- 敢闘選手賞 … 岡崎　郁（巨）
- 優秀選手賞 …{ 渡辺　久信（武）／ 辻　発彦（武）／ 伊東　勤（武）}

'91…
最高殊勲選手賞 … 秋山 幸二 (武)
敢闘選手賞 … 川口 和久 (広)
優秀選手賞 … 工藤 公康 (武)
渡辺 久信 (武)
野村謙二郎 (広)

'92…
最高殊勲選手賞 … 石井 丈裕 (武)
敢闘選手賞 … 岡林 洋一 (ヤ)
優秀選手賞 … 石毛 宏典 (武)
秋山 幸二 (武)
飯田 哲也 (ヤ)

'93…
最高殊勲選手賞 … 川崎 憲次郎 (ヤ)
敢闘選手賞 … 清原 和博 (武)
優秀選手賞 … 飯田 哲也 (ヤ)
高津 臣吾 (ヤ)
潮崎 哲也 (武)

'94…
最高殊勲選手賞 … 槙原 寛己 (巨)
敢闘選手賞 … 清原 和博 (武)
優秀選手賞 … 桑田 真澄 (巨)
コトー (武)
辻 発彦 (武)

'95…
最高殊勲選手賞 … オマリー (ヤ)
敢闘選手賞 … 小林 宏 (オ)
優秀選手賞 … ブロス (ヤ)
池山 隆寛 (ヤ)
高津 臣吾 (ヤ)

'96…
最高殊勲選手賞 … ニール (巨)
敢闘選手賞 … 仁志 敏久 (巨)
優秀選手賞 … 大島 公一 (オ)
鈴木 一平 (オ)
イチロー (オ)

'97…
最高殊勲選手賞 … 古田 敦也 (ヤ)
敢闘選手賞 … 松井稼頭央 (武)
優秀選手賞 … 石井 一久 (ヤ)
稲葉 篤紀 (ヤ)
池山 隆寛 (ヤ)

'98…
最高殊勲選手賞 … 鈴木 尚典 (横)
敢闘選手賞 … 大塚 光二 (武)
優秀選手賞 … 斎藤 隆 (横)
石井 琢朗 (横)
駒田 徳広 (横)

'99…
最高殊勲選手賞 … 秋山 幸二 (ダ)
敢闘選手賞 … 川上 憲伸 (中)
優秀選手賞 … 工藤 公康 (ダ)
永井 智浩 (ダ)
城島 健司 (ダ)

'00…
最高殊勲選手賞 … 松井 秀喜 (巨)
敢闘選手賞 … 城島 健司 (ダ)
優秀選手賞 … 高橋 尚成 (巨)
仁志 敏久 (巨)
村田 真一 (巨)

'01…
最高殊勲選手賞 … 古田 敦也 (ヤ)
敢闘選手賞 … ローズ (近)
優秀選手賞 … 石井 一久 (ヤ)
真中 満 (ヤ)
岩村 明憲 (ヤ)

'02…
最高殊勲選手賞 … 二岡 智宏 (巨)
敢闘選手賞 … カブレラ (武)
優秀選手賞 … 上原 浩治 (巨)
清原 和博 (巨)
斉藤 宜之 (巨)

'03…
最高殊勲選手賞 … 杉内 俊哉 (ダ)
敢闘選手賞 … 金本 知憲 (神)
優秀選手賞 … 井口 資仁 (ダ)
城島 健司 (ダ)
桧山進次郎 (神)

'04…
最高殊勲選手賞 … 石井 貴 (武)
敢闘選手賞 … 井上 一樹 (中)
優秀選手賞 … カブレラ (武)
和田 一浩 (武)
谷繁 元信 (中)

'05…
最高殊勲選手賞 … 今江 敏晃 (ロ)
敢闘選手賞 … 矢野 輝弘 (神)
優秀選手賞 … 渡辺 俊介 (ロ)
李 承燁 (ロ)
サブロー (ロ)

'06…
最高殊勲選手賞 … 稲葉 篤紀 (日)
敢闘選手賞 … 川上 憲伸 (中)
優秀選手賞 … セギノール (日)
森本 稀哲 (日)
ダルビッシュ有 (日)

'07…
最高殊勲選手賞 … 中村 紀洋 (中)
敢闘選手賞 … ダルビッシュ有 (日)
優秀選手賞 … 山井 大介 (中)
荒木 雅博 (中)
森野 将彦 (中)

'08…
最高殊勲選手賞 … 岸 孝之 (武)
敢闘選手賞 … ラミレス (巨)
優秀選手賞 … 平尾 博嗣 (武)
中島 裕之 (武)
鈴木 尚広 (巨)

'09…
最高殊勲選手賞 … 阿部慎之助 (巨)
敢闘選手賞 … 高橋 信二 (日)
優秀選手賞 … 亀井 義行 (巨)
ゴンザレス (巨)
小谷野栄一 (日)

'10…
最高殊勲選手賞 … 今江 敏晃 (ロ)
敢闘選手賞 … 和田 一浩 (中)
優秀選手賞 … 清田 育宏 (ロ)
内 竜也 (ロ)
大島 洋平 (中)

'11…
最高殊勲選手賞 … 小久保裕紀 (ソ)
敢闘選手賞 … 吉見 一起 (中)
優秀選手賞 … 杉内 俊哉 (ソ)
ファルケンボーグ (ソ)
和田 一浩 (中)

'12…
最高殊勲選手賞 … 内海 哲也 (巨)
敢闘選手賞 … 稲葉 篤紀 (日)
優秀選手賞 … 長野 久義 (巨)
ボウカー (巨)
阿部慎之助 (巨)

'13…
最高殊勲選手賞 … 美馬 学 (楽)
敢闘選手賞 … 長野 久義 (巨)
優秀選手賞 … 田中 将大 (楽)
銀次 (楽)
内海 哲也 (巨)

'14…
最高殊勲選手賞 … 内川 聖一 (ソ)
敢闘選手賞 … メッセンジャー (神)
優秀選手賞 … 柳田 悠岐 (ソ)
サファテ (ソ)
武田 翔太 (ソ)

'15…
最高殊勲選手賞 … 李 大浩 (ソ)
敢闘選手賞 … 山田 哲人 (ヤ)
優秀選手賞 … 明石 健志 (ソ)
武田 翔太 (ソ)
バンデンハーク (ソ)

'16…
最高殊勲選手賞 … レアード (日)
敢闘選手賞 … エルドレッド (広)
優秀選手賞 … バース (日)
西川 遥輝 (日)
中田 翔 (日)

'17…
最高殊勲選手賞 … サファテ (ソ)
敢闘選手賞 … 宮﨑 敏郎 (デ)
優秀選手賞 … 柳田 悠岐 (ソ)
内川 聖一 (ソ)
濱口 遥大 (デ)

'18…
最高殊勲選手賞 … 甲斐 拓也 (ソ)
敢闘選手賞 … 鈴木 誠也 (広)
優秀選手賞 … 森 唯斗 (ソ)
柳田 悠岐 (ソ)
中村 晃 (ソ)

日本シリーズ記録集

'19… 最高殊勲選手賞 … グラシアル（ソ）
　　　敢 闘 選 手 賞 … 亀井　善行（巨）
　　　優 秀 選 手 賞 …｛高橋　　礼（ソ）
　　　　　　　　　　　　デスパイネ（ソ）
　　　　　　　　　　　　松田　宜浩（ソ）
'20… 最高殊勲選手賞 … 栗原　陵矢（ソ）
　　　敢 闘 選 手 賞 … 戸郷　翔征（巨）
　　　優 秀 選 手 賞 …｛ム　ー　ア（ソ）
　　　　　　　　　　　　中村　　晃（ソ）
　　　　　　　　　　　　柳田　悠岐（ソ）

日本シリーズ・ライフタイム成績

チ ー ム 打 撃 成 績

▲打撃妨害出塁   ( )内数字は故意四球

巨　人

年度	試合	打数	得点	安打	二塁打	三塁打	本塁打	塁打	打点	盗塁	盗塁刺	犠打	犠飛	四球	死球	三振	併殺打	残塁	打率	長打率	失策
1951	5 ▲	160	26	44	7	0	6	69	26	6	0	6	—	22	0	10	4	34	.275	.431	3
1952	6	196	27	58	11	1	3	80	26	1	3	6	—	22	1	11	3	45	.296	.408	4
1953	7	227	22	60	8	1	4	82	20	8	5	11	—	23	2	22	8	52	.264	.361	6
1955	7	226	22	58	14	2	2	82	21	9	4	7	3	(4) 22	2	20	6	49	.257	.363	5
1956	6	200	24	47	6	2	4	69	23	7	3	0	0	(2) 9	1	39	0	27	.235	.345	5
1957	5 ▲	165	12	34	6	0	5	55	11	2	3	3		(2) 13	1	33	0	33	.206	.333	4
1958	7	232	25	50	7	3	5	78	25	1	1	2	1	(1) 8	2	44	2	34	.216	.336	6
1959	4	140	12	36	6	0	2	48	12	4	3	1	0	8	2	24	1	28	.257	.343	2
1961	6	198	21	48	4	0	3	61	18	3	1	7	0	16	1	24	8	40	.242	.308	5
1963	7	228	40	56	10	1	11	101	38	3	3	5	1	25	2	36	6	38	.246	.443	5
1965	5	165	24	38	5	0	6	61	24	1	0	3	3	(2) 15	4	20	4	33	.230	.370	3
1966	6	214	32	64	9	2	8	101	30	6	5	10	0	(3) 23	1	27	6	45	.299	.472	2
1967	6	202	31	52	7	3	8	89	30	3	2	1		(1) 24	3	27	5	42	.257	.441	3
1968	6	205	36	58	10	1	9	97	34	9	3	5	1	(2) 18	2	26	3	39	.283	.473	6
1969	6	205	35	50	8	1	9	87	31	6	3	3	1	(2) 17	3	17	1	35	.244	.424	4
1970	5	178	23	50	4	2	9	85	22	3	0	5	1	(3) 18	2	18	6	40	.281	.478	6
1971	5	160	24	35	3	4	6	64	24	8	2	1	1	(6) 13	1	20	0	24	.219	.400	3
1972	5	166	25	39	6	0	6	64	24	4	0	0	2	(1) 15	1	13	2	30	.235	.398	2
1973	5	163	25	38	5	2	7	68	24	5	1	3	0	(2) 23	4	16	4	38	.233	.417	3
1976	7	232	30	57	8	2	8	93	29	3	1	5	5	(5) 28	2	51	4	53	.246	.401	7
1977	5	173	12	39	4	0	6	61	12	2	2	6	0	(2) 12	3	30	3	40	.225	.353	5
1981	6	208	32	59	9	0	12	104	31	9	1	2	1	(2) 21	1	32	5	51	.284	.500	2
1983	6	238	26	54	6	2	8	88	25	7	4	5	1	(1) 26	3	50	1	57	.227	.370	7
1987	6	197	14	47	6	0	5	68	14	0	1	3	2			33	3	36	.239	.345	7
1989	7	223	28	54	9	0	8	87	27	4	1	5	2	(2)		31	7	43	.212	.390	6
1990	4	126	8	25	9		4	40	8	0	1	3	1	9	2	25	2	25	.198	.317	4
1994	6	200	20	45	8	2	6	75	19	1	1	8	2	(2) 19	1	49	3	42	.225	.375	2
1996	5 ▲	159	12	32	6	0	5	53	12	2	2	6	1	(1) 21	2	35	4	40	.201	.333	0
2000	6	200	32	57	6	0	8	89	31	1	0	7	0	(2) 21	3	36	7	40	.285	.445	3
2002	4	136	29	38	8	1	6	66	29	7	1	2	1	(1) 12	5	34	1	25	.279	.485	1
2008	7	219	20	44	12	2	6	78	18	2	2	5	1		14	6	52	5	38	.201	.356	2
2009	6	197	22	50	7	0	8	81	21	4	2	5	0	(1) 8	2	29	4	33	.254	.411	5
2012	6	208	26	59	9	0	4	80	25	6	0	7	2		17	3	44	5	49	.284	.385	2
2013	7	225	16	41	8	0	5	64	16	3	1	5	1	(1) 22	5	62	2	53	.182	.284	5
2019	4	125	10	22	3	0	5	40	9	2		3	1		14	2	35	1	24	.176	.320	4
2020	4	121	4	16	2	0	1	21	4	0	0	1			13	3	41	3	27	.132	.174	3
	▲3													(51)							
〔36〕	206	6817	827	1654	252	34	219	2631	793	140	60	156	35	629	80	1116	129	1382	.243	.386	144

西　　武　（西鉄）('54～'63・西鉄)

年度	試合	打数	得点	安打	二塁打	三塁打	本塁打	塁打	打点	盗塁	盗塁刺	犠打	犠飛	四球	死球	三振	併殺打	残塁	打率	長打率	失策
1954	7	217	15	50	5	0	3	64	15	12	1	0	1	19	1	48	7	40	.230	.295	8
1956	6	204	27	60	7	0	7	88	25	5	2	4	1	35	3	32	4		.294	.431	2
1957	5	164	16	37	2	2	5	58	16	1	3	4	2	(1) 10	1	28	1	31	.226	.354	3
1958	7	216	23	45	2	1	8	77	23	0	4	5	2	(1) 19	2	36	8	34	.208	.356	5
1963	7	237	29	61	9	0	7	91	25	1	1	3	3	(1) 17	1	35	3	49	.257	.384	7
1982	6	211	32	68	4	0	7	95	31	1	4	10	1	(2) 14	3	35	6	48	.322	.450	7
1983	7	239	26	64	6	1	6	93	25	2	2	3	0		15	2	42	5	48	.268	.389	8
1985	6	196	16	49	8	1	7	80	16	3	2	4	0	(2) 20	0	29	9	44	.250	.408	2
1986	8	286	19	64	8	0	5	86	17	8	4	10	0	(4) 18	4	46	4	61	.224	.301	2
1987	6	181	17	40	6	1	6	64	16	1	3	9	0	(3) 15	1	49	3	33	.221	.354	2

日本シリーズ・ライフタイム

年度	試合	打数	得点	安打	二塁打	三塁打	本塁打	塁打	打点	盗塁	盗塁刺	犠打	犠飛	四球	死球	三振	併殺打	残塁	打率	長打率	失策
1988	5	156	25	39	7	2	8	74	22	3	3	10	1	(1)14	0	35	2	22	.250	.474	2
1990	4	131	28	44	10	0	4	66	27	3	2	13	1	14	1	24	1	30	.336	.504	1
1991	7	220	30	53	8	1	8	87	29	6	2	11	0	(1)22	2	49	3	45	.241	.395	3
1992	7	240	27	58	5	0	7	84	27	3	1	14	2	(1)15	2	37	2	45	.242	.350	2
1993	7	224	27	52	6	0	8	82	26	1	3	8	1	(1)26	4	47	4	50	.232	.366	5
1994	6	214	22	54	6	1	5	77	21	4	3	1	1	13	2	41	4	39	.252	.360	4
1997	5	157	10	36	2	0	1	41	10	3	3	4	1	(2)20	2	42	5	38	.229	.261	5
1998	6	188	21	45	6	3	5	72	20	3	2	8	0	21	0	27	6	40	.239	.383	3
2002	4	129	9	27	6	0	4	45	9	1	0	2	0	6	1	33	3	21	.209	.349	2
2004	7	248	32	68	15	2	11	120	30	3	1	2	0	(3)17	3	52	5	52	.274	.484	5
2008	7	227	23	52	5	1	9	86	23	5	0	6	0	18	4	56	4	46	.229	.379	2
														(23)							
〔21〕	130	4285	474	1066	144	15	130	1630	453	69	50	135	17	338	37	826	88	848	.249	.380	80

ソフトバンク（南海、ダイエー）（'51～'73・南海、'99～'03・ダイエー）

年度	試合	打数	得点	安打	二塁打	三塁打	本塁打	塁打	打点	盗塁	盗塁刺	犠打	犠飛	四球	死球	三振	併殺打	残塁	打率	長打率	失策
1951	5	159	7	36	4	1	1	45	6	5	3	3	—	4	0	21	4	24	.226	.283	2
1952	6	187	15	40	5	1	2	53	15	4	6	1	—	12	0	20	3	29	.214	.283	3
1953	7 ▲	226	13	46	9	0	4	67	12	7	2	5	—	12	1	27	4	42	.204	.296	9
1955	7	219	16	41	6	0	4	59	14	5	5	5	0	10	1	28	4	34	.187	.269	4
1959	4	135	22	39	6	2	3	58	21	3	1	1	2	12	1	14	4	24	.289	.430	2
1961	6	192	25	41	6	0	10	77	21	5	3	4	1	18	3	36	4	31	.214	.401	8
1964	7	232	22	62	12	2	4	90	22	6	7	6	4	(1)11	1	41	4	45	.267	.388	5
1965	5	165	15	35	5	0	1	43	15	0	0	4	2	9	0	32	4	27	.212	.261	6
1966	6	203	17	38	4	1	7	65	17	0	0	4	0	(1)13	0	35	6	28	.187	.320	7
1973	5	162	11	30	3	0	1	36	10	4	0	0	2	(1)14	0	28	6	29	.185	.222	7
1999	5	163	19	35	10	0	4	57	17	5	1	5	0	(3)19	1	37	3	35	.215	.350	3
2000	6	198	20	40	10	1	7	73	19	5	1	1	0	(1)8	0	62	2	25	.202	.369	1
2003	7	238	37	67	9	2	11	113	36	7	4	5	1	23	5	58	4	50	.282	.475	4
2011	7	235	17	55	5	1	2	68	16	7	4	8	0	(2)13	1	66	1	48	.234	.289	2
2014	5	162	15	39	6	0	2	51	14	0	1	9	1	(1)9	1	40	1	36	.241	.315	2
2015	5	166	23	47	9	0	7	77	22	7	5	4	0	19	5	40	0	42	.283	.464	2
2017	6	192	25	42	8	1	4	64	25	6	0	10	1	(2)25	2	51	2	44	.219	.333	3
2018	6	200	23	43	0	0	7	67	22	1	0	9	0	(5)22	3	47	1	46	.215	.335	2
2019	4	129	23	32	4	0	6	54	22	4	0	4	2	13	1	30	1	24	.248	.419	1
2020	4 ▲	134	26	36	5	0	7	62	23	1	2	1	1	(1)11	4	31	0	23	.269	.463	2
														(18)							
〔20〕	113	3697	391	844	129	12	94	1279	369	82	45	87	17	277	34	744	58	686	.228	.346	75

オリックス（阪急）（'67～'84・阪急）

年度	試合	打数	得点	安打	二塁打	三塁打	本塁打	塁打	打点	盗塁	盗塁刺	犠打	犠飛	四球	死球	三振	併殺打	残塁	打率	長打率	失策
1967	6	207	22	51	6	1	6	77	22	2	2	1	0	15	0	33	2	39	.246	.372	3
1968	6	199	26	46	6	0	7	69	26	3	2	1	3	(2)27	1	28	6	46	.231	.347	6
1969	6	201	21	50	6	0	8	80	21	3	3	4	0	(3)21	0	22	8	41	.249	.398	6
1971	5	158	15	33	8	0	1	44	15	2	5	1	1	(2)26	2	20	2	41	.209	.278	4
1972	5	157	16	37	3	0	7	61	16	1	2	1	1	21	1	31	4	33	.236	.389	4
1975	6	223	28	60	7	1	6	87	28	2	7	5	0	16	6	42	4	48	.269	.390	5
1976	7	235	37	62	9	4	6	97	36	8	3	7	0	(1)24	1	38	5	41	.264	.413	7
1977	7	166	23	37	9	1	2	54	21	8	1	4	4	(2)12	2	31	5	27	.223	.325	2
1978	7	245	37	68	11	3	9	112	36	8	4	4	0	(2)23	2	30	3	51	.278	.457	6
1984	7	232	28	66	9	1	6	95	27	7	4	7	3	(2)24	1	37	4	53	.284	.409	3
1995	5	176	11	37	3	1	4	54	10	2	1	9	1	(1)23	2	37	3	47	.210	.307	2
1996	5	154	17	34	7	2	1	48	17	3	0	7	0	16	0	36	1	28	.221	.312	4
														(15)							
〔12〕	70	2353	281	581	83	14	62	878	275	49	33	51	13	248	18	385	48	495	.247	.373	49

中　日

年度	試合	打数	得点	安打	二塁打	三塁打	本塁打	塁打	打点	盗塁	盗塁刺	犠打	犠飛	四球	死球	三振	併殺打	残塁	打率	長打率	失策
1954	7	213	15	43	10	3	2	65	14	3	1	6	1	17	1	32	2	43	.202	.305	5
1974	6 ▲	197	20	41	6	0	7	68	20	1	0	6	1 (1)	11	0	40	1	33	.208	.345	9
1982	6	204	18	50	6	1	4	70	16	8	1	4	1 (3)	19	0	26	5	48	.245	.343	6
1988	5	154	17	30	4	0	5	49	15	1	1	7	1 (1)	10	2	29	6	19	.195	.318	4
1999	5	158	12	31	6	0	2	43	11	6	1	3	0	20	1	31	4	35	.196	.272	6
2004	7	234	37	58	11	2	8	97	36	5	2	4	1 (1)	25	6	49	6	47	.248	.415	6
2006	5	155	8	36	6	0	2	48	8	2	0	6	0 (1)	11	2	31	6	38	.232	.310	1
2007	5	149	23	34	8	0	2	48	22	4	0	3	3 (1)	23	2	42	5	31	.228	.322	4
2010	7	269	32	69	12	3	4	99	31	5	0	7	6 (1)	23	3	65	5	57	.257	.368	3
2011	7	219	9	34	6	1	2	48	9	1	4	5	1 (1)	19	0	58	2	40	.155	.219	3
	▲												(10)								
[10]	60	1952	191	426	74	12	37	635	182	36	10	51	15	182	17	403	42	391	.218	.325	44

広　　島

年度	試合	打数	得点	安打	二塁打	三塁打	本塁打	塁打	打点	盗塁	盗塁刺	犠打	犠飛	四球	死球	三振	併殺打	残塁	打率	長打率	失策
1975	6	217	16	46	4	1	6	70	16	7	3	1	1 (1)	23	1	36	3	47	.212	.323	6
1979	7	207	17	47	8	0	6	73	17	1	3	4	1	12	3	48	9	30	.227	.353	4
1980	7	236	28	49	11	0	9	87	28	5	1	4	0 (1)	21	1	35	7	42	.208	.369	5
1984	7	227	28	66	7	0	9	100	26	7	4	10	1 (2)	22	3	37	6	52	.291	.441	3
1986	8	274	19	56	8	1	5	81	18	7	2	10	2 (5)	22	2	68	2	54	.204	.296	6
1991	7	215	19	43	5	1	3	59	19	6	1	9	0 (2)	22	5	47	1	49	.200	.274	6
2016	6	188	19	42	6	1	5	65	14	6	2	7	2	26		48	3	45	.223	.346	4
2018	6	204	20	50	7	0	8	81	20	0	8	5	1	19		64	6	38	.245	.397	3
													(12)								
[8]	54	1768	166	399	56	4	51	616	158	39	24	50	8	167	15	383	33	357	.226	.348	37

ヤクルト

年度	試合	打数	得点	安打	二塁打	三塁打	本塁打	塁打	打点	盗塁	盗塁刺	犠打	犠飛	四球	死球	三振	併殺打	残塁	打率	長打率	失策
1978	7	234	35	64	3	0	13	106	35	11	3	8	1	18	3	25	4	46	.274	.453	5
1992	7	253	24	61	8	1	9	98	23	3	4	5	0 (3)	17	3	55	3	51	.241	.387	4
1993	7	224	24	50	7	2	4	73	24	1	3	4	3 (3)	30	1	51	3	52	.223	.323	6
1995	5	183	19	48	4	0	5	67	19	2	2	6	3 (3)	18	1	41	1	44	.262	.365	2
1997	5	173	21	54	9	1	3	74	19	2	1	5	1	7	2	24	5	38	.312	.423	4
2001	5	161	28	51	13	0	5	79	27	7	1	7	1 (4)	25	5	34	5	46	.317	.491	1
2015	5	159	14	29	3	0	5	47	14	1	1	1	0	12	0	34	2	26	.182	.295	2
													(12)								
[7]	41	1387	165	357	47	4	44	544	161	27	15	36	9	128	15	264	23	303	.257	.392	24

日 本 ハ ム（東映）('62・東映)

年度	試合	打数	得点	安打	二塁打	三塁打	本塁打	塁打	打点	盗塁	盗塁刺	犠打	犠飛	四球	死球	三振	併殺打	残塁	打率	長打率	失策
1962	7	252	25	54	7	1	6	81	22	11	3	8	1 (6)	20	0	50	6	40	.214	.321	8
1981	6	202	15	52	7	1	6	79	15	2	2	3	1 (2)	17	1	34	5	49	.257	.351	5
2006	5	147	20	37	6	1	4	57	20	3	1	13	2 (2)	12	5	28	2	33	.252	.388	1
2007	5	150	7	22	7	0	2	35	7	0	0	4	0	10	3	38	2	28	.147	.233	1
2009	6	207	21	54	7	1	7	84	19	3	2	5	0	16	1	48	3	49	.261	.406	4
2012	6	203	14	45	10	0	3	64	12	1	3	5	0 (1)	13	4	42	1	45	.222	.315	1
2016	6	193	24	44	8	2	5	71	23	4	0	9	1	25	3	48	4	47	.228	.368	4
													(11)								
[7]	41	1354	126	308	52	6	33	471	118	24	11	47	5	113	17	288	23	291	.227	.348	23

ロッテ（毎日、大毎）('50・毎日、'60・大毎)

年度	試合	打数	得点	安打	二塁打	三塁打	本塁打	塁打	打点	盗塁	盗塁刺	犠打	犠飛	四球	死球	三振	併殺打	残塁	打率	長打率	失策
1950	6	216	28	53	9	1	3	73	23	5	4	4	—	27	1	13	6	47	.245	.338	7
1960	4	125	7	26	1	0	2	33	7	4	2	2	0	(2)14	0	23	3	26	.208	.264	2
1970	5	173	14	34	4	0	3	47	13	1	0	2	1	(7)20	2	33	4	40	.197	.272	3
1974	4	206	27	58	9	0	7	88	27	7	0	6	0	(4)16	3	23	9	45	.282	.427	8
2005	4	135	33	44	11	1	9	84	30	1	2	2	1	9	2	27	2	19	.326	.622	1
2010	7	270	36	76	13	3	4	107	35	1	0	12	(3)0	(16)18	5	47	2	57	.281	.396	4
〔6〕	32	1125	145	291	47	5	28	432	135	19	8	28		104	13	166	26	234	.259	.384	25

阪　　神

年度	試合	打数	得点	安打	二塁打	三塁打	本塁打	塁打	打点	盗塁	盗塁刺	犠打	犠飛	四球	死球	三振	併殺打	残塁	打率	長打率	失策
1962	7	269	23	63	12	1	3	86	22	7	3	2	2	(2)14	1	39	8	48	.234	.320	4
1964	7	220	19	43	5	0	6	66	17	5	4	2	1	9	1	43	7	28	.195	.300	5
1985	6	194	27	44	9	1	10	85	27	2	0	5	3	17	2	21	1	35	.227	.438	2
2003	7	220	18	44	4	1	7	71	18	3	1	7	1	(2)15	1	40	6	37	.200	.323	2
2005	4	116	4	22	2	0	0	24	4	2	0	0	1	7	0	25	6	18	.190	.207	2
2014	5	150	10	28	6	0	0	34	10	0	2	3	1	(4)18	0	42	5	27	.187	.227	1
〔6〕	36	1169	101	244	38	3	26	366	98	19	10	19	9	80	5	210	33	193	.209	.313	16

近　　鉄

年度	試合	打数	得点	安打	二塁打	三塁打	本塁打	塁打	打点	盗塁	盗塁刺	犠打	犠飛	四球	死球	三振	併殺打	残塁	打率	長打率	失策
1979	7	209	23	43	3	1	5	63	23	8	3	8	2	(5)19	4	30	2	39	.206	.301	3
1980	7	240	29	61	12	0	4	85	29	4	1	3	1	(3)25	1	52	12	46	.254	.354	7
1989	7	221	20	46	7	2	8	81	20	0	0	5	0	(3)22	1	48	5	46	.208	.367	5
2001	5	152	14	26	3	0	4	41	14	1	2	2	1	(1)16	2	39	1	27	.171	.270	3
〔4〕	26	822	86	176	25	3	21	270	86	13	6	18	4	(12)82	8	169	20	158	.214	.328	18

ＤｅＮＡ（大洋、横浜）('60・大洋、'98・横浜)

年度	試合	打数	得点	安打	二塁打	三塁打	本塁打	塁打	打点	盗塁	盗塁刺	犠打	犠飛	四球	死球	三振	併殺打	残塁	打率	長打率	失策
1960	4	127	11	31	4	0	2	41	9	6	1	4	0	7	2	19	1	27	.244	.323	1
1998	6	204	36	58	16	3	4	92	33	7	2	4	0	(3)23	2	40	3	44	.284	.451	2
2017	6	197	20	47	6	0	7	74	20	2	4	7	1	(1)18	1	52	2	42	.239	.376	4
〔3〕	16	528	67	136	26	3	13	207	62	15	7	15	1	(4)48	5	111	6	113	.258	.392	7

松　　竹

年度	試合	打数	得点	安打	二塁打	三塁打	本塁打	塁打	打点	盗塁	盗塁刺	犠打	犠飛	四球	死球	三振	併殺打	残塁	打率	長打率	失策
1950	6	223	24	48	8	2	3	69	24	5	2	1	—	18	1	15	3	44	.215	.309	11

楽　　天

年度	試合	打数	得点	安打	二塁打	三塁打	本塁打	塁打	打点	盗塁	盗塁刺	犠打	犠飛	四球	死球	三振	併殺打	残塁	打率	長打率	失策
2013	7	232	21	62	9	0	2	77	19	2	1	8	0	(1)25	5	43	5	63	.267	.332	6

個 人 打 撃 成 績 (50音順)

チーム－出場した最終年度に所属したもの。　年数－実際に出場した年の合計。

選手名	チーム	年数	試合	打数	得点	安打	二塁打	三塁打	本塁打	塁打	打点	盗塁	盗塁刺	犠打	犠飛	四球	死球	三振	併殺打	打率	出場した年度
*アーノルド	(近)	2	12	26	2	3	0	0	0	3	2	0	0	0	1	2	0	6	2	.115	('79,'80近)
*アグリー	(急)	1	4	4	1	0	0	0	0	0	0	0	0	0	0	1	0	0	0	.000	('69急)
アドゥワ誠	(広)	1	1	—	—	—	—	—	—	—	—	—	—	—	—	—	—	—	—	—	('18広)
アリアス	(神)	1	7	23	2	6	0	0	0	6	2	0	1	0	0	(1)3	1	6	1	.261	('03神)
*アルトマン	(ロ)	1	5	15	1	3	1	0	0	4	1	0	0	0	(3)7		0	4	0	.200	('70ロ)
アレックス	(中)	2	12	42	5	10	1	0	2	17	7	0	0	0	1	3	0	6	1	.238	('04,'06中)
アレン	(広)	1	7	23	3	7	0	0	2	13	5	1	0	0	0	(1)2	1	5	0	.304	('91広)
愛敬　尚史	(近)	1	1	—	—	—	—	—	—	—	—	—	—	—	—	—	—	—	—	—	('01近)
*愛甲　猛	(中)	1	2	2	0	1	0	0	0	1	0	0	0	0	0	0	0	0	0	.500	('99中)
會澤　翼	(広)	2	7	18	2	5	0	0	1	8	3	0	0	0	0	0	0	6	0	.278	('16,'18広)
相羽　欣厚	(南)	4	9	14	1	3	0	0	0	3	1	0	0	0	0	0	0	2	1	.214	('65,'67,'69巨,'73南)
*青木　高広	(巨)	1	3	0	0	0	0	0	0	0	0	0	0	0	0	0	0	0	0	.000	('13巨)
青木　実	(ヤ)	1	2	0	0	0	0	0	0	0	0	0	1	0	0	0	0	0	0	.000	('78ヤ)
青田　昇	(巨)	2	11	▲44	7	9	0	0	1	12	5	0	0	1	—	2	1	3	1	.205	('51,'52巨)
青野　修三	(南)	2	9	24	4	8	0	1	0	10	2	0	0	1	0	0	0	4	0	.333	('62東,'73南)
青野　毅	(ロ)	1	2	2	0	0	0	0	0	0	0	0	0	0	0	0	0	1	0	.000	('10ロ)
青柳　進	(ヤ)	1	1	0	0	0	0	0	0	0	0	0	0	0	0	0	0	0	0	.000	('95ヤ)
*明石　健志	(ソ)	7	27	58	14	16	3	0	2	25	4	5	2	5	0	16	1	8	0	.276	('11,'14,'15,'17~'20ソ)
+赤田　将吾	(武)	2	12	35	4	10	3	1	0	15	1	2	0	0	0	2	0	6	0	.286	('04,'08武)
*赤星　憲広	(神)	2	11	37	2	6	2	0	0	8	0	3	0	2	0	2	0	4	1	.162	('03,'05神)
赤松　真人	(広)	1	5	1	1	0	0	0	0	0	0	0	1	0	0	0	0	1	0	.000	('16広)
秋山　幸二	(ダ)	10	61	235	34	56	7	0	15	108	34	6	5	1	1	16	2	53	5	.238	('85~'88,'90~'93武,'99,'00ダ)
秋山　登	(洋)	1	4	5	0	0	0	0	0	0	0	0	0	0	0	0	0	2	0	.000	('60洋)
秋吉　亮	(ヤ)	1	3	0	0	0	0	0	0	0	0	0	0	0	0	0	0	0	0	.000	('15ヤ)
朝井　茂治	(神)	2	9	20	3	3	0	0	0	3	0	0	1	0	0	0	0	8	1	.150	('62,'64神)
浅尾　拓也	(中)	2	9	0	0	0	0	0	0	0	0	0	0	0	0	0	0	0	0	.000	('10,'11中)
朝倉　健太	(中)	3	4	2	0	0	0	0	0	0	0	0	0	1	0	0	0	2	0	.000	('04,'06,'07中)
浅越　桂一	(神)	2	7	9	0	1	0	0	0	1	0	0	0	0	0	0	0	3	0	.111	('62,'64神)
浅野　啓司	(巨)	1	3	1	0	0	0	0	0	0	0	0	0	0	0	0	0	1	0	.000	('77巨)
麻生　実男	(洋)	1	1	1	0	0	0	0	0	0	0	0	0	0	0	0	0	1	0	.000	('60洋)
+安達　俊也	(近)	1	2	1	0	0	0	0	0	0	0	0	0	0	0	0	0	0	0	.000	('89近)
足立　光宏	(急)	9	26	35	2	8	1	0	0	9	4	2	1	4	0	2	0	8	0	.229	('67~'69,'71,'72,'75~'78急)
*足立　亘	(広)	1	1	—	—	—	—	—	—	—	—	—	—	—	—	—	—	—	—	—	('91広)
穴吹　隆洋	(南)	5	19	53	6	12	0	1	3	23	4	0	0	0	0	0	0	9	1	.226	('59,'61,'64~'66南)
安仁屋宗八	(広)	1	1	—	—	—	—	—	—	—	—	—	—	—	—	—	—	—	—	—	('80広)
*安部　理	(武)	8	30	65	3	17	3	0	0	20	10	0	1	3	0	(1)8	0	12	1	.262	('86~'88,'90~'94武)
安部　和春	(西)	1	4	2	0	0	0	0	0	0	0	0	0	0	0	0	0	1	0	.000	('63西)
*阿部慎之助	(巨)	6	30	94	10	21	4	0	4	37	14	1	0	0	1	9	5	21	1	.223	('02,'08,'09,'12,'13,'19巨)
*阿部　俊人	(楽)	1	2	0	0	0	0	0	0	0	0	0	0	0	0	0	0	0	0	.000	('13楽)
*阿部　友裕	(ソ)	2	11	34	2	8	0	0	2	14	6	1	2	2	0	1	0	6	1	.235	('16,'18ソ)
*阿部　成宏	(近)	2	11	9	1	0	0	0	0	0	0	0	0	0	0	1	0	1	0	.000	('79,'80近)
阿部　真宏	(近)	1	1	1	0	0	0	0	0	0	0	0	0	0	0	0	0	1	0	.000	('01近)
*新井　貴浩	(広)	2	9	16	1	2	0	0	0	2	0	0	0	0	0	3	0	4	1	.125	('16,'18広)
*新井　宏昌	(近)	1	7	27	1	9	2	0	0	11	1	0	0	0	0	0	0	2	0	.333	('89近)
*新井　昌則	(ロ)	1	5	3	0	0	0	0	0	0	0	0	0	0	0	0	0	1	0	.000	('74ロ)
*荒井　幸雄	(横)	4	18	48	3	13	2	0	1	18	3	0	2	4	0	6	0	5	1	.271	('92,'93,'95ヤ,'93横)
新井　良宏	(神)	2	3	4	0	0	0	0	0	0	0	0	0	0	0	0	0	1	1	.000	('07中,'14神)
新垣　渚	(ダ)	1	3	3	0	1	0	0	0	1	0	0	0	0	—	0	0	1	0	.333	('03ダ)
荒川　昇治	(松)	1	6	23	4	9	3	1	0	14	1	2	0	0	—	4	0	1	0	.391	('50松)
*荒川　博	(毎)	1	1	1	0	0	0	0	0	0	0	0	0	0	0	0	0	1	0	.000	('60毎)
荒木　貴裕	(ヤ)	1	2	0	0	0	0	0	0	0	0	0	0	0	0	0	0	1	0	.000	('15ヤ)
荒木　大輔	(ヤ)	2	5	0	0	0	0	0	0	0	0	0	0	0	0	0	0	0	0	.000	('92,'94ヤ)
荒木　郁也	(神)	1	1	0	0	0	0	0	0	0	0	0	0	0	0	0	0	0	0	.000	('14神)
荒木　雅博	(中)	5	31	130	16	33	4	1	0	40	6	3	2	3	0	9	2	17	1	.254	('04,'06,'07,'10,'11中)
*荒巻　淳	(毎)	2	5	4	0	2	0	0	0	2	0	0	0	0	0	0	0	1	0	.500	('50,'60毎)
有賀　佳弘	(急)	1	1	—	—	—	—	—	—	—	—	—	—	—	—	—	—	—	—	—	('84急)
有田　修三	(巨)	3	13	24	3	6	0	0	2	12	4	0	0	0	0	(2)5	0	4	0	.250	('79,'80近,'87巨)
有藤　通世	(ロ)	2	11	42	7	13	4	0	2	19	3	3	0	0	0	(2)5	2	2	0	.310	('70,'74ロ)
有原　航平	(日)	1	1	—	—	—	—	—	—	—	—	—	—	—	—	—	—	—	—	—	('16日)
*淡口　憲治	(近)	5	29	49	5	8	2	0	1	13	8	0	1	0	1	(1)7	0	13	3	.163	('76,'77,'81,'83巨,'89近)
*阿波野秀幸	(横)	3	8	2	0	0	0	0	0	0	0	0	0	0	0	0	0	1	0	.000	('89近,'96巨,'98横)
*安藤　真児	(武)	2	2	2	0	0	0	0	0	0	0	0	0	0	0	0	0	0	0	.000	('92,'93武)
安藤　順三	(東)	1	3	10	0	1	0	0	0	1	0	0	0	0	0	0	0	1	0	.100	('62東)
安藤　統夫	(神)	2	10	16	2	3	0	0	0	3	0	0	0	0	0	0	0	4	1	.188	('62,'64神)
安藤　元博	(東)	1	3	5	0	1	0	0	0	1	0	0	0	0	0	0	0	1	0	.200	('62東)

日本シリーズ・ライフタイム

選手名	チーム	年数	試合	打数	得点	安打	二塁打	三塁打	本塁打	塁打	打点	盗塁	盗塁刺	犠打	犠飛	四球	死球	三振	併殺打	打率	出場した年度
安藤 優也	(神)	3	7	0	0	0	0	0	0	0	0	0	0	0	0	0	0	0	0	.000	('03,'05,'14神)
*イチロー(鈴木一朗)	(オ)	2	10	38	4	10	0	0	2	16	3	2	0	0	1	(1) 5	1	5	0	.263	('95,'96オ)
*李 承燁	(巨)	3	17	41	7	11	2	0	4	25	8	0	1	0	0	5	2	16	1	.268	('05ロ,'08,'09巨)
李 大浩	(ソ)	2	10	34	4	14	2	0	0	25	12	0	0	0	1	3	2	10	1	.412	('14,'15ソ)
*李 炳圭	(中)	1	5	18	2	2	1	0	1	6	5	0	0	0	0	0	0	5	0	.111	('07中)
飯尾 為男	(毎)	1	1	0	0	0	0	0	0	0	0	0	0	0	0	0	0	0	0	.000	('60毎)
*井石 礼司	(ロ)	1	4	8	2	4	0	0	2	10	6	0	0	0	1	0	0	0	0	.500	('70ロ)
飯島 滋弥	(南)	1	4	6	0	0	0	0	0	0	0	0	0	0	0	0	0	3	0	.000	('55南)
飯島 秀雄	(ロ)	1	3	0	2	0	0	0	0	0	0	0	0	0	0	0	0	0	0	.000	('70ロ)
飯田 哲也	(ヤ)	4	24	82	8	26	4	2	0	34	7	3	3	3	1	9	1	11	1	.317	('92,'93,'95,'01ヤ)
飯田 徳治	(南)	4	25	90	8	25	4	0	4	41	14	10	3	0	0	6	2	6	3	.278	('51〜'53,'55南)
飯塚 幸夫	(中)	1	1	1	0	0	0	0	0	0	0	0	0	0	0	0	0	1	0	.000	('74中)
*飯塚 佳寛	(ロ)	1	10	16	3	3	1	0	0	4	0	1	0	1	0	0	0	1	0	.188	('70,'74ロ)
飯山 裕志	(日)	4	14	9	1	1	1	0	0	2	1	0	0	0	0	0	0	2	0	.111	('06,'07,'09,'12日)
五十嵐信一	(日)	1	1	1	0	0	0	0	0	0	0	0	0	0	0	0	0	0	0	.000	('81日)
五十嵐英樹	(横)	1	1	—	—	—	—	—	—	—	—	—	—	—	—	—	—	—	—	—	('98横)
五十嵐亮太	(ソ)	4	7	0	0	0	0	0	0	0	0	0	0	0	0	0	0	0	0	.000	('01ヤ,'14,'15,'17ソ)
*井川 慶	(神)	2	3	1	0	0	0	0	0	0	0	0	0	0	0	0	0	0	0	.000	('03,'05神)
井口 和朋	(日)	1	2	0	0	0	0	0	0	0	0	0	0	0	0	0	0	0	0	.000	('16日)
井口 資仁	(ロ)	4	25	95	11	27	6	1	4	47	10	5	2	1	0	(2)10	0	21	2	.284	('99,'00,'03ダ,'10ロ)
池上 誠一	(近)	1	1	0	0	0	0	0	0	0	0	0	0	0	0	0	0	0	0	.000	('89近)
池谷公二郎	(広)	3	7	6	0	2	1	0	0	3	1	0	0	0	0	1	0	2	0	.333	('75,'79,'80広)
*池沢 義行	(巨)	1	7	21	3	5	1	0	1	9	4	0	0	0	0	1	0	2	0	.238	('63巨)
池田 親興	(神)	1	2	—	—	—	—	—	—	—	—	—	—	—	—	—	—	—	—	—	('85神)
池辺 豪則	(近)	3	13	27	3	5	1	0	0	6	2	0	0	0	0	(2) 3	1	6	2	.185	('70,'74ロ,'79近)
池山 隆寛	(ヤ)	5	25	91	9	20	1	0	4	33	17	2	0	0	4	(2) 8	0	21	1	.220	('92,'93,'95,'97,'01ヤ)
石井 昭男	(急)	1	4	4	0	0	0	0	0	0	0	0	0	0	0	0	0	1	0	.000	('82中)
石井 晶	(急)	4	19	32	3	11	1	0	3	21	6	0	0	0	0	3	0	3	1	.344	('67〜'69,'71急)
*石井 一久	(武)	6	9	0	0	0	0	0	0	0	0	0	0	0	0	1	0	0	0	.000	('92,'93,'95,'97,'01ヤ,'08武)
石井 茂雄	(急)	4	10	3	0	1	0	0	0	1	0	0	0	0	0	1	0	1	0	.333	('67〜'69,'71急)
石井 貴	(武)	4	8	8	0	0	0	0	0	0	0	0	0	0	0	0	0	7	0	.000	('97,'98,'02,'04武)
*石井 琢朗	(横)	1	6	22	9	8	0	0	1	11	1	3	0	0	0	6	0	4	0	.364	('98横)
石井 毅	(武)	2	3	0	0	0	0	0	0	0	0	0	0	0	0	0	0	0	0	.000	('85,'86武)
石井 丈裕	(武)	5	11	4	0	1	0	0	0	1	1	0	0	1	0	0	0	2	0	.250	('91〜'94,'97武)
*石井 弘寿	(ヤ)	1	1	0	0	0	0	0	0	0	0	0	0	0	0	0	0	0	0	.000	('01ヤ)
石井 雅博	(巨)	1	2	1	0	0	0	0	0	0	0	0	0	0	0	0	0	1	0	.000	('87巨)
*石井 裕也	(日)	4	8	0	0	0	0	0	0	0	0	0	0	0	0	0	0	0	0	.000	('06,'07中,'12,'16日)
*石井 義人	(巨)	4	15	22	1	6	0	0	0	6	3	0	0	0	0	2	0	7	0	.273	('04,'08武,'12,'13巨)
石川 克彦	(中)	1	2	3	2	1	0	0	0	1	0	0	0	0	0	1	0	0	0	.333	('54中)
石川 柊太	(ソ)	4	7	0	0	0	0	0	0	0	0	0	0	0	0	0	0	0	0	.000	('17〜'20ソ)
石川 慎吾	(巨)	2	4	3	0	0	0	0	0	0	0	0	0	0	0	0	0	1	0	.000	('19,'20巨)
*石川 進	(急)	3	8	11	0	5	0	0	0	5	0	1	0	0	0	0	0	1	1	.455	('60中,'67,'68急)
*石川 雅規	(ヤ)	1	1	0	0	0	0	0	0	0	0	0	0	0	0	0	0	0	0	.000	('15ヤ)
石川 緑	(神)	2	5	1	0	0	0	0	0	0	0	0	0	0	0	1	0	0	0	.000	('62,'64神)
石毛 博史	(神)	3	5	5	0	0	0	0	0	0	0	0	0	0	0	0	0	0	0	.000	('94,'96巨,'03神)
石毛 宏典	(武)	11	67	255	35	69	9	1	11	113	29	4	5	9	1	(2)19	2	46	6	.271	('82,'83,'85〜'88,'90〜'94武)
*石田 健大	(ディ)	1	1	0	0	0	0	0	0	0	0	0	0	0	0	0	0	1	0	.000	('17ディ)
*石貫 宏臣	(広)	1	3	0	0	0	0	0	0	0	0	0	0	0	0	0	0	0	0	.000	('91広)
石原 碩夫	(東)	1	1	0	0	0	0	0	0	0	0	0	0	0	0	0	0	0	0	.000	('62東)
石原 慶幸	(広)	2	8	20	0	0	0	0	0	0	0	0	0	0	0	0	3	0	5	0	.000	('16,'18広)
石橋 文雄	(広)	1	2	2	0	1	0	0	0	1	0	0	0	0	0	0	0	1	0	.500	('91広)
石嶺 和彦	(急)	1	6	6	0	2	0	0	0	2	0	0	0	0	0	0	0	1	0	.333	('84急)
*石本 貴昭	(近)	1	1	0	0	0	0	0	0	0	0	0	0	0	0	0	0	0	0	.000	('89近)
石山 一秀	(近)	1	1	1	0	0	0	0	0	0	0	0	0	0	0	0	0	0	1	.000	('80近)
石山 泰稚	(ヤ)	1	3	0	0	0	0	0	0	0	0	0	0	0	0	0	0	0	0	.000	('15ヤ)
石渡 茂	(巨)	3	17	51	4	13	3	0	0	16	3	0	0	3	0	0	0	8	2	.255	('79,'80近,'83巨)
伊勢 孝夫	(ヤ)	1	2	2	0	1	0	0	0	1	0	0	0	0	0	0	0	0	0	.500	('78ヤ)
*礒部 公一	(近)	1	5	16	0	0	0	0	0	0	0	0	0	0	0	0	0	1	0	.000	('01近)
一岡 竜司	(広)	1	4	0	0	0	0	0	0	0	0	0	0	0	0	0	0	0	0	.000	('18広)
市川 友也	(日)	1	6	4	0	0	0	0	0	0	0	0	0	0	3	0	0	1	0	.000	('16日)
市原 圭	(近)	1	1	0	0	0	0	0	0	0	0	0	0	0	0	0	0	0	0	.000	('01近)
*市村 則紀	(武)	1	2	0	0	0	0	0	0	0	0	0	0	0	0	0	0	0	0	.000	('86武)
井筒 研一	(松)	1	1	2	0	1	0	0	0	1	0	0	0	—	0	0	0	0	0	.500	('50松)
井手 峻	(中)	1	5	0	1	0	0	0	0	0	0	0	0	0	0	0	0	0	0	.000	('74中)
*糸井 嘉男	(日)	2	11	41	2	13	3	0	0	16	3	2	1	0	0	5	0	8	1	.317	('09,'12日)
伊東 昭光	(ヤ)	3	9	2	0	0	0	0	0	0	0	0	0	0	0	0	0	0	0	.000	('92,'93,'95ヤ)
*伊藤光四郎	(西)	1	3	3	1	1	0	0	1	4	1	0	0	0	0	0	0	1	0	.333	('63西)
伊藤 庄七	(毎)	1	6	22	1	4	2	0	0	6	3	2	0	0	0	—	0	1	0	.182	('50毎)
伊藤 隆偉	(オ)	1	1	0	0	0	0	0	0	0	0	0	0	0	0	0	0	0	0	.000	('95,'96オ)
伊東 勤	(武)	13	70	211	14	49	10	0	2	65	14	2	2	14	1	(8)23	6	41	5	.232	('83,'85〜'88,'90〜'94,'97,'98,'02武)

選手名	チーム	年数	試合	打数	得点	安打	二塁打	三塁打	本塁打	塁打	打点	盗塁	盗塁刺	犠打	犠飛	四球	死球	三振	併殺打	打率	出場した年度
伊藤　寿文	(広)	1	1	0	0	0	0	0	0	0	0	0	0	0	0	0	0	0	0	.000	('84広)
伊藤　智仁	(ヤ)	1	3	0	0	0	0	0	0	0	0	0	0	0	0	0	0	0	0	.000	('97ヤ)
＊伊藤　隼太	(神)	1	2	2	0	0	0	0	0	0	0	0	0	0	0	0	0	1	0	.000	('14神)
伊藤　宏光	(神)	1	1	—	—	—	—	—	—	—	—	—	—	—	—	—	—	—	—	—	('85神)
＊伊藤　芳明	(巨)	3	6	7	0	3	0	0	0	3	0	0	0	1	0	0	0	1	0	.429	('59,'61,'63巨)
伊藤　義弘	(ロ)	1	4	0	0	0	0	0	0	0	0	0	0	1	0	0	0	0	0	.000	('10ロ)
糸数　敬作	(日)	1	1	0	0	0	0	0	0	0	0	0	0	0	0	0	0	2	0	.000	('09日)
稲尾　和久	(西)	4	18	36	3	9	3	0	1	15	3	0	0	1	1	5	0	8	0	.250	('56〜'58,'63西
稲垣　正夫	(東)	1	5	9	0	1	0	0	0	1	0	0	0	2	0 (1)	2	0	2	0	.111	('61東)
稲田　直人	(日)	3	11	18	1	2	1	0	0	3	0	0	0	1	0	3	0	2	0	.111	('06,'07,'09日)
＊稲葉　篤紀	(日)	7	37	130	15	35	7	1	5	59	17	1	1	2	3	14	2	31	4	.269	('95,'97,'01ヤ,'05,'07,'09,'12日)
稲葉　光雄	(急)	3	4	2	0	0	0	0	0	0	0	0	0	1	0	0	1	1	0	.000	('74中,'77,'78急)
稲嶺　誉	(ダ)	1	2	1	0	0	0	0	0	0	0	0	0	0	0	0	0	0	0	.000	('03ダ)
大伏　稔昌	(武)	2	5	7	1	0	0	0	0	0	0	0	0	0	1	0	0	3	0	.000	('02,'04武)
井納　翔一	(ディ)	1	3	0	0	0	0	0	0	0	0	0	0	0	0	0	0	0	0	.000	('17ディ)
井上　修	(急)	3	9	6	4	0	0	0	0	0	0	0	0	0	0	0	0	3	0	.000	('72,'75,'78急)
＊井上　一樹	(中)	4	17	46	1	11	2	0	1	16	9	0	0	0 (2)	7	0	10	1	.244	('99,'04,'06,'07ロ)
井上　慎一	(南)	1	2	0	0	0	0	0	0	0	0	0	0	—	0	0	0	0	0	.000	('52南)
井上　真二	(巨)	3	6	6	0	1	0	0	0	1	1	0	0	0	0	0	2	1	0	.167	('89,'90,'96巨)
＊井上　純	(ロ)	2	3	5	0	2	0	0	0	4	1	0	0	0	1	0	2	0	.400	('98横,'05ロ)
井上　忠行	(西)	1	2	0	0	0	0	0	0	0	0	0	0	0	0	0	0	0	0	.000	('63西)
井上　登	(南)	3	12	29	2	7	1	1	0	10	3	0	0	2	0	3	0	4	1	.241	('54中,'64,'65南)
井上　弘昭	(日)	2	12	39	5	10	2	0	1	15	5	1	0	0	0	6	0	6	0	.256	('74中,'81日)
＊井上　善夫	(西)	1	5	2	1	0	0	0	0	0	0	0	0	0	0	0	0	1	0	.000	('63西)
井原慎一朗	(ヤ)	1	4	3	0	2	0	0	0	2	0	0	0	1	0	0	0	0	0	.667	('78ヤ)
井端　弘和	(中)	5	30	121	10	22	1	0	1	26	5	3	2	3	0	8	2	17	3	.182	('04,'06,'07,'10,'11中)
今井　譲二	(広)	1	5	0	0	0	0	0	0	0	0	0	0	0	0	0	0	0	0	.000	('86広)
今井雄太郎	(急)	2	5	9	1	1	0	0	0	1	1	0	0	0	0	0	0	2	0	.111	('78,'84急)
今江　敏晃	(ロ)	2	11	42	9	22	4	1	1	31	10	0	0	2	1 (2)	6	0	2	0	.524	('05,'10ロ)
今岡　誠	(神)	3	14	47	2	12	0	0	0	12	1	0	0	0	0	2	0	5	2	.255	('03,'05神,'10ロ)
今久留主功	(毎)	1	5	9	2	1	0	0	0	1	2	0	0	1	—	2	0	0	0	.111	('50毎)
今久留主淳	(西)	2	9	12	0	2	0	0	0	2	1	0	0	1	0	0	0	3	0	.167	('54,'56西)
今津　光男	(急)	1	2	0	0	0	0	0	0	0	0	0	0	0	0	0	0	0	0	.000	('75急)
今永　昇太	(ディ)	1	2	—	—	—	—	—	—	—	—	—	—	—	—	—	—	—	—	—	('17ディ)
＊今浪　隆博	(ヤ)	2	8	26	1	6	0	0	0	6	0	0	0	2	0	1	0	1	0	.231	('12日,'15ヤ)
今宮　健太	(ソ)	6	25	85	13	22	4	1	1	31	4	4	0	10	0	2	1	18	0	.259	('11,'14,'15,'17〜'19ソ)
今村　猛	(広)	2	7	0	0	0	0	0	0	0	0	0	0	0	0	0	0	0	0	.000	('16,'18広)
＊今村　信貴	(巨)	2	3	0	0	0	0	0	0	0	0	0	0	0	0	0	0	0	0	.000	('13,'20巨)
井本　隆	(近)	2	7	12	1	1	0	0	0	1	0	0	0	2	0	1	0	7	0	.083	('79,'80近)
伊良部秀輝	(神)	1	2	—	—	—	—	—	—	—	—	—	—	—	—	—	—	—	—	—	('03神)
入来　智	(ヤ)	1	1	1	0	0	0	0	0	0	0	0	0	0	0	0	0	0	0	.000	('01ヤ)
入谷　正典	(巨)	1	1	4	0	0	0	0	0	0	0	0	0	0	0	0	0	1	0	.000	('53巨)
岩隈　久志	(近)	1	1	0	0	0	0	0	0	0	0	0	0	0	0	0	0	0	0	.000	('01近)
岩嵜　翔	(ソ)	3	6	0	0	0	0	0	0	0	0	0	0	0	0	0	0	0	0	.000	('14,'17,'20ソ)
岩崎　忠義	(ロ)	2	8	17	2	6	0	0	0	6	2	1	0	1	0	2	0	2	0	.353	('70,'74ロ)
岩﨑　達郎	(中)	1	4	0	0	0	0	0	0	0	0	0	0	0	0	0	0	0	0	.000	('10中)
岩下　光一	(東)	1	7	28	2	8	1	0	1	12	6	2	0	1	0 (2)	2	0	1	2	.286	('62東)
＊岩下　守道	(巨)	1	4	4	1	0	0	0	0	0	0	0	0	0	0	0	0	2	0	.000	('55〜'58巨)
＊岩瀬　仁紀	(中)	6	20	0	0	0	0	0	0	0	0	0	0	0	0	0	0	0	0	.000	('99,'04,'06,'07,'10,'11中)
＊岩田　稔	(神)	1	1	—	—	—	—	—	—	—	—	—	—	—	—	—	—	—	—	—	('14神)
岩舘　学	(日)	1	1	2	0	0	0	0	0	0	0	0	0	0	0	0	0	0	0	.000	('12日)
＊岩村　明憲	(ヤ)	1	5	20	1	9	2	0	0	11	5	2	0	0	0	1	1	4	0	.450	('01ヤ)
岩本　堯	(洋)	6	34	87	9	24	3	0	2	33	10	6	1	0	0	8	1	17	3	.276	('53,'55〜'58巨,'60洋)
岩本　好広	(中)	1	5	0	0	0	0	0	0	0	0	0	0	0	0	0	0	0	0	.000	('84急,'88中)
岩本　義行	(松)	1	6	25	6	7	3	0	3	19	7	0	1	0	—	2	0	0	0	.280	('50松)
＋ウイリアム	(中)	1	5	4	0	0	0	0	0	0	0	0	0	0	0	0	0	3	0	.000	('74中)
ウィーラー	(巨)	1	4	13	1	2	0	0	0	5	3	0	0	0	1	2	0	5	0	.154	('20巨)
ウィーランド	(ディ)	1	1	2	0	0	0	0	0	0	0	0	0	1	0	0	0	2	0	.000	('17ディ)
B.ウイリアムス	(急)	4	25	70	13	20	3	0	2	33	10	5	2	1	0	4	0	13	0	.286	('75〜'78急)
J.ウィリアムス	(神)	2	6	0	0	0	0	0	0	0	0	0	0	0	0	0	0	0	0	.000	('03,'05神)
＊ウイルソン	(西)	1	6	17	2	5	1	0	0	11	4	0	0	0	0	0	0	2	0	.294	('63西)
ウインディ	(急)	3	16	51	8	16	2	1	2	26	5	0	0	1	0	4	1	11	1	.314	('67〜'69急)
ウルフ	(日)	1	1	—	—	—	—	—	—	—	—	—	—	—	—	—	—	—	—	—	('12日)
上田　和明	(巨)	1	1	2	0	1	0	0	0	1	0	0	0	0	0	0	0	0	0	.500	('90巨)
上田　武司	(巨)	5	13	17	3	6	1	0	0	10	3	0	0	3	0	1	1	3	0	.353	('70,'71,'73,'76,'77巨)
＊上田　剛史	(ヤ)	1	5	17	1	3	1	0	0	4	2	0	1	1	0	2	0	2	0	.176	('15ヤ)
＋上田　浩明	(武)	1	1	2	0	0	0	0	0	0	0	0	0	0	0	0	0	1	0	.000	('98武)
＊上田　佳範	(中)	2	5	2	0	0	0	0	0	0	0	0	0	0	0	0	0	1	0	.000	('06,'07中)
上原　晃	(中)	1	2	0	0	0	0	0	0	0	0	0	0	0	0	0	0	0	0	.000	('88中)

日本シリーズ・ライフタイム

選手名	チーム	年数	試合	打数	得点	安打	二塁打	三塁打	本塁打	塁打	打点	盗塁	盗塁刺	犠打	犠飛	四球	死球	三振	併殺打	打率	出場した年度
上原　浩治	巨	3	4	5	1	1	0	0	0	1	0	0	0	0	0	0	0	1	0	.200	('00,'02,'08巨)
*上林　誠知	ソ	4	11	26	2	3	0	0	1	6	2	0	0	0	0	(1) 1	0	8	0	.115	('15,'17,'18,'20ソ)
+上本　崇司	広	1	3	0	0	0	0	0	0	0	0	0	0	0	0	0	0	0	0	.000	('18広)
上本　博紀	神	1	5	17	3	4	1	0	0	5	0	0	1	1	0	3	0	5	0	.235	('14神)
鵜久森淳志	日	1	2	2	0	0	0	0	0	0	0	0	0	0	0	0	0	2	0	.000	('12日)
牛島　和彦	中	1	4	1	0	0	0	0	0	0	0	0	0	0	0	0	0	0	0	.000	('82中)
宇田　東植	日	1	1	0	0	0	0	0	0	0	0	0	0	0	0	0	0	0	0	.000	('81日)
内　竜也	ロ	1	4	0	0	0	0	0	0	0	0	0	0	0	0	0	0	1	0	.000	('10ロ)
内川　聖一	ソ	5	27	100	4	25	5	0	1	33	8	0	0	4	0	(2) 7	1	9	1	.250	('11,'14,'17〜'19ソ)
内田　順三	広	2	4	4	1	1	0	0	0	1	1	0	0	0	0	0	0	0	1	.250	('79,'80広)
*内山　智之	武	1	1	—	—	—	—	—	—	—	—	—	—	—	—	—	—	—	—	—	('93武)
*内海　哲也	巨	4	9	7	0	0	0	0	0	0	0	0	0	0	0	0	0	4	0	.000	('08,'09,'12,'13巨)
宇野　輝幸	急	3	6	0	0	0	0	0	0	0	0	0	0	0	0	0	0	0	0	.000	('76〜'78急)
宇野　勝	中	2	11	37	6	7	1	0	2	14	6	1	1	0	0	(2) 6	1	11	5	.189	('82,'88中)
宇野　光雄	巨	3	18	48	5	5	0	0	1	8	2	2	0	1	—	5	0	2	4	.104	('51〜'53巨)
梅野隆太郎	神	1	4	0	0	0	0	0	0	0	0	0	0	0	0	0	0	0	0	.000	('14神)
エイデア	急	1	4	10	1	4	1	0	0	5	1	0	0	0	0	0	0	1	0	.400	('71急)
*エスコバー	ディ	1	1	0	0	0	0	0	0	0	0	0	0	0	0	0	0	0	0	.000	('17ディ)
エドガー	巨	1	2	5	1	2	1	0	0	3	1	0	0	0	0	0	0	2	0	.400	('12巨)
エバンス	武	1	2	5	1	1	0	0	1	4	2	0	0	0	0	0	0	4	0	.200	('02武)
エルドレッド	広	1	6	22	4	7	0	0	3	16	5	0	0	0	1	0	0	7	2	.318	('16広)
江川　卓	巨	3	7	12	0	3	1	0	0	4	1	0	0	2	0	1	0	6	0	.250	('81,'83,'87巨)
江川　智晃	ソ	1	1	2	0	0	0	0	0	0	0	0	0	0	0	0	0	2	0	.000	('17ソ)
*江草　仁貴	神	1	1	—	—	—	—	—	—	—	—	—	—	—	—	—	—	—	—	—	('05神)
江島　巧	ロ	1	5	8	1	1	0	0	0	1	0	0	0	0	0	0	0	1	0	.125	('74ロ)
江尻慎太郎	日	1	3	0	0	0	0	0	0	0	0	0	0	0	0	0	0	0	0	.000	('09日)
江田　貢一	松	1	2	2	0	0	0	0	0	0	0	0	0	0	—	1	0	2	0	.000	('50松)
江藤　智	武	4	13	32	6	8	1	0	2	15	2	0	0	1	0	3	2	7	0	.250	('91広,'00,'02巨,'08武)
江藤　省三	中	1	5	5	0	0	0	0	0	0	0	0	0	0	0	0	0	1	0	.000	('74中)
江藤　慎一	ロ	1	4	8	1	2	0	0	1	5	2	0	0	0	0	(1) 2	0	2	0	.250	('70ロ)
江藤　正	南	2	5	4	1	2	0	0	0	2	0	0	0	0	—	0	0	1	0	.500	('51,'52南)
*江夏　豊	日	3	9	5	0	1	0	0	0	1	0	0	0	0	—	0	0	3	0	.200	('79,'80広,'81日)
*榎本　喜八	ロ	2	7	22	2	6	0	0	1	9	3	0	0	1	0	(1) 1	0	4	1	.273	('60毎,'70ロ)
江本　孟紀	南	1	3	4	0	0	0	0	0	0	0	0	0	0	0	0	0	1	0	.000	('73南)
遠藤　政隆	中	1	1	—	—	—	—	—	—	—	—	—	—	—	—	—	—	—	—	—	('04中)
オーティズ	ソ	1	1	1	0	0	0	0	0	0	0	0	0	0	0	0	0	1	0	.000	('11ソ)
オビスポ	巨	1	1	1	0	0	0	0	0	0	0	0	0	0	0	0	0	0	0	.000	('09巨)
*オマリー	ヤ	1	5	17	4	9	1	0	2	16	4	0	0	0	0	(3) 7	0	4	0	.529	('95ヤ)
オンドルセク	ヤ	1	5	0	0	0	0	0	0	0	0	0	0	0	0	0	0	0	0	.000	('15ヤ)
呉　昇桓	神	1	3	0	0	0	0	0	0	0	0	0	0	0	0	0	0	0	0	.000	('14神)
*王　貞治	巨	14	77	242	58	68	6	0	29	161	63	5	3	0	5	(21) 83	4	37	4	.281	('59,'61,'63,'65〜'73,'76,'77巨)
大石　清	急	3	10	3	2	2	0	0	1	5	1	0	0	0	0	0	0	1	0	.667	('67〜'69急)
大石第二朗	近	1	7	24	2	2	0	0	0	2	2	0	0	3	0	2	0	2	1	.083	('89近)
大石　友好	洋	3	12	13	0	0	0	0	0	0	0	0	0	0	0	3	1	2	0	.000	('82,'83武,'88中)
大石　正彦	洋	1	1	0	0	0	0	0	0	0	0	0	0	0	0	0	0	0	0	.000	('60洋)
*大江　竜聖	巨	1	2	—	—	—	—	—	—	—	—	—	—	—	—	—	—	—	—	—	('20巨)
大岡　虎雄	松	1	6	26	0	3	0	0	0	3	5	0	0	0	—	1	0	2	0	.115	('50松)
大神　武俊	南	3	8	5	0	0	0	0	0	0	0	0	0	1	0	0	0	0	0	.000	('52,'53,'55南)
仰木　彬	西	5	26	46	5	6	1	0	0	7	3	2	0	3	0	3	3	11	0	.130	('54,'56〜'58,'63西)
大久保博元	巨	3	7	11	1	1	0	0	0	1	1	0	0	0	0	0	0	1	0	.091	('87,'88武,'94巨)
大熊　忠義	急	8	44	149	17	43	7	0	2	56	14	0	6	4	0	10	2	15	4	.289	('68,'69,'71,'72,'75〜'78急)
大越　基	ダ	3	6	5	1	1	0	0	0	1	0	1	0	0	0	1	0	1	0	.200	('99,'00,'03ダ)
大沢　啓二	南	3	11	17	1	2	0	0	0	2	0	0	0	1	0	1	0	5	0	.118	('59,'61,'64南)
大下　剛史	広	1	6	26	2	5	0	0	0	5	0	4	2	0	0	4	0	4	0	.192	('75広)
*大下　弘	西	4	24	84	6	21	1	1	1	27	7	2	1	1	1	5	0	3	2	.250	('54,'56〜'58西)
*大島　公一	オ	1	5	19	3	7	0	1	0	9	3	0	0	1	0	0	0	2	0	.368	('96オ)
*大島　信雄	松	2	8	20	2	6	2	0	0	8	0	0	0	0	0	2	0	3	0	.300	('50松,'54中)
*大島　裕行	武	1	1	2	0	1	0	0	0	1	0	0	0	0	0	0	0	0	0	.500	('08武)
大島　康徳	中	2	12	33	3	6	1	0	2	13	2	0	0	0	0	0	0	5	0	.182	('74,'82中)
*大島　洋平	中	2	11	36	2	10	1	1	0	13	5	2	1	2	0	(1) 3	1	6	0	.278	('10,'11中)
*大城　卓三	巨	2	8	20	1	3	0	0	1	6	1	0	0	0	0	0	0	7	0	.150	('19,'20巨)
大杉　勝男	ヤ	1	7	29	8	9	0	0	4	21	10	0	0	0	0	0	0	3	1	.310	('78ヤ)
*大隅　正人	急	2	7	8	0	0	0	0	0	0	0	0	0	0	0	0	0	1	0	.000	('77,'78急)
*大瀬良大地	広	2	4	1	0	0	0	0	0	0	0	0	0	0	0	0	0	0	0	.000	('16,'18広)
*太田　紘一	神	1	2	0	0	0	0	0	0	0	0	0	0	0	0	0	0	0	0	.000	('62神)
太田　幸司	近	1	1	0	0	0	0	0	0	0	0	0	0	0	0	0	0	0	0	.000	('80近)
大田　卓司	武	4	23	85	12	29	1	0	5	45	11	1	0	2	0	1	0	11	1	.341	('82,'83,'85,'86武)
大竹　寛	巨	2	3	—	—	—	—	—	—	—	—	—	—	—	—	—	—	—	—	—	('19,'20巨)
*大竹耕太郎	ソ	1	1	—	—	—	—	—	—	—	—	—	—	—	—	—	—	—	—	—	('18ソ)
*大谷　翔平	日	1	5	16	0	6	4	0	0	10	1	0	0	0	0	0	0	5	0	.375	('16日)

選手名	チーム	年数	試合	打数	得点	安打	二塁打	三塁打	本塁打	塁打	打点	盗塁	盗塁刺	犠打	犠飛	四球	死球	三振	併殺打	打率	出場した年度
大津　　守	(西)	1	3	4	0	0	0	0	0	0	0	0	0	0	0	0	0	3	0	.000	('54西)
大塚　晶文	(近)	1	2	0	0	0	0	0	0	0	0	0	0	0	0	0	0	0	0	.000	('01近)
大塚　　明	(近)	1	4	4	2	1	0	0	0	1	0	0	0	0	0	0	0	0	0	.250	('05近)
＊大塚　光二	(武)	4	20	58	13	23	2	1	0	27	3	1	0	5	0	5	1	4	0	.397	('92,'94,'97,'98武)
大塚　　徹	(南)	1	3	2	0	1	0	0	0	1	0	0	0	0	0	1	0	1	0	.500	('73南)
大塚弥寿男	(ロ)	1	1	2	0	0	0	0	0	0	0	0	0	0	0	0	0	1	0	.000	('70ロ)
大戸　雄記	(南)	1	5	4	1	0	0	0	0	0	0	0	0	0	0	0	0	2	0	.000	('55南)
＊大隣　憲司	(ソ)	1	1	—	—	—	—	—	—	—	—	—	—	—	—	—	—	—	—	—	('14ソ)
＊大友　　進	(武)	3	11	27	3	6	1	0	0	7	3	1	1	5	0	3	1	5	2	.222	('97,'98,'02武)
大友　　工	(巨)	7	19	27	1	2	0	0	0	2	0	0	0	2	0	0	0	8	0	.074	('51～'53,'55～'58巨)
大西　崇之	(中)	2	6	10	1	1	0	0	0	1	0	1	0	0	0	1	0	3	0	.000	('99,'04中)
大沼　幸二	(武)	2	3	0	0	0	0	0	0	0	0	0	0	0	0	0	0	0	0	.000	('04,'08武)
大野　奨太	(日)	3	14	23	1	3	1	0	0	4	0	1	0	4	0	2	0	3	0	.130	('09,'12,'16日)
大野　雄次	(ヤ)	2	5	3	1	2	0	0	0	2	0	0	0	0	0	1	0	0	0	.667	('95,'97ヤ)
＊大野　　豊	(広)	5	12	7	0	1	0	0	0	1	0	0	0	0	0	0	0	3	0	.143	('79,'80,'84,'86'91広)
大橋　　穣	(急)	5	30	89	11	21	2	1	1	28	13	1	1	6	1	9	1	16	4	.236	('72,'75～'78急)
大引　啓次	(ヤ)	1	2	4	0	1	0	0	0	1	0	0	0	0	0	1	0	1	0	.250	('15ヤ)
＊大松　尚逸	(ロ)	1	1	1	0	1	0	1	0	2	1	0	0	0	0	0	0	0	0	1.000	('10ロ)
大道　典嘉	(巨)	5	18	31	2	9	5	0	0	14	2	0	0	0	0	3	1	4	0	.290	('99,'00,'03ダ,'08,'09巨)
大宮　龍男	(武)	4	10	23	2	7	0	1	0	9	1	1	0	1	0	2	0	0	2	.304	('81日,'88中,'9_,'92武)
＊大村　直之	(近)	1	5	21	2	6	0	0	0	6	1	0	0	0	0	1	0	3	0	.286	('01近)
＊大森　　剛	(巨)	2	7	15	3	3	1	0	2	10	3	0	0	0	0	(1)2	0	5	0	.200	('90,'96巨)
大矢　明彦	(ヤ)	1	7	24	2	6	0	0	0	9	4	1	0	0	0	2	0	1	0	.250	('78ヤ)
岡　　大海	(日)	1	6	21	2	5	0	0	0	5	2	2	0	0	1	2	1	6	0	.238	('16日)
岡　　義朗	(広)	1	4	1	0	0	0	0	0	0	0	0	0	0	0	0	0	0	0	.000	('79広)
＊岡崎　　郁	(巨)	4	21	66	7	20	3	1	3	34	11	0	0	4	2	10	0	7	2	.303	('87,'89,'90,'94巨)
＊岡持　和彦	(日)	1	6	10	1	2	0	0	1	5	2	0	0	0	0	0	0	4	0	.200	('81日)
＊岡島　豪郎	(楽)	1	7	27	3	7	1	0	0	8	2	0	0	0	0	2	1	4	0	.259	('13楽)
＊岡島　秀樹	(ソ)	4	9	0	0	0	0	0	0	0	0	0	0	0	0	0	0	0	0	.000	('00,'02巨,'06Ｆ,'14ソ)
岡嶋　博治	(中)	1	4	9	2	1	0	0	0	1	1	1	0	0	0	0	0	2	1	.111	('54中)
岡田　明丈	(広)	2	3	0	0	0	0	0	0	0	0	0	0	0	0	0	0	0	0	—	('16,'18広)
岡田　彰布	(神)	1	6	22	1	5	2	0	0	7	1	0	0	0	0	2	1	3	0	.227	('85神)
岡田　展和	(巨)	1	2	0	0	0	0	0	0	0	0	0	0	0	0	0	0	0	0	.000	('94巨)
岡田　幸喜	(急)	3	9	8	0	0	0	0	0	0	0	0	0	0	0	0	0	3	0	.000	('69,'71,'72急)
＊岡田　幸文	(ロ)	1	7	25	3	8	1	0	0	11	2	0	0	0	0	0	0	1	0	.320	('10ロ)
＊岡林　洋一	(ヤ)	1	3	7	0	2	0	0	0	2	0	0	0	0	0	1	0	0	1	.286	('92ヤ)
岡部　憲章	(日)	1	2	1	0	0	0	0	0	0	0	0	0	0	0	0	0	0	0	.000	('81日)
岡村　浩二	(急)	4	23	69	4	14	1	0	1	18	4	0	0	1	0	(2)7	1	6	3	.203	('67～'69,'71急)
＊岡村　隆則	(武)	5	25	46	6	10	0	1	1	15	3	0	2	1	0	6	0	7	0	.217	('82,'83,'85～'87武)
岡本　　晃	(近)	1	2	0	0	0	0	0	0	0	0	0	0	0	0	0	0	0	0	.000	('01近)
岡本　篤志	(武)	1	1	—	—	—	—	—	—	—	—	—	—	—	—	—	—	—	—	—	('04武)
岡本伊三美	(南)	5	25	85	12	22	6	0	3	37	6	2	1	2	1	5	1	11	1	.259	('51～'53,'55,'59南)
岡本　和真	(巨)	2	8	29	2	4	0	0	0	7	3	0	0	0	0	3	0	8	1	.138	('19,'20巨)
岡本　克道	(ダ)	1	5	0	0	0	0	0	0	0	0	0	0	0	0	0	0	0	0	.000	('03ダ)
＊岡本　圭右	(巨)	1	2	2	0	0	0	0	0	0	0	0	0	0	0	0	0	0	0	.000	('87巨)
岡本　　光	(巨)	1	2	0	0	0	0	0	0	0	0	0	0	0	0	0	0	0	0	.000	('87巨)
岡本　真也	(武)	4	9	0	0	0	0	0	0	0	0	0	0	0	0	0	0	0	0	.000	('04,'06,'07中,'08武)
＊小笠原　孝	(中)	1	1	1	0	0	0	0	0	0	0	0	0	0	0	0	0	1	0	.000	('11中)
＊小笠原道大	(巨)	4	20	67	8	14	5	1	2	27	6	0	0	0	0	(1)9	3	13	0	.209	('06日,'08,'09,'12巨)
＋緒方　耕一	(巨)	3	15	28	2	6	0	0	1	9	5	3	1	1	1	2	0	5	0	.214	('89,'90,'94巨)
緒方　孝市	(広)	1	7	4	0	0	0	0	0	0	0	0	1	0	0	1	0	1	0	.000	('91広)
小川　達明	(広)	2	12	6	0	0	0	0	0	0	0	0	0	0	0	1	0	2	0	.000	('84,'86広)
＊小川　　亨	(近)	2	14	47	5	15	5	0	0	20	8	2	1	3	0	2	0	4	1	.319	('79,'80近)
小川　博文	(オ)	2	10	32	4	10	3	0	1	16	5	1	0	1	0	2	0	8	0	.313	('95,'96オ)
小川　泰弘	(ヤ)	1	1	—	—	—	—	—	—	—	—	—	—	—	—	—	—	—	—	—	('15ヤ)
沖原　佳典	(神)	1	6	5	0	0	0	0	0	0	0	0	0	0	0	0	0	2	0	.000	('03神)
＊沖山　光利	(洋)	1	2	3	0	1	0	0	0	1	0	0	0	0	0	0	0	0	0	.333	('60洋)
荻　　孝雄	(西)	1	2	2	1	0	0	0	0	0	0	0	0	0	0	0	0	0	1	.000	('58西)
奥田　　元	(毎)	1	5	9	1	3	0	0	0	3	1	0	0	0	—	0	0	0	0	.333	('50毎)
長田秀一郎	(武)	1	3	0	0	0	0	0	0	0	0	0	0	0	0	0	0	0	0	.000	('07武)
＊長内　　孝	(広)	3	14	25	1	7	0	0	1	10	4	2	1	0	0	(1)2	0	4	0	.280	('84,'86,'91広)
尾崎　行雄	(東)	1	1	1	0	0	0	0	0	0	0	0	0	0	0	0	0	1	0	.000	('62東)
小沢　誠以	(武)	1	2	0	0	0	0	0	0	0	0	0	0	0	0	0	0	0	0	.000	('82武)
押本　健彦	(日)	1	3	0	0	0	0	0	0	0	0	0	0	0	0	0	0	0	0	.000	('07日)
＊小関　竜弥	(武)	3	16	42	3	9	2	1	0	13	1	0	0	1	0	6	0	5	0	.214	('98,'02,'04武)
小田　幸平	(中)	1	4	1	0	0	0	0	0	0	0	0	0	0	0	0	0	1	0	.000	('10中)
＊小田　真也	(武)	3	7	0	0	0	0	0	0	0	0	0	0	0	0	0	0	0	0	.000	('87,'88,'91,'92武)
＊小田　智之	(日)	2	3	1	0	0	0	0	0	0	0	0	0	0	0	(1)1	0	1	0	.000	('06,'07日)
越智　大祐	(巨)	2	6	0	0	0	0	0	0	0	0	0	0	0	0	0	0	0	0	.000	('08,'09巨)
落合　英二	(中)	2	6	0	0	0	0	0	0	0	0	0	0	0	0	0	0	0	0	.000	('99,'04中)

日本シリーズ・ライフタイム

選手名	チーム	年数	試合	打数	得点	安打	二塁打	三塁打	本塁打	塁打	打点	盗塁	盗塁刺	犠打	犠飛	四球	死球	三振	併殺打	打率	出場した年度
落合 博満	(巨)	3	11	35	6	10	2	0	0	12	1	0	0	0	0	(1)10	1	4	0	.286	('88中,'94,'96巨)
音 重鎮	(広)	2	11	22	1	4	0	0	0	4	3	1	0	0	0	0	0	4	0	.182	('88中,'91広)
*乙坂 智	(ディ)	1	5	8	1	0	0	0	0	0	0	0	0	0	0	0	0	2	0	.000	('17ディ)
小野 和幸	(中)	4	5	1	0	0	0	0	0	0	0	0	0	0	0	0	0	1	0	.000	('85～'87武,'88中)
*小野 和義	(武)	2	3	2	0	0	0	0	0	0	0	0	0	0	0	0	0	1	0	.000	('89近,'94武)
*小野 正一	(毎)	1	2	4	0	0	0	0	0	0	0	0	0	0	0	0	0	1	0	.000	('60毎)
小野 晋吾	(ロ)	1	2	0	0	0	0	0	0	0	0	0	0	0	0	0	0	0	0	.000	('05,'10ロ)
尾上 旭	(中)	1	2	1	0	0	0	0	0	0	0	0	0	0	0	0	0	0	0	.000	('82中)
小野寺 力	(武)	1	2	0	0	0	0	0	0	0	0	0	0	0	0	0	0	0	0	.000	('04,'08武)
小畑 正治	(南)	3	7	6	0	0	0	0	0	0	0	0	0	1	0	0	0	2	0	.000	('52,'53,'55南)
小山 桂司	(中)	1	2	0	0	0	0	0	0	0	0	0	0	1	0	0	0	0	0	.000	('11中)
カニザレス	(ソ)	1	1	1	0	0	0	0	0	0	0	0	0	0	0	0	0	0	0	.000	('15ソ)
カブレラ	(ソ)	3	17	47	6	14	4	0	5	33	14	0	0	0	0	(1) 5	1	15	0	.298	('02,'04武,'11ソ)
ガルベス	(巨)	1	1	—	—	—	—	—	—	—	—	—	—	—	—	—	—	—	—	—	('96巨)
甲斐 拓也	(ソ)	4	18	39	7	6	1	0	2	13	4	1	3	0	0	(1) 6	0	11	0	.154	('17～'20ソ)
貝塚 政秀	(武)	2	3	4	0	1	0	0	0	1	0	0	0	0	0	0	0	2	0	.250	('02,'04武)
*甲斐野 央	(ソ)	1	3	1	0	1	0	0	0	1	0	0	0	0	0	0	0	0	0	1.000	('19ソ)
垣内 哲也	(武)	3	10	20	3	5	1	0	0	6	0	1	0	0	0	2	0	2	1	.250	('93,'94,'02武)
*鍵谷 康司	(日)	1	4	8	0	3	1	0	0	4	2	0	0	0	0	0	0	0	1	.375	('81日)
鍵谷 陽平	(巨)	3	5	0	0	0	0	0	0	0	0	0	0	0	0	0	0	0	0	.000	('16日,'19,'20巨)
郭 源治	(中)	2	3	1	0	0	0	0	0	0	0	0	0	0	0	0	0	0	0	.000	('82,'88中)
郭 泰源	(武)	8	11	9	0	3	1	0	0	4	0	0	0	2	0	0	0	3	0	.333	('86～'88,'90～'94武)
*加倉井 実	(巨)	4	15	32	5	9	4	1	0	15	4	2	0	1	—	5	0	6	1	.281	('55～'57,'59巨)
*掛布 雅之	(神)	1	6	20	4	7	2	0	2	15	6	0	0	0	1	4	0	5	0	.350	('85神)
蔭山 和夫	(南)	4	24	69	6	14	1	1	0	17	3	3	2	1	0	10	0	17	1	.203	('51～'53,'55南)
*笠原 和夫	(南)	3	14	21	0	6	1	0	0	7	0	1	0	—	2	0	2	1	—	.286	('51～'53南)
笠間 雄二	(巨)	1	1	2	0	0	0	0	0	0	0	0	0	0	0	0	0	0	0	.000	('77)
風岡 尚幸	(オ)	1	1	0	0	0	0	0	0	0	0	0	0	0	0	0	0	1	0	.000	('95オ)
鹿島 忠	(中)	1	3	0	0	0	0	0	0	0	0	0	0	0	0	0	0	0	0	.000	('88中)
*柏枝 文治	(巨)	2	13	37	1	10	3	0	0	13	2	0	0	1	0	2	0	1	1	.270	('53,'55巨)
柏原 純一	(日)	1	6	19	3	8	2	0	2	16	2	0	0	0	0	(1) 7	0	1	1	.421	('81日)
梶谷 隆幸	(ディ)	1	6	23	3	5	1	0	1	9	1	0	1	0	1	1	0	6	0	.217	('17ディ)
*梶間 健一	(ヤ)	1	3	1	0	1	0	0	0	1	0	0	0	0	0	0	0	0	0	1.000	('78ヤ)
加治前 竜一	(巨)	1	1	0	0	0	0	0	0	0	0	0	0	0	0	0	0	0	0	.000	('08巨)
*梶本 隆夫	(急)	4	10	2	0	0	0	0	0	0	0	0	0	0	0	0	0	0	0	.000	('67～'69,'71急)
加治屋 蓮	(ソ)	1	3	0	0	0	0	0	0	0	0	0	0	0	0	0	0	0	0	.000	('18ソ)
*片岡 篤史	(神)	2	7	14	1	2	0	0	0	2	1	0	0	0	0	3	0	4	0	.143	('03,'05神)
片岡 博国	(毎)	1	6	15	0	4	0	0	0	4	2	0	0	—	0	0	1	0	1	.267	('50毎)
片岡 易之	(巨)	1	7	27	5	8	1	0	0	9	0	5	2	0	1	1	1	1	1	.296	('08巨)
*片平 晋作	(武)	5	21	23	2	6	0	0	1	9	2	0	0	0	2	0	4	3	0	.261	('73南,'82,'83,'85,'86武)
葛城 隆雄	(毎)	1	4	16	0	4	1	0	0	5	2	1	0	0	0	0	0	0	1	.250	('60毎)
加藤 健	(巨)	2	6	5	0	3	1	0	0	4	2	0	0	0	0	0	1	1	0	.600	('08,'12巨)
加藤 進	(中)	1	2	3	0	0	0	0	0	0	0	0	0	0	0	0	0	0	0	.000	('54中)
*加藤 貴之	(日)	1	1	—	—	—	—	—	—	—	—	—	—	—	—	—	—	—	—	—	('16日)
加藤 哲郎	(近)	1	3	2	0	0	0	0	0	0	0	0	0	0	0	1	0	2	0	.000	('89近)
加藤 俊夫	(日)	1	3	3	0	0	0	0	0	0	0	0	0	0	0	0	0	1	0	.000	('81日)
加藤 初	(巨)	5	15	0	0	0	0	0	0	0	0	0	0	0	0	1	0	0	0	.000	('76,'77,'81,'83,'87巨)
*加藤 秀司	(急)	6	32	113	6	24	2	2	3	39	18	1	0	1	12	1	22	2	—	.212	('71,'72,'75～'78急)
*加藤 博人	(ヤ)	2	6	3	0	0	0	0	0	0	0	0	0	0	0	0	0	0	0	.000	('95,'97ヤ)
鹿取 義隆	(武)	8	20	1	0	0	0	0	0	0	0	0	0	0	0	0	0	0	0	.000	('83,'87,'89日,'90～'94武)
*門田 博光	(南)	1	5	17	3	3	0	0	1	6	2	0	0	0	1	2	0	0	1	.176	('73南)
金澤 健人	(神)	2	4	0	0	0	0	0	0	0	0	0	0	0	0	0	0	0	0	.000	('03神,'11ソ)
金沢 次男	(ヤ)	2	7	1	0	0	0	0	0	0	0	0	0	0	0	0	0	1	0	.000	('92,'93ヤ)
*金森 栄治	(武)	6	25	46	2	9	2	0	0	11	2	1	0	3	0	4	0	5	1	.196	('83,'85～'87武,'93,'95ヤ)
金森 敬之	(日)	1	1	—	—	—	—	—	—	—	—	—	—	—	—	—	—	—	—	—	('09日)
金山 次郎	(松)	1	6	26	2	7	1	0	0	8	1	0	1	1	—	1	0	3	0	.269	('50松)
金石 昭人	(広)	2	5	4	1	2	0	0	0	2	0	0	0	0	0	1	0	0	0	.500	('86,'91広)
金子 誠	(日)	4	18	54	0	10	2	0	0	12	7	0	0	3	0	1	0	15	0	.185	('06,'07,'09,'12日)
金城 基泰	(広)	1	4	2	0	0	0	0	0	0	0	0	0	0	0	0	0	1	0	.000	('75広)
金田 留広	(広)	1	2	5	0	1	0	0	0	1	0	0	0	0	0	0	0	0	2	.200	('75広)
*金田 正一	(巨)	5	12	21	1	6	0	0	0	6	4	0	0	0	0	0	0	5	1	.286	('65～'69巨)
*金田 政彦	(オ)	1	1	—	—	—	—	—	—	—	—	—	—	—	—	—	—	—	—	—	('96オ)
*金刃 憲人	(楽)	2	3	0	0	0	0	0	0	0	0	0	0	0	0	0	0	0	0	.000	('10巨,'13楽)
*金光 秀憲	(洋)	1	4	15	1	6	1	0	0	10	4	0	0	0	0	0	0	1	0	.400	('60洋)
金村 曉	(日)	1	1	—	—	—	—	—	—	—	—	—	—	—	—	—	—	—	—	—	('06日)
金村 義明	(武)	3	12	21	0	3	2	0	0	5	1	0	0	2	0	3	0	6	1	.143	('89近,'97,'98武)
*金本 知憲	(神)	2	11	39	7	6	0	0	4	18	4	1	0	0	0	5	0	0	0	.154	('03,'05神)
*狩野 恵輔	(神)	2	9	6	0	0	0	0	0	0	0	0	0	0	0	0	0	0	0	.500	('14神)
鎌田 実	(神)	2	9	34	1	4	0	0	0	4	0	1	0	1	0	0	0	1	2	.118	('62,'64神)
*上川 誠二	(中)	1	6	21	2	6	2	0	1	11	6	0	0	1	0	0	0	1	0	.286	('82中)

選手名	チーム	年数	試合	打数	得点	安打	二塁打	三塁打	本塁打	塁打	打点	盗塁	盗塁刺	犠打	犠飛	四球	死球	三振	併殺打	打率	出場した年度
*亀井善行／亀井義行	(巨)	6	29	87	13	18	7	0	4	37	7	1	0	1	0	7	0	11	1	.207	('08,'09,'12,'13,'19,'20巨)
*嘉弥真新也	(ソ)	4	12	0	0	0	0	0	0	0	0	0	0	0	0	0	0	0	0	.000	('17〜'20ソ)
唐川 侑己	(ロ)	1	1	—	—	—	—	—	—	—	—	—	—	—	—	—	—	—	—	—	('10ロ)
唐崎 信男	(南)	3	9	5	3	0	0	0	0	0	0	1	1	0	0	0	0	4	0	.000	('64〜'66南)
*辛島 航	(楽)	1	1	2	1	0	0	0	0	0	0	0	0	0	0	0	0	0	0	.000	('13楽)
川相 昌弘	(中)	9	31	69	4	13	3	0	1	19	6	1	0	13	2	9	0	15	0	.188	('87,'89,'90,'94,'96,'00,'02巨)('04,'06中)
河合 保彦	(中)	2	9	16	2	4	0	1	0	6	1	0	0	1	0	0	0	7	0	.250	('54中,'63西)
*川井 雄太	(中)	1	1	0	0	0	0	0	0	0	0	0	0	0	0	0	0	0	0	.000	('11中)
川上 憲伸	(中)	4	7	3	0	0	0	0	0	0	0	0	0	1	0	1	0	3	0	.000	('99,'04,'06,'07中)
川上 哲治	(巨)	7	43	▲159	23	58	11	0	5	84	19	3	3	0	0	(5)16	3	12	4	.365	('51〜'53,'55〜'58巨)
+川口 和久	(巨)	3	10	6	0	0	0	0	0	0	0	0	0	2	0	0	0	1	1	.000	('84,'91広,'96巨)
*川口 憲史	(近)	1	3	6	0	1	0	0	0	1	0	0	0	0	0	0	0	2	0	.167	('01近)
川越 透	(ダ)	1	1	1	0	0	0	0	0	0	0	0	0	0	0	0	0	1	0	.000	('99ダ)
川崎憲次郎	(ヤ)	3	4	7	1	1	0	0	0	1	0	0	0	0	0	0	0	3	0	.143	('93,'95,'97ヤ)
川崎 徳次	(西)	2	7	8	0	1	0	0	0	1	0	0	0	0	0	0	0	1	0	.125	('54,'56西)
*川﨑 宗則	(ソ)	2	14	52	8	18	2	2	0	24	4	5	1	2	0	5	1	14	0	.346	('03ダ,'11ソ)
川島 慶三	(ソ)	6	20	35	4	8	2	0	0	10	3	2	1	0	0	9	1	11	1	.229	('07日,'15,'17〜'20ソ)
*川瀬 晃	(ソ)	2	4	2	0	1	0	0	0	1	0	0	0	0	0	0	0	1	0	.500	('20ソ)
*河田 雄祐	(武)	2	7	9	2	4	0	0	1	7	2	0	0	1	0	1	0	1	0	.444	('97,'98武)
*川中 基嗣	(巨)	1	1	0	0	0	0	0	0	0	0	0	1	0	0	0	0	0	0	.000	('02巨)
河野 正	(巨)	1	2	0	0	0	0	0	0	0	0	0	0	0	0	0	0	0	0	.000	('59巨)
河原 純一	(中)	3	7	0	0	0	0	0	0	0	0	0	0	0	0	0	0	0	0	.000	('02巨,'10,'11中)
*川端 慎吾	(ヤ)	1	5	18	2	3	0	0	0	3	1	0	0	0	0	3	0	2	1	.167	('15ヤ)
川端 順	(広)	3	8	3	1	1	0	0	0	1	0	1	0	0	0	0	0	1	0	.333	('84,'86,'91広)
川畑 泰博	(中)	1	1	—	—	—	—	—	—	—	—	—	—	—	—	—	—	—	—	—	('88中)
河端 龍	(ヤ)	1	4	0	0	0	0	0	0	0	0	0	0	0	0	0	0	0	0	.000	('01ヤ)
*川又 米利	(中)	2	6	12	1	3	2	0	1	8	2	0	0	0	0	0	0	2	0	.250	('82,'88中)
河村健一郎	(急)	4	12	25	2	8	0	0	1	11	2	0	0	0	0	(1)2	0	3	1	.320	('75〜'78急)
川村 丈夫	(横)	1	1	2	0	0	0	0	0	0	0	0	0	1	0	0	0	0	0	.000	('98横)
河村 久文	(西)	4	12	15	2	2	0	0	0	2	0	0	0	0	0	0	0	3	0	.133	('54,'56〜'58西)
川本 智徳	(武)	1	1	0	0	0	0	0	0	0	0	0	0	0	0	0	0	0	0	.000	('86武)
ギブンス	(武)	1	1	0	0	0	0	0	0	0	0	0	0	0	0	0	0	0	0	.000	('97武)
*ギャレット	(広)	1	5	14	0	3	0	0	0	3	1	0	0	0	0	0	0	5	0	.214	('79広)
ギルバート	(近)	1	5	11	0	0	0	0	0	0	0	0	0	0	0	0	0	0	0	.000	('01近)
菊地 和正	(日)	2	2	0	0	0	0	0	0	0	0	0	0	0	0	0	0	0	0	.000	('07,'09日)
菊池 涼介	(広)	2	12	47	4	12	1	0	1	16	2	0	0	4	0	3	0	15	0	.255	('16,'18広)
岸 孝之	(武)	2	7	2	0	0	0	0	0	0	0	0	0	0	0	0	0	2	0	.000	('08武)
岸川 勝也	(巨)	2	7	▲8	1	3	0	0	0	4	1	0	0	0	0	3	1	2	0	.375	('94,'96巨)
岸田 行倫	(巨)	1	3	1	0	0	0	0	0	0	0	0	0	0	0	1	0	0	0	.000	('19巨)
北川 博敏	(近)	1	5	14	1	7	1	0	0	8	0	0	0	0	0	0	0	3	0	.500	('01近)
北川 芳男	(巨)	2	4	0	0	0	0	0	0	0	0	0	0	0	0	0	0	0	0	.000	('63,'65巨)
*北原 啓	(西)	1	1	0	0	0	0	0	0	0	0	0	0	0	0	0	0	0	0	.000	('54西)
北別府 学	(広)	5	11	15	0	1	0	0	0	1	0	0	0	0	0	0	0	6	0	.067	('79,'80,'84,'86,'91広)
北村 照文	(武)	2	10	12	1	2	1	0	0	3	0	2	0	0	0	2	1	4	0	.167	('85神,'88武)
木樽 正明	(ロ)	2	7	12	0	3	0	0	0	3	0	0	0	0	0	1	0	2	0	.250	('70,'74ロ)
*木田 勇	(日)	1	2	1	0	0	0	0	0	0	0	0	0	0	0	0	0	1	0	.000	('81日)
木田 優夫	(巨)	3	6	0	0	0	0	0	0	0	0	0	0	0	0	0	0	0	0	.000	('90,'94,'96巨)
木塚 忠助	(南)	4	23	81	4	10	1	0	1	14	2	3	2	3	0	0	1	8	2	.123	('51〜'53,'55南)
紀藤 真琴	(広)	1	1	—	—	—	—	—	—	—	—	—	—	—	—	—	—	—	—	—	('91広)
木戸 克彦	(神)	1	6	20	0	1	0	0	0	1	0	0	0	1	0	0	0	1	0	.050	('85神)
城戸 則文	(西)	2	10	26	2	9	1	0	0	10	0	0	0	0	0	0	0	5	1	.346	('58,'63西)
*木戸 美摸	(西)	2	5	1	0	1	0	0	0	1	0	0	0	0	0	0	0	0	0	1.000	('57,'59西)
*城所 龍磨	(ソ)	2	9	4	2	0	0	0	0	0	0	1	0	0	0	0	0	2	0	.000	('11,'17ソ)
衣笠 祥雄	(広)	5	34	116	12	18	2	0	5	35	8	2	0	3	0	15	2	38	4	.155	('75,'79,'80,'84,'86広)
木下 貞一	(中)	1	1	0	0	0	0	0	0	0	0	0	0	0	0	0	0	0	0	.000	('54中)
木下 富雄	(広)	5	22	36	3	13	2	0	0	15	2	3	1	4	0	3	0	5	1	.361	('75,'79,'80,'84,'86広)
*木下 文信	(近)	1	1	0	0	0	0	0	0	0	0	0	0	0	0	0	0	1	0	.000	('89近)
木俣 達彦	(中)	2	10	▲22	0	4	1	0	0	5	0	0	0	1	0	(2)3	0	1	0	.182	('74,'82中)
*君波 隆祥	(ヤ)	1	2	1	0	0	0	0	0	0	0	0	0	0	0	0	0	0	0	.000	('92ヤ)
金 泰均	(ロ)	1	7	29	2	10	0	0	0	10	2	0	0	0	0	2	0	5	0	.345	('10ロ)
木村 正太	(巨)	1	2	0	0	0	0	0	0	0	0	0	0	0	0	0	0	0	0	.000	('09巨)
木村 孝	(日)	1	3	0	0	0	0	0	0	0	0	0	0	0	0	0	0	0	0	.000	('81日)
+木村 拓也	(巨)	2	10	32	1	5	0	0	0	5	0	0	1	2	0	1	1	9	0	.156	('08,'09巨)
木村 勉	(松)	1	6	23	2	5	1	0	0	7	2	2	0	0	—	1	0	1	0	.217	('50松)
*木村 博	(中)	1	4	7	1	1	0	0	0	2	1	0	0	0	0	0	0	1	0	.143	('54中)
木村 広	(武)	1	1	0	0	0	0	0	0	0	0	0	0	0	0	0	0	0	0	.000	('83武)
木村 龍治	(巨)	1	3	0	0	0	0	0	0	0	0	0	0	0	0	0	0	0	0	.000	('00巨)
*久古健太郎	(ヤ)	1	3	0	0	0	0	0	0	0	0	0	0	0	0	0	0	0	0	.000	('15ヤ)
清川 栄治	(広)	1	3	0	0	0	0	0	0	0	0	0	0	0	0	0	0	0	0	.000	('86広)
*清田 育宏	(ロ)	1	7	30	6	10	1	1	1	16	6	0	0	2	0	1	2	6	0	.333	('10ロ)

日本シリーズ・ライフタイム

選手名	チーム	年数	試合	打数	得点	安打	二塁打	三塁打	本塁打	塁打	打点	盗塁	盗塁刺	犠打	犠飛	四球	死球	三振	併殺打	打率	出場した年度
清原 和博	(巨)	10	60	219	42	66	6	0	15	117	39	2	0	0	1	(1)31	3	54	4	.301	('86～'88,'90～'94武,'00,'02巨)
＊清原 雄一	(オ)	1	2	0	0	0	0	0	0	0	0	0	0	0	0	0	0	0	0	.000	('95オ)
＊歓次(赤見内銀次)	(楽)	1	7	29	1	7	2	0	0	9	5	0	0	0	0	2	1	2	0	.241	('13楽)
クルーズ	(巨)	1	6	18	3	4	0	0	2	10	5	0	1	0	0	0	0	3	0	.222	('83巨)
クルーン	(巨)	2	5	0	0	0	0	0	0	0	0	0	0	0	0	0	0	0	0	.000	('08,'09巨)
クルス	(中)	1	1	—	—	—	—	—	—	—	—	—	—	—	—	—	—	—	—	—	('07中)
クロマティ	(巨)	3	17	66	8	20	4	0	1	27	2	0	1	0	0	(2)4	0	9	1	.303	('87,'89,'90巨)
グライシンガー	(巨)	1	1	—	—	—	—	—	—	—	—	—	—	—	—	—	—	—	—	—	('08巨)
グラシアル	(ソ)	3	13	50	13	16	0	0	5	31	10	0	0	1	0	4	1	8	0	.320	('18～'20ソ)
グラッデン	(巨)	1	5	18	1	1	0	0	0	1	0	0	0	0	0	0	0	8	0	.056	('94巨)
＊グラマン	(武)	1	2	0	0	0	0	0	0	0	0	0	0	0	0	0	0	0	0	.000	('08武)
＊グリーン	(日)	1	1	—	—	—	—	—	—	—	—	—	—	—	—	—	—	—	—	—	('07日)
＊久慈 照嘉	(神)	2	5	10	0	0	0	0	0	0	0	0	0	1	0	2	0	1	0	.000	('99中,'05神)
楠 協郎	(巨)	3	7	16	1	2	2	0	0	4	3	0	0	2	—	2	0	3	1	.125	('51～'53巨)
工藤 一彦	(神)	1	1	—	—	—	—	—	—	—	—	—	—	—	—	—	—	—	—	—	('85神)
＊工藤 公康	(巨)	14	26	16	0	3	1	0	0	4	2	0	0	3	0	0	0	9	0	.188	('82,'83,'85～'88,'90～'94武,'99ダ,'00,'02巨)
＊工藤 隆人	(巨)	2	6	16	1	4	2	0	0	6	1	0	0	0	0	0	0	4	0	.250	('07,'09巨)
工藤 幹夫	(日)	1	5	0	0	0	0	0	0	0	0	0	0	0	0	0	0	0	0	.000	('81日)
国枝 利通	(中)	1	1	0	0	0	0	0	0	0	0	0	0	0	0	0	0	0	0	.000	('54中)
国貞 泰汎	(南)	3	17	44	4	10	3	0	1	16	7	1	0	0	1	(1)3	0	5	0	.227	('64～'66南)
＊国松 彰	(巨)	9	44	132	16	29	4	1	2	41	13	2	1	4	1	5	1	11	3	.220	('58,'59,'61,'65～'70巨)
久保 俊巳	(広)	1	6	5	1	1	0	0	0	1	0	0	0	0	0	1	0	2	0	.200	('75広)
久保 康生	(近)	1	1	—	—	—	—	—	—	—	—	—	—	—	—	—	—	—	—	—	('80近)
久保 裕也	(巨)	1	8	0	0	0	0	0	0	0	0	0	0	0	0	0	0	0	0	.000	('08巨)
久保田 治	(東)	1	4	7	0	0	0	0	0	0	0	0	0	1	0	0	0	1	0	.000	('62東)
久保田智之	(神)	1	1	—	—	—	—	—	—	—	—	—	—	—	—	—	—	—	—	—	('05神)
久保山 誠	(西)	1	3	1	0	0	0	0	0	0	0	0	0	0	0	0	0	0	0	.000	('56西)
倉田 誠	(巨)	4	8	8	0	2	0	0	0	2	0	0	0	2	0	0	0	1	0	.250	('68,'70,'73,'76巨)
＊倉本 寿彦	(ディ)	1	6	21	1	7	0	0	0	7	2	1	0	0	1	1	0	4	0	.333	('17ディ)
九里 亜蓮	(広)	1	2	5	0	—	—	—	—	—	—	—	—	—	—	—	—	—	—	—	('18広)
＊栗橋 茂	(近)	3	15	35	3	5	0	0	1	8	2	0	0	0	0	7	2	10	2	.143	('79,'80,'89近)
＊栗原 陵矢	(ソ)	2	5	14	3	7	2	0	1	12	4	0	0	1	0	(1)2	1	4	0	.500	('18,'20ソ)
＊栗山 巧	(武)	1	7	24	2	4	1	0	0	5	1	0	0	2	0	5	0	2	0	.167	('08武)
黒江 透修	(巨)	9	43	151	23	39	5	3	7	71	22	7	0	1	0	4	2	15	2	.258	('65～'73巨)
黒崎 武	(東)	1	1	0	0	0	0	0	0	0	0	0	0	0	0	0	0	0	0	.000	('62東)
黒田 一博	(南)	3	17	38	1	4	0	0	0	4	1	0	0	0	—	0	0	5	1	.105	('51～'53南)
黒田 博樹	(広)	1	1	—	—	—	—	—	—	—	—	—	—	—	—	—	—	—	—	—	('16広)
黒田 正宏	(武)	2	9	19	2	4	0	0	0	4	3	0	0	1	0	0	0	2	0	.211	('82,'83武)
黒原 祐二	(武)	1	1	—	—	—	—	—	—	—	—	—	—	—	—	—	—	—	—	—	('88武)
桑田 武	(洋)	1	4	15	1	3	0	0	0	3	1	1	1	0	0	1	0	2	0	.200	('60洋)
桑田 真澄	(巨)	6	10	4	1	1	0	0	0	1	0	0	0	1	0	0	0	0	0	.250	('87,'89,'90,'94,'00,'02巨)
桑田 将志	(ディ)	1	6	26	2	4	0	0	0	4	1	1	2	0	0	2	0	10	0	.154	('17ディ)
＊ゲーリー	(中)	1	3	6	0	0	0	0	0	0	0	0	0	0	1	0	0	2	0	.000	('88中)
＊ゲイル	(神)	1	2	—	—	—	—	—	—	—	—	—	—	—	—	—	—	—	—	—	('85神)
ゲレーロ	(巨)	1	4	12	0	4	1	0	0	5	0	0	0	0	0	0	0	3	0	.333	('19巨)
コトー	(巨)	1	6	21	3	6	0	1	2	14	3	0	0	1	0	0	1	5	0	.286	('94巨)
L.ゴメス	(中)	1	5	20	1	4	2	0	1	9	5	0	1	0	0	0	0	4	1	.200	('99中)
M.ゴメス	(神)	1	5	17	1	3	1	0	0	4	3	0	0	0	0	4	0	6	2	.176	('14神)
ゴンザレス	(巨)	2	4	0	0	0	0	0	0	0	0	0	0	2	0	0	0	0	0	.000	('09,'12巨)
小池 兼司	(南)	5	24	72	7	19	4	0	2	29	4	1	2	3	0	4	0	12	3	.264	('61,'64～'66,'73南)
小池 正晃	(中)	2	8	15	1	3	0	0	1	6	1	0	0	2	0	0	0	6	0	.200	('10,'11中)
＊高 信二	(広)	1	3	3	1	1	0	0	0	1	1	0	0	0	0	2	0	0	0	.333	('91広)
＊香田 勲男	(近)	4	6	4	0	0	0	0	0	0	0	0	0	1	0	0	0	1	0	.000	('89,'90,'94巨,'01近)
河内 卓司	(毎)	1	5	28	3	6	0	0	0	6	0	0	1	0	—	2	0	2	0	.214	('50毎)
河野 昭修	(西)	4	24	68	6	13	2	0	0	15	3	2	0	3	0	6	0	13	2	.191	('54,'56～'58西)
河埜 和正	(巨)	4	23	67	6	19	1	0	4	32	8	4	2	4	0	(2)9	5	23	1	.284	('76,'77,'81,'83巨)
鴻野 淳基	(巨)	1	4	11	0	1	0	0	0	1	0	0	0	0	0	0	0	2	0	.091	('87巨)
＊河野 博文	(巨)	1	2	—	—	—	—	—	—	—	—	—	—	—	—	—	—	—	—	—	('96巨)
＊神戸 拓光	(ロ)	1	3	1	0	0	0	0	0	0	0	0	0	0	0	0	0	1	0	.000	('10ロ)
小窪 哲也	(広)	2	5	7	0	1	1	0	0	2	0	0	0	1	0	4	0	4	0	.143	('16,'18広)
小久保裕紀	(ソ)	3	17	59	5	14	3	0	1	20	5	1	0	1	0	4	0	15	0	.237	('99,'00ダ,'11ソ)
児玉 利一	(中)	1	7	22	1	8	3	0	1	14	2	0	1	0	0	0	0	2	0	.364	('54中)
児玉 好弘	(急)	1	4	—	—	—	—	—	—	—	—	—	—	—	—	—	—	—	—	—	('72急)
小鶴 誠	(松)	1	6	23	3	4	1	0	0	5	2	0	0	0	—	4	0	3	0	.174	('50松)
＊小早川毅彦	(ヤ)	4	24	76	2	15	3	0	1	21	5	0	0	0	1	1	0	19	5	.197	('84,'86,'91広,'97ヤ)
＊小林 国男	(ヤ)	1	3	0	0	0	0	0	0	0	0	0	0	0	0	0	0	0	0	.000	('78ヤ)
小林 繁	(神)	1	2	8	1	3	0	0	0	3	0	0	0	1	0	0	0	2	0	.375	('85神)
＊小林 晋哉	(急)	1	6	19	3	6	0	0	1	9	1	1	0	0	0	2	0	1	1	.316	('84急)
小林 誠二	(広)	4	10	3	0	1	0	0	0	1	0	0	0	0	0	0	0	1	0	.333	('82,'83武,'84,'86広)
小林 誠司	(巨)	1	6	2	0	0	0	0	0	0	0	0	0	0	0	0	0	0	0	.000	('19巨)

選手名	チーム	年数	試合	打数	得点	安打	二塁打	三塁打	本塁打	塁打	打点	盗塁	盗塁刺	犠打	犠飛	四球	死球	三振	併殺打	打率	出場した年度
小林宏(小林宏之)	ロ	2	5	2	0	0	0	0	0	0	0	0	0	0	0	0	0	1	0	.000	('05,'10ロ)
小林　宏	オ	2	5	0	0	0	0	0	0	0	0	0	0	0	0	0	0	0	0	.000	('95,'96オ)
*小林　正人	中	2	4	0	0	0	0	0	0	0	0	0	0	0	0	0	0	0	0	.000	('06,'11中)
小林　雅英	ロ	1	1	0	0	0	0	0	0	0	0	0	0	0	0	0	0	0	0	.000	('05ロ)
小淵　泰輔	西	2	6	6	0	2	1	0	0	3	0	0	0	0	0	0	0	1	0	.333	('57,'58西)
*駒崎　幸一	武	1	2	2	0	0	0	0	0	0	0	0	0	0	0	0	0	1	0	.000	('88武)
*駒田　徳広	横	5	26	90	10	28	5	1	2	41	14	1	0	0	0	6	0	15	0	.311	('83,'87,'89,'90巨,'98横)
小松　健二	急	1	1	1	0	1	0	0	0	1	0	0	0	0	0	0	0	0	0	1.000	('72急)
小松　辰雄	中	2	7	3	1	2	0	0	0	2	0	0	0	0	0	0	0	0	0	.667	('82,'88中)
小松崎善久	中	1	3	3	1	1	0	0	0	1	0	0	0	0	0	0	0	1	0	.333	('88中)
小松原博喜	巨	2	5	4	0	0	0	0	0	0	0	0	0	0	—	1	0	1	0	.000	('51,'52巨)
小谷野栄一	日	3	17	56	4	17	3	0	1	23	6	0	0	0	0	4	0	7	0	.304	('07,'09,'12日)
小山伸一郎	楽	1	2	0	0	0	0	0	0	0	0	0	0	0	0	0	0	0	0	.000	('13楽)
小山　正明	神	2	7	13	0	1	0	0	0	1	0	0	0	0	0	0	0	1	0	.077	('62神,'70ロ)
小山　雄輝	巨	2	2	1	0	0	0	0	0	0	0	0	0	0	0	0	0	1	0	.000	('12,'13巨)
*紺田　敏正	日	3	6	2	1	0	0	0	0	0	0	1	0	0	0	0	0	2	0	.000	('06,'07,'09日)
近藤　昭仁	洋	1	4	15	1	3	0	0	1	6	2	0	0	0	0	2	0	2	1	.200	('60洋)
*近藤　和彦	洋	1	4	15	2	6	1	0	0	7	0	2	0	0	0	0	1	2	0	.400	('60洋)
*近藤　健介	日	2	9	20	2	3	0	0	0	4	0	0	0	1	0	1	0	3	1	.150	('12,'16日)
*近藤　真一	中	1	1	—	—	—	—	—	—	—	—	—	—	—	—	—	—	—	—	—	('88中)
*呉　昌征	毎	1	6	22	6	4	1	0	1	8	4	1	0	0	—	4	1	3	0	.182	('50毎)
合田　栄蔵	南	1	3	2	0	0	0	0	0	0	0	0	0	0	0	0	0	2	0	.000	('66南)
後関　昌彦	近	1	3	2	0	0	0	0	0	0	0	0	0	0	0	0	0	0	0	.000	('89近)
*後藤　修	南	1	1	0	0	0	0	0	0	0	0	0	0	0	0	0	0	0	0	.000	('61南)
*後藤　孝志	巨	4	12	18	1	3	0	1	0	5	2	1	0	1	0	1	0	5	0	.167	('94,'96,'00,'02巨)
後藤　武敏	武	1	7	23	1	3	0	0	0	6	1	0	0	0	0	0	0	7	0	.130	('08武)
後藤　光貴	武	1	2	0	0	0	0	0	0	0	0	0	0	0	0	0	0	0	0	.000	('02武)
*権藤　正利	洋	1	2	0	0	0	0	0	0	0	0	0	0	0	0	0	0	1	0	.000	('60洋)
サファテ	ソ	3	10	0	0	0	0	0	0	0	0	0	0	0	0	0	0	0	0	.000	('14,'15,'17ソ)
サブロー(大村三郎)	ロ	2	11	47	7	13	2	0	2	21	10	1	0	1	0	3	1	7	0	.277	('05,'10ロ)
+サンチェス	巨	1	1	—	—	—	—	—	—	—	—	—	—	—	—	—	—	—	—	—	('20巨)
歳内　宏明	神	1	1	—	—	—	—	—	—	—	—	—	—	—	—	—	—	—	—	—	('14神)
西園寺昭夫	東	1	7	27	6	5	1	0	1	9	1	2	2	1	0	5	0	6	1	.185	('62東)
斉藤　和巳	ダ	2	5	2	0	0	0	0	0	0	0	0	0	0	0	0	0	1	0	.000	('00,'03ダ)
*斎藤　隆	楽	2	3	2	0	0	0	0	0	0	0	0	0	1	0	0	0	1	0	.000	('98横,'13楽)
*斉藤　宜之	巨	2	4	8	3	4	0	0	0	7	3	1	0	0	0	0	0	1	0	.500	('00,'02巨)
斉藤　浩行	広	1	1	1	0	0	0	0	0	0	0	0	0	0	0	0	0	0	0	.000	('84広)
斎藤　雅樹	巨	5	8	7	2	3	0	0	0	3	0	0	0	1	0	0	0	1	0	.429	('89,'90,'94,'96,'00巨)
斎藤　佑樹	日	1	2	—	—	—	—	—	—	—	—	—	—	—	—	—	—	—	—	—	('12日)
斉藤　喜	急	1	3	0	1	0	0	0	0	0	0	0	0	0	0	0	0	0	0	.000	('67急)
佐伯　和司	広	1	2	2	0	1	0	0	0	1	0	0	0	0	0	0	0	0	1	.500	('75広)
*佐伯　貴弘	中	2	7	22	2	8	4	1	0	14	4	0	0	0 (2)	3	0	5	1		.364	('98横,'11中)
三枝　規悦	急	1	2	1	0	0	0	0	0	0	0	0	0	0	0	0	0	1	0	.000	('78急)
*坂　克彦	神	1	2	1	0	0	0	0	0	0	0	0	0	0	0	0	0	1	0	.000	('14神)
榊　親一	神	1	2	5	0	0	0	0	0	0	0	0	0	0	0	0	0	0	0	.000	('70,'74ロ)
*坂崎　一彦	巨	6	30	81	6	15	2	1	1	22	6	1	0	0	0	2	0	18	1	.185	('56〜'59,'61,'63巨)
阪本　敏三	急	4	23	96	18	22	6	0	2	34	12	3	1	2	0	6	0	6	0	.229	('67〜'69,'71急)
坂本　勇人	巨	6	34	116	12	25	8	0	1	36	8	1	0	2	1	14	1	35	0	.216	('08,'09,'12,'13,'19,'20巨)
坂本文次郎	毎	1	3	9	1	2	0	0	0	2	0	0	0	1	0	0	0	0	0	.222	('60毎)
*佐久本昌広	ダ	1	2	1	0	0	0	0	0	0	0	0	0	0	0	0	0	1	0	.000	('99ダ)
桜井　伸一	ヤ	1	2	1	0	0	0	0	0	0	0	0	0	0	0	0	0	0	0	.000	('93ヤ)
桜井　輝秀	南	1	5	19	1	5	2	0	0	7	2	0	0	0	1	0	1	5	2	.263	('73南)
桜井　俊貴	巨	1	1	—	—	—	—	—	—	—	—	—	—	—	—	—	—	—	—	—	('19巨)
佐々岡真司	広	1	3	3	0	0	0	0	0	0	0	0	0	1	0	0	0	1	0	.000	('91広)
佐々木主浩	横	1	3	0	0	0	0	0	0	0	0	0	0	0	0	0	0	0	0	.000	('98横)
佐々木恭介	近	2	10	18	2	4	0	0	0	4	3	0	0	0	0	3	0	3	1	.222	('79,'80近)
*佐々木誠吾	急	1	1	0	0	0	0	0	0	0	0	0	0	0	0	0	0	0	0	.000	('67急)
*佐々木　誠	武	2	11	45	4	12	1	0	0	13	8	3	0	0	0	2	0	6	2	.267	('94,'97武)
*笹本　信二	巨	2	3	2	0	1	0	0	0	1	0	0	0	1	0	0	0	0	0	.500	('78急,'83巨)
桟原　将司	巨	1	2	0	0	0	0	0	0	0	0	0	0	0	0	0	0	0	0	.000	('05巨)
定岡　正二	巨	2	3	2	0	0	0	0	0	0	0	0	0	0	0	0	0	2	0	.000	('81,'83巨)
佐藤　真一	ヤ	1	4	2	1	1	0	0	0	4	2	0	0	0	0	0	0	1	0	.500	('97ヤ)
佐藤　友亮	武	3	17	56	8	20	4	0	0	24	4	0	1	0	1	0	8	0		.357	('02,'04,'08武)
*佐藤　秀明	近	2	4	—	—	—	—	—	—	—	—	—	—	—	—	—	—	—	—	—	('85神,'89近)
佐藤　平七	毎	1	1	1	0	0	0	0	0	0	0	0	0	0	—	0	0	0	0	.000	('50毎)
佐藤　誠	ダ	1	1	0	0	0	0	0	0	0	0	0	0	0	0	0	0	0	0	.000	('03ダ)
佐藤　道郎	南	1	3	2	0	0	0	0	0	0	0	0	0	0	0	0	0	1	0	.000	('73南)
佐藤　元彦	ロ	1	3	2	0	1	0	0	0	1	0	0	0	0	0	0	0	0	0	.500	('70ロ)
佐藤　義則	オ	3	4	2	1	1	0	0	0	1	1	0	0	0	0	0	0	0	0	.500	('77,'84急,'95オ)
里崎　智也	ロ	2	11	40	5	6	1	0	1	10	6	0	0	4	0 (1)	2	0	13	0	.150	('05,'10ロ)

日本シリーズ・ライフタイム

選手名	チーム	年数	試合	打数	得点	安打	二塁打	三塁打	本塁打	塁打	打点	盗塁	盗塁刺	犠打	犠飛	四球	死球	三振	併殺打	打率	出場した年度
真田 重男	(松)	1	5	8	1	1	0	0	0	1	1	0	0	0	—	1	0	1	1	.125	('50松)
實松 一成	(巨)	1	4	5	0	2	0	0	0	2	0	0	0	1	0	1	0	2	1	.400	('12巨)
佐野 仙好	(神)	1	3	11	0	0	0	0	0	0	0	0	0	0	0	0	0	0	1	.000	('85神)
佐野 嘉幸	(広)	2	9	16	0	1	0	0	0	1	1	0	0	0	0	0	0	3	0	.063	('73南,'75広)
澤村 拓一	(巨)	3	8	4	0	1	1	0	0	2	0	0	0	0	0	0	0	1	0	.250	('12,'13,'19巨)
SHINJO(新庄剛志)	(日)	1	5	17	1	6	1	0	0	7	1	1	0	1	1	0	1	2	1	.353	('06日)
シーツ	(神)	1	4	15	1	4	1	0	0	5	0	0	0	0	0	0	0	3	1	.267	('05神)
+シェーン	(広)	1	6	22	2	4	1	0	1	8	1	0	0	0	0	0	0	1	0	.182	('75広)
ジャクソン	(広)	2	7	0	0	0	0	0	0	0	0	0	0	0	0	0	0	0	0	.000	('16,'18広)
*C.ジョーンズ	(南)	1	5	15	0	3	0	0	0	3	1	0	0	0	0	5	0	3	0	.200	('73南)
J.ジョーンズ	(巨)	1	1	—	—	—	—	—	—	—	—	—	—	—	—	—	—	—	—	—	('94巨)
A.ジョーンズ	(楽)	1	7	24	1	7	1	0	1	11	5	0	1	0	0	6	0	7	0	.292	('13楽)
D.ジョンソン	(巨)	1	6	13	0	0	0	0	0	0	0	0	0	0	0	1	0	0	0	.000	('76巨)
*K.ジョンソン	(広)	2	4	6	0	0	0	0	0	0	0	0	0	0	0	0	0	5	0	.000	('16,'18広)
椎野 新	(ソ)	1	1	—	—	—	—	—	—	—	—	—	—	—	—	—	—	—	—	—	('20ソ)
潮崎 哲也	(武)	8	21	3	1	1	0	0	0	1	0	0	0	1	0	0	0	2	0	.333	('90~'94,'97,'98,'02武)
塩津 義雄	(毎)	1	1	1	0	0	0	0	0	0	0	0	0	0	0	0	0	1	0	.000	('60毎)
塩原 明	(巨)	4	17	31	1	8	1	0	0	9	2	0	0	5	0	0	0	1	0	.258	('61,'63,'65,'66巨)
*重信慎之介	(巨)	2	6	7	2	1	0	0	0	1	0	0	0	0	0	0	0	5	0	.143	('19,'20巨)
*篠塚 和典	(巨)	6	31	106	8	31	5	0	3	45	11	2	0	1	0	8	0	10	5	.292	('81,'83,'87,'89,'90,'94巨)
*篠原 貴行	(ダ)	3	9	2	0	0	0	0	0	0	0	0	0	0	0	0	0	2	0	.000	('99,'00,'03ダ)
+柴田 勲	(巨)	13	73	251	45	69	6	3	11	114	34	14	7	4	2	(1)28	2	39	1	.275	('63,'65~'73,'76,'77,'81巨)
*柴田佳主也	(近)	1	1	0	0	0	0	0	0	0	0	0	0	0	0	0	0	0	0	—	('01近)
*柴田 竜拓	(ディ)	1	6	18	0	2	0	0	0	2	0	0	0	4	0	3	0	3	1	.111	('17ディ)
*柴田 博之	(武)	1	2	2	0	1	0	0	0	1	0	1	0	0	0	0	0	0	0	.500	('02武)
柴田 保光	(武)	1	1	0	0	0	0	0	0	0	0	0	0	0	0	0	0	0	0	.000	('82武)
*柴原 洋	(ダ)	3	16	52	4	13	4	0	0	17	6	1	1	1	0	2	0	12	0	.250	('99,'00,'03ダ)
*柴原 実	(オ)	2	4	3	1	0	0	0	0	0	0	0	0	0	1	0	2	0	0	.000	('95,'96オ)
渋谷 幸春	(中)	1	3	0	0	0	0	0	0	0	0	0	0	0	0	0	0	0	0	.000	('74中)
嶋 基宏	(楽)	1	7	23	2	6	0	0	0	6	1	0	0	2	0	3	0	5	1	.261	('13楽)
島内 宏明	(楽)	1	1	—	—	—	—	—	—	—	—	—	—	—	—	—	—	—	—	—	('13楽)
島谷 金二	(急)	3	18	61	11	19	7	0	3	35	12	0	0	2	1	6	0	4	4	.311	('74中,'77,'78急)
島田源太郎	(洋)	1	2	4	0	0	0	0	0	0	0	0	0	1	0	0	0	2	0	.000	('60洋)
島田 直也	(ヤ)	2	2	—	—	—	—	—	—	—	—	—	—	—	—	—	—	—	—	—	('98横,'01ヤ)
*島田 誠	(日)	1	6	25	0	4	1	0	0	5	0	1	0	1	0	(1) 2	0	1	0	.160	('81日)
嶋田 宗彦	(神)	1	1	1	1	1	0	0	1	4	1	0	0	0	0	0	0	0	0	1.000	('85神)
*島田 雄二	(東)	1	4	0	0	0	0	0	0	0	0	0	0	0	0	0	0	3	0	.000	('62東)
*島田 幸雄	(洋)	1	4	8	0	1	0	0	0	1	1	0	0	0	0	0	0	2	0	.125	('60洋)
島野 育夫	(南)	1	4	20	3	5	1	0	0	6	0	2	0	0	0	2	0	1	0	.250	('73南)
*島原 輝夫	(南)	6	28	62	5	19	2	0	0	21	2	0	1	1	0	1	0	3	0	.306	('51~'53,'55,'59,'61南)
島原 幸雄	(西)	3	9	6	0	1	0	0	0	1	0	0	0	1	0	0	0	2	1	.167	('56~'58西)
島本 講平	(近)	1	4	2	0	0	0	0	0	0	0	0	0	0	0	0	0	1	0	.000	('80近)
清水 昭信	(中)	1	3	0	0	0	0	0	0	0	0	0	0	0	0	0	0	0	0	.000	('10中)
*清水 隆行	(巨)	3	14	38	3	5	0	0	1	8	3	1	0	2	0	1	1	3	2	.132	('96,'00,'02巨)
清水 直行	(ロ)	1	1	—	—	—	—	—	—	—	—	—	—	—	—	—	—	—	—	—	('05ロ)
清水 雅治	(武)	2	5	6	2	2	1	1	0	5	0	0	0	1	0	0	0	0	0	.333	('97,'98武)
清水 優心	(日)	1	1	2	0	0	0	0	0	0	0	0	0	0	0	0	0	0	0	.000	('16日)
清水 義之	(武)	1	4	0	0	0	0	0	0	0	0	0	0	0	0	1	0	0	0	.000	('93武)
下水流 昂	(広)	1	4	6	0	2	1	0	0	3	1	0	0	0	0	0	0	1	0	.333	('16広)
*下柳 剛	(神)	2	2	2	0	0	0	0	0	0	0	0	0	1	0	0	0	2	0	.000	('03,'05神)
許 銘傑	(武)	1	2	0	0	0	0	0	0	0	0	0	0	0	0	0	0	0	0	.000	('02武)
*秀太(田中秀太)	(神)	1	3	0	0	0	0	0	0	0	0	0	0	0	0	0	0	0	0	.000	('03神)
*周東 佑京	(ソ)	2	8	16	5	1	0	0	0	1	0	1	1	1	0	1	2	5	0	.063	('19,'20ソ)
俊介(藤川俊介)	(神)	1	1	0	0	0	0	0	0	0	0	0	0	0	0	0	0	0	0	.000	('14神)
正垣 宏倫	(広)	6	19	27	1	5	1	0	0	6	0	0	0	1	0	4	1	9	0	.185	('69,'71,'72,'76急,'79,'80広)
+正田 耕三	(広)	2	15	46	8	10	3	0	0	13	3	2	0	1	0	6	0	12	0	.217	('86,'91広)
正津 英志	(中)	1	3	0	0	0	0	0	0	0	0	0	0	0	0	0	0	2	0	.000	('99中)
*白石 静生	(急)	3	4	6	1	1	0	0	0	1	0	0	0	0	0	0	0	2	0	.167	('76~'78急)
白川 一	(毎)	1	3	0	0	0	0	0	0	0	0	0	0	0	0	0	0	0	0	.000	('50毎)
白崎 浩之	(ディ)	1	2	5	1	2	0	0	1	5	1	0	0	0	0	0	0	2	0	.400	('17ディ)
*白幡 隆宗	(武)	3	7	11	1	2	0	0	0	2	0	0	0	1	0	0	0	3	0	.182	('85~'87武)
新谷 博	(武)	5	6	0	0	0	0	0	0	0	0	0	0	1	0	0	0	0	0	.000	('92~'94,'97,'98武)
進藤 達哉	(横)	4	16	24	0	2	0	0	0	2	0	0	0	0	0	1	0	9	0	.083	('98横)
城 友博	(ヤ)	3	7	5	2	1	0	0	0	2	0	0	0	0	0	0	0	2	0	.200	('93,'95,'97ヤ)
城島 健司	(ダ)	3	18	70	15	20	2	0	9	49	16	1	1	0	0	3	1	10	2	.286	('99,'00,'03ダ)
城之内邦雄	(巨)	6	11	24	3	5	3	0	0	8	3	0	0	1	0	1	1	11	0	.208	('63,'65~'69巨)
條辺 剛	(巨)	1	1	—	—	—	—	—	—	—	—	—	—	—	—	—	—	—	—	—	('02巨)
神野 純一	(中)	1	4	5	1	0	0	0	0	0	0	0	0	0	0	0	0	4	0	.000	('99中)
スアレス	(ソ)	1	1	0	0	0	0	0	0	0	0	0	0	0	0	0	0	0	0	.000	('19ソ)
スウィーニー	(日)	1	1	0	0	0	0	0	0	0	0	0	0	0	0	0	0	0	0	.000	('07日)

選手名	チーム	年数	試合	打数	得点	安打	二塁打	三塁打	本塁打	塁打	打点	盗塁	盗塁刺	犠打	犠飛	四球	死球	三振	併殺打	打率	出場した年度
スタンカ	(南)	3	12	24	2	4	1	0	0	5	1	0	0	3	0	1	1	9	0	.167	('61,'64,'65南)
スタンリッジ	(ソ)	2	2	2	1	0	0	0	0	0	0	0	0	0	1	0	1	0	0	.000	('14,'15ソ)
+スティーブ	(武)	3	19	74	9	21	4	0	2	31	12	0	0	0	0(1)	8	0	11	2	.284	('82,'83,'85武)
D.スペンサー	(急)	4	16	46	6	15	1	0	3	25	10	0	0	0	1	6	0	9	1	.326	('67,'68,'71,'72急)
S.スペンサー	(神)	1	2	3	0	0	0	0	0	0	0	0	0	0	0	0	0	0	0	.000	('05神)
＊W.スミス	(南)	1	3	3	0	0	0	0	0	0	1	0	0	0	1	0	0	2	0	.000	('73南)
+R.スミス	(巨)	1	7	25	1	4	0	0	0	4	2	1	0	0	0	5	0	8	0	.160	('83巨)
＊スレッジ	(日)	1	6	22	3	4	1	0	1	8	2	0	0	0	0	3	0	7	0	.182	('09日)
ズレータ	(ダ)	1	3	6	0	2	0	0	0	2	0	0	0	0	0	2	1	3	0	.333	('03ダ)
末次　利光	(巨)	10	45	123	21	36	6	4	3	59	18	2	1	4	1	5	3	6	4	.293	('66~'73,'76,'77巨)
菅野　智之	(巨)	3	4	2	0	0	0	0	0	0	0	0	0	0	0	0	0	1	0	.000	('13,'19,'20巨)
菅野　光夫	(日)	1	6	12	0	5	0	0	0	5	2	0	0	0	0	2	0	1	0	.417	('81日)
菅原　勝矢	(巨)	3	3	3	0	0	0	0	0	0	0	0	0	0	0	0	0	2	0	.000	('67,'71,'72巨)
＊杉内　俊哉	(巨)	3	6	6	0	0	0	0	0	0	0	0	0	0	0	0	0	2	0	.000	('03ダ,'11ソ,'13巨)
杉浦　　忠	(南)	4	11	18	1	3	0	0	0	3	1	0	0	1	0	0	0	6	0	.167	('59,'64~'66南)
＊杉浦　　享	(ヤ)	3	15	35	3	9	1	0	1	13	9	3	1	0	0	5	1	5	0	.257	('78,'92,'93ヤ)
杉浦　稔大	(ヤ)	1	1	1	0	0	0	0	0	0	0	0	0	0	0	0	0	0	0	.000	('15ヤ)
杉下　　茂	(中)	1	5	16	0	2	0	0	0	2	0	0	0	0	0	0	0	4	0	.125	('54中)
＊杉本　　正	(中)	3	5	7	0	2	0	0	0	2	0	0	0	0	0	0	0	0	0	.286	('82,'83武,'88ロ)
+杉谷　拳士	(日)	2	6	10	1	2	1	0	0	3	0	0	1	0	0	0	1	2	0	.200	('12,'16日)
杉山　一樹	(ソ)	1	1	—	—	—	—	—	—	—	—	—	—	—	—	—	—	—	—	—	('20ソ)
＊杉山　賢人	(武)	4	12	0	0	0	0	0	0	0	0	0	0	0	0	0	0	0	0	.000	('93,'94,'97,'98武)
＊杉山　光平	(南)	6	26	78	7	20	3	1	1	28	11	1	0	1	0	5	1	7	3	.256	('55,'59,'61,'64~'66南)
杉山　　悟	(中)	1	1	3	0	1	0	0	0	1	1	0	0	0	0	0	0	0	0	.333	('54中)
杉山　　茂	(巨)	1	3	2	0	0	0	0	0	0	0	0	0	0	0	0	0	0	0	.000	('77巨)
杉山　知隆	(日)	1	1	0	0	0	0	0	0	0	0	0	0	0	0	0	0	0	0	.000	('81日)
杉山　直輝	(巨)	1	5	8	0	1	0	0	0	1	0	0	0	0	0	1	0	1	1	.125	('96巨)
杉山　直久	(神)	1	1	1	0	0	0	0	0	0	0	0	0	0	0	0	0	1	0	.000	('05神)
勝呂　壽統	(オ)	3	8	5	0	1	0	0	0	1	0	0	0	0	0	2	0	3	0	.200	('89巨,'95,'96ｵ)
＊鈴木　啓示	(近)	2	6	13	0	1	0	0	0	1	0	0	0	0	0	0	0	5	0	.077	('79,'80近)
＊鈴木　　健	(武)	7	34	92	8	26	3	0	3	38	11	0	0	0	0	11	0	16	2	.283	('91~'94,'97,'98,'02武)
鈴木　誠也	(広)	2	12	40	7	14	1	1	3	26	8	2	1	0	1	11	0	12	0	.350	('16,'18広)
鈴木　　平	(オ)	1	2	0	0	0	0	0	0	0	0	0	0	0	0	0	0	0	0	.000	('95オ)
鈴木　孝雄	(南)	2	3	1	0	0	0	0	0	0	0	0	0	0	0	0	0	1	0	.000	('61,'64,'66南)
＊鈴木　　隆	(洋)	1	2	2	0	1	0	0	0	1	0	0	0	0	0	0	0	0	0	.500	('60洋)
＊鈴木　尚典	(横)	1	6	25	9	12	3	0	1	18	8	2	1	0	0(1)	2	0	3	0	.480	('98横)
鈴木　貴久	(近)	1	7	24	1	4	2	0	1	9	4	0	0	0	0	2	0	6	1	.167	('89近)
鈴木　尚広	(巨)	5	18	32	6	9	1	0	0	10	5	6	2	1	0	1	0	2	0	.281	('02,'08,'09,'12,'13巨)
鈴木　孝政	(中)	2	7	7	0	0	0	0	0	0	0	0	0	1	0	1	0	3	0	.000	('74,'82中)
鈴木　　武	(洋)	1	4	14	3	3	0	0	0	3	1	2	0	2	0	1	0	1	0	.214	('60洋)
鈴木　　正	(南)	4	8	6	0	0	0	0	0	0	0	0	0	0	0	1	0	1	0	.000	('61,'64~'66南)
鈴木　　哲	(武)	1	1	0	0	0	0	0	0	0	0	0	0	0	0	0	0	0	0	.000	('91武)
＊鈴木葉留彦	(武)	2	8	8	0	1	0	0	0	1	0	0	0	0	0	0	0	1	0	.125	('82,'83武)
鈴木　秀幸	(毎)	1	1	1	0	0	0	0	0	0	0	0	0	0	0	0	0	0	0	.000	('60毎)
鈴木　郁洋	(中)	1	1	0	0	0	0	0	0	0	0	0	0	0	0	0	0	0	0	.000	('99中)
鈴木康二朗	(ヤ)	1	2	1	0	0	0	0	0	0	0	0	0	0	0	0	0	1	0	.000	('78ヤ)
鈴木　康友	(武)	4	8	7	1	2	0	0	0	2	0	0	0	0	0	0	0	0	0	.286	('81,'83巨,'85,'91武)
鈴木　義広	(中)	4	2	0	0	0	0	0	0	0	0	0	0	0	0	0	0	0	0	.000	('06,'07,'10,'11中)
須田　幸太	(ディ)	1	1	—	—	—	—	—	—	—	—	—	—	—	—	—	—	—	—	—	('17ディ)
須藤　　豊	(巨)	5	10	11	0	1	0	0	0	1	0	0	0	2	0	0	0	1	0	.091	('60毎,'63,'65~'67巨)
＊砂田　毅樹	(ディ)	1	5	0	0	0	0	0	0	0	0	0	0	0	0	0	0	0	0	.000	('17ディ)
角　富士夫	(ヤ)	3	9	12	1	1	0	0	0	1	0	0	0	4	1	0	0	3	0	.083	('78,'92,'93ヤ)
＊角　　三男	(巨)	2	3	0	0	0	0	0	0	0	0	0	0	0	0	0	0	0	0	.000	('81,'83巨)
炭谷銀仁朗	(武)	3	5	7	0	0	0	0	0	0	0	0	0	1	0	0	0	2	1	.000	('08武,'19,'20巨)
住友　　平	(急)	5	21	54	5	10	0	0	1	13	2	0	1	0	1	8	1	12	1	.185	('67~'69,'71,'72急)
+セギノール	(日)	2	10	29	7	9	2	0	4	23	10	0	0	0	0	5	2	7	0	.310	('06,'07日)
セラフィニ	(ロ)	1	3	0	0	0	0	0	0	0	0	0	0	0	0	0	0	2	0	.000	('05ロ)
清家　政和	(武)	3	8	18	1	2	0	0	1	5	1	0	0	1	0(1)	1	0	3	0	.111	('86~'88武)
＊関川　浩一	(中)	1	5	21	0	2	0	0	0	2	0	0	0	0	0	0	0	2	0	.095	('99中)
＊関口　伊織	(近)	2	1	0	0	0	0	0	0	0	0	0	0	0	0	0	0	0	0	.000	('98横,'01近)
関口　清治	(西)	4	25	80	7	21	1	0	5	37	11	1	0	0	1(1)	6	0	12	1	.263	('54,'56~'58西)
＊関根　潤三	(巨)	1	3	3	0	1	0	0	0	1	0	0	0	0	0	0	0	1	0	.333	('65巨)
＊関根　大気	(ディ)	1	3	0	0	0	0	0	0	0	0	0	0	0	0	0	0	0	0	.000	('17ディ)
関本賢太郎	(神)	3	6	14	1	2	0	0	0	2	0	0	0	0	0	2	0	2	1	.143	('03,'05,'14神)
関本四十四	(巨)	2	4	3	0	0	0	0	0	0	0	0	0	0	0	0	0	1	0	.000	('71,'72巨)
攝津　　正	(ソ)	4	6	6	0	0	0	0	0	0	0	0	0	0	0	0	0	5	1	.000	('11,'14,'15,'17ソ)
＊千賀　滉大	(ソ)	5	3	0	0	0	0	0	0	0	0	0	0	0	0	0	0	0	0	.000	('15,'17~'20ソ)
千田　啓介	(ロ)	4	13	22	4	6	1	0	0	7	2	1	0	6	0	0	0	4	0	.273	('66,'68巨,'70,'74ロ)
＊ソーレル	(急)	1	5	14	3	6	1	0	2	13	4	1	0	0	0	0	0	8	0	.429	('72急)
＊ソレイタ	(日)	1	6	24	2	4	1	0	2	11	2	0	0	0	0	0	0	5	0	.167	('81日)

日本シリーズ・ライフタイム

選手名	年数	試合	打数	得点	安打	二塁打	三塁打	本塁打	塁打	打点	盗塁	盗塁刺	犠打	犠飛	四球	死球	三振	併殺打	打率	出場した年度
ソロムコ(神)	1	7	25	1	5	2	0	0	7	2	0	1	0	0	3	0	9	1	.200	('62神)
*副島 孔太(ヤ)	1	3	3	1	1	0	0	1	4	1	0	0	0	0	0	0	3	0	.333	('01ヤ)
外木場義郎(広)	1	2	9	0	1	0	0	0	1	0	0	0	0	0	0	0	3	0	.111	('75広)
*曽根 海成(広)	1	1	0	0	0	0	0	0	0	0	0	0	2	0	0	0	0	0	.000	('18広)
苑田 聡彦(広)	1	1	1	0	0	0	0	0	0	0	0	0	0	0	0	0	1	0	.000	('75広)
空谷 泰(中)	1	1	0	0	0	0	0	0	0	0	0	0	0	0	0	0	0	0	.000	('54中)
宣 銅烈(中)	1	1	0	0	0	0	0	0	0	0	0	0	0	0	0	0	0	0	.000	('99中)
タイロン・ウッズ(中)	2	10	32	6	8	1	0	0	9	2	0	0	0	0	8	0	13	4	.250	('06,'07中)
ダルビッシュ有(日)	2	4	0	0	0	0	0	0	0	0	0	0	0	0	0	0	3	0	.000	('06,'07,'09日)
田尾 安志(武)	3	18	65	8	20	2	1	0	24	2	2	1	0	1	6	0	8	3	.308	('82中,'85,'86武)
高井 保弘(急)	7	22	37	3	7	0	0	1	10	4	0		0	1	1	0	6	0	.189	('67,'68,'72,'75～'78急)
*高木 京介(巨)	2	5	0	0	0	0	0	0	0	0	0	0	0	0	0	0	0	0	.000	('12,'19巨)
*高木 大成(武)	3	12	40	2	7	0	0	1	10	4	1	2	0	1	6	0	9	0	.175	('97,'98,'02武)
*高木 浩之(武)	4	19	52	3	16	0	0	0	16	1	0	1	2	0	(1)5	1	4	0	.308	('97,'98,'02,'04武)
高木 守道(中)	1	5	22	4	8	1	0	0	12	3	0	0	0	0	0	0	1	0	.364	('74中)
*高木 康成(巨)	2	3	—	—	—	—	—	—	—	—	—	—	—	—	—	—	—	—	—	('12巨)
高倉 照幸(巨)	7	37	116	8	27	5	0	5	35	13	3	5	1	1	(1)7	1	18	2	.233	('54,'56～'58,'63西,'67,'68巨)
高城 俊人(デ)	1	2	5	1	3	0	0	1	6	3	0	0	0	0	0	0	2	0	.600	('17デ)
高代 延博(日)	1	6	22	0	5	1	0	0	6	1	0	0	0	1	0	0	5	1	.227	('81日)
*髙田 知季(ソ)	2	4	1	0	1	0	0	0	1	0	0	0	0	0	0	0	0	0	1.000	('15,'18ソ)
高田 繁(巨)	8	44	163	33	46	7	2	3	66	13	5	3	6	1	(1)15	5	18	2	.282	('68～'73,'76,'77巨)
*高田 誠(オ)	2	8	13	2	2	0	0	0	2	0	0	0	3	0	1	0	4	0	.154	('95,'96オ)
高津 臣吾(ヤ)	4	11	2	0	1	0	0	0	1	1	0	0	0	0	0	0	0	0	.500	('93,'95,'97,'01ヤ)
高梨 裕稔(日)	1	1	—	—	—	—	—	—	—	—	—	—	—	—	—	—	—	—	—	('16日)
*高梨 雄平(巨)	1	2	—	—	—	—	—	—	—	—	—	—	—	—	—	—	—	—	—	('20巨)
高波 文一(武)	1	1	0	0	0	0	0	0	0	0	0	0	0	0	0	0	0	0	.000	('04武)
高野 光(ヤ)	1	1	—	—	—	—	—	—	—	—	—	—	—	—	—	—	—	—	—	('92ヤ)
鷹野 史寿(近)	1	4	3	1	1	0	0	0	1	1	0	0	0	0	1	0	1	0	.333	('01近)
*髙橋 聡文(中)	3	6	0	0	0	0	0	0	0	0	0	0	0	0	0	0	0	0	—	('04,'07,'10中)
高橋 明(巨)	4	10	11	2	2	0	0	0	2	1	0	0	2	0	1	0	1	0	.182	('63,'66,'68,'69巨)
高橋栄一郎(南)	1	6	0	0	0	0	0	0	0	0	0	0	0	0	0	0	0	0	.000	('61巨,'64南)
*高橋 一三(日)	8	18	40	2	4	1	0	0	5	3	0	0	1	0	0	0	8	0	.100	('67～'73日,'81日)
高橋 功一(オ)	1	1	0	0	0	0	0	0	0	0	0	0	0	0	0	0	1	0	.000	('95オ)
高橋 里志(日)	1	3	0	0	0	0	0	0	0	0	0	0	0	0	0	0	0	0	.000	('81日)
高橋 智(オ)	2	6	8	0	0	0	0	0	0	0	0	0	0	0	0	0	2	0	.000	('95,'96オ)
高橋 信二(日)	3	13	42	5	13	3	0	2	22	5	0	0	0	0	1	0	6	1	.310	('06,'07,'09日)
髙橋 純平(ソ)	1	2	—	—	—	—	—	—	—	—	—	—	—	—	—	—	—	—	—	('19ソ)
高橋 直樹(武)	3	6	5	0	1	0	0	0	1	0	0	0	0	0	0	0	2	0	.200	('82,'83,'85武)
*高橋 尚成(巨)	4	5	3	0	0	0	0	0	0	0	0	0	0	0	0	0	1	0	.000	('00,'02,'08,'09巨)
高橋 博(南)	1	6	0	0	0	0	0	0	0	0	0	0	0	0	0	0	0	0	.000	('66南)
高橋 光信(中)	1	5	11	1	2	0	0	0	2	1	0	0	0	0	1	0	3	0	.182	('04中)
*髙橋 優貴(巨)	2	2	0	0	0	0	0	0	0	0	0	0	0	0	0	0	0	0	.000	('19,'20巨)
*高橋 由伸(巨)	4	21	74	7	17	1	0	3	27	10	0	0	0	0	4	2	18	3	.230	('00,'02,'12,'13巨)
+高橋 慶彦(広)	4	29	122	17	39	6	0	2	51	5	8	4	1	0	5	1	17	0	.320	('79,'80,'84,'86広)
高橋 良昌(巨)	1	1	0	0	0	0	0	0	0	0	0	0	0	0	0	0	0	0	.000	('77巨)
高橋 礼(ソ)	3	6	0	0	0	0	0	0	0	0	0	0	0	0	0	0	0	0	.000	('18～'20ソ)
高林 恒夫(巨)	1	6	12	0	2	1	0	0	3	1	0	0	0	0	3	0	1	0	.167	('61巨)
高宮 和也(神)	1	2	0	0	0	0	0	0	0	0	0	0	0	0	0	0	0	0	.000	('14神)
*髙谷 裕亮(ソ)	4	18	18	2	6	0	0	1	9	4	0	0	4	0	3	1	2	0	.333	('15,'17～'19ソ)
高柳 出己(近)	1	2	0	0	0	0	0	0	0	0	0	0	0	0	0	0	0	0	.000	('89近)
*田上 健一(神)	1	1	0	0	0	0	0	0	0	0	0	0	0	0	0	0	0	0	.000	('14神)
滝 安治(巨)	2	3	2	0	0	0	0	0	0	0	0	0	0	0	0	0	0	0	.000	('70,'73巨)
滝内弥瑞生(西)	5	16	17	1	0	0	0	0	0	0	0	0	0	0	0	0	3	0	.000	('54,'56～'58,'63西)
滝川 博巳(神)	1	1	0	0	0	0	0	0	0	0	0	0	0	0	0	0	0	0	.000	('81日)
*滝田 政治(神)	1	5	6	0	3	0	0	0	3	1	0	0	0	0	0	0	1	0	.500	('62神)
宅和 本司(南)	1	3	3	0	1	0	0	0	1	0	0	0	0	0	0	0	0	0	.333	('55南)
*田口 麗斗(巨)	2	3	0	0	0	0	0	0	0	0	0	0	0	0	0	0	0	0	.000	('19,'20巨)
田口 壮(オ)	2	10	41	5	10	2	0	0	12	2	1	0	0	1	0	1	5	1	.244	('95,'96オ)
*竹下 潤(武)	1	4	0	0	0	0	0	0	0	0	0	0	0	0	0	0	0	0	.000	('98武)
*竹下 一浩(日)	1	1	1	0	0	0	0	0	0	0	0	0	0	0	0	0	0	0	.000	('99日)
武田 翔太(ソ)	4	8	4	0	0	0	0	0	0	0	0	0	0	0	0	0	0	1	.000	('14,'15,'17,'18ソ)
*武田 久(日)	4	10	0	0	0	0	0	0	0	0	0	0	0	0	0	0	0	0	.000	('06,'07,'09,'12日)
*竹田 和史(中)	1	3	1	0	0	0	0	0	0	0	0	0	0	0	0	0	1	0	.000	('74中)
*武田 勝(日)	4	6	2	0	0	0	0	0	0	0	0	0	0	0	0	0	2	0	.000	('06,'07,'09,'12日)
田沢 芳夫(南)	1	1	1	0	0	0	0	0	0	0	0	0	0	0	0	0	0	0	.000	('59南)
多田野数人(日)	1	1	—	—	—	—	—	—	—	—	—	—	—	—	—	—	—	—	—	('12日)
橘 健治(近)	2	2	0	0	0	0	0	0	0	0	0	0	0	0	0	0	0	0	—	('79,'80近)
*立花 義家(武)	6	17	39	3	7	2	0	1	12	2	0	0	0	0	1	0	13	1	.179	('82,'83,'85～'88武)
達川 光男(広)	3	22	60	6	16	2	0	1	21	3	0	0	2	0	(4)10	6	10	1	.267	('84,'86,'91広)
*立浪 和義(中)	5	24	78	11	20	4	0	2	27	8	3	0	0	0	11	1	13	1	.256	('88,'99,'04,'06,'07中)

選手名	チーム	年数	試合	打数	得点	安打	二塁打	三塁打	本塁打	塁打	打点	盗塁	盗塁刺	犠打	犠飛	四球	死球	三振	併殺打	打率	出場した年度
館山　昌平	(ヤ)	1	1	0	0	0	0	0	0	0	0	0	0	0	0	0	0	0	0	.000	('15ヤ)
建山　義紀	(日)	3	5	1	0	0	0	0	0	0	0	0	0	0	0	0	0	1	0	.000	('06,'07,'09日)
田中　一朗	(南)	2	3	1	0	0	0	0	0	0	0	0	0	0	─	0	0	0	0	.000	('52,'53南)
田中久寿男	(巨)	6	19	48	6	9	1	0	1	13	2	0	1	0	1	1	0	9	2	.188	('56,'58,'63西,'66～'68巨)
*田中健二朗	(ディ)	1	1	─		─	─	─	─	─	─	─	─	─	─	─	─	─	─	─	('17ディ)
*田中　賢介	(日)	4	22	79	10	21	2	1	1	28	3	3	0	8	0	7	1	14	0	.266	('06,'07,'09,'16日)
*田中　広輔	(広)	2	12	50	6	12	4	0	0	16	0	1	3	0	0	6	0	9	0	.240	('16,'18広)
*田中　俊太	(巨)	2	8	17	0	5	0	0	0	5	0	0	1	1	0	2	0	4	0	.294	('19,'20巨)
田中　　勉	(西)	1	4	1	0	1	1	0	0	2	0	0	0	0	0	0	0	0	0	1.000	('63西)
田中　浩康	(ディ)	2	3	2	0	0	0	0	0	0	0	0	0	0	0	0	0	2	0	.000	('15ヤ,'17ディ)
田中　雅彦	(ロ)	1	1	0	0	0	0	0	0	0	0	0	0	0	0	0	0	0	0	.000	('10ロ)
田中将大	(楽)	1	3	─		─	─	─	─	─	─	─	─	─	─	─	─	─	─	─	('13楽)
田中　幸雄	(日)	2	2	1	0	0	0	0	0	0	0	0	0	0	0	1	0	0	0	.000	('06,'07日)
田辺　徳雄	(武)	7	30	72	3	16	2	0	2	24	11	1	0	5	0	3	1	11	2	.222	('90～'94,'97,'98武)
田辺　義三	(西)	3	4	2	0	0	0	0	0	0	0	0	0	0	0	0	0	1	0	.000	('56～'58西)
谷　　佳知	(巨)	4	14	30	3	6	1	0	1	10	2	0	0	1	0	2	1	5	0	.200	('08,'09,'12,'13巨)
谷　良治	(急)	1	1	0	0	0	0	0	0	0	0	0	0	0	0	0	0	0	0	.000	('62急)
谷川　　勉	(神)	1	1	0	0	0	0	0	0	0	0	0	0	0	0	0	0	1	0	.000	('62神)
*谷木　恭平	(中)	1	6	8	2	1	0	0	0	1	0	0	0	0	0	0	0	3	1	.125	('74中)
*谷口　雄也	(日)	1	5	3	0	0	0	0	0	0	0	0	0	0	0	1	0	2	0	.000	('16日)
谷繁　元信	(中)	6	37	119	9	27	5	0	3	41	19	0	0	6	1	15	3	27	3	.227	('98横,'04,'06,'07,'10,'11中)
谷中　真二	(武)	1	2	─		─	─	─	─	─	─	─	─	─	─	─	─	─	─	─	('08武)
谷村　智啓	(急)	1	2	0	0	0	0	0	0	0	0	0	0	0	0	0	0	0	0	.000	('84急)
谷元　圭介	(日)	2	6	0	0	0	0	0	0	0	0	0	0	0	0	0	0	0	0	.000	('12,'16日)
谷本　　稔	(毎)	1	4	15	1	3	0	0	0	3	0	0	0	0	0	1	0	1	1	.200	('60毎)
種田　　仁	(中)	1	3	4	0	1	0	0	0	1	0	0	0	1	0	0	0	1	0	.250	('99中)
種部　儀康	(南)	1	2	0	0	0	0	0	0	0	0	0	0	0	0	0	0	0	0	.000	('65,'66巨)
種茂　雅之	(急)	2	10	25	2	8	2	0	0	10	5	0	0	1	(1)	3	0	2	2	.320	('62東,'72急)
田之上慶三郎	(ダ)	1	3	0	0	0	0	0	0	0	0	0	0	0	0	0	0	0	0	.000	('00ダ)
田野倉正樹	(中)	1	3	0	0	0	0	0	0	0	0	0	0	0	0	0	0	0	0	.000	('82中)
田畑　一也	(ヤ)	1	1	─		─	─	─	─	─	─	─	─	─	─	─	─	─	─	─	('97ヤ)
田淵　幸一	(武)	2	13	40	6	14	1	0	2	21	8	0	0	0	1	6	1	8	1	.350	('82,'83武)
玉木　春雄	(西)	1	2	0	0	0	0	0	0	0	0	0	0	0	0	0	0	0	0	.000	('56西)
玉造　陽二	(西)	4	25	67	12	18	1	0	0	19	2	4	0	1	0	6	0	12	0	.269	('56～'58,'63西)
*田宮謙次郎	(毎)	1	4	14	2	5	0	0	0	5	1	0	0	0	0	0	0	1	0	.357	('60毎)
多村　仁志	(ソ)	1	7	27	2	10	1	0	1	14	4	0	0	0	0	0	0	7	0	.370	('11ソ)
醍醐　猛夫	(ロ)	2	6	17	0	2	0	0	0	2	0	0	0	0	0	0	0	1	0	.118	('70,'74ロ)
*チェン(陳偉殷)	(中)	2	4	7	1	1	1	0	0	2	0	0	0	0	0	0	0	5	0	.143	('10,'11中)
千葉　　茂	(巨)	4	24	81	4	19	2	0	2	27	12	1	0	6	0	(1)15	0	6	3	.235	('51～'53,'55巨)
+張　　誌家	(武)	2	2	─		─	─	─	─	─	─	─	─	─	─	─	─	─	─	─	('02,'04武)
長野　久義	(巨)	2	13	50	6	16	1	0	2	23	6	2	0	0	0	(1) 5	2	10	3	.320	('12,'13巨)
塚田　正義	(ソ)	1	1	1	0	0	0	0	0	0	0	0	0	0	0	0	0	1	0	.000	('18ソ)
塚本　悦郎	(西)	2	7	16	1	2	0	0	0	2	0	0	1	0	0	1	0	1	0	.125	('54,'56西)
辻　発彦	(ヤ)	10	58	211	28	57	8	2	1	72	11	8	4	13	0	(1)17	2	25	1	.270	('85～'88,'90～'94武,'97ヤ)
辻　佳紀	(神)	1	6	14	1	1	0	0	0	1	1	0	0	0	0	1	0	2	1	.071	('64神)
*津末　英明	(日)	1	2	2	0	0	0	0	0	0	0	0	0	0	0	0	0	1	0	.000	('89日)
津田　恒実	(広)	1	5	0	0	0	0	0	0	0	0	0	0	0	0	0	0	0	0	.000	('86広)
槌田　　誠	(巨)	4	6	2	2	1	0	0	0	1	0	0	0	0	0	0	0	1	0	.500	('68～'70,'76巨)
*土谷　鉄平	(中)	1	5	0	0	0	0	0	0	0	0	0	0	0	0	0	0	0	0	.000	('04中)
土屋　　亨	(中)	1	3	8	0	1	0	0	0	1	0	0	0	0	0	0	0	0	0	.125	('54中)
土屋　正孝	(巨)	4	20	72	7	19	3	0	0	22	9	3	1	1	0	2	0	13	0	.264	('56～'59巨)
筒井　敬三	(南)	4	19	35	3	7	0	0	0	7	0	0	0	0	0	2	0	3	0	.200	('51～'53,'55南)
筒井　　壮	(中)	1	4	5	0	1	1	0	0	2	0	0	0	0	0	1	0	2	0	.200	('99中)
*筒香　嘉智	(ディ)	1	6	20	3	5	2	0	1	10	3	0	0	0	0	4	0	8	0	.250	('17ディ)
網島　新八	(松)	1	2	1	0	0	0	0	0	0	0	0	0	0	─	0	0	0	0	.000	('50松)
*坪井　智哉	(日)	3	8	7	0	2	0	0	0	2	0	0	0	0	0	0	0	1	0	.286	('06,'07,'09日)
鶴岡　一成	(神)	2	9	16	1	1	0	0	0	1	1	0	0	2	0	0	0	8	0	.063	('08神,'14神)
鶴岡　慎也	(ソ)	6	21	41	0	5	1	0	0	6	1	0	0	7	0	0	0	12	0	.122	('06,'07,'09,'12日,'15,'17ソ)
鶴田　　泰	(中)	1	1	0	0	0	0	0	0	0	0	0	0	0	0	0	0	0	0	.000	('99中)
*D ・ J	(オ)	2	9	27	2	4	0	0	2	10	5	0	0	0	0	0	0	9	1	.148	('95,'96オ)
テータム	(ヤ)	1	5	16	1	2	0	0	0	5	1	1	0	0	0	0	0	2	1	.125	('97ヤ)
*テリー	(武)	2	13	52	6	18	2	0	2	26	9	0	0	0	0	(1) 2	1	4	3	.346	('82,'83武)
+デストラーデ	(武)	5	18	66	14	19	3	0	7	43	15	2	3	0	0	9	0	21	0	.288	('90～'92武)
デスパイネ	(ソ)	4	18	60	6	14	1	0	3	24	19	0	0	0	2	(1) 6	1	14	0	.233	('17～'20ソ)
デニー(友利結)	(武)	2	3	0	0	0	0	0	0	0	0	0	0	0	0	0	0	0	0	.000	('97,'98武)
デュブリー	(広)	1	7	25	2	5	0	0	0	6	2	0	0	1	0	0	0	2	1	.200	('80広)
デラロサ	(巨)	2	2	0	0	0	0	0	0	0	0	0	0	0	0	0	0	0	0	.000	('19,'20巨)
手塚　明治	(巨)	1	2	2	0	1	0	0	0	1	0	0	0	─	0	0	0	0	0	.500	('53巨)
寺内　崇幸	(巨)	4	20	44	4	9	1	0	1	13	2	4	0	1	0	2	1	12	2	.205	('08,'09,'12,'13巨)
寺田　陽介	(南)	2	10	32	5	11	0	0	0	11	2	0	0	0	0	1	0	3	0	.344	('59,'61南)

選手名	チーム	年数	試合	打数	得点	安打	二塁打	三塁打	本塁打	塁打	打点	盗塁	盗塁刺	犠打	犠飛	四球	死球	三振	併殺打	打率	出場した年度
寺原　隼人	（ソ）	1	1	—	—	—	—	—	—	—	—	—	—	—	—	—	—	—	—	—	（'17ソ）
出口　雄大	（ダ）	3	6	7	0	2	0	0	0	2	1	0	1	0	0	1	0	2	0	.286	（'96巨,'00,'03ダ）
＊トーマス	（日）	1	1	—	—	—	—	—	—	—	—	—	—	—	—	—	—	—	—	—	（'06日）
＊トマソン	（巨）	1	3	6	0	1	0	0	0	1	0	0	0	0	0	1	0	2	0	.167	（'81巨）
ドミンゴ	（中）	1	2	0	0	0	0	0	0	0	0	0	0	0	0	0	0	0	0	.000	（'04中）
＊当銀　秀崇	（急）	5	12	3	0	0	0	0	0	0	0	0	0	0	0	1	0	2	0	.000	（'69,'71,'72,'75,'76急）
東野　峻	（巨）	2	4	0	0	0	0	0	0	0	0	0	0	0	0	0	0	0	0	.000	（'08,'09巨）
＊遠井　吾郎	（神）	2	13	31	1	5	1	0	0	6	2	0	1	0	1	1	0	8	1	.161	（'62,'64神）
渡海　昇二	（巨）	2	6	6	1	0	0	0	0	0	0	0	0	0	0	1	0	1	2	.000	（'61,'63巨）
戸梶　正夫	（神）	1	3	2	0	0	0	0	0	0	0	0	0	0	0	0	0	0	0	.000	（'62神）
戸叶　尚	（横）	1	1	—	—	—	—	—	—	—	—	—	—	—	—	—	—	—	—	—	（'98横）
戸川　一郎	（南）	1	3	5	0	0	0	0	0	0	0	0	0	0	0	0	0	0	0	.000	（'55南）
＊得津　高宏	（ロ）	2	8	19	2	4	0	0	0	4	4	1	0	1	0	1	0	2	1	.211	（'70,'74ロ）
徳永喜久夫	（中）	1	1	0	0	0	0	0	0	0	0	0	0	0	0	0	0	1	0	.000	（'54中）
戸倉　勝城	（毎）	1	2	6	0	3	0	0	0	3	0	0	0	0	—	1	0	0	0	.500	（'50毎）
戸郷　翔征	（巨）	2	4	0	0	0	0	0	0	0	0	0	0	0	0	0	0	0	0	.000	（'19,'20巨）
戸田　善紀	（急）	4	11	2	0	1	0	0	0	1	0	0	0	0	0	0	0	1	0	.500	（'69,'72,'75,'76急）
＊十時　啓視	（巨）	4	9	11	2	4	0	0	1	7	2	0	1	0	0	2	0	2	0	.364	（'56〜'59巨）
＊戸柱　恭孝	（ディ）	1	4	8	0	0	0	0	0	0	0	0	0	0	0	0	0	1	0	.000	（'17ディ）
＋笘篠　賢治	（ヤ）	2	10	23	4	2	0	0	0	2	1	0	1	2	0	(1) 3	0	4	0	.087	（'92,'93ヤ）
笘篠　誠治	（武）	8	22	20	3	3	1	0	0	4	2	0	2	0	0	0	0	4	0	.150	（'86〜'88,'90〜'94武）
渡真利克則	（神）	1	1	1	0	0	0	0	0	0	0	0	0	0	0	0	0	0	0	.000	（'85神）
富田　勝	（巨）	1	5	16	4	3	1	0	0	4	1	0	0	0	0	2	1	2	0	.188	（'73巨）
富永　格郎	（東）	1	2	6	0	0	0	0	0	0	0	0	0	0	0	0	0	0	0	.000	（'62東）
豊田　清	（巨）	5	12	1	0	0	0	0	0	0	0	0	0	0	0	0	0	0	0	.000	（'98,'02,'04武,'08,'09巨）
豊田　次郎	（オ）	1	1	—	—	—	—	—	—	—	—	—	—	—	—	—	—	—	—	—	（'96オ）
豊田　成佐	（中）	2	7	9	0	3	0	0	0	3	1	0	0	0	0	1	0	1	0	.333	（'82,'88中）
豊田　泰光	（西）	4	25	94	16	34	6	1	6	60	17	1	2	2	0	8	0	14	3	.362	（'54,'56〜'58西）
鳥越　裕介	（ダ）	3	15	39	4	8	4	0	0	12	7	2	0	1	1	6	0	13	0	.205	（'99,'00,'03ダ）
＊鳥谷　敬	（神）	2	9	32	2	9	1	0	0	10	1	0	0	0	0	4	0	5	1	.281	（'05,'14神）
土井　淳	（洋）	1	4	12	1	2	0	0	0	2	0	0	1	0	0	2	0	1	0	.167	（'60洋）
土肥　健二	（ロ）	1	5	7	0	3	1	0	0	4	1	0	0	0	0	1	0	0	1	.429	（'74ロ）
土井　正三	（巨）	11	57	212	22	55	9	1	1	69	19	9	0	9	1	(1) 6	2	9	9	.259	（'65〜'73,'76,'77巨）
＊土肥　義弘	（武）	1	1	0	0	0	0	0	0	0	0	0	0	0	0	0	0	0	0	.000	（'02武）
土井垣　武	（毎）	1	6	23	3	5	0	0	0	5	3	1	0	0	—	4	0	1	0	.217	（'50毎）
＊堂上　剛裕	（中）	3	6	5	0	1	0	0	0	1	0	0	0	0	0	0	0	1	0	.200	（'07,'10,'11中）
堂上　照	（中）	1	1	1	0	0	0	0	0	0	0	0	0	0	0	0	0	0	0	.000	（'82中）
堂上　直倫	（中）	2	8	10	0	2	0	0	0	2	0	0	0	0	0	0	0	4	0	.000	（'10,'11中）
土橋　勝征	（ヤ）	5	24	66	6	16	4	0	0	20	4	0	1	0	4	0	10	4	.242		（'92,'93,'95,'97,'01ヤ）
土橋　正幸	（東）	1	6	6	1	0	0	0	0	0	0	0	0	0	0	0	0	3	0	.000	（'62東）
＊ナ　イ　ト	（ダ）	1	1	1	0	0	0	0	0	0	0	0	0	0	0	0	0	1	0	.000	（'03ダ）
内藤　尚行	（ヤ）	1	1	0	0	0	0	0	0	0	0	0	0	0	0	0	0	0	0	.000	（'92ヤ）
内藤　博文	（巨）	5	14	28	2	3	0	0	0	3	0	2	0	0	0	1	0	4	0	.107	（'52,'53,'55〜'57巨）
中井　大介	（巨）	1	2·	4	0	1	0	0	0	1	0	0	0	0	0	0	0	1	0	.250	（'13巨）
中井　康之	（巨）	2	9	10	2	2	0	0	0	2	0	0	0	0	0	0	0	1	0	.200	（'81,'83巨）
中尾　明生	（広）	1	1	0	0	0	0	0	0	0	0	0	0	0	0	0	0	0	0	.000	（'80広）
中尾　孝義	（武）	5	20	62	6	15	2	0	1	20	5	1	0	1	0	1	1	12	2	.242	（'82,'88中,'89,'90巨,'93武）
＊中尾　碩志	（巨）	4	8	7	0	2	0	0	0	2	1	0	0	1	0	0	0	0	0	.286	（'51,'53,'55,'56巨）
＊中川　皓太	（巨）	2	4	0	0	0	0	0	0	0	0	0	0	0	0	0	0	0	0	.000	（'19,'20巨）
中川　隆	（毎）	1	1	0	0	0	0	0	0	0	0	0	0	0	0	0	0	0	0	.000	（'60毎）
中崎　翔太	（広）	2	6	0	0	0	0	0	0	0	0	0	0	0	0	0	0	0	0	.000	（'16,'18広）
＊中里　篤史	（中）	1	1	—	—	—	—	—	—	—	—	—	—	—	—	—	—	—	—	—	（'06中）
中沢　伸二	（急）	7	29	70	11	19	2	1	4	35	15	0	0	1	0	7	0	12	0	.271	（'68,'69,'75〜'78,'84急）
＊中澤　雅人	（ヤ）	1	1	—	—	—	—	—	—	—	—	—	—	—	—	—	—	—	—	—	（'15ヤ）
＊中島　卓也	（日）	2	10	19	4	6	1	0	0	7	0	0	0	2	0	5	0	5	0	.316	（'12,'16日）
中島　俊哉	（楽）	1	5	6	0	1	0	0	0	1	0	0	0	0	0	0	0	0	0	.167	（'13楽）
中嶋　聡	（日）	7	20	30	2	6	0	0	1	9	4	0	0	3	0	4	1	4	1	.200	（'95,'96オ,'98,'02武,'06,'07,'09日）
中島　博征	（南）	3	9	15	2	3	0	0	0	6	1	0	0	0	0	3	0	2	0	.200	（'64〜'66南）
中島宏之(中島裕之)	（巨）	3	18	61	12	16	2	0	4	30	7	0	0	(1) 6	5	17	2	.262			（'04,'08武,'20巨）
＊中島　執	（巨）	1	2	1	0	0	0	0	0	0	0	0	0	0	0	0	0	0	0	.000	（'53巨）
中田　賢一	（ソ）	5	5	5	0	1	0	0	0	1	0	0	0	1	0	0	0	1	0	.200	（'06,'07,'10中,'14,'15ソ）
中田　翔	（日）	3	14	43	7	10	1	0	2	17	8	0	1	0	0	7	1	13	2	.233	（'09,'12,'16日）
中田　昌宏	（急）	2	7	8	1	1	0	0	0	1	0	0	0	0	0	1	0	0	0	.125	（'67,'68急）
＊中田　亮二	（中）	1	4	6	0	1	0	0	0	2	0	0	0	0	0	0	0	3	0	.167	（'10中）
＊中田　廉	（広）	1	2	0	0	0	0	0	0	0	0	0	0	0	0	0	0	0	0	.000	（'18広）
中谷　準志	（西）	2	5	6	1	2	0	0	0	2	3	0	1	0	0	0	0	1	1	.333	（'56,'57西）
＊中谷　忠己	（近）	3	3	3	0	0	0	0	0	0	0	0	0	0	0	0	0	0	0	.000	（'89近）
中谷　信夫	（南）	3	6	0	0	0	0	0	0	0	0	0	0	—	0	0	0	0	0	.000	（'51〜'53南）
仲田　秀司	（武）	2	2	0	0	0	0	0	0	0	0	0	0	0	0	0	0	0	0	.000	（'86,'91武）
中田　良弘	（神）	1	2	—	—	—	—	—	—	—	—	—	—	—	—	—	—	—	—	—	（'85神）

選手名	チーム	年数	試合	打数	得点	安打	二塁打	三塁打	本塁打	塁打	打点	盗塁	盗塁刺	犠打	犠飛	四球	死球	三振	併殺打	打率	出場した年度
中司 得三	(巨)	1	3	0	0	0	0	0	0	0	0	0	0	0	0	0	0	0	0	.000	('81巨)
中西 勝己	(毎)	1	3	4	0	1	0	0	0	1	0	0	0	0	0	0	0	1	0	.250	('60毎)
中西 清起	(神)	1	2	—	—	—	—	—	—	—	—	—	—	—	—	—	—	—	—	—	('85神)
中西 太	(西)	5	28	98	14	29	1	0	5	45	19	2	2	0	2	(1)10	0	23	4	.296	('54,'56〜'58,'63西)
中根 仁	(横)	2	7	11	1	3	0	0	0	3	1	1	0	0	0	0	0	1	0	.273	('89近,'98横)
中畑 清	(巨)	4	22	76	10	17	1	2	3	31	9	2	0	0	0	(1) 7	1	6	3	.224	('81,'83,'87,'89巨)
中原 宏	(南)	3	7	5	1	1	0	0	1	4	1	0	0	0	—	0	0	0	0	.200	('51〜'53南)
*中村 晃	(ソ)	6	30	106	7	24	2	0	4	38	16	0	0	0	1	(1)10	0	23	0	.226	('14,'15,'17〜'20ソ)
中村 大成	(南)	2	8	9	0	0	0	0	0	0	0	0	0	0	0	0	0	5	0	.000	('53,'55南)
中村 武志	(中)	2	9	26	1	7	0	0	1	10	2	0	0	1	0	0	0	5	0	.269	('88,'99中)
中村 剛也	(武)	1	7	24	5	3	0	0	3	12	7	0	0	0	0	6	0	9	0	.125	('08武)
中村 敏行	(洋)	1	1	1	0	0	0	0	0	0	0	0	0	0	0	0	0	0	0	.000	('60洋)
中村 紀洋	(中)	2	10	36	5	10	5	0	1	18	5	0	0	0	0	(1) 4	0	8	1	.278	('01,'07中)
中村 勝	(日)	1	1	—	—	—	—	—	—	—	—	—	—	—	—	—	—	—	—	—	('12日)
中村 稔	(巨)	4	10	6	0	0	0	0	0	0	0	0	0	0	0	1	0	3	0	.000	('61,'63,'65,'66巨)
中村 祐太	(広)	1	1	—	—	—	—	—	—	—	—	—	—	—	—	—	—	—	—	—	('18広)
中村 悠平	(ヤ)	1	5	16	1	3	1	0	0	4	3	0	0	0	0	0	0	2	0	.188	('15ヤ)
中村 豊	(神)	2	2	1	0	0	0	0	0	0	0	0	0	0	0	0	0	0	0	.000	('03,'05神)
中山 孝一	(南)	1	2	0	0	0	0	0	0	0	0	0	0	0	0	0	0	0	0	.000	('73南)
中山 裕章	(中)	1	1	0	0	0	0	0	0	0	0	0	0	0	0	0	0	0	0	.000	('99中)
*永射 保	(武)	4	13	0	0	0	0	0	0	0	0	0	0	0	0	0	0	0	0	.000	('82,'83,'85,'86武)
*永井 智浩	(ダ)	2	3	4	0	1	0	0	0	1	0	0	0	0	0	0	0	2	0	.250	('99,'00ダ)
長池 徳二	(急)	9	39	126	15	31	3	0	9	61	24	1	1	0	1	(2)16	2	20	5	.246	('67〜'69,'71,'72,'75〜'78急)
*永尾 泰憲	(神)	4	15	31	3	9	1	0	0	10	1	2	0	0	0	0	0	3	0	.290	('78ヤ,'79,'80近,'85神)
*長崎 啓二	(神)	1	4	9	3	2	0	0	2	8	6	1	0	0	0	1	0	1	0	.222	('85神)
長沢 正二	(南)	1	2	2	0	0	0	0	0	0	0	0	0	0	—	0	0	0	0	.000	('51南)
*長嶋 清幸	(広)	2	15	57	7	14	2	0	5	31	12	1	0	2	0	(2) 6	0	10	0	.246	('84,'86広)
長嶋 茂雄	(巨)	12	68	265	49	91	14	2	25	184	66	3	6	0	3	(1)27	1	21	5	.343	('58,'59,'61,'63,'65〜'72巨)
長島 進	(毎)	1	2	0	0	0	0	0	0	0	0	0	0	0	—	0	0	1	0	.000	('50毎)
*永利 勇吉	(洋)	1	1	1	0	0	0	0	0	0	0	0	0	0	0	0	0	1	0	.000	('54洋)
長冨 浩志	(ダ)	2	3	2	0	0	0	0	0	0	1	0	0	0	0	0	0	3	0	.000	('86広,'00ダ)
長村 裕之	(急)	1	4	4	0	0	0	0	0	0	0	0	0	0	0	0	0	3	0	.000	('84急)
流 敏晴	(急)	1	1	0	0	0	0	0	0	0	0	0	0	0	0	0	0	0	0	.000	('72急)
梨田 昌崇	(近)	2	11	30	3	7	1	0	1	11	2	0	1	0	0	2	0	5	0	.233	('79,'80近)
*並木 輝男	(神)	2	14	51	6	10	3	0	1	15	2	4	0	0	5	1	5	2	.196	('62,'64神)
奈良原 浩	(中)	6	20	15	3	3	1	0	0	4	1	0	0	0	1	0	0	3	0	.200	('91〜'94,'97武,'06中)
成重 春生	(ロ)	1	2	0	0	0	0	0	0	0	0	0	0	0	0	0	0	0	0	.000	('74ロ)
成田 文男	(日)	3	5	4	0	1	1	0	0	2	0	0	0	0	0	0	0	2	0	.250	('70,'74ロ,'81日)
*成瀬 善久	(ロ)	1	2	3	0	0	0	0	0	0	0	0	0	0	1	0	0	1	0	.000	('10ロ)
難波昭二郎	(巨)	1	2	2	0	0	0	0	0	0	0	0	0	0	0	0	0	1	0	.000	('58巨)
*ニ ー ル	(オ)	2	10	30	1	7	1	0	0	8	0	0	0	0	0	3	0	10	2	.233	('95,'96オ)
+ニ エ ベ ス	(ダ)	2	11	27	3	4	1	0	2	11	5	0	0	0	0	3	0	13	1	.148	('99,'00ダ)
*ニューマン	(ヤ)	1	3	1	0	0	0	0	0	0	0	0	0	0	0	0	0	0	0	.000	('01ヤ)
新美 敏	(広)	1	1	0	0	0	0	0	0	0	0	0	0	0	0	0	0	0	0	.000	('84広)
新山 彰忠	(南)	3	5	0	0	0	0	0	0	0	0	0	0	0	0	0	0	1	0	.000	('64〜'66南)
*新浦 寿夫	(巨)	2	5	2	0	1	0	0	0	1	2	0	0	0	0	0	0	2	0	.500	('76,'77巨)
二岡 智宏	(日)	4	18	58	10	20	4	0	1	27	9	1	2	0	0	(1) 3	0	10	1	.345	('00,'02巨,'09,12日)
仁志 敏久	(巨)	3	15	60	7	17	6	0	2	29	7	1	1	2	0	(1) 5	0	7	0	.283	('96,'00,'02巨)
西井 哲夫	(ヤ)	1	3	1	0	0	0	0	0	0	0	0	0	0	0	0	0	0	0	.000	('78ヤ)
西岡三四郎	(南)	1	2	0	0	0	0	0	0	0	0	0	0	0	0	0	0	0	0	.000	('73南)
+西岡 剛	(神)	3	16	72	11	15	5	0	0	20	5	1	2	0	1	4	0	13	2	.208	('05,'10ロ,'14神)
西岡 良洋	(ロ)	7	23	23	2	6	0	0	2	12	3	1	0	2	0	(1) 5	2	5	1	.261	('82,'83,'85〜'37武,'90,'94巨)
*西川 遥輝	(日)	2	9	31	4	6	0	2	0	10	3	6	1	0	2	0	0	6	0	.194	('12,'16日)
*西川 龍馬	(広)	1	3	6	0	1	0	0	0	1	0	0	0	0	0	1	0	1	0	.167	('16,'18広)
西口 文也	(武)	5	7	4	0	0	0	0	0	0	0	0	0	0	0	1	0	4	0	.000	('97,'98,'02,'04,'08武)
西崎 幸広	(武)	1	2	—	—	—	—	—	—	—	—	—	—	—	—	—	—	—	—	—	('98武)
西沢 道夫	(中)	1	7	26	2	6	1	0	1	10	4	0	0	0	1	2	0	3	1	.231	('54中)
西田 明央	(ヤ)	1	1	0	0	0	0	0	0	0	0	0	0	0	0	0	0	0	0	.000	('15ヤ)
*西田 真二	(広)	3	12	23	0	4	1	0	0	5	3	0	0	0	0	2	0	8	0	.174	('84,'86,'91広)
西田 孝之	(日)	1	2	1	0	0	0	0	0	0	0	0	0	0	0	0	0	0	0	.000	('70ロ)
西田 哲朗	(ソ)	1	3	9	1	1	0	0	0	1	0	1	0	0	0	0	0	2	0	.111	('18ソ)
西田 暢	(中)	1	1	2	0	0	0	0	0	0	0	0	0	0	0	0	0	2	0	.000	('74中)
西原 恭治	(西)	1	2	0	0	0	0	0	0	0	0	0	0	0	0	0	0	0	0	.000	('57西)
西村健太朗	(巨)	3	11	0	0	0	0	0	0	0	0	0	0	0	0	0	0	0	0	.000	('08,'12,'13巨)
西村 貞朗	(西)	3	8	6	0	0	0	0	0	0	0	0	0	0	0	0	0	2	0	.000	('54,'56,'58西)
西村 龍次	(ヤ)	1	3	0	0	0	0	0	0	0	0	0	0	0	0	0	0	0	0	.000	('93ヤ)
西村 和人	(武)	1	1	—	—	—	—	—	—	—	—	—	—	—	—	—	—	—	—	—	('85武)
西本 聖	(巨)	3	8	16	1	4	0	0	0	4	0	0	0	1	1	0	0	3	0	.250	('81,'83,'87巨)
*西本 幸雄	(毎)	1	4	8	2	3	0	0	0	3	0	0	0	1	1	0	0	1	0	.375	('50毎)
西山 一宇	(巨)	1	2	—	—	—	—	—	—	—	—	—	—	—	—	—	—	—	—	—	('96巨)

日本シリーズ・ライフタイム

選手名	チーム	年数	試合	打数	得点	安打	二塁打	三塁打	本塁打	塁打	打点	盗塁	盗塁刺	犠打	犠飛	四球	死球	三振	併殺打	打率	出場した年度
西山 和良	(神)	1	5	4	0	0	0	0	0	0	0	0	0	0	0	1	0	0	1	.000	('62神)
西山 秀二	(広)	1	5	8	1	1	0	0	0	1	0	0	0	1	0	1	0	1	0	.125	('91広)
二宮 至	(巨)	1	2	0	0	0	0	0	0	0	0	0	0	0	0	0	0	0	0	.000	('77巨)
仁村 薫	(中)	1	2	5	0	1	0	0	0	1	0	0	0	0	0	0	0	1	0	.200	('88中)
仁村 徹	(中)	1	5	16	2	4	0	2	0	8	2	0	0	1	0	1	0	6	0	.250	('88中)
ネルソン	(中)	2	5	2	0	0	0	0	0	0	0	0	0	0	0	0	0	1	0	.000	('10,'11中)
根来 広光	(急)	1	3	2	0	0	0	0	0	0	0	0	0	0	0	0	0	1	0	.000	('67急)
*根元 俊一	(ロ)	1	3	2	0	0	0	0	0	0	0	0	0	1	0	0	0	1	0	.000	('10ロ)
*能見 篤史	(神)	2	3	1	0	0	0	0	0	0	0	0	0	0	0	0	0	1	0	.000	('05,'14神)
野口 明	(中)	1	4	8	0	0	0	0	0	0	0	0	0	0	0	1	0	1	0	.000	('54中)
*野口 茂樹	(中)	1	2	1	0	0	0	0	0	0	0	0	0	0	0	0	0	0	0	.000	('99中)
野口 寿浩	(神)	3	3	0	1	0	0	0	0	0	0	0	0	0	0	0	0	0	0	.000	('95ヤ,'03,'05神)
野田 浩司	(オ)	2	4	0	0	0	0	0	0	0	0	0	0	0	0	0	0	0	0	.000	('95,'96オ)
野田 浩輔	(武)	3	9	13	0	0	0	0	0	0	0	0	0	0	0	2	0	2	1	.000	('02,'04,'08武)
*野間 峻祥	(広)	2	8	21	1	5	0	0	0	5	0	0	0	0	0	1	0	7	0	.238	('16,'18広)
野間口貴彦	(巨)	1	1	0	0	0	0	0	0	0	0	0	0	0	0	0	0	0	0	.000	('09巨)
野村 収	(神)	1	2	—																—	('85神)
野村 克也	(南)	9	33	122	12	28	3	0	5	46	17	2	0	0	1	9	0	22	6	.230	('59,'61,'64~'66,'73南)
*野村謙二郎	(広)	1	7	27	5	9	0	0	0	9	2	1	1	0	0	3	0	7	0	.333	('91広)
*野村 貴仁	(オ)	2	7	0	0	0	0	0	0	0	0	0	0	0	0	0	0	0	0	.000	('95,'96オ)
野村 武史	(毎)	1	4	10	0	0	0	0	0	0	0	0	0	1	—	0	0	1	2	.000	('50毎)
*野村 弘樹	(横)	1	2	3	2	2	0	0	0	4	0	0	0	0	0	0	0	1	0	.667	('98横)
野村 祐輔	(広)	2	3	2	0	0	0	0	0	0	0	0	0	1	0	0	0	1	0	.000	('16,'18広)
*野母 得見	(南)	1	2	0	0	0	0	0	0	0	0	0	0	0	0	0	0	0	0	.000	('65南)
*野本 圭	(中)	2	11	26	3	5	0	0	0	5	3	0	0	0	1	(1) 4	0	6	1	.192	('10,'11中)
*則本 昂大	(楽)	1	3	1	1	0	0	0	0	0	0	0	0	0	0	1	0	1	0	.000	('13楽)
*ハウエル	(ヤ)	2	14	54	6	11	3	0	3	23	7	1	0	0	0	(1) 8	0	21	0	.204	('92,'93ヤ)
*ハウザー	(楽)	1	2	1	0	0	0	0	0	0	0	0	0	0	0	0	0	0	0	.000	('13楽)
ハドラー	(ヤ)	1	7	24	2	4	1	0	0	5	2	0	0	0	0	1	0	7	0	.167	('93ヤ)
ハドリ	(南)	3	18	59	7	10	1	0	3	20	8	0	0	1	0	3	0	14	1	.169	('64~'66南)
*バークレオ	(武)	1	5	10	1	2	0	0	0	4	2	0	0	0	0	4	0	5	0	.200	('88武)
バーグマン	(近)	1	2	2	0	0	0	0	0	0	0	0	0	0	0	0	0	2	0	.000	('01近)
*R.バース	(神)	1	6	19	6	7	0	0	3	16	9	0	0	0	0	6	0	1	0	.368	('85神)
A.バース	(日)	1	5	1	0	1	0	0	0	1	1	0	0	0	0	0	0	0	1	.000	('16日)
バーネット	(ヤ)	1	2	0	0	0	0	0	0	0	0	0	0	0	0	0	0	0	0	.000	('15ヤ)
バーマ	(西)	1	7	25	5	6	1	0	2	13	3	0	0	0	0	4	1	1	0	.240	('63西)
バーンサイド	(神)	1	1	2	0	0	0	0	0	0	0	0	0	1	0	0	0	2	0	.000	('64神)
バッキー	(神)	2	6	7	0	0	0	0	0	0	0	0	0	0	0	0	0	2	0	.143	('62,'64神)
バティスタ	(広)	1	3	9	1	2	0	0	0	2	0	0	0	0	0	0	0	3	0	.222	('18広)
バリオス	(ソ)	1	2	0	0	0	0	0	0	0	0	0	0	0	0	0	0	0	0	.000	('15ソ)
*P.バルデス	(ダ)	1	7	28	8	9	0	0	3	18	6	0	0	0	0	3	0	15	1	.321	('03ダ)
M.バルデス	(中)	1	4	0	0	0	0	0	0	0	0	0	0	0	0	0	0	0	0	.000	('04中)
バレンティン	(ヤ)	1	5	17	2	3	0	0	0	3	0	0	0	0	0	0	0	6	1	.176	('15ヤ)
バンデンハーク	(ソ)	4	5	8	1	0	0	0	0	0	0	0	0	0	0	0	0	4	0	.000	('15,'17~'19ソ)
バウエル	(近)	1	2	0	0	0	0	0	0	0	0	0	0	0	0	0	0	0	0	.000	('01近)
*パグリアルーロ	(武)	1	1	1	0	0	0	0	0	0	0	0	0	0	0	0	0	0	0	.000	('94武)
パットン	(ディ)	1	5	0	0	0	0	0	0	0	0	0	0	0	0	0	0	0	0	.000	('17ディ)
パリデス	(ヤ)	1	3	10	2	4	0	0	0	4	1	0	0	0	0	1	1	4	0	.400	('92ヤ)
萩原 寛	(巨)	1	2	0	0	0	0	0	0	0	0	0	0	0	—	0	0	0	0	.000	('52巨)
萩原 淳	(日)	1	2	0	0	0	0	0	0	0	0	0	0	0	0	0	0	0	0	.000	('07日)
*萩原 康弘	(広)	5	13	15	2	2	0	0	0	4	0	0	0	0	0	1	1	2	0	.133	('71~'73巨,'79,'80広)
橋上 秀樹	(ヤ)	3	11	18	5	6	1	0	1	10	1	1	1	0	0	4	0	1	0	.333	('92,'93,'95ヤ)
*橋詰 文男	(東)	1	4	0	0	0	0	0	0	0	0	0	0	0	0	0	0	0	0	.000	('62東)
*橋本 到	(巨)	1	2	5	0	0	0	0	0	0	0	0	0	0	0	0	0	3	0	.000	('13巨)
橋本 清	(巨)	1	2	—																—	('94巨)
橋本健太郎	(神)	1	2	0	0	0	0	0	0	0	0	0	0	0	0	0	0	0	0	.000	('05神)
*橋本 武広	(武)	3	3	0	0	0	0	0	0	0	0	0	0	0	0	0	0	0	0	.000	('94,'97,'98武)
*橋本 将	(ロ)	1	3	8	1	2	0	1	0	4	3	0	0	0	0	0	0	3	1	.250	('05ロ)
*長谷川一夫	(ロ)	1	3	4	0	1	0	0	0	1	0	0	0	0	0	(1) 1	0	0	0	.250	('74ロ)
*長谷川繁雄	(南)	2	8	10	3	1	0	0	0	1	2	1	0	0	0	5	0	1	1	.100	('59,'61南)
長谷川滋利	(オ)	2	2	2	0	0	0	0	0	0	0	0	0	0	0	0	0	1	0	.000	('95,'96オ)
*長谷川勇也	(ソ)	7	26	45	3	10	2	0	1	15	5	0	1	2	1	(2) 3	0	15	0	.222	('11,'14,'15,'17~'20ソ)
*長谷部康平	(楽)	1	1	0	0	0	0	0	0	0	0	0	0	0	0	0	0	0	0	.000	('13楽)
*秦 真司	(ヤ)	4	21	61	5	20	2	0	1	25	3	0	1	0	0	(1) 5	0	11	0	.328	('92,'93,'95,'97ヤ)
*畠 世周	(巨)	1	1	—																—	('20巨)
*畑 隆幸	(西)	2	4	1	0	0	0	0	0	0	0	0	0	0	0	0	0	1	0	.000	('58,'63西)
畠山 和洋	(ヤ)	1	5	18	2	4	0	0	2	10	3	0	0	0	0	2	0	7	0	.222	('15ヤ)
畠山 準	(横)	1	1	1	0	0	0	0	0	0	0	0	0	0	0	0	0	0	0	.000	('98横)
羽田 耕一	(近)	3	17	51	7	12	1	1	1	18	8	1	0	0	0	2	0	9	1	.235	('79,'80,'89近)
初芝 清	(ロ)	1	1	0	0	0	0	0	0	0	0	0	0	0	0	0	0	0	0	.000	('05ロ)

選手名	チーム	年数	試合	打数	得点	安打	二塁打	三塁打	本塁打	塁打	打点	盗塁	盗塁刺	犠打	犠飛	四球	死球	三振	併殺打	打率	出場した年度
*八田　正	(急)	3	13	14	1	2	0	0	0	2	0	0	0	0	0	1	0	2	1	.143	('60毎,'69,'71急)
服部　武夫	(南)	2	5	7	0	1	0	0	0	1	0	0	0	0	—	1	0	1	0	.143	('51,'52南)
服部　受弘	(中)	1	4	4	0	0	0	0	0	0	0	0	0	0	0	0	0	1	0	.000	('54中)
服部　敏和	(日)	1	3	3	1	1	0	0	0	1	0	0	0	0	0	0	0	1	0	.333	('81日)
*花井　悠	(西)	3	15	17	2	2	0	0	0	2	0	0	1	0	0	2	0	5	0	.118	('57,'58,'63西)
+羽生田忠克	(武)	3	7	6	1	1	0	0	0	1	0	0	0	0	0	0	0	1	0	.167	('91,'92,'94武)
*浜名　千広	(ダ)	1	5	5	2	2	0	0	0	2	0	0	0	0	0	1	0	0	0	.400	('99ダ)
*濱口　遥大	(ディ)	1	1	2	0	0	0	0	0	0	0	0	0	1	0	0	0	1	0	.000	('17ディ)
濱中おさむ	(神)	2	7	15	0	1	0	0	0	1	0	0	0	0	0	0	0	2	1	.067	('03,'05神)
浜中　祥和	(洋)	1	2	0	0	0	0	0	0	0	0	0	0	0	0	0	0	0	0	.000	('60洋)
林　孝哉	(ダ)	2	4	5	0	0	0	0	0	0	0	0	0	0	0	0	0	3	0	.000	('99,'00ダ)
+林俊宏(林俊彦)	(南)	4	7	4	0	2	0	0	0	2	0	0	0	2	0	0	0	0	0	.500	('64～'66,'73ナ)
*林　昌範	(巨)	1	3	0	0	0	0	0	0	0	0	0	0	0	0	0	0	0	0	.000	('09日)
林　正広	(近)	1	3	3	0	0	0	0	0	0	0	0	0	0	0	0	0	2	0	.000	('80近)
*早瀬　方禧	(急)	2	5	14	0	3	1	0	0	4	0	0	0	0	0	0	0	3	0	.214	('67,'68急)
*原　伸樹	(広)	3	10	11	1	2	0	0	0	3	0	0	0	0	0	0	0	3	0	.182	('84,'86,'91広)
原　辰徳	(巨)	6	36	138	19	32	4	0	9	63	24	0	1	0	0	11	1	23	3	.232	('81,'83,'87,'89,'90,'94巨)
原井　和也	(武)	1	4	6	0	1	0	0	0	1	0	0	1	0	0	0	0	3	0	.167	('97武)
祓川　正敏	(南)	2	3	0	0	0	0	0	0	0	0	0	0	0	0	0	0	0	0	.000	('59,'61南)
*原田　徳光	(中)	1	7	23	1	3	0	1	0	5	1	1	0	3	0	3	0	0	0	.130	('54中)
*原田　治明	(巨)	2	11	8	0	2	0	0	0	2	0	0	0	0	0	0	0	3	0	.250	('76,'77巨)
*張本　勲	(巨)	3	19	73	8	27	3	0	3	39	8	3	0	1	—	(2)7	0	3	0	.370	('62東,'76,'77巨)
波留　敏夫	(横)	1	6	24	5	5	0	1	0	7	3	1	0	1	0	1	1	2	1	.208	('98横)
+カールトン半田(半田春夫)	(南)	2	5	12	0	2	0	0	0	2	1	0	1	0	0	1	0	2	0	.167	('59,'61南)
馬場　敏史	(ヤ)	3	13	24	2	5	1	0	0	6	0	0	1	2	0	4	0	5	0	.208	('95,'96オ,'97ヤ)
ヒルトン	(ヤ)	1	7	29	4	8	2	0	1	13	4	1	0	2	0	1	0	2	0	.276	('78ヤ)
ビエイラ	(巨)	1	2	—	—	—	—	—	—	—	—	—	—	—	—	—	—	—	—	—	('20巨)
ピート	(南)	1	6	18	0	3	1	0	0	4	1	1	0	1	0	3	0	1	0	.167	('61南)
樋笠　一夫	(巨)	5	17	32	3	8	0	1	0	11	4	0	0	0	0	2	0	4	1	.250	('51～'53,'55,'56巨)
東尾　修	(武)	6	18	19	0	2	1	0	0	2	1	0	0	1	1	0	0	6	1	.105	('82武,'83,'85～'88武)
東浜　巨	(ソ)	3	—	—	—	—	—	—	—	—	—	—	—	—	—	—	—	—	—	—	('14,'17,'18ソ)
*樋口　正蔵	(南)	3	13	39	4	11	0	0	0	11	1	2	1	0	1	1	2	1	—	.282	('64～'66南)
彦野　利勝	(中)	1	5	18	2	2	0	0	0	5	1	0	0	0	0	1	1	1	1	.111	('88中)
久本　祐一	(中)	4	7	0	0	0	0	0	0	0	0	0	0	0	0	0	0	0	0	.000	('06,'07,'10,'11中)
*聖澤　諒	(楽)	1	7	17	1	8	2	0	0	10	1	1	0	2	0	2	0	4	0	.471	('13楽)
英智(蔵本英智)	(中)	4	17	28	5	5	0	1	0	7	1	0	1	0	1	0	0	8	0	.179	('04,'06,'10,'11中)
日比野　武	(西)	3	19	49	5	16	1	0	3	26	4	1	0	2	0	2	0	6	2	.327	('54,'56,'58西)
緋本　祥好	(東)	1	3	5	0	0	0	0	0	0	0	0	0	0	0	1	0	1	0	.000	('62東)
比屋根　渉	(ヤ)	1	3	3	0	0	0	0	0	0	0	0	0	0	0	0	0	0	0	.000	('15ヤ)
*桧山進次郎	(神)	2	11	37	4	9	1	0	1	13	7	1	0	0	0	2	0	5	2	.243	('03,'05神)
平井　三郎	(巨)	6	32	92	11	18	4	0	0	22	6	6	0	6	1	(1)10	2	6	2	.196	('51～'53,'55～'57巨)
平井　正史	(中)	7	13	1	0	0	0	0	0	0	0	0	0	0	0	0	0	2	0	.000	('95,'96オ,'04,'06,'07,'10,'11中)
平尾　博嗣	(武)	3	13	39	3	16	3	1	3	30	7	1	0	0	0	1	1	4	2	.410	('02,'04,'08武)
*平岡　一郎	(ロ)	1	4	0	0	0	0	0	0	0	0	0	0	0	0	0	0	0	0	.000	('70ロ)
*平下　晃司	(神)	1	2	2	0	0	0	0	0	0	0	0	0	0	0	0	0	0	0	.000	('03神)
平田　薫	(巨)	2	8	14	4	8	3	0	2	17	4	0	0	0	0	0	0	1	0	.571	('81,'83巨)
平田　勝男	(神)	1	6	22	0	7	0	1	0	9	1	0	0	0	0	0	0	1	0	.318	('85神)
平田　真吾	(ディ)	1	2	—	—	—	—	—	—	—	—	—	—	—	—	—	—	—	—	—	('17ディ)
平田　良介	(中)	3	15	31	2	7	1	0	0	8	2	0	1	1	1	(1)4	0	11	0	.226	('07,'10,'11中)
+平野　謙	(武)	6	34	112	13	25	5	1	0	32	8	4	3	19	1	7	0	13	1	.223	('82中,'88,'90～'93武)
平野　謙二	(松)	1	3	3	0	0	0	0	0	0	0	0	0	0	—	0	0	0	0	.000	('50松)
平野　光泰	(近)	2	14	43	8	10	1	0	1	14	6	0	0	1	1	(4)12	0	5	0	.233	('79,'80近)
平林　二郎	(急)	2	5	9	0	3	0	0	0	3	1	0	0	0	0	0	0	4	0	.000	('72,'75～'78急)
*平松　一宏	(急)	1	1	0	0	0	0	0	0	0	0	0	0	0	0	0	0	0	0	.000	('09急)
広岡　達朗	(巨)	8	45	139	20	32	6	2	3	51	12	2	2	5	0	12	3	20	5	.230	('55～'59,'61,'63,'65巨)
広澤　克実	(神)	3	18	65	5	13	0	0	3	22	7	0	0	0	0	3	0	20	1	.200	('92,'93ヤ,'03神)
広瀬　宰	(南)	2	10	19	1	5	0	0	1	8	1	0	0	0	0	0	0	4	1	.263	('70ロ,'74ナ)
広瀬　叔功	(南)	6	32	128	17	32	6	3	1	47	10	4	2	0	0	8	0	17	2	.250	('59,'61,'64～'66,'73南)
広田　順	(巨)	4	18	55	5	10	3	0	0	13	3	2	1	0	0	4	1	5	0	.182	('52,'53,'55,'56巨)
弘田　澄男	(神)	2	12	47	8	13	2	0	0	21	8	2	2	4	1	1	0	4	0	.277	('74ロ,'85神)
*廣田　浩章	(ヤ)	3	6	0	0	0	0	0	0	0	0	0	0	0	0	0	0	0	0	.000	('87,'90,'97ヤ)
*広野　功	(巨)	1	2	0	0	0	0	0	0	0	0	0	0	0	0	0	0	0	0	.000	('71巨)
広橋　公寿	(南)	5	13	9	2	3	0	0	0	3	1	0	0	0	0	0	0	3	0	.333	('82,'83,'85,'86,'88武)
フォルケンボーグ	(ソ)	1	5	0	0	0	0	0	0	0	0	0	0	0	0	0	0	0	0	.000	('11ソ)
フェルナンデス	(武)	1	7	29	4	9	2	0	1	14	6	0	0	0	0	1	2	9	0	.310	('04武)
*フランコ	(ロ)	1	4	10	4	3	1	0	1	7	1	0	0	0	0	3	0	2	0	.300	('05ロ)
*フランスア	(広)	1	2	—	—	—	—	—	—	—	—	—	—	—	—	—	—	—	—	—	('18広)
フレーザー	(オ)	1	1	1	0	0	0	0	0	0	0	0	0	0	0	0	0	0	0	.000	('96オ)
ブーマー	(急)	1	7	28	3	6	0	0	1	9	7	0	0	0	1	(1)1	1	4	0	.214	('84急)
*ブコビッチ	(武)	2	11	38	1	8	4	0	0	15	3	0	0	0	0	1	1	7	0	.211	('86,'87武)

日本シリーズ・ライフタイム

選手名	チーム	年数	試合	打数	得点	安打	二塁打	三塁打	本塁打	塁打	打点	盗塁	盗塁刺	犠打	犠飛	四球	死球	三振	併殺打	打率	出場した年度
*ブライアント	(近)	1	7	24	3	4	1	0	1	8	2	0	0	0	0	(2)3	1	8	0	.167	('89近)
ブラウン	(巨)	1	2	4	0	0	0	0	0	0	0	0	0	0	0	0	0	2	0	.000	('90巨)
ブランコ	(中)	2	14	54	3	11	4	0	2	21	9	0	0	0	1	5	2	22	0	.204	('10,'11中)
*ブリューワ	(武)	1	3	5	0	0	0	0	0	0	0	0	0	0	0	0	0	2	0	.000	('94武)
*ブルーム	(南)	2	11	34	3	7	0	0	0	7	4	0	0	0	0	(1)2	0	5	0	.206	('65,'66南)
ブロース	(ヤ)	2	3	2	0	0	0	0	0	0	0	0	0	2	0	0	0	2	0	.000	('95,'97ヤ)
深沢 修一	(広)	2	3	7	1	2	0	0	0	2	0	2	0	0	0	2	0	2	0	.286	('75,'80広)
深見 安博	(南)	1	5	9	1	1	0	0	1	4	1	0	0	1	0	0	0	2	0	.111	('55南)
吹石 徳一	(近)	2	8	20	1	6	3	0	1	12	4	1	0	1	1	0	0	5	2	.300	('79,'80近)
*福浦 和也	(ロ)	2	8	21	4	6	2	0	1	11	6	0	0	0	1	1	2	4	1	.286	('05,'10ロ)
*福王 昭仁	(巨)	5	17	20	1	1	0	0	0	1	0	0	0	1	0	3	0	7	0	.050	('87,'89,'90,'94,'96巨)
福士 敬章	(広)	3	7	11	0	0	0	0	0	0	0	0	0	2	0	0	0	4	0	.000	('73南,'79,'80広)
福田 聡志	(巨)	1	3	0	0	0	0	0	0	0	0	0	0	0	0	0	0	0	0	.000	('12巨)
*福田 秀平	(ソ)	5	19	27	3	7	0	0	1	10	5	3	2	2	0	4	0	5	0	.259	('11,'15,'17～'19ソ)
福田 永将	(中)	1	1	1	0	0	0	0	0	0	0	0	0	0	0	0	0	0	0	.000	('11中)
福田 昌久	(巨)	2	7	4	1	0	0	0	0	0	0	0	0	0	0	0	0	4	0	.000	('61南,'63巨)
福塚 勝哉	(神)	2	8	13	1	2	0	0	0	2	0	0	0	0	0	1	0	1	0	.154	('62,'64神)
*福富 邦夫	(ヤ)	1	3	2	0	0	0	0	0	0	0	0	0	0	0	1	0	0	0	.000	('78ヤ)
*福留 孝介	(神)	3	15	53	4	9	3	0	1	15	4	2	0	1	0	8	0	19	2	.170	('99,'06中,'14神)
福原 忍	(神)	3	4	0	0	0	0	0	0	0	0	0	0	0	0	0	0	0	0	.000	('03,'05,'14神)
福原 峰夫	(急)	1	7	26	4	5	1	0	2	12	7	1	0	0	0	2	0	2	0	.192	('84急)
福間 納	(神)	1	3	—	—	—	—	—	—	—	—	—	—	—	—	—	—	—	—	—	('85神)
*福本 豊	(急)	8	44	157	28	46	7	2	4	69	22	14	11	1	0	(2)28	1	23	3	.293	('69,'71,'72,'75～'78,'84急)
福盛 和男	(横)	1	1	—	—	—	—	—	—	—	—	—	—	—	—	—	—	—	—	—	('98横)
福良 淳一	(オ)	2	10	28	2	6	0	1	0	8	0	0	0	3	0	4	0	5	0	.214	('95,'96オ)
藤井 彰人	(神)	2	7	12	1	2	0	0	0	2	0	0	0	1	0	1	0	1	0	.167	('01近,'14神)
+藤井 淳志	(中)	4	13	23	2	0	0	0	0	0	1	0	0	0	0	3	0	10	0	.000	('06,'07,'10,'11中)
*藤井 栄治	(急)	4	17	56	4	16	2	0	2	24	10	0	1	0	0	4	0	5	0	.286	('62,'64神,'77,'78急)
*藤井 秀悟	(日)	2	2	1	0	0	0	0	0	0	0	0	0	0	0	0	0	1	0	.000	('01ヤ,'09日)
藤井 将雄	(ダ)	1	2	1	0	0	0	0	0	0	0	0	0	0	0	0	0	0	0	.000	('99ダ)
*藤井 康雄	(オ)	2	9	19	1	4	2	1	0	8	0	0	0	0	0	4	0	3	0	.211	('95,'96オ)
藤江 清志	(南)	1	3	1	0	0	0	0	0	0	0	0	0	1	—	0	0	0	0	.000	('53南)
藤尾 茂	(巨)	7	33	96	9	18	3	2	1	28	8	1	1	1	0	4	0	30	1	.188	('55～'59,'61,'63巨)
*藤川 球児	(神)	1	1	0	0	0	0	0	0	0	0	0	0	0	0	0	0	0	0	.000	('05神)
藤沢 公也	(中)	1	1	0	0	0	0	0	0	0	0	0	0	0	0	0	0	0	0	.000	('82中)
藤瀬 史朗	(近)	2	6	2	3	0	0	0	0	0	0	2	1	0	0	0	0	2	0	.000	('79,'80近)
*藤田 一也	(楽)	1	7	27	0	7	1	0	0	8	0	0	0	1	0	2	0	3	0	.259	('13楽)
*藤田 宗一	(ロ)	1	2	0	0	0	0	0	0	0	0	0	0	0	0	0	0	0	0	.000	('05ロ)
藤田 浩雅	(急)	1	7	24	2	7	1	1	0	10	0	0	0	0	0	3	0	6	1	.292	('84急)
藤田 元司	(巨)	5	17	20	1	0	0	0	0	0	0	0	0	1	0	0	1	5	0	.000	('57～'59,'61,'63巨)
藤浪晋太郎	(神)	1	1	—	—	—	—	—	—	—	—	—	—	—	—	—	—	—	—	—	('14神)
*藤波 行雄	(中)	2	9	10	0	1	0	0	0	1	0	0	0	0	0	1	0	3	0	.100	('74,'82中)
*藤村 大介	(神)	1	2	0	0	0	0	0	0	0	0	0	0	0	0	0	0	0	0	.000	('12神)
*藤本 敦士	(神)	2	10	24	1	2	0	0	0	2	2	0	0	2	2	1	0	4	0	.083	('03,'05神)
藤本 勝巳	(神)	2	10	36	5	11	2	0	2	19	6	0	0	0	0	(1)1	0	10	1	.306	('62,'64神)
藤本 修二	(武)	1	1	—	—	—	—	—	—	—	—	—	—	—	—	—	—	—	—	—	('93武)
藤本 伸	(巨)	3	7	12	0	1	0	0	0	1	1	0	0	0	0	0	0	3	0	.083	('57,'58,'61巨)
藤本 英雄	(巨)	3	8	19	5	6	1	0	1	10	5	1	0	0	—	1	0	1	0	.316	('51～'53巨)
藤原 満	(南)	1	5	18	0	1	0	0	0	1	2	0	0	0	0	(1)1	0	2	0	.056	('73南)
船田 和英	(ヤ)	2	13	39	9	11	1	0	2	18	5	0	0	3	1	2	1	7	1	.282	('63巨,'78ヤ)
*古城 茂幸	(巨)	3	12	19	0	5	1	0	0	6	0	0	0	0	0	0	0	2	1	.263	('08,'09,'12巨)
古久保健二	(近)	1	2	7	0	1	0	0	0	1	0	0	0	1	0	0	0	2	0	.143	('01近)
古田 敦也	(ヤ)	5	29	115	18	31	6	1	3	48	12	1	0	0	0	10	4	16	3	.270	('92,'93,'95,'97,'01ヤ)
*古谷 拓哉	(ロ)	1	1	0	0	0	0	0	0	0	0	0	0	0	0	0	0	0	0	.000	('10ロ)
古屋 英夫	(日)	1	6	23	1	5	0	0	0	5	0	0	0	1	0	0	0	2	0	.217	('81日)
*毒島 章一	(東)	1	7	29	3	3	0	0	0	6	1	0	0	1	0	1	0	7	0	.103	('62東)
ヘーゲンズ	(広)	1	2	0	0	0	0	0	0	0	0	0	0	0	0	0	0	0	0	.000	('16広)
ヘルウェグ	(広)	1	1	0	0	0	0	0	0	0	0	0	0	0	0	0	0	1	0	.000	('18広)
ベニー	(ロ)	1	3	9	2	4	1	0	0	8	5	0	0	0	0	0	0	1	0	.444	('05ロ)
*ペタジーニ	(ロ)	1	5	16	3	6	1	0	0	7	4	1	0	0	0	(2)7	0	3	0	.375	('05ロ)
ペドラザ	(ダ)	2	5	0	0	0	0	0	0	0	0	0	0	0	0	0	0	0	0	.000	('99,'00ダ)
ペン	(ロ)	1	1	—	—	—	—	—	—	—	—	—	—	—	—	—	—	—	—	—	('10ロ)
ペンバートン	(武)	2	5	7	1	1	0	0	0	4	2	0	0	0	0	1	0	3	0	.143	('97,'98武)
堀内 久雄	(ロ)	2	9	7	1	1	0	0	0	1	0	0	0	0	0	1	0	1	0	.143	('05,'10ロ)
別所 毅彦	(巨)	7	22	35	3	11	2	0	1	16	8	0	0	3	0	1	0	3	1	.314	('51～'53,'55～'57,'59巨)
別当 薫	(毎)	1	6	24	6	12	6	1	0	20	3	0	1	0	—	5	0	0	0	.500	('50毎)
+ホージー	(ヤ)	1	5	20	0	4	0	0	0	4	3	0	0	0	0	3	0	3	0	.200	('97ヤ)
ホールトン	(巨)	3	3	3	0	1	0	0	0	1	0	0	0	0	0	0	0	2	0	.333	('11ソ,'12,'13巨)
ホッジス	(ヤ)	1	1	2	0	1	0	0	0	1	0	0	0	0	0	0	0	0	0	.500	('01ヤ)
*ホフパワー	(日)	1	6	10	1	1	0	0	0	1	0	0	0	1	0	0	0	2	0	.100	('12日)

選手名	チーム	年数	試合	打数	得点	安打	二塁打	三塁打	本塁打	塁打	打点	盗塁	盗塁刺	犠打	犠飛	四球	死球	三振	併殺打	打率	出場した年度
＊ホプキンス	(広)	1	6	24	2	8	2	0	1	13	2	0	0	0	0	4	1	4	0	.333	('75広)
＋ホワイト	(巨)	1	6	20	5	7	0	0	1	10	2	2	0	0	0	6	1	3	1	.350	('81巨)
＊ボウカー	(巨)	2	10	28	3	4	1	0	2	11	7	0	0	1	0	3	0	8	2	.143	('12,'13巨)
ボカチカ	(武)	1	4	10	1	2	0	0	1	5	1	0	0	0	0	1	0	5	1	.200	('08武)
＊帆足　和幸	(武)	2	3	3	0	0	0	0	0	0	0	0	0	0	0	0	0	2	0	.000	('04,'08武)
＊蓬莱　昭彦	(武)	2	3	1	2	0	0	0	0	0	0	0	0	0	0	0	0	1	0	.000	('82,'83武)
保坂　幸永	(毎)	1	3	0	0	0	0	0	0	0	0	0	0	0	0	0	0	0	0	.000	('60毎)
星野　順治	(ダ)	2	3	2	0	0	0	0	0	0	0	0	0	1	0	0	0	2	0	.000	('99,'00ダ)
＊星野　仙一	(中)	2	3	2	0	0	0	0	0	0	0	0	0	0	0	0	0	1	0	.000	('74中)
＊星野　智樹	(武)	2	5	0	0	0	0	0	0	0	0	0	0	0	0	0	0	0	0	.000	('04,'08武)
＊星野　伸之	(オ)	2	4	2	0	0	0	0	0	0	0	0	0	0	0	0	0	2	0	.000	('95,'96オ)
＊星野　秀孝	(中)	2	4	0	0	0	0	0	0	0	0	0	0	0	0	0	0	0	0	.000	('74中)
細川　成也	(ディ)	1	4	4	0	2	1	0	0	3	0	0	0	0	0	0	0	1	0	.500	('17ディ)
細川　亨	(ソ)	5	25	63	3	11	2	0	2	19	4	0	0	1	0	0	0	27	0	.175	('04,'08武,'11,'14,'15ソ)
細谷　圭	(ロ)	1	3	2	0	0	0	0	0	0	0	0	0	0	1	0	0	0	0	.000	('10ロ)
堀　幸一	(ロ)	1	2	5	2	2	1	0	0	3	0	0	0	0	0	2	0	0	0	.400	('05ロ)
堀井　数男	(南)	4	25	88	1	18	6	1	0	26	5	1	4	1	0	5	1	5	0	.205	('51～'53,'55南)
堀井　和人	(南)	1	1	0	0	0	0	0	0	0	0	0	0	0	0	0	0	0	0	.000	('73南)
堀内　庄	(巨)	4	11	14	1	2	0	0	0	2	1	0	0	2	0	0	0	2	0	.143	('56～'58,'61巨)
堀内　恒夫	(巨)	10	27	50	2	9	1	0	2	16	6	0	0	0	0	0	0	13	0	.180	('66～'73,'76,'77巨)
＊堀込　基明	(南)	3	13	44	4	9	4	0	1	16	4	0	0	0	1	1	0	12	0	.205	('64～'66南)
堀田　一郎	(南)	1	2	0	0	0	0	0	0	0	0	0	0	0	0	0	0	0	0	.000	('60南)
堀本　律雄	(巨)	1	3	8	1	1	0	0	0	1	0	0	0	2	0	0	0	1	1	.125	('61巨)
＊本多　逸郎	(中)	1	4	29	2	7	3	0	0	10	1	1	0	0	0	0	0	4	0	.241	('54中)
＊本多　雄一	(ソ)	4	17	29	5	6	0	1	0	8	0	1	1	6	0	1	0	7	0	.207	('11,'14,'15,'17ソ)
本堂　保次	(毎)	1	6	22	2	6	0	0	0	9	3	0	0	0	—	5	0	3	1	.273	('50毎)
本間　勝	(神)	1	1	0	0	0	0	0	0	0	0	0	0	0	0	0	0	0	0	.000	('64神)
＊本間　満	(ダ)	2	5	8	1	1	0	0	0	1	0	0	0	0	0	0	0	5	0	.125	('00,'03ダ)
＊坊西　浩嗣	(ダ)	2	2	1	0	0	0	0	0	0	0	0	0	0	0	0	0	1	0	.000	('99,'00ダ)
MICHEAL(中村仲叶)	(日)	1	2	0	0	0	0	0	0	0	0	0	0	0	0	0	0	0	0	.000	
＊マーチン	(中)	1	6	22	2	4	0	0	0	7	2	0	0	0	0	0	0	6	0	.182	('74中)
マートン	(神)	1	5	17	1	4	1	0	0	5	3	0	1	0	1	0	0	2	0	.235	('14神)
＊マーフィー	(ロ)	1	1	0	0	0	0	0	0	0	0	0	0	0	0	0	0	0	0	.000	('10ロ)
マギー	(楽)	1	7	25	0	6	1	0	0	7	0	0	0	0	0	(1)5	0	6	3	.240	('13楽)
マクレーン	(武)	1	3	11	0	4	0	0	0	5	1	0	0	0	0	0	0	1	0	.364	('02武)
＋マシアス	(日)	1	3	3	0	0	0	0	0	0	0	0	0	0	0	0	0	0	0	.000	('06日)
マシソン	(巨)	3	7	0	0	0	0	0	0	0	0	0	0	0	0	0	0	0	0	.000	('12,'13,'19巨)
マック	(巨)	1	5	18	3	5	0	0	1	8	1	0	0	0	0	1	0	6	0	.278	('96巨)
＊マニエル	(近)	3	20	65	7	20	0	0	5	35	12	0	0	0	0	(4)11	0	9	3	.308	('78ヤ,'79,'80近)
マリオ	(急)	1	1	—	—	—	—	—	—	—	—	—	—	—	—	—	—	—	—	.—	('96急)
マルカーノ	(急)	4	25	99	17	30	6	0	4	48	19	2	0	0	0	(2)7	2	12	1	.303	('75～'78急)
マルティネス	(巨)	3	15	43	4	6	0	0	1	9	3	0	0	0	0	4	0	14	3	.140	('97,'98武,'00巨)
＊前川　勝彦	(近)	1	4	2	0	0	0	0	0	0	0	0	0	1	0	0	0	0	0	.000	('01近)
前田　忠節	(近)	1	3	0	0	0	0	0	0	0	0	0	0	0	0	0	0	0	0	.000	('01近)
＊前田　智徳	(広)	1	7	19	2	3	0	1	0	5	2	2	0	4	0	2	0	2	0	.158	('91広)
＊前田　浩継	(ヤ)	1	1	0	0	0	0	0	0	0	0	0	0	0	0	0	0	1	0	.000	('01ヤ)
＊前田　益穂	(ロ)	2	7	13	1	4	0	0	1	7	3	0	0	2	0	1	0	2	0	.308	('70,'74ロ)
＊前田　康雄	(ロ)	1	1	0	0	0	0	0	0	0	0	0	0	0	0	0	0	0	0	.000	('70ロ)
＊前田　幸長	(巨)	2	2	0	0	0	0	0	0	0	0	0	0	0	0	0	0	0	0	.000	('99中,'02巨)
牧　勝彦	(神)	1	2	0	0	0	0	0	0	0	0	0	0	0	0	0	0	0	0	.000	('62神)
牧　憲二郎	(急)	1	3	0	0	0	0	0	0	0	0	0	0	0	0	0	0	0	0	.000	('72急)
真喜志康永	(近)	1	7	22	4	8	0	0	1	11	1	0	0	0	0	2	0	3	0	.364	('89近)
牧田　明久	(楽)	1	4	10	1	3	0	0	1	6	1	0	0	1	0	0	0	3	0	.300	('13楽)
牧野　茂	(中)	1	3	10	0	2	0	0	0	2	0	0	0	1	0	1	0	2	0	.200	('54中)
＊牧原　大成	(ソ)	2	8	23	4	5	2	0	0	7	2	2	0	0	0	0	0	8	0	.217	('19,'20ソ)
槙原　寛己	(巨)	7	9	12	0	1	0	0	0	1	1	0	0	2	0	1	0	7	0	.083	('83,'87,'89,'90,'94,'96,'00巨)
正岡　真二	(中)	2	4	4	0	2	0	0	0	2	0	0	0	0	0	0	0	1	0	.500	('74,'82中)
真砂　勇介	(ソ)	1	1	1	0	1	0	0	0	1	0	0	0	0	0	0	0	1	0	1.000	('20ソ)
＊間柴　茂有	(日)	1	2	2	0	0	0	0	0	0	0	0	0	0	0	0	0	2	0	.000	('81日)
増井　浩俊	(日)	2	6	3	0	0	0	0	0	0	0	0	0	0	0	0	0	0	0	.000	('12,'16日)
益田　昭雄	(巨)	2	4	3	0	1	0	0	0	1	0	0	0	0	0	0	0	3	0	.333	('65,'66巨)
＊枡田慎太郎	(楽)	1	4	8	1	1	0	0	0	1	0	1	0	0	0	1	0	3	1	.125	('13楽)
増田　大輝	(巨)	1	2	0	0	0	0	0	0	0	0	0	0	0	0	0	0	0	0	.000	('19,'20巨)
＊益田　大介	(近)	2	7	12	1	5	0	0	0	5	0	0	0	0	0	2	0	2	0	.417	('99中,'01近)
増田　浩	(巨)	1	2	2	0	0	0	0	0	0	0	0	0	0	0	0	0	1	0	.000	('61巨)
＋松井稼頭央	(楽)	4	22	89	7	23	2	0	1	28	6	3	0	0	0	3	0	22	1	.258	('97,'98,'02武,'13楽)
松井　淳	(南)	4	21	37	2	5	0	0	0	8	2	0	0	0	0	2	0	4	3	.135	('51～'53,'55南)
松井　隆昌	(広)	1	1	0	0	0	0	0	0	0	0	0	0	0	0	0	0	0	0	.000	('91広)
松井　武俊	(洋)	1	2	0	0	0	0	0	0	0	0	0	0	0	0	0	0	0	0	.000	('60洋)
＊松井　秀喜	(巨)	4	21	77	13	22	10	0	4	44	14	2	1	0	0	(2)14	2	22	0	.286	('94,'96,'00,'02巨)

日本シリーズ・ライフタイム

選手名	チーム	年数	試合	打数	得点	安打	二塁打	三塁打	本塁打	塁打	打点	盗塁	盗塁刺	犠打	犠飛	四球	死球	三振	併殺打	打率	出場した年度
松井 優典	(南)	1	1	0	0	0	0	0	0	0	0	0	0	0	0	0	0	0	0	.000	('73南)
松岡 健一	(ヤ)	1	2	0	0	0	0	0	0	0	0	0	0	0	0	0	0	0	0	.000	('15ヤ)
松岡 弘	(ヤ)	1	4	6	1	1	0	0	0	1	0	0	0	1	0	0	0	3	0	.167	('78ヤ)
松坂 大輔	(武)	1	5	7	0	2	0	0	0	2	0	0	0	0	0	0	0	3	0	.286	('02,'04武)
*松田 清	(巨)	1	1	2	0	0	0	0	0	0	0	0	0	0	—	0	0	0	0	.000	('51巨)
松田 宣浩	(ソ)	7	36	129	9	24	2	0	3	35	11	4	2	1	0	7	2	33	1	.186	('11,'14,'15,'17～'20ソ)
松田 遼馬	(神)	1	1	0	0	0	0	0	0	0	0	0	0	0	0	0	0	0	0	.000	('14神)
*松中 信彦	(ソ)	5	24	70	9	14	5	0	2	25	10	0	0	1	0	(1)12	1	18	3	.200	('99,'00,'03ダ,'11,'14ソ)
+松永 浩美	(急)	1	7	26	4	11	1	0	1	15	3	1	0	0	0	0	0	2	1	.423	('84急)
*松沼 博久	(武)	6	11	9	0	0	0	0	0	0	0	0	0	1	0	0	0	3	0	.000	('82,'83,'85～'88武)
松沼 雅之	(武)	5	16	2	0	0	0	0	0	0	0	0	0	0	—	0	0	2	1	.125	('82,'83,'85～'87武)
松葉 昇	(南)	1	4	8	0	1	0	0	0	1	0	0	0	0	—	0	0	2	1	.125	('51南)
*松原 聖弥	(巨)	1	4	9	0	0	0	0	0	0	0	0	0	0	0	1	0	3	0	.000	('20巨)
松原 誠	(巨)	1	2	2	0	1	0	0	0	1	1	0	0	0	0	0	0	1	0	.500	('81巨)
*松本 正志	(急)	1	1	0	0	0	0	0	0	0	0	0	0	0	0	0	0	0	0	.000	('78急)
+松本 匡史	(巨)	4	14	46	4	10	2	0	0	12	2	6	2	1	0	6	0	5	0	.217	('77,'81,'83,'87巨)
*松本 哲也	(巨)	3	17	48	8	14	0	0	0	14	2	2	0	8	0	3	0	8	0	.292	('09,'12,'13巨)
*松元ユウイチ	(ヤ)	1	4	3	0	0	0	0	0	0	0	0	0	0	0	0	1	0	0	.000	('15ヤ)
*松本 裕樹	(ソ)	1	1	—												—				.000	('20ソ)
*松本 幸行	(中)	1	3	5	0	0	0	0	0	0	0	0	0	1	0	0	0	0	0	.000	('74中)
松山 秀明	(オ)	1	3	0	1	0	0	0	0	0	0	0	0	0	0	0	0	0	0	.000	('95オ)
*松山 竜平	(広)	2	11	37	4	10	3	0	1	16	3	0	0	0	0	0	0	7	1	.270	('16,'18広)
的場 直樹	(ロ)	1	1	0	0	0	0	0	0	0	0	0	0	0	0	0	0	0	0	.000	('10ロ)
的山 哲也	(近)	1	3	2	0	0	0	0	0	0	0	0	0	0	0	0	0	0	1	.000	('01近)
真中 満	(ヤ)	4	16	52	8	19	3	0	0	28	7	0	1	2	0	(1)4	1	8	0	.365	('93,'95,'97,'01ヤ)
馬原 孝浩	(ソ)	1	4	0	0	0	0	0	0	0	0	0	0	0	0	0	0	0	0	.000	('11ソ)
真弓 明信	(神)	1	6	25	8	9	4	0	2	19	2	0	0	0	0	2	0	2	0	.360	('85神)
*丸 佳浩	(巨)	4	20	74	7	14	3	0	2	23	6	2	1	1	1	9	0	25	1	.189	('16,'18広,'19,'20巨)
円子 宏	(南)	1	1	1	0	0	0	0	0	0	0	0	0	0	0	0	0	0	0	.000	('55南)
万永 貴司	(横)	1	1	1	0	0	0	0	0	0	0	0	0	0	0	0	0	0	0	.000	('98横)
ミューレン	(ヤ)	1	5	20	4	6	0	0	1	9	2	1	0	0	0	1	1	9	0	.300	('95ヤ)
*ミランダ	(ソ)	1	1	—																—	('18ソ)
三浦 清弘	(南)	4	8	3	0	0	0	0	0	0	0	0	0	0	0	0	0	0	0	.000	('59,'64～'66南)
三浦 大輔	(横)	1	1																	.000	('98横)
三上 朋也	(ディ)	1	3	0	0	0	0	0	0	0	0	0	0	0	0	0	0	0	0	.000	('17ディ)
三木 肇	(ヤ)	1	3	0	0	0	0	0	0	0	0	0	0	0	0	0	0	0	0	.000	('01ヤ)
三澤 興一	(近)	2	5	0	0	0	0	0	0	0	0	0	0	0	0	0	0	0	0	.000	('00巨,'01近)
*三沢 淳	(中)	2	5	3	0	1	0	0	0	1	0	0	0	0	0	0	0	1	0	.333	('74,'82中)
水口 栄二	(近)	1	5	14	2	2	0	0	1	5	3	0	0	2	0	3	1	2	1	.143	('01近)
*水谷新太郎	(ヤ)	1	7	20	2	3	0	0	0	3	0	3	1	0	1	1	1	0	0	.150	('78ヤ)
水谷 実雄	(急)	4	20	58	5	12	1	0	5	28	12	0	0	0	0	4	0	11	5	.207	('75,'79,'80広,'84急)
水谷 孝	(急)	2	3	0	0	0	0	0	0	0	0	0	0	0	0	0	0	0	0	.000	('68,'69急)
*水谷 則博	(中)	1	1	0	0	0	0	0	0	0	0	0	0	0	0	0	0	0	0	.000	('74ロ)
水谷 寿伸	(中)	1	2	0	0	0	0	0	0	0	0	0	0	0	0	0	0	0	0	.000	('74中)
水谷実智郎	(中)	1	1	0	0	0	0	0	0	0	0	0	0	0	0	0	0	0	0	.000	('70ロ)
水沼 四郎	(広)	3	20	51	5	8	4	0	1	15	3	0	0	0	0	(1)5	0	13	3	.157	('75,'79,'80広)
水野 雄仁	(巨)	5	11	0	0	0	0	0	0	0	0	0	0	0	0	0	0	0	0	.000	('87,'89,'90,'94,'96巨)
*三瀬 幸司	(巨)	2	2	0	0	0	0	0	0	0	0	0	0	0	0	0	0	0	0	.000	('10,'11巨)
道原 博幸	(広)	2	7	11	0	3	0	0	0	3	2	0	0	0	0	1	0	0	0	.273	('75,'79広)
*三井 浩二	(武)	3	5	0	0	0	0	0	0	0	0	0	0	0	0	0	0	0	0	.000	('02,'04,'08武)
三井 雅晴	(ロ)	1	1	0	0	0	0	0	0	0	0	0	0	0	0	0	0	0	0	.000	('74ロ)
光山 英和	(近)	1	5	10	2	3	0	0	1	6	2	0	0	0	0	0	0	2	0	.300	('89近)
皆川 睦男	(南)	5	10	6	0	0	0	0	0	0	0	0	0	0	0	0	0	4	0	.000	('59,'61,'64～'66南)
南 俊介	(中)	1	1																	.000	('07中)
南村 侑広	(巨)	6	28	96	12	34	8	0	1	45	10	2	3	1	1	14	0	3	1	.354	('51～'53,'55～'57巨)
嶺井 博希	(ディ)	1	4	10	0	2	0	0	0	2	1	0	0	1	0	1	0	1	0	.200	('17ディ)
蓑田 浩二	(巨)	5	21	67	9	15	4	1	1	24	6	6	1	1	2	(1)11	0	11	0	.224	('76～'78,'84急,'89巨)
蓑原 宏	(南)	3	16	36	▲	8	2	0	0	10	2	0	1	0	0	4	0	4	0	.222	('51～'53南)
*三平 晴樹	(毎)	1	2	2	0	0	0	0	0	0	0	0	0	0	0	0	0	0	0	.000	('60毎)
*美馬 学	(楽)	1	2	2	0	0	0	0	0	0	0	0	0	0	0	0	0	0	0	.000	('13楽)
三村 勲	(松)	1	6	27	2	4	0	0	0	4	4	1	0	1	0	0	0	1	0	.148	('50松)
三村 敏之	(広)	3	17	55	4	12	2	0	1	17	6	0	0	2	1	5	0	11	1	.218	('75,'79,'80広)
宮川 将	(楽)	1	1	0	0	0	0	0	0	0	0	0	0	0	0	0	0	0	0	.000	('13楽)
宮國 椋丞	(巨)	1	1	—																—	('12巨)
三宅 孝夫	(西)	1	1	1	0	0	0	0	0	0	0	0	0	0	0	0	0	0	0	.000	('63西)
三宅 宅三	(毎)	1	2	2	0	0	0	0	0	0	0	0	0	0	0	0	0	0	1	.000	('50毎)
三宅 秀史	(神)	1	2	4	0	1	0	0	0	1	0	0	0	0	0	0	0	3	0	.250	('64神)
*都 裕次郎	(中)	1	4	0	0	0	0	0	0	0	0	0	0	0	0	0	0	0	0	.000	('82中)
宮崎 仁郎	(松)	1	6	16	0	3	0	0	0	3	1	0	0	0	0	1	1	1	1	.188	('50松)
宮崎 敏郎	(ディ)	1	6	20	3	8	0	0	2	14	5	0	0	0	0	(1)4	1	2	1	.400	('17ディ)

選手名	チーム	年数	試合	打数	得点	安打	二塁打	三塁打	本塁打	塁打	打点	盗塁	盗塁刺	犠打	犠飛	四球	死球	三振	併殺打	打率	出場した年度
*宮地 克彦	(武)	1	2	6	0	2	1	0	0	3	0	0	0	0	0	0	0	2	0	.333	('02武)
宮田 征典	(巨)	2	5	3	0	0	0	0	0	0	0	0	0	0	0	0	0	0	0	.000	('63,'65巨)
*宮西 尚生	(日)	3	10	0	0	0	0	0	0	0	0	0	0	0	0	0	0	0	0	.000	('09,'12,'16日)
*宮本 和知	(巨)	4	8	0	0	0	0	0	0	0	0	0	0	0	0	0	0	0	0	.000	('89,'90,'94,'9€巨)
宮本 和佳	(洋)	1	4	0	0	0	0	0	0	0	0	0	0	0	0	0	0	0	0	.000	('60洋)
宮本 賢治	(ヤ)	2	5	0	0	0	0	0	0	0	0	0	0	1	0	0	0	0	0	.000	('93,'95ヤ)
*宮本 四郎	(急)	1	2	0	0	0	0	0	0	0	0	0	0	0	0	0	0	0	0	.000	('84急)
宮本 慎也	(ヤ)	3	15	37	5	14	3	0	0	17	1	1	1	7	0	1	0	7	0	.378	('95,'97,'01ヤ)
宮本 敏雄	(巨)	5	27	84	8	24	3	0	3	36	13	1	1	1	0	6	0	18	0	.286	('56〜'59,'61巨)
宮本 幸信	(広)	4	12	3	0	0	0	0	0	0	0	0	0	0	0	0	0	3	0	.000	('68,'69,'71急'75広)
三輪 隆	(オ)	2	4	7	0	1	0	0	0	1	0	0	0	0	0	1	0	1	0	.143	('95,'96オ)
*三輪 正義	(ヤ)	1	1	0	0	0	0	0	0	0	0	0	0	0	0	0	0	0	0	.000	('15ヤ)
*M.ムーア	(ソ)	1	1	—	—	—	—	—	—	—	—	—	—	—	—	—	—	—	—	.—	('20ソ)
*T.ムーア	(神)	1	2	2	0	1	0	0	0	2	0	0	0	0	0	0	0	0	0	.500	('03神)
*無徒 史朗	(南)	1	2	2	0	0	0	0	0	0	0	0	0	0	0	0	0	1	0	.000	('65南)
村井 英司	(日)	1	4	4	0	2	0	0	0	2	0	0	0	0	0	0	0	1	0	.500	('81日)
+村岡 耕一	(武)	1	1	0	0	0	0	0	0	0	0	0	0	0	0	0	0	0	0	.000	('90武)
村上 一治	(南)	3	7	7	1	4	0	0	1	7	4	0	0	0	0	0	0	0	0	.571	('51〜'53南)
村上 公康	(ロ)	1	6	15	0	4	0	0	0	4	1	0	0	1	0	(1)1	0	3	2	.267	('74ロ)
*村上 信一	(急)	1	2	2	1	1	1	0	0	2	1	0	0	0	0	0	0	0	0	.500	('84急)
村上 隆行	(近)	1	6	8	1	3	0	0	1	6	1	0	0	0	0	0	0	2	0	.375	('89近)
村上 雅則	(南)	3	8	2	0	0	0	0	0	0	0	0	0	0	0	0	0	1	0	.000	('66,'73南,'8 日)
*村田 和哉	(日)	2	3	1	0	0	0	0	0	0	0	0	0	0	0	0	0	1	0	.000	('09,'12日)
村田 勝喜	(武)	1	1	—	—	—	—	—	—	—	—	—	—	—	—	—	—	—	—	.—	('94武)
村田 修一	(巨)	2	13	49	4	11	1	0	2	18	4	0	0	0	0	4	1	8	1	.224	('12,'13巨)
村田 真一	(巨)	4	18	54	6	15	3	0	2	24	10	0	0	1	0	(1)2	0	15	0	.278	('90,'94,'96,'00巨)
*村田 辰美	(近)	3	8	2	0	1	0	0	0	1	0	0	0	0	0	0	0	1	0	.500	('79,'80,'89近)
村田 兆治	(ロ)	1	4	4	0	0	0	0	0	0	0	0	0	0	0	0	0	1	0	.000	('74ロ)
村田 善則	(武)	1	1	3	0	1	0	0	0	1	0	0	0	0	0	0	0	2	0	.333	('94武)
*村松 有人	(ダ)	3	16	54	3	11	1	0	0	12	1	2	0	0	0	0	2	5	0	.204	('99,'00,'03ダ)
村山 実	(神)	2	9	13	0	1	1	0	0	2	0	0	0	0	0	1	0	6	0	.077	('62,'64神)
*メ イ	(巨)	1	2	2	1	0	0	0	0	0	0	0	0	0	0	2	0	1	1	.000	('00巨)
メ ヒア	(広)	1	3	3	0	0	0	0	0	0	0	0	0	0	0	1	0	2	0	.000	('18広)
メッセンジャー	(神)	1	2	2	0	0	0	0	0	0	0	0	0	0	0	1	0	1	0	.000	('14神)
+メルセデス	(巨)	1	1	—	—	—	—	—	—	—	—	—	—	—	—	—	—	—	—	.—	('19巨)
メンドーサ	(日)	1	2	0	0	0	0	0	0	0	0	0	0	0	0	0	0	0	0	.000	('16日)
*モイネロ	(ソ)	4	14	0	0	0	0	0	0	0	0	0	0	0	0	0	0	0	0	.000	('17〜'20ソ)
モルッカ	(中)	1	6	23	1	4	0	0	1	7	2	0	0	0	0	2	0	4	2	.174	('82中)
*モルケン	(ロ)	1	2	0	0	0	0	0	0	0	0	0	0	0	0	0	0	0	0	.000	('12日)
元木 大介	(巨)	4	17	36	1	4	0	0	0	4	2	0	0	2	1	2	0	2	2	.111	('94,'96,'00,'02巨)
本西 厚博	(オ)	2	7	12	0	2	1	0	0	3	0	1	0	0	0	3	0	1	0	.167	('95,'96オ)
本屋敷錦吾	(神)	2	7	19	1	3	0	0	0	3	0	1	0	0	0	0	0	1	0	.158	('64神)
森 繁和	(武)	4	8	2	1	1	0	0	0	2	0	0	0	0	0	1	0	5	1	.500	('82,'83,'85'87武)
+森 章剛	(中)	1	4	5	1	1	0	0	0	1	0	0	0	0	0	1	0	0	0	.091	('04中)
森 慎二	(武)	4	8	1	0	0	0	0	0	0	0	0	0	0	0	0	0	0	0	.000	('97,'98,'02'04武)
*森 博幸	(武)	3	6	4	1	1	0	0	0	1	2	0	0	0	0	1	0	0	0	.250	('91〜'93武)
*森 昌彦	(巨)	13	69	221	22	51	4	1	4	69	22	3	0	0	2	(3)18	0	15	6	.231	('57,'59,'61,'63,'65〜'73巨)
森 唯斗	(ソ)	6	21	0	0	0	0	0	0	0	0	0	0	0	0	0	0	0	0	.000	('14,'15,'17〜'20ソ)
森内 壽春	(日)	1	2	0	0	0	0	0	0	0	0	0	0	0	0	0	0	0	0	.000	('12日)
*守岡 茂樹	(広)	1	2	3	0	1	0	0	0	2	0	0	0	0	0	0	0	0	0	.333	('75広)
森 良介	(ヤ)	1	2	2	0	0	0	0	0	0	0	0	0	0	0	0	0	1	0	.000	('15ヤ)
森下 整鎮	(南)	8	38	107	12	29	5	0	2	40	7	4	6	2	1	7	1	13	4	.271	('52,'53,'55,'59,'61,'64〜'66南)
盛田 幸妃	(近)	1	1	0	0	0	0	0	0	0	0	0	0	0	0	0	0	0	0	.000	('01近)
+森中千香良	(近)	4	9	1	0	0	0	0	0	0	0	0	0	0	0	0	0	0	0	.000	('61,'64〜'66南)
*森永 勝也	(巨)	3	11	12	1	3	1	1	0	6	1	0	0	0	0	2	0	0	0	.250	('67〜'69巨)
森野 将彦	(中)	5	30	94	10	25	9	1	1	39	7	0	0	3	2	12	2	21	4	.266	('04,'06,'0'',10,11中)
*森福 允彦	(ソ)	1	2	6	0	0	0	0	0	0	0	0	0	0	0	0	0	0	0	.000	('11,'14ソ)
森本 潔	(急)	7	41	143	11	33	5	0	3	47	16	0	1	0	2	(1)19	1	12	3	.231	('67〜'69,'71,'72,'75,76急)
森本 稀哲	(日)	3	16	55	8	13	0	1	0	15	1	0	1	2	(1)	4	0	10	3	.236	('06,'07,'09日)
*森山 周	(楽)	1	4	0	0	0	0	0	0	0	0	0	0	0	0	0	0	0	0	.—	('13楽)
森山 良二	(武)	2	2	—	—	—	—	—	—	—	—	—	—	—	—	—	—	—	—	.—	('87,'88武)
森脇 浩司	(広)	1	1	1	0	0	0	0	0	0	0	0	0	0	0	0	0	1	0	.000	('86広)
*諸積 兼司	(ロ)	1	3	0	1	0	0	0	0	0	0	0	0	0	0	0	0	0	0	.000	('05ロ)
八重樫幸雄	(ヤ)	3	4	2	0	0	0	0	0	0	0	0	0	0	0	0	0	0	0	.000	('78,'92,'93ヤ)
*八木 智哉	(日)	2	2	4	0	0	0	0	0	0	0	0	0	0	0	0	0	2	0	.000	('06,'09日)
八木 裕	(神)	1	4	5	0	0	0	0	0	0	0	0	0	0	0	1	0	2	0	.000	('03神)
八木沢荘六	(ロ)	1	2	0	0	0	0	0	0	0	0	0	0	0	0	0	0	0	0	.000	('70,'74ロ)
*谷沢 健一	(中)	2	12	45	7	15	2	0	3	26	9	2	0	0	0	4	0	4	0	.333	('74,'82中)
矢沢 正	(巨)	1	4	5	0	0	0	0	0	0	0	0	0	0	0	0	0	0	0	.000	('76巨)
+屋鋪 要	(巨)	1	5	0	0	0	0	0	0	0	0	0	0	0	0	0	0	1	0	.000	('94巨)

日本シリーズ・ライフタイム

選手名	チーム	年数	試合	打数	得点	安打	二塁打	三塁打	本塁打	塁打	打点	盗塁	盗塁刺	犠打	犠飛	四球	死球	三振	併殺打	打率	出場した年度
＊安木 祥二	(中)	1	4	0	0	0	0	0	0	0	0	0	0	0	0	0	0	0	0	.000	('82中)
＊安田 猛	(ヤ)	1	2	2	0	0	0	0	0	0	0	0	0	1	0	0	0	0	0	.000	('78ヤ)
安原 達佳	(巨)	4	9	3	0	1	0	0	0	1	1	0	0	0	0	0	0	1	0	.333	('55,'56,'59,'61巨)
矢頭 高雄	(毎)	1	3	6	0	0	0	0	0	0	0	0	0	0	0	1	0	2	0	.000	('60毎)
柳田 聖人	(ダ)	2	8	10	1	1	0	0	0	1	0	0	0	0	0	1	0	1	0	.100	('99,'00ダ)
柳田 悠岐	(ソ)	6	30	112	25	33	5	0	3	47	17	3	0	0	0	(2)17	4	29	0	.295	('14,'15,'17~'20ソ)
柳田 利夫	(巨)	4	16	41	9	9	2	0	3	20	7	0	2	0	0	10	0	9	0	.220	('60毎,'63,'65,'66巨)
＊柳田 真宏	(巨)	7	25	46	4	7	2	0	1	12	4	2	0	1	0	11	0	8	0	.152	('69,'71~'73,'76,'77,'81巨)
柳田 豊	(近)	2	6	2	0	1	0	0	0	1	0	0	0	0	0	0	0	0	0	.500	('79,'80近)
柳原 隆弘	(ヤ)	1	1	1	0	0	0	0	0	0	0	0	0	0	0	0	0	0	0	.000	('78ヤ)
+柳田 浩一	(ヤ)	1	2	1	0	0	0	0	0	0	0	0	0	0	0	0	0	0	0	.000	('92ヤ)
矢貫 俊之	(日)	1	1	0	0	0	0	0	0	0	0	0	0	0	0	0	0	0	0	.000	('12日)
矢野 輝弘	(神)	2	11	35	0	11	1	1	0	14	2	0	0	0	0	(1) 2	0	6	2	.314	('03,'05神)
矢野 清	(急)	3	14	33	3	5	1	0	1	9	2	0	0	0	0	(1) 5	0	7	2	.152	('67~'69急)
矢野 謙次	(日)	3	12	26	4	7	0	0	1	10	4	0	0	0	1	2	1	4	1	.269	('12,'13日,'16日)
薮田 安彦	(ロ)	2	6	0	0	0	0	0	0	0	0	0	0	0	0	0	0	0	0	.000	('05,'10ロ)
山井 大介	(中)	4	6	2	0	0	0	0	0	0	0	0	0	0	0	0	1	0	0	.000	('04,'07,'10,'11中)
山内 一弘	(神)	2	11	36	6	11	0	0	2	17	3	2	0	0	0	(2) 8	0	9	0	.306	('60毎,'64神)
山内 新一	(南)	3	5	2	0	0	0	0	0	0	0	0	0	0	0	0	0	1	0	.000	('70,'71巨,'73南)
山沖 之彦	(急)	1	4	4	1	1	0	0	0	1	0	0	0	0	0	0	1	3	0	.250	('84急)
山倉 和博	(巨)	4	20	62	7	11	2	0	4	25	5	0	0	1	0	5	0	13	1	.177	('81,'83,'87,'89巨)
山口 重幸	(ヤ)	1	1	0	0	0	0	0	0	0	0	0	0	0	0	0	0	0	0	.000	('95ヤ)
山口 俊	(巨)	1	1	−	−	−	−	−	−	−	−	−	−	−	−	−	−	−	−	−	('19巨)
山口 高志	(急)	3	11	20	0	6	0	0	0	6	2	0	0	1	0	0	0	4	1	.300	('75~'77急)
山口 哲治	(近)	1	3	0	0	0	0	0	0	0	0	0	0	0	0	0	0	0	0	.000	('79近)
＊山口 鉄也	(巨)	4	14	0	0	0	0	0	0	0	0	0	0	0	0	0	0	0	0	.000	('08,'09,'12,'13巨)
山口富士雄	(急)	3	13	40	4	3	1	0	1	7	3	1	1	2	0	(1) 3	0	5	0	.075	('68,'69,'71急)
山崎 章弘	(巨)	1	1	2	0	0	0	0	0	0	0	0	0	0	0	0	0	1	0	.000	('87巨)
山崎慎太郎	(近)	1	2	−	−	−	−	−	−	−	−	−	−	−	−	−	−	−	−	−	('89近)
山崎 善平	(中)	1	4	4	1	0	0	0	0	0	0	0	0	0	0	0	0	0	0	.000	('54中)
+山崎 隆造	(広)	5	30	93	6	16	2	1	0	20	6	2	3	8	1	9	0	14	0	.172	('79,'80,'84,'86,'91広)
山崎 勝己	(ソ)	1	4	3	0	1	0	0	0	1	1	0	0	0	0	1	0	1	0	.333	('11ソ)
山崎 裕之	(武)	4	23	86	8	23	5	0	2	34	10	0	1	5	0	10	0	16	3	.267	('70,'74ロ,'82,'83武)
山崎 正名	(巨)	1	6	16	2	3	1	0	1	7	3	1	0	0	0	0	0	5	0	.188	('63巨)
山崎 康晃	(ディ)	1	3	0	0	0	0	0	0	0	0	0	0	0	0	0	0	0	0	.000	('17ディ)
山下 和彦	(近)	1	6	9	1	1	0	0	0	3	0	0	0	0	0	(1) 2	0	4	1	.111	('89近)
山下 慶徳	(ヤ)	1	2	2	0	0	0	0	0	0	0	0	0	0	0	0	0	1	1	.000	('78ヤ)
山下 司	(巨)	1	1	0	0	0	0	0	0	0	0	0	0	0	0	0	0	0	0	.000	('69巨)
山田 和利	(中)	1	3	2	0	0	0	0	0	0	0	0	0	0	0	0	0	1	0	.000	('88中)
山田 潤	(武)	1	1	3	0	0	0	0	0	0	0	0	0	0	0	0	0	1	0	.000	('97武)
山田 勉	(ダ)	2	3	0	0	0	0	0	0	0	0	0	0	0	0	0	0	0	0	.000	('93ヤ,'99ダ)
山田 哲人	(ヤ)	1	5	19	3	4	0	0	3	13	5	1	0	0	0	1	0	5	0	.211	('15ヤ)
山田 久志	(急)	7	21	45	2	6	3	0	0	9	3	0	0	2	0	1	0	19	0	.133	('71,'72,'75~'78,'84急)
＊山田 大樹	(ソ)	1	1	2	0	0	0	0	0	0	0	0	0	0	0	0	0	0	0	.000	('11ソ)
山田 真実	(近)	1	1	0	0	0	0	0	0	0	0	0	0	0	0	0	0	0	0	.000	('89近)
大和(前田大和)	(神)	1	5	16	1	1	0	0	0	1	0	0	0	0	0	0	0	7	0	.063	('14神)
＊山中 潔	(広)	2	3	0	0	0	0	0	0	0	0	0	0	0	0	0	0	0	0	.000	('84,'86広)
山根 和夫	(武)	4	11	20	2	4	0	0	0	4	0	0	0	3	0	0	0	5	0	.200	('79,'80,'84広,'88武)
＊山野 和明	(武)	1	2	1	0	0	0	0	0	0	0	0	0	1	0	0	0	1	0	.000	('93武)
＊山部 太	(ヤ)	2	4	0	0	0	0	0	0	0	0	0	0	0	0	0	0	0	0	.000	('95,'97ヤ)
山村 宏樹	(近)	1	1	−	−	−	−	−	−	−	−	−	−	−	−	−	−	−	−	−	('01近)
山本 和生	(巨)	1	4	5	0	0	0	0	0	0	0	0	0	0	0	0	0	5	0	.000	('76巨)
＊山本 和男	(広)	1	2	0	0	0	0	0	0	0	0	0	0	0	0	0	0	0	0	.000	('84広)
山本 一人	(南)	2	6	20	0	8	0	0	0	8	2	0	1	0	0	0	0	0	0	.400	('51,'52南)
＊山本 一徳	(日)	1	1	−	−	−	−	−	−	−	−	−	−	−	−	−	−	−	−	−	('07日)
＊山本 一義	(広)	1	5	11	1	1	0	0	1	4	1	0	0	0	0	1	0	2	0	.091	('75広)
山本 桂	(巨)	1	2	2	0	0	0	0	0	0	0	0	0	0	0	0	0	2	0	.000	('81巨)
山本 公士	(急)	3	9	2	3	0	0	0	0	0	0	0	2	0	0	0	0	0	0	.000	('67~'69急)
山本 浩二	(広)	5	35	132	15	33	4	1	7	60	18	1	1	0	1	(2)15	1	14	3	.250	('75,'79,'80,'84,'86広)
＊山本 功児	(巨)	4	13	12	0	1	0	0	0	1	0	0	0	0	0	0	0	1	0	.083	('76,'77,'81,'83巨)
＊山本 樹	(ヤ)	2	6	0	0	0	0	0	0	0	0	0	0	0	0	0	0	0	0	.000	('97,'01ヤ)
＊山本 多聞	(南)	1	4	1	0	0	0	0	0	0	0	0	0	0	0	0	0	0	0	.000	('66南)
山本 哲也	(神)	2	7	9	0	1	0	0	0	1	1	0	0	0	1	1	0	0	0	.111	('62,'64神)
山本 八郎	(東)	1	3	6	0	1	0	0	0	1	0	0	0	0	0	0	0	3	0	.000	('62東)
山本 秀一	(西)	1	2	0	0	0	0	0	0	0	0	0	0	0	0	0	0	0	0	.000	('63西)
＊山本昌(山本昌広)	(中)	5	6	5	0	0	0	0	0	0	0	0	0	0	0	0	0	2	0	.000	('88,'99,'04,'06,'10中)
山本 泰寛	(巨)	1	2	3	0	0	0	0	0	0	0	0	0	0	0	0	0	0	0	.000	('19巨)
山森 雅文	(急)	1	5	8	1	3	0	0	0	3	2	0	0	0	0	1	0	0	1	.375	('84急)
＊雄平(高井雄平)	(ヤ)	1	5	20	0	3	1	0	0	4	0	0	0	0	0	0	0	5	0	.150	('15ヤ)
湯上谷竑志	(ダ)	1	5	5	0	0	0	0	0	0	0	0	0	0	0	0	0	0	0	.000	('00ダ)

選手名	チーム名	年数	試合	打数	得点	安打	二塁打	三塁打	本塁打	塁打	打点	盗塁	盗塁刺	犠打	犠飛	四球	死球	三振	併殺打	打率	出場した年度
柚木　進	(南)	4	8	9	0	1	0	0	0	1	0	0	0	1	0	0	0	2	0	.111	('51～'53,'55南)
行沢 久隆	(武)	6	19	10	1	4	0	0	0	4	0	0	0	1	0	0	0	1	0	.400	('82,'83,'85～'88武)
弓岡敬二郎	(急)	1	7	22	3	7	1	0	1	11	2	0	0	6	0	3	0	2	0	.318	('84急)
陽 岱鋼[陽仲壽]	(巨)	4	15	36	3	4	1	0	1	8	1	0	0	1	0	1	2	14	0	.111	('07,'12,'16日,'1)巨)
*横田 久則	(武)	1	1	—	—	—	—	—	—	—	—	—	—	—	—	—	—	—	—	—	('98武)
横地 由松	(神)	1	6	8	0	0	0	0	0	0	0	0	0	0	0	0	0	1	0	.000	('62神)
横山 光次	(神)	2	7	6	0	3	1	0	0	4	1	0	0	0	1	0	0	1	0	.500	('62,'64神)
横山 道哉	(横)	1	2	—	—	—	—	—	—	—	—	—	—	—	—	—	—	—	—	—	('98横)
吉井 理人	(ヤ)	3	7	2	1	0	0	0	0	1	0	0	0	0	0	0	0	0	0	.500	('89,'93,'95,'97ヤ)
*吉岡 悟	(ロ)	1	—	—	—	—	—	—	—	—	—	—	—	—	—	—	—	—	—	—	('74ロ)
吉岡 雄二	(近)	1	5	15	1	1	0	0	0	1	0	0	0	0	0	2	0	5	0	.067	('01近)
*吉川 尚輝	(巨)	1	4	10	0	1	0	0	0	1	0	0	0	0	0	0	0	1	0	.100	('20巨)
*吉川 光夫	(日)	2	4	4	0	0	0	0	0	0	0	0	0	0	0	0	0	3	0	.000	('07,'12日)
吉沢 俊幸	(急)	2	5	0	1	0	0	0	0	0	0	0	0	0	0	0	0	0	0	.000	('77,'84急)
*吉竹 春樹	(神)	6	28	48	5	5	1	1	0	8	2	0	0	3	1	0	0	12	1	.104	('85神,'88,'90,'91,'93,'94武)
吉田 和生	(松)	1	1	7	0	1	0	0	0	1	0	0	0	0	—	1	0	1	0	.143	('50松)
吉田 勝豊	(巨)	4	15	43	4	9	0	0	2	15	5	2	1	0	3	1	14	2	.209	('62東,'65～'67巨)
*吉田 修司	(ダ)	4	9	1	0	0	0	0	0	0	0	0	0	1	0	0	0	1	0	.000	('98,'99,'00,'03ダ)
吉田 孝司	(巨)	6	20	39	2	5	0	0	0	5	2	1	0	0	0	0	1	9	0	.128	('70,'71,'73,'76,'77,'81巨)
吉田 剛	(近)	1	1	0	1	0	0	0	0	0	0	0	0	0	0	0	0	0	0	.000	('89近)
吉田 義男	(神)	2	14	61	10	22	5	0	1	30	5	5	2	0	0	(1) 1	1	2	4	.361	('62,'64神)
*吉永幸一郎	(巨)	3	7	5	0	1	0	0	0	1	0	0	0	0	0	(1) 2	0	1	0	.200	('99,'00ダ,'02巨)
*吉野 誠	(神)	1	6	0	0	0	0	0	0	0	0	0	0	0	0	0	0	0	0	.000	('03神)
吉原 孝介	(巨)	1	3	2	0	0	0	0	0	0	0	0	0	0	0	0	0	1	0	.000	('96巨)
義原 武敏	(巨)	4	10	3	0	0	0	0	0	0	0	0	0	1	0	0	0	1	0	.000	('56～'59巨)
吉見 一起	(中)	3	5	2	0	0	0	0	0	0	0	0	0	0	0	0	0	2	0	.000	('06,'10,'11中)
吉見 祐治	(ロ)	1	1	0	0	0	0	0	0	0	0	0	0	0	0	0	0	0	0	.000	('10ロ)
吉村 槙章	(巨)	6	21	51	4	15	1	0	1	19	3	0	0	0	0	(1) 4	0	6	1	.294	('83,'87,'89,'9C,'94,'96巨)
吉村 裕基	(ソ)	3	10	19	3	3	0	0	0	3	0	0	0	0	0	1	0	7	0	.158	('14,'15,'17ソ)
吉本 安徳	(急)	1	2	0	0	0	0	0	0	0	0	0	0	0	0	0	0	0	0	.000	('67急)
*四條 稔	(オ)	2	6	4	0	0	0	0	0	0	0	0	0	0	0	0	0	1	0	.000	('90巨,'96オ)
*与田 順欣	(西)	1	3	0	0	0	0	0	0	0	0	0	0	0	0	0	0	0	0	.000	('63西)
*与那嶺 要	(巨)	7	40	151	21	47	6	2	5	72	16	2	4	3	0	(2)14	0	11	0	.311	('51～'53,'56～'59巨)
*米崎 薫臣	(近)	1	4	2	0	0	0	0	0	0	0	0	0	0	0	0	0	0	0	.000	('89近)
米田 哲也	(急)	5	14	8	0	2	0	0	0	2	0	0	0	0	0	0	0	2	0	.250	('67～'69,'71,'72急)
ラ イ ト	(巨)	2	9	9	2	2	1	0	1	6	2	0	0	0	0	0	0	3	0	.222	('76,'77巨)
*ラ イ トル	(広)	2	14	49	5	14	2	0	3	25	7	0	0	0	0	(1) 3	1	9	1	.286	('79,'80広)
ラ ジ オ	(ダ)	1	1	—	—	—	—	—	—	—	—	—	—	—	—	—	—	—	—	—	('00ダ)
ラ ド ラ	(東)	1	6	25	1	4	1	0	0	5	0	0	0	0	0	1	0	4	1	.160	('62東)
+ラフィーバー	(ロ)	1	6	19	2	3	2	0	0	5	3	0	0	0	0	3	1	2	1	.158	('74ロ)
ラミレス	(巨)	3	18	70	7	17	7	0	4	36	9	0	0	0	0	(1) 2	2	13	6	.243	('01ヤ,'08,'09巨)
リ ガ ン	(神)	1	4	0	0	0	0	0	0	0	0	0	0	0	0	0	0	0	0	.000	('03神)
リナレス	(中)	1	6	18	7	7	3	0	2	16	2	1	0	0	0	6	1	2	1	.389	('04中)
リ ベ ラ	(近)	1	7	24	4	7	2	0	0	12	5	0	0	0	0	4	0	4	1	.292	('89近)
李 鍾範	(中)	1	5	12	1	2	2	0	0	4	2	0	0	0	0	0	0	5	0	.167	('99中)
*林 威助	(神)	1	1	1	0	0	0	0	0	0	0	0	0	0	0	0	0	0	0	.000	('05神)
レアード	(日)	1	6	22	3	6	0	0	3	15	7	0	0	0	0	2	1	5	0	.273	('16日)
レ イ	(楽)	1	6	1	0	0	0	0	0	0	0	0	0	0	0	0	0	2	0	.000	('13楽)
ロ ー ガ ン	(南)	1	7	24	0	6	1	0	1	10	3	0	0	0	0	2	0	2	1	.250	('64南)
R.ローズ	(横)	1	6	21	3	4	3	0	1	10	5	0	0	0	0	5	0	4	0	.190	('98横)
*T.ローズ	(近)	1	5	15	2	5	1	0	2	12	7	1	2	0	0	3	1	6	0	.333	('01近)
ロ イ	(西)	1	7	23	1	8	2	0	0	10	3	0	0	2	0	3	0	8	0	.348	('63西)
*A.ロペス	(ロ)	1	4	13	0	1	0	0	0	1	0	0	0	0	0	0	1	0	0	.077	('70ロ)
J.ロペス	(ディ)	2	13	47	6	11	2	0	2	19	6	0	0	0	1	0	1	11	0	.234	('13日,'17ディ)
ロ ー マ ン	(ヤ)	1	3	0	0	0	0	0	0	0	0	0	0	0	0	0	0	0	0	.000	('15ヤ)
呂 明賜	(巨)	1	2	5	0	1	0	0	0	1	0	0	0	0	0	0	0	1	0	.200	('89巨)
若田部健一	(ダ)	1	2	1	0	0	0	0	0	0	0	0	0	0	0	0	0	0	0	.000	('99,'00ダ)
+若林 晃弘	(巨)	2	7	10	1	2	1	0	0	3	0	0	0	0	0	0	0	5	0	.200	('19,'20巨)
若林 忠志	(毎)	1	3	9	0	0	0	0	0	0	0	0	0	0	—	0	0	0	0	.000	('50毎)
*若松 勉	(ヤ)	1	7	27	5	9	0	0	1	12	3	2	1	0	0	4	1	0	0	.333	('78ヤ)
*脇谷 亮太	(巨)	3	10	15	2	2	0	0	0	4	2	0	0	0	1	0	0	2	0	.133	('08,'09,'13巨)
涌井 秀章	(武)	1	3	3	0	0	0	0	0	0	0	0	0	0	0	0	0	3	0	.000	('08武)
若生 忠男	(神)	2	6	4	0	1	0	0	0	1	0	0	0	0	0	1	0	1	0	.250	('57,'58,'63西,'69日)
若生 智男	(広)	3	6	1	0	0	0	0	0	0	0	0	0	0	0	0	0	1	0	.000	('60毎,'64神,'75広)
渡辺 清	(洋)	1	4	11	1	4	1	0	0	5	0	0	0	0	0	0	0	1	0	.364	('60洋)
渡辺 俊介	(ロ)	2	3	0	0	0	0	0	0	0	0	0	0	0	1	0	0	0	0	.000	('05,'10ロ)
渡辺 省三	(神)	2	5	0	0	0	0	0	0	0	0	0	0	0	1	0	0	0	0	.000	('62,'64神)
渡辺 進	(ヤ)	1	2	2	0	0	0	0	0	0	0	0	0	0	0	0	0	1	0	.000	('78ヤ)
渡辺 泰輔	(南)	2	4	5	0	2	0	0	0	2	0	0	0	0	0	0	0	0	0	.400	('66南)
渡辺 勉	(急)	3	8	1	0	0	0	0	0	0	0	0	0	0	0	0	0	0	0	.000	('75～'77急)

日本シリーズ・ライフタイム

選手名	チーム	年数	試合	打数	得点	安打	二塁打	三塁打	本塁打	塁打	打点	盗塁	盗塁刺	犠打	犠飛	四球	死球	三振	併殺打	打率	出場した年度
＊渡辺 智男	(武)	3	3	1	0	0	0	0	0	0	0	0	0	0	0	0	0	1	0	.000	('90〜'92武)
渡辺 伸彦	(オ)	1	1	—	—	0	0	0	0	0	0	0	0	0	0	0	0	—	0	—	('95オ)
渡辺 久信	(武)	10	23	21	0	1	1	0	0	2	0	0	0	3	0	1	0	9	0	.048	('85〜'88,'90〜'94,'97武)
渡辺 秀一	(ダ)	2	2	—	—	—	—	—	—	—	—	—	—	—	—	—	—	—	0	—	('99,'00ダ)
渡辺 秀武	(広)	8	17	4	0	0	0	0	0	0	0	0	0	0	0	0	0	3	0	.000	('66,'67,'69〜'72巨,'79,'80広)
＊渡辺 弘基	(広)	1	3	0	0	0	0	0	0	0	0	0	0	0	0	0	0	0	0	.000	('75広)
渡邊 博幸	(中)	3	10	9	0	1	0	0	0	1	0	0	0	0	0	0	0	5	0	.111	('99,'04,'06中)
＊渡辺 正和	(ダ)	2	5	1	0	0	0	0	0	0	0	0	0	0	0	0	0	1	0	.000	('00,'03ダ)
渡辺 正人	(ロ)	1	2	4	0	1	0	0	0	1	0	0	0	0	0	0	0	1	0	.250	('05ロ)
＊渡会 純男	(南)	1	1	0	0	0	0	0	0	0	0	0	0	0	0	0	0	0	0	.000	('65南)
和田 一浩	(中)	6	29	98	13	26	5	3	6	55	15	1	0	0	1	13	0	14	6	.265	('97,'98,'02,'04武,'10,'11中)
＊和田 毅	(ソ)	5	7	4	0	0	0	0	0	0	0	0	0	1	0	0	0	3	0	.000	('03ダ,'11,'17,'19,'20ソ)
和田 博実	(西)	4	22	48	6	10	1	1	3	22	9	0	0	1	2	1	1	6	0	.208	('56〜'58,'63西)

チ ー ム 投 手 成 績

(注) 1963年まで⅓、⅔切り上げ1回。1964年～1982年は⅓切り捨て、⅔切り上げ1回。1983年より⅓、⅔端数まで計算。チーム右の〔 〕内数字は日本シリーズ勝敗。四球欄（ ）内数字は故意四球。自責点欄（ ）内数字はチームは非自責点、個人は自責点。

巨　　人〔22－14〕

年度	試合	完投	交代完了	試合当初	無失点勝	無四球試	勝利	敗北	引分	セーブ	ホールド	H P	勝率	打者	打数	投球回	安打	本塁打	犠打	犠飛	四球	死球	三振	暴投	ボーク	失点	自責点	防御率
1951	5	3	2	2	2	1	4	1	0	－	－	－	.800	166	159	45	36	1	3	－	4	0	21	1	0	7	5	1.20
1952	6	4	2	2	1	0	4	2	0	－	－	－	.667	200	187	52	40	2	1	－	12	0	20	0	0	15	12	2.08
1953	7	3	4	4	2	1	4	2	0	－	－	－	.667	245	▲226	63.1	46	4	5	－	12	1	27	0	0	13	11	1.55
1955	7	3	4	4	1	1	4	3	0	－	－	－	.571	239	219	63	41	4	5	0	10	5	28	0	0	16	13	1.86
1956	6	1	5	5	1	1	2	4	0	－	－	－	.333	215	204	52	60	7	4	1	5	1	35	0	0	27	20	3.46
1957	5	0	5	5	☆0	1	0	4	1	－	－	－	.000	181	164	44.2	37	5	4	2	(1) 10	1	28	0	0	16	14	2.80
1958	7	3	4	4	1	0	3	4	0	－	－	－	.429	244	216	62.1	45	8	5	2	(1) 19	2	36	0	0	23	18	2.57
1959	4	0	4	4	0	0	0	4	0	－	－	－	.000	151	135	35	39	3	1	2	12	1	14	2	0	22	20	5.14
1961	6	1	5	5	0	0	4	2	0	－	－	－	.667	218	192	54	41	10	4	1	18	3	36	3	0	25	18	3.00
1963	7	3	4	4	0	1	4	3	0	－	－	－	.571	261	237	61	61	7	3	3	(1) 17	1	35	3	0	29	24	3.54
1965	5	1	4	4	0	1	4	1	0	－	－	－	.800	180	165	46	35	3	1	2	9	0	32	0	0	15	13	2.54
1966	6	3	3	3	1	0	4	2	0	－	－	－	.667	220	203	58.1	38	7	4	0	(1) 13	0	35	1	0	17	15	2.33
1967	6	2	4	4	0	0	4	2	0	－	－	－	.667	223	207	54	51	6	1	0	15	0	33	1	0	22	22	3.67
1968	6	2	4	4	0	0	4	2	0	－	－	－	.667	231	199	53	46	6	1	3	(2) 27	1	28	1	0	26	22	3.74
1969	6	1	5	5	0	1	4	2	0	－	－	－	.667	226	201	54.2	50	8	4	0	(3) 21	0	22	1	0	21	18	2.95
1970	5	2	3	3	1	0	4	1	0	－	－	－	.800	198	173	48	34	3	2	1	(7) 20	2	33	0	0	14	13	2.44
1971	5	4	1	1	0	0	4	1	0	－	－	－	.800	188	158	44	33	1	1	1	(2) 26	2	20	2	0	15	12	2.45
1972	5	3	2	2	0	0	4	1	0	－	－	－	.800	181	157	44	37	7	1	1	21	1	31	1	0	16	16	3.27
1973	5	3	2	2	0	0	4	1	0	－	－	－	.800	178	162	46	30	3	1	1	(1) 14	0	28	0	1	11	10	1.96
1976	7	0	7	7	0	0	3	4	0	1	－	－	.429	267	235	62	62	6	7	0	(1) 24	1	38	1	0	37	35	5.00
1977	5	0	5	5	0	0	1	4	0	0	－	－	.200	188	166	46	37	2	4	4	(2) 12	2	31	0	0	23	21	4.11
1981	6	4	2	2	0	0	4	2	0	0	－	－	.667	224	202	53.1	52	6	3	1	(2) 17	1	34	0	0	15	13	2.21
1983	7	2	5	5	1	0	3	4	0	0	－	－	.429	259	239	61.2	64	6	3	0	15	2	42	0	0	26	23	3.36
1987	6	1	5	5	1	0	2	4	0	0	－	－	.333	206	181	52	40	6	9	0	(3) 15	1	49	0	0	17	12	2.08
1989	7	2	5	5	1	0	4	3	0	0	－	－	.571	249	221	61	46	8	5	0	(3) 22	1	48	1	0	20	20	2.95
1990	4	1	3	3	0	0	0	4	0	0	－	－	.000	160	131	34	44	4	13	1	14	1	24	2	0	28	25	6.62
1994	6	3	3	3	1	0	4	2	0	0	－	－	.667	233	214	57.1	54	5	3	1	13	2	41	2	0	22	21	3.30
1996	5	0	5	5	0	0	1	4	0	0	－	－	.200	177	154	44	51	3	1	7	0	16	0	0	16	0	17	17	3.48
2000	6	1	5	5	0	0	4	2	0	0	－	－	.667	207	198	54	40	7	1	0	8	0	62	0	0	20	18	3.00
2002	4	1	3	3	0	0	4	0	0	0	－	1.000	138	129	36	27	4	2	0	6	1	33	1	0	9	9	2.25
2008	7	0	7	7	0	0	3	4	0	1	5	7	.429	255	227	62	52	9	6	0	18	4	56	1	0	23	22	3.19
2009	6	0	6	6	1	0	4	2	0	3	3	9	.667	229	207	53	54	7	5	0	16	1	48	0	0	21	19	3.23
2012	6	0	6	6	1	0	4	2	0	2	1	7	.667	225	203	55.1	43	3	6	0	(1) 13	4	42	3	0	14	13	2.11
2013	7	0	7	7	1	0	3	4	0	2	1	6	.429	270	232	62	62	8	0	0	(1) 25	5	43	1	0	21	19	2.76
2019	4	0	4	4	0	0	0	4	0	0	－	－	.000	149	129	34	32	6	2	0	11	1	31	0	0	18	17	4.50
2020	4	0	4	4	☆0	0	0	4	0	0	－	－	.000	151	134	34	36	7	1	1	(34) (1) 11	4	31	0	1	26	23	6.09
〔36〕	206	56	150	150	20	18	109	95	2	15	21	27	.534	7532	6766	1843	1581	180	139	31	543	52	1230	29	3	712	624	3.05

☆ 0－0 の無得点試合

西　　武（西鉄）〔13－8〕

年度	試合	完投	交代完了	試合当初	無失点勝	無四球試	勝利	敗北	引分	セーブ	ホールド	H P	勝率	打者	打数	投球回	安打	本塁打	犠打	犠飛	四球	死球	三振	暴投	ボーク	失点	自責点	防御率
1954	7	2	5	5	2	1	3	4	0	－	－	－	.429	238	213	60	43	2	6	1	17	1	32	0	0	15	12	1.80
1956	7	2	5	5	1	0	4	2	0	－	－	－	.667	210	200	53	47	4	5	0	(2) 9	1	39	1	0	24	20	3.40
1957	5	3	2	2	☆0	0	4	0	1	－	－	－	1.000	183	165	46	34	5	3	0	(2) 13	1	33	0	0	12	11	2.15
1958	7	3	4	4	2	0	4	3	0	－	－	－	.571	245	232	62	50	5	2	1	(1) 8	2	44	0	0	25	23	3.34
1963	7	2	5	5	1	0	3	4	0	－	－	－	.429	261	228	61	56	11	5	1	25	2	36	2	0	40	33	4.87
1982	6	0	6	6	0	0	4	2	0	－	－	－	.667	228	204	54	50	4	5	1	(3) 19	0	26	0	1	18	13	2.17
1983	7	0	7	7	1	0	3	4	0	－	－	－	.571	273	238	63.1	54	8	6	0	(1) 26	5	36	1	0	26	24	3.41
1985	6	1	5	5	1	0	2	4	0	1	－	－	.333	221	194	53	44	10	5	3	(1) 17	2	21	1	1	27	25	4.25
1986	8	1	7	7	0	0	4	3	1	3	－	－	.571	310	274	79	56	5	10	2	(5) 22	2	68	0	0	19	17	1.94
1987	6	0	6	6	1	0	4	2	0	1	－	－	.667	209	197	53	44	8	3	0	10	2	33	2	0	14	12	2.04
1988	5	2	3	3	1	0	4	1	0	0	－	－	.800	174	152	46	30	4	7	0	(1) 10	2	29	2	0	17	14	2.74
1990	4	2	2	2	0	0	4	0	0	0	－	－	1.000	141	126	36	25	3	4	0	9	2	25	0	0	8	8	2.00
1991	7	2	5	5	1	0	4	3	0	1	－	－	.571	251	215	61	43	9	0	2	(2) 22	5	47	1	0	19	16	2.36
1992	7	2	5	5	1	0	4	3	0	1	－	－	.571	278	253	67.2	61	9	3	0	(3) 17	3	55	1	0	24	23	3.06
1993	7	0	7	7	0	0	3	4	0	0	－	－	.429	262	224	62	50	4	4	3	(2) 30	1	51	3	0	24	22	3.19
1994	6	0	6	6	1	0	2	4	0	3	－	－	.333	230	200	56	45	6	8	2	(2) 19	1	49	0	0	20	18	2.89
1997	5	1	4	4	0	0	1	4	0	0	－	－	.200	188	173	43	54	3	4	1	7	2	24	2	0	15	15	3.14
1998	6	0	6	6	0	0	2	4	0	0	－	－	.333	233	204	51	58	4	6	0	(3) 23	0	42	2	1	36	33	5.82
2002	4	0	4	4	0	0	0	4	0	0	－	－	.000	156	136	34	58	8	6	0	(1) 12	5	15	1	0	29	29	7.41
2004	7	0	7	7	1	0	4	3	0	1	－	－	.571	270	234	62	58	6	4	1	(1) 25	6	49	3	0	37	36	5.23
2008	7	1	6	6	1	0	4	3	0	1	2	3	.571	245	219	62.1	44	6	5	1	14	6	52	3	0	20	19	2.74
〔21〕	130	26	104	104	15	8	68	60	2	20	2	4	.531	4806	4283	1165.1	987	116	99	21	353	49	837	24	3	475	422	3.26

☆ 0－0 の無得点試合

日本シリーズ・ライフタイム

ソフトバンク（南海、ダイエー）〔11－9〕

年度	試合	完投	交代完了	試合当初	無失点勝	無四球試	勝利	敗北	引分	セーブ	ホールド	HP	勝率	打者	打数	投球回	安打	本塁打	犠打	犠飛	四球	死球	三振	暴投	ボーク	失点	自責点	防御率
1951	5	0	5	5			0	1	4	0	—	—	—	.200	189	▲160	43	44	6	6	—	22	0	10	2	0	26	24	5.02
1952	6	2	4	4	1	1	2	4	1	0	—	—	—	.333	225	196	51	58	3	6	—	22	1	11	1	0	27	27	4.76
1953	7	1	6	6	1	0	2	4	1	0	—	—	—	.333	263	227	63	60	4	11	—	23	2	22	0	0	22	15	2.14
1955	7	0	7	7	2	0	3	4	0	0	—	—	—	.429	260	226	63	58	2	7	3	(4)22	2	20	0	0	22	16	2.29
1959	4	2	2	2	2	0	4	0	0	0	—	—	—	1.000	151	140	37	36	3	1	0	8	2	24	1	0	12	11	2.68
1961	6	2	4	4	1	1	2	4	0	0	—	—	—	.333	222	198	53.2	48	3	7	0	16	1	24	1	0	21	15	2.50
1964	7	3	4	4	3	1	4	3	0	0	—	—	—	.571	233	220	62	43	6	2	0	9	1	43	0	1	19	18	2.61
1965	5	1	4	4	1	0	1	4	0	0	—	—	—	.200	190	165	44.1	38	6	3	3	(2)15	4	20	0	0	24	17	3.48
1966	6	1	5	5	0	0	2	4	0	0	—	—	—	.333	248	214	57	64	8	10	0	(3)23	1	27	0	0	32	28	4.42
1973	5	1	4	4	1	0	1	4	0	0	—	—	—	.200	195	163	44	38	7	3	2	(2)23	4	16	1	1	25	20	4.09
1999	5	1	4	4	0	0	4	1	0	2	—	—	—	.800	182	158	45	31	2	3	0	20	1	31	0	1	12	11	2.20
2000	6	0	6	6	0	0	2	4	0	1	—	—	—	.333	231	200	53	57	8	7	0	(2)21	3	36	4	0	32	32	5.43
2003	7	1	6	6	1	0	4	3	0	1	—	—	—	.571	244	220	63	44	7	7	1	(2)15	1	40	0	0	18	17	2.43
2011	7	0	7	7	2	0	4	3	0	3	7	7	.571	244	219	65	34	2	5	1	(1)19	0	58	0	0	9	8	1.11
2014	5	0	5	5	1	0	4	1	0	2	1	5	.800	172	150	45	28	0	3	1	18	0	42	0	0	10	10	2.00
2015	5	1	4	4	0	0	4	1	0	1	2	5	.800	172	159	44	29	5	1	0	12	0	34	0	0	14	12	2.45
2017	6	0	6	6	0	0	4	2	0	2	6	9	.667	224	197	54	47	7	7	1	(1)18	1	52	0	0	20	19	3.17
2018	6	0	6	6	1	0	4	2	0	3	15	16	.800	229	204	57	50	8	5	1	19	0	64	0	0	20	18	2.84
2019	4	0	4	4	0	0	4	0	0	1	3	4	1.000	142	125	36	22	5	1	0	14	2	35	2	0	10	10	2.50
2020	4	0	4	4	0	0	4	0	0	1	4	5	1.000	139	121	36	16	1	1	1	13	3	41	1	0	4	4	1.00
〔20〕	113	16	97	97	20	8	60	51	2	17	42	50	.541	4155	▲3662	1016	845	92	96	15	(17)352	29	650	13	3	379	332	2.94

オリックス（阪急）〔4－8〕

年度	試合	完投	交代完了	試合当初	無失点勝	無四球試	勝利	敗北	引分	セーブ	ホールド	HP	勝率	打者	打数	投球回	安打	本塁打	犠打	犠飛	四球	死球	三振	暴投	ボーク	失点	自責点	防御率
1967	6	2	4	4	2	0	2	4	0	0	—	—	—	.333	232	202	53	52	8	2	1	(1)24	3	27	0	0	31	31	5.26
1968	6	0	6	6	0	0	2	4	0	0	—	—	—	.333	231	205	52	58	9	5	1	(2)18	2	26	2	0	36	34	5.88
1969	6	1	5	5	0	0	2	4	0	0	—	—	—	.333	229	205	53	50	9	3	1	(2)17	3	17	1	0	35	28	4.75
1971	5	1	4	4	0	0	1	4	0	0	—	—	—	.200	176	160	42.2	35	6	1	1	(6)13	1	20	0	0	24	24	5.02
1972	5	1	4	4	0	0	1	4	0	0	—	—	—	.200	184	166	43	39	7	0	0	(1)15	1	13	0	0	25	24	4.40
1975	6	2	4	4	0	0	4	0	1	0	—	—	—	1.000	243	217	60	46	6	1	1	(1)23	1	36	0	0	16	15	2.25
1976	7	2	5	5	0	0	4	3	0	1	—	—	—	.571	272	232	63	57	8	5	5	(5)28	2	51	0	0	30	27	3.86
1977	7	2	5	5	0	0	4	1	0	1	—	—	—	.800	194	173	47.1	39	6	6	0	(2)12	3	30	0	0	12	12	2.30
1978	7	5	2	2	0	0	4	1	0	0	—	—	—	.429	264	234	61	64	13	8	1	18	3	25	0	0	35	31	4.57
1984	7	2	5	5	0	0	4	1	0	0	—	—	—	.429	263	227	61	66	9	10	1	(2)22	3	37	0	0	28	24	3.54
1995	5	0	5	5	0	0	1	4	0	0	—	—	—	.200	211	183	49.1	48	5	6	3	(3)18	1	41	2	0	19	18	3.28
1996	5	0	5	5	1	0	4	1	0	0	—	—	—	.800	190	▲159	46	32	5	6	1	(1)21	2	35	4	0	12	12	2.35
〔12〕	70	18	52	52	3	0	2	31	37	2	9	—	—	.456	2689	2363	631.1	586	91	53	18	(26)229	25	358	9	0	303	277	3.95

中　　日〔2－8〕

年度	試合	完投	交代完了	試合当初	無失点勝	無四球試	勝利	敗北	引分	セーブ	ホールド	HP	勝率	打者	打数	投球回	安打	本塁打	犠打	犠飛	四球	死球	三振	暴投	ボーク	失点	自責点	防御率
1954	7	4	3	3	2	1	4	3	0	—	—	—	—	.571	238	217	61	50	3	0	1	19	1	48	0	0	15	14	2.07
1974	6	0	6	6	0	0	2	4	0	1	—	—	—	.333	231	206	53	58	7	6	0	(4)16	3	23	1	0	27	24	4.08
1982	6	0	6	6	0	0	2	4	0	1	—	—	—	.333	239	211	53	68	4	10	1	(2)14	3	35	2	0	32	25	4.25
1988	5	0	5	5	0	0	1	4	0	0	—	—	—	.200	181	156	44.2	39	8	10	1	(1)14	0	35	3	0	25	22	4.43
1999	5	0	5	5	0	0	1	4	0	1	—	—	—	.200	186	163	46	35	4	3	0	(3)19	1	37	2	1	19	12	2.45
2004	7	0	7	7	0	0	3	4	0	3	—	—	—	.429	270	248	62	68	11	2	0	(3)17	3	52	2	1	32	(1)28	4.06
2006	5	0	5	5	0	0	1	4	0	0	—	—	—	.200	179	147	42	37	4	13	2	(2)12	5	28	1	0	20	18	3.86
2007	5	1	4	4	0	0	4	1	0	2	—	—	—	.800	167	150	44	22	2	4	0	10	3	38	0	0	7	7	1.43
2010	7	0	7	7	0	0	3	4	0	0	—	—	—	.333	309	270	72	60	4	12	4	(3)18	5	47	4	1	36	34	4.25
2011	7	0	7	7	0	0	3	4	0	3	1	3	.429	257	235	64	55	2	8	0	(2)13	1	66	0	0	17	15	2.11
〔10〕	60	5	55	55	3	6	23	36	1	9	9	13	.390	2257	2003	539.2	508	51	68	9	(20)152	24	409	15	3	230	199	3.32

広　　島〔3－5〕

年度	試合	完投	交代完了	試合当初	無失点勝	無四球試	勝利	敗北	引分	セーブ	ホールド	HP	勝率	打者	打数	投球回	安打	本塁打	犠打	犠飛	四球	死球	三振	暴投	ボーク	失点	自責点	防御率
1975	6	1	5	5	0	0	0	4	2	0	—	—	—	.000	250	223	58	60	6	5	0	16	6	42	0	0	28	27	4.19
1979	7	2	5	5	1	0	4	3	0	2	—	—	—	.571	242	209	60	43	5	8	2	(5)19	4	30	0	0	23	23	3.15
1980	7	2	5	5	1	0	4	3	0	1	—	—	—	.571	270	240	65	61	4	3	3	(3)25	1	52	0	0	29	27	3.74
1984	7	3	4	4	1	0	4	3	0	0	—	—	—	.571	267	232	62	66	6	4	1	(3)24	1	37	1	0	28	24	3.92
1986	8	1	7	7	1	0	3	4	1	0	—	—	—	.429	318	286	79.1	64	5	10	0	(4)18	4	46	0	0	19	18	2.04
1991	7	2	5	5	1	0	3	4	0	0	—	—	—	.429	255	220	60	53	8	11	0	(1)22	2	49	1	0	30	(1)25	3.75

年度	試合	完投	交代完了	試合当初	無失点勝	無四球試	勝利	敗北	引分	セーブ	ホールド	HP	勝率	打者	打数	投球回	安打	本塁打	犠打	犠飛	四球	死球	三振	暴投	ボーク	失点	自責点	防御率
2016	6	0	6	6	0	0	2	4	0	0	6	6	.333	231	193	53.1	44	5	9	1	25	3	48	2	0	24	20	3.38
2018	6	0	6	6	0	0	1	4	1	0	7	7	.200	234	200	55	43	7	9	0	(5)22	3	47	1	0	23	21	3.44
〔8〕	54	8	46	46	3	0	21	29	4	6	13	13	.420	2067	1803	492.2	434	46	62	7	(20)171	24	351	5	0	204	136	3.40

ヤクルト〔5-2〕

年度	試合	完投	交代完了	試合当初	無失点勝	無四球試	勝利	敗北	引分	セーブ	ホールド	HP	勝率	打者	打数	投球回	安打	本塁打	犠打	犠飛	四球	死球	三振	暴投	ボーク	失点	自責点	防御率
1978	7	1	6	6	1	0	4	3	0	0	2	-	.571	274	245	62	68	9	4	0	(2)23	2	30	3	0	37	35	5.08
1992	7	3	4	4	0	1	3	4	0	0	-	-	.429	273	240	67	58	7	14	2	(1)15	2	37	1	0	27	25	3.36
1993	7	0	7	7	1	0	4	3	0	0	2	-	.571	263	224	62	52	8	8	1	(1)26	4	47	2	0	27	24	3.48
1995	5	0	5	5	0	0	4	1	0	0	2	-	.800	211	176	51	37	4	9	1	(1)23	2	37	2	0	11	10	1.76
1997	5	0	5	5	0	0	4	1	0	0	2	-	.800	184	157	45.1	36	1	4	1	(1)20	2	22	0	0	10	8	1.59
2001	5	0	5	5	1	0	4	1	0	0	2	-	.800	173	152	44	26	4	2	1	(1)16	2	39	1	0	14	13	2.66
2015	5	0	5	5	0	0	1	4	0	0	3	4	.200	194	166	43	47	7	4	0	(8)19	5	40	2	1	23	21	4.40
〔7〕	41	5	36	36	5	1	24	17	0	10	3	4	.585	1572	1360	374.1	324	40	45	6	142	19	272	13	1	149	136	3.27

日 本 ハ ム （東映）〔3-4〕

年度	試合	完投	交代完了	試合当初	無失点勝	無四球試	勝利	敗北	引分	セーブ	ホールド	HP	勝率	打者	打数	投球回	安打	本塁打	犠打	犠飛	四球	死球	三振	暴投	ボーク	失点	自責点	防御率
1962	7	1	6	6	0	2	4	2	1	-	-	-	.667	288	269	72.1	63	3	2	2	(2)14	1	39	0	0	23	19	2.34
1981	6	0	6	6	0	0	2	4	0	1	-	-	.333	239	208	52	59	12	2	1	(1)25	3	32	2	0	32(,)27		4.67
2006	5	0	5	5	1	0	4	1	0	3	6	6	.800	178	155	44	36	2	6	0	(1)15	2	31	0	0	8	8	1.64
2007	5	1	4	4	0	0	1	4	0	0	0	3	.200	180	149	42	34	2	5	0	(1)23	2	42	2	0	23	22	4.71
2009	6	0	6	6	2	0	2	4	0	1	3	3	.333	212	197	52.1	50	4	5	0	(1)8	2	29	3	0	22	19	3.27
2012	6	0	6	6	1	0	2	4	0	1	2	6	.333	237	208	54	59	4	7	2	17	3	44	2	0	26	25	4.17
2016	6	0	6	6	0	0	4	2	0	1	2	6	.667	223	188	53	42	5	7	2	(7)26	0	48	5	0	19(1)14	(2)	2.38
〔7〕	41	2	39	39	2	6	19	21	1	6	16	21	.475	1557	1374	369.2	343	36	32	10	128	13	265	14	0	153	134	3.26

ロ ッ テ （毎日、大毎）〔4-2〕

年度	試合	完投	交代完了	試合当初	無失点勝	無四球試	勝利	敗北	引分	セーブ	ホールド	HP	勝率	打者	打数	投球回	安打	本塁打	犠打	犠飛	四球	死球	三振	暴投	ボーク	失点	自責点	防御率
1950	6	4	2	2	0	0	4	2	0	-	-	-	.667	243	223	58.1	48	3	1	-	18	1	15	(	0	24	20	3.05
1960	4	1	3	3	0	0	4	0	0	-	-	-	.000	140	127	34	31	2	6	0	7	2	19	(	0	11	8	2.12
1970	5	1	4	4	0	0	4	0	0	-	-	-	.200	204	178	47	50	9	5	1	(3)18	2	18	(	1	23	20	3.83
1974	6	2	4	4	1	1	4	2	0	-	-	-	.667	216▲	197	54.1	41	7	6	1	(1)11	0	40	(0	0	20	18	3.00
2005	4	2	2	2	1	0	4	0	0	1	3	3	1.000	124	116	34	22	0	0	1	0	0	25	·	0	4	4	1.06
2010	7	1	6	6	0	1	4	2	1	1	9	10	.667	308▲	269	73	69	4	7	6	(5)23	2	65	·	0	32	28	3.45
〔6〕	32	11	21	21	2	3	17	14	1	3	12	13	.548	1235	1110	300.2	261	25	23	9	84	8	182	2	1	114	98	2.93

阪　　　神〔1-5〕

年度	試合	完投	交代完了	試合当初	無失点勝	無四球試	勝利	敗北	引分	セーブ	ホールド	HP	勝率	打者	打数	投球回	安打	本塁打	犠打	犠飛	四球	死球	三振	暴投	ボーク	失点	自責点	防御率
1962	7	1	6	6	0	1	3	4	0	-	-	-	.333	281	252	72	54	6	8	1	(6)20	0	50	1	0	25	23	2.88
1964	7	2	5	5	0	1	3	4	0	-	-	-	.429	254	232	62.1	62	4	6	4	(1)11	1	41	0	0	22	20	2.90
1985	6	0	6	4	1	0	4	2	0	-	-	-	.667	222	196	54	49	7	6	0	(2)20	0	29	0	0	16	16	2.67
2003	7	0	7	4	1	0	3	4	0	-	-	-	.429	272	238	61.2	67	11	5	1	23	3	58	1	0	37	35	5.11
2005	4	0	4	4	0	0	0	4	0	-	-	-	.000	149	135	32.1	44	9	2	1	7	0	20	0	0	33	31	8.63
2014	5	0	5	5	0	0	1	4	0	0	1	1	.200	182	162	43.2	39	2	9	1	(10)(1)9	1	40	3	0	15	15	3.09
〔6〕	36	5	31	31	2	4	13	22	1	2	1	1	.371	1360	1215	326	315	39	36	8	92	9	245	9	1	143	140	3.87

日本シリーズ・ライフタイム

近　鉄 〔0－4〕

年度	試合	完投	交代完了	試合当初	無失点勝	無四球試	勝利	敗北	引分	セーブ	ホールド	HP	勝率	打者	打数	投球回	安打	本塁打	犠打	犠飛	四球	死球	三振	暴投	ボーク	失点	自責点	防御率
1979	7	3	4	4	1	1	3	4	0	0	－	－	.429	227	207	60	47	6	4	1	(1)12	3	48	0	0	17	16	2.40
1980	7	3	4	4	0	0	3	4	0	0	－	－	.429	262	236	64	49	9	4	0	(1)21	1	35	2	0	28	26	3.66
1989	7	1	6	5	0	0	3	4	0	1	－	－	.429	254	223	61	54	8	4	0	(2)25	0	31	0	0	28	26	3.84
2001	5	0	5	0	0	0	1	4	0	1	－	－	.200	200	161	42	51	5	7	1	(4)26	5	34	3	0	28	28	6.00
																					(8)							
〔4〕	26	7	19	19	2	1	10	16	0	2	－	－	.385	943	827	227	201	28	20	3	84	9	148	5	0	101	96	3.81

ＤｅＮＡ（大洋、横浜）〔2－1〕

年度	試合	完投	交代完了	試合当初	無失点勝	無四球試	勝利	敗北	引分	セーブ	ホールド	HP	勝率	打者	打数	投球回	安打	本塁打	犠打	犠飛	四球	死球	三振	暴投	ボーク	失点	自責点	防御率
1960	4	0	4	4	2	0	4	0	0	0	－	－	1.000	141	125	36	26	2	2	0	(2)14	0	23	0	0	7	7	1.75
1998	6	1	5	5	1	0	4	2	0	1	－	－	.667	217	188	52	45	5	8	0	(2)21	0	27	0	0	21	19	3.29
2017	6	0	6	6	1	0	2	4	0	1	7	8	.333	230	192	53.2	42	4	10	1	(2)25	2	51	3	0	25	22	3.69
																					(4)							
〔3〕	16	1	15	15	4	0	10	6	0	2	7	8	.625	588	505	141.2	113	11	20	1	60	2	101	5	0	53	48	3.05

松　竹 〔0－1〕

年度	試合	完投	交代完了	試合当初	無失点勝	無四球試	勝利	敗北	引分	セーブ	ホールド	HP	勝率	打者	打数	投球回	安打	本塁打	犠打	犠飛	四球	死球	三振	暴投	ボーク	失点	自責点	防御率
1950	6	3	3	3	0	0	2	4	0	－	－	－	.333	248	216	57.2	53	3	4	－	27	1	13	0	0	28	23	3.57

楽　天 〔1－0〕

年度	試合	完投	交代完了	試合当初	無失点勝	無四球試	勝利	敗北	引分	セーブ	ホールド	HP	勝率	打者	打数	投球回	安打	本塁打	犠打	犠飛	四球	死球	三振	暴投	ボーク	失点	自責点	防御率
2013	7	2	5	5	1	1	4	3	0	1	1	2	.571	258	225	63	41	5	5	1	(1)22	5	62	1	0	16	15	2.14

◇　　　◇　　　◇　　　◇　　　◇

日本シリーズ出場回数

セ			パ		
巨　　　　人	(38) 36	㉒	西　武（西鉄）	(23) 21	⑬
中　　　日	(9) 10	②	ソフトバンク(南・ダ)	(19) 20	⑪
広　　　島	(9) 8	③	オリックス(阪急)	12	④
ヤクルト	7	⑤	日本ハム(東映)	7	③
阪　　　神	(5) 6	①	ロッテ(毎日・大毎)	(5) 6	④
DeNA(大洋・横浜)	(2) 3	②	近　　　鉄	4	－
松　　　竹	1	－	楽　　　天	1	①

（　）内数字はレギュラーシーズン優勝回数
○　内数字は日本シリーズ優勝回数

優勝回数

一リーグ
巨　　　人	9
阪　　　神	4
南　　　海	2

個 人 投 手 成 績 (50音順)

チーム－登板した最終年度に所属したもの。　年数－実際に登板した年の合計。

選手名	チーム	年数	試合	完投	交代完了	試合当初	無失点勝	無四球試	勝利	敗北	セーブ	ホールド	HP	勝率	打者	投球回	安打	本塁打	犠打	犠飛	四球	死球	三振	暴投	ボーク	失点	自責点	防御率
アドゥワ誠	(広)	1	1	0	0	0	0	0	0	0	0	–	–	.000	4	1	0	0	0	0	1	0	1	0	0	0	0	0.00
愛敬 尚史	(近)	1	1	0	0	0	0	0	0	0	0	–	–	.000	5	1	3	0	0	0	0	0	2	0	0	2	2	18.00
*青木 高広	(巨)	1	3	0	2	0	0	0	0	0	0	–	–	.000	13	2.2	4	0	0	0	(1) 1	0	3	0	0	1	1	3.38
秋山 登	(洋)	1	4	0	3	0	0	0	2	0	0	–	–	1.000	61	16.1	12	0	0	0	(1) 5	0	10	0	0	1	1	0.53
秋吉 亮	(ヤ)	1	3	0	0	0	0	0	0	0	0	–	–	.000	19	4.2	5	1	1	0	1	0	5	0	0	2	2	3.86
浅尾 拓也	(中)	2	9	0	2	0	0	0	1	1	1	1	2	.500	60	14	11	0	3	0	(2) 5	1	16	0	0	3	3	1.93
朝倉 健太	(中)	3	4	0	2	2	0	0	1	1	0	–	–	.500	64	16.1	14	0	3	1	(1) 3	0	6	0	0	5	5	2.76
浅野 啓司	(巨)	1	3	0	1	0	0	0	0	0	0	–	–	.000	21	4.1	6	0	0	0	5	0	6	0	0	5	5	11.25
足立 光宏	(急)	9	26	7	3	12	2	1	9	5	0	–	–	.643	519	124	117	15	6	4	(6)23	9	46	1	0	63	57	4.14
足立 亘	(広)	1	1	0	0	0	0	0	0	0	0	–	–	.000	3	1	0	0	0	0	0	0	2	0	0	0	0	0.00
安仁屋宗八	(広)	1	1	0	0	0	0	0	0	0	0	–	–	.000	2	0.1	0	0	0	0	1	0	1	0	0	0	0	0.00
安部 和春	(西)	1	4	0	2	0	0	0	0	1	0	–	–	.500	45	9.1	11	3	1	0	5	1	4	1	0	10	7	6.30
新垣 渚	(ダ)	1	1	0	0	0	0	0	0	1	0	–	–	.000	14	3.1	3	1	0	1	1	0	1	0	0	2	2	5.40
荒木 大輔	(ヤ)	2	3	0	0	3	0	0	0	1	0	–	–	.500	72	16	16	3	5	1	3	2	7	0	0	9	7	3.94
*荒巻 淳	(毎)	2	4	0	2	1	0	0	0	1	0	–	–	.500	56	12	15	2	0	0	3	0	8	0	0	10	9	6.75
有原 航平	(日)	1	1	0	0	0	0	0	0	0	0	–	–	.000	27	7	4	1	0	0	2	0	4	0	0	2	2	2.57
*阿波野秀幸	(横)	3	8	1	0	1	0	0	2	1	0	–	–	.667	83	21.2	14	1	1	0	(1) 6	0	9	0	0	5	5	2.08
安藤 元博	(東)	1	3	1	0	1	0	0	1	2	0	–	–	.333	57	15.2	10	1	0	0	6	0	7	0	0	5	5	2.81
安藤 優也	(神)	3	7	0	1	1	0	0	0	0	0	–	–	.000	59	12.1	13	2	2	0	9	0	10	0	0	10	9	6.57
飯尾 為男	(毎)	1	1	0	0	0	0	0	0	0	0	–	–	.000	19	4.2	5	1	1	0	2	0	2	0	0			
五十嵐英樹	(横)	1	1	0	0	0	0	0	0	0	0	–	–	.000	6	1	3	0	0	0	2	0	3	0	0	3	3	27.00
五十嵐亮太	(ソ)	4	7	0	0	4	0	0	0	0	0	2	3	.500	35	8	8	3	0	0	3	0	7	0	0	7	7	7.88
*石井 慶	(神)	2	3	0	0	0	0	0	0	1	0	–	–	.000	81	17.2	26	4	0	1	2	2	24	0	0	12	12	6.11
井口 和朋	(日)	1	2	0	0	0	0	0	0	0	0	–	–	.000	5	0.2	1	0	0	0	1	0	2	0	0	0	0	0.00
池上 誠一	(近)	1	1	0	0	0	0	0	0	0	0	–	–	.000	5	0.2	1	0	0	0	0	0	1	0	0	0	0	0.00
池谷公二郎	(広)	3	7	0	0	5	0	0	0	1	4	0	–	.200	102	22	29	3	2	0	10	0	18	0	0	21	20	8.18
池田 親興	(神)	1	2	1	0	0	0	0	0	1	0	–	–	1.000	51	12	13	1	1	0	4	0	6	0	0	2	2	1.50
*石井 一久	(ヤ)	6	9	1	1	4	1	0	3	3	0	–	–	.600	145	36.1	18	3	4	0	18	2	43	3	0	9	9	2.23
石井 茂雄	(急)	4	10	0	2	4	0	0	3	1	0	–	–	.750	92	19.2	23	1	3	0	(2)12	0	22	0	0	13	12	5.40
石井 貴	(武)	4	8	0	0	4	0	0	0	3	1	0	–	.750	120	31	26	1	2	0	5	0	19	0	1	13	12	3.48
石井 毅	(武)	2	3	0	0	0	0	0	0	0	0	–	–	.000	21	5	4	1	0	0	1	1	2	0	0	2	2	3.60
石井 丈裕	(武)	5	11	2	4	2	0	0	4	2	0	–	–	.667	158	41	26	2	3	2	(1) 6	2	36	0	0	8	4	0.88
*石井 弘寿	(ヤ)	4	8	0	0	0	0	0	0	0	1	0	–	.000	24	5	6	0	0	0	3	0	5	0	0	6	6	10.80
*石井 裕也	(武)	1	1	0	0	0	0	0	0	0	1	1	1	.000	5	0.2	1	0	0	0	2	0	0	0	0	6	6	
石川 克彦	(中)	1	2	0	0	0	0	0	0	1	0	–	–	.500	57	13.1	12	0	1	0	6	0	12	0	0	4	4	2.57
石川 柊太	(ソ)	4	7	0	0	4	0	0	4	0	1	4	1.000		50	12.2	8	1	0	0	3	1	14	0	0	3	3	2.13
*石川 雅規	(ヤ)	1	1	0	0	1	0	0	0	1	0	–	–	.000	38	8.1	13	2	0	0	2	0	5	0	0	7	6	6.48
石川 緑	(ヤ)	1	2	1	0	1	0	0	0	1	0	–	–	1.000	38	10	8	1	0	0	2	0	6	0	0	2	2	1.80
石毛 博史	(神)	3	5	0	0	2	0	0	1	0	1	–	1.000		27	6.1	3	1	0	0	5	0	4	0	0	1	1	1.42
*石田 健大	(ディ)	1	1	0	0	1	0	0	0	1	0	–	–	.000	23	4.2	6	1	1	0	2	0	2	0	0	4	4	7.71
*石貫 宏臣	(広)	1	1	0	0	0	0	0	0	0	0	–	–	.000	16	2.2	2	1	0	0	(1) 5	0	1	1	0	5	1	3.38
石原 碩夫	(東)	1	1	0	0	0	0	0	0	0	0	–	–	.000	5	0.2	2	0	0	0	0	0	0	0	0	1	1	9.00
*石本 貴昭	(近)	1	1	0	0	0	0	0	0	0	0	–	–	.000	2	0.1	0	0	0	0	0	0	0	0	0	0	0	0.00
石山 泰稚	(ヤ)	1	1	0	0	0	0	0	0	0	0	1	1	.000	18	3.2	6	0	0	0	1	0	3	0	0	1	1	2.45
一岡 竜司	(広)	1	4	0	0	0	0	0	0	0	0	2	2	.000	14	3.2	2	0	0	0	(1) 1	0	4	0	0	0	0	0.00
*市村 則紀	(武)	1	2	0	0	0	0	0	0	0	0	–	–	.000	2	0+	1	0	0	0	0	0	0	0	0	0	0	–
井筒 研一	(松)	1	1	1	0	0	0	0	0	0	0	–	–	.000	20	5	6	0	0	0	2	0	0	0	0	1	1	1.80
伊東 昭光	(ヤ)	3	9	0	4	1	0	0	1	1	0	–	–	.500	87	20.2	17	3	0	0	8	1	9	0	0	12	11	4.79
*伊藤 隆偉	(オ)	2	6	0	0	0	0	0	0	0	0	–	1.000		55	13.1	10	1	4	0	(1) 1	0	12	0	0	3	3	2.03
伊藤 智仁	(ヤ)	1	3	0	0	2	0	0	0	0	0	–	–	.000	11	3	2	0	0	0	0	0	2	0	0			
伊藤 宏光	(神)	1	1	0	0	0	0	0	0	0	0	–	–	.000	27	6.2	4	1	0	0	3	0	5	0	0	2	2	2.70
*伊藤 芳明	(巨)	3	6	1	0	2	0	0	0	1	0	–	–	.500	114	25.1	32	4	1	0	(1)10	2	19	2	0	16	16	5.54
伊藤 芳弘	(南)	1	3	0	0	2	0	0	0	0	0	–	–	.000	23	6	3	0	2	0	0	0	7	0	0	1	1	1.50
糸数 敬作	(日)	1	1	0	0	1	0	0	0	1	0	–	–	.000	22	5	9	0	0	0	1	0	2	0	0	5	5	9.00
稲尾 和久	(西)	4	18	9	4	4	2	2	11	4	0	–	–	.733	436	113.2	82	10	4	2	(3)19	1	84	0	0	35	31	2.45
稲葉 光雄	(急)	3	4	0	0	2	0	0	0	0	0	–	–	.000	49	11.1	10	1	1	0	7	0	4	0	0	7	5	4.09
井納 翔一	(ディ)	1	3	0	0	1	0	0	0	1	0	–	–	.000	29	5.2	7	1	2	0	4	0	9	0	0	6	6	9.53
井上 一樹	(中)	1	2	0	0	0	0	0	0	0	0	–	–	.000	10	1	3	0	0	0	0	0	2	0	0	2	2	18.00
*井上 善夫	(西)	1	2	0	1	0	0	0	0	0	0	–	–	.000	21	6	2	0	0	0	2	0	2	0	0	3	3	3.00
井上慎一朗	(ヤ)	1	4	0	1	0	0	0	0	0	0	–	1.000		43	9.2	9	0	0	0	(1) 4	1	3	1	0		3	2.70
今井雄太郎	(急)	2	5	1	0	1	0	0	1	2	0	–	–	.333	121	28	35	2	3	1	(1) 8	1	8	0	0	19	15	4.82
*今永 昇太	(ディ)	1	1	1	0	1	0	0	0	1	0	–	–	.000	51	13	7	1	2	0	5	0	21	0	0	3	3	2.08
今村 猛	(広)	1	2	0	0	0	0	0	0	0	0	–	–	.000	27	6.1	4	0	0	0	3	0	5	0	0	2	2	2.84
*今村 信貴	(巨)	2	3	0	1	0	0	0	0	0	0	–	–	.000	23	4.2	7	1	0	0	4	0	5	0	0	3	3	5.79
井本 隆	(近)	2	3	1	0	2	0	0	1	2	0	–	–	.400	183	47	29	6	4	1	(1)14	1	29	0	0	16	14	2.68

日本シリーズ・ライフタイム

選手名	チーム	年数	試合	完投	交代完了	試合当初	無失点勝	無四球試	勝利	敗北	セーブ	ホールド	HP	勝率	打者	投球回	安打	本塁打	犠打	犠飛	四球	死球	三振	暴投	ボーク	失点	自責点	防御率
伊良部秀輝	(神)	1	2	0	0	2	0	0	0	2	0	ー	ー	.000	30	5	12	2	0	0	2	1	2	0	0	8	7	12.60
入来　智	(ヤ)	1	1	0	0	1	0	0	1	0	0	ー	ー	1.000	18	5	2	0	0	0	2	0	6	0	0	1	1	1.80
入谷正典	(巨)	1	1	1	0	0	1	1	1	0	0	ー	ー	1.000	32	9	5	0	0	0	ー	0	6	0	0	0	0	0.00
岩隈久志	(近)	1	1	0	0	1	0	0	0	0	0	ー	ー	.000	14	2.1	4	0	1	0	2	1	1	0	0	3	3	11.57
岩嵜　翔	(ソ)	3	6	0	1	0	0	0	0	0	0	2	2	.000	21	6	3	0	1	0	0	0	6	0	0	0	0	0.00
＊岩瀬仁紀	(中)	6	20	0	14	0	0	0	0	0	6	2	2	.000	64	17.2	6	0	1	0	(1) 5	0	19	0	0	0	0	0.00
＊岩田　稔	(神)	1	1	0	0	1	0	0	0	0	0	0	0	.000	31	7	6	0	2	0	(1) 4	0	6	0	0	2	2	2.57
ウィーランド	(ディ)	1	1	0	0	1	0	0	0	0	0	ー	ー	.000	24	5.1	6	0	1	0	1	0	4	0	0	3	3	5.06
＊ウィリアムス	(神)	2	4	0	3	0	0	0	1	0	1	0	1	1.000	17	5.1	1	0	1	0	1	3	10	0	0	0	0	0.00
ウルフ	(日)	1	1	0	0	1	0	0	0	0	0	ー	ー	1.000	22	5	5	0	0	0	3	1	3	1	0	2	2	3.60
上原　晃	(中)	1	2	0	0	1	0	0	0	0	0	ー	ー	.000	15	3	4	1	2	1	1	0	2	1	0	3	3	9.00
上原浩治	(巨)	3	4	1	0	3	0	0	2	1	0	0	0	.667	109	27	26	4	0	0	3	1	33	0	0	8	7	2.33
牛島和彦	(中)	1	4	0	3	0	0	0	0	1	0	ー	ー	1.000	22	5	5	1	2	0	1	0	5	0	0	2	2	3.60
宇田東植	(日)	1	1	0	0	0	0	0	0	0	0	ー	ー	.000	5	1	0	0	0	0	1	0	0	0	0	1	1	9.00
内　竜也	(ロ)	1	4	0	0	0	0	0	0	0	0	3	3	.000	31	8	6	0	1	0	1	0	13	0	0	0	0	0.00
内山智之	(武)	1	1	0	0	0	0	0	0	0	0	ー	ー	.000	9	2.2	3	1	0	0	0	0	2	0	0	1	1	3.38
＊内海哲也	(巨)	4	9	0	0	7	0	0	5	1	0	0	1	.833	192	48	45	2	4	0	6	3	37	1	0	12	12	2.25
＊エスコバー	(ディ)	1	4	0	0	1	0	0	0	0	1	1	1	.000	18	4.1	2	0	1	0	(1) 3	0	1	0	0	1	1	2.08
江川　卓	(巨)	3	7	2	1	4	0	0	2	3	0	ー	ー	.400	176	40.2	46	7	5	1	(1) 7	1	26	0	0	21	18	3.98
＊江草仁貴	(神)	1	1	0	0	0	0	0	0	0	0	ー	ー	.000	14	2.2	5	1	0	0	1	0	1	3	0	4	4	13.50
江尻慎太郎	(日)	1	3	0	1	0	0	0	0	0	0	ー	ー	.000	11	2.1	2	0	0	0	1	0	3	0	0	0	0	0.00
江田貢一	(松)	1	2	0	0	2	0	0	0	0	0	ー	ー	.000	32	5.2	11	1	0	0	5	0	0	0	0	10	10	15.00
江藤　正	(南)	2	5	1	1	1	0	0	1	1	0	ー	ー	.500	77	17.2	22	2	3	ー	5	0	4	0	0	6	6	3.00
＊江夏　豊	(南)	3	9	0	6	0	0	0	1	1	4	ー	ー	.500	74	18.2	15	3	0	2	(1) 6	1	17	1	0	8	(1)8	3.79
江本孟紀	(南)	1	3	1	1	1	0	0	0	0	0	ー	ー	.500	55	13	9	2	0	1	8	1	5	0	1	9	5	3.46
遠藤政隆	(中)	1	3	0	0	0	0	0	0	0	0	ー	ー	.000	3	0.1	0	0	0	0	0	0	0	0	0	0	0	0.00
オビスポ	(巨)	1	1	0	0	0	0	0	0	0	0	0	0	1.000	23	6	4	3	0	0	2	0	6	0	0	3	3	4.50
オンドルセク	(ヤ)	1	3	0	0	0	0	0	0	0	0	1	1	1.000	12	2.2	1	0	0	0	2	1	3	0	0	1	0	0.00
呉　昇桓	(神)	1	3	0	3	0	0	0	0	0	0	0	0	.000	6	1.2	1	1	0	0	0	1	5	0	0	1	1	5.40
大石　清	(急)	3	10	1	4	0	0	0	0	0	0	ー	ー	.000	66	15.2	13	3	2	1	(1) 6	1	8	0	0	11	11	6.19
大石正彦	(洋)	1	1	0	0	0	0	0	0	0	0	ー	ー	.000	3	1	0	0	0	0	0	0	0	0	0	0	0	0.00
＊大江竜聖	(巨)	1	2	0	0	1	0	0	0	0	0	ー	ー	.000	9	1.2	2	0	0	0	1	0	0	0	0	0	0	0.00
大神武俊	(南)	3	8	1	3	2	1	0	1	3	0	ー	ー	.250	111	24.2	29	4	4	0	12	3	11	0	0	10	9	3.24
＊大島信雄	(中)	2	4	0	2	0	0	1	1	3	0	ー	ー	.250	145	34.1	27	1	1	0	14	1	9	0	0	10	8	2.06
＊大瀬良大地	(広)	2	4	0	2	0	0	1	0	0	0	ー	ー	.000	50	12.1	9	0	1	2	0	0	13	0	0	4	4	3.65
＊太田紘一	(神)	1	2	0	0	0	0	0	0	0	0	ー	ー	.000	6	1.1	2	1	0	0	0	0	1	0	0	2	2	9.00
太田幸司	(近)	1	1	0	0	0	0	0	0	0	0	ー	ー	.000	7	2	1	0	0	0	0	0	4	0	0	1	1	4.50
大竹　寛	(巨)	2	3	0	1	0	0	0	0	0	0	1	1	.000	11	1	6	1	0	0	0	0	0	0	0	2	2	18.00
＊大竹耕太郎	(ソ)	1	1	0	0	1	0	0	0	0	0	ー	ー	.000	26	6	2	1	0	0	0	0	5	0	0	0	0	0.00
大谷翔平	(日)	1	1	0	0	1	0	0	0	1	0	ー	ー	.000	27	6	4	0	0	0	4	0	11	0	0	3	3	4.50
大津　守	(西)	1	3	0	1	2	0	0	1	1	0	ー	ー	.500	48	10.2	12	1	1	1	4	0	3	0	0	6	5	4.09
大塚晶文	(近)	1	2	0	1	0	0	0	0	0	1	ー	ー	.000	8	2.1	1	0	0	0	0	0	5	0	0	1	0	0.00
＊大隣憲司	(ソ)	1	1	0	0	1	0	0	1	0	0	0	0	1.000	23	6	7	0	0	0	0	0	6	0	0	0	0	0.00
大友　工	(巨)	7	19	4	9	4	2	0	4	5	ー	ー	ー	.444	301	79.1	63	3	4	0	10	5	43	1	0	23	20	2.25
大沼幸二	(武)	2	3	0	0	0	0	0	0	0	0	1	1	1.000	18	3.2	7	1	1	0	1	0	3	0	0	5	5	12.27
＊大野　豊	(広)	5	12	1	5	1	0	0	2	1	2	ー	ー	.667	130	31	30	4	4	2	(1) 5	3	27	0	0	12	9	2.61
＊岡島秀樹	(ソ)	4	9	0	2	1	0	0	2	1	2	1	3	.667	35	10	3	1	0	0	3	2	8	0	0	2	2	1.80
岡田明丈	(広)	2	3	0	0	1	0	0	0	0	0	1	1	.000	37	8	9	2	1	0	3	1	8	1	0	5	5	5.63
岡田展和	(ヤ)	1	1	0	0	0	0	0	0	0	0	ー	ー	.000	5	0.2	2	0	0	0	0	0	0	0	0	5	5	40.50
岡林洋一	(ヤ)	1	3	3	0	3	0	0	1	2	0	ー	ー	.333	113	30	22	3	5	2	(1) 3	1	22	0	0	6	5	1.50
岡部憲章	(日)	1	2	0	0	0	0	0	0	0	0	ー	ー	.000	27	7	4	2	0	0	2	0	4	0	0	3	3	3.86
岡本　晃	(近)	1	3	0	0	0	0	0	0	1	0	ー	ー	.500	13	2.1	4	1	1	0	(2) 2	0	3	0	0	1	1	3.86
岡本篤志	(武)	1	1	0	1	0	0	0	0	0	0	ー	ー	.000	8	2	1	0	0	0	0	0	0	0	0	0	0	0.00
岡本克道	(ダ)	1	2	0	1	0	0	0	0	0	0	ー	ー	.000	28	7.2	4	2	2	0	(1) 1	0	10	0	0	0	0	0.00
岡本　光	(日)	1	2	0	0	0	0	0	0	0	0	ー	ー	.000	12	3	2	0	0	0	0	0	2	0	0	0	0	0.00
岡本真也	(武)	4	9	0	2	0	0	0	0	2	0	1	1	.000	46	9.1	14	3	1	0	5	2	11	1	0	9	9	8.68
＊小笠原孝	(中)	1	1	0	0	1	0	0	0	1	0	ー	ー	.000	24	4.2	6	0	1	0	3	0	6	0	0	2	2	3.86
小川泰弘	(ヤ)	1	1	0	0	1	0	0	0	1	0	ー	ー	.000	21	4.2	5	1	0	0	2	0	5	0	0	2	2	3.86
長田秀一郎	(武)	1	1	0	0	0	0	0	0	0	0	ー	ー	.000	17	3	4	1	0	0	(1) 2	1	2	0	0	2	2	6.00
尾崎行雄	(東)	1	1	0	0	0	0	0	0	0	0	ー	ー	.000	5	1	0	0	0	0	0	0	0	0	0	1	1	9.00
押本健彦	(日)	1	3	0	1	0	0	0	0	0	0	ー	ー	.000	21	5.2	4	1	0	0	0	0	6	0	0	2	2	3.18
＊小田真也	(武)	4	7	0	0	0	0	0	0	0	0	ー	ー	.000	16	4.2	7	0	0	0	3	0	2	0	0	2	2	3.86
越智大祐	(巨)	2	8	0	1	0	0	0	1	1	0	5	6	.500	44	10.1	5	0	0	0	7	1	10	0	0	2	2	1.74
落合英二	(中)	2	6	0	3	0	0	0	0	0	0	ー	ー	.000	25	5	7	1	2	0	(3) 6	0	7	1	0	3	3	3.60
小野和幸	(中)	3	4	0	0	3	0	0	0	2	0	ー	ー	.000	45	9	13	3	2	0	4	0	7	1	0	11	11	11.00
＊小野和義	(武)	2	3	0	0	2	0	0	0	1	0	ー	ー	.000	57	13.2	10	0	1	1	6	0	7	0	0	6	5	3.29
＊小野　正一	(毎)	1	2	0	0	2	0	0	0	2	0	ー	ー	.000	43	10.1	10	0	1	0	2	0	8	0	0	4	4	3.27
小野晋吾	(ロ)	1	2	0	0	1	0	0	0	0	0	ー	ー	.000	50	11	15	0	1	0	3	2	6	0	0	6	5	4.09
小野寺力	(武)	2	6	0	1	0	0	0	0	0	0	1	1	.000	27	6.1	5	3	0	0	(1) 2	1	1	0	0	4	4	5.68
小畑正治	(南)	3	7	3	0	3	0	0	0	1	0	ー	ー	.000	86	19.2	17	1	4	2	(1)12	0	4	0	0	12	8	3.60

選手名	チーム	年数	試合	完投	交代完了	試合当初	無失点勝	無四球試	勝利	敗北	セーブ	ホールド	HP	勝率	打者	投球回	安打	本塁打	犠打	犠飛	四球	死球	三振	暴投	ボーク	失点	自責点	防御率
ガルベス	(巨)	1	1	0	0	1	0	0	0	1	0	─	─	.000	9	1.1	4	0	0	0	2	0	0	0	0	4	4	27.00
甲斐野 央	(ソ)	1	3	0	0	0	0	0	0	0	0	1	1	.000	13	3	4	0	0	0	0	0	6	0	0	1	1	3.00
鍵谷 陽平	(巨)	3	5	0	1	0	0	0	0	0	0	1	1	.000	21	4.1	5	3	0	1	3	0	6	1	1	6	(1)6	12.46
郭 源治	(中)	2	3	0	2	0	0	0	1	1	0	─	─	.500	33	9	5	2	4	0	3	0	11	0	0	3	3	3.00
郭 泰源	(武)	8	11	1	1	9	0	0	4	4	1	─	─	.500	234	57	55	3	8	1	(1)15	1	41	0	0	26	25	3.95
鹿島 忠	(中)	1	3	0	1	0	0	0	0	0	0	─	─	.000	25	8	4	0	1	0	1	0	8	0	0	1	1	1.13
＊梶間 健一	(ヤ)	1	3	0	1	1	0	0	0	0	0	─	─	.000	21	5.2	1	0	0	0	4	0	5	0	0	1	1	1.50
＊梶本 隆夫	(急)	4	10	0	1	2	0	0	1	3	0	─	─	.250	74	16.1	17	3	2	0	10	1	13	0	0	13	12	6.75
加治屋 蓮	(ソ)	1	3	0	1	0	0	0	0	0	0	1	2	1.000	16	3.1	5	2	1	0	2	0	5	0	0	5	5	13.50
＊加藤 貴之	(日)	1	1	0	0	0	0	0	0	0	0	0	0	.000	10	1.1	4	0	1	0	2	0	0	0	0	1	1	6.75
加藤 哲郎	(近)	1	3	0	0	2	0	0	1	1	0	─	─	.500	39	10	7	1	0	0	0	0	4	0	0	3	1	0.90
加藤 初	(巨)	5	15	0	3	1	0	0	2	2	0	─	─	.500	123	28	25	4	3	1	(3)19	1	26	0	0	14	12	3.86
＊加藤 博人	(ヤ)	2	2	0	0	0	0	0	0	0	0	─	─	.000	22	5	4	2	0	0	(1)2	1	3	0	0	1	1	1.80
鹿取 義隆	(武)	8	20	0	8	0	0	0	2	1	0	─	─	.667	143	33.2	37	3	4	0	(2)7	1	25	0	0	14	14	3.74
金澤 健人	(ソ)	2	4	0	2	0	0	0	0	0	0	─	─	.000	25	5	7	2	0	0	1	0	3	0	0	9	7	12.60
金沢 次男	(ヤ)	2	7	0	2	0	0	0	0	0	0	─	─	.000	69	16.2	17	2	3	0	2	1	12	0	0	8	7	3.78
金森 敬之	(日)	2	2	0	0	0	0	0	0	0	1	1	1	.000	9	1.1	3	1	0	0	1	0	1	0	0	3	2	13.50
金石 昭人	(広)	2	5	0	2	2	0	0	0	0	0	─	─	.000	77	18.1	18	1	3	0	(1)5	1	9	0	0	7	7	3.44
金城 基泰	(広)	1	2	0	1	0	0	0	0	0	0	─	─	.000	42	10	9	0	2	0	2	2	7	0	0	4	4	3.60
金田 留広	(ロ)	1	2	0	0	2	0	1	0	0	0	─	─	1.000	47	11	13	2	1	0	2	0	8	0	0	6	6	4.91
＊金田 正一	(巨)	5	12	3	3	4	0	0	6	3	0	─	─	.667	239	56.2	46	4	2	3	(1)27	0	43	0	0	21	19	3.00
＊金田 政彦	(オ)	1	1	0	0	0	0	0	0	1	0	─	─	.000	15	3	2	1	0	0	2	0	2	0	0	1	1	3.00
＊金刃 憲人	(楽)	2	3	0	2	0	0	0	0	0	0	─	─	.000	8	2.1	1	0	1	0	2	0	2	0	0	1	1	3.86
金村 暁	(日)	1	1	0	0	1	0	0	0	0	0	0	1	1.000	21	5	5	0	0	0	0	0	2	0	0	0	0	0.00
嘉弥真新也	(ソ)	4	12	0	1	0	0	0	0	0	0	6	6	.000	19	5.1	3	0	1	0	1	1	7	0	0	0	0	0.00
唐川 侑己	(ロ)	1	1	0	0	1	0	0	0	0	0	─	─	.000	14	3.1	5	0	0	0	1	0	4	0	0	2	2	5.40
＊辛島 航	(楽)	1	1	0	0	1	0	0	0	0	0	─	─	.000	18	5	1	0	0	0	3	0	3	0	0	0	0	0.00
＊川井 雄太	(中)	1	1	0	0	0	0	0	0	1	0	─	─	.000	20	5	5	0	0	0	0	0	5	0	0	2	1	1.80
川上 憲伸	(中)	4	7	1	1	5	0	0	3	0	0	─	─	.500	182	47	31	4	6	1	(1)10	1	41	0	0	13	12	2.30
＊川 和久	(中)	3	9	1	1	3	0	0	3	1	0	─	─	.750	136	33	27	2	4	0	14	1	27	0	0	14	14	3.82
川崎憲次郎	(ヤ)	3	4	0	0	4	0	0	3	0	0	─	─	1.000	115	28.2	23	2	5	0	11	0	21	0	0	4	4	1.26
川崎 徳次	(西)	2	6	1	2	2	1	1	1	1	0	─	─	.500	65	17	17	0	2	0	0	0	6	0	0	7	4	2.12
河原 純一	(巨)	3	7	0	1	0	0	0	0	0	2	2	2	.000	34	6.2	9	0	0	0	(1)3	2	6	0	0	3	3	4.05
川端 順	(広)	3	8	0	0	1	0	0	1	1	0	─	─	.500	66	15.1	17	2	3	0	6	0	14	0	0	7	7	4.11
川畑 泰博	(中)	1	1	0	0	0	0	0	0	0	0	─	─	.000	3	1	1	0	0	0	0	0	0	0	0	0	0	0.00
河端 龍	(ヤ)	1	4	0	2	0	0	0	0	0	0	─	─	.000	12	3.2	1	0	0	0	0	0	1	0	0	0	0	0.00
川村 丈夫	(横)	1	1	0	0	1	0	0	0	0	0	─	─	.000	29	7.1	6	0	2	0	0	0	2	0	0	0	0	0.00
河村 久文	(西)	4	12	0	2	1	0	0	1	3	0	─	─	.500	192	48.2	35	3	3	0	15	0	29	0	0	13	12	2.20
川本 智徳	(武)	1	1	0	0	0	0	0	0	0	0	─	─	.000	3	1	1	0	1	0	0	0	1	0	0	0	0	0.00
＊ギブンス	(武)	1	1	0	0	1	0	0	0	0	0	─	─	.000	5	1	3	1	1	0	0	0	1	0	0	2	2	18.00
菊地 和正	(日)	2	2	0	0	0	0	0	0	0	0	0	0	.000	12	2	4	1	0	0	0	0	2	0	1	4	4	18.00
岸 孝之	(武)	1	2	1	0	1	1	0	2	0	0	0	1	1.000	54	14.2	8	0	0	0	3	0	16	0	0	0	0	0.00
北川 芳男	(毎)	2	4	0	2	0	0	0	0	0	0	─	─	.000	15	3.2	2	0	0	0	2	0	2	0	0	2	2	4.50
＊北原 啓	(西)	1	1	0	0	0	0	0	0	0	0	─	─	.000	6	2	2	0	0	0	0	0	4	0	0	2	2	9.00
北別府 学	(広)	5	11	0	3	6	0	0	2	3	0	─	─	.000	227	53.1	50	3	9	1	(2)18	1	21	0	0	21	19	3.21
木樽 正明	(ロ)	2	7	2	1	2	1	1	1	2	0	─	─	.333	133	33.2	27	3	5	1	(2)4	1	9	0	0	10	9	2.38
木田 勇	(日)	1	3	0	1	1	0	0	0	0	0	─	─	.000	30	6	8	1	0	0	1	0	1	0	0	5	5	7.50
木田 優夫	(巨)	3	5	0	3	0	0	0	1	0	0	─	─	.500	46	12.2	7	0	2	0	1	0	10	0	0	3	3	2.13
紀藤 真琴	(広)	2	4	0	2	0	0	0	0	0	0	─	─	.000	22	4.2	7	2	1	0	0	0	3	0	0	2	(1)2	3.86
木戸 美摸	(巨)	2	5	0	1	1	0	0	0	1	0	─	─	.000	29	7.1	6	0	1	0	1	0	4	0	0	3	3	3.38
＊木下 文信	(近)	1	1	0	0	0	0	0	0	0	0	─	─	.000	4	0.2	2	0	0	0	0	0	1	0	0	1	1	13.50
木村 正太	(日)	1	2	0	0	0	0	0	0	0	0	─	─	.000	6	0.2	4	0	1	0	0	0	0	0	0	2	2	27.00
木村 広	(武)	1	1	0	0	0	0	0	0	0	0	─	─	.000	4	1	0	0	0	0	1	0	1	0	0	0	0	0.00
木村 龍治	(巨)	1	2	0	1	0	0	0	0	0	0	─	─	.000	7	1.2	2	0	0	0	0	1	2	0	0	1	1	10.80
＊久古健太郎	(ヤ)	1	1	0	0	0	0	0	0	0	0	─	─	.000	8	2.2	0	0	1	0	1	1	4	0	0	0	0	0.00
＊清川 栄治	(広)	1	3	0	0	0	0	0	0	0	0	─	─	.000	10	2.1	2	0	0	0	(2)2	0	1	0	0	0	0	0.00
＊清原 雄一	(オ)	1	2	0	1	0	0	0	0	0	0	─	─	.000	4	0.2	2	0	0	0	0	0	0	0	0	1	1	13.50
クルーン	(オ)	2	5	0	5	0	0	0	0	1	0	─	─	.000	24	5.1	5	1	0	0	2	0	8	0	0	2	2	3.38
クルス	(中)	1	1	0	0	0	0	0	0	0	0	─	─	.000	2	0+	1	0	0	0	1	0	0	0	0	0	0	─
グライシンガー	(巨)	1	1	0	0	1	0	0	0	0	0	─	─	.000	22	5	6	2	0	0	0	0	2	0	0	5	5	9.00
＊グラマン	(武)	1	1	0	0	2	0	0	0	0	0	─	─	.000	9	3	1	0	0	0	2	0	0	0	0	4	4	10.80
グリーン	(日)	1	1	0	0	1	0	0	0	1	0	─	─	.000	15	3.1	3	0	0	0	3	0	3	0	0	1	1	2.25
＊工藤 公康	(武)	14	26	5	6	11	0	0	8	5	3	─	─	.615	479	120.1	82	13	16	2	(4)44	5	102	0	0	35	32	2.39
工藤 幹夫	(日)	1	5	0	2	0	0	0	2	0	0	─	─	1.000	30	6.2	7	1	0	0	(2)4	0	3	0	0	2	2	2.70
久保 康生	(近)	1	1	0	0	0	0	0	0	0	0	─	─	.000	14	3	3	0	0	0	1	0	3	0	0	1	1	3.00
久保 裕也	(巨)	1	1	0	0	0	0	0	0	0	0	─	─	.000	6	1	2	0	1	0	0	0	0	0	0	2	2	27.00
久保田 治	(東)	1	4	0	1	0	0	0	0	0	0	─	─	.000	110	27	24	1	2	0	(1)8	0	13	0	0	5	5	1.67
久保田智之	(神)	1	4	0	2	0	0	0	0	0	0	─	─	.000	4	1	1	0	0	0	1	0	1	0	0	0	0	0.00
倉田 誠	(巨)	4	8	0	3	3	0	0	0	2	0	─	─	1.000	92	21	20	1	0	2	(1)9	0	11	0	0	8	8	3.43

日本シリーズ・ライフタイム

選手名	チーム	年数	試合数	完投	交代完了	試合当初	無失点勝	無四球試	勝利	敗北	セーブ	ホールド	HP	勝率	打者	投球回	安打	本塁打	犠打	犠飛	四球	死球	三振	暴投	ボーク	失点	自責点	防御率
九里 亜蓮	(広)	1	1	0	0	1	0	0	0	1	0	0	—	.000	22	4.1	6	0	1	0	2	0	4	0	0	4	3	6.23
黒田 博樹	(広)	1	1	0	0	1	0	0	0	1	0	0	—	.000	21	5.2	4	0	1	0	0	0	4	0	0	1	1	1.59
黒原 祐二	(武)	1	1	0	0	0	0	0	0	0	0	0	—	.000	1	0.1	0	0	0	0	0	0	0	0	0	0	0	0.00
桑田 真澄	(巨)	6	10	2	2	6	0	0	3	4	1	—	—	.429	219	49.2	58	5	6	1	(3)14	2	34	0	0	28	24	4.35
ゲイル	(神)	1	2	1	0	1	0	0	2	0	0	—	—	1.000	62	16	12	2	1	0	6	0	8	0	0	4	4	2.25
ゴンザレス	(巨)	2	4	0	2	2	0	0	1	0	0	0	0	1.000	64	15.1	14	2	1	0	2	0	8	1	0	5	3	1.76
香田 勲男	(巨)	4	6	1	1	1	0	0	2	0	0	—	—	1.000	75	19.1	12	4	1	1	6	1	18	0	0	7	6	2.79
*河野 博文	(巨)	1	2	0	0	0	0	0	0	1	0	—	—	.000	7	1.1	1	0	0	0	2	0	1	0	0	1	1	6.75
児玉 好弘	(急)	1	3	0	1	0	0	0	0	1	0	—	—	.000	23	5	8	0	0	0	1	0	1	0	0	6	4	7.20
*小林 国男	(ヤ)	1	3	0	1	0	0	0	0	0	0	—	—	.000	8	2	1	0	0	0	1	0	1	0	0	0	0	.000
小林 繁	(巨)	2	10	0	4	4	0	0	2	2	1	—	—	.500	100	25.2	21	2	2	1	(1)6	2	16	0	0	10	10	3.46
小林 誠二	(広)	4	10	0	4	0	0	0	3	1	0	—	—	.750	78	18	17	1	3	1	(2)8	2	16	0	0	5	5	2.50
小林宏(小林宏之)	(ロ)	2	5	0	3	1	0	0	1	0	1	0	1	1.000	48	12	10	0	1	1	(1)3	0	9	1	0	2	2	1.50
小林 宏	(オ)	2	5	0	1	0	0	0	1	0	0	—	—	1.000	26	5	4	0	0	0	6	1	2	1	0	3	3	5.40
*小林 正人	(中)	2	4	0	0	0	0	0	0	0	0	—	—	.000	5	1	0	0	0	0	1	0	0	0	0	1	1	9.00
小林 雅英	(ロ)	1	1	0	0	0	0	0	0	1	0	0	—	.000	3	1	0	0	0	0	0	0	2	0	0	0	0	0.00
小松 辰雄	(中)	2	7	0	1	2	0	0	0	2	0	—	—	.333	76	16.2	23	2	3	0	4	1	13	1	0	12	10	5.40
小山伸一郎	(楽)	1	2	0	0	0	0	0	0	0	0	—	—	.000	12	2.2	1	0	0	1	1	0	2	0	0	2	1	3.38
小山 正明	(ロ)	2	7	0	2	4	0	0	0	3	—	—	—	.000	168	41	35	4	2	1	(4)17	0	26	0	0	16	15	3.29
小山 雄輝	(巨)	2	2	0	0	0	0	0	0	0	0	—	—	.000	22	4.2	5	2	3	0	3	0	2	0	0	1	1	1.93
*近藤 真一	(中)	1	1	0	0	0	0	0	0	1	0	—	—	.000	8	2	1	1	0	0	0	0	3	0	0	1	1	4.50
合田 栄蔵	(南)	1	3	0	2	0	0	0	1	0	0	—	—	1.000	39	8.2	13	0	2	0	(2)2	0	2	0	0	5	4	4.00
*後藤 修	(南)	1	1	0	0	0	0	0	0	1	0	—	—	.000	10	2	3	0	1	0	1	0	1	0	0	1	1	4.50
後藤 光貴	(武)	1	1	0	0	0	0	0	0	0	0	—	—	.000	9	2	1	0	0	0	(1)1	1	1	0	0	2	0	0.00
*権藤 正利	(洋)	1	2	0	0	0	0	0	0	1	0	—	—	1.000	9	1.2	1	0	1	0	1	1	0	0	0	2	2	
サファテ	(ソ)	3	10	0	10	0	0	0	2	0	5	0	2	1.000	48	12	8	0	2	0	(1)6	0	13	0	0	1	1	0.75
サンチェス	(巨)	1	1	0	0	1	0	0	0	1	0	0	—	.000	27	6.1	6	1	1	0	(1)2	0	7	0	0	3	3	4.26
歳内 宏明	(神)	1	1	0	0	1	0	0	0	0	0	—	—	.000	8	2	1	0	0	0	1	0	2	0	0	3	3	
斉藤 和巳	(ダ)	2	5	0	3	2	0	0	0	0	0	—	—	.000	67	16.2	11	1	0	0	8	0	11	0	0	7	6	3.24
斎藤 隆	(楽)	2	3	1	1	1	0	1	0	0	0	—	—	1.000	63	17	11	0	1	0	2	0	8	0	0	2	2	1.06
斎藤 雅樹	(日)	5	8	1	1	6	0	0	0	2	3	—	—	.400	186	43	41	7	7	0	(1)17	1	29	2	0	26	25	5.23
斎藤 佑樹	(日)	1	1	0	0	1	0	0	0	0	1	—	—	.000	11	2	4	0	0	0	4	0	1	0	0	2	2	9.00
佐伯 和司	(近)	1	2	0	0	2	0	0	0	0	0	—	—	.000	36	7.2	10	0	0	0	4	1	3	0	0	7	7	7.88
三枝 規悦	(急)	1	1	0	0	0	0	0	0	0	0	—	—	.000	16	3	4	3	1	1	1	0	1	0	0	4	3	9.00
*佐久本昌広	(ダ)	1	2	0	0	0	0	0	0	0	0	—	—	.000	29	6	3	0	2	0	5	0	1	0	0	4	3	4.50
桜井 俊貴	(巨)	1	1	0	0	0	0	0	0	0	0	—	—	.000	7	1.1	2	1	1	0	1	0	1	0	0	2	2	13.50
佐々木真浩	(巨)	1	3	0	0	3	0	0	0	1	2	—	—	.333	61	15	11	3	2	0	4	1	12	0	0	10	10	6.00
佐々木主浩	(横)	1	3	0	3	0	0	0	1	1	0	2	—	.000	12	3.1	1	0	0	0	0	0	6	0	0	1	1	2.70
佐々木誠吾	(急)	1	3	0	1	0	0	0	0	1	0	—	—	.000	29	6.1	10	2	0	0	6	0	6	0	0	3	3	3.00
桟原 将司	(神)	1	1	0	0	0	0	0	0	0	0	—	—	.000	4	0+	3	1	0	0	0	0	0	0	0	3	3	—
定岡 正二	(巨)	2	3	0	0	1	0	0	0	1	0	—	—	.000	34	7.1	9	1	0	0	3	0	3	0	0	4	4	4.91
*佐藤 秀明	(近)	2	4	0	0	0	0	0	0	0	0	—	—	1.000	35	8.1	9	3	0	0	(1)3	0	5	0	0	3	3	3.24
佐藤 平七	(毎)	1	1	0	0	1	0	0	0	0	1	—	—	.000	13	3	2	0	0	—	3	0	0	0	0	2	2	6.00
佐藤 誠	(ダ)	1	1	0	0	0	0	0	0	0	0	—	—	.000	3	0.2	0	0	0	0	0	0	1	0	0	0	0	0.00
佐藤 道郎	(南)	1	2	0	1	0	0	0	0	0	0	—	—	.000	31	8	5	1	1	0	2	0	2	0	0	2	2	2.25
佐藤 元彦	(ロ)	1	1	0	0	0	0	0	0	0	0	—	—	1.000	19	4.2	6	0	0	0	(1)1	0	1	0	0	2	2	3.60
佐藤 義則	(オ)	3	4	0	0	4	0	0	0	0	2	—	—	.000	72	14	22	3	3	0	9	1	15	0	0	14	14	9.00
真田 重男	(松)	2	2	1	0	1	0	0	1	1	0	—	—	.500	74	17.2	14	2	3	—	11	0	7	0	0	9	6	3.00
澤村 拓一	(巨)	3	8	0	1	2	0	0	1	1	0	0	—	1.000	95	23.2	18	2	3	0	6	2	22	1	0	6	6	2.28
ジャクソン	(広)	2	7	0	0	0	0	0	0	0	2	0	2	2	.000	34	6.1	9	2	2	0	(1)5	1	6	1	0	10	10	14.21
ジョーンズ	(巨)	1	1	0	0	0	0	0	0	0	0	—	—	.000	22	5.2	6	0	0	0	0	0	2	0	0	1	0	0.00
ジョンソン	(広)	2	4	0	0	4	0	0	0	2	1	—	—	.667	104	25.2	20	2	5	0	(1)8	0	21	2	0	4	4	1.40
椎野 新	(ソ)	1	1	0	0	0	0	0	0	0	0	—	—	.000	3	1	1	0	0	0	0	0	1	0	0	0	0	0.00
潮崎 哲也	(武)	8	21	0	12	2	0	0	0	1	1	—	—	.500	171	42.2	35	5	1	1	(1)9	4	31	0	0	15	13	2.74
*篠原 貴行	(ダ)	3	9	0	2	0	0	0	0	1	1	0	—	.500	50	11.2	12	0	1	1	5	1	7	0	0	4	4	3.09
*柴田佳主也	(近)	1	4	0	0	0	0	0	0	0	0	—	—	.000	15	4	3	1	0	0	3	0	2	0	0	1	1	2.25
柴田 保光	(武)	1	1	0	0	0	0	0	0	0	0	—	—	.000	8	1.2	3	0	0	0	3	0	3	0	0	1	1	4.50
渋谷 幸春	(中)	1	3	0	0	0	0	0	0	0	1	—	—	.000	11	2	4	2	1	0	3	0	0	0	0	3	3	13.50
島田源太郎	(洋)	1	3	0	0	2	0	0	0	1	1	—	—	1.000	48	11.2	10	1	2	0	6	0	6	2	0	2	2	1.50
島田 直也	(ヤ)	1	1	0	0	0	0	0	0	0	0	—	—	.000	5	1	1	0	1	0	1	0	0	0	0	1	1	9.00
島原 幸雄	(西)	3	9	0	3	2	0	0	2	1	—	—	—	.667	94	24	13	1	1	0	(2)9	0	18	0	0	5	4	1.50
清水 昭信	(中)	1	3	0	2	0	0	0	0	0	1	—	—	.000	24	6	5	0	1	2	2	0	5	0	0	1	1	1.50
清水 直行	(ロ)	1	1	0	1	0	0	0	1	0	0	—	—	1.000	26	7	5	0	0	0	0	0	6	0	0	1	1	1.29
*下柳 剛	(神)	3	4	0	1	0	0	0	0	1	1	—	—	.500	43	11	8	1	0	1	4	0	4	0	0	5	5	4.09
許 銘傑	(武)	1	2	0	0	0	0	0	0	0	1	—	—	.000	22	5	7	0	1	0	1	1	5	0	0	3	3	5.40
正津 英志	(中)	1	3	0	1	0	0	0	0	0	0	—	—	.000	14	3.2	1	0	0	0	1	1	1	0	0	0	0	0.00
*白石 静生	(急)	3	4	1	0	1	0	0	1	0	0	—	—	1.000	78	18.1	15	2	4	0	(1)9	1	12	0	0	5	4	2.00
新谷 博	(武)	5	6	0	2	5	0	0	0	1	2	—	—	.000	98	20.2	31	4	3	0	(1)6	2	18	0	0	15	15	6.53
城之内邦雄	(巨)	6	11	2	1	7	0	0	0	5	1	—	—	.833	261	66	54	6	2	1	(2)15	2	28	0	0	24	21	2.86
條辺 剛	(巨)	1	1	0	0	0	0	0	0	0	0	—	—	.000	3	1	0	0	0	0	0	0	0	0	0	0	0	0.00

選手名	チーム	年数	試合	完投	交代完了	試合当初	無失点勝	無四球試	勝利	敗北	セーブ	ホールド	HP	勝率	打者	投球回	安打	本塁打	犠打	犠飛	四球	死球	三振	暴投	ボーク	失点	自責点	防御率
スアレス	(ソ)	1	1	0	0	0	0	0	0	0	0	0	0	.000	5	5.2	2	1	0	0	1	0	1	0	0	2	2	27.00
スウィーニー	(日)	1	1	0	0	0	0	0	0	0	0	0	0	.000	5	0.1	4	0	1	0	0	1	0	0	0	2	2	54.00
スタンカ	(南)	3	12	5	2	4	4	2	5	4	—	—	—	.556	275	71.1	48	3	3	2	(2)15	1	39	1	0	25	17	2.15
スタンリッジ	(ソ)	2	2	0	0	2	0	1	1	1	0	0	0	.500	46	10.2	10	0	1	0	5	0	8	0	0	6	6	5.06
菅野 智之	(巨)	3	4	0	0	4	0	0	1	3	0	0	0	.250	99	24.2	21	2	2	0	4	1	21	0	0	11	9	3.28
菅原 勝矢	(巨)	3	3	0	1	1	0	0	1	1	—	—	—	.500	33	7	4	0	0	0	9	1	4	0	0	4	4	5.14
*杉内 俊哉	(南)	3	6	0	0	6	0	0	3	2	0	0	0	.600	130	33	25	1	3	0	7	2	26	1	0	8	7	1.91
杉浦 忠	(南)	4	10	2	0	4	1	0	4	3	—	—	—	.571	218	54.2	48	7	3	0	7	4	32	1	0	17	15	2.45
杉浦 稔大	(ヤ)	1	1	0	0	1	0	0	0	0	0	0	0	.000	22	4.1	6	2	0	0	2	1	5	1	0	4	4	8.31
杉下 茂	(中)	1	5	4	1	0	1	1	3	1	—	—	—	.750	138	38.2	27	2	0	0	1	1	28	0	0	6	6	1.38
*杉本 正	(中)	3	5	0	0	5	0	0	0	1	0	0	0	.000	100	24	22	2	0	0	9	0	15	0	0	9	9	3.38
杉山 一樹	(武)	1	1	0	0	0	0	0	0	0	0	0	0	.000	4	1	0	0	0	0	0	0	1	0	0	0	0	0.00
*杉山 賢人	(武)	4	12	0	1	0	0	0	0	0	0	0	0	.000	41	9.2	5	2	0	1	(1)5	0	15	1	0	6	5	4.66
杉山 知隆	(日)	1	2	0	0	0	0	0	0	0	0	0	0	.000	8	1.3	2	1	0	0	1	0	0	0	0	5	5	45.00
杉山 直久	(神)	1	1	0	0	1	0	0	0	0	0	0	0	.000	15	3.1	3	1	0	0	2	1	3	0	0	3	3	8.10
鈴木 啓示	(近)	2	6	3	0	2	1	0	3	2	0	0	0	.600	147	37.2	33	1	3	0	6	2	25	1	0	9	8	1.89
鈴木 平	(オ)	2	7	0	3	0	0	0	1	0	3	—	—	1.000	33	9.1	3	1	0	0	3	0	10	1	0	2	2	1.93
*鈴木 隆	(洋)	1	2	0	0	2	0	0	0	0	0	0	0	.000	20	5.1	3	1	0	0	2	0	0	0	0	2	2	3.00
*鈴木 孝政	(中)	2	7	0	1	3	0	0	0	2	1	—	—	.000	106	27.2	22	2	3	0	3	1	15	1	0	6	5	1.61
鈴木 哲	(武)	1	1	0	0	0	0	0	0	0	0	0	0	.000	11	2	3	1	1	0	0	1	1	0	0	2	1	4.50
鈴木康二朗	(ヤ)	1	2	0	0	0	0	0	0	2	0	0	0	.000	36	8	9	1	1	0	(1)4	1	3	0	0	9	9	10.13
鈴木 義広	(中)	4	7	0	1	0	0	0	1	0	0	0	1	1.000	39	9.2	9	1	1	0	1	0	8	0	0	1	1	0.93
須田 幸太	(ディ)	1	1	0	0	0	0	0	0	0	0	0	0	.000	3	1	0	0	0	0	0	0	0	0	0	0	0	0.00
*砂田 毅樹	(ディ)	1	5	0	1	0	0	0	0	1	0	1	2	1.000	10	3	1	0	0	0	0	0	3	0	0	0	0	0.00
*角 三男	(巨)	2	3	0	3	0	0	0	0	0	0	0	0	.000	16	3.1	4	0	0	0	2	0	3	0	0	1	1	2.70
*セラフィニ	(ロ)	1	1	0	0	1	0	0	1	0	0	0	0	1.000	22	5.1	5	0	0	0	3	0	3	0	0	2	2	3.38
*関口 伊織	(近)	2	4	0	0	0	0	0	0	0	0	0	0	.000	20	3.2	5	0	0	0	3	1	6	0	0	4	4	9.82
関本四十四	(巨)	2	4	1	1	1	0	0	1	0	—	—	—	1.000	52	14	8	0	1	0	(1)3	0	4	0	0	1	1	0.64
攝津 正	(ソ)	4	6	0	2	3	0	0	2	0	1	1	1	1.000	85	20.1	19	0	0	0	7	0	26	1	0	8	8	3.54
千賀 滉大	(ソ)	5	7	0	0	5	0	0	3	1	0	1	1	.750	125	32	18	3	0	0	12	0	23	1	0	7	6	1.69
外木場義郎	(広)	1	1	1	0	1	0	0	0	1	—	—	—	.000	88	21.1	19	3	0	0	5	1	19	0	0	7	7	3.00
空谷 泰	(中)	1	1	0	1	0	0	0	0	0	0	0	0	.000	3	1	0	0	0	0	0	0	0	0	0	0	0	0.00
宣 銅烈	(中)	1	1	0	1	0	0	0	0	0	0	0	0	.000	4	0.2	2	0	0	0	0	0	1	0	1	0	0	0.00
ダルビッシュ有	(日)	3	5	1	0	4	0	0	3	2	0	0	0	.600	143	35.1	29	1	4	2	(1)12	1	43	1	0	8	8	2.04
*髙木 京介	(巨)	2	5	0	1	0	0	0	0	1	0	0	1	1.000	12	3	3	1	0	0	0	0	3	1	0	1	1	3.00
*髙木 康成	(巨)	1	1	0	0	0	0	0	0	0	0	0	0	.000	6	1.1	2	0	0	0	1	0	0	0	0	0	0	0.00
髙津 臣吾	(ヤ)	4	11	0	10	0	0	0	0	2	8	—	—	1.000	64	16.2	10	0	0	0	4	0	19	0	0	0	0	0.00
髙梨 裕稔	(日)	1	1	0	0	0	0	0	0	0	0	0	0	.000	22	5	2	0	0	0	5	0	2	0	0	0	0	0.00
*髙梨 雄平	(ヤ)	1	2	0	0	0	0	0	0	0	0	0	0	.000	6	1.1	1	0	0	0	0	1	1	0	0	1	1	6.75
髙野 光	(ヤ)	1	1	0	0	1	0	0	0	0	0	0	0	.000	24	5.1	5	0	0	0	3	1	0	0	0	3	3	5.06
*髙橋 聡文	(中)	3	6	0	1	0	0	0	0	0	0	1	2	1.000	23	7	2	0	0	0	2	1	4	0	0	0	0	0.00
髙橋 明	(巨)	4	10	2	2	2	0	0	3	0	—	—	—	1.000	155	37	37	9	1	0	9	0	16	1	0	17	15	3.65
髙橋栄一郎	(巨)	1	1	0	0	0	0	0	0	0	0	0	0	.000	11	3	0	0	0	0	0	0	0	0	0	0	0	0.00
*髙橋 一三	(日)	8	18	6	2	6	0	1	5	4	—	—	—	.556	424	98	82	9	4	2	(6)46	4	68	3	0	40	35	3.21
髙橋 功一	(オ)	1	1	0	0	1	0	0	0	0	0	0	0	.000	14	2.2	3	0	0	0	1	0	2	1	0	2	1	3.38
髙橋 里志	(巨)	1	3	0	1	0	0	0	0	0	0	0	0	.000	15	3.2	2	0	0	0	0	0	3	0	0	1	1	4.50
髙橋 純平	(ソ)	1	1	0	0	0	0	0	0	0	0	0	0	.000	4	0.1	0	0	0	0	0	0	0	0	0	3	3	81.00
髙橋 直樹	(武)	3	6	0	0	6	0	0	0	3	0	0	0	.000	96	23.2	18	5	0	0	5	0	15	0	0	15	11	4.67
*髙橋 尚成	(巨)	4	5	1	0	4	1	1	2	2	0	0	0	.500	116	29.1	19	3	0	0	7	0	31	0	0	12	12	3.68
*髙橋 優貴	(巨)	2	2	0	0	2	0	0	0	0	0	0	0	.000	19	3.2	4	1	0	0	4	0	2	0	0	3	3	7.36
髙橋 良昌	(巨)	1	1	0	0	0	0	0	0	0	0	0	0	.000	9	2.1	2	0	0	0	0	0	3	0	0	1	1	4.50
髙橋 礼	(ソ)	3	6	0	0	1	0	0	0	0	4	4	1.000		36	10	3	0	0	0	3	1	9	0	0	2	2	1.80
*髙宮 和也	(神)	1	2	0	0	0	0	0	0	0	0	0	0	.000	5	1	1	0	0	0	3	1	0	0	0	2	2	18.00
高柳 出己	(近)	1	2	0	0	0	0	0	0	0	0	0	0	.000	5	1	2	0	0	0	0	0	1	0	0	0	0	0.00
宅和 本司	(南)	1	3	0	0	2	0	0	0	0	—	—	—	.000	38	7	14	2	0	1	(1)6	0	1	0	0	7	6	7.71
*田口 麗斗	(巨)	2	3	0	0	0	0	0	0	0	0	0	0	.000	17	3.2	4	0	0	0	2	0	1	0	0	4	4	9.82
*竹下 潤	(武)	1	4	0	1	0	0	0	0	0	0	0	0	.000	16	4	3	0	0	0	0	0	4	0	0	3	3	6.75
武田 一浩	(中)	1	1	0	0	1	0	0	0	0	0	0	0	.000	27	6	6	1	1	0	2	0	4	0	0	4	3	4.50
武田 翔太	(ソ)	4	8	0	1	2	0	0	2	2	0	0	0	.500	106	27.2	17	3	1	0	10	1	16	0	0	5	3	0.98
武田 久	(日)	4	10	1	0	6	0	0	0	0	0	0	0	1.000	55	13.1	15	2	1	0	3	0	5	0	0	4	4	2.70
*竹田 和史	(日)	1	3	0	0	0	0	0	0	0	0	0	0	.000	15	4	3	0	0	0	2	0	3	0	0	4	4	9.82
*武田 勝	(日)	4	6	0	0	6	0	0	1	4	0	0	0	.200	112	27	30	3	4	0	(1)3	1	18	0	0	15	14	4.67
田沢 芳夫	(日)	1	1	0	0	0	0	0	0	0	0	0	0	.000	7	1	3	1	0	0	2	0	0	0	0	2	2	18.00
多田野数人	(日)	1	1	0	0	0	0	0	0	0	0	0	0	.000	3	0.1	0	0	0	0	2	0	0	0	0	0	0	0.00
橘 健治	(近)	2	2	0	0	2	0	0	0	0	0	0	0	.000	12	3	3	0	0	0	0	0	1	0	0	0	0	0.00
館山 昌平	(ヤ)	1	1	0	0	1	0	0	0	0	0	0	0	.000	17	3	4	0	0	0	4	0	3	1	0	5	4	12.00
建山 義紀	(日)	1	2	0	0	0	0	0	0	0	0	0	0	.000	22	4.1	4	0	0	0	(1)4	2	3	0	0	3	3	6.23
*田中健二朗	(ディ)	1	1	0	0	0	0	0	0	0	0	0	0	.000	5	0.2	2	0	0	0	0	0	0	0	0	3	3	40.50
田中 勉	(西)	1	4	1	0	2	0	0	1	1	—	—	—	.500	44	8.1	13	3	1	0	7	0	7	0	0	7	7	7.00
田中 将大	(楽)	1	3	2	1	0	0	1	1	0	1	—	—	.500	78	19	17	2	0	0	(1)4	1	21	1	0	6	5	2.37

日本シリーズ・ライフタイム

選手名	チーム	年数	試合	完投	交代完了	試合当初	無失点勝	無四球試	勝利	敗北	セーブ	ホールド	HP	勝率	打者	投球回	安打	本塁打	犠打	犠飛	四球	死球	三振	暴投	ボーク	失点	自責点	防御率
谷　良治	(急)	1	1	0	1	0	0	0	0	0	—	—		.000	6	2	1	0	0	0	0	0	0	0	0	0	0	0.00
谷中　真二	(武)	1	2	0	2	0	0	0	0	0	—	—		.000	6	1.1	1	0	0	0	1	0	0	0	0	1	1	6.75
谷村　智啓	(急)	1	2	0	0	0	0	0	0	0	—	—		.000	8	2	3	1	0	0	0	2	0	0	1	1	4.50
谷元　圭介	(日)	2	5	0	1	0	0	0	0	1	0	1		2	1.000	29	7	5	0	0	0	4	0	1	0	0	1	1	1.29
種部　儀康	(巨)	2	2	0	1	0	0	0	0	0	—	—		.000	12	2.2	3	0	1	0	1	0	1	0	0	1	1	3.00
田之上慶三郎	(ダ)	1	3	0	0	1	0	0	0	0	—	—		.000	30	7	7	1	2	0	(1)3	0	5	0	0	2	2	2.57
田畑　一也	(ヤ)	1	1	0	0	1	0	0	0	0	—	—		.000	8	1	5	1	0	0	0	1	1	0	0	5	3	27.00
＊チェン(陳偉殷)	(中)	2	4	0	0	4	0	0	0	0	—	—		.500	110	28	21	0	5	0	5	1	23	0	0	8	8	2.57
張　誌家	(武)	2	4	0	0	2	0	0	0	2	0	—	—		.000	33	6.1	11	4	1	0	4	0	5	0	0	10	10	14.21
津田　恒実	(広)	1	5	0	5	0	0	0	1	0	1	—	—	1.000	21	5.1	3	0	0	0	1	0	4	0	0	1	1	1.71
鶴田　泰	(中)	1	1	0	0	0	0	0	0	0	—	—		.000	3	0.1	1	0	0	0	0	0	0	0	0	1	1	27.00
デニー(友利結)	(武)	2	6	0	0	0	0	0	0	0	—	—		.000	25	6	3	0	1	0	4	0	5	0	0	1	0	0.00
デラロサ	(巨)	1	2	0	0	0	0	0	0	0	—	—		.000	10	3	2	0	0	0	2	0	3	0	0	1	1	3.00
寺原　隼人	(ソ)	1	1	0	1	0	0	0	0	0	—	—		.000	3	0.1	2	0	0	0	0	0	1	0	0	0	0	0.00
＊トーマス	(日)	1	1	0	0	0	0	0	0	0	—	—		.000	3	0.1	1	0	0	0	0	0	1	0	0	0	0	0.00
ドミンゴ	(中)	1	2	0	0	2	0	0	0	0	—	—		.000	31	7.2	8	2	0	0	0	0	5	0	1	8	6	7.04
東野　峻	(巨)	2	4	0	0	1	0	0	0	0	—	—		.000	29	6.2	7	0	0	0	5	0	7	0	0	5	5	6.75
戸叶　尚	(横)	1	1	0	0	0	0	0	0	0	—	—		.000	12	2	3	0	2	0	3	0	1	0	0	3	3	13.50
戸川　一郎	(南)	1	3	0	2	1	0	0	2	1	—	—		.667	52	14	11	0	3	0	(1)2	0	6	0	0	2	2	1.29
徳永喜久夫	(中)	1	1	0	1	0	0	0	0	0	—	—		.000	17	3	6	0	0	0	3	0	3	0	0	3	2	6.00
戸郷　翔征	(巨)	2	4	0	0	2	0	0	0	0	—	—		.000	29	6.1	5	1	0	1	3	0	9	0	0	6	2	2.84
戸田　善紀	(急)	4	11	0	4	0	0	0	1	1	—	—		.500	80	21.1	10	6	0	1	6	0	18	0	0	7	7	3.00
富永　格郎	(東)	1	3	0	1	0	0	0	0	0	—	—		.000	22	6	4	0	1	0	0	1	4	0	0	3	3	4.50
豊田　清	(巨)	5	12	0	7	1	0	0	0	0	1	3	2	2	.000	64	15.2	14	1	1	0	5	0	16	0	0	5	5	2.87
豊田　次郎	(オ)	1	2	0	0	0	0	0	0	0	—	—		.000	10	2	3	0	0	1	1	0	0	0	0	2	2	9.00
＊土肥　義弘	(武)	1	2	0	0	0	0	0	0	0	—	—		.000	5	1.1	1	1	0	0	0	0	1	0	0	1	1	6.75
堂上　照	(武)	1	4	0	0	0	0	0	0	0	—	—		.000	12	2.1	3	0	0	1	1	2	1	1	0	1	1	4.50
土橋　正幸	(東)	1	6	0	4	2	0	0	2	1	—	—		.667	83	20.2	20	0	0	1	(1)3	1	12	0	0	8	4	1.71
ナイト	(ダ)	1	2	0	0	1	0	0	0	0	—	—		.000	20	5	3	0	0	0	3	0	4	0	0	3	3	5.40
＊中尾　碩志	(巨)	4	8	0	4	2	0	0	1	2	—	—		.333	105	28	15	2	2	0	4	3	15	0	0	6	6	1.93
＊中川　皓太	(巨)	2	4	0	2	0	0	0	0	0	—	—		.000	13	4.1	3	0	0	0	1	0	2	0	0	0	0	0.00
中川　隆	(毎)	1	1	0	0	0	0	0	0	0	—	—		.000	3	1	0	0	0	0	0	0	0	0	0	0	0	0.00
中崎　翔太	(広)	2	6	0	5	0	0	0	0	0	1	1		.000	26	5.1	5	2	1	0	(1)4	1	7	0	0	5	5	8.44
中里　篤史	(中)	1	2	0	0	0	0	0	0	0	—	—		.000	5	1.1	1	0	0	0	0	0	2	0	0	1	1	6.75
＊中澤　雅人	(ヤ)	1	2	0	0	0	0	0	0	0	—	—		.000	6	1.1	1	0	0	0	1	0	1	0	0	0	0	0.00
中田　賢一	(ソ)	5	5	0	0	5	0	0	1	2	—	—		.333	113	24.2	24	4	4	2	12	3	19	0	1	17	16	5.84
中田　廉	(広)	1	2	0	0	0	0	0	0	0	1	2	—	—	.000	9	2	1	1	0	0	2	0	0	0	0	1	1	4.50
＊中谷　信夫	(南)	3	6	0	0	2	0	0	0	0	—	—		.000	55	11.1	17	2	2	—	7	0	2	0	0	11	10	7.50
中田　良弘	(日)	1	2	0	0	0	0	0	0	0	—	—		.000	10	1.1	5	1	0	0	1	0	0	0	0	4	4	27.00
中西　勝己	(毎)	1	3	1	2	0	0	0	0	0	—	—		.000	47	12	9	2	1	0	3	1	6	0	0	2	2	1.50
中西　清起	(神)	1	2	0	0	0	0	0	1	0	—	—		.000	11	3	2	0	0	0	1	0	3	0	0	0	0	0.00
中原　宏	(南)	3	6	0	0	3	0	0	0	0	—	—		.000	72	17	18	1	3	—	6	0	1	2	0	10	9	4.76
中村　大成	(南)	2	8	0	0	3	0	0	0	0	—	—		.000	130	31.2	28	4	2	1	(1)9	2	14	0	0	10	8	2.25
中村　勝	(日)	1	1	0	1	0	0	0	0	0	—	—		.000	25	7	5	0	2	0	0	0	3	0	0	0	0	0.00
中村　稔	(巨)	4	10	0	6	3	0	0	0	0	—	—		.333	133	32.2	30	4	5	2	7	1	19	0	0	13	11	3.00
中村　祐太	(広)	1	1	0	0	0	0	0	0	0	—	—		.000	5	1	1	0	0	0	0	0	1	0	0	0	0	0.00
中山　孝一	(南)	1	2	0	0	0	0	0	0	0	—	—		.000	19	4	3	1	0	1	4	0	4	0	0	3	3	6.75
中山　裕章	(中)	1	1	0	0	0	0	0	0	0	—	—		.000	3	1	0	0	0	0	0	0	0	0	0	0	0	0.00
＊永射　保	(武)	4	13	0	1	0	0	0	0	2	—	—		1.000	21	4.1	4	0	0	0	(1)4	0	6	0	0	2	2	4.15
永井　智浩	(ダ)	2	3	0	0	3	0	0	1	1	—	—		.500	47	11.2	5	0	0	0	8	2	2	0	0	6	6	4.63
長冨　浩志	(ダ)	2	3	0	0	2	0	0	1	1	—	—		.500	44	11	10	0	2	0	3	0	4	0	0	2	2	1.64
成重　春生	(ロ)	1	2	0	0	0	0	0	1	0	—	—		1.000	6	2	0	0	0	0	0	0	0	0	0	0	0	0.00
成田　文男	(日)	3	5	0	0	3	0	0	0	1	—	—		.000	70	14.2	16	9	2	0	(1)9	0	12	0	0	16	13	7.80
＊成瀬　善久	(ロ)	1	1	0	0	1	0	0	1	0	—	—		1.000	43	11	9	2	2	0	2	0	13	0	0	4	4	3.27
＊ニューマン	(ヤ)	1	3	0	0	1	0	0	1	0	—	—		1.000	14	3.1	3	0	0	0	1	0	2	0	0	1	0	0.00
新美　敏	(広)	1	2	0	0	0	0	0	0	0	—	—		.000	8	2	3	0	0	0	0	0	0	0	0	0	0	0.00
新山　彰忠	(中)	3	5	0	3	0	0	0	1	0	—	—		1.000	28	8	4	0	1	0	2	0	7	0	0	1	1	1.13
＊新浦　寿夫	(巨)	3	5	0	3	1	0	0	1	0	—	—		.000	51	12	12	1	1	2	3	0	9	0	0	6	5	3.75
西井　哲夫	(ヤ)	1	2	0	0	0	0	0	0	0	—	—		.000	42	9	13	3	0	0	1	0	6	0	0	8	8	8.00
西岡　三四郎	(南)	1	2	0	1	1	0	0	0	0	—	—		.000	17	3	4	1	0	0	0	0	3	0	0	2	2	6.00
西口　文也	(武)	5	7	2	0	5	0	0	0	5	—	—		.000	160	37.2	29	3	4	1	(2)19	0	33	1	0	17	17	4.06
西崎　幸広	(武)	1	2	0	0	2	0	0	0	0	—	—		.000	7	1.2	0	0	0	0	1	0	1	0	0	0	0	0.00
＊西原　恭治	(西)	1	1	0	0	0	0	0	0	0	—	—		.000	1	0＋	1	0	0	0	0	0	0	0	0	1	1	—
西村健太郎	(巨)	3	11	0	5	0	0	0	1	2	1	2	3	.333	52	11.2	14	2	4	0	7	0	6	0	0	5	5	3.86
西村　貞朗	(西)	3	8	0	1	3	0	0	0	2	—	—		.000	103	23	27	3	1	0	7	3	16	0	0	17	15	5.87
西村　龍次	(ヤ)	2	2	0	0	2	0	0	1	1	—	—		.500	52	11.1	11	1	1	0	8	1	2	1	0	6	6	4.76
西本　和人	(武)	1	1	0	0	0	0	0	0	0	—	—		.000	3	1	0	0	0	0	0	0	0	0	0	0	0	0.00
西本　聖	(巨)	3	8	4	0	4	2	1	2	1	—	—		.667	207	53	44	4	0	0	(2)9	2	38	0	0	10	9	1.53
西山　一宇	(巨)	2	5	0	1	0	0	0	1	1	—	—		.000	18	4.2	3	0	1	0	1	0	4	1	0	3	3	0.00
ネルソン	(中)	2	5	0	0	2	0	0	0	1	1			.000	66	16	15	1	0	0	(1)3	0	18	0	0	5	3	1.69

選手名	チーム	年数	試合	完投	交代完了	試合当初	無失点勝	無四球試	勝利	敗北	セーブ	ホールド	HP	勝率	打者	投球回	安打	本塁打	犠打	犠飛	四球	死球	三振	暴投	ボーク	失点	自責点	防御率
＊能見 篤史	(神)	2	3	0	1	1	0	0	0	0	1	0	0	.000	29	7.2	7	1	1	0	0	0	5	0	)	2	2	2.35
＊野口 茂樹	(中)	1	2	0	0	2	0	0	0	2	0	—	0	0	.000	44	9.2	7	1	0	0	(1)7	0	6	0	)	9	3	2.79
野田 浩司	(オ)	2	4	0	1	2	0	0	1	0	0	—	—	1	1.000	64	16.1	16	2	0	0	3	0	16	1	)	4	4	2.20
野間口貴彦	(巨)	1	1	0	1	0	0	0	0	0	0	—	—	—	.000	7	2	1	0	0	0	0	0	2	0	)	0	0	0.00
野村 収	(神)	1	2	0	1	0	0	0	0	0	0	—	—	—	.000	4	1.1	0	0	0	0	0	0	2	0	)	0	0	0.00
＊野村 貴仁	(オ)	2	7	0	0	0	0	0	0	0	0	—	—	—	.000	16	4	3	0	0	0	(1)4	0	3	2	0	0	0	0.00
野村 武史	(毎)	1	3	2	1	0	0	0	3	0	—	—	1.000		85	21.1	15	0	0	—	6	1	5	0	0	3	1	0.41
＊野村 弘樹	(横)	1	2	0	0	2	0	0	1	1	0	—	—	.500		51	11.2	16	3	1	0	2	0	8	0	0	8	8	6.17
＊野村 祐輔	(広)	2	3	0	0	3	0	0	1	1	0	—	—	.500		63	14.1	14	2	1	0	4	1	13	0	0	8	4	2.51
＊野母 得見	(南)	1	1	0	1	0	0	0	0	0	—	—	—	.000		3	1	0	0	0	0	0	0	0	0	0	0	0	0.00
則本 昂大	(楽)	1	3	0	1	1	0	0	1	0	1	2	.500		59	15	9	2	0	0	3	1	18	0	0	4	4	2.40
＊ハウザー	(楽)	1	2	0	1	1	0	0	0	0	—	—	—	.000		17	3.1	3	0	0	0	4	1	2	0	0	1	1	2.70
バーグマン	(近)	1	2	0	1	1	0	0	0	0	—	—	—	.000		26	6	5	0	1	1	(1)4	0	3	1	0	3	3	4.50
バーネット	(日)	1	5	0	3	0	0	0	0	0	3	—	3	1.000		26	6.2	4	0	1	1	3	0	8	1	0	3	3	4.50
バーネット	(ヤ)	1	2	0	2	0	0	0	0	0	—	—	—	.000		9	2	2	0	1	0	0	1	2	0	0	1	1	4.50
＊バーンサイド	(神)	1	1	0	0	1	0	0	0	1	—	—	—	.000		26	6	8	1	0	0	1	0	4	0	0	3	3	4.50
バッキー	(神)	2	6	1	3	1	0	0	1	1	—	—	.500		101	25.2	21	1	2	1	(1)8	1	20	0	0	6	5	2.08
バリオス	(ソ)	1	2	0	0	2	0	0	0	1	—	—	—	.000		11	3	0	0	1	0	2	0	3	0	0	0	0	0.00
バルデス	(中)	1	2	0	0	2	0	0	0	1	0	—	—	1.000		8	2	2	1	0	0	1	0	2	0	0	1	1	4.50
バンデンハーク	(ソ)	4	5	0	0	5	0	0	0	0	—	—	.667		109	28.1	23	3	1	1	4	0	38	0	0	11	9	2.86
バウエル	(近)	1	2	0	0	2	0	0	0	2	0	—	—	.000		36	7	10	1	3	0	4	1	5	0	0	7	7	9.00
パットン	(ディ)	1	5	0	1	0	0	0	0	0	1	3	3	.000		16	3	3	0	1	0	3	0	5	1	0	0	0	0.00
萩原 淳	(日)	1	3	0	0	0	0	0	0	0	—	—	—	.000		11	3	1	0	0	0	2	0	3	0	0	1	0	0.00
＊橋詰 文男	(東)	1	4	0	0	0	0	0	0	0	—	—	—	.000		6	1.2	1	0	0	0	1	0	0	0	0	0	0	0.00
橋本 清	(巨)	1	2	0	0	0	0	0	0	0	—	—	—	.000		15	3.1	4	0	1	0	1	0	3	1	0	0	0	0.00
橋本健太郎	(神)	1	2	0	1	0	0	0	0	0	—	—	—	.000		13	2.1	6	2	0	0	0	0	2	0	0	5	5	19.29
＊橋本 武広	(武)	3	9	0	1	0	0	0	0	0	—	—	—	.000		23	4.1	7	1	0	0	2	0	3	1	0	1	1	2.08
長谷川滋利	(オ)	1	1	0	0	1	0	0	0	0	—	—	—	.000		31	8.1	3	0	0	0	3	0	7	0	0	1	1	1.08
＊長谷部康平	(楽)	1	1	0	0	0	0	0	0	0	—	—	—	.000		11	2	2	0	1	0	(1)3	0	3	0	0	1	1	4.50
畠 世周	(巨)	1	1	0	0	0	0	0	0	0	—	—	—	.000		9	1.2	4	2	0	0	0	0	3	0	0	4	4	21.60
＊畑 隆幸	(西)	2	4	0	2	0	0	0	0	0	—	—	—	.000		20	4.1	6	0	2	0	1	0	4	0	0	4	4	7.20
服部 武夫	(南)	2	5	0	2	2	0	0	1	1	—	—	.500		103	25.2	19	2	2	—	11	0	8	0	0	8	7	2.42
＊濱口 遥大	(ディ)	1	2	0	0	2	0	0	0	0	0	—	—	.000		28	7.2	2	0	1	0	2	1	7	1	0	0	0	0.00
＊林俊彦(林俊宏)	(南)	3	5	1	2	0	0	0	1	0	—	—	1.000		59	15	11	1	2	1	4	1	6	0	0	6	6	3.60
＊林 昌範	(日)	1	5	0	0	0	0	0	0	0	—	—	—	.000		13	3	2	0	1	0	0	0	1	0	0	0	0	0.00
祓川 正敏	(南)	2	3	0	0	0	0	0	0	0	—	—	—	.000		14	2	5	0	1	0	0	0	0	0	0	4	3	13.50
ビエイラ	(巨)	1	2	0	1	0	0	0	0	0	—	—	—	.000		10	2.2	1	0	0	0	2	0	5	0	0	0	0	0.00
東尾 修	(武)	6	18	0	10	5	0	0	5	3	4	—	.625		298	75.1	68	8	8	0	(1)14	0	39	1	0	20	15	1.79
東浜 巨	(ソ)	3	4	0	0	3	0	0	1	0	—	—	.000		70	17.2	14	3	2	0	7	0	18	0	0	6	6	3.06
久本 祐一	(中)	4	7	0	4	0	0	0	0	0	—	—	—	.000		22	6.2	1	1	1	0	(1)1	9	1	0	1	1	1.35	
平井 正史	(中)	7	13	0	4	0	0	0	1	2	1	1	2	.333	71	15	20	6	1	0	6	0	9	0	0	10	10	6.00
＊平岡 一郎	(ロ)	1	4	0	0	0	0	0	0	0	—	—	—	.000		7	2.1	0	0	0	0	1	0	2	0	0	0	0	0.00
平田 真吾	(ディ)	1	1	0	0	0	0	0	0	0	—	—	—	.000		9	2	2	0	0	0	1	0	1	0	0	0	0	0.00
＊平松 一宏	(巨)	1	2	0	1	0	0	0	0	0	—	—	—	.000		9	2	2	0	0	0	1	0	2	0	0	1	1	4.50
廣田 浩章	(ヤ)	3	6	0	1	0	0	0	0	0	—	—	—	.000		23	6	4	1	1	0	2	0	2	0	0	3	3	4.50
ファルケンボーグ	(ソ)	1	5	0	2	0	0	0	0	0	2	3	3	.000	20	6.1	1	0	0	0	1	0	10	0	0	0	0	0.00
＊フランスア	(広)	1	4	0	0	0	0	0	0	0	1	1	1	.000	27	7.2	3	1	1	0	0	0	6	0	0	1	1	1.17
フレーザー	(オ)	1	4	1	0	0	1	0	0	0	1	1	.000		21	6	2	1	0	1	0	3	0	0	0	0	0	0.00
ブロス	(ヤ)	2	3	0	0	3	0	0	2	0	—	—	1.000		80	20	15	1	2	0	9	0	13	0	0	3	2	0.90
福士 敬章	(広)	3	7	2	0	2	0	0	2	1	—	—	.667		149	36	32	4	4	0	(4)15	1	25	—	0	11	11	2.75
福田 聡志	(巨)	1	3	0	0	0	0	0	0	0	2	2	.000		12	2.2	2	0	1	0	0	0	0	0	0	0	0	0.00
福原 忍	(神)	3	4	0	0	0	0	0	0	0	1	1	.000		30	8	6	0	0	0	2	1	7	0	0	1	1	1.13
＊福間 納	(神)	1	3	0	1	0	0	0	1	1	—	—	.500		27	7	5	1	2	0	(1)2	0	3	0	0	2	2	2.57
福盛 和男	(横)	1	1	0	0	0	0	0	0	0	—	—	—	.000		7	1.2	1	0	0	0	0	0	1	0	0	0	0	0.00
＊藤井 秀悟	(日)	2	2	0	0	2	0	0	0	1	—	—	.000		54	12.2	11	1	3	0	(1)5	1	5	0	0	5	5	3.55
藤井 将雄	(ダ)	1	2	0	0	0	0	0	0	0	—	—	—	.000		9	2	3	0	1	0	0	0	0	0	0	0	0	0.00
藤江 清志	(中)	1	3	2	0	0	0	0	0	0	—	—	—	.000		31	8.2	3	0	2	—	4	0	2	0	0	1	1	1.00
藤川 球児	(神)	3	4	0	0	0	0	0	0	0	—	—	—	.000		13	3	2	0	0	0	1	0	4	0	0	3	3	9.00
藤沢 公也	(中)	1	1	0	0	0	0	0	0	0	—	—	—	.000		10	1	3	0	0	0	(1)3	0	1	0	0	5	5	45.00
藤田 元司	(巨)	5	17	0	3	7	1	0	2	6	—	—	.250		306	74.2	62	7	6	3	(2)29	1	37	1	0	33	22	2.64
藤浪晋太郎	(神)	1	1	0	0	1	0	0	0	0	—	—	—	.000		27	5.2	7	0	2	0	6	2	6	0	0	3	3	4.76
藤本 幸二	(武)	1	3	0	0	0	0	0	0	0	—	—	—	.000		13	3	4	0	0	0	0	0	2	0	0	2	2	6.00
藤本 英雄	(巨)	3	7	3	0	4	2	1	4	2	—	—	.667		181	45	43	3	1	0	9	0	19	0	0	15	10	2.00
＊古谷 拓哉	(ロ)	1	4	0	0	0	0	0	0	0	1	1	.000		14	3	3	1	0	0	2	0	3	0	0	2	2	6.00
ヘーゲンズ	(広)	1	2	0	0	0	0	0	0	0	1	1	.000		10	2.1	0	0	1	0	4	2	0	0	0	0	0	0.00
ヘルウェグ	(ダ)	1	4	0	0	0	0	0	0	0	—	—	—	.000		12	2.1	0	0	0	0	(1)3	2	1	0	0	0	0	0.00
ペドラザ	(ダ)	2	5	0	0	0	0	0	0	0	3	—	3	.000		17	5.1	2	0	0	0	1	0	6	0	0	2	2	3.38
ペ	(ロ)	1	1	0	0	1	0	0	1	0	0	—	—	1.000	23	5.1	5	0	0	0	2	1	2	0	0	2	2	3.38
別所 毅彦	(巨)	7	22	6	6	5	2	0	7	5	—	—	.583		397	100.2	91	10	8	1	16	0	39	0	1	37	27	2.41

日本シリーズ・ライフタイム

選手名	チーム	年数	試合数	完投	交代完了	試合当初	無失点勝	無四球試	勝利	敗北	セーブ	ホールド	HP	勝率	打者	投球回	安打	本塁打	犠打	犠飛	四球	死球	三振	暴投	ボーク	失点	自責点	防御率
ホールトン	巨	3	3	0	0	3	0	0	1	1	0	0	0	.500	54	10.2	16	2	1	0	9	1	5	1	0	10	10	8.44
ホッジス	ヤ	1	1	0	0	1	0	0	0	1	0	0	0	.000	20	4.2	4	0	1	0	1	1	5	0	0	2	2	3.86
*帆足 和幸	武	2	3	0	0	3	0	0	0	1	0	0	0	.000	62	13.2	15	0	1	1	5	3	6	0	0	6	5	3.29
星野 順治	ダ	1	3	0	0	1	0	0	1	0	0	—	—	1.000	42	10.2	8	1	0	0	(1)3	0	4	1	0	2	2	1.69
星野 仙一	中	1	3	0	2	0	0	0	1	2	0	—	—	.333	39	9	9	1	2	0	3	2	4	0	0	6	5	5.00
*星野 智樹	武	2	5	0	0	0	0	0	1	0	0	1	2	1.000	13	3.1	1	0	0	0	0	2	4	0	0	0	0	0.00
*星野 伸之	オ	2	4	0	0	3	0	0	0	1	0	—	—	.000	53	12.1	12	1	2	0	4	1	12	0	0	4	4	2.92
*星野 秀孝	中	1	2	0	1	0	0	0	0	0	0	—	—	.000	8	2	2	0	0	0	(1)1	0	0	0	0	0	0	0.00
堀内 庄	巨	4	11	1	5	2	0	0	1	1	—	—	—	.500	196	49.2	41	6	5	1	10	0	31	1	0	16	15	2.70
堀内 恒夫	巨	10	27	7	8	11	2	0	11	5	0	—	—	.688	573	140.1	108	9	6	2	(4)61	2	82	3	0	50	45	2.89
堀本 律雄	巨	1	3	1	0	2	0	0	0	2	0	—	—	.000	90	24.1	15	5	1	0	6	1	17	1	0	9	8	2.88
本間 勝	神	1	1	0	0	1	0	0	0	0	0	—	—	.000	8	1.1	3	0	1	0	2	0	0	0	0	1	1	9.00
MICHEAL(中村)	日	1	4	0	4	0	0	0	0	0	3	0	0	.000	12	4	0	0	0	0	3	0	3	0	0	0	0	0.00
*マーフィー	ロ	1	1	0	1	0	0	0	0	1	0	—	—	.000	13	1.1	6	0	0	0	3	0	2	0	0	7	4	27.00
マ シ ソ ン	巨	3	7	0	3	0	0	0	1	0	2	2	3	1.000	26	6.1	1	0	0	0	6	0	10	0	0	1	1	1.42
マ リ オ	巨	1	1	0	1	0	0	0	0	0	0	—	—	.000	3	1	1	0	1	0	0	0	3	0	0	0	0	0.00
*前川 勝彦	近	1	4	0	1	1	0	0	0	1	0	—	—	.000	39	7.2	8	0	1	0	7	2	4	1	0	3	3	3.52
*前田 浩継	ヤ	1	1	0	0	1	0	0	0	1	0	—	—	.000	20	6	2	1	1	0	1	0	5	0	0	1	1	1.50
*前田 康雄	ロ	1	1	0	0	1	0	0	0	0	0	—	—	.000	3	0.1	3	0	0	0	1	0	0	0	0	2	2	54.00
*前田 幸長	巨	2	2	0	0	1	0	0	0	1	0	—	—	.000	8	1.2	3	0	0	0	1	0	1	0	0	2	2	10.80
牧 勝彦	神	1	2	0	2	0	0	0	0	0	0	—	—	.000	7	2	0	0	1	0	1	0	3	0	0	0	0	0.00
牧 憲二郎	急	1	3	0	1	0	0	0	0	0	0	—	—	.000	17	4.2	2	0	0	0	1	0	3	0	0	1	1	1.93
横原 寛己	巨	7	9	3	1	4	2	0	3	3	0	—	—	.500	201	51.2	40	4	7	0	(1)11	1	46	1	0	15	15	2.61
*間柴 茂有	日	1	2	0	0	2	0	0	0	2	0	—	—	.000	45	10	15	1	0	1	2	1	4	0	0	5	5	4.50
増井 浩俊	日	2	6	0	2	2	0	0	0	1	0	1	1	.000	56	13.1	13	0	2	0	3	0	9	2	0	7	4	2.70
*益田 昭雄	巨	2	4	1	0	0	1	1	1	0	—	—	—	1.000	47	13.1	7	0	1	0	0	0	8	0	0	0	0	0.00
松岡 健一	ヤ	1	2	0	1	0	0	0	0	0	0	0	0	.000	10	3	2	1	0	0	0	0	3	0	0	1	1	3.00
松岡 弘	ヤ	1	4	1	2	1	0	0	2	0	—	—	—	1.000	79	18.2	20	3	1	0	5	0	11	2	0	6	6	2.84
松坂 大輔	武	2	5	0	0	3	0	0	1	3	0	—	—	.250	99	20.1	23	3	3	0	9	6	21	0	0	18	17	7.52
*松本 清	巨	1	1	0	0	1	0	0	1	0	0	—	—	1.000	25	7	4	0	1	—	0	0	3	0	0	1	1	1.29
松田 遼馬	神	1	1	0	1	0	0	0	0	0	0	0	0	.000	3	1	1	0	0	0	1	0	1	0	0	0	0	0.00
松沼 博久	武	6	11	0	1	10	0	0	3	2	0	—	—	.600	196	46.1	37	7	8	1	(4)17	1	29	0	0	20	17	3.30
松沼 雅之	武	5	16	0	4	0	0	0	3	0	0	—	—	1.000	99	25	16	0	3	1	8	1	12	0	0	4	3	1.08
*松本 正志	急	1	1	0	0	1	0	0	0	1	0	—	—	.000	3	0.2	1	1	0	0	1	0	0	0	0	1	1	13.50
松本 裕樹	ソ	1	1	0	0	1	0	0	1	0	0	0	1	1.000	10	2.2	2	0	0	0	0	0	4	0	0	0	0	0.00
*松本 幸行	急	1	3	0	0	1	0	0	1	0	0	—	—	1.000	65	14	20	2	1	0	(1)3	0	4	0	0	8	7	4.50
馬原 孝浩	ソ	1	4	0	3	0	0	0	0	0	0	0	0	.000	18	3.2	6	1	1	0	(1)2	0	1	0	0	2	2	4.91
円子 宏	南	1	1	0	0	1	0	0	0	0	0	—	—	.000	12	3	3	0	0	0	1	0	1	0	0	1	1	3.00
*ミランダ	ソ	1	1	0	0	1	0	0	1	0	0	0	0	1.000	23	5	7	2	1	0	2	0	7	0	0	3	3	5.40
三浦 清弘	南	4	8	0	1	1	0	0	0	1	0	—	—	.000	83	18.2	20	2	2	1	7	2	10	0	0	8	8	3.79
三浦 大輔	横	1	1	0	0	1	0	0	0	1	0	—	—	.000	16	2.1	2	0	0	0	6	0	2	0	0	4	4	7.71
三上 朋也	デ	1	3	0	0	0	0	0	0	0	0	1	1	.000	5	1	2	0	0	0	0	0	1	0	0	1	1	9.00
三澤 興一	近	2	4	0	1	0	0	0	0	0	0	—	—	.000	24	6	4	1	0	0	(2)5	0	3	1	0	2	2	3.00
三沢 淳	中	2	5	0	0	2	0	0	0	2	0	—	—	.000	66	14	16	2	3	0	(3)7	0	11	0	0	8	4	2.57
水谷 孝	急	2	3	0	0	0	0	0	0	0	0	—	—	.000	22	4	8	1	1	0	3	0	1	0	0	4	4	9.00
*水谷 則博	ロ	1	1	0	0	0	0	0	0	0	0	—	—	.000	8	1.1	3	0	0	0	1	0	0	0	0	1	1	6.75
水谷 寿伸	中	1	2	0	0	0	0	0	0	0	0	—	—	.000	12	2.2	3	0	0	0	1	0	0	0	0	1	1	3.00
水野 雄仁	巨	5	10	0	4	1	0	0	0	1	1	—	—	.000	66	16	14	2	4	0	4	0	20	0	0	7	5	2.81
*三瀬 幸司	中	2	3	0	0	0	0	0	0	0	0	0	0	.000	5	1	1	0	0	0	0	0	1	0	0	0	0	0.00
*三井 浩二	武	3	5	0	1	0	0	0	0	0	0	0	0	.000	38	9	7	1	0	0	4	1	4	0	0	4	4	4.00
三井 雅晴	ロ	1	1	0	0	0	0	0	0	0	0	—	—	.000	4	0.2	1	0	0	0	1	0	1	0	0	0	0	0.00
皆川 睦男	南	4	9	0	1	4	0	0	0	4	0	—	—	.000	129	28.2	37	4	3	0	(1)10	0	13	0	0	15	12	3.72
*三平 晴樹	毎	1	2	0	0	1	0	0	0	1	0	—	—	.000	12	2.1	4	0	1	0	0	0	3	0	0	3	1	3.00
美馬 学	楽	1	3	0	2	0	0	0	2	0	0	0	0	1.000	44	11.2	7	0	2	0	3	1	10	0	0	2	2	1.54
宮川 将	楽	1	1	0	0	0	0	0	0	0	0	0	0	.000	1	0+	1	0	0	0	1	0	0	0	0	2	2	—
宮國 椋丞	巨	1	1	0	0	1	0	0	0	0	0	0	0	.000	25	7	3	0	0	0	2	0	4	0	0	0	0	0.00
*都 次郎	中	1	4	0	1	2	0	0	0	1	0	—	—	.000	20	3.2	10	0	1	0	2	0	0	0	0	3	2	4.50
宮田 征典	巨	2	5	0	3	0	0	0	2	1	0	—	—	.667	51	13.2	7	0	0	1	2	0	14	1	0	2	2	1.93
*宮西 尚生	日	3	10	0	2	0	0	0	1	0	0	3	4	1.000	37	9.1	8	0	0	0	3	0	12	0	0	2	2	1.93
*宮本 和知	巨	4	8	0	2	3	0	0	0	2	1	—	—	.000	79	17.1	23	3	1	0	8	0	15	0	0	13	13	6.75
宮本 賢治	ヤ	2	5	0	0	1	0	0	0	0	0	1	1	.000	30	7	5	1	0	0	(1)5	0	7	0	0	3	3	3.86
*宮本 四郎	急	1	1	0	0	0	0	0	0	0	0	—	—	.000	11	2	3	1	0	0	1	0	3	0	0	1	1	4.50
宮本 幸信	広	4	12	0	6	3	0	0	0	3	0	—	—	.000	113	26.2	22	3	1	0	(1)11	2	6	0	0	14	9	3.00
M.ムーア	ソ	1	2	0	0	1	0	0	0	0	0	0	0	.000	24	7	0	0	0	0	4	0	9	0	0	0	0	0.00
*T.ムーア	神	1	2	0	0	1	0	0	0	0	0	—	—	.000	42	10	9	2	2	0	2	0	9	0	0	5	4	5.40
*村上 雅則	日	3	8	0	2	0	0	0	0	0	0	—	—	.000	47	11	11	4	0	0	4	0	9	0	0	9	9	7.36
村田 勝喜	武	1	1	0	0	1	0	0	0	0	0	—	—	.000	6	1	2	0	0	0	1	0	0	0	0	1	1	9.00
*村田 辰美	近	3	8	0	1	1	0	0	0	0	0	—	—	.000	56	13.1	13	4	0	0	8	0	5	0	0	10	10	6.75
村田 兆治	ロ	1	4	1	3	0	0	0	0	1	0	—	—	.000	59	15.1	10	1	1	1	4	0	17	0	0	3	3	1.80
村山 実	神	4	7	1	2	4	1	2	2	5	0	—	—	.286	173	43.2	38	4	7	3	(2)7	0	34	1	0	20	17	3.48

選手名	チーム	年数	試合	完投	交代完了	試合当初	無失点勝	無四球試	勝利	敗北	セーブ	ホールド	H・P	勝率	打者	投球回	安打	本塁打	犠打	犠飛	四球	死球	三振	暴投	ボーク	失点	自責点	防御率
*メ　イ	(巨)	1	2	0	0	2	0	0	1	1	0	—	—	.500	42	9.2	12	1	0	0	1	0	14	0	0	7	5	4.66
メッセンジャー	(神)	1	2	0	0	2	0	0	1	1	0	—	—	.500	61	14.2	15	0	3	1	1	0	14	0	0	3	3	1.84
*メルセデス	(巨)	1	1	0	0	1	0	0	0	0	0	0	0	.000	21	6	1	0	0	0	2	0	3	0	0	0	0	0.00
メンドーサ	(日)	1	2	0	0	1	0	0	0	0	0	0	0	.000	22	6.2	2	0	1	0	2	0	6	0	0	0	0	0.00
*モイネロ	(ソ)	4	14	0	1	0	0	0	0	1	0	7	7	.000	50	13.1	4	1	0	0	6	1	15	0	0	2	2	1.35
モルケン	(日)	1	2	0	1	0	0	0	0	0	0	0	0	.000	13	2.1	5	0	0	0	1	0	2	0	0	2	2	7.71
森　繁和	(武)	4	8	0	4	0	0	0	0	1	1	—	—	.000	38	7.1	11	1	1	0	7	0	3	0	0	6	6	6.14
森　慎二	(武)	4	8	0	4	0	0	0	1	0	0	—	—	1.000	59	13	19	0	0	2	(1) 3	0	13	3	0	13	11	7.62
森　唯斗	(ソ)	6	21	0	11	0	0	0	0	0	5	6	6	.000	82	20	19	2	2	1	5	1	20	3	3	3	3	1.35
森内　壽春	(日)	1	2	0	0	0	0	0	0	0	0	0	0	.000	17	3.2	3	0	0	0	1	0	1	0	0	2	2	4.91
盛田　幸妃	(近)	1	1	0	0	0	0	0	0	0	0	0	0	.000	3	1	0	0	0	0	0	0	1	0	0	0	0	0.00
森中千香良	(南)	4	9	0	5	1	0	0	0	0	1	—	—	.000	57	13	10	1	2	0	8	0	7	0	0	9	6	4.15
*森福　允彦	(ソ)	5	21	0	12	0	0	0	0	0	0	3	3	.000	18	5.1	2	0	0	0	0	0	8	0	0	1	1	0.00
*森山　良二	(武)	2	2	1	1	0	0	0	1	0	0	—	—	1.000	34	10	3	0	0	0	2	0	8	0	0	0	0	0.00
*八木　智哉	(日)	2	2	0	0	2	0	0	1	0	0	—	—	1.000	44	11	11	2	0	0	3	0	5	1	0	3	3	2.45
八木沢荘六	(ロ)	2	4	0	0	0	0	0	0	0	0	—	—	.000	15	3.1	4	0	0	0	1	0	1	0	0	2	1	3.00
安木　祥二	(中)	1	4	0	1	0	0	0	0	0	0	—	—	.000	15	3.1	4	0	0	0	0	0	3	0	0	6	2	6.00
*安田　猛	(ヤ)	1	2	0	0	2	0	0	0	1	0	—	—	.000	45	9	15	2	0	0	2	0	2	0	0	10	8	8.00
安原　達佳	(巨)	3	7	0	4	1	0	0	0	0	0	—	—	.000	32	8.1	6	1	1	0	2	0	3	0	0	3	3	3.00
柳田　豊	(近)	2	6	0	2	0	0	0	1	2	0	—	—	.333	62	15.2	12	3	0	0	2	1	17	0	0	9	9	5.06
矢貫　俊之	(ロ)	1	1	0	0	0	0	0	0	0	0	—	—	.000	5	1	1	0	0	0	0	0	2	0	0	0	0	0.00
薮田　安彦	(ロ)	2	6	0	1	0	0	0	0	0	0	3	3	.000	28	7.2	1	0	1	0	4	0	9	1	0	0	0	0.00
山井　大介	(中)	4	6	0	0	4	0	0	2	2	0	—	—	.500	90	22	18	1	0	0	6	0	19	1	0	7 (1)	7	2.86
山内　新一	(急)	3	5	0	2	1	0	0	1	0	—	—	—	1.000	62	15	11	1	1	0	5	2	8	0	0	4	4	2.40
山沖　之彦	(急)	1	4	0	4	0	0	0	2	0	1	—	—	1.000	43	10.2	7	0	0	0	5	0	8	0	0	1	1	0.84
山口　俊	(巨)	1	1	0	0	0	0	0	1	0	0	0	0	.000	24	6	5	1	1	1	1	1	8	0	0	3	3	4.50
山口　高志	(急)	3	11	1	9	1	0	0	2	2	3	—	—	.500	214	50	35	6	2	1	(3) 28	2	47	0	0	20	20	3.60
山口　哲治	(近)	1	3	0	2	0	0	0	0	0	0	—	—	.000	15	4	4	0	1	0	3	0	0	0	0	1	1	2.25
*山口　鉄也	(巨)	4	14	0	6	0	0	0	1	0	2	7	8	1.000	77	18.1	13	1	1	0	(1) 9	1	14	0	0	2	1	0.49
山崎慎太郎	(近)	2	3	0	2	0	0	0	0	1	0	—	—	.000	45	10.1	12	0	1	0	6	0	3	0	0	4	4	3.48
山﨑　康晃	(ディ)	1	3	0	2	0	0	0	0	0	0	0	0	.000	15	3.1	4	0	1	0	1	0	4	0	0	1	1	2.70
山田　勉	(ダ)	2	3	0	3	0	0	0	0	0	0	—	—	.000	21	4	5	2	0	0	(1) 4	0	6	0	0	6	6	13.50
山田　久志	(急)	7	21	8	5	7	0	0	6	9	1	—	—	.400	534	127.2	122	23	12	4	(5) 36	4	59	0	0	55	50	3.52
*山田　大樹	(ソ)	1	2	0	1	0	0	0	0	0	0	0	0	.000	21	6	3	0	0	0	0	0	3	0	0	4	4	6.00
山田　真実	(近)	1	1	0	0	0	0	0	0	0	0	—	—	.000	6	1	1	0	0	0	1	0	0	0	0	0	0	0.00
山根　和夫	(武)	4	11	3	1	6	0	0	5	1	0	—	—	.833	250	64.2	47	4	2	0	(3) 18	2	31	0	0	17	15	2.09
*山部　太	(ヤ)	2	4	0	1	0	0	0	0	1	0	—	—	.500	23	5.2	4	0	3	0	(1) 2	1	3	0	0	1	1	1.59
山村　宏樹	(近)	1	1	0	0	0	0	0	0	0	0	—	—	.000	6	1.2	1	0	0	0	0	0	0	0	0	1	1	5.40
*山本　和男	(広)	1	1	0	0	0	0	0	0	0	0	—	—	.000	5	1.1	1	0	0	0	0	0	1	0	0	0	0	0.00
*山本　一徳	(日)	1	1	0	0	0	0	0	0	0	0	—	—	.000	4	1.1	0	0	0	0	1	0	0	0	0	0	0	0.00
*山本　樹	(ヤ)	2	6	0	0	0	0	0	0	1	0	—	—	1.000	35	9.2	4	0	0	0	3	1	14	0	0	0	0	0.00
*山本昌(山本昌広)	(中)	5	6	0	0	6	0	0	0	3	0	—	—	.000	128	30.1	32	5	5	0	3	0	23	2	0	20	15	4.45
柚木　進	(南)	4	8	1	2	5	1	0	2	4	0	—	—	.333	157	37.2	36	1	4	0	11	0	8	1	0	16	13	3.08
横川　久則	(武)	1	1	0	0	0	0	0	0	0	0	—	—	.000	12	2	5	0	0	0	1	0	1	0	0	3	3	13.50
横山　道哉	(日)	1	2	0	2	0	0	0	0	0	0	—	—	.000	8	2	2	0	0	0	0	0	0	0	0	0	0	0.00
吉井　理人	(ヤ)	3	7	0	4	2	0	0	0	0	0	—	—	.000	75	17.2	15	3	3	2	(1) 10	0	12	1	0	10	10	5.09
*吉川　光夫	(日)	2	4	0	0	3	0	0	0	3	0	—	—	.000	63	12.2	16	2	4	1	8	1	11	1	0	12	11	7.82
*吉田　修司	(ダ)	4	9	0	2	0	0	0	2	1	0	—	—	1.000	49	10.1	13	1	2	0	7	0	11	0	0	8	8	6.97
*吉野　誠	(神)	1	6	0	1	0	0	0	0	0	0	—	—	1.000	22	6.1	3	0	1	0	1	0	6	0	0	1	1	0.00
*義原　武敏	(巨)	4	10	0	3	3	0	0	1	3	0	—	—	.250	90	20.2	19	4	1	1	5	2	15	0	0	14	12	5.14
吉見　一起	(中)	3	5	0	1	4	0	0	1	1	0	—	—	.500	94	22	26	1	5	1	(1) 4	3	16	0	0	8	8	3.27
*吉見　祐治	(ロ)	1	3	0	0	0	0	0	0	0	0	0	0	.000	12	3	3	1	0	0	0	0	3	0	0	2	2	6.00
与田　順欣	(西)	1	3	0	2	0	0	0	0	0	0	—	—	.000	20	6	1	0	0	0	1	0	3	0	0	0	0	0.00
米田　哲也	(急)	5	14	0	3	7	0	0	2	3	0	—	—	.400	174	38.2	39	8	1	1	(1) 19	1	26	1	0	23	23	5.31
*ライト	(巨)	3	5	0	0	4	0	0	1	2	0	—	—	.333	102	25.2	24	2	4	0	8	0	13	0	0	13	12	4.15
ラジオ	(ダ)	1	1	0	0	1	0	0	0	0	0	—	—	.000	17	2.2	7	1	0	0	2	0	2	0	0	7	7	23.63
リガン	(神)	1	4	0	0	0	0	0	0	0	0	—	—	.000	18	4	5	1	1	0	4	0	4	1	0	2	2	4.50
レマン	(楽)	1	2	0	1	0	0	0	0	0	0	—	—	.000	9	2.1	1	0	0	0	3	1	3	0	0	1	1	3.86
ロマン	(ヤ)	1	3	0	0	0	0	0	0	0	0	0	1	1.000	14	2.2	2	0	0	0	3	0	4	0	0	0	0	0.00
若田部健一	(ダ)	2	3	0	0	0	0	0	0	0	0	—	—	.000	61	12.1	17	4	2	0	3	1	11	0	0	11	11	8.03
若林　忠志	(毎)	1	3	0	0	0	0	0	0	1	0	—	—	.500	100	24.2	19	1	1	—	6	0	3	0	0	9	8	2.88
涌井　秀章	(武)	1	3	0	0	0	0	0	0	0	0	0	0	.000	60	16.1	8	0	0	0	3	1	18	0	0	6	5	2.76
若生　忠男	(武)	3	6	0	2	0	0	0	0	2	0	—	—	.000	69	16	17	1	1	0	7	0	4	0	0	9	8	4.50
若生　智男	(広)	4	6	0	0	0	0	0	0	0	0	—	—	.000	38	9.2	8	0	1	0	4	0	4	0	0	2	2	1.80
渡辺　俊介	(ロ)	2	6	0	0	0	0	0	2	0	0	0	0	1.000	75	20	14	0	1	2	1	3	10	0	0	5	5	2.25
渡辺　省三	(神)	2	5	0	1	0	0	0	0	0	0	—	—	.000	50	13	13	0	1	0	4	0	4	0	0	2	2	1.38
渡辺　泰輔	(南)	2	6	0	1	0	0	0	1	2	0	—	—	.333	86	21.2	19	2	2	0	6	0	12	0	0	7	7	2.86
渡辺　智男	(武)	3	5	0	1	0	0	0	1	1	0	—	—	.500	61	13.1	12	0	1	0	6	0	7	0	0	3	3	1.35
渡辺　伸彦	(オ)	1	4	0	0	0	0	0	0	0	0	—	—	.000	4	1.1	0	0	0	0	1	0	1	0	0	0	0	0.00
渡辺　久信	(武)	10	22	2	4	10	2	0	7	3	0	—	—	.700	368	90.1	69	11	11	4	(1) 30	5	73	6	1	35	31	3.09

日本シリーズ・ライフタイム

選手名	チーム	年数	試合	完投	交代完了	試合当初	無失点勝	無四球試	勝利	敗北	セーブ	ホールド	HP	勝率	打者	投球回	安打	本塁打	犠打	犠飛	四球	死球	三振	暴投	ボーク	失点	自責点	防御率
渡辺　秀一	(ダ)	2	2	0	0	0	0	0	0	0	0	－	－	.000	7	1.1	2	0	0	0	1	0	2	0	0	0	0	0.00
渡辺　秀武	(広)	8	17	0	6	1	0	0	0	0	0	－	－	.000	100	24.2	19	6	0	1	4	1	13	1	0	15	12	4.32
＊渡辺　弘基	(広)	1	3	0	0	0	0	0	0	0	0	－	－	.000	14	3.2	3	0	0	0	1	0	2	0	0	0	0	0.00
＊渡辺　正和	(ダ)	2	5	0	0	0	0	0	1	0	0	－	－	1.000	25	6.2	4	2	0	0	1	0	4	2	0	2	2	2.70
＊和田　　毅	(ソ)	5	7	1	0	6	0	1	2	2	0	0	0	.500	153	40	25	5	5	1	9	0	29	0	0	9	9	2.03

投手として不出場の年がある選手…小野　和幸（'86武）、高橋栄一郎（'64南）、内藤　尚行（'92ヤ）、林俊宏（林俊彦）（'73南）、皆川　睦男（'65南）、安原　達佳（'61巨）

オールスター・ゲーム

バリあつく
バリはげしく
バリしつこく

「バリ」を3回繰り返した「バリバリバリ」というキャッチフレーズ
には、「バリあつく」「バリはげしく」「バリしつこく」戦う決意を
込めています。毎日を頑バリ続ける皆さんにバリ喜んでもらえ
るよう、一戦一戦ねバリ強く戦って参ります。2021シーズンも
「バリあつい声援」をよろしくお願いします。

1951～2019オールスター・ファン投票数および投票方法

1951 － 101,006	1969 － 215,106	1987 － 606,465	2005 － 3,323,900
1952 － 43,310	1970 － 204,111	1988 － 619,414	2006 － 4,888,474
1953 － 262,801	1971 － 396,073	1989 － 547,879	2007 － 4,711,129
1954 － 705,282	1972 － 340,901	1990 － 1,198,754	2008 － 2,593,885
1955 － 1,036,599	1973 － 310,223	1991 － 1,243,315	2009 － 2,575,428
1956 － 338,665	1974 － 393,410	1992 － 1,269,800	2010 － 2,319,013
1957 － 247,737	1975 － 637,581	1993 － 1,425,455	2011 － 2,093,228
1958 － 358,830	1976 － 416,445	1994 － 1,633,509	2012 － 1,976,869
1959 － 171,686	1977 － 565,037	1995 － 2,262,303	2013 － 1,804,181
1960 － 225,557	1978 － 755,259	1996 － 2,368,886	2014 － 1,627,450
1961 － 180,287	1979 － 479,370	1997 － 2,428,073	2015 － 1,904,185
1962 － 156,206	1980 － 527,445	1998 － 2,546,392	2016 － 1,782,821
1963 － 118,707	1981 － 525,404	1999 － 3,726,389	2017 － 2,129,517
1964 － 127,180	1982 － 469,716	2000 － 3,898,377	2018 － 2,132,077
1965 － 183,165	1983 － 566,531	2001 － 3,679,488	2019 － 1,934,801
1966 － 137,902	1984 － 436,521	2002 － 5,851,295	
1967 － 194,971	1985 － 453,671	2003 － 7,309,478	
1968 － 130,720	1986 － 446,555	2004 － 3,960,247	

1951～52……18名連記のはがきで全て郵送。
1953　　……単記のはがきで全て郵送。
1954～55……単記・連記自由ではがき、新聞刷込みまたははがき大用紙の郵送、持込み自由。
1956　　……はがきは単記・連記自由、新聞刷込み用紙は18名連記で何れも郵送。小包は認めず。
1957～70……18名連記ではがき、新聞刷込み用紙何れも郵送。小包は認めず。
1971～72……セ・パ同一守備位置各1、計2名ではがき郵送。
1973～75……セ・パ守備位置任意の各2、計4名ではがき郵送。
1976～86……18名連記（守備、球団、背番号記入方式）ではがき郵送。
1987～89……単記・連記自由（守備、背番号、球団ニックネーム・アルファベット頭文字記入方式）で
　　　　　　はがき郵送。
1990～　……ノミネートマーク方式採用、はがき郵送。
1994～　……球場でノミネートマーク方式用紙の配布、回収。
1996～　……インターネットを通じての投票を開始。
1999～　……パ・リーグのみ指名打者を追加。
2001～　……携帯電話を通じての投票を開始。投手部門を先発・中継・抑えの3人を選ぶ方式に。
2008～　……ファン投票と別に選手間投票で選出。
2010　　……「マツダプレマシープラスワンドリーム」でセ・パ各1人選出。
2011　　……「SKYACTIV TECHNOLOGYプラスワンチャレンジ」でセ・パ各1人選出。
2012　　……「SKYACTIV TECHNOLOGYプラスワンドリーム」でセ・パ各1人選出。
2013, 18, 19…「プラスワン投票」でセ・パ各1人選出。

オールスター・ゲーム

対戦成績（通算パ85勝、セ79勝、11分）

年	月日	球場	(セ) 対戦 (パ)	本塁打	入場者	監督(セ)	監督(パ)
1951 ①	7.4	甲子園	○別 所2－1江 藤●	西沢(セ)	48,671	天知	湯浅
②	7	後楽園	●杉 下4－2米 川○		39,060		
③	8	〃	●藤 本3－4 林○	千葉、飯田、中谷、飯島(パ)	40,378		
1952 ①	7.3	西宮	△松 田2－2スタルヒン△	藤山(セ)	23,139	水原	山本
②	5	後楽園	●別 所1－8川 崎○	飯島(パ)	36,418		
		(7.1、2西宮雨天中止)					
1953 ①	7.1	後楽園	●杉 下0－2 林○		40,638	水原	山本
②	6	甲子園	○大 友2－0川 崎●		33,147		
③	8	中 日	●藤 本0－3川 崎○		20,711		
		(7.4中日、5甲子園、7中日雨天中止)					
1954 ①	7.3	西宮	●長谷川2－5西 村○	藤村(セ)、山内、中西(パ)	32,167	水原	山本
②	4	後楽園	●金 田1－2田 中○		43,727		
1955 ①	7.2	大阪	●西 村0－2米 川○	山内(パ)	30,032	水原	三原
②	3	甲子園	○大 友9－4西 村●	西沢2(セ)、中谷(パ)	33,663		
1956 ①	7.3	後楽園	●別 所0－8島 原○	佃(パ)	32,855	水原	山本
②	4	〃	○中 山2－0梶 本●		28,257		
1957 ①	7.11	中 日	●金 田2－5梶 本○	田宮(セ)、山内(パ)	28,769	水原	三原
②	13	〃	○金 田5－4稲 尾●	宮本(セ)	25,395		
		(7.9、10、12中日雨天中止)					
1958 ①	7.27	平和台	●小 山5－2杉 浦○	榎本(パ)	32,606	水原	三原
②	29	広島	●藤 田3－8米 田○	中西、小玉(パ)	29,580		
1959 ①	7.28	西宮	●北 川0－9杉 浦○	山内(パ)	25,600	水原	三原
②	29	大阪	○村 山6－4杉 浦●	長嶋、中(セ)	27,418		
1960 ①	7.25	川崎	●金 田1－3米 田○	大和田(セ)、山内(パ)	20,768	水原	鶴岡
②	26	後楽園	●金 田5－4土 橋○	長嶋(セ)、半田(パ)	29,439		
③	27	〃	●村 田5－6ミケンズ○	佐藤、ソロムコ、巽(セ)、張本(パ)	29,405		
1961 ①	7.18	中 日	●森 滝0－3杉 浦○	広瀬(パ)	24,452	三原	鶴岡
②	19	甲子園	●金 田2－4久 保田○		33,635		
1962 ①	7.24	平和台	●権藤博0－7稲 尾○	ブルーム、山内(パ)	29,216	川上	水原
②	26	広島	●大 石4－5尾 崎○	王、江藤、張本2(パ)	27,083		
1963 ①	7.22	後楽園	○秋 山6－4稲 尾●	王、近藤和(セ)	29,537	藤本	水原
②	23	東京	○稲 山11－9米 田●	長嶋、藤井、王、榎本2、高倉、小玉(パ)	29,119		
③	24	神宮	○小 山8－5久 保●	マーシャル(セ)、山内、山本八(パ)	30,625		
1964 ①	7.20	川崎	○金 田1－0石井茂●		25,451	川上	中西
②	21	中 日	○伊 藤5－1小 山●	重松(セ)	24,977		
③	22	大阪	●高橋重2－10スタンカ○	山内(セ)、スペンサー、石井晶(パ)	29,877		
1965 ①	7.19	後楽園	●村 山2－5杉 浦○	近藤和(セ)、スペンサー、高木、毒島(パ)	31,693	藤本	鶴岡
②	20	西宮	●安仁屋3－6梶 本○	近藤昭(セ)、高倉(パ)	23,334		
③	21	平和台	△柿 本1－1皆 川△		22,792		
1966 ①	7.19	東京	●バッキー2－6足 立○	王(セ)、広瀬、毒島、船田(パ)	29,322	川上	鶴岡
②	20	甲子園	○山 田3－6池 永●	榎本、張本(パ)	34,323		
③	21	広島	○大 羽5－1成 田●	古葉、遠井(セ)	26,501		
1967 ①	7.25	神宮	●鈴 木4－9米 田○	長嶋、土井2、張本(パ)	32,088	川上	鶴岡
②	26	中 日	●小 川3－7成 田○	王(セ)、長池、ブレイザー(パ)	26,101		
③	27	大阪	●江 夏6－9渡 辺○	長嶋(セ)、大杉、野村、ボレス(パ)	27,967		
1968 ①	7.23	川崎	○外木場2－1石井茂●	江藤(セ)、ロペス(パ)	25,459	川上	西本
②	24	後楽園	○安仁屋4－3鈴 木●	柴田(セ)、野村(パ)	29,475		
③	25	西宮	●島 田4－5森 安○	船田、小池(パ)	22,866		
1969 ①	7.19	東京	●村 山6－7 清○	江藤、田淵、王(セ)、土井(パ)	29,043	川上	西本
②	20	甲子園	●江 夏3－6米 田○	広瀬(パ)	35,050		
③	22	平和台	△平 松4－4佐々木△	王(セ)、永淵、矢野(パ)	30,435		

年		月日	球場	対戦・スコア		出場選手	観衆	監督	
1970	①	7.18	神 宮	●渡 辺 9－13鈴 木○		田淵、王(セ)、山崎、有藤、長池、張本(パ)	38,887	川上	西本
	②	19	大 阪	○江 夏 4－1皆 川●		中塚(セ)	28,740		
	③	21	広 島	○高 橋 一8－6佐 藤●		三村、遠井(セ)	25,878		
1971	①	7.17	西 宮	○江 夏 5－0米 田●		江夏(セ)	28,160	川上	濃人
	②	19	中 日	●松 岡 0－4金 田○		長池(セ)	30,759		
	③	20	後 楽 園	●平 松 2－3山 田○		長嶋、張本(パ)	39,035		
			(7.18 中日雨天中止)						
1972	①	7.22	東 京	●谷 村 2－5足 立○		田淵(セ)、野村、阪本、大杉(パ)	26,604	川上	西本
	②	23	川 崎	●坂 井 0－4山 田○		阪本、大杉(パ)	25,251		
	③	25	甲 子 園	○江 夏 1－0太 田●			31,937		
1973	①	7.21	神 宮	○高 橋 一9－3鈴 木●		高田(セ)	31,583	川上	西本
	②	22	大 阪	○上 田 0－1山 内●			27,565		
	③	24	平 和 台	●安 田 1－2田 中○		若松(セ)	28,247		
1974	①	7.21	後 楽 園	●松 岡 弘2－3山 田○		高井(パ)	46,160	川上	野村
	②	22	西 宮	●松 本 3－6太 田 幸○		長嶋(セ)、福本、ビュフォード(パ)	24,567		
	③	23	広 島	●外 木 場 0－1新 美○			25,924		
			(7.20 後楽園雨天中止)						
1975	①	7.19	甲 子 園	○江 夏 8－0太 田 幸●		山本浩2、衣笠2(セ)	42,637	与那嶺	金田
	②	20	中 日	○鈴 木 孝4－3村 田●		藤田、松原(セ)、有藤(パ)	29,105		
	③	22	神 宮	●安 田 0－3水 谷○		土井(セ)	37,347		
1976	①	7.17	川 崎	●山 本 和1－3東 尾○		福本(パ)	25,544	古葉	上田
	②	18	後 楽 園	●小 林 1－11山 口○		山本浩(セ)、門田博、福本、大熊(パ)	44,864		
	③	20	大 阪	○江 本 5－1江 夏●			27,585		
1977	①	7.23	平 和 台	○梶 間 2－1稲 葉●		若菜(パ)	27,271	長嶋	上田
	②	24	西 宮	●古 0－4山 田○		リー(パ)	28,085		
	③	26	神 宮	○梶 間 4－3藤 田●		王(セ)、島谷(パ)	34,363		
1978	①	7.22	広 島	○松 原 明7－5高 橋 直●		ギャレット3(セ)、ミッチェル(パ)	29,137	長嶋	広瀬
	②	23	甲 子 園	●山 本 和0－9山 田○			37,787		
	③	25	後 楽 園	○野 村 8－5佐 伯●		掛布3、山本浩(セ)、藤原(パ)	39,233		
1979	①	7.21	大 阪	○江 夏11－2山 内●		王(セ)	22,429	広岡	梶本
	②	22	ナ ゴ ヤ	○星 野 1－5山 田●		山本浩(セ)	28,200		
	③	24	神 宮	●新 浦 7－5柳 田○		王2、山本2(セ)、白、リー、有藤、柏原(パ)	28,438		
1980	①	7.19	西 宮	○小 林 7－6間 柴●		王、岡田(セ)、リー2、門田(パ)	26,729	古葉	西本
	②	20	川 崎	●平 松 1－3山 内○		平野(セ)	22,285		
	③	22	後 楽 園	○山 本 和2－1高 橋 直●		掛布(セ)	33,910		
1981	①	7.25	甲 子 園	○斉 藤 明3－5柳 田○		ライトル(セ)	40,049	古葉	西本
	②	26	横 浜	○角 6－3柳 田●		掛布2、山本浩(セ)、庄司(パ)	29,573		
	③	28	神 宮	○江 川 6－0村 田●		山倉、掛布(セ)	32,104		
1982	①	7.24	後 楽 園	●江 川 2－7木 田○		柏原(セ)	35,389	藤田	大沢
	②	25	西 武	△斉 藤 明 3－3工 藤△		山本浩(セ)、福本、柏原(パ)	33,059		
	③	27	大 阪	○郭 3－2工 藤●		掛布(セ)	23,450		
1983	①	7.23	神 宮	●松 岡 3－5松 沼 博○		山本浩2(セ)、門田2、テリー、大石大(パ)	31,827	近藤	広岡
	②	24	西 宮	●角 3－4松 沼 雅○		山本浩(セ)、落合(パ)	28,540		
	③	26	広 島	●江 川 1－4森 繁○		落合2、福本(パ)	31,362		
1984	①	7.21	後 楽 園	●西 本 聖5－14松 沼 雅○		山本浩(セ)、石毛、簑田(パ)	34,572	王	広岡
	②	22	甲 子 園	●西 本 聖5－8鈴 木 康○		中畑、谷沢(セ)、石毛、ブーマー、門田(パ)	34,448		
	③	24	ナ ゴ ヤ	○江 川 4－1鈴 木 康●		中畑(セ)、ブーマー(パ)	28,430		
1985	①	7.20	神 宮	○尾 花 2－0津 野●			28,499	古葉	上田
	②	21	川 崎	○小 松 6－5松 沼 博●		若菜、クロマティ(セ)、落合2、伊東(パ)	21,445		
	③	23	藤 井 寺	●尾 花 2－10村 田 辰○		山本浩(セ)、簑田(パ)	23,515		
1986	①	7.19	後 楽 園	●金 石 4－6石 本○		高木豊、大石(パ)	39,868	吉田	森
	②	20	大 阪	●山 本 和3－4アニマル○		山本、清原(パ)	28,188		
	③	22	広 島	○山 本 和5－3小 野 幸●		吉村2(セ)、落合(パ)	26,384		
1987	①	7.25	西 武	●小 松 4－7山		原(セ)、石毛、高沢(パ)	30,389	阿南	森
	②	26	横 浜	●杉 本 3－8小 野○		バース(セ)、石毛、石毛(パ)	27,819		
	③	28	甲 子 園	●桑 田 7－9阿 波 野○		小早川、バース、衣笠(セ) 村上2、清原、デービス、石嶺(パ)	39,610		

オールスター・ゲーム

1988	①	7.24	西　　宮	●新　　浦1－3津　　野○	池山(セ)、ブーマー(パ)	27,365	王	森
	②	25	ナ ゴ ヤ	○中　　山4－1渡　　辺●	岡田(セ)、伊東(パ)	26,473		
	③	26	東 京 D	○中　　山4－3牛　　島●	高沢(パ)	42,061		
			(7.23 西宮雨天中止)					
1989	①	7.25	神　　宮	●西　　本0－6村　　田○	田村、藤井、山本(パ)	33,705	星野	森
	②	26	藤 井 寺	○長　　冨4－1佐 藤 誠●	彦野、宇野、ブーマー(パ)	21,514		
1990	①	7.24	横　　浜	●斎　　藤0－7阿 波 野○	ブライアント、清原(パ)	27,431	藤田	仰木
	②	25	平 和 台	●川　　崎7－12西　　崎○	落合2(セ)、清原2、石嶺、大石、鈴木(パ)	23,541		
1991	①	7.23	東 京 D	○横　　原1－0野　　茂●		44,011	藤田	森
	②	24	広　　島	△横　　原3－3小 宮 山△	新井、中嶋、門田(パ)	28,371		
1992	①	7.18	甲 子 園	●小　　松1－6渡 辺 久○	石井、田辺、佐々木(パ)	44,747	山本	森
	②	19	千　　葉	○桑　　田6－4前　　田●	古田(セ)、大石(パ)	25,552		
	③	21	仙　　台	○山 本 昌4－2伊 藤 敦●	駒田(セ)、佐々木、清原(パ)	16,065		
1993	①	7.20	東 京 D	●有　　働8－10野　　田○	落合博2、広沢克(セ)、山本、佐々木誠、清原(パ)	43,366	野村	森
	②	21	神　　戸	○野　　村10－8白 井 康●	オマリー(セ)、ブライアント、清原(パ)	28,992		
1994	①	7.19	西　　武	●斎 藤 雅1－8伊 良 部○	佐々木、秋山、小川(パ)	24,999	野村	森
	②	20	ナ ゴ ヤ	○斎 藤 隆7－3西　　崎●	彦野(セ)	26,441		
1995	①	7.25	横　　浜	△古　　溝4－4平　　井△	落合(セ)	27,340	長嶋	東尾
	②	26	広　　島	○山　　内7－6伊 良 部●	清原、小久保(パ)、金本(セ)	25,611		
1996	①	7.20	福 岡 D	●藪　　　4－7グ ロ ス○	イチロー、ブリトー、山本(パ)	32,296	野村	仰木
	②	21	東 京 D	○ガルベス3－7島　　崎●	金本(セ)	42,938		
	③	23	富　　山	○斎 藤 隆4－2今　　関●	金本(セ)	19,340		
1997	①	7.23	大 阪 D	●藪　　　0－5小 宮 山○		30,300	長嶋	仰木
	②	24	神　　宮	○山 本 昌6－3西　　口●	清原2、松井(セ)	31,194		
1998	①	7.22	ナゴヤD	○川　　上4－1高　　村●	松井(セ)	34,736	野村	東尾
	②	23	千　　葉	△趙　　　3－3大　　塚△	松井(セ)、大村(パ)	24,994		
1999	①	7.24	西 武 D	○上　　原8－4松　　坂●	松井(セ)、イチロー、大友、ローズ(パ)	28,217	権藤	東尾
	②	25	甲 子 園	○藪　　　9－5黒　　木●	ローズ(セ)	43,639		
	③	27	倉　　敷	○石 井 一2－1小 宮 山●	新庄(セ)	27,202		
2000	①	7.22	東 京 D	○高 橋 建5－4建　　山●	ペタジーニ2、ローズ(セ)、小久保(パ)	40,937	星野	王
	②	23	神　　戸	○高　　橋4－3松　　坂●	松井(セ)	28,538		
	③	26	長　　崎	○工　　藤9－3小　　野●	清原、坪井、新庄、イチロー(パ)	17,929		
			(7.25長崎は皇太后さま斂葬の儀で一日繰り下げる)					
2001	①	7.21	福 岡 D	●入 来 祐1－7黒　　木○	松井(セ)、中村、松井(パ)	31,848	長嶋	王
	②	22	横　　浜	○上　　原12－6松　　坂●	松井(セ)、松井、中村、田口、カブレラ(パ)	26,291		
	③	24	札 幌 D	●野　　口4－8藤　　田○	高橋由、ペタジーニ、松井(セ)、カブレラ、中村、城島(パ)	37,322		
2002	①	7.12	東 京 D	○ムー ア4－1山　　口●	アリアス、片岡(セ)	40,346	若松	梨田
	②	13	松　　山	●ホッジス2－4バウエル○	新井(セ)	27,063		
2003	①	7.15	大 阪 D	△永　　川4－4吉　　田△	高橋由2、アリアス(セ)、谷、松井、カブレラ(パ)	29,797	原	伊原
	②	16	千　　葉	○伊 良 部5－3清 水 直●	金本2、アリアス(セ)、カブレラ2、小笠原(パ)	25,108		
2004	①	7.10	ナゴヤD	●三　　浦3－6松 坂 大○	松中、城島、ズレータ、中村(パ)	34,971	岡田	王
	②	11	長　　野	●福　　原1－2張　　　○	高橋由(セ)	26,963		
2005	①	7.22	インボイス	○五 十 嵐6－5西　　口●	清原(セ)、小笠原(パ)	25,761	落合	伊東
	②	23	甲 子 園	○黒　　田5－3杉　　内●	李承燁、城島(パ)	45,296		
2006	①	7.21	神　　宮	○三　　浦3－1吉　　井●	青木、岩村、里崎(パ)	30,488	岡田	バレンタイン
	②	23	宮　　崎	○永　　川7－4馬　　原●	アレックス、シーツ(セ)、森本(パ)	29,777		
			(7.22 宮崎雨天中止)					
2007	①	7.20	東 京 D	○久 保 田4－0馬　　原●	ラミレス、前田智、森野(セ)	39,710	落合	ヒルマン
	②	21	フルキャスト	○高 橋 尚11－5田　　中●	阿部、新井、ラミレス(セ)、山崎武(パ)	20,958		
			(7.21 8回表無死降雨コールド)					
2008	①	7.31	京セラD大阪	●久 保 田4－5加　　藤○	金本(セ)	33,618	原	梨田
	②	8.　1	横　　浜	○石　　川11－6杉　　内●	タイロン・ウッズ(セ)、大松2、松中、日高(パ)	27,433		

年		月日	球場	試合結果	出場選手	観客数	監督(セ)	監督(パ)
2009	①	7.24	札幌 D	○三　浦10－8武　田 久●	ラミレス、青木(セ)	38,370	原	渡辺
	②	25	マツダ	●吉　見 4－7杉　内○	宮本(セ)、松中2、中村、サブロー(パ)	30,866		
2010	①	7.23	ヤフー D	○前田健4－1和　田●	山﨑(パ)	33,79□	原	梨田
	②	24	新　潟	△林 昌 勇5－5シコースキー△	ブラゼル(セ)、山﨑、里崎(パ)	28,426		
2011	①	7.22	ナゴヤ D	○山　口 9－4武田 勝●	荒木、畠山、バレンティン、長野(セ)、稲葉(パ)	38,008	落合	秋山
	②	23	QVCマリン	●館　山 3－4唐　川○	坂本(セ)、中村2(パ)	27,31□		
	③	24	Kスタ宮城	●由　規 0－5田　中○	稲葉、T－岡田(パ)	21,34□		
2012	①	7.20	京セラD大阪	○杉　内 4－1斎藤 佑●	中村(セ)、陽(パ)	33,335	髙木	秋山
	②	21	松　山	●前田 健4－0成　瀬○	坂本(セ)	25,612		
	③	23	盛　岡	●三　浦 2－6塩　見○	畠山(セ)、陽(パ)	14,80□		
2013	①	7.19	札幌 D	△西　村 1－1平野 佳△		34,339	原	栗山
	②	20	神　宮	○小　川 3－1牧　田●		31,816		
	③	22	いわき	●山 本 哲1－3益　田○		18,365		
2014	①	7.18	西武 D	○前　田 7－0西　　●	エルドレッド(セ)	30,973	原	伊東
	②	19	甲子園	●藤　浪 6－12大　谷○	山田、坂本、堂林、ペーニャ、柳田(パ)	45,36□		
2015	①	7.17	東京 D	○藤　浪 8－6涌　井●	阿部(セ)、清田(パ)	45,01□	原	工藤
	②	18	マツダ	○前　田 8－3ディクソン●	會澤、平田(セ)、秋山、森友(パ)	30,64□		
2016	①	7.15	ヤフオクD	○藤　浪 5－4石　川●	坂本、筒香、バレンティン(セ)、長谷川、栗山(パ)	35,65□	真中	工藤
	②	16	横　浜	△山　﨑 康5－5有　原△	筒香、丸(セ)、大谷、浅村(パ)	26,76□		
2017	①	7.14	ナゴヤ D	●マテ　オ 2－6山　岡○	筒香(セ)、秋山、西川、中田(パ)	36,11□	緒方	栗山
	②	15	ZOZOマリン	●井　納 1－3美　馬○	小林(セ)、デスパイネ、鈴木(パ)	26,40□		
2018	①	7.13	京セラD大阪	●ガルシア 6－7宮　西○	鈴木、宮﨑、筒香(セ)、秋山、森友哉(パ)	33,49□	緒方	工藤
	②	14	熊　本	●岩　貞 1－5アルバース○		13,76□		
2019	①	7.12	東京 D	●大 瀬 良3－6千　賀○	原口(セ)、森、浅村、山川(パ)	44,79□	緒方	辻
	②	13	甲子園	●菅　野11－3山　岡●	近本、原口、梅野、筒香、鈴木(セ)、吉田(パ)	45,21□		

2020　新型コロナウイルスの影響により中止

中　断

年 月 日		球　場	中断時間	中　断　理　由
1959. 7. 28	①	（西　　　宮）	8分	審判員の判定に抗議
1969. 7. 22	③	（平 和 台）	51分	停　電
1979. 7. 22	②	（ナ ゴ ヤ）	9分	〃
1982. 7. 25	②	（西　　　武）	5分	降　雨
1986. 7. 22	③	（広　　　島）	15分	ハーフタイムショー
1989. 7. 25	①	（神　　　宮）	21分	降　雨
2002. 7. 12	①	（東京ドーム）	14分	表彰式
7. 13	②	（松　　　山）	9分	〃
2003. 7. 16	②	（千葉マリン）	8分	〃
2004. 7. 10	①	（ナゴヤドーム）	11分	〃
2005. 7. 22	①	（インボイス）	8分	〃
2007. 7. 21	②	（フルキャスト宮城）	12分	降　雨→コールドゲーム

延長規定

1951, 52	規定無し
1953	12回まで
1954, 55	日没まで
1956～58, 65～67	22時15分以後新しいイニングに入らない
1959～64	22時30分以後新しいイニングに入らない
1968～73	22時20分以後新しいイニングに入らない
1974	21時30分以後新しいイニングに入らない
1975～87	試合開始から3時間を過ぎて新しいイニングに入らない
1988～91	試合開始から4時間、12回打ち切りと併用
1992～	9回打ち切り

指名打者制

1983	パ・リーグのみ全試合使用
1990	第2戦両チーム使用
1991	第1戦両チーム使用
1992	第2・3戦両チーム使用
1993～	全試合両チーム使用

オールスター・ゲーム記録集

I. 全 般 記 録

a．最多観客試合
　　ゲーム－ 48,671…'51①甲子園
　　2試合－ 90,008…'19①東京ドーム②甲子園
　　3試合－128,109…'51①甲子園②③後楽園
b．最少観客試合
　　ゲーム－ 13,760…'18②熊本
　　2試合－ 47,257…'18①京セラD大阪②熊本
　　3試合－ 73,459…'85①神宮②川崎③藤井寺
c．最長時間試合
　　〈補回〉4時間30分（2:06～ 6:36）'52①（21回）
　　〈9回〉3時間15分（7:01～10:16）'70①
d．最短時間試合
　　　　　　　1時間46分（2:05～ 3:51）'53②
e．最長補回試合
　　　　　21…'52①
f．サヨナラ試合（12試合）
　　'54②2 - 1　　10回　山内　和弘（パ）単　打
　　'63①6 - 4　　10回　近藤　和彦（セ）本塁打
　　'68①2 - 1　　10回　江藤　慎一（セ）本塁打
　　　　③5 - 4　　11回　小池　兼司（パ）本塁打
　　'73③2 - 1　　 9回　山崎　裕之（パ）単　打
　　'74①3 - 2　　 9回　高井　保弘（パ）本塁打（代打）
　　'79③7 - 5　　10回　山本　浩二（セ）本塁打
　　'81②6 - 3　　10回　掛布　雅之（セ）本塁打
　　'86②4 - 3　　11回　セ・原辰徳の失策
　　　　③5 - 3　　10回　吉村　禎章（セ）本塁打
　　'88③4 - 3　　12回　水野　雄仁（セ）犠　飛（代打）
　　'08①5 - 4　　10回　山崎　武司（パ）単　打（代打）
g．コールドゲーム
　　　'07②8表無死（降雨）
h．最多連続勝利
　　通算－8…セ　'97②～'00③（引分を含む）
　　　　　 6…セ　'05①～'07②
　　3試合シリーズ－3…セ　'63, '99, '00
　　　　　　　　　　 パ　'67, '74, '83, '87
i．最多出場監督
　　11度…水原　　茂（セ）'52～'60（パ）'62, '63
　　　　　川上　哲治（セ）'62, '64, '66～'74
j．最多勝利監督
　　17勝…鶴岡　一人(旧姓山本)（パ）
　　　　　　'52①②, '53①③, '54①②, '56①,
　　　　　　'60①③, '61①②, '65①②, '66①②,
　　　　　　'67①②③
k．最多出場コーチ
　　9度…上田　利治（パ）'74, '75, '82, '84, '87,
　　　　　　　　　　　　 '88, '90, '97, '99
　　　　　仰木　　彬（パ）'76, '89, '91, '92, '94,
　　　　　　　　　　　　 '95, '98～'00
l．最多出場選手
　　21度…野村　克也（パ）'57～'68, '70～'77, '80
m．最多連続出場選手
　　18度…秋山　幸二（パ）'85～'02
n．最年長選手
　　45歳 0月…野村　克也（パ）'80
o．最年少選手
　　17歳10月…尾崎　行雄（パ）'62
p．最年長安打
　　43歳 6月…谷繁　元信（セ）'14①
q．最年長投手（登板）
　　43歳10月…上原　浩治（セ）'18②6回
r．最年少投手（登板）
　　17歳10月…尾崎　行雄（パ）'62①9回, ②8～9回
s．両リーグから出場した選手（84人）
　　飯田　徳治（'51～'56…パ　'57, '59, '60…セ）

河合　保彦（'55, '56…セ　'59…パ）
田宮謙次郎（'55～'58…セ　'60～'62…パ）
豊田　泰光（'55～'60, '62…パ　'63, '64…セ）
山内　一弘（'54～'63…パ　'64～'66, '68～'70…セ）
小山　正明（'57～'60, '62, '63…セ　'64～'67, '70…パ）
本屋敷錦吾（'60…パ　'65…セ）
吉田　勝豊（'60, '62…パ　'65…セ）
吉沢　岳男（'57, '60…セ　'65, '68…パ）
矢ノ浦国満（'63, '64…パ　'66…セ）
船田　和英（'63, '64…セ　'66, 68, '69…パ）
森中千香良（'63…パ　'67…セ）
小野　正一（'59～'61, '63…パ　'69, '70…セ）
辻　　佳紀（'65～'67…セ　'70…パ）
江藤　慎一（'59, '61～'69…セ　'71…パ）
国貞　泰汎（'66, '68…パ　'71…セ）
坂井　勝二（'64, '68…パ　'72…セ）
大下　剛史（'67, '70, '71, '73…パ　'75…セ）
張本　　勲（'60～'64, '66～'75…パ　'76～'78…セ）
江夏　　豊（'67～'75,'78～'80…セ　'76,'81～'83…パ）
江本　孟紀（'74…パ　'76, '77, '79…セ）
加藤　　初（'72～'74…パ　'76, '79, '86…セ）
島谷　金二（'75, '76…セ　'77～'80…パ）
高橋　一三（'69～'71, '73…セ　'77, '81…パ）
金城　基泰（'74…セ　'77, '82…パ）
稲葉　光雄（'72, '73…セ　'77…パ）
大杉　勝男（'67, '69, '70, '72～'74…パ '77, '81…セ）
佐伯　和司（'73, '76…セ　'77…パ）
野村　　収（'72, '76…パ　'78, '80…セ）
若菜　嘉晴（'77…パ　'79～'82, '85…セ）
田淵　幸一（'69～'76, '78…セ　'79, '84…パ）
真弓　明信（'78…パ　'80～'82, '85～'88, '91…セ）
基　　満男（'68, '71～'73, '77…パ　'80…セ）
鈴木康二朗（'77, '78…セ　'84…パ）
田尾　安志（'80～'84…セ　'85, '86…パ）
山本　功児（'82…セ　'85…パ）
杉本　　正（'82…パ　'86, '87…セ）
落合　博満（'81～'86,'97…パ '87～'91,'93,'95,'96…セ）
牛島　和彦（'83, '84…セ　'87～'89…パ）
平野　　謙（'86…セ　'88…パ）
小野　和幸（'86…パ　'88…セ）
鹿取　義隆（'87…セ　'91, '93…パ）
金石　昭人（'86…セ　'92…パ）
宇野　　勝（'87, '89…セ　'93…パ）
吉井　理人（'88, '90…パ　'95, '97…セ）
辻　　発彦（'86, '88～'94…パ　'96…セ）
清原　和博（'86～'96,'06…パ '97,'98,'00～'02,'05…セ）
西村　龍次（'91…セ　'98…パ）
武田　一浩（'90, '91, '96, '98…パ　'99…セ）
工藤　公康（'86,'87,'91,'93,'95,'97,'99…パ '00,'04,'05…セ）
小宮山　悟（'91, '93, '95, '97～'99…パ　'00…セ）
成本　年秀（'95, '96…パ　'01…セ）
盛田　幸妃（'92, '95…セ　'01…パ）
片岡　篤史（'93, '97～'00…パ　'02…セ）
坪井　智哉（'00…セ　'03…パ）
鈴木　　健（'97, '98…パ　'03…セ）
伊良部秀輝（'94～'96…パ　'03…セ）
ミンチー（'98…セ　'03…パ）
SHINJO（'94, '97, '99, '00…セ　'04～'06…パ）
ローズ（'97～'03, '07, '08…パ　'04…セ）
小久保裕紀（'95～'97,'00～'02,'07～'09,'11…パ '04…セ）
下柳　　剛（'94, '97, '01…パ　'05, '08…セ）
李　　承燁（'05…パ　'06…セ）
稲葉　篤紀（'97, '01…セ　'07～'12…パ）
小笠原道大（'99～'06…パ　'07, '09, '10…セ）
谷　　佳知（'01～'04, '06…パ　'07…セ）
ラロッカ（'04…セ　'07…パ）
山崎　武司（'96, '00…セ　'07, '08, '10, '11…パ）
和田　一浩（'03～'05…パ　'08, '10, '12…セ）

二岡　智宏　（'99, '00, '03, '04, '06…セ　'09, '10…パ）
平野　恵一　（'05…パ　'10～'12…セ）
木佐貫　洋　（'03…セ　'10, '13…パ）
城島　健司　（'97～'01, '03～'05…パ　'10…セ）
寺原　隼人　（'08…セ　'11…パ）
内川　聖一　（'08, '09…セ　'11～'13, '17…パ）
中村　紀洋　（'95, '96, '99～'02, '04…パ　'12, '13…セ）
杉内　俊哉　（'05, '07～'11…パ　'12…セ）
西岡　剛　（'05～'08, '10…パ　'13…セ）
五十嵐亮太　（'00, '02～'05…セ　'14…パ）
サファテ　（'11…セ　'14, '16…パ）
大引　啓次　（'13, '14…パ　'16…セ）
糸井　嘉男　（'09～'16…パ　'17, '18…セ）
松坂　大輔　（'99～'01. '04～'06…パ　'18…セ）
坂口　智隆　（'11…パ　'18…セ）

t．最多出場人員
　　ゲーム－26…セ　'11①
　　ゲーム両チーム計－49…セ…25－24…パ　'07①
　　ゲーム守備位置別
　　　　一塁手－3…多数あり
　　　　二塁手－3…多数あり
　　　　三塁手－4…セ　'76③
　　　　遊撃手－4…パ　'77③
　　　　　　　　　　セ　'84①, '11③
　　　　外野手－8…セ　'70③
　　　　　　　　　　パ　'86③
　　　　捕　手－3…多数あり
　　　　投　手－9…セ　'07①, '11①
　　ゲーム両チーム投手－15…セ…9－6…パ　'07①

u．最少出場人員
　　ゲーム－12…パ　'51①
　　ゲーム両チーム計－27…パ…12－15…セ　'51①
　　ゲーム投手－3…セ　'51①, '54①, '58①, '70①,
　　　　　　　　　　'74①, '75①, '77②, '12③
　　　　　　　　　パ　'51①, '54①, '65①, '72②,
　　　　　　　　　　'78②, '96①, '12②
　　ゲーム両チーム投手－6…セ…3－3…パ　'51①
　　　　　　　　　　　　　セ…3－3…パ　'54①

v．投手の代打
　　　　別所　毅彦　（セ）'55①
　　　　金田　正一　（セ）'63③, '68③, '69①
　　　　梶本　隆夫　（パ）'65③, '68②
　　　　村山　実　（セ）'69③
　　　　山内　新一　（パ）'80③
　　　　水野　雄仁　（セ）'88③
　　　　野茂　英雄　（パ）'91②
　　　　高津　臣吾　（セ）'96②
　　　　大谷　翔平　（パ）'16①

w．投手の代走
　　　　堀内　恒夫　（セ）'68③
　　　　池永　正明　（パ）'68③, '69②
　　　　倉持　明　（パ）'80③
　　　　大野　豊　（セ）'88③
　　　　河内　貴哉　（セ）'04②
　　　　由　規　（セ）'09②

x．投手から野手
　　　　大谷　翔平　（パ）'13①

y．野手から投手
　　　　イチロー　（パ）'96②

z．両リーグでのMVP
　　　　落合　博満　（パ）'83③
　　　　　　　　　　　（セ）'95①
　　　　清原　和博　（パ）'86②, '87③, '90②, '93①, '96②
　　　　　　　　　　　（セ）'97②, '00③
　　　　新庄　剛志　（セ）'99③
　　　　　　　　　　　（パ）'04②
　　　　山﨑　武司　（セ）'00②
　　　　　　　　　　　（パ）'08①
　　　　中村　紀洋　（パ）'01③
　　　　　　　　　　　（セ）'12①

<h2>Ⅱ．個人打撃記録</h2>

<h2>A．試　　合</h2>

a．通算最多試合
　58…王　　貞治（セ）

<h2>B．打　　率</h2>

a．通算最高打率
　150打数以上 .313…長嶋　茂雄（セ）
　100打数以上 .365…落合　博満（パ・セ）
　　　　　　　　　　　清原　和博（パ・セ）
　60打数以上 .394…イチロー（パ）
　30打数以上 .433…和田　　豊（セ）

b．シリーズ最高打率
　2試合－.857…井端　弘和（セ）'09
　（6打席以上）　　　　　（打数7安打6）
　3試合－.800…福本　　豊（パ）'74
　（9打席以上）　　　　　（打数5安打4）
　　　　　　.700…掛布　雅之（セ）'78
　　　　　　　　　古田　敦也（セ）'00
　　　　　　　　　ペタジーニ（セ）'01
　　　　　　　　　　　（打数10安打7）

<h2>C．打　　数</h2>

a．通算最多打数
　188…王　　　貞治（セ）

b．シリーズ最多打数
　2試合－13…川上　哲治（セ）'52
　　　　　　　岩本　義行（セ）'52
　　　　　　　与那嶺　要（セ）'52
　　　　　　　別当　薫（パ）'52
　3試合－15…柴田　勲（セ）'63

c．ゲーム最多打数
　6…長池　徳二（パ）'70①
　　　大石大二郎（パ）'84①
　　　坪井　智哉（セ）'00②
　　　新庄　剛志（セ）'00②
　　　ペタジーニ（セ）'00②
　　　石井　琢朗（セ）'01②
　　　松井　秀喜（セ）'01②
　　　柳田　悠岐（パ）'14②

<h2>D．得　　点</h2>

a．通算最多得点
　26…福本　豊（パ）
　　　清原　和博（パ・セ）

b．シリーズ最多得点
　2試合－6…清原　和博（パ）'90
　3試合－5…土井　正博（パ）'67
　　　　　　掛布　雅之（セ）'78
　　　　　　山本　浩二（セ）'79
　　　　　　ブーマー　（パ）'84
　　　　　　イチロー　（パ）'96
　　　　　　中村　紀洋（パ）'01
　　　　　　松井稼頭央（パ）'01

c．ゲーム最多得点
　4…清原　和博（パ）'90②

d．イニング最多得点
　2…長池　徳二（パ）'70①1回

<h2>E．安　　打</h2>

a．通算最多安打
　48…野村　克也（パ）

b．シリーズ最多安打
　2試合－6…和田　　豊（セ）'93
　　　　　　井端　弘和（セ）'09

　　　　　　　陽　　岱鋼（パ）'14
　　3試合－8…福本　豊（パ）'82
c．ゲーム最多安打
　　5…ペタジーニ（セ）'01②
　　　　近本　光司（セ）'19②
　　4…高倉　照幸（パ）'64①
　　　　長池　徳二（パ）'70①
　　　　マルカーノ（パ）'75②
　　　　門田　博光（パ）'76②
　　　　福本　豊（パ）'82①
　　　　古田　敦也（セ）'92②，'00③
　　　　清原　和博（パ）'93①
　　　　和田　豊（セ）'93②
　　　　オマリー（セ）'93②
　　　　イチロー（パ）'99①，'00②
　　　　石井　琢朗（セ）'01②
　　　　内川　聖一（セ）'08②
　　　　井端　弘和（セ）'09②
　　　　森野　将彦（セ）'10①
　　　　片岡　易之（パ）'10②
　　　　柳田　悠岐（パ）'14②
d．イニング最多安打
　　2…長池　徳二（パ）'70①1回
　　　　張本　勲（パ）'70①1回
　　　　アルトマン（パ）'70①1回
　　　　相川　亮二（セ）'11⑤5回
　　　　荒木　雅博（セ）'11⑤5回
e．連続打数安打（シリーズ）
　　6…ペタジーニ（セ）'01②1, 3, 6, 7, 8回，③1回
　　　　　　　　　（1四球を挟む）
　　5…和田　豊（セ）'93①4, 6回，②1, 2, 4回
　　　　　　　　　（1四球を挟む）
　　　　イチロー（パ）'00①9回，②1, 3, 6, 9回
　　　　　　　　　（連続打席）
　　　　内川　聖一（セ）'08①7回，②2, 4, 5, 6回
　　　　　　　　　（連続打席，初打席から）
　　　　井端　弘和（セ）'09①7, 8回，②1, 2, 5回
　　　　近本　光司（セ）'19②1, 2, 3, 5, 7回
　　　　　　　　　（連続打席）
f．連続試合安打（連続シリーズ）
　　11…イチロー（パ）'96③～'00③
g．サイクル安打
　　　　古田　敦也（セ）'92②
　　　　近本　光司（セ）'19②
h．ゲーム投手最多安打
　　2…久保田　治（パ）'61②
i．サヨナラ単打
　　　　山内　和弘（パ）'54②10回一死
　　　　小池　兼司（パ）'68③11回二死
　　　　山崎　裕之（パ）'73③ 9回二死
　　　　山崎　武司（パ）'04① 9回一死
j．連続打数無安打（連続シリーズ）
　　33…王　貞治（セ）
　　　　'74②2, ③3, '75①4, ②3（四球1あり），
　　　　③3（四球1あり），
　　　　'76①4, ②3, ③2（四球2あり），
　　　　'77①4（四球1あり），②4, ③1
k．通算最多単打
　　33…張本　勲（パ・セ）
l．シリーズ最多単打
　　2試合－5…和田　豊（セ）'93
　　　　　　　　内川　聖一（セ）'08
　　3試合－6…永淵　洋三（パ）'69
　　　　　　　　福本　豊（パ）'82
m．ゲーム最多単打
　　4…高倉　照幸（パ）'64①
　　　　福本　豊（パ）'82①
　　　　内川　聖一（セ）'08②
n．イニング最多単打
　　2…張本　勲（パ）'70①1回
　　　　アルトマン（パ）'70①1回

F．二 塁 打

a．通算最多二塁打
　　15…野村　克也（パ）
b．シリーズ最多二塁打
　　2試合－3…井端　弘和（セ）'09
　　3試合－4…野村　克也（パ）'70
　　　　　　　　藤原　満（パ）'79
　　　　　　　　清原　和博（パ）'96
c．ゲーム最多二塁打
　　3…藤原　満（パ）'76②
d．連続試合二塁打（シリーズ）
　　3…藤原　満（パ）'79①②③
　　　　清原　和博（パ）'96①②③
e．連続試合二塁打（連続シリーズ）
　　3…野村　克也（パ）'68③, '70①②
　　　　藤原　満（パ）'79①②③
　　　　清原　和博（パ）'87②③, '88①
　　　　　　　　　　　'96①②③
　　　　井端　弘和（セ）'08②, 09①②
　　　　筒香　嘉智（セ）'15①②, 16①

G．三 塁 打

a．通算最多三塁打
　　4…柴田　勲（セ）
b．シリーズ最多三塁打
　　1…多数あり

H．本 塁 打

a．通算最多本塁打
　　14…山本　浩二（セ）
　　13…王　貞治（セ）
　　　　清原　和博（パ・セ）
b．シリーズ最多本塁打
　　2試合－3…清原　和博（パ）'90
　　　　　　　　カブレラ（パ）'03
　　　　2…西沢　道夫（セ）'55
　　　　　　張本　勲（パ）'62
　　　　　　落合　博満（セ）'90, '93
　　　　　　清原　和博（パ）'93
　　　　　　　　　　　　（セ）'97
　　　　　　松井　秀喜（セ）'98
　　　　　　高橋　由伸（セ）'03
　　　　　　金本　知憲（セ）'03
　　　　　　アリアス（セ）'03
　　　　　　ラミレス（セ）'07
　　　　　　大松　尚逸（パ）'08
　　　　　　松中　信彦（パ）'09
　　　　　　山崎　武司（パ）'10
　　　　　　筒香　嘉智（セ）'16
　　　　　　原口　文仁（セ）'19
　　3試合－3…ギャレット（セ）'78
　　　　　　　　掛布　雅之（セ）'78, '81
　　　　　　　　王　貞治（セ）'79
　　　　　　　　山本　浩二（セ）'79, '83
　　　　　　　　落合　博満（セ）'83
　　　　　　　　松井　秀喜（セ）'01
　　　　　　　　中村　紀洋（パ）'01
c．ゲーム最多本塁打
　　3…ギャレット（セ）'78① 2, 4, 8回
　　　　掛布　雅之（セ）'78① 4, 5, 8回
　　2…西沢　道夫（セ）'55②3, 5回
　　　　張本　勲（パ）'62②2, 9回
　　　　榎本　喜八（パ）'63②1, 6回
　　　　土井　正博（パ）'67①1, 8回
　　　　山本　浩二（セ）'75①1, 2回
　　　　　　　　　　　'79②2, 9回
　　　　　　　　　　　'83①4, 8回
　　　　衣笠　祥雄（セ）'75①1, 3回
　　　　王　貞治（セ）'79③2, 6回
　　　　リー（パ）'80①1, 5回

```
　　　掛布　雅之（セ）'81② 9,10回
　　　門田　博光（パ）'83① 1, 6回
　　　落合　博満（パ）'83③ 4, 9回
　　　　　　　　　　　'85② 6, 8回
　　　　　　　　（セ）'90② 3, 9回
　　　　　　　　　　　'93① 3, 9回
　　　吉村　禎章（セ）'86③ 2,10回
　　　村上　隆行（パ）'87③ 6, 7回
　　　清原　和博（パ）'90② 2, 6回
　　　　　　　　（セ）'97② 2, 4回
　　　ペタジーニ（セ）'00① 2, 8回
　　　高橋　由伸（セ）'03① 7, 9回
　　　金本　知憲（セ）'03② 1, 3回
　　　カブレラ（パ）'03② 4, 6回
　　　大松　尚逸（パ）'08② 3, 5回
　　　松中　信彦（パ）'09② 4, 6回
　　　中村　剛也（パ）'11② 1, 4回
ｄ．連続打数本塁打（シリーズ）
　　3…掛布　雅之（セ）'78③ 4, 5, 8回
　　2…西沢　道夫（セ）'55② 3, 5回
　　　山本　浩二（セ）'75① 1, 2回
　　　　　　　　　　　'79③ 9,③2回
　　　衣笠　祥雄（セ）'75① 1, 3回
　　　ギャレット（セ）'78① 2, 4回
　　　掛布　雅之（セ）'81② 9,10回
　　　門田　博光（パ）'83① 1, 6回（1死球挟む）
　　　中畑　　清（セ）'84② 4,③8回
　　　落合　博満（パ）'85② 6, 8回
　　　村上　隆行（パ）'87③ 6, 7回
　　　清原　和博（パ）'90② 2, 6回（1四球挟む）
　　　　　　　　　　　'97② 2, 4回
　　　カブレラ（パ）'01② 6,③1回（1四球挟む）
　　　　　　　　（パ）'03② 4, 6回
　　　高橋　由伸（セ）'03① 7, 9回
　　　金本　知憲（セ）'03② 1, 3回
　　　ラミレス（セ）'07① 7,②8回
　　　大松　尚逸（パ）'08② 3, 5回
　　　松中　信彦（パ）'09② 4, 6回
　　　山﨑　武司（パ）'10① 8,②2回
　　　中村　剛也（パ）'11② 1, 4回
　　　原口　文仁（セ）'19① 9,②2回
ｅ．連続打数本塁打（連続シリーズ）
　　2…王　　貞治（セ）'79③6,'80①1回（1四球挟む）
　　　リ　ー（セ）'79③6,'80①1回
　　　柏原　純一（パ）'79③9,'82①1回
　　　中村　紀洋（パ）'04①9,'12①2回（1四球挟む）
ｆ．連続試合本塁打（シリーズ）
　　3…松井　秀喜（セ）'01①②③
　　　中村　紀洋（パ）'01①②③
　　2…王　　貞治（セ）'63①②
　　　阪本　敏三（パ）'72①②
　　　大杉　勝男（パ）'72①②
　　　福本　　豊（パ）'76①②
　　　山本　浩二（セ）'79②③
　　　　　　　　　　　'83①②
　　　掛布　雅之（セ）'81②③
　　　柏原　純一（パ）'82①②
　　　落合　博満（パ）'83②③
　　　石毛　宏典（パ）'84①②
　　　　　　　　　　　'87①②
　　　ブーマー（パ）'84②③
　　　中畑　　清（セ）'84②③
　　　バース（セ）'87②③
　　　清原　和博（パ）'90①②
　　　　　　　　　　　'93①②
　　　松井　秀喜（セ）'98①②
　　　松井稼頭央（パ）'01①②
　　　カブレラ（パ）'01②③
　　　　　　　　　　　'03①②
　　　アリアス（セ）'03①②
　　　ラミレス（セ）'07①②
　　　山﨑　武司（パ）'10①②
　　　筒香　嘉智（セ）'16①②
```

```
　　　原口　文仁（セ）'19①②
ｇ．連続試合本塁打（連続シリーズ）
　　4…松井　秀喜（セ）'97②, '98①②, '99①
　　3…王　　貞治（セ）'62②, '63①②
　　　柏原　純一（パ）'79③, '82①②
　　　清原　和博（パ）'92③, '93①②
　　　筒香　嘉智（セ）'16①②, '17①
ｈ．連続年本塁打
　　5…山本　浩二（セ）'81～'85
　　　松井　秀喜（セ）'97～'01
ｉ．満塁本塁打
　　　榎本　喜八（パ）'63② 1回
　　　大杉　勝男（パ）'67③ 4回
ｊ．代打本塁打（38本）
　　　西沢　道夫（セ）'51②
　　　藤村富美男（セ）'54①
　　　中谷　準志（パ）'55②
　　　中西　　太（パ）'58②
　　　小玉　明利（パ）'58②
　　　藤井　栄治（セ）'63②
　　　高倉　照幸（パ）'63②
　　　マーシャル（セ）'63③
　　　ボ　レ　ス（セ）'67③
　　　土井　正博（パ）'69①
　　　広瀬　叔功（パ）'69②
　　　矢野　　清（パ）'69③
　　　遠井　吾郎（セ）'70③
　　　大杉　勝男（パ）'72②
　　　高井　保弘（パ）'74①
　　　松原　　誠（セ）'75②
　　　島谷　金二（セ）'77③
　　　ミッチェル（セ）'78①
　　　リ　ー（セ）'79③
　　　岡田　彰布（セ）'80①
　　　門田　博光（パ）'80①, '91②
　　　掛布　雅之（セ）'80③
　　　簑田　浩二（パ）'85③
　　　大石大二郎（パ）'87②, '92②
　　　衣笠　祥雄（セ）'87③
　　　山本　和範（パ）'96①
　　　松井　秀喜（セ）'00②
　　　カブレラ（パ）'01②
　　　高橋　由伸（セ）'03①, '04②
　　　前田　智徳（セ）'07①
　　　森野　将彦（セ）'07①
　　　ラミレス（セ）'07②
　　　山﨑　武司（パ）'10①
　　　森　　友哉（パ）'15②
　　　原口　文仁（セ）'19①
ｋ．サヨナラ本塁打
　　　近藤　和彦（セ）'63① 9回2ラン
　　　江藤　慎一（パ）'68①10回ソロ
　　　高井　保弘（パ）'74① 9回2ラン
　　　山本　浩二（セ）'79③ 9回2ラン
　　　掛布　雅之（セ）'81②10回2ラン
　　　吉村　禎章（セ）'86③10回2ラン
ｌ．代打サヨナラ本塁打
　　　高井　保弘（パ）'74① 9回
ｍ．ランニング本塁打
　　　半田　春夫（セ）'60② 7回
　　　遠井　吾郎（セ）'70③ 4回
　　　藤原　　満（パ）'78③ 2回
　　　大友　　進（パ）'99① 6回
ｎ．初回先頭打者本塁打
　　表…ロ　ペ　ス（セ）'68①（初球）
　　　中塚　政幸（セ）'70②（初球）
　　　若松　　勉（セ）'73③
　　　高沢　秀昭（パ）'88③
　　　高橋　由伸（セ）'98③
　　　秋山　翔吾（パ）'17①
　　裏…ブルーム（パ）'62①
　　　イチロー（パ）'96①（初球）
　　　陽　　岱鋼（パ）'12①
```

```
        秋山　翔吾　（パ）'18①
        近本　光司　（セ）'19②
  o．初打席本塁打（17人）
        巽　　　一　（セ）'60③　7回
        藤井　栄治　（セ）'63②　3回
        ロ　ペ　ス　（パ）'68①　1回
        有藤　通世　（パ）'70①　1回
        高井　保弘　（パ）'74①　9回
        若菜　嘉晴　（パ）'77①　7回
        ギャレット　（セ）'78①　2回
        ミッチェル　（パ）'78①　9回
        岡田　彰布　（セ）'80①　4回
        テ　リ　ー　（パ）'83①　2回
        ブリトー　　（セ）'96①　1回
        大村　直之　（パ）'98②　3回
        大友　　進　（パ）'99①　6回
        森野　将彦　（セ）'07①　8回
        陽　　岱鋼　（パ）'12①　1回
        栗山　　巧　（パ）'16①　9回
        小林　誠司　（セ）'17②　3回
  p．投手の本塁打
        巽　　　一　（セ）'60③　7回　9番　投手
        江夏　　豊　（セ）'71①　2回　9番　投手
        大谷　翔平　（パ）'16②　5回　5番　指名打者
  q．両リーグでの本塁打
        山内　一弘　（パ）'54, '55, '57, '59, '60, '62, '63
                      （セ）'64
        若菜　嘉晴　（パ）'77
                      （セ）'85
        落合　博満　（パ）'83, '85, '86
                      （セ）'90, '93, '95
        清原　和博　（パ）'86, '87, '90, '92, '93, '95
                      （セ）'97, '00, '05
        中村　紀洋　（パ）'01, '04
                      （セ）'12
```

I．塁　打

```
  a．通算最多塁打
      96…清原　和博（パ・セ）
  b．シリーズ最多塁打
      2試合－15…清原　和博（パ）'90
      3試合－18…掛布　雅之（セ）'78
                  山本　浩二（セ）'79
  c．ゲーム最多塁打
      12…ギャレット（セ）'78①
          掛布　雅之（セ）'78③
          近本　光司（セ）'19②
  d．イニング最多塁打
      6…長池　徳二（パ）'70①　1回
```

J．長　打

```
  a．通算最多長打
      23…清原　和博（パ・セ）
  b．シリーズ最多長打
      2試合－4…清原　和博（パ）'90　二1，本3
                近本　光司（セ）'19　二2，三1，本1
      3試合－5…掛布　雅之（セ）'78　二2，本3
  c．ゲーム最多長打
      4…近本　光司（セ）'19②　二2，三1，本1
  d．イニング最多長打
      2…長池　徳二（パ）'70①　1回　二1，本1
```

K．打　点

```
  a．通算最多打点
      34…清原　和博（パ・セ）
  b．シリーズ最多打点
      2試合－5…落合　博満（セ）'90
                清原　和博（パ）'93
      3試合－8…掛布　雅之（セ）'81
  c．ゲーム最多打点
```

```
        6…土井　正博　（パ）'67①
        大杉　勝男　（パ）'67③
        ギャレット　（セ）'78①
        ロ　ー　ズ　（パ）'99②
  d．イニング最多打点
      4…榎本　喜八（パ）'63②　1回
        大杉　勝男（パ）'67③　4回
```

L．盗　塁

```
  a．通算最多盗塁
      17…福本　　豊（パ）
  b．連続機会成功
      9…福本　　豊（パ）'76②2③1，'77②1③1
                      '78①①②2，'79①1
  c．シリーズ最多盗塁
      2試合－5…松井稼頭央（パ）'97
      3試合－4…柴田　　勲（パ）'68
                藤原　　満（パ）'78
  d．ゲーム最多盗塁
      4…松井稼頭央（パ）'97①
  e．イニング最多盗塁
      2…柴田　　勲（セ）'68①　9回
        福本　　豊（パ）'76②　1回
        河埜　和正（セ）'77③　7回
        藤原　　満（パ）'78②　8回
        山本　和範（パ）'90②　8回
        松井稼頭央（パ）'97①3，5回
        ホージー　（セ）'97②　2回
        イチロー　（パ）'97②　9回
        青木　宣親（セ）'10②　1回
        大島　洋平（セ）'14①　4回
  f．本塁盗塁
        簑田　浩二（パ）'78②　7回（重盗）
        SHINJO（パ）'04②　5回（単独）
        森本　稀哲（パ）'06②　5回（重盗）
```

M．盗　塁　刺

```
  a．通算最多盗塁刺
      9…福本　　豊（パ）
  b．シリーズ最多盗塁刺
      2試合－2…千葉　　茂（セ）'52
      3試合－3…福本　　豊（パ）'72
  c．ゲーム最多盗塁刺
      2…張本　　勲（セ）'67①
        福本　　豊（パ）'72②
        加藤　俊夫（パ）'77③
```

N．犠　打

```
  a．通算最多犠打
      3…吉田　義男（セ）
  b．シリーズ最多犠打
      2試合－1…多数あり
      3試合－2…河埜　和正（セ）'79
```

O．犠　飛

```
  a．通算最多犠飛
      3…王　　貞治（セ）
  b．シリーズ最多犠飛
      2試合－2…荒木　雅博（セ）'09
      3試合－1…多数あり
  c．サヨナラ犠飛
      水野　雄仁（セ）'88③
```

P．四　球

```
  a．通算最多四球
      33…王　　貞治（セ）
  b．シリーズ最多四球
      2試合－4…蔭山　和夫（パ）'52
```

```
                3 …千葉  茂 （セ）'52
                  土井垣  武 （パ）'52
                  野村  克也 （パ）'57
                  吉田  義男 （セ）'57
                  長嶋  茂雄 （セ）'62
        3試合－5…スペンサー（パ）'65
                  王  貞治 （セ）'72
    c．ゲーム最多四球
        3 …藤山  和夫 （パ）'52②
          掛布  雅之 （セ）'77①
```

Q. 死　　球
```
    a．通算最多死球
        3 …加藤  英司 （パ）
    b．シリーズ最多死球
        1 …多数あり
```

R. 三　　振
```
    a．通算最多三振
        40…清原  和博 （パ・セ）
    b．シリーズ最多三振
        2試合－6…別当  薫 （パ）'52
        3試合－6…野村  克也 （セ）'63
                  田淵  幸一 （セ）'72
                  福本  豊 （パ）'76
                  松井稼頭央（パ）'01
    c．ゲーム最多三振
        4 …野村  克也 （パ）'63②
          長池  徳二 （パ）'67③
    d．連続打席三振（シリーズ）
        4 …野村  克也 （パ）'63②3, 6, 7, 9回
          長池  徳二 （パ）'67③2, 4, 6, 8回
          シ ピン（セ）'72①4, 7, 9回，②1回
          ブライアント（パ）'92①1, 4回，②2, 4回
          松永  浩美 （パ）'92②1, 8回，②7回
          ボーリック（パ）'00①4, 5, 8回，②7回
          小笠原道大（パ）'01①7回，②2, 4回，③7回
```

S. 併　殺　打
```
    a．通算最多併殺打
        6 …長嶋  茂雄 （セ）
    b．シリーズ最多併殺打
        2試合－2…箱田  淳 （セ）'56
                  古田  敦也 （セ）'93
                  松井稼頭央（パ）'97
                  近藤  健介 （パ）'19
        3試合－3…長嶋  茂雄 （セ）'72
    c．ゲーム最多併殺打
        2 …箱田  淳 （セ）'56②4, 6回
          柏原  純一 （パ）'82③2, 9回
          古田  敦也 （セ）'93①2, 4回
          松井稼頭央（パ）'97①1, 8回
          内川  聖一 （パ）'13②1, 6回
          近藤  健介 （パ）'19②5, 7回
```

Ⅲ. チーム打撃記録

A. 打　　率
```
    a．シリーズ最高打率
        2試合－.378…セ '08  打… 74  安…28
        3試合－.368…セ '87  打…117  安…43
    b．シリーズ最低打率
        2試合－.130…セ '52  打…100  安…13
        3試合－.111…パ '71  打… 90  安…10
    c．ゲーム最高打率
        .511…セ '01②  打…45  安…23
```

```
    d．ゲーム最低打率
        .000…パ '71①  打…28  安… 0
    e．ゲーム両チーム最高打率
        .395…'01②  打…81  安…32
    f．ゲーム両チーム最低打率
        .100…'71①  打…60  安… 6
    g．イニング10割
        セ '86②7回
```

B. 打　　数
```
    a．シリーズ最多打数
        2試合－110…パ '52
        3試合－118…セ '69
                  パ '69
    b．シリーズ最少打数
        2試合－ 59…セ '56
                  パ '07
        3試合－ 87…セ '72
    c．ゲーム最多打数
        45…セ '01②
    d．ゲーム最少打数
        27…パ '53②, '57②, '07①
        〈参考〉セ '54②（補回試合の9回まで）
        25…セ '53②（8回）
    e．ゲーム最多打数合計  －両チーム－
        85…パ…44－41…セ '87③
    f．ゲーム最少打数合計  －両チーム－
        58…セ…28－30…パ '55①
          セ…28－30…パ '71②
          パ…27－31…セ '07①
        〈参考〉パ…28－30…セ '53①（9回まで）
    g．イニング最多打数
        13…パ '70①1回
          セ '11①5回
```

C. 得　　点
```
    a．シリーズ最多得点
        2試合－19…パ '90
        3試合－26…セ '00
    b．シリーズ最少得点
        2試合－ 2…セ '56, '61
        3試合－ 2…セ '53
    c．ゲーム最多得点
        14…パ '84①
    d．ゲーム最多得点合計  －両チーム－
        22…パ…13－ 9…セ '70①
    e．ゲーム最少得点合計  －両チーム－
        1 …パ…0－1…セ '64①
          パ…0－1…セ '72③
          パ…0－1…セ '73②
          セ…0－1…パ '74③
          セ…0－1…パ '91①
    f．イニング最多得点
        8 …パ '70①1回
          セ '11①5回
    g．最多連続得点  －イニング－
        8 …セ '11①5回
    h．イニング最多得点合計  －両チーム－
        10…セ…6－4…パ '63②1回
    i．第1回最多得点
        8 …パ '70①（表）
    j．第9回最多得点
        5 …セ '79①（表）
    k．補回以後最多得点
        3 …セ '63③10回（表）
          '81②10回（裏）
    l．二死無走者以後最多得点
        3 …パ '53③9回, '60③2回, '53①5回
          '01③1回, '14②7回
          セ '81②10回, '93①3回, '15②5回
    m．ゲーム最多得点イニング
```

　　　　7 …パ　'76② 1, 2, 5, 6, 7, 8, 9回
　n．最多連続イニング得点
　　　　5 …パ　'76② 5 回〜 9 回
　o．最多連続イニング無得点　－シリーズ－
　　　　25…セ　'52① 5 回〜② 8 回

D．安　　打

　a．シリーズ最多安打
　　　　2 試合 − 29…セ　'93, '19
　　　　3 試合 − 43…パ　'87
　b．シリーズ最少安打
　　　　2 試合 − 9 …セ　'54
　　　　3 試合 − 10…セ　'71
　c．ゲーム最多安打
　　　　23…セ　'01②
　　　　18…パ　'14②
　d．ゲーム最少安打
　　　　0 …パ　'71①
　　　　1 …セ　'76②
　　　　　　パ　'07①
　e．無安打無得点
　　　　パ　'71①　打数28, 四球 1 , 失策出塁 1
　f．ゲーム最多安打合計　－両チーム－
　　　　33…パ…17 − 16…セ　'87③
　g．ゲーム最少安打合計　－両チーム－
　　　　6 …セ…3 − 3 …パ　'53②
　　　　パ…0 − 6 …セ　'71①
　h．イニング最多安打
　　　　10…パ　'70① 1 回
　　　　　　セ　'11① 5 回
　i．イニング最多連続打数安打
　　　　8 …セ　'11① 5 回（連続打席）
　j．最多連続イニング安打
　　　　12…セ　'03① 5 回〜② 7 回
　　　　　　'19① 6 回〜② 8 回
　k．最多連続イニング無安打　－ゲーム－
　　　　9 …パ　'71① 1 回〜 9 回
　l．最多連続イニング無安打　－連続シリーズ－
　　　　14…パ　'70③ 5 回〜 9 回, '71① 1 回〜 9 回
　m．最多安打打者数
　　　　13…セ　'00②（DH制打者15人）
　　　　　　'01②（DH制打者18人）
　n．シリーズ最多単打
　　　　2 試合 − 24…パ　'59
　　　　3 試合 − 30…パ　'78
　o．シリーズ最少単打
　　　　2 試合 − 5 …パ　'55, '10
　　　　　　　　　セ　'02, '04
　　　　3 試合 − 5 …セ　'71
　p．ゲーム最多単打
　　　　17…セ　'01②
　q．ゲーム最少単打
　　　　0 …パ　'71①
　r．ゲーム最多単打合計　－両チーム－
　　　　22…パ…12 − 10…セ　'09①
　s．ゲーム最少単打合計　－両チーム－
　　　　3 …パ…0 − 3 …セ　'71①
　t．イニング最多単打
　　　　7 …パ　'85③ 5 回
　u．最多連続イニング出塁
　　　　13…セ　'03① 4 回〜② 7 回
　　　　　　'06① 5 回〜② 8 回
　v．最多連続イニング無走者
　　　　8 …パ　'07① 2 回〜 9 回
　w．毎回安打
　　　　セ　'19②

E．二　塁　打

　a．シリーズ最多二塁打
　　　　2 試合 − 9 …セ　'09
　　　　3 試合 − 10…セ　'63

　b．シリーズ最少二塁打
　　　　2 試合 − 0 …セ　'56, '97
　　　　　　　　　パ　'91
　　　　3 試合 − 1 …パ　'66, '71, '80, '88
　c．ゲーム最多二塁打
　　　　6 …パ　'70①, '76②
　　　　　　セ　'08②, '19②
　d．ゲーム最多二塁打合計　－両チーム－
　　　　9 …セ…5 − 4 …パ　'84①
　e．ゲーム最少二塁打合計　－両チーム－
　　　　0 …多数あり
　f．イニング最多二塁打
　　　　3 …パ　'70① 1 回, '76② 6 回, '01① 3 回
　　　　　　セ　'99② 2 回, '07② 2 回, '08② 5 回

F．三　塁　打

　a．シリーズ最多三塁打
　　　　2 試合 − 2 …パ　'05
　　　　　　　　　セ　'10, '19
　　　　3 試合 − 3 …セ　'92
　　　　　　　　　パ　'96
　b．シリーズ最少三塁打合計　－両チーム－
　　　　2 試合 − 0 …多数あり
　　　　3 試合 − 0 …多数あり
　c．ゲーム最多三塁打
　　　　2 …セ　'68②, '70①, '75①, '79①, '92②
　　　　　　パ　'05①
　d．イニング最多三塁打
　　　　2 …セ　'75① 1 回, '79① 9 回
　　　　　　パ　'05① 3 回

G．本　塁　打

　a．シリーズ最多本塁打
　　　　2 試合 − 7 …パ　'90
　　　　3 試合 − 9 …セ　'87, '01
　b．シリーズ最少本塁打
　　　　2 試合 − 0 …セ　'52, '56, '58, '61, '91
　　　　　　　　　パ　'97, '02
　　　　3 試合 − 0 …セ　'53, '13
　　　　　　　　　パ　'53, '73, '13
　c．ゲーム最多本塁打
　　　　5 …パ　'87③, '90②
　　　　　　セ　'19②
　d．ゲーム最多本塁打合計　－両チーム－
　　　　8 …セ…4 − 4 …パ　'79③
　　　　　　パ…5 − 3 …セ　'87③
　e．ゲーム最少本塁打合計　－両チーム－
　　　　0 …多数あり
　f．イニング最多本塁打
　　　　4 …セ　'11① 5 回
　g．最多連続本塁打
　　　　3 …パ　'92① 5 回
　　　　　　（石井浩郎, 田辺徳雄, 佐々木誠）

H．塁　　打

　a．シリーズ最多塁打
　　　　2 試合 − 57…セ　'19
　　　　3 試合 − 79…パ　'87
　b．シリーズ最少塁打
　　　　2 試合 − 12…セ　'56, '61
　　　　3 試合 − 14…セ　'53
　c．ゲーム最多塁打
　　　　43…セ　'19②
　d．ゲーム最少塁打
　　　　0 …パ　'71①
　e．ゲーム最多塁打合計　－両チーム－
　　　　63…パ…36 − 27…セ　'87③
　f．ゲーム最少塁打合計　－両チーム－
　　　　8 …パ…2 − 6 …パ　'51①
　　　　　　セ…3 − 5 …パ　'53②

g．イニング最多塁打
  24…セ　'11①5回

Ｉ．長　　打

a．シリーズ最多長打
  2試合－14…セ　'19
  3試合－18…セ　'63
  　　　　　　　パ　'87
b．シリーズ最少長打
  2試合－0…セ　'56
  3試合－2…パ　'73
c．ゲーム最多長打
  12…セ　'19②
d．ゲーム最少長打
  0…多数あり
e．ゲーム最多長打合計　－両チーム－
  15…パ…10－5…セ　'70①
  　　セ…12－3…パ　'19②
f．イニング最多長打
  6…パ　'70①1回
  　セ　'11①5回
g．最多連続長打
  4…パ　'70①1回
  　セ　'79①9回（四球1挟む）

Ｊ．打　　点

a．シリーズ最多打点
  2試合－18…パ　'93
  3試合－26…セ　'00
b．シリーズ最少打点
  2試合－1…セ　'61
  3試合－2…セ　'53, '72
c．ゲーム最多打点
  12…パ　'70①, '84①, '14②
  　　セ　'00②, '01②
d．ゲーム最少打点
  0…多数あり
e．ゲーム最多打点合計　－両チーム－
  21…パ…12－9…セ　'70①
f．ゲーム最少打点合計　－両チーム－
  1…パ…0－1…セ　'64①
  　　セ…0－1…パ　'72③
  　　セ…0－1…パ　'73②
  　　パ…0－1…セ　'74③
  　　パ…0－1…セ　'91①
g．イニング最多打点
  8…セ　'11①5回

Ｋ．盗　　塁

a．シリーズ最多盗塁
  2試合－8…パ　'97
  3試合－13…パ　'78
b．シリーズ最少盗塁
  2試合－0…セ　'52, '57, '89, '02, '04, '07, '08
  　　　　　　　パ　'91, '02, '15, '19
  3試合－0…多数あり
c．ゲーム最多盗塁
  9…パ　'78②
d．ゲーム最多盗塁合計　－両チーム－
  9…パ…9－0…セ　'78②
e．イニング最多盗塁
  3…パ　'78②1，7，8回
  　　　 '86①4回
  　　　 '90②8回

Ｌ．盗　塁　刺

a．シリーズ最多盗塁刺
  2試合－4…セ　'58
  3試合－3…セ　'63, '74, '79, '80, '86

  　　　　　　　パ　'72, '79
b．シリーズ最少盗塁刺
  2試合－0…多数あり
  3試合－0…多数あり
c．ゲーム最多盗塁刺
  3…パ　'91①
d．ゲーム最多盗塁刺合計　－両チーム－
  3…過去10度
e．イニング最多盗塁刺
  2…セ　'79①5回

Ｍ．犠　　打

a．シリーズ最多犠打
  2試合－2…セ　'55, '57, '62
  　　　　　　　パ　'55
  3試合－3…セ　'79
b．シリーズ最少犠打
  2試合－0…多数あり
  3試合－0…多数あり
c．ゲーム最多犠打
  2…セ　'57②, '62②, '79③
  　　パ　'68③
d．ゲーム最多犠打合計　－両チーム－
  3…セ…2－1…パ　'57②
e．イニング最多犠打
  2…パ　'68③7回

Ｎ．犠　　飛

a．シリーズ最多犠飛
  2試合－2…パ　'93
  　　　　　　　セ　'09
  3試合－2…セ　'60, '76, '77, '84, '00
  　　　　　　　パ　'79, '99
b．シリーズ最少犠飛
  2試合－0…多数あり
  3試合－0…多数あり
c．ゲーム最多犠飛
  2…セ　'60②, '76③
  　　パ　'99②
d．ゲーム最多犠飛合計　－両チーム－
  2…セ…2－0…セ　'60②
  　　パ…1－1…セ　'74①
  　　セ…2－0…パ　'76③
  　　パ…1－1…セ　'83②
  　　パ…1－1…セ　'92②
  　　パ…2－0…セ　'99②
  　　セ…1－1…パ　'09②
e．イニング最多犠飛
  2…セ　'76③1回

Ｏ．四　　球

a．シリーズ最多四球
  2試合－10…パ　'57
  　　　　　　　セ　'62
  3試合－14…パ　'53
b．シリーズ最少四球
  2試合－0…セ　'02, '16, '19
  　　　　　　　パ　'06, '07, '08, '10, '17, '19
  3試合－0…パ　'12, '13
c．ゲーム最多四球
  7…セ　'62①
  　　パ　'57②
d．ゲーム最少四球
  0…多数あり
e．ゲーム最多四球合計　－両チーム－
  13…パ…7－6…セ　'57②
f．ゲーム最少四球合計　－両チーム－
  0…'65①, '87③, '07①, '08②, '10①, '11③,
  　　'12②③, '13③, '16②, '17②, '19①②
g．イニング最多四球

4…セ　'76③1回，'92③8回
h．イニング最多連続四球
　　3…パ　'51②6回

P．死　　球

a．シリーズ最多死球
　　2試合－1…多数あり
　　3試合－3…セ　'77
b．ゲーム最多死球
　　2…パ　'71②，'75②，'96②
　　　　セ　'77①
c．ゲーム最多死球合計　－両チーム－
　　2…多数あり

Q．三　　振

a．シリーズ最多三振
　　2試合－27…セ　'04
　　3試合－32…パ　'92
b．シリーズ最少三振
　　2試合－4…セ　'06
　　3試合－8…セ　'51，'53
　　　　　　　　パ　'75
c．シリーズ最多三振合計　－両チーム－
　　2試合－43…セ27－16…パ　'04
　　3試合－58…セ29－29…パ　'88
　　　　　　　　パ…32－26…セ　'92
d．ゲーム最多三振
　　16…パ　'71①，'80③
e．ゲーム最少三振
　　0…セ　'08②
f．ゲーム最多三振合計　－両チーム－
　　24…セ…15－9…パ　'59①
　　　　パ…16－8…セ　'71①
g．ゲーム最少三振合計　－両チーム－
　　3…セ…0－3…パ　'08②
　　　　セ…1－2…パ　'13③
h．イニング最多三振
　　3…パ　過去46度
　　　　セ　過去29度
i．毎回三振
　　パ　'67③，'84③，'01③
　　セ　'77②，'95②
j．最多連続三振
　　10…パ　'71①1回一死～4回一死

R．併　殺　打

a．シリーズ最多併殺打
　　2試合－5…セ　'56，'08
　　3試合－7…パ　'82
b．シリーズ最少併殺打
　　2試合－0…多数あり
　　3試合－0…パ　'67，'70，'87
　　　　　　　　セ　'71，'77，'78，'86，'13
c．ゲーム最多併殺打
　　4…セ　'56②
　　　　パ　'82③
d．ゲーム最多併殺打合計　－両チーム－
　　5…セ－4－1…パ　'56②
e．最多連続イニング併殺打
　　3…パ　'71①1回～3回

S．残　　塁

a．シリーズ最多残塁
　　2試合－22…パ　'62
　　3試合－26…セ　'85，'86，'01
b．シリーズ最少残塁
　　2試合－6…パ　'90，'16
　　　　　　　　セ　'07，'17
　　3試合－9…パ　'12

c．ゲーム最多残塁
　　13…セ　'01②，'10①
　　12…パ　'68②
　　　　セ　'85③
d．ゲーム最少残塁
　　0…セ　'76②
e．ゲーム最多残塁合計　－両チーム－
　　21…パ…11－10…セ　'62①
f．ゲーム最少残塁合計　－両チーム－
　　4…パ…1－3…セ　'07①
　　　　パ…1－3…セ　'16①

T．そ の 他

a．イニング3球でチェンジ
　　パ　'12①2回

Ⅳ．代 打 者 記 録

A．起用人数

a．シリーズ最多起用数
　　2試合－13…セ　'55①7，②6
　　3試合－23…パ　'80①7，②6，③10
b．ゲーム最多起用数
　　10…パ　'80③
c．ゲーム最多起用数合計　－両チーム－
　　16…パ…10－6…セ　'80③
d．ゲーム最少起用数
　　0…セ　'94①，'05②，'17②
　　　　パ　'51①，'94①
e．イニング最多起用数
　　4…パ　'60②8回，'00①9回
　　　　セ　'81②7回，'83③5回
f．シリーズ個人最多起用数
　　2試合－2…多数あり
　　3試合－3…多数あり

B．打　　率

a．シリーズ最高打率
　　2試合－1.000…セ　'93　打数3　安打3
　　　　　　　　　　パ　'94　打数1　安打1
　　3試合－.750…セ　'99　打数4　安打3
b．ゲーム最高打率
　　1.000（3打数3安打）…パ　'85③
　　　　　　　　　　　　　　セ　'00②
　　　（2打数2安打）…セ　'70③，'93①，'07①，
　　　　　　　　　　　　　　'19①
　　　　　　　　　　　　パ　'88③，'06①，'08①
　　　（1打数1安打）…セ　'93②，'98①，'99①②
　　　　　　　　　　　　　　'09①
　　　　　　　　　　　　パ　'94②，'03①，'07②
c．シリーズ最低打率
　　2試合－.000（9打数0安打）…セ　'59
　　　　　　　（8打数0安打）…セ　'52，'89，'02
　　　　　　　　　　　　　　　　パ　'16
　　　　　　　（7打数以下）…セ5度、パ4度
　　3試合－.000（12打数0安打）…セ　'71
　　　　　　　（11打数0安打）…パ　'53
　　　　　　　（10打数以下）…セ3度、パ4度
d．ゲーム最低打率
　　.000（7打数0安打）…パ　'79①
　　　（6打数0安打）…セ　'55①，'76②，'82②，
　　　　　　　　　　　　　　'83①，'91①

　　　（5打数以下多数）

C. 安　打

a．シリーズ最多安打
　　2試合－5…パ '18①2，②3
　　3試合－7…セ '87①1，②1，③5
b．ゲーム最多安打
　　5…セ '87③（小早川，松本，衣笠，八重樫，屋鋪）
c．ゲーム最多安打合計　－両チーム－
　　7…セ…5－2…パ '87③
d．イニング最多安打
　　3…セ '00②8回
e．シリーズ個人最多安打
　　2試合－2…荒井　幸雄（セ）
　　　　　　　　'93①二塁打　　②単打
　　3試合－3…門田　博光（パ）
　　　　　　　　'80①本塁打　②単打　③単打
f．シリーズ最多出塁
　　2試合－5…パ '18①2，②3
　　3試合－8…パ '80①4，②2，③2
g．シリーズ最少出塁
　　2試合－0…セ '59（機会 9）
　　　　　　　　'52，'89，'02（機会 8）
　　　　　　　パ '16（機会 8）
　　　　　　　　（機会7以下）…セ4度、パ2度
　　3試合－0…セ '71（機会12）
　　　　　　　　'92（機会 6）
　　　　　　　　'11（機会 5）
　　　　　　　　'13（機会 8）
　　　　　　　パ '51（機会 4）
　　　　　　　　'12（機会 8）
h．ゲーム最多出塁
　　5…セ '87③
i．ゲーム最多出塁合計　－両チーム－
　　7…パ…4－3…セ '80①
　　　　　セ…5－2…パ '87③
j．ゲーム最少出塁
　　0…多数あり

D. 二　塁　打

過去41度

E. 三　塁　打

野口　　明（セ）　'51②
国松　　彰（セ）　'63①
中塚　政幸（セ）　'70①
吉田　孝司（セ）　'76③
ブラッグス（セ）　'94②

F. 本　塁　打

a．ゲーム最多代打本塁打
　　2…パ '58②中西4回，小玉9回
　　　　セ '07①前田智7回，森野8回
b．代打本塁打
　　前掲

G. 塁　　打

a．シリーズ最多塁打
　　2試合－12…セ '07
　　3試合－15…パ '69
b．ゲーム最多塁打
　　9…パ '58② 中西（本塁打），小玉（本塁打），
　　　　　　　広瀬（単打）
　　　　セ '87③ 衣笠（本塁打），松本（二塁打），
　　　　　　　小早川（単打），八重樫（単打），
　　　　　　　屋鋪（単打）
c．ゲーム最多塁打合計　－両チーム－
　　11…パ…6－5…セ '80①
　　　　　セ…9－2…パ '87③
d．イニング最多塁打

　　7…セ '51②7回
e．シリーズ個人最多塁打
　　2試合－4…多数あり
　　3試合－6…門田　博光（パ）
　　　　　　　　'80①4，②1，③1

H. 長　　打

a．ゲーム最多長打
　　2…セ '51②野口　　（三塁打）
　　　　　　　西沢　　（本塁打）
　　　　'75②若松　　（二塁打）
　　　　　　　松原　　（本塁打）
　　　　'87③松本　　（二塁打）
　　　　　　　衣笠　　（本塁打）
　　　　'03①高橋由　（本塁打）
　　　　　　　立浪　　（二塁打）
　　　　'07①前田智　（二塁打）
　　　　　　　森野　　（本塁打）
　　　パ '58②中西　　（本塁打）
　　　　　　　小玉　　（本塁打）
　　　　'79③藤原　　（二塁打）
　　　　　　　リー　　（本塁打）
　　　　'01②カブレラ（本塁打）
　　　　　　　大道　　（二塁打）

I. 打　　点

a．シリーズ最多打点
　　2試合－4…パ '58②4
　　　　　　　セ '07①2，②2
　　3試合－5…セ '63②2，③3
　　　　　　　　'01②5
　　　　　　　パ '69①2，②2，③1
b．ゲーム最多打点
　　5…セ '01②佐伯2，清原1，古田1，中村1
c．ゲーム最多打点合計　－両チーム－
　　7…セ…5－2…パ '01②
d．イニング最多打点
　　4…セ '51②7回
e．シリーズ個人最多打点
　　4…高倉　照幸（パ）'63①2，②2
f．ゲーム個人最多打点
　　3…中西　　太（パ）'58②4回
　　　　マーシャル（セ）'63③8回
　　　　遠井　吾郎（セ）'70③4回
　　　　岡田　彰布（セ）'80①4回
　　　　簑田　浩二（パ）'85③8回
　　　　ブラッグス（セ）'94②6回
　　　　山本　和範（パ）'96①6回

J. 犠　　飛

藤村富美男（セ）　'54②
高倉　照幸（パ）　'66①
白　　仁天（セ）　'70①
秋山　幸二（パ）　'86③
山倉　和博（セ）　'87①
水野　雄仁（セ）　'88③
古田　敦也（セ）　'01②
森野　将彦（セ）　'10②

K. 四　　球

a．シリーズ最多四球
　　2試合－2…セ '55①1，②1
　　　　　　　　'09①1，②1
　　　　　　　パ '59①2
　　3試合－5…セ '79①2，②2，ⓒ1
b．ゲーム最多四球
　　2…セ '79①，'79②
　　　　パ '59①，'81①
c．ゲーム最多四球合計　－両チーム－

　　　　2…多数あり
　　d．シリーズ個人最多四球
　　　　3…中塚　政幸（セ）'79

L．死　　　球

　　a．シリーズ最多死球
　　　　2試合－0
　　　　3試合－1…多数あり
　　b．ゲーム最多死球
　　　　1…多数あり
　　c．ゲーム最多死球合計　－両チーム－
　　　　1…多数あり

M．三　　　振

　　a．シリーズ最多三振
　　　　2試合－5…セ　'59①4，②1
　　　　3試合－6…セ　'71①2，②1，③3
　　　　　　　　　　'72①2，②4，③0
　　b．ゲーム最多三振
　　　　4…セ　'59①，'72②
　　c．ゲーム最多三振合計　－両チーム－
　　　　6…セ－4－2…パ　'59①
　　d．イニング最多三振
　　　　3…パ　'00②7回
　　e．シリーズ個人最多三振
　　　　2…過去18度

N．併　殺　打

　　過去27度

Ⅴ．個人投手記録

A．全般記録

　　a．通算最多登板
　　　　28…金田　正一（セ）
　　b．シリーズ最多登板
　　　　2試合－2…多数あり
　　　　3試合－3…林　　義一（パ）'51
　　　　　　　　　　荒巻　　淳（パ）'53
　　　　　　　　　　川崎　徳次（パ）'53
　　　　　　　　　　大友　　工（セ）'53
　　　　　　　　　　金田　正一（セ）'53
　　　　　　　　　　別所　毅彦（セ）'53
　　　　　　　　　　梶本　隆夫（パ）'63
　　　　　　　　　　江夏　　豊（セ）'67
　　　　　　　　　　　　　　　　（パ）'83
　　　　　　　　　　金田　留広（パ）'69
　　　　　　　　　　佐藤　道郎（パ）'70
　　　　　　　　　　太田　幸司（パ）'70
　　　　　　　　　　永射　　保（パ）'77
　　　　　　　　　　梶間　健一（セ）'79
　　　　　　　　　　角　　三男（セ）'81
　　　　　　　　　　鈴木康二朗（パ）'84
　　c．通算最多先発
　　　　7…村山　　実（セ）
　　　　　　米田　哲也（パ）
　　d．シリーズ最多先発
　　　　2試合－2…別所　毅彦（セ）'52
　　　　　　　　　　柚木　　進（パ）'52
　　　　　　　　　　宅和　本司（パ）'55
　　　　　　　　　　西村　一孔（セ）'55
　　　　　　　　　　3試合－2…別所　毅彦（セ）'51
　　e．通算最多完了
　　　　9…江夏　　豊（セ・パ）
　　f．シリーズ最多完了
　　　　2試合－2…金田　正一（セ）'58

　　　　　　　　　尾崎　行雄（パ）'62
　　　　　　　　　小宮山　悟（パ）'91
　　　　　　　　　赤堀　元之（パ）'94
　　　　　　　　　古溝　克之（パ）'95
　　　　　　　　　クルーン（セ）'06
　　　　3試合－3…林　　義一（パ）'51
　　　　　　　　　角　　三男（セ）'81
　　　　　　　　　江夏　　豊（パ）'83
　　g．1球も投げず降板
　　　　別所　毅彦（セ）'53③9回

B．勝　　　利

　　a．通算最多勝利
　　　　7…山田　久志（パ）
　　　　5…江夏　　豊（セ）
　　b．シリーズ最多勝利
　　　　2試合－1…多数あり
　　　　3試合－2…梶間　健一（セ）'77
　　　　　　　　　　中山　裕章（セ）'88
　　c．両リーグで勝利投手
　　　　伊良部秀輝（パ）'94①（セ）'03②
　　　　杉内　俊哉（パ）'09②（セ）'12①

C．敗　　　北

　　a．通算最多敗北
　　　　4…金田　正一（セ）
　　b．シリーズ最多敗北
　　　　2試合－1…多数あり
　　　　3試合－2…西本　　聖（セ）'84
　　c．両リーグで敗戦投手
　　　　江夏　　豊（セ）'67③，'69②（パ）'76③

D．セ　ー　ブ

　　a．通算最多セーブ
　　　　6…江夏　　豊（セ・パ）
　　b．シリーズ最多セーブ
　　　　2試合－2…クルーン（セ）'06
　　　　3試合－2…鈴木　孝政（セ）'77
　　　　　　　　　　江夏　　豊（セ）'80（パ）'83
　　　　　　　　　　山本　和行（セ）'85
　　　　　　　　　　牛島　和彦（パ）'87
　　c．通算最多連続セーブ　－連続シリーズ－
　　　　4…牛島　和彦（セ・パ）'84③，'87①③，'88①
　　d．両リーグでセーブ投手
　　　　江夏　　豊（セ）'78③，'80①③（パ）'81①，'83①②
　　　　牛島　和彦（セ）'84③（パ）'87①③，'88①
　　e．3イニングセーブ
　　　　安仁屋宗八（セ）'75①
　　　　山口　高志（パ）'75③
　　　　野村　　収（パ）'76①
　　　　鈴木　孝政（セ）'77①
　　　　東尾　　修（パ）'78②，'84②
　　　　村田　兆治（パ）'79②
　　　　川崎憲次郎（セ）'91①
　　　　高村　　祐（パ）'96①
　　　　山本　由伸（パ）'19①

E．投　球　回

　　a．通算最多投球回
　　　　64⅔…金田　正一（セ）
　　b．シリーズ最多投球回
　　　　2試合－6…野村　武史（パ）'52
　　　　　　　　　　川崎　徳次（パ）'52
　　　　　　　　　　山根　俊英（パ）'52
　　　　　　　　　　金田　正一（パ）'52
　　　　　　　　　　別所　毅彦（セ）'52
　　　　　　　　　　長谷川良平（セ）'57
　　　　3試合－8…荒巻　　淳（パ）'53
　　　　　　　　　　川崎　徳次（パ）'53

c．ゲーム最多投球回
　5…斉藤　明夫（セ）'82②

F．被 安 打

a．通算最多被安打
　53…金田　正一（セ）
b．シリーズ最多被安打
　2試合−11…成瀬　善久（パ）'08
　3試合−11…西本　聖（セ）'84
c．シリーズ最少被安打
　0…野村　武史（パ）'52（投球回6）
d．ゲーム最多被安打
　11…成瀬　善久（パ）'08②
e．ゲーム最少被安打
　0…杉下　茂（セ）'52①（投球回4）
　　　山根　俊英（パ）'52①（　〃　）
　0…多数あり　　　　　　（投球回3）
f．イニング最多被安打
　9…小林　雅英（パ）'00②8回
g．イニング連続打数被安打
　8…武田　勝（パ）'11①5回（連続打席）
h．ゲーム最高被安打率
　1.000…渡辺　秀武（セ）'70①1回
　　　　　打者5で被安打5
　　　　斎藤　雅樹（セ）'90①4回
　　　　　打者6で被安打5（1四球）
　　　　ニューベリー（パ）'52①4回
　　　　　打者4で被安打4
　　　　今井雄太郎（パ）'79①9回
　　　　　打者4で被安打3（1四球）
　　　　杉山　賢人（パ）'94②6回
　　　　　打者2で被安打1（1四球）
　　　　薮田　安彦（パ）'07②8回
　　　　　打者2で被安打2
i．通算最低被安打率（10回以上）
　.027…柚木　進（パ）
　　　　打数37　安打1
j．通算最多連続回無安打
　8⅔…野村　武史（パ）'51③2 ⅔回
　　　　　　　　　　　　　　'52①2回
　　　　　　　　　　　　　　'52②3回
　　　　江夏　豊（セ）'70②2回
　　　　　　　　　　　　　　'71①3回
　　　　　　　　　　　　　　'71③2回
　　　　　　　　　　　　　　'72③1 ⅓回
k．通算最多連続回無安打無四球無走者
　7…江夏　豊（セ）'70②1回
　　　　　　　　　　　　　'71①3回
　　　　　　　　　　　　　'71③2回
　　　　　　　　　　　　　'72③1回
l．ゲーム全イニング無安打無四球無走者（16人）
　3…川崎　徳次（パ）'53①（打者8人）
　　　森安　敏明（パ）'68①
　　　平松　政次（セ）'70②
　　　上田　二朗（セ）'70③
　　　江夏　豊（セ）'71①
　　　成田　文男（パ）'73①
　　　山口　高志（パ）'76②
　　　松原　明夫（パ）'78①
　　　山根　和夫（セ）'80②
　　　江川　卓（セ）'84③
　　　西崎　幸広（パ）'88③
　　　赤堀　元之（パ）'92③
　　　伊良部秀輝（パ）'96②
　　　斎藤　雅樹（セ）'96②
　　　赤川　克紀（セ）'12③
　　　藤浪晋太郎（セ）'15①

G．被本塁打

a．通算最多被本塁打
　6…金田　正一（セ）

b．シリーズ最多被本塁打
　2試合−3…木佐貫　洋（セ）'03
　　　　　　髙橋　光成（パ）'19
　3試合−4…武田　勝（パ）'11
c．ゲーム最多被本塁打
　4…武田　勝（パ）'11①
d．イニング最多被本塁打
　4…武田　勝（パ）'11①5回
e．イニング最多連続打席被本塁打
　3…小松　辰雄（セ）'92①5回

H．与 四 球

a．通算最多与四球
　24…金田　正一（セ）
b．シリーズ最多与四球
　2試合−4…梶本　隆夫（パ）'62
　3試合−6…金田　正一（セ）'53
c．ゲーム最多与四球
　4…江夏　豊（パ）'76③
d．イニング最多与四球
　4…江夏　豊（パ）'76③1回
e．イニング最多連続与四球
　2…多数あり

I．与 死 球

a．通算最多与死球
　2…バッキー（セ）
　　　小林　繁（セ）
　　　太田　幸司（パ）
　　　高橋　直樹（パ）
　　　永射　保（パ）
　　　梶間　健一（セ）
　　　ガルベス（セ）
b．シリーズ最多与死球
　2試合−1…多数あり
　3試合−2…ガルベス（セ）'96
c．ゲーム最多与死球
　2…ガルベス（セ）'96②

J．奪 三 振

a．通算最多奪三振
　84…金田　正一（セ）
b．シリーズ最多奪三振
　2試合−10…稲尾　和久（パ）'58
　3試合−13…江夏　豊（セ）'71
c．ゲーム最多奪三振
　9…江夏　豊（セ）'71①
d．ゲーム最多連続奪三振
　9…江夏　豊（セ）'71①1回〜3回
e．劈頭最多連続奪三振
　9…江夏　豊（セ）'71①1回〜3回
f．通算最多連続奪三振　　−連続シリーズ−
　15…江夏　豊（セ）'70②2回二死〜3回
　　　　　　　　　　　　'71①1回〜3回
　　　　　　　　　　　　'71③6回一死
g．イニング最多奪三振
　3…多数あり

K．暴　　投

a．通算最多暴投
　3…村田　兆治（パ）
b．三振目の暴投　　　　　　　　　　打者
　藤田　元司（セ）'57②6回（大下）
　木田　優夫（セ）'90①5回（ブライアント）
　小林　雅英（パ）'03②9回（二岡）

L．失　　点
a．通算最多失点
22…金田　正一（セ）
b．シリーズ最多失点
2試合－8…成瀬　善久（パ）'08
3試合－9…武田　　勝（パ）'11
c．ゲーム最多失点
9…武田　　勝（パ）'11①
d．イニング最多失点
8…武田　　勝（パ）'11①5回
e．通算最多連続回無失点
19…江夏　　豊（セ）'70②、'71①③、'72③、
'73②③、'74②、'75①
f．シリーズ最多連続回無失点
8…荒巻　　淳（パ）'53①②③

M．防御率
a．通算最優秀防御率
2.20…江夏　　豊（セ・パ）投球回45（40回以上）
1.44…堀内　恒夫（セ）　投球回25（20回以上）
0.00…池永　正明（パ）　投球回15⅔（10回以上）
　　　林　　義一（パ）　投球回13⅓
　　　柚木　　進（パ）　投球回12
　　　梶間　健一（セ）　投球回11⅔
　　　津田　恒実（セ）　投球回10⅓
　　　鈴木康二朗（セ・パ）投球回10
b．シリーズ最優秀防御率　－投球回6以上－
2試合－0.00…野村　武史（パ）'52　投球回6
　　　　　　　川崎　徳次（パ）'52　投球回6
3試合－0.00…荒巻　　淳（パ）'53　投球回8
　　　　　　　大友　　工（セ）'53　投球回7
　　　　　　　林　　義一（パ）'51　投球回6⅓
　　　　　　　バッキー（セ）'65　投球回6

Ⅵ．守　備　記　録

(注)守備のゲーム最少記録は9回を守った試合の記録のみ。

A．守備機会
a．ゲーム最多守備機会
47…セ '84②、'09①
b．ゲーム最少守備機会
30…パ '04①
セ '19①
c．ゲーム最多守備機会投手
7…パ '98②
d．ゲーム最少守備機会投手
0…多数あり
e．ゲーム最多守備機会捕手
18…パ '59①
f．ゲーム最少守備機会捕手
1…パ '53①、'73①
セ '78①
g．ゲーム最多守備機会内野手
37…セ '84②
h．ゲーム最少守備機会内野手
9…パ '86①、'04①
セ '94②
i．ゲーム最多守備機会内野手守備位置別
一塁手－18…セ '51③
　　　　　　　パ '84②
二塁手－12…セ '84②
　　　　　　　パ '10②
三塁手－8…セ '66②、'75①、'16①
遊撃手－11…セ '09①
j．ゲーム最少守備機会内野手守備位置別
一塁手－3…セ '98②

パ '06②
二塁手－0…多数あり
三塁手－0…多数あり
遊撃手－0…多数あり
k．ゲーム最多守備機会外野手
15…セ '13③
l．ゲーム最少守備機会外野手
0…セ '84③

B．刺　　殺
a．ゲーム最多刺殺投手
5…パ '98②
b．ゲーム最多刺殺捕手
16…パ '71①、'80③
c．ゲーム最少刺殺捕手
1…パ '53①、'73①、'08②
セ '78①
d．ゲーム最多刺殺内野手
20…パ '51③
'53①（9回まで）
'61①
'79③
セ '82③
e．ゲーム最少刺殺内野手
5…セ '94②
f．ゲーム最多刺殺内野手守備位置別
一塁手－18…セ '51③
二塁手－7…パ '56②、'73①
セ '68③
三塁手－5…セ '06②
遊撃手－5…パ '51③、'72③、'82①
セ '71③、'79②
g．ゲーム最少刺殺内野手守備位置別
一塁手－3…セ '63②、'71①、'98②
パ '65②、'83②、'06②
二塁手－0…多数あり
三塁手－0…多数あり
遊撃手－0…多数あり
h．ゲーム最多刺殺外野手
15…セ '13③
i．ゲーム最少刺殺外野手
0…セ '84③

C．補　　殺
a．ゲーム最多補殺
19…セ '82③、'84②
b．ゲーム最少補殺
3…パ '04①
セ '71①、'94②、'19①
c．ゲーム最多補殺投手
6…パ '55②、'79③
d．ゲーム最多補殺捕手
3…パ '89②
セ '89②、'91①
e．ゲーム最多補殺内野手
17…パ '84②
セ '84②
f．ゲーム最少補殺内野手
2…パ '60③、'85③、'86①
セ '71①、'77②
g．ゲーム最多補殺内野手守備位置別
一塁手－6…パ '98②
二塁手－10…セ '84②
三塁手－7…セ '66②
遊撃手－8…セ '78③、'85③、'09①
パ '03②
h．ゲーム最少補殺内野手守備位置別
一塁手－0…多数あり
二塁手－0…多数あり
三塁手－0…多数あり
遊撃手－0…多数あり

i．ゲーム最多補殺外野手
　　2…パ　'92①，'14②
　　　　セ　'97①，'08①

D．失　　策

a．ゲーム最多失策
　　4…パ　'54①
　　　　セ　'56①，'61②，'70①，'77③，'84①
b．ゲーム最多失策合計　－両チーム－
　　6…セ…4－2…パ　'70①
c．ゲーム最多失策投手
　　2…パ　'54①
d．ゲーム最多失策捕手
　　2…パ　'59①
　　　　セ　'69①
e．ゲーム最多失策内野手
　　4…セ　'61②
f．ゲーム最多失策内野手合計　－両チーム－
　　5…セ…3－2…パ　'55②
　　　　セ…4－1…パ　'61②
g．ゲーム最多失策内野手守備位置別
　　一塁手－2…セ　'82①
　　二塁手－2…セ　'61②
　　三塁手－2…パ　'55②
　　　　　　　　　セ　'77③
　　遊撃手－3…セ　'68②
h．ゲーム最多失策外野手
　　2…セ　'56①，'12③
　　　　パ　'13③
i．ゲーム最多失策外野手合計　－両チーム－
　　2…セ…2－0…パ　'56①
　　　　セ…1－1…パ　'70①
　　　　セ…2－0…パ　'12③
　　　　パ…2－0…セ　'13③
j．イニング最多失策
　　3…セ　'70①4回
k．ゲーム最多失策（個人守備位置別）
　　投　手－2…梶本　隆夫（パ）'54①
　　捕　手－2…野村　克也（パ）'59①
　　　　　　　　田淵　幸一（セ）'69①
　　一塁手－2…モッ　カ（セ）'82①
　　二塁手－2…土屋　正孝（セ）'61②
　　三塁手－2…中西　　太（パ）'55②
　　遊撃手－3…黒江　透修（セ）'68②
　　外野手－2…高橋　由伸（セ）'12③

E．捕　　逸

a．ゲーム最多捕逸
　　2…パ　'77①
b．三振目の捕逸
　　森　　昌彦（セ）'62②4回（打者高倉）

F．併　　殺

a．シリーズ最多併殺合計　－両チーム－
　　2試合－7…パ…5－2…セ　'56
　　3試合－9…パ…6－3…セ　'72
　　　　　　　　パ…5－4…セ　'79
　　　　　　　　セ…7－2…パ　'82
b．ゲーム最多併殺
　　4…パ　'56②
　　　　セ　'82③
c．ゲーム最多併殺合計　－両チーム－
　　5…パ…4－1…セ　'56②
　　　　セ…3－2…パ　'79②
　　　　セ…4－1…パ　'82③
　　　　パ…3－2…セ　'99③
d．ゲーム最多併殺投手
　　2…パ　'79②
e．ゲーム最多併殺捕手
　　2…セ　'77③

f．ゲーム最多併殺内野手守備位置別
　　一塁手－4…パ　'56②
　　　　　　　　セ　'82③
　　二塁手－4…パ　'56②
　　　　　　　　セ　'82③
　　三塁手－2…パ　'93①，'99③
　　遊撃手－4…パ　'56②
g．ゲーム最多併殺外野手
　　1…多数あり
h．連続イニング併殺
　　3…セ　'71②1回～3回
i．ゲーム最多同一順併殺
　　4…パ　'56②豊田（遊），佐々木（二），榎本（一）
　　　　　　　1, 2, 4, 6回
j．ゲーム最多三重殺
　　1…パ　'64③（3回）
　　　　　　　小玉（三），ブルーム（二）榎本（一）
　　　　セ　'82③（7回）
　　　　　　　真弓(遊)，篠塚(二)，掛布(一)，山倉(捕)

出場審判・記録員

a．審　判　員
　セントラル・リーグ
　　'51…島，筒井，小柴
　　'52…島，津田，筒井
　　'53…島，津田，筒井
　　'54…島，金政，杉村
　　'55…島，円城寺，国友
　　'56…島，円城寺，小柴
　　'57…島，津田，筒井
　　'58…島，国友，筒井
　　'59…島，円城寺，小柴，富沢
　　'60…島，国友，有津，滝野
　　'61…島，津田，筒井，佐藤
　　'62…島，富沢，竹元，岡田功
　　'63…円城寺，国友，筒井，有津，稲田
　　'64…円城寺，筒井，竹元，田代，松嬌
　　'65…有津，富沢，岡田功，丸山，谷寸
　　'66…筒井，竹元，田代，松橋
　　'67…筒井，富沢，松橋，谷村
　　'68…竹元，岡田功，大谷，大里
　　'69…有津，富沢，柏木，原田
　　'70…竹元，丸山，松橋，原田
　　'71…岡田功，大里，山本文，福井
　　'72…竹元，平光，井上，久保田
　　'73…富沢，谷村，松橋，福井
　　'74…竹元，岡田和，丸山，柏木
　　'75…谷村，岡田和，山本文，久保田
　　'76…富沢，柏木，谷村，平光
　　'77…岡田和，丸山，松橋，福井
　　'78…富沢，竹元，山本文，平光
　　'79…谷村，岡田和，井上，久保田
　　'80…岡田和，鈴木，太田，田中
　　'81…松橋，手塚，松下，三浦
　　'82…丸山，柏木，山本文，平光
　　'83…富沢，大里，佐藤，井上
　　'84…岡田功，福井，久保，小林毅
　　'85…鈴木，太田，田中，久保田
　　'86…丸山，松橋，山本文，井野
　　'87…大里，平光，井上，友寄
　　'88…久保田，久保，小林毅，谷
　　'89…福井，鈴木，田中，井野
　　'90…平光，友寄，鷲谷，渡田
　　'91…岡田功，山本，井上，久保田
　　'92…鈴木，久保，井野，谷
　　'93…田中，渡田，橘高，上本
　　'94…久保田，小林毅，井野，友寄
　　'95…小林毅，笠原
　　'96…山本，井上，井野

'97…田中, 渡田, 杉永
'98…田中, 井野, 友寄
'99…小林毅, 谷, 笠原
'00…小林毅, 森, 佐々木
'01…橘高, 上本, 真鍋
'02…杉永, 有隅, 渡真利
'03…渡田, 西本, 佐々木
'04…橘高, 森, 笠原
'05…谷, 真鍋, 本田
'06…友寄, 吉本, 敷田
'07…杉永, 有隅, 小林
'08…西本, 木内, 名幸
'09…土山, 深谷, 嶋田
'10…渡田, 眞鍋, 牧田

パシフィック・リーグ
'51…横沢三, 小島, 上田
'52…二出川, 横沢三, 上田
'53…二出川, 横沢三, 苅田
'54…二出川, 横沢三, 上田
'55…二出川, 横沢三, 角谷
'56…二出川, 横沢三, 苅田
'57…二出川, 横沢三, 長谷川
'58…二出川, 横沢三, 角谷
'59…二出川, 横沢三, 浜崎, 井野川
'60…浜崎, 上田, 川瀬, 田川
'61…二出川, 川瀬, 田川, 沖
'62…二出川, 小島, 上田, 田川
'63…小島, 横沢七, 川瀬, 田川, 道仏
'64…井野川, 砂川, 道仏, 久喜
'65…小島, 中川忠, 川瀬, 小松, 萩原
'66…浜崎, 横沢七, 道仏, 久喜
'67…上田, 沖, 中川透, 斎田
'68…砂川, 沖, 大野, 岡田豊
'69…坂本, 田川, 久保山, 吉田
'70…道仏, 大野, 斎田, 露崎
'71…砂川, 久喜, 加藤, 中村浩
'72…沖, 久保山, 土井垣, 岡田豊
'73…田川, 道仏, 加藤, 寺本
'74…久喜, 中川透, 吉田, 露崎
'75…大野, 中川, 村田, 前川
'76…岡田豊, 加藤, 藤本, 五十嵐
'77…久保山, 吉田, 中村浩, 藤本
'78…久喜, 寺本, 前川, 林達
'79…大野, 斎田, 村田, 牧野
'80…中川透, 岡田哲, 五十嵐, 馬場
'81…久保山, 加藤, 藤本, 小林晋
'82…中川透, 斎田, 寺本, 中村浩
'83…大野, 前川, 牧野, 村越
'84…村田, 五十嵐, 永見, 小林一
'85…斎田, 藤本, 林忠, 橘
'86…寺本, 前川, 躅池, 高木
'87…村田, 小林一, 新屋, 前田
'88…久保山, 斎田, 林忠, 山本隆
'89…藤本, 五十嵐, 牧野, 村越
'90…躅池, 永見, 高木, 橘
'91…前川, 柿木園, 前田, 東
'92…五十嵐, 牧野, 林忠, 山本隆
'93…永見, 山崎, 小寺, 中村
'94…村越, 新屋, 柿木園, 東
'95…橘, 小寺
'96…村田, 前川, 桃井
'97…藤本, 柿木園, 栄村
'98…藤本, 中村, 佐藤
'99…橘, 佐藤, 山村

'00…東, 良川, 栄村
'01…永見, 丹波, 川口
'02…前田, 山本, 柳田
'03…小寺, 中村, 秋村
'04…林, 丹波, 川口
'05…前田, 佐藤, 津川
'06…山村, 飯塚, 柳田
'07…林, 山崎, 白井
'08…山本, 小寺, 杉本
'09…良川, 秋村, 山路
'10…山崎, 東, 橋本
※2011よりセ・パ統合
'11…橘高, 栄村, 佐々木, 川口, 本田, 山本
'12…中村, 森, 柿木園, 杉本, 福家, 石山
'13…友寄, 杉永, 山村達, 丹波, 津川
'14…佐藤, 笠原, 吉本, 敷田, 白井, 原
'15…東, 西本, 柳田, 小林和, 飯塚, 木内
'16…橘高, 名幸, 土山, 嶋田, 秋村, 市川
'17…眞鍋, 深谷, 牧田, 橋本, 村山, 坂井
'18…森, 中村, 山本貴, 山路, 山口, 芦原
'19…佐々木, 川口, 本田, 杉本, 福家, 石山

b. 記 録 員

	(セ)	(パ)		(セ)	(パ)
'51	広瀬	山内	'81	石井	安藤
'52	広瀬	山内	'82	中沢聖	梅田英
'53	萩原	山内	'83	河野	吉村
'54	萩原	山内	'84	丸山	五十嵐
'55	萩原	山内	'85	東田	帖地
'56	萩原	山内	'86	中沢聖	千葉
'57	萩原	山内	'87	河野	近藤
'58	柳原	山内	'88	石井	関口
'59	萩原	山内	'89	東水流	花田
'60	柳原	佐藤	'90	丸山	安藤
'61	中川	中沢正	'91	東田	帖地
'62	藤森	針原	'92	中沢聖	吉村
'63	藤森	桑原	'93	河野	五十嵐
'64	柳原	佐藤	'94	石井	梅田英
'65	藤森	針原	'95	東水流	花田
'66	柳原	千葉	'96	山本	近藤
'67	中川	中沢正	'97	嵯峨	中川
'68	丸山	桑原	'98	中沢聖	関口
'69	東田	針原	'99	東田	安藤
'70	中沢聖	千葉	'00	東水流	吉村
'71	河野	梅田英	'01	中村晃	藤森
'72	柳原	中沢正	'02	加藤木	村林
'73	藤森	五十嵐	'03	西原	吉村
'74	丸山	針原	'04	及川	山川
'75	東田	千葉	'05	生原	山田
'76	中沢聖	梅田英	'06	山本	荒木
'77	河野	五十嵐	'07	嵯峨	藤原
'78	丸山	帖地	'08	中村晃	近江屋
'79	東田	花田	'09	加藤木	荻野
'80	藤森	関口			

※2010よりセ・パ統合

	(セ)	(パ)
'10	西原	関
'11	村林	荒木
'12	生原	沢崎
'13	山川	小熊
'14	山本	新
'15	嵯峨	伊藤
'16	山田	中村鉄
'17	中村晃	近江屋
'18	加藤木	西原
'19	藤原	貞比良

表彰選手

('51～'79殊勲選手、'80～最優秀選手)

年度		最優秀選手
'51	①	川上 哲治 (巨)
	②	野口 明 (名)
	③	林 義一 (大)
		〔3試合通じ最高殊勲…
		杉下 茂 (名)〕
'52	①	なし
	②	
		〔2試合通じ最高殊勲…
		飯島 滋弥 (大)〕
'53	①	飯田 徳治 (南)
	②	平井 三郎 (巨)
	③	堀井 数男 (南)
		〔3試合通じ最高殊勲…
		堀井 数男 (南)〕
'54	①	中西 太 (西)
	②	山内 和弘 (毎)
		〔2試合通じ最高殊勲…
		山内 和弘 (毎)〕
'55	①	山内 和弘 (毎)
	②	西沢 道夫 (中)
		〔2試合通じ最高殊勲…
		西沢 道夫 (中)〕
'56	①	森下 正夫 (南)
	②	吉田 義男 (神)
		〔2試合通じ最高殊勲…
		金田 正一 (国)〕
'57	①	大下 弘 (西)
	②	宮本 敏雄 (巨)
		〔2試合通じ最高殊勲…
		大下 弘 (西)〕
'58	①	宮本 敏雄 (巨)
	②	中西 太 (西)
		〔2試合通じ最高殊勲…
		野村 克也 (南)〕
'59	①	山内 和弘 (毎)
	②	中 利夫 (中)
		〔2試合通じ最高殊勲…
		山内 和弘 (毎)〕
'60	①	森下 整鎮 (南)
	②	金田 正一 (国)
	③	張本 勲 (東)
'61	①	広瀬 叔功 (南)
	②	田宮謙次郎 (毎)
'62	①	ブルーム (近)
	②	張本 勲 (東)
'63	①	近藤 和彦 (洋)
	②	王 貞治 (巨)
	③	古葉 竹識 (広)
'64	①	金田 正一 (国)
	②	マーシャル (中)
	③	スタンカ (南)

年度		最優秀選手
'65	①	スペンサー (急)
	②	高倉 照幸 (西)
	③	江藤 慎一 (中)
'66	①	広瀬 叔功 (南)
	②	榎本 喜八 (京)
	③	古葉 竹識 (広)
'67	①	土井 正博 (近)
	②	長池 徳二 (急)
	③	大杉 勝男 (東)
'68	①	江藤 慎一 (中)
	②	柴田 勲 (巨)
	③	小池 兼司 (南)
'69	①	土井 正博 (近)
	②	船田 和英 (西)
	③	なし
'70	①	長池 徳二 (急)
	②	江夏 豊 (神)
	③	遠井 吾郎 (神)
'71	①	江夏 豊 (神)
	②	長池 徳二 (急)
	③	加藤 秀司 (急)
'72	①	野村 克也 (南)
	②	阪本 敏三 (東)
	③	池田 祥浩 (神)
'73	①	若松 勉 (ヤ)
	②	福本 豊 (急)
	③	山崎 裕之 (ロ)
'74	①	高井 保弘 (急)
	②	福本 豊 (急)
	③	張本 勲 (日)
'75	①	山本 浩二 (広)
	②	松原 誠 (洋)
	③	土井 正博 (平)
'76	①	有藤 道世 (ロ)
	②	門田 博光 (南)
	③	吉田 孝司 (巨)
'77	①	若松 勉 (ヤ)
	②	野村 克也 (南)
	③	王 貞治 (巨)
'78	①	ギャレット (広)
	②	簑田 浩二 (急)
	③	掛布 雅之 (神)
'79	①	王 貞治 (巨)
	②	マルカーノ (急)
	③	山本 浩二 (広)
'80	①	岡田 彰布 (神)
	②	平野 光泰 (近)
	③	江夏 豊 (広)
'81	①	藤原 満 (南)
	②	掛布 雅之 (神)
	③	山倉 和博 (巨)
'82	①	福本 豊 (急)
	②	柏原 純一 (日)
	③	掛布 雅之 (神)

年度		最優秀選手
'83	①	門田 博光 (南)
	②	梨田 昌崇 (近)
	③	落合 博満 (ロ)
'84	①	簑田 浩二 (急)
	②	ブーマー (急)
	③	江川 卓
'85	①	高木 豊 (洋)
	②	クロマティ (巨)
	③	松永 浩美 (急)
'86	①	山本 和範 (南)
	②	清原 和博 (武)
	③	吉村 禎章 (巨)
'87	①	高沢 秀昭 (ロ)
	②	石毛 宏典 (武)
	③	清原 和博 (武)
'88	①	ブーマー (急)
	②	岡田 彰布 (神)
	③	正田 耕三 (広)
'89	①	村田 兆治 (ロ)
	②	彦野 利勝 (中)
'90	①	ブライアント (近)
	②	清原 和博 (武)
'91	①	古沢 敦也 (ヤ)
	②	広沢 克己 (ヤ)
'92	①	石井 浩郎 (近)
	②	古田 敦也 (ヤ)
	③	駒田 徳広 (巨)
'93	①	清原 和博 (武)
	②	オマリー (神)
'94	①	秋山 幸二 (ダ)
	②	ブラッグス (横)
'95	①	落合 博満 (巨)
	②	松井 秀喜 (巨)
'96	①	山本 和範 (近)
	②	清原 和博 (武)
	③	金本 知憲 (広)
'97	①	松井稼頭央 (武)
	②	清原 和博 (巨)
'98	①	川上 憲伸 (中)
	②	松井 秀喜 (巨)
'99	①	松井 秀喜 (巨)
	②	ローズ (横)
	③	新庄 剛志 (神)
'00	①	ペタジーニ (ヤ)
	②	山崎 武司 (中)
	③	清原 和博 (巨)
'01	①	松井稼頭央 (武)
	②	ペタジーニ (ヤ)
	③	中村 紀洋 (近)
'02	①	アリアス (神)
	②	的山 哲也 (近)
'03	①	高橋 由伸 (巨)
	②	金本 知憲 (神)

'04	①	松坂　大輔	（武）
	②	SHINJO(新庄剛志)	（日）
'05	①	金城　龍彦	（横）
	②	前田　智徳	（広）
'06	①	青木　宣親	（ヤ）
	②	藤本　敦士	（神）
'07	①	ラ　ミ　レ　ス	（ヤ）
	②	阿部慎之助	（巨）
'08	①	山﨑　武司	（楽）
	②	荒木　雅博	（中）
'09	①	青木　宣親	（ヤ）
	②	松中　信彦	（ソ）
'10	①	阿部慎之助	（巨）
	②	片岡　易之	（武）
'11	①	畠山　和洋	（ヤ）
	②	中村　剛也	（武）
	③	稲葉　篤紀	（日）
'12	①	中村　紀洋	（ディ）
	②	前田　健太	（広）
	③	陽　　岱鋼	（日）
'13	①	澤村　拓一	（巨）
	②	新井　貴浩	（神）
	③	内川　聖一	（ソ）
'14	①	エルドレッド	（広）
	②	柳田　悠岐	（ソ）
'15	①	藤浪晋太郎	（神）
	②	會澤　翼	（広）
'16	①	筒香　嘉智	（ディ）
	②	大谷　翔平	（日）
'17	①	内川　聖一	（ソ）
	②	デスパイネ	（ソ）
'18	①	森　　友哉	（武）
	②	源田　壮亮	（武）
'19	①	森　　友哉	（武）
	②	近本　光司	（神）

オールスター・ゲーム・ライフタイム成績

セ・リーグ打撃成績

（　）内数字は故意四球

年度	試合	打数	得点	安打	二塁打	三塁打	本塁打	塁打	打点	盗塁	盗塁刺	犠打	犠飛	四球	死球	三振	併殺打	打率	失策
1951	3	94	9	17	3	1	2	28	8	1	1	0	－	7	1	8	1	.181	2
1952	2	100	3	13	2	0	0	15	3	0	2	1	－	7	0	9	2	.130	2
1953	2	90	2	11	3	0	0	14	2	1	1	2	－	8	0	8	1	.122	3
1954	2	63	3	9	1	0	1	13	2	1	0	0	1	9	0	12	2	.143	1
1955	2	63	9	14	3	0	2	23	9	2	1	2	0	5	1	7	1	.222	3
1956	2	59	2	12	0	0	0	12	2	1	1	0	0	5	0	10	5	.203	5
1957	2	61	7	14	2	0	2	22	7	0	1	2	0	8	0	13	1	.230	1
1958	2	65	8	15	3	0	0	18	7	1	4	0	1	6	0	21	0	.231	0
1959	2	65	6	15	2	0	2	23	6	3	1	0	1	5	0	20	0	.231	1
1960	3	98	11	20	2	1	5	39	10	2	1	1	2	8	1	20	2	.204	4
1961	2	62	2	10	2	0	0	12	1	1	1	0	0	9	0	10	2	.161	5
1962	2	62	4	13	3	0	2	22	4	1	2	2	0	10	1	11	1	.210	3
1963	3	113	25	35	10	2	6	67	22	2	3	1	1	12	0	17	1	.310	3
1964	3	96	8	29	4	0	2	39	8	0	1	1	0	10	1	15	1	.302	3
1965	3	116	6	22	4	0	2	32	6	1	0	0	1	2	0	27	1	.190	1
1966	3	102	10	27	5	1	3	43	10	2	0	1	0	8	0	14	1	.265	2
1967	3	102	13	28	5	2	3	46	13	0	0	1	1	6	0	19	5	.275	3
1968	3	110	14	30	3	2	2	43	12	6	2	1	1	(1)8	0	19	1	.273	4
1969	3	118	13	33	6	0	4	51	12	5	1	1	0	8	0	22	4	.280	3
1970	3	111	21	35	3	2	5	57	21	5	0	0	0	8	1	20	2	.315	4
1971	3	90	7	10	3	0	2	19	7	4	1	1	0	10	0	26	0	.111	4
1972	3	87	3	14	3	0	1	20	2	0	0	0	0	12	0	23	6	.161	1
1973	3	95	10	17	2	0	2	25	9	0	0	0	0	5	1	13	2	.179	2
1974	3	97	5	20	5	1	1	30	5	1	3	0	1	6	0	15	1	.206	2
1975	3	92	12	21	2	2	6	45	12	4	0	0	0	8	0	13	3	.228	1
1976	3	94	7	16	2	1	1	23	7	1	0	0	2	8	0	19	0	.170	2
1977	3	88	6	17	2	0	1	22	4	3	2	0	2	8	3	19	0	.193	5
1978	3	95	15	20	2	1	7	45	14	0	0	2	0	8	1	18	0	.211	2
1979	3	94	19	27	3	2	6	52	19	4	3	3	0	11	1	18	5	.287	2
1980	3	102	10	28	4	0	3	41	9	7	3	1	0	8	0	19	1	.275	1
1981	3	98	15	21	2	1	6	43	15	2	2	0	0	7	1	19	1	.214	1
1982	3	110	10	27	6	0	2	39	10	1	1	0	0	10	1	19	1	.245	4
1983	3	94	7	19	3	1	3	33	7	1	1	0	1	7	2	15	4	.202	3
1984	3	103	14	26	8	1	1	48	14	5	1	0	2	6	0	13	1	.252	5
1985	3	105	10	28	9	0	3	46	10	2	1	0	0	8	0	28	1	.267	2
1986	3	115	12	35	7	1	3	53	11	3	3	1	1	8	0	27	0	.304	3
1987	3	107	14	29	5	2	3	53	14	2	0	0	1	2	0	22	3	.271	1
1988	3	103	9	20	2	1	2	30	8	4	1	0	1	5	0	29	1	.194	4
1989	2	63	4	11	1	0	2	18	4	0	1	0	0	3	1	19	0	.175	1
1990	2	68	7	15	3	0	2	24	7	1	0	0	0	6	0	16	1	.221	0
1991	2	78	4	17	5	0	0	22	4	1	0	0	0	(1)7	0	20	3	.218	1
1992	3	98	11	24	4	3	2	40	11	1	2	0	0	9	0	26	2	.245	1
1993	3	79	18	29	2	1	4	45	17	4	0	0	0	8	0	17	2	.367	0
1994	2	65	8	18	4	1	1	25	8	6	0	0	0	7	0	11	4	.277	1
1995	2	73	11	24	4	1	2	36	10	1	0	0	1	3	1	15	0	.329	1
1996	3	98	11	22	3	1	1	30	11	2	0	0	0	1	0	20	2	.224	1
1997	2	63	6	14	0	0	3	23	6	5	0	0	0	4	1	18	1	.222	1
1998	2	69	7	19	3	0	2	28	6	1	0	0	0	5	0	13	3	.275	2
1999	3	101	19	30	6	0	3	45	16	3	1	0	1	6	0	23	0	.297	1
2000	3	116	26	40	6	0	7	67	26	3	0	0	2	8	1	23	1	.345	3
2001	3	116	17	41	9	1	5	67	17	4	0	0	1	3	1	24	2	.353	2
2002	2	68	6	15	6	1	3	32	6	0	0	0	1	0	1	12	1	.221	0
2003	2	73	9	21	5	0	6	44	9	3	0	0	0	3	0	14	2	.288	0
2004	2	63	4	10	4	0	1	17	4	0	0	0	0	3	0	27	0	.159	0
2005	2	77	11	27	4	1	1	36	11	1	1	0	0	3	0	16	1	.351	0
2006	2	71	10	24	3	0	4	39	10	2	1	0	1	2	0	4	2	.338	1
2007	2	65	15	20	4	0	6	42	15	0	0	0	1	1	0	8	0	.308	1
2008	2	74	15	28	7	0	2	41	14	0	1	0	1	1	0	5	5	.378	1
2009	2	77	14	28	9	0	3	46	14	3	1	0	2	3	0	13	4	.364	1
2010	2	80	9	26	6	2	1	39	9	2	1	0	1	2	0	13	1	.325	1
2011	3	111	12	37	7	0	5	59	12	0	0	0	0	2	0	16	4	.333	2
2012	3	103	10	28	2	0	3	39	10	0	0	0	1	1	1	18	3	.272	2
2013	3	99	5	22	3	0	0	25	4	4	0	0	0	6	0	11	0	.222	1
2014	3	78	13	28	6	0	4	46	13	2	0	0	0	0	0	14	2	.359	0
2015	3	73	16	27	6	1	3	44	16	2	1	0	0	1	0	13	1	.370	0
2016	2	70	10	20	3	0	5	38	10	1	0	0	0	1	0	11	2	.286	1
2017	2	62	3	10	2	0	2	18	3	1	0	0	0	1	0	12	2	.161	1
2018	2	69	7	17	4	0	3	30	7	1	0	0	0	1	0	8	2	.246	1
2019	2	77	14	29	6	2	6	57	14	1	2	0	0	0	0	9	2	.377	2
計	175	5996	693	1518	271	40	193	2448	666	134	59	24	38	(2)388	24	1115	121	.253	132

パ・リーグ打撃成績

年度	試合	打数	得点	安打	二塁打	三塁打	本塁打	塁打	打点	盗塁	盗塁刺	犠打	犠飛	四球	死球	三振	併殺打	打率	失策
1951	3	93	7	16	3	1	3	30	7	1	1	0	—	9	0	17	2	.172	2
1952	2	110	10	23	4	0	2	33	9	6	2	0	—	9	1	27	2	.209	2
1953	3	96	5	17	7	0	0	24	5	2	2	1	—	14	0	24	3	.177	2
1954	2	65	7	14	2	0	2	22	6	2	0	1	0	4	0	19	0	.215	4
1955	2	63	6	10	2	1	2	20	5	1	0	2	0	5	1	21	0	.159	2
1956	2	67	8	16	3	0	1	22	6	2	1	1	0	6	0	18	2	.239	2
1957	2	60	9	11	4	0	1	18	8	1	2	1	0	10	0	12	2	.183	0
1958	2	68	10	17	3	1	3	31	9	1	2	0	0	2	1	15	0	.250	3
1959	2	76	13	28	2	1	1	35	13	2	1	0	0	7	0	18	1	.368	2
1960	3	108	13	29	6	1	3	46	13	8	0	1	1	8	0	27	2	.269	5
1961	2	71	7	17	3	1	1	25	6	1	1	0	0	3	0	8	1	.239	2
1962	2	75	12	23	4	0	4	39	12	1	0	0	1	9	0	12	1	.307	0
1963	3	115	18	32	4	0	6	54	18	3	1	0	0	(1)9	0	20	1	.278	5
1964	3	101	11	25	2	0	2	33	10	2	1	0	0	8	2	17	2	.248	2
1965	3	111	12	23	3	0	4	38	11	1	0	1	0	(1)8	1	16	5	.207	1
1966	3	98	13	21	1	1	5	39	12	0	0	0	1	7	0	16	1	.214	2
1967	3	108	25	36	4	1	8	66	25	1	2	2	0	8	2	27	0	.333	2
1968	3	109	9	22	2	0	4	36	9	1	0	2	0	10	0	30	2	.202	2
1969	3	118	17	34	3	2	4	53	15	5	2	0	0	6	0	23	2	.288	0
1970	3	107	20	26	9	0	4	47	19	2	1	0	0	7	0	28	0	.243	2
1971	3	92	7	13	1	0	2	20	6	0	0	0	0	5	2	30	3	.141	1
1972	3	96	9	24	5	0	5	44	9	2	3	0	0	7	0	21	3	.250	2
1973	3	90	6	18	2	0	0	20	6	4	1	2	1	(1)9	0	10	3	.200	5
1974	3	94	10	23	4	0	3	36	9	4	2	0	1	9	0	18	2	.245	1
1975	3	97	6	22	3	0	2	33	6	0	2	1	0	7	2	8	4	.227	1
1976	3	107	15	31	8	0	4	51	15	5	0	0	1	4	1	31	3	.290	3
1977	3	100	8	21	2	0	3	32	6	7	2	0	0	5	0	21	1	.210	1
1978	3	116	19	38	5	1	2	51	18	13	0	0	1	6	0	10	3	.328	0
1979	3	96	10	22	6	0	4	40	10	2	3	0	2	4	2	18	2	.229	1
1980	3	94	10	19	1	0	4	32	10	1	1	0	0	6	0	25	2	.202	2
1981	3	103	8	24	5	0	1	32	8	4	1	0	0	8	1	23	2	.233	0
1982	3	107	14	33	5	0	3	47	13	3	0	1	1	11	0	16	7	.308	0
1983	3	95	13	18	2	0	8	44	13	2	1	0	1	(1)8	1	16	1	.189	0
1984	3	105	21	27	7	0	6	52	19	4	2	1	0	3	0	21	4	.257	5
1985	3	108	15	32	7	0	4	51	15	2	1	0	0	3	0	17	1	.296	2
1986	3	111	13	30	3	0	4	45	12	6	1	1	1	3	1	20	2	.270	1
1987	3	117	24	43	9	0	9	79	24	6	1	0	1	1	0	18	0	.368	1
1988	3	104	7	20	1	0	4	32	6	2	2	0	0	7	1	29	2	.192	3
1989	2	63	7	13	1	0	4	26	6	1	2	0	1	4	0	14	0	.206	0
1990	2	72	19	23	4	1	7	50	16	5	0	0	0	4	0	16	3	.319	0
1991	2	69	3	11	0	0	3	20	3	2	1	1	0	5	0	16	1	.159	2
1992	3	104	12	27	4	0	6	49	11	1	1	0	1	2	0	32	1	.260	3
1993	2	76	18	27	6	1	5	50	18	3	0	0	2	3	0	16	2	.355	0
1994	2	74	11	22	5	0	3	36	10	2	0	0	0	2	0	18	1	.297	1
1995	2	71	10	20	2	1	2	30	9	5	0	0	1	2	0	22	1	.282	1
1996	3	94	16	24	5	3	3	44	16	3	2	0	1	8	2	28	1	.255	0
1997	2	69	8	23	6	0	0	29	8	8	0	0	1	2	2	12	2	.333	0
1998	2	69	4	15	5	1	1	25	4	2	1	0	0	(1)2	0	14	0	.217	2
1999	3	105	10	29	7	0	3	45	9	3	0	0	2	5	1	18	2	.276	4
2000	3	100	11	21	4	1	2	33	11	2	0	0	0	9	0	24	4	.210	2
2001	3	105	21	31	6	0	9	64	20	1	0	0	1	4	0	26	1	.295	0
2002	2	64	5	13	1	0	0	14	5	0	0	0	1	3	1	17	2	.203	1
2003	2	70	7	17	2	0	6	37	7	3	0	0	0	2	0	15	1	.243	0
2004	2	67	8	17	4	0	4	33	7	2	0	0	0	3	0	16	1	.254	0
2005	2	71	8	21	4	2	3	38	8	1	3	0	0	4	0	14	1	.296	2
2006	2	71	5	20	4	1	2	32	4	2	1	0	0	0	0	15	2	.282	0
2007	2	59	7	14	3	0	1	20	5	2	1	0	1	0	1	10	1	.237	0
2008	2	75	11	26	3	0	4	41	10	1	0	0	1	0	0	9	1	.347	3
2009	2	76	15	26	4	0	4	42	11	1	0	0	1	2	1	7	3	.342	3
2010	2	67	6	14	6	0	3	29	6	1	0	0	0	0	0	12	0	.209	3
2011	3	100	13	30	7	1	5	54	13	1	1	0	0	2	0	12	3	.300	2
2012	3	94	7	19	4	1	2	31	7	1	1	0	0	0	0	15	2	.202	2
2013	3	100	5	24	5	1	0	31	4	1	0	0	0	0	0	11	3	.240	3
2014	2	76	12	24	7	1	2	39	12	1	0	0	1	7	0	13	1	.316	0
2015	2	68	9	16	3	0	3	28	9	0	0	0	0	3	0	16	2	.235	3
2016	2	67	9	16	3	0	4	31	9	1	0	0	0	2	0	15	3	.239	0
2017	2	68	9	18	2	1	5	37	9	1	0	0	0	0	0	16	1	.265	0
2018	2	78	12	27	4	0	4	37	12	1	0	0	0	2	0	6	3	.346	0
2019	2	72	9	18	4	0	4	34	9	0	0	0	0	0	1	8	2	.250	1
計	175	6065	752	1544	274	28	229	2561	711	166	58	18	29	(5)343	29	1230	125	.255	107

(注) 1983パ・リーグのみ指名打者ルールを使用（セ・リーグは使用せず）
1990第2戦、1991第1戦、1992第2、第3戦、1993～指名打者ルールを使用

個　人　打　撃　成　績　（50音順）

チーム－出場した最終年度に所属したもの。　年数－実際に出場した年の合計。

選手名	チーム	年数	試合	打数	得点	安打	二塁打	三塁打	本塁打	塁打	打点	盗塁	盗塁刺	犠打	犠飛	四球	死球	三振	併殺打	打率	出場した年度
*アグリー	（西）	1	3	5	0	0	0	0	0	0	0	0	0	0	0	0	0	1	1	.000	（'65西）
アニマル	（急）	1	2	1	0	0	0	0	0	0	0	0	0	0	0	0	0	1	0	.000	（'86急）
アリアス	（神）	3	6	21	4	7	2	0	3	18	4	1	0	0	0	0	0	6	0	.333	（'02～'04神）
*アルトマン	（ロ）	4	12	21	2	4	0	0	0	4	1	0	0	1	0	0	0	5	1	.190	（'70,'71,'73,'74ロ）
アルバース	（オ）	1	1	－	－	－	－	－	－	－	－	－	－	－	－	－	－	－	－	－	（'18オ）
アレックス	（中）	1	2	5	2	4	1	0	1	8	2	0	0	0	0	0	0	0	0	.800	（'06中）
相川　亮二	（ヤ）	5	10	12	1	2	1	0	0	3	0	0	0	0	1	0	0	4	0	.167	（'07横,'09～'12ヤ）
愛甲　猛	（ロ）	2	4	4	0	2	0	0	0	2	0	0	0	0	0	0	0	0	0	.500	（'89,'91ロ）
*會澤　翼	（広）	3	4	9	1	2	0	0	1	5	1	0	0	0	0	0	0	0	0	.222	（'15,'18,'19広）
*青木　宣親	（ヤ）	8	17	61	7	17	5	1	2	30	8	4	3	0	0	0	0	5	2	.279	（'05～'11,'18ヤ）
青田　昇	（洋）	6	13	21	0	1	0	0	0	1	0	0	0	0	0	0	0	3	1	.048	（'51,'52,'53,'55～'57洋）
青野　修三	（東）	2	5	22	0	1	0	0	0	1	0	0	0	0	0	0	0	0	1	.000	（'63,'65東）
青柳　晃洋	（神）	1	1	－	－	－	－	－	－	－	－	－	－	－	－	－	－	－	－	－	（'19神）
青山　浩二	（楽）	2	4	－	－	－	－	－	－	－	－	－	－	－	－	－	－	－	－	－	（'12,'13楽）
*赤川　克紀	（ヤ）	1	1	－	－	－	－	－	－	－	－	－	－	－	－	－	－	－	－	－	（'12ヤ）
*明石　健志	（ソ）	1	3	3	0	1	0	0	0	1	0	0	0	0	0	0	0	0	0	.333	（'12ソ）
*赤星　憲広	（神）	3	6	15	1	2	0	0	0	2	0	1	0	0	0	0	0	4	0	.133	（'03,'05,'06神）
赤堀　元之	（近）	3	4	－	－	－	－	－	－	－	－	－	－	－	－	－	－	－	－	－	（'92～'94近）
赤松　真人	（広）	1	1	5	3	2	0	0	0	2	0	0	0	0	0	0	0	0	0	.400	（'09広）
秋山　幸二	（ダ）	18	45	105	12	21	5	1	1	31	7	5	3	0	1	2	1	28	1	.200	（'85～'93武,'94～'02ダ）
*秋山　翔吾	（武）	5	10	28	6	9	1	0	3	19	4	2	0	0	0	2	0	5	0	.321	（'15～'19武）
*秋山　拓巳	（神）	1	1	－	－	－	－	－	－	－	－	－	－	－	－	－	－	－	－	－	（'17神）
秋山　登	（洋）	9	10	5	2	2	0	0	0	2	0	0	0	0	0	0	0	1	0	.400	（'56～'64洋）
秋吉　亮	（ヤ）	1	1	－	－	－	－	－	－	－	－	－	－	－	－	－	－	－	－	－	（'16ヤ）
浅尾　拓也	（中）	2	2	－	－	－	－	－	－	－	－	－	－	－	－	－	－	－	－	－	（'10,'11中）
朝倉　健太	（中）	1	1	－	－	－	－	－	－	－	－	－	－	－	－	－	－	－	－	－	（'06中）
浅野　啓司	（ヤ）	1	1	0	0	0	0	0	0	0	0	0	0	0	0	0	0	0	0	.000	（'74ヤ）
浅村　栄斗	（楽）	7	14	33	3	10	2	0	2	18	4	0	0	0	0	0	0	5	0	.303	（'13～'18武,'19楽）
麻生　実男	（洋）	1	2	2	1	1	0	0	0	1	0	0	0	0	0	0	0	1	0	.500	（'62洋）
+安達　俊也	（近）	1	2	1	1	0	0	0	0	1	0	1	0	0	0	0	0	0	0	1.000	（'90近）
足立　光宏	（急）	6	7	1	0	0	0	0	0	0	0	0	0	0	0	0	0	0	0	.000	（'64,'66,'67,'71,'72,'76急）
安達　了一	（オ）	1	2	4	1	1	0	0	0	1	0	0	0	0	0	0	0	1	0	.250	（'18オ）
*東　克樹	（ディ）	1	1	－	－	－	－	－	－	－	－	－	－	－	－	－	－	－	－	－	（'18ディ）
安仁屋宗八	（神）	4	4	4	0	0	0	0	0	0	0	0	0	0	0	0	0	1	0	.000	（'65,'68,'75神）
阿部慎之助	（巨）	13	27	47	3	12	3	0	2	21	7	0	0	0	0	1	0	9	0	.255	（'03,'04,'06～'15,'17巨）
阿部　真宏	（近）	1	2	－	－	－	－	－	－	－	－	－	－	－	－	－	－	－	－	－	（'03近）
新井　貴浩	（広）	8	17	32	4	13	2	0	2	21	4	0	0	0	0	0	0	4	0	.406	（'02,'05,'07広,'08,'13神,'15～'17広）
*新井　宏昌	（近）	4	10	17	4	5	0	1	1	10	1	0	0	0	0	0	0	1	0	.294	（'87～'89,'91近）
*荒井　幸雄	（ヤ）	1	2	2	0	2	1	0	0	3	1	0	0	0	0	0	0	0	0	1.000	（'93ヤ）
新垣　渚	（ダ）	1	1	－	－	－	－	－	－	－	－	－	－	－	－	－	－	－	－	－	（'04ダ）
荒川　昇治	（松）	1	3	4	0	0	0	0	0	0	1	0	0	0	0	1	0	1	0	.000	（'51松）
*荒川　博	（毎）	1	3	3	0	0	0	0	0	0	0	0	－	0	0	1	0	1	0	.000	（'53毎）
荒木　大輔	（ヤ）	1	1	0	0	0	0	0	0	0	0	0	0	0	0	0	0	0	0	.000	（'86ヤ）
荒木　雅博	（中）	5	10	17	3	6	1	0	1	10	7	0	1	0	2	0	0	4	0	.353	（'05,'08,'09,'11,'12中）
*荒巻　淳	（毎）	5	9	2	0	0	0	0	0	0	0	0	0	0	0	0	0	0	0	.000	（'53～'57毎）
有田　修三	（近）	2	5	7	2	2	1	0	0	3	0	0	0	0	0	0	0	2	0	.286	（'76,'78近）
有藤道世(通算)	（ロ）	13	39	99	11	22	1	1	3	34	5	2	1	0	0	5	1	26	5	.222	（'70～'82ロ）
有原　航平	（日）	2	2	－	－	－	－	－	－	－	－	－	－	－	－	－	－	－	－	－	（'16,'19日）
*有銘　兼久	（楽）	1	1	－	－	－	－	－	－	－	－	－	－	－	－	－	－	－	－	－	（'09楽）
*阿波野秀幸	（近）	4	4	4	0	0	0	0	0	0	0	0	0	0	0	0	0	3	0	.000	（'87～'90近）
安藤　順三	（東）	3	4	4	0	0	0	0	0	0	0	0	0	0	0	0	0	0	0	.000	（'61～'63東）
安藤　統男	（神）	1	3	6	2	3	0	0	0	3	0	0	0	0	1	0	0	0	0	.500	（'70神）
イチロー(鈴木一朗)	（オ）	7	17	71	16	28	4	1	3	43	9	7	0	0	0	4	0	4	1	.394	（'94～'00オ）
*李　承燁	（巨）	2	4	9	1	2	1	0	0	6	4	0	0	0	0	0	0	0	0	.222	（'05ロ,'06巨）
李　大浩	（ソ）	3	8	16	0	3	1	0	0	4	1	0	0	0	0	0	0	3	0	.188	（'12,'13オ,'14ソ）
飯尾　為男	（東）	1	1	－	－	－	－	－	－	－	－	－	－	－	－	－	－	－	－	－	（'59東）
*井石　礼司	（京）	1	3	6	1	2	0	0	0	4	0	0	0	0	0	0	0	0	0	.333	（'66京）
飯島　滋弥	（大）	2	6	16	3	6	2	0	2	14	5	0	0	0	0	0	0	0	0	.375	（'51,'52,'54大）
飯田　哲也	（ヤ）	2	5	5	3	1	0	0	0	1	0	2	0	0	0	1	0	1	0	.200	（'92,'93ヤ）
飯田　徳治	（国）	9	20	58	4	10	4	0	1	17	3	4	1	0	0	6	1	17	1	.172	（'51～'56南,'57,'59,'60国）
五十嵐亮太	（神）	6	8	0	0	0	0	0	0	0	0	0	0	0	0	0	0	0	0	.000	（'00,'02～'05ヤ,'14ソ）
*井川　慶	（神）	3	3	－	－	－	－	－	－	－	－	－	－	－	－	－	－	－	－	－	（'01～'03神）
井口　資仁	（ロ）	9	22	40	2	6	1	0	0	7	2	0	0	1	0	0	0	3	2	.150	（'01～'04ダ,'09～'13ロ）
池谷公二郎	（広）	2	2	－	－	－	－	－	－	－	－	－	－	－	－	－	－	－	－	－	（'75,'76広）
*池田　祥浩	（神）	2	6	10	0	2	0	0	0	2	1	0	0	1	0	0	0	0	0	.200	（'72,'73神）

オールスター・ゲーム・ライフタイム

選手名	チーム	年数	試合	打数	得点	安打	二塁打	三塁打	本塁打	塁打	打点	盗塁	盗塁刺	犠打	犠飛	四球	死球	三振	併殺打	打率	出場した年度
池永 正明(西)		5	8	3	2	0	0	0	0	0	0	0	0	0	0	1	0	2	0	.000	('65〜'69西)
池辺 巌(ロ)		4	12	13	2	2	0	0	0	2	0	0	0	0	0	0	0	6	0	.154	('67京,'69〜'71ロ)
池山 隆寛(ヤ)		7	15	45	4	10	0	1	1	15	3	1	0	0	1	2	0	15	0	.222	('88〜'92,'94,'98ヤ)
石井 晶(急)		1	3	6	1	1	0	0	1	4	1	0	0	0	0	0	0	5	0	.167	('64急)
*石井 一久(ヤ)		1	1	−	−	−	−	−	−	−	−	−	−	−	−	−	−	−	−	−	('99ヤ)
石井 茂雄(急)		3	3	0	0	0	0	0	0	0	0	0	0	0	0	0	0	0	0	.000	('64,'65,'68急)
石井 貴(武)		3	4	−	−	−	−	−	−	−	−	−	−	−	−	−	−	−	−	−	('97,'99,'00武)
*石井 琢朗(横)		6	13	31	4	8	1	0	0	9	2	3	1	0	0	1	1	5	2	.258	('95,'97〜'01横)
石井 丈裕(武)		2	2	−	−	−	−	−	−	−	−	−	−	−	−	−	−	−	−	−	('90,'92武)
石井 浩郎(近)		3	7	17	4	7	4	0	1	14	3	0	0	0	0	1	0	6	0	.412	('92〜'94近)
*石井 弘寿(ヤ)		2	2	−	−	−	−	−	−	−	−	−	−	−	−	−	−	−	−	−	('02,'05ヤ)
*石井 義人(武)		1	2	4	0	0	0	0	0	0	0	0	0	0	0	0	0	0	1	.000	('05武)
石川 歩(ロ)		2	2	−	−	−	−	−	−	−	−	−	−	−	−	−	−	−	−	−	('16,'18ロ)
*石川 雅規(ヤ)		2	2	−	−	−	−	−	−	−	−	−	−	−	−	−	−	−	−	−	('06,'08ヤ)
石川 賢(ロ)		1	1	0	0	0	0	0	0	0	0	0	0	0	0	0	0	0	0	.000	('84ロ)
石川 陽造(東)		1	1	0	0	0	0	0	0	0	0	0	0	0	0	0	0	0	0	.000	('63東)
石毛 博史(巨)		1	1	−	−	−	−	−	−	−	−	−	−	−	−	−	−	−	−	−	('93巨)
石毛 宏典(武)		14	37	76	10	23	3	0	4	38	12	1	1	0	0	2	0	14	1	.303	('81〜'94武)
*石田 健大(ディ)		1	1	−	−	−	−	−	−	−	−	−	−	−	−	−	−	−	−	−	('16ディ)
石戸 四六(ア)		2	2	0	0	0	0	0	0	0	0	0	0	0	0	0	0	0	0	.000	('68サ,'69ア)
石原 慶幸(広)		3	6	6	1	2	0	0	0	2	0	0	0	0	0	0	0	1	0	.333	('08,'09,'11広)
石嶺 和彦(オ)		4	10	28	6	11	2	0	2	19	5	0	0	0	0	0	0	4	0	.393	('86,'87急,'90,'91オ)
*石本 貴昭(近)		1	2	0	0	0	0	0	0	0	0	0	0	1	0	0	0	0	0	.000	('86近)
石山 泰稚(ヤ)		1	1	−	−	−	−	−	−	−	−	−	−	−	−	−	−	−	−	−	('13,'18ヤ)
石渡 茂(近)		2	6	7	0	0	0	0	0	0	0	0	0	0	0	0	0	0	0	.000	('77,'80近)
伊勢川真澄(急)		1	2	2	0	0	0	0	0	0	0	0	−	0	0	0	0	1	0	.000	('53急)
*磯部 公一(楽)		3	6	12	2	4	1	0	0	5	2	0	0	0	0	0	0	2	0	.333	('04近,'05,'07楽)
一枝 修平(中)		1	3	8	0	2	0	0	0	2	1	0	1	0	0	0	0	1	0	.250	('68中)
一岡 竜司(広)		1	2	−	−	−	−	−	−	−	−	−	−	−	−	−	−	−	−	−	('14広)
井出 竜也(日)		2	4	6	0	0	0	0	0	0	0	0	1	0	2	0	0	2	0	.000	('97,'01日)
*糸井 嘉男(神)		10	22	42	5	10	3	1	0	15	3	2	0	0	0	5	0	3	0	.238	('09〜'12日,'13〜'16オ,'17,'18神)
伊東 昭光(ヤ)		1	1	0	0	0	0	0	0	0	0	0	0	0	0	0	0	0	0	.000	('88ヤ)
伊藤 敦規(オ)		1	1	−	−	−	−	−	−	−	−	−	−	−	−	−	−	−	−	−	('92オ)
伊藤 勲(洋)		5	10	11	1	2	0	0	0	2	0	0	0	0	0	0	0	3	1	.182	('64,'68,'69,'72,'73洋)
*伊藤光四朗(西)		1	2	2	0	0	0	0	0	0	0	0	0	0	0	0	0	0	0	.000	('68西)
伊藤 庄七(毎)		1	3	3	0	0	0	0	0	0	0	0	−	0	0	0	0	1	0	.000	('51毎)
伊藤 四郎(高)		1	1	0	0	0	0	0	0	0	0	0	−	0	0	0	0	0	0	.000	('56高)
伊東 勤(武)		16	37	48	4	14	3	0	2	23	6	0	0	1	0	1	0	10	1	.292	('84〜'98,'02武)
伊藤 光(オ)		2	5	5	0	1	0	0	0	1	0	0	0	0	0	0	0	0	0	.200	('13,'14オ)
伊藤 久敏(中)		1	1	0	0	0	0	0	0	0	0	0	0	0	0	0	0	0	0	.000	('71中)
*伊藤 芳明(巨)		3	4	0	0	0	0	0	0	0	0	0	0	0	0	0	0	0	0	.000	('61,'63,'64巨)
*糸原 健斗(神)		1	2	3	0	1	1	0	0	2	1	0	0	0	0	0	0	0	0	.333	('18神)
*伊奈 努(中)		1	1	0	0	0	0	0	0	0	0	0	0	0	0	0	0	0	0	.000	('57中)
稲尾 和久(西)		7	12	3	0	1	0	0	0	1	0	0	0	1	0	0	0	1	0	.333	('57〜'59,'61〜'63,'66西)
稲川 誠(中)		3	4	0	0	0	0	0	0	0	0	0	0	0	0	0	0	0	0	−	('63〜'65洋)
*稲葉 篤紀(日)		8	18	34	3	12	2	0	2	20	5	0	0	0	0	0	0	1	1	.353	('97,'01ヤ,'07〜'12日)
稲葉 光雄(急)		3	5	0	0	0	0	0	0	0	0	0	0	0	0	0	0	0	0	.000	('72,'73中,'77急)
井納 翔一(ディ)		3	3	−	−	−	−	−	−	−	−	−	−	−	−	−	−	−	−	−	('14,'16,'17ディ)
井上 真二(巨)		1	2	2	0	0	0	0	0	0	0	0	0	0	0	1	0	0	0	.000	('89巨)
井上 登(中)		4	9	25	2	4	0	0	0	4	1	0	0	0	0	4	0	3	0	.160	('56〜'58,'60中)
井上 弘昭(中)		2	5	9	1	2	0	1	0	4	0	0	0	0	0	0	0	1	0	.222	('75,'79中)
*井上 善夫(西)		1	2	4	0	0	0	0	0	0	0	0	0	0	0	0	0	0	0	.000	('64西)
井原慎一朗(ヤ)		2	2	0	0	0	0	0	0	0	0	0	0	1	0	0	0	0	0	.000	('78,'81ヤ)
井端 弘和(中)		8	17	32	4	12	7	0	0	19	4	2	1	0	0	0	0	2	0	.375	('01,'02,'05,'07〜'11中)
今井雄太郎(急)		4	5	0	0	0	0	0	0	0	0	0	0	0	0	0	0	0	0	.000	('79,'81,'83,'84急)
今江 年晶(楽)		3	7	15	0	3	1	0	0	3	1	0	0	0	0	0	0	0	0	.200	('06,'13ロ,'18楽)
今岡 誠(神)		5	10	27	1	5	1	0	0	6	3	0	0	0	1	0	0	8	0	.185	('98,'02〜'05神)
今関 勝(日)		1	1	−	−	−	−	−	−	−	−	−	−	−	−	−	−	−	−	−	('96日)
*今中 慎二(中)		4	4	0	0	0	0	0	0	0	0	0	0	0	0	0	0	0	0	.000	('91,'93〜'95中)
*今永 昇太(ディ)		1	1	−	−	−	−	−	−	−	−	−	−	−	−	−	−	−	−	−	('17ディ)
今宮 健太(ソ)		4	8	17	2	4	3	0	0	7	2	0	0	0	0	0	0	4	1	.235	('14〜'17ソ)
林 昌勇(ヤ)		3	3	−	−	−	−	−	−	−	−	−	−	−	−	−	−	−	−	−	('09〜'11ヤ)
井本 隆(近)		3	3	0	0	0	0	0	0	0	0	0	0	0	0	0	0	0	0	.000	('79,'80近)
伊良部秀輝(神)		4	4	−	−	−	−	−	−	−	−	−	−	−	−	−	−	−	−	−	('94〜'96ロ,'03神)
入来 智(ヤ)		1	1	−	−	−	−	−	−	−	−	−	−	−	−	−	−	−	−	−	('01ヤ)
入来 祐作(巨)		1	1	−	−	−	−	−	−	−	−	−	−	−	−	−	−	−	−	−	('01巨)
岩隈 久志(楽)		3	3	−	−	−	−	−	−	−	−	−	−	−	−	−	−	−	−	−	('03,'04近,'08楽)
岩嵜 翔(ソ)		1	1	−	−	−	−	−	−	−	−	−	−	−	−	−	−	−	−	−	('13ソ)
*岩貞 祐太(神)		2	2	−	−	−	−	−	−	−	−	−	−	−	−	−	−	−	−	−	('16,'18神)
*岩瀬 仁紀(中)		9	9	−	−	−	−	−	−	−	−	−	−	−	−	−	−	−	−	−	('00,'01,'03,'05〜'07,'10,'11,'13中)

選手名	チーム	年数	試合	打数	得点	安打	二塁打	三塁打	本塁打	塁打	打点	盗塁	盗塁刺	犠打	犠飛	四球	死球	三振	併殺打	打率	出場した年度
*岩村 明憲	(ヤ)	4	9	22	4	10	1	1	1	16	2	1	0	0	0	0	1	7	0	.455	('01,'04～'06ヤ)
岩瀬ツトム(勉)	(日)	3	3	—	—	—	—	—	—	—	—	—	—	—	—	—	—	—	—		('98～'00日)
岩本 義行	(洋)	3	8	27	1	6	0	0	0	6	0	0	0	0	—	1	0	1	0	.222	('51松,'52,'53洋)
B.ウィリアムス	(急)	1	3	3	0	0	0	0	0	0	0	0	0	0	0	0	0	2	0	.000	('76急)
W.ウイリアムス	(日)	1	3	5	1	1	0	0	0	1	0	0	0	0	0	0	0	1	0	.200	('77日)
ウ ィ ン	(オ)	1	1	—	—	—	—	—	—	—	—	—	—	—	—	—	—	—	—		('98オ)
*ウインターズ	(ロ)	2	4	10	1	1	0	0	0	1	1	0	0	0	0	2	0	2	1	.100	('91,'93日)
ウォーレン	(ロ)	1	2	—	—	—	—	—	—	—	—	—	—	—	—	—	—	—	—		('99ロ)
上田 二朗	(洋)	2	4	0	0	0	0	0	0	0	0	0	0	0	0	0	0	0	0	.000	('70,'73神)
上原 浩治	(巨)	8	8	0	0	0	0	0	0	0	0	0	0	0	0	0	0	0	0	.000	('99,'01～'05,'07,'18巨)
*上林 誠知	(ソ)	1	2	2	0	0	0	0	0	0	0	0	0	0	0	0	0	1	0	.000	('17ソ)
植村 義信	(毎)	2	2	0	0	0	0	0	0	0	0	0	0	0	0	0	0	0	0	.000	('55,'59毎)
鵜飼 勝美	(国)	1	1	0	0	0	0	0	0	0	0	0	0	0	0	0	0	1	0	.000	('56国)
牛島 和彦	(ロ)	5	8	0	0	0	0	0	0	0	0	0	0	0	0	0	0	0	0	.000	('83,'84中,'87～'89ロ)
内 竜也	(ロ)	1	1	—	—	—	—	—	—	—	—	—	—	—	—	—	—	—	—		('18ロ)
内川 聖一	(ソ)	6	14	28	6	13	3	0	0	16	9	0	0	0	0	0	0	1	2	.464	('08,'09横,'11～'13,'17ソ)
*内海 哲也	(巨)	5	5	—	—	—	—	—	—	—	—	—	—	—	—	—	—	—	—		('06,'07,'10～'12巨)
有働 克也	(横)	1	1	—	—	—	—	—	—	—	—	—	—	—	—	—	—	—	—		('93横)
宇野 勝	(ロ)	3	7	13	3	4	0	1	1	9	1	0	0	0	0	0	0	3	0	.308	('87,'89中,'93ロ)
宇野 光雄	(国)	2	5	10	1	3	0	0	0	3	0	0	0	0	0	1	0	1	0	.300	('53巨,'54国)
梅野隆太郎	(神)	2	4	8	1	3	0	0	1	6	1	0	0	0	0	0	0	1	0	.375	('17,'19神)
上沢 直之	(日)	1	1	—	—	—	—	—	—	—	—	—	—	—	—	—	—	—	—		('18日)
エルドレッド	(広)	2	4	9	1	4	0	0	1	7	4	0	0	0	0	0	0	2	0	.444	('14,'16広)
江川 卓	(巨)	8	9	2	0	0	0	0	0	0	0	0	0	0	0	0	0	1	0	.000	('80～'87巨)
*江尻 亮	(洋)	2	4	4	1	1	0	0	0	1	0	1	0	0	0	0	0	2	0	.250	('70,'73洋)
江尻慎太郎	(横)	1	2	—	—	—	—	—	—	—	—	—	—	—	—	—	—	—	—		('11横)
枝村 勉	(大)	1	1	0	0	0	0	0	0	0	0	0	0	0	0	0	0	0	0	.000	('57大)
江藤 智	(巨)	6	13	32	4	5	2	0	0	7	2	0	0	0	0	3	0	12	1	.156	('93,'95,'96,'98,'99広,'01巨)
江藤 慎一	(ロ)	11	30	92	8	23	4	0	3	36	9	0	0	0	0	5	1	16	4	.250	('59,'61～'69中,'71ロ)
江藤 正	(南)	1	1	0	0	0	0	0	0	0	0	0	0	0	0	0	0	1	0	.000	('51南)
*江夏 豊	(日)	16	26	6	2	3	1	0	1	7	5	0	0	0	0	0	0	1	0	.500	('67～'75神,'76南,'78～'80広,'81～83日)
*榎田 大樹	(神)	1	2	—	—	—	—	—	—	—	—	—	—	—	—	—	—	—	—		('11神)
*榎本 喜八	(京)	12	29	71	10	18	3	1	4	35	13	1	0	0	0	11	0	11	5	.254	('55～'63毎,'64,'66,'68京)
戎 信行	(オ)	1	1	—	—	—	—	—	—	—	—	—	—	—	—	—	—	—	—		('00オ)
江本 孟紀	(神)	4	4	0	0	0	0	0	0	0	0	0	0	0	0	0	0	2	0	.000	('74南,'76,'77,'79神)
遠藤 一彦	(洋)	5	6	1	0	0	0	0	0	0	0	0	0	0	0	0	0	1	0	.000	('79,'84～'86,'90洋)
オーティズ	(オ)	1	2	2	0	0	0	0	0	0	0	0	0	0	0	1	0	1	0	.000	('04オ)
*オグリビー	(近)	1	3	6	0	1	0	0	0	1	0	0	0	0	0	0	0	1	0	.167	('88近)
*オ マリー	(ヤ)	3	7	24	6	8	1	0	1	12	3	0	0	0	0	4	0	5	0	.333	('93,'94神,'96ヤ)
呉 昇桓	(神)	1	1	0	0	0	0	0	0	0	0	0	0	0	0	0	0	1	0	.000	('15神)
*王 貞治	(巨)	20	58	188	25	40	8	0	13	87	31	0	0	0	3	33	1	32	5	.213	('60～'64,'66～'80巨)
大石 清	(広)	3	3	0	0	0	0	0	0	0	0	0	0	0	0	0	0	0	0	.000	('60,'62,'64広)
大石大二郎(第二期)	(近)	9	23	55	11	18	5	0	5	38	12	3	3	0	0	3	0	6	0	.327	('82～'84,'86,'87,'89,'90,'92,'93近)
大石 友好	(武)	1	3	0	0	0	0	0	0	0	0	0	0	0	0	0	0	0	0	.000	('81武)
大石弥太郎	(広)	4	4	0	0	0	0	0	0	0	0	0	0	0	0	0	0	0	0	.000	('67,'70～'72広)
仰木 彬	(西)	1	2	5	0	1	0	0	0	1	0	0	0	0	0	1	0	2	0	.200	('61西)
大久保博元	(巨)	1	3	4	0	0	0	0	0	0	0	0	0	0	0	0	0	2	0	.000	('92巨)
大熊 忠義	(急)	1	2	4	1	1	0	0	1	4	1	0	0	0	0	0	0	1	0	.250	('76急)
大沢 昌芳	(南)	1	2	2	0	0	0	0	0	0	0	0	0	0	0	0	0	1	0	.000	('56南)
大下 剛史	(広)	5	14	23	4	4	0	0	0	5	2	1	0	0	0	1	0	6	0	.174	('67,'70,'71東,'73拓,'75広)
*大下 弘	(西)	6	14	49	5	10	5	0	0	15	5	1	1	0	0	2	1	13	0	.204	('51東,'52～'55,'57西)
+大島 公一	(オ)	1	3	7	0	3	1	0	0	4	1	0	0	0	0	0	0	2	0	.429	('00オ)
大島 康徳	(中)	4	12	13	0	4	1	0	0	5	2	1	0	0	1	3	0	1	0	.308	('77,'79,'83,'84中)
*大島 洋平	(中)	4	9	15	3	4	0	0	0	4	1	4	0	0	0	1	0	1	0	.267	('12～'14,'17中)
大杉 勝男	(ヤ)	8	23	56	8	14	3	0	3	26	10	0	0	0	0	3	1	18	0	.250	('67,'69,'70,'72東,'73拓,74日,'77,'31ヤ)
大瀬良大地	(広)	2	2	—	—	—	—	—	—	—	—	—	—	—	—	—	—	—	—		('18,'19広)
太田 幸司	(近)	7	8	0	0	0	0	0	0	0	0	0	0	0	0	0	0	1	0	.000	('70～'75,'77近)
大田 卓司	(武)	3	8	7	0	0	0	0	0	0	0	0	0	(1)1	0	2	0	0	0	.000	('76平,'82,'83武)
大竹 寛	(広)	4	4	—	—	—	—	—	—	—	—	—	—	—	—	—	—	—	—		('08,'09,'12,'13広)
*大谷 翔平	(日)	5	9	15	4	5	1	0	1	9	3	0	0	0	0	3	0	3	0	.333	('13～'17日)
大津 淳	(神)	2	2	—	—	—	—	—	—	—	—	—	—	—	—	—	—	—	—		('56,'58神)
大津 守	(西)	1	1	0	0	0	0	0	0	0	0	0	0	0	0	0	0	1	0	.000	('55西)
大塚 晶文	(近)	1	1	—	—	—	—	—	—	—	—	—	—	—	—	—	—	—	—		('98近)
*大隣 憲司	(ソ)	1	1	—	—	—	—	—	—	—	—	—	—	—	—	—	—	—	—		('12ソ)
大友 工	(巨)	4	7	3	0	0	0	0	0	0	0	0	0	0	0	0	0	2	0	.000	('52～'55巨)
*大友 進	(武)	1	3	5	1	1	0	0	0	1	0	0	0	0	0	0	0	0	0	.200	('99武)
大野 奨太	(日)	1	2	1	0	1	0	0	0	1	0	0	0	0	0	0	0	0	1	1.000	('14日)
*大野 雄大	(中)	2	2	—	—	—	—	—	—	—	—	—	—	—	—	—	—	—	—		('14,'15中)
*大野 豊	(広)	10	13	1	0	0	0	0	0	0	0	0	0	0	0	0	0	1	0	.000	('80,'82,'84,'85,'87,'88,'91～'93,'97広)
大橋 穣	(急)	3	9	7	0	0	0	0	0	0	0	0	0	0	0	0	0	0	0	.000	('70東,'73,'75急)

オールスター・ゲーム・ライフタイム

選手名	年数	試合	打数	得点	安打	二塁打	三塁打	本塁打	塁打	打点	盗塁	盗塁刺	犠打	犠飛	四球	死球	三振	併殺打	打率	出場した年度
*大羽 進(広)	1	1	1	0	1	0	0	0	1	0	0	0	0	0	0	0	0	0	1.000	('66広)
大引 啓次(ヤ)	3	7	11	0	2	0	0	0	2	2	0	0	0	0	1	0	2	0	.182	('13,'14日,'16ヤ)
*大松 尚逸(ロ)	1	2	6	2	2	0	0	2	8	2	0	0	0	0	0	0	0	0	.333	('08ロ)
大道 典嘉(ダ)	2	5	6	0	3	0	0	0	5	1	0	0	0	0	0	0	0	0	.500	('01,'03ダ)
大宮 龍男(日)	3	9	13	0	2	1	0	0	3	0	0	0	0	0	0	0	2	2	.154	('81,'82,'84日)
*大村 直之(オ)	5	10	18	3	7	3	0	1	13	1	0	0	0	0	0	0	2	0	.389	('98,'02近,'06,'07ソ,'09オ)
大矢 明彦(ヤ)	7	15	15	1	3	2	0	0	5	0	0	1	0	0	0	0	4	1	.200	('71,'72,'74,'75,'78～'80ヤ)
大矢根 博臣(中)	2	3	0	0	0	0	0	0	0	0	0	0	0	0	0	0	0	0	.000	('58,'60中)
大和田 明(広)	4	10	18	1	1	0	0	1	4	1	0	0	0	0	1	0	5	1	.056	('59,'60,'63,'64広)
*岡崎 郁(巨)	4	9	21	3	7	1	1	0	10	1	0	0	0	0	2	0	9	0	.333	('89～'92巨)
*岡島 豪郎(楽)	1	2	4	0	0	0	0	0	0	0	0	0	0	0	0	0	0	1	.000	('16楽)
*岡島 秀樹(巨)	3	4	–	–	–	–	–	–	–	–	–	–	–	–	–	–	–	–	–	('00～'02巨)
岡嶋 博治(中)	1	2	2	0	0	0	0	0	0	0	0	0	0	0	2	0	1	1	.000	('57中)
*岡田 明丈(広)	1	1	–	–	–	–	–	–	–	–	–	–	–	–	–	–	–	–	–	('17広)
岡田 彰布(神)	8	22	47	5	7	1	0	2	14	7	2	0	0	0	7	0	13	0	.149	('80～'82,'85,'86,'88～'90神)
*岡林 洋一(ヤ)	3	3	–	–	–	–	–	–	–	–	–	–	–	–	–	–	–	–	–	('92～'94ヤ)
岡村 浩二(急)	5	9	10	1	1	0	0	0	1	0	0	0	0	0	0	0	3	0	.100	('64,'67,'69～'71急)
岡本 晃(近)	2	2	–	–	–	–	–	–	–	–	–	–	–	–	–	–	–	–	–	('01,'02近)
岡本伊三美(南)	4	9	23	3	3	0	0	0	3	1	1	0	1	0	4	0	10	1	.130	('53,'55,'56,'59南)
岡本 和真(巨)	2	4	9	0	0	0	0	0	0	0	0	0	0	0	0	0	3	1	.000	('18,'19巨)
岡本 真也(中)	1	1	0	0	0	0	0	0	0	0	0	0	0	0	0	0	0	0	.000	('04中)
*小笠原 孝(中)	1	1	–	–	–	–	–	–	–	–	–	–	–	–	–	–	–	–	–	('08中)
*小笠原道大(巨)	11	24	60	7	15	3	0	2	24	5	0	0	0	0	2	0	18	1	.250	('99～'06日,'07,'09,'10巨)
緒方 孝市(広)	1	2	5	0	0	0	0	0	0	0	0	0	0	0	0	0	1	0	.000	('99広)
小川健太郎(中)	4	5	0	0	0	0	0	0	0	0	0	0	0	0	0	0	0	0	.000	('66～'69中)
*小川 亨(近)	2	6	8	1	1	0	0	0	1	0	0	0	0	0	1	0	1	0	.125	('74,'75近)
小川 博(ロ)	1	2	0	0	0	0	0	0	0	0	0	0	0	0	0	0	0	0	.000	('88ロ)
小川 博文(オ)	3	6	8	1	2	0	0	1	5	3	0	0	0	1	0	1	1	0	.250	('91,'92,'94オ)
小川 泰弘(ヤ)	2	2	–	–	–	–	–	–	–	–	–	–	–	–	–	–	–	–	–	('13,'17ヤ)
興津立雄(達)(広)	3	5	5	0	2	0	0	0	2	0	0	0	0	0	0	0	3	0	.400	('60,'63,'64広)
荻野 貴司(ロ)	1	1	4	0	2	0	0	0	3	1	0	0	0	0	0	0	1	0	.500	('19ロ)
奥江 英幸(洋)	1	1	1	0	0	0	0	0	0	0	0	0	0	0	0	0	0	0	.000	('76洋)
小倉 恒(オ)	2	2	–	–	–	–	–	–	–	–	–	–	–	–	–	–	–	–	–	('00,'01オ)
*長内 孝(広)	2	5	10	0	3	2	0	0	5	1	0	0	0	0	1	0	3	0	.300	('86,'89広)
尾崎 行雄(東)	3	5	1	0	0	0	0	0	0	0	0	0	0	0	0	0	0	0	.000	('62,'64,'65東)
小田 義人(日)	1	3	6	1	3	0	0	0	3	1	0	0	0	0	0	0	0	0	.500	('76日)
越智 大祐(巨)	1	1	–	–	–	–	–	–	–	–	–	–	–	–	–	–	–	–	–	('10巨)
落合 英二(中)	2	2	–	–	–	–	–	–	–	–	–	–	–	–	–	–	–	–	–	('99,'03中)
落合 博満(中)	15	39	126	23	46	9	0	11	88	27	3	0	0	1	10	0	27	2	.365	('81～'86ロ,'87～'91,'93中,'95,'96巨,'97日)
小野 和幸(中)	2	3	0	0	0	0	0	0	0	0	0	0	0	0	0	0	0	0	.000	('86武,'88中)
*小野 和義(近)	4	4	1	0	0	0	0	0	0	0	0	0	0	0	0	0	1	0	.000	('86～'89近)
*小野 正一(中)	6	7	3	0	0	0	0	0	0	0	0	0	0	0	0	0	1	0	.000	('59～'61,'63毎,'69,'70中)
小野 晋吾(ロ)	1	1	–	–	–	–	–	–	–	–	–	–	–	–	–	–	–	–	–	('00ロ)
尾花 高夫(ヤ)	3	4	1	0	1	0	0	0	1	0	0	0	0	0	0	0	0	0	1.000	('82,'85,'88ヤ)
小山田保裕(広)	1	1	–	–	–	–	–	–	–	–	–	–	–	–	–	–	–	–	–	('02広)
カブレラ(武)	5	11	34	5	13	1	0	5	29	10	0	0	0	0	1	0	10	1	.382	('01～'03,'06,'07武)
*ガルシア(中)	1	1	–	–	–	–	–	–	–	–	–	–	–	–	–	–	–	–	–	('18中)
ガルベス(巨)	1	1	–	–	–	–	–	–	–	–	–	–	–	–	–	–	–	–	–	('96巨)
甲斐 拓也(ソ)	2	3	7	0	3	0	0	0	3	1	0	0	0	0	0	0	0	0	.429	('18,'19ソ)
香川 伸行(南)	2	6	10	0	0	0	0	0	0	0	0	0	0	0	0	0	2	1	.000	('83,'84南)
垣内 哲也(武)	1	2	2	1	0	0	0	0	0	0	0	0	0	0	0	0	1	0	.000	('95武)
柿本 実(中)	3	4	0	0	0	0	0	0	0	0	0	0	0	0	0	0	1	0	.000	('62,'63,'65中)
郭 源治(中)	4	5	0	0	0	0	0	0	0	0	0	0	0	0	0	0	0	0	.000	('82,'84,'88,'91中)
郭 泰源(武)	3	4	0	0	0	0	0	0	0	0	0	0	0	0	0	0	0	0	.000	('90,'95武)
*角中 勝也(ロ)	3	7	14	1	1	1	0	0	2	0	0	0	0	0	0	0	1	0	.071	('12,'15,'16ロ)
*掛布 雅之(神)	10	30	85	13	25	2	0	8	51	17	0	0	0	1	8	0	12	2	.294	('76～'85神)
蔭山 和夫(南)	4	9	22	3	6	1	0	1	10	2	4	2	1	0	11	0	6	0	.273	('51～'54南)
笠間 雄二(神)	1	3	4	0	0	0	0	0	0	0	0	0	0	0	0	0	1	0	.000	('83神)
柏原 純一(日)	3	9	21	3	8	1	0	3	18	6	0	0	0	1	2	0	2	2	.381	('78,'79,'82日)
梶岡 忠義(神)	1	1	–	–	–	–	–	–	–	–	–	–	–	–	–	–	–	–	–	('52神)
梶谷 隆幸(ディ)	1	2	9	2	4	1	0	0	5	3	0	0	0	0	0	0	4	0	.444	('15ディ)
*梶間 健一(ヤ)	5	10	1	0	0	0	0	0	0	0	0	0	0	0	0	0	1	0	.000	('77,'79,'80,'83,'84ヤ)
*梶本 隆夫(急)	12	19	9	0	2	0	0	0	2	1	0	0	0	0	0	0	4	0	.222	('54,'55～'58,'60～'63,'65,'67～'69急)
加治屋 蓮(ソ)	1	1	–	–	–	–	–	–	–	–	–	–	–	–	–	–	–	–	–	('18ソ)
*片岡 篤史(神)	6	14	29	3	5	2	0	1	10	3	0	0	0	0	1	0	7	0	.172	('93,'97～'00日,'02神)
片岡 博国(毎)	1	1	1	0	0	0	0	0	0	0	0	0	0	–	0	0	0	0	.000	('51毎)
片岡 易之(武)	2	3	8	2	5	0	0	0	7	1	0	0	0	0	0	0	0	0	.625	('08,'10武)
*片平 晋作(南)	1	3	6	0	3	0	0	0	3	1	0	0	0	0	1	0	1	0	.500	('80南)
葛城 隆雄(毎)	5	11	24	2	7	2	1	0	11	3	0	0	0	0	0	0	5	0	.292	('57～'60,'62毎)
加藤 伸一(オ)	3	3	0	0	0	0	0	0	0	0	0	0	0	0	0	0	0	0	.000	('85,'88南,'01オ)

選手名	チーム	年数	試合	打数	得点	安打	二塁打	三塁打	本塁打	塁打	打点	盗塁	盗塁刺	犠打	犠飛	四球	死球	三振	併殺打	打率	出場した年度
加藤 大輔	(オ)	2	2	—	—	—	—	—	—	—	—	—	—	—	—	—	—	—	—	—	('07,'08オ)
加藤 俊夫	(日)	4	9	12	2	1	0	0	0	1	0	0	2	0	0	2	0	1	2	.083	('73拓,'77,'78,'80日)
加藤 初	(巨)	6	7	1	0	0	0	0	0	0	0	0	0	0	0	0	1	1	0	.000	('72西,'73,'74平,'76,'79,'86三)
＊加藤 英司	(急)	11	31	87	8	18	4	0	0	22	4	2	0	0	1	5	3	15	0	.207	('71,'73～'82急)
＋加藤 博一	(洋)	1	3	10	2	3	1	0	0	4	0	1	2	0	0	1	0	2	0	.300	('86洋)
鹿取 義隆	(武)	3	4	0	0	0	0	0	0	0	0	0	0	0	0	0	0	0	0	.000	('87巨,'91,'93武)
＊門田 博光	(ダ)	14	39	78	9	25	2	0	6	45	14	0	0	0	0	5	1	19	2	.321	('72,'75～'77,'80～'84,'87,'88南,'89,'90オ,'91ダ)
＊金森 永時	(武)	3	9	12	1	2	0	0	0	3	0	0	0	0	0	0	0	2	0	.167	('85～'87武)
金山 次郎	(松)	1	2	1	1	0	0	0	0	0	0	0	0	0	—	0	0	0	0	.000	('51松)
金石 昭人	(日)	2	3	0	0	0	0	0	0	0	0	0	0	0	0	0	0	0	0	.000	('86広,'92日)
＊金子 千尋	(オ)	3	3	—	—	—	—	—	—	—	—	—	—	—	—	—	—	—	—	—	('09,'14,'17オ)
金子 誠	(日)	3	6	9	1	3	1	0	0	4	0	0	0	0	0	0	0	3	0	.333	('02,'04,'09日)
金城 基泰	(南)	3	4	0	0	0	0	0	0	0	0	0	0	0	0	0	0	0	0	.000	('74広,'77,'82南)
金田 留広	(東)	3	5	3	0	2	1	0	0	3	0	0	0	0	0	0	0	2	0	.667	('69～'71東)
＊金田 正一	(巨)	17	31	14	1	5	0	0	0	5	2	0	0	0	1	0	0	2	0	.357	('51～'64巨,'67～'69巨)
＊金田 政彦	(オ)	2	2	—	—	—	—	—	—	—	—	—	—	—	—	—	—	—	—	—	('99,'02オ)
＊金田 正泰	(神)	3	6	12	0	3	0	0	0	3	0	1	0	0	0	2	0	2	0	.250	('53～'55神)
金村 暁(暁)	(日)	2	2	—	—	—	—	—	—	—	—	—	—	—	—	—	—	—	—	—	('98,'04日)
金村 義明	(近)	1	2	6	1	1	0	0	0	1	1	0	0	0	0	0	0	1	0	.167	('90近)
＊金本 知憲	(神)	11	25	59	8	14	1	0	5	30	10	0	0	0	1	2	0	16	0	.237	('95～'97,'00,'01広,'03～'06,'08,'09神)
＊神里 和毅	(ディ)	1	1	2	0	0	0	0	0	0	0	0	1	0	0	0	0	0	0	.000	('19ディ)
＊亀山 努	(神)	2	5	7	1	1	0	0	0	1	0	0	0	0	0	0	0	2	0	.143	('92,'94神)
唐川 侑己	(ロ)	1	1	—	—	—	—	—	—	—	—	—	—	—	—	—	—	—	—	—	('11ロ)
川相 昌弘	(巨)	2	2	—	—	—	—	—	—	—	—	—	—	—	—	—	—	—	—	—	('90,'93巨)
河合 保彦	(西)	3	4	3	0	0	0	0	0	0	0	0	0	0	0	0	0	2	0	.000	('55,'56中,'59西)
＊川井 雄太	(中)	1	1	—	—	—	—	—	—	—	—	—	—	—	—	—	—	—	—	—	('09中)
＊川内 貴哉	(中)	1	1	—	—	—	—	—	—	—	—	—	—	—	—	—	—	—	—	—	('04中)
川上 憲伸	(中)	6	6	0	0	0	0	0	0	0	0	0	0	0	0	0	0	0	0	—	('98,'02,'04～'06,'08中)
＊川上 哲治	(巨)	7	16	53	2	12	0	0	0	12	4	0	0	0	1	0	0	7	2	.226	('51～'54,'56～'58巨)
川岸 強	(楽)	1	1	—	—	—	—	—	—	—	—	—	—	—	—	—	—	—	—	—	('10楽)
＊川口 和久	(広)	6	6	—	—	—	—	—	—	—	—	—	—	—	—	—	—	—	—	.000	('83,'86～'90広)
川越 英隆	(オ)	1	1	—	—	—	—	—	—	—	—	—	—	—	—	—	—	—	—	—	('99オ)
川崎憲次郎	(ヤ)	4	4	—	—	—	—	—	—	—	—	—	—	—	—	—	—	—	—	—	('90,'91,'98,'00ヤ)
川崎 徳次	(西)	3	6	5	0	1	0	0	0	1	0	0	0	0	0	0	0	1	0	.200	('51～'53西)
＊川崎 宗則	(ソ)	8	17	35	6	7	0	0	0	9	0	2	1	0	0	0	1	5	2	.200	('04ダ,'05～'11ソ)
川尻 哲郎	(神)	1	1	—	—	—	—	—	—	—	—	—	—	—	—	—	—	—	—	—	('98神)
川藤 幸三	(神)	1	3	2	0	1	0	0	0	1	0	0	0	0	1	0	0	1	0	.500	('86神)
川原 昭二	(日)	1	2	2	0	0	0	0	0	0	0	0	0	0	0	0	0	0	0	.000	('84日)
河原 純一	(巨)	1	1	—	—	—	—	—	—	—	—	—	—	—	—	—	—	—	—	—	('02巨)
＊川端 慎吾	(ヤ)	2	4	10	1	2	0	0	0	2	1	0	0	0	0	0	0	1	1	.200	('15,'16ヤ)
川端 順	(広)	1	1	0	0	0	0	0	0	0	0	0	0	0	0	0	0	0	0	.000	('85広)
河村健一郎	(急)	1	1	0	0	0	0	0	0	0	1	0	0	0	1	0	0	0	0	.000	('76急)
川村 丈夫	(横)	2	2	—	—	—	—	—	—	—	—	—	—	—	—	—	—	—	—	—	('98,'99横)
河村 久文	(西)	3	3	1	0	0	0	0	0	0	0	0	0	0	0	0	0	1	0	.000	('54,'55,'57西)
河村 保彦	(中)	1	1	1	0	0	0	0	0	0	0	0	0	0	0	0	0	0	0	.000	('63中)
＊河本 育之	(ロ)	2	3	—	—	—	—	—	—	—	—	—	—	—	—	—	—	—	—	—	('92,'97ロ)
＊神部 年男	(近)	3	3	—	—	—	—	—	—	—	—	—	—	—	—	—	—	—	—	—	('72,'74,'75近)
＊キ ラ	(広)	1	2	4	0	0	0	0	0	0	0	0	0	0	0	0	0	2	0	.000	('14広)
＊ギャラード	(中)	2	2	—	—	—	—	—	—	—	—	—	—	—	—	—	—	—	—	—	('00,'01中)
＊ギャレット	(広)	1	3	11	4	4	0	0	3	13	6	0	0	0	0	1	0	1	0	.364	('78広)
＊菊池 雄星	(武)	3	3	—	—	—	—	—	—	—	—	—	—	—	—	—	—	—	—	—	('13,'17,'18武)
菊池 涼介	(広)	6	11	23	5	6	1	0	0	7	1	0	0	0	0	0	0	0	1	.261	('14～'19広)
＊菊地原 毅	(オ)	1	1	—	—	—	—	—	—	—	—	—	—	—	—	—	—	—	—	—	('06オ)
木佐貫 洋	(日)	3	3	—	—	—	—	—	—	—	—	—	—	—	—	—	—	—	—	—	('03巨,'10オ,'13日)
岸 孝之	(楽)	4	4	—	—	—	—	—	—	—	—	—	—	—	—	—	—	—	—	—	('09,'12,'14武,'18楽)
岸田 護	(オ)	2	3	—	—	—	—	—	—	—	—	—	—	—	—	—	—	—	—	—	('11,'12オ)
北川 芳男	(日)	2	3	0	0	0	0	0	0	0	0	0	0	0	0	0	0	1	0	.000	('59,'61日,'63巨)
北別府 学	(広)	7	8	1	0	0	0	0	0	0	0	0	0	0	0	0	0	0	0	.000	('79～'83,'88,'92広)
木樽 正明	(ロ)	5	5	2	1	1	0	0	0	1	0	0	0	0	0	0	1	0	1	.500	('69～'71,'73,'74ロ)
＊木田 勇	(日)	3	5	3	0	0	0	0	0	0	0	0	0	0	0	0	0	3	0	.000	('80～'82日)
木田 優夫	(ヤ)	2	2	—	—	—	—	—	—	—	—	—	—	—	—	—	—	—	—	—	('90巨,'06ヤ)
木塚 敦志	(横)	1	1	—	—	—	—	—	—	—	—	—	—	—	—	—	—	—	—	—	('07横)
木塚 忠助	(南)	6	13	42	2	8	1	1	0	11	0	0	0	0	0	0	0	10	1	.190	('51～'56南)
＊鬼頭 洋	(洋)	1	1	0	0	0	0	0	0	0	0	0	0	0	0	0	0	0	0	.000	('70洋)
紀藤 真琴	(広)	2	2	—	—	—	—	—	—	—	—	—	—	—	—	—	—	—	—	—	('94,'96広)
木戸 克彦	(神)	2	5	5	0	0	0	0	0	0	0	0	0	0	0	0	0	3	0	.000	('86,'88神)
城戸 則文	(西)	1	2	2	0	1	0	0	0	1	0	0	0	0	0	0	0	0	0	.500	('64西)
衣笠 祥雄	(広)	13	39	56	6	12	1	0	3	22	4	3	1	0	1	4	0	18	0	.214	('71,'74～'77,'80～'87広)
木俣 達彦	(中)	8	14	16	0	2	0	0	0	2	0	0	0	0	0	0	0	5	1	.125	('70,'71,'74,'75,'77～'80中)
金 泰均	(ロ)	1	2	3	0	0	0	0	0	0	0	0	0	0	0	0	0	1	0	.000	('10ロ)

オールスター・ゲーム・ライフタイム

選手名	チーム	年数	試合	打数	得点	安打	二塁打	三塁打	本塁打	塁打	打点	盗塁	盗塁刺	犠打	犠飛	四球	死球	三振	併殺打	打率	出場した年度
＋木村 拓也	(広)	2	6	9	0	4	1	1	0	7	1	0	0	0	0	1	0	2	0	.444	('00,'01広)
木村 保	(南)	1	1	0	0	0	0	0	0	0	0	0	0	0	0	0	0	0	0	.000	('57南)
＊木元 邦之	(日)	1	2	4	0	2	0	0	0	2	0	0	0	0	0	0	0	0	0	.500	('05日)
京田 陽太	(中)	1	2	3	0	0	0	0	0	0	0	0	0	0	0	0	0	0	0	.000	('19中)
清田 育宏	(ロ)	1	2	6	1	1	0	0	1	4	3	0	0	0	0	0	0	2	0	.167	('15ロ)
清原 和博	(オ)	18	43	126	26	46	9	1	13	96	34	2	0	0	1	7	2	40	0	.365	('86～'96武,'97,'98,'00～'02,'05武,'06オ)
＋金城 龍彦	(横)	3	6	11	1	4	2	0	0	6	3	0	0	0	0	0	1	1	0	.364	('03,'05,'06横)
＊銀次(赤見銀次)	(楽)	2	4	10	0	2	1	0	0	3	1	0	0	0	0	0	0	1	0	.200	('14,'19楽)
＊T.クルーズ	(日)	2	6	12	2	3	1	0	0	4	0	0	0	0	0	2	0	1	1	.250	('82,'84日)
L.クルーズ	(ロ)	1	2	4	0	2	0	0	0	2	0	0	0	0	0	0	0	0	0	.500	('15ロ)
クルーン	(巨)	4	5	0	0	0	0	0	0	0	0	0	0	0	0	0	0	0	0	.000	('05～'07横,'08巨)
クレス	(洋)	1	3	8	0	1	0	0	0	1	0	0	1	0	0	0	0	2	0	.125	('64洋)
クロッタ	(ロ)	1	1	—	—	—	—	—	—	—	—	—	—	—	—	—	—	—	—	—	('14ロ)
＊クロマティ	(巨)	3	7	16	2	2	1	0	1	6	1	0	0	0	0	1	0	5	0	.125	('85,'89,'90巨)
グライシンガー	(ヤ)	1	1	—	—	—	—	—	—	—	—	—	—	—	—	—	—	—	—	—	('07ヤ)
グラシアル	(ソ)	1	2	2	1	0	0	0	0	0	0	0	0	0	0	0	1	1	0	.000	('19ソ)
グロス	(日)	2	2	—	—	—	—	—	—	—	—	—	—	—	—	—	—	—	—	—	('96,'97日)
＊具 臺晟	(オ)	1	2	—	—	—	—	—	—	—	—	—	—	—	—	—	—	—	—	—	('01オ)
＊日下 隆	(近)	1	2	1	0	0	0	0	0	0	0	0	0	0	0	0	0	0	0	.000	('54近)
＊草野 大輔	(楽)	1	2	5	0	1	0	0	0	1	0	0	0	0	0	0	0	0	1	.200	('09楽)
＊久慈 照嘉	(神)	4	9	7	1	1	0	0	0	1	1	0	0	0	0	2	0	1	0	.143	('92,'95～'97神)
楠 協郎	(日)	1	2	2	0	0	0	0	0	0	0	0	0	0	0	2	0	0	0	.000	('52日)
工藤 一彦	(神)	1	1	0	0	0	0	0	0	0	0	0	0	0	0	0	0	0	0	.000	('82神)
＊工藤 公康	(巨)	10	11	0	0	0	0	0	0	0	0	0	0	0	0	0	0	0	0	.000	('86,'87,'91,'93武,'95,'97,'99ダ,'00,'04,'05巨)
工藤 幹夫	(日)	1	2	0	0	0	0	0	0	0	0	0	0	0	0	0	0	0	0	.000	('82日)
国貞 泰汎	(広)	3	8	12	1	3	0	0	0	3	1	1	0	0	0	4	0	1	1	.250	('66,'68南,'71広)
＊国松 彰	(広)	2	5	11	2	2	0	1	0	4	1	0	0	1	0	2	0	0	0	.182	('61,'63巨)
久保 征弘	(近)	2	3	1	0	0	0	0	0	0	0	0	0	0	0	0	0	0	0	.000	('62,'63近)
久保 康友	(巨)	1	1	—	—	—	—	—	—	—	—	—	—	—	—	—	—	—	—	—	('10神)
久保 裕也	(巨)	2	3	—	—	—	—	—	—	—	—	—	—	—	—	—	—	—	—	—	('10,'11巨)
久保田 治	(東)	2	2	2	1	2	0	0	0	2	0	0	0	0	0	0	0	0	0	1.000	('61,'63東)
久保田智之	(神)	2	3	—	—	—	—	—	—	—	—	—	—	—	—	—	—	—	—	—	('07,'08神)
倉持 明	(ロ)	1	3	0	0	0	0	0	0	0	0	0	0	0	0	0	0	0	0	.000	('80ロ)
＊栗橋 茂	(近)	4	11	22	2	5	2	0	0	7	2	0	0	0	0	0	0	3	1	.227	('78,'80,'82,'84近)
栗原 健太	(広)	3	7	17	2	3	2	0	0	5	0	0	0	0	0	1	0	3	0	.176	('07,'09,'11広)
＊栗山 巧	(武)	1	2	4	1	3	1	0	1	7	2	0	0	0	0	0	0	0	0	.750	('16武)
黒江 透修	(巨)	6	17	28	4	4	0	0	0	5	1	0	0	0	0	2	0	4	1	.143	('67～'69,'71～'73巨)
黒木 知宏	(ロ)	3	3	—	—	—	—	—	—	—	—	—	—	—	—	—	—	—	—	—	('98,'99,'01ロ)
黒木 基康	(洋)	1	3	4	0	0	0	0	0	0	0	0	0	0	0	0	0	0	0	.000	('65洋)
＊黒木 優太	(オ)	1	1	—	—	—	—	—	—	—	—	—	—	—	—	—	—	—	—	—	('17オ)
黒田 博樹	(広)	5	5	—	—	—	—	—	—	—	—	—	—	—	—	—	—	—	—	—	('01,'05～'07,'15広)
桑田 武	(洋)	6	14	38	1	6	0	0	0	6	1	0	1	0	1	3	0	11	0	.158	('59～'62,'64,'65洋)
桑田 真澄	(巨)	8	8	2	0	1	0	0	0	1	0	0	0	0	0	1	0	1	0	.500	('87～'89,'91～'94,'97巨)
＊ゲーリー	(中)	1	3	6	0	1	1	0	0	2	0	0	0	0	0	0	0	1	0	.167	('87中)
ゲレーロ	(中)	1	2	6	0	1	0	0	0	1	0	0	0	0	0	0	0	3	0	.167	('17中)
＊源田 壮亮	(武)	3	6	12	2	2	0	0	0	4	1	0	0	0	0	0	0	0	0	.167	('17～'19武)
ゴンメス	(中)	1	2	4	0	0	0	0	0	0	0	1	0	0	0	1	0	0	0	.000	('00中)
ゴンザレス	(巨)	1	1	—	—	—	—	—	—	—	—	—	—	—	—	—	—	—	—	—	('03巨)
小池 兼司	(南)	5	13	18	2	4	1	0	1	8	6	0	0	0	0	4	0	2	0	.222	('64～'68南)
＊小池 秀郎	(近)	1	1	—	—	—	—	—	—	—	—	—	—	—	—	—	—	—	—	—	('99近)
＊香田 勲男	(近)	1	1	—	—	—	—	—	—	—	—	—	—	—	—	—	—	—	—	—	('97近)
河内 卓司	(高)	1	1	1	0	1	0	0	0	1	0	0	0	0	0	0	0	0	0	1.000	('54高)
河野 昭修	(西)	1	2	3	0	0	0	0	0	0	0	0	0	0	0	0	0	0	0	.000	('57西)
河埜 和正	(巨)	4	12	19	4	5	0	1	0	7	0	2	0	2	0	1	1	4	0	.263	('77～'79,'83巨)
河埜 敬幸	(南)	4	12	9	2	2	0	1	0	2	0	1	0	0	0	0	0	1	0	.222	('79,'81,'82,'84南)
小久保裕紀	(ソ)	11	26	54	4	13	0	1	2	21	7	1	0	0	1	3	1	21	0	.241	('95～'97,'00～'02ダ,'04巨,'07～'09,'11ソ)
＊小坂 誠	(ロ)	5	12	18	4	4	2	0	0	6	0	2	0	0	0	1	0	5	0	.222	('97,'99,～'01,'03ロ)
小坂 佳隆	(広)	2	4	6	0	1	0	0	0	1	0	1	0	0	0	0	0	4	1	.167	('59,'62広)
小谷 正勝	(洋)	1	2	—	—	—	—	—	—	—	—	—	—	—	—	—	—	—	—	—	('71洋)
小玉 明利	(近)	9	21	42	3	15	2	0	2	23	9	0	0	0	0	2	0	3	0	.357	('57～'65近)
児玉 利一	(中)	3	7	11	1	2	0	0	0	2	0	0	0	0	0	2	0	1	1	.182	('53名,'55,'56中)
小鶴 誠	(広)	3	8	15	0	2	1	0	0	3	0	0	0	1	0	2	0	4	0	.133	('51松,'53,'56広)
古葉竹識(毅)	(広)	3	8	15	4	5	2	0	1	10	5	1	0	0	0	0	0	0	0	.333	('63,'64,'66広)
＊小早川毅彦	(広)	2	5	7	1	2	1	0	0	5	2	0	0	0	0	2	0	2	0	.286	('84,'87広)
小林 幹英	(広)	1	1	—	—	—	—	—	—	—	—	—	—	—	—	—	—	—	—	—	('98広)
小林 繁	(神)	7	7	2	0	0	0	0	0	0	0	0	0	0	0	0	0	1	0	.000	('76～'78巨,'79～'81,'83神)
小林 誠司	(巨)	2	3	5	1	2	1	0	1	6	1	0	0	0	0	0	0	0	1	.400	('17,'18巨)
小林宏(小林宏之)	(ロ)	5	5	—	—	—	—	—	—	—	—	—	—	—	—	—	—	—	—	—	('02,'04,'05,'07,'10ロ)
小林 宏	(オ)	1	1	—	—	—	—	—	—	—	—	—	—	—	—	—	—	—	—	—	('97オ)
小林 雅英	(ロ)	5	6	—	—	—	—	—	—	—	—	—	—	—	—	—	—	—	—	—	('00,'01,'03,'05,'06ロ)

選手名	チーム	年数	試合	打数	得点	安打	二塁打	三塁打	本塁打	塁打	打点	盗塁	盗塁刺	犠打	犠飛	四球	死球	三振	併殺打	打率	出場した年度
＊駒田　徳広 (横)		6	13	36	3	4	0	0	1	7	1	0	0	0	0	1	0	8	0	.111	('90～'92巨,'95,'97,'98横)
小松　　聖 (オ)		1	1	2	0	0	0	0	0	0	0	0	0	0	0	0	0	0	0	.000	('08オ)
小松　辰雄 (中)		4	5	1	0	1	1	0	0	2	0	0	0	0	0	0	0	0	0	1.000	('81,'85,'87,'92中)
小宮山　悟 (横)		7	8	0	0	0	0	0	0	0	0	0	0	0	0	0	0	0	0	.000	('91,'93,'95,'97～'99ロ,'00黄)
小谷野栄一 (日)		1	2	3	0	0	0	0	0	0	0	0	0	0	0	0	0	0	0	.000	('10日)
小山　正明 (ロ)		11	14	2	1	1	0	0	0	1	0	0	0	1	0	0	0	0	0	.500	('57～'60,'62,'63神,'64～'67京,'70ロ)
近藤　昭仁 (洋)		2	5	10	1	1	0	0	1	4	1	0	0	0	0	0	0	3	0	.100	('62,'65洋)
近藤　和彦 (洋)		9	25	74	10	25	6	0	2	37	6	1	1	0	0	9	0	8	0	.338	('60～'68洋)
＊近藤　健介 (日)		2	4	11	1	3	0	0	0	3	0	0	0	0	0	0	0	0	3	.273	('18,'19日)
＊呉　　昌征 (毎)		2	4	5	0	0	0	0	0	0	0	0	0	0	0	0	0	1	0	.000	('51,'53毎)
権藤　　博 (中)		3	4	1	0	1	0	0	0	1	0	0	0	0	0	0	0	0	0	1.000	('61～'63中)
＊権藤　正利 (神)		3	3	2	0	0	0	0	0	0	0	0	0	0	0	0	0	1	0	.000	('54,'62洋,'68神)
サ ファテ (ソ)		3	3	—	—	—	—	—	—	—	—	—	—	—	—	—	—	—	—	—	('11広,'14,'16ソ)
サブロー(大村三郎) (ロ)		2	4	6	2	3	0	0	1	6	1	0	0	0	0	0	0	1	0	.500	('02,'09ロ)
サンチェ (巨)		1	1	0	0	0	0	0	0	0	0	0	0	0	0	0	0	0	0	.000	('86巨)
西園寺昭夫 (東)		2	4	5	0	0	0	0	0	0	0	0	0	0	0	0	0	2	0	.000	('59,'61東)
斉藤明夫(明雄) (洋)		6	7	1	0	0	0	0	0	0	0	0	0	0	0	0	0	0	0	.000	('78,'81～'83,'85,'87洋)
斉藤　和巳 (ソ)		2	2	—	—	—	—	—	—	—	—	—	—	—	—	—	—	—	—	—	('03ダ,'06ソ)
＊斎藤　　隆 (横)		4	4	—	—	—	—	—	—	—	—	—	—	—	—	—	—	—	—	—	('94,'96,'99,'01横)
斎藤　雅樹 (巨)		6	6	0	0	0	0	0	0	0	0	0	0	0	0	0	0	0	0	.000	('89,'90,'94～'96,'98巨)
斎藤　佑樹 (日)		2	3	—	—	—	—	—	—	—	—	—	—	—	—	—	—	—	—	—	('11,'12日)
佐伯　和司 (日)		3	4	0	0	0	0	0	0	0	0	0	0	0	0	0	0	0	0	.000	('73,'76ロ,'78日)
＊佐伯　貴弘 (横)		3	6	11	1	3	1	0	0	4	3	0	0	0	0	0	0	2	0	.273	('95,'96,'01横)
坂井　勝二 (洋)		3	3	0	0	0	0	0	0	0	0	0	0	0	0	0	0	0	0	.000	('64,'68京,'72洋)
酒井　　勉 (オ)		1	1	—	—	—	—	—	—	—	—	—	—	—	—	—	—	—	—	—	('92オ)
＊坂口　智隆 (ヤ)		2	5	11	0	2	1	0	0	3	1	0	0	0	0	0	0	1	0	.182	('11オ,'18ヤ)
＊坂崎　一彦 (巨)		3	5	9	2	2	0	0	0	2	0	0	0	0	0	0	0	2	0	.222	('58,'59,'62巨)
阪本　敏三 (東)		5	15	40	5	11	2	0	2	19	5	2	1	0	0	0	0	5	1	.275	('68～'71急,'72東)
坂本　勇人 (巨)		11	25	61	8	18	1	0	4	31	7	2	0	0	0	0	0	10	1	.295	('08～'14,'16～'19巨)
坂本文次郎 (大)		2	4	4	0	0	0	0	0	0	0	0	0	0	0	0	0	1	1	.000	('55,'56大)
嵯峨健四郎 (東)		1	1	0	0	0	0	0	0	0	0	0	0	0	0	0	0	0	0	.000	('66東)
桜井　輝秀 (南)		2	6	10	2	3	2	0	0	5	0	1	0	1	0	0	0	1	0	.300	('73,'74南)
佐々岡真司 (広)		5	6	0	0	0	0	0	0	0	0	0	0	0	0	0	0	0	0	.000	('90,'93,'96,'99,'01広)
佐々木主浩 (横)		8	10	0	0	0	0	0	0	0	0	0	0	0	0	0	0	0	0	.000	('92洋,'93,'95～'99,'04横)
佐々木恭介 (近)		2	6	7	0	2	0	0	0	2	0	0	0	0	0	0	0	0	0	.286	('75,'78近)
佐々木宏一郎 (近)		2	3	0	0	0	0	0	0	0	0	0	0	1	0	0	0	0	0	.000	('68,'69近)
＊佐々木信也 (高)		1	4	5	0	2	0	0	0	2	0	0	0	0	0	0	0	1	0	.400	('56高)
＊佐々木　誠 (武)		6	14	38	7	10	0	0	4	22	5	1	0	0	0	0	0	8	0	.263	('88南,'91～'93ダ,'94,'95武)
定岡　正二 (巨)		1	1	0	0	0	0	0	0	0	0	0	0	0	0	0	0	0	0	.000	('82巨)
定岡　智秋 (南)		3	9	5	3	2	0	0	0	2	0	0	0	0	0	0	0	2	1	.400	('75～'77南)
佐藤　誠一 (日)		1	1	0	0	0	0	0	0	0	0	0	0	0	0	0	0	0	0	.000	('89日)
佐藤　孝夫 (国)		2	5	5	2	1	0	0	1	4	1	0	1	1	0	1	1	0	0	.200	('55,'60国)
佐藤　達也 (オ)		1	2	—	—	—	—	—	—	—	—	—	—	—	—	—	—	—	—	—	('13,'14オ)
佐藤平七郎 (毎)		1	1	0	0	0	0	0	0	0	0	0	0	0	0	0	0	0	0	.000	('51毎)
佐藤　道郎 (南)		3	7	1	0	1	0	0	0	1	0	0	0	0	0	0	0	0	0	1.000	('70,'72,'76南)
佐藤　元彦 (京)		1	1	0	0	0	0	0	0	0	0	0	0	0	0	0	0	0	0	—	('68京)
佐藤　義則 (オ)		7	8	2	0	0	0	0	0	0	0	0	0	0	0	0	0	0	0	.000	('78,'84,'85,'88急,'89,'93,'94オ)
里崎　智也 (ロ)		7	12	21	2	5	0	0	2	11	5	0	0	0	1	3	0	5	0	.238	('05～'07,'09～'12ロ)
佐野　嘉幸 (東)		2	2	2	0	0	0	0	0	0	0	0	0	0	0	0	0	1	0	.000	('69東)
澤崎　俊和 (広)		1	1	—	—	—	—	—	—	—	—	—	—	—	—	—	—	—	—	—	('97広)
澤村　拓一 (巨)		2	2	—	—	—	—	—	—	—	—	—	—	—	—	—	—	—	—	—	('11,'13巨)
SHINJO(新庄剛志) (日)		7	16	41	8	14	5	0	2	25	4	3	1	0	0	1	0	5	1	.341	('94,'97,'99,'00神,'04～'06日)
G.G.佐藤(佐藤隆彦) (武)		1	2	7	0	4	0	0	0	5	0	0	0	0	0	0	0	0	0	.571	('08武)
＊L.シーツ (洋)		1	2	6	0	0	0	0	0	0	0	0	0	0	0	0	0	2	0	.000	('92洋)
A.シーツ (神)		1	2	6	3	3	0	0	1	6	1	0	0	0	0	0	0	0	0	.500	('06神)
シコースキー (武)		2	2	—	—	—	—	—	—	—	—	—	—	—	—	—	—	—	—	—	('09,'10武)
シ　ピン (巨)		5	15	37	0	3	0	0	0	3	0	0	0	0	0	0	0	11	0	.081	('72～'74,'77洋,'79巨)
＊L.ジャクソン (サ)		1	3	7	1	0	0	0	0	0	0	0	0	0	0	1	0	4	0	.000	('67サ)
D.ジャクソン (武)		1	2	3	0	0	0	0	0	0	0	0	0	0	0	0	0	1	0	.000	('95武)
＊C.ジョーンズ (南)		1	3	4	0	0	0	0	0	0	0	0	0	0	0	0	0	1	0	.000	('72武)
A.ジョーンズ (楽)		1	3	6	0	1	0	0	0	1	0	0	0	0	0	0	0	2	0	.167	('13楽)
ジョンソン (神)		1	1	—	—	—	—	—	—	—	—	—	—	—	—	—	—	—	—	—	('19神)
潮崎　哲也 (武)		1	1	—	—	—	—	—	—	—	—	—	—	—	—	—	—	—	—	—	('95武)
塩谷　和彦 (オ)		1	1	2	0	0	0	0	0	0	0	0	0	0	0	0	0	0	0	.000	('03オ)
＊塩見　貴洋 (楽)		1	1	—	—	—	—	—	—	—	—	—	—	—	—	—	—	—	—	—	('12楽)
重松　省三 (洋)		1	2	3	1	1	0	0	0	1	0	0	0	0	0	0	0	1	0	.333	('64洋)
＊篠塚　利夫 (巨)		9	25	55	8	18	5	1	0	25	1	0	0	0	0	0	0	5	1	.327	('82～'89,'91巨)
篠原　貴行 (ダ)		2	2	—	—	—	—	—	—	—	—	—	—	—	—	—	—	—	—	—	('99,'03ダ)
＋柴田　　勲 (巨)		12	36	89	12	22	3	4	1	36	11	10	2	0	0	11	1	19	1	.247	('63～'68,'70,'71,'73,'74,'77,'78巨)
柴田　英治 (急)		1	1	0	0	0	0	0	0	0	0	0	0	0	0	0	0	0	0	.000	('53急)

オールスター・ゲーム・ライフタイム

選手名	チーム	年数	試合	打数	得点	安打	二塁打	三塁打	本塁打	塁打	打点	盗塁	盗塁刺	犠打	犠飛	四球	死球	三振	併殺打	打率	出場した年度
柴田 保光	(日)	3	5	0	0	0	0	0	0	0	0	0	0	0	0	0	0	0	0	.000	('85,'86,'91日)
*柴原 洋	(ソ)	3	7	10	0	1	0	0	0	1	0	0	0	0	0	1	0	2	0	.100	('00,'01ダ,'06ソ)
*渋谷 誠司	(サ)	1	2	0	0	0	0	0	0	0	0	0	0	0	0	0	0	0	0	.000	('65サ)
渋谷 幸春	(中)	2	3	0	0	−	−	−	−	−	−	−	−	−	−	−	−	−	−	−	('71,'73中)
*嶋 重宣	(広)	1	2	3	0	0	0	0	0	0	0	0	0	0	0	0	0	0	0	.000	('04広)
嶋 基宏	(楽)	8	18	20	1	2	0	0	0	2	0	0	0	0	0	1	0	5	0	.100	('07,'10〜'15,'17楽)
島崎 毅	(日)	1	1	−	−	−	−	−	−	−	−	−	−	−	−	−	−	−	−	−	('96日)
島谷 金二	(急)	6	18	35	2	11	1	0	1	15	4	1	0	0	0	4	0	4	1	.314	('75,'76中,'77〜'80急)
島田源太郎	(洋)	2	3	0	0	0	0	0	0	0	0	0	0	0	0	0	0	0	0	.000	('60,'68洋)
島田 直也	(横)	1	1	−	−	−	−	−	−	−	−	−	−	−	−	−	−	−	−	−	('99横)
*島田 誠	(日)	6	18	44	2	9	0	0	0	9	1	2	1	0	0	1	0	9	0	.205	('79〜'83,'85日)
島原 幸雄	(西)	2	3	1	0	1	0	0	0	1	1	0	0	0	0	0	0	0	0	1.000	('56,'59西)
*島本 講平	(近)	3	9	9	0	2	0	0	0	2	1	0	0	0	0	1	0	4	0	.222	('71,'76,'77近)
*清水 隆行	(巨)	2	4	5	0	0	0	0	0	0	0	0	0	0	0	0	1	0	0	.000	('98,'02巨)
清水 直行	(ロ)	3	3	−	−	−	−	−	−	−	−	−	−	−	−	−	−	−	−	−	('03,'05,'08ロ)
*下柳 剛	(神)	5	5	−	−	−	−	−	−	−	−	−	−	−	−	−	−	−	−	−	('94ダ,'97,'01日,'05,'08神)
許 銘傑	(武)	1	1	−	−	−	−	−	−	−	−	−	−	−	−	−	−	−	−	−	('01武)
庄司 智久	(ロ)	1	3	6	3	2	0	0	1	5	2	2	0	0	0	1	0	2	0	.333	('81ロ)
+正田 耕三	(広)	5	12	18	4	6	0	1	0	8	3	3	1	0	0	3	0	0	0	.333	('87〜'90,'92広)
+白井 一幸	(日)	2	5	11	3	4	1	0	0	5	0	2	1	0	0	0	0	2	0	.364	('87,'91日)
白井 康勝	(日)	2	3	0	0	0	0	0	0	0	0	0	0	0	0	0	0	0	0	.000	('92,'93日)
白石 勝巳	(広)	1	3	2	0	0	0	0	0	0	0	0	1	0	0	0	0	0	0	.000	('53広)
*白石 静生	(広)	1	1	1	0	0	0	0	0	0	0	0	0	0	0	0	0	0	0	.000	('70広)
白坂 長栄	(神)	3	5	9	0	1	1	0	0	2	0	0	0	0	0	0	0	1	0	.111	('52,'54,'55神)
白武 佳久	(ロ)	1	1	0	0	0	0	0	0	0	0	0	0	0	0	0	0	0	0	.000	('90ロ)
新宅 洋志	(中)	1	1	0	0	0	0	0	0	0	0	0	0	0	0	0	0	0	0	.000	('67中)
新谷 博	(武)	1	1	−	−	−	−	−	−	−	−	−	−	−	−	−	−	−	−	−	('94武)
城島 健司	(神)	9	21	46	6	14	3	0	3	26	4	0	0	0	1	1	0	3	2	.304	('97〜'01,'03,'04ダ,'05ソ,'10神)
城之内邦雄	(巨)	4	6	4	0	2	0	0	0	2	0	0	0	0	0	0	0	2	0	.500	('63,'65〜'67巨)
スコット	(ヤ)	1	3	3	0	0	0	0	0	0	0	0	0	0	0	0	0	0	0	.000	('80ヤ)
スタルヒン	(大)	1	1	−	−	−	−	−	−	−	−	−	−	−	0	−	−	−	−	−	('52大)
スタンカ	(南)	2	2	1	0	1	0	0	0	1	2	0	0	0	0	0	0	0	0	1.000	('60,'64南)
+スティーブ	(武)	1	3	9	1	1	0	0	0	1	1	0	0	0	0	0	0	1	1	.111	('83武)
スペンサー	(急)	2	6	20	4	5	1	0	2	12	4	0	0	0	0	(1)7	0	5	2	.250	('64,'65急)
ズレータ	(ソ)	2	4	9	1	1	0	0	1	4	1	0	0	0	0	0	0	2	0	.111	('04ダ,'05ソ)
末次利光(民夫)	(巨)	5	15	20	2	2	0	0	0	2	0	0	0	0	0	2	0	8	0	.100	('72〜'76巨)
末吉 俊信	(毎)	1	1	1	0	0	0	0	0	0	0	0	0	0	0	0	0	0	0	.000	('52毎)
菅野 智之	(巨)	7	7	−	−	−	−	−	−	−	−	−	−	−	−	−	−	−	−	−	('13〜'19巨)
菅原 勝矢	(巨)	1	1	0	0	0	0	0	0	0	0	0	0	0	0	0	0	0	0	.000	('67巨)
菅原 道裕	(大)	1	1	2	0	0	0	0	0	0	0	0	0	0	−	0	0	1	0	.000	('53大)
*杉内 俊哉	(巨)	7	7	−	−	−	−	−	−	−	−	−	−	−	−	−	−	−	−	−	('05,'07〜'11ソ,'12巨)
*杉浦 忠	(南)	6	9	4	0	0	0	0	0	0	0	0	0	0	0	0	0	2	0	.000	('58〜'61,'64,'65南)
*杉浦 享(亨)	(ヤ)	3	9	11	2	3	1	0	0	4	2	1	0	0	0	3	0	4	0	.273	('79,'82,'85ヤ)
杉下 茂	(中)	6	9	3	0	0	0	0	0	0	0	0	0	0	1	0	0	1	0	.000	('51〜'53名,'54〜'56中)
*杉本 正	(中)	3	4	1	0	0	0	0	0	0	0	0	0	0	0	0	0	0	0	.000	('82武,'86,'87中)
杉山 賢人	(武)	1	1	−	−	−	−	−	−	−	−	−	−	−	−	−	−	−	−	−	('94武)
*杉山 光平	(南)	3	6	9	0	2	0	0	0	2	0	0	0	0	0	3	0	1	0	.222	('56,'58,'61南)
杉山 悟	(中)	3	7	15	0	1	1	0	0	2	0	0	0	0	0	0	0	4	0	.067	('53名,'54,'55中)
杉山 知隆	(洋)	1	1	0	0	0	0	0	0	0	0	0	0	0	0	0	0	0	0	.000	('77洋)
鈴木 皖武	(サ)	1	1	0	0	0	0	0	0	0	0	0	0	0	0	0	0	0	0	.000	('67サ)
*鈴木 啓示	(近)	15	20	8	0	3	0	0	0	3	0	0	0	0	0	0	0	0	1	.375	('66〜'73,'75〜'78,'80,'83,'84近)
*鈴木 健	(ヤ)	3	6	15	0	7	0	0	0	7	0	0	0	0	0	1	0	4	1	.333	('97,'98武,'03ヤ)
*鈴木 誠也	(広)	4	8	23	4	9	2	0	2	17	4	0	0	0	1	0	0	1	0	.391	('16〜'19広)
鈴木 平	(オ)	1	1	−	−	−	−	−	−	−	−	−	−	−	−	−	−	−	−	−	('96オ)
*鈴木 隆	(洋)	3	3	0	0	0	0	0	0	0	0	0	0	0	0	0	0	0	0	.000	('58〜'60洋)
*鈴木 尚典	(横)	4	8	22	1	9	1	0	0	10	1	0	0	0	0	0	0	6	1	.409	('97〜'99,'01横)
+鈴木 貴久	(近)	3	6	8	2	2	0	1	1	7	2	0	0	0	0	1	0	3	0	.250	('90,'91,'94近)
+鈴木 尚広	(近)	1	2	0	1	0	0	0	0	0	0	1	0	0	0	0	0	0	0	.000	('15近)
鈴木 孝政	(中)	7	13	0	0	0	0	0	0	0	0	0	0	0	0	0	0	0	0	.000	('75〜'78,'84,'85,'87中)
*鈴木 大地	(ロ)	5	11	18	4	6	2	1	0	13	3	0	0	0	0	0	0	4	0	.333	('13,'14,'16,'17,'19ロ)
鈴木康二朗	(近)	3	6	1	0	0	0	0	0	0	0	0	0	0	0	1	0	0	0	.000	('77,'78ヤ,'84近)
*鈴木 慶裕	(日)	1	3	4	0	0	0	0	0	0	0	0	0	0	0	1	0	0	0	.000	('92日)
角 富士夫	(ヤ)	1	1	1	0	0	0	0	0	0	0	0	0	0	0	0	0	0	0	.000	('78ヤ)
*角 三男	(巨)	2	5	1	0	0	0	0	0	0	0	0	0	0	0	0	0	0	0	.000	('81,'83巨)
辰谷銀仁朗(銀二朗)	(武)	3	5	8	0	1	0	0	0	1	1	0	0	0	0	0	0	2	1	.125	('11,'15,'16武)
清 俊彦	(近)	2	3	0	0	0	0	0	0	0	0	0	0	0	0	0	0	0	0	.000	('69,'70近)
*関川 浩一	(中)	5	9	5	2	2	0	1	0	2	1	0	0	0	0	2	0	1	0	.222	('95神,'99中)
関口 清治	(西)	5	8	8	0	1	0	0	0	1	0	0	0	0	0	0	0	4	0	.000	('54,'55,'57,'58,'60西)
*関根 潤三	(近)	5	11	9	0	1	0	0	0	1	0	0	0	0	0	2	0	4	0	.111	('53,'59,'60,'62,'63近)
関根 裕之	(日)	1	1	−	−	−	−	−	−	−	−	−	−	−	−	−	−	−	−	−	('98日)

選手名	チーム	年数	試合	打数	得点	安打	二塁打	三塁打	本塁打	塁打	打点	盗塁	盗刺	犠打	犠飛	四球	死球	三振	併殺打	打率	出場した年度
関本四十四	(巨)	1	1	0	0	0	0	0	0	0	0	0	0	0	0	0	0	0	0	.000	('74巨)
播津　正	(ソ)	2	2	－	－	－	－	－	－	－	－	－	－	－	－	－	－	－	－	－	('09,'11ソ)
*千賀　滉大	(ソ)	3	3	－	－	－	－	－	－	－	－	－	－	－	－	－	－	－	－	－	('13,'17,'19ソ)
千田　啓介	(ロ)	1	3	0	0	0	0	0	0	0	0	0	0	0	0	0	0	0	0	.000	('74ロ)
*千藤三樹男	(日)	1	3	3	0	1	0	0	0	1	0	0	0	0	0	0	0	0	0	.333	('78日)
銭村　健四	(広)	1	2	2	0	0	0	0	0	0	0	0	0	0	0	0	0	0	0	.000	('54広)
*ソ　レイタ	(日)	1	3	1	0	0	0	0	0	0	0	0	0	0	0	2	0	0	0	.000	('81日)
ソロムコ	(神)	1	2	5	1	2	0	0	1	5	2	0	0	0	0	0	0	1	1	.400	('60神)
荘　勝雄	(ロ)	1	2	－	－	－	－	－	－	－	－	－	－	－	－	－	－	－	－	－	('85ロ)
外木場義郎	(広)	5	8	2	0	0	0	0	0	0	0	0	0	0	0	0	0	1	0	.000	('68～'70,'74,'75広)
宣　銅烈	(中)	1	1	－	－	－	－	－	－	－	－	－	－	－	－	－	－	－	－	－	('97中)
タイロン・ウッズ	(中)	3	6	16	3	5	2	0	1	10	1	0	0	0	0	0	0	3	1	.313	('03横,'07,'08中)
ダルビッシュ有	(日)	2	2	－	－	－	－	－	－	－	－	－	－	－	－	－	－	－	－	－	('07～'11日)
*大豊　泰昭	(中)	3	7	15	1	2	1	0	0	3	1	0	0	0	1	0	0	3	1	.133	('91,'94,'96中)
*田尾　安志	(武)	7	21	39	2	5	1	0	0	6	2	1	1	0	0	2	0	8	0	.128	('80～'84中,'85,'86武)
高井　保弘	(急)	1	2	1	1	1	0	0	1	4	2	0	0	0	0	0	0	0	0	1.000	('74急)
*高木　大成	(武)	3	7	12	3	3	0	0	0	3	0	1	0	0	0	(1)1	0	2	0	.250	('97～'99武)
高木　喬	(近)	2	6	10	2	4	1	0	1	8	2	0	0	0	0	0	0	0	0	.400	('65,'67近)
*高木　宣宏	(広)	1	2	0	0	0	0	0	0	0	0	0	0	0	0	0	0	0	0	.000	('85広)
高木　勇人	(巨)	1	1	－	－	－	－	－	－	－	－	－	－	－	－	－	－	－	－	－	('15巨)
*高木　浩之	(武)	2	5	3	0	1	0	0	0	1	0	0	0	0	0	0	0	0	0	.333	('99,'03武)
高木　守道	(中)	4	12	26	5	5	2	0	0	7	1	0	0	0	0	3	1	6	1	.192	('66,'67,'73,'79中)
*高木　豊	(洋)	8	20	36	5	9	1	0	1	13	6	2	2	0	0	4	0	6	0	.250	('83～'86,'88,'90～'92洋)
*高木　嘉一	(洋)	2	6	6	1	2	0	0	0	2	1	0	0	0	0	0	0	0	0	.333	('77,'78洋)
高倉　照幸	(西)	9	19	41	6	14	1	0	2	21	8	1	1	0	1	2	1	5	1	.341	('56,'57,'59,'61～'66西)
高沢　秀昭	(ロ)	5	13	23	4	4	0	0	2	10	5	2	0	0	0	1	0	4	0	.174	('84,'86～'89ロ)
高代　延博	(日)	3	8	4	0	0	0	0	0	0	0	0	0	0	0	0	0	1	0	.000	('79,'80,'83日)
高須　洋介	(楽)	1	2	4	0	0	0	0	0	0	0	0	0	0	0	0	0	0	0	.000	('07楽)
高田　繁	(巨)	8	24	46	5	8	1	0	1	12	2	4	0	0	0	2	0	10	0	.174	('68～'73,'75,'76巨)
高津　臣吾	(ヤ)	6	7	1	0	0	0	0	0	0	0	0	0	0	0	0	0	0	0	.000	('94,'96,'99,'00,'03,'07ヤ)
高野　光	(ヤ)	1	1	0	0	0	0	0	0	0	0	0	0	0	0	0	0	0	0	.000	('86ヤ)
高野　裕良	(洋)	2	2	0	0	0	0	0	0	0	0	0	0	0	－	0	0	0	0	.000	('51,'52洋)
高橋栄一郎	(南)	1	1	0	0	0	0	0	0	0	0	0	0	0	0	1	0	0	0	.000	('63南)
高橋　一三	(日)	6	9	1	0	0	0	0	0	0	0	0	0	0	0	0	0	0	0	.000	('69～'71,'73巨,'77,'81日)
*高橋　建	(広)	4	5	0	0	0	0	0	0	0	0	0	0	0	0	0	0	0	0	.000	('00,'01,'03,'08広)
高橋　光成	(武)	1	1	－	－	－	－	－	－	－	－	－	－	－	－	－	－	－	－	－	('19武)
高橋　里志	(広)	1	1	0	0	0	0	0	0	0	0	0	0	0	0	0	0	0	0	.000	('77広)
高橋　智	(オ)	2	5	13	2	5	1	1	0	8	1	0	0	0	0	2	0	5	0	.385	('92,'93オ)
高橋　重行	(洋)	3	4	0	0	0	0	0	0	0	0	0	0	0	0	0	0	0	0	.000	('64,'65,'78洋)
*高橋　周平	(中)	1	2	5	3	4	2	0	0	6	2	0	0	0	0	0	0	0	0	.800	('19中)
高橋　信二	(日)	3	5	10	2	4	1	0	0	5	2	0	0	0	0	0	0	2	0	.400	('04,'07,'09日)
*高橋　朋己	(武)	1	1	－	－	－	－	－	－	－	－	－	－	－	－	－	－	－	－	－	('15武)
高橋　直樹	(日)	6	7	1	0	0	0	0	0	0	0	0	0	0	0	0	0	0	0	.000	('75～'80日,'83武)
*高橋　尚成	(巨)	1	1	－	－	－	－	－	－	－	－	－	－	－	－	－	－	－	－	－	('07巨)
高橋　博	(南)	1	3	10	0	0	0	0	0	0	0	0	0	0	0	0	0	1	0	.000	('71南)
高橋　由伸	(巨)	9	21	51	9	17	1	1	4	32	8	1	0	0	0	2	1	8	0	.333	('98～'04,'07,'12巨)
+高橋　慶彦	(広)	6	18	55	6	15	4	1	0	21	5	5	4	1	1	3	1	7	1	.273	('79,'80,'83～'86広)
高橋　善正	(東)	2	2	0	0	0	0	0	0	0	0	0	0	0	0	0	0	0	0	.000	('68,'72東)
高橋　礼	(ソ)	1	1	－	－	－	－	－	－	－	－	－	－	－	－	－	－	－	－	－	('19ソ)
高林　恒夫	(巨)	1	2	1	0	0	0	0	0	0	0	0	0	0	0	0	0	0	0	.000	('61巨)
高村　祐	(近)	2	2	－	－	－	－	－	－	－	－	－	－	－	－	－	－	－	－	－	('96,'98近)
*髙山　俊	(神)	1	2	5	0	1	0	0	0	1	0	1	0	0	0	0	0	1	0	.200	('16神)
宅和　本司	(南)	1	2	1	0	0	0	0	0	0	0	0	0	0	0	0	0	1	0	.000	('55南)
*田口　麗斗	(巨)	1	1	－	－	－	－	－	－	－	－	－	－	－	－	－	－	－	－	－	('17巨)
*田口　壮	(オ)	4	10	15	2	6	0	0	1	9	5	0	0	0	1	0	1	3	0	.400	('95～'97,'01オ)
武上　四郎	(ヤ)	4	12	23	3	7	1	1	0	10	3	0	0	2	0	1	0	1	0	.304	('68サ,'69ア,'70,'71ヤ)
竹下　光郎	(近)	1	1	2	0	1	0	0	0	1	0	0	0	0	0	0	0	1	0	.500	('60近)
武末　悉昌	(西)	1	1	－	－	－	－	－	－	－	－	－	－	－	－	－	－	－	－	－	('51西)
*武田　一浩	(中)	5	5	0	0	0	0	0	0	0	0	0	0	0	0	0	0	0	0	.000	('90,'91日,'96,'98ダ,'99中)
武田　翔太	(ソ)	1	1	－	－	－	－	－	－	－	－	－	－	－	－	－	－	－	－	－	('15ソ)
*武田　久	(日)	6	6	－	－	－	－	－	－	－	－	－	－	－	－	－	－	－	－	－	('06～'09,'11,'12日)
*武田　勝	(日)	1	1	－	－	－	－	－	－	－	－	－	－	－	－	－	－	－	－	－	('11日)
武智　修	(近)	1	1	0	0	0	0	0	0	0	0	0	0	0	0	0	0	0	0	.000	('55近)
武智(田中)文雄	(近)	2	2	0	0	0	0	0	0	0	0	0	0	0	0	0	0	0	0	.000	('54,'56近)
田代　富雄	(洋)	1	3	4	0	0	0	0	0	0	0	0	0	0	0	0	0	1	0	.000	('77洋)
田島　慎二	(中)	2	2	－	－	－	－	－	－	－	－	－	－	－	－	－	－	－	－	－	('12,'16中)
達川　光男	(広)	7	14	14	0	2	0	0	0	2	0	0	0	1	0	0	0	4	2	.143	('83,'85～'89,'91,'92広)
*立浪　和義	(中)	11	22	45	5	10	2	1	0	14	1	1	0	0	0	(1)7	0	9	0	.222	('88,'91,'94～'98,'00,'02～'04中)
*巽　一	(国)	1	1	1	1	1	0	0	0	4	1	0	0	0	0	0	0	0	0	1.000	('60国)
館山　昌平	(ヤ)	4	4	－	－	－	－	－	－	－	－	－	－	－	－	－	－	－	－	－	('08,'09,'11,'12ヤ)

オールスター・ゲーム・ライフタイム

選手名	チーム	年数	試合	打数	得点	安打	二塁打	三塁打	本塁打	塁打	打点	盗塁	盗塁刺	犠打	犠飛	四球	死球	三振	併殺打	打率	出場した年度
建山 義紀	(日)	1	1	—	—	—	—	—	—	—	—	—	—	—	—	—	—	—	—	—	('00日)
田中 章	(平)	1	2	0	0	0	0	0	0	0	0	0	0	0	0	0	0	0	0	.000	('73平)
田中久寿男	(西)	1	2	4	0	0	0	0	0	0	0	0	0	0	0	0	0	2	0	.000	('61西)
*田中健二朗	(ディ)	1	1	—	—	—	—	—	—	—	—	—	—	—	—	—	—	—	—	—	('15ディ)
*田中 賢介	(日)	3	6	9	1	2	0	0	0	2	0	0	0	0	0	0	0	1	1	.222	('08,'10,'12日)
*田中 広輔	(広)	3	6	10	1	4	0	1	0	6	3	1	0	0	0	0	0	2	0	.400	('15,'17,'18広)
田中 尊	(巨)	2	5	5	0	0	0	0	0	0	0	0	0	0	0	0	0	1	0	.000	('66,'68広)
田中 富生	(日)	1	1	0	0	0	0	0	0	0	0	0	0	0	0	0	0	0	0	.000	('84日)
田中 将大	(楽)	6	6	—	—	—	—	—	—	—	—	—	—	—	—	—	—	—	—	—	('07~'09,'11~'13楽)
*田中 調	(東)	3	5	0	0	0	0	0	0	0	0	0	0	0	0	0	0	0	0	—	('65,'67,'69東)
田中 幸雄	(日)	9	21	45	2	6	2	0	0	8	2	1	0	0	0	4	1	13	1	.133	('88~'91,'94~'97,'99日)
田辺 徳雄	(武)	2	4	10	3	5	1	0	1	9	1	0	0	0	0	0	0	2	0	.500	('92,'94武)
谷 佳知	(オ)	6	13	41	7	10	1	0	1	14	4	1	0	0	0	0	0	6	1	.244	('01~'04,'06オ,'07巨)
谷繁 元信	(中)	12	22	33	7	9	4	0	0	13	2	0	0	0	1	2	0	7	2	.273	('93,'97~'01横,'02,'05,'07,'12~'14中)
谷村 智博	(神)	1	1	0	0	0	0	0	0	0	0	0	0	0	0	0	0	0	0	.000	('72神)
谷元 圭介	(日)	1	2	—	—	—	—	—	—	—	—	—	—	—	—	—	—	—	—	—	('17日)
谷本 稔	(毎)	2	3	4	0	1	0	0	0	1	0	0	0	0	0	0	0	1	1	.250	('60,'63毎)
種田 仁	(横)	3	5	7	0	0	0	0	0	0	0	0	0	0	0	0	0	0	0	.000	('93中,'04,'05横)
種茂 雅之	(東)	1	1	1	0	0	0	0	0	0	0	0	0	0	0	0	0	0	0	.000	('66東)
田上 秀則	(ソ)	1	2	3	0	1	0	0	0	1	0	0	0	0	0	0	0	0	0	.333	('09ソ)
田畑 一也	(ヤ)	2	3	—	—	—	—	—	—	—	—	—	—	—	—	—	—	—	—	—	('96,'97ヤ)
田淵 幸一	(日)	11	30	78	9	15	3	0	3	27	6	0	1	0	0	8	2	23	1	.192	('69~'76,'78神,'79,'84武)
*玉造 陽二	(西)	1	3	5	0	1	0	0	0	1	0	0	0	0	0	0	0	1	0	.200	('64西)
*田宮謙次郎	(毎)	7	15	38	3	11	3	0	1	17	6	1	2	0	0	5	0	6	1	.289	('55~'59神,'60~'62毎)
田村 龍弘	(ロ)	2	4	6	0	1	0	0	0	1	1	0	0	0	0	0	0	1	0	.167	('16,'17ロ)
多村 仁志	(ソ)	1	2	4	0	1	0	0	0	1	1	0	0	0	0	0	0	1	0	.250	('10ソ)
田中 藤夫	(日)	9	20	28	3	6	0	0	1	9	2	0	0	0	1	0	0	7	0	.214	('86~'94日)
醍醐 猛夫	(毎)	4	7	8	1	3	1	0	0	4	0	0	0	0	0	0	0	2	0	.375	('65,'68京,'69,'71ロ)
+チェコ	(広)	1	1	—	—	—	—	—	—	—	—	—	—	—	—	—	—	—	—	—	('95広)
*近本 光司	(神)	1	2	6	3	5	2	1	1	12	2	1	1	0	0	0	0	0	0	.833	('19神)
*千原陽三郎	(中)	1	2	2	0	0	0	0	0	0	0	0	0	0	0	0	0	1	0	.000	('68中)
千葉 茂	(巨)	5	11	36	4	6	2	0	1	11	1	0	2	0	0	8	0	4	0	.167	('51~'55巨)
+張 誌家	(武)	1	1	—	—	—	—	—	—	—	—	—	—	—	—	—	—	—	—	—	('04武)
趙 成珉	(巨)	1	1	—	—	—	—	—	—	—	—	—	—	—	—	—	—	—	—	—	('98巨)
長野 久義	(巨)	3	9	26	3	8	0	0	1	11	1	0	0	0	0	0	0	4	1	.308	('11~'13巨)
*塚原 頌平	(オ)	1	2	—	—	—	—	—	—	—	—	—	—	—	—	—	—	—	—	—	('16オ)
佃 明忠	(毎)	1	2	5	2	1	0	0	1	4	2	0	0	0	0	0	0	3	0	.200	('56毎)
辻 発彦	(ヤ)	9	20	27	4	5	1	0	0	6	1	2	0	0	0	0	0	4	0	.185	('86,'88~'94武,'96ヤ)
辻 佳紀	(ヤ)	4	9	8	0	2	0	0	0	2	0	0	0	0	0	0	1	1	1	.250	('65~'67神,'70近)
津田恒実(恒美)	(広)	5	7	0	0	0	0	0	0	0	0	0	0	0	0	0	0	0	0	.000	('83,'86~'89広)
土屋 正孝	(国)	1	2	6	0	0	0	0	0	0	0	0	0	0	0	2	0	1	0	.000	('61国)
筒井 敬三	(南)	2	4	4	0	1	0	0	0	1	0	0	0	0	0	0	0	1	0	.250	('53,'55南)
*筒香 嘉智	(ディ)	5	10	29	7	12	3	0	5	30	11	0	0	0	1	1	0	5	1	.414	('15~'19ディ)
津野 浩	(日)	2	2	1	0	0	0	0	0	0	0	0	0	0	0	0	0	0	0	.000	('85,'88日)
*坪井 智哉	(日)	2	4	13	3	3	1	0	1	7	5	0	0	0	0	0	0	0	0	.231	('00神,'03日)
坪内 道典	(名)	1	3	4	0	0	0	0	0	0	0	0	0	0	0	0	0	0	0	.000	('51名)
鶴岡 慎也	(日)	2	5	3	0	1	0	0	0	1	0	0	0	0	0	0	0	0	0	.333	('12,'13日)
*T-岡田(岡田貴弘)	(オ)	3	7	18	2	3	1	0	1	7	1	0	0	0	0	0	0	5	0	.167	('10,'11,'17オ)
*テーラー	(神)	1	3	3	0	0	0	0	0	0	0	0	0	0	0	0	0	2	0	.000	('74神)
*テリー	(武)	1	3	9	1	2	0	0	1	5	2	0	1	0	0	2	0	3	0	.222	('83武)
デービス	(近)	1	3	9	1	4	2	0	1	9	2	1	0	0	0	0	0	0	0	.444	('87近)
ディアズ	(ロ)	1	2	2	0	0	0	0	0	0	0	0	0	0	0	0	0	0	0	.000	('89ロ)
ディクソン	(オ)	1	1	—	—	—	—	—	—	—	—	—	—	—	—	—	—	—	—	—	('15オ)
+デストラーデ	(武)	1	2	2	0	0	0	0	0	0	0	0	0	0	0	0	0	4	0	.000	('92武)
デスパイネ	(ソ)	3	6	11	1	6	0	0	1	9	3	0	0	0	0	1	0	1	0	.545	('17~'19ソ)
デニー(友利結)	(武)	1	1	—	—	—	—	—	—	—	—	—	—	—	—	—	—	—	—	—	('98武)
*鉄平(土谷鉄平)	(楽)	2	4	5	1	1	1	0	0	2	0	0	0	0	0	0	0	0	0	.200	('07,'10楽)
寺内 崇幸	(巨)	1	2	1	0	0	0	0	0	0	0	0	0	0	0	0	0	0	0	1.000	('13巨)
寺田 陽介	(南)	1	2	4	1	1	0	0	0	2	0	0	0	0	0	0	0	1	0	.250	('59南)
寺原 隼人	(オ)	2	2	—	—	—	—	—	—	—	—	—	—	—	—	—	—	—	—	—	('08横,'11オ)
*トラックスラー	(ダ)	1	2	4	0	3	0	0	0	3	1	0	0	0	0	0	0	0	0	.750	('94ダ)
*トレーバー	(近)	1	2	4	0	0	0	0	0	0	0	0	0	0	0	0	0	2	0	.000	('91近)
東野 峻	(巨)	1	2	—	—	—	—	—	—	—	—	—	—	—	—	—	—	—	—	—	('10巨)
遠井 吾郎	(神)	3	8	12	2	4	0	0	2	10	7	0	0	0	0	0	0	2	2	.333	('66,'67,'70神)
*遠山 奬志	(神)	1	1	—	—	—	—	—	—	—	—	—	—	—	—	—	—	—	—	—	('00神)
十亀 剣	(武)	1	1	—	—	—	—	—	—	—	—	—	—	—	—	—	—	—	—	—	('15武)
徳網 茂	(神)	4	7	8	0	2	1	0	0	3	1	0	1	0	2	0	0	0	0	.250	('51,'53~'55神)
徳武 定之	(国)	1	2	1	0	0	0	0	0	0	0	0	0	0	0	0	0	0	0	.000	('63国)
*得津 高宏	(ロ)	3	3	3	0	0	0	0	0	0	0	0	0	0	0	0	0	1	0	.000	('77ロ)
徳久 利明	(近)	2	4	3	0	0	0	0	0	0	0	0	0	0	0	0	0	0	0	.000	('64,'65近)

選手名	チーム	年数	試合	打数	得点	安打	二塁打	三塁打	本塁打	塁打	打点	盗塁	盗塁刺	犠打	犠飛	四球	死球	三振	併殺打	打率	出場した年度
戸倉　勝城	(急)	4	7	6	0	0	0	0	0	0	0	0	0	0	0	1	0	5	0	.000	('51,'53,'55,'56急)
＊床田　寛樹	(広)	1	1	—	—	—	—	—	—	—	—	—	—	—	—	—	—	—	—	—	('19広)
戸田　善紀	(急)	1	1	0	0	0	0	0	0	0	0	0	0	0	0	0	0	0	0	.000	('76急)
外崎　修汰	(武)	1	3	5	1	1	0	0	0	1	0	0	0	0	0	0	0	2	1	.200	('18武)
＊戸柱　恭孝	(ディ)	2	3	4	0	1	0	0	0	1	2	0	0	0	0	0	0	0	0	.250	('16,'17ディ)
富田　勝	(日)	2	6	10	0	4	0	0	0	4	2	3	0	0	0	1	0	3	1	.400	('70南,'78日)
豊田　清	(日)	4	4	—	—	—	—	—	—	—	—	—	—	—	—	—	—	—	—	—	('97,'01～'03武)
豊田　泰光	(国)	9	19	53	13	17	2	0	0	19	1	1	2	0	0	10	0	13	0	.321	('55～'60,'62西,'63,'64国)
＊鳥谷　敬	(神)	7	16	38	6	12	2	0	0	14	2	0	0	0	0	3	0	3	0	.316	('05,'06,'12～'15,'17神)
土井　淳	(洋)	7	13	14	0	1	0	0	0	1	0	0	0	1	0	1	0	3	0	.071	('56～'62洋)
土井　正三	(巨)	4	12	15	2	6	2	1	0	10	2	1	0	0	1	2	0	6	0	.400	('67～'69,'73巨)
土井　正博	(武)	15	44	96	10	22	1	0	4	35	14	0	1	0	0	11	1	20	0	.229	('63～'69,'71,'73,'74近,'75,'75平,'78ク,'79,'80武)
土井垣　武	(毎)	2	2	21	0	3	1	0	0	4	1	0	0	0	—	3	0	2	1	.143	('51,'52毎)
堂林　翔太	(広)	3	8	12	2	3	0	0	0	6	1	0	0	0	0	1	0	2	0	.250	('12～'14広)
堂上　照	(中)	1	2	0	0	0	0	0	0	0	0	0	0	0	0	0	0	0	0	.000	('78中)
土橋　勝征	(ヤ)	1	2	3	0	1	0	0	0	1	0	0	0	0	0	0	0	1	0	.333	('95ヤ)
土橋　正幸	(東)	7	8	2	0	1	0	0	0	1	0	0	0	0	0	0	0	1	0	.500	('58～'64東)
内藤　尚行	(ヤ)	1	1	—	—	—	—	—	—	—	—	—	—	—	—	—	—	—	—	—	('89ヤ)
＊中　暁生(利夫)	(中)	6	17	41	4	14	3	0	1	20	9	3	0	0	0	7	0	7	0	.341	('59,'60,'66,'67,'69,'70中)
中尾　孝義	(巨)	3	8	14	2	4	2	0	0	6	1	0	0	0	0	1	0	3	2	.286	('82,'84中,'89巨)
＊中尾　碩志	(巨)	1	1	0	0	0	0	0	0	0	0	0	0	0	—	0	0	1	0	.000	('51巨)
中込　伸	(神)	1	1	—	—	—	—	—	—	—	—	—	—	—	—	—	—	—	—	—	('92神)
中崎　翔太	(広)	2	2	—	—	—	—	—	—	—	—	—	—	—	—	—	—	—	—	—	('16,'18広)
中沢　伸二	(急)	6	13	10	0	1	1	0	0	2	1	0	1	0	0	0	0	5	0	.100	('74,'75,'78,'79,'82,'83急)
＊中島　卓也	(日)	1	2	4	0	1	0	0	0	1	0	0	0	0	0	0	0	2	0	.250	('15日)
中嶋　聡	(武)	6	11	9	1	5	0	0	1	8	1	0	0	0	0	2	0	1	1	.556	('89～'91,'95,'96オ,'99武)
中島　輝士	(日)	1	3	2	0	1	0	0	0	1	0	0	0	0	0	0	0	0	0	.500	('92日)
中島　裕之	(武)	8	18	45	5	13	5	2	0	22	1	1	0	0	0	2	0	12	0	.289	('04,'06～'12武)
中田　賢一	(中)	1	1	—	—	—	—	—	—	—	—	—	—	—	—	—	—	—	—	—	('07中)
中田　翔	(日)	8	18	48	7	13	4	0	1	20	4	0	0	0	0	1	0	12	0	.271	('11～'18日)
中田　昌宏	(急)	1	1	—	—	—	—	—	—	—	—	—	—	—	—	—	—	—	—	—	('59急)
中谷伸志(順次)	(西)	3	7	14	3	6	0	1	2	14	3	0	0	1	0	1	0	1	0	.429	('51,'52急,'55西)
＊仲田　幸司	(神)	1	1	—	—	—	—	—	—	—	—	—	—	—	—	—	—	—	—	—	('92神)
中田　良弘	(神)	1	1	—	—	—	—	—	—	—	—	—	—	—	—	—	—	—	—	—	('90神)
＊中塚　政幸	(洋)	4	12	19	4	7	2	1	1	14	2	1	2	0	0	6	0	1	1	.368	('70,'74,'75,'79洋)
中西　勝己	(毎)	1	1	1	0	0	0	0	0	0	0	0	0	0	0	0	0	1	0	.000	('60毎)
中西　清起	(神)	1	1	—	—	—	—	—	—	—	—	—	—	—	—	—	—	—	—	—	('87,'88神)
中西　太	(西)	7	13	29	5	5	2	0	2	13	5	0	0	0	0	3	0	9	0	.172	('53～'55,'57,'58,'61,'63西)
中畑　清	(巨)	6	18	29	5	9	3	1	2	20	5	0	0	0	0	2	0	6	1	.310	('81～'85,'88巨)
＊中村　晃	(ソ)	5	5	5	1	1	0	0	0	1	0	0	0	0	0	0	0	0	0	.200	('18ソ)
中村　勝広	(神)	3	8	7	0	0	0	0	0	0	0	0	0	1	0	1	0	2	1	.000	('72,'75,'77神)
中村　奨吾	(ロ)	1	2	3	0	1	0	0	0	1	0	0	0	0	0	0	0	0	0	.333	('18ロ)
中村　武志	(中)	8	15	17	0	3	0	0	0	3	1	0	0	0	0	4	0	0	0	.176	('88～'91,'93,'96,'98,'01中)
中村　剛也	(武)	6	14	34	4	7	1	0	3	17	4	0	0	0	0	1	0	12	0	.206	('08,'09,'11,'12,'14,'15武)
中村　紀洋	(ディ)	9	24	57	8	16	1	0	5	32	10	0	0	0	1	5	0	21	0	.281	('95,'96,'99～'02,'04近,'12,'13ディ)
中村　稔	(巨)	3	3	0	0	0	0	0	0	0	0	0	0	0	0	0	0	1	0	.000	('62,'65,'66巨)
中村　悠平	(ヤ)	5	9	11	1	3	0	0	0	3	0	0	0	0	0	0	0	3	0	.273	('14～'16,'18,'19ヤ)
＊中山　俊丈	(中)	2	2	0	1	0	0	0	0	0	0	0	0	0	0	0	0	0	0	.000	('56,'57中)
中山　裕章	(中)	2	2	1	0	0	0	0	0	0	0	0	0	0	0	0	0	0	0	.000	('88,'89洋,'96中)
永井　怜	(楽)	1	1	—	—	—	—	—	—	—	—	—	—	—	—	—	—	—	—	—	('10楽)
＊永射　保	(武)	2	5	0	0	0	0	0	0	0	0	0	0	0	0	0	0	0	0	.000	('77ク,'81武)
長池　徳二(徳士)	(急)	9	27	80	6	17	2	1	3	30	13	0	1	0	0	2	0	17	2	.213	('67～'75急)
永川　勝浩	(広)	3	3	—	—	—	—	—	—	—	—	—	—	—	—	—	—	—	—	—	('03,'06,'09広)
＊長崎　啓二(慶一)	(洋)	1	1	—	—	—	—	—	—	—	—	—	—	—	—	—	—	—	—	—	('82洋)
長嶋　茂雄	(巨)	16	43	150	21	47	10	0	7	78	21	8	3	0	1	17	0	13	6	.313	('58～'63,'65～'74巨)
長富　浩志	(広)	1	1	0	0	0	0	0	0	0	0	0	0	0	0	0	0	0	0	.000	('89広)
＊永淵　洋三	(近)	3	8	22	2	8	0	0	1	11	3	2	0	0	0	1	0	5	0	.364	('69,'70,'72近)
梨田　昌孝(昌崇)	(近)	3	8	23	2	5	1	0	0	6	3	0	0	0	0	1	0	3	0	.217	('79～'81,'83,'85,'86近)
並木　輝男	(神)	2	4	5	0	0	0	0	0	0	0	0	0	0	0	0	0	0	0	.000	('60,'62神)
成田　文男	(ロ)	8	9	6	0	0	0	0	0	0	0	0	0	0	0	1	0	4	0	.000	('66～'68京,'69～'73ロ)
成本　年秀	(神)	3	4	—	—	—	—	—	—	—	—	—	—	—	—	—	—	—	—	—	('95,'96ロ,'01神)
＊成瀬　善久	(ロ)	3	3	—	—	—	—	—	—	—	—	—	—	—	—	—	—	—	—	—	('07,'08,'12ロ)
ニューベリー	(急)	1	1	0	0	0	0	0	0	0	0	0	0	0	0	0	0	0	0	.000	('52急)
新美　敏	(日)	1	1	0	0	0	0	0	0	0	0	0	0	0	0	0	0	0	0	.000	('74日)
＊新浦壽夫(寿夫)	(洋)	5	5	1	0	0	0	0	0	0	0	0	0	0	0	0	0	1	0	.000	('76,'78,'79巨,'87,'88洋)
二岡　智宏	(日)	7	16	31	1	5	1	0	0	6	0	0	0	0	0	0	0	8	3	.161	('99,'00,'03,'04,'06巨,'09,'..0日)
仁志　敏久	(神)	5	11	23	3	8	1	0	0	9	3	0	0	0	0	3	0	3	0	.348	('98,'00,'01,'04巨,'07横)
西　勇輝	(オ)	3	3	—	—	—	—	—	—	—	—	—	—	—	—	—	—	—	—	—	('12,'14,'15オ)
西岡三四郎	(南)	1	1	0	0	0	0	0	0	0	0	0	0	0	0	0	0	0	0	.000	('73南)
＊西岡剛TSUYOSHI	(神)	6	13	27	1	5	0	0	0	5	0	0	3	2	0	2	0	3	0	.185	('05～'08,'10ロ,'13神)

オールスター・ゲーム・ライフタイム

選手名	チーム	年数	試合	打数	得点	安打	二塁打	三塁打	本塁打	塁打	打点	盗塁	盗塁刺	犠打	犠飛	四球	死球	三振	併殺打	打率	出場した年度
＊西川 遥輝(日)		2	4	9	2	6	0	0	1	9	3	0	0	0	0	0	0	0	0	.667	('17,'19日)
＊西川 佳明(南)		1	1	0	0	0	0	0	0	0	0	0	0	0	0	0	0	0	0	.000	('86南)
西口 文也(武)		4	4	—	—	—	—	—	—	—	—	—	—	—	—	—	—	—	—	—	('96,'97,'99,'05武)
西崎 幸広(日)		7	7	1	0	0	0	0	0	0	0	0	0	0	0	0	0	1	0	.000	('88～'90,'93～'96日)
西沢 道夫(中)		5	10	17	3	5	0	0	3	14	6	0	0	0	0	2	0	1	1	.294	('51～'53名,'54,'55中)
西田 亭(東)		1	2	0	0	0	0	0	0	0	0	0	0	0	0	0	0	0	0	.000	('58東)
仁科 時成(ロ)		1	1	0	0	0	0	0	0	0	0	0	0	0	0	0	0	0	0	.000	('80ロ)
西野 勇士(ロ)		2	2	—	—	—	—	—	—	—	—	—	—	—	—	—	—	—	—	—	('13,'16ロ)
西村 一孔(神)		1	1	0	0	0	0	0	0	0	0	0	0	0	0	0	0	0	0	.000	('55神)
西村健太朗(巨)		1	1	—	—	—	—	—	—	—	—	—	—	—	—	—	—	—	—	—	('13巨)
西村 貞朗(西)		2	2	1	0	0	0	0	0	0	0	0	0	0	0	0	0	0	0	.000	('54,'55西)
西村 龍次(ダ)		2	2	—	—	—	—	—	—	—	—	—	—	—	—	—	—	—	—	—	('91ヤ,'98ダ)
＋西村 徳文(ロ)		5	10	12	1	2	1	0	0	3	0	1	0	0	0	0	0	3	0	.167	('85,'87,'88,'90,'93ロ)
西本 聖(中)		8	9	0	0	0	0	0	0	0	0	0	0	0	0	0	0	0	0	.000	('80～'84,'86巨,'89,'90中)
西山 秀二(広)		2	4	3	0	1	0	0	0	1	0	0	0	0	0	0	0	1	1	.333	('94,'96広)
根来 広光(サ)		4	8	7	0	2	1	0	0	3	0	0	0	0	0	0	0	3	1	.286	('61,'63,'64,国,'65サ)
能見 篤史(神)		2	2	—	—	—	—	—	—	—	—	—	—	—	—	—	—	—	—	—	('12,'13神)
野口 明(中)		4	9	16	1	5	1	1	0	8	2	0	0	0	0	2	0	2	1	.313	('51～'53名,'54中)
＊野口 茂樹(中)		3	3	—	—	—	—	—	—	—	—	—	—	—	—	—	—	—	—	—	('98,'99,'01中)
＊野口 寿浩(日)		2	5	4	0	0	0	0	0	0	0	0	0	0	0	0	0	2	1	.000	('98,'00日)
野田 浩司(オ)		1	1	—	—	—	—	—	—	—	—	—	—	—	—	—	—	—	—	—	('93オ)
野村 収(オ)		4	5	—	—	—	—	—	—	—	—	—	—	—	—	—	—	—	—	—	('72ロ,'76日,'78,'80洋)
野村 克也(武)		21	57	167	25	48	15	1	3	74	16	4	0	0	0	(1)16	0	34	2	.287	('57～'68,'70～'77南,'80武)
＊野村謙二郎(広)		8	16	51	4	13	1	1	0	16	3	5	0	0	0	2	0	6	2	.255	('90,'91,'93～'98広)
＊野村 貴仁(オ)		2	2	—	—	—	—	—	—	—	—	—	—	—	—	—	—	—	—	—	('96,'97オ)
野村 武史(毎)		2	4	4	0	1	0	0	0	1	0	0	0	0	—	0	0	0	0	.250	('51,'52毎)
＊野村 弘樹(横)		3	3	0	0	0	0	0	0	0	0	0	0	0	0	0	0	0	0	.000	('90,'91洋,'93横)
野村 祐輔(広)		2	2	—	—	—	—	—	—	—	—	—	—	—	—	—	—	—	—	—	('12,'16広)
野茂 英雄(近)		5	7	1	0	0	0	0	0	0	0	0	0	0	0	0	0	1	0	.000	('90～'94近)
＊則本 昂大(楽)		3	3	—	—	—	—	—	—	—	—	—	—	—	—	—	—	—	—	—	('14,'16,'17楽)
＊ハ ウ エ ル(ヤ)		1	2	5	1	1	0	0	0	1	0	0	0	0	0	0	0	1	0	.200	('93ヤ)
＊ハ ド リ(南)		1	3	5	0	2	1	0	0	3	0	0	0	0	0	0	0	1	0	.400	('63南)
＊バ ー ス(神)		3	9	25	2	6	0	0	2	12	5	0	0	0	0	1	0	9	0	.240	('85～'87神)
バーネット(ヤ)		2	2	—	—	—	—	—	—	—	—	—	—	—	—	—	—	—	—	—	('12,'15ヤ)
バ ー マ(西)		1	3	6	1	0	0	0	0	0	0	0	0	0	0	0	1	2	0	.000	('66西)
バッキー(神)		5	7	5	0	0	0	0	0	0	0	0	0	1	0	0	0	3	0	.000	('64～'68神)
バリントン(広)		1	1	—	—	—	—	—	—	—	—	—	—	—	—	—	—	—	—	—	('11広)
バルボン(急)		2	4	12	0	2	0	0	0	2	0	0	0	0	0	0	0	3	0	.167	('58,'59急)
バレンティン(ヤ)		6	15	39	4	12	3	0	2	21	8	0	1	0	1	3	0	8	1	.308	('11～'14,'16,'18ヤ)
バ ン チ(中)		1	1	—	—	—	—	—	—	—	—	—	—	—	—	—	—	—	—	—	('00中)
A.パウエル(中)		2	3	7	1	2	0	0	0	2	0	0	0	0	0	0	0	0	0	.286	('94,'96中)
J.パウエル(近)		1	1	—	—	—	—	—	—	—	—	—	—	—	—	—	—	—	—	—	('02近)
バチョレック(神)		2	5	11	0	4	1	0	0	5	1	0	0	0	0	2	0	3	0	.364	('92,'93神)
バリッシュ(神)		2	4	8	0	1	0	0	0	1	0	0	0	0	0	0	1	2	1	.125	('89ヤ,'90神)
＊バ ル デ ス(中)		1	1	—	—	—	—	—	—	—	—	—	—	—	—	—	—	—	—	—	('17中)
袴田 英利(ロ)		2	3	1	1	0	0	0	0	0	0	0	0	0	1	0	0	0	0	.000	('82,'85ロ)
白 仁天(ロ)		4	9	21	2	11	2	0	1	16	6	0	0	0	1	0	0	3	0	.524	('67,'70,'72東,'79ロ)
箱田 淳(国)		3	4	6	0	1	0	0	0	1	1	0	0	0	0	0	0	1	2	.167	('56～'58国)
スタンレー橋本(東)		1	2	3	0	0	0	0	0	0	0	0	0	0	0	0	0	1	0	.000	('58東)
＊橋本 武広(武)		1	2	—	—	—	—	—	—	—	—	—	—	—	—	—	—	—	—	—	('01武)
＊長谷川一夫(ロ)		1	3	2	0	0	0	0	0	0	0	0	0	0	0	0	0	0	0	.000	('73ロ)
＊長谷川繁雄(南)		1	2	2	0	1	0	0	0	1	1	0	0	0	0	0	0	1	0	.500	('58南)
長谷川滋利(オ)		1	1	—	—	—	—	—	—	—	—	—	—	—	—	—	—	—	—	—	('95オ)
＊長谷川勇也(ソ)		4	9	20	3	7	1	0	0	11	1	0	0	0	0	1	0	2	0	.350	('09,'13,'14,'16ソ)
長谷川良平(広)		7	10	5	0	0	0	0	0	0	0	0	0	0	0	0	0	0	0	.000	('51,'53～'58広)
＊秦 真司(ヤ)		1	2	2	0	0	0	0	0	0	0	0	0	0	0	0	0	0	0	.000	('91ヤ)
＊畑 隆幸(西)		1	1	—	—	—	—	—	—	—	—	—	—	—	—	—	—	—	—	—	('60西)
畠山 和洋(ヤ)		2	6	18	3	6	0	0	2	12	5	0	0	0	0	0	0	2	1	.333	('11,'12ヤ)
畠山 準(横)		3	6	9	1	3	1	0	0	4	0	0	0	0	0	1	0	5	0	.333	('93～'95横)
羽田 耕一(近)		3	7	8	2	1	0	0	0	1	0	0	0	0	0	4	0	1	0	.125	('74,'82,'83近)
初芝 清(ロ)		4	7	17	1	4	2	0	0	6	2	0	0	0	0	0	0	4	0	.235	('94～'96,'98ロ)
浜田 義雄(東)		1	2	1	0	0	0	0	0	0	0	0	0	0	—	0	0	0	0	.000	('51東)
＊浜名 千広(ダ)		3	8	7	2	1	0	0	0	1	0	0	0	0	0	0	0	0	0	.143	('92,'95,'96ダ)
濱中 治(神)		1	2	4	0	1	0	0	0	1	0	0	0	0	0	0	0	0	0	.250	('06神)
林 義一(大)		3	6	3	0	0	0	0	0	0	0	1	0	0	0	0	0	0	0	.000	('51～'53大)
＊林 俊彦(南)		1	1	1	0	0	0	0	0	0	0	0	0	0	0	0	0	0	0	.000	('65南)
＊林 昌範(巨)		1	1	—	—	—	—	—	—	—	—	—	—	—	—	—	—	—	—	—	('07巨)
隼人(中村隼人)(日)		1	1	—	—	—	—	—	—	—	—	—	—	—	—	—	—	—	—	—	('02日)
原 辰徳(巨)		11	31	95	6	16	4	0	1	23	5	0	0	0	0	5	0	24	1	.168	('81～'88,'90～'92巨)
原口 文仁(神)		2	4	7	3	3	0	0	1	10	4	0	0	0	0	0	0	1	0	.429	('16,'19神)

選手名	チーム	年数	試合	打数	得点	安打	二塁打	三塁打	本塁打	塁打	打点	盗塁	盗塁刺	犠打	犠飛	四球	死球	三振	併殺打	打率	出場した年度
＊原田　徳光(中)	中	4	9	18	0	0	0	0	0	0	0	0	0	—	—	0	0	1	0	.000	('51～'53名,'55中)
＊張本　　勲(巨)	巨	18	51	161	22	47	7	0	7	75	21	6	3	1	1	(1)9	1	24	1	.292	('60～'64,'66～'72東,'73拓,'74,'75日,'76～'78巨)
波留　敏夫(横)	横	1	1	3	2	1	0	0	0	1	0	0	0	0	0	0	0	0	0	.333	('97横)
半田　春夫(中)	中	2	5	7	3	3	0	1	1	8	2	0	0	0	0	1	0	2	0	.429	('59,'60中)
板東　英二(中)	中	3	5	0	0	0	0	0	0	0	0	0	0	0	0	0	0	0	0	.000	('60,'66,'67中)
ヒルトン(ヤ)	ヤ	1	3	10	1	1	0	1	0	3	2	0	0	0	0	2	0	2	0	.100	('78ヤ)
＊ヒルマン(ロ)	ロ	1	1	—	—	—	—	—	—	—	—	—	—	—	—	—	—	—	—	.—	('96ロ)
ビシエド(中)	中	1	2	4	1	1	0	0	0	1	0	0	0	0	0	0	0	1	0	.250	('16中)
+ビュフォード(平)	平	1	2	14	1	3	0	0	1	6	1	1	0	0	0	0	0	0	1	.214	('73,'74平)
ピート(南)	南	2	4	6	0	1	0	0	0	1	0	0	0	0	0	0	0	4	0	.167	('62,'63南)
東尾　　修(武)	武	10	12	4	0	0	0	0	0	0	0	0	0	0	0	0	0	1	1	.000	('72西,'73,'75,'76平,'78ク '82,'84～'87武)
東田　正義(西)	西	2	6	8	1	2	0	0	0	2	0	0	0	0	0	1	0	2	0	.250	('71,'72西)
＊東出　輝裕(広)	広	4	8	15	1	3	1	0	0	4	1	0	0	0	0	1	0	1	0	.200	('06,'08～'10広)
彦野　利勝(中)	中	3	5	11	3	4	0	0	2	10	3	0	0	0	0	1	0	1	0	.364	('89,'90,'94中)
＊聖澤　　諒(楽)	楽	1	2	6	0	1	0	0	0	1	0	0	0	0	0	0	0	1	0	.167	('12楽)
＊日高　　剛(オ)	オ	5	9	12	1	3	0	0	1	6	2	0	0	0	0	0	0	1	0	.250	('00～'02,'06,'08オ)
日比野　武(西)	西	2	2	1	0	0	0	0	0	0	0	0	0	0	0	0	0	0	0	.000	('55,'56西)
＊桧山進次郎(神)	神	3	6	11	1	2	0	0	0	2	0	1	0	0	0	0	0	1	1	.182	('97,'02,'03神)
平井　克典(武)	武	1	1	—	—	—	—	—	—	—	—	—	—	—	—	—	—	—	—	.—	('19武)
平井三郎(正明)(巨)	巨	3	8	25	0	3	1	0	0	4	2	0	2	1	—	1	0	2	0	.120	('51～'53巨)
平井　正史(オ)	オ	1	1	—	—	—	—	—	—	—	—	—	—	—	—	—	—	—	—	.—	('95オ)
＊平井　光親(ロ)	ロ	2	4	4	0	1	1	0	0	2	1	0	0	0	0	0	0	1	0	.250	('98ロ)
平田　勝男(神)	神	1	3	3	0	0	0	0	0	0	0	0	0	0	0	1	0	0	0	.000	('85神)
平田　良介(中)	中	2	4	7	1	1	0	1	0	4	2	0	0	0	0	0	0	2	0	.143	('15,'18中)
平塚　克洋(神)	神	1	2	2	0	0	0	0	0	0	0	0	0	0	0	0	0	0	0	.000	('97神)
＊平野　恵一(神)	神	4	10	17	0	7	1	0	0	8	0	0	0	0	0	1	0	1	0	.412	('05オ,'10～'12神)
+平野　　謙(武)	武	2	6	12	2	6	0	0	0	6	0	1	1	0	0	0	0	3	0	.500	('86中,'88武)
平野　光泰(近)	近	4	11	20	1	5	1	0	1	9	5	0	0	0	0	0	0	4	0	.250	('79～'82近)
平野　佳寿(オ)	オ	6	6	0	0	0	0	0	0	0	0	0	0	0	0	0	0	0	0	.—	('06,'10～'14オ)
平松　政次(洋)	洋	8	9	2	0	1	0	0	0	1	0	0	0	0	0	0	0	2	0	.500	('69～'74,'76,'80洋)
平山　　智(広)	広	2	3	6	2	2	0	0	0	2	0	1	1	0	0	0	0	1	0	.333	('56,'58広)
広岡　達朗(巨)	巨	6	12	14	0	1	0	0	0	1	0	0	0	0	0	1	0	2	0	.071	('54,'55,'57～'59,'65巨)
広沢　克己(ヤ)	ヤ	8	18	36	3	7	3	0	1	13	4	2	0	0	0	5	0	10	0	.194	('87～'94ヤ)
廣瀬　　純(広)	広	2	5	7	0	0	0	0	0	0	0	0	0	0	0	0	0	2	0	.000	('10,'13広)
広瀬　哲朗(日)	日	2	4	9	0	0	0	0	0	0	0	0	0	0	0	0	0	2	1	.000	('93,'94日)
広瀬　叔功(南)	南	9	23	64	15	16	1	0	3	26	10	7	0	0	0	3	0	5	2	.250	('58～'63,'65,'66,'69南)
広田　　順(巨)	巨	4	8	9	0	1	0	0	0	1	0	0	0	0	0	0	1	1	0	.111	('52～'55巨)
弘田　澄男(ロ)	ロ	3	9	11	1	2	1	0	0	3	0	1	1	0	0	0	0	2	0	.182	('74,'75,'77ロ)
＊広野　　功(西)	西	1	3	5	0	0	0	0	0	0	0	0	0	0	0	2	0	3	0	.000	('69西)
備前(太田垣)喜久(広)	広	2	2	0	0	0	0	0	0	0	0	0	0	0	0	0	0	0	0	.000	('56,'59広)
フォルケンボーグ(ソ)	ソ	2	2	—	—	—	—	—	—	—	—	—	—	—	—	—	—	—	—	.—	('09,'10ソ)
フェルナンデス(楽)	楽	1	2	5	0	2	0	0	0	2	0	0	0	0	0	0	0	2	0	.400	('06楽)
J.フランコ(ロ)	ロ	2	4	13	1	4	0	1	0	6	2	0	0	0	0	0	0	3	0	.308	('95,'98ロ)
＊M.フランコ(ロ)	ロ	1	2	5	0	2	0	0	0	2	0	0	0	0	0	0	0	2	0	.400	('05ロ)
＊フランスア(広)	広	1	2	—	—	—	—	—	—	—	—	—	—	—	—	—	—	—	—	.—	('19広)
ブーマー(オ)	オ	5	14	51	10	12	0	0	4	24	8	0	0	0	1	2	0	3	3	.235	('84～'86,'88急,'89オ)
＊ブライアント(近)	近	3	7	17	3	4	1	0	2	11	5	0	0	0	1	0	0	8	0	.235	('90,'92,'93近)
＊ブラゼル(神)	神	1	2	5	1	2	0	0	0	5	1	0	0	0	0	1	0	2	0	.400	('10神)
ブラッグス(横)	横	2	4	8	3	4	2	1	0	8	5	0	0	0	0	0	0	1	0	.500	('94,'95横)
ブランコ(デ)	デ	4	9	23	2	8	2	0	0	10	4	0	0	0	0	1	0	5	1	.348	('09,'10中,'13,'14デ)
ブリーデン(神)	神	1	3	4	1	1	0	0	0	1	0	0	0	0	0	0	0	2	0	.250	('77神)
＊ブリットン(急)	急	1	3	3	0	0	0	0	0	0	0	0	0	0	0	0	0	3	0	.000	('52急)
ブリトー(日)	日	1	3	8	2	2	0	0	0	5	3	0	0	0	0	0	0	3	0	.250	('96日)
ブリューワ(日)	日	1	3	7	0	1	0	0	0	1	0	0	0	0	0	0	0	3	0	.143	('87日)
＊ブルーム(南)	南	5	13	40	5	12	0	0	1	15	3	0	0	0	0	1	0	2	1	.300	('61～'64近,'66南)
＊ブレイザー(南)	南	3	9	24	5	7	1	1	1	13	2	0	0	0	0	0	0	1	0	.292	('67～'69南)
深沢　恵雄(ロ)	ロ	1	1	1	0	0	0	0	0	0	0	0	0	0	0	0	0	0	0	.000	('84ロ)
深見　安博(東)	東	1	2	1	0	0	0	0	0	0	0	0	0	0	0	0	0	0	0	.000	('53東)
＊福浦　和也(ロ)	ロ	3	7	16	1	2	0	0	0	2	0	0	0	0	0	1	0	0	0	.125	('00,'04,'05ロ)
福士敬章(松原明夫)(広)	広	3	4	1	0	0	0	0	0	0	0	0	0	0	0	0	0	0	0	.000	('78,'80,'81広)
福嶋　久晃(洋)	洋	3	8	6	0	3	1	0	0	4	1	0	0	0	0	0	0	0	0	.500	('76,'77,'81洋)
福谷　浩司(中)	中	1	1	—	—	—	—	—	—	—	—	—	—	—	—	—	—	—	—	.—	('14中)
＊福富　邦夫(ヤ)	ヤ	1	3	4	0	0	0	0	0	0	0	0	0	0	0	0	0	3	0	.000	('71ヤ)
＊福留　孝介(中)	中	5	10	26	3	5	2	0	0	7	1	1	0	0	0	1	0	5	0	.192	('99,'02～'04,'07中)
福原　　忍(神)	神	1	1	—	—	—	—	—	—	—	—	—	—	—	—	—	—	—	—	.—	('04神)
＊福本　　豊(急)	急	17	50	126	26	38	9	0	5	62	11	17	9	0	0	14	1	22	0	.302	('70,'72～'87急)
福盛　和男(楽)	楽	1	1	—	—	—	—	—	—	—	—	—	—	—	—	—	—	—	—	.—	('06楽)
福山　博之(楽)	楽	1	2	—	—	—	—	—	—	—	—	—	—	—	—	—	—	—	—	.—	('14楽)
福良　淳一(急)	急	1	3	7	1	0	0	0	0	0	0	1	0	0	0	0	0	0	0	.000	('88急)
藤井　彰人(神)	神	1	1	3	0	1	0	0	0	1	0	0	0	0	0	0	0	0	0	.333	('13神)

オールスター・ゲーム・ライフタイム

選手名	チーム	年数	試合	打数	得点	安打	二塁打	三塁打	本塁打	塁打	打点	盗塁	盗塁刺	犠打	犠飛	四球	死球	三振	併殺打	打率	出場した年度
*藤井 栄治	(神)	3	8	10	1	2	0	0	1	5	3	0	0	0	0	0	0	2	0	.200	('63～'65神)
*藤井 秀悟	(ヤ)	2	2	—	—	—	—	—	—	—	—	—	—	—	—	—	—	—	—	—	('01,'05ヤ)
藤井 弘	(広)	3	6	8	0	2	0	0	0	2	1	0	0	1	0	1	0	2	0	.250	('57,'58,'62広)
*藤井 康雄	(オ)	1	2	5	1	1	0	0	1	4	2	0	0	0	0	0	0	3	0	.200	('89オ)
藤尾 茂	(巨)	4	8	8	0	0	0	0	0	0	0	0	0	0	0	0	0	7	0	.000	('56～'59巨)
*藤川 球児	(神)	9	12	—	—	—	—	—	—	—	—	—	—	—	—	—	—	—	—	—	('05～'12,'19神)
藤沢 公也	(中)	1	1	0	0	0	0	0	0	0	0	0	0	0	0	0	0	0	0	.000	('79中)
*藤田 一也	(楽)	1	2	5	0	2	0	0	0	2	0	0	0	0	0	0	0	0	0	.400	('14楽)
*藤田 宗一	(ロ)	1	1	—	—	—	—	—	—	—	—	—	—	—	—	—	—	—	—	—	('01ロ)
*藤田 平	(神)	8	24	69	7	16	5	1	1	26	5	1	1	0	0	2	0	5	1	.232	('67,'69,'71,'73～'76,'81神)
藤田 学	(南)	3	6	0	0	0	0	0	0	0	0	0	0	0	0	0	0	0	0	.000	('77,'78,'81南)
藤田 元司	(巨)	4	6	0	0	0	0	0	0	0	0	0	0	0	0	0	0	0	0	.000	('57～'59,'64巨)
藤浪晋太郎	(神)	4	4	—	—	—	—	—	—	—	—	—	—	—	—	—	—	—	—	—	('13～'16神)
藤村 隆男	(神)	3	4	2	0	0	0	0	0	0	0	0	0	0	0	0	0	0	0	.000	('51～'53神)
藤村富美男	(神)	5	11	30	2	5	0	0	1	8	6	0	0	0	0	1	1	2	0	.167	('51～'55神)
*藤本 敦士	(神)	3	6	12	1	5	0	0	0	5	2	0	0	0	0	0	0	2	0	.417	('03,'05,'06神)
藤本 修二	(南)	1	1	0	0	0	0	0	0	0	0	0	0	0	0	0	0	0	0	.000	('87南)
藤本 英雄	(巨)	2	2	1	0	0	0	0	0	0	0	0	0	0	0	0	0	0	0	.000	('51,'53巨)
藤原 満	(南)	5	15	40	8	16	8	0	1	27	13	6	2	0	0	1	0	5	2	.400	('75,'76,'78,'79,'81南)
二木 康太	(ロ)	2	2	—	—	—	—	—	—	—	—	—	—	—	—	—	—	—	—	—	('17,'19ロ)
船田 和英	(西)	5	15	31	4	8	0	0	2	14	2	1	1	0	0	4	0	8	0	.258	('63,'64巨,'66,'68,'69西)
古久保健二	(近)	1	2	0	0	0	0	0	0	0	0	0	0	0	0	0	0	0	0	.000	('95近)
古沢 憲司	(神)	2	2	1	0	1	0	0	0	1	0	0	0	0	0	0	0	0	0	1.000	('74,'77神)
古田 敦也	(ヤ)	17	39	72	10	24	4	1	1	33	10	2	1	0	1	4	0	12	3	.333	('90～'06ヤ)
*古溝 克之	(神)	1	1	—	—	—	—	—	—	—	—	—	—	—	—	—	—	—	—	—	('95神)
古屋 英夫	(日)	2	6	9	0	3	1	0	0	4	3	0	0	0	0	0	1	2	0	.333	('79,'85日)
*毒島 章一	(東)	8	18	21	6	8	2	0	2	16	3	0	0	0	0	2	0	6	0	.381	('56～'58,'60～'62,'65,'66東)
*ベバリン	(ヤ)	1	1	—	—	—	—	—	—	—	—	—	—	—	—	—	—	—	—	—	('04ヤ)
*ベ ニャ	(オ)	2	5	8	2	2	0	0	1	5	3	0	0	0	0	0	0	2	1	.250	('12ソ,'14オ)
*ペタジーニ	(ヤ)	3	8	29	7	12	3	0	3	24	6	0	0	0	0	1	0	10	0	.414	('99～'01ヤ)
ベドラザ	(ダ)	4	6	—	—	—	—	—	—	—	—	—	—	—	—	—	—	—	—	—	('99～'02ダ)
別所 毅彦	(巨)	6	11	5	0	0	0	0	0	0	0	0	0	0	0	0	0	0	0	.000	('51～'56巨)
別当 薫	(毎)	5	12	43	5	6	2	0	0	8	2	1	1	0	0	5	0	12	1	.140	('51～'55毎)
+ホージー	(ヤ)	1	2	6	0	3	0	0	0	3	0	3	0	0	0	0	0	1	0	.500	('97ヤ)
ホッジス	(ヤ)	1	1	—	—	—	—	—	—	—	—	—	—	—	—	—	—	—	—	—	('02ヤ)
*ホプキンス	(広)	1	3	3	0	2	0	0	0	2	0	0	0	0	0	0	0	0	0	.667	('76広)
+ボーリック	(ロ)	1	3	9	0	0	0	0	0	0	0	0	0	0	0	0	0	4	0	.000	('00ロ)
ボルシンガー	(ロ)	1	1	—	—	—	—	—	—	—	—	—	—	—	—	—	—	—	—	—	('18ロ)
ボ レ ス	(近)	1	3	3	0	1	0	0	0	4	2	0	0	0	0	1	0	1	0	.333	('66,'67近)
ポ ン セ	(洋)	1	3	13	1	3	1	0	0	4	1	0	0	0	0	0	0	5	0	.231	('88洋)
*帆足 和幸	(武)	2	2	—	—	—	—	—	—	—	—	—	—	—	—	—	—	—	—	—	('05,'08武)
星野 仙一	(中)	6	6	0	0	0	0	0	0	0	0	0	0	0	0	0	0	0	0	.000	('69,'74～'76,'79,'81中)
*星野 伸之	(オ)	7	7	0	0	0	0	0	0	0	0	0	0	0	0	0	0	0	0	.000	('87,'88急,'89,'91,'95～'97オ)
細川 亨	(武)	1	2	2	0	0	0	0	0	0	0	0	0	0	0	0	0	0	0	.000	('08武)
堀 幸一	(ロ)	2	4	11	1	5	1	0	0	6	0	1	1	0	0	0	0	2	0	.455	('95,'96ロ)
堀井 数男	(南)	3	6	14	2	4	2	0	0	6	5	1	0	0	0	1	0	3	1	.286	('52～'54南)
堀内 恒夫	(巨)	9	15	4	0	0	0	0	0	0	0	0	0	0	0	0	0	1	0	.000	('66,'68～'75巨)
*堀込 基明	(南)	2	4	10	1	3	0	0	0	3	0	0	0	0	0	0	0	2	0	.300	('64,'65南)
堀本 律雄	(巨)	1	1	1	0	0	0	0	0	0	0	0	0	0	0	0	0	0	0	.000	('61巨)
*本多 雄一	(ソ)	1	3	8	1	4	0	0	0	4	1	0	1	0	0	0	0	0	0	.500	('11ソ)
本堂 保弥	(毎)	2	5	12	1	2	1	0	0	3	0	0	0	0	—	0	0	1	1	.167	('52,'53毎)
*本間 満	(ソ)	1	2	2	0	0	0	0	0	0	0	0	0	0	0	0	0	0	0	.000	('06ソ)
*マーシャル	(中)	3	9	21	2	5	1	0	1	9	6	0	0	0	0	2	0	2	0	.238	('63～'65中)
マーティン	(日)	1	1	—	—	—	—	—	—	—	—	—	—	—	—	—	—	—	—	—	('16日)
マートン	(神)	4	10	27	2	8	1	0	0	9	2	0	0	0	0	0	0	3	0	.296	('10,'11,'13,'14神)
マ ギ ー	(巨)	1	2	4	0	1	0	0	0	1	0	0	0	0	0	0	0	2	1	.000	('17巨)
マクガフ	(ヤ)	1	1	—	—	—	—	—	—	—	—	—	—	—	—	—	—	—	—	—	('19ヤ)
マシソン	(巨)	1	1	—	—	—	—	—	—	—	—	—	—	—	—	—	—	—	—	—	('16巨)
マ テ オ	(神)	1	1	—	—	—	—	—	—	—	—	—	—	—	—	—	—	—	—	—	('17神)
マルカーノ	(急)	5	15	34	3	9	3	0	0	12	2	1	1	0	0	1	0	4	1	.265	('75,'76,'78～'80急)
*前川 勝彦	(近)	2	2	—	—	—	—	—	—	—	—	—	—	—	—	—	—	—	—	—	('00,'01近)
*前田 健太	(広)	5	5	—	—	—	—	—	—	—	—	—	—	—	—	—	—	—	—	—	('10,'12～'15広)
*前田 智徳	(広)	7	14	38	3	11	1	0	1	15	4	0	0	0	0	0	0	5	1	.289	('93,'94,'96,'98,'05,'07,'08広)
前田 益穂	(京)	3	9	16	1	1	0	0	0	1	0	0	0	0	0	0	0	5	0	.063	('65～'67京)
*前田 幸長	(ロ)	1	1	—	—	—	—	—	—	—	—	—	—	—	—	—	—	—	—	—	('92ロ)
前原 博之	(中)	1	2	1	0	1	0	0	0	1	2	0	0	0	0	0	0	0	0	1.000	('92中)
牧田 和久	(武)	4	4	—	—	—	—	—	—	—	—	—	—	—	—	—	—	—	—	—	('11,'13,'16,'17武)
牧野 伸	(東)	1	1	0	0	0	0	0	0	0	0	0	0	0	0	0	0	0	0	.000	('57東)
槙原 寛己	(巨)	6	7	0	0	0	0	0	0	0	0	0	0	0	0	0	0	0	0	.000	('88,'89,'91,'92,'94,'99巨)
*間柴 茂有	(日)	2	3	0	0	0	0	0	0	0	0	0	0	0	0	0	0	0	0	.000	('80,'83日)

選手名	チーム	年数	試合	打数	得点	安打	二塁打	三塁打	本塁打	塁打	打点	盗塁	盗塁刺	犠打	犠飛	四球	死球	三振	併殺打	打率	出場した年度
増井　浩俊	(オ)	3	4	0	0	0	0	0	0	0	0	0	0	0	0	0	0	0	0	.000	('11,'13日,'18オ)
増田　達至	(武)	2	2	−	−	−	−	−	−	−	−	−	−	−	−	−	−	−	−	−	('15,'19武)
益田　直也	(ロ)	3	3	−	−	−	−	−	−	−	−	−	−	−	−	−	−	−	−	−	('12,'13,'16ロ)
又吉　克樹	(中)	1	1	−	−	−	−	−	−	−	−	−	−	−	−	−	−	−	−	−	('17中)
町田　行彦	(国)	3	6	5	1	0	0	0	0	0	0	0	0	0	0	1	0	3	0	.000	('55,'57,'61国)
+松井稼頭央	(楽)	9	22	68	11	16	3	0	3	28	5	6	0	0	0	1	1	18	4	.235	('97〜'03武,'13,'15楽)
松井　淳	(南)	1	3	5	0	1	0	0	0	1	1	0	0	0	0	0	0	0	0	.200	('53南)
＊松井　秀喜	(巨)	9	22	78	14	25	3	0	8	52	18	2	0	0	1	4	0	12	1	.321	('94〜'02巨)
＊松井　裕樹	(楽)	3	3	−	−	−	−	−	−	−	−	−	−	−	−	−	−	−	−	−	('15,'17,'19楽)
松浦　宏明	(日)	1	1	0	0	0	0	0	0	0	0	0	0	0	0	0	0	0	0	.000	('87日)
松岡　弘	(ヤ)	8	11	0	0	0	0	0	0	0	0	0	0	0	0	0	0	0	0	.000	('71〜'76,'81,'83ヤ)
松坂　大輔	(中)	7	7	−	−	−	−	−	−	−	−	−	−	−	−	−	−	−	−	−	('99〜'01,'04〜'06武,'18ロ)
＊松田　清	(巨)	1	1	−	−	−	−	−	−	−	−	−	−	−	−	−	−	−	−	−	('52巨)
松田　宣浩	(ソ)	8	19	47	6	8	4	1	0	14	0	1	0	0	0	0	0	9	1	.170	('11〜'13,'15〜'19ソ)
＊松中　信彦	(ソ)	9	19	39	6	11	3	1	4	28	9	0	0	1	2	0	0	6	0	.282	('99〜'01,'03,'04ダ,'05,'07〜'09ソ)
+松永　浩美	(ダ)	11	26	63	5	13	4	0	0	17	6	2	1	0	0	6	0	20	1	.206	('83〜'86,'88急,'89〜'92オ,'94,'95ダ)
＊松沼　博久	(武)	5	6	0	0	0	0	0	0	0	0	0	0	0	0	0	0	0	0	.000	('79,'80,'83,'85,'89武)
松沼　雅之	(武)	4	4	0	0	0	0	0	0	0	0	0	1	0	0	0	0	0	0	.000	('81〜'84武)
松原　誠	(洋)	11	31	44	4	8	2	0	1	13	4	1	0	0	1	2	0	11	1	.182	('66〜'72,'74〜'76,'78洋)
+松本　匡史	(巨)	6	18	40	4	9	3	0	0	12	2	4	3	0	1	4	0	8	0	.225	('81〜'85,'87巨)
＊松本　哲也	(巨)	1	2	4	1	1	0	0	0	1	0	0	0	0	0	0	0	0	0	.250	('10巨)
＊松本　幸行	(中)	3	3	0	0	0	0	0	0	0	0	0	0	0	0	0	0	0	0	.000	('72,'74,'75中)
松山　昇	(広)	1	1	1	0	0	0	0	0	0	0	0	0	0	0	0	0	0	0	.000	('54広)
的山　哲也	(近)	2	4	5	0	3	1	0	0	4	3	1	2	0	0	0	0	0	0	.600	('99,'02近)
＊真中　満	(ヤ)	1	3	7	2	3	1	0	0	4	0	0	0	0	0	0	1	1	0	.429	('01ヤ)
馬原　孝浩	(ソ)	3	3	−	−	−	−	−	−	−	−	−	−	−	−	−	−	−	−	−	('06,'07,'10ソ)
真弓　明信	(神)	9	26	58	4	13	2	0	0	15	3	2	0	0	0	1	0	12	2	.224	('78ク,'80〜'82,'85〜'88,'91神)
＊丸　佳浩	(巨)	6	13	38	4	8	2	0	1	13	1	0	0	0	0	0	0	6	2	.211	('13〜'17広,'19巨)
ミ　ケンズ	(近)	2	3	2	0	0	0	0	0	0	0	0	0	1	0	0	0	0	0	.000	('60,'61近)
ミコライオ	(広)	1	1	−	−	−	−	−	−	−	−	−	−	−	−	−	−	−	−	−	('14広)
ミッチェル	(日)	1	3	5	1	2	0	0	1	5	1	0	0	0	0	0	0	1	0	.400	('78日)
ミ　ンチー	(ロ)	2	2	−	−	−	−	−	−	−	−	−	−	−	−	−	−	−	−	−	('98広,'03ロ)
三浦　清弘	(南)	2	3	1	0	0	0	0	0	0	0	0	0	0	0	0	0	0	0	.000	('65,'66南)
三浦　大輔	(ディ)	6	6	−	−	−	−	−	−	−	−	−	−	−	−	−	−	−	−	−	('02,'04,'06,'09横,'12,'13ディ)
三浦　広之	(急)	1	2	0	0	0	0	0	0	0	0	0	0	0	0	0	0	0	0	.000	('79急)
三浦　方義	(大)	1	1	0	0	0	0	0	0	0	0	0	0	0	0	0	0	0	0	.000	('56大)
三上　朋也	(ディ)	2	2	−	−	−	−	−	−	−	−	−	−	−	−	−	−	−	−	−	('14,'16ディ)
＊三沢　淳	(中)	1	1	0	0	0	0	0	0	0	0	0	0	0	0	0	0	0	0	.000	('79中)
+三嶋　一輝	(ディ)	1	1	−	−	−	−	−	−	−	−	−	−	−	−	−	−	−	−	−	('13ディ)
水口　栄二	(近)	1	3	1	0	0	0	0	0	0	0	0	0	0	0	0	0	1	0	.000	('96近)
水谷　実雄	(広)	1	3	3	0	0	0	0	0	0	0	0	0	0	0	0	0	0	0	.000	('71広)
＊水谷　則博	(ロ)	2	3	0	0	0	0	0	0	0	0	0	0	0	0	0	0	0	0	.000	('75,'83ロ)
水谷　寿伸	(中)	2	2	0	0	0	0	0	0	0	0	0	0	0	0	0	0	0	0	.000	('71,'72中)
水野　雄仁	(巨)	1	2	0	0	0	0	0	0	0	1	0	0	0	1	0	0	0	0	.000	('88巨)
＊三瀬　幸司	(ダ)	1	1	−	−	−	−	−	−	−	−	−	−	−	−	−	−	−	−	−	('04ダ)
＊三井　浩二	(武)	1	1	−	−	−	−	−	−	−	−	−	−	−	−	−	−	−	−	−	('02武)
＊三富　恒雄	(名)	1	1	1	0	0	0	0	0	0	0	0	0	0	0	0	0	0	0	.000	('51名)
皆川睦雄(睦男)	(南)	6	7	1	0	1	0	0	0	1	1	0	0	0	0	0	0	0	0	1.000	('57,'65〜'68,'70南)
皆川　康夫	(東)	1	2	0	0	0	0	0	0	0	0	0	0	0	0	0	0	0	0	.000	('71東)
南村　侑広	(巨)	3	7	7	0	1	0	0	0	1	0	0	0	0	0	2	0	0	1	.143	('52〜'54巨)
簑田　浩二	(急)	4	12	38	8	12	4	0	2	22	12	3	0	0	1	2	0	8	0	.316	('78,'83〜'85急)
＊美馬　学	(楽)	2	2	−	−	−	−	−	−	−	−	−	−	−	−	−	−	−	−	−	('17,'19楽)
三村　敏之	(広)	4	9	14	1	2	0	0	1	5	1	0	0	0	0	0	0	3	1	.143	('70,'72,'74,'79広)
三宅　宅三	(毎)	1	3	3	0	2	0	0	0	2	0	0	0	0	0	0	0	0	0	.667	('52毎)
三宅　秀史	(神)	4	8	18	0	3	0	1	0	5	1	0	0	0	1	0	0	4	0	.167	('57〜'60神)
＊都　裕次郎	(中)	1	1	1	0	0	0	0	0	0	0	0	0	0	0	0	0	0	0	.000	('82中)
宮崎　敏郎	(ディ)	2	4	8	1	3	0	0	1	6	2	0	0	0	0	1	0	0	0	.375	('17,'18ディ)
＊宮地　克彦	(ソ)	1	2	2	0	0	0	0	0	0	0	0	0	0	0	0	0	1	0	.000	('05ソ)
宮田　征典	(巨)	1	2	1	0	0	0	0	0	0	0	0	0	0	0	0	0	1	0	.000	('65巨)
宮寺　勝利	(平)	2	2	1	0	1	0	0	0	1	0	0	0	0	0	0	0	0	1	1.000	('67西,'73平)
宮西　尚生	(日)	3	3	−	−	−	−	−	−	−	−	−	−	−	−	−	−	−	−	−	('15,'18,'19日)
宮本　慎也	(ヤ)	8	18	29	3	9	3	0	1	15	3	0	0	1	0	1	0	3	2	.310	('02,'03,'07〜'09,'11〜'13ヤ)
宮本　敏雄	(巨)	3	6	18	2	6	2	0	1	11	2	0	0	0	0	2	0	3	0	.333	('56〜'58巨)
三輪　悟	(西)	1	1	0	0	0	0	0	0	0	0	0	0	0	0	0	0	0	0	.000	('70西)
三輪　隆	(オ)	1	2	4	0	2	0	0	0	2	1	0	0	0	0	0	0	1	0	.500	('03オ)
＊ム　ー　ア	(神)	1	1	−	−	−	−	−	−	−	−	−	−	−	−	−	−	−	−	−	('02神)
＊武藤　孝司	(近)	1	1	0	0	0	0	0	0	0	0	0	0	0	0	0	0	2	0	.000	('98近)
村上　公康	(ロ)	3	7	11	0	2	0	0	0	2	0	0	0	0	0	0	0	0	0	.182	('69西,'74,'75ロ)
村上　隆行	(近)	1	3	4	2	3	1	0	0	10	4	0	0	0	0	0	0	0	0	.750	('87近)
＊村上　雅則	(南)	1	2	0	0	0	0	0	0	0	0	0	0	0	0	0	0	0	0	.000	('71南)

オールスター・ゲーム・ライフタイム

選手名	チーム	年数	試合	打数	得点	安打	二塁打	三塁打	本塁打	塁打	打点	盗塁	盗塁刺	犠打	犠飛	四球	死球	三振	併殺打	打率	出場した年度
*村上 宗隆	ヤ	1	2	6	0	2	1	0	0	3	0	0	0	0	0	0	0	3	0	.333	('19ヤ)
村田 勝喜	ダ	2	2	1	0	0	0	0	0	0	0	0	0	0	0	0	0	1	0	.000	('91,'93ダ)
村田 元一	国	3	4	0	0	0	0	0	0	0	0	0	0	0	0	0	0	0	0	.000	('58,'60,'62国)
村田 修一	巨	5	11	28	4	6	1	0	0	7	2	0	0	0	1	0	0	5	2	.214	('06,'08,'11横,'12,'14巨)
村田 真一	巨	2	3	3	0	1	0	0	0	1	1	0	0	0	0	0	0	1	0	.333	('94,'95巨)
*村田 辰美	近	3	6	1	0	0	0	0	0	0	0	0	0	0	0	0	0	1	0	.000	('79,'82,'85近)
村田 兆治	ロ	13	16	5	0	0	0	0	0	0	0	0	0	0	0	0	0	5	0	.000	('71,'74~'81,'85,'86,'88,'89ロ)
*村松 有人	オ	3	7	15	1	5	0	1	0	7	4	2	0	0	1	0	0	1	1	.333	('96,'03ダ,'04オ)
村山 実	神	8	12	5	0	1	0	0	0	1	0	0	0	1	0	0	0	2	0	.200	('59~'61,'64~'67,'69神)
*メ	巨	1	1	－	－	－	－	－	－	－	－	－	－	－	－	－	－	－	－	－	('00巨)
メッセンジャー	神	1	1	－	－	－	－	－	－	－	－	－	－	－	－	－	－	－	－	－	('18神)
メ ヒア	武	1	2	4	0	0	0	0	0	0	0	0	0	0	0	0	0	1	1	.000	('16武)
モッカ	中	1	3	5	0	1	0	0	0	1	1	0	0	0	0	0	0	1	0	.200	('82中)
*茂木栄五郎	楽	1	3	3	0	0	0	0	0	0	0	0	0	0	0	0	0	1	0	.000	('19楽)
望月 充	神	1	3	2	0	0	0	0	0	0	0	0	0	0	0	0	0	1	1	.000	('72神)
基 満男	洋	6	15	28	2	2	1	0	0	3	0	0	0	1	0	0	0	7	1	.071	('68,'71,'72西,'73平,'77ク,'80洋)
元木 大介	巨	2	5	4	0	1	0	0	0	1	0	0	0	0	0	0	0	1	0	.250	('98,'99巨)
本原 正治	ダ	1	1	0	0	0	0	0	0	0	0	0	0	0	0	0	0	0	0	.000	('91ダ)
本屋敷錦吾	神	2	6	8	1	1	0	0	0	1	0	1	0	0	0	0	0	1	0	.125	('60急,'65神)
森 繁和	武	2	4	0	0	0	0	0	0	0	0	0	0	0	0	0	0	0	0	.000	('81,'83武)
*森 慎二	武	5	6	－	－	－	－	－	－	－	－	－	－	－	－	－	－	－	－	－	('98,'00,'02~'04武)
森 徹	洋	5	12	31	0	4	1	0	0	5	3	0	2	0	0	2	0	10	1	.129	('59~'61中,'62,'63洋)
*森 友哉	武	3	6	14	4	4	1	0	3	14	8	0	0	0	1	0	1	1	0	.286	('15,'18,'19武)
*森 昌彦	巨	11	29	36	5	11	2	1	0	15	2	0	1	0	2	1	0	1	0	.306	('60~'70巨)
*森 唯斗	ソ	2	3	－	－	－	－	－	－	－	－	－	－	－	－	－	－	－	－	－	('15,'18ソ)
森下整鎮(正夫)	南	4	9	27	1	6	1	0	0	7	3	1	0	0	1	0	0	5	0	.222	('54,'56,'57,'60南)
森田 幸一	中	1	1	1	0	0	0	0	0	0	0	0	0	0	0	0	0	0	0	.000	('91中)
盛田幸紀(辛希)	近	3	4	0	0	0	0	0	0	0	0	0	0	0	0	0	0	0	0	.000	('92洋,'95横,'01近)
森滝 義巳	国	1	1	0	0	0	0	0	0	0	0	0	0	0	0	0	0	0	0	.000	('61国)
+森中千香良	洋	2	3	0	0	0	0	0	0	0	0	0	0	0	0	1	0	0	0	.000	('64,'67洋)
森永 勝也	広	2	3	4	0	0	0	0	0	0	0	0	0	0	0	0	0	0	0	.000	('59,'62広)
*森野 将彦	中	2	4	10	4	7	1	0	1	11	3	0	0	0	1	1	0	0	0	.700	('07,'10中)
*森福 允彦	ソ	2	3	－	－	－	－	－	－	－	－	－	－	－	－	－	－	－	－	－	('11,'12ソ)
森本 潔	急	2	5	16	4	5	0	0	0	5	2	0	0	0	0	0	0	3	1	.313	('67,'72急)
森本 稀哲	日	3	6	14	4	5	0	0	1	8	4	3	0	0	0	0	0	0	0	.357	('06~'08日)
森安 敏明	東	3	5	5	0	0	0	0	0	0	0	0	0	0	0	0	0	0	0	.000	('66~'68東)
衆樹 資宏	急	2	4	5	2	1	0	0	0	1	0	0	0	0	1	0	0	0	0	.200	('60,'64急)
八重樫幸雄	ヤ	3	5	6	1	2	0	0	0	2	0	0	0	0	0	0	0	1	1	.333	('84,'85,'87ヤ)
*八木 智哉	日	1	1	－	－	－	－	－	－	－	－	－	－	－	－	－	－	－	－	－	('06日)
八木 裕	神	1	3	4	0	2	1	0	0	3	3	0	0	0	0	2	0	0	0	.500	('92神)
*谷沢 健一	中	9	27	39	2	10	0	0	1	13	4	0	0	0	1	3	0	13	2	.256	('70~'73,'76,'80,'81,'83,'84中)
+屋鋪 要	洋	1	3	6	1	2	0	1	0	4	0	0	0	0	0	0	0	0	0	.333	('87洋)
安井 智規	近	1	3	3	0	1	0	0	0	4	1	0	0	0	0	0	0	0	0	.333	('69近)
*安田 猛	ヤ	3	4	0	0	0	0	0	0	0	0	0	0	0	0	0	0	0	0	.000	('73,'75,'77ヤ)
矢頭 高雄	毎	1	2	4	0	1	0	0	0	1	0	0	0	0	0	0	0	1	0	.250	('58毎)
柳 裕也	中	1	1	－	－	－	－	－	－	－	－	－	－	－	－	－	－	－	－	－	('19中)
柳田 聖人	ダ	1	2	2	0	0	0	0	0	0	0	0	0	0	0	0	0	1	0	.000	('98ダ)
*柳田 悠岐	ソ	5	10	28	3	7	0	0	1	10	3	1	0	0	0	1	0	7	0	.250	('14~'18ソ)
柳田 利夫	南	1	3	5	0	1	0	0	0	1	0	0	0	0	0	0	0	1	0	.200	('68南)
柳田 豊	近	3	3	0	0	0	0	0	0	0	0	0	0	0	0	0	0	0	0	.000	('78,'79,'81近)
矢貫 俊之	日	1	1	－	－	－	－	－	－	－	－	－	－	－	－	－	－	－	－	－	('13日)
矢野 輝弘	神	7	11	15	2	4	2	0	0	6	1	0	0	0	2	0	0	2	0	.267	('99,'02~'06,'08神)
矢野 清	急	1	2	2	1	2	0	0	0	5	1	0	0	0	0	0	0	0	0	1.000	('69急)
矢ノ浦国満	国	3	8	6	3	1	1	0	0	2	0	0	0	0	2	0	0	3	0	.167	('64近,'66サ)
藪 恵壹(恵市)	神	6	6	－	－	－	－	－	－	－	－	－	－	－	－	－	－	－	－	－	('94~'97,'99,'00神)
薮田 和樹	広	1	1	－	－	－	－	－	－	－	－	－	－	－	－	－	－	－	－	－	('17広)
薮田 安彦	ロ	2	3	－	－	－	－	－	－	－	－	－	－	－	－	－	－	－	－	－	('05,'07ロ)
山井 大介	中	1	1	－	－	－	－	－	－	－	－	－	－	－	－	－	－	－	－	－	('14中)
山内一弘(和弘)	広	16	38	105	17	33	2	0	8	59	24	1	0	0	1	12	0	15	3	.314	('54~'63毎,'64~'66神,'68~'70広)
山内 和宏	南	3	3	1	0	0	0	0	0	0	0	0	0	0	0	0	0	0	0	.000	('83,'84,'87南)
山内 新一	南	6	7	2	0	0	0	0	0	0	0	0	0	0	0	0	0	1	0	.000	('73~'76,'79,'80南)
山内 孝徳	南	3	4	1	0	1	0	0	0	1	0	0	0	0	0	0	0	0	0	1.000	('82,'83,'85南)
山内 泰幸	広	1	2	－	－	－	－	－	－	－	－	－	－	－	－	－	－	－	－	－	('95,'97広)
*山岡 泰輔	オ	2	2	－	－	－	－	－	－	－	－	－	－	－	－	－	－	－	－	－	('17,'19オ)
山沖 之彦	オ	2	2	1	0	0	0	0	0	0	0	0	0	0	0	0	0	1	0	.000	('87急,'90オ)
山川 穂高	武	2	4	12	1	3	0	0	1	6	2	0	0	0	1	0	0	3	0	.250	('18,'19武)
山倉 和博	巨	8	23	24	2	3	1	0	1	7	2	0	0	0	1	1	1	8	1	.125	('81~'87,'90巨)
山口 和男	オ	1	3	－	－	－	－	－	－	－	－	－	－	－	－	－	－	－	－	－	('02オ)
山口 俊	巨	3	5	－	－	－	－	－	－	－	－	－	－	－	－	－	－	－	－	－	('10,'11横,'19巨)
山口 高志	急	4	7	2	0	1	0	0	0	1	0	0	0	0	0	0	0	1	0	.500	('75~'78急)

選手名	チーム	年数	試合	打数	得点	安打	二塁打	三塁打	本塁打	塁打	打点	盗塁	盗塁刺	犠打	犠飛	四球	死球	三振	併殺打	打率	出場した年度
*山口 鉄也(巨)	5	5	–	–	–	–	–	–	–	–	–	–	–	–	–	–	–	–			('09,'12~'15巨)
山口富士雄(急)	1	3	7	1	2	0	0	0	2	0	0	0	–	–	0	1	2	0	.286	('67急)
*山崎慎太郎(近)	1	1	–	–	–	–	–	–	–	–	–	–	–	–	0	0	–	–	–		('94近)
山崎(山崎)武司(楽)	6	13	33	7	11	1	0	3	21	8	0	0	0	0	1	0	5	1	.333	('96,'00中,'07,'08,'10,'11楽)
山崎 康晃(ディ)	5	5	–	–	–	–	–	–	–	–	–	–	–	–	–	–	–	–			('15~'19ディ)
+山崎 隆造(広)	3	6	10	0	1	0	0	0	1	0	0	0	0	0	1	0	3	0	.100	('84,'87,'91広)
*山崎 賢一(洋)	2	4	8	1	4	1	0	0	5	3	0	0	0	0	0	0	1	0	.500	('89,'90洋)
山崎 裕之(武)	11	31	61	3	7	1	0	1	11	5	2	0	0	0	8	0	18	1	.115	('69,'70,'72~'77ロ,'80,'81,'83武)
山下 和彦(近)	1	1	1	0	0	0	0	0	0	0	0	0	0	0	0	0	1	0	.000	('87近)
山下 健(急)	1	1	1	0	0	0	0	0	0	0	0	0	0	0	0	0	1	0	.000	('56急)
山下 大輔(洋)	4	12	11	2	2	0	0	0	2	0	0	0	0	0	0	0	1	0	.182	('74,'75,'78,'81洋)
山田 哲人(ヤ)	5	10	27	5	8	2	1	1	15	2	0	0	0	0	0	0	6	0	.296	('14~'16,'18,'19ヤ)
*山田 利昭(ト)	1	2	2	0	0	0	0	0	0	0	0	0	0	0	0	0	0	0	.000	('55ト)
山田 久志(急)	13	14	5	0	2	0	0	0	2	0	0	0	0	0	0	0	1	0	.400	('71,'72,'74~'79,'81,'82,'85~'87急)
山中 巽(中)	1	1	0	0	0	0	0	0	0	0	0	0	0	0	0	0	0	0	.000	('66中)
山根 和夫(広)	1	1	1	0	1	0	0	0	1	1	0	0	0	0	0	0	0	0	1.000	('80,'84広)
山根 俊英(毎)	1	2	2	0	0	0	0	0	0	0	0	0	0	0	0	0	1	0	.000	('52毎)
*山部 太(ヤ)	2	2	–	–	–	–	–	–	–	–	–	–	–	–	–	–	–	–	–		('95,'96ヤ)
山村 宏樹(近)	1	1	–	–	–	–	–	–	–	–	–	–	–	–	–	–	–	–	–		('00近)
山本 一人(南)	2	5	10	1	3	1	0	0	4	0	0	1	0	–	3	0	1	0	.300	('51,'52南)
*山本 和範(近)	5	12	28	6	9	1	0	4	22	10	3	1	0	0	1	0	4	1	.321	('86南,'89,'90,'93ダ,'96近)
*山本 和行(神)	7	11	0	0	0	0	0	0	0	0	0	0	0	0	0	0	0	0	.000	('76,'78,'80,'82,'84~'86神)
*山本 一義(広)	5	15	24	0	8	2	0	0	10	1	0	0	0	0	2	0	5	0	.333	('65~'69広)
山本浩二(浩司)(広)	14	41	117	25	37	5	1	14	86	27	3	1	0	0	13	0	14	1	.316	('73~'86広)
*山本 功児(ロ)	2	6	5	0	3	0	0	0	4	0	0	0	0	0	0	1	0	0	.600	('82巨,'85ロ)
*山本 省吾(オ)	1	1	–	–	–	–	–	–	–	–	–	–	–	–	–	–	–	–	–		('08オ)
山本 哲也(神)	2	4	4	0	1	0	0	0	1	0	0	0	0	0	0	0	1	0	.250	('58,'59神)
山本 哲哉(ヤ)	1	2	–	–	–	–	–	–	–	–	–	–	–	–	–	–	–	–	–		('13ヤ)
山本 八郎(近)	4	10	16	2	2	0	0	1	5	1	1	1	1	0	1	1	2	0	.125	('57東,'63~'65近)
*山本昌(山本昌広)(中)	6	6	0	0	0	0	0	0	0	0	0	0	0	0	0	0	0	0	.000	('89,'92~'94,'97,'04中)
山本 由伸(オ)	2	2	–	–	–	–	–	–	–	–	–	–	–	–	–	–	–	–	–		('18,'19オ)
雄平(高井雄平)(ヤ)	2	4	11	0	1	0	0	0	1	0	0	0	0	0	0	0	3	0	.091	('14,'15ヤ)
柚木 進(南)	4	5	1	0	0	0	0	0	0	0	0	0	0	0	0	0	0	0	.000	('51~'54南)
*湯舟 敏郎(神)	1	1	–	–	–	–	–	–	–	–	–	–	–	–	–	–	–	–	–		('93神)
弓岡敬二郎(急)	1	3	2	1	0	0	0	0	0	1	0	0	0	0	0	0	0	0	.000	('84急)
陽 岱鋼(日)	3	7	24	4	12	4	1	2	24	6	0	0	0	0	0	0	5	0	.500	('12~'14日)
*横溝 桂(広)	2	3	3	0	1	0	0	0	1	0	0	0	0	0	0	0	0	0	.333	('66広)
横山 道哉(日)	1	1	–	–	–	–	–	–	–	–	–	–	–	–	–	–	–	–	–		('04日)
吉井 理人(近)	5	5	0	0	0	0	0	0	0	0	0	0	0	0	0	0	0	0	.000	('88近,'95~'97ヤ,'06オ)
吉岡 雄二(近)	1	2	2	0	0	0	0	0	0	0	0	0	0	0	0	0	0	0	.000	('02近)
*吉川 光夫(日)	3	3	–	–	–	–	–	–	–	–	–	–	–	–	–	–	–	–	–		('12,'13,'15日)
*吉崎 勝(日)	1	1	–	–	–	–	–	–	–	–	–	–	–	–	–	–	–	–	–		('03日)
吉沢 岳男(近)	4	6	4	0	1	0	0	0	1	0	0	0	0	0	0	0	1	0	.250	('57,'60中,'65,'68近)
吉田真太郎(ソ)	1	1	–	–	–	–	–	–	–	–	–	–	–	–	–	–	–	–	–		('05ソ)
*吉竹 春樹(武)	1	3	0	0	0	0	0	0	0	0	0	0	0	0	0	0	0	0	.000	('87武)
吉田 勝豊(巨)	3	7	11	0	2	0	0	0	2	0	0	0	0	0	0	0	1	0	.182	('60,'62東,'65巨)
*吉田 修司(ダ)	2	3	–	–	–	–	–	–	–	–	–	–	–	–	–	–	–	–	–		('00,'02ダ)
*吉田 孝司(巨)	2	6	5	0	1	0	1	0	3	2	0	0	0	0	1	0	2	0	.200	('76,'77巨)
*吉田 豊彦(近)	3	4	0	0	0	0	0	0	0	0	0	0	0	0	0	0	0	0	.000	('92,'94ダ,'03近)
吉田 博之(南)	1	2	1	0	0	0	0	0	0	0	0	0	0	0	0	0	0	1	.000	('88南)
*吉田 正尚(オ)	2	4	14	2	6	0	0	1	9	3	0	0	0	0	0	0	0	0	.429	('18,'19オ)
吉田 義男(神)	13	31	60	6	15	2	0	0	17	3	2	1	3	1	10	1	4	1	.250	('54~'66神)
*吉永幸一郎(ダ)	6	15	21	0	5	1	0	0	6	3	0	0	0	0	1	0	3	0	.238	('92~'94,'96,'97,'99ダ)
*由規(佐藤由規)(ヤ)	2	2	–	–	–	–	–	–	–	–	–	–	–	–	–	–	–	–	–		('09,'11ヤ)
吉見 一起(中)	3	3	–	–	–	–	–	–	–	–	–	–	–	–	–	–	–	–	–		('09~'11中)
吉村 禎章(巨)	4	9	21	2	6	1	0	2	13	4	0	0	0	0	0	0	5	1	.286	('86,'87,'91,'93巨)
与田 剛(中)	2	3	0	0	0	0	0	0	0	0	0	0	0	0	0	0	0	0	.000	('90,'92中)
*与那嶺 要(巨)	8	17	49	5	8	2	0	0	10	1	0	0	0	0	4	0	10	0	.163	('52~'59巨)
米川 泰夫(東)	4	5	3	0	0	0	0	0	0	0	0	0	0	0	0	0	2	0	.000	('51,'53~'55東)
米田 哲也(急)	14	17	3	0	0	0	0	0	0	0	0	0	0	0	0	0	0	0	.000	('56,'58~'60,'62~'64,'66~'71,'73急)[3]
*ライトル(広)	1	3	5	1	1	0	0	0	1	0	0	0	0	0	0	0	1	1	.200	('81広)
*ラインバック(神)	2	6	15	1	5	0	0	0	5	0	0	1	0	0	0	0	1	0	.333	('79,'80神)
ラ ド ラ(東)	1	1	–	–	–	–	–	–	–	–	–	–	–	–	–	–	–	–	–		('58東)
ラミレス(ディ)	8	18	42	6	13	3	0	3	25	7	0	0	0	0	0	0	3	2	.310	('02,'03,'07ヤ,'08~'11巨,'12ディ)
ラ ロッカ(オ)	2	4	5	0	2	0	0	0	2	0	0	0	0	0	0	1	2	0	.400	('04広,'07オ)
*リー(ロ)	4	12	24	4	7	0	0	4	19	6	1	0	0	0	1	0	8	0	.292	('77,'79~'81ロ)
リック(楽)	1	2	4	1	2	0	0	0	2	1	0	0	0	0	0	0	1	0	.500	('08楽)
竜 憲一(広)	1	2	2	0	0	0	0	0	0	0	0	0	0	0	0	0	0	0	.000	('66広)
C.ルイス(毎)	2	4	14	0	3	0	0	0	3	2	0	0	0	–	0	0	3	0	.214	('54,'55毎)
C.ルイス(広)	1	1	–	–	–	–	–	–	–	–	–	–	–	–	–	–	–	–	–		('09広)

選手名	チーム	年数	試合	打数	得点	安打	二塁打	三塁打	本塁打	塁打	打点	盗塁	盗塁刺	犠打	犠飛	四球	死球	三振	併殺打	打率	出場した年度
ル　ー　ナ	(中)	1	2	4	2	2	0	0	0	2	0	0	0	0	0	1	0	2	0	.500	('15中)
レ ア ー ド	(ロ)	3	6	14	2	3	1	0	0	4	0	0	0	0	0	0	0	4	1	.214	('16,'17日,'19ロ)
レインズ	(急)	2	4	8	1	1	0	0	0	1	0	0	0	0	0	0	0	1	0	.125	('53,'54急)
R.ローズ	(横)	4	9	21	3	5	1	0	2	12	10	0	0	0	1	2	0	5	1	.238	('95,'97,'99,'00横)
＊T.ローズ	(オ)	10	22	64	7	13	2	0	1	18	6	1	0	0	1	5	0	20	0	.203	('97〜'03近,'04巨,'07,'08オ)
ロ　ー　ン	(中)	1	2	2	0	0	0	0	0	0	0	1	0	0	0	0	0	0	0	.000	('75中)
ロ　　　イ	(西)	1	3	5	0	0	0	0	0	0	0	0	0	0	0	0	0	3	0	.000	('65西)
＊ロ バ ー ツ	(ヤ)	4	12	22	2	2	0	0	0	2	0	0	0	0	0	(1)4	0	7	0	.091	('68サ,'69ア,'71,'72ヤ)
＊A.ロペス	(京)	1	3	14	2	3	1	0	1	7	1	0	0	0	0	0	0	2	0	.214	('68京)
J.ロペス	(ディ)	3	5	11	1	4	1	0	0	5	1	0	0	0	0	0	0	1	0	.364	('15,'18,'19ディ)
呂　　明賜	(巨)	1	3	7	0	0	0	0	0	0	0	0	0	0	0	0	0	2	0	.000	('88巨)
若田部健一	(ダ)	1	1	―	―	―	―	―	―	―	―	―	―	―	―	―	―	―	―	―	('02ダ)
若菜　嘉晴	(洋)	6	16	25	5	7	1	0	2	14	3	0	1	0	0	0	0	5	0	.280	('77ク,'79〜'82神,'85洋)
＊若松　　勉	(ヤ)	11	33	81	7	21	3	2	1	31	9	2	0	1	1	5	0	2	2	.259	('72〜'80,'83,'84ヤ)
涌井　秀章	(中)	6	6	―	―	―	―	―	―	―	―	―	―	―	―	―	―	―	―	―	('06,'07,'09,'10武,'15,'16ロ)
若生　智男	(神)	1	1	1	0	0	0	0	0	0	0	0	0	0	0	0	0	0	0	.000	('69神)
渡辺　俊介	(ロ)	2	2	―	―	―	―	―	―	―	―	―	―	―	―	―	―	―	―	―	('04,'05ロ)
渡辺　泰輔	(南)	1	1	1	0	0	0	0	0	0	0	0	0	0	0	0	0	1	0	.000	('67南)
＊渡辺　智男	(武)	1	1	―	―	―	―	―	―	―	―	―	―	―	―	―	―	―	―	―	('90武)
渡辺　直人	(横)	1	3	6	0	3	0	0	0	3	0	0	0	0	0	0	0	0	0	.500	('11横)
渡辺　久信	(武)	6	8	2	0	0	0	0	0	0	0	0	0	0	0	0	0	1	0	.000	('85,'86,'88〜'90,'92武)
渡辺　秀武	(巨)	2	4	0	0	0	0	0	0	0	0	0	0	0	0	0	0	0	0	.000	('70,'71巨)
渡辺　博之	(神)	2	4	8	2	1	1	0	0	2	1	0	0	0	0	0	0	0	1	.125	('54,'55神)
和田　一浩	(中)	6	13	30	3	12	3	1	0	17	2	1	0	0	0	0	0	2	2	.400	('03〜'05武,'08,'10,'12中)
＊和田　　毅	(ソ)	5	5	―	―	―	―	―	―	―	―	―	―	―	―	―	―	―	―	―	('03,'04ダ,'10,'11,'16ソ)
和田　博実	(西)	5	7	5	0	2	0	0	0	2	0	0	0	0	0	0	0	0	0	.400	('58,'59,'61,'64,'66西)
和田　　豊	(神)	7	16	30	5	13	2	1	0	17	5	1	0	0	0	5	0	4	2	.433	('89,'92〜'96,'99神)

セ・リーグ投手成績

(注) 1963年まで⅓, ⅔切り上げ1回。1964～1982年⅓切り捨て, ⅔切り上げ1回。1回未満の⅓, ⅔は端数のまま計算。1983年より⅓, ⅔端数まで計算。

( ) 内数字は故意四球

年度	試合	補回試	無点勝	勝利	敗北	引分	セーブ	勝率	打者	打数	投球回	安打	本塁打	犠打	犠飛	四球	死球	三振	暴投	ボーク	失点	自責点	防御率
1951	3	0	0	2	1	0	—	.667	102	93	27	16	3	0	—	9	0	17	0	1	7	7	2.33
1952	2	1	0	0	1	1	—	.000	120	110	30	23	2	0	—	9	1	27	0	0	10	10	3.00
1953	3	1	1	1	2	0	—	.333	111	96	29	17	0	1	—	14	0	24	0	0	5	5	1.55
1954	2	1	0	0	2	0	—	.000	70	65	17.1	14	2	1	0	4	0	19	2	0	7	7	3.50
1955	2	0	0	1	1	0	—	.500	71	63	18	10	2	2	0	5	1	21	0	0	6	4	2.00
1956	2	0	1	1	1	0	—	.500	73	67	17	16	1	0	0	6	0	18	1	0	8	6	3.18
1957	2	0	0	1	1	0	—	.500	71	60	18	11	1	1	0	10	0	12	1	0	9	9	4.50
1958	2	0	0	1	1	0	—	.500	71	68	18	17	3	0	0	2	1	15	0	0	10	10	5.00
1959	2	0	0	1	1	0	—	.500	83	76	17	28	1	0	0	7	0	18	0	1	13	13	6.88
1960	3	0	0	1	2	0	—	.333	118	108	27	29	3	1	1	8	0	27	0	0	13	12	4.00
1961	2	0	0	0	2	0	—	.000	74	71	18	17	1	0	0	3	0	8	0	0	7	5	2.50
1962	2	0	0	2	0	0	—	.000	85	75	17	23	4	0	1	9	0	12	0	0	12	11	5.82
1963	3	1	0	3	0	0	—	1.000	124	115	28	32	6	0	(1)9		0	20	0	0	18	16	5.14
1964	3	0	1	2	1	0	—	.667	111	101	26	25	2	0	0	8	2	17	1	0	11	9	3.12
1965	3	1	0	0	2	1	0	.000	121	111	31	23	4	0	(1)8		1	16	1	0	12	11	3.19
1966	3	0	0	0	2	0	—	.333	106	98	26	21	5	0	0	7	0	16	0	0	13	12	4.15
1967	3	0	0	0	3	0	—	.000	120	108	26	36	8	2	0	8	2	27	0	0	25	21	7.27
1968	3	2	0	2	1	0	—	.667	121	109	29.2	22	4	2	0	10	0	30	0	0	9	7	2.10
1969	3	1	0	0	2	1	—	.000	124	118	30	34	4	0	0	6	0	23	1	0	17	15	4.50
1970	3	0	0	2	1	0	—	.667	115	107	27	26	4	0	1	7	0	28	1	0	20	14	4.37
1971	3	0	1	1	2	0	—	.333	99	92	27	13	2	0	0	5	2	30	0	0	7	6	2.00
1972	3	0	1	1	2	0	—	.333	103	96	26	24	5	0	0	7	0	21	0	0	9	9	3.12
1973	3	0	0	1	2	0	—	.333	102	90	25.2	18	0	2	1	(1)9	0	10	0	0	6	4	1.38
1974	3	0	0	0	3	0	0	.000	104	94	25.1	23	3	0	1	9	0	18	1	0	10	9	3.24
1975	3	0	0	2	1	0	2	.667	107	97	27	22	2	1	0	7	2	8	1	0	6	5	1.67
1976	3	0	0	1	2	0	2	.333	113	107	27	31	4	0	1	4	1	31	0	0	15	13	4.33
1977	3	0	0	2	1	0	2	.667	105	100	26	21	3	0	0	6	0	10	0	0	4	4	1.38
1978	3	0	0	2	1	0	1	.667	123	116	27	38	2	0	1	6	0	10	0	0	19	18	6.00
1979	3	0	0	2	1	0	1	.667	104	96	27	22	4	0	2	6	0	18	0	0	10	10	3.33
1980	3	0	0	2	1	0	2	.667	100	94	26	19	4	0	0	6	0	25	0	0	10	10	3.46
1981	3	1	1	2	1	0	0	.667	112	103	28	24	1	0	0	8	1	23	0	0	8	8	2.57
1982	3	1	0	1	1	1	1	.500	120	107	28	33	3	1	1	11	0	16	0	0	14	13	4.18
1983	3	0	0	0	3	0	0	.000	105	95	26	18	8	0	(1)8		1	16	0	0	13	12	4.15
1984	3	0	0	1	2	0	1	.333	114	105	27	27	6	1	0	7	1	21	0	0	21	14	4.67
1985	3	0	0	2	1	0	2	.667	111	108	26	32	4	0	0	3	0	17	0	0	15	15	5.19
1986	3	2	0	1	2	0	0	.333	117	111	28.2	30	4	0	1	3	0	20	0	0	13	12	3.77
1987	3	1	0	0	3	0	0	.000	119	117	26	43	9	0	1	6	0	18	0	0	24	24	8.31
1988	3	1	0	2	1	0	1	.667	112	104	29	20	3	0	0	7	0	29	0	0	7	5	1.55
1989	2	0	0	1	1	0	1	.500	68	63	18	13	4	0	1	4	0	14	0	0	7	6	3.00
1990	2	0	0	0	2	0	0	.000	76	72	17	23	7	0	0	4	0	16	1	1	19	19	10.06
1991	2	1	1	1	0	1	1	1.000	75	69	21	11	3	1	0	5	0	16	0	0	3	3	1.29
1992	3	0	0	2	1	0	1	.667	107	104	27	27	6	0	1	2	0	32	0	0	12	11	3.67
1993	2	0	0	1	1	0	1	.500	81	76	18	27	5	0	2	3	0	16	0	0	18	18	9.00
1994	2	0	0	1	1	0	0	.500	76	74	17	22	3	0	0	2	0	18	0	0	11	9	4.76
1995	2	0	0	1	0	1	1	1.000	74	71	18	20	2	0	0	2	0	22	0	0	10	9	4.50
1996	3	0	0	1	2	0	1	.333	105	94	25	24	3	0	1	8	2	28	1	0	16	16	5.75
1997	2	0	0	1	1	0	1	.500	72	69	17	23	0	0	1	4	0	12	1	0	8	8	4.24
1998	2	0	0	1	0	0	1	1.000	71	69	18	15	1	0	0	(1)2	0	14	0	0	4	3	1.50
1999	3	0	0	3	0	0	1	1.000	113	105	27	29	3	0	2	5	1	18	1	0	10	10	3.00
2000	3	0	0	3	0	0	1	1.000	109	100	27	21	2	0	0	9	0	24	0	0	11	10	3.33
2001	3	0	0	1	2	0	0	.333	110	105	25	31	9	0	1	4	0	26	1	0	21	19	6.84
2002	2	0	0	1	1	0	1	.500	69	64	18	13	0	0	1	3	1	17	1	0	5	5	2.50
2003	2	0	0	1	0	1	1	1.000	72	70	18	17	6	0	0	2	0	15	0	0	7	7	3.50
2004	2	0	0	0	2	0	0	.000	70	67	17	17	4	0	0	3	0	16	0	0	8	8	4.24
2005	2	0	0	2	0	0	2	1.000	75	71	18	21	3	0	0	4	0	14	0	0	8	8	4.00
2006	2	0	0	2	0	0	2	1.000	72	71	18	20	2	0	1	0	1	15	0	0	5	5	2.50
2007	2	0	1	1	0	0	1	1.000	61	59	16	14	1	0	1	0	0	10	0	0	5	5	2.81
2008	2	0	0	1	1	0	0	.500	76	75	17.1	26	4	0	1	0	0	9	0	0	11	10	5.19
2009	2	0	0	1	1	0	0	.500	80	76	18	26	4	0	1	2	0	7	0	0	15	11	5.50
2010	2	0	0	1	0	1	1	1.000	67	67	18	14	3	0	0	2	0	12	0	0	6	6	3.00
2011	3	0	0	1	2	0	0	.333	102	100	25	30	5	0	0	2	0	12	0	0	13	12	4.32
2012	3	0	1	1	2	0	0	.667	94	94	26	19	2	0	0	0	0	15	0	0	7	6	2.08
2013	2	0	0	1	1	1	0	.500	100	100	26	24	0	0	0	0	0	11	1	0	5	5	1.73
2014	2	0	0	1	1	0	0	.500	84	76	18	24	2	0	1	7	0	13	0	0	12	12	6.00
2015	2	0	0	2	0	0	1	1.000	71	68	18	16	3	0	0	3	0	16	0	0	9	9	4.50
2016	2	0	0	1	0	1	1	1.000	69	67	18	16	4	0	0	2	0	15	0	0	9	9	4.50
2017	2	0	0	0	2	0	0	.000	68	68	17	18	5	0	0	4	1	10	0	0	11	9	4.76
2018	2	0	0	0	2	0	0	.000	83	78	17	27	2	0	0	4	0	9	0	0	12	10	5.29
2019	2	0	0	0	2	0	0	.500	73	72	18	16	4	0	0	3	0	16	0	0	9	9	4.50
計	175	14	12	79	85	11	32	.482	6484	6065	1576	1544	229	18	29	(5)343	29	1230	17	3	752	681	3.89

パ・リーグ 投手成績

年度	試合	補回試	無点勝	勝利	敗北	引分	セーブ	勝率	打者	打数	投球回	安打	本塁打	犠打	犠飛	四球	死球	三振	暴投	ボーク	失点	自責点	防御率
1951	3	0	0	1	2	0	－	.333	102	94	26	17	2	0	－	7	1	8	0	0	9	8	2.77
1952	2	1	0	1	0	1	－	1.000	108	100	30	13	0	1	－	7	0	9	0	0	3	3	0.90
1953	3	1	2	2	1	0	－	.667	100	90	28	11	0	2	－	8	0	8	0	0	2	1	0.32
1954	2	1	0	2	0	0	－	1.000	73	63	19	9	1	0	1	9	0	12	0	1	3	2	0.95
1955	2	0	1	1	1	0	－	.500	71	63	17	14	2	2	0	5	1	7	0	0	9	9	4.76
1956	2	0	1	1	1	0	－	.500	64	59	18	12	0	0	0	5	0	10	0	0	2	2	1.00
1957	2	0	1	1	1	0	－	.500	71	61	17	14	2	2	0	8	0	13	0	0	7	6	3.18
1958	2	0	1	1	1	0	－	.500	72	65	18	15	0	0	1	6	0	21	1	0	8	6	3.00
1959	2	0	1	1	1	0	－	.500	71	65	18	15	0	0	1	5	0	20	1	0	6	6	3.00
1960	3	0	0	2	1	0	－	.667	110	98	27	20	5	1	2	8	1	20	1	0	11	9	3.00
1961	2	0	1	2	0	0	－	1.000	71	62	18	10	0	1	0	9	0	10	0	0	2	1	0.50
1962	2	0	1	2	0	0	－	1.000	75	62	18	13	2	2	0	10	1	11	0	0	4	4	2.00
1963	3	1	0	0	3	0	－	.000	127	113	27.1	35	6	1	1	12	0	17	2	0	25	19	6.11
1964	3	0	0	1	2	0	－	.333	108	96	25	29	2	1	0	10	1	15	0	0	8	8	2.88
1965	3	1	0	2	0	1	－	1.000	119	116	32	22	0	0	1	2	0	27	0	0	6	6	1.69
1966	3	0	0	2	1	0	－	.667	111	102	26	27	3	1	1	6	0	14	1	0	10	8	2.77
1967	3	0	0	3	0	0	－	1.000	110	102	27	28	3	1	1	6	0	19	0	0	13	11	3.67
1968	3	2	0	1	2	0	－	.333	120	110	28	30	2	1	1	(1) 8	0	19	2	0	14	11	3.54
1969	3	0	0	2	0	1	－	1.000	127	118	31	33	4	1	0	8	0	22	0	0	13	13	3.77
1970	3	0	0	1	2	0	－	.333	120	111	26	35	5	0	0	8	1	20	2	0	21	19	6.58
1971	3	0	1	2	1	0	－	.667	101	90	27	10	2	1	0	10	0	26	1	0	7	7	2.33
1972	3	0	1	2	1	0	－	.667	99	87	26	14	1	0	0	12	0	23	0	0	3	3	1.04
1973	3	0	1	2	1	0	－	.667	101	95	26	17	2	0	0	5	1	13	0	1	10	7	2.42
1974	3	0	1	3	0	0	1	1.000	104	97	27	20	1	0	1	6	0	15	0	0	5	5	1.67
1975	3	0	1	1	2	0	1	.333	100	92	25	21	6	0	0	8	0	13	0	0	12	12	4.32
1976	3	0	0	2	1	0	1	.667	104	94	27	16	1	0	2	8	0	23	2	0	7	6	2.00
1977	3	0	1	1	2	0	0	.333	101	88	26	17	1	0	0	8	3	19	0	0	6	4	1.38
1978	3	0	1	1	2	0	1	.333	106	95	26	20	7	2	0	8	1	13	1	0	15	15	5.19
1979	3	0	0	1	2	0	1	.333	109	94	26	27	6	3	0	11	1	18	0	0	19	18	6.23
1980	3	0	0	1	2	0	1	.333	111	102	26	28	3	1	0	8	0	19	0	0	10	9	3.12
1981	3	1	0	1	2	0	1	.333	106	98	26.2	21	6	0	0	7	1	18	2	0	15	15	5.00
1982	3	1	0	1	1	1	0	.500	121	110	29	27	2	0	0	10	1	19	1	0	10	10	3.10
1983	3	0	0	3	0	0	2	1.000	104	94	27	19	3	0	1	7	2	15	0	0	7	7	2.33
1984	3	0	0	2	1	0	1	.667	111	103	26	26	4	0	2	6	0	13	0	0	14	9	3.12
1985	3	0	0	1	2	0	1	.333	114	105	26	28	3	0	1	8	0	28	0	0	10	10	3.46
1986	3	2	0	2	1	0	1	.667	125	115	29	35	3	1	1	8	0	27	2	0	12	11	3.41
1987	3	0	0	3	0	0	3	1.000	110	107	27	29	5	0	1	2	0	22	1	0	14	14	4.67
1988	3	1	0	1	2	0	1	.333	109	103	28.1	20	2	0	1	5	0	29	2	0	9	8	2.54
1989	2	0	0	1	1	0	0	.500	67	63	18	11	2	0	0	3	1	19	0	0	4	4	2.00
1990	2	0	1	2	0	0	0	1.000	74	68	18	15	2	0	0	6	0	16	0	0	7	7	3.50
1991	2	1	0	0	1	1	0	.000	85	78	21	17	0	0	(1) 7	0	20	0	0	4	4	1.71
1992	3	0	0	1	2	0	0	.333	108	98	27	24	2	0	1	9	0	26	0	0	11	10	3.33
1993	2	0	0	1	1	0	1	.500	87	79	18	29	4	0	0	8	0	17	0	0	18	18	9.00
1994	2	0	0	1	1	0	0	.500	72	65	17	18	1	0	0	7	0	11	2	0	8	8	4.24
1995	2	0	0	0	1	1	0	.000	78	73	17	24	2	0	1	3	1	15	0	0	11	10	5.29
1996	3	0	0	2	1	0	1	.667	99	98	26	22	1	0	0	1	0	20	0	0	11	11	3.81
1997	2	0	1	1	1	0	0	.500	68	63	17	14	3	0	0	4	1	18	0	0	6	6	3.18
1998	2	0	0	0	1	1	0	.000	74	69	17	19	2	0	0	5	0	13	1	0	7	7	3.71
1999	2	0	0	0	3	0	0	.000	108	101	25	30	3	1	0	6	0	18	0	0	19	13	4.68
2000	3	0	0	0	3	0	0	.000	127	116	26	40	7	0	2	8	1	23	0	0	26	26	9.00
2001	3	0	0	2	1	0	0	.667	121	116	26	41	5	0	1	3	1	24	0	0	17	17	5.88
2002	2	0	0	1	1	0	1	.500	70	68	18	15	3	0	1	0	1	12	0	0	6	6	3.00
2003	2	0	0	0	1	1	0	.000	77	73	18	21	6	0	1	3	0	14	2	0	9	9	4.50
2004	2	0	0	2	0	0	2	1.000	69	63	18	10	1	0	1	4	1	27	1	0	4	4	2.00
2005	2	0	0	0	2	0	0	.000	80	77	17	27	1	0	0	3	0	16	0	0	11	11	5.82
2006	2	0	0	0	2	0	0	.000	74	71	17	24	4	0	1	2	0	4	0	0	10	10	5.29
2007	2	0	0	0	2	0	0	.000	66	65	15	20	6	0	0	1	0	15	0	0	15	15	9.00
2008	2	0	0	1	1	0	0	.500	76	74	17	28	2	0	1	0	0	5	0	0	15	12	6.35
2009	2	0	0	0	1	1	1	.000	82	77	18	28	3	0	2	3	0	9	1	0	14	14	7.00
2010	2	0	0	0	1	1	0	.000	82	80	18	26	1	0	1	1	0	13	1	0	9	7	3.50
2011	3	0	1	2	1	0	1	.667	113	111	26	37	5	0	0	2	0	16	1	0	12	11	3.81
2012	3	0	0	1	2	0	0	.333	106	103	26	28	3	0	1	1	1	18	1	0	10	10	3.46
2013	3	0	0	1	1	1	0	.500	105	99	26	22	0	0	0	6	0	11	0	0	5	4	1.38
2014	2	0	0	1	1	0	0	.500	80	78	18	28	4	0	1	0	0	14	0	0	13	13	6.50
2015	2	0	0	0	2	0	0	.000	75	73	16	27	3	0	1	1	0	13	1	0	16	15	8.44
2016	2	0	0	0	1	1	0	.000	71	70	18	20	5	0	1	0	0	11	1	0	10	10	5.00
2017	2	0	0	2	0	0	1	1.000	63	62	18	10	2	0	1	0	0	12	0	0	3	3	1.50
2018	2	0	0	2	0	0	1	1.000	70	69	18	17	3	0	0	1	0	8	1	0	7	7	3.50
2019	2	0	0	1	1	0	0	.500	77	77	17	29	6	0	0	0	0	9	0	0	14	13	6.88
計	175	14	18	85	79	11	25	.518	6470	5996	1569.1	1518	193	24	38	(2)388	24	1115	35	2	693	637	3.65

個 人 投 手 成 績 （50音順）

選手名	チーム	年数	試合	交代完了	試合当初	勝利	敗北	セーブ	勝率	打者	打数	投球回	安打	本塁打	犠打	犠飛	四球	死球	三振	暴投	ボーク	失点	自責点	防御率
アニマル	(急)	1	2	1	0	1	0	0	1.000	12	9	2.1	4	0	0	0	3	0	2	0	0	1	1	3.86
＊アルバース	(オ)	1	1	0	0	1	0	0	1.000	7	6	2	1	0	0	0	1	0	0	0	0	0	0	0.00
青柳　晃洋	(神)	1	1	0	0	0	0	0	.000	8	8	2	1	0	0	0	0	0	0	0	0	0	0	0.00
青山　浩二	(楽)	2	4	2	0	0	0	1	.000	16	15	4	5	0	0	0	0	0	2	0	0	2	2	4.50
＊赤川　克紀	(ヤ)	1	1	1	0	0	0	0	.000	9	9	4	3	0	0	0	0	0	1	0	0	2	2	4.50
赤堀　元之	(近)	3	4	3	0	0	0	0	.000	21	21	6	4	1	0	0	0	0	3	0	0	1	1	1.50
秋山　拓巳	(神)	1	1	0	0	0	0	0	.000	7	7	2	1	0	0	0	0	0	2	0	0	1	1	4.50
秋山　登	(洋)	9	10	4	0	1	0	-	1.000	82	75	21.2	14	0	0	0	6	1	21	1	0	5	4	1.64
秋吉　亮	(ヤ)	1	1	0	0	0	0	0	.000	5	5	1	2	0	0	0	0	0	1	0	0	1	1	9.00
浅尾　拓也	(中)	2	2	0	0	0	0	0	.000	9	9	2	2	3	0	0	0	0	1	0	0	1	1	4.50
朝倉　健太	(中)	1	1	0	0	0	0	0	.000	11	11	2	7	0	0	0	0	0	0	0	0	2	2	9.00
浅野　啓司	(ヤ)	1	1	0	0	0	0	0	.000	12	11	3	3	0	0	0	1	0	2	0	0	2	2	9.00
足立　光宏	(急)	6	7	0	0	2	0	0	1.000	60	59	15.1	15	2	1	0	0	0	10	0	0	4	4	2.40
＊東　克樹	(ディ)	1	1	1	0	0	0	0	.000	8	7	2	2	0	0	0	1	0	1	0	0	0	0	0.00
安仁屋宗八	(神)	3	3	1	0	1	1	0	.500	34	32	8	9	0	0	0	2	0	5	0	0	2	2	2.25
新垣　渚	(ダ)	1	1	0	0	0	0	0	.000	7	6	2	0	0	0	0	1	0	2	0	0	0	0	0.00
荒木　大輔	(ヤ)	1	1	0	0	0	0	0	.000	10	10	3	3	0	0	0	0	0	3	0	0	0	0	0.00
＊荒巻　淳	(毎)	5	9	3	0	0	0	0	.000	63	58	17.2	8	1	1	0	4	0	11	0	0	1	1	0.50
有原　航平	(日)	2	2	0	0	0	0	0	.000	20	20	5	5	0	0	0	0	0	2	0	0	2	2	3.60
有銘　兼久	(楽)	1	1	0	0	0	0	0	.000	6	4	0.1	3	0	0	0	2	0	0	0	0	4	4	108.00
＊阿波野秀幸	(近)	4	4	0	3	2	0	0	1.000	44	44	12	7	0	0	0	0	0	12	0	0	2	2	1.50
イチロー（鈴木一朗）	(オ)	1	1	1	0	0	0	0	.000	1	1	0.1	0	0	0	0	0	0	0	0	0	0	0	0.00
飯尾　為男	(東)	1	1	0	0	0	0	0	.000	3	3	1	0	0	0	0	0	0	1	0	0	0	0	0.00
五十嵐亮太	(ソ)	6	8	0	0	1	0	0	1.000	36	31	8	8	1	0	0	5	0	9	0	0	5	5	5.63
＊井川　慶	(神)	3	3	0	2	0	0	0	.000	31	30	8	7	2	0	0	1	0	10	0	0	3	3	3.38
池谷公二郎	(広)	2	2	0	1	0	0	0	.000	24	22	6	4	0	0	0	2	0	1	0	0	1	1	1.50
池永　正明	(西)	5	6	0	5	1	0	-	1.000	54	48	15.2	8	0	0	0	5	0	7	1	0	1	0	0.00
＊石井　一久	(ヤ)	1	1	0	1	1	0	0	1.000	9	9	2	3	2	0	0	0	0	1	0	0	3	3	5.00
石井　茂雄	(急)	3	3	0	2	0	2	0	.000	18	16	4	6	1	1	0	1	0	3	0	0	3	3	6.75
石井　貴	(武)	2	2	0	0	0	0	0	.000	23	21	4.1	8	1	0	0	2	0	5	0	0	6	6	12.46
石井　丈裕	(武)	2	2	0	0	0	0	0	.000	16	14	4	4	1	0	0	2	0	2	0	0	2	2	4.50
＊石井　弘寿	(ヤロ)	2	2	0	0	0	0	0	.000	6	6	2	2	0	0	0	0	0	1	0	0	0	0	0.00
石川　歩	(ロ)	2	2	0	0	0	1	0	.000	10	10	3	2	1	0	0	0	0	1	0	0	1	1	3.00
＊石川　雅規	(ヤ)	2	2	0	2	1	0	0	1.000	13	13	3	4	1	0	0	0	0	1	0	0	1	1	3.00
石川　賢	(ロ)	1	1	0	0	0	0	0	.000	3	3	1	0	0	0	0	1	0	0	0	0	0	0	0.00
石川　陽造	(東)	1	1	0	0	0	0	-	.000	9	7	1.2	2	0	0	0	2	0	0	0	0	1	0	0.00
石毛　博史	(巨)	1	1	1	0	0	0	0	.000	9	8	2	3	2	0	0	0	0	1	0	0	2	2	9.00
＊石田　健大	(ディ)	1	1	0	0	0	0	0	.000	7	7	2	1	0	0	0	0	0	2	0	0	0	0	0.00
石戸　四六	(ア)	1	1	1	0	0	0	0	.000	13	13	1.1	7	0	0	0	0	0	0	0	0	6	6	36.00
＊石本　貴昭	(近)	1	2	0	0	1	0	0	1.000	19	19	5	4	1	0	0	0	0	5	0	0	2	2	3.60
石山　泰稚	(ヤ)	2	2	0	0	0	0	0	.000	11	11	2	5	0	0	0	0	0	1	0	0	1	1	4.50
一岡　竜司	(広)	1	1	0	0	0	0	0	.000	6	6	1.1	3	0	0	0	0	0	1	0	0	1	1	6.75
伊東　昭光	(ヤ)	1	1	0	0	0	0	0	.000	9	9	2	3	0	0	0	0	0	0	0	0	1	1	4.50
伊藤　敦規	(オ)	1	1	0	0	0	0	0	.000	5	4	1	1	0	0	0	1	0	0	0	0	2	2	9.00
伊藤　四郎	(高)	1	1	0	0	0	0	-	.000	7	7	2.1	0	0	0	0	0	0	2	0	0	0	0	0.00
＊伊藤　久敏	(中)	1	1	0	0	0	0	-	.000	9	9	2.1	2	0	0	0	0	0	1	0	0	0	0	0.00
＊伊藤　芳明	(巨)	3	4	0	0	1	0	-	1.000	27	24	6	6	2	0	0	3	0	2	1	0	4	4	6.00
＊伊奈　努	(中)	1	1	0	0	0	0	-	.000	10	9	3	0	0	0	0	0	0	2	0	0	0	0	0.00
稲尾　和久	(西)	7	12	4	2	1	2	-	.333	106	93	25.1	20	2	1	0	12	0	29	0	0	6	6	2.16
稲川　誠	(洋)	3	4	1	1	1	0	-	1.000	28	22	5	8	1	0	0	6	0	2	0	0	9	9	16.20
稲葉　光雄	(急)	3	5	2	1	0	1	0	.000	23	19	5.1	5	1	0	0	3	1	3	0	0	3	2	3.50
井納　翔一	(ディ)	3	3	0	0	0	1	0	.000	27	24	5.2	8	2	0	0	3	0	5	0	0	4	4	6.35
＊井上　善夫	(西)	1	1	0	0	0	0	0	.000	5	4	1	1	0	0	0	1	0	0	0	0	0	0	0.00
井原慎一朗	(ヤ)	2	2	0	0	0	0	0	.000	13	12	2.1	5	0	0	0	1	0	1	0	0	3	3	13.50
今井雄太郎	(急)	4	5	1	0	0	0	0	.000	29	27	6.2	7	2	0	0	2	0	3	0	0	7	6	8.10
今関　勝	(日)	1	1	0	0	0	0	0	.000	10	10	2	4	1	0	0	0	0	2	0	0	3	3	13.50
＊今中　慎二	(中)	4	4	1	0	0	0	0	.000	26	26	7	5	1	0	0	0	0	3	0	0	2	2	2.57
＊今永　昇太	(ディ)	2	2	0	0	0	0	0	.000	6	6	2	0	0	0	0	0	0	2	0	0	0	0	0.00
林　昌勇	(ヤ)	3	3	1	0	0	0	0	.000	12	12	3	3	0	0	0	0	0	1	0	0	1	1	3.00
井本　隆	(近)	2	3	0	0	0	0	0	.000	20	19	5	6	1	0	0	1	0	2	0	0	1	1	1.80
伊良部秀輝	(神)	4	4	0	3	2	1	0	.667	44	41	11	6	1	0	0	3	0	13	0	0	3	3	2.45
入来　智	(ヤ)	1	1	0	0	0	0	0	.000	10	10	2.1	3	1	0	0	0	0	3	0	0	1	1	3.86
入来　祐作	(巨)	1	1	0	0	0	0	0	.000	14	13	2.2	9	1	0	0	1	0	1	0	0	6	6	20.25
岩隈　久志	(楽)	3	3	0	0	0	0	0	.000	26	25	6	8	0	0	0	1	0	6	0	0	3	3	4.50
岩嵜　翔	(ソ)	1	1	0	0	0	0	0	.000	9	9	2	2	0	0	0	0	0	1	0	0	0	0	0.00

オールスター・ゲーム・ライフタイム

選手名	チーム	年数	試合	交代完了	試合当初	勝利	敗北	セーブ	勝率	打者	打数	投球回	安打	本塁打	犠打	犠飛	四球	死球	三振	暴投	ボーク	失点	自責点	防御率
*岩貞 祐太	(神)	2	2	0	0	0	1	0	.000	16	16	4	7	0	0	0	0	0	1	0	0	2	2	4.50
*岩瀬 仁紀	(中)	9	9	0	1	0	0	0	.000	34	33	9.1	6	1	0	0	1	0	8	0	0	2	1	0.96
岩本ツトム(勉)	(日)	3	3	0	1	0	0	0	.000	30	28	7	8	3	0	0	2	0	2	0	0	4	4	5.14
ウィン	(オ)	1	1	0	0	0	0	0	.000	4	4	1	1	0	0	0	0	0	3	0	0	0	0	0.00
ウォーレン	(ロ)	1	2	2	0	0	0	0	.000	6	6	2	0	0	0	0	0	0	0	0	0	0	0	0.00
上田 二朗	(神)	2	4	1	1	0	1	−	.000	32	27	8	5	0	1	2	2	0	5	0	0	5	1	1.13
上原 浩治	(巨)	8	8	0	4	2	0	0	1.000	67	61	16	14	4	0	0	5	1	17	0	0	6	6	3.38
植村 義信	(毎)	2	5	0	0	0	0	0	.000	6	5	0.1	4	1	0	0	0	0	0	0	0	4	4	36.00
牛島 和彦	(ロ)	5	8	6	0	0	1	4	.000	57	52	13.1	11	0	0	1	4	0	11	1	0	5	2	1.35
内 竜也	(ロ)	1	1	0	0	0	0	0	.000	4	4	1	1	0	0	0	0	0	1	0	0	1	1	9.00
*内海 哲也	(巨)	5	5	1	1	0	1	0	.000	38	37	9	12	0	0	0	1	0	6	0	0	3	3	3.00
有働 克也	(横)	1	1	0	0	0	0	0	.000	5	5	1	2	0	0	0	0	0	0	0	0	1	1	9.00
上沢 直之	(日)	1	1	0	0	0	0	0	.000	7	7	2	1	0	0	0	0	0	1	0	0	0	0	0.00
江川 卓	(巨)	8	9	0	5	2	2	0	.500	74	74	22	10	2	0	0	0	0	30	0	0	4	4	1.64
江尻慎太郎	(横)	1	2	1	0	0	0	0	.000	12	12	3	4	0	0	0	0	0	3	0	0	1	1	3.00
江藤 正	(南)	1	1	0	0	0	1	−	.000	12	11	3	3	0	0	−	1	0	1	0	0	1	1	3.00
*江夏 豊	(日)	16	26	9	6	5	3	6	.625	173	152	45	27	5	4	3	14	0	62	0	0	17	11	2.20
*榎田 大樹	(神)	1	2	0	0	0	0	0	.000	7	7	2	2	1	0	0	0	0	3	0	0	1	1	4.50
戎 信行	(オ)	1	1	0	0	0	0	0	.000	6	6	2	0	0	0	0	0	0	0	0	0	0	0	0.00
江本 孟紀	(神)	4	4	0	4	1	0	0	1.000	44	41	12	7	0	0	0	3	0	6	0	0	1	1	0.75
遠藤 一彦	(洋)	5	6	1	1	0	0	0	.000	43	41	11	9	4	0	0	2	0	10	0	0	5	5	4.09
呉 昇桓	(神)	1	1	1	0	0	0	0	.000	3	3	1	0	0	0	0	0	0	0	0	0	0	0	0.00
大石 清	(広)	3	6	1	0	0	1	−	.000	43	41	9.2	11	2	0	0	0	0	7	0	0	4	4	3.60
大石弥太郎	(広)	4	4	1	1	0	0	−	.000	25	23	6.1	5	2	0	0	2	0	3	0	0	5	5	7.50
大瀬良大地	(広)	2	2	0	1	0	0	0	.000	11	11	3	2	2	1	0	0	0	2	0	0	6	6	6.00
太田 幸司	(近)	7	9	1	3	1	2	0	.333	61	54	12	17	2	0	0	5	2	6	0	0	11	8	6.00
大竹 寛	(広)	4	4	0	1	0	0	0	.000	37	37	9.1	10	1	0	0	0	0	1	0	0	3	2	1.93
大谷 翔平	(日)	3	3	0	2	1	0	0	1.000	18	18	4	7	0	0	0	4	0	4	0	0	2	2	4.50
大津 守	(西)	1	1	0	0	0	0	0	.000	3	3	1	0	0	0	0	0	0	1	0	0	0	0	0.00
大塚 晶文	(近)	1	1	1	0	0	0	0	.000	4	4	1	1	0	0	0	0	0	1	1	0	1	1	9.00
*大隣 憲司	(ソ)	1	1	0	0	0	0	0	.000	14	13	3	5	0	0	0	0	0	3	0	0	1	1	3.00
大友 工	(巨)	4	7	1	2	2	0	−	1.000	63	59	18	5	1	0	0	3	1	24	0	0	1	1	0.50
*大野 雄大	(中)	2	2	0	0	0	0	0	.000	18	17	4	5	1	0	0	1	0	4	0	0	2	2	4.50
*大野 豊	(広)	10	12	2	2	0	0	1	.000	78	72	18.2	18	5	1	0	5	0	17	0	0	9	9	4.34
*大羽 進	(広)	1	1	0	1	1	0	−	1.000	11	10	3	1	0	0	0	0	0	0	0	0	0	0	0.00
大矢根博臣	(中)	2	3	2	0	0	1	−	.000	17	16	3.2	6	1	0	0	0	1	2	0	0	3	3	6.75
*岡島 秀樹	(巨)	3	4	0	0	0	0	0	.000	21	18	5	4	1	0	0	3	0	4	0	0	2	2	3.60
岡田 明丈	(広)	1	1	0	0	0	0	0	.000	6	6	2	0	0	0	0	0	0	0	0	0	0	0	0.00
岡林 洋一	(ヤ)	3	3	0	0	0	0	0	.000	26	25	6	7	1	0	0	1	0	9	0	0	5	5	7.50
岡本 晃	(近)	2	2	0	0	0	0	0	.000	8	8	1.1	4	0	0	0	1	0	3	0	0	3	3	20.25
岡本 真也	(中)	1	1	1	0	0	0	0	.000	4	4	1	1	1	0	0	0	0	1	0	0	1	1	9.00
*小笠原 孝	(中)	1	1	0	0	0	0	0	.000	8	8	2	4	0	0	0	0	0	0	0	0	0	0	0.00
小川健太郎	(中)	4	5	1	2	0	1	−	.000	52	47	12	14	2	0	0	4	1	8	0	0	6	5	3.75
小川 博	(ロ)	1	1	0	0	0	0	0	.000	13	12	3	3	1	0	0	0	0	5	0	0	1	1	3.00
小川 泰弘	(ヤ)	2	2	0	0	0	0	0	1.000	12	12	3	3	1	0	0	0	0	2	0	0	1	1	3.00
奥江 英幸	(洋)	1	1	0	0	0	0	0	.000	8	8	2	3	0	0	0	0	0	0	0	0	0	0	0.00
小倉 恒	(オ)	2	2	0	0	0	0	0	.000	14	13	2.2	6	0	0	1	0	0	2	0	0	2	2	6.75
尾崎 行雄	(東)	3	5	3	0	1	0	−	1.000	42	38	10	8	1	1	0	3	0	12	0	0	3	3	2.70
越智 大祐	(巨)	1	1	0	0	0	0	0	.000	3	3	1	1	0	0	0	0	0	0	0	0	0	0	0.00
落合 英二	(中)	2	2	1	0	0	0	0	.000	6	6	2	0	0	0	0	0	0	1	0	0	0	0	0.00
小野 和幸	(中)	2	3	1	1	0	1	0	.000	22	21	4.2	5	2	0	0	1	0	3	1	0	4	4	7.71
*小野 和義	(近)	1	1	0	0	1	0	0	1.000	34	33	9.1	8	0	0	0	1	0	6	0	0	0	0	0.00
*小野 正一	(中)	6	7	1	2	0	0	0	.000	66	60	18	11	1	1	0	5	0	14	0	0	3	2	1.00
小野 晋吾	(ロ)	1	1	0	1	0	1	0	.000	8	8	2	2	1	0	0	0	0	2	0	0	1	1	4.50
尾花 高夫	(ヤ)	3	4	0	1	1	1	0	.500	44	41	8.2	17	1	0	1	1	1	3	0	0	9	9	9.35
小山田保裕	(広)	1	1	0	0	0	0	0	.000	3	3	1	1	0	0	0	0	0	1	0	0	0	0	0.00
*ガルシア	(中)	1	1	0	0	0	0	0	.000	16	16	3	6	0	0	0	0	0	1	0	0	2	2	6.00
ガルベス	(巨)	1	1	0	0	0	0	0	.000	13	10	2	4	0	0	0	1	2	1	0	0	5	5	22.50
柿本 実	(中)	3	4	1	0	0	0	0	.000	24	20	6	4	0	1	0	(1)3	2	1	0	0	1	1	1.00
郭 源治	(中)	4	5	1	0	1	0	0	1.000	33	29	9	4	0	0	0	4	0	12	0	0	1	1	1.00
郭 泰源	(武)	2	2	0	0	0	0	0	.000	12	12	3	3	0	0	0	0	0	0	0	0	1	1	3.00
梶岡 忠義	(神)	1	1	0	0	0	0	−	.000	12	9	3	1	0	0	−	3	0	1	0	0	1	1	3.00
*梶間 健一	(ヤ)	5	10	0	0	2	0	0	1.000	44	41	11.2	13	1	0	0	1	2	7	0	0	2	2	1.54
*梶本 隆夫	(急)	12	17	1	3	0	1	−	.667	142	120	33.1	28	2	1	1	20	1	26	1	0	10	9	2.45
加治屋 蓮	(ソ)	1	1	0	0	0	0	0	.000	5	5	1	2	0	0	0	0	0	1	1	0	1	1	9.00
加藤 伸一	(オ)	3	3	0	0	0	0	0	.000	21	19	5	8	0	0	1	0	0	3	0	0	3	3	5.40
加藤 大輔	(オ)	1	1	0	0	1	0	0	1.000	10	10	3	2	0	0	0	0	0	1	0	0	1	1	3.00
加藤 初	(巨)	6	7	0	2	0	0	0	.000	47	44	12.1	9	2	0	0	1	0	11	0	0	3	3	2.19
鹿取 義隆	(武)	3	4	0	0	0	0	0	.000	19	19	4.2	7	0	0	0	0	0	1	0	0	1	1	1.93
金石 昭人	(日)	3	3	0	1	0	0	0	.000	24	23	5.2	8	0	1	0	0	0	5	0	0	4	4	6.35

選手名	チーム	年数	試合	交代完了	試合当初	勝利	敗北	セーブ	勝率	打者	打数	投球回	安打	本塁打	犠打	犠飛	四球	死球	三振	暴投	ボーク	失点	自責点	防御率
金子　千尋	(オ)	3	3	0	0	0	0	0	.000	18	18	5	3	1	0	0	0	0	1	0	0	1	1	1.80
金城　基泰	(南)	3	4	1	1	0	0	0	.000	27	24	6.1	4	0	0	0	0	0	1	0	0	4	0	0.00
金田　留広	(東)	3	5	1	1	1	0	—	1.000	38	33	10	4	2	0	0	5	0	12	0	0	4	4	3.60
＊金田　正一	(巨)	17	28	8	4	3	4	0	.429	263	235	64.2	53	6	3	0	24	1	84	1	1	22	17	2.35
＊金田　政彦	(オ)	2	2	1	0	0	0	0	.000	17	17	4	4	0	0	0	0	0	4	0	0	4	0	0.00
金村　曉(暁)	(日)	2	2	0	0	0	0	0	.000	15	13	3	6	0	0	1	1	0	3	0	0	3	3	9.00
唐川　侑己	(ロ)	1	1	0	1	1	0	0	1.000	10	9	2	4	0	0	0	1	0	1	0	0	0	0	0.00
＊川井　雄太	(中)	1	1	0	0	0	0	0	.000	14	13	2	8	0	0	0	1	0	1	0	0	3	3	13.50
＊河内　貴哉	(広)	1	1	0	0	0	0	0	.000	5	4	1	1	0	0	0	0	0	2	0	0	0	0	0.00
川上　憲伸	(中)	6	6	0	3	1	0	0	1.000	42	42	11	9	2	0	0	0	0	8	0	0	2	2	1.64
川岸　強	(楽)	1	1	0	0	0	0	0	.000	4	4	1	1	1	0	0	0	0	2	0	0	1	1	9.00
＊川口　和久	(広)	6	6	0	1	0	0	0	.000	39	37	10	8	3	0	0	2	0	6	0	0	4	4	3.60
川越　英隆	(オ)	1	1	0	0	0	0	0	.000	12	11	2	4	0	0	0	1	0	1	0	0	4	4	0.00
川崎憲次郎	(ヤ)	4	4	1	0	0	1	1	.000	35	33	9	9	1	0	0	2	0	5	0	0	4	4	4.00
川崎　徳次	(西)	3	6	1	0	2	1	0	.667	58	56	17	6	0	0	0	2	0	4	0	0	2	1	0.53
川尻　哲郎	(神)	1	1	0	0	0	0	0	.000	3	3	1	0	0	0	0	0	0	2	0	0	2	2	9.00
川原　昭二	(日)	1	2	1	0	0	0	0	.000	8	8	2	2	0	0	0	0	0	2	0	0	0	0	0.00
河原　純一	(巨)	1	1	1	0	0	0	1	.000	7	6	1.1	2	1	0	0	0	0	1	0	0	0	0	0.00
川端　順	(広)	1	1	0	0	0	0	0	.000	7	6	1.1	2	1	0	0	1	0	0	0	0	1	1	6.75
川村　丈夫	(横)	2	2	0	1	0	0	0	.000	25	25	6	8	2	0	0	0	0	6	0	0	2	2	3.00
河村　久文	(西)	3	3	0	0	0	0	—	.000	20	17	4.1	5	0	0	0	3	0	1	0	1	4	4	7.20
河村　保彦	(中)	1	1	0	0	0	0	0	.000	12	11	1.2	6	2	0	0	1	0	0	0	0	5	5	22.50
＊河本　育之	(ロ)	2	3	1	0	0	0	0	.000	21	19	5	4	0	0	0	0	0	8	0	0	0	0	0.00
＊神部　年男	(近)	2	2	0	0	0	0	0	.000	29	29	7	8	2	0	0	0	0	9	0	0	4	4	5.14
ギャラード	(中)	2	2	2	0	0	0	0	.000	12	9	2	5	0	0	0	0	0	4	0	0	4	4	18.00
＊菊池　雄星	(武)	3	3	0	1	0	0	0	.000	22	21	5	3	0	0	0	0	0	4	0	0	4	4	7.20
＊菊地原　毅	(オ)	1	1	0	0	0	0	0	.000	4	4	1	1	0	0	0	0	0	5	0	0	4	4	9.00
木佐貫　洋	(日)	3	3	0	1	0	0	0	.000	31	31	7	10	3	0	0	0	0	5	0	0	4	4	5.14
岸　孝之	(楽)	4	4	0	2	0	0	0	.000	30	29	8	6	0	0	1	0	0	10	0	0	2	2	2.25
岸田　護	(オ)	2	3	3	0	0	0	0	.000	10	10	3	1	0	0	0	0	0	3	0	0	1	1	3.00
北川　芳男	(巨)	3	3	0	1	0	1	—	.000	29	28	6	10	2	0	0	1	0	6	0	0	5	4	6.00
北別府　学	(広)	7	8	1	1	0	0	0	.000	52	51	14.1	10	2	0	0	1	0	4	0	0	3	3	.88
木樽　正明	(ロ)	5	5	1	2	0	0	0	.000	52	45	12.2	11	2	1	1	5	0	3	0	1	7	7	4.85
＊木田　勇	(日)	3	5	1	3	1	0	0	1.000	41	34	10	6	0	0	0	7	0	8	1	0	2	2	.80
木田　優夫	(ヤ)	2	2	0	0	0	0	0	.000	11	11	3	2	1	0	0	0	0	3	1	0	2	2	6.00
木塚　敦志	(横)	1	1	0	0	0	0	0	.000	3	3	1	0	0	0	0	0	0	1	0	0	0	0	0.00
＊鬼頭　洋	(洋)	1	1	0	0	0	0	0	.000	7	7	0.2	5	3	0	0	0	0	1	0	0	3	3	40.50
紀藤　真琴	(広)	2	2	0	0	0	0	0	.000	23	23	5	8	2	0	0	1	0	4	0	0	4	4	7.20
木村　保	(南)	1	1	0	0	0	0	0	.000	4	3	1	1	0	0	0	0	0	1	0	0	0	0	0.00
クルーン	(巨)	4	5	3	0	0	0	3	.000	18	17	4.1	4	1	0	0	0	0	4	0	0	2	2	4.15
クロッタ	(日)	1	1	0	0	0	0	0	.000	6	6	1	3	1	0	0	0	0	1	0	0	2	2	18.00
グライシンガー	(ヤ)	1	1	0	0	0	0	0	.000	4	4	1	2	0	0	0	0	0	0	0	0	0	0	0.00
グロス	(ロ)	2	2	0	1	1	0	0	1.000	23	22	5	9	2	0	0	1	0	3	0	0	6	6	10.80
＊具　臺晟	(オ)	1	2	0	0	0	0	0	.000	10	10	3	1	0	0	0	0	0	5	0	0	0	0	0.00
工藤　一彦	(神)	1	1	1	0	0	0	0	.000	11	9	3	2	0	0	0	2	0	0	0	0	1	1	3.00
＊工藤　公康	(日)	10	10	0	5	1	0	0	1.000	90	85	22.2	22	3	0	0	4	1	21	0	0	9	9	3.57
工藤　幹夫	(日)	1	2	0	0	0	0	0	.000	12	12	3.1	3	0	0	0	0	0	2	0	0	3	3	3.00
久保　征弘	(近)	2	3	0	1	0	1	—	.000	27	24	5	11	2	1	0	1	0	1	0	0	8	6	10.80
久保　康友	(神)	1	1	0	0	0	0	0	.000	6	6	2	0	0	0	0	1	0	0	0	0	0	0	0.00
久保　裕也	(巨)	2	3	1	0	0	0	0	.000	9	9	3	1	0	0	0	0	0	3	0	0	0	0	0.00
久保田　治	(東)	2	2	0	1	1	0	—	1.000	18	17	4.2	3	0	0	0	1	0	3	0	0	0	0	0.00
久保田智之	(神)	2	3	1	0	1	1	0	.500	12	12	2.1	5	0	0	0	0	0	2	0	0	2	2	7.71
倉持　明	(ロ)	1	2	1	0	0	0	0	.000	9	8	2.2	0	0	0	0	1	0	1	0	0	0	0	0.00
黒木　知宏	(ロ)	3	3	0	2	1	1	0	.500	31	28	6	11	1	0	0	0	0	3	0	0	8	8	12.00
黒木　優太	(オ)	1	1	0	0	0	0	0	.000	3	3	1	0	0	0	0	0	0	1	0	0	0	0	0.00
黒田　博樹	(広)	5	5	0	2	1	0	0	1.000	33	32	8	11	1	0	0	0	0	2	0	0	2	2	2.25
桑田　真澄	(巨)	8	8	0	4	1	1	0	.500	78	72	17	25	4	0	1	5	0	12	0	0	12	12	6.35
ゴンザレス	(巨)	1	1	0	0	0	0	0	.000	8	7	2	1	0	0	0	0	0	1	0	0	1	0	0.00
＊小池　秀郎	(近)	1	1	0	0	0	0	0	.000	7	6	2	1	0	0	0	1	0	2	0	0	0	0	0.00
香田　勲男	(巨)	1	1	0	0	0	0	0	.000	4	4	1	1	0	0	0	0	0	1	0	0	0	0	0.00
小谷　正勝	(洋)	1	1	0	0	0	0	0	.000	8	8	2.2	0	0	0	0	0	0	3	0	0	0	0	0.00
小林　幹英	(広)	1	1	0	0	0	0	0	.000	3	3	1	0	0	0	0	0	0	2	0	0	0	0	0.00
小林　繁	(神)	7	7	1	6	1	1	0	.500	81	75	20	20	3	0	0	2	2	14	0	0	11	9	4.05
小林宏(小林宏之)	(ロ)	5	5	0	0	0	0	0	.000	39	36	9	8	1	0	0	1	0	9	0	0	4	3	3.00
小林　宏	(オ)	1	1	0	0	0	0	0	.000	4	3	1	0	0	0	0	1	0	0	0	0	0	0	0.00
小林　雅英	(ロ)	5	6	4	0	0	0	0	.000	32	31	6	15	1	0	1	0	0	3	1	0	8	8	12.00
小松　聖	(オ)	1	1	1	0	0	0	0	.000	5	5	1	2	0	0	0	0	0	2	0	0	0	0	0.00
小松　辰雄	(中)	4	5	0	1	1	2	0	.333	49	47	12	15	5	0	0	2	0	7	0	0	10	10	7.50
小宮山　悟	(横)	7	8	3	2	1	1	0	.500	69	65	16.1	17	0	0	0	(1)3	0	14	0	0	3	3	1.65
小山　正明	(ロ)	11	13	0	5	1	1	—	.667	117	111	26.1	31	4	0	0	(1)6	0	15	0	0	16	15	5.19

オールスター・ゲーム・ライフタイム

選手名	チーム	年数	試合	交代完了	試合当初	勝利	敗北	セーブ	勝率	打者	打数	投球回	安打	本塁打	犠打	犠飛	四球	死球	三振	暴投	ボーク	失点	自責点	防御率
権藤 博	(中)	3	4	2	1	0	1	－	.000	28	24	6.2	4	1	0	0	4	0	6	0	0	3	3	3.86
*権藤 正利	(神)	3	3	1	0	0	0	－	.000	28	24	6.1	5	0	0	1	3	0	5	1	0	3	3	4.50
サファテ	(ソ)	3	3	1	0	0	0	－	.000	14	13	3	4	0	0	0	1	0	4	1	0	2	2	6.00
サンチェ	(巨)	1	1	0	0	0	0	－	.000	4	3	0.1	2	0	0	0	0	1	0	0	0	0	0	0.00
斉藤明夫(明雄)	(洋)	6	7	4	0	0	1	0	.000	66	63	14	25	1	0	1	2	0	10	0	0	13	13	8.36
斉藤 和巳	(ソ)	2	2	0	1	0	0	0	.000	19	19	4	8	1	0	0	1	0	3	0	0	3	3	6.75
斎藤 隆	(横)	4	4	1	1	2	0	0	1.000	29	27	7	6	0	0	0	2	0	9	0	0	1	1	1.29
斎藤 雅樹	(巨)	6	6	0	2	0	2	0	.000	44	43	9	17	3	0	0	1	0	10	0	0	12	10	10.00
斎藤 佑樹	(日)	2	3	0	1	0	1	0	.000	25	25	5.2	9	1	0	0	0	0	3	0	0	3	3	4.76
佐伯 和司	(日)	3	4	0	0	0	1	0	.000	26	25	5.2	10	1	1	0	0	0	3	0	0	6	6	9.00
坂井 勝二	(洋)	3	3	1	2	0	1	－	.000	36	32	8	9	0	0	0	2	1	2	1	0	3	3	3.38
酒井 勉	(オ)	1	1	0	0	0	1	－	.000	10	9	2	4	0	0	0	1	0	1	0	0	2	2	9.00
嵯峨健四郎	(東)	1	1	0	0	0	0	－	.000	6	6	1	3	1	0	0	0	0	1	1	0	1	1	9.00
佐々岡真司	(広)	5	6	2	1	0	0	0	.000	42	42	11	9	0	0	0	1	0	11	0	0	3	1	0.82
佐々木主浩	(横)	8	10	6	1	0	0	2	.000	49	47	12.1	12	1	0	0	2	0	20	0	0	3	3	2.19
佐々木宏一郎	(近)	2	3	1	0	0	0	0	.000	30	29	6.1	12	0	0	0	1	0	5	0	0	3	2	3.00
定岡 正二	(巨)	1	1	0	0	0	0	0	.000	4	3	1	0	0	0	0	0	0	1	0	0	0	0	0.00
佐藤 誠也	(日)	1	1	0	0	0	0	0	.000	6	5	1	3	0	0	0	0	1	1	0	0	2	2	18.00
佐藤 達也	(オ)	2	2	2	0	0	0	0	.000	17	16	4	4	0	0	0	1	0	3	0	0	1	1	2.25
佐藤 平七	(毎)	1	1	0	1	0	0	－	.000	7	5	0.2	3	0	0	－	2	0	1	0	0	2	2	18.00
佐藤 道郎	(南)	3	7	4	0	0	1	0	.000	40	36	9.1	8	0	0	0	4	0	11	0	0	4	4	4.00
佐藤 元彦	(京)	1	1	0	0	0	0	0	.000	10	9	2.1	2	0	1	0	0	0	0	0	0	0	0	0.00
佐藤 義則	(オ)	7	8	1	2	0	0	0	.000	69	64	16.1	16	5	0	1	4	0	14	2	0	10	9	4.96
澤崎 俊和	(広)	1	2	1	0	0	0	0	.000	12	12	2	7	0	0	0	1	0	1	0	0	2	2	9.00
澤村 拓一	(巨)	2	2	0	0	0	0	0	.000	19	18	5	3	0	0	0	1	0	4	0	0	1	1	1.80
シコースキー	(武)	2	2	2	0	0	0	0	.000	9	7	2	3	2	0	0	1	1	2	0	0	1	1	4.50
ジョンソン	(神)	1	1	0	0	0	0	0	.000	4	4	1	1	0	0	0	0	0	0	0	0	0	0	0.00
潮崎 哲也	(武)	1	1	0	0	0	0	0	.000	5	4	1	2	0	0	0	1	0	1	0	0	1	1	9.00
*塩見 貴洋	(楽)	1	1	0	0	1	0	0	1.000	11	11	3	2	1	0	0	0	0	2	0	0	1	1	3.00
*篠原 貴行	(ダ)	2	2	0	0	0	0	0	.000	11	10	2.1	4	0	0	1	0	0	1	0	0	3	3	11.57
柴田 英治	(急)	1	1	0	0	0	0	－	.000	4	3	1	1	0	1	－	0	0	0	0	0	1	1	4.50
柴田 保光	(日)	3	5	3	0	0	0	1	.000	26	22	6.1	2	0	0	0	4	0	7	0	0	1	1	1.42
*渋谷 誠司	(サ)	2	2	1	0	0	0	0	.000	7	7	2	1	0	0	0	0	0	1	0	0	0	0	0.00
渋谷 幸春	(中)	1	2	0	0	0	0	0	.000	11	9	2.2	2	0	0	0	1	0	2	0	0	1	0	0.00
島崎 毅	(日)	1	1	0	0	1	0	0	1.000	6	5	2	0	0	0	0	1	0	2	0	0	0	0	0.00
島田源太郎	(洋)	2	3	1	1	0	1	－	.000	33	30	7	10	1	1	0	2	0	6	0	0	5	4	5.14
島田 直也	(横)	1	1	0	0	0	0	0	.000	8	7	2	2	0	0	0	1	0	0	0	0	1	1	4.50
島原 幸雄	(西)	2	3	2	1	1	0	0	1.000	26	24	7	5	0	0	0	0	0	8	0	0	1	1	1.29
清水 直行	(ロ)	2	3	0	1	0	1	0	.000	22	22	6	5	1	0	0	0	0	1	0	0	1	1	1.50
*下柳 剛	(神)	5	5	1	0	0	1	0	.000	31	30	6.2	10	1	0	0	1	0	8	0	0	4	3	4.05
許 銘傑	(武)	1	1	0	0	0	0	0	.000	10	9	2	3	2	0	0	1	0	2	0	0	2	2	9.00
白井 康勝	(日)	2	3	1	0	0	1	0	.000	20	17	4	5	0	0	0	3	0	0	0	0	7	7	15.75
*白石 静生	(広)	1	1	0	0	0	0	0	.000	7	5	1.1	1	0	0	0	2	0	1	0	0	2	2	18.00
白武 佳久	(ロ)	1	1	1	0	0	0	0	.000	2	2	0.2	0	0	0	0	0	0	1	0	0	0	0	0.00
新谷 博	(武)	1	1	0	0	0	0	0	.000	5	5	1.2	1	0	0	0	0	0	0	0	0	0	0	0.00
城之内邦雄	(巨)	4	6	0	3	0	0	0	.000	63	59	15.1	16	1	0	0	6	0	6	0	0	6	6	3.60
スタルヒン	(大)	1	1	0	0	0	0	0	.000	10	10	3	1	0	0	－	0	0	6	0	0	1	1	3.60
スタンカ	(南)	2	2	0	1	1	0	0	1.000	25	21	6	4	1	0	0	4	0	6	0	0	1	1	1.50
末吉 俊信	(毎)	1	1	0	0	0	0	－	.000	8	6	2	1	0	0	－	2	0	1	0	0	2	2	9.00
菅野 智之	(巨)	7	7	0	6	1	0	0	1.000	59	54	15	11	1	0	1	4	0	9	0	0	6	6	3.60
菅原 勝矢	(巨)	1	1	0	0	0	0	0	.000	3	3	1	0	0	0	0	0	0	0	0	0	0	0	0.00
*杉内 俊哉	(ソ)	5	3	1	0	2	2	0	.500	53	51	12	15	0	0	2	0	0	9	1	0	9	8	6.00
杉浦 忠	(南)	6	9	2	4	3	2	0	.600	78	73	18.2	21	2	1	0	3	0	14	1	0	7	6	2.84
杉下 茂	(中)	6	9	4	2	1	1	0	.500	97	83	21.2	15	0	1	0	13	0	18	0	0	9	9	3.68
*杉本 正	(中)	3	4	0	1	0	1	0	.000	29	28	6.2	9	0	0	0	1	0	6	0	0	5	5	6.75
*杉山 賢人	(武)	1	1	0	0	0	0	0	.000	2	1	0+	1	0	0	0	0	0	1	0	0	2	2	－
杉山 知隆	(洋)	1	1	0	0	0	0	0	.000	9	8	2	2	1	0	0	0	0	1	0	0	1	1	4.50
鈴木 皓武	(サ)	1	1	0	0	0	1	0	.000	9	6	1.1	3	2	0	0	1	0	0	0	0	5	5	45.00
*鈴木 啓示	(近)	15	20	2	6	1	2	0	.333	177	169	46	33	5	1	0	11	2	43	1	0	16	12	2.35
鈴木 平	(オ)	1	1	0	0	0	0	0	.000	3	3	1	0	0	0	0	0	0	1	0	0	0	0	0.00
*鈴木 隆	(洋)	3	3	1	0	0	0	－	.000	15	13	3.2	2	0	0	0	2	0	2	0	0	1	1	2.45
鈴木 孝政	(中)	7	13	4	0	1	0	2	1.000	85	78	19.1	22	4	0	1	6	0	15	0	0	14	10	4.66
鈴木康二朗	(近)	3	6	1	0	1	1	0	.500	41	39	10	9	0	0	0	2	0	8	0	0	1	0	0.00
角 三男	(巨)	5	5	5	0	1	1	－	.500	35	32	8	9	2	0	0	(1)3	0	5	0	0	4	4	4.50
清 俊彦	(近)	2	3	0	2	1	0	－	1.000	27	26	6.2	7	2	0	0	0	1	6	0	0	5	5	6.43
*関根 潤三	(近)	1	1	0	1	0	0	－	.000	11	8	2	2	0	0	－	3	0	1	0	0	0	0	0.00
関根 裕之	(日)	1	1	0	0	0	0	0	.000	6	4	1	1	0	0	0	2	0	1	0	0	0	0	0.00
関本四十四	(巨)	1	1	0	0	0	0	0	.000	3	3	1	0	0	0	0	0	0	0	0	0	0	0	0.00
攝津 正	(ソ)	2	2	0	0	0	0	0	.000	10	10	2.2	3	0	0	0	0	0	2	0	0	0	0	0.00
千賀 滉大	(ソ)	3	3	0	0	1	0	0	1.000	23	21	6	3	0	0	0	0	0	10	0	0	0	0	0.00

選手名	チーム	年数	試合	交代完了	試合当初	勝利	敗北	セーブ	勝率	打者	打数	投球回	安打	本塁打	犠打	犠飛	四球	死球	三振	暴投	ボーク	失点	自責点	防御率
荘　勝雄	(ロ)	1	2	0	0	0	0	0	.000	10	10	3	1	0	0	0	0	0	5	0	0	0	0	0.00
外木場義郎	(広)	5	8	2	1	1	1	0	.500	64	60	16.2	13	0	0	0	4	0	11	1	0	5	5	2.65
宣　銅烈	(中)	1	1	1	0	0	0	1	.000	4	4	1	1	0	0	0	0	0	0	0	0	0	0	0.00
ダルビッシュ有	(日)	5	5	0	3	0	0	0	.000	31	31	8	10	1	0	0	0	0	2	0	0	2	1	1.13
*高木　宣宏	(広)	1	2	0	0	0	0	0	.000	5	4	0.2	2	0	0	0	1	0	0	0	0	0	0	0.00
高木　勇人	(巨)	1	1	0	0	0	0	0	.000	4	4	1	1	0	0	0	0	0	1	0	0	0	0	0.00
高津　臣吾	(ヤ)	6	6	4	0	0	0	3	.000	22	22	6	4	1	0	0	0	0	5	0	0	2	1	1.50
高野　光	(ヤ)	1	1	0	0	0	0	0	.000	11	9	3.1	0	0	0	0	2	0	1	0	0	1	1	2.70
高野　裕良	(洋)	2	2	1	0	0	0	0	.000	10	10	2	3	0	0	0	0	-	1	0	0	2	2	9.00
高橋栄一郎	(南)	1	1	0	0	0	0	-	.000	15	14	2.2	5	2	0	0	1	0	1	0	0	4	4	12.00
*高橋　一三	(日)	6	9	1	0	2	0	0	1.000	53	47	13	9	3	0	0	6	0	13	0	0	6	6	4.15
*高橋　一建	(広)	4	5	1	1	1	0	0	1.000	36	33	9	7	1	0	1	2	0	10	0	0	4	4	4.00
髙橋　光成	(武)	1	1	0	0	0	0	0	.000	10	10	1	7	3	0	0	0	0	1	0	0	6	6	54.00
高橋　光志	(広)	1	1	0	0	0	0	0	.000	7	6	1.2	2	1	0	0	0	0	1	0	0	1	1	4.50
高橋　重行	(洋)	3	4	1	1	0	1	0	.000	24	23	6	5	2	0	0	1	0	2	0	0	5	4	6.00
*高橋　朋己	(武)	1	1	1	0	0	0	0	.000	5	5	1	2	0	0	0	0	0	1	0	0	1	1	9.00
高橋　直樹	(武)	6	7	0	2	0	2	0	.000	59	54	14	18	3	1	0	2	2	13	0	0	10	10	6.43
*高橋　尚成	(巨)	1	1	0	1	1	0	0	1.000	9	9	2	3	1	0	0	0	0	3	0	0	2	2	9.00
高橋　善正	(東)	2	2	0	0	0	0	-	.000	14	14	4	3	0	0	0	0	0	3	0	0	1	1	2.25
高橋　礼	(ソ)	1	1	0	0	0	0	0	.000	9	9	2	4	0	0	0	0	0	0	0	0	1	1	4.50
高村　祐	(近)	2	2	1	1	0	1	1	.000	22	22	5	7	1	0	0	0	0	6	0	0	4	4	7.20
宅和　本司	(南)	1	1	0	2	0	0	0	.000	17	15	4	2	0	0	0	2	0	1	0	0	0	0	0.00
*田口　麗斗	(巨)	1	1	0	0	0	0	0	.000	6	6	2	0	0	0	0	0	0	2	0	0	0	0	0.00
武末　悉昌	(西)	1	1	0	1	0	0	0	.000	14	12	3	2	0	0	-	2	0	2	0	0	1	0	0.00
武田　一浩	(中)	5	5	1	0	0	0	0	.000	42	39	10.2	9	1	0	1	1	1	3	0	0	7	6	5.06
武田　翔太	(ソ)	1	1	0	0	0	0	0	.000	3	3	1	0	0	0	0	0	0	0	0	0	0	0	0.00
武田　久	(日)	6	6	4	0	0	1	1	.000	28	28	6	11	2	0	0	0	0	2	0	0	5	4	6.00
*武田　勝	(日)	1	1	0	0	0	1	0	.000	14	14	1.1	10	4	0	0	0	0	3	0	0	9	9	60.75
武智(田中)文雄	(近)	2	2	2	0	1	0	-	1.000	10	10	2	3	0	0	0	0	0	1	0	0	0	0	0.00
田島　慎二	(中)	2	2	0	0	0	0	0	.000	9	9	2	3	0	0	0	0	0	0	0	0	1	1	4.50
*巽　一	(国)	1	1	0	0	0	0	0	.000	10	10	3	1	0	0	0	0	0	0	0	0	0	0	0.00
館山　昌平	(ヤ)	4	4	0	1	0	1	0	.000	37	37	8	14	2	0	0	0	0	2	0	0	5	5	5.63
建山　義紀	(日)	1	1	0	0	0	1	0	.000	9	9	1.2	3	1	0	0	0	0	2	0	0	3	3	6.20
田中　章	(平)	1	2	1	0	1	0	0	1.000	12	12	2.2	4	0	0	0	0	0	2	0	0	2	2	6.00
*田中健二朗	(ディ)	1	1	0	0	0	0	0	.000	4	4	1	1	1	0	0	0	0	0	0	0	1	1	9.00
田中　富生	(日)	1	1	0	0	0	0	0	.000	10	10	2	4	0	0	0	0	0	1	0	0	1	1	4.50
田中　将大	(楽)	6	6	0	4	1	1	0	.500	47	47	11	15	2	0	0	0	0	6	1	0	7	7	5.73
*田中　調	(東)	3	5	1	0	0	1	0	.000	19	16	4	6	1	0	0	0	0	3	0	0	2	2	4.50
谷村　智博	(日)	1	1	0	1	0	1	-	.000	15	15	3	6	1	0	0	0	0	3	0	0	3	3	9.00
谷元　圭介	(日)	1	2	1	0	0	0	0	.000	7	7	2	1	0	0	0	0	0	1	0	0	0	0	0.00
田畑　一也	(ヤ)	2	3	1	0	0	0	0	.000	16	14	4	3	0	0	0	2	0	4	0	0	1	1	2.25
チェコ	(広)	1	1	0	1	0	0	0	.000	8	8	2	2	1	0	0	0	0	3	0	0	1	1	4.50
張　誌家	(武)	1	1	0	0	1	0	0	1.000	7	6	2	0	0	0	0	0	0	0	0	0	0	0	0.00
趙　成珉	(巨)	1	1	0	0	0	0	0	.000	9	7	2	1	0	0	0	(1)2	0	3	0	0	0	0	0.00
塚原　頌平	(オ)	1	2	0	0	0	0	0	.000	7	7	2	2	0	0	0	0	0	0	0	0	1	1	4.50
津田恒実(恒美)	(広)	5	7	5	1	0	0	2	.000	34	31	10.1	6	1	0	1	2	0	12	0	0	0	0	0.00
津野　浩	(日)	2	2	0	0	0	1	1	.500	16	15	4	3	0	0	0	0	0	4	0	0	2	2	4.50
ディクソン	(オ)	1	1	0	0	0	1	0	.000	4	4	1	1	1	0	0	0	0	1	0	0	1	1	9.00
デニー(デニー友利)	(武)	1	1	0	0	0	0	0	.000	5	5	1	2	0	0	0	0	0	1	0	0	0	0	0.00
寺原　隼人	(オ)	2	2	0	1	0	0	0	.000	14	14	4	2	0	0	0	0	0	1	0	0	0	0	0.00
東野　峻	(巨)	1	1	0	1	0	0	0	.000	11	11	2	6	2	0	0	0	0	1	0	0	4	4	13.00
*遠山　獎志	(神)	1	1	0	0	0	0	0	.000	5	5	1.1	0	0	0	0	0	0	0	0	0	0	0	0.00
十亀　剣	(武)	1	1	0	0	0	0	0	.000	14	13	2	7	0	0	0	1	0	1	0	0	6	5	22.50
徳久　利明	(広)	2	4	0	0	0	0	0	.000	30	28	8	7	0	0	0	0	0	6	0	0	0	0	0.00
*床田　寛樹	(広)	1	1	0	0	0	0	0	.000	4	4	1	2	0	0	0	0	0	1	0	0	0	0	0.00
戸田　善紀	(急)	1	1	0	0	0	0	0	.000	3	3	1	0	0	0	0	0	0	1	0	0	0	0	0.00
豊田　清	(武)	4	4	2	0	0	0	1	.000	14	14	4	2	0	0	0	0	0	6	0	0	0	0	0.00
堂上　照	(武)	1	1	1	0	0	0	0	.000	15	15	4	3	0	0	0	0	0	3	0	0	1	1	2.25
土橋　正幸	(東)	7	8	2	2	0	1	0	.000	67	63	15	19	3	0	0	0	0	9	1	0	11	11	6.60
内藤　尚行	(ヤ)	1	1	0	0	0	0	0	.000	8	7	2	1	0	0	0	1	0	4	0	0	1	1	4.50
*中尾　碩志	(巨)	1	1	0	0	0	0	0	.000	3	3	0.1	2	0	0	-	0	0	0	0	1	1	1	9.00
中込　伸	(神)	1	1	0	0	0	0	0	.000	8	7	2	2	0	0	0	0	0	3	0	0	1	1	4.50
中崎　翔太	(広)	2	2	2	0	0	0	0	.000	8	7	2	2	1	0	0	0	0	1	0	0	2	2	9.00
中村　賢一	(中)	1	1	0	0	0	0	0	.000	9	9	2	3	0	0	0	0	0	3	0	0	1	1	4.50
*仲田　幸司	(神)	1	1	0	1	0	0	0	.000	11	11	3	0	0	0	0	0	0	5	0	0	0	0	0.00
中田　良弘	(神)	1	1	1	0	0	0	0	.000	9	8	1	5	2	0	0	0	0	1	0	0	5	5	45.00
中西　勝己	(毎)	1	1	0	0	0	0	1	.000	13	11	3	3	0	0	0	2	0	2	0	0	4	4	12.00
中西　清起	(神)	2	2	0	0	0	0	1	.000	10	10	2	2	0	0	0	0	0	2	0	0	4	4	18.00
中村　稔	(巨)	3	3	0	0	0	0	0	.000	15	14	2.2	3	0	0	0	1	0	1	0	0	4	2	6.00
*中山　俊丈	(中)	2	2	0	0	1	0	0	1.000	13	11	3	3	0	0	0	0	0	3	0	0	1	1	3.00

オールスター・ゲーム・ライフタイム

選手名	チーム	年数	試合	交代完了	試合当初	勝利	敗北	セーブ	勝率	打者	打数	投球回	安打	本塁打	犠打	犠飛	四球	死球	三振	暴投	ボーク	失点	自責点	防御率
中山 裕章	(中)	3	4	2	0	2	0	0	1.000	18	17	5	5	0	0	1	0	0	5	0	0	1	1	1.80
永井 怜	(楽)	1	1	0	0	0	0	0	.000	11	10	2	2	0	0	1	0	0	1	1	0	3	3	13.50
*永射 保	(武)	2	5	0	0	0	0	0	.000	33	29	8.2	5	0	0	0	2	2	6	0	0	0	0	0.00
永川 勝浩	(広)	3	3	2	0	1	0	0	1.000	14	12	3	5	0	0	1	1	0	2	0	0	2	2	6.00
長冨 浩志	(広)	1	1	0	0	1	0	0	1.000	11	10	3	3	0	0	0	0	0	1	0	0	0	0	0.00
成田 文男	(ロ)	8	9	1	6	1	1	—	.500	77	71	20.1	14	1	0	0	6	0	11	0	0	6	6	2.70
成本 年秀	(神)	4	4	3	0	0	0	0	.000	13	12	3	3	1	0	0	1	0	2	0	0	1	1	3.00
*成瀬 善久	(ロ)	3	3	0	1	0	1	0	.000	33	33	6	14	1	0	0	1	0	0	0	0	9	8	12.00
ニューベリー	(急)	1	1	0	0	0	0	0	.000	4	4	0+	4	0	0	—	0	0	0	0	0	2	2	—
新美 敏	(日)	1	1	0	0	1	0	0	.000	15	13	4	1	0	0	0	2	0	3	0	0	0	0	0.00
*新浦壽夫(寿夫)	(洋)	5	5	3	0	1	1	0	.500	46	42	9	15	4	0	0	4	0	9	0	0	11	9	9.00
西 勇輝	(オ)	3	3	0	1	0	1	0	.000	24	22	5	9	0	0	1	1	0	4	0	0	4	4	7.20
西岡三四郎	(南)	1	1	0	0	0	0	0	.000	9	9	3	0	0	0	0	0	0	0	0	0	0	0	0.00
*西川 佳明	(南)	1	1	0	0	0	0	0	.000	10	10	3	1	0	0	0	0	0	3	0	0	0	0	0.00
西口 文也	(武)	4	4	0	1	0	0	0	.000	33	31	7.1	9	3	0	0	2	0	4	0	0	8	8	9.82
西崎 幸広	(日)	7	7	0	2	1	1	0	.500	48	46	12.2	10	1	0	0	2	0	13	0	0	6	6	4.26
西田 亨	(東)	2	2	1	0	0	0	0	.000	10	10	3	0	0	0	0	0	0	1	0	0	1	0	0.00
仁科 時成	(ロ)	1	1	0	0	0	0	0	.000	8	8	1.2	3	1	0	0	1	0	1	0	0	1	1	4.50
西野 勇士	(ロ)	2	2	0	0	0	0	0	.000	12	12	3	3	0	0	0	0	0	3	0	0	0	0	0.00
西村 一孔	(神)	1	2	0	2	0	1	0	.000	15	13	3.1	3	1	1	0	1	0	6	0	0	4	2	4.50
西村健太朗	(巨)	1	2	2	0	0	0	0	.000	4	4	1.1	0	0	0	0	0	0	0	0	0	0	0	0.00
西村 貞朗	(西)	2	2	0	0	1	1	—	.500	21	19	5.2	3	1	1	0	1	0	4	0	0	3	2	3.00
西村 龍次	(ダ)	2	2	0	0	0	0	0	.000	9	9	3	1	0	0	0	0	0	2	0	0	0	0	0.00
西本 聖	(巨)	8	9	0	3	0	3	0	.000	84	78	18.2	27	3	1	1	4	0	10	0	1	15	15	7.23
*能見 篤史	(神)	2	2	0	0	0	0	0	.000	15	15	4	2	0	0	0	0	0	4	0	0	0	0	0.00
*野口 茂樹	(中)	3	3	0	2	0	1	0	.000	30	28	7	8	2	0	0	2	0	7	0	0	5	5	6.43
野田 浩司	(オ)	1	1	0	0	1	0	0	1.000	9	9	2	3	0	0	0	0	0	3	0	0	2	2	9.00
野村 収	(洋)	4	5	1	0	1	0	1	1.000	35	31	8	9	0	0	0	4	0	7	1	0	2	2	2.25
*野村 貴仁	(オ)	1	1	0	0	0	0	0	.000	9	9	2.1	2	0	0	0	1	0	0	0	0	1	1	3.86
野村 武史	(毎)	2	4	0	1	0	0	0	.000	40	38	12	2	1	0	—	1	1	5	0	0	1	1	0.75
*野村 弘樹	(横)	3	3	0	1	1	0	0	1.000	25	24	6.2	4	2	0	0	1	0	9	0	0	3	3	4.05
野村 祐輔	(広)	2	2	0	0	0	0	0	.000	16	16	5	2	1	0	0	0	0	4	0	0	1	1	1.80
野茂 英雄	(近)	5	6	0	4	0	1	0	.000	61	49	11.2	14	1	0	0	12	0	19	1	0	6	6	4.63
則本 昂大	(楽)	3	3	0	1	0	0	0	.000	24	24	6	8	3	0	0	0	0	6	0	0	3	3	4.50
バーネット	(ヤ)	2	2	1	0	0	0	0	.000	7	7	2	2	0	0	0	0	0	1	0	0	0	0	0.00
バッキー	(神)	5	7	1	3	0	1	—	.000	67	61	16.1	17	2	0	1	3	2	11	0	0	9	9	5.06
バリントン	(広)	1	1	0	0	0	0	0	.000	8	8	2	2	1	0	0	0	0	1	0	0	1	1	4.50
*バルデス	(中)	1	1	0	0	0	0	0	.000	8	8	2	2	1	0	0	0	0	2	0	0	1	1	4.50
バンチ	(近)	1	1	0	0	0	0	0	.000	7	6	2	1	0	0	0	0	0	3	0	0	0	0	0.00
パウエル	(近)	1	1	0	1	1	0	0	1.000	7	7	2	1	0	0	0	0	0	1	0	0	0	0	0.00
*橋本 武広	(武)	1	2	0	0	0	0	0	.000	7	7	2	1	0	0	0	0	0	2	0	0	0	0	0.00
長谷川滋利	(オ)	1	1	0	0	0	0	0	.000	7	7	2	1	0	0	0	0	0	1	0	0	1	1	4.50
長谷川良平	(広)	7	10	1	1	0	1	—	.000	74	68	19.1	16	4	0	0	6	0	9	0	0	9	9	4.05
*畑 隆幸	(西)	1	1	0	0	0	0	0	.000	7	6	2	0	0	0	0	0	0	3	0	0	0	0	0.00
林 義一	(大)	3	6	4	0	2	0	0	1.000	46	42	13.1	5	0	2	—	2	0	3	0	0	0	0	0.00
*林 俊彦	(南)	1	1	0	0	0	0	0	.000	10	10	3	1	0	0	0	0	0	2	0	0	0	0	0.00
*林 昌範	(巨)	1	1	0	0	0	0	0	.000	3	3	1	0	0	0	0	0	0	1	0	0	0	0	0.00
隼人(中村隼人)	(日)	1	1	0	0	0	0	0	.000	7	7	2	1	0	0	0	0	0	1	0	0	1	1	4.50
板東 英二	(中)	3	5	1	0	0	0	0	.000	22	21	5	6	2	0	0	1	0	5	0	0	4	4	7.20
*ヒルマン	(ロ)	1	1	0	1	0	0	0	.000	11	11	3	2	0	0	0	0	0	2	0	0	0	0	0.00
東尾 修	(武)	10	12	4	0	1	0	2	1.000	110	97	28	20	0	1	2	10	0	11	2	0	7	5	1.61
平井 克典	(武)	1	1	0	0	0	0	0	.000	4	4	1	1	0	0	0	0	0	0	0	0	0	0	0.00
平井 正史	(オ)	1	1	1	0	0	0	0	.000	4	4	1	1	0	0	0	0	0	1	0	0	0	0	0.00
平野 佳寿	(オ)	6	6	1	0	0	0	0	.000	26	25	7	8	2	0	0	1	0	3	0	0	2	2	2.57
平松 政次	(洋)	8	9	4	1	0	2	—	.000	82	80	20	19	2	0	0	1	0	17	0	0	10	9	4.05
備前(大田垣喜夫)	(広)	2	2	0	0	0	0	0	.000	5	5	1	2	0	0	0	0	0	2	0	0	0	0	0.00
ファルケンボーグ	(ソ)	2	2	0	0	0	0	0	.000	9	9	2	2	0	0	0	0	0	2	0	0	0	0	0.00
*フランスア	(広)	1	1	0	0	0	0	0	.000	3	3	1	0	0	0	0	0	0	3	0	0	0	0	0.00
深沢 恵雄	(ロ)	1	1	0	0	0	0	0	.000	12	12	3	3	0	0	0	0	0	3	0	0	1	1	4.50
福士敬章(松原明夫)	(広)	3	4	0	1	1	0	0	1.000	35	32	8.1	8	1	0	0	3	0	8	0	0	5	4	4.50
福谷 浩司	(中)	1	1	0	0	0	0	0	.000	7	7	1.1	3	0	0	0	0	0	2	0	0	1	1	6.75
福原 忍	(神)	1	1	0	0	0	0	0	.000	13	13	3	4	0	0	0	0	0	3	0	0	1	1	3.00
福盛 和男	(楽)	1	1	0	0	0	0	0	.000	4	3	1	0	0	0	0	0	0	1	0	0	0	0	0.00
福山 博之	(楽)	1	1	0	0	0	0	0	.000	17	17	4	6	1	0	0	0	0	3	0	0	2	2	4.50
*藤井 秀悟	(ヤ)	2	2	0	0	0	0	0	.000	23	23	4	11	3	0	0	0	0	3	0	0	8	8	18.00
藤川 球児	(神)	9	12	7	0	0	0	2	.000	37	36	11.2	3	1	0	0	1	0	14	0	0	1	1	0.77
藤沢 公也	(中)	1	1	0	0	0	0	0	.000	9	8	2	3	0	0	0	1	0	1	0	0	2	2	9.00
*藤田 宗一	(ロ)	1	2	0	0	1	0	0	1.000	11	9	2	4	1	0	0	1	0	3	0	0	3	3	13.50
藤田 学	(南)	3	6	1	1	0	1	—	.000	37	29	7.2	10	1	1	1	6	0	1	0	0	5	5	5.63
藤田 元司	(巨)	1	1	0	0	0	0	0	.000	37	37	9.2	8	0	0	0	0	0	8	1	0	6	6	5.40

選手名	チーム	年数	試合	交代完了	試合当初	勝利	敗北	セーブ	勝率	打者	打数	投球回	安打	本塁打	犠打	犠飛	四球	死球	三振	暴投	ボーク	失点	自責点	防御率
藤浪晋太郎	(神)	4	4	0	1	2	1	0	.667	34	32	9	6	1	0	0	2	0	5	0	0	4	4	4.00
藤村 隆男	(神)	3	4	1	2	0	0	0	.000	35	33	9.1	6	1	0	0	2	0	4	0	0	1	1	0.90
藤本 修二	(南)	1	1	0	0	0	0	0	.000	12	12	3	3	0	0	0	0	0	2	0	0	1	1	3.00
藤本 英雄	(巨)	2	2	1	0	0	2	0	—	18	17	3.2	6	1	0	—	1	0	4	0	0	4	4	9.00
二木 康太	(ロ)	2	2	0	0	0	0	0	.000	11	11	3	4	1	0	0	0	0	4	0	0	1	1	3.00
古沢 憲司	(神)	2	2	0	1	0	1	0	.000	18	16	4	4	0	0	0	2	0	4	1	0	3	2	4.50
*古溝 克之	(神)	2	2	2	0	0	0	1	.000	9	8	2	2	1	0	0	1	0	3	0	0	1	1	4.50
ベバリントン	(ヤ)	1	1	0	0	0	0	0	.000	3	2	1	0	0	0	0	0	0	1	0	0	0	0	0.00
ベドラザ	(ダ)	4	6	3	0	0	0	0	.000	25	25	6	8	2	0	0	0	0	4	0	0	3	3	4.50
別所 毅彦	(巨)	6	10	3	2	1	2	—	.333	80	75	20	18	1	0	0	5	0	11	0	0	8	8	3.60
ホッジス	(ヤ)	1	1	0	1	0	0	0	.000	12	10	2	5	0	0	1	0	1	1	1	0	4	4	18.00
ボルシンガー	(ロ)	1	1	1	0	0	0	0	.000	6	6	2	0	0	0	1	0	0	2	0	0	0	0	0.00
*帆足 和幸	(武)	2	2	0	0	0	1	0	.000	21	20	4	10	0	0	0	1	0	2	0	0	4	3	6.75
星野 仙一	(中)	6	6	1	2	0	1	0	.000	42	38	10	13	3	0	1	2	1	2	0	0	7	7	6.30
*星野 伸之	(オ)	7	7	0	0	0	0	0	.000	60	58	14	18	1	0	0	2	0	16	1	0	7	6	3.86
堀内 恒夫	(巨)	9	14	4	2	0	0	1	.000	101	88	25	19	2	0	1	12	0	16	0	0	4	4	1.44
堀本 律雄	(日)	1	1	0	0	0	0	0	—	12	11	3	2	0	0	0	0	0	1	1	0	1	1	3.00
マーティン	(日)	1	1	0	0	0	0	0	.000	4	4	1	1	0	0	0	0	0	1	0	0	0	0	0.00
マクガフ	(ヤ)	1	1	0	0	0	0	0	.000	3	3	1	0	0	0	0	0	0	0	0	0	0	0	0.00
マシソン	(巨)	1	1	0	0	0	0	0	.000	4	4	1	2	0	0	0	0	0	2	0	0	1	1	9.00
マ テ オ	(神)	1	1	0	0	0	0	0	.000	6	6	1	3	1	0	0	0	0	2	0	0	3	3	27.00
*前川 勝彦	(近)	2	2	0	1	0	0	0	.000	22	20	5	6	0	0	0	1	1	5	0	0	2	2	3.60
前田 健太	(広)	5	5	0	4	4	0	0	1.000	45	44	12	8	0	0	0	1	0	7	0	0	1	1	0.75
*前田 幸長	(ロ)	1	1	0	1	0	1	0	.000	9	8	2	3	0	0	1	0	0	3	0	0	2	2	9.00
牧田 和久	(武)	4	4	0	0	0	1	0	.000	32	31	7	11	1	0	0	1	0	4	0	0	4	4	5.14
牧野 伸	(東)	1	1	0	0	0	0	0	—	7	4	1.2	0	0	1	0	2	0	1	0	0	1	0	0.00
槙原 寛己	(巨)	6	7	1	3	1	0	0	1.000	53	50	14	9	2	0	0	3	0	16	1	0	3	3	1.93
*間柴 茂有	(日)	1	1	0	0	0	0	0	—	17	14	2.2	8	2	1	0	2	0	2	0	0	5	5	6.88
増井 浩俊	(オ)	3	4	1	0	0	0	0	.000	13	13	4	1	0	0	0	0	0	2	0	0	0	0	0.00
増田 達至	(武)	2	2	1	0	0	0	0	.000	7	7	2	1	0	0	0	0	0	1	0	0	0	0	0.00
益田 直也	(ロ)	3	3	0	0	1	0	0	1.000	14	12	3	3	0	0	0	1	0	2	0	0	1	1	3.00
又吉 克樹	(中)	1	1	0	0	0	0	0	.000	6	6	1	2	0	0	0	0	0	2	0	0	1	1	9.00
*松井 裕樹	(楽)	3	3	2	0	0	0	0	.000	9	9	2.1	2	0	0	0	1	0	3	0	0	0	0	0.00
松沼 宏明	(ヤ)	1	1	0	0	0	0	0	.000	6	6	2	0	0	0	0	0	0	1	0	0	0	0	0.00
松岡 弘	(ヤ)	8	11	3	3	0	0	0	.000	88	83	21.1	22	5	0	0	4	1	17	0	0	13	11	4.64
松坂 大輔	(中)	7	7	0	5	1	3	0	.250	74	63	13	26	3	0	1	9	1	13	0	0	19	17	11.77
*松沼 博久	(武)	5	6	1	1	1	1	0	.500	42	36	9.2	9	1	0	0	6	0	6	0	0	3	3	2.79
松沼 雅之	(武)	4	4	0	2	2	0	0	1.000	47	44	10	15	4	0	0	3	0	8	0	0	11	11	9.90
*松本 幸行	(中)	3	3	0	0	0	1	0	.000	19	17	4	6	0	0	0	1	1	2	0	0	2	2	4.50
松山 昇	(広)	1	1	0	0	0	0	0	.000	10	10	3	1	0	0	0	0	0	2	0	0	0	0	0.00
馬原 孝浩	(ソ)	3	3	1	0	0	2	0	.000	17	17	3	8	2	0	0	0	0	3	0	0	5	5	15.00
ミケンズ	(近)	2	2	1	1	1	0	0	1.000	30	27	8.1	3	0	0	0	3	0	4	0	0	0	0	0.00
ミコライオ	(広)	1	1	1	0	0	0	0	.000	3	3	1	0	0	0	0	0	0	1	0	0	0	0	0.00
ミンチー	(ロ)	2	2	0	0	0	0	0	.000	16	15	4	4	1	0	0	1	0	0	0	0	2	1	2.25
三浦 清弘	(南)	2	3	0	0	0	0	0	.000	25	24	7	4	0	0	0	1	0	7	0	0	2	1	1.29
三浦 大輔	(ディ)	6	6	1	1	2	0	0	.500	49	48	12.2	11	2	0	0	10	0	10	0	0	5	5	3.55
三浦 広之	(急)	1	2	1	0	0	0	0	.000	12	11	3	4	0	1	0	0	0	2	0	0	2	2	6.00
*三浦 方義	(大)	1	1	0	0	0	0	0	.000	5	4	1.1	0	0	0	0	1	0	1	0	0	0	0	0.00
三上 朋也	(ディ)	2	2	1	0	0	0	0	.000	6	6	2	2	0	0	0	1	0	1	0	0	0	0	0.00
三沢 淳	(中)	1	1	0	0	0	0	0	.000	12	10	3	3	0	0	0	0	0	3	0	0	0	0	0.00
三嶋 一輝	(ディ)	1	1	0	0	0	0	0	.000	8	8	2	2	0	0	0	0	0	2	0	0	0	0	0.00
*水谷 則博	(ロ)	2	3	0	1	1	0	0	1.000	30	28	8	5	0	0	0	2	0	2	0	0	0	0	0.00
水谷 寿伸	(巨)	2	2	0	0	0	0	0	—	13	12	3.1	3	2	1	0	0	0	1	0	0	2	2	6.00
水野 雄仁	(巨)	1	1	0	0	0	0	0	.000	9	8	2	2	1	0	0	0	0	1	0	0	1	1	4.50
*三瀬 幸司	(ダ)	1	1	0	0	0	0	0	.000	3	3	1	0	0	0	0	0	0	2	0	0	0	0	0.00
*三井 浩二	(武)	1	1	0	0	0	0	0	.000	11	11	3	2	1	0	0	1	0	1	0	0	0	0	0.00
*三富 恒雄	(名)	1	1	0	0	0	0	0	.000	8	8	2	2	1	0	0	0	0	1	0	0	1	1	4.50
皆川睦雄(睦男)	(南)	6	7	2	1	0	2	0	.000	47	44	10.1	15	2	0	1	0	0	8	1	0	8	8	7.20
皆川 康夫	(東)	1	1	0	0	0	0	0	.000	7	7	2	0	0	0	0	0	0	1	0	0	0	0	0.00
美馬 学	(楽)	2	2	0	0	1	0	0	1.000	11	11	3	2	0	0	0	0	0	4	0	0	1	1	3.00
*都 裕次郎	(中)	1	2	1	0	0	0	0	.000	12	10	3	3	1	0	0	1	0	2	0	0	0	0	0.00
宮田 征典	(巨)	1	1	0	0	0	0	0	.000	17	16	4.1	3	0	0	0	1	0	4	0	0	2	2	4.50
*宮西 尚生	(日)	3	3	1	0	0	0	0	.000	10	10	2.2	2	0	0	0	1	0	2	0	0	1	1	3.38
三輪 悟	(西)	1	1	1	0	0	0	0	.000	3	2	1	0	0	0	0	0	0	1	0	0	0	0	0.00
*ムーア	(神)	1	1	0	0	0	0	0	1.000	8	6	2	0	0	0	0	2	0	2	0	0	0	0	0.00
*村上 雅則	(南)	1	1	0	0	0	0	0	.000	11	11	3	2	0	0	0	0	0	1	0	0	0	0	0.00
村田 勝喜	(ダ)	1	1	0	0	0	0	0	.000	20	18	5	5	0	0	0	1	0	3	0	0	0	0	0.00
*村田 元一	(国)	2	4	1	0	1	0	0	.000	32	28	6.2	10	2	0	0	0	0	3	0	0	6	6	7.71
*村田 辰美	(近)	3	6	1	0	1	0	0	1.000	42	39	11	8	2	0	0	2	0	6	0	0	5	4	3.27

オールスター・ゲーム・ライフタイム

選手名	チーム	年数	試合	交代完了	試合当初	勝利	敗北	セーブ	勝率	打者	打数	投球回	安打	本塁打	犠打	犠飛	四球	死球	三振	暴投	ボーク	失点	自責点	防御率
村田 兆治	(ロ)	13	16	7	6	1	2	2	.333	140	129	36	26	4	1	0	10	0	34	3	0	11	10	2.50
村山 実	(神)	8	11	1	7	1	2	−	.333	106	100	27	24	1	0	0	6	0	25	0	0	6	6	2.00
*メ イ	(巨)	1	1	0	0	0	0	0	.000	13	12	3	3	0	0	0	1	0	1	0	0	1	1	3.00
メッセンジャー	(神)	1	1	0	0	0	0	0	.000	9	9	2	2	0	0	0	0	0	0	0	0	0	0	0.00
本原 正治	(ダ)	1	1	0	0	0	0	0	.000	9	7	1.1	3	0	0	0	2	0	1	0	0	2	2	13.50
森 繁和	(武)	2	4	0	0	1	0	0	1.000	19	19	5.1	4	0	0	0	0	0	3	0	0	1	1	1.69
森 慎二	(武)	5	6	3	0	0	0	1	.000	25	23	6	5	1	0	0	2	0	10	1	0	2	2	3.00
森 唯斗	(ソ)	1	1	1	0	0	0	0	.000	11	11	3	3	0	0	0	0	0	0	0	0	0	0	0.00
森田 幸一	(中)	1	1	0	0	0	0	0	.000	7	5	2.1	0	0	1	0	1	0	2	0	0	0	0	0.00
盛田幸妃(幸希)	(近)	3	4	0	0	0	0	0	.000	18	18	4.2	3	0	0	0	0	0	7	0	0	2	1	1.93
森滝 義巳	(国)	2	2	1	0	0	0	−	.000	2	2	0.1	0	0	0	0	0	0	1	0	0	1	1	9.00
森中千香良	(洋)	2	2	1	0	0	0	0	.000	19	19	5	5	3	0	0	0	0	7	0	0	4	4	7.20
*森福 允彦	(ソ)	2	2	0	0	0	0	0	.000	10	10	3	1	0	0	0	0	0	4	0	0	0	0	0.00
森安 敏明	(東)	3	5	3	0	1	0	−	1.000	38	35	10	6	1	0	0	(1)3	0	7	0	0	2	2	1.80
*八木 智哉	(日)	1	1	0	0	0	0	0	.000	9	9	2	3	1	0	0	0	0	1	0	0	1	1	4.50
*安田 猛	(ヤ)	3	4	1	2	0	0	0	.000	37	32	8.1	8	1	1	0	(1)4	0	2	0	0	4	2	2.25
柳田 裕也	(中)	1	1	0	0	0	0	0	.000	9	9	2	3	1	0	0	0	0	2	0	0	3	3	13.50
柳田 豊	(近)	3	6	4	1	1	2	0	.333	30	29	7.2	6	3	0	0	1	0	7	0	0	6	6	6.75
矢貫 俊之	(日)	1	2	0	0	0	0	0	.000	8	7	2	2	0	0	0	1	0	0	0	0	1	1	4.50
薮 恵壹(恵市)	(神)	6	6	0	2	2	2	0	.500	63	58	14.2	19	2	0	3	2	0	11	1	0	11	11	6.75
薮田 和樹	(広)	1	1	1	0	0	0	0	.000	3	3	1	0	0	0	0	0	0	1	0	0	0	0	0.00
薮田 安彦	(ロ)	2	3	2	0	0	0	0	.000	9	9	2	3	1	0	0	1	0	1	0	0	2	2	9.00
山井 大介	(中)	1	1	0	0	0	0	0	.000	12	11	1.2	3	1	0	0	1	0	1	0	0	5	5	27.00
山内 和宏	(南)	3	3	0	2	0	0	0	.000	31	26	7	7	3	0	1	3	1	4	0	0	6	6	6.43
山内 新一	(南)	6	6	0	2	2	1	0	.667	48	45	13	8	1	0	0	3	0	4	0	0	3	3	2.08
山内 孝徳	(南)	3	4	1	1	0	0	0	.000	38	35	9	8	2	0	0	2	1	8	0	0	4	4	4.00
山内 泰幸	(広)	2	2	0	0	0	0	0	1.000	12	12	3	3	0	0	0	0	0	3	0	0	2	2	6.00
山岡 泰輔	(オ)	2	2	0	1	1	1	0	.500	14	14	3	5	1	0	0	0	0	3	0	0	3	3	9.00
山沖 之彦	(オ)	2	2	0	1	0	0	0	.000	18	18	5	4	0	0	0	0	0	4	0	0	0	0	0.00
山口 和男	(ダ)	1	1	0	0	0	0	0	.000	3	3	0.2	1	1	0	0	0	0	0	0	0	1	1	13.50
山口 俊	(巨)	3	5	0	0	0	0	0	1.000	25	25	6	7	2	0	0	0	0	2	0	0	3	3	4.50
山口 高志	(急)	4	7	2	1	1	0	1	1.000	48	44	14.1	5	2	0	1	3	0	14	0	0	3	2	1.29
*山口 鉄也	(巨)	5	5	2	0	0	0	0	.000	16	16	5	1	0	0	0	0	0	1	0	0	0	0	0.00
山崎慎太郎	(近)	1	1	0	0	0	0	0	.000	11	10	2	5	0	0	0	1	0	1	0	0	2	2	9.00
山崎 康晃	(ディ)	5	5	4	0	0	0	0	.000	27	26	5	10	1	0	0	0	0	4	0	0	7	5	9.00
山田 久志	(急)	13	14	2	6	7	0	0	1.000	123	112	30	23	4	0	1	10	0	27	0	0	11	11	3.30
山中 巽	(中)	2	2	0	0	0	0	0	.000	11	9	2	3	1	0	0	2	0	2	0	0	3	2	9.00
山根 和夫	(広)	1	2	2	0	0	0	0	.000	20	20	6	2	0	0	0	0	0	1	0	0	1	1	1.50
山根 俊英	(毎)	1	2	1	0	0	0	0	.000	20	18	6	2	0	0	0	−	0	2	0	0	1	1	1.50
*山部 太	(ヤ)	2	2	1	0	0	0	0	.000	17	15	4	6	0	0	0	0	0	1	1	0	4	3	6.75
山村 宏樹	(近)	1	1	0	0	0	0	0	.000	7	6	1.1	2	0	0	0	0	0	1	0	0	1	1	6.75
*山本 和行	(神)	7	11	7	1	2	3	3	.400	72	71	18.1	16	0	0	0	1	0	14	0	0	6	3	1.47
*山本 省吾	(オ)	1	2	0	0	0	0	0	.000	6	6	2	0	0	0	0	0	0	0	0	0	0	0	0.00
山本 哲哉	(ヤ)	1	2	1	0	0	1	0	.000	9	9	1.2	4	0	0	0	0	0	0	0	0	3	3	16.20
*山本昌(山本昌広)	(中)	6	6	0	3	2	0	0	1.000	41	39	11	6	2	0	0	2	0	13	0	0	5	4	3.27
山本 由伸	(オ)	2	2	1	0	0	0	0	.000	18	18	4	7	2	0	0	0	0	2	0	0	4	4	9.00
*柚木 進	(南)	4	5	0	4	0	0	−	.000	41	37	12	1	0	0	0	4	0	1	0	0	0	0	0.00
*湯舟 敏郎	(神)	1	1	0	1	0	0	0	.000	13	11	3	3	0	0	0	1	0	1	0	0	3	3	9.00
横山 道哉	(日)	1	1	0	0	0	0	1	.000	4	4	1	1	0	0	0	0	0	2	0	0	0	0	0.00
吉井 理人	(オ)	5	5	1	0	0	1	0	.000	36	34	9	8	1	0	0	0	0	4	0	0	4	4	4.00
*吉川 光夫	(日)	3	3	0	1	0	0	0	.000	26	26	7	5	1	0	0	0	0	6	0	0	2	2	2.57
*吉崎 勝	(日)	1	1	0	0	0	0	0	.000	8	8	2	2	0	0	0	0	0	0	0	0	0	0	0.00
吉武真太郎	(ソ)	1	1	0	0	0	0	0	.000	3	3	1	0	0	0	0	0	0	1	0	0	0	0	0.00
*吉田 修司	(ダ)	1	2	0	0	0	0	0	.000	9	9	2.2	1	0	0	0	0	0	2	0	0	0	0	0.00
*吉田 豊彦	(近)	3	4	2	0	0	0	0	.000	21	21	6	5	0	0	0	0	0	2	0	0	2	2	3.00
由規(佐藤由規)	(ヤ)	1	1	0	1	0	0	0	.000	8	8	2	3	1	0	0	1	0	1	0	0	2	2	9.00
吉見 一起	(中)	3	3	0	1	0	1	0	.000	24	24	6	5	2	0	0	0	0	1	0	0	3	3	4.50
与田 剛	(中)	3	3	0	0	0	0	0	.000	18	18	4	7	1	0	0	2	0	3	0	0	2	2	6.75
米川 泰夫	(東)	4	5	0	1	1	1	−	.500	49	43	11.2	11	1	1	1	3	1	5	0	0	8	8	6.00
米田 哲也	(急)	14	17	1	7	4	2	−	.667	142	126	32.1	37	4	0	0	15	0	18	1	0	20	16	4.50
竜 憲一	(広)	1	2	1	0	0	0	0	.000	8	8	2.1	1	1	0	0	0	0	2	0	0	1	1	4.50
ル イ ス	(広)	1	1	0	0	0	0	0	.000	8	8	2	2	0	0	0	0	0	2	0	0	1	1	4.50
若田部健一	(ダ)	1	1	0	0	0	0	0	.000	9	9	2	3	0	0	0	0	0	1	0	0	1	1	4.50
浦井 秀章	(ロ)	6	6	0	2	0	1	0	.000	57	56	12	22	3	0	1	0	0	4	0	0	12	12	9.00
若生 智男	(神)	1	1	0	0	0	0	0	.000	13	13	3	4	0	0	0	1	0	1	0	0	0	0	0.00
渡辺 俊介	(ロ)	2	2	0	0	0	0	0	.000	14	14	4	3	0	0	0	0	0	5	0	0	0	0	0.00
渡辺 泰輔	(南)	1	1	0	0	1	0	0	1.000	10	10	3	2	0	0	0	0	0	2	0	0	0	0	0.00
渡辺 智男	(武)	1	1	0	0	0	0	0	.000	9	8	2	1	0	0	0	1	0	2	0	0	1	1	4.50
渡辺 久信	(武)	6	8	2	0	0	1	0	.500	61	58	14.1	16	1	0	0	3	0	13	1	0	2	2	1.26
渡辺 秀武	(巨)	2	4	1	1	0	0	0	.000	23	23	5	5	0	0	0	0	0	6	1	0	5	3	5.40

選手名	チーム	年数	試合	交代完了	試合当初	勝利	敗北	セーブ	勝率	打者	打数	投球回	安打	本塁打	犠打	犠飛	四球	死球	三振	暴投	ボーク	失点	自責点	防御率
＊和田　毅	（ソ）	5	5	0	3	0	1	0	.000	35	34	9	7	0	0	0	1	0	9	0	0	1	1	1.00

投手として不出場の年がある選手…由規(佐藤　由規)('09ヤ)、大谷　翔平('16,'17日)

出 場 監 督 ・ コ ー チ （50音順）

氏　名	年数	出場した年度
安藤　統男	②	（コ）'82,'83
阿南　準郎	③	（監）'87,（コ）'86,'88
青田　昇	①	（コ）'72
秋山　幸二	⑥	（監）'11,'12,（コ）'07,'08,'10,'13
天知　俊一	③	（コ）'51,'54,'57
荒川　博	①	（コ）'75
伊東　勤	⑦	（監）'05,'14,（コ）'04,'06,'07,'16,'17
伊原　春樹	①	（コ）'03,（コ）'02
飯田　徳治	②	（コ）'67,'69
石本　秀一	①	（コ）'55
稲尾　和久	②	（コ）'85,'86
岩本　堯	③	（コ）'71〜'73
宇野　光雄	④	（コ）'56,'59,'60,'62
上田　利治	⑫	（監）'76,'77,'85 （コ）'74,'75,'82,'84,'87,'88,'90,'97,'99
牛島　和彦	①	（コ）'06
江尻　亮	①	（コ）'96
大石大二郎	①	（コ）'09
大久保博元	①	（コ）'14
大沢　啓二	⑧	（監）'82,（コ）'72,'79〜'81,'83,'84,'94
大下　弘	①	（コ）'68
大島　康徳	①	（コ）'01
王　貞治	⑪	（監）'84,'88,'00,'01,'04,（コ）'85〜'87,'02,'03,'05
仰木　彬	⑫	（監）'90,'96,'97 （コ）'76,'89,'91,'92,'94,'95,'98〜'00
岡田　彰布	④	（監）'04,'06,（コ）'07,'08
緒方　孝市	④	（監）'17〜'19,（コ）'15
小川　淳司	④	（コ）'10,'12,'13,'19
落合　博満	⑧	（監）'05,'07,'11,（コ）'04,'06,'08,'09,'10
岡本伊三美	②	（コ）'86,'87
梶本　隆夫	②	（コ）'79,（コ）'80
金田　正一	①	（監）'75
金田　正泰	③	（コ）'55,'73,'74
金本　知憲	②	（コ）'16,'18
川上　哲治	⑬	（監）'62,'64,'66〜'74,（コ）'63,'65
川崎　徳次	①	（コ）'61
木俣　達彦	①	（コ）'95
工藤　公康	⑤	（監）'15,'16,'18（コ）'17,'19
栗山　英樹	⑥	（監）'13,'17（コ）'12,'15,'16,'19
小西　得郎	②	（コ）'52,'53
古葉　竹識	⑧	（監）'76,'80,'81,'85,（コ）'77,'79,'82,'84
後藤　次男	①	（コ）'69
近藤　貞雄	③	（監）'83,（コ）'72,'89
権藤　博	③	（監）'99,（コ）'98,'00
佐々木恭介	①	（コ）'98
白井　一幸	①	（コ）'05
白石　勝巳	②	（コ）'58,'64
須藤　豊	①	（コ）'91
杉浦　清	①	（コ）'63
杉下　茂	①	（コ）'66
鈴木　啓示	②	（コ）'93,'95
砂押　邦信	①	（コ）'61
関口　清治	①	（コ）'83
関根　潤三	①	（コ）'84
田中　義雄	②	（コ）'58,'59
高木　守道	④	（監）'12,（コ）'92,'94,'13
高田　繁	①	（コ）'88
高橋　由伸	②	（コ）'16,'17
高畠　康真	①	（コ）'77
滝内弥瑞生	①	（コ）'76
武上　四郎	①	（コ）'81
田辺　徳雄	①	（コ）'14
辻　発彦	②	（監）'19,（コ）'18
土屋　弘光	②	（コ）'74,'77
鶴岡　一人 （山本）	⑮	（監）'52〜'54,'56,'60,'61,'65〜'67 （コ）'55,'57〜'59,'63,'64
寺岡　孝	①	（コ）'75
土井　淳	①	（コ）'80
土井　正三	③	（コ）'91〜'93
戸倉　勝城	①	（コ）'60
徳武　定之	①	（コ）'78
中　利夫	②	（コ）'78,'80
中田　昌宏	①	（コ）'78
中西　太	③	（監）'64,（コ）'66,'68
中村　勝広	①	（コ）'93
長嶋　茂雄	⑫	（監）'77,'78,'95,'97,'01 （コ）'75,'79,'93,'94,'96,'99,'00
梨田　昌孝	⑥	（監）'02,'08,'10,（コ）'03,'04,'09
西沢　道夫	①	（コ）'67
西村　徳文	①	（コ）'11
西本　幸雄	⑪	（監）'68〜'70,'72,'73,'80,'81,（コ）'60,'65,'67,'79
根本　陸夫	①	（コ）'69
野口　明	①	（コ）'55
野村　克也	⑦	（監）'74,'93,'94,'96,'98,（コ）'71,'92
野村謙二郎	①	（コ）'14
濃人　渉	④	（監）'71,（コ）'61,'69,'70
B.バレンタイン	②	（監）'06,（コ）'08
長谷川良平	①	（コ）'66
浜崎　真二	①	（コ）'51
原　辰徳	⑪	（監）'03,'08〜'10,'13〜'15,（コ）'02,'11,'12,'19
T.ヒルマン	①	（監）'07
東尾　修	⑦	（監）'95,'98,'99,（コ）'96,'97,'00,'01
平石　洋介	①	（コ）'18
広岡　達朗	⑤	（監）'79,'83,'84,（コ）'78,'85
広瀬　叔功	①	（コ）'78
M.ブラウン	①	（コ）'10
D.ブレイザー	①	（コ）'73
福良　淳一	①	（コ）'15
藤田　元司	⑥	（監）'82,'90,'91,（コ）'81,'83,'89
藤村富美男	③	（コ）'55〜'57
藤本　定義	⑩	（監）'63,'65,（コ）'52〜'54,'58,'61,'62,'64,'68
古田　敦也	①	（コ）'07
別当　薫	⑦	（コ）'56,'57,'59,'62,'63,'70,'71
星野　仙一	⑦	（監）'89,'00,（コ）'88,'90,'97,'99,'01
堀内　恒夫	②	（コ）'04,'05
本多　逸郎	①	（コ）'68
松木謙治郎	④	（コ）'51〜'54
真中　満	①	（コ）'16
真弓　明信	②	（コ）'09,'11
三原　脩	⑪	（監）'55,'57〜'59,'61,（コ）'51,'54,'56,'60,'65,'70
三村　敏之	②	（コ）'95〜'98
水原　茂	⑰	（監）'52〜'60,'62,'63,（コ）'51,'61,'64〜'67
村山　実	②	（コ）'70,'71
森祇晶（祇晶）	⑪	（監）'86〜'89,'91〜'94,（コ）'90,'01,'02
森脇　浩司	①	（コ）'06
門前真佐人	①	（コ）'62
山内　一弘	②	（コ）'81,'85
山田　久志	①	（コ）'03
山本　一義	①	（コ）'82
山本　浩二	④	（監）'92,（コ）'89〜'91
湯浅　禎夫	②	（監）'51,（コ）'52
与那嶺　要	④	（監）'75,（コ）'73,'74,'76
吉田　義男	④	（監）'86,（コ）'76,'77,'87
A.ラミレス	②	（コ）'17,'18
若林　忠志	①	（コ）'53
若松　勉	③	（監）'02,（コ）'03,'05
和田　豊	②	（コ）'14,'15
渡辺　久信	④	（監）'09,（コ）'11〜'13

選抜され試合に出場しなかった選手

1951－大島信雄、白坂長栄(セ)　荒巻淳、関根潤三、筒井敬三(パ)
1952－藤本英雄、杉山悟、大島信雄(セ)　江藤正、中原宏、伊勢川真澄、筒井敬三(パ)
1953－石川克彦、金田正泰、中尾碩志、梶岡忠義(セ)　姫野好治、沢藤光郎、大津守(パ)
1954－中尾碩志(セ)　大神武俊、松井淳、日比野武(パ)　1955－中尾碩志(セ)
1956－広岡達朗、渡辺博之(セ)　河村久文(パ)　1957－別所毅彦(セ)　和田博実、岡本伊三美、戸倉勝城(パ)
1958－山下健、河村久文(パ)　1961－弘瀬昌彦、西尾慈高、島田源太郎(セ)　皆川睦男(パ)
1962－久保田治、皆川睦男、河合保彦(パ)　1972－外木場義郎(セ)　種茂雅之、加藤俊夫(パ)
1973－木俣達彦(セ)　1977－新浦壽夫(セ)　＜第一試合練習中負傷＞　2005－金村暁(パ)
2006－松中信彦(パ)　2007－早川大輔、福盛和男(パ)

選抜されたがけが等により辞退した選手

1955－川上哲治(セ)　1956－小山正明(セ)中西太(パ)　1957－西沢道夫(セ)小野正一(パ)
1959－藤本勝巳(セ)谷本稔、田宮謙次郎(パ)　1960－堀本律雄(セ)若生忠男、穴吹義雄(パ)　1961－豊田泰光(パ)
1962－村山実、根来広光(セ)和田博実(パ)　1963－村山昌史、広岡達朗、ソロムコ(セ)
1964－長嶋茂雄(セ)中暁、岩下光一、黒木和弘、広瀬叔功(パ)
1965－金田正一、王貞治(セ)和田博実、中西太、ブルーム、張本勲(パ)　1966－石岡康三(セ)田中勉、土橋正幸(パ)
1967－高倉照幸、桑田武(セ)　1968－岡村浩二、広瀬叔功(パ)　1969－田中勉(セ)野村克也(パ)
1970－浅野啓司、藤田平(セ)ロペス(パ)　1972－国貞泰汎(セ)アルトマン、土井正博(パ)　1973－千田啓介、江本孟紀(パ)
1976－ジョンソン、中塚政幸(セ)　1977－高田繁、柳田真宏(セ)　1979－平松政次(セ)
1980－田代富雄、大杉勝男(セ)山田久志(パ)　1982－小林繁(セ)梨田昌崇、大石友好(パ)
1983－田淵幸一(セ)　1984－バース(セ)山田久志(パ)　1985－郭泰源、鈴木啓示、大石大二郎(パ)　1987－ホーナー(セ)
1988－山倉和博、吉村禎章(セ)　1989－原辰徳、尾花高夫(セ)　1990－内藤尚行、野田浩司(セ)吉田豊彦(パ)
1991－渡辺智男、小野和義、西崎幸広(パ)　1992－落合博満、斎藤雅樹(セ)郭泰源(パ)　1993－池山隆寛(セ)
1994－八木裕(セ)高橋智(パ)　1995－石井丈裕(パ)　1996－今中慎二(セ)　1997－和田豊、江藤智(セ)
1998－小久保裕紀(パ)　1999－清原和博(セ)　2000－上原浩治、マルティネス、江藤智、佐々岡真司(セ)石井浩郎、川越英隆(パ)
2002－松坂大輔、城島健司(パ)　2003－濱中おさむ(セ)松坂大輔(パ)　2004－豊田清(パ)
2006－小久保裕紀、福留孝介(セ)福浦和也(パ)　2007－松本輝(パ)　2008－吉見一起、ルイス(セ)柴原洋(パ)
2010－栗原健太(セ)中村剛也(パ)　2011－馬原孝浩(パ)　2012－ブランコ、榎田大樹(セ)スレッジ、唐川侑己(パ)
2013－ルナ(セ)　2014－松田宣浩(パ)　2015－バリオス(パ)　2016－山口俊(セ)
2017－濱口遥大(セ)近藤健介、茂木栄五郎(パ)　2018－大田泰示、荻野貴司(パ)
2019－石山泰稚(セ)今宮健太、大田泰示、柳田悠岐(パ)

ファン投票で選抜されたが辞退した選手

1978－古屋英夫、菅野光夫(パ)

特例による途中交代

1986①負傷のサンチェ(セ)に代り③西本聖出場

ファン投票最終発表前に辞退した選手

2003－川崎憲次郎(セ)

病気のため辞退したオールスター監督

1978－上田利治(パ)→代わりに広瀬叔功(パ)
2014－星野仙一(パ)→代わりに伊東　勤(パ)

外国人選手枠

～1966	各リーグ3名以内
1967～1981	各リーグ2名以内
1982～1987	各リーグ2名以内（1982～ファン投票で選出された場合は制限がなくなる）
1988～1997	各リーグ3名以内（但し同時出場出来るのは2名以内）
1998～1999	各リーグ4名（投手・野手各2名）以内（但し同時出場出来るのは投手1名野手2名以内）
2000～2001	各リーグ6名（投手・野手各3名）以内（但し同時出場出来るのは投手1名野手3名以内）
2002	各リーグ4名（投手・野手各2名）以内（但し同時出場出来るのは投手1名野手2名以内）
2003～2006	各リーグ4名（投手・野手各3名）以内（但し同時出場出来るのは投手1名野手3名以内）
2007	各リーグ6名（但し同時出場出来るのは投手1名野手3名以内）
2008～	各リーグ4名（投手・野手各3名）以内（但し同時出場出来るのは投手1名野手3名以内）

（注）1980　パ・リーグ、ソレイタ（一塁手）マルカーノ（二塁手）リー（外野手）それぞれのポジションで3人とも ファン得票で最高。しかし外国人の出場は1チーム2名以内という規定があり、得票数の一番少ないソレイタが選ばれなかった。

野 球 殿 堂

表　彰　者
表彰者一覧

棋王戦

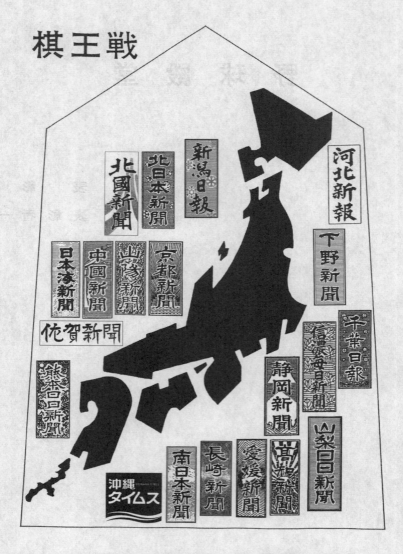

株式会社 共同通信社　公益社団法人 日本将棋連盟

将棋連盟ライブ中継アプリはこちらから⇒https://www.shogi.or.jp/lp/mr201704/

棋王戦五番勝負も中継!

野　球　殿　堂

　野球殿堂博物館の2021年の殿堂入りメンバーに、特別表彰から、川島勝司氏、佐山和夫氏が選出された。なお、競技者表彰委員会のプレーヤー表彰及びエキスパート表彰は、当選に必要な得票数を満たした候補者がおらず、該当者なしとなった。

　これで殿堂入りした野球人は、競技者表彰委員会選出者98人、特別表彰委員会選出者111人の計209人となった。

　野球殿堂入りの表彰規定は、競技者表彰がプレーヤー表彰（選手経験者限定）とエキスパート表彰（監督、コーチ）に分かれ、プレーヤー表彰は野球報道年数15年以上の経験を持つ委員（358票）の75%（269票）、エキスパート表彰は殿堂入りした人と競技者表彰委員会の幹事、野球報道年数30年以上の経験を持つ委員（134票）の75%（101票）で選出。特別表彰は新旧のプロ野球役員、アマチュア野球の役員、野球関係学識経験者14名で構成する委員会の出席者による投票で75%以上の票を獲得した人が選ばれる。

選出対象者：「競技者表彰委員会」と「特別表彰委員会」により選出

「競技者表彰委員会」【プレーヤー表彰】

　　　　　現役を引退したプロ野球選手で、引退後5年以上経過した人。その後15年間が選考対象となる。

【エキスパート表彰】

①　現役を引退したプロ野球の監督、コーチで、引退後6ヶ月以上経過している人。

②　現役を引退したプロ野球選手で、引退後21年以上経過した人。

「特別表彰委員会」【特別表彰】

①　現役を引退したアマチュア野球の競技者（選手、監督、コーチ）で、選手は引退後5年、監督、コーチは引退後6ヶ月以上経過している人。

②　プロ及びアマチュア野球の審判員で、引退後6ヶ月以上経過している人。

③　プロ及びアマチュア野球の組織または管理に関して野球の発展に顕著な貢献をした人、しつつある人。

④　日本の野球の普及及び発展に顕著な貢献をした人、しつつある人。

◇2021年　【特別表彰】

川島　勝司（かわしま・かつじ）**氏**

　1943年生まれ、栃木県出身。桐生高、中央大を経て、66〜71年日本楽器（現ヤマハ）。67年日本楽器、68年河合楽器（補強選手として）で都市対抗野球大会に出場し、2年連続優秀選手に選出。72年に日本楽器の監督に就任すると、その年の都市対抗でチームを初優勝に導く。初就任から3回に渡り日本楽器（72〜75年、78〜80年）・ヤマハ（87〜92年）の監督を務め、72年、87年、90年と都市対抗優勝を果たした。監督として3度の都市対抗優勝は史上最多。88年ソウル・オリンピック日本代表コーチを務め、96年アトランタ・オリンピック日本代表監督として出場、銀メダルを獲得した。

　2000年にトヨタ自動車の監督、03年に総監督に就任し、チームを社会人野球日本選手権で3度の優勝に導いた。日本野球連盟、全日本アマチュア野球連盟にて要職を務めるなど、アマチュア野球の競技力向上と指導者の育成に尽力した。

写真提供：㈱ベースボール・マガジン社

佐山　和夫（さやま・かずお）**氏**

　1936年生まれ、和歌山県出身。野球史をわかりやすく伝えるノンフィクション作家。84年、ニグロリーグの伝説の投手、サチェル・ペイジを描いた「史上最高の投手はだれか」、93年には「野球とクジラ」など日米の野球史に関する著書を多数著した。また、98年には「伝説のレフティ・オドール」の翻訳も行うなど、野球史の発信に大きく貢献した。99年に日本高等学校野球連盟顧問に就任すると、2001年に設けられた「21世紀枠」の創設に関わり、07年からは選抜高等学校野球大会21世紀枠特別選考委員を務めるなど、高校野球の発展に寄与した。

写真提供：㈱ベースボール・マガジン社

殿堂入り表彰者一覧

○競技者表彰、他は特別表彰　　△故人

1959	△	正力松太郎　日米野球を成功させ巨人を創設
	△	平岡　凞　我が国初の野球チームを結成
	△	青井　鉞男　米チームを破った一高投手
	△	安部　磯雄　学生野球の父
	△	橋戸　信　都市対抗野球大会を創設
	△	押川　清　初のプロチーム"日本運動協会"を創設
	△	久慈　次郎　早大・函館オーシャンの名捕手
	△	沢村　栄治　初期プロ野球界不滅の大投手
	△	小野三千麿　対大リーグ初の勝利投手
1960	○△ヴィクトル・スタルヒン	プロ野球初の300勝投手
	△	飛田　忠順　穂州の名で健筆をふるった早大名監督
	△	河野安通志　早大初渡米後ワインドアップ投法を導入
	△	桜井彌一郎　第1回早慶戦勝利投手
1962	○△	池田　豊　学生・プロの名審判
	△	市岡　忠男　職業野球連盟初代理事長
1963	○△	中島　治康　プロ野球初の三冠王
1964	○△	若林　忠志　七色の変化球を投げた頭脳派投手
	△	宮原　清　社会人野球協会初代会長
1965	○△	川上　哲治　打撃の神様、V9達成の巨人監督
	○△	鶴岡　一人　南海黄金時代を築いた名監督
	△	井上　登　第2代コミッショナー
	△	宮武　三郎　投打に活躍した学生野球のヒーロー
	△	景浦　将　猛打タイガースの強打者
1966	△	守山恒太郎　一高の名サウスポー
1967	△	腰本　寿　慶大黄金時代の名監督
1968	△	鈴木惣太郎　プロ野球草創期日米野球の交流に尽力
	△	田辺　宗英　後楽園スタヂアム第4代社長
	△	小林　一三　宝塚運動協会・阪急球団結成
1969	○△	苅田　久徳　華麗な守備の名二塁手
	△	三宅　大輔　巨人、阪急の初代監督
	△	田部　武雄　攻走守揃った天才的プレーヤー
	△	森岡　二朗　日本野球連盟初代会長
	△	島田　善介　慶大・三田倶楽部名捕手
	△	有馬　頼寧　東京セネタースを結成
1970	○△	天知　俊一　中日監督で日本シリーズ制覇
	○△	二出川延明　初代パ・リーグ審判部長
	△	田村駒治郎　松竹ロビンスオーナー
	△	直木松太郎　野球規則を本格的に翻訳出版
	△	中馬　庚　ベースボールを"野球"と訳す
1971	△	小西　得郎　独特の話法で人気を博した名解説者
	△	水野　利八　用具の生産・改良に尽力
1972	○△	石本　秀一　広島カープ初代監督
	△	中野　武二　審判の権威と信頼を確立
	△	太田　茂　運動記者の草分け
1973	△	内海　弘蔵　明大野球部長
	△	天野　貞祐　学生野球協会第2代会長
	△	広瀬　謙三　スポーツ記録の第一人者
1974	○△	藤本　定義　29年で5球団を指揮した名監督
	○△	藤村富美男　猛打の初代ミスタータイガース
	△	野田　誠三　甲子園球場の設計工事責任者
1975		（委員会開催日変更のため、年度がとぶ）
1976	○△	中上　英雄　プロ野球完全試合達成第一号
	△	小泉　信三　学徒出陣壮行早慶戦実施
1977	○△	水原　茂　巨人第2期黄金時代の名監督
	○△	西沢　道夫　14歳でプロ入り、投打に活躍
	△	森　茂雄　早大監督で9回優勝
	△	西村　幸生　草創期のタイガースを支えたエース
1978	○△	松木謙治郎　初代タイガース主将、猛打で西村と対決
	△	浜崎　真二　48歳で投げた小さな大投手
	△	伊丹　安広　早大の頭脳的名捕手
	△	吉原　正喜　巨人第1期黄金時代の強肩捕手
	△	岡田源三郎　全ポジションを守った男大万能選手
1979	○△	別所　毅彦　310勝をあげた南海、巨人のエース
	△	平沼　亮三　東京六大学野球連盟第2代会長
	△	谷口　五郎　大正時代の早大エース
1980	○△	大下　弘　"青バット"の天才打者
	○△	小鶴　誠　シーズン51本の本塁打王
	△	千葉　茂　"猛牛"といわれた巨人名二塁手
1981	○△	飯田　徳治　1246試合連続出場
	○△	岩本　義行　神主打法で1試合4ホーマー
	△	佐伯　達夫　第3代高野連会長
	△	小川正太郎　社会人野球協会結成に貢献
1982	△	鈴木　龍二　セ会長を長年務め、球界の発展に尽力
	△	外岡茂十郎　学生野球憲章制定に尽力
1983	○△	三原　脩　"魔術師"と称された名監督
	△	内村　祐之　第3代コミッショナー
1984	△	桐原　眞二　早慶戦復活に尽力した慶大主将
1985	○	杉下　茂　フォークボールの大投手
	○△	白石　勝巳　巨人初期黄金時代の名遊撃手
	○△	荒巻　淳　"火の玉投手"と呼ばれたパ・リーグ初代首位王
	△	田中　勝雄　早大で首位打者3度のスラッガー
	△	山内以九士　野球規則・記録の研究、整備に貢献
1986	△	中河　美芳　名物の守備で活躍した捕手兼一塁手
	△	松方　正雄　タイガース初代会長
1987	△	藤田　信男　法大初優勝監督
	△	山下　実　慶大黄金時代の強打者
1988	○	長嶋　茂雄　"神宮の星"から"ミスタープロ野球"へ
	○△	別当　薫　天性の好打者、4球団の監督歴任
	○△	西本　幸雄　監督歴20年、8度のパ・リーグ優勝
	○△	金田　正一　400勝、4490奪三振
	△	横沢　三郎　プロ野球草創期の名審判
	△	芥田　武夫　早大の名外野手
	△	永田　雅一　東京球場をつくる

野球殿堂

1989	○△	島　秀之助	初代セ・リーグ審判部長
	○△	野村　克也	戦後初の三冠王捕手
	○△	野口　二郎	延長28回完投の鉄腕投手
	△	池田　恒雄	出版活動を通じ、野球界の発展に貢献
	△	伊達　正男	大リーグに挑んだ早大の鉄腕投手
1990	○△	真田　重蔵	ノーヒット・ノーラン2度達成
	○	張本　勲	広角打法で3085安打達成
	△	佐伯　勇	近鉄バファローズオーナー
1991	○△	牧野　茂	高度なチームプレーを確立
	○△	筒井　修	審判員の3000試合出場
	○△	島岡　吉郎	神宮を沸かせた名物明大監督
	△	中澤　良夫	春夏甲子園大会の基盤をつくる
1992	○	廣岡　達朗	セ・パ両リーグで日本一監督
	○△	坪内　道則	1000試合出場、1000安打第一号
	○	吉田　義男	"今牛若丸"と呼ばれた名ショート
	△	吉田　正男	中京商業夏の甲子園3連覇投手
1993	○△	稲尾　和久	シーズン42勝をあげた西鉄の鉄腕エース
	○△	村山　実	2代目ミスタータイガース
1994	○	王　貞治	一本足打法の世界のホームラン王
	○△	与那嶺　要	ハワイの日系二世、三拍子揃った名外野手
	△	廣岡　知男	野球のオリンピック参加に貢献
1995	○△	杉浦　忠	日本シリーズ全4戦全勝の南海エース
	○△	石井藤吉郎	アマ球界の強打者から全日本監督へ
	△	呉　昌征	俊足、強肩の名外野手"人間機関車"
	△	村上　實	プロ野球草創期の阪急球団代表
1996	○△	藤田　元司	巨人のエースから名監督へ
	○△	衣笠　祥雄	2215試合連続出場の"鉄人"
	△	牧野　直隆	第4代高野連会長
	△	保坂　誠	日本初ドーム球場建設
1997	○△	大杉　勝男	両リーグで1000試合出場、1000安打達成
	△	山本英一郎	国際派の野球人として活躍
1998	○△	中尾　碩志	速球派から技巧派へ、通算209勝
	△	井口新次郎	和歌山中、早大の名選手
1999	○	中西　太	"怪童"と呼ばれた本塁打王
	○	広瀬　叔功	名外野手で盗塁王
	△	古葉　竹識	カープの黄金時代を築いた名監督
	○△	近藤　貞雄	投手分業制を導入
	△	吉國　一郎	第9代コミッショナー
2000	△	福島慎太郎	パ・リーグ会長を2度務めた
	○	米田　哲也	949試合登板、350勝の鉄腕
2001	○△	根本　陸夫	西武黄金時代の基礎を築く
	○	小山　正明	抜群の制球力で歴代3位の320勝
	△	武田　孟	日米大学野球開催に尽力
	△	長谷川良平	広島を支えた小さな大投手
2002	○△	山内　一弘	大毎ミサイル打線の中心打者
	○	鈴木　啓示	近鉄一筋、歴代4位の317勝
	○	福本　豊	攻走守三拍子そろった盗塁王
	○△	田宮謙次郎	15シーズンで打率3割以上7回
	△	中澤不二雄	パ・リーグ初代専任会長
	△	生原　昭宏	日米野球交流の中心的役割を果たす
	△	フランク・オドール	日本の野球技術向上に尽力
	△	正岡　子規	野球を愛した明治の俳人・歌人
2003	○△	上田　利治	熱血指導で阪急を常勝チームに
	○△	関根　潤三	投手と野手でオールスター出場
	△	松田　耕平	大リーグを手本に球団改革を推進
	△	ホーレス・ウィルソン	明治5年に野球を伝えた"日本野球のルーツ"
	△	鈴鹿　栄	軟式ボールを考案し野球の普及に尽力
2004	○△	仰木　彬	"イチロー"を誕生させた名監督
	△	秋山　登	大洋初の日本一に貢献した大エース
2005	○	村田　兆治	豪快な"マサカリ投法"で大活躍
	○	森　祇晶	日本一3連覇を2度達成した名監督
	△	志村　正順	野球人気に貢献した名アナウンサー
2006	○	門田　博光	怪我を克服し、史上最年長MVPに
	○△	高木　守道	攻走守三拍子そろったバックトスの名手
	○	山田　久志	独特のサブマリン投法で通算284勝
	△	川島　廣守	プロ・アマの協調体制を加速させる
	△	豊田　泰光	西鉄黄金時代にクリーンアップを打つ
2007	○△	梶本　隆夫	9連続奪三振は今も日本記録
		松永　怜一	優れたアマ指導者でロス五輪優勝監督
2008	○	山本　浩二	"ミスター赤ヘル"と呼ばれた広島の4番打者
	○	堀内　恒夫	ルーキーで16勝をあげエースとしてV9に貢献
	△	嶋　清一	夏の甲子園の準決勝、決勝でノーヒットノーラン
2009	○	若松　勉	生涯打率.319の"小さな大打者"
	○△	青田　昇	"じゃじゃ馬"と呼ばれたホームランバッター
	△	大社　義規	野球とチームを愛した日本ハム初代オーナー
	△	君島　一郎	日本野球発祥の研究をし、『日本野球創世記』を著す
2010	○	東尾　修	通算251勝、ライオンズのエース
	○△	江藤　慎一	史上初の両リーグで首位打者
	△	古田　昌幸	都市対抗16回出場"ミスター社会人"
2011	○	落合　博満	史上初の三冠王を3度達成
	○△	皆川　睦雄	南海の黄金時代を支えたサイドスロー
2012	○	北別府　学	"広島の精密機械"通算213勝
	○△	津田　恒実	炎のストッパー
	△	長船　騏郎	学生野球の要職を長く務めた
	△	大本　修	バットの安全性を高めた
2013	○	大野　豊	軟式野球からプロ入り、広島黄金時代を支える
	○	外木場義郎	完全試合を含む3度のノーヒットノーラン
	△	福嶋　一雄	エースとして夏の甲子園2連覇
2014	○	野茂　英雄	「トルネード投法」で日米席巻
	○	秋山　幸二	ファイブツールプレーヤーの代名詞
	○	佐々木主浩	「ハマの大魔神」から「DAIMAJIN」に
	△	相田　暢一	「最後の早慶戦」実現のために奔走
2015	○	古田　敦也	ID野球の申し子
	△	林　和男	リトルシニアを創設
	△	村山　龍平	全国高等学校野球選手権大会を創設
2016	○	斎藤　雅樹	平成の大エース
	○	工藤　公康	リーグ優勝14度、日本一11度の"優勝請負人"
	○△	榎本　喜八	史上最年少で2000安打達成
	△	松本　瀧蔵	戦後の野球再興に貢献
		山中　正竹	東京六大学最多勝記録を樹立

2017	○	伊東　　勤	80～90年代の西武黄金期を支えた名捕手
	○△	星野　仙一	監督成績1181勝の闘将
	○	平松　政次	「カミソリシュート」で大洋初の200勝投手
	△	郷司　　裕	審判技術の向上でアマ球界に貢献
	△	鈴木　美嶺	プロ・アマ統一の「公認野球規則」を制作
2018	○	松井　秀喜	国民栄誉賞を受賞した平成のスラッガー
	○	金本　知憲	1492試合全イニング連続試合出場の鉄人
	○	原　　辰徳	選手、監督で巨人をけん引、第2回WBC優勝監督
	△	瀧　　正男	アマチュア野球界の発展に貢献
2019	○	立浪　和義	中日一筋、2480安打の名内野手
	○	権藤　　博	98年横浜を38年振りの日本一に導く
		脇村　春夫	プロ・アマ交流促進に尽力した高野連会長
2020	○	田淵　幸一	474本塁打の強打の捕手
	△	前田　祐吉	「早慶六連戦」を指揮した慶大監督
	△	石井　連藏	「早慶六連戦」を制した早大監督

ファーム成績

イースタン・リーグ
ウエスタン・リーグ
各年度優勝チーム
フレッシュオールスター
ファーム日本選手権

2020・イースタン・リーグ

チ ー ム 勝 敗 表

○中数字は引分

チーム	試合	勝利	敗北	引分	勝率	ゲーム差	楽天	DeNA	巨人	ロッテ	ヤクルト	日本ハム	西武	交流戦計
楽　天	79	42	28	9	.600	—	…	8 - 5	6④5	3 - 9	11③2	9①3	5①4	…
ＤｅＮＡ	76	42	32	2	.568	2.0	5 - 8	…	9 - 3	6①7	7 - 3	7 - 5	8①6	…
巨　人	79	38	33	8	.535	4.5	5④6	3 - 9	…	9①4	5①7	7 - 2	9②5	…
ロッテ	70	34	31	5	.523	5.5	9 - 3	7①6	4①9	…	4 - 5	7②5	3①3	…
ヤクルト	79	32	38	9	.457	10.0	2③11	3 - 7	7①5	5 - 4	…	7④4	8①7	…
日本ハム	76	28	41	7	.406	13.5	3①9	5 - 7	2 - 7	5②7	4④7	…	8 - 3	1 - 1
西　武	75	28	41	6	.406	13.5	4①5	6①8	5②9	3①3	7①8	3 - 8	…	…

チ ー ム 別 個 人 打 撃 成 績

▲打撃妨害出塁　　　　　（50音順）

選手名	試合	打数	安打	本塁打	打点	盗塁	打率	選手名	試合	打数	安打	本塁打	打点	盗塁	打率
楽　天								（以下投手）							
耀　　　飛	45	112	37	4	23	2	.330	青山　浩二	21	0	0	0	0	0	.000
足立　祐一	9	20	7	2	5	0	.350	＊安樂　智大	8	0	0	0	0	0	.000
石原　　彪	23	55	18	3	11	0	.327	＊池田　　駿	21	0	0	0	0	0	.000
岩見　雅紀	52	168	56	7	29	0	.333	池田　隆英	21	0	0	0	0	0	.000
ウィーラー	1	3	2	0	0	0	.667	＊石橋　良太	5	0	0	0	0	0	.000
内田　靖人	24	88	26	1	16	0	.295	釜田　佳直	30	0	0	0	0	0	.000
江川　侑斗	3	2	1	0	0	0	.500	＊辛島　　航	6	0	0	0	0	0	.000
オコエ瑠偉	27	67	18	0	5	0	.269	岸　　孝之	5	0	0	0	0	0	.000
太田　　光	6	13	2	0	0	0	.154	＊木村　敏靖	12	0	0	0	0	0	.000
＊岡島　豪郎	27	63	22	2	14	0	.349	久保　裕也	16	0	0	0	0	0	.000
＊小郷　裕哉	39	139	36	1	10	16	.259	＊熊原　健人	1	0	0	0	0	0	.000
＊黒川　史陽	57	219	65	6	31	1	.297	近藤　弘樹	21	0	0	0	0	0	.000
＊小深田大翔	1	3	0	0	0	0	.000	＊佐藤　智輝	3	0	0	0	0	0	.000
＊澤野　聖悠	4	9	4	0	0	0	.444	Ｊ.Ｔ.シャギワ	10	0	0	0	0	0	.000
下水流　昂	34	105	34	2	23	1	.324	＊塩見　貴洋	1	0	0	0	0	0	.000
下妻　貴寛	16	36	8	0	3	0	.222	＊菅原　　秀	13	0	0	0	0	0	.000
＊辰己　涼介	1	4	0	0	0	0	.000	＊鈴木　翔天	21	0	0	0	0	0	.000
＋田中　和基	20	70	21	2	11	2	.300	＊清宮虎多朗	4	0	0	0	0	0	.000
田中　貴也	10	20	9	0	2	0	.450	＊宋　　家豪	6	0	0	0	0	0	.000
＊中村　和希	32	71	14	0	5	1	.197	髙田　萌生	10	0	0	0	0	0	.000
フェルナンド	45	131	36	2	15	0	.275	＊髙梨　雄平	2	0	0	0	0	0	.000
ブラッシュ	6	14	1	1	2	0	.071	瀧中　瞭太	9	0	0	0	0	0	.000
＊藤田　一也	11	35	9	0	2	0	.257	津留﨑大成	6	0	0	0	0	0	.000
＊堀内　謙伍	41	108	23	0	14	1	.213	寺岡　寛治	13	0	0	0	0	0	.000
＊松本京志郎	37	90	27	1	6	0	.300	西口　直人	14	0	0	0	0	0	.000
水上　　桂	23	31	3	0	0	0	.097	＊則本　昂大	1	0	0	0	0	0	.000
南　　要輔	53	72	13	0	4	5	.181	引地秀一郎	8	0	0	0	0	0	.000
＊武藤　敦貴	3	5	2	0	0	0	.400	福井　優也	7	0	0	0	0	0	.000
村林　一輝	69	237	70	2	23	15	.295	福森　耀真	7	0	0	0	0	0	.000
＊山﨑　幹史	2	7	3	1	2	0	.429	福山　博之	12	0	0	0	0	0	.000
＊山下　斐紹	63	207	59	6	26	0	.285	藤平　尚真	10	0	0	0	0	0	.000
吉持　亮汰	53	83	21	0	6	4	.253	＊松井　裕樹	3	0	0	0	0	0	.000
＊渡邊　佳明	41	147	43	0	8	1	.293	＊森原　康平	8	0	0	0	0	0	.000
和田　　恋	67	229	55	12	35	0	.240	＊由　　　規	15	0	0	0	0	0	.000

イースタン・リーグ

選手名	試合	打数	安打	本塁打	打点	盗塁	打率
＊渡邊　佑樹	22	0	0	0	0	0	.000
＊王　　彦程	10	0	0	0	0	0	.000
計	79	2663	745	55	333	54	.280

（田中貴、髙田、髙梨は巨人でも出場あり）

DeNA

選手名	試合	打数	安打	本塁打	打点	盗塁	打率
東妻　純平	32	57	4	0	4	0	.070
＊石川　雄洋	36	106	24	0	6	2	.226
伊藤　　光	10	22	3	0	1	0	.136
伊藤裕季也	70	230	57	7	28	2	.248
蝦名　達夫	32	107	30	6	19	3	.280
オースティン	7	21	3	0	3	0	.143
＊神里　和毅	6	18	5	0	2	0	.278
＊楠本　泰史	30	104	38	6	24	2	.365
桑原　将志	28	102	25	5	17	6	.245
＊関根　大気	54	146	44	2	15	5	.301
髙城　俊人	5	8	0	0	0	0	.000
田部隼人	44	121	29	0	13	0	.240
知野　直人	67	228	54	6	24	7	.237
＋デラロサ	25	44	9	0	5	1	.205
飛　雄馬	48	101	36	2	24	0	.356
細川　成也	64	214	68	13	53	7	.318
益子　京右	29	50	11	1	7	0	.220
嶺井　博希	10	31	10	2	4	0	.323
＊宮本　秀明	67	200	48	4	16	15	.240
＊百瀬　大騎	53	110	20	0	13	4	.182
＊森　　敬斗	58	186	39	2	13	7	.210
＊山下　幸輝	22	62	20	1	11	1	.323
大　　和	4	14	3	0	1	0	.214
山本　祐大	48	124	34	3	14	0	.274
ロペス	6	16	3	1	2	0	.188

（以下投手）

選手名	試合	打数	安打	本塁打	打点	盗塁	打率
赤間　　謙	33	0	0	0	0	0	.000
浅田　将汰	11	0	0	0	0	0	.000
＊飯塚　悟史	27	0	0	0	0	0	.000
伊勢　大夢	10	0	0	0	0	0	.000
井納　翔一	2	0	0	0	0	0	.000
＊エスコバー	4	0	0	0	0	0	.000
大貫　晋一	2	0	0	0	0	0	.000
笠井　崇正	27	0	0	0	0	0	.000
＊勝又　温史	1	0	0	0	0	0	.000
上茶谷大河	6	0	0	0	0	0	.000
京山　将弥	8	0	0	0	0	0	.000
＊コルデロ	22	0	0	0	0	0	.000
＊古村　　徹	4	0	0	0	0	0	.000
齋藤　俊介	7	0	0	0	0	0	.000
阪口　皓亮	12	0	0	0	0	0	.000
＊坂本　裕哉	4	0	0	0	0	0	.000
＊櫻井　周斗	17	0	0	0	0	0	.000
進藤　拓也	20	0	0	0	0	0	.000
＊砂田　毅樹	29	0	0	0	0	0	.000
平良拳太郎	3	0	0	0	0	0	.000
＊ディアス	13	0	0	0	0	0	.000
中川　虎大	8	0	0	0	0	0	.000
＊濱口　遥大	2	0	0	0	0	0	.000
＊濱矢　廣大	18	0	0	0	0	0	.000
ピープルズ	6	0	0	0	0	0	.000
＊藤岡　好明	21	0	0	0	0	0	.000
三上　朋也	22	0	0	0	0	0	.000
宮城　滝太	12	0	0	0	0	0	.000
武藤　祐太	2	0	0	0	0	0	.000
計	76	2422	617	61	317	65	.255

巨　人

選手名	試合	打数	安打	本塁打	打点	盗塁	打率
荒井　颯太	8	6	2	0	0	0	.333
石川　慎吾	24	80	29	3	11	0	.363
＊伊藤　海斗	38	94	22	0	5	0	.234
ウレーニャ	65	236	70	12	47	0	.297
笠井　　駿	6	3	0	0	0	0	.000
香月　一也	20	75	30	6	21	0	.400
＊加藤　脩平	60	158	44	1	14	3	.278
＊加藤　壮太	13	23	1	0	0	1	.043
菊田　拡和	44	141	28	1	10	0	.199
岸田　行倫	18	67	21	2	13	0	.313
北村　拓己	16	68	21	3	16	0	.309
黒田　響生	3	6	1	0	1	0	.167
小林　誠司	9	26	4	0	0	1	.154
小山　翔平	11	6	1	1	1	0	.167
＊重信慎之介	13	39	17	2	5	1	.436
炭谷銀仁朗	1	4	1	0	0	0	.250
高山竜太朗	6	7	1	0	0	0	.143
＊立岡宗一郎	31	75	23	2	10	6	.307
＊田中　俊太	40	120	33	1	14	5	.275
＊田中　　貴也	40	94	22	4	12	0	.234
＊パ　ー　ラ	8	23	7	0	1	0	.304
＊平間　隼人	9	7	0	0	0	0	.000
＊広畑　大塁	9	5	1	0	0	0	.200
増田　大輝	2	6	2	0	0	0	.333
増田　　陸	48	136	22	2	9	0	.162
＊松井　義弥	4	10	3	1	2	0	.300
＊松原　聖弥	14	38	12	1	3	1	.316
＋村上　海斗	8	9	1	0	0	2	.111
モ　　タ	44	98	20	4	13	5	.204
＊八百板卓丸	70	217	68	8	26	6	.313
＊山下　航汰	4	14	2	0	1	1	.143
山瀬慎之助	44	98	16	2	6	2	.163
山本　泰寛	61	163	46	3	32	4	.282
湯浅　　大	74	224	56	3	23	22	.250
陽　　岱鋼	41	133	45	5	22	0	.338
吉川　大幾	39	83	17	2	8	5	.205
＋若林　晃弘	12	42	13	5	11	0	.310

（以下投手）

選手名	試合	打数	安打	本塁打	打点	盗塁	打率
＊井上　温大	9	0	0	0	0	0	.000
＊今村　信貴	5	0	0	0	0	0	.000
＊大江　竜聖	8	0	0	0	0	0	.000
太田　　龍	17	0	0	0	0	0	.000
大竹　　寛	4	0	0	0	0	0	.000
鍬原　拓也	4	0	0	0	0	0	.000
＋サンチェス	2	0	0	0	0	0	.000
桜井　俊貴	4	0	0	0	0	0	.000
澤村　拓一	5	0	0	0	0	0	.000
髙井　　一俊	1	0	0	0	0	0	.000
髙田　萌生	1	0	0	0	0	0	.000
＊髙梨　雄平	1	0	0	0	0	0	.000
＊髙橋　優貴	5	0	0	0	0	0	.000
＊田口　麗斗	3	0	0	0	0	0	.000
＊巽　　大介	2	0	0	0	0	0	.000
田中　豊樹	12	0	0	0	0	0	.000
田中　優大	12	0	0	0	0	0	.000
谷岡　竜平	3	0	0	0	0	0	.000
＊田原　誠次	35	0	0	0	0	0	.000
ディプラン	11	0	0	0	0	0	.000
デラロサ	1	0	0	0	0	0	.000
＊戸根　千明	13	33	5	0	2	0	.152
直江　大輔	5	0	0	0	0	0	.000
沼田　翔平	33	0	0	0	0	0	.000
野上　亮磨	18	0	0	0	0	0	.000

選手名	試合	打数	安打	本塁打	打点	盗塁	打率
*畠 世周	5	0	0	0	0	0	.000
ビエイラ	16	0	0	0	0	0	.000
平井 快青	2	0	0	0	0	0	.000
*藤岡 貴裕	22	0	0	0	0	0	.000
古川 侑利	32	0	0	0	0	0	.000
堀岡 隼人	27	0	0	0	0	0	.000
宮國 椋丞	4	0	0	0	0	0	.000
*山川 和大	17	0	0	0	0	0	.000
*横川 凱	7	0	0	0	0	0	.000
ラモス	9	0	0	0	0	0	.000
計	79	2667	707	74	340	65	.265

(田中貴、高田、高梨は楽天でも出場あり)
(香月はロッテでも出場あり)

ロッテ

選手名	試合	打数	安打	本塁打	打点	盗塁	打率
植田 将太	35	27	3	0	1	0	.111
江村 直也	28	37	10	1	6	0	.270
岡 大海	5	14	7	0	3	3	.500
荻野 貴司	5	17	6	0	2	0	.353
*香月 一也	43	126	36	5	27	0	.286
+加藤 翔平	50	174	60	2	27	4	.345
*佐藤都志也	6	11	3	1	3	2	.273
*菅野 剛士	9	20	7	0	7	0	.350
*高濱 卓也	54	92	23	4	15	0	.250
*高部 瑛斗	67	192	66	1	16	14	.344
茶谷 健太	14	41	11	0	3	0	.268
西巻 賢二	54	127	30	0	6	5	.236
*平沢 大河	56	141	20	1	10	6	.142
*福田 光輝	61	185	39	2	17	0	.211
*福田 秀平	6	21	5	0	3	0	.238
*藤原 恭大	58	226	52	7	19	14	.230
細川 亨	1	0	0	0	0	0	.000
細谷 圭	55	124	37	4	25	2	.298
松田 進	62	110	29	3	13	1	.264
三木 亮	41	80	17	1	3	0	.213
+三家 和真	64	130	30	2	17	2	.231
宗接 唯人	48	77	18	2	9	0	.234
*安田 尚憲	1	2	1	0	0	0	.500
山口 航輝	70	244	63	7	30	0	.258
吉田 裕太	35	69	13	2	8	0	.188
*和田康士朗	2	6	0	0	0	0	.000
(以下投手)							
アコスタ	28	0	0	0	0	0	.000
東妻 勇輔	11	0	0	0	0	0	.000
有吉 優樹	11	0	0	0	0	0	.000
石崎 剛	13	0	0	0	0	0	.000
岩下 大輝	1	0	0	0	0	0	.000
内 竜也	24	0	0	0	0	0	.000
大谷 智久	24	0	0	0	0	0	.000
*大嶺 祐太	12	0	0	0	0	0	.000
小野 郁	12	0	0	0	0	0	.000
鎌田光津希	19	0	0	0	0	0	.000
唐川 侑己	2	0	0	0	0	0	.000
サントス	19	0	0	0	0	0	.000
佐々木千隼	8	0	0	0	0	0	.000
田中 靖洋	4	0	0	0	0	0	.000
*チェンヴァンユウ	6	0	0	0	0	0	.000
東條 大樹	2	0	0	0	0	0	.000
土居 豪人	12	0	0	0	0	0	.000
*中村 稔弥	1	0	0	0	0	0	.000
*永野 将司	14	0	0	0	0	0	.000
*成田 翔	31	0	0	0	0	0	.000
*ハーマン	2	0	0	0	0	0	.000
原 嵩	17	0	0	0	0	0	.000

選手名	試合	打数	安打	本塁打	打点	盗塁	打率
フローレス	17	0	0	0	0	0	.000
二木 康太	4	0	0	0	0	0	.000
古谷 拓郎	7	0	0	0	0	0	.000
*松永 昂大	8	0	0	0	0	0	.000
南 昌輝	9	0	0	0	0	0	.000
*本前 郁也	11	0	0	0	0	0	.000
*森 遼大朗	14	0	0	0	0	0	.000
*山本 大貴	16	0	0	0	0	0	.000
横山 陸人	11	0	0	0	0	0	.000
渡邉 啓太	27	0	0	0	0	0	.000
計	70	2293	586	48	270	53	.256

(香月は巨人でも出場あり)

ヤクルト

選手名	試合	打数	安打	本塁打	打点	盗塁	打率
荒木 貴裕	10	32	12	2	7	0	.375
井野 卓	5	9	4	0	0	0	.444
*上田 剛史	13	39	11	0	3	2	.282
内山 太嗣	47	84	23	0	15	0	.274
*太田 賢吾	65	224	55	3	22	2	.246
*大村 孟	56	129	34	1	12	1	.264
*奥村 展征	1	0	0	0	0	0	.000
*川端 慎吾	35	88	23	1	12	0	.261
古賀 優大	39	127	48	3	12	0	.378
塩見 泰隆	18	58	17	1	6	3	.293
嶋 基宏	2	2	1	0	1	0	.500
*武岡 龍世	72	238	52	2	14	3	.218
*田代将太郎	46	124	32	3	13	5	.258
中村 悠平	10	22	6	0	1	0	.273
中山 翔太	41	134	32	2	12	1	.239
*長岡 秀樹	71	237	52	2	26	1	.219
西浦 直亨	1	4	1	0	2	0	.250
西田 明央	7	24	9	2	7	0	.375
濱田 太貴	58	207	46	11	34	0	.222
廣岡 大志	10	33	7	0	1	0	.212
*藤井 亮太	69	161	42	0	6	5	.261
松本 直樹	43	73	15	1	6	1	.205
*松本 友	61	224	66	4	20	3	.295
*宮本 丈	2	8	3	0	1	0	.375
*山崎晃大朗	2	6	1	0	0	0	.167
*雄 平	34	113	36	1	12	3	.319
*吉田 大成	45	117	29	2	12	1	.248
渡邉 大樹	32	86	25	2	6	4	.291
(以下投手)							
イノーア	8	0	0	0	0	0	.000
五十嵐亮太	23	0	0	0	0	0	.000
*石川 雅規	2	0	0	0	0	0	.000
市川 悠太	12	1	0	0	0	0	.000
梅野 雄吾	5	0	0	0	0	0	.000
*大下 広輝	13	0	0	0	0	0	.000
大西 広樹	14	1	0	0	0	0	.000
奥川 恭伸	7	0	0	0	0	0	.000
風張 蓮	19	0	0	0	0	0	.000
*金久保優斗	14	0	0	0	0	0	.000
*クック	13	3	0	0	0	0	.000
*久保 拓眞	12	0	0	0	0	0	.000
蔵本 治孝	17	0	0	0	0	0	.000
近藤 一樹	14	0	0	0	0	0	.000
今野 龍太	12	0	0	0	0	0	.000
歳内 宏明	1	0	0	0	0	0	.000
*坂本光士郎	28	0	0	0	0	0	.000
*ジュリアス	10	1	0	0	0	0	.000
スアレス	2	0	0	0	0	0	.000
*杉山 晃基	9	0	0	0	0	0	.000
鈴木 裕太	24	0	0	0	0	0	.000

イースタン・リーグ

選手名	試合	打数	安打	本塁打	打点	盗塁	打率
*高橋　奎二	4	0	0	0	0	0	.000
*田川　賢吾	20	0	0	0	0	0	.000
*寺島　成輝	9	0	0	0	0	0	.000
*中尾　輝	21	0	0	0	0	0	.000
*中澤　雅人	9	0	0	0	0	0	.000
原　樹理	10	0	0	0	0	0	.000
星　知弥	6	0	0	0	0	0	.000
*山田　大樹	15	1	0	0	0	0	.000
山中　浩史	8	0	0	0	0	0	.000
吉田　大喜	3	0	0	0	0	0	.000
計	79	2610	682	43	271	35	.261

日本ハム

選手名	試合	打数	安打	本塁打	打点	盗塁	打率
*淺間　大基	29	87	30	3	11	12	.345
*石井　一成	16	48	10	2	5	2	.208
石川　亮	28	42	11	0	8	1	.262
*今井順之助	58	180	48	5	25	0	.267
上野　響平	51	161	28	0	8	0	.174
梅林　優貴	39	105	18	0	4	2	.171
*海老原一佳	45	150	35	10	24	0	.233
*片岡　奨人	56	178	41	0	18	3	.230
黒羽根利規	24	31	5	0	0	0	.161
郡　拓也	48	147	29	6	16	2	.197
清水　優心	11	30	6	1	3	0	.200
高濱　祐仁	39	117	33	3	18	4	.282
*谷口　雄也	34	78	28	5	12	2	.359
*田宮　裕涼	41	124	25	1	11	7	.202
*難波　侑平	58	158	29	1	6	1	.184
野村　佑希	13	50	12	0	5	1	.240
*白村　明弘	33	87	17	3	7	1	.195
ビヤヌエバ	5	12	6	2	8	0	.500
樋口龍之介	45	152	52	12	32	0	.342
姫野　優也	44	88	18	3	13	1	.205
*平沼　翔太	14	47	13	1	5	2	.277
松本　剛	2	5	2	0	0	0	.400
万波　中正	58	209	41	8	31	5	.196
+宮田　輝星	40	94	30	0	10	13	.319
谷内　亮太	14	27	8	2	4	0	.296
横尾　俊建	22	74	12	2	9	0	.162
*王　柏融	9	21	14	2	7	0	.667
（以下投手）							
秋吉　亮	5	0	0	0	0	0	.000
井口　和朋	9	0	0	0	0	0	.000
石川　直也	1	0	0	0	0	0	.000
*上原　健太	12	0	0	0	0	0	.000
浦野　博司	20	0	0	0	0	0	.000
上沢　直之	1	0	0	0	0	0	.000
柿木　蓮	6	0	0	0	0	0	.000
*加藤　貴之	2	0	0	0	0	0	.000
*河野　竜生	5	0	0	0	0	0	.000
*北浦　竜次	11	0	0	0	0	0	.000
公文　克彦	3	0	0	0	0	0	.000
斎藤　佑樹	19	0	0	0	0	0	.000
杉浦　稔大	1	0	0	0	0	0	.000
*鈴木　健矢	27	0	0	0	0	0	.000
鈴木遼太郎	27	0	0	0	0	0	.000
*高山　優希	21	0	0	0	0	0	.000
立野　和明	12	0	0	0	0	0	.000
生田目　翼	26	0	0	0	0	0	.000
西村　天裕	16	0	0	0	0	0	.000
*長谷川凌汰	30	0	0	0	0	0	.000
*福田　俊	8	0	0	0	0	0	.000
*堀　瑞輝	2	0	0	0	0	0	.000
*マルティネス	1	0	0	0	0	0	.000

選手名	試合	打数	安打	本塁打	打点	盗塁	打率
*宮台　康平	14	0	0	0	0	0	.000
*村田　透	7	0	0	0	0	0	.000
望月　大希	11	0	0	0	0	0	.000
*吉川　光夫	19	0	0	0	0	0	.000
吉田　輝星	12	0	0	0	0	0	.000
吉田　侑樹	23	0	0	0	0	0	.000
ロドリゲス	3	0	0	0	0	0	.000
計	76	2502	601	71	301	58	.240

西　武

選手名	試合	打数	安打	本塁打	打点	盗塁	打率
愛斗	55	203	52	10	32	5	.256
*呉　念庭	17	60	23	5	13	1	.383
岡田　雅利	2	4	1	0	0	0	.250
+金子　侑司	9	32	11	0	1	2	.344
*川越　誠司	24	86	23	4	15	1	.267
*川野　涼多	58	149	36	3	12	3	.242
岸　潤一郎	54	150	38	4	21	4	.253
木村　文紀	5	12	2	1	1	0	.167
熊代　聖人	6	22	5	0	2	0	.227
駒月　仁人	29	69	17	3	9	0	.246
*齊藤　誠人	33	59	5	0	2	0	.085
佐藤　龍世	27	99	30	5	18	1	.303
*鈴木　将平	11	32	5	0	3	0	.156
*高木　渉	53	203	48	9	24	3	.236
柘植　世那	12	38	10	2	6	0	.263
*綱島　龍生	44	134	35	2	15	2	.261
*戸川　大輔	55	180	54	3	26	1	.300
*中熊　大智	56	173	51	3	19	2	.295
中村　剛也	7	26	3	1	2	1	.115
*永江　恭平	26	65	13	2	5	2	.200
*西川　愛也	49	146	36	3	20	5	.247
*牧野　翔矢	22	62	10	0	3	1	.161
*水口　大地	44	▲158	42	1	14	7	.266
メヒア	13	36	7	3	7	0	.194
*森　友哉	1	3	0	0	0	0	.000
森越　祐人	40	98	11	0	2	1	.112
山田　遥楓	62	215	62	7	25	5	.288
山野辺　翔	7	24	7	2	3	2	.292
（以下投手）							
相内　誠	13	0	0	0	0	0	.000
粟津　凱士	13	0	0	0	0	0	.000
出井　敏博	2	0	0	0	0	0	.000
伊藤　翔	8	0	0	0	0	0	.000
井上　広輝	2	0	0	0	0	0	.000
今井　達也	4	0	0	0	0	0	.000
上間　永遠	9	0	0	0	0	0	.000
*内海　哲也	7	0	0	0	0	0	.000
*榎田　大樹	9	0	0	0	0	0	.000
大窪　士夢	6	0	0	0	0	0	.000
*小川　龍也	9	0	0	0	0	0	.000
*國場　翼	10	0	0	0	0	0	.000
*齊藤　大将	21	0	0	0	0	0	.000
*佐藤　泰雄	5	0	0	0	0	0	.000
*髙橋　朋己	1	0	0	0	0	0	.000
*武隈　祥太	21	0	0	0	0	0	.000
*田村伊知郎	1	0	0	0	0	0	.000
多和田真三郎	5	0	0	0	0	0	.000
*東野　葵剣	11	0	0	0	0	0	.000
十亀　剣	8	0	0	0	0	0	.000
中塚　駿太	16	0	0	0	0	0	.000
ノリン	3	0	0	0	0	0	.000
*野田　昇吾	30	0	0	0	0	0	.000
*浜屋　将太	5	0	0	0	0	0	.000
平井　克典	3	0	0	0	0	0	.000

選手名	試合	打数	安打	本塁打	打点	盗塁	打率
＊藤田 航生	8	0	0	0	0	0	.000
本田 圭佑	10	0	0	0	0	0	.000
松岡 洸希	19	0	0	0	0	0	.000
與座 海人	9	0	0	0	0	0	.000

選手名	試合	打数	安打	本塁打	打点	盗塁	打率
渡邉勇太朗	4	0	0	0	0)	0	.000
計	75	2538	637	73	30)	49	.251

チ ー ム 別 個 人 投 手 成 績

(）内個人自責点合計

選手名	試合	完投	勝利	敗北	セーブ	投球回	三振	自責点	防御率
楽　天									
青山 浩二	21	0	1	1	0	19.2	11	12	5.49
安樂 智大	8	0	0	0	0	7.1	8	2	2.45
＊池田 駿	21	0	4	0	0	20.2	14	3	1.31
池田 隆英	21	0	1	1	0	32.2	26	6	1.65
石橋 良太	5	0	1	2	0	30.1	25	6	1.78
釜田 佳直	30	0	1	3	12	33.1	40	7	1.89
＊辛島 航	6	0	3	3	0	34.1	26	9	2.36
岸 孝之	5	0	0	0	0	20	21	7	3.15
木村 敏靖	12	0	0	0	0	17.1	10	3	1.56
久保 裕也	16	0	0	2	1	15.1	10	13	7.63
熊原 健人	1	0	0	0	0	1	1	3	27.00
近藤 弘樹	21	0	3	1	0	19.1	14	6	2.79
＊佐藤 智輝	3	0	0	1	0	2.1	2	0	0.00
J.T.シャギワ	10	0	0	0	0	9	6	1	1.00
＊塩見 貴洋	1	0	0	0	0	6	3	0	0.00
菅原 秀	13	0	1	0	0	11.1	11	8	6.35
＊鈴木 翔天	21	0	0	0	3	22.2	28	5	1.99
清宮虎多朗	4	0	0	0	0	8.2	12	0	0.00
宋 家豪	6	0	0	0	0	6	3	0	0.00
髙田 萌生	10	0	4	1	0	49.1	43	31	5.66
＊髙梨 雄平	2	0	1	0	0	1	2	1	9.00
瀧中 瞭太	9	0	2	1	0	47	40	9	1.72
津留﨑大成	6	0	2	1	1	6	6	0	0.00
寺岡 寛治	13	0	2	1	3	12	8	1	0.75
西口 直人	14	0	2	2	0	38.2	26	16	3.72
則本 昂大	1	0	0	0	0	5	4	2	3.60
引地秀一郎	8	0	1	2	0	12	5	2	1.50
福井 優也	7	0	0	2	0	25.2	8	18	6.31
福森 耀真	7	0	0	0	0	5.2	6	7	11.12
福山 博之	12	0	0	0	0	11.1	4	1	0.79
藤平 尚真	10	0	1	0	0	31.1	31	18	5.17
＊松井 裕樹	3	0	2	1	0	17	32	12	6.35
森原 康平	8	0	0	0	0	7.2	7	7	8.22
由 規	15	0	1	0	0	21.1	16	10	4.22
＊渡邊 佑樹	22	0	2	2	0	57.1	44	29	4.55
＊王 彦程	10	0	2	2	0	38	22	22	5.21
計	79	0	42	28	23	703.2	573	276 (277)	3.53

（髙田、髙梨は巨人でも出場あり）

選手名	試合	完投	勝利	敗北	セーブ	投球回	三振	自責点	防御率
DeNA									
赤間 謙	33	0	4	0	0	42.1	45	18	3.83
浅田 将汰	11	0	2	0	0	50.2	24	23	4.09
飯塚 悟史	27	0	2	4	0	39	26	39	9.00
伊勢 大夢	10	0	0	0	0	10.1	10	1	0.87
井納 翔一	2	0	0	0	0	6	5	0	0.00
＊エスコバー	4	0	0	0	0	4	4	0	0.00
大貫 晋一	2	0	0	0	0	11	9	1	0.82
笠井 崇正	27	0	4	1	0	26.2	33	12	4.05

選手名	試合	完投	勝利	敗北	セーブ	投球回	三振	自責点	防御率
勝又 温史	1	0	0	0	0	1	0	2	18.00
上茶谷大河	6	0	1	1	0	23	30	4	1.57
京山 将弥	8	0	0	2	0	31.2	31	20	5.68
＊コルデロ	22	0	2	1	0	25.1	35	14	4.97
＊古村 徹	4	0	0	0	0	4	4	1	2.25
齋藤 俊介	7	0	0	1	0	7	10	5	6.43
阪口 皓亮	12	0	4	1	0	61	43	14	2.07
＊坂本 裕哉	4	0	0	0	0	18.1	14	3	1.47
＊櫻井 周斗	17	0	0	1	0	29	31	6	6.52
進藤 拓也	20	0	2	2	10	21	27	6	2.57
＊砂田 毅樹	29	0	3	0	5	27.1	28	4	1.32
平良拳太郎	3	0	1	0	0	10.2	5	2	1.69
＊ディアス	13	0	1	2	0	13.2	10	12	7.90
中川 虎大	8	0	1	1	0	34	26	14	3.71
＊濱口 遥大	8	0	0	0	0	8.1	8	2	2.16
＊濱矢 廣大	18	0	0	1	0	18	18	6	3.60
ピープルズ	6	0	1	2	0	23	22	12	4.70
藤岡 好明	21	0	1	2	3	21	15	8	3.43
三上 朋也	22	0	0	2	7	21.1	18	8	3.38
宮城 滝太	12	0	0	0	0	64	33	22	3.09
武藤 祐太	2	0	1	0	0	4	3	0	0.00
計	76	1	42	32	28	663.2	567	277 (278)	3.76
巨　人									
＊井上 温大	9	0	0	1	0	30	18	16	4.80
＊今村 信貴	6	0	1	1	0	25	13	11	3.96
＊大江 竜聖	8	0	0	0	0	8	11	3	3.38
太田 龍	17	0	5	6	0	90.1	60	41	4.08
大竹 寛	4	0	1	0	0	4	2	0	0.00
鍬原 拓也	4	0	2	1	0	19.2	12	5	2.29
サンチェス	2	0	0	0	0	9.1	8	6	5.79
桜井 俊貴	4	0	2	0	0	17	10	3	1.59
澤村 拓一	7	0	0	0	0	7	2	1	1.29
髙井 俊	1	0	1	0	0	2	2	0	0.00
髙田 萌生	1	0	0	0	0	0.2	1	2	27.00
＊髙梨 雄平	1	0	0	0	0	0.2	1	0	0.00
＊髙橋 優貴	5	0	1	2	0	21	15	14	6.00
＊田口 麗斗	3	0	0	0	0	3	3	0	0.00
＊巽 大介	2	0	0	0	0	0.1	0	3	81.00
田中 豊樹	12	0	1	0	0	11.1	19	3	2.38
田中 優大	12	0	0	0	0	9.1	9	5	5.79
谷岡 竜平	2	0	0	0	0	3	0	1	3.00
田原 誠次	35	0	1	1	0	29.1	18	23	7.06
ディプラン	11	0	0	1	0	46.2	34	22	4.24
デラロサ	1	0	0	0	0	1	1	0	0.00
直江 大輔	5	0	2	0	0	24	23	13	4.88
沼田 翔平	33	0	5	1	6	34.2	35	11	2.86
野上 亮磨	18	0	0	0	0	47	28	26	4.98

イースタン・リーグ

選手名	試合	完投	勝利	敗北	セーブ	投球回	三振	自責点	防御率
畠　　世周	5	0	0	1	0	25.2	25	12	4.21
ビエイラ	16	0	0	2	5	15.1	17	3	1.76
平井　快青	2	0	0	0	0	2	1	4	18.00
*藤岡　貴裕	22	0	0	3	2	29.1	22	12	3.68
古川　侑利	32	0	0	1	2	49.1	52	16	2.92
堀岡　隼人	27	0	2	1	3	47.1	36	14	2.66
宮國　椋丞	4	0	0	1	0	17	15	7	3.71
山川　和大	17	0	0	5	0	39.2	37	11	2.50
*横川　凱	9	0	0	1	0	20.2	10	8	3.48
ラモス	9	0	0	1	0	10.2	11	1	0.84
計	79	0	38	33	20	707.1	557	298	3.79

(髙田、高梨は楽天でも出場あり)

ロッテ

選手名	試合	完投	勝利	敗北	セーブ	投球回	三振	自責点	防御率
アコスタ	28	0	0	0	6	25	18	11	3.96
東妻　勇輔	11	0	0	0	1	9.1	6	5	4.82
有吉　優樹	11	0	4	4	0	56	29	23	3.70
石崎　　剛	13	0	0	0	0	26.2	39	4	1.35
岩下　大輝	1	0	0	0	0	1.2	1	1	5.40
内　　竜也	24	0	4	1	1	22.2	18	14	5.56
大谷　智久	24	0	1	3	1	22.2	15	6	2.38
大嶺　祐太	12	0	4	5	0	54.2	32	21	3.46
小野　　郁	1	0	0	0	0	1	1	0	0.00
鎌田光津希	19	0	1	0	0	17.1	12	6	3.12
唐川　侑己	2	0	0	0	0	2	1	0	0.00
サントス	19	0	0	0	0	18.2	15	7	3.38
佐々木千隼	8	0	0	1	0	8.2	8	4	4.15
田中　靖洋	4	0	0	0	0	2.1	1	4	15.43
*チェン・グァンユウ	6	0	0	0	0	10.2	6	0	0.00
東條　大樹	12	0	0	0	0	10.1	8	6	5.23
土居　豪人	1	0	1	0	0	5	8	4	4.29
*中村　稔弥	14	0	0	2	0	10.2	13	0	0.00
*永野　将司	31	0	1	1	0	21	21	10	4.29
*成田　翔									
ハーマン	2	0	0	0	0	2	3	0	0.00
原　　　嵩	17	0	0	2	0	22.2	22	20	7.94
フローレス	17	0	2	1	1	31.1	30	7	2.01
二木　康太	4	0	1	1	0	24	23	7	2.63
古谷　拓郎	7	0	0	0	0	36.1	32	12	2.97
*松永　昂大	8	0	0	1	1	6	3	3	4.50
南　　昌輝	9	0	0	0	0	9	12	0	0.00
*本前　郁也	11	0	0	2	0	38.2	38	11	2.56
森　遼大朗	6	1	1	1	0	61	45	26	3.84
*山本　大貴	16	0	1	1	1	16	12	7	3.94
横山　陸人	11	0	0	0	0	15	9	10	6.00
渡邉　啓太	27	0	4	2	0	24.2	16	12	4.38
計	70	1	34	31	13	615	507	237	3.47

ヤクルト

選手名	試合	完投	勝利	敗北	セーブ	投球回	三振	自責点	防御率
イノーア	8	0	1	3	0	36	19	14	3.50
五十嵐亮太	23	0	1	0	1	22.2	13	13	5.16
*石川　雅規	2	0	0	0	0	6	2	2	3.00
市川　悠太	12	0	0	4	0	28	22	17	5.46
梅野　雄吾	5	0	0	0	0	5	3	0	0.00
大下　佑馬	13	0	1	0	0	12.2	9	6	4.26
大西　広樹	14	0	1	3	0	53.2	34	21	3.52
奥川　恭伸	7	0	0	0	0	19.2	18	4	1.83
風張　　蓮	10	0	3	0	3	19.2	13	4	1.83
金久保優斗	14	0	1	2	0	31.1	21	14	4.02
クック	13	0	5	0	0	36.1	17	16	3.96
*久保　拓眞	12	0	2	1	0	33.2	35	10	2.67
蔵本　治孝	17	0	1	1	0	15.2	8	7	4.02
近藤　一樹	14	0	2	1	0	13.2	11	3	1.98

選手名	試合	完投	勝利	敗北	セーブ	投球回	三振	自責点	防御率
今野　龍太	12	0	0	1	0	13.1	13	6	4.05
歳内　宏明	1	0	0	1	0	6	5	0	0.00
*坂本光士郎	28	0	0	2	2	30	28	15	4.50
*ジュリアス	10	0	0	0	0	12.1	7	6	4.38
スアレス	4	0	0	1	0	13	12	15	10.38
杉山　晃基	9	0	0	0	0	7	3	4	5.14
鈴木　裕太	24	0	1	2	0	23.2	16	13	4.94
*髙橋　奎二	4	0	2	0	0	21	20	3	1.29
田川　賢吾	20	0	0	1	0	37	41	8	1.95
*寺島　成輝	9	0	1	0	0	11.1	15	0	0.00
*中尾　　輝	21	0	0	0	1	23	26	7	2.74
*中澤　雅人	9	0	0	0	0	8	11	0	0.00
*原　　樹理	10	0	0	4	0	39	26	22	5.08
星　　知弥	6	0	0	0	1	7	6	3	3.86
*山田　大樹	15	0	0	2	6	63.1	33	32	4.55
山中　浩史	8	0	0	3	0	28	10	15	4.82
吉田　大喜	3	0	0	0	0	10	14	2	1.80
計	79	1	32	38	16	687	511	282	3.69

日本ハム

選手名	試合	完投	勝利	敗北	セーブ	投球回	三振	自責点	防御率
秋吉　　亮	5	0	0	0	0	5	6	0	0.00
井口　和朋	9	0	1	0	0	9.1	8	1	0.96
石川　直也	1	0	0	0	0	0.2	0	1	13.50
*上原　健太	12	0	1	3	0	41	27	25	5.49
浦野　博司	20	0	0	1	0	21.2	21	10	4.15
上沢　直之	2	0	1	0	0	5	3	1	1.80
柿木　　蓮	6	0	0	0	0	8	11	3	3.38
*加藤　貴之	2	0	1	0	0	8	11	3	3.38
河野　竜生						24.2	20	13	4.74
*北浦　竜次	11	0	1	2	0	62	37	12	1.74
*公文　克彦	3	0	0	0	0	2.2	5	0	0.00
斎藤　佑樹	19	0	1	3	0	19.1	11	20	9.31
杉浦　稔大									
鈴木　健矢	27	0	2	1	1	27.2	30	12	3.90
鈴木遼太郎	27	0	0	0	0	38.1	45	16	3.76
*高山　優希	21	0	0	1	0	18	12	26	13.00
立野　和明	12	1	2	3	0	52	48	22	3.81
生田目　翼	26	0	1	0	0	42	29	18	3.86
西村　天裕	16	0	0	2	0	18.1	27	8	3.93
長谷川凌汰	30	0	3	1	0	34.1	27	14	3.67
*福田　　俊	8	0	0	0	0	9.2	12	0	0.00
*堀　　瑞輝	2	0	1	0	0	2	2	1	4.50
マルティネス	1	0	1	0	0	7	9	0	0.00
*宮台　康平	14	0	0	4	0	39.2	34	34	7.71
村田　　透	7	0	0	0	0	7.1	3	0	0.00
望月　大希	11	0	1	4	0	46	40	16	3.13
*吉川　光夫	19	0	3	0	0	25.2	25	6	2.10
吉田　輝星	12	0	2	3	0	59.2	60	17	2.56
吉田　侑樹	23	0	3	3	0	33.1	27	18	4.86
ロドリゲス	3	0	0	0	0	2.2	1	1	3.38
計	76	2	28	41	11	671	584	294 (295)	3.94

西武

選手名	試合	完投	勝利	敗北	セーブ	投球回	三振	自責点	防御率
相内　　誠	13	0	0	0	2	12.2	6	3	2.13
粟津　凱士	13	0	1	1	0	15.1	10	12	7.04
出井　敏博	2	0	1	1	0	6	2	2	3.00
伊藤　　翔	8	0	2	1	0	41.1	24	14	3.05
井上　広輝	2	0	0	1	0	8	1	9	9.00
今井　達也	4	0	1	2	0	21	23	9	3.86
上間　永遠	9	0	0	2	0	35.1	21	20	5.09
内海　哲也	9	0	0	3	0	33.2	19	20	5.35
*榎田　大樹	9	1	5	1	0	49	39	10	1.84
大窪　士夢	6	0	0	0	0	8	5	8	9.00

選手名	試合	完投	勝利	敗北	セーブ	投球回	三振	自責点	防御率
＊小川　龍也	9	0	0	0	2	9	8	1	1.00
國場　　翼	10	0	0	1	1	13	10	12	8.31
＊齊藤　大将	21	0	3	1	0	43.1	27	12	2.49
＊佐野　泰雄	5	0	1	1	0	10	12	11	9.90
＊髙橋　朋己	1	0	0	0	0	0.1	0	0	0.00
＊武隈　祥太	21	0	0	2	3	24.1	22	11	4.07
田村伊知郎	1	0	0	1	0	2	1	0	0.00
多和田真三郎	5	0	1	2	0	24.2	13	10	3.65
＊東野　　葵	11	0	0	3	0	21.2	14	9	3.74
十亀　　剣	8	1	3	3	0	50	32	18	3.24
中塚　駿太	16	0	0	2	0	19	21	11	5.21

選手名	試合	完投	勝利	敗北	セーブ	投球回	三振	自責点	防御率
＊ノ　リ　ン	3	0	1	0	0	14	10	0	0.00
＊野田　昇吾	30	0	1	1	1	27	26	15	5.00
＊浜屋　将太	5	0	1	2	0	30.1	35	15	4.45
平井　克典	3	0	0	1	0	4	7	2	4.50
＊藤田　航生	8	0	0	1	0	6.2	7	10	13.50
本田　圭佑	10	0	1	3	0	42.2	28	25	5.27
松岡　洸希	19	0	1	3	0	22	16	19	7.77
與座　海人	9	0	1	5	0	50	31	27	4.86
渡邉勇太朗	4	0	0	1	0	22.1	13	13	5.24
計	75	2	28	41	11	661.2	482	322	4.38

首　位　打　者……加藤　翔平(ロ)　　打　　率　　.345
最　多　本　塁　打……細川　成也(ディ)　本塁打　　13
最　多　打　点……細川　成也(ディ)　打　　点　　53
最　多　盗　塁……湯浅　　大(巨)　盗　　塁　　22
最　高　出　塁　率……細川　成也(ディ)　出塁率　　.448
最　優　秀　防　御　率……北浦　竜次(日)　防御率　　1.74
最　多　勝　利……宮城　滝太(ディ)　勝　　利　　5
　　　　　　　　　太田　　龍(巨)　勝　　利　　5
　　　　　　　　　沼田　翔平(巨)　勝　　利　　5
　　　　　　　　　山川　和大(巨)　勝　　利　　5
　　　　　　　　　クック(ヤ)　　勝　　利　　5
　　　　　　　　　榎田　大樹(武)　勝　　利　　5
最　多　セ　ー　ブ……釜田　佳直(楽)　セーブ　　12
勝　率　第　一　位……阪口　皓亮(ディ)　勝　　率　　.800
　　　　　　　　　　　　　　　　　　　　　(4勝1敗)

2020・ウエスタン・リーグ

チーム勝敗表

○中数字は引分

チーム	試合	勝利	敗北	引分	勝率	ゲーム差	ソフトバンク	中日	オリックス	広島	阪神	交流戦計
ソフトバンク	75	43	26	6	.623	—	…	8③7	10①8	10－6	15②5	—
中　日	77	37	32	8	.536	6.0	7③8	…	9①11	11③6	10①7	—
オリックス	86	42	38	6	.525	6.5	8①10	11①9	…	12－9	10④9	1－1
広　島	76	30	42	4	.417	14.5	6－10	6③11	9－12	…	9①9	—
阪　神	82	30	44	8	.405	15.5	5②15	7①10	9④10	9①9	…	…

チーム別個人打撃成績

▲打撃妨害出塁　　　　（50音順）

ソフトバンク

選手名	試合	打数	安打	本塁打	打点	盗塁	打率
＊明石　健志	9	21	5	0	2	0	.238
伊藤　大将	1	0	0	0	0	0	.000
＊上林　誠知	26	96	26	5	19	2	.271
内川　聖一司	42	98	32	1	17	0	.327
海野　隆司	43	121	29	0	15	0	.240
＊大本　将吾	10	13	3	0	2	0	.231
＊勝連　大稀	37	65	9	1	3	0	.138
＊釜元　豪晃	41	113	25	2	16	6	.221
＊川瀬　晃	13	44	10	0	3	0	.227
グラシアル	3	10	5	0	0	0	.500
九鬼　隆平	7	19	3	0	2	0	.158
黒瀬　健太	11	13	2	0	2	0	.154
小林　珠維	2	1	0	0	0	0	.000
佐藤　直樹	59	175	40	3	23	20	.229
＊髙田　知季	23	61	18	1	7	1	.295
＊田城　飛翔	37	90	18	0	4	3	.200
＊谷川原健太	70	163	43	4	13	9	.264
デスパイネ	16	40	18	1	13	0	.450
＊中村　晃	11	27	11	0	5	0	.407
中村　宜聖	2	0	0	0	0	0	.000
西田　哲朗	21	62	13	2	8	0	.210
野村　大樹	74	224	59	3	20	1	.263
バレンティン	19	43	7	1	7	0	.163
＊長谷川勇也	13	30	8	1	3	0	.267
古澤　勝吾	16	98	27	0	17	1	.276
堀内　汰門	26	20	3	0	0	0	.150
＊牧原　大成	2	6	3	0	2	0	.500
真砂　勇介	29	89	28	2	13	4	.315
増田　珠	8	9	3	0	1	0	.333
水谷　瞬	50	108	27	4	15	5	.250
＊三森　大貴	49	186	60	1	21	11	.323
＊柳町　達	58	173	51	4	35	3	.295
リチャード	72	249	57	12	47	1	.229
（以下投手）							
岩嵜　翔	17	0	0	0	0	0	.000

選手名	試合	打数	安打	本塁打	打点	盗塁	打率
＊大関　友久	5	0	0	0	0	0	.000
＊大竹耕太郎	16	0	0	0	0	0	.000
＊尾形　崇斗	13	0	0	0	0	0	.000
奥村　政稔	22	0	0	0	0	0	.000
甲斐野　央	1	0	0	0	0	0	.000
＊笠谷　俊介	19	0	0	0	0	0	.000
加治屋　蓮	19	0	0	0	0	0	.000
川原　弘之	15	0	0	0	0	0	.000
＊小澤　怜史	6	0	0	0	0	0	.000
椎野　新	23	0	0	0	0	0	.000
重田　倫明	1	0	0	0	0	0	.000
C.スチュワート・ジュニア	15	0	0	0	0	0	.000
杉山　一樹	14	0	0	0	0	0	.000
＊千賀　滉大	2	0	0	0	0	0	.000
＊田浦　文丸	1	0	0	0	0	0	.000
髙橋　純平	19	0	0	0	0	0	.000
武田　翔太	8	0	0	0	0	0	.000
田中　正義	7	0	0	0	0	0	.000
津森　宥紀	14	0	0	0	0	0	.000
二保　旭	6	0	0	0	0	0	.000
＊野澤　佑斗	15	0	0	0	0	0	.000
バンデンハーク	6	0	0	0	0	0	.000
板東　湧梧	3	0	0	0	0	0	.000
東浜　巨	2	0	0	0	0	0	.000
＊古谷　優人	21	0	0	0	0	0	.000
松田　遼馬	36	0	0	0	0	0	.000
＊松本　裕樹	5	0	0	0	0	0	.000
＊ムーア	2	0	0	0	0	0	.000
＊渡邉　雄大	12	0	0	0	0	0	.000
計	75	2467	643	48	337	67	.261

中　日

選手名	試合	打数	安打	本塁打	打点	盗塁	打率
＋アルモンテ	2	4	1	0	0	0	.250
＊石岡　諒太	68	160	44	2	20	11	.275
石川　駿	2	0	0	0	0	0	.000
石川　昂弥	58	205	57	3	24	3	.278
石垣　雅海	40	137	51	5	21	1	.372

選手名	試合	打数	安打	本塁打	打点	盗塁	打率
石橋　康太	53	143	42	3	22	1	.294
伊藤　康祐	76	247	54	1	22	5	.219
＊井領　雅貴	1	4	1	0	1	0	.250
＊遠藤　一星	1	3	0	0	0	0	.000
大野　奨太	45	78	25	1	13	0	.321
＊岡林　勇希	64	214	61	1	15	4	.285
桂　依央利	29	57	14	0	6	1	.246
加藤　匠馬	2	7	1	0	0	0	.143
郡司　裕也	17	38	11	0	4	1	.289
シエラ	44	122	34	3	11	1	.279
＊髙松　渡	61	170	32	0	13	11	.188
＊滝野　要	58	187	47	1	21	12	.251
武田　健吾	3	10	2	0	3	0	.200
堂上　直倫	3	8	2	0	1	0	.250
＊根尾　昂	71	282	67	5	33	2	.238
平田　良介	19	49	18	1	7	0	.367
福田　永将	11	18	2	0	0	1	.111
＋藤井　淳志	66	160	38	1	21	1	.238
A.マルティネス	10	17	7	2	6	0	.412
＊溝脇　隼人	7	19	5	0	2	2	.263
三ツ俣大樹	51	120	36	3	23	0	.300
＊渡辺　勝	42	130	51	1	18	9	.392
（以下投手）							
阿知羅拓馬	12	0	0	0	0	0	.000
＊石川　翔	3	0	0	0	0	0	.000
＊伊藤　準規	8	0	0	0	0	0	.000
梅津　晃大	3	0	0	0	0	0	.000
大藏　彰人	12	1	0	0	0	0	.000
＊岡田　俊哉	8	0	0	0	0	0	.000
岡野祐一郎	6	0	0	0	0	0	.000
＊小笠原慎之介	8	0	0	0	0	0	.000
小熊　凌祐	12	0	0	0	0	0	.000
＊笠原祥太郎	10	0	0	0	0	0	.000
勝野　昌慶	4	0	0	0	0	0	.000
木下　雄介	8	0	0	0	0	0	.000
ゴンサレス	6	0	0	0	0	0	.000
＊佐藤　優	23	0	0	0	0	0	.000
清水　達也	11	0	0	0	0	0	.000
鈴木　翔太	18	0	0	0	0	0	.000
鈴木　博志	16	0	0	0	0	0	.000
谷元　圭介	5	0	0	0	0	0	.000
＊橋本　侑樹	11	1	0	0	0	0	.000
＊濱田　達郎	25	0	0	0	0	0	.000
＊浜田　智博	26	0	0	0	0	0	.000
ブリトー	4	1	0	0	0	0	.000
福谷　浩司	3	0	0	0	0	0	.000
藤嶋　健人	15	0	0	0	0	0	.000
又吉　克樹	6	2	0	0	0	0	.000
＊松葉　貴大	23	3	0	0	0	0	.000
マルク	23	0	0	0	0	0	.000
丸山　泰資	1	1	1	0	0	0	1.000
三ツ間卓也	23	0	0	0	0	0	.000
柳　裕也	2	0	0	0	0	0	.000
山井　大介	15	0	0	0	0	0	.000
山本　拓実	8	2	1	0	0	0	.500
吉見　一起	12	0	0	0	0	0	.000
ロドリゲス	6	0	0	0	0	0	.000
計	77	2598	705	35	307	65	.271

オリックス

選手名	試合	打数	安打	本塁打	打点	盗塁	打率
飯田　大祐	46	65	13	0	6	1	.200
＊稲富　宏樹	39	92	22	2	12	0	.239
大下誠一郎	58	178	39	2	21	1	.219
大城　滉二	3	9	4	0	1	1	.444
太田　椋	40	144	35	3	14	0	.243
＊岡崎　大輔	46	62	14	0	3	3	.226
＊勝俣　翔貴	48	130	23	0	12	0	.177
＊宜保　翔	41	78	17	0	7	2	.218
紅林弘太郎	86	309	68	1	20	1	.220
＊小島　脩平	31	51	15	1	7	1	.294
＊後藤　駿太	63	153	37	5	17	5	.242
佐藤　優悟	35	59	14	1	4	2	.237
＋佐野　皓大	12	50	11	1	4	2	.220
白崎　浩之	46	109	27	3	19	2	.248
杉本裕太郎	33	81	30	3	12	0	.370
頓宮　裕真	20	58	15	4	13	1	.259
中川　圭太	39	135	45	3	19	3	.333
＊西浦　颯大	41	143	39	0	12	9	.273
＊西野　真弘	22	64	23	0	2	0	.359
西村　凌	36	112	33	2	18	1	.295
＊根本　薫	83	174	35	0	12	4	.201
比屋根彰人	9	8	0	0	0	0	.000
平野　大和	8	12	1	0	0	0	.083
廣澤　伸哉	52	115	26	1	9	9	.226
フェリペ	46	96	18	0	12	1	.188
＊福田　周平	4	11	4	1	3	1	.364
＊松井　雅人	4	5	0	0	0	0	.000
松井　佑介	40	102	32	2	17	0	.314
＊宗　佑磨	17	61	17	0	9	0	.279
＊モ　ヤ	33	92	26	5	12	0	.283
山足　達也	3	5	0	0	0	0	.000
山崎　勝己	18	22	3	0	1	0	.136
ロドリゲス	21	58	17	5	13	0	.293
（以下投手）							
アルバース	1	0	0	0	0	0	.000
東　晃平	6	0	0	0	0	0	.000
荒西　祐大	3	0	0	0	0	0	.000
＊飯田　優也	6	0	0	0	0	0	.000
＊漆原　大晟	3	0	0	0	0	0	.000
＊海田　智行	25	0	0	0	0	0	.000
金田　和之	30	0	0	0	0	0	.000
神戸　文也	3	0	0	0	0	0	.000
＊黒木　優太	2	0	0	0	0	0	.000
Ｋ－鈴木	29	0	0	0	0	0	.000
小林　慶祐	10	0	0	0	0	0	.000
近藤　大亮	2	0	0	0	0	0	.000
＊齋藤　綱記	13	0	0	0	0	0	.000
榊原　翼	10	0	0	0	0	0	.000
＊佐藤　一磨	4	0	0	0	0	0	.000
＊澤田　圭佑	7	0	0	0	0	0	.000
鈴木　優	12	0	0	0	0	0	.000
竹安　大知	8	0	0	0	0	0	.000
谷岡　楓太	1	0	0	0	0	0	.000
張　奕	5	0	0	0	0	0	.000
東明　大貴	25	0	0	0	0	0	.000
＊富山　凌雅	9	0	0	0	0	0	.000
中田　惟斗	21	0	0	0	0	0	.000
ヒギンス	2	0	0	0	0	0	.000
比嘉　幹貴	8	0	0	0	0	0	.000
＊左澤　優	25	0	0	0	0	0	.000
＊本田　仁海	14	0	0	0	0	0	.000
前　佑囲斗	14	0	0	0	0	0	.000
増井　浩俊	10	0	0	0	0	0	.000
松山　真之	21	0	0	0	0	0	.000
＊宮城　大弥	13	0	0	0	0	0	.000
＊村西　良太	8	0	0	0	0	0	.000
＊山岡　泰輔	3	0	0	0	0	0	.000

ウエスタン・リーグ

選手名	試合	打数	安打	本塁打	打点	盗塁	打率
＊山﨑 福也	4	0	0	0	0	0	.000
山﨑 颯一郎	2	0	0	0	0	0	.000
＊山田 修義	1	0	0	0	0	0	.000
＊吉田 一将	5	0	0	0	0	0	.000
吉田 凌	7	0	0	0	0	0	.000
計	86	2843	703	47	326	49	.247

(飯田優・小林は阪神でも出場あり)

広　島

選手名	試合	打数	安打	本塁打	打点	盗塁	打率
＊安部 友裕	18	41	11	1	5	0	.268
石原 貴規	34	84	17	4	8	0	.202
石原 慶幸	3	5	1	0	1	0	.200
磯村 嘉孝	15	42	12	1	5	0	.286
宇草 孔基	54	221	62	2	15	11	.281
＊大盛 穂	19	75	24	1	6	6	.320
木下 元秀	60	189	34	7	26	0	.180
＊桒原 樹	37	46	16	0	3	1	.348
小窪 哲也	29	55	14	0	7	0	.255
＊小園 海斗	66	249	76	1	20	11	.305
正隨 優弥	50	156	46	2	17	1	.295
白濱 裕太	15	3	1	0	0	0	.333
＊曽根 海成	10	16	6	0	2	0	.375
髙橋 大樹	48	144	35	5	19	1	.243
中神 拓都	55	138	30	2	11	2	.217
中村 奨成	55	164	40	1	14	8	.244
永井 敦士	27	55	11	0	2	1	.200
＊西川 龍馬	3	7	1	0	0	0	.143
＊韮澤 雄也	68	218	50	0	13	1	.229
＊野間 峻祥	12	46	15	0	5	2	.326
＊羽月隆太郎	49	149	52	0	11	17	.349
＊林 晃汰	69	259	69	9	40	3	.266
＊松山 竜平	3	8	0	0	0	0	.000
×メヒア	25	71	16	1	4	0	.225
＊持丸 泰輝	27	33	4	0	1	0	.121
(以下投手)							
アドゥワ誠	8	1	0	0	0	0	.000
一岡 竜司	19	0	0	0	0	0	.000
今村 猛	23	1	0	0	0	0	.000
畝 章真	21	1	0	0	0	0	.000
＊岡田 明丈	14	3	0	0	0	0	.000
ケムナ 誠	3	0	0	0	0	0	.000
コルニエル	10	0	0	0	0	0	.000
佐々木 健	3	0	0	0	0	0	.000
＊K.ジョンソン	8	8	2	0	0	0	.250
＊DJ.ジョンソン	12	0	0	0	0	0	.000
島内颯太郎	6	0	0	0	0	0	.000
スコット	19	6	0	0	0	0	.000
鈴木 寛人	1	0	0	0	0	0	.000
＊髙橋 昂也	7	4	0	0	0	0	.000
＊髙橋 樹也	17	0	0	0	0	0	.000
田中 法彦	25	1	0	0	0	0	.000
玉村 昇悟	1	0	0	0	0	0	.000
＊床田 寛樹	4	2	1	0	0	0	.500
中﨑 翔太	5	0	0	0	0	0	.000
中田 廉	8	0	0	0	0	0	.000
＊中村 恭平	12	0	0	0	0	0	.000
中村 祐太	10	2	0	0	1	0	.000
野村 祐輔	8	0	0	0	0	0	.000
平岡 敬人	16	0	0	0	0	0	.000
＊藤井 皓哉	27	1	0	0	0	0	.000
藤井 黎來	18	0	0	0	0	0	.000
×メ ナ	15	4	0	0	0	0	.000
＊モンティージャ	14	4	0	0	0	0	.000
矢崎 拓也	8	4	0	0	0	0	.000

選手名	試合	打数	安打	本塁打	打点	盗塁	打率
薮田 和樹	4	5	0	0	0	0	.000
山口 翔	8	2	0	0	0	0	.000
計	76	2525	646	37	235	65	.256

阪　神

選手名	試合	打数	安打	本塁打	打点	盗塁	打率
＊荒木 郁也	37	120	31	0	7	7	.258
＊板山祐太郎	72	231	60	3	23	1	.260
＊伊藤 隼太	46	102	19	1	14	0	.186
＊糸原 健斗	3	8	3	0	1	0	.375
井上 広大	69	248	56	9	36	0	.226
＋植田 海	3	8	1	0	1	1	.125
上本 博紀	37	107	27	2	19	3	.252
梅野隆太郎	1	3	3	0	1	0	1.000
江越 大賀	21	80	24	3	14	4	.300
＊遠藤 成	62	159	25	1	7	3	.157
岡﨑 太一	29	24	3	0	2	1	.125
奥山 皓太	17	11	1	0	1	1	.091
小野寺 暖	44	129	30	0	9	0	.233
＊小幡 竜平	32	104	30	0	9	9	.288
＊片山 雄哉	55	▲132	29	2	19	4	.220
木浪 聖也	11	42	10	0	8	0	.238
熊谷 敬宥	39	126	22	0	9	5	.175
サンズ	2	4	1	0	0	0	.250
坂本誠志郎	3	9	4	0	1	0	.444
＊島田 海吏	48	161	32	1	5	5	.199
俊 介	45	115	29	1	7	0	.252
＊髙山 俊	42	153	38	2	11	1	.248
中谷 将大	16	52	13	3	5	0	.250
長坂 拳弥	39	94	19	3	6	1	.202
原口 文仁	24	83	30	2	6	0	.361
＊福留 孝介	12	29	6	0	5	0	.207
藤田 健斗	36	73	13	0	5	1	.178
藤谷 洸介	43	102	22	3	9	1	.216
×ボーア	3	6	2	0	2	0	.333
北條 史也	24	80	16	1	7	2	.200
マルテ	22	58	15	1	6	0	.259
陽川 尚将	6	17	4	1	3	0	.235
(以下投手)							
＊秋山 拓巳	1	0	0	0	0	0	.000
＊飯田 優也	10	0	0	0	0	0	.000
＊石井 将希	27	0	0	0	0	0	.000
伊藤 和雄	9	0	0	0	0	0	.000
＊岩崎 優	1	0	0	0	0	0	.000
＊岩田 稔	9	0	0	0	0	0	.000
エドワーズ	9	0	0	0	0	0	.000
小川 一平	7	0	0	0	0	0	.000
＊尾仲 祐哉	21	0	0	0	0	0	.000
小野 泰己	15	0	0	0	0	0	.000
＊及川 雅貴	9	0	0	0	0	0	.000
＊ガルシアル	3	0	0	0	0	0	.000
ガンケル	3	0	0	0	0	0	.000
＊川原 陸	3	0	0	0	0	0	.000
桑原謙太朗	13	0	0	0	0	0	.000
小林 慶祐	10	0	0	0	0	0	.000
才木 浩人	5	0	0	0	0	0	.000
＊齋藤友貴哉	17	0	0	0	0	0	.000
＊島本 浩也	3	0	0	0	0	0	.000
高野 圭佑	20	0	0	0	0	0	.000
高橋 遥人	4	0	0	0	0	0	.000
谷川 昌希	21	0	0	0	0	0	.000
中田 賢一	10	0	0	0	0	0	.000
西 純矢	11	0	0	0	0	0	.000
＊能見 篤史	2	0	0	0	0	0	.000

選手名	試合	打数	安打	本塁打	打点	盗塁	打率
浜地　真澄	24	0	0	0	0	0	.000
馬場　皐輔	4	0	0	0	0	0	.000
＊福永　春吾	30	0	0	0	0	0	.000
＊藤川　球児	2	0	0	0	0	0	.000
藤浪晋太郎	4	0	0	0	0	0	.000
＊牧　丈一郎	22	0	0	0	0	0	.000
望月　惇志	11	0	0	0	0	0	.000

選手名	試合	打数	安打	本塁打	打点	盗塁	打率
守屋　功輝	9	0	0	0	0	0	.000
＊横山　雄哉	16	0	0	0	0	0	.000
＊呂　彦青	16	0	0	0	0	0	.000
計	82	2670	618	40	251	51	.231

（飯田優・小林はオリックスでも出場あり）

チーム別個人投手成績

選手名	試合	完投	勝利	敗北	セーブ	投球回	三振	自責点	防御率
ソフトバンク									
岩嵜　　翔	17	0	0	1	2	21	18	5	2.14
＊大関　友久	5	0	0	0	0	5	4	0	0.00
＊大竹耕太郎	16	1	6	3	0	92.1	73	26	2.53
尾形　崇斗	13	0	0	1	0	16.1	16	5	2.76
奥村　政稔	22	0	4	0	1	25	22	8	2.88
甲斐野　央	1	0	0	0	0	1	1	2	18.00
＊笠谷　俊介	9	0	0	1	0	8	10	4	4.50
加治屋　蓮	19	0	1	1	2	21.1	23	4	1.69
＊川原　弘介	9	0	0	1	0	12.1	13	2	1.46
小澤　怜史	6	0	2	1	0	16.1	10	10	5.51
椎野　　新	23	0	2	0	4	31.1	34	5	1.44
重田　倫明	1	0	0	1	0	3	3	6	18.00
C.スチュワート・ジュニア	15	0	3	7	0	67	48	31	4.16
杉山　一樹	14	0	4	4	0	60	83	17	2.55
千賀　滉大	2	0	0	0	0	10	10	3	2.70
＊田浦　文丸	1	0	0	0	0	1	0	0	0.00
髙橋　純平	19	0	0	0	0	18	19	10	5.00
武田　翔太	8	0	4	1	1	38.2	30	12	2.79
田中　正義	4	0	0	0	0	4	3	0	0.00
津森　宥紀	14	0	2	1	2	20.1	26	6	2.66
二保　　旭	6	2	2	1	0	28	15	6	1.93
野澤　佑斗	15	0	0	0	0	14.1	17	9	5.65
バンデンハーク	6	0	4	0	0	26.2	28	8	2.70
板東　湧梧	1	0	0	0	0	6	5	2	3.00
東浜　　巨	1	0	0	0	0	3	3	2	6.00
＊古谷　優人	21	0	3	1	0	39	31	10	2.31
松田　遼馬	36	0	3	4	3	40	41	10	2.25
松本　裕樹	5	0	1	0	0	17	10	9	4.76
ムー　ア	2	0	0	0	0	7	9	2	2.57
＊渡邉　雄大	12	0	2	0	2	12.2	9	0	0.00
計	75	3	43	26	19	665.2	627	214	2.89
中　日									
阿知羅拓馬	12	0	0	0	0	24.2	16	6	2.19
石川　　翔	3	0	0	0	0	3	3	2	6.00
伊藤　準規	8	0	0	1	2	6	6	3	4.50
梅津　晃大	3	0	0	1	0	8	5	7	7.88
大蔵　彰人	12	0	0	0	0	11.2	10	8	6.17
＊岡田　俊哉	8	0	0	3	0	11.1	9	13	10.32
岡野祐一郎	6	0	3	0	0	29.2	24	5	1.52
＊小笠原慎之介	8	1	3	3	0	50.1	27	23	4.11
小熊　凌祐	12	0	0	0	0	17.2	16	10	5.09
＊笠原祥太郎	10	0	3	3	0	49.1	32	22	4.01
勝野　昌慶	4	1	1	0	0	20.1	11	2	0.89
木下　雄介	8	0	0	1	0	8.2	6	1	1.04
＊ゴンサレス	6	0	0	0	1	7	11	2	2.57

選手名	試合	完投	勝利	敗北	セーブ	投球回	三振	自責点	防御率
佐藤　　優	23	0	2	1	6	25.2	15	16	5.61
清水　達也	11	1	4	1	0	45.2	40	7	1.38
鈴木翔太	18	0	0	2	2	26.2	11	17	5.74
鈴木博志	16	0	2	1	1	15	11	8	4.80
谷元　圭介	5	0	0	0	0	5	5	0	0.00
＊橋本　侑樹	11	0	0	1	0	19.1	13	7	3.26
＊濱田　達郎	25	0	0	1	1	20	20	3	1.35
＊浜田　智博	26	0	0	0	0	16.2	9	11	5.94
ブリトー	4	0	0	0	0	3	0	5	15.00
福谷　浩司	2	0	0	0	0	11	9	1	0.82
藤嶋　健人	15	0	1	1	1	15	19	4	2.40
又吉　克樹	6	0	1	0	0	5.1	6	0	0.00
＊松葉　貴大	2	0	1	0	0	13	7	8	5.54
マルク	23	0	0	1	3	25	15	5	2.05
丸山　泰資	1	0	0	0	0	0	0	0	0.00
三ツ間卓也	23	0	2	1	0	21.2	24	12	4.98
柳　　裕也	2	0	2	0	0	9	9	0	0.00
山井　大介	15	0	1	1	0	18.1	15	3	1.47
山本　拓実	8	0	4	4	0	44.2	28	16	3.22
吉見　一起	12	1	5	3	0	65	36	20	2.77
ロドリゲス	6	0	3	0	0	22.2	18	1	0.40
計	77	3	37	32	18	673.1	486	247	3.30
オリックス									
＊アルバース	1	0	1	0	0	7	4	0	0.00
東　　晃平	6	0	0	2	0	18.1	13	14	6.87
荒西　祐大	3	0	0	0	0	5	2	0	0.00
＊飯田　優也	6	0	0	1	0	11	8	9	7.36
漆原　大晟	6	0	1	2	0	34	29	8	2.12
海田　智行	25	0	0	0	0	22	21	8	3.27
金田　和之	30	0	0	1	4	26.2	30	5	1.69
神戸　文也	3	0	0	0	0	2.1	1	5	19.29
黒木　優太	2	0	0	0	0	3	1	0	0.00
Ｋ－鈴木	29	0	2	4	11	37.2	29	16	3.82
小林　慶祐	10	0	0	0	0	10	9	2	1.80
近藤　大亮	2	0	0	0	0	2	2	0	0.00
＊齋藤　綱記	11	0	0	0	0	11	12	0	0.00
榊原　　翼	10	0	4	1	0	51.1	30	21	3.68
＊佐藤　一磨	4	0	0	2	0	6.2	1	13	17.55
澤田　圭佑	3	0	0	0	0	7	7	3	3.86
鈴木　　優	12	0	1	2	0	33	36	10	2.73
竹安　大知	8	0	1	1	0	27.2	25	3	0.98
谷岡　楓太	4	0	0	0	0	1	1	3	27.00
張　　奕	5	0	2	1	0	21.1	16	5	2.11
東明　大貴	25	0	0	1	0	25.2	19	11	3.86
＊富山　凌雅	9	0	3	1	1	40	25	11	2.48

選手名	試合	完投	勝利	敗北	セーブ	投球回	三振	自責点	防御率
中田 惟斗	21	0	1	2	3	22	9	10	4.09
ヒギンス	2	0	0	0	2	2	3	1	4.50
比嘉 幹貴	8	0	1	2	0	7.2	8	6	7.04
*左澤 優	25	0	2	1	0	36.1	15	12	2.97
本田 仁海	14	1	4	5	0	78.2	55	36	4.12
前 佑囲斗	14	0	0	3	0	24	28	9	3.38
増井 浩俊	10	0	2	0	1	31	27	5	1.45
松山 真之	21	0	1	0	1	20	14	12	5.40
*宮城 大弥	13	0	6	2	0	59.2	49	18	2.72
村西 良太	8	0	2	1	0	22.1	21	9	3.63
山岡 泰輔	3	0	1	0	0	11.2	12	8	6.17
*山崎 福也	4	0	2	1	0	20.2	16	2	0.87
山崎颯一郎	2	0	1	0	0	3	3	0	0.00
*山田 修義	1	0	1	0	0	1	1	0	0.00
吉田 一将	5	0	0	0	0	9	8	2	2.00
吉田 凌	5	0	0	0	2	5	8	2	3.60
計	86	1	42	38	23	756.2	597	279	3.32

(飯田優・小林は阪神でも出場あり)

広 島

選手名	試合	完投	勝利	敗北	セーブ	投球回	三振	自責点	防御率
アドゥワ誠	8	0	2	4	0	29	15	20	6.21
一岡 竜司	19	0	1	0	0	19	16	8	3.79
今村 猛	23	0	2	1	0	23.2	19	13	4.94
薮 章真	20	0	0	1	0	20.2	15	20	8.71
岡田 明丈	14	0	0	0	0	29.1	21	17	5.22
ケムナ 誠	3	0	0	0	1	3	3	0	0.00
コルニエル	10	0	1	1	0	12	11	4	3.00
佐々木 健	3	0	0	0	0	2.1	3	6	23.14
*K.ジョンソン	8	0	2	3	0	39.2	30	18	4.08
DJ.ジョンソン	12	0	0	0	0	12	13	3	2.25
島内颯太郎	6	0	0	0	0	6	6	0	0.00
スコット	19	0	3	3	1	40.2	39	13	2.88
鈴木 寛人	1	0	0	0	0	1	1	0	9.00
*高橋 昂也	7	0	0	2	0	23.2	26	11	4.18
*高橋 樹也	17	0	0	0	0	18	19	7	3.50
田中 法彦	25	0	1	1	12	26	27	5	1.73
玉村 昇悟	1	0	0	0	0	0	0	3	--
*床田 寛樹	4	0	2	1	0	22	12	8	3.27
中崎 翔太	5	0	0	0	0	5	4	1	1.80
中田 廉	8	0	1	0	1	7.1	7	1	1.23
*中村 恭平	12	0	1	1	0	12.2	16	5	3.55
中村 祐太	10	0	3	4	0	55	31	25	4.09
野村 祐輔	5	0	2	2	0	24.2	21	8	2.92
平岡 敬人	16	0	1	1	0	17.1	17	18	9.35
藤井 皓哉	27	0	3	2	2	27.1	22	14	4.61
藤井 黎來	18	0	0	1	0	24.2	28	3	1.09

選手名	試合	完投	勝利	敗北	セーブ	投球回	三振	自責点	防御率
メ ー ナ	15	0	3	2	0	45.2	45	15	2.96
*モンティージャ	14	0	2	2	0	37.2	34	21	5.02
矢崎 拓也	8	0	1	0	0	27	33	7	2.33
薮田 和樹	4	0	1	2	0	22	19	14	5.73
山口 翔	8	0	0	4	0	26	17	18	6.23
計	76	0	30	42	20	660.1	569	307	4.18

阪 神

選手名	試合	完投	勝利	敗北	セーブ	投球回	三振	自責点	防御率
秋山 拓巳	1	0	0	0	0	2	2	1	4.50
*飯田 優也	10	0	2	1	0	18	18	7	3.50
*石井 将希	27	0	0	0	1	24	13	4	1.50
伊藤 和雄	9	0	0	2	1	7.1	6	3	3.68
*岩崎 優	1	0	0	0	0	1	2	0	0.00
*岩田 稔	9	0	1	3	0	31	30	10	2.90
エドワーズ	9	0	0	0	1	8.2	10	0	0.00
小川 一平	7	0	1	0	0	8	6	1	1.13
尾仲 祐哉	21	0	0	0	4	19.2	10	15	6.86
小野 泰己	15	0	0	4	0	22.2	14	29	11.51
*及川 雅貴	9	0	2	4	0	33	11	22	6.00
*ガルシア	3	0	1	1	0	19	10	4	1.89
ガンケル	1	0	0	0	0	5	5	0	0.00
*川原 陸	3	0	0	2	0	7	4	4	5.14
桑原謙太朗	13	0	0	1	1	13	16	8	5.54
小林 慶祐	10	0	1	1	1	9.1	6	5	4.82
才木 浩人	5	0	0	1	0	16	17	6	3.38
齋藤友貴哉	17	0	2	3	0	46	51	14	2.74
*島本 浩也	1	0	0	1	0	1	2	2	18.00
高野 圭佑	20	0	1	0	0	41.2	23	27	5.83
*高橋 遥人	4	0	0	1	0	9	9	2	2.00
谷川 昌希	21	0	1	0	3	22	17	10	4.09
中田 賢一	10	0	2	4	0	46.1	29	18	3.50
西 純矢	11	0	0	1	0	45	27	20	4.00
*能見 篤史	2	0	0	0	0	2	0	0	0.00
浜地 真澄	24	0	1	0	4	26	23	10	3.46
馬場 皐輔	4	0	0	0	0	6	4	1	1.50
福永 春吾	30	0	3	2	2	32	25	14	3.94
藤川 球児	3	0	0	0	0	2	2	0	0.00
藤浪晋太郎	4	0	3	0	0	22	29	1	0.41
牧 丈一郎	22	0	0	1	0	36.1	23	19	4.71
望月 惇志	11	0	1	1	2	20.2	10	15	6.53
守屋 功輝	9	0	0	1	0	8.1	9	2	2.16
*横山 雄哉	16	0	4	2	0	67.1	35	19	2.54
*呂 彦青	16	0	1	4	0	40	36	14	3.15
計	82	0	30	44	20	718.1	534	307	3.85

(飯田優・小林はオリックスでも出場あり)

首 位 打 者……三森 大貴(ソ)　打率 .323
最 多 本 塁 打……リチャード(ソ)　本塁打 12
最 多 打 点……リチャード(ソ)　打点 47
最 多 盗 塁……佐藤 直樹(ソ)　盗塁 20
最 高 出 塁 率……三森 大貴(ソ)　出塁率 .397

最優秀防御率……大竹耕太郎(ソ)　防御率 2.53
最 多 勝 利……大竹耕太郎(ソ)　勝利 6
　　　　　　……宮城 大弥(オ)　勝利 6
最 多 セーブ……田中 法彦(広)　セーブ 12
勝 率 第 一 位……大竹耕太郎(ソ)　勝率 .667
（6勝3敗）
横山 雄哉(神)　勝率 .667
（4勝2敗）

各 年 度 優 勝 チ ー ム

◆の年度は引分を0.5勝0.5敗として計算

イースタン・リーグ

年度	チーム	試合	勝利	敗北	引分	勝率
1961	{ 巨　　人	56	29	27	0	.518
	{ 東　　映	58	29	27	2	.518
1962	◆大　毎	56	34	21	1	.616
1963	◆大　毎	56	31	23	2	.571
1964	◆東　京	56	34	19	3	.634
1965	◆巨　人	56	33	18	5	.634
1966	◆巨　人	48	31	13	4	.688
1967	◆巨　人	48	35	13	0	.729
1968	◆大　洋	56	38	16	2	.696
1969	巨　人	64	38	25	1	.603
1970	ロッテ	64	41	19	4	.683
1971	ヤクルト	64	38	23	3	.623
1972	ヤクルト	64	46	18	0	.719
1973	巨　人	64	48	15	1	.762
1974	巨　人	56	36	18	2	.667
1975	大　洋	64	37	24	3	.607
1976	巨　人	64	41	22	1	.651
1977	巨　人	64	45	13	6	.776
1978	ヤクルト	64	41	23	0	.641
1979	ヤクルト	70	42	23	5	.646
1980	日本ハム	70	38	30	2	.559
1981	西　武	70	41	27	2	.603
1982	大　洋	80	44	30	6	.595
1983	西　武	80	47	29	4	.618
1984	西　武	80	49	27	4	.645
1985	西　武	80	48	29	3	.623
1986	巨　人	80	54	24	2	.692
1987	巨　人	80	52	23	5	.693
1988	巨　人	80	53	21	6	.716
1989	巨　人	80	46	27	7	.630
1990	巨　人	80	51	26	3	.662
1991	巨　人	80	46	31	3	.597
1992	巨　人	90	54	32	4	.628
1993	巨　人	100	60	36	4	.625
1994	巨　人	100	53	39	8	.576
1995	巨　人	100	53	39	8	.576
1996	ロッテ	100	54	39	7	.581
1997	日本ハム	100	63	35	2	.643
1998	ヤクルト	100	60	38	2	.612
1999	日本ハム	100	60	38	2	.612
2000	巨　人	100	64	32	4	.667
2001	西　武	100	66	31	3	.680
2002	西　武	100	59	39	2	.602
2003	日本ハム	100	61	37	2	.622
2004	日本ハム	99	56	43	0	.566
2005	ロッテ	96	57	38	1	.600
2006	ロッテ	96	53	40	3	.570
2007	巨　人	96	53	40	3	.570
2008	ヤクルト	96	55	34	7	.618
2009	巨　人	108	60	46	2	.566
2010	ロッテ	108	60	45	3	.571
2011	日本ハム	108	58	45	5	.563
2012	ロッテ	108	67	38	3	.638
2013	ヤクルト	108	60	42	6	.588
2014	ロッテ	108	64	41	3	.610
2015	巨　人	116	59	48	9	.551
2016	巨　人	121	70	47	4	.598
2017	巨　人	125	74	44	7	.627
2018	巨　人	118	73	41	4	.640
2019	楽　天	123	70	48	5	.593
2020	楽　天	79	42	28	9	.600

1961は同率両チーム優勝。
1979に西武イースタン・リーグに加盟。
2005に楽天イースタン・リーグに加盟。

ウエスタン・リーグ

年度	チーム	試合	勝利	敗北	引分	勝率
1955	阪　神	24	14	9	1	.609
1956	◆中　日	36	21	14	1	.597
1957	阪　急	25	15	9	1	.625
1958	◆中　日	24	18	6	0	.750
1959	◆阪　神	24	18	6	0	.750
1960	◆広　島	24	15	8	1	.646
1961	阪　神	48	34	14	0	.708
1962	南　海	48	29	17	2	.630
1963	阪　神	48	31	16	1	.660
1964	阪　急	48	27	19	2	.587
1965	阪　急	48	30	18	0	.625
1966	阪　急	48	37	10	1	.787
1967	広　島	48	40	7	1	.851
1968	広　島	60	34	22	4	.607
1969	中　日	60	38	19	3	.667
1970	広　島	60	39	19	3	.584
1971	中　日	60	39	16	5	.709
1972	阪　神	60	37	20	3	.649
1973	近　鉄	60	40	18	2	.690
1974	中　日	60	37	19	4	.661
1975	南　海	60	40	18	2	.690
1976	広　島	60	36	22	2	.621
1977	阪　急	60	33	21	6	.611
1978	阪　急	72	46	24	2	.657
1979	近　鉄	70	40	25	5	.615
1980	南　海	70	39	26	5	.600
1981	南　海	70	43	25	2	.632
1982	広　島	80	49	31	0	.649
1983	中　日	80	41	31	8	.569
1984	南　海	80	44	33	3	.571
1985	広　島	80	48	28	4	.632
1986	阪　神	80	44	22	14	.667
1987	中　日	80	42	31	7	.575
1988	阪　神	80	46	32	2	.590
1989	オリックス	80	51	25	4	.671
1990	中　日	80	49	31	0	.613
1991	広　島	80	37	32	11	.536
1992	中　日	90	53	31	6	.631
1993	中　日	100	67	29	4	.698
1994	オリックス	98	62	32	8	.644
1995	近　鉄	99	52	39	8	.571
1996	近　鉄	95	57	37	1	.606
1997	オリックス	100	58	35	7	.624
1998	阪　神	100	58	35	7	.624
1999	阪　神	100	58	35	7	.641
2000	中　日	100	67	26	7	.720
2001	阪　神	80	50	25	5	.667
2002	阪　神	90	51	33	6	.607
2003	阪　神	90	53	30	7	.639
2004	中　日	90	44	38	8	.537
2005	阪　神	88	55	27	6	.671
2006	阪　神	88	47	29	12	.618
2007	中　日	88	49	31	8	.613
2008	ソフトバンク	88	46	32	10	.590
2009	中　日	96	55	34	7	.618
2010	阪　神	104	50	42	12	.543
2011	中　日	108	65	33	10	.663
2012	ソフトバンク	106	56	42	8	.571
2013	ソフトバンク	107	61	42	4	.592
2014	ソフトバンク	108	68	37	3	.648
2015	ソフトバンク	110	66	35	9	.653
2016	ソフトバンク	120	72	42	6	.632
2017	広　島	115	57	49	9	.538
2018	阪　神	115	68	40	7	.630
2019	ソフトバンク	117	62	46	9	.574
2020	ソフトバンク	75	43	26	6	.623

1964は阪神、南海同率首位のため優勝決定戦を行い2勝1敗で阪神が優勝。
2003, 2004は前後期制を採用。各期優勝チームで優勝決定試合を行う。

フレッシュオールスター・ゲーム

(注) 1963～1997まで「ジュニア・オールスターゲーム」(1993のみ「フレッシュスター・ゲーム」)、
1998、1999、2002～2019「フレッシュオールスター・ゲーム」、2000、2001は「コナミフレッシュ」
として開催。

7月13日(月) 松山　新型コロナウイルスの影響により中止

各年度対戦成績 （通算　ウ29勝，イ20勝，6分 / パ 0勝，セ 1勝，1分）

年　月　日	球場	ウエスタン			イースタン		MVP	本　塁　打	入場者
1963.7.24	神　宮	● 村　　上(南)	0 - 2	種　部(巨) ○	河　　東(巨)				10,000
1964.7.20	川　崎	△ 西　　川(広)	2 - 2	永　川(広) △	迫　田(京)				5,000
21	中　日	○ 西　　川(広)	2 - 1	佐　藤(国) ●	西　川(広)				12,000
22	大　阪	△ 安仁屋(広)	2 - 2	半　沢(国) △	―――		滝(巨)2、富恵(神)		3,000
1965.7.19	後楽園	○ 尾　崎(西)	2 - 1	新　治(洋) ●	佐々木(中)		佐々木(中)		5,000

1966年は開催せず

| 1967.7.25 | 神　宮 | ○ 石　床(神) | 5 - 3 | 宇佐美(巨) ● | ――― | | | | 8,000 |
| 1968.7.23 | 川　崎 | △ 五十嵐(近) | 4 - 4 | 高　垣(洋) △ | ――― | | | | 3,000 |

(延長10回)

1969.7.20	甲子園	○ 前　　田(南)	13 - 3	井　上(洋) ●	後　藤(神)		溜池(ア)、大島(中)		7,000
1970.7.18	神　宮	● 泉　　沢(西)	0 - 5	佐藤敬(ロ) ○	佐藤敬(ロ)		阿野(巨)		7,000
1971.7.19	中　日	○ 渡　　部(中)	8 - 2	井　原(ヤ) ●	大　島(中)		大島(中)		―――
1972.7.22	東　京	○ 三　　沢(中)	5 - 2	横　山(巨) ●	今　西(神)		伊藤(中)、八重樫(ヤ)		―――

(時間制限のため7回打ち切り)

1973.7.22	大　阪	● 五月女(神)	0 - 1	小　林(ヤ) ○	尾　崎(ヤ)		尾崎(ヤ)		―――
1974.7.21	後楽園	○ 石田真(急)	6 - 4	三　井(ロ) ●	栗　橋(近)		木本(広)、伊達(ロ)		10,000
1975.7.19	甲子園	○ 土　屋(中)	6 - 3	塩　月(巨) ●	笹　本(神)		矢野(洋)		7,000
1976.7.17	川　崎	○ 長谷川(神)	9 - 4	大　川(洋) ●	簑　田(急)		高橋(広)、角(ヤ)		3,000
1977.7.24	西　宮	● 佐藤義(急)	2 - 3	斉藤明(洋) ○	島　田(日)		吉沢(急)		5,000
1978.7.21	横　浜	● 伊　藤(神)	5 - 6	角　(巨) ○	屋　鋪(洋)		屋鋪(洋)		30,000
1979.7.21	横　浜	● 登　記(近)	2 - 5	福　間(ロ) ○	加　倉(武)		松下(神)、加倉(武)		27,000
1980.7.18	西　武	○ 大久保(広)	8 - 5	平　田(南) ●	香　川(南)		角(巨)、香川(南)、八木(急)		19,000
1981.7.24	ナゴヤ	○ 中　田(神)	3x - 2	高橋正(日) ●	藤　倉(神)				30,000

(延長11回)

1982.7.23	横　浜	○ 川　口(南)	6 - 1	右　田(洋) ●	金　村(近)		金村(近)		22,000
1983.7.22	後楽園	○ 畠　山(南)	9 - 2	荒　木(ヤ) ●	畠　山(南)		定岡(広)、李(南)、赤星(南)、君波(ヤ)、神田(南)		50,000
1984.7.20	大　阪	○ 中　西(神)	4 - 2	鈴木孝(武) ●	吉　村(南)		小松崎(中)		30,000
1985.7.19	後楽園	● 仲　田(神)	2 - 8	小　川(ロ) ○	白　幡(武)		広沢(ヤ)、白幡(武)2、田辺(武)		35,000

年 月 日	球場	ウエスタン			イースタン	MVP	本 塁 打	入場者
1986.7.18	ナゴヤ	●宮　下(中)	3－6	水　野(巨)	○広　瀬(日)		広瀬(日)、山田(中)	35,000
1987.7.24	後楽園	●田　嶋(南)	2－3	高橋一(洋)	○大久保(武)		井上(巨)	40,000
1988.7.22	東京ドーム	○野　田(神)	1－0	染　宮(ヤ)	●藤　井(急)		藤井(急)	51,000
1989.7.24	大阪	●今　中(中)	2－3	渡辺弘(日)	○大　村(近)		山崎(中)	25,000
1990.7.23	神宮	△石　貫(広)	5－5	石　毛(巨)	△石　井(近)		石井(近)2	13,000
			(延長10回)					
1991.7.22	千葉マリン	○長谷川(オ)	2－1	榎　　(ロ)	●種　田(中)			24,000
1992.7.17	東京ドーム	○品　田(近)	4－3	有　働(洋)	●鈴　木(オ)		町田(広)、鈴木(オ)	21,000
1993.7.19	福岡ドーム	○大　越(ダ)	6－4	門　奈(巨)	●桧　山(神)		桧山(神)	23,000
1994.7.17	札幌	○平　田(中)	11－10	石井貴(武)	●井　上(中)		井上(中)2、浅井(広)、山田(武)、高梨(ヤ)、徳田(日)、大貝(日)	23,000
1995.7.22	福井	○久保貴(ダ)	5－4	小野晋(ロ)	●北　川(神)			11,000
1996.7.19	熊本	○丸　尾(オ)	9－0	寺　本(武)	●朝　山(広)		朝山(広)	11,000
1997.7.19	相模原	△倉　野(ダ)	2－2	矢　野(日)	△倉　野(ダ)			10,000
1998.7.21	富山	○木村茂(ダ)	7－6	神　田(横)	●ケサダ(広)		ケサダ(広)	6,000
1999.7.23	横浜	●星　野(ダ)	2－4	伊　藤(日)	○古　木(横)			12,000
2000.7.21	松山	○河　内(広)	3－0	正　田(日)	●河　内(広)		森野(中)	18,000
2001.7.20	東京ドーム	●山　本(近)	4－10	高橋一(ヤ)	○里　崎(ロ)		里崎(ロ)、蔵本(中)	28,000
2002.7.11	長野	●横　松(広)	4－2	秦　　(湘)	●藤　本(神)		前田新(中)、藤本(神)、小田(日)	16,000
2003.7.13	札幌ドーム	●三　東(神)	3－4	山　口(日)	○今　江(ロ)		喜田(神)	15,000
2004.7.9	大阪ドーム	●馬　原(ダ)	0－10	須　永(日)	○青　木(ヤ)		矢野(巨)、吉村(湘)、黒瀬(武)	32,000
		パシフィック			セントラル			
2005.7.24	宮崎	△内　　(ロ)	4－4	能　見(神)	△鶴　岡(日)		鶴岡(日)、大松(ロ)、武山(湘)	12,854
2006.7.20	東京ドーム	●古　谷(ロ)	4－8	山　口(湘)	○飯　原(ヤ)		中村一(中)、岡田(サ)	21,836
		ウエスタン			イースタン			
2007.7.19	松山	●甲　藤(ソ)	1－0	大　嶺(ロ)	○中　東(広)			13,090
2008.8.2	山形	●鶴　　(神)	3－8	唐　川(ロ)	○原　　(武)		吉良(サ)、中井(巨)、原(武)	8,733
2009.7.23	札幌ドーム	●巽　　(ソ)	0－7	辻　内(巨)	○中　田(日)			17,442
2010.7.22	長崎	○今　村(広)	6－3	戸　村(楽)	●岩﨑恭(中)		岩﨑恭(中)、猪本(ソ)、堂林(広)、細谷(ロ)	19,450
2011.7.21	富山	●矢　地(中)	0－10	阿　部(ロ)	○荒　木(ヤ)			9,645
2012.7.19	新潟	○歳　内(神)	4－0	八　木(ヤ)	●中　谷(神)			11,315
2013.7.18	秋田	●戸　田(オ)	1－7	中﨑(武)	○加　藤(ロ)		加藤(ロ)、石川(日)	6,026
2014.7.17	長崎	●笠　原(ソ)	6－7	吉　原(ロ)	○井　上(ロ)		井上(ロ)2、山川(武)、奥浪(オ)	13,671
2015年は台風のため中止								
2016.7.14	倉敷	●青　柳(神)	1－6	長谷川(巨)	○岡　本(巨)		岡本(巨)、板山(神)	15,091
2017.7.13	静岡	△古　谷(ソ)	0－0	畠　　(巨)	△曽　根(ソ)			10,072
2018.7.12	弘前	○高橋礼(ソ)	3－1	寺　島(ヤ)	●石　垣(中)		清宮(日)、石垣(中)	8,715
2019.7.11	楽天生命	○梅　津(中)	5－1	吉田輝(日)	●小　園(広)		小園(広)	17,578
2020年は新型コロナウイルスの影響により中止								

注　チーム名表示の（湘）は湘南、（サ）はサーパス。

ファーム日本選手権

(注) 1987～1995まで「ジュニア・日本選手権」、1999～2001まで「コナミファーム日本選手権」として開催。

11月7日(土) 宮崎 　　　　　　　楽　　天　１２０　１００　２００｜６
(曇) 入場者 4,215人 　　　　ソフトバンク　３００　０００　１００｜４
(楽) ○西口、池田駿、池田隆、S釜田 —— 堀内
(ソ) ●大竹、津森、松田遼、田中 —— 海野

各年度対戦成績（通算　ウ 17勝，イ 16勝，引分再試合 1）

年 月 日	球場	ウエスタン			イースタン	MVP	本塁打	入場者
1987. 9.14	平塚	●斉藤 中日	0-9	巨人	加茂川 ○	加茂川(巨)	佐藤(巨)	16,000
1988. 9.12	西京極	●高島 中日	2-5	巨人	松原 ○	松原(巨)	福王(巨)、仲根(中)	23,000
1989. 9.18	平塚	●高木 オリックス	0-3	巨人	橋本 ○	橋本(巨)	呂(巨)	14,000
(1990. 9.18 大阪 3回表一死 降雨ノーゲーム)								
1990.10. 7	東京ドーム	○田中富 中日	6x-4	巨人	石毛 ●	清水(中)	清水(中)	15,000
1991. 9.20	平塚	△西 広島	5-5	巨人	木田 △		藤本(巨)、松本隆(広)、バークレオ(広)	6,500
(7回裏二死 降雨コールドゲーム)								
1991. 9.21	平塚	●西 広島	7-8x	巨人	橋本 ○	呂 (巨)	呂(巨)、高田(巨)、千代丸(広)	5,000
(引分再試合)								
1992.10. 3	川崎	●小島 中日	2-3x	巨人	岡田 ○	杉山(巨)	山本保(中)、山崎(中)、杉山(巨)	10,000
(延長10回)								
1993.10.10	福井	●井手元 中日	0-3	巨人	松谷 ○	松谷(巨)		15,000
1994.10. 9	相模原	○戎 オリックス	6-4	巨人	門奈 ●	戎(オ)	井上(巨)、杉山(巨)	13,000
1995.10. 7	富山	●背尾 近鉄	0-1	巨人	門奈 ○	門奈(巨)		10,000
(1996年は開催せず)								
1997.10.10	宜野湾	●戎 オリックス	0-1x	日本ハム	黒木 ○	大貝(日)	大貝(日)	6,000
1998.10.10	宜野湾	●井上 阪神	1-4	ヤクルト	五十嵐 ○	五十嵐(ヤ)		8,500
1999.10. 9	浦添	○金澤 阪神	7-3	日本ハム	厚沢 ●	濱中(神)	濱中(神)2、吉本(神)	8,000
2000.10. 7	浦添	○矢口 中日	4-2	巨人	平松 ●	筒井(中)	川中(巨)、筒井(中)	12,000
2001.10. 6	松山	●山岡 阪神	0-5	西武	三井 ○	三井(武)		14,000
2002.10.12	松山	○安藤 阪神	16-3	西武	帆足 ●	藤原(神)	鈴木(武)	10,000
2003.10.11	長野	○谷中 阪神	3-0	日本ハム	隼人 ●	早川(神)	早川(神)、斉藤(神)	8,000
2004.10. 9	宮崎	○遠藤 中日	4x-3	日本ハム	関根 ●	土谷(中)	阿久根(日)	8,000
2005.10. 8	スカイマーク	●前川 阪神	5-7	ロッテ	成瀬 ○	辻(ロ)	大松(ロ)、喜田(神)、林(神)	9,574
2006. 9.30	山形	○中村泰 阪神	6-0	ロッテ	成瀬 ●	中村泰(神)	桜井(神)2、喜田(神)、藤原(神)	6,631
2007. 9.29	山形	○吉見 中日	7-2	巨人	深田 ●	吉見(中)	堂上剛(中)、森岡(中)、平田(中)	9,159
2008.10. 4	長崎	○岩嵜 ソフトバンク	5-1	ヤクルト	高市 ●	岩嵜(ソ)		10,465
2009.10. 3	富山	○伊藤 中日	2-0	巨人	久保 ●	鈴木(中)	井上(中)	14,150
2010.10. 2	新潟	●横山 阪神	5-6	ロッテ	橋本 ○	細谷(ロ)		15,702
(延長10回)								
2011.10. 8	宮崎	○大野 中日	4-3	日本ハム	矢貫 ●	前田(中)	前田(中)	8,420
2012.10. 6	松山	●二保 ソフトバンク	0-4	ロッテ	植松 ○	堀内(ロ)		6,639
2013.10. 6	宮崎	○山中 ソフトバンク	4-3	ヤクルト	阿部 ●	田上(ソ)	田上(ソ)	5,593
2014.10. 4	宮崎	●巽 ソフトバンク	4-6	ロッテ	服部 ○	大嶺翔(ロ)	大嶺翔(ロ)、江川(ソ)、李杜軒(ソ)、猪本(ソ)	5,785
2015.10. 3	宮崎	○岩嵜 ソフトバンク	2-0	巨人	平良 ●	岩嵜(ソ)		6,427

年 月 日	球 場	ウエスタン		イースタン		MVP	本 塁 打	入場者
2016. 10. 1	宮 崎	● 笠 原	ソフトバンク 2 − 6	巨 人	中 川 ○	岡 本(巨)	岡本(巨)	5,618
2017. 10. 7	宮 崎	○ 高橋昂	広 島 5 − 2	巨 人	高木勇 ●	坂 倉(広)	岡本(巨)、坂倉(広)	6,225
2018. 10. 6	宮 崎	○ 飯 田	阪 神 8 − 4	巨 人	髙 田 ●	熊 谷(神)	江越(神)、増田(巨)	5,397
2019. 10. 5	宮 崎	○ 二 保	ソフトバンク 6 − 3	楽 天	藤 平 ●	二 保(ソ)		5,044
2020. 11. 7	宮 崎	● 大 竹	ソフトバンク 4 − 6	楽 天	西 口 ○	村 林(楽)	下水流(楽)	4,215

外国チームとの試合

主な日本代表関連試合
過去の外国チームとの試合
アジアシリーズ
日韓クラブチャンピオンシップ

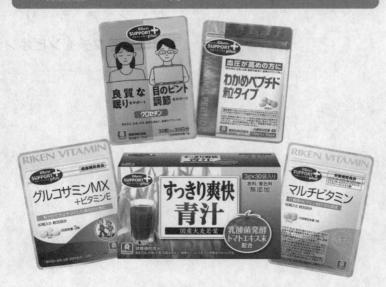

主な日本代表関連試合

年	月日	球場	結果	本塁打	入場者	監督
2003		福岡ドーム10周年記念　ENEOS SUPERSTAR BASEBALL 2003　日本代表壮行試合				
	11. 1	福岡ドーム	● 日　本　1－3　プロ野球選抜 ○	谷	40,000	長　嶋
		アジア野球選手権 2003（アテネ五輪アジア予選）				
	11. 5	札幌ドーム	○ 日　本 13－1　中　　　　国 ●		14,800	長　嶋
	11. 6	〃	○ 日　本　9－0　チャイニーズ・タイペイ ●		28,700	
	11. 7	〃	○ 日　本　2－0　韓　　　　国 ●		39,000	
2004		ENEOS　ワールドチャレンジ				
	7.13	東京ドーム	△ 日　本　1－1　キ ュ ー バ △		25,000	長　嶋
	7.14	〃	○ 日　本　5－6　キ ュ ー バ ○	中村	25,000	
		第28回オリンピック競技大会（2004/アテネ）―予選リーグ―				
	8.15		○ 日　本 12－0　イ タ リ ア ●	中村、福留	1,693	長　嶋
	8.16		○ 日　本　8－3　オ ラ ン ダ ●	藤本	1,610	
	8.17		○ 日　本　6－3　キ ュ ー バ ●	和田一、城島、中村	2,928	
	8.18		● 日　本　4－9　オーストラリア ○	福留	1,653	
	8.20		○ 日　本　9－1　カ ナ ダ ●	高橋由、谷、和田一	1,358	
	8.21		○ 日　本　4－3　チャイニーズ・タイペイ ●	高橋由	2,088	
	8.22		○ 日　本　6－1　ギ リ シ ャ ●	福留、高橋由	6,763	
		第28回オリンピック競技大会（2004/アテネ）―決勝トーナメント―				
	8.24		● 日　本　0－1　オーストラリア ○		3,532	
	8.25		○ 日　本 11－2　カ ナ ダ ●	城島	4,145	
2006		アサヒスーパードライ チャレンジ2006　WORLD BASEBALL CLASSIC 日本代表エキシビジョンゲーム				
	2.24	福岡ヤフードーム	○ 日　本　7－0　12 球 団 選 抜 ●		11,582	王
	2.25	〃	● 日　本　3－4　12 球 団 選 抜 ○		18,714	
	2.26	〃	○ 日　本　5－1　ロ ッ テ ●	小笠原	14,427	
	3. 1	東京ドーム	○ 日　本　2－0　巨　　　　人 ●		12,611	
		2006　WORLD BASEBALL CLASSIC　―第1ラウンド―				
	3. 3	東京ドーム	○ 日　本 18－2　中　　　　国 ●	西岡、福留、多村	15,869	王
	3. 4	〃	○ 日　本 14－3　チャイニーズ・タイペイ ●	多村	31,047	
	3. 5	〃	● 日　本　2－3　韓　　　　国 ○	川崎	40,353	
		2006　WORLD BASEBALL CLASSIC　―第2ラウンド―				
	3.12	Angel Stadium	● 日　本　3－4　ア メ リ カ ○	イチロー	32,896	
	3.14	〃	○ 日　本　6－1　メ キ シ コ ●	里崎	16,591	
	3.15	〃	● 日　本　1－2　韓　　　　国 ○	西岡	39,679	
		2006　WORLD BASEBALL CLASSIC　―決勝ラウンド―				
	3.18	PETCO Park	○ 日　本　6－0　韓　　　　国 ●	福留、多村	42,639	
	3.20	〃	○ 日　本 10－6　キ ュ ー バ ●		42,696	
2007		日豪親善　野球日本代表最終強化試合				
	11.22	福岡ヤフードーム	○ 日　本　6－0　オーストラリア ●		16,929	星　野
	11.23	〃	○ 日　本　5－0　オーストラリア ●		24,647	
		アジア野球選手権2007（北京五輪アジア予選）				
	12. 1	台中インターコンチネンタル	○ 日　本 10－0　フ ィ リ ピ ン ●	稲葉	3,837	星　野
	12. 2	〃	○ 日　本　4－3　韓　　　　国 ●		11,733	
	12. 3	〃	○ 日　本 10－2　チャイニーズ・タイペイ ●	新井	14,000	
2008		日本代表強化試合				
	8. 8	東京ドーム	○ 日　本　6－4　パ・リーグ選抜 ●	里崎	20,001	星　野
	8. 9	〃	● 日　本　2－11　セ・リーグ選抜 ○	村田	28,227	
		第29回オリンピック競技大会（2008/北京）―予選リーグ―				
	8.13		● 日　本　2－4　キ ュ ー バ ○		7,486	星　野
	8.14		○ 日　本　6－1　チャイニーズ・タイペイ ●	阿部	7,690	
	8.15		○ 日　本　6－0　オ ラ ン ダ ●	G.G.佐藤	6,600	
	8.16		● 日　本　3－5　韓　　　　国 ○	新井	8,124	
	8.18		○ 日　本　1－0　カ ナ ダ ●	稲葉	2,752	
	8.19		○ 日　本 10－0　中　　　　国 ●	西岡	1,680	
	8.20		● 日　本　2－4　ア メ リ カ ○		8,552	
		第29回オリンピック競技大会（2008/北京）―決勝トーナメント―				
	8.22		● 日　本　2－6　韓　　　　国 ○		8,480	
	8.23		● 日　本　4－8　ア メ リ カ ○	荒木、青木	8,750	

― 363 ―

主な日本代表関連試合

年	月日	球場	結果	本塁打	入場者	監督
2009		アサヒビールチャレンジ 2009　WORLD BASEBALL CLASSIC　強化試合				原
	2.24	京セラドーム	○ 日　本　8－2　オーストラリア ●		33,611	
	2.25	〃	○ 日　本　11－2　オーストラリア ●		33,205	
	2.28	東京ドーム	● 日　本　2－7　西　　　　武 ○		41,586	
	3.1	〃	○ 日　本　2－1　巨　　　　人 ●		42,822	
2009		WORLD BASEBALL CLASSIC　―第1ラウンド―				原
	3.5	東京ドーム	○ 日　本　4－0　中　　　　国 ●	村田	43,428	
	3.7	〃	○ 日　本　14－2　韓　　　　国 ●	村田、城島	45,640	
	3.9	〃	● 日　本　0－1　韓　　　　国 ○		42,879	
2009		WORLD BASEBALL CLASSIC　―第2ラウンド―				
	3.15	PETCO Park	○ 日　本　6－0　キ　ュ　ー　バ ●		20,179	
	3.17	〃	● 日　本　1－4　韓　　　　国 ○		15,332	
	3.18	〃	○ 日　本　5－0　キ　ュ　ー　バ ●		9,774	
	3.19	〃	○ 日　本　6－2　韓　　　　国 ●	内川	14,832	
2009		WORLD BASEBALL CLASSIC　―決勝ラウンド―				
	3.22	Dodger Stadium	○ 日　本　9－4　ア　メ　リ　カ ●		43,630	
	3.23	〃	○ 日　本　5－3　韓　　　　国 ●		54,846	
2012		東日本大震災復興支援ベースボールマッチ				秋　山
	3.10	東京ドーム	○ 日　本　9－2　プロ野球台湾代表 ●	栗原	35,505	
		侍ジャパンマッチ2012				山　本
	11.16	福岡ヤフードーム	○ 日　本　2－0　キ　ュ　ー　バ ●	炭谷	17,468	
	11.18	札幌ドーム	○ 日　本　3－1　キ　ュ　ー　バ ●		21,236	
2013		侍ジャパン強化試合				山　本
	2.17	サンマリン宮﨑	● 日　本　0－7　広　　　　島 ○		27,692	
2013		WORLD BASEBALL CLASSIC　壮行試合				山　本
	2.23	京セラドーム	○ 日　本　3－2　オーストラリア ●	相川	29,740	
	2.24	〃	○ 日　本　10－3　オーストラリア ●		28,293	
2013		WORLD BASEBALL CLASSIC　強化試合				山　本
	2.26	京セラドーム	● 日　本　0－1　阪　　　　神 ○		28,492	
	2.28	福岡ヤフオクドーム	○ 日　本　6－1　巨　　　　人 ●		19,662	
2013		WORLD BASEBALL CLASSIC　―第1ラウンド―				山　本
	3.2	福岡ヤフオクドーム	○ 日　本　5－3　ブ　ラ　ジ　ル ●		28,181	
	3.3	〃	○ 日　本　5－2　中　　　　国 ●		13,891	
	3.6	〃	● 日　本　3－6　キ　ュ　ー　バ ○		26,860	
2013		WORLD BASEBALL CLASSIC　―第2ラウンド―				
	3.8	東京ドーム	○ 日　本　4－3　チャイニーズ・タイペイ ●		43,527	
	3.10	〃	○ 日　本　16－4　オ　ラ　ン　ダ ●	鳥谷、松田、内川、稲葉、糸井、坂本	37,745	
	3.12	〃	○ 日　本　10－6　オ　ラ　ン　ダ ●	阿部2	30,301	
2013		WORLD BASEBALL CLASSIC　―決勝ラウンド―				
	3.17	AT&T Park	● 日　本　1－3　プエルトリコ ○		33,683	
		BASEBALL CHALLENGE「日本 VS チャイニーズ・タイペイ」				小久保
	11.8	台北・新荘	○ 日　本　4－2　チャイニーズ・タイペイ ●		7,277	
	11.9	〃	○ 日　本　4－2　チャイニーズ・タイペイ ●		9,752	
	11.10	台北・天母	○ 日　本　1－0　チャイニーズ・タイペイ ●		8,081	
2014		2014 SUZUKI　日米野球壮行試合				小久保
	11.10	福岡ヤフオクドーム	● 日　本　0－1　ソフトバンク・日本ハム連合 ○		23,446	
		2014 SUZUKI　日米野球				小久保
	11.12	京セラドーム	○ 日　本　2－0　アメリカ大リーグ選抜 ●		33,003	
	11.14	東京ドーム	○ 日　本　8－4　アメリカ大リーグ選抜 ●	松田	42,277	
	11.15	〃	○ 日　本　4－0　アメリカ大リーグ選抜 ●	坂本、中田	46,084	
	11.16	〃	● 日　本　1－6　アメリカ大リーグ選抜 ○		43,705	
	11.18	札幌ドーム	● 日　本　1－3　アメリカ大リーグ選抜 ○		30,159	
		2014 SUZUKI　日米野球シリーズ親善試合				小久保
	11.20	沖縄セルラー	○ 日　本　6－4　アメリカ大リーグ選抜 ●		17,941	

年	月日	球　場	結　　果	本　塁　打	入場者	監督
2015		ひかりTV 4K GLOBAL BASEBALL MATCH 2015				小久保
	3.10	東京ドーム	○ 日　本　4－3　欧　州　代　表 ●		21,267	
	3.11	〃	● 日　本　2－6　欧　州　代　表 ○	山田	23,132	
		ひかりTV 4K presents　世界野球 WBSC プレミア12　侍ジャパン強化試合				小久保
	11. 5	福岡ヤフオクドーム	○ 日　本　8－3　プエルトリコ ●	秋山、筒香	14,104	
	11. 6	〃	○ 日　本　3－2　プエルトリコ ●		18,867	
		2015 WBSC プレミア12　－1次ラウンド－				小久保
	11. 8	札幌ドーム	○ 日　本　5－0　韓　　　　国 ●	坂本	28,848	
	11.11	台湾・天母	○ 日　本　6－5　メ　キ　シ　コ ●	中田	6,523	
	11.12	台湾・桃園	○ 日　本　4－2　ドミニカ共和国 ●		3,500	
	11.14	〃	○ 日　本　10－2　ア　メ　リ　カ ●	中田、松田	10,437	
	11.15	〃	○ 日　本　6－5　ベ　ネ　ズ　エ　ラ ●		6,547	
		2015 WBSC プレミア12　－決勝トーナメント－				
	11.16	台湾・桃園	○ 日　本　9－3　プエルトリコ ●		8,000	
	11.19	東京ドーム	● 日　本　3－4　韓　　　　国 ○		40,258	
	11.21	〃	○ 日　本　11－1　メ　キ　シ　コ ●	山田2、中田、松田、秋山	40,411	
2016		日本通運 presents　侍ジャパン強化試合				小久保
	3. 5	ナゴヤドーム	○ 日　本　4－0　チャイニーズ・タイペイ ●		34,910	
	3. 6	京セラドーム	○ 日　本　9－3　チャイニーズ・タイペイ ●	筒香	32,232	
		侍ジャパン強化試合				小久保
	11.10	東京ドーム	● 日　本　3－7　メ　キ　シ　コ ○		25,414	
	11.11	〃	○ 日　本　11－4　メ　キ　シ　コ ●	中村晃	27,086	
	11.12	〃	○ 日　本　9－8　オ　ラ　ン　ダ ●	大谷	37,101	
	11.13	〃	○ 日　本　12－10　オ　ラ　ン　ダ ●	松田、鈴木	24,888	
2017		侍ジャパンオープニングマッチ				小久保
	2.25	サンマリン宮﨑	● 日　本　0－2　ソフトバンク ○		27,003	
		アサヒスーパードライ プレゼンツ　侍ジャパン壮行試合				小久保
	2.28	福岡ヤフオクドーム	● 日　本　5－8　CPBL選抜チャイニーズ・タイペイ ○		22,477	
	3. 1	〃	○ 日　本　9－1　CPBL選抜チャイニーズ・タイペイ ●	山田	25,521	
		2017 WORLD BASEBALL CLASSIC　強化試合				小久保
	3. 3	京セラドーム	● 日　本　2－4　阪　　　　神 ○	中田	29,380	
	3. 5	〃	○ 日　本　5－3　オ　リ　ッ　ク　ス ●	鈴木	28,414	
		2017 WORLD BASEBALL CLASSIC　－1次ラウンド－				小久保
	3. 7	東京ドーム	○ 日　本　11－6　キ　ュ　ー　バ ●	松田、筒香	44,908	
	3. 8	〃	○ 日　本　4－1　オーストラリア ●	中田、筒香	41,408	
	3.10	〃	○ 日　本　7－1　中　　　　国 ●	小林、中田	40,053	
		2017 WORLD BASEBALL CLASSIC　－2次ラウンド－				
	3.12	東京ドーム	○ 日　本　8－6　オ　ラ　ン　ダ ●	中田	44,326	
	3.14	〃	○ 日　本　8－5　キ　ュ　ー　バ ●	山田2	32,717	
	3.15	〃	○ 日　本　8－3　イ　ス　ラ　エ　ル ●	筒香	43,179	
		2017 WORLD BASEBALL CLASSIC　－決勝ラウンド－				
	3.22	Dodger Stadium	● 日　本　1－2　ア　メ　リ　カ ○	菊池	33,462	
		ENEOS　アジアプロ野球チャンピオンシップ 2017				稲葉
	11.16	東京ドーム	○ 日　本　8－7　韓　　　　国 ●	山川、上林	32,815	
	11.18	〃	○ 日　本　8－2　チャイニーズ・タイペイ ●	外崎	35,473	
	11.19	〃	○ 日　本　7－0　韓　　　　国 ●	西川	30,498	
2018		ENEOS　侍ジャパンシリーズ 2018				稲葉
	3. 3	ナゴヤドーム	○ 日　本　2－0　オーストラリア ●		33,748	
	3. 4	京セラドーム	○ 日　本　6－0　オーストラリア ●		27,951	
		ENEOS　侍ジャパンシリーズ 2018				稲葉
	11. 7	福岡ヤフオクドーム	● 日　本　5－6　チャイニーズ・タイペイ ○		28,143	
		2018　日米野球				稲葉
	11. 9	東京ドーム	○ 日　本　7－6　アメリカ大リーグ選抜 ●	柳田	44,934	
	11.10	〃	○ 日　本　12－6　アメリカ大リーグ選抜 ●	柳田	45,450	
	11.11	〃	● 日　本　3－7　アメリカ大リーグ選抜 ○		45,147	
	11.13	マ　ツ　ダ	○ 日　本　5－3　アメリカ大リーグ選抜 ●	秋山	30,751	
	11.14	ナゴヤドーム	○ 日　本　6－5　アメリカ大リーグ選抜 ●	岡本	28,319	
	11.15	〃	○ 日　本　4－1　アメリカ大リーグ選抜 ●		25,890	

主な日本代表関連試合

年	月日	球 場	結　　　　果	本　塁　打	入場者	監　督
2019	ENEOS	侍ジャパンシリーズ 2019				
	3. 9	京セラドーム	● 日　本　2－4　メ　キ　シ　コ　○		28,933	稲　葉
	3.10	〃	○ 日　本　6－0　メ　キ　シ　コ　●	吉田	28,622	
	ENEOS	侍ジャパンシリーズ 2019				
	10.31	沖縄セルラー	● 日　本　5－6　カ　ナ　ダ　○		14,858	稲　葉
	11. 1	〃	○ 日　本　3－0　カ　ナ　ダ　●		15,253	
	2019 WBSC プレミア12　―オープニングラウンド―					
	11. 5	台湾・桃園	○ 日　本　8－4　ベ　ネ　ズ　エ　ラ　●		3,868	稲　葉
	11. 6	〃	○ 日　本　4－0　プエルトリコ　●	鈴木	4,209	
	11. 7	台中インターコンチネンタル	○ 日　本　8－1　チャイニーズ・タイペイ　●	鈴木	20,465	
	2019 WBSC プレミア12　―スーパーラウンド―					
	11.11	ZOZOマリン	○ 日　本　3－2　オーストラリア　●	鈴木	17,819	
	11.12	東京ドーム	● 日　本　3－4　ア　メ　リ　カ　○		27,827	
	11.13	〃	○ 日　本　3－1　メ　キ　シ　コ　●		31,776	
	11.16	〃	○ 日　本　10－8　韓　　　国　●		44,224	
	2019 WBSC プレミア12　―決勝―					
	11.17	東京ドーム	○ 日　本　5－3　韓　　　国　●	山田	44,960	

過去の外国チームとの試合

年	招へい団体	チーム		日本チームの勝敗			
				試	勝	敗	分
1908	（明治41）	リーチ・オール・アメリカン		17	0	17	0
1913	（大正 2）	世界周遊野球チーム		1	0	1	0
1920	（ 〃 9）	オール・アメリカン・ナショナル		20	0	20	0
1922	（ 〃 11）	アメリカ大リーグ選抜		16	1	15	0
1927	（昭和 2）	ロイヤルジャイアンツ（ニグロリーグ）		24	0	23	1
1931	（ 〃 6・読　売）	アメリカ大リーグ選抜		17	0	17	0
1932	（ 〃 7）	ロイヤルジャイアンツ（ニグロリーグ）		24	1	23	0
1934	（ 〃 9・読　売）	アメリカ大リーグ選抜		18	0	18	0
1949	（ 〃 24・G．H．Q）	サンフランシスコ・シールズ（3Ａ）		7	0	7	0
1951	（ 〃 26・読　売）	アメリカ大リーグ選抜		16	1	13	2
1953	（ 〃 28・読　売）秋	ニューヨーク・ジャイアンツ		14	1	12	1
1953	（ 〃 28・毎　日）秋	アメリカ大リーグ選抜		12	1	11	0
1955	（ 〃 30・毎　日）	ニューヨーク・ヤンキース		16	0	15	1
1956	（ 〃 31・読　売）	ブルックリン・ドジャース		19	4	14	1
1958	（ 〃 33・毎　日）	セントルイス・カージナルス		16	2	14	0
1960	（ 〃 35・読　売）	サンフランシスコ・ジャイアンツ		16	4	11	1
1962	（ 〃 37・毎　日）	デトロイト・タイガース		18	4	12	2
1966	（ 〃 41・共　同）春	メキシコ・タイガース（2Ａ）		13	13	0	0
1966	（ 〃 41・読　売）秋	ロサンゼルス・ドジャース		18	8	9	1
1968	（ 〃 43・読　売）	セントルイス・カージナルス		18	5	13	0
1970	（ 〃 45・ロッテ）春	サンフランシスコ・ジャイアンツ		9	6	3	0
1971	（ 〃 46・読　売）	ボルチモア・オリオールズ		18	2	12	4
1974	（ 〃 49・読　売）	ニューヨーク・メッツ		18	7	9	2
1978	（ 〃 53・読　売）	シンシナティ・レッズ		17	2	14	1
1979	（ 〃 54・スポニチ）	米ナ・ア両リーグオールスター		2	1	1	0
1981	（ 〃 56・読　売）	カンザスシティ・ロイヤルズ		17	7	9	1
1984	（ 〃 59・読　売）	ボルチモア・オリオールズ		14	5	8	1
1986	（ 〃 61・毎　日）	アメリカ大リーグ選抜		7	1	6	0
1988	（ 〃 63・読　売）	〃		7	2	3	2
1990	（平成 2・毎　日）	〃		8	4	3	1
1991	（ 〃 3・中　日）	韓国プロ野球選抜		6	4	2	0
1992	（ 〃 4・読　売）	アメリカ大リーグ選抜		8	1	6	1
1993	（ 〃 5・ダイエー）	ロサンゼルス・ドジャース		2	2	0	0
1995	（ 〃 7・中　日）	韓国プロ野球選抜		6	2	2	2
1996	（ 〃 8・毎　日）	アメリカ大リーグ選抜		8	2	4	2
1998	（ 〃 10・読　売）	△ 〃	☆	7	2	5	0
1999	（ 〃 11・中　日）	韓国プロ野球選抜		4	2	1	1
2000	（ 〃 12・毎　日）	△アメリカ大リーグ選抜		8	2	5	1
2002	（ 〃 14・読　売）	△ 〃	☆	7	3	4	0
2004	（ 〃 16・毎　日）	△ 〃		8	3	5	0
2006	（ 〃 18・読　売）	△ 〃	☆	5	0	5	0
2014	（ 〃 26・読　売）	△ 〃	□	5	3	2	0
2018	（ 〃 30・読　売）	△ 〃	☆	6	5	1	0

米国プロチームに対する初勝利…1922年11月19日（芝浦）三田クラブ 9 - 3 （勝投手・小野）。
プロ野球チームの初勝利…1951年11月13日（岡山）全パシフィック 3 - 1 （勝投手・柚木）。
全日本の全米チームに対する初勝利…1979年11月20日（後楽園）3 - 2 （勝投手・北別府）。
1949年シールズは上記以外に在日アメリカ駐留軍チームに 3勝 1敗。
1979年は上記以外にナショナル、アメリカン両リーグオールスターが対戦し、ナショナル・リーグが 4勝 2敗 1分。
1984年第1戦から第5戦までは日米決戦として、1983年ワールドシリーズの勝者オリオールズと1984年日本シリーズの勝者広島の間で行われ、オリオールズが 4勝 1敗。
1994年大リーグ労使紛争のため大リーグ選抜の来日が中止（毎日）。
△ 1998年以降の大リーグ選抜は、全日本（固定メンバー）との賞金制シリーズを行う。
☆ 1998, 2002, 2006, 2018年は上記以外に巨人との親善試合が 1試合ずつあり1998, 2002, 2018年は大リーグ選抜の勝利、2006年は引分。
□ 2014年11月　上記以外に親善試合を行い、日本の勝利。また、阪神・巨人連合チームが80周年記念試合を行い、大リーグ選抜の勝利。
日本での大リーグ公式戦に先立ち、以下のチームが「日米プレシーズンゲーム」を行う。
　2000年3月　メッツ、カブス（対巨人、西武　ともに 1勝 1敗）
　2004年3月　ヤンキース（対巨人、阪神　1勝 1敗）、デビルレイズ（同　1勝 1分）
　2008年3月　レッドソックス（対巨人、阪神　2勝 0敗）、アスレチックス（同　2勝 0敗）
　2012年3月　アスレチックス（対巨人、阪神　1勝 1敗）、マリナーズ（同　0勝 2敗）
　2019年3月　アスレチックス（対日本ハム　1勝 1分）、マリナーズ（対巨人　2勝）

アジアシリーズ・日韓クラブチャンピオンシップ

過去の出場チーム

◎＝優勝
○＝準優勝

2005　KONAMI CUP アジアシリーズ2005　【東京ドーム（日本）】
◎千葉ロッテマリーンズ　　　　　　　日本野球機構（NPB）
　チャイナスターズ　　　　　　　　　中国棒球協会（CBA）
　興農ブルズ　　　　　　　　　　　　中華職業棒球大連盟（CPBL）
○サムスンライオンズ　　　　　　　　韓国野球委員会（KBO）

2006　KONAMI CUP アジアシリーズ2006　【東京ドーム（日本）】
◎北海道日本ハムファイターズ　　　　日本野球機構（NPB）
　チャイナスターズ　　　　　　　　　中国棒球協会（CBA）
○LA NEW ベアーズ　　　　　　　　　中華職業棒球大連盟（CPBL）
　サムスンライオンズ　　　　　　　　韓国野球委員会（KBO）

2007　KONAMI CUP アジアシリーズ2007　【東京ドーム（日本）】
◎中日ドラゴンズ　　　　　　　　　　日本野球機構（NPB）
　チャイナスターズ　　　　　　　　　中国棒球協会（CBA）
　統一ライオンズ　　　　　　　　　　中華職業棒球大連盟（CPBL）
○ＳＫワイバーンズ　　　　　　　　　韓国野球委員会（KBO）

2008　アジアシリーズ2008　【東京ドーム（日本）】
◎埼玉西武ライオンズ　　　　　　　　日本野球機構（NPB）
　天津ライオンズ　　　　　　　　　　中国棒球協会（CBA）
○統一ライオンズ　　　　　　　　　　中華職業棒球大連盟（CPBL）
　ＳＫワイバーンズ　　　　　　　　　韓国野球委員会（KBO）

2009　日韓クラブチャンピオンシップ　【長崎県営野球場（日本）】
◎読売ジャイアンツ　　　　　　　　　日本野球機構（NPB）
　KIAタイガース　　　　　　　　　　韓国野球委員会（KBO）

2010　日韓クラブチャンピオンシップ2010　【東京ドーム（日本）】
◎千葉ロッテマリーンズ　　　　　　　日本野球機構（NPB）
　SKワイバーンズ　　　　　　　　　　韓国野球委員会（KBO）

2011　アジアシリーズ2011　【台中インターコンチネンタル球場、桃園国際球場（中華台北）】
○福岡ソフトバンクホークス　　　　　日本野球機構（NPB）
　パースヒート　　　　　　　　　　　オーストラリア野球連盟（ABF）
　統一ライオンズ　　　　　　　　　　中華職業棒球大連盟（CPBL）
◎サムスンライオンズ　　　　　　　　韓国野球委員会（KBO）

2012　マグ・マネジャー アジアシリーズ2012　【釜山サジク運動場（韓国）】
◎読売ジャイアンツ　　　　　　　　　日本野球機構（NPB）
　パースヒート　　　　　　　　　　　オーストラリア野球連盟（ABF）
　チャイナスターズ　　　　　　　　　中国棒球協会（CBA）
○ラミゴモンキーズ　　　　　　　　　中華職業棒球大連盟（CPBL）
　サムスンライオンズ　　　　　　　　韓国野球委員会（KBO）
　ロッテジャイアンツ　　　　　　　　韓国野球委員会（KBO）

2013　アジアシリーズ2013　【台中インターコンチネンタル球場、桃園国際球場（中華台北）】
　東北楽天ゴールデンイーグルス　　　日本野球機構（NPB）
◎キャンベラキャバルリー　　　　　　オーストラリア野球連盟（ABF）
　フォルテイトゥードボローニャ　　　ヨーロッパ野球連盟（CEB）
○統一ライオンズ　　　　　　　　　　中華職業棒球大連盟（CPBL）
　義大ライノス　　　　　　　　　　　中華職業棒球大連盟（CPBL）
　サムスンライオンズ　　　　　　　　韓国野球委員会（KBO）

記　録　集

記　　録　　集

１９３６年の記録

　1936年の記録は、下記コミッショナー決定（1972年3月11日）に従い集計されている。

① 甲子園、鳴海、宝塚、三都（戸塚、甲子園、山本）、秋季の各大会は、それぞれ別個のものとして取り扱い、一連の試合として通算しない。

② 秋季大会については、最優秀各プレーヤー決定の対象とする。

③ 秋季大会に関する同率首位による選手権決定試合（洲崎球場12月9日〜11日）については、選手権を除くその他の事項を公式記録に算入せず別個に取り扱う。

◇まず4月29日から5月5日まで大阪（甲子園）に於いて、渡米中の巨人を除いた6球団で第1回日本職業野球リーグ戦が挙行され、セネタースが4勝1敗で優勝した。他のチームは金鯱3勝1敗1分。タイガース3勝2敗。阪急2勝3敗。名古屋2勝3敗。大東京4敗1分。

　◆打撃1位　藤井　勇（タイガース）.526

◇巨人と内、外地遠征の金鯱不在で5月16日、17日、鳴海大会が行われ、セネタースが3勝で優勝した。他のチームは、阪急1勝2敗。タイガース1勝1敗。名古屋1勝1敗。大東京2敗。

　◆打撃1位　宮武　三郎（阪　急）.583

◇巨人、金鯱欠場のまま5月22日〜24日、宝塚大会が開かれ、阪急2勝とセネタース2勝で優勝した。他のチームは、タイガース1勝1敗。名古屋2敗。大東京2敗。

　◆打撃1位　北井　正雄（阪　急）.750

◇巨人、金鯱の帰国を待って7月1日から19日まで東京（戸塚）、大阪（甲子園）、名古屋（山本）の三都市で、連盟結成記念第1回全日本野球選手権試合（トーナメント形式）が挙行された。その結果、東京（戸塚）では名古屋が3勝で優勝した。他のチームは、セネタース2勝1敗。巨人1勝2敗。金鯱1勝2敗。タイガース1勝1敗。阪急1勝1敗。大東京2敗。

　大阪（甲子園）では阪急が3勝で優勝。他のチームは、セネタース2勝1敗。金鯱1勝1敗。巨人1敗。タイガース1勝。名古屋1敗。大東京1敗。

　名古屋（山本）ではタイガースが3勝で優勝。他のチームは、阪急2勝1敗。巨人1勝2敗。名古屋1勝2敗。セネタース1勝1敗。金鯱1勝1敗。大東京2敗。3大会を通じての主な個人記録1位は次の通りである。

◆打　撃1位　小川　年安（タイガース）.706　　◆防御率1位　北井　正雄（阪　　急）1.96
◆本塁打1位　{山下　　実（阪　　急）3 / 高橋　吉雄（名古屋）3}　　◆勝　率1位　北井　正雄（阪　　急）1.000
◆打　点1位　山下　好一（阪　　急）13　　◆勝　数1位　{北井　正雄（阪　　急）4 / 野口　　明（セネタース）4 / 松浦　一義（名　古　屋）4}

◇秋季は4リーグ戦、2優勝戦（トーナメント）を催し、それぞれの優勝チームに1点を与え（第1位が二者の場合は双方に0.5点）その最高点獲得チームを秋季（第2回全日本野球選手権試合）の優勝とする方式がとられた。その結果、巨人とタイガースが同点となり、選手権決定試合が行われ、巨人が優勝。18勝9敗（決定試合を除く）。他のチームはタイガース24勝6敗1分。阪急17勝12敗1分。名古屋12勝14敗。セネタース12勝16敗。金鯱9勝19敗。大東京5勝21敗2分。秋季大会の記録は、最優秀（1位）各プレーヤー決定の対象であり、主な個人記録1位は次の通りである。

◆打　撃1位　中根　之（名古屋）.376　　◆防御率1位　景浦　将（タイガース）0.79
◆本塁打1位　{古谷倉之助（金　鯱）2 / 山下　　実（阪　　急）2 / 藤村富美男（タイガース）2}　　◆勝　率1位　景浦　将（タイガース）1.000
◆打　点1位　古谷倉之助（金　鯱）23　　◆勝　数1位　沢村　栄治（巨　人）13

日本野球連盟優勝チーム

年	優勝チーム	監督	試合	勝利	敗北	引分	勝率	2位とのゲーム差
1936秋	巨人	藤本 定義	27	18	9	0	—	
	(4.29～7.19までは優勝チームを決定しなかった。)							
1937春	巨人	藤本 定義	56	41	13	2	.759	0.5
秋	※タイガース	石本 秀一	49	39	9	1	.813	9
1938春	※タイガース	石本 秀一	35	29	6	0	.829	5
秋	巨人	藤本 定義	40	30	9	1	.769	3.5
1939	巨人	藤本 定義	96	66	26	4	.717	3.5
1940	巨人	藤本 定義	104	76	28	0	.731	10.5
1941	巨人	藤本 定義	86	62	22	2	.738	9
1942	巨人	藤本 定義	105	73	27	5	.730	12.5
1943	巨人	中島 治康	84	54	27	3	.667	4
1944	阪神	若林 忠志	35	27	6	2	.818	8
1946	グレートリング	山本 一人	105	65	38	2	.631	1
1947	阪神	若林 忠志	119	79	37	3	.681	12.5
1948	南海	山本 一人	140	87	49	4	.640	5
1949	巨人	三原 脩	134	85	48	1	.639	16

(注) ※印は年度選手権決定戦優勝チーム

セントラル・リーグ優勝チーム

年	優勝チーム	監督	試合	勝利	敗北	引分	勝率	2位とのゲーム差
1950	松竹	小西 得郎	137	98	35	4	.737	9
1951	巨人	水原 茂	114	79	29	6	.731	18
1952	巨人	水原 茂	120	83	37	0	.692	3.5
1953	巨人	水原 茂	125	87	37	1	.702	16
1954	中日	天知 俊一	130	86	40	4	.683	5.5
1955	巨人	水原 円裕	130	92	37	1	.713	15
1956	巨人	水原 円裕	130	82	44	4	.646	4.5
1957	巨人	水原 円裕	130	74	53	3	.581	1
1958	巨人	水原 円裕	130	77	52	1	.596	5.5
1959	巨人	水原 円裕	130	77	48	5	.612	13
1960	大洋	三原 脩	130	70	56	4	.554	4.5
1961	巨人	川上 哲治	130	71	53	6	.569	1
1962	阪神	藤本 定義	133	75	55	3	.577	4
1963	巨人	川上 哲治	140	83	55	2	.601	2.5
1964	阪神	藤本 定義	140	80	56	4	.588	1
1965	巨人	川上 哲治	140	91	47	2	.659	13
1966	巨人	川上 哲治	134	89	41	4	.685	13
1967	巨人	川上 哲治	134	84	46	4	.646	12
1968	巨人	川上 哲治	134	77	53	4	.592	5
1969	巨人	川上 哲治	130	73	51	6	.589	6.5
1970	巨人	川上 哲治	130	79	47	4	.627	2
1971	巨人	川上 哲治	130	70	52	8	.574	5
1972	巨人	川上 哲治	130	74	52	4	.587	3.5
1973	巨人	川上 哲治	130	66	60	4	.524	0.5
1974	中日	与那嶺 要	130	70	49	11	.588	0
1975	広島	古葉 竹識	130	72	47	11	.605	4.5
1976	巨人	長嶋 茂雄	130	76	45	9	.628	2
1977	巨人	長嶋 茂雄	130	80	46	4	.635	15
1978	ヤクルト	広岡 達朗	130	68	46	16	.596	3
1979	広島	古葉 竹識	130	67	50	13	.573	6
1980	広島	古葉 竹識	130	73	44	13	.624	6.5
1981	巨人	藤田 元司	130	73	48	9	.603	6
1982	中日	近藤 貞雄	130	64	47	19	.577	0.5
1983	巨人	藤田 元司	130	72	50	8	.590	6
1984	広島	古葉 竹識	130	75	45	10	.625	3
1985	阪神	吉田 義男	130	74	49	7	.602	7
1986	広島	阿南 準郎	130	73	46	11	.613	0
1987	巨人	王 貞治	130	76	43	11	.639	8
1988	中日	星野 仙一	130	79	46	5	.632	12
1989	巨人	藤田 元司	130	84	44	2	.656	9
1990	巨人	藤田 元司	130	88	42	0	.677	22
1991	広島	山本 浩二	132	74	56	2	.569	3
1992	ヤクルト	野村 克也	131	69	61	1	.531	2

年	優勝チーム	監督	試合	勝利	敗北	引分	勝率	2位との ゲーム差
1993	ヤクルト	野村克也	132	80	50	2	.615	7
1994	巨人	長嶋茂雄	130	70	60	0	.538	1
1995	ヤクルト	野村克也	130	82	48	0	.631	8
1996	巨人	長嶋茂雄	130	77	53	0	.592	5
1997	ヤクルト	野村克也	137	83	52	2	.615	11
1998	横浜	権藤博	136	79	56	1	.585	4
1999	中日	星野仙一	135	81	54	0	.600	6
2000	巨人	長嶋茂雄	135	78	57	0	.578	8
2001	ヤクルト	若松勉	140	76	58	6	.567	—
2002	巨人	原辰徳	140	86	52	2	.623	11
2003	阪神	星野仙一	140	87	51	2	.630	14.5
2004	中日	落合博満	138	79	56	3	.585	7.5
2005	阪神	岡田彰布	146	87	54	5	.617	10
2006	中日	落合博満	146	87	54	5	.617	3.5
2007	巨人	原辰徳	144	80	63	1	.559	1.5
2008	巨人	原辰徳	144	84	57	3	.596	2
2009	巨人	原辰徳	144	89	46	9	.659	12
2010	中日	落合博満	144	79	62	3	.560	1
2011	中日	落合博満	144	75	59	10	.560	2.5
2012	巨人	原辰徳	144	86	43	15	.667	10.5
2013	巨人	原辰徳	144	84	53	7	.613	12.5
2014	巨人	原辰徳	144	82	61	1	.573	7
2015	ヤクルト	真中満	143	76	65	2	.539	1.5
2016	広島	緒方孝市	143	89	52	2	.631	17.5
2017	広島	緒方孝市	143	88	51	4	.633	10
2018	広島	緒方孝市	143	82	59	2	.582	7
2019	巨人	原辰徳	143	77	64	2	.546	5.5
2020	巨人	原辰徳	120	67	45	8	.598	7.5

(注) 2001年は勝利数で順位決定のため、ゲーム差はなし。

パシフィック・リーグ優勝チーム

年	優勝チーム	監督	試合	勝利	敗北	引分	勝率	2位との ゲーム差
1950	毎日	湯浅禎夫	120	81	34	5	.704	15
1951	南海	山本一人	104	72	24	8	.750	18.5
1952	南海	山本一人	121	76	44	1	.633	1
1953	南海	山本一人	120	71	48	1	.597	4
1954	西鉄	三原脩	140	90	47	3	.657	0.5
1955	南海	山本一人	143	99	41	3	.707	9
1956	西鉄	三原脩	154	96	51	7	.646	0.5
1957	西鉄	三原脩	132	83	44	5	.648	7
1958	西鉄	三原脩	130	78	47	5	.619	1
1959	南海	鶴岡一人	134	88	42	4	.677	6
1960	大毎	西本幸雄	133	82	48	3	.631	4
1961	南海	鶴岡一人	140	85	49	6	.629	2.5
1962	東映	水原茂	133	78	52	3	.600	5
1963	西鉄	中西太	150	86	60	4	.589	1
1964	南海	鶴岡一人	150	84	63	3	.571	3.5
1965	南海	鶴岡一人	140	88	49	3	.642	12
1966	南海	鶴岡一人	133	79	51	3	.608	4
1967	阪急	西本幸雄	134	75	55	4	.577	9
1968	阪急	西本幸雄	134	80	50	4	.615	1
1969	阪急	西本幸雄	130	76	50	4	.603	2
1970	ロッテ	濃人渉	130	80	47	3	.630	10.5
1971	阪急	西本幸雄	130	80	39	11	.672	3.5
1972	阪急	西本幸雄	130	80	48	2	.625	14
1973	南海	野村克也	130	68	58	4	.540	—
1974	ロッテ	金田正一	130	69	50	11	.580	—
1975	阪急	上田利治	130	64	59	7	.520	—
1976	阪急	上田利治	130	79	45	6	.637	—
1977	阪急	上田利治	130	69	51	10	.575	—
1978	阪急	上田利治	130	82	39	9	.678	—
1979	近鉄	西本幸雄	130	74	45	11	.622	—
1980	近鉄	西本幸雄	130	68	54	8	.557	—
1981	日本ハム	大沢啓二	130	68	54	8	.557	—
1982	西武	広岡達朗	130	68	58	4	.540	—

記録集

年	優勝チーム	監督	試合	勝利	敗北	引分	勝率	2位とのゲーム差
1983	西　　武	広岡　達朗	130	86	40	4	.683	17
1984	阪　　急	上田　利治	130	75	45	10	.625	8.5
1985	西　　武	広岡　達朗	130	79	45	6	.637	15
1986	西　　武	森　　祇晶	130	68	49	13	.581	2.5
1987	西　　武	森　　祇晶	130	71	45	14	.612	9
1988	西　　武	森　　祇晶	130	73	51	6	.589	0
1989	近　　鉄	仰木　　彬	130	71	54	5	.568	0
1990	西　　武	森　　祇晶	130	81	45	4	.643	12
1991	西　　武	森　　祇晶	130	81	43	6	.653	4.5
1992	西　　武	森　　祇晶	130	80	47	3	.630	4.5
1993	西　　武	森　　祇晶	130	74	53	3	.583	1
1994	西　　武	森　　祇晶	130	76	52	2	.594	7.5
1995	オリックス	仰木　　彬	130	82	47	1	.636	12
1996	オリックス	仰木　　彬	130	74	50	6	.597	7
1997	西　　武	東尾　　修	135	76	56	3	.576	5
1998	西　　武	東尾　　修	135	70	61	4	.534	3.5
1999	ダイエー	王　　貞治	135	78	54	3	.591	4
2000	ダイエー	王　　貞治	135	73	60	2	.549	2.5
2001	近　　鉄	梨田　昌孝	140	78	60	2	.565	2.5
2002	西　　武	伊原　春樹	140	90	49	1	.647	16.5
2003	ダイエー	王　　貞治	140	82	55	3	.599	5.5
2004	西　　武	伊東　　勤	133	74	58	1	.561	—
2005	ロ　ッ　テ	バレンタイン	136	84	49	3	.632	—
2006	日本ハム	ヒルマン	136	82	54	0	.603	—
2007	日本ハム	ヒルマン	144	79	60	5	.568	2
2008	西　　武	渡辺　久信	144	76	64	4	.543	2.5
2009	日本ハム	梨田　昌孝	144	82	60	2	.577	5.5
2010	ソフトバンク	秋山　幸二	144	76	63	5	.547	0
2011	ソフトバンク	秋山　幸二	144	88	46	10	.657	17.5
2012	日本ハム	栗山　英樹	144	74	59	11	.556	3
2013	楽　　天	星野　仙一	144	82	59	3	.582	7.5
2014	ソフトバンク	秋山　幸二	144	78	60	6	.565	0
2015	ソフトバンク	工藤　公康	143	90	49	4	.647	12
2016	日本ハム	栗山　英樹	143	87	53	3	.621	2.5
2017	ソフトバンク	工藤　公康	143	94	49	0	.657	13.5
2018	西　　武	辻　　発彦	143	88	53	2	.624	6.5
2019	西　　武	辻　　発彦	143	80	62	1	.563	2
2020	ソフトバンク	工藤　公康	120	73	42	5	.635	14

(注)　1973年〜1982年は前後期制のため、2004年〜2006年はプレーオフ制のため、ゲーム差はなし。

チ ー ム 順 位

1937年春

	試合	勝利	敗北	引分	勝率	打率	防御率	本塁打
①巨　　　人	56	41	13	2	.759	.242	1.53	7
②タイガース	56	41	14	1	.745	.246	1.72	10
③セネタース	56	30	26	0	.536	.214	2.55	4
④阪　　　急	56	28	26	2	.519	.223	2.81	7
⑤金　　　鯱	56	25	30	1	.455	.231	3.03	5
⑥大 東 京	56	21	31	4	.404	.2196	3.01	8
⑦名 古 屋	56	21	35	0	.375	.2199	4.14	1
⑧イーグルス	56	12	44	0	.214	.216	3.97	5

(3.26~7.17)

1937年秋

	試合	勝利	敗北	引分	勝率	打率	防御率	本塁打
①タイガース	49	39	9	1	.813	.253	2.03	13
②巨　　　人	48	30	18	0	.625	.255	2.31	21
③イーグルス	49	28	19	2	.596	.247	3.26	12
④金　　　鯱	49	23	25	1	.479	.230	3.40	14
⑤セネタース	48	20	27	1	.426	.200	3.61	13
⑥ライオン	49	19	29	1	.396	.233	4.45	12
⑦阪　　　急	49	17	29	3	.370	.218	3.84	19
⑧名 古 屋	49	13	33	3	.283	.222	4.00	4

(8.29~11.30)

1938年春

	試合	勝利	敗北	引分	勝率	打率	防御率	本塁打
①タイガース	35	29	6	0	.829	.268	2.05	12
②巨　　　人	35	24	11	0	.686	.250	2.69	7
③阪　　　急	35	21	13	1	.618	.225	2.13	7
④イーグルス	35	18	15	2	.545	.229	2.45	11
⑤セネタース	35	13	21	1	.382	.217	3.58	7
⑥金　　　鯱	35	13	22	0	.371	.213	4.28	4
⑦名 古 屋	35	11	24	0	.314	.216	3.49	5
⑧ライオン	35	9	26	0	.257	.211	3.71	8

(4.29~7.17)

1938年秋

	試合	勝利	敗北	引分	勝率	打率	防御率	本塁打
①巨　　　人	40	30	9	1	.769	.241	2.04	22
②タイガース	40	27	13	0	.675	.254	2.46	11
③阪　　　急	40	21	17	2	.553	.233	3.13	16
④名 古 屋	40	19	18	3	.514	.211	3.34	12
⑤セネタース	40	19	20	1	.487	.222	3.99	16
⑥ライオン	40	19	20	1	.487	.216	2.62	9
⑦イーグルス	40	15	20	5	.429	.180	2.30	13
⑧南　　　海	40	11	26	3	.297	.202	2.82	5
⑨金　　　鯱	40	11	29	0	.275	.209	3.73	6

(8.27~11.17)

1939年

	試合	勝利	敗北	引分	勝率	打率	防御率	本塁打
①巨　　　人	96	66	26	4	.717	.266	2.07	26
②タイガース	96	63	30	3	.677	.239	2.02	32
③阪　　　急	96	58	36	2	.617	.234	2.16	11
④セネタース	96	49	38	9	.563	.203	2.21	12
⑤南　　　海	96	40	50	6	.444	.230	2.51	15
⑥名 古 屋	96	38	53	5	.418	.216	2.44	19
⑦金　　　鯱	96	36	56	4	.391	.204	2.86	13
⑧ライオン	96	33	58	5	.363	.217	3.11	8
⑨イーグルス	96	29	65	2	.309	.200	3.17	20

(3.18~11.16)

1940年

	試合	勝利	敗北	引分	勝率	打率	防御率	本塁打
①巨　　　人	104	76	28	0	.731	.237	1.56	23
②阪　　　神	104	64	37	3	.634	.223	1.66	13
③阪　　　急	104	61	38	5	.616	.214	1.57	9
④翼	105	56	39	10	.589	.206	2.00	17
⑤名 古 屋	104	58	41	5	.586	.191	1.90	12
⑥黒　　　鷲	104	46	54	4	.460	.197	2.24	9
⑦金　　　鯱	104	34	63	7	.351	.200	2.98	14
⑧南　　　海	105	28	71	6	.283	.196	2.44	6
⑨ライオン	104	24	76	4	.240	.187	2.76	3

(3.15~12.8)

1941年

	試合	勝利	敗北	引分	勝率	打率	防御率	本塁打
①巨　　　人	86	62	22	2	.738	.249	1.750	23
②阪　　　急	85	53	31	1	.631	.207	1.59	14
③大　　　洋	87	47	37	3	.560	.189	1.33	9
④南　　　海	84	43	41	0	.512	.195	1.82	12
⑤阪　　　神	84	41	43	0	.488	.197	1.61	8
⑥名 古 屋	84	37	47	0	.440	.182	1.747	13
⑦黒　　　鷲	85	28	56	1	.333	.193	2.85	13
⑧朝　　　日	85	25	59	1	.298	.191	2.24	10

(4.3~11.17)

1942年

	試合	勝利	敗北	引分	勝率	打率	防御率	本塁打
①巨　　　人	105	73	27	5	.730	.231	1.57	19
②大　　　洋	105	60	39	6	.606	.191	1.42	18
③阪　　　神	105	52	48	5	.520	.204	1.82	9
④阪　　　急	105	49	50	6	.495	.1890	1.73	7
⑤朝　　　日	105	49	50	6	.495	.1892	1.41	10
⑥南　　　海	105	49	56	0	.467	.202	1.90	11
⑦名 古 屋	105	39	60	6	.394	.185	1.93	24
⑧大　　　和	105	27	68	10	.284	.181	2.29	10

(黒鷲・大和)
(3.28~11.18)

1943年

	試合	勝利	敗北	引分	勝率	打率	防御率	本塁打
①巨　　　人	84	54	27	3	.667	.208	1.38	12
②名 古 屋	84	48	29	7	.623	.1984	1.41	18
③阪　　　神	84	41	36	7	.532	.201	1.80	12
④朝　　　日	84	41	36	7	.532	.211	1.63	5
⑤西　　　鉄	84	39	37	8	.513	.1975	2.21	7
⑥大　　　和	84	35	43	6	.449	.180	2.41	9
⑦阪　　　急	84	31	51	2	.378	.185	2.25	4
⑧南　　　海	84	26	56	2	.317	.184	2.48	10

(4.3~11.7)

1944年

	試合	勝利	敗北	引分	勝率	打率	防御率	本塁打
①阪　　　神	35	27	6	2	.818	.248	1.53	1
②巨　　　人	35	19	14	2	.576	.236	1.92	5
③阪　　　急	35	19	15	1	.559	.243	2.40	3
④産　　　業	35	13	21	1	.382	.184	3.10	7
⑤朝　　　日	35	12	22	1	.353	.237	2.85	4
⑥近畿日本	35	11	23	1	.324	.201	2.09	3

(南海・近畿日本)
(4.3~8.30)

1946年

	試合	勝利	敗北	引分	勝率	打率	防御率	本塁打
①グレートリング	105	65	38	2	.631	.273	3.08	24
②巨　　　人	105	64	39	2	.621	.2572	2.59	24
③阪　　　神	105	59	46	0	.562	.288	3.232	28
④阪　　　急	105	51	52	2	.495	.2571	3.54	14
⑤セネタース	105	47	58	0	.448	.238	3.67	43
⑥ゴールドスター	105	43	60	2	.417	.231	3.54	8
⑦パシフィック	105	42	60	3	.412	.232	3.228	24
⑧中部日本	105	42	60	3	.412	.248	4.40	46

(4.27~11.5)

1947年

	試合	勝利	敗北	引分	勝率	打率	防御率	本塁打
①阪　　　神	119	79	37	3	.681	.258	2.18	17
②中　　　日	119	67	50	2	.573	.2285	2.03	41
③南　　　海	119	59	55	5	.518	.231	2.39	24
④阪　　　急	119	58	57	4	.504	.2294	2.38	28
⑤巨　　　人	119	56	59	4	.487	.242	2.65	27
⑥東　　　急	119	51	65	3	.440	.218	2.53	45
⑦太　　　陽	119	50	64	5	.439	.228	2.55	36
⑧金　　　星	119	41	74	4	.357	.220	2.98	22

(4.18~11.12)

記録集

1948年 / 1949年

	試合	勝利	敗北	引分	勝率	打率	防御率	本塁打		試合	勝利	敗北	引分	勝率	打率	防御率	本塁打
1948年									**1949年**								
①南　海	140	87	49	4	.640	.255	2.18	45	①巨　人	134	85	48	1	.639	.273	3.15	125
②巨　人	140	83	55	2	.601	.256	2.27	95	②阪　急	136	69	64	3	.519	.2649	3.63	67
③阪　神	140	70	66	4	.515	.262	2.88	50	③大　映	134	67	65	2	.508	.272	4.15	130
④阪　急	140	66	68	6	.493	.241	2.63	25	④南　海	135	67	67	1	.500	.270	3.95	90
⑤急　映	140	59	70	11	.457	.228	3.08	49	⑤中　日	137	66	68	3	.493	.268	3.77	136
⑥大　陽	140	61	74	5	.452	.236	3.47	39	⑥阪　神	137	65	69	3	.485	.283	4.47	141
⑦金　星	140	60	73	7	.451	.229	2.84	43	⑦東　急	138	64	73	1	.467	.243	4.18	93
⑧中　日	140	52	83	5	.385	.232	2.99	45	⑧大　陽	133	52	81	0	.391	.2645	4.59	92
(4. 4～11.15)									(4. 2～11.29)								

セントラル・リーグ　　　　パシフィック・リーグ

(注)
▲印の年度は引分を0.5勝0.5敗として計算。
■ '73～'82、'04～'06パはプレーオフで優勝決定 ('76、'78は前・後期優勝が同一球団のため、プレーオフは行わず)。
※'01セの順位表記は勝利数上位球団が上位。
同率時の扱い…セ・リーグは'07～、パ・リーグは'06～全順位付けをする。

	試合	勝利	敗北	引分	勝率	打率	防御率	本塁打		試合	勝利	敗北	引分	勝率	打率	防御率	本塁打
1950年									**1950年**								
①松　竹	137	98	35	4	.737	.287	3.23	179	①毎　日	120	81	34	5	.704	.286	3.42	124
②中　日	137	89	44	4	.669	.274	3.73	144	②南　海	120	66	49	5	.574	.279	3.38	88
③巨　人	140	82	54	4	.603	.268	2.90	126	③大　映	120	62	54	4	.534	.260	3.70	91
④阪　神	140	70	67	3	.511	.271	4.19	120	④阪　急	120	54	64	2	.458	.244	3.69	69
⑤大　洋	140	69	68	3	.504	.273	4.47	111	⑤西　鉄	120	51	67	2	.432	.254	3.87	79
⑥西日本	136	50	83	3	.376	.261	4.66	106	⑥東　急	120	51	69	0	.425	.256	4.52	87
⑦国　鉄	138	42	94	2	.309	.244	4.67	66	⑦近　鉄	120	44	72	4	.379	.242	3.85	86
⑧広　島	138	41	96	1	.299	.243	5.20	81									
1951年									**1951年**								
①巨　人	114	79	29	6	.731	.291	2.62	92	①南　海	104	72	24	8	.750	.276	2.40	48
②名古屋	113	62	48	3	.564	.272	3.47	67	②西　鉄	105	53	42	10	.558	.242	2.75	63
③阪　神	116	61	52	3	.540	.269	3.26	78	③毎　日	110	54	51	5	.514	.258	3.25	59
④松　竹	115	53	57	5	.482	.268	4.41	105	④大　映	101	41	52	8	.441	.239	3.33	46
⑤国　鉄	107	46	59	2	.438	.2454	3.96	36	⑤阪　急	96	37	51	8	.420	.243	3.32	45
⑥大　洋	108	40	64	4	.385	.253	4.84	86	⑥東　急	102	38	56	8	.404	.241	3.64	71
⑦広　島	99	32	64	3	.333	.2449	4.62	42	⑦近　鉄	98	37	56	5	.398	.223	3.13	37
1952年									**1952年**								
①巨　人	120	83	37	0	.692	.292	2.45	77	①南　海	121	76	44	1	.633	.268	2.84	83
②阪　神	120	79	40	1	.664	.268	2.77	61	②毎　日	120	75	45	0	.625	.264	2.87	72
③名古屋	120	75	43	2	.636	.264	2.82	77	③西　鉄	120	67	52	1	.563	.261	3.08	94
④大　洋	120	58	62	0	.483	.248	3.68	57	④大　映	121	55	65	1	.4583	.2428	3.38	68
⑤国　鉄	120	50	70	0	.417	.238	3.38	67	⑤阪　急	108	49	58	1	.4579	.246	3.70	39
⑥広　島	120	37	80	3	.316	.233	3.83	29	⑥東　急	108	49	59	0	.454	.251	3.95	51
⑦松　竹	120	34	84	2	.288	.223	4.05	53	⑦近　鉄	108	30	78	0	.278	.2429	4.06	37
1953年									**1953年**								
①巨　人	125	87	37	1	.702	.283	2.48	80	①南　海	120	71	46	1	.597	.265	3.02	61
②阪　神	130	74	56	0	.569	.270	3.15	87	②阪　急	120	67	52	1	.563	.258	2.68	44
③名古屋	130	70	57	3	.551	.251	3.24	66	③大　映	120	63	53	4	.543	.237	2.67	30
④広　島	130	53	75	2	.414	.242	4.00	73	④西　鉄	120	57	61	2	.483	.253	3.05	114
⑤洋　松	130	52	77	1	.403	.246	4.10	61	⑤毎　日	120	56	62	2	.475	.252	3.13	50
⑥国　鉄	125	45	79	1	.363	.235	3.36	55	⑥東　急	120	50	67	3	.427	.220	3.26	50
									⑦近　鉄	120	48	69	3	.410	.246	2.93	31
1954年									**1954年**								
①中　日	130	86	40	4	.683	.256	2.32	70	①西　鉄	140	90	47	3	.657	.256	2.17	134
②巨　人	130	82	47	1	.636	.271	2.38	88	②南　海	140	91	49	0	.650	.250	2.50	82
③阪　神	130	71	57	2	.555	.266	2.78	68	③毎　日	140	79	57	4	.581	.236	2.69	89
④広　島	130	56	69	5	.448	.245	3.81	55	④近　鉄	140	74	63	3	.540	.247	2.66	27
⑤国　鉄	130	55	73	2	.430	.258	3.34	61	⑤阪　急	140	66	70	4	.485	.260	3.23	63
⑥洋　松	130	32	96	2	.250	.227	4.13	68	⑥高　橋	140	53	84	3	.387	.229	3.43	51
									⑦東　映	140	52	86	2	.377	.234	3.73	46
									⑧大　映	140	43	92	5	.319	.222	3.53	47

	試合	勝利	敗北	引分	勝率	打率	防御率	本塁打
1955年								
①巨　　人	130	92	37	1	.713	.266	1.75	84
②中　　日	130	77	52	1	.597	.238	2.02	64
③阪　　神	130	71	57	2	.555	.251	2.49	51
④広　　島	130	58	70	2	.453	.226	3.29	64
⑤国　　鉄	130	57	71	2	.445	.228	2.69	93
⑥大　　洋	130	31	99	0	.238	.209	3.69	51
1956年▲								
①巨　　人	130	82	44	4	.646	.258	2.08	100
②阪　　神	130	79	50	1	.612	.224	1.77	54
③中　　日	130	74	56	0	.569	.228	2.03	52
④国　　鉄	130	61	65	4	.485	.218	2.64	58
⑤広　　島	130	45	82	3	.358	.213	3.04	60
⑥大　　洋	130	43	87	0	.331	.208	3.15	74
1957年▲								
①巨　　人	130	74	53	3	.581	.241	2.39	93
②阪　　神	130	73	54	3	.573	.240	2.38	68
③中　　日	130	70	57	3	.550	.219	2.26	63
④国　　鉄	130	58	68	4	.462	.226	2.74	83
⑤広　　島	130	54	75	1	.419	.214	2.78	65
⑥大　　洋	130	52	74	4	.415	.229	3.10	63
1958年▲								
①巨　　人	130	77	52	1	.596	.253	2.37	101
②阪　　神	130	72	58	0	.554	.238	2.55	88
③中　　日	130	66	59	5	.527	.233	2.40	86
④国　　鉄	130	58	68	4	.462	.223	3.10	59
⑤広　　島	130	54	68	8	.446	.222	2.92	80
⑥大　　洋	130	51	73	6	.415	.215	2.75	78
1959年▲								
①巨　　人	130	77	48	5	.612	.245	2.54	117
②阪　　神	130	62	59	9	.512	.2369	2.37	76
②中　　日	130	64	61	5	.512	.2374	2.77	106
④国　　鉄	130	63	65	2	.492	.230	3.19	62
⑤広　　島	130	59	64	7	.481	.218	2.62	71
⑥大　　洋	130	49	77	4	.392	.214	3.47	73
1960年▲								
①大　　洋	130	70	56	4	.554	.2302	2.33	60
②巨　　人	130	66	61	3	.519	.229	3.0852	106
③阪　　神	130	64	62	4	.508	.242	2.62	87
④広　　島	130	62	61	7	.504	.2296	2.70	84
⑤中　　日	130	63	67	0	.485	.2295	3.08	87
⑥国　　鉄	130	54	72	4	.431	.232	3.0854	73
1961年▲								
①巨　　人	130	71	53	6	.569	.2265	2.50	89
②中　　日	130	72	56	2	.562	.241	2.48	79
③国　　鉄	130	67	60	3	.527	.2274	2.29	58
④阪　　神	130	60	67	3	.473	.244	2.60	80
⑤広　　島	130	58	67	5	.465	.239	3.11	74
⑥大　　洋	130	50	75	5	.404	.236	3.10	76
1962年								
①阪　　神	133	75	55	3	.577	.223	2.03	64
②大　　洋	134	71	59	4	.546	.242	2.73	100
③中　　日	133	70	60	3	.538	.249	2.68	107
④巨　　人	134	67	63	4	.515	.232	2.47	102
⑤広　　島	134	56	74	4	.431	.239	3.30	75
⑥国　　鉄	134	51	79	4	.392	.201	2.61	60

	試合	勝利	敗北	引分	勝率	打率	防御率	本塁打
1955年								
①南　　海	143	99	41	3	.707	.249	2.61	90
②西　　鉄	144	90	50	4	.643	.259	2.68	140
③毎　　日	142	85	55	2	.607	.251	2.46	89
④阪　　急	142	80	60	2	.571	.267	2.70	39
⑤近　　鉄	142	60	80	2	.429	.252	3.45	35
⑥大　　映	141	53	87	1	.379	.228	2.99	41
⑦東　　映	143	51	89	3	.364	.232	3.18	40
⑧トンボ	141	42	98	1	.300	.227	3.94	40
1956年▲								
①西　　鉄	154	96	51	7	.646	.254	1.87	95
②南　　海	154	96	52	6	.643	.250	2.23	68
③阪　　急	154	88	64	2	.578	.238	2.38	43
④毎　　日	154	84	66	4	.558	.234	2.40	95
⑤近　　鉄	154	68	82	4	.455	.226	3.17	48
⑥東　　映	154	58	92	4	.390	.216	2.86	41
⑦大　　映	154	57	94	3	.380	.227	2.89	46
⑧高　　橋	154	52	98	4	.351	.214	3.26	50
1957年▲								
①西　　鉄	132	83	44	5	.648	.255	2.15	94
②南　　海	132	78	53	1	.595	.252	2.68	98
③毎　　日	132	75	52	5	.587	.239	2.47	80
④阪　　急	132	71	55	6	.561	.231	2.41	56
⑤東　　映	132	56	73	3	.436	.227	2.80	45
⑥近　　鉄	132	44	82	6	.356	.225	3.22	35
⑦大　　映	132	41	89	2	.318	.213	3.63	48
1958年▲								
①西　　鉄	130	78	47	5	.619	.243	2.37	83
②南　　海	130	77	48	5	.612	.248	2.53	93
③阪　　急	130	73	51	6	.585	.234	2.54	41
④大　　毎	130	62	63	5	.496	.239	2.79	72
⑤東　　映	130	57	70	3	.450	.237	2.70	40
⑥近　　鉄	130	29	97	4	.238	.215	4.04	41
1959年								
①南　　海	134	88	42	4	.677	.265	2.44	90
②大　　毎	136	82	48	6	.631	.255	2.76	114
③東　　映	135	67	63	5	.515	.242	2.98	78
④西　　鉄	144	66	64	14	.508	.236	2.66	69
⑤阪　　急	134	48	82	4	.369	.222	3.26	57
⑥近　　鉄	133	39	91	3	.300	.229	3.58	48
1960年								
①大　　毎	133	82	48	3	.631	.262	2.66	100
②南　　海	136	78	52	6	.600	.247	2.88	103
③西　　鉄	136	70	60	6	.538	.251	3.05	97
④阪　　急	136	65	65	6	.500	.243	2.99	64
⑤東　　映	132	52	78	2	.400	.2355	2.92	80
⑥近　　鉄	131	43	87	1	.331	.2358	3.61	69
1961年▲								
①南　　海	140	85	49	6	.629	.262	2.96	117
②東　　映	140	83	52	5	.611	.264	2.39	108
③西　　鉄	140	81	56	3	.589	.249	2.83	110
④大　　毎	140	72	66	2	.521	.258	3.23	103
⑤阪　　急	140	53	84	3	.389	.225	3.56	65
⑥近　　鉄	140	36	103	1	.261	.229	3.96	68
1962年								
①東　　映	133	78	52	3	.600	.2520	2.42	85
②南　　海	133	73	57	3	.562	.253	3.27	119
③西　　鉄	136	62	68	6	.477	.245	3.00	92
④大　　毎	132	60	70	2	.462	.268	3.71	92
⑤阪　　急	131	60	70	1	.462	.229	3.36	60
⑥近　　鉄	131	57	73	1	.438	.2524	3.40	70

記録集

	試合	勝利	敗北	引分	勝率	打率	防御率	本塁打
1963年								
①巨　人	140	83	55	2	.601	.247	2.57	143
②中　日	140	80	57	3	.584	.246	2.84	120
③阪　神	140	69	70	1	.496	.239	3.20	95
④国　鉄	140	65	73	2	.471	.241	3.15	95
⑤大　洋	140	59	79	2	.428	.237	3.29	110
⑥広　島	140	58	80	2	.420	.253	3.83	92
1964年								
①阪　神	140	80	56	4	.588	.240	2.75	114
②大　洋	140	80	58	2	.580	.255	3.03	134
③巨　人	140	71	69	0	.507	.235	3.01	147
④広　島	140	64	73	3	.467	.2421	3.30	98
⑤国　鉄	140	61	74	5	.452	.2424	3.43	117
⑥中　日	140	57	83	0	.407	.254	3.63	114
1965年								
①巨　人	140	91	47	2	.659	.246	2.54	106
②中　日	140	77	59	4	.566	.247	2.60	100
③阪　神	140	71	66	3	.518	.220	2.47	94
④大　洋	140	68	70	2	.493	.244	2.81	136
⑤広　島	140	59	77	4	.434	.230	2.84	72
⑥サンケイ	140	44	91	5	.326	.221	3.42	64
1966年								
①巨　人	134	89	41	4	.685	.243	2.24	114
②中　日	132	76	54	2	.585	.253	2.54	123
③阪　神	135	64	66	5	.492	.233	2.52	81
④広　島	136	57	73	6	.438	.234	3.45	78
⑤大　洋	130	52	78	0	.400	.247	3.74	116
⑤サンケイ	135	52	78	5	.400	.214	3.16	86
1967年								
①巨　人	134	84	46	4	.646	.265	2.87	162
②中　日	134	72	58	4	.554	.248	3.31	148
③阪　神	136	70	60	6	.538	.2446	2.60	101
④大　洋	135	59	71	5	.454	.2449	3.28	130
⑤サンケイ	135	58	72	5	.446	.240	3.68	120
⑥広　島	138	47	83	8	.362	.225	3.41	82
1968年								
①巨　人	134	77	53	4	.592	.262	3.35	177
②阪　神	133	72	58	3	.554	.229	2.67	119
③広　島	134	68	62	4	.523	.224	2.91	112
④サンケイ	134	64	66	4	.492	.239	3.28	130
⑤大　洋	133	59	71	3	.454	.236	3.71	131
⑥中　日	134	50	80	4	.385	.246	3.72	142
1969年								
①巨　人	130	73	51	6	.589	.263	3.30	147
②阪　神	130	68	59	3	.535	.222	2.41	114
③大　洋	130	61	61	8	.500	.239	3.19	125
④中　日	130	59	65	6	.476	.231	3.11	145
⑤アトムズ	130	58	69	3	.457	.244	3.71	139
⑥広　島	130	56	70	4	.444	.221	3.24	121
1970年								
①巨　人	130	79	47	4	.627	.240	2.46	131
②阪　神	130	77	49	4	.611	.245	2.36	110
③大　洋	130	69	57	4	.548	.241	2.75	106
④広　島	130	62	60	8	.508	.226	3.00	108
⑤中　日	130	55	70	5	.440	.234	3.20	118
⑥ヤクルト	130	33	92	5	.264	.215	3.78	69
1971年								
①巨　人	130	70	52	8	.574	.253	2.94	123
②中　日	130	65	60	5	.520	.226	2.97	127
③大　洋	130	61	59	10	.5083	.216	2.31	82
④広　島	130	63	61	6	.5080	.233	3.11	89
⑤阪　神	130	57	64	9	.471	.220	2.76	101
⑥ヤクルト	130	52	72	6	.419	.234	3.03	94

	試合	勝利	敗北	引分	勝率	打率	防御率	本塁打
1963年								
①西　鉄	150	86	60	4	.589	.244	2.69	146
②南　海	150	85	61	4	.582	.25621	2.70	184
③東　映	150	76	71	3	.517	.236	3.02	114
④近　鉄	150	74	73	3	.503	.25620	3.44	98
⑤大　毎	150	64	85	1	.430	.246	3.05	117
⑥阪　急	150	57	92	1	.383	.228	3.69	86
1964年								
①南　海	150	84	63	3	.571	.259	3.12	144
②阪　急	150	79	65	6	.549	.245	3.01	141
③東　映	150	78	68	4	.534	.250	2.95	100
④東　京	150	77	68	5	.531	.249	2.86	93
⑤西　鉄	150	63	81	6	.438	.242	3.57	116
⑥近　鉄	150	55	91	4	.377	.254	3.63	112
1965年								
①南　海	140	88	49	3	.642	.255	2.80	153
②東　映	140	76	61	3	.555	.240	2.88	107
③西　鉄	140	72	64	4	.529	.246	3.00	112
④阪　急	140	67	71	2	.486	.234	3.33	130
⑤東　京	140	62	74	4	.456	.232	2.90	117
⑥近　鉄	140	46	92	2	.333	.235	3.61	91
1966年								
①南　海	133	79	51	3	.608	.245	2.59	108
②西　鉄	138	75	55	8	.577	.231	2.13	125
③東　映	136	70	60	6	.538	.256	2.75	91
④東　京	136	61	69	4	.469	.240	2.93	112
⑤阪　急	134	57	73	4	.438	.229	3.31	89
⑥近　鉄	133	48	82	3	.369	.228	3.60	100
1967年								
①阪　急	134	75	55	4	.577	.2513	2.79	143
②西　鉄	140	66	64	10	.508	.222	2.50	98
③東　映	134	65	65	4	.500	.260	3.19	97
④南　海	134	64	66	3	.492	.235	3.04	108
⑤東　京	137	61	69	7	.469	.240	3.01	87
⑥近　鉄	132	59	71	2	.454	.2510	3.83	104
1968年								
①阪　急	134	80	50	4	.615	.242	2.922	154
②南　海	136	79	51	6	.608	.243	2.921	127
③東　京	139	67	63	9	.515	.262	3.32	155
④近　鉄	135	57	73	5	.438	.234	3.28	84
⑤西　鉄	133	56	74	3	.431	.237	3.17	110
⑥東　映	135	51	79	5	.392	.248	3.97	118
1969年								
①阪　急	130	76	50	4	.603	.2536	3.18	154
②近　鉄	130	73	51	6	.589	.243	2.78	118
③ロッテ	130	69	54	7	.561	.260	3.11	142
④東　映	130	57	70	3	.449	.2537	3.35	116
⑤西　鉄	130	51	75	4	.405	.225	3.40	119
⑥南　海	130	50	76	4	.397	.241	3.56	85
1970年								
①ロッテ	130	80	47	3	.630	.263	3.23	166
②南　海	130	69	57	4	.548	.255	3.43	147
③近　鉄	130	65	59	6	.524	.233	2.98	108
④阪　急	130	64	62	2	.500	.244	3.57	147
⑤東　映	130	54	70	6	.435	.253	4.18	147
⑥西　鉄	130	43	78	9	.355	.225	4.12	137
1971年								
①阪　急	130	80	39	11	.672	.273	3.17	166
②ロッテ	130	80	46	4	.635	.270	3.77	193
③近　鉄	130	65	60	5	.520	.241	3.21	151
④南　海	130	61	65	4	.484	.260	4.27	156
⑤東　映	130	44	74	12	.373	.241	3.96	131
⑥西　鉄	130	38	84	8	.311	.231	4.31	114

1972年

	試合	勝利	敗北	引分	勝率	打率	防御率	本塁打
①巨　　人	130	74	52	4	.587	.2544	3.43	158
②阪　　神	130	71	56	3	.559	.239	3.00	125
③中　　日	130	67	59	4	.532	.232	3.29	123
④ヤクルト	130	60	67	3	.472	.2536	3.73	115
⑤大　　洋	130	57	69	4	.452	.242	3.66	135
⑥広　　島	130	49	75	6	.395	.250	3.57	117

1972年

	試合	勝利	敗北	引分	勝率	打率	防御率	本塁打
①阪　　急	130	80	48	2	.625	.26)	3.19	167
②近　　鉄	130	64	60	6	.5161	.243	3.07	123
③南　　海	130	65	61	4	.5158	.253	3.48	133
④東　　映	130	63	61	6	.508	.27)	3.82	149
⑤ロ ッ テ	130	59	68	3	.465	.264	4.54	148
⑥西　　鉄	130	47	80	3	.370	.242	4.12	110

1973年

	試合	勝利	敗北	引分	勝率	打率	防御率	本塁打
①巨　　人	130	66	60	4	.524	.253	3.25	149
②阪　　神	130	64	59	7	.520	.234	2.82	115
③中　　日	130	64	61	5	.512	.242	2.98	108
④ヤクルト	130	62	65	3	.488	.228	2.60	78
⑤大　　洋	130	60	64	6	.484	.243	3.30	125
⑥広　　島	130	60	67	3	.472	.223	3.04	104

1973年

	試合	勝利	敗北	引分	勝率	打率	防御率	本塁打
①南　　海■	130	68	58	4	.540	.26)	3.35	113
②阪　　急	130	77	48	5	.616	.27)	3.3C	151
③ロ ッ テ	130	70	49	11	.588	.264	3.43	139
④太 平 洋	130	59	64	7	.480	.239	3.58	116
⑤日　　拓	130	55	69	6	.444	.254	3.97	133
⑥近　　鉄	130	42	83	5	.336	.237	3.83	113

1974年

	試合	勝利	敗北	引分	勝率	打率	防御率	本塁打
①中　　日	130	70	49	11	.588	.264	3.75	150
②巨　　人	130	71	50	9	.587	.253	3.05	159
③ヤクルト	130	60	63	7	.488	.233	3.14	111
④阪　　神	130	57	64	9	.471	.237	3.45	136
⑤大　　洋	130	55	69	6	.444	.265	4.28	143
⑥広　　島	130	54	72	4	.429	.242	3.61	127

1974年

	試合	勝利	敗北	引分	勝率	打率	防御率	本塁打
①ロ ッ テ■	130	69	50	11	.580	.265	3.18	114
②阪　　急	130	69	51	10	.575	.258	3.52	125
③南　　海	130	59	55	16	.518	.2456	3.06	124
④太 平 洋	130	59	64	7	.480	.235	3.46	90
⑤近　　鉄	130	56	66	8	.459	.230	3.63	131
⑥日本ハム	130	49	75	6	.395	.2463	4.11	96

1975年

	試合	勝利	敗北	引分	勝率	打率	防御率	本塁打
①広　　島	130	72	47	11	.605	.256	2.96	131
②中　　日	130	69	53	8	.566	.271	3.18	133
③阪　　神	130	68	55	7	.553	.252	3.34	128
④ヤクルト	130	57	64	9	.471	.245	3.31	101
⑤大　　洋	130	51	69	10	.425	.249	3.93	137
⑥巨　　人	130	47	76	7	.382	.236	3.53	117

1975年

	試合	勝利	敗北	引分	勝率	打率	防御率	本塁打
①阪　　急■	130	64	59	7	.520	.257	3.49	143
②近　　鉄	130	71	50	9	.587	.2459	3.09	115
③太 平 洋	130	58	62	10	.483	.26_	3.73	135
④ロ ッ テ	130	59	65	6	.476	.259	3.33	108
⑤南　　海	130	57	65	8	.467	.2457	2.98	102
⑥日本ハム	130	55	63	12	.466	.258	3.89	100

1976年

	試合	勝利	敗北	引分	勝率	打率	防御率	本塁打
①巨　　人	130	76	45	9	.628	.280	3.58	167
②阪　　神	130	72	45	13	.615	.258	3.54	193
③広　　島	130	61	58	11	.513	.270	4.02	169
④中　　日	130	54	66	10	.450	.266	4.50	138
⑤ヤクルト	130	52	68	10	.433	.260	3.88	128
⑥大　　洋	130	45	78	7	.366	.256	4.45	172

1976年

	試合	勝利	敗北	引分	勝率	打率	防御率	本塁打
①阪　　急	130	79	45	6	.637	.256	3.30	139
②南　　海	130	71	56	3	.559	.2585	2.91	97
③ロ ッ テ	130	63	56	11	.529	.25781	2.96	99
④近　　鉄	130	57	66	7	.463	.245	3.04	102
⑤日本ハム	130	52	67	11	.437	.25786	3.72	107
⑥太 平 洋	130	44	76	10	.367	.2587	4.08	115

1977年

	試合	勝利	敗北	引分	勝率	打率	防御率	本塁打
①巨　　人	130	80	46	4	.635	.280	3.48	181
②ヤクルト	130	62	58	10	.517	.26674	4.01	170
③中　　日	130	64	61	5	.512	.275	4.381	176
④阪　　神	130	55	63	12	.466	.26675	4.384	184
⑤広　　島	130	51	67	12	.432	.2678	4.83	163
⑥大　　洋	130	51	68	11	.429	.2680	4.94	176

1977年

	試合	勝利	敗北	引分	勝率	打率	防御率	本塁打
①阪　　急■	130	69	51	10	.575	.269	3.23	147
②南　　海	130	63	55	12	.534	.25C	3.15	108
③ロ ッ テ	130	60	57	13	.513	.27C	3.17	111
④近　　鉄	130	59	61	10	.492	.2446	3.31	92
⑤日本ハム	130	58	61	11	.487	.2454	3.36	113
⑥クラウン	130	49	73	8	.402	.249	4.27	128

1978年

	試合	勝利	敗北	引分	勝率	打率	防御率	本塁打
①ヤクルト	130	68	46	16	.596	.279	4.382	157
②巨　　人	130	65	49	16	.570	.270	3.61	136
③広　　島	130	62	50	18	.554	.284	4.378	205
④大　　洋	130	64	57	9	.529	.273	3.90	132
⑤中　　日	130	53	71	6	.427	.252	4.45	141
⑥阪　　神	130	41	80	9	.339	.254	4.79	139

1978年

	試合	勝利	敗北	引分	勝率	打率	防御率	本塁打
①阪　　急	130	82	39	9	.678	.285	3.13	176
②近　　鉄	130	71	46	13	.607	.26€	3.21	115
③日本ハム	130	55	63	12	.466	.264	3.98	131
④ロ ッ テ	130	53	62	15	.461	.269	4.01	115
⑤クラウン	130	51	67	12	.432	.268	3.75	109
⑥南　　海	130	42	77	11	.353	.239	4.01	78

1979年

	試合	勝利	敗北	引分	勝率	打率	防御率	本塁打
①広　　島	130	67	50	13	.573	.257	3.74	172
②大　　洋	130	59	54	17	.522	.266	4.05	135
③中　　日	130	59	57	14	.509	.2683	3.97	155
④阪　　神	130	61	60	9	.504	.2683	4.15	172
⑤巨　　人	130	58	62	10	.483	.259	3.85	154
⑥ヤクルト	130	48	69	13	.410	.252	4.60	157

1979年

	試合	勝利	敗北	引分	勝率	打率	防御率	本塁打
①近　　鉄■	130	74	45	11	.622	.285	3.70	195
②阪　　急	130	75	44	11	.630	.281	3.84	193
③日本ハム	130	63	60	7	.512	.266	4.09	131
④ロ ッ テ	130	55	63	12	.466	.274	4.30	150
⑤南　　海	130	46	73	11	.387	.276	4.86	125
⑥西　　武	130	45	73	12	.381	.259	4.60	140

1980年

	試合	勝利	敗北	引分	勝率	打率	防御率	本塁打
①広　　島	130	73	44	13	.624	.263	3.37	161
②ヤクルト	130	68	52	10	.567	.270	3.17	132
③巨　　人	130	61	60	9	.504	.243	2.95	153
④大　　洋	130	59	62	9	.488	.259	4.18	135
⑤阪　　神	130	54	66	10	.450	.262	3.73	134
⑥中　　日	130	45	76	9	.372	.261	4.43	134

1980年

	試合	勝利	敗北	引分	勝率	打率	防御率	本塁打
①近　　鉄■	130	68	54	8	.557	.29C	4.96	239
②ロ ッ テ	130	64	51	15	.557	.28C	4.15	184
③日本ハム	130	66	53	11	.555	.264	3.61	167
④西　　武	130	62	64	4	.492	.267	4.43	219
⑤阪　　急	130	58	67	5	.464	.262	5.08	204
⑥南　　海	130	48	77	5	.384	.274	5.63	183

セントラル・リーグ

	試合	勝利	敗北	引分	勝率	打率	防御率	本塁打
1981年								
①巨　　人	130	73	48	9	.603	.26796	2.88	135
②広　　島	130	67	54	9	.554	.274	3.66	181
③阪　　神	130	67	58	5	.536	.272	3.32	114
④ヤクルト	130	56	58	16	.491	.255	4.30	120
⑤中　　日	130	58	65	7	.472	.26791	3.71	151
⑥大　　洋	130	42	80	8	.344	.252	4.41	105
1982年								
①中　　日	130	64	47	19	.577	.266	3.27	143
②巨　　人	130	66	50	14	.569	.2537	2.93	133
③阪　　神	130	65	57	8	.533	.262	3.44	118
④広　　島	130	59	58	13	.504	.2544	3.30	139
⑤大　　洋	130	53	65	12	.449	.250	3.92	125
⑥ヤクルト	130	45	75	10	.375	.240	3.64	95
1983年								
①巨　　人	130	72	50	8	.590	.275	3.77	156
②広　　島	130	65	55	10	.542	.269	3.65	164
③大　　洋	130	61	61	8	.500	.272	4.523	137
④阪　　神	130	62	63	5	.496	.274	4.22	169
⑤中　　日	130	54	69	7	.439	.263	4.11	160
⑥ヤクルト	130	53	69	8	.434	.266	4.515	149
1984年								
①広　　島	130	75	45	10	.625	.274	3.37	167
②中　　日	130	73	49	8	.598	.282	3.82	191
③巨　　人	130	67	54	9	.554	.268	3.66	186
④阪　　神	130	53	69	8	.434	.2638	4.46	165
⑤ヤクルト	130	51	71	8	.418	.2640	4.76	101
⑥大　　洋	130	46	77	7	.374	.263	4.55	100
1985年								
①阪　　神	130	74	49	7	.602	.285	4.16	219
②広　　島	130	68	57	5	.544	.271	4.13	160
③巨　　人	130	61	60	9	.504	.279	3.96	157
④大　　洋	130	57	61	12	.483	.267	4.59	132
⑤中　　日	130	56	61	13	.479	.265	4.08	136
⑥ヤクルト	130	46	74	10	.383	.264	4.75	143
1986年								
①広　　島	130	73	46	11	.613	.254	2.89	137
②巨　　人	130	75	48	7	.610	.271	3.12	155
③阪　　神	130	60	60	10	.500	.271	3.69	184
④大　　洋	130	56	69	5	.448	.264	3.81	84
⑤中　　日	130	54	67	9	.446	.242	3.70	131
⑥ヤクルト	130	49	77	4	.389	.252	4.27	119
1987年								
①巨　　人	130	76	43	11	.639	.281	3.06	159
②中　　日	130	68	51	11	.571	.265	3.64	168
③広　　島	130	65	55	10	.542	.268	3.14	143
④ヤクルト	130	58	64	8	.475	.260	4.51	159
⑤大　　洋	130	56	68	6	.452	.259	4.26	113
⑥阪　　神	130	41	83	6	.331	.242	4.36	140
1988年								
①中　　日	130	79	46	5	.632	.258	3.20	131
②巨　　人	130	68	59	3	.535	.268	3.09	134
③広　　島	130	65	62	3	.512	.244	3.06	105
④大　　洋	130	59	67	4	.468	.273	3.93	85
⑤ヤクルト	130	58	69	3	.457	.246	3.79	147
⑥阪　　神	130	51	77	2	.398	.248	3.82	82
1989年								
①巨　　人	130	84	44	2	.656	.263	2.56	106
②広　　島	130	73	51	6	.589	.271	3.01	101
③中　　日	130	68	59	3	.535	.256	3.68	149
④ヤクルト	130	55	72	3	.433	.254	3.97	140
⑤阪　　神	130	54	75	1	.419	.257	4.15	135
⑥大　　洋	130	47	80	3	.370	.260	4.07	76

パシフィック・リーグ

	試合	勝利	敗北	引分	勝率	打率	防御率	本塁打
1981年								
①日本ハム■	130	68	54	8	.557	.276	3.81	126
②阪　　急	130	68	58	4	.540	.2666	4.01	140
③ロ　ッ　テ	130	63	57	10	.525	.277	4.16	114
④西　　武	130	61	61	8	.500	.2673	3.62	143
⑤南　　海	130	53	65	12	.449	.273	4.37	128
⑥近　　鉄	130	54	72	4	.429	.253	4.10	149
1982年								
①西　　武■	130	68	58	4	.540	.253	3.31	131
②日本ハム	130	67	52	11	.563	.266	3.63	127
③近　　鉄	130	57	57	10	.525	.258	4.11	151
④阪　　急	130	62	60	8	.508	.256	3.73	150
⑤ロ　ッ　テ	130	54	69	7	.439	.263	4.24	123
⑥南　　海	130	53	71	6	.427	.255	4.05	90
1983年								
①西　　武	130	86	40	4	.683	.278	3.20	182
②阪　　急	130	67	55	8	.549	.272	4.16	157
③日本ハム	130	64	59	7	.520	.275	3.82	153
④近　　鉄	130	52	65	13	.444	.262	4.49	134
⑤南　　海	130	52	69	9	.430	.268	4.75	128
⑥ロ　ッ　テ	130	43	76	11	.361	.264	5.12	128
1984年								
①阪　　急	130	75	45	10	.625	.272	3.72	166
②ロ　ッ　テ	130	64	51	15	.557	.275	4.22	149
③西　　武	130	62	61	7	.504	.256	4.10	153
④近　　鉄	130	58	61	11	.487	.257	4.36	174
⑤南　　海	130	53	65	12	.449	.269	4.89	159
⑥日本ハム	130	44	73	13	.376	.259	4.98	144
1985年								
①西　　武	130	79	45	6	.637	.2715	3.82	155
②ロ　ッ　テ	130	64	60	6	.516	.287	4.80	168
③近　　鉄	130	63	60	7	.5121	.2718	5.10	212
④阪　　急	130	64	61	5	.5120	.274	4.98	197
⑤日本ハム	130	53	65	12	.449	.265	4.36	169
⑥南　　海	130	44	76	10	.367	.260	5.05	149
1986年								
①西　　武	130	68	49	13	.581	.2806	3.69	185
②近　　鉄	130	66	52	12	.559	.271	4.337	183
③阪　　急	130	63	57	10	.525	.277	4.11	180
④ロ　ッ　テ	130	57	64	9	.471	.2808	4.342	171
⑤日本ハム	130	57	65	8	.467	.262	4.10	151
⑥南　　海	130	49	73	8	.402	.251	4.46	136
1987年								
①西　　武	130	71	45	14	.612	.249	2.96	153
②阪　　急	130	64	56	10	.533	.272	3.89	152
③日本ハム	130	63	60	7	.512	.259	3.96	128
④南　　海	130	57	63	10	.475	.261	3.86	132
⑤ロ　ッ　テ	130	51	65	14	.440	.264	3.67	104
⑥近　　鉄	130	52	69	9	.430	.270	4.22	135
1988年								
①西　　武	130	73	51	6	.589	.270	3.61	176
②近　　鉄	130	74	52	4	.587	.253	3.23	154
③日本ハム	130	62	65	3	.488	.245	3.12	101
④阪　　急	130	60	68	2	.469	.264	4.08	117
⑤南　　海	130	58	71	1	.450	.267	4.07	162
⑥ロ　ッ　テ	130	54	74	2	.422	.262	4.38	100
1989年								
①近　　鉄	130	71	54	5	.568	.261	3.859	157
②オリックス	130	72	55	3	.567	.278	4.26	170
③西　　武	130	69	53	8	.566	.271	3.856	150
④ダイエー	130	59	64	7	.480	.257	4.74	166
⑤日本ハム	130	54	73	3	.425	.2659	4.20	131
⑥ロ　ッ　テ	130	48	74	8	.393	.2657	4.50	119

セントラル・リーグ

年	順位	チーム	試合	勝利	敗北	引分	勝率	打率	防御率	本塁打
1990年	①	巨人	130	88	42	0	.677	.2666	2.83	134
	②	広島	130	66	64	2	.508	.2671	3.57	140
	③	大洋	133	64	66	3	.492	.266	3.94	90
	④	中日	131	62	68	1	.477	.264	4.26	162
	⑤	ヤクルト	130	58	72	0	.446	.257	4.24	123
	⑥	阪神	130	52	78	0	.400	.252	4.58	135
1991年	①	広島	132	74	56	2	.569	.254	3.23	88
	②	中日	131	71	59	1	.546	.262	3.59	178
	③	ヤクルト	132	67	63	2	.515	.259	3.93	140
	④	巨人	130	66	64	0	.508	.253	3.72	128
	⑤	大洋	131	64	66	1	.492	.269	3.74	66
	⑥	阪神	130	48	82	0	.369	.237	4.37	111
1992年	①	ヤクルト	131	69	61	1	.531	.261	3.79	173
	②	巨人	130	67	63	0	.515	.262	3.69	139
	③	阪神	132	67	63	2	.515	.259	2.90	86
	④	広島	130	66	64	0	.508	.260	3.60	122
	⑤	大洋	131	61	69	1	.469	.249	3.75	97
	⑥	中日	130	60	70	0	.462	.252	3.91	108
1993年	①	ヤクルト	132	80	50	2	.615	.263	3.20	140
	②	中日	132	73	57	2	.562	.256	3.12	158
	③	巨人	131	64	66	1	.492	.238	3.22	105
	④	阪神	132	63	67	2	.485	.253	3.88	86
	⑤	横浜	130	57	73	0	.438	.249	3.83	87
	⑥	広島	131	53	77	1	.408	.253	4.29	155
1994年	①	巨人	130	70	60	0	.538	.2583	3.41	122
	②	中日	130	69	61	0	.531	.2581	3.45	108
	③	広島	130	66	64	0	.508	.276	4.18	126
	④	ヤクルト	130	62	68	0	.477	.265	4.05	130
	⑤	阪神	130	62	68	0	.477	.256	3.43	92
	⑥	横浜	130	61	69	0	.469	.261	3.76	107
1995年	①	ヤクルト	130	82	48	0	.631	.2606	3.60	147
	②	広島	131	74	56	1	.569	.263	3.57	166
	③	巨人	131	72	58	0	.554	.252	3.40	139
	④	横浜	130	66	64	0	.508	.2609	4.37	114
	⑤	中日	130	50	80	0	.385	.251	4.75	136
	⑥	阪神	130	46	84	0	.354	.244	3.83	88
1996年	①	巨人	130	77	53	0	.592	.253	3.47	147
	②	中日	130	72	58	0	.554	.278	4.01	179
	③	広島	130	71	59	0	.546	.281	4.08	162
	④	ヤクルト	130	61	69	0	.469	.264	4.00	103
	⑤	横浜	130	55	75	0	.423	.270	4.67	85
	⑥	阪神	130	54	76	0	.415	.245	4.12	89
1997年	①	ヤクルト	137	83	52	2	.615	.276	3.26	138
	②	横浜	135	72	63	0	.533	.273	3.703	105
	③	広島	135	66	69	0	.489	.259	4.44	164
	④	巨人	135	63	72	0	.467	.251	3.69	150
	⑤	阪神	136	62	73	1	.459	.244	3.698	103
	⑥	中日	136	59	76	1	.437	.243	4.33	115
1998年	①	横浜	136	79	56	1	.585	.277	3.49	100
	②	中日	136	75	60	1	.556	.248	3.14	100
	③	巨人	135	73	62	0	.541	.267	3.74	148
	④	ヤクルト	135	66	69	0	.489	.253	3.69	97
	⑤	広島	135	60	75	0	.444	.265	4.01	131
	⑥	阪神	135	52	83	0	.385	.242	3.95	86

パシフィック・リーグ

年	順位	チーム	試合	勝利	敗北	引分	勝率	打率	防御率	本塁打
1990年	①	西武	130	81	45	4	.643	.2628	3.48	162
	②	オリックス	130	69	57	4	.548	.27_	4.30	186
	③	近鉄	130	67	60	3	.528	.275	4.34	181
	④	日本ハム	130	66	63	1	.512	.2627	3.68	128
	⑤	ロッテ	130	57	71	2	.445	.262_	4.22	132
	⑥	ダイエー	130	41	85	4	.325	.25_	5.56	116
1991年	①	西武	130	81	43	6	.653	.2651	3.22	155
	②	近鉄	130	77	48	5	.616	.2650	3.46	157
	③	オリックス	130	64	63	3	.504	.261	3.90	127
	④	日本ハム	130	53	72	5	.424	.251	3.72	112
	⑤	ダイエー	130	53	73	4	.421	.253	4.74	152
	⑥	ロッテ	130	48	77	5	.384	.260	4.23	89
1992年	①	西武	130	80	47	3	.630	.278	3.52	159
	②	近鉄	130	74	50	6	.597	.247	3.69	155
	③	オリックス	130	61	64	5	.488	.272	3.58	88
	④	ダイエー	130	57	72	1	.442	.258	4.60	139
	⑤	日本ハム	130	54	73	3	.425	.259	4.20	99
	⑥	ロッテ	130	54	74	2	.422	.241	3.82	89
1993年	①	西武	130	74	53	3	.583	.260	2.96	114
	②	日本ハム	130	71	52	7	.577	.259	3.37	106
	③	オリックス	130	70	56	4	.556	.253	3.24	125
	④	近鉄	130	66	59	5	.528	.258	3.62	145
	⑤	ロッテ	130	51	77	2	.398	.251	4.08	95
	⑥	ダイエー	130	45	80	5	.360	.246	4.22	75
1994年	①	西武	130	76	52	2	.594	.279	3.81	122
	②	オリックス	130	68	59	3	.5354	.285	3.93	92
	③	近鉄	130	68	59	3	.5354	.274	4.24	169
	④	ダイエー	130	69	60	1	.5348	.275	4.10	132
	⑤	ロッテ	130	55	73	2	.430	.261	4.50	104
	⑥	日本ハム	130	46	79	5	.368	.252	4.62	101
1995年	①	オリックス	130	82	47	1	.636	.2593	2.88	115
	②	ロッテ	130	69	58	3	.543	.254	3.27	88
	③	西武	130	67	57	6	.540	.246	2.98	117
	④	日本ハム	130	59	68	3	.465	.237	3.56	105
	⑤	ダイエー	130	54	72	4	.429	.2586	4.16	94
	⑥	近鉄	130	49	78	3	.386	.234	3.97	105
1996年	①	オリックス	130	74	50	6	.597	.271	3.55	124
	②	日本ハム	130	68	58	4	.540	.249	3.49	130
	③	西武	130	62	64	4	.492	.258	3.58	141
	④	近鉄	130	62	67	1	.481	.255	4.01	146
	⑤	ロッテ	130	60	67	3	.472	.252	3.68	85
	⑥	ダイエー	130	54	74	2	.422	.263	4.04	97
1997年	①	西武	135	76	56	3	.576	.281	3.63	110
	②	オリックス	135	71	61	3	.538	.263	3.61	111
	③	近鉄	135	68	63	4	.519	.274	3.79	112
	④	日本ハム	135	63	71	1	.470	.265	4.18	128
	④	ダイエー	135	63	71	1	.470	.264	4.26	132
	⑥	ロッテ	135	57	76	2	.429	.249	3.84	75
1998年	①	西武	135	70	61	4	.534	.270	3.66	115
	②	日本ハム	135	67	65	3	.508	.255	3.83	150
	③	オリックス	135	66	66	3	.500	.2639	4.03	140
	④	ダイエー	135	67	67	1	.500	.2637	4.02	100
	⑤	近鉄	135	66	67	2	.496	.267	4.28	_26
	⑥	ロッテ	135	61	71	3	.462	.271	3.70	_02

記録集

	試合	勝利	敗北	引分	勝率	打率	防御率	本塁打
1999年								
①中　日	135	81	54	0	.600	.263	3.39	120
②巨　人	135	75	60	0	.556	.265	3.84	182
③横　浜	135	71	64	0	.526	.294	4.44	140
④ヤクルト	135	66	69	0	.489	.264	4.23	141
⑤広　島	135	57	78	0	.422	.260	4.78	152
⑥阪　神	135	55	80	0	.407	.259	4.04	97
2000年								
①巨　人	135	78	57	0	.578	.263	3.34	203
②中　日	135	70	65	0	.519	.266	4.19	111
③横　浜	136	69	66	1	.511	.277	3.92	103
④ヤクルト	136	66	69	1	.489	.264	3.62	137
⑤広　島	136	65	70	1	.481	.256	4.48	150
⑥阪　神	136	57	78	1	.422	.244	3.90	114
2001年※								
①ヤクルト	140	76	58	6	.567	.274	3.41	148
②巨　人	140	75	63	2	.543	.271	4.45	196
③横　浜	140	69	67	4	.507	.267	3.747	94
④広　島	140	68	65	7	.511	.269	3.82	155
⑤中　日	140	62	74	4	.456	.253	3.48	98
⑥阪　神	140	57	80	3	.416	.243	3.749	90
2002年								
①巨　人	140	86	52	2	.623	.272	3.04	186
②ヤクルト	140	74	62	4	.544	.263	3.39	142
③中　日	140	69	66	5	.511	.257	3.19	125
④阪　神	140	66	70	4	.485	.253	3.41	122
⑤広　島	140	64	72	4	.471	.259	4.36	154
⑥横　浜	140	49	86	5	.363	.240	4.09	97
2003年								
①阪　神	140	87	51	2	.630	.287	3.53	141
②中　日	140	73	66	1	.525	.268	3.80	137
③巨　人	140	71	66	3	.518	.262	4.43	205
③ヤクルト	140	71	66	3	.518	.283	4.12	159
⑤広　島	140	67	71	2	.486	.259	4.23	153
⑥横　浜	140	45	94	1	.324	.258	4.80	192
2004年								
①中　日	138	79	56	3	.585	.274	3.86	111
②ヤクルト	138	72	64	2	.529	.2754	4.70	141
③巨　人	138	71	64	3	.526	.2749	4.50	259
④阪　神	138	66	70	2	.485	.273	4.08	142
⑤広　島	138	60	77	1	.438	.276	4.75	187
⑥横　浜	138	59	76	3	.437	.279	4.47	194
2005年								
①阪　神	146	87	54	5	.617	.274	3.24	140
②中　日	146	79	66	1	.545	.269	4.13	139
③横　浜	146	69	70	7	.496	.265	3.68	143
④ヤクルト	146	71	73	2	.493	.276	4.00	128
⑤巨　人	146	62	80	4	.437	.260	4.79846	186
⑥広　島	146	58	84	4	.408	.275	4.79844	184
2006年								
①中　日	146	87	54	5	.617	.270	3.10	139
②阪　神	146	84	58	4	.592	.267	3.13	133
③ヤクルト	146	70	73	3	.490	.269	3.91	161
④巨　人	146	65	79	2	.451	.251	3.65	134
⑤広　島	146	62	79	5	.440	.266	3.96	127
⑥横　浜	146	58	84	4	.408	.257	4.25	127
2007年								
①巨　人	144	80	63	1	.559	.276	3.58	191
②中　日	144	78	64	2	.549	.261	3.59	121
③阪　神	144	74	66	4	.529	.255	3.56	111
④横　浜	144	71	72	1	.497	.265	4.01	124
⑤広　島	144	60	82	2	.423	.263	4.22	132
⑥ヤクルト	144	60	84	0	.417	.269	4.07	139

	試合	勝利	敗北	引分	勝率	打率	防御率	本塁打
1999年								
①ダイエー	135	78	54	3	.591	.2573	3.65	140
②西　武	135	75	59	1	.560	.258	3.58	89
③オリックス	135	68	65	2	.511	.263	3.637	112
④ロッテ	135	63	70	2	.474	.2567	3.644	97
⑤日本ハム	135	60	73	2	.451	.260	4.34	148
⑥近　鉄	135	54	77	4	.412	.2572	4.54	151
2000年								
①ダイエー	135	73	60	2	.549	.268	4.03	129
②西　武	135	69	61	5	.531	.255	3.68	97
③日本ハム	135	69	65	1	.515	.278	4.70	177
④オリックス	135	64	67	4	.489	.260	4.64	116
⑤ロッテ	135	62	67	6	.481	.259	4.73	109
⑥近　鉄	135	58	75	2	.436	.262	4.66	125
2001年								
①近　鉄	140	78	60	2	.565	.280	4.98	211
②ダイエー	140	76	63	1	.547	.273	4.49	203
③西　武	140	73	67	0	.521	.2559	3.88	184
④オリックス	140	70	66	4	.515	.263	4.11	143
⑤ロッテ	140	64	74	2	.464	.258	3.93	133
⑥日本ハム	140	53	84	3	.387	.2557	4.79	147
2002年								
①西　武	140	90	49	1	.647	.278	3.20	183
②近　鉄	140	73	65	2	.529	.258	3.93	177
②ダイエー	140	73	65	2	.529	.267	3.856107	160
④ロッテ	140	67	72	1	.482	.2466	3.72	101
⑤日本ハム	140	61	76	3	.445	.2469	3.856105	146
⑥オリックス	140	50	87	3	.365	.235	3.58	102
2003年								
①ダイエー	140	82	55	3	.599	.297	3.94	154
②西　武	140	77	61	2	.558	.2714	4.43	191
③近　鉄	140	74	64	2	.536	.274	4.30	187
④ロッテ	140	68	69	3	.496	.2713	4.37	145
⑤日本ハム	140	62	74	4	.456	.269	4.88	149
⑥オリックス	140	48	88	4	.353	.276	5.95	174
2004年								
①西　武■	133	74	58	1	.561	.276	4.29	183
②ダイエー	133	77	52	4	.597	.292	4.58	183
③日本ハム	133	66	65	2	.504	.281	4.72	178
④ロッテ	133	65	65	3	.500	.264	4.40	143
⑤近　鉄	133	61	70	2	.466	.269	4.46	121
⑥オリックス	133	49	82	2	.374	.283	5.66	112
2005年								
①ロッテ■	136	84	49	3	.632	.282	3.21	143
②ソフトバンク	136	89	45	2	.664	.281	3.46	172
③西　武	136	67	69	0	.493	.269	4.27	162
④オリックス	136	62	70	4	.470	.260	3.84	165
⑤日本ハム	136	62	71	3	.466	.254	3.98	165
⑥楽　天	136	38	97	1	.281	.255	5.67	88
2006年								
①日本ハム■	136	82	54	0	.603	.269	3.05	135
②西　武	136	80	54	2	.597	.275	3.64	131
③ソフトバンク	136	75	56	5	.573	.259	3.13	92
④ロッテ	136	65	70	1	.481	.252	3.78	111
⑤オリックス	136	52	81	3	.391	.253	3.84	106
⑥楽　天	136	47	85	4	.356	.258	4.30	67
2007年								
①日本ハム	144	79	60	5	.568	.25871	3.22	73
②ロッテ	144	76	61	7	.555	.2623	3.26	107
③ソフトバンク	144	73	66	5	.525	.267	3.18	106
④楽　天	144	67	75	2	.472	.2624	4.31	111
⑤西　武	144	66	76	2	.465	.264	3.82	126
⑥オリックス	144	62	77	5	.446	.25870	3.67	119

2008年

	試合	勝利	敗北	引分	勝率	打率	防御率	本塁打
①巨　　人	144	84	57	3	.596	.26577	3.37	177
②阪　　神	144	82	59	3	.582	.268	3.29	83
③中　　日	144	71	68	5	.511	.253	3.53	140
④広　　島	144	69	70	5	.496	.271	3.78	100
⑤ヤクルト	144	66	74	4	.471	.26576	3.75	83
⑥横　　浜	144	48	94	2	.338	.2655	4.74	145

	試合	勝利	敗北	引分	勝率	打率	防御率	本塁打
①西　　武	144	76	64	4	.543	.270	3.86	198
②オリックス	144	75	68	1	.524	.262	3.93	152
③日本ハム	144	73	69	2	.514	.255	3.54	82
④ロ ッ テ	144	73	70	1	.510	.268	4.14	127
⑤楽　　天	144	65	76	3	.461	.272	3.89	94
⑥ソフトバンク	144	64	77	3	.454	.265	4.05	99

2009年

	試合	勝利	敗北	引分	勝率	打率	防御率	本塁打
①巨　　人	144	89	46	9	.659	.275	2.94	182
②中　　日	144	81	62	1	.566	.258	3.17	136
③ヤクルト	144	71	72	1	.497	.259	3.97	116
④阪　　神	144	67	73	4	.479	.255	3.28	106
⑤広　　島	144	65	75	4	.464	.245	3.59	101
⑥横　　浜	144	51	93	0	.354	.239	4.36	128

	試合	勝利	敗北	引分	勝率	打率	防御率	本塁打
①日本ハム	144	82	60	2	.577	.278	3.65	112
②楽　　天	144	77	66	1	.538	.267	4.012	108
③ソフトバンク	144	74	65	5	.532	.263	3.69	129
④西　　武	144	70	70	4	.500	.261	4.007	163
⑤ロ ッ テ	144	62	77	5	.446	.256	4.23	135
⑥オリックス	144	56	86	2	.394	.274	4.58	118

2010年

	試合	勝利	敗北	引分	勝率	打率	防御率	本塁打
①中　　日	144	79	62	3	.560	.259	3.29	119
②阪　　神	144	78	63	3	.553	.290	4.05	173
③巨　　人	144	79	64	1	.552	.266	3.89	226
④ヤクルト	144	72	68	4	.514	.268	3.85	124
⑤広　　島	144	58	84	2	.408	.263	4.80	104
⑥横　　浜	144	48	95	1	.336	.255	4.88	117

	試合	勝利	敗北	引分	勝率	打率	防御率	本塁打
①ソフトバンク	144	76	63	5	.547	.267	3.89	134
②西　　武	144	78	65	1	.545	.2710	4.19	150
③ロ ッ テ	144	75	67	2	.528	.275	4.10	126
④日本ハム	144	74	67	3	.525	.274	3.52	91
⑤オリックス	144	69	71	4	.493	.2709	3.97	146
⑥楽　　天	144	62	79	3	.440	.265	3.98	95

2011年

	試合	勝利	敗北	引分	勝率	打率	防御率	本塁打
①中　　日	144	75	59	10	.560	.228	2.46	82
②ヤクルト	144	70	59	15	.543	.244	3.36	85
③巨　　人	144	71	62	11	.534	.243	2.61	108
④阪　　神	144	68	70	6	.493	.255	2.83	80
⑤広　　島	144	60	76	8	.441	.245	3.22	52
⑥横　　浜	144	47	86	11	.353	.239	3.87	78

	試合	勝利	敗北	引分	勝率	打率	防御率	本塁打
①ソフトバンク	144	88	46	10	.657	.267	2.32	90
②日本ハム	144	72	65	7	.526	.251	2.68	86
③西　　武	144	68	67	9	.5037	.253	3.15	103
④オリックス	144	69	68	7	.5036	.248	3.33	76
⑤楽　　天	144	66	71	7	.482	.245	2.85	53
⑥ロ ッ テ	144	54	79	11	.406	.241	3.40	46

2012年

	試合	勝利	敗北	引分	勝率	打率	防御率	本塁打
①巨　　人	144	86	43	15	.667	.256	2.16	94
②中　　日	144	75	53	16	.586	.245	2.58	70
③ヤクルト	144	68	65	11	.511	.260	3.35	90
④広　　島	144	61	71	12	.462	.23342	2.72	76
⑤阪　　神	144	55	75	14	.423	.236	3.26	58
⑥DeNA	144	46	85	13	.351	.23340	3.76	66

	試合	勝利	敗北	引分	勝率	打率	防御率	本塁打
①日本ハム	144	74	59	11	.556	.256	2.89	90
②西　　武	144	72	63	9	.533	.251	3.24	78
③ソフトバンク	144	67	65	12	.508	.2524	2.56	70
④楽　　天	144	67	67	10	.500	.2515	2.99	52
⑤ロ ッ テ	144	62	67	15	.481	.257	3.13	64
⑥オリックス	144	57	77	10	.425	.241	3.34	73

2013年

	試合	勝利	敗北	引分	勝率	打率	防御率	本塁打
①巨　　人	144	84	53	7	.613	.2619	3.21	145
②阪　　神	144	73	67	4	.521	.255	3.07	82
③広　　島	144	69	72	3	.489	.248	3.46	110
④中　　日	144	64	77	3	.454	.245	3.81	111
⑤DeNA	144	64	79	1	.448	.2617	4.50	132
⑥ヤクルト	144	57	83	4	.407	.253	4.26	134

	試合	勝利	敗北	引分	勝率	打率	防御率	本塁打
①楽　　天	144	82	59	3	.582	.267	3.51	97
②西　　武	144	74	66	4	.529	.257	3.54	86
③ロ ッ テ	144	74	68	2	.521	.262	3.77	91
④ソフトバンク	144	73	69	2	.514	.274	3.56	125
⑤オリックス	144	66	73	5	.475	.2559	3.31	93
⑥日本ハム	144	64	78	2	.451	.2563	3.74	105

2014年

	試合	勝利	敗北	引分	勝率	打率	防御率	本塁打
①巨　　人	144	82	61	1	.573	.257	3.58	144
②阪　　神	144	75	68	1	.524	.264	3.88	94
③広　　島	144	74	68	2	.521	.272	3.79	153
④中　　日	144	67	73	4	.479	.258	3.69	87
⑤DeNA	144	67	75	2	.472	.253	3.76	121
⑥ヤクルト	144	60	81	3	.426	.279	4.62	139

	試合	勝利	敗北	引分	勝率	打率	防御率	本塁打
①ソフトバンク	144	78	60	6	.565	.280	3.25	95
②オリックス	144	80	62	2	.563	.258	2.89	110
③日本ハム	144	73	68	3	.518	.2511	3.61	119
④ロ ッ テ	144	66	76	2	.465	.2508	4.14	96
⑤西　　武	144	63	77	4	.450	.248	3.77	125
⑥楽　　天	144	64	80	0	.444	.255	3.97	78

2015年

	試合	勝利	敗北	引分	勝率	打率	防御率	本塁打
①ヤクルト	143	76	65	2	.539	.257	3.31	107
②巨　　人	143	75	67	1	.528	.243	2.78	98
③阪　　神	143	70	71	2	.496	.247	3.47	78
④広　　島	143	69	71	3	.493	.246	2.92	105
⑤中　　日	143	62	77	4	.446	.253	3.19	71
⑥DeNA	143	62	80	1	.437	.249	3.80	112

	試合	勝利	敗北	引分	勝率	打率	防御率	本塁打
①ソフトバンク	143	90	49	4	.647	.267	3.16	141
②日本ハム	143	79	62	2	.560	.258	3.62	106
③ロ ッ テ	143	73	69	1	.514	.257	3.693	85
④西　　武	143	69	69	5	.500	.263	3.685	136
⑤オリックス	143	61	80	2	.433	.249	3.59	94
⑥楽　　天	143	57	83	3	.407	.241	3.82	85

2016年

	試合	勝利	敗北	引分	勝率	打率	防御率	本塁打
①広　　島	143	89	52	2	.631	.272	3.20	153
②巨　　人	143	71	69	3	.507	.251	3.45	128
③DeNA	143	69	71	3	.493	.249	3.76	140
④阪　　神	143	64	76	3	.457	.2445	3.38	90
⑤ヤクルト	143	64	78	1	.451	.256	4.73	113
⑥中　　日	143	58	82	3	.414	.2451	3.65	89

	試合	勝利	敗北	引分	勝率	打率	防御率	本塁打
①日本ハム	143	87	53	3	.621	.266	3.06	121
②ソフトバンク	143	83	54	6	.606	.261	3.09	114
③ロ ッ テ	143	72	68	3	.514	.256	3.66	80
④西　　武	143	64	76	3	.457	.264	3.85	128
⑤楽　　天	143	62	78	3	.443	.257	4.11	101
⑥オリックス	143	57	83	3	.407	.253	4.18	84

記録集

	試合	勝利	敗北	引分	勝率	打率	防御率	本塁打
2017年								
①広　島	143	88	51	4	.633	.273	3.39	152
②阪　神	143	78	61	4	.561	.2485	3.29	113
③DeNA	143	73	65	5	.529	.252	3.81	134
④巨　人	143	72	68	3	.514	.2492	3.31	113
⑤中　日	143	59	79	5	.428	.247	4.05	111
⑥ヤクルト	143	45	96	2	.319	.234	4.21	95
2018年								
①広　島	143	82	59	2	.582	.262	4.12	175
②ヤクルト	143	75	66	2	.532	.266	4.13	135
③巨　人	143	67	71	5	.486	.257	3.79	152
④DeNA	143	67	74	2	.475	.250	4.18	181
⑤中　日	143	63	78	2	.447	.265	4.36	97
⑥阪　神	143	62	79	2	.440	.253	4.03	85
2019年								
①巨　人	143	77	64	2	.546	.257	3.77	183
②DeNA	143	71	69	3	.507	.246	3.93	163
③阪　神	143	69	68	6	.504	.251	3.46	94
④広　島	143	70	70	3	.500	.254	3.68	140
⑤中　日	143	68	73	2	.482	.263	3.72	90
⑥ヤクルト	143	59	82	2	.418	.244	4.78	167
2020年								
①巨　人	120	67	45	8	.598	.255	3.34	135
②阪　神	120	60	53	7	.531	.246	3.35	110
③中　日	120	60	55	5	.522	.252	3.84	70
④DeNA	120	56	58	6	.491	.266	3.76	135
⑤広　島	120	52	56	12	.481	.262	4.06	110
⑥ヤクルト	120	41	69	10	.373	.242	4.61	114

	試合	勝利	敗北	引分	勝率	打率	防御率	本塁打
2017年								
①ソフトバンク	143	94	49	0	.657	.259	3.22	164
②西　武	143	79	61	3	.564	.264	3.53	153
③楽　天	143	77	63	3	.550	.254	3.33	135
④オリックス	143	63	79	1	.444	.251	3.83	127
⑤日本ハム	143	60	83	0	.420	.242	3.82	108
⑥ロッテ	143	54	87	2	.383	.233	4.22	95
2018年								
①西　武	143	88	53	2	.624	.273	4.24	196
②ソフトバンク	143	82	60	1	.577	.266	3.90	202
③日本ハム	143	74	66	3	.529	.251	3.77	140
④オリックス	143	65	73	5	.471	.244	3.69	108
⑤ロッテ	143	59	81	3	.421	.247	4.04	78
⑥楽　天	143	58	82	3	.414	.241	3.78	132
2019年								
①西　武	143	80	62	1	.563	.265	4.35	174
②ソフトバンク	143	76	62	5	.551	.2510	3.63	183
③楽　天	143	71	68	4	.511	.2509	3.74	141
④ロッテ	143	69	70	4	.496	.249	3.90	158
⑤日本ハム	143	65	73	5	.471	.2511	3.76	93
⑥オリックス	143	61	75	7	.449	.242	4.05	102
2020年								
①ソフトバンク	120	73	42	5	.635	.2489	2.92	126
②ロッテ	120	60	57	3	.513	.235	3.81	90
③西　武	120	58	58	4	.500	.238	4.28	107
④楽　天	120	55	57	8	.491	.258	4.19	112
⑤日本ハム	120	53	62	5	.461	.2494	4.02	89
⑥オリックス	120	45	68	7	.398	.247	3.97	90

パシフィック・リーグ・前・後期チーム順位

（1973～1982）

	試合	勝利	敗北	引分	勝率
1973年前					
①南　海	65	38	26	1	.594
②ロッテ	65	35	27	3	.565
③阪　急	65	34	29	2	.540
④太平洋	65	32	30	3	.516
⑤日　拓	65	25	37	3	.403
⑥近　鉄	65	23	38	4	.377
1974年前					
①阪　急	65	36	23	6	.610
②ロッテ	65	31	27	7	.534
③太平洋	65	30	30	5	.500
④南　海	65	27	28	10	.491
⑤近　鉄	65	27	32	6	.458
⑥日本ハム	65	25	36	4	.410
1975年前					
①阪　急	65	38	25	2	.603
②太平洋	65	30	29	6	.5084
③近　鉄	65	31	30	4	.5081
④日本ハム	65	27	30	8	.474
⑤南　海	65	27	32	6	.458
⑥ロッテ	65	27	34	4	.443

	試合	勝利	敗北	引分	勝率
1973年後					
①阪　急	65	43	19	3	.694
②ロッテ	65	35	22	8	.614
③南　海	65	30	32	3	.484
③日　拓	65	30	32	3	.484
⑤太平洋	65	27	34	4	.443
⑥近　鉄	65	19	45	1	.297
1974年後					
①ロッテ	65	38	23	4	.623
②南　海	65	32	27	6	.542
③阪　急	65	33	28	4	.541
④太平洋	65	29	34	2	.460
④近　鉄	65	29	34	2	.460
⑥日本ハム	65	24	39	2	.381
1975年後					
①近　鉄	65	40	20	5	.667
②ロッテ	65	32	31	2	.508
③南　海	65	30	33	2	.476
④太平洋	65	28	33	4	.459
④日本ハム	65	28	33	4	.459
⑥阪　急	65	26	34	5	.433

	試合	勝利	敗北	引分	勝率		試合	勝利	敗北	引分	勝率
1976年前						**1976年後**					
①阪　　急	65	42	21	2	.667	①阪　　急	65	37	24	4	.607
②南　　海	65	35	29	1	.547	②南　　海	65	36	27	2	.571
③ロッテ	65	29	28	8	.509	③ロッテ	65	34	28	3	.543
④日本ハム	65	26	31	8	.456	④近　　鉄	65	30	31	4	.492
⑤近　　鉄	65	27	35	3	.435	⑤日本ハム	65	26	36	3	.419
⑥太平洋	65	21	36	8	.368	⑥太平洋	65	23	40	2	.365
1977年前						**1977年後**					
①阪　　急	65	35	25	5	.583	①ロッテ	65	33	24	8	.579
②南　　海	65	33	26	6	.559	②阪　　急	65	34	26	5	.567
③近　　鉄	65	31	26	8	.544	③南　　海	65	30	29	6	.508
④日本ハム	65	31	29	5	.517	④日本ハム	65	27	32	6	.458
⑤ロッテ	65	27	33	5	.450	⑤クラウン	65	29	35	1	.453
⑥クラウン	65	20	38	7	.345	⑥近　　鉄	65	28	35	2	.444
1978年前						**1978年後**					
①阪　　急	65	44	20	1	.688	①阪　　急	65	38	19	8	.667
②近　　鉄	65	32	26	7	.552	②近　　鉄	65	39	20	6	.66_
③日本ハム	65	29	31	5	.483	③ロッテ	65	28	29	8	.49_
④クラウン	65	28	31	6	.475	④日本ハム	65	26	32	7	.448
⑤ロッテ	65	25	33	7	.431	⑤クラウン	65	23	36	6	.390
⑥南　　海	65	22	39	4	.361	⑥南　　海	65	20	38	7	.345
1979年前						**1979年後**					
①近　　鉄	65	39	19	7	.672	①阪　　急	65	36	23	6	.610
②阪　　急	65	39	21	5	.650	②近　　鉄	65	35	26	4	.57_
③日本ハム	65	34	26	5	.567	③ロッテ	65	29	29	7	.500
④ロッテ	65	26	34	5	.433	④日本ハム	65	29	34	2	.460
⑤南　　海	65	23	39	3	.371	⑤西　　武	65	27	33	5	.450
⑥西　　武	65	18	40	7	.310	⑥南　　海	65	23	34	8	.40_
1980年前						**1980年後**					
①ロッテ	65	33	25	7	.569	①近　　鉄	65	35	26	4	.57_
②近　　鉄	65	33	28	4	.541	②日本ハム	65	33	25	7	.569
②日本ハム	65	33	28	4	.541	③ロッテ	65	31	26	8	.54_
④阪　　急	65	29	34	2	.460	④西　　武	65	35	30	0	.538
⑤南　　海	65	28	34	3	.452	⑤阪　　急	65	29	33	3	.468
⑥西　　武	65	27	34	4	.443	⑥南　　海	65	20	43	2	.317
1981年前						**1981年後**					
①ロッテ	65	35	26	4	.574	①日本ハム	65	37	23	5	.617
②西　　武	65	33	28	4	.541	②阪　　急	65	36	28	1	.563
③阪　　急	65	32	30	3	.516	③ロッテ	65	28	31	6	.475
④日本ハム	65	31	31	3	.500	④近　　鉄	65	29	34	2	.460
⑤南　　海	65	29	32	4	.475	⑤西　　武	65	28	33	4	.459
⑥近　　鉄	65	25	38	2	.397	⑥南　　海	65	24	33	3	.421
1982年前						**1982年後**					
①西　　武	65	36	27	2	.571	①日本ハム	65	35	23	7	.603
②阪　　急	65	33	28	4	.541	②近　　鉄	65	33	30	2	.524
③近　　鉄	65	30	27	8	.526	③西　　武	65	32	31	2	.508
④日本ハム	65	32	29	4	.525	④ロッテ	65	31	33	1	.484
⑤南　　海	65	27	34	4	.443	⑤阪　　急	65	29	32	4	.475
⑥ロッテ	65	23	36	6	.390	⑥南　　海	65	26	37	2	.413

プロ野球全球場別本塁打（1936〜2020）

球場名	本塁打	球場名	本塁打	球場名	本塁打
後楽園スタヂアム	10416	長岡悠久山	67	倉敷市営	22
神宮	7644	熊本藤崎台	66	県立彦根	21
東京ドーム	6916	県営大宮	66	甲府緑が丘	21
甲子園	6541	小倉豊楽園	65	県営甲府飯田	20
広島市民	6536	帯広の森	65	ひたちなか市民	19
ナゴヤ	5677	春日原	63	下諏訪町営	19
メットライフドーム	5458	大須	63	出雲	19
横浜スタジアム	5132	県立敷島公園	59	松阪市営	19
大阪	4817	福山市民（旧）	58	松江市営（旧）	18
川崎	4691	横浜平和	57	西条御建	18
西宮	4204	県営新大分	53	飯田城下	18
平和台	3356	松山坊っちゃん	53	宇都宮清原	17
日生	3094	函館千代台公園	52	県営向之芝	17
福岡PayPayドーム	2916	呉市二河	51	佐世保	17
ZOZOマリンスタジアム	2754	福山市民（新）	49	柏崎市佐藤池	17
京セラドーム大阪	2564	青森県営	48	姫路市立	17
楽天生命パーク宮城	2162	郡山開成山	48	下関（新）	16
ほっともっと神戸	2080	米子市民	46	刈谷市営	16
ナゴヤドーム	1933	県営松本	44	弘前市営	16
藤井寺	1929	平塚	44	那覇市営奥武山	16
東京スタジアム	1916	秋田こまち	43	久留米ブリヂストン	15
札幌ドーム	1444	豊橋市民	41	熊谷市営	15
マツダスタジアム	1255	洲崎	40	香椎	15
北九州市民	765	福井市営（旧）	38	富洲原	15
西京極	727	香川県営	37	県営水戸	14
札幌円山	627	三次市営（旧）	37	山本	14
駒澤	584	三重交通山田	37	市川国府台	14
静岡草薙	348	上田市営	37	神戸市民	14
石川県立	242	新潟県立鳥屋野潟	37	倉吉市営	14
岡山県営	232	熊本水前寺	36	富山神通	14
秋田八橋	219	高崎城南	36	宇都宮総合	13
浜松	184	桐生新川	35	中津市民	13
広島総合	176	いわきグリーンスタジアム	33	上越市高田公園	12
旭川市スタルヒン	153	釧路市民	32	千葉公園	12
山形県野球場	152	松山市営	30	徳山毛利	12
岩手県営	149	鳴海	30	尾道しまなみ	12
京都衣笠	120	大分県立	27	三次きんさい	12
福井県営	117	長崎ビッグN	27	県営小瀬スポーツ公園	11
県営兼六園	113	徳山市営	26	佐賀県立	11
下関（旧）	112	仙台評定河原	25	山形市営	11
県立鴨池	111	長野県営	25	市立相模原	11
県営富山	108	宇部市	24	秋田手形	11
長野市営城山	107	松江市営（新）	24	西大寺	11
新潟市営鳥屋野	98	松本市	24	島田	11
岐阜県営長良川	92	新潟白山	24	日立会瀬	11
長野オリンピック	92	函館市民	24	八戸長根	11
倉敷マスカット	88	福島信夫ヶ丘	24	飯塚市営	11
富山アルペン	80	高松市立中央	23	弘前市運動公園	11
県営あづま	74	長岡	23	宮崎県総合運動公園	10
長崎市営	68	豊橋市営	23	高岡工専	10

球場名	本塁打	球場名	本塁打	球場名	本塁打
山口市民	10	大牟田三池	5	大竹警察学校	2
上井草	10	長崎商高グラウンド	5	大牟田延命（新）	2
水戸水府	10	尾道西高校	5	大連満倶	2
盛岡市営	10	宝塚	5	土浦市営	2
足利市営	10	県営天台	4	苫小牧市営（旧）	2
徳島西の丸	10	戸塚	4	敦賀運動公園	2
明石公園	10	高岡城光寺	4	萩市民	2
会津若松市営	9	佐世保市営	4	八幡桃園	2
茅ヶ崎市営	9	室蘭新日鐵	4	美吉野	2
金沢公設	9	小樽桜ヶ丘	4	福生グラウンド	2
県営奥武山	9	小野田市営	4	奉天満鐵	2
台北天母	9	沼津市営	4	北見市営（旧）	2
大牟田延命（旧）	9	上山田	4	あいづ	1
八王子市営	9	新発田市営	4	丸亀城内	1
防府市営	9	大田原市営	4	宮崎市営	1
杵島炭鉱	8	津市営	4	郡山麓山（はやま）	1
厚狭	8	鶴岡市営	4	堺大浜	1
沼田公園	8	米子湊山	4	鹿沼御殿山	1
銚子市営	8	別府市営（旧）	4	秋田県立（旧）	1
八幡大谷	8	北見東陵公園	4	新京児玉公園	1
武蔵野グリーンパーク	8	市営追浜	3	太田市営東山	1
舞鶴中（なか）グラウンド	8	浦和市営	3	大三沢リッドル	1
宇都宮常設	7	岩国市民	3	鳥取市営	1
釧路市営	7	県営鳴門	3	浜田市	1
県営紀三井寺	7	県立橿原	3	平市営	1
佐賀市民	7	札幌中島	3	呉広	1
昭島市営	7	滋賀大津	3	伊勢倉田山公園	0
中百舌鳥	7	小見川町営	3	花巻市営	0
奈良春日野	7	松本市営	3	皇子山	0
福山三菱電機	7	川越初雁	3	小松運動公園	0
福知山市民	7	滝川町営	3	石巻水押	0
門司老松	7	都城市営	3	唐津舞鶴	0
県立保土ヶ谷	6	磐田城山	3	島原市営	0
佐賀祐徳	6	米沢市営（旧）	3	奈良鴻ノ池	0
鴨池市民	6	木更津市営	3	柏崎高校	0
県営蔵本	6	夕張鹿の谷	3	白河市営城山	0
高知市営	6	鞍山昭和	2	姫路城内	0
四日市グラウンド	6	伊那市営	2	福井市立高校	0
水戸市民	6	一宮市営	2	豊川いなり外苑	0
津山市営	6	釜石小佐野	2		
飯田今宮	6	挙母トヨタ	2	合計	1)4711
伊東スタジアム	5	高岡鐘紡	2		
一関希望ヶ丘	5	今治市営	2		
各務原	5	三条市民	2		
桐生	5	山形市	2		
県営千葉寺公園	5	酒田光ヶ丘	2		
市営岡谷	5	西京スタジアム	2		
上砂川	5	青森市営	2		
新南陽	5	多治見市営	2		
浅間町営	5	帯広市営緑ヶ丘	2		

球場名＝本拠地球場以外は最後に
公式戦を行った時の通称。

一リーグ球場別本塁打（1936～1949）

球場名	本塁打	1936	1937	1938	1939	1940	1941	1942	1943	1944	1946	1947	1948	1949
後楽園スタヂアム	1521	—	84	149	134	85	93	94	63	21	151	156	200	291
甲子園	352	9	7	10	8	4	0	4	4	2	—	60	62	182
西宮	202	—	29	10	4	7	5	8	6	0	40	21	18	54
京都衣笠	82	—	—	—	—	—	—	—	—	—	—	—	4	78
中日スタヂアム	64	—	—	—	—	—	—	—	—	—	—	—	—	64
洲崎	40	7	32	1	—	—	—	—	—	—	—	—	—	—
金沢兼六園	26	—	—	—	—	—	—	—	—	—	—	—	9	17
宇治山田	23	—	—	—	—	—	—	—	—	—	—	—	11	12
大須	21	—	—	—	—	—	—	—	—	—	—	—	21	—
仙台評定河原	18	—	—	—	—	—	—	—	—	—	—	—	9	9
山本	14	14	—	—	—	—	—	—	—	—	—	—	—	—
長野市営城山	13	—	—	—	—	—	—	—	—	—	—	0	0	13
豊橋市営	13	—	—	—	—	—	—	—	—	—	—	—	8	5
函館市民	11	—	—	—	—	—	—	0	—	—	—	—	3	8
高岡工専	10	—	—	—	—	—	—	—	—	—	10	—	—	—
金沢公設	9	—	—	—	—	—	—	—	—	—	9	—	—	—
香椎	9	—	—	—	—	—	—	—	—	—	1	—	—	8
富洲原	9	—	—	—	—	—	—	—	—	—	—	—	—	9
横浜ゲーリッグ	8	—	—	—	5	0	—	0	0	—	—	—	3	—
桐生新川	8	—	—	—	—	—	—	—	—	—	—	2	—	6
舞鶴中（なか）	8	—	—	—	—	—	—	—	—	—	—	—	—	8
倉敷市営	8	—	—	—	—	—	—	—	—	—	—	—	—	8
高松市立中央	8	—	—	—	—	—	—	—	—	—	—	—	—	8
松山市営	8	—	—	—	—	—	—	—	—	—	—	—	—	8
上井草	7	4	3	0	—	—	—	—	—	—	—	—	—	—
鳴海	7	2	—	0	—	1	—	—	—	—	—	—	4	0
中百舌鳥	7	—	—	—	4	0	2	1	—	—	—	—	—	—
高崎城南	7	—	—	—	—	—	—	—	—	—	—	—	2	5
富山神通	7	—	—	—	—	—	—	—	—	—	—	—	0	7
浜松	7	—	—	—	—	—	—	—	—	—	—	—	6	1
大分春日浦	7	—	—	—	—	—	—	—	—	—	—	—	1	6
日立会瀬	7	—	—	—	—	—	—	—	—	—	—	—	—	7
新潟白山	6	—	—	—	—	—	—	—	—	—	—	—	1	5
県営長良川	6	—	—	—	—	—	—	—	—	—	—	—	—	6
宝塚	5	5	—	—	—	—	—	—	—	—	—	—	—	—
県営千葉寺公園	5	—	—	—	—	—	—	—	—	—	—	—	1	4
各務原	5	—	—	—	—	—	—	—	—	—	—	—	5	—
福井市営（旧）	5	—	—	—	—	—	—	—	—	—	—	—	—	5
戸塚	4	4	—	—	—	—	—	—	—	—	—	—	—	—
札幌円山	4	—	—	—	—	—	—	0	—	—	0	—	1	3
熊本水前寺	4	—	—	—	—	—	—	—	—	—	0	—	4	—
上田市営	4	—	—	—	—	—	—	—	—	—	—	—	1	3
福山三菱電機	4	—	—	—	—	—	—	—	—	—	—	—	1	3
鶴岡市営	4	—	—	—	—	—	—	—	—	—	—	—	—	4
福知山市営	4	—	—	—	—	—	—	—	—	—	—	—	—	4

球場名	本塁打	1936	1937	1938	1939	1940	1941	1942	1943	1944	1946	1947	1948	1949
西京極	3	－	－	1	－	－	－	0	－	－	－	－	2	－
神戸市民	3	－	－	－	0	2	－	1	0	－	－	－	－	－
静岡草薙	3	－	－	－	－	－	－	－	－	－	－	－	0	3
滋賀大津	3	－	－	－	－	－	－	－	－	－	－	－	－	3
奈良春日野	3	－	－	－	－	－	－	－	－	－	－	－	－	3
大連満倶	2	－	－	－	－	2	－	－	－	－	－	－	－	－
鞍山昭和	2	－	－	－	－	2	－	－	－	－	－	－	－	－
奉天満鐵	2	－	－	－	－	2	－	－	－	－	－	－	－	－
徳島西の丸	2	－	－	－	－	－	－	－	－	－	－	1	1	－
福島信夫ヶ丘	2	－	－	－	－	－	－	－	－	－	－	－	1	1
銚子市営	2	－	－	－	－	－	－	－	－	－	－	－	2	－
高岡鐘紡	2	－	－	－	－	－	－	－	－	－	－	－	2	－
春日原	2	－	－	－	－	－	－	－	－	－	－	－	2	－
飯塚市営	2	－	－	－	－	－	－	－	－	－	－	－	2	－
県立彦根	2	－	－	－	－	－	－	－	－	－	－	－	0	2
門司老松	2	－	－	－	－	－	－	－	－	－	－	－	0	2
秋田八橋	2	－	－	－	－	－	－	－	－	－	－	－	－	2
宇都宮総合	2	－	－	－	－	－	－	－	－	－	－	－	－	2
堺大浜	1	－	－	－	1	－	－	－	－	－	－	－	－	－
新京児玉公園	1	－	－	－	－	1	－	－	－	－	－	－	－	－
旭川市営	1	－	－	－	－	－	－	－	－	－	－	－	1	－
盛岡市営	1	－	－	－	－	－	－	－	－	－	－	－	1	－
郡山麓山（はやま）	1	－	－	－	－	－	－	－	－	－	－	－	1	－
県営大宮	1	－	－	－	－	－	－	－	－	－	－	－	1	0
広島総合	1	－	－	－	－	－	－	－	－	－	－	－	0	1
県立保土ヶ谷	1	－	－	－	－	－	－	－	－	－	－	－	－	1
一宮市営	1	－	－	－	－	－	－	－	－	－	－	－	－	1
明石公園	1	－	－	－	－	－	－	－	－	－	－	－	－	1
鴨池市民	1	－	－	－	－	－	－	－	－	－	－	－	－	1
藤井寺	0	－	－	－	－	－	－	－	－	－	0	－	－	－
八幡大谷	0	－	－	－	－	－	－	－	－	－	0	－	－	－
長野県営	0	－	－	－	－	－	－	－	－	－	－	0	0	0
帯広市営緑ヶ丘	0	－	－	－	－	－	－	－	－	－	－	－	0	－
宇都宮常設	0	－	－	－	－	－	－	－	－	－	－	－	0	－
神宮	0	－	－	－	－	－	－	－	－	－	－	－	0	－
福井市立高校	0	－	－	－	－	－	－	－	－	－	－	－	0	－
伊那町営	0	－	－	－	－	－	－	－	－	－	－	－	0	－
豊川いなり外苑	0	－	－	－	－	－	－	－	－	－	－	－	0	－
姫路城内	0	－	－	－	－	－	－	－	－	－	－	－	0	－
防府市設	0	－	－	－	－	－	－	－	－	－	－	－	0	－
小倉豊楽園	0	－	－	－	－	－	－	－	－	－	－	－	0	－
山形市営	0	－	－	－	－	－	－	－	－	－	－	－	－	0
水戸水府	0	－	－	－	－	－	－	－	－	－	－	－	－	0
市営追浜	0	－	－	－	－	－	－	－	－	－	－	－	－	0
沼津市営	0	－	－	－	－	－	－	－	－	－	－	－	－	0
刈谷市営	0	－	－	－	－	－	－	－	－	－	－	－	－	0
合　計	2653	45	155	171	156	106	100	108	73	23	211	240	391	874

通 算 勝 敗

1936年 ～ 2020年

チーム	試合	勝利－敗北	引分	勝率	本塁打
巨 人	10735	6066－4336	333	.583	10478
西 武	9564	4882－4313	369	.531	9269
ソフトバンク	10589	5409－4804	376	.530	8944
阪 神	10761	5379－5057	325	.515	8140
中 日	10747	5342－5050	355	.514	8835
オリックス	10754	5298－5087	369	.510	8544
ロ ッ テ	9551	4597－4580	374	.501	7902
広 島	9513	4421－4734	358	.483	8530
日本ハム	10028	4653－5016	359	.481	8149
ヤクルト	9513	4280－4919	314	.465	8096
楽 天	2259	1015－1186	58	.461	1549
ＤｅＮＡ	9514	4122－5093	299	.447	7994

チーム	試合	勝利－敗北	引分	勝率	本塁打
西 鉄	276	146－113	17	.564	34
翼	426	213－191	22	.527	74
近 鉄	7252	3261－3720	271	.467	6540
大 映	1527	626－858	43	.422	620
松 竹	1600	647－896	57	.419	605
金 鯱	420	157－249	14	.387	59
大 和	654	238－384	32	.383	102
西 日 本	136	50－83	3	.376	106
高 橋	435	147－280	8	.344	141

	試 合	本塁打
一リーグ	4988	2653
セ	29864	51318
パ	30399	50740
計	※63127	104711

※2005年～2019年の交流戦計2124試合

1950年 ～ 2020年

セ・リーグ

チーム	試合	勝利－敗北	引分	勝率	本塁打
巨 人	9514	5283－3926	305	.574	10039
中 日	9516	4799－4405	312	.521	8441
阪 神	9526	4649－4585	292	.503	7775
広 島	9513	4421－4734	358	.483	8530
ヤクルト	9513	4280－4919	314	.465	8096
ＤｅＮＡ	9514	4122－5093	299	.447	7994
松 竹	372	185－176	11	.512	337
西 日 本	136	50－83	3	.376	106
計	29864	——	—	—	51318

(注) セ・パの試合数は交流戦を含む。

パ・リーグ

チーム	試合	勝利－敗北	引分	勝率	本塁打
ソフトバンク	9541	4923－4272	346	.535	8703
西 武	9564	4882－4313	369	.531	9269
オリックス	9517	4668－4521	328	.508	8300
ロ ッ テ	9551	4597－4580	374	.501	7902
日本ハム	9526	4432－4750	344	.483	7919
楽 天	2259	1015－1186	58	.461	1549
近 鉄	7252	3261－3720	271	.467	6540
大 映	1029	415－586	28	.415	417
高 橋	435	147－280	8	.344	141
計	30399	——	—	—	50740

首　位　打　者

年	選手名	チーム	試合	打数	安打	打率
1936秋	中根之	名古屋	25	93	35	.376
1937春	松木謙治郎	タイガース	56	207	70	.338
〃秋	景浦将	タイガース	38	120	40	.333
1938春	中島治康	巨人	35	145	50	.345
〃秋	中島治康※	巨人	38	155	56	.361
1939	川上哲治	巨人	94	343	116	.338
1940	鬼頭数雄	ライオン	102	386	124	.321
1941	川上哲治	巨人	86	339	105	.310
1942	呉波	巨人	105	370	106	.286
1943	呉昌征	巨人	84	297	89	.300
1944	岡村俊昭	近畿日本	35	130	48	.369
1946	金田正泰	阪神	105	438	152	.347
1947	大下弘	東急	117	435	137	.315
1948	青田昇	巨人	140	569	174	.306
1949	小鶴誠	大映	129	501	181	.361

セントラル・リーグ

年	選手名	チーム	試合	打数	安打	打率
1950	藤村富美男	阪神	140	527	191	.362
1951	川上哲治	巨人	97	374	141	.377
1952	西沢道夫	名古屋	113	433	153	.353
1953	川上哲治	巨人	121	467	162	.347
1954	与那嶺要	巨人	125	477	172	.361
1955	川上哲治	巨人	120	435	147	.338
1956	与那嶺要	巨人	123	452	153	.338
1957	与那嶺要	巨人	126	467	160	.343
1958	田宮謙次郎	阪神	120	387	124	.320
1959	長嶋茂雄	巨人	124	449	150	.334
1960	長嶋茂雄	巨人	126	452	151	.334
1961	長嶋茂雄	巨人	130	448	158	.353
1962	森永勝治	広島	130	476	146	.307
1963	長嶋茂雄	巨人	134	478	163	.341
1964	江藤慎一	中日	140	468	151	.323
1965	江藤慎一	中日	129	443	149	.336
1966	長嶋茂雄	巨人	128	474	163	.344
1967	中暁生	中日	101	376	129	.343
1968	王貞治	巨人	131	442	144	.326
1969	王貞治	巨人	130	452	156	.345
1970	長嶋茂雄	巨人	129	425	138	.325
1971	長嶋茂雄	巨人	130	485	155	.320
1972	若松勉	ヤクルト	115	365	120	.329
1973	王貞治※	巨人	130	428	152	.355
1974	王貞治※	巨人	130	385	128	.332
1975	山本浩二	広島	130	451	144	.319
1976	谷沢健一	中日	127	496	176	.355
1977	若松勉	ヤクルト	122	441	158	.358
1978	水谷実雄	広島	119	402	140	.348
1979	ミヤーン	大洋	98	364	126	.346
1980	谷沢健一	中日	120	425	157	.369
1981	藤田平	阪神	107	369	132	.358
1982	長崎啓二	大洋	114	396	139	.351
1983	真弓明信	阪神	112	448	158	.353
1984	篠塚利夫	巨人	126	461	154	.334
1985	バース※	阪神	126	497	174	.350
1986	バース※	阪神	126	453	176	.389
1987	篠塚利夫※	巨人	115	429	143	.333
1987	正田耕三	広島	123	393	131	.333
1988	正田耕三	広島	104	394	134	.340
1989	クロマティ	巨人	124	439	166	.378
1990	パチョレック	大洋	133	522	172	.326
1991	古田敦也	ヤクルト	128	412	140	.340
1992	ハウエル	ヤクルト	113	387	128	.331
1993	オマリー	阪神	125	434	143	.329
1994	パウエル	中日	110	423	137	.324
1995	パウエル	中日	101	389	138	.355
1996	パウエル	中日	130	518	176	.340
1997	鈴木尚典	横浜	125	478	160	.335
1998	鈴木尚典	横浜	131	514	173	.337
1999	ローズ	横浜	134	521	192	.369
2000	金城龍彦	横浜	110	419	145	.346

パシフィック・リーグ

年	選手名	チーム	試合	打数	安打	打率
1950	大下弘	東急	106	401	136	.339
1951	大下弘	東急	89	321	123	.383
1952	飯島滋弥	大映	119	411	138	.336
1953	岡本伊三美	南海	116	450	143	.318
1954	レインズ	阪急	137	546	184	.337
1955	中西太	西鉄	135	473	157	.332
1956	豊田泰光	西鉄	148	529	172	.325
1957	山内和弘	毎日	126	435	144	.331
1958	中西太	西鉄	126	404	127	.314
1959	杉山光平	南海	115	418	135	.323
1960	榎本喜八	毎日	133	494	170	.344
1961	張本勲	東映	129	473	159	.336
1962	ブルーム	近鉄	112	401	150	.374
1963	ブルーム	近鉄	121	439	147	.335
1964	広瀬叔功	南海	141	456	156	.366
1965	野村克也※	南海	136	488	156	.320
1966	榎本喜八	東京	133	476	167	.351
1967	張本勲	東映	120	414	139	.336
1968	張本勲	東映	114	363	122	.336
1969	永淵洋三	近鉄	127	486	162	.333
1969	張本勲	東映	129	480	160	.333
1970	張本勲	東映	125	459	176	.383
1971	江藤慎一	ロッテ	114	389	131	.337
1972	張本勲	東映	127	472	169	.358
1973	加藤秀司	阪急	118	436	147	.337
1974	張本勲	日本ハム	120	406	138	.340
1975	白仁天	太平洋	102	379	121	.319
1976	吉岡悟	太平洋	110	382	118	.309
1977	佐々木恭介	近鉄	109	376	133	.354
1978	加藤英司	阪急	122	448	165	.364
1979	リー	ロッテ	127	489	175	.358
1980	落合博満	ロッテ	127	389	138	.326
1981	落合博満	ロッテ	123	393	131	.326
1982	落合博満	ロッテ	128	462	150	.325
1983	落合博満	ロッテ	119	428	142	.332
1984	ブーマー	阪急	128	482	171	.355
1985	落合博満※	ロッテ	130	460	169	.367
1986	落合博満※	ロッテ	123	417	150	.360
1987	新井宏昌	近鉄	128	503	184	.366
1988	高沢秀昭	ロッテ	125	483	158	.327
1989	ブーマー	オリックス	130	512	165	.322
1990	西村徳文	ロッテ	137	438	148	.338
1991	平井光親	ロッテ	110	353	111	.314
1992	佐々木誠	ダイエー	126	509	164	.322
1993	辻発彦	西武	110	429	137	.319
1994	イチロー(鈴木一朗)	オリックス	130	546	210	.385
1995	イチロー(鈴木一朗)	オリックス	130	524	179	.342
1996	イチロー(鈴木一朗)	オリックス	130	542	193	.356
1997	イチロー(鈴木一朗)	オリックス	135	536	185	.345
1998	イチロー(鈴木一朗)	オリックス	135	506	181	.358
1999	イチロー(鈴木一朗)	オリックス	103	411	141	.343
2000	イチロー(鈴木一朗)	オリックス	105	395	153	.387

記録集

年	選手名	チーム	試合	打数	安打	打率
2001	松井 秀喜	巨 人	140	481	160	.333
2002	福留 孝介	中 日	140	542	186	.343
2003	今岡 誠	阪 神	120	485	165	.340
2004	嶋 重宣	広 島	130	561	189	.337
2005	青木 宣親	ヤクルト	144	588	202	.344
2006	福留 孝介	中 日	130	496	174	.351
2007	青木 宣親	ヤクルト	144	557	193	.346
2008	内川 聖一	横 浜	135	500	189	.378
2009	ラ ミ レ ス	巨 人	144	577	186	.322
2010	青木 宣親	ヤクルト	144	583	209	.358
2011	長野 久義	巨 人	140	519	164	.316
2012	阿部慎之助	巨 人	138	467	159	.340
2013	ブ ラ ン コ	DeNA	134	483	161	.333
2014	マ ー ト ン	阪 神	142	532	178	.338
2015	川端 慎吾	ヤクルト	143	581	195	.336
2016	坂本 勇人	巨 人	137	488	168	.344
2017	宮﨑 敏郎	DeNA	128	480	155	.323
2018	ビ シ エ ド	中 日	135	512	178	.348
2019	鈴木 誠也	広 島	140	499	167	.335
2020	佐野 恵太	DeNA	106	402	132	.328

年	選手名	チーム	試合	打数	安打	打率
2001	福浦 和也	ロッテ	120	451	156	.346
2002	小笠原道大	日本ハム	135	486	165	.340
2003	小笠原道大	日本ハム	128	445	160	.360
2004	松中 信彦※	ダイエー	130	478	171	.358
2005	和田 一浩	西 武	129	475	153	.322
2006	松中 信彦	ソフトバンク	131	447	145	.324
2007	稲葉 篤紀	日本ハム	137	527	176	.334
2008	リ ッ ク	楽 天	134	491	163	.332
2009	鉄平(土谷鉄平)	楽 天	132	496	162	.327
2010	西岡 剛	ロッテ	144	596	206	.346
2011	内川 聖一	ソフトバンク	114	429	145	.338
2012	角中 勝也	ロッテ	128	477	149	.312
2013	長谷川勇也	ソフトバンク	144	580	198	.341
2014	糸井 嘉男	オリックス	140	502	166	.331
2015	柳田 悠岐	ソフトバンク	138	502	182	.363
2016	角中 勝也	ロッテ	143	525	178	.339
2017	秋山 翔吾	西 武	143	575	185	.322
2018	柳田 悠岐	ソフトバンク	130	475	167	.352
2019	森 友哉	西 武	135	492	162	.329
2020	吉田 正尚	オリックス	120	408	143	.350

※印は三冠王。

最 多 安 打

年	選手名	チーム	安打
1936秋	藤井 勇	タイガース	40
1937春	松木謙治郎	タイガース	70
〃秋	ハ リ ス	イーグルス	62
1938春	中島 治康	巨 人	50
〃秋	中島 治康	巨 人	56
1939	川上 哲治	巨 人	116
1940	鬼頭 数雄	ライオン	124
1941	川上 哲治	巨 人	105
1942	中島 治康	巨 人	111
1943	呉 昌征	巨 人	89
1944	岡村 俊昭	近畿	48
1946	金田 正泰	阪 神	152
1947	川上 哲治	巨 人	137
1947	大下 弘	東急	137
1948	青田 昇	巨 人	174
1949	藤村富美男	阪 神	187

セントラル・リーグ

年	選手名	チーム	安打
1950	藤村富美男	阪 神	191
1951	後藤 次男	阪 神	155
1952	与那嶺 要	巨 人	163
1953	川上 哲治	巨 人	162
1954	与那嶺 要	巨 人	172
1955	川上 哲治	巨 人	147
1955	吉田 義男	阪 神	147
1956	川上 哲治	巨 人	160
1957	与那嶺 要	巨 人	160
1958	長嶋 茂雄	巨 人	153
1959	長嶋 茂雄	巨 人	150
1960	長嶋 茂雄	巨 人	151
1961	長嶋 茂雄	巨 人	158
1962	長嶋 茂雄	巨 人	151
1963	長嶋 茂雄	巨 人	163
1964	桑田 武	大洋	161
1965	近藤 和彦	大洋	152
1966	長嶋 茂雄	巨 人	163
1967	藤田 平	阪 神	154
1968	長嶋 茂雄	巨 人	157
1969	王 貞治	巨 人	156
1969	長嶋 茂雄	巨 人	156
1970	王 貞治	巨 人	138
1971	長嶋 茂雄	巨 人	155
1972	衣笠 祥雄	広 島	147
1973	王 貞治	巨 人	152
1974	松原 誠	大洋	157
1975	井上 弘昭	中 日	149
1976	張本 勲	巨 人	182

パシフィック・リーグ

年	選手名	チーム	安打
1950	別当 薫	毎日	160
1951	木塚 忠助	南海	130
1952	飯田 徳治	南海	153
1953	中西 太	西鉄	146
1954	レ イ ン ズ	南海	184
1955	飯田 徳治	南海	163
1955	バ ル ボ ン	阪急	163
1956	佐々木信也	高橋	180
1957	中西 太	西鉄	154
1958	葛城 隆雄	毎日	147
1959	葛城 隆雄	大毎	163
1960	榎本 喜八	大毎	170
1961	榎本 喜八	大毎	180
1962	榎本 喜八	大毎	160
1963	広瀬 叔功	南海	187
1964	土井 正博	近鉄	168
1965	野村 克也	南海	156
1966	榎本 喜八	東京	167
1967	土井 正博	近鉄	147
1968	アルトマン	東京	170
1969	永淵 洋三	近鉄	162
1970	張本 勲	東映	176
1971	大杉 勝男	東映	154
1972	張本 勲	東映	169
1973	福本 豊	阪急	152
1974	福本 豊	阪急	156
1975	白 仁天	ロッテ	148
1976	藤原 満	南海	159
1977	福本 豊	阪急	165

年	選手名	チーム	安打		年	選手名	チーム	安打
1977	若松　勉	ヤクルト	158		1978	福本　豊	阪急	171
1978	松原　誠	大洋	164		1979	加藤　英司	阪急	163
1979	大島　康徳	中日	159		1980	リー	ロッテ	175
1980	高橋　慶彦	広島	169		1981	藤原　満	南海	154
1981	ライトル	広島	157		1982	落合　博満	ロッテ	150
1982	田尾　安志	中日	174		1983	スティーブ	西武	153
1983	田尾　安志	中日	161		1984	ブーマー	阪急	171
1984	田尾　安志	中日	166		1985	ブーマー	阪急	173
	谷沢　健一	中日	166		1986	ブーマー	阪急	173
1985	バース	阪神	174		1987	新井　宏昌	近鉄	184
1986	バース	阪神	176		1988	高沢　秀昭	ロッテ	158
1987	ポンセ	大洋	159		1989	ブーマー	オリックス	165
1988	パチョレック	大洋	165		1990	トレーバー	近鉄	150
1989	クロマティ	巨人	166		1991	佐々木　誠	ダイエー	158
1990	パチョレック	大洋	172		1992	佐々木　誠	ダイエー	164
1991	野村謙二郎	広島	170		1993	石井　浩郎	近鉄	147
1992	パチョレック	阪神	159		1994	イチロー(鈴木一朗)	オリックス	210
1993	古田　敦也	ヤクルト	161		1995	イチロー(鈴木一朗)	オリックス	179
	和田　豊	阪神	161		1996	イチロー(鈴木一朗)	オリックス	193
1994	野村謙二郎	広島	169		1997	イチロー(鈴木一朗)	オリックス	185
1995	野村謙二郎	広島	173		1998	イチロー(鈴木一朗)	オリックス	181
1996	パウエル	中日	176		1999	松井稼頭央	西武	178
1997	ローペス	広島	170		2000	小笠原道大	日本ハム	182
1998	石井　琢朗	横浜	174		2001	小笠原道大	日本ハム	195
1999	ローズ	横浜	192		2002	松井稼頭央	西武	193
2000	ローズ	横浜	168		2003	谷　佳知	オリックス	189
2001	石井　琢朗	横浜	171		2004	川﨑　宗則	ダイエー	171
2002	清水　隆行	巨人	191			松中　信彦	ダイエー	171
2003	ラミレス	ヤクルト	189		2005	和田　一浩	西武	153
2004	嶋　重宣	広島	189		2006	大村　直之	ソフトバンク	165
2005	青木　宣親	ヤクルト	202		2007	稲葉　篤紀	日本ハム	176
2006	青木　宣親	ヤクルト	192		2008	片岡　易之	西武	167
2007	ラミレス	ヤクルト	204			栗山　巧	西武	167
2008	内川　聖一	横浜	189		2009	中島　裕之	西武	173
2009	ラミレス	巨人	186		2010	西岡　剛	ロッテ	206
2010	マートン	阪神	214		2011	坂口　智隆	オリックス	175
2011	マートン	阪神	180		2012	内川　聖一	ソフトバンク	157
2012	坂本　勇人	巨人	173		2013	長谷川勇也	ソフトバンク	198
	長野　久義	巨人	173		2014	中村　晃	ソフトバンク	176
2013	マートン	阪神	178		2015	秋山　翔吾	西武	216
2014	山田　哲人	ヤクルト	193		2016	角中　勝也	ロッテ	178
2015	川端　慎吾	ヤクルト	195		2017	秋山　翔吾	西武	185
2016	菊池　涼介	広島	181		2018	秋山　翔吾	西武	195
2017	丸　佳浩	広島	171		2019	秋山　翔吾	西武	179
	ロペス	DeNA	171		2020	柳田　悠岐	ソフトバンク	146
2018	ビシエド	中日	178					
2019	大島　洋平	中日	174					
2020	大島　洋平	中日	146					

(注)　両リーグ共、'94〜表彰。

最　多　二　塁　打

年	選手名	チーム	二塁打		年	選手名	チーム	二塁打
1936秋	高橋　輝彦	セネタース	10		1942	伊藤健太郎	巨人	18
1937春	門前眞佐人	タイガース	15		1943	中谷　順次	朝日	14
〃秋	ハリス	イーグルス	17		1944	坪内　道則	朝日	11
1938春	苅田　久徳	セネタース	11		1946	藤村富美男	阪神	31
〃秋	藤村富美男	タイガース	11		1947	藤村富美男	阪神	36
1939	中島　治康	巨人	22		1948	笠原　和夫	南海	40
1940	本堂　保次	阪神	26		1949	川上　哲治	巨人	36
1941	川上　哲治	巨人	21					

セントラル・リーグ

年	選手名	チーム	二塁打
1950	大沢　清	大洋	45
1951	坪内　道典	名古屋	28
1952	与那嶺　要	巨人	33

パシフィック・リーグ

年	選手名	チーム	二塁打
1950	飯田　徳治	南海	33
1951	伊藤　庄七	毎日	28
1952	飯田　徳治	南海	29

年	選手名	チーム	二塁打
1953	小鶴　誠	広島	32
	佐藤　孝夫	国鉄	32
1954	与那嶺　要	巨人	40
1955	小松原博喜	国鉄	29
1956	田宮謙次郎	阪神	33
1957	三宅　秀史	阪神	31
1958	長嶋　茂雄	巨人	34
1959	大和田　明	広島	34
1960	並木　輝男	阪神	31
1961	長嶋　茂雄	巨人	32
1962	長嶋　茂雄	巨人	38
1963	王　貞治	巨人	30
1964	藤井　栄治	阪神	30
	桑田　武	大洋	30
1965	山本　一義	広島	25
1966	松原　誠	大洋	32
1967	藤田　平	阪神	30
1968	藤田　平	阪神	30
1969	福富　邦夫	アトムズ	33
1970	中塚　政幸	大洋	28
1971	高田　繁	巨人	26
1972	藤原　誠司	大洋	27
	松原　誠	大洋	27
	山本　浩二	広島	27
1973	若松　勉	ヤクルト	29
1974	谷沢　健一	中日	31
1975	島谷　金二	中日	27
1976	谷沢　健一	中日	36
1977	水谷　実雄	広島	31
1978	松原　誠	大洋	45
1979	大島　康徳	中日	33
1980	若松　勉	ヤクルト	36
1981	山下　大輔	大洋	31
1982	掛布　雅之	阪神	27
1983	山下　大輔	大洋	33
	谷沢　健一	中日	33
1984	篠塚　利夫	巨人	35
1985	クロマティ	巨人	34
1986	高木　豊	大洋	37
1987	落合　博満	中日	33
1988	中畑　清	巨人	36
1989	クロマティ	巨人	33
	ポンセ	大洋	33
1990	パチョレック	大洋	36
1991	レイ	阪神	36
1992	パチョレック	阪神	33
1993	ローズ	横浜	33
	前田　智徳	広島	33
1994	駒田　徳広	横浜	33
1995	土橋　勝征	ヤクルト	32
	ローズ	横浜	32
1996	パウエル	中日	42
1997	ローペス	広島	37
1998	前田　智徳	広島	36
1999	ローズ	横浜	34
2000	木村　拓也	広島	34
2001	石井　琢朗	横浜	34
2002	福留　孝介	中日	42
2003	鈴木　健	ヤクルト	36
2004	清水　隆行	巨人	39
2005	福留　孝介	中日	39
2006	福留　孝介	中日	47
2007	ラミレス	ヤクルト	41
2008	内川　聖一	横浜	37
2009	森野　将彦	中日	42
2010	森野　将彦	中日	45
2011	栗原　健太	広島	29
2012	坂本　勇人	巨人	35
2013	マートン	阪神	37
2014	菊池　涼介	広島	39
	山田　哲人	ヤクルト	39

年	選手名	チーム	二塁打
1953	飯田　徳治	南海	36
1954	レインズ	阪急	38
1955	山内　和弘	毎日	31
	ルイ	日	31
1956	山内　和弘	毎日	47
1957	中西　太	西鉄	31
1958	広瀬　叔功	南海	36
1959	田宮謙次郎	大毎	32
	山内　和弘	大毎	32
1960	榎本　喜八	大毎	32
1961	小玉　明利	近鉄	42
1962	山内　一弘	大毎	38
	岡嶋　博治	阪急	38
1963	土井　正博	近鉄	33
1964	広瀬　叔功	南海	33
1965	広瀬　叔功	南海	33
1966	榎本　喜八	東京	31
1967	野村　克也	南海	27
	池辺　巌	東京	27
1968	アルトマン	東京	33
1969	基　満男	西鉄	34
1970	白　仁天	東映	30
1971	加藤　秀司	阪急	35
1972	白　仁天	東映	33
1973	福本　豊	阪急	29
1974	山崎　裕之	ロッテ	32
1975	アルー	太平洋	32
1976	門田　博光	南海	25
1977	加藤　秀司	阪急	30
1978	福本　豊	阪急	35
1979	加藤　英司	阪急	32
1980	福本　豊	阪急	29
	久保寺雄二	南海	29
1981	クルーズ	日本ハム	30
1982	落合　博満	ロッテ	32
1983	山崎　裕之	西武	30
1984	クルーズ	日本ハム	36
1985	石毛　宏典	西武	26
	ブーマー	阪急	26
	松永　浩美	阪急	26
1986	新井　宏昌	近鉄	31
	松永　浩美	阪急	31
1987	ブーマー	阪急	30
1988	愛甲　猛	ロッテ	34
1989	愛甲　猛	ロッテ	33
1990	佐々木　誠	ダイエー	32
1991	佐々木　誠	ダイエー	34
1992	松永　浩美	オリックス	32
1993	田中　幸雄	日本ハム	32
1994	イチロー(鈴木一朗)	オリックス	41
1995	スチーブンス	近鉄	29
1996	清原　和博	西武	30
1997	ローズ	近鉄	37
	小久保裕紀	ダイエー	37
1998	クラークス	近鉄	48
1999	クローズ	近鉄	38
2000	松井稼頭央	西武	40
2001	谷　佳知	オリックス	52
2002	松井稼頭央	西武	46
2003	福浦　和也	ロッテ	50
2004	福浦　和也	ロッテ	42
2005	今江　敏晃	ロッテ	35
2006	セギノール	日本ハム	37
2007	稲葉　篤紀	日本ハム	39
2008	フェルナンデス	楽天	40
2009	糸井　嘉男	日本ハム	40
2010	井口　資仁	ロッテ	44
2011	松井稼頭央	楽天	34
2012	バルディリス	オリックス	31
2013	浅村　栄斗	西武	38
2014	糸井　嘉男	オリックス	36

年	選手名	チーム	二塁打		年	選手名	チーム	二塁打
2015	山田 哲人	ヤクルト	39		2015	清田 育宏	ロッテ	38
2016	村田 修一	巨人	32		2016	浅村 栄斗	西武	40
2017	マギー	巨人	48		2017	秋山 翔吾	西武	38
2018	青木 宣親	ヤクルト	37		2018	秋山 翔吾	西武	39
2018	アルモンテ	中日	37		2019	荻野 貴司	ロッテ	35
2019	ビシエド	中日	43		2020	近藤 健介	日本ハム	31
2020	丸 佳浩	巨人	31					

最　多　三　塁　打

年	選手名	チーム	三塁打		年	選手名	チーム	三塁打
1936秋	伊藤健太郎	巨人	4		1942	呉 波	巨人	11
1937春	呉 波	巨人	8		1943	野口 明	西鉄	8
1937春	伊賀上良平	タイガース	8		1944	黒沢 俊夫	巨人	4
1937秋	松木謙治郎	タイガース	6		1946	鈴木 清一	セネタース	14
1938春	千葉 茂	巨人	7		1947	金田 正泰	阪急	11
〃秋	菊矢 吉男	ライオン	4		1947	大下 弘	東急	11
1939	川上 哲治	巨人	12		1948	藤村富美男	阪神	13
1940	鬼頭 数雄	ライオン	13		1949	平井 正明	阪急	11
1941	川上 哲治	巨人	9					

セントラル・リーグ

年	選手名	チーム	三塁打
1950	荒川 昇治	松竹	12
	原田 徳光	中日	12
	永利 勇吉	西日本	12
1951	金田 正泰	阪神	18
1952	小島 勝治	神	10
1953	金田 正泰	阪	11
1954	金田 正	阪	10
1955	岩本 堯	巨	10
1956	箱田 淳	国	13
1957	田宮謙次郎	阪	8
1958	田宮謙次郎	神	9
1959	坂崎 一彦	巨	9
1960	長嶋 茂雄	巨	12
1961	中 利夫	中	11
1962	中 利夫	中	10
1963	長嶋 茂雄	巨	6
	高木 守道	中	6
	高林 恒夫	国	6
1964	中 暁生	中	10
1965	中 暁生	中	8
1966	古葉 竹識	広	6
1967	藤田 平	阪	10
1968	高田 繁	巨	9
1969	中 暁生	中	7
1970	谷沢 健一	中	6
1971	土井 正三	巨	5
1972	柴田 勲	巨	8
1973	柴田 勲	巨	6
1974	河埜 和正	巨	7
1975	ロー	巨	7
1976	掛布 雅之	神	7
1977	柴田 勲	巨	7
1978	高橋 慶彦	広	10
1979	高橋 慶彦	広	7
1980	高橋 慶彦	広	11
1981	中畑 清	巨	7
	水谷 新太郎	ヤクルト	7
1982	杉浦 享	ヤクルト	8
	山崎 隆造	広	5
1983	高木 豊	大洋	5
	杉浦 享	ヤクルト	5
1984	松本 匡史	巨	7

パシフィック・リーグ

年	選手名	チーム	三塁打
1950	藤山 和夫	南海	15
1951	藤山 和夫	南海	13
1952	藤山 和夫	南海	10
	別当 薫	毎日	10
1953	レインズ	阪急	16
1954	藤山 和夫	南海	12
1955	バルボン	阪急	13
1956	関口 清治	西鉄	13
1957	毒島 章一	東映	13
1958	バルボン	阪急	10
	本屋敷錦吾	阪急	10
1959	戸倉 則文	西鉄	9
	関根 潤三	近鉄	9
1960	広瀬 叔功	南海	10
1961	毒島 章一	東映	11
1962	毒島 章一	東映	11
1963	樋口 正蔵	南海	9
1964	ラドラ	東映	7
	矢ノ浦国満	近鉄	7
	山本 八郎	近鉄	7
1965	広瀬 叔功	南海	10
1966	毒島 章一	東映	9
1967	阪本 敏三	阪急	7
	山口富士雄	南海	7
1968	広瀬 叔功	南海	7
1969	ブレイザー	東映	7
	白 仁天	東映	9
1970	有藤 通世	ロッテ	5
	富田 勝	南海	5
	小川 亨	近鉄	5
1971	福本 豊	阪急	5
	高橋 博士	南海	5
1972	小川 亨	近鉄	8
1973	福本 豊	阪急	10
1974	福本 豊	阪急	7
1975	マルカーノ	阪急	6
	阿部 成宏	近鉄	6
	長谷川一夫	ロッテ	6
	弘田 澄男	ロッテ	6
1976	吉岡 悟	太平	13
1977	福本 豊	阪急	9
1978	福本 豊	阪急	10

記録集

年	選手名	チーム	三塁打
1985	加藤 博一	大洋	5
	高木 豊	大洋	5
	屋鋪 要	大洋	5
	平野 謙	中日	5
	上川 誠二	大洋	5
1986	松本 匡史	巨	5
1987	長嶋 清幸	広	5
	高木 豊	大洋	5
	屋鋪 要	大洋	5
1988	正田 耕三	広	7
1989	正田 耕三	広	7
	ポンセ	大洋	7
1990	野村 謙二郎	広	8
1991	野村 謙二郎	広	7
1992	飯田 哲也	ヤクルト	8
	久慈 照嘉	神	8
	和田 豊	阪	8
1993	石井 琢朗	横浜	5
1994	新庄 剛志	神	7
1995	飯田 哲也	ヤクルト	7
1996	緒方 孝市	広	6
1997	ローズ	横浜	6
1998	益田 大介	中日	8
1999	真中 満	ヤクルト	7
	新庄 剛志	神	7
2000	岩村 明憲	ヤクルト	9
2001	稲葉 篤紀	ヤクルト	5
	木村 拓也	広	5
	東出 輝裕	広	5
2002	清水 隆行	巨	5
2003	福留 孝介	中日	11
2004	福留 孝介	中日	7
2005	赤星 憲広	神	9
2006	梵 英心	広	8
2007	田中 浩康	ヤクルト	8
2008	飯原 誉士	ヤクルト	7
	福地 寿樹	ヤクルト	7
2009	東出 輝裕	広	8
2010	脇谷 亮太	巨	8
2011	鳥谷 敬	阪	7
2012	荒波 翔	DeNA	7
2013	丸 佳浩	広	5
2014	梶谷 隆幸	DeNA	9
2015	田中 広輔	広	9
2016	大島 洋平	中日	9
2017	京田 陽太	中日	8
2018	田中 広輔	広	10
2019	近本 光司	神	7
2020	京田 陽太	中日	7

年	選手名	チーム	三塁打
1979	福本 豊	阪急	9
1980	簑田 浩二	阪急	9
	島田 誠	日本ハム	7
1981	新井 宏昌	南海	8
1982	福本 豊	阪急	7
1983	石毛 宏典	西武	7
	福本 豊	阪急	7
1984	松永 浩美	阪急	6
1985	西村 徳文	ロッテ	9
1986	大石 大二郎	近鉄	12
1987	横田 真之	ロッテ	5
	新井 宏昌	近鉄	5
1988	大石 第二朗	近鉄	9
1989	平野 謙	西武	7
1990	大石 第二朗	近鉄	6
	山下 徳人	ロッテ	6
1991	松永 浩美	オリックス	10
1992	高橋 智	オリックス	7
1993	浜名 千広	ダイエー	9
1994	平井 光親	ロッテ	6
1995	小久保 裕紀	ダイエー	6
1996	村松 有人	ダイエー	9
1997	松井 稼頭央	西武	13
1998	小坂 誠	ロッテ	8
1999	小坂 誠	ロッテ	10
2000	松井 稼頭央	西武	11
	野口 寿浩	日本ハム	11
2001	柴田 博之	西武	8
	小坂 誠	ロッテ	6
2002	松井 稼頭央	西武	6
	小坂 誠	ロッテ	6
2003	村松 有人	ダイエー	13
2004	川崎 宗則	ダイエー	11
2005	西岡 剛	西武	7
2006	赤田 将吾	西武	7
	川崎 宗則	ソフトバンク	7
	西岡 剛	ロッテ	7
	鉄平(土谷鉄平)	楽天	8
2007	早川 大輔	ロッテ	8
2008	松田 宣浩	ソフトバンク	10
2009	鉄平(土谷鉄平)	楽天	13
2010	本多 雄一	ソフトバンク	10
	坂口 智隆	オリックス	10
2011	川崎 宗則	ソフトバンク	7
	本多 雄一	ソフトバンク	7
	松田 宣浩	ソフトバンク	7
	坂口 智隆	オリックス	8
2012	秋山 翔吾	西武	8
2013	鈴木 大地	ロッテ	11
2014	西川 遥輝	日本ハム	13
2015	秋山 翔吾	西武	10
2016	茂木 栄五郎	楽天	7
	西野 真弘	オリックス	7
2017	源田 壮亮	西武	10
2018	上林 誠知	ソフトバンク	14
2019	荻野 貴司	ロッテ	7
2020	スパンジェンバーグ	西武	8

最　多　本　塁　打

年	選手名	チーム	本塁打	試合	打数
1936秋	藤村富美男	タイガース	2	25	52
	山下　実	阪急	2	29	109
	古谷倉之助	金鯱	2	28	105
1937春	中島治康	巨人	4	56	221
	松木謙治郎	タイガース	4	56	207
〃秋	高橋吉雄	イーグルス	6	49	167
1938春	ハ　リ　ス	イーグルス	6	35	139
〃秋	中島治康※	巨人	10	38	155
1939	鶴岡一治	南海	10	92	330
1940	川上哲治	巨人	9	104	392
1941	服部受弘	名古屋	8	77	278

年	選手名	チーム	本塁打	試合	打数
1942	古川清蔵	名古屋	8	101	394
1943	岩本　章	名古屋	4	59	208
	加藤正二	名古屋	4	58	212
	古川清蔵	産業	4	80	303
1944	金山次郎	名古屋	3	35	131
1946	大下　弘	セネタース	20	104	395
1947	大下　弘	東急	17	117	435
1948	青田　昇	巨人	25	140	569
	川上哲治	巨人	25	135	504
1949	藤村富美男	阪神	46	137	563

セントラル・リーグ

年	選手名	チーム	本塁打	試合	打数
1950	小鶴　誠	松竹	51	130	516
1951	青田　昇	巨人	32	114	471
1952	杉山　悟	名古屋	27	99	360
1953	藤村富美男	阪神	27	130	459
1954	青田　昇	洋松	31	124	469
1955	町田行彦	国鉄	31	125	468
1956	青田　昇	大洋	25	129	502
1957	佐藤孝夫	国鉄	22	127	430
	青田　昇	大洋	22	129	497
1958	長嶋茂雄	巨人	29	130	502
1959	森　徹	中日	31	130	486
	桑田　武	大洋	31	125	435
1960	藤本勝巳	阪神	22	119	413
1961	長嶋茂雄	巨人	28	130	448
1962	王　貞治	巨人	38	134	497
1963	王　貞治	巨人	40	140	478
1964	王　貞治	巨人	55	140	472
1965	王　貞治	巨人	42	135	428
1966	王　貞治	巨人	48	129	396
1967	王　貞治	巨人	47	133	426
1968	王　貞治	巨人	49	131	442
1969	王　貞治	巨人	44	130	452
1970	王　貞治	巨人	47	129	425
1971	王　貞治	巨人	39	130	434
1972	王　貞治	巨人	48	130	456
1973	王　貞治※	巨人	51	130	428
1974	王　貞治	巨人	49	130	385
1975	田淵幸一	阪神	43	130	426
1976	王　貞治	巨人	49	122	400
1977	王　貞治	巨人	50	130	432
1978	山本浩二	広島	44	130	473
1979	掛布雅之	阪神	48	122	468
1980	山本浩二	広島	44	130	440
1981	山本浩二	広島	43	130	473
1982	掛布雅之	阪神	35	130	464
1983	山本浩二	広島	36	129	462
	大島康徳	中日	36	130	473
1984	宇野　勝	中日	37	130	458
	掛布雅之	阪神	37	130	442
1985	バ　ー　ス	阪神	54	126	497
1986	バ　ー　ス※	阪神	47	126	453
1987	ラ　ン　ス	広島	39	121	403
1988	ポ　ン　セ	大洋	33	130	497
1989	パリッシュ	ヤクルト	42	130	493
1990	落合博満	中日	34	131	458
1991	落合博満	中日	37	112	374
1992	ハ　ウ　エ　ル	ヤクルト	38	113	387
1993	江藤　智	広島	34	131	482

パシフィック・リーグ

年	選手名	チーム	本塁打	試合	打数
1950	別当　薫	毎日	43	120	477
1951	大下　弘	東急	26	89	321
1952	深見安博	西鉄 東急	25	108	415
1953	中西　太	西鉄	36	120	465
1954	中西　太	西鉄	31	130	493
1955	中西　太	西鉄	35	135	473
1956	中西　太	西鉄	29	137	462
1957	野村克也	南海	30	132	474
1958	山内和弘	大毎	23	126	404
1959	山内和弘	大毎	25	112	425
1960	山内和弘	大毎	32	133	483
1961	野村克也	南海	29	136	494
	中田昌宏	阪急	29	138	513
1962	野村克也	南海	44	133	439
1963	野村克也	南海	52	150	550
1964	野村克也	南海	41	148	558
1965	野村克也※	南海	42	136	438
1966	野村克也	南海	34	133	474
1967	野村克也	南海	35	133	472
1968	野村克也	南海	38	133	458
1969	長池徳二	阪急	41	129	437
1970	大杉勝男	東映	44	130	492
1971	大杉勝男	東映	41	130	489
1972	長池徳二	阪急	41	111	386
1973	長池徳二	阪急	43	128	479
1974	ジョーンズ	太平	38	130	411
1975	土井正博	太平	34	130	431
1976	ジョーンズ	近鉄	36	114	377
1977	リ　ー	ロッテ	34	124	467
1978	ミッチェル	日本ハム	36	128	470
1979	マニエル	近鉄	37	97	333
1980	マニエル	近鉄	48	118	459
1981	ソレイタ	日本ハム	44	128	454
	門田博光	南海	44	127	458
1982	落合博満	ロッテ	32	128	462
1983	門田博光	南海	40	122	356
1984	ブーマー	阪急	37	128	442
1985	落合博満※	ロッテ	52	130	460
1986	落合博満※	ロッテ	50	123	417
1987	秋山幸二	西武	43	130	456
1988	門田博光	南海	44	130	447
1989	ブライアント	近鉄	49	129	454
1990	デストラーデ	西武	42	130	476
1991	デストラーデ	西武	39	130	437
1992	デストラーデ	西武	41	128	448
1993	ブライアント	近鉄	42	127	457
1994	ブライアント	近	35	105	437

記録集

本塁打

年	選手名	チーム	本塁打	試合	打数	年	選手名	チーム	本塁打	試合	打数
1994	大豊　泰昭	中　日	38	130	477	1995	小久保裕紀	ダイエー	28	130	465
1995	江藤　智	広　島	39	127	462	1996	ニール	オリックス	32	124	430
1996	山崎　武司	中　日	39	127	453	1997	ウィルソン	日本ハム	37	134	478
1997	ホージー	ヤクルト	38	137	498	1998	ウィルソン	日本ハム	33	133	506
1998	松井　秀喜	巨　人	34	135	487	1999	ローズ	近　鉄	40	131	491
1999	ペタジーニ	ヤクルト	44	134	452	2000	中村　紀洋	近　鉄	39	127	476
2000	松井　秀喜	巨　人	42	135	474	2001	ローズ	近　鉄	55	140	550
2001	ペタジーニ	ヤクルト	39	138	463	2002	カブレラ	西　武	55	128	447
2002	松井　秀喜	巨　人	50	140	500	2003	ローズ	近　鉄	51	138	508
2003	{ラミレス	ヤクルト	40	140	567	2004	{松中　信彦※	ダイエー	44	130	478
	タイロン・ウッズ	横浜	40	136	479		セギノール	日本ハム	44	125	443
2004	{ローズ	巨人	45	134	523	2005	松中　信彦	ソフトバンク	46	132	483
	タイロン・ウッズ	横浜	45	130	476	2006	小笠原道大	日本ハム	32	135	496
2005	新井　貴浩	広　島	43	142	541	2007	山崎　武司	楽　天	43	141	524
2006	タイロン・ウッズ	中　日	47	144	523	2008	中村　剛也	西　武	46	143	524
2007	村田　修一	横　浜	36	144	526	2009	中村　剛也	西　武	48	128	501
2008	村田　修一	横　浜	46	132	489	2010	T-岡田(岡田貴弘)	オリックス	33	129	461
2009	ブランコ	中　日	39	144	549	2011	中村　剛也	西　武	48	144	525
2010	ブラミレス	巨　人	49	144	566	2012	中村　剛也	西　武	27	123	432
2011	バレンティン	ヤクルト	31	140	486	2013	アブレイユ	日本ハム	31	138	504
2012	バレンティン	ヤクルト	31	106	353	2014	{中村　剛也	西　武	34	111	382
2013	バレンティン	ヤクルト	60	130	439		メヒア	西　武	34	106	396
2014	エルドレッド	広　島	37	118	454	2015	中村　剛也	西　武	37	139	521
2015	山田　哲人	ヤクルト	38	143	557	2016	レアード	日本ハム	39	143	547
2016	筒香　嘉智	DeNA	44	133	469	2017	デスパイネ	ソフトバンク	35	136	478
2017	ゲレーロ	DeNA	35	130	469	2018	山川　穂高	西　武	47	143	541
2018	ソト	DeNA	41	107	416	2019	山川　穂高	西　武	43	143	524
2019	ソト	DeNA	43	141	516	2020	浅村　栄斗	楽　天	32	120	432
2020	岡本　和真	巨　人	31	118	440						

(注)　※印は三冠王

最　　多　　打　　点

年	選手名	チーム	打点	試合	安打	年	選手名	チーム	打点	試合	安打
1936秋	古谷倉之助	金　鯱	23	28	36	1943	{青田　昇	巨　人	42	84	72
1937春	景浦　将	タイガース	47	55	55		野口　明	西　鉄	42	84	74
〃秋	中島　治康	巨　人	37	40	49	1944	藤村富美男	阪　神	25	35	41
1938春	景浦　将	タイガース	31	31	34	1946	山本　一人	グレートリング	95	104	122
〃秋	中島　治康※	巨　人	38	38	56	1947	藤村富美男	大　阪	71	119	132
1939	川上　哲治	巨　人	75	94	116	1948	藤村富美男	阪　神	108	140	166
1940	中島　治康	巨　人	67	103	106	1949	藤村富美男	阪　神	142	137	187
1941	川上　哲治	巨　人	57	86	105						
1942	中島　治康	巨　人	60	105	111						

セントラル・リーグ

年	選手名	チーム	打点	試合	安打
1950	小鶴　誠	松　竹	161	130	183
1951	青田　昇	巨　人	105	114	147
1952	西沢　道夫	名古屋	98	113	153
1953	藤村富美男	阪　神	98	130	135
1954	{杉山　悟	中　日	91	129	129
	渡辺　博之	阪　神	91	129	170
1955	川上　哲治	巨　人	79	120	147
1956	宮本　敏雄	巨　人	69	113	103
1957	宮本　敏雄	巨　人	78	129	119
1958	長嶋　茂雄	巨　人	92	130	153
1959	森　徹	中　日	87	130	137
1960	藤本　勝巳	阪　神	76	119	104
1961	桑田　武	大　洋	94	130	132
1962	王　貞治	巨　人	85	134	135
1963	長嶋　茂雄	巨　人	112	134	163

パシフィック・リーグ

年	選手名	チーム	打点	試合	安打
1950	別当　薫	毎　日	105	120	160
1951	飯島　徳治	南　海	87	100	119
1952	飯島　徳治	南　海	86	121	153
1953	中西　太	西　鉄	86	120	146
1954	山内　和弘	毎　日	97	140	155
1955	山内　和弘	毎　日	99	137	160
1956	中西　太	西　鉄	95	137	150
1957	中西　太	西　鉄	100	132	154
1958	葛城　隆雄	大　毎	85	125	147
1959	葛城　隆雄	大　毎	95	132	163
1960	山内　和弘	大　毎	103	133	151
1961	山内　和弘	大　毎	112	140	155
1962	野村　克也	南　海	104	133	151
1963	野村　克也	南　海	135	150	160
1964	野村　克也	南　海	115	148	146

年	選手名	チーム	打点	試合	安打
1964	王　　貞治	巨　　人	119	140	151
1965	王　　貞治	巨　　人	104	135	138
1966	王　　貞治	巨　　人	116	129	123
1967	王　　貞治	巨　　人	108	133	139
1968	長嶋　茂雄	巨　　人	125	131	157
1969	長嶋　茂雄	巨　　人	115	126	156
1970	長嶋　茂雄	巨　　人	105	127	128
1971	王　　貞治	巨　　人	101	130	120
1972	王　　貞治	巨　　人	120	130	135
1973	王　　貞治※	巨　　人	114	130	152
1974	王　　貞治※	巨　　人	107	130	128
1975	王　　貞治	巨　　人	96	128	112
1976	王　　貞治	巨　　人	123	122	130
1977	王　　貞治	巨　　人	124	130	140
1978	王　　貞治	巨　　人	118	130	132
1979	山本　浩二	広　　島	113	130	137
1980	山本　浩二	広　　島	112	130	148
1981	山本　浩二	広　　島	103	130	156
1982	掛布　雅之	阪　　神	95	130	151
1983	原　　辰徳	巨　　人	103	130	151
1984	衣笠　祥雄	広　　島	102	130	161
1985	バース※	阪　　神	134	126	174
1986	バース※	阪　　神	109	126	176
1987	ポンセ	大　　洋	98	130	159
1988	ポンセ	大　　洋	102	130	145
1989	落合　博満	中　　日	116	130	153
1990	落合　博満	中　　日	102	131	133
1991	広沢　克己	ヤクルト	99	132	137
1992	シーツ	大　　洋	100	131	150
1993	｛広沢　克己	ヤクルト	94	132	151
	｛ローズ	横　　浜	94	130	158
1994	大豊　泰昭	中　　日	107	130	148
1995	江藤　智	広　　島	106	127	132
1996	ロペス	広　　島	109	130	157
1997	ロペス	広　　島	112	134	170
1998	松井　秀喜	巨　　人	100	135	142
1999	ローズ	横　　浜	153	134	192
2000	松井　秀喜	巨　　人	108	135	150
2001	ペタジーニ	ヤクルト	127	138	149
2002	松井　秀喜	巨　　人	107	140	167
2003	ラミレス	ヤクルト	124	140	189
2004	金本　知憲	阪　　神	113	138	165
2005	今岡　誠	阪　　神	147	146	156
2006	タイロン・ウッズ	中　　日	144	144	162
2007	ラミレス	ヤクルト	122	144	204
2008	ラミレス	巨　　人	125	144	175
2009	ブランコ	中　　日	110	144	165
2010	ラミレス	巨　　人	129	144	172
2011	新井　貴浩	阪　　神	93	144	148
2012	阿部慎之助	巨　　人	104	138	159
2013	ブランコ	ＤｅＮＡ	136	134	161
2014	ゴメス	阪　　神	109	143	152
2015	畠山　和洋	ヤクルト	105	137	137
2016	筒香　嘉智	ＤｅＮＡ	110	133	151
2017	ロペス	ＤｅＮＡ	105	142	171
2018	バレンティン	ヤクルト	131	142	138
2019	ソト	ＤｅＮＡ	108	141	139
2020	岡本　和真	巨　　人	97	118	121

(注)　※印は三冠王

年	選手名	チーム	打点	試合	安打
1965	野村　克也※	南　　海	110	136	156
1966	野村　克也	南　　海	97	133	148
1967	野村　克也	南　　海	100	133	144
1968	アルトマン	東　　京	100	139	170
1969	長池　徳二	阪　　急	101	129	154
1970	大杉　勝男	東　　映	129	130	167
1971	門田　博光	南　　海	120	129	152
1972	｛野村　克也	南　　海	101	129	138
	｛大杉　勝男	東　　映	101	130	145
1973	長池　徳二	阪　　急	109	128	150
1974	長池　徳二	阪　　急	96	121	128
1975	加藤　秀司	阪　　急	97	126	141
1976	加藤　秀司	阪　　急	82	120	129
1977	リー	ロ　ッ　テ	109	124	148
1978	マルカーノ	阪　　急	94	126	157
1979	加藤　英司	阪　　急	104	122	153
1980	マニエル	近　　鉄	129	118	149
1981	ソレイタ	日本ハム	108	128	136
1982	落合　博満※	ロ　ッ　テ	99	128	150
1983	水谷　実雄	阪　　急	114	130	139
1984	ブーマー※	阪　　急	130	128	171
1985	落合　博満※	ロ　ッ　テ	146	130	169
1986	落合　博満※	ロ　ッ　テ	116	123	150
1987	ブーマー	阪　　急	119	129	170
1988	門田　博光	南　　海	125	130	139
1989	ブーマー	オリックス	124	130	165
1990	｛デストラーデ	西　　武	106	130	125
	｛石嶺　和彦	オリックス	106	130	129
1991	｛デストラーデ	西　　武	92	130	117
	｛トレーバー	近　　鉄	92	124	132
1992	ブーマー	ダイエー	97	129	137
1993	ブライアント	近　　鉄	107	127	125
1994	石井　浩郎	近　　鉄	111	130	154
1995	｛イチロー(鈴木一朗)	オリックス	80	130	179
	｛初芝　清	ロ　ッ　テ	80	123	138
	｛田中　幸雄	日本ハム	80	130	142
1996	ニール	オリックス	111	124	113
1997	小久保裕紀	ダイエー	114	135	159
1998	ウィルソン	日本ハム	124	133	129
1999	ローズ	近　　鉄	101	131	143
2000	中村　紀洋	近　　鉄	110	127	132
2001	中村　紀洋	近　　鉄	132	140	163
2002	ローズ	近　　鉄	117	138	145
2003	松中　信彦	ダイエー	123	135	160
2004	松中　信彦※	ダイエー	120	130	171
2005	松中　信彦	ソフトバンク	121	132	152
2006	｛小笠原道大	日本ハム	100	135	100
	｛カブレラ	西　　武	100	126	147
2007	山﨑　武司	楽　　天	108	141	132
2008	ローズ	オリックス	118	142	138
2009	中村　剛也	西　　武	122	128	143
2010	小谷野栄一	日本ハム	109	144	177
2011	中村　剛也	西　　武	116	144	143
2012	李　　大浩	オリックス	91	144	150
2013	浅村　栄斗	西　　武	110	144	172
2014	中田　翔	日本ハム	100	144	146
2015	中村　剛也	西　　武	124	139	145
2016	中田　翔	日本ハム	110	141	142
2017	デスパイネ	ソフトバンク	103	136	125
2018	浅村　栄斗	西　　武	127	143	175
2019	中村　剛也	西　　武	123	135	142
2020	中田　翔	日本ハム	108	119	105

最 多 勝 利 打 点

(1981〜1988)

セントラル・リーグ

年	選手名	チーム	勝打点	試合
1981	佐野 仙好	神	15	127
1982	原 辰徳	巨	14	130
1983	原 辰徳	巨	20	130
1984	クロマティ	巨	14	122
1985	バース	神	22	126
1986	クロマティ	巨	18	124
1987	小早川毅彦	広	16	124
1988	落合 博満	中	19	130

パシフィック・リーグ

年	選手名	チーム	勝打点	試合
1981	ソレイタ	日本ハム	17	128
1982	落合 博満	ロッテ	13	128
1983	スティーブ	西武	16	129
1984	ブーマー	阪急	21	128
1985	秋山 幸二	西武	12	130
	落合 博満	ロッテ	12	130
	デービス	近鉄	12	128
	古屋 英夫	日本ハム	12	127
1986	バットナム	日本ハム	17	128
1987	秋山 幸二	西武	18	130
1988	清原 和博	西武	15	130

最 多 盗 塁

年	選手名	チーム	盗塁	試合
1936秋	苅田 久徳	セネタース	16	28
1937春	山口 政信	タイガース	29	54
〃秋	島 秀之助	金鯱	22	48
	鬼頭 数雄	ライオン	22	49
1938春	江口 行男	金鯱	14	35
〃秋	佐々木常助	金鯱	14	40
1939	山田 伝	阪急	30	94
	五味 芳夫	金鯱	30	88
1940	石田 政良	名古屋	32	66

年	選手名	チーム	盗塁	試合
1941	坪内 道則	朝日	26	81
1942	坪内 道則	朝日	44	104
1943	山田 伝	阪神	56	83
1944	呉 昌征	阪	19	20
	呉 新亨	巨	19	32
1946	河西 俊雄	グレートリング	39	86
1947	河西 俊雄	南海	53	107
1948	河西 俊雄	南海	66	138
1949	木塚 忠助	南海	59	135

セントラル・リーグ

年	選手名	チーム	盗塁	試合
1950	金山 次郎	松竹	74	137
1951	土屋 五郎	国鉄	52	75
1952	金山 次郎	松竹	63	117
1953	金山 次郎	広島	58	117
1954	吉田 義男	阪神	51	119
1955	本多 逸郎	中日	42	130
1956	吉田 義男	阪神	50	127
1957	飯田 徳治	国鉄	40	130
1958	岡嶋 博治	中日	47	130
1959	岡嶋 博治	中日	41	128
1960	中 利夫	中日	50	130
1961	近藤 和彦	大洋	35	130
1962	河野 旭輝	中日	26	114
1963	高木 守道	中日	50	133
1964	古葉 竹識	広島	57	120
1965	高木 守道	中日	44	132
1966	柴田 勲	巨人	46	114
1967	柴田 勲	巨人	70	126
1968	古葉 竹識	広島	39	116
1969	柴田 勲	巨人	35	111
1970	東条 文博	ヤクルト	28	130
1971	高田 繁	巨人	38	127
1972	柴田 勲	巨人	45	128
1973	高木 守道	中日	28	122
1974	中塚 政幸	大洋	28	129
1975	大下 剛史	広島	44	117

パシフィック・リーグ

年	選手名	チーム	盗塁	試合
1950	木塚 忠助	南海	78	116
1951	木塚 忠助	南海	55	104
1952	木塚 忠助	南海	55	115
1953	レインズ	急	61	120
1954	鈴木 武	近鉄	71	132
1955	森下 正夫	南海	59	133
1956	河野 旭輝	阪急	85	144
1957	河野 旭輝	阪急	56	123
1958	ババ	ルンボン阪急	38	128
1959	ババ	ルンボン阪急	38	132
1960	ババ	ルンボン阪急	32	116
1961	広瀬 叔功	南海	42	135
1962	広瀬 叔功	南海	50	130
1963	広瀬 叔功	南海	45	149
1964	広瀬 叔功	南海	72	141
1965	広瀬 叔功	南海	39	122
1966	山本 公士	阪急	32	106
1967	西川 之規	東急京鉄	32	111
1968	安井 智敏	近鉄	54	135
1969	阪本 敏三	阪急	47	129
1970	福本 豊	阪急	75	127
1971	福本 豊	阪急	67	117
1972	福本 豊	阪急	106	122
1973	福本 豊	阪急	95	123
1974	福本 豊	阪急	94	129
1975	福本 豊	阪急	63	130

年	選手名	チーム	盗塁	試合
1976	衣笠 祥雄	広島	31	130
1977	柴田 勲	巨人	34	127
1978	柴田 勲	巨人	34	125
1979	高橋 慶彦	広島	38	120
1980	高橋 慶彦	広島	38	130
1981	青木 実	ヤクルト	34	104
1982	松本 匡史	巨人	61	113
1983	松本 匡史	巨人	76	125
1984	高木 豊	大洋	56	117
1985	高橋 慶彦	広島	73	130
1986	{ 屋鋪 要	大洋	48	127
	平野 謙	中日	48	130
1987	屋鋪 要	大洋	48	130
1988	屋鋪 要	大洋	33	121
1989	正田 耕三	広島	34	128
1990	{ 緒方 耕二郎	広島	33	119
	野村 謙二郎	広島	33	125
1991	野村 謙二郎	広島	31	132
1992	飯田 哲也	ヤクルト	33	125
1993	{ 緒方 耕一	広島	24	108
	石井 琢朗	横浜	24	121
1994	野村 謙二郎	広島	37	130
1995	緒方 孝市	広島	47	101
1996	緒方 孝市	広島	50	129
1997	緒方 孝市	広島	49	135
1998	石井 琢朗	横浜	39	131
1999	石井 琢朗	横浜	39	131
2000	石井 琢朗	横浜	35	134
2001	赤星 憲広	阪神	39	128
2002	赤星 憲広	阪神	26	78
2003	赤星 憲広	阪神	61	140
2004	赤星 憲広	阪神	64	138
2005	赤星 憲広	阪神	60	145
2006	青木 宣親	ヤクルト	41	146
2007	荒木 雅博	中日	31	113
2008	福地 寿樹	ヤクルト	42	131
2009	福地 寿樹	ヤクルト	42	137
2010	梵 英心	広島	43	144
2011	藤村 大介	巨人	28	119
2012	大島 洋平	中日	32	144
2013	丸 佳浩	広島	29	140
2014	梶谷 隆幸	DeNA	39	142
2015	山田 哲人	ヤクルト	34	143
2016	山田 哲人	ヤクルト	30	133
2017	田中 広輔	広島	35	143
2018	山田 哲人	ヤクルト	33	140
2019	近本 光司	阪神	36	142
2020	近本 光司	阪神	31	120

年	選手名	チーム	盗塁	試合
1976	福本 豊	阪急	62	129
1977	福本 豊	阪急	61	130
1978	福本 豊	阪急	70	130
1979	福本 豊	阪急	60	123
1980	福本 豊	阪急	54	123
1981	福本 豊	阪急	54	103
1982	福本 豊	阪急	54	127
1983	大石 大二郎	近鉄	60	130
1984	大石 大二郎	近鉄	46	130
1985	松永 浩美	阪急	38	130
1986	西村 徳文	ロッテ	36	105
1987	{ 西村 徳文	ロッテ	41	114
	大石 第二朗	近鉄	41	130
1988	西村 徳文	ロッテ	55	130
1989	西村 徳文	ロッテ	42	96
1990	秋山 幸二	西武	51	130
1991	大野 久	ダイエー	42	130
1992	佐々木 誠	ダイエー	40	126
1993	大石 大二郎	近鉄	31	127
1994	佐々木 誠	西武	37	126
1995	イチロー(鈴木一朗)	オリックス	49	130
1996	村松 有人	ダイエー	58	108
1997	松井 稼頭央	西武	62	135
1998	{ 松井 稼頭央	西武	43	135
	小坂 誠	ロッテ	43	124
1999	松井 稼頭央	西武	32	135
2000	小坂 誠	ロッテ	33	135
2001	井口 資仁	ダイエー	44	140
2002	谷 佳知	オリックス	41	138
2003	井口 資仁	ダイエー	42	135
2004	川崎 宗則	ダイエー	42	133
2005	西岡 剛	ロッテ	41	122
2006	西岡 剛	ロッテ	33	115
2007	片岡 易之	西武	38	116
2008	片岡 易之	西武	50	139
2009	片岡 易之	西武	51	139
2010	{ 本多 雄一	ソフトバンク	59	144
	片岡 易之	西武	50	137
2011	本多 雄一	ソフトバンク	60	144
2012	聖澤 諒	楽天	54	138
2013	陽 岱鋼	日本ハム	47	144
2014	西川 遥輝	日本ハム	43	143
2015	中島 卓也	日本ハム	34	143
2016	{ 金子 侑司	西武	53	129
	糸井 嘉男	オリックス	53	143
2017	西川 遥輝	日本ハム	39	138
2018	西川 遥輝	日本ハム	44	140
2019	金子 侑司	西武	41	133
2020	周東 佑京	ソフトバンク	50	103

最 高 長 打 率

セントラル・リーグ

年	選手名	チーム	長打率	打数	塁打
1950	小鶴 誠	松竹	.729	516	376
1951	岩本 義行	松竹	.628	422	265
1952	杉山 悟	名古屋	.639	360	230
1953	西沢 道夫	名古屋	.545	446	243
1954	青田 昇	洋松	.542	469	254
1955	町田 行彦	国鉄	.534	468	250
1956	宮本 謙次郎	阪神	.498	454	226
1957	田宮 謙次郎	阪神	.590	390	195
1958	長嶋 茂雄	巨人	.578	502	290
1959	長嶋 茂雄	巨人	.612	449	275

パシフィック・リーグ

年	選手名	チーム	長打率	打数	塁打
1950	別当 薫	毎日	.671	477	320
1951	大下 弘	東急	.704	321	226
1952	深見 安博	{ 西鉄 東急	.547	415	227
1953	中西 太	西鉄	.619	465	283
1954	中西 太	西鉄	.574	493	283
1955	中西 太	西鉄	.630	473	298
1956	中西 太	西鉄	.593	462	274
1957	山内 和弘	毎日	.621	435	270
1958	中西 太	西鉄	.537	404	217

記録集

年	選手名	チーム	長打率	打数	塁打	年	選手名	チーム	長打率	打数	塁打
1960	長嶋 茂雄	巨 人	.542	452	245	1959	山内 和弘	大 毎	.600	425	255
1961	長嶋 茂雄	巨 人	.652	448	292	1960	山内 和弘	大 毎	.580	483	280
1962	王 貞治	巨 人	.565	497	281	1961	張本 勲	東 映	.596	473	282
1963	長嶋 茂雄	巨 人	.657	478	314	1962	野村 克也	南 海	.636	489	311
1964	王 貞治	巨 人	.720	472	340	1963	野村 克也	南 海	.618	550	340
1965	王 貞治	巨 人	.666	428	285	1964	スペンサー	阪 急	.556	511	284
1966	王 貞治	巨 人	.715	396	283	1965	スペンサー	阪 急	.649	405	263
1967	王 貞治	巨 人	.723	426	308	1966	榎本 喜八	東 京	.571	476	272
1968	王 貞治	巨 人	.722	442	319	1967	張本 勲	東 映	.597	414	247
1969	王 貞治	巨 人	.690	452	312	1968	張本 勲	東 映	.579	363	210
1970	王 貞治	巨 人	.713	425	303	1969	長池 徳二	阪 急	.622	487	303
1971	王 貞治	巨 人	.597	434	259	1970	大杉 勝男	東 映	.671	492	330
1972	王 貞治	巨 人	.654	456	298	1971	アルトマン	ロッテ	.670	388	260
1973	王 貞治	巨 人	.755	428	323	1972	長池 徳二	阪 急	.642	386	248
1974	王 貞治	巨 人	.761	385	293	1973	長池 徳二	阪 急	.624	479	299
1975	田淵 幸一	阪 神	.657	426	280	1974	ジョーンズ	近 鉄	.538	411	221
1976	王 貞治	巨 人	.725	400	290	1975	加藤 秀司	阪 急	.572	456	261
1977	王 貞治	巨 人	.706	432	305	1976	ジョーンズ	ロッテ	.568	377	214
1978	山本 浩二	広 島	.662	473	313	1977	リー	ロッテ	.612	467	286
1979	掛布 雅之	阪 神	.690	468	323	1978	マルカーノ	阪 急	.574	488	280
1980	山本 浩二	広 島	.714	440	314	1979	マニエル	近 鉄	.712	333	237
1981	山本 浩二	広 島	.647	473	306	1980	マニエル	近 鉄	.673	459	309
1982	掛布 雅之	阪 神	.610	464	283	1981	門田 博光	南 海	.655	438	287
1983	バース	阪 神	.612	371	227	1982	落合 博満	ロッテ	.606	462	280
1984	バース	阪 神	.598	356	213	1983	門田 博光	南 海	.636	396	252
1985	バース	阪 神	.718	497	357	1984	ブーマー	阪 急	.641	482	309
1986	バース	阪 神	.777	453	352	1985	落合 博満	ロッテ	.763	460	351
1987	ポンセ	大 洋	.616	492	303	1986	落合 博満	ロッテ	.746	417	311
1988	落合 博満	中 日	.580	450	261	1987	ブーマー	阪 急	.624	513	320
1989	フィルダー	阪 神	.628	384	241	1988	門田 博光	南 海	.633	447	283
1990	バンスロー	中 日	.560	457	256	1989	ブライアント	近 鉄	.628	494	310
1991	落合 博満	中 日	.682	374	255	1990	清原 和博	西 武	.615	436	268
1992	ハウエル	ヤクルト	.685	387	265	1991	秋山 幸二	西 武	.591	455	269
1993	パウエル	中 日	.579	394	228	1992	デストラーデ	西 武	.583	448	261
1994	ブラッグス	横 浜	.609	448	273	1993	ブライアント	近 鉄	.549	497	273
1995	江藤 智	広 島	.608	462	281	1994	石井 浩郎	近 鉄	.591	487	288
1996	山崎 武司	中 日	.625	453	283	1995	小久保裕紀	ダイエー	.548	465	255
1997	ホージー	ヤクルト	.594	498	296	1996	ニール	オリックス	.553	430	238
1998	松井 秀喜	巨 人	.563	487	274	1997	小久保裕紀	ダイエー	.588	527	310
1999	ペタジーニ	ヤクルト	.677	452	306	1998	クラーク	近 鉄	.593	531	315
2000	松井 秀喜	巨 人	.654	474	310	1999	ローズ	近 鉄	.627	491	308
2001	ペタジーニ	ヤクルト	.633	463	293	2000	オバンドー	日本ハム	.616	385	237
2002	松井 秀喜	巨 人	.692	500	346	2001	ローズ	近 鉄	.662	550	364
2003	ペタジーニ※	巨 人	.683	331	226	2002	カブレラ	西 武	.756	447	338
2004	ラロッカ	広 島	.677	436	295	2003	カブレラ	西 武	.705	457	322
2005	金本 知憲	阪 神	.615	559	344	2004	松中 信彦	ダイエー	.715	478	342
2006	福留 孝介	中 日	.653	496	324	2005	松中 信彦	ソフトバンク	.663	483	320
2007	高橋 由伸	巨 人	.579	503	291	2006	小笠原道大	日本ハム	.573	496	284
2008	村田 修一	横 浜	.665	489	325	2007	ローズ	オリックス	.603	464	280
2009	阿部慎之助	巨 人	.587	409	240	2008	カブレラ	オリックス	.593	504	299
2010	和田 一浩	中 日	.624	505	315	2009	中村 剛也	西 武	.651	501	326
2011	阿部慎之助※	巨 人	.500	390	195	2010	T-岡田(岡田貴弘)	オリックス	.575	461	265
2012	阿部慎之助	巨 人	.565	467	264	2011	中村 剛也	西 武	.600	525	315
2013	バレンティン	ヤクルト	.779	439	342	2012	ペーニャ	ソフトバンク	.490	461	226
2014	バレンティン	ヤクルト	.587	366	215	2013	浅村 栄斗	西 武	.554	543	301
2015	山田 哲人	ヤクルト	.610	557	340	2014	メヒア	西 武	.581	396	230
2016	筒香 嘉智	DeNA	.680	469	319	2015	柳田 悠岐	ソフトバンク	.631	502	317
2017	ゲレーロ	中 日	.563	469	264	2016	柳田 悠岐	ソフトバンク	.523	428	224
2018	ソト	DeNA	.644	416	268	2017	柳田 悠岐	ソフトバンク	.589	448	264
2019	坂本 勇人	巨 人	.575	555	319	2018	柳田 悠岐	ソフトバンク	.661	475	314
2020	村上 宗隆	ヤクルト	.585	424	248	2019	グラシアル※	ソフトバンク	.595	373	222
						2020	柳田 悠岐	ソフトバンク	.623	427	266

※印は規定打席不足も、野球規則により最高長打率打者となる。

最　高　出　塁　率

セントラル・リーグ

年	選手名	チーム	出塁数	打数	安打	四死球
1967	王　貞治	巨人	276	426	139	137
1968	王　貞治	巨人	275	442	144	131
1969	王　貞治	巨人	272	452	156	116
1970	王　貞治	巨人	263	425	138	125
1971	王　貞治	巨人	246	434	120	126
1972	王　貞治	巨人	249	456	135	114
1973	王　貞治	巨人	280	428	152	128
1974	王　貞治	巨人	294	385	128	166
1975	王　貞治	巨人	236	393	112	124
1976	王　貞治	巨人	257	400	130	127
1977	王　貞治	巨人	272	432	140	132
1978	王　貞治	巨人	247	440	132	115
1979	山本　浩二	広島	220	467	137	83
1980	山本　浩二	広島	240	440	148	92
1981	掛布　雅之	阪神	243	458	156	87
1982	田尾　安志	中日	232	497	174	58
1982	掛布　雅之	阪神	232	464	151	81
1983	山本　浩二	広島	234	462	146	88
1984	谷沢　健一	中日	231	505	166	65

パシフィック・リーグ

年	選手名	チーム	出塁率	打数	安打	四死球
1962	張本　勲	東映	.440	472	157	90
1963	ブルーム	近鉄	.397	439	147	45
1964	張本　勲	東映	.426	461	151	79
1965	スペンサー	阪急	.424	405	126	79
1966	榎本　喜八	東京	.439	476	167	75
1967	張本　勲	東映	.439	414	139	76
1968	張本　勲	東映	.437	363	122	65
1969	張本　勲	東映	.421	480	160	73
1970	張本　勲	東映	.467	459	176	72
1971	江藤　慎一	ロッテ	.414	389	131	51
1972	張本　勲	東映	.434	472	169	72
1973	張本　勲	日拓	.448	441	143	99
1974	張本　勲	日本ハム	.452	406	138	83
1975	小川	近鉄	.383	453	131	78
1976	加藤　秀司	阪急	.383	430	129	58
1977	加藤　秀司	阪急	.405	423	135	61
1978	佐々木　恭介	近鉄	.376	356	133	34
1979	加藤　英司	阪急	.443	448	163	64
1980	栗橋　茂	近鉄	.412	436	143	62
1981	門田　博光	南海	.434	438	137	94
1982	落合　博満	ロッテ	.431	462	150	86
1983	スティーブ	西武	.423	476	153	84
1984	スティーブ	西武	.443	451	156	87

セントラル・リーグ

年	選手名	チーム	出塁率	打数	安打	四死球	犠飛
1985	バース	阪神	.428	497	174	70	3
1986	バース	阪神	.481	453	176	84	4
1987	落合　博満	中日	.435	432	143	83	4
1988	落合　博満	中日	.418	450	132	101	6
1989	クロマティ	巨人	.449	439	166	59	3
1990	落合　博満	中日	.416	458	133	104	8
1991	落合　博満	中日	.473	374	127	99	5
1992	オマリー	阪神	.460	381	124	96	1
1993	オマリー	阪神	.427	434	143	77	4
1994	オマリー	阪神	.429	430	135	90	4
1995	オマリー	ヤクルト	.429	421	127	98	5
1996	江藤　智	広島	.431	388	122	80	1
1997	ローズ	横浜	.444	463	152	102	7
1998	松井　秀喜	巨人	.421	442	142	112	4
1999	ペタジーニ	ヤクルト	.469	452	147	123	1
2000	松井　秀喜	巨人	.438	474	150	108	7
2001	ペタジーニ	ヤクルト	.466	463	149	127	2
2002	松井　秀喜	巨人	.461	500	167	120	3
2003	福留　孝介	中日	.401	428	165	82	6
2004	ラロッカ	広島	.425	436	143	75	2
2005	福留　孝介	中日	.430	515	169	94	3
2006	福留　孝介	中日	.438	496	174	79	3
2007	青木　宣親	ヤクルト	.434	557	193	88	3
2008	内川　聖一	横浜	.416	500	189	35	4
2009	青木　宣親	ヤクルト	.400	531	161	88	4
2010	和田　一浩	中日	.437	505	171	92	5
2011	鳥谷　敬	阪神	.395	500	150	82	5
2012	阿部　慎之助	巨人	.429	467	159	78	8
2013	バレンティン	ヤクルト	.455	439	145	104	4
2014	バレンティン	ヤクルト	.419	366	110	77	3
2015	山田　哲人	ヤクルト	.416	557	183	86	3
2016	坂本　勇人	巨人	.433	488	168	81	6
2017	田中　広輔	広島	.398	565	164	104	4
2018	丸　佳浩	広島	.468	432	132	133	1
2019	鈴木　誠也	広島	.453	499	167	110	3

パシフィック・リーグ

年	選手名	チーム	出塁率	打数	安打	四死球	犠飛
1985	落合　博満	ロッテ	.481	460	169	104	4
1986	落合　博満	ロッテ	.487	417	150	104	1
1987	門田　博光	南海	.428	379	120	76	3
1988	門田　博光	南海	.429	447	139	100	10
1989	松永　浩美	オリックス	.431	470	145	101	0
1990	清原　和博	西武	.454	436	134	120	4
1991	白井　一幸	日本ハム	.428	328	102	68	1
1992	清原　和博	西武	.401	464	134	89	3
1993	辻　発彦	西武	.395	429	137	67	5
1994	イチロー(鈴木一朗)	オリックス	.445	546	210	61	2
1995	イチロー(鈴木一朗)	オリックス	.432	524	179	86	3
1996	イチロー(鈴木一朗)	オリックス	.422	542	193	65	4
1997	鈴木　健	西武	.431	471	147	101	4
1998	片岡　篤史	日本ハム	.435	466	140	114	4
1999	イチロー(鈴木一朗)	オリックス	.412	411	141	52	5
2000	イチロー(鈴木一朗)	オリックス	.460	395	153	58	6
2001	中村　紀洋	近鉄	.434	525	168	108	3
2002	カブレラ	西武	.467	447	150	111	1
2003	小笠原　道大	日本ハム	.473	564	160	98	3
2004	松中　信彦	ダイエー	.464	478	171	96	2
2005	松中　信彦	ソフトバンク	.412	483	152	85	7
2006	松中　信彦	ソフトバンク	.453	447	145	108	4
2007	ローズ	オリックス	.403	464	135	88	2
2008	中島　裕之	西武	.410	486	161	67	3
2009	中島　裕之	西武	.398	560	173	85	3
2010	カブレラ	オリックス	.428	408	135	71	2
2011	糸井　嘉男	日本ハム	.411	489	156	78	2
2012	糸井　嘉男	日本ハム	.404	510	155	86	1
2013	ヘルマン	西武	.418	518	165	52	5
2014	糸井　嘉男	オリックス	.424	502	166	84	4
2015	柳田　悠岐	ソフトバンク	.469	502	182	102	1
2016	柳田　悠岐	ソフトバンク	.446	428	131	108	0
2017	柳田　悠岐	ソフトバンク	.426	448	139	96	7
2018	柳田　悠岐	ソフトバンク	.431	475	167	70	5
2019	近藤　健介	日本ハム	.422	490	148	105	5

記録集

年	選手名	チーム	出塁率	打数	安打	四死球	犠飛	年	選手名	チーム	出塁率	打数	安打	四死球	犠飛
2020	村上 宗隆	ヤクルト	.427	424	130	90	1	2020	近藤 健介	日本ハム	.465	371	126	91	5

(注) セ・リーグ…'67〜'84は最多出塁数＝安打＋四死球＋打撃妨害＋走塁妨害出塁で算出。
パ・リーグ…'62〜'84は（安打＋四死球）÷（打数＋四死球）で算出。'62〜表彰。
'85〜はセ・パ共に、出塁率＝（安打＋四死球）÷（打数＋四死球＋犠飛）で表彰。

最 優 秀 勝 率 投 手

年	選手名	チーム	試合	勝利	敗北	勝率	年	選手名	チーム	試合	勝利	敗北	勝率
1936秋	景浦 将	タイガース	8	6	0	1.000	1942	広瀬 習一	巨人	32	21	6	.778
1937春	沢村 栄治	巨人	30	24	4	.857	1943	藤本 英雄	巨人	56	34	11	.756
〃秋	御園生崇男	タイガース	15	11	0	1.000	1944	若林 忠志	阪神	31	22	4	.846
1938春	御園生崇男	タイガース	16	10	1	.909	1946	藤本 英雄	巨人	31	21	6	.778
〃秋	スタルヒン	巨人	24	19	2	.905	1947	御園生崇男	阪神	30	18	6	.750
1939	若林 忠志	タイガース	48	28	7	.800	1948	別所 昭	南海	42	26	10	.722
1940	須田 博	巨人	55	38	12	.760	1949	藤本 英雄	巨人	39	24	7	.774
1941	森 弘太郎	阪急	48	30	8	.789							

セントラル・リーグ

年	選手名	チーム	試合	勝利	敗北	勝率
1950	大島 信雄	松竹	34	20	4	.833
1951	松田 清	巨人	34	23	3	.885
1952	藤村 隆男	阪神	46	25	6	.806
1953	{大友 工	巨人	43	27	6	.818
	石川 克彦	名古屋	38	18	4	.818
1954	杉下 茂	中日	63	32	12	.727
1955	大友 工	巨人	42	30	6	.833
1956	堀内 庄	巨人	37	14	4	.778
1957	木戸 美摸	巨人	44	17	7	.708
1958	藤田 元司	巨人	58	29	13	.690
1959	藤田 元司	巨人	55	27	11	.711
1960	秋山 登	大洋	59	21	10	.677
1961	伊藤 芳明	巨人	51	13	6	.684
1962	小山 正明	阪神	47	27	11	.711
1963	山中 巽	中日	45	15	6	.714
1964	石川 緑	中日	36	10	3	.769
1965	山中 巽	中日	31	12	2	.857
1966	堀内 恒夫	巨人	33	16	2	.889
1967	堀内 恒夫	巨人	23	12	2	.857
1968	島田源太郎	大洋	41	14	6	.700
1969	高橋 一三	巨人	45	22	5	.815
1970	村山 実	阪神	25	14	3	.824
1971	坂井 勝二	大洋	25	9	4	.692
1972	堀内 恒夫	巨人	48	26	9	.743
1973	倉田 誠	巨人	49	18	9	.667
1974	松本 幸行	中日	40	20	9	.690
1975	星野 仙一	中日	40	17	5	.773
1976	加藤 初	巨人	46	15	4	.789
1977	新浦 寿夫	巨人	44	11	3	.786
1978	鈴木康二朗	ヤクルト	37	13	3	.813
1979	藤沢 公也	中日	33	13	5	.722
1980	福士 敬章	広島	31	20	6	.714
1981	江川 卓	巨人	31	20	6	.769
1982	都 裕次郎	中日	43	16	5	.762
1983	津田 恒美	広島	19	9	3	.750
1984	江川 卓	巨人	28	15	4	.750
1985	北別府 学	広島	35	18	6	.727
1986	北別府 学	広島	30	18	4	.818
1987	川端 順	広島	57	10	2	.833
1988	小野 和義	広島	29	18	4	.818
1989	西本 聖	中日	27	20	5	.800
1990	斎藤 雅樹	巨人	27	20	5	.800

パシフィック・リーグ

年	選手名	チーム	試合	勝利	敗北	勝率
1950	野村 武史	毎日	34	18	4	.818
1951	中谷 信夫	南海	40	14	2	.875
1952	柚木 進	南海	46	19	7	.731
1953	大神 武俊	南海	43	19	8	.704
1954	西村 貞朗	西鉄	46	22	5	.815
1955	中村 大成	南海	51	23	4	.852
1956	植村 義信	毎日	58	19	5	.792
1957	稲尾 和久	西鉄	68	35	6	.854
1958	秋本 祐作	阪急	48	14	4	.778
1959	杉浦 忠	南海	69	38	4	.905
1960	小野 正一	大毎	67	33	11	.750
1961	稲尾 和久	西鉄	78	42	14	.750
1962	皆川 睦男	南海	59	19	4	.826
1963	{田中 勉	西鉄	51	17	8	.680
	森中千香良	西鉄	47	17	8	.680
1964	スタンカ	南海	47	26	7	.788
1965	林 俊彦	南海	33	17	3	.850
1966	皆川 睦男	南海	46	18	7	.720
1967	石井 茂雄	西鉄	36	9	4	.692
1968	村上 雅則	南海	40	18	4	.818
1969	清 俊彦	近鉄	47	18	7	.720
1970	佐々木宏一郎	近鉄	43	17	5	.773
1971	山田 久志	阪急	46	22	6	.786
1972	佐藤 道郎	南海	64	9	3	.750
1973	八木沢荘六	ロッテ	55	7	1	.875
1974	竹村 一義	阪急	36	9	3	.750
1975	{鈴木 啓示	近鉄	33	22	6	.786
	野村 収	日本ハム	37	11	3	.786
1976	山田 久志	阪急	39	26	7	.788
1977	稲葉 光雄	阪急	30	17	6	.739
1978	山田 久志	阪急	35	18	4	.818
1979	山田 久志	阪急	36	21	5	.808
1980	木田 勇	日本ハム	40	22	8	.733
1981	間柴 茂有	日本ハム	27	15	0	1.000
1982	工藤 幹夫	日本ハム	28	20	4	.833
1983	高橋 直樹	西武	25	13	3	.813
1984	石川 賢	ロッテ	27	15	4	.789
1985	郭 泰源	西武	70	19	3	.864
1986	渡辺 久信	西武	39	16	6	.727
1987	工藤 公康	西武	27	15	4	.789
1988	郭 源治	西武	19	13	3	.813
1989	星野 伸之	オリックス	23	15	6	.714

年	選手名	チーム	試合	勝利	敗北	勝率	年	選手名	チーム	試合	勝利	敗北	勝率
1991	北別府 学	広島	25	11	4	.733	1990	野茂 英雄	近鉄	29	18	8	.692
1992	斎藤 雅樹	巨人	25	17	6	.739	1991	工藤 公康	西武	25	16	3	.842
1993	山本 昌広	中日	27	17	5	.773	1992	石井 丈裕	西武	27	15	3	.833
1994	紀藤 真琴	広島	30	16	5	.762	1993	工藤 公康	西武	24	15	3	.833
1995	石井 一久	ヤクルト	26	13	4	.765	1994	郭 泰源	西武	27	15	5	.722
1996	斎藤 雅樹	巨人	25	16	4	.800	1995	平井 正史※	オリックス	53	15	5	.750
1997	三浦 大輔	横浜	26	10	3	.769	1996	星野 伸之	オリックス	22	13	5	.722
1998	桑田 真澄	巨人	25	16	5	.762	1997	西口 文也	西武	32	15	5	.750
1999	上原 浩治	巨人	25	20	4	.833	1998	黒木 知宏	ロッテ	31	13	9	.591
2000	工藤 公康	巨人	21	12	5	.706	1999	篠原 貴行※	ダイエー	60	14	1	.933
2001	入来 祐作	巨人	27	13	4	.765	2000	小野 晋吾	ロッテ	26	13	5	.722
2002	上原 浩治	巨人	26	17	5	.773	2001	田之上慶三郎	ダイエー	29	13	7	.650
2003	井川 慶	阪神	29	20	5	.800	2002	パウエル	近鉄	32	17	10	.630
2004	上原 浩治	巨人	22	13	6	.722	2003	斉藤 和巳	ダイエー	26	20	3	.870
2005	安藤 優也	阪神	24	11	5	.688	2004	岩隈 久志	近鉄	21	15	2	.882
2006	川上 憲伸	中日	29	17	7	.708	2005	斉藤 和巳	ソフトバンク	22	16	1	.941
2007	高橋 尚成	巨人	28	14	4	.778	2006	斉藤 和巳	ソフトバンク	26	18	5	.783
2008	館山 昌平	ヤクルト	24	12	3	.800	2007	成瀬 善久	ロッテ	24	16	1	.941
2009	ゴンザレス	巨人	23	15	2	.882	2008	岩隈 久志	楽天	28	21	4	.840
2010	久保 康友	阪神	29	14	5	.737	2009	ダルビッシュ有	日本ハム	23	15	5	.750
2011	吉見 一起	中日	26	18	3	.857	2009	杉内 俊哉	ソフトバンク	26	15	5	.750
2012	杉内 俊哉	巨人	24	12	4	.750	2010	杉内 俊哉	ソフトバンク	27	16	7	.696
2013	小川 泰弘	ヤクルト	27	16	4	.800	2011	田中 将大	楽天	27	19	5	.792
2014	山井 大介	中日	27	13	5	.722	2012	攝津 正	ソフトバンク	27	17	5	.773
2015	マイコラス	巨人	21	13	3	.813	2013	田中 将大	楽天	28	24	0	1.000
2016	野村 祐輔	広島	25	16	3	.842	2014	岸 孝之	西武	23	13	4	.765
2017	薮田 和樹※	広島	38	15	3	.833	2015	大谷 翔平	日本ハム	22	15	5	.750
2018	大瀬良大地	広島	27	15	7	.682	2016	和田 毅	ソフトバンク	24	15	5	.750
2019	山口 俊	巨人	26	15	4	.789	2017	千賀 滉大	ソフトバンク	22	13	4	.765
2020	菅野 智之	巨人	26	14	2	.875	2018	ボルシンガー※	ロッテ	20	13	2	.867
							2019	山岡 泰輔	オリックス	26	13	4	.765
							2020	石川 柊太※	ソフトバンク	18	11	3	.786

(セ・リーグは'72まで表彰。'13〜は13勝以上の勝率第1位投手として表彰。'20は10勝以上の勝率第1位投手として表彰。)

(パ・リーグは'86〜は13勝以上の勝率第1位投手で、'50〜'53と'02〜'12は最優秀投手、'54〜'01、'13〜は勝率第1位投手として表彰。'20は10勝以上の勝率第1位投手として表彰。)

(注) ※印は規定投球回未満

最 優 秀 防 御 率 投 手

年	選手名	チーム	試合	投球回	自責点	防御率	年	選手名	チーム	試合	投球回	自責点	防御率
1936秋	景浦 将	タイガース	8	57	5	0.79	1942	林 安夫	朝日	71	541⅓	61	1.01
1937春	沢村 栄治	巨人	30	244	22	0.81	1943	藤本 英雄	巨人	56	432⅔	35	0.73
〃秋	西村 幸生	タイガース	19	182⅓	30	1.48	1944	若林 忠志	阪神	31	248	43	1.56
1938春	西村 幸生	タイガース	19	129⅓	22	1.52	1946	藤本 英雄	巨人	31	217⅓	51	2.11
〃秋	スタルヒン	巨人	24	197⅔	23	1.05	1947	白木義一郎	東急	59	439	85	1.74
1939	若林 忠志	タイガース	48	330	40	1.09	1948	中尾 碩志	巨人	47	343	70	1.84
1940	野口 二郎	翼	57	387	40	0.93	1949	藤本 英雄	巨人	39	288	62	1.94
1941	野口 二郎	大洋	48	338	33	0.88							

セントラル・リーグ　　　　　　　　　　パシフィック・リーグ

年	選手名	チーム	試合	投球回	自責点	防御率	年	選手名	チーム	試合	投球回	自責点	防御率
1950	大島 信雄	松竹	34	225⅓	51	2.03	1950	荒巻 淳	毎日	48	274⅔	63	2.06
1951	松田 清	巨人	38	227⅔	51	2.01	1951	柚木 進※	南海	36	198⅓	43	1.95
1952	梶岡 忠義	阪神	38	257⅔	49	1.71	1952	柚木 進	南海	40	193	41	1.91
1953	大友 工	巨人	43	281⅓	58	1.85	1953	川崎 徳次	西鉄	47	294⅓	65	1.98
1954	杉下 茂	中日	43	395⅓	61	1.39	1954	宅和 本司	南海	60	329⅔	58	1.58
1955	別所 毅彦	巨人	50	312	46	1.33	1955	中川 隆	毎日	49	229	53	2.08
1956	渡辺 省三	阪神	52	260⅓	42	1.45	1956	稲尾 和久	西鉄	61	262⅓	31	1.06
1957	金田 正一	国鉄	61	353	64	1.63	1957	稲尾 和久	西鉄	68	373⅔	57	1.37
1958	金田 正一	国鉄	56	332⅓	48	1.30	1958	稲尾 和久	西鉄	72	373	59	1.42

年	選手名	チーム	試合	投球回	自責点	防御率
1959	村山　実	阪神	54	295⅓	39	1.19
1960	秋山　登	大洋	59	262⅓	51	1.75
1961	権藤　博	中日	69	429⅓	81	1.70
1962	村山　実	阪神	57	366⅓	49	1.20
1963	柿本　実	中日	48	260	49	1.70
1964	バッキー	阪神	46	353⅓	74	1.89
1965	金田　正一	巨人	28	141⅔	29	1.84
1966	堀内　恒夫	巨人	33	181	28	1.39
1967	権藤　正利	阪神	40	135	21	1.40
1968	外木場義郎	広島	45	302⅓	65	1.94
1969	江夏　豊	阪神	44	258⅓	52	1.81
1970	村山　実	阪神	25	156	17	0.98
1971	藤本　和宏	広島	43	157⅔	30	1.71
1972	安田　猛	ヤクルト	50	168⅔	39	2.08
1973	安田　猛	ヤクルト	53	208⅔	47	2.02
1974	関本四十四	巨人	37	162	41	2.28
1975	安仁屋宗八	阪神	66	140⅔	30	1.91
1976	鈴木　孝政	中日	60	148⅓	49	2.98
1977	新浦　寿夫	巨人	44	136	35	2.32
1978	新浦　寿夫	巨人	63	189	59	2.81
1979	平松　政次	大洋	30	196	52	2.39
1980	松岡　弘	ヤクルト	29	157	41	2.35
1981	江川　卓	巨人	31	240⅓	61	2.29
1982	斉藤　明夫	大洋	56	134⅔	31	2.07
1983	福間　納	阪神	69	130⅔	38	2.62
1984	小林　誠二	広島	55	130⅔	32	2.20
1985	小松　辰雄	中日	33	210⅓	62	2.65
1986	北別府　学	広島	30	230	62	2.43
1987	桑田　真澄	巨人	28	207⅔	50	2.17
1988	大野　豊	広島	24	185	35	1.70
1989	斎藤　雅樹	巨人	30	245	44	1.62
1990	斎藤　雅樹	巨人	27	224	54	2.17
1991	佐々岡真司	広島	33	240	65	2.44
1992	盛田　幸妃	大洋	52	131⅔	30	2.05
1993	山本　昌広	中日	27	188⅓	43	2.05
1994	郭　源治	中日	21	139⅓	38	2.45
1995	ブロス	ヤクルト	32	162⅓	42	2.33
1996	斎藤　雅樹	巨人	25	187	49	2.36
1997	大野　豊	広島	23	135⅔	43	2.85
1998	野口　茂樹	中日	27	192	50	2.34
1999	上原　浩治	巨人	25	197⅔	46	2.09
2000	石井　一久	ヤクルト	29	183	53	2.61
2001	野口　茂樹	中日	26	193⅔	53	2.46
2002	桑田　真澄	巨人	23	158⅓	39	2.22
2003	井川　慶	阪神	29	206	64	2.80
2004	上原　浩治	巨人	22	163	47	2.60
2005	三浦　大輔	横浜	28	214⅔	60	2.52
2006	黒田　博樹	広島	26	189⅓	39	1.85
2007	高橋　尚成	巨人	28	186⅔	57	2.75
2008	石川　雅規	ヤクルト	30	195	58	2.68
2009	チェン	中日	24	164	28	1.54
2010	前田　健太	広島	28	215⅔	53	2.21
2011	吉見　一起	中日	26	190⅔	35	1.65
2012	前田　健太	広島	29	206⅓	35	1.53
2013	前田　健太	広島	26	175⅔	41	2.10
2014	菅野　智之	巨人	23	158⅔	41	2.33
2015	ジョンソン	広島	28	194⅓	40	1.85
2016	菅野　智之	巨人	26	183⅓	41	2.01
2017	菅野　智之	巨人	25	187⅓	33	1.59
2018	菅野　智之	巨人	28	202	48	2.14
2019	大野　雄大	中日	25	177⅔	51	2.58
2020	大野　雄大	中日	20	148⅔	30	1.82

年	選手名	チーム	試合	投球回	自責点	防御率
1959	杉浦　忠	南海	69	371⅓	58	1.40
1960	小野　正一	大毎	67	304	67	1.98
1961	稲尾　和久	西鉄	78	404	76	1.69
1962	久保田　治	東映	43	190⅔	45	2.12
1963	久保　征弘	近鉄	62	251⅔	66	2.36
1964	妻島　芳郎	東京	56	151⅓	36	2.15
1965	三浦　清弘	南海	41	178⅓	31	1.57
1966	稲尾　和久	西鉄	54	185⅔	37	1.79
1967	足立　光宏	阪急	43	268	52	1.75
1968	皆川　睦男	南海	56	352⅓	63	1.61
1969	木樽　正明	ロッテ	51	162	31	1.72
1970	佐藤　道郎	南海	55	144⅔	33	2.05
1971	山田　久志	阪急	46	270	71	2.37
1972	清　俊彦	近鉄	45	236⅓	62	2.36
1973	米田　哲也	阪急	32	175⅓	48	2.47
1974	佐藤　道郎	南海	68	131⅔	28	1.91
1975	村田　兆治	ロッテ	39	191⅔	47	2.20
1976	村田　兆治	ロッテ	46	257⅓	52	1.82
1977	山田　久志	阪急	44	240⅔	61	2.28
1978	鈴木　啓示	近鉄	37	294⅓	66	2.02
1979	山口　哲治	近鉄	36	148⅓	41	2.49
1980	木田　勇	日本ハム	40	253	64	2.28
1981	岡部　憲章	日本ハム	27	130	39	2.70
1982	高橋　里志	日本ハム	29	132	27	1.84
1983	東尾　修	西武	32	213	69	2.92
1984	今井雄太郎	阪急	32	218	71	2.93
1985	工藤　公康	西武	34	137	42	2.76
1986	佐藤　義則	阪急	21	162	51	2.83
1987	工藤　公康	西武	27	223⅔	60	2.41
1988	河野　博文	日本ハム	46	144	38	2.38
1989	村田　兆治	ロッテ	22	179⅔	50	2.50
1990	野茂　英雄	近鉄	29	235	76	2.91
1991	渡辺　智男	西武	22	157	41	2.35
1992	赤堀　元之	近鉄	50	130	26	1.80
1993	工藤　公康	西武	24	170	39	2.06
1994	新谷　博	西武	41	130	42	2.91
1995	伊良部秀輝	ロッテ	28	203	57	2.53
1996	伊良部秀輝	ロッテ	23	157⅓	42	2.40
1997	小宮山　悟	ロッテ	27	187⅔	52	2.49
1998	金村　暁	日本ハム	31	135	41	2.73
1999	工藤　公康	ダイエー	26	196⅓	52	2.38
2000	戎　信行	オリックス	21	135	49	3.27
2001	ミンチー	ロッテ	30	204⅓	74	3.26
2002	金田　政彦	オリックス	23	140⅔	39	2.50
2003	斉藤　和巳	ダイエー	26	194	61	2.83
2003	松坂　大輔	西武	29	194	61	2.83
2004	松坂　大輔	西武	23	146	47	2.90
2005	杉内　俊哉	ソフトバンク	26	196⅔	46	2.11
2006	斉藤　和巳	ソフトバンク	26	201	39	1.75
2007	成瀬　善久	ロッテ	24	173⅓	35	1.82
2008	岩隈　久志	楽天	28	201⅔	42	1.87
2009	ダルビッシュ有	日本ハム	23	182	35	1.73
2010	ダルビッシュ有	日本ハム	26	202	40	1.78
2011	田中　将大	楽天	27	226⅓	32	1.27
2012	吉川　光夫	日本ハム	25	173⅔	33	1.71
2013	田中　将大	楽天	28	212	30	1.27
2014	金子　千尋	オリックス	26	191	42	1.98
2015	大谷　翔平	日本ハム	22	160⅔	40	2.24
2016	石川　歩	ロッテ	23	162⅓	39	2.16
2017	菊池　雄星	西武	26	187⅔	41	1.97
2018	岸　孝之	楽天	23	159	48	2.72
2019	山本　由伸	オリックス	20	143	31	1.95
2020	千賀　滉大	ソフトバンク	18	121	29	2.16

(注)　'37秋～'63は⅓、⅔はすべて切り上げ1回として計算、'36、'64～'82は⅓を切り捨て、⅔を切り上げ1回として計算、'37春および'83より⅓、⅔の端数まで計算。

※'51の1位は、投球回数155、自責点35、防御率2.03の服部武夫（南海）であるが、同年に限り採用された資格投球回数算定法による標準回数が、南海の場合164となり、服部はこの投球回数に達しなかったため柚木となった。

最　多　勝　利　投　手

年	選手名	チーム	試合	勝利	敗北
1936秋	沢村 栄治	巨人	15	13	2
1937春	沢村 栄治	巨人	30	24	4
〃 秋	西村 幸生	タイガース	25	15	3
	スタルヒン	巨人	26	15	7
	野口 明	セネタース	33	15	15
1938春	スタルヒン	巨人	24	14	3
〃 秋	スタルヒン	巨人	24	19	2
1939	スタルヒン	巨人	68	42	15
1940	須田 博	巨人	55	38	12

年	選手名	チーム	試合	勝利	敗北
1941	森 弘太郎	阪急	48	30	8
1942	野口 二郎	大洋	66	40	17
1943	藤本 英雄	巨人	56	34	11
1944	若林 忠志	阪神	31	22	4
1946	白木 義一郎	セネタース	59	30	22
1947	別所 昭	南海	55	30	19
1948	川崎 徳次	巨人	47	27	15
	中尾 碩志	巨人	47	27	12
1949	スタルヒン	大映	52	27	17

セントラル・リーグ

年	選手名	チーム	試合	勝利	敗北
1950	真田 重男	松竹	61	39	12
1951	杉下 茂	名古屋	58	28	13
1952	別所 毅彦	巨人	52	33	13
1953	大友 工	巨人	43	27	6
1954	杉下 茂	中日	63	32	12
1955	大友 工	巨人	42	30	12
	長谷川良平	広島	54	30	17
1956	別所 毅彦	巨人	54	27	15
1957	金田 正一	国鉄	61	28	16
1958	金田 正一	国鉄	56	31	14
1959	藤本 元司	巨人	55	27	11
1960	堀本 律雄	巨人	69	29	18
1961	権藤 博	中日	69	35	19
1962	権藤 博	中日	61	30	17
1963	金田 正一	国鉄	53	30	17
1964	バッキー	阪神	46	29	9
1965	村山 実	阪神	39	25	13
1966	村山 実	阪神	38	24	9
1967	小川健太郎	中日	55	29	12
1968	江夏 豊	阪神	49	25	12
1969	高橋 一三	巨人	45	22	5
1970	平松 政次	大洋	51	25	19
1971	平松 政次	大洋	43	17	13
1972	堀内 恒夫	巨人	48	26	9
1973	江夏 豊	阪神	53	24	13
1974	松本 幸行	中日	40	20	7
	金城 基泰	広島	44	20	15
1975	外木場義郎	広島	41	20	13
1976	池谷公二郎	広島	51	20	20
1977	高橋 里志	広島	44	20	14
1978	野村 収	大洋	44	17	11
1979	小林 繁	阪神	37	22	9
1980	江川 卓	巨人	34	16	12
1981	江川 卓	巨人	31	20	6
1982	北別府 学	広島	36	20	8
1983	遠藤 一彦	大洋	36	18	9
1984	遠藤 一彦	大洋	38	17	17
1985	小松 辰雄	中日	33	17	8
1986	北別府 学	広島	30	18	4
1987	小松 辰雄	中日	29	17	4
1988	小野 和幸	中日	29	18	4
	伊東 昭光※	ヤクルト	55	18	9
1989	斎藤 雅樹	巨人	30	20	7
	西本 聖	中日	30	20	6
1990	斎藤 雅樹	巨人	27	20	5
1991	佐々岡真司	広島	33	17	7
1992	斎藤 雅樹	巨人	25	17	6
1993	今中 慎二	中日	31	17	7
	山本 昌広	中日	27	17	5
	野村 弘樹	横浜	28	17	6

パシフィック・リーグ

年	選手名	チーム	試合	勝利	敗北
1950	荒巻 淳	毎日	48	26	8
1951	江藤 正	南海	45	24	5
1952	野口 正明	西鉄	45	23	12
1953	川崎 徳次	西鉄	47	24	15
1954	宅和 本司	南海	60	26	9
	田中 文雄	近鉄	47	26	15
1955	宅和 本司	南海	58	24	11
1956	三浦 方義	大映	61	29	14
1957	稲尾 和久	西鉄	68	35	6
1958	稲尾 和久	西鉄	72	33	10
1959	杉浦 忠	南海	69	38	4
1960	小野 正一	大毎	67	33	11
1961	稲尾 和久	西鉄	78	42	14
1962	久保 征弘	近鉄	66	28	21
1963	稲尾 和久	西鉄	74	28	16
1964	小山 正明	東京	53	30	12
1965	尾崎 行雄	東映	61	27	12
1966	米田 哲也	阪急	55	25	17
1967	池永 正明	西鉄	54	23	14
1968	皆川 睦男	南海	56	31	10
1969	鈴木 啓示	近鉄	46	24	13
1970	成田 文男	ロッテ	38	25	8
1971	木樽 正明	ロッテ	47	24	8
1972	山田 久志	阪急	43	20	8
	金田 留広	東映	51	20	12
1973	成田 文男	ロッテ	52	21	10
1974	金田 留広	ロッテ	36	16	7
1975	東尾 修	太平洋	54	23	15
1976	山田 久志	阪急	39	26	7
1977	鈴木 啓示	近鉄	39	21	12
1978	鈴木 啓示	近鉄	37	25	10
1979	山田 久志	阪急	37	21	9
1980	木田 勇	日本ハム	40	22	8
1981	今井雄太郎	阪急	36	19	15
	村田 兆治	ロッテ	32	19	8
1982	工藤 幹夫	日本ハム	28	20	4
1983	東尾 修	西武	32	18	9
	山内 和宏	南海	35	18	10
1984	今井雄太郎	阪急	32	21	9
1985	佐藤 義則	阪急	35	21	11
1986	渡辺 久信	西武	39	16	6
1987	山沖 之彦	阪急	32	19	10
	渡辺 久信	西武	28	15	7
1988	西崎 幸広	日本ハム	29	15	11
	松浦 宏明	日本ハム	36	15	5
1989	阿波野秀幸	近鉄	29	19	8
1990	渡辺 智男	西武	29	18	10
1991	野茂 英雄	近鉄	31	18	8
1992	野茂 英雄	近鉄	30	18	8

年	選手名	チーム	試合	勝利	敗北
1994	山本　昌広	中日	29	19	8
1995	斎藤　雅樹	巨人	28	18	10
1996	ガルベス	巨人	28	16	6
1996	斎藤　雅樹	巨人	25	16	4
1997	山本　昌広	中日	29	18	7
1998	川崎憲次郎	ヤクルト	29	17	10
1999	上原　浩治	巨人	25	20	4
2000	パンチ	巨人	27	14	8
2001	藤井　秀悟	ヤクルト	27	14	8
2001	上原　浩治	巨人	26	17	5
2002	ホッジス	ヤクルト	32	17	8
2003	井川　慶	阪神	29	20	5
2004	川上　憲伸	中日	27	17	7
2005	下柳　剛※	阪神	24	15	3
2005	黒田　博樹	広島	29	15	12
2006	川上　憲伸	中日	27	17	7
2007	グライシンガー	ヤクルト	30	16	8
2008	グライシンガー	巨人	31	17	9
2009	吉見　一起	中日	27	16	7
2009	館山　昌平	ヤクルト	27	16	6
2010	前田　健太	広島	28	15	8
2011	吉見　一起	中日	26	18	3
2011	内海　哲也	巨人	28	18	5
2012	内海　哲也	巨人	28	15	6
2013	小川　泰弘	ヤクルト	26	16	4
2014	メッセンジャー	阪神	31	13	10
2014	山井　大介	中日	27	13	5
2015	前田　健太	広島	29	15	8
2016	野村　祐輔	広島	25	16	5
2017	菅野　智之	巨人	25	17	5
2018	大瀬良大地	広島	27	15	7
2018	菅野　智之	巨人	25	15	8
2019	山口　俊	巨人	26	15	4
2020	菅野　智之	巨人	20	14	2

（セ・リーグは'73～表彰。）
（注）※印は規定投球回未満

年	選手名	チーム	試合	勝利	敗北
1993	野田　浩司	オリックス	26	17	5
1993	野茂　英雄	近鉄	32	17	12
1994	伊良部秀輝	ロッテ	27	15	10
1995	グロス	日本ハム	31	16	13
1996	グロス	日本ハム	28	17	9
1997	西口　文也	西武	32	15	5
1997	小池　秀郎	近鉄	25	15	6
1998	西口　文也	西武	33	13	12
1998	武田　一浩	ダイエー	28	13	10
1998	黒木　知宏	ロッテ	31	13	9
1999	松坂　大輔	西武	25	16	5
2000	松坂　大輔	西武	27	14	7
2001	松坂　大輔	西武	33	15	15
2002	パウエル	近鉄	32	17	10
2003	斉藤　和巳	ダイエー	26	20	3
2004	岩隈　久志	近鉄	21	15	3
2005	杉内　俊哉	ソフトバンク	26	18	4
2006	斉藤　和巳	ソフトバンク	26	18	5
2007	涌井　秀章	西武	28	17	10
2008	岩隈　久志	楽天	28	21	4
2009	涌井　秀章	西武	27	16	6
2010	和田　毅	ソフトバンク	26	17	8
2010	金子　千尋	オリックス	30	17	8
2011	ホールトン	ソフトバンク	26	19	5
2011	田中　将大	楽天	27	19	5
2012	攝津　正	ソフトバンク	27	17	5
2013	田中　将大	楽天	28	24	0
2014	金子　千尋	オリックス	26	16	5
2015	大谷　翔平	日本ハム	22	15	5
2015	涌井　秀章	ロッテ	27	15	9
2016	和田　毅	ソフトバンク	24	15	5
2017	東浜　巨	ソフトバンク	24	16	5
2018	菊池　雄星	西武	23	16	5
2019	多和田真三郎	西武	26	16	5
2020	有原　航平	日本ハム	24	15	8
2020	石川　柊太※	ソフトバンク	18	11	1
2020	千賀　滉大	ソフトバンク	18	11	1
2020	涌井　秀章	楽天	20	11	4

（パ・リーグは'59～表彰。）

最 多 セ ー ブ 投 手

（1974年制定）

セントラル・リーグ

年	選手名	チーム	試合	セーブ
1974	星野　仙一	中日	49	10
1975	鈴木　孝政	中日	67	21
1976	鈴木　孝政	中日	60	26
1977	新浦　寿夫	巨人	44	9
1977	鈴木　孝政	中日	57	9
1977	山本　和行	阪神	58	9
1978	新浦　寿夫	巨人	63	15
1979	江夏　豊	広島	55	22
1980	江夏　豊	広島	53	21
1981	角　三男	巨人	51	20
1982	斉藤　明夫	大洋	56	30
1983	斉藤　明夫	大洋	54	22
1984	牛島　和彦	中日	50	29
1985	中西　清起	阪神	63	19
1986	斉藤　明夫	大洋	44	23
1987	郭　源治	中日	59	26
1988	郭　源治	中日	61	37
1989	津田　恒実	広島	51	28

パシフィック・リーグ

年	選手名	チーム	試合	セーブ
1974	佐藤　道郎	南海	68	13
1975	村田　兆治	ロッテ	39	13
1976	佐藤　道郎	南海	54	16
1977	江夏　豊	南海	41	19
1978	山口　高志	阪急	42	14
1979	金城　基泰	南海	53	16
1980	倉持　明	ロッテ	39	18
1981	江夏　豊	日本ハム	45	25
1982	江夏　豊	日本ハム	55	29
1983	森　繁和	西武	59	34
1983	江夏　豊	日本ハム	51	34
1984	鈴木康二朗	近鉄	46	18
1985	鈴木康二朗	近鉄	47	12
1986	石本　貴昭	近鉄	64	32
1987	牛島　和彦	ロッテ	41	24
1988	牛島　和彦	ロッテ	38	25
1989	井上　祐二	ダイエー	57	16
1990	鹿取　義隆	西武	37	24

年	選手名	チーム	試合	セーブ		年	選手名	チーム	試合	セーブ
1990	与田 剛	中日	50	31		1991	武田 一浩	日本ハム	41	18
1991	大野 豊	広島	37	26		1992	赤堀 元之	近鉄	50	22
1992	大野 豊	広島	42	26		1993	赤堀 元之	近鉄	46	26
1993	石毛 博史	巨人	48	30		1994	赤堀 元之	近鉄	45	24
1994	{石毛 博史	巨人	45	19		1995	平井 正史	オリックス	53	27
	高津 臣吾	ヤクルト	47	19		1996	成本 年秀	ロッテ	45	23
1995	佐々木主浩	横浜	47	32		1997	河本 育之	ロッテ	49	25
1996	佐々木主浩	横浜	39	25		1998	大塚 晶文	近鉄	49	35
1997	{佐々木主浩	横浜	49	38		1999	ウォーレン	ロッテ	49	30
	宣 銅烈	中日	43	38		2000	ペドラザ	ダイエー	51	35
1998	佐々木主浩	横浜	51	45		2001	ペドラザ	ダイエー	54	34
1999	高津 臣吾	ヤクルト	40	30		2002	豊田 清	西武	57	38
2000	ギャラード	中日	51	35		2003	豊田 清	西武	55	28
2001	高津 臣吾	ヤクルト	52	37		2004	{三瀬 幸司	ダイエー	58	28
2002	ギャラード	中日	47	34			横山 道哉	日本ハム	58	28
2003	高津 臣吾	ヤクルト	44	34		2005	小林 雅英	ロッテ	46	29
2004	五十嵐亮太	ヤクルト	66	37		2006	MICHEAL(中村マイケル)	日本ハム	64	39
2005	岩瀬 仁紀	中日	60	46		2007	馬原 孝浩	ソフトバンク	54	33
2006	岩瀬 仁紀	中日	56	40		2008	加藤 大輔	オリックス	63	33
2007	藤川 球児	阪神	71	46		2009	武田 久	日本ハム	55	34
2008	クルーン	巨人	61	41		2010	シコースキー	西武	58	33
2009	岩瀬 仁紀	中日	54	41		2011	武田 久	日本ハム	53	37
2010	岩瀬 仁紀	中日	54	42		2012	武田 久	日本ハム	56	32
2011	藤川 球児	阪神	56	41		2013	益田 直也	ロッテ	68	33
2012	{岩瀬 仁紀	中日	54	33		2014	平野 佳寿	オリックス	62	40
	バーネット	ヤクルト	57	33		2015	サファテ	ソフトバンク	65	41
2013	西村健太朗	巨人	71	42		2016	サファテ	ソフトバンク	64	43
2014	呉 昇桓	阪神	64	39		2017	サファテ	ソフトバンク	66	54
2015	{バーネット	ヤクルト	59	41		2018	森 唯斗	ソフトバンク	66	37
	呉 昇桓	阪神	63	41		2019	松井 裕樹	楽天	68	38
2016	澤村 拓一	巨人	63	37		2020	増田 達至	西武	48	33
2017	ドリス	阪神	63	37						
2018	山﨑 康晃	DeNA	57	37						
2019	山﨑 康晃	DeNA	61	30						
2020	スアレス	阪神	51	25						

（パ・リーグは'74～'76と'05～表彰。但し、'74～'76は10セーブ以上。）

（セ・リーグは'74、'75と'05～表彰。但し、'74、'75は10セーブ以上。）

最 優 秀 救 援 投 手

セーブポイント＝セーブ＋救援勝利

セントラル・リーグ（1976年制定）　　　　パシフィック・リーグ（1977年制定）

年	選手名	チーム	試合	セーブ	救援勝	セーブポイント		年	選手名	チーム	試合	セーブ	救援勝	セーブポイント
1976	鈴木 孝政	中日	60	26	6	32		1977	江夏 豊	南海	41	19	3	22
1977	鈴木 孝政	中日	57	9	14	23		1978	山口 高志	阪急	42	14	12	26
1978	新浦 寿夫	巨人	63	15	10	25		1979	金城 基泰	南海	53	16	4	20
1979	江夏 豊	広島	55	22	9	31		1980	金城 基泰	南海	31	13	6	19
1980	江夏 豊	広島	53	21	9	30		1981	江夏 豊	日本ハム	45	25	3	28
1981	角 三男	巨人	51	20	8	28		1982	江夏 豊	日本ハム	55	29	8	37
1982	山本 和行	阪神	63	26	14	40		1983	森 繁和	西武	59	34	5	39
1983	斉藤 明夫	大洋	54	22	10	32		1984	山沖 之彦	阪急	48	15	10	25
1984	山本 和行	阪神	52	24	10	34		1985	石本 貴昭	近鉄	70	19	6	26
1985	中西 清起	阪神	63	19	11	30		1986	石本 貴昭	近鉄	64	32	8	40
1986	斉藤 明夫	大洋	44	23	5	28		1987	牛島 和彦	ロッテ	41	24	2	26
1987	郭 源治	中日	59	26	4	30		1988	吉井 理人	近鉄	50	24	10	34
1988	郭 源治	中日	61	37	7	44		1989	井上 祐二	ダイエー	57	21	6	27
1989	津田 恒実	広島	51	28	12	40		1990	鹿取 義隆	西武	37	24	3	27
1990	与田 剛	中日	37	26	6	32		1991	武田 一浩	日本ハム	41	18	4	22
1991	大野 豊	広島	37	26	6	32		1992	赤堀 元之	近鉄	50	22	10	32
1992	佐々木主浩	大洋	53	21	12	33		1993	赤堀 元之	近鉄	46	26	6	32

年	選手名	チーム	試合	セーブ	救援勝	セーブポイント		年	選手名	チーム	試合	セーブ	救援勝	セーブポイント
1993	石毛 博史	巨　人	48	30	6	36		1994	赤堀 元之	近　鉄	45	24	9	33
1994	高津 臣吾	ヤクルト	47	19	8	27		1995	平井 正史	オリックス	53	27	15	42
1995	佐々木主浩	横　浜	47	32	7	39		1996	赤堀 元之	近　鉄	44	21	9	30
1996	佐々木主浩	横　浜	39	25	4	29			成本 年秀	ロッテ	45	23	7	30
1997	佐々木主浩	横　浜	49	38	3	41		1997	赤堀 元之	近　鉄	57	23	10	33
1998	佐々木主浩	横　浜	51	45	1	46		1998	大塚 晶文	近　鉄	49	28	3	31
1999	高津 臣吾	ヤクルト	40	30	1	31		1999	ウォーレン	ロッテ	49	30	1	31
2000	ギャラード	中　日	51	35	1	36		2000	ペドラザ	ダイエー	51	35	3	38
2001	高津 臣吾	ヤクルト	52	37	0	37		2001	ペドラザ	ダイエー	54	34	4	38
2002	ギャラード	中　日	47	34	1	35		2002	豊田 清	西　武	57	38	6	44
2003	高津 臣吾	ヤクルト	44	34	2	36		2003	豊田 清	西　武	58	38	2	40
2004	五十嵐亮太	ヤクルト	66	37	5	42		2004	三瀬 幸司	ダイエー	55	38	4	32
									横山 道哉	日本ハム	58	28	4	32

（セ・リーグは'76〜'04に表彰。）

（パ・リーグは'77〜'04に表彰。）

最 優 秀 中 継 ぎ 投 手

（1996年制定）

ホールドポイント（HP）＝ホールド＋救援勝利（2005年から採用）

セントラル・リーグ　　パシフィック・リーグ

年	選手名	チーム	試合	リリーフポイント		年	選手名	チーム	試合	ホールド
1996	河野 博文	巨　人	36	12.45		1996	島崎 毅	日本ハム	54	16
1997	島田 直也	横　浜	59	24.75		1997	橋本 武広	西　武	68	25
1998	落合 英二	中　日	50	19.70		1998	吉田 修司	ダイエー	63	21
1999	岩瀬 仁紀	中　日	65	28.15		1999	藤井 将雄	ダイエー	59	26
2000	岩瀬 仁紀	中　日	58	26.20		2000	藤田 宗一	ロッテ	70	19
2001	木塚 敦志	横　浜	69	28.40		2001	吉田 修司	ダイエー	68	19
2002	石井 弘寿	ヤクルト	69	35.50		2002	森 慎二	西　武	71	32
2003	岩瀬 仁紀	中　日	58	31.15		2003	森 慎二	西　武	61	26
2004	岡本 真也	中　日	63	24.80		2004	建山 義紀	日本ハム	41	13

年	選手名	チーム	試合	HP		年	選手名	チーム	試合	HP
2005	藤川 球児	阪　神	80	53		2005	菊地原 毅	オリックス	71	36
2006	藤川 球児	阪　神	63	35		2006	武田 久	日本ハム	75	45
	加藤 武治	横　浜	65	35		2007	薮田 安彦	ロッテ	58	38
2007	久保田智之	阪　神	90	55		2008	川﨑 雄介	ロッテ	65	31
2008	久保田智之	阪　神	69	37		2009	攝津 正	ソフトバンク	70	39
2009	山口 鉄也	巨　人	73	44		2010	攝津 正	ソフトバンク	71	42
2010	浅尾 拓也	中　日	72	59			ファルケンボーグ	ソフトバンク	60	42
2011	浅尾 拓也	中　日	79	52		2011	平野 佳寿	オリックス	72	49
2012	山口 鉄也	巨　人	72	47		2012	増井 浩俊	日本ハム	73	50
2013	マシソン	巨　人	63	42		2013	佐藤 達也	オリックス	67	42
	山口 鉄也	巨　人	64	42		2014	佐藤 達也	オリックス	67	48
2014	福原 忍	阪　神	60	42		2015	増田 達至	西　武	72	42
2015	福原 忍	阪　神	61	39		2016	宮西 尚生	日本ハム	58	42
2016	マシソン	巨　人	70	49		2017	岩嵜 翔	ソフトバンク	72	46
2017	桑原謙太朗	阪　神	67	43		2018	宮西 尚生	日本ハム	55	41
	マテオ	阪　神	63	43		2019	宮西 尚生	日本ハム		44
2018	近藤 一樹	ヤクルト	74	42		2020	モイネロ	ソフトバンク	50	40
2019	ロドリゲス	中　日	64	44						
2020	祖父江大輔	中　日	54	30						
	福 敬登	中　日	53	30						
	清水 昇	ヤクルト	52	30						

（セ・リーグは'96〜'00特別賞、'01〜表彰。）

（パ・リーグは'96〜表彰。）

最多三振奪取投手

年	選手名	チーム	試合	投球回	奪三振
1936秋	内藤　幸三	金鯱	24	133⅔	139
1937春	沢村　栄治	巨人	30	244	196
〃秋	沢村　栄治	巨人	20	140	129
1938春	亀田　忠	イーグルス	29	187⅔	137
〃秋	スタルヒン	巨人	24	197⅔	146
1939	スタルヒン	巨人	68	458⅓	282
1940	亀田　忠	黒鷲	56	456⅔	297
1941	中尾　輝三	巨人	41	299	179
1942	野口　二郎	大洋	66	527⅓	264
1943	藤本　英雄	巨人	56	432⅔	253
1944	藤本　英雄	巨人	21	169⅔	113
1946	真田　重蔵	パシフィック	63	464⅔	200
1947	別所　昭	南海	55	448⅓	191
1948	中尾　碩志	巨人	47	343	187
1949	武末　悉昌	南海	51	333⅓	183

セントラル・リーグ

年	選手名	チーム	試合	投球回	奪三振
1950	杉下　茂	中日	55	325⅔	209
1951	金田　正一	国鉄	56	350	233
1952	金田　正一	国鉄	64	358	269
1953	金田　正一	国鉄	47	303⅔	229
1954	杉下　茂	中日	63	395⅓	273
1955	金田　正一	国鉄	62	400	350
1956	金田　正一	国鉄	68	367⅓	316
1957	秋山　登	大洋	65	406	312
1958	金田　正一	国鉄	56	332⅓	311
1959	金田　正一	国鉄	58	304⅓	313
1960	金田　正一	国鉄	57	320⅓	284
1961	権藤　博	中日	69	429⅓	310
1962	小山　正明	阪神	47	352⅔	270
1963	金田　正一	国鉄	53	337	287
1964	金田　正一	国鉄	44	310	231
1965	村山　実	阪神	39	307⅔	205
1966	村山　実	阪神	38	290⅓	207
1967	江夏　豊	阪神	42	230⅓	225
1968	江夏　豊	阪神	49	329	401
1969	江夏　豊	阪神	44	258⅓	262
1970	江夏　豊	阪神	52	337⅔	340
1971	江夏　豊	阪神	45	263⅔	267
1972	江夏　豊	阪神	49	269⅔	233
1973	高橋　一三	巨人	45	306⅓	238
1974	金城　基泰	広島	44	252	207
1975	外木場義郎	広島	41	287	193
1976	池谷公二郎	広島	51	290⅓	207
1977	池谷公二郎	広島	44	226	176
1978	斉藤　明雄	大洋	47	241	162
1979	新浦　寿夫	巨人	45	236⅓	223
1980	江川　卓	巨人	34	261⅓	219
1981	江川　卓	巨人	31	240⅓	221
1982	江川　卓	巨人	31	263⅓	196
1983	遠藤　一彦	大洋	36	238⅓	186
1984	遠藤　一彦	大洋	38	276⅔	208
1985	小松　辰雄	中日	33	210⅓	172
1986	遠藤　一彦	大洋	31	233	185
1987	川口　和久	広島	27	183⅓	184
1988	槙原　寛己	巨人	27	208⅔	187
1989	川口　和久	広島	26	208⅓	192
1990	木田　優夫	巨人	32	182⅔	182
1991	川口　和久	広島	29	205	230
1992	仲田　幸司	阪神	35	217⅓	194
1993	今中　慎二	中日	31	249	247
1994	桑田　真澄	巨人	28	207⅓	185
1995	斎藤　雅樹	巨人	28	213	187
1996	斎藤　隆	横浜	28	196⅔	206
1997	山本　昌広	中日	29	206⅔	159
1998	石井　一久	ヤクルト	28	196⅓	241
1999	上原　浩治	巨人	25	197⅔	179
2000	石井　一久	ヤクルト	29	183	210

パシフィック・リーグ

年	選手名	チーム	試合	投球回	奪三振
1950	米川　泰夫	東急	58	363⅔	207
1951	阿部　八郎	阪急	40	254⅔	150
1952	柚木　進	南海	40	193	104
1953	米川　泰夫	東急	45	274	180
1954	宅和　本司	南海	60	329⅔	275
1955	河村　久文	西鉄	58	279⅓	225
1956	梶本　隆夫	阪急	68	364⅓	327
1957	梶本　隆夫	阪急	53	337⅓	301
1958	稲尾　和久	西鉄	72	373	334
1959	杉浦　忠	南海	69	371⅓	336
1960	杉浦　忠	南海	57	332⅔	317
1961	稲尾　和久	西鉄	78	404	353
1962	米田　哲也	阪急	52	261⅔	231
1963	稲尾　和久	西鉄	74	386	226
1964	尾崎　行雄	東映	55	286	197
1965	尾崎　行雄	東映	61	378	259
1966	田中　勉	西鉄	56	296⅓	217
1967	鈴木　啓示	近鉄	44	276	222
1968	鈴木　啓示	近鉄	57	359	305
1969	鈴木　啓示	近鉄	46	330⅔	286
1970	鈴木　啓示	近鉄	45	313⅔	247
1971	鈴木　啓示	近鉄	43	291⅓	269
1972	鈴木　啓示	近鉄	43	242	180
1973	成田　文男	ロッテ	52	273⅔	178
1974	鈴木　啓示	近鉄	36	229	141
1975	東尾　修	太平洋	54	317⅔	154
1976	村田　兆治	ロッテ	46	257⅓	202
1977	村田　兆治	ロッテ	47	235	180
1978	鈴木　啓示	近鉄	37	294⅓	178
1979	村田　兆治	ロッテ	37	255	230
1980	木田　勇	日本ハム	40	253	225
1981	村田　兆治	ロッテ	32	230⅔	154
1982	松沼　博久	西武	34	180⅔	152
1983	山沖　之彦	阪急	34	233	143
1984	佐藤　義則	阪急	33	210⅓	136
1985	佐藤　義則	阪急	35	260⅓	188
1986	渡辺　久信	西武	39	219⅔	178
1987	阿波野秀幸	近鉄	32	249⅔	201
1988	小川　博	ロッテ	31	203⅔	204
1989	阿波野秀幸	近鉄	29	235⅔	183
1990	野茂　英雄	近鉄	29	235	287
1991	野茂　英雄	近鉄	31	242⅓	287
1992	野茂　英雄	近鉄	30	216⅔	228
1993	野茂　英雄	近鉄	32	243⅓	276
1994	伊良部秀輝	ロッテ	27	207⅓	239
1995	伊良部秀輝	ロッテ	28	203	239
1996	工藤　公康	ダイエー	29	202⅔	178
1997	西口　文也	西武	32	207⅔	192
1998	西口　文也	西武	33	181	148
1999	工藤　公康	ダイエー	26	196⅓	196
2000	松坂　大輔	西武	27	167⅔	144

記録集

（パ・リーグは'89～表彰。）

（セ・リーグは'91～表彰。）

無 安 打 無 得 点 試 合

☆印は完全試合
※印は延長11回
交は交流戦

（プロ野球82人、93度。完全試合は15人、15度。）

	選手名		達成年月日	相 手	打者	四死球	三振	残塁	球 場	得点
①	沢村 栄治	（巨　人）	1936. 9.25	タイガース	31	4	7	4	甲子園	1
②	沢村 栄治	（巨　人）	1937. 5. 1	タイガース	30	3	11	3	洲崎	4
③	スタルヒン	（巨　人）	1937. 7. 3	イーグルス	31	3	6	4	洲崎	6
④	石田 光彦	（阪　急）	1937. 7.16	セネタース	30	1	6	1	洲崎	1
⑤	中尾 輝三	（巨　人）	1939.11. 3	セネタース	35	10	6	8	後楽園	5
⑥	亀田 忠	（イーグルス）	1940. 3.18	ライオン	34	9	6	7	西宮	9
⑦	浅野勝三郎	（阪　急）	1940. 4.14	タイガース	28	1	4	3	甲子園	4
⑧	沢村 栄治	（巨　人）	1940. 7. 6	名古屋	32	5	3	5	西宮	4
⑨	三輪 八郎	（タイガース）	1940. 8. 3	巨人	33	4	4	6	大連	1
⑩	石田 光彦	（阪　急）	1940. 8.22	ライオン	32	4	6	5	後楽園	9
⑪	亀田 忠	（黒　鷲）	1941. 4.14	阪神	33	6	2	6	後楽園	1
⑫	中尾 輝三	（巨　人）	1941. 7.16	名古屋	33	8	5	5	後楽園	3
⑬	森 弘太郎	（阪　急）	1941.10.27	名古屋	32	4	3	5	西宮	2
⑭	西沢 道夫	（名古屋）	1942. 7.18	阪急	28	3	2	5	後楽園	2
⑮	天保 義夫	（阪　急）	1943. 5. 2	南海	29	4	6	1	甲子園	3
⑯	藤本 英雄	（巨　人）	1943. 5.22	名古屋	30	4	4	3	後楽園	3
⑰	別所 昭	（南　海）	1943. 5.26	大和	28	2	1	2	神宮	2
⑱	石川 進一	（名　古）	1943.10.12	大和	29	1	5	3	後楽園	5
⑲	呉 昌征	（阪　神）	1946. 6.16	セネタース	30	1	2	3	西宮	11
⑳	梶岡 忠義	（阪　神）	1948. 8.24	南海	29	2	5	2	神宮	3
㉑	真田 重蔵	（大　陽）	1948. 9. 6第2	阪神	28	0	5	1	甲子園	3

（16人で21度。）

セントラル・リーグ

選手名			達成年月日	相手	打者	四死球	三振	残塁	球場	得点
☆①	藤本 英雄	(巨　人)	1950. 6.28	西日本	27	0	7	0	青森	4
②	金田 正一	(国　鉄)	1951. 9. 5	阪神	32	5	4	5	大阪	2
③	真田 重男	(阪　神)	1952. 5. 7	広島	28	4	4	1	甲子園	12
④	大友 工	(巨　人)	1952. 7.26	松竹	28	1	13	1	大川	17
⑤	杉下 茂	(中　日)	1955. 5.10	国鉄	28	1	13	1	川崎	1
⑥	大脇 照夫	(国　鉄)	1956. 5. 3第2	中日	30	2	0	0	中日	5
☆⑦	宮地 惟友	(国　鉄)	1956. 9.19第2	広島	27	0	3	0	金沢	6
☆⑧	金田 正一	(国　鉄)	1957. 8.21第2	中日	27	0	10	0	中日	1
⑨	大矢根博臣	(中　日)	1957.10.12	阪神	29	3	2	0	甲子園	3
☆⑩	島田源太郎	(大　洋)	1960. 8.11第1	阪神	29	0	3	0	川崎	1
☆⑪	森滝 義巳	(国　鉄)	1961. 6.20	中日	27	0	4	0	後楽園	3
⑫	中山 義朗	(中　日)	1964. 8.18	巨人	29	2	4	2	中日	3
⑬	バッキー	(阪　神)	1965. 6.28	巨人	29	2	2	2	甲子園	7
⑭	外木場義郎	(広　島)	1965.10. 2	阪神	28	1	3	3	広島	2
☆⑮	佐々木吉郎	(大　洋)	1966. 5. 1第2	大洋	27	1	7	0	後楽園	11
⑯	堀内 恒夫	(巨　人)	1967.10.10第1	広島	31	4	3	4	広島	6
⑰	城之内邦雄	(巨　人)	1968. 5.16	大洋	28	2	5	1	後楽園	16
☆⑱	外木場義郎	(広　島)	1968. 9.14	大洋	27	0	16	0	広島	2
⑲	渡辺 秀武	(巨　人)	1970. 5.18	広島	28	2	6	1	後楽園	1
⑳	鬼頭 洋	(大　洋)	1970. 6. 9	ヤクルト	30	2	3	2	川崎	2
㉑	藤本 和宏	(広　島)	1971. 8.19第2	中日	27	2	9	1	広島	6
㉒	外木場義郎	(広　島)	1972. 4.29	巨人	28	1	2	1	広島	3
※㉓	江夏 豊	(阪　神)	1973. 8.30	中日	34	2	9	3	甲子園	1
㉔	加藤 初	(巨　人)	1976. 4.18	広島	29	2	8	1	広島	5
㉕	近藤 真一	(中　日)	1987. 8. 9	巨人	30	2	13	2	ナゴヤ	6
㉖	湯舟 敏郎	(阪　神)	1992. 6.14	広島	29	2	11	1	甲子園	6
☆㉗	槙原 寛己	(巨　人)	1994. 5.18	広島	27	0	7	1	福岡ドーム	8
㉘	ブロス	(ヤクルト)	1995. 9. 9	巨人	28	1	10	1	東京ドーム	5
㉙	野口 茂樹	(中　日)	1996. 8.11	巨人	33	6	7	6	東京ドーム	3
㉚	石井 一久	(ヤクルト)	1997. 9. 2	横浜	29	4	9	2	横浜	2
㉛	川尻 哲郎	(阪　神)	1998. 5.26	中日	28	1	5	1	倉敷	2
㉜	佐々岡真司	(広　島)	1999. 5. 8	中日	28	1	6	1	広島	4
㉝	バンチ	(中　日)	2000. 4. 7	横浜	30	1	5	3	横浜	8
㉞	川上 憲伸	(中　日)	2002. 8. 1	巨人	30	2	2	3	東京ドーム	6
㉟	井川 慶	(阪　神)	2004.10. 4	広島	30	2	3	3	広島	1
交36	ガトームソン	(ヤクルト)	2006. 5.25	楽天	29	1	9	2	神宮	3
37	山本昌(山本昌広)	(中　日)	2006. 9.16	阪神	28	1	2	1	ナゴヤドーム	3
38	前田 健太	(広　島)	2012. 4. 6	DeNA	29	2	6	1	横浜	2
交39	杉内 俊哉	(巨　人)	2012. 5.30	楽天	28	1	14	1	東京ドーム	2
40	山井 大介	(中　日)	2013. 6.28	DeNA	29	4	3	1	横浜	9
41	山口 俊	(巨　人)	2018. 7.27	中日	28	1	3	5	東京ドーム	5
42	大野 雄大	(中　日)	2019. 9.14	阪神	29	1	3	0	ナゴヤドーム	3
43	小川 泰弘	(ヤクルト)	2020. 8.15	DeNA	32	3	10	2	横浜	9

（40人で43度、藤本と真田は一リーグで1度達成。完全試合8度。）

パシフィック・リーグ

選手名			達成年月日	相手	打者	四死球	三振	残塁	球場	得点
①	林 義一	(大　映)	1952. 4.27第1	阪急	28	1	2	1	高崎	2
②	山下 登	(近　鉄)	1954. 8. 7	高橋	30	3	8	3	中日	4
③	大津 守	(西　鉄)	1955. 6. 4	近鉄	30	4	8	3	平和台	8
☆④	武智 文雄	(近　鉄)	1955. 6.19第2	大映	27	0	6	0	大阪	1
☆⑤	西村 貞朗	(西　鉄)	1958. 7.19	東映	27	0	6	0	駒沢	1
⑥	井上 善夫	(西　鉄)	1964. 5.16	阪急	28	1	1	1	平和台	2
☆⑦	田中 勉	(西　鉄)	1966. 5.12	南海	27	0	7	0	大阪	2
⑧	清 俊彦	(西　鉄)	1966. 6.12第2	近鉄	28	3	6	1	小倉	8
⑨	若生 忠男	(西　鉄)	1967. 9.17第2	東映	31	4	2	4	西宮	4
⑩	鈴木 啓示	(近　鉄)	1968. 8. 8	東映	29	2	11	1	日生	4
⑪	成田 文男	(ロッテ)	1969. 8.16第2	南海	30	3	10	0	西宮	1
☆⑫	佐々木宏一郎	(近　鉄)	1970.10. 6	西鉄	29	0	4	0	大阪	3
☆⑬	高橋 善正	(東　映)	1971. 8.21第2	西鉄	27	0	4	0	後楽園	3
⑭	鈴木 啓示	(近　鉄)	1971. 9. 9	西鉄	29	0	12	0	日生	4
⑮	高橋 直樹	(日　拓)	1973. 6.16第2	近鉄	28	2	5	0	後楽園	1
☆⑯	八木沢荘六	(ロッテ)	1973.10.10第1	太平洋	27	1	6	0	仙台	1

	選手名		達成年月日	相　手	打者	四死球	三振	残塁	球　場	得点
⑰	神部　年男	（近　鉄）	1975. 4.20第2	南　海	30	4	1	3	藤井寺	1
⑱	戸田　善紀	（阪　急）	1976. 5.11	南　海	31	3	0	4	大阪	1
☆⑲	今井雄太郎	（阪　急）	1978. 8.31	ロッテ	27	0	3	0	仙台	5
⑳	郭　泰源	（西　武）	1985. 6. 4	日本ハム	30	2	4	3	平和台	7
㉑	田中　幸雄	（日本ハム）	1985. 6. 9	近　鉄	32	6	11	3	後楽園	12
㉒	柴田　保光	（日本ハム）	1990. 4.25	近　鉄	27	1	8	0	東京ドーム	3
㉓	西崎　幸広	（日本ハム）	1995. 7. 5	西　武	28	1	12	1	東京ドーム	1
㉔	佐藤　義則	（オリックス）	1995. 8.26	近　鉄	31	5	7	4	藤井寺	9
㉕	渡辺　久信	（西　武）	1996. 6.11	オリックス	29	5	3	2	西武	4
㉖	エルビラ	（近　鉄）	2000. 6.20	西　武	29	3	3	1	大阪ドーム	3
㉗	西　勇輝	（オリックス）	2012.10. 8	ソフトバンク	28	1	9	1	福岡ヤフードーム	3
㉘	岸　孝之	（西　武）	2014. 5. 2	ロッテ	28	1	8	1	QVCマリン	2
㉙	千賀　滉大	（ソフトバンク）	2019. 9. 6	ロッテ	31	3	12	4	福岡ヤフオクドーム	2

（28人で29度、完全試合7度。）

（参考） 継投による無安打無得点試合					
	チーム名	年月日	相手	登板人数	
一リーグ	黒　鷲	1941. 6.22	名古屋	2	
	阪　急	1941. 8. 2	名古屋	2	
セ	巨　人	2017. 6.14	ソフトバンク	3	
パ	日本ハム	2006. 4.15	ソフトバンク	3	

　　　㊟　日本ハムは延長12回。

（参考） コールドゲームによる無安打無得点試合				
	選手名	年月日	相手	投球回
一リーグ	藤村富美男（タ）	1937. 4. 8	大東京	5
セ	菅原　勝矢（巨）	1971. 9. 6	ヤクルト	6
	江夏　豊（神）	1975. 6.21	広島	5
パ	黒田　功（毎）	1956. 6.10	近鉄	5
☆	金田　留広（東）	1970. 9.15	ロッテ	5
	三井　雅晴（ロ）	1976. 4.14	近鉄	5+

　　㊟　全て降雨。藤村と江夏は0対0の引分。

打 率 ベ ス ト 10

1937春			1937秋			1938春			1938秋			1939		
松木謙治郎	（タ）	.338	景浦　　将	（タ）	.333	中島　治康	（巨）	.345	中島　治康	（巨）	.361	川上　哲治	（巨）	.338
中根　　之	（急）	.308	鬼頭　数雄	（ラ）	.321	桝　　嘉一	（名）	.330	ハリス	（イ）	.320	大沢　　清	（名）	.310
黒沢　俊夫	（鯱）	.295	藤村富美男	（タ）	.317	石田　政良	（名）	.3243	尾茂田　叶	（セ）	.300	平山　菊二	（巨）	.307
景浦　　将	（タ）	.2894	山下　好一	（急）	.313	ハリス	（イ）	.3237	中村　金次	（南）	.290	鬼頭　数雄	（ラ）	.305
呉　　　波	（巨）	.2886	ハリス	（イ）	.310	伊藤健太郎	（セ）	.320	伊藤健太郎	（セ）	.289	鬼頭　数雄	（ラ）	.304
中島　治康	（巨）	.285	高橋　吉雄	（イ）	.305	白石　敏男	（巨）	.302	桝　　嘉一	（名）	.285	松木謙治郎	（タ）	.286
山下　好一	（急）	.279	景浦　　勇	（タ）	.299	藤村富美男	（タ）	.301	黒田　善助	（南）	.280	鶴岡　一人	（南）	.285
西村　正夫	（名）	.277	中島　治康	（巨）	.295	山口　政信	（タ）	.2991	松木謙治郎	（タ）	.274	中河　美芳	（イ）	.282
石丸　藤吉	（名）	.276	田中　義雄	（タ）	.291	苅田　久徳	（セ）	.2985	大沢　　清	（名）	.272	中島　治康	（巨）	.278
鬼頭　数雄	（大）	.275	水原　　茂	（巨）	.290	千葉　　茂	（巨）	.295	川上　哲治	（巨）	.263	尾茂田　叶	（セ）	.276

1940			1941			1942			1943			1944		
鬼頭　数雄	（ラ）	.321	川上　哲治	（巨）	.310	呉　　　波	（巨）	.286	呉　　昌征	（巨）	.300	岡村　俊昭	（畿）	.369
川上　哲治	（巨）	.311	白石　敏男	（巨）	.267	岩本　義行	（南）	.274	山田　　伝	（急）	.272	黒沢　俊夫	（巨）	.348
田中　義雄	（神）	.293	中島　治康	（巨）	.253	中島　治康	（巨）	.261	吉田猪佐喜	（名）	.254	坪内　道則	（朝）	.338
千葉　　茂	（巨）	.281	水原　　茂	（巨）	.253	山田　　伝	（急）	.241	白石　敏男	（巨）	.2483	呉　　新亨	（巨）	.326
山田　　伝	（急）	.272	中島　　喬	（急）	.251	坪内　道則	（朝）	.241	中谷　順次	（朝）	.2480	藤村富美男	（神）	.315
小林　茂太	（翼）	.265	吉原　正喜	（巨）	.250	伊藤健太郎	（西）	.239	下社　邦男	（急）	.236	阪田　清春	（急）	.310
白石　敏男	（巨）	.2641	坪内　道則	（朝）	.237	木村　孝平	（和）	.2364	坪内　道則	（朝）	.234	山田　　伝	（急）	.277
中島　治康	（巨）	.2636	中河　美芳	（黒）	.236	白石　敏男	（巨）	.2362	野口　　明	（西）	.233	本堂　保次	（神）	.269
野口　二郎	（翼）	.260	千葉　　茂	（巨）	.2341	野口　　明	（洋）	.221	上田　藤夫	（急）	.232	藤本　英雄	（巨）	.268
伊賀上良平	（神）	.257	山田　　伝	（急）	.2337	小鶴　　誠	（名）	.216	堀井　数男	（南）	.229	上田　藤夫	（急）	.259

1946			1947			1948			1949		
金田　正泰	（神）	.347	大下　　弘	（東）	.315	青田　　昇	（巨）	.306	小鶴　　誠	（大）	.361
田川　　豊	（グ）	.341	金田　正泰	（神）	.311	小鶴　　誠	（映）	.3053	藤村富美男	（神）	.332
土井垣　武	（神）	.325	川上　哲治	（巨）	.309	山本　一人	（南）	.3051	川上　哲治	（巨）	.330
藤村富美男	（神）	.323	塚本　博睦	（巨）	.300	辻井　　弘	（陽）	.29764	土井垣　武	（神）	.328
坪内　道則	（ゴ）	.316	千葉　　茂	（巨）	.299	川上　哲治	（巨）	.29761	飯田　徳治	（南）	.3221
山本　一人	（グ）	.314	堀井　数男	（南）	.284	笠原　和夫	（南）	.296	別当　　薫	（神）	.3216
飯島　滋弥	（セ）	.312	本堂　保次	（神）	.284	藤村富美男	（神）	.290	中谷　進次	（急）	.320
黒沢　俊夫	（巨）	.308	山川　喜作	（巨）	.278	土井垣　武	（神）	.285	西沢　道夫	（中）	.309
野口　二郎	（急）	.298	山本　一人	（南）	.276	千葉　　茂	（巨）	.284	千葉　　茂	（巨）	.307
本堂　保次	（神）	.297	藤村富美男	（神）	.274	坪内　道則	（金）	.283	松本　和雄	（陽）	.305

　　　（3割打者15人）

セントラル・リーグ

1950
藤村富美男(神).362
小鶴　誠(松).355
青田　昇(巨).332
藤井　勇(洋).3271
大沢　清(洋).3269
後藤次男(神).322
岩本義行(松).319
川上哲治(巨).313
金山次郎(松).3114
西沢道夫(中).3113
（３割打者15人）

1951
川上哲治(巨).377
岩本義行(松).351
金田正泰(神).322
安居玉一(洋).321
藤村富美男(神).320
原田徳光(名).316
武智　修(広).314
青田　昇(巨).312
後藤次男(神).309
宇野光雄(巨).303
（３割打者10人）

1952
西沢道夫(名).353
与那嶺　要(巨).344
川上哲治(巨).320
南村不可止(巨).315
藤村富美男(神).314
千葉　茂(巨).312
杉山　悟(名).306
国枝利通(広).303
後藤次男(神).300
安居玉一(洋).291

1953
川上哲治(巨).347
金田正泰(神).327
西沢道夫(名).325
千葉　茂(巨).320
与那嶺　要(巨).307
児玉利一(名).303
藤井秀郎(洋).299
与儀真助(広).295
藤村富美男(神).294
平井三郎(巨).291

1954
与那嶺　要(巨).361
渡辺博之(神).353
西沢道夫(中).341
箱田弘志(国).323
川上哲治(巨).322
広岡達朗(巨).314
金田正泰(神).309
小鶴　誠(広).2973
本多逸郎(中).2971

1955
川上哲治(巨).338
児玉利一(中).315
渡辺博之(神).313
与那嶺　要(巨).311
田宮謙次郎(神).288
小鶴　誠(広).285
井上　登(中).284
吉田義男(神).281
平井三郎(巨).2804
町田行彦(国).2799

1956
与那嶺　要(巨).338
川上哲治(巨).327
田宮謙次郎(神).300
吉田義男(神).290
藤尾　茂(巨).276
児玉利一(中).275
宮本敏雄(中).263
中　利夫(中).262
箱田　淳(国).259

1957
与那嶺　要(巨).343
田宮謙次郎(神).308
吉田義男(神).297
飯田徳治(国).293
川上哲治(巨).284
青田　昇(洋).274
三宅秀史(神).267
大津　淳(神).262
宮本敏雄(中).259
佐藤孝夫(国).256
小鶴　誠(広).256

1958
田宮謙次郎(神).320
長嶋茂雄(巨).305
与那嶺　要(巨).293
藤尾　茂(巨).286
井上　登(中).280
広岡達朗(巨).277
西沢道夫(中).2746
児玉利一(洋).2745
藤井　弘(広).272

1959
長嶋茂雄(巨).334
飯田徳治(国).296
与那嶺　要(巨).287
坂崎一彦(巨).284
森　徹(中).282
江藤慎一(中).281
岩下守道(国).280
近藤和彦(洋).279
藤本勝巳(神).278
吉田義男(神).272

1960
長嶋茂雄(巨).334
近藤和彦(洋).316
中　利夫(中).312
並木輝男(神).306
桑田　武(洋).301
佐藤孝夫(中).280
森　徹(中).275
飯田徳治(国).272
三宅秀史(巨).271
王　貞治(巨).270

1961
長嶋茂雄(巨).353
近藤和彦(洋).316
藤本勝巳(神).312
井上　登(中).293
古葉　毅(広).286
桑田　武(洋).280
森永勝治(広).279
河野旭輝(中).275
三宅秀史(神).271
中　利夫(中).271

1962
森永勝也(広).307
近藤和彦(洋).293
並木輝男(神).290
江藤慎一(中).2880
長嶋茂雄(巨).2876
前田益穂(中).284
坂崎一彦(巨).276
中　利夫(中).275
王　貞治(巨).273
吉田義男(神).261

1963
長嶋茂雄(巨).341
古葉　毅(広).339
森　徹(神).3054
近藤和彦(洋).3051
興津立雄(広).303
徳武定之(国).2996
藤井栄治(神).2995
河野旭輝(中).294
豊田泰光(国).291
大和田明(広).291

1964
江藤慎一(中).323
王　貞治(巨).320
吉田義男(神).318
長嶋茂雄(巨).314
小淵泰輔(広).306
桑田　武(洋).299
重松省三(洋).296
高木守道(中).293
山本一義(広).290
マーシャル(中).280

1965
江藤慎一(中).336
王　貞治(巨).322
近藤和彦(洋).313
高木守道(中).302
長嶋茂雄(巨).300
長田幸雄(洋).288
近藤昭仁(洋).285
中　暁生(中).283
森　昌彦(巨).277
興津立雄(広).274

1966
長嶋茂雄(巨).344
遠井吾郎(神).326
中　暁生(中).326
江藤慎一(中).321
王　貞治(巨).311
高木守道(中).306
近藤和彦(洋).301
山本一義(広).300
松原　誠(洋).294
藤井栄治(神).281

1967
中　暁生(中).343
近藤和彦(洋).327
王　貞治(巨).326
山本一義(広).311
遠井吾郎(神).309
武上四郎(サ).299
ジャクソン(サ).296
高木守道(中).292
藤田　平(神).291
土井正三(巨).289

1968
王　貞治(巨).326
長嶋茂雄(巨).318
山内一弘(広).3.3
江藤慎一(中).302
ロバーツ(サ).296
土井正三(巨).292
福富邦夫(サ).292
葛城隆雄(中).291
近藤和彦(洋).290
木俣達彦(中).289

1969
王　貞治(巨).345
ロバーツ(ア).318
長嶋茂雄(巨).311
高田　繁(巨).2943
山本一義(広).2935
黒江透修(巨).2931
藤田　平(神).2927
中　暁生(中).290
江尻　亮(洋).283
福富邦夫(ア).281

1970
王　貞治(巨).325
安藤統夫(神).294
遠井吾郎(神).284
木俣達彦(中).283
松原　誠(洋).281
藤田　平(神).275
中　暁生(中).2717
山本一義(広).2716
江尻　亮(洋).271
長嶋茂雄(巨).269

1971
長嶋茂雄(巨).320
衣笠祥雄(広).285
水谷実雄(広).282
柴田　勲(巨).282
江尻　亮(洋).2801
木俣達彦(中).2796
黒江透修(巨).278
王　貞治(巨).276
国貞泰汎(ヤ).274
武上四郎(ヤ).272

1972
若松　勉(ヤ).329
三村敏之(広).308
王　貞治(巨).295
衣笠祥雄(広).295
国貞泰汎(広).2930
柴田　勲(巨).2930
谷沢健一(中).290
ロペス(ヤ).286
池田祥浩(神).283
末次民夫(巨).283

1973
王　貞治(巨).355
若松　勉(ヤ).3.3
谷沢健一(中).2951
シ　ピン(洋).2949
江尻　亮(洋).291
江藤慎一(神).281
藤田　平(神).281
松原　誠(洋).278
柴田　勲(巨).277
高木守道(中).273

1974
王　貞治(巨).332
木俣達彦(中).322
末次利光(巨).316
若松　勉(ヤ).312
シ　ピン(洋).306
藤田　平(神).302
中塚政幸(洋).29106
江藤慎一(洋).29100
谷沢健一(中).290

記録集

1975
山本　浩二(広).319
井上　弘昭(中).318
田淵　幸一(神).303
高木　守道(中).298
シ　ピン(洋).295
谷沢　健一(中).294
ロジャー(中).292
若松　勉(ヤ).291
藤田　平(神).290
王　貞治(巨).285

1976
谷沢　健一(中).3548
張本　勲(巨).3547
若松　勉(ヤ).344
ホプキンス(広).329
掛布　雅之(神).3251
王　貞治(巨).3250
水谷　実雄(広).308
シエーン(広).3069
シ　ピン(洋).3066
高田　繁(巨).305
（3割打者14人）

1977
若松　勉(ヤ).358
張本　勲(巨).348
柳田　真宏(巨).340
大島　康徳(中).333
掛布　雅之(神).331
大杉　勝男(ヤ).329
ラインバック(神).325
王　貞治(巨).324
高木　嘉一(洋).323
マニエル(中).316
（3割打者18人）

1978
水谷　実雄(広).348
若松　勉(ヤ).341
松原　誠(洋).329
大杉　勝男(ヤ).327
高木　嘉一(洋).326
山本　浩二(広).323
掛布　雅之(神).318
ヒルトン(ヤ).3173
中塚　政幸(洋).3165
シ　ピン(洋).315
（3割打者15人）

1979
ミヤーン(洋).346
掛布　雅之(神).327
大島　康徳(中).317
シ　ピン(洋).313
木俣　達彦(中).312
ラインバック(神).309
中塚　政幸(洋).3062
若松　勉(ヤ).3059
高橋　慶彦(広).304
若菜　嘉晴(神).303
（3割打者12人）

1980
谷沢　健一(中).369
若松　勉(ヤ).351
山本　浩二(広).336
基　満男(洋).3144
加藤　博一(神).3139
杉浦　亨(ヤ).311
高橋　慶彦(広).307
大杉　勝男(ヤ).301
田尾　安志(中).299
木俣　達彦(中).298

1981
藤田　平(神).358
篠塚　利夫(巨).357
大杉　勝男(ヤ).343
掛布　雅之(神).341
水谷　実雄(広).337
山本　浩二(広).330
中畑　清(巨).322
ライトル(広).3184
谷沢　健一(中).3181
田尾　安志(中).303
（3割打者11人）

1982
長崎　啓二(洋).351
田尾　安志(中).350
掛布　雅之(神).325
篠塚　利夫(巨).315
モッカ(中).311
若松　勉(ヤ).310
山本　浩二(広).306
水谷　実雄(広).303
岡田　彰布(神).300
真弓　明信(神).293

1983
真弓　明信(神).353
若松　勉(ヤ).337
田尾　安志(中).318
山本　浩二(広).316
谷沢　健一(中).315
高木　豊(洋).314
篠塚　利夫(巨).307
高橋　慶彦(広).30537
山崎　隆造(広).30532
長崎　啓二(洋).3049
（3割打者14人）

1984
篠塚　利夫(巨).334
谷沢　健一(中).3287
衣笠　祥雄(広).3285
バース(神).326
若松　勉(ヤ).325
レ　オン(洋).321
山崎　隆造(広).319
モッカ(中).316
弘田　澄男(神).313
田尾　安志(中).310
（3割打者16人）

1985
バース(神).350
岡田　彰布(神).342
吉村　禎章(巨).3284
山崎　隆造(広).3280
真弓　明信(神).322
高木　豊(洋).318
杉浦　亨(ヤ).314
クロマティ(巨).309
篠塚　利夫(巨).307
八重樫幸雄(ヤ).304
（3割打者17人）

1986
バース(神).389
クロマティ(巨).363
大杉　勝男(ヤ).322
ポンセ(洋).322
レ　オン(洋).319
吉村　禎章(巨).312
高木　豊(洋).310
真弓　明信(神).307
上川　誠二(中).295
ローマン(洋).2914
篠塚　利夫(巨).2907

1987
篠塚　利夫(巨).333
正田　耕三(広).333
落合　博満(中).331
ポンセ(洋).323
吉村　禎章(巨).322
中畑　清(巨).321
バース(神).320
原　辰徳(巨).307
杉浦　亨(ヤ).304
荒井　幸雄(ヤ).301
（3割打者12人）

1988
正田　耕三(広).340
パチョレック(洋).332
真弓　明信(神).316
駒田　徳広(巨).307
高木　豊(洋).3004
中畑　清(巨).295
高橋　雅裕(洋).29335
落合　博満(中).29333
ゲーリー(中).2932

1989
クロマティ(巨).378
パチョレック(洋).333
正田　耕三(広).323
落合　博満(中).321
山崎　賢一(洋).309
宇野　勝(中).304
大野　久(巨).3027
駒田　徳広(巨).3026
フィルダー(神).302
小早川毅彦(広).301
（3割打者11人）

1990
パチョレック(洋).326
高木　豊(洋).323
広沢　克己(ヤ).317
バンスロー(洋).313
和田　豊(神).304
立浪　和義(中).3033
原　辰徳(巨).3032
池山　隆寛(ヤ).3027
正田　耕三(広).3008
角　富士夫(ヤ).3005
（3割打者10人）

1991
古田　敦也(ヤ).3398
落合　博満(中).3395
高木　豊(洋).333
野村謙二郎(広).324
レイノルズ(洋).316
駒田　徳広(巨).314
パチョレック(洋).310
オマリー(神).307
山崎　隆造(広).301
レ　イ(ヤ).299

1992
ハウエル(ヤ).331
オマリー(神).325
古田　敦也(ヤ).316
パチョレック(洋).311
前田　智徳(広).3083
シーツ(洋).3080
駒田　徳広(巨).307
正田　耕三(広).3008
立浪　和義(中).3007
高木　豊(洋).300
（3割打者10人）

1993
オマリー(神).329
ローズ(横).325
パウエル(中).3172
前田　智徳(広).3166
和田　豊(神).315
古田　敦也(ヤ).308
ハドラー(ヤ).300
ハウエル(ヤ).295
荒井　幸雄(ヤ).291
川相　昌弘(巨).290

1994
パウエル(中).324
前田　智徳(広).3211
江藤　智(広).3205
和田　豊(神).318
ブラッグス(横).315
オマリー(神).314
大豊　泰昭(中).310
野村謙二郎(広).303
川相　昌弘(巨).302
ローズ(横).296

1995
パウエル(中).355
ローズ(横).3150
野村謙二郎(広).3145
落合　博満(巨).311
波留　敏夫(横).310
石井　辰徳(横).309
オマリー(ヤ).302
立浪　和義(中).301
関川　浩一(神).295
古田　敦也(ヤ).294

1996
パウエル(中).340
辻　発彦(ヤ).333
立浪　和義(中).323
山崎　武司(中).322
オマリー(ヤ).315
江藤　智(広).3144
松井　秀喜(巨).3141
西山　秀二(広).3138
前田　智徳(広).313
ロペス(広).312
（3割打者16人）

1997
鈴木　尚典(横).335
ローズ(横).328
古田　敦也(ヤ).322
ロペス(横).320
石井　琢朗(横).319
ゴメス(神).315
駒田　徳広(横).308
飯田　哲也(ヤ).306
清水　隆行(巨).3044
前田　智徳(広).3036
（3割打者12人）

1998
鈴木　尚典(横).337
前田　智徳(広).335
坪井　智哉(神).327
緒方　孝市(広).326
ローズ(横).325
石井　琢朗(横).314
清水　隆行(巨).301
高橋　由伸(巨).300
元木　大介(巨).297
今岡　誠(神).293

1999
ローズ(横).369
関川　浩一(中).330
鈴木　尚典(横).328
ペタジーニ(ヤ).325
高橋　由伸(巨).315
真中　満(ヤ).308
緒方　孝市(広).305
坪井　智哉(神).3037
松井　秀喜(巨).3036
矢野　輝弘(神).3035
（3割打者12人）

2000
金城　龍彦(横).346
ローズ(横).332
松井　秀喜(巨).3164
ペタジーニ(ヤ).3161
金本　知憲(広).315
山崎　武司(中).311
立浪　和義(中).303
石井　琢朗(横).302
宮本　慎也(ヤ).300
仁志　敏久(巨).298

2001
松井　秀喜(巨).333
古田　敦也(ヤ).324
ペタジーニ(ヤ).322
鈴木　尚典(横).315
金本　知憲(広).314
真中　満(ヤ).312
稲葉　篤紀(ヤ).311
ロペス(広).308
ディアス(横).304
佐伯　貴弘(横).302
（３割打者12人）

2002
福留　孝介(中).343
松井　秀喜(巨).334
ペタジーニ(ヤ).322
岩村　明憲(ヤ).320
今岡　誠(神).317
清水　隆行(巨).314
前田　智徳(広).308
高橋　由伸(巨).306
立浪　和義(中).302
緒方　孝市(広).300
（３割打者11人）

2003
今岡　誠(神).340
ラミレス(ヤ).333
矢野　輝弘(神).328
高橋　由伸(巨).323
鈴木　健(ヤ).317
シーツ(広).3132
福留　孝介(中).3125
赤星　憲広(神).312
鈴木　尚典(横).311
金城　龍彦(横).302
（３割打者13人）

2004
嶋　重宣(広).337
ラロッカ(広).328
佐伯　貴弘(横).322
高橋　由伸(巨).3169
金本　知憲(神).3166
小久保裕紀(巨).314
前田　智徳(広).312
清水　隆行(巨).3079
立浪　和義(中).3078
古田　敦也(ヤ).306
（３割打者21人）

2005
青木　宣親(ヤ).344
福留　孝介(中).328
金本　知憲(神).327
金城　龍彦(横).324
井端　弘和(中).323
岩村　明憲(ヤ).3193
前田　智徳(広).3185
赤星　憲広(神).316
種田　仁(横).310
タイロン・ウッズ(中).306
（３割打者16人）

2006
福留　孝介(中).351
李　承燁(巨).323
青木　宣親(ヤ).321
前田　智徳(広).314
岩村　明憲(ヤ).311
シーツ(神).3103
タイロン・ウッズ(中).3097
金本　知憲(神).303
濱中　治(神).302
荒木　雅博(中).300
（３割打者10人）

2007
青木　宣親(ヤ).346
ラミレス(ヤ).343
谷　佳知(巨).318
小笠原道大(巨).313
栗原　健太(広).310
高橋　由伸(巨).308
佐伯　貴弘(横).3019
相川　亮二(横).3017
赤星　憲広(神).3000
宮本　慎也(ヤ).2995
（３割打者10人）

2008
内川　聖一(横).378
青木　宣親(ヤ).347
栗原　健太(広).332
村田　修一(横).323
森野　将彦(中).321
福地　寿樹(ヤ).320
ラミレス(巨).319
赤星　憲広(神).317
東出　輝裕(広).3103
小笠原道大(巨).3096
（３割打者15人）

2009
ラミレス(巨).322
内川　聖一(横).318
小笠原道大(巨).309
坂本　勇人(巨).3063
井端　弘和(中).3057
青木　宣親(ヤ).303
和田　一浩(中).302
宮本　慎也(ヤ).2942
東出　輝裕(広).2939
阿部慎之助(巨).293

2010
青木　宣親(ヤ).358
平野　恵一(神).350
マートン(神).349
和田　一浩(中).339
森野　将彦(中).327
内川　聖一(横).315
新井　貴浩(神).311
廣瀬　純(広).309
小笠原道大(巨).308
梵　英心(広).306
（３割打者14人）

2011
長野　久義(巨).316
マートン(神).311
宮本　慎也(ヤ).302
鳥谷　敬(神).300
平野　恵一(神).295
栗原　健太(広).293
青木　宣親(ヤ).292
ブラゼル(神).282
ラミレス(巨).279
東出　輝裕(広).278

2012
阿部慎之助(巨).340
坂本　勇人(巨).311
大島　洋平(中).310
長野　久義(巨).301
ミレッジ(ヤ).300
ラミレス(ディ).300
川端　慎吾(ヤ).298
和田　一浩(中).285
井端　弘和(中).284
中村　紀洋(ディ).274

2013
ブランコ(ディ).333
バレンティン(ヤ).330
村田　修一(巨).316
マートン(神).314
ロペス(広).303
阿部慎之助(巨).296
西岡　剛(神).290
森野　将彦(中).286
鳥谷　敬(神).282
長野　久義(巨).281

2014
マートン(神).338
菊池　涼介(広).325
山田　哲人(ヤ).324
大島　洋平(中).318
ルナ(中).317
雄平(高井雄平)(ヤ).316
鳥谷　敬(神).313
畠山　和洋(ヤ).3104
丸　佳浩(広).3097
川端　慎吾(ヤ).305
（３割打者12人）

2015
川端　慎吾(ヤ).336
山田　哲人(ヤ).329
筒香　嘉智(ディ).317
ルナ(中).292
ロペス(ディ).291
平田　良介(中).283
鳥谷　敬(神).2813
福留　孝介(神).2808
マートン(神).276
梶谷　隆幸(ディ).275

2016
坂本　勇人(巨).344
鈴木　誠也(広).335
筒香　嘉智(ディ).322
菊池　涼介(広).315
福留　孝介(神).311
山田　哲人(ヤ).304
村田　修一(巨).3024
川端　慎吾(ヤ).3023
新井　貴浩(広).300
坂口　智隆(ヤ).295

2017
宮﨑　敏郎(ディ).323
マギー(巨).315
大島　洋平(中).313
安部　友裕(広).310
丸　佳浩(広).308
ロペス(ディ).301
鈴木　誠也(広).300
鳥谷　敬(神).293
坂本　勇人(巨).291
糸井　嘉男(神).290

2018
ビシエド(中).348
坂本　勇人(巨).345
平田　良介(中).329
青木　宣親(ヤ).327
アルモンテ(中).321
鈴木　誠也(広).320
雄平(高井雄平)(ヤ).3183
宮﨑　敏郎(ディ).3176
坂口　智隆(ヤ).317
山田　哲人(ヤ).315
（３割打者15人）

2019
鈴木　誠也(広).335
ビシエド(中).315
糸井　嘉男(神).314
大島　洋平(中).3118
坂本　勇人(巨).3117
西川　龍馬(広).2971
青木　宣親(ヤ).2965
高橋　周平(中).293
丸　佳浩(巨).292
阿部　寿樹(中).291

2020
佐野　恵太(ディ).328
梶谷　隆幸(ディ).323
青木　宣親(ヤ).317
大島　洋平(中).316
村上　宗隆(ヤ).307
高橋　周平(中).305
宮﨑　敏郎(ディ).301
鈴木　誠也(広).300
近本　光司(神).293
坂本　勇人(巨).289

パシフィック・リーグ

1950
大下　　弘(東).339
別当　　薫(毎).335
飯田　徳治(南).327
呉　　昌征(毎).324
土井垣　武(毎).3224
飯島　滋弥(大).3215
本堂　保次(毎).306
木塚　忠助(南).301
中谷　順次(急).299
伊勢川真澄(大).296

1951
大下　　弘(東).383
蔭山　和夫(南).315
山本　一人(南).311
別当　　薫(毎).3090
木塚　忠助(毎).3087
伊藤　庄七(毎).303
呉　　昌征(毎).302
飯田　徳治(南).301
飯島　滋弥(大).2939
永利　勇吉(西).2938

1952
飯島　滋弥(大).336
甲斐　友治(近).327
飯田　徳治(南).323
鬼頭　政一(近).320
ブリットン(西).307
大下　　弘(西).307
斎藤　　宏(東).3010
飯田　徳治(南).3008
岡本伊三美(南).299
堀井　数男(南).297

1953
岡本伊三美(南).318
中西　　太(西).3139
堀井　数男(南).3137
大下　　弘(西).307
蔭山　和夫(南).303
島原　輝夫(南).297
飯田　徳治(南).296
菅原　道裕(近).287
レインズ(急).286
日下　　隆(近).285

1954
レインズ(急).337
大下　　弘(西).321
川合　幸三(急).315
山内　和弘(毎).308
戸倉　勝城(急).300
日下　　隆(近).2964
中西　　太(西).2961
ルイ(大).293
鬼頭　政一(近).292
笠原　和夫(高).290

1955
中西　　太(西).332
山内　和弘(毎).325
戸倉　勝城(急).321
飯田　徳治(南).310
渡辺　　清(急).303
大下　　弘(西).301
武智　　修(近).300
毒島　章一(東).2983
関口　清治(西).2982
榎本　喜八(毎).2979

1956
豊田　泰光(西).3251
中西　　太(西).3246
山内　和弘(毎).304
杉山　光平(南).303
戸倉　勝城(急).293
佐々木信也(近).289
木村　　勉(近).287
森下　正夫(南).284
榎本　喜八(毎).282
小玉　明利(近).273

1957
山内　和弘(毎).331
中西　　太(西).317
毒島　章一(東).307
大下　　弘(西).306
野村　克也(南).302
関口　清治(西).291
小玉　明利(近).288
豊田　泰光(西).287
関根　潤三(近).284
高倉　照幸(西).279

1958
中西　　太(西).314
毒島　章一(東).306
葛城　隆雄(毎).305
小玉　明利(近).301
杉山　光平(南).299
スタンレー橋本(東).291
広瀬　叔功(南).288
矢頭　高雄(毎).285
長谷川繁雄(南).2764
関口　清治(西).2756

1959
杉山　光平(南).323
山内　和弘(毎).320
葛城　隆雄(毎).3098
広瀬　叔功(南).3096
高倉　照幸(西).304
西園寺昭夫(東).3000
豊田　泰光(西).2997
小玉　明利(近).293
関根　潤三(近).291
穴吹　義雄(南).287

1960
榎本　喜八(毎).344
田宮謙次郎(毎).317
山内　和弘(毎).313
張本　　勲(東).302
小玉　明利(近).301
葛城　隆雄(毎).301
野村　克也(南).291
衆樹　資宏(急).288
豊田　泰光(西).287
関根　潤三(近).282

1961
張本　　勲(東).336
榎本　喜八(毎).331
田宮謙次郎(毎).328
杉山　光平(南).321
山内　和弘(毎).311
田中久寿男(南).306
高倉　照幸(西).301
吉田　勝豊(東).298
豊田　泰光(西).297
広瀬　叔功(南).296

1962
ブルーム(近).374
山内　一弘(毎).334
葛城　隆雄(毎).3333
野村　克也(南).3326
榎本　喜八(毎).331
和田　　実(近).325
小玉　明利(近).314
関根　潤三(近).310
張本　　勲(東).309
田宮謙次郎(毎).308
（3割打者11人）

1963
ブルーム(近).335
榎本　喜八(毎).318
樋口　正蔵(南).313
山内　一弘(毎).307
広瀬　叔功(南).299
関根　潤三(近).296
ハドリ(南).295
野村　克也(南).291
山内　一弘(毎).283
張本　　勲(東).280

1964
広瀬　叔功(南).366
張本　　勲(東).328
高倉　照幸(西).317
小玉　明利(近).304
榎本　喜八(京).298
土井　正博(近).296
ブルーム(近).294
岩下　光一(東).288
矢ノ浦国満(近).286
城戸　則文(西).284

1965
野村　克也(南).320
スペンサー(急).311
高木　　喬(近).3043
小玉　明利(近).3039
広瀬　叔功(南).298
張本　　勲(東).2923
ロイ(急).2916
アグリー(西).282
堀込　基明(南).277
八田　　正(京).275

1966
榎本　喜八(京).351
張本　　勲(東).330
野村　克也(南).312
毒島　章一(東).304
種茂　雅之(東).291
高倉　照幸(西).2788
榎本　喜八(京).2785
スペンサー(急).278
クレス(近).277
土井　正博(近).275

1967
張本　　勲(東).336
土井　正博(近).323
野村　克也(南).3050
ボレス(近).3045
高木　　喬(近).29128
大杉　勝男(東).29124
榎本　喜八(京).286
池辺　　巌(京).286
ウインディ(急).285
長池　徳二(急).281

1968
張本　　勲(東).336
アルトマン(東).309
土井　正博(近).309
榎本　喜八(京).306
広瀬　叔功(南).294
ロペス(京).289
船田　和英(東).286
大熊　忠義(急).285
阪本　敏三(急).278
国貞　泰汎(南).276

1969
永淵　洋三(近).333
張本　　勲(東).333
池辺　　巌(ロ).322
長池　徳二(急).316
山崎　裕之(ロ).3010
ロペス(京).3006
土井　正博(近).300
基　　満男(西).295
白　　仁天(東).291
大杉　勝男(東).285

1970
張本　　勲(東).383
大杉　勝男(東).339
アルトマン(東).322
ロペス(ロ).313
長池　徳二(急).309
有藤　通世(ロ).306
大下　剛史(東).301
野村　克也(南).2952
永淵　洋三(近).2950
富田　　勝(南).287

1971
江藤　慎一(ロ).337
加藤　秀司(急).321
アルトマン(ロ).319
長池　徳二(急).317
小川　　亨(近).3154
大杉　勝男(東).3149
張本　　勲(東).313
大熊　忠義(急).307
ロペス(ロ).301
（3割打者12人）

1972
張本　　勲(東).358
アルトマン(ロ).328
白　　仁天(東).315
門田　博光(南).309
福本　　豊(急).3008
基　　満男(西).3004
土井　正博(近).3004
永淵　洋三(近).3001
大杉　勝男(東).295
ジョーンズ(南).292

1973
加藤　秀司(急).337
張本　　勲(拓).324
土井　正博(近).316
長池　徳二(急).313
門田　博光(南).310
野村　克也(南).309
アルトマン(ロ).307
福本　　豊(急).306
有藤　通世(ロ).296
弘田　澄男(ロ).295

1974
張本　　勲(日).340
ビュフォード(平).330
福本　　豊(急).327
加藤　秀司(急).322
バーカー(南).301
弘田　澄男(ロ).295
長池　徳二(急).290
阪本　敏三(ロ).280
山崎　裕之(ロ).27753
森本　　潔(急).27751

1975
白　　仁天(平).3192
小田　義人(日).3187
加藤　秀司(急).309
佐々木秀介(近).305
弘田　澄男(ロ).3014
得津　高宏(ロ).3011
マルカーノ(急).298
小川　　亨(近).289
基　　満男(平).2818
ア　ル　ー(平).2816

1976
吉岡　　悟(平).309
藤原　　満(南).302
門田　博光(南).3004
加藤　秀司(急).3000
白　　仁天(平).288
ウイリアムス(日).2854
弘田　澄男(ロ).2853
富田　　勝(日).284
福本　　豊(急).282
小田　義人(日).281

1977
有藤　道世(ロ).329
島谷　金二(急).325
加藤　秀司(急).319
リ　　　ー(ロ).317
門田　博光(南).313
福本　　豊(急).305
藤原　　満(南).300
石渡　　茂(近).285
白　　仁天(ロ).281

1978
佐々木恭介(近).354
福本　　豊(急).325
マルカーノ(急).322
リ　　　ー(南).317
レ　オ　ン(ロ).316
メ　　　イ(南).312
箕田　浩二(急).3073
富田　　勝(日).3066
土井　正博(ク).303
高井　保弘(急).302
（3割打者10人）

1979
加藤　英司(急).364
新井　宏昌(南).358
白　　仁天(ロ).340
リ　　　ー(ロ).333
片平　晋作(南).329
ソレイタ(日).3243
マ　ニ　エ　ル(急).3242
佐々木恭介(近).320
古屋　英夫(日).313
島谷　金二(急).312
（3割打者13人）

1980
リ　　　ー(ロ).358
レ　オ　ン(ロ).340
栗橋　　茂(近).328
メ　ニ　エ　ル(南).326
小川　　亨(近).323
福本　　豊(急).321
加藤　英司(急).3181
佐々木恭介(近).3175
クルーズ(日).309
（3割打者14人）

1981
落合　博満(ロ).326
島田　　誠(日).318
テ　リ　ー(武).316
加藤　英司(急).314
門田　博光(南).313
タイロン(南).3109
石毛　宏典(武).3105
柏原　純一(日).302
レ　オ　ン(ロ).301
（3割打者13人）

1982
落合　博満(ロ).325
新井　宏昌(南).315
栗橋　　茂(近).311
スティーブ(武).307
福本　　豊(急).303
有藤　道世(ロ).301
古屋　英夫(日).291
島田　　誠(日).286
柏原　純一(日).285

1983
落合　博満(ロ).332
スティーブ(武).321
クルーズ(日).317
リ　　　ー(ロ).317
箕田　浩二(急).312
古屋　英夫(日).306
石毛　宏典(武).3029
島田　　誠(日).3026
水上　善雄(ロ).302
（3割打者10人）

1984
ブーマー(急).355
クルーズ(日).348
スティーブ(武).338
高沢　秀昭(ロ).317
落合　博満(ロ).314
松永　浩美(急).310
リ　　　ー(ロ).309
弓岡敬二郎(急).304
山本　功児(日).301
河埜　敬幸(南).296

1985
落合　博満(ロ).367
デ　ー　ビ　ス(近).343
リ　　　ー(ロ).328
ブーマー(急).327
クルーズ(日).321
松永　浩美(急).320
スティーブ(武).315
金森　永時(武).312
西村　徳文(ロ).311
横田　真之(ロ).300
（3割打者11人）

1986
落合　博満(ロ).360
ブーマー(急).350
デ　ー　ビ　ス(近).337
リ　　　ー(ロ).331
石毛　宏典(武).329
ブリューワ(日).321
清原　和博(武).3044
横田　真之(ロ).3040
松永　浩美(急).301
（3割打者11人）

1987
新井　宏昌(近).366
ブーマー(急).331
石嶺　和彦(急).3171
門田　博光(日).3166
ブリューワ(日).300
オグリビー(近).300
高沢　秀昭(ロ).290
松永　浩美(急).290
佐々木　誠(南).288
横田　真之(ロ).281

1988
高沢　秀昭(ロ).327
松永　浩美(急).326
福良　淳一(急).320
バナザード(南).315
オグリビー(近).3112
門田　博光(南).3109
イースラー(武).303
平野　　謙(武).303
石嶺　和彦(急).296
秋山　幸二(武).292

1989
ブーマー(オ).322
田辺　徳雄(武).316
松永　浩美(オ).309
山本　和範(ダ).308
ブリューワ(日).306
門田　博光(オ).305
辻　　発彦(武).304
愛甲　　猛(ロ).303
新井　宏昌(近).302
秋山　幸二(武).301
（3割打者11人）

1990
西村　徳文(ロ).338
大石第二朗(近).314
ディアズ(武).311
清原　和博(武).307
トレーバー(近).303
石毛　宏典(武).298
ブリューワ(武).295
新井　宏昌(近).292
田中　幸雄(日).287
藤井　康雄(オ).285

1991
平井　光親(ロ).3144
松永　浩美(オ).3140
白井　一幸(日).311
佐々木　誠(ダ).304
ブーマー(オ).300
秋山　幸二(武).297
大野　　久(オ).289
堀　　幸一(ロ).284
平野　　謙(武).281
西村　徳文(ロ).275

1992
佐々木　誠(ダ).322
ト　ー　ベ(オ).305
田辺　徳雄(武).302
松永　浩美(オ).298
石毛　宏典(武).2968
高橋　　智(オ).2967
秋山　幸二(武).296
吉永幸一郎(ダ).2904
中島　輝士(日).2902
片岡　篤史(日).2900

1993
辻　　発彦(武).319
石井　浩郎(近).309
石毛　宏典(ダ).306
山本　和範(ダ).301
ホ　ー　ル(ロ).296
吉永幸一郎(ダ).291
佐々木　誠(ダ).287
広瀬　哲朗(日).279
佐々木　誠(ダ).277
石嶺　和彦(オ).273

1994
イチロー(鈴木一朗)(オ).385
カズ山本(山本和範)(ダ).317
石井　浩郎(近).316
石毛　宏範(ダ).314
小川　博文(オ).303
福良　淳一(オ).301
ライマー(ダ).298
辻　　発彦(武).294
ブライアント(近).293
初芝　　清(ロ).290

1995
イチロー(鈴木一朗)(オ).342
堀　　幸一(ロ).309
フランコ(ロ).306
初芝　　清(ロ).301
田中　幸雄(日).291
諸積　兼司(ロ).289
ジャクソン(武).289
小久保裕紀(ダ).286
浜名　千広(ダ).276
小川　博文(オ).272

1996
イチロー(鈴木一朗)(オ).356
片岡　篤史(日).315
堀　　幸一(ロ).312
鈴木　　健(武).300
秋山　幸二(ダ).300
吉永幸一郎(ダ).295
ロ　ー　ズ(近).2934
村松　有人(ダ).2931
松井稼頭央(武).283
水口　栄二(近).281

1997
イチロー(鈴木一朗)(オ).345
クラーク(近).331
鈴木　　健(武).312
松井稼頭央(武).309
城島　健司(ダ).308
ロ　ー　ズ(近).307
マルティネス(武).304
佐々木　誠(武).304
ドネルス(ダ).3020
小久保裕紀(ダ).3017
（3割打者12人）

1998
イチロー(鈴木一朗)(オ).358
平井　光親(ロ).3204
クラーク(近).3201
柴原　　洋(ダ).314
松井稼頭央(武).311
大村　直之(近).3011
片岡　篤史(日).300
初芝　　清(ロ).296
ロ　ペ　ス(ダ).294
フランコ(ロ).290

1999
イチロー(鈴木一朗)(オ).343
松井稼頭央(武).330
城島　健司(ダ).306
ロ　ー　ズ(近).301
谷　　佳知(オ).291
クラーク(近).287
小笠原道大(日).285
プリアム(オ).2802
諸積　兼司(ロ).28009
小坂　　誠(ロ).28008

記録集

	2000	2001	2002	2003	2004

2000
イチロー(鈴木一朗)(オ).387
オバンドー(日).332
小笠原道大(日).329
フェルナンデス(武).327
松井稼頭央(武).322
松中 信彦(ダ).312
武藤 孝司(近).311
柴原 洋(ダ).310
野口 寿浩(日).298
ボーリック(ロ).296

2001
福浦 和也(ロ).346
小笠原道大(日).339
松中 信彦(武).334
ロ ー ズ(近).327
谷 佳知(オ).325
礒部 公一(近).3202
中村 紀洋(近).3200
バルデス(ダ).310
松井稼頭央(武).308
柴原 洋(ダ).302
(3割打者10人)

2002
小笠原道大(日).340
カブレラ(武).336
松井稼頭央(武).332
谷 佳知(オ).326
和田 一浩(武).319
小関 竜也(武).314
バルデス(ダ).303
福浦 和也(ロ).300
中村 紀洋(近).294
城島 健司(ダ).293

2003
小笠原道大(日).360
谷 佳知(オ).350
和田 一浩(武).346
井口 資仁(ダ).340
柴原 洋(ダ).333
城島 健司(ダ).3303
坪井 智哉(日).3295
村松 有人(ダ).3239
松中 信彦(ダ).32388
カブレラ(武).32385
(3割打者19人)

2004
松中 信彦(ダ).358
小笠原道大(日).345
城島 健司(ダ).338
井口 資仁(ダ).333
村松 有人(オ).3202
和田 一浩(武).3197
谷 佳知(オ).317
ベ ニ ー(ロ).315
福浦 和也(ロ).314
礒部 公一(近).309
(3割打者15人)

2005
和田 一浩(武).322
ズレータ(ソ).319
松中 信彦(ソ).315
石井 義人(武).312
宮地 克彦(ソ).311
今江 敏晃(ロ).310
城島 健司(ソ).309
堀 幸一(ロ).305
フランコ(ロ).29956
カブレラ(武).29954
(3割打者11人)

2006
松中 信彦(ソ).324
カブレラ(武).315
リ ッ ク(楽).314
小笠原道大(日).3119
福浦 和也(ロ).3118
川崎 宗則(ソ).307
稲葉 篤紀(日).307
中島 裕之(武).306
鉄平(土谷鉄平)(楽).3030
村松 有人(オ).3025
(3割打者13人)

2007
稲葉 篤紀(日).334
リ ッ ク(楽).330
大村 直之(ソ).319
和田 一浩(武).315
中島 裕之(武).3001
森本 稀哲(日).2996
TSUYOSHI(西岡剛)(ロ).2995
カブレラ(武).295
ロ ー ズ(オ).291
村松 有人(オ).289

2008
リ ッ ク(楽).332
中島 裕之(武).331
川崎 宗則(ソ).321
栗山 巧(武).317
カブレラ(オ).315
今江 敏晃(ロ).309
G.G.佐藤(佐藤隆彦)(武).302
稲葉 篤紀(日).3013
フェルナンデス(楽).3012
西岡 剛(ロ).300
(3割打者10人)

2009
鉄平(土谷鉄平)(楽).327
坂口 智隆(オ).317
サブロー(大村三郎)(ロ).314
長谷川勇也(ソ).312
高橋 信二(日).3090
中島 裕之(武).3089
糸井 嘉男(日).306
草野 大輔(楽).305
金子 誠(日).304
稲葉 篤紀(日).300
(3割打者10人)

2010
西岡 剛(ロ).346
田中 賢介(日).335
今江 敏晃(ロ).3314
カブレラ(オ).3308
多村 仁志(ロ).324
鉄平(土谷鉄平)(楽).318
川崎 宗則(ソ).316
嶋 基宏(楽).315
中島 裕之(武).314
小谷野栄一(日).311
(3割打者13人)

2011
内川 聖一(ソ).338
糸井 嘉男(日).319
後藤 光尊(オ).312
栗山 巧(武).307
本多 雄一(ソ).305
中島 裕之(武).2968
坂口 智隆(オ).2966
長谷川勇也(ソ).293
聖澤 諒(楽).288
松田 宣浩(ソ).282

2012
角中 勝也(ロ).312
中島 裕之(武).311
糸井 嘉男(日).304
内川 聖一(ソ).3001
田中 賢介(日).2997
秋山 翔吾(武).293
稲葉 篤紀(日).290
栗山 巧(武).289
陽 岱鋼(日).287
李 大浩(オ).286

2013
長谷川勇也(ソ).341
今江 敏晃(ロ).325
ヘルマン(武).319
銀次(赤見内銀次)(楽).3174
浅村 栄斗(武).3167
内川 聖一(ソ).316
中村 晃(ソ).307
中田 翔(日).305
李 大浩(オ).303
糸井 嘉男(日).300
(3割打者10人)

2014
糸井 嘉男(オ).331
銀次(赤見内銀次)(楽).327
柳田 悠岐(ソ).317
中村 晃(ソ).308
内川 聖一(ソ).307
李 大浩(オ).3003
長谷川勇也(ソ).3002
陽 岱鋼(日).293
松井稼頭央(楽).291
メ ヒ ア(武).290

2015
柳田 悠岐(ソ).363
秋山 翔吾(武).359
近藤 健介(日).326
清田 育宏(ロ).317
中村 晃(ソ).300
角中 勝也(ロ).293
松田 宣浩(ソ).2870
森 友哉(武).2869
田中 賢介(日).2838
内川 聖一(ソ).2835

2016
角中 勝也(ロ).339
西川 遥輝(日).314
浅村 栄斗(武).309
糸井 嘉男(オ).3063
柳田 悠岐(ソ).3060
内川 聖一(ソ).304
秋山 翔吾(武).296
陽 岱鋼(日).293
中村 晃(ソ).287
鈴木 大地(ロ).285

2017
秋山 翔吾(武).322
柳田 悠岐(ソ).310
茂木栄五郎(楽).2964
西川 遥輝(日).2957
銀次(赤見内銀次)(楽).293
浅村 栄斗(武).291
中島 宏之(オ).285
ペゲーロ(楽).281
小谷野栄一(オ).277
松本 剛(日).274

2018
柳田 悠岐(ソ).352
秋山 翔吾(武).3233
近藤 健介(日).3225
吉田 正尚(オ).310
浅村 栄斗(武).310
中村 晃(ソ).2924
井上 晴哉(ロ).2920
島内 宏明(楽).2918
外崎 修汰(武).287
中村 奨吾(ロ).284

2019
森 友哉(武).329
吉田 正尚(オ).322
荻野 貴司(ロ).315
銀次(赤見内銀次)(楽).304
秋山 翔吾(武).303
近藤 健介(日).302
大田 泰示(日).289
鈴木 大地(ロ).2884
西川 遥輝(日).2883
島内 宏明(楽).287

2020
吉田 正尚(オ).350
柳田 悠岐(ソ).342
近藤 健介(日).340
西川 遥輝(日).306
鈴木 大地(楽).295
小深田大翔(楽).288
渡邉 諒(日).283
島内 宏明(楽).281
浅村 栄斗(楽).280
大田 泰示(日).275

防 御 率 ベ ス ト 10

1937春		1937秋		1938春		1938秋		1939	
沢村　栄治(巨)	0.81	西村　幸生(タ)	1.48	西村　幸生(タ)	1.52	スタルヒン(巨)	1 05	若林　忠志(タ)	1.09
景浦　　将(タ)	0.93	スタルヒン(巨)	1.85	小田野　柏(急)	1.69	水原　　茂(巨)	1 76	高橋　　敏(急)	1.60
藤村富美男(タ)	1.30	中河　美芳(イ)	2.05	御園生崇男(タ)	1.74	中河　美芳(イ)	1 98	スタルヒン(巨)	1.73
スタルヒン(巨)	1.53	御園生崇男(タ)	2.32	スタルヒン(巨)	2.04	御園生崇男(タ)	2 20	御園生崇男(タ)	1.96
野口　　明(セ)	1.58	菊矢　吉男(ラ)	2.34	西沢　道夫(名)	2.05	宮口　美吉(南)	2 25	中山　正嘉(鯱)	2.036
御園生崇男(タ)	1.75	沢村　栄治(巨)	2.38	亀田　　忠(イ)	2.06	石田　光彦(急)	2 39	野口　二郎(セ)	2.039
若林　忠志(タ)	1.76	鈴木　鶴雄(鯱)	2.43	川上　哲治(巨)	2.55	菊矢　吉男(ラ)	2 477	重松　通雄(急)	2.16
古谷倉之助(鯱)	2.16	菊矢　吉男(大)	2.49	山田　正嘉(鯱)	2.86	西村　幸生(タ)	2 478	政野　岩夫(南)	2.21
菊矢　吉男(大)	2.20	青柴　憲一(巨)	2.67	浅岡　三郎(セ)	2.93	亀田　　忠(イ)	2 54	野口　　繁里(名)	2.31
西村　幸生(タ)	2.24	石田　光彦(急)	2.76	近藤　　久(ラ)	3.06	近藤　　久(ラ)	2 67	西村　幸生(タ)	2.41

1940		1941		1942		1943		1944	
野口　二郎(翼)	0.93	野口　二郎(洋)	0.88	林　　安夫(朝)	1.01	藤本　英雄(巨)	0 73	若林　忠志(神)	1.56
須田　　博(急)	0.97	スタルヒン(急)	0.89	林　　安夫(朝)	0 89	林　　安夫(朝)	0 89	藤本　英雄(巨)	1.59
森　弘太郎(急)	1.29	村松　幸雄(名)	0.98	神田　武夫(南)	1.14	若林　忠志(神)	1 06	笠松　　実(急)	1.78
三輪　八郎(神)	1.51	須田　　博(巨)	1.20	広瀬　習一(タ)	1.185	石丸　進一(名)	1 15	清水　秀雄(朝)	1.90
村松　幸雄(名)	1.52	若林　忠志(神)	1.45	野口　二郎(洋)	1.193	野口　正明(名)	1 38	内藤　幸三(朝)	2.10
浅野勝三郎(急)	1.63	河村　　章(名)	1.48	森　弘太郎(急)	1.31	野口　二郎(西)	1 45	中本　政夫(畿)	2.16
浅岡　三郎(翼)	1.66	中尾　輝三(巨)	1.54	三富　恒雄(神)	1.41	真田　重蔵(朝)	1 97	若林　義夫(急)	2.22
松尾　幸造(名)	1.675	西沢　道夫(名)	1.58	若林　忠志(神)	1.5952	天保　義夫(急)	2 01	森井　　茂(産)	2.25
石田　光彦(急)	1.679	神田　武夫(南)	1.59	石原　繁三(和)	1.5954	畑福　俊英(和)	2 13	野口　正明(産)	3.06
長谷川重一(黒)	1.72	浅岡　三郎(洋)	1.60	御園生崇男(神)	1.68	片山　栄次(和)	2 17	一以下規定投球回未満一	

1946		1947		1948		1949			
藤本　英雄(巨)	2.11	白木義一郎(東)	1.74	中尾　碩志(巨)	1.84	藤本　英雄(巨)	1 94		
近藤　貞雄(巨)	2.18	服部　受弘(中)	1.81	柚木　　進(南)	1.89	別所　毅彦(巨)	2 35		
別所　　昭(グ)	2.46	藤本　英雄(巨)	1.83	中谷　信夫(南)	1.98	スタルヒン(大)	2 61		
白木義一郎(セ)	2.58	別所　　昭(南)	1.86	別所　　昭(南)	2.05	天保　義夫(急)	2 91		
野口　二郎(急)	2.67	今西錬太郎(急)	1.91	スタルヒン(金)	2.17	服部　受弘(中)	3 00		
今西錬太郎(急)	2.80	梶岡　忠義(神)	1.92	真田　重男(陽)	2.22	今西錬太郎(急)	3 10		
御園生崇男(神)	2.83	清水　秀雄(神)	1.93	川崎　徳次(巨)	2.31	武末　悉昌(南)	3 13		
内藤　幸三(ゴ)	2.90	御園生崇男(神)	1.99	天保　義夫(急)	2.33	若林　忠志(神)	3 29		
呉　　昌征(神)	3.02	井筒　研一(陽)	2.05	若林　忠志(神)	2.48	多田文久三(巨)	3 34		
井筒　研一(パ)	3.07	若林　忠志(神)	2.09	梶岡　忠義(神)	2.54	近藤　貞雄(中)	3 61		

セントラル・リーグ

1950		1951		1952		1953		1954	
大島　信雄(松)	2.03	松田　　清(巨)	2.01	梶岡　忠義(神)	1.71	大友　　工(巨)	1 85	杉下　　茂(中)	1.39
藤本　英雄(巨)	2.44	杉下　　茂(名)	2.35	別所　毅彦(巨)	1.94	藤本　英雄(巨)	2 08	大友　　工(巨)	1.68
別所　毅彦(巨)	2.55	大友　　工(巨)	2.41	真田　重男(神)	1.97	石川　克彦(名)	2 31	別所　毅彦(巨)	1.80
江田　貢一(松)	2.83	別所　毅彦(巨)	2.44	大友　　工(巨)	2.25	金田　正一(国)	2 37	長谷川良平(広)	1.82
多田文久三(中)	2.91	藤村　隆男(名)	2.63	杉下　　茂(名)	2.33	徳永喜久夫(名)	2 62	石川　克彦(名)	2.24
服部　受弘(中)	2.94	大島　信雄(松)	2.74	藤本　英雄(名)	2.36	別所　毅彦(巨)	2 63	金田　正一(国)	2.63
緒方　俊明(本)	2.98	金田　正一(国)	2.83	藤村　隆男(名)	2.63	長谷川良平(広)	2 66	権藤　正利(洋)	2.83
真田　重男(松)	3.05	林　　直明(洋)	3.00	大島　信雄(名)	2.82	中尾　碩志(巨)	2 72	松山　　昇(広)	3.01
杉下　　茂(中)	3.20	三富　恒雄(名)	3.09	杉浦竜太郎(広)	2.94	藤村　隆男(神)	2 74	一以下規定投球回未満一	
梶岡　忠義(神)	3.57	藤本　英雄(巨)	3.13	金田　正一(国)	3.17	権藤　正利(洋)	2 77		

1955		1956		1957		1958		1959	
別所　毅彦(巨)	1.33	渡辺　省三(神)	1.45	金田　正一(国)	1.63	金田　正一(国)	1 30	村山　　実(神)	1.19
石川　克彦(中)	1.44	堀内　　庄(巨)	1.46	堀内　　庄(巨)	1.71	杉下　　茂(中)	1 53	藤田　元司(巨)	1.83
杉下　　茂(中)	1.56	大矢根博臣(中)	1.53	中山　俊丈(中)	1.82	大矢根博臣(中)	1 61	小山　正明(神)	1.86
長谷川良平(広)	1.69	中山　俊丈(中)	1.61	渡辺　省三(神)	1.88	小山　正明(神)	1 69	児玉　　泰(広)	2.07
安原　達佳(巨)	1.74	大崎　三男(神)	1.65	大崎　三男(神)	2.09	杉下　　茂(中)	1 78	備前　喜夫(広)	2.19
大友　　工(巨)	1.75	小山　正明(神)	1.66	木戸　美摸(広)	2.36	秋山　　登(洋)	2 51	北川　芳男(国)	2.51
金田　正一(国)	1.78	金田　正一(国)	1.74	石川　良照(中)	2.37	大石　正彦(洋)	2 63	鵜狩　道夫(広)	2.527
西村　一孔(中)	2.01	別所　毅彦(巨)	1.93	小山　正明(神)	2.38	鈴木　　隆(洋)	2 72	伊奈　　努(国)	2.528
渡辺　省三(神)	2.40	杉下　　茂(中)	2.00	田所善次郎(国)	2.41	堀内　　庄(巨)	2 77	金田　正一(国)	2.54
大田垣喜夫(広)	2.54	長谷川良平(広)	2.15	藤田　元司(巨)	2.48	渡辺　省三(神)	2 81	安原　達佳(巨)	2.69

記録集

1960
秋山　登(洋)1.75
堀本　律雄(巨)2.00
長谷川良平(広)2.18
広島　衛(中)2.24
島田源太郎(洋)2.29
小山　正明(神)2.361
石川　緑(国)2.363
村田　元一(国)2.52
大石　清(広)2.56
金田　正一(国)2.58

1961
権藤　博(中)1.70
北川　芳男(国)1.90
伊藤　芳明(巨)2.11
金田　正一(国)2.12
中村　稔(巨)2.13
村山　実(神)2.27
柿本　元一(国)2.31
小山　正明(神)2.40
大石　清(広)2.44
河村　保彦(中)2.53

1962
村山　実(神)1.20
小山　正明(神)1.66
金田　正一(国)1.73
秋山　登(洋)1.92
稲川　誠(洋)1.98
藤田　元司(巨)2.03
柿本　元一(国)2.06
城之内邦雄(巨)2.21
中村　稔(巨)2.28
権藤　博(中)2.33

1963
柿本　実(中)1.70
伊藤　芳明(巨)1.90
金田　正一(国)1.98
稲川　誠(洋)2.42
池田　英俊(広)2.57
河村　保彦(中)2.68
城之内邦雄(巨)2.69
高橋　明(巨)2.80
山中　巽(中)2.82
弘瀬　昌彦(広)2.99

1964
バッキー(神)1.89
城之内邦雄(巨)2.23
藤田　元司(巨)2.725
秋山　登(洋)2.734
高橋　重行(洋)2.76
金田　正一(国)2.79
柿本　実(中)2.85
石川　緑(神)2.90
稲川　誠(洋)2.91
大石　清(広)2.92

1965
金田　正一(巨)1.84
村山　実(神)1.96
山中　巽(中)1.97
宮田　征典(巨)2.07
中村　稔(巨)2.21
板東　英二(中)2.25
バッキー(神)2.28
竜　憲一(中)2.31
高橋　重行(洋)2.40
小川健太郎(中)2.43

1966
堀内　恒夫(巨)1.39
村山　実(神)1.55
若生　智男(神)1.96
城之内邦雄(巨)2.01
小川健太郎(中)2.19
権藤　正利(神)2.25
鈴木　皓武(サ)2.33
渡辺　秀武(巨)2.34
山中　巽(中)2.44
板東　英二(中)2.57

1967
権藤　正利(神)1.40
若生　智男(神)2.14
堀内　恒夫(巨)2.17
金田　正一(巨)2.28
バッキー(神)2.30
小川健太郎(中)2.51
渡辺　秀武(巨)2.55
城之内邦雄(巨)2.577
巽　一(中)2.579
江夏　豊(神)2.74
高橋　重行(洋)2.74

1968
外木場義郎(広)1.94
安仁屋宗八(広)2.07
江夏　豊(神)2.13
バッキー(神)2.19
河村　保彦(サ)2.42
石岡　康三(サ)2.67
村山　実(神)2.73
石戸　四六(サ)2.84
山中　巽(中)2.88
島田源太郎(洋)2.89

1969
江夏　豊(神)1.81
村山　実(神)2.01
鈴木　皓武(中)2.17
高橋　一三(巨)2.21
伊藤　久敏(中)2.25
平松　政次(洋)2.56
浅野　啓司(ア)2.639
小野　正一(中)2.642
小川健太郎(中)2.68

1970
村山　実(神)0.98
平松　政次(洋)1.95
田辺　修(中)1.98
堀内　恒夫(巨)2.07
江夏　豊(神)2.13
若生　智男(神)2.17
大石弥太郎(広)2.22
鬼頭　洋(洋)2.40
渡辺　秀武(巨)2.53
渋谷　幸春(中)2.54

1971
藤本　和宏(広)1.71
坂井　勝二(洋)1.87
古沢　憲司(神)2.05
小谷　正勝(洋)2.13
関本四十四(巨)2.14
若生　智男(神)2.17
平松　政次(洋)2.23
江夏　豊(神)2.39
伊藤　久敏(中)2.41
鬼頭　洋(洋)2.43

1972
安田　猛(ヤ)2.08
若生村智男(神)2.26
江夏　豊(神)2.53
水谷　寿伸(中)2.65
稲葉　光雄(中)2.76
大石弥太郎(広)2.79
高橋　一三(巨)2.91
高橋　一三(中)2.99
坂井　勝二(洋)3.01
佐伯　和司(広)3.07

1973
安田　猛(ヤ)2.02
高橋　一三(巨)2.21
上田　二朗(神)2.226
松岡　弘(ヤ)2.227
佐伯　和司(広)2.30
浅野　啓司(ヤ)2.376
松本　幸行(中)2.384
金城　基泰(広)2.54
三沢　淳(中)2.56
江夏　豊(神)2.58

1974
関本四十四(巨)2.28
浅野　啓司(ヤ)2.39
小林　繁(中)2.42
堀内　恒夫(巨)2.66
江夏　豊(神)2.73
松岡　弘(ヤ)2.80
外木場義郎(広)2.82
星野　仙一(中)2.87
松本　幸行(中)3.13
西井　哲夫(ヤ)3.18

1975
安仁屋宗八(神)1.91
松岡　弘(ヤ)2.32
松本　幸行(中)2.41
安田　猛(ヤ)2.73
星野　仙一(中)2.766
稲葉　光雄(中)2.769
佐伯　和司(広)2.90
外木場義郎(広)2.95
鈴木　孝政(中)2.98
江夏　豊(神)3.07

1976
鈴木　孝政(中)2.98
小林　繁(巨)2.99
新浦　寿夫(巨)3.11
池谷公二郎(広)3.26
ラ　イ　ト(巨)3.323
松岡　弘(ヤ)3.324
古沢　憲司(神)3.35
会田　照夫(ヤ)3.61
加藤　初(巨)3.70
江本　孟紀(神)3.75

1977
新浦　寿夫(巨)2.32
小林　繁(巨)2.92
梶間　健一(ヤ)3.34
星野　仙一(中)3.53
鈴木康二朗(ヤ)3.67
江本　孟紀(神)3.70
高橋　里志(広)3.73
安田　猛(ヤ)3.74
鈴木　孝政(中)3.76

1978
新浦　寿夫(巨)2.81
江本　孟紀(神)3.10
斉藤　明雄(洋)3.136
野村　収(洋)3.138
井原慎一朗(ヤ)3.38
高橋　重行(洋)3.39
三沢　淳(中)3.40
堀内　恒夫(巨)3.54
松原　明夫(広)3.60
加藤　初(巨)3.61

1979
平松　政次(洋)2.39
西本　聖(巨)2.76
江川　卓(巨)2.80
鈴木　公也(中)2.82
小林　繁(神)2.89
山根　和夫(広)2.91
新浦　寿夫(巨)3.43
福士　明夫(広)3.57
北別府　学(広)3.58
池内　豊(神)3.67

1980
松岡　弘(ヤ)2.35
江川　卓(巨)2.48
定岡　正二(巨)2.54
西本　聖(巨)2.59
梶間　健一(ヤ)2.76
山根　和夫(広)2.96
鈴木康二朗(ヤ)2.98
尾花　高夫(ヤ)3.01
小林　繁(神)3.02
山本　和行(神)3.26

1981
江川　卓(巨)2.29
西本　聖(巨)2.58
加藤　初(巨)2.91
小林　繁(神)3.01
小松　辰雄(中)3.06
山根　和夫(広)3.09
山本　和行(神)3.30
北別府　学(広)3.31
三沢　淳(中)3.35
伊藤　宏光(神)3.67

1982
斉藤　明夫(洋)2.07
江川　卓(巨)2.36
山本　和行(神)2.41
北別府　学(広)2.43
西本　聖(巨)2.58
尾花　高夫(中)2.60
工藤　一彦(神)3.06
遠藤　一彦(洋)3.06
鈴木　孝政(中)3.11
都　裕次郎(中)3.14

1983
福間　納(神)2.62
遠藤　一彦(洋)2.87
小松　辰雄(中)2.92
津田　恒美(広)3.07
小松　辰雄(中)3.20
梶間　健一(ヤ)3.21
江川　卓(巨)3.27
鈴木　孝政(中)3.65
槙原　寛己(巨)3.67
郭　源治(中)3.75

1984
小林　誠二(広)2.20
大野　豊(広)2.94
小松　辰雄(中)3.05
西本　聖(巨)3.12
郭　源治(中)3.25
北別府　学(広)3.31
新浦　寿夫(巨)3.36
加藤　初(巨)3.36
山根　和夫(広)3.41
尾花　高夫(ヤ)3.45
江川　卓(巨)3.48

1985
小松　辰雄(中)2.65
川端　順(広)2.72
斎藤　雅樹(洋)2.96
遠藤　一彦(洋)3.15
郭　源治(中)3.48
北別府　学(広)3.57
西本　聖(巨)4.03
大野　豊(広)4.06
鈴木　孝政(中)4.15
梶間　健一(ヤ)4.22

1986
北別府　学(広)2.43
金石　昭人(広)2.68
江川　卓(巨)2.69
加藤　初(巨)2.76
杉本　正(中)3.005
川口　和久(広)3.006
遠藤　一彦(洋)3.012
高野　光(ヤ)3.095
仲田　幸司(神)3.101
鈴木　孝政(中)3.15

1987
桑田　真澄(巨)2.17
川端　順(広)2.42
小松　辰雄(中)2.74
遠藤　一彦(洋)2.88
大野　豊(広)2.93
川口　和久(広)2.95
槙原　寛己(巨)3.40
江川　卓(巨)3.51
西本　聖(巨)3.67
キ　ー　オ(神)3.80

1988
大野　豊(広)2.70
槙原　寛己(巨)2.16
中山　裕章(洋)2.28
川口　和久(広)2.55
小野　利幸(中)2.60
キ　ー　オ(神)2.76
尾花　高夫(ヤ)2.87
ガリクソン(巨)3.10
北別府　学(広)3.13
欠端　光則(洋)3.22

1989
斎藤　雅樹(巨)1.62
槙原　寛己(巨)1.79
大野　豊(広)1.92
西本　聖(巨)2.44
川口　和久(広)2.51
桑田　真澄(巨)2.60
内藤　尚行(ヤ)2.82
加藤　博人(ヤ)2.83
山本　昌広(中)2.93
欠端　光則(洋)3.31

1990
斎藤　雅樹(巨)2.17
桑田　真澄(巨)2.51
木田　優夫(巨)2.71
香田　勲男(巨)2.90
佐々岡真司(広)3.15
宮本　賢治(ヤ)3.16
西本　聖(中)3.25
猪俣　隆(神)3.27
野村　弘樹(洋)3.50
長冨　浩志(広)3.52

1991
佐々岡真司(広)2.44
今中　慎二(中)2.52
郭　源治(中)2.71
西村　龍次(ヤ)2.80
川崎憲次郎(ヤ)2.91
野村　弘樹(洋)3.159
桑田　真澄(巨)3.162
猪俣　隆(神)3.29
宮本　和知(巨)3.37

1992
盛田　幸妃(洋)2.05
中込　伸(神)2.42
北別府　学(広)2.53
斎藤　雅樹(巨)2.58
伊東　昭光(ヤ)2.77
湯舟　敏郎(神)2.82
岡林　洋一(ヤ)2.97
宮本　和知(巨)3.21
岡本　透(洋)3.23

1993
山本　昌広(中)2.05
今中　慎二(中)2.20
槙原　寛己(巨)2.28
野村　弘樹(横)2.51
伊藤　智仁(ヤ)3.11
木田　優夫(巨)3.35
川崎憲次郎(ヤ)3.48
湯舟　敏郎(神)3.52
川口　和久(広)3.54

1994
郭　源治(中)2.45
桑田　真澄(巨)2.52
斎藤　雅樹(巨)2.53
槙原　寛己(巨)2.82
今中　慎二(中)2.88
岡林　洋一(ヤ)2.99
湯舟　敏郎(神)3.05
斎藤　隆(横)3.13
佐藤　秀樹(神)3.14
藪　恵市(神)3.18

1995
ブ　ロ　ス(ヤ)2.33
斎藤　雅樹(巨)2.70
チ　ェ　コ(広)2.74
石井　一久(ヤ)2.76
槙原　寛己(巨)2.88
藪　恵壹(神)2.98
山内　泰幸(広)3.03
川尻　哲郎(神)3.10
吉井　理人(ヤ)3.12
今中　慎二(中)3.29

1996
斎藤　雅樹(巨)2.36
ガルベス(巨)3.05
吉井　理人(ヤ)3.24
川尻　哲郎(神)3.26
斎藤　隆(横)3.29
今中　慎二(中)3.31
山崎　健(ヤ)3.38
田畑　一也(ヤ)3.51
ブ　ロ　ス(ヤ)3.61
山本　昌広(中)3.67

1997
大野　豊(広)2.85
山本　昌広(中)2.92
田畑　一也(ヤ)2.96
吉井　理人(ヤ)2.99
竹内　昌也(ヤ)3.01
ガ　ル　ベ　ス(巨)3.316
川村　丈夫(横)3.323
三浦　大輔(横)3.35
槙原　寛己(巨)3.46
湯舟　敏郎(神)3.56

1998
野口　茂樹(中)2.34
川上　憲伸(中)2.57
伊藤　智仁(ヤ)2.72
ミンチー(中)2.75
川尻　哲郎(神)2.84
斎藤　隆(横)2.94
加藤　伸一(広)2.99
川崎憲次郎(ヤ)3.04
斎藤　雅樹(巨)3.08
三浦　大輔(横)3.18

1999
上原　浩治(巨)2.09
野口　茂樹(中)2.65
山本　昌広(中)2.96
川村　丈夫(横)3.00
佐々岡真司(広)3.27
武田　一浩(中)3.50
ガルベス(巨)3.66
高木　晃次(ヤ)3.79
川崎憲次郎(ヤ)3.85
藪　恵壹(神)3.95

2000
石井　一久(ヤ)2.606
山本　昌広(中)2.610
メ　ン　チ(巨)2.95
バ　ン　チ(巨)2.98
工藤　公康(巨)3.11
川尻　哲郎(神)3.17
高橋　尚成(巨)3.18
三浦　大輔(横)3.22
ミンチー(広)3.49
川崎憲次郎(ヤ)3.55

2001
野口　茂樹(中)2.46
井川　慶(神)2.67
三浦　大輔(横)2.88
小宮山　悟(横)3.026
黒田　博樹(広)3.031
藤井　秀悟(ヤ)3.17
バ　ン　チ(巨)3.38
石井　一久(ヤ)3.39
ハンセル(神)3.49
佐々岡真司(広)3.59

2002
桑田　真澄(巨)2.22
川上　憲伸(中)2.35
井川　慶(神)2.49
上原　浩治(巨)2.60
朝倉　健太(中)2.61
工藤　公康(巨)2.91
藤井　秀悟(ヤ)3.08
高橋　尚成(巨)3.09
ム　ー　ア(神)3.325
石川　雅規(ヤ)3.330

2003
井川　慶(神)2.80
平井　正史(中)3.06
黒田　博樹(広)3.11
上原　浩治(巨)3.17
木佐貫　洋(巨)3.34
山本　昌(中)3.58
高橋　建(広)3.66
石川　雅規(ヤ)3.79
伊良部秀輝(神)3.85
ブロック(広)3.94

2004
上原　浩治(巨)2.60
山　本　昌(中)3.15
川島　亮(ヤ)3.17
川上　憲伸(中)3.32
井川　慶(神)3.73
ドミンゴ(巨)3.76
福原　忍(神)3.87
ベ　イ　ル(広)4.21
三浦　大輔(横)4.25
石川　雅規(ヤ)4.35

2005
三浦　大輔(横)2.52
黒田　博樹(広)3.17
上原　浩治(巨)3.31
門倉　健(横)3.37
安藤　優也(神)3.39
藤井　秀悟(ヤ)3.43
福原　忍(神)3.51
川上　憲伸(中)3.74
土肥　義弘(横)3.83
井川　慶(神)3.86

2006
黒田　博樹(広)1.85
福原　忍(神)2.09
川上　憲伸(中)2.51
内海　哲也(巨)2.78
朝倉　健太(中)2.79
ガトームソン(神)2.85
井川　慶(神)2.97
下柳　剛(神)3.17
上原　浩治(巨)3.21
パ　ウ　エ　ル(巨)3.31

2007
高橋　尚成(巨)2.75
グライシンガー(ヤ)2.84
内海　哲也(巨)3.02
三浦　大輔(横)3.06
木佐貫　洋(巨)3.09
朝倉　健太(中)3.355
寺原　隼人(横)3.362
川上　憲伸(中)3.55
黒田　博樹(広)3.56
中田　賢一(中)3.59

2008
石川　雅規(ヤ)2.676
ル　イ　ス(広)2.679
内海　哲也(巨)2.73
館山　昌平(ヤ)2.9934
下柳　剛(神)2.9938
グライシンガー(巨)3.06
安藤　優也(神)3.20
岩田　稔(神)3.46
三浦　大輔(横)3.56
大竹　寛(広)3.84

2009
チ　ェ　ン(中)1.54
吉見　一起(中)2.00
ゴンザレス(広)2.11
能見　篤史(神)2.62
大竹　寛(広)2.81
高橋　尚成(巨)2.94
内海　哲也(巨)2.955
ル　イ　ス(広)2.960
東野　峻(巨)3.17
三浦　大輔(横)3.32

記録集

2010
前田　健太(広)2.21
チェン(中)2.87
館山　昌平(ヤ)2.93
久保　康友(神)3.25
東野　峻(巨)3.27
村中　恭兵(ヤ)3.44
吉見　一起(中)3.50
石川　雅規(ヤ)3.53
由規(佐藤由規)(ヤ)3.60
加賀　繁(横)3.66

2011
吉見　一起(中)1.65
内海　哲也(巨)1.70
澤村　拓一(巨)2.03
館山　昌平(ヤ)2.04
岩田　稔(神)2.29
バリントン(広)2.42
前田　健太(広)2.46
能見　篤史(神)2.52
ネルソン(中)2.54
チェ　エ(中)2.68

2012
前田　健太(広)1.53
野村　祐輔(広)1.980
内海　哲也(巨)1.983
杉内　俊哉(巨)2.04
館山　昌平(ヤ)2.25
大竹　寛(広)2.36
能見　篤史(神)2.42
山内　壮馬(中)2.43
ホールトン(巨)2.45
メッセンジャー(神)2.52

2013
前田　健太(広)2.10
能見　篤史(神)2.69
スタンリッジ(神)2.74
メッセンジャー(神)2.89
小川　泰弘(ヤ)2.93
菅野　智之(巨)3.12
澤村　拓一(巨)3.13
バリントン(広)3.23
内海　哲也(巨)3.31
杉内　俊哉(巨)3.35

2014
菅野　智之(巨)2.33
岩田　稔(神)2.54
前田　健太(広)2.60
大野　雄大(中)2.89
杉内　俊哉(巨)3.16
内海　哲也(巨)3.17
メッセンジャー(神)3.20
山井　大介(中)3.21
久保　康友(ディ)3.33
モスコーソ(ディ)3.39

2015
ジョンソン(広)1.85
菅野　智之(巨)1.91
マイコラス(巨)1.92
前田　健太(広)2.09
藤浪晋太郎(神)2.40
大野　雄大(中)2.52
黒田　博樹(広)2.55
ポレダ(巨)2.94
メッセンジャー(神)2.97
小川　泰弘(ヤ)3.11

2016
菅野　智之(巨)2.01
ジョンソン(広)2.15
野村　祐輔(広)2.71
岩貞　祐太(神)2.90
田口　麗斗(巨)3.01
黒田　博樹(広)3.09
石田　健大(ディ)3.12
藤浪晋太郎(神)3.25
井納　翔一(ディ)3.50

2017
菅野　智之(巨)1.59
マイコラス(巨)2.25
メッセンジャー(神)2.39
野村　祐輔(広)2.78
今永　昇太(ディ)2.98
秋山　拓巳(神)2.99
田口　麗斗(巨)3.01
大瀬良大地(広)3.65
ブキャナン(ヤ)3.66
バルデス(中)3.76

2018
菅野　智之(巨)2.14
東　克樹(ディ)2.45
大瀬良大地(広)2.62
ガルシア(中)2.99
ジョンソン(広)3.11
メッセンジャー(神)3.63
山口　俊(巨)3.68
ブキャナン(ヤ)4.03
―以下規定投球回未満―

2019
大野　雄大(中)2.58
ジョンソン(広)2.59
山口　俊(巨)2.91
今永　昇太(ディ)2.91
西　勇輝(神)2.92
青柳　晃洋(神)3.14
大瀬良大地(広)3.530
柳　裕也(中)3.533
小川　泰弘(ヤ)4.57
―以下規定投球回未満―

2020
大野　雄大(中)1.82
森下　暢仁(広)1.91
菅野　智之(巨)1.97
西　勇輝(神)2.26
九里　亜蓮(広)2.96
青柳　晃洋(神)3.36

―以下規定投球回未満―

パシフィック・リーグ

1950
荒巻　淳(毎)2.06
林　義一(大)2.40
柚木　進(南)2.79
江藤　正(南)2.92
武末　悉昌(西)3.09
野口　二郎(急)3.16
米川　泰夫(東)3.24
黒尾　重明(近)3.340
野村　武史(毎)3.344
中原　宏(南)3.36

1951
服部　武夫(南)2.03
柚木　進(南)2.08
江藤　正(南)2.28
川崎　徳次(西)2.31
米川　泰夫(東)2.35
荒巻　淳(毎)2.42
中谷　信夫(毎)2.46
野村　武史(毎)2.51
林　義一(大)2.54
緒方　俊明(西)2.61

1952
柚木　進(南)1.91
野口　正明(西)2.59
服部　武夫(南)2.60
大津　守(西)2.73
川崎　徳次(西)2.75
野村　武史(毎)2.76
林　義一(大)2.97
山根　俊英(毎)3.14
ニューベリー(急)3.22
姫野　好治(大)3.27

1953
川崎　徳次(西)1.98
黒尾　重明(近)2.02
姫野　好治(大)2.06
荒巻　淳(毎)2.14
大神　武俊(急)2.23
ゲインズ(急)2.52
林　義一(近)2.54
沢藤　光郎(近)2.64
林　義一(大)2.66
スタルヒン(大)2.67

1954
宅和　本司(南)1.58
西村　貞朗(西)1.77
大津　守(西)1.78
河村　久文(西)1.99
田中　良彦(高)2.16
滝　良彦(高)2.20
植村　義信(毎)2.25
荒巻　淳(毎)2.32
米川　泰夫(東)2.43
関根　潤三(近)2.44

1955
中川　隆(毎)2.08
植村　義信(毎)2.127
中村　大成(南)2.133
阿部　八郎(急)2.20
和田　功(急)2.24
米川　泰夫(東)2.26
河村　久文(西)2.346
荒巻　淳(毎)2.351
林　義一(大)2.36
川崎　徳次(西)2.39

1956
稲尾　和久(西)1.06
島原　幸雄(西)1.35
種田　弘(急)1.56
西村　貞朗(西)1.71
三浦　方義(高)1.77
四郎(高)2.00
伊藤　義信(毎)2.01
植村　義信(毎)2.12
梶本　隆夫(急)2.24
武智　文雄(近)2.43

1957
稲尾　和久(西)1.37
小野　正一(毎)1.73
米田　哲也(急)1.86
梶本　隆夫(急)1.92
牧野　伸(東)2.06
河村　久文(西)2.36
皆川　睦男(南)2.36
西村　貞朗(西)2.46
黒田　勉(近)2.50
榎原　好(近)2.67

1958
稲尾　和久(西)1.42
皆川　睦男(南)1.83
秋本　祐作(急)1.89
杉浦　忠(南)2.05
米田　哲也(急)2.117
土橋　正幸(東)2.119
荒巻　淳(毎)2.13
柚木　進(南)2.30
河村　久文(西)2.58
大津　守(近)2.99

1959
杉浦　忠(南)1.40
稲尾　和久(西)1.65
米田　哲也(急)2.11
小野　正一(毎)2.34
土橋　正幸(東)2.36
島原　幸雄(西)2.39
ミケンズ(近)2.41
祓川　正敏(南)2.48
飯島　為男(東)3.09
大津　守(近)3.17

1960	1961	1962	1963	1964
小野　正一（毎）1.98	稲尾　和久（西）1.69	久保田　治（東）2.12	久保　征弘（近）2.36	妻島　芳郎（京）2.15
杉浦　忠（南）2.05	土橋　正幸（東）1.90	稲尾　和久（西）2.30	三浦　清弘（南）2.536	スタンカ（南）2.40
中西　勝己（毎）2.13	久保田　治（東）2.16	安藤　元博（東）2.32	稲尾　和久（西）2.541	小山　正明（京）2.47
若生　智男（毎）2.15	杉浦　忠（南）2.79	土橋　正幸（東）2.38	石川　陽造（東）2.543	坂井　勝二（京）2.50
ミケンズ（近）2.23	梶本　隆夫（急）2.80	尾崎　行雄（東）2.42	森中千香良（近）2.60	米田　哲也（急）2.53
スタンカ（南）2.48	畑　隆幸（西）2.87	若生　忠男（毎）2.42	坂井　勝二（毎）2.61	尾崎　行雄（東）2.55
梶本　隆夫（急）2.54	小野　正一（毎）3.16	皆川　睦男（南）2.49	杉浦　忠（南）2.63	石川　陽造（東）2.62
稲尾　和久（西）2.59	徳久　利明（南）3.26	三浦　清弘（南）2.62	石井　茂雄（急）2.92	嵯峨健四郎（東）2.68
米田　哲也（急）2.73	スタンカ（南）3.30	若生　智男（毎）2.73	徳久　利明（近）2.93	安部　和春（西）2.75
三平　晴樹（毎）2.81	米田　哲也（急）3.55	ミケンズ（近）2.79		足立　光宏（急）2.78

1965	1966	1967	1968	1969
三浦　清弘（南）1.57	稲尾　和久（西）1.79	足立　光宏（急）1.75	皆川　睦男（南）1.61	木樽　正明（ロ）1.72
尾崎　行雄（東）1.88	小山　正明（京）2.07	宮崎　昭二（東）2.10	村上　雅則（南）2.38	清　俊彦（近）2.23
永易　将之（南）1.93	渡辺　泰輔（南）2.115	成田　文男（東）2.11	池永　正明（西）2.45	佐々木宏一郎（近）2.35
林　俊彦（南）2.25	皆川　睦男（南）2.122	田中　勉（西）2.17	鈴木　啓示（近）2.48	高橋　直樹（東）2.42
池永　正明（京）2.27	嵯峨健四郎（東）2.18	皆川　睦男（南）2.29	稲尾　和久（西）2.77	西岡三四郎（南）2.44
小山　正明（京）2.35	田中　勉（西）2.34	池永　正明（西）2.31	米田　哲也（急）2.79	鈴木　啓示（近）2.50
稲尾　和久（西）2.38	木樽　行雄（東）2.62	梶本　隆夫（急）2.441	水谷　孝（急）2.83	池永　正明（西）2.57
妻島　芳郎（京）2.41	足立　光宏（急）2.63	皆川　順欣（南）2.442	木樽　初（平）2.85	皆川　睦男（南）2.62
皆川　睦男（南）2.63	三浦　清弘（南）2.70	高橋　善正（東）2.46	田中　勉（西）2.88	成田　文男（ロ）2.73
足立　光宏（急）2.74		木樽　正明（京）2.53	成田　文男（京）2.90	田中　調（東）2.78

1970	1971	1972	1973	1974
佐藤　道郎（南）2.048	山田　久志（急）2.37	清　俊彦（近）2.36	米田　哲也（急）2.47	佐藤　道郎（南）1.91
佐々木宏一郎（近）2.054	足立　光宏（急）2.49	神部　年男（近）2.388	田中　章（平）2.58	神部　年男（近）2.38
小山　正明（ロ）2.30	清　俊彦（近）2.97	田中　章（西）2.391	成田　文男（ロ）2.53	田中　章（平）2.61
木樽　正明（ロ）2.53	金田　留広（東）2.99	佐藤　道郎（南）2.51	水谷　孝（急）2.57	村田　兆治（ロ）2.69
金田　留広（東）2.71	佐々木宏一郎（近）3.20	足立　光宏（急）2.63	江本　孟紀（南）2.74	金田　留広（ロ）2.90
鈴木　啓示（近）2.75	神部　年男（近）3.21	江本　孟紀（南）3.04	八木沢荘六（ロ）2.77	水谷　孝（急）2.91
三輪　悟（急）2.91	鈴木　啓示（近）3.22	三浦　清弘（南）3.15	木樽　正明（ロ）2.84	加藤　初（平）2.95
山田　久志（急）3.19	小山　正明（ロ）3.24	米田　哲也（急）3.23	松原　明夫（南）2.87	中山　孝一（南）3.038
成田　文男（ロ）3.205	高橋　善正（東）3.26	金田　留広（東）3.24	西岡三四郎（南）2.93	松原　明夫（南）3.043
三浦　清弘（南）3.214	村田　兆治（ロ）3.34		戸田　善紀（急）3.04	山田　久志（急）3.05

1975	1976	1977	1978	1979
村田　兆治（ロ）2.20	村田　兆治（ロ）1.82	山田　久志（急）2.28	鈴木　啓示（近）2.02	山口　哲治（近）2.49
鈴木　啓示（近）2.26	藤田　学（南）1.98	鈴木　啓示（近）2.35	今井雄太郎（急）2.38	山田　久志（急）2.73
東尾　修（平）2.38	佐藤　道郎（南）2.25	稲葉　光雄（急）2.45	山田　久志（急）2.36	高橋　直樹（日）2.75
佐藤　道郎（南）2.50	山内　新一（南）2.38	金城　基泰（南）2.51	高橋　孝（急）2.37	村田　兆治（ロ）2.96
山内　新一（南）2.72	山田　久志（急）2.39	八木沢荘六（ロ）2.62	高橋　直樹（日）2.38	太田　幸司（近）3.31
足立　光宏（急）2.72	八木沢荘六（ロ）2.46	村田　兆治（ロ）2.68	稲葉　光雄（急）2.908	村田　辰美（近）3.42
木原　義隆（平）2.76	足立　光宏（急）2.54	高橋　直樹（日）2.97	東尾　修（ク）2.94	宇田　東植（ロ）3.466
水谷　則博（ロ）2.80	柳田　豊（近）2.57	山口　高志（急）3.05	村上　雅則（日）3.02	佐々木宏一郎（南）3.471
山口　高志（急）2.93	鈴木　啓示（近）2.67	山内　新一（南）3.20	森口　益光（南）3.29	井本　隆（近）3.61
高橋　直樹（日）2.95	山口　高志（急）2.82	太田　幸司（近）3.21		仁科　時成（ロ）4.00

1980	1981	1982	1983	1984
木田　勇（日）2.28	岡部　憲章（日）2.70	高橋　里志（日）1.84	東尾　修（武）2.92	今井雄太郎（急）2.93
山田　久志（急）2.96	稲葉　光雄（急）2.93	工藤　幹夫（日）2.10	高橋　直樹（武）3.03	山田　久志（急）3.27
仁科　時成（ロ）3.19	高橋　一三（日）2.939	松沼　雅之（武）2.76	松沼　雅之（武）3.25	東尾　修（武）3.32
水谷　則博（ロ）3.49	山田　久志（急）2.942	松沼　博久（武）2.83	山田　久志（急）3.32	坂巻　明（日）3.33
高橋　一三（日）3.56	村田　兆治（ロ）2.96	水谷　則博（ロ）2.96	川原　昭二（日）3.40	佐藤　義則（急）3.51
山内　新一（南）3.78	梅沢　義勝（日）3.25	山田　久志（急）3.04	杉本　正（武）3.43	谷　宏明（日）3.57
東尾　修（武）3.79	村田　辰美（近）3.34	山内　和宏（南）3.15	山沖之彦（急）3.48	松沼　雅之（武）3.68
間柴　茂有（日）3.83	間柴　茂有（日）3.456	東尾　修（武）3.28	鈴木　啓示（近）3.70	仁科　時成（ロ）3.71
鈴木　啓示（近）3.87	松沼　雅之（武）3.457	永本　裕章（急）3.34	松沼　博久（武）3.82	深沢　恵雄（ロ）3.74
松本　幸行（急）3.88	橘　健治（近）3.461		山内　和宏（南）3.93	鈴木　啓示（近）3.76

1985
- 工藤　公康(武) 2.76
- 渡辺　久信(武) 3.20
- 柴田　保光(日) 3.28
- 東尾　修(武) 3.30
- 石本　貴昭(近) 3.56
- 加藤　伸一(南) 4.09
- 荘　勝雄(ロ) 4.15
- 松沼　博久(武) 4.16
- 河野　博文(日) 4.17
- 佐藤　義則(急) 4.29

1986
- 佐藤　義則(急) 2.83
- 渡辺　久信(武) 2.87
- 荘　勝雄(ロ) 3.15
- 工藤　公康(武) 3.22
- 柴田　保光(日) 3.38
- 藤本　修二(南) 3.78
- 金沢　次男(武) 3.79
- 山田　久志(急) 3.81
- 星野　伸之(急) 3.88
- 西川　佳明(南) 3.89

1987
- 工藤　公康(武) 2.41
- 東尾　修(武) 2.59
- 山沖　之彦(急) 2.75
- 阿波野秀幸(近) 2.88
- 西崎　幸広(日) 2.89
- 郭　泰源(武) 3.02
- 藤本　修二(南) 3.15
- 山内　和宏(南) 3.22
- 河野　博文(日) 3.29
- 荘　勝雄(ロ) 3.32

1988
- 河野　博文(日) 2.38
- 郭　泰源(武) 2.41
- 西崎　幸広(日) 2.50
- 小野　和義(近) 2.59
- 阿波野秀幸(近) 2.61
- 松浦　宏明(日) 2.76
- 津野　浩(日) 2.92
- 星野　伸之(急) 3.06
- 山崎慎太郎(近) 3.10
- 佐藤　義則(急) 3.22

1989
- 村田　兆治(ロ) 2.50
- 阿波野秀幸(近) 2.71
- 郭　泰源(武) 3.27
- 小野　和義(近) 3.39
- 渡辺　久信(武) 3.41
- 星野　伸之(オ) 3.48
- 渡辺　智男(武) 3.52
- 西崎　幸広(日) 3.55
- 酒井　勉(オ) 3.61
- 牛島　和彦(ロ) 3.63

1990
- 野茂　英雄(近) 2.91
- 渡辺　久信(武) 2.97
- 柴田　保光(日) 3.11
- 小宮山　悟(ロ) 3.27
- 渡辺　智男(武) 3.38
- 石井　丈裕(武) 3.38
- 酒井光次郎(日) 3.46
- 松浦　宏明(日) 3.47
- 山沖　之彦(オ) 3.74
- 西崎　幸広(日) 3.88

1991
- 渡辺　智男(武) 2.35
- 柴田　保光(日) 2.48
- 郭　泰源(武) 2.59
- 工藤　公康(武) 2.82
- 小野　和義(近) 2.86
- 野茂　英雄(近) 3.05
- 伊藤　敦規(オ) 3.08
- 佐々木　修(近) 3.21
- 山沖　之彦(オ) 3.30
- 星野　伸之(オ) 3.53

1992
- 赤堀　元之(近) 1.80
- 石井　丈裕(武) 1.94
- 郭　泰源(武) 2.41
- 野茂　英雄(近) 2.66
- 高村　祐(近) 3.15
- 柴田　保光(日) 3.16
- 長谷川滋利(オ) 3.27
- 酒井　勉(オ) 3.29
- 工藤　公康(オ) 3.52
- 星野　伸之(オ) 3.62

1993
- 工藤　公康(武) 2.06
- 西崎　幸広(日) 2.20
- 野田　浩司(オ) 2.56
- 白井　康勝(近) 2.66
- 長谷川滋利(オ) 2.71
- 伊良部秀輝(ロ) 3.10
- 石井　丈裕(武) 3.19
- 村田　勝喜(オ) 3.21
- 武田　一浩(オ) 3.33
- 星野　伸之(オ) 3.35

1994
- 新谷　博(武) 2.91
- 伊良部秀輝(ロ) 3.04
- 長谷川滋利(近) 3.11
- 山崎慎太郎(近) 3.41
- 工藤　公康(武) 3.44
- 佐藤　義則(オ) 3.52
- 星野　伸之(オ) 3.58
- 吉田　豊彦(ダ) 3.78
- 河野　博文(ダ) 3.84
- 若田部健一(ダ) 4.03

1995
- 伊良部秀輝(ロ) 2.53
- 郭　泰源(武) 2.54
- 小宮山　悟(ロ) 2.60
- ヒルマン(日) 2.87
- 長谷川滋利(オ) 2.89
- 新谷　博(武) 2.93
- グ ロ ス(日) 3.04
- 岩本　勉(日) 3.07
- 野田　浩司(オ) 3.08
- 星野　伸之(オ) 3.39

1996
- 伊良部秀輝(ロ) 2.402
- ヒルマン(日) 2.404
- ヒデカズ(渡辺秀一)(ダ) 2.54
- 西崎　幸広(日) 2.87
- 星野　伸之(オ) 3.05
- 野田　浩司(オ) 3.14
- 西口　文也(武) 3.17
- 今関　勝(ロ) 3.22
- 酒井　弘樹(近) 3.30
- 新谷　博(武) 3.41

1997
- 小宮山　悟(ロ) 2.49
- 岡本　晃(武) 2.82
- 潮崎　哲也(武) 2.90
- 豊田　清(武) 2.93
- 小池　秀郎(近) 2.96
- 黒木　知宏(ロ) 2.99
- 西口　文也(武) 3.12
- 星野　伸之(オ) 3.24
- 野田　浩司(オ) 3.29
- 工藤　公康(ダ) 3.35

1998
- 金村　暁(日) 2.73
- 黒木　知宏(ロ) 3.2893
- 石井　貴(武) 3.2896
- 野田　龍次(オ) 3.3602
- 関根　裕之(日) 3.3609
- 西口　文也(武) 3.38
- 小宮山　悟(ロ) 3.57
- 武田　一浩(オ) 3.62
- 武藤潤一郎(ロ) 3.76
- 芝草　宇宙(日) 3.90

1999
- 工藤　公康(ダ) 2.38
- 黒木　知宏(ロ) 2.50
- 松坂　大輔(武) 2.60
- 川越　英隆(オ) 2.85
- 永井　智浩(武) 3.06
- 石井　貴(武) 3.07
- 若田部健一(ダ) 3.29
- 西口　文也(武) 3.41
- 金田　政彦(武) 3.49
- 岩本ツトム(日) 3.81

2000
- 戎　信行(オ) 3.27
- 小野　晋吾(ロ) 3.45
- 西口　文也(武) 3.77
- 松坂　大輔(武) 3.97
- 前川　勝彦(近) 4.16
- ラ ジ オ(ダ) 4.20
- 石井　貴(武) 4.31
- 若田部健一(ダ) 4.43
- 関根　裕之(日) 4.90
- 山村　宏樹(近) 5.01

2001
- ミンチー(ロ) 3.26
- 許　銘傑(武) 3.47
- 松坂　大輔(武) 3.60
- 小倉　恒(オ) 3.62
- 加藤　伸一(オ) 3.69
- 小野　晋吾(ロ) 3.74
- 石井上慶三郎(ダ) 3.77
- 加藤　康介(ロ) 4.11
- 星野　順治(ダ) 4.35
- 西口　文也(武) 4.35

2002
- 金田　政彦(オ) 2.50
- 具　蓁晟(オ) 2.52
- ミンチー(ロ) 2.85
- 若田部健一(ダ) 2.99
- 三井　浩二(武) 3.15
- 金村　暁(日) 3.17
- 正田　樹(日) 3.45
- 西口　文也(武) 3.51
- シールバック(日) 3.60
- ヤーナル(オ) 3.61

2003
- 斉藤　和巳(ダ) 2.83
- 松坂　大輔(武) 2.83
- 清水　直行(ロ) 3.13
- 杉内　俊哉(ダ) 3.375
- 和田　毅(ダ) 3.380
- 岩隈　久志(近) 3.45
- 渡辺　俊介(ロ) 3.66
- 後藤　光貴(武) 3.81
- 小林　宏之(ロ) 3.84
- パウエル(近) 4.13

2004
- 松坂　大輔(武) 2.90
- 岩隈　久志(近) 3.01
- 新垣　渚(ダ) 3.28
- 清水　直行(ロ) 3.40
- 渡辺　俊介(ロ) 3.59
- 張　誌家(武) 3.70
- バーン(近) 3.89
- パウエル(近) 3.90
- 金村　暁(日) 3.93
- 川越　英隆(オ) 4.17

2005
- 杉内　俊哉(ソ) 2.11
- 渡辺　俊介(ロ) 2.17
- 松坂　大輔(武) 2.30
- 西口　文也(武) 2.77
- セラフィニ(ロ) 2.91
- 斉藤　和巳(ソ) 2.92
- 和田　毅(ソ) 3.27
- 小林　宏之(ロ) 3.30
- 入来　祐作(日) 3.35
- JP(パウエル)(オ) 3.51

2006
- 斉藤　和巳(ソ) 1.75
- 松坂　大輔(武) 2.13
- 八木　智哉(日) 2.48
- デイビー(オ) 2.62
- 小野　晋吾(ロ) 2.66
- 小林　宏之(ロ) 2.78
- ダルビッシュ有(日) 2.89
- 和田　毅(ソ) 2.98
- 新垣　渚(ソ) 3.01
- 川越　英隆(オ) 3.14

2007
- 成瀬　善久(ロ) 1.817
- ダルビッシュ有(日) 1.820
- グ リ ン(日) 2.21
- 渡辺　俊介(ロ) 2.44
- 杉内　俊哉(ソ) 2.46
- 小林　宏之(ロ) 2.69
- 涌井　秀章(武) 2.79
- 和田　毅(ソ) 2.82
- 朝井　秀樹(楽) 3.12

2008
- 岩隈　久志(楽) 1.87
- ダルビッシュ有(日) 1.88
- 小松　聖(オ) 2.51
- 帆足　和幸(武) 2.63
- 杉内　俊哉(ソ) 2.66
- 大隣　憲司(ソ) 3.12
- 成瀬　善久(ロ) 3.23
- 山本　省吾(オ) 3.38
- 岸　孝之(武) 3.42
- 近藤　一樹(オ) 3.44

2009
- ダルビッシュ有(日) 1.73
- 涌井　秀章(武) 2.30
- 田中将大(楽) 2.33
- 杉内　俊哉(ソ) 2.36
- 金子　千尋(オ) 2.57
- ホールトン(巨) 2.89
- 岩隈　久志(楽) 3.25
- 岸　孝之(武) 3.26
- 成瀬　善久(ロ) 3.28
- 永井　怜(楽) 3.42

2010	2011	2012	2013	2014
ダルビッシュ有(日)1.78	田中　将大(楽)1.27	吉川　光夫(日)1.71	田中　将大(楽)1.27	金子　千尋(オ)1.98
武田　　勝(日)2.41	ダルビッシュ有(日)1.44	田中　将大(楽)1.87	金子　千尋(オ)2.01	岸　　孝之(武)2.51
田中　将大(楽)2.50	和田　　毅(ソ)1.51	攝津　　正(ソ)1.91	牧田　和久(武)2.60	大谷　翔平(日)2.61
岩隈　久志(楽)2.82	杉内　俊哉(ソ)1.94	大隣　憲司(ロ)2.03	攝津　　正(ソ)3.05	則本　昂大(楽)3.02
和田　　毅(ソ)3.14	ホールトン(ソ)2.19	グライシンガー(ロ)2.24	岸　　孝之(武)3.08	西　　勇輝(オ)3.29
金子　千尋(オ)3.30	唐川　侑己(ロ)2.41	武田　　勝(日)2.36	吉川　光夫(日)3.31	スタンリッジ(ソ)3.30
成瀬　善久(ロ)3.31	金子　千尋(オ)2.43	牧田　和久(武)2.43	則本　昂大(楽)3.34	ディクソン(オ)3.33
ケッペル(日)3.35	武田　　勝(日)2.46	岸　　孝之(武)2.45	十亀　　剣(武)3.45	石川　　歩(ロ)3.43
杉内　俊哉(ソ)3.55	攝津　　正(ソ)2.79	木佐貫　洋(オ)2.60	西　　勇輝(オ)3.63	牧田　和久(武)3.74
涌井　秀章(武)3.67	帆足　和幸(武)2.83	ウルフ(日)2.66	木佐貫　洋(日)3.66	辛島　　航(楽)3.79

2015	2016	2017	2018	2019
大谷　翔平(日)2.24	石川　　歩(ロ)2.16	菊池　雄星(武)1.97	岸　　孝之(楽)2.72	山本　由伸(オ)1.95
西　　勇輝(オ)2.38	菊池　雄星(武)2.58	則本　昂大(楽)2.57	菊池　雄星(武)3.08	有原　航平(日)2.46
則本　昂大(楽)2.91	千賀　滉大(ソ)2.61	千賀　滉大(ソ)2.6433	上沢　直之(日)3.16	千賀　滉大(ソ)2.79
武田　翔太(ソ)3.17	則本　昂大(楽)2.91	東浜　　巨(ソ)2.6437	マルティネス(日)3.51	高橋　　礼(ソ)3.34
中田　賢一(ソ)3.24	有原　航平(日)2.94	岸　　孝之(楽)2.76	西　　勇輝(オ)3.60	山岡　泰輔(オ)3.71
石川　　歩(ロ)3.27	武田　翔太(ソ)2.95	バンデンハーク(ソ)3.24	則本　昂大(楽)3.69	美馬　　学(楽)4.01
東明　大貴(オ)3.35	涌井　秀章(ロ)3.01	美馬　　学(楽)3.26	涌井　秀章(ロ)3.70	
涌井　秀章(ロ)3.39	和田　　毅(ソ)3.04	二木　康太(ロ)3.39	多和田真三郎(武)3.81	
メンドーサ(日)3.51	スタンリッジ(ロ)3.56	金子　千尋(オ)3.47	山田　泰輔(オ)3.95	
十亀　　剣(武)3.55	金子　千尋(オ)3.83	野上　亮磨(武)3.63	—以下規定投球回未満—	—以下規定投球回未満—

2020
千賀　滉大(ソ)2.16
山本　由伸(オ)2.20
有原　航平(日)3.46
涌井　秀章(楽)3.60
髙橋　光成(武)3.74
美馬　　学(ロ)3.95
田嶋　大樹(オ)4.05
石川　　歩(ロ)4.25

—以下規定投球回未満—

記者選考による表彰選手
最　優　秀　選　手

(1962年まで最高殊勲選手と称し、1963年から点数制となる。※印は優勝チーム以外からの選出、◎印は満票。点数制後の◎は1位票が満票。)

1937春	沢村　栄治	巨　　人	投　手		1942	水原　　茂	巨　　人	内野手
〃 秋	※ハ　リ　ス	イーグルス	外野手		1943	呉　　昌征	巨　　人	外野手
1938春	※苅田　久徳	セネタース	内野手		1944	若林　忠志	阪　　神	投手、監督
〃 秋	中島　治康	巨　　人	外野手		1946	山本　一人	グレートリング	内野手、監督
1939	スタルヒン	巨　　人	投　手		1947	若林　忠志	阪　　神	投手、監督
1940	須田　　博	巨　　人	投　手		1948	山本　一人	南　　海	内野手、監督
1941	川上　哲治	巨　　人	内野手		1949	※藤村富美男	阪　　神	内野手

セントラル・リーグ

年						得票	投票数
1950	小鶴　　誠(松)	外	.355	51	161	27	41
1951	川上　哲治(巨)	内	.377	15	81	43	46
1952	別所　毅彦(巨)	投	1.94	33－13		35	42
1953	大友　　工(巨)	投	1.85	27－ 6		46	74
1954	杉下　　茂(中)	投	1.39	32－12		113	113◎
1955	川上　哲治(巨)	内	.338	12	79	107	136
1956	別所　毅彦(巨)	投	1.93	27－15		95	144
1957	与那嶺　要(巨)	外	.343	12	48	156	157
1958	藤田　元司(巨)	投	1.53	29－13		133	153

パシフィック・リーグ

年						得票	投票数
1950	別当　　薫(毎)	外	.335	43	105	27	31
1951	山本　一人(南)	内監	.311	2	58	37	40
1952	柚木　　進(南)	投	1.91	19－ 7		18	45
1953	岡本伊三美(南)	内	.318	19	77	63	74
1954	大下　　弘(西)	外	.321	22	88	110	116
1955	飯田　徳治(南)	外	.310	14	75	107	134
1956	中西　　太(西)	内	.325	29	95	61	130
1957	稲尾　和久(西)	投	1.37	35－ 6		137	142
1958	稲尾　和久(西)	投	1.42	33－10		98	145

年	選手(球団)	守備				得票	投票数
1959	藤田 元司(巨)	投	1.83	27－11		98	154
1960	秋山 登(洋)	投	1.75	21－10		80	162
1961	長嶋 茂雄(巨)	内	.353	28	86	175	175◎
1962	村山 実(神)	投	1.20	25－14		93	166
年						点数	投票数
1963	長嶋 茂雄(巨)	内	.341	37	112	838	169
1964※	王 貞治(巨)	内	.320	55	119	624	152
1965	王 貞治(巨)	内	.322	42	104	650	170
1966	長嶋 茂雄(巨)	内	.344	26	105	799	170
1967	王 貞治(巨)	内	.326	47	108	902	182
1968	長嶋 茂雄(巨)	内	.318	39	125	811	196
1969	王 貞治(巨)	内	.345	44	103	810	196
1970	王 貞治(巨)	内	.325	47	93	786	196
1971	長嶋 茂雄(巨)	内	.320	34	86	995	199◎
1972	堀内 恒夫(巨)	投	2.91	26－9		950	199
1973	王 貞治(巨)	内	.355	51	114	970	194◎
1974※	王 貞治(巨)	内	.332	49	107	957	202
1975	山本 浩二(広)	外	.319	30	84	939	201
1976	王 貞治(巨)	内	.325	49	123	971	197
1977	王 貞治(巨)	内	.324	50	124	970	194◎
1978	若松 勉(ヤ)	外	.341	17	71	781	198
1979	江夏 豊(広)	投	2.66	9－5	㉒	806	204
1980	山本 浩二(広)	外	.336	44	112	1057	215
1981	江川 卓(巨)	投	2.29	20－6	⓪	885	263
1982	中尾 孝義(中)	捕	.282	18	47	816	238
1983	原 辰徳(巨)	内	.302	32	103	973	215
1984	衣笠 祥雄(広)	内	.329	31	102	1250	252
1985	バース(神)	内	.350	54	134	1165	239
1986	北別府 学(広)	投	2.43	18－4	⓪	1044	245
1987	山倉 和博(巨)	捕	.273	22	66	565	227
1988	郭 源治(中)	投	1.95	7－6	㊲	1167	240
1989	クロマティ(巨)	外	.378	15	72	930	224
1990	斎藤 雅樹(巨)	投	2.17	20－5	⓪	734	162
1991	佐々岡真司(広)	投	2.44	17－9	⓪	697	172
1992	ハウエル(ヤ)	内	.331	38	87	625	173
1993	古田 敦也(ヤ)	捕	.308	17	75	787	175
1994	桑田 真澄(巨)	投	2.52	14－11	①	500	160
1995	オマリー(ヤ)	内	.302	31	87	439	164
1996	松井 秀喜(巨)	外	.314	38	99	654	172
1997	古田 敦也(ヤ)	捕	.322	9	86	751	177
1998	佐々木主浩(横)	投	0.64	1－1	㊺	923	193
1999	野口 茂樹(中)	投	2.65	19－7	⓪	552	201
2000	松井 秀喜(巨)	外	.316	42	108	964	196
2001	ペタジーニ(ヤ)	内	.322	39	127	805	188
2002	松井 秀喜(巨)	外	.334	50	107	1003	201
2003	井川 慶(神)	投	2.80	20－5	⓪	571	198
2004	川上 憲伸(中)	投	3.32	17－7	⓪	866	192
2005	金本 知憲(神)	外	.327	40	125	894	215
2006	福留 孝介(中)	外	.351	31	104	754	213
2007	小笠原道大(巨)	内	.313	31	88	423	204
2008	ラミレス(巨)	外	.319	45	125	900	199
2009	ラミレス(巨)	外	.322	31	103	815	226
2010	和田 一浩(中)	外	.339	37	93	896	255
2011	浅尾 拓也(中)	投	0.41	7－2	⑩[45]	1019	250
2012	阿部慎之助(巨)	捕	.340	27	104	1298	261
2013※	バレンティン(ヤ)	外	.330	60	131	1135	273
2014	菅野 智之(巨)	投	2.33	12－5	⓪[0]	1115	267
2015	山田 哲人(ヤ)	内	.329	38	100	1332	270
2016	新井 貴浩(広)	内	.300	19	101	781	269
2017	丸 佳浩(広)	外	.308	23	92	1134	286
2018	丸 佳浩(広)	外	.306	39	97	1314	294
2019	坂本 勇人(巨)	内	.312	40	94	1403	299
2020	菅野 智之(巨)	投	1.97	14－2	⓪[0]	1438	313

年	選手(球団)	守備				得票	投票数
1959	杉浦 忠(南)	投	1.40	38－4		141	141◎
1960	山内 和弘(毎)	外	.313	32	103	136	148
1961	野村 克也(南)	捕	.296	29	89	111	160
1962	張本 勲(東)	外	.333	31	99	70	156
年						点数	投票数
1963※	野村 克也(南)	捕	.291	52	135	668	154
1964	スタンカ(南)	投	2.40	26－7		600	140
1965	野村 克也(南)	捕	.320	42	110	815	163◎
1966	野村 克也(南)	捕	.312	34	97	709	163
1967	足立 光宏(急)	投	1.75	20－10		662	176
1968	米田 哲也(急)	投	2.79	29－13		775	184
1969	長池 徳二(急)	外	.316	41	101	929	189
1970	木樽 正明(ロ)	投	2.53	21－10		642	186
1971	長池 徳二(急)	外	.317	40	114	713	190
1972	福本 豊(急)	外	.301	14	40	922	195
1973	野村 克也(南)	捕監	.309	28	96	841	193
1974	金田 留広(ロ)	投	2.90	16－7	⓪	818	200
1975	加藤 秀司(急)	内	.309	32	97	763	196
1976	山田 久志(急)	投	2.39	26－7	⑤	917	186
1977	山田 久志(急)	投	2.28	16－10	⑦	888	183
1978	山田 久志(急)	投	2.66	18－4	④	646	190
1979	マニエル(近)	指	.324	37	94	837	188
1980※	木田 勇(日)	投	2.28	22－8	④	832	195
1981	江夏 豊(日)	投	2.82	3－6	㉕	698	222
1982※	落合 博満(ロ)	内	.325	32	99	870	188
1983	東尾 修(武)	投	2.92	18－9	②	609	178
1984	ブーマー(急)	内	.355	37	130	1089	222
1985※	落合 博満(ロ)	内	.367	52	146	1009	212
1986	石毛 宏典(武)	内	.329	27	89	582	201
1987	東尾 修(武)	投	2.59	15－9	⓪	750	196
1988※	門田 博光(南)	指	.311	44	125	966	204
1989	ブライアント(近)	外	.283	49	121	818	189
1990※	野茂 英雄(近)	投	2.91	18－8	⓪	459	138
1991	郭 泰源(武)	投	2.59	15－6	①	537	135
1992	石井 丈裕(武)	投	1.94	15－3	③	523	133
1993	工藤 公康(武)	投	2.06	15－3	⓪	399	129
1994※	イチロー(鈴木一朗)(オ)	外	.385	13	54	643	129
1995	イチロー(鈴木一朗)(オ)	外	.342	25	80	604	124
1996	イチロー(鈴木一朗)(オ)	外	.356	16	84	660	136
1997	西口 文也(武)	投	3.12	15－5	①	488	142
1998	松井稼頭央(武)	内	.311	9	58	388	149
1999	工藤 公康(ダ)	投	2.38	11－7	⓪	487	152
2000	松中 信彦(ダ)	内	.312	33	106	648	151
2001	ローズ(近)	外	.327	55	131	646	140
2002	カブレラ(武)	内	.336	55	115	636	147
2003	城島 健司(ダ)	捕	.330	34	119	573	134
2004※	松中 信彦(ダ)	内	.358	44	120	718	153
2005※	杉内 俊哉(ソ)	投	2.11	18－4	⓪[0]	466	170
2006	小笠原道大(日)	内	.313	32	100	569	180
2007	ダルビッシュ有(日)	投	1.82	15－5	⓪[0]	763	171
2008※	岩隈 久志(楽)	投	1.87	21－4	⓪[0]	521	171
2009	ダルビッシュ有(日)	投	1.73	15－5	⓪[0]	737	187
2010	和田 毅(ソ)	投	3.14	17－8	⓪[0]	585	217
2011	内川 聖一(ソ)	外	.338	12	74	757	214
2012	吉川 光夫(日)	投	1.71	14－5	⓪[0]	972	210
2013	田中 将大(楽)	投	1.27	24－0	①[0]	1165	233◎
2014※	金子 千尋(オ)	投	1.98	16－5	⓪[0]	827	243
2015	柳田 悠岐(ソ)	外	.363	34	99	1098	230
2016	大谷 翔平(日)	投 指	1.86 .322	10－4 22	⓪[1] 67	1268	254
2017	サファテ(ソ)	投	1.09	2－2	(54)[3]	983	258
2018	山川 穂高(武)	内	.281	47	124	991	258
2019	森 友哉(武)	捕	.329	23	105	1189	254
2020	柳田 悠岐(ソ)	外	.342	29	86	1147	277

㈲ 打者は打率、本塁打、打点。投手は防御率、勝敗、勝敗右の○中数字はセーブ、□内数字はホールド。投票数は有効投票総数。

最 優 秀 新 人

(◎印は満票。)

セントラル・リーグ

年	選手(チーム)	守	成績	勝敗/成績		得票	投票数
1950	大島 信雄(松)	投	2.03	20－4		41	41◎
1951	松田 清②	投	2.01	23－3		45	46
1952	佐藤 孝夫(国)	内	.265	14	33	22	42
1953	権藤 正利(洋)	投	2.77	15－12		25	74
1954	広岡 達朗(巨)	内	.314	15	67	110	113
1955	西村 一孔(神)	投	2.01	22－17		135	136
1956	秋山 登(洋)	投	2.39	25－25		144	144◎
1957	藤田 元司(巨)	投	2.48	17－13		156	157
1958	長嶋 茂雄(巨)	内	.305	29	92	153	153◎
1959	桑田 武(洋)	内	.269	31	84	139	154
1960	堀本 律雄(巨)	投	2.00	29－18		162	162◎
1961	権藤 博(中)	投	1.70	35－19		175	175◎
1962	城之内邦雄(巨)	投	2.21	24－12		166	166◎
1963	該当者なし						
1964	高橋 重行(洋)③	投	2.76	17－11		149	152
1965	該当者なし						
1966	堀内 恒夫(巨)	投	1.39	16－2		157	170
1967	武上 四郎(サ)	内	.299	3	27	171	182
1968	高田 繁(巨)	外		9	30	175	196
1969	田淵 幸一(神)	捕	.226	22	56	161	196
1970	谷沢 健一(中)	外	.251	11	45	76	196
1971	関本四十四(巨)④	投	2.14	10－11		78	199
1972	安田 猛(ヤ)	投	2.08	7－5		187	199
1973	該当者なし						
1974	藤波 行雄(中)	外	.289	1	15	87	202
1975	該当者なし						
1976	田尾 安志(中)	外	.277	3	21	140	197
1977	斉藤 明雄(洋)	投	4.40	8－9	⓪	113	194
1978	角 三男(巨)	投	2.87	5－7	⑦	182	198
1979	藤沢 公也(中)	投	2.82	13－5	⓪	114	204
1980	岡田 彰布(神)	内	.290	18	54	214	215
1981	原 辰徳(巨)	内	.268	22	67	262	263
1982	津田 恒美(広)	投	3.88	11－6	⓪	210	238
1983	槙原 寛己(巨)②	投	3.67	12－9	①	213	215
1984	小早川毅彦(広)	内	.280	16	59	231	252
1985	斎藤 順(広)	投	2.72	11－7	⑦	218	239
1986	長富 浩志(広)	投	3.04	10－2	②	241	245
1987	荒井 幸雄(ヤ)②	外	.301	9	38	154	227
1988	立浪 和義(中)	内	.223	4	18	200	240
1989	笘篠 賢治(ヤ)	内	.263	5	27	206	224
1990	与田 剛(中)	投	3.26	4－5	㉛	102	162
1991	森田 幸一(中)	投	3.03	10－3	⑰	118	172
1992	久慈 照嘉(神)	内	.245	0	21	85	173
1993	伊藤 智仁(ヤ)	投	0.91	7－2	⓪	124	175
1994	藪 恵壱(神)	投	3.13	10－9	⓪	160	160◎
1995	山内 泰幸(広)	投	3.03	14－10	⓪	163	164
1996	仁志 敏久(巨)	内	.270	7	24	108	172
1997	澤崎 俊和(広)	投	3.74	12－8	⓪	148	177
1998	川上 憲伸(中)	投	2.57	14－6	⓪	111	193
1999	上原 浩治(巨)	投	2.09	20－4	⓪	196	201
2000	金城 龍彦(横)②	内	.346	3	36	178	196
2001	赤星 憲広(神)	外	.292	1	23	152	188
2002	石川 雅規(ヤ)	投	3.33	12－9	⓪	161	201
2003	木佐貫 洋(巨)	投	3.34	10－7	⓪	135	198
2004	川島 亮(ヤ)	投	3.17	10－4	⓪	174	192
2005	青木 宣親(ヤ)②	外	.344	3	28	209	215
2006	梵 英心(広)	内	.289	8	36	110	213
2007	上園 啓史(神)	投	2.42	8－5	⓪⓪	104	204
2008	山口 鉄也(巨)②	投	2.11	2－2	㉓㉑	91	199
2009	松本 哲也(巨)③	外	.293	0	15	197	226
2010	長野 久義(巨)	外	.288	19	52	233	255
2011	澤村 拓一(巨)	投	2.03	11－11	⓪㉕	235	250
2012	野村 祐輔(広)	投	1.98	9－11	⓪	200	261
2013	小川 泰弘(ヤ)	投	2.93	16－4	⓪	252	273
2014	大瀬良大地(広)	投	4.05	10－8	⓪	217	267
2015	山﨑 康晃(ディ)	投	1.92	2－4	㊲7	241	270

パシフィック・リーグ

年	選手(チーム)	守	成績	勝敗/成績		得票	投票数
1950	荒巻 淳(毎)	投	2.06	26－8		29	31
1951	蔭山 和夫(南)②	内	.315	6	28	38	40
1952	中西 太(西)	内	.281	12	65	38	45
1953	豊田 泰光(西)	内	.281	27	59	71	74
1954	宅和 本司(西)	投	1.58	26－9		115	116
1955	榎本 喜八(毎)	内	.298	16	67	121	134
1956	稲尾 和久(西)	投	1.06	21－6		103	130
1957	木村 保(南)	投	2.46	21－11		142	142◎
1958	杉浦 忠(南)	投	2.05	27－12		145	145◎
1959	張本 勲(東)	外	.275	13	57	111	141
1960	該当者なし						
1961	徳久 利明(近)	投	3.26	15－24		153	160
1962	尾崎 行雄(東)	投	2.42	20－9		139	156
1963	該当者なし						
1964	該当者なし						
1965	池永 正明(西)	投	2.27	20－10		162	163
1966	該当者なし						
1967	高橋 善正(東)	投	2.46	15－11		119	176
1968	該当者なし						
1969	有藤 通世(ロ)	内	.285	21	55	132	189
1970	佐藤 道郎(南)	投	2.05	18－6		186	186◎
1971	皆川 康夫(東)	投	3.44	11－4		145	190
1972	加藤 初(西)	投	3.95	17－16		194	195
1973	新美 敏(拓)②	投	3.65	12－13		179	193
1974	三井 雅晴(ロ)②	投	3.24	6－5	④	157	200
1975	山口 高志(急)	投	2.93	12－13	①	195	196
1976	藤田 学(南)③	投	1.98	11－3	⓪	98	186
1977	佐藤 義則(急)	投	3.85	7－3	①	169	183
1978	村上 之宏(南)	投	3.61	5－8	③	96	190
1979	松沼 博久(武)	投	4.03	16－10	⓪	156	188
1980	木田 勇(日)	投	2.28	22－8	⓪	195	195◎
1981	石毛 宏典(武)	内	.311	21	55	221	222
1982	大石大二郎(近)②	内	.274	12	41	173	188
1983	二村 忠美(急)	外	.282	13	35	135	215
1984	藤田 浩雅(急)②	捕	.287	22	69	221	222
1985	熊野 輝光(急)	外	.295	14	60	83	212
1986	清原 和博(武)	内	.304	31	78	197	201
1987	阿波野秀幸(近)	投	2.88	15－12	⓪	141	196
1988	森山 良二(武)②	投	3.46	10－9	⓪	171	204
1989	酒井 勉(オ)	投	3.61	9－7	⑨	157	189
1990	野茂 英雄(近)	投	2.91	18－8	⓪	126	138
1991	長谷川滋利(オ)	投	3.55	12－9	①	134	135
1992	高村 祐(近)	投	3.15	13－9	⓪	96	133
1993	杉山 賢人(武)	投	2.80	7－2	⑤	124	129
1994	渡辺 秀一(ダ)	投	3.20	8－4	⓪	79	129
1995	平井 正史(オ)②	投	2.32	15－5	㉗	122	124
1996	金子 誠(日)③	内	.261	4	33	98	136
1997	小坂 誠(ロ)	内	.261	1	30	106	142
1998	小関 竜也(武)④	外	.283	3	24	63	149
1999	松坂 大輔(武)	投	2.60	16－5	⓪	150	152
2000	該当者なし						
2001	大久保勝信(オ)	投	2.68	7－5	⑭	83	140
2002	正田 樹(日)③	投	3.45	9－11	⓪	104	147
2003	和田 毅(ダ)	投	3.38	14－5	⓪	134	134◎
2004	三瀬 幸司(ダ)	投	3.06	4－3	㉘	146	153
2005	久保 康友(ロ)	投	3.40	10－3	⓪⓪	161	180
2006	八木 智哉(日)	投	2.48	12－8	⓪	175	180
2007	田中 将大(楽)	投	3.82	11－7	⓪⓪	163	171
2008	小松 聖(オ)	投	2.51	15－3	⓪	170	175
2009	攝津 正(ソ)	投	1.47	5－2	㉞	177	187
2010	榊原 諒(ヨ)②	投	2.63	10－1	⑥	84	217
2011	牧田 和久(武)	投	2.61	5－7	㉑	116	210
2012	益田 直也(コ)	投	1.67	2－2	㊶	116	210
2013	則本 昂大(楽)	投	3.34	15－8	⓪⓪	223	233
2014	石川 歩(コ)	投	3.43	10－8	⓪⓪	155	243
2015	有原 航平(ヨ)	投	4.79	8－6	⓪⓪	110	230

記録集

年	選手	守	成績			得票	投票数
2016	高山　俊(神)	外	.275	8	65	220	269
2017	京田　陽太(中)	内	.264	4	36	208	286
2018	東　克樹(ディ)	投	2.45	11-5	⓪	290	294
2019	村上　宗隆(ヤ)②	内	.231	36	96	168	299
2020	森下　暢仁(広)	投	1.91	10-3	⓪	303	313

年	選手	守	成績			得票	投票数
2016	高梨　裕稔(日)③	投	2.38	10-2	⓪①	131	254
2017	源田　壮亮(武)	内	.270	3	57	252	258
2018	田中　和基(楽)②	外	.265	18	45	112	258
2019	高橋　礼(ソ)②	投	3.34	12-6	⓪	206	254
2020	平良　海馬(武)③	投	1.87	1-0	①㉝	144	277

(注)　打者は打率、本塁打、打点。投手は防御率、勝敗、勝敗右の○中数字はセーブ、□内数字はホールド。チーム名右の○数字は選出時の支配下登録年数。投票数は有効投票総数。
　　　現行の有資格者は、支配下登録後5年以内で、投手については通算30イニング、打者については通算60打席以内の選手が対象('76～)。

ベ　ス　ト　ナ　イ　ン

	1940	1947	1948	1949
投　手	須田　博(巨)	別所　昭(南)	別所　昭(南)／中尾　碩志(巨)／真田　重男(陽)	藤本　英雄(巨)
捕　手	田中　義雄(神)	土井垣　武(神)	土井垣　武(神)	土井垣　武(神)
一塁手	川上　哲治(巨)	川上　哲治(巨)	川上　哲治(巨)	川上　哲治(巨)
二塁手	苅田　久徳(翼)	千葉　茂(巨)	千葉　茂(巨)	千葉　茂(巨)
三塁手	水原　茂(巨)	藤村富美男(神)	藤村富美男(神)	藤村富美男(神)
遊撃手	上田　藤夫(急)	杉浦　清(中)	木塚　忠助(南)	木塚　忠助(南)
外野手	鬼頭　数雄(ラ)	大下　弘(東)	青田　昇(巨)	小鶴　誠(大)
	山田　伝(急)	青田　昇(巨)	別当　薫(神)	別当　薫(神)
	中島　治康(巨)	金田　正泰(神)	坪内　道則(金)	大下　弘(東)

セントラル・リーグ

	1950	1951	1952	1953	1954	1955
投　手	真田　重男(松)	別所　毅彦(巨)	別所　毅彦(巨)	大友　工(巨)	杉下　茂(中)	別所　毅彦(巨)
捕　手	荒川　昇治(松)	野口　明(名)	野口　明(名)	広田　順(巨)	広田　順(巨)	広田　順(巨)
一塁手	西沢　道夫(中)	川上　哲治(巨)	川上　道夫(名)	川上　哲治(巨)	西沢　道夫(中)	川上　哲治(中)
二塁手	千葉　茂(巨)	千葉　茂(巨)	千葉　茂(巨)	千葉　茂(巨)	箱田　弘志(国)	井上　登(中)
三塁手	藤村富美男(神)	藤村富美男(神)	藤村富美男(神)	与儀　真助(神)	宇野　光雄(国)	児玉　利一(中)
遊撃手	白石　勝巳(松)	平井　正明(巨)	平井　三郎(巨)	金田　正泰(神)	広岡　達朗(巨)	吉田　義男(神)
外野手	小鶴　誠(松)	金田　正泰(神)	与那嶺　要(巨)	与那嶺　要(巨)	渡辺　博之(神)	与那嶺　要(巨)
	青田　昇(巨)	青田　昇(松)	杉山　悟(名)	与那嶺　要(神)	与那嶺　要(神)	渡辺　博之(神)
	岩本　義行(松)	岩本　義行(松)	南村不可止(巨)	南村不可止(巨)	杉山　悟(中)	町田　行彦(国)

	1956	1957	1958	1959	1960	1961
投　手	別所　毅彦(巨)	金田　正一(国)	金田　正一(国)	藤田　元司(巨)	秋山　登(洋)	権藤　博(中)
捕　手	藤尾　茂(巨)	藤尾　茂(巨)	藤尾　茂(巨)	藤尾　茂(巨)	土井　淳(洋)	森　昌彦(巨)
一塁手	川上　哲治(巨)	川上　哲治(巨)	川上　哲治(巨)	藤本　勝巳(神)	近藤　和彦(洋)	藤本　勝巳(神)
二塁手	井口　新(中)	井口　登(巨)	井上　登(中)	土屋　正孝(巨)	井上　登(巨)	土屋　正孝(国)
三塁手	児玉　利一(中)	三宅　秀史(神)	長嶋　茂雄(巨)	長嶋　茂雄(巨)	長嶋　茂雄(巨)	長嶋　茂雄(巨)
遊撃手	吉田　義男(神)	吉田　義男(神)	吉田　義男(神)	吉田　義男(神)	吉田　義男(神)	河野　旭輝(中)
外野手	与那嶺　要(巨)	与那嶺　要(巨)	田宮謙次郎(神)	森　徹(中)	森　徹(中)	近藤　和彦(洋)
	田宮謙次郎(神)	田宮謙次郎(神)	与那嶺　要(中)	坂崎　一彦(巨)	中　利夫(中)	江藤　慎一(中)
	青田　昇(洋)	青田　昇(洋)	森　徹(洋)	大和田　明(広)	森	森永　勝治(広)

	1962	1963	1964	1965	1966	1967
投　手	村山　実(神)	金田　正一(国)	バッキー(神)	村山　実(神)	村山　実(神)	小川　健太郎(中)
捕　手	森　昌彦(巨)	森　昌彦(巨)	森　昌彦(巨)	森　昌彦(巨)	森　昌彦(巨)	森　昌彦(巨)
一塁手	王　貞治(巨)	王　貞治(巨)	王　貞治(巨)	王　貞治(巨)	王　貞治(巨)	王　貞治(巨)
二塁手	小坂　佳隆(広)	高木　守道(中)	高木　守道(中)	高木　守道(中)	高木　守道(中)	高木　守道(中)
三塁手	長嶋　茂雄(巨)	長嶋　茂雄(巨)	長嶋　茂雄(巨)	長嶋　茂雄(巨)	長嶋　茂雄(巨)	長嶋　茂雄(巨)
遊撃手	吉田　義男(神)	古葉　毅(広)	吉田　義男(神)	吉田　義男(神)	一枝　修平(中)	藤田　平(神)
外野手	森永　勝治(広)	江藤　慎一(中)	江藤　慎一(中)	近藤　和彦(洋)	中　暁生(中)	近藤　和彦(洋)
	近藤　和彦(洋)	藤井　栄治(神)	重松　省三(洋)	中　暁生(中)	山本　一義(広)	柴田　勲(巨)
	並木　輝男(神)		近藤　和彦(洋)	中		

	1968	1969	1970	1971	1972	1973
投　手	江夏　豊(神)	高橋　一三(巨)	平松　政次(洋)	平松　政次(洋)	堀内　恒夫(巨)	高橋　一三(巨)
捕　手	森　昌彦(巨)	木俣　達彦(中)	木俣　達彦(中)	木俣　達彦(中)	田淵　幸一(神)	田淵　幸一(神)
一塁手	王　貞治(巨)	王　貞治(巨)	王　貞治(巨)	王　貞治(巨)	王　貞治(巨)	王　貞治(巨)
二塁手	土井　正三(巨)	土井　正三(巨)	安藤　統男(神)	高木　守道(中)	高木　守道(中)	高木　守道(中)
三塁手	長嶋　茂雄(巨)	長嶋　茂雄(巨)	長嶋　茂雄(巨)	長嶋　茂雄(巨)	長嶋　茂雄(巨)	長嶋　茂雄(巨)
遊撃手	黒江　透修(巨)	藤田　平(神)	藤田　平(神)	藤田　平(神)	藤田　平(神)	藤田　平(神)
外野手	山内　一弘(神)	高田　繁(巨)	高田　繁(巨)	柴田　勲(巨)	柴田　勲(巨)	柴田　勲(巨)
外野手	江藤　慎一(中)	ロバーツ(ア)	江尻　亮(洋)	高田　繁(巨)	若松　勉(ヤ)	江尻　亮(洋)
外野手	ロバーツ(サ)	山本　一義(広)	中　暁生(中)	水谷　実雄(広)	末次　利光(巨)	末次　利光(巨)

	1974	1975	1976	1977	1978	1979
投　手	堀内　恒夫(巨)	外木場義郎(広)	池谷公二郎(広)	小林　繁(神)	新浦　寿夫(巨)	小林　繁(神)
捕　手	田淵　幸一(神)	田淵　幸一(神)	田淵　幸一(神)	木俣　達彦(中)	大矢　明彦(ヤ)	木俣　達彦(中)
一塁手	王　貞治(巨)	王　貞治(巨)	王　貞治(巨)	王　貞治(巨)	王　貞治(巨)	王　貞治(巨)
二塁手	高木　守道(中)	大下　剛史(広)	ジョンソン(中)	高木　守道(中)	ヒルトン(ヤ)	ミヤーン(神)
三塁手	長嶋　茂雄(巨)	衣笠　祥雄(広)	掛布　雅之(神)	掛布　雅之(神)	掛布　雅之(神)	掛布　雅之(神)
遊撃手	藤田　平(神)	三村　敏之(広)	三村　敏之(広)	河埜　和正(巨)	山下　大輔(洋)	高橋　慶彦(広)
外野手	末次　利光(巨)	山本　浩二(広)	若松　勉(ヤ)	若松　勉(ヤ)	山本　浩二(広)	山本　浩二(広)
外野手	マーチン(中)	ロジャー(ヤ)	山本　浩二(広)	山本　浩二(広)	若松　勉(ヤ)	若松　勉(ヤ)
外野手	山本　浩二(広)	井上　弘昭(中)	谷沢　健一(中)	張本　勲(巨)	張本　勲(巨)	ラインバック(神)

	1980	1981	1982	1983	1984	1985
投　手	江川　卓(巨)	江川　卓(巨)	北別府　学(広)	遠藤　一彦(洋)	山根　和夫(広)	小松　辰雄(中)
捕　手	大矢　明彦(ヤ)	山倉　和博(巨)	中尾　孝義(中)	山倉　和博(巨)	達川　光男(広)	八重樫幸雄(ヤ)
一塁手	谷沢　健一(中)	藤田　平(神)	衣笠　祥雄(広)	谷沢　健一(中)	谷沢　健一(中)	バース(神)
二塁手	基　満男(洋)	篠塚　利夫(巨)	篠塚　利夫(巨)	篠塚　利夫(巨)	篠塚　利夫(巨)	岡田　彰布(神)
三塁手	衣笠　祥雄(広)	掛布　雅之(神)	掛布　雅之(神)	原　辰徳(巨)	衣笠　祥雄(広)	掛布　雅之(神)
遊撃手	高橋　慶彦(広)	山下　大輔(洋)	宇野　勝(中)	高橋　慶彦(広)	宇野　勝(中)	高橋　慶彦(広)
外野手	山本　浩二(広)	山本　浩二(広)	田尾　安志(中)	松本　匡史(巨)	山本　浩二(広)	真弓　明信(神)
外野手	若松　勉(ヤ)	ライトル(広)	長崎　啓二(洋)	山崎　隆造(広)	山崎　隆造(広)	杉浦　享(ヤ)
外野手	杉浦　亨(ヤ)	田尾　安志(中)	山本　浩二(広)	田尾　安志(中)	若松　勉(ヤ)	山崎　隆造(広)

	1986	1987	1988	1989	1990	1991
投　手	北別府　学(広)	桑田　真澄(巨)	小野　和幸(中)	斎藤　雅樹(巨)	斎藤　雅樹(巨)	佐々岡真司(広)
捕　手	達川　光男(広)	山倉　和博(巨)	達川　光男(広)	中尾　孝義(巨)	村田　真一(巨)	古田　敦也(ヤ)
一塁手	バース(神)	バース(神)	落合　博満(中)	パリッシュ(ヤ)	落合　博満(中)	落合　博満(中)
二塁手	篠塚　利夫(巨)	篠塚　利夫(巨)	正田　耕三(広)	正田　耕三(広)	高木　豊(洋)	高木　豊(洋)
三塁手	レオン(ヤ)	原　辰徳(巨)	原　辰徳(巨)	落合　博満(中)	バンプ(洋)	山崎　隆造(広)
遊撃手	高橋　慶彦(広)	宇野　勝(中)	池山　隆寛(ヤ)	池山　隆寛(ヤ)	池山　隆寛(ヤ)	野村謙二郎(広)
外野手	クロマティ(巨)	クロマティ(巨)	ポンセ(洋)	クロマティ(巨)	パチョレック(洋)	レイノルズ(巨)
外野手	吉村　禎章(巨)	ポンセ(洋)	広沢　克己(ヤ)	山崎　賢一(洋)	広沢　克己(ヤ)	広沢　克己(ヤ)
外野手	山本　浩二(広)	吉村　禎章(巨)	パチョレック(洋)	彦野　利勝(中)	原　辰徳(巨)	原　辰徳(巨)

	1992	1993	1994	1995	1996	1997
投　手	斎藤　雅樹(巨)	今中　慎二(中)	山本　昌広(中)	斎藤　雅樹(巨)	斎藤　雅樹(巨)	山本　昌広(中)
捕　手	古田　敦也(ヤ)	古田　敦也(ヤ)	西山　秀二(広)	古田　敦也(ヤ)	西山　秀二(広)	古田　敦也(ヤ)
一塁手	パチョレック(神)	広沢　克己(ヤ)	大豊　泰昭(中)	オマリー(ヤ)	ローズ(横)	ロペス(横)
二塁手	ハウエル(ヤ)	ローズ(横)	和田　豊(神)	ローズ(横)	立浪　和義(中)	ゴメス(神)
三塁手	ハウエル(ヤ)	江藤　智(広)	江藤　智(広)	江藤　智(広)	江藤　智(広)	石井　琢朗(横)
遊撃手	池山　隆寛(ヤ)	池山　隆寛(ヤ)	川相　昌弘(巨)	野村謙二郎(広)	野村謙二郎(広)	石井　琢朗(横)
外野手	前田　智徳(広)	前田　智徳(広)	前田　智徳(広)	野村謙二郎(広)	松井　秀喜(巨)	松井　秀喜(巨)
外野手	飯田　哲也(ヤ)	パウエル(中)	パウエル(中)	松井　秀喜(巨)	山崎　武司(中)	鈴木　尚典(横)
外野手	シーツ(洋)	新庄　剛志(神)	ブラッグス(横)	金本　知憲(広)	パウエル(中)	ホージー(ヤ)

	1998	1999	2000	2001	2002	2003
投　手	佐々木主浩(横)	上原　浩治(巨)	工藤　公康(巨)	藤井　秀悟(ヤ)	上原　浩治(巨)	井川　慶(神)
捕　手	谷繁　元信(横)	古田　敦也(ヤ)	古田　敦也(ヤ)	古田　敦也(ヤ)	阿部慎之助(巨)	矢野　輝弘(神)
一塁手	駒田　徳広(横)	ペタジーニ(ヤ)	ペタジーニ(ヤ)	ペタジーニ(ヤ)	ペタジーニ(ヤ)	アリアス(神)
二塁手	ローズ(横)	ローズ(横)	ローズ(横)	ディアス(広)	今岡　誠(神)	今岡　誠(神)
三塁手	江藤　智(広)	江藤　智(広)	江藤　智(巨)	江藤　智(巨)	岩村　明憲(ヤ)	鈴木　健(ヤ)
遊撃手	石井　琢朗(横)	石井　琢朗(横)	石井　琢朗(横)	石井　琢朗(横)	井端　弘和(中)	二岡　智宏(巨)
外野手	松井　秀喜(巨)	松井　秀喜(巨)	松井　秀喜(巨)	松井　秀喜(巨)	松井　秀喜(巨)	赤星　憲広(神)
外野手	鈴木　尚典(横)	高橋　由伸(巨)	金本　知憲(広)	稲葉　篤紀(ヤ)	福留　孝介(中)	ラミレス(ヤ)
外野手	前田　智徳(広)	高橋　由伸(巨)	新庄　剛志(神)	金本　知憲(広)	清水　隆行(巨)	福留　孝介(中)

記録集

	2004	2005	2006	2007	2008	2009
投手	川上憲伸(中)	黒田博樹(広)	川上憲伸(中)	高橋尚成(巨)	グライシンガー(巨)	ゴンザレス(巨)
捕手	古田敦也(ヤ)	矢野輝弘(神)	矢野輝弘(神)	阿部慎之助(巨)	阿部慎之助(巨)	阿部慎之助(巨)
一塁手	タイロン・ウッズ(横)	新井貴浩(広)	タイロン・ウッズ(中)	タイロン・ウッズ(中)	内川聖一(横)	ブランコ(中)
二塁手	荒木雅博(中) ／ ラロッカ(広)	荒木雅博(中)	荒木雅博(中)	田中浩康(ヤ)	東出輝裕(広)	東出輝裕(広)
三塁手	立浪和義(中)	今岡誠(神)	岩村明憲(ヤ)	小笠原道大(巨)	村田修一(横)	小笠原道大(巨)
遊撃手	井端弘和(中)	井端弘和(中)	井端弘和(中)	井端弘和(中)	鳥谷敬(神)	坂本勇人(巨)
外野手	嶋重宣(広)	金本知憲(神)	金本知憲(神)	ラミレス(ヤ)	青木宣親(ヤ)	内川聖一(横)
	金本知憲(神)	青木宣親(ヤ)	福留孝介(中)	福留孝介(中)	金本知憲(神)	青木宣親(ヤ)
	ローズ(巨)	赤星憲広(神)	青木宣親(ヤ)	高橋由伸(巨)	ラミレス(ヤ)	ラミレス(ヤ)

	2010	2011	2012	2013	2014	2015
投手	前田健太(広)	吉見一起(中)	内海哲也(巨)	前田健太(広)	菅野智之(巨)	前田健太(広)
捕手	阿部慎之助(巨)	阿部慎之助(巨)	阿部慎之助(巨)	阿部慎之助(巨)	阿部慎之助(巨)	中村悠平(ヤ)
一塁手	ブラゼル(神)	栗原健太(広)	ブランコ(ディ)	ブランコ(ディ)	ゴメス(神)	畠山和洋(ヤ)
二塁手	平野恵一(神)	平野恵一(神)	田中浩康(ヤ)	西岡剛(神)	山田哲人(ヤ)	山田哲人(ヤ)
三塁手	森野将彦(中)	宮本慎也(ヤ)	村田修一(巨)	村田修一(巨)	ルナ(中)	川端慎吾(ヤ)
遊撃手	鳥谷敬(神)	鳥谷敬(神)	坂本勇人(巨)	鳥谷敬(神)	鳥谷敬(神)	鳥谷敬(神)
外野手	マートン(神)	長野久義(巨)	長野久義(巨)	長野久義(巨)	マートン(神)	福留孝介(神)
	青木宣親(ヤ)	マートン(神)	大島洋平(中)	バレンティン(ヤ)	丸佳浩(広)	筒香嘉智(ディ)
	和田一浩(中)	青木宣親(ヤ)	バレンティン(ヤ)	マートン(神)	雄平（高井雄平）(ヤ)	平田良介(中)

	2016	2017	2018	2019	2020
投手	野村祐輔(広)	菅野智之(巨)	菅野智之(巨)	山口俊(巨)	菅野智之(巨)
捕手	石原慶幸(広)	會澤翼(広)	會澤翼(広)	會澤翼(広)	大城卓三(巨)
一塁手	新井貴浩(広)	ロペス(ディ)	ビシエド(中)	ビシエド(中)	村上宗隆(ヤ)
二塁手	山田哲人(ヤ)	菊池涼介(広)	山田哲人(ヤ)	山田哲人(ヤ)	菊池涼介(広)
三塁手	村田修一(巨)	宮﨑敏郎(ディ)	宮﨑敏郎(ディ)	高橋周平(中)	岡本和真(巨)
遊撃手	坂本勇人(巨)	田中広輔(広)	坂本勇人(巨)	坂本勇人(巨)	坂本勇人(巨)
外野手	鈴木誠也(広)	丸佳浩(広)	丸佳浩(広)	鈴木誠也(広)	丸佳浩(巨)
	筒香嘉智(ディ)	鈴木誠也(広)	鈴木誠也(広)	丸佳浩(巨)	佐野恵太(ディ)
	丸佳浩(広)	筒香嘉智(ディ)	ソト(ディ)	ソト(ディ)	鈴木誠也(広)

パシフィック・リーグ

	1950	1951	1952	1953	1954	1955
投手	荒巻淳(毎)	江藤正(南)	柚木進(南)	川崎徳次(西)	西村貞朗(西)	中村大成(南)
捕手	土井垣武(毎)	土井垣武(毎)	土井垣武(毎)	松井淳(西)	ルイス(急)	ライス(南)
一塁手	飯田徳治(南)	飯田徳治(南)	飯田徳治(南)	飯田徳治(南)	川合幸三(急)	杉山光平(南)
二塁手	本堂保次(毎)	山本一人(南)	岡本伊三美(南)	岡本伊三美(南)	森下正夫(南)	岡本伊三美(南)
三塁手	中谷信夫(南)	藤山一夫(南)	藤山一夫(南)	中西太(西)	中西太(西)	中西太(西)
遊撃手	木塚忠助(南)	木塚忠助(南)	木塚忠助(南)	木塚忠助(南)	レインズ(急)	山内和弘(毎)
外野手	別当薫(毎)	大下弘(東)	大下弘(西)	別当薫(毎)	大下弘(西)	飯田徳治(南)
	大下弘(東)	別当薫(毎)	別当薫(毎)	堀井数男(南)	山内和弘(毎)	徳治(南)
	飯島滋弥(大)	飯島滋弥(大)	飯島滋弥(大)	大下弘(西)	関口清治(西)	戸倉勝城(急)

	1956	1957	1958	1959	1960	1961
投手	梶本隆夫(急)	稲尾和久(西)	稲尾和久(西)	杉浦忠(南)	小野正一(毎)	稲尾和久(西)
捕手	野村克也(南)	野村克也(南)	野村克也(南)	野村克也(南)	野村克也(南)	野村克也(南)
一塁手	榎本喜八(毎)	岡本健一郎(急)	スタンレー橋本(東)	榎本喜八(毎)	榎本喜八(毎)	榎本喜八(毎)
二塁手	佐々木信也(高)	岡本伊三美(南)	バルボン(急)	岡本伊三美(南)	仰木彬(西)	森下整鎮(南)
三塁手	中西太(西)	中西太(西)	中西太(西)	葛城隆雄(毎)	小玉明利(近)	中西太(西)
遊撃手	豊田泰光(西)	豊田泰光(西)	豊田泰光(西)	豊田泰光(西)	豊田泰光(西)	豊田泰光(西)
外野手	山内和弘(毎)	大下弘(西)	毒島章一(東)	杉山光平(南)	田宮謙次郎(毎)	張本勲(東)
	杉山光平(南)	山内和弘(毎)	関口清治(西)	山内和弘(毎)	山内和弘(毎)	田宮謙次郎(毎)
	戸倉勝城(急)	毒島章一(東)	杉山光平(南)	高倉照幸(西)	張本勲(東)	山内和弘(毎)

	1962	1963	1964	1965	1966	1967
投手	稲尾 和久(西)	稲尾 和久(西)	スタンカ(南)	尾崎 行雄(東)	田中 勉(西)	足立 光宏(急)
捕手	野村 克也(南)	野村 克也(南)	野村 克也(南)	野村 克也(南)	野村 克也(南)	野村 克也(南)
一塁手	榎本 喜八(毎)	榎本 喜八(毎)	榎本 喜八(京)	高木 喬(京)	榎本 喜八(京)	大杉 勝男(東)
二塁手	ブルーム(近)	ブルーム(近)	スペンサー(急)	スペンサー(急)	国貞 泰汎(西)	ブレイザー(南)
三塁手	小玉 明利(近)	小玉 明利(近)	小玉 明利(近)	小玉 明利(近)	ロ イ(西)	森本 潔(急)
遊撃手	豊田 泰光(西)	小池 兼司(南)	小池 兼司(南)	小池 兼司(南)	小池 兼司(南)	木下 剛光(東)
外野手	張本 勲(東)	広瀬 叔功(南)	広瀬 叔功(南)	広瀬 叔功(南)	張本 勲(東)	張本 勲(東)
外野手	山内 一弘(毎)	山内 一弘(毎)	張本 勲(東)	張本 勲(東)	毒島 章一(東)	土井 正博(近)
外野手	吉田 勝豊(東)	張本 勲(東)	高倉 照幸(西)	堀込 基明(南)	高倉 照幸(西)	長池 徳二(急)

	1968	1969	1970	1971	1972	1973
投手	皆川 睦男(南)	鈴木 啓示(近)	木樽 正明(ロ)	山田 久志(急)	山田 久志(急)	成田 文男(ロ)
捕手	野村 克也(南)	岡村 浩二(急)	野村 克也(南)	野村 克也(南)	野村 克也(南)	野村 克也(南)
一塁手	榎本 喜八(京)	大杉 勝男(東)	大杉 勝男(東)	大杉 勝男(東)	大杉 勝男(東)	加藤 秀司(急)
二塁手	ブレイザー(南)	山崎 裕之(ロ)	山崎 裕之(ロ)	山崎 裕之(ロ)	基 満男(西)	桜井 輝秀(南)
三塁手	国貞 泰汎(南)	有藤 道世(ロ)	有藤 通世(ロ)	有藤 通世(ロ)	有藤 通世(ロ)	有藤 通世(ロ)
遊撃手	阪本 敏三(急)	阪本 敏三(急)	阪本 敏三(急)	阪本 敏三(急)	大橋 穣(急)	大橋 穣(急)
外野手	アルトマン(京)	長池 徳二(急)	張本 勲(東)	張本 勲(東)	張本 勲(東)	長池 徳二(拓)
外野手	土井 正博(近)	永淵 洋三(近)	アルトマン(東)	アルトマン(ロ)	福本 豊(急)	張本 勲(日)
外野手	張本 勲(東)	張本 勲(東)	長池 徳二(急)	門田 博光(南)	長池 徳二(急)	福本 豊(急)

	1974	1975	1976	1977	1978	1979
投手	金田 留広(ロ)	鈴木 啓示(近)	山田 久志(急)	山田 久志(急)	鈴木 啓示(近)	山田 久志(急)
捕手	村上 公康(ロ)	野村 克也(南)	野村 克也(南)	加藤 俊夫(急)	中沢 伸二(急)	梨田 昌崇(近)
一塁手	ジョーンズ(近)	加藤 秀司(急)	加藤 秀司(急)	加藤 秀司(急)	柏原 純一(日)	加藤 英司(急)
二塁手	山崎 裕之(ロ)	マルカーノ(急)	吉岡 悟(平)	マルカーノ(急)	マルカーノ(急)	マルカーノ(急)
三塁手	有藤 通世(ロ)	有藤 道世(ロ)	藤原 満(南)	有藤 道世(ロ)	島谷 金二(急)	島谷 金二(急)
遊撃手	大橋 穣(急)	大橋 穣(急)	大橋 穣(急)	石渡 茂(急)	真弓 明信(急)	石渡 茂(近)
外野手	福本 豊(急)	佐々木 恭介(近)	福本 豊(急)	福本 豊(急)	佐々木 恭介(近)	栗橋 茂(近)
外野手	張本 勲(日)	白 仁天(平)	門田 博光(南)	門田 博光(南)	福本 豊(急)	福本 豊(急)
外野手	ビュフォード(平)	弘田 澄男(ロ)	弘田 澄男(ロ)	リ ー(ロ)	簑田 浩二(急)	新井 宏昌(南)
指名打者		長池 徳二(急)	大田 卓司(平)	高井 保弘(急)	土井 正博(ク)	マニエル(近)

	1980	1981	1982	1983	1984	1985
投手	木田 勇(日)	村田 兆治(ロ)	工藤 幹夫(日)	東尾 修(武)	今井 雄太郎(急)	東尾 修(武)
捕手	梨田 昌崇(近)	梨田 昌崇(近)	中沢 伸二(急)	香川 伸行(南)	藤田 浩雅(急)	伊東 勤(武)
一塁手	レ オン(ロ)	柏原 純一(日)	柏原 純一(日)	落合 博満(ロ)	ブーマー(急)	デービス(近)
二塁手	山崎 裕之(武)	落合 博満(ロ)	落合 博満(ロ)	大石 大二郎(近)	大石 大二郎(近)	西村 徳文(ロ)
三塁手	有藤 道世(ロ)	有藤 道世(ロ)	スティーブ(武)	スティーブ(武)	落合 博満(ロ)	落合 博満(ロ)
遊撃手	高代 延博(日)	石毛 宏典(武)	石毛 宏典(武)	石毛 宏典(武)	弓岡 敬二郎(急)	石毛 宏典(武)
外野手	リ ー(ロ)	島田 誠(日)	福本 豊(急)	簑田 浩二(急)	簑田 浩二(急)	金森 永時(武)
外野手	福本 豊(急)	テリー(武)	栗橋 茂(近)	テリー(武)	クルーズ(武)	横田 真之(ロ)
外野手	栗橋 茂(近)	福本 豊(急)	新井 宏昌(南)	島田 誠(日)	高沢 秀昭(ロ)	熊野 輝光(急)
指名打者	マニエル(近)	門田 博光(南)	ソレイタ(日)	門田 博光(南)	リ ー(ロ)	リ ー(ロ)

	1986	1987	1988	1989	1990	1991
投手	渡辺 久信(武)	工藤 公康(武)	西崎 幸広(日)	阿波野秀幸(近)	野茂 英雄(近)	郭 泰源(武)
捕手	伊東 勤(武)	伊東 勤(武)	伊東 勤(武)	山下 和彦(近)	伊東 勤(武)	伊東 勤(武)
一塁手	ブーマー(急)	ブーマー(急)	清原 和博(武)	ブーマー(オ)	ブーマー(オ)	トレーバー(武)
二塁手	辻 発彦(武)	白井 一幸(日)	福良 淳一(急)	辻 発彦(武)	大石第二朗(オ)	辻 発彦(武)
三塁手	落合 博満(ロ)	石毛 宏典(武)	松永 浩美(急)	松永 浩美(オ)	松永 浩美(オ)	松永 浩美(オ)
遊撃手	石毛 宏典(武)	水上 善雄(ロ)	田中 幸雄(日)	田辺 徳雄(武)	田中 幸雄(日)	小川 博文(オ)
外野手	秋山 幸二(武)	新井 宏昌(近)	高沢 秀昭(ロ)	秋山 幸二(武)	西村 徳文(ロ)	秋山 幸二(武)
外野手	横田 真之(ロ)	秋山 幸二(武)	秋山 幸二(武)	ブライアント(近)	石嶺 和彦(オ)	平井 光親(ロ)
外野手	新井 宏昌(近)	ブリューワ(ロ)	平野 謙(武)	藤井 康雄(オ)	秋山 幸二(武)	佐々木 誠(ダ)
指名打者	石嶺 和彦(急)	石嶺 和彦(急)	門田 博光(南)	門田 博光(オ)	デストラーデ(武)	デストラーデ(武)

	1992	1993	1994	1995	1996	1997
投手	石井 丈裕(武)	工藤 公康(武)	伊良部秀輝(ロ)	伊良部秀輝(ロ)	ヒルマン(ロ)	西口 文也(武)
捕手	伊東 勤(武)	田村 藤夫(ダ)	吉永幸一郎(ダ)	中嶋 聡(オ)	吉永幸一郎(ダ)	伊東 勤(武)
一塁手	清原 和博(武)	石井 浩郎(近)	石井 浩郎(近)	フランコ(ロ)	片岡 篤史(日)	クラーク(ロ)
二塁手	辻 発彦(武)	辻 発彦(武)	福良 淳一(オ)	小久保裕紀(ダ)	大島 公一(近)	小久保裕紀(ダ)
三塁手	石毛 宏典(武)	石毛 宏典(武)	松永 浩美(ダ)	初芝 清(ロ)	中村 紀洋(近)	鈴木 健(武)
遊撃手	田中 幸雄(日)	広瀬 哲朗(日)	田中 幸雄(日)	田中 幸雄(日)	田中 幸雄(日)	松井稼頭央(武)
外野手	佐々木 誠(ダ)	秋山 幸二(武)	イチロー(鈴木一朗)(オ)	イチロー(鈴木一朗)(オ)	イチロー(鈴木一朗)(オ)	イチロー(鈴木一朗)(オ)
外野手	秋山 幸二(武)	佐々木 誠(ダ)	佐々木 誠(武)	ジャクソン(武)	村松 有人(ダ)	ローズ(近)
外野手	高橋 智(オ)	藤井 康雄(オ)	ライマー(ダ)	佐々木 誠(武)	佐々木 誠(武)	佐々木 誠(武)
指名打者	デストラーデ(武)	ブライアント(近)	ブライアント(近)	ニール(オ)	ニール(オ)	マルティネス(武)

記録集

	1998	1999	2000	2001	2002	2003
投手	西口 文也(武)	松坂 大輔(武)	松坂 大輔(武)	松坂 大輔(武)	パウエル(近)	斉藤 和巳(ダ)
捕手	伊東 勤(武)	城島 健司(ダ)	城島 健司(ダ)	城島 健司(ダ)	伊東 勤(武)	城島 健司(ダ)
一塁手	クラーク(近)	小笠原道大(日)	松中 信彦(ダ)	小笠原道大(日)	カブレラ(武)	松中 信彦(ダ)
二塁手	フランコ(ロ)	金子 誠(日)	大島 公一(オ)	井口 資仁(ダ)	高木 浩之(武)	井口 資仁(ダ)
三塁手	片岡 篤史(武)	中村 紀洋(近)	中村 紀洋(近)	中村 紀洋(近)	中村 紀洋(近)	小笠原道大(日)
遊撃手	松井稼頭央(武)	松井稼頭央(武)	松井稼頭央(武)	松井稼頭央(武)	谷 佳知(オ)	松井稼頭央(武)
外野手	イチロー(鈴木一朗)(オ) 大村 直之(近) 柴原 洋(ダ)	イチロー(鈴木一朗)(オ) ローズ(近) 谷 佳知(オ)	イチロー(鈴木一朗)(オ) 柴原 洋(ダ) オバンドー(日)	ローズ(近) 谷 佳知(オ) 礒部 公一(近)	ローズ(近) 小関 竜也(武) 和田 一浩(武)	谷 佳知(オ) ローズ(近) 和田 一浩(武)
指名打者	ウィルソン(日)	クラーク(近)	ウィルソン(日)	ボーリック(ロ)	和田 一浩(武)	カブレラ(武)

	2004	2005	2006	2007	2008	2009
投手	岩隈 久志(近)	杉内 俊哉(ソ)	斉藤 和巳(ソ)	ダルビッシュ有(日)	岩隈 久志(楽)	ダルビッシュ有(日)
捕手	城島 健司(ダ)	城島 健司(ソ)	里崎 智也(ロ)	里崎 智也(ロ)	細川 亨(武)	田上 秀則(ソ)
一塁手	松中 信彦(ダ)	ズレータ(ソ)	小笠原道大(日)	カブレラ(オ)	カブレラ(オ)	高橋 信二(日)
二塁手	井口 資仁(ダ)	堀 幸一(ロ)	田中 賢介(日)	田中 賢介(日)	片岡 易之(武)	田中 賢介(日)
三塁手	小笠原道大(日)	今江 敏晃(ロ)	フェルナンデス(楽)	ラロッカ(オ)	中村 剛也(武)	中村 剛也(武)
遊撃手	川崎 宗則(ダ)	西岡 剛(ロ)	川崎 宗則(ソ)	TSUYOSHI(西岡剛)(ロ)	中島 裕之(武)	中島 裕之(武)
外野手	和田 一浩(武) SHINJO(新庄剛志)(日) 谷 佳知(オ)	和田 一浩(武) 宮地 克彦(ソ) フランコ(ロ)	稲葉 篤紀(日) 松中 信彦(ソ) 和田 一浩(武)	稲葉 篤紀(日) 森本 稀哲(日) 大村 直之(ソ)	稲葉 篤紀(日) 栗山 巧(武) リック(楽)	鉄平(土谷鉄平)(楽) 糸井 嘉男(日) 稲葉 篤紀(日)
指名打者	セギノール(日)	松中 信彦(ソ)	セギノール(日)	山﨑 武司(楽)	ローズ(オ)	山﨑 武司(楽)

	2010	2011	2012	2013	2014	2015
投手	和田 毅(ソ)	田中 将大(楽)	吉川 光夫(日)	田中 将大(楽)	金子 千尋(オ)	大谷 翔平(日)
捕手	嶋 基宏(楽)	細川 亨(ソ)	鶴岡 慎也(日)	嶋 基宏(楽)	伊藤 光(オ)	炭谷銀仁朗(武)
一塁手	カブレラ(オ)	小久保裕紀(ソ)	李 大浩(オ)	浅村 栄斗(武)	メヒア(武)	中田 翔(日)
二塁手	田中 賢介(日)	本多 雄一(ソ)	田中 賢介(日)	藤田 一也(楽)	藤田 一也(楽)	田中 賢介(日)
三塁手	小谷野栄一(日)	中村 剛也(武)	中村 剛也(武)	マギー(楽)	銀次(赤見内銀次)(楽)	中村 剛也(武)
遊撃手	西岡 剛(ロ)	中島 裕之(武)	中島 裕之(武)	鈴木 大地(ロ)	今宮 健太(ソ)	中島 卓也(日)
外野手	多村 仁志(ソ) T-岡田(岡田貴弘)(オ) 栗山 巧(武)	糸井 嘉男(日) 内川 聖一(ソ) 栗山 巧(武)	糸井 嘉男(日) 角中 勝也(ロ) 内川 聖一(ソ)	長谷川勇也(ソ) 内川 聖一(ソ) 中田 翔(日)	糸井 嘉男(オ) 柳田 悠岐(ソ) 中田 翔(日)	秋山 翔吾(武) 柳田 悠岐(ソ) 清田 育宏(ロ)
指名打者	福浦 和也(ロ)	フェルナンデス(武)	ペーニャ(ソ)	アブレイユ(日)	中村 剛也(武)	李 大浩(ソ)

	2016	2017	2018	2019	2020
投手	大谷 翔平(日)	菊池 雄星(武)	菊池 雄星(武)	千賀 滉大(ソ)	千賀 滉大(ソ)
捕手	田村 龍弘(ロ)	甲斐 拓也(ソ)	森 友哉(武)	森 友哉(武)	甲斐 拓也(ソ)
一塁手	中田 翔(日)	銀次(赤見内銀次)(楽)	山川 穂高(武)	山川 穂高(武)	中田 翔(日)
二塁手	浅村 栄斗(武)	浅村 栄斗(武)	浅村 栄斗(武)	浅村 栄斗(楽)	浅村 栄斗(楽)
三塁手	レアード(日)	ウィーラー(楽)	松田 宣浩(ソ)	中村 剛也(武)	鈴木 大地(楽)
遊撃手	鈴木 大地(ロ)	今宮 健太(ソ)	源田 壮亮(武)	源田 壮亮(武)	源田 壮亮(武)
外野手	角中 勝也(ロ) 糸井 嘉男(オ) 西川 遥輝(日)	柳田 悠岐(ソ) 秋山 翔吾(武) 西川 遥輝(日)	秋山 翔吾(武) 吉田 正尚(オ) 西川 遥輝(日)	秋山 翔吾(武) 吉田 正尚(オ) 荻野 貴司(ロ)	柳田 悠岐(ソ) 吉田 正尚(オ) 近藤 健介(日)
指名打者	大谷 翔平(日)	デスパイネ(ソ)	近藤 健介(日)	デスパイネ(ソ)	栗山 巧(武)

1966年の国貞泰汎（南）は二塁手、三塁手の２ポジションで最多得票だったが、規定により三塁手については次点のロイ（西）が繰り上げ。

2016年より、投手と野手、投手と指名打者の重複投票が可能になり、両方での受賞が認められる。

三井ゴールデン・グラブ賞
（1972年採用）

セントラル・リーグ

	1972	1973	1974	1975	1976	1977
投　手	堀内　恒夫(巨)	堀内　恒夫(巨)	堀内　恒夫(巨)	堀内　恒夫(巨)	堀内　恒夫(巨)	堀内　恒夫(巨)
捕　手	大矢　明彦(ヤ)	田淵　幸一(神)	田淵　幸一(神)	大矢　明彦(ヤ)	大矢　明彦(ヤ)	大矢　明彦(ヤ)
一塁手	王　貞治(巨)	王　貞治(巨)	王　貞治(巨)	王　貞治(巨)	王　貞治(巨)	王　貞治(巨)
二塁手	シ　ピ　ン(洋)	シ　ピ　ン(洋)	高木　守道(中)	大下　剛史(広)	ジョンソン(巨)	高木　守道(中)
三塁手	長嶋　茂雄(巨)	｛長嶋　茂雄(巨)／ボイヤー(洋)	ボイヤー(洋)	島谷　金二(中)	高田　繁(巨)	高田　繁(巨)
遊撃手	バ　ー　ト(中)	藤田　平(神)	河埜　和正(巨)	藤田　平(神)	山下　大輔(洋)	山下　大輔(洋)
外野手	高田　繁(巨)	高田　繁(巨)	山本　浩司(広)	山本　浩二(広)	柴田　勲(巨)	柴田　勲(巨)
外野手	山本　浩司(広)	山本　浩司(広)	山本　浩司(広)	高田　繁(巨)	池辺　巌(神)	若松　勉(ヤ)
外野手	柴田　勲(巨)	柴田　勲(巨)	柴田　勲(巨)	ロ　ー　ン(中)		

	1978	1979	1980	1981	1982	1983
投　手	堀内　恒夫(巨)	西本　聖(巨)	西本　聖(巨)	西本　聖(巨)	西本　聖(中)	西本　聖(巨)
捕　手	大矢　明彦(ヤ)	若菜　嘉晴(神)	大矢　明彦(ヤ)	山倉　和博(巨)	中尾　孝義(中)	山倉　和博(巨)
一塁手	王　貞治(巨)	王　貞治(巨)	王　貞治(巨)	藤田　平(神)	中畑　清(巨)	中畑　清(巨)
二塁手	土井　正三(巨)	高木　守道(中)	基　満男(洋)	篠塚　利夫(巨)	篠塚　利夫(巨)	高木　豊(洋)
三塁手	掛布　雅之(神)	掛布　雅之(神)	掛布　雅之(神)	掛布　雅之(神)	掛布　雅之(神)	掛布　雅之(神)
遊撃手	山下　大輔(洋)	山下　大輔(洋)	山下　大輔(洋)	ライト(広)	山下　大輔(洋)	山下　大輔(洋)
外野手	山本　浩二(広)	山本　浩二(広)	山本　浩二(広)	山本　浩二(広)	平野　謙(中)	北村　照文(神)
外野手	若松　勉(ヤ)	スコット(ヤ)	ライト(広)	松本　匡史(巨)	松本　匡史(巨)	長嶋　清幸(広)
外野手	ライト(広)	ライト(広)	スコット(広)		北村　照文(神)	松本　匡史(巨)

	1984	1985	1986	1987	1988	1989
投　手	西本　聖(巨)	西本　聖(巨)	北別府　学(広)	桑田　真澄(巨)	桑田　真澄(巨)	西本　聖(中)
捕　手	達川　光男(広)	木戸　克彦(神)	達川　光男(広)	山倉　和博(巨)	達川　光男(広)	中尾　孝義(中)
一塁手	中畑　清(巨)	中畑　清(巨)	中畑　清(巨)	中畑　清(巨)	中畑　清(巨)	駒田　徳広(巨)
二塁手	篠塚　利夫(巨)	岡田　彰布(神)	篠塚　利夫(巨)	正田　耕三(広)	正田　耕三(広)	正田　耕三(広)
三塁手	衣笠　祥雄(広)	掛布　雅之(神)	衣笠　祥雄(広)	原　辰徳(巨)	原　辰徳(巨)	ロ　ー　ド(ド)
遊撃手	平田　勝男(神)	平田　勝男(神)	平田　勝男(神)	勝男(神)	立浪　和義(中)	川相　昌弘(巨)
外野手	屋鋪　要(洋)	屋鋪　要(洋)	平野　謙(中)	屋鋪　要(洋)	屋鋪　要(洋)	彦野　利勝(中)
外野手	長嶋　清幸(広)	山崎　隆造(広)	屋鋪　要(洋)	山崎　隆造(広)	彦野　利勝(中)	山崎　賢一(洋)
外野手	山崎　隆造(広)	平野　謙(中)	長嶋　清幸(広)	長嶋　清幸(広)		栗山　英樹(ヤ)

	1990	1991	1992	1993	1994	1995
投　手	斎藤　雅樹(巨)	桑田　真澄(巨)	斎藤　雅樹(巨)	｛今中　慎二(中)／桑田　真澄(巨)	桑田　真澄(巨)	斎藤　雅樹(巨)
捕　手	古田　敦也(ヤ)	古田　敦也(ヤ)	古田　敦也(ヤ)	古田　敦也(ヤ)	西山　秀二(広)	古田　敦也(ヤ)
一塁手	駒田　徳広(巨)	駒田　徳広(巨)	パチョレック(神)	駒田　徳広(巨)	駒田　徳広(横)	駒田　徳広(横)
二塁手	正田　耕三(広)	正田　耕三(広)	和田　豊(神)	石井　琢朗(横)	和田　豊(神)	石井　琢朗(横)
三塁手	岡崎　郁(巨)	角　富士夫(ヤ)	オマリー(神)	川相　昌弘(巨)	石井　琢朗(横)	野村　謙二郎(広)
遊撃手	川相　昌弘(巨)	川相　昌弘(巨)	池山　隆寛(ヤ)	飯田　哲也(ヤ)	前田　智徳(広)	飯田　哲也(ヤ)
外野手	彦野　利勝(中)	レイノルズ(洋)	飯田　哲也(ヤ)	前田　智徳(広)	飯田　哲也(ヤ)	緒方　孝市(広)
外野手	山崎　賢一(洋)	前田　智徳(広)	前田　智徳(広)	新庄　剛志(神)	新庄　剛志(神)	音　重鎮(広)
外野手	柳田　浩一(ヤ)	飯田　哲也(ヤ)	亀山　努(神)	飯田　哲也(ヤ)		

	1996	1997	1998	1999	2000	2001
投　手	斎藤　雅樹(巨)	桑田　真澄(巨)	桑田　真澄(巨)	上原　浩治(巨)	工藤　公康(巨)	野口　茂樹(中)
捕　手	西山　秀二(広)	古田　敦也(ヤ)	谷繁　元信(横)	古田　敦也(ヤ)	古田　敦也(ヤ)	古田　敦也(ヤ)
一塁手	駒田　徳広(横)	駒田　徳広(横)	駒田　徳広(横)	駒田　徳広(横)	ペタジーニ(ヤ)	ペタジーニ(ヤ)
二塁手	立浪　和義(中)	立浪　和義(中)	ロ　ー　ズ(横)	仁志　敏久(巨)	仁志　敏久(巨)	仁志　敏久(巨)
三塁手	江藤　智(広)	進藤　達哉(横)	石井　琢朗(横)	江藤　智(広)	岩村　明憲(ヤ)	宮本　慎也(ヤ)
遊撃手	川相　昌弘(巨)	宮本　慎也(ヤ)	高橋　由伸(巨)	宮本　慎也(ヤ)	宮本　慎也(ヤ)	高橋　由伸(巨)
外野手	緒方　孝市(広)	飯田　哲也(ヤ)	緒方　孝市(広)	高橋　由伸(巨)	新庄　剛志(神)	松井　秀喜(巨)
外野手	飯田　哲也(ヤ)	緒方　孝市(広)	新庄　剛志(神)	緒方　孝市(広)	高橋　由伸(巨)	赤星　憲広(神)
外野手	新庄　剛志(神)	新庄　剛志(神)		新庄　剛志(神)	松井　秀喜(巨)	

記録集

セントラル・リーグ（ゴールデン・グラブ賞／ベストナイン）

位置	2002	2003	2004	2005	2006	2007
投　手	桑田 真澄(巨)	上原 浩治(巨)	川上 憲伸(中)	黒田 博樹(広)	川上 憲伸(中)	川上 憲伸(中)
捕　手	阿部慎之助(巨)	矢野 輝弘(神)	古田 敦也(ヤ)	矢野 輝弘(神)	谷繁 元信(中)	谷繁 元信(中)
一塁手	ペタジーニ(ヤ)	アリアス(神)	渡邉 博幸(中)	シーツ(神)	シーツ(神)	シーツ(神)
二塁手	仁志 敏久(巨)	今岡 誠(神)	荒木 雅博(中)	荒木 雅博(中)	荒木 雅博(中)	荒木 雅博(中)
三塁手	岩村 明憲(ヤ)	立浪 和義(中)	岩村 明憲(ヤ)	井端 弘和(中)	井端 弘和(中)	中村 紀洋(中)
遊撃手	宮本 慎也(ヤ)	宮本 慎也(ヤ)	井端 弘和(中)	福留 孝介(中)	福留 孝介(中)	青木 宣親(ヤ)
外野手	松井 秀喜(巨)	赤星 憲広(神)	アレックス(中)	赤星 憲広(神)	青木 宣親(ヤ)	高橋 由伸(巨)
外野手	高橋 由伸(巨)	福留 孝介(中)	英智(蔵本英智)(中)	金城 龍彦(横)	赤星 憲広(神)	金城 龍彦(横)
外野手	福留 孝介(中)	高橋 由伸(巨)	赤星 憲広(神)			

位置	2008	2009	2010	2011	2012	2013
投　手	石川 雅規(ヤ)	ゴンザレス(巨)	前田 健太(広)	浅尾 拓也(中)	前田 健太(広)	前田 健太(広)
捕　手	阿部慎之助(巨)	谷繁 元信(中)	谷繁 元信(中)	谷繁 元信(中)	谷繁 元信(中)	阿部慎之助(巨)
一塁手	新井 貴浩(広) ／ 栗原 健太(広)	栗原 健太(広)	（該当者なし）	栗原 健太(広)	畠山 和洋(ヤ)	ロペス(巨)
二塁手	荒木 雅博(中)	荒木 雅博(中)	平野 恵一(神)	平野 恵一(神)	田中 浩康(ヤ)	菊池 涼介(広)
三塁手	中村 紀洋(中)	宮本 慎也(ヤ)	宮本 慎也(ヤ)	宮本 慎也(ヤ)	村田 修一(巨)	村田 修一(巨)
遊撃手	井端 弘和(中)	井端 弘和(中)	梵 英心(広)	鳥谷 敬(神)	井端 弘和(中)	鳥谷 敬(神)
外野手	赤星 憲広(神)	青木 宣親(ヤ)	青木 宣親(ヤ)	長野 久義(巨)	長野 久義(巨)	長野 久義(巨)
外野手	鈴木 尚広(巨)	松本 哲也(巨)	廣瀬 純(広)	青木 宣親(ヤ)	大島 洋平(中)	丸 佳浩(広)
外野手		亀井 義行(巨)	赤松 真人(広)	大島 洋平(中)	荒波 翔(ディ)	荒波 翔(ディ)

位置	2014	2015	2016	2017	2018	2019
投　手	前田 健太(広)	前田 健太(広)	菅野 智之(巨)	菅野 智之(巨)	菅野 智之(巨)	西 勇輝(神)
捕　手	阿部慎之助(巨)	中村 悠平(ヤ)	石原 慶幸(広)	小林 誠司(巨)	梅野隆太郎(神)	梅野隆太郎(神)
一塁手	森野 将彦(中)	畠山 和洋(ヤ)	ロペス(ディ)	ロペス(ディ)	ロペス(ディ)	ロペス(ディ)
二塁手	菊池 涼介(広)	菊池 涼介(広)	菊池 涼介(広)	菊池 涼介(広)	菊池 涼介(広)	菊池 涼介(広)
三塁手	村田 修一(巨)	川端 慎吾(ヤ)			宮崎 敏郎(ディ)	高橋 周平(中)
遊撃手	鳥谷 敬(神)	鳥谷 敬(神)	坂本 勇人(巨)	坂本 勇人(巨)	坂本 勇人(巨)	坂本 勇人(巨)
外野手	丸 佳浩(広)	福留 孝介(神)	丸 佳浩(広)	丸 佳浩(広)	丸 佳浩(広)	丸 佳浩(巨)
外野手	大島 洋平(中)	丸 佳浩(広)	大島 洋平(中)	鈴木 誠也(広)	鈴木 誠也(広)	鈴木 誠也(広)
外野手	大和(前田大和)(神)	大島 洋平(中)	鈴木 誠也(広)	桑原 将志(ディ)	平田 良介(中)	大島 洋平(中)

位置	2020
投　手	菅野 智之(巨)
捕　手	梅野隆太郎(神)
一塁手	ビシエド(中)
二塁手	菊池 涼介(広)
三塁手	高橋 周平(中)
遊撃手	坂本 勇人(巨)
外野手	鈴木 誠也(広)
外野手	大島 洋平(中)
外野手	青木 宣親(ヤ)

パシフィック・リーグ

位置	1972	1973	1974	1975	1976	1977
投　手	足立 光宏(急)	成田 文男(ロ)	足立 光宏(急)	足立 光宏(急)	足立 光宏(急)	山田 久志(急)
捕　手	種茂 雅之(急)	野村 克也(南)	村上 公康(ロ)	有田 修三(近)	有田 修三(近)	加藤 俊夫(日)
一塁手	大杉 勝男(東)	ジョーンズ(南)	加藤 秀司(急)	加藤 秀司(急)	加藤 秀司(急)	加藤 秀司(急)
二塁手	大下 剛史(東)	桜井 輝秀(南)	桜井 輝秀(南)	マルカーノ(急)	マルカーノ(急)	山崎 裕之(ロ)
三塁手	有藤 通世(ロ)	有藤 通世(ロ)	有藤 通世(ロ)	有藤 道世(ロ)	藤原 満(南)	島谷 金二(急)
遊撃手	大橋 穣(急)	大橋 穣(急)	大橋 穣(急)	大橋 穣(急)	大橋 穣(急)	大橋 穣(急)
外野手	福本 豊(急)	福本 豊(急)	福本 豊(急)	福本 豊(急)	福本 豊(急)	福本 豊(急)
外野手	池辺 巌(ロ)	島野 育夫(南)	弘田 澄男(ロ)	島野 育夫(南)	弘田 澄男(ロ)	弘田 澄男(ロ)
外野手	広瀬 叔功(南)	弘田 澄男(ロ)	島野 育夫(南)	弘田 澄男(ロ)	ウイリアムス(急)	大熊 忠義(急)

1978–1983

守備	1978	1979	1980	1981	1982	1983
投手	山田　久志(急)	山田　久志(急)	木田　勇(日)	山田　久志(急)	山田　久志(急)	東尾　修(武)
捕手	中沢　伸二(急)	梨田　昌崇(近)	梨田　昌崇(近)	梨田　昌崇(近)	大宮　龍男(日)	梨田　昌崇(近)
一塁手	柏原　純一(日)	柏原　純一(日)	小川　亨(近)	柏原　純一(日)	柏原　純一(日)	片平　晋作(武)
二塁手	マルカーノ(急)	マルカーノ(急)	山崎　裕之(ロ)	山崎　裕之(ロ)	大石大二郎(近)	大石大二郎(近)
三塁手	島谷　金二(急)	島谷　金二(急)	羽田　耕一(近)	藤原　満(南)	古屋　英夫(日)	古屋　英夫(日)
遊撃手	大橋　穣(急)	高代　延博(急)	水上　善雄(ロ)	石毛　宏典(武)	石毛　宏典(武)	石毛　宏典(武)
外野手	福本　豊(急)	福本　豊(急)	平野　光泰(近)	島田　誠(日)	福本　豊(急)	簑田　浩二(急)
外野手	簑田　浩二(急)	簑田　浩二(急)	簑田　浩二(急)	福本　豊(急)	簑田　浩二(急)	島田　誠(日)
外野手	ウイリアムス(急)	平野　光泰(近)		簑田　浩二(急)	島田　誠(日)	福本　豊(急)

1984–1989

守備	1984	1985	1986	1987	1988	1989
投手	東尾　修(武)	東尾　修(武)	東尾　修(武)	東尾　修(武)	西崎　幸広(日)	阿波野秀幸(近)
捕手	藤田　浩雅(急)	伊東　勤(武)	伊東　勤(武)	伊東　勤(武)	伊東　勤(武)	中嶋　聡(オ)
一塁手	山本　功児(ロ)	山本　功児(ロ)	ブーマー(急)	ブーマー(急)	清原　和博(武)	愛甲　猛(ロ)
二塁手	大石大二郎(近)	西村　徳文(ロ)	辻　発彦(武)	白井　一幸(日)	辻　発彦(武)	辻　発彦(武)
三塁手	古屋　英夫(日)	古屋　英夫(日)	古屋　英夫(日)	石毛　宏典(武)	石毛　宏典(武)	松永　浩美(オ)
遊撃手	弓岡敬二郎(急)	石毛　宏典(武)	石毛　宏典(武)	弓岡敬二郎(急)	田中　幸雄(日)	田中　幸雄(日)
外野手	簑田　浩二(急)	島田　誠(日)	山本　和範(南)	秋山　幸二(武)	秋山　幸二(武)	秋山　幸二(武)
外野手	島田　誠(日)	簑田　浩二(急)	西岡　良洋(急)	高沢　秀昭(ロ)	平野　謙(武)	平野　謙(武)
外野手	高沢　秀昭(ロ)	金森　永時(武)	山森　雅文(急)	島田　誠(日)	高沢　秀昭(ロ)	本西　厚博(オ)
外野手				新井　宏昌(近)		

（1987　島田、新井同数票）

1990–1995

守備	1990	1991	1992	1993	1994	1995
投手	渡辺　久信(武)	郭　泰源(武)	郭　泰源(武)	野田　浩司(オ)	工藤　公康(武)	工藤　公康(ダ)
捕手	伊東　勤(武)	伊東　勤(武)	伊東　勤(武)	田村　藤夫(日)	伊東　勤(武)	伊東　勤(武)
一塁手	清原　和博(武)	トレーバー(近)	清原　和博(武)	清原　和博(武)	清原　和博(武)	フランコ(ロ)
二塁手	辻　発彦(武)	辻　発彦(武)	辻　発彦(武)	辻　発彦(武)	辻　発彦(武)	小久保裕紀(ダ)
三塁手	石毛　宏典(武)	石毛　宏典(武)	石毛　宏典(武)	石毛　宏典(武)	松永　浩美(ダ)	馬場　敏史(オ)
遊撃手	田中　幸雄(日)	田中　幸雄(日)	田辺　徳雄(武)	広瀬　哲朗(日)	広瀬　哲朗(日)	田中　幸雄(オ)
外野手	秋山　幸二(武)	秋山　幸二(武)	秋山　幸二(武)	秋山　幸二(武)	秋山　幸二(武)	イチロー(鈴木一朗)(オ)
外野手	平野　謙(武)	平野　謙(武)	平野　謙(武)	佐々木　誠(ダ)	佐々木　誠(武)	秋山　幸二(ダ)
外野手	西村　徳文(ロ)	佐々木　誠(ダ)	佐々木　誠(ダ)	平野　謙(武)	イチロー(鈴木一朗)(オ)	田口　壮(オ)

1996–2001

守備	1996	1997	1998	1999	2000	2001
投手	西崎　幸広(日)	西口　文也(武)	西口　文也(武)	松坂　大輔(武)	松坂　大輔(武)	松坂　大輔(武)
捕手	高田　誠(オ)	伊東　勤(武)	伊東　勤(武)	城島　健司(ダ)	城島　健司(ダ)	城島　健司(ダ)
一塁手	片岡　篤史(日)	高木　大成(武)	高木　大成(武)	小笠原道大(日)	小笠原道大(日)	小笠原道大(日)
二塁手	大島　公一(近)	大島　公一(オ)	金子　誠(日)	金子　誠(日)	大島　公一(オ)	井口　資仁(ダ)
三塁手	馬場　敏史(オ)	片岡　篤史(日)	片岡　篤史(日)	中村　紀洋(近)	中村　紀洋(近)	中村　紀洋(近)
遊撃手	田中　幸雄(オ)	松井稼頭央(武)	松井稼頭央(武)	小坂　誠(ロ)	小坂　誠(ロ)	小坂　誠(ロ)
外野手	イチロー(鈴木一朗)(オ)	イチロー(鈴木一朗)(オ)	イチロー(鈴木一朗)(オ)	イチロー(鈴木一朗)(オ)	イチロー(鈴木一朗)(オ)	田口　壮(オ)
外野手	田口　壮(オ)	田口　壮(オ)	大村　直之(近)	秋山　幸二(ダ)	田口　壮(オ)	柴原　洋(ダ)
外野手	秋山　幸二(ダ)	井出　竜也(日)	大友　進(武)	大友　進(武)	柴原　洋(ダ)	谷　佳知(オ)

2002–2007

守備	2002	2003	2004	2005	2006	2007
投手	西口　文也(武)	松坂　大輔(武)	松坂　大輔(武)	松坂　大輔(武)	松坂　大輔(武)	ダルビッシュ有(日)
捕手	城島　健司(ダ)	城島　健司(ダ)	城島　健司(ダ)	里崎　智也(ロ)	里崎　智也(ロ)	里崎　智也(ロ)
一塁手	小笠原道大(日)	福浦　和也(ロ)	松中　信彦(ダ)	福浦　和也(ロ)	小笠原道大(日)	福浦　和也(ロ)
二塁手	高木　浩之(武)	井口　資仁(ダ)	井口　資仁(ダ)	西岡　剛(ロ)	田中　賢介(日)	田中　賢介(日)
三塁手	中村　紀洋(近)	小笠原道大(日)	中村　紀洋(近)	今江　敏晃(ロ)	今江　敏晃(ロ)	今江　敏晃(ロ)
遊撃手	松井稼頭央(武)	松井稼頭央(武)	川崎　宗則(ダ)	小坂　誠(ロ)	川崎　宗則(ソ)	TSUYOSHI(西岡剛)(ロ)
外野手	小関　竜也(武)	SHINJO(新庄剛志)(日)	SHINJO(新庄剛志)(日)	SHINJO(新庄剛志)(日)	森本　稀哲(日)	森本　稀哲(日)
外野手	谷　佳知(オ)	谷　佳知(オ)	村松　有人(オ)	サブロー(大村三郎)(ロ)	稲葉　篤紀(日)	稲葉　篤紀(日)
外野手	井出　竜也(日)	大村　直之(近)	大村　直之(ソ)	大村　直之(ソ)	SHINJO(新庄剛志)(日)	サブロー(大村三郎)(ロ)
外野手		柴原　洋(ロ)				

（2003　大村、柴原同数票）

記録集

位置	2008	2009	2010	2011	2012	2013
投手	ダルビッシュ有(日)	涌井 秀章(武)	涌井 秀章(武)	田中 将大(楽)	田中 将大(楽)	田中 将大(楽)
捕手	細川 亨(武)	鶴岡 慎也(日)	嶋 基宏(楽)	細川 亨(ソ)	炭谷銀仁朗(武)	嶋 基宏(楽)
一塁手	カブレラ(オ)	高橋 信二(日)	小久保裕紀(ソ)	小久保裕紀(ソ)	稲葉 篤紀(日)	浅村 栄斗(武)
二塁手	田中 賢介(日)	田中 賢介(日)		本多 雄一(ソ)	本多 雄一(ソ)	藤田 一也(楽)
三塁手	今江 敏晃(ロ)	小谷野栄一(日)	小谷野栄一(日)	松田 宣浩(ソ)	小谷野栄一(日)	松田 宣浩(ソ)
遊撃手	中島 裕之(武)	金子 誠(日)	西岡 剛(ロ)	中島 裕之(武)	中島 裕之(武)	今宮 健太(ソ)
外野手	稲葉 篤紀(日)	糸井 嘉男(日)	糸井 嘉男(日)	岡田 幸文(ロ)	陽 岱鋼(日)	陽 岱鋼(日)
外野手	森本 稀哲(日)	坂口 智隆(オ)	坂口 智隆(オ)	糸井 嘉男(日)	糸井 嘉男(日)	糸井 嘉男(オ)
外野手	坂口 智隆(オ)	稲葉 篤紀(日)	栗山 巧(武)	坂口 智隆(オ)	岡田 幸文(ロ)	秋山 翔吾(武)

位置	2014	2015	2016	2017	2018	2019
投手	金子 千尋(オ)	涌井 秀章(ロ)	涌井 秀章(ロ)	菊池 雄星(武)	岸 孝之(楽)	千賀 滉大(ソ)
捕手	伊藤 光(オ)	炭谷銀仁朗(武)	大野 奨太(日)	甲斐 拓也(ソ)	甲斐 拓也(ソ)	甲斐 拓也(ソ)
一塁手	T-岡田(岡田貴弘)(オ)	中田 翔(日)	中田 翔(日)	銀次(赤見内銀次)(楽)	中田 翔(日)	内川 聖一(ソ)
二塁手	藤田 一也(楽)	クルーズ(ロ)	藤田 一也(楽)	鈴木 大地(ロ)	中村 奨吾(ロ)	浅村 栄斗(楽)
三塁手	松田 宣浩(ソ)	松田 宣浩(ソ)	松田 宣浩(ソ)	松田 宣浩(ソ)	松田 宣浩(ソ)	松田 宣浩(ソ)
遊撃手	今宮 健太(ソ)	今宮 健太(ソ)	今宮 健太(ソ)	今宮 健太(ソ)	源田 壮亮(武)	源田 壮亮(武)
外野手	陽 岱鋼(日)	柳田 悠岐(ソ)	秋山 翔吾(武)	秋山 翔吾(武)	秋山 翔吾(武)	秋山 翔吾(武)
外野手	糸井 嘉男(オ)	秋山 翔吾(武)	陽 岱鋼(日)	柳田 悠岐(ソ)	柳田 悠岐(ソ)	荻野 貴司(ロ)
外野手	柳田 悠岐(ソ)	清田 育宏(ロ)	糸井 嘉男(オ)	西川 遥輝(日)	西川 遥輝(日)	西川 遥輝(日)

位置	2020
投手	千賀 滉大(ソ)
捕手	甲斐 拓也(ソ)
一塁手	{ 中村 晃(ソ) / 中田 翔(日) }
二塁手	外崎 修汰(武)
三塁手	鈴木 大地(楽)
遊撃手	源田 壮亮(武)
外野手	柳田 悠岐(ソ)
外野手	大田 泰示(日)
外野手	西川 遥輝(日)

(注) '72~'85　ダイヤモンドグラブ賞、'86から三井ゴールデン・グラブ賞となる。

正 力 松 太 郎 賞

(1977年制定、選考は表彰委員会による。)

1977	王 貞治	(巨 人)	内野手		2002	原 辰徳	(巨 人)	監督
1978	広岡 達朗	(ヤクルト)	監督		2003	王 貞治	(ダイエー)	監督
1979	西本 幸雄	(近 鉄)	監督			星野 仙一	(阪 神)	監督
1980	古葉 竹識	(広 島)	監督		2004	伊東 勤	(西 武)	監督
1981	藤田 元司	(巨 人)	監督			※イチロー(鈴木一朗)	(マリナーズ)	外野
1982	広岡 達朗	(西 武)	監督		2005	バレンタイン	(ロッテ)	監督
1983	田淵 幸一	(西 武)	内野手		2006	王 貞治	(ソフトバンク)	監督
1984	衣笠 祥雄	(広 島)	内野手		2007	落合 博満	(中 日)	監督
1985	吉田 義男	(阪 神)	監督		2008	渡辺 久信	(西 武)	監督
1986	森 祇晶	(西 武)	監督		2009	原 辰徳	(巨 人)	監督
1987	工藤 公康	(西 武)	投手		2010	西村 徳文	(ロッテ)	監督
1988	門田 博光	(南 海)	指名打者		2011	秋山 幸二	(ソフトバンク)	監督
1989	藤田 元司	(巨 人)	監督		2012	原 辰徳	(巨 人)	監督
1990	森 祇晶	(西 武)	監督			阿部慎之助	(巨 人)	捕手
1991	秋山 幸二	(西 武)	外野手		2013	星野 仙一	(楽 天)	監督
1992	石井 丈裕	(西 武)	投手			※田中 将大	(楽 天)	投手
1993	野村 克也	(ヤクルト)	監督		2014	秋山 幸二	(ソフトバンク)	監督
1994	長嶋 茂雄	(巨 人)	監督		2015	工藤 公康	(ソフトバンク)	監督
	イチロー(鈴木一朗)	(オリックス)	外野手		2016	栗山 英樹	(日本ハム)	監督
1995	イチロー(鈴木一朗)	(オリックス)	外野手		2017	サファテ	(ソフトバンク)	投手
1996	仰木 彬	(オリックス)	監督		2018	工藤 公康	(ソフトバンク)	監督
1997	古田 敦也	(ヤクルト)	捕手		2019	工藤 公康	(ソフトバンク)	監督
1998	佐々木主浩	(横 浜)	投手		2020	工藤 公康	(ソフトバンク)	監督
1999	王 貞治	(ダイエー)	監督					
2000	松井 秀喜	(巨 人)	外野手		(注) ※は特別賞			
2001	若松 勉	(ヤクルト)	監督					

沢 村 栄 治 賞

(1947年制定、1950～1988年セ・リーグのみ、1989年から両リーグを対象。)

年			防御率	勝 敗	年			防御率	勝 敗
1947	別所 昭	(南)	1.86	30－19	1980	該当者なし			
1948	中尾 碩志	(巨)	1.84	27－12	1981	西本 聖	(巨)	2.58	18－12
1949	藤本 英雄	(巨)	1.94	24－ 7	1982	北別府 学	(広)	2.43	20－ 8
1950	真田 重男	(松)	3.05	39－12	1983	遠藤 一彦	(洋)	2.87	18－ 9
1951	杉下 茂	(名)	2.35	28－13	1984	該当者なし			
1952	杉下 茂	(名)	2.33	32－14	1985	小松 辰雄	(中)	2.65	17－ 8
1953	大友 工	(巨)	1.85	27－ 6	1986	北別府 学	(広)	2.43	18－ 4
1954	杉下 茂	(中)	1.39	32－12	1987	桑田 真澄	(巨)	2.17	15－ 6
1955	別所 毅彦	(巨)	1.33	23－ 8	1988	大野 豊	(広)	1.70	13－ 7
1956	金田 正一	(国)	1.74	25－20	1989	斎藤 雅樹	(巨)	1.62	20－ 7
1957	金田 正一	(国)	1.63	28－16	1990	野茂 英雄	(近)	2.91	18－ 8
1958	金田 正一	(国)	1.30	31－14	1991	佐々岡真司	(広)	2.44	17－ 9
1959	村山 実	(神)	1.19	18－10	1992	石井 丈裕	(武)	1.94	15－ 3
1960	堀本 律雄	(巨)	2.00	29－13	1993	今中 慎二	(中)	2.20	17－ 7
1961	権藤 博	(中)	1.70	35－19	1994	山本 昌広	(中)	3.49	19－ 8
1962	小山 正明	(神)	1.66	27－11	1995	斎藤 雅樹	(巨)	2.70	18－10
1963	伊藤 芳明	(巨)	1.90	19－ 8	1996	斎藤 雅樹	(巨)	2.36	16－ 4
1964	バッキー	(神)	1.89	29－ 9	1997	西口 文也	(武)	3.12	15－ 5
1965	村山 実	(神)	1.96	25－13	1998	川崎 憲次郎	(ヤ)	3.04	17－10
1966	村山 実	(神)	1.55	24－ 9	1999	上原 浩治	(巨)	2.09	20－ 4
	堀内 恒夫	(巨)	1.39	16－ 2	2000	該当者なし			
1967	小川健太郎	(中)	2.51	29－12	2001	松坂 大輔	(武)	3.60	15－15
1968	江夏 豊	(神)	2.13	25－12	2002	上原 浩治	(巨)	2.60	17－ 5
1969	高橋 一三	(巨)	2.21	25－ 9	2003	斉藤 和己	(ダ)	2.83	20－ 3
1970	平松 政次	(洋)	1.95	25－19		井川 慶	(神)	2.80	20－ 5
1971	該当者なし				2004	川上 憲伸	(中)	3.32	17－ 7
1972	堀内 恒夫	(巨)	2.91	26－ 9	2005	杉内 俊哉	(ソ)	2.11	18－ 4
1973	高橋 一三	(巨)	2.21	23－13	2006	斉藤 和己	(ソ)	1.75	18－ 5
1974	星野 仙一	(中)	2.87	15－ 9	2007	ダルビッシュ有	(日)	1.82	15－ 5
1975	外木場義郎	(広)	2.95	20－13	2008	岩隈 久志	(楽)	1.87	21－ 4
1976	池谷公二郎	(広)	3.26	20－15	2009	涌井 秀章	(武)	2.30	16－ 6
1977	小林 繁	(巨)	2.92	18－ 8	2010	前田 健太	(広)	2.21	15－ 5
1978	松岡 弘	(ヤ)	3.75	16－11	2011	田中 将大	(楽)	1.27	19－ 5
1979	小林 繁	(神)	2.89	22－ 9	2012	攝津 正	(ソ)	1.91	17－ 5

記録集

年			防御率	勝 敗	年			防御率	勝 敗
2013	田中 将大	(楽)	1.27	24－ 0	2017	菅野 智之	(巨)	1.59	17－ 5
2014	金子 千尋	(オ)	1.98	16－ 5	2018	菅野 智之	(巨)	2.14	15－ 8
2015	前田 健太	(広)	2.09	15－ 8	2019	該当者なし			
2016	ジョンソン	(広)	2.15	15－ 7	2020	大野 雄大	(中)	1.82	11－ 6

(注) '59まで記者投票、'60から選考委員会による。

最 優 秀 投 手

パシフィック・リーグ （1953年～1959年表彰）

年			防御率	勝 敗	得票	投票数
1953	川崎 徳次	(西)	1.98	24－15	49	74
1954	西村 貞朗	(西)	1.77	22－ 5	55	116
1955	中村 大成	(南)	2.13	23－ 4	112	134
1956	島原 幸雄	(西)	1.35	25－11	66	130
1957	稲尾 和久	(西)	1.37	35－ 6	141	142
1958	稲尾 和久	(西)	1.42	33－10	145	145
1959	杉浦 忠	(南)	1.40	38－ 4	140	141

セントラル・リーグ （1967年～2012年表彰）

年			防御率	勝 敗	得票	投票数	年			防御率	勝 敗	得票	投票数
1967	小川健太郎	(中)	2.51	29－12	178	182	1990	斎藤 雅樹	(巨)	2.17	20－ 5	148	148
1968	江夏 豊	(神)	2.13	25－12	192	196	1991	佐々岡真司	(広)	2.44	17－ 9	148	172
1969	高橋 一三	(巨)	2.21	22－ 5	163	196	1992	斎藤 雅樹	(巨)	2.59	17－ 6	95	174
1970	平松 政次	(洋)	1.96	25－19	169	196	1993	今中 慎二	(中)	2.20	17－ 7	127	169
1971	平松 政次	(洋)	2.23	17－13	146	199	1994	山本 昌広	(中)	3.49	19－ 8	102	163
1972	堀内 恒夫	(巨)	2.91	26－ 9	186	199	1995	斎藤 雅樹	(巨)	2.70	18－10	111	161
1973	高橋 一三	(巨)	2.21	23－13	136	194	1996	斎藤 雅樹	(巨)	2.36	16－ 4	166	170
1974	堀内 恒夫	(巨)	2.66	19－11	102	202	1997	山本 昌広	(中)	2.92	18－ 7	110	169
1975	外木場義郎	(広)	2.95	20－13	192	201	1998	佐々木主浩	(横)	0.64	1－ 1	104	192
1976	池谷公二郎	(広)	3.26	20－15	152	197	1999	上原 浩治	(巨)	2.09	20－ 4	160	207
1977	小林 繁	(巨)	2.92	18－ 8	153	194	2000	工藤 公康	(巨)	3.11	12－ 5	106	189
1978	新浦 寿夫	(巨)	2.81	15－ 7	86	198	2001	藤井 秀悟	(ヤ)	3.17	14－ 8	111	187
1979	小林 繁	(神)	2.89	22－ 9	197	204	2002	上原 浩治	(巨)	2.60	17－ 5	152	204
1980	江川 卓	(巨)	2.48	16－12	56	215	2003	井川 慶	(神)	2.80	20－ 5	200	204
1981	江川 卓	(巨)	2.29	20－ 6	211	263	2004	川上 憲伸	(中)	3.32	17－ 7	172	200
1982	北別府 学	(広)	2.43	20－ 8	162	238	2005	黒田 博樹	(広)	3.17	15－12	69	209
1983	遠藤 一彦	(洋)	2.87	18－ 9	180	215	2006	川上 憲伸	(中)	2.51	17－ 7	156	201
1984	山根 和夫	(広)	3.41	16－ 8	137	252	2007	高橋 尚成	(巨)	2.75	14－ 4	85	204
1985	小松 辰雄	(中)	2.65	17－ 8	119	239	2008	グライシンガー	(巨)	3.06	17－ 9	130	202
1986	北別府 学	(広)	2.43	18－ 4	237	245	2009	ゴンザレス	(巨)	2.11	15－ 2	117	218
1987	桑田 真澄	(巨)	2.17	15－ 6	119	227	2010	前田 健太	(広)	2.21	15－ 8	238	246
1988	小野 和幸	(中)	2.60	18－ 4	94	240	2011	吉見 一起	(中)	1.65	18－ 3	174	243
1989	斎藤 雅樹	(巨)	1.62	20－ 7	172	224	2012	内海 哲也	(巨)	1.98	15－ 6	121	252

(注) セ・リーグではベストナイン投手がこれにあたる。投票数は有効投票総数。

部 門 別 ラ ン キ ン グ

（　）内当時の所属。
※は表彰年度が限定される場合の最多表彰回数とその選手名。
各項目制定年度及び表彰年度は391ページ〜440ページ参照。

首位打者

7	張本　　勲	（東・日）
	イチロー（鈴木一朗）	（オ）
6	長嶋　茂雄	（巨）
5	川上　哲治	（巨）
	王　　貞治	（巨）
	落合　博満	（ロ）
3	大下　　弘	（東）
	与那嶺　要	（巨）
	江藤　慎一	（中・ロ）
	パウエル	（近）
	青木　宣親	（ヤ）

最多安打

10	長嶋　茂雄	（巨）
6	川上　哲治	（巨）
5	イチロー（鈴木一朗）	（オ）
4	榎本　喜八	（毎・京）
	福本　　豊	（急）
	ブーマー	（急・オ）
	秋山　翔吾	（武）
3	中島　治康	（巨）
	与那嶺　要	（巨）
	王　　貞治	（巨）
	張本　勲	（東・巨）
	田尾　安志	（中）
	パチョレック	（洋・神）
	野村謙二郎	（広）
	ラミレス	（ヤ・巨）
	マートン	（神）
※5	イチロー（鈴木一朗）	（オ）

最多本塁打

15	王　　貞治	（巨）
9	野村　克也	（南）
6	中村　剛也	（武）
5	青田　　昇	（巨・洋）
	中西　　太	（西）
	落合　博満	（ロ・中）
4	山本　浩二	（広）
	ローズ	（近・巨）
3	藤村富美男	（神）
	大下　　弘	（セ・東）
	長池　徳二	（急）
	掛布　雅之	（神）
	門田　博光	（南）
	デストラーデ	（武）
	ブライアント	（近）
	松井　秀喜	（巨）
	タイロン・ウッズ	（横・中）
	バレンティン	（ヤ）

最多打点

13	王　　貞治	（巨）
7	野村　克也	（南）
5	藤村富美男	（神）
	長嶋　茂雄	（巨）
	落合　博満	（ロ・中）
4	中島　治康	（巨）
	山内　和弘	（毎）
	ブーマー	（急・オ・ダ）
	ラミレス	（ヤ・巨）
	中村　剛也	（武）
3	川上　哲治	（巨）
	中西　　太	（西）
	長池　徳二	（急）
	加藤　英司（秀司）	（急）
	山本　浩二	（広）
	松井　秀喜	（巨）
	松中　信彦	（ダ・ソ）
	ローズ	（近・オ）
	中田　　翔	（日）

最多盗塁

13	福本　　豊	（急）
6	柴田　　勲	（巨）
5	広瀬　叔功	（南）
	赤星　憲広	（神）
4	木塚　忠助	（南）
	西村　徳文	（ロ）
	大石大二郎	（近）
	（第二朗）	
	石井　琢朗	（横）
	片岡　易之	（武）
3	河西　俊雄	（グ・南）
	金山　次郎	（松・広）
	河野　旭輝	（急・中）
	バルボン	（急）
	高木　守道	（中）
	高橋　慶彦	（広）
	屋鋪　　要	（洋）
	野村謙二郎	（広）
	緒方　孝市	（広）
	松井稼頭央	（武）
	山田　哲人	（ヤ）
	西川　遥輝	（日）

最高出塁率

9	張本　　勲	（東・拓・日）
7	落合　博満	（ロ・中）
5	イチロー（鈴木一朗）	（オ）
4	オマリー	（神・ヤ）
	柳田　悠岐	（ソ）
3	加藤　英司（秀司）	（急）
	門田　博光	（南）
	松井　秀喜	（巨）
	福留　孝介	（中）
	松中　信彦	（ダ・ソ）
	糸井　嘉男	（日・オ）
※9	張本　　勲	（東・拓・日）

セ'67〜'84は最多出塁数と
して表彰。
その最多は 12 王　貞治（巨）

勝率第1位

4	山田　久志	（急）
	工藤　公康	（武・ダ）
3	御薗生崇男	（神）
	藤本　英雄	（巨）
	堀内　恒夫	（巨）
	北別府　学	（広）
	斎藤　雅樹	（巨）
	上原　浩治	（巨）
	斉藤　和巳	（ダ・ノ）
	杉内　俊哉	（ソ・巨）
※4	山田　久志	（急）

最優秀防御率

5	稲尾　和久	（西）
4	工藤　公康	（武・ダ）
	菅野　智之	（巨）
3	藤本　英雄	（巨）
	金田　正一	（国・巨）
	村山　　実	（神）
	村田　兆治	（ロ）
	斎藤　雅樹	（巨）
	前田　健太	（広）

最多勝利

6	スタルヒン	（巨・大）
5	斎藤　雅樹	（巨）
4	稲尾　和久	（西）
	野茂　英雄	（近）
	涌井　秀章	（武・ロ・楽）
3	別所　毅彦（昭）	（南・巨）
	金田　正一	（国）
	鈴木　啓示	（近）
	山田　久志	（急）
	渡辺　久信	（武）
	山本　昌広	（中）
	松坂　大輔	（武）
	菅野　智之	（巨）
※5	斎藤　雅樹	（巨）

最多セーブ

6	江夏　　豊	（南・広・日）
5	岩瀬　仁紀	（中）
4	高津　臣吾	（ヤ）
	佐々木主浩	（横）
3	鈴木　孝政	（中）
	斉藤　明夫	（洋）
	牛島　和彦	（中・ロ）
	赤堀　元之	（近）
	武田　　久	（日）
	サファテ	（ソ）
※5	岩瀬　仁紀	（中）

最優秀中継ぎ

3	岩瀬　仁紀	（中）
	山口　鉄也	（巨）
	宮西　尚生	（日）

セ特別賞時代の受賞回数も
含む。

最多奪三振

10	金田　正一	（国）
8	鈴木　啓示	（近）
6	江夏　　豊	（神）
5	則本　昂大	（楽）
4	村田　兆治	（ロ）
	野茂　英雄	（近）
	松坂　大輔	（武）
3	稲尾　和久	（西）
	江川　　卓	（巨）
	遠藤　一彦	（洋）
	川口　和久	（広）
	井原　　慶	（神）
	ダルビッシュ有	（日）
	杉内　俊哉	（ソ・巨）
※5	則本　昂大	（楽）

最優秀選手

9	王　　貞治	（巨）
5	長嶋　茂雄	（巨）
	野村　克也	（南）
3	山本　一人	（グ・南）
	（鶴岡）	
	川上　哲治	（巨）
	山田　久志	（急）
	イチロー（鈴木一朗）	（オ）
	松井　秀喜	（巨）

記録集

三冠王

		年	打率	本塁打	打点	
中島	治康（巨）	'38秋	.361	10	38	
野村	克也（南）	'65	.320	42	110	
王	貞治（巨）	'73	.355	51	114	
		'74	.332	49	107	
落合	博満（ロ）	'82	.325	32	99	
		'85	.367	52	146	
		'86	.360	50	116	
ブーマー	（急）	'84	.355	37	130	
バース	（神）	'85	.350	54	134	
		'86	.389	47	109	
松中	信彦（ダ）	'04	.358	44	120	〈本塁打はセギノール（日）とタイ〉

ベストナイン

〔投 手〕
6　別所　毅彦(昭)（南・巨）
5　稲尾　和久（西）
　　山田　久志（急）
　　斎藤　雅樹（巨）

〔捕 手〕
19　野村　克也（南）
10　伊東　　勤（武）
9　古田　敦也（ヤ）
　　阿部慎之助（巨）
8　森　　昌彦（巨）
6　土井垣　武（神・毎）
　　城島　健司（ダ・ソ）
5　田淵　幸一（神）
　　木俣　達彦（中）

〔一塁手〕
18　王　　貞治（巨）
10　川上　哲治（巨）
9　榎本　喜八（毎・京）
5　大杉　勝男（東）
　　加藤 英司(秀司)（急）

〔二塁手〕
7　千葉　　茂（巨）
　　高木　守道（中）
6　ローズ（横）
　　田中　賢介（日）
5　岡本伊三美（南）
　　井上　　登
　　山崎　裕之（ロ・武）
　　篠塚　利夫（巨）
　　辻　　発彦（武）
　　山田　哲人（ヤ）
　　浅村　栄斗（武・楽）

〔三塁手〕
17　長嶋　茂雄（巨）
10　有藤 道世(通世)（ロ）
7　中西　　太（西）
　　掛布　雅之（神）
　　江藤　　智（広・巨）
6　藤村富美男（神）
　　中村　剛也（武）
5　小玉　明利（近）
　　松永　浩美（急・オ・ダ）
　　中村　紀洋（近）

〔遊撃手〕
9　吉田　義男（神）
7　木塚　忠助（南）
　　松井稼頭央（西）
6　豊田　泰光（西）
　　藤田　　平（神）
　　鳥谷　　敬（神）
　　坂本　勇人（巨）
5　大橋　　穣（急）
　　高橋　慶彦（広）
　　石毛　宏典（武）
　　池山　隆寛（ヤ）
　　石井　琢朗（横）
　　井端　弘和（中）

〔外野手〕
16　張本　　勲（東・拓・日・巨）
10　山内 一弘(和弘)（毎・広）
　　福本　　豊（急）
　　山本　浩二（広）
9　若松　　勉（ヤ）
8　秋山　幸二（武）
　　松井　秀喜（巨）
　　大下　　弘（東・西）
7　与那嶺　要（巨）
　　イチロー(鈴木一朗)（オ）
　　青木　宣親（ヤ）

〔指名打者〕 ('75〜)
4　門田　博光（南・オ）
3　デストラーデ（武）

全般記録、打撃・投手・守備各記録（個人、チーム）

- ・セ記録、パ記録は、各リーグだけで記録されたもの。
- ・交は2005年より実施のセ・パ交流戦での記録。
- ・1975年以降のパ・リーグ、及び交流戦のパ・リーグホームゲーム（2014年のみセ・リーグホームゲーム）は指名打者制。
- ・ライフタイムにおける選手名・所属チームは、原則として最終出場時（投手は登板時）のもの。
- ・ゲーム最多記録は延長回でのものを除く。
- ・連続打数記録　1973年より規則改正（9.23参照）四死球、犠打、妨害では中断されない。
- ・連続記録は単一シーズンでの記録。「連続シーズン」は、複数シーズンにわたり記録されたもの。

Ⅰ．全 般 記 録

A．勝利記録

```
セ－98…松　　竹　'50　試合137　敗北35　引分4
　　92…巨　　人　'55　試合130　敗北37　引分1
パ－99…南　　海　'55　試合143　敗北41　引分3
　　96…西　　鉄　'56　試合154　敗北51　引分7
　　　　南　　海　'56　試合154　敗北52　引分6
日－87…南　　海　'48　試合140　敗北49　引分4
```

B．最高勝率

```
セ－.737…松　　竹　'50　試合137　勝利98　敗北35　引分4
　　.731…巨　　人　'51　試合114　勝利79　敗北29　引分6
パ－.750…南　　海　'51　試合104　勝利72　敗北24　引分8
　　.707…南　　海　'55　試合143　勝利99　敗北41　引分3
日－.829…タイガース　'38春試合 35　勝利29　敗北 6
```

C．連勝記録

```
セ－15…巨　　人　'51. 7. 16対国～ 8. 3対洋
　　　　中　　日　'55. 7. 28対巨～ 8. 18対洋
　　14…中　　日　'65. 8. 19対巨～ 9. 5対洋第1
　　　　巨　　人　'76. 5. 4対中～ 5. 23対洋
パ－18…南　　海　'54. 8. 22対東第1～ 9. 21対西
　　　　大　　毎　'60. 6. 5対近第2～ 6. 29対近第2
　　　　　　　　　　－途中引分1を挟む－
　　17…南　　海　'65. 6. 17対急～ 7. 14対東
　　　　　　　　　　－途中引分1を挟む－
日－14…タイガース　'37. 9. 8対イ～10. 4対金
　　　　　　　　　　'46. 6. 24対グ～ 7. 21対セ
```

D．敗北記録

```
セ－99…大　　洋　'55　試合130　勝利31
　　96…広　　島　'50　試合138　勝利41　引分1
　　　　洋　　松　'54　試合130　勝利32　引分2
　　　　ヤクルト　'17　試合143　勝利45　引分2
パ－103…近　　鉄　'61　試合140　勝利36　引分1
　　98…トンボ　'55　試合141　勝利42　引分1
　　　　高　　橋　'56　試合154　勝利52　引分4
日－ 83…中　　日　'48　試合140　勝利52　引分5
```

E．最低勝率

```
セ－.238…大　　洋　'55　試合130　勝利31　敗北 99
　　.250…洋　　松　'54　試合130　勝利32　敗北 96　引分2
パ－.238…近　　鉄　'58　試合130　勝利29　敗北 97　引分4
```

```
　　.261…近　　鉄　'61　試合140　勝利36　敗北103　引分1
日－.214…イーグルス　'37春試合 56　勝利12　敗北 44
```

F．連敗記録

```
セ－16…ヤクルト　'70. 8. 4対神～ 8. 25対中
　　　　ヤクルト　'19. 5. 14対広～ 6. 1対ディ
　　14…国　　鉄　'50. 3. 21対本～ 4. 16対松
　　　　　　　　　　－途中引分1を挟む－
　　　　大　　洋　'55. 7. 7対国～ 7. 23対巨第2
　　　　横　　浜　'08. 9. 14対中～10. 3対広第2
　　　　　　　　　　－途中引分1を挟む－
　　　　ヤクルト　'17. 7. 1対神～ 7. 21対神
　　　　　　　　　　－途中引分1を挟む－
パ－18…ロ ッ テ　'98. 6. 13対オ～ 7. 8対オ
　　15…大　　映　'55. 4. 17対西第1～ 5. 5対近第1
　　　　南　　海　'69. 6. 4対ロ～ 6. 26対東
　　　　　　　　　　－途中引分1を挟む－
　　　　ロ ッ テ　'78. 6. 1対急～ 6. 28対急
　　　　　　　　　　－途中引分3を挟む－
　　14…大　　映　'54. 8. 5対近～ 8. 26対神
　　　　日本ハム　'84. 7. 10対ロ～ 8. 9対ロ
　　　　　　　　　　－途中引分3を挟む－
日－16…大 東 京　'36. 9. 28対巨～11. 22対名
　　　　　　　　　　－途中引分1を挟む－
　　15…金　　鯱　'39. 4. 12対イ～ 5. 19対急
　　　　中部日本　'46. 8. 5対急～ 9. 1対セ
```

G．最長イニング

```
　　　　　　　　　　　　　　　　　　　（時間）
セ－20回　松　2－1　洋　'52. 9. 7　3 : 13
パ－23回　近　1－0　東　'54. 10. 10　4 : 30
　　22回　大　4－3　近　'53. 6. 25　4 : 33
　　20回　東　4－5　近　'53. 8. 9　4 : 46
日－28回　洋　4－4　名　'42. 5. 24　3 : 47
　　20回　洋　1－0　神　'41. 7. 13　2 : 43
```

H．長時間試合

```
セ－（補回）
6時間26分　神　3－3　ヤ　'92. 9. 11（15回）
6時間19分　横　5－6　ヤ　'96. 9. 8（14回）
6時間13分　広　6－14　横　'98. 8. 9（15回）
6時間 2分　神　8－7　中　'00. 5. 24（15回）
6時間 1分　広　8－7　中　'92. 10. 1（13回）
5時間51分　洋　6－5　中　'90. 8. 4（15回）
5時間46分　ヤ　17－16　広　'93. 5. 19（14回）
　　　　　　中　6－5　神　'98. 4. 10（13回）
5時間45分　広　8－6　神　'94. 8. 25（15回）
5時間43分　中　7－5　洋　'91. 4. 14（15回）
5時間42分　神　3－2　ヤ　'94. 8. 16（15回）
　　　　　　広　7－6　巨　'04. 8. 20（12回）
5時間40分　神　5－4　ヤ　'00. 8. 24（14回）
　　　　　　横　7－6　ヤ　'04. 5. 22（12回）
5時間39分　広　7－6　ディ　'14. 7. 14（12回）
5時間37分　神　9－10　中　'04. 7. 28（11回）
　　（9回）
5時間10分　洋　11－12　神　'90. 5. 6
4時間59分　中　8－10　巨　'90. 5. 24
4時間53分　中　7－9　神　'90. 8. 2
4時間52分　横　12－13　中　'96. 7. 12
4時間45分　ヤ　5－5　洋　'78. 8. 21
4時間40分　神　8－7　洋　'05. 4. 8
4時間39分　洋　9－7　神　'88. 8. 23
　　　　　　中　4－9　ディ　'13. 5. 5
4時間38分　ヤ　12－13　神　'97. 7. 16
　　　　　　広　4－5　巨　'16. 8. 5
```

4時間36分	神	12－7	ヤ	'90. 5. 3	
4時間34分	横	6－8	神	'07. 8. 10	
	広	6－12	中	'10. 5. 1	

パ－(補回)

6時間 1分	日	7－9	ソ	'13. 9. 4	(12回)
5時間48分	武	8－8	日	'14. 8. 16	(12回)
5時間45分	ソ	10－10	オ	'18. 7. 24	(12回)
5時間42分	武	8－9	ロ	'09. 7. 2	(12回)
5時間37分	楽	5－9	日	'15. 5. 21	(12回)
5時間32分	武	9－9	オ	'00. 8. 29	(12回)
5時間29分	武	9－16	楽	'05. 6. 26	(10回)
	武	9－9	オ	'13. 6. 23	(12回)
5時間28分	日	7－8	武	'01. 6. 24	(12回)
5時間27分	オロ	4－8	近	'01. 5. 19	(12回)
		3－8	ソ	'14. 8. 2	(12回)
5時間23分	武	5－5	楽	'10. 8. 28	(12回)
5時間22分	楽	4－4	オ	'15. 7. 10	(12回)
5時間21分	ロソ	8－7	武	'19. 4. 23	(12回)
5時間20分	ダ	10－11	武	'03. 6. 29	(11回)
(9回)					
5時間 6分	ソ	10－11	楽	'07. 7. 11	
4時間54分	オ	11－21	ダ	'03. 6. 17	
4時間48分	ソ	2－9	近	'03. 8. 18	
4時間47分	ソ	6－7	日	'13. 7. 1	
	日	4－7	ソ	'15. 7. 15	
4時間46分	日	7－6	ダ	'98. 6. 23	
4時間45分	ダ	8－9	近	'03. 7. 28	
4時間43分	武	2－4	日	'04. 8. 15	
4時間41分	楽	15－5	ソ	'08. 9. 30	
4時間40分	武	11－17	近	'04. 7. 24	
	楽	6－7	武	'09. 7. 5	
4時間38分	近	14－8	武	'01. 8. 24	
4時間37分	ダ	7－8	武	'90. 4. 14	
		10－8	武	'98. 8. 13	
	日	9－13	近	'00. 7. 18	
4時間36分	近	9－8	平	'73. 5. 12	
	武	7－8	武	'13. 8. 13	
4時間35分	オロ	0－0	近	'00. 9. 10	
4時間34分	武	13－6	ロ	'90. 6. 23	
	日	3－4	ソ	'06. 7. 29	

交－(補回)

5時間53分	日	6－6	横	'07. 6. 14	(12回)
5時間44分	ロ	8－10	中	'13. 6. 15	(12回)
(9回)					
4時間48分	巨	5－6	オ	'14. 6. 18	
4時間43分	オ	10－14	中	'09. 6. 3	

日－(補回)

3時間47分	洋	4－4	名	'42. 5. 24	(28回)
(9回)					
2時間47分	巨	7－6	中	'49. 4. 6	

Ｉ．短時間試合 （コールド除く）

セ－1時間 9分	中	1－0	松	'50. 11. 20	
1時間11分	広	0－2	神	'50. 5. 16	
	洋	1－0	広	'50. 10. 6	
	洋	3－0	松	'52. 10. 12	
パ－1時間 8分	大	3－0	東	'50. 4. 26	
1時間12分	毎	0－3	東	'52. 8. 23	
交－2時間 1分	巨	2－0	楽	'12. 5. 30	
日－ 55分	神	1－0	パ	'46. 7. 26	

Ⅱ．個人打撃記録

Ａ．永年出場

セ－29…	山　本　　　昌	(中)	'86～'10、'12～'15		
27…	谷繁　元信	(中)	'89～'15		
25…	三浦　大輔	(ディ)	'92～'16		
パ－28…	中嶋　　　聡	(武)	'87～'02、'04～'15		
26…	野村　克也	(武)	'54、'56～'80		
23…	門田　博光	(ダ)	'70～'92		
	福浦　和也	(ロ)	'97～'19		

20年以上

29…	工藤　公康	(武)	'82～'10		
	山　本　　　昌	(中)	'86～'10、'12～'15		
	中嶋　　　聡	(日)	'87～'15		
27…	谷繁　元信	(中)	'89～'15		
26…	野村　克也	(武)	'54、'56～'80		
25…	山崎　武司	(中)	'89～'13		
	三浦　大輔	(ディ)	'92～'16		
24…	大島　康徳	(日)	'71～'94		
	石井　琢朗	(広)	'89～'12		
23…	張本　　　勲	(広)	'59～'81		
	衣笠　祥雄	(広)	'65～'87		
	門田　博光	(ダ)	'70～'92		
	八重樫幸雄	(ヤ)	'71～'93		
	真弓　明信	(神)	'73～'95		
	川相　昌弘	(神)	'84～'06		
	前田　智徳	(広)	'90～'08、'10～'13		
	福浦　和也	(ロ)	'97～'19		
22…	広瀬　叔功	(南)	'56～'77		
	米田　哲也	(近)	'56～'77		
	石井　茂雄	(巨)	'58～'79		
	王　　　貞治	(巨)	'59～'80		
	辻　　　恭彦	(洋)	'63～'84		
	村田　兆治	(ロ)	'68～'82、'84～'90		
	杉浦　　　享	(ヤ)	'72～'93		
	大野　　　豊	(広)	'77～'98		
	伊東　　　勤	(武)	'82～'03		
	田中　幸雄	(日)	'86～'07		
	清原　和博	(オ)	'86～'06、'08		
	緒方　孝市	(広)	'88～'09		
	立浪　和義	(中)	'88～'09		
	大道　典嘉	(巨)	'89～'10		
	桧山進次郎	(神)	'92～'13		
	中村　紀洋	(ディ)	'92～'04、'06～'14		
	サブロー	(ロ)	'95～'16		
	荒木　雅博	(中)	'97～'18		
21…	小山　正明	(洋)	'53～'73		
	権藤　正利	(神)	'53～'73		
	若生　智男	(神)	'56～'76		
	足立　光宏	(急)	'59～'79		
	高木　守道	(中)	'60～'80		
	中沢　伸二	(中)	'65～'85		
	間柴　茂有	(ダ)	'70～'90		
	今井雄太郎	(ダ)	'71～'91		
	佐藤　義則	(オ)	'77～'80、'82～'98		
	堀　　　幸一	(ロ)	'89～'09		
	下柳　　　剛	(楽)	'91、'93～'12		
	金本　知憲	(神)	'92～'12		
	平井　正史	(オ)	'94～'14		
	西口　文也	(武)	'95～'15		
20…	呉　　　昌征	(毎)	'37～'44、'46～'57		
	西沢　道夫	(中)	'37～'43、'46～'58		
	金田　正一	(巨)	'50～'69		
	梶本　隆夫	(急)	'54～'73		
	森　　　昌彦	(巨)	'55～'74		
	遠井　吾郎	(神)	'58～'77		
	板東　里視	(近)	'60～'79		
	伊藤　　　勲	(南)	'61～'80		
	佐々木宏一郎	(南)	'62～'81		
	柴田　　　勲	(巨)	'62～'81		

土井　正博（武）'62～'81
松原　誠（巨）'62～'81
山崎　裕之（武）'65～'84
鈴木　啓示（近）'66～'85
東尾　修（急）'69～'88
福本　豊（急）'69～'88
山田　久志（急）'69～'88
久保　康生（近）'78～'97
落合　博満（日）'79～'98
愛甲　猛（中）'81～'00
秋山　幸二（ダ）'81、'84～'02
桑田　真澄（巨）'86～'95、'97～'06
吉田　豊彦（楽）'88～'07
江藤　智（武）'90～'09
矢野　燿大（神）'91～'10
稲葉　篤紀（日）'95～'14
金子　誠（日）'95～'14
新井　貴浩（広）'99～'18

B．多数試合出場

1000試合到達日

順位	試合	選手	球団	在籍	1000試合到達日
セ－	3021	谷繁　元信	（中）	'89～'15	'98. 8. 25
パ－	3017	野村　克也	（武）	'54～'80	'63. 7. 31
		－1000試合以上－	（508人）		
1	3021	谷繁　元信	（中）	'89～'15	'98. 8. 25
2	3017	野村　克也	（武）	'54～'80	'63. 7. 31
3	2831	王　貞治	（巨）	'59～'80	'66. 8. 24
4	2752	張本　勲	（急）	'59～'81	'66. 8. 26
5	2677	衣笠　祥雄	（広）	'65～'87	'75. 4. 24
6	2638	大島　康徳	（日）	'71～'94	'80. 4. 12
7	2586	立浪　和義	（中）	'88～'09	'96. 9. 21
8	2578	金本　知憲	（神）	'92～'12	'01. 8. 15
9	2571	門田　博光	（ダ）	'70～'92	'78. 5. 11
10	2449	土井　正博	（武）	'62～'81	'69. 7. 6
11	2413	石井　琢朗	（広）	'89～'12	'99. 10. 15
12	2401	福本　豊	（急）	'69～'88	'77. 8. 5
13	2383	新井　貴浩	（広）	'99～'18	'07. 6. 19
14	2379	伊東　勤	（武）	'82～'03	'91. 6. 26
15	2338	和田　一博	（オ）	'86～'08	'93. 9. 9
16	2284	山本　浩二	（中）	'69～'86	'76. 10. 5
17	2282	高木　守道	（中）	'60～'80	'69. 7. 30
17	2282	阿部慎之助	（巨）	'01～'19	'09. 5. 4
19	2267	中村　紀洋	（デ）	'92～'14	'01. 9. 2
20	2251	山崎　裕之	（武）	'65～'84	'74. 5. 21
21	2249	山崎　武司	（中）	'89～'13	'01. 10. 6
22	2238	田中　幸雄	（日）	'86～'07	'95. 8. 13
23	2236	落合　博満	（日）	'79～'98	'88. 5. 14
24	2235	山内　一弘	（広）	'52～'70	'61. 4. 23
24	2235	大杉　勝男	（ヤ）	'65～'83	'73. 6. 23
24	2235	福浦　和也	（ロ）	'97～'19	'05. 5. 12
27	2222	榎本　喜八	（西）	'55～'72	'62. 6. 20
28	2220	荒木　雅博	（中）	'97～'18	'07. 9. 24
29	2213	稲葉　篤紀	（日）	'95～'14	'04. 9. 9
30	2211	鳥谷　敬	（神）	'04～'20	'11. 5. 22
31	2208	柴田　勲	（巨）	'62～'81	'71. 5. 23
32	2190	広瀬　叔功	（南）	'56～'77	'64. 6. 17
32	2190	柏原　誠	（巨）	'62～'81	'71. 8. 29
34	2189	秋山　幸二	（ダ）	'81～'02	'92. 6. 10
35	2188	前田　智徳	（広）	'90～'13	'99. 7. 22
36	2186	長嶋　茂雄	（巨）	'58～'74	'65. 8. 18
37	2162	宮本　慎也	（ヤ）	'95～'13	'03. 9. 28
38	2142	木俣　達彦	（中）	'64～'82	'72. 9. 7
39	2084	江藤　慎一	（ロ）	'59～'76	'66. 8. 4
40	2076	新井　宏昌	（近）	'75～'92	'84. 4. 7
41	2064	堀　幸一	（ロ）	'89～'09	'98. 7. 28
42	2063	有藤　道世	（ロ）	'69～'86	'77. 5. 10
42	2063	駒田　徳広	（横）	'83～'00	'92. 7. 1
44	2062	若松　勉	（ヤ）	'71～'89	'79. 5. 12
45	2057	小久保裕紀	（ソ）	'94～'12	'02. 9. 17
46	2056	毒島　章一	（東）	'54～'71	'62. 4. 19
47	2051	真弓　明信	（神）	'73～'95	'84. 6. 28
48	2028	加藤　英司	（南）	'69～'87	'78. 9. 8
49	2010	藤田　平	（神）	'66～'84	'74. 5. 30
50	2008	古田　敦也	（ヤ）	'90～'07	'98. 6. 2
51	2007	吉田　義男	（神）	'53～'69	'61. 4. 12
52	1996	金子　誠	（日）	'95～'14	'04. 4. 6
53	1992	小笠原道大	（中）	'97～'15	'05. 8. 24
54	1979	川上　哲治	（巨）	'38～'58	'50. 10. 19
55	1977	内川　聖一	（ソ）	'01～'19	'11. 9. 25
56	1969	白　仁天	（近）	'63～'81	'72. 6. 30
57	1968	和田　一浩	（中）	'97～'15	'08. 5. 17
58	1965	飯田　徳治	（国）	'47～'63	'55. 5. 11
59	1959	桧山進次郎	（神）	'92～'13	'03. 4. 10
60	1958	栗山　巧	（武）	'02～'20	'13. 7. 2
61	1955	中村　武志	（楽）	'87～'05	'96. 7. 17
62	1953	村田　修一	（巨）	'03～'17	'10. 9. 19
63	1946	小玉　明利	（中）	'54～'69	'61. 8. 24
64	1931	谷沢　健一	（中）	'70～'86	'77. 9. 23
65	1927	野村謙二郎	（広）	'89～'05	'97. 4. 16
66	1919	遠井　吾郎	（神）	'58～'77	'68. 6. 19
67	1915	井口　資仁	（コ）	'97～'17	'09. 8. 26
68	1914	基　満男	（洋）	'67～'84	'75. 5. 17
69	1913	松井稼頭央	（武）	'95～'18	'02. 9. 15
70	1909	川相　昌弘	（中）	'84～'06	'96. 4. 7
70	1909	福留　孝介	（神）	'99～'07	'07. 4. 6
72	1908	小川　亨	（近）	'68～'84	'76. 5. 26
73	1896	井端　弘和	（巨）	'98～'15	'07. 7. 16
74	1895	佐伯　貴弘	（デ）	'93～'11	'02. 6. 16
75	1893	広澤　克実	（神）	'85～'03	'92. 9. 27
76	1892	大石大二郎	（近）	'81～'97	'89. 7. 16
76	1892	金城　龍彦	（オ）	'99～'15	'07. 7. 28
78	1888	谷　佳知	（オ）	'97～'15	'04. 7. 25
79	1884	森　昌彦	（巨）	'55～'74	'66. 6. 30
80	1877	山　暁生	（中）	'55～'72	'64. 8. 3
81	1874	羽田　耕一	（近）	'73～'89	'81. 5. 2
82	1834	江藤　智	（武）	'90～'09	'99. 7. 17
83	1819	高橋　由伸	（巨）	'98～'15	'06. 8. 18
84	1816	松永　浩美	（ダ）	'81～'97	'89. 6. 17
85	1814	松田　孝市	（マ）	'53～'69	'60. 6. 7
86	1808	緒方　孝市	（広）	'88～'09	'01. 3. 31
87	1802	宇野　勝	（ロ）	'77～'94	'87. 4. 14
88	1801	森野　将彦	（中）	'97～'17	'10. 6. 5
89	1799	前田　益穂	（ロ）	'59～'75	'67. 5. 14
90	1796	石毛　宏典	（ダ）	'81～'96	'88. 9. 23
91	1793	高倉　照幸	（中）	'53～'70	'62. 6. 30
92	1789	近藤　和彦	（近）	'58～'73	'65. 9. 11
92	1789	大村　直之	（オ）	'94～'10	'03. 5. 31
94	1787	葛城　隆雄	（神）	'56～'70	'63. 6. 23
95	1785	坂本　勇人	（巨）	'07～'20	'14. 9. 24
96	1784	池山　隆寛	（ヤ）	'84～'02	'93. 9. 12
97	1782	杉浦　享	（ヤ）	'72～'93	'83. 10. 1
97	1782	中島　宏之	（巨）	'02～'20	'11. 6. 30
97	1782	サブロー	（ロ）	'95～'16	'07. 8. 15
100	1780	小林　信彦	（ソ）	'97～'15	'06. 4. 28
101	1775	醍醐　猛夫	（ロ）	'57～'74	'67. 4. 8
102	1771	伊藤　勲	（南）	'61～'80	'72. 6. 24
103	1766	城戸　則文	（ソ）	'57～'74	'66. 7. 13
104	1752	松田　宣浩	（ソ）	'06～'20	'15. 7. 12
105	1744	ラミレス	（デ）	'01～'13	'08. 4. 18
106	1743	中村　剛也	（武）	'03～'20	'14. 6. 27
107	1739	田淵　幸一	（武）	'69～'84	'77. 8. 31
108	1732	池辺　巌	（ロ）	'62～'79	'72. 8. 21
108	1732	初芝　清	（ロ）	'89～'05	'98. 6. 12
110	1730	船田　和英	（ヤ）	'62～'80	'73. 9. 8
111	1729	水谷　実雄	（広）	'66～'85	'78. 6. 17
112	1722	高橋　慶彦	（神）	'76～'92	'85. 8. 20
113	1720	小川　博文	（横）	'89～'03	'97. 6. 21
114	1713	木俣　豊信	（急）	'85～'01	'94. 10. 4
115	1709	青田　昇	（急）	'42～'59	'53. 4. 25
116	1704	西沢　道夫	（中）	'37～'58	'51. 7. 31
116	1704	今江　敏晃	（楽）	'02～'17	'12. 7. 14
118	1700	呉　昌征	（毎）	'37～'57	'50. 5. 1
119	1698	古川　清蔵	（急）	'41～'59	'53. 5. 16
120	1697	原　辰徳	（巨）	'81～'95	'88. 10. 2
121	1686	鈴木　健	（マ）	'89～'07	'00. 5. 7

122	1683…	田尾　安志	(神)	'76～'91	'84. 8. 29	194	1501…	鈴木　貴久	(近)	'86～'00	'95. 7. 2
122	1683…	平野　　謙	(ロ)	'81～'96	'89. 6. 25	196	1496…	坂口　智隆	(ヤ)	'03～'20	'16. 6. 2
124	1682…	島谷　金二	(急)	'69～'82	'77. 4. 18	197	1492…	東出　輝裕	(広)	'99～'12	'08. 9. 20
125	1674…	ロ　ー　ズ	(オ)	'96～'09	'03. 6. 19	198	1491…	河野　旭輝	(西)	'54～'67	'62. 9. 6
126	1673…	村松　有人	(ソ)	'92～'10	'03. 5. 3	199	1488…	田宮謙次郎	(毎)	'49～'63	'60. 5. 29
127	1669…	矢野　燿大	(神)	'91～'10	'04. 4. 4	200	1487…	藤井　　勇	(洋)	'36～'58	'52. 6. 24
128	1655…	小　鶴　誠	(広)	'42～'58	'53. 4. 28	201	1485…	杉山　光平	(南)	'52～'66	'61. 9. 27
129	1651…	白石　勝巳	(広)	'36～'56	'50. 5. 6	201	1485…	江尻　　亮	(洋)	'65～'79	'74. 6. 9
129	1651…	篠塚　和典	(巨)	'76～'94	'87. 4. 7	201	1485…	清水　崇行	(武)	'96～'09	'04. 6. 5
131	1650…	藤井　栄治	(急)	'62～'78	'69. 9. 17	204	1482…	鎌田　　実	(神)	'57～'72	'67. 6. 20
132	1645…	玉造　陽二	(西)	'55～'67	'63. 5. 14	205	1477…	長嶋　清幸	(神)	'80～'97	'89. 9. 30
133	1643…	中塚　政幸	(洋)	'68～'82	'77. 4. 30	206	1476…	金田　正泰	(神)	'42～'57	'52. 9. 11
134	1642…	柏原　純一	(神)	'73～'88	'82. 6. 16	207	1474…	長崎　啓二	(神)	'73～'87	'82. 5. 26
135	1641…	藤井　康雄	(オ)	'87～'02	'96. 7. 10	208	1466…	島野　育夫	(神)	'63～'80	'74. 7. 13
136	1639…	淡口　憲治	(近)	'71～'89	'83. 6. 11	209	1464…	土橋　勝征	(ヤ)	'87～'06	'01. 6. 30
136	1639…	岡田　彰布	(オ)	'80～'95	'88. 6. 22	210	1461…	大沢　伸夫	(広)	'37～'54	'51. 4. 18
138	1628…	高木　豊	(日)	'81～'94	'89. 8. 1	211	1457…	二岡　智宏	(日)	'99～'13	'07. 5. 18
138	1628…	屋鋪　　要	(巨)	'78～'95	'87. 9. 22	212	1452…	柴原　　洋	(ソ)	'97～'11	'06. 4. 22
140	1625…	掛布　雅之	(神)	'74～'88	'83. 4. 16	213	1450…	岡嶋　博治	(東)	'54～'67	'63. 6. 22
141	1620…	石原　慶幸	(広)	'02～'20	'12. 6. 14	213	1450…	森本　　潔	(中)	'65～'79	'74. 7. 16
142	1619…	近藤　昭仁	(洋)	'60～'73	'67. 10. 5	215	1449…	長池　徳士	(急)	'66～'79	'74. 6. 8
142	1619…	田中　賢介	(日)	'00～'19	'12. 5. 9	216	1447…	阪本　敏三	(南)	'67～'80	'75. 4. 29
144	1618…	山本　和範	(近)	'80～'99	'92. 5. 8	217	1434…	種田　　仁	(横)	'90～'07	'03. 8. 19
145	1616…	福富　邦夫	(ヤ)	'65～'80	'73. 9. 2	218	1433…	西村　徳文	(ロ)	'82～'97	'91. 8. 18
146	1609…	山下　大輔	(洋)	'74～'87	'82. 7. 22	219	1431…	小早川毅彦	(ヤ)	'84～'99	'93. 6. 26
147	1594…	山本　一義	(広)	'61～'75	'69. 10. 2	219	1431…	大島　洋平	(中)	'10～'20	'17. 7. 25
148	1592…	弘田　澄男	(神)	'72～'87	'80. 9. 30	221	1430…	中田　昌宏	(急)	'57～'68	'64. 8. 12
149	1588…	糸井　嘉男	(神)	'07～'20	'15. 9. 2	221	1430…	河埜　和正	(巨)	'71～'86	'81. 10. 5
150	1587…	仁志　敏久	(横)	'96～'09	'04. 6. 4	223	1429…	中井　　亨	(ロ)	'57～'72	'66. 8. 28
151	1586…	土井　正三	(巨)	'65～'78	'73. 6. 17	224	1428…	細川　　亨	(ロ)	'02～'20	'12. 7. 16
152	1581…	佐々木　誠	(神)	'85～'00	'94. 5. 4	225	1423…	大熊　忠義	(急)	'64～'81	'75. 8. 17
153	1576…	島田　誠	(ダ)	'77～'91	'85. 6. 26	226	1422…	嶋　　基宏	(ヤ)	'07～'20	'15. 8. 9
154	1573…	森下　整鎮	(南)	'52～'66	'61. 6. 11	226	1422…	中田　　翔	(日)	'09～'20	'17. 8. 13
155	1569…	片岡　篤史	(神)	'92～'06	'00. 5. 31	228	1420…	簑田　浩二	(巨)	'76～'90	'85. 6. 2
156	1567…	三村　敏之	(広)	'67～'83	'76. 10. 22	229	1417…	坪内　道典	(名)	'36～'51	'48. 9. 12
157	1566…	石嶺　和彦	(神)	'81～'96	'91. 7. 18	229	1417…	関根　潤三	(巨)	'50～'65	'62. 7. 14
158	1565…	和田　博実	(西)	'55～'72	'65. 8. 12	231	1415…	町田　行彦	(近)	'52～'65	'61. 7. 26
158	1565…	正田　耕三	(広)	'85～'98	'94. 5. 22	231	1415…	阿南　準郎	(近)	'56～'70	'67. 4. 26
160	1562…	辻　　発彦	(ヤ)	'84～'99	'93. 6. 2	231	1415…	川又　米利	(中)	'79～'97	'92. 7. 5
161	1561…	水口　栄二	(神)	'91～'07	'01. 8. 29	234	1413…	土井垣　武	(毎)	'40～'57	'53. 4. 29
162	1558…	藤村富美男	(神)	'36～'58	'51. 9. 30	234	1413…	西園寺昭夫	(ヤ)	'57～'70	'65. 9. 7
163	1557…	堀井　数男	(南)	'43～'59	'53. 6. 13	236	1411…	SHINJO	(日)	'91～'06	'00. 7. 20
164	1552…	大矢　明彦	(ヤ)	'70～'85	'78. 8. 6	237	1408…	関川　浩一	(ヤ)	'91～'07	'01. 6. 29
164	1552…	河埜　敬幸	(ダ)	'75～'89	'84. 8. 5	238	1407…	藤田　一也	(楽)	'05～'20	'16. 5. 17
164	1552…	田村　　藤夫	(ダ)	'81～'97	'92. 4. 11	239	1398…	重松　省三	(洋)	'62～'75	'71. 7. 12
167	1550…	栗橋　　茂	(近)	'74～'89	'83. 10. 2	240	1394…	小谷野栄一	(オ)	'03～'18	'13. 9. 29
167	1550…	中嶋　　聡	(日)	'87～'15	'99. 6. 26	241	1392…	安居　玉一	(大)	'42～'57	'54. 6. 13
169	1549…	八田　　正	(急)	'55～'71	'65. 7. 8	242	1391…	杉山　　悟	(近)	'48～'60	'56. 7. 15
169	1549…	佐野　仙好	(神)	'74～'89	'83. 9. 17	243	1389…	今津　光男	(急)	'55～'71	'69. 10. 12
171	1547…	大下　　弘	(西)	'46～'59	'54. 9. 3	243	1389…	本西　厚博	(ロ)	'87～'01	'96. 8. 7
172	1546…	水上　善雄	(ダ)	'76～'92	'86. 6. 14	245	1388…	中尾　　太	(西)	'52～'69	'61. 5. 7
173	1536…	小池　兼司	(南)	'61～'74	'68. 7. 18	246	1387…	若菜　嘉晴	(日)	'74～'91	'86. 6. 15
174	1532…	関口　清治	(急)	'48～'63	'58. 4. 14	247	1380…	村上　嵩幸	(武)	'84～'01	'95. 6. 17
174	1532…	愛甲　　猛	(中)	'80～'00	'93. 5. 19	248	1378…	国松　　彰	(巨)	'56～'70	'67. 6. 18
176	1531…	井上　弘昭	(武)	'68～'85	'78. 4. 15	249	1376…	浅村　栄斗	(楽)	'10～'20	'18. 5. 6
176	1531…	山崎　隆造	(広)	'78～'93	'89. 6. 30	249	1376…	長野　久義	(広)	'10～'20	'17. 5. 28
178	1530…	日比野　武	(洋)	'39～'59	'53. 4. 2	251	1375…	大島　公一	(横)	'93～'05	'01. 8. 12
179	1526…	田代　富雄	(洋)	'76～'91	'84. 5. 9	252	1374…	本堂　保弥	(毎)	'37～'57	'52. 7. 20
180	1523…	木村　拓也	(巨)	'92～'09	'04. 7. 16	253	1372…	大橋　　穣	(急)	'69～'82	'77. 8. 5
181	1521…	古屋　英夫	(神)	'80～'92	'86. 6. 14	254	1371…	竹之内雅史	(神)	'68～'82	'77. 9. 26
181	1521…	角　　富士夫	(ヤ)	'76～'94	'87. 9. 11	254	1371…	小坂　　誠	(楽)	'97～'10	'05. 4. 22
183	1517…	鈴　木　尚	(横)	'91～'08	'02. 7. 28	256	1370…	岡村　浩司	(日)	'61～'74	'70. 5. 22
183	1517…	高　　剛	(神)	'98～'14	'07. 5. 17	257	1368…	八木　　裕	(神)	'84～'04	'99. 4. 8
185	1512…	千葉　　茂	(巨)	'38～'56	'51. 7. 28	257	1368…	真中　　満	(ヤ)	'93～'08	'04. 7. 16
185	1512…	高田　　繁	(巨)	'68～'80	'76. 4. 16	259	1366…	金山　次郎	(広)	'43～'57	'54. 6. 24
187	1508…	奈良原浩	(中)	'91～'06	'01. 6. 24	260	1364…	木下　富雄	(広)	'74～'87	'83. 10. 23
187	1508…	相川　亮二	(巨)	'99～'17	'10. 6. 2	261	1361…	後藤　光尊	(楽)	'02～'16	'12. 6. 17
189	1507…	加藤　俊夫	(ヤ)	'67～'85	'78. 7. 30	262	1359…	中沢　伸二	(急)	'65～'85	'81. 8. 11
190	1506…	中　　暁生	(中)	'53～'67	'61. 10. 1	263	1356…	大道　典嘉	(巨)	'89～'10	'03. 4. 1
191	1505…	飯田　哲也	(楽)	'89～'06	'98. 8. 25	264	1355…	吉沢　岳男	(中)	'54～'69	'65. 4. 17
192	1504…	淡路　　弘	(広)	'63～'79	'64. 8. 18	265	1354…	藤原　　満	(南)	'69～'82	'80. 4. 28
193	1503…	片平　晋作	(洋)	'72～'89	'83. 10. 20	266	1353…	バ ル ボ ン	(近)	'55～'65	'62. 9. 5
194	1501…	古葉　竹識	(南)	'58～'71	'66. 7. 23	266	1353…	青木　宣親	(ヤ)	'04～'20	'18. 4. 17

順位	安打数	選手名	球団	期間	記録日
268	1352…	丸　佳浩	(巨)	'10～'20	'18. 6. 8
269	1349…	大和田　明	(南)	'55～'68	'65. 7. 29
269	1349…	吉村　禎章	(巨)	'82～'98	'93. 8. 10
271	1348…	八重樫幸雄	(ヤ)	'71～'93	'87. 6. 5
271	1348…	進藤　達哉	(オ)	'88～'03	'00. 5. 5
273	1342…	多村　仁志	(デ)	'97～'15	'11. 4. 23
274	1334…	山田　潔	(大)	'38～'56	'53. 8. 12
274	1334…	達川　光男	(広)	'78～'92	'89. 9. 24
276	1333…	水沼　四郎	(中)	'69～'83	'79. 7. 13
277	1328…	仰木　彬	(西)	'54～'67	'62. 8. 12
278	1327…	広岡　達朗	(巨)	'54～'66	'63. 4. 21
279	1326…	野口　明	(中)	'36～'55	'51. 8. 18
280	1324…	大豊　泰昭	(中)	'89～'02	'98. 4. 22
281	1323…	長田　幸雄	(洋)	'61～'76	'71. 5. 12
281	1323…	梨田　昌孝	(近)	'72～'88	'84. 6. 14
281	1323…	城島　健司	(神)	'95～'12	'04. 9. 21
284	1321…	亀井　善行	(巨)	'05～'20	'17. 9. 2
285	1315…	リ　一	(ロ)	'77～'87	'85. 6. 15
285	1315…	陽　岱鋼	(巨)	'07～'20	'17. 6. 13
287	1314…	滝田　政治	(神)	'48～'62	'59. 5. 2
287	1314…	大田　卓司	(武)	'69～'86	'82. 8. 15
289	1313…	マルカーノ	(ヤ)	'75～'85	'83. 5. 27
289	1313…	有田　修三	(ダ)	'73～'90	'84. 7. 5
289	1313…	本多　雄一	(ソ)	'06～'18	'14. 5. 26
292	1311…	礒部　公一	(楽)	'97～'09	'05. 7. 16
293	1310…	大下　剛史	(広)	'67～'78	'75. 6. 12
294	1309…	今岡　誠	(ロ)	'97～'11	'05. 8. 2
295	1306…	森永　勝也	(巨)	'58～'70	'66. 6. 8
296	1305…	得津　高宏	(ロ)	'67～'82	'78. 5. 9
297	1303…	吉田　勝豊	(西)	'57～'69	'65. 5. 19
297	1303…	吉田　勝	(中)	'69～'81	'79. 4. 16
299	1297…	水谷新太郎	(ヤ)	'74～'89	'84. 10. 8
300	1292…	田中　浩康	(デ)	'05～'18	'13. 9. 29
301	1289…	岡本伊三美	(南)	'53～'63	'59. 7. 5
302	1288…	木塚　忠助	(近)	'48～'59	'56. 7. 18
302	1288…	安井　智規	(近)	'62～'75	'71. 10. 9
302	1288…	高橋　博士	(ロ)	'65～'82	'79. 6. 2
302	1288…	大引　啓次	(ヤ)	'07～'19	'16. 4. 27
306	1283…	炭谷銀仁朗	(巨)	'06～'20	'16. 8. 16
307	1279…	箱田　淳	(国)	'51～'64	'61. 6. 10
308	1275…	佐藤　孝夫	(国)	'52～'63	'61. 5. 9
309	1272…	関本賢太郎	(神)	'00～'15	'11. 10. 9
309	1272…	森本　稀哲	(武)	'00～'15	'10. 9. 26
311	1268…	松井　秀喜	(巨)	'93～'02	'01. 4. 12
312	1264…	北川　博敏	(オ)	'95～'12	'09. 8. 6
313	1262…	井本　晶	(中)	'60～'71	'69. 7. 13
313	1262…	山倉　和博	(巨)	'78～'90	'87. 4. 25
313	1262…	金村　義明	(武)	'82～'97	'94. 6. 11
316	1260…	平野　恵一	(オ)	'02～'15	'12. 7. 14
317	1255…	レ　オ　ン	(ヤ)	'78～'87	'85. 10. 18
318	1254…	福嶋　久晃	(広)	'67～'85	'81. 8. 26
319	1253…	フェルナンデス	(オ)	'03～'13	'11. 6. 11
320	1252…	国貞　泰汎	(平)	'64～'75	'72. 6. 15
321	1250…	弓永幸一郎	(巨)	'90～'03	'99. 5. 1
322	1248…	中畑　清	(巨)	'77～'89	'87. 5. 26
323	1242…	湯上谷竑志	(ダ)	'85～'00	'96. 8. 4
324	1241…	服部　敏和	(巨)	'73～'82	'80. 8. 6
325	1240…	矢頭　高雄	(京)	'57～'67	'64. 8. 8
325	1240…	福良　淳一	(オ)	'85～'97	'94. 8. 20
327	1239…	カブレラ	(ソ)	'01～'12	'09. 7. 31
328	1234…	原田　督三	(毎)	'48～'58	'56. 3. 21
329	1233…	坂本文次郎	(毎)	'51～'61	'59. 9. 9
330	1232…	山下　健	(近)	'50～'60	'60. 10. 9
330	1232…	塩崎　真	(オ)	'97～'10	'06. 9. 18
332	1230…	山口富士雄	(洋)	'63～'73	'71. 7. 7
333	1229…	伊勢川真澄	(急)	'40～'53	'53. 8. 5
333	1229…	田辺　路朗	(巨)	'85～'00	'96. 7. 26
335	1227…	興津　立雄	(広)	'59～'71	'69. 8. 6
336	1225…	戸口　天従	(急)	'53～'66	'63. 9. 22
337	1224…	中谷　準志	(西)	'38～'57	'55. 4. 7
338	1222…	山下　壮	(オ)	'92～'11	'01. 4. 28
339	1219…	木村　勉	(近)	'39～'58	'56. 5. 9
339	1219…	与那嶺　要	(中)	'51～'62	'59. 10. 20
339	1219…	三宅　伸和	(神)	'53～'67	'62. 4. 22
342	1218…	岡持　和彦	(ヨ)	'70～'88	'86. 8. 9
343	1217…	山本　功児	(巨)	'73～'88	'86. 4. 17
344	1216…	定岡　智秋	(南)	'74～'87	'83. 9. 11
344	1216…	西山　秀二	(中)	'89～'05	'01. 8. 19
346	1215…	井上　一樹	(中)	'91～'09	'06. 8. 15
347	1214…	末次　利光	(巨)	'65～'77	'75. 5. 6
348	1208…	片岡　治大	(巨)	'05～'16	'14. 6. 28
349	1207…	坂崎　一彦	(東)	'54～'67	'65. 5. 15
349	1207…	秋山　翔吾	(武)	'11～'19	'18. 7. 16
349	1207…	鶴岡　慎也	(日)	'05～'20	'16. 8. 9
352	1205…	元木　大介	(巨)	'91～'05	'02. 7. 23
353	1204…	山本　八郎	(ナ)	'56～'67	'65. 6. 13
354	1203…	門前真佐人	(広)	'36～'56	'54. 9. 16
355	1199…	久慈　照嘉	(デ)	'92～'05	'00. 5. 7
356	1197…	大　和	(デ)	'09～'20	'19. 4. 30
357	1196…	長持　栄吉	(広)	'46～'57	'55. 7. 28
358	1195…	本屋敷錦吾	(神)	'58～'69	'66. 10. 8
359	1194…	桑田　武	(ヤ)	'59～'70	'66. 9. 21
359	1194…	岩村　明憲	(ヤ)	'98～'11	'11. 5. 10
361	1190…	種茂　雅之	(急)	'61～'74	'72. 7. 5
362	1189…	佐野　嘉幸	(広)	'63～'79	'74. 9. 26
363	1188…	正岡　真二	(中)	'73～'84	'81. 8. 30
363	1188…	T - 岡　田	(オ)	'06～'20	'18. 5. 6
365	1187…	江島　巧	(コ)	'68～'83	'79. 7. 1
365	1187…	白井　一幸	(ナ)	'84～'96	'93. 9. 18
365	1187…	川崎　宗則	(ソ)	'01～'17	'10. 9. 25
368	1186…	伊藤勲四郎	(西)	'56～'70	'68. 7. 10
369	1183…	平野　光泰	(近)	'72～'85	'83. 8. 5
370	1182…	秦　真司	(ロ)	'85～'00	'96. 8. 16
371	1181…	鈴木　大地	(楽)	'12～'19	'17. 7. 15
372	1177…	森　徹	(巨)	'58～'68	'66. 5. 29
373	1176…	石渡　茂	(巨)	'71～'85	'82. 10. 7
374	1170…	上川　誠二	(デ)	'83～'92	'90. 10. 2
375	1169…	石川　雄洋	(デ)	'06～'19	'16. 8. 13
376	1166…	穴吹　義雄	(南)	'56～'68	'65. 7. 31
377	1162…	長谷川勇也	(ソ)	'08～'20	'16. 8. 20
378	1160…	川合　幸三	(急)	'48～'59	'58. 4. 20
378	1160…	浜名　千広	(ロ)	'92～'04	'00. 7. 6
380	1156…	岡崎　郁	(巨)	'82～'96	'94. 6. 21
381	1155…	平田　良介	(中)	'06～'20	'18. 9. 24
382	1153…	山村　善則	(ヂ)	'75～'89	'86. 10. 8
382	1153…	菊地　涼介	(広)	'12～'19	'17. 7. 24
384	1152…	弓岡敬二郎	(日)	'81～'91	'89. 6. 3
385	1150…	永淵　洋三	(日)	'68～'79	'77. 7. 17
386	1149…	立花　義家	(神)	'78～'92	'89. 4. 25
387	1148…	ブーマー	(洋)	'83～'92	'91. 9. 6
388	1147…	高木　由一	(洋)	'72～'87	'85. 6. 4
388	1147…	角中　勝也	(ロ)	'07～'20	'19. 5. 25
390	1146…	藤波　行雄	(中)	'74～'87	'85. 4. 21
391	1142…	武整　修	(洋)	'43～'57	'56. 4. 21
392	1138…	土井　淳	(洋)	'56～'68	'66. 5. 18
393	1135…	黒江　透修	(巨)	'64～'74	'73. 7. 8
393	1135…	高須　保弘	(中)	'76～'82	'80. 8. 14
393	1135…	渡辺　直人	(楽)	'07～'20	'16. 8. 18
396	1134…	村田　真一	(巨)	'84～'01	'00. 5. 10
396	1134…	高須　洋介	(楽)	'98～'13	'11. 7. 29
398	1131…	鈴木　武	(洋)	'53～'63	'62. 7. 19
399	1130…	井上　洋一	(ロ)	'67～'85	'83. 8. 24
399	1130…	鈴木　尚広	(巨)	'04～'20	'14. 8. 22
401	1128…	吉竹　春樹	(武)	'81～'95	'94. 4. 13
402	1127…	赤星　憲広	(神)	'01～'09	'08. 8. 26
403	1125…	西岡　剛	(神)	'03～'15	'15. 4. 18
404	1116…	並木　輝男	(翼)	'57～'68	'65. 10. 3
404	1116…	銀　次	(楽)	'10～'20	'19. 8. 23
406	1114…	大矢　泰憲	(神)	'73～'87	'85. 10. 1
407	1110…	諸積　兼司	(ロ)	'94～'06	'04. 9. 14
408	1108…	山中久寿男	(西)	'56～'69	'67. 8. 6
408	1108…	井出　竜也	(ソ)	'95～'05	'04. 4. 22
410	1106…	畠山　和洋	(ヤ)	'04～'19	'16. 5. 25
411	1103…	柳本　博資	(ヤ)	'85～'98	'96. 7. 27
412	1101…	高橋　眞稔	(ロ)	'85～'97	'91. 9. 1
413	1099…	谷本　稔	(神)	'55～'67	'65. 6. 17

順位	試合	選手名	球団	在籍期間	到達日
413	1099	今宮 健太	(ソ)	'11~'20	'19. 6. 4
415	1098	野口 二郎	(急)	'39~'53	'51. 9. 1
416	1097	土居 正孝	(神)	'55~'65	'64. 4. 26
416	1097	西川 遥輝	(日)	'12~'20	'20. 7. 9
418	1096	島原 輝夫	(南)	'50~'63	'62. 7. 29
418	1096	梵 英心	(広)	'06~'15	'15. 4. 5
420	1093	藤井 淳志	(中)	'06~'19	'18. 7. 29
421	1092	池田 純一	(神)	'65~'78	'75. 9. 3
421	1092	中根 仁	(横)	'89~'03	'02. 4. 7
423	1090	広瀬 宰	(武)	'69~'81	'79. 8. 27
424	1089	里崎 智也	(ロ)	'00~'14	'12. 9. 8
425	1083	根来 広光	(急)	'57~'68	'66. 7. 24
425	1083	中島 卓也	(日)	'11~'20	'20. 6. 30
427	1082	石井 進	(急)	'54~'69	'68. 5. 15
427	1082	バレンティン	(ソ)	'11~'20	'19. 8. 24
429	1079	柳田 俊郎	(巨)	'67~'82	'81. 6. 8
430	1078	安藤 順三	(東)	'54~'70	'68. 7. 17
431	1074	高木 喬	(平)	'63~'73	'72. 9. 2
432	1073	平山 菊二	(洋)	'37~'53	'53. 4. 23
432	1073	平山 彰人	(神)	'99~'14	'14. 9. 29
434	1072	山森 雅文	(オ)	'80~'93	'92. 9. 1
435	1071	河合 保彦	(西)	'52~'67	'66. 7. 23
436	1070	浅井 樹	(広)	'93~'05	'05. 7. 27
437	1069	五十嵐信一	(巨)	'80~'96	'94. 9. 29
438	1068	仁村 徹	(ロ)	'84~'97	'97. 4. 12
439	1067	平井 光親	(ロ)	'89~'02	'00. 4. 14
440	1065	飯塚 佳寛	(ロ)	'69~'82	'79. 10. 12
441	1063	小淵 泰輔	(ア)	'57~'69	'69. 5. 11
441	1063	徳武 定之	(中)	'61~'72	'68. 9. 11
441	1063	伊藤 竜彦	(近)	'59~'71	'70. 9. 6
441	1063	加藤 博一	(洋)	'72~'90	'89. 10. 18
445	1060	小森 光生	(近)	'54~'66	'65. 8. 5
446	1058	渡辺 進	(ヤ)	'72~'87	'86. 6. 3
446	1058	山田 哲人	(ヤ)	'12~'20	'20. 8. 23
448	1057	鳥越 裕介	(ソ)	'94~'06	'05. 8. 13
449	1055	青野 修三	(ロ)	'62~'74	'73. 5. 30
450	1054	横溝 桂	(ヤ)	'55~'69	'69. 5. 30
451	1053	本多 逸郎	(中)	'50~'65	'61. 9. 17
451	1053	金田 正一	(巨)	'50~'69	'68. 7. 9
453	1052	加藤 正二	(洋)	'46~'58	'57. 6. 5
453	1052	北村 照文	(中)	'80~'92	'90. 9. 15
455	1049	宮崎 剛	(洋)	'40~'55	'54. 8. 1
456	1048	金森 栄治	(ヤ)	'82~'96	'95. 9. 29
457	1044	藤山 和夫	(南)	'50~'59	'59. 4. 19
458	1042	伊藤 孝夫	(ヤ)	'67~'80	'78. 10. 3
458	1042	荒井 幸雄	(横)	'86~'00	'99. 4. 27
458	1042	川端 慎吾	(ヤ)	'06~'20	'19. 9. 4
461	1041	桜井 輝秀	(南)	'67~'81	'80. 5. 22
461	1041	佐藤兼伊知	(ロ)	'79~'92	'92. 7. 1
463	1039	ローズ	(横)	'93~'00	'00. 8. 17
464	1036	樋口 正蔵	(南)	'62~'71	'71. 7. 3
464	1036	シ ピン	(巨)	'72~'80	'80. 6. 11
464	1036	佐々木恭介	(近)	'72~'81	'81. 7. 12
464	1036	伊東 智哉	(オ)	'98~'11	'10. 3. 22
468	1035	西田 孝之	(急)	'62~'72	'72. 5. 4
468	1035	井上 修	(急)	'65~'80	'79. 10. 4
470	1034	大宮 龍男	(武)	'77~'92	'91. 8. 27
470	1034	酒井 忠晴	(楽)	'90~'06	'05. 7. 19
470	1034	嶋 重宣	(武)	'97~'13	'12. 3. 31
470	1034	聖澤 諒	(楽)	'08~'18	'17. 9. 24
474	1033	藤本 勝巳	(神)	'56~'67	'67. 6. 13
474	1033	一枝 修平	(神)	'64~'74	'74. 6. 22
476	1032	仝竹 正雄	(国)	'46~'57	'57. 7. 15
476	1032	丸山 完二	(ヤ)	'62~'71	'70. 10. 8
478	1031	柳田 利夫	(南)	'55~'70	'70. 5. 31
479	1029	島田 光二	(近)	'55~'67	'66. 8. 18
480	1027	浜田 義雄	(東)	'48~'58	'57. 8. 18
480	1027	寺田 陽介	(東)	'55~'64	'64. 9. 1
480	1027	上田 佳範	(中)	'95~'08	'06. 10. 10
483	1026	的山 哲也	(ソ)	'94~'08	'08. 5. 1
483	1026	栗原 健太	(広)	'00~'13	'12. 4. 21
485	1025	中村 晃	(ソ)	'11~'20	'20. 10. 8
486	1020	白坂 長栄	(神)	'48~'58	'57. 10. 7
486	1020	吹石 徳一	(近)	'76~'88	'88. 9. 18
486	1020	長内 孝	(横)	'80~'93	'92. 9. 2
489	1019	酒沢 成治	(急)	'38~'54	'53. 10. 7
489	1019	渡辺 博之	(近)	'50~'59	'59. 8. 27
491	1016	松本 匡史	(巨)	'77~'87	'87. 8. 30
492	1012	吉田 剛	(神)	'85~'00	'00. 9. 16
492	1012	吉岡 雄二	(楽)	'93~'08	'07. 9. 11
494	1009	平井三郎	(巨)	'48~'57	'57. 8. 13
494	1009	小林 章良	(洋)	'43~'58	'58. 9. 29
494	1009	菅野 光夫	(日)	'75~'85	'85. 8. 23
494	1009	福地 寿樹	(ヤ)	'97~'12	'12. 9. 26
498	1007	宮本 敏雄	(国)	'55~'64	'64. 9. 1
499	1006	森下 重好	(近)	'46~'55	'55. 10. 1
499	1006	岩本 堯	(洋)	'53~'61	'61. 9. 26
499	1006	小川 亨	(ダ)	'80~'95	'95. 9. 9
502	1005	高沢 秀昭	(ロ)	'80~'92	'92. 9. 19
503	1004	行沢 久隆	(武)	'76~'88	'88. 10. 11
504	1002	高木 浩之	(武)	'95~'08	'07. 10. 1
504	1002	鉄 平	(オ)	'04~'15	'15. 7. 10
504	1002	岩瀬 仁紀	(中)	'99~'18	'18. 8. 2
507	1001	山川 武範	(広)	'40~'54	'54. 10. 22
507	1001	藤本 敦士	(ヤ)	'01~'13	'13. 9. 21

2000試合到達日　　到達時の所属

No.	選手名	到達日	到達時の所属
①	山内 一弘	'68. 8. 2	(広)
②	吉田 義男	'69. 9. 17	(神)
③	榎本 喜八	'69. 10. 12	(ロ)
④	榎本 章夫	'70. 7. 10	(東)
⑤	野村 克也	'71. 5. 1	(南)
⑥	長嶋 茂雄	'73. 7. 16	(巨)
⑦	広瀬 叔功	'74. 4. 13	(南)
⑧	王 貞治	'74. 6. 29	(巨)
⑨	張本 勲	'74. 8. 29	(日)
⑩	江藤 慎一	'75. 8. 27	(平)
⑪	土井 正博	'77. 8. 31	(ク)
⑫	高木 守道	'78. 4. 7	(中)
⑬	柴田 勲	'79. 5. 23	(巨)
⑭	松原 誠	'79. 8. 12	(洋)
⑮	木俣 達彦	'81. 4. 30	(中)
⑯	高杉 勝男	'81. 7. 31	(ヤ)
⑰	山崎 裕之	'82. 8. 17	(武)
⑱	衣笠 祥雄	'82. 8. 29	(広)
⑲	藤田 平	'84. 8. 1	(神)
⑳	基 満男	'84. 8. 25	(急)
㉑	福本 豊	'85. 6. 12	(急)
㉒	有藤 道世	'85. 10. 17	(ロ)
㉓	加藤 英司	'87. 8. 29	(南)
㉔	門田 博光	'87. 9. 8	(南)
㉕	大島 康徳	'88. 6. 28	(日)
㉖	若松 勉	'88. 9. 14	(ヤ)
㉗	真弓 明信	'92. 5. 17	(近)
㉘	落合 博満	'94. 7. 31	(神)
㉙	落合 博満	'96. 5. 29	(巨)
㉚	伊東 勤	'00. 4. 30	(武)
㉛	駒田 徳広	'00. 4. 30	(横)
㉜	秋山 幸二	'00. 8. 18	(ダ)
㉝	清原 和博	'03. 4. 11	(巨)
㉞	立浪 和義	'04. 6. 29	(中)
㉟	田中 幸雄	'04. 6. 30	(日)
㊱	谷繁 元信	'06. 7. 26	(中)
㊲	古田 敦也	'07. 4. 19	(ヤ)
㊳	石井 琢朗	'07. 6. 13	(横)
㊴	金本 知憲	'08. 8. 16	(神)
㊵	谷 佳知	'08. 8. 20	(巨)
㊶	前田 智徳	'08. 10. 6	(広)
㊷	山崎 武司	'10. 9. 22	(楽)
㊸	中村 紀洋	'11. 10. 4	(横)
㊹	稲葉 篤紀	'12. 6. 8	(日)
㊺	宮本 慎也	'12. 6. 11	(ヤ)
㊻	小久保裕紀	'12. 6. 28	(ソ)
㊼	新井 貴浩	'15. 5. 24	(広)
㊽	井端 弘和	'15. 6. 15	(ロ)
㊾	荒木 雅博	'16. 4. 9	(中)

50　阿部慎之助　　'17. 5. 20　　　（巨）
51　鳥谷　敬　　　'18. 5. 4　　　（神）

　　3000試合到達日　　　　到達時の所属
① 野村　克也　　'80. 8. 1　　　（武）
② 谷繁　元信　　'15. 4. 30　　　（中）

連続試合出場

1. 連続試合出場
　セ－2215…衣笠　祥雄　（広）'70. 10. 19～'87. 10. 22
　パ－1143…松井稼頭央（武）'95. 7. 22～'03. 10. 5
　－ライフタイム500以上－（45人、46度）
① 2215…衣笠　祥雄　（広）'70. 10. 19～'87. 10. 22
② 1939…鳥谷　敬　　（神）'04. 9. 9～'18. 5. 27
③ 1766…金本　知憲　（神）'98. 7. 10～'11. 4. 14
④ 1250…松井　秀喜　（巨）'93. 8. 22～'02. 10. 11
⑤ 1246…飯田　徳治　（国）'48. 7. 12～'58. 5. 24
⑥ 1180…広沢　克己　（巨）'86. 10. 12～'95. 10. 8
⑦ 1143…松井稼頭央（武）'95. 7. 22～'03. 10. 5
⑧ 1014…藤村富美男（神）'46. 8. 30～'54. 7. 31
⑨ 985…ラ ミ レ ス（巨）'04. 8. 8～'11. 7. 14
⑩ 894…石嶺　和彦　（神）'88. 8. 14～'95. 7. 12
⑪ 890…大杉　勝男　（ヤ）'68. 9. 21～'75. 8. 20
⑫ 882…三宅　秀史　（神）'56. 4. 11～'62. 9. 5
⑬ 872…山本　浩二　（広）'76. 10. 22第2～'83. 8. 28
⑭ 833…秋山　幸二　（武）'85. 4. 6～'91. 6. 16
⑮ 825…秋山　翔吾　（武）'14. 5. 9～'19. 9. 26
⑯ 821…徳武　定之　（サ）'61. 4. 9～'67. 4. 10
⑰ 815…松田　宣浩　（ソ）'14. 8. 26～'20. 9. 9
⑱ 809…江藤　慎一　（中）'61. 4. 11～'65. 4. 16
⑲ 803…山崎　隆造　（広）'83. 10. 16～'90. 4. 28
⑳ 763…イ チ ロー（オ）'94. 4. 9～'99. 8. 24
㉑ 739…駒田　徳広　（横）'93. 10. 21～'99. 7. 16
※㉒ 734…浅村　栄斗　（楽）'15. 4. 3～'20. 11. 7
㉓ 733…堀井　数男　（南）'50. 4. 19～'56. 3. 24
㉔ 717…柏原　純一　（日）'79. 8. 14～'85. 5. 9
㉕ 708…引地　信之　（洋）'52. 7. 18～'57. 8. 29
㉖ 700…丸　佳浩　　（広）'13. 5. 20～'18. 4. 28
㉗ 694…愛甲　猛　　（ロ）'87. 10. 20～'93. 6. 6
㉗ 694…中村　紀洋　（近）'98. 5. 12～'03. 5. 21
㉙ 676…村田　修一　（巨）'09. 9. 21～'14. 7. 26
㉚ 663…掛布　雅之　（神）'81. 4. 4～'86. 4. 20
㉛ 662…坂本　勇人　（巨）'09. 7. 28～'14. 4. 30
㉜ 648…王　貞治　　（巨）'74. 4. 23～'75. 4. 9
㉝ 646…古屋　英夫　（日）'80. 8. 13～'85. 8. 17
㉞ 637…井端　弘和　（中）'04. 4. 2～'08. 6. 15
㉟ 636…田中　広輔　（広）'15. 4. 1～'19. 6. 20
㊱ 620…田中　賢介　（日）'06. 9. 3～'10. 8. 14
㊲ 616…池山　隆寛　（ヤ）'87. 6. 7～'92. 4. 8
㊳ 577…王　貞治　　（巨）'61. 5. 18～'65. 7. 11
㊴ 559…福本　豊　　（急）'82. 8. 24～'87. 4. 18
㊵ 553…水上　善雄　（ロ）'79. 10. 1～'84. 5. 3
㊶ 548…田中　幸雄　（日）'87. 9. 5～'91. 10. 10
㊷ 532…鈴木　大地　（ロ）'15. 5. 21～'18. 10. 13
㊸ 528…和田　豊　　（神）'93. 7. 16～'97. 7. 13
㊹ 521…辻　発彦　　（武）'87. 10. 20～'91. 10. 10第2
㊺ 512…小笠原道大（日）'98. 10. 7第2～'02. 8. 12
㊻ 510…青田　昇　　（巨）'46. 8. 24～'50. 7. 30
　　　※継続中

2. 連続試合全イニング出場
　セ－1492…金本　知憲　（神）'99. 7. 21～'10. 4. 17
　パ－ 739…秋山　翔吾　（武）'14. 9. 6～'19. 9. 26
　－ライフタイム5位まで－
① 1492…金本　知憲　（神）'99. 7. 21～'10. 4. 17
② 739…秋山　翔吾　（武）'14. 9. 6～'19. 9. 26
③ 700…三宅　秀史　（神）'57. 7. 15～'62. 9. 5
④ 678…衣笠　祥雄　（広）'74. 4. 17～'79. 5. 27
⑤ 667…鳥谷　敬　　（神）'12. 3. 30～'16. 7. 23

C. 打　　率

1. 最高打率
a. ライフタイム　　　－4000打数以上－
　セ－.325…青木　宣親　（ヤ）打数5241 安打1704
　パ－.3200…リ ー（ロ）打数4934 安打1579
　－ライフタイム3割以上－（26人）
① .325 …青木　宣親　（ヤ）打数5241 安打1704
② .リ ー（ロ）4934　1579
③ .31918 …若松　勉　　（ヤ）6808　2173
④ .31915 …張本　勲　　（ロ）9666　3085
⑤ .317 …ブ ー マ ー（ダ）4451　1413
⑥ .313 …川上　哲治　（巨）7500　2351
⑦ .3110 …与那嶺　要　（中）4298　1337
⑧ .3108 …落合　博満　（日）7627　2371
⑨ .310 …小笠原道大（中）6828　2120
⑩ .308 …レ オ ン（西）4667　1436
⑪ .307 …中西　太　　（西）4116　1262
⑫ .305 …長嶋　茂雄　（巨）8094　2471
⑬ .3043 …篠塚　和典　（巨）5572　1696
⑭ .3040 …松井　秀喜　（巨）4572　1390
⑮ .3034 …鈴木　尚　　（横）4798　1456
⑯ .3033 …カ ブ レ ラ（ソ）4510　1368
⑰ .3031 …内川　聖一　（ソ）7161　2171
⑱ .3030 …大下　弘　　（西）5500　1667
⑲ .3029 …和田　一浩　（中）6766　2050
⑳ .3024 …谷沢　健一　（中）6818　2062
㉑ .3023 …前田　智徳　（広）7008　2119
㉒ .3011 …王　貞治　　（巨）9250　2786
㉓ .3006 …ラ ミ レ ス（ディ）6708　2017
㉔ .3005 …秋山　翔吾　（武）4674　1405
㉕ .3001 …糸井　嘉男　（神）5650　1696
㉖ .2999 …藤村富美男（神）5648　1694
　－参考5000打数以上－（20位まで）
① .325 …青木　宣親　（ヤ）上記参照
② .31918 …若松　勉　　（ヤ）〃
③ .31915 …張本　勲　　（ロ）〃
④ .313 …川上　哲治　（巨）〃
⑤ .311 …落合　博満　（日）〃
⑥ .310 …小笠原道大（中）〃
⑦ .305 …長嶋　茂雄　（巨）〃
⑧ .304 …篠塚　和典　（巨）〃
⑨ .3031 …内川　聖一　（ソ）〃
⑩ .3030 …大下　弘　　（西）〃
⑪ .3029 …和田　一浩　（中）〃
⑫ .3024 …谷沢　健一　（中）〃
⑬ .3023 …前田　智徳　（広）〃
⑭ .3011 …王　貞治　　（巨）〃
⑮ .3006 …ラ ミ レ ス（ディ）〃
⑯ .3001 …糸井　嘉男　（神）〃
⑰ .2999 …藤村富美男（神）〃
⑱ .298 …榎本　喜八　（西）打数7763 安打2314
⑲ .2972 …加藤　英司　（南）6914　2055
⑳ .2969 …谷　佳知　　（オ）6492　1928
b. シーズン
　セ－.389…バ ー ス（神）'86 試126 打453 安176
　　　.3781…クロマティ（巨）'89 試124 打439 安166
　　　.3780…内川　聖一　（横）'08 試135 打500 安189
　パ－.387…イチロー（オ）'00 試105 打395 安153
　　　.385…イチロー（オ）'94 試130 打546 安210
　　　.383…張本　勲　（東）'70 試125 打459 安176
　日－.376…中根　之　（名）'36秋 試25 打93 安35

長 打 率

a. ライフタイム　　　－4000打数以上－
　セ－.634…王　貞治（巨）打数9250 塁打5862
　パ－.592…カブレラ（ソ）打数4510 塁打2672
　－ライフタイム10位まで－
① .634 …王　貞治　　（巨）打数9250 塁打5862
② .592 …カ ブ レ ラ（ソ）4510　2672
③ .582 …松井　秀喜　（巨）4572　2663
④ .564 …落合　博満　（日）7627　4302
⑤ .559 …ロ ー ズ（近）6274　3509
⑥ .555 …ブ ー マ ー（ダ）4451　2470
⑦ .553 …中西　太　　（西）4116　2277

⑧　.5419 …リ　　　ー　　（ロ）　打数4934　塁打2674
⑨　.5416 …山本　浩二（広）　　　　8052　　　　4361
⑩　.540 …小笠原道大（中）　　　　6828　　　　3687
　b．シーズン
セ－.779…バレンティン（ヤ）'13　試130　打439　塁342
パ－.763…落合　博満（ロ）'85　試130　打460　塁351
日－.650…藤村富美男（神）'49　試137　打563　塁366

出塁率
'85規定以降
　a．ライフタイム　　　　　　　　　　　試　打　安　球　飛
セ－.481…バ　ー　ス（神）'86　126　453　176　84　4
パ－.487…落合　博満（ロ）'86　123　417　150　104　1

D．打　席
1．最多打席
　a．ライフタイム
セ－11866…王　　貞治（巨）'59～'80　試合2831
　　10634…衣笠　祥雄（広）'65～'87　試合2677
パ－11970…野村　克也（武）'54～'80　試合3017
　　10304…門田　博光（ダ）'70～'92　試合2571
　－ライフタイム10位まで－
①　11970…野村　克也（武）'54～'80　試合3017
②　11866…王　　貞治（巨）'59～'80　　　2831
③　11122…張本　　勲（ロ）'59～'81　　　2752
④　10634…衣笠　祥雄（広）'65～'87　　　2677
⑤　10431…金本　知憲（神）'92～'12　　　2578
⑥　10336…谷繁　元信（中）'89～'15　　　3021
⑦　10304…門田　博光（ダ）'70～'92　　　2571
⑧　10130…福本　　豊（急）'69～'88　　　2401
⑨　10033…立浪　和義（中）'88～'09　　　2586
⑩　 9967…石井　琢朗（広）'89～'12　　　2413
　b．シーズン
セ－689…赤星　憲広（神）'05　試合145
　　688…石井　琢朗（横）'05　試合145
　　685…山田　哲人（ヤ）'14　試合143
パ－692…西岡　　剛（ロ）'10　試合144
　　685…秋山　翔吾（武）'18　試合143
　　680…田中　賢介（日）'09　試合144
日－641…坪内　道典（中）'49　試合137
　c．イニング
セ－　2…多数あり
パ－　3…大松　尚逸（ロ）'09．6.11対広の6回
日－　2…多数あり

E．打　数
1．最多打数
　a．ライフタイム
セ－ 9404…衣笠　祥雄（広）'65～'87　試合2677
　　 9250…王　　貞治（巨）'59～'80　試合2831
パ－10472…野村　克也（武）'54～'80　試合3017
　　 8868…門田　博光（ダ）'70～'92　試合2571
　－ライフタイム10位まで－
①　10472…野村　克也（武）'54～'80　試合3017
②　 9666…張本　　勲（ロ）'59～'81　　　2752
③　 9404…衣笠　祥雄（広）'65～'87　　　2677
④　 9250…王　　貞治（巨）'59～'80　　　2831
⑤　 8915…金本　知憲（神）'92～'12　　　2578
⑥　 8868…門田　博光（ダ）'70～'92　　　2571
⑦　 8774…谷繁　元信（中）'89～'15　　　3021
⑧　 8745…福本　　豊（急）'69～'88　　　2401
⑨　 8716…立浪　和義（中）'88～'09　　　2586
⑩　 8694…土井　正博（武）'62～'81　　　2449
　b．シーズン
セ－623…荒木　雅博（中）'05　試合145
　　613…マートン（神）'10　試合144
パ－626…広瀬　叔功（南）'63　試合149
　　622…佐々木信也（高）'56　試合154
日－597…坪内　道典（中）'49　試合137
　c．ゲーム

セ、パ、日－　7…多数あり
　d．イニング
セ－　2…多数あり
パ－　3…大松　尚逸（ロ）'09．6.11対広の6回
日－　2…多数あり

F．得　点
1．最多得点
　a．ライフタイム
セ－1967…王　　貞治（巨）'59～'80　試合2831
パ－1656…福本　　豊（急）'69～'88　試合2401
　－ライフタイム1000以上－（43人）
①　1967…王　　貞治（巨）'59～'80　試合2831
②　1656…福本　　豊（急）'69～'88　　　2401
③　1523…張本　　勲（ロ）'59～'81　　　2752
④　1509…野村　克也（武）'54～'80　　　3017
⑤　1430…金本　知憲（神）'92～'12　　　2578
⑥　1372…衣笠　祥雄（広）'65～'87　　　2677
⑦　1365…山本　浩二（広）'69～'86　　　2284
⑧　1335…落合　博満（日）'79～'98　　　2236
⑨　1319…門田　博光（ダ）'70～'92　　　2571
⑩　1298…石井　琢朗（広）'89～'12　　　2413
⑪　1280…清原　和博（オ）'86～'08　　　2338
⑫　1270…長嶋　茂雄（巨）'58～'74　　　2186
⑬　1231…秋山　幸二（西）'81～'02　　　2189
⑭　1223…柴田　　勲（巨）'62～'81　　　2208
⑮　1218…山内　一弘（広）'52～'70　　　2235
⑯　1205…広瀬　叔功（南）'56～'77　　　2190
⑰　1175…立浪　和義（中）'88～'09　　　2586
⑱　1171…有藤　道世（ロ）'69～'86　　　2063
⑲　1169…榎本　喜八（西）'55～'72　　　2222
⑳　1126…小笠原道大（中）'97～'15　　　1992
㉑　1120…高木　守道（中）'60～'80　　　2282
㉒　1116…大石大二郎（近）'81～'97　　　1892
㉓　1105…土井　正博（武）'62～'81　　　2449
㉔　1100…ローズ（オ）'96～'09　　　1674
㉕　1099…山崎　裕之（ロ）'65～'84　　　2251
㉖　1091…小久保裕紀（ソ）'94～'12　　　2057
㉗　1080…大杉　勝男（ヤ）'65～'83　　　2235
㉘　1076…中村　紀洋（ﾃﾞ）'92～'14　　　2267
㉙　1065…松井稼頭央（武）'95～'18　　　1913
㉚　1059…松永　浩美（ダ）'81～'97　　　1816
㉛　1054…新井　貴浩（広）'99～'18　　　2383
㉜　1049…石毛　宏典（ダ）'81～'96　　　1796
㉝　1047…坂本　勇人（巨）'07～'20　　　1785
㉞　1042…大島　康徳（日）'71～'94　　　2638
㉟　1031…加藤　英司（南）'69～'87　　　2028
㊱　1028…川上　哲治（巨）'38～'58　　　1979
㊲　1023…福留　孝介（神）'99～'20　　　1909
㊳　1021…稲葉　篤紀（日）'95～'14　　　2213
㊴　1019…飯田　徳治（国）'47～'63　　　1965
㊵　1015…若松　　勉（ヤ）'71～'89　　　2062
㊶　1003…高橋　慶彦（ヤ）'76～'92　　　1722
㊶　1003…古田　敦也（ヤ）'90～'07　　　2008
㊸　1001…江藤　　智（武）'90～'09　　　1834
　b．シーズン
セ－143…小鶴　　誠（松）'50　試合130
　　130…藤村富美男（神）'50　試合140
　　130…山田　哲人（ヤ）'18　試合140
パ－137…ローズ（近）'01　試合140
　　126…小笠原道大（日）'00　試合135
日－129…別当　　薫（神）'49　試合137
　c．ゲーム
セ－　6…石井　琢朗（横）'99．7.22　対ヤ
パ－　6…中村　紀洋（近）'98．9．5　対オ
日－　6…千葉　　茂（巨）'48.10.16　対陽
　　　　　塚本　博睦（東）'49.11.19　対陽
　d．イニング
セ、パ、日－　2…多数あり
2．連続試合得点
セ－15…脇谷　亮太（巨）'10．7.16～ 8．5
パ－17…小笠原道大（日）'01．8．5～ 8.27

16…呉　　昌征（毎）'50.　5. 15～ 6. 21
15…河埜　敬幸（南）'82.　4. 23～ 5. 13
日－14…景浦　　将（タ）'38.　7.　9～ 9.　9

G. 安　　打

1. 最多安打

a. ライフタイム

セ－　2786…王　　貞治（巨）'59～'80　試合2831
パ－　2901…野村　克也（武）'54～'80　試合3017

－1000安打以上－（309人）

1	3085…張本　　勲	（ロ）	'59～'81	試合2752
2	2901…野村　克也	（武）	'54～'80	3017
3	2786…王　　貞治	（巨）	'59～'80	2831
4	2566…門田　博光	（ダ）	'70～'92	2571
5	2543…衣笠　祥雄	（広）	'65～'87	2677
5	2543…福本　　豊	（急）	'69～'88	2401
7	2539…金本　知憲	（神）	'92～'12	2578
8	2480…立浪　和義	（中）	'88～'09	2586
9	2471…長嶋　茂雄	（巨）	'58～'74	2186
10	2452…土井　正博	（武）	'62～'81	2449
11	2432…石井　琢朗	（広）	'89～'12	2413
12	2371…落合　博満	（日）	'79～'98	2236
13	2351…川上　哲治	（巨）	'38～'58	1979
14	2339…山本　浩二	（広）	'69～'86	2284
15	2314…榎本　喜八	（西）	'55～'72	2222
16	2274…高木　守道	（中）	'60～'80	2282
17	2271…山内　一弘	（広）	'52～'70	2235
18	2228…大杉　勝男	（ヤ）	'65～'83	2235
19	2204…大島　康徳	（日）	'71～'94	2638
20	2203…新井　貴浩	（広）	'99～'18	2383
21	2173…若松　　勉	（ヤ）	'71～'89	2062
22	2171…内川　聖一	（ソ）	'01～'19	1977
23	2167…稲葉　篤紀	（日）	'95～'14	2213
24	2157…広瀬　叔功	（南）	'56～'77	2190
24	2157…秋山　幸二	（ダ）	'81～'02	2189
26	2133…宮本　慎也	（ヤ）	'95～'13	2162
27	2132…阿部慎之助	（巨）	'01～'19	2282
28	2122…清原　和博	（オ）	'86～'08	2338
29	2120…小笠原道大	（中）	'97～'15	1992
30	2119…前田　智徳	（広）	'90～'13	2188
31	2108…谷繁　元信	（中）	'89～'15	3021
32	2101…中村　紀洋	（ディ）	'92～'14	2267
33	2097…古田　敦也	（ヤ）	'90～'07	2008
34	2095…松原　　誠	（巨）	'62～'81	2190
35	2090…松井稼頭央	（武）	'95～'18	1913
35	2090…鳥谷　　敬	（ロ）	'04～'20	2211
37	2081…山崎　裕之	（武）	'65～'84	2251
38	2064…藤田　　平	（神）	'66～'84	2010
39	2062…谷沢　健一	（中）	'70～'86	1931
40	2057…江藤　慎一	（ロ）	'59～'76	2084
40	2057…有藤　道世	（ロ）	'69～'86	2063
42	2055…加藤　英司	（南）	'69～'87	2028
43	2050…和田　一浩	（中）	'97～'15	1968
44	2045…荒木　雅博	（中）	'97～'18	2220
45	2041…小久保裕紀	（ソ）	'94～'12	2057
46	2038…新井　宏昌	（近）	'75～'92	2076
47	2020…野村謙二郎	（広）	'89～'05	1927
48	2018…柴田　　勲	（巨）	'62～'81	2208
49	2017…ラミレス	（ディ）	'01～'13	1744
50	2012…田中　幸雄	（日）	'86～'07	2238
51	2006…駒田　徳広	（横）	'83～'00	2063
52	2003…坂本　勇人	（巨）	'07～'20	1785
53	2000…福浦　和也	（ロ）	'97～'19	2235
54	1978…飯田　徳治	（国）	'47～'63	1965
55	1977…毒島　章一	（東）	'54～'71	2056
56	1963…小玉　明利	（神）	'54～'69	1946
57	1928…谷　　佳知	（オ）	'97～'15	1888
58	1926…栗山　　巧	（武）	'04～'20	1958
59	1912…井端　弘和	（巨）	'98～'15	1896
60	1909…福留　孝介	（神）	'99～'20	1909
61	1904…松永　浩美	（ダ）	'81～'97	1816
62	1888…真弓　明信	（神）	'73～'95	2051
63	1876…木俣　達彦	（中）	'64～'82	試合2142
64	1865…大村　直之	（オ）	'94～'10	1789
64	1865…村田　修一	（巨）	'03～'17	1953
66	1864…吉田　義男	（神）	'53～'69	2007
67	1850…中島　宏之	（巨）	'02～'20	1782
68	1834…山﨑　武司	（中）	'89～'13	2249
69	1833…石毛　宏典	（ダ）	'81～'96	1796
70	1831…白　　仁天	（近）	'63～'81	1969
71	1827…青田　　昇	（急）	'42～'59	1709
71	1827…堀　　幸一	（ロ）	'89～'09	2064
73	1826…高橋　慶彦	（神）	'76～'92	1722
74	1824…大石大二郎	（近）	'81～'97	1892
75	1820…中　　暁生	（中）	'55～'72	1877
76	1792…ロ　ー　ズ	（オ）	'96～'09	1674
77	1767…松中　信彦	（ソ）	'97～'15	1780
78	1760…井口　資仁	（ロ）	'97～'17	1915
79	1753…高橋　由伸	（巨）	'98～'15	1819
80	1745…葛城　隆雄	（神）	'55～'70	1787
81	1739…和田　　豊	（神）	'85～'01	1713
82	1738…伊東　　勤	（武）	'82～'03	2379
83	1736…近藤　和彦	（近）	'58～'73	1789
83	1736…広澤　克実	（神）	'85～'03	1893
85	1734…基　　満男	（洋）	'67～'84	1914
86	1728…松田　宣浩	（ソ）	'06～'20	1752
87	1717…西沢　道夫	（中）	'37～'58	1704
87	1717…小鶴　　誠	（広）	'42～'58	1655
89	1716…高木　　豊	（日）	'81～'94	1628
90	1704…青木　宣親	（ヤ）	'04～'20	1353
91	1699…豊田　泰光	（ア）	'53～'69	1814
92	1696…篠塚　和典	（巨）	'77～'94	1651
92	1696…糸井　嘉男	（神）	'07～'20	1588
94	1694…藤村富美男	（神）	'36～'58	1558
95	1682…今江　年晶	（楽）	'02～'19	1704
96	1675…原　　辰徳	（巨）	'81～'95	1697
97	1667…大下　　弘	（西）	'46～'59	1547
98	1656…掛布　雅之	（神）	'74～'88	1625
99	1648…金城　龍彦	（巨）	'99～'15	1892
100	1634…小川　　亨	（近）	'68～'84	1908
101	1627…金子　　誠	（日）	'95～'14	1996
102	1620…宇野　　勝	（ロ）	'77～'94	1802
103	1611…高倉　照幸	（ヤ）	'53～'70	1793
104	1605…千葉　　茂	（巨）	'38～'56	1512
105	1599…佐々木　誠	（神）	'85～'00	1581
106	1597…佐伯　貴弘	（中）	'93～'11	1895
107	1591…仁志　敏久	（横）	'96～'09	1587
108	1588…大島　洋平	（中）	'10～'20	1431
109	1581…森野　将彦	（中）	'97～'17	1801
110	1579…リ　　ー	（ロ）	'77～'87	1315
111	1574…白石　勝巳	（広）	'36～'56	1651
112	1560…田尾　安志	（神）	'76～'91	1683
113	1559…江藤　　智	（武）	'90～'09	1834
114	1551…平野　　謙	（ロ）	'81～'96	1683
115	1546…正田　耕三	（広）	'85～'98	1565
116	1532…田淵　幸一	（武）	'69～'84	1739
117	1527…金田　正泰	（神）	'42～'57	1476
118	1525…初芝　　清	（ロ）	'89～'05	1732
119	1522…水谷　実雄	（急）	'66～'85	1729
119	1522…中村　剛也	（武）	'03～'20	1743
121	1521…池山　隆寛	（ヤ）	'84～'02	1784
122	1520…岡田　彰布	（オ）	'80～'95	1639
123	1514…島谷　金二	（急）	'69～'82	1682
124	1513…堀井　数男	（南）	'43～'59	1557
125	1506…弘田　澄男	（神）	'72～'87	1592
125	1506…緒方　孝市	（広）	'88～'09	1808
125	1506…坂口　智隆	（ヤ）	'03～'20	1496
128	1504…羽田　耕一	（近）	'73～'89	1874
128	1504…島田　　誠	（ダ）	'77～'91	1576
130	1499…田中　賢介	（日）	'00～'19	1619
131	1482…藤井　　勇	（洋）	'36～'58	1487
132	1472…坪内　道典	（名）	'36～'51	1417
133	1462…辻　　発彦	（ヤ）	'84～'99	1562
134	1456…鈴　木　尚	（横）	'91～'08	1517
135	1446…鈴木　　健	（ヤ）	'89～'07	1686

136	1440…	中塚　政幸	（洋）	'68～'82	試合1643
137	1439…	大沢　伸夫	（広）	'37～'54	1461
138	1438…	浅村　栄斗	（楽）	'10～'20	1376
139	1437…	柏原　純一	（神）	'73～'88	1642
140	1436…	遠井　吾郎	（神）	'58～'77	1919
140	1436…	レ　オ　ン	（ヤ）	'78～'87	1255
142	1434…	杉浦　享	（ヤ）	'72～'93	1782
143	1428…	清水　崇行	（武）	'96～'09	1485
144	1427…	田宮謙次郎	（毎）	'49～'63	1488
145	1425…	片岡　篤史	（神）	'92～'06	1569
146	1419…	古川　清蔵	（急）	'41～'59	1698
146	1419…	石嶺　和彦	（神）	'81～'96	1566
148	1418…	マルカーノ	（ヤ）	'75～'85	1313
149	1413…	ブ　ー　マ　ー	（ダ）	'83～'92	1148
150	1406…	古屋　英夫	（神）	'78～'92	1521
150	1406…	小川　博文	（横）	'89～'03	1720
150	1406…	城島　健司	（神）	'95～'12	1323
153	1405…	秋山　翔吾	（武）	'11～'19	1207
154	1404…	山崎　隆造	（広）	'78～'93	1531
155	1400…	山本　和範	（近）	'80～'99	1618
156	1392…	長野　久義	（巨）	'10～'20	1376
157	1390…	長池　徳士	（急）	'66～'79	1449
157	1390…	松井　秀喜	（巨）	'93～'02	1268
159	1384…	高田　繁	（巨）	'68～'80	1512
159	1384…	河埜　敬幸	（ダ）	'75～'89	1552
161	1382…	柴原　洋	（ソ）	'97～'11	1452
162	1380…	中村　武志	（楽）	'87～'05	1955
162	1380…	村松　有人	（ソ）	'92～'10	1673
164	1378…	山下　大輔	（洋）	'74～'87	1609
165	1377…	池辺　豪則	（近）	'62～'79	1732
166	1376…	川崎　宗則	（ソ）	'01～'17	1187
167	1369…	古葉　竹識	（南）	'58～'71	1501
168	1368…	カブレラ	（ソ）	'01～'12	1239
169	1366…	東出　輝裕	（広）	'99～'12	1492
170	1363…	サブロー	（ロ）	'95～'16	1782
171	1355…	丸　佳浩	（巨）	'10～'20	1352
172	1351…	土井垣　武	（急）	'40～'57	1413
173	1347…	矢野　燿大	（神）	'91～'10	1669
174	1344…	藤井　栄治	（急）	'58～'78	1650
175	1341…	森　昌彦	（巨）	'55～'74	1884
176	1337…	与那嶺　要	（中）	'51～'62	1219
177	1334…	藤原　満	（南）	'69～'82	1354
178	1326…	呉　昌征	（毎）	'37～'57	1700
179	1325…	中田　翔	（日）	'09～'20	1422
180	1322…	井上　登	（中）	'53～'67	1506
181	1321…	田代　富雄	（洋）	'76～'91	1526
182	1316…	佐野　仙好	（神）	'74～'89	1549
183	1314…	二岡　智宏	（日）	'99～'13	1457
184	1309…	ＳＨＩＮＪＯ	（日）	'91～'06	1411
185	1308…	山本　一義	（広）	'61～'75	1594
186	1305…	杉山　光平	（南）	'52～'66	1485
187	1303…	阪本　敏三	（南）	'67～'80	1447
188	1301…	栗橋　茂	（近）	'74～'89	1550
189	1298…	安居　玉一	（急）	'42～'57	1392
189	1298…	関口　清治	（急）	'48～'63	1532
189	1298…	西村　徳文	（ロ）	'82～'97	1433
192	1294…	中畑　清	（巨）	'77～'89	1248
193	1289…	本多　雄一	（ソ）	'06～'18	1313
194	1286…	箕田　浩二	（巨）	'76～'90	1420
194	1286…	フェルナンデス	（オ）	'03～'13	1253
196	1284…	今岡　誠	（ロ）	'97～'11	1309
197	1282…	玉造　陽二	（西）	'55～'67	1645
198	1281…	金山　次郎	（神）	'43～'57	1366
198	1281…	船田　和英	（ヤ）	'62～'80	1730
200	1278…	イチロー	（オ）	'92～'00	951
201	1276…	赤星　憲広	（神）	'01～'09	1127
201	1275…	土井　正三	（巨）	'65～'78	1586
202	1275…	ロ　ー　ズ	（横）	'93～'00	1039
204	1265…	後藤　光尊	（楽）	'02～'16	1361
205	1263…	桧山進次郎	（神）	'92～'13	1959
206	1262…	中西　太	（西）	'52～'69	1388
207	1260…	小谷野栄一	（洋）	'03～'18	1394
208	1249…	江尻　亮	（洋）	'65～'79	1485
209	1248…	飯田　哲也	（楽）	'89～'06	試合1505
210	1245…	三村　敏之	（広）	'67～'83	1567
211	1242…	本堂　保弥	（毎）	'37～'57	1374
212	1233…	大下　剛史	（近）	'67～'78	1310
213	1226…	鈴木　貴久	（近）	'86～'00	1501
214	1225…	礒部　公一	（オ）	'97～'09	1311
215	1219…	田口　壮	（オ）	'92～'11	1222
215	1219…	菊池　涼介	（広）	'12～'20	1153
217	1216…	木塚　忠助	（南）	'48～'59	1561
218	1213…	河野　旭輝	（西）	'54～'67	1491
218	1213…	水口　栄二	（オ）	'91～'07	1561
220	1212…	原田　督三	（中）	'48～'58	1234
221	1207…	藤井　康雄	（オロ）	'87～'02	1641
222	1205…	前田　益穂	（ロ）	'59～'75	1799
223	1199…	川相　昌弘	（中）	'84～'06	1909
224	1196…	角　富士夫	（ヤ）	'76～'94	1521
225	1191…	西岡　剛	（神）	'03～'18	1125
226	1188…	森下　整鎮	（毎）	'52～'66	1573
227	1184…	杉山　悟	（近）	'48～'60	1391
227	1184…	平野　恵一	（オ）	'02～'15	1260
229	1181…	近藤　昭仁	（洋）	'60～'73	1619
230	1181…	片平　晋作	（洋）	'72～'89	1503
231	1174…	片岡　治大	（ヤ）	'05～'16	1208
232	1172…	岩村　明憲	（ヤ）	'98～'14	1194
233	1169…	野口　明	（中）	'36～'55	1326
234	1168…	長崎　啓二	（神）	'73～'87	1474
235	1163…	陽　岱鋼	（巨）	'07～'20	1315
236	1162…	多村　仁志	（ディ）	'97～'15	1342
237	1153…	山田　哲人	（ヤ）	'12～'20	1058
238	1150…	相川　亮二	（巨）	'99～'17	1508
238	1150…	銀　次	（楽）	'10～'20	1116
240	1148…	八田　正	（急）	'55～'71	1549
241	1146…	屋鋪　要	（巨）	'78～'95	1628
242	1144…	西園寺昭夫	（ヤ）	'57～'70	1413
242	1144…	大矢　明彦	（ヤ）	'70～'85	1552
244	1142…	愛甲　猛	（中）	'81～'00	1532
245	1140…	鈴木　大地	（楽）	'12～'20	1181
246	1137…	関根　潤三	（南）	'50～'65	1417
247	1133…	大和田　明	（南）	'55～'68	1349
248	1132…	醍醐　猛夫	（ロ）	'57～'74	1775
249	1128…	関川　浩一	（楽）	'91～'07	1408
250	1128…	西川　遥輝	（日）	'12～'20	1097
251	1123…	シ　ピ　ン	（巨）	'72～'80	1036
252	1123…	バルボン	（近）	'55～'65	1353
252	1123…	田村　藤夫	（ダ）	'81～'97	1552
254	1122…	森本　潔	（中）	'65～'79	1450
254	1122…	真中　満	（ヤ）	'93～'08	1368
256	1121…	土橋　勝征	（ヤ）	'87～'06	1464
257	1120…	角中　勝也	（ロ）	'07～'20	1147
258	1118…	木村　勉	（近）	'39～'58	1219
259	1116…	福良　淳一	（オ）	'85～'97	1240
260	1112…	桑田　武	（中）	'59～'70	1194
261	1104…	和田　博実	（西）	'55～'72	1565
261	1104…	柳田　悠岐	（ソ）	'11～'20	997
263	1102…	種田　仁	（横）	'90～'07	1434
264	1100…	山本　八郎	（サ）	'56～'67	1204
265	1097…	坂本文次郎	（毎）	'51～'61	1233
266	1093…	小早川毅彦	（ヤ）	'84～'99	1431
267	1091…	長嶋　清幸	（神）	'80～'97	1477
268	1089…	大豊　泰昭	（中）	'89～'02	1324
269	1087…	大島　公一	（楽）	'93～'05	1375
270	1087…	富田　勝	（中）	'69～'81	1303
271	1086…	Ｔ・岡田	（オ）	'06～'20	1188
272	1085…	竹之内雅史	（神）	'68～'82	1371
273	1083…	中谷　準志	（西）	'38～'57	1224
274	1082…	栗原　健太	（広）	'02～'13	1026
274	1082…	長谷川勇也	（ソ）	'08～'20	1162
276	1081…	広岡　達朗	（巨）	'54～'66	1327
277	1076…	福富　邦夫	（オ）	'65～'80	1616
277	1076…	淡口　憲治	（近）	'71～'89	1639
277	1076…	北川　博敏	（オ）	'95～'12	1264
280	1073…	大熊　忠義	（急）	'64～'81	1423
281	1069…	小坂　誠	（楽）	'97～'10	1371

282	1065…城戸　則文	(ヤ)	'57～'74	試合1766
283	1058…井上　弘昭	(武)	'68～'85	1531
284	1057…吉永幸一郎	(巨)	'90～'03	1250
285	1055…平野　光泰	(近)	'72～'85	1183
286	1054…伊藤　　勲	(南)	'61～'80	1771
287	1051…河埜　和正	(巨)	'71～'86	1430
288	1049…吉田　勝豊	(西)	'57～'69	1303
288	1049…木村　拓也	(巨)	'92～'09	1523
290	1048…日比野　武	(西)	'39～'59	1530
291	1042…岡嶋　博治	(東)	'54～'67	1450
292	1041…鎌田　　実	(神)	'57～'72	1482
293	1038…中村　　晃	(ソ)	'11～'20	1025
294	1037…若菜　嘉晴	(日)	'74～'91	1387
295	1035…藤井　　弘	(広)	'55～'69	1504
296	1027…亀井　善行	(巨)	'05～'20	1321
297	1027…川合　幸三	(急)	'48～'59	1160
298	1022…石原　慶幸	(広)	'02～'20	1620
298	1022…平田　良介	(中)	'06～'20	1155
300	1020…マ ー ト ン	(神)	'10～'15	832
301	1019…藤田　一也	(楽)	'05～'20	1407
302	1018…岡本伊三美	(南)	'50～'63	1289
302	1018…田中　浩康	(ディ)	'05～'18	1292
304	1011…川端　慎吾	(ヤ)	'06～'20	1042
305	1011…水上　善雄	(ダ)	'76～'92	1546
306	1004…大引　啓次	(ヤ)	'07～'19	1288
307	1003…小池　兼司	(南)	'61～'74	1536
307	1003…石川　雄洋	(ディ)	'06～'19	1169
309	1001…ロ　ペ　ス	(ディ)	'13～'20	993

2000安打到達日　　　　　　到達時の所属

①	川上　哲治	'56. 5. 31	(巨)
②	山内　一弘	'67. 10. 14	(神)
③	榎本　喜八	'68. 7. 21	(京)
④	野村　克也	'70. 10. 18	(南)
⑤	長嶋　茂雄	'71. 5. 25	(巨)
⑥	広瀬　叔功	'72. 7. 1	(南)
⑦	張本　　勲	'72. 8. 19	(東)
⑧	王　　貞治	'74. 8. 4	(巨)
⑨	江藤　慎一	'75. 9. 6	(平)
⑩	土井　正博	'77. 7. 5	(ク)
⑪	高木　守道	'78. 4. 5	(中)
⑫	松原　　誠	'80. 4. 23	(洋)
⑬	柴田　　勲	'80. 8. 7	(巨)
⑭	大杉　勝男	'81. 7. 21	(ヤ)
⑮	藤田　　平	'83. 5. 3	(神)
⑯	衣笠　祥雄	'83. 8. 9	(広)
⑰	福本　　豊	'83. 9. 1	(急)
⑱	山崎　裕之	'83. 9. 18	(武)
⑲	山本　浩二	'84. 5. 5	(広)
⑳	有藤　道世	'85. 7. 11	(ロ)
㉑	若松　　勉	'85. 10. 9	(ヤ)
㉒	谷沢　健一	'85. 10. 23	(中)
㉓	加藤　英司	'87. 5. 7	(南)
㉔	門田　博光	'87. 8. 26	(南)
㉕	大島　康徳	'90. 8. 5	(日)
㉖	新井　宏昌	'92. 7. 8	(近)
㉗	落合　博満	'95. 4. 15	(巨)
㉘	秋山　幸二	'00. 8. 18	(ダ)
㉙	駒田　徳広	'00. 9. 14	(横)
㉚	立浪　和義	'04. 7. 5	(中)
㉛	清原　和博	'04. 6. 4	(巨)
㉜	古田　敦也	'05. 4. 24	(ヤ)
㉝	野村謙二郎	'05. 6. 23	(広)
㉞	石井　琢朗	'06. 5. 11	(横)
㉟	田中　幸雄	'07. 5. 17	(日)
㊱	前田　智徳	'07. 9. 1	(広)
㊲	金本　知憲	'08. 4. 12	(神)
㊳	小笠原道大	'11. 5. 5	(巨)
㊴	稲葉　篤紀	'12. 4. 28	(日)
㊵	宮本　慎也	'12. 5. 5	(ヤ)
㊶	小久保裕紀	'12. 6. 24	(ソ)
㊷	ラ ミ レ ス	'13. 4. 6	(ディ)
㊸	中村　紀洋	'13. 5. 5	(ディ)
㊹	谷繁　元信	'13. 5. 6	(中)
㊺	和田　一浩	'15. 3. 11	(中)
㊻	松井稼頭央	'15. 7. 28	(楽)
㊼	新井　貴浩	'16. 4. 26	(広)
㊽	荒木　雅博	'17. 5. 3	(中)
㊾	阿部慎之助	'17. 3. 13	(巨)
㊿	鳥谷　　敬	'17. 9. 8	(神)
51	内川　聖一	'18. 9. 22	(ソ)
52	福浦　和也	'18. 9. 22	(ロ)
53	坂本　勇人	'20. 1. 8	(巨)

3000安打到達日　　　　　　到達時の所属
① 張本　　勲　'80. 5. 28　(ロ)

b. シーズン
セ-214…マートン (神) '10 試合144 打数613
　　209…青木　宣親 (ヤ) '10 試合144 打数583
　　204…ラミレス (ヤ) '07 試合144 打数594
　　202…青木　宣親 (ヤ) '05 試合144 打数588
パ-216…秋山　翔吾 (武) '15 試合143 打数602
　　210…イチロー (オ) '94 試合130 打数546
　　206…西岡　　剛 (ロ) '10 試合144 打数596
　　198…長谷川勇也 (ソ) '13 試合144 打数563
日-187…藤村富美男 (神) '49 試合137 打数563

c. ゲーム
セ- 6…大沢　伸夫 (洋) '51. 8. 26 対広
　　　　渡辺　博之 (神) '54. 5. 26 対中
　　　　高田　　繁 (巨) '74. 5. 10 対中
　　　　大山　悠輔 (神) '18. 9. 16 対ディ
パ- 6…仰木　　彬 (西) '55. 5. 22 対ト
　　　　城島　健司 (ダ) '03. 7. 27 対オ
日- 7…大下　　弘 (東) '49. 11. 19 対陽

d. イニング
セ、パ、日-2・多数あり

2. 連続安打 －シーズン－
a. 連続試合安打
セ-33…高橋　慶彦 (広) '79. 6. 6～ 7.31
　　30…張本　　勲 (巨) '76. 5. 13～ 6.20
　　　　マ ー ト ン (神) '11. 9. 4～10. 11
　　29…ブラッグス (横) '93. 6. 2～ 7.15
　　　　　　　　(6.27は1打席(死球)のみで交代)
　　28…桧山進次郎 (神) '01. 7. 3～ 8.12
　　27…岩本　義行 (松) '51. 4.22～ 6. 6
　　　　ラ　ミ　レ　ス (巨) '08. 5. 3～ 6. 4
　　　　西川　龍馬 (広) '19. 5. 1～ 6. 5
　　26…山崎　隆造 (広) '84. 6. 6～ 7.14
　　　　大豊　泰昭 (神) '99. 8. 24～10. 1
パ-32…長池　徳二 (急) '71. 5.28～ 7. 6
　　31…秋山　翔吾 (武) '15. 6. 3～ 7.12
　　30…福本　　豊 (急) '77. 5.18～ 7.10
　　28…バナザード (南) '88. 7.31～ 9.16
　　27…広瀬　叔功 (南) '64. 5.14～ 6.13
　　26…ロ　ペ　ス (京) '68. 6.12～ 7.17
　　　　後藤　光尊 (オ) '11. 8.16～ 9.15
日-31…野口　二郎 (急) '46. 8.29～10.26

b. 連続打数安打 (1973年改正　野球規則9.23参照)
セ-11…レイノルズ (洋) '91. 8. 1～ 6. 1
　　　　　　　　　　　　　　　　　　(4試合)
　　　　高橋　由伸 (巨) '06. 6. 1～ 6. 1
　　　　(3四球(含む故意四球1)を挟む) (4試合)
　　10…マ ニ エ ル (ヤ) '78. 5. 1～ 6. 5
　　　　　　　　　　　　　　　　　　(3試合)
　　　　掛布　雅之 (神) '81. 8. 5～ 8. 7
　　　　　　(2四球を挟む)　(3試合)
　　　 9…山本　浩司 (広) '72. 7. 6～ 7. 8
　　　　　　　　　　　　　　　　　　(2試合)
　　　　中畑　　清 (巨) '85. 7.12～ 7.16
　　　　　　(2四球を挟む)　(3試合)
　　　　クロマティ (巨) '88. 5. 7～ 5.11
　　　　(1四球1死球を挟む)　(4試合)
　　　　清水　隆行 '04. 4.23～ 4.25
　　　　(1四球1死球を挟む)　(3試合)
　　　　ロ ー ズ (横) '97. 4.29～ 4.30
　　　　　　(故意四球1を挟む)　(2試合)
　　　　　　　　　　'98. 7.25～ 7.26

（故意四球1を挟む）（2試合）
　　　　小笠原道大（巨）'07. 6. 26〜 7. 1
　　　　　　　　　　　　（3四球を挟む）（4試合）
　　　　坂本　勇人（巨）'10. 3. 31〜 4. 2
　　　　　　　　　　　　（1犠打を挟む）（3試合）
パ−10…坂本文次郎（大）'54. 7. 24〜 7. 25第2
　　　　　　　　　　　　　　　　　　（2試合）
　　9…張本　　勲（日）'74. 5. 23〜 5. 26
　　　　　　　　　　　　（4四球を挟む）（4試合）
　　　　本西　厚博（オ）'94. 6. 7〜 6. 10
　　　　　　　　　　　　（3四球を挟む）（3試合）
　　　　サブロー（ロ）'07. 6. 3〜 6. 6
　　　　　　　　　　　　　　　　　　（3試合）
　　　　フェルナンデス（武）'10. 9. 19〜 9. 20
　　　　　　　　　　　　　　　　　　（2試合）
日−9…川上　哲治（巨）'39. 4. 9〜 4. 11
　　　　　　　　　　　　　　　　　　（3試合）

3. 連続打席無安打
a．シーズン
セ−57…大石　正彦（洋）'55. 4. 3〜 9. 22
　　54…入来　祐作（巨）'01. 4. 12〜 9. 4
　　　　黒田　博樹（広）'03. 3. 28〜 9. 6
　　53…村田　元一（国）'60. 4. 6〜 6. 26
　　　　中村　　稔（巨）'62. 4. 17〜 7. 28
パ−77…嵯峨健四郎（東）'64. 3. 31〜 9. 17
　　63…佐々木宏一郎（近）'66. 4. 10〜10. 4
　　53…板東　里視（近）'68. 4. 6〜 8. 24
　　　　ト−ベ（オ）'93. 8. 7〜10. 2
日−64…笠松　　実（急）'42. 5. 5〜 8. 16
b．連続シーズン
セ−84…工藤　公康（巨）'00. 4. 11〜'02. 7. 26
　　80…大野　雄大（中）'17. 3. 31〜'19. 5. 29
パ−90…嵯峨健四郎（東）'64. 3. 31〜'65. 8. 19
日−64…笠松　　実（急）'42. 5. 5〜 8. 16

4. サイクル安打（69人、74度）※延長
（セ−36人、39度）
　　　　藤村富美男（神）'50. 5. 25　対広
　　　　門前真佐人（洋）'50. 6. 27　対中
　　　　山川　武範（広）'52. 6. 26　対国
　　　　青田　　昇（巨）'53. 4. 23　対巨
　　　　原田　徳光（名）'53. 8. 17　対巨第2
　　　　川上　哲治（巨）'54. 7. 25　対広第2
　　　　大和田　明（西）'59. 6. 20　対巨第2
　　　　町田　行彦（国）'59. 7. 26　対中第1
　　　　近藤　和彦（洋）'61. 7. 8　対神
　　　　前田　益穂（中）'62. 9. 16　対洋第2
　　　　王　　貞治（巨）'63. 4. 25　対神
　　　　衣笠　祥雄（広）'76. 7. 7　対巨
　　　　若松　　勉（ヤ）'76. 7. 9　対中
　　　　長崎　慶一（洋）'78. 5. 20　対神
　　　　真弓　明信（神）'79. 5. 20　対中
　　　　山本　浩二（広）'83. 4. 30　対中
　　　　池山　隆寛（ヤ）'90. 8. 23　対中
　　　　ハウエル（ヤ）'92. 7. 29　対広
　　　　ロ　ー　ズ（横）'95. 5. 2　対ヤ
　　　　　　　　　　　'97. 4. 29　対ヤ
　　　　　　　　　　　'99. 6. 30　対広
　　　　立浪　和義（中）'97. 8. 22　対神
　　　　広沢　　克（巨）'97. 9. 26　対中
　　　　金本　知憲（広）'99. 4. 24　対中
　　　　仁志　敏久（巨）'99. 6. 25　対広
　　　　ロドリゲス（横）'02. 7. 27　対広
　　　　井端　弘和（中）'02. 9. 21　対横
　　　　福留　孝介（中）'03. 6. 8　対中
　　　　　　　　　（神）'16. 7. 30　対中
　　　　稲葉　篤紀（ヤ）'03. 7. 1　対横
　　　　桧山進次郎（神）'03. 7. 5　対横
　　　※アレックス（中）'04. 4. 13　対巨
　　　　小笠原道大（巨）'08. 9. 3　対巨
　　　　ロサリオ（広）'14. 9. 2　対巨
　　　　大島　洋平（中）'16. 7. 20　対広
　　　　山田　哲人（ヤ）'17. 7. 9　対広
　　　　桑原　将志（ディ）'18. 7. 20　対神

平田　良介（中）'18. 8. 16　対ディ
梅野隆太郎（神）'19. 4. 9　対ディ
（パ−32人、33度）
　　　　東谷　夏樹（急）'52. 4. 13　対毎
　　　　浅原　直人（東）'52. 4. 20　対近第1
　　　　滝田　政治（大）'52. 6. 22　対東第2
　　　※大下　　弘（西）'54. 7. 15　対急
　　　※飯田　徳治（南）'55. 8. 24　対ト
　　　　毒島　章一（東）'57. 6. 23　対近第2
　　　※渡辺　　清（急）'57. 7. 19　対近
　　　　葛城　隆雄（毎）'57. 8. 27　対南
　　　　小淵　泰輔（西）'60. 5. 7　対東
　　　　張本　　勲（東）'61. 5. 7　対近第2
　　　※スペンサー（急）'65. 7. 16　対近
　　　　和田　博実（西）'68. 5. 28　対南
　　　　山崎　裕之（ロ）'71. 8. 14　対東第1
　　　　弘田　澄男（ロ）'73. 7. 11　対拓
　　　　得津　高宏（ロ）'76. 4. 17　対平
　　　　平野　光泰（近）'77. 7. 17　対急
　　　　大宮　龍男（日）'80. 7. 29　対南
　　　　福本　　豊（急）'81. 5. 21　対武
　　　　松永　浩美（急）'82. 10. 8　対南
　　　　　　　　　（オ）'91. 5. 24　対ロ
　　　　栗橋　　茂（近）'85. 5. 21　対南
　　　　岡村　隆則（武）'85. 5. 22　対ロ
　　　　金村　義明（近）'86. 7. 17　対急
　　　　秋山　幸二（武）'89. 7. 13　対近
　　　　田村　藤夫（日）'89. 10. 1　対ダ
　　　　藤本　博史（日）'90. 7. 7　対日
　　　　中村　紀洋（近）'94. 9. 18　対日
　　　　松井稼頭央（武）'00. 6. 7　対近
　　　※オーティズ（オ）'03. 5. 3　対武
　　　　村松　有人（ダ）'03. 7. 1　対日
　　　　細川　　亨（武）'04. 4. 4　対日
　　　　ズレータ（ロ）'07. 9. 22　対神
　　　　柳田　悠岐（ソ）'18. 4. 21　対日
　　　　（日−2人　2度）
　　　　藤村富美男（神）'48. 10. 2　対金
　　　　金田　正泰（神）'49. 4. 16　対南

5. 連続出塁　−シーズン−
a．連続試合出塁
セ−65…松井　秀喜（巨）'01. 5. 5〜 8. 3
パ−69…イチロー（オ）'94. 5. 21〜 8. 26
b．連続打席出塁
セ−15…廣瀬　　純（広）'13. 4. 21〜 4. 26
パ−14…南渕　時高（近）'93. 7. 16〜 7. 25
　　　　小笠原道大（日）'03. 8. 23〜 8. 27
日−10…川上　哲治（巨）'39. 4. 8〜 4. 11
　　　　小鶴　　誠（大）'49. 6. 12第2〜 6. 15
　　　　藤井　　勇（陽）'49. 8. 4〜 8. 7第1

H. 二塁打
1. 最多二塁打
a．ライフタイム
セ−487…立浪　和義（中）'88〜'09　試合2586
パ−449…福本　　豊（急）'69〜'88　試合2401
−ライフタイム300以上−（73人）

	本	選手名		期間	試合
①	487	立浪　和義	（中）	'88〜'09	試合2586
②	449	福本　　豊	（急）	'69〜'88	2401
③	448	山内　一弘	（広）	'52〜'70	2235
④	440	金本　知憲	（神）	'92〜'12	2578
⑤	429	稲葉　篤紀	（ヤ）	'95〜'14	2213
⑥	422	王　　貞治	（巨）	'59〜'80	2831
⑦	420	張本　　勲	（ロ）	'59〜'81	2752
⑧	418	長嶋　茂雄	（巨）	'58〜'74	2186
⑨	411	松井稼頭央	（武）	'95〜'18	1913
⑩	409	榎本　喜八	（西）	'55〜'72	2222
⑪	408	川上　哲治	（巨）	'38〜'58	1979
⑫	405	松原　　誠	（巨）	'62〜'81	2190
⑬	397	野村　克也	（武）	'54〜'80	3017
⑭	396	福留　孝介	（神）	'99〜'20	1909
⑮	394	広瀬　叔功	（南）	'56〜'77	2190

⑮	394…	田中　幸雄	（日）	'86～'07	試合2238
⑰	393…	谷繁　元信	（中）	'89～'15	3021
⑱	388…	福浦　和也	（ロ）	'97～'19	2235
⑲	387…	新井　貴浩	（広）	'99～'18	2383
⑳	385…	小笠原道大	（日）	'97～'15	1992
㉑	383…	門田　博光	（ダ）	'70～'92	2571
㉒	381…	小久保裕紀	（ソ）	'94～'12	2057
㉓	377…	秋山　幸二	（ダ）	'81～'02	2189
㉔	376…	坂本　勇人	（巨）	'07～'20	1785
㉕	375…	和田　一浩	（中）	'97～'15	1968
㉖	373…	衣笠　祥雄	（広）	'65～'87	2677
㉗	373…	石井　琢朗	（広）	'89～'12	2413
㉘	372…	山本　浩二	（広）	'69～'86	2284
㉙	371…	山崎　裕之	（武）	'65～'84	2251
㉚	371…	落合　博満	（中）	'79～'98	2236
㉛	368…	古田　敦也	（ヤ）	'90～'07	2008
㉜	367…	加藤　英司	（南）	'69～'87	2028
㉜	367…	井口　資仁	（ロ）	'97～'17	1915
㉞	366…	栗山　巧	（武）	'04～'20	1958
㉟	363…	中村　紀洋	（ディ）	'92～'14	2267
㊱	358…	小玉　明利	（神）	'54～'69	1946
㊲	357…	駒田　徳広	（横）	'83～'00	2063
㊲	357…	内川　聖一	（ソ）	'01～'19	1977
㊳	355…	藤田　平	（神）	'66～'84	2010
㊴	355…	若松　勉	（ヤ）	'71～'89	2062
㊴	355…	山崎　武司	（中）	'87～'13	2249
㊴	355…	谷　佳知	（オ）	'97～'15	1888
㊴	355…	阿部慎之助	（巨）	'01～'19	2282
㊹	353…	前田　智徳	（広）	'90～'13	2188
㊺	351…	堀　幸一	（ロ）	'89～'09	2064
㊻	350…	鳥谷　敬	（ロ）	'04～'20	2211
㊼	349…	村田　修一	（巨）	'03～'17	1953
㊽	348…	谷沢　健一	（中）	'70～'86	1931
㊾	346…	高木　守道	（中）	'60～'80	2282
㊿	345…	清原　和博	（オ）	'86～'08	2338
(51)	341…	松永　浩美	（オ）	'81～'97	1816
(52)	340…	飯田　徳治	（国）	'47～'63	1965
(53)	339…	藤村富美男	（神）	'36～'58	1558
(54)	338…	新井　宏昌	（近）	'75～'92	2076
(55)	333…	森野　将彦	（中）	'97～'17	1801
(56)	333…	中島　宏之	（オ）	'02～'20	1782
(57)	332…	初芝　清	（ロ）	'89～'05	1732
(58)	331…	糸井　嘉男	（神）	'07～'20	1588
(59)	330…	大島　康徳	（日）	'71～'94	2638
(59)	330…	松中　信彦	（ソ）	'97～'15	1780
(59)	330…	今江　年晶	（楽）	'02～'20	1704
(62)	328…	有藤　道世	（ロ）	'69～'86	2063
(62)	328…	ラミレス	（ディ）	'01～'13	1744
(64)	318…	松田　宣浩	（ソ）	'06～'20	1752
(65)	316…	高木　豊	（ヤ）	'81～'94	1628
(66)	314…	石毛　宏典	（ダ）	'81～'96	1796
(67)	313…	野村謙二郎	（広）	'89～'05	1927
(68)	311…	ローズ	（オ）	'96～'09	1674
(69)	310…	中村　剛也	（武）	'03～'20	1743
(70)	309…	土井　正博	（武）	'62～'81	2449
(71)	306…	大杉　勝男	（ヤ）	'65～'83	2235
(72)	305…	柴田　勲	（巨）	'62～'81	2208
(73)	304…	葛城　隆雄	（神）	'55～'70	1787

b. シーズン
セ-48…マ ギ ー 　（巨）'17　試合139
　　47…福留　孝介（中）'06　試合130
　　45…大沢　清　（洋）'50　試合139
　　　　松原　誠　（洋）'78　試合129
　　　　森野　将彦（中）'10　試合144
パ-52…谷　佳知　（オ）'01　試合136
　　50…福浦　和也（ロ）'03　試合140
　　48…クラーク　（近）'98　試合135
　　47…山内　和弘（毎）'56　試合147
日-40…笠原　和夫（南）'48　試合140
c. ゲーム
セ- 4…藤井　勇　（洋）'51. 8. 5　対広
　　　　基　満男　（洋）'79. 5. 9　対神
　　　　渡辺　進　（ヤ）'81. 9.24　対洋
　　　　岩村　明憲（ヤ）'14. 6.14　対日
　　　　雄平　　　（ヤ）'17. 5. 7　対ディ
パー4…高沢　秀昭（ロ）'84. 5.30　対近
　　　　大野　久　（ヤ）'92. 7. 5　対日
　　　　イチロー　（オ）'94. 9.11　対近
　　　　柴原　洋　（ダ）'01. 4.29　対近
　　　　井口　資仁（ダ）'03. 7.26　対オ
　　　　糸井　嘉男（日）'06. 6.15　対ヤ
　　　　近藤　健介（日）'20.10.15　対武
日- 4…門前真左人（タ）'37. 6.13　対イ
d. イニング
セ、パー 2…多数あり
2. 連続試合二塁打　-シーズン-
セ- 6…ヒルトン　（ヤ）'78. 4. 1～ 4. 8
　　　　クロマティ（巨）'85. 5.25～ 6. 1
　　　　ラミレス　（巨）'09. 9. 4～ 9.11
パ- 7…金子　誠　（日）'09. 4. 7～ 4.15
日- 5…坪内　道則（朝）'44. 8. 6～ 8.20
　　　　富樫　淳　（神）'47. 5. 9～ 5.22
　　　　藤村富美男（神）'48. 5. 9～ 5.16
　　　　　　　　　　　　 '49. 9.21～ 9.28

I. 三塁打

1. 最多三塁打
a. ライフタイム
セ- 81…中　暁生　（ロ）'55～'72　試合1877
パ-115…福本　豊　（急）'69～'88　試合2401
-ライフタイム10位まで-

①	115…	福本　豊	（急）	'69～'88	試合2401
②	106…	毒島　章一	（東）	'54～'71	2056
③	103…	金田　正泰	（神）	'42～'57	1476
④	99…	川上　哲治	（巨）	'38～'58	1979
⑤	88…	広瀬　叔功	（南）	'56～'77	2190
⑥	81…	呉　昌征	（毎）	'37～'57	1700
⑥	81…	中　暁生	（ロ）	'55～'72	1877
⑧	74…	長嶋　茂雄	（巨）	'58～'74	2186
⑨	72…	張本　勲	（ロ）	'59～'81	2752
⑩	70…	吉田　義男	（神）	'53～'69	2007

b. シーズン
セ-18…金田　正泰（神）'51　試合116
　　13…箱田　淳　（国）'56　試合130
パ-16…レインズ　（急）'53　試合120
　　15…藤山　和夫（南）'54　試合120
日-14…鈴木　清一（セ）'46　試合101
c. ゲーム
セ- 2…多数あり
パ- 3…藤山　和夫（南）'51. 9.28　対近
　　　　吉岡　悟　（平）'76. 6.20　対日
日- 3…堀尾　文人（急）'36.11.14　対名
　　　　川上　哲治（巨）'39. 6.21　対南
　　　　川合　幸三（急）'48.11. 1　対巨第2
d. イニング
セ、パー 1…多数あり
日- 1…金田　正泰（神）'46. 7.25　対巨の5回
　　　　杉浦　清　（中）'46. 9. 7　対ゴの9回
2. 連続三塁打　-シーズン-
a. 連続試合三塁打
セ- 4…長嶋　茂雄（巨）'60. 5. 8～ 5.14
　　3…安井　鳥和（洋）'50. 4.15～ 4.18
　　　　平井　正明（巨）'51. 9.14～ 9.19
　　　　金田　正泰（神）'51. 9.30～10. 3
　　　　野村謙二郎（広）'90. 4. 8～ 4.11
　　　　高城　俊人（ディ）'17. 5.30～ 6.14
パ- 3…藤山　和夫（南）'54. 9.29～10. 2
　　　　三宅　秀史　'55.10.5第2～10. 6第2
　　　　本屋敷錦吾（急）'58. 7.19～ 7.20第2
　　　　浜名　千広（ダ）'93. 6. 9～ 6.11
　　　　早川　大輔（ロ）'07. 8. 3～ 8. 5
　　　　鈴木　六地（ロ）'13. 4.18～ 4.20
　　　　細谷　圭　（ロ）'16. 3.30～ 4. 2
　　　　源田　壮亮（武）'18. 4.18～ 4.30
日- 3…中島　治康（巨）'37. 7. 4～ 7. 8

```
　　藤村富美男（タ）'38. 5. 30〜 6. 5
　　川上　哲治（巨）'41. 8. 4〜 8. 10
　　坪内　道則（ゴ）'46. 9. 1〜 9. 5
 b．連続打席三塁打
セ－ 3…河埜　和正（巨）'74. 5.29の8回、5.30の2、3回
パ－ 3…藤山　和夫（南）'51. 9.28の6、8回、9.29の1回
日－ 3…堀尾　文人（急）'36.11.14の5、6、7回
```

J. 本塁打

1. 最多本塁打

a. ライフタイム

```
セ－ 868…王　　貞治（巨）'59〜'80　試合2831
パ－ 657…野村　克也（武）'54〜'80　試合3017
 －100本塁打以上－（298人）
```

1	868…王　　貞治	（巨）	'59〜'80	試合2831
2	657…野村　克也	（武）	'54〜'80	3017
3	567…門田　博光	（ダ）	'70〜'92	2571
4	536…山本　浩二	（広）	'69〜'86	2284
5	525…清原　和博	（オ）	'86〜'08	2338
6	510…落合　博満	（日）	'79〜'98	2236
7	504…張本　　勲	（ロ）	'59〜'81	2752
7	504…衣笠　祥雄	（広）	'65〜'87	2677
9	486…大杉　勝男	（ヤ）	'65〜'83	2235
10	476…金本　知憲	（神）	'92〜'12	2578
11	474…田淵　幸一	（武）	'69〜'84	1739
12	465…土井　正博	（武）	'62〜'81	2449
13	464…ロ　ー　ズ	（オ）	'96〜'09	1674
14	444…長嶋　茂雄	（巨）	'58〜'74	2186
15	437…秋山　幸二	（ダ）	'81〜'02	2189
16	424…中村　剛也	（武）	'03〜'20	1743
17	413…小久保裕紀	（ソ）	'94〜'12	2057
18	406…阿部慎之助	（巨）	'01〜'19	2282
19	404…中村　紀洋	（ディ）	'92〜'14	2267
20	403…山﨑　武司	（中）	'89〜'13	2249
21	396…山内　一弘	（広）	'52〜'70	2235
22	382…大島　康徳	（日）	'71〜'94	2638
22	382…原　　辰徳	（巨）	'81〜'95	1697
24	380…ラミレス	（ディ）	'01〜'13	1744
25	378…小笠原道大	（中）	'97〜'15	1992
26	367…江藤　慎一	（ロ）	'59〜'76	2084
27	364…江藤　　智	（武）	'90〜'09	1834
28	360…村田　修一	（ディ）	'03〜'17	1953
29	357…カブレラ	（ソ）	'01〜'12	1239
30	352…松中　信彦	（ソ）	'97〜'15	1780
31	349…掛布　雅之	（神）	'74〜'88	1625
32	348…有藤　道世	（南）	'69〜'86	2063
33	347…加藤　英司	（南）	'69〜'87	2028
34	338…長池　徳士	（急）	'66〜'79	1449
34	338…宇野　　勝	（ロ）	'77〜'94	1802
36	332…松井　秀喜	（巨）	'93〜'02	1268
37	331…松原　　誠	（洋）	'62〜'81	2190
38	321…高橋　由伸	（巨）	'98〜'15	1819
39	319…和田　一浩	（中）	'97〜'15	1968
39	319…新井　貴浩	（広）	'99〜'18	2383
41	306…広澤　克実	（神）	'85〜'03	1893
42	304…池山　隆寛	（ヤ）	'84〜'02	1784
43	297…バレンティン	（ソ）	'11〜'20	1082
44	295…前田　智徳	（広）	'90〜'13	2188
45	292…真弓　明信	（神）	'73〜'95	2051
46	287…田中　幸雄	（日）	'86〜'07	2238
46	287…松田　宣浩	（ソ）	'06〜'20	1752
48	285…木俣　達彦	（中）	'64〜'82	2142
49	283…リ　　ー	（ロ）	'77〜'87	1315
50	282…藤井　康雄	（オ）	'87〜'02	1641
51	281…中村　晃介	（中）	'99〜'20	1909
52	278…田代　富雄	（洋）	'76〜'91	1526
53	277…ブ　ー　マ　ー	（ダ）	'83〜'92	1148
53	277…大島　泰昭	（中）	'89〜'02	1324
55	273…谷沢　健一	（中）	'70〜'86	1931
56	270…山崎　裕之	（武）	'65〜'84	2251
57	269…石嶺　和彦	（神）	'81〜'96	1566
58	268…レ　オ　ン	（ヤ）	'78〜'87	1255
59	265…青田　　昇	（急）	'42〜'59	試合1709
60	263…豊田　泰光	（ア）	'53〜'69	1814
61	261…稲葉　篤紀	（日）	'95〜'14	2213
62	259…ブライアント	（近）	'88〜'95	773
63	257…中田　　翔	（日）	'09〜'20	1422
64	251…井口　資仁	（ロ）	'97〜'17	1915
65	247…岡田　彰布	（オ）	'80〜'95	1639
66	246…榎本　喜八	（西）	'55〜'72	2222
66	246…ジョーンズ	（近）	'70〜'77	961
68	244…中西　　太	（西）	'52〜'69	1388
68	244…水谷　実雄	（急）	'66〜'85	1729
68	244…城島　健司	（神）	'95〜'12	1323
71	242…坂本　勇人	（巨）	'07〜'20	1785
72	241…緒方　孝市	（広）	'88〜'09	1808
73	240…タイロン・ウッズ	（中）	'03〜'08	824
74	236…高木　守道	（中）	'60〜'80	2282
74	236…石毛　宏典	（ダ）	'81〜'96	1796
76	233…ペタジーニ	（ソ）	'99〜'10	837
77	232…マルカーノ	（ヤ）	'75〜'85	1313
77	232…柏原　純一	（神）	'73〜'88	1642
77	232…初芝　　清	（ロ）	'89〜'05	1732
80	230…小鶴　　誠	（広）	'42〜'58	1655
81	229…島谷　金二	（急）	'69〜'82	1682
81	229…金繁　元信	（近）	'89〜'15	3021
83	225…羽田　耕一	（近）	'73〜'89	1874
84	224…藤村富美男	（神）	'36〜'58	1558
84	224…杉浦　　享	（ヤ）	'72〜'93	1782
86	223…桑田　　武	（ヤ）	'59〜'70	1194
87	220…松永　　勉	（ロ）	'71〜'89	2062
88	218…シ　ピ　ン	（巨）	'72〜'80	1036
89	217…古田　敦也	（ヤ）	'90〜'07	2008
90	216…竹之内雅史	（中）	'68〜'82	1371
91	215…栗橋　　茂	（近）	'74〜'89	1550
92	214…山田　哲人	（ヤ）	'12〜'20	1058
93	212…西沢　道夫	（中）	'37〜'58	1704
93	212…浅村　栄斗	（楽）	'10〜'20	1376
95	209…杉山　　悟	（近）	'48〜'60	1391
95	209…白　　仁天	（ヤ）	'63〜'81	1969
97	208…福本　　豊	（急）	'69〜'88	2401
98	207…藤原　　満	（神）	'71〜'80	2010
99	206…フェルナンデス	（オ）	'03〜'13	1253
100	205…アルトマン	（神）	'68〜'75	935
100	205…SHINJO	（日）	'91〜'06	1411
100	205…筒香　嘉智	（ディ）	'10〜'19	968
103	204…簑田　浩二	（巨）	'76〜'90	1420
104	203…松永　浩美	（ダ）	'81〜'97	1816
105	202…バ　ー　ス	（神）	'83〜'88	614
105	202…中島　宏之	（巨）	'02〜'20	1782
107	201…大下　　弘	（西）	'46〜'59	1547
107	201…松井稼頭央	（武）	'95〜'18	1913
107	201…丸　　佳浩	（巨）	'10〜'20	1352
110	198…ロ　ペ　ス	（ディ）	'13〜'20	993
111	196…内川　聖一	（ソ）	'01〜'19	1977
112	195…駒田　徳広	（横）	'83〜'00	2063
112	195…多村　仁志	（ディ）	'97〜'15	1342
114	194…柴田　　勲	（ヤ）	'62〜'81	2208
115	193…岩村　明憲	（ヤ）	'98〜'14	1194
116	192…鈴木　貴久	（近）	'86〜'00	1501
117	189…森　　徹	（京）	'58〜'68	1177
117	189…マ　ー　チ　ン	（洋）	'74〜'79	746
117	189…マ　ニ　エ　ル	（洋）	'76〜'81	621
117	189…基　　満男	（洋）	'67〜'84	1914
117	189…鈴木　　健	（オ）	'89〜'07	1686
122	186…T－岡田	（オ）	'06〜'20	1188
122	186…柳田　悠岐	（ソ）	'11〜'20	997
124	183…金城　徳治	（中）	'47〜'63	1965
124	183…ロバーツ	（近）	'67〜'73	814
124	183…堀　　幸一	（ロ）	'89〜'09	2064
127	181…川上　哲治	（巨）	'38〜'58	1979
127	181…ブランコ	（オ）	'09〜'16	750
129	180…古屋　英夫	（神）	'78〜'92	1521
130	177…藤井　　弘	（広）	'55〜'69	1504
131	176…片平　晋作	（洋）	'72〜'89	1503

132	175…	山本　和範	（近）	'80～'99	試合1618
133	174…	葛城　隆雄	（神）	'55～'70	1787
134	173…	二岡　智宏	（日）	'99～'13	1457
135	172…	セギノール	（オ）	'02～'10	767
136	171…	山本　一義	（広）	'61～'75	1594
136	171…	大田　卓司	（武）	'69～'86	1314
136	171…	中畑　清	（巨）	'77～'89	1248
136	171…	クロマティ	（巨）	'84～'90	779
136	171…	小早川毅彦	（ヤ）	'84～'99	1431
136	171…	立浪　和義	（中）	'88～'09	2586
142	170…	佐々木　誠	（神）	'85～'00	1581
143	169…	野村謙二郎	（広）	'89～'05	1927
143	169…	レアード	（ロ）	'15～'20	721
145	168…	高倉　照幸	（ヤ）	'53～'70	1793
146	167…	ローズ	（横）	'93～'00	1039
147	166…	関口　清治	（急）	'48～'63	1532
147	166…	ライトル	（南）	'77～'83	876
149	165…	森野　将彦	（中）	'97～'17	1801
149	165…	糸井　嘉男	（オ）	'07～'20	1588
151	164…	片岡　篤史	（神）	'92～'06	1569
152	163…	高橋　慶彦	（広）	'76～'92	1722
153	162…	小川　亨	（近）	'68～'84	1908
153	162…	石井　浩郎	（横）	'90～'02	974
155	161…	アリアス	（巨）	'00～'06	639
156	160…	ウインタース	（日）	'90～'94	637
156	160…	デストラーデ	（武）	'89～'95	517
156	160…	デスパイネ	（ソ）	'14～'20	689
159	159…	李　承燁	（オ）	'04～'11	797
159	159…	桧山進次郎	（神）	'92～'13	1959
161	156…	池辺　豪則	（近）	'62～'79	1732
161	156…	伊東　勤	（武）	'82～'03	2379
161	156…	伊佐　貴弘	（武）	'93～'11	1895
164	155…	別当　薫	（毎）	'48～'57	891
164	155…	ソレイタ	（日）	'80～'83	510
164	155…	井上　弘昭	（武）	'68～'85	1531
167	154…	中田　昌宏	（急）	'57～'68	1430
167	154…	仁志　敏久	（横）	'96～'09	1587
169	153…	ゴメス	（中）	'97～'02	660
169	153…	吉永幸一郎	（巨）	'90～'03	1250
169	153…	栗原　健太	（広）	'02～'13	1026
169	153…	山川　穂高	（武）	'14～'20	530
173	152…	スペンサー	（急）	'64～'72	731
173	152…	伊藤　勲	（南）	'61～'80	1771
173	152…	長野　久義	（巨）	'10～'20	1376
176	150…	佐藤　孝夫	（国）	'52～'63	1275
177	149…	三村　敏之	（広）	'67～'83	1567
177	149…	田尾　安志	（神）	'76～'91	1683
177	149…	吉村　禎章	（巨）	'82～'98	1349
180	148…	大石大二郎	（近）	'81～'97	1892
181	147…	大和田　明	（南）	'55～'68	1349
181	147…	村上　嵩幸	（武）	'84～'01	1380
183	146…	藤井　勇	（洋）	'36～'58	1487
183	146…	森本　潔	（中）	'65～'79	1450
183	146…	長崎　啓二	（神）	'73～'87	1474
183	146…	鈴木　尚	（横）	'91～'08	1517
187	145…	興津　立雄	（広）	'59～'71	1227
187	145…	ズレータ	（ロ）	'03～'08	604
189	144…	佐野　仙好	（神）	'74～'89	1549
189	144…	鈴木　誠也	（広）	'13～'20	770
191	141…	メヒア	（武）	'14～'20	722
192	139…	中　暁生	（中）	'55～'72	1877
192	139…	高田　繁	（巨）	'68～'80	1512
194	138…	鳥谷　敬	（ロ）	'04～'20	2211
195	137…	遠井　吾郎	（神）	'58～'77	1919
195	137…	中村　武志	（楽）	'87～'05	1955
197	136…	ニール	（オ）	'95～'00	614
198	135…	オーティズ	（武）	'03～'13	821
199	133…	ブラゼル	（ロ）	'08～'14	670
199	133…	谷　佳知	（オ）	'97～'15	1888
199	133…	エルドレッド	（広）	'12～'18	577
202	131…	ハドリ	（南）	'62～'67	781
202	131…	広瀬　叔功	（南）	'56～'77	2190
202	131…	吉岡　雄二	（楽）	'93～'08	1012
202	131…	清水　崇行	（武）	'96～'09	試合1485
202	131…	吉村　裕基	（ソ）	'03～'17	968
207	130…	小玉　明利	（近）	'54～'69	1946
207	130…	高井　保弘	（急）	'66～'82	1135
209	129…	町田　行彦	（巨）	'52～'65	1415
209	129…	山下　大輔	（洋）	'74～'87	1609
209	129…	水	（広）	'90～'02	709
212	128…	有田　修三	（ダ）	'73～'90	1313
212	128…	角　冨士夫	（ヤ）	'76～'94	1521
212	128…	畠山　和洋	（ヤ）	'04～'19	1106
212	128…	青木　宣親	（ヤ）	'04～'20	1353
216	127…	金村　義明	（武）	'82～'99	1262
216	127…	サブロー	（ロ）	'95～'13	1782
218	126…	ロー　イ	（近）	'63～'68	779
218	126…	カークランド	（神）	'68～'73	703
218	126…	八木　裕	（神）	'87～'06	1368
218	126…	嶋　重宣	（武）	'97～'13	1034
222	125…	杉浦　清	（国）	'46～'53	899
222	125…	岡本伊三美	（南）	'50～'63	1289
224	124…	高橋　智	（ヤ）	'87～'01	945
225	123…	岩本　義行	（ヤ）	'40～'57	856
225	123…	東田　正義	（神）	'68～'77	953
225	123…	オマリー	（ヤ）	'91～'96	742
225	123…	ラロッカ	（オ）	'04～'10	583
229	122…	毒島　章一	（東）	'54～'71	2056
229	122…	ロジャー	（ロ）	'77～'82	526
229	122…	今岡　誠	（コ）	'97～'11	1309
232	120…	クルーズ	（ヨ）	'80～'85	712
233	119…	ポンセ	（近）	'86～'90	533
233	119…	ウィルソン	（近）	'97～'02	461
233	119…	梶谷　隆幸	（ディ）	'09～'20	895
236	118…	淡口　憲治	（オ）	'71～'89	1639
236	118…	イチロー	（オ）	'92～'00	951
236	118…	福浦　和也	（コ）	'97～'19	2235
236	118…	ウィーラー	（巨）	'15～'20	694
240	117…	広岡　達朗	（巨）	'54～'66	1327
240	117…	西園寺昭夫	（ヤ）	'57～'70	1413
240	117…	ボレス	（急）	'66～'71	577
240	117…	前田　益穂	（コ）	'59～'75	1799
240	117…	デービス	（近）	'84～'88	461
245	116…	ロ　ビス	（ヤ）	'68～'73	750
245	116…	江尻　亮	（洋）	'65～'79	1485
245	116…	加藤　俊夫	（洋）	'67～'85	1507
245	116…	パウエル	（神）	'92～'95	710
245	116…	秋山　翔吾	（武）	'11～'19	1207
250	115…	飯島　滋弥	（南）	'46～'55	953
250	115…	河埜　和正	（巨）	'71～'92	1430
252	113…	藤本　勝巳	（神）	'56～'67	1033
252	113…	山本　八郎	（ヨ）	'56～'67	1204
252	113…	ミッチェル	（近）	'76～'79	474
252	113…	梨田　昌孝	（近）	'72～'88	1323
252	113…	山倉　和博	（巨）	'78～'90	1262
252	113…	栗山　巧	（武）	'04～'20	1958
258	112…	矢野　燿大	（神）	'91～'10	1669
259	111…	井上　登	（中）	'71～'81	1506
260	110…	田村　藤夫	（ダ）	'81～'97	1552
260	110…	垣内　哲也	（コ）	'91～'06	917
262	109…	近藤　和彦	（近）	'58～'73	1789
262	109…	永淵　洋三	（日）	'68～'79	1150
262	109…	中尾　孝義	（武）	'81～'93	980
262	109…	ノ　ト	（ディ）	'18～'20	362
266	108…	愛甲　猛	（中）	'81～'00	1532
266	108…	里崎　智也	（ロ）	'00～'14	1089
266	108…	今江　年晶	（楽）	'02～'19	1704
269	107…	末次　利光	（巨）	'65～'77	1214
269	107…	富田　勝	（南）	'69～'81	1303
269	107…	福嶋　久晃	（広）	'67～'85	1254
269	107…	平野　光泰	（近）	'72～'85	1183
269	107…	長嶋　清幸	（神）	'80～'97	1477
274	106…	田宮謙次郎	（毎）	'49～'63	1488
275	105…	吉田　勝豊	（西）	'57～'69	1303
275	105…	船田　和英	（ヤ）	'62～'80	1730
275	105…	佐々木恭介	（近）	'72～'81	1036

```
275 105…水上 善雄 (ダ) '76～'92 試合1546
275 105…藤本 博史 (オ) '85～'98      1103
275 105…陽   岱鋼 (巨) '07～'20      1315
281 104…小池 兼司 (南) '61～'74      1536
281 104…長内  孝 (横) '80～'93      1020
281 104…マルティネス (巨) '97～'01     538
281 104…進藤 達哉 (オ) '88～'03      1348
281 104…金城 龍彦 (巨) '99～'15      1892
281 104…平田 良介 (中) '06～'20      1155
287 103…八重樫幸雄 (ヤ) '71～'93      1348
288 102…ギャレット (広) '77～'79      384
288 102…高木 由一 (洋) '72～'87      1147
288 102…オバンドー (日) '99～'05      437
288 102…石井 琢朗 (広) '89～'12      2413
288 102…北川 博敏 (オ) '95～'12      1264
293 101…大熊 忠義 (急) '64～'81      1423
293 101…ビシエド (中) '16～'20       593
295 100…三宅 伸和 (神) '53～'67      1219
295 100…和田 博実 (西) '55～'72      1565
295 100…ハウエル (巨) '92～'95       405
295 100…小川 博文 (横) '89～'03      1720
```

b. シーズン

```
セ-60…バレンティン (ヤ) '13 試合130
   55…王   貞治 (巨) '64 試合140
   54…バース   (神) '85 試合126
   51…小鶴  誠 (松) '50 試合130
       王   貞治 (巨) '73 試合130
   50…王   貞治 (巨) '77 試合130
       松井 秀喜 (巨) '02 試合130
パ-55…ローズ   (近) '01 試合140
       カブレラ  (武) '02 試合128
   52…野村 克也 (南) '63 試合150
       落合 博満 (ロ) '85 試合130
   51…ローズ   (近) '03 試合138
   50…落合 博満 (ロ) '86 試合123
       カブレラ  (武) '03 試合124
日-46…藤村富美男 (神) '49 試合137
```

c. ゲーム

```
セ- 4…岩本 義行 (松) '51. 8. 1 対神(6打席)
       王   貞治 (巨) '64. 5. 3 対神(4打席)
       古田 敦也 (ヤ) '03. 6. 28 対広(5打席)
パ- 4…ソレイタ  (日) '80. 4. 20 対南第2
                               (5打席)
       ウィルソン (日) '97. 6. 21 対近(5打席)
日- 3…10度
```

d. イニング

```
セ- 2…白石 勝巳 (広) '50. 5. 28 対本の8回
       山内 一弘 (神) '65.10. 3 対広第1の4回
       カークランド (神) '69. 8. 14 対巨の2回
       大島 康徳 (中) '72. 8. 2 対ヤ第2の2回
                     '77. 8. 9 対巨の6回
       掛布 雅之 (神) '82. 8. 24 対ヤの7回
       原   辰徳 (巨) '85. 5. 12 対洋の8回
       池山 隆寛 (ヤ) '93. 5. 19 対広の3回
       ラロッカ  (ヤ) '06. 5. 10 対武の4回
       ブラゼル  (神) '09. 8. 26 対横の5回
       ビシエド  (中) '16. 5. 7 対巨の2回
       大山 悠輔 (神) '18. 9. 16 対ディの2回
パ- 2…飯島 滋弥 (大) '51.10. 5 対急の7回
       中田 昌宏 (急) '64. 5. 31 対近第1の7回
       山崎 裕之 (武) '80. 8. 7 対近の7回
                     '83. 9. 1 対日の8回
       岡村 隆則 (武) '85.10. 22 対日第1の6回
       石毛 宏典 (武) '94. 6. 11 対ダの7回
       ニール   (オ) '98. 8. 9 対ダの5回
       城島 健司 (ダ) '01. 4. 13 対オの9回
       ミッチェル (ダ) '01. 4. 18 対ロの2回
日- 2…川上 哲治 (巨) '48. 5. 16 対金の1回
```

2. 連続試合本塁打

```
セ- 7…王   貞治 (巨) '72. 9. 11～ 9. 20
       バース   (神) '86. 6. 18～ 6. 26
   6…ランス   (広) '87. 6. 9～ 6. 16
       阿部慎之助 (巨) '04. 4. 9～ 4. 16
```

```
       新井 貴浩 (広) '05. 6. 22～ 6. 28
       ゲレーロ  (中) '17. 5. 28～ 6. 3
   5…長田 幸雄 (洋) '68. 6. 8～ 6. 13
       王   貞治 (巨) '70. 6. 16～ 6. 21
                     '73. 6. 16～ 6. 21
                     '73. 8. 26～ 8. 30
                     '77. 7. 12～ 7. 17
       衣笠 祥雄 (広) '71. 6. 6～ 6. 10
       カークランド (神) '72. 9. 24～10. 1
       田代 富雄 (横) '77. 4. 5～ 4. 10
       スコット  (ヤ) '79. 5.23～5.27第2
       大島 康徳 (中) '79. 10. 8～10. 17
       真弓 明信 (神) '80. 6. 25～ 7. 6
                     '86. 7. 1～ 7. 6
       マニエル  (神) '81. 6. 3～6.7第2
       モッカ   (中) '85. 5. 27～ 6. 2
       バース   (神) '85. 4. 17～ 4. 22
       クロマティ (巨) '85. 7. 28～ 8. 2
       パリッシュ (ヤ) '89. 4. 29～ 5. 4
       落合 博満 (中) '89. 10. 10～10. 14
       吉村 禎章 (巨) '90. 9. 7～ 9. 15
       大豊 泰昭 (中) '96. 4. 11～ 4. 16
       江藤  智 (広) '97. 5. 11～ 5. 21
                     (5.14 全打席四球)
             (巨) '00. 5. 30～ 6. 4
       前田 智徳 (広) '98. 8. 6～ 8. 11
       松井 秀喜 (巨) '99. 6. 5～ 6. 10
       ペタジーニ (ヤ) '00. 8. 4～ 8. 9
                     '04. 8. 3～ 8. 7
       ラミレス  (ヤ) '03. 4. 13～ 4. 18
       福留 孝介 (中) '03. 9. 9～ 9. 13
       タイロン・ウッズ (横) '04. 7. 28～ 8. 6
             (中) '05. 8. 6～ 8. 11
       ガイエル  (ヤ) '07. 9. 13～ 9. 17
       村田 修一 (横) '08. 7. 15～ 7. 19
       阿部慎之助 (巨) '09. 9. 5～ 9. 10
       ブラゼル  (神) '10. 6. 12～ 6. 22
       ブランコ  (ディ) '13. 4. 18～ 4. 23
       バレンティン (ヤ) '17. 7. 25～ 7. 29
                     '19. 7. 21～ 7. 26
       佐野 恵太 (ディ) '20.10. 11～10. 16
パ- 6…大杉 勝男 (拓) '73. 10. 2～10. 9
       アルトマン (ロ) '74. 6. 13～ 6. 23
       土井 正博 (近) '78. 5. 14～ 5. 22
       デービス  (近) '85. 8. 2～ 8. 8
       石嶺 和彦 (急) '87. 9. 2～ 9. 6
       スティーブンス (近) '95. 4. 7～ 4. 13
       カブレラ  (武) '03. 9. 9～ 9. 15
       松中 信彦 (ダ) '04. 7. 17～ 7. 23
       中村 剛也 (武) '18. 8. 4～ 8. 10
   5…森下 重好 (近) '50. 10. 1～10. 13
       加藤 正二 (大) '52.9.15第2～ 9.28
       柳田 利夫 (毎) '62.9.28第2～10. 6
       大杉 勝男 (東) '69. 6. 20～ 6. 26
       野村 克也 (南) '70. 7. 15～ 7. 26
       ジョーンズ (南) '71. 6. 9～ 6. 15
                     '76. 5. 27～ 6. 2
       土井 正博 (近) '73. 7. 29～ 8. 3
       マニエルス (近) '79. 5.23～ 5. 27
       クルーズ  (日) '80. 7. 29～ 8. 3
       ソレイタ  (日) '81. 4. 21～ 4. 26
       門田 博光 (南) '81. 7. 1～ 7. 7
                     '81. 7. 9～7.12第2
       秋山 幸二 (武) '85. 5. 19～ 5. 26
                     '91. 5. 4～ 5. 9
       ブーマー  (急) '87. 9. 6～ 9. 11
             (オ) '89. 5. 4～ 5. 9
       中村 紀洋 (近) '00. 4. 3～ 4. 9
       松井稼頭央 (武) '02. 6. 12～ 6. 20
       シェルドン (オ) '02. 7. 10～ 7. 19
       ズレータ  (ダ) '04. 9. 14～ 9. 23
       李  承燁 (ロ) '05. 5. 18～ 5. 22
       カブレラ  (武) '05. 7. 9～ 7. 15
```

大谷　翔平（日）'16.　5.　4〜 5. 17
日－5…中島　治康（巨）'38. 10. 11〜10. 22

3. 連続打数本塁打（1973年改正　野球規則9.23参照）
セー4…青田　　昇（洋）'56.　5.　6対広第1〜第2
　　　　　　　　　　　　　　　　　　　　（2試合）
　　　　王　　貞治（巨）'64.　5.　3対神　　（1試合）
　　　　田淵　幸一（神）'73.　5.　9対巨〜5.10対巨
　　　　　　　　　　　　　（1死球を挟む）（2試合）
　　　　松原　　誠（洋）'76.　6.　1対神〜6.2 対神
　　　　　　　　　　　　　　　　　　　　（2試合）
　　　　高木　守道（中）'77. 6.12対神第1〜6.14対洋
　　　　　　　　　　　　　　　　　　　　（3試合）
　　　　掛布　雅之（神）'78.　8. 31対広〜9.1対ヤ
　　　　　　　　　　　　　（1球を挟む）（2試合）
　　　　谷沢　健一（中）'81.　9. 20対巨〜9.21対巨
　　　　　　　　　　　　　　　　　　　　（2試合）
　　　　バ　ー　ス（神）'86.　5. 31対洋〜6. 1対洋
　　　　　　　　　　　　　　　　　　　　（2試合）
　　　　ア　レ　ン（広）'90.　5. 10対ヤ〜5.12対巨
　　　　　　　　　　　　　　　　　　　　（2試合）
　　　　古田　敦也（ヤ）'03.　6. 28対広
　　　　　　　　　　　　　（1四球を挟む）（1試合）
　　　　バレンティン（ヤ）'13.　6.　8対日〜6. 12対ソ
　　　　　　　　　　　　　（2四球を挟む）（2試合）
　　　　山田　哲人（ヤ）'15.　8. 21対中〜8. 22対中
　　　　　　　　　　　　　（1四球を挟む）（2試合）
パー4…長池　徳二（急）'67. 6. 4対東第2〜6. 6対南
　　　　　　　　　　　　　　　　　　　　（2試合）
　　　　醍醐　猛夫（ロ）'71. 7. 3対東第2〜7. 4対東
　　　　　　　　　　　　　　　　　　　　（2試合）
　　　　羽田　耕一（近）'74.　4. 29対急〜5. 1対平
　　　　　　　　　　　　　　　　　　　　（2試合）
　　　　ソレイタ（日）'80.　4. 20対南第2
　　　　　　　　　　　　　（1死球を挟む）（1試合）
　　　　　　　　　　　'80.　9.　4対巨〜9. 5対武
　　　　　　　　　　　　　　　　　　　　（2試合）
　　　　ブライアント（近）'89. 10. 12対武第1〜第2
　　　　　　　　　　　　　（故意四球を挟む）（2試合）
　　　　D　・　J（オ）'95.　8.　8対近〜8. 9対近
　　　　　　　　　　　　　　　　　　　　（2試合）
　　　　ウィルソン（日）'97.　6. 21対近　（1試合）
　　　　レアード（日）'17.　5. 12対ロ〜5.13対ロ
　　　　　　　　　　　　　（2四球を挟む）（2試合）

4. 満塁本塁打
a. ライフタイム
セー15…王　　貞治（巨）
　　　'60…2 '63…2 '65…2 '66…2 '67…1
　　　'71…2 '73…1 '74…1 '77…1 '78…1
パー21…中村　剛也（武）
　　　'05…2 '07…1 '08…2 '09…2 '10…3
　　　'11…1 '14…1 '15…4 '19…4 '20…1
－ 7本以上 －
21…中村　剛也（武）　　　15…王　　貞治（巨）
14…藤井　康雄（オ）　　　14…中村　紀洋（ディ）
13…駒田　徳広（横）　　　13…江藤　　智（広）
13…小久保裕紀（ソ）　　　13…井口　資仁（ロ）
12…江藤　慎二（広）　　　12…野村　克也（武）
11…山本　浩二（広）　　　11…門田　博光（武）
11…清原　和博（オ）　　　10…田淵　幸一（武）
10…池山　隆寛（ヤ）　　　10…松中　信彦（ソ）
10…ラミレス（ディ）　　　10…新井　貴浩（広）
10…阿部慎之助（巨）　　　9…西沢　道夫（中）
9…岡田　彰布（オ）　　　9…秋山　幸二（ダ）
9…山﨑　武司（中）　　　9…高橋　由伸（巨）
8…青田　　昇（急）　　　8…松原　　誠（巨）
8…山崎　裕之（武）　　　8…原　　辰徳（巨）
8…大島　康徳（日）　　　8…石嶺　和彦（神）
8…イチロー（オ）　　　8…ロ　ー　ズ（横）
8…伊東　　勤（武）　　　8…タイロン・ウッズ（中）
8…立浪　和義（中）　　　8…ロ　ー　ズ（オ）
8…金本　知憲（神）　　　8…和田　一浩（中）
8…浅村　栄斗（楽）　　　8…山田　哲人（ヤ）
8…ロ　ペ　ス（ディ）　　7…藤村富美男（神）

7…杉浦　　清（国）　　　7…藤本　勝巳（神）
7…葛城　隆雄（神）　　　7…張本　　勲（ロ）
7…長嶋　茂雄（巨）　　　7…長池　徳士（急）
7…大杉　勝男（ヤ）　　　7…衣笠　祥雄（広）
7…田代　富雄（洋）　　　7…宇野　　勝（ロ）
7…ブーマー（ダ）　　　7…吉岡　雄二（楽）
7…緒方　孝市（広）　　　7…SHINJO（ソ）
7…カブレラ（ソ）　　　7…中島　宏之（オ）

b. シーズン
セー5…西沢　道夫（中）'50　試合137
　　4…今岡　　誠（神）'05　試合146
　　　　タイロン・ウッズ（中）'06　試合144
　　3…杉浦　　清（中）'50　試合127
　　　　江藤　慎一（中）'66　試合102
　　　　シピン（洋）'72　試合120
　　　　ブリーデン（神）'77　試合120
　　　　田淵　幸雄（神）'78　試合117
　　　　衣笠　祥雄（広）'83　試合130
　　　　山本　浩二（広）'84　試合123
　　　　高橋　由伸（巨）'99　試合118
　　　　ロ　ー　ズ（横）'99　試合134
　　　　鈴木　尚典（横）'99　試合134
　　　　江藤　　智（広）'00　試合127
　　　　ロ　ペ　ス（広）'00　試合 93
　　　　ラロッカ（広）'04　試合122
　　　　新井　良太（神）'13　試合119
　　　　ロ　ペ　ス（ディ）'19　試合142
パー4…門田　博光（南）'83　試合122
　　　　ブーマー（急）'87　試合129
　　　　バークレオ（武）'88　試合118
　　　　中村　剛也（武）'15　試合139
　　　　　　　　　　　　'19　試合135
　　3…飯島　滋弥（大）'51　試合 85
　　　　葛城　隆雄（毎）'57　試合129
　　　　山内　和弘（毎）'59　試合112
　　　　江藤　慎一（ロ）'71　試合114
　　　　長池　徳二（急）'71　試合130
　　　　簑田　浩二（急）'80　試合130
　　　　デービス（近）'85　試合128
　　　　石嶺　和彦（急）'90　試合130
　　　　中村　紀洋（近）'00　試合127
　　　　　　　　　　　　'01　試合140
　　　　吉岡　雄二（近）'01　試合127
　　　　藤井　康雄（オ）'01　試合 88
　　　　ロ　ー　ズ（近）'03　試合138
　　　　和田　一浩（武）'04　試合129
　　　　大松　尚逸（ロ）'08　試合134
　　　　中村　剛也（武）'10　試合 85
　　　　バルディリス（オ）'13　試合122
　　　　森　　友哉（武）'18　試合136
　　　　レアード（ロ）'19　試合139
日－3…原田　徳光（中）'49　試合135

c. ゲーム
セー2…二岡　智宏（巨）'06.　4. 30　対中の4、5回
パー2…飯島　滋弥（大）'51. 10.　5　対急の1、7回
日－1…多数あり

d. 連続試合
セー2…藤村富美男（神）'53.　4. 28〜 4. 29
　　　　タイロン・ウッズ（中）'06. 10.　9〜10. 10
パー2…坂本文次郎（西）'57. 10. 11〜10. 12
　　　　秋山　幸二（武）'93.　8. 21〜 8. 22
　　　　ロ　ー　ズ（近）'03.　6. 23〜 6. 25
　　　　ベ　ニ　ー（ロ）'05.　4.　6〜 4. 8
　　　　ホフパワー（日）'13.　5.　2〜 5. 3
　　　　杉本裕太郎（オ）'18.　7. 11〜 7. 17
日－1…多数あり

5. 満塁サヨナラ本塁打（81人、86度）※代打　◆開幕戦
　（セー44人、46度）
　　　　青田　　昇（洋）'54.　4.　4　対巨の9回
　　　　平井　三郎（国）'55.　4.　6　対国の9回
　　　※樋笠　一夫（巨）'56.　3. 25　対中第2の9回
　　　※藤村富美男（神）'56.　6. 24　対広第1の9回
　　　　王　　貞治（巨）'60.　9. 21　対神の10回

選手		年月日	記録
桑田　　武	（洋）	'61. 7. 12	対国の11回
ク　レ　ス	（洋）	'65. 5. 19	対中の9回
広野　　功	（中）	'66. 8. 2	対巨の9回
※		'71. 5. 20	対ヤの9回
田中久寿男	（巨）	'67. 8. 19	対武の9回
ジャクソン	（サ）	'68. 9. 16	対神の9回
※池田純一郎	（広）	'70. 7. 29	対中の13回
井上　弘昭	（広）	'70. 9. 23	対洋の9回
バ　ー　ト	（中）	'72. 4. 9	対神の9回
※飯田　幸夫	（巨）	'74. 9. 3	対広の9回
末次　利光	（巨）	'76. 6. 8	対神の9回
竹之内雅史	（神）	'80. 5. 27	対広の9回
※岩下　正明	（ヤ）	'82. 4. 6	対広の9回
長崎　啓二	（洋）	'82. 5. 23	対中の9回
田尾　安志	（中）	'88. 8. 27	対広の10回
進藤　達哉	（横）	'93. 4. 16	対神の9回
新庄　剛志	（神）	'94. 5. 13	対ヤの12回
※グ　レ　ン	（神）	'96. 5. 1	対横の10回
緒方　孝市	（広）	'97. 9. 11	対神の9回
浅井　篤紀	（広）	'00. 5. 7	対神の9回
稲葉　篤紀	（ヤ）	'01. 5. 31	対巨の9回
谷繁　元信	（横）	'01. 7. 14	対広の11回
清原　和博	（巨）	'02. 5. 21	対ヤの9回
立浪　和義	（中）	'06. 4. 7	対ヤの9回
※小田嶋正邦	（横）	'03. 7. 18	対巨の11回
タイロン・ウッズ	（中）	'04. 8. 11	対神の10回
◆アレックス	（中）	'05. 4. 1	対横の9回
阿部慎之助	（巨）	'07. 8. 19	対ヤの9回
シーボルト	（広）	'08. 7. 27	対横の10回
ハーバー	（横）	'10. 7. 18	対巨の9回
※長野　久義	（巨）	'11. 10. 22	対横の9回
福留　孝介	（神）	'13. 4. 19	対ヤの12回
畠山　和洋	（ヤ）	'13. 5. 17	対ロの9回
村田　修一	（巨）	'16. 9. 27	対中の9回
※鵜久森淳志	（ヤ）	'17. 4. 2	対ディの10回
荒木　貴裕	（ヤ）	'17. 5. 14	対中の9回
※髙山　俊	（ヤ）	'19. 5. 7	対巨の12回
山田　哲人	（ヤ）	'19. 9. 4	対広の9回
村上　宗隆	（ヤ）	'20. 7. 9	対広の9回
佐野　恵太	（ディ）	'20. 7. 24	対広の9回

(パ―35人、36度)

選手		年月日	記録
坂本　埴留	（近）	'50. 11. 20	対西第2の12回
堀井　数男	（南）	'54. 8. 1	対毎の9回
坂本文次郎	（大）	'57. 10. 12	対毎の9回
山内　和弘	（毎）	'59. 8. 16	対東第1の9回
木村　　保	（南）	'61. 5. 18	対近の11回
ロ　　　イ	（西）	'63. 4. 9	対近の11回
醍醐　猛夫	（京）	'64. 6. 16	対西の9回
野村　克也	（南）	'66. 5. 14	対急の9回
白　　仁天	（東）	'71. 8. 26	対南の9回
※今井　　務	（東）	'72. 8. 30	対ロの10回
ジョーンズ	（近）	'75. 7. 26	対ロの9回
山崎　裕之	（武）	'79. 10. 3	対南の9回
松永　浩美	（急）	'83. 8. 31	対ロの9回
加藤　英司	（近）	'84. 5. 7	対南の9回
※柳原　隆弘	（近）	'84. 6. 11	対南の9回
山森　雅文	（急）	'85. 6. 16	対ロの9回
※藤田　浩雅	（急）	'88. 6. 18	対南の9回
福良　淳一	（急）	'88. 7. 30	対武の9回
デストラーデ	（武）	'89. 8. 31	対オの9回
大石第二朗	（近）	'90. 6. 26	対オの9回
門田　博光	（オ）	'93. 9. 8	対オの9回
ウインタース	（日）	'93. 8. 18	対オの9回
◆伊東　　勤	（武）	'94. 4. 9	対近の9回
ロ　ー　ズ	（近）	'96. 5. 1	対ロの9回
田口　　壮	（オ）	'97. 5. 21	対日の9回
※広永　益隆	（オ）	'98. 7. 7	対ロの12回
井口　忠仁	（ダ）	'99. 7. 8	対ロの9回
(井口　資仁)	（ロ）	'09. 4. 16	対楽の10回
ボーリック	（ロ）	'01. 7. 9	対ダの10回
※北川　博敏	（近）	'01. 9. 26	対オの9回
※藤井　康雄	（オ）	'01. 9. 30	対ロの9回
和田　一浩	（武）	'04. 4. 11	対近の9回
清原　和博	（オ）	'06. 5. 27	対横の9回
赤田　将吾	（武）	'08. 4. 25	対オの11回
グラシアル	（ソ）	'18. 8. 26	対武の9回
◆中田　　翔	（日）	'19. 3. 29	対オの10回

(日―4人、4度)

選手		年月日	記録
倉本　信護	（名）	'38. 10. 19	対セの10回
青田　　昇	（急）	'47. 6. 7	対巨の9回
川上　哲治	（巨）	'49. 4. 12	対南の9回
飯田　徳治	（南）	'49. 5. 21	対巨の11回

6. 代打満塁本塁打（161人、187度）※サヨナラ ◆開幕戦

(セ―84人、96度)

選手		年月日	記録
服部　受弘	（名）	'52. 8. 2	対巨の6回
柏枝　文治	（巨）	'53. 5. 12	対広の6回
※樋笠　一夫	（広）	'56. 3. 25	対中第2の9回
長持　栄吉	（洋）	'56. 5. 31	対洋第1の4回
※藤村富美男	（神）	'56. 6. 24	対広第1の9回
桧垣　忠忠	（名）	'57. 4. 14	対洋第2の1
中島　　執	（洋）	'59. 8. 20	対国の5回
町田　行彦	（国）	'60. 4. 9	対巨の8回(2打席目)
国松　　彰	（国）	'60. 8. 21	対国第2の10回
箱田　　淳	（洋）	'61. 4. 23	対広の7回
		'62. 8. 26	対神の6回
桑田　　武	（洋）	'61. 8. 17	対巨の4回
横山　光次	（神）	'64. 6. 11	対中の9回
宮川　孝雄	（広）	'66. 10. 11	対サの9回
樋越　　誠	（巨）	'67. 6. 6	対洋の9回
吉田　勝豊	（巨）	'67. 8. 3	対神の9回
スチュアート	（洋）	'68. 7. 21	対広の3回
ロジャース	（洋）	'69. 8. 7	対広の6回
江島　　巧	（中）	'70. 6. 7	対洋の5回
※池田　純一	（神）	'70. 7. 29	対ヤの13回
※広野　　功		'71. 5. 20	対ヤの9回
		'73. 4. 27	対中の6回
衣笠　祥雄	（広）	'73. 10. 10	対ヤの4回
※飯田　幸巳	（中）	'74. 9. 3	対広の9回
久保　俊倫	（広）	'75. 8. 9	対神の7回
正垣　宏倫	（ヤ）	'77. 8. 27	対洋の8回
福富　邦夫	（ヤ）	'78. 7. 6	対洋の9回
山本　功治	（巨）	'78. 8. 13	対神の4回
森本　　潔	（洋）	'78. 8. 9	対広第1の9回
ピータース	（洋）	'81. 8. 6	対神の4回
※岩下　正明	（ヤ）	'82. 4. 6	対広の9回
駒田　徳広	（巨）	'84. 5. 2	対洋の4回
		'89. 4. 16	対広の7回
藤波　行雄	（中）	'84. 5. 20	対ヤの8回
佐野　仙好	（神）	'85. 5. 20	対巨の8回
平田　　薫	（洋）	'85. 9. 8	対巨の7回
クロマティ	（巨）	'86. 10. 3	対ヤの9回
原　　辰徳	（巨）	'87. 4. 19	対広の2回
中尾　孝義	（中）	'87. 8. 13	対洋の4回
篠塚　利夫	（巨）	'88. 8. 4	対ヤの9回
西山　真二	（広）	'89. 8. 4	対神の8回
長内　　孝	（巨）	'89. 10. 4	対中の9回
吉村　禎章	（巨）	'90. 5. 20	対ヤの8回
		'95. 5. 23	対神の6回
仁村　　徹	（中）	'90. 6. 30	対ヤの7回
ア　レ　ン	（巨）	'90. 7. 7	対ヤの4回
江藤　　智	（広）	'90. 9. 30	対ヤの8回
		'00. 5. 7	対ヤの7回
真弓　明信	（神）	'91. 6. 14	対中の3回
		'94. 6. 1	対広の9回
中村　武志	（中）	'91. 7. 19	対ヤの6回
松井　隆昌	（広）	'91. 9. 29	対ヤの6回
横谷　彰将	（洋）	'92. 8. 26	対ヤの9回
青山　道雄	（洋）	'92. 9. 9	対巨の9回
秦　　真司	（ヤ）	'94. 4. 10	対神の8回
鈴木　尚典	（横）	'94. 8. 9	対巨の4回
町田公二郎	（広）	'95. 9. 10	対ヤの1回
		'96. 4. 21	対ヤの1回
(町田康嗣郎)		'98. 7. 1	対横の7回
		'01. 10. 11	対ヤの8回
大野　雄次	（ヤ）	'96. 4. 16	対神の9回

選手	球団	月日	対戦
		'96. 8. 10	対広の8回
※グレン	（神）	'96. 5. 1	対横の10回
星野　修	（神）	'96. 6. 8	対横の5回
塩谷　和彦	（神）	'96. 10. 9	対中の1回
本西　厚博	（神）	'97. 8. 12	対広の6回
石井　浩郎	（巨）	'98. 7. 29	対広の10回
波留　敏夫	（中）	'01. 8. 16	対巨の5回
片岡　篤史	（神）	'02. 5. 3	対広の7回
八木　裕	（神）	'02. 7. 18	対横の6回
※小田嶋正邦	（横）	'03. 7. 18	対巨の11回
浅井　樹	（広）	'04. 6. 11	対巨の9回
新井　貴浩	（広）	'05. 5. 31	対楽の7回
矢野　謙次	（巨）	'07. 5. 31	対ソの5回
		'11. 9. 30	対広の8回
桧山進次郎	（神）	'07. 8. 21	対中の4回
立浪　和義	（中）	'07. 8. 28	対横の9回
中村　紀洋	（中）	'07. 10. 6	対ヤの6回
谷　佳知	（巨）	'10. 4. 24	対広の8回
エドガー	（巨）	'10. 7. 30	対広の6回
スレッジ	（横）	'11. 6. 29	対中の5回
※長野　久義	（巨）	'11. 10. 22	対横の9回
武内　晋一	（ヤ）	'13. 5. 6	対中の6回
丸　佳浩	（広）	'13. 5. 12	対中の4回
関本賢太郎	（神）	'14. 7. 13	対巨の7回
小窪　哲也	（広）	'15. 5. 2	対ヤの8回
		'15. 7. 30	対ディの9回
堂上　剛裕	（巨）	'15. 8. 12	対ディの4回
※鵜久森淳志	（ヤ）	'17. 4. 2	対ディの10回
荒木　貴裕	（ヤ）	'18. 4. 8	対広の8回
佐野　恵太	（ディ）	'19. 4. 4	対ヤの7回
※髙山　俊	（神）	'19. 5. 29	対巨の12回
堂上　直倫	（中）	'19. 6. 4	対ソの9回
楠本　泰史	（ディ）	'19. 6. 9	対武の7回
梶谷　隆幸	（ディ）	'19. 9. 19	対武の6回
中谷　将大	（神）	'20. 8. 6	対巨の8回

（パ-80人、90度）

選手	球団	月日	対戦
戸倉　勝城	（急）	'52. 8. 7	対東第1の4回
浅原　直人	（東）	'53. 10. 11	対西の8回
中西　太	（西）	'55. 7. 26	対大第1の2回
		'59. 9. 20	対近第2の8回
簔原　宏	（東）	'55. 9. 21	対急第2の8回
笠原　和夫	（高）	'56. 5. 17	対大第1の7回
藤山　和夫	（南）	'57. 5. 3	対急の4回
高倉　照幸	（西）	'58. 10. 2	対近第2の6回
青田　昇	（急）	'59. 8. 5	対近の8回
島田　光二	（近）	'61. 5. 6	対南の6回
島田　雄二	（南）	'61. 9. 26	対南の9回
醍醐　猛夫	（毎）	'62. 7. 12	対急の9回
吉田　勝豊	（毎）	'62. 10. 6	対急第1の10回
小森　光生	（近）	'63. 5. 13	対南の4回
井上　登	（南）	'63. 10. 3	対東の11回
ブルーム	（近）	'64. 8. 6	対東の6回
白　仁天	（東）	'68. 7. 10	対京の7回
長南　恒夫	（東）	'68. 8. 6	対急の6回
青野　修三	（南）	'70. 7. 6	対ロの9回
		'71. 6. 8	対ロの9回
作道　烝	（東）	'71. 6. 3	対ロの10回
江藤　慎一	（ロ）	'71. 5. 22	対西の4回
		'71. 7. 30	対急の7回
宮原　秀明	（近）	'71. 7. 29	対ロの4回
※今井　務	（東）	'72. 8. 30	対ロの10回
◆正垣　泰祐	（急）	'73. 4. 14	対近第1の5回
小川　亨	（近）	'73. 5. 23	対南第2の3回
佐藤　竹秀	（近）	'74. 6. 9	対平の4回
		'76. 5. 31	対平の6回
		'76. 7. 13	対平第1の5回
伊勢　孝夫	（近）	'76. 6. 26	対平の6回
鈴木　治彦	（ク）	'77. 4. 12	対南の5回
河村健一郎	（急）	'77. 6. 4	対南の7回
		'79. 8. 17	対南の6回
渋谷　通	（日）	'77. 7. 4	対南の8回
村上　英司	（急）	'77. 8. 16	対近の6回
長池　徳二	（急）	'78. 9. 11	対近の7回
田淵　幸一	（武）	'79. 6. 25	対ロの8回
新井　宏昌	（南）	'82. 5. 8	対近の1回
江島　巧	（ロ）	'82. 5. 27	対日の4回
岡持　和彦	（南）	'83. 5. 24	対南の7回
※柳原　隆弘	（近）	'84. 6. 11	対南の6回
仲根　政裕	（近）	'84. 7. 1	対ロの6回
小林　晋哉	（急）	'85. 7. 16	対南の9回
ヒックス	（急）	'85. 8. 22	対南の5回
有藤　道世	（ロ）	'85. 10. 14	対南の4回
羽田　耕一	（近）	'86. 6. 29	対ロの8回
山本　功児	（ロ）	'87. 6. 13	対近の9回
山村　善則	（南）	'87. 6. 18	対日の1回
※藤田　浩雅	（急）	'88. 6. 18	対南の9回
斉藤　巧	（ロ）	'88. 9. 7	対武の7回
岸川　勝也	（南）	'88. 9. 16	対急の9回
淡口　憲治	（近）	'89. 5. 26	対オの1回
栗橋　茂	（近）	'89. 6. 4	対日の6回
鈴木　慶裕	（日）	'89. 9. 23	対日の6回
村上　隆一	（オ）	'90. 5. 31	対ロの7回
柴原　実	（南）	'90. 6. 19	対ロの6回
鈴木　貴久	（近）	'91. 8. 24	対オの5回
大島　康徳	（日）	'91. 9. 18	対武の4回
村上　嵩幸	（近）	'92. 9. 10	対ロの6回
田辺　徳雄	（武）	'94. 10. 2	対近の5回
鈴木　健	（武）	'95. 5. 3	対ロの3回
河野　亮	（ダ）	'95. 5. 25	対近の6回
佐藤　幸彦	（ロ）	'96. 5. 2	対武の8回
※広永　益隆	（近）	'98. 7. 7	対ロの12回
山本　和範	（近）	'98. 8. 21	対日の8回
ポール	（武）	'99. 7. 4	対日の8回
堀　幸一	（オ）	'00. 7. 19	対武の6回
藤井　康雄	（オ）	'01. 6. 1	対日の7回
		'01. 7. 8	対ロの8回
※		'01. 9. 30	対ロの9回
※北川　博敏	（近）	'01. 9. 26	対オの9回
平尾　博嗣	（武）	'30. 4. 27	対ロの4回
カブレラ	（武）	'30. 4. 28	対オの7回
田中　幸雄	（日）	'07. 4. 28	対楽の7回
大松　尚逸	（ロ）	'30. 7. 8	対ソの6回
橋本　将	（ロ）	'30. 9. 7	対ソの9回
福浦　和也	（ロ）	'1C. 5. 13	対横の6回
山﨑　武司	（楽）	'1C. 5. 14	対広の6回
中村　剛也	（武）	'1C. 6. 4	対ヤの9回
T-岡田	（オ）	'1C. 8. 5	対日の8回
二岡　智宏	（日）	'11. 7. 9	対楽の5回
駿太	（オ）	'14. 6. 11	対ディの8回
細谷　圭	（ロ）	'16. 5. 15	対オの4回
森　友哉	（武）	'18. 8. 1	対ソの9回
福田　秀平	（ソ）	'18. 6. 21	対巨の6回
ロメロ	（楽）	'2C. 7. 28	対ロの4回
長谷川勇也	（ソ）	'2C. 10. 15	対オの6回

（日-1人、1度）

選手	球団	月日	対戦
野口　二郎	（洋）	'41. 4. 14	対朝の3回

7. サヨナラ本塁打

a. ライフタイム

セ-8…王　貞治　（巨）
　　'60…1　'65…1　'68…1　'70…3
　　'75…1
　8…若松　勉　（ヤ）
　　'73…2　'77…2　'79…1　'81…3
パ-11…野村　克也　（南）
　　'60…2　'62…2　'63…2　'66…1
　　'67…1　'68…1　'69…2　'72…1

－6本以上－

12…清原　和博　（オ）		11…野村　克也　（武）	
10…中村　紀洋　（ディ）		8…王　貞治　（巨）	
8…若松　勉　（ヤ）		7…豊田　泰光　（ア）	
7…長嶋　茂雄　（巨）		7…藤井　康雄　（オ）	
7…田口　壮　（オ）		7…阿部慎之助（巨）	
7…飯田　徳治　（国）		6…山内　一弘　（広）	
6…毒島　章一　（東）		6…矢野　清　（急）	

　　　6…張本　　勲（ロ）　　　6…松原　　誠（巨）
　　　6…長池　徳士（急）　　　6…田淵　幸一（武）
　　　6…門田　博光（ダ）　　　6…広澤　克実（神）
　　　6…池山　隆寛（ヤ）　　　6…二岡　智宏（日）
　　　6…ローズ（オ）　　　　　6…金本　知憲（神）
　　　6…ペタジーニ（ソ）　　　6…カブレラ（ソ）
　　　6…亀井　善行（巨）
　ｂ．シーズン
セ－ 5…ハウエル（ヤ）'93　試合121
　　 3…桑田　　武（洋）'61　試合130
　　　　王　　貞治（巨）'70　試合129
　　　　長崎　慶一（洋）'74　試合130
　　　　田淵　　幸（神）'75　試合130
　　　　若松　　勉（ヤ）'81　試合95
　　　　田尾　安志（神）'80　試合80
　　　　亀井　義行（巨）'09　試合134
　　　　坂本　勇人（巨）'10　試合144
パ－ 3…大杉　勝男（東）'69　試合126
　　　　矢野　　清（急）'69　試合112
　　　　岸川　勝也（ダ）'89　試合123
　　　　ローズ（近）'96　試合130
　　　　ニール（オ）'96　試合124
　　　　松井稼頭央（武）'02　試合140
　　　　松田　宣浩（ソ）'15　試合143
日－ 2…飯田　徳治（南）'49　試合135
　ｃ．連続試合
セ－ 2…桑田　　武（洋）'61.　4. 8～ 4. 9
　　　　豊田　泰光（サ）'68.　8. 24(代打)～ 8. 25(代打)
　　　　若松　　勉（ヤ）'77.　6. 12(代打)～ 6. 13(代打)
　　　　長嶋　清幸（広）'84.　9. 15～ 9. 16
　　　　デシンセイ（ヤ）'88.　6. 15～ 6. 18
　　　　平田　良介（中）'11.　6. 4～ 6. 5
　　　　鈴木　誠也（広）'16.　6. 17～ 6. 18
パ－ 2…門田　博光（オ）'90.　9. 9～ 9. 10
　　　　松井稼頭央（武）'02.　5. 10～ 5. 11
　　　　バルディリス（オ）'12.　4. 30～ 5. 1
日－ 1…多数あり

8. 代打サヨナラ本塁打(126人、138度) ※満塁
　（セ－68人、73度）
　　谷田比呂美（神）'53. 7. 28　対洋の13回
※樋笠　一夫（巨）'56. 3. 25　対中第2の9回
　　　　　　　　　'56. 4. 22　対神の10回
　加倉井　実（巨）'56. 4. 5　対神の9回
※藤村富美男（神）'56. 6. 24　対広第1の9回
　浅越　桂一（神）'61. 9. 6　対広第1の9回
　伊藤　　勲（神）'63. 5. 30　対中の9回
　横山　光次（神）'63. 10. 1　対広第2の10回
　福富　邦夫（中）'66. 8. 10　対広の9回
　高山　忠克（サ）'66. 9. 1　対巨の9回
　重松　省三（洋）'67. 10. 11　対サ第1の9回
　豊田　泰光（サ）'68. 8. 24　対中の9回
　　　　　　　　　'68. 8. 25　対中の10回
　加藤　俊夫（ヤ）'70. 6. 3　対広の9回
※池田　純一（ヤ）'70. 7. 29　対ヤの13回
※広野　　功（巨）'71. 5. 20　対ヤの9回
　菱川　　章（中）'71. 8. 15　対ヤの9回
※飯田　幸夫（中）'74. 9. 3　対ヤの9回
　長田　幸雄（洋）'75. 9. 28　対巨第2の9回
　遠井　吾郎（神）'76. 4. 25　対洋第2の10回
　永尾　泰憲（ヤ）'76. 5. 8　対広の9回
　内田　順三（広）'77. 5. 8　対中の9回
　大島　忠一（神）'77. 5. 19　対中の10回
　若松　　勉（ヤ）'77. 6. 12　対中の10回
　　　　　　　　　'77. 6. 13　対広の9回
　　　　　　　　　'79. 7. 11　対広の9回
　辻　　恭彦（洋）'77. 8. 28　対広の9回
　ブリーデン（神）'77. 9. 14　対広の9回
　大下　剛史（広）'77. 9. 20　対ヤの9回
　井上　弘昭（中）'78. 4. 2　対洋第1の9回
　大矢　明彦（ヤ）'78. 4. 5　対神の9回
　三村　敏之（広）'81. 7. 31　対ヤの9回
※岩下　正明（ヤ）'82. 4. 5　対広の9回
　渡辺　　進（ヤ）'83. 7. 31　対洋の10回

　平田　　薫（巨）'83. 9. 14　対神の9回
　川藤　幸三（神）'84. 6. 4　対洋の10回
　基　　満男（洋）'84. 8. 5　対神の9回
　西田　真二（神）'85. 6. 1　対ヤの9回
　長崎　啓二（神）'85. 7. 27　対洋の9回
　片岡　光宏（神）'87. 7. 11　対神の9回
　田尾　安志（神）'88. 9. 11　対巨の9回
　河野　誉彦（洋）'89. 10. 12　対ヤの9回
　木戸　克彦（神）'90. 6. 24　対ヤの11回
　町田公二郎（広）'92. 10. 1　対ヤの13回
　大久保博元（巨）'94. 9. 17　対神の9回
　広永　益隆（ヤ）'95. 4. 20　対日の9回
※グレン（神）'96. 5. 1　対横の10回
　石井　浩郎（巨）'99. 4. 15　対広の9回
　大豊　泰昭（神）'99. 5. 14　対中の9回
　ジョンソン（神）'99. 7. 8　対ヤの9回
　川中　基嗣（巨）'02. 9. 14　対神の11回
※小田嶋正邦（横）'03. 7. 18　対巨の9回
　栗原　健太（広）'04. 4. 17　対巨の9回
　高橋　光信（中）'05. 4. 2　対神の9回
　関本健太郎（神）'06. 5. 2　対巨の9回
　堂上　剛裕（中）'07. 8. 11　対巨の12回
　尾形　佳紀（広）'07. 8. 24　対中の9回
　平田　良介（中）'08. 9. 7　対横の9回
　亀井　義行（巨）'09. 4. 25　対中の9回
　川本　良平（ヤ）'10. 4. 3　対神の9回
　小池　正晃（中）'11. 6. 19　対オの10回
　高橋　由伸（巨）'11. 10. 12　対神の10回
※長野　久義（巨）'11. 10. 22　対中の9回
　矢野　謙次（巨）'12. 10. 7　対ディの10回
　小笠原道大（巨）'13. 6. 5　対日の11回
　ブランコ（ディ）'14. 9. 15　対中の9回
※鵜久森淳志（ヤ）'17. 4. 2　対ディの9回
　大松　尚逸（ヤ）'17. 5. 9　対広の12回
　　　　　　　　　'17. 7. 26　対中の9回
　青木　宣親（ヤ）'19. 4. 6　対中の9回
※髙山　　俊（神）'19. 5. 29　対巨の9回
　石川　慎吾（ヤ）'19. 8. 24　対ディの11回
　西浦　直亨（ヤ）'20. 6. 25　対神の9回
　（パ－59人、63度）
　五井　孝蔵（近）'51. 9. 16　対急の9回
　伊藤　庄七（東）'54. 4. 4　対南第2の9回
　毒島　章一（東）'59. 10. 20　対西第2の9回
　岡本健一郎（急）'60. 8. 5　対東第2の9回
　三宅　孝夫（西）'62. 8. 9　対近の9回
　渡会　純男（西）'63. 6. 15　対西の10回
　穴吹　隆洋（南）'63. 10. 16　対西の13回
　ローガン（南）'64. 7. 2　対西の9回
　樋口　正蔵（急）'64. 7. 18　対急の9回
　矢野　　清（急）'65. 8. 24　対東の9回
　　　　　　　　　'69. 10. 11　対南第2の9回
　住友　　平（急）'66. 7. 3　対近第1の11回
　下須崎詔一（西）'66. 7. 16　対急の11回
　中西　　太（西）'66. 8. 16　対南第2の9回
　三沢今朝治（東）'67. 5. 28　対急第1の9回
　宮原　務本（東）'67. 9. 5　対京の9回
　伊藤光四郎（近）'70. 4. 14　対ロの9回
　木村　重視（近）'70. 4. 19　対ロ第1の9回
　榎本　喜八（ロ）'70. 6. 13　対西の9回
　宮寺　勝利（ロ）'71. 5. 6　対急の9回
　児玉　弘義（近）'71. 6. 30　対ロの9回
　北川　公一（近）'72. 7. 2　対急の9回
※今井　　務（東）'72. 8. 30　対ロの9回
　榊　　親一（ロ）'73. 5. 30　対南第2の9回
　　　　　　　　　'75. 5. 24　対急の9回
　林　　俊宏（南）'73. 7. 3　対拓の9回
　土肥　健二（ロ）'73. 9. 25　対近の12回
　高井　保弘（急）'74. 4. 17　対日の9回
　　　　　　　　　'76. 4. 8　対日の11回
　　　　　　　　　'81. 9. 3　対武の9回
　当銀　秀崇（近）'74. 8. 2　対平の9回
　伊勢　孝夫（近）'74. 8. 8　対平の9回
　永淵　洋三（近）'74. 9. 19　対急の10回

村井　英司　（日）'74. 9. 28　対南第2の10回
加藤　俊夫　（日）'75. 6. 7　対平の11回
岡本　一光　（急）'80. 6. 24　対南の9回
門田　博光　（南）'80. 6. 25　対日の9回
大田　卓司　（武）'80. 9. 9　対近の9回
※柳原　隆弘　（近）'84. 6. 11　対近の9回
パターソン　（日）'85. 9. 16　対南の12回
五十嵐信一　（日）'85.10. 9　対南の9回
大宮　龍男　（日）'87. 4. 16　対近の9回
※藤田　浩雅　（急）'88. 6. 18　対南の9回
中島　輝士　（日）'90. 9. 1　対ロの11回
堀　幸一　（日）'91. 9. 17　対ダの10回
村上　隆行　（近）'91.10. 9　対ダの9回
中尾　孝義　（武）'93. 6. 10　対オの11回
鈴木　健　（武）'94. 7. 24　対ロの10回
※広永　益隆　（オ）'98. 7. 7　対ロの12回
石井　浩郎　（ロ）'01. 6. 17　対ダの9回
※北川　博敏　（近）'01. 9. 26　対オの9回
※藤井　康雄　（オ）'01. 9. 30　対ロの9回
犬伏　稔昌　（武）'02. 6. 20　対ダの9回
林　孝哉　（日）'02. 7. 26　対ダの9回
三輪　隆　（オ）'03. 10. 7　対近の11回
フェルナンデス（武）'05. 8. 18　対ロの12回
田中　賢介　（日）'05. 9. 28　対ロの11回
パスクチ　（ロ）'06. 8. 5　対ソの10回
高山　久　（武）'07. 6. 30　対楽の9回
平尾　博嗣　（武）'08. 8. 16　対オの10回
栗村　裕基　（武）'17. 8. 17　対楽の9回
吉村　裕基　（ソ）'17. 10. 6　対ロの12回
メヒア　（武）'19. 9. 20　対楽の9回
（日－2人、2度）
浅岡　三郎　（セ）'38. 10. 24　対ラの10回
藤本　英雄　（巨）'49. 6. 18　対南の9回

9. 代打本塁打

a. ライフタイム
セ－20…町田公二郎（神）
パ－27…高井　保弘（急）
－10本以上－

27…高井　保弘（急）	20…大島　康徳（日）
20…町田公二郎（神）	17…淡口　憲治（近）
16…川又　米利（中）	15…河村健一郎（急）
14…吉村　禎章（巨）	14…広永　益隆（オ）
14…松山進次郎（神）	13…中西　太（西）
13…穴吹　義雄（南）	13…柳田　俊郎（巨）
13…岡持　和彦（日）	13…長崎　啓二（神）
13…西田　真二（広）	13…秦　真司（ロ）
13…小早川毅彦（ヤ）	13…八木　裕（神）
13…大道　典嘉（巨）	13…門田　博光（ダ）
12…福富　邦夫（ヤ）	12…大田　卓司（武）
12…若松　勉（ヤ）	12…八重樫幸雄（ヤ）
11…宮原　秀明（洋）	11…伊勢　孝夫（ヤ）
11…佐藤　竹秀（洋）	11…江島　巧（ロ）
11…川藤　幸三（神）	11…山本　功児（ロ）
11…石嶺　和彦（神）	11…垣内　哲也（ロ）
11…大豊　泰昭（中）	11…高橋　光信（神）
11…鈴木　健（ディ）	11…新井　貴浩（広）
11…後藤G武敏（ディ）	10…江藤　慎一（中）
10…藤井　弘（広）	10…得津　高宏（ロ）
10…遠井　吾郎（神）	10…岡本　圭右（日）
10…石嶺　和昭（武）	10…真弓　明信（神）
10…杉浦　享（ヤ）	10…藤井　康雄（オ）
10…山本　和範（近）	10…平尾　博嗣（武）
10…嶋　重宣（武）	10…金本　知憲（神）
10…水野　謙次（日）	

b. シーズン　　　　　（代打の試合）
セ－7…大島　康徳（中）'76　試合54
　－6…大豊　泰昭（神）'99　試合43
　－5…伊藤　隆憲（中）'76　試合45
　　　　川藤　幸三（神）'86　試合49
　　　　長内　孝（広）'89　試合29
　　　　秦　真司（ヤ）'96　試合54
パ－6…高井　保弘（急）'74　試合83

石嶺　和彦　（急）'85　試合45
5…中西　太　（西）'66　試合49
　高井　保弘　（急）'72　試合29
　佐藤　竹秀　（近）'74　試合83
　河村健一郎　（急）'79　試合53
　藤井　康雄　（オ）'01　試合38
日－2…板倉　正男　（金）'48　試合10
　木暮　力三　（陽）'49　試合25
　欅　信平　（東）'49　試合28

10. 左右両打席本塁打（19人、42度）

（セ－4人、7度）
シェーン（広）'75. 5. 17　対洋
'76. 4. 16　対巨
ホワイト（巨）'80. 6. 12　対広
高橋　慶彦（広）'83. 4. 26　対ヤ
金城　龍彦（横）'03. 8. 13　対神
'03. 8. 16　対広
'06. 8. 19　対広

（パ－15人、35度）
ラフィーバー（ロ）'75. 5. 30　対平
ハリス（近）'81. 7. 5　対武
'83. 9. 1　対南
松永　浩美（急）'82. 5. 15　対日
'83. 9. 23　対南
'85. 4. 13　対近
'87. 10. 15　対日
（オ）'90. 5. 9　対ロ
'90. 8. 12　対ダ
スティーブ（武）'83. 5. 7　対近
白井　一幸（日）'87. 7. 8　対近
バナザード（南）'88. 9. 8　対武
'89. 8. 16　対武
（ダ）'89. 10. 6　対ロ
デストラーデ（武）'90. 9. 9　対オ
'91. 6. 18　対オ
'91. 10. 3　対日
ライト（ダ）'93. 5. 1　対ロ
フランクリン（日）'99. 4. 10　対ロ
ニエベス（ダ）'00. 6. 20　対オ
松井稼頭央（武）'00. 9. 12　対日
'01. 8. 20　対日
セギノール（オ）'02. 5. 5　対近
'02. 5. 6　対ロ
'02. 7. 26　対近
（日）'04. 5. 21　対ロ
'04. 6. 29　対ロ
'06. 9. 9　対オ
'07. 6. 19　対広
（楽）'08. 8. 30　対ロ
'09. 8. 18　対広
赤田　将吾（オ）'10. 5. 18　対広
田中　和基（楽）'18. 8. 1　対オ
杉谷　拳士（日）'19. 5. 23　対楽
（日－なし）

11. 初回先頭打者本塁打

a. ライフタイム
セ－38…真弓　明信（神）表21　裏17
　　32…高橋　慶彦（神）表12　裏20
パ－43…福本　豊（急）表24　裏19
　　30…石毛　宏典（ダ）表18　裏12
　－20本以上－
　　43…福本　豊（急）表24　裏19
　　41…真弓　明信（神）表24　裏17
　　34…高橋　慶彦（神）表13　裏21
　　30…石毛　宏典（ダ）表18　裏12
　　28…緒方　孝市（広）表22　裏6
　　26…松井稼頭央（武）表11　裏15
　　25…柴田　勲（巨）表9　裏16
　　24…仁志　敏久（横）表9　裏15
　　22…山崎　裕之（武）表13
　　21…野村謙二郎（広）表6　裏15
　　　　秋山　翔吾（武）表6　裏15

```
        20…高田　　繁 (巨)  表10  裏10
  b．シーズン
セー 9…高橋　由伸 (巨) '07 試合 133
    8…ヒルトン (ヤ) '78 試合 128
      緒方　孝市 (広) '99 試合 132
パー 8…福本　　豊 (急) '72 試合 122
      石毛　宏典 (武) '86 試合 129
      デューシー (日) '96 試合 120
      西岡　　剛 (ロ) '09 試合 120
日－ 4…坪内　道典 (中) '49 試合 137
  c．連続試合
セー 3…松永　浩美 (神) '93. 8. 20～ 8. 22
パー 2…ワイヤット (西) '52. 6. 25～ 6. 27
      レインズ (急) '53. 7. 21～ 7. 22
      河野　旭輝 (急) '65. 8. 14～ 8. 15第1
      大熊　忠義 (急) '68. 6. 22～ 6. 23
      山崎　裕之 (急) '71. 8. 7～ 8. 8
              (武) '80. 4. 15～ 4. 16
      福本　　豊 (急) '72. 7. 7～ 7. 8
              '80. 8. 9～ 8. 10
      ウイリアムス (日) '76. 8. 21～ 8. 22
      島田　　誠 (日) '85. 4. 14～ 4. 16
      石毛　宏典 (武) '86. 9. 11～ 9. 13
      佐々木　誠 (南) '87. 6. 28～ 6. 30
      森本　稀哲 (日) '06. 4. 25～ 4. 26
      TSUYOSHI (ロ) '07. 6. 3～ 6. 5
      片岡　易之 (武) '10. 9. 18～ 9. 19
日－ 2…苅田　久徳 (セ) '38. 6. 16～ 6. 18
  d．初回先頭打者ランニング本塁打　※初球
セー 三宅　秀史 (神) '58. 6. 25  対巨　表
      柴田　　勲 (巨) '67. 5. 20  対サ　裏
      飯田　哲也 (ヤ) '92. 4. 26  対広　裏
      坪井　智哉 (神) '98. 7. 4  対広　表
      青木　宣親 (ヤ) '06. 6. 14  対武　表
パー 木村　　勉 (近) '56. 7. 9  対東　表
      松井稼頭央 (武) '98. 6. 28  対ダ　表
      宮地　克彦 (武) '03. 5. 6  対オ　表
      ※荻野　貴司 (ロ) '14. 5. 6  対オ　表
日－なし
12．初打席本塁打（セー35人、パー30人、日－1人）
      ※代打　◆満塁　◎サヨナラ　☆初球　★開幕戦
セー 高木　守道 (中) '60. 5. 7  対洋の8回
      ※相川　　進 (中) '66. 9. 28  対サ第1の7回
      スチュアート (洋) '67. 4. 19  対神の1回
      ※中井　康之 (巨) '79. 4. 11  対神の5回
      ◆駒田　徳広 (巨) '83. 4. 10  対洋の9回
      ☆森　　厚三 (広) '84. 5. 30  対ヤの8回
      ※阿部　慶二 (広) '84. 8. 8  対巨の6回
      ※青島　健太 (ヤ) '85. 5. 11  対神の4回
      米村　　明 (中) '86. 8. 23  対ヤの9回
      ★デシンセイ (中) '88. 8. 8  対巨の2回
      呂　　明賜 (巨) '88. 6. 14  対ヤの4回
      ★ディステファノ (中) '90. 4. 7  対洋の1回
      ★ブラッドリー (中) '91. 4. 6  対巨の9回
      森田　幸一 (中) '91. 4. 10  対広の8回
      稲葉　篤紀 (ヤ) '95. 6. 21  対広の2回
      出口　雄大 (ヤ) '95. 9. 19  対巨の2回
      小野　公誠 (ヤ) '97. 7. 20  対巨の9回
      広池　浩司 (広) '99. 9. 29  対神の5回
      ☆ショーゴー (ヤ) '01. 5. 1  対巨の9回
      野口　祥順 (ヤ) '02. 9. 13  対横の8回
      ※比嘉　寿光 (広) '05. 9. 19  対横の8回
      ◎加治前竜一 (広) '08. 6. 6  対巨の10回
      ★ブランコ (中) '09. 4. 3  対横の9回
      ※福田　永将 (中) '09. 7. 7  対ヤの9回
      ランドルフ (横) '09. 8. 16  対広の2回
      ※森田　一成 (神) '11. 7. 26  対中の5回
      ★ロ　ペ　ス (中) '13. 3. 29  対広の2回
      ★☆西浦　直亨 (ヤ) '14. 3. 28  対ディの1回
      ※乙坂　　智 (ディ) '14. 5. 31  対ロの9回
      廣岡　大志 (ヤ) '16. 9. 29  対ディの2回
      ※バティスタ (広) '17. 6. 3  対ロの6回
      細川　成也 (ディ) '17. 10. 3  対中の1回
```

```
      マルティネス (巨) '18. 7. 27  対中の2回
      ※山本　祐大 (ディ) '18. 8. 19  対広の8回
      村上　宗隆 (ヤ) '18. 9. 16  対広の2回
パー 戸倉　勝城 (毎) '50. 3. 11  対西の1回
      ☆塩瀬　盛道 (東) '50. 5. 11  対大の6回
      ハ　ド　リ (南) '62. 5. 1  対西の1回
      後藤　忠弘 (近) '62. 8. 21  対毎の3回
      ☆※小室　光男 (西) '68. 8. 21  対近の8回
      ☆※山村　善則 (平) '75. 5. 30  対ロの8回
      バチスタ (ロ) '75. 6. 3  対南の1回
      ミッチェル (日) '76. 4. 27  対近の2回
      香川　伸行 (南) '80. 7. 8  対日の5回
      ハンブトン (近) '81. 6. 5  対日の2回
      ※村上　信一 (急) '84. 8. 9  対南の10回
      イースラー (日) '88. 5. 19  対日の1回
      ★※広永　益隆 (ダ) '89. 4. 8  対日の5回
      ★※林　博康 (ロ) '90. 6. 29  対ダの6回
      佐伯　秀喜 (武) '90. 9. 24  対日の7回
      ☆シュルジー (オ) '91. 5. 29  対近の11回
      ★マーシャル (武) '92. 4. 4  対武の2回
      ★◆ミッチェル (ダ) '95. 4. 1  対武の2回
      ☆福留　宏紀 (オ) '97. 9. 15  対武の2回
      ボーリック (ロ) '99. 4. 14  対オの8回
      ポ　ー　ル (武) '99. 6. 25  対ダの2回
      ナナリー (オ) '00. 6. 28  対近の1回
      塀内　久雄 (ロ) '02. 4. 8  対日の3回
      ★オーティズ (オ) '03. 3. 28  対近の2回
      マルハーン (武) '11. 8. 5  対ソの2回
      ☆加藤　翔平 (ロ) '13. 5. 12  対楽の3回
      メ　ヒ　ア　ス (武) '14. 5. 15  対日の2回
      ペ　レ　ス (楽) '16. 7. 12  対武の1回
      ☆コ　ラ　ス (ソ) '19. 8. 18  対武の2回
      大下誠一郎 (オ) '20. 9. 15  対楽の2回
日－ ※金光　彬夫 (朝) '44. 4. 22  対巨の7回
```

K．塁　打

```
  1．最多塁打
    a．ライフタイム
セー 5862…王　　貞治 (巨) '59～'80  試合2831
パー 5315…野村　克也 (武) '54～'80  試合3017
    －ライフタイム3000以上－ （61人）
```

①	5862…王　　貞治	(巨)	'59～'80	試合2831
②	5315…野村　克也	(武)	'54～'80	3017
③	5161…張本　　勲	(ロ)	'59～'81	2752
④	4688…門田　博光	(ダ)	'70～'92	2571
⑤	4481…金本　知憲	(神)	'92～'12	2578
⑥	4474…衣笠　祥雄	(広)	'65～'87	2677
⑦	4369…長嶋　茂雄	(巨)	'58～'74	2186
⑧	4361…山本　浩二	(広)	'69～'86	2284
⑨	4302…落合　博満	(日)	'79～'98	2236
⑩	4178…土井　正博	(武)	'62～'81	2449
⑪	4066…清原　和博	(オ)	'86～'08	2338
⑫	4030…大杉　勝男	(ヤ)	'65～'83	2235
⑬	4015…山内　一弘	(ロ)	'52～'70	2235
⑭	3927…秋山　幸二	(ダ)	'81～'02	2189
⑮	3846…福本　　豊	(急)	'69～'88	2401
⑯	3723…阿部慎之助	(巨)	'01～'19	2282
⑰	3716…大島　康徳	(日)	'71～'94	2638
⑱	3709…小久保裕紀	(ソ)	'94～'12	2057
⑲	3702…中村　紀洋	(ディ)	'92～'14	2267
⑳	3687…小笠原道大	(中)	'97～'15	1992
㉑	3591…新井　貴浩	(広)	'99～'18	2383
㉒	3556…立浪　和義	(中)	'88～'09	2586
㉓	3555…榎本　喜八	(西)	'55～'72	2222
㉔	3537…加藤　英司	(南)	'69～'87	2028
㉕	3523…松原　　誠	(巨)	'62～'81	2190
㉖	3521…有藤　道世	(ロ)	'69～'86	2063
㉗	3509…ロ　ー　ズ	(オ)	'96～'09	1674
㉗	3509…ラミレス	(ディ)	'01～'13	1744
㉙	3500…川上　哲治	(巨)	'38～'58	1979
㉚	3477…稲葉　篤紀	(日)	'95～'14	2213
㉛	3462…江藤　慎一	(ロ)	'59～'76	2084

㉜　3456…和田　一浩（中）'97～'15　試合1968
㉝　3438…高木　守道（中）'60～'80　2282
㉞　3426…山﨑　武司（中）'89～'13　2249
㉟　3391…前田　智徳（広）'90～'13　2188
㊱　3364…山崎　裕之（武）'65～'84　2251
㊲　3333…田中　幸雄（日）'86～'07　2238
㊳　3314…村田　修一（巨）'03～'17　1953
㊴　3279…谷沢　健一（中）'70～'86　1931
㊵　3274…若松　　勉（ヤ）'71～'89　2062
㊶　3248…福留　孝介（神）'99～'20　1909
㊷　3234…松井稼頭央（武）'95～'18　1913
㊸　3228…谷繁　元信（中）'89～'15　3021
㊹　3211…石井　琢朗（広）'89～'12　2413
㊺　3183…松中　信彦（ソ）'97～'15　1780
㊻　3162…内川　聖一（ソ）'01～'19　1977
㊼　3154…古田　敦也（ヤ）'90～'07　2008
㊽　3149…坂本　勇人（巨）'07～'20　1785
㊾　3145…田淵　幸一（武）'69～'84　1739
㊿　3144…原　　辰徳（巨）'81～'95　1697
(51)　3140…藤田　　平（神）'66～'84　2010
(52)　3130…中村　剛也（武）'03～'20　1743
(53)　3120…広瀬　叔功（南）'56～'77　2190
(54)　3090…真弓　明信（神）'73～'95　2051
(55)　3033…松田　宣浩（ソ）'06～'20　1752
(56)　3031…高橋　由伸（巨）'98～'15　1819
(57)　3029…柴田　　勲（巨）'62～'81　2208
(58)　3022…木俣　達彦（中）'64～'82　2142
(59)　3015…掛布　雅之（神）'74～'88　1625
(60)　3002…駒田　徳広（横）'83～'00　2063
(61)　3001…飯田　徳治（国）'47～'63　1965

b．シーズン
セ－376…小鶴　　誠（松）'50　試合 130
　　357…バ　ー　ス（神）'85　試合 126
パ－364…ロ　ー　ズ（近）'01　試合 140
　　359…松井稼頭央（武）'02　試合 140
日－366…藤村富美男（神）'49　試合 137

c．ゲーム
セ－18…岩本　義行（松）'51.　8.　1　対神
　　16…後藤　次男（神）'50.　3. 30　対洋
　　　　王　　貞治（巨）'64.　5.　3　対神
　　　　古田　敦也（ヤ）'03.　6. 28　対広
パ－17…蔭山　和夫（南）'51.　9. 28　対近
　　　　ウィルソン（日）'97.　6. 21　対近
　　16…ソ レ イ タ（日）'80.　4. 20　対南第2
　　　　ブライアント（近）'89.　5. 24　対武
日－15…青田　　昇（巨）'48. 10. 14　対陽
　　　　千葉　　茂（巨）'48. 10. 16　対陽

d．イニング
セ－ 8…白石　勝巳（広）'50.　5. 28　対本の8回
　　　　山内　一弘（神）'65. 10.　3　対広第1の4回
　　　　カークランド（神）'69.　8. 14　対巨の2回
　　　　大島　康徳（中）'72.　8.　2　対ヤ第2の2回
　　　　　　　　　　　　'77.　8.　9　対巨の6回
　　　　掛布　雅之（神）'82.　8. 24　対ヤの7回
　　　　原　　辰徳（巨）'85.　5. 12　対洋の8回
　　　　池山　隆寛（ヤ）'93.　5. 19　対広の3回
　　　　ラ ロ ッ カ（ヤ）'06.　5. 10　対武の4回
　　　　ブ ラ ゼ ル（神）'09.　8. 26　対横の5回
　　　　ビ シ エ ド（中）'16.　5.　7　対巨の2回
　　　　大山　悠輔（神）'18.　9. 16　対ディの3回
パ－ 8…飯島　滋弥（大）'51. 10.　5　対急の7回
　　　　中田　昌宏（急）'64.　5. 31　対近第1の7回
　　　　山崎　裕之（武）'80.　8.　7　対近の7回
　　　　　　　　　　　　'83.　9.　1　対日の8回
　　　　岡村　隆則（武）'85. 10. 22　対日第1の6回
　　　　石毛　宏典（武）'94.　6. 11　対ダの7回
　　　　ニ　ー　ル（オ）'98.　8.　9　対ダの5回
　　　　城島　健司（ダ）'01.　4. 13　対オの9回
　　　　ミッチェル（ダ）'01.　4. 18　対ロの2回
日－ 8…川上　哲治（巨）'48.　5. 16　対金の1回

2．連続打席最多塁打
セ－25…後藤　次男（神）'50.　3. 29～ 4.　2
パ－21…蔭山　和夫（南）'51.　9. 24～ 9. 29
　　　　シェルドン（オ）'02.　7. 17～ 7. 19
　　　　　　　　　　　　　　（3四球挟む）
　　　　ガ ル シ ア（オ）'05.　8. 10～ 8. 11

L．長　　打

1．最多長打
a．ライフタイム
セ－1315…王　　貞治（巨）'59～'80　試合2831
パ－1077…野村　克也（武）'54～'80　試合3017
－ライフタイム10位まで－
①　1315…王　　貞治（巨）'59～'80　試合2831
②　1077…野村　克也（武）'54～'80　3017
③　996…張本　　勲（ロ）'59～'81　2752
④　969…門田　博光（ダ）'70～'92　2571
⑤　953…金本　知憲（神）'92～'12　2578
⑥　936…長嶋　茂雄（巨）'58～'74　2186
⑦　929…山本　浩二（広）'69～'86　2284
⑧　900…衣笠　祥雄（広）'65～'87　2677
⑨　898…山内　一弘（広）'52～'70　2235
⑩　896…落合　博満（日）'79～'98　2236

b．シーズン
セ－85…小鶴　　誠（松）'50　試合130
　　83…藤村富美男（神）'50　試合140
　　　　福留　孝介（中）'06　試合130
パ－88…松井稼頭央（武）'02　試合140
　　86…中村　剛也（武）'09　試合128
　　82…松中　信彦（ダ）'04　試合130
日－84…藤村富美男（神）'49　試合137

c．ゲーム　二三本
セ－ 5…後藤　次男（神）'50.　3. 30　対洋　2－3
　　　　岩本　義行（松）'51.　8.　1　対神　1－4
パ－ 5…蔭山　和夫（南）'51.　9. 28　対近　－3 2
　　　　ブライアント（近）'89.　5. 24　対武　2－3
日－ 4…多数あり

M．打　　点

1．最多打点
a．ライフタイム
セ－2170…王　　貞治（巨）'59～'80　試合2831
パ－1988…野村　克也（武）'54～'80　試合3017
－ライフタイム1000以上－（46人）
①　2170…王　　貞治（巨）'59～'80　試合2831
②　1988…野村　克也（武）'54～'80　3017
③　1678…門田　博光（ダ）'70～'92　2571
④　1676…張本　　勲（ロ）'59～'81　2752
⑤　1564…落合　博満（日）'79～'98　2236
⑥　1530…清原　和博（オ）'86～'08　2338
⑦　1522…長嶋　茂雄（巨）'58～'74　2186
⑧　1521…金本　知憲（神）'92～'12　2578
⑨　1507…大杉　勝男（ヤ）'65～'83　2235
⑩　1475…山本　浩二（広）'69～'86　2284
⑪　1448…衣笠　祥雄（広）'65～'87　2677
⑫　1400…土井　正博（武）'62～'81　2449
⑬　1348…中村　紀洋（ディ）'92～'14　2267
⑭　1319…川上　哲治（巨）'38～'58　1979
⑮　1312…秋山　幸二（ダ）'81～'02　2189
⑯　1304…小久保裕紀（ソ）'94～'12　2057
⑰　1303…新井　貴浩（広）'99～'18　2383
⑱　1286…山内　一弘（広）'52～'70　2235
⑲　1285…阿部慎之助（巨）'01～'19　2282
⑳　1272…ラ ミ レ ス（ディ）'01～'13　1744
㉑　1269…ロ　ー　ズ（近）'96～'09　1674
㉒　1268…加藤　英司（急）'69～'87　2028
㉓　1234…大島　康徳（日）'71～'94　2638
㉔　1205…山﨑　武司（中）'89～'13　2249
㉕　1197…中村　剛也（武）'03～'20　1743
㉖　1189…江藤　慎一（ロ）'59～'76　2084
㉗　1180…松原　　誠（巨）'62～'81　2190
㉘　1169…小笠原道大（中）'97～'15　1992
㉙　1168…松中　信彦（ソ）'97～'15　1780
㉚　1135…田淵　幸一（武）'69～'84　1739

㉛　1126…藤村富美男　（神）'36〜'58　試合1558
㉜　1123…村田　修一　（巨）'03〜'17　　　1953
㉝　1112…前田　智徳　（広）'90〜'13　　　2188
㉞　1093…原　　辰徳　（巨）'81〜'95　　　1697
㉟　1081…和田　一浩　（中）'97〜'15　　　1968
㊱　1061…有藤　道世　（ロ）'69〜'86　　　2063
㊲　1057…福留　孝介　（神）'99〜'20　　　1909
㊳　1050…稲葉　篤紀　（日）'95〜'14　　　2213
㊴　1040…谷繁　元信　（中）'89〜'15　　　3021
㊵　1037…立浪　和義　（中）'88〜'09　　　2586
㊶　1034…青田　　昇　（急）'42〜'59　　　1709
㊷　1026…山内　幸雄　（日）'86〜'07　　　2238
㊸　1020…江藤　　智　（武）'90〜'09　　　1834
㊹　1019…掛布　雅之　（神）'74〜'88　　　1625
㊺　1017…井口　資仁　（ロ）'97〜'17　　　1915
㊻　1009…古田　敦也　（ヤ）'90〜'07　　　2008

b．シーズン
セ－161…小鶴　　誠　（松）'50　試合130
　　　153…ローズ　　　（横）'99　試合134
パ－146…落合　博満　（ロ）'85　試合130
　　　135…野村　克也　（南）'63　試合150
日－142…藤村富美男　（神）'49　試合137

c．ゲーム
セ－10…レオンズ　　　（洋）'85. 8. 10　対広
　　　　ローズ　　　　（横）'99. 7. 22　対ヤ
　　　　江藤　智　　　（広）'99. 8. 12　対横
　　　　二岡　智宏　　（巨）'06. 4. 30　対中
　　9…藤村富美男　　（神）'51. 5. 29　対名
　　　　小早川毅彦　　（広）'91. 5. 9　対神
　　　　清原　和博　　（巨）'01. 6. 9　対神
　　　　ラミレス　　　（ヤ）'02. 7. 6　対広
パ－11…飯島　滋弥　　（大）'51. 10. 5　対急
　　10…ソレイタ　　　（日）'80. 4. 20　対南第2
　　9…山内　和弘　　（毎）'59. 7. 5　対南
　　　　デービス　　　（近）'87. 4. 28　対急
　　　　ブライアント　（近）'93. 9. 7　対日
日－9…川崎　徳次　　（巨）'49. 4. 26　対大

d．イニング
セ－7…池山　隆寛　　（ヤ）'93. 5. 19　対広の3回
　　5…高田　　繁　　（巨）'72. 6. 23　対ヤの6回
　　　　大島　康徳　　（中）'72. 8. 2　対ヤ第2の2回
　　　　　　　　　　　　　　'77. 8. 5　対巨の6回
　　　　金本　知憲　　（神）'03. 5. 31　対巨の9回
　　　　ラロッカ　　　（広）'04. 8. 19　対横の8回
　　　　原口　文仁　　（神）'16. 7. 27　対ヤの4回
　　　　丸　　佳浩　　（巨）'19. 8. 29　対ヤの8回
パ－7…飯島　滋弥　　（大）'51. 10. 5　対急の7回
　　5…飯田　徳治　　（南）'50. 7. 8　対大の6回
　　　　ジョーンズ　　（近）'75. 6. 23　対ヤ第2の3回
　　　　山崎　裕之　　（武）'80. 8. 7　対近の7回
　　　　　　　　　　　　　　'83. 9. 1　対日の8回
　　　　岡村　隆則　　（武）'85. 10. 22　対日第2の6回
　　　　石毛　宏典　　（武）'94. 6. 11　対ダの7回
　　　　城島　健司　　（ダ）'01. 4. 13　対オの9回
　　　　フェルナンデス（武）'05. 5. 4　対日の1回
　　　　浅村　栄斗　　（楽）'20. 6. 27　対日の5回
日－5…川上　哲治　　（巨）'48. 5. 16　対金の1回
　　　　　　　　　　　　　　'48. 10. 16　対陽の5回

2．連続試合打点
セ－13…バース　　　　（神）'86. 6. 18〜 7. 4
　　12…山田　哲人　　（ヤ）'18. 7. 20〜 8. 4
　　11…ペタジーニ　　（巨）'04. 7. 27〜 8. 7
パ－11…長池　徳二　　（急）'74. 6. 8〜 6. 25
　　　　リー　　　　　（ロ）'77. 5. 8〜 5. 19
　　　　鈴木　　健　　（武）'97. 5. 7〜 5. 22
日－11…西沢　道夫　　（中）'49. 5. 8第2〜 5. 29第1

N. 盗　塁

1．最多盗塁
　a．ライフタイム
セ－579…柴田　　勲　（巨）'62〜'81　試合2208
パ－1065…福本　　豊　（急）'69〜'88　試合2401

－ライフタイム250以上－（46人）
①　1065…福本　　豊　（急）'69〜'88　試合2401
②　596…広瀬　叔功　（南）'56〜'77　　　2190
③　579…柴田　　勲　（巨）'62〜'81　　　2208
④　479…木塚　忠助　（近）'48〜'59　　　1288
⑤　477…高橋　慶彦　（神）'76〜'92　　　1722
⑥　456…金山　次郎　（名）'43〜'57　　　1366
⑦　415…大石大二郎　（近）'81〜'97　　　1892
⑧　390…飯田　徳治　（国）'47〜'63　　　1965
⑨　381…呉　　昌征　（毎）'37〜'57　　　1700
⑨　381…赤星　憲広　（神）'01〜'09　　　1127
⑪　378…荒木　雅博　（中）'97〜'18　　　2220
⑫　370…古川　清蔵　（急）'41〜'59　　　1698
⑬　369…高木　守道　（中）'60〜'80　　　2282
⑭　363…西村　徳文　（ロ）'82〜'97　　　1433
⑭　363…松井稼頭央　（武）'95〜'18　　　1913
⑯　358…石井　琢朗　（広）'89〜'12　　　2413
⑰　352…島田　　誠　（日）'77〜'91　　　1576
⑱　350…吉田　義男　（神）'53〜'69　　　2007
⑲　347…中　　暁生　（中）'55〜'72　　　1877
⑳　344…坪内　道典　（名）'36〜'51　　　1417
㉑　342…松本　匡史　（巨）'77〜'87　　　1016
㉑　342…本多　雄一　（ソ）'06〜'18　　　1313
㉓　327…屋鋪　　要　（巨）'78〜'95　　　1628
㉔　321…高木　　豊　（日）'81〜'94　　　1628
㉕　320…片岡　治大　（巨）'05〜'16　　　1208
㉖　319…張本　　勲　（ロ）'59〜'81　　　2752
㉗　315…森下　整鎮　（南）'52〜'66　　　1573
㉘　308…バルボン　　（近）'55〜'65　　　1353
㉙　303…秋山　幸二　（ダ）'81〜'02　　　2189
㉚　299…糸井　嘉男　（神）'07〜'20　　　1588
㉛　295…大下　剛史　（広）'67〜'78　　　1310
㉜　294…弘田　澄男　（神）'72〜'87　　　1592
㉝　293…河野　旭輝　（西）'54〜'67　　　1491
㉞　287…西川　遥輝　（日）'12〜'20　　　1097
㉟　284…川合　幸三　（急）'48〜'59　　　1160
㊱　282…有藤　道世　（ロ）'69〜'86　　　2063
㊲　279…小坂　　誠　（楽）'97〜'10　　　1371
㊳　270…村松　有人　（ソ）'92〜'10　　　1673
㊴　268…緒方　孝市　（広）'88〜'09　　　1808
㊵　267…川崎　宗則　（ソ）'01〜'17　　　1187
㊶　266…衣笠　祥雄　（広）'65〜'87　　　2677
㊷　263…古葉　竹識　（広）'58〜'71　　　1501
㊸　251…島野　育夫　（神）'63〜'80　　　1466
㊸　251…福地　寿樹　（ヤ）'97〜'12　　　1009
㊺　250…簑田　浩二　（急）'76〜'90　　　1763
㊻　250…野村謙二郎　（広）'89〜'05　　　1927

b．シーズン
セ－76…松本　匡史　（巨）'83　試合125
　　74…金山　次郎　（松）'50　試合137
　　73…高橋　慶彦　（広）'85　試合130
パ－107…福本　　豊　（急）'72　試合122
　　95…福本　　豊　（急）'73　試合123
日－66…河西　俊雄　（南）'48　試合138

c．ゲーム
セ－6…山崎　善平　　（名）'52. 6. 3　対洋第2
　　　　正田　耕三　　（広）'89. 10. 15　対神
　　5…国枝　利通　　（名）'52. 7. 17　対国
　　　　土屋　伍郎　　（国）'53. 4. 9　対名
　　　　高木　守道　　（中）'64. 8. 5　対洋
パ－5…福本　　豊　　（急）'72. 5. 3　対東
日－4…多数あり

d．イニング
セ－3…与那嶺　要　　（巨）'51. 9. 12　対国の7回
　　　　土屋　伍郎　　（国）'53. 4. 9　対名の1回
　　　　村上　宗隆　　（ヤ）'20. 11. 5　対神の2回
パ－3…奥田　元宋　　（毎）'50. 4. 10　対急の6回
　　　　木塚　忠助　　（南）'50. 5. 1　対西の7回
　　　　別当　　薫　　（毎）'51. 7. 26　対近の1回
　　　　河内　卓司　　（毎）'52. 8. 16　対大の6回
　　　　鈴木　　武　　（近）'54. 5. 20　対急の5回
　　　　森下　正夫　　（西）'56. 9. 18　対近第2の3回
　　　　城戸　則文　　（西）'59. 10. 12　対近第1の2回

　　　岡嶋　博治（急）'61. 9. 7　対毎の6回
　　　島田　　誠（日）'79. 6. 5　対武の3回
　日－3…柳沢　騰市（ラ）'37. 8. 29　対鯱の9回
　　　漆原　　進（イ）'38. 6. 1　対ラの2回
　　　玉腰　忠義（和）'42. 9. 16　対巨の3回
　　　坪内　道則（朝）'43. 10. 3　対巨の5回
　　　本堂　保次（陽）'48. 9. 6　対神第2の4回
　2. 連続試合盗塁
　セ－6…緒方　孝市（広）'95. 9. 20～10. 8
　パ－13…周東　佑京（ソ）'20. 10. 16～10. 30
　　　11…福本　　豊（急）'71. 4. 27～ 5. 12
　　　　　　　　　　　　'74. 4. 10～ 4. 28
　日－7…山口　政信（タ）'37. 7. 2～ 7. 11
　3. 最多本盗
　　a. ゲーム
　セ－2…与那嶺　要（巨）'51. 9. 12　対国の6、7回
　　　　山崎　善平（名）'52. 6. 3　対洋第2の3、9回
　パ－1…多数あり
　日－2…黒沢　俊夫（巨）'44. 5. 20　対南の1、6回

O. 盗塁刺

1. 最多盗塁刺
　a. ライフタイム
セ－202…高橋　慶彦（神）'76～'89　試合1622
　　　　　　　　　　　　'91～'92
パ－299…福本　　豊（急）'69～'88　試合2401
　－ライフタイム10位まで－
① 299…福本　　豊（急）'69～'88　試合2401
② 206…高橋　慶彦（神）'76～'92　1722
③ 193…柴田　　勲（巨）'62～'81　2208
④ 178…高木　　守（洋）'81～'94　1628
⑤ 169…石井　琢朗（広）'89～'12　2413
⑥ 167…中　　暁生（中）'55～'72　1877
⑦ 161…飯田　徳治（国）'47～'63　1965
⑧ 159…吉田　義男（神）'53～'69　2007
⑨ 155…田中　清蔵（急）'41～'59　1698
⑩ 151…金山　次郎（急）'43～'57　1366
　b. シーズン
セ－28…高橋　慶彦（広）'83　試合124
　　　　高木　　豊（洋）'84　試合117
パ－29…河野　旭輝（急）'56　試合144
　　26…村松　有人（ダ）'96　試合108
　c. ゲーム
セ－3…高木　　豊（洋）'89. 10. 15　対神第2
パ－3…森下　正夫（南）'55. 6. 25　対近
　　　　小玉　明利（近）'56. 4. 15　対西第1
　　　　大沢　昌芳（南）'56. 6. 16　対東
　　　　加藤　俊夫（急）'79. 5. 3　対ロ第2
　　　　福本　　豊（急）'80. 6. 19　対南
　　　　鈴木　慶裕（日）'89. 6. 1　対ロ
　　　　松井稼頭央（武）'98. 10. 11　対ロ
日－3…小阪　三郎（名）'37. 4. 11　対東
　d. イニング
セ－1…多数あり
パ－2…中島　裕之（武）'12. 3. 31　対日の3回

P. 犠　　打

1. 最多犠打
　a. ライフタイム
セ－533…川相　昌弘（中）'84～'06　試合1909
パ－305…伊東　　勤（武）'82～'03　試合2379
　－ライフタイム200以上－（44人）
① 533…川相　昌弘（中）'84～'06　試合1909
② 451…平野　　謙（中）'81～'96　1683
③ 408…宮本　慎也（ヤ）'95～'13　2162
④ 305…伊東　　勤（武）'82～'03　2379
⑤ 304…今宮　健太（ソ）'11～'20　1099
⑥ 302…田中　浩康（ディ）'05～'18　1292
⑦ 300…新井　宏昌（近）'75～'92　2076
⑧ 296…梵　　英心（広）'02～'20　1428
⑨ 294…菊池　涼介（広）'12～'20　1153

⑩ 292…金子　　誠（日）'95～'14　試合1996
⑪ 289…石井　琢朗（広）'89～'12　2413
⑫ 284…荒木　雅博（中）'97～'18　2220
⑬ 282…正田　耕三（広）'85～'98　1565
⑭ 279…水口　栄二（オ）'91～'07　1561
⑮ 267…小坂　　誠（楽）'97～'10　1371
⑯ 265…大島　公一（オ）'93～'05　1375
⑰ 264…吉田　義男（神）'53～'69　2007
⑰ 264…東出　輝裕（広）'99～'12　1492
⑲ 256…平野　恵一（オ）'02～'15　1260
⑳ 252…谷繁　元信（中）'89～'15　3021
㉑ 248…井端　弘和（中）'98～'15　1896
㉒ 243…本多　雄一（ソ）'06～'18　1313
㉓ 242…土井　正三（巨）'65～'78　1586
㉔ 240…平野　　謙（中）'81～'91　1152
㉕ 239…近藤　昭仁（洋）'60～'73　1619
㉖ 237…中島　卓也（日）'11～'20　1083
㉗ 236…大石大二郎（近）'81～'97　1892
㉘ 234…大引　啓次（ヤ）'07～'19　1288
㉘ 234…藤田　一也（楽）'05～'20　1407
㉚ 233…久慈　照嘉（神）'92～'05　1199
㉛ 224…福良　淳一（オ）'85～'97　1240
㉜ 222…片岡　治大（巨）'05～'16　1208
㉝ 218…石毛　宏典（ダ）'81～'96　1796
㉞ 217…山崎　隆造（広）'78～'93　1531
㉟ 215…奈良原　浩（日）'91～'06　1508
㊱ 212…和田　　豊（神）'85～'01　1713
㊲ 211…小関　竜也（横）'96～'08　982
㊳ 210…水上　善雄（ダ）'76～'92　1546
㊳ 210…嶋　　基宏（ヤ）'07～'20　1422
㊵ 208…白井　一幸（オ）'84～'96　1187
㊶ 206…安達　了一（オ）'12～'20　964
㊷ 205…角　富士夫（ヤ）'76～'94　1521
㊸ 201…炭谷銀二朗（巨）'06～'20　1283
㊹ 200…高木　守道（中）'60～'80　2282
　b. シーズン
セ－67…宮本　慎也（ヤ）'01　試合125
　　66…川相　昌弘（巨）'91　試合126
　　62…田中　浩康（ヤ）'11　試合142
パ－62…今宮　健太（ソ）'13　試合143
　　　　　　　　　　　'14　試合144
　　　　中島　卓也（日）'16　試合143
日－33…猪子　利男（南）'42　試合105
　c. ゲーム
セ－4…平田　勝男（神）'85. 7. 18　対広
　　　　栗山　英樹（ヤ）'89. 6. 4　対中
　　　　石井　琢朗（横）'03. 7. 8　対中
　　　　関本賢太郎（神）'08. 6. 17　対楽
パ－4…弓岡敬二郎（急）'85. 6. 9　対南
　　　　平野　　謙（武）'91. 6. 19　対オ
　　　　佐藤　幸彦（ロ）'93. 7. 9　対武
　　　　関川　浩一（楽）'06. 9. 5　対オ
日－3…佐々木常助（鯱）'37. 4. 11　対イ
　　　　木村　　勉（南）'40. 12. 6　対翼
　　　　坪内　道則（朝）'41. 10. 9　対洋
　　　　猪子　利男（南）'42. 4. 18　対洋
　　　　金田　正泰（神）'43. 5. 1　対和
　　　　武智　　修（金）'48. 10. 19　対巨
　d. イニング
セ、パ、日－1…多数あり

Q. 犠　　飛

1. 最多犠飛
　a. ライフタイム
セ－100…王　　貞治（巨）'59～'80　試合2831
パ－113…野村　克也（武）'54～'80　試合3017
　－ライフタイム10位まで－
① 113…野村　克也（武）'54～'80　試合3017
② 105…加藤　秀司（南）'69～'87　2028
③ 100…王　　貞治（巨）'59～'80　2831
④ 95…門田　博光（ダ）'70～'92　2571
⑤ 90…長嶋　茂雄（巨）'58～'74　2186

⑤　90…張本　　勲（ロ）'59～'81　試合2752
⑦　88…山内　一弘（広）'52～'70　　　　2235
⑦　88…落合　博満（日）'79～'98　　　　2236
⑨　86…大杉　勝男（ヤ）'65～'83　　　　2235
⑩　81…新井　貴浩（広）'99～'18　　　　2383
　b．シーズン
セ－12…原　　辰徳（巨）'91　試合127
　　　　　江藤　　智（広）'95　試合127
　　　　　ロ　ー　ズ（横）'96　試合126
　　　11…王　　貞治（巨）'78　試合130
　　　　　清原　和博（巨）'98　試合116
パ－15…大杉　勝男（東）'70　試合130
　　　13…中田　　翔（日）'18　試合140
　　　12…佐々木恭介（近）'75　試合117
日－6…門前真佐人（タ）'39　試合91
　c．ゲーム
セ－3…野村謙二郎（広）'96. 6. 30　対巨
パ－3…豊田　泰光（西）'60. 9. 17　対急第2
日－2…御園生崇男（タ）'39. 5. 14　対ラ
　　　　永沢富士雄（巨）'39. 8. 6　対鯱
　　　　瀬井　　清（鯱）'39. 9. 14　対タ
　　　　中島　治康（巨）'39.10. 8　対セ
　　　　　　　　　　　　'40.11.15　対黒
　　　　玉腰　年男（ラ）'40. 5.12　対南
　　　　室脇　正信（鯱）'40.11. 1　対急
　d．イニング
セ、パ、日－1…多数あり

R．四　球
1．最多四球
　a．ライフタイム
セ－2390…王　　貞治（巨）'59～'80　試合2831
パ－1273…門田　博光（ダ）'70～'92　試合2571
　－ライフタイム1000以上－　（15人）
①　2390…王　　貞治（巨）'59～'80　試合2831
②　1475…落合　博満（日）'79～'98　　　　2236
③　1368…金本　知憲（神）'92～'12　　　　2578
④　1346…清原　和博（オ）'86～'08　　　　2338
⑤　1274…張本　　勲（ロ）'59～'81　　　　2752
⑥　1273…門田　博光（ダ）'70～'92　　　　2571
⑦　1252…野村　克也（武）'54～'80　　　　3017
⑧　1234…福本　　豊（急）'69～'88　　　　2401
⑨　1168…山本　浩二（広）'69～'86　　　　2284
⑩　1133…谷繁　元信（中）'89～'15　　　　3021
⑪　1086…立浪　和義（中）'88～'09　　　　2586
⑫　1062…榎本　喜八（西）'55～'72　　　　2222
⑬　1061…山内　一弘（広）'52～'70　　　　2235
⑭　1047…鳥谷　　敬（オ）'04～'20　　　　2211
⑮　1030…中村　紀洋（ディ）'92～'14　　　　2267
　b．シーズン
セ－158…王　　貞治（巨）'74　試合130
　　142…王　　貞治（巨）'66　試合129
　　138…王　　貞治（巨）'65　試合135
　　130…王　　貞治（巨）'67　試合133
　　　　　丸　　佳浩（広）'18　試合125
パ－118…ジョーンズ（楽）'14　試合138
　　113…片岡　篤史（日）'98　試合133
　　107…ボーリック（ロ）'01　試合132
　　105…清原　和博（武）'90　試合129
　　　　　ジョーンズ（楽）'13　試合143
日－95…山田　　潔（和）'42　試合97
　c．ゲーム
セ－6…落合　博満（中）'91.10. 13　対ヤ
　　5…王　　貞治（巨）'71. 9. 24　対神
　　　　　　　　　　　　'73. 8. 14　対神
　　　　　　　　　　　　'74.10. 4　対神
　　　　田尾　安志（中）'82.10. 18　対洋
　　　　宇野　　勝（中）'84.10. 3　対神
　　　　　　　　　　　　'84.10. 5　対神
　　　　掛布　雅之（神）'84.10. 3　対中
　　　　　　　　　　　　'84.10. 5　対ヤ
　　　　金本　知憲（広）'01.10. 11　対ヤ

　　　　アレックス（中）'04. 8. 4　対横
　　　　坂本　勇人（巨）'14. 6. 6　対武
　　　　鈴木　誠也（広）'17. 8. 16　対神
パ－5…土井　正博（近）'74. 5. 24　対南
　　　　清原　和博（武）'87. 9. 6　対近
　　　　　　　　　　　　'89. 5. 20　対ダ
　　　　門田　博光（南）'88. 5. 27　対急
　　　　中村　紀洋（近）'03. 5. 3　対日
　　　　銀　　　次（楽）'14.10. 4　対ソ
　　　　マーティン（ロ）'20. 9. 27　対ソ
日－5…鈴木　　実（名）'36. 5. 3　対急
　　　　山口　政信（名）'38. 8. 29　対南
　　　　大沢　　清（名）'41. 5. 27　対南
　　　　古川　清蔵（名）'43. 4. 24　対西
　　　　山川　喜作（中）'46. 8. 31　対中
　　　　安井　亀和（南）'49. 5. 10　対大
　d．イニング
セ、パ、日－2…多数あり
2．連続四球　－シーズン－
　a．連続試合四球
セ－18…王　　貞治（巨）'70. 6. 17～ 7. 15
　　15…王　　貞治（巨）'65. 5. 18～ 6. 9
　　　　落合　博満（中）'91. 8. 29～ 9. 18
パ－18…柳田　悠岐（ソ）'16. 3. 25～ 4. 19
　　15…田部　輝男（西）'51. 5. 9～ 6. 1
日－13…飯島　滋弥（東）'47. 4. 20～ 5. 10
　b．連続打席四球
セ－10…宇野　　勝（中）'84. 10. 3～10. 5
　　7…掛布　雅之（神）'84. 10. 3～10. 5
　　7…王　　貞治（巨）'71. 9. 23～ 9. 27
　　　　　　　　　　　　'73. 8. 12～ 8. 15
パ－11…松永　浩美（急）'88. 10. 22～10. 23第2
　　8…スペンサー（急）'65. 8. 14～ 8. 15第2
日－6…皆川　定之（タ）'39. 3. 21～ 3. 26
　　　　山川　喜作（中）'46. 8. 30～ 8. 31
3．故意四球　－1955年以降－
　a．ライフタイム
セ－427…王　　貞治（巨）'59～'80　試合2831
パ－223…張本　　勲（ロ）'59～'75　試合2308
　　　　　　　　　　　　　　'80～'81
　－ライフタイム10位まで－
①　427…王　　貞治（巨）'59～'80　試合2831
②　228…張本　　勲（ロ）'59～'81　　　　2752
③　205…長嶋　茂雄（巨）'58～'74　　　　2186
④　189…野村　克也（武）'54～'80　　　　3017
⑤　182…門田　博光（ダ）'70～'92　　　　2571
⑥　160…落合　博満（日）'79～'98　　　　2236
⑦　158…谷繁　元信（中）'89～'15　　　　3021
⑧　125…田淵　幸一（ロ）'69～'84　　　　1739
⑨　118…江藤　慎一（ロ）'59～'76　　　　2084
⑩　112…中村　武志（楽）'87～'05　　　　1955
　b．シーズン
セ－45…王　　貞治（巨）'74　試合130
　　41…王　　貞治（巨）'66　試合129
パ－37…野村　克也（南）'68　試合133
　　29…カブレラ（武）'02　試合128

S．死　球
1．最多死球
　a．ライフタイム
セ－161…衣笠　祥雄（広）'65～'87　試合2677
パ－146…井口　資仁（ロ）'97～'04,'09～'17　試合1915
　－ライフタイム100以上－　（22人）
①　196…清原　和博（オ）'86～'08　試合2338
②　166…竹之内雅史（神）'68～'82　　　　1371
③　161…衣笠　祥雄（広）'65～'87　　　　2677
④　152…阿部慎之助（巨）'01～'19　　　　2282
⑤　150…村田　修一（ロ）'03～'17　　　　1953
⑥　146…井口　資仁（ロ）'97～'17　　　　1915
⑦　138…稲葉　篤紀（日）'95～'14　　　　2213
⑧　137…井上　弘昭（武）'68～'85　　　　1531
⑨　135…中島　宏之（巨）'02～'20　　　　1782

⑩　128…田淵　幸一　（武）'69～'84　試合1739
⑪　122…野村　克也　（武）'54～'80　　　3017
⑫　118…松中　信彦　（ソ）'97～'15　　　1780
⑬　116…加藤　俊夫　（洋）'67～'85　　　1507
⑭　114…王　　貞治　（巨）'59～'80　　　2831
⑮　114…谷繁　元信　（中）'89～'15　　　3021
⑯　113…城島　健司　（神）'95～'12　　　1323
⑰　111…古田　敦也　（ヤ）'90～'07　　　2008
⑱　110…高橋　由伸　（巨）'98～'15　　　1819
⑲　109…ラロッカ　　（オ）'04～'10　　　　583
⑳　108…糸井　嘉男　（神）'07～'20　　　1588
㉑　106…青木　宣親　（ヤ）'04～'20　　　1353
㉒　104…田宮謙次郎　（毎）'49～'63　　　1488
　b．シーズン
セ－24…岩本　義行　（洋）'52　試合120
　　23…ラロッカ　　（広）'04　試合122
　　　　ガイエル　　（ヤ）'07　試合142
パ－28…ラロッカ　　（オ）'07　試合136
　　22…城島　健司　（ダ）'04　試合116
　　　　渡辺　直人　（楽）'08　試合132
　　　　中村　奨吾　（ロ）'18　試合143
日－12…坪内　道典　（中）'49　試合137
　c．ゲーム
セー 3…関本賢太郎　（神）'08．9．10　対ヤ
パー 3…竹之内雅史　（西）'70．5．24　対急
日－ 2…多数あり
　d．イニング
セー 2…衣笠　祥雄　（広）'76．8．31　対中の3回
　　　　ガイエル　　（ヤ）'07．8．1　対神の5回
　　　　平野　恵一　（神）'10．8．25　対広の7回
パー 1…多数あり
日－ 1…多数あり
2．連続死球　－シーズン－
　a．連続試合死球
セー 5…岩本　義行　（洋）'52．5．4～5．8
　　 4…キンケード　（神）'04．4．2～4．6
　　　　ラロッカ　　（広）'04．7．29～8．5
　　　　村田　修一　（横）'11．9．28～10．1
パー 4…スティーブ　（武）'81．5．24第1～5．27
　　　　池之上 格　（南）'83．6．21～6．28
　　　　エチェバリア（日）'03．6．3～7．4
　　　　島内　宏明　（楽）'19．7．20～7．25
日－ 2…多数あり
　b．連続打席死球
セー 4…松本　奉文　（広）'05．4．21～6．9
　　 3…達川　光男　（広）'88．4．23～4．24
パー 3…エチェバリア（日）'03．5．17～5．18
日－ 2…多数あり

T．三　　振

1．最多三振
　a．ライフタイム
セー1838…谷繁　元信　（中）'89～'15　試合3021
パー1800…中村　剛也　（武）'03～'20　試合1743
－ライフタイム1000以上－（71人）

①　1955…清原　和博　（オ）'86～'08　試合2338
②　1838…谷繁　元信　（中）'89～'15　　　3021
③　1800…中村　剛也　（武）'03～'20　　　1743
④　1715…山崎　武司　（中）'89～'13　　　2249
⑤　1712…秋山　幸二　（ダ）'81～'02　　　2189
⑥　1703…金本　知憲　（神）'92～'12　　　2578
⑦　1693…新井　貴浩　（広）'99～'18　　　2383
⑧　1691…中村　紀洋　（ディ）'92～'14　　2267
⑨　1655…ロ　ー　ズ　（オ）'96～'09　　　1674
⑩　1587…秋山　祥秋　（ヤ）'65～'87　　　2677
⑪　1529…広澤　克実　（神）'85～'03　　　1893
⑫　1520…門田　博光　（ダ）'70～'92　　　2571
⑬　1516…小久保裕紀　（ダ）'94～'12　　　2057
⑭　1478…野村　克也　（武）'54～'80　　　3017
⑮　1462…大島　康徳　（日）'71～'94　　　2638
⑮　1462…村田　修一　（巨）'03～'17　　　1953
⑰　1440…池山　隆寛　（ヤ）'84～'02　　　1784

⑱　1428…松田　宣浩　（ソ）'06～'20　試合1752
⑲　1427…福留　孝介　（神）'99～'20　　　1909
⑳　1416…田中　幸雄　（日）'86～'07　　　2238
㉑　1409…井口　資仁　（神）'97～'17　　　1915
㉒　1319…王　　貞治　（巨）'59～'80　　　2831
㉓　1306…宇野　　勝　（中）'77～'94　　　1802
㉔　1306…阿部慎之助　（巨）'01～'19　　　2282
㉕　1295…堀　　幸一　（ロ）'89～'09　　　2064
㉖　1269…稲葉　篤紀　（日）'95～'14　　　2213
㉗　1267…山崎　裕之　（武）'65～'84　　　2251
㉘　1259…ラミレス　　（ディ）'01～'13　　1744
㉙　1247…小笠原道大　（中）'97～'15　　　1992
㉚　1247…鳥谷　　敬　（ロ）'04～'20　　　2211
㉛　1241…石井　琢朗　（広）'89～'12　　　2413
㉜　1232…中島　宏之　（巨）'01～'20　　　1782
㉝　1223…栗山　　巧　（武）'04～'20　　　1958
㉞　1220…松井稼頭央　（武）'95～'18　　　1913
㉟　1204…有藤　道世　（ロ）'69～'86　　　2063
㊱　1190…サブロー　　（ロ）'95～'16　　　1782
㊲　1186…ブライアント（近）'88～'95　　　　773
㊳　1175…江藤　　智　（武）'90～'15　　　1834
㊴　1173…高橋　由伸　（巨）'98～'15　　　1819
㊵　1160…坂本　勇人　（巨）'07～'20　　　1785
㊶　1152…藤井　康雄　（オ）'87～'02　　　1641
㊷　1143…カブレラ　　（ソ）'01～'12　　　1239
㊸　1135…落合　博満　（巨）'79～'98　　　2236
㊹　1127…石毛　宏典　（ダ）'81～'96　　　1796
㊺　1123…山本　浩二　（広）'69～'86　　　2284
㊻　1123…大杉　勝男　（ヤ）'65～'83　　　2235
㊼　1113…駒田　徳広　（横）'83～'00　　　2063
㊽　1100…桧山進次郎　（神）'92～'13　　　1959
㊾　1099…片岡　篤史　（神）'92～'06　　　1569
㊿　1098…中田　　翔　（日）'09～'20　　　1422
51　1094…陽　　岱鋼　（巨）'07～'20　　　1315
52　1089…矢野　燿大　（神）'91～'10　　　1669
53　1089…福浦　和也　（ロ）'97～'19　　　2235
54　1088…丸　　佳浩　（巨）'10～'20　　　1352
55　1087…柴田　　勲　（巨）'62～'81　　　2208
56　1086…佐伯　貴弘　（中）'93～'11　　　1895
57　1086…金子　　誠　（日）'95～'14　　　1996
58　1082…初芝　　清　（ロ）'89～'01　　　1732
59　1081…田代　富雄　（洋）'76～'91　　　1526
60　1072…中村　武志　（楽）'87～'05　　　1955
61　1067…加藤　英司　（南）'69～'87　　　2028
62　1058…Ｔ－岡田　　（オ）'06～'20　　　1188
63　1057…大豊　泰昭　（中）'89～'02　　　1324
64　1054…福本　　豊　（急）'69～'88　　　2401
65　1046…松永　浩美　（ダ）'81～'97　　　1816
66　1044…伊東　　勤　（武）'82～'03　　　2379
67　1043…荒木　雅博　（中）'97～'18　　　2220
68　1029…浅村　栄斗　（楽）'07～'20　　　1376
69　1007…豊田　泰光　（ア）'53～'69　　　1814
70　1007…立浪　和義　（中）'88～'09　　　2586
71　1005…細川　　亨　（コ）'02～'20　　　1428
　b．シーズン
セ－184…村上　宗隆　（ヤ）'19　試合143
　　173…岩村　明憲　（ヤ）'04　試合138
　　169…エルドレッド（広）'14　試合118
　　166…ゴ　メ　ス　（祖）'14　試合143
　　158…ブ ラ ン コ（中）'10　試合134
パ－204…ブライアント（近）'93　試合127
　　198…ブライアント（近）'90　試合108
　　187…ブライアント（近）'89　試合125
　　176…ブライアント（近）'92　試合119
　　172…中村　剛也　（武）'15　試合139
日－ 86…杉山　　悟　（中）'48　試合134
　c．ゲーム　（※は投手）
セー 5…若菜　嘉晴　（神）'79．5．29　対洋
　　　　ゲ　イ　ル（中）'86．4．18　対中※
　　　　鶴田　　泰　（中）'93．9．7　対広※
　　　　大豊　泰昭　（中）'97．6．3　対横
　　　　上原　浩治　（巨）'00．5．6　対ヤ※
　　　　仁志　敏久　（巨）'05．4．16　対ヤ

館山　昌平（ヤ）'11. 9. 15　対広※
橋本　　到（巨）'14. 8. 30　対ディ
神里　和毅（ディ）'19. 4. 21　対広
坂本　勇人（巨）'19. 7. 30　対ソ
秋山　拓巳（神）'20. 7. 28　対ヤ※
パー5…ソ レ イ タ（ロ）'80. 7. 4　対ロ
愛甲　　猛（ロ）'92. 7. 11　対日
デューシー（日）'96. 5. 26　対ダ
金子　　誠（日）'97. 6. 14　対武
渡辺　俊介（ロ）'05. 5. 8　対横※
里崎　智也（ロ）'06. 5. 2　対ソ
茂木栄五郎（楽）'16. 4. 20　対オ
日－4…多数あり
　d．イニング
　セ、パー2…多数あり
2．最少三振　－シーズン－　（300打数以上）
　セ－6…川上　哲治（巨）'51　試合 97　打数374
　パ－6…酒沢　政夫（大）'51　試合120　打数363
　　　 7…得津　高宏（ロ）'78　試合114　打数391
　　　 7…坪内　道則（ゴ）'46　試合103　打数393
3．連続三振　－シーズン－
　a．連続試合三振
　セ－34…スタントン（神）'79. 8. 1〜 9. 22
　パ－31…ブライアント（近）'90. 6. 29〜 8. 29
　日－11…瀬井　　清（鯱）'37. 10. 9〜10. 28
　b．連続打席三振
　セ－18…ド ミ ン ゴ（横）'03. 3. 29〜 5. 13
　パ－13…高野　一彦（東）'59. 5. 21〜 9. 3
　　　　 徳久　利明（近）'63. 7. 14第2〜 8. 24
　日－ 7…野崎　泰一（神）'48. 9. 3〜 9. 10
4．連続打席無三振　－シーズン－
　セ－208…藤田　　平（神）'78. 4. 30〜 7. 5
　　　179…吉田　義男（神）'64. 3. 28〜 6. 2
　パ－216…イ チ ロ ー（オ）'97. 4. 16〜 6. 25
　　　180…小川　　亨（近）'75. 7. 10〜 9. 6

U. 併 殺 打

1．最多併殺打
　a．ライフタイム
　セ－267…衣笠　祥雄（広）'65〜'87　試合2677
　パ－378…野村　克也（武）'54〜'80　試合3017
　　－ライフタイム10位まで－
　① 378…野村　克也（武）'54〜'80　試合3017
　② 267…衣笠　祥雄（広）'65〜'87　　　2677
　③ 266…大杉　勝男（ヤ）'65〜'83　　　2235
　④ 257…長嶋　茂雄（巨）'58〜'74　　　2186
　④ 257…中村　紀洋（ディ）'92〜'14　　　2267
　⑥ 242…新井　貴浩（広）'99〜'18　　　2383
　⑦ 236…落合　博満（日）'79〜'98　　　2236
　⑦ 236…谷繁　元信（中）'89〜'15　　　3021
　⑨ 235…土井　正博（武）'62〜'81　　　2449
　⑩ 230…山崎　武司（中）'89〜'13　　　2249
　b．シーズン
　セ－29…駒田　徳広（横）'94　試合130
　　　28…ラ ミ レ ス（ヤ）'06　試合146
　　　27…大杉　勝男（ヤ）'78　試合132
　パ－34…ブ ー マ ー（オ）'89　試合130
　　　31…野村　克也（南）'73　試合129
　　　28…葛城　隆雄（毎）'62　試合132
　　　　 山崎　武司（楽）'07　試合141
　c．ゲーム
　セ－3…岡本　三男（本）'50. 9. 26　対中
　　　　 鵜飼　勝美（国）'56. 4. 28　対広
　　　　 山内　一弘（神）'64. 4. 1　対国
　　　　 大橋　　勲（洋）'71. 4. 28　対ヤ
　　　　 野田　征稔（神）'72. 6. 25　対洋第1
　　　　 田淵　幸一（神）'73. 5. 24　対ヤ巨
　　　　 松原　　誠（洋）'73. 8. 18　対ヤ
　　　　 高木　守道（中）'79. 7. 29　対ヤ巨
　　　　 ロ ー ズ（横）'98. 8. 6　対横
　　　　 ミューレン（ヤ）'96. 5. 6　対横
　　　　 和田　　豊（神）'99. 5. 5　対巨

谷繁　元信（横）'99. 7. 6　対広
鈴木　尚典（横）'01. 6. 24　対巨
ペタジーニ（ヤ）'01. 6. 24　対神
内川　聖一（横）'05. 5. 1　対ヤ
パー3…前川　忠男（高）'56. 7. 25　対毎
　　　 関口　清治（西）'58. 7. 16　対毎
　　　　　　　　　　'58. 10. 2　対近第2
　　　 田中久寿男（西）'60. 6. 4　対南
　　　 谷本　　稔（毎）'61. 5. 7　対急第1
　　　 山本　八郎（近）'65. 6. 18　対南
　　　 バ リ ス ン（京）'66. 8. 27　対急
　　　 ナイマン（武）'85. 4. 25　対近
　　　 二村　忠美（日）'85. 8. 4　対武
　　　 古屋　英夫（日）'86. 8. 20　対南
　　　 吉田　博司（南）'88. 5. 17　対急
　　　 ブリューワ（日）'90. 10. 14　対ロ第1
　　　 立川　隆史（ロ）'98. 7. 9　対オ
　　　 田口　　壮（オ）'98. 9. 9　対武
　　　 野口　寿浩（日）'00. 7. 1　対武
　　　 レ ア ー ド（日）'15. 4. 11　対ソ

III. チーム打撃記録

A. 打　　率

1．最高打率
　a．シーズン
　セ－.294…横　　浜 '99　試合135
　　 .292…巨　　人 '52　試合120
　パ－.297…ダイエー '03　試合140
　　 .292…ダイエー '04　試合133
　日－.288…阪　　神 '46　試合105
　b．ゲーム
　セ－.575…阪　　神 '85. 5. 6　対中　打数40安打23
　パ－.582…ダイエー '03. 7. 27　対オ　打数55安打32
　日－.537…阪　　神 '46.7. 20　対パ　打数41安打22
2．最低打率
　a．シーズン
　セ－.201…国　　鉄 '62　試合134
　　 .208…大　　洋 '56　試合130
　パ－.213…大　　映 '57　試合132
　　 .214…高　　橋 '56　試合154
　日－.180…大　　和 '43　試合 84

B. 打　　数

1．最多打数
　a．シーズン
　セ－5113…阪　　神 '05　試合146
　　 5036…阪　　神 '10　試合144
　パ－5209…南　　海 '56　試合154
　　 5135…大　　映 '56　試合154
　日－4890…阪　　神 '49　試合137
　b．ゲーム
　セ－58…大　　洋 '50. 10. 17　対中日
　パ－55…ダイエー '03. 7. 27　対オリックス
　　　　　　　　　 '03. 8. 1　対オリックス
　日－55…阪　　急 '49. 8. 12　対南海
　c．ゲーム　－両チーム－
　セ－95…大　　洋 58－37　中　　日 '50. 10. 17
　パ－93…毎　　日 52－41　東　　急 '51. 6. 24
　　　　　ダイエー 55－38　オリックス '03. 7. 27
　交－97…オリックス 52－45　広　　島 '10. 6. 7
　日－96…阪　　神 48－48　東　　急 '47. 8. 16
2．最少打数
　a．ゲーム
　セ－23（9回）…大　　洋 '84. 5. 22　対ヤ
　　　　　　　　　広　　島 '85. 6. 23　対ヤ
　　　20（8回）…広　　島 '82. 10. 11　対洋第1
　　　21（8回）…横　　浜 '01. 9. 28　対広

```
                  Ｄ e Ｎ Ａ    '14. 5. 10  対ヤ
  22 (8回)…大    洋   '56. 6. 24  対中第2
          巨    人   '66. 6. 18  対洋
          中    日   '74. 4. 18  対ヤ
パ-23 (9回)…西    武   '82. 7. 14  対日
          西    武   '92. 8. 16  対日
  22 (8回)…南    海   '56. 5. 26  対東
          日本ハム   '76. 4. 28  対近
          阪    急   '79. 7. 6   対ロ
          日本ハム   '80. 5. 13  対武
日-23 (9回)…阪    急   '39. 5. 6   対南
          南    海   '39. 8. 24  対急
          セネタース  '40. 7. 11  対神
          阪    神   '47. 7. 4   対巨
  b. ゲーム   -両チーム-
セ-51 (9回)…ヤ 25-26 洋  '82. 6. 18
         神 24-27 ヤ  '08. 5. 1
  53 (9回)…ヤ 25-28 巨  '74. 6. 6
         巨 26-27 広  '88. 9. 15
  48 (9裏なし)…洋 22-26 中 '56. 6. 24第2
  51 (サヨナラ)…国 25-26 神 '51. 9. 5
           (国鉄9回一死サヨナラ)
パ-53 (9回)…武 25-28 武 '12. 4. 19
  49 (9裏なし)…毎 23-26 西 '57. 10. 1第2
日-52 (9回)…名 25-27 黒 '41. 6. 22
         和 25-27 神 '42. 10. 15
  50 (9裏なし)…急 23-27 名 '37. 10. 19
         セ 25-25 巨 '39. 11. 3
         巨 25-25 ラ '40. 3. 30
```

Ｃ．得　　点

1. 最多得点
　a．シーズン
セ-908…松　竹 '50 試合137
　　766…阪　神 '50 試合140
パ-822…ダイエー '03 試合140
　　791…近　鉄 '80 試合130
日-735…阪　神 '49 試合137
　b．ゲーム
セ-28…大　洋 '50. 10. 17 対中日
　　25…巨　人 '55. 6. 22 対広島
パ-29…ダイエー '03. 8. 1 対オリックス
　　26…ダイエー '03. 7. 27 対オリックス
　　　　ロッテ '05. 3. 27 対楽天
　　25…南　海 '85. 9. 18 対近鉄
日-32…阪　急 '40. 4. 6 対南海
　c．イニング
セ-13…神 '69. 5. 27 対アの6回
　　　巨　人 '72. 6. 23 対ヤの6回
　　　ヤクルト '98. 4. 22 対中の1回
　　　横　浜 '00. 6. 7 対広の5回
　　12…国　鉄 '50. 4. 23 対洋の6回
　　　広　島 '84. 5. 30 対ヤの4回
　　　横　浜 '99. 6. 30 対広の5回
　　　中　日 '03. 9. 16 対巨の6回
　　　巨　人 '15. 8. 19 対神の5回
　　　ヤクルト '19. 4. 10 対広の10回
パ-15…ロッテ '09. 6. 11 対広の6回
　　12…南　海 '61. 5. 7 対西第2の2回
　　　オリックス '92. 7. 26 対ダの8回
日-12… 5度
　d．ゲーム -両チーム-
セ-33…大　洋 28-5 中　日 '50. 10. 17
　　　横　浜 22-11 ヤクルト '99. 7. 22
パ-35…西　鉄 21-14 東　急 '53. 3. 16
日-34…阪　急 32-2 南　海 '40. 4. 6
2. 連続試合得点
セ-129…ヤクルト '78. 4. 1~10. 8
　　119…巨　人 '81. 4. 4~ 9. 20
　　82…巨　人 '53. 4. 10~ 8. 13
　　　　ヤクルト '10. 5. 19~ 9. 11
パ-117…近　鉄 '80. 5. 2~ 9. 29

　　105…近　鉄 '94. 5. 12~10. 9
　　103…西　武 '04. 5. 1~ 9. 24
　　102…オリックス '08. 5. 13~10. 1
日- 95…阪　神 '49. 4. 9~ 9. 3
3. 連続試合2ケタ得点
セ- 4…巨　人 '51. 5. 11~ 5. 16
パ- 4…ダイエー '98. 7. 4~ 7. 8
　　　　日本ハム '03. 5. 23~ 5. 26
日- 3…7度
4. 連続イニング得点
セ-10…阪　神 '70. 6. 26対ヤの9回~
　　　　　　　　6. 27対ヤの9回
パ-10…南　海 '52. 6. 7対東の1回~
　　　　　　　　6. 10対近の1回~
　　　　　　　5. 5対南の6回
5. 最多連続得点　-イニング-
セ-11…大　洋 '72. 6. 21 対ヤの2回
　　　阪　神 '84. 8. 9 対ヤの9回
　　　阪　神 '96. 8. 9 対横の12回
　　　中　日 '03. 9. 16 対巨の6回
　　10…中　日 '50. 5. 25 対本の7回
　　　広　島 '50. 6. 7 対洋の7回
　　　阪　神 '54. 4. 4 対洋第2の5回
　　　国　鉄 '61. 8. 10 対巨の3回
　　　阪　神 '69. 5. 27 対アの6回
　　　中　日 '76. 6. 6 対洋第1の6回
　　　巨　人 '03. 4. 27 対横の8回
　　　ヤクルト '15. 7. 21 対ディの9回
　　　ヤクルト '19. 4. 10 対広の10回
パ-14…ロッテ '09. 6. 11 対広の6回
　　12…オリックス '92. 7. 26 対ダの8回
　　10…阪　急 '79. 8. 22 対南の1回
　　　近　鉄 '90. 10. 5 対ダ第2の4回
　　　ダイエー '03. 7. 27 対オの1回
　　　ロッテ '05. 3. 27 対楽の2回
　　　西　武 '08. 7. 22 対楽の2回
　　　ロッテ '10. 6. 7 対ヤの7回
　　　西　武 '18. 5. 31 対広の2回
日-11…タイガース '36. 4. 30 対名の1回
6. 全員得点
　a．ゲーム
セ-中　日 '50. 4. 21 対西日本
　　阪　神 '50. 5. 31 対巨人
　　松　竹 '51. 8. 1 対阪神
　　阪　神 '51. 8. 10 対大洋
　　阪　神 '54. 9. 30 対中日第1
パ-毎　日 '50. 4. 20 対近鉄
　　南　海 '50. 11. 3 対毎日
　　南　海 '76. 4. 24 対日本ハム
　　日本ハム '76. 10. 7 対ロッテ
　　近　鉄 '78. 5. 14 対阪急
　　日本ハム '79. 6. 17 対近鉄
　　日本ハム '85. 7. 9 対近鉄
　　ロッテ '93. 5. 5 対ダイエー
　　近　鉄 '03. 4. 16 対西武
　　楽　天 '13. 4. 5 対ロッテ
7. 毎回得点
セ-阪　神 '70. 6. 27 対ヤクルト
　　　　(各回の得点　241 112 111…14)
　　中　日 '34. 6. 29 対大洋
　　　　(各回の得点　121 128 151…22)
パ-南　海 '52. 6. 7 対東急
　　　　(各回の得点　222 221 124…18)
　　阪　急 '75. 5. 11 対南海第2
　　　　(各回の得点　132 412 11x…15)
　　阪　急 '35. 7. 31 対西武
　　　　(各回の得点　123 131 22x…15)
　　西　武 '97. 5. 7 対ダイエー
　　　　(各回の得点　242 211 612…21)
日-なし
8. 最多得点差勝利
セ-23…大　洋 28- 5 '50. 10. 17 対中日

```
      21…大　　洋    21 － 0  '79. 5. 9   対阪神
パ－28…ダイエー    29 － 1  '03. 8. 1   対オリックス
      26…ロッテ    26 － 0  '05. 3. 27  対楽天
      22…西　　武    22 － 0  '92. 5. 1   対近鉄
      21…南　　海    25 － 4  '85. 9. 18  対近鉄
         西　　武    21 － 0  '97. 5. 7   対ダイエー
         ダイエー    21 － 0  '04. 5. 15  対ロッテ
      20…ロッテ    22 － 2  '99. 4. 7   対ダイエー
交－21…ロッテ    22 － 2  '09. 6. 11  対広島
日－30…阪　　急    32 － 0  '40. 4. 6   対南海
      26…グレートリング 26 － 0  '46. 7. 15  対ゴールドスター
```

D. 安　　打

1. 最多安打
a. シーズン
```
セ－1458…阪　　神    '10   試合144
    1417…松　　竹    '50   試合137
パ－1461…ダイエー    '03   試合140
    1383…ソフトバンク  '14   試合144
日－1384…阪　　神    '49   試合137
```
b. ゲーム
```
セ－28…広　　島    '50. 6. 7   対大洋
      大　　洋    '50. 10. 17  対中日
パ－32…ダイエー    '03. 7. 27  対オリックス
    31…ダイエー    '03. 8. 1   対オリックス
    29…西　　武    '97. 5. 7   対ダイエー
    28…日本ハム    '08. 10. 1   対楽天
日－28…グレートリング '46. 7. 15  対ゴールドスター
```
c. イニング
```
セ－12…阪　　神    '69. 5. 27  対ア の6回
    11…ヤクルト    '78. 5. 12  対洋の6回
      広　　島    '86. 6. 3   対洋の9回
      横　　浜    '99. 6. 30  対広の5回
      横　　浜    '00. 6. 7   対広の5回
      ヤクルト    '06. 10. 10  対広の5回
      ヤクルト    '09. 6. 14  対オの5回
      ヤクルト    '15. 7. 21  対デの9回
      広　　島    '20. 7. 11  対中の3回
パ－13…西　　武    '92. 7. 15  対ダの6回
    12…ロッテ    '09. 6. 11  対広の6回
    11…南　　海    '50. 11. 3  対洋の9回
      ロッテ    '05. 3. 27  対楽の2回
      日本ハム    '18. 7. 31  対ロの1回
日－12…阪　　神    '46. 9. 19  対中の4回
```
d. ゲーム －両チーム－
```
セ－42…広　　島    21－21  大　　洋    '86. 4. 29
    40…中　　日    25－15  大　　洋    '84. 6. 29
      横　　浜    20－20  巨　　人    '98. 7. 15
      阪　　神    22－18  横　　浜    '06. 5. 5
パ－45…ダイエー    32－13  オリックス  '03. 7. 27
    41…南　　海    23－18  近　　鉄    '63. 4. 16
交－43…オリックス  25－18  広　　島    '10. 6. 7
    42…広　　島    22－20  オリックス  '08. 6. 7
日－41…阪　　神    21－20  東　　急    '47. 8. 16
```
2. 最少安打 －ゲーム・両チーム－
```
セ－ 2…大　　洋    1－1   ヤクルト    '82. 6. 18
    3…阪　　神    1－2   国　　鉄    '56. 5. 6第1
      広　　島    1－2   中　　日    '66. 5. 24
      巨　　人    1－2   阪　　神    '71. 7. 15第2
      巨　　人    1－2   広　　島    '88. 9. 15
      ヤクルト    1－2   横　　浜    '95. 4. 26
パ－ 2…近　　鉄    0－2   日本ハム    '73. 6. 16第2
    3…大　　映    1－2   近　　鉄    '55. 8. 30第1
      近　　鉄    0－3   日本ハム    '90. 4. 25
日－ 3…ライオン    1－2   阪　　急    '40. 7. 19
      名古屋    1－2   阪　　急    '41. 4. 10
      大　　洋    1－2   黒　　鷲    '41. 6. 23
      朝　　日    1－2   巨　　人    '42. 5. 17第1
      朝　　日    1－2   巨　　人    '42. 9. 13
      西　　鉄    1－2   阪　　急    '43. 9. 20
```
3. 全員毎回安打
```
セ－松　　竹    '50. 3. 19  対中日
```

```
木村5、小鶴4、宮崎4、三村3、真田3、岩本2、
金山2、荒川2、平野、大岡
    イニング別…441 133 227 ……………27安打
名古屋 '51. 5. 20  対国鉄第1
野口4、原田2、杉山2、坪内2、児玉2、服部2、松本、
国枝、三富
    イニング別…122 121 32 x ……………14安打
名古屋 '51. 8. 10  対巨人
杉山3、土屋3、国枝3、坪内2、原田2、西沢2、
服部2、野口2、宮下2
    イニング別…124 223 124 ……………21安打
中　　日 '00. 4. 7  対横浜
立浪4、山崎4、福留2、ゴメス2、ディンゴ2、
井上2、中村2、関川、バンチ
    イニング別…112 123 415 ……………20安打
阪　　神 '06. 9. 5  対巨人
鳥谷3、濱中2、矢野2、赤星2、関本2、シーツ、
金本、藤本、福原
    イニング別…121 322 11 x ……………13安打
パ－大　　映 '50. 10. 1  対毎日
飯島3、伊賀上2、伊勢川2、山田、酒沢、加藤、
増田、滝田、小川
    イニング別…121 112 112 ……………12安打
近　　鉄 '53. 4. 7  対東急
日下2、五井2、山本2、根本2、関根2、鈴木、
森下、武智、小田野
    イニング別…232 211 21 x ……………14安打
大　　映 '53. 9. 1  対南海
菅原2、島田2、坂本2、田川2、スタルヒン2、
滝田、増田、山田、上市
    イニング別…113 131 221 ……………15安打
東　　映 '61. 9. 12  対近鉄
張本3、ラドラ3、毒島2、山本八2、安藤2、土橋2、
西園寺、吉田、河津、山本義
    イニング別…232 152 21 x ……………18安打
日本ハム '75. 8. 29  対南海
小田3、内田2、ジェスター2、中原全2、岡持、
末永、東田、千藤、高橋博
    イニング別…212 141 21 x ……………14安打
西　　武 '81. 7. 20  対阪急
テリー3、スティーブ3、広橋2、石毛2、山崎2、
大石2、立花2、行沢、田淵、山村、蓬莱
    イニング別…212 343 41 x ……………20安打
ロッテ '82. 8. 4  対南海
劔持5、落合3、袴田3、リー2、弘田2、高沢、
レオン、有藤、井上、庄司、水上
    イニング別…151 251 15 x ……………21安打
ダイエー '04. 8. 6  対オリックス
大道3、荒金3、川崎3、宮地3、バルデス2、松中2、
本間2、井口、鳥越、柴原、田口
    イニング別…413 513 312 ……………23安打
日－南　　海 '39. 8. 16  対タイガース
鶴岡3、平井2、岡村2、国久2、吉川2、宮口2、
岩出、中村、小林
    イニング別…111 422 221 ……………16安打
朝　　日 '44. 8. 13  対阪急
田中4、酒沢2、坪内2、金光2、菊矢2、桜沢2、
仁木、大島、内藤
    イニング別…311 221 511 ……………17安打
グレートリング '46. 7. 15  対ゴールドスター
河西6、堀井4、田川4、安井3、山本3、別所3、
筒井2、宮崎2、清水
    イニング別…121 154 3 11 x …………28安打
阪　　神 '46. 7. 20  対パシフィック
金田4、土井垣3、御園生3、本堂2、藤村2、
長谷川2、渡辺、小林、高山、野崎
    イニング別…634 231 21 x ……………22安打
南　　海 '48. 9. 24  対巨人
笠原3、山本2、木塚2、安井、河西、飯田、堀井、
別所、筒井
    イニング別…112 113 31 x ……………13安打
巨　　人 '49. 5. 10  対東急
萩原5、藤本4、平山3、千葉2、藤原2、白石、青田、
```

川上、山川、手塚
　　　イニング別…114　132　117 ……………21安打
4. 両チーム毎回安打
セ－松　　竹　19－16　巨　　人　'52. 3. 25
　　阪　　神　18－12　広　　島　'76. 9. 19第1
　　巨　　人　18－17　広　　島　'05. 9. 3
パ－南　　海　15－14　西　　鉄　'54. 8. 15
　　阪　　急　17－16　西　　武　'85. 5. 5
　　西　　武　17－12　ソフトバンク　'11. 4. 17
日－なし
5. 連続試合毎回安打
セ－2…中　　日　'76. 10. 10　対広～10. 11　対広
　　　ヤクルト　'80. 6. 15　対中～ 6. 17　対洋
　　　巨　　人　'85. 7. 12　対神～ 7. 13　対神
　　　ヤクルト　'92. 6. 25　対中～ 6. 27　対広
　　　阪　　神　'04. 6. 1　対ヤ～ 6. 2　対ヤ
　　　ヤクルト　'05. 8. 5　対巨～ 8. 6　対巨
　　　阪　　神　'08. 8. 10　対巨～ 8. 12　対広
　　　阪　　神　'14. 7. 6　対ディ～ 7. 8　対広
パ－2…南　　海　'52. 6. 7　対東～ 6. 10　対近
　　　阪　　急　'79. 7. 18　対南～ 7. 19　対南
　　　阪　　急　'82. 10. 7　対南～10. 8　対南
　　　南　　海　'88. 5. 17　対近～ 5. 18　対急
　　　日本ハム　'00. 8. 24　対オ～ 8. 26　対ダ
　　　ダイエー　'03. 7. 30　対近～ 8. 1　対オ
　　　ロッテ　'06. 5. 28　対近～ 5. 30　対ヤ
日－2…阪　　急　'46. 9. 15　対セ～ 9. 19　対パ
　　　大　　陽　'47. 9. 13　対神～ 9. 15　対神
　　　阪　　神　'49. 8. 10　対陽～ 8. 12　対陽
6. 連続試合2ケタ安打
セ－15…松　　竹　'50. 10. 19～11. 10第1
パ－10…阪　　急　'79. 9. 12～ 9. 21
　　　日本ハム　'92. 7. 16～ 8. 5
日－8…巨　　人　'48. 6. 27～ 7. 10
7. 連続打数安打　－イニング－
セ－11…ヤクルト　'09. 6. 14　対オリックスの5回
　　10…ヤクルト　'98. 4. 22　対中日の1回
　　　　　　　（途中4四球(含む故意四球1)）
　　　ヤクルト　'15. 7. 21　対DeNAの9回
　　　　　　　（途中1犠打、1四球）
　　　阪　　神　'16. 7. 27　対ヤクルトの4回
　　　　　　　（途中1犠打、2四球）
　　9…横　　浜　'94. 5. 13　対巨人の8回
　　　　　　　（途中犠打、四死球なし）
　　　巨　　人　'96. 7. 9　対広島の2回
　　　　　　　（途中犠打、四死球なし）
　　　ヤクルト　'04. 5. 3　対中日の2回
　　　　　　　（途中犠打、四死球なし）
　　　ヤクルト　'06. 10. 10　対広島の5回
　　　　　　　（途中犠打、四死球なし）
パ－10…ダイエー　'03. 7. 27　対オリックスの1回
　　　　　　　（途中1犠打、2四球）
　　　ロッテ　'09. 6. 11　対広島の2回
　　　　　　　（途中2四球、1死球）
　　　ロッテ　'10. 6. 7　対ヤクルトの7回
　　　　　　　（途中犠打、四死球なし）
　　　オリックス　'10. 6. 7　対広島の6回
　　　　　　　（途中犠打、四死球なし）
　　9…阪　　急　'76. 4. 3　対近鉄の2回
　　　　　　　（途中1四球）
　　　近　　鉄　'84. 5. 23　対南海の3回
　　　　　　　（途中犠打、四死球なし）
　　　日本ハム　'87. 10. 1　対西武の5回
　　　　　　　（途中犠打、四死球なし）
　　　ダイエー　'03. 5. 20　対日本ハムの2回
　　　　　　　（途中1犠打）
　　　楽　　天　'05. 5. 26　対ロッテの1回
　　　　　　　（途中1犠打、1四球）
　　　日本ハム　'18. 7. 31　対ロッテの1回
　　　　　　　（途中1死球）
日－9…阪　　神　'46. 9. 19　対中部日本の4回
　　　　　　　（途中犠打、四死球なし）

※'36. 4.30タイガースが対名古屋の1回に3四球を挟み
10打数連続安打。
　（1972以前の規則では四球で途切れるため参考記録）
8. 連続打者安打　－イニング－
セ－9…横　　浜　'94. 5. 13　対巨人の8回
　　　巨　　人　'96. 7. 9　対広島の2回
　　　ヤクルト　'04. 5. 3　対中日の2回
　　　ヤクルト　'06. 10. 10　対広島の5回
　　　ヤクルト　'09. 6. 14　対オリックスの5回
パ－10…ロッテ　'10. 6. 7　対ヤクルトの7回
　　　オリックス　'10. 6. 7　対広島の6回
　　9…近　　鉄　'84. 5. 23　対南海の3回
　　　日本ハム　'87. 10. 1　対西武の5回
日－9…阪　　神　'46. 9. 19　対中部日本の4回

E. 二塁打
1. 最多二塁打
a. シーズン
セ－258…大　　洋　'50　試合140
　　246…横　　浜　'99　試合135
　　245…横　　浜　'98　試合136
　　　　　中　　日　'06　試合146
　　　　　巨　　人　'07　試合144
　　　　　ＤｅＮＡ　'17　試合143
パ－290…日本ハム　'09　試合144
　　283…ロッテ　'03　試合140
　　280…ロッテ　'08　試合144
日－242…阪　　神　'49　試合137
b. ゲーム
セ－10…阪　　神　'85. 9. 10　対大洋
　　9…阪　　神　'50. 8. 3　対西日本
　　　巨　　人　'54. 9. 29　対広島
　　　大　　洋　'79. 5. 9　対阪神
　　　阪　　神　'18. 6. 27　対DeNA
パ－11…楽　　天　'13. 8. 4　対日本ハム
　　9…南　　海　'55. 8. 28　対近鉄第1
　　　ダイエー　'90. 8. 17　対西武
　　　オリックス　'04. 4. 12　対日本ハム
　　　日本ハム　'04. 5. 12　対近鉄
　　　日本ハム　'09. 4. 19　対西武
　　　西　　武　'15. 5. 13　対日本ハム
日－11…巨　　人　'48. 10. 16　対大陽
c. イニング
セ－6…広　　島　'86. 6. 3　対洋の9回
　　　巨　　人　'15. 8. 19　対神の5回
　　5…国　　鉄　'59. 7. 25　対中の8回
　　　国　　鉄　'60. 7. 20　対巨の5回
　　　広　　島　'83. 5. 11　対巨の5回
　　　中　　日　'03. 9. 16　対巨の6回
パ－7…楽　　天　'13. 8. 4　対日ハの7回
　　5…近　　鉄　'63. 6. 19　対東の7回
　　　南　　海　'74. 8. 7　対ロ第1の1回
　　　近　　鉄　'03. 6. 23　対オの6回
　　　ロッテ　'03. 9. 30　対ダの4回
日－6…巨　　人　'48. 10. 16　対陽の5回
d. ゲーム　－両チーム－
セ－13…横　　浜　7－6　ヤクルト　'06. 6. 30
　　12…巨　　人　8－4　広　　島　'51. 8. 8
　　　巨　　人　7－5　大　　洋　'92. 4. 11
　　　広　　島　7－5　ＤｅＮＡ　'20. 9. 4
パ－13…日本ハム　8－5　ダイエー　'99. 4. 14
　　　楽　　天　11－2　日本ハム　'13. 8. 4
　　12…西　　鉄　7－5　南　　海　'51. 8. 14
　　　阪　　急　7－5　ロッテ　'85. 6. 5
　　　西　　武　7－5　近　　鉄　'94. 5. 22
　　　ロッテ　8－4　ダイエー　'03. 9. 30
　　　オリックス　9－3　日本ハム　'04. 4. 12
　　　ロッテ　6－6　楽　　天　'14. 4. 12
日－13…阪　　急　7－6　タイガース　'36. 7. 19
2. 最多連続二塁打　－イニング－
セ－5…広　　島　'83. 5. 11　対巨の5回
　　　　　　　（途中1犠打）

広　　　島　'86. 6. 3　対洋の9回
パー 4…近　　　鉄　'60. 9. 10　対毎の1回
　　　大南毎海　'63. 7. 8　対近の1回
　　　南　　　海　'84. 9. 20　対近の7回
　　　　　　　　　　　（途中1犠打、1四球）
　　　日本ハム　'91. 8. 3　対オの4回
　　　　　　　　　　　　　　（途中2犠打）
　　　ロ ッ テ　'98. 7. 28　対ダの6回
　　　ロ ッ テ　'03. 9. 30　対ダの4回
　　　オリックス　'08. 7. 20　対日の1回
　　　オリックス　'09. 7. 29　対ロの1回
　　　ソフトバンク　'13. 6. 3　対神の5回
　　　楽　　　天　'13. 8. 4　対ロの5回
　　　楽　　　天　'14. 7. 11　対ロの2回
　　　　　　　　　　　（途中1犠打、1四球）
日 - 3…多数あり

F．三塁打
1. 最多三塁打
a. シーズン
セ-54…中　　　日　'50　試合137
　　49…松　　　竹　'50　試合137
　　　　巨　　　人　'59　試合130
パー66…阪　　　急　'55　試合142
　　56…西　　　鉄　'56　試合154
　　　　東　　　映　'61　試合140
日-61…阪　　　神　'46　試合105
b. ゲーム
セ- 4…広　　　島　'50. 3. 14　対国鉄
　　　　巨　　　人　'57. 8. 27　対大洋
　　　　ヤクルト　'70. 6. 26　対阪神
パー 5…太 平 洋　'76. 6. 20　対日本ハム
日- 6…セネタース　'46. 7. 14　対ゴールドスター
c. イニング
セ- 3…広　　　島　'50. 3. 14　対国の6回
　　　　巨　　　人　'57. 8. 27　対洋の2回
　　　　広　　　島　'62. 5. 6　対洋第1の8回
　　　　ヤクルト　'87. 8. 30　対洋の7回
　　　　阪　　　神　'90. 9. 5　対洋の6回
パー 4…オリックス　'19. 6. 23　対広の10回
　　 3…近　　　鉄　'54. 7. 25　対南第2の1回
　　　　阪　　　急　'55. 5. 21　対ダの4回
　　　　オリックス　'18. 6. 17　対ディの7回
日- 4…巨　　　人　'47. 8. 16　対急の3回
d. ゲーム　-両チーム-
セ- 5…阪　　　神　3-2　広　　　島　'50. 5. 25
　　　　ヤクルト　4-1　阪　　　神　'70. 6. 26
パー 5…西　　　鉄　4-1　近　　　鉄　'53. 3. 21第2
　　　　太 平 洋　5-0　日本ハム　'76. 6. 20
日- 9…東　　　急　5-4　阪　　　神　'47. 8. 16
2. 最多連続三塁打　-イニング-
セ- 3…ヤクルト　'87. 8. 30　対洋の7回
　　　　阪　　　神　'90. 9. 5　対洋の6回
パー 3…阪　　　急　'55. 5. 21　対近の2回
　　　　オリックス　'19. 6. 23　対広の10回
　　　　　　　　　　　　　　（途中2四球）
日- 2…多数あり

G．本 塁 打
1. 最多本塁打
a. シーズン
セ-259…巨　　　人　'04　試合138
　　226…巨　　　人　'10　試合144
　　219…阪　　　神　'85　試合130
　　205…広　　　島　'78　試合130
　　　　　巨　　　人　'03　試合140
パー239…近　　　鉄　'80　試合130
　　219…西　　　武　'80　試合130
　　212…近　　　鉄　'85　試合130
　　211…近　　　鉄　'01　試合140
　　204…阪　　　急　'80　試合130

日-141…阪　　　神　'49　試合137
b. ゲーム
セ- 9…松　　　竹　'51. 8. 1　対阪神
　　 8…大　　　洋　'76. 9. 19　対広島第1
　　　　大　　　洋　'74. 4. 22　対大洋
　　　　中　　　日　'84. 6. 29　対大洋
　　　　巨　　　人　'84. 7. 4　対ヤクルト
　　　　巨　　　人　'84. 9. 4　対中日
　　　　巨　　　人　'85. 6. 28　対阪神
　　　　巨　　　人　'10. 6. 29　対広島
パー 9…阪　　　急　'80. 8. 9　対近鉄
　　　　ロ ッ テ　'80. 10. 3　対近鉄
　　 8…ダイエー　'94. 9. 18　対ロッテ
　　　　近　　　鉄　'03. 7. 12　対日本ハム
　　　　ソフトバンク　'18. 7. 16　対西武
日- 8…大　　　映　'49. 4. 26　対巨人
c. イニング
セ- 5…ヤクルト　'77. 9. 14　対洋の8回
　　 4…中　　　日　'50. 4. 11　対国の1回
　　　　大　　　洋　'76. 9. 19　対広第1の6回
　　　　ヤクルト　'79. 6. 23　対洋の7回
　　　　阪　　　神　'83. 8. 14　対ヤの3回
　　　　巨　　　人　'85. 9. 9　対洋の4回
　　　　ヤクルト　'86. 6. 10　対洋の1回
　　　　巨　　　人　'87. 5. 12　対神の4回
　　　　中　　　日　'91. 8. 3　対神の5回
　　　　巨　　　人　'99. 7. 31　対広の1回
　　　　巨　　　人　'00. 6. 21　対中の7回
　　　　横　　　浜　'05. 6. 1　対楽の1回
　　　　横　　　浜　'05. 9. 23　対ヤの9回
パー 6…西　　　武　'86. 8. 6　対近の8回
　　 5…東　　　映　'71. 5. 3　対ロの10回
　　　　西　　　武　'80. 8. 7　対ロの2回
　　 4…阪　　　急　'71. 5. 29　対南の1回
　　　　太 平 洋　'75. 5. 11　対近第1の6回
　　　　西　　　武　'83. 5. 7　対ロの1回
　　　　西　　　武　'83. 6. 28　対ロの3回
　　　　日本ハム　'84. 9. 29　対近の7回
　　　　近　　　鉄　'85. 10. 1　対急の3回
　　　　近　　　鉄　'90. 4. 29　対オの5回
　　　　近　　　鉄　'90. 10. 5　対ダ第2の4回
　　　　近　　　鉄　'93. 7. 6　対ダの4回
　　　　オリックス　'98. 8. 9　対ダの5回
　　　　ダイエー　'03. 6. 17　対オの7回
　　　　ダイエー　'03. 9. 14　対ダの5回
　　　　ソフトバンク　'19. 4. 7　対ロの8回
日- 3…多数あり
d. ゲーム　-両チーム-
セ-12…ヤクルト　7-5　中　　　日　'80. 10. 19第1
　　11…中　　　日　7-4　阪　　　神　'50. 4. 18
　　　　松　　　竹　9-2　阪　　　神　'51. 8. 1
　　　　阪　　　神　9-2　広　　　島　'76. 9. 19第1
　　　　巨　　　人　7-4　阪　　　神　'84. 9. 4
　　　　巨　　　人　7-4　横　　　浜　'00. 8. 10
　　　　ヤクルト　7-4　広　　　島　'07. 7. 11
　　　　　　（9回まで、11回でヤ8-4広）
パー13…ロ ッ テ　7-5　近　　　鉄
　　12…阪　　　急　7-5　東　　　映　'69. 10. 9
　　11…南　　　海　7-5　阪　　　急　'80. 5. 12
　　　　オリックス　7-4　西　　　武　'90. 9. 9
　　　　近　　　鉄　8-3　日本ハム　'03. 7. 12
　　　　ロ ッ テ　7-4　オリックス　'05. 8. 13
日-13…大　　　映　8-5　巨　　　人　'49. 4. 26
e. イニング　-両チーム-
セ- 5…阪　　　神　4-1　広　　　島　'76. 9.19第1の6回
　　　　ヤクルト　5-0　大　　　洋　'77. 9.14の8回
　　　　巨　　　人　4-1　中　　　日　'00. 6.21の7回
　　　　ヤクルト　3-2　広　　　島　'07. 7.11の6回
パー 6…東　　　映　5-1　ロ ッ テ　'71. 5. 3の10回
　　　　西　　　武　5-0　近　　　鉄　'86. 8. 6の8回
　　 5…阪　　　急　3-2　毎　　　日　'50. 3.16の1回
　　　　西　　　武　5-0　近　　　鉄　'80. 8. 7の7回

交－5…横　　浜　4－1　楽　　天　'05. 6. 1の1回
　　　　西　　武　3－2　巨　　人　'05. 6.11の6回
日－5…巨　　人　3－2　大　　映　'49. 4.26の8回

2. 連続本塁打　－イニング－

セー4…大　　洋　'50. 9. 28　対神の3回
　　　　　大沢－藤井－平山－門前
　　　阪　　神　'76. 9. 19　対広第1の6回
　　　　　中村勝－掛布－ラインバック－田淵
　　　巨　　人　'85. 9. 9　対洋の4回
　　　　　篠塚－山倉－淡口－中畑
　　　　　　　　（途中1四球）
　　　ヤクルト　'86. 6. 10　対洋の1回
　　　　　若松－レオン－ブロハード－広沢
　パー5…東　　映　'71. 5. 3　対ロの10回
　　　　　作道－大下－大橋－張本－大杉
　　4…西　　武　'83. 6. 28　対ロの3回
　　　　　立花－スティーブ－田淵－大田
　　　日本ハム　'84. 9. 29　対近の7回
　　　　　柏原－二村－古屋－白井
　　　　　（途中1四球、1死球）
　日－3…南　　海　'49. 8. 14　対急の3回
　　　　　笠原－飯田－山本

3. 連続試合本塁打

セー33…巨　　人　'04. 4. 2〜 5. 12
　　26…ヤクルト　'04. 8. 1〜 9. 1
　　24…巨　　人　'10. 7. 2〜 8. 5
　パー35…西　　武　'86. 8. 14〜 9. 27
　　24…西　　武　'80. 6. 30〜 8. 12
　　　　阪　　急　'85. 5. 23〜 7. 7
　　　　西　　武　'87. 7. 20〜 8. 17
　日－10…阪　　神　'49. 6. 28〜 7. 13

4. 満塁本塁打

　a．シーズン
セー12…中　　日　'50　試合137
　　9…横　　浜　'99　試合135
　　　DeNA　'19　試合143
パー11…オリックス　'90　試合130
　　10…近　　鉄　'85　試合130
日－4…金　　鯱　'37秋　試合 49
　　中　　日　'49　試合137
　　大　　陽　'49　試合133
　　大　　映　'49　試合134
　b．ゲーム
セー2…大　　洋　'51. 8.15対松 4、5回　宮崎、高野
　　大　　洋　'64. 3.22対中 1、4回　伊藤、重松
　　中　　日　'69. 9. 3対広 3、7回　江藤、江島
　　広　　島　'78. 4.20対中 2、6回　ギャレット、ライトル
　　中　　日　'95. 6.15対ヤ 2、3回　ホール、立浪
　　阪　　神　'96.10. 9対中 1回－2　新庄、塩谷
　　広　　島　'05. 8.10対ヤ 1、2回　前田、ラロッカ
　　巨　　人　'06. 4.30対中 4、5回　二岡2
　　阪　　神　'13. 5. 7対広 1、8回　城島、マートン
　　広　　島　'13. 5.12対中 4、6回　丸、菊池
　　広　　島　'18. 7.27対ディ 4、8回　バティスタ、田中
　　中　　日　'19. 4.13対神 4、8回　京田、堂上
　　巨　　人　'19. 7.28対神 1、6回　ゲレーロ、炭谷
　　阪　　神　'20. 7.28対ヤ 2、5回　ボーア、サンズ
パー2…大　　映　'51.10. 5対急 1、7回　飯島2
　　毎　　日　'56. 9.23対東 3、8回　葛城、鈴木
　　近　　鉄　'77. 4.17対南 5、6回　島本、石渡
　　近　　鉄　'80. 4. 8対リ 1、4回　梨田、佐々木
　　南　　海　'80. 7.17対ロ 1、8回　岡本、片平
　　日本ハム　'87. 5. 3対近 1、8回　田村、パットナム
　　近　　鉄　'88. 9.22対南 2、3回　山下、新井
　　近　　鉄　'96. 5.25対オ 3、7回　内匠、中村紀
　　ダイエー　'99. 8.20対日 2回－2　秋山、小久保
　　ダイエー　'04. 5.30対オ 3、5回　バルデス、城島
　　楽　　天　'07. 4. 1対オ 3回－2　フェルナンデス、山崎武
　　日本ハム　'10. 6.20対オ 8回－2　小谷野、金子誠
　　ロッテ　'13. 8.22対武 3回－2　井口、鈴木
　　ソフトバンク　'18. 8.26対武 2、12回　今宮、グラシアル
日－1…多数あり
c．イニング

セー2…阪　　神　'96.10. 9対中の1回　新庄、塩谷
パー2…ダイエー　'99. 8.20対日の2回　秋山、小久保
　　楽　　天　'07. 4. 1対オの3回　フェルナンデス、山崎武
　　日本ハム　'10. 6.20対オの8回　小谷野、金子誠
　　ロッテ　'13. 8.22対武の3回　井口、鈴木
日－1…多数あり

H. 塁　　打

1. 最多塁打

　a．シーズン
セー2340…巨　　人　'04　試合138
　　2261…阪　　神　'10　試合144
パー2265…ダイエー　'03　試合140
　　2249…近　　鉄　'80　試合130
日－2139…阪　　神　'49　試合137
　b．ゲーム
セー54…中　　日　'84. 6. 29　対大洋
　　52…松　　竹　'51. 8. 1　対阪神
パー60…ダイエー　'03. 8. 1　対オリックス
　　52…近　　鉄　'94. 7. 13　対ロッテ
　　　ダイエー　'03. 7. 27　対オリックス
日－59…阪　　へ　'48. 10. 16　対大陽
　c．イニング
セー23…ヤクルト　'77. 9. 14　対洋の8回
　　21…ヤクルト　'98. 4. 22　対中の1回
　　20…大　　洋　'50. 7. 27　対松の5回
　　　広　　島　'62. 5. 6　対洋第1の8回
　　　ヤクルト　'06. 5. 10　対武の4回
　　　ヤクルト　'15. 7. 21　対ディの9回
　　　巨　　へ　'20. 9. 3　対ディの6回
パー25…西　　武　'80. 8. 7　対近の7回
　　24…西　　武　'86. 8. 6　対近の8回
　　23…東　　映　'71. 5. 3　対ロの10回
　　　近　　鉄　'90. 5. 3　対ダ第2の4回
日－21…グレートリング　'46. 7. 15　対ゴの8回
　d．ゲーム　－両チーム－
セー76…松　　竹　52－24　阪　　神　'51. 8. 1
パー74…阪　　急　39－35　近　　鉄　'83. 10. 21
日－78…巨　　人　59－19　大　　陽　'48. 10. 16

I. 打　　点

1. 最多打点

　a．シーズン
セー825…松　　竹　'50　試合137
　　719…巨　　人　'04　試合138
パー794…ダイエー　'03　試合140
　　764…近　　鉄　'80　試合130
日－685…阪　　神　'49　試合137
　b．ゲーム
セー24…大　　洋　'50. 10. 17　対中日
　　　巨　　人　'55. 6. 22　対広島
パー27…ダイエー　'03. 8. 1　対オリックス
　　26…ロッテ　'05. 3. 27　対楽天
　　24…ダイエー　'03. 7. 27　対オリックス
日－29…阪　　急　'40. 4. 6　対南海
　c．イニング
セー13…阪　　神　'69. 5. 27　対アの6回
　　　　巨　　人　'72. 6. 23　対ヤの2回
　　　　ヤクルト　'98. 4. 22　対中の1回
パー15…ロッテ　'09. 6. 11　対広の6回
　　11…東　　映　'66. 8. 20　対京の1回
　　　西　　武　'80. 8. 7　対近の7回
　　　西　　武　'92. 7. 15　対ダの5回
　　　近　　鉄　'92. 10. 11　対ダの7回
　　　ロッテ　'05. 3. 27　対楽の2回
　　　日本ハム　'12. 8. 21　対オの5回
日－12…阪　　急　'41. 5. 15　対急の4回
　d．ゲーム　－両チーム－
セー32…横　　浜　21－11　ヤクルト　'99. 7. 22
　　31…中　　日　22－9　阪　　神　'50.10. 6
　　　　阪　　神　20－11　ヤクルト　'14. 8. 5

パ－32…西　　鉄　21－11　東　　急　'50. 3. 16
　　　　　毎　　日　21－11　東　　急　'50. 5. 31
　　　　日本ハム　21－11　南　　海　'84. 8. 24
日－31…阪　　急　29－ 2　南　　海　'40. 4. 6
2. 全員打点
セ－なし
パ－近　　鉄　'78. 5. 14 対急　出場野手 9人で計16
日－なし

J. 盗　　塁

1. 最多盗塁
　a. シーズン
セ－223…松　　竹　'50　試合137
　　212…巨　　人　'50　試合140
パ－277…阪　　急　'56　試合154
　　245…南　　海　'55　試合143
日－218…南　　海　'48　試合140
　b. ゲーム
セ－10…松　　竹　'50. 9. 28　対国鉄
　　　　阪　　神　'54. 4. 11　対中日第2
パ－10…南　　海　'50. 4. 15　対西鉄
日－13…タイガース　'36. 10. 24　対大東京
　c. イニング
セ－ 6…ヤクルト　'08. 7. 17　対神の9回
パ－ 6…南　　海　'50. 3. 11　対急の5回
　　　　南　　海　'50. 5. 6　対西の7回
日－ 6…大　　洋　'41. 4. 4　対南の7回
　d. ゲーム－両チーム－
セ－11…巨　　人　9－2　国　　鉄　'51. 9. 12
　　　　阪　　神　10－1　中　　日　'54. 4. 11第2
パ－12…阪　　急　7－5　毎　　日　'54. 4. 10
　　　　ソフトバンク　7－5　楽　　天　'12. 4. 4
日－18…タイガース　13－5　大　東　京　'36. 10. 24
2. 三重盗
　　　　　　　　　　　　　　　　　　　　本－三－二
セ－巨　　人　'50.11.12対中の3回　宇野、川上、久保木
　名古屋　'52.10.5対松の1回　原田、西沢、児玉
　名古屋　'53. 5.19対洋の3回　原田、西沢、杉山
　洋　松　'53. 6. 4対広の5回　宮崎剛、岩本、目時
　広　島　'57. 4.14対神の1回　平山、広岡、藤井
　中　日　'60. 5.17対国の6回　森、江藤、太田
　阪　神　'60. 8.11対洋の1回　藤本、三宅、横山
　巨　人　'66. 7.30対広の2回　黒江、王、国松
　ヤクルト　'70. 7.30対神の9回　武上、福富、久代
　阪　神　'80. 8.17対巨の6回　竹之内、岡田、若菜
　大　洋　'84.10. 8対ヤの7回　西村、若菜、村岡
　ヤクルト　'87. 7.17対神の9回　福地、青木、武内
パ－南　海　'50. 6. 5対西の7回　木塚、飯田、堀井
　毎　日　'51. 4.30対西の5回　堀井、島原、筒井
　近　鉄　'52. 4.30対西の4回　伊藤、別当、三宅
　近　鉄　'54.10. 1対高の4回　鈴木、山本、鬼頭
　東　映　'57. 6.30対毎の4回　吉田、山本、松岡
　南　海　'57. 6.30対西の3回　森下、野村、岡本
　ロッテ　'71. 8.19対西の4回　西田、有藤、広瀬
　南　海　'72. 5.18対急の2回　野村、富田、小池
　南　海　'72. 9.20対西の6回　野村、小池、桜井
　オリックス　'90. 9.11対近の7回　弓岡、福良、松永
　楽　天　'19. 5.28対武の7回　島内、辰己、茂木
日－大東京　'36.10.24対タの5回　水谷、浅原、伊藤
　大東京　'36.11.29対神の4回　遠藤、筒井、木全
　南　海　'38.11.11対名の6回　小林、西端、中村
　ライオン　'39. 8.10対イの2回　山本、伊藤、坪内
　金　鯱　'39. 9.18対ラの5回　佐々木、五味、濃人
　朝　日　'42. 7.11対黒の4回　伊勢川、早川、広田
　阪　神　'44. 7. 9対巨の3回　呉、御園生、本堂
　セネタース　'46. 6.29対パの8回　長持、鈴木、石原

K. 盗塁刺

1. 最多盗塁刺
　a. シーズン
セ－ 93…中　　日　'58　試合130
　　90…中　　日　'59　試合130

パ－127…阪　　急　'56　試合154
　　121…近　　鉄　'56　試合154
日－ 97…中　　日　'48　試合140
　b. ゲーム
セ－ 5…名　古　屋　'51. 8. 23　対大洋
　　　　名　古　屋　'53. 4. 25　対洋松
　　　　大　　洋　'60. 6. 1　対巨人
　　　　広　　島　'91. 8. 27　対大洋
パ－ 5…毎　　日　'53. 9. 8　対西鉄
　　　　ロッテ　'77. 4. 24　対阪急第1
　　　　日本ハム　'89. 7. 4　対ダイエー

L. 犠　　打

1. 最多犠打
　a. シーズン
セ－180…広　　島　'11　試合144
　　175…広　　島　'12　試合144
パ－180…日本ハム　'10　試合144
　　178…日本ハム　'16　試合143
日－ 91…阪　　神　'41　試合 84
　b. ゲーム
セ－ 6…中　　日　'67. 7. 18　対巨人
　　　　大　　洋　'88. 7. 1　対中日
　　　　中　　日　'89. 7. 23　対ヤクルト
　　　　中　　日　'89. 10. 5　対広島
　　　　ヤクルト　'01. 9. 12　対阪神
パ－ 7…近　　鉄　'87. 6. 6　対南海
　　6…ロッテ　'74. 9. 16　対南海
　　　　近　　鉄　'89. 7. 21　対ロッテ
　　　　近　　鉄　'95. 8. 18　対西武
　　　　オリックス　'96. 9. 3　対近鉄
　　　　近　　鉄　'99. 9. 3　対西武
　　　　オリックス　'10. 4. 21　対日本ハム
日－ 5…セネタース　'37. 4. 12　対金鯱
　　　　名　古　屋　'37. 5. 6　対阪急
　　　　名　古　屋　'37. 11. 28　対セネタース
　　　　阪　　神　'41. 10. 9　対名古屋
　　　　　　　　　　　　　　(9回まで、13回で6)
　　　　近畿日本　'44. 7. 31　対朝日
　c. イニング
セ、パー 3…多数あり
　d. ゲーム－両チーム－
セ－ 8…巨　　人　4－4　中　　日　'78. 6. 29
　　　　ヤクルト　6－2　阪　　神　'01. 9. 12
パ－ 8…ロッテ　5－3　オリックス　'95. 8. 15
　　　　楽　　天　4－4　オリックス　'06. 9. 5
　　　　　　　　　　　　(9回まで、12回で楽6－4オ)
　　　　日本ハム　4－4　日本ハム　'16. 7. 24
交－ 8…横　　浜　5－3　ソフトバンク　'06. 5. 24
日－ 7…朝　　日　4－3　大　　洋　'41. 10. 9

M. 犠　　飛

1. 最多犠飛
　a. シーズン
セ－48…巨　　人　'98　試合135
　　46…阪　　神　'08　試合144
パ－54…ロッテ　'13　試合144
　　52…近　　鉄　'78　試合130
　　51…南　　海　'56　試合154
　　　　オリックス　'91　試合130
　　　　ロッテ　'20　試合120
日－30…阪　　急　'40　試合104
　b. ゲーム
セ－ 4…大　　洋　'91. 5. 24　対巨人
パ－ 4…西　　鉄　'60. 9. 17　対阪急第2
　　　　西　　鉄　'63. 10. 19　対近鉄第1
　　　　阪　　急　'68. 10. 5　対西鉄
　　　　阪　　急　'79. 9. 21　対西武
　　　　日本ハム　'82. 7. 3　対近鉄
　　　　ロッテ　'15. 5. 11　対近鉄
日－ 4…巨　　人　'39. 10. 8　対セネタース

ｃ．イニング
セ、パー 2…多数あり
日－ 2…6度
ｄ．ゲーム　－両チーム－
セ－ 5…巨　　人　3－2　ヤクルト　'75. 7. 25
　　　　広　　島　3－2　横　　浜　'11. 4. 21
パー 5…西　　鉄　4－1　近　　鉄　'63. 10. 19第1
　　　　西　　鉄　3－2　南　　海　'64. 8. 16第1
　　　　オリックス　3－2　ダイエー　'90. 6. 7
　　　　日本ハム　3－2　オリックス　'04. 9. 9
日－ 5…金　　鯱　3－2　タイガース　'39. 9. 14

N. 四　　球

1. 最多四球
ａ．シーズン
セ－599…広　　島　'18　試合143
　　570…巨　　人　'50　試合140
　　　　　ヤクルト　'19　試合143
パー587…近　　鉄　'01　試合140
　　577…日本ハム　'98　試合135
日－512…巨　　人　'40　試合104
ｂ．ゲーム
セ－15…巨　　人　'50. 11. 4　対国鉄第1
　　　　広　　島　'85. 7. 30　対巨人
パー16…西　　武　'92. 7. 10　対近鉄
　　　　西　　武　'94. 7. 1　対近鉄
　　15…阪　　急　'85. 9. 10　対近鉄
日－19…タイガース　'36. 12. 6　対名古屋
ｃ．イニング
セ－10…広　　島　'78. 7. 6　対巨の2回
　　 8…巨　　人　'59. 10. 20　対中第2の5回
パー 8…西　　鉄　'54. 6. 12　対高の8回
日－ 7…5度
ｄ．ゲーム　－両チーム－
セ－26…広　　島　13－13　阪　　神　'17. 4. 1
　　　　　　　（9回まで、10回で広13－14神）
　　20…大　　洋　12－8　阪　　神　'90. 5. 6
　　　　中　　日　10－10　ヤクルト　'95. 6. 27
パー23…西　　武　16－7　近　　鉄　'94. 7. 1
　　21…西　　武　12－9　近　　鉄　'96. 5. 1
　　　　西　　武　11－10　オリックス　'98. 7. 12
　　20…日本ハム　12－8　ダイエー　'93. 4. 15
日－26…金　　鯱　15－11　ライオン　'37. 9. 12
ｅ．連続四球
セ－ 5…阪　　神　'52. 5. 28　対国の3回
　　　　巨　　人　'63. 5. 3　対国の3回
　　　　大　　洋　'78. 5. 23　対巨の5回
　　　　広　　島　'88. 9. 6　対洋の5回
　　　　中　　日　'03. 7. 26　対神の6回
　　　　中　　日　'13. 7. 27　対ヤの7回
　　　　広　　島　'18. 7. 1　対ディの3回
パー 5…西　　鉄　'50. 3. 16　対東の4回
　　　　阪　　急　'71. 7. 4　対近第1の10回
　　　　西　　武　'81. 7. 16　対ロの2回
　　　　ロッテ　'91. 5. 23　対武の2回
　　　　西　　武　'92. 7. 10　対近の1回
　　　　西　　武　'97. 6. 10　対近の1回
　　　　オリックス　'99. 4. 29　対近の8回
日－ 5…5度

O. 死　　球

1. 最多死球
ａ．シーズン
セ－99…ヤクルト　'10　試合144
　　83…ヤクルト　'08　試合144
パー90…ダイエー　'04　試合133
　　87…ロ　ッ　テ　'19　試合143
日－29…東　　急　'47　試合119
ｂ．ゲーム
セ－ 5…大　　洋　'68. 6. 18　対広島
　　　　広　　島　'06. 5. 5　対中日
　　　　ヤクルト　'08. 5. 8　対横浜
　　　　ヤクルト　'10. 8. 20　対中日
パー 7…日本ハム　'79. 5. 12　対ロッテ
　　 5…近　　鉄　'53. 8. 11　対南海
　　　　西　　鉄　'72. 8. 29　対南海
　　　　近　　鉄　'81. 4. 18　対ロッテ
　　　　西　　武　'09. 5. 15　対ロッテ
日－ 3…多数あり
ｃ．イニング
セ－ 3…巨　　人　'77. 8. 2　対ヤの5回
　　　　広　　島　'79. 8. 1　対巨の7回
　　　　中　　日　'81. 9. 10　対ヤの5回
　　　　ヤクルト　'07. 8. 1　対神の5回
　　　　横　　浜　'08. 8. 19　対中の8回
　　　　阪　　神　'10. 9. 4　対広の1回
　　　　中　　日　'13. 7. 7　対ヤの7回
　　　　巨　　人　'14. 7. 4　対中の7回
　　　　ヤクルト　'17. 6. 30　対神の5回
パー 3…ロッテ　'76. 8. 1　対日第2の6回
　　　　近　　鉄　'77. 5. 19　対日の8回
　　　　日本ハム　'79. 5. 12　対ロの1回
　　　　南　　海　'81. 4. 8　対近の8回
　　　　日本ハム　'85. 7. 9　対近の3回
　　　　ダイエー　'04. 4. 17　対武の4回
　　　　ロッテ　'08. 9. 24　対武の4回
　　　　ロッテ　'17. 7. 14　対ソの3回
　　　　日本ハム　'15. 5. 8　対オの9回
　　　　西　　武　'20. 7. 5　対オの6回
日－ 2…多数あり
ｄ．ゲーム　－両チーム－
セ－ 7…大　　洋　5－2　広　　島　'68. 6. 18
パー 7…日本ハム　7－0　ロッテ　'79. 5. 12
　　　　日本ハム　5－2　ダイエー　'99. 4. 15
日－ 4…名古屋　2－2　金　　鯱　'36. 7. 16
ｅ．連続死球
セ－ 3…巨　　人　'14. 7. 4　対中の7回
パー 3…日本ハム　'79. 5. 12　対ロの1回
日－ 3…多数あり

P. 三　　振

1. 最多三振
ａ．シーズン
セ－1212…ヤクルト　'19　試合143
　　1205…巨　　人　'19　試合143
　　1149…阪　　神　'16　試合143
パー1234…西　　武　'14　試合144
　　1194…西　　武　'15　試合143
　　1151…日本ハム　'03　試合136
日－ 577…大　　映　'49　試合134
ｂ．ゲーム
セ－19…中　　日　'05. 4. 6　対ヤクルト
　　　　中　　日　'06. 6. 18　対ソフトバンク
　　17…広　　島　'69. 4. 23　対大洋
　　　　巨　　人　'04. 8. 1　対阪神
　　　　ヤクルト　'05. 8. 16　対広島
　　　　巨　　人　'19. 4. 9　対中日
パー19…ロッテ　'95. 4. 21　対オリックス
　　18…オリックス　'00. 8. 1　対ロッテ
　　　　ソフトバンク　'11. 8. 27　対楽天
　　　　日本ハム　'18. 10. 4　対楽天
　　17…阪　　急　'61. 8. 6　対南海第2
　　　　南　　海　'62. 5. 24　対阪急
　　　　オリックス　'90. 4. 29　対近鉄
　　　　近　　鉄　'94. 8. 12　対オリックス
　　　　日本ハム　'11. 6. 26　対ソフトバンク
　　　　西　　武　'14. 9. 6　対ソフトバンク
　　　　西　　武　'15. 5. 2　対楽天
日－15…イーグルス　'37. 10. 2　対巨人
　　　　阪　　急　'40. 11. 16　対南海
　　　　　　　　　　（9回まで、12回で17）
ｃ．イニング
セ－ 4…広　　島　'59. 7. 5　対洋第2の2回

阪　　　神　'96. 8. 17　対中の4回
阪　　　神　'97. 7. 4　対巨の3回
広　　　島　'00. 4. 14　対ヤの5回
巨　　　人　'04. 8. 1　対神の4回
横　　　浜　'05. 4. 6　対巨の6回
阪　　　神　'09. 9. 17　対巨の6回
ＤｅＮＡ　'12. 4. 13　対巨の5回
阪　　　神　'13. 7. 9　対中の7回
阪　　　神　'16. 5. 24　対ヤの1回
中　　　日　'16. 7. 29　対神の7回
広　　　島　'16. 7. 29　対ディの7回
ＤｅＮＡ　'18. 7. 4　対巨の7回
阪　　　神　'19. 7. 2　対ディの5回
ヤクルト　'20. 9. 4　対中の9回
パ－ 4…ロ　ッ　テ　'93. 8. 8　対オの7回
ロ　ッ　テ　'96. 8. 2　対ダの7回
ロ　ッ　テ　'97. 4. 12　対武の2回
オリックス　'00. 9. 3　対ダの4回
ロ　ッ　テ　'03. 4. 14　対ダの8回
ダイエー　'04. 9. 17　対武の5回
ソフトバンク　'07. 4. 3　対武の5回
楽　　　天　'13. 4. 17　対ソの7回
西　　　武　'15. 5. 6　対ディの7回
西　　　武　'15. 5. 4　対楽の9回
ソフトバンク　'18. 7. 8　対オの8回
西　　　武　'18. 9. 15　対ソの1回
日－ 3…多数あり
d．ゲーム　－両チーム－
セ－29…横　　　浜　15－14　広　　　島　'02. 9. 25
28…ヤクルト　16－12　中　　　日　'93. 7. 6
（9回まで、12回でヤ20－16中）
巨　　　人　15－13　阪　　　神　'09. 9. 16
パ－29…ロ　ッ　テ　19－10　オリックス　'95. 4. 21
（9回まで、10回でロ20－10オ）
28…日本ハム　13－15　楽　　　天　'18. 5. 19
楽　　　天　10－18　日本ハム　'18. 10. 4
交－29…中　　　日　19－10　ソフトバンク　'06. 6. 18
27…西　　　武　14－13　阪　　　神　'06. 5. 18
ロ　ッ　テ　16－11　広　　　島　'06. 6. 2
日－21…ライオン　11－10　金　　　鯱　'40. 4. 21
阪　　　急　15－ 6　南　　　海　'40. 11. 16
（9回まで、12回で急17－7南）
2．最少三振　ゲーム　－両チーム－
セ－ 0…大　　　洋　－　神　　　'50. 3. 30
西　　　日　－　阪　　　神　'50. 8. 19
阪　　　神　－　西　　　日　'50. 11. 17
大　洋　竹　－　国　　　鉄　'51. 7. 28
松　　　竹　－　国　　　鉄　'51. 8. 2
巨　　　人　－　広　　　島　'52. 9. 6
阪　　　神　－　大　　　洋　'53. 5. 27
広　　　島　－　阪　　　神　'54. 6. 8
阪　　　神　－　中　　　日　'63. 10. 8
阪　　　神　－　広　　　島　'63. 10. 18
パ－ 0…大　　　映　－　南　　　海　'50. 10. 18
西　　　鉄　－　近　　　鉄　'51. 5. 26
西　　　鉄　－　毎　　　日　'51. 10. 7
阪　　　急　－　大　　　映　'52. 5. 3
近　　　鉄　－　西　　　鉄　'53. 7. 15第1
西　　　鉄　－　東　　　映　'71. 6. 9
南　　　海　－　近　　　鉄　'71. 9. 22第2
ロ　ッ　テ　－　太平洋　'74. 4. 28
日－ 0…23度
3．全員三振　※はDH制ではない試合（＝投手含む全員）☆は毎回三振
セ－　阪　　　神　'08. 6. 4　対楽　出場野手10人で計13
広　　　島　'18. 6. 16　対ソ　出場野手9人で計13
パ－※東　　　映　'58. 4. 23　対毎　出場 9人で計10
ダイエー　'92. 4. 8　対ロ　出場野手 9人で計11
オリックス　'92. 8. 11　対ロ　出場野手 9人で計13
日本ハム　'97. 6. 17　対ダ　出場野手11人で計16
オリックス　'99. 9. 26　対武　出場野手 9人で計13
日本ハム　'02. 8. 25　対ロ　出場野手 9人で計13
近　　　鉄　'04. 5. 11　対武　出場野手9人で計10
ロ　ッ　テ　'05. 5. 20　対中　出場野手9人で計10

ロ　ッ　テ　'07. 5. 16　対武　出場野手10人で計12
ロ　ッ　テ　'08. 4. 5　対ソ　出場野手 9人で計16
☆ロ　ッ　テ　'09. 4. 24　対武　出場野手 9人で計12
☆ロ　ッ　テ　'09. 7. 3　対オ　出場野手9人で計14
西　　　武　'09. 9. 1　対楽　出場野手 9人で計11
オリックス　'14. 8. 20　対ロ　出場野手 9人で計13
日本ハム　'14. 9. 19　対楽　出場野手 9人で計13
西　　　武　'14. 9. 21　対ソ　出場野手 9人で計14
☆西　　　武　'15. 5. 8　対ロ　出場野手 9人で計16
西　　　武　'19. 6. 1　対ロ　出場野手10人で計15
日－なし
4．両チーム毎回三振
セ－広　　　島　14－10　巨　　　人　'04. 4. 30
広　　　島　11－10　阪　　　神　'16. 7. 24
パ－西　　　武　13－12　日本ハム　'99. 9. 13
ロ　ッ　テ　13－ 8　西　　　武　'04. 9. 20
楽　　　天　11－13　オリックス　'15. 7. 11
交－なし
日－なし

Q．併殺打

1．最多併殺打
a．シーズン
セ－140…ヤクルト　'96　試合130
133…国　　　鉄　'64　試合140
パ－144…楽　　　天　'07　試合144
137…南　　　海　'73　試合130
b．ゲーム
セ－ 6…巨　　　人　'95. 5. 17　対横浜
横　　　浜　'96. 8. 18　対広島
パ－ 6…阪　　　急　'70. 4. 23　対西鉄
c．イニング
セ－ 2…中　　　日　'64. 6. 7　対洋の2回
中　　　日　'89. 6. 20　対広の8回
広　　　島　'11. 7. 15　対中の3回
パ－ 2…南　　　海　'62. 8. 1　対東第1の1回
日本ハム　'10. 4. 4　対武の4回
d．ゲーム　－両チーム－
セ－ 8…ヤクルト　5－3　中　　　日　'79. 7. 29
7…大　　　洋　4－3　広　　　島　'57. 4. 14第1
阪　　　神　5－2　広　　　島　'57. 7. 15第2
広　　　島　4－3　ヤクルト　'71. 5. 22
大　　　洋　4－3　中　　　日　'72. 7. 29
中　　　日　5－2　大　　　洋　'76. 7. 8
阪　　　神　4－3　ヤクルト　'77. 6. 16
巨　　　人　4－3　横　　　浜　'98. 5. 13
阪　　　神　4－3　横　　　浜　'04. 4. 7
ＤｅＮＡ　4－3　巨　　　人　'14. 4. 23
巨　　　人　5－2　中　　　日　'14. 5. 18
パ－ 7…高　　　橋　5－2　西　　　鉄　'54. 3. 31
阪　　　急　6－1　西　　　鉄　'70. 4. 23
近　　　鉄　4－3　大　　　平　'74. 4. 13
日本ハム　4－3　阪　　　急　'87. 6. 14
ロ　ッ　テ　5－2　オリックス　'98. 7. 9
近　　　鉄　4－3　ダイエー　'99. 4. 10
ロ　ッ　テ　4－3　近　　　鉄　'01. 8. 28
ロ　ッ　テ　4－3　日本ハム　'05. 7. 6
ロ　ッ　テ　4－3　西　　　武　'11. 5. 4

R．残　塁

1．最多残塁
a．シーズン
セ－1134…阪　　　神　'05　試合146
パ－1142…ソフトバンク　'14　試合144
日－ 974…阪　　　急　'49　試合136
b．ゲーム
セ－19…ＤｅＮＡ　'14. 7. 15　対広島
パ－19…日本ハム　'17. 9. 29　対楽天
日－18…阪　　　神　'43. 10. 16　対阪急

Ⅳ．個人投手記録

A．投手全般記録

1．最多試合登板

a．ライフタイム

セ-1002…岩瀬　仁紀（中）'99～'18　59勝　51敗
パ-914…米田　哲也（近）'56～'75,'77　340勝　280敗
　　　　-500試合以上-　（102人）

① 1002…岩瀬　仁紀（中）'99～'18　59勝　51敗
② 949…米田　哲也（近）'56～'77　350　285
③ 944…金田　正一（巨）'50～'69　400　298
④ 867…梶本　隆夫（急）'54～'73　254　255
⑤ 856…小山　正明（洋）'53～'73　320　232
⑥ 829…江夏　豊（武）'67～'84　206　158
⑦ 823…五十嵐亮太（ヤ）'99～'20　65　39
⑧ 782…藤川　球児（神）'00～'20　60　38
⑨ 759…皆川　睦雄（南）'54～'71　221　139
⑩ 756…稲尾　和久（西）'56～'69　276　137
⑪ 755…鹿取　義隆（武）'79～'97　91　46
⑫ 734…宮西　尚生（日）'08～'20　35　32
⑬ 719…権藤　正利（神）'53～'73　117　154
⑭ 707…大野　豊（広）'77～'98　148　100
⑮ 705…石井　茂雄（急）'58～'79　189　185
⑯ 703…鈴木　啓示（近）'66～'85　317　238
⑰ 700…山本　和行（神）'72～'88　116　106
⑱ 697…東尾　修（武）'69～'88　251　247
⑲ 676…足立　光宏（急）'59～'79　187　153
⑳ 671…小野　正一（中）'56～'70　184　155
㉑ 667…佐々木宏一郎（南）'62～'81　132　152
㉒ 662…別所　毅彦（巨）'42～'60　310　178
㉓ 660…松岡　弘（ヤ）'68～'85　191　190
㉔ 655…安仁屋宗八（広）'64～'81　119　124
㉕ 654…山田　久志（急）'69～'88　284　166
㉖ 642…山内　鉄也（ロ）'07～'17　52　27
㉗ 639…秋山　登（洋）'56～'67　193　171
㉘ 635…平松　政次（洋）'67～'84　201　196
㉘ 635…工藤　公康（武）'82～'10　224　142
㉚ 628…若生　智男（広）'56～'76　121　120
㉛ 627…下柳　剛（楽）'91～'12　129　106
㉜ 625…青山　浩二（楽）'06～'20　42　58
㉝ 621…長谷川良平（広）'50～'63　197　208
㉞ 619…吉田　豊彦（楽）'88～'07　81　102
㉟ 618…角　盈男（ヤ）'78～'92　38　60
㊱ 606…渡辺　秀武（広）'64～'82　118　100
㊱ 606…永射　保（ダ）'72～'90　44　37
㊳ 605…坂井　勝二（南）'59～'76　166　186
㊴ 604…村田　兆治（ロ）'68～'90　215　177
㊵ 601…斉藤　明夫（横）'77～'93　128　125
㊶ 600…藤田　宗一（ソ）'98～'11　19　21
㊷ 598…高津　臣吾（ヤ）'91～'07　36　46
㊸ 595…高橋　一三（ヤ）'65～'83　167　132
㊸ 595…前田　幸長（巨）'89～'07　78　110
㊸ 595…福原　忍（神）'99～'16　83　104
㊻ 592…新浦　壽夫（ヤ）'71～'92　116　123
㊼ 586…スタルヒン（ト）'36～'55　303　176
㊼ 586…鈴木　孝政（中）'73～'89　124　94
㊾ 581…角　三男（洋）'64～'80　121　135
㊾ 581…山本　昌（中）'86～'15　219　165
51 579…板東　里視（近）'60～'79　79　98
51 579…収（神）'69～'86　121　132
53 578…若生　忠泰（巨）'55～'76　105　107
54 577…杉浦　忠（南）'57～'70　187　106
55 570…佐々岡真司（広）'90～'07　138　153
56 569…平井　正史（オ）'94～'14　63　43
57 566…村上　雅則（日）'63～'82　103　82
58 560…堀内　恒夫（巨）'66～'83　203　139
58 560…橋本　武広（ロ）'90～'03　12　22
60 558…豊田　清（神）'95～'11　66　50
61 553…三浦　清弘（平）'57～'75　132　104
62 550…渡辺　省三（神）'53～'65　134　96

62 550…久保　康生（近）'78～'97　71勝　62敗
64 549…岡島　秀樹（デ）'95～'15　38　40
64 549…平野　佳寿（オ）'06～'17　48　69
66 543…古沢　憲司（広）'64～'84　87　115
67 542…浅野　啓司（巨）'67～'84　86　116
67 542…西井　哲夫（中）'70～'87　63　66
69 535…三浦　大輔（デ）'92～'16　172　184
70 534…成田　文男（巨）'65～'82　175　129
70 534…武田　久（日）'03～'17　31　30
70 534…増井　浩俊（オ）'10～'20　38　39
73 533…吉田　修司（オ）'89～'07　37　32
74 532…高橋　聡文（神）'04～'19　26　15
75 531…柳田　豊（近）'70～'87　110　140
76 528…若林　忠志（毎）'36～'53　237　144
77 527…永川　勝浩（広）'03～'19　38　42
78 525…益田　直也（ロ）'12～'20　26　35
79 525…杉下　茂（毎）'49～'61　215　123
80 523…潮崎　哲也（武）'90～'04　82　55
81 520…薮田　安彦（ロ）'96～'12　48　72
82 519…新浦　隆（神）'58～'68　81　102
83 517…野口　二郎（急）'39～'52　237　139
83 517…森中千香良（洋）'60～'75　114　108
85 516…中尾　碩志（急）'39～'57　209　127
85 516…大石　清（急）'59～'70　134　126
85 516…木田　優夫（日）'89～'12　73　82
88 509…北別府　学（広）'76～'94　213　141
89 509…村山　実（神）'59～'72　222　147
90 508…荒巻　淳（急）'50～'62　173　107
91 507…横山　竜士（神）'97～'14　46　44
92 505…久保　裕也（楽）'03～'20　54　37
93 505…川崎　徳次（南）'40～'57　188　156
93 505…山下　律夫（南）'67～'82　103　101
96 504…西本　聖（中）'76～'93　165　128
97 502…鈴木　宄武（ロ）'62～'75　47　61
98 501…佐藤　義則（オ）'77～'98　165　137
99 500…佐藤　道郎（南）'70～'80　88　69
99 500…星野　仙一（中）'69～'82　146　121
99 500…間柴　茂有（ダ）'70～'90　81　83
99 500…河本　育之（楽）'92～'07　36　43

b．シーズン

セ-90…久保田智之（神）'07　9勝　3敗
　　80…藤川　球児（神）'05　7勝　1敗
パ-81…平井　克典（武）'19　5勝　4敗
　　78…稲尾　和久（西）'61　42勝　14敗
日-71…林　安夫（朝）'42　32勝　22敗

c．最多連続試合登板

セ-10…山本　利行（神）'75. 7. 15対ヤ～ 8. 1対巨
　　　　久保　文雄（洋）'83. 4. 24対広～ 5. 7対広
　　　　藤川　球児（神）'07. 8. 30対ヤ～ 9. 9対巨
　　　　アッチソン（巨）'08. 9. 21対ヤ～10. 5対ヤ
　　　　田口　麗斗（巨）'19. 7. 6対ディ～ 7. 20対ヤ
パ-11…佐藤　道郎（南）'72. 6. 29対近～ 7. 18対東
日-14…若林　忠志（神）'44. 5. 1対南～ 7. 15対巨

2．最多完投

a．ライフタイム

セ-365…金田　正一（巨）'50～'69　試合944
パ-340…鈴木　啓示（近）'66～'85　試合703
　　　　-ライフタイム150以上-　（24人）

① 365…金田　正一（巨）'50～'69　試合944
② 350…スタルヒン（ト）'36～'55　586
③ 340…鈴木　啓示（近）'66～'85　703
④ 290…別所　毅彦（巨）'42～'60　662
⑤ 290…小山　正明（洋）'53～'73　856
⑥ 283…山田　久志（急）'69～'88　654
⑦ 263…若林　忠志（毎）'36～'53　528
⑧ 262…米田　哲也（近）'56～'77　949
⑨ 259…野口　二郎（急）'39～'52　517
⑩ 247…東尾　修（武）'69～'88　697
⑪ 227…藤本　英雄（巨）'42～'55　367
⑫ 213…長谷川良平（広）'50～'63　621
⑬ 211…真田　重蔵（神）'43～'55　416
⑭ 202…梶本　隆夫（急）'54～'73　867

⑮　192…村山　　実（神）'59～'72　試合509
⑯　184…中尾　碩志（巨）'39～'57　516
⑯　184…村田　兆治（ロ）'68～'90　604
⑱　179…稲尾　和久（西）'56～'69　756
⑲　178…堀内　恒夫（巨）'66～'83　560
⑳　172…川崎　徳次（西）'40～'57　505
㉑　170…杉下　　茂（毎）'49～'61　525
㉒　160…白木義一郎（急）'46～'52　242
㉓　154…内藤　幸三（広）'36～'51　368
㉓　154…江夏　　豊（武）'67～'84　829

b．シーズン

セ－34…金田　正一（国）'55　試合62
　　33…藤本　英雄（巨）'50　試合49
パ－30…鈴木　啓示（近）'78　試合37
　　28…鈴木　啓示（近）'69　試合46
　　　東尾　　修（ク）'78　試合45
日－47…別所　　昭（南）'47　試合55

3. 最多投球回

a．ライフタイム

セ－5526⅔…金田　正一（巨）'50～'69　試合944
パ－4993⅓…米田　哲也（近）'56～'75､'77　試合914

－ライフタイム3000以上－（27人）

①　5526⅔…金田　正一（巨）'50～'69　試合944
②　5130　…米田　哲也（近）'56～'77　949
③　4899　…小山　正明（洋）'53～'73　856
④　4600⅓…鈴木　啓示（近）'66～'85　703
⑤　4350⅔…別所　毅彦（巨）'42～'60　662
⑥　4208　…梶本　隆夫（急）'54～'73　867
⑦　4175⅓…スタルヒン（ト）'36～'55　586
⑧　4086　…東尾　　修（武）'69～'88　697
⑨　3865　…山田　久志（急）'69～'88　654
⑩　3599　…稲尾　和久（西）'56～'69　756
⑪　3557⅓…若林　忠志（毎）'36～'53　528
⑫　3447⅓…野口　二郎（急）'39～'52　517
⑬　3376⅓…長谷川良平（広）'50～'63　621
⑭　3360⅔…平松　政次（洋）'67～'84　635
⑮　3348⅔…山　本　昌（中）'86～'15　581
⑯　3336⅔…工藤　公康（武）'82～'10　635
⑰　3331⅓…村田　兆治（ロ）'68～'90　604
⑱　3276　…三浦　大輔（ディ）'92～'16　535
⑲　3240　…松岡　　弘（ヤ）'68～'85　660
⑳　3196　…江夏　　豊（武）'67～'84　829
㉑　3168　…石井　茂雄（巨）'58～'79　705
㉒　3158　…皆川　睦雄（南）'54～'71　759
㉓　3113　…北別府　学（広）'76～'94　515
㉔　3103　…足立　光宏（急）'59～'79　676
㉕　3057　…中尾　碩志（巨）'39～'57　516
㉖　3050⅓…村山　　実（神）'59～'72　509
㉗　3045　…堀内　恒夫（巨）'66～'83　560

b．シーズン

セ－429⅓…権藤　　博（中）'61　試合69
　　406　…秋山　　登（洋）'57　試合65
パ－404　…稲尾　和久（西）'61　試合78
　　402⅓…稲尾　和久（西）'59　試合75
日－541⅓…林　　安夫（朝）'42　試合71

4. 最高勝率

a．ライフタイム　－投球回2000以上－

セ－.668　…別所　毅彦（巨）'50～'60
　　試合451　勝利207　敗北103
パ－.668　…稲尾　和久（西）'56～'69
　　試合756　勝利276　敗北137

－ライフタイム.600以上－（19人）

①　.697　…藤本　英雄（巨）'42～'55
　　試合367　勝利200　敗北 87
②　.668　…稲尾　和久（西）'56～'69
　　試合756　勝利276　敗北137
③　.652　…斎藤　雅樹（巨）'84～'01
　　試合426　勝利180　敗北 96
④　.648　…杉内　俊哉（巨）'02～'15
　　試合316　勝利142　敗北 77
⑤　.638　…杉浦　　忠（南）'58～'70
　　試合577　勝利187　敗北106
⑥　.636　…杉下　　茂（毎）'49～'61
　　試合525　勝利215　敗北123
⑦　.635　…別所　毅彦（巨）'42～'60
　　試合662　勝利310　敗北178
⑧　.633　…スタルヒン（ト）'36～'55
　　試合586　勝利303　敗北176
⑨　.631　…山田　久志（急）'69～'88
　　試合654　勝利284　敗北166
⑩　.630　…野口　二郎（急）'39～'52
　　試合517　勝利237　敗北139
⑪　.62204…若林　忠志（毎）'36～'53
　　試合528　勝利237　敗北144
⑫　.62202…中尾　碩志（巨）'39～'57
　　試合516　勝利209　敗北127
⑬　.618　…荒巻　　淳（急）'50～'62
　　試合508　勝利173　敗北107
⑭　.614　…皆川　睦雄（南）'54～'71
　　試合759　勝利221　敗北139
⑮　.612　…工藤　公康（武）'82～'10
　　試合635　勝利224　敗北142
⑯　.611　…岸　　孝之（楽）'07～'20
　　試合301　勝利132　敗北 84
⑰　.607　…西口　文也（武）'95～'15
　　試合436　勝利182　敗北118
⑱　.60169…北別府　学（広）'76～'94
　　試合515　勝利213　敗北141
⑲　.60162…村山　　実（神）'59～'72
　　試合509　勝利222　敗北147

b．シーズン

セ－ .889…堀内　恒夫（巨）'66　試合33勝利16敗北2
　　 .885…松田　　清（巨）'51　試合34勝利23敗北3
パ－1.000…間柴　茂有（日）'81　試合27勝利15敗北0
　　　　田中　将大（楽）'13　試合28勝利24敗北0
　　 .941…斉藤　和巳（ソ）'05　試合22勝利16敗北1
　　　　成瀬　善久（ロ）'07　試合24勝利16敗北1
日－1.000…景浦　　将（タ）'36秋　試合 8勝利 6敗北0
　　　　御園生崇男（タ）'37秋　試合15勝利11敗北0

5. 最優秀防御率

a．ライフタイム　－投球回2000以上－

セ－2.09 …村山　　実（神）'59～'72
　　投球回3050⅓　自責点 709
パ－1.98 …稲尾　和久（西）'56～'69
　　投球回3599　自責点 793

－ライフタイム2.50以下－（16人）

①　1.90 …藤本　英雄（巨）'42～'55
　　投球回2628⅓　自責点 554
②　1.96 …野口　二郎（急）'39～'52
　　投球回3447⅓　自責点 752
③　1.98 …稲尾　和久（西）'56～'69
　　投球回3599　自責点 793
④　1.99 …若林　忠志（毎）'36～'53
　　投球回3557⅓　自責点 786
⑤　2.088…スタルヒン（ト）'36～'55
　　投球回4175⅓　自責点 969
⑥　2.092…村山　　実（神）'59～'72
　　投球回3050⅓　自責点 709
⑦　2.18 …別所　毅彦（巨）'42～'60
　　投球回4350⅔　自責点1053
⑧　2.230…荒巻　　淳（急）'50～'62
　　投球回2202⅔　自責点 546
⑨　2.232…杉下　　茂（毎）'49～'61
　　投球回2841⅔　自責点 705
⑩　2.34 …金田　正一（巨）'50～'69
　　投球回5526⅔　自責点1434
⑪　2.39 …杉浦　　忠（南）'58～'70
　　投球回2413⅓　自責点 642
⑫　2.42 …皆川　睦雄（南）'54～'71
　　投球回3158　自責点 849
⑬　2.44 …渡辺　省三（神）'53～'65
　　投球回2018　自責点 546
⑭　2.45 …小山　正明（洋）'53～'73
　　投球回4899　自責点1336
⑮　2.48 …中尾　碩志（巨）'39～'57
　　投球回3057　自責点 842

⑯　2.49 …江夏　　豊　（武）'67～'84
投球回3196　　自責点 884
　b．シーズン
セ-0.98 …村山　　実　（神）'70投球回156　自責点17
　　1.19 …村山　　実　（神）'59投球回295⅓ 自責点39
　　1.20 …村山　　実　（神）'62投球回366⅓ 自責点49
パ-1.06 …稲尾　和久　（西）'56投球回262⅓ 自責点31
　1.272…田中　将大　（楽）'11投球回226⅓ 自責点32
　1.273…田中　将大　（楽）'13投球回212　自責点30
日 -0.73 …藤本　英雄　（巨）'43投球回432⅔ 自責点35

B．勝敗記録

1．最多勝利

a．ライフタイム

セ-400…金田　正一　（巨）'50～'69　試合944
パ-340…米田　哲也　（近）'56～'75,'77　試合914
－100勝以上－（138人）

順	勝	選手	球団	年	試合
1	400…金田　正一	（巨）	'50～'69	試合944
2	350…米田　哲也	（近）	'56～'77	949
3	320…小山　正明	（洋）	'53～'73	856
4	317…鈴木　啓示	（近）	'66～'85	703
5	310…別所　毅彦	（巨）	'42～'60	662
6	303…スタルヒン	（ト）	'36～'55	586
7	284…山田　久志	（急）	'69～'88	654
8	276…稲尾　和久	（西）	'56～'69	756
9	254…梶本　隆夫	（急）	'54～'73	867
10	251…東尾　　修	（武）	'69～'88	697
11	237…野口　二郎	（急）	'39～'52	517
11	237…若林　忠志	（毎）	'36～'53	528
13	224…工藤　公康	（武）	'82～'10	635
14	222…村山　　実	（神）	'59～'72	509
15	221…皆川　睦雄	（南）	'54～'71	759
16	219…山本　　昌	（中）	'86～'15	581
17	215…杉下　　茂	（毎）	'49～'61	525
17	215…村田　兆治	（ロ）	'68～'90	604
19	213…北別府　学	（広）	'76～'94	515
20	209…中尾　碩志	（巨）	'39～'57	516
21	206…江夏　　豊	（武）	'67～'84	829
22	203…堀内　恒夫	（巨）	'66～'83	560
23	201…平松　政次	（洋）	'67～'84	635
24	200…藤本　英雄	（巨）	'42～'55	367
25	197…長谷川良平	（広）	'50～'63	621
26	193…秋山　　登	（洋）	'56～'67	639
27	191…松岡　　弘	（ヤ）	'68～'85	660
28	189…石井　茂雄	（急）	'58～'79	705
29	188…川崎　徳次	（西）	'40～'57	505
30	187…杉浦　　忠	（南）	'58～'70	577
30	187…足立　光宏	（急）	'59～'79	676
32	184…小野　正一	（中）	'56～'70	671
33	182…西口　文也	（武）	'95～'15	436
34	180…斉藤　雅樹	（巨）	'84～'01	426
35	178…真田　重蔵	（神）	'43～'55	416
36	176…星野　伸之	（神）	'85～'02	427
37	175…成田　文男	（ロ）	'65～'82	534
38	173…荒巻　　淳	（急）	'50～'62	508
38	173…桑田　真澄	（巨）	'86～'06	442
38	173…石川　雅規	（ヤ）	'02～'20	487
41	172…三浦　大輔	（ディ）	'92～'16	535
42	169…高橋　直樹	（日）	'69～'86	493
43	167…高橋　一三	（日）	'65～'83	595
44	166…坂井　勝二	（日）	'59～'76	605
45	165…西本　　聖	（中）	'76～'93	504
45	165…佐藤　義則	（オ）	'77～'98	501
47	162…土橋　正幸	（東）	'56～'67	455
48	159…梶原　寛己	（武）	'83～'01	463
49	148…大野　　豊	（広）	'77～'98	707
50	146…星野　仙一	（中）	'69～'82	500
51	144…浦井　秀章	（オ）	'05～'20	437
52	143…山内　新一	（神）	'69～'85	431
52	143…石井　一久	（武）	'92～'13	419
54	142…杉内　俊哉	（巨）	'02～'15	316
55	141…城之内邦雄	（ロ）	'62～'74	359
55	141…加藤　　初	（巨）	'72～'90	試合490
57	139…小林　　繁	（神）	'73～'83	374
57	139…川口　和久	（巨）	'81～'98	435
59	138…佐々岡真司	（広）	'90～'07	570
59	138…和田　　毅	（ソ）	'03～'20	270
61	135…藤村　隆男	（広）	'40～'57	414
61	135…江川　　卓	（巨）	'79～'87	266
63	134…渡辺　省三	（神）	'53～'65	550
63	134…大石　　清	（急）	'59～'70	516
63	134…遠藤　一彦	（洋）	'78～'92	460
63	134…内海　哲也	（武）	'04～'20	328
67	132…川崎　泰夫	（西）	'49～'59	403
67	132…三浦　清弘	（平）	'57～'75	553
67	132…佐々木宏一郎	（南）	'62～'81	667
67	132…岸　　孝之	（楽）	'07～'20	301
71	131…梶岡　忠義	（神）	'47～'55	299
71	131…天保　義夫	（急）	'42～'57	431
71	131…外木場義郎	（広）	'65～'79	445
74	130…大友　工司	（近）	'50～'60	294
74	130…今井雄太郎	（ダ）	'71～'91	429
76	129…下柳　　剛	（楽）	'91～'12	627
76	129…金子　弌大	（日）	'06～'20	376
78	128…金田　留広	（広）	'69～'81	434
78	128…斉藤　明夫	（檜）	'77～'93	601
80	127…御園生崇男	（神）	'36～'51	285
80	127…西崎　幸広	（日）	'87～'01	330
82	124…渡辺　久信	（ヤ）	'84～'98	389
83	124…鈴木　孝政	（中）	'73～'89	586
83	124…黒田　博樹	（広）	'97～'16	321
85	123…柚木　　進	（南）	'48～'56	281
86	122…小松　辰雄	（中）	'78～'94	432
87	121…若生　智男	（神）	'56～'76	628
87	121…高橋　重行	（洋）	'64～'80	581
87	121…野村　　収	（補）	'69～'86	579
90	119…藤田　元司	（巨）	'57～'64	364
90	119…安仁屋宗八	（広）	'64～'81	655
92	118…村田　元一	（ア）	'57～'69	459
92	118…渡辺　秀武	（広）	'64～'82	606
94	117…権藤　正利	（神）	'53～'73	719
94	117…郭　　泰源	（武）	'85～'97	272
94	117…小宮山　悟	（ロ）	'90～'09	455
94	117…川上　憲伸	（中）	'98～'14	275
98	116…山本　和行	（神）	'72～'88	700
98	116…新浦　寿夫	（ヤ）	'71～'92	592
100	115…備前　喜夫	（広）	'52～'62	446
101	114…森中千香良	（洋）	'60～'75	517
101	114…松坂　大輔	（中）	'99～'19	218
103	113…河村　久文	（広）	'53～'63	414
103	113…江本　孟紀	（神）	'71～'81	395
105	112…森　弘太郎	（本）	'37～'50	295
105	112…服部　受弘	（中）	'46～'55	259
105	112…木樽　正明	（ロ）	'66～'76	367
105	112…松沼　博久	（武）	'78～'91	297
105	112…尾花　高夫	（ヤ）	'78～'91	425
105	112…山沖　之彦	（オ）	'82～'94	327
105	112…上原　浩治	（巨）	'99～'18	312
112	111…松本　幸行	（急）	'70～'81	389
113	110…柳田　　豊	（近）	'70～'87	531
113	110…仁科　時成	（ロ）	'77～'88	334
115	108…水谷　則博	（中）	'69～'87	476
116	107…尾崎　行雄	（拓）	'62～'73	505
116	107…三沢　　淳	（日）	'72～'86	505
116	107…岩隈　久志	（楽）	'01～'13	226
119	106…郭　　源治	（中）	'81～'96	496
120	105…若生　忠泰	（巨）	'55～'70	578
120	105…清水　直行	（横）	'00～'11	294
122	104…稲葉　光雄	（急）	'71～'83	331
122	104…能見　篤史	（神）	'05～'20	443
124	103…清水　秀雄	（明）	'40～'53	260
124	103…田中　　勉	（西）	'61～'69	326
124	103…池永　正明	（西）	'65～'70	238
124	103…村上　雅則	（南）	'63～'82	566
124	103…山下　律夫	（南）	'67～'82	505

124	103…	池谷公二郎	(広)	'74～'85	試合325	
130	102…	大竹　寛	(巨)	'03～'20	372	
131	101…	野村　弘樹	(横)	'88～'02	301	
131	101…	菅野　智之	(巨)	'13～'20	196	
133	100…	武智　文雄	(近)	'50～'62	401	
133	100…	スタンカ	(洋)	'60～'66	264	
133	100…	バッキー	(近)	'62～'69	251	
133	100…	清　俊彦	(神)	'64～'76	475	
133	100…	山内　孝徳	(ダ)	'81～'92	319	
133	100…	中田　賢一	(神)	'05～'20	297	

200勝利到達日　　　到達時の所属

①	スタルヒン	'46. 10. 20	(パ)	
②	若林　忠志	'47. 11. 3	(神)	
③	野口　二郎	'48. 9. 3	(急)	
④	別所　毅彦	'54. 6. 5	(巨)	
⑤	中尾　碩志	'55. 8. 11	(巨)	
⑥	藤本　英雄	'55. 10. 11	(巨)	
⑦	杉下　茂	'57. 10. 23	(中)	
⑧	金田　正一	'58. 6. 6	(国)	
⑨	稲尾　和久	'62. 8. 25	(西)	
⑩	小山　正明	'64. 8. 13	(京)	
⑪	米田　哲也	'66. 8. 14	(急)	
⑫	梶本　隆夫	'67. 6. 6	(急)	
⑬	皆川　睦男	'68. 10. 6	(南)	
⑭	村山　実	'70. 7. 7	(神)	
⑮	鈴木　啓示	'77. 4. 26	(近)	
⑯	堀内　恒夫	'80. 6. 2	(巨)	
⑰	山田　久志	'82. 4. 29	(急)	
⑱	江夏　豊	'82. 7. 2	(日)	
⑲	平松　政次	'83. 10. 21	(洋)	
⑳	東尾　修	'84. 9. 15	(武)	
㉑	村田　兆治	'85. 7. 16	(ロ)	
㉒	北別府　学	'92. 7. 16	(広)	
㉓	工藤　公康	'04. 8. 17	(巨)	
㉔	山本　昌	'08. 8. 4	(中)	

b. シーズン　-30勝以上-

セ-39…	真田　重男	(松)	'50	試合61	敗北12	
35…	権藤　博	(中)	'61	69	19	
33…	別所　毅彦	(巨)	'52	52	13	
32…	杉下　茂	(名)	'52	61	14	
		(中)	'54	63	12	
31…	金田　正一	(国)	'58	56	14	
30…	大友　工	(巨)	'51	42	6	
	長谷川良平	(広)	'55	54	17	
	権藤　博	(中)	'62	61	17	
	金田　正一	(国)	'63	53	17	
パ-42…	稲尾　和久	(西)	'61	78	14	
38…	杉浦　忠	(南)	'59	69	4	
35…	稲尾　和久	(西)	'57	68	6	
33…	稲尾　和久	(西)	'58	72	10	
	小野　正一	(毎)	'60	67	11	
31…	杉浦　忠	(南)	'60	57	11	
	皆川　睦男	(南)	'68	56	10	
30…	稲尾　和久	(西)	'59	75	15	
	土橋　正幸	(東)	'61	63	16	
	小山　正明	(京)	'64	53	12	
日-42…	スタルヒン	(巨)	'39	68	15	
40…	野口　二郎	(洋)	'42	66	17	
38…	須田　博	(巨)	'40	55	12	
	（スタルヒン）					
34…	藤本　英雄	(巨)	'43	56	11	
33…	野口　二郎	(セ)	'39	69	19	
		(翼)	'40	57	11	
32…	林　安夫	(朝)	'42	71	22	
30…	森　弘太郎	(急)	'41	48	8	
	白木義一郎	(急)	'46	59	22	
	別所　昭	(南)	'47	55	19	

2. 最多シーズン20勝以上

セ-8…	金田　正一	(国)	'51～'64	
パ-8…	稲尾　和久	(西)	'56～'63	
	米田　哲也	(急)	'57、'58、'60、'62、'64～	
			'66、'68	
	鈴木　啓示	(近)	'67～'71、'75、'77、'78	

日-6…	スタルヒン	(大)	'37～'40、'42、'49	
	野口　二郎	(急)	'39～'43、'47	
	若林　忠志	(神)	'39、'40、'42～'44、'47	

3. 20勝以上連続

セ-14年連続…金田　正一 (国) '51～'64

'51…22勝21敗	'52…24勝25敗	'53…23勝13敗
'54…23勝23敗	'55…29勝20敗	'56…25勝20敗
'57…28勝16敗	'58…31勝14敗	'59…21勝19敗
'60…20勝22敗	'61…20勝16敗	'62…22勝17敗
'63…30勝17敗	'64…27勝12敗	

パ-8年連続…稲尾　和久 (西) '56～'63

'56…21勝6敗	'57…35勝6敗	'58…33勝10敗
'59…30勝15敗	'60…20勝7敗	'61…42勝14敗
'62…25勝18敗	'63…28勝16敗	

4. 最多勝利

a. シーズン

セ-19…	松田　清	(巨)	'51. 5. 23対広～10. 4対名	
15…	高橋　一三	(巨)	'69. 5. 8対中～8. 21対ア	
	上原　浩治	(巨)	'99. 5. 30対神～9. 21対神	
パ-24…	田中　将大	(楽)	'13. 4. 2対オ～10. 8対オ	
20…	稲尾　和久	(西)	'57. 7. 18対大～10. 1対毎第1	
16…	斉藤　和巳	(ダ)	'03. 4. 26対オ～8. 27対武	
15…	間柴　茂有	(急)	'81. 4. 9対近～9. 18対武	
	斉藤　和巳	(ソ)	'05. 4. 27対ロ～8. 31対ロ	
日-18…	須田　博	(巨)	'40. 8. 7対鯱～11. 17対神	
	（スタルヒン）			

b. 連続シーズン

セ-20…	松田　清	(巨)	'51. 5. 23対広～'52. 3. 22対国	
13…	中田　良弘	(神)	'87. 7. 21対広～'85. 8. 11対中	
パ-28…	田中　将大	(楽)	'12. 8. 26対日～'13. 10. 8対オ	
20…	稲尾　和久	(西)	'57. 7. 18対大～10. 1対毎第1	

5. 最多連続完投勝利

セ-11…	斎藤　雅樹	(巨)	'89. 5. 10対洋～7. 15対ヤ	
パ-10…	鈴木　啓示	(近)	'78. 7. 29対南～9. 6対日	
日-10…	須田　博	(巨)	'40. 8. 10対南～10. 6対神	
	（スタルヒン）			

6. 最多無失点勝利

a. ライフタイム

セ-82…	金田　正一	(巨)	'50～'69	試合944
パ-71…	鈴木　啓示	(近)	'66～'85	試合703

-ライフタイム40以上-　(16人)

①	83…	スタルヒン	(ト)	'36～'55	試合586
②	82…	金田　正一	(巨)	'50～'69	944
③	74…	小山　正明	(洋)	'53～'73	856
④	72…	別所　毅彦	(巨)	'42～'60	662
⑤	71…	鈴木　啓示	(近)	'66～'85	703
⑥	65…	野口　二郎	(急)	'39～'52	517
⑦	64…	米田　哲也	(近)	'56～'77	949
⑧	63…	藤本　英雄	(巨)	'42～'55	367
⑨	57…	若林　忠志	(毎)	'36～'53	528
⑩	55…	村山　実	(神)	'59～'72	509
⑪	49…	川崎　徳次	(巨)	'40～'57	505
⑫	45…	中尾　碩志	(巨)	'39～'57	516
⑫	45…	江夏　豊	(武)	'67～'84	829
⑭	43…	稲尾　和久	(西)	'56～'69	756
⑭	43…	梶本　隆夫	(急)	'54～'73	867
⑯	43…	斎藤　雅樹	(巨)	'84～'01	426

b. シーズン

セ-13…	小山　正明	(神)	'62	試合47
12…	権藤　博	(中)	'61	試合61
パ-11…	米田　哲也	(急)	'58	試合45
9…	杉浦　忠	(南)	'59	試合69
	土橋　正幸	(東)	'61	試合63
	成田　文男	(ロ)	'69	試合48
日-19…	野口　二郎	(洋)	'42	試合66
	藤本　英雄	(巨)	'43	試合56

7. 最多連続無失点勝利

a. シーズン

セ-5…	小山　正明	(神)	'62. 7. 7対中～7. 22対中	
4…	金田　正一	(国)	'58. 5. 7対広～5. 21対神	
	城之内邦雄	(巨)	'65. 9. 11対広～9. 24対神	
パ-3…	8人、9度			
(最新)	ダルビッシュ有	(日)	'11. 5.25対中～ 6. 8対中	

日－6…藤本 英雄（巨）'43. 8. 2対和〜 9.12対朝

8. 1球勝利（42人、43度）※プロ初勝利 ◆開幕戦

（セ－20人、20度）

板東 英二	（中）	'66. 8. 26	対巨
菅原 勝矢	（巨）	'67. 8. 15	対神
安仁屋宗八	（広）	'68. 6. 30	対神
宮本洋二郎	（広）	'71. 5. 13	対ヤ
弓長 起浩	（神）	'93. 10. 21	対広
落合 英二	（中）	'99. 7. 11	対神
森中 聖雄	（横）	'00. 5. 25	対巨
葛西 稔	（神）	'00. 8. 3	対中
林 昌樹	（広）	'03. 10. 12	対ヤ※
土肥 義弘	（横）	'04. 7. 7	対神
岡島 秀樹	（巨）	'04. 7. 27	対広
五十嵐亮太	（ヤ）	'06. 5. 2	対広
平井 正史	（中）	'07. 7. 31	対広
小林 正人	（中）	'09. 4. 24	対巨
真田 裕貴	（ヤ）	'10. 8. 1	対ヤ
渡辺 恒樹	（ヤ）	'10. 8. 10	対巨
田島 慎二	（中）	'13. 8. 31	対広
土田 瑞起	（巨）	'14. 6. 15	対楽※
金田 和之	（神）	'14. 7. 22	対巨
島本 浩也	（神）	'16. 7. 24	対広※

（パ－22人、23度）

ミ ケ ン ズ	（近）	'63. 8. 21	対南
高橋 里志	（近）	'85. 4. 25	対南
土屋 正勝	（ダ）	'86. 5. 10	対武
吉田 修司	（ダ）	'00. 6. 2	対ロ
山崎 貴弘	（ダ）	'01. 5. 29	対ダ※
後藤 光貴	（武）	'01. 7. 27	対日※
愛敬 尚史	（近）	'01. 9. 24	対武
小野 晋吾	（ロ）	'04. 4. 28	対ダ
山崎 健	（ロ）	'05. 6. 11	対中
石井 貴	（武）	'06. 8. 1	対ロ
江尻慎太郎	（日）	'07. 8. 12	対武
ニコースキー	（ソ）	'07. 9. 7	対オ※
佐竹 健太	（楽）	'08. 10. 7	対ソ
清水 章夫	（オ）	'09. 8. 25	対日
石井 裕也	（日）	'11. 8. 3	対楽
山村 宏樹	（楽）	'11. 8. 25	対日
谷元 圭介	（日）	'12. 5. 2	対広
横山 貴明	（楽）	'14. 8. 30	対ソ※
益田 直也	（ロ）	'14. 9. 9	対武
金刃 憲人	（楽）	'16. 6. 11	対広
		'16. 6. 25	対ソ
松永 昂大	（ロ）	'18. 7. 10	対武
酒居 知史	（ロ）	'19. 3. 29	対楽◆

（日－なし）

9. 最多敗北

a. ライフタイム

セ－298…金田 正一（巨）'50〜'69 試合944
パ－280…米田 哲也（近）'56〜'75, '77 試合914

－ライフタイム20位まで－（150以上28人）

①	298…金田 正一	（巨）	'50〜'69	試合944
②	285…米田 哲也	（近）	'56〜'77	949
③	255…梶本 隆夫	（急）	'54〜'73	867
④	247…東尾 修	（武）	'69〜'88	697
⑤	238…鈴木 啓示	（近）	'66〜'85	703
⑥	232…小山 正明	（洋）	'53〜'73	856
⑦	208…長谷川良平	（広）	'50〜'63	621
⑧	196…平松 政次	（洋）	'67〜'84	635
⑨	190…松岡 弘	（ヤ）	'68〜'85	660
⑩	186…堀内 恒夫	（巨）	'59〜'76	605
⑪	185…石井 茂雄	（巨）	'58〜'79	705
⑫	184…三浦 大輔	（デ）	'92〜'16	535
⑬	178…別所 毅彦	（巨）	'42〜'60	662
⑭	177…村田 兆治	（ロ）	'68〜'90	604
⑮	176…スタルヒン	（ト）	'36〜'55	586
⑯	171…秋山 登	（洋）	'56〜'67	639
⑯	171…石川 雅規	（ヤ）	'02〜'20	487
⑱	166…山田 久志	（急）	'69〜'88	654
⑲	165…山 本 昌	（中）	'86〜'15	581
⑳	158…江夏 豊	（武）	'67〜'84	829
⑳	158…高橋 直樹	（東）	'69〜'86	試合493

b. シーズン

セ－27…長谷川良平（広）'50 試合56 勝利15
小林 恒夫（松）'52 試合50 勝利12
秋山 登（洋）'57 試合65 勝利24
パ－25…東尾 修（西）'72 試合55 勝利18
日－29…中山 正嘉（鯱）'40 試合61 勝利18

10. 最多連続敗北

a. シーズン

セ－13…井上 佳明（国）'53. 5. 9対洋〜 8. 6対神
権藤 正利（洋）'56. 3. 22対中〜 9. 19対巨
パ－15…梶本 隆夫（急）'66. 5. 1対南〜 9. 27対東
13…飯尾 為男（高）'56. 5. 13対東第1〜
9. 11対大第2

b. 連続シーズン

セ－28…権藤 正利（洋）'55. 7. 9対広〜
'57. 6. 2対神
（'55－8、'56－13、'57－7）
パ－16…梶本 隆夫（急）'66. 5. 1対南〜
'67. 4. 11対西
（'66－15、'67－1）

11. 1球敗北（26人、27度）※プロ初敗北

（セ－12人、12度）

片山 博	（広）	'54. 6. 12	対国
大羽 進	（広）	'62. 5. 2	対巨
佐藤 政夫	（中）	'77. 9. 3	対洋
星野 仙一	（中）	'73. 9. 19	対ヤ
落合 英二	（中）	'95. 4. 27	対神
河野 博文	（日）	'99. 8. 5	対ヤ
梅津 智弘	（神）	'05. 6. 29	対神※
林 昌樹	（広）	'06. 6. 24	対横
野口 茂樹	（中）	'08. 8. 11	対巨
藤江 均	（デ）	'12. 10. 7	対巨
加藤 康介	（神）	'13. 7. 16	対巨
菊地 和正	（デ）	'14. 4. 4	対広

（パ－13人、14度）

長光 告直	（南）	'53. 6. 4	対近
村上 雅則	（南）	'74. 4. 13	対急
永射 保	（武）	'82. 10. 3	対南
森 浩二	（急）	'84. 6. 30	対ロ
	（オ）	'89. 7. 22	対ダ
渡辺 久信	（武）	'85. 6. 6	対日
今野 隆裕	（武）	'93. 9. 20	対ダ
柴田佳主也	（近）	'97. 5. 14	対ダ※
礒 恒之	（ロ）	'99. 9. 15	対武
根本 朋久	（ロ）	'99. 5. 20	対巨※
吉野 誠	（オ）	'03. 7. 29	対武
清水 章夫	（オ）	'03. 8. 28	対ソ
川岸 強	（楽）	'05. 7. 30	対オ
柳瀬 明宏	（ソ）	'12. 9. 5	対武

（日－1人、1度）

川崎 徳次（巨）'43. 5. 29 対中

C. セーブ

（注）'74年採用。

1. 最多セーブ

a. ライフタイム

試合数は'74年セーブ採用以降のもの。
セ－407…岩瀬 二紀（中）'99〜'18 試合1002
パ－227…小林 雅英（オ）'99〜'07, '11 試合 451

－ライフタイム100以上－（34人）

①	407…岩瀬 二紀	（中）	'99〜'18	試合1002
②	286…高津 臣吾	（ヤ）	'91〜'07	598
③	252…佐々木主浩	（横）	'90〜'05	439
④	243…藤川 球児	（神）	'00〜'20	782
⑤	234…サファテ	（ソ）	'11〜'18	427
⑥	228…小林 雅英	（オ）	'99〜'11	463
⑦	182…江夏 豊	（武）	'67〜'84	495
⑧	182…馬原 孝浩	（オ）	'04〜'15	385
⑨	177…クルーン	（巨）	'05〜'10	304
⑩	169…山崎 康晃	（デ）	'15〜'20	343
⑪	167…武田 久	（日）	'03〜'17	534

⑫	165…永川　勝浩	（広）	'03～'19	試合527	
⑬	163…増井　浩俊	（オ）	'10～'20	534	
⑭	157…豊田　　清	（広）	'95～'11	558	
⑮	156…平野　佳寿	（オ）	'06～'17	549	
⑯	141…松井　裕樹	（楽）	'14～'20	346	
⑰	139…赤堀　元之	（近）	'89～'04	380	
⑱	138…大野　　豊	（広）	'77～'98	707	
⑲	137…大塚　晶則	（中）	'97～'03	305	
⑳	136…増井　達至	（武）	'13～'20	422	
㉑	133…斉藤　明夫	（横）	'77～'93	601	
㉒	131…鹿取　義隆	（武）	'79～'97	755	
㉓	130…山本　和行	（神）	'72～'88	654	
㉔	128…林　　昌勇	（ヤ）	'08～'12	238	
㉕	126…牛島　和彦	（ロ）	'80～'93	395	
㉖	120…ギャラード	（横）	'00～'04	194	
㉗	119…益田　直也	（ロ）	'12～'20	526	
㉘	117…ペドラザ	（巨）	'99～'03	194	
㉙	116…郭　　源治	（中）	'81～'96	496	
㉚	115…中﨑　翔太	（広）	'12～'20	360	
㉛	112…山口　　俊	（巨）	'06～'19	427	
㉜	106…佐々岡真司	（広）	'90～'07	570	
㉜	106…森　　唯斗	（ソ）	'14～'20	405	
㉞	104…MICHEAL	（武）	'05～'12	288	

b．シーズン
セ-46…岩瀬　仁紀　（中）　'05　試合60
　　藤川　球児　（神）　'07　試合71
　　45…佐々木主浩　（横）　'98　試合51
パ-54…サファテ　（ソ）　'17　試合66
　　43…サファテ　（ソ）　'16　試合64
　　41…サファテ　（ソ）　'15　試合65

2．最多連続試合セーブ
セ-22…佐々木主浩　（横）　'98. 4. 26対ヤ～ 6. 30対広
パ-17…小林　雅英　（ロ）　'02. 5. 21対日～ 8. 5対ダ
　　　サファテ　（ソ）　'17. 8. 9対ロ～ 9. 14対オ

3．0球セーブ
セ-なし
パ-金城　基泰　（南）　'80. 10. 2　対急
　　三浦　政基　（南）　'81. 6. 4　対日

4．1球セーブ（60人、66度）
（セ-32人、36度）
新浦　寿夫　（巨）　'74. 7. 31　対ヤ
小川　邦和　（巨）　'75. 6. 16　対広
安仁屋宗八　（神）　'75. 9. 17　対中
　　　　　　　　　　'76. 9. 23　対中
松岡　　弘　（ヤ）　'76. 4. 18　対中
星野　仙一　（中）　'77. 8. 23　対洋
堂上　　照　（中）　'77. 9. 4　対洋
梶間　健一　（ヤ）　'78. 8. 23　対神
　　　　　　　　　　'84. 8. 20　対神
江本　孟紀　（神）　'79. 6. 24　対巨
竹内　宏彰　（洋）　'79. 7. 19　対神
酒井　圭一　（ヤ）　'80. 5. 7　対神
西本　　聖　（巨）　'80. 9. 23　対中
鹿取　義隆　（巨）　'85. 4. 14　対洋
広田　浩章　（中）　'89. 6. 2　対神
与田　　剛　（中）　'90. 6. 26　対洋
渡辺　伸彦　（中）　'90. 7. 15　対神
大野　　豊　（広）　'91. 8. 11　対神
田村　　勤　（神）　'93. 8. 26　対巨
宣　　銅烈　（中）　'97. 7. 19　対巨
　　　　　　　　　　'99. 7. 13　対広
葛西　　稔　（神）　'00. 6. 3　対広
高津　臣吾　（ヤ）　'01. 8. 24　対横
斎藤　　隆　（横）　'02. 4. 9　対中
落合　英二　（中）　'04. 4. 27　対広
クルーン　（横）　'05. 5. 3　対広
館山　昌平　（ヤ）　'06. 10. 10　対広
シュルツ　（広）　'09. 6. 5　対ソ
岩瀬　仁紀　（中）　'09. 8. 15　対ヤ
浅尾　拓也　（中）　'09. 8. 28　対ヤ
林　　昌勇　（ヤ）　'11. 5. 14　対横
ミコライオ　（広）　'13. 5. 8　対ディ
　　　　　　　　　　'14. 4. 1　対ヤ

西村健太朗　（巨）　'14. 4. 9　対広
バーネット　（ヤ）　'15. 4. 17　対ディ
近藤　一樹　（ヤ）　'17. 6. 30　対神
（パ-28人、30度）
江夏　　豊　（南）　'76. 9. 25　対急
山田　久志　（急）　'77. 9. 15　対ク
　　　　　　　　　　'81. 8. 15　対日
板東　里視　（近）　'78. 8. 26　対南
村田　兆治　（ロ）　'80. 9. 2　対南
シャーリー　（ロ）　'83. 4. 14　対南
石本　貴昭　（近）　'86. 9. 26　対武
アニマル　（急）　'86. 10. 18　対ロ第1
吉井　理人　（近）　'88. 8. 13　対日
伊藤　隆偉　（オ）　'93. 6. 22　対日
金石　昭人　（日）　'93. 7. 1　対ロ
渡辺　久信　（武）　'95. 9. 10　対ロ
西口　文也　（武）　'96. 4. 23　対オ
橋本　武広　（武）　'96. 8. 20　対近
杉山　賢人　（武）　'96. 9. 15　対ダ
鈴木　　平　（オ）　'97. 5. 7　対武
森　　慎二　（武）　'98. 4. 24　対日
　　　　　　　　　　'00. 5. 7　対日
デニー　（武）　'98. 6. 18　対日
岡本　克道　（ダ）　'98. 9. 19　対日
黒木　知宏　（日）　'99. 5. 23　対日
岡崎　　晃　（近）　'02. 5. 13　対武
豊田　　清　（日）　'03. 8. 29　対オ
三瀬　幸司　（ダ）　'04. 5. 8　対オ
加藤　大輔　（オ）　'06. 6. 19　対日
小宮山　悟　（ロ）　'09. 10. 6　対楽
武田　　久　（日）　'10. 9. 2　対ソ
森福　允彦　（日）　'11. 5. 1　対オ
マーティン　（日）　'16. 7. 11　対オ
増井　浩俊　（日）　'17. 6. 11　対巨

D．ホールド・ホールドポイント

(注) '05年新設。'96～'04年にパ・リーグ採用の
　　ホールドは含まず。
1．最多ホールド
　a．ライフタイム
　試合数は'05年ホールド採用以降のもの。
セ-273…山口　鉄也　（巨）　'07～'17　試合642
パ-358…宮西　尚生　（日）　'08～'20　試合734
－ライフタイム10位まで－　（100以上33人）

①	358…宮西　尚生	（日）	'08～'20	試合734	
②	273…山口　鉄也	（巨）	'07～'17	642	
③	200…浅尾　拓也	（中）	'07～'18	416	
④	174…マ シソン	（巨）	'12～'19	421	
⑤	163…五十嵐亮太	（ヤ）	'99～'20	494	
⑤	163…藤川　球児	（神）	'00～'20	708	
⑦	159…青山　浩二	（楽）	'06～'20	625	
⑧	157…増井　浩俊	（オ）	'10～'20	534	
⑨	145…益田　直也	（ロ）	'12～'20	526	
⑩	141…ウィリアムス	（神）	'03～'09	268	
⑩	141…髙橋　聡文	（神）	'04～'19	508	

　b．シーズン
セ-47…浅尾　拓也　（中）　'10　試合72
　　46…藤川　球児　（神）　'05　試合80
　　　久保田智之　（神）　'07　試合90
パ-45…増井　浩俊　（日）　'12　試合73
　　44…五十嵐亮太　（ソ）　'14　試合63

2．最多連続試合ホールド
セ-17…藤川　球児　（神）　'05. 6. 14対武～ 7. 20対横
パ-17…バリオス　（ソ）　'15. 3. 28対ロ～ 5. 20対オ

3．最多ホールドポイント
　a．ライフタイム
　試合数は'05年ホールド採用以降のもの。
セ-324…山口　鉄也　（巨）　'07～'17　試合642
パ-393…宮西　尚生　（日）　'08～'20　試合734
－ライフタイム10位まで－　（100以上50人）

①	393…宮西　尚生	（日）	'08～'20	試合734	
②	324…山口　鉄也	（巨）	'07～'17	642	

③　232…浅尾　拓也（中）'07～'18　試合416
④　218…藤川　球児（神）'00～'20　708
⑤　201…マシソン（巨）'12～'19　421
⑥　196…青山　浩二（楽）'06～'20　625
⑦　191…五十嵐亮太（ヤ）'99～'20　494
⑧　184…増井　浩俊（オ）'10～'20　534
⑨　171…益田　直也（ロ）'12～'20　526
⑩　169…平野　佳寿（オ）'06～'17　549
b．シーズン
セ－59…浅尾　拓也（中）'10　試合 72
55…久保田智之（神）'07　試合 90
パ－50…増井　浩俊（日）'12　試合 73
49…平野　佳寿（オ）'11　試合 72
4．最多連続試合ホールドポイント
セ－25…浅尾　拓也（中）'10. 7.11対巨～ 9.15対広
パ－17…バリオス（ソ）'15. 3.28対ロ～ 5.20対オ

E．投球数

1．最少投球数
a．ゲーム
セ－73…大崎　三男（神）'57. 8.30対広（9回）
平松　政次（洋）'69. 8.30対神（9回）
68…徳永喜久夫（中）'56. 4.29対神第2（8回）
（参考）
70…渡辺　省三（神）'57. 9.26対広第2（9回まで）
72…大脇　照夫（国）'55. 9. 6対中（9回まで）
パ－71…柴田　英治（急）'52. 5.11対近第1（9回）
植村　義信（毎）'57. 3.30対西（9回）
68…田中　文雄（近）'54. 4.24対南（8回）
日－73…林　直明（金）'48. 5. 6対中（9回）
67…別所　昭（南）'47. 8.10対中（8回）
（参考）
73…今西錬太郎（急）'49. 7.26対東（9回まで）
2．最多投球数
a．ゲーム
セ－188…川口　和久（広）'83. 9. 3対巨(9回）完投
239…権藤　正利（洋）'53. 5. 3対巨第2（15回）完投
217…秋山　登（洋）'56. 6.28対巨（14回）救援
パ－209…木田　勇（日）'83. 9.21対武（9回）完投
206…松沼　雅之（武）'80. 8. 5対近（9回）完投
264…米川　泰夫（東）'54.10.10対近（22回）先発
237…若生　智男（毎）'59. 4.14対急（15回）完投
b．イニング
セ－ 64…吉野　誠（神）'04. 4. 7対横の8回
パ－ 60…ミラッキ（近）'97. 6.27対武の1回
吉川　勝成（オ）'05. 9. 2対楽の6回

F．被安打

1．最多被安打
a．ライフタイム
セ－4120…金田　正一（巨）'50～'69　投球回5526⅔
パ－4433…米田　哲也（近）'56～'75、'77　投球回4993⅓
－ライフタイム20位まで－（2500以上31人）
①　4561…米田　哲也（近）'56～'77　投球回5130
②　4120…金田　正一（巨）'50～'69　5526⅔
③　4095…東尾　修（武）'69～'88　4086
④　4068…小山　正明（洋）'53～'73　4899
⑤　4029…鈴木　啓示（近）'66～'85　4600⅓
⑥　3879…梶本　隆夫（急）'54～'73　4208
⑦　3629…別所　毅彦（巨）'42～'60　4350⅔
⑧　3459…山田　久志（急）'69～'88　3865
⑨　3255…北別府　学（広）'76～'94　3113
⑩　3230…スタルヒン（ト）'36～'55　4175⅓
⑪　3226…山本　昌（中）'86～'15　3348⅔
⑫　3146…三浦　大輔（ディ）'92～'16　3276
⑬　3081…石井　茂雄（巨）'58～'79　3168
⑭　3072…石川　雅規（ヤ）'02～'20　2871
⑮　3056…工藤　公康（武）'82～'10　3336⅔
⑯　3037…平松　政次（洋）'67～'84　3360⅔
⑰　3019…村田　兆治（ロ）'68～'90　3331⅓
⑱　2977…長谷川良平（広）'50～'63　投球回3376⅓
⑲　2971…若林　忠志（毎）'36～'53　3557⅓
⑳　2939…松岡　弘（ヤ）'68～'85　3240
b．シーズン
セ－367…高野　裕良（洋）'50　投球回384⅔
345…長谷川良平（広）'50　投球回348⅓
パ－358…稲尾　和久（西）'63　投球回386
349…米川　泰夫（東）'50　投球回363⅔
日－422…真田　重蔵（パ）'46　投球回464⅔
c．ゲーム
セ－19…川上　憲伸（中）'99. 10. 2　対横
パ－19…米川　泰夫（東）'51. 10. 7　対大
児玉　好弘（急）'74. 6. 2　対日第2
長谷川滋利（オ）'95. 6. 13　対武
日－22…真田　重蔵（パ）'46. 7. 21　対急
d．イニング
セ－11…高橋　一彦（洋）'86. 6. 3　対広の9回
パ－11…石川　歩（ロ）'18. 7. 31　対日の1回
日－10…内藤　幸三（ゴ）'46. 7. 15　対グの8回

G．被本塁打

1．最多被本塁打
a．ライフタイム
セ－380…北別府　学（広）'76～'94　投球回3113
パ－560…鈴木　啓示（近）'66～'85　投球回4600⅓
－ライフタイム15位まで－（300以上24人）
①　560…鈴木　啓示（近）'66～'85　投球回4600⅓
②　490…山田　久志（急）'69～'88　3865
③　412…東尾　修（武）'69～'88　4086
④　380…北別府　学（広）'76～'94　3113
⑤　379…金田　正一（巨）'50～'69　5526⅔
⑥　374…平松　政次（洋）'67～'84　3360⅔
⑦　370…米田　哲也（近）'56～'77　5130
⑧　365…小山　正明（洋）'53～'73　4899
⑨　362…工藤　公康（武）'82～'10　3336⅔
⑩　359…柳田　豊（近）'70～'87　2357⅔
⑪　358…三浦　大輔（ディ）'92～'16　3276
⑫　341…山本　昌（中）'86～'15　3348⅔
⑬　333…石川　雅規（ヤ）'02～'20　2871
⑭　328…成田　文男（Ｅ）'65～'82　2781
⑮　326…松岡　弘（ヤ）'68～'85　3240
b．シーズン
セ－48…池谷公二郎（広）'77　投球回226
42…高橋　里志（広）'77　投球回284⅔
パ－42…金田　留広（東）'71　投球回268
井本　隆（近）'80　投球回205⅔
山田　久志（急）'85　投球回222⅓
日－35…野口　正明（大）'49　投球回208⅔
c．ゲーム
セ－ 7…田所善治郎（国）'58. 6. 1　対洋第1
パ－ 6…涌井　秀章（ロ）'17. 5. 12　対日
日－ 8…川崎　徳次（巨）'49. 4. 26　対大
d．イニング
セ－ 4…成田　啓二（国）'50. 4. 11　対中の1回
永本　裕章（広）'76. 9. 19　対神第1の6回
井本　隆（ヤ）'83. 8. 14　対神の3回
木田　勇（洋）'86. 6. 10　対ヤの1回
山本　和行（神）'87. 5. 12　対巨の7回
藤本　修二（神）'91. 8. 3　対中の5回
黒田　博樹（広）'99. 7. 31　対巨の1回
佐野　重樹（中）'00. 6. 21　対巨の7回
花田　真人（ヤ）'05. 9. 23　対横の9回
パ－ 4…上田　卓三（南）'71. 5. 29　対急の1回
中居　謹蔵（ロ）'83. 5. 7　対武の1回
仁科　時成（ロ）'83. 6. 28　対武の3回
石本　貴昭（近）'86. 8. 6　対武の8回
古溝　克之（オ）'90. 4. 29　対近の5回
山村　宏樹（楽）'05. 6. 1　対横の1回
東條　大樹（ロ）'19. 4. 7　対ソの8回
日－ 3…久野　勝美（中）'48. 5. 29　対巨の2回
今西錬太郎（急）'48. 8. 17　対金の4回
清水　秀雄（中）'48. 10. 16　対神の3回

'49. 6. 25　対神の9回
木下　　勇（陽）'48. 10. 16　対巨の3回
野口　二郎（急）'49. 8. 14　対南の3回
白木義一郎（東）'49. 9. 20　対巨の4回

2. 最多連続被本塁打
セー4…永本　裕章（広）'76. 9. 19　対神第1の6回
　　　　木田　　勇（洋）'86. 6. 10　対ヤの1回
パー4…仁科　時成（ロ）'83. 6. 28　対武の3回
日－3…野口　二郎（急）'49. 8. 14　対南の3回

3. 最多被満塁本塁打
a. シーズン
セー4…西村　龍次（ヤ）'92　投球回200$\frac{2}{3}$
パー3…上田　卓三（南）'70　投球回116
　　　　仁科　時成（ロ）'79　投球回179$\frac{2}{3}$
　　　　梅沢　義勝（ロ）'81　投球回130
　　　　山沖　之彦（急）'82　投球回163$\frac{2}{3}$
　　　　村田　辰美（近）'87　投球回93$\frac{1}{3}$
　　　　西崎　幸雄（日）'90　投球回192$\frac{2}{3}$
　　　　星野　伸之（オ）'91　投球回193$\frac{2}{3}$
　　　　涌井　秀章（武）'06　投球回178
日－3…黒尾　重明（東）'49　投球回268$\frac{1}{3}$
　　　　中原　　宏（南）'49　投球回253$\frac{2}{3}$

b. ゲーム
セー2…金森　隆浩（中）'96. 10. 9　対神
　　　　ゴンザレス（ヤ）'05. 8. 10　対広
パー2…吉井　理人（オ）'07. 4. 1　対楽
　　　　阿南　　徹（オ）'10. 6. 20　対日
　　　　大石　達也（武）'13. 8. 22　対ロ
日－1…多数あり

c. イニング
セー2…金森　隆浩（中）'96. 10. 9　対神の1回
パー2…吉井　理人（オ）'07. 4. 1　対楽の8回
　　　　阿南　　徹（オ）'10. 6. 20　対日の8回
　　　　大石　達也（武）'13. 8. 22　対ロの3回
日－1…多数あり

H. 与四球

1. 最多与四球
a. ライフタイム
セー1808…金田　正一（巨）'50〜'69　投球回5526$\frac{2}{3}$
パー1430…米田　哲也（近）'56〜'75, 77投球回4993$\frac{1}{3}$
－ライフタイム1000以上－　（19人）
① 1808…金田　正一（巨）'50〜'69　投球回5526$\frac{2}{3}$
② 1480…米田　哲也（近）'56〜'77　5130
③ 1436…中尾　碩志（巨）'39〜'57　3057
④ 1244…梶本　隆夫（急）'54〜'73　4208
⑤ 1221…スタルヒン（ト）'36〜'55　4175$\frac{1}{3}$
⑥ 1206…別所　毅彦（巨）'42〜'60　4350$\frac{2}{3}$
⑦ 1163…松岡　　弘（ヤ）'68〜'85　3240
⑧ 1144…村田　兆治（ロ）'68〜'90　3331$\frac{1}{3}$
⑨ 1128…工藤　公康（武）'82〜'10　3336$\frac{2}{3}$
⑩ 1126…鈴木　啓示（近）'66〜'85　4600$\frac{1}{3}$
⑪ 1116…小野　正一（中）'56〜'70　2909
⑫ 1108…内藤　幸三（急）'36〜'51　2220$\frac{2}{3}$
⑬ 1102…東尾　　修（武）'69〜'88　4086
⑭ 1095…堀内　恒夫（巨）'66〜'83　3045
⑮ 1055…佐藤　義則（オ）'77〜'98　2608$\frac{2}{3}$
⑯ 1026…長谷川良平（広）'50〜'63　3376$\frac{1}{3}$
⑰ 1021…川口　和久（ヤ）'81〜'98　2410
⑱ 1019…権藤　正利（神）'53〜'73　2513
⑲ 1007…高橋　一三（日）'65〜'83　2778

b. シーズン
セー197…金田　正一（国）'52　投球回358
　　190…金田　正一（国）'51　投球回350
パー148…野茂　英雄（近）'93　投球回243$\frac{1}{3}$
　　137…加藤　　初（西）'72　投球回246
日－280…亀田　　忠（イ）'39　投球回371

c. ゲーム
セー10…金田　正一（国）'50. 11. 4　対巨第2
　　　　高野　裕良（洋）'50. 11. 8　対松
　　　　萩本　　保（広）'51. 8. 22　対巨
　　　　松岡　　弘（ヤ）'73. 8. 14　対巨

パー16…野茂　英雄（近）'94. 7. 1　対武（毎回）
　　14…野茂　英雄（近）'92. 7. 10　対武
日－14…小松原博喜（黒）'42. 4. 22　対巨

d. イニング
セー6…戸叶　　尚（横）'99. 5. 23　対広の4回
　　　　濱口　遥大（ディ）'18. 7. 1　対広の3回
パー7…田村　　満（高）'54. 6. 12　対西の8回
日－6…亀田　　忠（イ）'38. 7. 16　対鯱の8回
　　　　　　　　　（黒）'40. 11. 29　対ラの7回
　　　　林　　直明（中）'46. 4. 29　対セの1回
　　　　井上　嘉弘（中）'46. 8. 31　対巨の6回

2. 最多連続与四球
a. イニング
セー5…木田　　勇（洋）'88. 9. 6　対広の5回
　　　　吉野　　誠（神）'03. 7. 26　対中の6回
　　　　濱口　遥大（ディ）'18. 7. 1　対広の3回
パー5…工藤　公康（武）'91. 5. 23　対ロの2回
　　　　野茂　英雄（近）'92. 7. 10　対武の5回
　　　　石毛　博史（近）'97. 5. 16　対武の1回
　　　　前川　克彦（近）'99. 4. 29　対オの8回
日－5…金子　　裕（セ）'38. 6. 21　対名の5回
　　　　菊矢　吉男（ラ）'38. 11. 12　対名の1回
　　　　石田　光彦（和）'43. 5. 2　対西の1回
　　　　林　　直明（中）'46. 4. 29　対セの1回

3. 最多無四球試合
a. ライフタイム
セー47…小山　正明（洋）'53〜'63, '73　完投162
パー78…鈴木　啓示（近）'66〜'85　完投340
－ライフタイム30以上－　（17人）
① 78…鈴木　啓示（近）'66〜'85　完投340
② 73…小山　正明（洋）'53〜'73　290
③ 57…野口　二郎（急）'39〜'52　259
④ 46…土橋　正幸（東）'56〜'67　134
⑤ 43…別所　毅彦（巨）'42〜'60　335
⑥ 42…山田　久志（急）'69〜'88　283
⑦ 39…白木義一郎（急）'46〜'52　160
⑦ 39…金田　正一（巨）'50〜'69　365
⑨ 36…高橋　直樹（巨）'69〜'86　141
⑨ 36…北別府　学（広）'76〜'94　135
⑪ 35…藤本　英雄（巨）'42〜'55　227
⑫ 34…稲尾　和久（西）'56〜'69　179
⑬ 33…東尾　　修（武）'69〜'88　247
⑭ 32…村山　　実（神）'59〜'72　192
⑮ 31…若林　忠志（毎）'36〜'53　263
⑮ 31…スタルヒン（ト）'36〜'55　350
⑰ 30…白井　茂雄（巨）'58〜'79　134

b. シーズン
セー10…小山　正明（神）'58　完投24
　　　　　　　　　　　　　'62　完投26
　　　　江川　　卓（巨）'82　完投24
パー11…高橋　直樹（日）'79　完投21
日－13…野口　二郎（急）'48　完投24

4. 最多連続イニング無四球
セー81…安田　　猛（ヤ）
　　　　'73. 7. 17対神の9回〜9. 9対神の8回
　　50…片山　　博（広）
　　　　'53. 9. 8対中第2の3回〜10. 13対神第1の2回
パー74…白木義一郎（東）
　　　　'50. 3. 12対大の1回〜5. 25対急の8回
　　56…土橋　正幸（東）
　　　　'61. 7. 29対急の3回〜8. 23対近の9回
日－40…野口　二郎（急）
　　　　'48. 10. 24対金の10回〜11. 15対神の3回

I. 与死球

1. 最多与死球
a. ライフタイム
セー120…平松　政次（洋）'67〜'84　投球回3360$\frac{2}{3}$
パー165…東尾　　修（武）'69〜'88　投球回4086
－ライフタイム10位まで－　（100以上18人）
① 165…東尾　　修（武）'69〜'88　投球回4086
② 144…渡辺　秀武（広）'64〜'82　2083$\frac{2}{3}$

③　143…坂井　勝二（日）'59～'76　投球回2839⅔
③　143…米田　哲也（近）'56～'77　5130
⑤　142…仁科　時成（ロ）'77～'88　1816⅓
⑥　135…山田　久志（急）'69～'88　3865
⑦　130…足立　光宏（急）'59～'79　3103
⑧　124…村田　兆治（ロ）'68～'90　3331⅓
⑨　122…佐々木宏一郎（南）'62～'81　2620⅓
⑩　120…平松　政次（洋）'67～'84　3360⅔

b．シーズン
セ－20…小林　繁（神）'80　投球回280⅓
　　19…秋山　登（洋）'56　投球回379⅔
　　　　渋谷　幸春（中）'71　投球回186⅔
パ－22…森安　敏明（東）'68　投球回341⅔
　　21…パウエル（近）'02　投球回216⅔
日－11…スタルヒン（巨）'39　投球回458⅓
　　　　政野　岩夫（南）'39　投球回341⅓

c．ゲーム
セ－ 4…権藤　正利（洋）'57. 9. 18　対神第2
　　　　加藤　博人（ヤ）'90. 8. 8　対広
　　　　佐藤　祥万（横）'08. 5. 8　対ヤ
パ－ 5…村上　雅則（南）'72. 8. 29　対西
　　 4…大神　武俊（南）'53. 8. 11　対近
　　　　谷村　智啓（急）'80. 9. 17　対日
　　　　深沢　恵雄（ロ）'82. 7. 6　対武
　　　　松沼　博久（武）'87. 4. 15　対急
　　　　若田部健一（ダ）'99. 4. 15　対日
　　　　徳元　敏（オ）'03. 5. 17　対日
　　　　山本　由伸（オ）'20. 7. 5　対武
日－ 3…石丸　進一（名）'42. 4. 11　対巨
　　　　井筒　研一（パ）'46. 4. 29　対急
　　　　松川　博爾（グ）'46. 10. 19　対ゴ
　　　　白木義一郎（東）'47. 5. 4　対急
　　　　北川桂太郎（東）'47. 7. 4　対陽

d．イニング
セ－ 3…西本　聖（巨）'79. 8. 1　対広の7回
　　　　ジ　オ（広）'10. 9. 4　対神の1回
　　　　田島　慎二（中）'14. 7. 4　対巨の7回
　　　　青柳　晃洋（神）'17. 6. 30　対ヤの5回
パ－ 3…宮本　幸信（日）'77. 5. 19　対近の8回
　　　　望月　卓也（ロ）'79. 5. 12　対日の1回
　　　　村田　辰美（近）'81. 4. 8　対南の8回
　　　　石井　貴（武）'04. 4. 17　対ダの4回
　　　　スタンリッジ（ソ）'14. 7. 14　対ロの3回
　　　　塚原　頌平（オ）'15. 5. 8　対日の9回
　　　　山本　由伸（オ）'20. 7. 5　対武の6回
日－ 2…多数あり

2. 最多連続与死球
a．イニング
セ－ 3…田島　慎二（中）'14. 7. 4　対巨の7回
パ－ 3…望月　卓也（ロ）'79. 5. 12　対日の1回
日－ 2…多数あり

J．奪 三 振

1. 最多奪三振
a．ライフタイム
セ－4490…金田　正一（巨）'50～'69　投球回5526⅔
パ－3316…米田　哲也（近）'56～'75, '77　投球回4993⅓
－1000三振以上－　（151人）
1　4490…金田　正一（巨）'50～'69　投球回5526⅔
2　3388…米田　哲也（近）'56～'77　5130
3　3159…小山　正明（洋）'53～'73　4899
4　3061…鈴木　啓示（近）'66～'85　4600⅓
5　2987…江夏　豊（武）'67～'84　3196
6　2945…梶本　隆夫（急）'54～'73　4208
7　2859…工藤　公康（武）'82～'10　3336⅔
8　2574…稲尾　和久（西）'56～'69　3599
9　2481…三浦　大輔（ディ）'92～'16　3276
10　2363…村田　兆治（ロ）'68～'90　3331⅓
11　2310…山　本　昌（中）'86～'15　3348⅔
12　2271…村山　実（神）'59～'72　3050⅓
13　2244…小野　正一（中）'56～'70　2909
14　2156…杉内　俊哉（巨）'02～'15　2091⅓
15　2115…石井　一久（武）'92～'13　投球回2153⅓
16　2111…槙原　寛己（巨）'83～'01　2485
17　2092…川口　和久（巨）'81～'98　2410
18　2082…西口　文也（武）'95～'15　2527⅔
19　2058…山田　久志（急）'69～'88　3865
20　2045…平松　政次（洋）'67～'84　3360⅔
21　2041…星野　伸之（神）'85～'02　2669⅓
22　2008…松岡　弘（ヤ）'68～'85　3240
23　1997…高橋　一三（日）'65～'83　2778
24　1980…桑田　真澄（巨）'86～'06　2761⅔
25　1960…スタルヒン（ト）'36～'55　4175⅓
26　1943…権藤　正利（神）'53～'73　2513
27　1934…別所　毅彦（巨）'42～'60　4350⅔
28　1896…秋山　登（洋）'56～'67　2993
29　1865…堀内　恒夫（巨）'66～'83　3045
30　1806…佐々岡真司（広）'90～'07　2344⅓
31　1798…涌井　秀章（楽）'05～'20　2445⅔
32　1761…杉下　茂（毎）'49～'61　2841⅔
33　1757…北別府　学（広）'76～'94　3113
34　1756…杉浦　忠（南）'58～'70　2413⅓
35　1755…佐藤　義則（オ）'77～'98　2608⅔
36　1747…岸　孝之（楽）'07～'20　2017⅓
37　1733…大野　豊（広）'77～'98　2231
38　1707…斎藤　雅樹（巨）'84～'01　2375⅔
39　1706…新浦　壽夫（ヤ）'71～'92　2158⅔
40　1688…金子　弌大（日）'06～'20　1979⅓
41　1684…東尾　修（武）'69～'88　4086
42　1678…外木場義郎（広）'65～'79　2419⅓
43　1657…成田　文男（日）'65～'82　2781
44　1654…遠藤　一彦（洋）'78～'92　2208⅓
45　1653…石川　雅規（ヤ）'02～'20　2871
46　1640…和田　毅（ソ）'03～'20　1798
47　1638…皆川　睦雄（南）'54～'71　3158
48　1610…坂井　勝二（日）'59～'76　2839⅔
49　1609…渡辺　久信（ヤ）'84～'98　2075⅔
50　1597…中尾　碩志（巨）'39～'57　3057
51　1573…西崎　幸広（武）'87～'01　2004
52　1564…長谷川良平（広）'50～'63　3376⅓
53　1562…土橋　正幸（東）'56～'67　2518⅓
54　1533…小宮山　悟（ロ）'90～'09　2293
55　1508…内海　哲也（武）'04～'20　1988
56　1500…加藤　初（巨）'72～'90　2250
57　1496…能見　篤史（神）'05～'20　1717
58　1482…足立　光宏（急）'59～'79　3103
59　1475…メッセンジャー（神）'10～'19　1606⅓
60　1461…黒田　博樹（広）'97～'16　2021⅔
61　1459…若生　忠泰（巨）'55～'70　1973⅓
62　1446…小松　辰雄（中）'78～'94　1940⅔
63　1435…石井　茂雄（巨）'58～'79　3168
64　1432…安仁屋宗八（広）'64～'81　2090⅓
65　1418…下柳　剛（楽）'91～'12　1970⅔
66　1415…郭　源治（中）'81～'96　1971
67　1410…松坂　大輔（中）'99～'19　1464⅓
68　1400…上原　浩治（巨）'99～'18　1583⅔
69　1396…若生　智男（広）'56～'76　2260⅓
70　1395…野口　二郎（急）'39～'52　3447⅓
71　1391…高橋　直樹（巨）'69～'86　2872⅔
72　1381…大石　清（急）'59～'70　2157⅓
72　1381…川上　憲伸（中）'98～'14　1731
74　1366…江川　卓（巨）'79～'87　1857⅓
75　1363…高橋　重行（洋）'64～'80　2295
76　1353…佐々木宏一郎（南）'62～'81　2620⅓
77　1350…中田　賢一（神）'05～'20　1550⅓
77　1350…則本　昂大（楽）'13～'20　1305⅓
79　1346…米川　泰夫（西）'49～'59　2274⅓
80　1331…斎藤　隆（楽）'92～'15　1575
81　1325…野田　浩司（オ）'88～'99　1614⅓
82　1321…斉藤　明夫（横）'77～'93　2173⅓
83　1317…金田　留広（広）'69～'81　2055⅓
84　1292…森中千香良（洋）'60～'75　1947
85　1282…伊良部秀輝（神）'88～'04　1286⅓
86　1279…井川　慶（オ）'99～'14　1387⅔
87　1273…小林　繁（神）'73～'83　2029⅓

88　1252…山本　和行（神）'72～'88　投球回1817$\frac{2}{3}$
89　1250…ダルビッシュ有（日）'05～'11　1268$\frac{1}{3}$
90　1241…前田　幸長（巨）'89～'07　1577
91　1239…西本　聖（オ）'76～'93　2677
92　1238…田中　将大（楽）'07～'13　1315
93　1233…前田　健太（広）'08～'15　1509$\frac{2}{3}$
94　1225…星野　仙一（中）'69～'82　2128$\frac{2}{3}$
94　1225…尾花　高夫（ヤ）'78～'91　2203
96　1220…藤川　球児（神）'00～'20　935$\frac{1}{3}$
97　1214…菅野　智之（巨）'13～'20　1360
98　1211…成瀬　善久（オ）'06～'19　1567$\frac{2}{3}$
99　1204…野茂　英雄（近）'90～'94　1051$\frac{1}{3}$
100　1201…柳田　豊（近）'70～'87　2357$\frac{2}{3}$
101　1186…大竹　寛（巨）'03～'20　1673
102　1181…古沢　憲司（広）'64～'84　1896$\frac{1}{3}$
103　1177…藤本　英雄（巨）'42～'55　2628$\frac{1}{3}$
104　1175…岩隈　久志（楽）'01～'11　1541
105　1169…園川　一美（ロ）'86～'99　1543$\frac{1}{3}$
106　1167…西　勇輝（神）'09～'20　1539$\frac{1}{3}$
107　1158…仲田　幸司（ロ）'85～'97　1335
108　1154…清水　直行（横）'00～'11　1677$\frac{1}{3}$
109　1152…田中　勉（中）'61～'69　1610
110　1148…川崎　徳次（西）'40～'57　2870$\frac{1}{3}$
111　1146…紀藤　真琴（楽）'87～'05　1456$\frac{1}{3}$
111　1146…門倉　健（巨）'96～'08　1276
113　1144…中山　義朗（中）'55～'65　1605
114　1135…小　林　宏（武）'98～'14　1297$\frac{1}{3}$
115　1130…江本　孟紀（神）'71～'81　1978$\frac{2}{3}$
115　1130…久保　康友（ディ）'03～'17　1540$\frac{1}{3}$
117　1129…今中　慎二（中）'89～'01　1395$\frac{1}{3}$
118　1122…野口　茂樹（巨）'94～'07　1405$\frac{2}{3}$
119　1094…髙村　祐（楽）'92～'05　1476$\frac{2}{3}$
120　1093…伊藤　芳明（東）'59～'69　1443$\frac{1}{3}$
121　1084…柴田　保光（日）'79～'93　1621$\frac{2}{3}$
122　1083…真田　重蔵（神）'43～'55　2717
123　1081…福原　忍（神）'99～'16　1338$\frac{1}{3}$
124　1075…野村　収（神）'69～'86　2355$\frac{2}{3}$
124　1075…吉田　豊彦（楽）'88～'07　1596
126　1069…荒巻　淳（急）'50～'62　2202$\frac{2}{3}$
126　1069…郭　泰源（武）'85～'97　1682$\frac{1}{3}$
126　1069…髙橋　尚成（ディ）'00～'15　1348$\frac{1}{3}$
129　1066…髙橋　建（広）'95～'10　1459$\frac{2}{3}$
130　1064…清　俊彦（神）'64～'76　1776$\frac{2}{3}$
130　1064…藤井　秀悟（ディ）'00～'13　1463$\frac{1}{3}$
132　1056…池谷公二郎（広）'74～'85　1622$\frac{1}{3}$
133　1053…山口　俊（巨）'06～'19　1080$\frac{1}{3}$
134　1052…三浦　清弘（平）'57～'75　2280
135　1051…山沖　之彦（オ）'82～'94　1764
136　1049…鈴木　隆（洋）'58～'68　1625$\frac{2}{3}$
137　1045…長冨　浩志（ダ）'86～'01　1361
138　1043…浅野　啓司（巨）'67～'84　1715$\frac{2}{3}$
139　1041…渡辺　秀武（広）'64～'82　2083$\frac{2}{3}$
140　1036…木田　優夫（日）'89～'12　1269$\frac{2}{3}$
141　1035…藪　恵壹（楽）'94～'10　1655$\frac{2}{3}$
142　1031…内藤　幸三（広）'36～'51　2220$\frac{2}{3}$
143　1016…河村　久文（広）'53～'63　1660
143　1016…梶間　健一（ヤ）'77～'88　1547$\frac{1}{3}$
145　1010…尾崎　行雄（拓）'62～'73　1548$\frac{2}{3}$
145　1010…新垣　渚（ヤ）'03～'16　1077$\frac{1}{3}$
147　1008…武田　一浩（巨）'88～'02　1517$\frac{2}{3}$
148　1006…鈴木　孝政（中）'73～'89　1788$\frac{1}{3}$
148　1006…千賀　滉大（ソ）'12～'20　860$\frac{1}{3}$
150　1005…小野　和義（中）'84～'97　1445$\frac{1}{3}$
151　1000…若林　忠志（毎）'36～'53　3557$\frac{1}{3}$

b．シーズン
セ－401…江夏　豊（神）'68　投球回329
　　350…金田　正一（国）'55　投球回400
パ－353…稲尾　和久（西）'61　投球回404
　　336…杉浦　忠（南）'59　投球回371$\frac{1}{3}$
日－297…亀田　忠（黒）'40　投球回456$\frac{2}{3}$

c．ゲーム
セ－16…金田　正一（巨）'67. 6. 7　対洋
　　江夏　豊（神）'68. 8. 8　対中
　　外木場義郎（広）'68. 9. 14　対洋
　　伊藤　智仁（ヤ）'93. 6. 9　対巨
　　今中　慎二（中）'93. 7. 6　対ヤ
　　山田　勉（ヤ）'93. 9. 10　対広
　　桑田　真澄（巨）'94. 8. 13　対神
　　野口　茂樹（中）'01. 5. 24　対神
パ－19…野田　浩司（オ）'95. 4. 21　対ロ
　　18…田中　将大（楽）'11. 8. 27　対ソ
　　17…足立　光宏（急）'62. 5. 24　対南
　　野茂　英雄（近）'90. 4. 29　対オ
　　野田　浩司（オ）'94. 8. 12　対近
　　16…土橋　正幸（東）'58. 5. 31　対西
　　村田　兆治（ロ）'79. 6. 8　対近
　　木田　勇（日）'80. 9. 2　対近
　　野田　浩司（オ）'93. 7. 4　対近
　　松坂　大輔（武）'04. 9. 1　対ロ
　　大場　翔太（ソ）'08. 4. 5　対ロ
　　大谷　翔平（日）'14. 7. 9　対楽
日－15…沢村　栄治（巨）'37. 10. 2　対イ
　　清水　秀雄（南）'40. 11. 16　対急
（9回まで、11$\frac{1}{3}$回で17）

d．イニング（セ－15人、15度、パ－10人、11度）
セ－ 4…幸田　優（洋）'59. 7. 5　対広第2の2回
　　岡島　秀樹（巨）'97. 7. 4　対神の3回
　　レ　モ　ン（ヤ）'00. 4. 14　対広の5回
　　金澤　健人（神）'04. 8. 1　対巨の2回
　　前田　幸長（巨）'05. 4. 6　対横の6回
　　オ ビ ス ポ（巨）'09. 9. 17　対神の6回
　　澤村　拓一（巨）'12. 4. 13　対ディの5回
　　髙橋　聡文（中）'13. 7. 9　対神の7回
　　平田　真吾（ディ）'15. 6. 6　対武の9回
　　八木　亮祐（ヤ）'16. 5. 24　対神の1回
　　藤浪晋太郎（神）'16. 7. 29　対中の7回
　　石田　健大（ディ）'16. 7. 29　対広の7回
　　田口　麗斗（巨）'18. 7. 4　対ディの2回
　　上茶谷大河（ディ）'19. 7. 2　対神の5回
　　R.マルティネス（中）'20. 9. 4　対ヤの9回
パ－ 4…野村　貴仁（オ）'93. 8. 8　対ロの7回
　　工藤　公康（ダ）'96. 8. 2　対ロの7回
　　西口　文也（武）'97. 4. 12　対ロの2回
　　斉藤　和巳（ダ）'00. 9. 3　対オの2回
　　杉内　俊哉（ダ）'03. 4. 14　対ロの8回
　　松坂　大輔（武）'04. 9. 17　対ダの6回
　　涌井　秀章（武）'07. 4. 3　対ソの5回
　　千賀　滉大（ソ）'13. 4. 17　対楽の7回
　　　　'18. 9. 15　対武の1回
　　松井　裕樹（楽）'18. 5. 4　対武の9回
　　ディクソン（オ）'18. 7. 8　対ソの8回
日－ 3…多数あり

2．最多連続奪三振
a．ゲーム（※は初回先頭打者から）
セ－ 8…鈴木　隆（洋）'60. 6. 1　対巨4～6回
　　7…金田　正一（国）'54. 6. 8　対洋1～3回
　　大友　工（巨）'54. 9. 15　対広2～4回
　　小山　正明（神）'56. 3. 27　対広1～3回※
　　村山　実（神）'60. 4. 16　対巨2～4回
　　江夏　豊（神）'71. 9. 27　対広2～4回
　　長冨　浩志（広）'88. 6. 7　対神1～3回
　　紀藤　真琴（広）'88. 8. 12　対洋4～6回
　　郭　源治（中）'93. 4. 27　対神4～6回
　　佐々木主浩（横）'94. 9. 18　対広10～12回
　　久保　裕也（巨）'03. 6. 27　対中1～3回
　　能見　篤史（神）'11. 4. 19　対巨1～3回
　　杉内　俊哉（巨）'12. 4. 7　対神5～7回
　　藤浪晋太郎（神）'14. 8. 1　対ディ2～4回
　　メッセンジャー（神）'17. 10. 10　対中2～4回
　　菅野　智之（巨）'18. 5. 11　対中2～4回
　　今永　昇太（ディ）'20. 8. 1　対神5～7回
パ－ 9…梶本　隆夫（急）'57. 7. 23　対南3～6回
　　土橋　正幸（東）'58. 5. 31　対西1～4回
　　8…尾崎　行雄（東）'62. 4. 29　対西7～9回
　　潮崎　哲也（武）'90. 7. 5　対オ4～6回
　　西口　文也（武）'96. 9. 23　対近5～7回

7…	河村　久文	(西)	'55. 8. 13	対南1～3回
	森安　敏明	(東)	'68. 5. 17	対南4～6回
	伊藤　隆偉	(オ)	'92. 6. 20	対日6～8回
	西口　文也	(武)	'97. 4. 12	対ロ1～3回
	和田　　毅	(ダ)	'03. 5. 6	対オ2～4回
	Ｊ　Ｐ	(オ)	'05. 9. 22	対日1～3回
	Ｊ　グリン	(楽)	'06. 8. 26	対ロ4～5回
	大場　翔太	(ソ)	'08. 4. 5	対ロ1～3回
	岩隈　久志	(楽)	'09. 9. 1	対武3～5回
	杉内　俊哉	(ソ)	'11. 10. 8	対オ4～6回
	森　　唯斗	(ソ)	'15. 6. 10	対神6～8回
	松井　裕樹	(楽)	'18. 10. 4	対日1～3回
日－6…	沢村　栄治	(巨)	'37. 11. 26	対イ4～6回
	近藤　　久	(ラ)	'38. 11. 5	対急7～9回
	スタルヒン	(巨)	'40. 6. 10	対名4～6回
	野口　二郎	(西)	'43. 4. 3	対朝4～6回

3. 全員奪三振
a. ゲーム（※は毎回）

セー	川上　憲伸	(中)	'05. 5. 20	対ロ 9人 10奪三振
パー	松坂　大輔	(武)	'04. 4. 9	対近 9人 10奪三振
	大場　翔太	(ソ)	'08. 4. 5	対楽 9人 16奪三振
	※涌井　秀章	(武)	'09. 4. 24	対ロ 9人 12奪三振
	岩隈　久志	(楽)	'09. 9. 1	対武 9人 11奪三振
	則本　昂大	(楽)	'14. 9. 19	対ロ 9人 13奪三振
日－なし				

K. 暴　投

1. 最多暴投
a. ライフタイム

セー	94…石井　一久	(ヤ)	'92～'01,'06～'07	投球回1528⅔
パー	148…村田　兆治	(ロ)	'68～'90	投球回3331⅓

－ライフタイム70以上－（15人）

①	148…村田　兆治	(ロ)	'68～'90	投球回3331⅓
②	115…石井　一久	(ヤ)	'92～'13	2153⅓
③	101…新垣　　渚	(ヤ)	'03～'16	1077⅓
④	84…前田　幸長	(神)	'89～'07	1577
⑤	81…工藤　公康	(武)	'82～'10	3336⅔
⑥	80…涌井　秀章	(楽)	'05～'20	2445⅔
⑦	79…川口　和久	(巨)	'81～'98	2410
⑧	75…槙原　寛己	(巨)	'83～'01	2485
⑨	74…星野　伸之	(神)	'85～'02	2669⅓
⑨	74…伊良部秀輝	(神)	'88～'04	1286⅓
⑪	73…佐藤　義則	(オ)	'77～'98	2608⅔
⑫	72…小　林　宏	(武)	'98～'14	1297⅓
⑬	70…権藤　正利	(神)	'53～'73	2513
⑬	70…三浦　大輔	(ディ)	'92～'16	3276
⑬	70…中田　賢一	(神)	'05～'20	1550⅓

b. シーズン

セー	20…石井　一久	(ヤ)	'98	投球回196⅓
	15…越智　大祐	(巨)	'08	投球回 71⅓
パー	25…新垣　　渚	(ソ)	'07	投球回137⅓
	17…村田　兆治	(ロ)	'90	投球回115⅔
	酒井　弘樹	(近)	'96	投球回183
日－14…	菊矢　吉男	(ラ)	'39	投球回335
	亀田　　忠	(ライ)	'39	投球回371

c. ゲーム

セー	4…高井　雄平	(ヤ)	'04. 9. 25	対広
			'06. 10. 12	対横
	ロマン	(ヤ)	'12. 7. 16	対ディ
	新垣　　渚	(ヤ)	'14. 8. 16	対中
パー	5…新垣　　渚	(ソ)	'08. 8. 20	対武
日－3…	多数あり			

d. イニング

セー	3…山本　昌広	(中)	'96. 7. 4	対神の5回
	高井　雄平	(ヤ)	'06. 10. 12	対横の5回
	ロマン	(ヤ)	'12. 7. 16	対ディの5回
	井納　翔一	(ディ)	'14. 5. 9	対ヤの6回
	福井　優也	(広)	'15. 6. 7	対楽の6回
パー	3…池之上　格	(南)	'76. 7. 4	対近の9回
	村田　兆治	(ロ)	'87. 6. 14	対近の6回
	伊良部秀輝	(ロ)	'94. 9. 28	対日の1回
	池上　誠一	(近)	'96. 5. 22	対ロの6回

	小林　雅英	(ロ)	'04. 5. 15	対ダの9回
	朝井　秀樹	(楽)	'08. 6. 23	対広の3回
	新垣　　渚	(ソ)	'08. 8. 20	対武の4回
	大石　達也	(武)	'16. 8. 31	対ソの9回
	菅原　　秀	(楽)	'17. 6. 2	対中の8回
	山岡　泰輔	(オ)	'18. 5. 19	対武の5回
日－3…	中原　　宏	(南)	'49. 5. 12	対大の1回

L. ボ ー ク

1. 最多ボーク
a. ライフタイム

セー	14…槙原　寛己	(巨)	'83～'01	投球回2485
	川尻　哲郎	(神)	'95～'03	投球回 952⅓
パー	23…米田　哲也	(近)	'56～'75,'77	投球回4993⅓

－ライフタイム12以上－（13人）

①	24…江本　孟紀	(神)	'71～'81	投球回1978⅔
②	23…米田　哲也	(近)	'56～'77	5130
③	20…グリン	(横)	'06～'09	563⅔
④	18…石井　　貴	(武)	'94～'07	1136
⑤	16…ドミンゴ	(楽)	'02～'08	585⅔
⑥	15…川尻　哲郎	(楽)	'95～'05	1083⅓
⑦	14…槙原　寛己	(巨)	'83～'01	2485
⑦	14…伊良部秀輝	(神)	'88～'04	1286⅓
⑨	12…佐藤　道郎	(洋)	'70～'80	1303⅓
⑨	12…高橋　直樹	(巨)	'69～'86	2872⅔
⑨	12…加藤　伸一	(近)	'84～'04	1764⅓
⑨	12…ジャン	(神)	'07	104⅓
⑨	12…ジオ	(ディ)	'10～'12	257⅔

b. シーズン

セー	12…ジャン	(神)	'07	投球回104⅓
パー	10…江本　孟紀	(南)	'73	投球回217⅓
日－6…	丸山二三雄	(南)	'43	投球回236⅓

c. ゲーム

セー	3…小林　恒夫	(松)	'52. 5. 21	対神
	ラブロックス	(広)	'03. 6. 4	対広
			'03. 7. 2	対巨
	ルイス	(広)	'08. 3. 29	対中
	ラ　ル　ー	(ヤ)	'13. 6. 2	対ロ
パー	4…ドミンゴ	(楽)	'07. 9. 1	対武
日－2…	北川桂太郎	(東)	'47. 6. 13	対中
	大野　文男	(東)	'49. 5. 21	対神
	小林　亮界	(陽)	'49. 7. 21	対神

d. イニング

セー	2…多数あり			
パー	3…レイ	(日)	'74. 7. 17	対近の1回
	ドミンゴ	(楽)	'07. 9. 1	対武の4回
日－2…	北川桂太郎	(東)	'47. 6. 13	対中の1回

M. 失　点

1. 最多失点
a. ライフタイム

セー	1706…金田　正一	(巨)	'50～'69	投球回5526⅔
パー	1895…米田　哲也	(近)	'56～'75,'77	投球回4993⅓

－ライフタイム1300以上－（17人）

①	1940…米田　哲也	(近)	'56～'77	投球回5130
②	1817…東尾　　修	(武)	'69～'88	4086
③	1772…鈴木　啓示	(近)	'66～'85	4600⅓
④	1706…金田　正一	(巨)	'50～'69	5526⅔
⑤	1634…梶本　隆夫	(急)	'54～'73	4208
⑥	1567…小山　正明	(洋)	'53～'73	4899
⑦	1538…山田　久志	(急)	'69～'88	3865
⑧	1430…三浦　大輔	(ディ)	'92～'16	3276
⑨	1404…石井　茂雄	(巨)	'58～'79	3168
⑩	1402…村田　兆治	(ロ)	'68～'90	3331⅓
⑪	1399…北別府　学	(広)	'76～'94	3113
⑫	1394…山　本　昌	(中)	'86～'15	3348⅔
⑬	1385…平松　政次	(洋)	'67～'84	3360⅔
⑭	1379…別所　毅彦	(巨)	'42～'60	4350⅔
⑭	1379…工藤　公康	(武)	'82～'10	3336⅔
⑯	1351…石川　雅規	(ヤ)	'02～'20	2871
⑰	1350…松岡　　弘	(ヤ)	'68～'85	3240

b．シーズン
セ－190…長谷川良平（広）'50　投球回348⅓
　　184…高野　裕良（洋）'50　投球回384⅔
パ－182…米川　泰夫（東）'50　投球回363⅔
　　164…天保　義夫（急）'50　投球回328
日－202…真田　重蔵（パ）'46　投球回464⅔
c．ゲーム
セ－14…林　　直明（洋）'50. 6. 7　対広
　　　　野本喜一郎（本）'50. 10. 21　対神
　　　　高野　裕良（洋）'50. 11. 8　対松
　　　　長谷川良平（広）'50. 11. 9　対洋
　　　　川上　憲伸（中）'99. 10. 2　対横
パ－18…伊藤万喜三（東）'50. 5. 31　対毎
d．イニング
セ－11…中本　茂樹（ヤ）'84. 8. 9　対神の9回
　　　　高橋　一彦（洋）'86. 6. 3　対広の9回
パ－11…池之上　格（南）'76. 7. 25　対近の9回
日－12…内藤　幸三（ゴ）'46. 7. 15　対グの8回
2. 最多連続イニング無失点
a．シーズン
セ－64⅓…金田　正一（国）
　　'58. 4. 30対広の5回～ 5. 27対広の5回
　49⅓…別所　毅彦（巨）
　　'55. 7. 9対中の4回～ 7. 31対広の7回
パ－54⅔…杉浦　　忠（南）
　　'59. 9. 15対近の3回～10. 20対毎の8回
　46　…ダルビッシュ有（日）
　　'11. 5. 10対楽の1回～ 6. 15対神の2回
日－62　…藤本　英雄（巨）
　　'43. 8. 1対西の7回～ 9. 15対神の5回
b．連続シーズン
セ－64⅓…金田　正一（国）
　　'58. 4. 30対広の5回～ 5. 27対広の5回
パ－56⅔…杉浦　　忠（南）
　　'59. 9. 15対近の3回～'60. 4. 9対急の2回

N. 自 責 点

1. 最多自責点
a．ライフタイム
セ－1434…金田　正一（巨）'50～'69　投球回5526⅔
パ－1617…米田　哲也（近）'56～'75、'77　投球回4993⅓
－ライフタイム1200以上－（16人）
① 1659…米田　哲也（近）'56～'77　投球回5130
② 1588…鈴木　啓示（近）'66～'85　4600⅓
② 1588…東尾　　修（武）'69～'88　4086
④ 1434…金田　正一（巨）'50～'69　5526⅔
⑤ 1395…梶本　隆夫（急）'54～'73　4208
⑥ 1367…山田　久志（急）'69～'88　3865
⑦ 1336…小山　正明（洋）'53～'73　4899
⑧ 1309…三浦　大輔（ディ）'92～'16　3276
⑨ 1285…山　本　昌（中）'86～'15　3348⅔
⑩ 1279…工藤　公康（武）'82～'10　3336⅔
⑪ 1268…北別府　学（広）'76～'94　3113
⑫ 1239…石川　雅規（ヤ）'02～'20　2871
⑬ 1236…平松　政次（洋）'67～'84　3360⅔
⑭ 1219…石井　茂雄（巨）'58～'79　3168
⑮ 1200…松岡　　弘（ヤ）'68～'85　3240
⑮ 1200…村田　兆治（ロ）'68～'90　3331⅓
b．シーズン
セ－158…小林　恒夫（松）'51　投球回293
　　156…高野　裕良（洋）'50　投球回384⅔
パ－134…天保　義夫（急）'50　投球回328
　　131…米川　泰夫（東）'50　投球回363⅔
日－163…真田　重蔵（パ）'46　投球回464⅔

V. チーム投手記録

A. 登板人数

1. 最多登板人数
a．シーズン（延べ人数）
セ－　664…横　浜　'11　試合 144
パ－　684…日本ハム　'19　試合 143
日－　250…阪　神　'49　試合 137
b．ゲーム
セ－10…中　日　'66. 9. 18　対巨
パ－10…日本ハム　'74. 9. 29　対南
日－ 6…南　海　'40. 11. 11　対翼
　　　　阪　神　'48. 10. 31　対南
　　　　中　日　'49. 4. 8　対巨
c．ゲーム　－両チーム－
セ－15…横 8－7 ヤ　'11. 9. 8
　　19…中10－9 広　'07. 10. 4（12回）
パ－15…楽 8－7 ソ　'07. 7. 11
　　18…ソ10－8 日　'13. 9. 4（12回）
交－14…中 7－7 オ　'09. 6. 21
　　17…中 9－8 ソ　'13. 6. 8（12回）
日－10…神 6－4 南　'48. 10. 31
　　　　巨 4－6 中　'49. 4. 8

B. 防 御 率

1. 最高防御率
a．シーズン
セ－　1.75…巨　人　'55　試合 130
パ－　1.87…西　鉄　'56　試合 154
日－　1.33…大　洋　'41　試合 87
2. 最低防御率
a．シーズン
セ－　5.20…広　島　'50　試合 138
パ－　5.95…オリックス　'03　試合 140
日－　4.59…大　陽　'49　試合 133

C. 完　　投

1. 最多完投
a．シーズン
セ－　89…巨　人　'50　試合 140
パ－　76…大　映　'53　試合 120
日－　95…金　星　'48　試合 140
2. 最少完投
a．シーズン
セ－　1…ヤクルト　'20　試合 120
パ－　1…日本ハム　'19　試合 143
　　　　西　武　'20　試合 120

D. 無失点勝利

1. 最多無失点勝利
a．シーズン
セ－　32…阪　神　'65　試合 140
パ－　32…西　鉄　'56　試合 154
日－　29…大　洋　'42　試合 105
　　　　巨　人　'48　試合 140
2. 最少無失点勝利
a．シーズン
セ－　1…広　島　'51　試合 99
　　　　阪　神　'80　試合 130
　　　　大　洋　'81　試合 130
パ－　1…南　海　'80　試合 130
　　　　オリックス　'04　試合 133

E. 補回試合

1. 最多補回試合
a．シーズン

```
        セ　　25…巨　　　人　'62　試合 134
        パ　　24…東　　　映　'56　試合 154
        日　　23…中　　　日　'48　試合 140
  2．最少補回試合
     a．シーズン
        セ　　 2…大　　　洋　'74　試合 130
                広　　　島　'76　試合 130
        パ　　 0…日本ハム　'83　試合 130
```

F．無四球試合
```
  1．最多無四球試合
     a．シーズン
        セ　　31…阪　　　神　'57　試合 130
        パ　　30…東　　　映　'62　試合 133
        日　　28…阪　　　急　'48　試合 140
  2．最少無四球試合
     a．シーズン
        セ　　 0…国　　　鉄　'51　試合 107
                国　　　鉄　'52　試合 120
                大　　　洋　'75　試合 130
        パ　　 0…近　　　鉄　'89　試合 130
                ロ ッ テ　'92　試合 130
```

G．セーブ
```
  1．最多セーブ
     a．シーズン
        セ　　53…中　　　日　'12　試合 144
        パ　　58…ソフトバンク　'17　試合 143
  2．最少セーブ
     a．シーズン
        セ　　 8…巨　　　人　'75　試合 130
        パ　　 5…阪　　　急　'75　試合 130
                クラウン　'78　試合 130
```

H．ホールド・ホールドポイント（'05年〜）
```
  1．最多ホールド
     a．シーズン
        セ　 145…阪　　　神　'19　試合 143
        パ　 150…楽　　　天　'19　試合 143
  2．最少ホールド
     a．シーズン
        セ　　49…広　　　島　'05　試合 146
        パ　　29…楽　　　天　'05　試合 136
  3．最多ホールドポイント
     a．シーズン
        セ　 174…阪　　　神　'19　試合 143
        パ　 179…楽　　　天　'19　試合 143
  4．最少ホールドポイント
     a．シーズン
        セ　　62…広　　　島　'05　試合 146
        パ　　41…楽　　　天　'05　試合 136
```

I．投球回数
```
  1．最多投球回
     a．シーズン
        セ　1326⅓…阪　　　神　'05　試合 146
        パ　1415⅓…南　　　海　'56　試合 154
        日　1273⅓…急　　　映　'48　試合 140
  2．最少投球回
     a．シーズン
        セ　 875⅓…広　　　島　'51　試合　99
        パ　 859…阪　　　急　'51　試合　96
```

J．対戦打者
```
  1．最多対戦打者
     a．シーズン
        セ　5746…広　　　島　'05　試合 146
        パ　5755…高　　　橋　'56　試合 154
```

```
        日　5422…阪　　　神　'49　試合 137
  2．最少対戦打者
     a．シーズン
        セ　3915…広　　　島　'51　試合　99
        パ　3591…近　　　鉄　'51　試合　98
```

K．打　　数
```
  1．最多打数
     a．シーズン
        セ　5080…巨　　　人　'05　試合 146
        パ　5166…高　　　橋　'56　試合 154
        日　4917…阪　　　神　'49　試合 137
  2．最少打数
     a．シーズン
        セ　3500…広　　　島　'51　試合　99
        パ　3272…近　　　鉄　'51　試合　98
```

L．被 安 打
```
  1．最多被安打
     a．シーズン
        セ　1440…横　　　浜　'10　試合 144
        パ　1534…オリックス　'03　試合 140
        日　1374…阪　　　神　'49　試合 137
  2．最少被安打
     a．シーズン
        セ　 844…阪　　　神　'56　試合 130
        パ　 769…南　　　毎　'51　試合 104
```

M．被本塁打
```
  1．最多被本塁打
     a．シーズン
        セ　 203…ヤクルト　'04　試合 138
        パ　 251…近　　　鉄　'80　試合 130
        日　 124…大　　　映　'49　試合 134
  2．最少被本塁打
     a．シーズン
        セ　　39…中　　　日　'54　試合 130
        パ　　33…西　　　鉄　'56　試合 154
```

N．与 四 球
```
  1．最多与四球
     a．シーズン
        セ　 656…国　　　鉄　'50　試合 138
        パ　 609…近　　　鉄　'00　試合 135
        日　 591…黒　　　鷲　'40　試合 104
  2．最少与四球
     a．シーズン
        セ　 214…阪　　　神　'57　試合 130
        パ　 226…東　　　映　'62　試合 133
  3．最多故意四球（'55年〜）
     a．シーズン
        セ　　62…ＤｅＮＡ　'19　試合 143
        パ　　60…東　　　京　'68　試合 139
  4．最少故意四球
     a．シーズン
        セ　　 3…巨　　　人　'59　試合 130
                広　　　島　'15　試合 143
                巨　　　人　'16　試合 143
                広　　　島　'17　試合 143
                阪　　　神　'17　試合 143
        パ　　 0…ソフトバンク　'13　試合 144
```

O．与 死 球
```
  1．最多与死球
     a．シーズン
        セ　　80…横　　　浜　'08　試合 144
        パ　　93…西　　　武　'19　試合 143
        日　　33…東　　　急　'47　試合 119
```

2. 最少与死球
  a．シーズン

セ	12…巨	人	'50	試合	140		
	巨	人	'53	試合	125		
	国	鉄	'50	試合	138		
パ	7…阪	急	'50	試合	120		
	東	急	'53	試合	120		
	毎	日	'55	試合	142		

P．奪 三 振

1. 最多奪三振
  a．シーズン

セ	1223…阪 神	'17	試合	143
パ	1244…ソフトバンク	'10	試合	144
日	582…巨 人	'49	試合	134

2. 最少奪三振
  a．シーズン

セ	239…大 洋	'51	試合	108
パ	289…東 急	'52	試合	108

Q．暴 投

1. 最多暴投
  a．シーズン

セ	68…ＤｅＮＡ	'15	試合	143
パ	68…ロ ッ テ	'90	試合	130
日	20…ライオン	'39	試合	96
	巨 人	'46	試合	105

  b．ゲーム

セ	4…ヤクルト	'70. 5. 27	対巨		
	ヤクルト	'04. 9. 25	対広		
	ヤクルト	'06. 10. 12	対横		
	ヤクルト	'10. 8. 26	対横		
	阪 神	'11. 4. 16	対中		
		(9回まで、11回で5)			
	広 島	'11. 5. 18	対ソ		
	ヤクルト	'12. 7. 16	対ディ		
	巨 人	'13. 5. 23	対楽		
	中 日	'13. 7. 30	対神		
	ヤクルト	'14. 8. 16	対中		
	ヤクルト	'16. 4. 19	対神		
	阪 神	'19. 9. 19	対ヤ		
パ	5…日本ハム	'03. 4. 18	対武		
	ソフトバンク	'08. 8. 20	対武		
	楽 天	'17. 6. 2	対中		
日	3…8度				

2. 最少暴投
  a．シーズン

セ	3…広 島	'74	試合	130
パ	3…阪 急	'63	試合	150

R．ボーク

1. 最多ボーク
  a．シーズン

セ	16…巨 人	'98	試合	135
パ	29…南 海	'73	試合	130
日	8…南 海	'43	試合	84
	セネタース	'46	試合	105
	東 急	'49	試合	138

  b．ゲーム

セ	3…松 竹	'52. 5. 21	対神	
	巨 人	'03. 6. 4	対広	
	広 島	'03. 7. 2	対巨	
	広 島	'08. 3. 29	対中	
	ヤクルト	'13. 6. 2	対ロ	
パ	4…日本ハム	'74. 7. 17	対近	
	楽 天	'07. 9. 1	対武	
日	2…6度			

2. 最少ボーク
  a．シーズン

セ	0…多数あり

パ	0…多数あり

S．失　点

1. 最多失点
  a．シーズン

セ	877…広 島	'50	試合	138
パ	927…オリックス	'03	試合	140
日	745…大 陽	'49	試合	133

2. 最少失点
  a．シーズン

セ	283…阪 神	'56	試合	130
パ	322…南 海	'51	試合	104

T．自責点

1. 最多自責点
  a．シーズン

セ	694…巨 人	'05	試合	146
パ	819…オリックス	'03	試合	140
日	612…阪 神	'49	試合	140

2. 最少自責点
  a．シーズン

セ	232…巨 人	'55	試合	130
パ	252…南 海	'51	試合	104

Ⅵ．個人守備記録

（注）ゲーム最少記録は9回（3アウトまで）を守った
試合の記録のみ。

A．投　手

1. 最高守備率
  a．シーズン
セ、パ―1.000…多数あり
2. 最多守備機会
  a．シーズン

セ―144…別所	毅彦	（巨）	'52	試合52
パ―143…稲尾	和久	（西）	'57	試合68
日―194…林	安夫	（朝）	'42	試合71

  b．ゲーム

セ―10…徳永喜久夫	（名）	'53. 4. 18	対広	
パ―11…大津 守	（近）	'61. 10. 4	対西第1	
	井上 善夫	（西）	'64. 5. 19	対東
日―11…石田 光彦	（急）	'38. 7. 17	対イ	

3. 最多刺殺
  a．シーズン

セ―32…松岡	弘	（ヤ）	'71	試合48
パ―28…西田	亨	（東）	'58	試合48
日―37…林	安夫	（朝）	'42	試合71

  b．ゲーム

セ― 5…西本	聖	（巨）	'82. 5. 9	対中
	中込	伸	（神）	'92. 5. 2	対広
	藪	恵壹	（神）	'04. 8. 26	対横
パ― 5…田中	文雄	（近）	'53. 4. 25	対南
	小宮山	悟	（ロ）	'94. 8. 27	対ダ
日― 4…古谷倉之助		（鯱）	'40. 11. 3	対名
	河村	章	（名）	'42. 7. 20	対急

4. 最多補殺
  a．シーズン

セ―121…別所	毅彦	（巨）	'52	試合52
パ―116…稲尾	和久	（西）	'57	試合68
日―153…林	安夫	（朝）	'42	試合71

  b．ゲーム

セ―10…徳永喜久夫	（名）	'53. 4. 18	対広	
パ―10…井上 善夫	（西）	'64. 5. 19	対東	
	高橋 善正	（東）	'68. 6. 27	対南
日―10…石田 光彦	（急）	'38. 7. 17	対イ	

5. 最多失策
 a. シーズン
 セー11…大田垣喜夫（広）'56　試合48
 パー12…米川　泰夫（東）'50　試合50
 日－12…亀田　　忠（イ）'39　試合55
 b. ゲーム
 セー　多数あり
 パー　3…中西　勝巳（毎）'56. 4. 24　対大
　　　　黒木　貞男（南）'56. 7. 29　対高第2
　　　　小野　正一（毎）'57. 8. 22　対急
 日－　3…亀田　　忠（イ）'39. 11. 1　対名
　　　　天保　義夫（急）'46. 5. 27　対ダ
　　　　野口　正明（大）'49. 5. 10　対南
 c. イニング
 セ、パ、日－　2…多数あり
6. 最多併殺
 a. シーズン
 セー13…堀本　律雄（巨）'60　試合69
 パー12…大津　　守（近）'58　試合46
 日－17…野口　　明（セ）'37春　試合37
　　　　須田　　博（巨）'40　試合55
 b. ゲーム
 セー　3…岩本　信一（松）'51. 6. 13　対広
　　　　服部　受弘（名）'52. 3. 26　対国
　　　　徳永喜久夫（名）'53. 8. 12　対広
 パー　4…池永　正明（西）'70. 4. 23　対急
 日－　3…森井　　茂（名）'37. 9. 4　対鯱
　　　　浅岡　三郎（セ）'37. 10. 14　対ラ
　　　　松尾　幸造（名）'39. 4. 1　対急
　　　　若林　忠志（タ）'40. 8. 14　対急
　　　　三輪　八郎（神）'43. 5. 8　対和
　　　　三富　恒雄（中）'49. 4. 6　対巨

B. 捕　　手
1. 最高守備率
 a. シーズン
 セー1.000…大石　友好（中）'88　試合 73
　　　　　関川　浩一（神）'93　試合 86
　　　　　谷繁　元信（中）'09　試合114
　　　　　細山田武史（横）'11　試合 84
 パー1.000…芳村　富夫（近）'51　試合 49
　　　　　黒田　正宏（武）'82　試合 68
　　　　　岩木　　哲（南）'83　試合 68
　　　　　青柳　　進（ロ）'90　試合 76
　　　　　山下　和彦（近）'91　試合 69
　　　　　　　　　（日）'95　試合 71
　　　　　伊東　　勤（武）'97　試合129
　　　　　　　　　　'03　試合 73
　　　　　三輪　　隆（オ）'97　試合 86
　　　　　中嶋　　聡（日）'06　試合 78
　　　　　藤井　彰人（楽）'08　試合 87
　　　　　上本　達之（武）'10　試合 73
　　　　　細川　　亨（ソ）'11　試合 95
　　　　　山崎　勝己（ソ）'12　試合 85
　　　　　髙谷　裕亮（ソ）'18　試合 73
2. 最多守備機会
 a. シーズン
 セー1209…矢野　輝弘（神）'05　試合138
 パー1272…城島　健司（ダ）'03　試合140
 日－ 754…筒井　敬三（南）'49　試合127
 b. ゲーム
 セー19…藤尾　　茂（巨）'55. 6. 12　対洋第2
　　　　古田　敦也（ヤ）'05. 4. 6　対中
　　　　　　　　　　（9回まで、10回で20）
 パー19…中嶋　　聡（オ）'95. 4. 21　対ロ
　　　　野田　浩輔（武）'04. 7. 2　対日
　　　　山崎　勝己（ソ）'06. 6. 18　対中
 日－17…内場　　保（巨）'37. 10. 2　対イ
3. 最多刺殺
 a. シーズン
 セー1130…矢野　輝弘（神）'05　試合138
 パー1175…城島　健司（ダ）'03　試合140

 日－ 638…筒井　敬三（南）'49　試合127
 b. ゲーム
 セー19…古田　致也（ヤ）'05. 4. 6　対中
　　　　　　　　　　（9回まで、10回で20）
 パー19…山崎　勝己（ソ）'06. 6. 18　対中
 日－15…ハ　リ　ス（イ）'38. 9. 30　対鯱
　　　　吉川　義次（南）'40. 6. 18　対急
4. 最多補殺
 a. シーズン
 セー123…梅野隆太郎（神）'19　試合129
 パー119…土井垣　武（東）'54　試合130
 日－108…筒井　敬三（南）'48　試合140
 b. ゲーム
 セー　6…門前真佐人（洋）'51. 8. 23　対中
　　　　山崎　　潔（中）'90. 6. 30　対ヤ
 パー　5…多数あり
 日－　6…中山　　武（巨）'36. 11. 29　対セ
　　　　室山　　豊（ラ）'39. 5. 19　対イ
　　　　八木　　進（南）'44. 4. 29　対産
5. 最多失策
 a. シーズン
 セー18…阪田　清春（広）'50　試合117
　　　　野口　　明（名）'51　試合105
 パー22…ル　イ　ス（毎）'55　試合134
 日－26…熊耳　武彦（セ）'46　試合100
 b. ゲーム
 セー　3…永利　勇吉（本）'50. 7. 21　対松
　　　　門前真佐人（広）'53. 7. 15　対国
　　　　木下　雅弘（国）'54. 10. 14　対神第1
　　　　黒羽根利規（ディ）'14. 6. 27　対広
 パー　4…上市　　明（大）'53. 3. 31　対西
 日－　4…武宮　敏明（巨）'49. 5. 29　対東
 c. イニング
 セー　3…永利　勇吉（本）'50. 7. 21　対松の4回
 パー　2…多数あり
 日－　3…武宮　敏明（巨）'49. 5. 29　対東の7回
6. 最多併殺
 a. シーズン
 セー25…古田　敦也（ヤ）'92　試合130
　　　　谷繁　元信（中）'02　試合129
 パー19…野村　克也（南）'63　試合150
 日－20…多田文久三（巨）'46　試合 97
 b. ゲーム
 セー　3…若菜　嘉晴（洋）'85. 5. 29　対広
　　　　木戸　克彦（神）'90. 9. 1　対広
　　　　西山　秀二（広）'93. 6. 9　対横
　　　　秋元　宏作（横）'95. 8. 26　対広
　　　　會澤　　翼（広）'16. 6. 14　対武
 パー　3…的山　哲也（近）'97. 4. 17　対ダ
　　　　日高　　剛（オ）'98. 5. 26　対ダ
　　　　里崎　智也（ロ）'07. 9. 18　対ソ
　　　　嶋　　左哉（武）'20. 9. 3　対ロ
 日－　2…多数あり
7. 最多捕逸
 a. シーズン
 セー17…若菜　嘉晴（神）'79　試合112
 パー17…野村　克也（南）'60　試合121
 日－14…岡本　利之（ア）'39　試合 44
 b. ゲーム
 セー　3…徳網　　茂（神）'53. 5. 10　対巨
　　　　山倉　和博（巨）'84. 8. 14　対神
　　　　八重樫幸雄（ヤ）'87. 4. 17　対洋
 パー　3…福塚　勝哉（毎）'57. 10. 24　対東第2
　　　　斉藤　　巧（ロ）'86. 10. 2　対急
　　　　和田　一浩（武）'01. 10. 1　対日
 日－　3…松本光三郎（急）'36. 7. 12　対セ
　　　　浅原　直人（大）'36. 11. 15　対セ
　　　　広田　修三（鯱）'36. 11. 21　対大
　　　　吉原　正喜（巨）'39. 3. 19　対タ
　　　　鈴木　秀雄（ラ）'39. 9. 13　対急
 c. イニング
 セ、パ、日－　2…多数あり
8. 連続守備機会無失策

a．シーズン
セ－1062…谷繁　元信（中）'06. 4. 4対横～10.15対横
パー 943…伊東　　勤（武）'97. 4. 5対ダ～10.12対オ
日－ 345…吉原　正喜（巨）'40. 3.15対急～ 7. 7対急
b．連続シーズン
セ－1709…阿部慎之助（巨）'10. 4. 4対広～'11. 9.29対横
パー1263…伊東　　勤（武）'96. 9. 7対ロ～'98. 5.27対ロ
日－ 442…吉原　正喜（巨）'39.10. 7対鯱～'40. 7. 7対急

C．一塁手

1．最高守備率
　a．シーズン
　セ－1.000…ロ　ペ　ス（ディ）'18　試合108
　　　　　　　　　　　　　　　　　　（守備機会　946）
　　　　　　岡本　和真（巨）'19　試合116
　　　　　　　　　　　　　　　　　　（守備機会　720）
　パー1.000…内川　聖一（ソ）'19　試合130
　　　　　　　　　　　　　　　　　　（守備機会　1094）
2．最多守備機会
　a．シーズン
　セ－1607…王　　貞治（巨）'63　試合140
　パー1665…榎本　喜八（毎）'56　試合152
　日－1480…飯田　徳治（南）'48　試合138
　b．ゲーム
　セ－23…飯田　徳治（国）'59. 6. 13　対神
　パー22…君野　健一（近）'57. 4. 13　対西
　　　　　　高木　公男（東）'59. 10. 2　対西
　　　　　　　　　　　　（9回まで、14回で30）
　日－20…宮武　三郎（急）'36. 5. 22　対大
　　　　　　広田　修三（朝）'43. 8. 1　対南
　　　　　　佐竹　一雄（陽）'47. 8. 2　対神
　　　　　　　　　　　　（9回まで、12回で23）
　　　　　　藤井　　勇（陽）'49. 11. 29　対大
　　　　　　　　　　　　（9回まで、10回で22）
3．最少守備機会　－ゲーム－
　セ－ 0…ブラゼル（神）'10. 9. 19　対巨
　パー 1…榎本　喜八（毎）'57. 10. 8　対南
　　　　　　アップショー（ダ）'89. 4. 20　対オ
　　　　　　藤王　康晴（南）'90. 6. 5　対近
　　　　　　鈴木　大地（ロ）'19. 7. 30　対オ
　日－ 2…中河　美芳（イ）'37. 10. 6　対タ
　　　　　　灰山　元章（朝）'41. 4. 19　対巨
4．最多刺殺
　a．シーズン
　セ－1521…王　　貞治（巨）'63　試合140
　パー1585…榎本　喜八（毎）'56　試合152
　日－1434…飯田　徳治（南）'48　試合138
　b．ゲーム
　セ－22…飯田　徳治（国）'59. 6. 13　対神
　パー22…高木　公男（東）'59. 10. 2　対西
　　　　　　　　　　　　（9回まで、14回で30）
　日－19…多数あり
5．最少刺殺　－ゲーム－
　セ－ 0…ブラゼル（神）'10. 9. 19　対巨
　パー 1…新留　国良（急）'53. 3. 29　対大
　　　　　　榎本　喜八（毎）'57. 10. 8　対南
　　　　　　落合　博満（ロ）'83. 5. 6　対近
　　　　　　アップショー（ダ）'89. 4. 20　対オ
　　　　　　藤王　康晴（南）'90. 6. 5　対近
　　　　　　片岡　篤史（日）'95. 6. 24　対オ
　　　　　　李　　承燁（オ）'11. 4. 19　対日
　　　　　　ペタンコート（オ）'14. 4. 6　対武
　　　　　　鈴木　大地（ロ）'19. 7. 30　対オ
　日－ 2…多数あり
6．最多補殺
　a．シーズン
　セ－124…ペタジーニ（ヤ）'99　試合131
　パー122…榎本　喜八（京）'65　試合138
　日－ 51…川上　哲治（巨）'49　試合134
　b．ゲーム
　セ－ 6…バ　ー　ス（神）'87. 5. 8　対中
　　　　　　パリッシュ（ヤ）'89. 7. 23　対中

　パー 6…小川　　亨（近）'84. 6. 9　対南
　日－ 4…川上　哲治（巨）'47. 4. 20　対中
7．最多失策
　a．シーズン
　セ－20…川上　哲治（巨）'52　試合117
　パー21…山本　八郎（東）'61　試合127
　日－17…大岡　虎雄（大）'49　試合121
　b．ゲーム
　セ－ 4…マ　ル　テ（神）'20. 10. 23　対巨
　パー 3…飯島　滋弥（大）'52. 3. 26　対西
　　　　　　ブ　ル　ー　ム（近）'62. 4. 19　対南
　　　　　　スペンサー（急）'67. 6. 7　対南
　　　　　　ジョーンズ（近）'74. 4. 13　対平
　　　　　　レ　オ　ン（ロ）'78. 7. 13　対南
　　　　　　デ　ー　ビ　ス（南）'86. 6. 29　対ロ
　　　　　　デビッド（南）'87. 5. 31　対日
　　　　　　愛甲　　猛（ロ）'90. 4. 30　対武
　日－ 3…煤孫　伝（ト）'37. 5. 9　対鯱
　　　　　　筒井　修（巨）'37. 8. 29　対タ
　　　　　　浅原　直人（ラ）'37. 10. 4　対巨
　　　　　　松尾　幸造（産）'44. 7. 24　対巨
　c．イニング
　セ－ 3…マ　ル　テ（神）'20. 10. 23　対巨の2回
　パー 3…ブ　ル　ー　ム（近）'62. 4. 19　対南の12回
　　　　　　ジョーンズ（近）'74. 4. 13　対平の5回
　日－ 2…多数あり
8．最多併殺
　a．シーズン
　セ－162…大豊　泰昭（中）'94　試合130
　パー143…飯田　徳治（南）'54　試合137
　日－162…西沢　道夫（中）'49　試合136
　b．ゲーム
　セ－ 6…ロ　ペ　ス（広）'96. 8. 18　対横
　パー 6…河野　昭修（西）'54. 3. 31　対高
　　　　　　ジョーンズ（南）'72. 5. 3　対ロ
　日－ 5…多数あり
9．連続守備機会無失策
　a．シーズン
　セ－ 991…王　　貞治（巨）'80. 4.25対広～10.20対広
　パー1128…榎本　喜八（京）'68. 4. 6対東～ 9. 3対西
　日－ 500…中河　美芳（黒）'41. 5.11対朝～11.17対洋
　b．連続シーズン
　セ－1632…ロ　ペ　ス（ディ）'17. 8.31対中～'19. 6. 1対ヤ
　パー1516…榎本　喜八（京）'67. 8.13対南～'68. 9. 3対西
　日－ 595…金子　　裕（和）'42.11. 4対朝～'43. 7.15対急

D．二塁手

1．最高守備率
　a．シーズン
　セ－1.000…菊池　涼介（広）'20　試合103
　　　　　　　　　　　　　　（守備機会　503　失策　0）
　パー .997…白井　一幸（日）'94　試合127
　　　　　　　　　　　　　　（守備機会　671　失策　2）
2．最多守備機会
　a．シーズン
　セ－913…荒木　雅博（中）'05　試合145
　パー834…本多　雄一（ソ）'10　試合144
　日－850…千葉　　茂（巨）'49　試合134
　b．ゲーム
　セ－17…国枝　利通（中）'50. 4. 29　対巨
　　　　　　内川　聖一（横）'04. 4. 7　対神
　パー17…山本　静雄（近）'50. 3. 31　対毎
　　　　　　本堂　保弥（毎）'38. 8. 17　対大
　日－16…江口　行男（鯱）'37. 8. 29　対ライ
　　　　　　中村　三郎（名）'39. 9. 24　対イ
　　　　　　石丸　藤吉（名）'43. 5. 8　対巨
　　　　　　安井　亀和（南）'48. 4. 4　対神
3．最多刺殺
　a．シーズン
　セ－448…田中　浩康（ヤ）'12　試合139
　パー427…バルボン（急）'55　試合141
　日－382…宮崎　　剛（急）'49　試合126

　　b．ゲーム
セー−11…宮崎　　剛（洋）'51. 8. 28　対巨
パー− 9…島田　雄三（大）'53. 3. 29　対急第2
　　　　　松岡　雅俊（東）'56. 10. 8　対急第2
　　　　　須藤　　豊（毎）'57. 5. 26　対西第1
　　　　　増田　浩二（急）'60. 6. 28　対東
　　　　　白井　一幸（オ）'85. 8. 27　対急
　　　　　一　　　輝（オ）'08. 8. 3　対ソ
　　　　　中島　卓也（オ）'14. 8. 5　対日
　　　　　西野　真弘（オ）'16. 6. 26　対日
日−11…苅田　久徳（セ）'39. 5. 9　対鯱

4．最多補殺
　a．シーズン
セー535…菊池　涼介（広）'14　試合144
パー486…中村　奨吾（ロ）'18　試合143
日−495…千葉　　茂（巨）'49　試合134
　b．ゲーム
セー−11…中村　勝広（神）'75. 6. 4　対ヤ
　　　　　木下　富雄（広）'81. 5. 25　対中
　　　　　岡田　彰布（神）'87. 9. 1　対洋
　　　　　小坂　　誠（巨）'06. 7. 25　対広
　　　　　田中　浩康（ヤ）'11. 7. 1　対広
パー−12…本多　雄一（ソ）'13. 9. 18　対楽
日−10…千葉　　茂（巨）'49. 7. 28　対陽

5．最多失策
　a．シーズン
セー27…安井　亀和（洋）'50　試合138
パー31…本堂　保次（毎）'50　試合120
日−38…五味　芳夫（鯱）'39　試合 83
　b．ゲーム
セー− 3…多数あり
パー− 4…バルボン（急）'56. 9. 3　対南
日− 4…鬼頭　政一（朝）'42. 7. 24　対洋
　　　　　平野　徳松（陽）'49. 5. 26　対急
　　　　　本堂　保次（毎）'49. 9. 29　対急
　c．イニング
セー− 3…河西　俊雄（神）'51. 5. 23　対国の2回
　　　　　近藤　昭仁（洋）'62. 8. 6　対巨の2回
パー− 2…多数あり
日− 1…本堂　保次（毎）'49. 9. 29　対急の6回

6．最多併殺
　a．シーズン
セー138…白坂　長栄（神）'50　試合138
パー122…田中　賢介（日）'10　試合143
日−132…山本　静雄（中）'49　試合123
　b．ゲーム
セー− 6…国枝　利通（中）'50. 4. 29　対巨
　　　　　正田　耕三（広）'96. 8. 18　対横
パー− 6…桜井　輝秀（南）'72. 5. 3　対ロ
日− 5…宇野　錦次（急）'38. 6. 4　対セ
　　　　　野口　　渉（畿）'44. 7. 23　対急第2
　　　　　金山　次郎（映）'48. 9. 6　対南第1
　　　　　荒川　昇治（陽）'49. 6. 12　対大第2
　　　　　明石　　武（急）'49. 9. 14　対大

7．連続守備機会無失策
　a．シーズン
セー503…菊池　涼介（広）'20. 6.19対ディ～11.10対ヤ
パー545…白井　一幸（日）'94. 5.11対ダ～ 9.29対ロ
日−178…荒木　　茂（急）'48. 9. 4対金～10.24対金
　b．連続シーズン
セー804…関本健太郎（神）'05. 5. 3対広～'07. 8.23対ヤ
パー836…福良　淳一（オ）'93. 4.23対ダ～'94. 7.31対武
日−178…荒木　　茂（急）'48. 9. 4対金～10.24対金

E．三塁手

1．最高守備率
　a．シーズン
セー.997…宮本　慎也（ヤ）'11　試合132
　　　　　　　　　（守備機会　292　失策　1）
パー.991…石毛　宏典（武）'90　試合 95
　　　　　　　　　（守備機会　230　失策　2）
2．最多守備機会

　a．シーズン
セー728…藤村富美男（神）'50　試合140
パー669…坂本文次郎（大）'55　試合139
日−580…藤村富美男（神）'49　試合137
　b．ゲーム
セー14…荒木　　茂（洋）'51. 8. 26　対広
　　　　　三宅　秀史（神）'57. 9. 1　対広第2
パー14…古屋　英夫（日）'82. 8. 20　対南
日−14…藤戸　逸郎（南）'40. 6. 2　対セ
　　　　　藤村富美男（神）'48. 9. 27　対急第1

3．最多刺殺
　a．シーズン
セー209…藤村富美男（神）'50　試合140
パー147…有藤　通世（ロ）'72　試合130
日−186…藤村富美男（神）'49　試合137
　b．ゲーム
セー− 8…福田　勇一（国）'50. 3. 28　対松
パー− 6…長沢　正二（東）'54. 4. 17　対近
　　　　　河内　卓司（高）'54. 6. 18　対急
日− 7…伊賀上良平（タ）'38. 9. 5　対鯱

4．最多補殺
　a．シーズン
セー484…藤村富美男（神）'50　試合140
パー522…坂本文次郎（大）'55　試合139
日−380…中谷　順次（陽）'48　試合132
　b．ゲーム
セー14…荒木　　茂（洋）'51. 8. 26　対広（毎回）
　　　　　三宅　秀史（神）'57. 9. 1　対広第2
パー13…古屋　真夫（日）'82. 8. 20　対南
日−12…坂井　豊司（急）'46. 8. 25　対ゴ
　　　　　藤村富美男（神）'47. 6. 22　対中

5．最多失策
　a．シーズン
セー48…宮崎　　剛（洋）'50　試合137
パー43…長江　省二（近）'51　試合113
日−43…山川　喜作（巨）'48　試合126
　b．ゲーム
セー− 4…ル　　ナ（広）'16. 4. 14　対中
パー− 4…宝山　省二（近）'51. 8. 25　対急
日− 4…漆原　　進（大）'36. 11. 15　対セ
　c．イニング
セー− 3…三村　　勲（松）'51. 10. 7　対広の1回
パー− 3…多数あり
日− 3…漆原　　進（大）'36. 11. 15　対セの8回
　　　　　国枝　利通（中）'48. 6. 20　対南の6回

6．最多併殺
　a．シーズン
セー60…藤村富美男（神）'50　試合140
パー44…小玉　明利（近）'54　試合123
日−46…山川　喜作（巨）'46　試合100
　b．ゲーム
セー− 4…児玉　利一（洋）'57. 4. 14　対広第1
　　　　　長嶋　茂雄（巨）'63. 4. 21　対洋第2
パー− 3…多数あり
日− 3…黒田　健吾（急）'38. 6. 4　対セ

7．連続守備機会無失策
　a．シーズン
セー214…長嶋　茂雄（巨）'69. 7.17対神～10. 9対中
パー210…小久保裕紀（ダ）'01. 5.13対武～ 9. 9対近
日−141…清原　初男（金）'48. 9. 6対急第1～10.11対神
　b．連続シーズン
セー257…宮本　貴也（ヤ）'11. 6.19対ロ～'12. 4.30対広
パー210…小久保裕紀（ダ）'01. 5.13対武～ 9. 9対近
日−141…清原　初男（金）'48. 9. 6対急第1～10.11対神

F．遊撃手

1．最高守備率
　a．シーズン
セー.997…鳥越　裕介（中）'97　試合109
　　　　　　　　　（守備機会　347　失策　1）
パー.995…金子　　誠（Ｅ）'08　試合 96
　　　　　　　　　（守備機会　431　失策　2）

2．最多守備機会
　a．シーズン
　セー754…鳥谷　　敬（神）'08　試合144
　パー823…小池　兼司（南）'64　試合149
　日－879…木塚　忠助（南）'48　試合140
　b．ゲーム
　セー15…平井　三郎（巨）'52. 6. 22　対広第1
　　　　　吉田　義男（神）'55. 5. 24　対洋第1
　　　　　上田　武司（巨）'73. 8. 18　対神
　　　　　白崎　浩之（ディ）'14. 4. 23　対巨
　パー17…長谷川善三（西）'53. 3. 16　対東
　日－18…松岡　甲二（ラ）'39. 3. 22　対南
3．最多刺殺
　a．シーズン
　セー281…山下　大輔（洋）'78　試合129
　パー322…豊田　泰光（西）'55　試合144
　日－349…木塚　忠助（南）'48　試合140
　b．ゲーム
　セー 8…宮崎　仁郎（松）'50. 7. 26　対洋
　　　　　山田　和利（中）'88. 5. 14　対巨
　　　　　永池　恭男（横）'94. 7. 14　対神
　　　　　荒木　雅博（中）'10. 8. 28　対横
　パー10…山崎　裕之（京）'68. 9. 1　対南第2
　日－10…松岡　甲二（ラ）'39. 3. 22　対南
　　　　　木塚　忠助（南）'48. 7. 10　対映
4．最多補殺
　a．シーズン
　セー490…鳥谷　　敬（神）'06　試合146
　パー526…源田　壮亮（武）'18　試合143
　日－502…杉浦　　清（中）'48　試合137
　b．ゲーム
　セー11…多数あり
　パー11…矢ノ浦国満（近）'65. 8. 27　対急
　　　　　武藤　孝司（近）'98. 7. 10　対ダ
　　　　　古城　茂幸（日）'03. 7. 23　対ダ
　　　　　金子　　誠（日）'04. 7. 6　対近
　　　　　　　　　　　　　'12. 4. 12　対ソ
　日－12…酒沢　政夫（朝）'43. 8. 1　対南
5．最多失策
　a．シーズン
　セー71…西江　一郎（神）'50　試合136
　パー54…水上　静哉（東）'55　試合132
　日－75…柳　　鶴震（翼）'40　試合103
　b．ゲーム
　セー 4…内藤　博文（巨）'50. 10. 3　対中
　　　　　広岡　達朗（巨）'58. 4. 20　対国第2
　パー 5…長谷川善三（西）'53. 3. 16　対東
　日－ 5…山本　尚敏（ラ）'39. 10. 20　対急
　　　　　村瀬　一三（名）'40. 8. 16　対ラ
　c．イニング
　セー 3…平野　謙二（松）'51. 8. 1　対国の5回
　パー 3…多数あり
　日－ 3…山本　博愛（イ）'37. 4. 1　対名の7回
　　　　　中野　隆雄（ラ）'38. 5. 14　対急の8回
　　　　　加地健三郎（ラ）'40. 6. 28　対巨の6回
　　　　　濃人　　渉（西）'43. 8. 1　対巨の9回
　　　　　三村　　勲（中）'47. 11. 4　対金の9回
　　　　　木塚　忠助（南）'49. 7. 19　対急の8回
6．最多併殺
　a．シーズン
　セー107…高橋　慶彦（広）'85　試合130
　　　　　鳥谷　　敬（神）'08　試合144
　パー112…源田　壮亮（武）'18　試合143
　日－ 99…杉浦　　清（中）'49　試合130
　b．ゲーム
　セー 5…宮崎　仁郎（松）'51. 6. 13　対広
　　　　　大久保英男（国）'57. 6. 18　対巨
　　　　　永尾　泰憲（ヤ）'74. 6. 6　対広
　　　　　野村謙二郎（広）'97. 10. 13　対ヤ
　　　　　　　　　（9回まで、13回で6）
　　　　　沖原　佳典（神）'01. 8. 3　対広
　　　　　堂上　直倫（中）'14. 5. 4　対神
　　　　　坂本　勇人（巨）'16. 4. 27　対神

　パー 6…鳥越　裕介（ダ）'01. 4. 18　対ロ
　日－ 6…上田　藤夫（急）'40. 11. 6　対巨
7．連続守備機会無失策
　a．シーズン
　セー513…井端　弘和（中）'06. 4.23対広〜 9. 9対広
　パー339…田中　幸雄（日）'95. 6. 7対オ〜 9.21対ロ
　日－107…山田　　潔（黒）'41. 5.23対急〜 8.11対洋
　b．連続シーズン
　セー513…井端　弘和（中）'06. 4.23対広〜 9. 9対広
　パー339…田中　幸雄（日）'95. 6. 7対オ〜 9.21対ロ
　日－107…山田　　潔（黒）'41. 5.23対急〜 8.11対洋

G．外 野 手
1．最高守備率
　a．シーズン
　セー1.000…多数あり
　パー1.000…多数あり
2．最多守備機会
　a．シーズン
　セー371…原田　徳光（中）'50　試合137
　パー368…広瀬　叔功（南）'63　試合144
　日－408…青田　　昇（巨）'48　試合140
　b．ゲーム
　セー11…小鶴　　誠（松）'50. 5. 17　対洋
　　　　　中　利夫（中）'56. 6. 27　対神
　　　　　若松　　勉（ヤ）'80. 9. 19　対神
　パー11…大松　尚逸（ロ）'10. 8. 5　対楽
　日－11…金田　正泰（神）'49. 5. 29　対中第1
3．最多刺殺
　a．シーズン
　セー350…中　利夫（中）'63　試合136
　　　　　中　暁生（中）'65　試合129
　パー353…広瀬　叔功（南）'63　試合144
　日－391…青田　　昇（巨）'48　試合140
　b．ゲーム
　セー11…若松　　勉（ヤ）'80. 9. 19　対神
　パー10…ラ ド ラ（東）'62. 4. 18　対急
　　　　　広瀬　叔功（南）'71. 9. 19　対西第2
　　　　　門田　博光（南）'73. 6. 10　対拓
　　　　　ウイリアムス（急）'75. 9. 6　対南第2
　　　　　早川　和夫（日）'88. 7. 21　対急
　　　　　ラ　イ　ト（ダ）'93. 7. 13　対武
　　　　　大松　尚逸（ロ）'10. 8. 5　対楽
　日－10…坪内　道則（ゴ）'46. 10. 5　対巨
　　　　　堀井　数男（南）'47. 6. 14　対陽
　　　　　　　　　（9回まで、12回で12）
　　　　　金田　正泰（神）'49. 5. 29　対中第1
4．最多補殺
　a．シーズン
　セー24…平山　菊二（洋）'50　試合140
　パー23…日下　　隆（近）'54　試合130
　日－19…平井猪三郎（南）'39　試合 90
　　　　　大下　　弘（東）'47　試合115
　　　　　原田　徳光（中）'49　試合135
　b．ゲーム
　セー 3…銭村　健四（広）'53. 7. 15　対国
　　　　　清水　雅治（中）'95. 8. 15　対横
　　　　　高橋　由伸（巨）'03. 7. 23　対広
　　　　　吉村　裕基（横）'08. 4. 26　対広
　パー 3…山田　利昭（高）'54. 7. 27　対南
　　　　　関根　潤三（近）'60. 5. 26　対東
　　　　　山本　和範（ロ）'84. 7. 14　対ロ
　　　　　パターソン（日）'85. 8. 6　対ロ
　日－ 3…本堂　保次（神）'40. 5. 14　対巨
　　　　　田中　豊一（朝）'44. 7. 8　対巨
　　　　　丸山二三雄（グ）'46. 4. 27　対急
　c．イニング
　セ、パ、日－ 2…多数あり
5．最多失策
　a．シーズン
　セー13…関口　清治（本）'50　試合129
　　　　　町田　行彦（国）'54　試合124

```
                              '55    試合123
パ－12…別当　　薫（毎）'51    試合103
　　　山田　利昭（ト）'55    試合135
　　　山本　八郎（近）'64    試合113
　　　タ　イ　ロ　ン（南）'81    試合122
　　　ブ　ラ　ウ　ン（オ）'03    試合122
日－14…大下　　弘（東）'47    試合115
　b．ゲーム
セ－　3…原田　信吉（広）'54．6．10   対神
パ－　3…伊藤　庄七（毎）'52．6．24   対急
　　　張本　　勲（東）'60．5．10   対西
　　　駒崎　幸一（武）'84．8．12   対西
　　　大廣　翔治（楽）'07．9．17   対武
日－　3…岡村　俊昭（南）'39．7．30   対タ
　　　大下　　弘（東）'47．8．16   対神
　c．イニング
セ－　2…多数あり
パ－　2…駒崎　幸一（武）'84．8．12   対ロの5回
日－　2…多数あり
6．最多併殺
　a．シーズン
セ－　8…原田　徳光（中）'50    試合137
　　　岩本　義行（松）'51    試合110
　　　　　　　　　　'53    試合109
パ－　9…中田　　翔（日）'12    試合138
日－　9…中島　治康（巨）'46    試合 54
　　　長持　栄吉（東）'47    試合119
　　　田川　　豊（陽）'48    試合119
　b．ゲーム
セ－　2…中島　　執（洋）'57．8．13   対神
　　　森　　　徹（中）'60．8．7   対神
　　　内田　順三（ヤ）'71．7．8   対巨
　　　池田　祥浩（神）'72．6．2   対巨
　　　平野　　謙（中）'82．7．6   対洋
　　　伊藤　隼太（神）'18．10．13   対中
パ－　2…多数あり
日－　2…多数あり
7．連続守備機会無失策
　a．シーズン
セ－302…山本　浩二（広）'75．4．5対ヤ～ 9.24対洋
パ－359…岡田　幸文（ロ）'11．4.12対楽～10.22対ソ
日－306…坪内　道則（金）'48．4.10対急～11.13対急
　b．連続シーズン
セ－817…藤井　栄治（神）'67．9.17対洋～'73．7.15対洋
パ－927…聖澤　　諒（楽）'10．9.22対日～'15．3.29対日
日－337…坪内　道典（中）'48．4.10対急～'49．4.16対大
```

Ⅶ．チーム守備記録

（注）ゲーム最少記録は9回（3アウトまで）を守った
　　　試合の記録のみ。
　　　両チーム計の記録は9回裏のない試合も含む。

A．守 備 率

```
1．最高守備率
セ－.992…中　　　日 '19   試合 143
　　　　　　　　　　　　（守備機会 5373  失策 45）
パ－.993…ソフトバンク '17   試合 143
　　　　　　　　　　　　（守備機会 5281  失策 38）
日－.973…阪　　　急 '47   試合 119
　　　　　　　　　　　　（守備機会 4815  失策132）
2．最低守備率
セ－.957…西　日　本 '50   試合 136
　　　　　　　　　　　　（守備機会 5444  失策235）
パ－.958…近　　　鉄 '50   試合 120
　　　　　　　　　　　　（守備機会 4790  失策202）
```

B．守備機会

```
1．最多守備機会
　a．シーズン
セ－5754…阪　　　神 '5C   試合 140
パ－6482…大　　　映 '56   試合 154
日－5822…中　　　日 '48   試合 140
　b．ゲーム
セ－57…中　　　日 '51．8．21   対国毎
パ－55…大　　　映 '57．5．13   対急毎
日－57…大　東　京 '37．3．28   対急
　　　名　古　屋 '39．9．24   対イ
　c．ゲーム　－内野手－
セ－46…大　　　洋 '52．8．14   対広
パ－48…近　　　鉄 '65．8．27   対急
日－47…名　古　屋 '39．9．24   対イ
　d．ゲーム　－タ野手－
セ－17…広　　　島 '52．4．6   対神第2
　　　大　　　洋 '72．7．15   対広
　　　広　　　島 '77．4．16   対神
パ－19…ダイエー '89．4．8   対日
　　　17…西　　　鉄 '55．8．6   対大
　　　南　　　海 '71．9．19   対西第2
　　　東　　　映 '72．7．19   対南
日－17…7度
　e．ゲーム　－両チーム－
セ－98…国 50－48 本 '50．5．21
　　　国 51－47 洋 '52．5．18
パ－99…大 50－49 東 '57．5．23
日－102…イ 48－54 鯱 '37．11．7
　　　　（9回まで、11回で118）
　　　イ 45－57 名 '39．9．24
2．最少守備機会
　a．シーズン
セ－3992…広　　　島 '51   試合 99
パ－3838…阪　　　急 '51   試合 96
　b．ゲーム
セ－27…中　　　日 '83．5．25   対神
パ－28…多数あり
日－30…3度
　c．ゲーム　－内野手－
セ－ 6…広　　　島 '73．7．14   対ヤ第1
　　　ヤクルト '10．6．4   対武
　　　阪　　　神 '11．8．9   対中
　　　広　　　島 '20．10．11   対ヤ
パ－ 6…阪　　　急 '62．5．24   対南
　　　西　　　武 '96．8．31   対ロ
　　　日本ハム '06．7．29   対ソ
日－ 9…巨　　　人 '37．5．8   対急
　d．ゲーム　－外野手－
セ、パ、日－ 0…多数あり
　e．ゲーム　－両チーム－
セ－56…神 28－28 ヤ '82．6．9
パ－59…京 26－33 西 '66．6．28
日－59…陽 30－29 映 '48．9．9
```

C．刺 殺

```
1．最多刺殺
　a．シーズン
セ－3979…阪　　　神 '05   試合 146
パ－4246…南　　　海 '56   試合 154
日－3820…急　　　映 '48   試合 140
　b．ゲーム　－内野手－
セ－24…大　　　洋 '50．5．30   対巨
　　　巨　　　人 '58．5．21   対神第1
　　　大　　　洋 '60．5．18   対神第1
パ－25…西　　　鉄 '50．5．19   対急
日－26…タイガース '40．8．7   対セ
　c．ゲーム　－外野手－
セ－17…大　　　洋 '72．7．15   対広
　　　ヤクルト '80．5．19   対神
パ－18…ダイエー '89．4．8   対日
```

　17…南　　海　'71. 9. 19　対西第2
　　　東　　映　'72. 7. 19　対南
日-17…大　　映　'49. 6. 4　対東
2.最少刺殺
　a.シーズン
セ-2626…広　　島　'51　試合 99
パ-2577…阪　　急　'51　試合 96
　b.ゲーム　　-内野手-
セ- 3…巨　　人　'55. 6. 12　対洋第2
パ- 5…多数あり
日- 5…巨　　人　'49.11. 16　対映
　c.ゲーム　　-外野手-
セ、パ、日- 0…多数あり

D.補　　殺
1.最多補殺
　a.シーズン
セ-1810…阪　　神　'65　試合 140
パ-2145…大　　映　'56　試合 154
日-1798…中　　日　'48　試合 140
　b.ゲーム
セ-26…名 古 屋　'51. 8. 21　対国
パ-25…近　　鉄　'50. 3. 31　対毎
日-24…3度
　c.ゲーム　　-内野手-
セ-22…中　　日　'63. 5. 18　対広
　　　巨　　人　'80. 7. 25　対神
パ-22…近　　鉄　'65. 8. 27　対急
日-21…大　　洋　'42. 9. 26　対南
　　　阪　　急　'46. 8. 25　対ゴ
　d.ゲーム　　-外野手-
セ- 4…名 古 屋　'53. 4. 7　対国
　　　横　　浜　'01. 9. 26　対神
パ- 4…阪　　急　'60. 8. 6　対近
日- 3…多数あり
　e.ゲーム　　-両チーム-
セ-41…洋　22-19　国　'59. 10. 13第2
　　　巨　24-17　神　'99. 6. 11
パ-42…東　21-21　大急　'55. 7. 23
日-42…ゴ　19-23　急　'46. 8. 25
　　　巨　21-21　ゴ　'46. 9. 1
2.最少補殺
　a.シーズン
セ-1187…国　　鉄　'51　試合 107
パ-1117…阪　　急　'51　試合 96
　b.ゲーム
セ- 0…中　　日　'83. 5. 25　対神
パ- 1…多数あり
日- 3…多数あり
　c.ゲーム　　-内野手-
セ- 0…6度
パ- 0…7度
日- 0…巨　　人　'37. 5. 8　対急
　d.ゲーム　　-両チーム-
セ- 4…ヤ　1-3　神　'82. 6. 9
パ- 5…オ　1-4　近　'90. 5. 29
日- 8…セ　4-4　急　'39. 7. 12
　　　陽　3-5　映　'48. 9. 9

E.失　　策
1.最多失策
　a.シーズン
セ-235…西 日 本　'50　試合 136
パ-213…毎　　日　'56　試合 154
日-253…南　　海　'40　試合 105
　b.ゲーム
セ- 8…西 日 本　'50. 9. 5　対巨
パ-10…トンボ　'55. 8. 1　対毎
日-10…阪　　急　'46. 5. 27　対グ
　　　大　　陽　'49. 8. 25　対南
　c.イニング

セ- 5…中　　日　'63. 7. 20　対国の2回
パ- 5…毎　　日　'55. 6. 25　対東の3回
　　　大　毎　'61. 6. 11　対近第2の4回
日- 6…金　鯱　'38. 6. 19　対夕の1回
　　5…大 東 京　'36. 5. 5　対鯱の1回
　　　阪　　急　'43. 4. 28　対名の8回
　　　阪　　神　'49. 9. 29　対急の6回
　d.ゲーム　　-両チーム-
セ-11…国　6-5　巨　'51. 9. 7
パ-10…毎　7-3　東　'54. 5. 27
　　　10-0　毎　'55. 8. 1
交- 7…ヤ　6-1　日　'13. 6. 9
日-14…セ　6-8　神　'46. 7. 15
2.最少失策
　a.シーズン
セ-43…巨　　人　'20　試合 120
　　45…中　　日　'04　試合 138
　　　中　　日　'19　試合 143
パ-38…西　　武　'91　試合 130
　　　ソフトバンク　'17　試合 143

F.併　　殺
1.最多併殺
　a.シーズン
セ-192…阪　　神　'53　試合 130
パ-178…南　　海　'63　試合 150
日-186…中　　日　'49　試合 137
　b.ゲーム
セ- 6…中　　日　'50. 4. 29　対巨
　　　大　洋　'72. 7. 30　対中第1
　　　大巨　人　'76. 8. 10　対広
　　　巨横浜　'80. 7. 25　対巨
　　　広　島　'95. 5. 17　対神
　　　広　島　'96. 8. 18　対横
パ- 6…西　鉄　'54. 3. 31　対高
　　　阪急　'66. 5. 5　対東第1
　　　西南　海　'70. 4. 23　対急
　　　　　'73. 5. 2　対ロ
　　　クラウン　'77. 9. 30　対急
　　　西　武　'86. 8. 26　対ロ
　　　近　鉄　'95. 4. 26　対日
　　　近　鉄　'00. 8. 12　対ダ
　　　ダイエー　'01. 4. 18　対ロ
　　　ソフトバンク　'07. 5. 16　対オ
日- 6…阪　急　'40. 11. 6　対巨
　　　大　洋　'41. 5. 12　対南
　　　巨　人　'46. 8. 20　対パ
　c.ゲーム　　-両チーム-
セ- 8…洋　5-3　神　'51. 7. 29
　　　広　4-4　洋　'57. 4. 14第1
　　　中　5-3　ヤ　'70. 10. 24
　　　神　5-3　洋　'72. 9. 11
　　　　　　　　　　　　(9回まで、12回で10 神6-4洋)
　　　中　5-3　洋　'79. 7. 29
　　　横　5-3　神　'04. 4. 7
パ- 9…西　6-3　高　'54. 3. 31
交- 8…ロ　5-3　ディ　'13. 5. 26
日- 8…セ　4-4　タ　'39. 11. 16
　　　名　3-5　巨　'42. 4. 28
　　　パ　2-6　巨　'46. 8. 20
　　　陽　3-5　中　'47. 5. 10
2.連続イニング併殺
セ- 6…中　　日　'50. 4. 29　対巨3～8回
パ- 6…西　鉄　'70. 4. 23　対急2～7回
　　　近　鉄　'95. 4. 26　対日1～6回
日- 5…阪　急　'38. 6. 4　対セ1～5回
　　　西　鉄　'43. 10. 27　対南2～6回
　　　南　海　'47. 9. 22　対金2～6回
3.最少併殺
　a.シーズン
セ-83…大　　洋　'81　試合 130

パー81…大　映　'51　試合　101

4. 三重殺（セー60度、パー84度、日ー27度）

	球団	年月日	相手
セー	松　竹	'50. 5.16	対国の9回
	中　日	'50. 8.23	対本の8回
	中　日	'50.11.18	対広の3回
	大　洋	'51. 7.29	対神の2回
	国　鉄	'52. 5.18	対洋第1の3回
	大　洋	'52. 5.24	対巨の9回
	巨　人	'52. 7.27	対松第1の7回
	広　島	'53. 5.10	対名第2の1回
	国　鉄	'53. 7.25	対神の1回
	洋　松	'54. 5.15	対広の3回
	中　日	'54. 8.29	対国第1の7回
	阪　神	'54. 9.16	対国の4回
	大　洋	'57. 5. 5	対広第2の6回
	広　島	'57. 7.24	対神の6回
	阪　神	'60. 8.21	対中の4回
	国　鉄	'63. 6.29	対広の2回
	巨　人	'64. 8. 6	対サの7回
	広　島	'65. 6.12	対巨の5回
	サンケイ	'65. 7.14	対巨の7回
	中　日	'66. 4.19	対神の3回
	サンケイ	'67. 5.21	対巨の2回
	阪　神	'67. 9.11	対巨の6回
	大　洋	'67. 9.14	対広の8回
	巨　人	'68. 4.24	対中の5回
	巨　人	'70. 4.30	対ヤの6回
	広　島	'70. 9.24	対洋の6回
	阪　神	'71. 6. 5	対巨第1の2回
	広　島	'72.10. 8	対ヤ第2の5回
	大　洋	'73. 8.12	対広第2の7回
	ヤクルト	'74. 5.14	対中の2回
	広　島	'74. 6.19	対ヤの8回
	広　島	'74. 9. 8	対巨の2回
	巨　人	'75. 7.11	対神の7回
	中　日	'76. 6. 3	対巨の8回
	広　島	'76. 7.24	対ヤの7回
	ヤクルト	'76. 8.27	対中の3回
	中　日	'77. 7.17	対洋の6回
	ヤクルト	'77. 8.21	対中の2回
	大　洋	'77. 9.17	対中の5回
	ヤクルト	'78. 4.27	対洋の4回
	巨　人	'81. 9.22	対神の2回
	大　洋	'82. 4.29	対広の8回
	広　島	'82. 9.14	対洋の2回
	巨　人	'83. 6.24	対広の3回
	ヤクルト	'89. 6.11	対巨の6回
	大　洋	'89. 9.10	対神の2回
	広　島	'91. 4.28	対ヤの5回
	広　島	'92. 5.21	対中の8回
	広　島	'92. 7.16	対中の2回
	ヤクルト	'96. 7.26	対中の5回
	巨　人	'97. 8. 9	対中の5回
	中　日	'99. 5.27	対神の1回
	中　日	'00. 5.14	対広の2回
	広　島	'00. 7.20	対横の3回
	巨　人	'01. 5.12	対中の9回
	阪　神	'02. 8. 8	対広の3回
	横　浜	'03.10. 9	対広の9回
	阪　神	'04. 7.27	対中の1回
	阪　神	'06. 6.14	対楽の6回
	巨　人	'10.10. 2	対横の3回
パー	東　急	'50. 5.11	対大の7回
	南　海	'50. 7. 8	対大の4回
	阪　急	'50. 9.19	対西の2回
	西　鉄	'51. 5.10	対大の1回
	大　映	'51.10. 7	対東の7回
	大　映	'52. 5.28	対近の8回
	大　映	'52. 6.29	対毎第2の1回
			対毎第2の10回
	大　映	'52.10. 2	対南の1回
	阪　急	'54. 7. 6	対南の8回
	近　鉄	'54. 8.26	対毎の8回
	毎　日	'54. 9. 1	対西の6回
	毎　日	'54. 9.26	対近の7回
	近　鉄	'55. 4.29	対毎の4回
	東　映	'55. 5. 5	対西の5回
	毎　日	'55. 5.31	対近第1の1回
	毎　日	'55. 7.12	対南の7回
	トンボ	'55. 7.28	対近第2の1回
	西　鉄	'55. 8. 3	対大の9回
	東　映	'56. 7.21	対西第1の9回
	阪　急	'56. 7.22	対高第2の5回
	南　海	'56. 9.11	対東の1回
	大　映	'56.10. 2	対東の8回
	西　鉄	'57. 6. 3	対東第1の8回
	西　鉄	'57. 8. 3	対毎の4回
	大　毎	'58. 8.21	対西第2の4回
	大　毎	'59. 5.27	対東第2の7回
	南　海	'60. 9.25	対近の8回
	大　毎	'62. 6.21	対西第2の6回
	大　毎	'62. 7. 3	対近第1の2回
	東　映	'62. 7.12	対南の1回
	大　毎	'63. 4.21	対西第2の7回
	東　映	'63. 8. 3	対急の2回
	南　海	'63. 7.19	対近第2の7回
	南　海	'66. 6.23	対急の9回
	南　海	'66. 7.24	対急第1の8回
	阪　急	'66. 8.14	対西第2の2回
	東　京	'66. 8.17	対近の6回
	西　鉄	'67. 5. 7	対東の2回
	阪　急	'67. 7. 4	対東の2回
	南　海	'67. 7.30	対京第1の2回
	阪　急	'69. 8.19	対ロの9回
	西　鉄	'71. 5.23	対ロの2回
	日　拓	'73. 5.12	対急の7回
	近　鉄	'73. 7. 7	対南の7回
	太平洋	'74. 9.29	対ロ第1の8回
	南　海	'77. 9. 7	対日の4回
	ロッテ	'78. 7.16	対近第2の7回
	日本ハム	'79. 4.29	対武の7回
	ロッテ	'79. 5.13	対日の3回
	ロッテ	'79. 7. 1	対日の8回
	南　海	'79. 9. 5	対武の1回
	阪　急	'80. 5.12	対南の3回
	日本ハム	'80. 5.16	対急の2回
	日本ハム	'82. 4.22	対ロの5回
	ロッテ	'82. 5.18	対南の1回
	南　海	'82. 5.28	対近の4回
	日本ハム	'82. 8. 1	対急第1の3回
	ロッテ	'87. 5. 6	対近の1回
	日本ハム	'87. 9. 2	対近の2回
	南　海	'87. 9.17	対武の6回
	ダイエー	'89. 7.19	対近の3回
	日本ハム	'93.10. 2	対オの2回
	ロッテ	'94. 5.22	対武の7回
	日本ハム	'94. 9.23	対武の2回
	オリックス	'96. 5.19	対ダの3回
	日本ハム	'97. 8.28	対武の4回
	ダイエー	'99. 7. 1	対オの3回
	近　鉄	'99. 9.16	対オの3回
	近　鉄	'99. 9.25	対ロの6回
	近　鉄	'99.10. 1	対オの6回
	西　武	'00. 8.25	対近の1回
	西　武	'00. 9. 2	対近の2回
	日本ハム	'00. 9.27	対オの4回
	近　鉄	'02. 5.12	対日の3回
	ロッテ	'02. 6.25	対近の7回
	近　鉄	'02. 6.29	対ダの2回
	日本ハム	'06. 9.16	対ロの3回
	日本ハム	'09. 4. 7	対ロの1回
	オリックス	'09. 4.23	対オの4回
	西　武	'12. 7. 1	対日の2回
	西　武	'12. 8.17	対楽の6回
	ソフトバンク	'14. 4.22	対日の3回
	西　武	'18. 8.28	対楽の1回

```
日－ライオン    '38. 10. 23   対名の1回
  イーグルス    '39.  4.  2   対南の8回
  巨　　　人    '39.  6. 17   対名の4回
  セネタース    '39. 10. 11   対名の1回
  巨　　　人    '40. 10.  7   対セの5回
  ライオン     '40. 10.  8   対巨の8回
  阪　　　急    '41. 10. 12   対巨の6回
  阪　　　急    '42.  5. 20   対朝の3回
  阪　　　急    '42.  6. 22   対名の1回
  巨　　　人    '42.  9. 28   対南の1回
  西　　　鉄    '43.  4. 17   対南の2回
  朝　　　日    '43.  7.  5   対和の2回
  朝　　　日    '43. 10. 31   対西の3回
  巨　　　人    '44.  7.  9   対神の10回
  グレートリング  '46.  7. 25   対中の9回
  阪　　　神    '46.  7. 29   対パの2回
  巨　　　人    '47.  6.  9   対東の10回
  中　　　日    '47. 10. 19   対金の8回
  東　　　急    '47. 10. 29   対南の1回
  阪　　　急    '48.  4. 22   対巨の2回
  中　　　日    '48.  7.  3   対神の8回
  南　　　海    '48.  8. 28   対金の1回
  中　　　日    '48. 11.  3   対陽第1の3回
  大　　　陽    '49.  5.  4   対大の8回
  阪　　　急    '49.  5. 28   対陽の5回
  東　　　急    '49.  8. 26   対大の8回
  大　　　陽    '49.  9.  6   対急の4回
5. 無補殺三重殺
  セ－なし
  パ－阪　　　急   '67.  7. 30  対京第1の2回
                  二塁手（住友　　平）

  日－なし
```

G. 捕　　逸

```
1. 最多捕逸
  a. シーズン
  セ－19…阪　　神   '79   試合 130
  パ－27…ロッテ     '90   試合 130
  日－27…ライオン   '39   試合  96
  b. ゲーム
  セ－ 3…巨　　　人   '52.  9. 15  対神第2
          阪　　　神   '53.  5. 10  対巨
          国　　　鉄   '59.  5.  3  対神第2
          巨　　　人   '84.  8. 14  対神
          ヤクルト    '87.  4. 17  対洋
          DeNA      '15.  7.  1  対中
  パ－ 4…ロッテ     '86. 10.  2  対急
  日－ 3…6度
2. 最少捕逸
  a. シーズン
  セ－ 1…広　　島   '79   試合 130
  パ－ 0…オリックス '16   試合 143
```

個人年度別打撃成績

個人年度別打撃成績

（注）1. 出身校名の後（　）内数字は初登録年月。
　　2. 下段〔　〕内数字は実働年数。
　　3. ▲は打撃妨害。▼は走塁妨害。
　　4. 太字はシーズン・リーグ最高、最多。
　　　　打率、長打率、出塁率はそれぞれ首位打者、最高
　　　　長打率打者、最高出塁率打者を太字とする。
　　　　'00、'04、'08は五輪出場選手特別措置あり。
　　5. 打率右の○中数字はリーグ規定以上の順位。
　　6. 失策の－は守備出場なし。

Ｚ．アルモンテ　ソイロ・アルモンテ　セナベック高　（'18.1）　'89.6.10生　右投左右打　OF

年度	チーム	試合	打数	得点	安打	二塁打	三塁打	本塁打	塁打	打点	盗塁	盗塁刺	犠打	犠飛	四球計	故意四球	死球	三振	併殺打	打率	長打率	出塁率	失策
'18	(中)	132	498	56	160	**37**	0	15	242	77	1	1	0	3	44	1	1	95	16	.321⑤	.486	.375	3
'19	(中)	49	164	19	54	8	0	7	83	25	1	1	0	1	8	1	1	37	6	.329	.506	.362	0
'20	(中)	62	214	32	63	9	0	9	99	29	1	0	1	0	30	2	2	42	9	.294	.463	.385	0
〔3〕		243	876	107	277	54	0	31	424	131	2	2	1	5	82	4	4	174	31	.316	.484	.375	3

會澤　翼　あいざわ・つばさ　水戸短大付高　（'07.1）　'88.4.13生　右投右打　C, OF, 1B

年度	チーム	試合	打数	得点	安打	二塁打	三塁打	本塁打	塁打	打点	盗塁	盗塁刺	犠打	犠飛	四球計	故意四球	死球	三振	併殺打	打率	長打率	出塁率	失策
'09	(広)	15	28	3	6	1	0	0	7	1	0	0	0	0	3		0	8	1	.214	.250	.290	0
'10	(広)	32	53	4	9	1	0	1	13	5	0	0	0	0	2	0	0	16	3	.170	.245	.200	0
'11	(広)	19	28	0	5	1	0	0	6	1	0	0	0	0	0		1	9	3	.179	.214	.207	0
'12	(広)	28	66	4	13	3	0	0	16	2	0	0	0	0	2	0	2	7	2	.197	.242	.243	1
'13	(広)	31	64	6	12	1	0	3	22	6	0	0	0	0	4	0	1	18	1	.188	.344	.235	2
'14	(広)	65	179	25	55	9	0	10	94	30	0	0	1	2	16	5	2	28	6	.307	.525	.367	3
'15	(広)	93	252	23	62	7	3	6	93	30	0	0	1	3	26	**3**	7	49	9	.246	.369	.330	3
'16	(広)	83	197	18	47	7	0	7	75	26	1	1	4	1	14	0	4	42	7	.239	.381	.301	1
'17	(広)	106	287	35	79	15	0	6	112	35	0	0	10	3	22		7	45	12	.275	.390	.339	2
'18	(広)	106	315	42	96	18	1	13	155	42	0	0	4	3	39	5	14	56	6	.305	.492	.401	4
'19	(広)	126	376	38	104	21	2	12	165	63	2	0	0	5	58	5	10	81	6	.277⑮	.439	.387	2
'20	(広)	79	229	25	61	13	0	7	95	36	2	0	0	2	22	11	1	44	5	.266	.415	.359	2
〔12〕		783	2074	223	549	97	6	65	853	277	5	5	27	13	208	22	58	410	64	.265	.411	.346	20

愛　斗　あいと（武田　愛斗・旧姓・大瀧）　花咲徳栄高　（'16.1）　'97.4.6生　右投右打　OF

年度	チーム	試合	打数	得点	安打	二塁打	三塁打	本塁打	塁打	打点	盗塁	盗塁刺	犠打	犠飛	四球計	故意四球	死球	三振	併殺打	打率	長打率	出塁率	失策
'17	(武)	9	5	2	0	0	0	0	0	0	0	0	0	0	1		0	3	0	.000	.000	.167	0
'18	(武)	2	3	0	0	0	0	0	0	0	0	0	0	0	0		0	1	0	.000	.000	.000	1
'19	(武)	42	53	7	8	1	0	0	9	3	0	0	1	1	3	2	0	11	2	.151	.170	.196	0
'20	(武)	7	13	0	2	0	0	0	2	3	0	0	0	0			1	5	2	.154	.154	.143	1
〔4〕		60	74	9	10	1	0	0	11	6	0	0	1	1	3	2	1	20	4	.135	.149	.177	2

青木　宣親　あおき・のりちか　早稲田大　('04.1)　'82. 1. 5生　右投左打　OF, 2B

年度 チーム	試合	打数	得点	安打	二塁打	三塁打	本塁打	塁打	打点	盗塁	盗塁刺	犠打	犠飛	四球計	故意四球	死球	三振	併殺打	打率	長打率	出塁率	失策
'04 (ヤ)	10	15	1	3	0	0	0	3	0	1	0	0	0	1	0	0	6	0	.200	.200	.250	0
'05 (ヤ)	144	588	100	202	26	4	3	245	28	29	7	18	1	37	0	5	113	5	.344①	.417	.387	1
'06 (ヤ)	146	599	112	192	26	3	13	263	62	41	12	4	1	68	2	8	78	3	.321③	.439	.396	5
'07 (ヤ)	143	557	114	193	26	2	20	283	58	17	6	4	3	80	15	8	66	4	.346①	.508	.434	1
'08 (ヤ)	112	444	85	154	29	5	14	235	64	31	9	1	3	42	6	10	47	10	.347②	.529	.413	1
'09 (ヤ)	142	531	87	161	23	2	16	236	66	18	10	1	4	75	4	13	65	9	.303⑥	.444	.400	3
'10 (ヤ)	144	583	92	209	44	1	14	297	63	19	4	0	3	63	7	18	61	10	.358①	.509	.435	3
'11 (ヤ)	144	583	73	170	18	5	4	210	44	8	3	0	0	51	6	9	55	6	.292⑦	.360	.358	3
'18 (ヤ)	127	495	85	162	37	3	10	235	67	3	4	0	2	51	1	19	48	13	.327④	.475	.409	1
'19 (ヤ)	134	489	84	145	19	2	16	216	58	1	2	1	3	61	2	11	72	13	.297⑦	.442	.385	2
'20 (ヤ)	107	357	64	113	30	1	18	199	51	2	1	0	1	62	2	5	51	6	.317③	.557	.424	1
〔11〕	1353	5241	897	1704	278	28	128	2422	561	170	58	29	21	591	45	106	662	79	.325	.462	.403	23

明石　健志　あかし・けんじ　山梨学院大付高　('04.1)　'86. 1. 9生　右投左打　1B, 2B, 3B, OF, SS

年度 チーム	試合	打数	得点	安打	二塁打	三塁打	本塁打	塁打	打点	盗塁	盗塁刺	犠打	犠飛	四球計	故意四球	死球	三振	併殺打	打率	長打率	出塁率	失策
'04 (ダ)	7	4	2	1	0	1	0	3	0	0	0	0	0	0	0	0	2	0	.250	.750	.400	0
'07 (ソ)	15	17	3	3	1	0	0	4	1	0	0	0	0	1	0	0	6	1	.176	.235	.222	—
'08 (ソ)	29	49	8	11	2	1	0	15	4	1	0	2	2	1	0	1	17	0	.224	.306	.245	0
'09 (ソ)	48	103	14	30	9	2	1	46	9	6	0	2	1	8	0	0	27	0	.291	.447	.339	2
'10 (ソ)	39	47	8	6	2	0	0	8	0	2	1	2	0	2	0	0	12	1	.128	.170	.163	2
'11 (ソ)	58	90	8	25	1	5	1	39	15	5	2	4	1	10	1	0	21	2	.278	.433	.347	0
'12 (ソ)	135	508	54	129	8	6	1	152	27	25	10	23	1	33	0	2	98	2	.254㉑	.299	.301	10
'13 (ソ)	33	79	2	18	1	1	1	24	7	2	2	4	0	6	0	0	16	1	.228	.304	.282	1
'14 (ソ)	93	250	38	63	10	4	1	84	21	17	4	7	1	13	1	2	54	4	.252	.336	.293	7
'15 (ソ)	115	342	49	90	12	3	3	117	30	11	5	12	4	31	1	5	64	4	.263	.342	.330	1
'16 (ソ)	47	135	17	31	6	2	0	41	16	6	2	7	0	2	0	2	34	3	.230	.304	.274	1
'17 (ソ)	103	290	37	81	10	3	1	100	23	5	6	15	3	30	1	1	57	3	.279	.345	.346	1
'18 (ソ)	45	103	16	29	5	3	1	43	12	2	1	0	0	11	1	1	17	0	.282	.417	.357	1
'19 (ソ)	99	282	31	70	12	3	5	103	21	6	2	5	1	26	1	1	66	6	.248	.365	.313	0
'20 (ソ)	63	154	20	39	9	1	2	56	17	4	2	5	1	12	0	0	32	1	.253	.364	.305	2
〔15〕	929	2453	313	626	88	35	17	835	203	92	37	87	17	192	6	15	527	28	.255	.340	.311	33

淺間　大基　あさま・だいき　横浜高　('15.1)　'96. 6. 21生　右投左打　OF, 3B

年度 チーム	試合	打数	得点	安打	二塁打	三塁打	本塁打	塁打	打点	盗塁	盗塁刺	犠打	犠飛	四球計	故意四球	死球	三振	併殺打	打率	長打率	出塁率	失策
'15 (日)	46	130	16	37	6	3	0	49	10	4	2	3	2	5	0	0	29	2	.285	.377	.307	0
'16 (日)	52	110	9	21	4	1	0	30	9	2	1	1	0	4	0	0	36	0	.191	.273	.219	0
'17 (日)	19	42	2	7	3	0	0	10	3	1	0	0	0	2	0	0	17	1	.167	.238	.205	1
'18 (日)	31	88	11	21	6	0	3	36	7	1	1	0	0	10	0	1	18	2	.239	.409	.323	0
'19 (日)	13	29	4	6	2	1	0	10	1	0	0	3	0	1	0	0	5	0	.207	.345	.233	2
'20 (日)	42	58	3	11	2	0	0	13	1	0	0	2	0	3	0	0	21	1	.190	.224	.230	0
〔6〕	203	457	45	103	23	5	4	148	31	8	4	9	2	25	0	1	126	6	.225	.324	.266	3

浅村　栄斗　あさむら・ひでと　大阪桐蔭高　（'09.1）　'90. 11. 12生　右投右打　2B, 1B, OF, 3B, SS

年度	チーム	試合	打数	得点	安打	二塁打	三塁打	本塁打	塁打	打点	盗塁	盗塁刺	犠打	犠飛	四球計	故意四球	死球	三振	併殺打	打率	長打率	出塁率	失策
'10（武）		30	42	11	11	1	1	2	20	9	2	0	1	1	8	0	3	8	2	.262	.476	.407	1
'11（武）		137	437	48	117	17	3	9	167	45	7	2	18	3	37	1	3	52	8	.268⑮	.382	.327	8
'12（武）		114	404	52	99	18	7	7	152	37	13	6	13	4	34	0	4	63	9	.245㉔	.376	.307	15
'13（武）		144	543	85	172	38	5	27	301	110	14	6	7	4	61	3	5	88	9	.317⑤	.554	.388	7
'14（武）		118	440	52	120	19	1	14	183	55	3	5	0	8	47	2	6	100	8	.273⑮	.416	.345	12
'15（武）		141	537	88	145	19	2	13	207	81	12	9	2	7	69	0	12	136	13	.270⑮	.385	.362	14
'16（武）		143	557	73	172	40	0	24	284	82	8	6	2	6	38	0	7	108	18	.309③	.510	.357	10
'17（武）		143	574	78	167	34	1	19	260	99	5	1	1	6	44	0	8	96	17	.291⑥	.453	.347	12
'18（武）		143	565	104	175	27	0	32	298	127	4	2	0	6	68	4	2	105	18	.310⑤	.527	.383	12
'19（楽）		143	529	93	139	26	2	33	268	92	1	1	0	9	93	9	4	162	12	.263⑮	.507	.372	7
'20（楽）		120	432	72	121	25	0	32	242	104	1	1	0	2	91	2	4	111	15	.280⑨	.560	.408	4
〔11〕		1376	5060	756	1438	264	22	212	2382	841	70	41	45	55	590	21	58	1029	129	.284	.471	.362	102

足立　祐一　あだち・ゆういち　神奈川大　（'16.1）　'89. 9. 22生　右投右打　C

年度	チーム	試合	打数	得点	安打	二塁打	三塁打	本塁打	塁打	打点	盗塁	盗塁刺	犠打	犠飛	四球計	故意四球	死球	三振	併殺打	打率	長打率	出塁率	失策
'16（楽）		73	185	14	42	5	0	1	50	14	0	2	11	2	10	0	0	36	2	.227	.270	.264	4
'17（楽）		49	76	5	16	1	1	1	22	7	0	1	5	0	5	0	1	18	1	.211	.289	.268	0
'18（楽）		20	18	1	2	0	0	0	2	0	0	0	1	0	1	0	0	4	1	.111	.111	.158	0
'19（楽）		21	39	4	6	1	0	2	13	4	0	0	5	0	1	0	0	12	0	.154	.333	.190	1
'20（楽）		42	60	6	10	1	1	1	16	3	0	0	0	0	6	0	0	15	2	.167	.267	.242	0
〔5〕		205	378	30	76	8	2	5	103	28	0	3	22	3	23	0	2	85	6	.201	.272	.249	5

安達　了一　あだち・りょういち　上武大　（'12.1）　'88. 1. 7生　右投右打　SS, 2B, 3B, CF

年度	チーム	試合	打数	得点	安打	二塁打	三塁打	本塁打	塁打	打点	盗塁	盗塁刺	犠打	犠飛	四球計	故意四球	死球	三振	併殺打	打率	長打率	出塁率	失策
'12（オ）		50	88	8	14	5	0	0	19	4	2	2	6	2	7	0	0	23	0	.159	.216	.216	3
'13（オ）		131	395	52	93	13	2	5	125	30	16	5	38	1	27	0	9	80	4	.235㉜	.316	.299	12
'14（オ）		143	486	73	126	13	5	8	173	50	29	10	45	4	58	0	8	79	8	.259㉒	.356	.345	13
'15（オ）		139	506	57	121	16	3	11	176	55	16	15	29	4	48	0	6	68	11	.239㉕	.348	.310	16
'16（オ）		118	403	51	110	15	1	1	130	34	6	6	35	4	42	0	4	53	4	.273⑯	.323	.344	13
'17（オ）		109	316	40	64	9	3	3	88	26	4	3	17	0	37	0	10	61	5	.203	.278	.306	7
'18（オ）		140	465	44	102	12	3	3	129	41	20	5	16	5	25	0	3	64	8	.219㉙	.277	.261	5
'19（オ）		56	155	18	43	6	1	2	57	20	10	2	4	1	18	0	1	29	5	.277	.368	.354	5
'20（オ）		78	266	32	77	9	2	2	96	23	15	4	16	2	26	1	1	48	9	.289	.361	.353	4
〔9〕		964	3080	375	750	98	20	35	993	283	118	52	206	23	288	3	42	505	54	.244	.322	.315	80

阿部　寿樹　あべ・としき　明治大　（'16.1）　'89. 12. 3生　右投右打　2B, 1B, SS, 3B

年度	チーム	試合	打数	得点	安打	二塁打	三塁打	本塁打	塁打	打点	盗塁	盗塁刺	犠打	犠飛	四球計	故意四球	死球	三振	併殺打	打率	長打率	出塁率	失策
'16（中）		25	49	2	9	1	0	1	13	4	1	1	1	1	2	0	0	10	2	.184	.265	.212	4
'17（中）		21	41	3	11	1	0	0	12	2	1	0	1	0	4	0	0	13	0	.268	.293	.333	1
'18（中）		18	23	1	5	3	0	0	8	4	0	0	3	0	0	0	0	3	1	.217	.348	.308	2
'19（中）		129	447	51	130	24	3	7	181	59	1	0	2	3	31	1	1	92	9	.291⑩	.405	.337	3
'20（中）		115	421	44	108	25	0	13	172	61	2	4	5	2	30	0	1	92	21	.257㉑	.409	.306	5
〔5〕		308	981	101	263	54	3	21	386	130	5	5	10	5	70	3	2	210	33	.268	.393	.317	15

安部　友裕　　あべ・ともひろ　福岡工大城東高　('08.1)　'89.6.24生　右投左打　3B, 1B, 2B, SS, OF

年度	チーム	試合	打数	得点	安打	二塁打	三塁打	本塁打	塁打	打点	盗塁	盗塁刺	犠打	犠飛	四球計	故意四球	死球	三振	併殺打	打率	長打率	出塁率	失策
'11	(広)	8	20	3	3	0	0	0	3	0	0	0	0	0	7	0	0	6	0	.150	.150	.150	2
'12	(広)	53	119	15	30	3	0	1	36	2	5	2	9	0	7	0	0	21	1	.252	.303	.294	2
'13	(広)	75	123	13	27	4	0	1	34	8	5	2	6	1	12	0	0	31	1	.220	.276	.287	6
'14	(広)	3	3	0	1	0	0	0	1	0	0	0	0	0	0	0	0	1	0	.333	.333	.333	—
'15	(広)	26	70	6	17	0	0	0	17	5	2	1	3	0	1	0	0	6	1	.243	.243	.254	0
'16	(広)	115	▲259	42	73	12	4	6	111	33	7	0	7	5	19	2	1	64	3	.282	.429	.327	6
'17	(広)	123	413	63	128	17	4	4	165	49	17	5	12	1	27	1	2	94	3	.310④	.400	.354	10
'18	(広)	72	220	32	52	11	4	4	83	24	7	1	7	2	21	3	2	60	1	.236	.377	.306	8
'19	(広)	114	264	23	67	12	0	8	103	28	5	2	4	1	23	0	1	60	9	.254	.390	.315	10
'20	(広)	26	38	6	7	3	0	0	10	2	0	1	0	0	4	0	0	17	1	.184	.263	.262	1
〔10〕		615	1529	184	405	62	12	24	563	148	47	15	52	10	114	6	6	359	20	.265	.368	.316	45

荒木　貴裕　　あらき・たかひろ　近畿大　('10.1)　'87.7.26生　右投右打　1B, OF, 3B, SS, 2B

年度	チーム	試合	打数	得点	安打	二塁打	三塁打	本塁打	塁打	打点	盗塁	盗塁刺	犠打	犠飛	四球計	故意四球	死球	三振	併殺打	打率	長打率	出塁率	失策
'10	(ヤ)	18	20	0	2	0	0	0	2	0	0	0	0	0	0	0	0	9	0	.100	.100	.100	2
'11	(ヤ)	3	8	0	1	0	0	0	1	0	0	0	0	0	0	0	0	3	1	.125	.125	.125	1
'12	(ヤ)	6	5	2	1	0	0	0	1	0	0	0	1	0	0	0	0	1	0	.200	.200	.200	0
'13	(ヤ)	12	43	6	11	1	0	1	15	3	0	1	1	0	0	0	0	3	0	.256	.349	.256	3
'14	(ヤ)	55	149	23	41	3	1	2	52	12	1	2	2	0	16	0	1	25	2	.275	.349	.349	7
'15	(ヤ)	73	170	21	43	8	0	2	57	12	5	3	8	1	16	0	1	30	3	.253	.335	.319	2
'16	(ヤ)	61	111	14	27	5	1	1	37	9	2	1	9	0	9	0	2	20	5	.243	.333	.311	3
'17	(ヤ)	91	188	22	39	8	2	6	69	25	2	0	7	0	14	0	3	30	7	.207	.367	.273	3
'18	(ヤ)	62	87	12	19	3	0	3	31	21	3	0	3	2	13	0	4	27	2	.218	.356	.340	2
'19	(ヤ)	93	124	12	31	4	0	2	43	12	1	0	1	0	13	1	2	29	1	.250	.347	.329	1
'20	(ヤ)	63	73	10	12	1	1	1	18	7	0	0	3	1	6	1	1	18	3	.164	.247	.235	1
〔11〕		537	978	122	227	35	5	18	326	111	14	7	34	5	87	2	14	195	24	.232	.333	.303	19

荒木　郁也　　あらき・ふみや　明治大　('11.1)　'88.4.25生　右投左打　1B, 2B, OF, 3B, SS

年度	チーム	試合	打数	得点	安打	二塁打	三塁打	本塁打	塁打	打点	盗塁	盗塁刺	犠打	犠飛	四球計	故意四球	死球	三振	併殺打	打率	長打率	出塁率	失策
'11	(神)	2	0	0	0	0	0	0	0	0	0	0	0	0	0	0	0	0	0	.000	.000	.000	0
'13	(神)	20	6	4	0	0	0	0	0	0	2	0	0	0	0	0	0	2	0	.000	.000	.000	1
'14	(神)	15	8	0	1	0	0	0	1	0	0	1	1	0	0	0	0	2	0	.125	.125	.125	1
'15	(神)	29	35	8	7	0	0	0	7	0	4	0	2	0	3	0	1	7	1	.200	.200	.282	0
'16	(神)	46	57	13	14	2	0	0	16	2	0	7	0	0	8	1	1	10	1	.246	.281	.348	2
'17	(神)	49	17	5	2	0	0	0	2	0	4	0	0	0	0	0	0	7	0	.118	.118	.211	0
'19	(神)	9	9	4	1	1	0	0	2	0	0	0	0	0	0	0	0	4	0	.111	.222	.111	0
'20	(神)	16	11	2	1	0	0	0	2	0	2	1	0	0	0	0	0	4	0	.091	.091	.091	0
〔8〕		186	143	36	26	3	0	0	29	2	14	3	13	0	13	1	2	36	2	.182	.203	.259	4

飯田　大祐　　いいだ・だいすけ　中央大　('17.1)　'90.9.19生　右投右打　C

年度	チーム	試合	打数	得点	安打	二塁打	三塁打	本塁打	塁打	打点	盗塁	盗塁刺	犠打	犠飛	四球計	故意四球	死球	三振	併殺打	打率	長打率	出塁率	失策
'17	(オ)	2	3	0	0	0	0	0	0	0	0	0	0	0	0	0	0	2	0	.000	.000	.000	0
'18	(オ)	2	2	0	0	0	0	0	0	0	0	0	0	0	1	0	0	1	0	.000	.000	.333	0
'19	(オ)	8	13	0	0	0	0	0	0	0	0	0	0	0	0	0	0	4	1	.000	.000	.000	0
〔3〕		12	18	0	0	0	0	0	0	0	0	0	3	0	1	0	0	7	1	.000	.000	.053	0

石井　一成　いしい・かずなり　早稲田大（'17.1）　'94.5.6生　右投左打　SS, 2B, 3B

年度（チーム）	試合	打数	得点	安打	二塁打	三塁打	本塁打	塁打	打点	盗塁	盗塁刺	犠打	犠飛	四球計	故意四球	死球	三振	併殺打	打率	長打率	出塁率	失策
'17（日）	114	317	33	65	8	2	3	86	24	3	5	14	1	28	0	1	13	6	.205	.271	.271	11
'18（日）	69	148	17	28	6	2	1	41	4	3	0	2	0	12	0	1	47	0	.189	.277	.255	7
'19（日）	76	196	26	44	10	3	4	72	22	2	3	13	1	16	0	0	61	3	.224	.367	.282	7
'20（日）	59	95	9	17	4	1	0	23	3	1	1	5	1	3	0	0	13	1	.179	.242	.202	5
〔4〕	318	756	85	154	28	8	8	222	53	9	9	34	3	59	0	2	234	10	.204	.294	.262	30

石岡　諒太　いしおか・りょうた　神戸国際大付高（'16.1）　'92.5.25生　左投左打　1B

年度（チーム）	試合	打数	得点	安打	二塁打	三塁打	本塁打	塁打	打点	盗塁	盗塁刺	犠打	犠飛	四球計	故意四球	死球	三振	併殺打	打率	長打率	出塁率	失策
'17（中）	2	4	0	0	0	0	0	0	0	0	0	0	0	0	0	0	1	0	.000	.000	.000	0

石川　駿　いしかわ・しゅん　明治大（'15.1）　'90.5.26生　右投右打　2B, 3B, 1B

年度（チーム）	試合	打数	得点	安打	二塁打	三塁打	本塁打	塁打	打点	盗塁	盗塁刺	犠打	犠飛	四球計	故意四球	死球	三振	併殺打	打率	長打率	出塁率	失策
'16（中）	2	5	0	0	0	0	0	0	0	0	0	0	0	0	0	0	2	0	.000	.000	.000	0
'17（中）	9	17	1	6	0	0	0	9	1	0	0	0	0	0	0	0	5	0	.353	.529	.353	0
'18（中）	1	1	0	0	0	0	0	0	0	0	0	0	0	0	0	0	0	0	.000	.000	.000	—
'19（中）	8	8	0	1	0	1	0	3	3	0	0	0	0	0	0	0	3	0	.125	.375	.125	0
'20（中）	11	10	0	3	0	1	0	5	2	0	0	0	0	1	0	2	3	0	.300	.500	.462	1
〔5〕	31	41	1	10	0	2	1	17	6	0	0	1	0	1	0	2	13	0	.244	.415	.295	1

石川　慎吾　いしかわ・しんご　東大阪大柏原高（'12.1）　'93.4.27生　右投右打　OF

年度（チーム）	試合	打数	得点	安打	二塁打	三塁打	本塁打	塁打	打点	盗塁	盗塁刺	犠打	犠飛	四球計	故意四球	死球	三振	併殺打	打率	長打率	出塁率	失策
'13（日）	4	5	0	0	0	0	0	0	0	0	0	0	0	0	0	0	3	0	.000	.000	.000	0
'14（日）	44	83	11	19	3	0	1	25	11	0	1	4	0	5	0	1	25	1	.229	.301	.281	1
'15（日）	43	87	11	18	4	1	2	30	11	1	1	2	0	9	0	1	11	2	.207	.345	.289	1
'16（日）	12	27	0	2	0	0	0	2	1	0	0	0	0	0	0	0	5	1	.074	.074	.074	0
'17（巨）	99	236	21	57	12	3	5	90	20	2	0	0	0	13	0	2	51	8	.242	.381	.287	0
'18（巨）	17	26	1	5	1	1	0	8	2	0	0	0	0	2	0	0	6	1	.192	.308	.250	0
'19（巨）	55	70	12	18	2	0	4	32	9	0	0	0	0	6	1	0	14	2	.257	.457	.316	0
'20（巨）	43	45	3	11	1	0	2	18	7	0	0	0	0	2	0	1	12	1	.244	.400	.277	0
〔8〕	317	579	58	130	23	5	14	205	60	3	2	7	0	37	1	4	127	16	.225	.354	.276	2

石川　昂弥　いしかわ・たかや　東邦高（'20.1）　'01.6.22生　右投右打　3B

年度（チーム）	試合	打数	得点	安打	二塁打	三塁打	本塁打	塁打	打点	盗塁	盗塁刺	犠打	犠飛	四球計	故意四球	死球	三振	併殺打	打率	長打率	出塁率	失策
'20（中）	14	36	3	8	2	0	0	10	1	0	0	1	0	3	0	1	12	1	.222	.278	.300	1

個人年度別打撃成績　い

石川　雄洋　いしかわ・たけひろ　横浜高　('05.1)　'86.7.10生　右投左打　2B, SS, OF, 3B

年度	チーム	試合	打数	得点	安打	二塁打	三塁打	本塁打	塁打	打点	盗塁	盗塁刺	犠打	犠飛	四球計	故意四球	死球	三振	併殺打	打率	長打率	出塁率	失策
'06	(横)	2	2	0	0	0	0	0	0	0	0	0	0	0	0	0	0	2	0	.000	.000	.000	0
'07	(横)	19	24	5	3	0	0	0	3	1	1	0	1	0	2	0	0	6	0	.125	.125	.192	0
'08	(横)	83	259	24	63	4	5	0	80	13	10	5	6	1	6	1	1	60	5	.243	.309	.262	9
'09	(横)	134	463	38	112	15	3	2	139	24	19	4	15	1	13	0	3	98	8	.242㉘	.300	.267	17
'10	(横)	131	521	69	153	23	6	0	188	18	36	13	38	1	21	1	3	91	6	.294⑰	.361	.324	6
'11	(横)	125	466	49	121	11	1	0	134	22	12	7	32	0	30	0	1	95	8	.260⑰	.288	.307	13
'12	(ディ)	80	263	31	75	10	1	1	90	14	7	6	13	1	24	1	3	49	3	.285	.342	.351	2
'13	(ディ)	119	459	75	126	12	4	5	161	41	5	2	5	0	51	0	8	76	6	.275⑬	.351	.357	14
'14	(ディ)	138	483	66	120	14	5	7	167	36	9	3	16	0	32	0	8	98	9	.248㉖	.346	.306	8
'15	(ディ)	89	343	43	89	8	1	1	102	18	6	3	9	0	16	1	7	82	2	.259	.297	.306	8
'16	(ディ)	95	297	35	62	8	2	2	80	14	6	4	11	1	18	0	2	67	3	.209	.269	.258	3
'17	(ディ)	63	167	18	41	7	0	2	54	11	1	1	6	3	12	0	4	41	4	.246	.323	.306	2
'18	(ディ)	41	74	10	17	1	0	0	18	7	5	3	4	2	11	0	0	19	1	.230	.243	.322	4
'19	(ディ)	50	101	14	21	3	1	2	32	5	1	3	6	0	5	0	1	34	1	.208	.317	.252	1
〔14〕		1169	3922	477	1003	118	29	23	1248	224	118	54	162	10	241	4	42	818	56	.256	.318	.305	88

石川　亮　いしかわ・りょう　帝京高　('14.1)　'95.7.20生　右投右打　C

年度	チーム	試合	打数	得点	安打	二塁打	三塁打	本塁打	塁打	打点	盗塁	盗塁刺	犠打	犠飛	四球計	故意四球	死球	三振	併殺打	打率	長打率	出塁率	失策
'14	(日)	1	4	1	1	0	1	0	3	3	0	0	0	0	0	0	0	1	0	.250	.750	.250	0
'15	(日)	27	28	1	6	2	0	0	8	3	0	0	1	0	2	0	0	9	0	.214	.286	.226	0
'16	(日)	1	0	0	0	0	0	0	0	0	0	0	0	0	0	0	0	0	0	.000	.000	.000	0
'18	(日)	32	50	4	11	3	0	0	14	3	0	0	2	0	4	0	1	16	1	.220	.280	.291	0
'19	(日)	46	75	3	15	3	0	0	18	3	0	0	9	0	2	0	0	29	2	.200	.240	.221	0
'20	(日)	17	21	0	3	1	0	0	4	1	0	0	0	0	0	0	0	8	0	.143	.190	.143	0
〔6〕		124	178	9	36	9	1	0	47	13	0	0	12	2	7	0	1	63	3	.202	.264	.234	0

石垣　雅海　いしがき・まさみ　酒田南高　('17.1)　'98.9.21生　右投右打　OF, 3B, 1B, 2B

年度	チーム	試合	打数	得点	安打	二塁打	三塁打	本塁打	塁打	打点	盗塁	盗塁刺	犠打	犠飛	四球計	故意四球	死球	三振	併殺打	打率	長打率	出塁率	失策
'17	(中)	1	3	0	0	0	0	0	0	0	0	0	0	0	0	0	0	3	0	.000	.000	.000	0
'19	(中)	15	15	1	2	2	0	0	4	0	0	0	0	0	0	0	0	7	0	.133	.267	.133	0
'20	(中)	25	33	5	4	0	0	1	7	1	0	0	0	0	1	0	0	12	0	.121	.212	.147	0
〔3〕		41	51	6	6	2	0	1	11	1	0	0	0	0	1	0	0	22	0	.118	.216	.135	0

石原　彪　いしはら・つよし　京都翔英高　('17.1)　'99.3.8生　右投右打　C

年度	チーム	試合	打数	得点	安打	二塁打	三塁打	本塁打	塁打	打点	盗塁	盗塁刺	犠打	犠飛	四球計	故意四球	死球	三振	併殺打	打率	長打率	出塁率	失策
'18	(楽)	4	5	1	1	0	0	0	1	0	1	0	0	0	0	0	0	2	0	.200	.200	.200	1
'19	(楽)	4	7	0	0	0	0	0	0	0	0	0	0	0	0	0	0	5	0	.000	.000	.000	0
'20	(楽)	18	23	1	4	1	0	0	5	1	0	0	1	0	0	0	0	13	0	.174	.217	.174	1
〔3〕		26	35	2	5	1	0	0	6	1	1	0	1	0	0	0	0	20	0	.143	.171	.143	2

石原　慶幸　いしはら・よしゆき　東北福祉大　（'02.1）　'79.9.7生　右投右打　C

年度(チーム)	試合	打数	得点	安打	二塁打	三塁打	本塁打	塁打	打点	盗塁	盗塁刺	犠打	犠飛	四球計	故意四球	死球	三振	併殺打	打率	長打率	出塁率	失策
'02(広)	5	10	1	3	0	0	0	3	0	0	0	0	0	0	0	0	1	1	.300	.300	.300	1
'03(広)	116	305	19	65	14	2	4	95	21	0	1	10	0	17	7	6	78	6	.213	.311	.268	5
'04(広)	135	396	32	114	22	0	6	154	35	0	1	9	1	21	7	8	70	6	.288㉚	.389	.336	7
'05(広)	74	174	13	42	6	0	2	54	12	0	0	3	2	11	1	4	29	6	.241	.310	.298	3
'06(広)	85	240	17	53	9	0	3	71	11	2	0	6	2	15	2	4	43	6	.221	.296	.276	6
'07(広)	89	256	24	72	12	0	3	93	15	2	2	6	0	16	1	6	47	9	.281	.363	.338	4
'08(広)	123	422	36	112	19	0	9	158	50	6	6	10	2	22	0	1	80	7	.265㉖	.374	.302	6
'09(広)	124	364	31	75	15	1	10	122	37	2	3	11	4	39	4	4	90	11	.206	.335	.287	7
'10(広)	122	369	33	97	19	0	8	140	41	4	4	6	1	29	3	3	81	10	.263	.379	.321	4
'11(広)	110	299	15	60	10	0	4	82	27	2	2	14	3	22	3	4	49	7	.201	.274	.262	1
'12(広)	77	217	22	52	15	0	1	70	22	0	1	9	1	22	5	1	37	7	.240	.323	.311	5
'13(広)	121	327	32	81	9	0	7	111	35	0	2	15	3	45	2	8	76	12	.248	.339	.350	3
'14(広)	80	193	17	37	8	0	4	57	19	1	2	8	0	21	4	1	43	6	.192	.295	.274	4
'15(広)	83	216	15	52	6	0	2	64	12	1	0	8	0	14	2	0	42	10	.241	.296	.287	7
'16(広)	106	243	19	49	7	0	0	56	17	4	1	12	1	29	5	4	54	8	.202	.230	.296	1
'17(広)	77	147	11	30	4	0	1	37	12	1	0	8	2	10	0	0	33	8	.204	.252	.252	1
'18(広)	58	96	6	17	1	0	1	21	7	0	0	4	1	5	2	1	27	4	.177	.219	.223	1
'19(広)	31	56	3	11	2	0	1	16	5	0	0	3	0	5	0	0	18	1	.196	.286	.258	2
'20(広)	4	5	0	0	0	0	0	0	0	0	0	0	0	0	0	0	1	0	.000	.000	.000	0
〔19〕	1620	4335	346	1022	178	3	66	1404	378	25	25	144	24	343	50	55	899	125	.236	.324	.299	68

石橋　康太　いしばし・こうた　関東第一高　（'19.1）　'00.12.7生　右投右打　C

年度(チーム)	試合	打数	得点	安打	二塁打	三塁打	本塁打	塁打	打点	盗塁	盗塁刺	犠打	犠飛	四球計	故意四球	死球	三振	併殺打	打率	長打率	出塁率	失策
'19(中)	12	17	0	1	0	1	0	3	2	0	0	0	0	0	0	1	8	0	.059	.176	.111	0

磯村　嘉孝　いそむら・よしたか　中京大中京高　（'11.1）　'92.11.1生　右投右打　C

年度(チーム)	試合	打数	得点	安打	二塁打	三塁打	本塁打	塁打	打点	盗塁	盗塁刺	犠打	犠飛	四球計	故意四球	死球	三振	併殺打	打率	長打率	出塁率	失策
'12(広)	1	3	0	1	0	0	0	1	0	0	0	0	0	0	0	0	0	0	.333	.333	.333	0
'13(広)	4	2	0	0	0	0	0	0	0	0	0	0	0	0	0	0	1	0	.000	.000	.333	0
'15(広)	1	0	0	0	0	0	0	0	0	0	0	0	0	0	0	0	0	0	.000	.000	.000	0
'16(広)	24	31	2	5	1	0	0	6	2	0	0	1	0	0	0	0	5	1	.161	.194	.188	1
'17(広)	21	34	6	8	2	0	2	16	3	0	0	1	0	3	0	1	8	1	.235	.471	.316	0
'18(広)	37	79	6	17	2	0	1	22	4	0	0	5	0	6	1	1	12	4	.215	.278	.279	1
'19(広)	65	108	10	30	9	0	4	51	21	0	1	3	1	5	0	0	24	3	.278	.472	.307	1
'20(広)	31	48	4	10	3	0	1	16	1	0	0	3	0	4	0	0	8	2	.208	.333	.269	0
〔8〕	184	305	28	71	17	0	8	112	31	0	1	12	1	20	2	2	58	11	.233	.367	.284	3

板山祐太郎　いたやま・ゆうたろう　亜細亜大　（'16.1）　'94.3.27生　右投左打　OF, 2B, SS, 1B, 3B

年度(チーム)	試合	打数	得点	安打	二塁打	三塁打	本塁打	塁打	打点	盗塁	盗塁刺	犠打	犠飛	四球計	故意四球	死球	三振	併殺打	打率	長打率	出塁率	失策
'16(神)	40	106	9	25	5	1	0	32	5	1	0	2	0	7	0	0	31	0	.236	.302	.283	2
'17(神)	3	3	0	0	0	0	0	0	0	0	0	0	0	0	0	0	3	0	.000	.000	.000	0
'18(神)	20	35	1	9	0	0	1	12	3	0	0	0	1	3	0	0	14	4	.257	.343	.308	0
'20(神)	5	12	1	2	0	0	0	2	0	1	0	0	0	2	0	0	3	0	.167	.167	.286	0
〔4〕	68	156	11	36	5	1	1	46	8	2	0	2	1	12	0	0	51	4	.231	.295	.284	2

糸井　嘉男　いとい・よしお　近畿大　（'04.1）　'81.7.31生　右投左打　OF

年度（チーム）	試合	打数	得点	安打	二塁打	三塁打	本塁打	塁打	打点	盗塁	盗塁刺	犠打	犠飛	四球計	故意四球	死球	三振	併殺打	打率	長打率	出塁率	失策
'07（日）	7	11	1	1	0	0	0	1	0	1	0	0	0	0	0	0	1	0	.091	.091	.091	0
'08（日）	63	188	19	45	14	1	5	76	21	13	3	5	0	10	1	2	53	6	.239	.404	.285	2
'09（日）	131	425	74	130	40	3	15	221	58	24	6	18	1	46	8	6	93	6	.306⑦	.520	.381	2
'10（日）	138	488	86	151	33	3	15	235	64	26	8	13	1	71	2	10	94	7	.309⑫	.482	.407	5
'11（日）	137	489	72	156	30	0	11	219	54	31	6	9	2	59	2	19	91	5	.319②	.448	.411	7
'12（オ）	134	510	72	155	21	3	9	209	48	22	9	0	1	75	2	11	86	9	.304③	.410	.404	5
'13（オ）	141	524	75	157	33	2	17	245	61	33	9	0	3	66	1	8	93	6	.300⑩	.468	.384	2
'14（オ）	140	502	73	166	36	2	19	263	81	31	9	0	4	70	7	14	73	7	.331①	.524	.424	3
'15（オ）	132	484	61	127	22	0	17	200	68	11	4	0	1	72	2	8	78	10	.262㉑	.413	.366	0
'16（オ）	143	532	79	163	24	1	17	240	70	53	17	0	2	75	5	7	84	13	.306④	.451	.398	6
'17（神）	114	427	60	124	16	0	17	191	62	21	6	0	2	59	0	5	62	12	.290⑩	.447	.381	4
'18（神）	119	419	60	129	24	0	16	201	68	23	3	0	5	77	4	8	63	9	.308⑬	.480	.420	3
'19（神）	103	382	45	120	22	1	5	159	42	9	5	0	3	52	7	7	63	10	.314③	.416	.403	2
'20（神）	86	269	25	72	16	1	2	96	28	2	1	0	3	38	0	3	50	5	.268	.357	.363	2
〔14〕	1588	5650	802	1696	331	17	165	2556	725	299	86	45	26	770	41	108	984	105	.300	.452	.393	42

伊藤　康祐　いとう・こうすけ　中京大中京高　（'18.1）　'00.2.3生　右投右打　OF

年度（チーム）	試合	打数	得点	安打	二塁打	三塁打	本塁打	塁打	打点	盗塁	盗塁刺	犠打	犠飛	四球計	故意四球	死球	三振	併殺打	打率	長打率	出塁率	失策
'19（中）	14	32	6	6	1	0	0	7	1	0	1	1	0	0	0	0	8	0	.188	.219	.188	1

伊藤　隼太　いとう・はやた　慶應義塾大　（'12.1）　'89.5.8生　右投左打　OF

年度（チーム）	試合	打数	得点	安打	二塁打	三塁打	本塁打	塁打	打点	盗塁	盗塁刺	犠打	犠飛	四球計	故意四球	死球	三振	併殺打	打率	長打率	出塁率	失策
'12（神）	22	54	2	8	1	0	1	12	5	0	1	0	0	2	0	0	18	0	.148	.222	.179	0
'13（神）	30	62	8	9	1	0	1	13	4	0	2	2	0	6	0	1	19	0	.145	.210	.232	0
'14（神）	52	119	12	35	6	1	2	49	16	5	1	0	0	3	0	1	26	1	.294	.412	.331	0
'15（神）	63	135	10	34	7	0	2	47	12	0	1	1	0	11	0	0	31	0	.252	.348	.302	0
'16（神）	29	53	2	13	0	1	1	18	4	0	1	0	0	1	0	0	11	0	.245	.340	.259	0
'17（神）	73	69	9	18	2	0	2	26	5	0	0	0	0	4	0	0	16	1	.261	.377	.301	0
'18（神）	96	150	17	37	7	2	1	51	13	0	0	0	2	20	0	0	41	1	.247	.340	.335	1
〔7〕	365	642	61	154	24	4	10	216	59	1	6	6	3	51	0	2	162	3	.240	.336	.295	1

伊藤　光　いとう・ひかる　明徳義塾高　（'08.1）　'89.4.23生　右投右打　C, 1B, 3B

年度（チーム）	試合	打数	得点	安打	二塁打	三塁打	本塁打	塁打	打点	盗塁	盗塁刺	犠打	犠飛	四球計	故意四球	死球	三振	併殺打	打率	長打率	出塁率	失策
'08（オ）	1	0	0	0	0	0	0	0	0	0	0	0	0	0	0	0	0	0	.000	.000	.000	0
'10（オ）	2	4	0	0	0	0	0	0	0	0	0	0	0	0	0	0	1	0	.000	.000	.000	0
'11（オ）	66	160	15	25	7	0	2	38	11	3	2	14	1	11	0	2	57	5	.156	.238	.218	5
'12（オ）	66	176	11	36	9	0	0	45	10	0	0	12	4	5	0	0	48	2	.205	.256	.222	3
'13（オ）	137	410	36	117	20	2	3	150	40	4	0	35	3	24	0	3	84	10	.285⑮	.366	.327	8
'14（オ）	137	358	37	92	16	1	3	119	48	0	2	39	3	24	1	5	80	2	.257	.332	.310	3
'15（オ）	104	247	20	67	9	1	1	81	28	0	1	11	2	29	1	1	53	4	.271	.328	.348	1
'16（オ）	80	187	18	45	7	0	3	61	15	1	0	12	0	13	0	2	36	6	.241	.326	.257	2
'17（オ）	103	196	21	37	9	2	5	65	23	0	0	22	1	18	1	2	47	2	.189	.332	.263	2
'18（オ）	7	13	0	0	0	0	0	0	0	0	0	0	0	0	0	0	3	1	.000	.000	.133	0
'18（ディ）	47	128	12	25	5	0	1	33	11	1	1	2	0	18	0	3	29	5	.195	.258	.305	3
'19（ディ）	84	256	30	65	14	0	8	97	27	5	5	3	2	37	6	3	45	4	.254	.379	.352	0
'20（ディ）	30	51	5	11	3	1	0	16	6	0	0	1	0	10	1	1	15	2	.216	.314	.355	0
〔12〕	864	2186	205	520	93	7	26	705	219	14	11	150	18	181	10	21	498	38	.238	.323	.300	31

伊藤裕季也　いとう・ゆきや　立正大　('19.1)　'96.8.30生　右投右打　2B, 3B

年度 チーム	試合	打数	得点	安打	二塁打	三塁打	本塁打	塁打	打点	盗塁	盗塁刺	犠打	犠飛	四球計	故意四球	死球	三振	併殺打	打率	長打率	出塁率	失策
'19 (デイ)	21	52	7	15	4	0	4	31	7	0	0	0	1	3	⓪	1	17	1	.288	.596	.333	0
'20 (デイ)	5	14	1	4	0	1	0	6	1	0	0	1	0	2	1	0	5	0	.286	.429	.375	0
〔2〕	26	66	8	19	4	1	4	37	8	0	0	1	1	5	1	1	19	1	.288	.561	.342	0

糸原　健斗　いとはら・けんと　明治大　('17.1)　'92.11.11生　右投左打　2B, SS, 3B

年度 チーム	試合	打数	得点	安打	二塁打	三塁打	本塁打	塁打	打点	盗塁	盗塁刺	犠打	犠飛	四球計	故意四球	死球	三振	併殺打	打率	長打率	出塁率	失策
'17 (神)	66	162	18	42	13	0	1	58	24	1	0	5	0	23		3	26	1	.259	.358	.362	6
'18 (神)	143	531	79	152	29	4	1	192	35	6	4	9	4	86	1	7	73	5	.286⑲	.362	.390	11
'19 (神)	143	491	66	131	20	4	2	165	45	6	5	11	3	60	2	7	70	7	.267㉒	.336	.353	7
'20 (神)	63	218	32	64	6	2	0	82	20	1	2	3	1	19		3	33	3	.294	.376	.357	1
〔4〕	415	1402	195	389	67	10	7	497	124	14	11	28	8	188	3	20	202	16	.277	.354	.369	25

井野　卓　いの・すぐる　東北福祉大　('06.1)　'83.11.23生　右投右打　C

年度 チーム	試合	打数	得点	安打	二塁打	三塁打	本塁打	塁打	打点	盗塁	盗塁刺	犠打	犠飛	四球計	故意四球	死球	三振	併殺打	打率	長打率	出塁率	失策
'07 (楽)	4	3	0	0	0	0	0	0	0	0	0	0	0	0		0	3	0	.000	.000	.000	1
'08 (楽)	23	23	2	2	0	0	0	2	2	0		4	0	1		0	5	2	.087	.087	.125	2
'10 (楽)	14	34	2	7	0	0	0	7	2	0		4	0	0		0	9	1	.206	.206	.206	2
'11 (楽)	2	6	0	1	0	0	0	1	0	0		0	0	0		0	1	0	.167	.167	.167	0
'13 (巨)	10	6	1	0	0	0	0	0	0	0		0	0	1		0	2	1	.000	.000	.143	0
'16 (ヤ)	2	1	0	0	0	0	0	0	0	0		0	0	0		0	0	1	.000	.000	.000	0
'17 (ヤ)	7	12	3	2	0	0	0	2	1	0		0	0	0		0	1	0	.167	.167	.167	0
'18 (ヤ)	47	90	5	13	3	0	0	16	4	0		0	0	0		0	26	2	.144	.178	.189	1
'19 (ヤ)	7	10	1	2	0	0	0	2	1	0		0	0	1		0	2	0	.200	.300	.200	0
'20 (ヤ)	32	19	1	2	0	0	0	4	4	0		1	0	0		0	10	1	.105	.211	.150	1
〔10〕	148	204	15	29	4	1	0	35	13	0		15	0	0		0	59	9	.142	.172	.175	7

井上　広大　いのうえ・こうた　履正社高　('20.1)　'01.8.12生　右投右打　OF

年度 チーム	試合	打数	得点	安打	二塁打	三塁打	本塁打	塁打	打点	盗塁	盗塁刺	犠打	犠飛	四球計	故意四球	死球	三振	併殺打	打率	長打率	出塁率	失策
'20 (神)	6	11	0	1	1	0	0	2	1	0	0	0	0	0		0	5	0	.091	.182	.091	1

井上　晴哉　いのうえ・せいや　中央大　('14.1)　'89.7.3生　右投右打　1B

年度 チーム	試合	打数	得点	安打	二塁打	三塁打	本塁打	塁打	打点	盗塁	盗塁刺	犠打	犠飛	四球計	故意四球	死球	三振	併殺打	打率	長打率	出塁率	失策
'14 (ロ)	36	95	9	20	4	0	2	30	7	0	0	0	1	6		2	23	1	.211	.316	.269	2
'15 (ロ)	5	11	0	2	0	0	0	2	0	0	0	0	0	1		1	1	1	.182	.182	.250	0
'16 (ロ)	35	99	7	23	5	0	2	34	16	0	0	0	0	5		3	19	6	.232	.343	.290	1
'17 (ロ)	35	113	5	26	7	0	0	33	11	0	0	0	0	5		1	26	2	.230	.292	.269	1
'18 (ロ)	133	476	59	139	26	2	24	241	99	1	0	0	0	63		3	106	7	.292⑦	.506	.374	10
'19 (ロ)	129	▲429	60	108	16	1	24	198	65	0	0	0	3	67	1	9	98	10	.252㉔	.462	.362	3
'20 (ロ)	113	376	44	92	11	0	15	148	67	0	0	0	4	59	2	8	93	11	.245⑳	.394	.356	5
〔7〕	486	1599	184	410	69	3	67	686	265	1	0	0	14	206	3	26	366	38	.256	.429	.348	22

今井順之助　いまい・じゅんのすけ　中京高（岐阜）　('17.1)　'98.5.25生　右投左打　3B, 1B

年度 チーム	試合	打数	得点	安打	二塁打	三塁打	本塁打	塁打	打点	盗塁	盗塁刺	犠打	犠飛	四球計	故意四球	死球	三振	併殺打	打率	長打率	出塁率	失策
'17 (日)	1	4	0	1	0	0	0	1	1	0	0	0	0	0		0	1	0	.250	.250	.250	0
'19 (日)	2	7	0	1	0	0	0	1	0	0	0	0	0	0		0	2	0	.143	.143	.143	1
〔2〕	3	11	0	2	0	0	0	2	1	0	0	0	0	0		0	3	0	.182	.182	.182	1

今宮　健太　いまみや・けんた　明豊高（'10.1）　'91.7.15生　右投右打　SS, 1B

年度	チーム	試合	打数	得点	安打	二塁打	三塁打	本塁打	塁打	打点	盗塁	盗塁刺	犠打	犠飛	四球計	故意四球	死球	三振	併殺打	打率	長打率	出塁率	失策
'11	（ソ）	18	1	3	0	0	0	0	0	0	0	2	0	0	0	0	0	1	0	.000	.000	.000	0
'12	（ソ）	126	307	24	73	8	1	2	89	14	8	4	21	2	10	0	3	75	2	.238	.290	.267	12
'13	（ソ）	143	491	57	124	23	4	5	170	43	10	3	62	3	35	1	9	94	7	.253㉙	.346	.312	13
'14	（ソ）	144	551	61	132	26	1	3	169	42	10	5	62	4	41	0	4	104	10	.240㉙	.307	.295	15
'15	（ソ）	142	457	52	104	18	3	7	149	45	3	3	35	4	34	0	5	83	13	.228㉙	.326	.279	11
'16	（ソ）	137	497	74	122	22	5	10	184	56	8	4	38	5	47	0	3	86	7	.245㉗	.370	.312	11
'17	（ソ）	141	526	78	139	27	5	14	222	64	15	4	52	5	38	0	4	93	12	.264⑰	.422	.317	11
'18	（ソ）	99	354	45	94	18	1	11	147	45	4	4	22	2	25	2	2	60	5	.266	.415	.316	11
'19	（ソ）	106	383	44	98	15	0	14	155	41	4	5	7	1	32	2	3	67	3	.256	.405	.317	6
'20	（ソ）	43	164	30	44	7	2	6	73	22	2	0	5	3	5	1	0	22	2	.268	.445	.285	1
〔10〕		1099	3731	468	930	164	24	72	1358	372	67	32	304	27	267	6	28	685	61	.249	.364	.302	87

井領　雅貴　いりょう・まさたか　桐蔭学園高（'15.1）　'89.11.4生　右投左打　OF

年度	チーム	試合	打数	得点	安打	二塁打	三塁打	本塁打	塁打	打点	盗塁	盗塁刺	犠打	犠飛	四球計	故意四球	死球	三振	併殺打	打率	長打率	出塁率	失策
'15	（中）	9	7	1	0	0	0	0	0	0	1	0	0	0	0	0	0	3	1	.000	.000	.000	0
'16	（中）	13	31	2	6	1	0	1	10	3	0	0	2	0	0	0	0	7	0	.194	.323	.194	0
'17	（中）	22	32	2	7	2	0	0	9	3	0	0	0	0	0	0	0	6	0	.219	.281	.265	0
'19	（中）	55	100	9	29	6	1	0	40	9	0	0	4	1	10	0	0	21	0	.290	.400	.311	0
'20	（中）	79	135	9	27	3	0	0	30	12	0	0	18	0	13	0	0	24	4	.200	.222	.284	0
〔5〕		178	305	23	69	15	1	1	89	25	1	0	23	0	23	0	0	61	5	.226	.292	.280	0

岩見　雅紀　いわみ・まさき　慶應義塾大（'18.1）　'94.7.10生　右投右打　1B, OF

年度	チーム	試合	打数	得点	安打	二塁打	三塁打	本塁打	塁打	打点	盗塁	盗塁刺	犠打	犠飛	四球計	故意四球	死球	三振	併殺打	打率	長打率	出塁率	失策
'18	（楽）	12	24	0	0	0	0	0	0	0	0	0	0	0	0	0	0	14	2	.000	.000	.000	0
'20	（楽）	16	37	2	8	1	1	1	14	4	0	0	0	0	2	0	0	11	2	.216	.378	.237	1
〔2〕		28	61	2	8	1	1	1	14	4	0	0	0	0	2	0	0	25	4	.131	.230	.145	1

Z. ウィーラー　ゼラス・ウィーラー　ウォーレス州立短大（'15.1）　'87.1.16生　右投右打　3B, OF, 1B, 2B

年度	チーム	試合	打数	得点	安打	二塁打	三塁打	本塁打	塁打	打点	盗塁	盗塁刺	犠打	犠飛	四球計	故意四球	死球	三振	併殺打	打率	長打率	出塁率	失策
'15	（楽）	91	274	28	70	12	6	14	124	50	1	0	0	3	30	0	6	63	6	.255	.453	.339	11
'16	（楽）	140	517	74	137	25	2	27	247	88	2	1	0	2	58	0	12	123	10	.265⑲	.478	.351	8
'17	（楽）	142	542	75	147	27	0	31	267	82	7	3	0	3	50	4	10	98	14	.271⑪	.493	.342	22
'18	（楽）	106	368	36	99	15	0	15	159	58	3	1	0	5	33	3	7	91	13	.269	.432	.337	10
'19	（楽）	117	411	53	100	15	0	19	172	67	3	5	0	10	43	0	10	96	22	.243㉘	.418	.320	10
'20	（巨）	98	263	26	65	9	0	12	110	36	3	2	0	1	22	1	2	47	6	.247	.418	.309	3
〔6〕		694	2375	292	618	103	2	118	1079	381	19	13	0	24	236	8	45	518	71	.260	.454	.335	64

E. ウレーニャ　エスタミー・ウレーニャ　クロスオーバー高（'20.9）　'99.5.27生　右投右打　OF, 1B, 3B

年度	チーム	試合	打数	得点	安打	二塁打	三塁打	本塁打	塁打	打点	盗塁	盗塁刺	犠打	犠飛	四球計	故意四球	死球	三振	併殺打	打率	長打率	出塁率	失策
'20	（巨）	11	18	0	3	0	0	0	3	0	0	0	0	0	2	0	0	8	1	.167	.167	.250	1

呉　念庭　うー・ねんてぃん　第一工業大（'16.1）　'93.6.7生　右投左打　SS, 3B, 1B, 2B

年度	チーム	試合	打数	得点	安打	二塁打	三塁打	本塁打	塁打	打点	盗塁	盗塁刺	犠打	犠飛	四球計	故意四球	死球	三振	併殺打	打率	長打率	出塁率	失策
'16	（武）	43	124	12	24	3	1	0	29	11	1	0	2	0	14	0	2	25	4	.194	.234	.282	3
'17	（武）	15	39	5	9	2	1	0	13	4	1	0	0	1	4	0	2	8	2	.231	.333	.295	2
'18	（武）	8	11	1	1	0	0	0	1	1	0	0	0	0	0	0	0	5	0	.091	.091	.091	2
'20	（武）	51	44	5	10	3	0	0	13	5	2	2	0	1	4	0	0	8	1	.227	.295	.320	2
〔4〕		117	218	23	44	8	2	0	56	21	4	2	2	2	22	0	4	46	7	.202	.257	.283	9

植田　海　うえだ・かい　近江高（'15.1）　'96. 4. 19生　右投左右打　SS, 2B, OF

年度(チーム)	試合	打数	得点	安打	二塁打	三塁打	本塁打	塁打	打点	盗塁	盗塁刺	犠打	犠飛	四球計	故意四球	死球	三振	併殺打	打率	長打率	出塁率	失策
'16 (神)	1	0	0	0	0	0	0	0	0	0	0	0	0	0	0	0	0	0	.000	.000	.000	—
'17 (神)	13	18	5	5	0	0	0	5	0	1	1	3	0	1	0	0	6	0	.278	.278	.316	3
'18 (神)	104	198	29	38	1	0	0	39	1	19	2	18	0	25	0	2	55	5	.192	.197	.289	9
'19 (神)	81	33	22	8	0	0	0	11	2	12	2	2	0	1	0	1	8	0	.242	.333	.286	0
'20 (神)	74	59	16	9	2	0	0	11	3	9	4	6	0	14	0	4	22	0	.153	.186	.351	5
〔5〕	273	308	72	60	3	0	1	66	6	41	10	29	0	41	0	7	91	5	.195	.214	.303	15

上田　剛史　うえだ・つよし　関西高（'07.1）　'88. 10. 2生　右投左打　OF, 3B

年度(チーム)	試合	打数	得点	安打	二塁打	三塁打	本塁打	塁打	打点	盗塁	盗塁刺	犠打	犠飛	四球計	故意四球	死球	三振	併殺打	打率	長打率	出塁率	失策
'09 (ヤ)	4	1	1	0	0	0	0	0	0	0	1	0	0	0	0	0	0	0	.000	.000	.000	—
'10 (ヤ)	39	42	5	9	3	0	0	12	2	0	1	2	0	1	0	2	10	0	.214	.286	.267	3
'11 (ヤ)	12	30	1	8	1	0	0	9	0	6	0	1	0	3	0	0	5	0	.267	.300	.333	0
'12 (ヤ)	50	148	14	38	5	2	0	47	12	9	4	13	0	12	0	0	30	2	.257	.318	.313	3
'13 (ヤ)	112	339	51	87	7	4	4	114	22	18	3	24	2	33	0	1	65	2	.257	.336	.323	3
'14 (ヤ)	115	252	36	53	4	2	2	67	20	16	4	16	3	18	0	3	45	1	.210	.266	.268	7
'15 (ヤ)	82	209	18	55	2	2	1	64	19	8	1	11	2	14	0	2	29	5	.263	.306	.313	0
'16 (ヤ)	72	82	12	18	2	1	1	25	10	8	1	1	2	4	0	0	13	1	.220	.305	.275	0
'17 (ヤ)	100	167	18	39	1	5	0	50	11	6	3	3	4	8	0	1	26	0	.234	.299	.272	3
'18 (ヤ)	102	85	17	19	5	0	1	27	7	2	1	7	0	8	0	1	12	1	.224	.318	.298	0
'19 (ヤ)	56	51	9	12	0	0	0	12	4	1	3	3	1	1	0	1	7	1	.235	.235	.259	0
'20 (ヤ)	53	56	13	7	1	0	0	8	2	5	0	2	1	2	0	0	15	3	.125	.143	.153	0
〔12〕	797	1462	195	345	31	16	9	435	109	75	21	88	14	104	0	15	257	16	.236	.298	.291	15

上林　誠知　うえばやし・せいじ　仙台育英高（'14.1）　'95. 8. 1生　右投左打　OF

年度(チーム)	試合	打数	得点	安打	二塁打	三塁打	本塁打	塁打	打点	盗塁	盗塁刺	犠打	犠飛	四球計	故意四球	死球	三振	併殺打	打率	長打率	出塁率	失策
'15 (ソ)	15	44	6	14	4	1	2	26	6	0	2	0	0	0	0	1	13	0	.318	.591	.333	0
'16 (ソ)	14	19	0	4	1	0	0	5	1	0	0	0	0	0	0	0	7	0	.211	.263	.211	0
'17 (ソ)	134	415	54	108	23	5	13	180	51	12	12	10	2	24	2	2	96	3	.260⑳	.434	.302	0
'18 (ソ)	143	551	88	149	26	14	22	269	62	13	4	17	3	30	2	7	117	2	.270⑰	.488	.315	3
'19 (ソ)	99	258	28	50	6	2	11	93	31	10	4	6	1	18	2	3	75	2	.194	.360	.254	1
'20 (ソ)	69	160	17	29	4	1	6	53	20	8	2	2	1	11	2	4	39	1	.181	.331	.250	1
〔6〕	474	1447	193	354	64	23	54	626	171	43	24	35	7	83	8	17	347	8	.245	.433	.292	5

上本　崇司　うえもと・たかし　明治大（'13.1）　'90. 8. 22生　右投右打　3B, 2B, SS, OF

年度(チーム)	試合	打数	得点	安打	二塁打	三塁打	本塁打	塁打	打点	盗塁	盗塁刺	犠打	犠飛	四球計	故意四球	死球	三振	併殺打	打率	長打率	出塁率	失策
'13 (広)	30	26	4	2	1	0	0	3	2	0	0	2	0	1	0	1	5	1	.077	.115	.143	0
'14 (広)	18	7	3	2	0	0	0	2	0	0	0	0	0	1	0	0	2	0	.286	.286	.375	0
'16 (広)	7	0	0	0	0	0	0	0	0	0	0	0	0	0	0	0	0	0	.000	.000	.000	1
'17 (広)	37	8	12	1	0	0	0	1	0	3	0	0	0	1	0	0	3	0	.125	.125	.300	0
'18 (広)	59	11	6	1	0	0	0	1	0	6	2	1	0	1	0	0	4	0	.091	.091	.167	3
'19 (広)	31	21	4	3	0	0	0	3	0	1	0	0	0	0	0	0	5	0	.143	.143	.143	0
'20 (広)	56	52	8	11	2	0	0	13	4	2	0	3	0	5	0	2	4	3	.212	.250	.305	2
〔7〕	238	125	40	20	3	0	0	23	6	11	3	10	0	10	0	3	23	5	.160	.184	.239	6

上本　博紀　うえもと・ひろき　早稲田大　('09.1)　'86.7.4生　右投右打　2B, SS, 3B, 1B

年度	チーム	試合	打数	得点	安打	二塁打	三塁打	本塁打	塁打	打点	盗塁	盗塁刺	犠打	犠飛	四球計	故意四球	死球	三振	併殺打	打率	長打率	出塁率	失策
'10	(神)	28	15	11	5	1	0	0	6	2	2	2	0	0	1	1	0	1	1	.333	.400	.375	0
'11	(神)	67	108	20	27	7	0	3	43	13	8	3	7	2	14	0	0	27	0	.250	.398	.331	4
'12	(神)	62	197	22	50	13	1	1	68	7	13	4	2	1	19	0	5	46	3	.254	.345	.333	5
'13	(神)	25	59	13	15	3	0	2	24	8	2	1	2	0	8	0	1	19	1	.254	.407	.353	3
'14	(神)	131	515	90	142	28	5	7	201	38	20	10	7	2	70	0	6	97	7	.276⑱	.390	.368	**17**
'15	(神)	108	375	44	95	18	1	4	127	31	19	11	29	0	44	1	4	69	1	.253㉑	.339	.338	12
'16	(神)	45	101	18	26	7	0	2	39	8	3	0	0	0	12	0	0	14	0	.257	.386	.336	7
'17	(神)	125	409	57	116	20	1	9	165	38	16	1	23	2	50	0	4	71	7	.284⑭	.403	.366	2
'18	(神)	20	45	7	19	3	0	1	25	6	4	0	1	1	6	0	0	8	1	.422	.556	.481	1
'19	(神)	62	104	10	20	4	0	1	27	6	5	0	3	0	11	0	0	37	1	.192	.260	.267	1
'20	(神)	25	41	2	7	3	0	0	10	4	2	2	5	1	4	0	0	11	2	.171	.244	.239	1
〔11〕		698	1969	294	522	107	8	30	735	161	94	33	79	10	239	2	20	400	24	.265	.373	.349	55

宇草　孔基　うぐさ・こうき　法政大　('20.1)　'97.4.17生　右投左打　OF

年度	チーム	試合	打数	得点	安打	二塁打	三塁打	本塁打	塁打	打点	盗塁	盗塁刺	犠打	犠飛	四球計	故意四球	死球	三振	併殺打	打率	長打率	出塁率	失策
'20	(広)	13	43	5	11	1	1	0	14	3	3	2	0	0	3	0	1	7	0	.256	.326	.319	1

宇佐見真吾　うさみ・しんご　城西国際大　('16.1)　'93.6.4生　右投左打　C

年度	チーム	試合	打数	得点	安打	二塁打	三塁打	本塁打	塁打	打点	盗塁	盗塁刺	犠打	犠飛	四球計	故意四球	死球	三振	併殺打	打率	長打率	出塁率	失策
'17	(巨)	21	40	6	14	0	0	4	26	8	0	0	0	0	3	0	2	14	0	.350	.650	.422	1
'18	(巨)	29	48	2	5	2	0	0	7	3	0	0	0	0	10	1	0	20	1	.104	.146	.259	1
'19	{(巨)(日)	3	4	0	1	0	0	0	1	0	0	0	0	0	0	0	0	1	0	.250	.250	.250	1
'19	45	96	4	19	3	0	0	22	9	0	0	1	0	6	0	0	19	4	.198	.229	.245	1
'20	(日)	80	169	10	30	1	0	3	40	15	0	0	9	1	8	0	0	45	5	.178	.237	.213	5
〔4〕		178	357	22	69	6	0	7	96	35	0	0	10	1	27	1	2	98	10	.193	.269	.253	8

内川　聖一　うちかわ・せいいち　大分工高　('01.2)　'82.8.4生　右投右打　OF, 1B, 2B, SS, 3B

年度	チーム	試合	打数	得点	安打	二塁打	三塁打	本塁打	塁打	打点	盗塁	盗塁刺	犠打	犠飛	四球計	故意四球	死球	三振	併殺打	打率	長打率	出塁率	失策
'01	(横)	3	2	1	0	0	0	0	0	0	0	0	0	0	0	0	0	0	0	.000	.000	.000	0
'02	(横)	42	66	11	22	4	1	2	34	7	0	0	3	0	4	1	0	13	1	.333	.515	.371	4
'03	(横)	45	150	20	47	5	0	4	64	18	4	4	6	0	5	0	0	13	1	.313	.427	.335	9
'04	(横)	94	338	55	97	11	1	17	161	45	2	7	12	1	18	0	0	42	7	.287	.476	.322	12
'05	(横)	90	234	33	64	11	0	5	90	23	1	1	6	1	19	1	2	36	10	.274	.385	.332	2
'06	(横)	124	402	41	115	15	2	4	146	34	8	3	7	3	22	0	5	64	9	.286	.363	.329	11
'07	(横)	92	247	24	69	17	3	7	113	29	3	4	4	1	16	0	6	37	9	.279	.457	.337	2
'08	(横)	135	500	83	**189**	37	1	14	270	67	2	3	5	4	31	1	4	49	4	.378①	.540	.416	3
'09	(横)	132	503	65	160	32	2	17	247	66	1	5	2	4	42	5	1	56	16	.318②	.491	.369	3
'10	(横)	**144**	577	75	182	36	4	9	253	66	1	2	3	4	47	1	6	51	17	.315⑥	.438	.371	4
'11	(ソ)	114	429	48	145	21	3	12	208	74	4	0	0	7	25	1	2	48	3	.338①	.485	.371	0
'12	(ソ)	138	523	44	**157**	21	3	7	205	53	6	4	0	7	31	**6**	6	36	12	.300④	.392	.342	4
'13	(ソ)	**144**	570	76	180	33	1	19	272	92	1	0	0	12	46	0	12	47	**23**	.316⑥	.477	.376	0
'14	(ソ)	122	488	50	150	26	4	10	232	74	0	0	0	6	34	6	5	40	13	.307⑤	.475	.354	0
'15	(ソ)	136	529	52	150	24	1	11	209	82	1	0	0	7	45	2	4	55	**24**	.284⑩	.395	.340	1
'16	(ソ)	141	556	62	169	19	0	18	242	106	3	2	0	**9**	38	2	2	53	**27**	.304⑥	.435	.345	2
'17	(ソ)	73	266	31	79	13	0	12	128	50	0	1	0	2	32	0	0	26	9	.297	.481	.370	2
'18	(ソ)	71	281	27	68	11	0	8	103	30	1	1	0	3	9	0	3	32	6	.242	.367	.270	2
'19	(ソ)	137	500	49	128	21	0	12	185	41	3	3	1	4	28	4	2	49	16	.256㉑	.370	.296	5
〔19〕		1977	7161	855	2171	357	23	196	3162	957	41	37	49	69	492	30	60	755	202	.303	.442	.350	64

内田　靖人　うちだ・やすひと　常総学院高　('14.1)　'95. 5. 30生　右投右打　1B, 3B, CF

年度	チーム	試合	打数	得点	安打	二塁打	三塁打	本塁打	塁打	打点	盗塁	盗塁刺	犠打	犠飛	四球計	故意四球	死球	三振	併殺打	打率	長打率	出塁率	失策
'14	(楽)	7	17	0	1	0	0	0	1	0	0	0	0	0	0	0	0	7	1	.059	.059	.059	1
'16	(楽)	17	54	3	11	4	0	2	21	7	0	0	0	0	4	0	0	27	0	.204	.389	.259	1
'17	(楽)	7	21	0	1	0	0	0	1	1	0	0	0	0	0	0	0	9	1	.048	.048	.048	2
'18	(楽)	58	177	16	35	4	0	12	77	25	0	1	0	1	14	0	1	66	4	.198	.435	.259	6
'19	(楽)	2	2	0	0	0	0	0	0	0	0	0	0	0	2	0	1	0	0	.000	.000	.600	2
'20	(楽)	38	93	9	16	3	0	5	34	18	1	0	0	1	14	0	1	31	5	.172	.366	.284	2
〔6〕		129	364	28	64	13	0	19	134	51	1	1	0	2	34	0	3	140	11	.176	.368	.251	12

海野　隆司　うみの・たかし　東海大　('20.1)　'97. 7. 15生　右投右打　C

年度	チーム	試合	打数	得点	安打	二塁打	三塁打	本塁打	塁打	打点	盗塁	盗塁刺	犠打	犠飛	四球計	故意四球	死球	三振	併殺打	打率	長打率	出塁率	失策
'20	(ソ)	5	4	0	0	0	0	0	0	0	0	0	0	0	0	0	0	2	0	.000	.000	.000	0

梅野隆太郎　うめの・りゅうたろう　福岡大　('14.1)　'91. 6. 17生　右投右打　C

年度	チーム	試合	打数	得点	安打	二塁打	三塁打	本塁打	塁打	打点	盗塁	盗塁刺	犠打	犠飛	四球計	故意四球	死球	三振	併殺打	打率	長打率	出塁率	失策
'14	(神)	92	249	23	49	13	2	7	87	21	0	1	2	2	10	0	2	78	7	.197	.349	.232	3
'15	(神)	56	138	16	33	9	1	4	56	18	0	2	4	0	6	0	1	33	2	.239	.406	.276	4
'16	(神)	37	89	3	12	0	0	0	12	4	1	0	3	0	6	1	0	22	4	.135	.135	.189	3
'17	(神)	112	282	22	58	4	0	2	77	33	1	0	27	3	24	2	4	63	3	.206	.273	.275	5
'18	(神)	132	386	45	100	27	1	8	153	47	5	1	28	1	39	3	1	67	6	.259㉖	.396	.328	5
'19	(神)	129	433	49	115	22	3	9	170	59	14	3	16	3	34	4	6	83	16	.266㉓	.393	.326	5
'20	(神)	98	298	36	78	17	0	7	116	29	5	1	9	2	33	1	0	77	9	.262	.389	.333	3
〔7〕		656	1875	194	445	97	7	37	671	211	26	8	89	11	152	11	14	423	47	.237	.358	.298	27

A. エスコバー　アルシデス・エスコバー　カルアオ高　('20.1)　'86. 12. 16生　右投右打　SS, 3B

年度	チーム	試合	打数	得点	安打	二塁打	三塁打	本塁打	塁打	打点	盗塁	盗塁刺	犠打	犠飛	四球計	故意四球	死球	三振	併殺打	打率	長打率	出塁率	失策
'20	(ヤ)	104	377	27	103	14	2	1	124	30	6	7	1	2	13	6	9	52	9	.273⑰	.329	.312	9

江越　大賀　えごし・たいが　駒澤大　('15.1)　'93. 3. 12生　右投右打　OF

年度	チーム	試合	打数	得点	安打	二塁打	三塁打	本塁打	塁打	打点	盗塁	盗塁刺	犠打	犠飛	四球計	故意四球	死球	三振	併殺打	打率	長打率	出塁率	失策
'15	(神)	56	168	21	36	8	3	5	65	16	2	0	0	0	6	0	2	64	0	.214	.387	.250	3
'16	(神)	72	191	33	40	6	1	7	69	20	4	3	2	3	18	0	3	78	2	.209	.361	.284	2
'17	(神)	28	13	3	1	0	0	0	1	0	1	0	0	0	1	0	0	5	0	.077	.077	.333	0
'18	(神)	29	40	6	6	2	0	1	11	1	3	2	0	0	1	0	0	22	0	.150	.275	.150	0
'19	(神)	49	15	8	1	0	0	0	1	0	1	0	0	0	1	0	0	9	0	.067	.067	.125	0
'20	(神)	45	10	11	0	0	0	0	0	0	3	1	0	1	2	0	0	6	0	.000	.000	.154	0
〔6〕		279	437	82	84	16	4	13	147	38	14	4	2	4	30	0	7	184	2	.192	.336	.253	5

蝦名　達夫　えびな・たつお　青森大　('20.1)　'97. 9. 20生　右投右打　OF

年度	チーム	試合	打数	得点	安打	二塁打	三塁打	本塁打	塁打	打点	盗塁	盗塁刺	犠打	犠飛	四球計	故意四球	死球	三振	併殺打	打率	長打率	出塁率	失策
'20	(ディ)	17	21	3	3	1	0	1	7	1	0	0	0	0	2	0	1	8	1	.143	.333	.250	0

個人年度別打撃成績　え

江村　直也　えむら・なおや　大阪桐蔭高（'11.1）　'92.5.6生　右投右打　C

年度	チーム	試合	打数	得点	安打	二塁打	三塁打	本塁打	塁打	打点	盗塁	盗塁刺	犠打	犠飛	四球計	故意四球	死球	三振	併殺打	打率	長打率	出塁率	失策
'13	(ロ)	64	117	6	20	2	0	0	22	7	0	1	12	1	4	0	0	34	7	.171	.188	.197	3
'14	(ロ)	44	53	5	11	1	0	0	12	1	0	0	5	0	3	0	0	12	1	.208	.226	.250	1
'15	(ロ)	14	6	2	0	0	0	0	0	0	0	0	0	0	0	0	1	2	1	.000	.000	.143	0
'16	(ロ)	22	23	1	3	1	0	0	4	4	0	0	0	0	1	0	0	10	1	.130	.174	.167	0
'17	(ロ)	13	6	1	1	0	0	0	1	0	0	0	0	0	0	0	0	1	1	.167	.167	.167	0
'18	(ロ)	35	16	0	1	0	0	0	1	0	0	0	1	0	1	0	0	5	1	.063	.063	.118	0
'19	(ロ)	23	31	3	3	0	0	0	3	6	4	0	2	0	2	0	0	10	2	.097	.194	.152	0
'20	(ロ)	5	6	0	0	0	0	0	0	0	0	0	0	0	0	0	0	1	0	.000	.000	.000	0
〔8〕		220	258	18	39	4	0	0	46	16	0	1	20	1	11	0	1	75	14	.151	.178	.188	4

遠藤　一星　えんどう・いっせい　中央大（'15.1）　'89.3.23生　右投左打　OF, SS, 2B

年度	チーム	試合	打数	得点	安打	二塁打	三塁打	本塁打	塁打	打点	盗塁	盗塁刺	犠打	犠飛	四球計	故意四球	死球	三振	併殺打	打率	長打率	出塁率	失策
'15	(中)	41	140	16	38	4	0	4	54	14	3	3	4	3	11	0	7	25	1	.271	.386	.348	6
'16	(中)	27	61	6	11	3	0	0	14	3	1	1	3	0	5	0	2	11	0	.180	.230	.265	2
'17	(中)	50	102	4	23	3	1	2	34	7	2	1	2	0	4	0	1	28	3	.225	.333	.262	0
'18	(中)	2	1	0	0	0	0	0	0	0	0	0	0	0	0	0	0	0	0	.000	.000	.000	0
'19	(中)	108	111	22	30	4	2	2	44	11	4	4	2	0	5	0	2	28	1	.270	.396	.314	1
'20	(中)	65	73	16	16	1	0	0	17	4	0	1	4	1	6	0	3	12	1	.219	.233	.301	0
〔6〕		293	488	64	118	15	3	8	163	43	10	10	15	4	31	0	15	104	4	.242	.334	.305	9

T.オースティン　タイラー・オースティン　ヘリテージ高（'20.1）　'91.9.6生　右投右打　OF, 1B

年度	チーム	試合	打数	得点	安打	二塁打	三塁打	本塁打	塁打	打点	盗塁	盗塁刺	犠打	犠飛	四球計	故意四球	死球	三振	併殺打	打率	長打率	出塁率	失策
'20	(ディ)	65	238	36	68	14	1	20	144	56	0	0	0	1	29	1	1	69	4	.286	.605	.364	1

オコエ瑠偉　おこえ・るい　関東第一高（'16.1）　'97.7.21生　右投右打　OF

年度	チーム	試合	打数	得点	安打	二塁打	三塁打	本塁打	塁打	打点	盗塁	盗塁刺	犠打	犠飛	四球計	故意四球	死球	三振	併殺打	打率	長打率	出塁率	失策
'16	(楽)	51	119	14	22	6	2	1	35	6	4	4	1	2	6	0	2	27	1	.185	.294	.233	0
'17	(楽)	41	130	21	39	17	0	3	65	11	5	2	5	0	3	0	3	38	3	.300	.500	.331	1
'18	(楽)	44	111	13	22	7	1	2	37	6	2	3	3	0	2	0	1	23	3	.198	.333	.219	1
'19	(楽)	52	110	12	20	4	0	3	33	15	5	1	2	1	6	0	3	29	3	.182	.300	.242	0
〔4〕		188	470	60	103	34	3	9	170	38	16	10	11	3	17	0	9	117	10	.219	.362	.259	2

大下誠一郎　おおした・せいいちろう　白鷗大（'20.9）　'97.11.3生　右投右打　3B, 1B

年度	チーム	試合	打数	得点	安打	二塁打	三塁打	本塁打	塁打	打点	盗塁	盗塁刺	犠打	犠飛	四球計	故意四球	死球	三振	併殺打	打率	長打率	出塁率	失策
'20	(オ)	32	88	10	19	6	0	2	31	9	0	1	2	1	8	0	5	15	3	.216	.352	.314	2

大島　洋平　おおしま・ようへい　駒澤大（'10.1）　'85.11.9生　左投左打　OF

年度 チーム	試合	打数	得点	安打	二塁打	三塁打	本塁打	塁打	打点	盗塁	盗塁刺	犠打	犠飛	四球計	故意四球	死球	三振	併殺打	打率	長打率	出塁率	失策
'10（中）	104	314	35	81	10	4	0	99	17	8	4	27	2	29	(0)	2	52	2	.258	.315	.323	1
'11（中）	96	300	25	73	6	4	3	96	18	8	2	19	2	29	5	5	50	3	.243	.320	.318	1
'12（中）	144	555	83	172	19	5	1	204	13	32	17	17	0	46	(1)	13	30	7	.310③	.368	.376	3
'13（中）	140	499	68	124	18	2	2	155	29	19	9	10	3	37	1	6	39	2	.248⑲	.311	.306	2
'14（中）	141	585	92	186	18	2	2	214	28	28	12	6	2	43	1	6	56	3	.318④	.366	.369	6
'15（中）	142	565	70	147	20	4	6	193	27	22	8	10	1	39	1	5	35	5	.260⑱	.342	.313	2
'16（中）	143	599	80	175	27	9	3	229	27	26	12	4	1	46	1	6	53	3	.292⑫	.382	.348	3
'17（中）	119	476	50	149	20	3	3	184	29	23	6	1	3	37	(0)	4	56	2	.313③	.387	.365	2
'18（中）	141	588	92	161	20	7	7	216	57	21	9	1	5	47	2	4	30	2	.274㉒	.367	.329	0
'19（中）	143	558	89	174	23	3	2	212	45	30	7	3	3	50	3	9	78	5	.312④	.380	.376	0
'20（中）	118	462	58	146	21	3	1	176	30	16	8	9	3	47	3	4	51	5	.316④	.381	.382	2
〔11〕	1431	5501	742	1588	202	46	32	1978	318	233	94	107	25	450	17	64	716	42	.289	.360	.348	23

大城　滉二　おおしろ・こうじ　立教大（'16.1）　'93.6.14生　右投右打　2B, SS, 3B, OF

年度 チーム	試合	打数	得点	安打	二塁打	三塁打	本塁打	塁打	打点	盗塁	盗塁刺	犠打	犠飛	四球計	故意四球	死球	三振	併殺打	打率	長打率	出塁率	失策
'16（オ）	64	161	11	36	4	1	0	42	7	1	4	10	1	5	(0)	0	38	4	.224	.261	.246	7
'17（オ）	122	345	28	85	10	1	2	103	21	7	4	35	1	16	(0)	3	59	6	.246	.299	.285	9
'18（オ）	128	377	45	87	14	2	4	117	28	15	9	20	0	28	1	3	77	8	.231	.310	.289	9
'19（オ）	91	302	36	79	18	2	3	110	28	11	10	11	1	25	(0)	6	56	4	.262	.364	.329	11
'20（オ）	94	251	25	52	3	0	1	58	14	7	3	11	0	20	(0)	3	51	4	.207	.231	.274	2
〔5〕	499	1436	145	339	49	6	10	430	98	41	30	87	3	94	1	15	281	26	.236	.299	.289	38

大城　卓三　おおしろ・たくみ　東海大（'18.1）　'93.2.11生　右投左打　C, 1B

年度 チーム	試合	打数	得点	安打	二塁打	三塁打	本塁打	塁打	打点	盗塁	盗塁刺	犠打	犠飛	四球計	故意四球	死球	三振	併殺打	打率	長打率	出塁率	失策
'18（巨）	83	185	19	49	12	0	4	73	17	0	1	2	0	15	3	0	46	3	.265	.395	.320	3
'19（巨）	109	294	19	78	16	1	6	114	30	0	1	5	1	25	(0)	4	30	7	.265	.388	.330	3
'20（巨）	93	274	30	74	10	1	6	113	41	1	0	1	3	30	(0)	0	32	1	.270	.412	.339	8
〔3〕	285	753	68	201	38	2	19	300	88	1	2	8	4	70	9	4	208	11	.267	.398	.331	8

太田　賢吾　おおた・けんご　川越工高（'15.1）　'97.1.19生　右投左打　3B, 2B, SS, 1B

年度 チーム	試合	打数	得点	安打	二塁打	三塁打	本塁打	塁打	打点	盗塁	盗塁刺	犠打	犠飛	四球計	故意四球	死球	三振	併殺打	打率	長打率	出塁率	失策
'17（日）	40	82	9	14	2	1	1	21	6	0	0	4	0	2	(0)	0	21	1	.171	.256	.190	2
'18（日）	54	36	6	7	0	2	0	11	5	0	0	3	0	2	(0)	0	11	1	.194	.306	.237	4
'19（ヤ）	90	303	36	76	13	1	3	100	27	0	0	8	1	23	(0)	2	78	5	.251	.330	.307	13
'20（ヤ）	4	4	0	0	0	0	0	0	0	0	0	0	0	0	(0)	0	1	0	.000	.000	.000	0
〔4〕	188	425	51	97	15	4	4	132	38	0	0	15	1	27	(0)	2	111	8	.228	.311	.277	19

大田　泰示

おおた・たいし　東海大相模高　('09.1)　'90.6.9生　右投右打　OF, 1B, 3B

年度	チーム	試合	打数	得点	安打	二塁打	三塁打	本塁打	塁打	打点	盗塁	盗塁刺	犠打	犠飛	四球計	故意四球	死球	三振	併殺打	打率	長打率	出塁率	失策
'09	(巨)	3	1	0	0	0	0	0	0	0	0	0	0	0	0	0	0	1	0	.000	.000	.000	0
'10	(巨)	2	6	0	0	0	0	0	0	0	0	0	0	0	0	0	0	1	0	.000	.000	.000	0
'11	(巨)	12	26	4	4	1	0	0	5	3	0	0	1	1	0	0	0	9	0	.154	.192	.148	1
'12	(巨)	21	63	9	16	4	1	2	28	7	3	2	0	0	7	0	0	15	3	.254	.444	.329	1
'13	(巨)	21	31	3	5	0	0	0	5	2	1	0	2	1	4	1	0	9	0	.161	.161	.250	2
'14	(巨)	44	65	14	16	6	0	2	28	12	4	2	0	0	8	1	1	20	2	.246	.431	.338	0
'15	(巨)	60	130	13	36	7	0	1	46	3	3	2	0	0	7	0	1	39	0	.277	.354	.319	2
'16	(巨)	62	114	12	23	6	1	4	43	13	0	0	0	1	4	0	0	45	3	.202	.377	.227	1
'17	(日)	118	427	41	110	21	1	15	178	46	5	2	0	2	28	0	0	88	14	.258㉓	.417	.302	2
'18	(日)	104	383	56	105	22	4	14	177	59	3	4	0	1	38	0	7	103	11	.274	.462	.350	0
'19	(日)	132	557	79	161	28	1	20	251	77	6	2	0	5	27	4	5	111	**22**	.289⑦	.451	.325	3
'20	(日)	115	455	57	125	16	1	14	185	68	3	3	0	1	25	1	1	105	11	.275⑩	.407	.314	1
〔12〕		694	2258	288	601	111	9	72	946	290	28	17	3	11	148	7	15	546	66	.266	.419	.314	11

太田　光

おおた・ひかる　大阪商業大　('19.1)　'96.10.14生　右投右打　C

年度	チーム	試合	打数	得点	安打	二塁打	三塁打	本塁打	塁打	打点	盗塁	盗塁刺	犠打	犠飛	四球計	故意四球	死球	三振	併殺打	打率	長打率	出塁率	失策
'19	(楽)	55	96	10	21	4	0	1	26	6	1	0	8	0	7	0	1	23	2	.219	.271	.279	3
'20	(楽)	67	130	17	26	10	0	2	42	16	0	1	11	3	18	0	2	38	2	.200	.323	.301	4
〔2〕		122	226	27	47	12	0	3	68	22	1	1	19	3	25	0	3	61	4	.208	.301	.292	7

太田　椋

おおた・りょう　天理高　('19.1)　'01.2.14生　右投右打　SS, 3B, 2B

年度	チーム	試合	打数	得点	安打	二塁打	三塁打	本塁打	塁打	打点	盗塁	盗塁刺	犠打	犠飛	四球計	故意四球	死球	三振	併殺打	打率	長打率	出塁率	失策
'19	(オ)	6	13	1	0	0	0	0	0	0	0	0	0	0	2	0	1	7	0	.000	.000	.188	1
'20	(オ)	20	54	6	14	2	0	3	25	5	0	0	0	0	4	0	1	19	0	.259	.463	.322	1
〔2〕		26	67	7	14	2	0	3	25	5	0	0	0	0	6	0	2	26	0	.209	.373	.293	2

大野　奨太

おおの・しょうた　東洋大　('09.1)　'87.1.13生　右投右打　C

年度	チーム	試合	打数	得点	安打	二塁打	三塁打	本塁打	塁打	打点	盗塁	盗塁刺	犠打	犠飛	四球計	故意四球	死球	三振	併殺打	打率	長打率	出塁率	失策
'09	(日)	77	154	19	32	9	0	3	50	15	0	5	0	6	0	4	43	2	.208	.325	.256	2	
'10	(日)	87	183	20	42	8	0	4	62	16	1	0	13	0	19	0	1	36	5	.230	.339	.305	1
'11	(日)	102	242	25	55	11	1	3	77	17	0	1	8	0	14	0	8	44	4	.227	.318	.292	2
'12	(日)	70	140	7	24	4	0	2	34	11	0	2	9	0	8	0	2	30	2	.171	.243	.227	2
'13	(日)	87	201	20	52	13	0	3	74	19	0	0	15	0	25	2	3	35	3	.259	.368	.349	2
'14	(日)	105	259	16	45	10	0	6	73	19	0	0	19	2	19	0	5	52	6	.174	.282	.242	2
'15	(日)	74	155	10	30	8	0	0	38	10	1	0	8	0	16	0	1	29	6	.194	.245	.273	2
'16	(日)	109	282	26	69	13	0	5	97	35	1	0	31	0	25	0	13	63	6	.245	.344	.334	2
'17	(日)	83	154	13	34	5	0	3	48	13	0	1	6	1	16	0	4	30	1	.221	.312	.309	2
'18	(中)	63	137	9	27	4	2	2	41	10	0	0	9	0	20	2	1	31	2	.197	.299	.304	2
'19	(中)	34	53	6	9	1	0	0	10	3	0	0	3	1	5	0	0	9	2	.170	.189	.237	1
〔11〕		891	1960	171	419	86	3	31	604	168	3	4	128	4	173	4	42	402	39	.214	.308	.291	22

大村　孟

おおむら・はじめ　福岡教育大　('18.3)　'91.12.21生　右投左打　C, 1B

年度	チーム	試合	打数	得点	安打	二塁打	三塁打	本塁打	塁打	打点	盗塁	盗塁刺	犠打	犠飛	四球計	故意四球	死球	三振	併殺打	打率	長打率	出塁率	失策
'18	(ヤ)	9	8	1	1	1	0	0	2	0	0	0	0	0	0	0	0	4	0	.125	.250	.300	0
'19	(ヤ)	5	5	1	1	0	0	1	4	1	0	0	0	0	0	0	0	0	0	.200	.800	.200	—
〔2〕		14	13	2	2	1	0	1	6	1	0	0	0	0	0	0	0	4	0	.154	.462	.267	0

大盛　穂　おおもり・みのる　静岡産業大（'20.1）　'96.8.31生　右投左打　OF

年度	チーム	試合	打数	得点	安打	二塁打	三塁打	本塁打	塁打	打点	盗塁	盗塁刺	犠打	犠飛	四球計	故意四球	死球	三振	併殺打	打率	長打率	出塁率	失策
'20	(広)	73	135	21	35	5	3	2	52	16	5	3	0	1	11	1	1	50	1	.259	.385	.318	0

大山　悠輔　おおやま・ゆうすけ　白鷗大（'17.1）　'94.12.19生　右投右打　3B, 1B, OF, 2B

年度	チーム	試合	打数	得点	安打	二塁打	三塁打	本塁打	塁打	打点	盗塁	盗塁刺	犠打	犠飛	四球計	故意四球	死球	三振	併殺打	打率	長打率	出塁率	失策
'17	(神)	75	198	25	47	10	2	7	82	38	2	2	1	1	18	0	3	41	4	.237	.414	.309	4
'18	(神)	117	347	48	95	19	4	11	155	48	5	3	1	2	26	0	3	54	14	.274	.447	.326	6
'19	(神)	143	538	52	139	33	1	14	216	76	3	0	1	4	39	0	5	98	12	.258㉖	.401	.312	20
'20	(神)	116	423	66	122	21	5	28	237	85	1	3	1	1	41	0	5	96	15	.288⑪	.560	.357	6
〔4〕		451	1506	191	403	83	12	60	690	247	11	8	4	8	124	9	15	289	45	.268	.458	.328	36

岡　大海　おか・ひろみ　明治大（'14.1）　'91.7.15生　右投右打　OF, 1B

年度	チーム	試合	打数	得点	安打	二塁打	三塁打	本塁打	塁打	打点	盗塁	盗塁刺	犠打	犠飛	四球計	故意四球	死球	三振	併殺打	打率	長打率	出塁率	失策
'14	(日)	15	35	3	4	0	0	0	4	0	1	1	1	0	3	0	0	8	0	.114	.114	.184	1
'15	(日)	101	259	35	61	14	0	4	87	26	18	3	10	1	17	0	7	64	8	.236	.336	.299	1
'16	(日)	41	131	28	49	7	0	2	62	12	9	1	3	1	15	0	4	27	4	.374	.473	.450	3
'17	(日)	60	124	15	21	4	1	0	27	7	6	2	3	1	4	0	0	34	4	.169	.218	.194	1
'18	(日)	28	52	11	8	3	0	0	11	7	3	2	1	0	2	0	0	12	3	.154	.212	.241	1
'18	(ロ)	51	142	19	29	5	0	3	43	13	7	2	2	2	15	0	5	30	3	.204	.303	.299	2
'19	(ロ)	95	154	36	35	6	0	2	63	16	13	1	3	1	18	1	6	32	5	.227	.409	.330	2
'20	(ロ)	62	56	12	8	0	0	0	8	2	7	3	1	0	7	0	2	18	1	.143	.143	.238	0
〔7〕		453	953	159	215	41	2	15	305	83	66	13	25	6	83	1	24	225	28	.226	.320	.302	11

岡﨑　太一　おかざき・たいち　智辯学園高（'05.1）　'83.6.20生　右投右打　こ

年度	チーム	試合	打数	得点	安打	二塁打	三塁打	本塁打	塁打	打点	盗塁	盗塁刺	犠打	犠飛	四球計	故意四球	死球	三振	併殺打	打率	長打率	出塁率	失策
'09	(神)	14	14	2	5	0	0	0	5	1	0	0	0	0	1	1	1	2	1	.357	.357	.438	0
'11	(神)	7	4	0	0	0	0	0	0	0	0	0	0	0	0	0	0	2	0	.000	.000	.000	0
'12	(神)	19	10	2	1	0	0	0	1	0	0	0	2	0	0	0	0	2	0	.100	.100	.182	0
'15	(神)	1	1	0	0	0	0	0	0	0	0	0	0	0	0	0	0	0	0	.000	.000	.000	0
'16	(神)	38	65	4	13	3	0	0	16	5	1	0	3	1	7	0	0	16	0	.200	.246	.274	0
'17	(神)	34	41	4	8	0	0	0	14	5	0	0	7	0	5	1	0	12	0	.195	.341	.298	1
'18	(神)	6	11	0	0	0	0	0	0	0	0	0	2	0	0	0	0	2	0	.000	.000	.000	0
〔7〕		119	146	13	27	3	0	0	36	11	1	0	14	1	13	2	3	36	1	.185	.247	.264	1

岡﨑　大輔　おかざき・だいすけ　花咲徳栄高（'17.1）　'98.9.17生　右投左打　SS

年度	チーム	試合	打数	得点	安打	二塁打	三塁打	本塁打	塁打	打点	盗塁	盗塁刺	犠打	犠飛	四球計	故意四球	死球	三振	併殺打	打率	長打率	出塁率	失策
'17	(オ)	5	14	1	2	0	0	0	2	1	0	0	0	0	0	0	0	3	0	.143	.143	.143	0

岡島　豪郎　おかじま・たけろう　白鷗大（'12.1）　'89.9.7生　右投左打　OF, C, 1B

年度	チーム	試合	打数	得点	安打	二塁打	三塁打	本塁打	塁打	打点	盗塁	盗塁刺	犠打	犠飛	四球計	故意四球	死球	三振	併殺打	打率	長打率	出塁率	失策
'12	(楽)	43	120	12	31	3	0	2	40	11	3	1	0	0	4	0	1	15	1	.258	.333	.288	1
'13	(楽)	79	226	40	73	9	1	1	87	13	3	3	0	0	27	1	4	31	6	.323	.385	.405	2
'14	(楽)	142	545	77	154	27	3	7	208	53	9	10	9	3	57	2	4	71	7	.283⑬	.382	.353	3
'15	(楽)	41	137	13	23	5	0	1	35	13	2	1	4	2	12	0	0	15	0	.168	.255	.232	0
'16	(楽)	127	420	44	106	13	4	6	145	35	7	9	4	3	46	2	10	49	4	.252㉕	.345	.338	3
'17	(楽)	111	342	51	89	13	5	3	121	32	2	1	10	5	41	0	2	65	6	.260	.354	.338	0
'18	(楽)	108	216	16	41	10	1	1	62	15	1	1	3	0	29	0	2	54	4	.190	.287	.265	2
'20	(楽)	35	75	10	15	6	0	0	23	9	0	0	2	0	9	0	2	26	2	.200	.307	.277	0
〔8〕		686	2081	263	532	86	17	23	721	181	33	28	41	13	217	6	21	326	30	.256	.346	.330	11

岡田　雅利　おかだ・まさとし　大阪桐蔭高　('14.1)　'89.6.30生　右投右打　C

年度	チーム	試合	打数	得点	安打	二塁打	三塁打	本塁打	塁打	打点	盗塁	盗塁刺	犠打	犠飛	四球計	故意四球	死球	三振	併殺打	打率	長打率	出塁率	失策
'14	(武)	22	32	1	6	2	0	0	8	2	0	0	3	0	0	0	1	7	0	.188	.250	.212	0
'15	(武)	36	50	3	12	0	0	1	15	5	0	0	1	0	3	0	0	10	1	.240	.300	.283	0
'16	(武)	47	66	3	15	0	0	0	15	5	0	0	2	0	9	0	2	18	2	.227	.227	.338	0
'17	(武)	68	144	19	33	6	1	0	41	8	0	0	12	0	10	1	6	28	1	.229	.285	.306	1
'18	(武)	52	92	10	25	3	0	3	37	7	0	0	7	1	7	0	1	17	3	.272	.402	.327	0
'19	(武)	36	61	8	16	3	1	1	24	7	0	0	6	0	9	0	2	12	1	.262	.393	.375	1
'20	(武)	29	56	1	6	1	0	0	7	3	0	0	7	0	1	0	1	7	4	.107	.125	.138	1
〔7〕		290	501	45	113	15	2	5	147	38	0	1	38	1	39	1	13	99	12	.226	.293	.298	3

岡林　勇希　おかばやし・ゆうき　菰野高　('20.1)　'02.2.22生　右投左打　OF

年度	チーム	試合	打数	得点	安打	二塁打	三塁打	本塁打	塁打	打点	盗塁	盗塁刺	犠打	犠飛	四球計	故意四球	死球	三振	併殺打	打率	長打率	出塁率	失策
'20	(中)	6	7	2	2	0	0	0	2	0	0	0	0	0	0	0	0	2	0	.286	.286	.286	0

岡本　和真　おかもと・かずま　智辯学園高　('15.1)　'96.6.30生　右投右打　1B, 3B, OF

年度	チーム	試合	打数	得点	安打	二塁打	三塁打	本塁打	塁打	打点	盗塁	盗塁刺	犠打	犠飛	四球計	故意四球	死球	三振	併殺打	打率	長打率	出塁率	失策
'15	(巨)	17	28	2	6	0	0	1	9	4	2	0	0	0	2	0	1	4	3	.214	.321	.290	0
'16	(巨)	3	10	0	1	1	0	0	2	0	0	0	0	0	0	0	0	2	2	.100	.200	.100	0
'17	(巨)	15	31	2	6	1	0	0	7	2	0	0	0	0	4	0	0	10	0	.194	.226	.286	0
'18	(巨)	143	540	82	167	26	0	33	292	100	2	1	0	0	72	1	4	120	11	.309⑫	.541	.394	7
'19	(巨)	143	555	84	147	29	0	31	269	94	3	0	0	2	62	3	6	132	15	.265㉔	.485	.343	4
'20	(巨)	118	440	79	121	26	0	**31**	240	**97**	2	0	0	0	55	2	5	85	10	.275㉕	.545	.362	8
〔6〕		439	1604	249	448	83	0	96	819	297	9	1	2	3	195	6	16	353	41	.279	.511	.362	19

荻野　貴司　おぎの・たかし　関西学院大　('10.1)　'85.10.21生　右投右打　OF, SS

年度	チーム	試合	打数	得点	安打	二塁打	三塁打	本塁打	塁打	打点	盗塁	盗塁刺	犠打	犠飛	四球計	故意四球	死球	三振	併殺打	打率	長打率	出塁率	失策
'10	(ロ)	46	175	29	57	9	2	1	73	17	25	3	21	3	16	1	2	24	2	.326	.417	.383	3
'11	(ロ)	23	91	14	24	4	0	0	28	10	14	1	3	1	7	0	1	6	1	.264	.308	.320	6
'12	(ロ)	61	165	18	37	5	0	1	45	8	13	3	6	0	11	0	5	17	0	.224	.273	.293	3
'13	(ロ)	102	▲335	52	92	14	3	4	124	28	26	3	17	3	32	0	9	26	4	.275	.370	.351	2
'14	(ロ)	40	142	26	37	10	2	3	60	12	5	1	5	0	8	0	0	14	1	.261	.423	.300	1
'15	(ロ)	82	279	42	75	9	2	2	94	13	18	5	9	1	16	0	4	38	5	.269	.337	.317	1
'16	(ロ)	71	192	35	48	11	1	2	70	21	16	2	9	0	14	0	4	25	3	.250	.365	.314	1
'17	(ロ)	103	356	53	94	22	1	5	133	24	26	3	10	1	25	0	2	44	6	.264	.374	.315	1
'18	(ロ)	78	317	52	91	15	3	2	118	25	20	6	9	3	13	0	9	56	2	.287	.372	.330	2
'19	(ロ)	125	508	76	160	**35**	**7**	10	239	46	28	10	9	4	40	1	6	56	6	.315③	.470	.371	5
'20	(ロ)	53	203	30	59	17	0	1	79	10	19	4	6	1	24	0	2	23	2	.291	.389	.370	1
〔11〕		784	2763	427	774	151	21	32	1063	214	220	41	104	17	206	2	46	298	34	.280	.385	.338	22

▲

奥村　展征　おくむら・のぶゆき　日大山形高　('14.1)　'95.5.26生　右投左打　SS, 3B, 2B, 1B, OF

年度	チーム	試合	打数	得点	安打	二塁打	三塁打	本塁打	塁打	打点	盗塁	盗塁刺	犠打	犠飛	四球計	故意四球	死球	三振	併殺打	打率	長打率	出塁率	失策
'16	(ヤ)	4	6	0	0	0	0	0	0	0	0	0	0	0	2	0	0	2	1	.000	.000	.250	0
'17	(ヤ)	44	113	12	27	4	0	0	31	5	1	1	1	1	9	0	0	33	3	.239	.274	.298	3
'18	(ヤ)	32	41	6	9	1	0	1	13	4	0	1	1	0	3	0	0	10	0	.220	.317	.267	0
'19	(ヤ)	74	166	15	33	8	1	1	46	12	0	2	10	0	16	1	3	47	2	.199	.277	.281	8
〔4〕		154	326	33	69	13	1	2	90	21	1	3	12	2	30	1	4	92	6	.212	.276	.285	11

小郷　裕哉　おごう・ゆうや　立正大　（'19.1）　'96.8.3生　右投左打　OF

年度	チーム	試合	打数	得点	安打	二塁打	三塁打	本塁打	塁打	打点	盗塁	盗塁刺	犠打	犠飛	四球計	故意四球	死球	三振	併殺打	打率	長打率	出塁率	失策
'19	(楽)	22	29	7	5	2	0	1	10	4	0	0	1	0	4	)	0	11	0	.172	.345	.273	1
'20	(楽)	58	105	23	31	3	0	4	46	12	8	2	3	1	19	)	1	34	0	.295	.438	.405	2
〔2〕		80	134	30	36	5	0	5	56	16	8	2	4	1	23	)	1	45	0	.269	.418	.377	3

小田　裕也　おだ・ゆうや　東洋大　（'15.1）　'89.11.4生　右投左打　OF

年度	チーム	試合	打数	得点	安打	二塁打	三塁打	本塁打	塁打	打点	盗塁	盗塁刺	犠打	犠飛	四球計	故意四球	死球	三振	併殺打	打率	長打率	出塁率	失策
'15	(オ)	31	89	14	29	4	1	2	41	6	6	1	3	0	4	)	1	23	1	.326	.461	.362	1
'16	(オ)	78	51	9	7	0	0	0	7	3	4	1	1	1	5	)	0	19	0	.137	.137	.211	0
'17	(オ)	43	17	4	1	0	0	0	1	0	0	0	2	0	1	)	0	7	0	.059	.059	.111	0
'18	(オ)	90	143	25	41	5	1	2	54	15	10	2	3	3	12	)	3	38	4	.287	.378	.348	1
'19	(オ)	82	180	21	37	5	2	3	55	21	9	5	3	2	12	)	6	47	0	.206	.306	.275	1
'20	(オ)	87	88	19	21	3	2	1	31	7	4	2	1	0	2	)	1	23	1	.239	.352	.264	1
〔6〕		411	568	92	136	17	6	8	189	52	33	11	15	6	36	)	11	157	6	.239	.333	.295	4

乙坂　智　おとさか・とも　横浜高　（'12.1）　'94.1.6生　右投左打　OF

年度	チーム	試合	打数	得点	安打	二塁打	三塁打	本塁打	塁打	打点	盗塁	盗塁刺	犠打	犠飛	四球計	故意四球	死球	三振	併殺打	打率	長打率	出塁率	失策
'14	(ディ)	6	2	2	1	0	0	1	4	1	0	0	0	0	0	)	0	0	0	.500	2.000	.500	0
'15	(ディ)	52	124	11	28	1	2	3	42	10	2	3	4	1	9	)	0	25	0	.226	.339	.276	0
'16	(ディ)	55	115	12	31	9	0	1	43	8	3	0	1	0	5	)	0	28	2	.270	.374	.317	1
'17	(ディ)	83	63	7	12	3	0	2	21	7	3	0	2	2	6	)	0	13	0	.190	.333	.215	0
'18	(ディ)	73	93	16	19	2	1	0	21	7	3	0	2	2	12	)	1	22	0	.204	.226	.290	0
'19	(ディ)	97	159	19	39	8	2	3	57	17	6	3	3	1	14	)	2	24	1	.245	.358	.313	1
'20	(ディ)	85	101	17	21	3	0	1	27	7	5	0	1	0	7	)	0	20	1	.208	.267	.289	0
〔7〕		451	657	84	151	26	4	10	215	53	19	9	12	5	55	)	3	149	7	.230	.327	.291	2

小幡　竜平　おばた・りゅうへい　延岡学園高　（'19.1）　'00.9.21生　右投左打　SS, 2B, 3B

年度	チーム	試合	打数	得点	安打	二塁打	三塁打	本塁打	塁打	打点	盗塁	盗塁刺	犠打	犠飛	四球計	故意四球	死球	三振	併殺打	打率	長打率	出塁率	失策
'20	(神)	54	127	15	28	1	2	0	33	7	3	1	5	1	8	)	1	37	1	.220	.260	.256	9

甲斐　拓也　(拓也) かい・たくや　楊志館高　（'14.1）　'92.11.5生　右投右打　C

年度	チーム	試合	打数	得点	安打	二塁打	三塁打	本塁打	塁打	打点	盗塁	盗塁刺	犠打	犠飛	四球計	故意四球	死球	三振	併殺打	打率	長打率	出塁率	失策
'14	(ソ)	1	0	0	0	0	0	0	0	0	0	0	0	0	0	)	0	0	0	.000	.000	.000	0
'15	(ソ)	1	1	0	0	0	0	0	0	0	0	0	0	0	0	)	0	0	0	.000	.000	.000	0
'16	(ソ)	13	6	1	1	0	0	0	2	1	0	0	0	1	0	)	0	4	0	.167	.333	.286	0
'17	(ソ)	103	207	30	48	8	3	5	77	18	4	0	22	0	26	)	1	68	2	.232	.372	.323	1
'18	(ソ)	133	314	27	67	13	1	7	103	37	2	1	23	0	26	)	0	79	6	.213	.328	.274	8
'19	(ソ)	137	377	42	98	15	0	11	146	43	9	4	23	3	50	)	1	114	9	.260⑲	.387	.346	3
'20	(ソ)	104	289	44	61	15	0	11	109	33	4	4	22	3	43	)	1	80	7	.211	.377	.317	3
〔7〕		492	1193	144	275	52	4	34	437	132	19	9	90	6	146	)	6	345	24	.231	.366	.316	15

柿沼　友哉　かきぬま・ともや　日本大国際関係学部　（'16.7）　'93.5.12生　右投右打　C

年度	チーム	試合	打数	得点	安打	二塁打	三塁打	本塁打	塁打	打点	盗塁	盗塁刺	犠打	犠飛	四球計	故意四球	死球	三振	併殺打	打率	長打率	出塁率	失策
'17	(ロ)	8	8	0	0	0	0	0	0	0	0	0	0	0	0	)	0	2	1	.000	.000	.000	0
'18	(ロ)	2	3	0	0	0	0	0	0	0	0	0	0	0	0	)	0	0	0	.000	.000	.000	0
'19	(ロ)	34	54	5	9	1	0	0	10	2	0	0	1	0	4	)	0	20	0	.167	.222	.286	1
'20	(ロ)	56	106	6	17	1	0	1	30	14	2	1	3	0	15	)	0	31	2	.160	.170	.219	1
〔4〕		100	171	11	30	2	0	1	40	16	2	1	4	0	26	)	0	53	3	.152	.175	.229	2

角中　勝也　かくなか・かつや　日本航空第二高　('07.1)　'87. 5. 25生　右投左打　OF

年度 / チーム	試合	打数	得点	安打	二塁打	三塁打	本塁打	塁打	打点	盗塁	盗塁刺	犠打	犠飛	四球計	故意四球	死球	三振	併殺打	打率	長打率	出塁率	失策
'07 (ロ)	9	17	2	4	0	0	0	4	2	0	1	0	0	4	0	0	4	1	.235	.235	.235	0
'08 (ロ)	10	18	2	2	0	0	1	5	1	0	0	1	0	4	0	0	4	0	.111	.278	.273	1
'09 (ロ)	10	18	1	3	0	1	0	5	1	1	0	1	0	4	0	0	5	0	.167	.278	.250	1
'10 (ロ)	13	18	1	0	0	0	0	0	0	0	0	1	0	4	0	0	6	0	.000	.000	.182	1
'11 (ロ)	51	154	9	41	5	1	0	48	10	2	0	1	3	9	0	4	30	2	.266	.312	.318	1
'12 (ロ)	128	477	51	149	30	5	3	198	61	8	4	1	4	38	0	5	68	9	.312①	.415	.366	1
'13 (ロ)	125	462	65	133	26	6	5	186	43	10	6	6	3	50	1	4	63	3	.288⑭	.403	.360	2
'14 (ロ)	133	451	62	125	22	5	8	181	57	9	4	7	4	76	0	6	66	4	.277⑭	.401	.385	2
'15 (ロ)	111	427	57	125	22	6	5	173	52	8	4	7	2	47	0	1	52	12	.293⑥	.405	.363	4
'16 (ロ)	**143**	525	74	**178**	30	5	8	242	69	12	4	2	6	68	6	0	64	8	.339①	.461	.417	2
'17 (ロ)	110	383	44	103	17	4	8	152	44	6	1	1	2	62	0	4	44	6	.269⑭	.397	.375	3
'18 (ロ)	112	411	44	109	23	2	7	157	57	3	3	0	6	48	2	5	63	9	.265⑲	.382	.345	2
'19 (ロ)	108	368	47	95	17	1	8	138	48	2	2	1	3	55	2	5	63	10	.258	.375	.359	1
'20 (ロ)	84	217	21	53	9	3	2	74	25	2	0	7	1	24	0	5	41	7	.244	.341	.332	0
〔14〕	1147	3946	480	1120	199	38	56	1563	460	63	26	38	35	487	15	45	573	71	.284	.396	.366	24

梶谷　隆幸　かじたに・たかゆき　開星高　('07.1)　'88. 8. 28生　右投左打　OF, SS, 2B, 3B

年度 / チーム	試合	打数	得点	安打	二塁打	三塁打	本塁打	塁打	打点	盗塁	盗塁刺	犠打	犠飛	四球計	故意四球	死球	三振	併殺打	打率	長打率	出塁率	失策
'09 (横)	22	39	4	5	1	0	1	9	2	1	0	4	0	1	0	0	10	1	.128	.231	.150	2
'10 (横)	5	4	0	0	0	0	0	0	0	0	0	0	0	0	0	0	3	0	.000	.000	.000	—
'12 (ディ)	80	223	17	40	5	3	2	57	11	5	8	7	0	21	0	1	61	4	.179	.256	.253	10
'13 (ディ)	77	254	59	88	17	4	16	161	44	7	4	4	0	27	1	2	60	6	.346	.634	.413	10
'14 (ディ)	142	525	76	138	26	9	16	230	72	**39**	8	3	4	70	1	5	135	12	.263㉑	.438	.355	6
'15 (ディ)	134	520	70	143	35	2	13	221	66	28	**13**	2	2	54	0	5	132	6	.275⑩	.425	.342	7
'16 (ディ)	107	396	70	108	20	4	18	190	56	26	7	1	0	49	0	4	110	2	.273⑱	.480	.359	4
'17 (ディ)	137	511	83	124	27	2	21	218	60	21	3	0	2	62	2	3	**157**	10	.243㉖	.427	.337	1
'18 (ディ)	41	127	21	34	8	0	8	66	18	5	2	2	0	16	0	0	21	1	.268	.520	.321	0
'19 (ディ)	41	93	13	20	5	0	3	40	13	7	3	0	0	16	1	0	20	1	.215	.430	.330	0
'20 (ディ)	109	433	**88**	140	29	1	19	228	53	14	8	1	2	45	3	1	85	4	.323②	.527	.387	2
〔11〕	895	3125	500	840	173	25	119	1420	397	149	54	23	10	353	12	20	794	44	.269	.454	.346	37

香月　一也　かつき・かずや　大阪桐蔭高　('15.1)　'96. 4. 16生　右投左打　1B, 3B

年度 / チーム	試合	打数	得点	安打	二塁打	三塁打	本塁打	塁打	打点	盗塁	盗塁刺	犠打	犠飛	四球計	故意四球	死球	三振	併殺打	打率	長打率	出塁率	失策
'16 (ロ)	2	6	0	1	0	0	0	1	0	0	0	0	0	0	0	0	3	0	.167	.167	.167	0
'17 (ロ)	19	41	1	8	0	0	0	8	2	0	0	0	0	0	0	0	6	1	.195	.195	.195	0
'19 (ロ)	26	33	3	5	0	1	0	8	0	0	0	0	0	0	0	0	9	0	.152	.242	.152	3
'20 (巨)	8	9	0	0	0	0	0	0	0	0	0	0	0	0	0	0	2	1	.000	.000	.000	0
〔4〕	55	89	4	14	0	1	0	17	5	0	0	0	0	0	0	0	20	2	.157	.191	.157	3

勝俣　翔貴　かつまた・しょうき　国際武道大　('20.1)　'97. 7. 20生　右投左打　3B

年度 / チーム	試合	打数	得点	安打	二塁打	三塁打	本塁打	塁打	打点	盗塁	盗塁刺	犠打	犠飛	四球計	故意四球	死球	三振	併殺打	打率	長打率	出塁率	失策
'20 (オ)	5	8	0	0	0	0	0	0	0	0	0	0	0	0	0	0	8	0	.000	.000	.000	0

桂　依央利　かつら・いおり　大阪商業大　('14.1)　'91. 7. 9生　右投右打　C

年度 / チーム	試合	打数	得点	安打	二塁打	三塁打	本塁打	塁打	打点	盗塁	盗塁刺	犠打	犠飛	四球計	故意四球	死球	三振	併殺打	打率	長打率	出塁率	失策
'15 (中)	47	105	8	24	1	1	2	33	7	1	0	5	0	3	0	0	33	2	.229	.314	.250	4
'16 (中)	59	143	7	26	5	0	3	40	11	0	0	7	1	11	2	2	38	3	.182	.280	.248	2
'19 (中)	4	8	1	2	0	0	0	2	1	0	0	1	0	0	0	0	2	0	.250	.250	.250	0
'20 (中)	2	9	1	2	1	0	0	3	1	0	0	0	0	0	0	0	1	0	.222	.333	.222	0
〔4〕	112	265	17	54	7	1	5	78	20	1	0	13	1	14	2	2	76	5	.204	.294	.248	6

加藤　脩平　かとう・しゅうへい　磐田東高（'19.6）　'99.3.28生　右投左打　OF

年度（チーム）	試合	打数	得点	安打	二塁打	三塁打	本塁打	塁打	打点	盗塁	盗塁刺	犠打	犠飛	四球計	故意四球	死球	三振	併殺打	打率	長打率	出塁率	失策
'19（巨）	5	3	2	0	0	0	0	0	0	0	0	0	0	0	0	0	1	0	.000	.000	.000	0
'20（巨）	1	1	0	0	0	0	0	0	0	0	0	0	0	0	0	0	1	0	.000	.000	.000	0
〔2〕	6	4	2	0	0	0	0	0	0	0	0	0	0	0	0	0	2	0	.000	.000	.000	0

加藤　翔平　かとう・しょうへい　上武大（'13.1）　'91.3.28生　右投左右打　OF

年度（チーム）	試合	打数	得点	安打	二塁打	三塁打	本塁打	塁打	打点	盗塁	盗塁刺	犠打	犠飛	四球計	故意四球	死球	三振	併殺打	打率	長打率	出塁率	失策
'13（ロ）	23	26	2	4	0	0	1	7	1	0	1	2	0	0	0	0	8	0	.154	.269	.154	0
'14（ロ）	98	320	43	81	16	2	3	110	18	5	5	10	0	8	0	4	71	2	.253	.344	.280	2
'15（ロ）	21	57	3	13	1	0	0	14	2	2	0	3	0	3	0	0	11	0	.228	.246	.267	0
'16（ロ）	80	216	29	53	8	3	0	67	12	6	1	16	0	13	0	1	46	1	.245	.310	.291	1
'17（ロ）	98	271	24	72	12	5	5	109	27	7	4	12	2	6	0	1	44	2	.266	.402	.282	2
'18（ロ）	69	121	12	28	6	2	0	38	9	7	0	4	1	5	0	1	25	0	.231	.314	.266	0
'19（ロ）	60	109	12	22	3	1	4	39	9	4	2	2	0	7	0	2	32	2	.202	.358	.263	1
'20（ロ）	22	70	13	21	5	1	0	28	3	3	2	0	0	8	0	1	15	0	.300	.400	.363	1
〔8〕	471	1190	138	294	51	14	13	412	81	34	15	49	3	50	0	10	252	10	.247	.346	.283	7

加藤　匠馬　かとう・たくま　青山学院大（'15.1）　'92.4.29生　右投右打　C

年度（チーム）	試合	打数	得点	安打	二塁打	三塁打	本塁打	塁打	打点	盗塁	盗塁刺	犠打	犠飛	四球計	故意四球	死球	三振	併殺打	打率	長打率	出塁率	失策
'15（中）	3	0	0	0	0	0	0	0	0	0	0	0	0	0	0	0	0	0	.000	.000	.000	0
'16（中）	1	1	0	0	0	0	0	0	0	0	0	0	0	0	0	0	0	0	.000	.000	.000	—
'17（中）	1	1	0	0	0	0	0	0	0	0	0	0	0	0	0	0	0	0	.000	.000	.000	0
'19（中）	92	224	19	51	7	3	0	64	13	0	0	12	0	9	1	0	57	0	.228	.286	.258	2
'20（中）	29	37	0	5	1	0	0	6	1	0	0	5	0	1	1	0	8	1	.135	.162	.158	2
〔5〕	126	263	19	56	8	3	0	70	14	0	0	17	0	10	2	0	65	2	.213	.266	.242	4

金子　侑司　かねこ・ゆうじ　立命館大（'13.1）　'90.4.24生　右投左右打　OF, SS, 2B, 3B

年度（チーム）	試合	打数	得点	安打	二塁打	三塁打	本塁打	塁打	打点	盗塁	盗塁刺	犠打	犠飛	四球計	故意四球	死球	三振	併殺打	打率	長打率	出塁率	失策
'13（武）	94	278	30	62	3	5	2	81	23	12	6	12	0	18	0	3	56	5	.223	.291	.278	10
'14（武）	91	243	32	60	10	3	2	82	16	21	6	12	1	14	0	3	48	2	.247	.337	.292	10
'15（武）	57	156	22	35	4	3	1	48	6	11	7	10	0	10	0	0	43	0	.224	.308	.271	8
'16（武）	129	460	64	122	12	3	1	143	33	**53**	**17**	13	1	40	0	6	69	5	.265⑱	.311	.331	16
'17（武）	90	283	43	77	17	2	5	113	34	25	8	5	4	27	0	1	49	5	.272	.399	.333	4
'18（武）	111	310	50	69	7	3	1	85	34	32	11	6	3	34	0	1	53	5	.223	.274	.303	1
'19（武）	133	463	60	116	8	1	3	135	33	**41**	10	6	3	49	1	3	81	3	.251㉕	.292	.324	3
'20（武）	86	301	41	75	7	0	3	91	21	14	**9**	5	3	29	0	0	55	5	.249	.302	.312	4
〔8〕	791	2494	342	616	68	20	18	778	200	209	74	69	15	221	1	18	454	30	.247	.312	.311	56

釜元　豪　かまもと・ごう　西陵高（長崎）（'15.7）　'93.9.3生　右投左打　OF

年度（チーム）	試合	打数	得点	安打	二塁打	三塁打	本塁打	塁打	打点	盗塁	盗塁刺	犠打	犠飛	四球計	故意四球	死球	三振	併殺打	打率	長打率	出塁率	失策
'16（ソ）	1	1	0	0	0	0	0	0	0	0	0	0	0	0	0	0	1	0	.000	.000	.000	0
'17（ソ）	2	1	0	0	0	0	0	0	0	0	0	0	0	0	0	0	1	0	.000	.000	.000	0
'18（ソ）	6	5	0	0	0	0	0	0	0	0	0	0	0	0	0	0	2	0	.000	.000	.000	0
'19（ソ）	86	173	18	38	2	1	4	54	11	11	2	4	0	12	0	0	56	2	.220	.312	.270	1
'20（ソ）	32	26	5	5	0	0	0	5	2	3	0	0	0	3	0	0	10	1	.192	.192	.276	1
〔5〕	127	206	23	43	2	1	4	59	13	14	2	4	0	15	0	0	70	3	.209	.286	.262	1

個人年度別打撃成績　か

神里　和毅　かみざと・かずき　中央大　（'18.1）　'94.1.17生　右投左打　OF

年度	チーム	試合	打数	得点	安打	二塁打	三塁打	本塁打	塁打	打点	盗塁	盗塁刺	犠打	犠飛	四球計	故意四球	死球	三振	併殺打	打率	長打率	出塁率	失策
'18	(ディ)	86	247	31	62	14	3	5	97	21	15	9	4	0	19	1	3	68	4	.251	.393	.312	3
'19	(ディ)	123	427	62	119	31	3	6	174	35	15	10	3	0	26	2	2	121	7	.279⑭	.407	.323	3
'20	(ディ)	80	169	38	52	8	1	3	71	17	7	1	1	2	15	0	3	42	3	.308	.420	.370	2
〔3〕		289	843	131	233	53	7	14	342	73	37	20	8	2	60	3	8	231	14	.276	.406	.330	8

亀井　善行　(旧名・義行)　かめい・よしゆき　中央大　（'05.1）　'82.7.28生　右投左打　OF,1B,3B,2B

年度	チーム	試合	打数	得点	安打	二塁打	三塁打	本塁打	塁打	打点	盗塁	盗塁刺	犠打	犠飛	四球計	故意四球	死球	三振	併殺打	打率	長打率	出塁率	失策
'05	(巨)	20	42	1	6	2	0	0	8	1	0	0	1	0	1	0	1	15	0	.143	.190	.182	0
'06	(巨)	65	141	13	29	12	1	3	52	18	1	0	1	3	5	0	1	38	2	.206	.369	.233	0
'07	(巨)	20	19	3	3	1	0	1	7	3	1	0	0	1	3	0	0	7	0	.158	.368	.261	0
'08	(巨)	96	276	41	74	21	3	5	116	23	7	5	5	0	14	0	3	43	5	.268	.420	.311	2
'09	(巨)	134	490	79	142	25	4	25	250	71	12	7	4	3	45	3	5	74	7	.290⑪	.510	.354	5
'10	(巨)	71	205	22	38	13	0	5	66	17	4	2	1	2	9	0	3	38	4	.185	.322	.228	1
'11	(巨)	111	284	27	70	13	2	3	96	24	7	1	8	1	14	3	1	43	5	.246	.338	.283	6
'12	(巨)	60	110	12	26	7	3	2	45	11	0	0	2	0	4	1	1	13	2	.236	.409	.270	2
'13	(巨)	86	296	31	76	17	0	8	102	25	3	2	9	1	17	0	2	36	5	.257	.345	.298	2
'14	(巨)	69	240	31	71	17	1	8	114	26	3	1	4	2	19	1	3	30	4	.296	.475	.352	3
'15	(巨)	109	382	42	104	21	0	6	143	35	8	1	3	6	40	0	1	59	6	.272	.374	.338	3
'16	(巨)	66	226	21	57	14	0	3	80	23	0	0	3	0	11	0	3	35	7	.252	.354	.287	2
'17	(巨)	109	247	20	62	16	0	6	96	47	1	0	0	2	27	1	1	38	4	.251	.389	.325	0
'18	(巨)	123	422	47	107	20	0	13	166	49	4	0	0	1	36	2	2	70	6	.254㉘	.393	.315	3
'19	(巨)	131	450	67	128	27	2	13	198	55	9	1	3	5	45	3	0	91	6	.284⑪	.440	.346	1
'20	(巨)	51	141	21	36	10	0	2	49	17	0	1	1	2	11	0	1	21	3	.255	.348	.310	1
〔16〕		1321	3971	478	1029	233	16	98	1588	445	60	23	45	29	301	14	24	651	67	.259	.400	.313	30

川越　誠司　かわごえ・せいじ　北海学園大　（'16.1）　'93.6.30生　左投左打　OF

年度	チーム	試合	打数	得点	安打	二塁打	三塁打	本塁打	塁打	打点	盗塁	盗塁刺	犠打	犠飛	四球計	故意四球	死球	三振	併殺打	打率	長打率	出塁率	失策
'20	(武)	48	64	10	10	0	1	2	18	5	0	0	0	0	3	0	1	24	0	.156	.281	.260	0

川島　慶三　かわしま・けいぞう　九州国際大　（'06.1）　'83.10.5生　右投右打　SS,2B,1B,OF,3B

年度	チーム	試合	打数	得点	安打	二塁打	三塁打	本塁打	塁打	打点	盗塁	盗塁刺	犠打	犠飛	四球計	故意四球	死球	三振	併殺打	打率	長打率	出塁率	失策
'06	(日)	24	33	6	6	3	0	0	9	2	2	1	1	0	2	0	1	8	0	.182	.273	.250	0
'07	(日)	10	18	2	4	1	0	0	5	0	1	0	1	0	0	0	0	3	0	.222	.278	.300	0
'08	(ヤ)	121	353	52	90	16	4	4	126	35	20	1	19	4	32	1	9	60	11	.255	.357	.329	10
'09	(ヤ)	118	427	49	109	13	2	12	162	43	8	7	17	3	32	0	5	77	9	.255㉔	.379	.314	9
'11	(ヤ)	40	46	8	12	0	0	0	12	3	3	0	1	1	4	0	2	8	0	.261	.261	.340	0
'13	(ヤ)	101	225	27	48	5	0	4	65	14	7	2	14	1	23	2	5	38	4	.213	.289	.299	9
'14	(ヤ)	19	26	8	7	2	0	0	9	1	1	0	2	0	7	0	1	6	2	.269	.346	.441	0
'14	(ソ)	10	17	1	3	0	0	0	3	1	2	0	0	0	3	0	0	5	0	.176	.176	.333	0
'15	(ソ)	77	157	34	43	6	0	4	63	20	7	2	9	3	22	0	3	29	2	.274	.401	.368	1
'16	(ソ)	20	40	4	5	0	0	0	5	1	0	2	0	0	5	0	1	10	0	.125	.125	.286	1
'17	(ソ)	81	110	23	29	7	0	5	51	13	2	2	6	1	18	0	2	24	1	.264	.464	.374	2
'18	(ソ)	91	142	17	38	5	0	3	52	16	2	0	0	3	7	0	0	31	2	.268	.366	.296	2
'19	(ソ)	47	66	14	24	5	1	1	34	8	4	0	2	0	7	0	1	9	3	.364	.515	.488	1
'20	(ソ)	59	137	21	52	4	0	3	52	9	0	4	1	1	19	0	4	17	2	.263	.380	.369	2
〔13〕		818	1797	266	454	67	11	35	648	168	59	22	75	18	194	5	38	325	36	.253	.361	.335	36

川瀬　晃　かわせ・ひかる　大分商高　('16.1)　'97.9.15生　右投左打　SS, 2B

年度チーム	試合	打数	得点	安打	二塁打	三塁打	本塁打	塁打	打点	盗塁	盗塁刺	犠打	犠飛	四球計	故意四球	死球	三振	併殺打	打率	長打率	出塁率	失策
'18（ソ）	13	32	3	6	1	0	0	7	2	1	0	2	0	2	0	0	9	2	.188	.219	.235	1
'19（ソ）	29	34	1	6	0	0	0	6	1	1	1	2	0	1	0	0	5	1	.176	.176	.200	3
'20（ソ）	70	141	12	27	6	1	0	35	10	2	1	10	1	11	0	1	26	0	.191	.248	.253	5
〔3〕	112	207	16	39	7	1	0	48	13	4	2	14	1	14	0	1	40	3	.188	.232	.242	9

川端　慎吾　かわばた・しんご　市立和歌山商高　('06.1)　'87.10.16生　右投左打　3B, SS, 1B, 2B

年度チーム	試合	打数	得点	安打	二塁打	三塁打	本塁打	塁打	打点	盗塁	盗塁刺	犠打	犠飛	四球計	故意四球	死球	三振	併殺打	打率	長打率	出塁率	失策
'06（ヤ）	6	21	2	4	0	0	0	4	1	0	0	1	0	1	0	0	8	0	.190	.190	.227	0
'07（ヤ）	9	10	1	1	1	0	0	2	0	1	0	2	0	1	0	0	6	0	.100	.200	.182	0
'08（ヤ）	65	104	11	27	4	0	1	34	9	2	0	4	0	5	0	0	20	1	.260	.327	.294	3
'09（ヤ）	30	37	2	10	0	0	0	10	0	2	0	2	0	3	0	2	6	2	.270	.270	.325	1
'10（ヤ）	59	188	22	56	12	1	1	73	21	0	0	6	3	16	3	1	21	7	.298	.388	.351	4
'11（ヤ）	117	399	48	107	20	3	4	145	46	0	0	15	3	40	2	0	51	5	.268⑬	.363	.333	4
'12（ヤ）	125	453	52	135	15	5	4	172	49	3	2	13	4	35	0	2	56	7	.298⑦	.380	.348	4
'13（ヤ）	70	267	36	83	7	2	5	109	37	2	1	7	1	37	1	0	28	6	.311	.408	.393	2
'14（ヤ）	142	580	86	177	33	2	10	244	69	2	2	8	3	43	1	3	62	10	.305⑩	.421	.355	14
'15（ヤ）	143	▲581	87	195	34	4	8	255	57	4	3	2	3	43	0	3	72	15	**.336①**	.439	.383	10
'16（ヤ）	103	420	48	127	22	1	6	154	32	3	1	2	3	34	0	1	31	13	.302⑧	.367	.354	5
'18（ヤ）	97	297	22	77	9	1	3	97	31	1	0	1	1	32	2	3	37	11	.259	.327	.336	4
'19（ヤ）	37	61	5	10	1	0	0	11	7	0	0	0	0	3	0	0	3	2	.164	.180	.224	2
'20（ヤ）	39	39	3	5	0	0	0	5	2	0	0	0	0	2	0	0	4	1	.128	.128	.190	0
〔14〕	1042	3457	425	1014	158	16	37	1315	362	17	9	64	20	298	9	13	410	80	.293	.380	.350	56

菊池　涼介　きくち・りょうすけ　中京学院大　('12.1)　'90.3.11生　右投右打　2B, SS, 3B

年度チーム	試合	打数	得点	安打	二塁打	三塁打	本塁打	塁打	打点	盗塁	盗塁刺	犠打	犠飛	四球計	故意四球	死球	三振	併殺打	打率	長打率	出塁率	失策
'12（広）	63	201	21	46	5	1	2	59	12	4	2	25	1	6	0	1	42	5	.229	.294	.254	9
'13（広）	141	538	69	133	27	5	11	201	57	16	7	50	5	38	0	2	121	4	.247⑳	.374	.297	19
'14（広）	144	579	88	188	**39**	2	11	264	58	23	10	43	5	24	0	3	79	9	.325②	.456	.352	12
'15（広）	143	562	62	143	20	3	8	193	32	19	9	49	2	29	2	2	92	7	.254⑳	.343	.292	10
'16（広）	141	574	92	**181**	22	3	13	248	56	13	5	23	3	40	0	0	106	3	.315④	.432	.358	4
'17（広）	138	565	87	153	28	3	14	229	56	8	7	30	1	32	0	1	107	9	.271⑯	.405	.311	5
'18（広）	139	557	85	130	27	1	13	198	60	10	2	30	1	51	2	3	111	5	.233㉛	.355	.301	3
'19（広）	138	547	77	143	36	2	13	222	48	14	5	28	2	41	0	1	102	5	.261㉕	.406	.312	10
'20（広）	106	376	43	102	19	4	10	159	41	3	2	16	1	35	2	1	68	9	.271⑱	.423	.334	0
〔9〕	1153	4499	624	1219	223	23	95	1773	420	110	49	294	21	296	6	14	828	56	.271	.394	.317	72

岸　潤一郎　きし・じゅんいちろう　明徳義塾高　('20.1)　'96.12.8生　右投右打　OF

年度チーム	試合	打数	得点	安打	二塁打	三塁打	本塁打	塁打	打点	盗塁	盗塁刺	犠打	犠飛	四球計	故意四球	死球	三振	併殺打	打率	長打率	出塁率	失策
'20（武）	5	2	0	0	0	0	0	0	0	0	0	0	0	1	0	0	1	0	.000	.000	.333	0

岸田　行倫　きしだ・ゆきのり　報徳学園高　('18.1)　'96.10.10生　右投右打　C

年度チーム	試合	打数	得点	安打	二塁打	三塁打	本塁打	塁打	打点	盗塁	盗塁刺	犠打	犠飛	四球計	故意四球	死球	三振	併殺打	打率	長打率	出塁率	失策
'19（巨）	4	7	0	0	0	0	0	0	0	0	0	0	0	0	0	0	2	0	.000	.000	.000	0
'20（巨）	34	43	2	13	3	0	1	19	5	0	0	1	1	3	0	0	16	4	.302	.442	.340	0
〔2〕	38	50	2	13	3	0	1	19	5	0	0	1	1	3	0	0	18	4	.260	.380	.296	0

北村　拓己　きたむら・たくみ　亜細亜大　('18.1)　'95.8.29生　右投右打　1B, 2B, 3B

年度チーム	試合	打数	得点	安打	二塁打	三塁打	本塁打	塁打	打点	盗塁	盗塁刺	犠打	犠飛	四球計	故意四球	死球	三振	併殺打	打率	長打率	出塁率	失策
'18(巨)	1	1	0	0	0	0	0	0	0	0	0	0	0	0	0	0	0	0	.000	.000	.000	—
'19(巨)	5	5	3	0	0	0	0	0	0	1	0	0	0	1	0	1	2	0	.000	.000	.286	0
'20(巨)	57	75	9	17	2	0	2	25	10	0	0	2	0	10	1	1	24	2	.227	.333	.326	0
〔3〕	63	81	12	17	2	0	2	25	10	1	0	2	0	11	1	2	26	2	.210	.309	.319	0

木浪　聖也　きなみ・せいや　亜細亜大　('19.1)　'94.6.15生　右投左打　SS, 2B, 1B

年度チーム	試合	打数	得点	安打	二塁打	三塁打	本塁打	塁打	打点	盗塁	盗塁刺	犠打	犠飛	四球計	故意四球	死球	三振	併殺打	打率	長打率	出塁率	失策
'19(神)	113	363	32	95	18	2	4	129	32	2	0	6	0	18	5	3	77	8	.262	.355	.302	15
'20(神)	92	297	42	74	20	1	3	105	25	2	1	8	3	24	3	2	54	1	.249	.354	.307	8
〔2〕	205	660	74	169	38	3	7	234	57	4	1	14	3	42	8	5	131	9	.256	.355	.304	23

木下　拓哉　きのした・たくや　法政大　('16.1)　'91.12.18生　右投右打　C

年度チーム	試合	打数	得点	安打	二塁打	三塁打	本塁打	塁打	打点	盗塁	盗塁刺	犠打	犠飛	四球計	故意四球	死球	三振	併殺打	打率	長打率	出塁率	失策
'16(中)	9	18	1	5	2	0	1	10	2	0	0	0	0	0	0	0	6	1	.278	.556	.316	0
'17(中)	51	78	4	15	5	0	0	20	4	0	0	4	1	10	1	1	21	4	.192	.256	.289	0
'18(中)	16	25	4	3	1	0	1	7	2	0	0	0	0	3	1	0	9	0	.120	.280	.214	0
'19(中)	39	88	5	20	6	0	2	32	9	0	0	1	1	5	1	3	22	2	.227	.364	.289	1
'20(中)	88	251	19	67	14	1	6	101	32	0	0	5	0	12	2	1	49	1	.267	.402	.303	2
〔5〕	203	460	33	110	28	1	10	170	48	0	0	10	2	31	5	5	107	8	.239	.370	.293	3

木村　文紀　(旧名・文和)　きむら・ふみかず　埼玉栄高　('07.1)　'88.9.13生　右投右打　OF, P, 1B

年度チーム	試合	打数	得点	安打	二塁打	三塁打	本塁打	塁打	打点	盗塁	盗塁刺	犠打	犠飛	四球計	故意四球	死球	三振	併殺打	打率	長打率	出塁率	失策
'07(武)	1	0	0	0	0	0	0	0	0	0	0	0	0	0	0	0	0	0	.000	.000	.000	0
'09(武)	11	0	0	0	0	0	0	0	0	0	0	0	0	0	0	0	0	0	.000	.000	.000	0
'11(武)	21	0	0	0	0	0	0	0	0	0	0	0	0	0	0	0	0	0	.000	.000	.000	0
'12(武)	8	0	0	0	0	0	0	0	0	0	0	0	0	0	0	0	0	0	.000	.000	.000	0
'13(武)	11	14	1	3	1	1	1	9	1	0	0	1	0	1	0	0	8	0	.214	.643	.267	0
'14(武)	100	284	34	61	13	2	10	108	27	16	8	21	2	20	0	3	112	3	.215	.380	.272	6
'15(武)	49	82	12	16	4	1	5	37	12	1	0	4	0	4	0	2	28	0	.195	.451	.250	2
'16(武)	28	30	4	5	1	0	0	6	2	1	0	3	0	2	0	0	12	0	.167	.200	.219	1
'17(武)	105	184	26	37	5	1	2	50	13	7	4	13	0	13	0	1	53	5	.201	.272	.256	2
'18(武)	75	104	18	27	5	1	4	43	12	7	3	10	0	10	0	1	33	0	.260	.413	.330	4
'19(武)	130	391	46	86	12	3	10	134	38	16	9	15	6	24	0	5	101	3	.220	.343	.270	3
'20(武)	90	264	25	61	12	2	8	101	33	5	4	9	3	18	0	7	75	4	.231	.383	.295	2
〔12〕	629	1353	166	296	53	11	39	488	138	53	28	62	12	92	0	19	422	15	.219	.361	.276	20

京田　陽太　きょうだ・ようた　日本大　('17.1)　'94.4.20生　右投左打　SS

年度チーム	試合	打数	得点	安打	二塁打	三塁打	本塁打	塁打	打点	盗塁	盗塁刺	犠打	犠飛	四球計	故意四球	死球	三振	併殺打	打率	長打率	出塁率	失策
'17(中)	141	564	67	149	23	**8**	4	200	36	23	**13**	10	1	18	0	9	105	5	.264⑱	.355	.297	14
'18(中)	**143**	578	73	136	15	7	4	177	44	20	10	26	3	19	0	6	111	12	.235㉚	.306	.266	6
'19(中)	140	507	46	126	14	5	3	159	40	17	7	24	3	37	3	5	91	10	.249㉗	.314	.302	13
'20(中)	**120**	442	43	109	16	**7**	5	154	29	8	4	15	1	27	4	6	80	1	.247㉕	.348	.298	13
〔4〕	544	2091	229	520	68	27	16	690	149	68	34	75	8	101	7	24	387	31	.249	.330	.290	42

清田　育宏　きよた・いくひろ　東洋大　('10.1)　'86.2.11生　右投右打　OF

年度・チーム	試合	打数	得点	安打	二塁打	三塁打	本塁打	塁打	打点	盗塁	盗塁刺	犠打	犠飛	四球計	故意四球	死球	三振	併殺打	打率	長打率	出塁率	失策
'10 (ロ)	64	186	34	54	11	0	2	71	18	5	1	11	1	19	0	6	51	3	.290	.382	.373	2
'11 (ロ)	78	238	16	58	21	0	3	88	25	2	1	3	3	15	0	3	63	2	.244	.370	.293	1
'12 (ロ)	87	253	28	71	15	2	3	99	29	3	5	3	2	34	0	0	46	5	.281	.391	.363	3
'13 (ロ)	68	184	23	47	9	2	3	69	18	3	5	2	6	29	0	2	51	5	.255	.375	.359	2
'14 (ロ)	24	47	8	8	2	1	4	24	10	0	1	2	0	8	0	2	16	1	.170	.511	.316	0
'15 (ロ)	130	489	67	155	**38**	4	15	246	67	10	4	0	2	54	0	3	93	11	.317④	.503	.387	0
'16 (ロ)	106	365	39	82	17	1	6	119	38	5	0	0	2	40	2	0	76	12	.225	.326	.316	1
'17 (ロ)	79	231	28	47	8	1	3	66	21	3	0	0	0	24	0	2	61	8	.203	.286	.287	1
'18 (ロ)	96	261	28	59	10	1	2	77	27	2	2	4	3	32	0	3	63	8	.226	.295	.306	1
'19 (ロ)	117	336	49	85	8	2	10	127	57	1	3	5	2	35	0	2	77	6	.253	.378	.325	1
'20 (ロ)	70	180	18	50	13	0	7	84	23	0	0	5	0	22	0	2	52	6	.278	.467	.363	0
〔11〕	919	2770	328	716	152	14	58	1070	333	36	19	46	16	312	9	32	649	67	.258	.386	.339	12

清宮幸太郎　きよみや・こうたろう　早稲田実業　('18.1)　'99.5.25生　右投左打　1B, OF

年度・チーム	試合	打数	得点	安打	二塁打	三塁打	本塁打	塁打	打点	盗塁	盗塁刺	犠打	犠飛	四球計	故意四球	死球	三振	併殺打	打率	長打率	出塁率	失策
'18 (日)	53	160	17	32	4	2	7	61	18	0	0	0	1	16	2	3	60	1	.200	.381	.283	0
'19 (日)	81	250	26	51	11	1	7	85	33	0	1	0	4	21	0	3	75	4	.204	.340	.270	4
'20 (日)	96	226	23	43	9	0	7	73	22	2	0	0	3	33	0	3	59	6	.190	.323	.300	7
〔3〕	230	636	66	126	24	3	21	219	73	2	1	0	8	70	2	9	194	11	.198	.344	.284	11

宜保　翔　ぎほ・しょう　未来沖縄高　('19.1)　'00.11.26生　右投左打　SS, 2B

年度・チーム	試合	打数	得点	安打	二塁打	三塁打	本塁打	塁打	打点	盗塁	盗塁刺	犠打	犠飛	四球計	故意四球	死球	三振	併殺打	打率	長打率	出塁率	失策
'19 (オ)	8	26	0	6	1	0	0	7	0	0	0	2	0	0	0	2	7	0	.231	.269	.286	2
'20 (オ)	10	17	0	2	1	0	0	3	0	0	0	0	0	0	0	0	7	0	.118	.176	.118	1
〔2〕	18	43	0	8	2	0	0	10	0	0	0	2	0	0	0	2	14	0	.186	.233	.222	3

銀　次　ぎんじ (赤見内銀次　旧姓・宇部)　盛岡中央高　('06.1)　'88.2.24生　右投左打　1B, 2B, 3B, OF, C

年度・チーム	試合	打数	得点	安打	二塁打	三塁打	本塁打	塁打	打点	盗塁	盗塁刺	犠打	犠飛	四球計	故意四球	死球	三振	併殺打	打率	長打率	出塁率	失策
'10 (楽)	2	6	0	1	0	0	0	1	0	0	0	0	0	0	0	0	0	0	.167	.167	.167	0
'11 (楽)	22	54	4	12	0	0	0	12	6	1	0	2	0	1	0	1	7	0	.222	.222	.263	0
'12 (楽)	126	432	37	121	24	1	2	153	45	8	4	23	4	22	0	4	37	4	.280⑪	.354	.365	13
'13 (楽)	131	482	63	153	24	0	6	195	54	3	1	4	4	36	2	4	44	14	.317④	.405	.365	9
'14 (楽)	117	459	59	150	26	0	4	188	70	1	4	1	4	43	1	2	45	14	.327②	.410	.384	9
'15 (楽)	82	316	24	95	10	1	1	110	38	5	3	4	3	30	1	1	19	7	.301	.348	.359	6
'16 (楽)	125	424	39	116	11	1	4	141	43	1	1	2	1	61	5	5	49	20	.274⑮	.332	.359	4
'17 (楽)	**143**	529	55	155	30	0	3	194	60	2	1	1	2	56	1	2	74	11	.293⑤	.367	.362	4
'18 (楽)	139	492	45	136	16	5	5	177	62	1	1	3	4	48	3	4	47	7	.276⑭	.360	.344	7
'19 (楽)	141	529	56	161	24	1	5	202	56	2	3	2	2	52	2	4	58	19	.304②	.382	.359	4
'20 (楽)	88	212	16	50	8	0	0	58	23	3	2	3	3	23	0	2	28	5	.236	.274	.313	1
〔11〕	1116	3935	398	1150	171	13	28	1431	441	30	24	50	27	373	14	27	408	95	.292	.364	.355	55

Y. グラシアル　ジュリスベル・グラシアル　アントニオ・マセオ大　('18.2)　'85.10.14生　右投右打　OF, 3B, 1B, 2B

年度・チーム	試合	打数	得点	安打	二塁打	三塁打	本塁打	塁打	打点	盗塁	盗塁刺	犠打	犠飛	四球計	故意四球	死球	三振	併殺打	打率	長打率	出塁率	失策
'18 (ソ)	54	185	29	54	6	1	9	89	30	1	0	0	1	15	0	1	34	8	.292	.481	.347	3
'19 (ソ)	103	373	61	119	17	1	28	222	68	4	3	4	4	22	1	7	84	10	.319	**.595**	.365	6
'20 (ソ)	69	256	30	71	12	0	10	113	35	2	0	0	1	16	2	3	62	2	.277	.441	.326	2
〔3〕	226	814	120	244	35	2	47	424	133	7	3	4	6	53	3	11	180	20	.300	.521	.348	11

九鬼　隆平　くき・りゅうへい　秀岳館高（'17.1）　'98.9.5生　右投右打　C

年度 チーム	試合	打数	得点	安打	二塁打	三塁打	本塁打	塁打	打点	盗塁	盗塁刺	犠打	犠飛	四球計	故意四球	死球	三振	併殺打	打率	長打率	出塁率	失策
'19（ソ）	2	2	0	0	0	0	0	0	0	0	0	0	0	0	0	1	1	0	.000	.000	.333	0
'20（ソ）	5	4	2	1	0	0	1	4	1	0	0	0	0	1	0	0	2	0	.250	1.000	.400	0
〔2〕	7	6	2	1	0	0	1	4	1	0	0	0	0	1	0	1	3	0	.167	.667	.375	0

楠本　泰史　くすもと・たいし　東北福祉大（'18.1）　'95.7.7生　右投左打　OF

年度 チーム	試合	打数	得点	安打	二塁打	三塁打	本塁打	塁打	打点	盗塁	盗塁刺	犠打	犠飛	四球計	故意四球	死球	三振	併殺打	打率	長打率	出塁率	失策
'18（ディ）	56	73	4	15	3	0	0	18	2	2	1	0	0	6	0	3	19	0	.205	.247	.293	0
'19（ディ）	39	72	6	15	4	0	1	22	6	0	2	0	0	7	0	2	19	1	.208	.306	.296	0
'20（ディ）	28	26	6	4	2	0	1	9	1	0	0	0	0	2	0	1	7	0	.154	.346	.241	0
〔3〕	123	171	16	34	9	0	2	49	9	2	3	0	0	15	0	6	45	1	.199	.287	.286	0

熊谷　敬宥　くまがい・たかひろ　立教大（'18.1）　'95.11.10生　右投右打　SS, 3B, 2B

年度 チーム	試合	打数	得点	安打	二塁打	三塁打	本塁打	塁打	打点	盗塁	盗塁刺	犠打	犠飛	四球計	故意四球	死球	三振	併殺打	打率	長打率	出塁率	失策
'18（神）	19	13	10	3	0	0	0	3	2	3	1	3	0	2	0	0	3	1	.231	.231	.333	3
'20（神）	38	16	6	5	2	0	0	7	3	3	2	0	0	1	0	0	5	0	.313	.438	.353	3
〔2〕	57	29	16	8	2	0	0	10	5	6	3	3	0	3	0	0	8	1	.276	.345	.344	6

熊代　聖人　くましろ・まさと　今治西高（'11.1）　'89.4.18生　右投右打　OF, 3B, 2B, SS, 1B

年度 チーム	試合	打数	得点	安打	二塁打	三塁打	本塁打	塁打	打点	盗塁	盗塁刺	犠打	犠飛	四球計	故意四球	死球	三振	併殺打	打率	長打率	出塁率	失策
'11（武）	81	64	6	16	1	0	0	17	8	2	0	4	2	6	0	1	20	0	.250	.266	.315	2
'12（武）	109	115	14	31	2	0	0	33	6	2	1	12	1	9	0	0	30	1	.270	.287	.298	3
'13（武）	104	92	11	22	2	0	0	24	6	4	2	1	0	6	0	0	25	0	.239	.261	.286	2
'14（武）	46	115	10	25	4	1	1	31	6	1	1	1	0	19	0	0	29	1	.217	.270	.328	1
'15（武）	38	36	3	4	0	0	0	4	3	1	0	1	0	3	0	0	6	0	.111	.111	.175	0
'16（武）	28	6	2	1	0	0	0	1	0	0	0	1	0	0	0	0	2	0	.167	.167	.286	0
'18（武）	25	9	6	0	0	0	0	0	0	1	0	0	0	0	0	0	4	0	.000	.000	.100	0
'19（武）	33	15	5	4	1	0	0	5	0	2	1	1	0	0	0	0	5	0	.267	.333	.313	1
'20（武）	38	10	2	1	0	0	0	1	0	2	0	0	0	1	0	0	3	0	.100	.100	.182	0
〔9〕	502	462	59	104	10	1	0	116	29	15	6	27	4	41	0	3	124	2	.225	.251	.290	9

倉本　寿彦　くらもと・としひこ　創価大（'15.1）　'91.1.7生　右投左打　SS, 2B, 3B

年度 チーム	試合	打数	得点	安打	二塁打	三塁打	本塁打	塁打	打点	盗塁	盗塁刺	犠打	犠飛	四球計	故意四球	死球	三振	併殺打	打率	長打率	出塁率	失策
'15（ディ）	102	245	11	51	4	0	2	61	20	0	0	7	1	10	0	2	60	8	.208	.249	.244	7
'16（ディ）	141	534	38	157	19	2	1	183	38	2	3	5	3	22	0	2	98	13	.294⑪	.343	.323	6
'17（ディ）	143	507	49	133	27	1	2	168	50	3	1	9	1	18	0	4	102	10	.262⑳	.331	.292	14
'18（ディ）	85	228	11	53	7	0	1	63	14	1	2	0	1	6	0	0	51	5	.232	.276	.251	5
'19（ディ）	24	33	1	4	1	0	0	5	2	0	1	0	0	2	0	0	7	0	.121	.152	.171	1
'20（ディ）	82	199	19	55	4	0	1	62	17	0	0	0	0	16	2	1	42	2	.276	.312	.333	4
〔6〕	577	1746	129	453	62	3	7	542	141	6	7	21	6	74	2	9	360	38	.259	.310	.292	37

栗原　陵矢　くりはら・りょうや　春江工高（'15.1）　'96.7.4生　右投左打　OF, 1B, C

年度 チーム	試合	打数	得点	安打	二塁打	三塁打	本塁打	塁打	打点	盗塁	盗塁刺	犠打	犠飛	四球計	故意四球	死球	三振	併殺打	打率	長打率	出塁率	失策
'17（ソ）	3	3	0	0	0	0	0	0	0	0	0	0	0	0	0	0	1	0	.000	.000	.000	0
'18（ソ）	11	9	0	1	0	0	0	1	0	0	0	0	0	0	0	0	4	0	.111	.111	.111	0
'19（ソ）	32	39	4	9	0	1	1	14	7	0	0	0	1	3	0	2	10	1	.231	.359	.311	0
'20（ソ）	118	440	52	107	21	3	17	185	73	5	5	11	6	38	0	5	90	7	.243㉑	.420	.307	1
〔4〕	164	491	56	117	21	4	18	200	80	5	5	11	7	41	0	7	105	8	.238	.407	.302	1

栗山　巧

くりやま・たくみ　育英高　（'02.1）　'83.9.3生　右投左打　OF

年度	チーム	試合	打数	得点	安打	二塁打	三塁打	本塁打	塁打	打点	盗塁	盗塁刺	犠打	犠飛	四球計	故意四球	死球	三振	併殺打	打率	長打率	出塁率	失策
'04	(武)	1	3	0	1	0	0	0	1	0	0	0	0	0	0	0	0	1	0	.333	.333	.333	0
'05	(武)	84	286	45	85	11	2	10	130	28	1	0	2	1	24	1	3	59	4	.297	.455	.357	4
'06	(武)	63	142	18	38	8	1	2	54	22	3	1	4	0	16	0	2	32	2	.268	.380	.350	0
'07	(武)	112	302	39	84	18	2	5	121	29	8	3	9	1	45	2	5	53	8	.278	.401	.380	0
'08	(武)	138	527	76	167	31	3	11	237	72	17	8	22	8	49	0	6	61	8	.317④	.450	.376	5
'09	(武)	140	569	78	152	24	6	12	224	57	18	5	8	3	53	0	10	.06	9	.267㉒	.394	.339	1
'10	(武)	144	554	77	172	35	2	4	223	74	14	5	18	3	80	1	5	69	7	.310⑪	.403	.400	2
'11	(武)	144	557	87	171	30	2	3	214	60	6	2	9	6	73	0	3	90	17	.307④	.384	.391	1
'12	(武)	103	394	57	114	17	1	2	139	33	3	1	12	3	52	0	6	62	4	.289⑧	.353	.378	4
'13	(武)	144	527	77	147	29	3	12	218	73	6	3	1	4	99	2	6	96	8	.279㉑	.414	.396	1
'14	(武)	144	532	64	153	34	4	3	204	61	3	2	2	9	96	2	3	.00	9	.288⑪	.383	.394	1
'15	(武)	142	533	66	143	25	0	10	198	42	3	1	8	4	72	0	5	88	15	.268⑰	.371	.358	1
'16	(武)	135	477	52	133	30	2	3	176	41	0	0	6	3	83	0	6	87	9	.279⑬	.369	.390	0
'17	(武)	116	333	28	84	13	0	9	124	46	0	0	4	7	27	0	3	64	10	.252	.372	.308	1
'18	(武)	114	305	32	78	18	1	8	122	52	1	0	3	3	52	2	3	78	5	.256	.400	.366	0
'19	(武)	123	409	35	103	21	0	7	145	54	0	0	3	3	48	2	3	.00	13	.252㉓	.355	.333	0
'20	(武)	111	372	37	101	22	0	12	159	67	0	0	2	1	53	2	1	77	10	.272⑫	.427	.362	0
〔17〕		1958	6822	868	1926	366	29	113	2689	811	83	31	102	60	922	14	75	1223	138	.282	.394	.371	20

紅林弘太郎

くればやし・こうたろう　駿河総合高　（'20.1）　'02.2.7生　右投右打　SS

年度	チーム	試合	打数	得点	安打	二塁打	三塁打	本塁打	塁打	打点	盗塁	盗塁刺	犠打	犠飛	四球計	故意四球	死球	三振	併殺打	打率	長打率	出塁率	失策
'20	(オ)	5	17	1	4	0	0	0	4	2	0	0	0	0	1	0	0	4	1	.235	.235	.278	0

黒川　史陽

くろかわ・ふみや　智辯和歌山高　（'20.1）　'01.4.17生　右投左打　2B, 3B

年度	チーム	試合	打数	得点	安打	二塁打	三塁打	本塁打	塁打	打点	盗塁	盗塁刺	犠打	犠飛	四球計	故意四球	死球	三振	併殺打	打率	長打率	出塁率	失策
'20	(楽)	10	14	0	2	0	0	0	2	0	0	0	0	1	1	0	1	6	1	.143	.143	.235	1

黒羽根利規

くろばね・としき　日大藤沢高　（'06.1）　'87.6.2生　右投右打　C

年度	チーム	試合	打数	得点	安打	二塁打	三塁打	本塁打	塁打	打点	盗塁	盗塁刺	犠打	犠飛	四球計	故意四球	死球	三振	併殺打	打率	長打率	出塁率	失策
'08	(横)	1	1	0	0	0	0	0	0	0	0	0	0	0	0	0	0	0	0	.000	.000	.000	－
'09	(横)	10	10	0	1	0	0	0	1	0	0	0	0	0	0	0	0	3	0	.100	.100	.100	1
'10	(横)	17	27	3	5	1	0	0	6	2	0	0	1	0	0	0	0	4	0	.185	.222	.185	1
'11	(横)	45	97	5	17	3	0	1	23	5	0	0	6	0	11	2	0	27	3	.175	.237	.259	3
'12	(ディ)	61	112	6	14	4	0	0	18	5	0	0	2	1	4	1	0	26	3	.125	.161	.154	5
'13	(ディ)	30	60	6	16	1	0	2	23	5	0	0	2	0	5	0	1	16	2	.267	.383	.333	2
'14	(ディ)	109	326	32	86	10	0	2	102	24	1	2	17	2	24	1	5	78	10	.264	.313	.322	9
'15	(ディ)	63	129	8	23	3	0	1	29	7	0	1	7	2	11	0	0	32	2	.178	.225	.239	2
'17	(日)	19	29	1	8	2	0	0	10	1	0	0	0	0	1	0	0	6	0	.276	.345	.276	0
'18	(日)	2	2	0	0	0	0	0	0	0	0	0	0	0	0	0	0	2	0	.000	.000	.000	0
'19	(日)	4	2	1	0	0	0	0	0	1	0	0	0	0	1	0	0	1	0	.000	.000	.333	0
〔11〕		361	795	62	170	24	0	6	212	50	1	3	36	5	56	4	6	195	20	.214	.267	.269	24

菜原　樹

くわはら・たつき　常葉菊川高　（'15.1）　'96.7.4生　右投左打　23

年度	チーム	試合	打数	得点	安打	二塁打	三塁打	本塁打	塁打	打点	盗塁	盗塁刺	犠打	犠飛	四球計	故意四球	死球	三振	併殺打	打率	長打率	出塁率	失策
'20	(広)	3	3	0	0	0	0	0	0	0	0	0	0	0	0	0	0	0	0	.000	.000	.000	1

桑原　将志

くわはら・まさゆき　福知山成美高　('12.1)　'93.7.21生　右投右打　OF, 2B

年度	チーム	試合	打数	得点	安打	二塁打	三塁打	本塁打	塁打	打点	盗塁	盗塁刺	犠打	犠飛	四球計	故意四球	死球	三振	併殺打	打率	長打率	出塁率	失策
'12	(ディ)	3	3	0	1	0	0	0	1	0	0	0	0	0	0	0	0	1	0	.333	.333	.333	0
'13	(ディ)	5	6	0	0	0	0	0	0	0	0	0	0	0	0	0	0	3	0	.000	.000	.000	0
'14	(ディ)	53	144	15	37	7	2	1	51	13	4	1	8	0	15	0	2	32	5	.257	.354	.335	5
'15	(ディ)	60	103	14	19	4	1	1	28	5	1	1	8	0	5	0	0	26	1	.184	.272	.222	1
'16	(ディ)	133	462	80	131	23	2	11	191	49	19	11	8	0	38	0	14	93	5	.284⑭	.413	.356	4
'17	(ディ)	143	598	87	161	38	5	13	248	52	10	11	10	0	45	0	11	116	8	.269⑰	.415	.332	3
'18	(ディ)	127	379	57	99	24	5	9	160	26	17	3	7	0	32	1	3	71	3	.261	.422	.324	1
'19	(ディ)	72	102	14	19	3	1	2	30	7	2	0	3	0	9	0	1	26	0	.186	.294	.259	1
'20	(ディ)	34	36	8	5	0	0	1	8	2	0	0	1	1	3	0	1	11	2	.139	.222	.220	0
〔9〕		630	1833	275	472	99	16	38	717	154	53	27	45	1	147	1	32	379	24	.258	.391	.323	15

郡司　裕也

ぐんじ・ゆうや　慶應義塾大　('20.1)　'97.12.27生　右投右打　C

年度	チーム	試合	打数	得点	安打	二塁打	三塁打	本塁打	塁打	打点	盗塁	盗塁刺	犠打	犠飛	四球計	故意四球	死球	三振	併殺打	打率	長打率	出塁率	失策
'20	(中)	30	64	6	10	3	0	0	13	4	0	0	1	1	9	1	1	19	1	.156	.203	.267	1

源田　壮亮

げんだ・そうすけ　愛知学院大　('17.1)　'93.2.16生　右投左打　SS

年度	チーム	試合	打数	得点	安打	二塁打	三塁打	本塁打	塁打	打点	盗塁	盗塁刺	犠打	犠飛	四球計	故意四球	死球	三振	併殺打	打率	長打率	出塁率	失策
'17	(武)	143	575	85	155	18	10	3	202	57	37	10	26	4	36	0	6	100	5	.270⑬	.351	.317	21
'18	(武)	143	594	92	165	27	9	4	222	57	34	8	14	6	48	0	4	101	7	.278⑬	.374	.333	11
'19	(武)	135	540	90	148	23	6	2	189	41	30	9	25	3	40	0	1	67	9	.274⑬	.350	.324	9
'20	(武)	120	455	67	123	14	5	1	150	21	18	8	22	2	38	0	1	80	6	.270⑭	.330	.327	9
〔4〕		541	2164	334	591	82	30	10	763	176	119	35	87	15	162	0	12	348	27	.273	.353	.325	50

郡　拓也

こおり・たくや　帝京高　('17.1)　'98.4.25生　右投右打　C, OF

年度	チーム	試合	打数	得点	安打	二塁打	三塁打	本塁打	塁打	打点	盗塁	盗塁刺	犠打	犠飛	四球計	故意四球	死球	三振	併殺打	打率	長打率	出塁率	失策
'17	(日)	1	1	0	0	0	0	0	0	0	0	0	0	0	0	0	0	1	0	.000	.000	.000	0
'19	(日)	2	4	0	1	0	0	0	1	0	0	0	0	0	0	0	0	2	0	.250	.250	.250	0
'20	(日)	9	6	1	0	0	0	0	0	0	0	0	0	0	1	0	0	1	0	.000	.000	.143	0
〔3〕		12	11	1	1	0	0	0	1	0	0	0	0	0	1	0	0	4	0	.091	.091	.167	0

古賀　優大

こが・ゆうだい　明徳義塾高　('17.1)　'98.8.7生　右投右打　C

年度	チーム	試合	打数	得点	安打	二塁打	三塁打	本塁打	塁打	打点	盗塁	盗塁刺	犠打	犠飛	四球計	故意四球	死球	三振	併殺打	打率	長打率	出塁率	失策
'18	(ヤ)	7	13	1	1	0	0	0	1	1	0	0	1	0	1	0	0	2	1	.077	.077	.143	0
'19	(ヤ)	11	15	0	3	0	0	0	3	0	0	0	1	0	1	0	0	2	0	.200	.200	.250	0
'20	(ヤ)	27	42	0	2	0	0	0	2	1	0	0	1	1	0	0	2	4	4	.048	.048	.089	0
〔3〕		45	70	1	6	0	0	0	6	2	0	0	3	1	2	0	2	8	5	.086	.086	.133	0

小窪　哲也　こくぼ・てつや　青山学院大　('08.1)　'85. 4. 12生　右投右打　3B, SS, 2B, 1B, OF

年度 チーム	試合	打数	得点	安打	二塁打	三塁打	本塁打	塁打	打点	盗塁	盗塁刺	犠打	犠飛	四球計	故意四球	死球	三振	併殺打	打率	長打率	出塁率	失策
'08(広)	98	274	22	74	11	1	3	96	19	1	2	11	2	25	3	4	49	6	.270	.350	.338	7
'09(広)	70	183	25	54	11	0	2	71	16	2	1	4	0	20	1	2	33	2	.295	.388	.371	7
'10(広)	81	208	17	43	7	0	1	53	24	0	0	6	4	21	0	5	31	9	.207	.255	.290	10
'11(広)	65	142	13	37	7	0	2	50	12	1	1	9	0	3	0	4	17	0	.261	.352	.295	4
'12(広)	25	43	3	9	3	0	0	12	2	0	0	7	0	1	0	1	6	1	.209	.279	.244	5
'13(広)	53	110	16	29	3	2	3	45	9	0	0	1	0	8	0	2	15	3	.264	.409	.325	2
'14(広)	78	161	13	51	9	0	3	69	30	1	0	4	3	12	0	2	25	1	.317	.429	.365	3
'15(広)	69	71	2	21	1	0	1	26	15	1	0	2	0	15	0	0	18	2	.296	.366	.419	1
'16(広)	69	92	8	20	9	1	0	37	10	0	0	1	0	11	0	3	23	2	.217	.402	.321	0
'17(広)	26	57	0	10	1	0	0	12	8	1	2	2	0	6	0	0	13	3	.175	.211	.254	0
'18(広)	17	26	2	8	1	0	1	13	3	0	0	0	1	1	1	0	7	0	.308	.500	.357	1
'19(広)	51	114	5	28	3	0	1	34	5	0	0	0	1	10	2	0	29	3	.246	.298	.306	2
'20(広)	3	3	0	1	0	0	0	1	0	0	0	0	0	0	0	0	3	0	.333	.333	.333	0
〔13〕	705	1484	129	385	68	6	18	519	153	7	4	48	9	133	7	24	245	33	.259	.350	.328	42

小島　脩平　こじま・しゅうへい　東洋大　('12.1)　'87. 6. 5生　右投左打　OF, 2B, 3B, 1B, SS

年度 チーム	試合	打数	得点	安打	二塁打	三塁打	本塁打	塁打	打点	盗塁	盗塁刺	犠打	犠飛	四球計	故意四球	死球	三振	併殺打	打率	長打率	出塁率	失策
'12(オ)	29	87	8	19	0	0	0	19	2	1	1	1	0	4	0	0	19	2	.218	.218	.244	1
'13(オ)	17	22	1	1	1	0	0	2	0	1	0	0	0	0	0	0	8	0	.045	.091	.045	0
'14(オ)	10	1	2	0	0	0	0	0	0	0	0	0	0	0	0	0	0	0	.000	.000	.000	0
'15(オ)	41	47	8	8	2	0	0	10	6	3	3	1	0	4	0	0	12	1	.170	.213	.235	0
'16(オ)	79	199	17	49	10	1	0	61	9	6	7	1	0	9	0	3	29	3	.246	.307	.289	1
'17(オ)	61	164	17	35	5	2	2	50	19	3	0	9	2	7	0	0	21	4	.213	.305	.243	1
'18(オ)	40	50	4	6	1	0	0	7	2	3	1	0	0	0	0	0	9	0	.120	.140	.185	0
'19(オ)	103	246	23	54	9	0	4	75	18	7	4	11	0	16	0	0	49	2	.220	.305	.266	3
'20(オ)	13	20	1	3	2	0	0	5	0	0	0	0	0	0	0	0	9	1	.150	.250	.150	0
〔9〕	393	836	81	175	30	3	6	229	56	24	17	22	3	43	0	3	157	13	.209	.274	.250	8

小園　海斗　こぞの・かいと　報徳学園高　('19.1)　'00. 6. 7生　右投右打　SS, 3B

年度 チーム	試合	打数	得点	安打	二塁打	三塁打	本塁打	塁打	打点	盗塁	盗塁刺	犠打	犠飛	四球計	故意四球	死球	三振	併殺打	打率	長打率	出塁率	失策
'19(広)	58	188	17	40	9	0	4	61	16	1	0	2	0	6	1	1	42	1	.213	.324	.241	9
'20(広)	3	6	0	0	0	0	0	0	0	0	0	0	0	0	0	0	1	0	.000	.000	.000	0
〔2〕	61	194	17	40	9	0	4	61	16	1	0	2	0	6	1	1	43	1	.206	.314	.234	9

小林　誠司　こばやし・せいじ　同志社大　('14.1)　'89. 6. 7生　右投右打　C

年度 チーム	試合	打数	得点	安打	二塁打	三塁打	本塁打	塁打	打点	盗塁	盗塁刺	犠打	犠飛	四球計	故意四球	死球	三振	併殺打	打率	長打率	出塁率	失策
'14(巨)	63	110	18	28	7	0	2	41	14	0	0	3	0	4	0	4	26	4	.255	.373	.305	3
'15(巨)	70	177	13	40	6	0	2	52	13	2	0	5	0	19	1	3	39	6	.226	.294	.312	2
'16(巨)	129	398	27	81	12	1	4	107	35	2	1	19	1	36	5	6	76	10	.204㉗	.269	.276	6
'17(巨)	138	378	25	78	11	0	4	97	27	2	0	19	3	41	4	7	64	12	.206㉘	.257	.285	5
'18(巨)	119	265	22	58	9	0	2	73	26	0	0	16	1	27	5	4	58	8	.219	.275	.300	5
'19(巨)	92	213	20	52	6	0	2	64	19	1	1	11	1	7	0	4	48	12	.244	.300	.280	3
'20(巨)	10	18	1	1	0	0	0	1	0	0	0	1	0	0	0	2	4	0	.056	.056	.150	0
〔7〕	621	1559	126	338	51	2	14	435	134	7	1	74	6	134	15	23	315	52	.217	.279	.287	25

小深田大翔　こぶかた・ひろと　近畿大　('20.1)　'95. 9. 28生　右投左打　SS, 2B

年度 チーム	試合	打数	得点	安打	二塁打	三塁打	本塁打	塁打	打点	盗塁	盗塁刺	犠打	犠飛	四球計	故意四球	死球	三振	併殺打	打率	長打率	出塁率	失策
'20(楽)	112	378	61	109	16	5	3	144	31	17	9	11	2	42	0	4	59	5	.288⑥	.381	.364	8

駒月　仁人　こまづき・ひとと　塔南高　('12.1)　'93.4.21生　右投右打　C

年度	チーム	試合	打数	得点	安打	二塁打	三塁打	本塁打	塁打	打点	盗塁	盗塁刺	犠打	犠飛	四球計	故意四球	死球	三振	併殺打	打率	長打率	出塁率	失策
'19	(武)	7	7	1	1	0	0	0	1	0	0	0	0	0	0	0	0	1	0	.143	.143	.143	0

近藤　健介　こんどう・けんすけ　横浜高　('12.1)　'93.8.9生　右投左打　OF, C, 3B, SS

年度	チーム	試合	打数	得点	安打	二塁打	三塁打	本塁打	塁打	打点	盗塁	盗塁刺	犠打	犠飛	四球計	故意四球	死球	三振	併殺打	打率	長打率	出塁率	失策
'12	(日)	20	26	2	5	0	0	0	5	2	0	0	1	1	2	0	0	5	1	.192	.192	.241	0
'13	(日)	32	66	7	10	0	0	0	10	2	2	0	2	1	11	0	0	14	4	.152	.152	.269	0
'14	(日)	89	264	24	68	20	1	4	102	28	3	3	10	2	15	0	0	45	4	.258	.386	.295	12
'15	(日)	129	435	68	142	33	2	8	203	60	6	2	3	5	59	2	2	59	9	.326③	.467	.405	6
'16	(日)	80	257	36	68	9	0	2	83	27	5	2	3	2	29	0	0	45	7	.265	.323	.337	2
'17	(日)	57	167	32	69	15	0	3	93	29	3	0	0	2	60	0	2	27	3	.413	.557	.567	0
'18	(日)	129	462	59	149	29	3	9	211	69	5	0	0	5	87	8	1	90	16	.323③	.457	.427	0
'19	(日)	138	490	74	148	32	5	2	196	59	1	4	0	5	103	3	2	81	11	.302⑥	.400	.422	7
'20	(日)	108	371	56	126	31	1	5	174	60	4	0	0	5	89	3	2	72	6	.340③	.469	.465	2
〔9〕		782	2538	358	785	169	12	33	1077	336	29	12	19	28	455	16	9	438	61	.309	.424	.412	34

後藤　駿太　(駿太)　ごとう・しゅんた　前橋商高　('11.1)　'93.3.5生　右投左打　OF

年度	チーム	試合	打数	得点	安打	二塁打	三塁打	本塁打	塁打	打点	盗塁	盗塁刺	犠打	犠飛	四球計	故意四球	死球	三振	併殺打	打率	長打率	出塁率	失策
'11	(オ)	30	40	4	4	1	0	0	5	1	0	1	6	0	1	0	0	13	0	.100	.125	.122	1
'12	(オ)	32	29	6	4	0	0	0	4	0	0	0	2	0	0	0	0	9	2	.138	.138	.138	0
'13	(オ)	117	201	24	40	8	0	3	57	12	4	1	6	1	13	0	0	38	0	.199	.284	.247	2
'14	(オ)	127	246	30	69	11	3	5	101	30	5	3	12	0	17	1	2	55	3	.280	.411	.332	1
'15	(オ)	135	334	31	78	8	2	2	96	31	3	8	15	3	24	0	1	69	4	.234	.287	.294	1
'16	(オ)	105	214	17	41	5	0	1	49	9	3	3	12	0	11	0	2	40	2	.192	.229	.238	2
'17	(オ)	129	296	29	71	16	7	2	107	27	4	3	13	4	15	1	1	76	3	.240	.361	.275	2
'18	(オ)	33	37	7	8	0	0	0	8	4	2	1	1	0	2	0	0	12	0	.216	.216	.310	1
'19	(オ)	91	165	17	37	7	3	1	53	22	4	5	4	0	19	0	3	47	1	.224	.321	.314	0
'20	(オ)	23	50	4	6	0	0	0	6	1	2	0	4	0	8	0	0	17	0	.120	.120	.241	2
〔10〕		822	1612	169	358	56	15	14	486	137	32	24	77	9	111	2	16	376	15	.222	.301	.277	12

J. サンズ　ジェリー・サンズ　カトーバ大　('20.1)　'87.9.28生　右投右打　OF

年度	チーム	試合	打数	得点	安打	二塁打	三塁打	本塁打	塁打	打点	盗塁	盗塁刺	犠打	犠飛	四球計	故意四球	死球	三振	併殺打	打率	長打率	出塁率	失策
'20	(神)	110	377	47	97	16	0	19	170	64	2	1	0	2	61	2	3	106	11	.257⑳	.451	.363	2

坂倉　将吾　さかくら・しょうご　日大三高　('17.1)　'98.5.29生　右投左打　C, OF

年度	チーム	試合	打数	得点	安打	二塁打	三塁打	本塁打	塁打	打点	盗塁	盗塁刺	犠打	犠飛	四球計	故意四球	死球	三振	併殺打	打率	長打率	出塁率	失策
'17	(広)	3	4	0	1	0	0	0	1	2	0	0	0	0	0	0	0	0	0	.250	.250	.250	0
'18	(広)	9	8	1	1	1	0	0	2	1	0	0	0	0	1	0	0	1	0	.125	.250	.222	0
'19	(広)	51	61	4	14	4	0	1	21	7	0	0	0	0	3	0	0	19	0	.230	.344	.266	2
'20	(広)	81	209	24	60	15	1	3	86	26	1	1	0	0	17	1	2	36	6	.287	.411	.346	0
〔4〕		144	282	29	76	20	1	4	110	36	1	1	0	0	21	1	2	56	6	.270	.390	.325	2

坂口　智隆

さかぐち・ともたか　神戸国際大付高　（'03.1）　'84.7.7生　右投左打　OF, 1B

年度	チーム	試合	打数	得点	安打	二塁打	三塁打	本塁打	塁打	打点	盗塁	盗塁刺	犠打	犠飛	四球計	故意四球	死球	三振	併殺打	打率	長打率	出塁率	失策
'03	(近)	1	5	0	1	0	0	0	1	0	0	0	0	0	1	0	0	2	0	.200	.200	.333	0
'04	(近)	7	4	1	0	0	0	0	0	0	0	0	0	0	1	0	0	0	0	.000	.000	.200	0
'05	(オ)	6	6	1	1	1	0	0	2	0	0	0	0	0	0	0	0	1	0	.167	.333	.167	0
'06	(オ)	28	22	3	2	0	0	1	5	2	3	1	1	0	3	0	0	6	1	.091	.227	.200	1
'07	(オ)	46	137	13	33	6	1	0	41	8	4	1	6	0	5	0	1	21	0	.241	.299	.273	1
'08	(オ)	142	540	68	150	15	6	2	183	32	13	3	17	4	23	0	4	77	9	.278⑲	.339	.310	2
'09	(オ)	137	526	82	167	23	7	5	219	50	16	4	8	4	52	0	4	31	8	.317②	.416	.381	2
'10	(オ)	138	558	84	172	31	10	5	238	50	12	6	7	1	52	0	4	77	13	.308⑬	.427	.371	4
'11	(オ)	144	590	84	175	20	7	3	218	45	5	5	7	1	54	2	4	77	11	.297⑦	.369	.359	0
'12	(オ)	40	158	7	36	2	1	0	40	8	2	2	2	0	5	0	1	13	0	.228	.253	.252	1
'13	(オ)	97	383	47	88	13	5	3	120	24	2	2	10	3	44	0	1	48	4	.230	.313	.309	3
'14	(オ)	122	323	33	76	13	1	2	97	40	3	2	10	0	47	0	2	45	4	.235	.300	.336	1
'15	(オ)	36	107	8	28	7	0	1	38	5	1	0	1	1	12	0	0	18	1	.262	.355	.333	0
'16	(ヤ)	141	526	74	155	14	5	0	179	39	7	4	5	5	63	0	8	56	5	.295⑩	.340	.375	4
'17	(ヤ)	136	535	51	155	16	2	4	187	36	3	3	5	2	59	2	6	76	6	.290⑫	.350	.364	1
'18	(ヤ)	139	508	64	161	22	4	3	200	37	9	7	7	2	75	5	3	50	15	.317⑨	.394	.406	5
'19	(ヤ)	22	64	2	8	1	0	0	9	2	0	0	1	0	10	0	2	13	2	.125	.141	.263	1
'20	(ヤ)	114	398	55	98	14	1	9	141	36	4	3	3	3	47	1	7	50	8	.246㉖	.354	.334	3
〔18〕		1496	5390	677	1506	190	54	38	1918	416	85	46	85	26	553	10	45	711	87	.279	.356	.350	21

坂本誠志郎

さかもと・せいしろう　明治大　（'16.1）　'93.11.10生　右投右打　C

年度	チーム	試合	打数	得点	安打	二塁打	三塁打	本塁打	塁打	打点	盗塁	盗塁刺	犠打	犠飛	四球計	故意四球	死球	三振	併殺打	打率	長打率	出塁率	失策
'16	(神)	28	45	4	9	2	1	1	16	2	0	0	6	0	4	1	0	14	3	.200	.356	.265	1
'17	(神)	42	113	13	28	5	1	1	39	17	0	0	3	0	15	1	1	32	1	.248	.345	.341	1
'18	(神)	15	13	1	2	1	0	0	3	1	0	0	1	0	2	0	0	7	0	.154	.231	.250	1
'19	(神)	20	40	2	7	0	0	2	13	3	0	0	1	0	1	0	0	8	2	.175	.325	.195	1
'20	(神)	38	75	5	16	4	0	0	20	4	1	1	7	0	13	0	0	20	1	.213	.267	.330	0
〔5〕		143	286	25	62	12	1	5	91	27	1	1	19	1	35	3	1	81	7	.217	.318	.303	4

坂本　勇人

さかもと・はやと　光星学院高　（'07.1）　'88.12.14生　右投右打　SS, 1B, 2B

年度	チーム	試合	打数	得点	安打	二塁打	三塁打	本塁打	塁打	打点	盗塁	盗塁刺	犠打	犠飛	四球計	故意四球	死球	三振	併殺打	打率	長打率	出塁率	失策
'07	(巨)	4	3	1	1	0	0	0	1	2	1	0	0	0	0	0	0	0	0	.333	.333	.333	0
'08	(巨)	144	521	59	134	24	1	8	184	43	10	5	15	1	28	3	2	98	2	.257㉚	.353	.297	15
'09	(巨)	141	581	87	178	33	3	18	271	62	5	3	7	4	44	3	4	101	6	.306④	.466	.357	19
'10	(巨)	144	609	107	171	35	4	31	307	85	14	4	10	7	47	2	3	83	6	.281㉔	.504	.332	21
'11	(巨)	144	568	69	149	27	2	16	228	59	8	1	10	3	37	8	6	91	3	.262⑯	.401	.313	18
'12	(巨)	144	557	87	173	35	2	14	254	69	16	1	12	5	39	0	6	90	5	.311②	.456	.359	15
'13	(巨)	144	554	73	147	33	1	12	218	54	24	4	4	3	55	0	4	87	11	.265⑰	.394	.334	11
'14	(巨)	144	545	82	152	29	0	16	229	61	23	5	4	5	55	0	2	88	3	.279⑯	.420	.344	13
'15	(巨)	130	479	50	129	21	3	12	192	68	10	4	2	2	65	0	0	79	5	.269⑲	.401	.353	11
'16	(巨)	137	488	96	168	28	3	23	271	75	13	3	1	6	81	2	0	67	6	.344①	.555	.433	16
'17	(巨)	142	539	82	157	30	0	15	232	61	14	6	1	3	68	2	3	85	16	.291⑨	.430	.372	9
'18	(巨)	109	441	87	152	27	2	18	237	67	9	5	0	0	61	10	0	83	4	.345②	.537	.424	9
'19	(巨)	143	555	103	173	35	2	40	319	94	5	3	2	2	75	6	2	123	9	.312⑤	.575	.396	12
'20	(巨)	115	412	64	119	28	1	19	206	65	4	1	1	4	62	7	0	85	9	.289⑩	.500	.379	4
〔14〕		1785	6852	1047	2003	376	22	242	3149	865	156	45	82	48	719	47	32	1160	87	.292	.460	.360	173

佐藤都志也

さとう・としや　東洋大　（'20.1）　'98.1.27生　右投左打　C

年度	チーム	試合	打数	得点	安打	二塁打	三塁打	本塁打	塁打	打点	盗塁	盗塁刺	犠打	犠飛	四球計	故意四球	死球	三振	併殺打	打率	長打率	出塁率	失策
'20	(ロ)	60	114	6	26	4	0	2	36	12	0	0	2	0	9	0	2	25	1	.228	.316	.296	0

佐藤　龍世　さとう・りゅうせい　富士大　('19.1)　'97.1.15生　右投右打　3B

年度	チーム	試合	打数	得点	安打	二塁打	三塁打	本塁打	塁打	打点	盗塁	盗塁刺	犠打	犠飛	四球計	故意四球	死球	三振	併殺打	打率	長打率	出塁率	失策
'19	(武)	52	59	6	13	6	0	2	25	7	0	0	1	0	3	0	0	14	1	.220	.424	.258	3

佐野　恵太　さの・けいた　明治大　('17.1)　'94.11.28生　右投左打　OF, 1B

年度	チーム	試合	打数	得点	安打	二塁打	三塁打	本塁打	塁打	打点	盗塁	盗塁刺	犠打	犠飛	四球計	故意四球	死球	三振	併殺打	打率	長打率	出塁率	失策
'17	(ディ)	18	21	1	2	1	0	0	3	1	0	0	0	0	3	0	0	5	0	.095	.143	.208	0
'18	(ディ)	73	126	6	29	4	0	5	48	14	1	0	0	1	3	0	0	26	3	.230	.381	.246	0
'19	(ディ)	89	200	23	59	10	0	5	84	33	0	0	0	0	13	1	2	39	9	.295	.420	.344	2
'20	(ディ)	106	402	48	132	20	1	20	214	69	0	0	0	3	42	1	4	58	13	.328①	.532	.395	4
〔4〕		286	749	78	222	35	1	30	349	117	1	0	0	4	61	2	6	128	25	.296	.466	.352	6

佐野　皓大　さの・こうだい　大分高　('15.1)　'96.9.2生　右投左右打　OF

年度	チーム	試合	打数	得点	安打	二塁打	三塁打	本塁打	塁打	打点	盗塁	盗塁刺	犠打	犠飛	四球計	故意四球	死球	三振	併殺打	打率	長打率	出塁率	失策
'18	(オ)	1	0	1	0	0	0	0	0	0	0	0	0	0	0	0	0	0	0	.000	.000	.000	—
'19	(オ)	68	121	22	25	5	1	4	35	9	12	3	3	0	5	0	1	43	2	.207	.289	.244	0
'20	(オ)	77	140	22	30	5	3	0	41	3	20	4	13	0	9	0	0	37	2	.214	.293	.262	2
〔3〕		146	261	45	55	10	4	4	76	12	32	7	16	0	14	0	1	80	4	.211	.291	.254	2

M.シエラ　モイセ・シエラ　イバン・グスマン・クラン高　('20.3)　'88.9.24生　右投右打　OF, 1B

年度	チーム	試合	打数	得点	安打	二塁打	三塁打	本塁打	塁打	打点	盗塁	盗塁刺	犠打	犠飛	四球計	故意四球	死球	三振	併殺打	打率	長打率	出塁率	失策
'20	(中)	25	80	9	18	2	0	1	23	7	1	0	0	1	10	0	3	25	6	.225	.288	.330	1

A.ジョーンズ　アダム・ジョーンズ　サミュエル・モールス高　('20.1)　'85.8.1生　右投右打　OF

年度	チーム	試合	打数	得点	安打	二塁打	三塁打	本塁打	塁打	打点	盗塁	盗塁刺	犠打	犠飛	四球計	故意四球	死球	三振	併殺打	打率	長打率	出塁率	失策
'20	(オ)	87	302	29	78	13	0	12	126	43	1	0	0	2	32	0	2	66	9	.258	.417	.331	1

塩見　泰隆　しおみ・やすたか　帝京大　('18.1)　'93.6.12生　右投右打　OF

年度	チーム	試合	打数	得点	安打	二塁打	三塁打	本塁打	塁打	打点	盗塁	盗塁刺	犠打	犠飛	四球計	故意四球	死球	三振	併殺打	打率	長打率	出塁率	失策
'18	(ヤ)	16	25	1	1	1	0	0	2	0	0	0	0	0	1	0	0	7	0	.040	.080	.077	0
'19	(ヤ)	45	88	20	16	2	1	0	25	7	4	1	0	0	8	0	2	24	1	.182	.284	.265	1
'20	(ヤ)	43	154	20	43	4	2	8	75	21	13	2	3	0	17	0	5	44	4	.279	.487	.369	1
〔3〕		104	267	41	60	7	4	9	102	28	17	3	3	0	26	0	7	75	5	.225	.382	.310	2

重信慎之介　しげのぶ・しんのすけ　早稲田大　('16.1)　'93.4.17生　右投左打　OF

年度	チーム	試合	打数	得点	安打	二塁打	三塁打	本塁打	塁打	打点	盗塁	盗塁刺	犠打	犠飛	四球計	故意四球	死球	三振	併殺打	打率	長打率	出塁率	失策
'16	(巨)	25	79	10	15	1	3	0	22	2	9	5	1	0	7	0	0	20	0	.190	.278	.256	0
'17	(巨)	74	70	18	11	4	0	0	15	2	10	4	1	1	6	0	0	21	1	.157	.214	.224	0
'18	(巨)	60	167	24	47	7	5	2	70	13	6	4	6	1	11	0	0	38	1	.281	.419	.324	0
'19	(巨)	106	158	25	42	7	2	2	59	16	14	3	2	3	11	1	0	43	1	.266	.373	.308	1
'20	(巨)	60	90	17	23	5	1	1	33	6	5	1	1	1	6	0	0	33	1	.256	.367	.302	0
〔5〕		325	564	94	138	24	11	5	199	39	40	13	10	4	41	1	0	155	3	.245	.353	.294	1

柴田　竜拓　　しばた・たつひろ　國學院大　（'16.1）　'93.12.16生　右投左打　2B, SS, 3B

年度	チーム	試合	打数	得点	安打	二塁打	三塁打	本塁打	塁打	打点	盗塁	盗塁刺	犠打	犠飛	四球計	故意四球	死球	三振	併殺打	打率	長打率	出塁率	失策
'16	(ディ)	19	39	4	8	0	1	0	10	2	1	0	2	0	5	0	0	8	1	.205	.256	.295	4
'17	(ディ)	88	215	25	50	8	0	1	61	11	1	1	11	2	17	0	3	50	2	.233	.284	.295	4
'18	(ディ)	113	224	32	49	6	0	3	64	13	2	1	6	0	30	2	5	45	3	.219	.286	.324	6
'19	(ディ)	111	164	22	42	8	1	3	61	17	3	0	10	2	20	1	0	38	3	.256	.372	.333	2
'20	(ディ)	110	233	33	62	14	0	2	82	20	0	0	9	1	29	3	4	50	1	.266	.352	.356	6
[5]		441	875	116	211	36	2	9	278	63	7	2	38	5	101	6	12	191	10	.241	.318	.326	22

嶋　基宏　　しま・もとひろ　國學院大　（'07.1）　'84.12.13生　右投右打　C, _B

年度	チーム	試合	打数	得点	安打	二塁打	三塁打	本塁打	塁打	打点	盗塁	盗塁刺	犠打	犠飛	四球計	故意四球	死球	三振	併殺打	打率	長打率	出塁率	失策
'07	(楽)	125	312	33	57	6	0	2	69	16	3	2	20	1	20	0	1	74	6	.183	.221	.234	8
'08	(楽)	85	196	20	45	13	0	0	58	19	4	1	11	0	16	0	0	40	6	.230	.296	.288	5
'09	(楽)	106	249	27	58	9	0	1	70	14	1	4	20	0	22	2	3	55	5	.233	.281	.303	2
'10	(楽)	127	422	33	133	17	0	3	159	43	9	5	17	1	45	1	0	90	15	.315⑧	.377	.380	8
'11	(楽)	129	362	33	81	16	1	2	105	28	7	3	24	2	30	1	3	85	7	.224	.290	.287	11
'12	(楽)	91	265	32	77	4	2	1	88	8	3	4	13	1	33	0	4	51	5	.291	.332	.376	2
'13	(楽)	134	447	44	115	13	1	4	142	48	3	3	16	3	39	2	2	92	14	.257㉘	.318	.318	3
'14	(楽)	126	350	43	92	13	0	1	108	36	6	4	11	5	65	1	1	84	13	.263	.309	.375	5
'15	(楽)	117	338	28	74	9	1	4	97	18	2	3	11	1	60	4	1	69	11	.219	.287	.338	4
'16	(楽)	80	199	26	54	9	1	2	71	17	4	4	17	0	40	0	0	43	6	.271	.357	.393	4
'17	(楽)	112	281	34	56	9	0	3	74	28	2	1	27	1	57	0	3	62	8	.199	.263	.339	4
'18	(楽)	113	315	21	65	12	1	0	79	21	2	3	15	0	30	1	1	89	3	.206	.251	.277	1
'19	(楽)	57	110	12	23	5	0	3	37	15	0	0	7	0	13	0	1	20	3	.209	.336	.298	2
'20	(ヤ)	20	41	2	4	2	0	0	6	4	0	0	1	0	3	0	0	19	1	.098	.146	.159	1
[14]		1422	3887	388	934	137	7	26	1163	315	50	37	210	15	473	_2	20	873	103	.240	.299	.325	60

島内　宏明　　しまうち・ひろあき　明治大　（'12.1）　'90.2.2生　左投左打　OF

年度	チーム	試合	打数	得点	安打	二塁打	三塁打	本塁打	塁打	打点	盗塁	盗塁刺	犠打	犠飛	四球計	故意四球	死球	三振	併殺打	打率	長打率	出塁率	失策
'12	(楽)	41	97	11	29	6	1	2	43	17	1	0	4	1	2	0	0	8	2	.299	.443	.310	0
'13	(楽)	97	299	36	85	6	4	6	117	38	6	4	4	5	21	0	0	44	6	.284	.391	.326	3
'14	(楽)	66	215	26	52	7	3	2	71	18	6	5	2	1	19	0	0	22	5	.242	.330	.301	2
'15	(楽)	25	74	6	15	2	0	0	23	6	5	1	2	1	4	0	0	6	0	.203	.311	.241	0
'16	(楽)	114	342	43	98	9	2	9	138	41	10	2	7	4	33	0	2	48	7	.287	.404	.349	0
'17	(楽)	143	494	62	131	14	3	14	193	47	3	6	12	3	64	0	4	67	8	.265⑯	.391	.352	1
'18	(楽)	103	394	53	115	16	3	11	170	53	11	5	3	3	47	0	6	45	10	.292⑧	.431	.373	1
'19	(楽)	133	506	68	145	21	5	10	206	57	3	4	9	1	58	0	11	65	11	.287⑩	.407	.372	0
'20	(楽)	114	406	50	114	17	2	8	159	53	9	1	6	4	48	1	7	71	8	.281⑧	.392	.363	2
[9]		836	2827	355	784	98	26	62	1120	330	54	24	54	24	296	_1	30	376	57	.277	.396	.349	9

島田　海吏　　しまだ・かいり　上武大　（'18.1）　'96.2.6生　右投左打　OF

年度	チーム	試合	打数	得点	安打	二塁打	三塁打	本塁打	塁打	打点	盗塁	盗塁刺	犠打	犠飛	四球計	故意四球	死球	三振	併殺打	打率	長打率	出塁率	失策
'18	(神)	12	35	5	7	1	1	0	10	1	0	1	1	0	1	0	0	7	0	.200	.286	.222	0
'19	(神)	7	4	2	1	0	0	0	2	0	0	0	0	0	1	0	0	1	0	.250	.500	.400	0
'20	(神)	43	17	4	3	0	0	0	3	1	3	0	1	2	1	0	0	4	0	.176	.176	.300	1
[3]		62	56	11	11	2	1	0	15	2	3	1	2	0	4	1	1	12	0	.196	.268	.262	1

清水　優心　しみず・ゆうし　九州国際大付高　（'15.1）　'96.5.22生　右投右打　C

年度(チーム)	試合	打数	得点	安打	二塁打	三塁打	本塁打	塁打	打点	盗塁	盗塁刺	犠打	犠飛	四球計	故意四球	死球	三振	併殺打	打率	長打率	出塁率	失策
'15(日)	1	2	0	0	0	0	0	0	0	0	0	0	0	0	0	0	1	0	.000	.000	.000	0
'16(日)	5	8	0	2	0	0	0	2	0	0	0	0	0	0	0	0	2	0	.250	.250	.250	0
'17(日)	61	111	7	22	4	0	1	29	10	0	0	3	1	5	0	0	35	4	.198	.261	.231	5
'18(日)	86	200	25	43	7	0	7	71	21	0	1	20	1	18	0	3	51	4	.215	.355	.288	3
'19(日)	98	216	17	56	8	0	5	79	24	0	1	9	1	19	0	1	51	6	.259	.366	.321	7
'20(日)	69	135	13	26	7	0	3	42	16	0	0	12	2	7	0	1	37	5	.193	.311	.234	8
〔6〕	320	672	62	149	26	0	16	223	71	0	2	44	5	49	0	5	177	19	.222	.332	.278	23

下水流　昂　しもずる・こう　青山学院大　（'13.1）　'88.4.23生　右投右打　OF

年度(チーム)	試合	打数	得点	安打	二塁打	三塁打	本塁打	塁打	打点	盗塁	盗塁刺	犠打	犠飛	四球計	故意四球	死球	三振	併殺打	打率	長打率	出塁率	失策
'13(広)	2	5	0	2	0	0	0	2	1	0	0	0	0	0	0	0	1	0	.400	.400	.400	0
'15(広)	5	10	0	2	0	0	0	2	0	0	0	0	0	0	0	0	3	1	.200	.200	.200	0
'16(広)	48	104	11	26	6	0	5	47	18	0	0	0	0	12	0	0	26	7	.250	.452	.328	0
'17(広)	9	9	1	1	1	0	0	2	0	0	0	0	0	0	0	0	1	0	.111	.222	.111	0
'18(広)	67	80	8	21	1	0	4	34	12	0	1	0	0	7	0	0	25	5	.263	.425	.322	1
'19(広)	2	4	0	0	0	0	0	0	0	0	0	0	0	0	0	0	2	1	.000	.000	.000	1
'19(楽)	50	88	12	22	2	0	2	30	6	0	1	0	0	2	0	1	28	1	.250	.341	.333	2
'20(楽)	20	32	1	6	0	1	1	11	5	0	0	0	0	2	0	1	11	0	.188	.344	.257	1
〔7〕	203	332	33	80	11	1	12	128	42	0	2	4	0	31	0	2	98	14	.241	.386	.310	4

下妻　貴寛　しもつま・たかひろ　酒田南高　（'13.1）　'94.4.15生　右投右打　C

年度(チーム)	試合	打数	得点	安打	二塁打	三塁打	本塁打	塁打	打点	盗塁	盗塁刺	犠打	犠飛	四球計	故意四球	死球	三振	併殺打	打率	長打率	出塁率	失策
'14(楽)	1	0	0	0	0	0	0	0	0	0	0	0	0	0	0	0	0	0	.000	.000	.000	0
'15(楽)	4	0	0	0	0	0	0	0	0	0	0	0	0	0	0	0	0	0	.000	.000	.000	0
'17(楽)	8	10	0	1	0	0	0	1	0	0	0	1	0	0	0	0	5	0	.100	.100	.100	0
'20(楽)	43	77	5	12	4	0	0	19	9	0	0	11	1	1	0	0	26	0	.156	.247	.165	0
〔4〕	56	87	5	13	4	0	0	20	9	0	0	12	1	1	0	0	31	0	.149	.230	.157	0

周東　佑京　しゅうとう・うきょう　東京農業大北海道オホーツク　（'19.3）　'96.2.10生　右投左打　OF, 2B, SS, 3B

年度(チーム)	試合	打数	得点	安打	二塁打	三塁打	本塁打	塁打	打点	盗塁	盗塁刺	犠打	犠飛	四球計	故意四球	死球	三振	併殺打	打率	長打率	出塁率	失策
'19(ソ)	102	102	39	20	3	2	1	30	6	25	5	10	0	2	0	0	27	1	.196	.294	.212	2
'20(ソ)	103	307	48	83	8	7	1	108	27	**50**	6	11	2	24	0	2	79	2	.270	.352	.325	**12**
〔2〕	205	409	87	103	11	9	2	138	33	75	11	21	2	26	0	2	106	3	.252	.337	.298	14

俊　介　しゅんすけ（藤川　俊介）　近畿大　（'10.1）　'87.8.17生　右投右打　OF

年度(チーム)	試合	打数	得点	安打	二塁打	三塁打	本塁打	塁打	打点	盗塁	盗塁刺	犠打	犠飛	四球計	故意四球	死球	三振	併殺打	打率	長打率	出塁率	失策
'10(神)	124	161	32	41	12	2	1	60	10	5	1	13	0	9	3	0	32	2	.255	.373	.294	0
'11(神)	108	190	20	46	6	2	1	59	9	5	3	6	0	9	0	0	28	2	.242	.311	.276	1
'12(神)	82	65	10	12	0	0	0	12	4	1	1	6	0	2	0	0	14	1	.185	.185	.206	0
'13(神)	119	192	30	56	7	2	0	67	9	8	5	16	0	8	0	0	19	2	.292	.349	.320	1
'14(神)	87	102	13	21	4	0	1	28	6	6	0	6	0	10	1	0	12	3	.206	.275	.283	1
'15(神)	112	102	21	25	5	0	0	30	2	3	3	13	0	9	0	0	20	2	.245	.294	.319	1
'16(神)	41	43	4	8	2	0	0	10	1	0	0	2	0	6	0	0	16	0	.186	.233	.321	0
'17(神)	74	191	26	59	15	1	4	88	23	2	1	3	0	9	0	0	33	1	.309	.461	.340	0
'18(神)	87	183	25	41	5	1	2	54	21	1	0	6	0	11	0	0	29	4	.224	.295	.268	1
'19(神)	6	6	0	0	0	0	0	0	0	0	0	0	0	0	0	0	2	0	.000	.000	.000	0
'20(神)	9	8	0	1	0	0	0	1	0	0	0	0	0	0	0	0	2	0	.125	.125	.125	0
〔11〕	849	1243	181	310	56	8	9	409	86	28	16	71	2	76	4	3	202	18	.249	.329	.294	4

正隨　優弥　しょうずい・ゆうや　亜細亜大　（'19.1）　'96.4.2生　右投右打　OF

年度	チーム	試合	打数	得点	安打	二塁打	三塁打	本塁打	塁打	打点	盗塁	盗塁刺	犠打	犠飛	四球計	故意四球	死球	三振	併殺打	打率	長打率	出塁率	失策
'20	(広)	7	7	1	1	0	0	1	4	1	0	0	0	0	1	0	0	1	1	.143	.571	.250	0

白崎　浩之　しらさき・ひろゆき　駒澤大　（'13.1）　'90.8.20生　右投右打　3B, SS, 1B, 2B

年度	チーム	試合	打数	得点	安打	二塁打	三塁打	本塁打	塁打	打点	盗塁	盗塁刺	犠打	犠飛	四球計	故意四球	死球	三振	併殺打	打率	長打率	出塁率	失策
'13	(デイ)	47	52	16	11	1	0	0	12	1	0	1	4	0	4	0	0	11	2	.212	.231	.268	
'14	(デイ)	101	209	24	49	8	1	6	62	11	4	2	15	0	16	0	0	50	4	.234	.297	.289	11
'15	(デイ)	81	204	25	46	9	1	6	75	9	2	4	22	0	11	0	1	45	1	.225	.368	.269	6
'16	(デイ)	92	203	20	42	11	0	6	71	12	0	1	2	0	6	0	3	32	8	.207	.350	.241	5
'17	(デイ)	34	54	5	10	3	0	0	13	4	0	0	1	0	0	0	0	19	0	.185	.241	.200	1
'18	(オ)	30	67	4	16	5	0	1	24	9	0	0	1	0	3	0	2	20	1	.239	.358	.288	4
'19	(オ)	25	49	6	10	0	0	2	16	6	0	0	0	0	5	0	0	14	1	.204	.327	.278	4
'20	(オ)	3	0	1	0	0	0	0	0	0	0	0	0	0	0	0	0	0	0	.000	.000	.000	
〔8〕		413	838	101	184	37	2	16	273	52	6	8	43	1	46	0	6	191	17	.220	.326	.265	31

白濱　裕太　しらはま・ゆうた　広陵高　（'04.1）　'85.10.31生　右投右打　C

年度	チーム	試合	打数	得点	安打	二塁打	三塁打	本塁打	塁打	打点	盗塁	盗塁刺	犠打	犠飛	四球計	故意四球	死球	三振	併殺打	打率	長打率	出塁率	失策
'11	(広)	7	13	0	1	0	0	0	1	0	0	0	1	0	0	0	0	4	0	.077	.077	.077	0
'12	(広)	35	61	3	10	1	0	0	11	5	0	0	5	0	6	0	0	19	2	.164	.180	.239	2
'13	(広)	7	4	0	0	0	0	0	0	0	0	0	1	0	0	0	0	1	0	.000	.000	.000	0
'14	(広)	30	62	4	10	1	0	1	14	1	0	1	1	0	4	0	0	17	0	.161	.226	.224	0
'15	(広)	1	0	0	0	0	0	0	0	0	0	0	0	0	0	0	0	0	0	.000	.000	.000	0
'16	(広)	1	0	0	0	0	0	0	0	0	0	0	0	0	0	0	0	0	0	.000	.000	.000	0
'17	(広)	3	5	0	2	1	0	0	3	1	0	0	0	0	1	0	0	2	0	.400	.600	.400	0
'20	(広)	2	1	0	0	0	0	0	0	0	0	0	0	0	0	0	0	0	0	.000	.000	.000	
〔8〕		86	146	7	23	3	0	1	29	7	1	1	10	0	11	0	0	43	2	.158	.199	.217	2

C.スパンジェンバーグ　コーリー・スパンジェンバーグ　インディアン・リバー・コミュニティ大　（'20.1）　'91.3.16生　右投左打　OF, 3B

年度	チーム	試合	打数	得点	安打	二塁打	三塁打	本塁打	塁打	打点	盗塁	盗塁刺	犠打	犠飛	四球計	故意四球	死球	三振	併殺打	打率	長打率	出塁率	失策
'20	(武)	111	407	51	109	26	**8**	15	196	57	12	2	0	2	32	0	4	**150**	2	.268⑮	.482	.326	10

菅野　剛士　すがの・つよし　明治大　（'18.1）　'93.5.6生　右投左打　OF, 1B

年度	チーム	試合	打数	得点	安打	二塁打	三塁打	本塁打	塁打	打点	盗塁	盗塁刺	犠打	犠飛	四球計	故意四球	死球	三振	併殺打	打率	長打率	出塁率	失策
'18	(ロ)	53	131	15	23	3	2	2	36	18	1	0	4	1	20	0	5	27	4	.176	.275	.306	0
'19	(ロ)	28	66	7	13	2	0	2	24	7	0	0	0	0	7	0	0	11	0	.197	.364	.274	1
'20	(ロ)	81	223	24	58	10	3	2	80	20	1	3	5	0	45	0	2	55	7	.260	.359	.389	0
〔3〕		162	420	46	94	15	5	7	140	45	2	3	9	1	71	0	8	93	11	.224	.333	.346	1

杉本裕太郎　すぎもと・ゆうたろう　青山学院大　（'16.1）　'91.4.5生　右投右打　OF

年度	チーム	試合	打数	得点	安打	二塁打	三塁打	本塁打	塁打	打点	盗塁	盗塁刺	犠打	犠飛	四球計	故意四球	死球	三振	併殺打	打率	長打率	出塁率	失策
'16	(オ)	1	3	0	0	0	0	0	0	0	0	0	0	0	0	0	0	2	0	.000	.000	.000	0
'17	(オ)	9	17	2	2	1	0	0	6	2	0	0	0	0	0	0	0	6	1	.118	.353	.118	0
'18	(オ)	7	12	2	3	1	0	0	10	8	0	0	0	0	0	0	0	3	0	.250	.833	.357	0
'19	(オ)	18	51	5	8	1	0	4	21	7	1	0	0	0	1	0	0	22	2	.157	.412	.157	1
'20	(オ)	41	127	13	34	3	1	2	45	17	1	0	0	0	10	0	4	34	4	.268	.354	.340	0
〔5〕		76	210	22	47	6	1	6	82	34	2	0	0	0	11	0	5	67	7	.224	.390	.279	1

杉谷　拳士
すぎや・けんし　帝京高（'09.1）　'91.2.4生　右投左右打　OF, 2B, 1B, 3B, SS

年度	チーム	試合	打数	得点	安打	二塁打	三塁打	本塁打	塁打	打点	盗塁	盗塁刺	犠打	犠飛	四球計	故意四球	死球	三振	併殺打	打率	長打率	出塁率	失策
'11	(日)	50	92	9	17	3	1	0	22	7	7	3	11	0	5	0	2	21	1	.185	.239	.242	1
'12	(日)	58	115	11	27	3	1	2	38	12	4	2	8	2	7	0	1	18	1	.235	.330	.280	1
'13	(日)	55	141	11	28	5	1	0	35	8	0	1	11	0	12	0	1	24	2	.199	.248	.266	1
'14	(日)	87	123	21	25	4	2	2	39	9	11	3	11	0	8	0	4	19	1	.203	.317	.274	2
'15	(日)	84	166	25	49	5	2	1	61	12	8	7	9	1	9	0	7	28	1	.295	.367	.355	2
'16	(日)	62	104	11	25	5	1	0	32	9	4	2	23	0	11	1	0	23	1	.240	.308	.313	1
'17	(日)	35	75	5	11	2	1	0	15	3	1	0	5	0	5	0	0	20	1	.147	.200	.200	1
'18	(日)	70	104	17	24	4	0	3	37	9	4	2	6	2	12	0	6	20	2	.231	.356	.339	1
'19	(日)	83	134	15	28	4	1	4	46	12	5	1	6	1	13	1	3	36	2	.209	.343	.291	3
'20	(日)	88	131	28	29	8	1	2	45	11	4	1	14	0	12	0	4	32	2	.221	.344	.306	2
〔10〕		672	1185	153	263	43	11	14	370	92	48	20	104	6	94	2	28	241	14	.222	.312	.293	19

鈴木　将平
すずき・しょうへい　静岡高（'17.1）　'98.5.20生　左投左打　OF

年度	チーム	試合	打数	得点	安打	二塁打	三塁打	本塁打	塁打	打点	盗塁	盗塁刺	犠打	犠飛	四球計	故意四球	死球	三振	併殺打	打率	長打率	出塁率	失策
'19	(武)	16	26	4	4	0	0	0	4	1	1	1	1	0	1	0	0	6	1	.154	.154	.185	0
'20	(武)	46	140	7	29	4	2	1	40	10	0	2	4	2	10	0	1	24	2	.207	.286	.261	2
〔2〕		62	166	11	33	4	2	1	44	11	1	3	5	2	11	0	1	30	3	.199	.265	.250	2

鈴木　誠也
すずき・せいや　二松學舍大付高（'13.1）　'94.8.18生　右投右打　OF, 3B

年度	チーム	試合	打数	得点	安打	二塁打	三塁打	本塁打	塁打	打点	盗塁	盗塁刺	犠打	犠飛	四球計	故意四球	死球	三振	併殺打	打率	長打率	出塁率	失策
'13	(広)	11	12	0	1	0	0	0	1	1	0	0	0	0	1	0	1	1	1	.083	.083	.214	0
'14	(広)	36	64	6	22	7	0	1	32	7	0	0	0	0	4	0	0	13	2	.344	.500	.382	1
'15	(広)	97	211	21	58	6	3	5	85	25	6	7	2	1	16	0	2	38	3	.275	.403	.329	1
'16	(広)	129	466	76	156	26	8	29	285	95	16	11	3	3	53	1	3	79	10	.335②	.612	.404	2
'17	(広)	115	437	85	131	28	1	26	239	90	16	6	0	7	62	0	6	80	12	.300⑦	.547	.389	6
'18	(広)	124	422	86	135	32	2	30	261	94	4	4	0	5	88	2	5	116	4	.320⑥	.618	.438	2
'19	(広)	140	499	112	167	31	0	28	282	87	25	16	0	3	103	12	7	81	3	.335①	.565	.453	2
'20	(広)	118	430	85	129	26	2	25	234	75	6	4	0	3	72	9	9	73	15	.300⑧	.544	.409	3
〔8〕		770	2541	471	799	156	16	144	1419	474	73	48	10	23	399	24	33	481	50	.314	.558	.411	19

鈴木　大地
すずき・だいち　東洋大（'12.1）　'89.8.18生　右投左打　SS, 3B, 2B, 1B, OF

年度	チーム	試合	打数	得点	安打	二塁打	三塁打	本塁打	塁打	打点	盗塁	盗塁刺	犠打	犠飛	四球計	故意四球	死球	三振	併殺打	打率	長打率	出塁率	失策
'12	(ロ)	62	135	16	37	5	1	0	44	11	0	0	10	1	13	0	1	23	1	.274	.326	.340	3
'13	(ロ)	144	481	54	127	20	11	5	184	50	2	4	14	6	38	2	12	66	8	.264㉖	.383	.330	9
'14	(ロ)	144	533	60	153	29	7	3	205	43	7	1	22	4	45	0	6	57	1	.287⑫	.385	.347	6
'15	(ロ)	142	487	60	128	24	4	6	178	50	1	5	24	3	47	1	3	58	10	.263⑳	.366	.330	10
'16	(ロ)	143	501	62	143	30	2	6	195	61	3	1	16	7	50	2	9	56	9	.285⑩	.389	.356	6
'17	(ロ)	143	508	56	132	27	5	11	202	52	6	5	3	4	55	1	18	85	7	.260㉑	.398	.350	5
'18	(ロ)	143	477	44	127	27	4	7	190	49	8	4	14	6	48	0	10	55	11	.266⑱	.398	.346	10
'19	(ロ)	140	527	76	152	34	4	15	239	68	3	1	13	2	56	0	16	75	11	.288⑧	.454	.373	2
'20	(楽)	120	478	71	141	27	1	4	182	55	1	3	12	3	46	0	7	58	18	.295⑤	.381	.363	5
〔9〕		1181	4127	499	1140	223	41	58	1619	439	31	24	128	36	394	8	89	533	76	.276	.392	.349	68

炭谷銀仁朗 (銀仁朗) すみたに・ぎんじろう　平安高　('06.1)　'87. 7.19生　右投右打　C

年度	チーム	試合	打数	得点	安打	二塁打	三塁打	本塁打	塁打	打点	盗塁	盗塁刺	犠打	犠飛	四球計	故意四球	死球	三振	併殺打	打率	長打率	出塁率	失策
'06	(武)	54	138	10	25	4	1	3	40	14	0		6	0	2	0	0	33	6	.181	.290	.193	2
'07	(武)	28	46	3	8	1	1	1	14	7	0		1	1	2	0	0	19	0	.174	.304	.204	0
'08	(武)	46	64	5	8	4	0	0	12	5	0	1	1	1	2	0	0	30	0	.125	.188	.149	0
'09	(武)	112	273	22	60	15	0	3	84	25	1	0	14	3	15	1	1	75	5	.220	.308	.260	5
'10	(武)	1	1	0	0	0	0	0	0	0	0		0	0	0	0	0	0	0	.000	.000	.000	0
'11	(武)	122	317	20	69	7	1	2	84	23	4	1	33	3	11	0	1	79	6	.218	.265	.244	9
'12	(武)	139	360	23	70	12	1	0	84	23	0	2	35	1	17	0	1	74	9	.194	.233	.232	3
'13	(武)	141	413	28	89	16	0	5	120	43	1	2	19	2	30	2	4	62	14	.215⑬	.291	.274	7
'14	(武)	125	381	31	77	13	1	7	113	36	0	2	20	3	17	0	2	74	10	.202	.297	.238	6
'15	(武)	133	399	31	84	16	0	4	112	35	0	0	22	2	16	0	4	87	7	.211⑳	.281	.247	3
'16	(武)	117	294	19	64	10	1	1	79	22	0	0	19	0	13	0	0	48	12	.218	.269	.251	6
'17	(武)	104	267	32	67	11	0	5	93	30	2	1	23	4	20	0	2	45	6	.251	.348	.289	2
'18	(武)	47	129	10	32	8	0	0	40	9	0	0	3	0	2	0	1	30	3	.248	.310	.265	3
'19	(巨)	58	126	17	33	4	0	6	55	26	0	0	2	1	7	1	2	28	4	.262	.437	.309	0
'20	(巨)	56	100	4	18	2	0	1	23	7	0	0	3	1	8	0	2	23	3	.180	.230	.252	2
〔15〕		1283	3308	255	704	123	6	38	953	304	8	10	201	22	150	6	26	707	85	.213	.288	.251	48

関根　大気 せきね・たいき　東邦高　('14.1)　'95. 6.28生　左投左打　OF

年度	チーム	試合	打数	得点	安打	二塁打	三塁打	本塁打	塁打	打点	盗塁	盗塁刺	犠打	犠飛	四球計	故意四球	死球	三振	併殺打	打率	長打率	出塁率	失策
'14	(ディ)	3	12	1	3	0	0	0	3	0	1	0	0	0	0	0	0	3	0	.250	.250	.308	0
'15	(ディ)	55	144	14	32	5	1	0	47	10	8	3	6	1	8	0	0	22	1	.222	.326	.261	0
'16	(ディ)	70	98	15	20	1	1	0	23	7	4	4	4	0	2	0	1	18	0	.204	.235	.235	0
'17	(ディ)	29	19	4	3	0	0	0	3	1	0	0	1	0	0	0	0	5	0	.158	.158	.200	0
'18	(ディ)	29	25	4	7	2	1	0	11	3	2	1	0	0	0	0	0	6	0	.280	.440	.280	0
'19	(ディ)	32	26	2	1	1	0	0	2	0	0	0	0	0	0	0	0	6	1	.038	.077	.074	0
〔6〕		218	324	40	66	6	7	1	89	21	15	9	11	1	12	0	3	60	2	.204	.275	.238	1

N. ソ　ト ネフタリ・ソト　マリスタ・デ・グアイナボ高　('18.1)　'89. 2.28生　右投右打　OF, 2B, 1B

年度	チーム	試合	打数	得点	安打	二塁打	三塁打	本塁打	塁打	打点	盗塁	盗塁刺	犠打	犠飛	四球計	故意四球	死球	三振	併殺打	打率	長打率	出塁率	失策
'18	(ディ)	107	416	74	129	16	0	**41**	268	95	0	1	0	5	29	2	9	100	5	.310⑪	**.644**	.364	8
'19	(ディ)	141	516	82	139	18	0	**43**	286	**108**	0	0	0	4	59	4	5	98	14	.269⑳	.554	.348	6
'20	(ディ)	114	428	59	108	18	0	25	201	78	0	0	0	5	44	0	3	103	12	.252㉓	.470	.323	5
〔3〕		362	1360	215	376	52	0	109	755	281	0	1	0	14	132	6	17	301	31	.276	.555	.345	19

曽根　海成 そね・かいせい　京都国際高　('17.3)　'95. 4.24生　右投左打　3B, OF, 2B, SS

年度	チーム	試合	打数	得点	安打	二塁打	三塁打	本塁打	塁打	打点	盗塁	盗塁刺	犠打	犠飛	四球計	故意四球	死球	三振	併殺打	打率	長打率	出塁率	失策
'17	(ソ)	2	3	0	0	0	0	0	0	0	0	0	0	0	0	0	0	1	0	.000	.000	.000	0
'18	(広)	11	18	3	5	0	1	0	7	2	1	0	1	0	2	0	1	9	0	.278	.389	.381	1
'19	(広)	64	25	17	5	0	2	0	9	2	5	2	0	0	3	1	1	10	0	.200	.200	.310	0
'20	(広)	33	16	13	4	1	0	0	5	1	5	3	0	0	1	0	0	5	0	.250	.313	.294	2
〔4〕		110	62	33	14	1	3	0	17	5	11	5	1	0	6	1	2	25	0	.226	.274	.314	3

高木　渉 たかぎ・わたる　真颯館高　('19.1)　'99. 12. 6生　右投左打　OF

年度	チーム	試合	打数	得点	安打	二塁打	三塁打	本塁打	塁打	打点	盗塁	盗塁刺	犠打	犠飛	四球計	故意四球	死球	三振	併殺打	打率	長打率	出塁率	失策
'19	(武)	1	1	0	0	0	0	0	0	0	0	0	0	0	0	0	0	0	0	.000	.000	.000	－
'20	(武)	12	40	6	7	1	1	2	16	5	0	0	0	0	0	0	0	8	2	.175	.400	.175	1
〔2〕		13	41	6	7	1	1	2	16	5	0	0	0	0	0	0	0	8	2	.171	.390	.171	1

髙城　俊人　たかじょう・しゅうと　九州国際大付高　（'12.1）　'93.5.3生　右投右打　C

年度/チーム	試合	打数	得点	安打	二塁打	三塁打	本塁打	塁打	打点	盗塁	盗塁刺	犠打	犠飛	四球計	故意四球	死球	三振	併殺打	打率	長打率	出塁率	失策
'12（ディ）	45	106	6	18	3	0	0	21	4	0	0	4	0	5	1	7	33	6	.170	.198	.254	3
'13（ディ）	51	110	6	15	4	0	0	19	4	0	0	7	0	6	0	1	42	2	.136	.173	.188	2
'14（ディ）	48	69	8	10	1	1	0	13	4	0	0	0	0	5	0	2	28	0	.145	.188	.224	2
'15（ディ）	64	129	9	26	7	0	1	36	9	0	0	7	0	8	0	2	32	6	.202	.279	.270	4
'16（ディ）	47	92	4	15	4	0	0	17	9	0	0	2	0	8	2	1	31	3	.163	.185	.238	4
'17（ディ）	29	56	11	14	0	3	0	20	4	0	1	0	0	3	0	0	15	1	.250	.357	.288	2
'18（ディ）	28	66	7	9	1	0	0	10	3	2	0	4	1	2	0	0	25	1	.136	.152	.183	1
'19（オ）	5	11	1	2	0	0	0	2	0	0	0	0	0	1	0	0	4	0	.182	.182	.250	0
'20（ディ）	23	42	4	8	0	0	0	17	5	0	0	1	0	2	0	1	22	1	.190	.405	.244	0
〔9〕	340	681	56	117	18	4	4	155	38	2	1	27	1	40	3	18	232	20	.172	.228	.236	18

髙田　知季　たかた・ともき　亜細亜大　（'13.1）　'90.5.6生　右投左打　2B, SS, 1B, 3B

年度/チーム	試合	打数	得点	安打	二塁打	三塁打	本塁打	塁打	打点	盗塁	盗塁刺	犠打	犠飛	四球計	故意四球	死球	三振	併殺打	打率	長打率	出塁率	失策
'13（ソ）	11	17	4	2	1	0	0	3	0	1	0	1	0	1	0	0	3	0	.118	.176	.167	1
'14（ソ）	12	10	3	3	2	0	0	5	2	0	0	1	0	1	0	0	4	0	.300	.500	.364	0
'15（ソ）	81	156	16	37	3	1	1	45	11	4	2	7	0	12	0	0	43	2	.237	.288	.292	4
'16（ソ）	36	63	5	11	2	0	0	13	2	1	0	4	0	10	0	0	15	0	.175	.206	.288	2
'17（ソ）	58	114	10	26	4	2	2	40	8	2	0	9	0	5	0	2	28	0	.228	.351	.273	0
'18（ソ）	74	133	13	25	3	0	2	38	15	2	0	6	0	12	0	0	36	4	.188	.286	.265	5
'19（ソ）	93	115	6	18	1	0	0	19	10	2	0	6	0	3	0	0	36	1	.157	.165	.185	6
〔7〕	365	608	57	122	16	5	5	163	48	12	3	34	0	44	0	5	165	5	.201	.268	.260	18

髙橋　周平　たかはし・しゅうへい　東海大甲府高　（'12.1）　'94.1.18生　右投左打　3B, 2B, SS, 1B

年度/チーム	試合	打数	得点	安打	二塁打	三塁打	本塁打	塁打	打点	盗塁	盗塁刺	犠打	犠飛	四球計	故意四球	死球	三振	併殺打	打率	長打率	出塁率	失策
'12（中）	41	71	5	11	1	0	2	18	3	0	0	0	0	2	0	0	18	2	.155	.254	.178	1
'13（中）	66	197	19	49	13	1	5	79	27	0	0	2	1	11	2	1	34	2	.249	.401	.290	6
'14（中）	61	144	14	37	8	1	6	65	14	0	0	2	2	8	0	1	29	2	.257	.451	.292	3
'15（中）	51	154	10	32	6	1	4	52	18	2	1	0	0	16	0	1	42	5	.208	.338	.287	5
'16（中）	75	255	28	64	14	2	4	94	29	0	1	1	1	22	0	0	84	7	.251	.369	.319	4
'17（中）	41	129	12	30	6	0	2	42	10	0	0	1	3	15	0	0	31	3	.233	.326	.306	3
'18（中）	128	433	35	110	26	2	11	173	69	0	0	8	3	30	1	3	89	9	.254㉗	.326	.305	7
'19（中）	117	430	50	126	28	5	7	185	59	3	4	5	1	32	7	3	70	10	.293⑧	.430	.345	5
'20（中）	108	394	46	120	25	1	4	168	46	1	0	0	3	39	6	2	70	13	.305⑥	.426	.368	8
〔9〕	688	2207	219	579	127	13	48	876	275	6	9	20	14	175	17	14	467	53	.262	.397	.319	42

髙橋　大樹　たかはし・ひろき　龍谷大平安高　（'13.1）　'94.5.11生　右投右打　OF

年度/チーム	試合	打数	得点	安打	二塁打	三塁打	本塁打	塁打	打点	盗塁	盗塁刺	犠打	犠飛	四球計	故意四球	死球	三振	併殺打	打率	長打率	出塁率	失策
'14（広）	2	6	0	0	0	0	0	0	0	0	0	0	0	0	0	0	3	0	.000	.000	.000	—
'18（広）	6	15	1	5	1	0	0	6	0	0	0	0	0	1	0	0	4	1	.333	.400	.375	0
'19（広）	27	43	5	12	1	1	1	18	3	0	1	0	0	4	0	0	11	0	.279	.419	.340	1
'20（広）	14	15	1	3	0	0	0	3	0	0	0	1	0	1	0	0	5	0	.200	.200	.250	1
〔4〕	49	79	7	20	2	1	1	27	3	0	1	1	0	6	0	0	23	1	.253	.342	.306	1

髙濱　卓也　たかはま・たくや　横浜高（'08.1）　'89.7.6生　右投左打　1B, 3B, 2B, SS

年度	チーム	試合	打数	得点	安打	二塁打	三塁打	本塁打	塁打	打点	盗塁	盗塁刺	犠打	犠飛	四球計	故意四球	死球	三振	併殺打	打率	長打率	出塁率	失策
'11	(ロ)	19	48	4	10	1	0	0	11	0	0	0	7	0	1	0	0	21	0	.208	.229	.224	3
'12	(ロ)	2	3	0	0	0	0	0	0	0	0	0	0	0	0	0	0	2	0	.000	.000	.000	0
'13	(ロ)	6	14	1	3	0	0	0	3	0	0	0	0	0	0	0	0	2	1	.214	.214	.214	0
'14	(ロ)	36	69	12	16	1	3	0	23	7	0	1	3	0	6	0	0	11	1	.232	.333	.293	2
'15	(ロ)	33	42	5	12	2	0	0	14	4	0	0	2	0	1	0	0	11	0	.286	.333	.302	2
'16	(ロ)	53	144	19	31	6	0	3	46	13	0	0	6	0	3	0	0	30	2	.215	.319	.257	4
'17	(ロ)	28	35	1	6	2	0	0	8	1	0	0	0	0	4	0	0	6	4	.171	.229	.237	1
'18	(ロ)	10	12	0	3	0	0	0	3	0	0	0	0	0	0	0	0	2	0	.250	.250	.250	0
'19	(ロ)	8	7	0	2	0	0	0	4	3	0	0	0	0	0	0	0	3	0	.286	.571	.286	0
〔9〕		195	374	42	83	14	3	3	112	28	0	1	18	0	19	0	0	88	8	.222	.299	.260	12

髙濱　祐仁　たかはま・ゆうと　横浜高（'15.1）　'96.8.8生　右投右打　1B, 2B, 3B

年度	チーム	試合	打数	得点	安打	二塁打	三塁打	本塁打	塁打	打点	盗塁	盗塁刺	犠打	犠飛	四球計	故意四球	死球	三振	併殺打	打率	長打率	出塁率	失策
'15	(日)	1	2	0	0	0	0	0	0	0	0	0	0	0	0	0	0	0	0	.000	.000	.000	1
'17	(日)	3	11	0	2	0	0	0	2	0	0	0	0	0	1	0	0	5	0	.182	.182	.250	—
'20	(日)	10	19	4	6	0	0	0	6	0	0	0	2	0	2	0	0	6	0	.316	.316	.381	0
〔3〕		14	32	4	8	0	0	0	8	0	0	0	2	0	3	0	0	11	0	.250	.250	.314	1

髙部　瑛斗　たかべ・あきと　国士舘大（'20.1）　'97.12.11生　右投左打　OF

年度	チーム	試合	打数	得点	安打	二塁打	三塁打	本塁打	塁打	打点	盗塁	盗塁刺	犠打	犠飛	四球計	故意四球	死球	三振	併殺打	打率	長打率	出塁率	失策
'20	(ロ)	5	10	0	1	0	0	0	1	0	0	0	1	0	0	0	0	4	0	.100	.100	.100	0

髙松　渡　たかまつ・わたる　滝川第二高（'19.1）　'99.7.2生　右投左打　PR

年度	チーム	試合	打数	得点	安打	二塁打	三塁打	本塁打	塁打	打点	盗塁	盗塁刺	犠打	犠飛	四球計	故意四球	死球	三振	併殺打	打率	長打率	出塁率	失策
'19	(中)	2	0	1	0	0	0	0	0	0	0	0	0	0	0	0	0	0	0	.000	.000	.000	—

髙谷　裕亮　たかや・ひろあき　白鷗大（'07.1）　'81.11.13生　右投左打　C

年度	チーム	試合	打数	得点	安打	二塁打	三塁打	本塁打	塁打	打点	盗塁	盗塁刺	犠打	犠飛	四球計	故意四球	死球	三振	併殺打	打率	長打率	出塁率	失策
'07	(ソ)	12	23	2	3	2	0	0	5	4	0	0	2	0	5	1	0	15	0	.130	.217	.286	1
'08	(ソ)	62	189	17	34	4	0	2	44	13	0	0	8	1	16	0	1	57	2	.180	.233	.246	1
'09	(ソ)	25	62	2	13	1	0	0	14	5	0	0	2	0	7	0	1	18	2	.210	.226	.300	3
'10	(ソ)	23	18	1	2	1	0	0	3	1	0	0	0	0	3	0	0	6	1	.111	.167	.238	0
'11	(ソ)	12	3	0	2	0	0	0	2	0	0	0	0	0	0	0	0	1	0	.667	.667	.667	0
'12	(ソ)	64	133	8	28	8	0	0	36	10	1	0	3	1	7	0	0	25	2	.211	.271	.248	3
'13	(ソ)	22	26	1	2	0	0	0	2	1	0	0	0	0	2	0	0	9	1	.077	.077	.143	1
'14	(ソ)	20	5	1	0	0	0	0	0	0	0	0	0	0	0	0	0	1	0	.000	.000	.000	1
'15	(ソ)	93	171	14	30	6	1	1	41	16	0	1	8	0	13	0	0	31	2	.175	.240	.234	4
'16	(ソ)	37	81	12	20	0	0	2	26	16	0	0	10	1	10	0	1	12	4	.247	.321	.333	1
'17	(ソ)	92	175	9	36	4	0	1	43	20	0	0	5	2	12	0	1	30	1	.206	.246	.258	1
'18	(ソ)	73	52	5	9	1	0	1	13	4	0	0	7	0	5	0	0	11	1	.173	.250	.204	0
'19	(ソ)	55	30	2	5	0	0	0	5	1	0	0	7	0	5	0	0	15	0	.167	.267	.286	0
'20	(ソ)	33	52	6	13	0	0	3	22	10	0	0	4	0	4	0	2	19	0	.250	.423	.328	0
〔14〕		623	1020	80	197	30	1	10	259	101	1	3	53	5	85	1	7	249	16	.193	.254	.259	15

髙山　俊　たかやま・しゅん　明治大（'16.1）　'93.4.18生　右投左打　OF

年度	チーム	試合	打数	得点	安打	二塁打	三塁打	本塁打	塁打	打点	盗塁	盗塁刺	犠打	犠飛	四球計	故意四球	死球	三振	併殺打	打率	長打率	出塁率	失策
'16	(神)	134	494	48	136	23	5	8	193	65	5	4	2	3	27	1	4	109	8	.275⑯	.391	.316	6
'17	(神)	103	328	40	82	15	3	6	121	24	6	3	0	1	21	0	3	77	3	.250	.369	.300	2
'18	(神)	45	128	8	22	5	0	1	30	14	0	1	0	1	4	0	1	22	4	.172	.234	.201	1
'19	(神)	105	271	25	73	12	0	5	100	29	9	3	2	0	24	4	3	56	3	.269	.369	.336	1
'20	(神)	42	46	6	7	3	0	0	10	3	1	0	1	1	3	0	1	10	0	.152	.217	.216	0
〔5〕		429	1267	127	320	58	8	20	454	135	21	11	5	6	79	5	12	274	18	.253	.358	.301	10

滝野　要　たきの・かなめ　大阪商業大（'19.1）　'96.7.8生　右投左打　OF

年度	チーム	試合	打数	得点	安打	二塁打	三塁打	本塁打	塁打	打点	盗塁	盗塁刺	犠打	犠飛	四球計	故意四球	死球	三振	併殺打	打率	長打率	出塁率	失策
'20	(中)	10	7	2	2	0	0	0	2	0	0	0	0	0	0	0	0	1	0	.286	.286	.375	

武岡　龍世　たけおか・りゅうせい　八戸学院光星高（'20.1）　'01.5.28生　右投左打　SS, 2B

年度	チーム	試合	打数	得点	安打	二塁打	三塁打	本塁打	塁打	打点	盗塁	盗塁刺	犠打	犠飛	四球計	故意四球	死球	三振	併殺打	打率	長打率	出塁率	失策
'20	(ヤ)	5	9	0	3	0	0	0	3	0	0	0	1	0	2	0	0	3	0	.333	.333	.455	0

武田　健吾　たけだ・けんご　自由ケ丘高（福岡）（'13.1）　'94.4.18生　右投右打　OF, 1B

年度	チーム	試合	打数	得点	安打	二塁打	三塁打	本塁打	塁打	打点	盗塁	盗塁刺	犠打	犠飛	四球計	故意四球	死球	三振	併殺打	打率	長打率	出塁率	失策
'13	(オ)	2	8	1	2	1	0	0	3	0	0	0	0	0	0	0	0	3	0	.250	.375	.250	0
'14	(オ)	5	8	1	1	0	0	0	1	0	0	0	0	0	0	0	0	3	0	.125	.250	.222	0
'15	(オ)	9	14	0	1	0	0	0	1	0	0	1	0	0	0	0	0	4	0	.071	.071	.133	0
'16	(オ)	10	20	1	2	0	0	0	4	1	0	0	0	0	0	0	0	4	0	.100	.200	.100	0
'17	(オ)	97	207	19	61	8	0	2	75	14	0	0	4	0	5	0	3	47	3	.295	.362	.321	0
'18	(オ)	69	95	12	21	4	1	1	30	12	0	5	3	2	2	0	2	20	2	.221	.316	.245	1
'19	(オ)	6	8	0	1	0	0	0	1	0	1	0	0	0	0	0	0	1	0	.125	.125	.222	1
'19	(中)	29	35	2	5	0	0	0	5	1	0	0	2	0	2	0	0	12	2	.143	.143	.143	0
'20	(中)	84	55	9	10	2	0	0	12	2	1	0	3	1	5	0	0	13	2	.182	.218	.246	1
〔8〕		311	450	45	104	18	1	3	133	31	2	0	15	4	14	0	6	103	9	.231	.296	.262	3

田代将太郎　たしろ・しょうたろう　八戸大（'12.1）　'89.12.13生　左投左打　OF

年度	チーム	試合	打数	得点	安打	二塁打	三塁打	本塁打	塁打	打点	盗塁	盗塁刺	犠打	犠飛	四球計	故意四球	死球	三振	併殺打	打率	長打率	出塁率	失策
'12	(武)	5	0	1	0	0	0	0	0	0	0	0	0	0	0	0	0	0	0	.000	.000	.000	0
'13	(武)	8	1	3	1	0	0	0	1	0	0	0	0	0	0	0	0	0	0	1.000	1.000	1.000	0
'15	(武)	7	7	0	1	0	0	0	1	0	0	0	0	0	0	0	0	4	0	.143	.143	.143	0
'16	(武)	13	4	2	1	0	0	0	1	0	0	0	0	0	0	0	0	0	0	.250	.250	.250	0
'17	(武)	38	56	4	4	0	1	1	9	5	3	0	4	0	5	0	1	16	1	.071	.161	.161	0
'18	(ヤ)	73	31	16	10	0	0	1	13	2	4	3	1	0	4	0	0	9	0	.323	.419	.400	0
'19	(ヤ)	51	19	7	5	1	2	0	10	7	1	2	1	0	1	0	0	6	0	.263	.526	.286	0
'20	(ヤ)	46	47	5	7	1	0	0	8	1	2	1	0	0	0	0	0	16	0	.149	.213	.231	0
〔8〕		241	165	42	29	2	3	2	45	16	9	8	3	1	14	0	2	51	1	.176	.273	.247	0

辰己　涼介　たつみ・りょうすけ　立命館大（'19.1）　'96.12.27生　右投左打　OF

年度	チーム	試合	打数	得点	安打	二塁打	三塁打	本塁打	塁打	打点	盗塁	盗塁刺	犠打	犠飛	四球計	故意四球	死球	三振	併殺打	打率	長打率	出塁率	失策
'19	(楽)	124	314	42	72	12	2	4	100	25	13	3	10	2	39	1	4	101	4	.229	.318	.320	2
'20	(楽)	104	251	38	56	9	3	8	95	28	11	5	9	0	20	0	2	57	1	.223	.378	.286	5
〔2〕		228	565	80	128	21	5	12	195	53	24	8	19	2	59	1	6	158	5	.227	.345	.305	7

立岡宗一郎　たておか・そういちろう　鎮西高（'09.1）　'90.5.18生　右投左打　○F, 2B, 3B

年度／チーム	試合	打数	得点	安打	二塁打	三塁打	本塁打	塁打	打点	盗塁	盗塁刺	犠打	犠飛	四球計	故意四球	死球	三振	併殺打	打率	長打率	出塁率	失策
'10（ソ）	1	0	1	0	0	0	0	0	0	0	0	0	0	0	0	0	0	0	.000	.000	.000	—
'13（巨）	46	74	5	15	1	2	0	20	7	1	0	0	0	3	0	0	15	0	.203	.270	.234	5
'14（巨）	2	2	0	0	0	0	0	0	0	0	0	0	0	0	0	0	1	0	.000	.000	.000	0
'15（巨）	91	339	36	103	9	3	0	118	14	16	6	3	3	18	0	4	61	2	.304	.348	.343	2
'16（巨）	51	188	15	43	6	1	2	57	9	6	3	6	0	10	0	5	31	1	.229	.303	.286	2
'17（巨）	62	197	24	41	3	3	0	50	10	4	5	0		11	0	0	43	1	.208	.254	.250	0
'18（巨）	42	52	10	12	0	0	0	12	5	4	0	0		7	0	1	23	1	.231	.231	.333	0
'19（巨）	25	14	4	4	0	0	0	6	1	3	0	0		2	0	0	6	0	.286	.429	.375	0
'20（巨）	29	23	5	6	1	1	0	11	4	1	0	0		4		1	6	1	.261	.478	.370	0
〔9〕	349	889	100	224	21	10	3	274	50	38	14	15	3	55		10	172	7	.252	.308	.302	9

田中　和基　たなか・かずき　立教大（'17.1）　'94.8.8生　右投左右打　OF

年度／チーム	試合	打数	得点	安打	二塁打	三塁打	本塁打	塁打	打点	盗塁	盗塁刺	犠打	犠飛	四球計	故意四球	死球	三振	併殺打	打率	長打率	出塁率	失策
'17（楽）	51	54	9	6	2	0	1	11	2	7	2	2	0	7	0	0	25	0	.111	.204	.158	2
'18（楽）	105	423	67	112	11	1	18	179	45	21	6	4	1	37	0	0	151	4	.265㉑	.423	.323	2
'19（楽）	59	160	22	30	6	2	1	43	9	3	7	5	2	26	0	0	37	3	.188	.269	.298	1
'20（楽）	80	254	38	61	10	1	8	97	25	6	2	3	1	23	0	1	76	2	.240	.382	.305	1
〔4〕	295	891	136	209	29	4	28	330	81	37	17	14	4	89		1	239	9	.235	.370	.304	6

田中　広輔　たなか・こうすけ　東海大（'14.1）　'89.7.3生　右投左打　SS, 3B, 2B

年度／チーム	試合	打数	得点	安打	二塁打	三塁打	本塁打	塁打	打点	盗塁	盗塁刺	犠打	犠飛	四球計	故意四球	死球	三振	併殺打	打率	長打率	出塁率	失策
'14（広）	110	295	44	86	11	2	9	128	34	10	3	5	5	24	0	4	58	6	.292	.434	.348	8
'15（広）	141	543	61	149	33	9	8	224	45	6	7	5	1	34	2	7	105	5	.274㊸	.413	.325	22
'16（広）	143	581	102	154	17	3	13	216	39	28	19	3	1	77	0	17	119	1	.265⑳	.372	.367	18
'17（広）	143	565	105	164	32	5	8	230	60	35	13	6	4	89	0	15	120	5	.290⑪	.407	.398	16
'18（広）	143	572	92	150	19	10	8	219	60	32	13	6	5	75	0	17	118	6	.262㉔	.383	.362	7
'19（広）	97	311	33	60	13	0	3	82	27	8	3	4	6	32	3	2	39	4	.193	.264	.268	9
'20（広）	112	378	51	95	11	5	8	140	39	8	4	12	4	55	3	5	36	1	.251㉔	.370	.351	12
〔7〕	889	3245	488	858	136	34	59	1239	304	127	62	41	26	386	13	67	705	31	.264	.382	.352	92

田中　俊太　たなか・しゅんた　東海大（'18.1）　'93.8.18生　右投左打　2B, 3B, 1B, CF, SS

年度／チーム	試合	打数	得点	安打	二塁打	三塁打	本塁打	塁打	打点	盗塁	盗塁刺	犠打	犠飛	四球計	故意四球	死球	三振	併殺打	打率	長打率	出塁率	失策
'18（巨）	99	228	20	55	6	3	2	73	12	6	0	10	0	23	0	0	41	7	.241	.320	.311	4
'19（巨）	62	156	17	35	7	0	4	54	14	2	0	4	2	14	0	0	36	2	.224	.346	.285	5
'20（巨）	48	68	7	18	2	1	1	25	6	2	0	0	1	8	1	0	15	0	.265	.368	.346	2
〔3〕	209	452	44	108	15	4	7	152	32	10	0	14	3	45	1	1	92	9	.239	.336	.307	11

田中　貴也　たなか・たかや　山梨学院大（'17.7）　'92.8.27生　右投左打　C

年度／チーム	試合	打数	得点	安打	二塁打	三塁打	本塁打	塁打	打点	盗塁	盗塁刺	犠打	犠飛	四球計	故意四球	死球	三振	併殺打	打率	長打率	出塁率	失策
'18（巨）	1	0	0	0	0	0	0	0	0	0	0	0	0	0	0	0	0	0	.000	.000	.000	—
'19（巨）	1	0	0	0	0	0	0	0	0	0	0	0	0	0	0	0	0	0	.000	.000	.000	0
'20（楽）	9	15	5	6	0	0	1	9	4	0	0	2	0	1	0	0	7	0	.400	.600	.438	0
〔3〕	11	15	5	6	0	0	1	9	4	0	0	2	0	1	0	0	7	0	.400	.600	.438	0

谷口　雄也　たにぐち・ゆうや　愛工大名電高　('11.1)　'92.6.1生　右投左打　OF

年度	チーム	試合	打数	得点	安打	二塁打	三塁打	本塁打	塁打	打点	盗塁	盗塁刺	犠打	犠飛	四球計	故意四球	死球	三振	併殺打	打率	長打率	出塁率	失策
'12	(日)	4	5	0	2	1	0	0	3	1	0	0	1	0	0	0	0	2	0	.400	.600	.400	0
'13	(日)	14	37	3	4	1	0	0	5	0	0	0	2	0	4	0	0	11	0	.108	.135	.195	1
'14	(日)	72	164	18	44	7	1	2	59	11	3	1	2	0	9	1	0	56	0	.268	.360	.306	1
'15	(日)	48	107	15	26	5	0	2	37	10	5	2	1	2	14	0	0	25	3	.243	.346	.325	0
'16	(日)	83	193	26	49	3	2	1	59	9	7	0	9	0	8	0	1	48	2	.254	.306	.287	0
'18	(日)	6	6	0	0	0	0	0	0	0	0	0	0	0	0	0	0	2	0	.000	.000	.000	0
'19	(日)	30	48	4	11	2	0	0	19	10	0	0	0	0	2	0	0	12	1	.229	.396	.260	0
'20	(日)	7	9	1	2	1	0	0	3	0	0	0	0	0	0	0	0	3	0	.222	.333	.222	0
〔8〕		264	569	67	138	20	3	7	185	42	15	3	15	2	37	1	1	159	6	.243	.325	.289	3

田宮　裕涼　たみや・ゆあ　成田高　('19.1)　'00.6.13生　右投左打　C

年度	チーム	試合	打数	得点	安打	二塁打	三塁打	本塁打	塁打	打点	盗塁	盗塁刺	犠打	犠飛	四球計	故意四球	死球	三振	併殺打	打率	長打率	出塁率	失策
'20	(日)	4	7	1	3	0	0	0	3	0	0	0	0	0	0	0	0	2	0	.429	.429	.429	0

田村　龍弘　たむら・たつひろ　光星学院高　('13.1)　'94.5.13生　右投右打　C, 2B

年度	チーム	試合	打数	得点	安打	二塁打	三塁打	本塁打	塁打	打点	盗塁	盗塁刺	犠打	犠飛	四球計	故意四球	死球	三振	併殺打	打率	長打率	出塁率	失策
'13	(ロ)	7	7	0	2	0	0	0	2	1	0	0	0	0	0	0	0	1	0	.286	.286	.286	0
'14	(ロ)	50	128	5	20	4	1	0	26	10	0	0	9	0	10	0	1	27	2	.156	.203	.223	1
'15	(ロ)	117	305	26	52	10	1	2	70	32	3	2	22	4	33	0	1	69	3	.170	.230	.251	9
'16	(ロ)	130	371	27	95	16	3	2	123	38	6	0	17	3	38	0	1	91	12	.256	.332	.324	3
'17	(ロ)	132	311	31	77	12	3	3	104	36	4	2	17	4	26	0	1	68	7	.248	.334	.304	3
'18	(ロ)	**143**	415	32	99	14	7	3	136	35	3	3	16	2	40	1	3	68	13	.239㉔	.328	.309	5
'19	(ロ)	100	284	30	69	12	1	3	92	31	1	2	12	3	22	0	0	59	8	.243	.324	.294	6
'20	(ロ)	92	203	12	44	7	0	4	63	23	1	1	10	1	20	0	3	45	3	.217	.310	.295	5
〔8〕		771	2024	163	458	75	16	17	616	206	18	10	103	17	189	1	10	428	48	.226	.304	.293	32

近本　光司　ちかもと・こうじ　関西学院大　('19.1)　'94.11.9生　左投左打　OF

年度	チーム	試合	打数	得点	安打	二塁打	三塁打	本塁打	塁打	打点	盗塁	盗塁刺	犠打	犠飛	四球計	故意四球	死球	三振	併殺打	打率	長打率	出塁率	失策
'19	(神)	142	**586**	81	159	20	**7**	9	220	42	**36**	15	14	3	31	2	6	110	2	.271⑱	.375	.313	4
'20	(神)	120	**474**	81	139	21	5	9	197	45	**31**	8	7	1	30	2	7	61	4	.293⑨	.416	.344	3
〔2〕		262	1060	162	298	41	12	18	417	87	67	23	21	4	61	4	13	171	6	.281	.393	.327	7

茶谷　健太　ちゃたに・けんた　帝京三高　('16.1)　'98.1.16生　右投右打　SS, 1B, 2B, 3B

年度	チーム	試合	打数	得点	安打	二塁打	三塁打	本塁打	塁打	打点	盗塁	盗塁刺	犠打	犠飛	四球計	故意四球	死球	三振	併殺打	打率	長打率	出塁率	失策
'17	(ソ)	1	2	0	1	0	0	0	1	0	0	0	0	0	0	0	0	0	0	.500	.500	.500	0
'20	(ロ)	31	16	1	1	0	0	0	1	0	1	0	1	0	0	0	0	6	0	.063	.063	.063	1
〔2〕		32	18	1	2	0	0	0	2	0	1	0	1	0	0	0	0	6	0	.111	.111	.111	1

長野　久義

ちょうの・ひさよし　日本大　('10.1)　'84.12.6生　右投右打　OF

年度	チーム	試合	打数	得点	安打	二塁打	三塁打	本塁打	塁打	打点	盗塁	盗塁刺	犠打	犠飛	四球計	故意四球	死球	三振	併殺打	打率	長打率	出塁率	失策
'10	(巨)	128	430	66	124	24	3	19	211	52	12	4	2	0	25	4	2	72	10	.288⑳	.491	.330	5
'11	(巨)	140	519	58	164	20	4	17	243	69	19	8	3	2	48	5	6	85	11	.316①	.468	.379	3
'12	(巨)	144	574	84	173	29	2	14	248	60	20	7	2	1	75	5	1	100	5	.301④	.432	.382	2
'13	(巨)	144	590	82	166	21	3	19	250	65	14	5	3	0	48	0	1	101	4	.281⑩	.424	.336	2
'14	(巨)	130	472	67	140	29	1	13	210	62	8	4	3	0	42	0	3	75	8	.297⑬	.445	.356	2
'15	(巨)	130	434	49	109	20	3	15	180	52	3	2	5	2	34	0	4	81	12	.251㉒	.415	.310	3
'16	(巨)	143	576	58	163	28	4	11	232	42	8	2	1	3	33	0	5	78	7	.283⑮	.403	.326	1
'17	(巨)	134	463	52	121	20	3	16	195	46	6	0	1	1	46	2	5	98	17	.261㉒	.421	.334	2
'18	(巨)	116	383	49	111	16	0	13	166	52	3	2	0	1	41	4	1	69	5	.290	.433	.359	1
'19	(広)	72	180	13	45	7	1	5	69	20	0	2	0	0	29	0	1	40	11	.250	.383	.310	2
'20	(広)	95	267	30	76	17	1	10	125	42	1	0	0	2	29	0	1	61	5	.285	.468	.355	2
〔11〕		1376	4888	608	1392	231	25	152	2129	562	94	36	21	15	436	22	30	860	97	.285	.436	.346	26

柘植　世那

つげ・せな　高崎健康福祉大高崎高　('20.1)　'97.6.3生　右投右打　C

年度	チーム	試合	打数	得点	安打	二塁打	三塁打	本塁打	塁打	打点	盗塁	盗塁刺	犠打	犠飛	四球計	故意四球	死球	三振	併殺打	打率	長打率	出塁率	失策
'20	(武)	17	38	5	7	0	0	2	13	5	1	0	1	0	4	0	0	14	2	.184	.342	.262	0

鶴岡　慎也

つるおか・しんや　樟南高　('03.1)　'81.4.11生　右投右打　C

年度	チーム	試合	打数	得点	安打	二塁打	三塁打	本塁打	塁打	打点	盗塁	盗塁刺	犠打	犠飛	四球計	故意四球	死球	三振	併殺打	打率	長打率	出塁率	失策
'05	(日)	4	8	1	1	0	0	0	1	1	1	0	0	0	0	0	0	1	0	.125	.125	.125	0
'06	(日)	76	203	18	49	9	1	3	69	21	2	2	11	1	9	0	0	51	5	.241	.340	.251	3
'07	(日)	57	133	7	27	2	1	0	31	13	0	2	7	1	5	0	0	27	0	.203	.233	.230	1
'08	(日)	97	248	24	52	14	0	1	69	18	0	1	22	2	12	1	1	49	4	.210	.278	.247	1
'09	(日)	122	263	25	58	14	1	1	77	29	1	1	17	2	20	1	2	48	1	.221	.293	.279	2
'10	(日)	105	254	21	60	12	0	3	81	26	0	0	22	3	4	1	1	32	6	.236	.319	.248	2
'11	(日)	76	185	12	44	9	1	1	58	14	1	1	12	1	3	0	1	24	2	.238	.314	.253	1
'12	(日)	116	289	22	77	10	1	0	89	25	3	2	23	1	14	0	1	11	11	.266	.308	.302	4
'13	(日)	114	244	22	72	9	0	2	87	26	1	1	13	1	16	0	2	28	7	.295	.357	.342	3
'14	(ソ)	98	162	12	35	4	3	0	45	25	0	2	6	0	8	0	1	23	5	.216	.278	.243	2
'15	(ソ)	56	128	7	25	3	1	1	33	9	1	0	7	0	2	0	1	17	2	.195	.258	.234	1
'16	(ソ)	103	231	14	58	12	2	2	80	26	1	0	20	1	9	0	2	26	9	.251	.346	.284	1
'17	(ソ)	29	28	6	9	0	0	3	18	5	0	0	0	1	2	0	0	3	1	.321	.643	.387	0
'18	(日)	101	239	13	58	9	0	2	73	22	1	0	14	0	13	0	3	15	5	.243	.305	.293	4
'19	(日)	35	62	4	11	2	0	1	16	4	0	0	6	0	0	0	0	13	2	.177	.258	.215	2
'20	(日)	18	17	0	5	0	0	0	5	2	0	0	3	0	0	0	0	3	0	.294	.294	.294	0
〔16〕		1207	2694	208	641	109	11	20	832	267	12	13	178	19	120	3	13	430	65	.238	.309	.272	27

Ｔ－岡田

ティーおかだ（岡田　貴弘）　履正社高　('06.1)　'88.2.9生　左投左打　OF, 1B

年度	チーム	試合	打数	得点	安打	二塁打	三塁打	本塁打	塁打	打点	盗塁	盗塁刺	犠打	犠飛	四球計	故意四球	死球	三振	併殺打	打率	長打率	出塁率	失策
'06	(オ)	3	6	0	1	0	0	0	1	0	0	0	0	0	0	0	0	3	0	.167	.167	.167	0
'09	(オ)	43	139	18	22	2	0	7	45	19	0	1	1	0	13	0	4	59	4	.158	.324	.250	2
'10	(オ)	129	461	70	131	31	2	33	265	96	0	0	0	4	49	1	6	136	11	.284⑳	.575	.358	6
'11	(オ)	134	492	61	128	26	0	16	202	85	4	0	0	4	39	1	15	116	9	.260㉓	.411	.331	7
'12	(オ)	103	378	46	106	22	0	10	158	56	0	0	0	0	22	1	4	81	5	.280	.418	.327	4
'13	(オ)	58	189	17	42	10	1	4	66	18	2	1	0	0	15	1	1	42	6	.222	.349	.280	1
'14	(オ)	130	472	67	127	28	0	24	227	75	4	4	0	2	37	4	17	107	10	.269⑱	.481	.343	7
'15	(オ)	105	389	44	109	22	2	11	165	51	2	0	0	0	17	0	6	80	9	.280	.424	.317	9
'16	(オ)	123	454	56	129	25	0	20	214	76	5	4	0	0	45	5	7	105	12	.284⑪	.471	.357	5
'17	(オ)	143	504	77	134	19	0	31	246	68	2	1	0	1	83	1	5	141	10	.266⑮	.488	.374	4
'18	(オ)	97	298	31	67	11	0	13	117	43	2	2	0	1	31	5	2	82	9	.225	.393	.300	3
'19	(オ)	20	50	4	6	0	0	1	9	2	0	0	0	0	6	0	0	19	3	.120	.180	.214	2
'20	(オ)	100	328	36	84	18	0	16	150	55	5	3	0	2	40	1	4	87	11	.256⑯	.457	.340	4
〔13〕		1188	4160	527	1086	211	5	186	1865	638	30	16	6	29	399	20	71	1058	100	.261	.448	.334	54

個人年度別打撃成績　て

A．デスパイネ　アルフレド・デスパイネ　マニュエル・ファハルドキューバ国立体育大　（'14.7）　'86.6.17生　右投右打　OF

年度(チーム)	試合	打数	得点	安打	二塁打	三塁打	本塁打	塁打	打点	盗塁	盗塁刺	犠打	犠飛	四球計	故意四球	死球	三振	併殺打	打率	長打率	出塁率	失策
'14(ロ)	45	161	26	50	13	1	12	101	33	0	0	0	3	16	1	2	36	6	.311	.627	.374	3
'15(ロ)	103	353	49	91	18	0	18	163	62	0	1	0	3	49	2	4	89	9	.258	.462	.352	0
'16(ロ)	134	496	81	139	27	0	24	238	92	0	3	0	7	64	3	5	89	25	.280⑫	.480	.361	0
'17(ソ)	136	478	66	125	15	0	35	245	**103**	3	1	0	3	59	2	5	119	14	.262⑲	.513	.347	0
'18(ソ)	116	407	62	97	15	1	29	201	74	0	1	0	3	55	4	5	93	13	.238㉕	.494	.333	0
'19(ソ)	130	448	61	116	9	0	36	233	88	0	1	0	5	63	1	5	119	6	.259㉒	.520	.355	0
'20(ソ)	25	85	9	19	1	0	6	38	12	0	0	0	1	12	1	0	11	5	.224	.447	.320	0
〔7〕	689	2428	354	637	98	2	160	1219	464	3	6	0	22	318	14	23	556	78	.262	.502	.350	3

戸川　大輔　とがわ・だいすけ　北海高　（'16.1）　'96.4.29生　右投左打　OF, 1B

年度(チーム)	試合	打数	得点	安打	二塁打	三塁打	本塁打	塁打	打点	盗塁	盗塁刺	犠打	犠飛	四球計	故意四球	死球	三振	併殺打	打率	長打率	出塁率	失策
'19(武)	10	23	3	4	1	0	1	8	1	0	1	0	0	2	0	0	4	0	.174	.348	.240	2
'20(武)	4	9	1	1	0	0	0	1	0	0	0	0	0	0	0	0	0	0	.111	.111	.111	0
〔2〕	14	32	4	5	1	0	1	9	1	0	1	0	0	2	0	0	4	0	.156	.281	.206	2

外崎　修汰　とのさき・しゅうた　富士大　（'15.1）　'92.12.20生　右投右打　2B, OF, 3B, SS

年度(チーム)	試合	打数	得点	安打	二塁打	三塁打	本塁打	塁打	打点	盗塁	盗塁刺	犠打	犠飛	四球計	故意四球	死球	三振	併殺打	打率	長打率	出塁率	失策
'15(武)	43	97	16	18	3	0	1	24	4	9	1	6	0	3	0	1	30	1	.186	.247	.240	7
'16(武)	37	51	8	9	0	0	2	15	5	6	0	3	0	3	0	0	11	1	.176	.294	.222	5
'17(武)	135	438	65	113	22	3	10	171	48	23	3	10	3	33	0	5	109	4	.258㉒	.390	.315	3
'18(武)	119	453	70	130	24	3	6	214	67	25	9	6	1	47	0	3	102	9	.287⑨	.472	.357	7
'19(武)	**143**	533	96	146	27	6	26	263	90	22	6	14	1	63	0	5	132	9	.274⑭	.493	.353	**15**
'20(武)	**120**	433	62	107	18	2	8	153	43	21	7	7	2	54	1	4	87	7	.247⑲	.353	.335	7
〔6〕	597	2005	317	523	94	14	65	840	257	106	26	46	12	206	1	18	471	31	.261	.419	.333	44

戸柱　恭孝　とばしら・やすたか　駒澤大　（'16.1）　'90.4.11生　右投左打　C

年度(チーム)	試合	打数	得点	安打	二塁打	三塁打	本塁打	塁打	打点	盗塁	盗塁刺	犠打	犠飛	四球計	故意四球	死球	三振	併殺打	打率	長打率	出塁率	失策
'16(デ)	124	367	25	83	8	0	6	97	23	0	0	4	1	20	0	1	63	10	.226	.264	.267	10
'17(デ)	112	336	25	72	13	0	9	112	52	0	0	6	2	19	0	0	59	9	.214	.333	.255	2
'18(デ)	25	56	5	10	2	0	1	15	6	0	0	1	0	2	0	0	9	3	.179	.268	.207	1
'19(デ)	45	100	6	20	4	2	1	31	6	0	0	2	1	7	0	0	22	2	.200	.310	.257	1
'20(デ)	96	259	21	55	8	1	5	80	23	0	2	5	1	11	0	0	53	8	.212	.309	.244	4
〔5〕	402	1118	82	240	35	3	18	335	110	0	2	18	5	59	4	2	206	32	.215	.300	.254	18

鳥谷　敬　とりたに・たかし　早稲田大（'04.1）'81.6.26生　右投左打　SS, 3B, 2B, 1B

年度(チーム)	試合	打数	得点	安打	二塁打	三塁打	本塁打	塁打	打点	盗塁	盗塁刺	犠打	犠飛	四球計	故意四球	死球	三振	併殺打	打率	長打率	出塁率	失策
'04(神)	101	235	28	59	13	0	3	81	17	2	2	2	0	21		3	56	6	.251	.345	.320	4
'05(神)	146	▲572	82	159	27	1	9	215	52	5	5	10	4	53	③	3	115	11	.278㉓	.376	.343	10
'06(神)	146	543	65	157	28	2	15	234	58	5	3	4	0	60	②	2	111	10	.289⑭	.431	.362	21
'07(神)	144	565	67	154	19	4	10	211	43	7	4	8	1	63	②	5	106	8	.273㉓	.373	.350	11
'08(神)	144	523	66	147	17	6	13	215	80	4	7	5	5	68	②	4	85	10	.281⑲	.411	.365	15
'09(神)	144	538	84	155	31	2	20	250	75	7	7	5	4	65	⓪	5	83	13	.288⑬	.465	.368	7
'10(神)	144	575	98	173	31	6	19	273	104	13	3	2	5	66	③	3	93	14	.301⑬	.475	.373	7
'11(神)	144	500	71	150	28	7	5	207	51	16	3	3	5	78	⓪	4	72	10	.300④	.414	.395	5
'12(神)	144	515	62	135	23	6	8	193	59	15	4	5	8	94	②	2	91	12	.262⑭	.375	.373	12
'13(神)	144	532	74	150	30	4	10	218	65	15	7	1	2	104	①	4	55	12	.282⑨	.410	.402	4
'14(神)	144	550	96	172	28	2	8	228	73	10	6	1	4	87	③	2	80	14	.313⑦	.415	.406	8
'15(神)	143	551	69	155	21	4	6	202	42	9	6	2	3	89	②	1	77	8	.281⑦	.367	.380	14
'16(神)	143	449	49	106	16	1	7	145	36	13	3	1	6	75	②	2	80	12	.236⑧	.323	.344	12
'17(神)	143	488	57	143	23	3	4	184	41	8	7	1	2	77	②	2	52	13	.293⑧	.377	.390	9
'18(神)	121	220	15	51	11	0	1	65	22	1	1	3	3	34	①	1	37	6	.232	.295	.333	5
'19(神)	74	92	9	19	3	1	0	24	4	1	0	1	0	12	⓪	0	16	2	.207	.261	.298	1
'20(ロ)	42	36	5	5	2	0	0	7	6	0	1	0	0	1	⓪	2	8	0	.139	.194	.205	1
〔17〕	2211	7484	997▲	2090	350	49	138	2952	828	131	69	54	52	1047	2④	48	1217	161	.279	.394	.369	143

頓宮　裕真　とんぐう・ゆうま　亜細亜大（'19.1）'96.11.17生　右投右打　3B, C, 1B

年度(チーム)	試合	打数	得点	安打	二塁打	三塁打	本塁打	塁打	打点	盗塁	盗塁刺	犠打	犠飛	四球計	故意四球	死球	三振	併殺打	打率	長打率	出塁率	失策
'19(オ)	28	91	5	18	5	0	3	32	10	0	0	0	1	1		0	22	3	.198	.352	.204	7
'20(オ)	12	32	5	10	3	0	2	19	5	0	0	0	0	3		0	11	0	.313	.594	.371	0
〔2〕	40	123	10	28	8	0	5	51	15	0	0	0	1	4		0	33	3	.228	.415	.250	7

堂林　翔太　どうばやし・しょうた　中京大中京高（'10.1）'91.8.17生　右投右打　3B, 1B, OF

年度(チーム)	試合	打数	得点	安打	二塁打	三塁打	本塁打	塁打	打点	盗塁	盗塁刺	犠打	犠飛	四球計	故意四球	死球	三振	併殺打	打率	長打率	出塁率	失策
'12(広)	144	488	60	118	25	4	14	193	45	5	2	5	3	44	②	14	150	8	.242㉒	.395	.321	29
'13(広)	105	364	36	79	14	0	6	111	41	10	2	5	1	33	⓪	7	96	10	.217	.305	.294	19
'14(広)	93	284	37	70	12	1	8	108	28	1	1	5	3	32	⓪	6	87	3	.246	.380	.332	8
'15(広)	33	69	5	18	2	0	0	20	3	1	0	1	0	3	⓪	0	16	1	.261	.290	.292	0
'16(広)	47	56	6	14	0	0	2	20	2	3	1	1	0	3	⓪	0	11	0	.250	.357	.288	2
'17(広)	44	46	4	10	1	0	1	14	11	0	0	0	3	5	⓪	0	13	0	.217	.304	.278	1
'18(広)	63	51	11	11	3	1	0	16	5	0	1	7	0	2	⓪	0	14	1	.216	.314	.245	0
'19(広)	28	34	1	7	0	1	0	9	2	0	0	2	0	2	⓪	0	9	0	.206	.265	.250	1
'20(広)	111	401	55	112	21	0	14	175	58	17	4	3	2	41	②	2	91	12	.279⑬	.436	.350	18
〔9〕	668	1793	215	439	78	7	45	666	195	37	11	29	12	165	4	31	487	35	.245	.371	.317	78

堂上　直倫　どのうえ・なおみち　愛工大名電高　('07.1)　'88. 9. 23生　右投右打　3B, SS, 2B, 1B

年度	チーム	試合	打数	得点	安打	二塁打	三塁打	本塁打	塁打	打点	盗塁	盗塁刺	犠打	犠飛	四球計	故意四球	死球	三振	併殺打	打率	長打率	出塁率	失策
'08	(中)	3	1	0	0	0	0	0	0	0	0	0	0	0	0	0	0	1	0	.000	.000	.000	0
'09	(中)	2	1	0	0	0	0	0	0	0	0	0	0	0	0	0	0	0	0	.000	.000	.000	0
'10	(中)	82	259	23	68	12	1	5	97	30	0	0	14	1	25	4	2	35	11	.263	.375	.331	2
'11	(中)	62	115	6	24	4	0	2	34	10	0	0	3	0	4	2	1	18	5	.209	.296	.242	2
'12	(中)	116	167	5	35	8	0	0	43	11	1	0	8	1	5	1	1	34	6	.210	.257	.236	5
'13	(中)	74	152	5	26	2	1	1	33	12	1	0	8	3	6	0	1	15	3	.171	.217	.204	2
'14	(中)	90	237	19	54	4	1	1	63	17	1	0	11	3	10	0	0	45	8	.228	.266	.256	7
'15	(中)	43	38	3	6	0	0	1	9	1	0	0	1	0	4	0	0	8	0	.158	.237	.238	1
'16	(中)	131	456	38	116	25	3	6	165	46	1	1	20	2	27	0	2	69	14	.254㉔	.362	.298	10
'17	(中)	91	151	11	31	7	0	1	41	8	0	1	7	0	9	0	0	39	4	.205	.272	.250	4
'18	(中)	74	47	3	10	0	0	0	10	0	0	0	2	2	3	0	0	9	2	.213	.213	.278	2
'19	(中)	98	193	25	41	9	0	12	86	39	1	0	11	0	13	0	0	56	4	.212	.446	.262	3
'20	(中)	43	50	2	10	2	0	0	12	4	0	1	0	1	4	0	0	11	2	.200	.240	.255	2
〔13〕		909	1867	140	421	73	6	29	593	184	5	3	85	13	110	7	9	340	59	.225	.318	.270	35

中井　大介　なかい・だいすけ　宇治山田商高　('08.1)　'89. 11. 27生　右投右打　2B, 1B, OF, 3B

年度	チーム	試合	打数	得点	安打	二塁打	三塁打	本塁打	塁打	打点	盗塁	盗塁刺	犠打	犠飛	四球計	故意四球	死球	三振	併殺打	打率	長打率	出塁率	失策
'09	(巨)	18	30	2	7	2	0	1	12	6	2	0	2	1	0	0	0	11	0	.233	.400	.226	3
'10	(巨)	6	6	1	0	0	0	0	0	0	0	0	0	0	1	0	0	3	0	.000	.000	.143	1
'11	(巨)	2	0	0	0	0	0	0	0	0	0	0	0	0	0	0	0	1	0	.000	.000	.000	0
'12	(巨)	16	26	1	7	0	1	0	9	1	1	0	0	0	0	0	0	7	0	.269	.346	.387	0
'13	(巨)	48	139	19	45	6	0	4	63	17	2	1	0	0	8	0	0	12	4	.324	.453	.361	1
'14	(巨)	23	49	5	10	2	1	0	14	3	1	0	0	0	0	0	0	13	3	.204	.286	.250	1
'15	(巨)	29	43	2	9	1	0	0	10	4	0	0	1	0	2	0	1	9	0	.209	.233	.261	2
'16	(巨)	43	51	3	10	2	1	0	14	4	0	0	1	1	2	0	0	15	1	.196	.275	.300	2
'17	(巨)	90	229	32	57	12	1	5	86	15	2	1	4	1	19	0	1	44	5	.249	.376	.308	5
'18	(巨)	70	86	8	16	5	0	1	24	6	0	0	3	0	2	0	0	25	3	.186	.279	.255	2
'19	(ディ)	79	161	24	40	4	0	3	53	7	2	1	3	0	9	0	3	34	9	.248	.329	.322	4
'20	(ディ)	69	100	12	25	3	1	2	36	4	1	0	1	1	6	0	1	23	1	.250	.360	.279	3
〔12〕		493	922	109	226	37	5	16	321	65	11	3	17	4	71	0	7	195	25	.245	.348	.303	24

中川　圭太　なかがわ・けいた　東洋大　('19.1)　'96. 4. 12生　右投右打　OF, 1B, 3B

年度	チーム	試合	打数	得点	安打	二塁打	三塁打	本塁打	塁打	打点	盗塁	盗塁刺	犠打	犠飛	四球計	故意四球	死球	三振	併殺打	打率	長打率	出塁率	失策
'19	(オ)	111	364	39	105	21	2	3	139	32	9	5	4	2	25	1	1	62	6	.288	.382	.334	0
'20	(オ)	45	144	15	21	3	0	2	30	13	3	2	1	1	9	0	0	25	5	.146	.208	.195	3
〔2〕		156	508	54	126	24	2	5	169	45	12	7	5	3	34	1	1	87	11	.248	.333	.295	3

中島　卓也　なかしま・たくや　福岡工高　('09.1)　'91. 1. 11生　右投左打　SS, 2B, 3B, OF

年度	チーム	試合	打数	得点	安打	二塁打	三塁打	本塁打	塁打	打点	盗塁	盗塁刺	犠打	犠飛	四球計	故意四球	死球	三振	併殺打	打率	長打率	出塁率	失策
'11	(日)	8	1	2	0	0	0	0	0	0	0	0	0	0	0	0	0	1	0	.000	.000	.000	0
'12	(日)	105	70	9	8	0	0	0	8	0	2	0	11	0	1	0	0	17	0	.114	.114	.127	2
'13	(日)	127	223	24	53	5	0	0	58	8	23	2	26	1	21	0	1	47	2	.238	.260	.305	9
'14	(日)	126	382	55	99	9	3	0	114	32	28	9	35	1	43	0	0	92	4	.259㉓	.298	.333	12
'15	(日)	**143**	515	69	136	8	2	0	148	39	**34**	7	34	0	66	0	3	93	10	.264⑱	.287	.350	8
'16	(日)	**143**	473	66	115	10	1	0	127	28	23	9	**62**	1	63	0	1	117	5	.243㉘	.268	.333	14
'17	(日)	91	283	26	59	1	2	0	67	13	11	3	25	0	23	0	0	80	2	.208	.237	.268	9
'18	(日)	132	391	57	102	11	3	1	122	23	29	5	22	1	35	0	0	88	4	.261㉒	.312	.321	13
'19	(日)	120	291	39	64	5	1	0	71	16	12	5	12	1	22	0	2	70	2	.220	.244	.278	3
'20	(日)	88	159	22	32	5	0	1	37	8	11	2	10	0	22	0	0	36	1	.201	.233	.298	2
〔10〕		1083	2788	369	668	54	12	2	752	167	174	42	237	5	296	0	6	641	30	.240	.270	.313	78

中島　宏之 (旧名・裕之) なかじま・ひろゆき　伊丹北高 ('01.1)　'82.7.31生　右投右打　SS, 1B, 3B

年度	チーム	試合	打数	得点	安打	二塁打	三塁打	本塁打	塁打	打点	盗塁	盗塁刺	犠打	犠飛	四球計	故意四球	死球	三振	併殺打	打率	長打率	出塁率	失策
'02	(武)	4	7	0	1	0	0	0	1	0	0	0	0	0	0	0	0	2	1	.143	.143	.143	0
'03	(武)	44	89	12	23	3	1	4	40	11	1	2	0	0	5	0	4	22	0	.258	.449	.327	3
'04	(武)	133	502	70	144	22	3	27	253	90	18	2	3	4	39	7	11	108	7	.287⑲	.504	.349	17
'05	(武)	118	405	56	111	21	2	11	169	60	11	3	3	3	22	3	11	67	17	.274⑲	.417	.327	10
'06	(武)	105	412	76	126	22	1	16	198	63	14	4	0	4	30	3	13	66	12	.306⑧	.481	.368	16
'07	(武)	143	533	68	160	28	5	12	234	74	9	4	1	5	41	0	13	134	15	.300⑤	.439	.361	20
'08	(武)	124	486	75	161	32	0	21	256	81	25	5	0	3	55	3	12	96	15	.331②	.527	.410	12
'09	(武)	144	560	100	173	31	3	22	276	92	20	12	0	3	75	4	10	113	17	.309⑥	.493	.398	12
'10	(武)	130	503	80	158	33	3	20	257	93	15	5	0	11	52	2	13	97	20	.314⑨	.511	.385	11
'11	(武)	144	566	82	168	27	1	16	245	100	21	2	0	11	44	0	12	93	11	.297⑥	.433	.354	12
'12	(武)	136	499	69	155	29	1	13	225	74	7	6	1	6	52	3	9	76	10	.311②	.451	.382	8
'15	(オ)	117	417	43	100	19	0	10	149	46	1	2	0	1	53	1	12	93	10	.240㉔	.357	.342	5
'16	(オ)	96	314	24	91	23	0	8	138	47	1	0	0	4	26	0	3	54	7	.290	.439	.346	8
'17	(オ)	124	431	36	123	19	0	9	169	49	0	0	0	5	46	0	7	93	11	.285⑦	.392	.360	4
'18	(オ)	77	225	13	65	7	0	5	87	34	0	0	0	1	21	2	3	38	8	.289	.387	.356	1
'19	(巨)	43	54	5	8	4	0	1	15	5	1	0	0	1	3	0	1	21	1	.148	.278	.277	3
'20	(巨)	100	279	19	83	13	0	7	117	29	0	3	0	1	31	0	1	59	11	.297	.419	.369	3
〔17〕		1782	6282	828	1850	333	20	202	2829	948	144	50	9	63	601	28	135	1232	173	.294	.450	.365	158

中田　翔 なかた・しょう　大阪桐蔭高 ('08.1)　'89.4.22生　右投右打　1B OF

年度	チーム	試合	打数	得点	安打	二塁打	三塁打	本塁打	塁打	打点	盗塁	盗塁刺	犠打	犠飛	四球計	故意四球	死球	三振	併殺打	打率	長打率	出塁率	失策
'09	(日)	22	36	3	10	2	0	0	12	1	0	0	0	1	1	0	0	15	0	.278	.333	.289	0
'10	(日)	65	210	20	49	5	1	9	83	22	0	0	0	2	15	0	3	51	8	.233	.395	.291	1
'11	(日)	143	527	49	125	32	2	18	215	91	4	0	0	8	31	2	6	133	12	.237㉖	.408	.283	5
'12	(日)	144	547	79	131	25	1	24	230	77	5	4	0	4	50	1	6	101	18	.239㉘	.420	.307	3
'13	(日)	108	407	67	124	14	1	28	224	73	1	2	0	1	45	2	2	77	11	.305⑧	.550	.381	3
'14	(日)	144	531	64	143	18	0	27	242	100	0	1	0	7	58	5	6	39	12	.269⑰	.456	.344	3
'15	(日)	143	539	72	142	26	0	30	258	102	1	0	0	7	64	4	1	126	14	.263⑲	.479	.339	5
'16	(日)	141	569	61	142	26	1	25	245	110	2	1	0	5	47	1	3	126	14	.250㉖	.431	.308	8
'17	(日)	129	472	56	102	23	0	16	173	67	0	4	0	4	61	6	5	103	14	.216㉗	.367	.310	6
'18	(日)	140	540	61	143	32	0	25	250	106	0	1	0	13	43	1	3	81	24	.265㉐	.463	.316	3
'19	(日)	124	450	55	109	21	0	24	202	80	0	0	0	4	55	2	5	83	16	.242㉙	.449	.329	5
'20	(日)	119	440	52	105	18	0	31	216	108	1	0	0	9	55	3	2	109	19	.239㉒	.491	.320	6
〔12〕		1422	5268	639	1325	242	6	257	2350	937	14	9	0	65	525	23	45	1098	149	.252	.446	.321	50

中谷　将大 なかたに・まさひろ　福岡工大城東高 ('11.1)　'93.1.5生　右投右打　OF, 1B

年度	チーム	試合	打数	得点	安打	二塁打	三塁打	本塁打	塁打	打点	盗塁	盗塁刺	犠打	犠飛	四球計	故意四球	死球	三振	併殺打	打率	長打率	出塁率	失策
'12	(神)	6	10	0	0	0	0	0	0	0	0	0	0	0	0	0	0	4	0	.000	.000	.000	0
'15	(神)	11	11	1	2	0	0	0	2	0	0	0	0	0	0	0	0	3	0	.182	.182	.182	1
'16	(神)	64	154	18	41	7	0	4	60	14	1	1	0	0	8	0	1	19	2	.266	.390	.307	3
'17	(神)	133	411	64	99	21	1	20	182	61	2	1	0	3	36	2	5	96	5	.241㉗	.443	.308	2
'18	(神)	77	▲222	24	51	6	2	5	76	26	0	1	0	0	13	2	2	55	5	.230	.342	.287	1
'19	(神)	62	116	14	21	5	0	6	44	19	0	0	0	2	12	0	1	37	0	.181	.379	.264	3
'20	(神)	70	79	10	17	1	0	2	24	16	1	0	0	1	9	0	1	20	0	.215	.304	.267	1
〔7〕		423	1003	131	231	40	3	37	388	136	4	3	0	4	78	4	10	231	12	.230	.387	.291	10

中村　晃　なかむら・あきら　帝京高　('08.1)　'89.11.5生　左投左打　OF, 1B

年度	チーム	試合	打数	得点	安打	二塁打	三塁打	本塁打	塁打	打点	盗塁	盗塁刺	犠打	犠飛	四球計	故意四球	死球	三振	併殺打	打率	長打率	出塁率	失策
'11	(ソ)	33	48	6	8	1	0	0	9	2	4	0	4	0	0	0	0	11	0	.167	.188	.167	0
'12	(ソ)	39	57	6	13	2	0	0	15	3	2	2	2	1	3	0	0	5	0	.228	.263	.262	0
'13	(ソ)	109	427	77	131	22	2	5	172	44	7	9	2	2	54	1	7	59	12	.307⑦	.403	.392	7
'14	(ソ)	143	571	75	176	22	4	4	218	61	10	2	3	2	59	2	3	61	4	.308④	.382	.375	2
'15	(ソ)	135	506	58	152	22	0	1	177	39	7	4	9	3	66	0	6	47	7	.300⑤	.350	.386	4
'16	(ソ)	143	488	69	140	21	1	7	184	50	6	5	9	4	99	4	12	53	8	.287⑨	.377	.416	3
'17	(ソ)	143	511	66	138	19	2	6	179	42	3	5	14	5	67	0	3	57	5	.270⑫	.350	.355	1
'18	(ソ)	136	506	57	148	28	1	14	220	57	1	1	3	6	60	4	5	68	5	.292⑥	.435	.369	2
'19	(ソ)	44	139	10	34	3	1	3	48	11	0	0	3	1	15	0	1	13	0	.245	.345	.321	0
'20	(ソ)	100	362	43	98	13	2	6	133	50	0	0	3	6	39	0	3	47	4	.271⑬	.367	.341	4
[10]		1025	3615	467	1038	153	13	46	1355	359	40	28	52	30	462	11	40	421	45	.287	.375	.371	22

中村　奨吾　なかむら・しょうご　早稲田大　('15.1)　'92.5.28生　右投右打　2B, 3B, SS, OF

年度	チーム	試合	打数	得点	安打	二塁打	三塁打	本塁打	塁打	打点	盗塁	盗塁刺	犠打	犠飛	四球計	故意四球	死球	三振	併殺打	打率	長打率	出塁率	失策
'15	(ロ)	111	269	43	62	4	4	5	89	21	4	4	9	2	15	0	4	69	4	.230	.331	.279	5
'16	(ロ)	108	278	37	56	10	1	6	86	25	4	4	14	1	26	0	6	70	0	.201	.309	.283	11
'17	(ロ)	85	280	32	77	13	2	9	121	32	11	3	5	1	20	1	6	63	5	.275	.432	.336	12
'18	(ロ)	143	552	82	157	30	3	8	217	57	39	15	0	5	60	2	22	94	11	.284⑩	.393	.374	6
'19	(ロ)	143	512	68	119	22	0	17	192	59	12	6	6	3	53	2	12	96	10	.232㉚	.375	.317	9
'20	(ロ)	120	422	57	105	25	0	8	154	49	6	3	15	2	52	1	8	97	6	.249⑱	.365	.341	9
[6]		710	2313	319	576	104	10	53	859	243	76	35	49	14	226	6	58	489	36	.249	.371	.329	52

中村　奨成　なかむら・しょうせい　広陵高　('18.1)　'99.6.6生　右投右打　PH

年度	チーム	試合	打数	得点	安打	二塁打	三塁打	本塁打	塁打	打点	盗塁	盗塁刺	犠打	犠飛	四球計	故意四球	死球	三振	併殺打	打率	長打率	出塁率	失策
'20	(広)	4	4	0	0	0	0	0	0	0	0	0	0	0	0	0	0	1	0	.000	.000	.000	—

中村　剛也　なかむら・たけや　大阪桐蔭高　('02.1)　'83.8.15生　右投右打　3B, 1B

年度	チーム	試合	打数	得点	安打	二塁打	三塁打	本塁打	塁打	打点	盗塁	盗塁刺	犠打	犠飛	四球計	故意四球	死球	三振	併殺打	打率	長打率	出塁率	失策
'03	(武)	4	12	0	2	1	0	0	3	2	1	0	0	0	2	0	0	6	1	.167	.250	.286	0
'04	(武)	28	33	8	9	1	0	2	16	5	0	0	0	0	2	0	2	10	1	.273	.485	.351	1
'05	(武)	80	237	40	62	13	1	22	143	57	0	0	0	1	16	1	5	62	7	.262	.603	.320	4
'06	(武)	100	283	47	78	16	0	9	121	29	4	2	3	0	29	2	8	78	9	.276	.428	.359	8
'07	(武)	98	226	29	52	16	0	7	89	32	2	0	11	1	22	0	7	71	3	.230	.394	.316	5
'08	(武)	143	524	90	128	24	4	46	298	101	2	1	3	3	53	1	7	162	10	.244㉗	.569	.320	22
'09	(武)	128	501	91	143	37	1	48	326	122	3	1	0	2	52	0	7	154	8	.285⑭	.651	.359	15
'10	(武)	85	304	50	71	14	2	25	164	57	1	0	0	3	44	5	3	111	7	.234	.539	.333	6
'11	(武)	144	525	97	141	30	0	48	315	116	4	1	0	6	79	2	12	134	15	.269⑬	.600	.357	17
'12	(武)	123	432	54	100	16	1	27	199	79	2	3	0	1	56	1	9	125	11	.231⑳	.461	.331	5
'13	(武)	26	96	8	20	2	0	4	34	15	0	0	0	2	16	3	0	38	1	.208	.354	.316	—
'14	(武)	111	382	68	98	19	1	34	221	90	0	0	0	3	79	0	2	124	13	.257㉕	.579	.384	1
'15	(武)	139	521	82	145	35	0	37	291	124	1	0	0	4	68	4	7	172	12	.278⑫	.559	.367	12
'16	(武)	108	387	45	92	14	2	21	173	61	2	1	0	6	61	1	4	125	9	.238	.447	.313	5
'17	(武)	115	415	69	90	14	0	27	185	79	1	0	0	6	61	1	4	118	12	.217㉖	.446	.319	11
'18	(武)	97	355	53	94	14	1	30	194	74	1	0	0	2	33	0	2	112	11	.265	.546	.329	9
'19	(武)	135	496	69	142	30	0	30	262	123	2	1	0	6	54	5	4	123	12	.286⑪	.528	.355	13
'20	(武)	79	258	32	55	14	0	9	96	31	0	1	0	3	34	2	3	75	7	.213	.372	.310	4
[18]		1743	5987	932	1522	310	13	424	3130	1197	26	13	17	40	740	28	85	1800	149	.254	.523	.343	142

中村　悠平　なかむら・ゆうへい　福井商高　('09.1)　'90.6.17生　右投右打　C

年度 チーム	試合	打数	得点	安打	二塁打	三塁打	本塁打	塁打	打点	盗塁	盗塁刺	犠打	犠飛	四球計	改意四球	死球	三振	併殺打	打率	長打率	出塁率	失策
'09 (ヤ)	5	4	1	0	0	0	0	0	0	0	0	0	0	0	0	1	0	0	.000	.000	.200	0
'10 (ヤ)	3	6	1	2	1	0	0	2	1	0	0	0	0	0	0	0	4	0	.333	.500	.333	0
'11 (ヤ)	13	6	1	2	0	0	0	2	0	0	0	0	0	0	0	0	0	0	.333	.333	.333	0
'12 (ヤ)	91	209	19	53	5	0	1	61	15	1	1	8	2	28	4	2	31	10	.254	.292	.344	4
'13 (ヤ)	84	239	17	56	5	2	4	77	24	1	1	12	2	30	2	3	37	8	.234	.322	.325	9
'14 (ヤ)	99	325	26	97	9	1	5	123	41	0	0	7	3	26	0	4	51	8	.298	.378	.355	2
'15 (ヤ)	136	442	36	102	14	0	2	122	33	3	2	14	2	40	1	4	80	9	.231㉔	.276	.299	5
'16 (ヤ)	106	321	24	60	14	0	3	83	37	2	0	14	6	31	4	6	47	9	.187	.259	.266	3
'17 (ヤ)	127	419	42	102	14	4	4	136	34	2	1	11	4	42	0	10	65	14	.243㉕	.325	.324	1
'18 (ヤ)	123	341	32	72	9	1	5	98	26	2	0	22	2	31	3	5	39	7	.211	.287	.285	7
'19 (ヤ)	126	372	42	100	24	2	5	143	36	1	4	13	2	53	0	10	64	11	.269㉑	.384	.373	4
'20 (ヤ)	29	80	10	14	2	0	0	16	5	3	0	1	2	9	0	0	14	2	.175	.200	.256	1
〔12〕	942	2764	251	660	97	10	29	864	250	12	10	103	24	290	17	45	432	78	.239	.313	.319	36

中山　翔太　なかやま・しょうた　法政大　('19.1)　'96.9.22生　右投右打　OF

年度 チーム	試合	打数	得点	安打	二塁打	三塁打	本塁打	塁打	打点	盗塁	盗塁刺	犠打	犠飛	四球計	改意四球	死球	三振	併殺打	打率	長打率	出塁率	失策
'19 (ヤ)	35	97	11	28	4	0	5	47	14	0	0	0	0	3	0	0	25	2	.289	.485	.310	0
'20 (ヤ)	29	48	4	11	1	0	4	24	8	0	0	0	1	3	0	1	19	2	.229	.500	.283	0
〔2〕	64	145	15	39	5	0	9	71	22	0	0	0	1	6	0	1	44	4	.269	.490	.301	0

永江　恭平　ながえ・きょうへい　海星高（長崎）　('12.1)　'93.5.7生　右投左打　SS, 3B, 2B

年度 チーム	試合	打数	得点	安打	二塁打	三塁打	本塁打	塁打	打点	盗塁	盗塁刺	犠打	犠飛	四球計	改意四球	死球	三振	併殺打	打率	長打率	出塁率	失策
'12 (武)	27	27	0	1	0	0	0	1	0	0	0	7	0	0	0	0	11	0	.037	.037	.037	3
'13 (武)	99	78	8	11	1	2	1	19	3	1	0	8	0	6	0	0	34	0	.141	.244	.202	4
'14 (武)	65	88	6	16	7	0	0	23	3	0	0	7	0	5	0	0	31	2	.182	.261	.226	3
'15 (武)	54	22	6	4	0	1	0	6	4	0	0	5	0	1	0	0	13	0	.182	.273	.280	2
'16 (武)	74	74	5	12	1	0	0	13	3	1	2	6	0	2	0	0	24	1	.162	.176	.213	0
'17 (武)	25	17	3	4	1	0	1	8	4	0	0	2	0	0	0	0	5	0	.235	.471	.235	0
'18 (武)	4	0	1	0	0	0	0	0	0	0	0	0	0	0	0	0	0	0	.000	.000	.000	0
'19 (武)	27	21	4	2	1	0	0	3	1	1	0	1	0	4	0	0	12	0	.095	.143	.240	2
〔8〕	375	327	33	50	11	3	2	73	18	3	4	34	1	21	0	2	130	3	.153	.223	.208	14

長岡　秀樹　ながおか・ひでき　八千代松陰高　('20.1)　'01.9.26生　右投左打　2B

年度 チーム	試合	打数	得点	安打	二塁打	三塁打	本塁打	塁打	打点	盗塁	盗塁刺	犠打	犠飛	四球計	改意四球	死球	三振	併殺打	打率	長打率	出塁率	失策
'20 (ヤ)	6	12	0	1	0	0	0	1	0	0	0	1	0	0	0	0	3	1	.083	.083	.083	2

長坂　拳弥　ながさか・けんや　東北福祉大　('17.1)　'94.4.28生　右投右打　C

年度 チーム	試合	打数	得点	安打	二塁打	三塁打	本塁打	塁打	打点	盗塁	盗塁刺	犠打	犠飛	四球計	改意四球	死球	三振	併殺打	打率	長打率	出塁率	失策
'17 (神)	1	0	0	0	0	0	0	0	0	0	0	0	0	0	0	0	0	0	.000	.000	.000	0
'18 (神)	9	8	0	1	1	0	0	2	0	0	0	1	0	0	0	0	1	0	.125	.250	.125	0
'19 (神)	3	1	2	1	0	0	1	4	1	0	0	0	0	0	0	1	0	0	1.000	4.000	1.000	0
'20 (神)	5	5	1	2	0	0	1	5	2	1	0	1	0	0	0	0	3	0	.400	1.000	.400	0
〔4〕	18	14	3	4	1	0	2	11	3	1	0	1	0	0	0	1	4	0	.286	.786	.286	0

西浦　直亨　にしうら・なおみち　法政大　('14.1)　'91. 4. 11生　右投右打　SS, 3B, 2B

年度 チーム	試合	打数	得点	安打	二塁打	三塁打	本塁打	塁打	打点	盗塁	盗塁刺	犠打	犠飛	四球計	故意四球	死球	三振	併殺打	打率	長打率	出塁率	失策
'14 (ヤ)	14	32	5	5	1	0	1	9	5	0	0	0	0	4	0	0	6	0	.156	.281	.250	2
'15 (ヤ)	26	44	9	13	3	1	1	21	5	1	0	1	0	3	0	0	12	0	.295	.477	.340	0
'16 (ヤ)	72	247	21	63	12	0	7	96	28	9	3	2	1	23	0	0	54	3	.255	.389	.317	4
'17 (ヤ)	72	144	9	30	6	0	0	36	8	3	0	8	2	16	1	1	31	5	.208	.250	.288	4
'18 (ヤ)	138	479	57	116	28	0	10	174	55	1	2	20	3	40	1	8	88	10	.242㉙	.363	.309	11
'19 (ヤ)	44	149	17	35	9	0	4	56	19	0	0	2	0	10	0	1	35	6	.235	.376	.288	3
'20 (ヤ)	101	286	24	70	10	0	10	110	43	4	2	4	2	16	3	2	74	11	.245	.385	.288	6
〔7〕	467	1381	142	332	69	1	33	502	163	18	7	37	8	112	5	12	300	35	.240	.364	.301	30

西浦　颯大　にしうら・はやと　明徳義塾高　('18.1)　'99. 5. 21生　右投左打　OF

年度 チーム	試合	打数	得点	安打	二塁打	三塁打	本塁打	塁打	打点	盗塁	盗塁刺	犠打	犠飛	四球計	故意四球	死球	三振	併殺打	打率	長打率	出塁率	失策
'18 (オ)	2	6	0	1	0	0	0	1	0	0	1	0	0	1	0	0	3	0	.167	.167	.286	0
'19 (オ)	77	220	24	43	8	1	1	56	18	8	3	5	1	13	0	0	56	1	.195	.255	.239	1
'20 (オ)	49	91	13	17	1	0	2	24	4	3	2	1	0	5	0	0	21	1	.187	.264	.229	2
〔3〕	128	317	37	61	9	1	3	81	22	12	6	6	1	19	0	0	80	2	.192	.256	.237	3

西川　遥輝　にしかわ・はるき　智辯和歌山高　('11.1)　'92. 4. 16生　右投左打　OF, 2B, 1B, 3B, SS

年度 チーム	試合	打数	得点	安打	二塁打	三塁打	本塁打	塁打	打点	盗塁	盗塁刺	犠打	犠飛	四球計	故意四球	死球	三振	併殺打	打率	長打率	出塁率	失策
'12 (日)	71	134	22	32	6	1	2	46	13	7	0	7	0	14	0	0	34	0	.239	.343	.311	6
'13 (日)	85	281	35	78	18	1	2	104	26	22	2	14	1	31	0	5	89	0	.277	.370	.358	11
'14 (日)	143	555	90	147	19	**13**	8	216	57	**43**	11	16	0	63	1	3	139	1	.265㉑	.389	.343	12
'15 (日)	125	442	68	122	18	1	9	173	35	30	7	15	0	60	2	4	98	1	.276⑬	.391	.368	8
'16 (日)	138	493	76	155	18	4	9	196	43	41	5	22	2	73	0	3	113	0	.314②	.398	.405	3
'17 (日)	138	541	82	160	26	6	9	225	44	**39**	5	6	3	69	0	4	103	6	.296④	.416	.378	2
'18 (日)	140	528	90	147	25	6	10	214	48	**44**	5	7	2	**96**	1	3	103	5	.278⑫	.405	.391	2
'19 (日)	142	548	88	158	26	3	15	211	41	19	5	8	0	93	2	2	111	5	.288⑨	.385	.393	2
'20 (日)	115	422	82	129	17	3	5	167	39	42	7	4	3	**92**	1	4	84	5	.306④	.396	.430	2
〔9〕	1097	3944	633	1128	173	49	51	1552	346	287	45	99	11	591	7	26	854	24	.286	.394	.382	50

西川　愛也　にしかわ・まなや　花咲徳栄高　('18.1)　'99. 6. 10生　右投左打　OF

年度 チーム	試合	打数	得点	安打	二塁打	三塁打	本塁打	塁打	打点	盗塁	盗塁刺	犠打	犠飛	四球計	故意四球	死球	三振	併殺打	打率	長打率	出塁率	失策
'20 (武)	3	4	0	1	1	0	0	2	2	0	0	0	0	0	0	0	0	0	.250	.500	.250	0

西川　龍馬　にしかわ・りょうま　敦賀気比高　('16.1)　'94. 12. 10生　右投左打　OF, 3B, 2B, 1B

年度 チーム	試合	打数	得点	安打	二塁打	三塁打	本塁打	塁打	打点	盗塁	盗塁刺	犠打	犠飛	四球計	故意四球	死球	三振	併殺打	打率	長打率	出塁率	失策
'16 (広)	62	51	8	15	3	1	0	20	3	0	1	2	1	4	0	0	9	0	.294	.392	.339	1
'17 (広)	95	204	23	56	10	2	5	85	27	4	1	3	2	10	0	1	35	4	.275	.417	.309	4
'18 (広)	107	327	44	101	22	6	3	147	46	5	3	4	1	27	3	2	51	4	.309	.450	.364	**17**
'19 (広)	138	535	70	159	23	3	16	236	64	6	7	11	5	32	4	2	81	9	.297⑥	.441	.336	2
'20 (広)	76	296	36	90	18	0	6	126	32	6	1	2	0	28	1	2	52	6	.304	.426	.368	1
〔5〕	478	1413	181	421	76	9	33	614	172	21	13	22	9	101	8	7	228	23	.298	.435	.346	25

西田　明央　にしだ・あきひさ　北照高　('11.1)　'92.4.28生　右投右打　C, 1B

年度	チーム	試合	打数	得点	安打	二塁打	三塁打	本塁打	塁打	打点	盗塁	盗塁刺	犠打	犠飛	四球計	故意四球	死球	三振	併殺打	打率	長打率	出塁率	失策
'13	(ヤ)	5	8	1	1	0	0	0	1	0	0	0	0	0	1		0	1	0	.125	.125	.125	1
'14	(ヤ)	8	20	2	5	2	0	1	10	4	0	0	0	0	1		1	4	0	.250	.500	.318	0
'15	(ヤ)	13	34	1	5	1	0	1	9	2	0	0	3	0	3		0	11	1	.147	.265	.216	0
'16	(ヤ)	74	222	29	54	16	1	7	93	25	0	0	4	0	18	2	1	39	5	.243	.419	.303	4
'17	(ヤ)	37	73	4	10	3	0	1	16	7	1	0	0	1	11		0	20	2	.137	.219	.256	4
'18	(ヤ)	4	7	1	1	0	0	0	1	0	0	0	0	0	0		0	1	0	.143	.143	.143	0
'19	(ヤ)	47	54	2	11	5	0	0	16	4	0	0	0	0	3		0	16	1	.204	.296	.306	1
'20	(ヤ)	69	190	20	44	5	0	7	70	20	0	1	1	1	20		3	48	4	.232	.368	.313	1
〔8〕		257	608	60	131	32	1	17	216	62	1	1	8	2	61	5	6	241	13	.215	.355	.292	11

西田　哲朗　(哲朗) にしだ・てつろう　関大一高　('10.1)　'91.9.4生　右投右打　SS, 2B, 3B, 1B

年度	チーム	試合	打数	得点	安打	二塁打	三塁打	本塁打	塁打	打点	盗塁	盗塁刺	犠打	犠飛	四球計	故意四球	死球	三振	併殺打	打率	長打率	出塁率	失策
'11	(楽)	1	1	0	0	0	0	0	0	0	0	0	0	0	0		1	1	0	.000	.000	.000	0
'12	(楽)	20	22	2	3	0	0	0	3	1	0	0	0	0	0		1	4	0	.136	.136	.208	1
'13	(楽)	26	48	3	8	1	0	0	9	2	1	0	2	0	0		0	14	0	.167	.188	.200	2
'14	(楽)	131	372	39	93	19	0	7	133	41	8	3	12	3	24		4	100	9	.250	.358	.300	11
'15	(楽)	62	168	19	37	8	0	2	47	8	2	4	0	0	11		0	44	4	.220	.280	.268	5
'16	(楽)	11	20	3	2	0	0	1	5	1	0	0	0	0	0		0	6	2	.100	.250	.143	1
'17	(楽)	22	22	2	3	0	0	0	3	2	0	0	0	0	2		0	10	0	.136	.136	.208	0
'18	(ソ)	72	109	18	23	3	0	4	38	16	3	0	2	1	6		1	37	1	.211	.349	.216	0
'19	(ソ)	7	8	2	1	0	0	0	2	1	0	0	0	0	0		0	4	0	.125	.250	.125	0
'20	(ソ)	36	11	6	1	0	0	1	1	2	1	0	1	0	0		0	3	0	.091	.091	.091	1
〔10〕		388	781	94	171	31	0	13	241	71	16	8	23	4	42	0	5	220	16	.219	.309	.262	21

西野　真弘　にしの・まさひろ　国際武道大　('15.1)　'90.8.2生　右投左打　2B, 3B, SS

年度	チーム	試合	打数	得点	安打	二塁打	三塁打	本塁打	塁打	打点	盗塁	盗塁刺	犠打	犠飛	四球計	故意四球	死球	三振	併殺打	打率	長打率	出塁率	失策
'15	(オ)	57	191	31	58	6	2	3	77	22	9	2	2	0	18	0	2	25	0	.304	.403	.370	1
'16	(オ)	143	538	63	142	16	7	3	178	33	16	5	13	1	56	0	2	55	7	.264㉑	.331	.335	17
'17	(オ)	100	282	33	66	11	2	2	87	21	8	4	16	3	24	0	4	46	4	.234	.309	.305	6
'18	(オ)	60	188	21	55	8	4	0	71	16	7	3	6	1	12	0	0	28	5	.293	.378	.333	3
'19	(オ)	56	166	21	40	5	1	1	50	14	1	0	3	1	16	0	2	24	1	.241	.301	.314	1
'20	(オ)	23	69	10	17	3	0	0	20	3	0	0	3	0	5	0	0	10	1	.246	.290	.297	1
〔6〕		439	1434	179	378	49	16	8	483	109	41	14	43	6	131	0	12	188	18	.264	.337	.329	29

西巻　賢二　にしまき・けんじ　仙台育英高　('18.1)　'99.4.22生　右投右打　SS, 2B

年度	チーム	試合	打数	得点	安打	二塁打	三塁打	本塁打	塁打	打点	盗塁	盗塁刺	犠打	犠飛	四球計	故意四球	死球	三振	併殺打	打率	長打率	出塁率	失策
'18	(楽)	25	77	4	19	3	0	0	22	3	0	1	2	0	3	0	0	18	1	.247	.286	.275	4
'19	(楽)	2	1	0	0	0	0	0	0	0	0	0	0	0	0	0	0	1	0	.000	.000	.000	0
'20	(ロ)	11	16	2	4	1	0	0	5	0	0	1	0	0	2	0	0	6	0	.250	.313	.333	2
〔3〕		38	94	6	23	4	0	0	27	3	0	1	2	0	5	0	0	25	1	.245	.287	.283	6

西村　凌　にしむら・りょう　青森山田高　('18.1)　'96.2.21生　右投右打　OF

年度	チーム	試合	打数	得点	安打	二塁打	三塁打	本塁打	塁打	打点	盗塁	盗塁刺	犠打	犠飛	四球計	故意四球	死球	三振	併殺打	打率	長打率	出塁率	失策
'18	(オ)	31	88	9	17	4	0	2	27	8	2	0	1	1	3	0	0	27	1	.193	.307	.217	2
'19	(オ)	19	49	3	13	3	0	2	22	4	2	0	2	0	2	0	0	10	1	.265	.449	.294	0
'20	(オ)	29	62	7	10	2	0	1	15	3	2	2	5	0	9	0	0	12	0	.161	.242	.268	0
〔3〕		79	199	19	40	9	0	5	64	15	6	2	8	1	14	0	0	49	2	.201	.322	.252	2

根尾　昂　のお・あきら　大阪桐蔭高　（'19.1）　'00.4.19生　右投左打　OF, 2B, SS

年度 チーム	試合	打数	得点	安打	二塁打	三塁打	本塁打	塁打	打点	盗塁	盗塁刺	犠打	犠飛	四球計	故意四球	死球	三振	併殺打	打率	長打率	出塁率	失策
'19（中）	2	2	0	0	0	0	0	0	0	0	0	0	0	0	0	0	2	0	.000	.000	.000	0
'20（中）	9	23	3	2	0	0	0	2	0	0	0	0	0	2	0	0	7	0	.087	.087	.160	0
〔2〕	11	25	3	2	0	0	0	2	0	0	0	0	0	2	0	0	9	0	.080	.080	.148	0

野間　峻祥　のま・たかよし　中部学院大　（'15.1）　'93.1.28生　右投左打　OF

年度 チーム	試合	打数	得点	安打	二塁打	三塁打	本塁打	塁打	打点	盗塁	盗塁刺	犠打	犠飛	四球計	故意四球	死球	三振	併殺打	打率	長打率	出塁率	失策
'15（広）	127	170	21	41	7	6	1	63	10	8	2	6	1	10	0	1	37	2	.241	.371	.286	0
'16（広）	21	24	4	7	0	0	0	7	1	1	1	1	0	0	0	0	3	1	.292	.292	.292	0
'17（広）	98	74	34	14	1	0	0	15	2	10	5	4	0	7	0	0	13	1	.189	.203	.259	0
'18（広）	126	405	64	116	14	7	5	159	46	17	10	4	2	30	0	6	69	2	.286⑱	.393	.343	1
'19（広）	123	314	52	78	10	5	2	104	16	14	2	6	1	27	3	5	56	5	.248	.331	.317	2
'20（広）	70	50	10	12	0	0	0	12	1	2	3	2	0	4	0	0	17	0	.240	.240	.296	1
〔6〕	565	1037	185	268	32	18	8	360	76	52	23	23	4	78	3	12	195	11	.258	.347	.317	4

野村　大樹　のむら・だいじゅ　早稲田実業　（'19.1）　'00.9.10生　右投右打　3B

年度 チーム	試合	打数	得点	安打	二塁打	三塁打	本塁打	塁打	打点	盗塁	盗塁刺	犠打	犠飛	四球計	故意四球	死球	三振	併殺打	打率	長打率	出塁率	失策
'19（ソ）	2	2	0	1	0	0	0	1	0	0	0	0	0	0	0	0	0	0	.500	.500	.500	0

野村　佑希　のむら・ゆうき　花咲徳栄高　（'19.1）　'00.6.26生　右投右打　3B

年度 チーム	試合	打数	得点	安打	二塁打	三塁打	本塁打	塁打	打点	盗塁	盗塁刺	犠打	犠飛	四球計	故意四球	死球	三振	併殺打	打率	長打率	出塁率	失策
'20（日）	21	74	8	19	3	2	3	35	18	0	0	0	0	1	0	1	17	1	.257	.473	.276	7

W. バレンティン　ウラディミール・バレンティン　セント・ポール・コーリション（'11.1）　'84.7.2生　右投右打　OF

年度 チーム	試合	打数	得点	安打	二塁打	三塁打	本塁打	塁打	打点	盗塁	盗塁刺	犠打	犠飛	四球計	故意四球	死球	三振	併殺打	打率	長打率	出塁率	失策
'11（ヤ）	140	486	63	111	22	1	**31**	**228**	76	3	1	0	6	61	6	2	**131**	15	.228㉔	.469	.314	8
'12（ヤ）	106	353	58	96	13	0	31	202	81	1	0	0	2	64	4	3	92	14	.272	.572	.386	2
'13（ヤ）	130	439	**94**	145	17	0	**60**	**342**	131	0	0	0	4	103	**9**	1	105	14	.330②	**.779**	**.455**	6
'14（ヤ）	112	366	61	110	12	0	31	215	69	2	0	0	3	75	5	2	95	10	.301⑪	**.587**	.419	6
'15（ヤ）	15	43	4	8	2	0	1	13	6	0	0	0	0	9	0	0	14	1	.186	.302	.327	1
'16（ヤ）	132	457	64	123	20	0	31	236	96	0	1	0	5	72	2	3	116	19	.269⑲	.516	.369	4
'17（ヤ）	125	445	60	113	14	1	32	225	80	0	1	0	1	70	0	3	112	18	.254㉓	.506	.358	4
'18（ヤ）	142	514	72	138	22	0	38	274	**131**	1	1	0	3	85	5	0	121	15	.268㉓	.533	.370	6
'19（ヤ）	120	410	65	115	13	0	33	227	93	0	1	0	3	54	3	1	117	11	.280⑬	.554	.363	0
'20（ソ）	60	191	16	32	7	0	9	66	22	0	1	0	2	25	1	0	59	8	.168	.346	.261	0
〔10〕	1082	3704	557	991	142	2	297	2028	785	7	6	0	29	618	35	15	962	125	.268	.548	.372	47

G. パーラ　ヘラルド・パーラ　フランシスコ・ブルガル高　（'20.1）　'87.5.6生　左投左打　OF

年度 チーム	試合	打数	得点	安打	二塁打	三塁打	本塁打	塁打	打点	盗塁	盗塁刺	犠打	犠飛	四球計	故意四球	死球	三振	併殺打	打率	長打率	出塁率	失策
'20（巨）	47	146	14	39	3	1	4	56	13	0	2	0	0	8	1	0	35	6	.267	.384	.305	0

白村　明弘　はくむら・あきひろ　慶應義塾大　（'14.1）　'91. 12. 11生　右投左打　P, OF

年度	チーム	試合	打数	得点	安打	二塁打	三塁打	本塁打	塁打	打点	盗塁	盗塁刺	犠打	犠飛	四球計	故意四球	死球	三振	併殺打	打率	長打率	出塁率	失策
'14（日）		10	0	0	0	0	0	0	0	0	0	0	0	0	0		0	0	0	.000	.000	.000	1
'15（日）		50	0	0	0	0	0	0	0	0	0	0	0	0	0		0	0	0	.000	.000	.000	2
'16（日）		22	0	0	0	0	0	0	0	0	0	0	0	0	0		0	0	0	.000	.000	.000	1
'17（日）		24	0	0	0	0	0	0	0	0	0	0	0	0	0		0	0	0	.000	.000	.000	0
'18（日）		3	0	0	0	0	0	0	0	0	0	0	0	0	0		0	0	0	.000	.000	.000	0
'19（日）		1	3	0	0	0	0	0	0	0	0	0	0	0	0		0	3	0	.000	.000	.000	0
〔6〕		110	3	0	0	0	0	0	0	0	0	0	0	0	0		0	3	0	.000	.000	.000	4

長谷川勇也　はせがわ・ゆうや　専修大　（'07.1）　'84. 12. 22生　右投左打　OF

年度	チーム	試合	打数	得点	安打	二塁打	三塁打	本塁打	塁打	打点	盗塁	盗塁刺	犠打	犠飛	四球計	故意四球	死球	三振	併殺打	打率	長打率	出塁率	失策
'08（ソ）		71	221	28	52	13	1	4	79	24	2	0	4	1	18	1	1	47	1	.235	.357	.295	1
'09（ソ）		143	509	69	159	31	3	7	217	44	10	5	11	1	57	1	6	89	7	.312④	.426	.387	1
'10（ソ）		134	443	48	113	17	0	3	139	32	14	3	10	3	51	5	12	97	8	.255㉘	.314	.346	3
'11（ソ）		125	392	51	115	23	1	4	152	34	13	1	6	2	47	3	8	87	2	.293⑧	.388	.379	2
'12（ソ）		126	403	41	112	15	3	4	145	37	16	5	16	5	40	2	9	87	4	.278⑭	.360	.352	2
'13（ソ）		144	580	92	198	29	6	19	296	83	12	2	0	5	47	0	5	111	5	.341①	.510	.392	3
'14（ソ）		135	473	58	142	30	3	6	196	55	7	7	0	4	54	2	7	95	8	.300⑦	.414	.375	4
'15（ソ）		30	85	8	19	0	0	5	34	12	0	0	0	1	11	1	0	27	0	.224	.400	.313	0
'16（ソ）		122	387	45	105	15	3	10	156	51	2	4	1	0	51	2	3	95	9	.271	.403	.361	0
'17（ソ）		23	37	5	8	1	2	0	19	7	1	2	0	0	15	0	0	15	0	.216	.514	.341	0
'18（ソ）		55	101	15	29	6	0	5	50	20	0	0	0	2	7	1	1	18	3	.287	.495	.348	0
'19（ソ）		25	43	6	13	4	0	3	26	9	1	0	0	2	7	1	2	4	1	.302	.605	.407	0
'20（ソ）		29	76	6	17	5	0	1	25	7	0	0	0	1	10	0	1	2	2	.224	.329	.322	0
〔13〕		1162	3750	472	1082	189	22	73	1534	415	78	27	48	27	409	21	55	790	50	.289	.409	.365	21

羽月隆太郎　はつき・りゅうたろう　神村学園高　（'19.1）　'00. 4. 19生　右投左打　2B, 3B

年度	チーム	試合	打数	得点	安打	二塁打	三塁打	本塁打	塁打	打点	盗塁	盗塁刺	犠打	犠飛	四球計	故意四球	死球	三振	併殺打	打率	長打率	出塁率	失策
'20（広）		17	33	3	6	1	1	0	9	4	0	2	5	0	2	0	0	7	0	.182	.273	.229	0

濱田　太貴　はまだ・たいき　明豊高　（'19.1）　'00. 9. 4生　右投右打　OF

年度	チーム	試合	打数	得点	安打	二塁打	三塁打	本塁打	塁打	打点	盗塁	盗塁刺	犠打	犠飛	四球計	故意四球	死球	三振	併殺打	打率	長打率	出塁率	失策
'19（ヤ）		2	5	0	0	0	0	0	0	0	0	0	0	0	0	0	0	3	0	.000	.000	.000	0
'20（ヤ）		33	100	7	20	4	0	3	33	7	0	0	0	0	5	0	0	30	1	.200	.330	.238	2
〔2〕		35	105	7	20	4	0	3	33	7	0	0	0	0	5	0	0	33	1	.190	.314	.227	2

林　晃汰　はやし・こうた　智辯和歌山高　（'19.1）　'00. 11. 16生　右投左打　1B, 3B

年度	チーム	試合	打数	得点	安打	二塁打	三塁打	本塁打	塁打	打点	盗塁	盗塁刺	犠打	犠飛	四球計	故意四球	死球	三振	併殺打	打率	長打率	出塁率	失策
'20（広）		4	8	1	1	1	0	0	2	0	0	0	0	0	0	0	0	5	1	.125	.250	.125	1

原口　文仁　はらぐち・ふみひと　帝京高　（'10.1）　'92. 3. 3生　右投右打　C, 1B

年度	チーム	試合	打数	得点	安打	二塁打	三塁打	本塁打	塁打	打点	盗塁	盗塁刺	犠打	犠飛	四球計	故意四球	死球	三振	併殺打	打率	長打率	出塁率	失策
'16（神）		107	318	38	95	16	0	11	144	46	1	2	2	3	26	0	15	52	8	.299	.453	.376	4
'17（神）		73	186	16	42	12	0	6	72	25	0	0	1	2	22	0	5	36	10	.226	.387	.321	4
'18（神）		82	111	8	35	2	0	2	43	19	0	0	0	0	8	1	5	27	1	.315	.387	.387	0
'19（神）		43	87	8	24	4	0	1	31	11	0	0	0	2	4	0	1	23	3	.276	.356	.309	1
'20（神）		48	72	5	20	3	0	3	32	19	0	0	0	1	5	1	1	16	2	.278	.444	.333	0
〔5〕		353	774	75	216	37	0	23	322	120	1	2	3	7	65	2	27	154	24	.279	.416	.353	9

個人年度別打撃成績　ひ

D. ビシエド
ダヤン・ビシエド　エスクエラ・デポルテ・エスパ高　（'16.1）　'89.3.10生　右投右打　1B, OF

年度	チーム	試合	打数	得点	安打	二塁打	三塁打	本塁打	塁打	打点	盗塁	盗塁刺	犠打	犠飛	四球計	故意四球	死球	三振	併殺打	打率	長打率	出塁率	失策
'16	(中)	119	416	63	114	22	0	22	202	68	1	0	0	3	44	0	8	68	13	.274⑰	.486	.352	12
'17	(中)	87	332	43	83	11	1	18	150	49	4	0	0	1	29	0	5	52	10	.250	.452	.319	5
'18	(中)	135	512	91	178	26	1	26	284	99	3	4	0	4	51	4	15	61	24	.348①	.555	.419	5
'19	(中)	143	534	56	168	43	0	18	265	93	2	1	0	6	41	9	13	88	22	.315②	.496	.374	6
'20	(中)	109	409	48	109	23	0	17	183	82	3	2	0	10	34	3	6	48	17	.267⑲	.447	.329	1
〔5〕		593	2203	301	652	125	2	101	1084	391	13	7	0	24	199	16	50	317	86	.296	.492	.364	29

C. ビヤヌエバ
クリスチャン・ビヤヌエバ　ハリスコ州第25共学高　（'19.1）　'91.6.19生　右投右打　3B, 1B, 2B

年度	チーム	試合	打数	得点	安打	二塁打	三塁打	本塁打	塁打	打点	盗塁	盗塁刺	犠打	犠飛	四球計	故意四球	死球	三振	併殺打	打率	長打率	出塁率	失策
'19	(巨)	73	202	24	45	9	0	8	78	24	2	0	1	1	25	0	6	52	5	.223	.386	.325	7
'20	(日)	54	168	11	37	3	0	4	52	19	1	2	0	2	22	0	4	39	1	.220	.310	.321	4
〔2〕		127	370	35	82	12	0	12	130	43	3	2	1	3	47	0	10	91	6	.222	.351	.323	11

J. ピレラ
ホセ・ピレラ　マヌエル・セグンド・サンチェス・マノ高　（'20.1）　'89.11.21生　右投右打　OF, 1B, 3B

年度	チーム	試合	打数	得点	安打	二塁打	三塁打	本塁打	塁打	打点	盗塁	盗塁刺	犠打	犠飛	四球計	故意四球	死球	三振	併殺打	打率	長打率	出塁率	失策
'20	(広)	99	316	47	84	9	2	11	130	34	2	3	0	0	19	2	2	53	4	.266	.411	.312	3

樋口　龍之介
ひぐち・りゅうのすけ　立正大　（'20.9）　'94.7.4生　右投右打　3B, 2B, 1B

年度	チーム	試合	打数	得点	安打	二塁打	三塁打	本塁打	塁打	打点	盗塁	盗塁刺	犠打	犠飛	四球計	故意四球	死球	三振	併殺打	打率	長打率	出塁率	失策
'20	(日)	25	50	4	7	0	0	1	10	1	0	0	4	0	9	0	1	15	2	.140	.200	.283	1

姫野　優也
ひめの・ゆうや　大阪偕星学園高　（'16.1）　'97.4.2生　右投右打　OF

年度	チーム	試合	打数	得点	安打	二塁打	三塁打	本塁打	塁打	打点	盗塁	盗塁刺	犠打	犠飛	四球計	故意四球	死球	三振	併殺打	打率	長打率	出塁率	失策
'18	(日)	2	4	0	0	0	0	0	0	0	0	0	0	0	1	0	0	3	1	.000	.000	.200	0

飛　雄　馬
ひゅうま（松井飛雄馬）　江の川高　（'12.1）　'91.3.17生　右投右打　3B, SS, 2B

年度	チーム	試合	打数	得点	安打	二塁打	三塁打	本塁打	塁打	打点	盗塁	盗塁刺	犠打	犠飛	四球計	故意四球	死球	三振	併殺打	打率	長打率	出塁率	失策
'14	(ディ)	4	8	0	0	0	0	0	0	0	0	0	0	0	0	0	0	3	0	.000	.000	.000	1
'15	(ディ)	59	116	14	26	9	1	1	40	9	1	0	15	0	3	0	1	23	2	.224	.345	.250	3
'16	(ディ)	17	35	3	5	0	0	1	8	1	0	0	0	0	2	0	1	8	0	.143	.229	.211	3
'17	(ディ)	3	5	0	0	0	0	0	0	0	0	0	0	0	0	0	0	3	0	.000	.000	.000	0
'18	(ディ)	4	7	0	1	0	0	0	1	0	0	1	0	0	0	0	0	3	0	.143	.143	.250	0
'19	(ディ)	5	5	0	0	0	0	0	0	0	0	0	0	0	0	0	0	1	0	.000	.000	.000	—
〔6〕		92	176	17	32	9	1	2	49	11	1	1	15	0	5	0	3	38	2	.182	.278	.217	7

平沢　大河
ひらさわ・たいが　仙台育英高　（'16.1）　'97.12.24生　右投左打　SS, OF, 3B, 1B, 2B

年度	チーム	試合	打数	得点	安打	二塁打	三塁打	本塁打	塁打	打点	盗塁	盗塁刺	犠打	犠飛	四球計	故意四球	死球	三振	併殺打	打率	長打率	出塁率	失策
'16	(ロ)	23	47	3	7	2	1	0	11	3	0	0	0	0	6	0	0	18	1	.149	.234	.216	2
'17	(ロ)	50	119	9	21	2	1	1	28	3	1	0	3	0	4	0	1	40	1	.176	.235	.222	9
'18	(ロ)	112	291	40	62	15	2	5	96	32	8	2	5	2	18	0	1	82	1	.213	.330	.328	5
'19	(ロ)	51	91	10	18	3	1	1	26	8	0	2	10	2	12	0	0	28	0	.198	.286	.291	5
〔4〕		236	548	62	108	22	5	7	161	46	9	4	18	3	70	0	4	168	3	.197	.294	.291	21

平田　良介　ひらた・りょうすけ　大阪桐蔭高　（'06.1）　'88.3.23生　右投右打　OF

年度(チーム)	試合	打数	得点	安打	二塁打	三塁打	本塁打	塁打	打点	盗塁	盗塁刺	犠打	犠飛	四球計	故意四球	死球	三振	併殺打	打率	長打率	出塁率	失策
'06(中)	2	2	0	0	0	0	0	0	0	0	0	0	0	0	0	0	1	0	.000	.000	.000	—
'07(中)	3	12	1	4	0	0	0	4	3	0	1	0	0	0	0	1	4	0	.333	.333	.385	0
'08(中)	59	97	9	26	3	0	1	32	9	0	1	5	2	6	0	1	25	4	.268	.330	.311	0
'09(中)	42	85	13	23	7	3	2	42	9	0	0	0	1	8	0	1	19	2	.271	.494	.337	0
'10(中)	6	12	0	1	0	0	0	1	0	0	0	0	0	0	0	0	4	0	.083	.083	.083	1
'11(中)	113	330	39	84	15	6	11	144	38	1	2	7	0	38	0	1	72	10	.255	.436	.333	0
'12(中)	91	269	28	58	4	1	11	97	32	1	0	1	2	28	1	1	59	9	.216	.361	.290	0
'13(中)	118	367	54	106	22	3	15	179	55	1	2	1	1	41	1	4	54	13	.289	.488	.366	2
'14(中)	119	429	55	119	17	1	11	171	65	7	2	0	4	54	0	1	65	13	.277⑰	.399	.357	1
'15(中)	130	491	76	139	27	3	11	211	53	11	7	1	1	64	1	3	86	5	.283⑥	.430	.369	1
'16(中)	118	416	61	103	24	1	14	171	73	4	2	0	4	72	1	2	89	5	.248㉕	.411	.358	2
'17(中)	66	238	26	58	14	2	6	94	29	4	0	0	2	29	0	1	60	4	.244	.395	.326	0
'18(中)	138	493	83	162	26	5	9	225	55	8	7	2	3	67	4	3	69	7	.329③	.456	.410	1
'19(中)	95	360	52	100	21	4	8	153	32	3	6	1	4	38	2	4	63	3	.278	.425	.350	2
'20(中)	55	166	26	39	6	0	1	55	17	0	1	0	1	24	0	2	30	4	.235	.331	.337	0
〔15〕	1155	3767	523	1022	187	29	104	1579	470	40	31	18	24	469	12	25	693	84	.271	.419	.354	10

平沼　翔太　ひらぬま・しょうた　敦賀気比高　（'16.1）　'97.8.16生　右投左打　3B, SS, 2B

年度(チーム)	試合	打数	得点	安打	二塁打	三塁打	本塁打	塁打	打点	盗塁	盗塁刺	犠打	犠飛	四球計	故意四球	死球	三振	併殺打	打率	長打率	出塁率	失策
'17(日)	4	8	0	0	0	0	0	0	0	0	0	0	0	0	0	0	1	0	.000	.000	.000	0
'18(日)	7	9	0	3	1	0	0	4	0	0	0	0	0	0	0	0	2	0	.333	.444	.333	1
'19(日)	73	165	20	39	4	2	1	55	16	2	1	5	1	10	0	3	26	3	.236	.333	.291	6
'20(日)	52	158	18	36	6	2	0	46	6	1	2	6	0	12	0	4	24	5	.228	.291	.299	6
〔4〕	136	340	38	78	16	4	1	105	22	3	3	11	1	22	0	7	53	8	.229	.309	.289	13

廣岡　大志　ひろおか・たいし　智辯学園高　（'16.1）　'97.4.9生　右投右打　SS, 3B, OF, 2B, 1B

年度(チーム)	試合	打数	得点	安打	二塁打	三塁打	本塁打	塁打	打点	盗塁	盗塁刺	犠打	犠飛	四球計	故意四球	死球	三振	併殺打	打率	長打率	出塁率	失策
'16(ヤ)	2	7	2	3	0	0	0	6	3	0	0	0	0	0	0	0	2	0	.429	.857	.429	0
'17(ヤ)	11	28	6	7	1	0	0	8	1	0	0	0	0	1	0	1	11	1	.250	.286	.323	4
'18(ヤ)	45	115	11	24	6	0	2	36	10	0	0	4	1	5	0	1	36	2	.209	.313	.240	5
'19(ヤ)	91	202	32	41	6	1	10	79	25	1	1	5	1	33	0	2	77	4	.203	.391	.319	13
'20(ヤ)	87	121	15	26	4	0	9	54	15	4	0	3	2	16	0	0	43	0	.215	.446	.302	3
〔5〕	236	473	66	101	17	1	21	183	54	5	1	12	4	56	0	3	169	11	.214	.387	.299	21

廣澤　伸哉　ひろさわ・しんや　大分商高　（'18.1）　'99.8.11生　右投右打　SS, 3B, 2B

年度(チーム)	試合	打数	得点	安打	二塁打	三塁打	本塁打	塁打	打点	盗塁	盗塁刺	犠打	犠飛	四球計	故意四球	死球	三振	併殺打	打率	長打率	出塁率	失策
'20(オ)	23	19	2	3	0	0	0	3	0	0	0	3	0	0	0	0	7	0	.158	.158	.158	1

L.フェルナンド　ルシアノ・フェルナンド　白鷗大　（'15.1）　'92.4.13生　右投右打　OF

年度(チーム)	試合	打数	得点	安打	二塁打	三塁打	本塁打	塁打	打点	盗塁	盗塁刺	犠打	犠飛	四球計	故意四球	死球	三振	併殺打	打率	長打率	出塁率	失策
'15(楽)	39	78	3	15	2	0	1	20	7	0	0	0	0	6	0	0	25	4	.192	.256	.250	0
'16(楽)	4	11	1	2	1	0	0	3	0	0	0	0	0	0	0	0	3	1	.182	.273	.182	0
'17(楽)	2	0	0	0	0	0	0	0	0	0	0	0	0	0	0	0	0	0	.000	.000	.000	—
'18(楽)	11	16	2	3	0	0	0	3	0	0	0	0	0	0	0	0	2	0	.188	.188	.188	0
'19(楽)	16	34	1	8	1	0	0	9	7	0	0	1	1	2	0	0	10	1	.235	.265	.289	0
〔5〕	72	139	7	28	4	0	1	35	14	0	0	1	1	8	0	1	43	6	.201	.252	.248	0

J. ブラッシュ　ジャバリ・ブラッシュ　マイアミ・デード大　('19.1)　'89.7.4生　右投右打　OF

年度	チーム	試合	打数	得点	安打	二塁打	三塁打	本塁打	塁打	打点	盗塁	盗塁刺	犠打	犠飛	四球計	故意四球	死球	三振	併殺打	打率	長打率	出塁率	失策
'19	(楽)	128	426	66	111	20	0	33	230	95	2	3	0	3	81	2	17	157	7	.261⑰	.540	.397	1
'20	(楽)	37	119	25	28	7	0	2	41	18	1	1	0	3	25	1	2	46	6	.235	.345	.369	0
〔2〕		165	545	91	139	27	0	35	271	113	3	4	0	6	106	3	19	203	9	.255	.497	.391	1

福田　光輝　ふくだ・こうき　法政大　('20.1)　'97.11.16生　右投左打　SS, 3B, 2B

年度	チーム	試合	打数	得点	安打	二塁打	三塁打	本塁打	塁打	打点	盗塁	盗塁刺	犠打	犠飛	四球計	故意四球	死球	三振	併殺打	打率	長打率	出塁率	失策
'20	(ロ)	15	23	2	2	1	0	0	3	0	0	0	0	0	3	1	0	8	0	.087	.130	.192	1

福田　秀平　ふくだ・しゅうへい　多摩大附聖ヶ丘高　('07.1)　'89.2.10生　右投左打　OF, 1B, 2B, 3B

年度	チーム	試合	打数	得点	安打	二塁打	三塁打	本塁打	塁打	打点	盗塁	盗塁刺	犠打	犠飛	四球計	故意四球	死球	三振	併殺打	打率	長打率	出塁率	失策
'10	(ソ)	44	23	15	6	2	0	0	8	3	3	0	4	0	2	0	0	8	0	.261	.348	.320	0
'11	(ソ)	97	218	30	55	7	3	1	71	22	22	2	16	1	4	0	5	48	1	.252	.326	.281	0
'12	(ソ)	63	53	12	10	1	0	0	11	5	13	0	1	0	1	0	0	10	0	.189	.208	.204	1
'13	(ソ)	33	25	4	3	1	1	0	6	1	4	0	2	0	1	0	0	10	0	.120	.240	.154	1
'15	(ソ)	84	168	28	39	11	2	1	57	14	10	4	3	0	12	0	0	35	1	.232	.339	.283	2
'16	(ソ)	81	212	30	49	5	4	3	71	18	11	3	4	2	20	1	1	51	2	.231	.335	.298	2
'17	(ソ)	104	104	15	19	2	1	3	32	16	4	2	3	0	6	0	0	34	1	.183	.308	.227	2
'18	(ソ)	110	118	28	31	6	0	7	58	15	6	1	4	0	4	0	2	35	6	.263	.492	.298	2
'19	(ソ)	80	166	27	43	8	0	9	78	26	9	3	4	0	11	0	0	48	1	.259	.470	.302	0
'20	(ロ)	62	204	20	44	11	1	5	72	19	3	5	4	0	17	2	0	73	3	.216	.353	.276	0
〔10〕		758	1291	209	299	54	12	29	464	139	82	20	45	5	78	4	8	360	15	.232	.359	.279	6

福田　周平　ふくだ・しゅうへい　明治大　('18.1)　'92.8.8生　右投左打　2B, 3B, SS

年度	チーム	試合	打数	得点	安打	二塁打	三塁打	本塁打	塁打	打点	盗塁	盗塁刺	犠打	犠飛	四球計	故意四球	死球	三振	併殺打	打率	長打率	出塁率	失策
'18	(オ)	113	295	39	78	8	4	1	97	15	16	9	16	0	31	0	3	33	2	.264	.329	.340	4
'19	(オ)	135	492	65	123	13	5	2	152	38	30	14	19	2	62	0	8	57	7	.250㉖	.309	.342	12
'20	(オ)	76	260	33	67	12	4	0	87	24	13	5	3	3	43	0	3	44	5	.258	.335	.366	6
〔3〕		324	1047	137	268	33	13	3	336	77	59	28	38	5	136	0	14	134	14	.256	.321	.348	22

福田　永将　ふくだ・のぶまさ　横浜高　('07.1)　'88.7.23生　右投右打　3B, 1B, OF, C, 2B

年度	チーム	試合	打数	得点	安打	二塁打	三塁打	本塁打	塁打	打点	盗塁	盗塁刺	犠打	犠飛	四球計	故意四球	死球	三振	併殺打	打率	長打率	出塁率	失策
'09	(中)	17	16	2	3	1	0	1	7	1	0	0	0	0	2	0	0	7	0	.188	.438	.278	0
'10	(中)	15	12	1	2	0	0	0	2	0	0	0	0	0	0	1	0	6	0	.167	.167	.231	0
'11	(中)	12	17	3	4	0	0	2	10	2	0	0	0	0	1	0	0	7	1	.235	.588	.235	1
'12	(中)	49	51	2	9	1	0	1	13	2	0	0	1	0	1	0	1	20	0	.176	.255	.208	1
'13	(中)	4	7	0	2	0	0	0	2	0	0	0	0	0	0	0	0	2	0	.286	.286	.286	0
'14	(中)	10	12	1	3	0	0	0	4	0	0	0	0	0	2	0	0	4	1	.250	.333	.250	0
'15	(中)	79	169	12	41	6	2	6	69	23	0	0	2	0	14	0	0	62	7	.243	.408	.297	3
'16	(中)	89	270	37	72	8	0	10	110	37	0	0	2	0	28	1	2	42	9	.267	.407	.346	2
'17	(中)	95	299	37	81	19	0	18	154	49	0	1	1	0	21	0	0	70	4	.271	.515	.328	5
'18	(中)	133	440	50	115	22	1	13	178	63	0	0	3	0	37	1	5	119	13	.261㉕	.405	.322	10
'19	(中)	105	310	55	89	18	0	18	161	60	0	0	5	0	32	4	0	69	7	.287	.519	.358	2
'20	(中)	64	195	18	48	11	0	5	76	24	0	0	1	0	18	0	0	43	7	.246	.390	.315	1
〔12〕		672	1798	209	469	87	4	74	786	267	0	4	0	16	153	6	25	451	49	.261	.437	.325	24

福留　孝介

ふくどめ・こうすけ　PL学園高　（'99.2）　'77.4.26生　右投左打　OF, SS, 3B, 1B, 2B

年度／チーム	試合	打数	得点	安打	二塁打	三塁打	本塁打	塁打	打点	盗塁	盗塁刺	犠打	犠飛	四球計	故意四球	死球	三振	併殺打	打率	長打率	出塁率	失策
'99(中)	132	461	76	131	25	2	16	208	52	4	7	8	2	50	1	5	121	3	.284㉔	.451	.359	19
'00(中)	97	316	50	80	18	2	13	141	42	8	5	2	2	45	4	3	79	5	.253	.446	.350	14
'01(中)	120	375	51	94	22	2	15	165	56	8	4	4	3	56	4	4	90	4	.251㉝	.440	.352	6
'02(中)	140	542	85	186	42	3	19	291	65	4	2	0	5	56	2	5	96	4	.343①	.537	.406	4
'03(中)	140	528	107	165	30	11	34	319	96	10	5	1	6	78	1	4	118	5	.313⑦	.604	.401	4
'04(中)	92	350	61	97	19	7	23	199	81	8	3	1	2	48	0	3	93	3	.277㉞	.569	.367	1
'05(中)	142	515	102	169	39	6	28	304	103	13	5	0	3	93	3	1	128	8	.328②	.590	.430	1
'06(中)	130	496	117	174	47	5	31	324	104	11	2	0	3	76	4	3	94	4	.351①	.653	.438	1
'07(中)	81	269	64	79	22	0	13	140	48	5	2	0	4	69	3	6	66	5	.294	.520	.443	3
'13(神)	63	212	18	42	11	0	6	71	31	0	1	0	0	28	3	1	43	1	.198	.335	.295	2
'14(神)	104	312	20	79	14	0	9	114	34	1	1	3	4	47	0	1	48	11	.253	.365	.349	0
'15(神)	140	495	53	139	24	3	20	229	76	1	2	1	7	65	-	1	75	15	.281⑧	.463	.361	0
'16(神)	131	453	52	141	25	3	11	205	59	0	1	0	6	61	5	3	78	6	.311⑤	.453	.392	1
'17(神)	127	441	68	116	20	3	18	196	79	1	2	1	4	77	-	3	92	17	.263⑲	.444	.373	4
'18(神)	123	414	57	116	26	2	14	188	72	2	1	0	7	73	-	2	90	10	.280㉑	.454	.389	2
'19(神)	104	348	39	89	16	1	10	137	47	0	0	2	3	49	-	1	85	5	.256	.394	.347	2
'20(神)	43	78	3	12	2	0	1	17	12	0	0	0	3	11	0	0	31	4	.154	.218	.250	1
〔17〕	1909	6605	1023	1909	396	50	281	3248	1057	76	43	23	64	982	35	49	1427	110	.289	.492	.382	63

伏見　寅威

ふしみ・とらい　東海大　（'13.1）　'90.5.12生　右投右打　C, 1B, 3B

年度／チーム	試合	打数	得点	安打	二塁打	三塁打	本塁打	塁打	打点	盗塁	盗塁刺	犠打	犠飛	四球計	故意四球	死球	三振	併殺打	打率	長打率	出塁率	失策
'13(オ)	17	28	1	7	1	0	1	11	2	0	0	1	0	1	0	0	5	0	.250	.393	.276	0
'14(オ)	7	5	0	0	0	0	0	0	0	0	0	2	0	1	0	0	1	1	.000	.000	.000	0
'15(オ)	20	22	2	6	1	0	0	7	0	0	0	1	0	1	0	1	6	1	.273	.318	.333	0
'16(オ)	17	33	2	8	0	0	0	8	1	0	0	0	0	1	0	2	6	1	.242	.242	.286	1
'17(オ)	4	1	1	0	0	0	0	0	0	0	0	0	0	0	0	0	0	0	.000	.000	.000	0
'18(オ)	76	186	16	51	14	1	1	70	17	0	0	1	0	12	0	2	39	6	.274	.376	.325	3
'19(オ)	39	61	4	10	0	0	1	13	9	0	1	0	1	8	1	2	16	2	.164	.213	.278	1
'20(オ)	71	189	14	49	7	2	6	78	23	0	0	2	1	6	0	0	35	4	.259	.413	.281	4
〔8〕	251	525	40	131	23	3	9	187	52	0	1	6	2	28	1	7	109	15	.250	.356	.295	9

藤井　淳志

ふじい・あつし　筑波大　（'06.1）　'81.5.20生　右投左右打　OF

年度／チーム	試合	打数	得点	安打	二塁打	三塁打	本塁打	塁打	打点	盗塁	盗塁刺	犠打	犠飛	四球計	故意四球	死球	三振	併殺打	打率	長打率	出塁率	失策
'06(中)	40	41	10	6	2	0	0	8	0	1	1	2	0	0	0	1	7	0	.146	.195	.167	0
'07(中)	76	64	14	13	3	0	1	19	5	7	2	4	1	2	0	0	19	0	.203	.297	.224	0
'08(中)	40	35	10	6	1	0	2	13	2	2	1	3	0	1	0	0	9	0	.171	.371	.194	1
'09(中)	114	401	50	120	26	1	10	178	49	15	1	11	2	23	5	1	79	4	.299	.444	.337	3
'10(中)	63	166	17	39	6	3	1	54	8	3	1	9	1	7	0	1	38	1	.235	.325	.269	1
'11(中)	20	50	7	12	2	0	0	14	3	1	0	5	0	1	0	2	13	1	.240	.280	.283	1
'12(中)	54	56	5	11	2	0	0	13	3	1	1	1	1	4	0	0	13	1	.196	.232	.246	1
'13(中)	108	238	27	72	10	0	6	100	19	5	2	2	3	14	1	2	53	4	.303	.420	.342	3
'14(中)	88	266	35	73	13	3	6	110	36	2	2	6	2	25	1	1	55	2	.274	.414	.337	2
'15(中)	118	275	28	81	9	3	6	114	45	3	0	11	4	23	1	2	59	4	.295	.415	.349	4
'16(中)	87	167	15	36	5	1	3	52	19	0	0	6	2	12	0	1	45	3	.216	.311	.265	0
'17(中)	128	374	29	99	18	3	6	141	42	5	6	6	2	24	0	2	96	6	.265	.377	.311	2
'18(中)	96	145	21	35	8	0	3	52	30	0	0	6	0	12	1	0	36	1	.241	.359	.290	1
'19(中)	61	141	12	31	8	1	1	44	12	1	0	1	1	11	0	3	33	3	.220	.312	.279	1
〔14〕	1093	2419	280	634	113	15	45	912	273	46	17	66	24	159	9	13	565	30	.262	.377	.308	18

藤井　亮太　ふじい・りょうた　東海大海洋学部　（'14.1）　'88. 9. 30生　右投左打　3B, OF, C

年度	チーム	試合	打数	得点	安打	二塁打	三塁打	本塁打	塁打	打点	盗塁	盗塁刺	犠打	犠飛	四球計	故意四球	死球	三振	併殺打	打率	長打率	出塁率	失策
'14	(ヤ)	7	6	0	0	0	0	0	0	0	0	1	0	0	1	0	0	3	0	.000	.000	.143	0
'15	(ヤ)	13	34	5	6	1	0	0	7	2	0	1	0	0	2	0	0	13	1	.176	.206	.222	2
'16	(ヤ)	12	20	2	4	1	0	0	5	0	0	0	0	0	0	0	0	8	0	.200	.250	.200	1
'17	(ヤ)	97	292	20	75	3	0	2	84	12	5	3	6	1	9	0	1	56	6	.257	.288	.281	14
'18	(ヤ)	38	51	10	14	2	0	0	16	4	1	0	1	0	5	0	1	12	0	.275	.314	.351	4
'19	(ヤ)	6	13	1	1	0	0	0	1	0	0	0	0	0	3	0	0	3	0	.077	.077	.250	0
'20	(ヤ)	10	18	1	5	0	0	0	5	0	0	0	1	0	1	0	0	3	1	.278	.278	.316	0
〔7〕		183	434	39	105	7	0	2	118	18	7	8	12	1	21	0	2	98	7	.242	.272	.279	21

藤岡　裕大　ふじおか・ゆうだい　亜細亜大　（'18.1）　'93. 8. 8生　右投左打　SS, 3B

年度	チーム	試合	打数	得点	安打	二塁打	三塁打	本塁打	塁打	打点	盗塁	盗塁刺	犠打	犠飛	四球計	故意四球	死球	三振	併殺打	打率	長打率	出塁率	失策
'18	(ロ)	**143**	535	58	123	15	5	5	163	42	14	13	**26**	1	44	1	5	97	9	.230㉘	.305	.294	**14**
'19	(ロ)	81	250	36	66	14	1	2	88	21	3	1	10	2	16	0	0	33	4	.264	.352	.306	7
'20	(ロ)	106	▲314	34	72	11	2	4	99	33	8	2	16	2	36	1	1	60	5	.229	.315	.309	6
〔3〕		330	1099	128	261	40	8	11	350	96	25	16	52	5	96	2	6	190	18	.237	.318	.301	27

藤田　一也　ふじた・かずや　近畿大　（'05.1）　'82. 7. 3生　右投左打　2B, SS, 3B

年度	チーム	試合	打数	得点	安打	二塁打	三塁打	本塁打	塁打	打点	盗塁	盗塁刺	犠打	犠飛	四球計	故意四球	死球	三振	併殺打	打率	長打率	出塁率	失策
'05	(横)	12	9	1	1	0	0	0	1	1	0	0	0	0	0	0	0	4	0	.111	.111	.111	0
'06	(横)	65	133	13	27	2	0	0	29	5	3	1	9	1	3	0	1	13	2	.203	.218	.225	5
'07	(横)	42	76	11	19	5	0	0	24	2	1	1	0	0	4	0	1	8	0	.250	.316	.296	3
'08	(横)	46	108	11	26	5	0	1	34	6	1	1	7	1	2	0	2	13	1	.241	.315	.265	1
'09	(横)	120	346	44	93	7	5	4	122	20	6	2	24	3	7	0	1	34	4	.269	.353	.283	5
'10	(横)	106	201	21	62	8	0	1	73	15	2	2	11	0	6	0	2	33	2	.308	.363	.335	5
'11	(横)	96	188	16	57	8	1	1	70	13	2	1	5	0	10	0	7	20	3	.303	.372	.361	5
'12	(デ)	46	111	7	27	3	1	0	32	7	1	1	5	1	8	0	1	9	2	.243	.288	.298	0
	(楽)	63	172	17	53	8	2	0	65	15	5	2	11	1	4	0	0	10	4	.308	.378	.322	2
'13	(楽)	128	466	48	128	17	2	1	152	36	3	3	33	4	21	0	12	43	7	.275㉓	.326	.320	6
'14	(楽)	144	517	46	139	15	2	2	164	36	3	5	41	2	16	0	3	55	12	.269⑲	.317	.294	4
'15	(楽)	111	392	38	106	14	1	5	137	43	8	3	16	7	28	2	8	30	3	.270⑭	.349	.326	7
'16	(楽)	120	408	27	108	13	5	0	131	46	1	1	18	3	19	0	1	44	7	.265⑳	.321	.297	4
'17	(楽)	102	270	28	68	9	2	3	90	33	2	1	25	3	16	1	1	21	8	.252	.333	.293	2
'18	(楽)	90	248	19	66	10	1	4	90	16	0	3	17	2	18	0	1	15	4	.266	.363	.324	1
'19	(楽)	61	124	13	32	4	0	2	42	10	1	0	4	0	7	1	2	16	1	.258	.339	.303	2
'20	(楽)	55	35	3	7	1	0	0	8	4	0	0	1	0	0	0	0	7	0	.200	.229	.222	0
〔16〕		1407	3804	363	1019	129	22	24	1264	322	37	26	234	28	170	4	45	373	62	.268	.332	.305	48

藤原　恭大　ふじわら・きょうた　大阪桐蔭高　（'19.1）　'00. 5. 6生　左投左打　OF

年度	チーム	試合	打数	得点	安打	二塁打	三塁打	本塁打	塁打	打点	盗塁	盗塁刺	犠打	犠飛	四球計	故意四球	死球	三振	併殺打	打率	長打率	出塁率	失策
'19	(ロ)	6	19	0	2	0	0	0	2	0	0	0	0	0	0	0	0	6	0	.105	.105	.105	0
'20	(ロ)	26	96	10	25	5	0	3	39	12	4	1	2	1	6	0	0	33	1	.260	.406	.301	1
〔2〕		32	115	10	27	5	0	3	41	12	4	1	2	1	6	0	0	39	1	.235	.357	.270	1

J.ボーア　ジャスティン・ボーア　ジョージメイソン大　（'20.1）　'88. 5. 28生　右投左打　1B

年度	チーム	試合	打数	得点	安打	二塁打	三塁打	本塁打	塁打	打点	盗塁	盗塁刺	犠打	犠飛	四球計	故意四球	死球	三振	併殺打	打率	長打率	出塁率	失策
'20	(神)	99	329	27	80	8	0	17	139	45	1	1	0	2	45	5	3	88	13	.243㉗	.422	.338	8

北條　史也　ほうじょう・ふみや　光星学院高　('13.1)　'94.7.29生　右投右打　SS, 3B, 2B

年度	チーム	試合	打数	得点	安打	二塁打	三塁打	本塁打	塁打	打点	盗塁	盗塁刺	犠打	犠飛	四球計	故意四球	死球	三振	併殺打	打率	長打率	出塁率	失策
'15	(神)	1	1	0	0	0	0	0	0	0	0	0	0	0	0		0	0	0	.000	.000	.000	―
'16	(神)	122	385	44	105	25	1	5	147	33	6	0	7	4	38	4	4	91	10	.273	.382	.341	12
'17	(神)	83	219	26	46	7	2	3	66	20	0	0	7	2	23	1	1	42	4	.210	.301	.286	8
'18	(神)	62	239	34	77	8	1	1	90	20	1	0	4	3	19		1	32	7	.322	.377	.370	8
'19	(神)	82	174	18	43	7	0	5	65	20	2	0	13	0	23		1	40	3	.247	.374	.338	12
'20	(神)	40	99	10	19	4	0	2	29	7	2	0	3	0	9		1	23	2	.192	.293	.266	5
〔6〕		390	1117	132	290	51	4	16	397	100	11	0	34	9	112	4	8	228	26	.260	.355	.329	45

細川　成也　ほそかわ・せいや　明秀学園日立高　('17.1)　'98.8.4生　右投右打　OF

年度	チーム	試合	打数	得点	安打	二塁打	三塁打	本塁打	塁打	打点	盗塁	盗塁刺	犠打	犠飛	四球計	故意四球	死球	三振	併殺打	打率	長打率	出塁率	失策
'17	(ディ)	2	5	2	2	0	0	0	8	4	0	0	0	0	1	0	0	3	0	.400	1.600	.500	0
'18	(ディ)	11	18	2	4	1	0	1	8	2	0	0	0	0	3	0	1	11	0	.222	.444	.364	0
'19	(ディ)	36	72	9	16	2	0	1	21	10	0	0	0	1	8	0	2	24	1	.222	.292	.313	1
'20	(ディ)	19	51	6	12	2	0	1	17	1	1	0	0	0	2	0	1	20	1	.235	.333	.278	0
〔4〕		68	146	19	34	5	0	5	54	17	1	0	0	1	14	0	4	58	2	.233	.370	.315	1

細川　亨　ほそかわ・とおる　青森大　('02.1)　'80.1.4生　右投右打　C

年度	チーム	試合	打数	得点	安打	二塁打	三塁打	本塁打	塁打	打点	盗塁	盗塁刺	犠打	犠飛	四球計	故意四球	死球	三振	併殺打	打率	長打率	出塁率	失策
'02	(武)	2	4	0	0	0	0	0	0	0	0	0	0	0	0	0	0	1	0	.000	.000	.000	0
'03	(武)	93	▲195	21	39	12	1	5	68	14	1	2	9	0	9	0	2	54	4	.200	.349	.243	1
'04	(武)	116	▲313	34	68	21	1	11	124	39	2	1	23	1	22	0	6	104	5	.217	.396	.281	5
'05	(武)	113	289	25	56	12	1	8	94	32	0	0	**27**	1	29		2	86	4	.194	.325	.271	3
'06	(武)	99	266	22	53	13	1	7	89	27	0	0	26	1	15		4	58	3	.199	.335	.252	4
'07	(武)	139	393	39	94	20	0	10	144	43	2	2	21	5	20	2	9	96	8	.239 ㉝	.366	.288	5
'08	(武)	133	▲404	42	96	20	1	16	166	58	0	0	23	3	12	1	3	129	11	.238 ㉘	.411	.263	5
'09	(武)	46	102	8	18	5	0	4	35	19	0	0	6	0	6	0	1	44	1	.176	.343	.222	2
'10	(武)	112	293	28	56	10	2	8	94	33	1	1	23	0	20	1	5	84	4	.191	.321	.255	6
'11	(ソ)	97	219	16	44	7	1	1	56	20	1	0	34	2	7	0	2	55	1	.201	.256	.230	0
'12	(ソ)	92	185	5	29	3	0	2	38	13	0	1	21	2	8	0	1	50	1	.157	.205	.194	5
'13	(ソ)	112	227	20	44	12	0	5	71	30	0	0	25	0	15	1	7	54	3	.194	.313	.265	5
'14	(ソ)	112	247	14	47	9	0	5	71	32	0	0	29	3	12	1	3	63	3	.190	.287	.234	5
'15	(ソ)	59	95	4	11	5	0	0	16	5	0	0	9	1	9	0	2	37	2	.116	.168	.190	4
'16	(ソ)	49	93	6	21	2	0	1	26	5	0	0	15	0	6	0	1	28	4	.226	.280	.280	2
'17	(楽)	20	20	1	2	0	0	1	5	1	0	0	3	0	0	0	0	9	0	.100	.250	.100	2
'18	(楽)	2	2	0	0	0	0	0	0	0	0	0	0	0	0	0	0	1	0	.000	.000	.000	0
'19	(ロ)	31	6	0	2	0	0	0	2	1	0	0	2	0	0	0	0	1	0	.333	.333	.333	0
'20	(ロ)	1	1	0	0	0	0	0	0	0	0	0	0	0	0	0	0	0	0	.000	.000	.000	0
〔19〕		1428	3354 ▲3	285	680	151	8	84	1099	367	8	10	296	19	190	7	45	1005	54	.203	.328	.254	54

細谷　圭　ほそや・けい　太田市立商高（'06.1）'88.1.17生　右投右打　1B, 3B, OF, SS

年度	チーム	試合	打数	得点	安打	二塁打	三塁打	本塁打	塁打	打点	盗塁	盗塁刺	犠打	犠飛	四球計	故意四球	死球	三振	併殺打	打率	長打率	出塁率	失策
'08	(ロ)	20	48	4	8	2	0	0	10	4	0	0	1	0	1	0	0	15	1	.167	.208	.184	1
'10	(ロ)	6	22	4	6	1	0	0	7	3	0	0	0	0	0	0	0	7	0	.273	.318	.273	2
'11	(ロ)	22	58	2	7	1	1	2	16	5	0	0	1	0	1	0	0	28	2	.121	.276	.136	1
'12	(ロ)	19	23	2	3	1	0	1	7	3	0	1	1	1	3	0	0	10	1	.130	.304	.222	1
'13	(ロ)	84	102	18	22	2	0	2	30	6	3	1	1	1	10	0	0	29	2	.216	.294	.283	1
'14	(ロ)	45	33	6	7	0	0	0	7	0	1	1	2	0	3	0	1	8	1	.212	.212	.297	1
'15	(ロ)	16	10	4	3	0	0	0	3	2	1	0	0	0	1	0	0	1	0	.300	.300	.429	1
'16	(ロ)	116	371	45	102	23	4	3	142	40	9	4	11	1	18	0	3	93	6	.275	.383	.313	8
'17	(ロ)	41	100	8	19	3	2	2	32	13	0	1	5	0	5	0	0	38	2	.190	.320	.229	2
'18	(ロ)	21	22	4	4	1	0	0	5	1	1	1	0	1	4	0	0	3	0	.182	.227	.308	1
'19	(ロ)	29	19	3	3	1	0	0	4	1	0	0	0	0	1	0	0	3	0	.158	.211	.200	2
'20	(ロ)	1	0	0	0	0	0	0	0	0	0	0	0	0	0	0	0	0	0	.000	.000	.000	—
〔12〕		420	808	100	184	35	7	10	263	80	13	6	21	4	49	0	4	239	15	.228	.325	.274	20

堀内　謙伍　ほりうち・けんご　静岡高（'16.1）'97.4.15生　右投左打　C

年度	チーム	試合	打数	得点	安打	二塁打	三塁打	本塁打	塁打	打点	盗塁	盗塁刺	犠打	犠飛	四球計	故意四球	死球	三振	併殺打	打率	長打率	出塁率	失策
'18	(楽)	12	23	3	4	0	1	0	6	2	1	0	0	0	1	0	1	9	0	.174	.261	.208	1
'19	(楽)	65	122	6	19	4	2	0	25	13	0	0	11	0	5	1	2	41	0	.156	.205	.202	5
'20	(楽)	10	7	0	0	0	0	0	0	0	0	0	0	0	0	0	0	4	0	.000	.000	.000	0
〔3〕		87	152	9	23	4	3	0	31	15	1	0	12	0	6	1	2	46	0	.151	.204	.194	6

L.マーティン　レオネス・マーティン　マニュエル・ファハルドキューバ国立体育大（'19.7）'88.3.6生　右投左打　OF

年度	チーム	試合	打数	得点	安打	二塁打	三塁打	本塁打	塁打	打点	盗塁	盗塁刺	犠打	犠飛	四球計	故意四球	死球	三振	併殺打	打率	長打率	出塁率	失策
'19	(ロ)	52	194	32	45	9	0	14	96	39	3	3	0	1	26	1	7	57	4	.232	.495	.342	3
'20	(ロ)	104	359	72	84	15	0	25	174	65	7	2	0	2	70	5	17	100	10	.234㉓	.485	.382	6
〔2〕		156	553	104	129	24	0	39	270	104	10	5	0	3	96	6	24	157	14	.233	.488	.368	9

J.マルテ　ジェフリー・マルテ　セナペック高ラロマナ校（'19.1）'91.6.21生　右投右打　1B, 3B

年度	チーム	試合	打数	得点	安打	二塁打	三塁打	本塁打	塁打	打点	盗塁	盗塁刺	犠打	犠飛	四球計	故意四球	死球	三振	併殺打	打率	長打率	出塁率	失策
'19	(神)	105	349	36	99	20	0	12	155	49	0	2	0	5	51	2	7	73	14	.284	.444	.381	7
'20	(神)	29	103	9	26	6	1	4	46	14	1	0	0	2	14	0	0	14	6	.252	.447	.336	8
〔2〕		134	452	45	125	26	1	16	201	63	1	2	0	7	65	2	7	87	20	.277	.445	.371	15

A.マルティネス　アリエル・マルティネス　コマンダンテ・マヌエル・ピティ・ファハルド体育大（'20.7）'96.5.28生　右投右打　C, 1B

年度	チーム	試合	打数	得点	安打	二塁打	三塁打	本塁打	塁打	打点	盗塁	盗塁刺	犠打	犠飛	四球計	故意四球	死球	三振	併殺打	打率	長打率	出塁率	失策
'20	(中)	39	95	8	28	6	0	2	40	13	0	0	0	0	14	0	0	31	1	.295	.421	.385	1

牧原　大成　まきはら・たいせい　城北高（熊本）（'12.6）'92.10.15生　右投左打　2B, OF, SS, 3B, 1B

年度	チーム	試合	打数	得点	安打	二塁打	三塁打	本塁打	塁打	打点	盗塁	盗塁刺	犠打	犠飛	四球計	故意四球	死球	三振	併殺打	打率	長打率	出塁率	失策
'12	(ソ)	5	0	3	0	0	0	0	0	0	0	0	0	0	0	0	0	0	0	.000	.000	.000	—
'13	(ソ)	6	6	2	0	0	0	0	0	0	0	0	0	0	0	0	0	3	0	.000	.000	.000	0
'14	(ソ)	11	13	1	1	0	0	0	1	0	1	0	2	0	0	0	0	0	0	.077	.077	.077	0
'15	(ソ)	43	44	6	7	1	0	0	8	5	2	0	4	2	1	0	0	4	2	.159	.182	.170	2
'16	(ソ)	41	90	15	22	3	0	0	25	5	3	1	1	0	0	0	0	15	0	.244	.278	.250	2
'17	(ソ)	10	3	0	1	0	0	0	1	0	0	0	0	0	0	0	0	0	0	.333	.333	.333	—
'18	(ソ)	59	249	32	79	12	4	3	108	26	9	3	2	1	4	0	2	33	2	.317	.434	.341	0
'19	(ソ)	114	409	37	99	14	2	3	126	27	10	13	12	1	10	0	4	85	2	.242	.308	.267	5
'20	(ソ)	77	170	25	41	7	0	2	55	14	4	3	3	0	1	0	1	25	2	.241	.324	.256	1
〔9〕		366	984	121	250	37	8	7	324	71	31	19	31	8	22	0	8	171	8	.254	.329	.274	14

真砂　勇介　まさご・ゆうすけ　西城陽高（'13.1）　'94.5.4生　右投右打　OF

年度	試合	打数	得点	安打	二塁打	三塁打	本塁打	塁打	打点	盗塁	盗塁刺	犠打	犠飛	四球計	故意四球	死球	三振	併殺打	打率	長打率	出塁率	失策
'17（ソ）	9	12	2	1	0	0	1	4	1	0	0	0	0	1	0	0	2	0	.083	.333	.154	0
'18（ソ）	1	0	1	0	0	0	0	0	0	0	0	0	0	0	0	0	0	0	.000	.000	.000	0
'19（ソ）	12	21	4	3	0	0	0	3	1	2	0	1	0	1	0	0	11	0	.143	.143	.182	0
'20（ソ）	50	35	9	11	2	1	1	18	6	2	2	0	0	4	0	0	11	0	.314	.514	.415	0
〔4〕	72	68	16	15	2	1	2	25	8	4	2	1	0	6	0	0	24	0	.221	.368	.303	0

増田　珠　ますだ・しゅう　横浜高（'18.1）　'99.5.21生　右投右打　2B, 3B

年度	試合	打数	得点	安打	二塁打	三塁打	本塁打	塁打	打点	盗塁	盗塁刺	犠打	犠飛	四球計	故意四球	死球	三振	併殺打	打率	長打率	出塁率	失策
'19（ソ）	2	4	0	0	0	0	0	0	0	0	0	0	0	0	0	0	0	0	.000	.000	.000	0

増田　大輝　ますだ・だいき　小松島高（'17.7）　'93.7.29生　右投右打　SS, 2 3, OF, 3B, P

年度	試合	打数	得点	安打	二塁打	三塁打	本塁打	塁打	打点	盗塁	盗塁刺	犠打	犠飛	四球計	故意四球	死球	三振	併殺打	打率	長打率	出塁率	失策
'19（巨）	75	50	20	10	2	2	0	16	6	15	2	2	0		0	0	1	2	.200	.320	.286	3
'20（巨）	74	37	30	11	2	0	0	13	2	23	8		0	11	0	0	2	1	.297	.351	.458	3
〔2〕	149	87	50	21	4	2	0	29	8	38	10	2	0	17	0	0	23	3	.241	.333	.365	6

松井　雅人　まつい・まさと　上武大（'10.1）　'87.11.19生　右投左打　C, 1B

年度	試合	打数	得点	安打	二塁打	三塁打	本塁打	塁打	打点	盗塁	盗塁刺	犠打	犠飛	四球計	故意四球	死球	三振	併殺打	打率	長打率	出塁率	失策
'10（中）	13	14	0	1	0	0	0	1	0	0	0	0	0	1	0	0	8	0	.071	.071	.133	0
'11（中）	10	11	2	3	0	0	0	3	0	0	0	0	0	0	0	0	2	0	.273	.273	.273	0
'12（中）	4	2	0	0	0	0	0	0	0	0	0	0	0	0	0	0	2	0	.000	.000	.333	0
'13（中）	45	63	4	9	2	0	0	11	3	1	0	3	0	6	0	0	15	0	.143	.175	.217	0
'14（中）	67	142	6	25	3	1	1	33	4	3	1	4	0	16	1	0	27	3	.176	.232	.259	2
'15（中）	51	133	4	18	4	0	0	22	7	1	0	6	0	5	0	2	23	3	.135	.165	.179	3
'16（中）	4	7	1	1	0	0	0	1	0	0	0	0	0	4	0	0	4	0	.143	.143	.143	0
'17（中）	87	208	22	46	7	1	2	61	17	0	0	10	1	22	0	3	63	3	.221	.293	.303	2
'18（中）	92	218	18	50	7	1	2	65	22	0	0	7	3	30	9	2	51	4	.229	.298	.324	4
'19（中）	20	33	3	7	2	0	0	9	2	0	0	2	0	4	0	0	12	1	.212	.273	.297	3
（オ）	24	36	5	7	0	0	0	7	2	0	0	3	0	3	0	0	7	0	.194	.194	.256	3
'20（オ）	23	36	5	8	2	0	1	13	4	0	0	0	0	3	0	1	7	2	.222	.361	.300	0
〔11〕	440	903	74	175	27	3	6	226	61	6	2	37	4	90	10	9	263	17	.194	.250	.272	11

松井　佑介　まつい・ゆうすけ　東京農業大（'10.1）　'87.7.10生　右投右打　OF, 1B

年度	試合	打数	得点	安打	二塁打	三塁打	本塁打	塁打	打点	盗塁	盗塁刺	犠打	犠飛	四球計	故意四球	死球	三振	併殺打	打率	長打率	出塁率	失策
'10（中）	35	55	2	16	2	0	0	18	3	0	0	0	0	1	0	0	15	1	.291	.327	.304	0
'11（中）	4	8	0	1	0	0	0	1	0	0	0	0	0	0	0	0	4	0	.125	.125	.125	0
'12（中）	42	65	5	15	4	0	1	22	6	0	1	2	0	0	0	0	13	0	.231	.338	.231	0
'13（中）	43	81	7	14	3	0	1	20	11	0	0	5	2	2	0	0	16	3	.173	.247	.198	1
'14（中）	52	96	9	24	4	0	2	37	6	0	2	2	0	2	0	2	27	3	.250	.385	.280	1
'15（中）	30	31	0	6	0	0	0	6	0	0	0	1	0	0	0	0	6	0	.194	.194	.194	0
'16（中）	14	21	1	4	2	0	0	6	0	0	0	1	0	0	0	0	8	0	.190	.286	.190	0
'17（中）	56	119	17	33	7	0	4	52	18	0	0	1	0	6	1	3	38	2	.277	.437	.328	0
'18（中）	17	22	2	3	0	0	0	3	0	0	0	0	0	0	0	0	12	0	.136	.136	.136	0
'19（中）	16	32	3	7	2	0	0	9	2	0	0	2	0	2	0	0	13	0	.219	.281	.286	0
（オ）	7	18	2	6	1	0	1	10	1	0	0	0	0	1	0	0	3	1	.333	.556	.333	0
'20（オ）	29	53	2	11	2	1	0	15	2	0	0	0	0	3	0	1	12	1	.208	.283	.208	1
〔11〕	345	601	52	140	30	1	9	199	49	1	1	13	2	14	1	6	167	11	.233	.331	.257	4

松田　進　まつだ・しん　中央大（'19.1）　'94.8.29生　右投右打　3B, SS

年度	チーム	試合	打数	得点	安打	二塁打	三塁打	本塁打	塁打	打点	盗塁	盗塁刺	犠打	犠飛	四球計	故意四球	死球	三振	併殺打	打率	長打率	出塁率	失策
'19	(ロ)	3	5	0	1	0	0	0	1	1	0	1	0	0	1	0	0	1	0	.200	.200	.333	0

松田　宣浩　まつだ・のぶひろ　亜細亜大（'06.1）　'83.5.17生　右投右打　3B, 1B, OF

年度	チーム	試合	打数	得点	安打	二塁打	三塁打	本塁打	塁打	打点	盗塁	盗塁刺	犠打	犠飛	四球計	故意四球	死球	三振	併殺打	打率	長打率	出塁率	失策
'06	(ソ)	62	204	17	43	8	3	3	66	18	0	0	3	0	11	0	2	53	2	.211	.324	.258	9
'07	(ソ)	74	193	28	49	13	2	7	87	22	3	0	6	2	17	0	3	35	5	.254	.451	.321	5
'08	(ソ)	142	551	68	154	33	10	17	258	63	12	6	8	1	28	1	7	115	11	.279⑱	.468	.322	17
'09	(ソ)	46	160	21	45	13	2	8	86	24	1	0	7	0	7	0	1	32	1	.281	.538	.315	5
'10	(ソ)	113	424	61	108	20	3	19	191	71	17	3	8	6	14	2	6	90	7	.255㉙	.450	.284	8
'11	(ソ)	144	525	77	148	31	7	25	268	83	27	9	3	3	41	3	10	128	11	.282⑩	.510	.344	13
'12	(ソ)	95	360	41	108	28	7	9	177	56	16	10	0	2	27	5	1	63	7	.300	.492	.349	6
'13	(ソ)	144	584	86	163	26	5	20	259	90	13	7	2	7	27	1	6	124	11	.279⑳	.443	.314	11
'14	(ソ)	101	392	54	118	20	3	18	198	56	12	6	1	4	24	0	2	80	13	.301	.505	.341	7
'15	(ソ)	143	533	91	153	22	2	35	284	94	8	10	0	8	60	0	3	135	17	.287⑦	.533	.357	8
'16	(ソ)	143	548	79	142	23	5	27	256	85	6	6	0	8	48	2	8	141	14	.259㉓	.467	.325	12
'17	(ソ)	143	531	64	140	19	6	24	243	71	5	2	0	2	43	2	1	128	16	.264⑱	.458	.319	10
'18	(ソ)	143	517	72	128	21	3	32	251	82	3	0	0	3	56	4	4	113	12	.248㉓	.485	.324	7
'19	(ソ)	143	534	64	139	25	2	30	258	76	5	3	0	4	33	4	3	115	14	.260⑱	.483	.305	12
'20	(ソ)	116	395	36	90	16	3	13	151	46	1	0	3	4	32	0	1	76	2	.228㉔	.382	.285	7
〔15〕		1752	6451	859	1728	318	63	287	3033	937	129	65	40	50	468	27	57	1428	143	.268	.470	.321	137

松原　聖弥　まつばら・せいや　明星大（'18.7）　'95.1.26生　右投左打　OF

年度	チーム	試合	打数	得点	安打	二塁打	三塁打	本塁打	塁打	打点	盗塁	盗塁刺	犠打	犠飛	四球計	故意四球	死球	三振	併殺打	打率	長打率	出塁率	失策
'20	(巨)	86	278	42	73	11	5	3	103	19	12	2	4	2	29	0	0	71	4	.263	.371	.330	1

松本　剛　まつもと・ごう　帝京高（'12.1）　'93.8.11生　右投右打　OF, 2B, 1B, 3B

年度	チーム	試合	打数	得点	安打	二塁打	三塁打	本塁打	塁打	打点	盗塁	盗塁刺	犠打	犠飛	四球計	故意四球	死球	三振	併殺打	打率	長打率	出塁率	失策
'13	(日)	2	5	0	0	0	0	0	0	0	0	0	0	0	0	0	0	2	0	.000	.000	.000	0
'15	(日)	11	11	2	2	1	0	0	3	0	0	0	2	0	0	0	0	5	0	.182	.273	.250	0
'16	(日)	12	21	1	5	1	0	0	6	2	1	0	1	0	0	0	0	5	0	.238	.286	.238	0
'17	(日)	115	402	46	110	17	0	5	142	33	6	3	21	1	21	1	3	61	7	.274⑩	.353	.314	1
'18	(日)	54	126	18	28	5	1	1	38	9	2	1	5	1	6	0	1	14	5	.222	.302	.261	3
'19	(日)	4	3	0	1	0	0	0	1	0	0	0	0	0	0	0	0	0	0	.333	.333	.333	0
'20	(日)	84	138	19	28	2	2	1	37	11	5	2	11	1	4	0	1	21	1	.203	.268	.265	0
〔7〕		282	706	86	174	26	3	7	227	55	14	6	40	3	36	2	8	108	13	.246	.322	.290	4

松本　直樹　まつもと・なおき　立教大（'18.1）　'93.10.17生　右投右打　C

年度	チーム	試合	打数	得点	安打	二塁打	三塁打	本塁打	塁打	打点	盗塁	盗塁刺	犠打	犠飛	四球計	故意四球	死球	三振	併殺打	打率	長打率	出塁率	失策
'18	(ヤ)	6	5	1	0	0	0	0	0	0	0	0	0	0	0	0	0	2	0	.000	.000	.000	0
'19	(ヤ)	33	66	5	14	1	0	1	18	4	0	0	3	0	3	0	1	9	2	.212	.273	.257	0
'20	(ヤ)	6	13	0	3	0	0	0	3	0	0	0	1	0	1	0	0	3	0	.231	.231	.286	0
〔3〕		45	84	6	17	1	0	1	21	4	0	0	4	0	4	0	1	14	2	.202	.250	.247	0

松本　友　まつもと・ゆう　明治学院大（'20.7）　'95.2.5生　右投左打　1B

年度	チーム	試合	打数	得点	安打	二塁打	三塁打	本塁打	塁打	打点	盗塁	盗塁刺	犠打	犠飛	四球計	故意四球	死球	三振	併殺打	打率	長打率	出塁率	失策
'20	(ヤ)	9	10	2	2	1	0	0	3	0	0	0	0	0	1	0	0	3	1	.200	.300	.273	0

松山　竜平　まつやま・りゅうへい　九州国際大　（'08.1）　'85.9.18生　右投左打　OF, 1 3, 3B

年度	チーム	試合	打数	得点	安打	二塁打	三塁打	本塁打	塁打	打点	盗塁	盗塁刺	犠打	犠飛	四球計	故意四球	死球	三振	併殺打	打率	長打率	出塁率	失策
'08	(広)	2	2	0	0	0	0	0	0	0	0	0	0	0	0	0	0	1	0	.000	.000	.000	－
'11	(広)	68	196	15	53	6	1	3	70	19	0	1	0	0	8	0	0	20	5	.270	.357	.299	1
'12	(広)	48	137	4	28	4	0	0	32	7	1	0	0	0	8	0	1	13	3	.204	.234	.253	0
'13	(広)	123	372	27	105	23	1	10	160	52	2	0	1	4	11	0	1	49	4	.282	.430	.302	4
'14	(広)	80	233	26	74	14	1	7	106	34	0	1	0	1	14		2	29	7	.318	.455	.360	2
'15	(広)	100	202	14	56	13	0	7	90	26	1	1	0	3	23	0	1	30	8	.277	.446	.349	1
'16	(広)	103	254	34	74	10	2	10	118	41	0	0	0	3	29	4	3	29	4	.291	.465	.342	2
'17	(広)	120	350	39	114	23	4	14	187	77	0	0	0	5	31	0	2	45	8	.326	.534	.375	2
'18	(広)	124	397	46	120	25	2	12	185	74	2	0	0	5	42	④	2	46	10	.302⑮	.466	.368	6
'19	(広)	110	294	21	76	14	1	6	110	49	0	0	2	2	29		2	42	7	.259	.374	.327	1
'20	(広)	108	404	38	112	27	1	9	168	67	0	1	0	3	17	④	1	72	11	.277⑭	.416	.306	9
〔11〕		986	2841	264	812	154	13	78	1226	446	6	4	1	25	203	1	10	376	67	.286	.432	.333	34

丸　佳浩　まる・よしひろ　千葉経大付高　（'08.1）　'89.4.11生　右投左打　OF

年度	チーム	試合	打数	得点	安打	二塁打	三塁打	本塁打	塁打	打点	盗塁	盗塁刺	犠打	犠飛	四球計	故意四球	死球	三振	併殺打	打率	長打率	出塁率	失策
'10	(広)	14	19	1	3	0	0	0	3	1	1	0	0	1	2	0	0	7	0	.158	.158	.227	0
'11	(広)	131	435	48	105	16	4	9	156	50	9	6	9	1	44	1	6	105	2	.241㉑	.359	.319	2
'12	(広)	106	283	26	70	10	4	4	100	22	14	6	5	3	46		2	59	4	.247	.353	.353	4
'13	(広)	140	506	82	138	25	5	14	215	58	29	15	5	4	85	3	1	103	6	.273⑮	.425	.376	2
'14	(広)	144	536	106	166	30	5	19	263	67	26	11	0	4	100	3	4	95	12	.310⑨	.491	.419	2
'15	(広)	143	530	81	132	28	1	19	219	63	15	7	4	4	94	2	1	143	4	.249㉒	.413	.361	2
'16	(広)	143	557	98	162	30	8	20	268	90	23	9	1	3	84	1	7	107	9	.291⑬	.481	.389	2
'17	(広)	143	556	109	171	39	3	23	281	92	13	4	6	2	83	0	4	113	6	.308⑤	.505	.398	2
'18	(広)	125	432	109	132	22	0	39	271	97	10	10	0	1	130	8	2	130	5	.306⑭	.627	.468	1
'19	(巨)	143	535	82	156	26	1	27	265	89	12	5	0	7	86	3	3	125	5	.292⑨	.495	.388	2
'20	(巨)	120	423	63	120	31	1	27	234	77	6	4	0	3	63	4	0	101	3	.284⑫	.553	.375	3
〔11〕		1352	4812	805	1355	253	32	201	2275	706	160	76	29	36	817	27	31	1088	66	.282	.473	.387	21

万波　中正　まんなみ・ちゅうせい　横浜高　（'19.1）　'00.4.7生　右投右打　OF

年度	チーム	試合	打数	得点	安打	二塁打	三塁打	本塁打	塁打	打点	盗塁	盗塁刺	犠打	犠飛	四球計	故意四球	死球	三振	併殺打	打率	長打率	出塁率	失策
'19	(日)	2	4	0	0	0	0	0	0	0	0	0	0	0	0	0	0	2	0	.000	.000	.000	0

三木　亮　みき・りょう　上武大　（'14.1）　'91.10.25生　右投右打　SS, 3B, 2B, 1B, OF

年度	チーム	試合	打数	得点	安打	二塁打	三塁打	本塁打	塁打	打点	盗塁	盗塁刺	犠打	犠飛	四球計	故意四球	死球	三振	併殺打	打率	長打率	出塁率	失策
'14	(ロ)	18	17	0	3	0	0	0	3	0	0	0	1	0	0	0	0	5	2	.176	.176	.222	4
'15	(ロ)	40	29	6	4	0	1	0	7	2	1	0	0	0	0	0	0	6	0	.138	.241	.138	2
'16	(ロ)	75	54	8	10	1	1	0	13	2	0	0	3	0	1	0	0	17	1	.185	.241	.200	3
'17	(ロ)	85	207	18	50	9	0	2	65	19	0	1	9	2	8	0	3	55	1	.242	.314	.277	5
'18	(ロ)	66	34	11	8	1	0	0	9	4	3	2	0	0	1	0	0	8	2	.235	.265	.278	1
'19	(ロ)	89	126	20	27	3	1	0	36	15	5	0	6	0	4	0	0	38	1	.214	.286	.270	3
'20	(ロ)	22	4	1	1	0	0	0	1	0	0	0	6	0	0	0	0	2	0	.250	.250	.250	0
〔7〕		395	471	64	103	14	1	5	134	42	9	1	28	3	17	0	8	130	9	.219	.285	.257	14

三家　和真　みけ・かずま　市立和歌山高　（'17.1）　'93.8.13生　右投左右打　OF, 1B

年度	チーム	試合	打数	得点	安打	二塁打	三塁打	本塁打	塁打	打点	盗塁	盗塁刺	犠打	犠飛	四球計	故意四球	死球	三振	併殺打	打率	長打率	出塁率	失策
'17	(ロ)	4	5	0	0	0	0	0	0	0	0	0	0	0	0	0	0	1	0	.000	.000	.000	0
'19	(ロ)	25	21	3	6	1	1	1	12	5	0	0	0	0	1	0	0	8	0	.286	.571	.318	0
〔2〕		29	26	3	6	1	1	1	12	5	0	0	0	0	1	0	0	9	0	.231	.462	.259	0

水口　大地　みずぐち・だいち　大村工高　（'15.7）　'89.6.28生　右投左打　2B, 3B, OF

年度	チーム	試合	打数	得点	安打	二塁打	三塁打	本塁打	塁打	打点	盗塁	盗塁刺	犠打	犠飛	四球計	故意四球	死球	三振	併殺打	打率	長打率	出塁率	失策
'16	(武)	20	6	5	3	0	0	0	3	1	0	0	0	0	0	0	0	1	0	.500	.500	.500	0
'17	(武)	56	50	17	14	3	0	0	17	4	5	4	0	0	1	0	0	6	1	.280	.340	.294	0
'18	(武)	10	3	2	0	0	0	0	0	0	0	0	0	0	0	0	0	1	0	.000	.000	.000	0
'19	(武)	20	10	5	0	0	0	0	0	0	2	0	0	0	1	0	0	4	0	.000	.000	.091	1
'20	(武)	7	6	2	1	0	0	0	1	0	1	0	0	0	0	0	0	2	0	.167	.167	.167	0
〔5〕		113	75	31	18	3	0	0	21	5	8	4	0	0	2	0	0	14	1	.240	.280	.260	1

溝脇　隼人　みぞわき・はやと　九州学院高　（'13.1）　'94.5.17生　右投左打　2B, 3B, SS

年度	チーム	試合	打数	得点	安打	二塁打	三塁打	本塁打	塁打	打点	盗塁	盗塁刺	犠打	犠飛	四球計	故意四球	死球	三振	併殺打	打率	長打率	出塁率	失策
'14	(中)	2	5	0	1	0	0	0	1	0	0	0	0	0	0	0	0	1	0	.200	.200	.200	0
'16	(中)	6	3	1	0	0	0	0	0	0	0	0	0	0	0	0	0	1	0	.000	.000	.000	0
'17	(中)	12	14	1	1	0	0	1	4	1	0	0	0	0	2	0	0	5	1	.071	.286	.188	0
'19	(中)	8	15	3	3	0	1	0	4	1	0	0	0	0	1	0	0	2	0	.200	.333	.250	0
'20	(中)	39	47	6	10	1	2	0	15	3	0	0	1	0	2	0	0	8	0	.213	.319	.245	3
〔5〕		67	84	11	15	1	3	1	25	4	0	0	1	0	5	0	0	16	1	.179	.298	.225	3

三ツ俣大樹　みつまた・たいき　修徳高　（'11.1）　'92.5.11生　右投右打　SS, 2B, 3B

年度	チーム	試合	打数	得点	安打	二塁打	三塁打	本塁打	塁打	打点	盗塁	盗塁刺	犠打	犠飛	四球計	故意四球	死球	三振	併殺打	打率	長打率	出塁率	失策
'12	(オ)	9	21	2	5	2	0	0	7	0	0	0	1	0	1	0	0	6	0	.238	.333	.273	1
'13	(オ)	21	10	2	1	1	0	0	2	2	0	0	0	0	3	0	0	4	0	.100	.200	.308	0
'14	(オ)	2	1	0	0	0	0	0	0	0	0	0	0	0	0	0	0	1	0	.000	.000	.000	─
	(中)	29	36	3	5	0	1	1	10	4	0	0	4	1	0	0	0	10	1	.139	.278	.135	1
'15	(中)	1	0	0	0	0	0	0	0	0	0	0	0	0	0	0	0	0	0	.000	.000	.000	0
'16	(中)	15	16	1	2	0	0	0	2	0	0	0	0	0	0	0	0	4	0	.125	.125	.176	1
'17	(中)	8	1	0	0	0	0	0	0	0	0	0	0	0	0	0	0	0	0	.000	.000	.000	0
'19	(中)	21	27	2	3	0	0	0	5	0	0	0	2	0	0	0	0	6	0	.111	.185	.226	0
'20	(中)	8	6	1	1	2	0	0	1	0	0	0	0	0	0	0	0	2	0	.167	.167	.167	0
〔8〕		114	118	11	17	5	1	1	27	6	0	0	10	1	4	0	0	33	2	.144	.229	.203	3

嶺井　博希　みねい・ひろき　亜細亜大　（'14.1）　'91.6.4生　右投右打　C

年度	チーム	試合	打数	得点	安打	二塁打	三塁打	本塁打	塁打	打点	盗塁	盗塁刺	犠打	犠飛	四球計	故意四球	死球	三振	併殺打	打率	長打率	出塁率	失策
'14	(ディ)	10	11	1	3	0	1	0	5	3	0	0	1	0	2	0	0	2	0	.273	.455	.385	1
'15	(ディ)	74	186	18	44	8	1	5	69	26	0	0	3	2	12	0	5	46	2	.237	.371	.298	6
'16	(ディ)	11	15	2	5	1	0	0	6	3	0	0	0	0	0	0	2	2	1	.333	.400	.412	0
'17	(ディ)	52	121	14	30	3	1	3	44	12	0	0	4	0	4	0	6	35	3	.248	.364	.305	1
'18	(ディ)	91	209	10	37	7	0	5	59	25	0	0	6	1	6	2	8	56	9	.177	.282	.228	2
'19	(ディ)	64	114	13	24	4	1	2	36	12	0	0	5	0	7	0	4	23	5	.211	.316	.280	2
'20	(ディ)	41	55	2	18	3	0	0	21	8	0	0	0	0	2	0	1	14	1	.327	.382	.383	0
〔7〕		343	711	60	161	26	4	15	240	89	0	0	19	3	35	2	26	178	21	.226	.338	.286	12

三森　大貴　みもり・まさき　青森山田高　（'17.1）　'99.2.21生　右投左打　2B, 1B, 3B, OF

年度	チーム	試合	打数	得点	安打	二塁打	三塁打	本塁打	塁打	打点	盗塁	盗塁刺	犠打	犠飛	四球計	故意四球	死球	三振	併殺打	打率	長打率	出塁率	失策
'19	(ソ)	24	48	7	10	2	2	0	16	1	3	2	0	0	2	0	1	17	0	.208	.333	.255	2
'20	(ソ)	24	43	4	7	2	0	0	9	2	1	1	1	0	1	0	1	17	0	.163	.209	.200	2
〔2〕		48	91	11	17	4	2	0	25	3	4	3	1	0	3	0	2	34	0	.187	.275	.229	4

宮﨑　敏郎　みやざき・としろう　日本文理大　('13.1)　'88.12.12生　右投右打　3B, 2B, 1B

年度 チーム	試合	打数	得点	安打	二塁打	三塁打	本塁打	塁打	打点	盗塁	盗塁刺	犠打	犠飛	四球計	故意四球	死球	三振	併殺打	率	長打率	出塁率	失策
'13 (デ)	33	52	7	13	2	0	2	21	5	0	0	0	1	2	0	3	11	1	.250	.404	.310	0
'14 (デ)	5	13	0	2	1	0	0	3	0	0	0	0	0	0	0	0	3	0	.154	.231	.154	1
'15 (デ)	58	152	13	44	8	0	1	55	10	0	0	0	1	6	0	4	21	5	.289	.362	.331	0
'16 (デ)	101	302	31	88	16	0	11	137	36	0	0	0	1	25	0	8	30	12	.291	.454	.361	4
'17 (デ)	128	480	53	155	28	1	15	230	62	0	0	0	1	38	1	4	47	**23**	.323①	.479	.377	9
'18 (デ)	142	551	71	175	34	0	28	293	71	0	0	0	1	38	3	1	45	16	.318⑧	.532	.363	11
'19 (デ)	114	433	54	123	22	1	16	192	49	0	0	5	3	32	2	3	35	13	.284⑫	.443	.334	5
'20 (デ)	113	429	47	129	26	1	14	199	53	0	0	0	3	24	2	4	29	15	.301⑦	.464	.341	6
〔8〕	694	2412	276	729	137	3	86	1130	286	0	0	0	11	165	8	27	221	85	.302	.468	.352	36

宮本　秀明　みやもと・しゅうめい　秀岳館高　('18.1)　'96.7.24生　右投左打　2B, OF

年度 チーム	試合	打数	得点	安打	二塁打	三塁打	本塁打	塁打	打点	盗塁	盗塁刺	犠打	犠飛	四球計	故意四球	死球	三振	併殺打	率	長打率	出塁率	失策
'18 (デ)	21	25	6	4	0	0	2	10	2	4	1	0	0	0	0	0	8	1	.160	.400	.160	0
'19 (デ)	1	1	0	0	0	0	0	0	0	0	0	0	0	0	0	0	0	0	.000	.000	.000	—
'20 (デ)	6	5	1	2	0	0	0	2	0	0	1	0	0	0	0	0	1	0	.400	.400	.400	0
〔3〕	28	30	7	6	0	0	2	12	2	4	2	0	0	0	0	0	11	1	.200	.400	.200	1

宮本　丈　みやもと・たけし　奈良学園大　('18.1)　'95.4.3生　右投左打　2B, 3B, OF, 1B

年度 チーム	試合	打数	得点	安打	二塁打	三塁打	本塁打	塁打	打点	盗塁	盗塁刺	犠打	犠飛	四球計	故意四球	死球	三振	併殺打	率	長打率	出塁率	失策
'18 (ヤ)	26	41	3	9	1	0	0	10	6	0	1	1	1	5	0	0	11	1	.220	.244	.298	2
'19 (ヤ)	26	42	5	6	0	0	0	6	0	2	1	0	0	4	0	0	19	2	.143	.143	.217	0
'20 (ヤ)	94	146	16	40	8	0	2	54	16	5	0	1	0	18	0	2	23	3	.274	.370	.361	3
〔3〕	146	229	24	55	9	0	2	70	22	7	2	2	1	27	0	2	53	6	.240	.306	.324	5

三好　匠　みよし・たくみ　九州国際大付高　('12.1)　'93.6.7生　右投右打　SS, 3B, 2B

年度 チーム	試合	打数	得点	安打	二塁打	三塁打	本塁打	塁打	打点	盗塁	盗塁刺	犠打	犠飛	四球計	故意四球	死球	三振	併殺打	率	長打率	出塁率	失策
'13 (楽)	6	4	0	0	0	0	0	0	0	0	0	0	0	0	0	0	1	0	.000	.000	.000	0
'14 (楽)	3	7	1	2	2	0	0	4	0	0	0	0	0	0	0	0	3	0	.286	.571	.286	0
'15 (楽)	9	29	2	6	1	1	0	9	3	0	0	2	0	1	0	0	9	1	.207	.310	.258	0
'16 (楽)	38	63	11	14	0	0	3	23	6	0	0	2	0	5	0	0	16	1	.222	.365	.279	2
'17 (楽)	56	103	12	25	9	0	1	37	9	0	1	4	1	7	0	0	27	1	.243	.359	.288	3
'18 (楽)	70	48	5	5	0	0	0	7	0	1	0	1	0	3	0	0	15	2	.104	.146	.157	2
'19 (楽)	17	4	0	1	0	0	0	1	1	0	0	0	0	0	0	0	1	0	.250	.250	.250	0
'19 (広)	43	77	9	14	1	1	0	21	7	1	1	0	0	6	0	0	28	1	.182	.273	.267	2
'20 (広)	62	24	3	3	0	0	0	3	2	0	0	2	1	2	0	0	5	0	.125	.125	.185	1
〔8〕	304	359	43	70	13	2	4	105	28	2	2	19	2	27	2	1	105	6	.195	.292	.252	10

宗　佑磨　むね・ゆうま　横浜隼人高　('15.1)　'96.6.7生　右投左打　OF, 3B, SS

年度 チーム	試合	打数	得点	安打	二塁打	三塁打	本塁打	塁打	打点	盗塁	盗塁刺	犠打	犠飛	四球計	故意四球	死球	三振	併殺打	率	長打率	出塁率	失策
'16 (オ)	3	4	0	0	0	0	0	0	0	0	0	0	0	0	0	0	3	0	.000	.000	.000	1
'17 (オ)	10	22	2	4	1	0	0	5	0	0	0	3	0	0	0	0	6	1	.182	.227	.308	2
'18 (オ)	74	266	28	62	16	3	5	99	22	3	2	4	1	15	1	3	53	1	.233	.372	.281	2
'19 (オ)	54	148	16	40	6	1	0	54	14	7	3	1	1	13	0	11	30	4	.270	.365	.370	4
'20 (オ)	72	182	16	41	10	1	3	56	9	5	5	1	0	13	0	2	32	2	.225	.308	.288	4
〔5〕	213	622	62	147	33	5	8	214	45	15	13	13	2	41	1	21	124	8	.236	.344	.305	8

宗接　唯人　むねつぐ・ゆいと　亜細亜大　('17.1)　'94.7.6生　右投右打　1B

年度 チーム	試合	打数	得点	安打	二塁打	三塁打	本塁打	塁打	打点	盗塁	盗塁刺	犠打	犠飛	四球計	故意四球	死球	三振	併殺打	率	長打率	出塁率	失策
'18 (ロ)	1	1	0	0	0	0	0	0	0	0	0	0	0	0	0	0	1	0	.000	.000	.000	0

村上　宗隆

むらかみ・むねたか　九州学院高（'18.1）　'00.2.2生　右投左打　1B, 3B

年度 チーム	試合	打数	得点	安打	二塁打	三塁打	本塁打	塁打	打点	盗塁	盗塁刺	犠打	犠飛	四球計	故意四球	死球	三振	併殺打	打率	長打率	出塁率	失策
'18（ヤ）	6	12	1	1	0	0	1	4	2	0	0	0	0	2	0	0	5	0	.083	.333	.214	1
'19（ヤ）	143	511	76	118	20	0	36	246	96	5	4	0	3	74	5	5	184	9	.231㉚	.481	.332	15
'20（ヤ）	120	424	70	130	30	2	28	248	86	11	5	0	1	87	12	5	115	8	.307⑤	**.585**	.427	14
〔3〕	269	947	147	249	50	2	65	498	184	16	9	0	4	163	17	8	304	17	.263	.526	.374	30

村林　一輝

むらばやし・いつき　大塚高（'16.1）　'97.10.6生　右投右打　SS, 2B, 3B

年度 チーム	試合	打数	得点	安打	二塁打	三塁打	本塁打	塁打	打点	盗塁	盗塁刺	犠打	犠飛	四球計	故意四球	死球	三振	併殺打	打率	長打率	出塁率	失策
'17（楽）	1	2	2	1	0	0	0	1	0	0	0	0	0	1	0	0	1	0	.500	.500	.667	0
'18（楽）	28	44	3	5	1	0	0	6	2	0	1	2	0	3	0	0	12	2	.114	.136	.175	3
'19（楽）	49	24	2	2	1	0	0	3	0	0	1	1	0	0	0	0	5	1	.083	.125	.083	1
'20（楽）	3	1	0	0	0	0	0	0	0	0	0	0	0	0	0	0	0	0	.000	.000	.000	2
〔4〕	81	71	7	8	2	0	0	10	2	0	2	3	0	4	0	0	18	3	.113	.141	.160	6

A. メヒア

アレハンドロ・メヒア　サンファン・バウティスタ中高（'17.7）　'93.3.10生　右投右打　3B, 1B

年度 チーム	試合	打数	得点	安打	二塁打	三塁打	本塁打	塁打	打点	盗塁	盗塁刺	犠打	犠飛	四球計	故意四球	死球	三振	併殺打	打率	長打率	出塁率	失策
'17（広）	9	14	0	3	0	0	0	3	1	0	0	0	0	1	0	0	4	0	.214	.214	.267	2
'18（広）	22	41	6	11	2	0	3	22	7	1	1	0	0	2	0	1	12	4	.268	.537	.318	0
'19（広）	56	162	13	42	6	0	7	69	17	0	0	0	0	11	3	0	46	2	.259	.426	.306	6
'20（広）	37	80	4	15	2	0	2	23	4	1	0	0	0	5	0	0	21	3	.188	.288	.235	5
〔4〕	124	297	23	71	10	0	12	117	29	2	1	0	0	19	3	1	83	7	.239	.394	.287	13

E. メヒア

エルネスト・メヒア　サグラド・コラソン・デ・ヘスス高（'14.5）　'85.12.2生　右投右打　1B

年度 チーム	試合	打数	得点	安打	二塁打	三塁打	本塁打	塁打	打点	盗塁	盗塁刺	犠打	犠飛	四球計	故意四球	死球	三振	併殺打	打率	長打率	出塁率	失策
'14（武）	106	396	56	115	11	1	34	230	73	2	1	0	3	45	1	6	156	4	.290⑩	**.581**	.369	4
'15（武）	135	473	52	111	31	0	27	223	89	0	0	0	4	45	1	6	153	14	.235㉗	.471	.307	5
'16（武）	137	511	73	129	26	0	35	260	103	1	1	0	7	59	4	6	148	15	.252㉔	.509	.333	6
'17（武）	113	345	34	83	18	0	19	158	53	1	0	0	2	37	0	4	100	7	.241	.458	.320	7
'18（武）	82	212	20	45	4	0	9	79	21	0	0	0	1	18	0	3	62	3	.212	.373	.282	4
'19（武）	75	128	13	27	9	0	6	54	31	0	0	0	0	15	0	0	46	2	.211	.422	.286	0
'20（武）	74	237	20	49	13	1	11	97	33	0	0	0	1	20	1	2	82	5	.207	.409	.273	5
〔7〕	722	2302	268	559	115	2	141	1101	403	4	2	0	20	239	7	26	747	50	.243	.478	.319	27

I. モタ

イスラエル・モタ　ベセル高（'20.2）　'96.1.3生　右投右打　OF

年度 チーム	試合	打数	得点	安打	二塁打	三塁打	本塁打	塁打	打点	盗塁	盗塁刺	犠打	犠飛	四球計	故意四球	死球	三振	併殺打	打率	長打率	出塁率	失策
'20（巨）	9	9	3	2	0	0	1	5	4	1	0	0	0	0	0	0	3	0	.222	.556	.364	0

S. モヤ

スティーブン・モヤ　セナペック高（'18.1）　'91.8.9生　右投左打　1B, OF

年度 チーム	試合	打数	得点	安打	二塁打	三塁打	本塁打	塁打	打点	盗塁	盗塁刺	犠打	犠飛	四球計	故意四球	死球	三振	併殺打	打率	長打率	出塁率	失策
'18（中）	46	93	5	28	4	0	3	41	16	0	1	0	0	6	1	1	25	1	.301	.441	.347	3
'19（中）	7	22	1	5	0	0	1	8	3	0	0	0	0	0	0	0	7	0	.227	.364	.227	3
'19（オ）	64	242	24	59	7	0	10	96	35	0	0	0	2	10	0	2	59	7	.244	.397	.278	3
'20（オ）	46	164	20	45	8	0	12	93	38	0	1	0	0	11	1	1	33	7	.274	.567	.324	1
〔3〕	163	521	50	137	19	2	26	238	92	0	1	0	2	27	2	4	124	15	.263	.457	.303	9

茂木栄五郎
もぎ・えいごろう　早稲田大　（'16.1）　'94.2.14生　右投左打　SS, 3B

年度 チーム	試合	打数	得点	安打	二塁打	三塁打	本塁打	塁打	打点	盗塁	盗塁刺	犠打	犠飛	四球計	故意四球	死球	三振	併殺打	打率	長打率	出塁率	失策
'16 (楽)	117	424	56	118	20	7	7	173	40	11	4	21	2	30	0	4	95	8	.278⑭	.408	.330	19
'17 (楽)	103	398	64	118	25	2	17	198	47	3	2	4	1	45	1	2	84	4	.296③	.497	.370	8
'18 (楽)	100	361	42	89	12	2	7	126	24	12	4	7	1	42	0	2	83	3	.247	.349	.328	11
'19 (楽)	141	568	86	160	28	6	13	239	55	7	5	9	2	66	1	3	121	7	.282⑫	.421	.358	11
'20 (楽)	73	276	43	83	14	0	7	126	33	8	3	0	1	39	0	5	52	4	.301	.457	.396	6
〔5〕	534	2027	291	568	99	21	51	862	199	41	18	41	7	222	2	16	435	26	.280	.425	.355	55

百瀬　大騎
ももせ・ひろき　松本第一高　（'15.1）　'97.3.11生　右投左打　1E, 2B

年度 チーム	試合	打数	得点	安打	二塁打	三塁打	本塁打	塁打	打点	盗塁	盗塁刺	犠打	犠飛	四球計	故意四球	死球	三振	併殺打	打率	長打率	出塁率	失策
'19 (ディ)	1	1	0	0	0	0	0	0	0	0	0	0	0	0	0	0	1	0	.000	.000	.000	—
'20 (ディ)	4	4	0	1	0	0	0	1	0	0	0	0	0	0	0	0	2	0	.250	.250	.250	0
〔2〕	5	5	0	1	0	0	0	1	0	0	0	0	0	0	0	0	3	0	.200	.200	.200	0

森　敬斗
もり・けいと　桐蔭学園高　（'20.1）　'02.1.28生　右投左打　SS

年度 チーム	試合	打数	得点	安打	二塁打	三塁打	本塁打	塁打	打点	盗塁	盗塁刺	犠打	犠飛	四球計	故意四球	死球	三振	併殺打	打率	長打率	出塁率	失策
'20 (ディ)	8	12	3	3	1	0	0	4	0	0	0	0	0	0	0	0	3	0	.250	.333	.250	

森　友哉
もり・ともや　大阪桐蔭高　（'14.1）　'95.8.8生　右投左打　C, OF

年度 チーム	試合	打数	得点	安打	二塁打	三塁打	本塁打	塁打	打点	盗塁	盗塁刺	犠打	犠飛	四球計	故意四球	死球	三振	併殺打	打率	長打率	出塁率	失策
'14 (武)	41	80	14	22	6	0	6	46	15	0	0	0	0	12	0	0	22	1	.275	.575	.370	1
'15 (武)	138	▲474	51	136	33	1	17	222	68	0	4	0	3	44	3	9	143	5	.287⑧	.468	.357	1
'16 (武)	107	349	43	102	20	0	10	152	46	1	1	0	1	42	0	0	96	3	.292	.436	.367	6
'17 (武)	38	124	16	42	8	3	2	62	18	3	1	0	0	21	0	0	24	4	.339	.500	.434	1
'18 (武)	136	473	67	130	34	2	16	216	80	7	2	0	2	70	2	2	105	3	.275⑯	.457	.366	5
'19 (武)	135	492	96	162	34	2	23	269	105	3	2	1	6	72	3	2	89	3	.329①	.547	.413	9
'20 (武)	104	358	46	90	15	2	9	136	38	4	2	2	4	38	0	3	67	13	.251⑰	.380	.325	7
〔7〕	699	2350	333	684	150	10	83	1103	370	18	12	3	21	299	8	16	546	32	.291	.469	.372	30

森越　祐人
もりこし・ゆうと　名城大　（'11.1）　'88.8.11生　右投右打　2B, SS, 3B, 1E

年度 チーム	試合	打数	得点	安打	二塁打	三塁打	本塁打	塁打	打点	盗塁	盗塁刺	犠打	犠飛	四球計	故意四球	死球	三振	併殺打	打率	長打率	出塁率	失策
'13 (中)	21	8	2	1	0	0	0	1	0	1	0	2	0	0	0	0	5	0	.125	.125	.125	1
'14 (中)	19	7	4	1	0	0	0	1	0	0	0	2	0	1	0	0	1	0	.143	.143	.400	0
'15 (神)	7	7	2	0	0	0	0	0	0	0	0	1	0	1	0	0	3	0	.000	.000	.125	0
'16 (神)	2	1	0	0	0	0	0	0	0	0	0	0	0	0	0	0	1	0	.000	.000	.000	0
'17 (神)	29	23	3	3	2	0	0	5	1	0	0	2	0	2	0	0	10	1	.130	.217	.200	1
'18 (神)	16	32	5	4	0	0	0	4	1	0	0	2	0	5	1	0	7	1	.125	.125	.243	1
〔6〕	94	78	16	9	2	0	0	11	3	1	0	9	0	10	1	0	27	2	.115	.141	.225	3

八百板卓丸
(卓丸) やおいた・たくまる　聖光学院高　（'17.7）　'97.1.17生　右投左打　OF

年度 チーム	試合	打数	得点	安打	二塁打	三塁打	本塁打	塁打	打点	盗塁	盗塁刺	犠打	犠飛	四球計	故意四球	死球	三振	併殺打	打率	長打率	出塁率	失策
'18 (楽)	27	38	6	7	1	0	0	8	0	1	1	2	0	4	0	1	12	1	.184	.211	.279	2

安田　尚憲　やすだ・ひさのり　履正社高　('18.1)　'99.4.15生　右投左打　3B, 1B

年度 チーム	試合	打数	得点	安打	二塁打	三塁打	本塁打	塁打	打点	盗塁	盗塁刺	犠打	犠飛	四球計	故意四球	死球	三振	併殺打	打率	長打率	出塁率	失策
'18 (ロ)	17	53	3	8	3	0	1	14	7	0	0	0	0	7	0	0	20	0	.151	.264	.250	1
'20 (ロ)	113	393	32	87	19	1	6	126	54	2	1	0	4	62	1	5	106	10	.221㉕	.321	.326	5
〔2〕	130	446	35	95	22	1	7	140	61	2	1	0	4	69	1	5	126	10	.213	.314	.317	6

谷内　亮太　やち・りょうた　國學院大　('13.1)　'91.2.3生　右投右打　SS, 3B, 2B, 1B

年度 チーム	試合	打数	得点	安打	二塁打	三塁打	本塁打	塁打	打点	盗塁	盗塁刺	犠打	犠飛	四球計	故意四球	死球	三振	併殺打	打率	長打率	出塁率	失策
'13 (ヤ)	6	21	0	4	0	0	0	4	1	0	0	1	0	1	1	0	3	1	.190	.190	.227	1
'14 (ヤ)	43	89	6	17	4	0	0	24	16	0	0	2	3	4	0	1	14	1	.191	.270	.227	4
'15 (ヤ)	4	6	1	3	1	0	0	4	0	0	0	0	0	0	0	0	1	0	.500	.667	.500	1
'16 (ヤ)	23	70	10	21	5	0	1	29	6	0	0	2	0	7	0	1	14	2	.300	.414	.372	7
'17 (ヤ)	42	91	6	18	2	0	0	20	7	0	0	4	0	9	0	0	19	3	.198	.220	.270	0
'18 (ヤ)	36	45	5	10	3	0	0	13	7	0	0	1	0	6	0	0	9	1	.222	.289	.217	2
'19 (日)	24	25	1	2	0	0	0	2	0	0	0	0	0	1	0	0	8	2	.080	.080	.115	2
'20 (日)	50	16	3	5	0	0	0	5	3	0	0	0	1	1	0	0	5	0	.313	.313	.333	0
〔8〕	228	363	32	80	15	0	2	101	41	0	1	9	5	22	1	3	71	10	.220	.278	.267	14

柳田　悠岐　やなぎた・ゆうき　広島経済大　('11.1)　'88.10.9生　右投左打　OF

年度 チーム	試合	打数	得点	安打	二塁打	三塁打	本塁打	塁打	打点	盗塁	盗塁刺	犠打	犠飛	四球計	故意四球	死球	三振	併殺打	打率	長打率	出塁率	失策
'11 (ソ)	6	5	1	0	0	0	0	0	0	0	0	0	0	0	0	0	3	0	.000	.000	.000	0
'12 (ソ)	68	195	17	48	10	1	5	75	18	6	1	2	0	10	2	5	56	2	.246	.385	.300	1
'13 (ソ)	104	298	48	88	19	2	11	144	41	10	1	2	0	32	0	7	96	3	.295	.483	.377	0
'14 (ソ)	144	524	91	166	18	4	15	237	70	33	6	0	3	72	5	16	131	8	.317③	.452	.413	6
'15 (ソ)	138	502	110	182	31	1	34	317	99	32	8	0	1	88	4	14	101	9	.363①	.631	.469	2
'16 (ソ)	120	428	82	131	31	4	18	224	73	23	2	0	0	100	2	8	97	8	.306⑤	.523	.446	4
'17 (ソ)	130	448	95	139	30	1	31	264	99	14	7	0	7	89	8	7	123	6	.310②	.589	.426	5
'18 (ソ)	130	475	95	167	29	5	36	314	102	21	7	0	5	62	4	8	105	8	.352①	.661	.431	4
'19 (ソ)	38	128	17	37	6	1	7	66	23	4	1	0	0	28	2	1	28	4	.289	.516	.420	4
'20 (ソ)	119	427	90	146	23	5	29	266	86	7	2	0	3	84	8	1	103	2	.342②	.623	.449	5
〔10〕	997	3430	646	1104	197	24	186	1907	611	150	35	2	19	565	35	67	843	50	.322	.556	.425	28

柳町　達　やなぎまち・たつる　慶應義塾大　('20.1)　'97.4.20生　右投左打　OF

年度 チーム	試合	打数	得点	安打	二塁打	三塁打	本塁打	塁打	打点	盗塁	盗塁刺	犠打	犠飛	四球計	故意四球	死球	三振	併殺打	打率	長打率	出塁率	失策
'20 (ソ)	12	4	0	1	0	0	0	1	1	0	0	1	0	1	0	0	0	0	.250	.250	.400	0

山足　達也　やまあし・たつや　立命館大　('18.1)　'93.10.26生　右投右打　3B, 2B, SS, 1B

年度 チーム	試合	打数	得点	安打	二塁打	三塁打	本塁打	塁打	打点	盗塁	盗塁刺	犠打	犠飛	四球計	故意四球	死球	三振	併殺打	打率	長打率	出塁率	失策
'18 (オ)	25	60	8	10	2	0	1	15	7	2	0	0	0	7	0	3	15	2	.167	.250	.286	1
'19 (オ)	28	61	3	10	1	0	0	15	4	0	0	0	0	2	0	1	12	1	.164	.246	.203	2
'20 (オ)	63	96	21	21	5	0	1	29	8	3	1	0	0	2	0	1	13	0	.219	.302	.242	0
〔3〕	116	217	32	41	7	1	3	59	20	5	2	8	0	11	0	5	40	3	.189	.272	.245	3

山川　穂高　やまかわ・ほたか　富士大　（'14.1）　'91. 11. 23生　右投右打　1B, 3B

年度	チーム	試合	打数	得点	安打	二塁打	三塁打	本塁打	塁打	打点	盗塁	盗塁刺	犠打	犠飛	四球計	故意四球	死球	三振	併殺打	打率	長打率	出塁率	失策
'14	（武）	14	30	3	3	0	0	2	9	3	0	0	0	0	4	0	0	10	0	.100	.300	.206	0
'15	（武）	1	1	0	1	0	0	0	1	1	0	0	0	0	0	0	0	0	0	1.000	1.000	1.000	―
'16	（武）	49	139	24	36	4	0	14	82	32	0	0	2	0	15	0	1	36	1	.259	.590	.335	5
'17	（武）	78	242	46	72	19	0	23	160	61	0	1	0	0	46	1	5	72	7	.298	.661	.420	5
'18	（武）	143	541	115	152	24	1	47	319	124	0	0	0	2	88	2	16	138	5	.281⑪	.590	.396	14
'19	（武）	143	524	93	134	20	0	43	283	120	0	0	0	3	86	8	13	142	13	.256㉒	.540	.372	8
'20	（武）	102	322	47	66	7	0	24	145	73	0	0	0	2	64	4	13	100	6	.205㉖	.450	.357	2
〔7〕		530	1799	328	464	74	1	153	999	414	1	1	2	7	303	15	48	498	32	.258	.555	.378	34

山崎晃大朗　やまさき・こうたろう　日本大　（'16.1）　'93. 8. 11生　左投左打　CF

年度	チーム	試合	打数	得点	安打	二塁打	三塁打	本塁打	塁打	打点	盗塁	盗塁刺	犠打	犠飛	四球計	故意四球	死球	三振	併殺打	打率	長打率	出塁率	失策
'16	（ヤ）	7	18	1	3	0	0	0	3	0	1	0	0	0	1	0	0	8	0	.167	.167	.211	0
'17	（ヤ）	59	219	30	53	10	2	1	70	13	6	5	9	0	18	0	0	44	3	.242	.320	.300	2
'18	（ヤ）	23	38	7	7	0	1	0	9	0	1	1	3	0	6	0	0	12	1	.184	.237	.295	0
'19	（ヤ）	80	168	20	46	4	3	0	56	9	8	4	6	0	10	0	1	39	4	.274	.333	.318	1
'20	（ヤ）	109	282	29	69	6	1	3	86	23	8	9	7	2	31	0	1	70	5	.245	.305	.320	1
〔5〕		278	725	87	178	20	7	4	224	44	20	15	25	2	66	0	2	173	13	.246	.309	.309	4

山﨑　幹史　(旧名・剛) やまさき・つよし　國學院大　（'18.1）　'95. 12. 29生　右投左打　2B, SS, OF, 3B

年度	チーム	試合	打数	得点	安打	二塁打	三塁打	本塁打	塁打	打点	盗塁	盗塁刺	犠打	犠飛	四球計	故意四球	死球	三振	併殺打	打率	長打率	出塁率	失策
'18	（楽）	33	82	11	19	3	3	0	28	7	4	1	1	0	1	0	0	13	2	.232	.341	.241	2
'19	（楽）	16	27	4	9	4	0	1	16	2	4	0	3	0	0	0	0	5	0	.333	.593	.333	1
'20	（楽）	20	12	4	2	1	0	0	3	1	1	1	2	1	1	0	0	5	0	.167	.250	.214	1
〔3〕		69	121	19	30	8	3	1	47	10	9	2	6	1	2	0	0	23	2	.248	.388	.258	4

山崎　勝己　やまざき・かつき　報徳学園高　（'01.1）　'82. 8. 16生　右投右打　ℂ

年度	チーム	試合	打数	得点	安打	二塁打	三塁打	本塁打	塁打	打点	盗塁	盗塁刺	犠打	犠飛	四球計	故意四球	死球	三振	併殺打	打率	長打率	出塁率	失策
'05	（ソ）	3	2	0	1	0	0	0	1	0	0	0	0	0	0	0	0	1	0	.500	.500	.500	0
'06	（ソ）	105	245	17	56	7	0	1	66	19	1	0	19	2	17	1	1	72	3	.229	.269	.279	2
'07	（ソ）	100	184	15	34	2	0	0	36	6	2	0	21	0	10	1	1	53	3	.185	.196	.219	10
'08	（ソ）	60	97	5	13	3	0	0	16	7	0	0	8	1	5	0	0	21	0	.134	.165	.175	0
'09	（ソ）	30	27	4	5	3	1	0	10	2	0	0	6	0	0	0	0	5	0	.185	.370	.185	0
'10	（ソ）	77	▲205	12	43	9	0	2	58	18	0	0	16	1	11	2	2	71	2	.210	.283	.256	6
'11	（ソ）	86	148	6	28	7	0	0	35	13	0	0	14	1	5	0	0	45	4	.189	.236	.214	6
'12	（ソ）	85	86	6	17	6	0	0	23	2	0	0	6	0	6	0	0	22	0	.198	.267	.250	0
'13	（ソ）	91	139	14	35	8	1	1	48	20	0	0	12	3	13	0	1	30	1	.252	.345	.314	4
'14	（オ）	60	65	3	7	1	0	0	8	1	0	0	11	0	4	0	2	20	0	.108	.123	.147	2
'15	（オ）	79	147	12	30	5	0	0	35	14	1	1	19	1	13	0	8	31	2	.204	.238	.302	2
'16	（オ）	43	66	2	10	1	0	0	11	0	0	0	11	0	3	0	0	16	0	.152	.167	.188	0
'17	（オ）	17	18	1	2	2	0	0	4	2	0	0	2	0	0	0	0	4	0	.111	.222	.200	0
'18	（オ）	81	92	6	19	4	0	0	23	5	0	0	8	0	4	0	3	12	2	.207	.250	.240	2
'19	（オ）	24	9	0	0	0	0	0	0	0	0	0	0	0	0	0	0	5	0	.000	.000	.000	1
'20	（オ）	2	1	0	0	0	0	0	0	0	0	0	0	0	0	0	0	0	0	.000	.000	.000	0
〔16〕		943	1530	103	300	58	2	4	374	112	4	2	153	9	85	4	17	∠17	17	.196	.244	.245	35

山下　斐紹 (斐紹) やました・あやつぐ　習志野高 ('11.1)　'92.11.16生　右投左打　C, 1B, OF

年度	チーム	試合	打数	得点	安打	二塁打	三塁打	本塁打	塁打	打点	盗塁	盗塁刺	犠打	犠飛	四球計	故意四球	死球	三振	併殺打	打率	長打率	出塁率	失策
'13	(ソ)	11	14	1	4	0	0	0	4	0	0	0	0	0	0	0	0	3	0	.286	.286	.286	0
'14	(ソ)	1	0	0	0	0	0	0	0	0	0	0	0	0	0	0	0	0	0	.000	.000	.000	—
'15	(ソ)	11	6	0	1	0	0	0	1	0	0	1	0	0	3	0	0	1	1	.167	.167	.444	0
'16	(ソ)	13	26	1	6	1	0	0	7	1	0	0	4	1	0	0	0	8	0	.231	.269	.222	0
'17	(ソ)	1	2	0	1	0	0	0	1	0	0	0	0	0	0	0	0	0	0	.500	.500	.500	—
'18	(楽)	43	96	10	19	3	0	2	28	9	0	0	1	2	5	0	0	22	2	.198	.292	.233	3
'19	(楽)	31	60	8	11	1	0	3	21	5	0	0	3	0	1	0	0	13	0	.183	.350	.222	1
'20	(楽)	8	7	1	0	0	0	0	0	0	0	0	0	0	1	0	0	3	0	.000	.000	.125	0
〔8〕		119	211	21	42	5	0	5	62	15	0	1	8	3	10	0	1	50	3	.199	.294	.239	4

山下　幸輝 やました・こうき　國學院大 ('15.1)　'93.1.31生　右投左打　2B, 3B, 1B, SS, OF

年度	チーム	試合	打数	得点	安打	二塁打	三塁打	本塁打	塁打	打点	盗塁	盗塁刺	犠打	犠飛	四球計	故意四球	死球	三振	併殺打	打率	長打率	出塁率	失策
'15	(ディ)	23	42	2	10	2	0	0	12	2	0	1	1	0	0	0	0	12	0	.238	.286	.238	2
'16	(ディ)	62	98	11	22	2	1	0	26	7	3	1	0	1	0	0	0	18	1	.224	.265	.230	1
'17	(ディ)	21	21	3	3	2	0	0	5	0	0	0	0	0	0	0	0	6	0	.143	.238	.143	2
'18	(ディ)	21	63	3	14	2	0	1	19	3	1	0	0	0	0	0	0	13	1	.222	.302	.222	2
'20	(ディ)	39	43	2	9	2	0	0	11	1	0	0	2	0	4	0	0	7	1	.209	.256	.261	0
〔5〕		166	267	21	58	10	1	1	73	13	4	2	3	1	4	0	0	56	3	.217	.273	.228	7

山下　航汰 やました・こうた　高崎健康福祉大高崎高 ('19.7)　'00.11.15生　右投左打　OF, 1B

年度	チーム	試合	打数	得点	安打	二塁打	三塁打	本塁打	塁打	打点	盗塁	盗塁刺	犠打	犠飛	四球計	故意四球	死球	三振	併殺打	打率	長打率	出塁率	失策
'19	(巨)	12	12	1	2	1	0	0	3	0	0	0	0	0	1	0	0	2	0	.167	.250	.231	0

山田　哲人 やまだ・てつと　履正社高 ('11.1)　'92.7.16生　右投右打　2B, SS

年度	チーム	試合	打数	得点	安打	二塁打	三塁打	本塁打	塁打	打点	盗塁	盗塁刺	犠打	犠飛	四球計	故意四球	死球	三振	併殺打	打率	長打率	出塁率	失策
'12	(ヤ)	26	44	5	11	2	0	1	16	1	0	0	0	0	5	0	0	11	0	.250	.364	.327	3
'13	(ヤ)	94	350	50	99	13	2	3	125	26	9	2	3	3	39	2	1	37	6	.283	.357	.354	11
'14	(ヤ)	143	**596**	**106**	193	39	1	29	321	89	15	5	2	5	74	2	8	95	10	.324③	.539	.403	13
'15	(ヤ)	**143**	557	119	183	39	2	**38**	340	100	**34**	4	0	3	81	1	5	111	11	.329②	**.610**	**.416**	9
'16	(ヤ)	133	481	102	146	26	3	38	292	102	**30**	2	0	4	**97**	0	8	101	16	.304⑥	.607	.425	5
'17	(ヤ)	**143**	526	79	130	25	1	24	229	78	14	4	0	1	91	1	6	132	15	.247㉔	.435	.364	9
'18	(ヤ)	140	524	**130**	165	30	4	34	**305**	89	**33**	4	4	0	106	1	6	119	8	.315⑩	.582	.432	13
'19	(ヤ)	142	520	102	141	35	5	35	291	98	**33**	3	0	5	**110**	1	9	121	14	.271⑲	.560	.401	8
'20	(ヤ)	94	334	52	85	17	2	12	140	52	8	4	0	2	48	3	0	83	6	.254㉒	.419	.346	4
〔9〕		1058	3932	745	1153	226	19	214	2059	635	176	28	5	26	651	21	38	810	86	.293	.524	.396	75

山田　遥楓 やまだ・はるか　佐賀工高 ('15.1)　'96.9.30生　右投右打　3B, SS

年度	チーム	試合	打数	得点	安打	二塁打	三塁打	本塁打	塁打	打点	盗塁	盗塁刺	犠打	犠飛	四球計	故意四球	死球	三振	併殺打	打率	長打率	出塁率	失策
'18	(武)	14	17	1	1	0	0	1	4	2	0	0	0	0	0	0	1	6	0	.059	.235	.158	0
'19	(武)	4	12	2	2	0	0	0	2	0	0	0	0	0	1	0	0	4	1	.167	.167	.231	0
'20	(武)	8	5	1	1	0	0	0	1	0	0	0	0	0	0	0	0	1	0	.200	.200	.200	0
〔3〕		26	34	4	4	0	0	1	7	2	0	0	0	0	2	0	1	11	1	.118	.206	.189	0

大　和　やまと（前田　大和）　樟南高　（'06.1）　'87.11.5生　右投右打　CF, SS, 2B, 3B, 1B

年度	チーム	試合	打数	得点	安打	二塁打	三塁打	本塁打	塁打	打点	盗塁	盗塁刺	犠打	犠飛	四球計	故意四球	死球	三振	併殺打	打率	長打率	出塁率	失策
'09	(神)	66	62	12	11	3	0	0	14	1	3	1	7	0	3	0	0	7	0	.177	.226	.215	1
'10	(神)	62	44	19	12	0	1	0	14	4	8	3	1	1	4	0	0	8	1	.273	.318	.327	2
'11	(神)	47	51	13	12	1	1	0	15	6	5	1	5	3	3	0	0	6	0	.235	.294	.263	5
'12	(神)	128	311	29	80	13	3	0	99	26	17	8	19	0	15	0	4	46	3	.257	.318	.300	2
'13	(神)	104	384	51	105	12	3	0	123	21	19	9	35	0	27	0	8	40	2	.273⑭	.320	.334	2
'14	(神)	121	398	54	105	17	1	1	127	24	11	7	50	1	28	1	4	52	7	.264⑳	.319	.318	3
'15	(神)	123	249	25	56	5	0	0	61	12	5	7	28	0	12	2	4	35	2	.225	.245	.272	1
'16	(神)	111	229	24	53	16	1	1	74	20	3	2	15	2	12	0	1	53	9	.231	.323	.270	4
'17	(神)	100	232	25	65	6	0	1	74	16	2	3	1	1	18	0	0	37	5	.280	.319	.331	4
'18	(ディ)	113	394	54	96	24	3	2	132	27	10	6	9	3	24	1	5	73	0	.244	.335	.293	11
'19	(ディ)	137	438	42	104	17	2	0	125	37	3	3	10	2	34	1	6	75	7	.237㉙	.285	.300	11
'20	(ディ)	85	199	23	56	7	1	4	77	23	3	3	3	3	20	0	0	28	8	.281	.387	.342	5
〔12〕		1197	2991	371	755	121	16	9	935	217	89	51	183	16	200	5	32	460	44	.252	.313	.305	51

山野辺　翔　やまのべ・かける　桜美林大　（'19.1）　'94.5.24生　右投右打　2B, 3B

年度	チーム	試合	打数	得点	安打	二塁打	三塁打	本塁打	塁打	打点	盗塁	盗塁刺	犠打	犠飛	四球計	故意四球	死球	三振	併殺打	打率	長打率	出塁率	失策
'19	(武)	9	14	1	1	1	0	0	2	1	1	0	0	0	2	0	2	4	1	.071	.143	.278	2
'20	(武)	53	60	11	14	3	0	0	17	4	5	2	0	1	1	0	2	11	2	.233	.283	.266	4
〔2〕		62	74	12	15	4	0	0	19	5	6	2	0	1	3	0	4	15	3	.203	.257	.268	6

山本　泰寛　やまもと・やすひろ　慶應義塾大　（'16.1）　'93.10.10生　右投右打　2B, SS, 3B

年度	チーム	試合	打数	得点	安打	二塁打	三塁打	本塁打	塁打	打点	盗塁	盗塁刺	犠打	犠飛	四球計	故意四球	死球	三振	併殺打	打率	長打率	出塁率	失策
'16	(巨)	27	78	8	20	5	1	0	27	2	0	1	6	0	2	0	0	20	2	.256	.346	.275	2
'17	(巨)	29	66	8	12	2	0	1	17	7	1	0	9	0	1	0	0	18	1	.182	.258	.289	1
'18	(巨)	38	102	15	26	4	1	0	32	3	2	0	3	0	13	0	2	19	2	.255	.314	.350	7
'19	(巨)	92	177	31	41	7	3	2	60	10	2	0	4	0	22	1	7	51	3	.232	.339	.340	5
〔4〕		186	423	62	99	18	5	3	136	22	5	1	22	0	46	1	10	108	8	.234	.322	.324	15

山本　祐大　やまもと・ゆうだい　京都翔英高　（'18.1）　'98.9.11生　右投右打　C

年度	チーム	試合	打数	得点	安打	二塁打	三塁打	本塁打	塁打	打点	盗塁	盗塁刺	犠打	犠飛	四球計	故意四球	死球	三振	併殺打	打率	長打率	出塁率	失策
'18	(ディ)	2	1	1	1	0	0	1	4	2	0	0	0	0	0	0	0	0	0	1.000	4.000	1.000	0
'19	(ディ)	13	12	0	4	0	0	0	4	2	0	0	0	0	0	0	0	3	0	.333	.333	.333	0
'20	(ディ)	2	3	0	0	0	0	0	0	0	0	0	0	0	0	0	0	1	0	.000	.000	.000	0
〔3〕		17	16	1	5	0	0	1	8	4	0	0	0	0	0	0	0	4	0	.313	.500	.313	0

湯浅　大　ゆあさ・だい　高崎健康福祉大高崎高　（'18.1）　'00.1.24生　右投右打　2B, 3B, SS

年度	チーム	試合	打数	得点	安打	二塁打	三塁打	本塁打	塁打	打点	盗塁	盗塁刺	犠打	犠飛	四球計	故意四球	死球	三振	併殺打	打率	長打率	出塁率	失策
'20	(巨)	13	7	3	0	0	0	0	0	0	2	0	1	0	1	0	0	3	0	.000	.000	.125	0

雄　平　ゆうへい (高井 雄平)　東北高 ('03.1)　'84.6.25生　左投左打　OF, P

年度(チーム)	試合	打数	得点	安打	二塁打	三塁打	本塁打	塁打	打点	盗塁	盗塁刺	犠打	犠飛	四球計	故意四球	死球	三振	併殺打	打率	長打率	出塁率	失策
'03(ヤ)	30	30	2	6	2	0	0	8	4	0	0	0	0	0	0	0	15	1	.200	.267	.200	2
'04(ヤ)	10	16	0	5	0	0	0	5	0	0	0	1	0	0	0	0	7	0	.313	.313	.313	0
'05(ヤ)	18	13	1	2	0	0	1	5	2	0	0	4	0	1	0	0	9	1	.154	.385	.214	0
'06(ヤ)	36	1	0	0	0	0	0	0	0	0	0	0	0	0	0	0	0	0	.000	.000	.000	0
'07(ヤ)	52	1	0	0	0	0	0	0	0	0	0	0	0	0	0	0	0	0	.000	.000	.000	3
'08(ヤ)	1	0	0	0	0	0	0	0	0	0	0	0	0	0	0	0	0	0	.000	.000	.000	0
'09(ヤ)	1	0	0	0	0	0	0	0	0	0	0	0	0	0	0	0	0	0	.000	.000	.000	0
'12(ヤ)	47	143	14	40	4	0	0	44	8	2	3	3	0	7	0	0	19	0	.280	.308	.313	1
'13(ヤ)	13	37	6	11	4	1	2	23	3	0	0	0	0	6	0	0	10	0	.297	.622	.395	0
'14(ヤ)	141	547	97	173	28	3	23	276	90	10	2	1	0	48	0	1	103	11	.316⑥	.505	.372	3
'15(ヤ)	141	551	57	149	33	4	8	214	60	7	4	1	3	27	1	3	82	7	.270⑮	.388	.307	3
'16(ヤ)	108	412	44	122	20	0	7	163	55	7	1	1	2	21	2	0	51	9	.296	.396	.329	2
'17(ヤ)	71	281	29	86	21	0	2	113	32	2	3	0	2	15	0	5	42	5	.306	.402	.343	2
'18(ヤ)	125	446	50	142	19	1	11	196	67	6	1	0	2	33	5	1	62	13	.318⑦	.439	.365	4
'19(ヤ)	131	447	55	122	19	0	12	177	56	4	3	1	1	37	4	2	71	4	.273⑯	.396	.327	2
'20(ヤ)	43	103	6	23	4	0	0	27	9	3	0	0	0	6	0	1	23	2	.223	.262	.265	1
〔16〕	968	3028	362	881	154	9	66	1251	386	41	17	18	18	198	12	13	494	53	.291	.413	.335	27

陽　岱鋼　(旧名・仲壽) よう・だいかん　福岡第一高 ('06.1)　'87.1.17生　右投右打　OF, SS, 3B, 1B

年度(チーム)	試合	打数	得点	安打	二塁打	三塁打	本塁打	塁打	打点	盗塁	盗塁刺	犠打	犠飛	四球計	故意四球	死球	三振	併殺打	打率	長打率	出塁率	失策
'07(日)	55	109	12	26	8	2	0	38	10	3	2	4	0	2	0	1	30	0	.239	.349	.259	6
'08(日)	44	111	7	16	0	1	2	24	4	1	2	4	1	6	0	1	31	3	.144	.216	.193	9
'09(日)	15	11	2	2	0	0	0	2	0	0	0	1	0	1	0	0	3	0	.182	.182	.250	2
'10(日)	109	253	35	62	12	3	2	86	31	8	1	10	2	12	0	4	70	4	.245	.340	.288	1
'11(日)	141	537	66	147	23	4	6	196	36	19	2	38	1	22	0	6	134	5	.274⑫	.365	.308	1
'12(日)	144	533	71	153	28	5	7	212	55	17	6	18	5	37	1	6	123	10	.287⑨	.398	.337	3
'13(日)	144	574	93	162	27	2	18	247	67	47	10	4	2	69	2	9	142	9	.282⑲	.430	.367	1
'14(日)	125	471	77	138	21	1	25	233	85	20	6	9	3	45	0	12	108	10	.293⑧	.495	.367	2
'15(日)	86	352	47	91	21	2	7	126	36	14	2	2	2	21	1	4	93	4	.259	.358	.306	2
'16(日)	130	495	66	145	24	1	14	213	61	5	6	1	1	42	1	10	121	6	.293⑧	.430	.359	5
'17(巨)	87	330	46	87	18	1	9	134	33	4	2	2	1	41	0	7	80	6	.264	.406	.356	2
'18(巨)	87	253	24	62	12	2	10	108	37	2	0	3	1	17	1	2	72	7	.245	.427	.297	3
'19(巨)	110	208	28	57	8	1	4	79	21	0	1	0	0	22	0	1	66	9	.274	.380	.346	2
'20(巨)	38	63	12	15	2	0	1	19	6	1	0	0	2	9	1	2	21	1	.238	.302	.351	0
〔14〕	1315	4300	586	1163	189	25	105	1717	482	141	40	102	21	346	7	65	1094	78	.270	.399	.333	30

陽川　尚将　ようかわ・なおまさ　東京農業大 ('14.1)　'91.7.17生　右投右打　1B, OF, 3B

年度(チーム)	試合	打数	得点	安打	二塁打	三塁打	本塁打	塁打	打点	盗塁	盗塁刺	犠打	犠飛	四球計	故意四球	死球	三振	併殺打	打率	長打率	出塁率	失策
'16(神)	29	72	6	12	0	0	2	18	6	1	0	0	0	4	0	1	22	0	.167	.250	.221	2
'17(神)	12	18	1	3	0	0	1	6	1	0	0	0	0	1	0	0	8	0	.167	.333	.211	0
'18(神)	75	274	27	69	16	5	6	113	48	5	0	0	1	17	1	7	76	7	.252	.412	.311	3
'19(神)	28	55	3	6	1	0	3	16	4	0	0	0	0	4	1	0	19	2	.109	.291	.169	1
'20(神)	71	158	19	39	6	0	8	69	24	2	2	1	0	15	2	6	42	4	.247	.437	.333	1
〔5〕	215	577	56	129	23	5	20	222	81	7	2	3	2	41	4	14	167	13	.224	.385	.290	7

横尾　俊建　よこお・としたけ　慶應義塾大 ('16.1)　'93.5.27生　右投右打　3B, 2B, 1B, OF

年度(チーム)	試合	打数	得点	安打	二塁打	三塁打	本塁打	塁打	打点	盗塁	盗塁刺	犠打	犠飛	四球計	故意四球	死球	三振	併殺打	打率	長打率	出塁率	失策
'16(日)	10	17	1	2	0	0	0	2	0	0	0	0	0	0	0	0	3	0	.118	.118	.118	0
'17(日)	50	134	14	32	3	0	7	56	20	0	0	1	1	11	0	3	45	2	.239	.418	.309	3
'18(日)	74	193	18	40	2	0	9	69	24	0	1	2	2	9	0	4	45	3	.207	.358	.255	0
'19(日)	78	170	7	32	10	0	3	51	13	0	0	1	1	15	2	4	34	4	.188	.300	.268	5
'20(日)	44	107	10	27	2	0	2	35	11	0	0	1	0	6	0	1	16	3	.252	.327	.302	2
〔5〕	256	621	50	133	17	0	21	213	68	0	1	5	5	41	2	13	143	14	.214	.343	.275	10

吉川　大幾

よしかわ・だいき　PL学園高（'11.1）　'92.8.21生　右投右打　3B, 2B, SS, OF, 1B

年度 チーム	試合	打数	得点	安打	二塁打	三塁打	本塁打	塁打	打点	盗塁	盗塁刺	犠打	犠飛	四球計	故意四球	死球	三振	併殺打	打率	長打率	出塁率	失策
'12（中）	3	2	0	1	0	0	0	1	1	0	0	0	0	0	0	0	1	0	.500	.500	.500	—
'13（中）	15	12	4	3	0	0	0	3	0	1	0	3	0	0	0	0	5	0	.250	.250	.250	0
'14（中）	16	14	2	0	0	0	0	0	0	0	0	2	0	1	0	0	2	0	.000	.000	.067	0
'15（巨）	47	56	11	14	5	1	0	21	4	3	0	2	0	2	0	0	15	1	.250	.375	.276	3
'16（巨）	50	51	7	9	0	0	0	9	1	1	2	2	0	3	0	0	14	0	.176	.176	.222	2
'18（巨）	97	18	21	3	0	0	0	3	0	7	0	3	0	0	0	0	6	0	.167	.167	.250	0
'19（巨）	10	9	0	0	0	0	0	0	0	0	0	0	0	1	0	0	3	1	.000	.000	.100	0
'20（巨）	30	10	1	1	0	0	0	1	0	2	1	1	0	0	0	0	2	0	.100	.100	.182	0
〔8〕	268	172	46	31	5	1	0	38	6	14	3	13	0	10	0	0	48	2	.180	.221	.225	5

吉川　尚輝

よしかわ・なおき　中京学院大（'17.1）　'95.2.8生　右投左打　2B, SS

年度 チーム	試合	打数	得点	安打	二塁打	三塁打	本塁打	塁打	打点	盗塁	盗塁刺	犠打	犠飛	四球計	故意四球	死球	三振	併殺打	打率	長打率	出塁率	失策
'17（巨）	5	11	1	3	0	0	0	3	0	1	0	0	0	0	0	0	2	0	.273	.273	.273	0
'18（巨）	92	316	51	80	16	3	4	114	29	11	4	13	2	19	0	5	61	5	.253	.361	.304	5
'19（巨）	11	41	7	16	1	0	0	17	3	1	2	0	0	3	0	0	4	1	.390	.415	.432	4
'20（巨）	112	354	47	97	16	2	8	141	32	11	3	2	0	30	4	3	60	6	.274⑯	.398	.336	4
〔4〕	220	722	106	196	33	5	12	275	64	24	9	18	2	52	4	8	127	12	.271	.381	.327	13

吉田　大成

よしだ・たいせい　明治大（'19.1）　'95.3.7生　右投左打　3B, 2B, SS

年度 チーム	試合	打数	得点	安打	二塁打	三塁打	本塁打	塁打	打点	盗塁	盗塁刺	犠打	犠飛	四球計	故意四球	死球	三振	併殺打	打率	長打率	出塁率	失策
'19（ヤ）	13	32	3	6	1	0	0	7	2	1	1	1	0	4	0	2	8	1	.188	.219	.316	0
'20（ヤ）	8	9	0	1	0	0	0	2	1	0	0	1	0	1	0	0	2	0	.111	.222	.200	1
〔2〕	21	41	3	7	1	0	0	9	3	1	1	2	0	5	0	2	10	1	.171	.220	.292	1

吉田　正尚

よしだ・まさたか　青山学院大（'16.1）　'93.7.15生　右投左打　OF

年度 チーム	試合	打数	得点	安打	二塁打	三塁打	本塁打	塁打	打点	盗塁	盗塁刺	犠打	犠飛	四球計	故意四球	死球	三振	併殺打	打率	長打率	出塁率	失策
'16（オ）	63	231	35	67	17	0	10	114	34	0	2	0	1	25	0	1	34	6	.290	.494	.360	1
'17（オ）	64	228	42	71	11	0	12	118	38	1	1	0	1	38	2	1	32	9	.311	.518	.410	0
'18（オ）	143	514	77	165	37	2	26	284	86	3	1	0	8	69	10	7	74	9	.321④	.553	.403	3
'19（オ）	143	521	92	168	24	2	29	283	85	5	1	0	5	79	12	5	54	12	.322②	.543	.413	2
'20（オ）	120	408	55	143	22	1	14	209	64	8	5	0	4	72	17	8	29	6	.350①	.512	.453	2
〔5〕	533	1902	301	614	111	5	91	1008	307	17	10	0	19	283	41	22	233	42	.323	.530	.413	8

吉田　裕太

よしだ・ゆうた　立正大（'14.1）　'91.7.21生　右投右打　C

年度 チーム	試合	打数	得点	安打	二塁打	三塁打	本塁打	塁打	打点	盗塁	盗塁刺	犠打	犠飛	四球計	故意四球	死球	三振	併殺打	打率	長打率	出塁率	失策
'14（ロ）	50	123	7	27	2	0	2	35	7	0	0	4	2	2	0	1	38	0	.220	.285	.234	5
'15（ロ）	65	110	6	25	1	0	1	29	5	0	0	9	2	9	0	1	26	2	.227	.264	.287	5
'16（ロ）	24	30	1	0	0	0	0	0	0	0	0	4	0	1	0	0	12	1	.000	.000	.032	0
'17（ロ）	61	94	10	16	7	0	0	32	5	0	0	7	0	4	0	0	30	4	.170	.340	.228	1
'18（ロ）	8	10	0	1	0	0	0	1	0	0	0	1	0	1	0	0	2	0	.100	.100	.182	1
'19（ロ）	32	47	2	11	1	0	2	18	7	0	1	2	0	2	0	1	13	2	.234	.383	.308	4
'20（ロ）	1	0	0	0	0	0	0	0	0	0	0	0	0	0	0	0	0	0	.000	.000	.000	0
〔7〕	241	414	26	80	11	0	8	115	29	1	1	29	4	25	0	2	121	9	.193	.278	.240	16

吉持　亮汰

よしもち・りょうた　大阪商業大（'16.1）　'93.11.4生　右投右打　2B, SS, 3B

年度 チーム	試合	打数	得点	安打	二塁打	三塁打	本塁打	塁打	打点	盗塁	盗塁刺	犠打	犠飛	四球計	故意四球	死球	三振	併殺打	打率	長打率	出塁率	失策
'16（楽）	21	31	6	5	0	1	0	7	1	1	1	3	0	3	0	0	6	0	.161	.226	.235	1

B．レアード　ブランドン・レアード　サイプレス大（'15.1）　'87. 9. 11生　右投右打　3B, 1B

年度	チーム	試合	打数	得点	安打	二塁打	三塁打	本塁打	塁打	打点	盗塁	盗塁刺	犠打	犠飛	四球計	故意四球	死球	三振	併殺打	打率	長打率	出塁率	失策
'15	(日)	143	498	62	115	22	2	34	243	97	1	0	0	4	43	0	9	129	18	.231㉘	.488	.301	17
'16	(日)	143	547	71	144	21	0	39	282	97	0	0	0	4	44	1	3	138	16	.263㉒	.516	.319	13
'17	(日)	137	503	56	115	18	1	32	231	90	0	0	7	4	54	0	7	125	18	.229㉕	.459	.308	18
'18	(日)	120	450	47	105	14	2	26	201	65	0	1	0	4	44	5	7	124	10	.233㉗	.447	.309	9
'19	(ロ)	139	487	59	121	18	0	32	235	89	0	0	0	3	55	2	8	128	18	.248㉗	.483	.333	6
'20	(ロ)	39	133	15	31	3	0	6	52	15	0	0	0	0	13	1	0	28	5	.233	.391	.299	2
〔6〕		721	2618	310	631	96	5	169	1244	453	1	1	0	23	253	9	34	672	85	.241	.475	.314	65

A．ロドリゲス　アデルリン・ロドリゲス　セントロエデュカティボロスパルマレス高（'20.1）　'91. 11. 18生　右投右打　1B

年度	チーム	試合	打数	得点	安打	二塁打	三塁打	本塁打	塁打	打点	盗塁	盗塁刺	犠打	犠飛	四球計	故意四球	死球	三振	併殺打	打率	長打率	出塁率	失策
'20	(オ)	59	193	11	42	10	0	6	70	25	1	0	0	1	14	0	3	55	3	.218	.363	.280	8

J．ロペス　ホセ・ロペス　ヘスス・ラファエル・アルボノス高（'13.1）　'83. 11. 24生　右投右打　1B, 3B, 2B

年度	チーム	試合	打数	得点	安打	二塁打	三塁打	本塁打	塁打	打点	盗塁	盗塁刺	犠打	犠飛	四球計	故意四球	死球	三振	併殺打	打率	長打率	出塁率	失策
'13	(巨)	121	429	45	130	26	0	18	210	55	1	1	5	3	25	1	5	57	12	.303⑤	.490	.346	4
'14	(巨)	134	375	43	91	17	0	22	174	57	1	0	3	5	20	0	4	66	15	.243	.464	.285	8
'15	(ディ)	140	516	63	150	29	1	25	256	73	1	0	0	3	44	3	2	82	14	.291⑤	.496	.347	10
'16	(ディ)	123	483	66	127	27	1	34	258	95	0	0	0	7	24	0	4	75	20	.263㉑	.534	.299	2
'17	(ディ)	142	569	72	171	42	0	30	303	105	0	0	0	8	27	0	2	80	14	.301⑥	.533	.330	2
'18	(ディ)	110	441	46	127	23	0	26	228	77	0	0	1	16	1	1	5	58	12	.288⑰	.517	.314	0
'19	(ディ)	142	551	69	133	28	0	31	254	84	0	0	0	4	39	6	4	107	14	.241㉘	.461	.295	7
'20	(ディ)	81	293	26	72	8	0	12	116	42	0	0	0	2	10	1	0	36	8	.246	.396	.269	6
〔8〕		993	3657	430	1001	200	2	198	1799	588	3	2	8	32	205	12	22	561	105	.274	.492	.314	39

S．ロメロ　ステフェン・ロメロ　オレゴン州立大（'17.1）　'88. 10. 17生　右投右打　OF

年度	チーム	試合	打数	得点	安打	二塁打	三塁打	本塁打	塁打	打点	盗塁	盗塁刺	犠打	犠飛	四球計	故意四球	死球	三振	併殺打	打率	長打率	出塁率	失策
'17	(オ)	103	390	55	107	13	0	26	198	66	2	1	0	1	27	0	6	98	12	.274	.508	.330	12
'18	(オ)	119	443	63	105	18	1	25	200	63	7	2	0	6	42	2	10	114	10	.237㉖	.451	.313	9
'19	(オ)	81	295	47	90	15	0	18	159	63	3	3	0	4	25	2	5	83	3	.305	.539	.363	4
'20	(楽)	103	356	46	97	19	2	24	192	63	0	0	0	2	38	5	8	108	8	.272⑪	.539	.354	4
〔4〕		406	1484	211	399	65	3	93	749	255	12	6	0	13	132	9	29	403	33	.269	.505	.337	29

若月　健矢　わかつき・けんや　花咲徳栄高（'14.1）　'95. 10. 4生　右投右打　C

年度	チーム	試合	打数	得点	安打	二塁打	三塁打	本塁打	塁打	打点	盗塁	盗塁刺	犠打	犠飛	四球計	故意四球	死球	三振	併殺打	打率	長打率	出塁率	失策
'15	(オ)	5	11	0	1	0	0	0	1	0	0	0	0	0	0	0	0	2	1	.091	.091	.091	0
'16	(オ)	85	229	22	52	13	0	0	65	20	0	0	23	0	4	1	6	42	5	.227	.284	.259	3
'17	(オ)	100	218	16	44	8	2	1	59	18	0	0	23	2	10	0	3	50	9	.202	.271	.245	5
'18	(オ)	114	269	22	66	9	2	1	82	24	0	0	23	1	7	0	2	80	6	.245	.305	.269	2
'19	(オ)	138	298	21	53	9	0	1	65	21	2	0	25	1	21	1	4	73	4	.178	.218	.241	3
'20	(オ)	75	192	14	46	12	0	3	67	19	2	0	8	1	9	0	5	40	4	.240	.349	.290	2
〔6〕		517	1217	95	262	51	4	6	339	105	5	0	102	4	51	2	20	287	29	.215	.279	.258	15

若林　晃弘　わかばやし・あきひろ　法政大（'18.1）　'93. 8. 26生　右投左右打　2B, OF, 3B, 1B, SS

年度	チーム	試合	打数	得点	安打	二塁打	三塁打	本塁打	塁打	打点	盗塁	盗塁刺	犠打	犠飛	四球計	故意四球	死球	三振	併殺打	打率	長打率	出塁率	失策
'18	(巨)	17	18	2	1	0	0	0	1	0	0	0	0	0	1	0	0	6	0	.056	.056	.105	1
'19	(巨)	77	234	34	56	9	1	5	82	21	11	2	4	1	32	1	2	51	3	.239	.350	.335	9
'20	(巨)	76	146	22	36	6	1	2	50	14	2	4	3	1	9	0	1	32	6	.247	.342	.288	3
〔3〕		170	398	58	93	15	2	7	133	35	13	6	7	2	41	1	3	89	9	.234	.334	.309	13

渡邊　大樹　わたなべ・だいき　専大松戸高　（'16.1）　'97.6.7生　右投右打　CF

年度	チーム	試合	打数	得点	安打	二塁打	三塁打	本塁打	塁打	打点	盗塁	盗塁刺	犠打	犠飛	四球計	故意四球	死球	三振	併殺打	打率	長打率	出塁率	失策
'17	(ヤ)	2	2	0	0	0	0	0	0	0	0	0	0	0	0	0	0	1	0	.000	.000	.000	—
'19	(ヤ)	16	7	5	1	0	0	1	4	1	1	0	1	0	0	0	1	2	0	.143	.571	.250	0
'20	(ヤ)	33	11	7	3	0	0	0	3	0	2	0	0	0	1	0	0	3	0	.273	.273	.333	0
〔3〕		51	20	12	4	0	0	1	7	1	3	2	1	0	1	0	1	6	0	.200	.350	.273	0

渡辺　直人　わたなべ・なおと　城西大　（'07.1）　'80.10.15生　右投右打　SS, 3B, 2B, 1B

年度	チーム	試合	打数	得点	安打	二塁打	三塁打	本塁打	塁打	打点	盗塁	盗塁刺	犠打	犠飛	四球計	故意四球	死球	三振	併殺打	打率	長打率	出塁率	失策
'07	(楽)	119	410	60	110	17	1	2	135	26	25	5	16	2	32	0	12	43	6	.268㉕	.329	.338	13
'08	(楽)	132	470	79	118	11	2	0	133	30	34	6	19	2	54	2	**22**	66	6	.251㉖	.283	.354	16
'09	(楽)	125	463	79	128	24	2	1	159	28	26	7	19	3	55	1	7	69	13	.276⑲	.343	.360	16
'10	(楽)	115	355	43	94	14	1	0	110	26	12	5	20	1	39	1	0	43	8	.265	.310	.353	8
'11	(横)	126	403	33	107	16	2	1	130	24	7	5	19	0	36	0	11	73	13	.266⑭	.323	.342	10
'12	(ディ)	70	174	19	39	4	0	0	43	10	2	4	5	0	24	0	10	27	1	.224	.247	.351	7
'13	(武)	14	14	3	2	0	0	0	2	0	0	2	0	0	0	0	0	5	1	.143	.143	.200	0
'14	(武)	56	139	9	28	3	1	0	33	4	3	2	23	1	9	0	5	19	6	.201	.237	.273	2
'14	(武)	104	350	35	91	17	1	0	110	26	4	0	35	1	32	0	11	46	9	.260	.314	.340	4
'15	(武)	83	158	20	43	7	1	0	52	23	1	0	11	1	14	0	5	26	2	.272	.329	.348	5
'16	(武)	70	181	18	56	3	2	0	63	16	1	0	11	2	10	0	3	20	5	.309	.348	.352	2
'17	(武)	32	68	3	16	7	0	0	23	3	0	0	4	0	7	0	0	14	2	.235	.338	.307	0
'18	(楽)	69	96	12	20	3	3	2	35	12	0	0	2	0	11	0	2	19	1	.208	.365	.303	1
'19	(楽)	19	16	1	1	0	0	0	1	4	1	0	0	0	1	0	1	0	0	.063	.250	.167	—
'20	(楽)	1	4	1	2	0	0	0	2	1	0	0	0	0	0	0	0	0	0	.500	.750	.500	0
〔14〕		1135	3301	415	855	127	16	7	1035	229	115	32	184	13	325	4	99	478	73	.259	.314	.342	74

渡辺　勝　わたなべ・まさる　東海大　（'19.1）　'93.10.14生　右投左打　OF

年度	チーム	試合	打数	得点	安打	二塁打	三塁打	本塁打	塁打	打点	盗塁	盗塁刺	犠打	犠飛	四球計	故意四球	死球	三振	併殺打	打率	長打率	出塁率	失策
'19	(中)	27	27	3	4	2	0	0	6	2	1	0	0	1	1	0	0	11	0	.148	.222	.172	0
'20	(中)	19	15	6	3	0	0	0	3	0	0	0	0	1	0	0	0	6	0	.200	.200	.250	0
〔2〕		46	42	9	7	2	0	0	9	2	1	0	0	1	2	0	0	17	0	.167	.214	.200	0

渡邊　佳明　わたなべ・よしあき　明治大　（'19.1）　'97.1.8生　右投左打　OF, 3B, 2B, SS

年度	チーム	試合	打数	得点	安打	二塁打	三塁打	本塁打	塁打	打点	盗塁	盗塁刺	犠打	犠飛	四球計	故意四球	死球	三振	併殺打	打率	長打率	出塁率	失策
'19	(楽)	77	218	15	49	8	1	1	62	26	0	0	11	1	14	1	1	40	5	.225	.284	.274	2
'20	(楽)	35	85	9	20	5	1	0	27	12	0	0	6	1	3	0	0	15	1	.235	.318	.258	2
〔2〕		112	303	24	69	13	2	1	89	38	0	0	17	2	17	1	1	55	6	.228	.294	.269	4

渡邊　諒　わたなべ・りょう　東海大甲府高　（'14.1）　'95.4.30生　右投右打　2B, 3B OF, SS, 1B

年度	チーム	試合	打数	得点	安打	二塁打	三塁打	本塁打	塁打	打点	盗塁	盗塁刺	犠打	犠飛	四球計	故意四球	死球	三振	併殺打	打率	長打率	出塁率	失策
'14	(日)	2	5	0	1	0	0	0	1	0	0	0	0	0	1	0	0	3	0	.200	.200	.333	0
'15	(日)	9	13	0	2	0	0	0	2	0	0	0	0	0	0	0	0	4	0	.154	.154	.154	1
'16	(日)	1	3	1	1	0	0	1	1	0	0	0	0	0	0	0	0	0	0	.333	1.333	.333	0
'17	(日)	22	30	4	4	1	1	0	7	1	0	0	1	0	1	0	0	13	0	.133	.233	.212	2
'18	(日)	60	161	17	39	7	0	0	67	14	1	0	8	1	11	0	2	43	7	.242	.416	.297	5
'19	(日)	132	481	60	126	16	5	11	185	58	0	2	3	5	48	0	6	120	8	.262⑯	.385	.333	11
'20	(日)	117	414	49	117	13	4	2	156	39	4	0	3	3	43	0	0	81	9	.283⑦	.377	.348	8
〔7〕		343	1107	131	290	37	10	25	422	114	5	2	18	9	106	0	8	264	24	.262	.381	.328	29

和田康士朗　わだ・こうしろう　小川高　（'20.6）　'99. 1. 14生　左投左打　OF

年度	チーム	試合	打数	得点	安打	二塁打	三塁打	本塁打	塁打	打点	盗塁	盗塁刺	犠打	犠飛	四球計	故意四球	死球	三振	併殺打	打率	長打率	出塁率	失策
'20（ロ）		71	59	24	12	1	0	0	13	0	23	3	3	0	6	0	1	23	0	.203	.220	.288	0

和田　恋　わだ・れん　高知高　（'14.1）　'95. 9. 26生　右投右打　OF, 1B

年度	チーム	試合	打数	得点	安打	二塁打	三塁打	本塁打	塁打	打点	盗塁	盗塁刺	犠打	犠飛	四球計	故意四球	死球	三振	併殺打	打率	長打率	出塁率	失策
'18（巨）		5	8	1	1	0	0	0	1	0	0	0	0	0	0	0	0	4	0	.125	.125	.125	0
'19（楽）		31	107	7	27	4	1	2	39	11	0	0	1	1	3	0	1	32	4	.252	.364	.277	1
'20（楽）		7	16	0	2	1	0	0	3	1	0	0	0	0	1	0	0	4	2	.125	.188	.176	0
〔3〕		43	131	8	30	5	1	2	43	12	0	0	1	1	4	0	1	40	6	.229	.328	.255	1

王　柏融　わん・ぽーろん　中国文化大　（'19.1）　'93. 9. 9生　右投左打　OF

年度	チーム	試合	打数	得点	安打	二塁打	三塁打	本塁打	塁打	打点	盗塁	盗塁刺	犠打	犠飛	四球計	故意四球	死球	三振	併殺打	打率	長打率	出塁率	失策
'19（日）		88	306	18	78	13	0	3	100	35	1	0	0	3	25	1	6	65	6	.255	.327	.321	0
'20（日）		52	87	9	18	4	0	2	28	9	0	0	0	1	6	0	1	27	2	.207	.322	.263	0
〔2〕		140	393	27	96	17	0	5	128	44	1	0	0	4	31	1	7	92	8	.244	.326	.308	0

個 人 投 手 通 算 打 撃 成 績

▲打撃妨害出塁

選手名	チーム	年数	試合	打数	得点	安打	二塁打	三塁打	本塁打	塁打	打点	盗塁	盗塁刺	犠打	犠飛	四球	死球	三振	併殺打	打率	失策
アドゥワ誠	(広)	2	72	30	2	3	0	0	0	3	1	0	0	3	0	0	0	22	0	.100	2
アルバース	(オ)	3	48	3	0	0	0	0	0	0	0	0	0	2	0	0	0	2	0	.000	2
相内　誠	(武)	5	21	0	0	0	0	0	0	0	0	0	0	0	0	0	0	0	0	.000	0
青柳　晃洋	(神)	5	75	113	1	6	2	0	0	8	3	0	0	14	1	2	1	54	3	.053	11
青山　浩二	(楽)	15	626	1	0	0	0	0	0	0	0	0	0	1	0	0	0	1	0	.000	2
赤間　謙	(ディ)	3	38	1	0	0	0	0	0	0	0	0	0	0	0	0	0	0	0	.000	1
秋山　拓巳	(神)	11	103	169	12	28	3	0	2	37	12	0	0	22	0	6	0	77	0	.166	3
秋吉　亮	(日)	7	369	4	0	1	0	0	0	1	0	0	0	2	0	0	0	1	0	.250	2
東　克樹	(ディ)	2	31	55	0	5	1	0	0	6	1	0	0	10	0	2	0	32	1	.091	1
阿知羅拓馬	(中)	3	24	8	0	1	0	0	0	1	1	0	0	0	0	0	0	5	0	.125	0
東妻　勇輔	(ロ)	2	37	0	0	0	0	0	0	0	0	0	0	0	0	0	0	0	0	.000	0
荒西　祐大	(オ)	2	42	3	0	0	0	0	0	0	0	0	0	0	0	0	0	1	0	.000	1
有原　航平	(日)	6	129	11	1	1	0	0	0	1	0	0	0	2	0	0	0	7	0	.091	4
有吉　優樹	(ロ)	4	87	4	0	0	0	0	0	0	0	0	0	1	0	0	0	3	0	.000	0
栗津　凱士	(武)	1	1	0	0	0	0	0	0	0	0	0	0	0	0	0	0	0	0	.000	0
安樂　智大	(楽)	6	64	2	0	0	0	0	0	0	0	0	0	0	0	0	0	1	0	.000	1
イノーア	(ヤ)	1	9	5	0	0	0	0	0	0	2	0	0	1	0	0	0	2	0	.000	0
飯田　優也	(オ)	7	105	3	0	0	0	0	0	0	0	0	0	0	0	0	0	2	0	.000	1
飯塚　悟史	(ディ)	3	23	30	0	3	1	0	0	4	0	0	0	2	0	0	0	21	0	.100	0
五十嵐亮太	(ヤ)	18	824	19	0	3	0	0	0	3	0	0	0	3	0	0	0	10	1	.158	7
井口　和朋	(日)	5	146	0	0	0	0	0	0	0	0	0	0	0	0	0	0	0	0	.000	0
池田　駿	(楽)	4	83	0	0	0	0	0	0	0	0	0	0	0	0	0	0	0	0	.000	0
池田　隆英	(楽)	1	15	0	0	0	0	0	0	0	0	0	0	0	0	0	0	0	0	.000	1
石井　将希	(神)	1	1	0	0	0	0	0	0	0	0	0	0	0	0	0	0	0	0	.000	0
石川　歩	(ロ)	7	160	17	0	2	0	0	0	2	0	0	0	4	0	1	0	13	0	.118	6
石川　柊太	(ソ)	4	96	7	0	0	0	0	0	0	0	0	0	0	0	0	0	4	0	.000	2
石川　翔	(中)	1	1	0	0	0	0	0	0	0	0	0	0	0	0	0	0	0	0	.000	0
石川　直也	(日)	4	150	0	0	0	0	0	0	0	0	0	0	0	0	0	0	0	0	.000	0
石川　雅規	(ヤ)	19	498	806	40	125	4	0	0	129	34	0	0	133	0	20	2	247	4	.155	13
石崎　剛	(ロ)	6	72	1	0	0	0	0	0	0	0	0	0	0	0	0	0	1	0	.000	3
石田　健大	(ディ)	6	168	139	10	18	1	0	0	19	8	0	0	20	0	1	0	65	2	.129	2
石橋　良太	(楽)	3	47	3	1	0	0	0	0	0	0	0	0	0	0	0	0	2	0	.000	1
石山　泰稚	(ヤ)	8	344	58	0	3	0	0	0	3	0	0	0	8	0	1	0	28	3	.052	5
泉　圭輔	(ソ)	2	54	0	0	0	0	0	0	0	0	0	0	0	0	0	0	0	0	.000	0
伊勢　大夢	(ディ)	1	33	2	0	0	0	0	0	0	0	0	0	0	0	1	0	2	0	.000	0
一岡　竜司	(広)	9	279	0	0	0	0	0	0	0	0	0	0	0	0	0	0	0	0	.000	2
伊藤　和雄	(神)	6	50	1	0	0	0	0	0	0	0	0	0	0	0	0	0	0	0	.000	0
伊藤　翔	(武)	3	34	0	0	0	0	0	0	0	0	0	0	0	0	0	0	0	0	.000	1
伊藤　準規	(中)	10	83	43	0	3	0	0	0	3	1	0	0	3	0	1	0	27	1	.070	3
井納　翔一	(ディ)	8	168	256	7	35	3	1	0	40	11	0	0	25	0	3	0	109	2	.137	2
今井　達也	(武)	3	57	3	0	0	0	0	0	0	0	0	0	0	0	0	0	0	0	.000	4
今永　昇太	(ディ)	5	103	163	5	24	0	0	0	24	3	0	0	21	1	8	0	57	3	.147	6
今村　猛	(広)	11	433	12	0	1	0	0	0	1	0	0	0	2	0	0	0	4	1	.083	3
今村　信貴	(巨)	7	77	101	4	10	0	0	0	10	5	0	0	13	0	3	0	53	0	.099	1
岩隈　久志	(楽)	11	226	22	0	1	0	0	0	1	0	0	0	0	0	0	0	14	1	.045	11
岩嵜　翔	(ソ)	13	251	8	0	0	0	0	0	0	0	0	0	1	0	0	0	6	0	.000	3
岩貞　祐太	(神)	7	123	138	2	7	0	0	0	7	1	0	0	18	0	5	0	83	1	.051	6
岩崎　優輝	(神)	7	264	75	1	8	1	0	0	9	1	0	0	6	0	1	1	34	0	.107	2
岩下　大輝	(ロ)	3	56	2	0	0	0	0	0	0	0	0	0	1	0	0	0	2	0	.000	1
岩田　稔	(神)	14	201	338	9	34	2	2	0	40	9	0	0	33	1	12	0	174	6	.101	12
上原　健太	(日)	5	40	5	1	1	0	0	1	4	1	0	0	0	0	0	0	4	0	.200	2
内　竜也	(ロ)	12	308	1	0	0	0	0	0	0	0	0	0	0	0	0	0	0	0	.000	2
内海　哲也	(武)	16	329	557	22	56	2	0	0	58	20	0	0	53	0	18	1	283	4	.101	14
梅津　晃大	(中)	2	13	22	2	5	1	0	0	6	0	0	0	1	0	2	0	9	0	.227	1
梅野　雄吾	(ヤ)	4	141	2	0	0	0	0	0	0	0	0	0	0	0	0	0	0	0	.000	1

個人投手通算打撃成績

選手名	チーム	年数	試合	打数	得点	安打	二塁打	三塁打	本塁打	塁打	打点	盗塁	盗塁刺	犠打	犠飛	四球	死球	三振	併殺打	打率	失策
浦野　博司	(日)	6	101	3	0	0	0	0	0	0	0	0	0	1	0	0	0	3	0	.000	2
漆原　大晟	(オ)	1	22	0	0	0	0	0	0	0	0	0	0	0	0	0	0	0	0	.000	0
上沢　直之	(日)	6	102	14	0	2	1	0	0	3	0	0	0	2	0	0	0	7	0	.143	5
エスコバー	(ディ)	4	224	7	0	0	0	0	0	0	0	0	0	0	0	0	0	6	0	.000	4
エドワーズ	(神)	1	23	0	0	0	0	0	0	0	0	0	0	0	0	0	0	0	0	.000	0
榎田　大樹	(武)	10	237	34	0	4	0	0	0	4	0	0	0	7	0	0	0	17	1	.118	1
遠藤　淳志	(広)	2	53	34	1	6	0	0	0	6	2	0	0	3	0	1	0	14	1	.176	0
大江　竜聖	(巨)	2	51	1	0	0	0	0	0	0	0	0	0	1	0	0	0	1	0	.000	0
大下　佑馬	(ヤ)	3	69	4	1	0	0	0	0	0	0	0	0	2	0	1	0	1	0	.000	1
大瀬良大地	(広)	7	182	242	16	32	5	1	1	42	16	0	0	26	0	15	1	128	4	.132	5
大竹　寛	(巨)	18	374	429	15	48	5	1	0	55	21	0	0	59	0	9	0	179	4	.112	10
大竹耕太郎	(ソ)	3	31	3	0	0	0	0	0	0	0	0	0	0	0	0	0	2	1	.000	0
大谷　智久	(ロ)	10	340	8	0	1	1	0	0	2	0	0	0	1	0	1	0	4	0	.125	4
大西　広樹	(ヤ)	1	5	0	0	0	0	0	0	0	0	0	0	0	0	0	0	1	0	.000	0
大貫　晋一	(ディ)	2	34	53	4	7	1	0	0	8	1	0	0	8	1	1	0	25	1	.132	2
大野　雄大	(中)	10	182	342	7	27	2	1	0	31	10	0	1	41	0	7	0	189	1	.079	7
大嶺　祐太	(ロ)	11	122	12	0	0	0	0	0	0	0	0	0	1	0	0	0	7	1	.000	1
岡田　明丈	(広)	4	71	118	6	14	2	0	0	16	11	0	0	10	1	3	0	62	4	.119	3
岡田　俊哉	(中)	8	329	18	0	0	0	0	0	0	0	0	0	5	0	1	0	6	0	.000	4
岡野祐一郎	(中)	1	11	11	0	0	0	0	0	0	0	0	0	1	0	0	0	5	0	.000	0
小笠原慎之介	(中)	5	65	103	3	10	2	0	0	12	3	0	0	8	0	2	0	59	0	.097	2
尾形　崇斗	(ソ)	1	1	0	0	0	0	0	0	0	0	0	0	0	0	0	0	0	0	.000	0
小川　一平	(神)	1	21	0	0	0	0	0	0	0	0	0	0	0	0	0	0	0	0	.000	1
小川　泰弘	(ヤ)	8	181	339	15	32	7	0	2	45	20	0	0	34	0	18	0	153	3	.094	6
小川　龍也	(武)	10	182	3	0	0	0	0	0	0	0	0	0	0	0	0	0	0	0	.000	3
奥川　恭伸	(ヤ)	1	1	0	0	0	0	0	0	0	0	0	0	0	0	0	0	0	0	.000	0
奥村　政稔	(ソ)	2	17	0	0	0	0	0	0	0	0	0	0	0	0	0	0	0	0	.000	0
小熊　凌祐	(中)	9	90	42	3	5	1	0	0	6	2	0	0	6	0	4	0	20	1	.119	2
小島　和哉	(ロ)	2	30	0	0	0	0	0	0	0	0	0	0	0	0	0	0	0	0	.000	1
尾仲　祐哉	(神)	4	32	2	0	0	0	0	0	0	0	0	0	0	0	0	0	2	0	.000	1
小野　泰己	(神)	3	52	55	3	3	1	0	0	4	1	0	0	11	0	2	0	33	0	.055	1
小野　郁	(ロ)	6	79	0	0	0	0	0	0	0	0	0	0	0	0	0	0	0	0	.000	0
ガルシア	(神)	3	62	106	2	13	0	0	0	13	3	0	0	6	0	0	0	37	3	.123	3
ガンケル	(神)	1	28	11	0	3	1	0	0	4	0	0	0	1	0	0	1	5	0	.273	1
海田　智行	(オ)	9	260	0	0	0	0	0	0	0	0	0	0	0	0	0	0	0	0	.000	2
甲斐野　央	(ソ)	1	66	0	0	0	0	0	0	0	0	0	0	0	0	0	0	0	0	.000	0
鍵谷　陽平	(巨)	8	326	2	0	0	0	0	0	0	0	0	0	0	0	0	0	2	0	.000	0
笠井　崇正	(ディ)	3	19	2	0	1	0	0	0	1	0	0	0	0	0	0	0	1	0	.500	1
笠原祥太郎	(中)	3	47	52	0	6	1	0	0	7	1	0	0	6	0	1	0	27	0	.115	1
笠谷　俊介	(ソ)	4	34	0	0	0	0	0	0	0	0	0	0	0	0	0	0	0	0	.000	1
風張　蓮	(ヤ)	6	90	5	0	0	0	0	0	0	0	0	0	1	0	0	0	2	0	.000	0
加治屋　蓮	(ソ)	5	112	0	0	0	0	0	0	0	0	0	0	0	0	0	0	0	0	.000	1
勝野　昌慶	(中)	2	16	28	0	2	0	1	0	4	2	0	0	1	0	3	0	22	0	.071	0
加藤　貴之	(日)	5	131	3	0	0	0	0	0	0	0	0	0	1	0	0	0	2	0	.000	7
金久保優斗	(ヤ)	1	3	4	0	1	1	0	0	2	0	0	0	0	0	0	0	1	0	.250	0
金子　弌大	(日)	15	376	55	0	3	0	0	0	4	1	0	0	4	0	0	0	32	1	.055	10
金田　和之	(オ)	7	112	5	0	1	0	0	0	1	0	0	0	1	0	0	0	2	0	.200	2
釜田　佳直	(楽)	8	85	15	1	2	2	0	0	4	1	0	0	0	0	0	0	7	1	.133	3
上茶谷大河	(ディ)	2	36	63	5	11	0	0	0	11	4	0	0	6	0	1	0	25	1	.175	2
嘉弥真新也	(ソ)	9	326	2	0	0	0	0	0	0	0	0	0	0	0	0	0	0	0	.000	1
唐川　侑己	(ロ)	13	279	23	0	0	0	0	0	0	0	0	0	2	0	0	0	15	0	.000	8
辛島　航	(楽)	11	181	12	0	1	0	0	0	1	0	0	0	0	0	0	0	7	0	.083	4
河野　竜生	(日)	1	12	0	0	0	0	0	0	0	0	0	0	0	0	0	0	0	0	.000	0
川原　弘之	(ソ)	4	44	0	0	0	0	0	0	0	0	0	0	0	0	0	0	0	0	.000	0
神戸　文也	(オ)	2	24	0	0	0	0	0	0	0	0	0	0	0	0	0	0	0	0	.000	0
ギャレット	(武)	1	49	0	0	0	0	0	0	0	0	0	0	0	0	0	0	0	0	.000	1
菊池　保則	(広)	11	171	4	0	1	0	0	0	1	0	0	0	1	0	0	1	1	1	.250	4
岸　孝之	(楽)	14	304	66	2	5	0	0	0	5	0	0	0	6	0	0	0	40	1	.076	7
北浦　竜次	(日)	3	10	0	0	0	0	0	0	0	0	0	0	0	0	0	0	0	0	.000	1

個人投手通算打撃成績

選手名	チーム	年数	試合	打数	得点	安打	二塁打	三塁打	本塁打	塁打	打点	盗塁	盗塁刺	犠打	犠飛	四球	死球	三振	併殺打	打率	失策
木下 雄介	(中)	3	37	0	0	0	0	0	0	0	0	0	0	0	0	0	0	0	0	.000	0
京山 将弥	(デ)	3	28	37	2	0	0	0	0	0	0	0	0	6	0	4	0	19	0	.000	0
クック	(ヤ)	1	7	3	0	0	0	0	0	0	0	0	0	0	0	0	0	1	0	.000	0
国吉 佑樹	(デ)	10	220	69	1	5	1	0	0	6	3	0	0	7	0	0	0	38	0	.072	4
久保 拓眞	(ヤ)	2	26	0	0	0	0	0	0	0	0	0	0	0	0	0	0	0	0	.000	0
久保 裕也	(楽)	16	508	97	3	7	4	0	0	11	2	0	0	15	0	1	0	54	1	.072	4
熊原 健人	(楽)	3	23	9	0	0	0	0	0	0	0	0	0	0	0	0	0	6	0	.000	0
公文 克彦	(日)	6	203	0	0	0	0	0	0	0	0	0	0	0	0	0	0	0	0	.000	1
蔵本 治孝	(ヤ)	1	8	0	0	0	0	0	0	0	0	0	0	0	0	0	0	0	0	.000	0
九里 亜蓮	(広)	7	160	163	2	7	0	0	0	7	2	0	0	23	0	6	0	111	2	.043	2
黒木 優太	(オ)	2	94	1	0	0	0	0	0	0	0	0	0	0	0	0	0	1	0	.000	1
桑原 謙太朗	(神)	12	237	21	0	0	0	0	0	0	0	0	0	1	0	0	0	9	1	.000	3
鍬原 拓也	(巨)	3	27	7	0	0	0	0	0	0	0	0	0	0	0	0	0	5	0	.000	0
K-鈴木(鈴木康平)	(オ)	3	31	4	0	0	0	0	0	0	0	0	0	0	0	0	0	3	0	.000	0
ケムナ 誠	(広)	2	42	2	0	0	0	0	0	0	0	0	0	0	0	1	0	2	0	.000	0
ゴンサレス	(中)	1	28	0	0	0	0	0	0	0	0	0	0	0	0	0	0	0	0	.000	0
國場 翼	(武)	3	24	0	0	0	0	0	0	0	0	0	0	0	0	0	0	0	0	.000	0
小澤 怜史	(ソ)	1	2	0	0	0	0	0	0	0	0	0	0	0	0	0	0	0	0	.000	0
小林 慶祐	(神)	4	71	0	0	0	0	0	0	0	0	0	0	0	0	0	0	0	0	.000	0
近藤 一樹	(ヤ)	17	348	13	0	1	1	0	0	2	0	0	0	1	0	0	0	7	0	.077	11
近藤 大亮	(オ)	4	160	0	0	0	0	0	0	0	0	0	0	0	0	0	0	0	0	.000	0
近藤 弘樹	(楽)	3	17	1	0	0	0	0	0	0	0	0	0	0	0	0	0	0	0	.000	2
今野 龍太	(ヤ)	6	35	0	0	0	0	0	0	0	0	0	0	0	0	0	0	0	0	.000	2
サファテ	(ソ)	8	427	2	0	0	0	0	0	0	0	0	0	0	0	0	0	2	0	.000	7
サンチェス	(巨)	1	15	29	0	1	0	0	0	1	0	0	0	5	0	0	0	20	0	.034	0
歳内 宏明	(ヤ)	6	64	16	0	1	0	0	0	1	0	0	0	2	0	0	0	2	0	.063	2
才木 浩人	(神)	3	27	26	0	2	0	0	0	2	1	0	0	3	0	1	1	21	0	.077	0
齋藤 綱記	(オ)	4	49	0	0	0	0	0	0	0	0	0	0	0	0	0	0	0	0	.000	1
齋藤 俊介	(デ)	1	16	2	0	1	0	0	0	1	0	0	0	0	0	0	0	1	0	.500	1
齊藤 大将	(武)	3	32	0	0	0	0	0	0	0	0	0	0	0	0	0	0	0	0	.000	1
斎藤 佑樹	(日)	9	88	2	0	0	0	0	0	0	0	0	0	1	0	1	0	1	0	.000	3
齋藤友貴哉	(神)	2	6	1	1	1	0	0	0	1	0	0	0	0	0	0	0	0	0	1.000	0
酒居 知史	(楽)	4	134	0	0	0	0	0	0	0	0	0	0	0	0	0	0	3	0	.000	2
榊原 翼	(オ)	3	27	3	0	0	0	0	0	0	0	0	0	0	0	0	0	0	0	.000	2
阪口 皓亮	(デ)	2	6	4	0	0	0	0	0	0	0	0	0	0	0	0	0	4	0	.000	0
坂本光士郎	(ヤ)	2	20	0	0	0	0	0	0	0	0	0	0	0	0	0	0	0	0	.000	1
坂本 裕哉	(デ)	1	10	16	0	1	0	0	0	1	0	0	0	1	0	0	0	4	0	.063	0
櫻井 周斗	(デ)	2	17	6	0	1	0	0	0	1	0	0	0	0	0	0	0	2	1	.167	0
桜井 俊貴	(巨)	4	74	39	0	3	0	0	0	3	1	0	0	6	1	3	0	20	0	.077	0
佐々木千隼	(ロ)	3	27	3	0	0	0	0	0	0	0	0	0	0	0	0	0	3	0	.000	0
佐藤 優	(中)	5	90	5	0	0	0	0	0	0	0	0	0	0	0	0	0	5	0	.000	0
佐野 泰雄	(武)	6	80	3	0	1	0	0	0	1	0	0	0	1	0	0	0	0	0	.333	1
澤田 圭佑	(オ)	4	112	0	0	0	0	0	0	0	0	0	0	0	0	0	0	0	0	.000	0
澤村 拓一	(ロ)	9	353	159	3	11	3	0	0	14	7	0	0	22	0	8	0	97	1	.069	7
J.T.シャギワ	(楽)	1	31	0	0	0	0	0	0	0	0	0	0	0	0	0	0	0	0	.000	1
ジャクソン	(ロ)	4	182	0	0	0	0	0	0	0	0	0	0	0	0	0	0	0	0	.000	3
K.ジョンソン	(広)	6	128	242	11	28	2	0	0	30	6	0	0	22	0	8	0	105	7	.116	6
ジョンソン	(楽)	1	30	0	0	0	0	0	0	0	0	0	0	0	0	0	0	0	0	.000	0
椎野 新	(ソ)	3	49	0	0	0	0	0	0	0	0	0	0	0	0	0	0	0	0	.000	0
塩見 貴洋	(楽)	9	148	19	0	2	1	0	0	3	1	0	0	0	0	1	0	7	0	.105	2
島内颯太郎	(広)	2	63	0	0	0	0	0	0	0	0	0	0	1	0	0	0	0	0	.000	1
島本 浩也	(神)	4	106	0	0	0	0	0	0	0	0	0	0	0	0	0	0	0	0	.000	1
清水 達也	(中)	3	16	12	0	2	0	0	0	2	0	0	0	3	0	0	0	6	1	.167	0
清水 昇	(ヤ)	2	63	3	0	0	0	0	0	0	0	0	0	0	0	0	0	3	0	.000	0
進藤 拓也	(デ)	3	22	1	0	0	0	0	0	0	0	0	0	0	0	0	0	1	0	.000	0
ス ア レ ス	(神)	4	129	1	0	0	0	0	0	0	0	0	0	0	0	0	0	1	0	.000	5
ス ア レ ス	(ヤ)	2	16	31	0	0	0	0	0	0	0	0	0	0	0	0	0	16	3	.032	0
スコット	(広)	1	7	0	0	0	0	0	0	0	0	0	0	1	0	0	0	0	0	.000	0
菅野 智之	(巨)	8	196	395	22	51	8	1	1	64	23	0	0	63	1	10	1	139	5	.129	8

個人投手通算打撃成績

選手名	チーム	年数	試合	打数	得点	安打	二塁打	三塁打	本塁打	塁打	打点	盗塁	盗塁刺	犠打	犠飛	四球	死球	三振	併殺打	打率	失策
菅原　秀	(楽)	3	54	0	0	0	0	0	0	0	0	0	0	0	0	0	0	0	0	.000	2
杉浦　稔大	(日)	7	67	30	2	2	1	0	0	3	1	0	0	6	0	0	0	18	2	.067	1
杉山　一樹	(ソ)	2	13	0	0	0	0	0	0	0	0	0	0	0	0	0	0	0	0	.000	0
鈴木　健矢	(日)	1	11	0	0	0	0	0	0	0	0	0	0	0	0	0	0	0	0	.000	0
鈴木　翔太	(中)	4	24	22	0	1	0	0	0	1	1	0	0	2	0	0	0	17	0	.045	0
鈴木　翔天	(楽)	1	2	0	0	0	0	0	0	0	0	0	0	0	0	0	0	0	0	.000	0
鈴木　博志	(中)	3	84	1	0	0	0	0	0	0	0	0	0	0	0	0	0	1	0	.000	0
鈴木　優	(オ)	4	16	0	0	0	0	0	0	0	0	0	0	0	0	0	0	0	0	.000	0
鈴木遼太郎	(日)	1	1	0	0	0	0	0	0	0	0	0	0	0	0	0	0	0	0	.000	0
砂田　毅樹	(ディ)	6	196	37	0	5	0	0	0	5	3	0	0	4	0	0	0	21	0	.135	0
千賀　滉大	(ソ)	9	189	16	0	4	1	0	0	5	0	0	0	0	0	0	0	8	0	.250	7
祖父江大輔	(中)	7	317	5	0	2	0	0	0	2	0	0	0	0	0	0	0	2	0	.400	4
宋　家豪	(楽)	4	131	0	0	0	0	0	0	0	0	0	0	0	0	0	0	0	0	.000	0
平良　海馬	(武)	2	80	0	0	0	0	0	0	0	0	0	0	0	0	0	0	0	0	.000	1
平良拳太郎	(ディ)	5	47	74	2	7	0	0	0	7	0	0	0	8	0	1	0	43	1	.095	1
田浦　文丸	(ソ)	1	8	0	0	0	0	0	0	0	0	0	0	0	0	0	0	0	0	.000	0
高木　京介	(巨)	7	214	8	0	0	0	0	0	0	0	0	0	2	0	0	0	2	0	.000	0
高田　萌生	(巨)	2	3	1	0	0	0	0	0	0	0	0	0	0	0	0	0	1	0	.000	0
高梨　裕稔	(ヤ)	6	118	55	1	7	0	0	0	7	0	0	1	4	0	1	0	27	1	.127	3
高梨　雄平	(巨)	4	208	0	0	0	0	0	0	0	0	0	0	0	0	0	0	0	0	.000	3
高野　圭佑	(神)	4	45	0	0	0	0	0	0	0	0	0	0	0	0	0	0	0	0	.000	0
高橋　奎二	(ヤ)	3	33	48	2	7	1	0	0	8	4	0	0	2	0	2	0	20	0	.146	2
高橋　光成	(武)	6	81	6	0	0	0	0	0	0	0	0	0	1	0	0	0	5	0	.000	6
高橋　昂也	(広)	1	6	5	0	1	0	0	0	1	0	0	0	0	0	0	0	2	0	.200	2
髙橋　純平	(ソ)	2	46	0	0	0	0	0	0	0	0	0	0	0	0	0	0	0	0	.000	0
高橋　朋己	(武)	6	160	0	0	0	0	0	0	0	0	0	0	0	0	0	0	0	0	.000	0
高橋　遥人	(神)	3	37	64	3	7	0	0	0	7	1	0	0	2	0	1	0	29	0	.109	1
高橋　樹也	(広)	3	37	6	0	0	0	0	0	0	0	0	0	0	0	0	0	3	0	.000	0
高橋　優貴	(巨)	2	26	39	1	4	0	1	0	6	2	0	0	2	0	0	0	23	1	.103	4
高橋　礼	(ソ)	3	87	4	0	1	0	0	0	1	0	0	0	0	0	0	0	2	0	.250	0
田川　賢吾	(ヤ)	2	5	5	0	0	0	0	0	0	0	0	0	1	0	0	0	3	0	.000	0
瀧中　瞭太	(楽)	1	8	0	0	0	0	0	0	0	0	0	0	0	0	0	0	0	0	.000	0
田口　麗斗	(巨)	6	162	161	6	21	3	0	0	24	9	0	0	27	0	3	0	63	3	.130	4
武隈　祥太	(武)	12	319	0	0	0	0	0	0	0	0	0	0	0	0	0	0	0	0	.000	4
武田　翔太	(ソ)	9	166	13	0	1	0	0	0	1	1	0	0	2	0	0	0	7	1	.077	4
竹安　大知	(オ)	4	15	6	0	0	0	0	0	0	0	0	0	0	0	0	0	3	0	.000	0
田島　慎二	(中)	8	385	16	1	0	0	0	0	0	0	0	0	2	0	0	0	13	0	.000	4
田嶋　大樹	(オ)	3	42	3	0	0	0	0	0	0	0	0	0	0	0	0	0	3	0	.000	2
田中　瑛斗	(日)	1	1	0	0	0	0	0	0	0	0	0	0	0	0	0	0	0	0	.000	0
田中健二朗	(ディ)	9	208	13	1	0	0	0	0	0	0	0	0	1	0	0	0	8	0	.000	2
田中　正義	(ソ)	2	11	0	0	0	0	0	0	0	0	0	0	0	0	0	0	0	0	.000	0
田中　豊樹	(巨)	4	62	0	0	0	0	0	0	0	0	0	0	0	0	1	0	0	0	.000	0
田中　法彦	(広)	1	2	0	0	0	0	0	0	0	0	0	0	0	0	0	0	0	0	.000	0
田中　靖洋	(ロ)	9	156	0	0	0	0	0	0	0	0	0	0	0	0	0	0	0	0	.000	1
谷岡　竜平	(巨)	2	30	1	0	0	0	0	0	0	0	0	0	0	0	0	0	1	0	.000	1
谷川　昌希	(神)	3	25	1	0	0	0	0	0	0	0	0	0	0	0	0	0	1	0	.000	1
谷元　圭介	(中)	12	451	6	0	0	0	0	0	0	0	0	0	0	0	0	0	6	0	.000	4
種市　篤暉	(ロ)	3	40	1	0	0	0	0	0	0	0	0	0	0	0	0	0	1	0	.000	1
田原　誠次	(巨)	8	222	1	0	0	0	0	0	0	0	0	0	0	0	0	0	1	0	.000	2
玉井　大翔	(日)	4	178	0	0	0	0	0	0	0	0	0	0	0	0	0	0	0	0	.000	2
田村伊知郎	(武)	4	53	0	0	0	0	0	0	0	0	0	0	0	0	0	0	0	0	.000	1
多和田真三郎	(武)	4	72	7	0	0	0	0	0	0	0	0	0	2	1	0	0	3	0	.000	1
チェン・ウェイン(陳偉殷)	(ロ)	6	132	178	6	15	2	0	0	17	4	0	0	15	0	3	0	85	4	.084	5
チェン・グァンユウ(陳冠宇)	(ロ)	7	136	4	0	0	0	0	0	0	0	0	0	0	0	0	0	4	0	.000	4
張　奕	(オ)	2	21	0	0	0	0	0	0	0	0	0	0	0	0	0	0	0	0	.000	0
津森　宥紀	(ソ)	1	14	0	0	0	0	0	0	0	0	0	0	0	0	0	0	0	0	.000	1
津留﨑大成	(楽)	1	33	0	0	0	0	0	0	0	0	0	0	0	0	0	0	0	0	.000	0
ディクソン	(オ)	8	215	19	2	4	1	0	0	5	5	0	0	2	0	0	0	4	0	.211	8
ディプラン	(巨)	1	2	0	0	0	0	0	0	0	0	0	0	0	0	0	0	0	0	.000	0

選手名	チーム	年数	試合	打数	得点	安打	二塁打	三塁打	本塁打	塁打	打点	盗塁	盗塁刺	犠打	犠飛	四球	死球	三振	併殺打	打率	失策
デラロサ	(巨)	2	61	0	0	0	0	0	0	0	0	0	0	0	0	0	0	0	0	.000	0
寺岡　寛治	(楽)	2	25	0	0	0	0	0	0	0	0	0	0	0	0	0	0	0	0	.000	0
寺島　成輝	(ヤ)	4	35	2	1	0	0	0	0	0	0	0	0	0	0	1	0	1	0	.000	1
東條　大樹	(ロ)	5	131	0	0	0	0	0	0	0	0	0	0	0	0	0	0	0	0	.000	3
東明　大貴	(オ)	7	94	11	0	2	0	0	0	2	1	0	0	2	0	0	0	6	0	.182	3
十亀　　剣	(武)	9	206	19	0	0	0	0	0	0	0	0	0	1	0	0	0	10	1	.000	13
床田　寛樹	(広)	3	43	72	3	10	2	0	0	12	2	0	0	9	0	4	0	23	1	.139	3
戸郷　翔征	(巨)	2	21	37	1	0	0	0	0	0	0	0	0	3	0	0	0	23	0	.000	0
戸田　隆矢	(広)	7	95	50	2	10	0	0	0	10	3	0	0	2	0	0	0	23	0	.200	1
戸根　千明	(巨)	4	120	0	0	0	0	0	0	0	0	0	0	1	0	0	0	0	0	.000	0
富山　凌雅	(オ)	2	19	0	0	0	0	0	0	0	0	0	0	0	0	0	0	0	0	.000	0
土肥　星也	(ロ)	3	30	4	0	0	0	0	0	0	0	0	0	0	0	0	0	4	0	.000	0
直江　大輔	(巨)	1	3	3	0	0	0	0	0	0	0	0	0	1	0	0	0	1	0	.000	0
中尾　　輝	(ヤ)	4	73	0	0	0	0	0	0	0	0	0	0	0	0	0	0	0	0	.000	1
中川　皓太	(巨)	5	154	3	0	0	0	0	0	0	0	0	0	0	0	0	0	2	0	.000	0
中川　虎大	(ディ)	2	6	3	1	1	1	0	0	2	0	0	0	0	0	0	0	1	0	.333	0
中崎　翔太	(広)	9	360	13	0	0	0	0	0	0	0	0	0	3	0	0	0	9	0	.000	3
中澤　雅人	(ヤ)	11	205	38	2	6	0	0	0	6	2	0	0	5	0	2	0	14	1	.158	3
中田　賢一	(神)	16	298	292	18	41	10	0	0	51	17	0	0	37	0	11	1	128	4	.140	20
中田　　廉	(広)	11	244	8	1	3	1	0	0	4	1	0	0	1	0	0	0	1	0	.375	2
中塚　駿太	(武)	3	9	0	0	0	0	0	0	0	0	0	0	0	0	0	0	0	0	.000	0
中村　恭平	(広)	8	97	31	1	2	0	0	0	2	0	0	0	0	0	0	0	16	0	.065	1
中村　稔弥	(ロ)	2	26	0	0	0	0	0	0	0	0	0	0	0	0	0	0	0	0	.000	0
中村　祐太	(広)	4	34	44	2	6	1	0	0	7	3	0	0	5	0	2	0	11	0	.136	4
永野　将司	(日)	3	22	0	0	0	0	0	0	0	0	0	0	0	0	0	0	0	0	.000	0
生田目　翼	(日)	2	7	0	0	0	0	0	0	0	0	0	0	0	0	0	0	0	0	.000	0
成田　　翔	(ロ)	3	12	0	0	0	0	0	0	0	0	0	0	0	0	0	0	0	0	.000	0
ニール	(武)	2	38	2	0	0	0	0	0	0	0	0	0	0	0	0	0	0	0	.000	0
西　　勇輝	(神)	12	256	119	8	16	4	0	1	23	11	0	0	25	0	6	0	52	1	.134	14
西口　直人	(楽)	1	1	0	0	0	0	0	0	0	0	0	0	0	0	0	0	0	0	.000	0
西野　勇士	(ロ)	7	233	1	0	0	0	0	0	0	0	0	0	1	0	2	0	1	0	.000	2
西村　天裕	(日)	3	77	0	0	0	0	0	0	0	0	0	0	0	0	0	0	0	0	.000	0
二保　　旭	(ソ)	6	107	1	0	0	0	0	0	0	0	0	0	0	0	0	0	1	0	.000	2
沼田　翔平	(巨)	1	5	0	0	0	0	0	0	0	0	0	0	0	0	0	0	0	0	.000	0
ノ　リン	(武)	1	5	0	0	0	0	0	0	0	0	0	0	0	0	0	0	0	0	.000	0
能見　篤史	(神)	16	448	439	22	44	6	0	1	53	17	0	0	49	1	25	0	205	6	.100	9
野上　亮磨	(巨)	11	245	40	0	1	0	0	0	1	0	0	0	4	0	2	0	23	0	.025	4
野田　昇吾	(武)	5	144	0	0	0	0	0	0	0	0	0	0	0	0	0	0	0	0	.000	0
野村　祐輔	(広)	9	185	301	10	36	3	0	1	42	21	0	0	55	1	18	0	136	4	.120	2
則本　昂大	(楽)	8	195	24	0	0	0	0	0	0	0	0	0	1	0	3	0	19	0	.000	7
ハーマン	(ロ)	4	191	0	0	0	0	0	0	0	0	0	0	0	0	0	0	0	0	.000	0
バーヘイゲン	(日)	1	18	0	0	0	0	0	0	0	0	0	0	0	0	0	0	0	0	.000	0
バンデンハーク	(ソ)	6	84	5	0	0	0	0	0	0	0	0	0	3	0	0	0	4	0	.000	3
パットン	(ディ)	4	219	4	0	0	0	0	0	0	0	0	0	0	0	0	0	3	0	.000	0
橋本　侑樹	(中)	1	14	0	0	0	0	0	0	0	0	0	0	0	0	0	0	0	0	.000	0
長谷川宙輝	(ヤ)	1	44	0	0	0	0	0	0	0	0	0	0	0	0	0	0	0	0	.000	0
畠　　世周	(巨)	4	39	46	2	3	0	0	0	3	2	0	0	8	0	2	0	32	1	.065	2
濱口　遥大	(ディ)	4	74	108	1	5	0	0	0	5	1	0	0	18	0	2	0	63	1	.046	3
濱田　達郎	(中)	4	28	31	0	2	0	0	0	2	2	0	0	3	0	0	0	14	0	.065	1
浜田　智博	(中)	1	1	0	0	0	0	0	0	0	0	0	0	0	0	0	0	0	0	.000	0
浜地　真澄	(神)	2	22	1	0	1	0	0	0	1	0	0	0	0	0	0	0	0	0	1.000	0
濱矢　廣大	(ディ)	6	40	0	0	0	0	0	0	0	0	0	0	0	0	0	0	1	0	.000	1
浜屋　将太	(武)	1	12	0	0	0	0	0	0	0	0	0	0	0	0	0	0	0	0	.000	0
原　　樹理	(ヤ)	5	86	110	10	21	4	0	0	25	6	0	0	9	0	3	0	38	0	.191	3
馬場　皐輔	(神)	3	36	2	0	0	0	0	0	0	0	0	0	0	0	0	0	1	0	.000	2
板東　湧梧	(ソ)	1	15	0	0	0	0	0	0	0	0	0	0	0	0	0	0	0	0	.000	0
ヒギンス	(オ)	1	41	0	0	0	0	0	0	0	0	0	0	0	0	0	0	0	0	.000	0
ビエイラ	(巨)	1	27	0	0	0	0	0	0	0	0	0	0	0	0	0	0	0	0	.000	0
ピープルズ	(ディ)	1	10	12	0	1	0	0	0	1	0	0	0	1	0	0	0	8	0	.083	0

個人投手通算打撃成績

選手名	チーム	年数	試合	打数	得点	安打	二塁打	三塁打	本塁打	塁打	打点	盗塁	盗塁刺	犠打	犠飛	四球	死球	三振	併殺打	打率	失策
比嘉 幹貴	(オ)	11	320	1	0	0	0	0	0	0	0	0	0	0	0	0	0	1	0	.000	3
東浜 巨	(ソ)	8	108	5	0	0	0	0	0	0	0	0	0	2	0	2	0	4	0	.000	5
左澤 優	(オ)	2	6	0	0	0	0	0	0	0	0	0	0	0	0	0	0	0	0	.000	0
平井 克典	(武)	4	228	1	0	0	0	0	0	0	0	0	0	0	0	0	0	1	0	.000	3
平井 諒	(ヤ)	5	86	0	0	0	0	0	0	0	0	0	0	0	0	0	0	0	0	.000	2
平田 真吾	(ディ)	7	142	7	0	0	0	0	0	0	0	0	0	4	0	0	0	6	0	.000	0
フランスア	(広)	3	167	6	1	0	0	0	0	0	1	0	0	0	0	1	0	5	0	.000	6
フローレス	(楽)	1	14	0	0	0	0	0	0	0	0	0	0	0	0	0	0	0	0	.000	0
ブセニッツ	(楽)	2	100	0	0	0	0	0	0	0	0	0	0	0	0	0	0	0	0	.000	3
福 敬登	(中)	5	138	5	1	1	0	0	0	1	1	0	0	0	0	0	0	4	0	.200	2
福井 優也	(楽)	10	125	148	3	10	2	0	0	12	1	0	0	8	0	2	0	88	3	.068	9
福谷 浩司	(中)	8	233	32	2	6	1	0	0	7	2	0	0	7	0	0	0	10	0	.188	3
福田 俊	(日)	1	30	0	0	0	0	0	0	0	0	0	0	0	0	0	0	0	0	.000	0
福永 春吾	(神)	4	7	1	0	0	0	0	0	0	0	0	0	0	0	0	0	1	0	.000	0
福山 博之	(楽)	10	350	1	0	0	0	0	0	0	0	0	0	1	0	0	0	1	0	.000	5
藤井 皓哉	(広)	3	14	0	0	0	0	0	0	0	0	0	0	1	0	0	0	0	0	.000	1
藤井 黎來	(広)	1	3	0	0	0	0	0	0	0	0	0	0	0	0	0	0	0	0	.000	0
藤岡 貴裕	(巨)	9	178	5	0	1	0	0	0	1	1	0	0	2	0	0	1	3	0	.200	2
藤岡 好明	(ディ)	15	337	5	0	1	0	0	0	1	0	0	0	0	0	0	0	4	0	.200	6
藤川 球児	(神)	17	782	51	0	5	0	0	0	5	1	0	0	4	0	2	0	31	1	.098	8
藤嶋 健人	(中)	3	77	16	3	1	0	0	0	3	0	0	0	3	0	6	1	.063	0		
藤浪 晋太郎	(神)	8	152	251	13	32	9	1	2	49	21	0	0	34	1	8	0	150	2	.127	22
藤平 尚真	(楽)	4	26	0	0	0	0	0	0	0	0	0	0	1	0	0	0	0	0	.000	2
二木 康太	(ロ)	6	99	10	1	0	0	0	0	0	0	0	0	1	0	1	0	7	0	.000	2
古川 侑利	(巨)	6	47	10	0	1	0	0	0	1	1	0	0	1	0	0	0	7	0	.100	2
古谷 拓郎	(ロ)	1	2	0	0	0	0	0	0	0	0	0	0	0	0	0	0	0	0	.000	0
古谷 優人	(ソ)	1	4	0	0	0	0	0	0	0	0	0	0	0	0	0	0	0	0	.000	0
星 知弥	(ヤ)	4	88	▲37	0	5	0	0	0	5	1	0	0	4	0	0	0	25	0	.135	2
堀 瑞輝	(日)	4	112	0	0	0	0	0	0	0	0	0	0	0	0	0	0	0	0	.000	0
塹江 敦哉	(広)	3	66	5	0	1	0	0	0	1	0	0	0	0	0	0	0	2	0	.200	1
堀岡 隼人	(巨)	2	15	0	0	0	0	0	0	0	0	0	0	0	0	0	0	0	0	.000	1
本田 圭佑	(武)	5	31	2	0	0	0	0	0	0	0	0	0	0	0	0	0	0	0	.000	0
本田 仁海	(オ)	1	1	0	0	0	0	0	0	0	0	0	0	0	0	0	0	0	0	.000	0
マクガフ	(ヤ)	2	115	1	0	0	0	0	0	0	0	0	0	0	0	0	0	1	0	.000	4
マルティネス	(日)	2	42	6	0	0	0	0	0	0	0	0	0	1	0	1	0	3	0	.000	2
R.マルティネス	(中)	3	90	9	0	1	0	0	0	1	0	0	0	0	0	0	0	5	0	.111	1
牧田 和久	(楽)	8	328	27	0	0	0	0	0	0	0	0	0	4	0	0	0	23	0	.000	10
増井 浩俊	(オ)	11	534	6	1	2	1	0	0	3	1	0	0	1	0	0	0	3	0	.333	5
増田 達至	(武)	8	423	0	0	0	0	0	0	0	0	0	0	0	0	0	0	0	0	.000	5
益田 直也	(ロ)	9	526	2	0	0	0	0	0	0	0	0	0	0	0	0	0	2	0	.000	2
又吉 克樹	(中)	7	334	26	0	5	0	0	0	5	1	0	0	3	0	0	0	15	1	.192	1
松井 裕樹	(楽)	7	346	0	0	0	0	0	0	0	0	0	0	0	0	0	0	0	0	.000	3
松岡 洸希	(武)	1	2	0	0	0	0	0	0	0	0	0	0	0	0	0	0	0	0	.000	0
松坂 大輔	(中)	11	219	42	2	7	1	0	1	11	5	0	0	0	0	0	0	11	0	.167	9
松田 遼馬	(ソ)	7	164	3	0	1	0	0	0	1	0	0	0	0	0	0	0	2	0	.333	1
松永 昂大	(ロ)	8	359	0	0	0	0	0	0	0	0	0	0	0	0	0	0	0	0	.000	6
松葉 貴大	(中)	8	136	39	0	5	0	0	0	5	0	0	0	3	0	0	0	22	1	.128	4
松本 裕樹	(ソ)	5	54	6	0	2	1	0	0	3	1	0	0	3	0	0	0	1	0	.333	3
松本 航	(武)	2	36	2	0	0	0	0	0	0	0	0	0	2	0	0	0	1	0	.000	3
マルク(石田健人マルク)	(中)	1	3	0	0	0	0	0	0	0	0	0	0	0	0	0	0	0	0	.000	0
丸山 泰資	(中)	1	8	1	0	0	0	0	0	0	0	0	0	0	0	0	0	1	0	.000	0
三上 朋也	(ディ)	7	287	3	0	0	0	0	0	0	0	0	0	0	0	0	0	3	0	.000	2
三嶋 一輝	(ディ)	8	262	70	2	8	0	0	0	8	0	0	0	12	0	1	0	29	1	.114	5
三ツ間 卓也	(中)	4	73	5	1	0	0	0	0	0	0	0	0	1	0	1	0	3	0	.000	0
南 昌輝	(ロ)	8	189	0	0	0	0	0	0	0	0	0	0	0	0	0	0	0	0	.000	0
美馬 学	(ロ)	10	204	34	1	3	0	0	0	3	1	0	0	2	0	1	0	19	0	.088	12
宮川 哲	(武)	1	49	0	0	0	0	0	0	0	0	0	0	0	0	0	0	0	0	.000	0
宮城 大弥	(オ)	1	3	0	0	0	0	0	0	0	0	0	0	0	0	0	0	0	0	.000	0
宮國 椋丞	(巨)	9	206	80	1	5	0	1	0	7	5	0	0	8	0	1	0	42	1	.063	7

選手名	チーム	年数	試合	打数	得点	安打	二塁打	三塁打	本塁打	塁打	打点	盗塁	盗塁刺	犠打	犠飛	四球	死球	三振	併殺打	打率	失策
宮台 康平	(日)	1	1	0	0	0	0	0	0	0	0	0	0	0	0	0	0	0	0	.000	0
宮西 尚生	(日)	13	734	1	0	0	0	0	0	0	0	0	0	0	0	0	0	1	0	.000	4
ムーア	(ソ)	1	13	0	0	0	0	0	0	0	0	0	0	0	0	0	0	0	0	.000	2
武藤 祐太	(ディ)	9	198	17	0	0	0	0	0	0	0	0	0	3	0	1	0	9	0	.000	2
村田 透	(日)	4	67	6	0	1	0	0	0	1	0	0	0	0	0	0	0	5	0	.167	1
村西 良太	(オ)	1	4	0	0	0	0	0	0	0	0	0	0	0	0	0	0	0	0	.000	0
メルセデス	(巨)	3	46	87	1	6	1	0	0	7	1	0	0	10	0	1	0	44	0	.069	0
モイネロ	(ソ)	4	193	0	0	0	0	0	0	0	0	0	0	0	0	0	0	0	0	.000	2
モンティージャ	(広)	2	3	1	0	0	0	0	0	0	0	0	0	0	0	0	0	1	0	.000	0
望月 淳志	(神)	4	62	8	0	0	0	0	0	0	0	0	0	0	0	0	0	2	0	.000	1
望月 大希	(日)	1	2	0	0	0	0	0	0	0	0	0	0	0	0	0	0	0	0	.000	0
森 唯斗	(ソ)	7	405	0	0	0	0	0	0	0	0	0	0	0	0	0	0	0	0	.000	2
森 雄大	(楽)	4	28	0	0	0	0	0	0	0	0	0	0	0	0	0	0	0	0	.000	0
森下 暢仁	(広)	1	18	39	0	6	2	0	0	8	3	0	0	6	0	0	1	16	0	.154	0
森原 康平	(楽)	4	140	0	0	0	0	0	0	0	0	0	0	0	0	0	0	0	0	.000	1
守屋 功輝	(神)	5	69	1	0	0	0	0	0	0	0	0	0	0	0	0	0	1	0	.000	1
森脇 亮介	(武)	2	76	1	0	0	0	0	0	0	0	0	0	0	0	0	0	1	0	.000	1
矢崎 拓也	(広)	3	18	11	0	0	0	0	0	0	0	0	0	0	0	1	0	9	1	.000	1
柳 裕也	(中)	4	62	98	5	14	4	0	0	18	5	0	0	16	0	7	0	41	0	.143	1
薮田 和樹	(広)	6	101	55	2	3	0	0	0	3	1	0	0	10	0	2	0	36	0	.055	1
山井 大介	(中)	18	338	304	8	34	7	0	1	44	15	0	0	37	2	3	0	130	8	.112	4
山岡 泰輔	(オ)	4	92	8	0	0	0	0	0	0	0	0	0	0	0	0	0	4	0	.000	5
山口 翔	(広)	1	9	5	0	0	0	0	0	0	0	0	0	0	0	0	0	5	0	.000	0
山﨑 福也	(オ)	6	107	8	0	2	0	0	0	2	0	0	0	0	0	0	0	2	0	.250	4
山﨑 康晃	(ディ)	6	343	0	0	0	0	0	0	0	0	0	0	0	0	0	0	0	0	.000	3
山田 修義	(オ)	9	149	0	0	0	0	0	0	0	0	0	0	1	0	0	0	0	0	.000	2
山田 大樹	(ヤ)	10	88	37	2	2	0	0	0	2	1	0	0	3	0	2	0	28	1	.054	4
山中 浩史	(ヤ)	8	92	93	3	7	1	0	0	8	4	0	0	14	0	1	0	38	3	.075	0
山本 拓実	(中)	3	19	17	0	2	0	0	0	2	1	0	0	3	0	0	0	11	0	.118	2
山本 大貴	(ロ)	2	13	0	0	0	0	0	0	0	0	0	0	0	0	0	0	0	0	.000	0
山本 由伸	(オ)	4	97	2	0	0	0	0	0	0	0	0	0	1	0	0	0	1	0	.000	1
弓削 隼人	(楽)	2	18	0	0	0	0	0	0	0	0	0	0	0	0	0	0	0	0	.000	2
横川 凱	(巨)	1	2	1	0	0	0	0	0	0	0	0	0	1	0	0	0	0	0	.000	0
横山 雄哉	(神)	4	9	10	2	1	1	0	0	2	0	0	0	1	0	0	0	5	0	.100	0
與座 海人	(武)	1	8	0	0	0	0	0	0	0	0	0	0	0	0	0	0	0	0	.000	0
吉川 光夫	(日)	14	216	59	3	3	0	0	0	3	2	0	0	9	0	0	0	31	1	.051	4
吉田 一将	(オ)	7	226	1	0	0	0	0	0	0	0	0	0	0	0	0	0	0	0	.000	2
吉田 輝星	(日)	2	9	1	0	0	0	0	0	0	0	0	0	0	0	0	0	0	0	.000	0
吉田 大喜	(ヤ)	1	14	19	1	3	1	0	0	4	4	0	0	2	1	0	0	7	0	.158	0
吉田 侑樹	(日)	4	20	0	0	0	0	0	0	0	0	0	0	0	0	0	0	0	0	.000	0
吉田 凌	(オ)	3	40	0	0	0	0	0	0	0	0	0	0	0	0	0	0	0	0	.000	0
由規(佐藤 由規)	(楽)	8	92	147	2	7	1	0	0	8	5	0	0	18	2	2	0	80	2	.048	10
吉見 一起	(中)	15	224	371	7	27	1	0	0	28	10	0	0	45	0	12	1	191	6	.073	6
ロドリゲス	(ソ)	3	50	0	0	0	0	0	0	0	0	0	0	0	0	0	0	0	0	.000	2
ロドリゲス	(中)	1	11	20	1	3	0	0	0	3	0	0	0	0	0	0	0	6	0	.150	1
ロメロ	(中)	1	21	31	0	1	0	0	0	1	0	0	0	4	0	3	0	22	0	.032	0
涌井 秀章	(楽)	16	438	66	2	10	2	0	0	12	5	0	0	1	0	0	0	34	0	.152	25
渡邊 啓太	(ロ)	1	6	4	1	1	0	0	0	1	0	0	0	0	0	1	0	3	0	.250	1
渡邊 佑樹	(楽)	1	1	0	0	0	0	0	0	0	0	0	0	0	0	0	0	0	0	.000	0
渡邉 雄大	(ソ)	1	3	0	0	0	0	0	0	0	0	0	0	0	0	0	0	0	0	.000	0
和田 毅	(ソ)	13	270	42	4	4	1	0	0	5	0	0	0	8	0	3	0	22	0	.095	8

個人年度別投手成績

OFFICIAL BASEBALL GUIDE
オフィシャル・ベースボール・ガイド

プロ野球公式記録集
バックナンバー

一般社団法人日本野球機構 編／株式会社共同通信社 発行

2010年版
本体2762円＋税

2011年版
本体2762円＋税

2013年版
本体2762円＋税

2015年版
本体2769円＋税

2017年版
本体2769円＋税

2018年版
本体2769円＋税

2019年版
本体2769円＋税

2020年版
本体2719円＋税

■■■ お求めは ■■■■■■■■■■■■■

ＮＰＢオフィシャルオンラインショップ
https://shop.npb.or.jp

※いずれも在庫僅少のため、ご注文はお早めに。

個人年度別投手成績

(注)1．出身校名の後（　）内数字は初登録年月。
　　2．下段〔　〕内数字は実働年数。
　　3．**太字**はシーズン・リーグ最高、最多。
　　　　勝率は最優秀勝率投手を**太字**とする。
　　　　'00、'04、'08は五輪出場選手特別措置あり。
　　4．防御率右の○中数字はリーグ規定以上の順位。

アドゥワ　誠　あどぅわ・まこと　松山聖陵高　（'17.1）　'98.10.2生　右投右打

年度	チーム	試合	完投	交代了	試当初	無点勝	無四球	勝利	敗北	セーブ	ホールド	HP	勝率	打者	投球回	安打	本塁打	四球	死球	三振	暴投	ボーク	失点	自責点	防御率
'18	(広)	53	0	20	0	0	0	6	2	0	5	11	.750	293	67.1	62	4	36	2	30	2	0	29	28	3.74
'19	(広)	19	1	2	13	0	1	3	5	0	0	0	.375	404	91.2	101	11	27	6	52	2	0	52	44	4.32
〔2〕		72	1	22	13	0	1	9	7	0	5	11	.563	697	159	163	13	63	6	82	4	0	81	72	4.08

A．アルバース　アンドリュー・アルバース　ケンタッキー大　（'18.1）　'85.10.6生　左投右打

年度	チーム	試合	完投	交代了	試当初	無点勝	無四球	勝利	敗北	セーブ	ホールド	HP	勝率	打者	投球回	安打	本塁打	四球	死球	三振	暴投	ボーク	失点	自責点	防御率
'18	(オ)	19	0	0	19	0	0	9	2	0	0	0	.818	455	114	105	10	21	2	83	0	1	40	39	3.08
'19	(オ)	13	0	0	13	0	0	2	6	0	0	0	.250	278	63.1	84	12	10	2	45	1	0	44	41	5.83
'20	(オ)	16	0	0	16	0	0	4	8	0	0	0	.333	376	89	93	12	22	3	66	0	0	42	39	3.94
〔3〕		48	0	0	48	0	0	15	16	0	0	0	.484	1109	266.1	282	34	53	7	194	1	1	126	119	4.02

相内　誠　(誠)あいうち・まこと　千葉国際高　（'13.3）　'94.7.23生　右投右打

年度	チーム	試合	完投	交代了	試当初	無点勝	無四球	勝利	敗北	セーブ	ホールド	HP	勝率	打者	投球回	安打	本塁打	四球	死球	三振	暴投	ボーク	失点	自責点	防御率
'14	(武)	2	0	0	2	0	0	0	2	0	0	0	.000	30	4.1	8	2	6	2	3	0	0	8	7	14.54
'16	(武)	2	0	0	2	0	0	0	2	0	0	0	.000	37	7.2	11	0	7	0	4	1	2	10	10	11.74
'17	(武)	5	0	4	1	0	0	0	1	0	0	0	.000	33	6	9	3	5	1	8	3	0	13	13	19.50
'18	(武)	10	0	4	1	0	0	0	0	0	0	0	.000	67	15.2	14	7	6	1	12	3	0	6	6	3.45
'19	(武)	2	0	0	2	0	0	0	0	0	0	0	.000	51	9.1	17	3	6	1	5	0	0	12	12	11.57
〔5〕		21	0	8	8	0	0	0	7	0	0	0	.000	218	43	59	9	31	5	32	7	2	49	48	10.05

青柳　晃洋　あおやぎ・こうよう　帝京大　（'16.1）　'93.12.11生　右投右打

年度	チーム	試合	完投	交代了	試当初	無点勝	無四球	勝利	敗北	セーブ	ホールド	HP	勝率	打者	投球回	安打	本塁打	四球	死球	三振	暴投	ボーク	失点	自責点	防御率
'16	(神)	13	0	1	12	0	0	4	5	0	0	0	.444	289	68.1	41	1	40	8	52	2	0	31	25	3.29
'17	(神)	12	0	0	12	0	0	4	4	0	0	0	.500	282	64.1	53	3	28	10	50	0	0	32	23	3.22
'18	(神)	4	0	0	4	0	0	1	1	0	0	0	.500	93	21.2	23	1	6	0	22	0	0	8	8	3.32
'19	(神)	25	1	0	24	1	0	9	9	0	0	0	.500	601	143.1	145	14	42	12	100	0	1	56	50	3.14⑥
'20	(神)	21	1	0	**20**	0	0	7	**9**	0	0	0	.438	510	120.2	111	6	44	5	88	2	0	51	45	3.36⑥
〔5〕		75	2	1	72	1	0	25	28	0	0	0	.472	1775	418.1	373	22	160	35	312	5	1	178	151	3.25

青山　浩二　あおやま・こうじ　八戸大　('06.1)　'83. 8. 12生　右投右打

年度	チーム	試合	完投	交代了	試当初	無点勝	無四球	勝利	敗北	セーブ	ホールド	H P	勝率	打者	投球回	安打	本塁打	四球	死球	三振	暴投	ボーク	失点	自責点	防御率
'06	(楽)	42	0	11	2	0		1	3	0	4	5	.250	305	65.2	90	6	18	3	46	6	0	48	43	5.89
'07	(楽)	26	1	2	11	1	1	4	8	0	0	1	.333	385	84.2	101	10	33	4	62	1	0	54	44	4.68
'08	(楽)	41	0	14	6	0	0	3	8	4	5	8	.273	348	78.2	86	8	26	4	61	3	0	39	34	3.89
'09	(楽)	28	1	9	5	0	0	3	5	5	2	3	.375	281	62.1	70	10	25	4	53	1	0	43	38	5.49
'10	(楽)	41	0	11	1	0	0	5	1	1	15	20	.833	217	52.1	48	2	14	0	63	1	0	13	10	1.72
'11	(楽)	51	0	15	2	0	0	3	4	2	23	26	.429	290	51	58	4	23	3	64	3	0	23	22	2.79
'12	(楽)	61	0	53	0	0	0	5	4	22	2	7	.556	260	64.2	48	2	19	4	54	1	0	18	18	2.51
'13	(楽)	60	0	23	0	0	0	3	5	11	17	20	.375	263	60.1	61	6	20	1	60	3	0	24	23	3.43
'14	(楽)	22	0	1	6	0	0	1	4	0	2	2	.200	230	52.2	52	6	20	2	49	3	0	30	26	4.44
'15	(楽)	61	0	9	0	0	0	4	5	0	31	35	.444	223	57.2	37	3	18	1	58	2	0	18	18	2.81
'16	(楽)	50	0	14	0	0	0	1	5	0	14	15	.167	227	50.1	53	5	24	0	46	3	0	29	27	4.83
'17	(楽)	17	0	7	0	0	0	1	1	0	3	4	.500	68	15.2	12	1	6	3	16	0	0	4	4	2.30
'18	(楽)	52	0	4	0	0	0	4	1	0	26	30	.800	200	48.2	35	2	21	4	37	1	0	11	10	1.85
'19	(楽)	62	0	15	0	0	0	2	4	0	16	18	.333	208	53.1	37	8	18	0	36	1	0	16	16	2.70
'20	(楽)	11	0	2	0	0	0	0	0	0	0	2	1.000	50	10.1	11	0	8	1	8	1	0	6	5	4.35
〔15〕		625	2	190	33	1	1	42	58	45	159	196	.420	3555	828.1	799	73	291	33	713	30	0	376	338	3.67

赤間　謙　あかま・けん　東海大　('16.1)　'90. 11. 14生　右投右打

年度	チーム	試合	完投	交代了	試当初	無点勝	無四球	勝利	敗北	セーブ	ホールド	H P	勝率	打者	投球回	安打	本塁打	四球	死球	三振	暴投	ボーク	失点	自責点	防御率
'16	(オ)	24	0	9	1	0	0	0	1	0	1	1	.000	155	35	26	2	24	1	19	1	0	17	12	3.09
'17	(オ)	7	0	2	0	0	0	1	0	0	1	1	1.000	50	11.1	18	2	1	0	4	1	0	9	9	7.15
'19	(ディ)	7	0	1	0	0	0	0	0	0	0	0	.000	39	9.2	7	2	3	0	5	1	0	6	6	5.59
〔3〕		38	0	12	1	0	0	1	1	0	2	2	.500	244	56	51	6	28	1	28	3	0	32	27	4.34

秋山　拓巳　あきやま・たくみ　西条高　('10.1)　'91. 4. 26生　右投左打

年度	チーム	試合	完投	交代了	試当初	無点勝	無四球	勝利	敗北	セーブ	ホールド	H P	勝率	打者	投球回	安打	本塁打	四球	死球	三振	暴投	ボーク	失点	自責点	防御率
'10	(神)	7	1	0	6	1	1	4	3	0	0	0	.571	166	40.1	33	3	13	0	23	0	0	16	15	3.35
'11	(神)	2	0	0	2	0	0	0	1	0	0	0	.000	37	7.1	7	3	1	0	1	0	0	7	5	6.14
'12	(神)	2	0	0	2	0	0	1	1	0	0	0	.500	39	8	15	3	2	0	6	0	0	8	8	9.00
'13	(神)	8	0	0	8	0	0	3	3	0	0	0	.500	189	44.2	46	6	12	0	36	2	0	21	19	3.83
'14	(神)	3	0	0	3	0	0	0	2	0	0	0	.000	42	6.2	18	1	3	4	5	0	0	16	15	20.25
'15	(神)	3	0	0	3	0	0	0	2	0	0	0	.000	58	14.1	14	0	3	0	9	0	0	7	7	4.40
'16	(神)	3	0	5	0	0	0	1	1	0	0	0	.500	85	20	23	1	2	0	20	0	0	9	9	4.05
'17	(神)	25	2	0	23	0	0	12	6	0	0	0	.667	638	159.1	158	15	16	6	123	0	0	56	53	2.99⑥
'18	(神)	17	2	0	15	1	1	5	10	0	0	0	.333	437	105	111	8	18	4	89	2	0	46	45	3.86
'19	(神)	10	0	0	10	0	0	4	3	0	0	0	.571	219	50.2	56	5	12	1	35	2	0	27	24	4.26
'20	(神)	18	2	0	16	0	1	11	3	0	0	0	.786	435	112	97	17	12	0	64	2	0	45	36	2.89
〔11〕		103	7	5	89	2	3	38	33	0	0	0	.535	2345	568.1	579	62	101	12	411	8	0	258	236	3.74

秋吉　亮　あきよし・りょう　中央学院大　('14.1)　'89. 3. 21生　右投右打

年度	チーム	試合	完投	交代了	試当初	無点勝	無四球	勝利	敗北	セーブ	ホールド	H P	勝率	打者	投球回	安打	本塁打	四球	死球	三振	暴投	ボーク	失点	自責点	防御率
'14	(ヤ)	61	0	17	2	0	0	3	4	5	19	22	.429	276	71	52	10	19	0	62	0	0	20	18	2.28
'15	(ヤ)	74	0	13	0	0	0	6	1	0	22	28	.857	305	76.1	59	6	28	6	81	2	0	24	20	2.36
'16	(ヤ)	70	0	33	0	0	0	3	4	19	10	13	.429	279	70	50	6	15	6	68	1	0	17	17	2.19
'17	(ヤ)	43	0	27	0	0	0	5	6	10	10	15	.455	177	43	38	5	11	2	39	2	0	17	16	3.35
'18	(ヤ)	35	0	6	0	0	0	2	2	0	4	6	.500	166	38.1	40	5	12	2	24	0	0	20	18	4.23
'19	(日)	53	0	40	0	0	0	0	5	25	7	7	.000	212	51.2	38	4	19	2	48	0	0	19	17	2.96
'20	(日)	33	0	22	0	0	0	1	2	12	4	5	.333	131	29.2	30	6	11	0	28	0	0	21	21	6.37
〔7〕		369	0	158	2	0	0	20	24	71	78	98	.455	1546	380	299	42	115	17	350	5	0	138	127	3.01

東　克樹　あずま・かつき　立命館大　('18.1)　'95.11.29生　左投左打

年度	チーム	試合	完投	交代了	試当初	無点勝	無四球	勝利	敗北	セーブ	ホールド	H P	勝率	打者	投球回	安打	本塁打	四球	死球	三振	暴投	ボーク	失点	自責点	防御率
'18	(デイ)	24	1	0	23	1	0	11	5	0	0	0	.688	626	154	130	13	42	2	155	1	0	45	42	2.45②
'19	(デイ)	7	0	0	7	0	0	4	2	0	0	0	.667	161	38.1	38	4	10	1	31	1	0	17	16	3.76
〔2〕		31	1	0	30	1	0	15	7	0	0	0	.682	787	192.1	168	17	52	3	186	2	0	62	58	2.71

阿知羅拓馬　あちら・たくま　大垣日大高　('14.1)　'92.11.20生　右投右打

年度	チーム	試合	完投	交代了	試当初	無点勝	無四球	勝利	敗北	セーブ	ホールド	H P	勝率	打者	投球回	安打	本塁打	四球	死球	三振	暴投	ボーク	失点	自責点	防御率
'16	(中)	13	0	6	0	0	0	0	0	0	0	0	.000	59	14.1	12	2	4		14	1	0	4	4	2.51
'17	(中)	4	0	2	1	0	0	0	1	0	0	0	.000	54	13	12	2	5	0	8	0	0	7	7	4.85
'19	(中)	7	0	0	7	0	0	1	3	0	0	0	.250	146	34	37	11	13		21	0	0	22	22	5.82
〔3〕		24	0	8	8	0	0	1	4	0	0	0	.200	259	61.1	61	15	22	2	43	1	0	33	33	4.84

東妻　勇輔　あづま・ゆうすけ　日本体育大　('19.1)　'96.4.4生　右投右打

年度	チーム	試合	完投	交代了	試当初	無点勝	無四球	勝利	敗北	セーブ	ホールド	H P	勝率	打者	投球回	安打	本塁打	四球	死球	三振	暴投	ボーク	失点	自責点	防御率
'19	(ロ)	24	0	11	0	0	0	3	2	0	7	10	.600	92	21	19	2	13	0	16	2	0	11	11	4.71
'20	(ロ)	13	0	1	0	0	0	0	0	0	1	1	.000	69	15	10	2	14	0	4	0	0	5	5	3.00
〔2〕		37	0	12	0	0	0	3	2	0	8	11	.600	161	36	29	4	27	0	20	2	0	16	16	4.00

荒西　祐大　あらにし・ゆうだい　玉名工高　('19.1)　'92.8.25生　右投右打

年度	チーム	試合	完投	交代了	試当初	無点勝	無四球	勝利	敗北	セーブ	ホールド	H P	勝率	打者	投球回	安打	本塁打	四球	死球	三振	暴投	ボーク	失点	自責点	防御率
'19	(オ)	13	0	2	8	0	0	1	4	0	0	0	.200	221	51.2	55	6	18	2	42	1	0	32	32	5.57
'20	(オ)	29	0	5	0	0	0	0	0	0	0	0	.000	135	31.1	31	6	11	2	21	1	0	18	17	4.88
〔2〕		42	0	7	8	0	0	1	4	0	0	0	.200	356	83	86	12	29	4	63	2	0	50	49	5.31

有原　航平　ありはら・こうへい　早稲田大　('15.1)　'92.8.11生　右投右打

年度	チーム	試合	完投	交代了	試当初	無点勝	無四球	勝利	敗北	セーブ	ホールド	H P	勝率	打者	投球回	安打	本塁打	四球	死球	三振	暴投	ボーク	失点	自責点	防御率
'15	(日)	18	1	0	17	1	1	8	6	0	0	0	.571	453	103.1	113	13	32	3	81	2	0	60	55	4.79
'16	(日)	22	2	0	20	1	1	11	9	0	0	0	.550	640	156	150	13	38	3	103	3	1	52	51	2.94⑤
'17	(日)	25	4	0	21	0	3	10	13	0	0	0	.435	726	169	194	21	39	4	88	5	0	97	89	4.74⑬
'18	(日)	20	1	3	15	0	0	8	5	2	1	1	.615	471	110.2	124	17	15	5	87	0	0	60	56	4.55
'19	(日)	24	1	0	23	1	1	15	8	0	0	0	.652	639	164.1	111	19	40	5	161	9	0	49	45	2.46②
'20	(日)	20	3	0	17	1	1	8	9	0	0	0	.471	547	132.2	125	11	30	6	106	2	0	56	51	3.46③
〔6〕		129	12	3	113	4	7	60	50	2	1	1	.545	3476	836	817	89	194	29	626	21	1	374	347	3.74

有吉　優樹　ありよし・ゆうき　東京情報大　('17.1)　'91.3.12生　右投右打

年度	チーム	試合	完投	交代了	試当初	無点勝	無四球	勝利	敗北	セーブ	ホールド	H P	勝率	打者	投球回	安打	本塁打	四球	死球	三振	暴投	ボーク	失点	自責点	防御率
'17	(ロ)	53	0	9	0	0	0	2	5	1	16	18	.286	222	53.1	48	6	14	3	27	0	0	17	17	2.87
'18	(ロ)	29	0	4	15	0	0	6	5	0	2	2	.545	462	106	118	15	31	4	54	2	0	50	44	3.74
'19	(ロ)	2	0	0	2	0	0	0	2	0	0	0	.000	37	7.1	12	2	5	0	2	0	0	11	11	13.50
'20	(ロ)	3	0	0	2	0	0	1	1	0	0	0	.500	49	11	15	1	2	0	5	0	0	6	6	4.91
〔4〕		87	0	13	19	0	0	9	13	1	18	20	.409	770	177.2	193	24	52	7	88	2	0	84	78	3.95

粟津　凱士　あわつ・かいと　東日本国際大　('19.1)　'97.3.1生　右投右打

年度	チーム	試合	完投	交代了	試当初	無点勝	無四球	勝利	敗北	セーブ	ホールド	H P	勝率	打者	投球回	安打	本塁打	四球	死球	三振	暴投	ボーク	失点	自責点	防御率
'19	(武)	1	0	0	0	0	0	0	0	0	0	0	.000	10	2	4	0	1	0	0	0	0	2	2	9.00

安樂　智大　あんらく・ともひろ　済美高（'15.1）'96.11.4生　右投左打

年度	チーム	試合	完投	交代了	試当初	無点勝	無四球	勝利	敗北	セーブ	ホールド	HP	勝率	打者	投球回	安打	本塁打	四球	死球	三振	暴投	ボーク	失点	自責点	防御率
'15	（楽）	1	0	0	1	0	0	1	0	0	0	0	1.000	24	6	2	0	5	0	4	0	0	0	0	0.00
'16	（楽）	15	0	3	12	0	0	3	5	0	0	0	.375	349	84.1	79	9	22	4	64	2	1	33	32	3.42
'17	（楽）	10	0	0	9	0	0	1	5	0	0	0	.167	221	51	59	7	18	4	37	4	0	27	23	4.06
'18	（楽）	2	0	0	2	0	0	0	2	0	0	0	.000	43	8	14	1	2	1	2	0	0	10	9	10.13
'19	（楽）	9	0	4	4	0	0	0	2	0	0	0	.000	137	32.1	30	5	11	3	19	1	1	22	17	4.73
'20	（楽）	27	0	7	0	0	0	1	0	0	5	6	1.000	131	31	24	2	17	0	30	1	0	12	12	3.48
〔6〕		64	0	14	28	0	0	6	14	0	5	6	.300	905	212.2	208	24	75	12	156	8	2	104	93	3.94

G.イノーア　ガブリエル・イノーア　リセオ・ドン・ペペ・アルバレズ高（'20.1）'93.5.26生　右投右打

年度	チーム	試合	完投	交代了	試当初	無点勝	無四球	勝利	敗北	セーブ	ホールド	HP	勝率	打者	投球回	安打	本塁打	四球	死球	三振	暴投	ボーク	失点	自責点	防御率
'20	（ヤ）	9	0	2	6	0	0	0	3	0	0	0	.000	125	24	45	8	10	0	15	3	0	29	27	10.13

飯田　優也　いいだ・ゆうや　東京農業大生産学部（'14.5）'90.11.27生　左投左打

年度	チーム	試合	完投	交代了	試当初	無点勝	無四球	勝利	敗北	セーブ	ホールド	HP	勝率	打者	投球回	安打	本塁打	四球	死球	三振	暴投	ボーク	失点	自責点	防御率
'14	（ソ）	12	0	0	11	0	0	2	5	0	0	0	.286	244	58.1	47	5	29	0	59	3	1	23	21	3.24
'15	（ソ）	35	0	10	0	0	0	0	1	0	4	4	.000	176	41.1	30	3	22	1	44	2	0	16	16	3.48
'16	（ソ）	30	0	0	0	0	0	1	0	0	4	5	1.000	174	41	36	3	14	1	35	4	0	15	15	3.29
'17	（ソ）	19	0	3	0	0	0	0	0	0	2	2	.000	98	22.1	18	2	15	2	17	2	0	6	6	2.42
'18	（ソ）	1	0	0	0	0	0	0	0	0	0	0	.000	3	0.1	0	0	1	1	0	0	0	2	2	54.00
'18	（神）	1	0	1	0	0	0	0	0	0	0	0	.000	16	3	5	1	1	0	3	0	0	4	4	12.00
'19	（神）	3	0	0	0	0	0	0	0	0	0	1	1.000	20	3.1	5	0	5	0	6	0	0	4	4	10.80
'20	（オ）	4	0	2	0	0	0	0	0	0	1	1	1.000	24	4	11	0	1	0	5	0	0	7	7	15.75
〔7〕		105	0	21	12	0	0	5	6	0	10	13	.455	755	173.2	152	14	89	5	169	12	1	77	75	3.89

飯塚　悟史　いいづか・さとし　日本文理高（'15.1）'96.10.11生　右投左打

年度	チーム	試合	完投	交代了	試当初	無点勝	無四球	勝利	敗北	セーブ	ホールド	HP	勝率	打者	投球回	安打	本塁打	四球	死球	三振	暴投	ボーク	失点	自責点	防御率
'17	（ディ）	9	0	0	8	0	0	1	3	0	0	1	.250	186	42	41	9	21	4	27	1	0	22	20	4.29
'18	（ディ）	9	0	0	9	0	0	1	6	0	0	0	.143	198	43.2	52	8	23	1	34	1	0	24	23	4.74
'19	（ディ）	5	0	2	2	0	0	0	1	0	0	0	.000	52	11.1	17	4	3	1	9	0	0	14	14	11.12
〔3〕		23	0	2	19	0	0	2	10	0	0	1	.167	436	97	110	21	47	6	70	2	0	60	57	5.29

五十嵐亮太　いがらし・りょうた　敬愛学園高（'98.2）'79.5.28生　右投右打

年度	チーム	試合	完投	交代了	試当初	無点勝	無四球	勝利	敗北	セーブ	ホールド	HP	勝率	打者	投球回	安打	本塁打	四球	死球	三振	暴投	ボーク	失点	自責点	防御率
'99	（ヤ）	36	0	14	0	0	0	6	4	1			.600	207	47.2	34	4	29	1	59	3	1	27	26	4.91
'00	（ヤ）	56	0	19	0	0	0	11	4	1			.733	301	75.1	42	11	33	1	90	6	0	28	26	3.11
'01	（ヤ）	41	0	13	0	0	0	2	3	0			.400	180	41.2	25	2	28	2	51	1	0	13	12	2.59
'02	（ヤ）	64	0	21	0	0	0	8	2	4			.800	300	78	49	8	33	1	97	8	0	19	18	2.08
'03	（ヤ）	66	0	21	0	0	0	5	5	0			.500	310	74	69	9	33	1	83	7	1	33	32	3.89
'04	（ヤ）	66	0	56	0	0	0	5	3	37			.625	313	74.1	57	9	36	1	86	6	0	24	22	2.66
'05	（ヤ）	49	0	18	0	0	0	3	2	4	11	14	.600	246	56.2	52	6	27	1	60	6	0	24	22	3.49
'06	（ヤ）	29	0	16	0	0	0	1	2	1	1	2	.333	119	25	33	3	11	2	18	4	0	20	17	6.12
'08	（ヤ）	44	0	14	0	0	0	3	2	3	12	15	.600	171	43.2	33	3	6	2	42	3	0	13	12	2.47
'09	（ヤ）	56	0	10	0	0	0	3	3		29	32	.600	221	53.2	42	3	20	3	44	1	0	19	15	3.19
'13	（ソ）	51	0	27	0	0	0	3	3	12	11	14	.500	214	53.1	38	1	19	1	58	1	1	17	15	2.53
'14	（ソ）	63	0	10	0	0	0	1	3	2	**44**	45	.250	226	59.1	54	3	18	1	71	4	1	11	10	1.52
'15	（ソ）	54	0	9	0	0	0	3	1	2	31	34	.750	203	52	31	4	15	4	59	3	0	8	8	1.38
'16	（ソ）	33	0	13	0	0	0	0	0		7	7	.000	123	27.1	23	3	14	0	27	2	0	11	11	3.62
'17	（ソ）	46	0	10	0	0	0	6	0		11	17	1.000	170	41.2	20	2	21	3	28	2	0	8	8	1.73
'18	（ソ）	23	0	5	0	0	0	0	0		2	2	.000	94	20	23	2	11	0	14	2	0	11	10	4.50
'19	（ヤ）	45	0	8	0	0	0	5	1		4	9	.833	193	42.1	35	4	24	3	33	3	1	19	14	2.98
'20	（ヤ）	1	0	0	0	0	0	0	0			0	.000	4	0.1	0	0	1	0	0	0	0	0	0	0.00
〔18〕		823	0	284	0	0	0	65	39	70	163	191	.625	3592	866.1	632	71	362	33	920	60	5	305	282	2.93

井口　和朋　いぐち・かずとも　東京農業大北海道オホーツク（'16.1）　'94.1.7生　右投右打

年度	チーム	試合	完投	交代了	試当初	無点勝	無四球	勝利	敗北	セーブ	ホールド	H勝P	勝率	打者	投球回	安打	本塁打	四球	死球	三振	暴投	ボーク	失点	自責点	防御率
'16（日）		37	0	13	0	0	0	0	1	0	4	4	.000	174	42	39	6	10	2	27	3	0	18	18	3.86
'17（日）		17	0	10	1	0	0	0	0	0	0	0	.000	94	22.2	19	7	7	0	13	1	0	14	13	5.16
'18（日）		31	0	8	0	0	0	1	1	1	7	8	.500	129	32.2	26	4	9	0	28	1	0	11	9	2.48
'19（日）		32	0	11	0	0	0	1	0	0	7	8	1.000	131	32	28	3	8	2	19	0	0	9	9	2.53
'20（日）		29	0	5	0	0	0	1	0	2	3	3	1.000	113	26.1	27	5	8	2	18	0	0	14	12	4.10
〔5〕		146	0	47	1	0	0	3	3	2	20	23	.500	641	155.2	139	2	41	6	105	5	0	66	61	3.53

池田　駿　いけだ・しゅん　専修大（'17.1）　'92.11.29生　左投左打

年度	チーム	試合	完投	交代了	試当初	無点勝	無四球	勝利	敗北	セーブ	ホールド	H勝P	勝率	打者	投球回	安打	本塁打	四球	死球	三振	暴投	ボーク	失点	自責点	防御率
'17（巨）		33	0	9	2	0	0	0	2	0	4	4	.000	157	37.2	31	3	15	1	33	1	0	14	14	3.35
'18（巨）		27	0	11	0	0	0	1	1	0	1	2	.500	112	24.1	31	4	9	2	11	1	0	15	11	4.07
'19（巨）		2	0	2	0	0	0	0	0	0	0	0		6	1	2	1	0	0	1	0	0	2	2	18.00
'20（楽）		21	0	12	0	0	0	1	0	0	1	1	1.000	77	16.2	21	0	7	0	13	0	0	8	8	4.32
〔4〕		83	0	34	2	0	0	2	3	0	5	7	.400	352	79.2	85	4	32	3	58	2	0	39	35	3.95

池田　隆英　いけだ・たかひで　創価大（'17.1）　'94.10.1生　右投右打

年度	チーム	試合	完投	交代了	試当初	無点勝	無四球	勝利	敗北	セーブ	ホールド	H勝P	勝率	打者	投球回	安打	本塁打	四球	死球	三振	暴投	ボーク	失点	自責点	防御率
'18（楽）		15	0	2	7	0	0	1	5	0	4	4	.167	206	42.2	60	4	21	0	24	5	0	33	28	5.91

石井　将希　いしい・まさき　上武大（'20.9）　'95.7.12生　左投左打

年度	チーム	試合	完投	交代了	試当初	無点勝	無四球	勝利	敗北	セーブ	ホールド	H勝P	勝率	打者	投球回	安打	本塁打	四球	死球	三振	暴投	ボーク	失点	自責点	防御率
'20（神）		1	0	1	0	0	0	0	0	0	0	0	.000	7	1	2	0	2	0	0	0	0	1	1	9.00

石川　歩　いしかわ・あゆむ　中部大（'14.1）　'88.4.11生　右投右打

年度	チーム	試合	完投	交代了	試当初	無点勝	無四球	勝利	敗北	セーブ	ホールド	H勝P	勝率	打者	投球回	安打	本塁打	四球	死球	三振	暴投	ボーク	失点	自責点	防御率
'14（ロ）		25	2	0	23	1	1	10	8	0	0	0	.556	669	160	165	10	37	4	111	3	0	72	61	3.43 ⑧
'15（ロ）		27	3	0	24	2	0	12	12	0	0	0	.500	751	178.2	191	15	34	5	126	2	0	68	65	3.27 ⑥
'16（ロ）		23	5	0	18	3	1	14	5	0	0	0	.737	643	162.1	142	6	22	6	104	4	0	40	39	2.16 ①
'17（ロ）		16	1	0	15	0	1	3	11	0	0	0	.214	424	97.1	113	9	23	2	73	0	0	62	55	5.09
'18（ロ）		21	1	0	20	0	0	9	8	0	0	0	.529	559	133.1	137	15	29	3	77	0	0	61	58	3.92
'19（ロ）		27	0	2	17	0	0	8	5	0	9	9	.615	503	118.2	129	9	28	4	81	2	0	50	48	3.64
'20（ロ）		21	0	0	21	0	0	7	6	0	0	0	.538	555	133.1	138	19	26	4	77	3	0	65	63	4.25 ⑧
〔7〕		160	12	2	138	6	3	63	55	0	0	0	.534	4104	983.2	1015	93	199	28	649	14	0	418	389	3.56

石川　柊太　いしかわ・しゅうた　創価大（'16.7）　'91.12.27生　右投右打

年度	チーム	試合	完投	交代了	試当初	無点勝	無四球	勝利	敗北	セーブ	ホールド	H勝P	勝率	打者	投球回	安打	本塁打	四球	死球	三振	暴投	ボーク	失点	自責点	防御率
'17（ソ）		34	0	6	12	0	0	8	3	0	1	3	.727	409	98.1	69	11	50	7	99	4	1	38	36	3.29
'18（ソ）		42	0	5	16	0	0	13	6	0	12	12	.684	541	127.1	115	20	43	13	96	4	0	55	51	3.60
'19（ソ）		2	0	1	0	0	0	0	1	0	0	0	.000	11	3	2	2	0	0	3	0	0	0	0	.000
'20（ソ）		18	2	0	15	1	0	11	3	0	0	0	.786	443	111.2	68	9	41	12	103	1	0	32	30	2.42
〔4〕		96	2	12	43	1	0	32	12	0	8	17	.727	1404	340.1	254	40	134	32	301	9	1	125	117	3.09

石川　翔　いしかわ・しょう　青藍泰斗高（'18.1）　'99.12.14生　右投左打

年度	チーム	試合	完投	交代了	試当初	無点勝	無四球	勝利	敗北	セーブ	ホールド	H勝P	勝率	打者	投球回	安打	本塁打	四球	死球	三振	暴投	ボーク	失点	自責点	防御率
'18（中）		1	0	0	0	0	0	0	0	0	1	1	.000	3	1	0	0	0	0	0	0	0	0	0	0.00

石川　直也　いしかわ・なおや　山形中央高（'15.1）　'96. 7. 11生　右投右打

年度/チーム	試合	完投	交代完了	試当初	無点勝	無四球	勝利	敗北	セーブ	ホールド	HP	勝率	打者	投球回	安打	本塁打	四球	死球	三振	暴投	ボーク	失点	自責点	防御率
'16（日）	1	0	0	0	0	0	0	0	0	1	1	.000	4	1	0	0	1	0	0	0	0	0	0	0.00
'17（日）	37	0	11	3	0	0	0	1	0	7	7	.000	228	49.2	53	8	28	0	51	4	0	24	24	4.35
'18（日）	52	0	29	0	0	0	1	2	19	18	19	.333	204	48.2	44	4	17	0	53	1	0	16	14	2.59
'19（日）	60	0	16	0	0	0	3	2	5	21	24	.600	220	54.1	39	6	16	1	75	3	0	20	20	3.31
〔4〕	150	0	56	3	0	0	4	5	24	47	51	.444	656	153.2	136	18	62	1	179	8	0	60	58	3.40

石川　雅規　いしかわ・まさのり　青山学院大（'02.1）　'80. 1. 22生　左投左打

年度/チーム	試合	完投	交代完了	試当初	無点勝	無四球	勝利	敗北	セーブ	ホールド	HP	勝率	打者	投球回	安打	本塁打	四球	死球	三振	暴投	ボーク	失点	自責点	防御率
'02（ヤ）	29	2	0	26	0	2	12	9	0			.571	735	178.1	183	20	29	2	104	5	3	76	66	3.33⑩
'03（ヤ）	30	3	0	27	0	2	12	11	0			.522	793	190	201	21	33	7	97	3	1	88	80	3.79⑧
'04（ヤ）	27	1	0	26	0	0	11	11	0			.500	708	163.1	200	21	22	5	72	4	1	90	79	4.35⑩
'05（ヤ）	26	0	0	25	0	0	10	8	0	0	0	.556	637	149.2	180	18	24	4	105	7	0	82	81	4.87⑬
'06（ヤ）	29	0	0	28	0	0	10	10	0	0	0	.500	648	151	191	12	17	3	81	4	0	82	76	4.53⑮
'07（ヤ）	26	3	5	12	2	2	4	7	0	2	3	.364	405	96.2	104	15	16	5	50	2	0	51	47	4.38
'08（ヤ）	30	3	0	26	1	2	12	10	0	1	1	.545	792	195	180	21	41	4	112	3	0	59	58	2.68①
'09（ヤ）	29	3	0	26	0	0	13	7	0	0	0	.650	810	198.1	203	25	28	6	84	4	0	81	78	3.54⑭
'10（ヤ）	28	2	0	26	1	1	13	8	0	0	0	.619	783	186.1	209	20	27	7	98	9	0	81	73	3.53⑧
'11（ヤ）	27	1	0	26	0	0	9	9	0	0	0	.526	731	178.1	168	18	42	5	127	1	0	57	54	2.73⑪
'12（ヤ）	27	2	0	25	1	0	8	11	0	0	0	.421	721	172.2	175	14	41	5	100	4	0	77	69	3.60⑱
'13（ヤ）	24	2	0	22	0	1	6	9	0	0	0	.400	623	148.1	149	15	33	6	85	6	1	73	58	3.52⑫
'14（ヤ）	27	2	0	25	2	0	10	10	0	0	0	.500	725	165	181	20	49	6	101	2	0	97	87	4.75⑮
'15（ヤ）	25	1	0	24	1	1	13	9	0	0	0	.591	598	146.2	150	16	28	3	90	3	0	59	54	3.31⑬
'16（ヤ）	20	0	0	20	0	0	8	8	0	0	0	.500	500	116.2	126	15	33	2	52	3	1	59	58	4.47
'17（ヤ）	23	0	0	23	0	0	4	14	0	0	0	.222	540	123.1	149	18	28	4	88	2	1	72	70	5.11
'18（ヤ）	22	0	0	22	0	0	7	6	0	0	0	.538	488	110.2	121	19	41	4	78	0	0	70	60	4.88
'19（ヤ）	23	0	0	23	0	0	8	6	0	0	0	.571	514	124.1	117	18	26	4	88	2	1	57	53	3.84
'20（ヤ）	15	0	0	15	0	0	2	8	0	0	0	.200	331	76.1	85	7	19	2	41	2	0	40	38	4.48
〔19〕	487	25	5	447	8	11	173	171	0	3	4	.503	12082	2871	3072	333	577	84	1653	67	9	1351	1239	3.88

石崎　剛　いしざき・つよし　三和高（'15.1）　'90. 9. 9生　右投右打

年度/チーム	試合	完投	交代完了	試当初	無点勝	無四球	勝利	敗北	セーブ	ホールド	HP	勝率	打者	投球回	安打	本塁打	四球	死球	三振	暴投	ボーク	失点	自責点	防御率
'15（神）	8	0	2	0	0	0	0	0	0	1	1	.000	54	11.1	12	1	8	1	11	0	0	9	9	7.15
'16（神）	10	0	4	0	0	0	0	0	0	3	3	.000	42	10.2	6	0	7	0	6	0	0	2	2	1.69
'17（神）	26	0	10	0	0	0	1	1	0	4	5	.500	123	30.2	16	1	15	2	32	1	0	4	4	1.17
'18（神）	12	0	0	0	0	0	0	1	0	2	2	.000	65	15	10	2	10	1	23	0	0	7	7	4.20
'19（神）	2	0	0	0	0	0	0	0	0	0	0	.000	6	1.1	2	0	1	0	0	0	0	1	1	6.75
'19（ロ）	2	0	0	0	0	0	0	0	0	0	0	.000	10	2	4	0	1	0	0	0	0	2	2	9.00
'20（ロ）	12	0	5	1	0	0	0	1	0	2	2	.000	69	14	12	2	15	0	19	1	0	14	14	9.00
〔6〕	72	0	29	1	0	0	1	2	0	11	12	.333	369	85	62	6	57	4	91	3	0	39	39	4.13

石田　健大　いしだ・けんた　法政大（'15.1）　'93. 3. 1生　左投左打

年度/チーム	試合	完投	交代完了	試当初	無点勝	無四球	勝利	敗北	セーブ	ホールド	HP	勝率	打者	投球回	安打	本塁打	四球	死球	三振	暴投	ボーク	失点	自責点	防御率
'15（ディ）	12	0	0	11	0	0	2	6	0	0	0	.250	300	71.2	67	6	26	1	58	3	0	23	23	2.89
'16（ディ）	25	0	0	25	0	0	9	4	0	0	0	.692	608	153	128	21	36	1	132	5	1	53	53	3.12⑧
'17（ディ）	18	0	0	18	0	0	6	6	0	0	0	.500	436	106	90	10	34	0	103	6	0	43	40	3.40
'18（ディ）	23	0	0	15	0	0	3	7	0	0	2	.300	408	92.1	95	16	34	5	87	2	0	62	51	4.97
'19（ディ）	40	0	4	7	0	0	4	1	0	10	11	.800	285	71.1	59	7	21	0	78	2	0	19	17	2.14
'20（ディ）	50	0	8	0	0	0	1	4	0	25	26	.200	176	42.2	32	1	14	1	46	0	0	15	12	2.53
〔6〕	168	0	12	76	0	0	25	28	0	35	39	.472	2213	537	471	61	165	8	504	21	1	215	196	3.28

石橋　良太　いしばし・りょうた　拓殖大（'16.1）　'91.6.6生　右投左打

年度 チーム	試合	完投	交代了	試当初	無点勝	無四球	勝利	敗北	セーブ	ホールド	HP	勝率	打者	投球回	安打	本塁打	四球	死球	三振	暴投	ボーク	失点	自責点	防御率
'16 (楽)	6	0	4	0	0	0	0	0	0	0	0	.000	30	5.1	10	2	4	0	4	1	0	8	8	13.50
'19 (楽)	28	0	0	19	0	0	8	7	0	0	2	.533	535	127.1	116	20	35	6	71	5	0	60	54	3.82
'20 (楽)	13	0	0	13	0	0	1	6	0	0	0	.143	285	63.1	72	9	28	4	46	2	1	43	43	6.11
〔3〕	47	0	4	32	0	0	9	13	0	0	2	.409	850	196	198	31	67	10	121	8	1	111	105	4.82

石山　泰稚　いしやま・たいち　東北福祉大（'13.1）　'88.9.1生　右投右打

年度 チーム	試合	完投	交代了	試当初	無点勝	無四球	勝利	敗北	セーブ	ホールド	HP	勝率	打者	投球回	安打	本塁打	四球	死球	三振	暴投	ボーク	失点	自責点	防御率
'13 (ヤ)	60	0	21	0	0	0	3	3	10	21	24	.500	263	58.1	58	5	30	3	59	5	0	21	18	2.78
'14 (ヤ)	35	0	8	14	0	0	3	8	0	2	3	.273	480	109.1	111	15	46	3	79	0	0	59	55	4.53
'15 (ヤ)	21	0	0	19	0	0	5	5	0	0	0	.500	479	111.1	118	7	38	2	78	4	0	50	45	3.64
'16 (ヤ)	13	0	6	0	0	0	1	0	0	1	2	1.000	71	16	23	2	1	0	10	0	0	13	13	7.31
'17 (ヤ)	66	0	9	0	0	0	3	3	0	24	27	.333	285	68.1	63	5	17	2	76	5	0	29	23	3.03
'18 (ヤ)	71	0	58	0	0	0	3	2	35	7	10	.600	296	73.2	63	5	15	2	62	0	0	19	17	2.08
'19 (ヤ)	34	0	21	0	0	0	2	2	10	5	7	.500	137	33	30	2	8	0	31	3	0	12	10	2.73
'20 (ヤ)	44	0	38	0	0	0	3	2	20	4	7	.600	186	44.2	42	2	11	2	58	2	0	10	10	2.01
〔8〕	344	0	161	33	0	0	23	28	75	64	80	.451	2197	514.2	508	43	166	10	453	19	0	213	191	3.34

泉　圭輔　いずみ・けいすけ　金沢星稜大（'19.1）　'97.3.2生　右投右打

年度 チーム	試合	完投	交代了	試当初	無点勝	無四球	勝利	敗北	セーブ	ホールド	HP	勝率	打者	投球回	安打	本塁打	四球	死球	三振	暴投	ボーク	失点	自責点	防御率
'19 (ソ)	14	0	6	1	0	0	2	0	0	3	5	1.000	80	18.1	17	2	8	1	18	0	1	5	4	1.96
'20 (ソ)	40	0	11	0	0	0	0	1	0	8	8	.000	143	34.2	26	0	19	1	28	1	0	9	8	2.08
〔2〕	54	0	17	1	0	0	2	1	0	11	13	.667	223	53	43	2	27	2	46	1	1	14	12	2.04

伊勢　大夢　いせ・ひろむ　明治大（'20.1）　'98.3.7生　右投右打

年度 チーム	試合	完投	交代了	試当初	無点勝	無四球	勝利	敗北	セーブ	ホールド	HP	勝率	打者	投球回	安打	本塁打	四球	死球	三振	暴投	ボーク	失点	自責点	防御率
'20 (ディ)	33	0	9	1	0	0	3	1	0	4	7	.750	143	35	28	2	12	2	39	0	0	9	7	1.80

一岡　竜司　いちおか・りゅうじ　藤蔭高 − 沖データコンピュータ教育学院（'12.1）　'91.1.11生　右投右打

年度 チーム	試合	完投	交代了	試当初	無点勝	無四球	勝利	敗北	セーブ	ホールド	HP	勝率	打者	投球回	安打	本塁打	四球	死球	三振	暴投	ボーク	失点	自責点	防御率
'12 (巨)	4	0	3	0	0	0	0	0	0	0	0	.000	21	5	5	0	0	1	3	0	0	3	2	3.60
'13 (巨)	9	0	4	0	0	0	0	0	0	0	0	.000	44	10.1	11	0	3	0	8	1	0	6	6	5.23
'14 (広)	31	0	8	0	0	0	2	0	2	16	18	1.000	114	31	16	0	7	0	27	0	0	3	2	0.58
'15 (広)	38	0	17	0	0	0	2	4	1	7	9	.333	176	37	42	5	21	1	35	0	0	21	17	4.14
'16 (広)	27	0	6	0	0	0	1	1	0	5	6	.500	96	24.2	16	0	10	0	21	0	0	5	5	1.82
'17 (広)	59	0	12	0	0	0	6	2	1	19	25	.750	234	58.1	42	4	20	0	58	1	0	14	12	1.85
'18 (広)	59	0	14	0	0	0	5	6	2	18	23	.455	238	56.1	46	7	22	0	61	1	0	20	18	2.88
'19 (広)	33	0	4	0	0	0	0	0	0	16	16	.000	133	31	29	2	10	2	18	2	0	11	10	2.90
'20 (広)	19	0	8	0	0	0	0	1	2	2	4	.000	81	17.1	25	2	5	1	14	0	0	12	12	6.23
〔9〕	279	0	76	0	0	0	16	14	7	83	99	.533	1137	271	232	16	98	5	245	5	0	95	84	2.79

個人年度別投手成績　い

伊藤　和雄　いとう・かずお　東京国際大　('12.1)　'89.12.13生　右投右打

年度	チーム	試合	完投	交代了	試当初	無点勝	無四球	勝利	敗北	セーブ	ホールド	HP	勝率	打者	投球回	安打	本塁打	四球	死球	三振	暴投	ボーク	失点	自責点	防御率
'12	(神)	1	0	0	1	0	0	0	1	0	0	0	.000	22	4	7	0	3	0	2	0	0	4	3	6.75
'14	(神)	6	0	5	0	0	0	0	0	0	0	0	.000	45	10	8	1	8	0	11	0	0	7	7	6.30
'16	(神)	5	0	3	0	0	0	0	0	0	0	0	.000	33	7.1	9	0	3	0	9	2	0	7	4	2.45
'17	(神)	9	0	4	0	0	0	0	0	0	0	0	.000	55	12.2	13	1	4	1	10	1	0	7	6	4.26
'18	(神)	14	0	7	0	0	0	0	1	0	0	0	.000	92	21.1	15	1	10	1	25	2	0	14	13	5.48
'20	(神)	15	0	6	0	0	0	1	1	0	1	2	.500	74	15.1	8	0	20	0	15	1	0	7	6	3.52
〔6〕		50	0	25	1	0	0	1	3	0	1	2	.250	321	70.2	60	3	48	2	72	6	0	43	37	4.71

伊藤　翔　いとう・しょう　横芝敬愛高　('18.1)　'99.2.10生　右投右打

年度	チーム	試合	完投	交代了	試当初	無点勝	無四球	勝利	敗北	セーブ	ホールド	HP	勝率	打者	投球回	安打	本塁打	四球	死球	三振	暴投	ボーク	失点	自責点	防御率
'18	(武)	16	0	9	1	0	0	3	0	0	0	2	1.000	115	26.1	26	1	9	1	13	1	0	12	8	2.73
'19	(武)	6	0	4	0	0	0	0	0	0	0	0	.000	25	6	7	1	3	0	2	0	0	4	4	6.00
'20	(武)	12	0	5	3	0	0	0	2	0	0	0	.000	128	28.2	30	3	16	0	18	6	0	13	13	4.08
〔3〕		34	0	18	4	0	0	3	2	0	0	2	.600	268	61	63	5	28	1	33	7	0	29	25	3.69

伊藤　準規　いとう・じゅんき　岐阜城北高　('09.1)　'91.1.7生　右投左打

年度	チーム	試合	完投	交代了	試当初	無点勝	無四球	勝利	敗北	セーブ	ホールド	HP	勝率	打者	投球回	安打	本塁打	四球	死球	三振	暴投	ボーク	失点	自責点	防御率
'09	(中)	1	0	0	0	0	0	0	0	0	0	0	.000	4	1	0	0	0	1	1	0	0	0	0	0.00
'10	(中)	3	0	0	3	0	0	1	1	0	0	0	.500	57	14	11	1	7	0	12	0	0	6	6	3.86
'11	(中)	9	0	0	7	0	0	2	4	0	0	1	.333	196	42.2	46	8	19	8	27	2	0	23	17	3.59
'12	(中)	2	0	0	2	0	0	1	0	0	0	0	1.000	35	9.2	3	1	5	0	3	1	1	1	1	0.93
'14	(中)	9	0	1	7	0	0	0	2	0	0	0	.000	186	38.2	48	3	23	4	24	3	0	23	17	3.96
'15	(中)	3	0	0	0	0	0	0	0	0	0	0	.000	33	6.1	9	0	3	1	3	0	0	6	4	5.68
'16	(中)	6	0	1	3	0	0	1	2	0	0	0	.333	89	19.1	22	2	9	0	12	1	0	14	13	6.05
'17	(中)	39	0	8	4	0	0	0	2	0	9	9	.000	276	62.2	59	5	33	4	57	1	0	28	27	3.88
'18	(中)	11	0	1	0	0	0	2	0	0	1	3	1.000	65	13.2	13	2	11	2	6	0	0	6	6	3.95
'19	(中)	1	0	0	0	0	0	0	0	0	0	0	.000	13	1.1	7	0	2	0	1	1	0	1	8	54.00
〔10〕		83	0	11	27	0	0	7	11	0	10	13	.389	954	209.1	218	13	112	20	146	12	1	115	99	4.26

井納　翔一　いのう・しょういち　上武大　('13.1)　'86.5.1生　右投右打

年度	チーム	試合	完投	交代了	試当初	無点勝	無四球	勝利	敗北	セーブ	ホールド	HP	勝率	打者	投球回	安打	本塁打	四球	死球	三振	暴投	ボーク	失点	自責点	防御率
'13	(デ)	18	1	0	13	0	0	5	7	0	2	2	.417	401	89.1	101	7	35	2	66	1	0	56	53	5.34
'14	(デ)	25	3	0	22	1	1	11	9	0	0	0	.550	682	159.1	163	18	49	7	104	8	0	83	71	4.01⑬
'15	(デ)	21	3	0	17	0	1	5	8	0	0	0	.385	598	134.2	164	13	40	3	92	7	1	56	49	3.27
'16	(デ)	23	2	0	21	1	0	7	11	0	0	0	.389	654	151.2	156	14	47	6	113	6	0	65	59	3.50⑩
'17	(デ)	25	1	0	23	0	0	6	10	0	0	0	.375	636	152.1	147	9	46	8	93	3	0	66	65	3.84⑪
'18	(デ)	24	0	4	7	0	0	6	3	0	8	10	.667	256	61	60	5	16	2	44	2	0	27	24	3.54
'19	(デ)	15	0	0	14	0	0	4	5	0	0	0	.444	309	70	74	5	28	3	50	3	1	43	37	4.76
'20	(デ)	17	1	0	16	0	0	6	7	0	0	0	.462	384	89	98	10	26	1	69	2	0	41	39	3.94
〔8〕		168	11	4	133	2	2	50	60	1	10	12	.455	3920	907.1	963	81	287	32	631	32	2	437	397	3.94

今井　達也　いまい・たつや　作新学院高　('17.1)　'98.5.9生　右投右打

年度	チーム	試合	完投	交代了	試当初	無点勝	無四球	勝利	敗北	セーブ	ホールド	HP	勝率	打者	投球回	安打	本塁打	四球	死球	三振	暴投	ボーク	失点	自責点	防御率
'18	(武)	15	1	1	13	0	0	5	5	0	0	0	.500	345	78.2	74	11	35	6	65	4	1	45	42	4.81
'19	(武)	23	1	1	21	1	0	7	9	0	0	0	.438	596	135.1	127	16	72	5	105	7	1	74	65	4.32
'20	(武)	19	0	0	11	0	0	3	4	0	0	1	.429	310	61.2	72	6	52	5	44	2	0	49	42	6.13
〔3〕		57	2	2	45	1	0	15	18	0	0	1	.455	1251	275.2	273	32	159	16	214	13	2	168	149	4.86

今永　昇太　いまなが・しょうた　駒澤大　('16.1)　'93.9.1生　左投左打

年度	チーム	試合	完投	交代了	試当初	無点勝	無四球	勝利	敗北	セーブ	ホールド	HP	勝率	打者	投球回	安打	本塁打	四球	死球	三振	暴投	ボーク	失点	自責点	防御率
'16	(ディ)	22	0	0	22	0	0	8	9	0	0	0	.471	541	135.1	108	16	38	2	136	1	0	47	44	2.93
'17	(ディ)	24	3	0	21	2	0	11	7	0	0	0	.611	600	148	115	13	52	5	140	3	0	49	49	2.98⑤
'18	(ディ)	23	1	0	15	0	0	4	11	0	4	5	.267	402	84.2	108	18	38	4	80	6	0	77	64	6.80
'19	(ディ)	25	3	0	22	3	0	13	7	0	0	0	.650	684	170	128	18	56	4	186	2	0	59	55	2.91③
'20	(ディ)	9	0	0	9	0	0	5	3	0	0	0	.625	224	53	47	2	17	1	63	2	0	24	19	3.23
〔5〕		103	7	0	89	5	0	41	37	0	4	5	.526	2451	591	506	67	201	16	605	14	0	256	231	3.52

今村　猛　いまむら・たける　清峰高　('10.1)　'91.4.17生　右投右打

年度	チーム	試合	完投	交代了	試当初	無点勝	無四球	勝利	敗北	セーブ	ホールド	HP	勝率	打者	投球回	安打	本塁打	四球	死球	三振	暴投	ボーク	失点	自責点	防御率
'10	(広)	2	0	0	2	0	0	0	1	0	0	0	.000	26	4	7	1	6	1	0	0	0	8	7	15.75
'11	(広)	54	0	11	6	0	0	3	8	2	13	16	.273	399	94	97	10	30	1	76	6	0	50	49	4.69
'12	(広)	69	0	30	0	0	0	2	2	4	26	28	.500	344	85.2	73	4	18	4	89	0	0	21	18	1.89
'13	(広)	57	0	24	0	0	0	2	5	3	18	20	.286	283	65.1	70	2	28	2	56	2	1	26	24	3.31
'14	(広)	17	0	7	0	0	0	1	1	0	0	0	.500	88	20.2	17	3	9	0	16	0	0	10	10	4.35
'15	(広)	21	0	9	0	0	0	1	1	0	1	2	.500	115	26	24	1	13	0	22	1	0	14	10	3.46
'16	(広)	67	0	21	0	0	0	3	4	2	22	25	.429	299	73.2	60	3	22	0	87	4	0	20	20	2.44
'17	(広)	68	0	42	0	0	0	3	5	23	17	20	.375	270	64.1	53	5	27	0	69	3	0	19	17	2.38
'18	(広)	43	0	5	0	0	0	3	2	1	13	16	.600	173	38.1	37	2	21	0	35	0	0	26	22	5.17
'19	(広)	27	0	10	0	0	0	3	1	1	7	7	.750	101	25.1	18	0	9	0	17	0	0	10	10	3.55
'20	(広)	6	0	0	0	0	0	0	1	0	0	0	.000	25	4.1	10	0	2	0	6	0	0	6	6	12.46
〔11〕		431	0	159	8	0	0	21	30	36	115	136	.412	2123	501.2	466	37	185	10	468	17	1	210	193	3.46

今村　信貴　いまむら・のぶたか　太成学院大高　('12.1)　'94.3.15生　左投左打

年度	チーム	試合	完投	交代了	試当初	無点勝	無四球	勝利	敗北	セーブ	ホールド	HP	勝率	打者	投球回	安打	本塁打	四球	死球	三振	暴投	ボーク	失点	自責点	防御率
'13	(巨)	3	0	0	3	0	0	1	1	0	1	0	.500	69	17	18	2	14	0	14	0	0	4	4	2.12
'14	(巨)	13	0	0	5	0	0	1	2	0	1	0	.667	172	36.1	47	9	14	2	19	3	0	29	25	6.19
'16	(巨)	16	0	0	14	0	0	3	4	0	0	0	.429	346	77.1	87	11	36	2	60	3	0	49	48	5.59
'17	(巨)	3	0	1	1	0	0	0	0	0	2	3	.000	34	6.1	12	1	3	0	6	0	0	5	4	5.68
'18	(巨)	13	1	0	12	1	1	6	2	0	0	0	.750	328	77	80	8	26	3	51	2	0	34	33	3.86
'19	(巨)	17	0	0	15	0	0	3	2	0	0	0	.600	349	81.2	82	9	26	3	54	1	0	39	37	4.08
'20	(巨)	12	0	0	11	0	0	5	2	0	0	0	.714	260	62.2	53	9	21	2	55	0	0	23	22	3.16
〔7〕		77	1	4	61	1	1	20	14	0	1	1	.588	1558	358.1	379	43	130	12	259	9	0	183	173	4.35

岩隈　久志　いわくま・ひさし　堀越高　('00.1)　'81.4.12生　右投右打

年度	チーム	試合	完投	交代了	試当初	無点勝	無四球	勝利	敗北	セーブ	ホールド	HP	勝率	打者	投球回	安打	本塁打	四球	死球	三振	暴投	ボーク	失点	自責点	防御率
'01	(近)	9	1	0	7	1	0	4	2	0			.667	192	43.2	46	3	13	3	25	1	0	28	22	4.53
'02	(近)	23	2	0	21	0	1	9	9	0			.533	594	141.1	132	12	42	3	131	4	1	62	58	3.69⑪
'03	(近)	27	11	0	16	0	1	15	10	0			.600	809	195.2	201	19	48	3	149	2	0	85	75	3.45⑥
'04	(近)	21	7	0	14	1	2	15	2	0			.882	647	158.2	149	13	30	3	123	0	0	57	53	3.01②
'05	(楽)	27	9	0	18	0	1	9	15	0			.375	796	182.1	218	13	40	6	124	7	0	113	101	4.99⑮
'06	(楽)	6	0	0	4	0	0	2	4	0	0	0	.333	169	38.2	43	4	12	1	16	0	0	18	16	3.72
'07	(楽)	16	0	0	16	0	0	5	9	0	0	0	.500	388	90	95	5	23	2	84	0	0	47	34	3.40
'08	(楽)	28	5	0	23	2	3	21	4	0			.840	787	201.2	161	3	46	4	159	4	0	48	42	1.87①
'09	(楽)	24	5	0	19	0	1	13	6	0			.684	710	169	179	15	43	6	121	3	0	62	61	3.25⑦
'10	(楽)	28	4	0	24	1	2	10	9	0			.526	821	201	184	11	36	12	153	1	1	68	63	2.82④
'11	(楽)	17	2	0	15	1	0	6	7	0			.462	471	119	106	3	19	5	90	1	0	34	32	2.42
〔11〕		226	48	0	177	6	11	107	69	0	0	0	.608	6384	1541	1514	109	342	58	1175	23	2	622	557	3.25

岩嵜　翔　いわさき・しょう　市立船橋高（'08.1）　'89.10.21生　右投右打

年度	チーム	試合	完投	交代了	試当初	無点勝	無四球	勝利	敗北	セーブ	ホールド	HP	率	打者	投球回	安打	本塁打	四球	死球	三振	暴投	ボーク	失点	自責点	防御率
'08	（ソ）	1	0	0	1	0	0	0	0	0			.000	15	3	7	0	0	0	1	0	0	3	3	9.00
'09	（ソ）	1	0	0	1	0	0	0	1	0			.000	19	4.1	7	1	1	0	1	0	0	5	3	6.23
'10	（ソ）	6	0	1	5	0	0	0	3	0			.000	105	22.1	30	2	9	1	9	0	0	21	20	8.06
'11	（ソ）	13	2	0	11	1	0	6	2	0			.750	326	79.1	70	4	22	5	33	4	0	27	24	2.72
'12	（ソ）	29	2	3	14	0	0	5	10	0	3	4	.333	498	120.1	113	4	27	3	77	1	0	46	42	3.14
'13	（ソ）	47	0	10	5	0	0	1	4	2	14	15	.200	297	68.2	79	9	14	3	54	2	0	39	33	4.33
'14	（ソ）	18	0	1	9	0	0	4	1	0	3	3	.800	266	62	64	10	15	4	37	0	0	32	28	4.06
'15	（ソ）	8	0	3	1	0	0	1	0	0	2	3	1.000	46	10.2	11	3	4	0	5	1	0	8	8	6.75
'16	（ソ）	35	1	5	6	1	0	4	2	1	9	10	.667	347	87.2	77	6	17	0	61	3	0	22	19	1.95
'17	（ソ）	72	0	14	0	0	0	6	3		40	46	.667	289	72.1	55	8	16	2	66	1	0	16	16	1.99
'18	（ソ）	2	0	0	2	1	0	1	0	0		2	1.000	5	2	0	0	2	0	0	0	0	0	0	0.00
'19	（ソ）	2	0	1	0	0	0	0	0	0		1	.000	8	2	1	0	1	0	2	0	0	1	1	4.50
'20	（ソ）	17	0	2	0	0	0	0	2	0	10	10	.000	70	15	19	3	6	1	20	0	0	12	12	7.20
〔13〕		251	5	40	53	0	0	28	28	5	82	93	.500	2291	549.2	533	50	132	19	368	12	0	232	209	3.42

岩貞　祐太　いわさだ・ゆうた　横浜商科大（'14.1）　'91.9.5生　左投左打

年度	チーム	試合	完投	交代了	試当初	無点勝	無四球	勝利	敗北	セーブ	ホールド	HP	率	打者	投球回	安打	本塁打	四球	死球	三振	暴投	ボーク	失点	自責点	防御率
'14	（神）	6	0	0	6	0	0	1	4	0			.200	127	29.1	24	2	15	0	21	0	0	18	15	4.60
'15	（神）	5	0	0	5	0	0	1	1	0			.500	95	20.2	24	2	11	2	11	3	0	12	10	4.35
'16	（神）	25	2	0	23	2	0	10	9	0			.526	644	158.1	119	10	55	3	156	6	0	56	51	2.90 ⑤
'17	（神）	18	0	0	18	0	0	5	10	0			.333	428	98	93	14	44	1	93	3	0	56	54	4.96
'18	（神）	23	1	0	22	0	0	7	10	0			.412	554	132	128	18	32	1	122	1	0	56	51	3.48
'19	（神）	8	0	0	8	0	0	2	4	0			.333	173	40.1	43	4	15	0	33	0	0	19	18	4.02
'20	（神）	38	0	4	8	0	0	7	3	0	8	13	.700	298	71	67	7	23	0	63	3	0	32	26	3.30
〔7〕		123	3	4	90	2	0	33	41	0	8	13	.446	2319	549.2	498	57	195	10	499	16	0	249	225	3.68

岩崎　優　いわさき・すぐる　国士舘大（'14.1）　'91.6.19生　左投左打

年度	チーム	試合	完投	交代了	試当初	無点勝	無四球	勝利	敗北	セーブ	ホールド	HP	率	打者	投球回	安打	本塁打	四球	死球	三振	暴投	ボーク	失点	自責点	防御率
'14	（神）	17	0	0	17	0	0	5	4	0			.556	379	90	85	6	26	4	76	1	0	37	35	3.50
'15	（神）	15	0	0	15	0	0	3	10	0			.231	326	77	74	7	19	5	57	0	0	39	30	3.51
'16	（神）	16	0	1	13	0	0	3	5	0			.375	319	74.1	73	10	27	2	59	3	0	33	30	3.63
'17	（神）	66	0	12	0	0	0	4	1	0	15	19	.800	311	71.2	63	2	27	5	88	0	0	28	19	2.39
'18	（神）	61	0	14	0	0	0	1	3	0	10	11	.250	275	62	66	8	25	4	70	5	0	37	34	4.94
'19	（神）	48	0	5	0	0	0	3	0	0	26	29	1.000	204	53.2	24	5	17	3	58	1	0	11	6	1.01
'20	（神）	41	0	6	0	0	0	5	2	2	17	22	.714	163	39.2	26	4	15	2	37	3	0	9	8	1.82
〔7〕		264	0	38	45	0	0	24	25	2	68	81	.490	1977	468.1	411	40	156	25	445	13	0	194	162	3.11

岩下　大輝　いわした・だいき　星稜高（'15.1）　'96.10.2生　右投右打

年度	チーム	試合	完投	交代了	試当初	無点勝	無四球	勝利	敗北	セーブ	ホールド	HP	率	打者	投球回	安打	本塁打	四球	死球	三振	暴投	ボーク	失点	自責点	防御率
'18	（ロ）	18	0	4	2	0	0	1	3	0	6	6	.250	117	25.2	28	0	17	1	17	1	0	14	13	4.56
'19	（ロ）	21	0	1	17	0	0	5	3	0	1	1	.625	406	96.1	80	14	47	2	74	2	0	44	39	3.64
'20	（ロ）	17	0	0	16	0	0	7	7	0	0	1	.500	393	90	98	11	35	3	74	4	1	44	42	4.20
〔3〕		56	0	5	35	0	0	13	13	0	7	8	.500	916	212	206	25	95	6	165	7	1	102	94	3.99

岩田　稔　いわた・みのる　関西大　('06.1)　'83.10.31生　左投左打

年度	チーム	試合	完投	交代了	試当初	無点勝	無四球	勝利	敗北	セーブ	ホールド	HP	勝率	打者	投球回	安打	本塁打	四球	死球	三振	暴投	ボーク	失点	自責点	防御率
'06	(神)	1	0	0	1	0	0	0	1	0	0	0	.000	16	3	2	1	4	0	1	2	0	4	3	9.00
'07	(神)	4	0	0	3	0	0	0	1	0	0	0	.000	62	13.1	15	0	8	2	6	2	0	9	8	5.40
'08	(神)	27	2	0	25	0	1	10	10	0	0	0	.500	678	159.1	168	5	50	11	101	7	0	64	58	3.28⑧
'09	(神)	16	4	0	12	2	0	7	5	0	0	0	.583	455	110.2	99	3	27	3	103	6	0	40	33	2.68
'11	(神)	25	2	0	23	0	0	9	13	0	0	0	.409	673	169	121	7	45	3	133	6	0	47	43	2.29⑤
'12	(神)	25	0	0	25	0	0	8	**14**	0	0	0	.364	648	153.1	157	10	41	2	107	6	0	73	60	3.52⑰
'13	(神)	9	0	0	8	0	0	2	5	0	0	0	.286	189	43.2	43	3	16	1	25	1	0	26	24	4.95
'14	(神)	22	0	0	21	0	1	9	8	0	0	0	.529	601	148.2	123	13	43	2	116	6	0	50	42	2.54②
'15	(神)	27	2	0	25	1	0	8	10	0	0	0	.444	722	170.1	168	13	49	5	119	8	0	66	61	3.22⑫
'16	(神)	6	0	0	4	0	0	0	3	0	0	0	.000	107	20.1	36	4	10	0	14	3	0	23	20	8.85
'17	(神)	10	0	0	10	0	0	3	2	0	0	0	.600	233	53	55	4	22	2	39	4	2	26	25	4.25
'18	(神)	6	0	0	6	0	0	0	4	0	0	0	.000	129	30.2	25	4	9	3	29	2	0	13	11	3.23
'19	(神)	14	1	0	13	0	0	3	4	0	0	0	.429	336	77.2	90	13	21	3	43	2	0	46	39	4.52
'20	(神)	5	0	0	5	0	0	1	2	0	0	0	.333	107	22.2	26	1	15	2	15	0	0	16	16	6.35
〔14〕		197	12	0	181	5	2	60	82	0	0	0	.423	4956	1175.2	1128	81	360	51	851	53	2	503	443	3.39

上原　健太　うえはら・けんた　明治大　('16.1)　'94.3.29生　左投左打

年度	チーム	試合	完投	交代了	試当初	無点勝	無四球	勝利	敗北	セーブ	ホールド	HP	勝率	打者	投球回	安打	本塁打	四球	死球	三振	暴投	ボーク	失点	自責点	防御率
'16	(日)	1	0	0	0	0	0	0	0	0	1	1	.000	4	1	1	0	0	0	1	0	0	0	0	0.00
'17	(日)	9	0	2	6	0	0	1	5	0	0	0	.167	166	34.2	44	7	20	0	29	1	0	27	24	6.23
'18	(日)	10	0	0	6	0	0	4	0	0	0	0	1.000	158	37.1	34	4	11	1	24	1	0	15	13	3.13
'19	(日)	13	0	1	8	0	0	1	3	0	0	0	.250	195	45.1	53	7	9	0	30	6	1	31	28	5.56
'20	(日)	7	0	0	7	0	0	1	3	0	0	0	.250	149	34.1	37	3	12	0	28	3	0	20	17	4.46
〔5〕		40	0	3	27	0	0	7	11	0	0	1	.389	672	152.2	169	20	52	1	112	11	1	93	82	4.83

内　竜也　うち・たつや　川崎工高　('04.1)　'85.7.13生　右投右打

年度	チーム	試合	完投	交代了	試当初	無点勝	無四球	勝利	敗北	セーブ	ホールド	HP	勝率	打者	投球回	安打	本塁打	四球	死球	三振	暴投	ボーク	失点	自責点	防御率
'04	(ロ)	4	0	0	4	0	0	0	1	0			.000	81	16	21	4	12	1	15	2	0	19	19	10.69
'06	(ロ)	15	0	4	0	0	0	0	0	0	0	0	.000	89	20.2	19	2	7	1	15	1	0	8	7	3.05
'09	(ロ)	31	0	6	0	0	0	3	1	1	6	9	.750	112	26	25	3	12	1	29	4	0	18	18	6.23
'10	(ロ)	15	0	1	0	0	0	2	0	0	4	6	1.000	85	20	14	1	10	1	20	2	0	12	10	4.50
'11	(ロ)	21	0	5	0	0	0	1	1	0	10	11	.500	100	24.2	17	1	7	2	24	1	0	6	6	2.19
'12	(ロ)	27	0	11	0	0	0	1	1	4	9	10	.500	102	25	23	2	4	3	23	0	0	7	5	1.80
'13	(ロ)	26	0	6	0	0	0	0	2	0	13	14	1.000	102	25.2	21	1	10	0	26	1	0	3	3	1.05
'14	(ロ)	5	0	2	0	0	0	0	0	0	1	1	1.000	28	5.1	9	1	2	0	6	0	0	4	3	5.06
'15	(ロ)	22	0	10	0	0	0	1	1	6	7	8	.500	88	21.1	18	0	8	2	21	1	0	5	3	1.27
'16	(ロ)	34	0	5	0	0	0	3	1	1	19	22	.750	125	32.1	17	3	12	0	34	1	0	6	5	1.39
'17	(ロ)	50	0	31	0	0	0	5	1	16	11	16	.833	211	49	36	5	28	0	44	1	0	16	16	2.94
'18	(ロ)	58	0	45	0	0	0	3	5	26	7	10	.375	241	58.2	51	5	19	1	54	2	0	25	25	3.84
〔12〕		308	0	126	4	0	0	20	12	56	87	107	.625	1364	324.2	268	27	131	12	311	16	0	128	120	3.33

内海　哲也　うつみ・てつや　敦賀気比高　('04.1)　'82.4.29生　左投左打

年度	チーム	試合	完投	交代了	試当初	無点勝	無四球	勝利	敗北	セーブ	ホールド	HP	勝率	打者	投球回	安打	本塁打	四球	死球	三振	暴投	ボーク	失点	自責点	防御率
'04	(巨)	3	0	1	2	0	0	0	0	0			.000	60	14	14	1	4	0	13	0	0	8	8	5.14
'05	(巨)	26	0	3	19	0	0	4	9	0	1	1	.308	507	114.1	138	18	31	4	76	5	0	74	64	5.04
'06	(巨)	31	6	1	22	2	0	12	13	0	1	1	.480	795	194	163	13	52	7	179	9	0	69	60	2.78④
'07	(巨)	28	2	0	26	1	0	14	7	0	0	0	.667	780	187.2	183	16	48	11	180	3	0	66	63	3.02③
'08	(巨)	29	2	0	27	1	2	12	8	0	0	0	.600	772	184.1	166	7	68	7	154	3	0	71	56	2.73③
'09	(巨)	27	5	0	22	1	3	9	11	0	0	0	.450	730	179.2	161	23	36	4	115	3	0	66	59	2.96⑦
'10	(巨)	27	2	1	24	1	1	11	8	0	0	0	.579	636	148	168	14	32	4	121	1	0	84	72	4.38①
'11	(巨)	28	4	1	22	1	0	18	5	0	0	2	.783	751	185.2	153	13	47	7	144	4	0	42	35	1.70②
'12	(巨)	28	3	0	25	2	0	15	6	0	0	0	.714	757	186	173	8	40	9	121	8	0	47	41	1.98③
'13	(巨)	25	1	0	24	0	0	13	6	0	0	0	.684	675	160.1	157	11	47	6	107	2	0	68	59	3.31⑨
'14	(巨)	22	2	0	20	2	2	7	9	0	0	0	.438	603	144.2	139	11	36	5	105	5	0	51	51	3.17⑥
'15	(巨)	5	0	0	5	0	0	2	1	0	0	0	.667	104	23.1	30	4	6	0	10	1	0	15	13	5.01
'16	(巨)	18	0	0	18	0	0	9	6	0	0	0	.600	442	107.1	104	10	22	5	81	2	0	47	47	3.94
'17	(巨)	12	0	0	12	0	0	2	7	0	0	0	.222	258	57.2	66	10	18	3	34	3	1	37	37	5.77
'18	(巨)	15	1	0	13	1	0	5	5	0	0	0	.500	358	82	95	11	19	3	56	3	0	38	38	4.17
'20	(武)	4	0	0	4	0	0	1	2	0	0	0	.333	83	19	18	3	6	1	12	0	0	12	9	4.26
〔16〕		328	28	7	285	12	8	134	103	0	2	4	.565	8311	1988	1928	173	512	76	1508	54	1	795	712	3.22

梅津　晃大　うめつ・こうだい　東洋大　('19.1)　'96.10.24生　右投右打

年度	チーム	試合	完投	交代了	試当初	無点勝	無四球	勝利	敗北	セーブ	ホールド	HP	勝率	打者	投球回	安打	本塁打	四球	死球	三振	暴投	ボーク	失点	自責点	防御率
'19	(中)	6	0	0	6	0	0	4	1	0	0	0	.800	140	34.2	28	3	11	3	34	2	0	9	9	2.34
'20	(中)	7	1	0	6	0	0	2	3	0	0	0	.400	184	43.1	39	4	19	1	43	1	0	22	18	3.74
〔2〕		13	1	0	12	0	0	6	4	0	0	0	.600	324	78	67	7	30	4	77	3	0	31	27	3.12

梅野　雄吾　うめの・ゆうご　九産大九州産高　('17.1)　'99.1.13生　右投右打

年度	チーム	試合	完投	交代了	試当初	無点勝	無四球	勝利	敗北	セーブ	ホールド	HP	勝率	打者	投球回	安打	本塁打	四球	死球	三振	暴投	ボーク	失点	自責点	防御率
'17	(ヤ)	2	0	0	2	0	0	0	1	0	0	0	.000	37	8	5	1	9	0	8	3	0	7	6	6.75
'18	(ヤ)	29	0	4	1	0	0	3	2	0	10	13	.600	128	26.2	27	5	22	3	25	1	0	22	21	7.09
'19	(ヤ)	68	0	17	0	0	0	3	4	4	28	30	.400	282	67.2	55	7	25	1	77	4	0	34	28	3.72
'20	(ヤ)	42	0	7	0	0	0	5	2	0	12	17	.714	175	42.1	37	6	17	0	35	1	0	18	17	3.61
〔4〕		141	0	28	3	0	0	10	8	4	50	60	.556	622	144.2	124	19	73	4	145	9	0	81	72	4.48

浦野　博司　うらの・ひろし　愛知学院大　('14.1)　'89.7.22生　右投右打

年度	チーム	試合	完投	交代了	試当初	無点勝	無四球	勝利	敗北	セーブ	ホールド	HP	勝率	打者	投球回	安打	本塁打	四球	死球	三振	暴投	ボーク	失点	自責点	防御率
'14	(日)	20	1	1	18	0	0	7	4	0	0	0	.636	473	115	104	13	36	3	78	4	0	51	47	3.68
'15	(日)	12	0	2	7	0	0	3	3	0	0	0	.000	195	43	51	5	19	0	33	1	0	26	23	4.81
'17	(日)	7	0	0	7	0	0	3	3	0	0	0	.500	147	33	42	4	10	0	17	2	0	18	16	4.36
'18	(日)	36	0	18	0	0	0	2	2	7	9	11	.500	167	41.2	33	3	9	0	44	1	0	11	10	2.16
'19	(日)	25	0	7	4	0	0	3	1	0	7	8	.750	143	34.1	37	11	7	2	34	1	0	20	19	4.98
'20	(日)	1	0	0	0	0	0	0	0	0	0	0	.000	1	0	0	0	1	0	0	0	0	0	0	0.00
〔6〕		101	1	28	37	0	0	18	13	7	16	19	.581	1126	267.1	267	36	81	3	207	9	0	126	115	3.87

漆原　大晟　うるしはら・たいせい　新潟医療福祉大　('20.2)　'96.9.10生　右投左打

年度	チーム	試合	完投	交代了	試当初	無点勝	無四球	勝利	敗北	セーブ	ホールド	HP	勝率	打者	投球回	安打	本塁打	四球	死球	三振	暴投	ボーク	失点	自責点	防御率
'20	(オ)	22	0	9	0	0	0	0	2		5	5	.000	102	23.2	20	2	13	1	30	0	0	9	9	3.42

上沢　直之　うわさわ・なおゆき　専大松戸高（'12.1）　'94.2.6生　右投右打

年度チーム	試合	完投	交代了	試当初	無点勝	無四球	勝利	敗北	セーブ	ホールド	HP	勝率	打者	投球回	安打	本塁打	四球	死球	三振	暴投	ボーク	失点	自責点	防御率
'14（日）	23	2	0	20	1	0	8	8	0	1	1	.500	559	135.1	113	14	45	7	105	2	2	49	48	3.19
'15（日）	13	1	0	12	0	0	5	6	0	0	0	.455	335	75.1	75	6	30	5	43	1	1	41	35	4.18
'17（日）	15	0	0	15	0	0	4	9	0	0	0	.308	388	91.2	84	11	32	2	74	2	1	39	35	3.44
'18（日）	25	4	0	21	3	1	11	6	0	0	0	.647	670	165.1	146	15	38	5	151	3	0	62	58	3.16③
'19（日）	11	0	0	11	0	0	5	3	0	0	0	.625	307	71.1	69	5	27	1	64	3	0	34	25	3.15
'20（日）	15	1	0	14	0	0	8	6	0	0	0	.571	411	97	85	6	38	1	90	4	0	40	33	3.06
〔6〕	102	8	0	93	4	1	41	38	0	1	1	.519	2670	636	572	57	210	21	527	15	4	265	234	3.31

E. エスコバー　エドウィン・エスコバー　インスティテゥトディオセサノバルキシメト高（'17.2）　'92.4.22生　左投左打

年度チーム	試合	完投	交代了	試当初	無点勝	無四球	勝利	敗北	セーブ	ホールド	HP	勝率	打者	投球回	安打	本塁打	四球	死球	三振	暴投	ボーク	失点	自責点	防御率
'17（日）	14	0	4	1	0	0	1	2	0	0	1	.333	117	22.1	31	2	13	3	19	0	0	22	14	5.64
（ディ）	27	0	7	1	0	0	1	3	2	7	8	.250	147	34	33	4	11	1	33	1	0	15	13	3.44
'18（ディ）	53	0	6	0	0	0	4	3	0	13	17	.571	223	53	47	4	22	2	54	0	0	24	21	3.57
'19（ディ）	74	0	14	0	0	0	5	4	0	33	38	.556	306	75.1	60	7	24	2	88	1	0	23	21	2.51
'20（ディ）	56	0	12	0	0	0	1	4	0	17	18	.200	217	54	39	3	17	1	58	0	0	15	14	2.33
〔4〕	224	0	43	2	0	0	12	16	2	70	82	.429	1010	238.2	210	20	87	9	252	2	0	99	83	3.13

J. エドワーズ　ジョン・エドワーズ　ケラー高（'20.1）　'88.1.8生　右投右打

年度チーム	試合	完投	交代了	試当初	無点勝	無四球	勝利	敗北	セーブ	ホールド	HP	勝率	打者	投球回	安打	本塁打	四球	死球	三振	暴投	ボーク	失点	自責点	防御率
'20（神）	23	0	5	0	0	0	0	1	0	12	12	.000	86	22.2	17	2	3	2	17	0	0	6	6	2.38

榎田　大樹　えのきだ・だいき　福岡大（'11.1）　'86.8.7生　左投左打

年度チーム	試合	完投	交代了	試当初	無点勝	無四球	勝利	敗北	セーブ	ホールド	HP	勝率	打者	投球回	安打	本塁打	四球	死球	三振	暴投	ボーク	失点	自責点	防御率
'11（神）	62	0	9	0	0	0	3	3	1	33	36	.500	259	63.1	43	3	28	5	71	4	0	19	16	2.27
'12（神）	48	0	12	0	0	0	3	3	2	21	24	.500	188	42.1	36	2	20	8	37	2	0	13	11	2.34
'13（神）	16	0	0	16	0	0	4	9	0	0	0	.308	389	92.1	70	11	38	8	78	5	0	39	37	3.61
'14（神）	24	0	5	7	0	0	2	1	0	0	2	.667	216	44.2	60	4	20	6	42	3	0	38	35	7.05
'15（神）	8	0	2	0	0	0	0	0	0	1	0	.000	42	8.2	9	1	4	1	8	0	0	11	10	10.38
'16（神）	35	0	7	0	0	0	1	1	0	3	4	.500	174	39.2	39	5	16	3	32	2	0	19	19	4.31
'17（神）	3	0	1	0	0	0	0	1	0	0	1	.000	30	6.1	10	2	2	0	6	0	0	2	1	1.42
'18（武）	23	0	0	22	0	0	11	6	0	0	0	.733	566	132.2	132	14	40	14	98	0	0	53	49	3.32
'19（武）	20	0	0	13	0	0	4	3	0	0	0	.571	319	69	86	12	21	4	54	5	0	54	50	6.52
'20（武）	5	0	0	5	0	0	1	1	0	0	0	.500	103	24	26	4	6	1	9	0	0	14	14	5.25
〔10〕	237	0	36	63	0	0	29	25	3	60	69	.537	2286	523	511	55	195	54	414	18	0	262	242	4.16

遠藤　淳志　えんどう・あつし　霞ヶ浦高（'18.1）　'99.4.8生　右投右打

年度チーム	試合	完投	交代了	試当初	無点勝	無四球	勝利	敗北	セーブ	ホールド	HP	勝率	打者	投球回	安打	本塁打	四球	死球	三振	暴投	ボーク	失点	自責点	防御率
'19（広）	34	0	5	0	0	0	1	1	0	6	7	.500	188	42.2	36		25	1	38	3	1	19	15	3.16
'20（広）	19	2	0	17	0	1	5	6	0	0	0	.455	464	107	90	13	52	4	97	2	1	53	46	3.87
〔2〕	53	2	5	17	0	1	6	7	0	6	7	.462	652	149.2	126	14	77	5	135	5	2	72	61	3.67

大江　竜聖　おおえ・りゅうせい　二松學舍大付高（'17.1）　'99.1.15生　左投左打

年度チーム	試合	完投	交代了	試当初	無点勝	無四球	勝利	敗北	セーブ	ホールド	HP	勝率	打者	投球回	安打	本塁打	四球	死球	三振	暴投	ボーク	失点	自責点	防御率
'19（巨）	8	0	2	0	0	0	0	0	0	1	1	.000	49	10.2	13	3	3	0	7	1	0	9	8	6.75
'20（巨）	43	0	2	0	0	0	3	0	0	9	12	1.000	156	37.2	21	5	22	5	30	0	0	15	13	3.11
〔2〕	51	0	4	0	0	0	3	0	0	10	13	1.000	205	48.1	34	8	25	5	37	1	0	24	21	3.91

大下　佑馬　おおした・ゆうま　亜細亜大（'18.1）　'92.7.6生　右投左打

年度	チーム	試合	完投	交代了	試当初	無点勝	無四球	勝利	敗北	セーブ	ホールド	HP	勝率	打者	投回	安打	本塁打	四球	死球	三振	暴投	ボーク	失点	自責点	防御率
'18	(ヤ)	25	0	6	2	0	0	2	1	0	5	7	.667	171	43.2	31	6	9	3	35	3	0	17	15	3.09
'19	(ヤ)	31	0	9	1	0	0	0	2	0	2	2	.000	187	41.2	52	7	12	0	30	0	1	26	24	5.18
'20	(ヤ)	13	0	6	0	0	0	0	1	0	0	0	.000	72	16.1	20	2	3	0	10	1	0	11	10	5.51
〔3〕		69	0	21	3	0	0	2	4	0	7	9	.333	430	101.2	103	15	24	3	75	4	1	54	49	4.34

大瀬良大地　おおせら・だいち　九州共立大（'14.1）　'91.6.17生　右投右打

年度	チーム	試合	完投	交代了	試当初	無点勝	無四球	勝利	敗北	セーブ	ホールド	HP	勝率	打者	投回	安打	本塁打	四球	死球	三振	暴投	ボーク	失点	自責点	防御率
'14	(広)	26	3	0	23	1	0	10	8	0	0	0	.556	648	151	165	20	40	3	116	5	0	80	68	4.05⑭
'15	(広)	51	2	6	7	0	0	3	8	2	20	22	.273	475	109.1	111	5	31	1	97	4	0	53	38	3.13
'16	(広)	17	0	4	1	0	0	3	1	0	4	7	.750	87	21.2	15	2	6	1	24	1	0	8	8	3.32
'17	(広)	24	0	0	24	0	0	10	2	0	0	0	.833	617	145.2	143	12	43	1	109	9	0	68	59	3.65⑧
'18	(広)	27	2	0	25	0	1	15	7	0	0	0	.682	727	182	143	22	41	4	159	4	0	65	53	2.62③
'19	(広)	26	6	0	19	2	3	11	9	0	0	0	.550	712	173.1	176	22	35	4	136	4	0	72	68	3.53⑦
'20	(広)	11	2	0	9	0	0	5	4	0	0	0	.556	272	63.1	70	6	14	1	38	0	0	33	31	4.41
〔7〕		182	15	10	108	3	4	57	39	2	24	29	.594	3538	846.1	823	89	210	15	679	27	0	379	325	3.46

大竹　寛　おおたけ・かん　浦和学院高（'02.1）　'83.5.21生　右投右打

年度	チーム	試合	完投	交代了	試当初	無点勝	無四球	勝利	敗北	セーブ	ホールド	HP	勝率	打者	投回	安打	本塁打	四球	死球	三振	暴投	ボーク	失点	自責点	防御率
'03	(広)	3	0	1	2	0	0	1	1	0			.500	36	8	9	2	3	0	5	0	0	6	5	5.63
'04	(広)	43	1	28	4	0	0	6	5	17			.545	351	82	68	11	40	4	91	2	0	33	29	3.18
'05	(広)	28	0	0	28	0	0	10	12	0	0	0	.455	734	161.2	171	22	87	7	161	9	4	110	101	5.62⑭
'06	(広)	30	2	0	27	0	1	6	13	0	0	0	.316	682	157	172	25	54	2	110	4	0	92	86	4.93⑰
'07	(広)	27	3	3	21	1	0	9	10	0	0	0	.474	623	145.2	137	15	59	6	104	11	0	72	61	3.77⑪
'08	(広)	28	3	0	24	1	0	9	13	0	1	1	.409	752	171	189	19	67	5	99	6	1	89	73	3.84⑩
'09	(広)	29	5	0	24	3	1	10	8	0	0	0	.556	781	185.2	177	10	60	4	127	10	1	72	58	2.81⑤
'10	(広)	3	0	0	3	0	0	1	0	0	0	0	1.000	86	18	22	2	10	2	9	1	0	10	10	5.00
'11	(広)	6	0	0	6	0	0	1	1	0	0	0	.500	129	31.2	28	1	7	0	15	0	0	7	6	1.71
'12	(広)	24	0	0	24	0	0	11	5	0	0	0	.688	618	144.2	144	6	43	5	85	3	0	44	38	2.36②
'13	(広)	25	1	0	24	0	0	10	10	0	0	0	.500	675	163	152	13	49	4	100	4	0	64	61	3.37⑪
'14	(巨)	22	1	0	21	0	0	9	6	0	0	0	.600	546	129	127	13	34	4	79	4	0	60	57	3.98
'15	(巨)	11	0	0	11	0	0	3	4	0	0	0	.429	227	56	56	5	11	0	35	0	0	21	20	3.21
'16	(巨)	17	0	0	16	0	0	6	6	0	0	0	.500	393	91.1	91	6	30	1	71	3	0	40	36	3.55
'17	(巨)	13	0	0	13	0	0	4	4	0	0	0	.500	300	69	75	9	18	3	50	0	1	41	39	5.09
'18	(巨)	2	0	0	2	0	0	1	1	0	0	0	.500	42	9	13	2	2	0	5	0	0	6	6	6.00
'19	(巨)	32	0	3	0	0	0	4	0	0	8	12	1.000	111	26	26	2	8	0	24	1	0	9	8	2.77
'20	(巨)	29	0	3	0	0	0	1	2	0	16	17	.333	100	24.1	20	3	9	1	16	0	0	7	7	2.59
〔18〕		372	16	38	250	5	2	102	101	17	25	30	.502	7186	1673	1677	166	591	48	1186	58	7	785	701	3.77

大竹耕太郎　おおたけ・こうたろう　早稲田大（'18.7）　'95.6.29生　左投左打

年度	チーム	試合	完投	交代了	試当初	無点勝	無四球	勝利	敗北	セーブ	ホールド	HP	勝率	打者	投回	安打	本塁打	四球	死球	三振	暴投	ボーク	失点	自責点	防御率
'18	(ソ)	11	0	3	8	0	0	3	2	0	0	0	.600	197	48.2	45	6	13	1	36	0	0	21	21	3.88
'19	(ソ)	17	1	0	16	0	0	5	4	0	0	0	.556	442	106	111	13	20	4	72	0	1	47	45	3.82
'20	(ソ)	3	0	0	3	0	0	2	0	0	0	0	1.000	60	15.2	13	1	3	0	8	0	0	4	4	2.30
〔3〕		31	1	3	27	0	0	10	6	0	0	0	.625	699	170.1	169	20	36	5	116	0	1	72	70	3.70

大谷　智久　おおたに・ともひさ　早稲田大（'10.1）　'85.2.14生　右投右打

年度	チーム	試合	完投	交代了	試当初	無点勝	無四球	勝利	敗北	セーブ	ホールド	HP	勝率	打者	投球回	安打	本塁打	四球	死球	三振	暴投	ボーク	失点	自責点	防御率
'10	(ロ)	11	0	0	0	0	0	1	1	0	1	2	.500	70	15	22	2	4	0	5	0	0	12	12	7.20
'11	(ロ)	34	0	6	15	0	0	3	9	0	5	5	.250	497	120	123	8	23	3	78	1	0	49	45	3.38
'12	(ロ)	42	0	6	6	0	0	4	6	0	5	7	.400	345	81.2	84	1	19	1	44	2	0	30	29	3.20
'13	(ロ)	14	0	3	9	0	0	2	5	0	2	6	.286	222	47.2	59	8	16	4	27	0	0	38	37	6.99
'14	(ロ)	49	0	11	1	0	0	2	2	0	23	25	.500	230	60.1	45	2	10	4	40	0	0	13	13	1.94
'15	(ロ)	56	0	5	0	0	0	3	1	0	32	35	.750	250	64	57	4	5	2	53	1	0	21	17	2.39
'16	(ロ)	32	0	6	0	0	0	1	3	0	13	14	.250	135	31.1	32	2	10	1	15	0	0	14	12	3.45
'17	(ロ)	55	0	8	0	0	0	3	2	0	23	26	.600	214	52	47	5	14	1	33	1	0	20	18	3.12
'18	(ロ)	45	0	6	0	0	0	1	3	0	18	19	.250	191	41.2	50	6	17	1	36	2	0	25	25	5.40
'19	(ロ)	2	0	1	0	0	0	0	0	0	0	0	.000	10	1.2	2	0	1	0	1	0	0	3	2	10.80
〔10〕		340	0	52	31	0	0	20	34	0	120	133	.370	2164	515.1	521	41	120	17	332	7	0	225	210	3.67

大西　広樹　おおにし・ひろき　大阪商業大（'20.1）　'97.11.8生　右投右打

年度	チーム	試合	完投	交代了	試当初	無点勝	無四球	勝利	敗北	セーブ	ホールド	HP	勝率	打者	投球回	安打	本塁打	四球	死球	三振	暴投	ボーク	失点	自責点	防御率
'20	(ヤ)	5	0	1	1	0	0	0	0	0	1	1	.000	44	9	14	1	5	0	6	0	0	5	5	5.00

大貫　晋一　おおぬき・しんいち　日本体育大（'19.1）　'94.2.3生　右投右打

年度	チーム	試合	完投	交代了	試当初	無点勝	無四球	勝利	敗北	セーブ	ホールド	HP	勝率	打者	投球回	安打	本塁打	四球	死球	三振	暴投	ボーク	失点	自責点	防御率
'19	(デ)	15	0	0	15	0	0	6	5	0	0	0	.545	302	66.2	81	7	25	2	54	1	0	38	37	5.00
'20	(デ)	19	1	0	18	0	1	10	6	0	0	0	.625	452	113.2	96	13	29	3	81	0	1	34	32	2.53
〔2〕		34	1	0	33	0	1	16	11	0	0	0	.593	754	180.1	177	20	54	5	135	1	1	72	69	3.44

大野　雄大　おおの・ゆうだい　佛教大（'11.1）　'88.9.26生　左投左打

年度	チーム	試合	完投	交代了	試当初	無点勝	無四球	勝利	敗北	セーブ	ホールド	HP	勝率	打者	投球回	安打	本塁打	四球	死球	三振	暴投	ボーク	失点	自責点	防御率
'11	(中)	1	0	0	1	0	0	0	1	0	0	0	.000	22	4	9	2	1	0	2	1	0	7	6	13.50
'12	(中)	9	0	0	8	0	0	4	3	0	1	1	.571	188	44.2	40	1	14	3	41	3	0	15	13	2.62
'13	(中)	25	1	0	24	0	1	10	10	0	0	0	.500	624	146.1	151	12	43	5	117	3	0	65	62	3.81⑭
'14	(中)	25	3	0	22	1	1	10	8	0	0	0	.556	682	165	156	14	47	6	119	3	0	60	53	2.89④
'15	(中)	28	6	0	21	3	1	11	10	0	1	1	.524	826	207.1	169	12	47	8	154	1	0	67	58	2.52⑥
'16	(中)	19	3	0	16	1	1	7	10	0	0	0	.412	547	129.2	126	11	37	6	85	0	0	59	51	3.54
'17	(中)	24	2	2	20	1	0	7	8	0	0	0	.467	629	147.2	143	17	51	6	117	0	0	71	66	4.02⑫
'18	(中)	6	0	0	6	0	0	0	3	0	0	0	.000	130	27.1	32	2	11	0	21	1	0	27	26	8.56
'19	(中)	25	2	0	23	2	0	9	8	0	0	0	.529	696	177.2	132	13	43	2	156	2	0	52	51	2.58①
'20	(中)	20	10	0	10	6	2	11	6	0	0	0	.647	559	148.2	106	13	23	0	148	0	0	33	30	1.82①
〔10〕		182	27	2	151	14	6	69	67	0	2	2	.507	4903	1198.1	1064	107	325	27	960	17	0	456	416	3.12

大嶺　祐太　おおみね・ゆうた　八重山商工高（'07.1）　'88.6.16生　右投左打

年度	チーム	試合	完投	交代了	試当初	無点勝	無四球	勝利	敗北	セーブ	ホールド	HP	勝率	打者	投球回	安打	本塁打	四球	死球	三振	暴投	ボーク	失点	自責点	防御率
'07	(ロ)	1	0	0	1	0	0	0	0	0	0	0	.000	21	4	7	1	1	2	4	0	0	5	5	11.25
'08	(ロ)	7	0	0	5	0	0	2	2	0	0	0	.500	137	32.2	32	5	8	2	23	2	0	19	19	5.23
'09	(ロ)	16	2	0	14	1	0	5	6	0	0	0	.455	428	95	115	11	35	5	59	2	0	62	61	5.78
'10	(ロ)	13	2	0	11	1	0	3	6	0	0	0	.333	320	71.1	78	12	34	3	52	1	0	48	41	5.17
'11	(ロ)	1	0	0	0	0	0	0	0	0	0	0	.000	11	1.1	3	1	4	0	1	0	0	5	5	33.75
'13	(ロ)	10	1	0	8	1	0	4	2	0	0	0	.667	197	43.1	43	2	26	2	29	1	0	23	22	4.57
'14	(ロ)	13	1	0	7	0	0	3	4	0	0	1	.429	241	54.2	60	4	20	1	31	2	0	32	21	3.46
'15	(ロ)	24	1	0	22	1	1	8	7	0	0	0	.533	574	133.1	141	8	46	7	70	1	0	49	47	3.17
'16	(ロ)	14	0	1	6	0	0	1	3	0	1	1	.250	175	34.2	47	4	26	2	14	1	0	31	25	6.49
'17	(ロ)	20	0	7	2	0	0	2	2	0	2	2	.500	142	30.2	33	1	22	0	21	0	0	19	13	3.82
'20	(ロ)	2	0	0	2	0	0	0	0	0	0	0	.000	45	9	15	1	6	0	9	0	0	9	9	9.00
〔11〕		121	6	8	79	4	1	28	34	0	1	3	.452	2291	510	574	50	228	20	313	10	0	302	268	4.73

個人年度別投手成績　お

岡田　明丈　おかだ・あきたけ　大阪商業大（'16.1）　'93.10.18生　右投左打

年度	チーム	試合	完投	交代了	試当初	無点勝	無四球	勝利	敗北	セーブ	ホールド	H P	勝率	打者	投球回	安打	本塁打	四球	死球	三振	暴投	ボーク	失点	自責点	防御率
'16	(広)	18	1	0	14	0	0	4	3	0	1	1	.571	375	89.1	89	6	25	0	60	4	2	34	30	3.02
'17	(広)	24	2	0	22	0	1	12	5	0	0	0	.706	604	141.2	134	9	63	4	109	3	4	68	63	4.00
'18	(広)	26	0	0	24	0	0	8	7	0	1	1	.533	603	138	137	13	62	4	114	4	1	84	78	5.09
'19	(広)	3	0	0	2	0	0	0	2	0	0	0	.000	39	7	9	2	11	0	4	0	0	12	11	14.14
〔4〕		71	3	0	62	0	1	24	17	0	2	2	.585	1621	376	369	30	161	8	287	11	7	198	182	4.36

岡田　俊哉　おかだ・としや　智辯和歌山高（'10.1）　'91.12.5生　左投左打

年度	チーム	試合	完投	交代了	試当初	無点勝	無四球	勝利	敗北	セーブ	ホールド	H P	勝率	打者	投球回	安打	本塁打	四球	死球	三振	暴投	ボーク	失点	自責点	防御率
'13	(中)	66	0	10	3	0	0	7	5	2	15	22	.583	362	87	67	6	37	2	67	4	0	27	27	2.79
'14	(中)	38	0	5	7	0	0	3	7	1	4	6	.300	307	72.2	67	5	31	2	51	0	0	39	35	4.33
'15	(中)	50	0	15	0	0	0	1	0	12	12	.000	225	57.1	38	1	15	2	55	2	0	10	10	1.57
'16	(中)	57	0	10	0	0	0	3	1	0	13	16	.750	273	64.2	62	4	18	2	66	1	0	28	23	3.20
'17	(中)	9	0	2	0	0	0	0	2	0	0	0	.000	31	7	9	1	4	0	4	0	0	5	4	5.14
'18	(中)	27	0	6	0	0	0	1	0	0	6	7	1.000	99	21.1	24	2	13	0	19	1	0	13	12	5.06
'19	(中)	53	0	27	0	0	0	3	2	13	7	10	.600	207	50.1	44	8	11	1	53	0	0	20	20	3.58
'20	(中)	29	0	11	0	0	0	2	2	3	5	.500	112	24	28	3	14	0	27	2	0	20	13	4.88
〔8〕		329	0	86	10	0	0	19	20	19	62	80	.487	1616	384.1	339	30	143	9	342	10	0	162	144	3.37

岡野祐一郎　おかの・ゆういちろう　青山学院大（'20.1）　'94.4.16生　右投右打

年度	チーム	試合	完投	交代了	試当初	無点勝	無四球	勝利	敗北	セーブ	ホールド	H P	勝率	打者	投球回	安打	本塁打	四球	死球	三振	暴投	ボーク	失点	自責点	防御率
'20	(中)	11	0	2	9	0	0	2	2	0	0	0	.500	189	42.1	50	9	13	0	41	2	0	30	29	6.17

小笠原慎之介　おがさわら・しんのすけ　東海大相模高（'16.1）　'97.10.8生　左投左打

年度	チーム	試合	完投	交代了	試当初	無点勝	無四球	勝利	敗北	セーブ	ホールド	H P	勝率	打者	投球回	安打	本塁打	四球	死球	三振	暴投	ボーク	失点	自責点	防御率
'16	(中)	15	0	1	12	0	0	2	6	0	0	0	.250	310	72.1	56	7	40	2	58	4	0	30	27	3.36
'17	(中)	22	1	0	18	0	0	5	8	0	0	0	.385	522	119	124	21	53	1	105	7	0	65	64	4.84
'18	(中)	17	1	0	16	1	0	5	6	0	0	0	.455	466	107.1	108	15	47	3	73	2	0	53	49	4.11
'19	(中)	7	0	0	7	0	0	3	1	0	0	0	.750	155	38.2	34	5	7	2	32	4	0	12	11	2.56
'20	(中)	4	0	0	4	0	0	1	3	0	0	0	.250	85	19	22	4	8	1	16	0	0	17	15	7.11
〔5〕		65	2	1	57	1	0	16	24	0	0	0	.400	1538	356.1	344	52	155	9	284	17	0	177	166	4.19

尾形　崇斗　おがた・しゅうと　学法石川高（'20.3）　'99.5.15生　右投左打

年度	チーム	試合	完投	交代了	試当初	無点勝	無四球	勝利	敗北	セーブ	ホールド	H P	勝率	打者	投球回	安打	本塁打	四球	死球	三振	暴投	ボーク	失点	自責点	防御率
'20	(ソ)	1	0	0	0	0	0	0	0	0	0	0	.000	8	1	2	0	3	0	2	0	0	3	3	27.00

小川　一平　おがわ・いっぺい　東海大九州キャンパス（'20.1）　'97.6.3生　右投右打

年度	チーム	試合	完投	交代了	試当初	無点勝	無四球	勝利	敗北	セーブ	ホールド	H P	勝率	打者	投球回	安打	本塁打	四球	死球	三振	暴投	ボーク	失点	自責点	防御率
'20	(神)	21	0	9	0	0	0	0	0	0	0	0	.000	101	21	28	1	13	0	18	5	0	15	11	4.71

小川　泰弘　おがわ・やすひろ　創価大　('13.1)　'90.5.16生　右投右打

年度	チーム	試合	完投	交代了	試当初	無点勝	無四球	勝利	敗北	セーブ	ホールド	HP	勝率	打者	投球回	安打	本塁打	四球	死球	三振	暴投	ボーク	失点	自責点	防御率
'13	(ヤ)	26	4	0	22	3	0	16	4	0	0	0	.800	722	178	155	9	45	2	135	2	0	63	58	2.93⑤
'14	(ヤ)	17	0	0	17	0	0	9	6	0	0	0	.600	469	108.1	119	13	22	3	108	1	1	52	44	3.66
'15	(ヤ)	27	1	0	26	1	0	11	8	0	0	0	.579	700	168	152	18	48	4	128	0	0	66	58	3.11⑩
'16	(ヤ)	25	4	0	21	1	0	8	9	0	0	0	.471	668	158	149	22	52	5	114	3	0	82	79	4.50⑫
'17	(ヤ)	22	2	2	16	1	0	8	7	0	1	1	.533	509	124	104	11	39	0	109	0	0	42	39	2.83
'18	(ヤ)	18	0	0	18	0	0	8	5	0	0	0	.615	450	108	109	9	24	1	94	1	0	36	33	2.75
'19	(ヤ)	26	2	0	24	1	2	5	12	0	0	0	.294	686	159.2	173	26	36	2	132	1	0	91	81	4.57⑨
'20	(ヤ)	20	1	0	19	1	0	10	8	0	0	0	.556	515	119	132	20	29	2	83	2	0	64	61	4.61
〔8〕		181	14	2	163	8	3	75	59	0	1	1	.560	4719	1123	1093	128	295	20	903	10	1	496	453	3.63

小川　龍也　おがわ・りゅうや　千葉英和高　('10.1)　'91.9.3生　左投左打

年度	チーム	試合	完投	交代了	試当初	無点勝	無四球	勝利	敗北	セーブ	ホールド	HP	勝率	打者	投球回	安打	本塁打	四球	死球	三振	暴投	ボーク	失点	自責点	防御率
'11	(中)	1	0	0	0	0	0	0	0	0	1	1	.000	3	1	0	0	1	0	1	0	0	0	0	0.00
'12	(中)	1	0	0	1	0	0	0	1	0	0	0	.000	17	4	4	1	1	0	3	1	0	2	2	4.50
'13	(中)	1	0	0	1	0	0	0	0	0	0	0	.000	14	3	3	1	2	1	0	0	0	2	2	6.00
'14	(中)	7	0	5	1	0	0	0	0	0	1	0	.000	60	12.1	11	1	12	0	5	3	0	9	5	3.65
'15	(中)	2	0	1	0	0	0	0	0	0	0	0	.000	10	2	3	0	1	0	1	0	0	2	2	9.00
'16	(中)	44	0	6	0	0	0	1	1	0	9	10	.500	126	31.2	21	1	9	3	34	1	0	10	8	2.27
'17	(中)	18	0	5	0	0	0	0	0	0	3	3	.000	55	12.1	11	0	5	3	9	1	0	3	3	2.19
'18	(武)	15	0	1	0	0	0	1	0	0	4	5	1.000	46	11.1	11	0	3	1	7	0	0	3	2	1.59
'19	(武)	55	0	11	0	0	0	4	1	0	15	19	.800	157	38.1	35	4	12	3	28	4	0	12	11	2.58
'20	(武)	38	0	8	0	0	0	2	1	0	3	5	.667	109	25.2	22	1	14	1	13	2	0	6	6	2.10
〔10〕		182	0	37	4	0	0	8	5	1	35	43	.615	597	141.2	121	9	59	13	101	12	0	49	41	2.60

奥川　恭伸　おくがわ・やすのぶ　星稜高　('20.1)　'01.4.16生　右投右打

年度	チーム	試合	完投	交代了	試当初	無点勝	無四球	勝利	敗北	セーブ	ホールド	HP	勝率	打者	投球回	安打	本塁打	四球	死球	三振	暴投	ボーク	失点	自責点	防御率
'20	(ヤ)	1	0	0	1	0	0	0	0	0	0	0	.000	15	2	9	1	0	0	2	0	0	5	5	22.50

奥村　政稔　おくむら・まさと　九州国際大　('19.1)　'92.8.14生　右投右打

年度	チーム	試合	完投	交代了	試当初	無点勝	無四球	勝利	敗北	セーブ	ホールド	HP	勝率	打者	投球回	安打	本塁打	四球	死球	三振	暴投	ボーク	失点	自責点	防御率
'19	(ソ)	12	0	4	0	0	0	0	1	0	3	3	.000	58	12.1	13	3	7	3	10	2	0	12	12	8.76
'20	(ソ)	5	0	3	0	0	0	0	0	0	0	0	.000	20	4.1	3	0	3	2	7	0	1	1	1	2.08
〔2〕		17	0	7	0	0	0	0	1	0	3	3	.000	78	16.2	16	3	10	5	17	2	1	13	13	7.02

小熊　凌祐　おぐま・りょうすけ　近江高　('09.1)　'90.8.11生　右投右打

年度	チーム	試合	完投	交代了	試当初	無点勝	無四球	勝利	敗北	セーブ	ホールド	HP	勝率	打者	投球回	安打	本塁打	四球	死球	三振	暴投	ボーク	失点	自責点	防御率
'11	(中)	6	0	1	0	0	0	1	0	0	1	2	1.000	48	9	14	5	6	2	8	0	0	16	16	16.00
'12	(中)	1	0	0	0	0	0	0	0	0	0	0	.000	12	2	2	0	4	0	1	0	0	3	3	13.50
'13	(中)	28	0	11	0	0	0	3	0	0	3	4	1.000	103	27.1	21	2	2	2	19	0	0	7	7	2.30
'14	(中)	2	0	2	0	0	0	0	0	0	0	0	.000	10	2	4	1	1	0	0	0	0	3	3	13.50
'15	(中)	13	0	1	7	0	0	1	1	0	1	1	.500	183	42	39	5	24	1	21	1	0	21	19	4.07
'16	(中)	14	1	3	7	1	0	5	2	0	0	1	.714	231	54.2	43	4	29	2	25	3	0	17	17	2.80
'17	(中)	4	0	0	3	0	0	0	3	0	0	0	.000	77	17	22	5	5	0	9	0	0	18	18	9.53
'18	(中)	8	0	0	8	0	0	3	4	0	0	0	.429	190	43.1	51	7	10	0	37	1	0	35	30	6.23
'19	(中)	14	0	4	0	0	0	1	3	0	0	1	.333	69	15.2	13	1	9	0	14	0	0	8	6	3.45
〔9〕		90	1	22	25	1	0	12	13	0	5	9	.480	923	213	209	32	83	6	137	5	0	128	119	5.03

小島　和哉　おじま・かずや　早稲田大（'19.1）　'96.7.7生　左投左打

年度	チーム	試合	完投	交代完了	試合当初	無点勝	無四球	勝利	敗北	セーブ	ホールド	HP	勝率	打者	投球回	安打	本塁打	四球	死球	三振	暴投	ボーク	失点	自責点	防御率
'19	（ロ）	10	0	0	10	0	0	3	5	0	0	0	.375	232	54.1	55	5	20	1	45	0	0	28	26	4.31
'20	（ロ）	20	0	0	20	0	0	7	8	0	0	0	.467	479	113.1	106	12	47	3	83	0	1	50	47	3.73
〔2〕		30	0	0	30	0	0	10	13	0	0	0	.435	711	167.2	161	17	67	4	128	0	1	78	73	3.92

尾仲　祐哉　おなか・ゆうや　広島経済大（'17.1）　'95.1.31生　右投左打

年度	チーム	試合	完投	交代完了	試合当初	無点勝	無四球	勝利	敗北	セーブ	ホールド	HP	勝率	打者	投球回	安打	本塁打	四球	死球	三振	暴投	ボーク	失点	自責点	防御率
'17	（ディ）	11	0	3	0	0	0	1	1	0	0	1	.500	96	19.1	22	2	15	0	17	3	0	16	14	6.52
'18	（神）	12	0	2	0	0	0	0	1	0	0	0	.000	51	11.2	13	1	4	0	14	1	0	6	5	3.86
'19	（神）	5	0	3	0	0	0	0	0	0	0	0	.000	26	5.2	6	1	5	1	6	0	0	4	4	6.35
'20	（神）	4	0	2	0	0	0	0	0	0	0	0	.000	21	4.1	6	0	2	0	2	0	0	3	3	6.23
〔4〕		32	0	10	0	0	0	1	2	0	0	1	.333	194	41	47	4	26	1	39	4	0	29	26	5.71

小野　泰己　おの・たいき　富士大（'17.1）　'94.5.30生　右投右打

年度	チーム	試合	完投	交代完了	試合当初	無点勝	無四球	勝利	敗北	セーブ	ホールド	HP	勝率	打者	投球回	安打	本塁打	四球	死球	三振	暴投	ボーク	失点	自責点	防御率
'17	（神）	15	0	0	15	0	0	2	7	0	0	0	.222	343	78.2	78	6	40	5	63	4	0	38	38	4.35
'18	（神）	23	0	0	23	0	0	7	7	0	0	0	.500	573	126.1	133	10	**81**	3	96	**10**	0	71	67	4.77
'19	（神）	14	0	3	0	0	0	0	1	0	5	5	.000	58	11.2	11	0	13	1	6	0	0	3	3	2.31
〔3〕		52	0	3	38	0	0	9	15	0	5	5	.375	974	216.2	222	16	134	9	165	14	0	112	108	4.49

小野　郁　おの・ふみや　西日本短大付高（'15.1）　'96.10.23生　右投右打

年度	チーム	試合	完投	交代完了	試合当初	無点勝	無四球	勝利	敗北	セーブ	ホールド	HP	勝率	打者	投球回	安打	本塁打	四球	死球	三振	暴投	ボーク	失点	自責点	防御率
'15	（楽）	4	0	3	0	0	0	0	0	0	0	0	.000	27	5	10	1	4	1	0	1	0	8	8	14.40
'16	（楽）	11	0	6	0	0	0	0	0	0	0	0	.000	69	13.1	20	1	9	0	7	3	0	14	13	8.78
'17	（楽）	2	0	1	0	0	0	0	0	0	0	0	.000	8	2	2	2	0	0	1	0	0	2	2	9.00
'18	（楽）	9	0	5	0	0	0	0	1	0	0	0	.000	42	10.1	9	1	4	2	9	0	0	4	4	3.48
'19	（楽）	13	0	7	0	0	0	0	0	0	0	0	.000	87	18.2	26	3	5	2	14	1	0	13	13	6.27
'20	（ロ）	40	0	14	0	0	0	2	2	0	2	3	.500	162	39	31	2	18	1	32	0	0	18	14	3.23
〔6〕		79	0	36	0	0	0	2	3	0	2	3	.400	395	88.1	98	10	40	6	63	5	0	59	54	5.50

O.ガルシア　オネルキ・ガルシア　エスクエラ・エスパ高（'18.1）　'89.8.2生　左投左打

年度	チーム	試合	完投	交代完了	試合当初	無点勝	無四球	勝利	敗北	セーブ	ホールド	HP	勝率	打者	投球回	安打	本塁打	四球	死球	三振	暴投	ボーク	失点	自責点	防御率
'18	（中）	27	2	0	24	2	0	13	9	0	0	0	.591	711	168.2	144	13	73	6	132	2	1	60	56	2.99④
'19	（神）	21	1	0	17	1	0	6	8	0	0	0	.429	473	103.2	123	8	40	6	79	1	0	66	54	4.69
'20	（神）	14	0	0	14	0	0	2	6	0	0	3	.250	326	75.1	71	9	35	1	51	4	1	39	37	4.42
〔3〕		62	3	0	55	3	0	21	23	0	0	3	.477	1510	347.2	338	30	148	13	262	7	2	165	147	3.81

J.ガンケル　ジョー・ガンケル　ウェストチェスター大（'20.1）　'91.12.30生　右投右打

年度	チーム	試合	完投	交代完了	試合当初	無点勝	無四球	勝利	敗北	セーブ	ホールド	HP	勝率	打者	投球回	安打	本塁打	四球	死球	三振	暴投	ボーク	失点	自責点	防御率
'20	（神）	28	0	3	6	0	0	2	4	0	11	13	.333	232	56.2	54	6	13	3	39	0	0	21	20	3.18

海田　智行　かいだ・ともゆき　駒澤大（'12.1）　'87.9.2生　左投左打

年度/チーム	試合	完投	交代了	試当初	無点勝	無四球	勝利	敗北	セーブ	ホールド	HP	勝率	打者	投球回	安打	本塁打	四球	死球	三振	暴投	ボーク	失点	自責点	防御率
'12(オ)	31	0	7	5	0	0	0	4	0	1	1	.000	245	56.1	63	2	20	1	30	0	1	19	19	3.04
'13(オ)	35	0	4	9	0	0	0	5	0	5	6	.286	330	78.1	80	7	24	0	44	2	0	37	34	3.91
'14(オ)	19	0	9	0	0	0	0	1	0	0	0	.000	88	19	26	1	4	2	11	1	0	17	16	7.58
'15(オ)	48	0	10	0	0	0	2	2	0	8	10	.500	180	41.1	38	3	15	2	27	0	0	15	12	2.61
'16(オ)	50	0	14	0	0	0	1	3	0	15	16	.250	185	45.1	40	1	12	0	31	0	0	14	14	2.78
'17(オ)	12	0	3	0	0	0	0	1	0	3	3	.000	46	10.2	8	1	7	0	5	0	0	7	7	5.91
'18(オ)	4	0	2	0	0	0	0	0	0	0	0	.000	14	2.2	5	0	0	0	0	0	0	4	4	13.50
'19(オ)	55	0	6	0	0	0	1	2	0	22	23	.333	196	49	41	1	11	2	33	1	0	15	10	1.84
'20(オ)	9	0	2	0	0	0	0	1	0	2	2	.000	22	4.1	8	0	1	0	4	0	0	7	7	14.54
〔9〕	260	0	55	14	0	0	6	19	0	56	61	.240	1306	307	309	16	94	7	185	4	1	135	123	3.61

甲斐野　央　かいの・ひろし　東洋大（'19.1）　'96.11.16生　右投左打

年度/チーム	試合	完投	交代了	試当初	無点勝	無四球	勝利	敗北	セーブ	ホールド	HP	勝率	打者	投球回	安打	本塁打	四球	死球	三振	暴投	ボーク	失点	自責点	防御率
'19(ソ)	65	0	18	0	0	0	2	5	8	26	28	.286	253	58.2	49	6	34	4	73	3	0	28	27	4.14

鍵谷　陽平　かぎや・ようへい　中央大（'13.1）　'90.9.23生　右投右打

年度/チーム	試合	完投	交代了	試当初	無点勝	無四球	勝利	敗北	セーブ	ホールド	HP	勝率	打者	投球回	安打	本塁打	四球	死球	三振	暴投	ボーク	失点	自責点	防御率
'13(日)	38	0	14	2	0	0	2	3	1	5	7	.400	231	54	41	4	33	1	42	1	0	21	20	3.33
'14(日)	21	0	8	0	0	0	1	0	0	2	3	1.000	119	28.2	25	4	10	2	27	0	0	9	7	2.20
'15(日)	40	0	8	0	0	0	5	3	0	15	20	.625	159	34.2	45	3	12	1	32	1	0	23	18	4.67
'16(日)	48	0	19	0	0	0	5	3	3	3	8	.625	187	44.2	37	3	21	0	38	4	0	23	21	4.23
'17(日)	60	0	9	0	0	0	2	3	1	17	19	.400	218	57	33	6	17	0	46	0	0	23	16	2.53
'18(日)	28	0	8	0	0	0	0	0	0	2	2	.000	128	27.1	33	2	12	1	22	1	0	14	13	4.28
'19(日)	18	0	5	0	0	0	0	1	1	0	1	.000	77	16.2	16	0	12	0	16	0	0	11	11	5.94
'19(巨)	27	0	6	0	0	0	0	0	6	6	6	.000	117	27	21	4	18	0	11	0	0	11	9	3.00
'20(巨)	46	0	7	0	0	0	3	1	0	13	16	.750	148	37.1	25	2	13	1	40	0	0	12	12	2.89
〔8〕	326	0	84	2	0	0	18	15	5	64	82	.545	1384	327.1	276	28	148	5	274	7	0	147	127	3.49

笠井　崇正　かさい・たかまさ　早稲田大（'18.1）　'94.8.7生　右投右打

年度/チーム	試合	完投	交代了	試当初	無点勝	無四球	勝利	敗北	セーブ	ホールド	HP	勝率	打者	投球回	安打	本塁打	四球	死球	三振	暴投	ボーク	失点	自責点	防御率
'18(ディ)	2	0	1	0	0	0	0	0	0	0	0	.000	12	3	0	0	4	0	3	0	0	0	0	0.00
'19(ディ)	16	0	3	0	0	0	0	0	0	0	0	.000	101	22.1	23	3	14	0	18	3	0	10	10	4.03
'20(ディ)	1	0	1	0	0	0	0	0	0	0	0	.000	7	1	2	0	2	0	1	0	0	2	2	18.00
〔3〕	19	0	5	0	0	0	0	0	0	0	0	.000	120	26.1	25	3	20	0	22	3	0	12	12	4.10

笠原祥太郎　かさはら・しょうたろう　新潟医療福祉大（'17.1）　'95.3.17生　左投左打

年度/チーム	試合	完投	交代了	試当初	無点勝	無四球	勝利	敗北	セーブ	ホールド	HP	勝率	打者	投球回	安打	本塁打	四球	死球	三振	暴投	ボーク	失点	自責点	防御率
'17(中)	18	1	8	4	0	0	1	3	0	0	0	.250	206	48.2	38	4	21	7	43	0	0	17	17	3.14
'18(中)	20	1	1	16	1	0	6	4	0	0	0	.600	479	108.2	100	12	49	6	88	2	0	52	50	4.14
'19(中)	8	0	0	8	0	0	3	2	0	0	0	.600	158	34.2	39	4	17	0	22	0	0	23	22	5.71
〔3〕	46	2	9	28	1	0	10	9	0	0	0	.526	843	192	177	20	87	14	153	2	0	92	89	4.17

笠谷　俊介　かさや・しゅんすけ　大分商高（'15.1）　'97. 3. 17生　左投左打

年度	チーム	試合	完投	交代了	試当初	無点勝	無四球	勝利	敗北	セーブ	ホールド	HP	勝率	打者	投球回	安打	本塁打	四球	死球	三振	暴投	ボーク	失点	自責点	防御率
'17	(ソ)	3	0	1	0	0	0	0	0	0	1	1	.000	12	3.1	1	0	1	0	5	0	0	0	0	0.00
'18	(ソ)	9	0	2	0	0	0	0	1	0	0	0	.000	39	7.2	11	1	6	0	4	1	0	6	6	7.04
'19	(ソ)	2	0	1	0	0	0	0	0	0	0	0	.000	26	5	6	1	7	0	7	1	0	4	4	7.20
'20	(ソ)	20	0	3	11	0	0	4	4	0	0	0	.500	246	57	44	2	31	4	67	0	0	21	18	2.84
〔4〕		34	0	7	11	0	0	4	5	0	1	2	.444	323	73	62	4	45	4	83	2	0	31	28	3.45

風張　蓮　かざはり・れん　東京農業大北海道オホーツク（'15.1）　'93. 2. 26生　右投右打

年度	チーム	試合	完投	交代了	試当初	無点勝	無四球	勝利	敗北	セーブ	ホールド	HP	勝率	打者	投球回	安打	本塁打	四球	死球	三振	暴投	ボーク	失点	自責点	防御率
'15	(ヤ)	1	0	0	1	0	0	0	0	0	0	0	.000	2	0.1	0	0	0	1	0	0	0	0	0	0.00
'16	(ヤ)	6	0	1	0	0	0	0	0	0	0	0	.000	53	10	18	2	5	0	10	0	0	9	9	8.10
'17	(ヤ)	3	0	1	0	0	0	0	0	0	0	0	.000	16	4	3	1	1	0	3	0	0	3	3	6.75
'18	(ヤ)	53	0	16	0	0	0	2	4	0	4	6	.333	241	57.2	48	11	22	1	61	4	0	30	28	4.37
'19	(ヤ)	14	0	7	0	0	0	0	0	0	1	1	.000	95	19	23	5	15	2	17	1	0	15	15	7.11
'20	(ヤ)	11	0	1	1	0	0	0	0	0	0	0	.000	75	14.2	22	2	9	1	11	2	0	13	13	7.98
〔6〕		88	0	26	2	0	0	2	4	0	5	7	.333	482	105.2	114	21	52	5	102	7	0	70	68	5.79

加治屋　蓮　かじや・れん　福島高（宮崎）（'14.1）　'91. 11. 25生　右投右打

年度	チーム	試合	完投	交代了	試当初	無点勝	無四球	勝利	敗北	セーブ	ホールド	HP	勝率	打者	投球回	安打	本塁打	四球	死球	三振	暴投	ボーク	失点	自責点	防御率
'16	(ソ)	2	0	2	0	0	0	0	0	0	0	0	.000	9	2	3	0	1	0	1	0	0	1	1	4.50
'17	(ソ)	2	0	0	0	0	0	0	0	0	0	0	.000	21	4.1	5	3	4	0	2	0	0	5	5	10.38
'18	(ソ)	**72**	0	14	0	0	0	4	3	0	31	35	.571	284	66.2	67	5	25	4	53	3	0	25	25	3.38
'19	(ソ)	30	0	8	0	0	0	3	1	0	6	9	.750	169	36	42	4	22	2	23	1	0	26	24	6.00
'20	(ソ)	6	0	2	0	0	0	0	0	0	1	1	.000	30	6	10	1	3	1	2	0	0	4	4	6.00
〔5〕		112	0	26	0	0	0	7	4	0	37	44	.636	513	115	127	13	55	7	81	4	0	61	59	4.62

勝野　昌慶　かつの・あきよし　土岐商高（'19.1）　'97. 6. 12生　右投右打

年度	チーム	試合	完投	交代了	試当初	無点勝	無四球	勝利	敗北	セーブ	ホールド	HP	勝率	打者	投球回	安打	本塁打	四球	死球	三振	暴投	ボーク	失点	自責点	防御率
'19	(中)	3	0	0	3	0	0	1	2	0	0	0	.333	71	16.1	16	2	9	0	9	1	0	11	11	6.06
'20	(中)	13	0	0	13	0	0	4	5	0	0	0	.444	298	72	74	7	17	2	56	**7**	0	32	31	3.88
〔2〕		16	0	0	16	0	0	5	7	0	0	0	.417	369	88.1	90	9	26	2	65	8	0	43	42	4.28

加藤　貴之　かとう・たかゆき　拓大紅陵高（'16.1）　'92. 6. 3生　左投左打

年度	チーム	試合	完投	交代了	試当初	無点勝	無四球	勝利	敗北	セーブ	ホールド	HP	勝率	打者	投球回	安打	本塁打	四球	死球	三振	暴投	ボーク	失点	自責点	防御率
'16	(日)	30	0	1	16	0	0	7	3	0	1	2	.700	392	91.1	91	4	31	2	64	1	0	37	35	3.45
'17	(日)	21	0	0	21	0	0	6	6	0	0	0	.500	521	120	125	13	38	1	99	1	0	51	47	3.53
'18	(日)	26	0	2	17	0	0	5	8	0	3	3	.385	489	113.1	127	9	28	4	82	3	0	61	57	4.53
'19	(日)	26	0	0	21	0	0	5	7	0	1	1	.417	378	92	85	11	23	3	70	1	0	39	36	3.52
'20	(日)	26	0	0	21	0	0	4	2	0	1	1	.667	249	58	57	4	23	2	51	1	0	23	21	3.26
〔5〕		131	0	8	82	0	0	27	26	0	6	10	.509	2029	474.2	485	41	143	12	366	7	0	211	196	3.72

金久保優斗　かなくぼ・ゆうと　東海大市原望洋高（'18.1）　'99. 11. 4生　右投左打

年度	チーム	試合	完投	交代了	試当初	無点勝	無四球	勝利	敗北	セーブ	ホールド	HP	勝率	打者	投球回	安打	本塁打	四球	死球	三振	暴投	ボーク	失点	自責点	防御率
'20	(ヤ)	3	0	0	2	0	0	0	0	0	0	0	.000	44	10	10	0	5	0	10	0	0	6	6	5.40

金子　弌大 (旧名・千尋) かねこ・ちひろ　長野商高 ('05.1)　'83.11.8生　右投左打

年度	チーム	試合	完投	交代完了	試当初	無点勝	無四球	勝利	敗北	セーブ	ホールド	HP	勝率	打者	投球回	安打	本塁打	四球	死球	三振	暴投	ボーク	失点	自責点	防御率
'06	(オ)	21	0	11	1	0	0	1	1	0	1	2	.500	120	28	20	4	18	2	22	3	1	13	11	3.54
'07	(オ)	36	2	13	5	2	0	6	2	1	2	2	.750	343	84	75	4	20	1	68	1	0	31	26	2.79
'08	(オ)	29	0	0	25	0	0	10	9	0	0	0	.526	717	165	185	19	34	8	126	3	0	78	73	3.98⑰
'09	(オ)	32	5	10	16	2	1	11	8	4	0	1	.579	683	171.2	149	15	34	8	165	2	0	54	49	2.57⑤
'10	(オ)	30	7	0	22	6	2	17	8	0	1	1	.680	831	204.1	184	17	44	8	190	5	2	85	75	3.30⑥
'11	(オ)	20	5	0	15	2	3	10	4	0	0	0	.714	613	155.1	126	9	42	2	123	3	0	45	42	2.43⑦
'12	(オ)	9	2	0	7	1	1	4	3	0	0	0	.571	265	63.2	65	2	15	1	56	3	0	19	17	2.40
'13	(オ)	29	10	0	19	3	1	15	8	0	0	0	.652	881	223.1	166	10	58	1	200	6	1	55	50	2.01②
'14	(オ)	26	4	0	22	3	1	16	5	0	0	0	.762	763	191	157	7	42	1	199	6	0	48	42	1.98①
'15	(オ)	16	0	0	15	0	0	7	6	0	1	1	.538	379	93	85	8	18	0	79	1	0	34	33	3.19
'16	(オ)	24	2	0	21	1	1	7	9	0	0	0	.438	676	162	143	13	59	2	125	7	0	71	69	3.83⑩
'17	(オ)	27	6	0	21	1	2	12	8	0	0	0	.600	754	184.1	160	21	56	2	141	1	0	80	71	3.47⑨
'18	(オ)	17	0	0	17	0	0	4	7	0	0	0	.364	430	100	97	11	35	3	72	3	0	47	43	3.87
'19	(日)	26	0	0	19	0	0	8	7	0	2	3	.533	460	109.2	106	10	40	0	75	2	0	42	37	3.04
'20	(日)	34	0	15	4	0	0	1	3	0	0	0	.250	199	44	49	5	17	2	47	1	0	29	25	5.11
〔15〕		376	43	49	229	21	12	129	88	5	8	11	.594	8114	1979.1	1767	155	528	36	1688	47	4	731	663	3.01

金田　和之 かねだ・かずゆき　大阪学院大 ('13.1)　'90.9.18生　右投右打

年度	チーム	試合	完投	交代完了	試当初	無点勝	無四球	勝利	敗北	セーブ	ホールド	HP	勝率	打者	投球回	安打	本塁打	四球	死球	三振	暴投	ボーク	失点	自責点	防御率
'14	(神)	40	0	8	2	0	0	5	1	0	0	4	.833	264	62.1	65	6	20	0	41	6	0	27	25	3.61
'15	(神)	10	0	2	0	0	0	1	0	0	0	1	1.000	53	9.2	19	1	6	0	8	0	0	11	8	7.45
'16	(神)	6	0	4	0	0	0	1	0	0	0	1	1.000	29	6	6	0	4	0	1	1	0	4	4	6.00
'17	(オ)	34	0	9	0	0	0	4	1	0	2	6	.800	170	39	42	3	10	1	34	1	0	19	18	4.15
'18	(オ)	10	0	3	0	0	0	1	0	0	0	0	1.000	65	12.1	20	2	8	1	14	2	0	10	10	7.30
'19	(オ)	6	0	1	0	0	0	0	1	0	0	1	.000	36	7.1	12	0	3	0	4	0	0	4	4	4.91
'20	(オ)	6	0	4	0	0	0	0	0	0	0	0	.000	39	8.1	10	1	7	0	7	0	0	6	6	6.48
〔7〕		112	0	31	2	0	0	12	4	0	2	13	.857	656	145	174	13	58	2	109	11	0	81	75	4.66

釜田　佳直 かまた・よしなお　金沢高 ('12.1)　'93.10.26生　右投右打

年度	チーム	試合	完投	交代完了	試当初	無点勝	無四球	勝利	敗北	セーブ	ホールド	HP	勝率	打者	投球回	安打	本塁打	四球	死球	三振	暴投	ボーク	失点	自責点	防御率
'12	(楽)	20	2	1	17	1	0	7	4	0	0	0	.636	501	112.1	126	4	38	7	77	6	0	48	41	3.28
'13	(楽)	8	0	2	1	0	0	1	2	0	0	0	.333	75	13.2	24	1	8	3	11	1	0	19	19	12.51
'15	(楽)	4	0	0	4	0	0	1	1	0	0	0	.500	96	20	28	4	9	0	12	0	1	16	15	6.75
'16	(楽)	20	0	0	20	0	0	7	5	0	0	0	.583	510	113	124	12	50	8	77	2	0	56	52	4.14
'17	(楽)	12	0	0	11	0	0	4	3	0	0	0	.571	254	56.1	67	7	19	4	34	4	1	34	31	4.95
'18	(楽)	12	0	1	0	0	0	0	0	0	0	0	.000	67	12.2	14	1	14	2	9	2	0	12	12	8.53
'19	(楽)	5	0	0	5	0	0	0	1	0	0	0	.000	102	21.2	25	4	12	1	15	1	0	13	13	5.40
'20	(楽)	1	0	0	1	0	0	0	0	0	0	0	.000	26	3.2	9	0	4	0	4	0	0	5	4	9.82
〔8〕		85	2	8	59	1	0	21	16	0	0	0	.568	1631	353.1	417	33	154	26	239	16	2	203	187	4.76

上茶谷大河 かみちゃたに・たいが　東洋大 ('19.1)　'96.8.31生　右投右打

年度	チーム	試合	完投	交代完了	試当初	無点勝	無四球	勝利	敗北	セーブ	ホールド	HP	勝率	打者	投球回	安打	本塁打	四球	死球	三振	暴投	ボーク	失点	自責点	防御率
'19	(ディ)	25	1	1	23	1	0	7	6	0	0	0	.538	584	134	136	14	51	3	102	3	1	68	59	3.96
'20	(ディ)	11	1	0	10	1	0	2	3	0	0	0	.400	247	59	57	8	20	2	50	4	0	29	27	4.12
〔2〕		36	2	1	33	2	0	9	9	0	0	0	.500	831	193	193	22	71	5	152	7	1	97	86	4.01

個人年度別投手成績　か

嘉弥真新也　かやま・しんや　八重山農林高　('12.1)　'89.11.23生　左投左打

年度	チーム	試合	完投	交代了	試当初	無点勝	無四球	勝利	敗北	セーブ	ホールド	HP	勝率	打者	投球回	安打	本塁打	四球	死球	三振	暴投	ボーク	失点	自責点	防御率
'12	(ソ)	4	0	2	0	0	0	0	0	0	0	0	.000	23	4.1	6	0	5	0	2	0	0	8	6	12.46
'13	(ソ)	40	0	6	1	0	0	3	1	0	4	7	.750	215	54.1	38	0	16	2	50	3	0	17	14	2.32
'14	(ソ)	32	0	11	0	0	0	0	2	0	1	1	.000	164	36.2	44	3	9	1	40	2	1	14	13	3.19
'15	(ソ)	16	0	6	0	0	0	0	0	0	1	1	.000	63	15	14	2	5	1	14	0	0	7	7	4.20
'16	(ソ)	5	0	2	0	0	0	0	0	0	0	0	.000	36	7.1	9	4	4	1	8	1	0	7	7	8.59
'17	(ソ)	58	0	4	0	0	0	2	0	0	14	16	1.000	143	32.2	31	1	11	5	47	1	0	11	10	2.76
'18	(ソ)	67	0	4	0	0	0	2	1	0	25	27	.667	129	33	17	3	11	2	28	0	0	11	9	2.45
'19	(ソ)	54	0	4	0	0	0	2	2	1	19	21	.500	128	31	29	1	5	4	26	0	1	13	9	2.61
'20	(ソ)	50	0	6	0	0	0	3	1	0	18	21	.750	117	30	18	1	10	2	33	0	0	7	7	2.10
[9]		326	0	45	1	0	0	12	7	1	82	94	.632	1018	244.1	206	15	76	18	248	7	1	95	82	3.02

唐川　侑己　からかわ・ゆうき　成田高　('08.1)　'89.7.5生　右投右打

年度	チーム	試合	完投	交代了	試当初	無点勝	無四球	勝利	敗北	セーブ	ホールド	HP	勝率	打者	投球回	安打	本塁打	四球	死球	三振	暴投	ボーク	失点	自責点	防御率
'08	(ロ)	15	1	0	14	0	1	5	4	0	0	0	.556	358	81.2	102	8	12	3	57	1	0	52	44	4.85
'09	(ロ)	21	3	0	18	1	2	5	8	0	0	0	.385	596	143.1	145	11	28	6	115	0	0	62	58	3.64
'10	(ロ)	11	2	0	11	0	0	6	3	0	0	0	.667	306	73	69	3	20	4	51	1	0	24	22	2.71
'11	(ロ)	24	5	0	19	3	2	12	6	0	0	0	.667	681	168.1	146	6	35	8	122	1	0	50	45	2.41⑥
'12	(ロ)	12	3	0	9	0	1	8	2	0	0	0	.800	341	84.2	81	4	15	2	32	0	1	26	25	2.66
'13	(ロ)	27	0	0	27	0	0	9	11	0	0	0	.450	728	168	185	12	46	3	80	2	0	85	78	4.18⑫
'14	(ロ)	23	1	0	18	0	0	4	9	0	1	1	.308	520	116	146	10	33	8	62	3	1	65	60	4.66
'15	(ロ)	12	0	0	12	0	0	5	4	0	0	0	.556	288	62.2	78	9	27	3	31	1	0	45	44	6.32
'16	(ロ)	15	1	0	14	1	0	6	6	0	0	0	.500	373	88.2	84	2	37	5	64	1	3	30	28	2.84
'17	(ロ)	21	1	0	10	0	0	5	10	0	0	0	.333	555	126.1	135	18	37	7	86	1	2	69	63	4.49
'18	(ロ)	25	0	4	0	0	0	5	0	0	4	4	.250	188	47.2	43	5	10	1	31	0	0	17	15	2.83
'19	(ロ)	40	0	7	1	0	0	5	0	0	14	19	.625	168	37.2	47	7	6	1	30	0	0	25	22	5.26
'20	(ロ)	32	0	2	0	0	0	1	0	0	14	15	.500	118	30.1	22	1	9	0	23	0	0	4	4	1.19
[13]		278	17	15	165	6	6	72	70	0	33	39	.507	5220	1228.1	1283	96	315	49	784	11	7	554	508	3.72

辛島　航　からしま・わたる　飯塚高　('09.1)　'90.10.18生　左投左打

年度	チーム	試合	完投	交代了	試当初	無点勝	無四球	勝利	敗北	セーブ	ホールド	HP	勝率	打者	投球回	安打	本塁打	四球	死球	三振	暴投	ボーク	失点	自責点	防御率
'09	(楽)	2	0	0	0	0	0	0	0	0	0	0	.000	25	5	10	0	1	0	2	0	0	5	5	9.00
'10	(楽)	12	0	1	0	0	0	0	1	0	5	5	.000	58	12.2	15	2	5	0	11	3	0	8	7	4.97
'12	(楽)	16	0	0	16	0	0	8	5	0	0	0	.615	414	103.1	87	4	22	5	79	4	0	30	29	2.53
'13	(楽)	11	1	0	9	0	0	3	4	0	1	1	.429	247	59	63	6	19	0	45	1	0	31	29	4.42
'14	(楽)	25	1	0	24	1	0	8	13	0	0	0	.381	662	154.1	160	11	46	4	99	3	0	70	65	3.79⑩
'15	(楽)	14	0	0	14	0	0	5	7	0	0	0	.417	332	76.2	74	7	29	0	56	1	0	41	39	4.58
'16	(楽)	13	0	0	13	0	0	3	7	0	0	0	.300	306	72	72	2	23	3	48	0	0	33	31	3.88
'17	(楽)	19	0	0	19	0	0	8	8	0	0	0	.500	424	103	99	11	27	1	74	2	1	51	48	4.19
'18	(楽)	23	0	1	22	0	0	4	9	0	0	0	.308	508	117.2	120	12	46	7	99	3	0	55	53	4.05
'19	(楽)	27	0	3	18	0	0	9	6	0	2	3	.600	518	117.1	119	14	57	0	84	1	0	59	54	4.14
'20	(楽)	19	0	1	6	0	0	1	3	1	2	2	.250	170	38.1	43	6	15	3	26	2	0	22	21	4.93
[11]		181	2	6	141	1	0	49	63	2	10	11	.438	3664	859.1	862	75	289	23	623	20	1	405	381	3.99

河野　竜生　かわの・りゅうせい　鳴門高　('20.1)　'98.5.30生　左投左打

年度	チーム	試合	完投	交代了	試当初	無点勝	無四球	勝利	敗北	セーブ	ホールド	HP	勝率	打者	投球回	安打	本塁打	四球	死球	三振	暴投	ボーク	失点	自責点	防御率
'20	(日)	12	0	0	12	0	0	3	5	0	0	0	.375	269	60.1	63	9	30	3	43	1	0	40	34	5.07

川原　弘之　かわはら・ひろゆき　福岡大大濠高　('10.1)　'91.8.23生　左投左打

年度	チーム	試合	完投	交代完了	試当初	無点勝	無四球	勝利	敗北	セーブ	ホールド	HP	勝率	打者	投球回	安打	本塁打	四球	死球	三振	暴投	ボーク	失点	自責点	防御率
'12	(ソ)	2	0	2	0	0	0	0	0	0	0	0	.000	10	3	1	0	0	0	3	0	0	0	0	0.00
'13	(ソ)	1	0	0	0	0	0	0	0	0	0	0	.000	12	3	1	1	2	0	1	1	0	3	3	9.00
'19	(ソ)	19	0	7	0	0	0	0	0	0	1	1	.000	105	23.2	22	1	14		10	1	0	10	7	2.66
'20	(ソ)	22	0	7	0	0	0	0	0	0	4	4	.000	79	18	12	0	14	3	15	2	0	5	4	2.00
〔4〕		44	0	16	0	0	0	0	0	0	5	5	.000	206	47.2	36	2	30		29	4	0	18	14	2.64

神戸　文也　かんべ・ふみや　立正大　('19.7)　'94.5.9生　右投右打

年度	チーム	試合	完投	交代完了	試当初	無点勝	無四球	勝利	敗北	セーブ	ホールド	HP	勝率	打者	投球回	安打	本塁打	四球	死球	三振	暴投	ボーク	失点	自責点	防御率
'19	(オ)	19	0	2	0	0	0	0	0	0	5	5	.000	85	21	17	4	5	2	19	0	0	10	9	3.86
'20	(オ)	5	0	1	0	0	0	0	1	0	1	1	.000	33	5.2	9	0	7	0	5	0	0	7	6	9.53
〔2〕		24	0	3	0	0	0	0	1	0	6	6	.000	118	26.2	26	4	12	2	24	0	0	17	15	5.06

R.ギャレット　リード・ギャレット　バージニア州立軍事学校　('20.1)　'93.1.2生　右投右打

年度	チーム	試合	完投	交代完了	試当初	無点勝	無四球	勝利	敗北	セーブ	ホールド	HP	勝率	打者	投球回	安打	本塁打	四球	死球	三振	暴投	ボーク	失点	自責点	防御率
'20	(武)	49	0	7	1	0	0	3	2	0	16	19	.600	220	49.1	52	3	20	3	45	1	0	20	17	3.10

菊池　保則　きくち・やすのり　常磐大高　('08.1)　'89.9.18生　右投左打

年度	チーム	試合	完投	交代完了	試当初	無点勝	無四球	勝利	敗北	セーブ	ホールド	HP	勝率	打者	投球回	安打	本塁打	四球	死球	三振	暴投	ボーク	失点	自責点	防御率
'10	(楽)	2	0	0	0	0	0	1	1	0	0	0	.500	46	11	7	0	5	2	10	0	0	5	5	4.09
'11	(楽)	2	0	1	0	0	0	0	1	0	0	0	.000	25	3.1	5	1	8	1	3	0	0	6	5	13.50
'12	(楽)	4	0	4	0	0	0	1	1	0	0	0	.500	110	25	22	0	5	1	24	3	0	9	8	2.88
'13	(楽)	14	0	1	0	0	0	1	5	0	0	0	.167	158	33.1	38	4	23	1	22	4	0	28	24	6.48
'14	(楽)	12	0	4	0	0	0	4	1	0	0	0	.800	211	51.1	40	3	18	3	36	0	0	23	23	4.03
'15	(楽)	18	0	17	0	0	0	4	5	0	0	0	.444	448	103	96	5	42	5	71	5	0	47	43	3.76
'16	(楽)	7	0	1	0	0	0	1	1	0	0	0	.500	111	22.2	33	6	13	1	14	2	0	16	13	5.16
'17	(楽)	7	0	2	0	0	0	0	1	0	0	0	.000	35	7.1	7	0	4	0	9	1	0	7	4	4.91
'18	(楽)	7	0	0	0	0	0	0	0	0	0	0	.000	55	13	11	1	4	0	15	0	0	2	2	1.38
'19	(広)	58	0	15	0	0	0	1	3	0	15	16	.250	240	61	39	4	23	0	43	4	0	21	19	2.80
'20	(広)	44	0	5	0	0	0	1	0	0	4	5	1.000	189	42	41	6	19	3	53	3	0	24	21	4.50
〔11〕		171	0	29	42	0	0	14	18	1	20	22	.438	1628	373	348	34	164	18	300	30	0	188	167	4.03

岸　孝之　きし・たかゆき　東北学院大　('07.1)　'84.12.4生　右投右打

年度	チーム	試合	完投	交代完了	試当初	無点勝	無四球	勝利	敗北	セーブ	ホールド	HP	勝率	打者	投球回	安打	本塁打	四球	死球	三振	暴投	ボーク	失点	自責点	防御率
'07	(武)	24	2	0	22	1	1	11	7	0	0	0	.611	650	156.1	131	16	55	8	142	2	0	62	59	3.40⑫
'08	(武)	26	4	0	22	0	0	12	4	0	0	0	.750	695	168.1	151	12	48	5	138	4	0	65	64	3.42⑨
'09	(武)	26	2	1	23	1	0	13	5	0	0	1	.722	755	179.2	168	25	53	5	138	3	1	73	65	3.26⑧
'10	(武)	19	3	2	18	2	3	10	6	1	0	0	.625	460	113.2	100	9	26	5	110	3	0	41	41	3.25
'11	(武)	21	3	0	18	0	1	8	9	0	0	0	.471	564	135	131	12	39	2	106	1	0	65	57	3.80
'12	(武)	26	4	0	22	1	1	11	12	0	0	0	.478	729	187.2	141	9	40	4	150	3	0	52	51	2.45⑧
'13	(武)	26	3	0	23	2	1	11	5	0	0	0	.688	774	178.1	155	17	31	6	138	6	0	63	61	3.08⑤
'14	(武)	23	5	1	17	4	1	13	4	0	0	0	.765	630	161.1	126	16	36	2	126	0	0	48	45	2.51②
'15	(武)	16	5	0	11	0	0	5	6	0	0	0	.455	434	110.1	75	6	36	5	91	0	0	40	37	3.02
'16	(武)	19	2	0	14	0	0	9	7	0	0	0	.563	541	130.1	123	8	36	1	104	0	0	42	36	2.49
'17	(楽)	26	1	0	25	0	0	8	10	0	0	0	.444	703	176.1	141	19	38	3	189	4	0	56	54	2.76⑤
'18	(楽)	23	4	0	19	1	1	11	4	0	0	0	.733	625	159	127	21	29	8	159	3	0	52	48	2.72①
'19	(楽)	15	0	0	13	0	0	3	5	0	0	0	.375	381	93.2	80	12	25	1	86	1	0	37	36	3.56
'20	(楽)	11	2	0	9	1	0	5	3	0	0	0	1.000	269	67.1	48	5	20	1	70	0	0	24	24	3.21
〔14〕		301	40	4	256	17	9	132	84	1	0	1	.611	8152	2017.1	1697	187	501	57	1747	30	1	720	679	3.03

北浦　竜次

きたうら・りゅうじ　白鷗大足利高　（'18.1）　'00.1.12生　左投左打

年度(チーム)	試合	完投	交代完了	試当初	無点勝	無四球	勝利	敗北	セーブ	ホールド	HP	勝率	打者	投球回	安打	本塁打	四球	死球	三振	暴投	ボーク	失点	自責点	防御率
'18（日）	1	0	0	0	0	0	0	0	0	1	1	.000	3	1	0	0	0	0	1	0	0	0	0	0.00
'19（日）	6	0	0	3	0	0	1	1	0	0	0	.500	78	17.1	21	1	6	0	6	1	0	11	11	5.71
'20（日）	3	0	1	1	0	0	0	1	0	0	0	.000	22	3.1	9	0	3	0	0	0	0	7	6	16.20
〔3〕	10	0	1	4	0	0	1	2	0	1	2	.333	103	21.2	30	1	9	0	7	1	0	18	17	7.06

木下　雄介

きのした・ゆうすけ　生光学園高　（'18.3）　'93.10.10生　右投右打

年度(チーム)	試合	完投	交代完了	試当初	無点勝	無四球	勝利	敗北	セーブ	ホールド	HP	勝率	打者	投球回	安打	本塁打	四球	死球	三振	暴投	ボーク	失点	自責点	防御率
'18（中）	14	0	8	0	0	0	0	0	0	1	1	.000	73	16.2	17	2	9	0	18	1	0	10	10	5.40
'19（中）	5	0	0	0	0	0	0	0	0	0	0	.000	30	6.1	8	0	3	0	6	1	0	4	4	5.68
'20（中）	18	0	7	0	0	0	0	0	0	0	0	.000	81	17.2	19	1	12	1	24	1	0	9	8	4.08
〔3〕	37	0	17	0	0	0	1	0	0	1	1	.000	184	40.2	44	3	24	1	48	3	0	23	22	4.87

木村　文紀

（旧名・文和）きむら・ふみかず　埼玉栄高　（'07.1）　'88.9.13生　右投右打

年度(チーム)	試合	完投	交代完了	試当初	無点勝	無四球	勝利	敗北	セーブ	ホールド	HP	勝率	打者	投球回	安打	本塁打	四球	死球	三振	暴投	ボーク	失点	自責点	防御率
'07（武）	1	0	0	0	0	0	0	0	0	0	0	.000	30	6	10	0	4	0	3	0	0	7	4	6.00
'09（武）	11	0	2	4	0	0	0	4	0	0	0	.000	134	27.1	37	5	17	1	25	4	0	28	26	8.56
'11（武）	21	0	10	0	0	0	1	0	0	1	2	1.000	106	25	27	2	6	3	17	2	0	11	8	2.88
'12（武）	8	0	1	0	0	0	0	0	0	0	0	.000	59	14	13	0	7	0	6	3	0	7	7	4.50
〔4〕	41	0	13	4	0	0	1	4	0	1	2	.200	329	72.1	87	7	34	4	51	9	0	53	45	5.60

京山　将弥

きょうやま・まさや　近江高　（'17.1）　'98.7.4生　右投右打

年度(チーム)	試合	完投	交代完了	試当初	無点勝	無四球	勝利	敗北	セーブ	ホールド	HP	勝率	打者	投球回	安打	本塁打	四球	死球	三振	暴投	ボーク	失点	自責点	防御率
'18（ディ）	13	0	1	12	0	0	6	6	0	0	1	.500	267	59	67	10	33	1	42	1	0	38	37	5.64
'19（ディ）	9	0	0	8	0	0	0	6	0	0	0	.000	173	35.2	45	3	27	0	29	2	1	26	23	5.80
'20（ディ）	6	0	0	5	0	0	2	1	0	0	0	.667	127	29	29	4	11	1	25	0	0	15	15	4.66
〔3〕	28	0	1	25	0	0	8	13	0	0	1	.381	567	123.2	141	17	71	2	96	3	1	79	75	5.46

M.クック

マット・クック　ルイビル大　（'20.1）　'90.11.2生　右投左打

年度(チーム)	試合	完投	交代完了	試当初	無点勝	無四球	勝利	敗北	セーブ	ホールド	HP	勝率	打者	投球回	安打	本塁打	四球	死球	三振	暴投	ボーク	失点	自責点	防御率
'20（ヤ）	7	0	0	2	0	0	0	3	0	0	0	.000	82	16	29	2	3	1	6	0	0	19	14	7.88

国吉　佑樹

くによし・ゆうき　秀岳館高　（'11.7）　'91.9.24生　右投右打

年度(チーム)	試合	完投	交代完了	試当初	無点勝	無四球	勝利	敗北	セーブ	ホールド	HP	勝率	打者	投球回	安打	本塁打	四球	死球	三振	暴投	ボーク	失点	自責点	防御率
'11（横）	8	0	0	8	0	0	1	4	0	0	0	.200	198	47	42	2	20	2	39	1	0	13	12	2.30
'12（ディ）	19	1	0	18	1	0	4	12	0	0	0	.250	498	112.2	108	10	59	2	95	4	0	57	46	3.67
'13（ディ）	3	0	0	2	0	0	2	1	0	0	1	.667	93	19.1	27	2	6	5	10	0	0	16	16	7.45
'14（ディ）	49	0	2	3	0	0	2	3	2	14	16	.400	267	62.1	61	4	23	1	59	4	0	29	24	3.47
'15（ディ）	28	0	10	0	0	0	3	2	0	0	0	.600	138	33.1	22	1	16	3	28	4	0	10	9	2.43
'16（ディ）	1	0	0	0	0	0	0	0	0	0	0	.000	12	1.2	4	0	3	0	2	0	0	4	4	21.60
'17（ディ）	4	0	2	0	0	0	0	0	0	0	0	.000	30	8	5	0	4	0	8	0	0	4	2	2.25
'18（ディ）	13	0	4	0	0	0	0	1	0	1	1	.000	75	16.2	17	2	9	0	15	1	0	9	9	4.86
'19（ディ）	53	0	7	0	0	0	5	3	0	9	14	.625	299	69.1	62	9	28	2	81	3	0	37	37	4.80
'20（ディ）	42	0	6	0	0	0	3	4	0	10	13	.429	191	46	36	6	22	4	51	1	0	18	16	3.13
〔10〕	220	1	37	34	1	0	20	29	3	34	48	.408	1801	416.1	384	35	190	19	383	21	0	195	175	3.78

久保　拓眞　くぼ・たくま　九州共立大　('19.1)　'96.7.27生　左投左打

年度 チーム	試合	完投	交代了	試当初	無勝	無四球	勝利	敗北	セーブ	ホールド	HP	勝率	打者	投球回	安打	本塁打	四球	死球	三振	暴投	ボーク	失点	自責点	防御率
'19(ヤ)	16	0	5	0	0	0	0	0	0	1	1	.000	54	11	13	2	7	3	11	2	0	7	7	5.73
'20(ヤ)	10	0	4	1	0	0	0	1	0	0	0	.000	61	13.2	15	1	5	1	15	0	0	9	9	5.93
〔2〕	26	0	9	1	0	0	0	1	0	1	1	.000	115	24.2	28	3	12	4	26	2	0	16	16	5.84

久保　裕也　くぼ・ゆうや　東海大　('03.1)　'80.5.23生　右投右打

年度 チーム	試合	完投	交代了	試当初	無勝	無四球	勝利	敗北	セーブ	ホールド	HP	勝率	打者	投球回	安打	本塁打	四球	死球	三振	暴投	ボーク	失点	自責点	防御率
'03(巨)	38	0	8	13	0	0	6	7	0			.462	470	109.2	115	13	29	4	105	10	0	61	52	4.27
'04(巨)	35	1	15	12	0	1	7	6	8			.538	439	99.1	116	13	30	3	86	5	0	52	45	4.08
'05(巨)	64	0	23	1	0	0	7	4	7	17	24	.636	346	78.2	82	8	27	7	67	3	0	32	30	3.43
'06(巨)	59	0	14	0	0	0	5	6	0	18	23	.455	266	61.1	58	7	26	3	60	4	1	29	21	3.08
'07(巨)	13	1	0	8	1	0	3	5	0	1	1	.375	260	60.1	67	13	12	6	46	0	0	29	29	4.33
'08(巨)	6	0	1	2	0	0	2	0	0	1	2	1.000	74	17.2	17	0	4	0	14	2	0	5	4	2.04
'09(巨)	7	0	1	4	0	0	1	0	0	0	0	1.000	116	27.1	24	3	10	-	25	3	0	10	10	3.29
'10(巨)	79	0	9	0	0	0	8	1	1	32	40	.889	376	91	72	3	23	7	96	5	0	28	28	2.77
'11(巨)	67	0	38	0	0	0	4	2	20	21	25	.667	273	69	45	1	20	-	67	5	0	9	9	1.17
'12(巨)	2	0	0	0	0	0	0	0	0	0	0	.000	8	1	2	0	2	-	1	0	0	3	3	9.00
'14(巨)	48	0	5	2	0	0	4	4	0	11	15	.500	257	59	59	3	20	6	51	2	0	31	31	4.73
'16(デ)	9	0	4	0	0	0	0	0	0	0	0	-	51	12	10	1	7	-	8	0	0	7	7	5.25
'17(楽)	27	0	7	0	0	0	3	1	0	6	9	.750	127	30	21	1	18	3	17	0	0	12	12	3.60
'18(楽)	25	0	9	0	0	0	1	0	0	3	4	1.000	112	26.1	22	1	11	-	18	2	0	6	5	1.71
'19(楽)	22	0	5	0	0	0	2	1	0	2	4	.667	94	22.1	16	3	11	-	14	1	0	7	7	2.82
'20(楽)	5	0	0	0	0	0	1	0	0	2	2	1.000	10	2	2	4	0	0	1	0	0	3	3	13.50
〔16〕	506	2	139	42	1	1	54	37	37	113	149	.593	3279	767	730	85	250	45	676	42	1	324	294	3.45

熊原　健人　くまばら・けんと　仙台大　('16.1)　'93.10.19生　右投左打

年度 チーム	試合	完投	交代了	試当初	無勝	無四球	勝利	敗北	セーブ	ホールド	HP	勝率	打者	投球回	安打	本塁打	四球	死球	三振	暴投	ボーク	失点	自責点	防御率
'16(デ)	18	0	5	3	0	0	1	1	0	0	0	.500	131	29	31	0	15	1	25	2	0	18	16	4.97
'17(デ)	4	0	0	4	0	0	3	1	0	0	0	.750	91	20	23	6	11	1	17	1	0	16	12	5.40
'19(楽)	1	0	1	0	0	0	0	0	0	0	0	-	17	3.1	4	-	3	-	3	0	0	2	2	5.40
〔3〕	23	0	6	8	0	0	4	2	0	0	0	.667	239	52.1	58	7	29	2	45	3	0	36	30	5.16

公文　克彦　くもん・かつひこ　高知高　('13.1)　'92.3.4生　左投左打

年度 チーム	試合	完投	交代了	試当初	無勝	無四球	勝利	敗北	セーブ	ホールド	HP	勝率	打者	投球回	安打	本塁打	四球	死球	三振	暴投	ボーク	失点	自責点	防御率
'13(巨)	3	0	0	0	0	0	0	0	0	0	0	.000	13	3	4	0	1	0	4	0	0	0	0	0.00
'16(巨)	12	0	5	0	0	0	0	0	0	0	0	.000	50	11.2	10	-	3	2	12	1	0	5	5	3.86
'17(日)	41	0	8	0	0	0	3	0	0	3	6	1.000	154	36.2	39	2	8	2	33	2	0	11	11	2.70
'18(日)	57	0	15	0	0	0	2	0	0	11	13	1.000	226	54	51	3	14	1	52	3	0	15	13	2.17
'19(日)	61	0	5	0	0	0	2	0	1	17	19	1.000	213	52.1	41	5	18	1	31	1	0	24	23	3.96
'20(日)	29	0	5	0	0	0	0	2	1	8	8	.000	116	24	33	3	11	0	19	0	0	24	21	7.88
〔6〕	203	0	38	0	0	0	7	2	2	39	46	.778	772	181.2	178	14	55	6	151	6	0	79	73	3.62

蔵本　治孝　くらもと・はるたか　岡山商科大　('18.1)　'95.5.16生　右投右打

年度 チーム	試合	完投	交代了	試当初	無勝	無四球	勝利	敗北	セーブ	ホールド	HP	勝率	打者	投球回	安打	本塁打	四球	死球	三振	暴投	ボーク	失点	自責点	防御率
'19(ヤ)	8	0	1	0	0	0	0	0	0	0	0	.000	63	12.2	26	3	3	1	9	0	0	13	13	9.24

九里　亜蓮　くり・あれん　亜細亜大　（'14.1）　'91.9.1生　右投右打

年度	チーム	試合	完投	交代了	試当初	無点勝	無四球	勝利	敗北	セーブ	ホールド	HP	勝率	打者	投球回	安打	本塁打	四球	死球	三振	暴投	ボーク	失点	自責点	防御率
'14	(広)	20	0	1	16	0	0	2	5	0	0		.286	366	83.1	93	9	31	6	50	3	2	45	37	4.00
'15	(広)	7	0	0	1	0	0	0	1	0	1	1	.000	75	16	19	3	7	1	10	1	0	10	8	4.50
'16	(広)	27	0	7	10	0	0	2	2	0	0	1	.500	351	80	79	9	37	1	52	0	0	47	40	4.50
'17	(広)	35	0	6	13	0	0	9	5	0	2	6	.643	494	116.1	111	7	44	4	97	1	0	51	47	3.64
'18	(広)	24	1	1	18	0	1	8	4	0	0		.667	524	120.1	129	13	41	4	86	2	0	60	57	4.26
'19	(広)	27	1	1	18	1	0	8	8	0	0		.500	498	118	107	11	41	4	96	1	0	50	46	3.51
'20	(広)	20	2	0	18	1	0	8	6	0	0		.571	544	130.2	116	11	44	0	106	4	0	46	43	2.96⑤
〔7〕		160	4	16	94	2	2	37	31	0	6	12	.544	2852	664.2	654	63	245	20	497	12	2	309	278	3.76

黒木　優太　くろき・ゆうた　立正大　（'17.1）　'94.8.16生　右投左打

年度	チーム	試合	完投	交代了	試当初	無点勝	無四球	勝利	敗北	セーブ	ホールド	HP	勝率	打者	投球回	安打	本塁打	四球	死球	三振	暴投	ボーク	失点	自責点	防御率
'17	(オ)	55	0	8	0	0	0	6	3	2	25	31	.667	226	53.1	39	2	26	2	62	3	0	26	25	4.22
'18	(オ)	39	0	4	0	0	0	1	1	0	17	18	.500	145	34	37	3	12	0	26	1	0	17	17	4.50
〔2〕		94	0	12	0	0	0	7	4	2	42	49	.636	371	87.1	76	5	38	2	88	4	0	43	42	4.33

桑原謙太朗　くわはら・けんたろう　奈良産業大　（'08.1）　'85.10.29生　右投右打

年度	チーム	試合	完投	交代了	試当初	無点勝	無四球	勝利	敗北	セーブ	ホールド	HP	勝率	打者	投球回	安打	本塁打	四球	死球	三振	暴投	ボーク	失点	自責点	防御率
'08	(横)	30	1	4	9	1	0	3	6	0	1	3	.333	345	76	85	8	33	7	52	2	0	44	40	4.74
'09	(横)	11	0	1	2	0	0	0	2	0	1	2	.000	117	30.2	18	2	9	2	17	0	0	6	6	1.76
'10	(横)	18	0	7	1	0	0	1	2	0	1	2	.333	118	25	25	4	16	4	19	0	0	17	17	6.12
'11	(オ)	10	0	6	0	0	0	0	1	0	0	0	.000	78	18	16	3	8	3	18	1	0	7	7	3.50
'12	(オ)	2	0	0	0	0	0							8	2	1	0	1	1	1	0	0			
'13	(オ)	6	0	0	0	0	0	0	0	0	0	0	.000	42	8.2	8	0	6	2	10	0	0	8	6	6.23
'14	(オ)	6	0	0	0	0	0	0	0	0	0	0	.000	26	5.1	7	0	3	0	6	0	0	1	1	1.69
'15	(オ)	6	0	1	0	0	0	0	0	0	0	0	.000	34	6.1	9	1	6	0	5	1	0	6	6	8.53
'17	(神)	67	0	10	0	0	0	4	2	0	**39**	**43**	.667	261	65.2	52	2	10	3	63	2	0	11	11	1.51
'18	(神)	62	0	10	0	0	0	5	3	0	32	37	.625	239	57	52	6	12	4	55	1	0	19	17	2.68
'19	(神)	7	0	1	0	0	0	0	0	0	3	5	1.000	28	5	10	1	3	1	9	0	0	9	5	9.00
'20	(神)	10	0	4	0	0	0	2	0	0	2	2	.000	43	10.1	7	2	4	0	5	1	0	4	4	3.48
〔12〕		235	1	38	12	1	0	15	13	0	78	92	.536	1339	310	289	29	111	27	270	8	0	132	120	3.48

鍬原　拓也　くわはら・たくや　中央大　（'18.1）　'96.3.26生　右投右打

年度	チーム	試合	完投	交代了	試当初	無点勝	無四球	勝利	敗北	セーブ	ホールド	HP	勝率	打者	投球回	安打	本塁打	四球	死球	三振	暴投	ボーク	失点	自責点	防御率
'18	(巨)	6	0	0	5	0	0	1	2	0	0	0	.333	123	27.2	23	6	17	3	35	2	0	22	21	6.83
'19	(巨)	15	0	5	0	0	0	0	1	0	4	2	.000	80	19	17	4	4	2	16	1	0	11	10	4.74
'20	(巨)	5	0	3	0	0	0	1	0	0	0	1	1.000	32	7	6	0	5	1	6	0	0	5	5	6.43
〔3〕		26	0	8	5	0	0	2	3	0	4	3	.400	235	53.2	46	10	26	6	57	3	0	38	36	6.04

Ｋ－鈴木　ケーすずき（鈴木　康平）　国際武道大　（'18.1）　'94.1.21生　右投右打

年度	チーム	試合	完投	交代了	試当初	無点勝	無四球	勝利	敗北	セーブ	ホールド	HP	勝率	打者	投球回	安打	本塁打	四球	死球	三振	暴投	ボーク	失点	自責点	防御率
'18	(オ)	4	0	0	1	0	0	0	0	0	0	0	.000	42	7.1	11	3	9	0	2	0	0	9	7	8.59
'19	(オ)	19	0	1	19	0	0	4	6	0	0	0	.400	451	102.1	100	15	49	3	88	4	0	56	49	4.31
'20	(オ)	8	0	1	2	0	0	0	2	0	0	0	.000	78	13.2	23	4	14	1	10	0	0	17	16	10.54
〔3〕		31	0	2	22	0	0	4	8	0	1	1	.333	571	123.1	134	22	72	4	100	4	0	82	72	5.25

ケムナ　誠　けむな・まこと　日本文理大　('18.1)　'95.6.5生　右投右打

年度	チーム	試合	完投	交代完了	試合当初	無点勝	無四球	勝利	敗北	セーブ	ホールド	HP	勝率	打者	投球回	安打	本塁打	四球	死球	三振	暴投	ボーク	失点	自責点	防御率
'19	(広)	1	0	0	0	0	0	0	0	0	0	0	.000	5	1	3	0	1	0	1	0	0	0	0	0.00
'20	(広)	41	0	7	0	0	0	1	1	0	11	12	.500	212	51	37	3	23	1	55	3	0	22	22	3.88
〔2〕		42	0	7	0	0	0	1	1	0	11	12	.500	217	52	38	3	24	1	56	3	0	22	22	3.81

Ｌ．ゴンサレス　ルイス・ゴンサレス　リセオ・マリア・パスクワル高　('20.1)　'92.1.17生　左投右打

年度	チーム	試合	完投	交代完了	試合当初	無点勝	無四球	勝利	敗北	セーブ	ホールド	HP	勝率	打者	投球回	安打	本塁打	四球	死球	三振	暴投	ボーク	失点	自責点	防御率
'20	(中)	28	0	6	0	0	0	0	4	0	0	4	.000	119	26.1	34	3	9	1	27	2	0	16	14	4.78

國場　翼　こくば・つばさ　第一工業大　('16.1)　'93.12.5生　右投左打

年度	チーム	試合	完投	交代完了	試合当初	無点勝	無四球	勝利	敗北	セーブ	ホールド	HP	勝率	打者	投球回	安打	本塁打	四球	死球	三振	暴投	ボーク	失点	自責点	防御率
'16	(武)	2	0	1	0	0	0	0	0	0	0	0	.000	12	3	2	0	3	0	4	1	0	0	0	0.00
'19	(武)	15	0	5	0	0	0	1	0	0	2	3	1.000	62	14.2	13	3	7	0	2	0	0	6	6	3.68
'20	(武)	7	0	1	0	0	0	0	0	0	1	1	.000	55	11	14	2	8	0	8	2	0	11	9	7.36
〔3〕		24	0	7	0	0	0	1	0	0	3	4	1.000	129	28.2	29	5	18	0	14	3	0	17	15	4.71

小澤　怜史　こざわ・れいじ　日大三島高　('16.1)　'98.3.9生　右投左打

年度	チーム	試合	完投	交代完了	試合当初	無点勝	無四球	勝利	敗北	セーブ	ホールド	HP	勝率	打者	投球回	安打	本塁打	四球	死球	三振	暴投	ボーク	失点	自責点	防御率
'17	(ソ)	2	0	2	0	0	0	0	0	0	0	0	.000	12	2	5	0	1	0	2	0	0	3	3	13.50

小林　慶祐　こばやし・けいすけ　東京情報大　('17.1)　'92.11.2生　右投右打

年度	チーム	試合	完投	交代完了	試合当初	無点勝	無四球	勝利	敗北	セーブ	ホールド	HP	勝率	打者	投球回	安打	本塁打	四球	死球	三振	暴投	ボーク	失点	自責点	防御率
'17	(オ)	35	0	15	0	0	0	2	1	0	1	3	.667	174	40.2	36	4	15	2	46	2	0	22	18	3.98
'18	(オ)	7	0	0	0	0	0	0	0	0	1	1	.000	50	9	20	4	5	0	9	0	0	13	11	11.00
'19	(オ)	20	0	9	0	0	0	0	3	0	3	3	.000	82	17.1	23	4	5	0	17	3	0	15	11	5.71
'20	(オ)	2	0	1	0	0	0	0	0	0	0	0	.000	35	6.2	11	0	5	0	5	0	0	3	3	4.05
'20	(神)	2	0	1	0	0	0	0	0	0	0	0	.000	14	3	3	0	2	0	5	0	0	0	0	0.00
〔4〕		71	0	32	0	0	0	2	3	0	5	7	.400	355	76.2	93	12	32	3	82	5	0	53	43	5.05

近藤　一樹　こんどう・かずき　日大三高　('02.1)　'83.7.8生　右投右打

年度	チーム	試合	完投	交代完了	試合当初	無点勝	無四球	勝利	敗北	セーブ	ホールド	HP	勝率	打者	投球回	安打	本塁打	四球	死球	三振	暴投	ボーク	失点	自責点	防御率
'03	(近)	1	0	0	0	0	0	0	0	0			.000	13	3	3	0	1	0	2	0	0	0	0	0.00
'04	(近)	11	0	7	1	0	0	1	0	0			1.000	75	16.2	17	0	10	0	13	2	0	2	2	1.08
'05	(オ)	7	0	0	0	0	0	0	0	0			.000	38	8.2	9	3	3	0	8	0	0	4	4	4.15
'07	(オ)	2	0	0	2	0	0	0	1	0			.000	38	7.2	13	3	2	0	7	1	0	7	7	8.22
'08	(オ)	25	2	0	21	0	0	10	7	0			.588	616	149	140	9	45	4	89	4	0	62	57	3.44⑩
'09	(オ)	24	2	0	22	0	0	9	12	0			.429	678	152.2	155	20	80	3	91	6	0	87	81	4.78⑰
'10	(オ)	24	1	0	23	0	0	5	10	0			.333	620	142.2	151	16	49	7	133	4	1	79	69	4.35
'11	(オ)	18	0	0	11	0	0	3	7	0			.300	289	63.2	76	6	27	4	53	3	0	48	45	6.36
'12	(オ)	1	0	0	1	0	0	0	0	0			.000	27	6	8	0	2	0	3	0	0	4	3	4.50
'13	(オ)	2	0	0	0	0	0	0	0	0			.000	36	8	13	2	1	0	6	2	0	9	8	9.00
'14	(オ)	2	0	0	0	0	0	0	0	0			.000	34	7.2	10	2	7	0	4	0	0	4	4	4.70
'15	(オ)	10	0	0	0	0	0	1	4	0			.200	190	41.2	49	2	14	3	24	5	0	31	28	6.05
'16	(オ)	5	0	0	0	0	0	2	2	0			.500	94	19.2	30	3	6	0	16	1	0	19	18	8.24
'16	(ヤ)	8	0	3	0	0	0	0	0	0			.000	54	11.1	14	0	6	0	10	0	0	5	3	3.18
'17	(ヤ)	54	0	0	0	0	0	2	4	1	14	16	.333	234	55.1	49	9	17	4	55	2	0	29	29	4.72
'18	(ヤ)	**74**	0	0	0	0	0	7	4	2	**35**	**42**	.636	334	76.2	74	8	31	2	75	3	0	37	31	3.64
'19	(ヤ)	59	0	0	0	0	0	3	3	0	19	22	.500	245	53	57	6	32	0	54	3	0	23	21	3.57
'20	(ヤ)	20	0	0	0	0	0	0	1	1	3	3	.000	81	19	21	6	6	0	13	0	0	13	10	4.74
〔17〕		347	5	49	97	0	0	43	57	4	71	83	.430	3696	842.1	889	88	333	32	657	40	1	462	421	4.50

近藤　大亮　こんどう・たいすけ　大阪商業大（'16.1）　'91.5.29生　右投右打

年度	チーム	試合	完投	交代完了	試当初	無点勝	無四球	勝利	敗北	セーブ	ホールド	H P	勝率	打者	投球回	安打	本塁打	四球	死球	三振	暴投	ボーク	失点	自責点	防御率
'16（オ）		1	0	0	1	0	0	0	0	0	0	0	.000	16	3	4	0	1	0	2	0	0	1	0	0.00
'17（オ）		55	0	11	0	0	0	1	1	1	25	26	.500	228	55.2	42	6	18	2	71	1	0	21	19	3.07
'18（オ）		52	0	20	0	0	0	3	3	0	9	12	.500	223	54	34	7	27	0	52	0	0	21	20	3.33
'19（オ）		52	0	6	0	0	0	4	6	1	22	26	.400	209	49.2	39	4	22	1	61	3	0	19	19	3.44
〔4〕		160	0	37	1	0	0	8	10	2	56	64	.444	676	162.1	119	17	68	3	186	4	0	62	58	3.22

近藤　弘樹　こんどう・ひろき　岡山商科大（'18.1）　'95.6.27生　右投右打

年度	チーム	試合	完投	交代完了	試当初	無点勝	無四球	勝利	敗北	セーブ	ホールド	H P	勝率	打者	投球回	安打	本塁打	四球	死球	三振	暴投	ボーク	失点	自責点	防御率
'18（楽）		9	0	3	3	0	0	0	2	0	0	0	.000	130	29	35	5	9	1	15	4	0	22	22	6.83
'19（楽）		2	0	0	2	0	0	0	2	0	0	0	.000	44	9.1	14	2	2	1	3	0	0	9	9	8.68
'20（楽）		6	0	3	0	0	0	0	0	1	1	1	.000	31	6.2	5	2	5	1	4	1	0	4	4	5.40
〔3〕		17	0	6	5	0	0	0	4	1	1	1	.000	205	45	54	9	16	3	22	5	0	35	35	7.00

今野　龍太　こんの・りゅうた　岩出山高（'14.1）　'95.5.11生　右投右打

年度	チーム	試合	完投	交代完了	試当初	無点勝	無四球	勝利	敗北	セーブ	ホールド	H P	勝率	打者	投球回	安打	本塁打	四球	死球	三振	暴投	ボーク	失点	自責点	防御率
'14（楽）		5	0	4	0	0	0	0	0	0	0	0	.000	25	5.1	9	2	0	0	1	0	0	5	5	8.44
'15（楽）		2	0	1	0	0	0	0	0	0	0	0	.000	17	3.1	4	1	3	1	0	0	0	4	4	10.80
'17（楽）		2	0	1	0	0	0	0	0	0	0	0	.000	6	1	2	1	1	0	1	0	0	3	3	27.00
'18（楽）		3	0	2	0	0	0	0	0	0	0	0	.000	22	5	4	0	4	0	6	0	0	1	1	1.80
'19（楽）		4	0	0	0	0	0	1	0	0	0	1	1.000	44	9	13	1	3	1	7	1	0	10	10	10.00
'20（ヤ）		20	0	4	0	0	0	0	0	0	1	0	.000	113	25.1	23	1	13	0	36	4	0	10	8	2.84
〔6〕		35	0	12	0	0	0	1	0	0	1	1	.500	227	49	55	6	24	2	52	5	0	33	31	5.69

D.サファテ　デニス・サファテ　アリゾナ州立大（'11.1）　'81.4.9生　右投右打

年度	チーム	試合	完投	交代完了	試当初	無点勝	無四球	勝利	敗北	セーブ	ホールド	H P	勝率	打者	投球回	安打	本塁打	四球	死球	三振	暴投	ボーク	失点	自責点	防御率
'11（広）		57	0	54	0	0	0	1	3	35	1	2	.250	232	60.2	40	2	16	0	82	0	0	10	9	1.34
'12（広）		47	0	22	0	0	0	2	5	9	4	6	.286	221	49.2	43	1	24	6	44	3	0	24	16	2.90
'13（武）		58	0	31	0	0	0	9	1	10	16	25	.900	229	57.2	29	4	24	4	66	1	0	13	12	1.87
'14（ソ）		64	0	52	0	0	0	7	1	37	7	14	.875	272	68.1	50	0	22	1	96	1	1	10	8	1.05
'15（ソ）		65	0	54	0	0	0	5	1	41	9	14	.833	235	64.2	27	4	14	1	102	2	0	8	8	1.11
'16（ソ）		64	0	54	0	0	0	0	7	43	8	8	.000	237	62.1	40	4	11	0	73	1	0	15	13	1.88
'17（ソ）		66	0	62	0	0	0	2	2	54	3	5	.500	238	66	34	3	10	1	102	0	0	9	8	1.09
'18（ソ）		6	0	6	0	0	0	1	0	5	0	1	1.000	25	6	4	0	3	0	9	0	0	2	2	3.00
〔8〕		427	0	335	0	0	0	27	20	234	48	75	.574	1689	435.1	267	18	124	13	574	8	1	91	76	1.57

A.サンチェス　エンジェル・サンチェス　サントドミンゴ自治大（'20.1）　'89.11.28生　右投右打

年度	チーム	試合	完投	交代完了	試当初	無点勝	無四球	勝利	敗北	セーブ	ホールド	H P	勝率	打者	投球回	安打	本塁打	四球	死球	三振	暴投	ボーク	失点	自責点	防御率
'20（巨）		15	0	0	15	0	0	8	4	0	0	0	.667	363	87.2	74	8	34	0	59	0	0	35	30	3.08

歳内　宏明　さいうち・ひろあき　聖光学院高　('12.1)　'93.7.19生　右投右打

年度(チーム)	試合	完投	交代完了	試合当初	無点勝	無四球	勝利	敗北	セーブ	ホールド	HP	勝率	打者	投球回	安打	本塁打	四球	死球	三振	暴投	ボーク	失点	自責点	防御率
'12(神)	1	0	0	1	0	0	0	0	0	0	0	.000	21	5	4	0	2	0	3	2	0	1	1	1.80
'13(神)	5	0	2	0	0	0	0	0	0	0	0	.000	32	8	4	3	2	1	1	0	0	5	5	5.63
'14(神)	13	0	4	3	0	0	1	3	0	0	1	.250	103	24	23	1	10	1	25	0	0	19	18	6.75
'15(神)	29	0	9	0	0	0	1	1	0	2	3	.500	144	34.1	15	1	27	1	23	0	1	10	10	2.62
'16(神)	9	0	2	0	0	0	0	0	0	2	2	.000	41	9	8	1	5	0	3	2	0	4	3	3.00
'20(ヤ)	7	0	0	7	0	0	1	2	0	0	0	.333	157	33.2	49	2	13	1	21	0	0	17	16	4.28
〔6〕	64	0	17	11	0	0	3	6	0	4	6	.333	498	114	103	10	59	4	76	4	1	56	53	4.18

才木　浩人　さいき・ひろと　須磨翔風高　('17.1)　'98.11.7生　右投右打

年度(チーム)	試合	完投	交代完了	試合当初	無点勝	無四球	勝利	敗北	セーブ	ホールド	HP	勝率	打者	投球回	安打	本塁打	四球	死球	三振	暴投	ボーク	失点	自責点	防御率
'17(神)	2	0	1	0	0	0	0	0	0	1	1	.000	13	2.2	2	0	3	0	3	0	0	0	0	0.00
'18(神)	22	0	3	14	0	0	6	10	0	1	2	.375	368	82	81	12	38	5	85	5	0	46	42	4.61
'19(神)	3	0	0	3	0	0	2	1	0	0	0	.667	70	15.1	20	0	5	0	14	0	0	8	8	4.70
〔3〕	27	0	4	17	0	0	8	11	0	2	3	.421	451	100	103	12	46	5	102	5	0	54	50	4.50

齋藤　綱記　さいとう・こうき　北照高　('15.1)　'96.12.18生　左投左打

年度(チーム)	試合	完投	交代完了	試合当初	無点勝	無四球	勝利	敗北	セーブ	ホールド	HP	勝率	打者	投球回	安打	本塁打	四球	死球	三振	暴投	ボーク	失点	自責点	防御率
'16(オ)	1	0	0	0	0	0	0	0	0	0	0	.000	20	4	6	2	2	0	2	0	1	4	4	9.00
'18(オ)	5	0	0	0	0	0	0	0	0	0	0	.000	12	3.1	0	0	1	1	4	0	0	2	2	5.40
'19(オ)	11	0	0	0	0	0	0	0	0	1	1	.000	46	7	14	0	9	0	8	0	0	10	8	10.29
'20(オ)	32	0	6	0	0	0	1	1	0	4	5	.500	105	24.2	24	3	8	1	23	1	0	11	11	4.01
〔4〕	49	0	9	0	0	0	1	1	0	5	6	.500	183	39	44	5	20	2	37	1	0	27	25	5.77

齋藤　俊介　さいとう・しゅんすけ　立教大　('18.1)　'94.1.7生　右投右打

年度(チーム)	試合	完投	交代完了	試合当初	無点勝	無四球	勝利	敗北	セーブ	ホールド	HP	勝率	打者	投球回	安打	本塁打	四球	死球	三振	暴投	ボーク	失点	自責点	防御率
'19(ディ)	16	0	5	0	0	0	0	0	0	0	0	.000	115	25	31	1	8	2	20	3	0	19	16	5.76

齊藤　大将　さいとう・ひろまさ　明治大　('18.1)　'95.6.3生　左投左打

年度(チーム)	試合	完投	交代完了	試合当初	無点勝	無四球	勝利	敗北	セーブ	ホールド	HP	勝率	打者	投球回	安打	本塁打	四球	死球	三振	暴投	ボーク	失点	自責点	防御率
'18(武)	16	0	2	1	0	0	1	3	0	1	2	.250	78	16.2	14	2	14	3	10	2	0	13	13	7.02
'19(武)	9	0	2	1	0	0	0	0	0	1	1	.000	51	10.2	12	4	6	3	7	0	0	9	8	6.75
'20(武)	7	0	0	0	0	0	0	0	0	0	0	.000	51	10	15	2	7	1	3	1	0	12	11	9.90
〔3〕	32	0	4	2	0	0	1	3	0	2	3	.200	180	37.1	41	8	27	7	20	3	0	34	32	7.71

斎藤　佑樹　さいとう・ゆうき　早稲田大　('11.1)　'88.6.6生　右投右打

年度(チーム)	試合	完投	交代完了	試合当初	無点勝	無四球	勝利	敗北	セーブ	ホールド	HP	勝率	打者	投球回	安打	本塁打	四球	死球	三振	暴投	ボーク	失点	自責点	防御率
'11(日)	19	1	0	18	0	0	6	6	0	0	0	.500	472	107	122	5	35	6	62	6	0	41	32	2.69
'12(日)	19	2	1	16	1	0	5	8	0	0	0	.385	480	104	126	8	48	2	59	5	0	60	46	3.98
'13(日)	1	0	0	0	0	0	0	0	0	0	0	.000	23	4	5	0	5	1	1	0	0	6	6	13.50
'14(日)	6	0	0	6	0	0	2	1	0	0	0	.667	118	26	28	4	16	1	20	0	0	15	14	4.85
'15(日)	12	0	1	7	0	0	1	3	0	0	0	.250	190	42.1	52	5	14	1	24	0	0	28	27	5.74
'16(日)	11	0	3	2	0	0	0	0	0	0	0	.000	104	23.2	26	2	11	2	14	3	0	12	12	4.56
'17(日)	6	0	0	6	0	0	0	1	0	0	0	.250	126	28	39	3	5	2	14	0	0	23	21	6.75
'18(日)	3	0	0	3	0	0	0	0	0	0	0	.000	45	8.2	8	2	12	2	3	0	0	8	7	7.27
'19(日)	11	0	5	2	0	0	1	4	0	0	0	.000	87	21	19	1	8	1	12	2	0	12	11	4.71
〔9〕	88	3	12	60	1	0	15	26	0	0	0	.366	1645	364.2	425	30	154	15	209	17	0	205	176	4.34

齋藤友貴哉　さいとう・ゆきや　桐蔭横浜大　('19.1)　'95.1.5生　右投左打

年度	チーム	試合	完投	交代了	試当初	無点勝	無四球	勝利	敗北	セーブ	ホールド	HP	勝率	打者	投球回	安打	本塁打	四球	死球	三振	暴投	ボーク	失点	自責点	防御率
'19	(神)	1	0	0	0	0	0	0	0	0	0	0	.000	10	2	1	0	3	0	2	0	0	0	0	0.00
'20	(神)	5	0	1	1	0	0	0	0	0	0	0	.000	35	7	9	1	5	0	11	3	0	6	6	7.71
〔2〕		6	0	1	1	0	0	0	0	0	0	0	.000	45	9	10	1	8	0	13	3	0	6	6	6.00

酒居知史　さかい・ともひと　大阪体育大　('17.1)　'93.1.2生　右投右打

年度	チーム	試合	完投	交代了	試当初	無点勝	無四球	勝利	敗北	セーブ	ホールド	HP	勝率	打者	投球回	安打	本塁打	四球	死球	三振	暴投	ボーク	失点	自責点	防御率
'17	(ロ)	19	2	5	7	0	1	5	1	0	1	1	.833	315	74.2	75	11	20	3	48	0	0	28	26	3.13
'18	(ロ)	15	0	0	14	0	0	2	6	0	0	0	.250	373	83.2	91	12	35	4	55	0	2	57	52	5.59
'19	(ロ)	54	0	6	0	0	0	5	4	0	20	25	.556	248	57.2	51	9	25	1	60	1	0	28	28	4.37
'20	(楽)	46	0	4	0	0	0	3	2	0	12	15	.600	188	44.1	38	4	18	3	34	1	0	20	18	3.65
〔4〕		134	2	15	21	0	1	15	13	0	33	41	.536	1124	260.1	255	36	98	11	197	2	2	133	124	4.29

榊原翼　さかきばら・つばさ　浦和学院高　('18.3)　'98.8.25生　右投右打

年度	チーム	試合	完投	交代了	試当初	無点勝	無四球	勝利	敗北	セーブ	ホールド	HP	勝率	打者	投球回	安打	本塁打	四球	死球	三振	暴投	ボーク	失点	自責点	防御率
'18	(オ)	5	0	1	3	0	0	0	0	0	0	0	.000	72	18	12	0	7	0	17	0	0	7	7	3.50
'19	(オ)	13	1	0	12	0	0	3	4	0	0	0	.429	333	79.1	64	5	37	5	59	6	0	29	24	2.72
'20	(オ)	9	0	0	9	0	0	1	4	0	0	0	.200	206	43.1	44	5	39	1	31	2	0	26	25	5.19
〔3〕		27	1	1	24	0	0	4	8	0	0	0	.333	611	140.2	120	10	83	6	107	8	0	62	56	3.58

阪口皓亮　さかぐち・こうすけ　北海高　('18.1)　'99.8.15生　右投左打

年度	チーム	試合	完投	交代了	試当初	無点勝	無四球	勝利	敗北	セーブ	ホールド	HP	勝率	打者	投球回	安打	本塁打	四球	死球	三振	暴投	ボーク	失点	自責点	防御率
'19	(ディ)	3	0	0	3	0	0	0	1	0	0	0	.000	37	7.2	9	0	4	1	4	0	0	5	5	5.87
'20	(ディ)	3	0	0	3	0	0	0	2	0	0	0	.000	62	12	22	2	7	0	10	1	1	10	10	7.50
〔2〕		6	0	0	6	0	0	0	3	0	0	0	.000	99	19.2	31	2	11	1	14	1	1	15	15	6.86

坂本光士郎　さかもと・こうしろう　日本文理大　('19.1)　'94.9.9生　左投左打

年度	チーム	試合	完投	交代了	試当初	無点勝	無四球	勝利	敗北	セーブ	ホールド	HP	勝率	打者	投球回	安打	本塁打	四球	死球	三振	暴投	ボーク	失点	自責点	防御率
'19	(ヤ)	19	0	6	0	0	0	0	0	0	3	3	.000	104	21.2	22	2	16	2	15	2	0	15	14	5.82
'20	(ヤ)	1	0	0	0	0	0	0	0	0	0	0	.000	19	3	5	1	4	1	3	0	0	6	4	12.00
〔2〕		20	0	6	0	0	0	0	0	0	3	3	.000	123	24.2	27	3	20	3	18	2	0	21	18	6.57

坂本裕哉　さかもと・ゆうや　立命館大　('20.1)　'97.7.28生　左投左打

年度	チーム	試合	完投	交代了	試当初	無点勝	無四球	勝利	敗北	セーブ	ホールド	HP	勝率	打者	投球回	安打	本塁打	四球	死球	三振	暴投	ボーク	失点	自責点	防御率
'20	(ディ)	10	0	0	10	0	0	4	1	0	0	0	.800	200	46	48	4	17	3	29	1	0	30	29	5.67

櫻井周斗　さくらい・しゅうと　日大三高　('18.1)　'99.6.25生　左投左打

年度	チーム	試合	完投	交代了	試当初	無点勝	無四球	勝利	敗北	セーブ	ホールド	HP	勝率	打者	投球回	安打	本塁打	四球	死球	三振	暴投	ボーク	失点	自責点	防御率
'19	(ディ)	14	0	3	1	0	0	0	0	0	1	1	.000	74	16.2	17	1	10	1	17	1	0	9	9	4.86
'20	(ディ)	3	0	2	1	0	0	0	0	0	0	0	.000	35	7.1	12	0	3	0	4	1	0	9	6	7.36
〔2〕		17	0	5	2	0	0	0	0	0	1	1	.000	109	24	29	1	13	1	21	2	0	15	15	5.63

桜井　俊貴　さくらい・としき　立命館大　（'16.1）　'93.10.21生　右投右打

年度	チーム	試合	完投	交代了	試当初	無点勝	無四球	勝利	敗北	セーブ	ホールド	HP	率	打者	投球回	安打	本塁打	四球	死球	三振	暴投	ボーク	失点	自責点	防御率
'16	(巨)	1	0	0	1	0	0	0	1	0	0	0	.000	23	4.1	9	0	1	1	5	0	0	4	4	8.31
'17	(巨)	19	0	5	0	0	0	0	1	0	0	0	.000	126	27	28	2	15	2	16	2	0	18	17	5.67
'19	(巨)	29	0	1	17	0	0	8	6	0	0	1	.571	472	108.1	109	12	42	4	82	1	0	53	52	4.32
'20	(巨)	24	0	5	8	0	0	2	4	0	4	4	.333	281	63.2	68	15	21	5	43	0	0	37	35	4.95
〔4〕		73	0	11	26	0	0	10	12	0	4	5	.455	902	203.1	214	29	79	12	146	3	0	112	108	4.78

佐々木千隼　ささき・ちはや　桜美林大　（'17.1）　'94.6.8生　右投右打

年度	チーム	試合	完投	交代了	試当初	無点勝	無四球	勝利	敗北	セーブ	ホールド	HP	率	打者	投球回	安打	本塁打	四球	死球	三振	暴投	ボーク	失点	自責点	防御率
'17	(ロ)	15	1	1	13	0	0	4	7	0	0	0	.364	363	85.1	75	9	48	1	59	3	1	41	40	4.22
'19	(ロ)	7	0	1	6	0	0	2	1	0	0	0	.667	130	32	26	2	11	2	22	0	0	11	9	2.53
'20	(ロ)	5	0	3	0	0	0	0	0	0	0	0	.000	23	4.1	7	1	2	1	5	1	0	4	4	8.31
〔3〕		27	1	5	19	0	0	6	8	0	0	0	.429	516	121.2	108	12	62	3	86	4	1	56	53	3.92

佐藤　優　さとう・ゆう　東北福祉大　（'16.1）　'93.6.29生　右投左打

年度	チーム	試合	完投	交代了	試当初	無点勝	無四球	勝利	敗北	セーブ	ホールド	HP	率	打者	投球回	安打	本塁打	四球	死球	三振	暴投	ボーク	失点	自責点	防御率
'16	(中)	14	0	2	4	0	0	1	0	0	1	1	1.000	123	27	21	1	21	1	18	2	1	12	11	3.67
'17	(中)	13	0	6	0	0	0	2	0	0	2	4	1.000	62	13.1	18	0	5	1	8	0	0	8	8	5.40
'18	(中)	42	0	14	0	0	0	1	2	5	10	11	.333	184	43.1	27	2	23	3	51	2	0	15	10	2.08
'19	(中)	7	0	1	0	0	0	1	0	0	0	1	1.000	45	9.2	9	0	7	0	6	2	0	7	7	6.52
'20	(中)	14	0	1	0	0	0	0	0	0	4	4	.000	77	16.2	18	2	6	2	12	1	0	18	17	9.18
〔5〕		90	0	23	4	0	0	5	2	5	17	21	.714	491	110	93	5	62	7	95	7	1	60	53	4.34

佐野　泰雄　さの・やすお　平成国際大　（'15.1）　'93.1.18生　左投左打

年度	チーム	試合	完投	交代了	試当初	無点勝	無四球	勝利	敗北	セーブ	ホールド	HP	率	打者	投球回	安打	本塁打	四球	死球	三振	暴投	ボーク	失点	自責点	防御率
'15	(武)	2	0	1	1	0	0	0	0	0	0	0	.000	26	5	6	1	5	0	4	0	0	4	3	5.40
'16	(武)	15	0	8	2	0	0	1	1	0	0	1	.500	116	27.1	22	2	15	1	11	1	0	14	10	3.29
'17	(武)	6	0	0	6	0	0	3	1	0	0	0	.750	110	23.2	29	1	11	3	12	2	0	14	12	4.56
'18	(武)	5	0	2	1	0	0	0	1	0	0	0	.000	47	9.2	15	3	5	2	3	0	0	9	9	8.38
'19	(武)	44	0	14	2	0	0	2	2	0	2	4	.500	297	67.2	68	4	32	4	39	1	0	34	33	4.39
'20	(武)	8	0	2	0	0	0	0	0	0	0	0	.000	30	6.2	9	1	2	0	1	1	0	1	1	1.35
〔6〕		80	0	27	12	0	0	6	5	0	2	5	.545	626	140	149	12	70	10	70	5	0	76	68	4.37

澤田　圭佑　さわだ・けいすけ　立教大　（'17.1）　'94.4.27生　右投左打

年度	チーム	試合	完投	交代了	試当初	無点勝	無四球	勝利	敗北	セーブ	ホールド	HP	率	打者	投球回	安打	本塁打	四球	死球	三振	暴投	ボーク	失点	自責点	防御率
'17	(オ)	13	0	8	0	0	0	0	2	0	0	0	.000	58	13	13	2	6	1	5	0	0	6	6	4.15
'18	(オ)	47	0	17	0	0	0	5	0	0	8	13	1.000	201	49.2	45	1	11	1	45	0	0	14	14	2.54
'19	(オ)	28	0	4	0	0	0	2	2	0	17	19	.500	122	26	28	3	15	0	19	0	0	14	14	4.85
'20	(オ)	24	0	8	0	0	0	0	2	0	0	0	.000	87	21	16	5	8	0	24	0	0	10	8	3.43
〔4〕		112	0	37	0	0	0	7	6	0	25	32	.538	468	109.2	102	15	40	2	93	0	0	44	42	3.45

澤村　拓一　さわむら・ひろかず　中央大（'11.1）　'88.4.3生　右投右打

年度	チーム	試合	完投	交代了	試当初	無点勝	無四球	勝利	敗北	セーブ	ホールド	HP	勝率	打者	投球回	安打	本塁打	四球	死球	三振	暴投	ボーク	失点	自責点	防御率
'11	(巨)	29	5	0	24	1	1	11	11	0	0	0	.500	786	200	149	14	45	5	174	5	3	53	45	2.03③
'12	(巨)	27	2	1	24	1	0	10	10	0	0	0	.500	716	169.2	172	12	54	4	138	2	0	56	54	2.86⑬
'13	(巨)	34	3	4	19	1	0	5	10	0	6	7	.333	654	158.1	138	18	43	5	148	5	0	58	55	3.13⑦
'14	(巨)	12	2	1	9	1	0	5	3	0	0	1	.625	299	72.2	69	3	14	2	66	5	0	31	30	3.72
'15	(巨)	60	0	51	0	0	0	7	3	36	3	6	.700	282	68.1	58	4	21	3	60	2	0	12	10	1.32
'16	(巨)	63	0	53	0	0	0	6	4	37	4	10	.600	271	64.1	60	5	22	1	55	9	1	20	19	2.66
'18	(巨)	49	0	7	0	0	0	1	6	0	24	25	.143	238	54.1	65	4	27	3	54	3	0	29	27	4.64
'19	(巨)	43	0	10	0	0	0	2	2	1	13	15	.500	197	48.1	40	3	17	3	55	1	0	14	14	2.61
'20	(巨)	30	0	3	0	0	0	0	2	1	0	1	.500	64	13.1	14	1	8	2	11	0	0	9	9	6.08
	(ロ)	22	0	3	0	0	0	0	2	1	13	13	.000	82	21	10	2	10	0	29	3	0	4	4	1.71
〔9〕		352	12	133	79	4	1	48	52	75	64	83	.480	3589	868.1	765	66	261	28	790	35	4	286	267	2.77

J.T.シャギワ　ジョン・トーマス・シャギワ　ライス大（'20.1）　'90.12.3生　右投右打

年度	チーム	試合	完投	交代了	試当初	無点勝	無四球	勝利	敗北	セーブ	ホールド	HP	勝率	打者	投球回	安打	本塁打	四球	死球	三振	暴投	ボーク	失点	自責点	防御率
'20	(楽)	31	0	9	0	0	0	0	3	1	6	6	.000	121	26.1	23	2	14	4	19	2	0	17	17	5.81

J.ジャクソン　ジェイ・ジャクソン　ファーマン大（'16.1）　'87.10.27生　右投右打

年度	チーム	試合	完投	交代了	試当初	無点勝	無四球	勝利	敗北	セーブ	ホールド	HP	勝率	打者	投球回	安打	本塁打	四球	死球	三振	暴投	ボーク	失点	自責点	防御率
'16	(広)	67	0	5	0	0	0	5	4	0	37	42	.556	271	68.1	46	4	23	0	89	1	0	15	13	1.71
'17	(広)	60	0	7	0	0	0	2	1	1	30	32	.500	243	62	43	5	19	1	55	2	0	16	14	2.03
'18	(広)	48	0	5	0	0	0	3	2	1	25	28	.600	201	45.2	42	4	26	1	48	0	0	16	14	2.76
'20	(ロ)	7	0	1	0	0	0	0	1	1	3	3	.000	29	7	4	1	3	0	12	0	0	3	3	3.86
〔4〕		182	0	18	0	0	0	10	8	3	95	105	.556	744	183	135	16	71	2	204	3	0	50	44	2.16

K.ジョンソン　クリス・ジョンソン　ウィチタ州立大（'15.1）　'84.10.14生　左投左打

年度	チーム	試合	完投	交代了	試当初	無点勝	無四球	勝利	敗北	セーブ	ホールド	HP	勝率	打者	投球回	安打	本塁打	四球	死球	三振	暴投	ボーク	失点	自責点	防御率
'15	(広)	28	1	0	27	1	1	14	7	0	0	0	.667	773	194.1	146	5	67	2	150	3	1	43	40	1.85①
'16	(広)	26	3	0	23	2	0	15	7	0	0	0	.682	736	180.1	154	11	49	3	141	3	0	50	43	2.15②
'17	(広)	13	0	0	13	0	0	6	3	0	0	0	.667	328	76.1	79	4	25	2	53	2	0	40	34	4.01
'18	(広)	24	0	0	24	0	0	11	5	0	0	0	.688	609	144.2	137	9	48	5	113	3	0	55	50	3.11⑤
'19	(広)	27	1	0	26	1	0	11	8	0	0	0	.579	650	156.2	132	12	58	4	132	3	0	50	45	2.59②
'20	(広)	10	0	0	10	0	0	0	7	0	0	0	.000	237	51.2	60	3	25	1	35	5	0	38	35	6.10
〔6〕		128	5	0	123	4	1	57	37	0	0	0	.606	3333	804	708	44	272	17	624	19	1	276	247	2.76

D.J.ジョンソン　(DJ.ジョンソン)　ディー・ジェイ・ジョンソン　西オレゴン大（'20.1）　'89.8.30生　右投左打

年度	チーム	試合	完投	交代了	試当初	無点勝	無四球	勝利	敗北	セーブ	ホールド	HP	勝率	打者	投球回	安打	本塁打	四球	死球	三振	暴投	ボーク	失点	自責点	防御率
'20	(広)	14	0	9	0	0	0	0	0	0	1	1	.000	69	13.2	19	0	8	1	13	3	0	10	7	4.61
	(楽)	16	0	3	0	0	0	1	0	0	4	5	1.000	62	14.2	13	2	6	0	16	3	0	6	5	3.07

椎野　新　しいの・あらた　国士舘大（'18.1）　'95.10.10生　右投右打

年度	チーム	試合	完投	交代了	試当初	無点勝	無四球	勝利	敗北	セーブ	ホールド	HP	勝率	打者	投球回	安打	本塁打	四球	死球	三振	暴投	ボーク	失点	自責点	防御率
'18	(ソ)	1	0	1	0	0	0	0	0	0	0	0	.000	8	2	2	1	0	0	1	0	0	2	2	9.00
'19	(ソ)	36	0	6	1	0	0	5	2	0	6	11	.714	206	46	37	5	31	2	49	2	0	20	16	3.13
'20	(ソ)	12	0	5	0	0	0	1	1	0	1	2	.500	49	11	12	1	5	0	13	1	0	7	7	5.73
〔3〕		49	0	12	1	0	0	6	3	0	7	13	.667	263	59	51	7	36	2	63	3	0	29	25	3.81

塩見　貴洋　しおみ・たかひろ　八戸大　('11.1)　'88.9.6生　左投左打

年度(チーム)	試合	完投	交代了	試当初	無点勝	無四球	勝利	敗北	セーブ	ホールド	HP	勝率	打者	投球回	安打	本塁打	四球	死球	三振	暴投	ボーク	失点	自責点	防御率
'11(楽)	24	4	0	20	0	1	9	9	0	0	0	.500	638	154.2	144	14	34	2	113	4	0	53	49	2.85⑪
'12(楽)	19	2	2	14	1	1	6	10	0	0	0	.375	450	106.2	102	9	33	4	67	3	0	45	44	3.71
'14(楽)	21	0	1	20	0	0	8	7	0	0	0	.533	501	114.2	135	15	27	3	78	3	0	68	60	4.71
'15(楽)	16	0	0	16	0	0	3	5	0	0	0	.375	392	96	87	14	15	3	78	4	0	42	38	3.56
'16(楽)	24	0	0	24	0	0	8	10	0	0	0	.444	610	148	145	14	37	3	111	0	0	67	64	3.89⑪
'17(楽)	8	0	0	8	0	0	3	3	0	0	0	.500	183	43.1	42	5	12	0	30	0	0	19	19	3.95
'18(楽)	11	1	0	10	0	1	2	3	0	0	0	.400	278	68.1	71	8	8	2	53	0	0	30	27	3.56
'19(楽)	9	0	0	8	0	0	3	1	0	0	0	.750	197	51.1	42	6	9	0	47	1	0	18	18	3.16
'20(楽)	16	0	0	16	0	0	1	2	0	0	0	.333	350	84.1	88	10	21	0	63	1	0	45	45	4.80
〔9〕	148	7	3	136	1	3	46	56	0	0	0	.451	3599	867.1	856	95	195	18	640	16	0	387	364	3.78

島内　颯太郎　しまうち・そうたろう　九州共立大　('19.1)　'96.10.14生　右投右打

年度(チーム)	試合	完投	交代了	試当初	無点勝	無四球	勝利	敗北	セーブ	ホールド	HP	勝率	打者	投球回	安打	本塁打	四球	死球	三振	暴投	ボーク	失点	自責点	防御率
'19(広)	25	0	6	0	0	0	0	0	0	0	0	.000	127	28.2	19	1	19	2	33	1	0	15	14	4.40
'20(広)	38	0	6	0	0	0	1	0	0	4	5	1.000	166	37.2	29	2	28	1	48	1	0	23	19	4.54
〔2〕	63	0	12	6	0	0	1	0	0	4	5	1.000	293	66.1	48	2	47	3	81	2	0	38	33	4.48

島本　浩也　しまもと・ひろや　福知山成美高　('15.1)　'93.2.14生　左投左打

年度(チーム)	試合	完投	交代了	試当初	無点勝	無四球	勝利	敗北	セーブ	ホールド	HP	勝率	打者	投球回	安打	本塁打	四球	死球	三振	暴投	ボーク	失点	自責点	防御率
'15(神)	18	0	6	0	0	0	0	0	0	1	1	.000	93	18.1	31	6	8	1	12	0	0	19	18	8.84
'16(神)	23	0	8	0	0	0	1	0	0	2	3	1.000	105	24.2	23	2	10	0	24	1	0	10	10	3.65
'18(神)	1	0	1	0	0	0	0	0	0	0	0	.000	8	2	2	0	2	0	2	0	0	2	2	9.00
'19(神)	63	0	17	0	0	0	4	1	0	11	15	1.000	229	59.1	42	4	14	4	60	0	0	13	11	1.67
〔4〕	105	0	32	0	0	0	5	1	0	14	19	1.000	435	104.1	98	12	34	5	98	1	0	44	41	3.54

清水　達也　しみず・たつや　花咲徳栄高　('18.1)　'99.11.3生　右投右打

年度(チーム)	試合	完投	交代了	試当初	無点勝	無四球	勝利	敗北	セーブ	ホールド	HP	勝率	打者	投球回	安打	本塁打	四球	死球	三振	暴投	ボーク	失点	自責点	防御率
'18(中)	2	0	1	0	0	0	0	0	0	0	0	.000	10	2	0	0	2	0	2	0	0	2	2	9.00
'19(中)	8	0	0	8	0	0	2	2	0	0	0	.500	169	35.1	40	5	24	2	24	3	0	22	17	4.33
'20(中)	6	0	0	3	0	0	1	1	0	0	0	.500	92	21.1	15	3	15	0	21	1	0	9	8	3.38
〔3〕	16	0	1	11	0	0	3	3	0	0	0	.500	271	58.2	58	8	41	2	47	4	0	33	27	4.14

清水　昇　しみず・のぼる　國學院大　('19.1)　'96.10.15生　右投左打

年度(チーム)	試合	完投	交代了	試当初	無点勝	無四球	勝利	敗北	セーブ	ホールド	HP	勝率	打者	投球回	安打	本塁打	四球	死球	三振	暴投	ボーク	失点	自責点	防御率
'19(ヤ)	11	0	2	3	0	0	0	3	0	0	0	.000	124	26	33	7	13	0	24	0	0	25	21	7.27
'20(ヤ)	52	0	8	0	0	0	0	4	0	**30**	**30**	.000	221	53.1	45	10	16	1	58	2	0	23	21	3.54
〔2〕	63	0	10	3	0	0	0	7	0	30	30	.000	345	79.1	78	17	29	1	82	2	0	48	42	4.76

進藤　拓也　しんどう・たくや　横浜商科大　('17.1)　'92.7.16生　右投右打

年度(チーム)	試合	完投	交代了	試当初	無点勝	無四球	勝利	敗北	セーブ	ホールド	HP	勝率	打者	投球回	安打	本塁打	四球	死球	三振	暴投	ボーク	失点	自責点	防御率
'17(ディ)	12	0	7	0	0	0	0	0	0	0	0	.000	73	15	18	0	10	2	10	0	0	7	7	4.20
'19(ディ)	5	0	0	1	0	0	0	0	0	0	0	.000	39	7	10	2	6	2	5	0	0	7	7	9.00
'20(ディ)	5	0	1	0	0	0	0	0	0	0	0	.000	24	5.1	5	1	3	0	8	0	0	3	3	5.06
〔3〕	22	0	8	1	0	0	0	0	0	0	0	.000	136	27.1	33	3	19	4	23	0	0	17	17	5.60

A．スアレス　アルバート・スアレス　ヘススデナザレ高　('19.1)　'89.10.8生　右投右打

年度	チーム	試合	完投	交代了	試当初	無点勝	無四球	勝利	敗北	セーブ	ホールド	H	勝率P	打者	投球回	安打	本塁打	四球	死球	三振	暴投	ボーク	失点	自責点	防御率
'19	(ヤ)	4	0	0	4	0	0	1	1	0	0	0	.500	68	17.2	11	1	5	1	12	0	0	3	3	1.53
'20	(ヤ)	12	0	0	12	0	0	4	4	0	0	0	.500	285	67.1	56	4	27	6	52	2	0	25	20	2.67
〔2〕		16	0	0	16	0	0	5	5	0	0	0	.500	353	85	67	5	32	7	64	2	0	28	23	2.44

R．スアレス　ロベルト・スアレス　セシリオアコスタ高　('16.1)　'91.3.1生　右投右打

年度	チーム	試合	完投	交代了	試当初	無点勝	無四球	勝利	敗北	セーブ	ホールド	H	勝率P	打者	投球回	安打	本塁打	四球	死球	三振	暴投	ボーク	失点	自責点	防御率
'16	(ソ)	58	0	15	0	0	0	2	6	1	26	28	.250	223	53.2	49	5	18	1	64	2	0	21	19	3.19
'18	(ソ)	11	0	0	0	0	0	1	1	0	3	4	.500	51	10	15	1	5	1	10	0	0	7	7	6.30
'19	(ソ)	9	0	1	0	0	0	0	4	0	0	0	.000	126	26.2	28	6	20	1	27	2	0	18	17	5.74
'20	(神)	51	0	38	0	0	0	3	1	25	8	11	.750	208	52.1	36	2	19	0	50	2	0	15	13	2.24
〔4〕		129	0	54	0	0	0	6	12	26	37	43	.333	608	142.2	128	14	62	3	151	6	0	61	56	3.53

T．スコット　テイラー・スコット　ノーター・デイム高　('20.1)　'92.6.1生　右投右打

年度	チーム	試合	完投	交代了	試当初	無点勝	無四球	勝利	敗北	セーブ	ホールド	H	勝率P	打者	投球回	安打	本塁打	四球	死球	三振	暴投	ボーク	失点	自責点	防御率
'20	(広)	7	0	5	1	0	0	0	3	0	0	0	.000	49	8	17	1	8	1	7	0	0	14	14	15.75

菅野　智之　すがの・ともゆき　東海大　('13.1)　'89.10.11生　右投右打

年度	チーム	試合	完投	交代了	試当初	無点勝	無四球	勝利	敗北	セーブ	ホールド	H	勝率P	打者	投球回	安打	本塁打	四球	死球	三振	暴投	ボーク	失点	自責点	防御率
'13	(巨)	27	1	0	25	0	0	13	6	0	0	0	.684	729	176	166	10	37	5	155	2	0	70	61	3.12⑥
'14	(巨)	23	3	0	20	0	1	12	5	0	0	0	.706	640	158.2	138	12	36	2	122	6	0	50	41	2.33①
'15	(巨)	25	6	0	19	2	0	10	11	0	0	0	.476	710	179	148	6	41	7	126	3	0	46	38	1.91②
'16	(巨)	26	5	0	21	2	3	9	6	0	0	0	.600	726	183.1	156	12	26	4	189	1	0	46	41	2.01①
'17	(巨)	25	6	0	19	4	3	17	5	0	0	0	.773	713	187.1	129	10	31	1	171	1	0	36	33	1.59①
'18	(巨)	28	10	1	17	8	4	15	8	0	0	0	.652	801	202	166	14	37	3	200	3	0	52	48	2.14①
'19	(巨)	22	3	0	19	1	1	11	6	0	0	0	.647	577	136.1	138	20	32	3	120	0	0	65	59	3.89
'20	(巨)	20	3	0	17	3	0	14	2	0	0	0	.875	532	137.1	97	8	25	7	131	2	0	33	30	1.97③
〔8〕		196	37	1	157	20	12	101	49	0	0	0	.673	5428	1360	1138	96	265	32	1214	18	0	398	351	2.32

菅原　秀　すがはら・しゅう　大阪体育大　('17.1)　'94.4.5生　右投左打

年度	チーム	試合	完投	交代了	試当初	無点勝	無四球	勝利	敗北	セーブ	ホールド	H	勝率P	打者	投球回	安打	本塁打	四球	死球	三振	暴投	ボーク	失点	自責点	防御率
'17	(楽)	29	0	11	0	0	0	1	0	0	1	2	1.000	136	28.2	33	2	17	1	26	5	0	17	16	5.02
'18	(楽)	16	0	13	0	0	0	0	0	0	0	0	.000	101	23.1	22	5	13	0	17	0	0	20	19	7.33
'19	(楽)	9	0	0	8	0	0	1	3	0	0	0	.250	160	35.1	35	1	20	4	21	2	1	19	16	4.08
〔3〕		54	0	24	8	0	0	2	3	0	1	2	.400	397	87.1	90	8	50	5	64	7	1	56	51	5.26

杉浦　稔大　すぎうら・としひろ　國學院大　('14.1)　'92.2.25生　右投右打

年度	チーム	試合	完投	交代了	試当初	無点勝	無四球	勝利	敗北	セーブ	ホールド	H	勝率P	打者	投球回	安打	本塁打	四球	死球	三振	暴投	ボーク	失点	自責点	防御率
'14	(ヤ)	4	0	0	4	0	0	2	2	0	0	0	.500	92	23	23	5	2	1	28	0	0	9	9	3.52
'15	(ヤ)	7	0	0	6	0	0	1	3	0	0	0	.250	164	37	35	2	21	0	25	1	0	12	12	2.92
'16	(ヤ)	17	0	1	11	0	0	3	2	0	0	0	.600	252	51.2	75	9	25	1	45	2	0	43	41	7.14
'17	(ヤ)	5	0	0	0	0	0	0	1	0	0	0	.000	18	4.2	3	1	1	0	9	0	0	2	2	3.86
'18	(日)	1	0	0	0	0	0	0	0	0	0	0	1.000	47	12.2	5	1	3	1	11	0	0	4	4	2.84
'19	(日)	14	0	0	14	0	0	4	4	0	0	0	.500	252	65	52	7	13	2	50	1	0	30	27	3.74
'20	(日)	17	0	4	13	0	0	7	3	0	1	1	.583	319	74.2	59	6	37	1	68	2	0	29	26	3.13
〔7〕		67	0	7	51	0	0	19	17	1	0	1	.528	1144	268.2	253	29	102	6	236	6	0	129	121	4.05

杉山　一樹　すぎやま・かずき　駿河総合高　（'19.1）　'97.12.7生　右投右打

年度	チーム	試合	完投	交代了	試当初	無点勝	無四球	勝利	敗北	セーブ	ホールド	HP	勝率	打者	投球回	安打	本塁打	四球	死球	三振	暴投	ボーク	失点	自責点	防御率
'19	(ソ)	2	0	0	0	0	0	0	0	0	0	0	.000	21	4	5	0	5	0	4	1	0	4	4	9.00
'20	(ソ)	11	0	3	0	0	0	0	0	0	1	1	.000	69	16.2	15	1	6	0	22	1	0	5	4	2.16
〔2〕		13	0	3	0	0	0	0	0	0	1	1	.000	90	20.2	20	1	11	0	26	2	0	9	8	3.48

鈴木　健矢　すずき・けんや　木更津総合高　（'20.1）　'97.12.11生　右投左打

年度	チーム	試合	完投	交代了	試当初	無点勝	無四球	勝利	敗北	セーブ	ホールド	HP	勝率	打者	投球回	安打	本塁打	四球	死球	三振	暴投	ボーク	失点	自責点	防御率
'20	(日)	11	0	0	0	0	0	0	1	0	0	0	.000	55	11.1	15	0	7	0	11	0	0	10	10	7.94

鈴木　翔太　すずき・しょうた　聖隷クリストファー高　（'14.1）　'95.6.16生　右投右打

年度	チーム	試合	完投	交代了	試当初	無点勝	無四球	勝利	敗北	セーブ	ホールド	HP	勝率	打者	投球回	安打	本塁打	四球	死球	三振	暴投	ボーク	失点	自責点	防御率
'14	(中)	5	0	4	0	0	0	0	0	0	0	0	.000	26	6	5	3	1	1	8	0	0	3	3	4.50
'15	(中)	2	0	1	1	0	0	0	0	0	0	0	.000	20	4	6	0	3	0	2	0	0	3	3	6.75
'17	(中)	15	0	1	12	0	0	5	5	0	0	0	.500	311	69	66	5	42	5	51	2	0	39	32	4.17
'18	(中)	2	0	0	2	0	0	0	0	0	0	0	.000	44	8.2	11	1	6	2	3	1	0	5	5	5.19
〔4〕		24	0	6	15	0	0	5	5	0	0	0	.500	401	87.2	88	9	52	8	64	3	0	50	43	4.41

鈴木　翔天　すずき・そら　富士大　（'19.1）　'96.8.19生　左投左打

年度	チーム	試合	完投	交代了	試当初	無点勝	無四球	勝利	敗北	セーブ	ホールド	HP	勝率	打者	投球回	安打	本塁打	四球	死球	三振	暴投	ボーク	失点	自責点	防御率
'20	(楽)	2	0	2	0	0	0	0	0	0	0	0	.000	8	1.1	2	1	1	2	1	0	0	2	2	13.50

鈴木　博志　すずき・ひろし　磐田東高　（'18.1）　'97.3.22生　右投右打

年度	チーム	試合	完投	交代了	試当初	無点勝	無四球	勝利	敗北	セーブ	ホールド	HP	勝率	打者	投球回	安打	本塁打	四球	死球	三振	暴投	ボーク	失点	自責点	防御率
'18	(中)	53	0	24	0	0	0	4	6	4	12	16	.400	219	49	46	7	27	1	42	1	0	28	24	4.41
'19	(中)	25	0	22	0	0	0	0	2	14	1	1	.000	117	25	29	1	15	2	16	0	0	12	12	4.32
'20	(中)	6	0	4	0	0	0	0	0	0	0	0	.000	44	7.2	14	2	6	0	4	0	0	12	11	12.91
〔3〕		84	0	50	0	0	0	4	8	18	13	17	.333	380	81.2	89	10	48	3	62	1	0	52	47	5.18

鈴木　優　すずき・ゆう　雪谷高　（'15.1）　'97.2.5生　右投右打

年度	チーム	試合	完投	交代了	試当初	無点勝	無四球	勝利	敗北	セーブ	ホールド	HP	勝率	打者	投球回	安打	本塁打	四球	死球	三振	暴投	ボーク	失点	自責点	防御率
'15	(オ)	1	0	0	0	0	0	0	0	0	0	0	.000	3	0.1	2	0	0	0	0	0	0	2	2	54.00
'16	(オ)	1	0	1	0	0	0	0	0	0	0	0	.000	12	1.1	5	0	3	0	3	0	0	5	5	33.75
'19	(オ)	1	0	0	0	0	0	0	0	0	0	0	.000	9	2	1	0	3	0	2	0	0	1	1	4.50
'20	(オ)	13	0	2	6	0	0	1	3	1	2	2	.250	173	38.2	30	6	29	1	41	1	0	29	28	6.52
〔4〕		16	0	2	7	0	0	1	3	1	2	2	.250	197	42.1	38	6	35	1	46	1	0	37	36	7.65

鈴木　遼太郎　すずき・りょうたろう　東北学院大　（'18.1）　'96.2.18生　右投右打

年度	チーム	試合	完投	交代了	試当初	無点勝	無四球	勝利	敗北	セーブ	ホールド	HP	勝率	打者	投球回	安打	本塁打	四球	死球	三振	暴投	ボーク	失点	自責点	防御率
'19	(日)	1	0	1	0	0	0	0	0	0	0	0	.000	9	2	2	0	1	0	3	0	0	0	0	0.00

砂田　毅樹　すなだ・よしき　明桜高（'15.6）　'95.7.20生　左投左打

年度 チーム	試合	完投	交代了	試当初	無点勝	無四球	勝利	敗北	セーブ	ホールド	H P	勝率	打者	投球回	安打	本塁打	四球	死球	三振	暴投	ボーク	失点	自責点	防御率
'15 (ディ)	14	0	0	14	0	0	3	5	0	0	0	.375	335	76	85	5	28	2	57	0	0	34	27	3.20
'16 (ディ)	17	0	2	8	0	0	2	2	0	0	1	.500	237	52.1	64	5	18	2	34	0	0	26	22	3.78
'17 (ディ)	62	0	8	0	0	0	1	2	0	25	26	.333	236	54.2	54	5	13	3	49	1	1	25	25	4.12
'18 (ディ)	70	0	23	0	0	0	0	2	0	24	24	.000	227	52.1	44	4	25	5	44	0	0	22	21	3.61
'19 (ディ)	16	0	5	0	0	0	1	0	0	1	2	1.000	65	12.1	21	2	8	1	10	1	0	9	7	5.11
'20 (ディ)	17	0	1	0	0	0	0	0	0	4	4	.000	68	17	10	2	5	2	14	0	0	6	5	2.65
〔6〕	196	0	39	22	0	0	7	11	0	54	57	.389	1168	264.2	278	23	97	15	208	2	1	122	107	3.64

千賀　滉大　せんが・こうだい　蒲郡高（'12.4）　'93.1.30生　右投左打

年度 チーム	試合	完投	交代了	試当初	無点勝	無四球	勝利	敗北	セーブ	ホールド	H P	勝率	打者	投球回	安打	本塁打	四球	死球	三振	暴投	ボーク	失点	自責点	防御率
'12 (ソ)	2	0	0	0	0	0	0	1	0	0	0	.000	29	4.2	7	0	8	0	1	0	0	7	5	9.64
'13 (ソ)	51	0	12	0	0	0	1	4	1	17	18	.200	232	56.1	32	1	26	1	85	10	1	16	15	2.40
'14 (ソ)	19	0	5	0	0	0	1	1	0	3	4	.500	90	22.2	17	0	5	1	28	1	0	5	5	1.99
'15 (ソ)	4	0	0	3	0	0	2	1	0	0	0	.667	85	22.1	17	0	10	0	21	0	0	2	1	0.40
'16 (ソ)	25	3	0	22	0	0	12	3	0	0	0	.800	681	169	125	16	53	6	181	7	1	52	49	2.61③
'17 (ソ)	22	0	0	22	0	0	13	4	0	0	0	.765	572	143	107	15	46	2	151	6	0	47	42	2.64③
'18 (ソ)	22	1	0	21	1	1	13	7	0	0	0	.650	584	141	116	21	58	5	163	5	0	57	55	3.51
'19 (ソ)	26	2	0	24	2	0	13	8	0	0	0	.619	752	180.1	134	19	75	8	227	4	1	60	56	2.79③
'20 (ソ)	18	0	1	17	0	0	11	6	0	0	0	.647	503	121	90	4	57	2	149	5	0	37	29	2.16①
〔9〕	189	7	17	111	3	1	66	35	1	20	22	.653	3528	860.1	637	76	338	25	1006	38	3	283	257	2.69

祖父江大輔　そぶえ・だいすけ　愛知大（'14.1）　'87.8.11生　右投左打

年度 チーム	試合	完投	交代了	試当初	無点勝	無四球	勝利	敗北	セーブ	ホールド	H P	勝率	打者	投球回	安打	本塁打	四球	死球	三振	暴投	ボーク	失点	自責点	防御率
'14 (中)	54	0	7	0	0	0	0	3	0	11	11	.000	240	58.2	52	6	19	1	36	3	0	25	23	3.53
'15 (中)	33	0	9	0	0	0	0	2	0	2	2	.000	144	33.1	32	3	7	2	28	2	0	10	10	2.70
'16 (中)	46	0	10	0	0	0	0	4	0	12	12	.000	177	43	32	3	18	2	31	1	0	18	15	3.14
'17 (中)	35	0	11	0	0	0	2	2	1	9	11	.500	173	42	38	1	17	0	26	0	0	12	12	2.57
'18 (中)	51	0	9	0	0	0	2	2	0	17	19	.500	208	48.2	45	5	19	0	36	0	0	19	17	3.14
'19 (中)	44	0	19	0	0	0	3	4	1	3	6	.429	187	46.1	42	3	14	1	27	2	0	16	16	3.11
'20 (中)	54	0	7	0	0	0	2	0	3	28	30	1.000	195	50.1	42	1	7	0	35	2	0	10	10	1.79
〔7〕	317	0	82	0	0	0	9	17	6	82	91	.346	1324	322.1	283	20	101	6	219	10	0	110	103	2.88

宋　家豪　そん・ちゃーほう　国立体育大（台湾）（'17.7）　'92.9.6生　右投左打

年度 チーム	試合	完投	交代了	試当初	無点勝	無四球	勝利	敗北	セーブ	ホールド	H P	勝率	打者	投球回	安打	本塁打	四球	死球	三振	暴投	ボーク	失点	自責点	防御率
'17 (楽)	5	0	0	0	0	0	0	0	0	3	3	.000	18	4.2	3	0	1	0	6	0	0	2	2	3.86
'18 (楽)	40	0	13	0	0	0	5	3	0	6	11	.625	167	41.2	26	5	21	0	38	0	0	9	8	1.73
'19 (楽)	48	0	4	0	0	0	3	2	0	24	27	.600	186	45.1	34	2	23	0	40	1	0	14	11	2.18
'20 (楽)	38	0	9	0	0	0	1	2	0	10	11	.333	162	36.1	35	7	17	1	29	2	0	29	28	6.94
〔4〕	131	0	26	0	0	0	9	7	0	43	52	.563	533	128	98	14	62	1	113	3	0	54	49	3.45

平良　海馬　たいら・かいま　八重山商工高（'18.1）　'99.11.15生　右投左打

年度 チーム	試合	完投	交代了	試当初	無点勝	無四球	勝利	敗北	セーブ	ホールド	H P	勝率	打者	投球回	安打	本塁打	四球	死球	三振	暴投	ボーク	失点	自責点	防御率
'19 (武)	26	0	0	0	0	0	2	1	1	6	8	.667	111	24	29	2	9	3	23	3	0	13	9	3.38
'20 (武)	54	0	4	0	0	0	1	0	1	33	34	1.000	214	53	22	2	29	8	62	5	0	11	11	1.87
〔2〕	80	0	12	0	0	0	3	1	2	39	42	.750	325	77	51	4	38	11	85	8	0	24	20	2.34

平良拳太郎　たいら・けんたろう　北山高　('14.1)　'95.7.12生　右投右打

年度	チーム	試合	完投	交代了	試当初	無点勝	無四球	勝利	敗北	セーブ	ホールド	HP	勝率	打者	投回	安打	本塁打	四球	死球	三振	暴投	ボーク	失点	自責点	防御率
'16	(巨)	1	0	0	1	0	0	0	1	0	0	0	.000	18	3.2	4		3	0	4	0	0	4	4	9.82
'17	(ディ)	4	0	0	4	0	0	1	3	0	0	0	.250	71	14	21	4	9	1	6	0	0	16	11	7.07
'18	(ディ)	13	0	0	13	0	0	5	3	0	0	0	.625	284	67	65	9	29	0	53	2	0	29	26	3.49
'19	(ディ)	15	0	0	14	0	0	5	6	0	0	0	.455	289	70	68	9	17	0	55	0	1	34	32	4.11
'20	(ディ)	14	1	0	13	0	0	4	6	0	0	0	.400	335	83.1	75	3	17	2	65	0	0	24	21	2.27
[5]		47	1	0	45	0	0	15	19	0	0	0	.441	997	238	233	26	75	3	183	2	1	107	94	3.55

田浦　文丸　たうら・ふみまる　秀岳館高　('18.1)　'99.9.21生　左投左打

年度	チーム	試合	完投	交代了	試当初	無点勝	無四球	勝利	敗北	セーブ	ホールド	HP	勝率	打者	投回	安打	本塁打	四球	死球	三振	暴投	ボーク	失点	自責点	防御率
'19	(ソ)	8	0	4	0	0	0	0	0	0	0	0	.000	41	10	8	0	6	0	6	0	0	5	5	4.50

高木　京介　たかぎ・きょうすけ　國學院大　('12.1)　'89.9.5生　左投左打

年度	チーム	試合	完投	交代了	試当初	無点勝	無四球	勝利	敗北	セーブ	ホールド	HP	勝率	打者	投回	安打	本塁打	四球	死球	三振	暴投	ボーク	失点	自責点	防御率
'12	(巨)	34	0	9	0	0	0	2	0	1	10	12	1.000	121	31.1	16	0	10	1	28	1	0	2	2	0.57
'13	(巨)	46	0	18	0	0	0	3	0	0	6	9	1.000	209	47.2	37	8	27	3	40	1	0	27	23	4.34
'14	(巨)	26	0	9	0	0	0	0	0	0	4	4	.000	116	28.1	24	6	9	1	26	0	0	15	15	4.76
'15	(巨)	33	0	9	0	0	0	1	0	0	1	2	1.000	167	41	31	3	13	0	43	1	0	10	10	2.20
'18	(巨)	3	0	1	0	0	0	0	0	0	0	0	.000	28	5	8	0	4	0	1	0	0	7	7	12.60
'19	(巨)	55	0	10	0	0	0	3	1	0	10	13	.750	220	54.1	54	11	13	0	48	1	0	23	23	3.83
'20	(巨)	17	0	3	0	0	0	0	1	1	4	4	.000	49	12.1	11	1	2	0	12	2	0	5	5	3.65
[7]		214	0	59	0	0	0	9	2	2	35	44	.818	910	219.2	178	28	78	5	198	6	0	89	85	3.48

髙田　萌生　たかた・ほうせい　創志学園高　('17.1)　'98.7.4生　右投右打

年度	チーム	試合	完投	交代了	試当初	無点勝	無四球	勝利	敗北	セーブ	ホールド	HP	勝率	打者	投回	安打	本塁打	四球	死球	三振	暴投	ボーク	失点	自責点	防御率
'18	(巨)	1	0	0	1	0	0	0	1	0	0	0	.000	15	2	6	3	1	0	0	0	0	6	6	27.00
'19	(巨)	2	0	1	1	0	0	0	0	0	0	0	.000	22	5	7	0	2	0	7	0	0	3	3	5.40
[2]		3	0	1	2	0	0	0	1	0	0	0	.000	37	7	13	0	5	1	7	0	0	9	9	11.57

高梨　裕稔　たかなし・ひろとし　山梨学院大　('14.1)　'91.6.5生　右投右打

年度	チーム	試合	完投	交代了	試当初	無点勝	無四球	勝利	敗北	セーブ	ホールド	HP	勝率	打者	投回	安打	本塁打	四球	死球	三振	暴投	ボーク	失点	自責点	防御率
'15	(日)	2	0	1	0	0	0	0	1	0	0	0	.000	31	7.1	5	1	3	1	7	0	1	5	3	3.68
'16	(日)	37	1	9	13	1	1	10	2	0	1	1	.833	439	109.2	79	6	36	4	86	0	0	30	29	2.38
'17	(日)	22	1	2	17	1	0	7	7	0	0	0	.500	504	117.1	110	13	40	3	100	6	1	51	48	3.68
'18	(日)	18	1	0	17	0	0	5	7	0	0	0	.417	459	110	110	21	28	3	78	2	0	61	55	4.50
'19	(ヤ)	21	0	2	14	0	0	5	7	0	0	0	.417	358	78	90	13	34	4	82	7	0	56	54	6.23
'20	(ヤ)	18	0	0	17	0	0	3	6	0	0	0	.333	412	94	101	9	38	0	84	3	0	43	43	4.12
[6]		118	3	13	79	2	1	30	30	0	1	5	.500	2203	516.1	495	65	179	15	437	18	2	246	232	4.04

高梨　雄平　たかなし・ゆうへい　早稲田大　('17.1)　'92.7.13生　左投左打

年度	チーム	試合	完投	交代了	試当初	無点勝	無四球	勝利	敗北	セーブ	ホールド	HP	勝率	打者	投回	安打	本塁打	四球	死球	三振	暴投	ボーク	失点	自責点	防御率
'17	(楽)	46	0	1	0	0	0	1	0	0	14	15	1.000	183	43.2	31	2	17	2	48	0	0	13	5	1.03
'18	(楽)	70	0	9	0	0	0	1	4	1	16	17	.200	212	48	38	1	23	6	53	0	0	21	13	2.44
'19	(楽)	48	0	14	0	0	0	2	1	0	14	16	.667	146	31.1	25	0	23	4	41	0	0	8	8	2.30
'20	(巨)	44	0	7	0	0	0	1	1	2	21	22	.500	141	37.1	17	2	13	6	37	1	1	10	8	1.93
[4]		208	0	31	0	0	0	5	6	3	65	70	.455	682	160.1	111	5	76	18	179	1	1	52	34	1.91

個人年度別投手成績　た

高野　圭佑　たかの・けいすけ　四国学院大　('16.1)　'91.12.28生　右投右打

年度	チーム	試合	完投	交代了	試当初	無点勝	無四球	勝利	敗北	セーブ	ホールド	HP	勝率	打者	投球回	安打	本塁打	四球	死球	三振	暴投	ボーク	失点	自責点	防御率
'16	(ロ)	14	0	7	0	0	0	1	0	0	2	3	1.000	75	15.1	15	1	15	0	7	1	0	10	10	5.87
'17	(ロ)	8	0	2	0	0	0	0	0	0	0	0	.000	60	10.2	18	1	7	2	7	2	0	16	14	11.81
'18	(ロ)	17	0	9	0	0	0	1	0	0	1	1	1.000	73	17.1	23	1	10	1	10	1	0	8	8	4.15
'19	(ロ)	2	0	1	0	0	0	0	0	0	0	0	.000	8	1.1	3	2	1	0	0	0	0	2	2	13.50
'19	(神)	4	0	2	0	0	0	0	0	0	0	1	.000	25	5.2	6	0	1	1	1	1	0	4	3	4.76
〔4〕		45	0	21	0	0	0	2	0	0	3	5	1.000	241	50.1	65	5	28	3	30	4	0	40	37	6.62

高橋　奎二　たかはし・けいじ　龍谷大平安高　('16.1)　'97.5.14生　左投左打

年度	チーム	試合	完投	交代了	試当初	無点勝	無四球	勝利	敗北	セーブ	ホールド	HP	勝率	打者	投球回	安打	本塁打	四球	死球	三振	暴投	ボーク	失点	自責点	防御率
'18	(ヤ)	3	0	0	3	0	0	1	1	0	0	0	.500	69	15	14	4	8	2	20	0	0	10	5	3.00
'19	(ヤ)	20	0	0	19	0	0	4	6	0	0	0	.400	438	95.1	99	14	53	8	99	5	0	68	61	5.76
'20	(ヤ)	10	0	0	9	0	0	1	3	0	0	0	.250	212	48	47	6	21	4	51	1	0	24	21	3.94
〔3〕		33	0	0	31	0	0	6	10	0	0	0	.375	719	158.1	160	24	82	14	170	6	0	102	87	4.95

髙橋　光成　たかはし・こうな　前橋育英高　('15.1)　'97.2.3生　右投右打

年度	チーム	試合	完投	交代了	試当初	無点勝	無四球	勝利	敗北	セーブ	ホールド	HP	勝率	打者	投球回	安打	本塁打	四球	死球	三振	暴投	ボーク	失点	自責点	防御率
'15	(武)	8	1	0	7	1	0	5	2	0	0	0	.714	185	44	32	3	23	4	22	2	1	16	15	3.07
'16	(武)	22	2	1	17	1	0	4	11	0	0	0	.267	529	118	134	10	51	5	89	**12**	0	73	58	4.42
'17	(武)	7	0	0	7	0	0	3	4	0	0	0	.429	169	39.1	36	3	20	1	30	3	0	20	18	4.12
'18	(武)	3	0	0	3	0	0	2	1	0	0	0	.667	91	20	17	2	13	1	15	1	0	10	10	4.50
'19	(武)	21	1	0	20	0	0	10	6	0	0	0	.625	554	123.2	144	13	47	**14**	90	7	1	77	62	4.51
'20	(武)	20	1	0	19	**1**	0	8	8	0	0	0	.500	501	120.1	100	9	44	7	100	6	0	51	50	3.74⑤
〔6〕		81	5	1	73	3	0	32	32	0	0	0	.500	2029	465.1	463	40	198	32	346	31	2	247	213	4.12

高橋　昂也　たかはし・こうや　花咲徳栄高　('17.1)　'98.9.27生　左投左打

年度	チーム	試合	完投	交代了	試当初	無点勝	無四球	勝利	敗北	セーブ	ホールド	HP	勝率	打者	投球回	安打	本塁打	四球	死球	三振	暴投	ボーク	失点	自責点	防御率
'18	(広)	6	0	0	6	0	0	1	2	0	0	0	.333	110	21	30	5	16	0	17	0	0	23	22	9.43

髙橋　純平　たかはし・じゅんぺい　県立岐阜商高　('16.1)　'97.5.8生　右投右打

年度	チーム	試合	完投	交代了	試当初	無点勝	無四球	勝利	敗北	セーブ	ホールド	HP	勝率	打者	投球回	安打	本塁打	四球	死球	三振	暴投	ボーク	失点	自責点	防御率
'17	(ソ)	1	0	0	0	0	0	0	0	0	0	0	.000	16	3	6	2	2	0	5	0	0	4	4	12.00
'19	(ソ)	45	0	9	0	0	0	3	2	0	17	20	.600	205	51	36	4	17	5	58	2	0	17	15	2.65
〔2〕		46	0	9	0	0	0	3	2	0	17	20	.600	221	54	42	6	19	5	63	2	0	21	19	3.17

髙橋　朋己　たかはし・ともみ　岐阜聖徳学園大　('13.1)　'88.11.16生　左投左打

年度	チーム	試合	完投	交代了	試当初	無点勝	無四球	勝利	敗北	セーブ	ホールド	HP	勝率	打者	投球回	安打	本塁打	四球	死球	三振	暴投	ボーク	失点	自責点	防御率
'13	(武)	24	0	1	0	0	0	1	0	0	10	11	1.000	77	18.2	10	1	11	1	28	1	0	7	7	3.38
'14	(武)	63	0	44	0	0	0	2	1	29	13	15	.667	258	62.2	47	2	24	1	80	3	0	15	14	2.01
'15	(武)	62	0	38	0	0	0	2	3	22	14	16	.400	264	61.2	49	3	26	5	55	2	0	21	20	2.92
'16	(武)	7	0	0	0	0	0	1	0	1	3	4	1.000	23	5.1	5	0	3	0	2	0	0	1	1	1.69
'17	(武)	3	0	0	0	0	0	0	0	1	0	0	.000	13	2.2	3	1	2	0	2	0	0	2	2	6.75
'18	(武)	1	0	0	0	0	0	0	0	0	1	0	.000	2	0+	1	0	1	0	0	1	0	2	2	—
〔6〕		160	0	85	0	0	0	6	5	52	40	46	.545	637	151	115	7	67	7	167	7	0	48	46	2.74

髙橋　遥人　たかはし・はると　亜細亜大（'18.1）'95.11.7生　左投左打

年度/チーム	試合	完投	交代了	試当初	無点勝	無四球	勝利	敗北	セーブ	ホールド	HP	勝率	打者	投球回	安打	本塁打	四球	死球	三振	暴投	ボーク	失点	自責点	防御率
'18(神)	6	0	0	6	0	0	2	3	0	0	0	.400	150	34.2	34	4	14	0	27	1	0	18	14	3.63
'19(神)	19	0	0	18	0	0	3	9	0	1	1	.250	474	109.2	115	9	38	0	125	4	0	56	46	3.78
'20(神)	12	1	0	11	0	1	5	4	0	0	0	.556	306	76	67	4	17	1	75	1	0	25	21	2.49
〔3〕	37	1	0	35	0	1	10	16	0	1	1	.385	930	220.1	216	17	69	1	227	6	0	99	81	3.31

高橋　樹也　たかはし・みきや　花巻東高（'16.1）'97.6.21生　左投左打

年度/チーム	試合	完投	交代了	試当初	無点勝	無四球	勝利	敗北	セーブ	ホールド	HP	勝率	打者	投球回	安打	本塁打	四球	死球	三振	暴投	ボーク	失点	自責点	防御率
'17(広)	10	0	8	1	0	0	0	2	0	0	0	.000	67	14	18	1	6	0	9	0	0	15	10	6.43
'18(広)	9	0	1	2	0	0	0	0	0	1	1	.000	102	21.1	31	4	7	1	17	0	0	16	14	5.91
'20(広)	18	0	3	0	0	0	0	0	0	1	1	.000	94	18.2	31	3	8	1	15	1	0	18	17	8.20
〔3〕	37	0	12	3	0	0	0	2	0	1	1	.000	263	54	80	8	21	2	41	1	0	49	41	6.83

髙橋　優貴　たかはし・ゆうき　八戸学院大（'19.1）'97.2.1生　左投左打

年度/チーム	試合	完投	交代了	試当初	無点勝	無四球	勝利	敗北	セーブ	ホールド	HP	勝率	打者	投球回	安打	本塁打	四球	死球	三振	暴投	ボーク	失点	自責点	防御率
'19(巨)	18	0	0	18	0	0	5	7	0	0	0	.417	395	93	70	11	48	5	89	1	0	34	33	3.19
'20(巨)	8	0	0	4	0	0	1	3	0	2	2	.250	101	23	22	2	12	0	23	3	0	12	11	4.30
〔2〕	26	0	0	22	0	0	6	10	0	2	2	.375	496	116	92	15	60	5	112	4	0	46	44	3.41

高橋　礼　たかはし・れい　専修大（'18.1）'95.11.2生　右投右打

年度/チーム	試合	完投	交代了	試当初	無点勝	無四球	勝利	敗北	セーブ	ホールド	HP	勝率	打者	投球回	安打	本塁打	四球	死球	三振	暴投	ボーク	失点	自責点	防御率
'18(ソ)	12	0	2	3	0	0	0	1	0	0	0	.000	123	30	23	2	13	4	15	0	0	10	10	3.00
'19(ソ)	23	0	0	23	0	0	12	6	0	0	0	.667	584	143	114	10	49	11	73	1	0	56	53	3.34④
'20(ソ)	52	0	8	0	0	0	4	2	0	23	27	.667	220	51	42	2	24	9	29	1	0	17	15	2.65
〔3〕	87	0	10	26	0	0	16	9	0	23	27	.640	927	224	179	14	86	24	117	4	1	83	78	3.13

田川　賢吾　たがわ・けんご　高知中央高（'13.1）'94.5.22生　右投左打

年度/チーム	試合	完投	交代了	試当初	無点勝	無四球	勝利	敗北	セーブ	ホールド	HP	勝率	打者	投球回	安打	本塁打	四球	死球	三振	暴投	ボーク	失点	自責点	防御率
'18(ヤ)	1	0	0	0	0	0	0	0	0	0	0	.000	4	1	0	0	1	0	1	0	0	0	0	0.00
'19(ヤ)	4	0	1	3	0	0	1	2	0	0	0	.333	73	15.1	23	2	6	0	12	0	0	16	13	7.63
〔2〕	5	0	1	3	0	0	1	2	0	0	0	.333	77	16.1	23	2	7	0	13	0	0	16	13	7.16

瀧中　瞭太　たきなか・りょうた　龍谷大（'20.1）'94.12.20生　右投右打

年度/チーム	試合	完投	交代了	試当初	無点勝	無四球	勝利	敗北	セーブ	ホールド	HP	勝率	打者	投球回	安打	本塁打	四球	死球	三振	暴投	ボーク	失点	自責点	防御率
'20(楽)	8	0	0	8	0	0	2	1	0	0	0	.667	182	45	34	1	15	3	29	1	0	18	17	3.40

田口　麗斗　たぐち・かずと　広島新庄高（'14.1）'95.9.14生　左投左打

年度/チーム	試合	完投	交代了	試当初	無点勝	無四球	勝利	敗北	セーブ	ホールド	HP	勝率	打者	投球回	安打	本塁打	四球	死球	三振	暴投	ボーク	失点	自責点	防御率
'15(巨)	13	0	0	12	0	0	3	5	0	0	0	.375	274	66.1	54	5	26	3	64	2	1	26	20	2.71
'16(巨)	26	2	0	24	1	0	10	10	0	0	0	.500	668	162	150	15	49	6	126	1	0	54	49	2.72④
'17(巨)	26	3	0	23	2	1	13	4	0	0	0	.765	709	170.2	159	14	49	4	122	1	0	59	57	3.01⑦
'18(巨)	16	1	0	15	0	0	2	8	0	0	0	.200	396	86.1	113	13	27	6	60	1	0	52	46	4.80
'19(巨)	55	0	11	2	0	0	3	3	1	14	17	.500	276	65.1	59	11	18	2	66	2	0	32	30	4.13
'20(巨)	26	0	6	14	0	0	5	7	1	2	2	.417	379	89.1	91	10	26	5	58	2	0	48	46	4.63
〔6〕	162	6	17	90	3	1	36	37	2	16	19	.493	2702	640	626	68	195	26	496	9	1	269	248	3.49

武隈　祥太　たけくま・しょうた　旭川工高　('08.1)　'89.11.24生　左投左打

年度	チーム	試合	完投	交代了	試当初	無点勝	無四球	勝利	敗北	セーブ	ホールド	HP	勝率	打者	投球回	安打	本塁打	四球	死球	三振	暴投	ボーク	失点	自責点	防御率
'09	(武)	1	0	0	0	0	0	0	0	0	0	0	.000	17	3.2	4	0	2	0	3	0	0	3	3	7.36
'10	(武)	9	0	1	0	0	0	1	0	0	0	1	1.000	73	16.1	13	0	11	0	15	1	1	4	4	2.20
'11	(武)	2	0	2	0	0	0	0	0	0	0	0	.000	7	2	1	0	0	0	1	0	0	0	0	0.00
'12	(武)	14	0	0	4	0	0	1	2	0	2	2	.333	145	31.2	34	2	12	4	17	4	0	21	17	4.83
'13	(武)	9	0	0	2	0	0	1	1	0	1	2	.500	54	13.2	10	3	6	0	4	1	0	5	5	3.29
'14	(武)	47	0	8	1	0	0	0	1	0	8	8	.000	206	48.2	39	2	22	2	33	3	0	20	20	3.70
'15	(武)	67	0	5	0	0	0	6	1	1	11	17	.857	255	57.1	55	1	36	4	36	4	0	18	18	2.83
'16	(武)	64	0	14	0	0	0	5	3	0	14	19	.625	261	61	58	5	20	1	53	3	0	24	24	3.54
'17	(武)	58	0	8	0	0	0	5	2	0	13	18	.714	234	57.1	47	3	16	3	36	1	0	21	20	3.14
'18	(武)	35	0	8	0	0	0	1	2	0	9	10	.333	140	29.2	36	4	19	3	22	0	0	22	21	6.37
'19	(武)	10	0	1	2	0	0	1	1	0	0	1	.500	68	14.2	14	1	12	1	5	0	0	11	10	6.14
'20	(武)	3	0	0	0	0	0	0	0	0	0	0	.000	28	3.2	9	0	7	0	4	0	0	11	9	22.09
〔12〕		319	0	47	10	0	0	21	13	1	59	78	.618	1488	339.2	320	21	163	15	229	17	1	160	151	4.00

武田　翔太　たけだ・しょうた　宮崎日大高　('12.1)　'93.4.3生　右投右打

年度	チーム	試合	完投	交代了	試当初	無点勝	無四球	勝利	敗北	セーブ	ホールド	HP	勝率	打者	投球回	安打	本塁打	四球	死球	三振	暴投	ボーク	失点	自責点	防御率
'12	(ソ)	11	1	0	10	1	0	8	1	0	0	0	.889	262	67	40	1	26	1	67	0	0	9	8	1.07
'13	(ソ)	17	0	0	17	0	0	4	4	0	0	0	.500	415	93	79	3	68	6	56	4	0	38	36	3.48
'14	(ソ)	7	1	0	6	0	0	3	3	0	0	0	.500	185	43.1	36	1	22	2	43	0	1	15	9	1.87
'15	(ソ)	25	1	0	24	1	0	13	6	0	0	0	.684	684	164.2	142	14	59	2	163	6	3	60	58	3.17④
'16	(ソ)	27	1	0	26	1	0	14	8	0	0	0	.636	769	183	163	12	70	5	144	7	1	71	60	2.95⑥
'17	(ソ)	13	1	0	12	1	1	6	4	0	0	0	.600	316	71	68	10	33	5	60	1	0	35	29	3.68
'18	(ソ)	27	3	3	16	3	0	4	9	1	0	1	.308	522	124.2	123	11	37	1	87	1	0	67	62	4.48
'19	(ソ)	32	0	4	12	0	0	5	3	1	9	10	.625	361	83	78	6	40	4	70	2	0	48	42	4.55
'20	(ソ)	7	0	0	5	0	0	2	2	0	0	0	.500	121	25	34	7	14	1	23	2	0	19	18	6.48
〔9〕		166	8	7	128	7	1	59	40	2	9	11	.596	3635	854.2	763	65	369	27	713	23	5	362	322	3.39

竹安　大知　たけやす・だいち　伊東商高　('16.1)　'94.9.27生　右投右打

年度	チーム	試合	完投	交代了	試当初	無点勝	無四球	勝利	敗北	セーブ	ホールド	HP	勝率	打者	投球回	安打	本塁打	四球	死球	三振	暴投	ボーク	失点	自責点	防御率
'17	(神)	1	0	0	0	0	0	1	0	0	0	1	1.000	3	1	0	0	0	0	1	0	0	0	0	0.00
'18	(神)	2	0	0	1	0	0	0	0	0	0	0	.000	27	8	5	0	1	0	2	0	0	2	2	2.25
'19	(オ)	10	1	0	9	1	0	3	2	0	0	0	.600	234	54	63	5	17	5	37	1	0	28	27	4.50
'20	(オ)	2	0	0	2	0	0	1	0	0	0	0	1.000	40	9	8	0	5	1	3	0	0	5	3	3.00
〔4〕		15	1	0	12	1	0	5	2	0	0	1	.714	304	72	76	5	23	6	43	1	0	35	32	4.00

田島　慎二　たじま・しんじ　東海学園大　('12.1)　'89.12.21生　右投右打

年度	チーム	試合	完投	交代了	試当初	無点勝	無四球	勝利	敗北	セーブ	ホールド	HP	勝率	打者	投球回	安打	本塁打	四球	死球	三振	暴投	ボーク	失点	自責点	防御率
'12	(中)	56	0	8	0	0	0	5	3	0	30	35	.625	274	70.2	50	1	17	3	56	2	0	10	9	1.15
'13	(中)	50	0	6	2	0	0	5	10	0	12	17	.333	286	64.1	66	3	32	4	60	3	1	37	34	4.76
'14	(中)	42	0	10	0	0	0	3	5	0	9	12	.375	232	51	47	5	29	4	55	3	0	35	29	5.12
'15	(中)	64	0	22	0	0	0	4	6	9	16	20	.400	316	75	68	4	25	6	62	5	0	25	19	2.28
'16	(中)	59	0	30	0	0	0	3	4	17	18	21	.429	248	59	50	5	25	3	61	5	0	16	16	2.44
'17	(中)	63	0	51	0	0	0	2	5	34	6	8	.286	249	62.2	40	6	23	3	46	5	0	20	20	2.87
'18	(中)	30	0	24	0	0	0	0	4	15	1	1	.000	134	28.2	30	4	18	2	13	3	0	23	23	7.22
'19	(中)	21	0	6	0	0	0	0	1	0	5	5	.000	91	21	18	5	8	2	22	4	0	16	16	6.86
〔8〕		385	0	157	2	0	0	22	38	75	97	119	.367	1830	432.1	369	33	179	27	375	30	1	182	166	3.46

田嶋　大樹　たじま・だいき　佐野日大高　('18.1)　'96.8.3生　左投左打

年度	チーム	試合	完投	交代了	試当初	無点勝	無四球	勝利	敗北	セーブ	ホールド	H P	勝率	打者	投球回	安打	本塁打	四球	死球	三振	暴投	ボーク	失点	自責点	防御率
'18(オ)		12	0	0	12	0	0	6	3	0	0	0	.667	291	68.2	60	9	24	4	69	2	0	33	31	4.06
'19(オ)		10	0	0	10	0	0	4	5	0	0	0	.429	219	49.2	48	4	20	1	40	1	0	26	19	3.44
'20(オ)		20	1	0	19	1	0	4	6	0	0	0	.400	512	122.1	102	14	42	7	89	2	0	57	55	4.05⑦
〔3〕		42	1	0	41	1	0	13	13	0	0	0	.500	1022	240.2	210	27	86	12	198	5	0	116	105	3.93

田中　瑛斗　たなか・えいと　柳ヶ浦高　('18.1)　'99.7.13生　右投左打

年度	チーム	試合	完投	交代了	試当初	無点勝	無四球	勝利	敗北	セーブ	ホールド	H P	勝率	打者	投球回	安打	本塁打	四球	死球	三振	暴投	ボーク	失点	自責点	防御率
'19(日)		1	0	0	0	0	0	0	1	0	0	0	.000	9	2	2	0	1	0	1	1	0	2	2	9.00

田中健二朗　たなか・けんじろう　常葉菊川高　('08.1)　'89.9.18生　左投左打

年度	チーム	試合	完投	交代了	試当初	無点勝	無四球	勝利	敗北	セーブ	ホールド	H P	勝率	打者	投球回	安打	本塁打	四球	死球	三振	暴投	ボーク	失点	自責点	防御率
'10(横)		5	0	1	4	0	0	1	2	0	0	0	.333	103	25	22	6	10	0	12	1	0	11	11	3.96
'11(横)		1	0	0	1	0	0	0	0	0	0	0	.000	16	3	6	1	0	0	1	0	0	4	2	6.00
'12(ディ)		15	0	1	4	0	0	0	0	0	0	0	.000	153	34.2	38	3	8	2	27	1	0	19	18	4.67
'13(ディ)		9	0	0	4	0	0	0	0	0	0	0	.000	59	13	16	4	6	0	11	0	0	7	7	4.85
'14(ディ)		11	0	2	0	0	0	1	0	0	0	1	1.000	68	15.1	21	1	3	1	17	1	0	8	7	4.11
'15(ディ)		35	0	7	0	0	0	2	2	1	16	18	.500	140	32.2	29	1	9	0	29	3	0	9	8	2.20
'16(ディ)		61	0	11	0	0	0	5	3	0	23	28	.625	197	44	46	2	18	1	39	3	0	16	12	2.45
'17(ディ)		60	0	10	0	0	0	1	3	0	11	12	.250	205	48.1	43	3	23	1	36	2	0	26	24	4.47
'18(ディ)		11	0	2	0	0	0	1	0	0	1	1	.500	54	12.1	14	2	6	0	14	0	0	9	9	6.57
〔9〕		208	0	37	9	0	0	11	13	1	50	60	.458	995	228.1	235	23	90	5	186	11	0	109	98	3.86

田中　正義　たなか・せいぎ　創価大　('17.1)　'94.7.19生　右投右打

年度	チーム	試合	完投	交代了	試当初	無点勝	無四球	勝利	敗北	セーブ	ホールド	H P	勝率	打者	投球回	安打	本塁打	四球	死球	三振	暴投	ボーク	失点	自責点	防御率
'18(ソ)		10	0	5	0	0	0	0	1	0	0	0	.000	64	13.2	18	6	6	0	15	0	0	13	13	8.56
'19(ソ)		1	0	0	0	0	0	0	0	0	0	0	.000	5	0.2	1	0	2	0	0	0	0	0	0	0.00
〔2〕		11	0	5	0	0	0	0	1	0	0	0	.000	69	14.1	19	6	8	0	15	0	0	13	13	8.16

田中　豊樹　たなか・とよき　日本文理大　('16.1)　'93.12.1生　右投右打

年度	チーム	試合	完投	交代了	試当初	無点勝	無四球	勝利	敗北	セーブ	ホールド	H P	勝率	打者	投球回	安打	本塁打	四球	死球	三振	暴投	ボーク	失点	自責点	防御率
'16(日)		4	0	2	0	0	0	0	0	0	1	1	.000	14	3.1	2	0	3	0	2	0	0	0	0	0.00
'17(日)		19	0	4	0	0	0	0	0	0	3	3	.000	86	19	19	2	8	0	23	2	0	8	7	3.32
'18(日)		8	0	0	0	0	0	0	0	0	0	0	.000	38	7.2	11	1	5	0	8	0	0	10	10	11.74
'20(巨)		31	0	11	0	0	0	1	1	0	1	2	.500	133	27.2	32	4	18	3	21	0	0	19	15	4.88
〔4〕		62	0	17	0	0	0	1	1	0	5	6	.500	271	57.2	64	7	34	5	54	2	0	37	32	4.99

田中　法彦　たなか・のりひこ　菰野高　('19.1)　'00.10.19生　右投右打

年度	チーム	試合	完投	交代了	試当初	無点勝	無四球	勝利	敗北	セーブ	ホールド	H P	勝率	打者	投球回	安打	本塁打	四球	死球	三振	暴投	ボーク	失点	自責点	防御率
'20(広)		2	0	1	0	0	0	0	0	0	0	0	.000	8	2	1	0	1	0	0	0	0	0	0	0.00

田中　靖洋　たなか・やすひろ　加賀高　（'06.1）　'87.6.21生　右投右打

年度	試合	完投	交代了	試当初	無点勝	無四球	勝利	敗北	セーブ	ホールド	HP	勝率	打者	投球回	安打	本塁打	四球	死球	三振	暴投	ボーク	失点	自責点	防御率
'10（武）	11	0	5	1	0	0	0	1	0	0	0	.000	60	12.2	16	1	6	0	7	0	0	9	7	4.97
'12（武）	5	0	1	0	0	0	0	0	0	0	0	.000	40	8.1	10	1	6	0	6	0	0	6	6	6.48
'14（武）	8	0	2	0	0	0	0	1	0	0	0	.000	35	7	11	1	5	1	2	0	0	5	5	6.43
'15（武）	18	0	16	0	0	0	1	1	1	0	1	.500	105	26.2	23	1	7	5	13	0	0	4	4	1.35
'16（武）	17	0	3	0	0	0	0	1	0	1	1	.000	68	16.1	16	2	5	0	11	1	0	5	5	2.76
'17（ロ）	13	0	12	0	0	0	1	0	1	0	1	1.000	50	13.2	5	0	4	1	6	1	0	3	3	1.98
'18（ロ）	32	0	6	0	0	0	2	1	0	5	7	.667	113	26.1	27	3	5	1	16	1	0	13	13	4.44
'19（ロ）	44	0	16	0	0	0	4	1	0	2	6	.800	166	39.2	42	4	12	3	29	0	0	12	12	2.72
'20（ロ）	8	0	3	0	0	0	1	0	0	2	3	1.000	30	7.1	5	1	4	0	8	0	0	2	2	2.45
〔9〕	156	0	64	1	0	0	9	6	2	10	19	.600	667	158	155	12	54	8	98	3	0	59	57	3.25

谷岡　竜平　たにおか・たっぺい　成立学園高　（'17.1）　'96.3.21生　右投右打

年度	試合	完投	交代了	試当初	無点勝	無四球	勝利	敗北	セーブ	ホールド	HP	勝率	打者	投球回	安打	本塁打	四球	死球	三振	暴投	ボーク	失点	自責点	防御率
'17（巨）	5	0	0	0	0	0	0	1	0	0	0	.000	36	6	12	1	8	0	7	1	0	8	8	12.00
'18（巨）	25	0	3	0	0	0	2	1	0	2	2	.667	117	25	26	1	16	0	25	4	0	17	16	5.76
〔2〕	30	0	3	1	0	0	2	2	0	2	2	.500	153	31	38	2	24	0	32	5	0	25	24	6.97

谷川　昌希　たにがわ・まさき　東京農業大　（'18.1）　'92.10.6生　右投右打

年度	試合	完投	交代了	試当初	無点勝	無四球	勝利	敗北	セーブ	ホールド	HP	勝率	打者	投球回	安打	本塁打	四球	死球	三振	暴投	ボーク	失点	自責点	防御率
'18（神）	7	0	0	1	0	0	1	1	0	0	1	.500	62	12.2	17	2	7	2	11	0	0	12	11	7.82
'19（神）	4	0	2	0	0	0	0	0	0	3	0	.000	34	7.1	8	2	3	0	4	2	0	4	3	3.68
'20（神）	14	0	2	0	0	0	0	0	0	1	3	.000	61	14.1	13	2	4	2	15	1	0	8	8	5.02
〔3〕	25	0	4	1	0	0	1	1	0	4	4	.500	157	34.1	38	4	14	4	30	3	0	24	22	5.77

谷元　圭介　たにもと・けいすけ　中部大　（'09.1）　'85.1.28生　右投右打

年度	試合	完投	交代了	試当初	無点勝	無四球	勝利	敗北	セーブ	ホールド	HP	勝率	打者	投球回	安打	本塁打	四球	死球	三振	暴投	ボーク	失点	自責点	防御率
'09（日）	24	0	8	0	0	0	2	0	0	3	5	1.000	127	27.2	25	4	20	1	20	1	1	18	17	5.53
'10（日）	14	0	4	0	0	0	1	2	0	2	3	.333	68	15.2	18	2	4	0	12	1	0	10	10	5.74
'11（日）	47	0	16	0	0	0	1	2	0	2	5	.333	199	47.1	51	4	16	1	45	2	0	13	13	2.47
'12（日）	28	0	2	7	0	0	2	2	0	7	8	.500	257	61.1	61	3	16	1	39	1	1	24	24	3.52
'13（日）	31	0	5	13	0	0	6	6	1	3	7	.500	388	89.1	92	10	38	2	53	2	0	45	39	3.93
'14（日）	52	0	8	0	0	0	5	1	1	12	17	.833	260	68	41	4	19	2	63	3	2	14	12	1.59
'15（日）	61	0	3	0	0	0	4	2	0	20	24	.667	241	56.2	54	0	15	2	47	1	0	21	20	3.18
'16（日）	58	0	5	0	0	0	3	2	3	28	31	.600	206	50.1	41	4	16	1	44	0	0	14	13	2.32
'17（日）	36	0	4	0	0	0	2	1	0	21	21	.667	141	32.2	26	3	14	0	24	0	1	15	12	3.31
（中）	18	0	7	0	0	0	0	1	0	6	6	.000	80	18	20	4	6	0	14	0	0	12	12	6.00
'18（中）	8	0	2	0	0	0	1	0	0	3	3	1.000	56	9.2	22	2	6	0	8	1	0	20	16	14.90
'19（中）	38	0	4	0	0	0	1	3	0	13	13	.250	143	29.1	31	2	21	5	24	3	0	17	17	5.22
'20（中）	36	0	6	0	0	0	1	3	0	13	14	.250	122	30	20	3	13	0	21	1	0	13	12	3.60
〔12〕	451	0	74	20	0	0	27	24	6	134	158	.529	2288	536	502	45	203	16	414	16	5	236	217	3.64

種市　篤暉　たねいち・あつき　八戸工大一高　（'17.1）　'98.9.7生　右投右打

年度	試合	完投	交代了	試当初	無点勝	無四球	勝利	敗北	セーブ	ホールド	HP	勝率	打者	投球回	安打	本塁打	四球	死球	三振	暴投	ボーク	失点	自責点	防御率
'18（ロ）	7	1	0	6	0	0	0	4	0	0	0	.000	169	38.1	42	5	13	1	28	4	0	28	26	6.10
'19（ロ）	26	0	0	17	0	0	8	2	0	2	2	.800	506	116.2	114	11	51	2	135	5	0	47	42	3.24
'20（ロ）	7	1	0	6	1	0	3	2	0	0	0	.600	198	46.2	43	7	15	5	41	0	0	18	18	3.47
〔3〕	40	2	0	29	1	0	11	8	0	2	2	.579	873	201.2	199	23	79	8	204	9	0	93	86	3.84

田原　誠次　たはら・せいじ　聖心ウルスラ学園高　('12.1)　'89.9.2生　右投左打

年度	チーム	試合	完投	交代完了	試合初	無当点	無四球	勝利	敗北	セーブ	ホールド	HP	率	打者	投球回	安打	本塁打	四球	死球	三振	暴投	ボーク	失点	自責点	防御率
'12	(巨)	32	0	6	1	0	0	2	0	0	7	9	1.000	130	30.1	30	3	8	2	23	0	0	11	11	3.26
'13	(巨)	7	0	2	0	0	0	0	0	0	0	0	.000	39	9	9	0	4	1	8	0	0	6	6	6.00
'14	(巨)	20	0	5	0	0	0	0	1	0	3	3	.000	71	18.2	11	4	9	3	15	0	0	7	6	2.89
'15	(巨)	18	0	3	0	0	0	1	0	0	4	5	1.000	75	18	11	1	9	3	18	0	0	2	2	1.00
'16	(巨)	64	0	16	0	0	0	4	3	0	14	18	.571	233	54.2	56	3	22	3	29	0	1	22	21	3.46
'17	(巨)	27	0	8	0	0	0	1	1	0	2	3	.500	123	28	28	4	11	2	17	1	0	9	9	2.89
'18	(巨)	29	0	10	0	0	0	2	0	0	1	5	1.000	125	31.2	27	4	9	1	19	0	0	9	9	2.56
'19	(巨)	25	0	4	0	0	0	2	2	0	5	7	.500	70	16.2	14	1	7	0	9	1	0	8	8	4.32
〔8〕		222	0	54	1	0	0	12	7	0	35	47	.632	866	207	186	20	72	15	138	2	1	74	72	3.13

玉井　大翔　たまい・たいしょう　東京農業大北海道オホーツク　('17.1)　'92.6.16生　右投右打

年度	チーム	試合	完投	交代完了	試合初	無当点	無四球	勝利	敗北	セーブ	ホールド	HP	率	打者	投球回	安打	本塁打	四球	死球	三振	暴投	ボーク	失点	自責点	防御率
'17	(日)	24	0	11	0	0	0	1	2	0	2	5	.333	99	24.1	17	2	7	3	12	0	0	8	7	2.59
'18	(日)	40	0	12	0	0	0	2	3	0	2	4	.400	209	48	48	5	13	7	40	2	0	24	22	4.13
'19	(日)	65	0	10	0	0	0	2	3	0	11	13	.400	256	62	52	5	22	1	34	1	0	22	18	2.61
'20	(日)	49	0	3	0	0	0	4	4	1	21	25	.500	175	41.2	36	5	18	1	29	3	0	17	16	3.46
〔4〕		178	0	36	0	0	0	9	12	1	35	44	.429	739	176	153	13	60	12	115	6	0	71	63	3.22

田村伊知郎　たむら・いちろう　立教大　('17.1)　'94.9.19生　右投左打

年度	チーム	試合	完投	交代完了	試合初	無当点	無四球	勝利	敗北	セーブ	ホールド	HP	率	打者	投球回	安打	本塁打	四球	死球	三振	暴投	ボーク	失点	自責点	防御率
'17	(武)	12	0	8	0	0	0	0	0	0	0	0	.000	66	14.1	18	6	6	0	9	0	0	12	11	6.91
'18	(武)	4	0	2	0	0	0	0	0	0	0	0	.000	21	5	9	1	4	0	3	0	0	2	2	3.60
'19	(武)	6	0	0	0	0	0	0	0	0	0	0	.000	34	7.1	9	1	4	0	3	2	0	5	5	6.14
'20	(武)	31	0	17	0	0	0	0	0	0	0	0	.000	181	41	47	4	16	2	27	4	0	20	18	3.95
〔4〕		53	0	27	0	0	0	0	0	0	0	0	.000	302	67.2	80	12	26	2	42	6	0	39	36	4.79

多和田真三郎　たわた・しんさぶろう　富士大　('16.1)　'93.4.13生　右投右打

年度	チーム	試合	完投	交代完了	試合初	無当点	無四球	勝利	敗北	セーブ	ホールド	HP	率	打者	投球回	安打	本塁打	四球	死球	三振	暴投	ボーク	失点	自責点	防御率
'16	(武)	18	2	0	16	1	0	7	5	0	0	0	.583	433	98.2	101	6	40	8	91	10	0	51	48	4.38
'17	(武)	16	2	0	14	2	0	5	5	0	0	0	.500	411	96.2	93	11	26	8	74	3	0	39	37	3.44
'18	(武)	26	5	0	21	2	1	16	5	0	0	0	.762	730	172.2	173	12	47	11	102	5	0	81	73	3.81 ⑧
'19	(武)	12	1	0	11	1	0	1	6	0	0	0	.143	306	66.1	84	8	25	6	37	3	0	47	43	5.83
〔4〕		72	10	0	62	6	2	29	21	0	0	0	.580	1880	434.1	451	37	138	33	304	21	0	218	201	4.17

チェン・ウェイン　(陳　偉殷)　国立体育学院　(台湾)　('04.2)　'85.7.21生　左投右打

年度	チーム	試合	完投	交代完了	試合初	無当点	無四球	勝利	敗北	セーブ	ホールド	HP	率	打者	投球回	安打	本塁打	四球	死球	三振	暴投	ボーク	失点	自責点	防御率
'05	(中)	10	0	2	1	0	0	0	0	1	1	1	.000	92	19.1	29	3	6	0	20	2	0	17	13	6.05
'08	(中)	39	1	6	13	1	0	7	6	0	12	14	.538	474	114.2	101	7	33	5	107	5	0	40	37	2.90
'09	(中)	24	5	0	18	4	2	8	4	0	0	0	.667	644	164	113	10	40	3	146	2	0	32	28	1.54 ①
'10	(中)	29	3	0	24	2	0	13	10	0	0	0	.565	773	188	166	21	49	8	153	5	0	63	60	2.87 ②
'11	(中)	25	4	1	20	1	2	8	10	0	0	0	.444	659	164.2	138	12	31	5	94	2	0	57	49	2.68 ⑩
'20	(ロ)	4	1	0	3	0	0	0	3	0	0	0	.000	102	26	22	4	4	0	14	2	0	7	7	2.42
〔6〕		131	14	9	79	8	4	36	33	1	14	16	.522	2744	676.2	569	54	163	21	534	18	0	216	194	2.58

チェン・グァンユウ（陳　冠宇）　国立体育大（台湾）　（'11.2）　'90.10.29生　左投左打

年度	チーム	試合	完投	交代了	試当初	無点勝	無四球	勝利	敗北	セーブ	ホールド	HP	勝率	打者	投球回	安打	本塁打	四球	死球	三振	暴投	ボーク	失点	自責点	防御率
'14	(デ)	1	0	0	1	0	0	0	0	0	0	0	.000	14	2.1	5	2	2	0	3	0	0	4	3	11.57
'15	(ロ)	14	0	0	13	0	0	5	4	0	0	1	.556	259	61.1	61	4	23	2	47	2	0	24	22	3.23
'16	(ロ)	7	0	0	4	0	0	1	1	0	0	0	.500	104	24.2	25	3	10	0	23	2	0	14	11	4.01
'17	(ロ)	27	0	4	8	0	0	3	4	0	4	6	.429	270	63	56	5	32	0	59	5	0	26	23	3.29
'18	(ロ)	24	0	5	2	0	0	0	1	0	1	1	.000	178	41.1	40	6	20	0	27	0	0	20	18	3.92
'19	(ロ)	44	0	16	0	0	0	1	1	0	5	6	.500	253	57	54	3	27	2	45	2	0	28	23	3.63
'20	(ロ)	19	0	1	0	0	0	1	0	0	2	3	1.000	89	19.2	20	1	13	0	12	0	0	8	7	3.20
〔7〕		136	0	26	28	0	0	11	11	0	12	17	.500	1167	269.1	261	23	127	4	216	11	0	124	107	3.58

張　　奕　ちょう・やく　日本経済大　（'19.5）　'94.2.26生　右投右打

年度	チーム	試合	完投	交代了	試当初	無点勝	無四球	勝利	敗北	セーブ	ホールド	HP	勝率	打者	投球回	安打	本塁打	四球	死球	三振	暴投	ボーク	失点	自責点	防御率
'19	(オ)	8	0	1	6	0	0	2	4	0	0	0	.333	126	27.1	36	7	9	1	17	1	0	20	18	5.93
'20	(オ)	13	0	1	9	0	0	2	4	0	0	0	.333	212	48	50	5	16	2	46	1	1	26	23	4.31
〔2〕		21	0	2	15	0	0	4	8	0	0	0	.333	338	75.1	86	12	25	3	63	2	1	46	41	4.90

津森　宥紀　つもり・ゆうき　東北福祉大　（'20.1）　'98.1.21生　右投右打

年度	チーム	試合	完投	交代了	試当初	無点勝	無四球	勝利	敗北	セーブ	ホールド	HP	勝率	打者	投球回	安打	本塁打	四球	死球	三振	暴投	ボーク	失点	自責点	防御率
'20	(ソ)	14	0	5	0	0	0	1	0	0	3	4	1.000	72	16.1	15	2	8	1	17	1	0	5	5	2.76

津留﨑大成　つるさき・たいせい　慶應義塾大　（'20.1）　'97.10.10生　右投右打

年度	チーム	試合	完投	交代了	試当初	無点勝	無四球	勝利	敗北	セーブ	ホールド	HP	勝率	打者	投球回	安打	本塁打	四球	死球	三振	暴投	ボーク	失点	自責点	防御率
'20	(楽)	33	0	8	0	0	0	2	2	0	1	2	.500	147	34.1	30	1	18	1	24	2	0	17	16	4.19

B. ディクソン　ブランドン・ディクソン　タスカラム大　（'13.1）　'84.11.3生　右投右打

年度	チーム	試合	完投	交代了	試当初	無点勝	無四球	勝利	敗北	セーブ	ホールド	HP	勝率	打者	投球回	安打	本塁打	四球	死球	三振	暴投	ボーク	失点	自責点	防御率
'13	(オ)	23	0	0	23	0	0	8	8	0	0	0	.500	551	130	128	7	47	4	88	3	0	48	40	2.77
'14	(オ)	26	3	0	23	1	0	9	10	0	0	0	.474	657	154	156	7	55	4	118	10	0	62	57	3.33⑦
'15	(オ)	20	1	0	19	0	0	9	9	0	0	0	.500	538	130.2	119	3	44	1	88	0	0	39	36	2.48
'16	(オ)	27	2	0	25	0	0	9	11	0	0	0	.450	746	171.1	183	17	71	5	139	7	0	86	83	4.36⑭
'17	(オ)	25	0	0	25	0	0	8	9	0	0	0	.471	581	136	144	7	42	3	86	7	1	63	49	3.24
'18	(オ)	18	1	1	16	1	0	4	6	0	0	0	.400	414	99	90	7	30	5	84	4	0	40	39	3.55
'19	(オ)	37	0	28	0	0	0	2	1	18	5	7	.667	150	35.2	29	1	18	0	38	2	0	12	12	3.03
'20	(オ)	39	0	32	0	0	0	4	4	16	5	5	.500	152	35.2	34	2	16	1	32	2	0	15	13	3.28
〔8〕		215	7	61	131	2	0	49	58	34	10	12	.458	3789	892.1	883	51	323	23	673	35	1	365	329	3.32

N. ディプラン　ナティーノ・ディプラン　ベリーズ高　（'20.3）　'93.12.30生　右投右打

年度	チーム	試合	完投	交代了	試当初	無点勝	無四球	勝利	敗北	セーブ	ホールド	HP	勝率	打者	投球回	安打	本塁打	四球	死球	三振	暴投	ボーク	失点	自責点	防御率
'20	(巨)	2	0	0	1	0	0	0	0	0	0	0	.000	16	2.1	7	3	2	1	2	1	0	5	5	19.29

R. デラロサ　ルビー・デラロサ　エルボニートデサンイシドロ高　（'19.6）　'89.3.4生　右投右打

年度	チーム	試合	完投	交代了	試当初	無点勝	無四球	勝利	敗北	セーブ	ホールド	HP	勝率	打者	投球回	安打	本塁打	四球	死球	三振	暴投	ボーク	失点	自責点	防御率
'19	(巨)	26	0	16	0	0	0	1	0	8	5	6	1.000	93	24	16	4	5	1	32	0	0	6	6	2.25
'20	(巨)	35	0	25	0	0	0	2	0	17	5	7	1.000	132	31.2	23	3	16	3	28	1	0	9	9	2.56
〔2〕		61	0	41	0	0	0	3	0	25	10	13	1.000	225	55.2	39	7	21	4	60	1	0	15	15	2.43

寺岡　寛治　てらおか・かんじ　九州共立大　('19.7)　'92.12.3生　右投右打

年度 チーム	試合	完投	交代了	試当初	無点勝	無四球	勝利	敗北	セーブ	ホールド	H P	勝率	打者	投球回	安打	本塁打	四球	死球	三振	暴投	ボーク	失点	自責点	防御率
'19（楽）	1	0	1	0	0	0	0	0	0	0	0	.000	15	3	6	1	0	0	2	0	0	3	3	9.00
'20（楽）	24	0	4	0	0	0	2	1	0	10	12	.667	88	20	15	0	11	2	14	2	0	7	7	3.15
〔2〕	25	0	5	0	0	0	2	1	0	10	12	.667	103	23	21	1	11	2	16	2	0	10	10	3.91

寺島　成輝　てらしま・なるき　履正社高　('17.1)　'98.7.30生　左投左打

年度 チーム	試合	完投	交代了	試当初	無点勝	無四球	勝利	敗北	セーブ	ホールド	H P	勝率	打者	投球回	安打	本塁打	四球	死球	三振	暴投	ボーク	失点	自責点	防御率
'17（ヤ）	1	0	0	1	0	0	0	0	0	0	0	.000	18	3	5	1	3	0	3	0	0	5	5	15.00
'18（ヤ）	1	0	0	1	0	0	0	0	0	0	0	.000	13	2	4	1	4	0	2	0	0	6	6	27.00
'19（ヤ）	3	0	1	0	0	0	0	0	0	0	0	.000	21	4	9	0	2	0	0	0	0	3	1	2.25
'20（ヤ）	30	0	8	0	0	0	1	0	0	3	4	1.000	163	36.1	41	5	15	1	27	1	0	14	10	2.48
〔4〕	35	0	8	2	0	0	1	0	0	3	4	.500	215	45.1	59	7	24	1	32	1	0	28	22	4.37

東條　大樹　とうじょう・たいき　青山学院大　('16.1)　'91.8.15生　右投右打

年度 チーム	試合	完投	交代了	試当初	無点勝	無四球	勝利	敗北	セーブ	ホールド	H P	勝率	打者	投球回	安打	本塁打	四球	死球	三振	暴投	ボーク	失点	自責点	防御率
'16（ロ）	11	0	5	0	0	0	0	0	0	1	1	.000	62	11.2	14	1	14	2	6	0	0	13	13	10.03
'17（ロ）	12	0	6	0	0	0	0	0	0	1	1	.000	78	17	18	1	11	2	17	1	0	13	13	6.88
'18（ロ）	11	0	0	0	0	0	0	0	0	2	2	.000	42	11.2	6	2	4	0	10	0	0	2	2	1.54
'19（ロ）	58	0	12	0	0	0	1	0	0	16	17	1.000	232	52.1	52	7	21	7	53	1	0	26	22	3.78
'20（ロ）	39	0	7	0	0	0	1	1	0	5	6	.500	121	28.1	25	3	12	4	26	0	0	10	8	2.54
〔5〕	131	0	30	0	0	0	2	1	0	25	27	.667	535	121	115	14	62	15	112	2	0	64	58	4.31

東明　大貴　とうめい・だいき　桐蔭横浜大　('14.1)　'89.6.15生　右投右打

年度 チーム	試合	完投	交代了	試当初	無点勝	無四球	勝利	敗北	セーブ	ホールド	H P	勝率	打者	投球回	安打	本塁打	四球	死球	三振	暴投	ボーク	失点	自責点	防御率
'14（オ）	26	0	5	16	0	0	5	7	0	0	1	.417	437	99.2	93	11	45	4	80	2	0	44	42	3.79
'15（オ）	25	2	0	23	1	0	10	8	0	0	0	.556	663	161.1	148	16	41	5	118	3	1	61	60	3.35⑦
'16（オ）	24	0	0	19	0	0	1	10	0	1	1	.091	567	122	157	13	54	3	100	5	0	70	67	4.94
'17（オ）	3	0	0	3	0	0	0	0	0	0	0	.000	57	13	13	2	6	0	6	0	0	6	6	4.15
'18（オ）	7	0	0	7	0	0	1	4	0	0	0	.200	153	39.2	35	1	3	0	24	0	0	10	10	2.27
'19（オ）	7	0	0	4	0	0	1	1	0	0	0	.500	91	19	20	5	16	1	9	0	0	15	15	7.11
'20（オ）	2	0	1	0	0	0	0	1	0	0	0	.000	14	3.2	4	1	0	1	1	0	0	2	2	4.91
〔7〕	94	2	6	72	1	0	18	30	0	1	2	.375	1982	458.1	470	49	165	14	337	10	1	208	202	3.97

十亀　剣　とがめ・けん　日本大　('12.1)　'87.11.7生　右投右打

年度 チーム	試合	完投	交代了	試当初	無点勝	無四球	勝利	敗北	セーブ	ホールド	H P	勝率	打者	投球回	安打	本塁打	四球	死球	三振	暴投	ボーク	失点	自責点	防御率
'12（武）	41	0	8	1	0	0	6	0	0	9	14	1.000	223	53	50	4	17	3	41	1	0	16	16	2.72
'13（武）	28	6	1	20	2	**2**	8	8	0	1	1	.500	688	164.1	158	12	44	9	122	3	1	68	63	3.45⑧
'14（武）	21	1	10	7	1	0	4	5	3	2	2	.444	255	59	59	6	24	2	41	1	0	27	24	3.66
'15（武）	26	1	1	23	0	0	11	7	0	0	0	.611	644	152	145	**19**	53	8	107	1	0	62	60	3.55⑩
'16（武）	21	0	1	13	0	0	4	6	0	1	1	.400	335	71.1	85	3	31	9	41	2	0	55	50	6.31
'17（武）	20	0	0	20	0	0	8	7	0	0	0	.533	500	116.1	125	10	35	3	83	0	0	50	44	3.40
'18（武）	22	0	0	20	0	0	5	8	0	0	0	.385	535	124.1	114	16	56	6	82	2	0	65	61	4.42
'19（武）	19	0	0	17	0	0	5	6	0	0	0	.455	444	102	106	12	31	4	57	1	**2**	56	51	4.50
'20（武）	8	0	1	3	0	0	1	2	0	0	0	.333	117	24	30	5	13	1	34	1	0	21	20	7.50
〔9〕	206	8	22	124	3	2	52	49	3	13	21	.515	3741	866.1	872	37	304	47	587	15	3	420	389	4.04

床田　寛樹
とこだ・ひろき　中部学院大（'17.1）　'95.3.1生　左投左打

年度	チーム	試合	完投	交代了	試合初	無当勝	無点四球	勝利	敗北	セーブ	ホールド	HP	勝率	打者	投球回	安打	本塁打	四球	死球	三振	暴投	ボーク	失点	自責点	防御率
'17	(広)	3	0	0	3	0	0	1	1	0	0	0	.500	71	17.1	16	2	3	0	16	0	0	10	10	5.19
'19	(広)	25	1	0	23	0	0	7	6	0	0	0	.538	590	139.2	131	17	48	5	101	2	0	54	46	2.96
'20	(広)	15	0	0	15	0	0	5	8	0	0	0	.385	343	76.2	101	10	23	0	56	1	0	51	42	4.93
〔3〕		43	1	0	41	0	0	13	15	0	0	0	.464	1004	233.2	248	29	74	5	173	3	0	115	98	3.77

戸郷　翔征
とごう・しょうせい　聖心ウルスラ学園高（'19.1）　'00.4.4生　右投右打

年度	チーム	試合	完投	交代了	試合初	無当勝	無点四球	勝利	敗北	セーブ	ホールド	HP	勝率	打者	投球回	安打	本塁打	四球	死球	三振	暴投	ボーク	失点	自責点	防御率
'19	(巨)	2	0	0	1	0	0	1	0	0	0	1	1.000	34	8.2	6	1	3	1	11	0	0	2	2	2.08
'20	(巨)	19	0	0	18	0	0	9	6	0	0	1	.600	446	107.2	87	12	42	6	106	1	0	33	33	2.76
〔2〕		21	0	0	19	0	0	10	6	0	0	2	.625	480	116.1	93	13	45	7	117	1	0	35	35	2.71

戸田　隆矢
とだ・たかや　樟南高（'12.1）　'93.6.10生　左投左打

年度	チーム	試合	完投	交代了	試合初	無当勝	無点四球	勝利	敗北	セーブ	ホールド	HP	勝率	打者	投球回	安打	本塁打	四球	死球	三振	暴投	ボーク	失点	自責点	防御率
'12	(広)	1	0	0	1	0	0	0	0	0	0	0	.000	15	3	4	0	2	0	0	0	0	2	2	6.00
'13	(広)	3	0	1	0	0	0	0	1	0	0	0	.000	28	4.1	9	1	6	2	4	0	0	6	6	12.46
'14	(広)	30	0	4	5	0	0	4	2	0	6	8	.667	243	57	59	7	22	2	36	3	0	24	21	3.32
'15	(広)	34	0	5	5	0	0	3	3	0	5	7	.500	273	62	59	4	29	0	44	2	1	31	25	3.63
'16	(広)	17	1	4	5	0	0	4	0	0	1	1	1.000	226	54.2	49	5	18	4	42	2	0	17	17	2.80
'17	(広)	3	0	1	0	0	0	0	0	0	1	1	.000	34	7.1	10	1	1	0	7	0	0	9	9	11.05
'18	(広)	7	0	1	3	0	0	0	1	0	0	0	.000	82	17.1	22	3	9	1	13	0	0	11	10	5.19
〔7〕		95	1	15	22	1	0	11	7	1	12	18	.611	901	205.2	212	21	87	7	146	7	1	100	90	3.94

戸根　千明
とね・ちあき　日本大（'15.1）　'92.10.17生　左投左打

年度	チーム	試合	完投	交代了	試合初	無当勝	無点四球	勝利	敗北	セーブ	ホールド	HP	勝率	打者	投球回	安打	本塁打	四球	死球	三振	暴投	ボーク	失点	自責点	防御率
'15	(巨)	46	0	17	0	0	0	1	1	1	5	6	.500	168	40.2	26	3	18	0	39	0	0	13	13	2.88
'16	(巨)	42	0	11	0	0	0	1	0	1	5	6	1.000	161	36	37	5	17	3	25	0	0	19	18	4.50
'17	(巨)	6	0	2	0	0	0	1	0	0	0	1	1.000	45	8	13	1	4	2	11	0	0	8	6	6.75
'19	(巨)	26	0	4	0	0	0	0	1	0	8	8	.000	104	22.2	17	2	17	3	21	0	0	7	5	1.99
〔4〕		120	0	34	0	0	0	3	2	2	18	21	.600	478	107.1	93	11	56	8	96	0	0	47	42	3.52

富山　凌雅
とみやま・りょうが　九州国際大付高（'19.1）　'97.5.3生　左投左打

年度	チーム	試合	完投	交代了	試合初	無当勝	無点四球	勝利	敗北	セーブ	ホールド	HP	勝率	打者	投球回	安打	本塁打	四球	死球	三振	暴投	ボーク	失点	自責点	防御率
'19	(オ)	1	0	1	0	0	0	0	0	0	0	0	.000	6	2	0	0	0	0	2	0	0	0	0	0.00
'20	(オ)	18	0	7	0	0	0	0	2	0	3	3	.000	77	18.1	14	3	10	1	15	0	0	9	9	4.42
〔2〕		19	0	8	0	0	0	0	2	0	3	3	.000	83	20.1	14	3	10	1	17	0	0	9	9	3.98

土肥　星也
どひ・せいや　尽誠学園高（'17.1）　'95.7.7生　左投左打

年度	チーム	試合	完投	交代了	試合初	無当勝	無点四球	勝利	敗北	セーブ	ホールド	HP	勝率	打者	投球回	安打	本塁打	四球	死球	三振	暴投	ボーク	失点	自責点	防御率
'17	(ロ)	18	0	7	0	0	0	0	1	0	2	2	.000	98	19.1	25	4	12	2	14	3	0	22	20	9.31
'18	(ロ)	6	0	6	0	0	0	2	1	0	0	0	.667	125	28.1	30	4	16	0	16	3	0	16	16	5.08
'19	(ロ)	6	0	6	0	0	0	1	0	0	0	0	1.000	137	31.2	35	4	12	0	28	1	0	12	11	3.13
〔3〕		30	0	7	12	0	0	3	2	0	2	2	.600	360	79.1	90	12	40	2	58	7	0	50	47	5.33

直江　大輔　なおえ・だいすけ　松商学園高　（'19.1）　'00.6.20生　右投右打

年度	チーム	試合	完投	交代了	試当初	無点勝利	無四球	勝利	敗北	セーブ	ホールド	HP	勝率	打者	投球回	安打	本塁打	四球	死球	三振	暴投	ボーク	失点	自責点	防御率
'20	(巨)	3	0	0	3	0	0	0	0	0	0	0	.000	49	12	10	2	3	1	11	0	0	4	4	3.00

中尾　輝　なかお・ひかる　名古屋経済大　（'17.1）　'94.9.14生　左投左打

年度	チーム	試合	完投	交代了	試当初	無点勝利	無四球	勝利	敗北	セーブ	ホールド	HP	勝率	打者	投球回	安打	本塁打	四球	死球	三振	暴投	ボーク	失点	自責点	防御率
'17	(ヤ)	2	0	1	1	0	0	0	1	0	0	0	.000	25	4	8	1	3	0	4	1	0	7	5	11.25
'18	(ヤ)	54	0	10	0	0	0	7	3	0	12	19	.700	248	54	53	5	33	.	56	7	0	25	21	3.50
'19	(ヤ)	12	0	2	0	0	0	0	1	0	0	0	.000	69	14	17	3	8	0	18	3	0	13	13	8.36
'20	(ヤ)	5	0	1	0	0	0	0	0	0	0	0	.000	41	9	9	3	5	0	6	0	1	5	5	5.00
〔4〕		73	0	14	1	0	0	7	5	0	12	19	.583	383	81	87	12	49	.	84	11	1	50	44	4.89

中川　皓太　なかがわ・こうた　東海大　（'16.1）　'94.2.24生　左投左打

年度	チーム	試合	完投	交代了	試当初	無点勝利	無四球	勝利	敗北	セーブ	ホールド	HP	勝率	打者	投球回	安打	本塁打	四球	死球	三振	暴投	ボーク	失点	自責点	防御率
'16	(巨)	2	0	2	0	0	0	0	0	0	0	0	.000	11	2	4	2	1	0	2	0	0	3	3	13.50
'17	(巨)	18	0	5	1	0	0	0	0	0	2	2	.000	107	25	28	2	4	2	19	0	1	12	12	4.32
'18	(巨)	30	0	10	0	0	0	1	0	1	3	4	1.000	165	37.2	47	7	8	.	31	2	0	24	21	5.02
'19	(巨)	67	0	33	0	0	0	4	3	16	17	21	.571	270	64.2	57	3	18	2	74	0	0	19	17	2.37
'20	(巨)	37	0	10	0	0	0	2	1	6	15	17	.667	139	36	24	1	10	.	26	0	0	4	4	1.00
〔5〕		154	0	60	1	0	0	7	4	23	35	42	.636	692	165.1	160	15	41	6	152	2	1	62	57	3.10

中川　虎大　なかがわ・こお　箕島高　（'19.7）　'99.10.2生　右投右打

年度	チーム	試合	完投	交代了	試当初	無点勝利	無四球	勝利	敗北	セーブ	ホールド	HP	勝率	打者	投球回	安打	本塁打	四球	死球	三振	暴投	ボーク	失点	自責点	防御率
'19	(ディ)	3	0	1	1	0	0	0	1	0	0	0	.000	25	5	7	2	3	0	3	0	0	3	3	5.40
'20	(ディ)	3	0	0	2	0	0	0	1	0	0	0	.000	27	6.1	6	2	4	0	3	0	0	5	5	7.11
〔2〕		6	0	1	3	0	0	0	2	0	0	0	.000	52	11.1	13	4	7	0	6	0	0	8	8	6.35

中﨑　翔太　なかざき・しょうた　日南学園高　（'11.1）　'92.8.10生　右投右打

年度	チーム	試合	完投	交代了	試当初	無点勝利	無四球	勝利	敗北	セーブ	ホールド	HP	勝率	打者	投球回	安打	本塁打	四球	死球	三振	暴投	ボーク	失点	自責点	防御率
'12	(広)	12	0	3	1	0	0	0	1	0	1	1	.000	84	21	15		8	1	14	1	0	7	6	2.57
'13	(広)	17	0	2	11	0	0	2	7	0	1	2	.222	273	60.1	67		31	1	40	1	0	41	39	5.82
'14	(広)	32	0	8	0	0	0	2	3	1	10	12	.400	193	43.2	45		15	3	32	0	0	20	19	3.92
'15	(広)	69	0	54	0	0	0	0	6	29	11	11	.000	300	73	65		23	1	61	0	0	20	19	2.34
'16	(広)	61	0	53	0	0	0	3	4	34	7	10	.429	251	61.1	50		19	2	54	0	0	11	9	1.32
'17	(広)	59	0	19	0	0	0	4	1	10	25	29	.800	218	57.2	33		20	0	36	0	0	9	9	1.40
'18	(広)	68	0	55	0	0	0	4	2	32	6	10	.667	293	66.1	66		29	1	56	0	0	23	20	2.71
'19	(広)	36	0	26	0	0	0	3	3	9	5	8	.500	171	35.1	44		17	2	23	0	0	24	16	4.08
'20	(広)	6	0	3	0	0	0	1	0	0	0	1	1.000	25	5	5		3	0	3	0	0	5	5	9.00
〔9〕		360	0	223	12	0	0	19	27	115	66	84	.413	1808	423.2	393	31	165	11	319	2	0	160	142	3.02

中澤　雅人　なかざわ・まさと　中央大（'10.1）　'85.2.16生　左投左打

年度	チーム	試合	完投	交代了	試当初	無点勝	無四球	勝利	敗北	セーブ	ホールド	HP	勝率	打者	投球回	安打	本塁打	四球	死球	三振	暴投	ボーク	失点	自責点	防御率
'10	(ヤ)	23	2	2	18	1	0	7	9	0	0	0	.438	483	107.2	130	23	40	2	62	1	0	76	68	5.68
'11	(ヤ)	1	0	0	1	0	0	0	1	0	0	0	.000	13	2	7	0	0	0	1	0	0	5	4	18.00
'12	(ヤ)	3	0	0	3	0	0	2	0	0	0	0	1.000	66	15	15	0	5	2	8	1	0	4	4	2.40
'13	(ヤ)	3	0	0	3	0	0	0	2	0	0	0	.000	63	11.1	19	4	11	0	8	0	0	13	10	7.94
'14	(ヤ)	24	0	8	1	0	0	1	0	0	4	5	1.000	98	23	20	1	10	0	20	1	0	5	4	1.57
'15	(ヤ)	35	0	7	0	0	0	1	2	0	3	4	.333	136	29.2	32	2	15	1	21	1	0	12	10	3.03
'16	(ヤ)	19	0	9	0	0	0	1	0	0	0	1	1.000	87	20.1	17	3	6	3	11	1	0	8	8	3.54
'17	(ヤ)	28	0	12	0	0	0	0	0	0	0	0	.000	110	26.1	27	3	6	0	21	1	0	12	12	4.10
'18	(ヤ)	37	0	4	0	0	0	0	0	0	11	11	.000	128	28.2	34	4	6	2	24	1	0	22	22	6.91
'19	(ヤ)	1	0	0	0	0	0	0	0	0	0	0	.000	9	1.2	4	1	0	0	1	0	0	4	4	21.60
'20	(ヤ)	28	0	7	0	0	0	1	1	0	3	4	.500	119	25.2	32	6	9	1	19	0	0	21	21	7.36
〔11〕		202	2	49	26	1	0	13	15	0	21	25	.464	1312	291.1	337	47	108	11	196	7	0	182	167	5.16

中田　賢一　なかた・けんいち　北九州市立大（'05.1）　'82.5.11生　右投右打

年度	チーム	試合	完投	交代了	試当初	無点勝	無四球	勝利	敗北	セーブ	ホールド	HP	勝率	打者	投球回	安打	本塁打	四球	死球	三振	暴投	ボーク	失点	自責点	防御率
'05	(中)	15	0	0	13	0	0	8	3	0	0	0	.727	371	86.2	81	7	30	6	60	2	1	36	35	3.63
'06	(中)	20	1	1	16	0	0	7	4	1	0	0	.636	473	112.2	106	16	36	2	111	3	0	49	49	3.91
'07	(中)	28	3	1	23	0	0	14	8	0	1	1	.636	741	170.1	158	14	81	6	177	13	0	73	68	3.59⑩
'08	(中)	23	1	0	20	1	0	7	9	0	0	1	.438	582	129.2	148	13	46	11	126	5	0	79	67	4.65
'09	(中)	13	1	0	12	1	0	5	4	0	0	0	.556	342	81	77	5	25	5	73	4	0	34	31	3.44
'10	(中)	19	4	0	14	2	0	7	4	0	0	0	.636	491	118	99	9	41	4	105	9	0	43	38	2.90
'11	(中)	6	0	1	5	0	0	2	3	0	0	1	.400	126	30.1	29	5	4	3	26	1	0	19	14	4.15
'12	(中)	22	2	0	20	0	1	7	10	0	0	1	.412	562	140	119	6	33	9	106	3	0	46	44	2.83
'13	(中)	40	0	3	11	0	0	4	6	0	15	18	.400	428	98	85	5	45	8	83	8	0	41	37	3.40
'14	(ソ)	25	1	0	24	0	0	11	7	0	0	0	.611	623	145	139	10	65	8	116	7	0	77	70	4.34⑬
'15	(ソ)	24	3	0	20	0	0	9	7	0	0	0	.563	657	155.1	134	17	61	9	130	4	0	60	56	3.24⑤
'16	(ソ)	17	0	1	16	0	0	7	3	0	0	0	.700	377	89.2	64	9	45	5	67	3	0	31	30	3.01
'17	(ソ)	18	0	1	15	0	0	7	6	0	0	1	.538	380	86.2	82	15	40	9	78	4	0	44	44	4.57
'18	(ソ)	23	0	6	0	0	0	5	3	0	0	1	.625	410	91.2	87	13	57	3	79	5	1	54	53	5.20
'19	(ソ)	1	0	0	1	0	0	0	0	0	0	0	.000	20	4.2	3	0	3	1	2	0	0	1	1	1.93
'20	(神)	3	0	0	3	0	0	0	0	0	0	0	.000	53	10.2	18	0	11	0	9	0	0	9	9	7.59
〔16〕		297	16	14	226	4	1	100	79	1	16	23	.559	6636	1550.1	1429	144	621	89	1350	70	2	696	646	3.75

中田　廉　なかた・れん　広陵高（'09.1）　'90.7.21生　右投右打

年度	チーム	試合	完投	交代了	試当初	無点勝	無四球	勝利	敗北	セーブ	ホールド	HP	勝率	打者	投球回	安打	本塁打	四球	死球	三振	暴投	ボーク	失点	自責点	防御率
'10	(広)	13	0	3	4	0	0	1	1	0	0	1	.500	112	25	20	5	14	2	17	1	0	13	12	4.32
'11	(広)	2	0	1	1	0	0	0	0	0	0	0	.000	36	7	10	0	3	0	4	1	1	6	5	6.43
'12	(広)	27	0	8	0	0	0	1	0	0	3	4	1.000	151	34.2	38	3	12	1	26	2	0	15	15	3.89
'13	(広)	15	0	5	0	0	0	1	1	0	2	3	.500	109	24.2	25	2	9	2	21	1	0	8	8	2.92
'14	(広)	66	0	13	0	0	0	9	8	0	18	27	.529	334	78.2	78	9	25	3	69	2	0	34	34	3.89
'15	(広)	5	0	3	0	0	0	1	0	0	0	1	1.000	20	5	4	0	3	0	4	0	0	0	0	0.00
'16	(広)	8	0	0	0	0	0	1	1	0	1	2	.500	23	4.1	5	1	4	0	6	0	0	8	8	16.62
'17	(広)	53	0	11	0	0	0	2	4	0	13	15	.333	196	46.2	37	4	20	1	50	0	0	15	14	2.70
'18	(広)	15	0	3	0	0	0	0	1	0	3	3	.000	67	12.1	22	2	8	0	12	2	0	19	18	13.14
'19	(広)	8	0	2	0	0	0	0	0	0	0	0	.000	36	5.2	8	1	6	1	4	1	0	11	6	9.53
'20	(広)	32	0	8	0	0	0	1	0	0	4	4	.000	116	27.1	28	6	8	0	22	0	0	13	13	4.28
〔11〕		244	0	57	5	0	0	15	16	0	45	60	.484	1200	271.1	275	33	112	11	235	10	1	142	133	4.41

中塚　駿太　なかつか・しゅんた　白鷗大（'17.1）　'94.12.26生　右投右打

年度	チーム	試合	完投	交代了	試当初	無点勝	無四球	勝利	敗北	セーブ	ホールド	HP	勝率	打者	投球回	安打	本塁打	四球	死球	三振	暴投	ボーク	失点	自責点	防御率
'17	(武)	1	0	0	0	0	0	0	0	0		0	.000	5	0.2	1	0	3	0	0	0	0	2	2	27.00
'18	(武)	2	0	1	0	0	0	0	0	0		0	.000	13	2	3	0	4	0	4	0	0	4	4	18.00
'20	(武)	6	0	3	0	0	0	0	0	0		0	.000	33	7	8	0	4	0	5	0	0	4	4	5.14
〔3〕		9	0	4	0	0	0	0	0	0		0	.000	51	9.2	11	0	11	0	9	0	0	10	10	9.31

中村　恭平　なかむら・きょうへい　富士大（'11.1）　'89.3.22生　左投左打

年度	チーム	試合	完投	交代了	試当初	無点勝	無四球	勝利	敗北	セーブ	ホールド	HP	勝率	打者	投球回	安打	本塁打	四球	死球	三振	暴投	ボーク	失点	自責点	防御率
'11	(広)	3	0	0	3	0	0	0	2	0		0	.000	57	13.1	12	0	7	0	4	2	1	6	6	4.05
'12	(広)	8	0	5	0	0	0	0	0	0		0	.000	56	13	10	0	8	1	6	2	0	8	7	4.85
'13	(広)	12	0	1	11	0	0	1	5	0		0	.167	230	52.1	43	6	37	1	31	4	0	24	23	3.96
'15	(広)	1	0	0	0	0	0	0	0	0		0	.000	18	3.1	7	1	3	0	3	0	0	5	4	10.80
'16	(広)	8	0	0	0	0	0	1	1	0		0	.500	156	35	41	3	18	0	17	0	0	21	21	5.40
'18	(広)	8	0	2	1	0	0	0	0	0		0	.000	75	14.1	20	0	11	0	11	0	0	12	12	7.53
'19	(広)	43	0	7	0	0	0	0	1	0	12	12	.000	181	44.1	31	5	17	2	58	0	0	16	13	2.64
'20	(広)	14	0	0	0	0	0	0	0	0	1	1	.000	44	9.1	7	0	8	1	4	0	0	1	1	0.96
〔8〕		97	0	15	24	0	0	2	11	0	13	13	.154	817	185	171	15	110	5	134	8	1	93	87	4.23

中村　稔弥　なかむら・としや　亜細亜大（'19.1）　'96.7.8生　左投左打

年度	チーム	試合	完投	交代了	試当初	無点勝	無四球	勝利	敗北	セーブ	ホールド	HP	勝率	打者	投球回	安打	本塁打	四球	死球	三振	暴投	ボーク	失点	自責点	防御率
'19	(ロ)	10	0	0	0	0	0	1	1	0	3	4	.500	103	25	23	2	8	1	21	3	2	12	12	4.32
'20	(ロ)	16	0	2	11	0	0	2	5	0	0	0	.286	278	64	61	11	31	0	40	4	0	41	34	4.78
〔2〕		26	0	2	12	0	0	3	6	0	3	4	.333	381	89	84	13	39	1	61	7	2	53	46	4.65

中村　祐太　なかむら・ゆうた　関東第一高（'14.1）　'95.8.31生　右投右打

年度	チーム	試合	完投	交代了	試当初	無点勝	無四球	勝利	敗北	セーブ	ホールド	HP	勝率	打者	投球回	安打	本塁打	四球	死球	三振	暴投	ボーク	失点	自責点	防御率
'17	(広)	15	0	0	14	0	0	5	4	0	0	0	.556	312	74.2	68	7	26	2	54	1	0	33	31	3.74
'18	(広)	9	0	0	8	0	0	3	4	0	0	0	.429	205	44.2	50	8	21	5	31	1	0	33	30	6.04
'19	(広)	2	0	1	0	0	0	0	0	0	0	0	.000	32	5.2	11	3	5	2	4	1	0	8	8	12.71
'20	(広)	8	0	0	8	0	0	3	4	0	0	0	.429	191	46.2	42	8	11	2	37	1	0	12	12	2.31
〔4〕		34	0	1	31	0	0	11	12	0	0	0	.478	740	171.2	171	26	63	9	126	4	0	86	81	4.25

永野　将司　ながの・しょうじ　九州国際大（'18.1）　'93.3.2生　左投左打

年度	チーム	試合	完投	交代了	試当初	無点勝	無四球	勝利	敗北	セーブ	ホールド	HP	勝率	打者	投球回	安打	本塁打	四球	死球	三振	暴投	ボーク	失点	自責点	防御率
'18	(ロ)	4	0	0	0	0	0	0	0	0	0	0	.000	15	4	1	0	4	0	3	0	0	0	0	0.00
'19	(ロ)	5	0	0	0	0	0	0	1	0	3	3	.000	15	4	3	0	2	1	2	0	0	2	2	4.50
'20	(ロ)	13	0	3	0	0	0	0	1	0	0	0	.000	73	15	16	0	13	0	14	2	0	9	9	5.40
〔3〕		22	0	4	0	0	0	0	2	0	3	3	.000	103	23	20	0	19	1	19	2	0	11	11	4.30

生田目　翼　なばため・つばさ　流通経済大（'19.1）　'95.2.19生　右投右打

年度	チーム	試合	完投	交代了	試当初	無点勝	無四球	勝利	敗北	セーブ	ホールド	HP	勝率	打者	投球回	安打	本塁打	四球	死球	三振	暴投	ボーク	失点	自責点	防御率
'19	(日)	4	0	0	1	0	0	0	1	0	0	0	.000	39	8	10	2	4	0	2	0	0	10	7	7.88
'20	(日)	3	0	1	1	0	0	0	1	0	0	0	.000	29	6	9	1	3	0	5	2	0	6	5	7.50
〔2〕		7	0	1	2	0	0	0	2	0	0	0	.000	68	14	19	3	7	0	7	2	0	16	12	7.71

成田　翔　なりた・かける　秋田商高（'16.1）　'98. 2. 3生　左投左打

年度	チーム	試合	完投	交代了	試当初	無点勝	無四球	勝利	敗北	セーブ	ホールド	HP	率	打者	投球回	安打	本塁打	四球	死球	三振	暴投	ボーク	失点	自責点	防御率
'17 (ロ)		4	0	0	2	0	0	0	2	0	1	1	.000	52	12.1	12	2	4	1	8	0	0	8	6	4.38
'18 (ロ)		5	0	2	0	0	0	0	0	0	0	0	.000	17	4	3	0	2	0	1	1	0	2	2	4.50
'20 (ロ)		3	0	3	0	0	0	0	0	0	0	0	.000	15	3	5	2	0	1	3	0	0	6	6	18.00
〔3〕		12	0	5	2	0	0	0	2	0	1	1	.000	84	19.1	20	4	6	2	12	1	0	16	14	6.52

Ｚ.ニール　ザック・ニール　オクラホマ大（'19.1）　'88. 11. 9生　右投右打

年度	チーム	試合	完投	交代了	試当初	無点勝	無四球	勝利	敗北	セーブ	ホールド	HP	率	打者	投球回	安打	本塁打	四球	死球	三振	暴投	ボーク	失点	自責点	防御率
'19 (武)		17	0	0	17	0	0	12	1	0	0	0	.923	410	100.1	103	8	15	6	51	2	1	38	32	2.87
'20 (武)		21	0	0	21	0	0	6	8	0	0	0	.429	485	112	125	13	35	8	66	0	0	68	65	5.22
〔2〕		38	0	0	38	0	0	18	9	0	0	0	.667	895	212.1	228	21	50	14	117	2	1	106	97	4.11

西　勇輝　にし・ゆうき　菰野高（'09.1）　'90. 11. 10生　右投右打

年度	チーム	試合	完投	交代了	試当初	無点勝	無四球	勝利	敗北	セーブ	ホールド	HP	率	打者	投球回	安打	本塁打	四球	死球	三振	暴投	ボーク	失点	自責点	防御率
'09 (オ)		3	0	2	0	0	0	0	0	0	0	0	.000	13	4	0	0	1	0	2	0	0	0	0	0.00
'10 (オ)		18	0	6	1	0	0	0	0	0	0	0	.000	128	31.2	21	3	14	1	31	0	0	12	12	3.41
'11 (オ)		25	1	3	17	0	1	10	7	1	0	1	.588	537	130.2	109	8	26	16	106	1	0	49	44	3.03
'12 (オ)		19	2	0	17	1	0	8	3	0	0	0	.727	503	123	106	3	33	5	87	2	0	41	38	2.78
'13 (オ)		28	3	0	25	0	1	9	8	0	0	0	.529	708	166	178	13	42	14	137	5	0	74	67	3.63⑨
'14 (オ)		24	3	0	21	1	2	12	10	0	0	0	.545	640	156	146	11	35	7	119	1	0	65	57	3.29⑤
'15 (オ)		24	3	0	21	0	0	10	6	0	0	0	.625	655	162.2	140	11	43	6	143	3	0	46	43	2.38②
'16 (オ)		26	2	0	24	1	0	10	12	0	0	0	.455	712	165.1	171	4	48	9	108	2	0	80	76	4.14⑫
'17 (オ)		17	3	0	14	1	0	5	6	0	0	0	.455	483	117.2	108	14	29	7	88	0	0	46	45	3.44
'18 (オ)		25	0	0	25	0	0	10	13	0	0	0	.435	679	162.1	162	15	36	6	119	1	0	66	65	3.60⑤
'19 (神)		26	1	0	25	1	0	10	8	0	0	0	.556	702	172.1	159	12	36	9	112	2	0	60	56	2.92⑤
'20 (神)		21	4	0	17	2	2	11	5	0	0	0	.688	582	147.2	116	15	28	4	115	1	1	44	37	2.26④
〔12〕		256	22	11	207	9	6	95	78	1	1	2	.549	6342	1539.1	1416	109	371	83	1167	18	1	583	540	3.16

西口　直人　にしぐち・なおと　山本高－甲賀健康医療専門学校（'17.1）　'96. 11. 14生　右投右打

年度	チーム	試合	完投	交代了	試当初	無点勝	無四球	勝利	敗北	セーブ	ホールド	HP	率	打者	投球回	安打	本塁打	四球	死球	三振	暴投	ボーク	失点	自責点	防御率
'18 (楽)		1	0	0	0	0	0	0	0	0	0	0	.000	29	7.2	5	1	1	0	3	0	0	2	2	2.35

西野　勇士　にしの・ゆうじ　新湊高（'13.1）　'91. 3. 6生　右投右打

年度	チーム	試合	完投	交代了	試当初	無点勝	無四球	勝利	敗北	セーブ	ホールド	HP	率	打者	投球回	安打	本塁打	四球	死球	三振	暴投	ボーク	失点	自責点	防御率
'13 (ロ)		24	0	0	22	0	0	9	6	0	0	0	.600	588	139.2	140	5	40	3	106	8	0	61	59	3.80
'14 (ロ)		57	0	46	0	0	0	1	1	31	9	10	.500	219	58	33	4	15	0	63	3	0	12	12	1.86
'15 (ロ)		54	0	50	0	0	0	1	2	34	4	5	.333	219	54	44	1	12	1	71	8	0	13	11	1.83
'16 (ロ)		42	0	30	0	0	0	3	6	21	5	8	.333	180	43	39	4	11	1	36	2	0	17	16	3.35
'17 (ロ)		5	0	0	5	0	0	2	3	0	0	0	.400	123	26.2	31	2	14	0	17	2	0	15	14	4.73
'18 (ロ)		14	0	5	0	0	0	0	0	0	0	0	.000	75	16	20	2	6	0	19	2	0	12	11	6.19
'19 (ロ)		37	1	8	5	1	0	2	3	2	5	5	.400	277	70	56	6	23	0	64	1	0	23	23	2.96
〔7〕		233	1	139	32	1	0	18	21	88	23	28	.462	1681	407.1	363	24	121	5	376	26	0	153	146	3.23

西村　天裕　にしむら・たかひろ　帝京大（'18.1）'93.5.6生　右投右打

年度	チーム	試合	完投	交代了	試当初	無点勝	無四球	勝利	敗北	セーブ	ホールド	HP	勝率	打者	投球回	安打	本塁打	四球	死球	三振	暴投	ボーク	失点	自責点	防御率
'18（日）		26	0	6	0	0	0	2	2	1	8	10	.500	102	23	21	1	12	2	25	1	0	9	9	3.52
'19（日）		35	0	9	0	0	0	1	0	0	3	4	1.000	196	44.2	40	6	20	3	55	3	0	22	19	3.83
'20（日）		16	0	3	2	0	0	0	0	0	0	0	.000	115	25.2	23	4	14	2	29	0	0	14	13	4.56
〔3〕		77	0	18	2	0	0	3	2	1	11	14	.600	413	93.1	84	11	46	7	109	4	0	45	41	3.95

二保　旭　にほ・あきら　九州国際大付高（'12.7）'90.5.18生　右投右打

年度	チーム	試合	完投	交代了	試当初	無点勝	無四球	勝利	敗北	セーブ	ホールド	HP	勝率	打者	投球回	安打	本塁打	四球	死球	三振	暴投	ボーク	失点	自責点	防御率
'12（ソ）		3	0	2	1	0	0	0	0	0	0	0	.000	28	6	4	0	4	2	3	0	0	1	1	1.50
'13（ソ）		5	0	1	0	0	0	0	0	0	0	0	.000	43	9	11	0	6	1	3	1	0	6	6	6.00
'15（ソ）		44	0	19	0	0	0	6	1	0	5	11	.857	229	52.2	51	3	23	3	28	1	1	21	19	3.25
'18（ソ）		35	0	10	0	0	0	1	0	1	4	5	1.000	144	30.1	33	3	19	6	17	2	0	19	18	5.34
'19（ソ）		8	0	8	0	0	0	1	4	0	0	0	.200	165	38.1	40	6	16	0	15	0	1	19	17	3.99
'20（ソ）		12	0	0	12	0	0	4	5	0	0	0	.444	256	56.2	63	5	24	6	28	1	0	40	31	4.92
〔6〕		107	0	32	21	0	0	12	10	1	9	16	.545	865	193	202	⌐7	92	18	94	5	2	106	92	4.29

沼田　翔平　ぬまた・しょうへい　旭川大高（'20.6）'00.6.24生　右投右打

年度	チーム	試合	完投	交代了	試当初	無点勝	無四球	勝利	敗北	セーブ	ホールド	HP	勝率	打者	投球回	安打	本塁打	四球	死球	三振	暴投	ボーク	失点	自責点	防御率
'20（巨）		5	0	2	0	0	0	0	0	0	0	0	.000	23	4.1	6	1	4	0	3	1	0	5	5	10.38

S.ノリン　ショーン・ノリン　サンジャシントコミュニティ大（'20.1）'89.12.26生　左投左打

年度	チーム	試合	完投	交代了	試当初	無点勝	無四球	勝利	敗北	セーブ	ホールド	HP	勝率	打者	投球回	安打	本塁打	四球	死球	三振	暴投	ボーク	失点	自責点	防御率
'20（武）		5	0	0	5	0	0	1	2	0	0	0	.333	96	21.1	22	3	10	1	21	0	0	16	16	6.75

能見　篤史　のうみ・あつし　鳥取城北高（'05.1）'79.5.28生　左投左打

年度	チーム	試合	完投	交代了	試当初	無点勝	無四球	勝利	敗北	セーブ	ホールド	HP	勝率	打者	投球回	安打	本塁打	四球	死球	三振	暴投	ボーク	失点	自責点	防御率
'05（神）		16	1	1	11	0	0	4	1	0	1	1	.800	293	64.2	78	10	27	1	64	3	0	40	40	5.57
'06（神）		38	0	8	2	0	0	2	4	0	8	9	.333	210	47	49	4	16	3	46	2	0	27	26	4.98
'07（神）		23	1	2	11	1	1	4	4	0	2	2	.500	330	74	79	7	30	1	51	2	0	39	36	4.38
'08（神）		11	0	5	1	0	0	0	0	0	1	1	.000	54	11.1	15	1	6	0	10	1	0	6	6	4.76
'09（神）		28	1	1	24	1	0	13	9	0	0	0	.591	675	165	142	11	44	5	154	3	0	61	48	2.62④
'10（神）		12	0	0	10	0	0	8	0	0	0	1	1.000	267	62.1	63	8	13	5	57	2	0	23	18	2.60
'11（神）		29	5	0	23	1	1	12	9	0	1	1	.571	799	200.1	151	8	55	5	186	3	0	59	56	2.52⑧
'12（神）		29	3	1	24	2	1	10	10	0	0	0	.500	737	182	157	14	37	3	172	6	0	61	49	2.42⑦
'13（神）		25	6	0	19	2	1	11	7	0	0	0	.611	724	180.2	155	18	41	0	127	5	0	57	54	2.69②
'14（神）		26	3	0	23	1	0	9	13	0	0	0	.409	720	169.1	170	16	48	3	151	9	0	81	75	3.99⑫
'15（神）		27	1	1	24	1	1	11	13	0	0	0	.458	672	159.2	170	13	38	2	125	6	0	73	66	3.72⑭
'16（神）		26	2	0	22	1	0	8	12	0	0	0	.400	634	147.1	140	17	52	6	126	5	1	67	60	3.67⑪
'17（神）		23	1	0	22	0	0	6	6	0	0	0	.500	533	128.1	117	14	40	2	119	2	1	57	53	3.72
'18（神）		45	0	9	3	0	0	4	3	1	16	20	.571	229	56.1	40	6	19	3	48	6	0	23	16	2.56
'19（神）		51	0	15	0	0	0	1	2	0	18	19	.333	191	44	37	5	24	0	41	2	0	21	21	4.30
'20（神）		34	0	0	0	0	0	1	0	1	4	5	1.000	109	24.2	25	5	12	0	19	1	0	14	13	4.74
〔16〕		443	24	49	219	10	5	104	93	2	51	59	.528	7177	1717	1588	152	502	45	1496	57	3	709	637	3.34

野上　亮磨　のがみ・りょうま　神村学園高　('09.1)　'87.6.15生　右投右打

年度(チーム)	試合	完投	交代完了	試当初	無点勝	無四球	勝利	敗北	セーブ	ホールド	H P	勝率	打者	投球回	安打	本塁打	四球	死球	三振	暴投	ボーク	失点	自責点	防御率
'09(武)	25	0	5	7	0	0	3	5	1	3	4	.375	247	56.2	60	9	23	2	33	4	0	29	28	4.45
'10(武)	27	0	1	8	0	0	2	2	0	1	2	.500	319	68.1	92	9	23	4	40	4	0	40	39	5.14
'11(武)	4	0	0	1	0	0	0	1	0	0	0	.000	20	4.1	8	1	3	0	3	0	0	5	5	10.38
'12(武)	23	0	0	18	0	0	8	5	0	0	0	.615	496	115.1	128	8	36	5	49	4	0	42	38	2.97
'13(武)	30	0	1	24	0	0	11	7	0	1	4	.611	643	152.2	141	17	41	8	93	3	0	71	67	3.95⑪
'14(武)	25	2	2	19	0	0	8	10	0	1	2	.444	522	120.1	123	15	42	5	68	6	0	68	60	4.49
'15(武)	27	0	0	22	0	0	7	7	0	0	0	.500	565	134.1	127	15	46	4	77	1	0	68	63	4.22
'16(武)	22	0	2	18	0	0	3	9	1	1	2	.250	474	107	112	10	43	5	62	3	0	56	46	3.87
'17(武)	24	2	0	22	1	0	11	10	0	0	0	.524	577	144	128	10	24	5	113	2	0	62	58	3.63⑩
'18(巨)	25	0	3	9	0	0	4	4	0	1	0	.500	300	71.1	74	15	21	2	54	3	0	38	38	4.79
'19(巨)	13	0	2	1	0	0	1	2	1	4	4	.333	81	18	19	1	6	0	16	1	0	10	7	3.50
〔11〕	245	4	19	148	1	0	58	62	3	11	18	.483	4244	992.1	1012	111	305	40	608	31	0	489	449	4.07

野田　昇吾　のだ・しょうご　鹿児島実高　('16.1)　'93.6.27生　左投左打

年度(チーム)	試合	完投	交代完了	試当初	無点勝	無四球	勝利	敗北	セーブ	ホールド	H P	勝率	打者	投球回	安打	本塁打	四球	死球	三振	暴投	ボーク	失点	自責点	防御率
'16(武)	22	0	7	0	0	0	0	0	0	4	4	.000	80	18.1	21	1	5	1	15	0	0	8	8	3.93
'17(武)	38	0	14	0	0	0	1	0	0	1	2	1.000	143	36.1	21	1	15	1	26	2	2	8	8	1.98
'18(武)	58	0	5	0	0	0	1	1	1	19	20	.500	181	41	36	7	24	4	40	2	0	17	16	3.51
'19(武)	23	0	4	0	0	0	2	0	0	2	4	1.000	84	19.2	14	1	9	3	10	0	0	8	8	3.66
'20(武)	3	0	1	0	0	0	0	0	0	0	0	.000	6	1	2	0	1	0	1	0	0	1	0	0.00
〔5〕	144	0	31	0	0	0	4	1	1	26	30	.800	494	116.1	94	10	54	9	92	4	2	41	40	3.09

野村　祐輔　のむら・ゆうすけ　明治大　('12.1)　'89.6.24生　右投右打

年度(チーム)	試合	完投	交代完了	試当初	無点勝	無四球	勝利	敗北	セーブ	ホールド	H P	勝率	打者	投球回	安打	本塁打	四球	死球	三振	暴投	ボーク	失点	自責点	防御率
'12(広)	27	0	0	27	0	0	9	11	0	0	0	.450	704	172.2	143	6	52	2	103	3	2	46	38	1.98②
'13(広)	23	2	0	21	0	1	12	6	0	0	0	.667	620	149.1	142	13	37	7	103	3	0	70	62	3.74⑬
'14(広)	19	0	0	19	0	0	7	8	0	0	0	.467	465	104.2	114	10	37	3	75	0	0	64	51	4.39
'15(広)	15	0	0	15	0	0	5	8	0	0	0	.385	384	87.1	110	11	23	3	51	1	0	53	45	4.64
'16(広)	25	1	0	24	1	0	16	3	0	0	0	.842	633	152.2	139	11	37	6	91	3	0	50	46	2.71③
'17(広)	25	0	0	25	0	0	9	5	0	0	0	.643	645	155.1	152	12	38	4	106	4	0	53	48	2.78④
'18(広)	20	0	0	20	0	0	7	6	0	0	0	.538	514	119.1	136	10	30	2	60	1	0	62	56	4.22
'19(広)	18	0	0	18	0	0	6	5	0	0	0	.545	414	95.1	96	6	34	2	65	0	0	52	43	4.06
'20(広)	13	0	0	13	0	0	6	3	0	0	0	.667	309	70.2	81	9	22	3	35	0	0	36	36	4.58
〔9〕	185	3	0	182	1	1	77	55	0	0	0	.583	4688	1107.1	1113	88	310	32	689	15	2	486	425	3.45

則本　昂大　のりもと・たかひろ　三重中京大　('13.1)　'90.12.17生　右投右打

年度(チーム)	試合	完投	交代完了	試当初	無点勝	無四球	勝利	敗北	セーブ	ホールド	H P	勝率	打者	投球回	安打	本塁打	四球	死球	三振	暴投	ボーク	失点	自責点	防御率
'13(楽)	27	3	1	22	0	0	15	8	0	0	1	.652	695	170	142	14	51	6	134	4	0	65	63	3.34⑦
'14(楽)	30	9	1	19	7	5	14	10	0	0	0	.583	821	202.2	187	14	39	6	204	1	0	73	68	3.02④
'15(楽)	28	3	0	25	1	0	10	11	0	0	0	.476	797	194.2	176	14	48	4	215	6	1	68	63	2.91③
'16(楽)	28	2	0	26	0	1	11	11	0	0	0	.500	820	195	192	12	50	6	216	5	0	87	63	2.91④
'17(楽)	25	8	0	17	2	0	15	7	0	0	0	.682	750	185.2	148	11	48	3	222	12	0	63	53	2.57②
'18(楽)	27	4	0	22	1	0	10	11	0	0	0	.476	759	180.1	171	18	51	3	187	5	0	78	74	3.69⑥
'19(楽)	12	0	0	12	0	0	5	5	0	0	0	.500	269	68	58	7	10	3	67	1	1	27	21	2.78
'20(楽)	18	0	0	18	0	0	5	7	0	0	0	.417	475	109	110	13	34	5	105	3	0	56	48	3.96
〔8〕	195	29	2	161	11	6	85	70	0	0	0	.548	5386	1305.1	1184	103	331	36	1350	37	2	517	453	3.12

F．ハーマン　フランク・ハーマン　ハーバード大　（'17.1）　'84.5.30生　右投左打

年度	チーム	試合	完投	交代了	試当初	無点勝	無四球	勝利	敗北	セーブ	ホールド	H P	勝率	打者	投球回	安打	本塁打	四球	死球	三振	暴投	ボーク	失点	自責点	防御率
'17	（楽）	56	0	9	0	0	0	3	1	1	33	36	.750	222	53	48	3	13	3	58	2	4	20	16	2.72
'18	（楽）	47	0	31	0	0	0	2	3	18	12	14	.400	183	45.1	36	3	17	2	44	4	0	13	10	1.99
'19	（楽）	50	0	4	0	0	0	5	3	0	21	26	.625	184	47.1	31	5	16	0	49	2	0	16	16	3.04
'20	（ロ）	38	0	5	0	0	0	3	2	1	23	26	.600	149	37.2	28	2	12	0	37	4	0	9	9	2.15
〔4〕		191	0	49	0	0	0	13	9	20	89	102	.591	738	183.1	143	17	58	5	188	12	4	58	51	2.50

D．バーヘイゲン　ドリュー・バーヘイゲン　ヴァンダービルト大　（'20.1）　'90.10.22生　右投右打

年度	チーム	試合	完投	交代了	試当初	無点勝	無四球	勝利	敗北	セーブ	ホールド	H P	勝率	打者	投球回	安打	本塁打	四球	死球	三振	暴投	ボーク	失点	自責点	防御率
'20	（日）	18	1	0	17	1	1	8	6	0	0	0	.571	454	111.2	91	7	29	6	115	4	0	45	40	3.22

R．バンデンハーク　リック・バンデンハーク　セントジョージ短大　（'15.1）　'85.5.22生　右投右打

年度	チーム	試合	完投	交代了	試当初	無点勝	無四球	勝利	敗北	セーブ	ホールド	H P	勝率	打者	投球回	安打	本塁打	四球	死球	三振	暴投	ボーク	失点	自責点	防御率
'15	（ソ）	15	0	0	15	0	0	9	0	0	0	0	1.000	369	93	69	6	22	4	120	2	0	27	26	2.52
'16	（ソ）	13	0	0	13	0	0	7	3	0	0	0	.700	325	82	64	6	15	1	92	1	0	37	35	3.84
'17	（ソ）	25	0	25	0	0	0	13	7	0	0	0	.650	623	153	127	18	47	2	162	4	0	57	55	3.24 ⑥
'18	（ソ）	23	0	0	23	0	0	10	7	0	0	0	.588	585	138	113	21	61	10	127	2	0	68	66	4.30
'19	（ソ）	3	0	0	3	0	0	2	0	0	0	0	1.000	66	17.1	13	2	2	0	22	0	0	7	6	3.12
'20	（ソ）	5	0	0	5	0	0	2	2	0	0	0	.500	113	26	28	6	10	0	20	0	0	21	20	6.92
〔6〕		84	0	0	84	0	0	43	19	0	0	0	.694	2081	509.1	414	67	157	17	543	9	0	217	208	3.68

S．パットン　スペンサー・パットン　サザンイリノイ大エドワーズビル校　（'17.1）　'88.2.20生　右投右打

年度	チーム	試合	完投	交代了	試当初	無点勝	無四球	勝利	敗北	セーブ	ホールド	H P	勝率	打者	投球回	安打	本塁打	四球	死球	三振	暴投	ボーク	失点	自責点	防御率
'17	（ディ）	62	0	13	0	0	0	4	3	7	27	31	.571	247	60	50	4	19	2	66	2	0	19	18	2.70
'18	（ディ）	58	0	6	0	0	0	5	1	0	33	38	.833	235	56	53	6	16	3	67	0	0	16	16	2.57
'19	（ディ）	42	0	5	0	0	0	0	3	0	22	22	.000	172	36.2	38	4	22	3	45	1	0	24	21	5.15
'20	（ディ）	57	0	17	1	0	0	3	2	0	19	22	.600	231	53	52	6	27	2	65	0	0	31	29	4.92
〔4〕		219	0	41	1	0	0	12	9	7	101	113	.571	885	205.2	193	17	84	10	243	3	0	90	84	3.68

白村　明弘　はくむら・あきひろ　慶應義塾大　（'14.1）　'91.12.11生　右投左打

年度	チーム	試合	完投	交代了	試当初	無点勝	無四球	勝利	敗北	セーブ	ホールド	H P	勝率	打者	投球回	安打	本塁打	四球	死球	三振	暴投	ボーク	失点	自責点	防御率
'14	（日）	10	0	4	0	0	0	1	0	1	0	1	1.000	49	11	9	1	6	1	10	0	0	4	4	3.27
'15	（日）	50	0	10	0	0	0	1	1	0	13	14	.500	233	57.2	42	6	19	3	66	3	0	16	13	2.03
'16	（日）	22	0	5	0	0	0	3	1	0	1	4	.750	101	24	24	3	14	1	19	1	0	7	7	2.63
'17	（日）	24	0	8	2	0	0	1	3	0	1	2	.250	137	33.1	24	4	14	1	29	3	1	17	16	4.32
'18	（日）	3	0	2	0	0	0	0	0	0	0	0	.000	23	4.2	4	1	1	0	4	1	0	6	5	9.64
〔5〕		109	0	29	2	0	0	6	5	2	15	21	.545	543	130.2	103	15	54	6	128	8	1	50	45	3.10

橋本　侑樹　はしもと・ゆうき　大阪商業大　（'20.1）　'98.1.8生　左投左打

年度	チーム	試合	完投	交代了	試当初	無点勝	無四球	勝利	敗北	セーブ	ホールド	H P	勝率	打者	投球回	安打	本塁打	四球	死球	三振	暴投	ボーク	失点	自責点	防御率
'20	（中）	14	0	9	0	0	0	0	0	0	0	0	.000	80	17	20	3	13	1	13	1	0	15	14	7.41

長谷川宙輝　はせがわ・ひろき　聖徳学園高　（'20.1）　'98.8.23生　左投左打

年度	チーム	試合	完投	交代了	試当初	無点勝	無四球	勝利	敗北	セーブ	ホールド	H P	勝率	打者	投球回	安打	本塁打	四球	死球	三振	暴投	ボーク	失点	自責点	防御率
'20	（ヤ）	44	0	14	0	0	0	1	2	0	7	8	.333	196	43.1	50	3	23	0	45	2	1	29	28	5.82

畠　世周　はたけ・せいしゅう　近畿大　('17.1)　'94. 5. 31生　右投左打

年度 チーム	試合	完投	交代了	試合当初	無点勝	無四球	勝利	敗北	セーブ	ホールド	HP	勝率	打者	投球回	安打	本塁打	四球	死球	三振	暴投	ボーク	失点	自責点	防御率
'17 (巨)	13	0	0	12	0	0	6	4	0	0	0	.600	288	72.1	53	9	23	2	72	1	0	27	24	2.99
'18 (巨)	9	0	1	0	0	0	2	0	0	3	5	1.000	41	9.2	10	0	2	0	10	1	0	3	3	2.79
'19 (巨)	5	0	1	3	0	0	0	1	0	0	0	.000	76	15.2	26	2	5	1	14	0	0	14	12	6.89
'20 (巨)	12	1	0	11	1	0	4	4	0	0	0	.500	265	65.2	47	5	23	4	49	1	0	22	21	2.88
〔4〕	39	1	2	26	1	0	12	9	0	3	5	.571	670	163.1	136	16	53	7	145	3	0	66	60	3.31

濱口　遥大　はまぐち・はるひろ　神奈川大　('17.1)　'95. 3. 16生　左投左打

年度 チーム	試合	完投	交代了	試合当初	無点勝	無四球	勝利	敗北	セーブ	ホールド	HP	勝率	打者	投球回	安打	本塁打	四球	死球	三振	暴投	ボーク	失点	自責点	防御率
'17 (デ)	22	0	0	22	0	0	10	6	0	0	0	.625	546	123.2	116	9	69	2	136	9	1	54	49	3.57
'18 (デ)	19	0	0	18	0	0	4	5	0	1	1	.444	416	94.2	92	9	48	3	97	6	0	42	41	3.90
'19 (デ)	17	2	0	14	2	0	6	5	0	1	1	.545	341	82.1	59	8	38	3	85	1	0	33	29	3.17
'20 (デ)	16	0	0	16	0	0	6	5	0	0	0	.545	363	78.1	84	8	47	3	67	4	0	43	40	4.60
〔4〕	74	2	0	70	2	0	26	21	0	2	2	.553	1666	379	351	34	202	11	385	20	1	172	159	3.78

濱田　達郎　はまだ・たつろう　愛工大名電高　('13.1)　'94. 8. 4生　左投左打

年度 チーム	試合	完投	交代了	試合当初	無点勝	無四球	勝利	敗北	セーブ	ホールド	HP	勝率	打者	投球回	安打	本塁打	四球	死球	三振	暴投	ボーク	失点	自責点	防御率
'14 (中)	16	1	1	12	1	0	5	3	0	0	0	.625	352	79.2	80	8	33	4	72	3	0	40	36	4.07
'15 (中)	4	0	0	4	0	0	0	1	0	0	0	.000	72	15.2	10	3	16	0	9	0	0	13	13	7.47
'16 (中)	1	0	0	1	0	0	0	1	0	0	0	.000	25	4	8	0	5	0	0	1	0	7	7	15.75
'20 (中)	7	0	5	0	0	0	0	0	0	0	0	.000	27	5.1	7	2	3	1	5	0	0	4	4	6.75
〔4〕	28	1	6	17	1	0	5	5	0	0	0	.417	476	104.2	105	13	57	5	86	4	0	64	60	5.16

浜田　智博　はまだ・ともひろ　九州産業大　('15.1)　'92. 10. 1生　左投左打

年度 チーム	試合	完投	交代了	試合当初	無点勝	無四球	勝利	敗北	セーブ	ホールド	HP	勝率	打者	投球回	安打	本塁打	四球	死球	三振	暴投	ボーク	失点	自責点	防御率
'15 (中)	1	0	1	0	0	0	0	0	0	0	0	.000	7	0.2	5	2	0	0	2	0	0	3	3	40.50

浜地　真澄　はまち・ますみ　福岡大大濠高　('17.1)　'98. 5. 25生　右投右打

年度 チーム	試合	完投	交代了	試合当初	無点勝	無四球	勝利	敗北	セーブ	ホールド	HP	勝率	打者	投球回	安打	本塁打	四球	死球	三振	暴投	ボーク	失点	自責点	防御率
'19 (神)	21	0	10	1	0	0	2	1	0	0	2	.667	128	28	35	4	8	0	27	0	0	21	19	6.11
'20 (神)	1	0	1	0	0	0	0	0	0	0	0	.000	4	1	1	0	0	0	0	0	0	0	0	0.00
〔2〕	22	0	11	1	0	0	2	1	0	0	2	.667	132	29	36	4	8	0	27	0	0	21	19	5.90

濱矢　廣大　はまや・こうだい　日高高中津分校　('14.1)　'93. 2. 27生　左投左打

年度 チーム	試合	完投	交代了	試合当初	無点勝	無四球	勝利	敗北	セーブ	ホールド	HP	勝率	打者	投球回	安打	本塁打	四球	死球	三振	暴投	ボーク	失点	自責点	防御率
'14 (楽)	1	0	0	0	0	0	1	0	0	0	0	1.000	24	5	9	0	3	0	0	1	0	2	2	3.60
'15 (楽)	8	0	3	0	0	0	0	0	0	0	0	.000	57	10	19	2	9	0	14	0	0	10	8	7.20
'16 (楽)	13	0	2	0	0	0	2	0	0	1	3	1.000	52	9.2	12	1	10	0	15	0	0	13	11	10.24
'17 (楽)	9	0	3	0	0	0	0	1	0	0	0	.000	46	8.2	9	1	10	0	8	0	0	5	5	5.19
'18 (楽)	7	0	1	0	0	0	0	0	0	0	0	.000	41	9.2	9	1	4	0	8	0	0	4	4	3.72
'19 (デ)	2	0	0	0	0	0	0	0	0	0	0	.000	13	1.2	3	0	5	0	0	0	0	6	6	32.40
〔6〕	40	0	9	0	0	0	3	1	0	1	3	.750	233	44.2	61	5	41	0	45	1	0	40	36	7.25

浜屋　将太　はまや・しょうた　樟南高　('20.1)　'99. 1. 26生　左投左打

年度 チーム	試合	完投	交代了	試合当初	無点勝	無四球	勝利	敗北	セーブ	ホールド	HP	勝率	打者	投球回	安打	本塁打	四球	死球	三振	暴投	ボーク	失点	自責点	防御率
'20 (武)	12	0	1	8	0	0	3	3	0	0	0	.500	217	50.2	48	7	21	3	23	1	0	30	28	4.97

原　樹理　はら・じゅり　東洋大　('16.1)　'93.7.19生　右投右打

年度	チーム	試合	完投	交代了	試合初	無勝	無四球	勝利	敗北	セーブ	ホールド	HP	勝率	打者	投球回	安打	本塁打	四球	死球	三振	暴投	ボーク	失点	自責点	防御率
'16（ヤ）		13	0	0	13	0	0	2	8	0	0	0	.200	298	67	80	4	25	5	33	0	0	45	44	5.91
'17（ヤ）		26	1	4	18	0	1	3	11	0	0	0	.214	554	131.1	133	9	34	6	115	2	0	66	56	3.84
'18（ヤ）		30	2	4	15	1	1	6	7	0	1	2	.462	461	110.2	102	3	31	3	93	5	0	48	38	3.09
'19（ヤ）		12	1	0	11	0	0	3	7	0	0	0	.300	322	74	85	0	19	5	57	5	0	44	40	4.86
'20（ヤ）		5	0	0	4	0	0	2	2	0	1	1	.500	88	17.1	20	6	13	1	14	0	0	16	10	5.19
〔5〕		86	4	8	61	1	2	16	35	0	3	3	.314	1723	400.1	420	22	122	20	312	12	0	219	188	4.23

馬場　皐輔　ばば・こうすけ　仙台大　('18.1)　'95.5.18生　右投右打

年度	チーム	試合	完投	交代了	試合初	無勝	無四球	勝利	敗北	セーブ	ホールド	HP	勝率	打者	投球回	安打	本塁打	四球	死球	三振	暴投	ボーク	失点	自責点	防御率
'18（神）		2	0	0	2	0	0	0	1	0	0	0	.000	41	8.2	12	2	4	1	7	0	0	5	5	5.19
'19（神）		2	0	0	0	0	0	0	0	0	0	0	.000	17	3.1	7	3	1	0	4	0	1	4	4	10.80
'20（神）		32	0	7	0	0	0	2	1	0	9	11	.667	136	30.1	28	1	16	1	27	4	0	12	7	2.08
〔3〕		36	0	7	2	0	0	2	2	0	9	11	.500	194	42.1	47	6	21	2	38	4	1	21	16	3.40

板東　湧梧　ばんどう・ゆうご　鳴門高　('19.1)　'95.12.27生　右投右打

年度	チーム	試合	完投	交代了	試合初	無勝	無四球	勝利	敗北	セーブ	ホールド	HP	勝率	打者	投球回	安打	本塁打	四球	死球	三振	暴投	ボーク	失点	自責点	防御率
'20（ソ）		15	0	4	1	0	0	2	2	0	0	0	.500	129	31.2	26	4	10	1	29	0	0	9	9	2.56

T.ヒギンス　タイラー・ヒギンス　ランシング・コミュニティ大　('20.1)　'91.4.22生　右投右打

年度	チーム	試合	完投	交代了	試合初	無勝	無四球	勝利	敗北	セーブ	ホールド	HP	勝率	打者	投球回	安打	本塁打	四球	死球	三振	暴投	ボーク	失点	自責点	防御率
'20（オ）		41	0	6	0	0	0	3	3	0	19	22	.500	175	41.1	37	2	20	0	45	1	0	11	11	2.40

T.ビエイラ　チアゴ・ビエイラ　カントリーキッズ高　('20.1)　'93.1.7生　右投右打

年度	チーム	試合	完投	交代了	試合初	無勝	無四球	勝利	敗北	セーブ	ホールド	HP	勝率	打者	投球回	安打	本塁打	四球	死球	三振	暴投	ボーク	失点	自責点	防御率
'20（巨）		27	0	16	0	0	0	0	1	0	2	2	.000	118	24.2	27	3	17	2	29	1	0	9	9	3.28

M.ピープルズ　マイケル・ピープルズ　西オクラホマ州立大　('20.1)　'91.9.5生　右投右打

年度	チーム	試合	完投	交代了	試合初	無勝	無四球	勝利	敗北	セーブ	ホールド	HP	勝率	打者	投球回	安打	本塁打	四球	死球	三振	暴投	ボーク	失点	自責点	防御率
'20（デ）		10	0	1	7	0	0	2	2	0	0	0	.500	166	38	40	6	13	2	29	0	0	22	21	4.97

比嘉　幹貴　ひが・もとき　国際武道大　('10.1)　'82.12.7生　右投右打

年度	チーム	試合	完投	交代了	試合初	無勝	無四球	勝利	敗北	セーブ	ホールド	HP	勝率	打者	投球回	安打	本塁打	四球	死球	三振	暴投	ボーク	失点	自責点	防御率
'10（オ）		24	0	4	0	0	0	2	1	0	2	4	.667	78	21.2	14	0	1	1	12	0	0	3	3	1.25
'11（オ）		23	0	3	0	0	0	0	0	0	3	3	.000	105	22.2	28	3	6	2	21	0	1	21	18	7.15
'12（オ）		12	0	1	0	0	0	1	0	0	0	0	1.000	34	10	8	0	0	0	5	0	1	2	2	1.80
'13（オ）		59	0	12	0	0	0	4	3	0	11	15	.571	235	59.1	52	4	11	1	54	0	0	15	14	2.12
'14（オ）		62	0	10	0	0	0	7	1	0	20	27	.875	231	56.2	53	2	12	1	48	0	0	9	5	0.79
'15（オ）		6	0	0	0	0	0	0	0	0	0	2	.000	34	5	16	2	2	1	5	0	0	9	9	16.20
'16（オ）		16	0	2	0	0	0	1	1	0	5	6	.500	43	9.1	13	3	3	0	10	0	0	5	5	4.82
'17（オ）		8	0	1	0	0	0	1	1	0	5	6	.500	31	8.1	7	2	2	0	12	0	0	3	3	3.24
'18（オ）		43	0	10	0	0	0	0	0	0	9	9	.000	135	35.1	25	3	7	3	22	0	0	10	8	2.04
'19（オ）		45	0	5	0	0	0	3	2	0	11	11	.600	141	33.1	32	5	11	2	36	0	0	19	17	4.59
'20（オ）		20	0	3	0	0	0	0	0	0	9	9	.000	49	12.2	5	1	5	1	11	0	0	1	1	0.71
〔11〕		320	0	53	0	0	0	18	11	2	71	89	.621	1116	274.1	252	24	58	12	236	0	2	97	85	2.79

個人年度別投手成績　ひ

東浜　巨　ひがしはま・なお　亜細亜大　（'13.1）　'90.6.20生　右投右打

年度	チーム	試合	完投	交代了	試当初	無点勝	無四球	勝利	敗北	セーブ	ホールド	HP	勝率	打者	投球回	安打	本塁打	四球	死球	三振	暴投	ボーク	失点	自責点	防御率
'13	（ソ）	5	1	0	4	1	1	3	1	0	0	0	.750	120	28.2	27	4	9	1	25	0	0	15	9	2.83
'14	（ソ）	7	0	2	5	0	0	2	2	0	0	0	.500	161	35.1	35	3	23	1	30	2	0	17	15	3.82
'15	（ソ）	6	0	0	5	0	0	1	2	0	0	0	.333	135	28	34	2	17	1	23	0	0	15	15	4.82
'16	（ソ）	23	0	0	20	0	0	9	6	0	0	0	.600	545	135	113	13	37	2	100	1	0	49	45	3.00
'17	（ソ）	24	2	0	22	1	0	**16**	5	0	0	0	.762	637	160	135	17	44	1	139	2	0	48	47	2.64④
'18	（ソ）	17	2	0	15	0	0	7	5	0	0	0	.583	425	103	91	15	32	3	83	1	0	42	38	3.32
'19	（ソ）	7	0	0	7	0	0	2	2	0	0	0	.500	158	35.1	36	5	23	1	26	2	0	26	25	6.37
'20	（ソ）	19	0	0	19	0	0	9	2	0	0	0	.818	479	119	83	10	49	2	102	2	0	32	31	2.34
〔8〕		108	5	2	97	2	1	49	25	0	0	0	.662	2660	644.1	554	69	234	12	528	10	0	244	225	3.14

左澤　優　ひだりさわ・ゆう　横浜商科大　（'19.1）　'94.12.28生　左投左打

年度	チーム	試合	完投	交代了	試当初	無点勝	無四球	勝利	敗北	セーブ	ホールド	HP	勝率	打者	投球回	安打	本塁打	四球	死球	三振	暴投	ボーク	失点	自責点	防御率
'19	（オ）	4	0	2	0	0	0	0	0	0	0	0	.000	13	3	1	0	3	0	3	0	0	0	0	0.00
'20	（オ）	2	0	0	0	0	0	0	0	0	0	0	.000	8	1.1	3	0	1	0	1	0	0	3	3	20.25
〔2〕		6	0	2	0	0	0	0	0	0	0	0	.000	21	4.1	4	0	4	0	4	0	0	3	3	6.23

平井　克典　ひらい・かつのり　愛知産業大　（'17.1）　'91.12.20生　右投右打

年度	チーム	試合	完投	交代了	試当初	無点勝	無四球	勝利	敗北	セーブ	ホールド	HP	勝率	打者	投球回	安打	本塁打	四球	死球	三振	暴投	ボーク	失点	自責点	防御率
'17	（武）	42	0	10	0	0	0	2	0	0	4	6	1.000	184	45	43	4	10	3	42	3	1	15	12	2.40
'18	（武）	64	0	7	0	0	0	3	1	0	21	24	.750	217	53	40	9	19	2	54	1	0	22	20	3.40
'19	（武）	81	0	9	0	0	0	5	4	0	36	41	.556	354	82.1	77	6	32	6	66	4	0	33	32	3.50
'20	（武）	41	0	2	0	0	0	5	5	0	7	11	.500	260	60.1	60	3	23	1	53	3	0	35	28	4.18
〔4〕		228	0	28	0	0	0	15	10	0	68	82	.600	1015	240.2	220	22	84	12	215	11	1	105	92	3.44

平井　諒　ひらい・りょう　帝京五高　（'10.1）　'91.4.23生　右投右打

年度	チーム	試合	完投	交代了	試当初	無点勝	無四球	勝利	敗北	セーブ	ホールド	HP	勝率	打者	投球回	安打	本塁打	四球	死球	三振	暴投	ボーク	失点	自責点	防御率
'12	（ヤ）	22	0	4	0	0	0	2	2	1	2	4	.500	82	19	21	3	5	1	10	0	0	12	12	5.68
'13	（ヤ）	7	0	2	0	0	0	1	1	0	0	1	.500	29	6.1	7	0	2	0	8	0	0	1	1	1.42
'16	（ヤ）	33	0	5	0	0	0	1	1	0	7	8	.500	132	32	27	2	10	0	24	0	0	12	10	2.81
'17	（ヤ）	4	0	0	0	0	0	0	0	0	0	0	.000	19	2.2	5	0	4	1	3	1	0	4	3	10.13
'19	（ヤ）	20	0	6	1	0	0	1	1	0	4	5	.500	87	19	24	1	9	0	13	2	0	18	18	8.53
〔5〕		86	0	17	1	0	0	5	5	1	13	18	.500	349	79	84	6	30	2	58	3	0	47	44	5.01

平田　真吾　ひらた・しんご　北九州市立大　（'14.1）　'89.8.29生　右投右打

年度	チーム	試合	完投	交代了	試当初	無点勝	無四球	勝利	敗北	セーブ	ホールド	HP	勝率	打者	投球回	安打	本塁打	四球	死球	三振	暴投	ボーク	失点	自責点	防御率
'14	（デイ）	9	0	3	0	0	0	0	0	0	0	0	.000	50	13	9	1	5	1	7	2	0	5	5	3.46
'15	（デイ）	28	0	4	0	0	0	0	2	0	4	4	.000	140	32	29	2	14	1	27	4	0	12	12	3.38
'16	（デイ）	4	0	0	0	0	0	0	0	0	0	0	.000	21	3.1	7	2	3	1	2	0	0	9	8	21.60
'17	（デイ）	33	0	17	0	0	0	0	1	0	1	1	.000	157	36.1	32	5	17	4	29	2	1	19	19	4.71
'18	（デイ）	17	0	6	1	0	0	0	0	0	0	0	.000	116	25.2	35	3	6	0	27	0	0	19	19	6.66
'19	（デイ）	8	0	1	0	0	0	0	0	0	1	1	.000	48	9.2	15	2	4	2	11	0	0	11	10	9.31
'20	（デイ）	43	0	5	1	0	0	1	1	0	11	16	.500	195	44.1	38	2	25	2	46	3	0	16	14	2.84
〔7〕		142	0	36	2	0	0	1	4	0	17	17	.200	727	164.1	165	17	74	11	149	11	1	91	87	4.76

G. フランスア　ヘロニモ・フランスア　セナペック高（'18.5）　'93.9.25生　左投左打

年度	チーム	試合	完投	交代了	試当初	無点勝	無四球	勝利	敗北	セーブ	ホールド	HP	勝率	打者	投球回	安打	本塁打	四球	死球	三振	暴投	ボーク	失点	自責点	防御率
'18	(広)	47	0	11	2	0	0	3	4	1	19	22	.429	267	65	38	3	34	2	81	0	2	16	12	1.66
'19	(広)	67	0	33	0	0	0	8	6	12	18	26	.571	308	71.2	55	8	32	7	94	1	0	29	22	2.76
'20	(広)	53	0	40	0	0	0	2	3	19	7	9	.400	217	55	39	7	17	1	62	1	0	18	15	2.45
〔3〕		167	0	84	2	0	0	13	13	32	44	57	.500	792	191.2	132	18	83	10	237	2	2	63	49	2.30

J. フローレス　ホセ・フローレス　U. E. マリア・モンテッソーリ高（'20.3）　'89.6.4生　右投右打

年度	チーム	試合	完投	交代了	試当初	無点勝	無四球	勝利	敗北	セーブ	ホールド	HP	勝率	打者	投球回	安打	本塁打	四球	死球	三振	暴投	ボーク	失点	自責点	防御率
'20	(ロ)	14	0	5	1	0	0	2	2	0	1	3	.500	108	22.1	27	3	16	0	25	2	0	19	19	7.66

A. ブセニッツ　アラン・ブセニッツ　ケネソー州立大（'19.1）　'90.8.22生　右投右打

年度	チーム	試合	完投	交代了	試当初	無点勝	無四球	勝利	敗北	セーブ	ホールド	HP	勝率	打者	投球回	安打	本塁打	四球	死球	三振	暴投	ボーク	失点	自責点	防御率
'19	(楽)	54	0	7	0	0	0	4	3	0	28	32	.571	220	51	46	1	20	5	45	1	0	15	11	1.94
'20	(楽)	46	0	27	0	0	0	1	4	18	13	14	.200	195	44	46	2	18	1	32	4	0	16	14	2.86
〔2〕		100	0	34	0	0	0	5	7	18	41	46	.417	415	95	92	3	38	6	77	5	0	31	25	2.37

福　敬登　ふく・ひろと　神戸西高（'16.1）　'92.6.16生　左投左打

年度	チーム	試合	完投	交代了	試当初	無点勝	無四球	勝利	敗北	セーブ	ホールド	HP	勝率	打者	投球回	安打	本塁打	四球	死球	三振	暴投	ボーク	失点	自責点	防御率
'16	(中)	27	0	12	1	0	0	1	2	0	4	5	.333	186	43.1	42	1	18	3	31	2	0	26	23	4.78
'17	(中)	5	0	3	0	0	0	0	0	0	0	0	.000	27	5.2	8	2	2	0	7	0	0	6	5	7.94
'18	(中)	1	0	0	0	0	0	0	0	0	0	0	.000	2	0.1	0	0	1	0	0	0	0	0	0	0.00
'19	(中)	52	0	9	0	0	0	2	0	0	18	20	1.000	216	52.2	39	3	16	2	53	0	0	13	12	2.05
'20	(中)	53	0	6	0	0	0	5	5	2	25	**30**	.500	217	50.2	43	4	23	1	39	1	0	24	20	3.55
〔5〕		138	0	30	1	0	0	8	7	2	47	55	.533	648	152.2	132	10	60	6	130	3	0	69	60	3.54

福井　優也　ふくい・ゆうや　早稲田大（'11.1）　'88.2.8生　右投右打

年度	チーム	試合	完投	交代了	試当初	無点勝	無四球	勝利	敗北	セーブ	ホールド	HP	勝率	打者	投球回	安打	本塁打	四球	死球	三振	暴投	ボーク	失点	自責点	防御率
'11	(広)	27	2	0	25	0	0	8	10	0	0	0	.444	640	146.1	133	14	68	8	120	**11**	2	**76**	67	4.12 ⑯
'12	(広)	17	0	3	10	0	0	2	3	0	0	0	.400	264	58.2	52	6	37	1	53	2	1	28	28	4.30
'13	(広)	12	0	6	1	0	0	0	2	0	0	0	.000	98	19.2	29	1	11	1	14	1	0	23	19	8.69
'14	(広)	11	1	0	11	0	0	4	5	0	0	0	.444	268	60	58	2	29	6	36	5	0	30	29	4.35
'15	(広)	21	0	0	21	0	0	9	6	0	0	0	.600	541	131.1	106	10	53	5	99	7	1	53	52	3.56
'16	(広)	13	0	0	13	0	0	5	4	0	0	0	.556	345	76.2	84	9	30	4	63	0	0	38	37	4.34
'17	(広)	5	0	0	5	0	0	1	3	0	0	0	.250	131	27.2	36	1	12	2	15	0	0	24	22	7.16
'18	(広)	3	0	0	3	0	0	0	3	0	0	0	.000	67	15	18	5	5	0	13	1	0	14	14	8.40
'19	(広)	8	0	0	8	0	0	3	1	0	0	0	.750	150	33	31	3	24	2	22	0	0	19	19	5.18
'20	(楽)	7	0	0	7	0	0	0	3	0	0	0	.000	128	29.2	26	2	14	2	18	0	0	18	18	5.46
〔10〕		124	3	9	103	0	0	32	41	0	0	0	.438	2632	598	573	53	283	34	451	28	4	323	305	4.59

福谷　浩司　ふくたに・こうじ　慶應義塾大　('13.1)　'91.1.9生　右投右打

年度(チーム)	試合	完投	交代了	試当初	無点勝	無四球	勝利	敗北	セーブ	ホールド	HP	勝率	打者	投球回	安打	本塁打	四球	死球	三振	暴投	ボーク	失点	自責点	防御率
'13(中)	9	0	1	0	0	0	0	1	0	3	3	.000	36	7.1	8	1	7	0	4	0	0	6	6	7.36
'14(中)	72	0	22	0	0	0	2	4	11	32	34	.333	298	74.2	54	2	26	1	72	4	2	15	15	1.81
'15(中)	42	0	32	0	0	0	3	4	19	4	7	.429	176	40	38	3	20	3	25	3	0	19	18	4.05
'16(中)	41	0	22	0	0	0	1	2		8	9	.333	171	40	45	6	9	2	23	5	0	18	18	4.05
'17(中)	25	0	7	0	0	0	1	1		2	3	.500	122	26.2	35	5	9	1	26	5	0	17	17	5.74
'18(中)	29	0	9	0	0	0	0	0		4	4	.000	114	27	31	5	7	0	28	0	0	16	15	5.00
'19(中)	1	0	0	0	0	0	0	0		0	0	.000	26	6	6	1	2	0	6	0	0	1	1	1.50
'20(中)	14	0	0	14	0	0	8	2			0	.800	359	92	81	7	13	1	72	2	0	27	27	2.64
〔8〕	233	0	93	15	0	0	15	15	38	53	60	.500	1302	313.2	298	30	93	8	256	19	2	119	117	3.36

福田　俊　ふくだ・すぐる　星槎道都大　('19.1)　'96.12.14生　左投左打

年度(チーム)	試合	完投	交代了	試当初	無点勝	無四球	勝利	敗北	セーブ	ホールド	HP	勝率	打者	投球回	安打	本塁打	四球	死球	三振	暴投	ボーク	失点	自責点	防御率
'20(日)	30	0	7	0	0	0	0	0		2	2	.000	132	30.1	29	4	14	0	27	1	0	12	11	3.26

福永　春吾　ふくなが・しゅんご　クラーク記念国際高　('17.1)　'94.5.14生　右投左打

年度(チーム)	試合	完投	交代了	試当初	無点勝	無四球	勝利	敗北	セーブ	ホールド	HP	勝率	打者	投球回	安打	本塁打	四球	死球	三振	暴投	ボーク	失点	自責点	防御率
'17(神)	1	0	0	1	0	0	0	0				.000	25	4	10	1	3	0	3	1	0	6	5	11.25
'18(神)	2	0	1	0	0	0	0	1				.000	13	2	6	1	3	0	3	0	0	5	5	22.50
'19(神)	3	0	1	0	0	0	0	0				.000	13	2	6	1	3	0	3	0	0	5	5	22.50
'20(神)	1	0	1	0	0	0	0	0				.000	6	1	3	0	1	0	1	1	0	2	2	18.00
〔4〕	7	0	3	1	0	0	0	1				.000	57	9	25	3	10	0	7	2	0	18	17	17.00

福山　博之　ふくやま・ひろゆき　大阪商業大　('11.1)　'89.3.27生　右投右打

年度(チーム)	試合	完投	交代了	試当初	無点勝	無四球	勝利	敗北	セーブ	ホールド	HP	勝率	打者	投球回	安打	本塁打	四球	死球	三振	暴投	ボーク	失点	自責点	防御率
'11(横)	19	0	5	0	0	0	0	1	0			.000	113	25	27	1	5	1	10	1	1	20	16	5.76
'12(ディ)	2	0	0	0	0	0	0	0	0			.000	10	2	3	0	1	1	0	0	0	4	4	18.00
'13(楽)	22	0	10	0	0	0	0	0		1	1	.000	145	34.2	34	1	10	0	20	0	0	17	17	4.41
'14(楽)	65	0	14	0	0	0	4	2	1	23	27	.667	265	67.1	63	2	12	1	32	0	0	14	14	1.87
'15(楽)	65	0	12	0	0	0	2	3	1	22	24	.400	248	58.2	62	2	21	1	29	3	0	21	18	2.76
'16(楽)	69	0	14	0	0	0	4	5	0	19	23	.444	294	69.2	65	2	19	2	30	1	1	24	21	2.71
'17(楽)	65	0	21	0	0	0	6	0	7	23	29	1.000	237	59.2	49	3	14	3	31	2	0	8	7	1.06
'18(楽)	21	0	5	0	0	0	1	2	0	3	4	.333	100	21.1	28	1	14	0	4	1	0	16	16	6.75
'19(楽)	7	0	1	0	0	0	0	0	0	1	1	.000	38	8.2	8	1	4	0	4	0	0	5	5	5.19
'20(楽)	14	0	2	0	0	0	0	0	0	1	1	.000	49	12	12	1	8	0	4	0	0	1	1	0.75
〔10〕	349	0	84	0	0	0	17	13	9	98	115	.567	1499	359	351	12	102	15	168	8	2	130	119	2.98

藤井　皓哉　ふじい・こうや　おかやま山陽高　('15.1)　'96.7.29生　右投左打

年度(チーム)	試合	完投	交代了	試当初	無点勝	無四球	勝利	敗北	セーブ	ホールド	HP	勝率	打者	投球回	安打	本塁打	四球	死球	三振	暴投	ボーク	失点	自責点	防御率
'17(広)	2	0	0	0	0	0	0	0		1	1	.000	5	1.2	0	0	0	0	1	0	0	0	0	0.00
'18(広)	8	0	6	0	0	0	1	0		0	1	1.000	73	14.2	20	2	7	1	21	0	0	11	10	6.14
'19(広)	4	0	0	0	0	0	0	0				.000	41	6.1	13	0	9	0	8	0	0	10	10	14.21
〔3〕	14	0	8	0	0	0	1	0			2	1.000	119	22.2	33	2	16	1	30	0	0	21	20	7.94

藤井　黎來　ふじい・れいら　大曲工高　('20.9)　'99.9.17生　右投右打

年度(チーム)	試合	完投	交代了	試当初	無点勝	無四球	勝利	敗北	セーブ	ホールド	HP	勝率	打者	投球回	安打	本塁打	四球	死球	三振	暴投	ボーク	失点	自責点	防御率
'20(広)	3	0	1	0	0	0	0	0				.000	14	3	4	0	1	0	4	0	0	2	2	6.00

藤岡　貴裕　ふじおか・たかひろ　東洋大（'12.1）'89.7.17生　左投左打

年度	チーム	試合	完投	交代了	試当初	無点勝	無四球	勝利	敗北	セーブ	ホールド	HP	勝率	打者	投球回	安打	本塁打	四球	死球	三振	暴投	ボーク	失点	自責点	防御率
'12	(ロ)	21	1	0	20	0	0	6	7	0	0	0	.462	508	115.1	113	9	51	4	83	2	0	48	43	3.36
'13	(ロ)	39	0	8	11	0	0	6	10	0	3	6	.375	509	118.1	116	9	46	6	76	1	0	54	52	3.95
'14	(ロ)	27	1	2	20	0	0	6	10	0	1	1	.375	584	132.2	142	↑9	51	4	97	6	2	71	66	4.48
'15	(ロ)	31	0	5	3	0	0	2	2	0	6	8	.500	234	54.2	51	4	20	4	52	4	0	25	23	3.79
'16	(ロ)	32	0	2	0	0	0	1	1	0	6	7	.500	179	42.1	35	6	17	1	32	1	0	18	12	2.55
'17	(日)	10	0	1	0	0	0	0	0	0	0	0	.000	53	8.2	14	2	12	1	5	0	0	16	16	16.62
'18	(日)	4	0	2	1	0	0	0	2	0	0	0	.000	45	9.2	12	0	8	0	6	1	0	7	7	6.52
'19	(日)	2	0	1	0	0	0	0	0	0	0	0	.000	17	3	4	0	5	0	2	0	0	5	5	15.00
'20	(巨)	12	0	3	0	0	0	0	0	0	0	0	.000	39	8.2	7	1	6	1	6	1	0	3	3	3.12
〔9〕		178	2	24	55	0	0	21	32	0	16	22	.396	2168	493.1	494	50	216	21	359	16	2	247	227	4.14

藤岡　好明　ふじおか・よしあき　宮崎日大高（'06.1）'85.3.12生　右投右打

年度	チーム	試合	完投	交代了	試当初	無点勝	無四球	勝利	敗北	セーブ	ホールド	HP	勝率	打者	投球回	安打	本塁打	四球	死球	三振	暴投	ボーク	失点	自責点	防御率
'06	(ソ)	62	0	16	0	0	0	5	3	1	26	31	.625	270	65.2	51	0	21	0	65	0	0	20	19	2.60
'07	(ソ)	36	0	8	0	0	0	1	2	0	7	8	.333	146	31.1	39	3	16	1	25	3	0	19	17	4.88
'08	(ソ)	11	0	2	0	0	0	0	0	0	0	0	.000	31	8	7	0	1	1	4	0	0	4	3	3.38
'09	(ソ)	38	0	9	14	0	0	5	8	0	2	2	.385	434	101.2	98	10	38	4	82	5	0	57	52	4.60
'10	(ソ)	32	0	11	3	0	0	1	2	0	1	1	.333	236	54	56	1	21	3	57	3	0	29	27	4.50
'11	(ソ)	5	0	1	0	0	0	1	0	0	0	1	1.000	42	8.1	10	1	5	2	8	1	0	9	9	9.72
'12	(ソ)	39	0	12	0	0	0	1	0	0	8	9	1.000	175	45.1	36	0	9	1	34	1	0	8	6	1.19
'13	(ソ)	32	0	7	0	0	0	4	0	0	6	10	1.000	121	28.2	29	0	12	1	15	3	0	9	8	2.51
'14	(日)	9	0	3	0	0	0	1	0	0	2	3	1.000	57	12	18	1	4	0	8	0	0	7	7	5.25
'15	(日)	7	0	2	0	0	0	0	0	0	0	0	.000	35	7.2	11	1	2	0	2	0	0	4	4	4.70
'16	(日)	1	0	0	0	0	0	0	0	0	0	0	.000	4	0.2	2	0	1	0	1	0	0	2	2	27.00
	(ディ)	9	0	2	0	0	0	0	2	0	2	2	.000	31	8	7	0	2	0	9	0	0	2	1	1.13
'17	(ディ)	6	0	1	0	0	0	0	0	0	1	1	1.000	23	4.1	6	0	4	1	3	0	0	2	2	4.15
'18	(ディ)	15	0	5	0	0	0	0	1	0	1	1	.000	67	14.2	15	1	5	2	9	0	0	10	10	6.14
'19	(ディ)	32	0	6	0	0	0	1	0	0	1	2	1.000	126	29	27	2	15	0	23	2	0	6	6	1.86
'20	(ディ)	4	0	0	0	0	0	0	0	0	1	1	.000	12	1.2	0	0	1	0	3	0	0	4	4	21.60
〔15〕		337	0	84	17	0	0	22	16	1	57	73	.579	1810	421	416	19	158	21	342	18	0	193	177	3.78

藤川　球児　ふじかわ・きゅうじ　高知商高（'99.2）'80.7.21生　右投左打

年度	チーム	試合	完投	交代了	試当初	無点勝	無四球	勝利	敗北	セーブ	ホールド	HP	勝率	打者	投球回	安打	本塁打	四球	死球	三振	暴投	ボーク	失点	自責点	防御率
'00	(神)	19	0	10	0	0	0	0	0	0			.000	113	22.2	25	1	18	1	25	4	0	15	12	4.76
'02	(神)	12	0	0	12	0	0	1	5	0			.167	285	68	56	6	30	2	64	4	0	33	28	3.71
'03	(神)	17	0	4	2	0	0	1	1	0			.500	126	29.1	28	4	12	1	19	2	0	12	11	3.38
'04	(神)	26	0	4	0	0	0	2	0	0			1.000	129	31	26	3	11	2	35	0	0	10	9	2.61
'05	(神)	80	0	7	0	0	0	7	1	1	46	53	.875	349	92.1	57	5	20	1	139	5	0	20	14	1.36
'06	(神)	63	0	24	0	0	0	5	0	17	30	35	1.000	306	79.1	46	3	22	0	122	5	0	6	6	0.68
'07	(神)	71	0	64	0	0	0	5	5	46	6	11	.500	313	83	50	2	18	1	115	2	0	15	15	1.63
'08	(神)	63	0	58	0	0	0	8	1	38	5	13	.889	249	67.2	34	2	13	3	90	3	0	6	5	0.67
'09	(神)	49	0	45	0	0	0	5	3		3	8	.625	217	57.2	32	4	15	1	86	0	0	9	8	1.25
'10	(神)	58	0	49	0	0	0	3	4	28	5	8	.429	257	62.2	47	7	20	0	81	1	0	14	14	2.01
'11	(神)	56	0	49	0	0	0	3	3	41	5	8	.500	193	51	25	2	13	0	75	0	0	9	7	1.24
'12	(神)	48	0	45	0	0	0	2	2	24	2	4	.500	189	47.2	34	1	15	1	58	2	0	7	7	1.32
'16	(神)	43	0	15	0	0	0	5	6	3	10	14	.455	275	62.2	58	7	30	3	70	4	0	34	32	4.60
'17	(神)	52	0	20	0	0	0	0	0	6	9	9	1.000	232	56.2	41	3	24	1	71	2	0	15	14	2.22
'18	(神)	53	0	10	0	0	0	5	3	2	21	26	.625	229	54.1	29	3	37	1	67	2	0	20	14	2.32
'19	(神)	56	0	26	0	0	0	4	1	16	23	27	.800	226	56	29	3	32	0	83	4	0	11	11	1.77
'20	(神)	16	0	10	0	0	0	1	3	2	1	2	.250	65	13.1	16	3	9	1	15	1	0	11	9	6.08
〔17〕		782	0	440	19	0	0	60	38	243	163	218	.612	3753	935.1	633	59	339	32	1220	44	0	247	216	2.08

藤嶋　健人　ふじしま・けんと　東邦高　('17.1)　'98.5.8生　右投右打

年度	チーム	試合	完投	交代了	試当初	無点勝	無四球	勝利	敗北	セーブ	ホールド	HP	勝率	打者	投球回	安打	本塁打	四球	死球	三振	暴投	ボーク	失点	自責点	防御率
'18	(中)	19	0	5	8	0	0	3	1	0	0	0	.750	307	71.1	71	8	27	0	40	1	0	29	29	3.66
'19	(中)	32	0	6	0	0	0	0	2	0	14	14	.000	114	29	19	1	7	2	35	0	0	8	8	2.48
'20	(中)	26	0	8	0	0	0	1	0	0	3	4	1.000	103	25.1	21	5	9	1	21	2	0	11	11	3.91
〔3〕		77	0	19	8	0	0	4	3	1	17	18	.571	524	125.2	111	14	43	3	96	3	0	48	48	3.44

藤浪晋太郎　ふじなみ・しんたろう　大阪桐蔭高　('13.1)　'94.4.12生　右投右打

年度	チーム	試合	完投	交代了	試当初	無点勝	無四球	勝利	敗北	セーブ	ホールド	HP	勝率	打者	投球回	安打	本塁打	四球	死球	三振	暴投	ボーク	失点	自責点	防御率
'13	(神)	24	0	0	23	0	0	10	6	0	0	0	.625	563	137.2	119	10	44	2	126	8	0	48	42	2.75
'14	(神)	25	2	0	23	0	0	11	8	0	0	0	.579	704	163	150	6	64	11	172	6	0	79	64	3.53⑪
'15	(神)	28	7	0	21	4	1	14	7	0	0	0	.667	840	199	162	9	82	11	221	9	0	70	53	2.40⑤
'16	(神)	26	2	0	24	1	0	7	11	0	0	0	.389	734	169	152	11	70	8	176	6	1	78	61	3.25⑨
'17	(神)	11	0	0	11	0	0	3	5	0	0	0	.375	271	59	53	5	45	8	41	5	0	30	27	4.12
'18	(神)	13	1	0	12	1	0	5	3	0	0	0	.625	326	71	70	5	47	4	70	5	0	45	42	5.32
'19	(神)	1	0	0	1	0	0	0	0	0	0	0	.000	23	4.1	4	0	6	2	3	0	0	1	1	2.08
'20	(神)	24	0	0	10	0	0	1	6	0	7	7	.143	341	76.1	71	5	40	2	85	4	0	47	34	4.01
〔8〕		152	12	0	126	6	1	51	46	0	7	7	.526	3802	879.1	781	51	398	48	894	43	1	398	324	3.32

藤平　尚真　ふじひら・しょうま　横浜高　('17.1)　'98.9.21生　右投右打

年度	チーム	試合	完投	交代了	試当初	無点勝	無四球	勝利	敗北	セーブ	ホールド	HP	勝率	打者	投球回	安打	本塁打	四球	死球	三振	暴投	ボーク	失点	自責点	防御率
'17	(楽)	8	0	0	8	0	0	3	4	0	0	0	.429	176	43.1	30	2	15	4	44	0	0	12	11	2.28
'18	(楽)	14	1	0	13	0	0	4	7	0	0	0	.364	361	81.1	65	17	54	3	68	6	1	43	40	4.43
'19	(楽)	3	0	0	3	0	0	0	1	0	0	0	.000	45	8.2	9	4	7	3	6	0	0	10	10	10.38
'20	(楽)	1	0	0	1	0	0	0	0	0	0	0	.000	2	0+	1	0	0	1	0	0	0	2	2	—
〔4〕		26	1	0	25	0	0	7	12	0	0	0	.368	584	133.1	105	23	76	11	118	6	1	67	63	4.25

二木　康太　ふたき・こうた　鹿児島情報高　('14.1)　'95.8.1生　右投右打

年度	チーム	試合	完投	交代了	試当初	無点勝	無四球	勝利	敗北	セーブ	ホールド	HP	勝率	打者	投球回	安打	本塁打	四球	死球	三振	暴投	ボーク	失点	自責点	防御率
'15	(ロ)	1	0	0	0	0	0	0	0	0	0	0	.000	20	5	4	0	2	0	3	0	0	1	1	1.80
'16	(ロ)	22	1	1	20	0	0	7	9	0	0	0	.438	518	116.1	143	12	34	2	81	5	0	74	69	5.34
'17	(ロ)	23	5	0	17	0	1	7	9	0	0	0	.438	588	143.1	136	14	35	2	128	2	1	58	54	3.39⑧
'18	(ロ)	16	3	0	13	1	0	4	7	0	0	0	.364	416	100.2	90	9	35	2	90	4	0	49	44	3.93
'19	(ロ)	22	1	0	21	0	0	7	10	0	0	0	.412	538	128.2	127	16	30	6	115	3	0	68	63	4.41
'20	(ロ)	15	1	0	14	1	1	9	3	0	0	0	.750	361	92.2	72	7	12	3	79	3	0	36	35	3.40
〔6〕		99	11	1	85	2	2	34	38	0	0	0	.472	2441	586.2	572	58	148	15	496	17	1	286	266	4.08

古川　侑利　ふるかわ・ゆうり　有田工高　('14.1)　'95.9.8生　右投右打

年度	チーム	試合	完投	交代了	試当初	無点勝	無四球	勝利	敗北	セーブ	ホールド	HP	勝率	打者	投球回	安打	本塁打	四球	死球	三振	暴投	ボーク	失点	自責点	防御率
'14	(楽)	2	0	1	0	0	0	0	0	0	0	0	.000	12	2	3	0	3	0	1	0	0	1	1	4.50
'16	(楽)	6	0	1	0	0	0	0	0	0	0	0	.000	30	7	5	1	5	1	4	0	0	6	6	7.71
'17	(楽)	5	1	0	4	0	1	0	2	0	0	0	.000	112	26	24	1	9	2	15	1	0	12	12	4.15
'18	(楽)	18	0	0	17	0	0	4	9	0	0	0	.308	419	98	93	11	46	1	77	4	0	46	45	4.13
'19	(楽)(巨)	8	0	0	8	0	0	1	2	0	0	0	.333	170	38.1	37	6	21	0	31	1	0	27	27	6.34
'20	(巨)	5	0	2	0	0	0	1	0	0	0	0	.500	26	4.2	12	1	2	0	4	1	0	6	6	11.57
〔6〕		47	1	4	30	0	1	6	14	0	0	1	.300	790	181	178	20	87	4	142	7	0	102	101	5.02

古谷　拓郎　ふるや・たくろう　習志野高（'19.1）　'00. 4. 21生　右投右打

年度	チーム	試合	完投	交代完了	試合当初	無四球	無失点	勝利	敗北	セーブ	ホールド	HP	勝率	打者	投球回	安打	本塁打	四球	死球	三振	暴投	ボーク	失点	自責点	防御率
'20 (ロ)		2	0	0	1	0	0	0	1	0	0	0	.000	30	6.1	6	1	7	1	7	3	0	3	3	4.26

古谷　優人　ふるや・ゆうと　江陵高（'17.1）　'99. 2. 19生　左投左打

年度	チーム	試合	完投	交代完了	試合当初	無四球	無失点	勝利	敗北	セーブ	ホールド	HP	勝率	打者	投球回	安打	本塁打	四球	死球	三振	暴投	ボーク	失点	自責点	防御率
'20 (ソ)		4	0	3	0	0	0	0	0	0	0	0	.000	29	5.2	5	0	6	0	9	1	0	3	2	3.18

星　知弥　ほし・ともや　明治大（'17.1）　'94. 4. 15生　右投右打

年度	チーム	試合	完投	交代完了	試合当初	無四球	無失点	勝利	敗北	セーブ	ホールド	HP	勝率	打者	投球回	安打	本塁打	四球	死球	三振	暴投	ボーク	失点	自責点	防御率
'17 (ヤ)		24	0	2	18	0	0	4	7	0	2	2	.364	494	110.1	116	14	49	5	71	3	0	64	58	4.73
'18 (ヤ)		18	0	2	3	0	0	2	0	0	0	1	1.000	136	31.1	24	5	21	0	23	0	0	14	14	4.02
'19 (ヤ)		10	0	1	1	0	0	1	3	0	0	1	.250	67	12.2	15	1	10	1	10	1	0	12	12	8.53
'20 (ヤ)		36	0	7	0	0	0	0	3	0	3	3	.000	216	48	35	7	24	1	40	2	0	28	28	5.25
〔4〕		88	0	12	22	0	0	7	11	0	5	7	.389	913	202.1	212	27	109	6	144	6	0	118	112	4.98

堀　瑞輝　ほり・みずき　広島新庄高（'17.1）　'98. 5. 10生　左投左打

年度	チーム	試合	完投	交代完了	試合当初	無四球	無失点	勝利	敗北	セーブ	ホールド	HP	勝率	打者	投球回	安打	本塁打	四球	死球	三振	暴投	ボーク	失点	自責点	防御率
'17 (日)		4	0	1	1	0	0	0	1	0	0	0	.000	31	8	8	3	1	0	7	0	0	3	3	3.38
'18 (日)		10	0	2	6	0	0	2	3	1	1	1	.400	154	35.1	33	9	17	3	28	2	0	23	23	5.86
'19 (日)		53	0	11	10	0	0	4	4	1	5	9	.500	265	60.1	61	9	18	3	61	1	0	37	35	5.22
'20 (日)		45	0	8	0	0	0	2	1		14	16	.667	173	38.2	30	2	22	6	45	0	0	20	18	4.19
〔4〕		112	0	22	17	0	0	8	9	2	20	26	.471	623	142.1	132	23	58	12	141	3	0	83	79	5.00

塹江　敦哉　ほりえ・あつや　高松北高（'15.1）　'97. 2. 21生　左投左打

年度	チーム	試合	完投	交代完了	試合当初	無四球	無失点	勝利	敗北	セーブ	ホールド	HP	勝率	打者	投球回	安打	本塁打	四球	死球	三振	暴投	ボーク	失点	自責点	防御率
'16 (広)		3	0	1	1	0	0	0	1	0	0	0	.000	28	6.1	6	2	4	1	6	0	0	8	8	11.37
'19 (広)		11	0	2	1	0	0	0	1	0	0	0	.000	95	20.2	20	4	14	1	23	0	0	14	14	6.10
'20 (広)		52	0	8	0	0	0	3	4	0	19	22	.429	224	49.2	50	7	31	1	41	4	0	26	23	4.17
〔3〕		66	0	11	2	0	0	3	6	0	19	22	.333	347	76.2	76	13	49	3	70	4	0	48	45	5.28

堀岡　隼人　ほりおか・はやと　青森山田高（'19.7）　'98. 9. 11生　右投右打

年度	チーム	試合	完投	交代完了	試合当初	無四球	無失点	勝利	敗北	セーブ	ホールド	HP	勝率	打者	投球回	安打	本塁打	四球	死球	三振	暴投	ボーク	失点	自責点	防御率
'19 (巨)		3	0	2	0	0	0	0	0	0	0	0	.000	18	4.1	5	1	3	0	2	1	0	3	3	6.23
'20 (巨)		12	0	4	0	0	0	0	0	0	1	1	.000	62	12.2	16	2	8	0	11	0	0	13	11	7.82
〔2〕		15	0	6	0	0	0	0	0	0	1	1	.000	80	17	21	3	11	0	13	1	0	16	14	7.41

本田　圭佑　ほんだ・けいすけ　東北学院大（'16.1）　'93. 4. 24生　右投右打

年度	チーム	試合	完投	交代完了	試合当初	無四球	無失点	勝利	敗北	セーブ	ホールド	HP	勝率	打者	投球回	安打	本塁打	四球	死球	三振	暴投	ボーク	失点	自責点	防御率
'16 (武)		2	0	1	1	0	0	0	0	0	0	0	.000	23	4.2	8	0	1	1	3	0	0	4	4	7.71
'17 (武)		5	0	3	1	0	0	0	0	0	0	0	.000	36	7.2	7	2	6	0	5	0	0	4	4	4.70
'18 (武)		1	0	0	0	0	0	0	0	0	0	0	.000	15	2.1	7	2	0	2	0	2	0	6	6	23.14
'19 (武)		16	0	0	16	0	0	6	6	0	0	0	.500	375	91.1	88	13	28	3	53	2	0	48	47	4.63
'20 (武)		7	0	0	7	0	0	1	5	0	0	0	.200	149	35.1	35	4	13	0	24	1	0	17	16	4.08
〔5〕		31	0	4	25	0	0	7	11	0	0	0	.389	598	141.1	145	21	49	4	85	5	0	79	77	4.90

本田　仁海　ほんだ・ひとみ　星槎国際湘南高　('18.1)　'99.7.27生　右投左打

年度	チーム	試合	完投	交代完了	試当初	無点勝	無四球	勝利	敗北	セーブ	ホールド	HP	勝率	打者	投球回	安打	本塁打	四球	死球	三振	暴投	ボーク	失点	自責点	防御率
'20	(オ)	1	0	0	1	0	0	0	1	0	0	0	.000	24	4	8	0	4	0	2	0	0	7	3	6.75

S.マクガフ　スコット・マクガフ　オレゴン大　('19.1)　'89.10.31生　右投右打

年度	チーム	試合	完投	交代完了	試当初	無点勝	無四球	勝利	敗北	セーブ	ホールド	HP	勝率	打者	投球回	安打	本塁打	四球	死球	三振	暴投	ボーク	失点	自責点	防御率
'19	(ヤ)	65	0	27	0	0	0	6	3	11	18	24	.667	296	68.2	71	2	22	2	64	2	0	25	24	3.15
'20	(ヤ)	50	0	5	0	0	0	4	1	0	23	27	.800	195	46	42	4	15	3	52	2	1	20	20	3.91
〔2〕		115	0	32	0	0	0	10	4	11	41	51	.714	491	114.2	113	6	37	5	116	4	1	45	44	3.45

N.マルティネス　ニック・マルティネス　フォーダム大　('18.1)　'90.8.5生　右投左打

年度	チーム	試合	完投	交代完了	試当初	無点勝	無四球	勝利	敗北	セーブ	ホールド	HP	勝率	打者	投球回	安打	本塁打	四球	死球	三振	暴投	ボーク	失点	自責点	防御率
'18	(日)	25	3	0	22	0	0	10	11	0	0	0	.476	683	161.2	168	16	40	6	93	3	0	69	63	3.51④
'20	(日)	17	0	2	14	0	0	2	7	1	1	1	.222	344	76	76	8	40	3	66	8	0	44	39	4.62
〔2〕		42	3	2	36	0	0	12	18	1	1	1	.400	1027	237.2	244	24	80	9	159	11	0	113	102	3.86

R.マルティネス　ライデル・マルティネス　エイデデピナールデルリオ高　('18.4)　'96.10.11生　右投左打

年度	チーム	試合	完投	交代完了	試当初	無点勝	無四球	勝利	敗北	セーブ	ホールド	HP	勝率	打者	投球回	安打	本塁打	四球	死球	三振	暴投	ボーク	失点	自責点	防御率
'18	(中)	7	0	2	4	0	0	1	3	0	0	0	.250	99	21.2	28	4	8	1	14	0	0	16	16	6.65
'19	(中)	43	0	20	0	0	0	1	4	8	14	15	.200	171	40.2	34	2	14	2	48	1	0	13	12	2.66
'20	(中)	40	0	30	0	0	0	2	0	21	7	9	1.000	155	40	24	2	12	1	49	2	0	5	5	1.13
〔3〕		90	0	52	4	0	0	4	7	29	21	24	.364	425	102.1	86	8	34	4	111	3	0	34	33	2.90

牧田　和久　まきた・かずひさ　平成国際大　('11.1)　'84.11.10生　右投右打

年度	チーム	試合	完投	交代完了	試当初	無点勝	無四球	勝利	敗北	セーブ	ホールド	HP	勝率	打者	投球回	安打	本塁打	四球	死球	三振	暴投	ボーク	失点	自責点	防御率
'11	(武)	55	2	43	8	1	0	5	7	22	1	4	.417	510	127.2	105	5	16	9	86	0	1	39	37	2.61
'12	(武)	27	3	0	24	1	0	13	9	0	0	0	.591	739	178	175	4	36	9	108	0	1	55	48	2.43⑦
'13	(武)	26	3	0	23	1	0	8	9	0	0	0	.471	690	166	169	13	39	9	87	2	0	54	48	2.60③
'14	(武)	26	0	0	26	0	0	8	9	0	0	0	.471	734	170.2	170	10	50	12	89	0	0	74	71	3.74⑨
'15	(武)	34	1	8	20	0	0	9	11	3	0	0	.450	596	137.2	143	7	44	11	66	1	0	68	56	3.66
'16	(武)	50	0	7	0	0	0	7	1	0	25	32	.875	312	78.2	54	3	16	10	43	0	0	15	14	1.60
'17	(武)	58	0	4	0	0	0	3	3	0	28	31	.500	248	62.2	59	4	15	5	35	0	0	18	16	2.30
'20	(楽)	52	0	8	0	0	0	2	2	2	22	24	.500	197	50	39	5	12	0	33	1	0	15	12	2.16
〔8〕		328	9	70	101	3	0	55	51	27	76	94	.519	4026	971.1	914	51	218	63	547	4	2	338	302	2.80

増井　浩俊　ますい・ひろとし　駒澤大　('10.1)　'84.6.26生　右投右打

年度	チーム	試合	完投	交代完了	試当初	無点勝	無四球	勝利	敗北	セーブ	ホールド	HP	勝率	打者	投球回	安打	本塁打	四球	死球	三振	暴投	ボーク	失点	自責点	防御率
'10	(日)	13	0	0	13	0	0	3	4	0	0	0	.429	274	60	62	9	31	4	34	5	0	31	29	4.35
'11	(日)	56	0	9	0	0	0	4	4	0	34	34	.500	216	53.2	38	2	19	0	58	3	1	11	11	1.84
'12	(日)	73	0	18	0	0	0	5	5	7	45	50	.500	298	71.2	65	2	25	0	69	4	0	26	22	2.76
'13	(日)	66	0	18	0	0	0	4	6	23	10	15	.400	273	63	71	3	16	3	63	2	0	28	26	3.71
'14	(日)	56	0	40	0	0	0	5	6	23	10	15	.455	243	58	64	5	19	1	59	5	0	16	16	2.48
'15	(日)	56	0	49	0	0	0	0	1	39	4	4	.000	280	60	44	1	19	0	71	4	1	11	10	1.50
'16	(日)	30	2	15	0	0	0	10	3	10	1	5	.769	333	81	71	5	26	3	71	3	0	22	22	2.44
'17	(日)	52	0	40	0	0	0	6	1	27	7	13	.857	215	52.2	47	6	11	0	82	5	0	15	14	2.39
'18	(オ)	63	0	50	0	0	0	2	5	35	9	11	.286	278	65	55	4	33	1	69	7	0	18	18	2.49
'19	(オ)	53	0	25	0	0	0	1	4	18	14	15	.200	230	50.1	51	5	24	1	64	1	0	29	27	4.83
'20	(オ)	16	0	1	5	0	0	2	2	0	5	5	.500	153	35.2	27	3	20	1	29	1	0	13	12	3.03
〔11〕		534	2	265	24	1	0	38	39	163	157	184	.494	2751	651	578	45	248	14	669	40	2	220	207	2.86

増田　達至　ますだ・たつし　福井工業大　('13.1)　'88.4.23生　右投右打

年度	チーム	試合	完投	交代了	試当初	無点勝	無四球	勝利	敗北	セーブ	ホールド	HP	勝率	打者	投球回	安打	本塁打	四球	死球	三振	暴投	ボーク	失点	自責点	防御率
'13	(武)	42	0	8	2	0	0	5	3	0	5	10	.625	237	52.2	60	3	19	1	44	1	0	25	22	3.76
'14	(武)	44	0	9	0	0	0	3	4	0	22	25	.429	181	44.2	35	3	13	1	37	0	0	14	14	2.82
'15	(武)	72	0	16	0	0	0	2	4	3	40	42	.333	302	74	64	1	15	4	62	2	0	26	25	3.04
'16	(武)	53	0	47	0	0	0	3	5	28	4	5	.375	232	54.1	51	1	15	2	53	0	0	13	10	1.66
'17	(武)	57	0	51	0	0	0	1	5	28	4	5	.167	220	56.1	41	7	13	0	58	0	0	17	15	2.40
'18	(武)	41	0	30	0	0	0	2	4	14	2	4	.333	170	38.1	44	5	9	2	23	1	0	23	22	5.17
'19	(武)	65	0	49	0	0	0	4	1	30	7	11	.800	272	69.2	51	5	10	0	74	0	0	15	14	1.81
'20	(武)	48	0	45	0	0	0	5	0	33	1	6	1.000	196	49	41	3	10	2	42	0	0	11	11	2.02
〔8〕		422	0	255	2	0	0	25	26	136	86	111	.490	1810	439	387	28	104	12	393	4	0	144	133	2.73

増田　大輝　ますだ・だいき　小松島高　('17.1)　'93.7.29生　右投右打

年度	チーム	試合	完投	交代了	試当初	無点勝	無四球	勝利	敗北	セーブ	ホールド	HP	勝率	打者	投球回	安打	本塁打	四球	死球	三振	暴投	ボーク	失点	自責点	防御率
'20	(巨)	1	0	1	0	0	0	0	0	0	0	0	.000	3	0.2	0	0	1	0	0	0	0	0	0	0.00

益田　直也　ますだ・なおや　関西国際大　('12.1)　'89.10.25生　右投右打

年度	チーム	試合	完投	交代了	試当初	無点勝	無四球	勝利	敗北	セーブ	ホールド	HP	勝率	打者	投球回	安打	本塁打	四球	死球	三振	暴投	ボーク	失点	自責点	防御率
'12	(ロ)	72	0	15	0	0	0	2	2	1	41	43	.500	308	75.1	61	2	19	2	57	2	0	25	14	1.67
'13	(ロ)	68	0	56	0	0	0	2	6	33	9	11	.250	268	62	65	3	16	4	66	3	0	24	19	2.76
'14	(ロ)	52	0	51	0	0	0	7	3	1	23	30	.700	226	51	56	3	16	2	57	2	0	28	28	4.94
'15	(ロ)	51	0	13	0	0	0	3	2	0	11	14	.600	227	53	48	2	21	4	42	7	0	23	23	3.91
'16	(ロ)	61	0	22	0	0	0	3	2	14	21	24	.600	238	59	53	2	16	1	36	1	0	13	12	1.83
'17	(ロ)	38	0	18	0	0	0	0	4	9	6	6	.000	162	35.1	46	8	15	0	29	1	0	20	20	5.09
'18	(ロ)	70	0	24	0	0	0	2	6	3	17	19	.250	264	64.1	44	5	27	3	61	2	0	26	22	3.08
'19	(ロ)	60	0	44	0	0	0	3	4	27	12	16	.444	229	58.2	36	5	22	2	56	1	0	15	14	2.15
'20	(ロ)	54	0	47	0	0	0	3	5	31	5	8	.375	214	52	42	1	17	2	53	4	0	15	13	2.25
〔9〕		526	0	247	0	0	0	26	35	119	145	171	.426	2136	510.2	451	32	169	17	457	23	0	189	165	2.91

又吉　克樹　またよし・かつき　環太平洋大　('14.1)　'90.11.4生　右投右打

年度	チーム	試合	完投	交代了	試当初	無点勝	無四球	勝利	敗北	セーブ	ホールド	HP	勝率	打者	投球回	安打	本塁打	四球	死球	三振	暴投	ボーク	失点	自責点	防御率
'14	(中)	67	0	13	0	0	0	9	1	2	24	33	.900	321	81.1	50	3	28	6	104	1	0	20	20	2.21
'15	(中)	63	0	11	0	0	0	6	6	0	30	36	.500	301	72.1	64	5	23	5	82	1	0	27	27	3.36
'16	(中)	62	0	14	0	0	0	6	6	0	16	22	.500	239	54.2	58	3	17	5	55	1	0	22	17	2.80
'17	(中)	50	1	7	8	1	0	8	3	0	21	26	.727	434	110	84	7	36	5	78	0	1	27	26	2.13
'18	(中)	40	0	10	0	0	0	2	5	0	9	11	.286	187	41.1	54	4	17	2	50	0	0	30	30	6.53
'19	(中)	26	0	7	2	0	0	4	4	0	5	9	.500	182	44.1	35	5	19	1	37	0	0	21	20	4.06
'20	(中)	26	0	2	0	0	0	4	0	0	7	11	1.000	105	26	22	2	8	2	18	0	0	8	8	2.77
〔7〕		334	1	64	10	1	0	38	24	2	110	145	.613	1769	430	367	29	148	19	402	4	1	155	148	3.10

松井　裕樹　まつい・ゆうき　桐光学園高　('14.1)　'95.10.30生　左投左打

年度	チーム	試合	完投	交代了	試当初	無点勝	無四球	勝利	敗北	セーブ	ホールド	HP	勝率	打者	投球回	安打	本塁打	四球	死球	三振	暴投	ボーク	失点	自責点	防御率
'14	(楽)	27	1	3	16	0	0	4	8	0	3	4	.333	504	116	91	3	67	8	126	6	2	52	49	3.80
'15	(楽)	63	0	49	0	0	0	3	2	33	12	15	.600	284	72.1	37	3	28	2	103	3	0	7	7	0.87
'16	(楽)	58	0	46	0	0	0	1	4	30	10	11	.200	272	62.1	47	4	28	1	75	1	1	23	23	3.32
'17	(楽)	52	0	43	0	0	0	3	3	33	5	8	.500	214	52.2	31	0	26	1	62	0	0	7	7	1.20
'18	(楽)	53	0	24	0	0	0	3	5	1	11	15	.385	281	66.2	53	4	29	3	91	0	0	28	27	3.65
'19	(楽)	68	0	54	0	0	0	2	8	38	12	14	.200	271	69.2	40	5	24	1	107	2	0	17	15	1.94
'20	(楽)	40	0	5	10	0	0	4	4	0	7	9	.444	286	68	56	5	28	3	82	4	0	25	24	3.18
〔7〕		346	1	224	28	0	0	22	38	141	61	76	.367	2112	507.2	355	25	242	19	646	21	3	160	152	2.69

松岡　洸希　まつおか・こうき　桶川西高（'20.1）　'00.8.31生　右投右打

年度	チーム	試合	完投	交代完了	試合初	無点勝	無四球	勝利	敗北	セーブ	ホールド	H P	勝率	打者	投球回	安打	本塁打	四球	死球	三振	暴投	ボーク	失点	自責点	防御率
'20	(武)	2	0	1	0	0	0	0	0	0	0	0	.000	12	2	5	0	2	0	0	0	0	3	3	13.50

松坂　大輔　まつざか・だいすけ　横浜高（'99.1）　'80.9.13生　右投右打

年度	チーム	試合	完投	交代完了	試合初	無点勝	無四球	勝利	敗北	セーブ	ホールド	H P	勝率	打者	投球回	安打	本塁打	四球	死球	三振	暴投	ボーク	失点	自責点	防御率
'99	(武)	25	6	1	18	2	0	16	5	0			.762	743	180	124	14	87	8	151	5	2	55	52	2.60③
'00	(武)	27	6	2	18	2	0	14	7	1			.667	727	167.2	132	12	95	4	144	2	0	85	74	3.97④
'01	(武)	33	12	1	20	2	1	15	15	0			.500	1004	240.1	184	27	117	8	214	9	1	104	96	3.60③
'02	(武)	14	2	0	9	0	0	6	2	0			.750	302	73.1	60	13	15	7	78	2	1	30	30	3.68
'03	(武)	29	8	1	19	2	1	16	7	0			.696	801	194	165	13	63	9	215	4	0	71	61	2.83①
'04	(武)	23	10	1	9	5	0	10	6	0			.625	601	146	127	7	42	6	127	5	0	50	47	2.90①
'05	(武)	28	15	0	13	3	3	14	13	0	0	0	.519	868	215	172	13	49	10	226	9	0	63	55	2.30③
'06	(武)	25	13	0	12	2	2	17	5	0	0	0	.773	722	186.1	138	13	34	3	200	5	0	50	44	2.13②
'16	(ソ)	1	0	1	0	0	0	0	0	0	0	0	.000	10	1	3	0	2	2	2	1	0	5	2	18.00
'18	(中)	11	0	0	11	0	0	6	4	0	0	0	.600	253	55.1	50	5	32	5	51	1	0	25	23	3.74
'19	(中)	2	0	0	2	0	0	0	1	0	0	0	.000	32	5.1	12	0	2	3	2	0	0	10	10	16.88
〔11〕		218	72	7	131	18	7	114	65	1	0	0	.637	6063	1464.1	1167	117	538	65	1410	43	4	548	494	3.04

松田　遼馬　まつだ・りょうま　波佐見高（'12.1）　'94.2.8生　右投右打

年度	チーム	試合	完投	交代完了	試合当初	無点勝	無四球	勝利	敗北	セーブ	ホールド	H P	勝率	打者	投球回	安打	本塁打	四球	死球	三振	暴投	ボーク	失点	自責点	防御率
'13	(神)	27	0	9	0	0	0	1	2	0	5	6	.333	125	29.2	34	6	6	0	29	1	0	14	14	4.25
'14	(神)	6	0	1	0	0	0	0	0	0	4	4	.000	19	4.2	3	0	2	0	3	1	0	1	1	1.93
'15	(神)	30	0	11	0	0	0	3	2	0	3	6	.600	143	31.1	36	4	15	1	31	1	0	20	20	5.74
'16	(神)	22	0	7	0	0	0	1	0	0	1	2	1.000	102	27	14	2	9	0	26	1	0	3	3	1.00
'17	(神)	26	0	7	1	0	0	1	2	0	1	2	.333	161	35.2	37	5	17	1	33	1	0	23	20	5.05
'18	(ソ)	2	0	0	0	0	0	0	0	0	0	0	.000	14	3	2	0	3	0	6	0	0	2	2	6.00
'19	(ソ)	51	0	10	1	0	0	2	4	0	5	7	.333	230	52	41	8	32	3	57	0	1	23	22	3.81
〔7〕		164	0	45	2	0	0	8	10	0	19	27	.444	794	183.1	167	25	84	5	185	5	1	86	82	4.03

松永　昂大　まつなが・たかひろ　関西国際大（'13.1）　'88.4.16生　左投左打

年度	チーム	試合	完投	交代完了	試合初	無点勝	無四球	勝利	敗北	セーブ	ホールド	H P	勝率	打者	投球回	安打	本塁打	四球	死球	三振	暴投	ボーク	失点	自責点	防御率
'13	(ロ)	58	0	11	6	0	0	4	1	1	28	30	.800	323	76.2	68	4	27	3	65	2	0	23	18	2.11
'14	(ロ)	46	0	7	1	0	0	4	3	0	12	16	.571	185	41.1	48	3	16	5	21	2	0	17	15	3.27
'15	(ロ)	41	0	5	0	0	0	0	0	0	13	13	.000	123	29	24	3	13	4	24	1	0	13	12	3.72
'16	(ロ)	53	0	15	0	0	0	3	0	0	13	13	1.000	173	39	35	0	18	4	27	2	0	18	15	3.46
'17	(ロ)	50	0	9	0	0	0	1	3	0	18	19	.250	153	36.1	33	1	12	1	31	4	0	16	13	3.22
'18	(ロ)	60	0	3	0	0	0	2	5	0	26	28	.286	172	40	40	1	18	2	35	0	0	15	14	3.15
'19	(ロ)	46	0	2	0	0	0	2	3	0	25	27	.400	144	34.2	25	3	17	3	32	1	0	13	10	2.60
'20	(ロ)	5	0	0	0	0	0	0	0	0	3	3	.000	15	3.1	3	0	3	0	3	0	0	0	0	0.00
〔8〕		359	0	52	7	0	0	16	15	1	135	149	.516	1288	300.1	276	15	124	22	238	12	0	115	97	2.91

松葉　貴大　まつば・たかひろ　大阪体育大　（'13.1）　'90. 8. 14生　左投左打

年度	チーム	試合	完投	交代了	試当初	無点勝	無四球	勝利	敗北	セーブ	ホールド	HP	勝率	打者	投球回	安打	本塁打	四球	死球	三振	暴投	ボーク	失点	自責点	防御率
'13（オ）		17	0	1	14	0	0	4	6	0	0	0	.400	316	73	65	5	35	2	44	3	1	35	34	4.19
'14（オ）		21	0	1	21	0	0	8	1	0	0	0	.889	468	113.2	95	7	45	2	88	7	1	41	35	2.77
'15（オ）		18	0	1	14	0	0	3	6	0	0	1	.333	360	80	81	8	47	1	42	3	0	42	38	4.28
'16（オ）		28	1	3	18	0	0	7	9	0	0	1	.438	563	132.2	128	10	41	3	82	5	0	52	48	3.26
'17（オ）		23	0	0	22	0	0	3	12	0	0	0	.200	552	133.1	133	16	32	2	72	6	1	70	66	4.46
'18（オ）		8	0	1	7	0	0	2	1	0	0	0	.667	158	36.1	40	6	15	0	23	0	0	22	21	5.20
'19（オ）		5	0	5	0	0	0	0	0	0	0	0	.000	104	22.2	26	3	9	3	13	0	0	16	14	5.56
（中）		1	0	1	0	0	0	0	0	0	0	0	.000	16	2.2	5	0	3	0	0	0	0	3	3	10.13
'20（中）		15	0	0	15	0	0	3	7	0	0	0	.300	319	73.1	86	9	17	2	50	4	0	33	33	4.05
〔8〕		136	1	6	117	0	0	30	46	0	0	2	.395	2856	667.2	659	64	244	15	414	28	3	314	292	3.94

松本　裕樹　まつもと・ゆうき　盛岡大付高　（'15.1）　'96. 4. 14生　右投左打

年度	チーム	試合	完投	交代了	試当初	無点勝	無四球	勝利	敗北	セーブ	ホールド	HP	勝率	打者	投球回	安打	本塁打	四球	死球	三振	暴投	ボーク	失点	自責点	防御率
'16（ソ）		1	0	0	0	0	0	0	0	0	0	0	.000	4	1	1	1	0	0	1	0	0	1	1	9.00
'17（ソ）		15	0	1	10	0	0	2	4	0	0	0	.333	263	58.1	61	5	29	2	43	1	0	31	31	4.78
'18（ソ）		6	0	0	6	0	0	1	2	0	0	0	.333	124	28.2	25	5	14	1	20	0	1	11	11	3.45
'19（ソ）		7	0	0	7	0	0	1	1	0	0	0	.500	146	33.2	35	2	11	0	32	1	0	18	15	4.01
'20（ソ）		25	0	7	0	0	0	0	1	0	6	6	.000	120	28.1	20	4	19	0	27	2	0	11	11	3.49
〔5〕		54	0	8	23	0	0	4	8	0	6	6	.333	657	150	142	17	73	3	123	4	1	72	69	4.14

松本　航　まつもと・わたる　日本体育大　（'19.1）　'96. 11. 28生　右投右打

年度	チーム	試合	完投	交代了	試当初	無点勝	無四球	勝利	敗北	セーブ	ホールド	HP	勝率	打者	投球回	安打	本塁打	四球	死球	三振	暴投	ボーク	失点	自責点	防御率
'19（武）		16	0	0	16	0	0	7	4	0	0	0	.636	384	85.1	87	11	46	2	65	6	0	47	43	4.54
'20（武）		20	0	0	20	0	0	6	7	0	0	0	.462	452	103	89	19	56	2	66	2	0	55	50	4.37
〔2〕		36	0	0	36	0	0	13	11	0	0	0	.542	836	188.1	176	30	102	4	131	10	0	102	93	4.44

マ　ル　ク　（石田健人マルク）　龍谷大　（'20.9）　'95. 7. 18生　右投右打

年度	チーム	試合	完投	交代了	試当初	無点勝	無四球	勝利	敗北	セーブ	ホールド	HP	勝率	打者	投球回	安打	本塁打	四球	死球	三振	暴投	ボーク	失点	自責点	防御率
'20（中）		3	0	1	0	0	0	0	0	0	0	0	.000	17	3	5	1	3	0	3	0	0	4	4	12.00

丸山　泰資　まるやま・たいすけ　東海大　（'17.1）　'95. 2. 5生　右投右打

年度	チーム	試合	完投	交代了	試当初	無点勝	無四球	勝利	敗北	セーブ	ホールド	HP	勝率	打者	投球回	安打	本塁打	四球	死球	三振	暴投	ボーク	失点	自責点	防御率
'17（中）		8	0	4	0	0	0	0	0	0	0	0	.000	57	12	16	2	6	1	10	0	0	13	11	8.25

三上　朋也　みかみ・ともや　法政大　（'14.1）　'89. 4. 10生　右投右打

年度	チーム	試合	完投	交代了	試当初	無点勝	無四球	勝利	敗北	セーブ	ホールド	HP	勝率	打者	投球回	安打	本塁打	四球	死球	三振	暴投	ボーク	失点	自責点	防御率
'14（ディ）		65	0	38	0	0	0	1	4	21	13	14	.200	279	65.2	55	3	27	1	67	2	1	18	17	2.33
'15（ディ）		21	0	5	0	0	0	1	1	0	9	10	.500	93	22.1	16	2	9	1	20	3	0	3	2	0.81
'16（ディ）		59	0	14	0	0	0	2	4	2	32	34	.333	241	58.2	47	7	18	1	36	2	0	21	17	2.61
'17（ディ）		61	0	0	0	0	0	3	3	0	31	34	.500	213	51	47	8	16	2	29	1	0	31	29	5.12
'18（ディ）		65	0	0	0	0	0	1	1	0	25	26	.500	239	56	55	3	20	3	40	2	0	19	19	3.05
'19（ディ）		6	0	1	0	0	0	0	1	0	1	1	.000	25	4.2	5	2	6	0	5	1	0	4	3	5.79
'20（ディ）		10	0	16	0	0	0	0	0	0	0	0	.000	55	13	13	6	6	1	7	1	0	4	4	2.77
〔7〕		287	0	74	0	0	0	8	14	23	111	119	.364	1145	271.1	238	21	102	13	204	12	1	100	91	3.02

三嶋　一輝　みしま・かずき　法政大（'13.1）　'90.5.7生　右投左右打

年度	チーム	試合	完投	交代完了	試当初	無点勝	無四球	勝利	敗北	セーブ	ホールド	H P	勝率	打者	投球回	安打	本塁打	四球	死球	三振	暴投	ボーク	失点	自責点	防御率
'13	(ディ)	34	2	3	20	1	0	6	9	0	1	1	.400	642	146.1	138	20	79	0	145	6	1	67	64	3.94⑮
'14	(ディ)	8	0	1	5	0	0	1	2	0	0	0	.333	126	24	41	5	14	1	24	4	3	30	29	10.88
'15	(ディ)	20	0	1	14	0	0	5	5	0	0	0	.500	384	88	84	9	34	3	67	9	0	52	47	4.81
'16	(ディ)	4	0	0	4	0	0	1	1	0	0	0	.500	102	24	24	4	8	0	13	0	0	13	10	3.75
'17	(ディ)	16	0	8	1	0	0	0	1	0	0	0	.000	99	20.2	29	4	9	0	17	4	0	17	15	6.53
'18	(ディ)	60	0	15	0	0	0	7	2	0	15	22	.778	292	68	61	8	31	2	82	6	0	30	30	3.97
'19	(ディ)	71	0	13	0	0	0	5	4	0	23	28	.556	309	72.2	67	10	31	0	62	2	0	36	35	4.33
'20	(ディ)	48	0	33	0	0	0	3	1	18	5	8	.750	180	47.2	30	1	13	1	46	1	0	13	13	2.45
〔8〕		261	2	69	44	1	0	28	25	18	44	59	.528	2134	491.1	474	62	219	7	458	33	4	258	243	4.45

三ツ間卓也　みつま・たくや　高千穂大（'17.1）　'92.7.22生　右投右打

年度	チーム	試合	完投	交代完了	試当初	無点勝	無四球	勝利	敗北	セーブ	ホールド	H P	勝率	打者	投球回	安打	本塁打	四球	死球	三振	暴投	ボーク	失点	自責点	防御率
'17	(中)	35	0	4	1	0	0	2	1	0	11	13	.667	174	37.2	35	1	27	6	29	0	0	17	17	4.06
'18	(中)	4	0	2	0	0	0	0	0	0	0	0		31	5.2	8	1	4	3	5	1	0	8	7	11.12
'19	(中)	29	0	4	0	0	0	2	2	0	4	6	.500	143	34.2	30	6	13	2	31	1	0	13	13	3.38
'20	(中)	4	0	0	0	0	0	0	0	0	0	0		27	4.1	11	1	2	1	7	0	0	10	10	20.77
〔4〕		72	0	10	1	0	0	4	3	0	15	19	.571	375	82.1	84	9	46	12	72	2	0	48	47	5.14

南　昌輝　みなみ・まさき　立正大（'11.1）　'89.1.18生　右投右打

年度	チーム	試合	完投	交代完了	試当初	無点勝	無四球	勝利	敗北	セーブ	ホールド	H P	勝率	打者	投球回	安打	本塁打	四球	死球	三振	暴投	ボーク	失点	自責点	防御率
'12	(ロ)	26	0	7	0	0	0	1	0	0	6	7	1.000	110	25	19	0	15	1	22	1	0	1	1	0.36
'13	(ロ)	28	0	10	0	0	0	3	0	0	3	6	1.000	151	31.1	30	1	29	0	28	7	0	14	14	4.02
'14	(ロ)	14	0	7	0	0	0	0	0	0	0	0	.000	103	22.2	18	3	14	1	23	3	0	18	17	6.75
'16	(ロ)	57	0	15	0	0	0	5	4	0	16	21	.556	253	62.1	48	4	19	1	58	2	1	20	19	2.74
'17	(ロ)	19	0	4	0	0	0	1	0	0	5	5	.000	81	17.2	21	3	10	0	13	0	0	11	10	5.09
'18	(ロ)	35	0	9	0	0	0	2	2	0	6	8	.500	152	33	37	0	17	1	29	2	0	13	11	3.00
'19	(ロ)	4	0	3	0	0	0	0	0	0	0	0	.000	18	3.2	4	1	4	0	3	0	0	5	5	12.27
'20	(ロ)	6	0	0	0	0	0	0	0	0	0	0		32	7.1	5	2	6	0	6	1	0	4	4	4.91
〔8〕		189	0	55	0	0	0	11	8	0	36	47	.579	900	203	182	14	114	4	182	16	1	86	81	3.59

美馬　学　みま・まなぶ　中央大（'11.1）　'86.9.19生　右投左打

年度	チーム	試合	完投	交代完了	試当初	無点勝	無四球	勝利	敗北	セーブ	ホールド	H P	勝率	打者	投球回	安打	本塁打	四球	死球	三振	暴投	ボーク	失点	自責点	防御率
'11	(楽)	23	0	9	0	0	0	2	1	0	5	7	.667	102	26.1	19	1	4	1	13	2	0	9	9	3.08
'12	(楽)	23	2	0	20	0	0	8	10	0	0	1	.444	633	154.2	142	12	36	5	108	5	0	55	53	3.08⑬
'13	(楽)	18	0	0	18	0	0	6	5	0	0	0	.545	430	98.1	118	11	31	8	63	7	0	46	45	4.12
'14	(楽)	14	0	0	14	0	0	2	9	0	0	0	.182	327	72.2	84	4	25	7	51	0	0	41	39	4.83
'15	(楽)	16	0	0	16	0	0	3	7	0	0	0	.300	380	86.1	102	9	21	1	62	5	0	45	33	3.44
'16	(楽)	26	1	0	24	1	1	9	9	0	0	0	.500	678	155	181	14	32	8	116	5	1	80	74	4.30⑬
'17	(楽)	26	3	0	23	1	1	11	8	0	0	0	.579	684	171.1	155	18	33	4	134	4	1	66	62	3.26⑦
'18	(楽)	14	0	0	14	0	0	2	6	0	0	0	.250	340	79	88	12	23	4	41	1	0	42	40	4.56
'19	(楽)	25	2	0	23	0	1	8	5	0	0	0	.615	600	143.2	146	19	24	4	112	3	0	69	64	4.01⑥
'20	(楽)	19	1	0	18	0	0	10	4	0	0	0	.714	517	123	130	9	22	2	88	3	0	62	54	3.95⑥
〔10〕		204	9	9	170	2	4	61	64	0	5	8	.488	4691	1110.1	1165	109	254	41	788	35	2	515	473	3.83

宮川　哲　みやがわ・てつ　上武大（'20.1）　'95.10.10生　右投右打

年度	チーム	試合	完投	交代完了	試当初	無点勝	無四球	勝利	敗北	セーブ	ホールド	H P	勝率	打者	投球回	安打	本塁打	四球	死球	三振	暴投	ボーク	失点	自責点	防御率
'20	(武)	49	0	6	0	0	0	2	1	0	13	15	.667	202	44.2	40	1	29	1	45	3	0	21	19	3.83

宮城　大弥　みやぎ・ひろや　興南高　('20.1)　'01. 8. 25生　左投左打

年度	チーム	試合	完投	交代了	試当初	無点勝	無四球	勝利	敗北	セーブ	ホールド	H	HP	勝率	打者	投球回	安打	本塁打	四球	死球	三振	暴投	ボーク	失点	自責点	防御率
'20	(オ)	3	0	0	3	0	0	1	1	0	0	0	0	.500	73	16	19	0	6	1	16	1	0	8	7	3.94

宮國　椋丞　みやぐに・りょうすけ　糸満高　('11.1)　'92. 4. 17生　右投右打

年度	チーム	試合	完投	交代了	試当初	無点勝	無四球	勝利	敗北	セーブ	ホールド	H	HP	勝率	打者	投球回	安打	本塁打	四球	死球	三振	暴投	ボーク	失点	自責点	防御率
'12	(巨)	17	1	0	15	1	0	6	2	0	0	0	.750		386	97	76	4	28	3	54	3	1	27	20	1.86
'13	(巨)	17	0	0	17	0	0	6	7	0	0	0	.462		401	87.2	113	8	35	2	50	2	0	52	48	4.93
'14	(巨)	3	0	0	3	0	0	1	1	0	0	0	.500		64	14	22	3	3	1	6	2	0	11	10	6.43
'15	(巨)	39	0	11	0	0	0	3	1	1	5	8	.750		194	49	38	4	15	0	28	3	0	17	16	2.94
'16	(巨)	34	0	6	0	0	0	4	1	0	6	10	.800		162	39.2	38	6	9	0	14	0	0	14	13	2.95
'17	(巨)	17	0	2	9	0	0	1	7	0	0	0	.125		246	57	64	5	18	0	41	0	1	32	30	4.74
'18	(巨)	29	0	8	0	0	0	0	4	4	0	0	.000		133	32	27	4	10	3	25	0	0	8	7	1.97
'19	(巨)	28	0	0	0	0	0	0	3	0	3	3	.000		122	29.2	26	2	9	1	21	1	0	16	13	3.94
'20	(巨)	21	0	5	1	0	0	0	0	0	2	2	.000		109	25.1	27	5	8	0	22	1	0	15	15	5.33
〔9〕		205	1	40	45	1	0	21	21	1	19	26	.500		1817	431.1	431	41	135	10	261	12	2	192	172	3.59

宮台　康平　みやだい・こうへい　東京大　('18.1)　'95. 7. 1生　左投左打

年度	チーム	試合	完投	交代了	試当初	無点勝	無四球	勝利	敗北	セーブ	ホールド	H	HP	勝率	打者	投球回	安打	本塁打	四球	死球	三振	暴投	ボーク	失点	自責点	防御率
'18	(日)	1	0	0	1	0	0	0	0	0	0	0	.000		24	4.2	4	0	4	0	3	1	0	2	2	3.86

宮西　尚生　みやにし・なおき　関西学院大　('08.1)　'85. 6. 2生　左投左打

年度	チーム	試合	完投	交代了	試当初	無点勝	無四球	勝利	敗北	セーブ	ホールド	H	HP	勝率	打者	投球回	安打	本塁打	四球	死球	三振	暴投	ボーク	失点	自責点	防御率
'08	(日)	50	0	7	0	0	0	2	4	0	8	10	.333		198	45.1	47	5	15	2	25	2	1	24	22	4.37
'09	(日)	58	0	16	0	0	0	7	2	0	13	20	.778		189	46.2	39	6	15	1	55	0	0	15	15	2.89
'10	(日)	61	0	11	0	0	0	2	1	1	23	25	.667		181	47.2	29	1	9	4	49	0	0	9	9	1.70
'11	(日)	61	0	14	0	0	0	1	2	0	14	15	.333		218	53	38	3	14	8	56	2	0	15	13	2.21
'12	(日)	66	0	6	0	0	0	2	2	0	39	41	.500		244	60	51	4	14	4	56	0	0	18	15	2.25
'13	(日)	57	0	1	0	0	0	3	1	0	30	33	.750		197	46.2	40	1	16	2	39	1	0	12	9	1.74
'14	(日)	62	0	4	0	0	0	1	5	0	41	42	.167		218	50	47	2	23	4	46	0	0	14	12	2.16
'15	(日)	50	0	3	0	0	0	3	3	0	25	28	.500		163	40	29	4	11	1	30	1	0	12	12	2.70
'16	(日)	58	0	6	0	0	0	3	1	2	39	42	.750		190	47.1	28	0	22	5	36	1	0	11	8	1.52
'17	(日)	51	0	3	0	0	0	4	5	0	25	29	.444		164	40.2	34	3	12	0	24	2	0	19	15	3.32
'18	(日)	55	0	2	0	0	0	4	3	0	37	41	.571		186	45	29	1	20	5	39	0	0	11	9	1.80
'19	(日)	55	0	3	0	0	0	1	2	0	43	44	.333		182	47.1	32	1	6	3	51	1	0	13	9	1.71
'20	(日)	50	0	16	0	0	0	2	1	8	21	23	.667		197	48.1	34	4	12	0	53	1	0	12	11	2.05
〔13〕		734	0	92	0	0	0	35	32	11	358	393	.522		2527	618	477	35	199	43	559	11	1	192	159	2.32

M. ムーア　マット・ムーア　モリアーティ高　('20.1)　'89. 6. 18生　左投左打

年度	チーム	試合	完投	交代了	試当初	無点勝	無四球	勝利	敗北	セーブ	ホールド	H	HP	勝率	打者	投球回	安打	本塁打	四球	死球	三振	暴投	ボーク	失点	自責点	防御率
'20	(ソ)	13	0	0	13	0	0	6	3	0	0	0	.667		320	78	64	7	22	4	89	1	0	32	23	2.65

武藤　祐太　むとう・ゆうた　飯能南高　('11.1)　'89.6.14生　右投右打

年度(チーム)	試合	完投	交代了	試当初	無点勝	無四球	勝利	敗北	セーブ	ホールド	HP	勝率	打者	投球回	安打	本塁打	四球	死球	三振	暴投	ボーク	失点	自責点	防御率
'11(中)	7	0	4	0	0	0	0	0	0	0	0	.000	37	8.2	9	2	3	0	7	0	0	4	4	4.15
'12(中)	33	0	8	0	0	0	4	0	0	3	7	1.000	167	41.2	33	1	10	1	31	2	1	15	14	3.02
'13(中)	58	0	12	0	0	0	2	2	0	10	12	.500	306	70	70	7	29	1	50	2	0	33	29	3.73
'14(中)	15	0	3	1	0	0	1	1	0	1	2	.500	101	25	18	2	9	2	18	0	0	10	10	3.60
'15(中)	8	0	0	5	0	0	0	1	0	0	1	.400	120	27.1	31	1	10	2	10	2	0	14	12	3.95
'16(中)	4	0	1	0	0	0	0	0	0	0	0	.000	28	5.1	9	0	3	0	3	0	0	3	2	3.38
'18(デ)	20	0	5	0	0	0	0	0	0	4	4	.000	101	23.2	20	4	12	2	15	1	0	17	17	6.46
'19(デ)	31	0	8	0	0	0	1	2	0	3	4	.333	159	38	31	3	18	1	28	1	0	17	14	3.32
'20(デ)	21	0	3	0	0	0	2	3	0	0	0	.000	154	31.1	42	3	18	1	22	1	0	29	26	7.47
〔9〕	197	0	44	9	0	0	10	9	0	21	29	.526	1173	271	263	25	114	8	184	9	1	142	128	4.25

村田　透　むらた・とおる　大阪体育大　('08.1)　'85.5.20生　右投左打

年度(チーム)	試合	完投	交代了	試当初	無点勝	無四球	勝利	敗北	セーブ	ホールド	HP	勝率	打者	投球回	安打	本塁打	四球	死球	三振	暴投	ボーク	失点	自責点	防御率
'17(日)	15	0	3	8	0	0	1	2	0	0	0	.333	225	52	43	4	27	4	39	3	2	18	16	2.77
'18(日)	18	0	3	14	0	0	6	3	0	0	1	.667	319	77	70	4	18	5	45	1	0	32	28	3.27
'19(日)	13	0	3	4	0	0	0	2	0	2	2	.000	138	34	32	4	5	2	23	0	0	15	12	3.18
'20(日)	21	0	1	1	0	0	1	1	0	0	0	.500	161	38	38	3	12	3	23	0	0	16	15	3.55
〔4〕	67	0	10	27	0	0	8	8	0	2	3	.500	843	201	183	16	62	14	130	4	2	81	71	3.18

村西　良太　むらにし・りょうた　近畿大　('20.1)　'97.6.6生　右投左打

年度(チーム)	試合	完投	交代了	試当初	無点勝	無四球	勝利	敗北	セーブ	ホールド	HP	勝率	打者	投球回	安打	本塁打	四球	死球	三振	暴投	ボーク	失点	自責点	防御率
'20(オ)	4	0	2	1	0	0	0	1	0	0	0	.000	39	8	6	2	10	0	5	0	0	8	8	9.00

C.C.メルセデス　クリストファー・クリソストモ・メルセデス　ヌエバ・エスペランサ高　('18.7)　'94.3.8生　左投左打

年度(チーム)	試合	完投	交代了	試当初	無点勝	無四球	勝利	敗北	セーブ	ホールド	HP	勝率	打者	投球回	安打	本塁打	四球	死球	三振	暴投	ボーク	失点	自責点	防御率
'18(巨)	13	2	0	11	1	0	5	4	0	0	0	.556	357	92	69	4	16	3	53	1	0	28	21	2.05
'19(巨)	22	0	0	22	0	0	8	8	0	0	0	.500	512	120.1	137	12	28	5	89	2	0	49	47	3.52
'20(巨)	11	0	0	11	0	0	4	4	0	0	0	.500	243	58	53	5	19	2	45	0	1	20	20	3.10
〔3〕	46	2	0	44	1	0	17	16	0	0	0	.515	1112	270.1	259	21	63	10	187	3	1	97	88	2.93

L.モイネロ　リバン・モイネロ　エイデデビナールデルリオ高　('17.6)　'95.12.8生　左投左打

年度(チーム)	試合	完投	交代了	試当初	無点勝	無四球	勝利	敗北	セーブ	ホールド	HP	勝率	打者	投球回	安打	本塁打	四球	死球	三振	暴投	ボーク	失点	自責点	防御率
'17(ソ)	34	0	8	0	0	0	4	3	1	15	19	.571	141	35.2	21	1	14	2	36	1	0	15	10	2.52
'18(ソ)	49	0	5	0	0	0	5	1	0	13	18	.833	190	45.2	31	6	24	1	57	1	0	23	23	4.53
'19(ソ)	60	0	10	0	0	0	3	1	4	34	37	.750	245	59.1	37	4	25	6	86	3	0	13	10	1.52
'20(ソ)	50	0	4	0	0	0	2	3	1	**38**	**40**	.400	193	48	26	1	25	2	77	0	0	9	9	1.69
〔4〕	193	0	27	0	0	0	14	8	6	100	114	.636	769	188.2	115	12	88	11	256	5	0	60	52	2.48

E.モンティージャ　エマイリン・モンティージャ　ウルピーナゴンザレス高　('19.7)　'95.10.2生　左投左打

年度(チーム)	試合	完投	交代了	試当初	無点勝	無四球	勝利	敗北	セーブ	ホールド	HP	勝率	打者	投球回	安打	本塁打	四球	死球	三振	暴投	ボーク	失点	自責点	防御率
'19(広)	2	0	0	2	0	0	0	2	0	0	0	.000	29	4.1	11	1	4	0	8	1	0	8	7	14.54
'20(広)	1	0	1	0	0	0	0	0	0	0	0	.000	6	1	3	0	0	0	0	0	0	2	2	18.00
〔2〕	3	0	1	2	0	0	0	2	0	0	0	.000	35	5.1	14	1	4	0	8	1	0	10	9	15.19

望月　惇志　もちづき・あつし　横浜創学館高（'16.1）　'97.8.2生　右投右打

年度	チーム	試合	完投	交代了	試当初	無点勝	無四球	勝利	敗北	セーブ	ホールド	HP	勝率	打者	投球回	安打	本塁打	四球	死球	三振	暴投	ボーク	失点	自責点	防御率
'16	(神)	1	0	1	0	0	0	0	0	0	0	0	.000	4	1	1	0	0	0	1	0	0	0	0	0.00
'18	(神)	37	0	11	0	0	0	0	0	0	0	0	.000	190	44	46	7	17	2	40	2	0	24	21	4.30
'19	(神)	8	0	2	5	0	0	1	1	0	0	0	.500	142	31.1	33	4	16	3	26	3	0	15	14	4.02
'20	(神)	16	0	4	0	0	0	0	0	0	0	0	.000	81	19	18	2	8	0	18	3	0	11	11	5.21
〔4〕		62	0	18	5	0	0	1	1	0	0	0	.500	417	95.1	98	13	41	5	85	8	0	50	46	4.34

望月　大希　もちづき・だいき　創価大（'20.1）　'98.2.1生　右投右打

年度	チーム	試合	完投	交代了	試当初	無点勝	無四球	勝利	敗北	セーブ	ホールド	HP	勝率	打者	投球回	安打	本塁打	四球	死球	三振	暴投	ボーク	失点	自責点	防御率
'20	(日)	2	0	0	0	0	0	0	0	0	0	0	.000	8	2	1	0	0	0	1	0	0	0	0	0.00

森　唯斗　もり・ゆいと　海部高（'14.1）　'92.1.8生　右投右打

年度	チーム	試合	完投	交代了	試当初	無点勝	無四球	勝利	敗北	セーブ	ホールド	HP	勝率	打者	投球回	安打	本塁打	四球	死球	三振	暴投	ボーク	失点	自責点	防御率
'14	(ソ)	58	0	13	0	0	0	4	1	0	20	24	.800	247	65.2	47	4	15	1	54	0	0	17	17	2.33
'15	(ソ)	55	0	11	0	0	0	5	2	0	16	21	.714	234	60.1	46	3	10	1	66	2	0	18	18	2.69
'16	(ソ)	56	0	20	0	0	0	4	3	1	14	18	.571	261	60.1	68	6	15	2	51	0	0	20	20	2.98
'17	(ソ)	64	0	16	0	0	0	2	3	33	35	.400		265	64.1	61	7	12	1	60	0	0	29	28	3.92
'18	(ソ)	66	0	**53**	0	0	0	2	4	**37**	6	8	.333	252	61.1	51	3	19	2	61	0	0	20	19	2.79
'19	(ソ)	54	0	46	0	0	0	2	3	35	7	9	.400	213	53	40	6	13	2	59	1	0	13	13	2.21
'20	(ソ)	52	0	44	0	0	0	1	1	32	6	7	.500	205	51.1	39	4	13	2	40	0	0	14	13	2.28
〔7〕		405	0	203	0	0	0	20	17	106	102	122	.541	1677	416.1	352	33	97	11	391	3	0	131	128	2.77

森　雄大　もり・ゆうだい　東福岡高（'13.1）　'94.8.19生　左投左打

年度	チーム	試合	完投	交代了	試当初	無点勝	無四球	勝利	敗北	セーブ	ホールド	HP	勝率	打者	投球回	安打	本塁打	四球	死球	三振	暴投	ボーク	失点	自責点	防御率
'14	(楽)	8	0	1	5	0	0	2	3	0			.400	135	29.1	34	3	19	1	22	1	1	19	18	5.52
'15	(楽)	3	0	0	3	0	0	0	2	0			.000	75	17	16	0	9	1	17	0	0	10	10	5.29
'17	(楽)	8	0	2	3	0	0	1	1	0			.500	114	25	18	0	21	2	17	1	0	17	13	4.68
'18	(楽)	9	0	3	0	0	0	0	0	0			.000	80	19	17	2	11	0	9	0	0	6	5	2.37
〔4〕		28	0	6	11	0	0	3	6	0			.333	404	90.1	85	5	60	4	65	2	1	52	46	4.58

森下　暢仁　もりした・まさと　明治大（'20.1）　'97.8.25生　右投右打

年度	チーム	試合	完投	交代了	試当初	無点勝	無四球	勝利	敗北	セーブ	ホールド	HP	勝率	打者	投球回	安打	本塁打	四球	死球	三振	暴投	ボーク	失点	自責点	防御率
'20	(広)	18	2	0	16	1	1	10	3	0	0	0	.769	485	122.2	102	6	32	4	124	2	0	30	26	1.91②

森原　康平　もりはら・こうへい　近畿大工学部（'17.1）　'91.12.26生　右投左打

年度	チーム	試合	完投	交代了	試当初	無点勝	無四球	勝利	敗北	セーブ	ホールド	HP	勝率	打者	投球回	安打	本塁打	四球	死球	三振	暴投	ボーク	失点	自責点	防御率
'17	(楽)	42	0	10	0	0	0	2	4	0	13	15	.333	171	39.1	42	3	13	0	21	0	0	22	21	4.81
'18	(楽)	17	0	4	0	0	0	1	2	0	1	2	.333	73	17	18	1	3	0	19	1	0	11	11	5.82
'19	(楽)	64	0	7	0	0	0	4	2	0	29	33	.667	255	64	47	3	18	1	65	0	0	15	14	1.97
'20	(楽)	17	0	8	0	0	0	1	2	4	2	3	.333	81	16.2	23	4	7	1	14	1	0	14	14	7.56
〔4〕		140	0	29	0	0	0	8	10	4	45	53	.444	580	137	130	11	41	2	119	2	0	62	60	3.94

守屋　功輝　もりや・こうき　倉敷工高　（'15.1）　'93.11.25生　右投右打

年度	チーム	試合	完投	交代了	試当初	無点勝	無四球	勝利	敗北	セーブ	ホールド	HP	勝率	打者	投球回	安打	本塁打	四球	死球	三振	暴投	ボーク	失点	自責点	防御率
'16	(神)	4	0	2	1	0	0	0	1	0	0	0	.000	44	8.1	16	2	4	0	7	0	0	8	8	8.64
'17	(神)	1	0	0	0	0	0	0	0	0	0	0	.000	2	0+	2	0	0	0	0	0	0	1	1	—
'18	(神)	4	0	3	0	0	0	0	0	0	0	0	.000	26	4.2	9	1	3	0	2	0	0	6	6	11.57
'19	(神)	57	0	10	0	0	0	2	2	0	7	9	.500	217	54	45	3	17	0	53	2	0	19	18	3.00
'20	(神)	3	0	0	0	0	0	0	0	0	0	0	.000	23	4	6	1	4	2	3	0	0	5	5	11.25
〔5〕		69	0	15	1	0	0	2	3	0	7	9	.400	312	71	78	7	28	2	65	2	0	39	38	4.82

森脇　亮介　もりわき・りょうすけ　日本大　（'19.1）　'92.7.13生　右投右打

年度	チーム	試合	完投	交代了	試当初	無点勝	無四球	勝利	敗北	セーブ	ホールド	HP	勝率	打者	投球回	安打	本塁打	四球	死球	三振	暴投	ボーク	失点	自責点	防御率
'19	(武)	29	0	8	0	0	0	2	1	0	2	4	.667	143	31	29	3	20	3	24	1	0	17	17	4.94
'20	(武)	47	0	11	0	0	0	7	1	1	16	23	.875	178	46.2	22	3	20	1	41	1	1	8	7	1.35
〔2〕		76	0	19	0	0	0	9	2	1	18	27	.818	321	77.2	51	6	40	4	65	2	1	25	24	2.78

矢崎　拓也　(旧姓・加藤) やさき・たくや　慶應義塾大　（'17.1）　'94.12.31生　右投右打

年度	チーム	試合	完投	交代了	試当初	無点勝	無四球	勝利	敗北	セーブ	ホールド	HP	勝率	打者	投球回	安打	本塁打	四球	死球	三振	暴投	ボーク	失点	自責点	防御率
'17	(広)	7	0	1	5	0	0	1	3	0	0	0	.250	136	29.1	20	2	31	1	28	3	0	14	14	4.30
'19	(広)	5	0	3	0	0	0	0	0	0	0	0	.000	40	8	10	2	6	0	11	0	0	5	5	5.63
'20	(広)	6	0	4	0	0	0	0	0	0	0	0	.000	39	7.2	11	3	5	1	10	2	0	9	8	9.39
〔3〕		18	0	8	5	0	0	1	3	0	0	0	.250	215	45	41	7	42	2	49	5	0	28	27	5.40

柳　裕也　やなぎ・ゆうや　明治大　（'17.1）　'94.4.22生　右投右打

年度	チーム	試合	完投	交代了	試当初	無点勝	無四球	勝利	敗北	セーブ	ホールド	HP	勝率	打者	投球回	安打	本塁打	四球	死球	三振	暴投	ボーク	失点	自責点	防御率
'17	(中)	11	0	1	7	0	0	1	4	0	0	0	.200	202	50.1	42	5	12	0	45	2	0	25	25	4.47
'18	(中)	10	1	0	9	1	0	2	5	0	0	0	.286	237	53.1	59	2	18	2	42	0	0	34	31	5.23
'19	(中)	26	1	0	25	0	0	11	7	0	0	0	.611	703	170.2	165	21	38	3	146	3	0	69	67	3.53 ⑧
'20	(中)	15	0	0	15	0	0	6	7	0	0	0	.462	365	85	87	10	29	6	88	3	0	38	34	3.60
〔4〕		62	2	1	56	1	0	20	23	0	0	0	.465	1507	359.1	353	38	97	11	321	8	0	166	157	3.93

薮田　和樹　やぶた・かずき　亜細亜大　（'15.1）　'92.8.7生　右投右打

年度	チーム	試合	完投	交代了	試当初	無点勝	無四球	勝利	敗北	セーブ	ホールド	HP	勝率	打者	投球回	安打	本塁打	四球	死球	三振	暴投	ボーク	失点	自責点	防御率
'15	(広)	6	0	0	6	0	0	1	2	0	0	0	.333	120	25	25	3	20	2	18	1	0	16	16	5.76
'16	(広)	16	0	5	3	0	0	3	1	0	0	1	.750	137	31	21	3	22	2	21	3	0	9	9	2.61
'17	(広)	38	2	9	13	2	0	15	3	0	3	6	.833	536	129	102	10	51	4	115	4	0	42	37	2.58
'18	(広)	9	0	0	4	0	0	2	1	0	0	1	.667	134	26.2	28	4	32	1	18	3	0	22	17	5.74
'19	(広)	4	0	1	2	0	0	0	2	0	0	0	.000	62	12.2	17	4	10	0	6	0	0	13	13	9.24
'20	(広)	28	0	3	5	0	0	1	2	0	2	2	.333	213	47	44	5	31	0	33	6	0	25	24	4.60
〔6〕		101	2	18	33	2	0	22	11	0	5	10	.667	1202	271.1	237	29	166	9	211	17	0	127	116	3.85

山井　大介　やまい・だいすけ　奈良産業大　（'02.1)　'78.5.10生　右投右打

年度	チーム	試合	完投	交代了	試当初	無点勝	無四球	勝利	敗北	セーブ	ホールド	HP	勝率	打者	投球回	安打	本塁打	四球	死球	三振	暴投	ボーク	失点	自責点	防御率
'02	(中)	31	0	6	15	0	0	6	3	0			.667	372	84.2	92	7	34	7	68	8	0	40	37	3.93
'03	(中)	4	0	0	0	0	0	0	0	0			.000	27	5.2	11	0	1	0	3	0	0	5	3	4.76
'04	(中)	8	1	1	3	1	0	2	1	0			.667	117	27	29	4	16	0	31	1	0	10	10	3.33
'05	(中)	27	0	2	15	0	0	3	5	1	2	3	.375	440	106.2	102	14	31	5	90	3	1	53	49	4.13
'07	(中)	14	1	0	12	0	0	6	4	0	0	0	.600	353	83	75	6	32	1	56	1	0	36	31	3.36
'08	(中)	2	0	0	1	0	0	0	1	0	0	0	.000	30	9	5	1	0	0	10	0	0	1	1	1.00
'09	(中)	17	0	3	6	0	0	0	4	2	2	2	.000	170	36.2	42	6	20	2	29	6	0	29	26	6.38
'10	(中)	19	1	0	17	1	0	7	4	0	1	1	.636	464	110.1	105	10	39	5	84	5	0	49	46	3.75
'11	(中)	10	0	1	8	0	0	3	4	0	1	1	.500	203	45.2	51	3	18	1	35	1	0	24	22	4.34
'12	(中)	56	0	22	5	0	0	4	3	15	13	16	.571	385	101	71	3	23	2	80	3	0	20	16	1.43
'13	(中)	23	1	1	15	1	0	5	6	0	1	1	.455	434	97.2	105	11	44	4	63	0	0	48	45	4.15
'14	(中)	27	1	0	26	1	0	13	5	0	0	0	.722	716	173.2	156	13	66	4	103	1	0	64	62	3.21⑧
'15	(中)	33	0	2	22	0	0	4	12	2	5	6	.250	589	140	132	13	50	2	79	7	0	69	61	3.92
'16	(中)	33	0	10	6	0	0	1	8	0	7	8	.111	276	63.2	60	9	22	4	45	5	0	33	32	4.52
'17	(中)	2	0	0	2	0	0	2	0	0	0	0	1.000	44	12	8	1	1	1	5	0	0	2	2	1.50
'18	(中)	10	1	0	9	1	0	3	6	0	0	0	.333	259	62.1	55	12	21	1	43	2	0	28	28	4.04
'19	(中)	13	0	0	13	0	0	3	5	0	0	0	.375	279	65	66	13	24	3	37	2	0	35	35	4.85
'20	(中)	6	0	3	2	0	0	0	0	0	0	0	.000	42	8	12	1	5	1	5	1	0	8	8	9.00
〔18〕		335	6	51	175	5	0	62	70	20	32	38	.470	5200	1232	1177	127	448	43	866	46	1	554	514	3.75

山岡　泰輔　やまおか・たいすけ　瀬戸内高　（'17.1)　'95.9.22生　右投左打

年度	チーム	試合	完投	交代了	試当初	無点勝	無四球	勝利	敗北	セーブ	ホールド	HP	勝率	打者	投球回	安打	本塁打	四球	死球	三振	暴投	ボーク	失点	自責点	防御率
'17	(オ)	24	2	0	22	1	1	8	11	0	0	0	.421	618	149.1	136	8	54	2	133	7	0	62	62	3.74⑪
'18	(オ)	30	1	1	22	1	0	7	12	0	4	4	.368	619	146	137	21	49	6	121	4	1	71	64	3.95⑨
'19	(オ)	26	2	0	24	0	1	13	4	0	0	0	.765	699	170	154	16	45	4	154	2	0	77	70	3.71⑤
'20	(オ)	12	1	0	11	0	0	4	5	0	0	0	.444	284	69.1	68	7	21	2	64	3	0	22	20	2.60
〔4〕		92	6	1	79	2	2	32	32	0	4	4	.500	2220	534.2	495	52	169	14	472	16	1	232	216	3.64

山口　翔　やまぐち・しょう　熊本工高　（'18.1)　'99.4.28生　右投右打

年度	チーム	試合	完投	交代了	試当初	無点勝	無四球	勝利	敗北	セーブ	ホールド	HP	勝率	打者	投球回	安打	本塁打	四球	死球	三振	暴投	ボーク	失点	自責点	防御率
'19	(広)	9	0	1	6	0	0	1	3	0		0	.250	117	26	25	3	13	3	21	2	0	14	14	4.85

山﨑　福也　やまさき・さちや　明治大　（'15.1)　'92.9.9生　左投左打

年度	チーム	試合	完投	交代了	試当初	無点勝	無四球	勝利	敗北	セーブ	ホールド	HP	勝率	打者	投球回	安打	本塁打	四球	死球	三振	暴投	ボーク	失点	自責点	防御率
'15	(オ)	17	0	3	12	0	0	3	6	0	0	0	.333	258	57.2	49	9	34	3	35	4	0	35	29	4.53
'16	(オ)	17	0	4	7	0	0	3	2	0	0	0	.600	260	61.1	55	4	23	3	37	2	0	27	25	3.67
'17	(オ)	15	1	2	6	1	0	2	5	0	0	1	.286	205	45	52	3	20	0	21	2	1	29	22	4.40
'18	(オ)	7	0	1	2	0	0	0	0	0	0	0	.000	80	17.2	21	2	7	0	9	0	0	11	9	4.58
'19	(オ)	36	0	16	2	0	0	2	3	0	1	3	.400	236	54	49	6	28	3	37	2	0	27	27	4.50
'20	(オ)	15	0	1	14	0	0	5	5	0	0	0	.500	347	84	71	12	33	2	46	0	0	45	42	4.50
〔6〕		107	1	27	43	1	0	15	22	0	1	4	.405	1386	319.2	297	4	145	11	185	10	1	174	154	4.34

山﨑　康晃　やまさき・やすあき　亜細亜大　('15.1)　'92. 10. 2生　右投右打

年度 / チーム	試合	完投	交代了	試当初	無点勝	無四球	勝利	敗北	セーブ	ホールド	HP	勝率	打者	投球回	安打	本塁打	四球	死球	三振	暴投	ボーク	失点	自責点	防御率
'15 (ディ)	58	0	49	0	0	0	2	4	37	7	9	.333	215	56.1	38	2	11	1	66	4	1	13	12	1.92
'16 (ディ)	59	0	46	0	0	0	2	5	33	7	9	.286	252	57.2	57	7	23	0	61	2	0	27	23	3.59
'17 (ディ)	68	0	47	0	0	0	4	2	26	15	19	.667	260	65.2	52	3	13	1	84	1	0	16	12	1.64
'18 (ディ)	57	0	52	0	0	0	2	4	37	3	5	.333	226	56.1	40	4	18	1	63	1	0	18	17	2.72
'19 (ディ)	61	0	55	0	0	0	3	2	30	4	7	.600	243	60	44	6	19	0	54	0	0	18	13	1.95
'20 (ディ)	40	0	13	0	0	0	0	3	6	8	8	.000	176	38	52	4	14	0	31	1	0	26	24	5.68
〔6〕	343	0	262	0	0	0	13	20	169	44	57	.394	1372	334	283	27	98	3	359	9	1	118	101	2.72

山田　修義　やまだ・のぶよし　敦賀気比高　('10.1)　'91. 9. 19生　左投左打

年度 / チーム	試合	完投	交代了	試当初	無点勝	無四球	勝利	敗北	セーブ	ホールド	HP	勝率	打者	投球回	安打	本塁打	四球	死球	三振	暴投	ボーク	失点	自責点	防御率
'10 (オ)	1	0	0	1	0	0	0	0	0			.000	14	3	5	0	1	1	0	0	0	1	1	3.00
'12 (オ)	6	0	3	2	0	0	0	2	0			.000	78	17.1	19	3	9	1	7	1	0	12	11	5.71
'13 (オ)	1	0	0	0	0	0	0	0	0			.000	8	1.1	4	0	1	0	1	0	0	3	3	20.25
'15 (オ)	7	0	1	2	0	0	0	1	0			.000	79	16.1	17	1	13	1	12	0	0	11	10	5.51
'16 (オ)	12	0	0	12	0	0	2	7	0			.222	245	58.1	63	7	19	0	43	0	0	35	32	4.94
'17 (オ)	4	0	0	4	0	0	0	3	0			.000	71	12.1	21	2	10	2	13	1	0	16	12	8.76
'18 (オ)	30	0	1	0	0	0	1	2	0	10	11	.333	84	21.1	14	1	6	0	20	0	0	10	9	3.80
'19 (オ)	40	0	10	1	0	0	1	2	0	5	5	.333	172	43	31	6	18	0	44	1	0	17	17	3.56
'20 (オ)	48	0	7	0	0	0	4	5	0	18	22	.444	170	39.1	37	1	19	0	44	0	0	20	17	3.89
〔9〕	149	0	22	22	0	0	7	20	0	33	38	.259	921	212.1	211	21	95	5	184	3	0	125	112	4.75

山田　大樹　やまだ・ひろき　つくば秀英高　('10.2)　'88. 7. 30生　左投左打

年度 / チーム	試合	完投	交代了	試当初	無点勝	無四球	勝利	敗北	セーブ	ホールド	HP	勝率	打者	投球回	安打	本塁打	四球	死球	三振	暴投	ボーク	失点	自責点	防御率
'10 (ソ)	13	0	1	12	0	0	4	4	0			.500	266	58.2	59	6	33	7	44	3	1	33	30	4.60
'11 (ソ)	17	1	0	16	1	0	7	7	0			.500	446	110.2	88	7	33	5	67	2	0	38	35	2.85
'12 (ソ)	24	1	0	23	0	1	8	10	0			.444	623	148.2	129	10	57	9	83	1	0	51	46	2.78 ⑪
'13 (ソ)	9	0	0	9	0	0	3	3	0			.500	164	35.1	42	2	20	1	17	0	0	19	18	4.58
'14 (ソ)	1	0	0	1	0	0	0	1	0			.000	26	5	5	2	6	0	0	0	0	3	3	5.40
'16 (ソ)	4	0	0	4	0	0	1	1	0			.500	63	13.2	17	1	8	1	9	1	0	9	9	5.93
'17 (ソ)	2	0	0	2	0	0	1	0	0			1.000	32	7.1	7	1	4	0	4	2	0	3	3	3.68
'18 (ソ)	2	0	0	2	0	0	0	0	0			.000	33	5.2	10	2	3	0	1	0	0	11	10	15.88
'19 (ヤ)	14	0	3	11	0	0	5	4	0			.556	268	62.1	70	10	16	1	45	1	0	29	27	3.90
'20 (ヤ)	2	0	1	1	0	0	0	2	0			.000	36	8.2	8	1	4	0	4	0	0	8	8	8.31
〔10〕	88	2	5	81	1	1	29	33	0			.468	1957	456	435	40	185	25	276	10	1	204	189	3.73

山中　浩史　やまなか・ひろふみ　九州東海大　('13.1)　'85. 9. 9生　右投右打

年度 / チーム	試合	完投	交代了	試当初	無点勝	無四球	勝利	敗北	セーブ	ホールド	HP	勝率	打者	投球回	安打	本塁打	四球	死球	三振	暴投	ボーク	失点	自責点	防御率
'13 (ソ)	17	0	8	2	0	0	0	2	0	1	1	.000	136	29.1	43	1	12	0	11	2	0	19	18	5.52
'14 (ヤ)	1	0	0	0	0	0	0	0	0			.000	13	3	4	0	0	0	1	0	0	2	2	6.00
'15 (ヤ)	9	0	0	9	0	0	3	1	0			.750	210	50	54	5	7	5	20	0	0	21	18	3.24
'16 (ヤ)	22	3	0	19	1	2	6	12	0			.333	578	140	140	17	20	9	54	1	0	56	55	3.54
'17 (ヤ)	13	1	0	12	0	0	2	6	0			.250	333	75.1	91	11	17	4	29	0	0	45	43	5.14
'18 (ヤ)	11	0	1	5	0	0	2	0	0	1	1	1.000	163	37.1	43	2	10	2	20	0	0	18	15	3.62
'19 (ヤ)	3	0	0	3	0	0	0	2	0			.000	41	9.2	11	0	5	0	8	0	0	8	7	7.45
'20 (ヤ)	6	0	0	6	0	0	1	2	0			.333	125	29.1	31	3	8	1	16	0	0	18	18	5.52
〔8〕	92	5	11	53	2	2	17	26	0	2	2	.395	1651	384.2	433	45	80	21	163	4	0	195	185	4.33

山本　拓実　やまもと・たくみ　市立西宮高　('18.1)　'00.1.31生　右投右打

年度 チーム	試合	完投	交代了	試当初	無点勝	無四球	勝利	敗北	セーブ	ホールド	HP	勝率	打者	投球回	安打	本塁打	四球	死球	三振	暴投	ボーク	失点	自責点	防御率
'18(中)	1	0	1	0	0	0	0	0	0	0	0	.000	8	2	1	0	2	0	3	0	0	0	0	0.00
'19(中)	9	0	0	7	0	0	3	3	0	0	0	.500	194	45.1	39	4	24	1	27	3	0	15	15	2.98
'20(中)	9	0	1	5	0	0	1	3	0	0	0	.250	133	29	31	4	17	1	25	0	0	20	18	5.59
〔3〕	19	0	2	12	0	0	4	6	0	0	0	.400	335	76.1	71	8	43	2	55	3	0	35	33	3.89

山本　大貴　やまもと・だいき　北星学園大附高　('18.1)　'95.11.10生　左投左打

年度 チーム	試合	完投	交代了	試当初	無点勝	無四球	勝利	敗北	セーブ	ホールド	HP	勝率	打者	投球回	安打	本塁打	四球	死球	三振	暴投	ボーク	失点	自責点	防御率
'18(ロ)	1	0	1	0	0	0	0	0	0	0	0	.000	17	3	5	0	4	0	1	0	0	4	2	6.00
'20(ロ)	12	0	10	0	0	0	0	0	0	0	0	.000	54	13.2	11	1	6	0	7	0	0	4	4	2.63
〔2〕	13	0	10	1	0	0	0	0	0	0	0	.000	71	16.2	16	1	10	0	8	0	0	8	6	3.24

山本　由伸　やまもと・よしのぶ　都城高　('17.1)　'98.8.17生　右投右打

年度 チーム	試合	完投	交代了	試当初	無点勝	無四球	勝利	敗北	セーブ	ホールド	HP	勝率	打者	投球回	安打	本塁打	四球	死球	三振	暴投	ボーク	失点	自責点	防御率
'17(オ)	5	0	0	5	0	0	1	1	0	0	0	.500	109	23.2	32	3	7	1	20	0	0	14	14	5.32
'18(オ)	54	0	3	0	0	0	4	2	1	32	36	.667	213	53	40	4	16	2	46	2	0	19	17	2.89
'19(オ)	20	1	0	19	1	0	8	6	0	0	0	.571	553	143	101	8	36	3	127	3	1	37	31	**1.95**①
'20(オ)	18	1	0	17	0	1	8	4	0	0	0	.667	494	126.2	82	6	37	3	**149**	1	0	34	31	2.20②
〔4〕	97	2	3	41	1	1	21	13	1	32	36	.618	1369	346.1	255	21	96	12	342	6	1	104	93	2.42

雄　平　ゆうへい　(高井　雄平)　東北高　('03.1)　'84.6.25生　左投左打

年度 チーム	試合	完投	交代了	試当初	無点勝	無四球	勝利	敗北	セーブ	ホールド	HP	勝率	打者	投球回	安打	本塁打	四球	死球	三振	暴投	ボーク	失点	自責点	防御率
'03(ヤ)	27	0	4	17	0	0	5	6	0			.455	458	102	99	14	56	7	80	**12**	0	62	57	5.03
'04(ヤ)	9	0	0	8	0	0	4	2	0			.667	223	49	48	7	29	3	54	8	0	26	24	4.41
'05(ヤ)	18	1	1	10	0	0	4	4	0	0	0	.500	330	73.2	70	7	42	2	74	8	0	37	37	4.52
'06(ヤ)	36	0	7	1	0	0	2	1	0	5	7	.667	143	27.2	29	3	21	1	27	8	0	27	20	6.51
'07(ヤ)	52	0	15	0	0	0	3	6	1	12	15	.333	188	43.1	39	3	24		30	3	0	26	25	5.19
'08(ヤ)	1	0	0	1	0	0	0	0	0	0	0	.000	5	0.2	1	0	2	0	0	0	0	1	1	13.50
'09(ヤ)	1	0	0	0	0	0	0	0	0	0	0	.000	4	1	1	0	0	0	0	0	0	0	0	0.00
〔7〕	144	1	27	36	0	0	18	19	1	17	22	.486	1351	297.1	287	35	174	15	265	39	0	179	164	4.96

弓削　隼人　ゆげ・はやと　日本大　('19.1)　'94.4.6生　左投左打

年度 チーム	試合	完投	交代了	試当初	無点勝	無四球	勝利	敗北	セーブ	ホールド	HP	勝率	打者	投球回	安打	本塁打	四球	死球	三振	暴投	ボーク	失点	自責点	防御率
'19(楽)	8	1	0	6	1	0	3	3	0	0	0	.500	172	43.1	40	5	9	2	34	0	0	18	18	3.74
'20(楽)	10	0	0	10	0	0	3	2	0	0	0	.600	229	50.1	57	9	20	3	34	2	0	34	28	5.01
〔2〕	18	1	0	16	1	0	6	5	0	0	0	.545	401	93.2	97	14	29	5	68	2	0	52	46	4.42

横川　凱　よこがわ・かい　大阪桐蔭高　('19.1)　'00.8.30生　左投左打

年度 チーム	試合	完投	交代了	試当初	無点勝	無四球	勝利	敗北	セーブ	ホールド	HP	勝率	打者	投球回	安打	本塁打	四球	死球	三振	暴投	ボーク	失点	自責点	防御率
'20(巨)	2	0	1	1	0	0	0	0	0	0	0	.000	20	5.2	4	1	1	0	2	0	0	1	1	1.59

横山　雄哉　よこやま・ゆうや　山形中央高　('15.1)　'94.2.21生　左投左打

年度 チーム	試合	完投	交代了	試当初	無点勝	無四球	勝利	敗北	セーブ	ホールド	HP	勝率	打者	投球回	安打	本塁打	四球	死球	三振	暴投	ボーク	失点	自責点	防御率
'15(神)	4	0	0	3	0	0	0	2	0	0	0	.000	66	13.1	15	2	11	1	12	1	0	10	10	6.75
'16(神)	3	0	0	3	0	0	2	0	0	0	0	1.000	63	15.1	11	2	8	0	16	1	0	7	5	2.93
'17(神)	1	0	0	1	0	0	1	0	0	0	0	1.000	22	5	6	0	2	0	5	0	0	1	1	1.80
'20(神)	1	0	1	0	0	0	0	0	0	0	0	.000	6	1	2	1	1	0	0	0	0	2	2	18.00
〔4〕	9	0	1	7	0	0	3	2	0	0	0	.600	157	34.2	34	5	22	1	33	2	0	20	18	4.67

與座　海人　よざ・かいと　岐阜経済大　('18.1)　'95.9.15生　右投右打

年度 チーム	試合	完投	交代了	試当初	無点勝	無四球	勝利	敗北	セーブ	ホールド	HP	勝率	打者	投球回	安打	本塁打	四球	死球	三振	暴投	ボーク	失点	自責点	防御率
'20(武)	8	0	0	8	0	0	2	4	0	0	0	.333	169	38	47	5	13	2	18	0	0	23	23	5.45

吉川　光夫　よしかわ・みつお　広陵高　('07.1)　'88.4.6生　左投左打

年度 チーム	試合	完投	交代了	試当初	無点勝	無四球	勝利	敗北	セーブ	ホールド	HP	勝率	打者	投球回	安打	本塁打	四球	死球	三振	暴投	ボーク	失点	自責点	防御率
'07(日)	19	1	2	14	1	0	4	3	0	0	0	.571	400	93.1	83	6	46	5	52	6	0	39	38	3.66
'08(日)	7	0	0	7	0	0	2	4	0	0	0	.333	158	34.2	39	7	22	0	23	5	0	24	24	6.23
'09(日)	3	0	0	3	0	0	0	2	0	0	0	.000	77	16.1	19	2	10	0	18	0	0	17	12	6.61
'10(日)	9	0	3	5	0	0	0	4	0	0	0	.000	122	26	35	7	11	1	20	2	0	21	20	6.92
'11(日)	7	0	0	7	0	0	0	5	0	0	0	.000	175	38	45	4	20	1	25	1	0	20	20	4.74
'12(日)	25	5	0	20	3	2	14	5	0	0	0	.737	668	173.2	108	6	45	4	158	3	1	35	33	1.71①
'13(日)	26	1	0	25	0	0	7	15	0	0	0	.318	686	160.1	150	10	57	5	125	3	0	72	59	3.31⑥
'14(日)	13	0	0	13	0	0	3	4	0	0	0	.429	329	72	79	7	36	2	49	3	0	45	39	4.88
'15(日)	26	2	0	24	0	0	11	8	0	0	0	.578	684	159.1	151	16	57	11	93	3	0	72	68	3.84⑫
'16(日)	27	0	5	20	0	0	7	7	0	0	0	.538	494	109.2	125	9	52	5	65	1	0	53	51	4.19
'17(巨)	12	0	0	8	0	0	1	3	0	0	0	.250	181	38.1	51	4	15	4	28	2	0	28	25	5.87
'18(日)	22	0	1	7	0	0	6	7	0	0	0	.462	431	101.1	93	16	39	4	76	3	0	49	48	4.26
'19(巨)	9	0	1	0	0	0	0	1	0	3	3	.000	35	6.1	12	2	6	0	4	0	0	7	7	9.95
'20(日)	5	0	1	0	0	0	0	2	0	0	0	.000	24	5.1	5	0	4	0	1	1	0	2	2	3.38
〔14〕	214	9	18	167	4	2	55	70	3	3	3	.440	4514	1045.1	1006	98	427	42	745	33	1	492	454	3.91

吉田　一将　よしだ・かずまさ　日本大　('14.1)　'89.9.24生　右投左打

年度 チーム	試合	完投	交代了	試当初	無点勝	無四球	勝利	敗北	セーブ	ホールド	HP	勝率	打者	投球回	安打	本塁打	四球	死球	三振	暴投	ボーク	失点	自責点	防御率
'14(オ)	15	0	1	14	0	0	5	6	0	0	0	.455	318	75.2	70	9	24	2	62	2	0	34	32	3.81
'15(オ)	14	0	0	6	0	0	1	5	0	1	2	.167	191	42.2	51	7	19	1	25	1	0	28	25	5.27
'16(オ)	54	0	13	0	0	0	5	2	1	21	26	.714	204	50.2	37	4	16	3	36	3	0	17	15	2.66
'17(オ)	29	1	3	1	1	0	2	1	0	6	7	.667	166	43	25	6	14	0	31	1	0	13	13	2.72
'18(オ)	58	0	7	0	0	0	3	4	0	21	24	.429	233	56.1	47	4	18	1	53	1	0	24	24	3.83
'19(オ)	33	0	2	0	0	0	1	1	0	6	7	.500	156	37.2	33	1	14	1	28	1	0	17	17	4.06
'20(オ)	23	0	6	2	0	0	1	1	0	7	8	.500	153	35.1	38	3	14	3	34	2	0	17	16	4.08
〔7〕	226	1	33	23	1	0	18	20	2	55	67	.474	1421	341.1	301	36	117	11	269	11	0	150	142	3.74

吉田　輝星　よしだ・こうせい　金足農高　('19.1)　'01.1.12生　右投右打

年度 チーム	試合	完投	交代了	試当初	無点勝	無四球	勝利	敗北	セーブ	ホールド	HP	勝率	打者	投球回	安打	本塁打	四球	死球	三振	暴投	ボーク	失点	自責点	防御率
'19(日)	4	0	0	4	0	0	1	3	0	0	0	.250	59	11	18	3	7	1	13	0	0	15	15	12.27
'20(日)	5	0	0	5	0	0	0	2	0	0	0	.000	99	20.1	26	2	12	1	11	0	0	22	19	8.41
〔2〕	9	0	0	9	0	0	1	5	0	0	0	.167	158	31.1	44	5	19	2	24	0	0	37	34	9.77

吉田　大喜　よしだ・だいき　日本体育大　('20.1)　'97.7.27生　右投右打

年度	チーム	試合	完投	交代了	試当初	無点勝	無四球	勝利	敗北	セーブ	ホールド	HP	勝率	打者	投球回	安打	本塁打	四球	死球	三振	暴投	ボーク	失点	自責点	防御率
'20(ヤ)		14	0	0	14	0	0	2	7	0	0	0	.222	308	67.1	80	10	34	0	53	2	1	40	39	5.21

吉田　侑樹　よしだ・ゆうき　東海大　('16.1)　'94.2.16生　右投右打

年度	チーム	試合	完投	交代了	試当初	無点勝	無四球	勝利	敗北	セーブ	ホールド	HP	勝率	打者	投球回	安打	本塁打	四球	死球	三振	暴投	ボーク	失点	自責点	防御率
'17(日)		5	0	0	5	0	0	2	2	0	0	0	.500	110	23.2	31	4	9	0	9	5	0	15	14	5.32
'18(日)		1	0	0	1	0	0	0	1	0	0	0	.000	20	3.2	6	0	2	0	2	1	0	6	3	7.36
'19(日)		9	0	5	1	0	0	0	0	0	0	0	.000	98	21	27	6	11	1	17	2	0	14	14	6.00
'20(日)		5	0	5	0	0	0	0	0	0	0	0	.000	27	6.1	8	0	2	0	6	0	0	3	3	4.26
〔4〕		20	0	10	7	0	0	2	3	0	0	0	.400	255	54.2	72	10	24	1	34	8	0	38	34	5.60

吉田　凌　よしだ・りょう　東海大相模高　('16.1)　'97.6.20生　右投右打

年度	チーム	試合	完投	交代了	試当初	無点勝	無四球	勝利	敗北	セーブ	ホールド	HP	勝率	打者	投球回	安打	本塁打	四球	死球	三振	暴投	ボーク	失点	自責点	防御率
'17(オ)		1	0	0	1	0	0	0	0	0	0	0	.000	16	2.2	5	0	2	0	0	0	0	6	6	20.25
'19(オ)		4	0	3	0	0	0	0	0	0	0	0	.000	21	4.1	7	2	3	0	2	0	0	4	4	8.31
'20(オ)		35	0	6	0	0	0	2	2	0	7	9	.500	118	29	15	1	15	2	33	3	0	7	7	2.17
〔3〕		40	0	9	1	0	0	2	3	0	7	9	.400	155	36	27	3	20	2	35	3	0	17	17	4.25

由　規　よしのり(佐藤　由規)　仙台育英高　('08.1)　'89.12.5生　右投左打

年度	チーム	試合	完投	交代了	試当初	無点勝	無四球	勝利	敗北	セーブ	ホールド	HP	勝率	打者	投球回	安打	本塁打	四球	死球	三振	暴投	ボーク	失点	自責点	防御率
'08(ヤ)		6	0	0	5	0	0	2	1	0	0	0	.667	118	29.2	21	4	8	2	28	3	0	16	15	4.55
'09(ヤ)		22	0	0	21	0	0	5	10	0	0	0	.333	520	121	109	9	57	5	91	5	0	61	47	3.50
'10(ヤ)		25	2	0	23	1	0	12	9	0	0	0	.571	724	167.2	158	11	74	3	149	8	0	78	67	3.60⑨
'11(ヤ)		15	3	0	12	1	0	7	6	0	0	0	.538	425	100.2	84	6	41	3	83	5	0	34	32	2.86
'16(ヤ)		5	0	0	5	0	0	2	3	0	0	0	.400	120	25.2	26	1	20	1	20	2	0	16	13	4.56
'17(ヤ)		10	0	0	10	0	0	3	5	0	0	0	.375	234	54.1	48	4	33	0	46	0	0	29	26	4.31
'18(ヤ)		7	0	0	7	0	0	1	2	0	0	0	.333	155	34.1	34	4	20	1	37	1	0	17	17	4.46
'19(楽)		1	0	1	0	0	0	0	1	0	0	0	.000	3	1	0	0	0	0	2	0	0	0	0	0.00
〔8〕		91	5	1	83	2	0	32	36	0	0	0	.471	2299	534.1	480	39	253	25	454	24	0	251	217	3.66

吉見　一起　よしみ・かずき　金光大阪高　('06.1)　'84.9.19生　右投右打

年度	チーム	試合	完投	交代了	試当初	無点勝	無四球	勝利	敗北	セーブ	ホールド	HP	勝率	打者	投球回	安打	本塁打	四球	死球	三振	暴投	ボーク	失点	自責点	防御率
'06(中)		4	0	1	2	0	0	1	0	0	0	0	1.000	53	13.1	10	1	3	0	10	0	0	4	4	2.70
'07(中)		4	0	0	1	0	0	0	1	0	0	0	.000	74	14.2	25	5	7	0	14	1	0	14	12	7.36
'08(中)		35	3	2	11	2	0	10	3	0	10	13	.769	476	114.1	118	11	25	4	82	1	0	46	41	3.23
'09(中)		27	5	0	20	4	3	16	7	0	1	2	.696	750	189.1	166	13	33	3	147	6	1	52	42	2.00②
'10(中)		25	1	0	24	1	0	12	9	0	0	0	.571	659	156.2	159	13	25	5	115	5	0	67	61	3.50⑦
'11(中)		26	5	0	20	3	3	18	3	0	0	1	.857	734	190.2	143	3	23	4	120	0	0	38	35	1.65①
'12(中)		19	6	0	13	2	3	13	4	0	0	0	.765	529	138.2	121	5	13	0	76	1	0	28	27	1.75
'13(中)		6	0	0	6	0	0	1	4	0	0	0	.200	157	36.1	40	5	10	0	29	0	0	19	19	4.71
'14(中)		3	0	0	3	0	0	0	1	0	0	0	.000	62	15	16	4	2	0	6	0	0	8	7	4.20
'15(中)		8	0	0	3	0	0	3	0	0	0	1	1.000	186	48	34	2	12	—	39	1	0	5	5	0.94
'16(中)		21	1	0	20	0	0	6	7	0	0	0	.462	535	131.1	134	11	27	0	81	0	0	49	45	3.08
'17(中)		14	0	0	14	0	0	3	7	0	0	0	.300	334	75.2	93	3	14	—	38	0	0	49	44	5.23
'18(中)		20	1	0	19	1	0	5	7	0	0	0	.417	516	125.2	136	5	24	—	61	1	0	54	54	3.87
'19(中)		5	0	0	5	0	0	1	1	0	0	0	.500	96	19.2	30	4	4	2	17	1	0	14	14	6.41
'20(中)		5	0	0	5	0	0	1	2	0	0	0	.333	77	17.2	21	3	3	2	10	0	0	11	11	5.60
〔15〕		223	22	4	174	13	10	90	56	0	11	16	.616	5238	1287	1246	103	225	26	845	18	2	458	421	2.94

B. ロドリゲス　ブライアン・ロドリゲス　エヴァンジェリーナ・ロドリゲス高（'18.1）　'91.7.6生　右投右打

年度	チーム	試合	完投	交代了	試当初	無点勝	無四球	勝利	敗北	セーブ	ホールド	HP	勝率	打者	投球回	安打	本塁打	四球	死球	三振	暴投	ボーク	失点	自責点	防御率
'18	(日)	9	0	1	7	0	0	3	2	0	0	0	.600	165	37.2	41	0	12	3	23	2	1	23	22	5.26
'19	(日)	34	0	2	10	0	0	6	7	1	8	13	.462	383	91.1	89	7	27	4	55	5	0	36	33	3.25
'20	(日)	7	0	1	0	0	0	0	0	0	3	3	.000	34	8	7	0	3	0	9	1	0	2	2	2.25
〔3〕		50	0	4	17	0	0	9	9	1	11	16	.500	582	137	137	7	42	7	87	8	1	61	57	3.74

Y. ロドリゲス　ヤリエル・ロドリゲス　エスクエラ・アルマンド・メストレ高（'20.8）　'97.3.10生　右投右打

年度	チーム	試合	完投	交代了	試当初	無点勝	無四球	勝利	敗北	セーブ	ホールド	HP	勝率	打者	投球回	安打	本塁打	四球	死球	三振	暴投	ボーク	失点	自責点	防御率
'20	(中)	11	0	0	0	0	0	3	4	0	0	0	.429	248	59	50	4	21	5	67	2	2	30	27	4.12

E. ロメロ　エンニー・ロメロ　ラモン・エミリオ・ヒメネス高（'19.1）　'91.1.24生　左投右打

年度	チーム	試合	完投	交代了	試当初	無点勝	無四球	勝利	敗北	セーブ	ホールド	HP	勝率	打者	投球回	安打	本塁打	四球	死球	三振	暴投	ボーク	失点	自責点	防御率
'19	(中)	21	0	0	21	0	0	8	10	0	0	0	.444	503	116.1	106	14	55	4	105	2	0	57	55	4.26

涌井　秀章　わくい・ひであき　横浜高（'05.1）　'86.6.21生　右投右打

年度	チーム	試合	完投	交代了	試当初	無点勝	無四球	勝利	敗北	セーブ	ホールド	HP	勝率	打者	投球回	安打	本塁打	四球	死球	三振	暴投	ボーク	失点	自責点	防御率
'05	(武)	13	0	0	13	0	0	1	6	0	0	0	.143	253	55.1	62	11	23	4	57	2	0	45	45	7.32
'06	(武)	26	8	0	18	1	2	12	8	0	0	0	.600	734	178	161	16	53	8	136	7	1	79	64	3.24⑪
'07	(武)	28	11	0	17	1	3	17	10	0	0	0	.630	877	213	199	14	50	8	141	7	0	71	66	2.79⑧
'08	(武)	25	5	0	20	0	1	10	11	0	0	0	.476	738	173	173	16	51	8	122	11	0	80	75	3.90⑯
'09	(武)	27	11	0	16	4	0	16	6	0	0	0	.727	863	211.2	162	12	76	9	199	5	0	57	54	2.30②
'10	(武)	27	6	0	21	2	1	14	8	0	0	0	.636	828	196.1	191	21	54	9	154	6	0	85	80	3.67⑩
'11	(武)	26	5	0	21	1	0	9	12	0	0	0	.429	744	181	184	9	41	8	108	7	0	71	58	2.93⑫
'12	(武)	55	0	46	3	0	0	1	5	30	3	4	.167	271	63	66	1	22	2	40	1	0	27	26	3.71
'13	(武)	45	1	13	10	0	1	5	7	13	15	5	.417	398	92.1	89	4	29	8	79	5	0	51	40	3.90
'14	(ロ)	26	1	0	25	0	0	8	12	0	0	0	.400	708	164.2	158	9	63	10	116	7	1	81	77	4.21⑫
'15	(ロ)	28	1	0	27	0	1	15	9	0	0	0	.625	786	188.2	178	11	57	8	117	6	0	79	71	3.39⑧
'16	(ロ)	26	5	0	21	0	1	10	7	0	0	0	.588	793	188.2	195	15	48	4	118	1	0	73	63	3.01⑦
'17	(ロ)	25	1	0	24	1	0	5	11	0	0	0	.313	675	158	156	20	53	7	115	6	0	74	70	3.99⑫
'18	(ロ)	22	1	0	21	1	0	7	9	0	0	0	.438	629	150.2	155	16	43	2	99	3	0	65	62	3.70⑦
'19	(ロ)	18	2	0	15	1	1	3	7	0	0	0	.300	462	104	121	14	27	6	87	3	0	58	52	4.50
'20	(楽)	20	1	0	19	1	0	11	4	0	0	0	.733	529	130	110	17	38	3	110	5	0	53	52	3.60④
〔16〕		437	59	59	291	13	13	144	132	37	16	19	.522	10288	2445.2	2360	206	728	104	1798	80	2	1049	955	3.51

渡邉　啓太　わたなべ・けいた　神奈川工科大（'18.1）　'93.9.13生　右投右打

年度	チーム	試合	完投	交代了	試当初	無点勝	無四球	勝利	敗北	セーブ	ホールド	HP	勝率	打者	投球回	安打	本塁打	四球	死球	三振	暴投	ボーク	失点	自責点	防御率
'18	(ロ)	6	0	0	6	0	0	0	1	0	0	0	.000	129	28	37	2	10	0	12	2	0	18	15	4.82

渡邉　佑樹　わたなべ・ゆうき　横浜商科大（'18.1）　'95.11.8生　左投左打

年度	チーム	試合	完投	交代了	試当初	無点勝	無四球	勝利	敗北	セーブ	ホールド	HP	勝率	打者	投球回	安打	本塁打	四球	死球	三振	暴投	ボーク	失点	自責点	防御率
'19	(楽)	1	0	1	0	0	0	0	0	0	0	0	.000	5	1	0	0	2	0	3	0	0	0	0	0.00

渡邉　雄大　わたなべ・ゆうだ　青山学院大（'20.8）　'91.9.19生　左投左打

年度	チーム	試合	完投	交代了	試当初	無点勝	無四球	勝利	敗北	セーブ	ホールド	HP	勝率	打者	投球回	安打	本塁打	四球	死球	三振	暴投	ボーク	失点	自責点	防御率
'20	(ソ)	3	0	0	0	0	0	0	0	0	0	0	.000	6	1.2	0	0	1	0	1	0	0	0	0	0.00

和田　毅　わだ・つよし　早稲田大（'03.1）　'81.2.21生　左投左打

年度	チーム	試合	完投	交代完了	試当初	無点勝	無四球	勝利	敗北	セーブ	ホールド	HP	勝率	打者	投球回	安打	本塁打	四球	死球	三振	暴投	ボーク	失点	自責点	防御率
'03	（ダ）	26	8	0	18	2	0	14	5	0			.737	781	189	165	26	61	1	195	1	0	77	71	3.38⑤
'04	（ダ）	19	7	1	11	0	0	10	6	0			.625	534	128.1	110	23	38	3	115	2	0	67	62	4.35⑫
'05	（ソ）	25	4	0	21	0	1	12	8	0	0	0	.600	741	181.2	154	17	57	2	167	4	0	69	66	3.27⑦
'06	（ソ）	24	6	0	18	3	3	14	6	0	0	0	.700	657	163.1	137	18	42	1	136	2	0	57	54	2.98⑧
'07	（ソ）	26	2	0	24	0	0	12	10	0	0	0	.545	757	182	168	15	42	5	169	6	1	65	57	2.82⑨
'08	（ソ）	23	3	0	20	0	2	8	8	0	0	0	.500	671	162	167	12	36	3	123	3	0	65	65	3.61⑬
'09	（ソ）	15	1	0	12	1	0	4	5	0	0	0	.444	337	84.1	72	3	24	1	87	1	0	39	38	4.06
'10	（ソ）	26	1	0	25	0	1	17	8	0	0	0	.680	696	169.1	145	11	55	1	169	2	0	59	59	3.14⑤
'11	（ソ）	26	4	0	22	2	2	16	5	0	0	0	.762	726	184.2	145	7	40	4	168	5	0	33	31	1.51③
'16	（ソ）	24	2	0	22	1	0	15	5	0	0	0	.750	662	163	138	22	38	5	157	0	0	58	55	3.04⑧
'17	（ソ）	8	0	0	7	0	0	4	0	0	0	0	1.000	181	47	34	1	8	0	34	1	0	13	13	2.49
'19	（ソ）	12	0	0	12	0	0	4	4	0	0	0	.500	240	57.2	56	1	14	2	45	0	0	26	25	3.90
'20	（ソ）	16	0	0	16	0	0	8	1	0	0	0	.889	346	85.2	66	1	31	1	75	1	0	30	28	2.94
〔13〕		270	38	1	228	9	9	138	71	0	0	0	.660	7329	1798	1557	183	486	29	1640	28	1	658	624	3.12

2021年に復帰予定選手の年度別成績

田中　将大　たなか・まさひろ　駒大苫小牧高（'07.1）　'88.11.1生　右投右打

年度	チーム	試合	完投	交代完了	試当初	無点勝	無四球	勝利	敗北	セーブ	ホールド	HP	勝率	打者	投球回	安打	本塁打	四球	死球	三振	暴投	ボーク	失点	自責点	防御率
'07	（楽）	28	4	0	24	1	0	11	7	0	0	0	.611	800	186.1	183	17	68	7	196	10	1	83	79	3.82⑭
'08	（楽）	25	5	1	19	2	1	9	7	1	0	0	.563	726	172.2	171	9	54	2	159	6	0	71	67	3.49⑫
'09	（楽）	25	6	1	18	3	0	15	6	1	0	0	.714	771	189.2	170	13	43	7	171	3	0	51	49	2.33③
'10	（楽）	20	8	0	12	1	2	11	6	0	0	0	.647	643	155	159	9	32	5	119	1	0	47	43	2.50③
'11	（楽）	27	14	0	13	6	4	19	5	0	0	0	.792	866	226.1	171	8	27	5	241	7	0	35	32	1.27①
'12	（楽）	22	8	0	14	3	4	10	4	0	0	0	.714	696	173	160	4	19	2	169	4	0	45	36	1.87②
'13	（楽）	28	8	1	19	2	1	24	0	1	0		1.000	822	212	168	6	32	3	183	9	0	35	30	1.27①
〔7〕		175	53	3	119	18	12	99	35	3	0	0	.739	5324	1315	1182	66	275	31	1238	40	1	367	336	2.30

球 団 変 遷

球 団 名 の 変 遷
球 場 名 の 変 遷
球 団 変 遷 図

日本が見える
地方が見える

47 NEWS

記者1万人が取材する圧倒的情報量
全国の地元情報と世界をネットワーク
地域の意見を地方紙コラムで読み比べできる

■ 47都道府県52新聞社と共同通信社が全国をくまなく取材！
■ 地方の観光、物産、イベントを情報発信！
■ 署名入り記事でニュースの裏側を伝える「47リポーターズ」！
■ 重大事件・事故からスポーツ・エンタメまでをカバー、
　新聞社だからできたニュースサイト！

47NEWS 参加社一覧

I. 各 球 団 の 変 遷

〔**読売ジャイアンツ**（株式会社読売巨人軍）〕
　　東 京 巨 人 （株式会社大日本東京野球倶楽部・1934.12.26創立）1936～1946　読売ジャイアンツ（巨人）1947～

〔**阪神タイガース**（株式会社阪神タイガース）〕
　　大阪タイガース（株式会社大阪野球倶楽部・1935.12.10創立）1936～1940.9　阪神1940.9.25～1946
　　大阪タイガース1947～1960　阪神タイガース1961～

〔**中日ドラゴンズ**（株式会社中日ドラゴンズ）〕
　　名 古 屋 （株式会社大日本野球連盟名古屋協会・1936.1.15創立）1936～1943　産業1944　中部日本1946
　　中日ドラゴンズ1947～1950　名古屋ドラゴンズ1951～1953　中日ドラゴンズ1954～

〔**オリックス・バファローズ**（オリックス野球クラブ株式会社）〕
　　阪 急 （大阪阪急野球協会・1936.1.23創立）1936～1946　阪急ブレーブス1947～1988
　　オリックス・ブレーブス（1988.11.4）1989～1990　オリックス・ブルーウェーブ（1990.11.1）1991～2004
　　オリックス・バファローズ（大阪近鉄バファローズと2004.11.30統合）2005～
　　近鉄パールス（近鉄野球株式会社・1949.11.26パ加盟）1950～1958　近鉄バファロー（1959.1.12）1959～1961
　　近鉄バファローズ（1962.2.1）1962～1998
　　大阪近鉄バファローズ（1999.4.1）1999～2004（オリックス・ブルーウェーブと2004.11.30統合→オリックス・バファローズ）

〔**横浜DeNAベイスターズ**（株式会社横浜DeNAベイスターズ）〕
　　大洋ホエールズ（株式会社大洋球団・1949.12.15創立）1950～1952
　　大洋松竹ロビンス（松竹ロビンスと1953.1.10合併）1953～1954　大洋ホエールズ（1954.12.11）1955～1977
　　横浜大洋ホエールズ1978～1992　横浜ベイスターズ（1992.11.11）1993～2011
　　横浜DeNAベイスターズ（2011.12.2）2012～
　　大 東 京 （株式会社大日本野球連盟東京協会・1936.2.15創立）1936～1937春季
　　ライオン（1937.8.1）1937秋季～1940　朝日（1941.1.17）1941～1944　パシフィック（太平）1946
　　太陽ロビンス1947　大陽ロビンス1948～1949
　　松竹ロビンス（1949.12.1）1950～1952（大洋ホエールズと1953.1.10合併→大洋松竹ロビンス）

〔**福岡ソフトバンクホークス**（福岡ソフトバンクホークス株式会社）〕
　　南 海 （南海野球株式会社・1938.2.22創立）1938秋季～1944.5　近畿日本1944.6.1～1944末
　　近畿グレートリング1946～1947.5　南海ホークス1947.6.1～1988
　　福岡ダイエーホークス（1988.11.1）1989～2004　福岡ソフトバンクホークス（2004.12.24）2005～

〔**北海道日本ハムファイターズ**（株式会社北海道日本ハムファイターズ）〕
　　セ ネ タ ー ス （セネタース野球協会・1945.11.6加盟）1946　東急フライヤーズ1947　急映フライヤーズ1948
　　東急フライヤーズ（1948.12.21）1949～1953　東映フライヤーズ（1954.2.1）195～1972
　　日拓ホーム・フライヤーズ（1973.2.7承認）1973　日本ハム・ファイターズ（1973.11.19）1974～2003
　　北海道日本ハムファイターズ（2004.1.1）2004～

〔**千葉ロッテマリーンズ**（株式会社千葉ロッテマリーンズ）〕
　　毎日オリオンズ（株式会社毎日球団・1949.11.26パ加盟）1950〜1957
　　　毎日大映（大毎）オリオンズ（大映ユニオンズと1957.11.28合併）1958〜1963
　　　東京オリオンズ（1964.1.16）1964〜1968　ロッテ・オリオンズ（1969.1.18）1969〜1991
　　　千葉ロッテマリーンズ（1991.11.21）1992〜
　　ゴールドスター（株式会社奈良野球倶楽部・1946.2.18加盟）1946　金星スターズ1947〜1948
　　　大映スターズ（1948.12.21）1949〜1956
　　　大映ユニオンズ（高橋ユニオンズと1957.2.25合併）1957（毎日オリオンズと1957.11.28合併→毎日大映オリオンズ）
　　高橋ユニオンズ（株式会社高橋球団・1954.2.4パ加盟）1954　トンボユニオンズ（1954.12.4）1955
　　　高橋ユニオンズ1956（大映スターズと1957.2.25合併→大映ユニオンズ）

〔**埼玉西武ライオンズ**（株式会社西武ライオンズ）〕
　　西鉄クリッパース（西鉄野球株式会社・1949.11.26パ加盟）1950
　　　西鉄ライオンズ（西日本パイレーツと1951.2.28合併）1951〜1972
　　　太平洋クラブ・ライオンズ（1972.11.9）1973〜1976　クラウンライター・ライオンズ（1976.10.12）1977〜1978
　　　西武ライオンズ（1978.10.12）1979〜2007　埼玉西武ライオンズ（2008.1.1）2008〜
　　西日本パイレーツ（西日本野球株式会社・1949.12.15セ加盟）1950
　　　（西鉄クリッパースと1951.2.28合併→西鉄ライオンズ）

〔**広島東洋カープ**（株式会社広島東洋カープ）〕
　　広島カープ（株式会社広島野球倶楽部・1949.12.5創立）1950〜1967　広島東洋カープ（1967.12.17）1968〜

〔**東京ヤクルトスワローズ**（株式会社ヤクルト球団）〕
　　国鉄スワローズ（国鉄球団株式会社・1950.1.12セ加盟）1950〜1965.5　サンケイスワローズ1965.5.10〜1965末
　　サンケイアトムズ（1966.2.24）1966〜1968　アトムズ1969　ヤクルトアトムズ（1970.1.7）1970〜1973
　　ヤクルトスワローズ1974〜2005　東京ヤクルトスワローズ（2006.1.10）2006〜

〔**東北楽天ゴールデンイーグルス**（株式会社楽天野球団）〕
　　東北楽天ゴールデンイーグルス（株式会社楽天野球団・2004.11.2パ加盟）2005〜

〔**球団消滅**〕
　　東京セネタース（株式会社東京野球協会・1936.1.17創立）1936〜1940.10
　　　翼1940.10.17〜1940末（名古屋金鯱と1941.1.13合併→大洋）

　　名古屋金鯱（株式会社名古屋野球倶楽部・1936.2.28創立）1936〜1940（翼と1941.1.13合併→大洋）

　　大　　　　洋（翼と名古屋金鯱が1941.1.13合併）1941〜1942　西鉄（1943.2.22）1943

　　イーグルス（株式会社後楽園野球倶楽部・1937.1.18創立）1937〜1940.10　黒鷲1940.10.6〜1942.9
　　　大和1942.9.12〜1943

Ⅱ. 球 場 名 の 変 遷

※主要球場のネーミングライツ（命名権）契約に限る。

〔**楽天生命パーク宮城**（仙台宮城球場）〕
 2005〜2007 フルキャストスタジアム宮城
 2008〜2010 クリネックススタジアム宮城
 2011〜2013 日本製紙クリネックススタジアム宮城
 2014〜2016 楽天Koboスタジアム宮城
 2017   Koboパーク宮城
 2018〜   楽天生命パーク宮城

〔**メットライフドーム**（西武ドーム)）〕
 2005〜2006 インボイスSEIBUドーム
 2007   グッドウィルドーム
 2008〜2014 西武ドーム
 2015〜2016 西武プリンスドーム
 2017〜   メットライフドーム

〔**ZOZOマリンスタジアム**（千葉マリンスタジアム)）〕
 2011〜2016 QVCマリンフィールド
 2017〜   ZOZOマリンスタジアム

〔**バンテリンドーム ナゴヤ**（ナゴヤドーム)）〕
 2021〜   バンテリンドーム ナゴヤ

〔**京セラドーム大阪**（大阪ドーム)）〕
 2006途〜   京セラドーム大阪（2006.7.1〜）

〔**ほっともっとフィールド神戸**（グリーンスタジアム神戸)）〕
 2003〜2004 Yahoo!BB STADIUM
 2005〜2010 スカイマークスタジアム
 2011〜   ほっともっとフィールド神戸

〔**MAZDA Zoom-Zoomスタジアム広島**（広島市民球場)）〕
 2009〜   MAZDA Zoom-Zoomスタジアム広島

〔**福岡PayPayドーム**（福岡ドーム)）〕
 2005〜2012 福岡Yahoo!JAPANドーム
 2013〜2019 福岡ヤフオク!ドーム
 2020〜   福岡PayPayドーム

Ⅲ. 各 球 団 変 遷 図

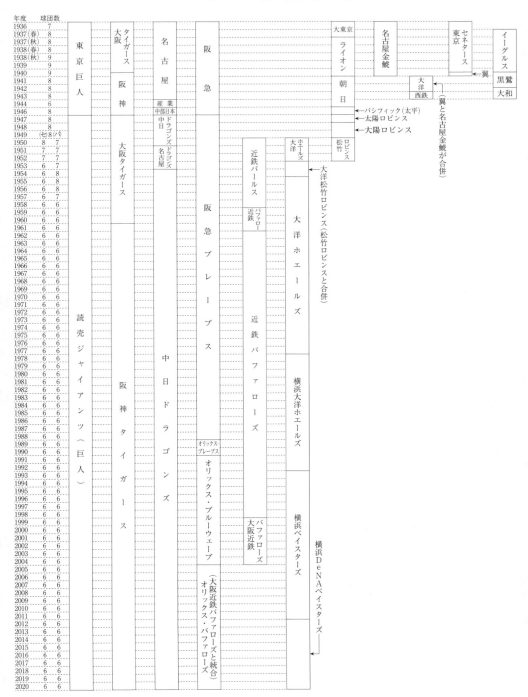

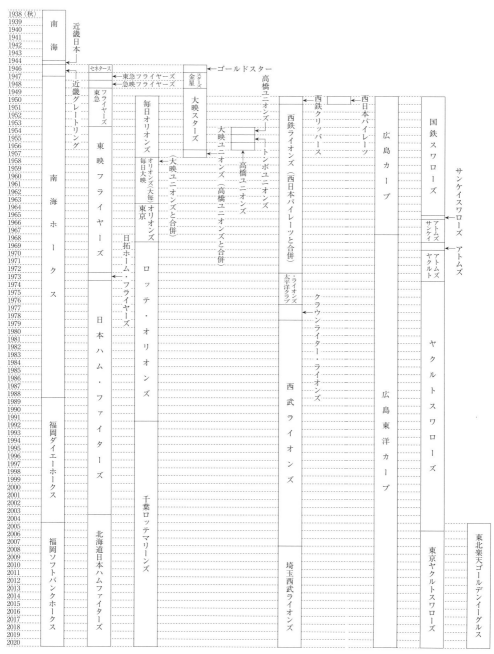

オフィシャル・ベースボール・ガイド 2021

2021年2月28日　発　行

編　者　一般社団法人 日本野球機構
ⒸNippon Professional Baseball, 2021

発行者　三土　正司

発行所　株式会社共同通信社
〒105-7208
東京都港区東新橋１－７－１
電　話　（03）6252－6021

印刷所　三報社印刷株式会社

ISBN978-4-7641-0725-0 C0075 Printed in Japan